Trute/Spoerr/Bosch
Telekommunikationsgesetz mit FTEG

de Gruyter Kommentar

Trute/Spoerr/Bosch

# Telekommunikationsgesetz mit FTEG

Kommentar

1. Auflage

von Hans-Heinrich Trute, Wolfgang Spoerr, Wolfgang Bosch

Walter de Gruyter · Berlin · New York 2001

Professor Dr. *Hans-Heinrich Trute*, Lehrstuhl für Öffentliches Recht, insb. Verwaltungsrecht sowie Verwaltungswissenschaften und Rechtsvergleichung an der Technischen Universität Dresden

Dr. *Wolfgang Spoerr*, Rechtsanwalt in Berlin, Sozietät Hengeler Mueller, Lehrbeauftragter an der Humboldt-Universität zu Berlin

Dr. *Wolfgang Bosch*, Lic. Jur., Rechtsanwalt in Frankfurt am Main, Sozietät Gleiss Lutz Hootz Hirsch

Zitiervorschlag z. B. *Trute* in Trute/Spoerr/Bosch, TKG § 2 Rn 23

☉ Gedruckt auf säurefreiem Papier,
das die US-ANSI-Norm über Haltbarkeit erfüllt.

*Die Deutsche Bibliothek – CIP-Einheitsaufnahme*

Trute, Hans-Heinrich:
Telekommunikationsgesetz mit FTEG : Kommentar / von Hans-Heinrich Trute ; Wolfgang Spoerr ; Wolfgang Bosch. - Berlin ; New York : de Gruyter, 2001
   (De-Gruyter-Kommentar)
   ISBN 3-11-015797-7

© Copyright 2001 by Walter de Gruyter GmbH & Co. KG, Berlin. – D-10785 Berlin

Dieses Werk einschließlich aller seiner Teile ist urheberrechtlich geschützt. Jede Verwertung außerhalb der engen Grenzen des Urheberrechtsgesetzes ist ohne Zustimmung des Verlages unzulässig und strafbar. Das gilt insbesondere für Vervielfältigungen, Übersetzungen, Mikroverfilmungen und die Einspeicherung und Verarbeitung in elektronischen Systemen.

Printed in Germany
Einbandgestaltung: Christopher Schneider, Berlin
Datenkonvertierung: jürgen ullrich typosatz, Nördlingen
Druck und Bindung: Hubert & Co., Göttingen

# Vorwort

Das Telekommunikationsgesetz ist ein zentrales Element der rechtlichen Ordnung der Informationsgesellschaft und zugleich ein Muster moderner Regulierung ehemals staatsnaher Sektoren der Wirtschaft. Nach wie vor handelt es sich um einen Bereich, der in Bewegung ist. Die Vorstellung, durch die Liberalisierung werde sich die Erbringung von Telekommunikationsdienstleistungen alsbald in die allgemeine rechtliche Ordnung wirtschaftlicher Vorgänge einfügen, hat sich als wenig realistisch erwiesen. Weiterhin wird die sektorspezifische Regulierung notwendig bleiben. Allerdings werden ständig Anpassungen an die Entwicklungen des Marktes wie auch der Technologie erforderlich sein, der rechtliche Ordnungsrahmen also der Veränderung unterliegen. Dies zeigt sich in der regen Entscheidungspraxis der Regulierungsbehörde für Telekommunikation und Post ebenso wie der gerichtlichen Kontrolle, die erst allmählich die dogmatischen Konturen dieses Bereiches prägt. Nicht zuletzt aber wird der gesetzliche Rahmen weiterhin Anpassungen erfahren. Entscheidende Impulse werden – wie bisher auch – von der europäischen Ebene ausgehen. Der von der Europäischen Kommission vorgeschlagene neue Rechtsrahmen der Telekommunikation, der auf die Marktentwicklung infolge der Liberalisierung und die technologischen Veränderungen reagieren soll, die unter dem Stichwort der Konvergenz erörtert werden, zeigt dies ebenso deutlich wie die Verordnung (EG) Nr 2887/2000 des Europäischen Parlamentes und des Rates vom 18.12.2000 über den entbündelten Zugang zum Teilnehmeranschluss.

Die vorliegende Kommentierung ist auf dem Stand von Juni 2001 und bezieht sowohl das Gesetz über Funkanlagen und Telekommunikationsendeinrichtungen (FTEG) wie die Teilnehmeranschlussverordnung der EG ein. Bei der Kommentierung wurde zudem der neue Rechtsrahmen, wie ihn die europäische Kommission vorschlägt, bereits mit berücksichtigt, soweit dies sinnvoll schien, um die Entwicklungsperspektive zu verdeutlichen.

Die Autoren sind für Anregungen und Hinweise dankbar.

Dresden, Berlin, Frankfurt, im Juni 2001

*Hans-Heinrich Trute*          *Wolfgang Spoerr*          *Wolfgang Bosch*

# Inhaltsverzeichnis

Vorwort.................................................. V
Abürzungsverzeichnis...................................... XIII
Literaturverzeichnis...................................... XXIV

## Telekommunikationsgesetz (TKG)

Einführung I: Gesetzesentwicklung *(Wolfgang Spoerr)*..................... 1
Einführung II: Europäisierung und Internationalisierung *(Hans-Heinrich Trute)*...... 7
Einführung III: TKG und Medienrecht *(Wolfgang Spoerr)*.................. 25
Einführung IV: Telekommunikationsrechtliche Nebengesetze *(Wolfgang Spoerr)*...... 29
Einführung V: Verfassungsrechtliche Rahmenbedingungen *(Wolfgang Spoerr)*........ 30

## Erster Teil
## Allgemeine Vorschriften

§ 1 Zweck des Gesetzes *(Hans-Heinrich Trute)*.......................... 34
§ 2 Regulierung *(Hans-Heinrich Trute)*.............................. 47
§ 3 Begriffsbestimmungen *(Wolfgang Spoerr)*.......................... 60
§ 4 Anzeigepflicht *(Wolfgang Spoerr)*............................... 81
§ 5 Berichtspflichten *(Wolfgang Spoerr)*.............................. 84

## Zweiter Teil
## Regulierung von Telekommunikationsdienstleistungen
### Erster Abschnitt. Lizenzen

Vor § 6 *(Wolfgang Spoerr)*..................................... 87
§ 6 Lizenzpflichtiger Bereich *(Wolfgang Spoerr)*....................... 90
§ 7 Internationaler Status *(Wolfgang Spoerr)*.......................... 108
§ 8 Lizenzerteilung *(Wolfgang Spoerr)*............................. 112
§ 9 Wechsel des Lizenznehmers *(Wolfgang Spoerr)*..................... 131
§ 10 Beschränkung der Anzahl der Lizenzen *(Wolfgang Spoerr)*............. 138
§ 11 Vergabeverfahren nach der Beschränkung der Anzahl der Lizenzen *(Wolfgang Spoerr)* 142
§ 12 Bereitstellen von Teilnehmerdaten *(Wolfgang Spoerr)*................ 160
§ 13 Bereitstellen von Notrufmöglichkeiten *(Wolfgang Spoerr)*.............. 166
§ 14 Strukturelle Separierung und getrennte Rechnungsführung *(Wolfgang Spoerr)*..... 169
§ 15 Widerruf der Lizenz *(Wolfgang Spoerr)*.......................... 175
§ 16 Lizenzgebühr *(Wolfgang Spoerr)*.............................. 179

### Zweiter Abschnitt. Universaldienst

§ 17 Universaldienstleistungen *(Wolfgang Bosch)*....................... 189
§ 18 Verpflichtung zum Erbringen von Universaldienstleistungen *(Wolfgang Bosch)*.... 194
§ 19 Auferlegung von Universaldienstleistungen *(Wolfgang Bosch)*............ 199
§ 20 Ausgleich für Universaldienstleistungen *(Wolfgang Bosch)*.............. 204

§ 21 Universaldienstleistungsabgabe *(Wolfgang Bosch)* . . . . . . . . . . . . . . . . . . . . 207
§ 22 Umsatzmeldungen *(Wolfgang Bosch)* . . . . . . . . . . . . . . . . . . . . . . . . . . . . 210

## Dritter Teil
## Entgeltregulierung

§ 23 Widerspruch und Widerspruchsverfahren bei Allgemeinen Geschäftsbedingungen
*(Wolfgang Spoerr)* . . . . . . . . . . . . . . . . . . . . . . . . . . . . . . . . . . . . . . . . . . 212
§ 24 Maßstäbe der Entgeltregulierung *(Wolfgang Spoerr)* . . . . . . . . . . . . . . . . . . 219
§ 25 Regulierung von Entgelten *(Wolfgang Spoerr)* . . . . . . . . . . . . . . . . . . . . . . 238
§ 26 Veröffentlichung *(Wolfgang Spoerr)* . . . . . . . . . . . . . . . . . . . . . . . . . . . . . 245
§ 27 Arten und Verfahren der Entgeltgenehmigung *(Wolfgang Spoerr)* . . . . . . . . . . 246
§ 28 Verfahren der Regulierung genehmigungspflichtiger Entgelte *(Wolfgang Spoerr)* . . . 253
§ 29 Abweichung von genehmigten Entgelten *(Wolfgang Spoerr)* . . . . . . . . . . . . . 256
§ 30 Verfahren der nachträglichen Regulierung von Entgelten *(Wolfgang Spoerr)* . . . . . . 260
§ 31 Anordnungen im Rahmen der Entgeltregulierung *(Wolfgang Spoerr)* . . . . . . . . 266
§ 32 Zusammenschlussverbot *(Wolfgang Spoerr)* . . . . . . . . . . . . . . . . . . . . . . . 270

## Vierter Teil
## Offener Netzzugang und Zusammenschaltungen

§ 33 Besondere Missbrauchsaufsicht *(Hans-Heinrich Trute)* . . . . . . . . . . . . . . . . 273
§ 34 Schnittstellen für offenen Netzzugang *(Hans-Heinrich Trute)* . . . . . . . . . . . . 305
§ 35 Gewährung von Netzzugang *(Hans-Heinrich Trute)* . . . . . . . . . . . . . . . . . . 309
§ 36 Verhandlungspflicht *(Hans-Heinrich Trute)* . . . . . . . . . . . . . . . . . . . . . . . 331
§ 37 Zusammenschaltungspflicht *(Hans-Heinrich Trute)* . . . . . . . . . . . . . . . . . . 338
§ 38 Wettbewerbsbeschränkende Vereinbarungen *(Hans-Heinrich Trute)* . . . . . . . . 346
§ 39 Entgelte für die Gewährung von Netzzugang *(Hans-Heinrich Trute)* . . . . . . . . 350

## Fünfter Teil
## Kundenschutz

§ 40 Anspruch auf Schadenersatz und Unterlassung *(Wolfgang Bosch)* . . . . . . . . . . 355
§ 41 Kundenschutzverordnung *(Wolfgang Bosch)* . . . . . . . . . . . . . . . . . . . . . . 357
§ 42 Rundfunksendeanlagen *(Wolfgang Bosch)* . . . . . . . . . . . . . . . . . . . . . . . . 363

## Sechster Teil
## Nummerierung

§ 43 Nummerierung *(Wolfgang Spoerr)* . . . . . . . . . . . . . . . . . . . . . . . . . . . . . 364

## Siebenter Teil
## Frequenzordnung

Vor § 44 *(Wolfgang Spoerr)* . . . . . . . . . . . . . . . . . . . . . . . . . . . . . . . . . . . . . 379
§ 44 Aufgaben *(Wolfgang Spoerr)* . . . . . . . . . . . . . . . . . . . . . . . . . . . . . . . . 383
§ 45 Frequenzbereichszuweisung *(Wolfgang Spoerr)* . . . . . . . . . . . . . . . . . . . . . 388
§ 46 Frequenznutzungsplan *(Wolfgang Spoerr)* . . . . . . . . . . . . . . . . . . . . . . . . 395

§ 47 Frequenzzuteilung *(Wolfgang Spoerr)* . . . . . . . . . . . . . . . . . . . . . . . . 399
§ 48 Frequenzgebühr und Beiträge *(Wolfgang Spoerr)* . . . . . . . . . . . . . . . . . . . 406
§ 49 Überwachung, Anordnung der Außerbetriebnahme *(Wolfgang Spoerr)* . . . . . . . . . 410

## Achter Teil
## Benutzung der Verkehrswege

§ 50 Grundsatz der Benutzung öffentlicher Wege *(Wolfgang Spoerr)* . . . . . . . . . . . . . 413
§ 51 Mitbenutzung *(Wolfgang Spoerr)* . . . . . . . . . . . . . . . . . . . . . . . . . . . 421
§ 52 Rücksichtnahme auf Wegeunterhaltung und Widmungszweck *(Hans-Heinrich Trute)* . 424
§ 53 Gebotene Änderung *(Hans-Heinrich Trute)* . . . . . . . . . . . . . . . . . . . . . . 430
§ 54 Schonung der Baumpflanzungen *(Wolfgang Bosch)* . . . . . . . . . . . . . . . . . . 435
§ 55 Besondere Anlagen *(Wolfgang Bosch)* . . . . . . . . . . . . . . . . . . . . . . . . 437
§ 56 Spätere besondere Anlagen *(Wolfgang Bosch)* . . . . . . . . . . . . . . . . . . . . 441
§ 57 Beeinträchtigung von Grundstücken *(Wolfgang Bosch)* . . . . . . . . . . . . . . . . 445
§ 58 Ersatzansprüche *(Wolfgang Bosch)* . . . . . . . . . . . . . . . . . . . . . . . . . . 449

## Neunter Teil
## Zulassung, Sendeanlagen

### Erster Abschnitt. Zulassung – entfallen –

### Zweiter Abschnitt. Sendeanlagen

§ 65 Missbrauch von Sendeanlagen *(Wolfgang Spoerr)* . . . . . . . . . . . . . . . . . . . 451

## Zehnter Teil
## Regulierungsbehörde

### Erster Abschnitt. Errichtung, Sitz und Organisation

§ 66 Errichtung, Sitz und Rechtsstellung *(Hans-Heinrich Trute)* . . . . . . . . . . . . . . 455
§ 67 Beirat *(Hans-Heinrich Trute)* . . . . . . . . . . . . . . . . . . . . . . . . . . . . . 469
§ 68 Geschäftsordnung, Vorsitz, Sitzungen des Beirates *(Hans-Heinrich Trute)* . . . . . . . 473
§ 69 Aufgaben des Beirates *(Hans-Heinrich Trute)* . . . . . . . . . . . . . . . . . . . . 479
§ 70 Wissenschaftliche Beratung *(Hans-Heinrich Trute)* . . . . . . . . . . . . . . . . . . 483

### Zweiter Abschnitt. Aufgaben und Befugnisse

§ 71 Aufsicht *(Wolfgang Spoerr)* . . . . . . . . . . . . . . . . . . . . . . . . . . . . . . 486
§ 72 Befugnisse *(Wolfgang Spoerr)* . . . . . . . . . . . . . . . . . . . . . . . . . . . . . 488

### Dritter Abschnitt. Verfahren

Vor § 73 *(Wolfgang Spoerr)* . . . . . . . . . . . . . . . . . . . . . . . . . . . . . . . . 497
§ 73 Beschlusskammern *(Wolfgang Bosch)* . . . . . . . . . . . . . . . . . . . . . . . . 500
§ 74 Einleitung, Beteiligte *(Wolfgang Bosch)* . . . . . . . . . . . . . . . . . . . . . . . 503
§ 75 Anhörung, mündliche Verhandlung *(Wolfgang Bosch)* . . . . . . . . . . . . . . . . 509
§ 76 Ermittlungen *(Wolfgang Bosch)* . . . . . . . . . . . . . . . . . . . . . . . . . . . 511
§ 77 Beschlagnahme *(Wolfgang Bosch)* . . . . . . . . . . . . . . . . . . . . . . . . . . 512
§ 78 Einstweilige Anordnungen *(Wolfgang Spoerr)* . . . . . . . . . . . . . . . . . . . . 512
§ 79 Abschluss des Verfahrens *(Wolfgang Bosch)* . . . . . . . . . . . . . . . . . . . . . 515

### Vierter Abschnitt. Rechtsmittel und Bürgerliche Rechtsstreitigkeiten

§ 80 Wirkung von Klagen *(Wolfgang Bosch)* . . . . . . . . . . . . . . . . . . . . . . . . . 518

### Fünfter Abschnitt. Tätigkeitsbericht, Zusammenarbeit

§ 81 Tätigkeitsbericht *(Wolfgang Bosch)* . . . . . . . . . . . . . . . . . . . . . . . . . . . 519
§ 82 Zusammenarbeit mit dem Bundeskartellamt *(Wolfgang Bosch)* . . . . . . . . . . . . . 522
§ 83 Zusammenarbeit mit anderen Stellen *(Wolfgang Spoerr)* . . . . . . . . . . . . . . . 525
§ 84 Statistische Hilfen *(Wolfgang Spoerr)* . . . . . . . . . . . . . . . . . . . . . . . . 528

## Elfter Teil
## Fernmeldegeheimnis, Datenschutz, Sicherung

§ 85 Fernmeldegeheimnis *(Hans-Heinrich Trute)* . . . . . . . . . . . . . . . . . . . . . 530
§ 86 Abhörverbot, Geheimhaltungspflicht der Betreiber von Empfangsanlagen
  *(Hans-Heinrich Trute)* . . . . . . . . . . . . . . . . . . . . . . . . . . . . . . . . . . 542
§ 87 Technische Schutzmaßnahmen *(Hans-Heinrich Trute)* . . . . . . . . . . . . . . . . 545
§ 88 Technische Umsetzung von Überwachungsmaßnahmen *(Hans-Heinrich Trute)* . . . . 555
§ 89 Datenschutz *(Hans-Heinrich Trute)* . . . . . . . . . . . . . . . . . . . . . . . . . 568
§ 90 Auskunftsersuchen der Sicherheitsbehörden *(Hans-Heinrich Trute)* . . . . . . . . . 594
§ 91 Kontrolle und Durchsetzung von Verpflichtungen *(Hans-Heinrich Trute)* . . . . . . . 601
§ 92 Auskunftspflicht *(Hans-Heinrich Trute)* . . . . . . . . . . . . . . . . . . . . . . . 606
§ 93 Staatstelekommunikationsverbindungen *(Wolfgang Spoerr)* . . . . . . . . . . . . . 607

## Zwölfter Teil
## Straf- und Bußgeldvorschriften

### Erster Abschnitt. Strafvorschriften

Vor § 94 *(Wolfgang Bosch)* . . . . . . . . . . . . . . . . . . . . . . . . . . . . . . . . . 608
§ 94 *(Wolfgang Bosch)* . . . . . . . . . . . . . . . . . . . . . . . . . . . . . . . . . . . 609
§ 95 *(Wolfgang Bosch)* . . . . . . . . . . . . . . . . . . . . . . . . . . . . . . . . . . . 610

### Zweiter Abschnitt. Bußgeldvorschriften

Vor § 96 *(Wolfgang Bosch)* . . . . . . . . . . . . . . . . . . . . . . . . . . . . . . . . . 610
§ 96 Bußgeldvorschriften *(Wolfgang Bosch)* . . . . . . . . . . . . . . . . . . . . . . . . 611

## Dreizehnter Teil
## Übergangs- und Schlußvorschriften

§ 97 Übergangsvorschriften *(Wolfgang Spoerr)* . . . . . . . . . . . . . . . . . . . . . . 615
§ 98 Überleitungsregelungen *(Wolfgang Spoerr)* . . . . . . . . . . . . . . . . . . . . . 619
§ 99 Änderung von Rechtsvorschriften *(Wolfgang Spoerr)* . . . . . . . . . . . . . . . . 619
§ 100 Inkrafttreten, Außerkrafttreten *(Wolfgang Spoerr)* . . . . . . . . . . . . . . . . . 619

# Gesetz über Funkanlagen und Telekommunikationsendeinrichtungen (FTEG)

Einführung FTEG *(Wolfgang Spoerr)* .......................... 621

## Erster Teil
## Allgemeine Vorschriften

§ 1 Zweck und Anwendungsbereich des Gesetzes *(Wolfgang Spoerr)*............. 627
§ 2 Begriffsbestimmungen *(Wolfgang Spoerr)* ........................ 632
§ 3 Grundlegende Anforderungen *(Wolfgang Spoerr)* ................... 635
§ 4 Bereitstellung von Schnittstellenbeschreibungen durch die Regulierungsbehörde für Telekommunikation und Post *(Wolfgang Spoerr)* .................. 638
§ 5 Schnittstellenbeschreibung der Netzbetreiber *(Wolfgang Spoerr)*............. 639
§ 6 Harmonisierte Normen *(Wolfgang Spoerr)* ........................ 641

## Zweiter Teil
## Konformitätsbewertung und CE-Kennzeichnung

§ 7 Konformitätsbewertungsverfahren *(Wolfgang Spoerr)*.................. 642
§ 8 Benannte Stellen *(Wolfgang Spoerr)* ........................... 644
§ 9 CE-Kennzeichnung *(Wolfgang Spoerr)* .......................... 645

## Dritter Teil
## Inverkehrbringen und Inbetriebnahme

§ 10 Inverkehrbringen *(Wolfgang Spoerr)*............................ 646
§ 11 Inbetriebnahme und Anschlussrecht *(Wolfgang Spoerr)* ................. 648
§ 12 Schutz von Personen in elektromagnetischen Feldern *(Wolfgang Spoerr)* ........ 649
§ 13 Messen und Ausstellungen *(Wolfgang Spoerr)* ...................... 650

## Vierter Teil
## Aufgaben und Befugnisse der Regulierungsbehörde für Telekommunikation und Post

§ 14 Aufgaben und Zuständigkeiten *(Wolfgang Spoerr)* .................... 650
§ 15 Befugnisse der Regulierungsbehörde für Telekommunikation und Post *(Wolfgang Spoerr)* ..................................... 651
§ 16 Kostenregelung *(Wolfgang Spoerr)* ............................ 652

## Fünfter Teil
## Bußgeldvorschriften

§ 17 Bußgeldvorschriften *(Wolfgang Spoerr)* .......................... 653

## Sechster Teil
## Übergangs- und Schlußbestimmungen

§ 18 Übergangsbestimmungen *(Wolfgang Spoerr)* ....................... 653
§ 19 Änderung von Rechtsvorschriften *(Wolfgang Spoerr)* .................. 654
§ 20 Inkrafttreten *(Wolfgang Spoerr)* .............................. 654

# Anhang

Telekommunikations-Universaldienstleistungsverordnung (TUDLV) . . . . . . . . . . . . 655
Telekommunikations-Entgeltregulierungsverordnung (TEntgV) . . . . . . . . . . . . . . 656
Verordnung über besondere Netzzugänge (Netzzugangsverordnung – NZV) . . . . . . . . 659
Telekommunikations-Kundenschutzverordnung (TKV) . . . . . . . . . . . . . . . . . . . 662
Frequenzbereichszuweisungsplanverordnung (FreqBZPV) . . . . . . . . . . . . . . . . . 671
Verordnung über das Verfahren zur Aufstellung des Frequenznutzungsplanes (Frequenznutzungsplanaufstellungsverordnung – FreqNPAV) . . . . . . . . . . . . . . . . . . . . . 674
Frequenzzuteilungsverordnung (FreqZutV). . . . . . . . . . . . . . . . . . . . . . . . . . 676
Verordnung (EG) Nr 2887/2000 des Europäischen Parlaments und des Rates vom
18. Dezember 2000 über den entbündelten Zugang zum Teilnehmeranschluss . . . . . . 680

Sachregister . . . . . . . . . . . . . . . . . . . . . . . . . . . . . . . . . . . . . . . . . . . 685

# Abkürzungsverzeichnis

Zeitschriften werden, soweit nicht anders angegeben, nach Jahrgang und Seite, Entscheidungssammlungen nach Band und Seite zitiert.

| | |
|---|---|
| aA | anderer Ansicht /Auffassung |
| aaO | am angegebenen Ort |
| abgedr | abgedruckt |
| abl | ablehnend |
| Abs | Absatz |
| Abschn | Abschnitt |
| ABl bzw. Amtsbl | Amtsblatt |
| abw | abweichend |
| ACTS | Advanced Communication Technology and Services |
| AfP | Archiv für Presserecht |
| AFuG | Amateurfunkgesetz |
| AFuV | Amateurfunkverordnung |
| aE | am Ende |
| aF | alte Fassung |
| AG | Aktiengesellschaft |
| AG | Amtsgericht |
| AGB | Allgemeine Geschäftsbedingungen |
| AGBG | Gesetz zur Regelung des Rechts der Allgemeinen Geschäftsbedingungen |
| AktG | Aktiengesetz |
| allgM | allgemeine Meinung |
| aM | anderer Meinung |
| amtl | amtlich |
| ÄndG – VO | Änderungsgesetz, -/verordnung |
| Anh | Anhang |
| Anl | Anlage |
| Anm | Anmerkung |
| AnwBl | Anwaltsblatt |
| AO | Abgabenordnung, Anordnung |
| APT | Asia-Pacific Telecommunity – Telekommunikationsgemeinschaft Asien/Pazifik |
| AöR | Archiv des öffentlichen Rechts |
| ArchPF | Archiv für Post und Fernmeldewesen (ab 1949) |
| ArchPT | Archiv für Post und Telekommunikation (1990–1998) |
| ARD | Arbeitsgemeinschaft der öffentlich-rechtlichen Rundfunkanstalten Deutschlands |
| Art | Artikel |
| AtG | Atomgesetz |
| ATM | Asynchronous Transfer Mode |
| A TRT | Ausschuss „Technische Regulierung in der Telekommunikation" der RegTP |
| AuC | Authentication Centre |
| aufgeh | aufgehoben |
| ausf | ausführlich |
| Aufl | Auflage |
| AWG | Außenwirtschaftsgesetz |
| Az | Aktenzeichen |

| | |
|---|---|
| BAG | Bundesarbeitsgericht |
| BAGE | Sammlung der Entscheidungen des Bundesarbeitsgerichts |
| BAnstPT | Bundesanstalt für Post und Telekommunikation Deutsche Bundespost |
| BAnz | Bundesanzeiger |
| BAPostG | Gesetz über die Errichtung einer Bundesanstalt für Post und Telekommunikation Deutsche Bundespost |
| BAPT | Bundesamt für Post und Telekommunikation |
| BAT | Bundesangestelltentarifvertrag |
| BauGB | Baugesetzbuch |
| BayObLG | Bayrisches Oberstes Landesgericht |
| BayVBl | Bayrische Verwaltungsblätter |
| BayVGH | Bayrischer Verwaltungsgerichtshof |
| BB | Betriebsberater |
| Bd | Band |
| BDSG | Bundesdatenschutzgesetz |
| Begr, begr | Begründung, begründet |
| Beil | Beilage |
| Bek | Bekanntmachung |
| ber | berichtigt |
| Beschl | Beschluss |
| BK | Beschlusskammer |
| BK-VI | Breitbandkabel-Verbindungsliniensystem |
| BKVrST | Breitbandkabel-Verstärkerstellen |
| betr | betreffend |
| BfD | Bundesbeauftragter für den Datenschutz |
| BFH | Bundesfinanzhof |
| BGB | Bürgerliches Gesetzbuch |
| BGBl I bzw. II | Bundesgesetzblatt (Teil I bzw. Teil II) |
| BGH | Bundesgerichtshof |
| BGHSt | Sammlung der Entscheidungen des Bundesgerichtshofes in Strafsachen |
| BGHZ | Sammlung der Entscheidungen des Bundesgerichtshofes in Zivilsachen |
| BImSchG | Bundes-Immissionsschutzgesetz |
| B-ISDN | Breitband-ISDN |
| BKartA | Bundeskartellamt |
| BMBF | Bundesministerium für Bildung, Wissenschaft, Forschung und Technologie |
| BMF | Bundesministerium für Finanzen |
| BMI | Bundesministerium für Inneres |
| BMJ | Bundesministerium der Justiz |
| BMPT | Bundesministerium für Post und Telekommunikation |
| BMV | Bundesministerium für Verkehr |
| BMVg | Bundesministerium der Verteidigung |
| BMWi | Bundesministerium für Wirtschaft (und Technologie) |
| BReg | Bundesregierung |
| BR | Bundesrat |
| BSG | Bundessozialgericht |
| BSI | Bundesamt für Sicherheit in der Informationstechnik |
| BSS | 1. Broadcast Satellite Service – Satellitenfunkdienste 2. Base Station System (Sende-/Empfangsstation mit dazugehöriger zentraler Steuerungseinrichtung) |
| BStatG | Bundesstatistikgesetz |
| BT | Bundestag |
| BTO Elt | Bundestarifordnung Elektrizität |
| BVerfG | Bundesverfassungsgericht |
| BVerfGE | Entscheidungssammlung des Bundesverfassungsgerichts |
| BVerwG | Bundesverwaltungsgericht |

| | |
|---|---|
| BVerwGE | Entscheidungssammlung des Bundesverwaltungsgerichts |
| BVN | Breitbandverteilnetze |
| BVSt | Bereichs-Vermittlungsstelle |
| bzgl | bezüglich |
| bzw | beziehungsweise |
| CA | Conditional Access |
| CATV | Cable Television (Kabelfernsehen) |
| CB | Citizen's Band (Jedermannfunk) |
| CBN | Cable Network, Kabelnetz |
| CCIR | Comité Consultatif des Radicommunications |
| CCITT | Comité Consultatif International Télégraphique et Téléphonique |
| CDU | Christlich Demokratische Union |
| CEN | Comité Européenne de Normalisation (Europäisches Komitee für Normung) |
| CENELEC | Comité Européenne de Normalisation Electrotechnique (Europäisches Komitee für elektrotechnische Normung) |
| CEPT | Conférence Européenne des Administrations des Postes et des Télécommunications (Konferenz der europäischen Verwaltungen für Post- und Fernmeldewesen) |
| CIPT | European Conference of Postal and Telecommunications Administrations |
| CITEL | Commission of Inter-American Telecomunications- Europäische Konferenz der Verwaltungen für Post und Fernmeldewesen |
| CMLR | Common Market Law Reports |
| CN | Corporate Network /Netz einer geschlossenen Nutzergruppe |
| CPG | Conference Preparatory Group – Arbeitsgruppe (der CEPT) zur Vorbereitung von WRCs |
| CR | Computer und Recht |
| CSU | Christlich Soziale Union |
| CT | Cordless Telephone (Schnurloses Telefon) |
| CTR | Closed user group, geschlossene Benutzergruppe |
| DAB | Digital Audio Broadcasting (Digitaler Tonrundfunk) |
| DB | Der Betrieb |
| DBP | Deutsche Bundespost |
| DBS | Direct Broadcasting Satellites (direktausstrahlende Satelliten) |
| DCS 1800 | Digital Cellular System at 1800 MHz (Digitales zellulares Funksystem bei 1800 MHz) |
| DECT | Digital Enhanced Cordless Telecommunications System (Digitales verbessertes schnurloses Telekommunikatiossystem) |
| ders | derselbe |
| DGVZ | Deutsche Gerichtsvollzieher Zeitung |
| dh | das heisst |
| dies | dieselben |
| DIMOSAURUS | digitales Mehrkanalsystem für optische Signalzuführung und Aufbereitung von Rundfunksignalen |
| DIN | Deutsche Industrie Norm |
| Diss | Dissertation |
| DJ | Deutsche Justiz |
| DLM | Direktoren der Landes-Medienanstalten (http/www.alm.de) |
| DM | Deutsche Mark |
| DÖD | Der öffentliche Dienst |
| DÖV | Die öffentliche Verwaltung |
| DRiZ | Deutsche Richterzeitung |
| DRS | Deutscher Rechnungslegungs-Standard |
| Drucks | Drucksache |
| DS | Distribution Service |
| DSL | Digital Subscriber Line |

| | |
|---|---|
| DStR | 1. Deutsche Steuer-Rundschau |
| | 2. Deutsches Steuerrecht |
| DTAG | Deutsche Telekom AG |
| DTH-Service | Direct to Home Service |
| DuD | Datenschutz und Datensicherheit |
| DV, DVO | Durchführungsverordnung |
| DVB | Digital Video Broadcasting (Digitales Fernsehen) |
| DVBl | Deutsches Verwaltungsblatt |
| DVB-T | Digital Video Broadcasting – Terrestrial (Digitaler Fernsehrundfunk – terrestrisch) |
| E | Entwurf |
| EBC | Element-Based Charging |
| ebd | ebenda |
| ECP | European Common Proposal – Gemeinsamer europäischer Vorschlag (von der CPG erarbeitet) |
| ECTEL | Association of the European Telecommunications and Professional Electronics Industry – Europäische Vereinigung der Fernmelde- und Elektroindustrie |
| EDV | Elektronische Datenverarbeitung |
| EFT | Electronic File Transfer |
| EG | Europäische Gemeinschaft |
| EG | Einführungsgesetz |
| EG-Komm | EG-Kommission |
| EG-Rat | Rat der Europäischen Gemeinschaften |
| EGV | Vertrag zur Gründung der Europäischen Gemeinschaft |
| Eidenmüller | Post- und Fernmeldewesen, Stand: 1991 |
| Einf | Einführung |
| Einl | Einleitung |
| eingef | eingeführt |
| EIRP | Equivalent Isotropically Radiated Power (Äquivalente Strahlungsleistung bezogen auf den Kugelstrahler) |
| ETRIT | European Information Technology and Telecommunications Industries Roundtable – Runder Tisch Europäischer Informationstechnologie- und Telekommunikationsindustrien |
| EMV | Elektromagnetische Verträglichkeit |
| EMVG | Gesetz über die elektromagnetische Verträglichkeit von Geräten |
| EN | Europäische CEN (CENELEC-Norm) |
| EO | European observation – Erdbeobachtung |
| ERC | European Radiocommunications Committee (Europäischer Funkausschuss) [der CEPT] |
| erg | ergänzt |
| Erl | Erläuterung |
| ERMES | European Radio Message System (Europäisches Funkrufsystem) |
| ERO | European Radio Message System |
| ESA | European Space Agency – Europäische Weltraumorganisation |
| ET | Energiewirtschaftliche Tagesfragen |
| etc | et cetera |
| ETP | European Telecommunications Platform – Europäische Telekommunikationsplattform |
| ETR | Europäische Technische Richtlinie |
| ETS | European Telecommunications Standard (Europäischer Telekommunikationsstandard) |
| ETSI | European Telecommunications Standard Institute (Europäisches Institut für Telekommunikationsstandards) |
| EU | Europäische Union |

| | |
|---|---|
| EuGH | Europäischer Gerichtshof |
| EUMESAT | European Organisation for the Exploitaiton of Meteorological Satellites – Europäische Organisation für die Nutzung von meteorologischen Satelliten |
| EUROCONTROL | European Organisation for Air Traffic Control – Europäische Organisation zur Sicherung der Luftfahrt. |
| EU-Vertrag | Vertrag über die Europäische Union |
| EuZW | Europäische Zeitschrift für Wirtschaftsrecht |
| evtl | eventuell |
| EVN | Einzelverbindungs-Nachweis |
| f (ff) | folgende (Seite[n]) |
| FAG | Gesetz über Fernmeldeanlagen |
| FBeitrV | Frequenzbeitragsverordnung |
| FCC | Federal Communications Commission (der Vereinigten Staaten) |
| FDD | Frequenzy Division Duplex – Frequenzduplex, in Breitband-Zellularumgebungen genutzte Übertragungstechnik (vgl. W-CDMA) |
| FGebV | Frequenzgebührenverordnung |
| FO | Fernmeldeverordnung |
| Fn | Fußnote |
| FPLMTS | Future Public Land Mobile Telecommunications System – Künftiges öffentliches terrestrisches Mobilfunksystem, jetzt als „MT-2000" bezeichnet. |
| FR | Frame Relay |
| FreqBZP | Frequenbereichszuweisungsplan |
| FreqBZPV | Frequenzbereichszuweisungsplanverordnung |
| FreqNP | Frequenznutzungsplan |
| FreqNPAV | Frequenznutzungsplanaufstellungsverordnung |
| FreqNTP | Frequenznutzungsteilplan |
| FreqZutV | Frequenzzuteilungsverordnung |
| FTE | Forschung und Technologische Entwicklung |
| FTEG | Gesetz über Funkanlagen und Telekommunikations-Endeinrichtungen |
| FTP | File Transfer Protocol |
| FTZ | Forschungs- und Technologiezentrum |
| FuE | Forschung und Entwicklung |
| FÜG | Gesetz über die Anwendung von Normen für die Übertragung von Fersehsignalen vom 14.11.1997, (Fernsehsignal-Übertragungsgesetz), BGBl I S 2710 |
| FÜV | Fernmeldeverkehr-Überwachungs-Verordnung |
| G, Ges | Gesetz |
| G 10 | Gesetz zur Beschränkung des Brief-, Post- und Fernmeldegeheimnisses (Gesetz zu Artikel 10 Grundgesetz) |
| GATS | General Agreement on Trade and Services |
| GATT | General Agreement of Tariffs and Trade |
| v. Gamm | Kartellrecht, Kommentar zum GWB und zu Art 85, 86 EWGV, 2. Auflage, 1990 |
| geänd | geändert |
| GB | Gigabyte |
| Gbit | Gigabit |
| Gbit/s | Gigabit pro Sekunde |
| GBG | geschlossene Benutzergruppe |
| gem | gemäß |
| GES | Ground Earth Station (Erdfunkstelle) |
| GewArch | Gewerbearchiv |
| GewStG | Gewerbesteuergesetz |
| GfNVt | Glasfaser-Netzverteiler |
| GG | Grundgesetz der Bundesrepublik Deutschland |
| ggf | gegebenenfalls |

| | |
|---|---|
| GGO | Gemeinsame Geschäftsordnung |
| GHz, GigaHertz | Gigahertz, 1 Milliarde Hertz |
| GKG | Gerichtskostengesetz |
| GLONASS | Globales Satellitennavigationssystem der Russischen Föderation |
| GmbH | Gesellschaft mit beschränkter Haftung |
| GMPCS MoU | Global Mobile Personal Communication Services Memorandum of Understanding – Absichtserklärung über satellitengestützte globale mobile persönliche Kommunikationsdienste |
| GNSS | Global Navigation Satellite System – Globales Satellitennavigationssystem |
| GO | Geschäftsordnung, Gemeindeordnung |
| Göhler | Gesetz über Ordnungswidrigkeiten, 12. Auflage, 1998 |
| GPRS | General Packet Radio System |
| GPS | Global Positioning System (Globales System zur Positionsbestimmung) [für die Navigation, USA] |
| grds | grundsätzlich |
| GRUR | Gewerblicher Rechtsschutz und Urheberrecht |
| GSM | 1. Global System for Mobile Communications 2. Group Speciale Mobile |
| GSO FSS | Geostationary Orbit Fixed Satellite Service – feste Satellitendienste in geostationärer Umlaufbahn |
| GüKG | Güterkraftverkehrsgesetz |
| GVBl | Gesetz und Verordnungsblatt |
| GVG | Gerichtsverfassungsgesetz |
| GWB | Gesetz gegen Wettbewerbsbeschränkungen |
| Halbs | Halbsatz |
| HausT(ür)WG | Haustürwiderrufsgesetz |
| Hdb | Handbuch |
| HDTV | High Definition Television (Hochauflösendes Fernsehen) |
| HFrG | Hochfrequenzgerätegesetz |
| HGB | Handelsgesetzbuch |
| hL | herrschende Lehre |
| HLR | Home Location Register (Heimatregister im zellularen Mobilfunk) |
| hM | herrschender Meinung |
| Hrsg | Herausgeber |
| HStR | Handbuch des Staatsrechts hrsgg. b. Isensee/Kirchhof, Bd. I-IX, 1986 ff. |
| HTML | Hypertext Markup Language |
| IALA | International Association of Lighthouse Authorities – Verband der Leuchtturmbehörden |
| IAS | International Accounting Standard |
| IC | Interconnection |
| ICA | Interconnection-Anschluss |
| ICANN | Internet Corporation für Assigned Names and Numbers |
| ICAO | International Civil Aviation Organisation – Internationale Zivilluftfahrt-Organisation |
| idF | in der Fassung |
| idR | in der Regel |
| idS | in der Sache |
| iErg | im Ergebnis |
| IEC | International Electrotechnical Commission |
| IMO | International Maritime Organisation – Internationale Seeschiffahrtorganisation |
| IMT-2000 | International Mobile Telecommunications (2000 bezog sich auf das voraussichtliche Datum der Einführung des Dienstes) – UMTS |
| INMARSAT | International Maritime Satellite Organization |
| insbes | insbesondere |

Abkürzungsverzeichnis XIX

| | |
|---|---|
| InsO | Insolvenzordnung |
| IP | Internet Protocol |
| IRT | Institut für Rundfunktechnik |
| ISDN | Integrated Services Digital Network, diensteinterierendes digitales Fernmeldenetz |
| ISM | Industrial, Scientific, Medical (Industriell, wissenschaftlich, medizinisch) |
| ISO | International Organization for Standardization (Internationale Organisation für Normung) |
| iSv | im Sinne von |
| IT | Information Technology |
| ITU | International Telecommunications Union – Internationale Fernmeldeunion |
| ITU-T | International Telecommunication Union – Telecommunication Standardization Sector |
| IuKDG | Informations- und Kommunikationsgesetz |
| iVm | in Verbindung mit |
| JA | Juristische Ausbildung |
| JbPostw | Jahrbuch des Postwesens |
| JR | Juristische Rundschau |
| JuS | Juristische Schulung |
| JZ | Juristenzeitung |
| KAGG | Gesetz über Kapitalanlagegesellschaften |
| Kap | Kapitel |
| kbit | Kilobit |
| kbit/s | Kilobit pro Sekunde |
| Kfz | Kraftfahrzeug |
| KG | Kammergericht |
| kHz | Kilohertz |
| Komm | Kommentar |
| krit | kritisch |
| KWG | Gesetz über das Kreditwesen |
| LAI | Länderausschuss für Immissionsschutz |
| LAN | Local Area Network, lokales Netz |
| LEC | Local Exchange Carrier |
| LEO | Low-earth Orbit |
| lfd | laufend |
| Losebl | Loseblatt |
| LG | Landgericht |
| LKartA | Landeskartellamt |
| LM | Nachschlagewerk des Bundesgerichtshofes in Zivilsachen, herausgegeben von Lindenmaier-Möhring |
| LStrG | Landes-Straßengesetz |
| LuftVG | Luftverkehrsgesetz |
| m krit Anm | mit kritischer Anmerkung (von) |
| m zust Anm | mit zustimmender Anmerkung |
| MAN | Metropolitan Area Network |
| maW | mit anderen Worten |
| Mbit | Megabit |
| Mbit/s | Megabit pro Sekunde |
| ME | Mobile Equipment |
| MDR | Monatsschrift für deutsches Recht |
| MDStV | Mediendienste-Staatsvertrag |
| MHz | Megahertz |
| MoU | Memorandum of Understanding – Absichtserklärung |
| MS | Mobile Station („Handy") |
| MSC | Mobile Switching Centre (Vermittlungseinrichtung im zellularen Mobilfunk) |

| | |
|---|---|
| MSS | Mobile Satellite Service – beweglicher Funktdienst über Satellit |
| MSU | Message Signalling Unit |
| mwN | mit weiteren Nachweisen |
| mWv | mit Wirkung von |
| Nachw | Nachweis |
| NERA | National Economic Research Associates |
| neugef | neugefasst |
| nF | neue Fassung |
| NJW | Neue Juristische Wochenschrift |
| NJW-CoR | NJW Computerreport |
| NON-GSO FSS | Non-Geostationary Orbit Fixed Satellite Service – feste Satellitendienste in nicht geostationärer Umlaufbahn |
| Nov | Novelle |
| Nr | Nummer |
| NStZ | Neue Zeitschrift für Strafrecht |
| NUI | Network User Identification |
| NVwZ | Neue Zeitschrift für Verwaltungsrecht |
| NWVBl | Nordrhein-Westfälisches Verwaltungsblatt |
| NZV | Netzzugangsverordnung (Verordnung über besondere Netzzugänge) |
| o | oben |
| oä | oder ähnlich |
| OFTEL | Office of Telecommunication |
| oJ | ohne Jahr |
| OLG | Oberlandesgericht |
| ONP | Open Network Provision, offener Netzzugang |
| ONU | Optical Network Unit |
| OPAL | Optische Anschlußleitung |
| OSI | Open Systems Interconnection |
| oV | ohne Verfasser |
| OVG | Oberverwaltungsgericht |
| OWiG | Gesetz über Ordnungswidrigkeiten |
| PBefG | Personenbeförderungsgesetz |
| PCN | Personal Communications Network |
| PCS | Personal Communications Services |
| PDLV | Postdienstleistungsverordnung |
| PDSV | Postdienstunternehmen-Datenschutzverordnung |
| PEntgV | Post-Entgeltregulierungsverordnung |
| PerszulV | Personenzulassungsverordnung |
| PKV | Post-Kundenschutzverordnung |
| PostG | Postgesetz |
| pr ETS | preliminary ETS (Vorläufiger ETS) |
| Prot | Protokoll |
| PostO | Postordnung |
| PostPersRG | Gesetz zum Personalrecht der Beschäftigten der früheren Deutschen Bundespost – identisch mit Postpersonalrechtsgesetz |
| PostStruktG | Gesetz zur Neustrukturierung des Post- und Fernmeldewesens und der Deutschen Bundespost vom 8. 6. 1989 |
| PostSVOrgG | Postsozialversicherungsorganisationsgesetz |
| PostUmwG | Postumwandlungsgesetz |
| PostVerfG | Gesetz über die Unternehmensverfassung der Deutschen Bundespost vom 8. 6. 1989 |
| POTS | Plain Old Telephone Service |
| PSTN | Public Switched Telephone Network |
| PSDS | Packed and Switched Dataservices |
| PTNeuOG | Gesetz zur Neuordnung des Postwesens und der Telekommunikation |

| | |
|---|---|
| PTRegG | Gesetz über die Regulierung der Telekommunikation und des Postwesens |
| PTSG | Gesetz zur Sicherstellung des Postwesens und der Telekommunikation (Post- und Telekommunikationssicherstellungsgesetz) vom 14.9.1994, BGBl I S 2325/2578. |
| PTT | Post, Telegraph and Telephone Administration |
| PTZSV | Verordnung zur Sicherstellung der Post- und Telekommunikationsverordnung durch Schutzvorkehrungen und Maßnahmen des Zivilschutzes (Post- und Telekommunikations-Zivilschutzordnung) |
| PUDLV | Post-Universaldienstleistungsverordnung |
| QoS | Quality of Service |
| RAC | Research and Developmant in Advanced Communication Technologies in Europe |
| RdE | Recht der Elektrizitätswirtschaft |
| RdErl. | Runderlass |
| RDS | Radio Data System |
| Reg | Regierung |
| RegTP | Regulierungsbehörde für Post und Telekommunikation (http/www.regtp.de) |
| RF | Radio Frequency (Funkfrequenz) |
| RFC | Request for Comment (Standards für das Internet) |
| RG | Reichsgericht |
| RGZ | Sammlung der Entscheidungen des Reichsgerichtshofes in Zivilsachen |
| RiStBV | Richtlinien für das Strafverfahren und das Bußgeldverfahren |
| RIW | Recht der Internationalen Wirtschaft |
| Richtl, RL, RiLi | Richtlinie |
| Rifu | Richtfunk |
| Rn | Randnummer (-ziffer) |
| RR | Radio Regulations (Vollzugsordnung für den Funkdienst) |
| RStV | Rundfunkstaatsvertrag |
| RVO | Reichsversicherungsordnung |
| s | siehe |
| S | Seite, Satz |
| sa | siehe auch |
| Sat-ZF | Satelliten-Zwischenfrequenzsystem |
| S-DAB | Satellite – Digital Audio Broadcasting (Digitaler Tonrundfunk über Satellit) |
| SDH | Synchrone Digital Hierarchie |
| SigG | Gesetz zur digitalen Signatur |
| SigV | Verordnung zur digitalen Signatur |
| SIM | Subscriber Identity Module |
| Slg | Sammlung |
| SMS | 1. Short Message Service<br>2. Subscriber Service Management System |
| sog | sogenannt |
| S-PCS | Satellite Personal Communications Service (Persönlicher Kommunikationsdienst über Satellit) |
| SPD | Sozialdemokratische Partei Deutschlands |
| SS | Spiegelstrich |
| st Rspr | Ständige Rechtsprechung |
| StGB | Strafgesetzbuch |
| StPO | Strafprozessordnung |
| str | strittig, streitig |
| StVG | Straßenverkehrgesetz |
| StVO | Straßenverkehrsordnung |
| StVZO | Straßenverkehrszulassungsordnung |
| TAL | Teilnehmeranschlussleitung |

| | |
|---|---|
| TCAM | Telecommunication Conformity Assessment an Markets Surveillance Committee |
| TCP | Transport Control Protocol |
| TD-CDMA | Time Division/Code Division Multipla Access – Zeitmultiplex/Code-Multiplex mit Mehrfachzugriff |
| T-DAB | Terrestrial – Digital Audio Broadcasting (Terrestrischer digitaler Tonrundfunk) |
| TDD | Time Division Duplex – Zeitmultiplex, Übertragungstechnik für Anwendungen, die TDMA-Funkschnittstellen nutzen |
| TDDSG | Gesetz über den Datenschutz bei Teleanbietern (Teledienste Datenschutzgesetz) |
| TDG | Teledienstegesetze |
| TDSV | Verordnung über den Datenschutz für Unternehmen, die Telekommunikationsdienstleistungen erbringen |
| TEN | Transeuropäische Netze |
| TEntgV | Telekommunikations-Entgeltregulierungsverordnung |
| TG1 | Task Group 1 der CEPT/ERC |
| TK | Telekommunikation |
| TKG | Telekommunikationsgesetz |
| TKLGebV | Telekommunikations-Lizenzgebührenverordnung |
| TKSiV | Telekommunikations – Sicherstellungsverordnung |
| TKV 1995 | Telekommunikation und Kundenschutzverordnung |
| TKZulV 1995 | Verordnung über die Konformitätsbewertung, Kennzeichnung, Zulassung und das In-Verkehr-Bringen von Telekommunkationseinrichtungen |
| TNVG | Telekommunikations-Nummern-Gebührenverordnung |
| TPflV | Verordnung zur Regelung der Pflichtleistungen der Deutschen Bundespost TELEKOM, Telekom-Pflichtleistungsverordnung |
| TR | Technische Richtlinie |
| TransVSt | Transitvermittlungsstelle |
| TTE | Telecommunications Termination Equipment |
| TUDLV | Telekommunikations- Universaldienstleistungsverordnung |
| TVerleihV | Verordnung zur Öffnung von Märkten für Dienstleistungen sowie zur Regelung von Inhalt, Umfang und Verfahren der Verleihung im Bereich Telekommunikation (Telekommunikations-Verleihungs-Verordnung) |
| TVSt | Teilnehmervermittlungsstelle |
| TWG | Telegraphenwegegesetz |
| Tz | Textziffer |
| u | und |
| ua | unter anderem |
| UMTS | Universal Mobile Telecommunications Systems |
| UNI | User Network Interface, Teilnehmer-Netz-Schnittstelle |
| unstr | unstrittig |
| URL | Uniform Ressource Locator |
| UTRA | UMTS Terrestric Radio Access – terrestrischer Funkzugang zu UMTS |
| UWG | Gesetz gegen den unlauteren Wettbewerb |
| uU | unter Umständen |
| v | vom |
| V | Verordnung |
| VA | Verwaltungsakt |
| VDE | Verein Deutscher Elektrotechniker |
| VerbrKG | Verbraucher-Kredigesetz |
| Vers | Versicherung |
| VerwArch | Verwaltungsarchiv |
| vgl | vergleiche |
| Vfg | Verfügung |

| | |
|---|---|
| VG | Verwaltungsgericht |
| VGH | Verwaltungsgerichtshof |
| VLR | Visited Location Register |
| VNO | Virtual Network Operator, Virtueller Netzbetreiber |
| VO Funk | Vollzugsverordnung für den Funkdienst |
| Voraufl | Vorauflage |
| Vorbem | Vorbemerkung |
| VPN | Virtual Private Network |
| VSt | Vermittlungsstelle |
| VTMIS | Vessel Traffic Management and Information Systems – Seeverkehrsmanagement- und Informationssysteme |
| VVDStRL | Veröffentlichungen der Vereinigung deutscher Staatsrechtslehrer |
| VwGO | Verwaltungsgerichtsordnung |
| VwGrds-FreqN | Verwaltungsgrundsätze der Regulierungsbehörde für Telekommunikation und Post nach § 81 Abs. 2 TKG über die Aufteilung des Frequenzbereichs von 9 kHz bis 275 GHz auf die einzelnen Frequenznutzungen sowie über die Festlegungen für diese Frequenznutzungen |
| VwKostG | Verwaltungskostengesetz |
| VwV | Verwaltungsvorschrift |
| VwVG | Verwaltungsvollstreckungsgesetz |
| VwZG | Verwaltungszustellungsgesetz |
| WAP | Wireless Application Protocol |
| WARC | World Administrative Radio Conference |
| W-CDMA | Wide-band Code Division Multiple Access – Breitband-Code-Multiplex mit Mehrfachzugriff |
| WHG | Wasserhaushaltsgesetz |
| WIK | Wissenschaftliches Institut für Kommunikationsdienste |
| wistra | Zeitschrift für Wirtschaft, Steuer und Strafrecht |
| WLL | Wireless Local Loop (Drahtlose Teilnehmeranschlussleitung) |
| WM | Wertpapier-Mitteilungen |
| WPV | Weltpostverein |
| WRC | World Radio Conference (Weltfunkkonferenz) |
| WRP | Wettbewerb für Recht und Praxis |
| WRV | Weimarer Reichsverfassung 1919 |
| WuW | Wirtschaft und Wettbewerb |
| WuW/E | Entscheidungen aus WuW |
| www | World Wide Web |
| zB | z. B. |
| ZG | Zeitschrift für Gesetzgebung |
| ZHR | Zeitschrift für das gesamte Handelsrecht und Wirtschaftsrecht |
| ZIP | Zeitschrift für Wirtschaftsrecht und Insolvenzpraxis |
| zit | zitiert |
| ZPF | Zeitschrift für das Post- und Fernmeldewesen |
| ZPO | Zivilprozessordnung |
| ZRP | Zeitschrift für Rechtspolitik |
| ZSEG | Gesetz über die Entschädigung für Zeugen und Sachverständige |
| zT | zum Teil |
| zust | zustimmend |
| zutr | zutreffend |
| ZUM | Zeitschrift für Urheber- und Medienrecht |

# Literaturverzeichnis

| | |
|---|---|
| Achterberg | Allgemeines Verwaltungsrecht, 2. Auflage, 1986 |
| AK GG | Alternativkommentar zum Grundgesetz, 2. Auflage, 1989 |
| Baumbach/Lauterbach | ZPO und GVG, Kommentar, 59. Auflage, 2001 |
| Bechtold | GWB, Kartellgesetz, Gesetz gegen Wettbewerbsbeschränkungen, Kommentar, 2. Auflage 1999 |
| Beck'scher TKG-Kommentar | Beck'scher TKG-Kommentar, Telekommunikationsgesetz, hrsg von Büchner/Bönsch, 2. Auflage, 2000 |
| Beck'scher PostG-Kommentar | Beck'scher PostG-Kommentar, Postgesetz, hrsg von Badura, 2000 |
| BK oder Bonn-Komm | Bonner Kommentar zum Grundgesetz, hrsg von Dolzer, Kommentar, Stand: 1999 |
| Bergmann, Fridhelm/Gerhardt, | Taschenbuch der Telekommunikation, Leipzig 1999 |
| Beucher/Leyendecker/von Rosenberg | Mediengesetze. Rundfunk. Mediendienste. Teledienste. Kommentar zum Rundfunkstaatsvertrag, Mediendienste-Staatsvertrag, Teledienstegesetz und Teledienstedatenschutzgesetz, 1999 |
| Busche | Privatautonomie und Kontrahierungszwang, 1999 |
| Dreier [Hrsg] | Grundgesetz, Kommentar, 1996, zitiert: Bearbeiter, in: Dreier, GG |
| Drews/Wacke/Vogel/Martens | Gefahrenabwehr. Allgemeines Polizeirecht (Ordnungsrecht) des Bundes und der Länder, 9. Auflage, 1986 |
| Eidenmüller | Post- und Fernmeldewesen, Loseblatt-Kommentar. |
| Engel/Knieps | Die Vorschriften des Telekommunikationsgesetzes über den Zugang zu wesentlichen Leistungen – eine juristische ökonomische Untersuchung, 1998, zitiert: Engel/Knieps, Zugang zu wesentlichen Leistungen |
| Erbs/Kohlhaas | Strafrechtliche Nebengesetze, Loseblatt-Kommentar, Stand: 138. Lieferung, September 2000 |
| Erichsen [Hrsg] | Allgemeines Verwaltungsrecht, 11. Auflage, 1998, zitiert: Bearbeiter, in: Erichsen [Hrsg] |
| EUDUR | Handbuch zum europäischen und deutschen Umweltrecht, hrsg von Rengeling, 1998 |
| Eyermann | Verwaltungsgerichtsordnung, Kommentar, 11. Auflage, 2000 |
| Fangmann/Lörcher/Scheuerle/Schwemmle/Wehner | Telekommunikations- und Postrecht – Kommentar und alle neuen Rechtsvorschriften, 2. Auflage, 1996, zitiert: Fangmann/Lörcher/Scheuerle/Schwemmle/Wehner, TKPR |
| FK oder Frankfurter Kommentar | GWB, Gesetz gegen Wettbewerbsbeschränkungen, Loseblatt-Kommentar, Stand: 46. Lieferung, November 2000; zitiert: FK/Bearbeiter |
| Gabler-Wirtschafts-Lexikon | 14. Auflage, 1997 |
| von Gamm | Kartellrecht, Kommentar zum GWB und zu Art 85, 86 EWGV, 2. Auflage, 1990 |

| | |
|---|---|
| Geppert/Ruhle/Schuster | Handbuch Recht und Praxis der Telekommunikation, 1998 |
| Geiger | EUV/EGV, Vertrag über die Europäische Union und Vertrag zur Gründung der Europäischen Gemeinschaft. Kommentar, 3. Auflage, 2000, zitiert: Geigen, EUV/EGV |
| Göhler | Gesetz über Ordnungswidrigkeiten, 12. Auflage, 1998 |
| Hartstein/Ring/Kreile/Dörr/Städtner | Rundfunkstaatsvertrag, Kommentar, 1989, zitiert: Hartstein/Ring/Kreile, RStV |
| Grawitz/Hill | Das Recht der europäischen Union, Loseblatt-Kommentar, 15. Ergänzungslieferung, Januar 2000, zitiert: Grawitz/Hill |
| Haaß | Handbuch der Kommunikationsnetze, 1997 |
| Hesse | Rundfunkrecht, 2. Auflage, 1999 |
| HStR | Handbuch des Staatsrechts hrsg von Isensee/Kirchhof, Bd I-IX, 1986 ff |
| Hdbd EU Wi-R | Handbuch des EU-Wirtschaftsrechts, Loseblatt-Kommentar, hrsg von Dauses, Stand: 9. Lieferung, August 2000 |
| Hinner | Lexikon der Telekommunikation, die wichtigsten Begriffe zu allen Online-Diensten, 1996 |
| IM oder Immenga/Mestmäcker | Gesetz gegen Wettbewerbsbeschränkungen, Kommentar, 2. Auflage, 1992; zitiert: I/M/Bearbeiter |
| Jarass/Pieroth | Grundgesetz. Kommentar. 5. Auflage, 2000 |
| Kleinknecht/Meyer-Goßner | Strafprozessordnung, 44. Auflage, 1999 |
| Knack | Verwaltungsverfahrensgesetz (VwVfG), Kommentar, 7. Auflage, 2000, zitiert: Bearbeiter, in: Knack, VwVfG |
| Kodal/Krämer | Straßenrecht, 6. Auflage, 1999, zitiert: Bearbeiter, in: Kodal/Krämer |
| Kopp/Ramsauer | Verwaltungsverfahrensgesetz, 7. Auflage, 2000, zitiert: Kopp/Ramsauer, VwVfG |
| Kopp/Schenke | Verwaltungsgerichtsordnung, 12. Auflage, 2000, zitiert: Kopp/Schenke, VwGO |
| von Landmann/Rohmer (GewO) | Loseblatt-Kommentar, Stand 39. Lieferung, 2000, zitiert: Bearbeiter, in: Landmann/Rohmer |
| Langen/Bunte oder Langen, KartR | Kommentar zum deutschen und europäischen Kartellrecht, 9. Auflage, 2001 |
| Larenz/Canaris | Methodenlehre der Rechtswissenschaft, 4. Auflage, 2000 |
| Leibholz/Rinck/Hesselberger | Grundgesetz, Loseblatt-Kommentar, Stand: 38. Lieferung, November 2000 |
| Leipziger Kommentar | Strafgesetzbuch, hrsg von Jescheck, 11. Auflage |
| von Mangold/Klein/Stark [Hrsg] | Das Bonner Grundgesetz, 4. Auflage, 1999, zitiert: BK/Bearbeiter |
| Manssen [Hrsg] | Telekommunikations- und Multimediarecht, Loseblatt-Kommentar, Stand: 3. Lieferung, September 2000, zitiert: TKMMR/Bearbeiter |
| Maunz/Dürig(/Herzog/Scholz) | Grundgesetz Kommentar, Loseblatt-Kommentar, Stand: 37. Lieferung, August 2000 |
| Maurer | Allgemeines Verwaltungsrecht, 13. Auflage, 2000 |
| Mayer | Das Internet im öffentlichen Recht. Unter Berücksichtigung europarechtlicher und völkerrechtlicher Vorgaben, Berlin 1999, zitiert: Internet |
| MüKomm oder MüKo | Münchner Kommentar zum Bürgerlichen Gesetzbuch, 3. Auflage, 1993 ff |

| | |
|---|---|
| von Münch/Kunig | Grundgesetz, Kommentar, 5. Auflage, 2000 |
| Obernolte/Danner | Energiewirtschaftsrecht, Loseblatt-Kommentar, hrsg von Fritz, Stand: 38. Lieferung, April 2001 |
| Obermayer | Kommentar zum Verwaltungsverfahrensgesetz, zitiert: Bearbeiter, in: Obermayer, VwVfG |
| Oertel, Klaus | Die Unabhängigkeit der Regulierungsbehörde nach §§ 66 ff TKG – zur organisationsrechtlichen Verselbständigung staatlicher Verwaltungen am Beispiel der Privatisierung in der Telekommunikation, 2000, zitiert: Oertel, Die Unabhängigkeit der Regulierungsbehörde |
| Ordemann/Schomerus/Gola | Bundesdatenschutzgesetz, 6. Auflage, 1997 |
| Palandt | BGB, Kommentar, 60. Auflage, 2001 |
| Redeker/von Oertzen | Verwaltungsgerichtsordnung, Kommentar, 12. Auflage, 1997, zitiert: Bearbeiter, in: Redeker/von Oertzen |
| RGRK | BGB-Kommentar, herausgegeben von Reichsgerichtsräten und Bundesrichtern, 12. Auflage, 1982 ff |
| RMD | siehe Roßnagel |
| Roßnagel [Hrsg] | Recht der Multimedia-Dienste, Loseblatt-Kommentar, Stand: 2. Lieferung, November 2000, zitiert: RMD/Bearbeiter |
| Sachs | Grundgesetz, Kommentar, 2. Auflage, 1999 |
| Schaffland/Wiltfang | Bundesdatenschutzgesetz, Loseblatt-Kommentar, Stand: 4. Lieferung, November 2000 |
| Schmidt | Öffentliches Wirtschaftsrecht, 1997 |
| Schmidt-Aßmann [Hrsg] | Besonderes Verwaltungsrecht, 11. Auflage, 1999, zitiert: Bearbeiter, in: Schmidt-Aßmann [Hrsg], BesVerwR |
| Schmidt-Aßmann | Das Allgemeine Verwaltungsrecht als Ordnungsidee, 1998 |
| Schmidt-Bleibtreu/Klein | Kommentar zum GG, 9. Auflage 1999 |
| Schmidt-Preuß | Kollidierende Privatinteressen im Verwaltungsrecht. Das subjektive öffentliche Recht im multipolaren Verwaltungsrechtsverhältnis, 1992, zitiert: Kollidierende Privatinteressen im Verwaltungsrecht |
| Schoch/Schmidt-Aßmann/Pietzner | Verwaltungsgerichtsordnung, Loseblatt-Kommentar, Stand: 5. Lieferung, Januar 2000, zitiert: Bearbeiter, in: Schoch/Schmidt-Aßmann/Pietzner, VwGO |
| Schönke/Schröder | StGB, Kommentar, 26. Auflage, 2001 |
| Simitis/Dammann/Geiger/Mallmann/Walz | Bundesdatenschutzgesetz, Kommentar, 7. Auflage, 1995 |
| Spindler [Hrsg] | Vertragsrecht der Telekommunikations-Anbieter, 2000 |
| Stelkens/Bonk/Sachs | VwVfG, Kommentar, 5. Auflage, 1998, zitiert: Bearbeiter, in: Stelkens/Bonk/Sachs, VwVfG |
| Stern, PostR | Postrecht der Bundesrepublik Deutschland, Loseblatt-Kommentar, Stand: 6. Lieferung, März 2000 |
| Stockmann/Schultz | Kartellrechtspraxis und Kartellrechtsprechung, 13. Auflage, 1998 |
| Thomas/Putzo | ZPO, Kommentar, 22. Auflage, 1999 |
| TKMMR | siehe Manssen |
| Tröndle/Fischer | Strafgesetzbuch und Nebengesetze, Kommentar, 50. Auflage, 2001 |
| Ulmer/Brandner/Hensen | AGB-Gesetz, Kommentar, 7. Auflage, 1993 |

| | |
|---|---|
| Westrick/Loewenheim | Gesetz gegen Wettbewerbsbeschränkungen, Loseblatt-Kommentar, Stand: März 1993 |
| Wiechert/Schmidt/Königshofen | Telekommunikationsrecht der Bundesrepublik Deutschland – TKR. Loseblatt-Kommentar, Stand: Mai 1991 |
| Windhorst | Der Universaldienst im Bereich der Telekommunikation, Eine öffentlich-rechtliche Betrachtung unter Einbeziehung des amerikanischen Rechts, 2000; zitiert: Windhorst, Universaldienst |
| Wolff/Bachof/Stober | Verwaltungsrecht Bd I, 10. Auflage, 1994 |
| Witte, TKG 1996 | Das Telekommunikationsgesetz 1996: eine Herausforderung für Markt und Ordnungspolitik, 1996 |
| Zöller | Zivilprozessordnung, Kommentar, 22. Auflage, 2001 |

# Telekommunikationsgesetz (TKG)

vom 25. Juli 1996 (BGBl I S 1120), geändert durch Art 2 Abs 34 des Begleitgesetzes zum Telekommunikationsgesetz vom 17. Dezember 1997 (BGBl I S 3108), Art 2 Abs 6 des Sechsten Gesetzes zur Änderung des Gesetzes gegen Wettbewerbsbeschränkungen vom 26. August 1998 (BGBl I S 2544), Art 27 des Gesetzes vom 21. Dezember 2000 (BGBl I S 1956) und § 19 Abs 1 des Gesetzes über Funkanlagen und Telekommunikationsendeinrichtungen (FTEG) vom 31. Januar 2001 (BGBl I S 170)

# Einführung I
# Gesetzesentwicklung[1]

**Schrifttum:** *Börnsen* Das Telekommunikationsgesetz 1996 – Entwicklungen und Hintergründe, ZG 1996, 323; *Büchner* Liberalisierung und Regulierung im Post- und Telekommunikationssektor: Vom Monopol zum Wettbewerb, CR 1996, 581; *ders* Die Neugliederung der Deutschen Bundespost – Strukturen und Konsequenzen, JA 1990, 194 und 220; BMPF, Reform des Post- und Fernmeldewesens in der BRD, 1988; *Falkenheim ua*, Gutachten der Sachverständigenkommission für die Deutsche Bundespost v 6.11.1965, BT-Drucks 5/203; *Fangmann* Telekommunikation und Poststrukturgesetz, CR 1989, 647; *Gramlich* Von der Postreform zur Postneuordnung: Zur erneuten Novellierung des Post- und Telekommunikationswesens, NJW 1994, 2785; *ders* Entwicklungen der staatlichen Wirtschaftsaufsicht – Das Telekommunikationsrecht als Modell? VerwArch 88 (1997), S 598 ff; *Grande* Vom Monopol zum Wettbewerb? Die neokonservative Reform der Telekommunikation in Großbritannien und der Bundesrepublik Deutschland, Wiesbaden, 1989; *Jäger* Postreform I und II, 1994; *Kämmerer* Die Rechtsnatur der Bundespost, Archiv PF 1966, 555; Kommission der Europäischen Gemeinschaften, Grünbuch über die Entwicklung des Gemeinsamen Marktes für Telekommunikationsdienstleistungen und Telekommunikationsgeräte (KOM (87) 290 endg v 30.6.1987); Monopolkommission, Sondergutachten 9, Die Rolle der Deutschen Bundespost im Fernmeldewesen, 1981; *Scherer* Postreform II: Privatisierung ohne Liberalisierung, CR 1994, 418; *ders* Die Telekommunikationsordnung des Bundespost: Rechtsgrundlage für die Informationsgesellschaft?, CR 1987, 115; *ders* Die Zulässigkeit der Organisationsprivatisierung des Mobilfunkbetriebs der Deutschen Bundespost Telekom gem Art 87 Abs 1 GG, Archiv PT 1992, 5; *Werle* Telekommunikation in der Bundesrepublik Deutschland: Expansion, Differenzierung, Transformation, 1990; *Witte* Neuordnung der Telekommunikation, Bericht der Regierungskommission Fernmeldewesen, 1987.

### Inhaltsübersicht

|     |                                                                                                 | Rn      |
| --- | ----------------------------------------------------------------------------------------------- | ------- |
| 1.  | Vom Postregal zum Fernmelderecht                                                                | 1–2     |
| 2.  | Erste Reformansätze                                                                             | 3–4     |
| 3.  | Die 80er Jahre: Steigender Reformdruck                                                          | 5–8     |
| 4.  | Innovationsschübe durch europäische Politik und Rechtssetzung                                   | 9–10    |
| 5.  | Das Übergangsrecht zwischen Monopol und Liberalisierung: Die Postreform I 1989 und Postreform II 1994 | 11–16   |
| 6.  | Die Postreform III – Das Gesetzgebungsverfahren zum TKG                                         | 17–24   |
| 7.  | Die Entwicklung des Telekommunikationsrechts seit Inkrafttreten des TKG                         | 25–27   |

---

**1** Für wesentliche Vorarbeiten zu I 1–6 danken wir Herrn Rechtsanwalt Dr. Robert Schulz, Berlin.

Wolfgang Spoerr

## 1. Vom Postregal zum Fernmelderecht

**1** Die staatliche Post, die neben der „gelben Post" auch das Fernmeldewesen umfasste, war eine der **ältesten Staatsverwaltungen**. Ihr zu Gunsten bestand ein umfassendes Fernmeldemonopol, das nicht verfassungsrechtlich, sondern nur einfach-gesetzlich geregelt war. Auf nationaler Ebene wurde es erstmals im Gesetz über das Telegraphenwesen des Deutschen Reiches vom 6. 4. 1892[2] fixiert. Dessen § 1 lautete: „Das Recht, Telegraphenanlagen für die Vermittlung von Nachrichten zu errichten und zu betreiben, steht ausschließlich dem Reich zu. Unter Telegraphenanlagen sind die Fernsprechanlagen mit begriffen." Dieses **staatliche Fernmeldemonopol** wurde im **Gesetz über Fernmeldeanlagen** v 14. 1. 1928 (FAG)[3] fortgeschrieben.

**2** Die Organisationsform der Deutschen Bundespost war zum Teil durch die **Verfassung** vorgegeben: Gem Art 87 Abs 1 S 1 GG aF war die DBP in **bundeseigener Verwaltung** mit eigenem Verwaltungsunterbau zu führen. Die Rechtsnatur der DBP war die eines Sondervermögens des Bundes (§ 3 PostVerwG[4]). Rechtsfolgen waren Beamtenstatus, öffentliches Dienstrecht und die Beschränkung der Tätigkeit auf das deutsche Staatsgebiet.[5] Die DBP konnte „im Rechtsverkehr unter ihrem Namen handeln, klagen und verklagt werden" (§ 4 Abs 1 PostVerwG), sie war also „quasi-rechtsfähig".[6]

## 2. Erste Reformansätze

**3** In der Nachkriegszeit wurden schon früh **Defizite** bei der **Versorgung mit Telekommunikationsleistungen** konstatiert. Die DBP hatte Schwierigkeiten, die ihr gestellten Aufgaben im Fernmeldebereich zu erfüllen: Mitte der 60er Jahre bestand ein Fehlbedarf von 500.000 Telefonhauptanschlüssen. Mit einer Anschlussdichte von 7,2 % aller Haushalte lag die Bundesrepublik Deutschland weit hinter anderen westlichen Industriestaaten zurück.[7] Zugleich war die DBP hoch **defizitär**. 1965 betrugen ihre Verluste 1,1 Mrd DM.[8] 1964 setzte die Bundesregierung im Auftrag des Deutschen Bundestages eine Sachverständigen-Kommission ein, nach ihrem Vorsitzenden **Falkenheim-Kommission** genannt. Diese kam zur Diagnose, „dass die Bundespost heute ein in sich krankes Unternehmen ist, und zwar in weit stärkerem Maße, als dies aus der Gewinn- und Verlustrechnung der Post erkennbar wird".[9]

**4** Als Therapie schlug sie vor, die DBP dem Gebot der Wirtschaftlichkeit zu unterwerfen und sie in eine bundeseigene **Anstalt öffentlichen Rechts** mit eigener Wirtschafts- und Rechnungsführung nach kaufmännischen Grundsätzen umzuwandeln. Die hoheitlichen Aufgaben sollten von den unternehmerischen Aufgaben getrennt werden. Das Monopol der DBP bei den Fernmeldediensten wurde nicht in Frage gestellt. Die Kommission empfahl insoweit lediglich, den Fernsprechauftragsdienst und das Nebenstellengeschäft privaten Unternehmern zu überlassen. Die Bundesregierung stand den Vorschlägen kritisch gegenüber. Sie war im Ergebnis nicht bereit, auf ihren politischen Einfluss und die finanziellen Erträge aus dem Monopol zu verzichten. Nach langem Zögern verwarf die Bundesregierung schließlich die Kommissionsempfehlungen; der 5. Deutsche Bundestag fasste aus Zeitmangel keinen endgültigen Beschluss mehr.[10] Damit war der erste Versuch einer Reform des Post- und Fernmeldewesens gescheitert. Einen neuerlichen Versuch unternahm die Bundesregierung 1969. Die von ihr bestellte „Kommission Deutsche Bundespost" erarbeitete Vorschläge für eine neue **Unternehmensverfassung der DBP**. Die Umsetzung der Vorschläge ist vor allem an der Frage der Mitbestimmung gescheitert.[11]

---

2 RGBl 1892, S 467.
3 RGBl I, S 8.
4 V 24. 7. 1953, BGBl I S 676; zum verfassungsrechtlichen Rahmen *Steiner*, in: Isensee/Kirchhof, Handbuch des Staatsrechts, § 81 Rn 32 ff.
5 *Börnsen* ZG 1996, 323.
6 *Gramlich* VerwArch 1997, 598, 605.
7 *Falkenheim* ua, Gutachten der Sachverständigenkommission für die Deutsche Bundespost, BT-Drucks 5/203, 74, 83.
8 *Werle* Telekommunikation in der Bundesrepublik Deutschland, 1990, S 133. Zu den Ursachen: *Jäger* Postreform I und II, 1994, S 78.
9 *Falkenheim* aaO, S 9.
10 *Jäger* Postreform I und II, 1994, S 84 f.
11 *Börnsen* ZG 1996, 323. Zu den Entwürfen: *Jäger* Postreform I und II, 1994, S 100 ff; *Grande* Vom Monopol zum Wettbewerb? 1989, S 196.

Wolfgang Spoerr

## 3. Die 80er Jahre: Steigender Reformdruck

Das Fernmeldemonopol der DBP wurde erstmals nachhaltig durch das Sondergutachten der Monopolkommission von 1981 in Frage gestellt[12]: Grundsätzlich sei „einem funktionsfähigen Wettbewerbsprozess Vorrang einzuräumen vor jeder Art staatlicher Planung und Regulierung". Jegliche Sonderregulierung einzelner Wirtschaftsbereiche, auch des Fernmeldebereiches, bedürfe der ständigen Überprüfung und Rechtfertigung.[13] Trotz dieser Grundeinstellung tendierte auch die Monopolkommission noch nicht für die Zulassung von Wettbewerb im Netzbereich.[14] Allerdings sollte durch eine erweiterte Zulassung von Spezialnetzen und die generelle Zulassung der **Weitervermietung von Leitungen** Randwettbewerb ermöglicht werden.[15] Dagegen befürwortete die Monopolkommission im Endgerätebereich uneingeschränkt den Wettbewerb, und zwar ohne Beteiligung der DBP.[16] Entgegen der Empfehlung der Monopolkommission beschloss die Bundesregierung im April 1981, die DBP weiterhin am Endgerätemarkt teilnehmen zu lassen.[17]

Nach der Regierungsübernahme von CDU/CSU und FDP im Herbst 1982 wurde zunächst eine beherztere Liberalisierung erwartet. Dennoch schritt die Reform nur langsam voran.[18] Die Regierung forcierte den Ausbau des Breitbandkabelnetzes. Eine vorzeitige Aufhebung des Netzmonopols der DBP hätte dieses telekommunikations- und medienpolitische Ziel gefährdet.[19]

Einen wesentlichen Anstoß gab erst der Bericht der Regierungskommission Fernmeldewesen, die die Bundesregierung am 13.3.1985 einsetzte. Ihr Vorsitzender war Eberhard Witte (**Witte-Kommission**). Ihren Bericht legte die Kommission im September 1987 vor. Die umstrittenste Frage war die des **Netzwettbewerbes**. Hier lehnte die Kommission den Vorschlag, nach einer angemessenen Übergangszeit Wettbewerb zuzulassen, mit Stimmengleichheit ab. Statt dessen empfahl die Kommission ein bedingtes Netzmonopol: Die „Telekom" – so bezeichnete die Kommission den Fernmeldebereich der DBP – solle das Netzmonopol so lange behalten, als sie „Mietleitungen (Festverbindungen) zu angemessenen und wettbewerbsfähigen Bedingungen entsprechend dem qualitativen und quantitativen Bedarf anderen überlässt".[20] Die Einhaltung dieser Verpflichtung solle die Bundesregierung im Abstand von drei Jahren überwachen. Im Falle einer nicht befriedigenden Marktentwicklung solle die Errichtung konkurrierender Netze zugelassen werden.[21] Nur in Randbereichen, nämlich bei grundstücksinternen Netzen sowie beim individuellen Datenverkehr niedriger Bit-Raten über Satelliten (Point-to-Point) sowie bei der einseitig gerichteten Datenverteilung (Point-to-Multi-Point) solle Netzwettbewerb zugelassen werden. Doch selbst diese – aus heutiger Sicht – zaghaften Liberalisierungsansätze waren heftig umstritten.

Als organisatorische Konsequenz für die DBP empfahl die Kommission die **Trennung der Hoheitsaufgaben** von den **Unternehmensaufgaben**. Der BMPT solle die Hoheitsaufgaben selbst wahrnehmen, die Erfüllung der Unternehmensaufgaben lediglich überwachen.[22] Wegen des politischen Charakters der Hoheitsaufgaben sollte die Regulierungsinstanz nicht nach dem Muster der britischen Regulierungsbehörde (OFTEL) verselbständigt werden.[23] Insgesamt bildeten die Empfehlungen der Witte-Kommission einen Kompromiss, der die Schwerpunkte der späteren Postreform I von 1989 vorzeichnete.

## 4. Innovationsschübe durch europäische Politik und Rechtssetzung

Entscheidende Innovationsschübe gingen im Folgenden von der europäischen Telekommuni-

---

12 Monopolkommission Sondergutachten 9, Die Rolle der Deutschen Bundespost im Fernmeldewesen, 1981.
13 Monopolkommission aaO S 15.
14 Monopolkommission aaO Nr 27 S 17.
15 Monopolkommission aaO Nr 28 S 17.
16 Monopolkommission aaO Nr 31 f, S 18.
17 *Jäger* Postreform I und II, 1994, S 124 f.
18 *Jäger* Postreform I und II, 1994, S 126. Zur verfassungsrechtlichen Diskussion etwa *Schatzschneider* Privatisierung des Fernmeldehoheitsrechts, 1988.
19 *Jäger* Postreform I und II, 1994, S 127.
20 Empfehlung E 1, S 3.
21 *Witte-Kommission* Neuordnung der Telekommunikation, Bericht der Regierungskommission Fernmeldewesen, 1987, E 1, S 3.
22 *Witte-Kommission* aaO E 30–31, S 6.
23 *Witte-Kommission* aaO S 108.

Wolfgang Spoerr

kationspolitik aus (ausf Einf II Rn 2 ff). Sie wurde nachhaltig durch das Grünbuch über die Entwicklung des gemeinsamen Marktes für Telekommunikationsdienstleistungen und Telekommunikationsgeräte geprägt. Es wurde am 30. 6. 1987 veröffentlicht. Sein Grundanliegen war eine starke Ausweitung des Wettbewerbes auf dem Sektor der Telekommunikationsdienste und der Endgeräte. Gleichzeitig sollte aber die Rolle der Fernmeldeverwaltungen bei der Bereitstellung der Netzinfrastruktur sichergestellt werden, damit diese ihren öffentlichen Dienstleistungsauftrag erfüllen können.[24] Demzufolge akzeptierte das Grünbuch die ausschließlichen oder besonderen Rechte – also die Verwaltungsmonopole – der Fernmeldeverwaltungen bei Angebot, Bereitstellung und Betrieb der Netzinfrastruktur.

**10** Dagegen sollten die Mitgliedstaaten die Monopole bei den Diensten nur bei „**Basis- oder Grunddiensten**" aufrechterhalten dürfen; der einzige solche Basisdienst sei zur damaligen Zeit der herkömmliche Fernsprechdienst, also die Sprachübertragung. Alle anderen Dienste, insbesondere die **Mehrwertdienste**, sollten im freien Wettbewerb privater Unternehmen mit den Fernmeldeverwaltungen angeboten werden. **Hoheitliche und betriebliche** Aufgaben der Fernmeldeverwaltungen müssten **getrennt** werden. Da die Teilnahme der Fernmeldeverwaltungen am Wettbewerb die Gefahr des Missbrauchs einer marktbeherrschenden Stellung begründe, sei eine verstärkte Überwachung von Marktteilnehmern mit marktbeherrschender Stellung erforderlich. Die mitgliedstaatlichen Bestimmungen über den Netzzugang für die Anbieter von Wettbewerbsdiensten und Endgeräten müssten einander angenähert werden.[25] Dafür sei eine Richtlinie über das **Angebot eines offenen Netzzuganges** (Open Network Provision – ONP) nötig. Der Rat der Europäischen Gemeinschaft stimmte den im Grünbuch formulierten Vorschlägen mit seiner Entschließung vom 30. 6. 1998 im Wesentlichen zu.[26]

5. **Das Übergangsrecht zwischen Monopol und Liberalisierung: Die Postreform I 1989 und Postreform II 1994**

**11** Nach zweijähriger Diskussion[27] wurde – auf der Grundlage der Empfehlungen der Witte-Kommission – die **Postreform I**[28] mit den Stimmen der Regierungsparteien gegen die Stimmen von SPD und Grünen vom Bundestag beschlossen. Der Bundesrat stimmte im Mai 1989 mit der Mehrheit der unionsregierten Länder zu, so dass das Gesetz am 1. 7. 1989 in Kraft treten konnte. Das Postverfassungsgesetz, als Art 1 PostStruktG erlassen, spaltete das Sondervermögen DBP in drei Teilsondervermögen Postdienst, Postbank und Telekom auf, die als öffentliche Unternehmen zu führen waren (§ 1 Abs 2 PostVerfG). Die hoheitlichen Aufgaben wurden von den unternehmerischen getrennt; der BMPT hatte die politischen und hoheitlichen Aufgaben wahrzunehmen. Die DBP bekam eine **Unternehmensverfassung**.

**12** Mit den Vorschriften über die Wirtschaftsführung (§ 37 ff PostVerfG) fand zugleich eine vorsichtige Abwendung von öffentlich-rechtlichen Steuerungsmechanismen hin zu privat-betriebswirtschaftlichen Prinzipien statt. Durch eine Änderung des FAG (Art 3 PostStruktG) wurde das **Endgerätemonopol** abgeschafft (§ 1 Abs 3 FAG). Dagegen behielt die DBP Telekom das **Netzmonopol** und das **Sprachdienstmonopol**, dem allerdings Randwettbewerb in diesen Bereichen zur Seite gestellt wurde.[29] Auf der Grundlage der Postreform I ergingen zahlreiche Rechtsverordnungen und Verwaltungsvorschriften, die den Monopolbereich abgrenzten und das Leistungsverhalten der DBP Telekom steuerten.[30]

**13** In der Folgezeit erließ die Europäische Wirtschaftsgemeinschaft eine Reihe von Richtlinien.[31]

24 Kommission der Europäischen Gemeinschaften Grünbuch über die Entwicklungen des Gemeinsamen Marktes für Telekommunikationsdienstleistungen und Telekommunikationsgeräte (KOM (87) 290 endg v 30. 6. 1987), Zusammenfassung, S 12.
25 Kommission der Europäischen Gemeinschaften aaO S 14.
26 Entschließung des Rates v 30. 6. 1988 über die Entwicklung des gemeinsamen Marktes für Telekommunikationsdienste und -geräte bis 1992 (88/C 257/01), ABl C 257 v 4. 10. 1988, S 1.
27 Dazu umfassend *Jäger* Postreform I und II, 1994, S 167 ff.
28 Poststrukturgesetz (PostStruktG) v 8. 6. 1989, BGBl I, 1026.
29 *Gramlich* VerwArch 1997, 598, 620.
30 S die Übersicht bei *Gramlich* VerwArch 1997, 598, 615.
31 S dazu Einf II Rn 4 ff.

Gegenstand der **Postreform II** waren das **Postneuordnungsgesetz** (PTNeuOG) v 14.9.1994[32] **14** sowie das gleichzeitg verabschiedete Gesetz zur **Änderung des Grundgesetzes** v 30.8.1994.[33] Das PTNeuOG trat am 1.1.1995 in Kraft (Art 15 PTNeuOG). Im GG wurde der Begriff „Fernmeldewesen" durch „Telekommunikation" ersetzt. Ein entscheidendes Motiv des Gesetzgebers war, die Wettbewerbsfähigkeit der DBP Telekom zu stärken und ihr die Verfolgung globaler Marktstrategien zu ermöglichen.[34] Wegen des internationalen Wettbewerbsdrucks erhalte die DBP Telekom „nur in der Rechtsform einer AG die Chancengleichheit zu privatrechtlich organisierten Wettbewerbern in anderen Ländern". Damit markierte die Postreform II eine grundlegende Umkehr der Betrachtungsweise: die Liberalisierung wurde nun als zur Sicherung der DBP Telekom nützlich oder gar nötig erachtet, während sie zuvor weitgehend als Bedrohung perzipiert worden war. Das Netz- und Telefondienstmonopol der DBP wurde nurmehr für eine Übergangszeit gesetzlich geregelt: bis 31.12.1997 (Art 143b Abs 2 S 1 GG).

Die **Eigentümer- und Regulierungsbefugnisse** des Bundes wurden deutlich **getrennt**: Zur **15** Wahrnehmung der Eigentümerbefugnisse wurde durch das Bundesanstalt-Post-Gesetz (BAPostG) die **Bundesanstalt für Post und Telekommunikation** (BAPT) als rechtsfähige Anstalt des öffentlichen Rechts errichtet. Das BAPostG enthält nähere Angaben zur schrittweisen Privatisierung der Deutschen Telekom AG (§ 3). Die Organisationsprivatisierung wurde im Postumwandlungsgesetz (PostUmwG), Art 3 PTNeuOG, geregelt.

Die Regulierungsbefugnisse wurden im Post- und Telekommunikatonsregulierungsgesetz **16** (PTRegG) als Art 7 des PTNeuOG geregelt. Die Regulierung war gesetzestechnisch sehr weitgehend als asymetrische ausgestaltet: ihr unterlagen nur die DBP-Nachfolgeunternehmen.[35] Die Postreform II war von vornherein nur **Übergangsrecht** (§§ 28 FAG, 23 PTRegG). Die zukunftsweisende, langfristige Neuordnung des Telekommunikationsrechts brachte sie demzufolge noch nicht.[36]

### 6. Die Postreform III – Das Gesetzgebungsverfahren zum TKG

Der Inhalt des TKG[37] war zu einem wichtigen Teil europarechtlich vorbestimmt. Aufgrund **17** zweier Entschließungen des Rates der EG mussten die Mitgliedstaaten bis spätestens 1.1.1998 den regulatorischen Rahmen für die Liberalisierung der öffentlichen Sprachtelefondienste[38] und der Telekommunikationsinfrastrukturen[39] geschaffen haben.

Diese zeitlichen Vorgaben hatte die Kommission der EG durch Erlass der „Vollständigen Wett- **18** bewerbs-Richtlinie" v 13.3.1996[40] gesetzt, die die ONP-Richtlinie entsprechend abänderte. Der deutsche Gesetzgeber musste diesen europarechtlichen Vorgaben entsprechen. Dabei sollte das TKG einen Ausgleich schaffen zwischen zwei unterschiedlichen Zielen: einerseits Wettbewerb auf den Telekommunikationsmärkten zu schaffen, andererseits aber – insbesondere angesichts des bevorstehenden Börsengangs – die internationale Wettbewerbsfähigkeit der Deutschen Telekom AG nicht zu beeinträchtigen.[41] Wegen der weitreichenden europarechtlichen Vorgaben, wohl auch wegen der Marktentwicklung war es mit behutsamen organisatorischen Reformen nach Art der Postreform I und II und mit Randkorrekturen nicht mehr getan. Erforderlich war ein **kodifikatorischer Neuanfang**, eine vollständige Aufhebung des Monopols.

Trotzdem war das Gesetzgebungsverfahren des TKG geprägt von den politischen Differenzen **19** sowohl zwischen Regierung und Opposition als auch zwischen Bundestag und Bundesrat. Nach

---

32 BGBl I, 2325.
33 BGBl I, 2245.
34 BT-Drucks 12/6718, 75; *Gramlich* NJW 1994, 2785, 2789.
35 *Gramlich* VerwArch 1997, 598, 625.
36 *Scherer* CR 1994, 418, 426.
37 BGBl I, 1120.
38 Entschließung v 22.7.1993 zur Prüfung der Lage im Bereich Telekommunikation u zu den notwendigen künftigen Entwicklungen in diesem Bereich, ABl der EG Nr C 213 v 6.8.1993, 1, 3.
39 Entschließung v 22.12.1994 über die Grundsätze und den Zeitplan für die Liberalisierung der Telekomunikationsinfrastrukturen, ABl der EG Nr C 379 v 31.12.1994, 4.
40 Richtlinie 96/19/EG zur Änderung der Richtlinie 30/388/EWG hinsichtlich der Einführung des vollständigen Wettbewerbs auf den Telekommunikationsmärkten, ABl der EG Nr L 74 v 22.3.1996, 13.
41 *Börnsen* ZG 1996, 323, 325.

Wolfgang Spoerr

zwei Anhörungen im Ministerium leitete Bundesminister Dr. Bötsch (CSU) das Gesetzgebungsverfahren ein – mit der Vorstellung seines Eckpunktepapiers v 27. 3. 1995, das erstmals die vollständige Liberalisierung der Telekommunikationsmärkte ab 1. 1. 1998 forderte.[42] Kritikpunkte der Opposition an dem Eckpunktepapier waren die vorgesehene unbegrenzte und grundsätzlich auflagenfreie Lizenzvergabe, die – vermeintlich zu schmale – Definition des Universaldienstes, einseitige Auflagen für marktbeherrschende Unternehmen und eine nicht vorgesehene Flächendeckungsauflage.[43]

**20** Im Juni 1996 veröffentlichte der BMPT einen ersten Referentenentwurf, der im Wesentlichen auf dem Eckpunktepapier aufbaute. In den folgenden interfraktionellen Gesprächen versuchte die SPD insbesondere, ein Auflagenmodell durchzusetzen, nach dem Lizenzen nur mit Flächendeckungsauflagen vergeben werden sollten. Diese Forderung setzte sich nicht durch; lediglich für die knappe Ressource der Funkfrequenzen einigte man sich auf ein Auflagenmodell: Gem § 11 Abs 7 TKG ist die Regulierungsbehörde verpflichtet, Funklizenzen mit einer Universaldienstauflage zu verbinden.

**21** Auch die Rechtsform der Regulierungsbehörde war lange umstritten. Der Referentenentwurf hatte eine oberste, vom Ministerium unabhängige Bundesbehörde vorgesehen. Dem widersprach jedoch der Bundeswirtschaftsminister. Schließlich wurde die Rechtsform einer Bundesoberbehörde in die Kabinettsvorlage aufgenommen.

**22** Die Fraktionen von CDU/CSU, SPD und FDP brachten das TKG gemeinsam am 1. 2. 1996 als Gesetzesvorlage beim Bundestag ein.[44] Die Bundesregierung übermittelte einen in Text und Begründung identischen Gesetzentwurf.[45] Der Gesetzentwurf wurde damit begründet, dass die Monopolbewirtschaftung von Telekommunikationsnetzen durch Entwicklungen im Technologiebereich, insbesondere die Mikroelektronik und die Glasfasertechnik, überflüssig geworden sei. Ein einzelnes mit besonderen und ausschließlichen Rechten ausgestattetes Unternehmen sei „auch nicht mehr annähernd in der Lage [...], das Innovationspotential bei kommunikations- und informationstechnischen Anwendungen auszuschöpfen".[46] Mit dem TKG würden „die rechtlichen Rahmenbedingungen bereitgestellt, um den verfassungsrechtlichen Auftrag [des Art 87 f GG; Anm des Verf] zu erfüllen, über **Wettbewerb** den Zugang von Wirtschaft und Verbrauchern zu **modernen, preiswerten und leistungsfähigen** Telekommunikationsnetzen und zu entsprechenden Telekommunikationsdienstleistungen zu gewährleisten. Gleichzeitig werden mit diesem Gesetz die europäischen Entscheidungen zur **Liberalisierung** der Telekommunikationsmärkte umgesetzt und so den Marktteilnehmern die notwendigen Rechts- und Planungssicherheit verschafft".[47]

**23** Ein Teil der SPD-Fraktion kritisierte insbesondere die vorgesehene unentgeltliche Nutzung öffentlicher Wege und die – am US-Vorbild gemessen zu schmale – Definition des Universaldienstes. Jedoch bestätigten die Ausschussberatungen nach scharfen Auseinandersetzungen innerhalb der SPD-Fraktion diese streitigen Punkte. Die Unabhängigkeit und Kompetenz der Regulierungsbehörde wurde gestärkt.

**24** Am 13. 6. 1996 wurde das TKG in 2. und 3. Lesung vom Bundestag beschlossen. Am 14. 6. 1996 verweigerte der Bundesrat insbesondere wegen der fehlenden Lizenzauflagen die Zustimmung und rief den Vermittlungsausschuss an. Nachdem die Bedenken des Bundesrates in den Beratungen des Vermittlungsausschusses Ende Juni 1996 weitgehend ausgeräumt worden waren, stimmte der Bundesrat am 5. 7. 1996 dem TKG ohne wesentliche inhaltliche Änderungen zu. Am 1. 8. 1996 trat das TKG weitgehend in Kraft (§ 100 Abs 1 TKG).

### 7. Die Entwicklung des Telekommunikationsrechts seit Inkrafttreten des TKG

**25** Das TKG ist mehrfach geändert worden. Am 1. Januar 1998 ist das Begleitgesetz zum TKG[48] in

---

[42] BMPT, Eckpunkte eines künftigen Regulierungsrahmens im Telekommunikationsbereich, v 27. 3. 1995.
[43] Ebd.
[44] BT-Drucks 13/3609.
[45] BT-Drucks 13/4438.
[46] BT-Drucks 13/3609, 33.
[47] Ebd, 2.
[48] BGBl 1997 I S 3108, dazu *Gundermann* K & R 1998, 48.

Kraft getreten, das insbesondere einige Änderungen der Befugnisse der Sicherheitsbehörden enthielt.

Die Verweisungen im TKG auf Bestimmungen des **GWB** sind mit Art 2 Abs 6 der GWB-Novelle 1998[49] angepasst worden. **26**

Den ersten gravierenden Einschnitt in das TKG bringt das Gesetz über Funkanlagen und Telekommunikations-Endeinrichtungen (FTEG)[50]. Mit ihm werden die §§ 59 bis 64 TKG aufgehoben und durch Neuregelungen in einem eigenen Gesetz ersetzt. Das FTEG enthält dazu eigene Begriffsbestimmungen (§ 2 FTEG). Das Auseinanderfallen von TKG und FTEG ist zu bedauern. **27**

# Einführung II
# Europäisierung und Internationalisierung

**Schrifttum:** *v Baggehufwudt* Dienstleistungsmonopole in der Telekommunikation unter EG-rechtlichen Aspekten, AfPT 45 (1993), S 174; *Genschel* Standards in der Informationstechnik. Institutioneller Wandel in der internationalen Standardisierung, 1995; *Genschel/Werle* Koordination und Standards, in: Kenis/Schneider, Organisation und Netzwerk: Institutionelle Steuerung in Wirtschaft und Politik, 1996, S 387; *Grande* Vom Monopol zum Wettbewerb? – Die neokonservative Form der Telekommunikation in Großbritannien und der Bundesrepublik Deutschland, 1989; *Grewlich* Konflikt und Ordnung in der globalen Kommunikation, 1999; *ders* Conflict and good Governance in „Cyberspace" – Multi-level and Multi-actor constitutionalisation, in: Engel/Keller, Governance of global networks in the light of differing local values, 2000, S 237; *Hallenga* Europarechtliche Vorgaben für die Liberalisierung von Telekommunikationsnetzmärkten und die Umsetzung in nationales Recht, ArchivPT 1996, 239; *Heilbock* Neueste Entwicklungen im internationalen Telekommunikationsrecht, MMR 1998, 129; *Jansen* Die Anwendung der Wettbewerbsregeln auf das Monopol nationaler Fernmeldedienste für Telekommunikations-Endgeräte, NJW 1991, 3062; *Noll* „Telecom"-Developments. Selected Aspects Relating to the International Telecommunication Law, MMR 1999, 597; *ders* The International Telecommunication Union (ITU). Its Inception, Evolution and Innate, Constant Reform Process, MMR 1999, 465; *M. Röhl* Die Regulierung der Zusammenschaltung, Diss Dresden, 2001; *Sauter* The Telecommunications Law of the European Union, ELJ 1 (1995), S 92; *Scherer* European Telecommunications Law: The Framework of the Treaty, ELR 12 (1987), S 354; *S. K. Schmidt* Liberalisierung in Europa. Die Rolle der Europäischen Kommission, 1998; *Schneider/Werle* International Regime or Corporate Actor? The European Community in Telecommunications Policy, in: Dyson/Humphreys, The Political Economy of Communications, 1990, S 77; *Stoll* Freihandel und Verfassung: Einzelstaatliche Gewährleistung und die konstitutionelle Funktion der Welthandelsordnung (GATT/WTO), ZaöRV 57 (1997), S 83; *Trute* Das Öffentliche Recht und die Entwicklung eines globalen Ordnungsrahmens der Telekommunikation, (i E).

**Inhaltsübersicht**

|  | Rn |
|---|---|
| 1. Zur Entwicklung des europäischen Regulierungsrahmens | 1–20 |
|    a) Liberalisierung durch Wettbewerbsrichtlinien | 5–11 |
|    b) Harmonisierung durch ONP-Richtlinien | 12–16 |
|    c) Lizenzierung | 17 |
|    d) Allokation der Funkfrequenzen | 18 |
|    e) Schutz personenbezogener Daten und der Privatsphäre | 19 |
|    f) Weitere Felder | 20 |
| 2. Entwicklungsperspektiven des europäischen Regulierungsrahmens | 21–42 |
|    a) Kommunikationsbericht 1999 | 21–36 |
|    b) Richtlinienvorschläge der Kommission zum neuen Rechtsrahmen | 37–42 |
| 3. Internationalisierung des Ordnungsrahmens | 43–48 |

---

**49** Gesetz vom 26. 8. 1998, BGBl I S 2521.    **50** Vom 31. 1. 2001, BGBl I S 107.

Einführung II
Europäisierung und Internationalisierung

## 1. Zur Entwicklung des europäischen Regulierungsrahmens

**1** Das Deutsche Telekommunikationsgesetz folgt in wesentlichen **Regelungsimpulsen dem europäischen Telekommunikationsrecht.** Der europäische Kommunikationssektor war historisch durch ein starkes öffentliches Monopol, die Integration von Post und Telekommunikation und eine Tradition der Daseinsvorsorge geprägt (PTT-Modell).[1] Die Folge war nicht zuletzt das Entstehen eines auf dieses Monopol bezogenen nationalen Industriesektors, dessen Wettbewerbsfähigkeit und Innovationsfähigkeit sich angesichts der technologischen Innovation und der weltweiten ökonomischen Dynamik[2] zunehmend als zu gering erwies. Früh schon befürchtete die europäische Kommission einen deutlichen Nachteil der europäischen Industrien.[3] Ebenso entsprach die starke nationale Segmentierung des jeweiligen Marktes kaum dem Grundgedanken eines europäischen Binnenmarktes. Die Politik der europäischen Gemeinschaft, insbesondere der europäischen Kommission war daher seit Mitte der 80er Jahre von dem Ziel gekennzeichnet, eine durchgängige Liberalisierung dieses Marktes ins Werk zu setzen.[4]

**2 Die erste Phase der Gemeinschaftspolitik** wurde im Jahre 1984 auf den Weg gebracht mit dem Ziel, in diesem Sektor bestimmte allgemeine Entwicklungslinien festzulegen.[5] Dazu gehörte vor allem die Entwicklung von Standards, um die nationale Fragmentierung des Sektors durch verschiedene nationale Spezifikationen im Telekommunikationsbereich zu überwinden, die Förderung gemeinschaftlicher Forschung, insbesondere in Form von Programmen mit Telekommunikationsbetreibern und der Industrie. Dazu gehörte auch die Vorbereitung durch RAC[6], die später unter dem zweiten und dritten Rahmenprogramm für Forschung und Entwicklung fortgesetzt wurde. Das vierte Rahmenprogramm enthielt dann das ACTS-Programm[7]. Darüber hinaus gab es Strukturprogramme für wenig entwickelte Regionen im Bereich der Strukturfonds[8] – 1986 verabschiedet –, die später durch das Telematikprogramm abgelöst wurden. Zudem wurde in dieser Phase versucht, gemeinsame europäische Positionen für die internationale Telekommunikationspolitik zu entwickeln.[9]

**3** Eine **zweite Phase** und damit **die eigentliche Liberalisierungsphase** begann 1987 mit dem Grünbuch über die Entwicklung des gemeinsamen Marktes für Telekommunikationsdienstleistungen und Telekommunikationsgeräte.[10] Mit dem Grünbuch wurde eine europaweite Debatte um den zukünftigen Rahmen der Telekommunikationsregulierung angelegt mit dem grundlegenden Ziel, einen gemeinsamen europäischen Telekommunikationsmarkt zu schaffen. Neben einer ausführlichen Analyse der Veränderungen im Telekommunikationsbereich einschließlich der normativen Rahmenbedingungen sah das Grünbuch vor, ausschließliche Rechte der Fernmeldeverwaltung für die Infrastruktur und Telekommunikationsdienste eng auszulegen und regelmäßig im Hinblick auf ihre Rechtfertigung zu überprüfen, alle anderen Dienste

---

1 Eine gewisse Ausnahme stellt Großbritannien dar, da British Telecom bereits 1981 in ein separates Unternehmen gewandelt und 1994 privatisiert wurde. Seit 1982 war mit dem Unternehmen Mercury bereits ein zweiter Netzbetreiber auf dem Markt tätig; dazu *Grande* Vom Monopol zum Wettbewerb, S 140 ff.
2 Vgl dazu *S. K. Schmidt* Liberalisierung, S 106 f; *Genschel/Werle* Koordination und Standards, S 387 ff.
3 *S. K. Schmidt* Liberalisierung, S 107 f.
4 Bereits im Jahre 1977 fand ein erstes Ministerratstreffen zu diesem Thema statt; vgl *Schneider/Werle* International Regime or Corporate Actor, S 77, 90. Der Davignon-Bericht von 1979 war bereits durch die Forderung nach Schaffung eines Binnenmarktes gekennzeichnet; *Genschel* Standards, S 140 ff. Das Aktionsprogramm von 1983 (Mitteilung der Kommission an den Rat über Telekommunikation, KOM (83) 573 endg vom 29. 9. 1983 formulierte als Ziel die Schaffung einer gemeinsamen Telekommunikations-

infrastruktur, die Ausweitung des Endgerätemarktes, die Öffnung der Beschaffungsmärkte, Forschungs- und Entwicklungsprogramme und die Förderung der Entwicklung von Telekommunikationstechnologien in unterentwickelten Regionen.
5 Zur Entwicklung vgl v *Baggehufwudt* AfPT 45 (1993), S 174 ff; *Scherer* ELR 12 (1987), S 354 ff; *Sauter* ELJ 1 (1995), S 92 ff.
6 Research and Development in Advanced Communication Technologies in Europe.
7 Advanced Communication Technology and Services.
8 Das STARD-Programm (Special Telecommunications action of regional development).
9 Zum Ganzen Statusreport On European Union Telecommunication Policy, 1998 DG XIII/A/1 S 5.
10 KOM (87) 290 endg v 30. 7. 1987 = BT-Drucks 11/930; allgemein zur Politik des Grünbuchs *S. K. Schmidt* Liberalisierung, S 115 ff.

Hans-Heinrich Trute

und den Endgerätemarkt zu liberalisieren.[11] Die Sicherung der Interoperabilität und die Schaffung eines Rahmens für einen offenen Netzzugang, der Telekommunikationsanbietern einen diskriminierungsfreien und transparenten Netzzugang gewährleisten sollte, waren Bestandteil des vorgesehenen Rahmens ebenso wie die Trennung der betrieblichen von den hoheitlichen Funktionen der nationalen Frequenzverwaltung. Vorgezeichnet war damit der künftige Rechtsrahmen der Harmonisierung und Liberalisierung mit der Erstreckung des Wettbewerbsrechts auf die nationalen Fernmeldeverwaltungen und die forcierte Nutzung des Art 90 Abs 3 EWGV (Art 86 Abs 3 EGV) einerseits, die Schaffung eines harmonisierten Rahmens offenen Netzzugangs auf der Grundlage von Art 100a EWGV (Art 95 EGV) andererseits. Die Hauptziele der Telekommunikationspolitik sind auf der Grundlage der Anhörung zum Grünbuch in der Entschließung des Rates vom 30. 6. 1988 über die Entwicklung des gemeinsamen Marktes für die Telekommunikationsdienste und -geräte bis 1992[12] festgelegt. Vorgesehen war danach:

– die Schaffung oder Sicherstellung einer vollständigen gemeinschaftsweiten Netzinfrastruktur als wesentliches Element für einen gemeinsamen Markt für Telekommunikationsdienste und -geräte.
– Schrittweise Schaffung eines offenen gemeinsamen Marktes für Telekommunikationsdienste.
– Die Förderung der Schaffung europaweiter Dienste.
– Die Weiterentwicklung eines offenen gemeinschaftsweiten Marktes für Endgeräte.
– Schaffung eines gemeinsamen Marktes, in dem Fernmeldeverwaltungen und andere Erbringer von Dienstleistungen unter gleichen Bedingungen in den Wettbewerb treten können.
– Klare Trennung der hoheitlichen und betrieblichen Funktionen, Anwendung der entsprechenden Regeln des Vertrages insbesondere der Wettbewerbsregeln auf die Fernmeldeverwaltungen und die privaten Anbieter.
– Die Fortführung der Gemeinschaftsmaßnahmen bezüglich gemeinsamer Normen in der Telekommunikation.
– Die Stimulierung der europäischen Zusammenarbeit auf allen Ebenen.
– Die volle Einbeziehung der benachteiligten Regionen der Gemeinschaft.
– Die Ausarbeitung eines gemeinsamen Standpunktes in der Frage der Satellitenkommunikation.
– Die volle Berücksichtigung der externen Aspekte der im Telekommunikationssektor getroffenen Gemeinschaftsmaßnahmen und ggf die Festlegung gemeinsamer Standpunkte zu internationalen Kommunikationsproblemen.

Dieser Rahmen ist **kontinuierlich fortentwickelt**[13] und ergänzt worden durch weitere Schritte wie das Grünbuch über Satellitenkommunikation von 1990.[14] Dazu gehören als weitere Schritte der Kommunikationsbericht von 1992[15], das Grünbuch über Mobil- und Personalkommunikation[16], das Grünbuch über die Liberalisierung der Telekommunikationsinfrastruktur[17] und die Bekanntmachung über den Universaldienst für Telekommunikation in einem vollständig libe-

**4**

---

11 Vgl Grünbuch (Fn 10) S 185 ff.
12 88/C 257/01 ABl Nr C 257 S 1 v 4. 10. 1988.
13 Vgl Entschließung des Rates vom 22. 1. 1990 zu einer europäischen Infrastruktur (90/C 27/05) ABl Nr C 27/8 v 6. 2. 1990; Entschießung des Rates vom 22. 7. 1993 zur Prüfung der Lage im Bereich Telekommunikation und zu den notwendigen künftigen Entwicklungen in diesem Bereich (93/C 213/01) ABl Nr C 213 S 1 v 6. 8. 1993; Entschließung des Rates v 22. 12. 1994 über die Grundsätze und den Zeitplan für die Liberalisierung der Telekommunikationsinfrastrukturen (94/C 379/03) ABl Nr C 379/4 v 31. 12. 1994; Entschließung des Rates v 18. 9. 1995 zur Entwicklung des künftigen ordnungspolitischen Rahmens für die Telekommunikation (95/C 258/01) ABl Nr C 258/1 v 3. 10. 1995.
14 Grünbuch über ein gemeinsames Vorgehen im Bereich der Satellitenkommunikation in der Europäischen Gemeinschaft, KOM (90) 490 endg v 28. 11. 1990.
15 Mitteilung der Kommission: Prüfung der Lage im Bereich der Kommunikationsdienste, SEK (92) 1048, v 21. 10. 1992.
16 Auf dem Weg zu Personal Communications: Grünbuch über ein gemeinsames Konzept für Mobilkommunikation und Personal Communications in der Europäischen Union KOM (94) 145 v 27. 4. 1994.
17 Grünbuch über die Liberalisierung der Telekommunikationsinfrastruktur und der Kabelfernsehnetze: Teil I – Grundsätze und Zeitrahmen, KOM (94) 440 vom 25. 10. 1994 sowie Grünbuch für die Liberalisierung der Telekommunikationsinfrastruktur und der Kabelfernsehnetze – Teil II – Ein gemeinsames Konzept zur Bereitstellung einer Infrastruktur für Telekommunikation in der Europäischen Union KOM (94) 682 v 25. 1. 1995.

Hans-Heinrich Trute

ralisierten Umfeld.[18] In diesen Kontext gehört auch der *Bangemann*-Report „Europa und die globale Informationsgesellschaft"[19], der insbesondere die Aufhebung noch bestehender Monopole ebenso verlangte, wie eine schnelle Entwicklung eines vollständig liberalisierten Umfeldes. Nicht zuletzt aber gehörte das wichtige „Grünbuch zur Frequenzpolitik in Verbindung mit Maßnahmen der Europäischen Gemeinschaft für Bereiche wie Telekommunikation, Rundfunk, Verkehr und FuE"[20] sowie das „Grünbuch zur Konvergenz der Branchen Telekommunikation, Medien und Informationstechnologie und ihren ordnungspolitischen Auswirkungen – ein Schritt in Richtung Informationsgesellschaft"[21] zu diesem durch das Grünbuch von 1987 gesetzten Rahmen.

a) **Liberalisierung durch Wettbewerbsrichtlinien**

5   Der erste Baustein des Reformpaketes zur Liberalisierung des Telekommunikationssektors ist die Liberalisierung vormals monopolbestimmter Bereiche.[22] In einem ersten und wichtigen Schritt wurde das **Monopol für die Bereitstellung von Endgeräten bereits 1988 aufgehoben.**[23] Die Endgeräterichtlinie zielte darauf ab, die Aufhebung der besonderen und ausschließlichen Rechte für die Einfuhr, den Vertrieb und Betrieb von Telekommunikationsendgeräten zu erreichen. Sie war die erste Richtlinie auf diesem Sektor, die auf den bis dahin wenig praktisch gewordenen Artikel 90 Abs 3 EWGV gestützt wurde. Sie stellte insoweit den Testfall der Europäischen Kommission in diesem Sektor dar, freilich mit Präzedenzwirkung für andere Monopolbereiche. Damit war der Schlüssel für die Liberalisierungsansätze durch die Kommission gefunden. Art 90 Abs 3 EWGV sah vor, dass ohne Beteiligung des Rates und des europäischen Parlaments der Erlass von Richtlinien an die Mitgliedsstaaten durch die Kommission möglich war. Bedeutsam ist dies nicht zuletzt im Hinblick auf die Überwindung des Widerstandes der Mitgliedsstaaten oder zumindest einzelner Mitgliedsstaaten, die zumindest teilweise in dem Feld öffentlicher Monopole ein Interesse an der Aufrechterhaltung des status quo hatten.[24] Entscheidend war, dass die Kommission diese Vorschrift zur Marktöffnung nutzte. Die Kompetenz ist von einzelnen Mitgliedsstaaten, vor allem Frankreich, Italien, Belgien, Deutschland und Griechenland vor dem europäischen Gerichtshof bestritten worden. Indes hat der Gerichtshof im Ergebnis die Inanspruchnahme von Art 90 Abs 3 EWGV bestätigt[25] und damit der Kommission weitgehende Liberalisierungsrechte eingeräumt, die diese dann auch im Weiteren genutzt hat. Entgegen der Auffassung Frankreichs u a Mitgliedsstaaten war nach Auffassung des EuGH aus Art 90 Abs 1 EWGV nicht zu schließen, dass die besonderen und ausschließlichen Rechte notwendigerweise mit dem Vertrag vereinbar seien. Vielmehr hänge dies von denjenigen Regeln des Vertrages ab, auf die Art 90 Abs 1 EWGV verweise.[26] Nach Auffassung des EuGH waren Ausschließlichkeitsrechte ihrer Natur nach dazu geeignet, tatsächlich oder doch potenziell den innergemeinschaftlichen Handel zu beeinträchtigen.[27] Auch die in Art 6 der Endgeräterichtlinie[28] enthaltene Verpflichtung zur Trennung von hoheitlichen und unternehmerischen Funktionen, die durchaus erheblich in die Organisationsautonomie der Mitgliedsstaaten eingriff, wurde vom EuGH auf der Grundlage des Art 90 Abs 3 EWGV gerechtfertigt, da sich für Anbieter von Telekommunikationsdienstleistungen, die gleichzeitig mit der Festlegung von technischen Normen und der Überwachung ihrer Einhaltung betraut seien, ein erheblicher Wettbewerbsvorteil ergebe, der mit dem vom Vertrag gewollten System unverfälschten Wettbewerbs nicht vereinbar sei.[29]

---

18   KOM (96) 73 endg v 13. 3. 1996.
19   Empfehlungen an den Europäischen Rat vom 26. 5. 1994.
20   KOM (98) 596 endg.
21   KOM (97) 623 v 3. 12. 1997.
22   Dazu *Paulweber* ZUM 2000, 11, 13 ff; *Ehring* in: Hoeren/Queck, Rechtsfragen der Informationsgesellschaft, S 32, 38 ff.
23   RL 88/301/EWG, ABl EG Nr L 131 v 27. 5. 1988 [Endgeräterichtlinie].
24   Ausführliche Analyse des politischen Prozesses

insbesondere im Hinblick auf die Nutzung des Art 90 Abs 3 EWGV *S. K. Schmidt* Liberalisierung, S 119 ff.
25   EuGH, Rs C-202/88, Slg 1991 I S 1223; Rs C-271/90, C-281/90, C-289/90, Slg 1992 I S 5833 = EuZW 1991, 345; *Jansen* NJW 1991, 3062 ff; *Sauter* ELJ 1 (1995), S 92 ff; dazu auch *M. Röhl* Die Regulierung, Teil I Kap 3.
26   Vgl EuGH, Rs C-202/88, Slg 1991 I S 1223 Tz 22.
27   Dazu EuGH, aaO Tz 33 ff; *Jansen* NJW 1991, 3062, 3063 f; *S. K. Schmidt* Liberalisierung, S 133 ff.
28   RL 88/301/EWG.
29   EuGH, aaO Tz 51 f.

Der wichtigste und in der erneuten Gründung auf Art 90 Abs 3 EWGV und wegen inhaltlicher Divergenzen erheblich kontroverse Schritt dürfte allerdings die 1990 erfolgte **Liberalisierung des Angebotes an Mehrwertdiensten**, Datenkommunikations- sowie Sprach- und Datendiensten für Firmennetze und geschlossene Benutzergruppen, die **Diensterichtlinie** gewesen sein.[30] Diese sah vor, dass spezielle und exklusive Rechte, die den Telekommunikationsorganisationen von den Mitgliedsstaaten gewährt worden waren für Mehrwertdienste Ende 1990 und für Datendienste am 1.1.1993 enden sollten. Die Richtlinie sah eine sehr enge Definition des Monopols über Sprachtelefondienste vor, liberalisierte also auch Sprachtelefondienste, soweit diese nicht für die Allgemeinheit erbracht wurden, also insbesondere Sprachdienste für Corporate Networks und geschlossene Benutzergruppen.[31] Diese Richtlinie verlangte ebenfalls die Trennung der unternehmerischen von der Regulierungsfunktion. Auch die Diensterichtlinie wurde vor dem EuGH von einigen Mitgliedsstaaten angegriffen,[32] obwohl bereits zuvor über den künftigen Umgang mit Art 90 Abs 3 EWGV ebenso wie die Entwicklung und Reichweite des Konzepts des offenen Netzzugangs (ONP) auf der Grundlage von Art 100 a EWGV Einigkeit zwischen den Mitgliedsstaaten und der Kommission erreicht worden war.[33]

**6**

Die bisherigen Liberalisierungsschritte waren im Wesentlichen auf das Festnetz bezogen. Freilich hatte das **Grünbuch zur Satellitenkommunikation**[34] bereits eine Liberalisierung für diesen Bereich angedeutet und Maßnahmen vorgeschlagen, die auch in der Anhörung im Wesentlichen zustimmend aufgenommen wurden.[35] Durch die **Satellitenrichtlinie**[36] wurden dann spezielle und exklusive Rechte für das Angebot von Satellitendiensten und Satellitenfunkanlagen zum Ende 1994 aufgegeben. Die Satellitenrichtlinie wurde als eine Änderung der vorhandenen Liberalisierungsrichtlinien verabschiedet, was die Wahl des Art 90 Abs 3 EWGV als politisch weniger brisant erscheinen ließ.[37] Darüber hinaus erließ 1996 die Kommission die **Mobilfunkrichtlinie**.[38]

**7**

Neben der Satellitenrichtlinie von 1993 enthält auch die Genehmigungsrichtlinie (vgl Rn 17) einen allgemeinen Rahmen für die gegenseitige Anerkennung von Satellitendienstgenehmigungen. Darüber hinaus sind eine ganze Reihe weiterer Entscheidungen in der Kommission erlassen worden, um die Verantwortlichkeiten von EU und CEPT (European Conference of Postal and Telecommunications Administrations) abzugrenzen und außerdem hat die Kommission ERC/ECTRA beauftragt die Frequenzkoordination und Harmonisierung zu übernehmen.[39]

**8**

Die Mobilfunkrichtlinie hatte zum Ziel, die Mobilkommunikation in den Rahmen der Diensterichtlinie einzubeziehen. Alle besonderen und exklusiven Rechte waren danach bis zum Februar 1996 aufzugeben. Die Richtlinie sah außerdem eine frühe Liberalisierung der Infrastruktur vor, so dass Mobilfunkanbieter ihre eigenen festen oder Mikrowellenübertragungsnetzwerke auf-

**9**

---

30 RL 90/388/EWG der Kommission v 28.6.1990 über den Wettbewerb auf dem Markt für Telekommunikationsdienste, ABl Nr L 192 v 24.7.1990 S 10; ergänzend dazu *S. K. Schmidt*, Liberalisierung, S 125 ff.
31 Die Definition des Monopols in Art 1 Diensterichtlinie stellte auf die kommerzielle Bereitstellung für die Öffentlichkeit ab und eine Vermittlung von und zu Netzabschlusspunkten des öffentlich vermittelten Netzes; vgl dazu etwa BMPT, Erläuterung und Zusammenfassung des Eckpunktepapiers „Telefondienstmonopol", 1991; zum Ganzen auch *S. K. Schmidt*, Liberalisierung, S 149 ff.
32 Separate Klagen von Belgien, Spanien mit Unterstützung von Frankreich und Italien; EuGH, Rs C-271/90 – Spanien/Kommission, C-281/90 – Belgien/Kommission, C-289/90 – Italien/Kommission v 17.11.1982 Slg 1992 I S 5833 = EuZW 1993, 131; vgl auch *Sauter* ElJ 1 (1995), S 92 ff.
33 Dazu und zu den Hintergründen sowie dem Inhalt des Kompromisses *S. K. Schmidt*, Liberalisierung, S 125 ff, insbesondere 131 ff.
34 Grünbuch über ein gemeinsames Vorgehen im Bereich der Satellitenkommunikation in der Europäischen Gemeinschaft, KOM (90) 490 endg v 28.11.1990.
35 Entschließung des Rates v 19.12.1991 über die Entwicklung des gemeinsamen Marktes für Satellitenkommunikationsdienste und -geräte (92/C8/01) ABl Nr C 8/1 v 14.1.1992.
36 RL 94/46/EG der Kommission zur Änderung der RL 88/301/EWG und 90/388/EWG insbesondere betreffend die Satelliten-Kommunikationen (94/46/EG) ABl Nr L 268/15 v 19.10.1994.
37 Dazu *S. K. Schmidt* Liberalisierung, S 152 ff.
38 RL der Kommission zur Änderung der RL 90/388/EWG in Hinblick auf mobile und Personal Communication (96/2/EG) ABl Nr L 20/59 v 26.1.1996.
39 Einzelheiten dazu Status Report on EU-Telecommunication Policy, Oktober 1998, DG XIII/A/1 S 47 f.

bauen konnten oder Netze Dritter nutzen konnten. Außerdem sah die Richtlinie das Recht der Mobilfunkanbieter zur Zusammenschaltung mit dem öffentlichen Telefonnetz und mit Mobilfunkanbietern in anderen Mitgliedsstaaten vor und verlangte von den Mitgliedsstaaten ihre Lizenzbedingungen zu überdenken, damit die Mobilfunkanbieter die DCS 1800-Technologie vom 1.1.1998 an nutzen konnten. Auch dieser Richtlinie war ein Grünbuch vorausgegangen,[40] in dem die Aufhebung bestehender ausschließlicher Rechte vorgeschlagen und konkrete Schritte zur Durchführung ins Auge gefasst wurden. Da die Diensterichtlinie die Mobilfunkkommunikation nicht dem Monopolbereich zurechnete, erließ die Kommission einzelne Entscheidungen gegenüber Mitgliedsstaaten, die nur einen Mobilfunkbetreiber lizenziert hatten oder ungünstige Bedingungen für einen weiteren vorsahen, schon im Vorfeld des Erlasses der Mobilfunkrichtlinie.[41] 1995 liberalisierte die Kommission durch die **Kabelfernsehrichtlinie**[42] die Kabelnetze der Mitgliedsstaaten für die Nutzung zur Übertragung bereits liberalisierter Telekommunikationsdienste mit Ausnahme des Sprachtelefondienstes. Auch die Kabelrichtlinie wurde durch ein Grünbuch vorbereitet.[43] Die Diskussionen waren zudem bereits eingebettet in diejenige um die vollständige Liberalisierung des Betriebs von Netzen und des Angebots von Diensten.[44] Die Richtlinie erlaubte insbesondere neue Multimediatelekommunikationsdienste über das Kabelnetzwerk ab dem 1. Januar 1996 anzubieten. Damit wurden die Kabelnetzwerke, die bis dahin oftmals allein für Rundfunkdienste zur Verfügung standen, für interaktive Multimediadienste geöffnet. Dies galt etwa für Teleshopping und interaktive Spiele, Ausbildungsangebote und Datenbanken. Zugleich sollte damit ein alternativer Zugang zu den Endnutzern geschaffen werden.[45]

**10** Mit Wirkung zum 1.1.1998 wurde dann im Februar 1996 die Wettbewerbsrichtlinie zur **vollständigen Liberalisierung aller Telekommunikationsdienste einschließlich des Sprachtelefondienstes** und **der Telekommunikationsinfrastrukturen** erlassen.[46] Diese Richtlinie verlangte von den Mitgliedsstaaten alle erforderlichen Schritte zu unternehmen, um sicherzustellen, dass die Märkte ab 1.1.1998 in vollständigem Umfang liberalisiert sind. Die Richtlinie sah insbesondere auch grundlegende Prinzipien für die Lizenzierung von Newcomern im Bereich des Sprachtelefondienstes und der Telekommunikationsnetze vor. Zudem war die effektive Zusammenschaltung in einer nicht diskriminierenden, verhältnismäßigen und transparenten Weise garantiert. Aufgrund der Richtlinie waren die Mitgliedsstaaten verpflichtet, bis zum 1.7.1997 die Bedingungen für die Zusammenschaltung zu formulieren. Außerdem sollten Maßnahmen zur Sicherung des Universaldienstes getroffen werden. Insbesondere konnte ein nationales System zur Umlegung der Nettokosten für die Bereitstellung des Universaldienstes geschaffen werden.

**11** Als Ergänzung veröffentlicht die Kommission eine Reihe von **Bekanntmachungen** über die Anwendung des Wettbewerbsrechts im Telekommunikationssektor. Dazu gehört insbesondere die Bekanntmachung über den Status der Sprachkommunikation im Internet.[47] Die Leitlinien für die Anwendung der EG-Wettbewerbsregeln im Telekommunikationsbereich (91/C 233/02)[48] wurden insbesondere ergänzt durch die Mitteilung über die Anwendung der Wettbewerbsregeln auf Zugangsvereinbarungen im Telekommunikationsbereich (98/C 265/02).[49]

---

40 Grünbuch über ein gemeinsames Konzept für Mobilkommunikation und Personal Communication in der Europäischen Union KOM (94) 145 endg v 27.4.1994.
41 Vgl etwa Entscheidung der Kommission v 4.10.1995 über die in Italien dem zweiten Betreiber von Mobilfunkdiensten auferlegten Bedingungen (95/489/EG) ABl Nr L 280/49 v 23.11.1995; zum Ganzen *S. K. Schmidt* Liberalisierung, S 159.
42 RL 95/51/EG v 18.10.1995 zur Ergänzung der RL 90/388/EWG im Hinblick auf die Nutzung von Kabelfernsehnetzen für das Angebot schon liberalisierter Telekommunikationsdienste (95/51/EG) ABl Nr L 256/49 v 29.10.1995.
43 Vgl dazu oben Fn 17.
44 *S. K. Schmidt* Liberalisierung, S 159 ff.
45 Zu den Ergebnissen vgl die Bekanntmachung der Kommission 98/C 71/EG ABl Nr C 71, v 7.3.1998.
46 RL 96/19/EG der Kommission v 13.3.1996 zur Änderung der RL 90/388/EWG hinsichtlich der Einführung des vollständigen Wettbewerbs auf den Telekommunikationsmärkten, ABl Nr L 74/13 v 22.3.1996.
47 ABl Nr C 6/4 v 10.1.1998.
48 ABl Nr C 233/2 v 6.9.1991.
49 ABl Nr C 265/2 v 22.8.1998.

Hans-Heinrich Trute

## b) Harmonisierung durch ONP-Richtlinien

Der **zweite Eckpfeiler** der europäischen Politik sind die **ONP-Richtlinien**, die einen Rahmen für eine **europaweite Harmonisierung der Regulierung** darstellen sollen. Die Regeln über den offenen Netzzugang sollen den offenen Netzzugang zu öffentlich angebotenen Telekommunikationsnetzen und -diensten zu harmonisierten Bedingungen gewährleisten. Dazu gehört insbesondere die Harmonisierung der Schnittstellen, der Gebrauchsbedingungen und Tarifprinzipien im Einklang mit den ONP-Prinzipien der Objektivität, der Transparenz und der Nichtdiskriminierung, die erstmalig in dem Grünbuch von 1987 als eine Ergänzung der Liberalisierung umschrieben worden sind. Die Harmonisierung durch ONP-Regeln bleibt eingebettet in das allgemeine europäische Wettbewerbsrecht. Weder die Liberalisierungsrichtlinien noch die ONP-Richtlinien dispensieren oder konkretisieren das Europäische Wettbewerbsrecht.[50] In diesem Sinne handelt es sich um zwei verschiedene, aber nicht (notwendig) widersprechende Regelungssysteme. Die Regeln des Wettbewerbsrechts finden auch neben den ONP-Regeln Anwendung, selbst wenn diese vollständig erfüllt sind.[51] Die Einhaltung der ONP-Regeln hat daher noch nicht notwendig die wettbewerbliche Unbedenklichkeit zur Folge, wie letzte nicht einen Verstoß gegen erstere ausschließt. Soweit sich die Rechtsfolgen beider Normkomplexe widersprechen, ist unter Auslegung des gründenden Primärrechts zu entscheiden, wo in concreto der Vorrang liegt.[52]

Die **ONP-Rahmenrichtlinie von 1990**[53] sah harmonisierte Zugangsbedingungen für öffentliche Netze und Dienste vor, die noch nicht für den Wettbewerb freigegeben waren und vereinheitlichte damit technische Schnittstellen, Tarifgrundsätze und Nutzungsbedingungen. Die Rahmenrichtlinie von 1990 setzte einen Zeitrahmen für weitere Rechtsakte etwa im Bereich der Mietleitungen, des Sprachtelefondienstes, des ISDN und anderer mehr, die mittlerweile erlassen sind. Die Richtlinie sah außerdem die Errichtung eines ONP-Komitees vor, das aus den Delegierten der Mitgliedstaaten bestehen sollte, dessen Vorsitz die Kommission hatte und das sowohl beratende wie regulierende Aufgaben haben sollte. Darüber hinaus wurde vor allem ein Mechanismus zur Standardisierung technischer Schnittstellen und/oder Dienstebedingungen vorgesehen. Bereits 1995, in dem Grünbuch der Kommission über die Liberalisierung der Infrastruktur Teil II wurde deutlich, dass der ONP-Rahmen für eine wettbewerbliche Umgebung weiterentwickelt werden musste, insbesondere im Hinblick auf die Zusammenschaltung.

In diesen Kontext gehört zunächst die **Mietleitungsrichtlinie**.[54] Ihr Ziel lag in der Sicherung der Verfügbarkeit von analogen und digitalen Mietleitungen mit harmonisierten technischen Merkmalen. Zugleich sollten technische Restriktionen für die Zusammenschaltung zwischen Mietleitungen und dem öffentlichen Telefonnetz beseitigt werden. 1997 wurde die Mietleitungsrichtlinie ergänzt um sicherzustellen, dass in einem wettbewerblichen Markt alle Nutzer Zugang zu Mietleitungen von jedenfalls einem Anbieter haben sollten, und dies unter harmonisierten Bedingungen des Zugangs und der Nutzung, insbesondere des Zugangs zu einem verpflichtenden Minimum von Mietleitungen.[55]

Im **Bereich der Sprachtelefonie** datiert die ursprüngliche Richtlinie über die Anwendung der ONP-Bedingungen auf den Sprachtelefondienst von 1995.[56] Diese Richtlinie ist durch die Richtlinie 98/10/EG ersetzt worden.[57] Ziel der ONP-Sprachtelefondienstrichtlinien ist es zu

---

[50] *Paulweber* ZUM 2000, 11, 17 f; allg zur Harmonisierung auch *M. Röhl* Die Regulierung, Teil I Kap 3.
[51] Kommission, Leitlinien für die Anwendung der EG-Wettbewerbsregeln im Telekommunikationsbereich, ABl Nr C 233/2 v 6. 9. 1991 S 6.
[52] *Paulweber* ZUM 2000, 11, 18 f.
[53] RL des Rates v 28. 6. 1990 zur Verwirklichung des Binnenmarktes für Telekommunikationsdienste durch die Einführung eines offenen Netzzugangs (open network provision – ONP) (90/387/EWG) ABl Nr L 192/1 v 24. 7. 1990.
[54] RL 92/94/EWG des Rates v 5. 6. 1992 zur Einführung des offenen Netzzugangs bei Mietleitungen, ABl Nr L 165/27 v 19. 6. 1992.
[55] RL 97/51/EG des Europäischen Parlaments und des Rates v 6. 10. 1997 zur Änderung der RL 90/387/EWG und 92/44/EWG des Rates zwecks Anpassung an ein wettbewerbsorientiertes Telekommunikationsumfeld, ABl Nr L 295/23 v 29. 10. 1997.
[56] RL 95/62/EG des Europäischen Parlaments und des Rates v 13. 12. 1995 zur Einführung des offenen Netzzugangs (ONP) beim Sprachtelefondienst, ABl Nr L 321/6 v 30. 12. 1995.
[57] RL 98/10/EG des Europäischen Parlaments und

garantieren, dass gemeinschaftsweit eine bestimmte Qualität der Telefondienste verfügbar ist und außerdem bestimmte Dienste allen Nutzern im Rahmen eines Universaldienstes zur Verfügung stehen. In diesem Sinne wird die Verfügbarkeit von Diensten, Finanzierungssystemen, die Bereitstellung von Netzanschlüssen und Zugang zu Telefondiensten, Auskunftsdienste, öffentliche Telefone, besondere Maßnahmen für behinderte Nutzer und Nutzer mit speziellen sozialen Bedürfnissen, der Informationszugang, die Dienstequalität, Fragen des Sonderzugangs zum Netz, Tarifgrundsätze, Kostenrechnungsgrundsätze sowie Spezifikationen für den Zugang zum Netz geregelt. Ebenfalls in diesen Kontext gehört die Empfehlung des Rates über die Anwendung der ONP-Bedingungen auf öffentliche packet-switched data services (PSDS)[58] sowie die Empfehlung über die Anwendung des offenen Netzzugangs auf ISDN.[59]

**16** Besondere Bedeutung hat im Rahmen des offenen Netzzugangs die **Zusammenschaltung**, die ein Schlüsselelement in einem wettbewerblichen Markt darstellt, das den neu in den Markt eintretenden den Zugang zu den Endnutzern eröffnet. Die **Zusammenschaltungsrichtlinie von 1997**[60] soll letztlich die „any to any communication" sicherstellen und garantiert das Recht der Marktteilnehmer, eine Zusammenschaltung und Verbindung mit den Netzen anderer Anbieter zu erhalten wo dies vernünftig gerechtfertigt werden kann. Auch insoweit gelten die für den offenen Netzzugang charakteristischen Grundsätze der Transparenz, Objektivität und der Nichtdiskriminierung iVm dem Verhältnismäßigkeitsgrundsatz. Es wird eine Priorität für kommerzielle Verhandlungen zwischen Zusammenschaltungspartnern vorgesehen, allerdings in einem Rahmen der von vornherein geprägt wird durch die nationale Regulierungsbehörde. Außerdem werden klare Verantwortlichkeiten für die nationalen Regulierungsbehörden vorgesehen, nicht zuletzt auch Mechanismen für die Streitbeilegung. Die Richtlinie sorgt für einen angemessenen Ausgleich zwischen den Rechten und Verpflichtungen der Marktteilnehmer im Hinblick auf ihre jeweilige Position in dem Markt. Insoweit werden Organisationen mit einer signifikanten Marktmacht verpflichtet, Grundsätze der Nichtdiskriminierung zu beachten, ein Standardzusammenschaltungsangebot einschließlich der Preisliste zu veröffentlichen, außerdem wird ein kostenorientiertes Zusammenschaltungsentgelt vorgesehen iVm einem transparenten Kostenrechnungssystem sowie die Rechnungstrennung in bestimmten Bereichen. Demgegenüber sind die übrigen Marktteilnehmer verpflichtet, über die Zusammenschaltung mit anderen zu verhandeln, wiederum auf einer nichtdiskriminierenden Grundlage mit dem Ziel, die nationale und europaweite Verfügbarkeit von Diensten sicherzustellen. Die Zusammenschaltungsrichtlinie ist ergänzt worden durch die Richtlinie 98/61/EG,[61] um die Nummernportabilität und die Betreibervorauswahl zu verbessern. Außerdem hat die Kommission eine Empfehlung über die Zusammenschaltung in einem liberalisierten Telekommunikationsmarkt veröffentlicht. Der erste Teil der Empfehlung behandelt das Zusammenschaltungsentgelt.[62] Teil II der Empfehlung vom 8. 4. 1998[63] behandelt die Rechnungstrennung und die Kostenrechnungssysteme für die Ein-

---

des Rates v 26. 2. 1998 über die Anwendung des offenen Netzzugangs (ONP) beim Sprachtelefondienst und den Universaldienst im Telekommunikationsbereich in einem wettbewerbsorientierten Umfeld, ABl Nr L 101/24 v 1. 4. 1998.
**58** Empfehlung des Rates v 5. 6. 1992 zur harmonisierten Bereitstellung eines Mindestangebots an paketvermittelten Datendiensten nach ONP-Grundsätzen (92/382/EWG), ABl Nr L 200/1 v 18. 7. 1992.
**59** Empfehlung des Rates v 5. 6. 1992 (92/383/EWG), ABl Nr L 200/10 v 18. 7. 1992.
**60** RL 97/33/EG des Europäischen Parlaments und des Rates v 30. 6. 1997 über die Zusammenschaltung in der Telekommunikation im Hinblick auf die Sicherstellung eines Universaldienstes und der Interoperabilität durch Anwendung der Grundsätze für einen offenen Netzzugang (ONP), ABl Nr L 199/32 v 26. 7. 1997; ausführlich zum europäischen Modell

der Zusammenschaltung M. *Röhl* Die Regulierung, Teil II Kap 7.
**61** RL 98/61/EG des Europäischen Parlaments und des Rates v 24. 9. 1998 zur Änderung der RL 97/33/EG hinsichtlich der Übertragbarkeit von Nummern und der Betreibervorauswahl, ABl Nr L 268/37 v 3. 10. 1998.
**62** Empfehlung der Kommission 98/195/EG v 8. 1. 1998 über die Zusammenschaltung in einem liberalisierten Telekommunikationsmarkt, Teil I – Zusammenschaltungsentgelte, ABl Nr L 73/42 v 12. 3. 1998; verändert durch die Empfehlung der Kommission v 29. 7. 1998 zur Veränderung der Empfehlung 98/195/EG v 8. 1. 1998 über die Zusammenschaltung in einem liberalisierten Telekommunikationsmarkt Teil I – Zusammenschaltungsentgelte, ABl Nr L 228/30 v 15. 8. 1998 S 30.
**63** ABl Nr L 141/6 v 13. 5. 1998.

führung von Zusammenschaltungsverpflichtungen mit besonderer Berücksichtigung der Grundsätze der Transparenz und der Kostenorientierung.

### c) Lizenzierung

Besondere Bedeutung kommt der **Lizenzierung** im Bereich der Telekommunikation zu. Mit der **Genehmigungsrichtlinie**[64] werden Bedingungen und das Verfahren für Allgemein- und Einzelgenehmigungen vereinheitlicht. Sie enthält die Festlegung von Rechtsbehelfsfristen und die Anforderung, soweit wie möglich Allgemeingenehmigungen zu erteilen, die ausschließlich mit dem EG-Recht vereinbare Bedingungen enthalten. Darüber hinaus sind Anforderungen an die Begrenzung von Einzelgenehmigungen festgelegt, etwa wenn sich dies aus Gründen der Frequenzzuweisung oder angesichts der Zeit als notwendig erweist, die benötigt wird, um im Einklang mit dem EG-Recht genügend Nummern bereitzustellen. Die Gebühren für die Erteilung der Genehmigung dürfen, sieht man von dem Fall der knappen Ressourcen einmal ab, lediglich die Verwaltungskosten decken. Außerdem werden Bedingungen für die Erteilung von Genehmigungen für neue Dienste vorgesehen und ein Verfahren zur Harmonisierung der Lizenzbedingungen vorgesehen. Nicht zuletzt wird ein one-stop-shopping-Verfahren zur Gewährleistung paralleler Genehmigungen in unterschiedlichen Mitgliedsstaaten eingerichtet.

**17**

### d) Allokation der Funkfrequenzen

Besondere Bedeutung und eine hohe Priorität kommt der Stimulierung neuer Dienste, insbesondere in Zusammenhang mit den Mobilfunkdiensten zu. Die **Allokation der Funkfrequenzen** nimmt daher einen breiten Raum in der Kommissionspolitik ein.[65] Dazu rechnet etwa die strategische Planung der Frequenznutzung, um eine längerfristige Planung und Entwicklung europaweiter Funkdienste und -produkte insbesondere im Bereich der Telekommunikation zu ermöglichen.[66] Die Schaffung EU-weiter und internationaler Frequenzbänder erfordert auch die Koordinierung der Funkfrequenzen.[67] Ebenso ist die Zuteilung der Frequenzen an einzelne Nutzer und die Genehmigung von Funkdienstbetreibern nicht zuletzt im Einklang mit dem Wettbewerbsrecht zu regeln.[68] Ebenso gehört dazu die Normungspolitik und ein institutioneller Rahmen für die Frequenzkoordinierung.[69]

**18**

### e) Schutz personenbezogener Daten und der Privatsphäre

Darüber hinaus, als Teil eines kommunikationsbezogenen Verbraucherschutzes formuliert, ist der **Schutz der personenbezogenen Daten** und der **Privatheit** im Telekommunikationssektor ein wichtiges Element des Ordnungsrahmens. Nach langen Vorarbeiten ist im Dezember 1997

**19**

---

[64] RL 97/13/EG des Europäischen Parlaments und des Rates v 10. 4. 1997 über einen gemeinsamen Rahmen für Allgemein- und Einzelgenehmigungen für Telekommunikationsdienste, ABl EG Nr L 117/15 v 7. 5. 1997.

[65] Dazu ausführlich Grünbuch zur Frequenzpolitik iVm Maßnahmen der Europäischen Gemeinschaft für Bereiche wie Telekommunikation, Rundfunk, Verkehr und FuE, KOM (1998) 596 endg.

[66] Vgl dazu RL 87/372/EWG des Rates über die Frequenzbänder, die für die koordinierte Einführung eines europaweiten öffentlichen zellularen digitalen terrestrischen Mobilfunkdienstes in der Gemeinschaft bereitzustellen sind, ABl Nr L 196/85 v 17. 7. 1987; RL 90/544/EWG des Rates v 9. 10. 1990 über die Frequenzbänder für die koordinierte Einführung eines europaweiten terrestrischen öffentlichen Funkrufsystems in der Gemeinschaft, ABl Nr L 310/28 v 9. 11. 1990; Entschließung des Rates v 29. 6. 1995 über die weitere Entwicklung der Mobil- und persönlichen Kommunikation in der Europäischen Union, 95/C188/02, ABl Nr C188/3 v 22. 7. 1995; RL 96/2/EG der Kommission v 16. 1. 1996 zur Änderung der RL 90/388/EWG betreffend die mobile Kommunikation und Personal Communications, ABl Nr L 20/59 v 26. 1. 1996.

[67] Vgl RL 97/372/EG; RL 90/544/EWG; RL 91/287/ EWG des Rates v 3. 6. 1991 über die Frequenzband, das für die koordinierte Einführung europaweiter schnurloser Digital-Kommunikation (DECT) in der Gemeinschaft vorzusehen ist, ABl Nr L 144/45 v 8. 6. 1991.

[68] RL 97/51/EG des Europäischen Parlaments und des Rates v 6. 10. 1997 zur Änderung der RL 90/387/ EWG und 92/44/EWG des Rates zwecks Anpassung an ein wettbewerbsorientiertes Telekommunikationsumfeld, ABl Nr L 295/23 v 29. 10. 1997; RL 96/ 2/EG; Genehmigungsrichtlinie RL 97/13/EG.

[69] Vgl dazu Grünbuch zur Frequenzpolitik (Fn 20), II S VII ff; sa Vor § 44 Rn 14.

die sog **ISDN-Datenschutzrichtlinie** erlassen worden;[70] sie ergänzt die EU-Datenschutzrichtlinie.[71] Die Telekommunikations-Datenschutzrichtlinie enthält Regelungen über die Sicherheit von Informationen, die über Telekommunikationsnetze verbreitet werden, die Vertraulichkeit von Kommunikation, Grenzen im Hinblick auf den Umfang und die Zeit der Verarbeitung von Verkehrs- und Rechnungsdaten durch Serviceprovider, Regelungen über die Identifikation von Anrufen, die Rückverfolgung von belästigenden und beeinträchtigenden Anrufen, Regelungen über automatisch weitergeleitete Anrufe, über die Veröffentlichung personenbezogener Daten in Teilnehmerverzeichnissen und den Schutz der Privatsphäre im Hinblick auf unerwünschte Anrufe.

### f) Weitere Felder

**20** Außerdem finden sich Regelungen über das Verfahren der Auftragsvergabe bei Telekommunikationsausrüstungen und Diensten, soweit es sich um Einrichtungen handelt, die durch spezielle und exklusive Rechte im Telekommunikationssektor gekennzeichnet sind.[72] Der europäische Rechtsrahmen erstreckt sich zudem auf die Harmonisierung bestimmter steuerlicher Aspekte. Die weitere Entwicklung des Rechtsrahmens zeigt im Übrigen deutliche Konvergenzen im Hinblick auf Felder, die ursprünglich in speziellen Richtlinien geregelt waren und unübersehbar deutet sich hier in verschiedenen Facetten bereits das an, was unter dem Stichwort Konvergenz erörtert wird.

## 2. Entwicklungsperspektiven des europäischen Regulierungsrahmens

### a) Kommunikationsbericht 1999

**21** Die **weitere Entwicklung** wird von der Europäischen Kommission in dem **Kommunikationsbericht 1999 skizziert**.[73] In dieser Mitteilung werden die Hauptkomponenten der politischen Vorschläge der Kommission für einen neuen Rechtsrahmen vorgestellt, der die gesamte Kommunikationsinfrastruktur und die zugehörigen Dienste abdecken soll. Damit wird den bereits im Grünbuch zur Konvergenz von Medien, Telekommunikation und Informationstechnologien[74] vorgezeichneten Entwicklungen Rechnung getragen. Diese zielen auf ein stärker horizontales Konzept der Regulierung der Kommunikationsinfrastruktur.

**22** Mit dem neuen Rechtsrahmen möchte die Kommission auf **veränderte Marktbedingungen** reagieren. Diese sind nach Auffassung der Kommission durch eine umfassendere und intensivere **Globalisierung** gekennzeichnet, die technische, wirtschaftliche und rechtliche Probleme aufwirft, die in zunehmendem Maße ebenfalls eine globale Lösung erfordern. Die weltweite Liberalisierung, wie sie nicht zuletzt durch den bereits bestehenden internationalen Rechtsrahmen gefördert wird, führt zu Fusionen, Übernahmen und neuen Bündnissen, die die Struktur der Branche grundlegend verändern können. Das **Internet** revolutioniert die traditionellen Marktstrukturen durch die Schaffung einer gemeinsamen Plattform für ein breites Angebot unterschiedlicher Dienste und führt zu einer Verwischung der Unterschiede zwischen Sprach-, Bild- und Datenübertragungsdiensten. Die **technologischen Änderungen** bei den Übertragungsmöglichkeiten, insbesondere die Entwicklung von Wellenlängenmultiplex-Technologien in Glasfasernetzen und digitalen Teilnehmeranschluss-Technologien (xDSL) senken die Kosten und erhöhen die Kapazität der Kommunikationsinfrastruktur. Durch **Softwareentwicklung** rekon-

---

[70] RL 97/66/EG des Europäischen Parlaments und des Rates v 15.12.1997 über die Verarbeitung personenbezogener Daten und den Schutz der Privatsphäre im Bereich der Telekommunikation, ABl Nr L 24/1 v 30.1.1998 [Telekommunikations-Datenschutzrichtlinie].

[71] RL 95/46/EG des Europäischen Parlaments und des Rates v 24.10.1995 über den Schutz natürlicher Personen bei der Verarbeitung personenbezogener Daten und zum freien Datenverkehr, ABl Nr L 281/31 v 23.11.1995.

[72] RL des Rates v 27.9.1990 über (90/531/EWG), ABl Nr L 297/1 v 22.10.1990 sowie RL des Rates v 14.6.1993 (93/38/EWG), ABl Nr L199/84 v 9.8.1993 sowie der RL des Rates v 25.2.1992 (92/13/EWG), ABl Nr L 76/14 v 23.3.1992.

[73] Europäische Kommission, Entwicklung neuer Rahmenbedingungen für elektronische Kommunikationsinfrastrukturen und zugehörige Dienste. Kommunikationsbericht 1999, KOM (1999) 539.

[74] Vgl oben Fn 21.

figurierbare Technologien werden es Betreibern und Diensteanbietern danach ermöglichen, ihre Dienste den spezifischen Anforderungen des jeweils lokalen Marktes anzupassen, indem sie Flexibilität und Innovation in Fest- und Mobilfunknetzen bieten. Die drahtlose Anwendung gewinnt danach in allen Marktsegmenten an Bedeutung, die durch die Einführung der Systeme der dritten Generation in Zukunft noch steigen wird. Die Entwicklung von Technologien auf dem Mediensektor insbesondere des Digitalfernsehens soll dazu führen, dass Transaktionsdienste auf „Abruf" sowie neue Dienste über unterschiedliche Netze und auf unterschiedlichen Plattformen zur Verfügung gestellt werden können. Diese Entwicklungen werden den Markt in den nächsten Jahren bzw im Laufe des nächsten Jahrzehnts erheblich umgestalten, ohne dass sich die Entwicklungen im Einzelnen prognostizieren lassen. Dies spricht für einen **offenen und flexiblen Regulierungsrahmen**, in dem situativ und flexibel die Regulierungsbehörden wie auch die Marktteilnehmer im Rahmen bestimmter und klarer Zielvorgaben künftige Entwicklungen durch Regulierungsstrategien begleiten können müssen.

Der **bestehende Rechtsrahmen**[75] ist danach in erster Linie darauf gerichtet, den Übergang zum Wettbewerb zu steuern. Er konzentriert sich vor allem auf die Schaffung eines wettbewerbsorientierten Marktes und die Sicherung der Rechte neuer Marktteilnehmer. Der Akzent im neuen Rechtsrahmen soll dagegen auf dem Wettbewerb in allen Marktsegmenten liegen, insbesondere auch auf der lokalen Ebene. Er sollte für neue, dynamische und weitgehend unvorhersehbare Märkte mit wesentlich mehr Akteuren als heute ausgelegt sein. Daher will die Kommission ein Regulierungskonzept für neue Dienstemärkte vorsehen, das gleichwohl sicherstellt, dass beherrschende Akteure ihren Markt nicht missbrauchen können. Dabei soll die wettbewerbsherstellende Regulierung reduziert werden, und zwar um so mehr, je mehr der Markt seinerseits wettbewerbsorientiert funktioniert. Als Leitziel soll daher gelten, dass die Regulierung sich auf diejenigen Bereiche beschränkt, in denen die politischen Ziele durch Wettbewerb allein nicht erreicht werden können. Als wichtigste politische Ziele nennt die Kommission die Förderung und Erhaltung eines offenen und wettbewerbsorientierten europäischen Marktes für Kommunikationsdienste, um dem Verbraucher bessere Bedingungen in Bezug auf Preise, Qualität und Kaufkraft zu bieten, den Dienst am europäischen Bürger, insbesondere die Sicherstellung des Zugangs zu einem Universaldienst nach europäischen Spezifikationen sowie zu allen Diensten der Informationsgesellschaft und die Konsolidierung des Binnenmarktes in einem konvergierenden Umfeld.

Der neue Rechtsrahmen soll sich dabei auf **fünf Grundsätze** stützen, die die Regulierungsmaßnahmen der Gemeinschaft auf nationaler Ebene bestimmen sollen: Künftige Regulierungsmaßnahmen sollen danach auf **klar definierten politischen Zielvorgaben** beruhen, auf das zum Erreichen dieser Ziele erforderliche **Mindestmaß beschränkt** werden, die **Rechtssicherheit** in einem dynamischen Markt verbessern, **technologieneutral** sein und so nah wie möglich an der **Ebene der betroffenen Aktivitäten** geregelt sein.[76]

Der neue Rechtsrahmen sollte durch **drei Regelungselemente** gekennzeichnet sein: Durch **bereichsspezifische Rechtsvorschriften** der Gemeinschaft, durch **unverbindliche Begleitmaßnahmen** und durch **Wettbewerbsregeln**. Die bereichsspezifischen Maßnahmen sollen durch eine neue Rahmenrichtlinie sowie durch vier spezifische Richtlinien gekennzeichnet sein.

Die **Rahmenrichtlinie** soll dabei die spezifischen politischen Ziele für die Mitgliedsstaaten festsetzen, die Mitgliedsstaaten dazu verpflichten, bei der Umsetzung der Bestimmungen der Richtlinie gemäß den og Regulierungsgrundsätzen zu handeln, spezifische Verbraucherrechte gewährleisten, wie zum Beispiel das Streitbeilegungsverfahren, Notrufnummern, Zugang zu Informationen usw, ein angemessenes Maß an Interoperabilität für Kommunikationsdienste und -ausrüstungen gewährleisten, die Rechte, Pflichten, Entscheidungsbefugnisse und Verfahren der nationalen Regulierungsbehörden festlegen, wie zB Kriterien für die Umsetzung der Flexibilitätsklauseln, Unterlassung von Maßnahmen, Rechtsbehelfe und Verpflichtungen zur Untersagung von Vereinbarungen, die dem gemeinschaftlichen Wettbewerbsrecht zuwiderlaufen,

---

[75] Vgl Rn 5 ff.

[76] Zum Ganzen Kommunikationsbericht 1999 S 12 ff.

Hans-Heinrich Trute

**Einführung II**
Europäisierung und Internationalisierung

Regeln für einen neuen Kommunikationsausschuss und eine hochrangige Kommunikationsgruppe sowie allgemeine Bestimmungen wie Definitionen, wesentliche Anforderungen und institutionelle Arrangements enthalten.

**27** Die **vier spezifischen Richtlinien**, die nach Art 95 EGV zu erlassen sein werden, sollen eine **Richtlinie über die Genehmigungen**, basierend auf der bereits vorhandenen Genehmigungsrichtlinie[77], beinhalten, eine **Richtlinie über die Erbringung des Universaldienstes**, die Elemente der derzeitigen Sprachtelefonie-Richtlinie[78] und der Zusammenschaltungsrichtlinie[79] enthält, sowie eine **Richtlinie über den Zugang und die Zusammenschaltung** auf der Grundlage der geltenden Zusammenschaltungsrichtlinie[80] und der Richtlinie für Fernsehnormen, sowie eine **Richtlinie über Datenschutz und Schutz der Privatsphäre im Telekommunikationssektor** auf der Grundlage der Telekommunikations-Datenschutzrichtlinie[81], die freilich aktualisiert und den technologischen Entwicklungen, insbesondere der Technologieneutralität angepasst werden muss.[82] Zu den ergänzenden Maßnahmen gehören Leitlinien und Empfehlungen der Kommissionen oder der nationalen Behörden. Gegebenenfalls sollen auch parallele Verhaltenscodizes, Koregulierungsvereinbarungen, Empfehlungen, Normen, Absichtserklärungen, Rechtsmittelverfahren und ähnliche Maßnahmen erarbeitet werden, um einheitliche Lösungen zu erzielen. Sie können, wenn sie konsensual zustande kommen, durchaus ein wirksames substitutives oder jedenfalls komplementäres Regulierungsmittel sein.

**28** Je mehr sich der Wettbewerb auf den unterschiedlichen Märkten einstellt und damit das Verhalten der Marktteilnehmer in den Mittelpunkt des Interesses rückt, werden die **allgemeinen Wettbewerbsregeln** wichtiger und ausreichend. Die Kommission beabsichtigt insoweit, die Überwachung der Branche zu intensivieren, um etablierte Betreiber daran zu hindern, ihre Stärke und beherrschende Stellung in den konvergierten Märkten auszuweiten, wenn die sektorspezifischen Regeln, die den Wettbewerb sichern sollen, gelockert werden.[83] Dabei will die Kommission die Befugnisse berücksichtigen, die die nationalen Regulierungsbehörden laut ONP-Rahmenrichtlinie bei der Behandlung der jeweiligen Angelegenheit haben. Danach müssen die nationalen Regulierungsbehörden „die Notwendigkeit, einen wettbewerbsorientierten Markt zu fördern" berücksichtigen und den Marktteilnehmern Bedingungen auferlegen, um einen wirksamen Wettbewerb sicherzustellen.[84] Die Maßnahmen dürfen zudem nicht dem gemeinschaftlichen Wettbewerbsrecht widersprechen. Gegebenenfalls kann der Mitgliedsstaat selbst für Schäden haftbar gemacht werden, die denjenigen entstehen, die insoweit geschädigt werden.[85]

**29** Im Einzelnen bedeutet dies hinsichtlich der **Genehmigungen**, dass die **administrativen Hemmnisse für einen Markteintritt reduziert werden sollen**, um dem wettbewerbsorientierten europäischen Markt hinreichend Rechnung zu tragen. Künftig soll daher als Basis für die Genehmigung von Kommunikationsnetzen und -diensten die Allgemeingenehmigung dienen, Einzelgenehmigungen sollen demgegenüber für die Zuweisung von Frequenzen und Nummern reserviert sein. Auf Kommunikationsinfrastrukturen einschließlich der Rundfunk- und Fernsehnetze sollte ein umfassender und kohärenter Rechtsrahmen angewendet werden, die möglichen Bedingungen, die an Genehmigungen geknüpft werden, sollen eingeschränkt werden, die Gebühren für Genehmigungen sollen gerechtfertigte und relevante Verwaltungskosten abdecken und die Kommunikationsdienste, die über die Plattform des Internets angeboten werden, sollten auf eine Weise genehmigt werden, die der für andere Kommunikationsdienste entspricht.

**30** Im Hinblick auf den **Zugang und die Zusammenschaltung** schlägt die Kommission die **Beibehaltung spezifischer gemeinschaftlicher Rechtsvorschriften** vor, die sowohl den Zugang als auch die Zusammenschaltung betreffen, wobei Grundlage die Zusammenschaltungsrichtlinie und die Fernsehnormenrichtlinie darstellen sollen. Bezüglich des Zugangs zu den Netzinfra-

---

77 RL 97/13/EG.
78 RL 98/10/EG.
79 RL 97/33/EG.
80 RL 97/33/EG.
81 RL 97/66/EG.
82 Zum Gesamtkonzept vgl Kommunikationsbericht 1999 S 20.

83 Kommunikationsbericht 1999 S 21.
84 Vgl Art 9 Abs 1, 3 der Zusammenschaltungsrichtlinie (RL 97/33/EG).
85 Vgl EuGH VerbRs C-6/90 C-9/90, Slg 1990 I 5357 – Francovich; EuGH, VerbRs C-46/93, C-48/93, Slg 1996 I 1029 – Brasserie de pêcheur SA ./. Bundesrepublik.

Hans-Heinrich Trute

strukturen sollen danach die nationalen Regulierungsbehörden in den Mitgliedsstaaten dafür verantwortlich sein, dass spezifische Zugangsfragen einschließlich des Wiederverkaufs von Diensten nach den im Gemeinschaftsrecht festgelegten Bedingungen und Kriterien behandelt werden. Von den **Infrastruktureigentümern mit beträchtlicher Marktmacht** soll verlangt werden, die kommerziellen Bedingungen für den Zugang auszuhandeln. Solche mit **marktbeherrschender Stellung** sollten verpflichtet werden, **angemessenen Anträgen auf Zugang stattzugeben**. Zugleich soll die Möglichkeit des Eingreifens der nationalen Regulierungsbehörde zur Streitbeilegung beibehalten werden. Im Falle der Zusammenschaltung soll das Erfordernis einer kostenorientierten Zusammenschaltung in den Richtlinien aufrechterhalten werden, dieses Konzept jedoch im Lichte der Empfehlungen der Kommission angepasst werden. Zugleich sollen Empfehlungen zu Zugangsfragen herausgegeben werden, insbesondere Empfehlungen hinsichtlich der Teilnehmeranschlussentbündelung. Die gegenwärtigen Normungsrahmen für die Telekommunikation sollen so ausgeweitet werden, dass die gesamte Telekommunikationsinfrastruktur und zugehörige Dienste abgedeckt werden. Die Betreiberauswahl sollte auch für Mobilfunknutzer vorgesehen werden, indem Mobilfunknetzbetreibern mit beträchtlicher Marktmacht eine entsprechende Verpflichtung auferlegt wird.

Hinsichtlich der **Verwaltung des Frequenzspektrums** geht die Kommission davon aus, dass die gegenwärtigen Methoden der Zuweisung knapper Ressourcen immer weniger in der Lage sind, Angebot und Nachfrage in Einklang zu bringen. Angesichts der entscheidenden Bedeutung des Frequenzspektrums für die Entwicklung neuer und innovativer Dienste als Teil des europäischen Wettbewerbsmarktes geht die Kommission davon aus, dass staatlich festgelegte Frequenznutzungsentgelte und die Versteigerung von Frequenzen zur Sicherstellung einer effektiven Nutzung des Frequenzspektrums dienen können, wobei im Einzelnen die Rahmenbedingungen noch zu klären sein werden. Die Mitgliedsstaaten sollen danach ermutigt werden, weitest möglich die aus Gebühren, Versteigerungen und Festlegung von Frequenznutzungsentgelten erzielten Erträge zur Erhöhung der Effizienz des Frequenzspektrums einzusetzen – eine wenig realistische Vorstellung. Die geltende Genehmigungsrichtlinie soll danach geändert werden, um es den Mitgliedsstaaten zu ermöglichen, Vorkehrungen für den Handel mit Funkfrequenzen als Teil des Prozesses zur Förderung der effizienten Nutzung des Frequenzspektrums zu treffen. Der Dialog über die Vergabe- und Zuteilungsfragen im Rahmen aller neuen institutionellen Arrangements zur Lösung sektorübergreifender Probleme soll fortgeführt werden, insbesondere für europaweite Kommunikationsdienste. **31**

Dem **Universaldienst** kommt nach wie vor eine maßgebende Bedeutung für die Entwicklung der Informationsgesellschaft, nicht zuletzt der Akzeptanz technologischer Neuerungen zu. Insoweit schlägt die Kommission die Beibehaltung der geltenden Definitionen und des Geltungsbereichs des Universaldienstes vor. Allerdings sollte das Konzept dynamisiert werden, so dass bestimmte Kriterien für eine mögliche Ausweitung des Universaldienstes sowie Verfahren für eine regelmäßige Überprüfung festgelegt werden. Die Finanzierungsverfahren sollen danach laufend geprüft werden und im Zusammenhang die Entwicklung von Verfahren gefördert werden, in denen der „Pay or Play"-Grundsatz angewendet wird. Im Rahmen solcher Verfahren können Betreiber ihre Beiträge verringern, wenn sie in ihrem geografischen Tätigkeitsbereich einen Universaldienst erbringen. Zugleich sollen Grundsätze der Preisbindung auf EU-Ebene entwickelt werden, um zu gewährleisten, dass der Universaldienst auch erschwinglich ist. **32**

In einem Regulierungskonzept kommt der Verbraucherfreiheit ebenfalls eine erhebliche Bedeutung zu. Dazu schlägt die Kommission vor, die Telekommunikations-Datenschutzrichtlinie zu aktualisieren und den technologischen Entwicklungen anzupassen, die europäische Notrufnummer 112 aufzuwerten, geltende Verpflichtungen bezüglich der Verfahren zur Beschwerdeabwicklung und Beilegung von Streitigkeiten sowie Verpflichtungen im Hinblick auf die Servicequalität beizubehalten und zu konsolidieren, die Informationstransparenz einschließlich der Tariftransparenz für die Verbraucher zu erhöhen und die Anbieter zu verpflichten, Kundeninformationen zur Dienstqualität zu veröffentlichen. Dies soll durch Kompetenzen der Regulierungsbehörden flankiert werden. **33**

Die **Vergabe von Nummern, Namen und Adressen** auf EU-Ebene soll derzeit nicht mit weiteren **34**

Hans-Heinrich Trute

spezifischen Regulierungsmaßnahmen verändert werden, wohl aber die Situation überprüft werden. Insbesondere soll ein Dialog zwischen den mit der Vergabe von Nummern, Namen und Adressen auf europäischer und einzelstaatlicher Ebene befassten Organisationen gefördert werden, nicht zuletzt mit dem Ziel, einen europäischen Nummerierungsbereich (European Telephony Numbering Space – ETNS) ebenso zu schaffen wie möglicherweise eine Top-Level-Domain „.eu" für Europa. Die Betreibernummern-Übertragbarkeit für Mobiltelefonbenutzer soll erweitert werden. Ebenso wird erwogen, zur Interoperabilität nationaler Datenbanken beizutragen, um die Erbringung von europaweiten Diensten zu erleichtern.

35  Eine **europäische Regulierungsinstanz** soll derzeit nicht geschaffen werden. Gleichwohl soll die Koordination zwischen den nationalen Regulierungsbehörden untereinander und mit der EU-Ebene verstärkt werden. Dazu soll ein neuer Kommunikationsausschuss (CoCom) und eine hochrangige Kommunikationsgruppe (High Level Communications Group – HLCG ) geschaffen werden. Der Kommunikationsausschuss würde dann bestehende Ausschüsse wie den ONP-Ausschuss und den Genehmigungsausschuss ersetzen. Dieser hätte eine beratende und regelnde Funktion. Die hochrangige Kommunikationsgruppe würde aus der Kommission und den nationalen Regulierungsbehörden der Mitgliedsstaaten bestehen und die jetzige Gruppe der Regulierer ersetzen und die Aufgabe haben, in Kooperation mit anderen Institutionen auf europäischer Ebene die möglichst gleichmäßige Umsetzung des Regulierungsrahmens bei der Anwendung der nationalen Maßnahmen zu erreichen. Die geltenden Rechtsvorschriften sollen mit dem Ziel überprüft werden, die Unabhängigkeit der nationalen Regulierungsbehörden zu stärken und sicherzustellen, dass die Verteilung der Verantwortlichkeit zwischen den Institutionen auf nationaler Ebene nicht zu Verzögerungen im Entscheidungsprozess führt und die Kooperation zwischen den sektorspezifischen und allgemeinen Wettbewerbsbehörden verbessert wird und vor allem eine Transparenz der Verfahren hergestellt wird.

36  Mittlerweile liegt ein **Arbeitspapier der Generaldirektion Informationsgesellschaft** der europäischen Kommission vor, das den künftigen Regulierungsrahmen umschreibt.[86] Dieses nimmt eine Reihe der Vorschläge auf, die im Kommunikationsbericht 1999 bereits vorgeschlagen und in der öffentlichen Anhörung bestätigt worden waren. Ebenso liegt eine Empfehlung der Kommission zum entbündelten Zugang zum Teilnehmeranschluss vor,[87] die mittlerweile bereits in eine Verordnung zur Öffnung des Teilnehmeranschlusses für Wettbewerber umgesetzt worden ist.[88]

b)  **Richtlinienvorschläge der Kommission zum neuen Rechtsrahmen**

37  Seit Juli 2000 liegen nunmehr die **Richtlinienvorschläge** der Europäischen Kommission **zum neuen Rechtsrahmen** vor.[89] Darüber hinaus liegt der Vorschlag für eine Entscheidung des

---

[86] European Commission, Directorate General Information Society, Communications Services: Policy and Regulatory Framework v 27. 4. 2000, das zur öffentlichen Anhörung freigegeben ist.

[87] Empfehlung 2000/417/EG der Kommission v 25. 5. 2000 betreffend den entbündelten Zugang zum Teilnehmeranschluss: Wettbewerbsorientierte Bereitstellung einer vollständigen Palette elektronischer Kommunikationsdienste einschließlich multimedialer Breitband- und schneller Internet-Dienste. Aktenzeichen K (2000) 1259, ABl Nr L 156/44 v 29. 6. 2000.

[88] Verordnung (EG) Nr 2887/2000 des Europäischen Parlaments und des Rates vom 18. 12. 2000 über den entbündelten Zugang zum Teilnehmeranschluss, ABl Nr L 336/4 v 30. 12. 2000.

[89] Vorschlag für eine RL des Europäischen Parlaments und des Rates über einen gemeinsamen Rechtsrahmen für elektronische Kommunikationsnetze und -dienste v 12. 7. 2000 KOM (2000) 393 endg, ABl Nr C 365 E/198 v 19. 12. 2000; Vorschlag für eine RL des Europäischen Parlaments und des Rates über die Genehmigung elektronischer Kommunikationsnetze und -dienste v 12. 7. 2000 KOM (2000) 386 endg, ABl Nr C 365 E/230 v 19. 12. 2000; Vorschlag für eine RL des Europäischen Parlaments über den Zugang zu elektronischen Kommunikationsnetzen und zugehörigen Einrichtungen sowie deren Zusammenschaltung v 12. 7. 2000 KOM (2000) 384 endg, ABl Nr C 365 E/215 v 19. 12. 2000; Vorschlag für eine RL des Europäischen Parlaments und des Rates über den Universaldienst und Nutzerrechte bei elektronischen Kommunikationsnetzen und -diensten v 12. 7. 2000 KOM (2000) 392 endg, ABl Nr C 365 E/238 v 19. 12. 2000; Vorschlag für eine RL des Europäischen Parlaments und des Rates über die Verarbeitung personenbezogener Daten und den Schutz der Privatsphäre in der elektronischen Kommunikation v 12. 7. 2000 KOM (2000) 385 endg, ABl Nr C 365 E/223 v 19. 12. 2000.

Europäischen Parlaments und des Rates über einen Rechtsrahmen für die Frequenzpolitik in der Europäischen Gemeinschaft vor, mit dem Ziel, die Frequenzverwaltung zu vereinheitlichen.[90]

In dem Vorschlag für eine Richtlinie des Europäischen Parlaments und des Rates über einen gemeinsamen Rechtsrahmen für elektronische Kommunikationsnetze und -dienste[91] wird eine durchaus weitreichende Fortentwicklung des bisherigen Ordnungsrahmens vorgestellt. Sollte der bisherige Rechtsrahmen in erster Linie die Umstellung vom Monopolbetrieb auf den Wettbewerb steuern, so soll der neue Rechtsrahmen unter veränderten technologischen und ökonomischen Bedingungen, insbesondere der Konvergenz von Telekommunikation, Rundfunk und Informationstechnologien den Wettbewerb in allen Marktsegmenten intensivieren. Er ist für neue dynamische und weithin unvorhersehbare Märkte ausgelegt. Zugleich sollen die Grundrechte der Verbraucher weiterhin geschützt werden. **38**

Als erste Konsequenz soll der **Anwendungsbereich des harmonisierten Rechtsrahmens** – der diagnostizierten Konvergenz entsprechend – auf alle elektronischen Kommunikationsnetze und -dienste erstreckt werden, dh er umfasst alle satellitengestützten und terrestrischen einschließlich fester und drahtloser Netze. Einbezogen sind das öffentliche Telefonnetz, Netze, die das Internetprotokoll verwenden, Kabelfernseh-, mobile und terrestrische Rundfunknetze.[92] Als elektronische Kommunikationsdienste werden alle gegen Entgelt erbrachten Dienste verstanden, die ganz oder doch überwiegend in der Übertragung durch Leitweglenkung von Signalen über elektronische Kommunikationsnetze bestehen, nicht aber Dienste, die Inhalte anbieten oder eine redaktionelle Kontrolle über sie ausüben.[93] **39**

Das zweite zentrale Regulierungselement ist die Festlegung **politischer Ziele und regulatorischer Grundsätze** für nationale Regulierungsbehörden, wobei die Maßnahmen der Regulierungsbehörden im neuen Rechtsrahmen ausschließlich diesen Zielen dienen sollen.[94] Dem kommt insofern eine besondere Bedeutung zu, als eine Reihe von Verpflichtungen der Unternehmen, insbesondere solche, die Teil der marktmacht-symmetrischen Regulierung sind, künftig gesetzlich nicht mehr vorgegeben sind, sondern Bestandteil eines flexiblen und dynamischen Regulierungsrahmens sind, in dem die Regulierungsbehörde die Verpflichtungen anordnen oder von ihr dispensieren kann – nach Maßgabe eines neuen kooperativen **Marktanalyseverfahrens** (Rn 41). Die Regulierungsziele determinieren, also mehr als bisher schon (§ 2 Rn 6) die Ausübung der Befugnisse der nationalen Behörden. Zu diesen Zielen gehört neben der besonders hervorgehobenen Technologieneutralität[95] vor allem die Förderung eines offenen, wettbewerbsorientierten Marktes für elektronische Kommunikationsnetze und -dienste sowie zugehörige Einrichtungen,[96] die Entwicklung des Binnenmarktes[97] sowie die Förderung der Interessen europäischer Bürger.[98] **40**

Dem neuen Marktanalyseverfahren,[99] mit dem letztlich über die Voraussetzung der Auferlegung oder Aufrechterhaltung spezifischer Pflichten für Unternehmen mit beträchtlicher Marktmacht **41**

---

90 KOM (2000) 407 v 21. 6. 2000.
91 Vom 12. 7. 2000 KOM (2000) 393 endg, ABl Nr C 365 E/198 v 19. 12. 2000 (im Folgenden E-RL Gemeinsamer Rechtsrahmen).
92 Art 2 lit a E-RL Gemeinsamer Rechtsrahmen.
93 Art 2 lit b E-RL Gemeinsamer Rechtsrahmen.
94 Art 7 E-RL Gemeinsamer Rechtsrahmen.
95 Art 7 Abs 1 E-RL Gemeinsamer Rechtsrahmen.
96 Art 7 Abs 2 E-RL Gemeinsamer Rechtsrahmen. Dazu nennt die Vorschrift die Sicherstellung größtmöglicher Vorteile für die Nutzer, die Gewährleistung, dass es keine Wettbewerbsverzerrungen oder -beschränkungen gibt, die Förderung effizienter Infrastrukturinvestitionen und effiziente Frequenzzuweisungen und -zuteilungen.
97 Art 7 Abs 3 E-RL Gemeinsamer Rechtsrahmen. Dazu nennt die Vorschrift den Abbau verbleibender Hindernisse für die Bereitstellung elektronischer Kommunikationsnetze und -dienste, den Aufbau und die Entwicklung transeuropäischer Netze und die Förderung der Interoperabilität, die Gewährleistung, dass Anbieter elektronischer Kommunikationsnetze und -dienste keine diskriminierende Behandlung erfahren.
98 Art 7 Abs 4 E-RL Gemeinsamer Rechtsrahmen. Dazu nennt die Vorschrift die Sicherstellung des Universaldienstes und der Nutzerrechte zu erschwinglichen Preisen, einen weitgehenden Verbraucherschutz, ein hohes Datenschutzniveau, transparente Tarife und Bedingungen für die Nutzung öffentlich zugänglicher elektronischer Kommunikationsdienste und die Berücksichtigung der Sonderbedürfnisse gesellschaftlicher Randgruppen insbesondere behinderter Benutzer.
99 Art 14 E-RL Gemeinsamer Rechtsrahmen.

Hans-Heinrich Trute

entschieden wird, kommt im neuen Rechtsrahmen eine hervorgehobene Bedeutung zu. Eine erste Stufe der neuen Regelung liegt in der nach Abstimmung mit den nationalen Regulierungsbehörden getroffenen Entscheidung der Kommission über relevante Produkt- und Dienstmärkte, deren Merkmale die Auferlegung von Verpflichtungen nach den spezifischen Richtlinien rechtfertigen können,[100] wobei aufgrund der Internationalität der Märkte eine gemeinsame Marktanalyse der nationalen Regulierungsbehörden und ein abgestimmtes Verhalten bei Maßnahmen erforderlich sein kann. Aufgrund der Entscheidung der Kommission haben die nationalen Regulierungsbehörden auf der zweiten Stufe innerhalb einer Frist von zwei Monaten eine Marktanalyse durchzuführen – auf der Grundlage von Leitlinien zur Marktanalyse und Ermittlung beträchtlicher Marktmacht der Kommission.[101] Anhand dieser Marktanalyse ist über Universaldienstverpflichtungen oder besondere Verpflichtungen im Hinblick auf Zugang und Zusammenschaltung zu entscheiden. Diese Entscheidungen werden wiederum in einem kooperativen Verfahren getroffen, das sowohl die Partizipation der interessierten Öffentlichkeit vorsieht, als auch die Betroffenen, Wettbewerber, andere nationale Regulierungsbehörden und die Kommission einbezieht.[102] Damit wird ein mehrstufiges, binnenmarktorientiertes und flexibles Konzept marktmacht-asymmetrischer Regulierung eingeführt, das einen erheblichen Kompetenzzuwachs der Kommission beinhaltet und durch eine größere horizontale Abstimmung der nationalen Regulierungsbehörde gekennzeichnet ist, zugleich aber eine hinreichende Dezentralität der eigentlichen Entscheidung über die Auferlegung von besonderen Verpflichtungen wahren möchte. Zugleich ist damit ein Kompetenzzuwachs der nationalen Regulierungsbehörden gegenüber dem Gesetzgeber verbunden, weil sie letztendlich über die Auferlegung von Tatbeständen und die dann zu wählenden Verpflichtungen entscheiden.

**42** Darin kommt ein entscheidendes Charakteristikum des neuen Rechtsrahmens schon zum Ausdruck, die horizontale und vertikale Einbindung der nationalen Regulierungsbehörde in einen europäischen Rahmen mit dem Ziel einer gemeinschaftsweit einheitlichen Anwendung des Rechtsrahmens, wie sie denn auch bereits in Art 1 Abs 1 E-RL Gemeinsamer Rechtsrahmen, deutlich zum Ausdruck gebracht wird. Sichtbar wird darin eine neue Intensität kooperativer Verwaltung des Gemeinschaftsraumes,[103] die neuerdings auch in anderen Bereichen wie etwa dem Kartellverfahren von der Kommission vorgeschlagen wird.[104] Konzipiert wird damit eine neue Stufe materiell abgestimmten, organisatorisch und verfahrensmäßig integrierter europäischer Verwaltung. Die Kommission kann nach den im Art 19 Abs 2 E-RL Gemeinsamer Rechtsrahmen genannten Verfahren zudem Empfehlungen an Mitgliedsstaaten geben, die ihrerseits dafür zu sorgen haben, dass die nationalen Regulierungsbehörden diesen Empfehlungen bei der Wahrnehmung ihrer Aufgaben weitestgehend Rechnung tragen.[105] Sofern die nationale Regulierungsbehörde beschließt, sich nicht an die Empfehlung zu halten, muss sie eine entsprechende Begründung veröffentlichen.[106] Darin kommt schon eine deutliche Verstärkung der Einbindung über das Instrument der Empfehlung zum Ausdruck. Besondere Bedeutung kommt auch dem Verfahren der Konsultation und Transparenz in Art 6 E-RL Gemeinsamer Rechtsrahmen zu. Abweichend von der Tradition des deutschen Verwaltungsrechts hat danach die Behörde interessierten Parteien Gelegenheit zur Stellungnahme zu Maßnahmen zu geben, die sie zu treffen gedenkt. In bestimmten Fällen – wie etwa dem schon genannten Verfahren der Marktanalyse oder der Auferlegung besonderer Verpflichtungen nach Art 8 Abs 2 des Richtlinienvorschlages zu Zugang und Zusammenschaltung[107] – ist der Entwurf der Maßnahmen den anderen nationalen Regulierungsbehörden sowie der Kommission zuzuleiten, wobei die Stel-

---

[100] Art 14 Abs 1 E-RL Gemeinsamer Rechtsrahmen.
[101] Art 14 Abs 3–5 E-RL Gemeinsamer Rechtsrahmen. Vgl dazu Kommission der Europäischen Gemeinschaft, Entwurf von Leitlinien zur Marktanalyse und Ermittlung beträchtlicher Marktmacht nach Art 14 des Vorschlags für eine Richtlinie über einen gemeinsamen Rechtsrahmen für elektronische Kommunikationsnetze und -dienste v 28.3.2001 KOM (2001) 175.
[102] Art 6 E-RL Gemeinsamer Rechtsrahmen.
[103] Allg dazu *Schmidt-Aßmann* Das Allgemeine Verwaltungsrecht als Ordnungsidee, 1998, S 308 ff.
[104] Vgl dazu *H. C. Röhl* Die neue KartellVO (iE).
[105] Art 16 Abs 1 E-RL Gemeinsamer Rechtsrahmen.
[106] Art 16 Abs 1 S 2 Gemeinsamer Rechtsrahmen.
[107] Vorschlag für eine RL des Europäischen Parlaments und des Rates über den Zugang zu elektronischen Kommunikationsnetzen und zugehörigen

lungnahmen anderer nationaler Regulierungsbehörden soweit wie möglich zu berücksichtigen sind.[108] Der überarbeitete Entwurf ist erneut der Kommission zu übermitteln. Die Entscheidung wird dann erlassen, sofern die Kommission nicht binnen eines Monats ernsthafte Zweifel an der Vereinbarkeit mit dem Gemeinschaftsrecht, insbesondere den Zielen des Art 7 E-RL Gemeinsamer Rechtsrahmen hegt.[109] In diesen Fällen kann die Kommission die endgültige Entscheidung in einem Zeitraum von zwei Monaten erlassen.[110] In dringenden Fällen kann die nationale Regulierungsbehörde von einem Verfahren absehen und eine Maßnahme erlassen, die dann Änderungs- oder Aufhebungsverlangen ex post ausgesetzt sein kann. Neben dieser verfahrensmäßigen Absicherung wird organisatorisch eine eher horizontale Integration der nationalen Regulierungsbehörden durch die Bildung einer hochrangigen Kommunikationsgruppe angestrebt, die aus von den nationalen Regulierungsbehörden benannten Vertretern besteht.[111] Diese soll zwar nur eine beratende Funktion ausüben,[112] eine Durchmusterung der Aufgaben lässt freilich eine intensive Harmonisierungsfunktion für den Vollzug des Gemeinschaftsrechts und der Überwachung seiner Implementation durch die nationalen Regulierungsbehörden erkennen.[113] Die darin erkennbaren und hierbei exemplarisch aufgeführten Regulierungselemente finden ihre Fortsetzung in den spezifischen Maßnahmen, also den vier sachbereichsbezogenen Vorschlägen für Richtlinien[114] sowie der Verordnung über den entbündelten Zugang zum Teilnehmeranschluss.[115]

### 3. Internationalisierung des Ordnungsrahmens

Die Telekommunikationsinfrastrukturen greifen über den europäischen Rechtsrahmen mittlerweile hinaus, sie sind zunehmend globale Kommunikationsinfrastrukturen. Dies galt der Sache nach schon immer für die klassischen Telefonnetze, gilt aber auch heute für Infrastrukturen wie das Internet. Angesichts der technischen Entwicklung, der Ausbildung internationaler Allianzen und der Tendenzen zur Ausbildung eines horizontal und vertikal verflochtenen Multimediamarktes wird sich der Ordnungsrahmen der Telekommunikation und des Multimediarechts zu einem zunehmend international verflochtenen rechtlichen Ordnungsrahmen entwickeln. Dabei sind unterschiedliche Regelungsinstrumente vorhanden.[116] Zunehmende Bedeutung kommt dem (Wirtschafts-)Völkerrecht zu. Hier entsteht eine selbstständige internationale Verfassung eines spezifischen Teilbereiches, die gerade im Bereich der Telekommunikation eine erhebliche Bedeutung gewonnen hat. Dies gilt insbesondere für die Regeln des GATT (General Agreement on Tariffs and Trade) und die damit zusammenhängenden Vereinbarungen, insbesondere das für den Telekommunikationsbereich einschlägige GATS (General Agreement on Trade in Services), das auch den Handel mit Telekommunikationsdienstleistungen regelt.[117] Bis zum Beginn der 90er Jahre existierten freilich weder für Telekommunikationsdienste noch für andere Dienstleistungen völkerrechtlich verbindliche internationale Handelsregeln. Die nationalen Märkte, hier insbesondere die Telekommunikationsmärkte, waren für ausländische Unternehmen weitgehend geschlossen, sofern nicht bilaterale Abkommen partielle Marktöffnungen vorsahen. Nachdem bereits 1994 im Rahmen der Uruguay-Runde internationale Grundregeln für den Handel mit Mehrwertdiensten im Bereich der Telekommunikation festgelegt wurden, haben

---

Einrichtungen sowie deren Zusammenschaltung v 12. 7. 2000 KOM (2000) 384 endg, ABl Nr C 365 E/215 v 19. 12. 2000.
108 Art 6 Abs 2, 3 E-RL Gemeinsamer Rechtsrahmen.
109 Art 6 Abs 4 E-RL Gemeinsamer Rechtsrahmen.
110 Art 6 Abs 4 E-RL Gemeinsamer Rechtsrahmen.
111 Art 21 E-RL Gemeinsamer Rechtsrahmen.
112 Art 21 Abs 1 E-RL Gemeinsamer Rechtsrahmen.
113 Vgl Art 21 Abs 4 E-RL Gemeinsamer Rechtsrahmen.
114 Vgl dazu oben Fn 89.
115 Vgl dazu oben Fn 88.
116 Vgl dazu *Trute* Das öffentliche Recht und die

Entwicklung eines globalen Ordnungsrahmens der Telekommunikation (iE).
117 Allgemein dazu *R. Schmidt* Die Internationalisierung des öffentlichen Wirtschaftsrechts, in: Die Wissenschaft vom Verwaltungsrecht, Die Verwaltung, Beiheft 2/1998, S 165 ff; *Stoll* Freihandel und Verfassung: Einzelstaatliche Gewährleistung und die konstitutionelle Funktion der Welthandelsorganisation (GATT/WTO) ZaöRV 57 (1997), S 83 ff; *Grewlich* Konflikte und Ordnung in der globalen Kommunikation, 1997; *ders* Conflict and good Governance in „Cyberspace" – Multi-level and Multi-actor constitutionalisation, in: Engel/Keller, Governance of global networks in the light of differing local values, 2000, S 237 ff.

sich 1997 69 Mitglieder der WTO darauf geeinigt, zum 1.1.1998 auch den Markt für Basistelekommunikationsdienstleistungen dem Wettbewerb für ausländische Anbieter zu eröffnen.[118] Das GATS bzw das 4. Protokoll zum GATS erfasst sowohl die grenzüberschreitende Erbringung von Telekommunikationsdienstleistungen sowie deren Erbringung im Ausland für einen ausländischen Verbraucher, die geschäftliche Niederlassung im Ausland wie auch die Erbringung mittels grenzüberschreitenden Personenverkehrs von Dienstleistungsanbietern. Damit wirkt das GATS tief in die innerstaatliche Rechtsordnung der Mitgliedsstaaten ein, indem es mit seinen Liberalisierungsverpflichtungen die Niederlassung von Dienstleistungsunternehmen ermöglicht.

**44** Die eingegangenen Verpflichtungen umfassen im Wesentlichen drei Elemente, nämlich den **freien Marktzugang,** den **Schutz von Investitionen** und **regulatorische Prinzipien zur Sicherung des Wettbewerbs.** Die Zugangsverpflichtungen betreffen die Erbringung und Nutzung aller Arten von Basistelekommunikationsdienstleistungen. Dazu rechnen der internationale und der inländische Orts- und Fernsprechverkehr, Sprachtelefondienst, unternehmensinterne Netze, Datenübertragung, Telex, Telegrafie, Fax, Rufdienste, persönliche Kommunikationssysteme uä, durch alle Mittel der Technologie, also alle Arten der Übertragungstechnologie wie Kabel, kabellos und Satellitentechnologien. Nicht erfasst ist die Übertragung von Funk- und Fernsehprogrammen.

**45** Die Verpflichtungen, die die Regierungen im Hinblick auf den Marktzugang und ausländische Investitionen eingegangen sind, basieren auf zwei Prinzipien, dem **Meistbegünstigungsprinzip,** nach dem die Unterzeichnerstaaten allen Mitgliedern einen diskriminierungsfreien Marktzugang gewähren müssen und dem **Prinzip der nationalen Gleichbehandlung,** nach dem ausländische Unternehmen nicht weniger günstig behandelt werden dürfen als inländische Anbieter. Im Einzelnen enthalten sie Vorschriften gegen wettbewerbshemmende Praktiken, Vorschriften über die Zusammenschaltung von Netzen, über die Universaldienstbereitstellung, die öffentliche Verfügbarkeit von Lizenzkriterien sowie eine unabhängige Schiedsgerichtsbarkeit und Regeln über die Nutzung und Vergabe knapper Ressourcen.

**46** Die EU und ihre Mitgliedsstaaten haben sich gegenüber allen WTO-Mitgliedsstaaten zur kompletten Liberalisierung aller Telekommunikationsdienstleistungen verpflichtet.[119] Der Regulierungsrahmen des WTO-Abkommens entspricht weitestgehend dem des EU-Regulierungsrahmens. Sie dürften im Wesentlichen im Einklang mit den Verpflichtungen der EU-Mitgliedsstaaten nach EU-Recht stehen und bedürfen insoweit keiner zusätzlichen Gesetzgebung. Allerdings kann eine Interpretation erforderlich werden, die Drittstaaten den Zugang und die Behandlung nach den GATS-Prinzipien sichert.

**47** Ergänzt wird dies neuerdings durch die Reform des internationalen Abrechnungsverfahrens (accounting rates system), das auf die neuen Marktbedingungen ausgerichtet werden muss.[120] An dieser Veränderung wird deutlich, dass das bisherige unter dem Dach der ITU (International Telecommunication Union) praktizierte Verfahren den Rahmenbedingungen einer Marktordnung nicht zureichend Rechnung trägt und dass das System der ITU (§ 7 Rn 4 ff) zunehmend reformiert und auf die Einbeziehung privater Marktteilnehmer eingestellt werden muss.[121] Die hierin erkennbare Verschiebung von der staatlich dominierten ITU zur eher wirtschaftlich ausgerichteten WTO ist Ausdruck der allgemeinen Entwicklung, verweist auf die erforderliche Einbeziehung privater Akteure und deren Repräsentanten und damit auf die Gewichtsverschiebung zwischen dem öffentlichen und dem privaten Sektor. Es verdeutlicht aber auch, dass die Internationalisierung des Ordnungsrahmens vor allem in der Gewährleistung einer internatio-

---

[118] 4. Protokoll zum General Agreement on Trade in Services, concerning basic telecommunication services BGBl II 1997, S 1990 ff.
[119] Vgl dazu die Entscheidung des Rates (97/838/EG) v 28.11.1997 Concerning the conclusion on behalf of the European Community as regards matters within it's competence, of the results of the WTO negotiations on basic telecommunication services (with annex: 4th protocol to the general agreement on trade in services concerning basic telecommunications services), ABl Nr L 347/45 v 18.12.1997.
[120] Dazu *Heilbock* Neueste Entwicklungen im internationalen Telekommunikationsrecht, MMR 1998, 129 ff.
[121] Dazu *Genschel* Standards; *Noll* MMR 1999, 465 ff; § 7 Rn 18.

nalen Wirtschaftsordnung liegt. Diese wird von einer Absicherung anderer öffentlicher Interessen, wie etwa der Sicherung kultureller Vielfalt, pluraler Meinungsbildung, des Schutzes der Persönlichkeit und des Schutzes von Daten nicht in gleichem Umfang begleitet.

Zwischenzeitlich hat die GATS 2000-Runde begonnen. Deren Gegenstand wird vor allem der Versuch sein, GATS-Mitglieder, die das Telekommunikationsprotokoll bisher nicht akzeptiert haben, in den Ordnungsrahmen einzubeziehen. Außerdem werden die Verbindlichkeiten der bisherigen Signaturstaaten verstärkt werden und zudem eine Revision des bisherigen Accounting Rate Systems gesucht werden. Zudem können weitere Aspekte, die mit der Informationsgesellschaft als solcher zusammenhängen, in den Verhandlungsrahmen einbezogen werden.

# Einführung III
# TKG und Medienrecht

**Schrifttum:** *Bartosch* Die Fernsehkabelnetze aus der Perspektive des Europarechts, CR 12 (1997), S 765 ff; *Bartosch* Digital Video Broadcasting (DVB) im Kabel, CR 9 (1997), S 517 ff; *Bullinger* Ordnung oder Freiheit für Multimediadienste, JZ 1996, S 385 ff; *Degenhart* Rundfunk und Internet, ZUM 1998, 333; *Engel* Kabelfernsehen, Baden-Baden 1996; *Gersdorf* Die dienende Funktion der Telekommunikationsfreiheiten, AfP 1997, 424 ff; *Gounalakis/Rhode* Elektronische Kommunikationsangebote zwischen Telediensten, Mediendiensten und Rundfunk, CR 1998, 487; *Hesse* Rundfunkrecht, 2. Aufl, 1999; *Hoffmann-Riem/Wieddekind* Frequenzplanung auf der Suche nach Planungsrecht, FS Hoppe, 2000, S 749; *Holznagel* Rechtsprobleme der Konvergenz von Rundfunk und Telekommunikation; Beilage MMR 9/1998, 12; *Jarass* Rundfunkbegriffe im Zeitalter des Internets, AfP 1998, 133; *Koenig* Regulierungskonzeption für neue Medien in Deutschland, Beilage MMR 12/1998, 1 ff; *Gersdorf* Multi Media: Der Rundfunkbegriff im Umbruch, AfP 1995, 565; *Ladeur* Die Globalisierung der Telekommunikation und die kooperative Herausbildung einer neuen transnationalen Rechtsordnung – das Beispiel der mobilen Satellitenkommunikation –, ArchivPT 3 (1998), S 243 ff; *Ladeur* Rundfunkaufsicht im Multimedia-Zeitalter zwischen Ordnungsrecht und regulierter Selbstregulierung; *Ladeur* Zur Abgrenzung von Telekommunikations- und Medienrecht bei der Regelung von Pay-TV, ArchivPT 1997, 193; *Ladeur* Zur Notwendigkeit einer flexiblen Abstimmung von Bundes- und Landeskompetenzen auf dem Gebiet des Telekommunikations- und des Rundfunkrechts. Das Beispiel des Fernsehsignalübertragungsgesetztes von 1997, ZUM 1998, 261; *Ring* Rundfunk und Internet, ZUM 1998, 333; *Ronellenfitsch* Die Vergabe von Rundfunkfrequenzen an Private, dargestellt am Beispiel Rheinland-Pfalz, VerwArch 83 (1992), S 119 ff; *Ricker* Kriterien der Einspeisung von Rundfunkprogrammen in Kabelanlagen, ZUM 1992, S 21; *Ricker/Schiwy* Rundfunkverfassungsrecht, 1997; *Scherer* Frequenzverwaltung zwischen Bund und Ländern, Rechtsgutachten, 1987; *Scherer* Frequenzverwaltung zwischen Bund und Ländern unter dem TKG, K & R Beilage 2 zu Heft 11/1999, S 1 ff; *Schütz* Breitbandkabel – „Closed Shop" für neue Diensteanbieter?, MMR 1998, S 16 ff; *Schütz* Nutzung von Breitbandkabeln im Spannungsfeld von Netzbetreiberfreiheit, offenem Netzzugang und hoheitlicher Kabelallokation, MMR-Beil 2/2001, S 20 ff; s a das bei § 4 genannte Schrifttum.

Schwierige, noch längst nicht abschließend geklärte Fragen stellen sich im Überschneidungs- und Übergangsbereich von Telekommunikations- und Medienrecht. Hier besteht eine „Gemengelage zwischen Telekommunikationsrecht und Medienrecht".[1] Sie ist durch die Privatisierung der Erbringung von Telekommunikationsdienstleistungen[2] nicht einfacher geworden. Zentrale Konzepte des Telekommunikationsrechts sind Technik[3] und Kommunikation, Übertragungswege und übertragungswege-bezogene Dienstleistungen. Zentralbegriffe des elektronischen

---

[1] *Hoffmann-Riem* in: R Schmidt, Öffentliches Wirtschaftsrecht, BT 1, S 618.
[2] Zur früheren Rechtslage mit staatlichem Verwaltungsmonopol im Fernmeldewesen: *Scherer* Frequenzverwaltung zwischen Bund und Ländern, 1987, S 10 ff; *Eberle* Rundfunkübertragung, 1989, S 2 ff; *Papier* Fernmeldemonopol und Post- und Privatrunkfunk, DÖV 1990, S 217 ff; *Löwer* Fernmeldekompetenzen und Funkwellenzuteilung im Bundesstaat, 1989.
[3] *Beucher/Leyendecker/von Rosenberg* Mediengesetze, § 1 RStV Rn 3.

Wolfgang Spoerr

Medienrechts sind dagegen **Inhalte**[4], **Programme** (§ 2 Abs 2 RStV)[5] bzw. **Darbietungen**[6] und **Veranstalter** (Veranstaltung: § 1 RStV).[7]

**2** Die wechselseitige Zuordnung zwischen Telekommunikationsrecht und Medienrecht ist von jeher durch eine **Unterscheidung und Trennung** der Rechtsmaterien gekennzeichnet. Das hat verfassungsrechtliche Gründe: die unterschiedlichen Gesetzgebungszuständigkeiten und die Rechtsprechung zum **Ausschluss von Doppelzuständigkeiten**.[8] Markiert wird die Trennlinie seit dem 1. Rundfunkurteil des BVerfG[9] durch die Formel von der „dienenden Funktion" der Telekommunikation für den Rundfunk. Diese Formel verhinderte ein Eindringen des Bundes über seine Fernmeldewesens-, heute Telekommunikationszuständigkeit in den Rundfunk.

**3** Freilich lassen sich die schwierigen Abgrenzungsfragen zwischen Telekommunikationsregulierung und Medienregulierung allein mit dieser Formel weniger lösen je lösen.[10] Technologische und wirtschaftliche Entwicklungen bringen die bisherige Abgrenzung ins Wanken. Sie überlagern das bisher bestehende Spannungsverhältnis mit neuen Phänomenen: Privatwirtschaftliche Erbringer der Telekommunikation – und damit Übertragungswegedienstleistungen in privatwirtschaftlicher Form –, somit **Pluralität** und **Privatwirtschaftlichkeit** der **Übertragungswegeanbieter** lassen das „Dienen" der Übertragungswege in **neuem Licht erscheinen**. Vielfalt, Wettbewerb und damit konkurrierende Nutzungsansprüche führen zu Abgrenzungsfragen zwischen medienbezogenen und anderweitigen Nutzungen. Vielfalt und Pluralität aber auch auf der Seite der Programmveranstalter, dazu – wie erwähnt – konkurrierende Nutzungsansprüche zwischen Rundfunkveranstaltern und anderen, medienähnlichen und nicht medientypischen Inhalten. Mit einfachen Formeln werden sich die Probleme, die sich hier stellen, kaum mehr lösen lassen.

**4** Sachgerechte Problemlösungen müssen die unterschiedlichen Regelungsprobleme und die unterschiedlichen Regulierungsansätze in beiden Rechtsgebieten in den Blick nehmen:

**5** – Das Telekommunikationsrecht ist ein **Spezialfall** des **Rechts der Wirtschaft**. Es ist das Recht der **marktbezogenen Erbringung technischer Übertragungsdienstleistungen**. Im Mittelpunkt der telekommunikationsrechtlichen Regulierung steht der Begriff der Telekommunikationsdienstleistungen und damit das Konzept des Telekommunikationsunternehmens bzw. Telekommunikationsdienstleisters. Telekommunikationsrecht ist Infrastrukturrecht. Die Regelungsprobleme des Telekommunikationsrechts ergeben sich aus Spezifika der Technologie und der Marktbedingungen in der Infrastruktur. Telekommunikationsrecht ist hier staatliche Marktaufsicht, beschränkte staatliche Marktgestaltung, schließlich staatliche Infrastrukturpolitik (zur Wahrnehmung von „Infrastrukturverantwortung"), die die Leistungserbringung in der Form des Marktes ergänzt. Auf „rein fernmeldetechnische Aspekte" beschränkt ist es nicht.[11]

**6** – Demgegenüber ist das Recht der elektronischen Medien maßgeblich auf Inhalte von **meinungsmäßiger Relevanz**[12] bezogen. Es geht um den redaktionellen Transport von Nachrichten und Meinungen; ihm dient das Programm, dessen Träger der Veranstalter ist. Wegen Art 5 Abs 1 S 2 GG sind die Regelungsstrukturen von öffentlicher Trägerschaft geprägt; daneben besteht ein intensiv reguliertes, strikt an den inhaltlichen Vorgaben aus Art 5 Abs 1 S 2 GG ausgerichtetes Programm der Zugangskontrolle. Seine ursprüngliche Prämisse war die Knappheit von Übertragungswegen. Sie bildete den Ausgangspunkt der Entwicklung eines in der Verfassungsordnung praktisch singulären Systems öffentlicher Verantwortung.

---

4 *Beucher/Leyendecker/von Rosenberg* Mediengesetze, § 1 RStV Rn 3.
5 BVerfG, DVBl 1998, 470; AfP 1998, 133, 136; *Bullinger* ZUM 1994, 596; *Beucher/Leyendecker/von Rosenberg* Mediengesetze, § 1 RStV Rn 14.
6 Zu diesem Begriff ausf *Ricker/Schiwy* Rundfunkverfassungsrecht, 1997, B Rn 39 ff; *Koenig* MMR-Beil 12/1998, S 11.
7 Dazu BVerfG, ZUM 1998, 306, 309; *Beucher/Leyendecker/von Rosenberg* Mediengesetze, § 1 RStV Rn 3

8 BVerfGE 36, 193, 202, BVerfGE 61, 149, 204; *Maunz* in: Maunz/Dürig, GG, Art 7 Rn 9; dazu *Brohm* DÖV 1983, 525; *Dannecker/Spoerr* DVBl 1996, 1094, 1096.
9 BVerfGE 12, 205 ff.
10 So auch *Ladeur* ArchivPT 1997, 193.
11 So aber *Ricker/Schiwy* Rundfunkverfassungsrecht, B Rn 213.
12 Vgl BVerfGE 90, 60, 87 – Rundfunkfinanzierung; *Bullinger* JZ 1996, 385, 387.

Wolfgang Spoerr

Seit dem 1. Rundfunkurteil des Bundesverfassungsgerichts[13] hat sich zwischen den beiden Rechtsgebieten ein System der **klaren Abgrenzung** herausgebildet, das Determinante für eine **strikte Unterscheidung** im Fernmeldewesen und Veranstaltung von Rundfunk war. Ersteres hat „dienende Funktion" für letztere; zwischen konkurrierenden Nutzungsinteressen im Binnenbereich des Rundfunks erfolgte die Zuteilung nach rein medienrechtlichen Regeln; die Konkurrenz zwischen rundfunkspezifischen und anderweitigen Nutzungsinteressen geriet nur selten in den Blick der Rechtsordnung. 7

Aus dem Freiheitsrecht des Art 5 Abs 1 S 2 GG ist eine **umfassende öffentliche, gleichermaßen staats- und marktdistanzierte** Verantwortung abgeleitet worden. Art 5 Abs 1 S 2 GG gebietet eine strikte staatliche Neutralität. Herausgebildet hat sich ein intensiv reguliertes Zulassungswesen,[14] eine klare Unterscheidung zwischen Zulassung zur Programmveranstaltung und medienbezogener Überwachung sowie eine restriktive Ausprägung von Beobachtung und Überwachung. 8

Demgegenüber haben sich im Telekommunikationsrecht sehr viel **flexiblere Regelungsinstrumente** durchgesetzt. Extrem freizügiger Zugang, aber intensive laufende Verhaltenskontrollen kennzeichnen sie. Und selbst im Bereich der laufenden regulierenden Kontrolle ist das TK-Recht von einem klaren **Vorrang** für die **privatautonome, marktliche Regulierung** geprägt.[15] Das Telekommunikationsrecht verwirklicht Regulierung in einer „kooperativen, variablen, von vornherein auf Veränderung des Handlungsfeldes und dementsprechend auf Lernen angelegten Form".[16] Die staatlich-öffentliche Verantwortung bildet ein Rahmenrecht und eine Auffangposition. Sie lässt selbst dort, wo sie besteht, den prinzipiellen Vorrang des Marktes und privatvertraglicher Regelungsmuster weitgehend unberührt. Zum Teil nimmt sie sogar (§§ 11, 47 TKG) marktliche Entscheidungskriterien in die staatliche Regulierung herüber. Der zurückgenommenen öffentlichen Verantwortung entspricht in inhaltlicher Hinsicht eine beträchtliche Offenheit der Regulierungsziele (s § 2 Rn 13). 9

Diese Unbestimmtheit des gesetzlichen Programms wäre im Medienrecht problematisch. Von erheblicher Bedeutung bei der Erfüllung der Regulierungsziele sind die **vielfältigen Eingriffsmöglichkeiten** bei **Marktversagen,** bei **gestörter Verhandlungsparität** und bei **Defiziten der Versorgung.** Zusammen mit den herkömmlichen Regulierungsinstrumenten ermöglichen es diese Instrumente, den technischen Fortschritt voranzutreiben (beispielsweise durch technische Konzeptsetzung (vgl § 3 Rn 5, 110 ff), Standardisierung (vgl Vor § 1 FTEG Rn 28 ff), Planungsinstrumente und durch das flexible Instrumentarium der Lizenzierung (vgl Vor § 6 Rn 11). Die volkswirtschaftlichen und betriebswirtschaftlichen Probleme der Technologieentwicklung können so in den Griff bekommen werden. 10

Von den unterschiedlichen verfassungsrechtlichen Voraussetzungen und den unterschiedlichen Leistungen der beiden Rechtsmaterien her müssen die Einzelfragen der Abgrenzung zwischen Telekommunikations- und Medienrechts gelöst werden. Geboten ist dabei eine flexible Kompetenzabgrenzung.[17] Eine **quasi-räumliche dienstbezogene** exklusive **Kompetenzabgrenzung** wäre **verfehlt.** Ein und dieselbe Aktivität kann sowohl medien- als auch telekommunikationsrechtlichen Anforderungen unterliegen.[18] Deswegen können sich Regelungen nach dem Muster des Art 53 RStV und die telekommunikationsrechtliche Regulierung überschneiden; ein Beispiel hierfür ist § 7 Abs 1 FÜG. Aus dem verfassungsrechtlichen Ausschluss von Doppelzuständigkeiten folgt längst nicht, dass ein und dasselbe Verhalten nur von einem einzigen Gesetz geregelt werden könnte.[19] Deshalb können Zugangsregelungen durchaus sowohl im TK- wie im Medienrecht vorgesehen werden, wenn sie unterschiedliche Regelungsintentionen verfolgen. 11

**13** BVerfGE 12, 205 ff.
**14** *Koenig* MMR-Beil 12/1998, S 2: „hochreguliert"; krit dazu *Trute* VVDStRL 57 (1998), S 216, 229 f; *Schoch* VVDStRL 57 (1998). S 240 ff.
**15** *Trute* VVDStRL 57 (1998), S 229.
**16** *Ladeur* ArchivPT 1997, 193, 194.
**17** Dazu *Ladeur* ZUM 1998, 261 und ders ArchivPT 1997, 193, 194; eine „wechselseitige Offenheit" der Ordnungen verlangt zu Recht *Bullinger* JZ 1996, 385, 396.
**18** So präzise für das Verhältnis von Teledienste- und Telekommunikationsregulierung *Koenig* MMR-Beil 12/1998, S 4.
**19** In diese Richtung aber *Bartosch* CR 1997, 517, 522.

Wolfgang Spoerr

**12** Das Telekommunikationsrecht ist das funktionsadäquate und verfassungsrechtlich richtige Instrument zur Regelung der Technologieentwicklung, auch wenn sie den Medien dient. Seine Handlungsinstrumentarien sind der staatlichen Technologieentwicklung und Infrastrukturverantwortung funktionsadäquat. Auch der verfassungsrechtliche Rahmen des Marktmodelles, geprägt von den Grundrechten aus Art 12, 14 GG einerseits und staatlichen Eingriffen zur Regulierung andererseits ist besser geeignet als das Organisationsmodell des Art 5 Abs 1 S 2 GG. Verfassungsrechtlich ist ein Übergreifen der Anforderungen aus Art 5 Abs 1 S 2 GG auf die Technologie- und Infrastrukturentwicklung ohnehin nicht begründbar. Dazu kommt das wirtschaftlich-technologisch pragmatische Argument, dass das medienbezogene Technologieentwicklung nicht von der sonstigen Technologieentwicklung isolierbar ist.

**13** Das bedeutet freilich nicht, dass das Telekommunikationsrecht frei von medienrechtlichen Vorgaben wäre. Gerade wegen seiner **technikbezogenen Gesamtverantwortung** bedarf es eines intensiven Kooperationsverhältnisses[20] zwischen den beiden Rechtsmaterien. Das TKG enthält insoweit konkrete Regelungen; bei der Konkretisierung allgemeiner Regulierungsziele muss dem ebenfalls Rechnung getragen werden. Geboten ist in materieller Hinsicht umfassende Rücksichtnahme, in formeller Hinsicht umfassende Kooperation. Vor dem Hintergrund der kompetenziellen Abgrenzung hat die Formulierung von der **dienenden Aufgabe** eine **zusätzliche Bedeutung:** Wurden mit ihr früher vorwiegend Übergriffe aus dem Recht des Fernmeldewesens in den Rundfunk verhindert, so wird künftig auch die umgekehrte Abgrenzungsaufgabe wichtig sein. Das Telekommunikationsrecht bestimmt abschließend das **Subjekt des Dienens**[21], das Medienrecht bestimmt medienspezifisch, **wem gedient wird.** Von daher ist es eher zweifelhaft, ob die Trennlinien zwischen TK und Massenkommunikation anders verlaufen als die zwischen TK und Individualkommunikation.[22] Den dargestellten Grundsätzen widerspricht die Auffassung, sowohl die Verteilung vorhandener Kapazitäten zwischen Rundfunk und anderen Telekommunikationsdienstleistungen und -nutzungen wie auch die Aufteilung der Kapazitäten zwischen verschiedenen Übertragungsformen unterliege als Rundfunkrecht der Regelungskompetenz der Länder, ebenso wie die Verteilung auf verschiedene Veranstalter.[23] Richtig ist dagegen, dass Raum für medienrechtliche Entscheidungen erst, nur und allenfalls insoweit besteht, als Übertragungskapazität für Rundfunkzwecke zur Verfügung gestellt worden sind.[24] Oder anders und umgekehrt formuliert: Was dienende Funktion für Rundfunk hat, unterliegt deswegen noch längst nicht uneingeschränkt dem Zugriffsrecht des Mediengesetzgebers.[25] Konsequenz ist, dass etwa die Kabelverbreitung primär ein telekommunikations- und allenfalls nachgeordnet ein rundfunkrechtlicher Vorgang ist.[26] Infrastrukturelle Sicherung könnte etwa auch über telekommunikationsrechtliche Universaldienstregelungen erreicht werden.[27]

**14** Mehr und mehr setzt sich schließlich die Erkenntnis durch, dass die flexiblen Regulierungsmechanismen des Telekommunikationsrechts auch in das Rundfunkrecht herüber genommen werden müssen, wenn auch in modifizierter Form.[28]

---

[20] Dazu (grdl) *Scherer* K & R Beilage 2 zum Heft 11/1999, S 1 ff.
[21] *Ladeur* ArchivPT 1997, 193, 194 spricht zu Recht von einem präjudiziellen Effekt der infrastrukturbezogenen Entscheidungen.
[22] So *Bullinger* JZ 1996, 385, 391.
[23] Gersdorf, Regelungskompetenzen bei der Belegung digitaler Kabelnetze, 1996, im Auftrag der Hamburgischen Anstalt für neue Medien, S 48; ähnlich wohl *Ricker/Schiwy* Rundfunkverfassungsrecht, G Rn 35.

[24] So grundlegend VG Berlin, AfP 1997, 959, zust *Hesse* Rundfunkrecht, 2. Kap Rn 16 (S 53).
[25] So zu Recht *Ladeur* ArchivPT 1997, 193, 194; zur Steuerung der Kanalbelegung bei Breitbandkabeln innerhalb der Rundfunknutzungen: *Beucher/Leyendecker/von Rosenberg* Mediengesetze, § 52 RStV Rn 26 ff.
[26] Anders *Ricker/Schiwy* Rundfunkverfassungsrecht, 1997, G Rn 35.
[27] So zu Recht *Hesse* Rundfunkrecht, 2. Kap Rn 15 (S 53).
[28] S etwa *Ladeur* K & R 2000, 171 ff.

# Einführung IV
# Telekommunikationsrechtliche Nebengesetze

Neben der Regulierung von Telekommunikations-Endgeräten im FTEG findet sich Nebenrecht der Telekommunikation im **Begleitgesetz zum TKG**[1] (s Einf I Rn 25). 1

Zusätzlich ist fernsehspezifisches Telekommunikationsrecht im **Fernsehsignal-Übertragungsgesetz** (FÜG) geregelt. Das Gesetz dient der Förderung und Entwicklung fortgeschrittener Fernsehdienste sowie dem chancengleichen Zugang zu fortgeschrittener Fernsehtechnologie. Es setzt die Richtlinie 95/47/EG[2] um. Übertragungssysteme im Sinne des FÜG sind Systeme zur Übertragung von Fernsehbild-, Fernsehton- und Fernsehdaten zwischen Signalquellen und Signalsenken (§ 2 Nr 3 FÜG). Digitale Übertragungssysteme umfassen nach § 2 Nr 3 S 2 FÜG die Erzeugung von Programmsignalen (Quellenkodierung der Audio- und der Video-Signale und Multiplexing der Signale) sowie die Anpassung an die Übertragsmedien (Kanalkodierung, Modulation und ggf Verteilung der Energie). 2

§ 3 regelt die Pflichten von Anbietern von Fernsehdiensten, die zu Fernsehzuschauern übertragen werden. Sie müssen bestimmte Übertragungssysteme verwenden. **Betreiber von Kabelfernsehsystemen** müssen nach § 4 FÜG Breitbildschirm-Fernsehdienste im Format 16:9, die zur Weiterverteilung empfangen werden, zumindest im Breitbildschirm-Format 16:9 **weiterverteilen**. Nach § 5 FÜG müssen Fernsehgeräte, deren Bildschirm diagonal 42 cm überschreitet, mindestens mit einer von einer anerkannten europäischen Normungsorganisation genormten Anschlussbuchse für **offene Schnittstellen** ausgerüstet sein, die den einfachen Anschluss von Peripheriegeräten, insbesondere von zusätzlichen Decodern und Digitalempfängern ermöglicht. § 5 Abs 3 regelt die Codierungssysteme, §§ 6 bis 9 FÜG Zugangsberechtigungssysteme. § 11 regelt ein Schlichtungsverfahren bei einer Schlichtungsstelle, die beim Bundeswirtschaftsministerium oder einer ihm nachgeordneten Behörde errichtet wird. 3

Das **Gesetz zur Sicherstellung des Postwesens und der Telekommunikation** (PTSG)[3] dient der Versorgung bei Naturkatastrophen, schweren Unglücksfällen, und im Spannungs- und im Verteidigungsfall und bei vergleichbaren Fällen[4]. Es gilt primär für die Deutsche Post AG und die Deutsche Telekom AG (§ 2 Nr 1), aber auch für Betreiber von Fernmeldeanlagen nach § 1 S 1 FAG sowie Anbieter von Telekommunikationsdienstleistungen. Es ergänzt § 87 TKG. § 3 ermächtigt zu Rechtsverordnungen, die die Unternehmen verpflichten. Eine entsprechende Rechtsverordnung ist als Telekommunikations-Sicherstellungsverordnung (TKSiV)[5] erlassen worden[6]. § 4 PTSG begründet Auskunfts- und Informationspflichten; die §§ 5–8 begründen zusätzliche Kooperationspflichten. § 9 regelt den Zivilschutz, § 12 Entschädigungsansprüche. Die §§ 13 und 14 enthalten Bußgeld- und Strafvorschriften. 4

Das Gesetz über die elektromagnetische Verträglichkeit von Geräten (**EMVG**)[7] soll umfassend alle mit elektromagnetischer Verträglichkeit von Geräten zusammenhängenden rechtlichen Fragen regeln[8]. Die spezifisch produktrechtlichen Regelungen des EMVG gelten subsidiär (§ 1 Abs 1 S 2 5

---

1 Dazu *Gundermann* K & R 1998, 48.
2 Des europäischen Parlamentes und des Rates v 24.10.1995 über die Anwendung von Normen für die Übertragung von Fernsehsignalen, ABl EG Nr L 281 S 51.
3 Verkündet als Art. 10 des Gesetzes zur Neuordnung des Postwesens und der Telekommunikation (Postneuordnungsgesetz – PTNeuOG) v 14.9.1994, BGBl I S 2325.

4 Dazu Beck'scher TKG-Kommentar/*Büchner* Anh § 87 uu § 87 Rn 4.
5 BGBl 1997 I S 2751, zul geänd durch § 19 Abs 2 FTEG.
6 Dazu Beck'scher TKG-Kommentar/*Büchner* § 87 Rn 6.
7 Gesetz v 18.9.1998, BGBl I S 2882.
8 So die Gesetzesbegründung, BT-Drucks 13/10742, S 13 ff.

Wolfgang Spoerr

EMVG). Spezialregeln des Produktrechts schließen die Anwendung des EMVG daher weitgehend aus. Das gilt auch für das FTEG, das allerdings in beträchtlichem Umfang auf Einzelregelungen des EMVG verweist. In erster Linie regelt das EMVG Schutzanforderungen an Geräte (§ 3 Abs 1), und zwar sowohl aktive wie passive Schutzanforderungen. Dazu muss die Erzeugung elektromagnetischer Störungen soweit begrenzt werden, dass ein bestimmungsgemäßer Betrieb von Funk- und Telekommunikationsgeräten sowie sonstigen Geräten möglich ist (§ 3 Abs 1 Nr 1) – aktiver Schutz. Die Geräte müssen zudem eine angemessene Festigkeit gegen elektromagnetische Störung aufweisen, so dass ein bestimmungsgemäßer Betrieb möglich ist (§ 3 Abs 1 Nr 2 EMVG): **passiver Schutz**.

**6** § 5 regelt spezifische Anforderungen an **Sendefunkgeräte**. Insoweit enthält das EMVG auch **telekommunikationsspezifisches Sonderrecht**. Es gilt für die Sendefunkgeräte, die vom FTEG nicht erfasst werden (dazu § 2 FTEG Rn 2). Das Verfahren der Konformitätsbewertung und CE-Kennzeichnung regelt § 4. Der Vollzug des EMVG obliegt der **RegTP** (§§ 7 ff). § 8 regelt dazu Eingriffsbefugnisse, § 9 Ankunfts- und Betretensrechte (dazu näher § 15 FTEG Rn 2). Auf der Grundlage von § 11 EMVG ist die EMVBeitrV ergangen, die ein spezielles Finanzierungsinstrument in Form von Beiträgen vorsieht.

**7** Das **Amateurfunkgesetz**[9] (AFuG) regelt die Voraussetzungen und Bedingungen für die Teilnahme am Amateurfunk. Voraussetzung der Teilnahme am Amateurfunkdienst ist eine Zulassung (§ 3 Abs 1). Sie setzt eine fachliche Prüfung voraus (§ 3 Abs 1 AFuG). Amateurfunkstellen dürfen erst nach Zulassung zur Teilnahme am Amateurfunkdienst und der Zuteilung eines Rufzeichens (siehe näher § 3 AFuG) betrieben werden. Die Folge der Zuteilung eines Rufzeichens ist, dass die im Frequenznutzungsplan für den Amateurfunkdienst ausgewiesenen Frequenzen einem Funkamateur mit Wohnsitz in Deutschland als zugeteilt gelten (§ 3 Abs 5 AFuG). Das Verhältnis zum EMVG und zur Produktzulassung nach dem TKG regelt § 7 AFuG. § 7 Abs 3 sieht **Standortbescheinigungen** vor. Zum AFuG sind die AFuV und Ausführungsvorschriften der RegTP ergangen.[10]

**8** Denkbare Auswirkungen auf Telekommunikationsvorgänge haben die Regelungen digitalen Fernsehens in § 53 **Rundfunkstaatsvertrag** und den entsprechenden landesrechtlichen Umsetzungsvorschriften. Nach § 53 Abs 1 S 2 und 3 RStV müssen Decoder über offene Schnittstellen verfügen[11]. Die Kabelverbreitung unterliegt medienrechtlichen Belegungsregeln (§ 52 RStV).[12]

# Einführung V
# Verfassungsrechtliche Rahmenbedingungen

Inhaltsübersicht

|   |   | Rn |
|---|---|---|
|   |   | 1 |
| I. | Gesetzgebungszuständigkeiten (insbesondere Art 73 Nr 7 GG) | 2–7 |
| II. | Infrastrukturverantwortung des Bundes und Verwaltungszuständigkeit: Art 87 f | 8–12 |
| III. | Art 143b | 13 |

---

**9** Gesetz über den Amateurfunk (Amateurfunkgesetz – AFuG 1997) v 23. 6. 1997, BGBl I S 1494, zul geänd durch § 19 Abs. 3 FTEG; dazu *Ronellenfitsch* VerwArch 81 (1990), S 113 ff; *Köbele* Archiv PF 1989, 28 ff.
**10** RegTP, Vfg 2/1999.
**11** *Schulz* K & R 2000, S 9 ff; Bezugsnachweise jetzt in Mitteilung 108/2000, ABl RegTP 2000, S 589;

www.retgtp.de, Regulicrung/Anbieter von TK-Dienstleistungen.
**12** Dazu etwa *Weisser/Lübbert* K & R 2000, 274 und die Allgemeine Position der DLM zur Einführung des digitalen Rundfunks im Rahmen der Initiative Digitaler Rundfunk, beschlossen von der Direktorenkonferenz der Landesmedienanstalten am 25. 10. 1999 in Dresden.

Wolfgang Spoerr

Die telekommunikationsspezifischen Aussagen zum Verfassungsrecht finden sich in § 73 Nr 7 GG (Gesetzgebungszuständigkeit für die Sachaufgabe Telekommunikation), Art 87 f GG und Art 143b GG.

## I. Gesetzgebungszuständigkeiten (insbesondere Art 73 Nr 7 GG)

Nach Art 73 Nr 7 GG hat der Bund die ausschließliche Gesetzgebung über die Telekommunikation. Die Sachmaterie der Telekommunikation ist abzugrenzen von dem Recht der Wirtschaft (Art 74 Nr 11 GG: Konkurrierende Gesetzgebung) und dem Medien- und Rundfunkrecht,[1] für das die Länder allein gesetzgebungszuständig sind. Weitere telekommunikationsspezifische Gesetzgebungszuständigkeiten finden sich in Art 87 f Abs 1, 3 und Art 143b Abs 1 S 2 und Abs 2 S 3 GG.

Mit dem Begriffswechsel von **Fernmeldewesen auf Telekommunikation**[2] in Art 73 Nr 7 GG war keine inhaltliche Änderung bezweckt.[3] Nach der grundlegenden Definition des BVerfG ist das Fernmeldewesen „ein technischer, am Vorgang der Übermittlung von Signalen orientierter Begriff".[4] Das Fernmeldewesen sei geprägt vom Begriff der Fernmeldeanlagen, von technischen Einrichtungen, mit deren Hilfe Signale „in die Ferne" gemeldet oder übermittelt werden.[5] In technischer Hinsicht ist dieser Begriff entwicklungsoffen. Er erfasst **alle derzeitigen und künftigen Formen** der Telekommunikation.[6] Die inhaltliche Seite, insbesondere Regelungen über die übermittelten Inhalte und die Programmgestaltung bei Medien und über Organisationen der Anbieter unterfallen nicht mehr dem Begriff der Telekommunikation. Für den Rundfunk bleibt es bei der Länderkompetenz, für sonstigen Formen überindividueller und individueller Kommunikation mit wirtschaftlichem Schwerpunkt gilt die konkurrierende Bundeskompetenz nach Art 74 Abs 1 Nr 11 GG. Dasselbe gilt – erst recht – für die Individualkommunikation, wenn es sich um wirtschaftliche Dienste handelt.[7]

In horizontaler Hinsicht beschränkt sich die Sachmaterie Telekommunikation freilich nicht auf die Bereitstellung und das Betreiben von Übertragungswegen. Auch das **Angebot von** Übertragungswege-bezogenen (und nicht im Schwerpunkt inhaltsbezogenen) **Diensten** unterfällt noch der Sachmaterie Telekommunikation. Deswegen kann beispielsweise die Tätigkeit der Mobilfunkdiensteanbieter, von Internet-Access-Providern und der Betreiber von Conditional Access-Systemen nach Art 73 Nr 7 GG geregelt werden.

Art 73 Nr 7 GG ist insoweit nicht beschränkt auf die „reine Technik" der Übertragungswege, sondern erstreckt sich auch auf das Angebot und die Vermarktung derselben. Hier gilt nichts anderes wie für Art 73 Nr 7 aF, wo ebenfalls selbstverständlich davon ausgegangen worden war, dass auch die Vermarktung von Fernmeldediensteangeboten im Bereich der Telekommunikation von der Zuständigkeit für das Fernmeldewesen gedeckt war. Anders formuliert: Die Zuständigkeit für Fernmeldeanlagen erfasst neben dem rein technischen Vorgang des Sendens immer auch das Angebot der Fernmeldeleistungen am Markt. Zwar war das Fernmelden, zwar ist die Telekommunikation ein technischer, am Vorgang der Übermittlung von Signalen orientierter Begriff. Aber die Gesetzgebungszuständigkeit erfasste und erfasst nicht allein das Fernmelden, sondern das Fernmeldewesen – und damit auch die Vermarktung der Technik wie überhaupt die gesamte Technik-Regulierung.

Nicht besonders problematisch sind die **Mehrwertdienste** der Telekommunikation-Provider, die über die reinen Telekommunikationsdienste im Sinne der Herstellung einer Verbindung hinausgehen.[8] Solche Dienste sind häufig inhalts- und individualbezogen. Ein typisches Beispiel sind die Auskunftsdienste. Unstreitig unterfallen sie dem Begriff der Telekommunikation.

---

1  S Einf III Rn 2 ff.
2  G v 30. 8. 1994, BGBl I, 2245.
3  Vgl Begründung in BT-Drucks 12/7269, S 4; von Münch/Kunig GG, Kommentar, 3. Aufl 1996, Art 73 Rn 3.
4  BVerfGE 12, 205, 226.

5  BVerfGE 12, 205, 226.
6  BVerfGE 46, 120, 139 ff, 143; Sachs/Degenhart GG, Kommentar, Art 73 Rn 32 f.
7  Zutreffend Sachs/Degenhart GG, Kommentar, Art 73 Rn 33 f.
8  Dazu RMD/Spindler § 2 TDG Rn 36.

Wolfgang Spoerr

Solange solche Inhaltsangebote dem Telekommunikationsdienst oder -angebot **funktional zu- oder untergeordnet sind**, unterfallen sie dem verfassungsrechtlichem Begriff der Telekommunikation iSd 73 Nr 7 GG. Bei Angeboten, die aus einem Bündel verschiedener Dienstleistungen bestehen, können Regelungen aus unterschiedlichen Kompetenzmaterien einschlägig sein. Einfach-rechtliche **Exklusivitätsregelungen** wie § 2 Abs 4 TDG sind vor diesem Hintergrund **hochproblematisch;** sachgerechter ist eine funktionale Abgrenzung, die dazu führen kann, dass ein und dasselbe Dienstleistungsangebot den Vorschriften aus beiden Regelungsmaterien unterfällt.[9]

**7** Umgekehrt gilt auch: Sobald sich Regelungen auf die Technik der Übermittlung einschließlich ihres Angebotes am Markt beziehen, handelt es sich um Recht der Telekommunikation iSd Art 73 Nr 7 GG. Der verfassungsrechtliche Begriff der Telekommunikation führt insoweit zu einer **Kompetenzsperre** für landesrechtliche Kompetenzregelungen, die im Gewande beispielsweise von Rundfunk- oder Medienrecht erlassen werden. Dabei ist die Eigenständigkeit des Verfassungsbegriffs der Telekommunikation strikt zu beachten. Er darf nicht unreflektiert mit den einfach-gesetzlichem Begriffsdefinitionen (etwa § 3 Nr 18 TKG) identifiziert werden. Auch die Abgrenzungen des EU-Rechts dürfen nicht unreflektiert übernommen werden.[10]

## II. Infrastrukturverantwortung des Bundes und Verwaltungszuständigkeit: Art 87 f

**8** Die zentralen Regelungsgegenstände des Art 87 f sind der Gewährleistungsauftrag für Dienstleistungen der Telekommunikation (Art 87 f Abs 1) und die Verwaltungszuständigkeit (Art 87 f Abs 2 S 2). Zentrale Aussage ist dabei die **Gewährleistung** von flächendeckenden, angemessenen und ausreichenden **Dienstleistungen** nach Maßgabe eines Bundesgesetzes (Art 87 f Abs 1) durch privatwirtschaftliche Tätigkeiten von Unternehmen in Rechtsnachfolge der DBP und durch andere private Anbieter. Art 87 f Abs 1 enthält zugleich einen **Regelungsvorbehalt**, der dem Gesetzgeber einen weiten Gestaltungsspielraum einräumt.[11] Zudem enthält Art 87 f Abs 1 einen Gesetzgebungsauftrag, der den Bund zur Ausgestaltung, kontinuierlichen Überprüfung und dynamischen Fortschreibung des Universaldienstes verpflichtet.[12] Dabei hat der Gesetzgeber eine beträchtliche Einschätzungsprärogative.[13]

**9** Der Gewährleistungsauftrag zielt auf das gesamte Territorium der Bundesrepublik Deutschland als Standort der gebotenen technischen Einrichtungen. Das bedeutet, dass er sich nur auf solche Leistungsangebote bezieht, die ihrer technischen Natur nach in qualitativ angemessener Weise in ihrer quantitativen Summierung die Gesamtfläche decken können.[14] Problematisch ist vor dem Hintergrund des Verfassungswortlauts die These, wonach das Flächendeckungsgebot nur eine **zu optimierende Zielvorgabe** sei.[15] Allerdings schließt eine schrittweise Verwirklichung die Zugehörigkeit eines Angebotes zum Gewährleistungsauftrag nicht aus. Im TKG ist der Gewährleistungsauftrag vor allem in den §§ 17 ff TKG, zusätzlich aber auch in § 6 ff TKG umgesetzt. Aber auch die übrigen Regelungen des TKG sind – soweit sie die Berücksichtigung der Regulierungsziele zulassen – Umsetzungen des verfassungsrechtlichen Gewährleistungsauftrages.[16]

**10** Art 87 f Abs 2 S 1 ist eine klare **Entscheidung für die privatwirtschaftliche Leistungserbringung** zu entnehmen. Das gilt für die Handlungsform ebenso wir für die Organisation. Telekommunikationsleistungen sind als privatwirtschaftliche Tätigkeit zu erbringen. Ihre Erbringung ist von Verfassungs wegen den Bewegungsgesetzen des Marktes unterstellt: Angebot und Nachfrage sind der grundsätzliche Mengen- und Preisregulierungsmechanismus; der **private Vertrag** ist der **individuelle Regelungsmechanismus;** Vielfalt von Leistungsanbietern und Wettbewerb sind gewollt. Von der privatwirtschaftlichen Leistungserbringung sind die Hoheits-

---

**9** Ähnlich RMD/*Spindler* § 2 TDG Rn 37.
**10** Zutr *Bartosch* CR 1997, 765, 767; *ders* CR 1997, 517, 522.
**11** Sachs/*Windhorst* GG, Art 87 f Rn 19; ausf zum Gewährleistungsgehalt des Art 87 f: *Windhorst* Universaldienst, S 245 ff.
**12** Stern DVBl 1997, 309, 315; Sachs/*Windhorst* GG, Art 87 f Rn 20.
**13** Maunz/Dürig/*Lerche* Art 87 f Rn 80.
**14** Maunz/Dürig/*Lerche* Art 87 f Rn 76.
**15** Sachs/*Windhorst* GG, Art 87 f Rn 13.
**16** Maunz/Dürig/*Lerche* Art 87 f Rn 85.

aufgaben strikt zu unterscheiden (Art 87 f Abs 1 S 2). Sie werden in bundeseigener Verwaltung geführt (Art 87 f Abs 1). Eine anstaltliche oder körperschaftliche Verselbständigung der Hoheitsaufgaben scheidet aus.[17] Dagegen lässt es Art 87 f zu, einzelne Verwaltungsaufgaben – aber nicht den Gesamtbereich der Hoheitsverwaltung – Privaten zu übertragen.[18] Die Regulierungsbehörde ist Bundesoberbehörde (ohne rechtliche Selbständigkeit), der typische Fall der bundeseigenen Verwaltung.[19]

Indem das Eigentum an Wirtschaftsgütern formell und – in den Entscheidungskriterien auch materiell – privatisiert wird, wandelt sich seine Funktion: Es sichert die Gemeinwohldienlichkeit seiner Verwendung nicht mehr unmittelbar. Vielmehr entsteht der öffentliche Nutzen erst aus der **Summe privatnütziger Eigentumsverwendungen**.[20] Dieser mittelbaren Nützlichkeit willen schützt Art 87 f Abs 1 S 1 GG die **Unternehmen** gegen eine an anderen Maximen orientierte **Einflussnahme des Bundes**.[21] Der Begriff der Hoheitsaufgaben iSd Art 87 f muss instrumentell auf die hoheitliche Wahrnehmung hin ausgerichtet verstanden werden.[22] Anders als Unternehmensverwaltung und Leistungserbringung steht die Regulierung nicht im, sondern über dem Markt.[23] Hoheitsaufgaben iSd Art 87 f sind Verwaltungsaufgaben in der Telekommunikation, die zur Erfüllung in hoheitlicher Form bestimmt sind, weil der Staat in ihnen ordnungspolitische Zwecke verfolgt, die nicht betrieblicher oder unternehmerischer Natur sind.[24] In den verfassungsrechtlichen Grenzen, die insbesondere die Abgrenzung zur Leistungserbringung und deren Unterstellung unter die Bewegungsgesetze des Marktes festschreiben, ist der Begriff der Hoheitsaufgaben entwicklungsoffen.[25]

„Einzelne Aufgaben" in Bezug auf die DBP-Nachfolgeunternehmen sind in der Rechtsform einer bundesunmittelbaren Anstalt des öffentlichen Rechts auszuüben (Art 87 f Abs 3 GG). Dabei handelt es sich um Aufgaben, die für DBP-Nachfolgeunternehmen spezifisch sind, die aber insbesondere keine Hoheitsaufgaben iSd Art 87 f Abs 2 sind.[26] Einzelne Aufgaben sind maßgeblich durch die besondere Beziehung des Bundes zu den DBP-Nachfolgeunternehmen gekennzeichnet.[27] Vom Regelungsauftrag hat der Bund im BAPostG Gebrauch gemacht.[28] Nach dem GG folgt zwar ein Errichtungszwang für die Anstalt, aber kein Bestandsschutz, wenn die Aufgaben der Anstalt entfallen sind.[29]

## III. Art 143b

Die spezifischen Probleme der Umwandlung des Sondervermögens der Deutschen Bundespost einschließlich der Folgeregelungen über Beamte regelt Art 143b GG.[30]

---

17 Maunz/Dürig/*Lerche* Art 87 f Rn 101.
18 Dazu mwN Maunz/Dürig/*Lerche* Art 87 f Rn 102, 105.
19 Maunz/Dürig/*Lerche* Art 87 f Rn 112.
20 *Oertel* Die Unabhängigkeit der Regulierungsbehörde, S 14.
21 *Oertel* Die Unabhängigkeit der Regulierungsbehörde, S 14, Sachs/*Windhorst* GG, Art 87 f Rn 17 hält auf gesetzlicher Grundlage eine Inpflichtnahme durch Beteiligungsverwaltung für zulässig.
22 Maunz/Dürig/*Lerche* Art 87 f Rn 91; *Oertel* Die Unabhängigkeit der Regulierungsbehörde, S 107; zum Europarecht: EuGH v 27. 10. 1993, RS C 46/90 und C 93/91 – *Lagaoche* u a EUGHE S 1993 I 5267 Rn 33.

23 *Oertel* Die Unabhängigkeit der Regulierungsbehörde, S 107.
24 *Oertel* Die Unabhängigkeit der Regulierungsbehörde, S 108.
25 Zutreffend *Oertel* Die Unabhängigkeit der Regulierungsbehörde, S 108.
26 Sachs/*Windhorst* Art 87 f Rn 39.
27 Dazu Sachs/*Windhorst* Art 87 f, Rn 39; Maunz/Dürig/*Lerche* Art 87 f Rn 116.
28 S Einf I Rn 15.
29 Maunz/Dürig/*Lerche* Art 87 f Rn 134.
30 Dazu *Battis* FS Reich, 1995, S 355; *Benz* Die verfassungsrechtliche Zulässigkeit der Beleihung von Aktiengesellschaften mit Dienstherrenbefugnissen, 1995; *Scholz/Aulehner* Postreform II und Verfassung, ArchPT 1993, 5 ff 221 ff.

Wolfgang Spoerr

# Erster Teil
# Allgemeine Vorschriften

## § 1 Zweck des Gesetzes

Zweck dieses Gesetzes ist es, durch Regulierung im Bereich der Telekommunikation den Wettbewerb zu fördern und flächendeckend angemessene und ausreichende Dienstleistungen zu gewährleisten sowie eine Frequenzordnung festzulegen.

**Schrifttum:** *Doll* Das neue Telekommunikationsgesetz, in: Kubicek, ua, Jahrbuch Telekommunikation und Gesellschaft, 1997, S 350; *Ehring* Grundlagen und Entwicklung der Liberalisierung der Telekommunikationsmärkte in Europa – zugleich ein Beitrag zu Art 90 EGV, in: Hoeren/Queck, Rechtsfragen der Informationsgesellschaft, 1999, S 32; *Eifert* Telekommunikationsdienstleistung und Gewährleistungsstaat, 1998; *Eisenblätter* Regulierung in der Telekommunikation, 2000; *Gramlich* Entwicklung der staatlichen Wirtschaftsaufsicht: Das Telekommunikationsrecht als Modell? VerwArch 88 (1997), 598; *ders* Ohne Regulierung kein Wettbewerb, CR 1998, 463; *Haar* Marktöffnung in der Telekommunikation durch Normen gegen Wettbewerbsbeschränkungen, in: Mestmäcker, Kommunikation ohne Monopole II, 1995, S 527; *Hefekäuser/Wehner* Regulierungsrahmen in der Telekommunikation, CR 1996, 698; *Hoffmann-Riem* Innovation und Telekommunikation, 2000; *Hoffmann-Riem/Eifert* Regelungskonzepte des Telekommunikationsrechts und der Telekommunikationspolitik: Innovativ und innovationsgeeignet?, in: Hoffmann-Riem, Innovation und Telekommunikation, 2000, S 9; *Kemmler* Telekommunikationsgesetz, ArchivPT 1996, 321; *Kühlwetter* Privatisierung und Regulierung aus der Sicht des Eisenbahnbundesamtes als Regulierungsbehörde, in: König/Benz, Privatisierung und staatliche Regulierung, 1997, S 93; *Ladeur* Regulierung nach dem TKG, K & R 1998, 479; *ders* Innovation der Telekommunikation: Monitoring und Selbstrevision als Formen einer Proceduralisierung des Telekommunikationsrechts in: Hoffmann-Riem, Innovation und Telekommunikation 2000, S 57; *Leo/Schellenberg* Die Regulierungsbehörde für Telekommunikation und Post, ZUM 1997, 188; *Lepsius* Verwaltungsrecht unter dem Common Law, 1997; *Manssen* Das Telekommunikationsgesetz (TKG) als Herausforderung für die Verfassungs- und Verwaltungsrechtsdogmatik, ArchivPT 1998, 236; *Mestmäcker* Über den Einfluß von Ökonomie und Technik auf Recht und Organisation der Telekommunikation und der elektronischen Medien, in: ders, Kommunikation ohne Monopole II, 1995, S 13; *Möschel* Monopole und Wettbewerb in der Telekommunikation, in: Mestmäcker, Kommunikation ohne Monopole II, 1995, S 397; *Oertel* Die Unabhängigkeit der Regulierungsbehörde nach §§ 66 ff TKG: Zur organisationsrechtlichen Verselbstständigung staatlicher Verwaltungen am Beispiel der Privatisierung in der Telekommunikation, 2000; *Paulweber* Europäische Telekommunikationspolitik an der Schwelle zum 21. Jahrhundert: Liberalisierung und Wettbewerb versus Harmonisierung und Regulierung, ZUM 2000, 11; *Picot/Burr* Regulierung der Deregulierung im Telekommunikationssektor, zfbf 48 (1996), 173 ff; *Rittaler* Der Wettbewerb in der Telekommunikation, WuW 1996, 699; *M. Röhl* Die Regulierung der Zusammenschaltung, Diss Dresden 2001 (iE); *Rossen-Stadtfeld* Kontrollfunktion der Öffentlichkeit – ihre Möglichkeiten und ihre rechtlichen Grenzen, in: Schmidt-Aßmann/Hoffmann-Riem, Verwaltungskontrollen, 2001 (iE); *Scherer* Das neue Telekommunikationsgesetz, NJW 1996, 2953; *ders* Die Entwicklung des Telekommunikationsrechts im Jahr 1996 und 1997, NJW 1998, 1607; *Scherzberg* Die Öffentlichkeit der Verwaltung, 2000; *R. Schmidt* Öffentliches Wirtschaftsrecht – Allgemeiner Teil, 1990; *ders* Die Internationalisierung des öffentliches Wirtschaftsrechts, in: Die Wissenschaft vom Verwaltungsrecht, Die Verwaltung Beiheft 2/1998, 165; *Schmidt-Aßmann/Fromm* Aufgaben und Organisation der Deutschen Bundesbahn in verfassungsrechtlicher Hinsicht, 1985; *Schneider* Liberalisierung der Stromwirtschaft durch regulative Marktorganisation, 1999; *ders* Flexible Wirtschaftsregulierung im Telekommunikationsrecht durch unabhängige Behörden im deutschen und britischen Telekommunikationsrecht, ZHR 164 (2000), 512; *Scholz/Aulehner* „Postreform II" und Verfassung – zu Möglichkeiten und Grenzen einer materiellen Privatisierung der Post, ArchivPT 1993, 221; *Theobald* Wettbewerb in Netzen als Ziel effizienten Rechts, WuW 2000, 231; *Trute* The After Privatisation: Final conclusion, European Review of Public Law, Special Number, 1994, 211; *ders* Wechselseitige Verzahnungen von öffentlichem und privatem Recht, in: Hoffmann-Riem/Schmidt-Aßmann, Öffentliches Recht und Privatrecht als wechselseitige Auffangordnung, 1996, S 167; *ders* Verwaltung und Verwaltungsrecht zwischen staatlicher Steuerung und gesellschaftlicher Selbststregulierung, DVBl 1996, 950; *ders* Funktionen der Organisation und ihre Abbildung im Recht, in: Schmidt-Aßmann/Hoffmann-Riem, Verwaltungsorganisationsrecht als Steuerungsressource, 1997, S 249; *ders* Gemeinwohlsicherung im Gewährleistungsstaat, in: Schuppert (Hrsg), Lectures on Public Interest, (iE); *Twickel*

Die neue deutsche Telekommunikationsordnung, NJW-CoR 1996, 226; *Ullrich* Zum Verhältnis von Sektorenregulierung, Wettbewerbsaufsicht, Technologieschutz und Innovation in der Telekommunikation: Falsch gewählt oder falsch verbunden? in: Hoffmann-Riem, Innovation und Telekommunikation, 2000, S 77. S auch die Nachweise zu § 2 u § 81.

**Inhaltsübersicht**

|  | Rn |
|---|---|
| I. Entstehungsgeschichte und Systematik | 1–7 |
|    1. Die Entwicklung des nationalen Ordnungsrahmens | 2–5 |
|    2. Zweck des Gesetzes | 6–7 |
| II. Regulierung im Bereich der Telekommunikation | 8–22 |
|    1. Anwendungsbereich: Telekommunikation | 9 |
|    2. Steuerungsansatz zur Zweckverwirklichung: Regulierung | 10–22 |
| III. Förderung des Wettbewerbs | 23 |
| IV. Gewährleistung flächendeckend angemessener und ausreichender Dienstleistungen | 24–27 |
| V. Frequenzordnung | 28 |

## I. Entstehungsgeschichte und Systematik

Das Telekommunikationsgesetz vom 25. Juli 1996[1] ist einer 3. Phase der Reform des Post- und Telekommunikationssektors zuzurechnen, ohne die Bezeichnung Postreform III zu verdienen, weil es letztlich nur um die Fortführung der Reform im Teilsektor der Telekommunikation geht. Es schafft aber eine gewisse Zäsur in der Regulierungsgeschichte dieses Sektors[2], da nunmehr – *jedenfalls de iure* – die Liberalisierung der Telekommunikationsmärkte erreicht ist. Angesichts der technischen und ökonomischen Dynamik in diesem Sektor zeichnen sich indes bereits neue Regulierungsschritte ab (vgl Einf II 2 b Rn 21 ff, 37 ff). Mit der Aufhebung des Sprachmonopols der Deutschen Telekom AG zum 31. 12. 1997 ist eine dritte Strukturen des Marktes endgültig in Richtung auf Wettbewerb transformierendes Regelwerk entstanden. Die Gesetzgebungsgeschichte wird nachhaltig durch die Europäisierung und Internationalisierung dieses Sektors geprägt (vgl Einf II Rn 1 ff). Die deutsche Rechtslage entfaltet sich im Zusammenspiel mit den vor allem europäischen Rechtsentwicklungen. Sie ist im Wesentlichen durch europäische Normen zur Liberalisierung und Harmonisierung angestoßen und zudem politisch und nachhaltig beeinflusst auch durch US-amerikanisches Drängen zur Öffnung des Telekommunikationsmarktes.[3]

### 1. Die Entwicklung des nationalen Ordnungsrahmens (vgl Einf I)

Im Rahmen des Art 87 Abs 1 S 1 GG aF war die **frühere deutsche Bundespost** ein technisch bestimmter, der **Daseinsvorsorge verpflichteter Teil der bundeseigenen Leistungsverwaltung.** Diese changierte zwischen wirtschaftlicher Anstalt und behördlicher Verwaltung, zwischen unternehmerischem Selbstverständnis und Verwaltungsrationalität. So lange dieser Sachbereich eher durch technische Sachrationalitäten bestimmt war, bedurfte es keiner Auflösung dieser Spannungen, die in dem Postverwaltungsgesetz von 1953[4] ihren Ausdruck fanden. Dieses Verständnis prägte den verfassungsrechtlichen Rahmen (Einf I), Art 87 Abs 1 S 1 GG aF wies in Fortsetzung des Art 88 Abs 1 WRV 1919 dem Bund nicht nur die Verwaltungskompetenz zu, vielmehr entnahm die Lehre dieser Verfassungsnorm Aussagen zum Aufgabengehalt.[5] Die bundeseigene Verwaltung war verpflichtet, einen Kernbestand an Fernmeldediensten zu erbringen, aber auch gehindert, kaufmännisch tätig zu werden.[6] Diese Verortung der Deutschen Bundespost als technikbezogenes Handlungssystem entsprach der seinerzeit vorherrschenden wirtschafts-

---

[1] BGBl I S 1120.
[2] Zur möglichen Weiterentwicklung Einf II 2 b.
[3] Zu letzterem Aspekt eindringlich *Grewlich* Konflikt und Ordnung in der globalen Kommunikation, 1999.
[4] Gesetz über die Verwaltung der Deutschen Bundespost (Postverwaltungsgesetz – PostVwG) v 24. 7. 1953, BGBl I S 676.

[5] Vgl allgemein zu Art 87 Abs 1 *Schmidt-Aßmann/Fromm* Aufgaben und Organisation der Deutschen Bundesbahn in verfassungsrechtlicher Sicht, S 53 f.
[6] Dazu *Scholz/Aulehner* „Postreform II" und Verfassung – Zu Möglichkeiten und Grenzen einer materiellen und formellen Privatisierung der Post –, ArchivPT 1993, 221; *Oertel* Die Unabhängigkeit der Regulierungsbehörde, S 36.

wissenschaftlichen Theorie des natürlichen Monopols, das in der Idee der Daseinsvorsorge seinen kongenialen verwaltungsrechtlichen Rezeptionsbegriff fand.

**3** Die **Postreform I 1989** (ausf Einf I Rn 11 ff) gab der Deutschen Bundespost mit dem Postverfassungsgesetz eine neue Struktur[7]. Anstelle des Fernmeldemonopols nach dem bisherigen FAG fand sich nunmehr ein dreistufiges System von Monopolleistungen, zu denen insbesondere der Betrieb von Übertragungswegen und Funkanlagen (Netzmonopol)[8] sowie die Vermittlung der Sprache für andere (Telefondienstmonopol)[9] gehörte, ebenso Pflichtleistungen, die im Wettbewerb oder im Monopolbereich zu erbringen waren, die aber durch einen internen Finanzausgleich oder dank einer Beschränkung des Wettbewerbs finanziert werden konnten[10] sowie freie Leistungen, wie etwa der Betrieb und die Errichtung von Endeinrichtungen und das Angebot von Telekommunikationsdienstleistungen jenseits des Monopolbereichs. Die Deutsche Bundespost gliederte sich nunmehr in betriebliche und unternehmerische Aufgaben, die in Teilsondervermögen ihre organisationsrechtliche Fassung fanden.[11] Dies führte zugleich zu einer stärkeren organisatorischen Trennung von betrieblichen und hoheitlichen Aufgaben. Während die Vorstände der drei getrennten Unternehmen diese unter betriebswirtschaftlichen Gesichtspunkten führen sollten,[12] war der Bundesminister für Post und Telekommunikation dafür verantwortlich, dass die Deutsche Bundespost nach den Grundsätzen der Politik der Bundesrepublik Deutschland geleitet wurde.[13] Diese Poststrukturreform hatte zum Ziel, den Betrieb der Deutschen Bundespost in eine leistungsfähige Organisation zu überführen, die in der Lage sein sollte, die Wachstumschancen auf dem sich öffnenden europaweiten Markt der Telekommunikation zu nutzen. Ungeachtet dessen blieb die Postreform I letztlich in den verfassungsrechtlichen Grenzen des Art 87 Abs 1 S 1 GG aF.[14]

**4** Die **Postreform II** änderte dann den verfassungsrechtlichen Rahmen durch die Einfügung der Art 87 f und Art 143 b in das Grundgesetz und schuf mit dem Gesetz zur Neuordnung des Postwesens und der Telekommunikation ein umfangreiches Gesetzeswerk, das ein **umfassendes Privatisierungsprogramm** für beide Teilbereiche einleitete (ausf Einf I Rn 11 ff).[15] Mit der Umwandlung der Deutschen Bundespost Telekom in die Deutsche Telekom AG gewann das Unternehmen eine rechtliche Selbstständigkeit, deren Verwaltung dann einer eigenen Anstalt anvertraut wurde, während die eigentliche ministerielle Aufgabe sich zu einer solchen der Regulierung eines bestimmten nunmehr stärker dem Markt geöffneten Bereiches hin verlagerte. Damit erlangte der ordnungspolitische Modellwechsel auch Verfassungsrang. Art 143 b Abs 1 S 1 GG sah vor, das bisherige Sondervermögen in Unternehmen privater Rechtsform umzuwandeln. Nach Art 87 f Abs 2 S 1 GG (dazu Einf IV Rn 8 ff) sollten die Unternehmen ihre Dienstleistungen neben anderen privaten Anbietern als privatwirtschaftliche Tätigkeit erbringen. Die Postreform II sah also eine Organisationsprivatisierung der Unternehmen vor, erlaubte eine Vermögensprivatisierung nach Ablauf bestimmter zeitlicher Fristen und sah vor allem eine materielle Privatisierung durch den Verweis auf die Privatwirtschaftlichkeit der Erbringung der Telekommunikationsdienstleistungen vor, schuf also einen wettbewerblichen und unternehmerischen Rahmen für die Erbringung dieser Leistungen. Zugleich wandelt sich damit die Rolle des Staates, der sich nunmehr auf die Gewährleistung einer angemessenen und ausreichenden Telekommunikationsdienstleistung in der Fläche zurückzieht. Damit wird die im vormaligen Aufgabenkern des Art 87 Abs 1 S 1 GG enthaltene Verpflichtung zur Daseinsvorsorge zwar fortgeschrieben, die Modalitäten ihrer Wahrnehmung allerdings grundlegend geändert. An die Stelle einer Erfüllungsver-

---

**7** Das Gesetz über die Unternehmensverfassung der Deutschen Bundespost (Postverfassungsgesetz – PostVerfG), verkündet als Art 1 des Gesetzes zur Neustrukturierung des Post- und Fernmeldewesens und der Deutschen Bundespost (Poststrukturgesetz – PostStruktG) v 8. 6. 1989, BGBl I S 1026.
**8** § 1 Abs 2 FAG nF.
**9** § 1 Abs 4 S 2 FAG nF.
**10** Vgl § 37 Abs 4 PostVerfG, § 1 a Abs 2 FAG nF.
**11** Sie firmierten fortan als Deutsche Bundespost Telekom, Deutsche Bundespost Postdienst, Deutsche Bundespost Postbank; § 1 Abs 2 PostVerfG. Zum Ganzen *Scholz/Aulehner* ArchivPT 1993, 221, 256.
**12** Vgl § 4 Abs 1 S 6 iVm § 12 und § 15 PostVerfG.
**13** § 1 Abs 1 S 1 und § 25 Abs 1 S 1 PostVerfG.
**14** Zum Ganzen resümierend *Oertel* Die Unabhängigkeit der Regulierungsbehörde, S 47 ff.
**15** Vgl Gesetz zur Änderung des Grundgesetzes v 30. 8. 1994, BGBl I S 2245; Gesetz zur Neuordnung des Postwesens und der Telekommunikation (Postneuordnungsgesetz – PTNeuOG) v 14. 9. 1994, BGBl I S 2325.

antwortung tritt eine Gewährleistungsverantwortung[16]. Einher geht damit die Entwicklung eines Regulierungsinstrumentariums. Im Anschluss an diese verfassungsrechtliche Änderung bezeichnete das Gesetz über die Regulierung der Telekommunikation und des Postwesens (PTRegG) die Regulierung nunmehr als hoheitliche Aufgabe des Bundes.[17] Damit war zwar der Systemwechsel vollzogen, ohne dass freilich dieser Sachbereich bereits in eine umfassend liberalisierte marktwirtschaftliche Ordnung überführt worden wäre. Insoweit stellte sich auch die Postreform II als ein Übergangsregime dar, das alsbald seine Fortsetzung durch eine umfassende Marktöffnung – nicht zuletzt veranlasst durch die europarechtlichen Vorgaben (vgl Einf II Rn 10) – finden musste.

Diesen Schritt vollzieht das **Telekommunikationsgesetz von 1996**, dessen Vorarbeiten im Frühjahr 1995 bereits begannen. Binnen eines sehr kurzen Zeitraumes von einem Jahr entstand dieses Gesetz, das bereits zum 1. 8. 1996 in Kraft trat und seitdem den – freilich mittlerweile anpassungsbedürftigen – Kern des deutschen Telekommunikationsrechts bildet.[18] Mit der Regelung erlosch das Netzmonopol der Deutschen Telekom,[19] und zum 1. 1. 1998 ebenfalls das Sprachtelefondienstmonopol.[20] An die Stelle des staatlichen Monopols trat ein System hoheitlicher Regulierung auf der einen Seite und privatwirtschaftlicher Erbringung von Telekommunikationsdienstleistungen auf der anderen Seite. 5

## 2. Zweck des Gesetzes

In § 1 des Telekommunikationsgesetzes findet diese Entwicklung ihren Ausdruck. Der **Zweck dieses Gesetzes** ist es, durch Regulierung im Bereich der Telekommunikation den Wettbewerb zu fördern und flächendeckend angemessene und ausreichende Dienstleistungen zu gewährleisten sowie eine Frequenzordnung festzulegen. Darin kommt sowohl die wettbewerbliche Grundorientierung wie die Gewährleistungsfunktion im Hinblick auf eine flächendeckend angemessene und ausreichende Versorgung mit Dienstleistungen wie auch das Mittel zur Erreichung dieser Ziele, nämlich die Regulierung, zum Ausdruck. Bereits der Fraktionsentwurf des Telekommunikationsgesetzes verdeutlichte die wesentlichen Zwecke des Gesetzes.[21] Ausgangspunkt war danach die Erkenntnis, dass auch nach Wegfall der Monopole der Markt noch längere Zeit von der Deutschen Telekom AG bestimmt sein würde, weil das Unternehmen mit einem Marktanteil von 100 % in den Wettbewerb entlassen worden war. Als dominanter Anbieter musste es daher zur Sicherung eines funktionsfähigen Wettbewerbs einer asymmetrischen Regulierung unterzogen werden. In Erfüllung des verfassungsrechtlichen Auftrages, die Versorgung mit Telekommunikationsdienstleistungen und Wettbewerb sicherzustellen, bestand daher ein wesentliches Ziel des Entwurfes darin, die staatlichen Rahmenbedingungen in der Telekommunikation so zu gestalten, dass chancengleicher Wettbewerb durch die neu hinzutretenden Anbieter ermöglicht wird, sowie durch regulierende Eingriffe in das Marktverhalten beherrschender Unternehmen einen funktionsfähigen Wettbewerb zu fördern. Dazu – so die Begründung – seien sektorspezifische Regulierungen als Ergänzung zum allgemeinen Wettbewerbsrecht erforderlich. Die bestehenden wettbewerbsrechtlichen Bestimmungen des GWB unterstellten grundsätzlich die Existenz eines funktionsfähigen Wettbewerbes, enthielten also kein Instrumentarium für die Herstellung von Wettbewerb in einem potentiell durch Monopole 6

---

**16** Vgl dazu ausführlich *Eifert* Telekommunikationsdienstleistung und Gewährleistungsstaat, 1998; dazu auch *Trute* Gemeinwohlsicherung; allg zur Differenzierung staatlicher Verantwortung *ders* DVBl 1996, 950, 951.
**17** Gesetz über die Regulierung der Telekommunikation und des Postwesens (PTRegG), verkündet als Art 7 des PTNeuOG v 14. 9. 1994, BGBl I S 2325.
**18** Zur Entwicklung des Telekommunikationsrechts vgl *Scherer* Das neue Telekommunikationsgesetz, NJW 1996, 2953; *ders* Die Entwicklung des Telekommunikationsrechts im Jahr 1996 und 1997, NJW 1998, 1607; *Manssen* Das Telekommunikationsgesetz (TKG) als Herausforderung für die Verfassungs- und Verwaltungsrechtsdogmatik, ArchivPT 1998, 236; *Doll* Das neue Telekommunikationsgesetz, in: Kubicek ua, Jb Telekommunikation und Gesellschaft 1996, S 350; *Gramlich* Entwicklungen der staatlichen Wirtschaftsaufsicht: Das Telekommunikationsrecht als Modell? VerwArch 88 (1997), 598; *Leo/Schellenberg* Die Regulierungsbehörde für Telekommunikation und Post, ZUM 1997, 188.
**19** § 99 Abs 1 Nr 1a TKG, der § 1 Abs 2 FAG aufhob.
**20** § 99 Abs 1 Nr 1b TKG und § 1 Abs 4 FAG.
**21** Vgl BT-Drucks 13/3609 S 33 ff.

geprägten Markt. Als Elemente wurden im Fraktionsentwurf die Lizenz als Marktzugangsvoraussetzung, die Regulierung marktbeherrschender Unternehmen, die Einführung eines Universaldienstes, die Preisregulierung, die Zusammenschaltung der Netze, die Nummernverwaltung, eine Frequenzordnung, die Regelung der Benutzung öffentlicher Wege und Plätze, die Zulassung, das Inverkehrbringen und die Einhaltung grundlegender Anforderungen, die Institutionalisierung einer Regulierungsbehörde sowie Vorschriften über die Wahrung des Fernmeldegeheimnisses und Regelungen des Datenschutzes genannt. Im Zentrum des Gesetzes steht die Herstellung eines funktionsfähigen Wettbewerbes, um auf diese Weise flächendeckend angemessene und ausreichende Dienstleistungen zu gewährleisten.

**7** § 1 des Telekommunikationsgesetzes war unverändert bereits in der Gesetz gewordenen Fassung im ursprünglichen Fraktionsentwurf[22] enthalten. Zentrales Ziel des Gesetzes ist es danach, durch Regulierung im Bereich der Telekommunikation, die Rahmenbedingungen so zu gestalten, dass **funktionsfähiger Wettbewerb** entstehen kann. Der funktionsfähige Wettbewerb – so die Begründung – wird die Wahlmöglichkeiten der Nachfrager hinsichtlich Art, Qualität und Preis erweitern; Wettbewerb werde damit auch in der Telekommunikation zugunsten der Nutzer wirken. Damit kommt sehr deutlich die Grundorientierung des Gesetzes zum Ausdruck. Die eigenständige Nennung der Frequenzordnung erscheint auf den ersten Blick systemwidrig, da sie auch Teil der Regulierung ist. Allerdings weist sie über diesen Bereich der Regulierung aus Wettbewerbsgründen hinaus und wird daher zutreffend als ein eigenständiges Ziel benannt.[23] Der Zweck des Gesetzes ist also für den Bereich der Telekommunikation über eine Trias umschrieben, die mit dem Mittel, der Regulierung, verwirklicht werden soll: **Förderung des Wettbewerbes, Gewährleistung flächendeckend angemessener und ausreichender Dienstleistungen** und die **Festlegung einer Frequenzordnung**.

## II. Regulierung im Bereich der Telekommunikation

**8** Als Mittel der Zweckverwirklichung im Bereich der Telekommunikation nennt das Gesetz die **Regulierung**. Damit wird der Anwendungsbereich des Gesetzes, aber auch ein spezifischer Steuerungsansatz, die Regulierung, in dem grundlegenden Gesetzesparagraph genannt.

### 1. Anwendungsbereich: Telekommunikation

**9** Das Gesetz beansprucht Geltung für den **Bereich der Telekommunikation.** Damit wird bereits auf den gesetzlichen Katalog von Grundbegriffen in § 3 TKG Bezug genommen. Telekommunikation ist gemäß § 3 Nr 16 TKG der technische Vorgang des Aussendens, Übermittelns und Empfangens von Nachrichten jeglicher Art in der Form von Zeichen, Sprache, Bildern oder Tönen mittels Telekommunikationsanlagen. Zusammengefasst meint Telekommunikation also den Austausch von Informationen durch Transport über gewisse Entfernungen mit Hilfe spezifischer technischer Mittel (vgl § 3 Rn 78 f).[24] Telekommunikationsanlagen sind gemäß § 3 Nr 17 TKG technische Einrichtungen oder Systeme, die als Nachrichten identifizierbare elektromagnetische oder optische Signale verarbeiten können. Beide Definitionen zeigen, dass die Inhalte der verarbeiteten Nachrichten nicht dem Telekommunikationsbegriff unterfallen (vgl § 3 Rn 6). Insoweit wird der Rahmen der Telekommunikation ergänzt durch sektorspezifische Gesetze, die stärker den Inhaltsfragen gewidmet sind. Für die elektronischen Informations- und Kommunikationsdienste ist dies das Informations- und Kommunikationsdienstegesetz des Bundes vom 1. 7. 1997.[25] Dieses umfasst das Teledienstegesetz und das Teledienstedatenschutzgesetz sowie das Signaturgesetz (Einf III). In Ergänzung und zum Teil wohl auch überschneidend haben die Länder den Mediendienste-Staatsvertrag vom 20. 1./12. 2. 1997 abgeschlossen. Auch dieser enthält vor allem inhaltsbezogene Regelungen in diesem Feld. Überschneidungen zwischen den eher inhaltsbezogenen Regelungen und den übertragungsbezogenen Regeln des Telekommuni-

---

22 BT-Drucks 13/3609.
23 Vgl BT-Drucks 13/3609 S 36 zu § 1 TKGE.
24 Vgl Beck'scher TKG-Kommentar/*Ehmer/Schuster* § 3 Rn 19.
25 BGBl I S 1870.

Hans-Heinrich Trute

kationsrechts können sich ergeben soweit erstere in den Bereich der Übertragung hinein reichen, was insbesondere im Datenschutzbereich nicht ausgeschlossen ist.

### 2. Steuerungsansatz zur Zweckverwirklichung: Regulierung

§ 1 TKG geht davon aus, dass die **Zwecke** im Bereich der Telekommunikation **durch Regulierung verwirklicht werden**.[26] Regulierung erscheint hier als das Mittel der Zweckverwirklichung. Der Begriff der Regulierung wird in § 3 Nr 3 TKG aufgenommen, wonach Regulierung die Maßnahmen darstellen soll, die zur Erreichung der in § 2 Abs 2 TKG genannten Ziele ergriffen werden und durch die das Verhalten von Telekommunikationsunternehmen beim Angebot von Telekommunikationsdienstleistungen, von Endeinrichtungen oder Funkanlagen geregelt wird sowie die Maßnahmen, die zur Sicherstellung einer effizienten und störungsfreien Nutzung von Frequenzen ergriffen werden. Mit einer gewissen Nonchalance formuliert das Gesetz hier einen Regulierungsbegriff, der in der juristischen Dogmatik alles andere als festliegt und der hier an hervorgehobener Stelle als Rechtsbegriff erscheint, damit setzt es freilich die Tradition des PTRegG fort. Der Begriff der Regulierung ist juristisch umstritten. Er liegt in einem durch enge hierarchische Vollzugsvorstellungen geprägten Verwaltungsrecht gleichsam quer. Das hat gelegentlich zu Vermutungen geführt, es handle sich hier um einen dem Recht fremden Begriff.[27] Allerdings und unübersehbar ist der Begriff der Regulierung auch aus der wirtschaftswissenschaftlichen Behandlung und ordnungspolitischen Bewertung von marktbeherrschenden Positionen entlehnt, wie sie im früheren Konzept der natürlichen Monopole gerade im Infrastrukturbereich vorhanden waren. Regulierung erscheint hier gewissermaßen als Pendant einer monopolistischen Marktsituation, die Gefahren entwicklungsfeindlicher Beharrung, ökonomisch unrationaler Kosten und Preise und der Übervorteilung der Nachfrager mit sich bringt[28]. Vor diesem Hintergrund ist Regulierung im Rechtssinne als Verhaltenssteuerung von Unternehmen durch hoheitliche Gebote und Verbote – normativ oder im Einzelfall –, insbesondere zur Sicherung von Gemeinwohlerfordernissen, des unverfälschten und funktionsfähigen Wettbewerb und angemessener Leistungsbedingungen, zum Beispiel zur präventiven und repressiven Preiskontrolle, zu verstehen.[29] Regulierung ist hier Marktstrukturregulierung und Marktverhaltensregulierung.[30] Instrumente der Marktstrukturregulierung sind gerichtet auf die Beeinflussung und Gestaltung der Grobstrukturen des regulierten Marktes, wie etwa durch Regelungen des Marktzugangs, Bestimmung der Anbieterzahl, Festlegung von Grundanforderungen für Anbieter etc.[31] Marktverhaltensregulierung zielt auf die Feinsteuerung des Verhaltens einzelner oder aller auf dem Markt tätiger Anbieter, etwa Preisregulierungen, Leistungsqualitätsstandards etc.[32] Zum Zweiten handelt es sich um einen aus der angloamerikanischen Rechtskultur übernommenen Begriff,[33] der vor allem über das europäische Recht als Transformationsordnung in das mitgliedsstaatliche nationale Verwaltungsrecht hineinwandert und in eine gewisse Spannung zu traditionellen Steuerungsansätzen des deutschen Verwaltungsrechts gerät. Er ist nicht mit dem Begriff der Aufsicht identisch,[34] da er – wie noch zu zeigen sein wird – deutlich gestalterische Steuerungsformen[35] in die Aufgabenstellung der Regulierungsbehörde einbezieht. Ebenso wenig umgreift er jede Einwirkung auf private Wirtschaftssubjekte,[36] was ihn letztlich mit dem Begriff der Steuerung identisch erscheinen ließe. Vielmehr ist er untrennbar mit einem Konzeptwandel von Staatlichkeit verbunden und damit auch auf staatsnahe oder auch ehemals staatliche Sektoren bezogen, die – wie Post, Telekommunikation, Eisenbahn oder Energiesektor – zunächst weitreichend durch staatliche Erfüllung von Aufgaben

---

[26] Vgl Beck'scher TKG-Kommentar/*Schuster* § 1 Rn 23.
[27] *Kühlwetter* in: König/Benz, Privatisierung und staatliche Regulierung, S 93, 94; krit auch *DiFabio* VVDStL 56 (1997), S 237 Fn 2.
[28] In diesem Sinne zurecht Beck'scher PostG-Kommentar/*Badura* § 2 Rn 7.
[29] Beck'scher PostG-Kommentar/*Badura* § 2 Rn 7.
[30] Dazu *Picot/Burr* zfbf 48 (1996), 173, 178.
[31] *Picot/Burr* zfbf 48 (1996), 173, 178 ff.
[32] *Picot/Burr* zfbf 48 (1996), 173, 178, 183 ff.
[33] Dazu *Eisenblätter* Regulierung in der Telekommunikation, S 152 ff; *Ladeur* K & R 1998, 479; *Lepsius* Verwaltungsrecht unter dem Common Law, S 169 f.
[34] Vgl aber *Kühlwetter* in: König/Benz, Privatisierung und staatliche Regulierung, S 93, 94.
[35] Dazu *Ladeur* K & R 1998, 479, 480.
[36] Vgl aber *R. Schmidt* Öffentliches Wirtschaftsrecht – Allg Teil, 1990, S 48.

Hans-Heinrich Trute

der Daseinsvorsorge gekennzeichnet waren oder doch zumindest enger staatlicher Steuerung unterlagen, nunmehr aber während und nach der Liberalisierung und Privatisierung die öffentlichen Interessen über eine Gewährleistung bestimmter Gemeinwohlziele in einem durch Privatwirtschaftlichkeit bestimmten Ordnungsrahmen gewährleisten wollen. Insoweit umfasst der Begriff der Regulierung eine spezifische Überdetermination privatwirtschaftlichen Handelns mit dem Ziel, dessen Gemeinwohlverträglichkeit zu sichern. Er ist daher nicht auf die Sicherstellung der allgemeinen Spielregeln wirtschaftlichen Verhaltens im Wettbewerb bezogen – die klassische Aufgabe der Wettbewerbsaufsicht – sondern umgreift weiterreichend und zugleich verstärkt die Sicherstellung spezifisch öffentlicher Interessen durch Auferlegung von Bindungen privatwirtschaftlicher Tätigkeit. Insoweit ist er eine Folge der Veränderung der staatlichen Steuerung in einem ehemals staatlichen oder doch staatsnahen Sektor, der heute mehr oder weniger liberalisiert und privatisiert ist.

**11** Diese entstehungsorientierten Ansätze verdeutlichen, dass hier mit dem einfachen Begriff der **Regulierung** letztlich **ein komplexes Konzept** aufgerufen wird, das über die Wirtschafts- und Wettbewerbsaufsicht in der Form der Missbrauchsaufsicht hinaus Preis- oder Renditeregelungen, Qualitäts- und Konditionenregelungen, Kontrahierungszwänge, Universaldienstverpflichtungen, Marktzutritts- oder Austrittsregelungen, Investitionslenkungsmechanismen und andere, auf die Sicherstellung öffentlicher Interessen und gemeinwohlverträglicher Zielzustände ausgerichtete Instrumente umfassen kann.[37] Im Kontext des Telekommunikationsgesetzes geht es insoweit nicht um die monofinale Sicherstellung von Spielregeln des bestehenden Wettbewerbs, sondern um die privatwirtschaftliche Ausrichtung eines Sachbereichs unter Wahrung von Nutzerinteressen, Sicherstellung eines chancengleichen und funktionsfähigen Wettbewerbs, wie auch seine Herstellung durch geeignete Rahmenbedingungen, Universaldienstverpflichtungen, Förderung von Telekommunikationsdiensten der öffentlichen Einrichtungen, Frequenzordnung und Sicherstellung der Interessen der öffentlichen Sicherheit. Man mag darüber streiten, ob alle Aspekte, die in den Zielen des § 2 Abs 2 TKG genannt sind (vgl § 2 Rn 7 ff), insbesondere solche, die auf eher technische Sicherheitsaspekte bezogen sind, sinnvoll unter dem Begriff der Regulierung gefasst werden können. Ungeachtet dieser – angesichts der positiv rechtlichen Ausgestaltung – eher akademischen Frage, ist jedenfalls der **Gestaltungsauftrag** und damit der **aktive Aspekt von Regulierung** deutlich, den es bei der Interpretation der einzelnen Tatbestände im Auge zu behalten gilt.[38] Zugleich wird die Ausrichtung auf bestimmte Ziele bereits von § 3 Nr 13 TKG, der Legaldefinition der Regulierung, besonders betont. Das ist nicht nur ein Aufruf zu teleologischer Gesetzesinterpretation,[39] damit ist vielmehr ein spezifischer Ansatz des Gesetzes mit erheblichen Folgen verbunden, der hier nur in den Grundzügen als **Elemente der Regulierung** skizziert werden kann. Als Folie dient dabei der europarechtliche Kontext, so wie er in den Richtlinien und in den neueren Dokumenten der Kommission zur Fortentwicklung des Rechtsrahmens umschrieben wird. Vor diesem Hintergrund wird eine gewisse Spannung zu der deutschen Rezeption, nicht unbedingt aber dem deutschen Regulierungsrahmen sichtbar, die ihren Grund in einer spezifischen Orientierung wie auch in der stark wettbewerbsrechtlich orientierten Sicht bei der Verabschiedung dieses Gesetzes hatte. Die dadurch hervorgerufenen Spannungen mit dem europäischen Rahmen machen sich an verschiedenen Stellen des Gesetzes nachteilig bemerkbar.

**12** Den Ausgangspunkt umschreibt die **zielorientierte Formulierung des Gesetzes**. Wie § 2 Abs 2 TKG deutlich macht, formuliert das Gesetz besondere Ziele, die die Regulierung anleiten sollen, aber schon angesichts ihrer unterschiedlichen Zielrichtungen nicht determinieren können. Damit greift das Gesetz auf eine Regelungstechnik zurück, die vielfach im angloamerikanischen Rechtskreis zu beobachten ist. Die Dynamik des Sachbereichs, die geringe Stabilität der vor-

---

[37] Ähnlich *Schneider* Liberalisierung der Stromwirtschaft durch regulative Marktorganisation, 1999, S 36 f; zu dieser Sicherstellungsfunktion bereits *Trute* The After Privatisation, ERPL 1994, Special Number 211 ff; *ders* in: Hoffmann-Riem/Schmidt-Aßmann, Öffentliches Recht und Privatrecht als wechselseitige Auffangordnung, 1996, S 167, 215 ff.

[38] Am Beispiel der Entgeltregulierung *Ladeur* K & R 1998, 479, 482 ff; am Beispiel der Zusammenschaltung M. *Röhl* Die Regulierung, Teil II, Kap 8 ff.

[39] So der Sache nach Beck'scher TKG-Kommentar/ *Schuster* § 2 Rn 4, der zu Recht auf die besondere Bedeutung der Ziele hinweist.

handenen Wissensstände, die Eigenlogik des jeweiligen Bereiches führen dazu, dass die Verwaltung nicht gesetzlich hinreichend präzise determiniert werden kann. Eine detaillierte materielle Programmierung scheitert also angesichts dynamischer Veränderungen von Märkten infolge technischer, ökonomischer oder auch kognitiver Veränderungen.[40] Der schon oben zitierte Kommunikationsbericht 1999 (vgl Einf II 2a Rn 21 ff) verdeutlicht dies. Gerade angesichts der Unvorhersehbarkeit des Zusammenwirkens von Globalisierung, technologischen Veränderungen, Veränderungen der Marktmacht der Akteure lässt sich kaum vorhersagen, was in dem künftigen, eher konvergenten Umfeld auf die Regulierungsbehörden wie Marktteilnehmer zukommt. Die Regulierungsbehörden werden sich, so heißt es, klare Ziele setzen und mit flexiblen Regulierungsinstrumenten ausstatten müssen, wenn es ihnen gelingen soll, einen stark wettbewerbs- und nutzerorientierten Markt zu fördern und zu erhalten und gleichzeitig die Verbraucherrechte zu schützen. Darauf soll dann ein zielorientierter Rechtsrahmen reagieren können.[41]

Diese Zielorientierung spricht dafür, dass die normsetzende Exekutive ebenso wie die Regulierungsbehörde mit einem **weiten Optionsspielraum zur Konkretisierung** einer oftmals **eher temporären Regulierungsstrategie** und ihrer Implementation im Einzelfall ausgestattet sind. Von einem solchen weiten Regulierungsspielraum geht das europäische Sekundärrecht der Telekommunikation bereits derzeit an verschiedenen Stellen aus. Beispielhaft genannt sei hier nur Art 9 Abs 1, 5 der Zusammenschaltungsrichtlinie. Art 9 Abs 1 der Zusammenschaltungsrichtlinie[42] verpflichtet die **nationalen Regulierungsbehörden**, die adäquate Zusammenschaltung im Interesse aller Nutzer zu sichern und zu fördern, indem sie ihre Zuständigkeiten in einer Art und Weise ausüben, die den größtmöglichen wirtschaftlichen Nutzen und den größtmöglichen Nutzen für die Endbenutzer erbringt. Die nationalen Regulierungsbehörden berücksichtigen dabei insbesondere die Notwendigkeit, für die Benutzer eine zufriedenstellende Ende-zu-Ende-Kommunikation sicherzustellen, einen wettbewerbsorientierten Markt zu fördern, eine faire und geeignete Entwicklung eines harmonisierten europäischen Telekommunikationsmarkts sicherzustellen, die Notwendigkeit, mit den nationalen Regulierungsbehörden in anderen Mitgliedsstaaten zusammenzuarbeiten, den Aufbau und den Ausbau transeuropäischer Netze und Dienste zu fördern, den Grundsatz der Nichtdiskriminierung zu beachten und die Notwendigkeit, einen Unversaldienst aufrechtzuerhalten und zu entwickeln. Bemerkenswert und charakteristisch ist dabei, dass die richtlinienrechtliche Zielorientierung nicht den Mitgliedsstaaten und dem nationalen Gesetzgeber, sondern der Regulierungsbehörde aufgegeben ist. Die hier nur exemplarisch aufgeführten, in Art 9 Abs 5 der Zusammenschaltungsrichtlinie[43] noch einmal ausdifferenzierten Ziele – dort im Kontext der Streitschlichtung auf Ersuchen einer Partei bei der Zusammenschaltung – verdeutlichen den weiten Rahmen der den Regulierungsbehörden **bei der Ausübung ihrer Zuständigkeiten** nach dem europäischen Regulierungsansatz zukommen soll. Verstärkt wird dies noch einmal in dem von der Kommission vorgeschlagenen neuen Rechtsrahmen (vgl Einf II 2 b Rn 37 ff). In Art 7 des Vorschlages für eine Richtline des Europäischen Parlaments und des Rates über einen gemeinsamen Rechtsrahmen für elektronische Kommunikationsnetze und -dienste[44] werden politische Ziele und regulatorische Grundsätze für die nationalen Regulierungsbehörden vorgesehen. Die Mitgliedsstaaten sollen dafür sorgen, dass die nationalen Regulierungsbehörden bei der Wahrnehmung der im Gemeinsamen Rechtsrahmen wie in den spezifischen Richtlinien vorgesehenen besonderen Aufgaben alle angezeigten Maßnahmen treffen, die ausschließlich den dort genannten Zielen dienen.[45] Dieser Zielorientierung kommt im neuen Rechtsrahmen eine besondere Bedeutung zu, weil die Maßnahmen

---

40 Vgl dazu *Ladeur* Innovation der Telekommunikation: Monitoring und Selbstrevision als Formen einer Proceduralisierung des Telekommunikationsrechts in: Hoffmann-Riem, Innovation und Telekommunikation, 2000, S 57; *Hoffmann-Riem/Eifert* Regelungskonzepte des Telekommunikationsrechts und der Telekommunikationspolitik: innovativ und innovationsgeeignet?, ebd S 9 ff; *Schneider* ZHR 164 (2000), 513, 517 ff.

41 Kommunikationsbericht 1999 (Einf II 2.a Fn 73), S 12 ff.
42 RL 97/33/EG.
43 RL 97/33/EG.
44 Vom 12. 7. 2000 KOM (2000) 393 endg, ABl Nr C 365 E/198 v 19 12. 2000 (E-RL Gemeinsamer Rechtsrahmen).
45 Art 7 Abs 1 E-RL Gemeinsamer Rechtsrahmen.

Hans-Heinrich Trute

oftmals nicht mehr gesetzlich verpflichtend vorgeschrieben sind, sondern von der nationalen Regulierungsbehörde aufgrund einer Marktanalyse (vgl Einf II 2 b Rn 41) flexibel und situativ aufzuheben, zu ändern oder anzuordnen sind und diese Entscheidungen vor allem im Lichte der Ziele zu treffen sind. Darin läge nochmals ein erheblicher Kompetenzzuwachs der nationalen Regulierungsbehörde, die im Rahmen eines breiten Optionsspielraumes handeln könnte. Dieser Ansatz bedarf ungeachtet konzeptioneller Spannungen im Einzelnen der Integration in das deutsche Verwaltungsrecht. Im Einzelfall wird man Ermessensermächtigungen und unbestimmte Gesetzesbegriffe nutzen müssen, um hier einen solchen Optionenspielraum im Sinne richtlinienkonformer Interpretation in dem nationalen, deutlicher an einem Vollzugsmodell orientierten Recht zur Geltung zu bringen.

**14** Darin kommen erhebliche **Veränderungen des Steuerungszusammenhangs von Gesetz und Verwaltung** zum Ausdruck, jedenfalls wenn man den Blick auf die materiellen Regelungen und das Verwaltungshandeln lenkt. Deutlich wird eine eher **situative** und damit auch **temporäre Regelbildung.** Vor dem Hintergrund einer klassischen Vollzugsvorstellung weckt dies Bedenken im Hinblick auf die Normenbestimmtheit,[46] wie auch einer hinreichenden demokratischen Legitimation des Verwaltungshandelns. Indessen lassen sich die Regelungen in einem von hoher Dynamik gekennzeichneten marktlichen Umfeld nicht in der Weise vorab treffen, dass der Gesetzgeber hier zu einer sinnvollen und gleich effektiven Regelungsstrategie greifen könnte. Erst die über die Ziele vermittelte Offenheit vermag zugleich die **Einbeziehung der Information** aus dem Kreis der Marktteilnehmer, deren technische und ökonomische Ressourcen zugleich das Veränderungspotential beinhalten, um die Marktsituation und damit den Sachbereich nachhaltig zu verändern, sinnvoll zu machen. Angesichts der veränderten materiellen Determinierung kommt es dann aber wesentlich auf die Entwicklung organisatorischer und verfahrensmäßiger Bedingungen an, die in ihrem Zusammenwirken eine hinreichende demokratische Legitimation des Verwaltungshandelns sichern können (im Einzelnen vgl § 11 Rn 14 ff, 73; § 43 Rn 38 ff).[47] Dazu gehören dann auch Formen vorwirkender parlamentarischer Kontrolle, etwa durch den Beirat nach Maßgabe der §§ 67 ff TKG (vgl § 67 Rn 5), Berichtspflichten (§ 81 TKG), die Berücksichtigung von Organisation und Verfahren der Regulierungsbehörde (vgl § 66 Rn 11 ff, 27 ff), Konzeptpflichten, die mit Evaluations- und Berichtspflichten verbunden werden können, die Einbeziehung wissenschaftlichen und interessierten Sachverstands, wie etwa in § 70 TKG vorgesehen (vgl § 70 Rn 4), sowie die Einbeziehung der Öffentlichkeit als Steuerungs- und Kontrollressource, um nur einige der Gemeinwohlsicherungen zu nennen.[48]

**15** Die deutsche Regulierungspraxis greift diese Einbeziehung der Öffentlichkeit im weiten Übergangsbereich zwischen gestaltender Politikentwicklung und Einzelentscheidung vielfach auf. Damit wird die Öffentlichkeit als Steuerungsressource mobilisiert und zugleich Regulierungstransparenz geschaffen. Beispiele sind die schrittweise Entwicklung von Lizenzierungsbedingungen nach den §§ 10, 11 TKG (vgl § 11 Rn 14 ff), die vorweggenommenen Bestimmungen wesentlicher Parameter der Ex-Ante-Entgeltregulierung im Price-Cap-System (dazu § 27 Rn 2 ff), die Entwicklung von übergreifenden Konzepten für die Zusammenschaltung schon im Vorfeld konkreter Einzelentscheidungen[49] auf der Grundlage einer öffentlichen Kommentierung[50], mehrerer Informationsveranstaltungen[51] und vorab bekanntgegebener Konzepte.[52] Schließlich die vielfältige kooperativ privat-öffentliche Konzeptentwicklung in der Nummerierung (§ 43 Rn 22).

**16** Eine gewisse Institutionalisierung hat die kooperative Normkonkretisierung und Konzeptent-

---

[46] Vgl etwa Beck'scher TKG-Kommentar/*Schuster* § 1 Rn 24 ff.
[47] Vgl dazu ausführlich für den hier einschlägigen Sachbereich *Oertel* Die Unabhängigkeit der Regulierungsbehörde, S 187 ff, vor allem unter dem Blickwinkel der hinreichenden Legitimation; zum Konzept allg *Trute* Gemeinwohlsicherung; *M. Röhl*, Die Regulierung, Teil II Kap 8 ff.
[48] Vgl dazu *Trute* Gemeinwohlsicherung. Jüngst auch *M. Röhl* Die Regulierung, Teil II Kap 14 ff.

[49] Siehe etwa die Entwicklung der Element Based Charging-Zusammenschaltungsregeln.
[50] ABl 6/99 v 14. 4. 1999.
[51] Etwa RegTP, Mitteilung 568/1999, ABl 23/1999 S 4117.
[52] Siehe die Darstellung bei RegTP, Beschl v 8. 9. 2000, BK 4a-00–018/Z 30. 6. 00, S 7 ff; vgl auch RegTP, Eckpunkte der sachlichen und räumlichen Abgrenzung von Märkten und der Feststellung einer marktbeherrschenden Stellung, v 20. 2. 2001.

wicklung im Ausschuss „Technische Regulierung in der Telekommunikation" (A TRT) gefunden.[53] Der Ausschuss soll ein Forum sein, in dem Fragen der technischen Regulierung zwischen der Regulierungsbehörde und den von der Regulierung nach dem TKG und anderen Gesetzen betroffenen Kreisen im Vorfeld von Entscheidungen erörtert werden. Bei Bedarf erarbeitet der Ausschuss abgestimmte Stellungnahmen zu aktuellen Themen. Zu seinen Aufgabengebieten gehören technische Fragen im Zusammenhang mit Universaldienstleistungen, offenem Netzzugang, der Nummerierung ebenso wie der Produktzulassung, des Fernmeldegeheimnisses und des Datenschutzes. Das Plenum setzt sich zusammen aus benannten Vertretern von TK-Diensteanbietern, Netzbetreibern, Herstellern und Anbietern von Informations- und Kommunikationstechnik, Anwendern und Nutzern sowie der Medien, Behörden und anderer betroffener und interessierter Kreise. Der Ausschuss bildet nach Bedarf themenorientierte und Ad-hoc-Arbeitsgruppen (AG). Die Arbeitsgruppen erhalten ihr Mandat vom Beirat. Entscheidungsprinzip ist das Konsensprinzip.

Die Mobilisierung von Öffentlichkeit und Transparenz als Steuerungs- und Kontrollressource **17** erfasst allerdings nicht allein den Bereich der Verwaltungstätigkeit; sie wirkt auch in die Unternehmen hinein. Hier ist insbesondere die erhöhte Transparenz unternehmerischer Tätigkeit zu nennen, deretwegen die Anzeigepflicht (§ 4 TKG), die Pflicht zur Segmentierung der Rechnungslegung (nach § 14 Abs 2 TKG) sowie die Befugnis aus § 31 TKG bestehen (dazu etwa § 14 Rn 22).

Eng mit den beschriebenen Veränderungen des Steuerungszusammenhangs verbunden ist die **18** **Institutionalisierung** einer jedenfalls teilweise **unabhängigen Regulierungsbehörde.** Dieser kommt nicht nur auf Grund der geringen materiellen Programmierung ein erhebliches Maß an Selbständigkeit gegenüber dem parlamentarischen Gesetzgeber zu. Sie ist zugleich auf Grund der Besonderheiten des Sachbereiches auch normativ in nicht unerheblichem Maße verselbstständigt. So verlangt Art 5a der ONP-Rahmenrichtlinie[54] neben der **Trennung hoheitlicher und betrieblicher Funktionen** die Garantie der Unabhängigkeit der Regulierungsbehörde, um die Unparteilichkeit der Entscheidungen dieser Regulierungsbehörden sicherzustellen. Die Mitgliedsstaaten gewährleisten, dass sie bei der Umsetzung der ordnungspolitischen Grundlagen des Gemeinschaftsrechts auch eine zentrale Rolle wahrnehmen. Im neuen Rechtsrahmen (Einf II 2 b vgl Rn 37), der nicht nur auf die rechtliche und finanzielle Unabhängigkeit abstellt und die vollständige und wirksame strukturelle Trennung der hoheitlichen Funktionen von Tätigkeiten im Zusammenhang mit dem Eigentum oder der Kontrolle verlangt, wird diese Unabhängigkeit noch einmal betont.[55] Zugleich haben die Mitgliedstaaten dafür zu sorgen, dass die nationale Regulierungsbehörde ihre Befugnisse unparteiisch und transparent ausüben kann,[56] eine Vorschrift, der nicht zuletzt im Hinblick darauf eine besondere Bedeutung zukommt, dass die Regulierungsbehörde in einem offenen Regulierungsrahmen handelt und ihre Funktion nur dann erfolgreich und akzeptiert wahrnehmen kann, wenn jeder Anschein eines *bias* zugunsten des früheren Monopolisten von vornherein und strukturell ausgeschlossen werden kann (vgl § 66 Rn 7 ff). Die damit angesprochene und weiter vertiefte funktionelle und politische Unabhängigkeit[57] führt zu einer in Einzelheiten umstrittenen, gleichwohl aber deutlichen Verselbstständigung der Regulierungsbehörden auch von der Regierung (vgl § 66 Rn 11 ff), die freilich funktionell notwendig ist, soll die Regulierung gelingen. Damit wird der Steuerungszusammenhang zwischen Parlament und Regulierungsbehörde, vermittelt über die parlamentarische Verantwortlichkeit der Regierung, ein Stück weit gelockert. Dies verstärkt vor dem Hintergrund des klassischen Vollzugsmodells Spannungen zum traditionellen Verwaltungsrechtskonzept. Die Regulierungsbehörden kommen damit im europäischen Regulierungsansatz durchaus den *independent agencies* des amerikanischen Verwaltungsrechts nahe,[58] deren spannungsreiche Existenz zwischen politischer Funktion und Vereinnahmung durch die zu regulierenden Adressaten

---

53 Siehe die Geschäftsordnung des A-TRT, veröffentlicht unter URL http://www.regtp.de.
54 RL 90/387/EWG in der Fassung der Änderungsrichtlinie RL 97/51/EG.
55 Art 3 E-RL Gemeinsamer Rechtsrahmen.
56 Art 3 Abs 3 E-RL Gemeinsamer Rechtsrahmen.

57 Dazu ausführlich *Oertel* Die Unabhängigkeit der Regulierungsbehörde, S 104 ff und S 187 ff; *Rittaler* WuW 1996, 699, 703; *Gramlich* CR 1998, 463 ff.
58 Dazu *Eisenblätter* Regulierung in der Telekommunikation, S 201 ff.

Hans-Heinrich Trute

dann auch besondere gemeinwohlsichernde Vorkehrungen verlangt. Mehr als bisher ist dabei das Augenmerk auf die sonstigen parlamentarischen Kontrollmöglichkeiten, die Kontrolle durch Öffentlichkeit und Regulierungsbetroffene, die organisatorischen und verfahrensmäßigen Vorkehrungen zu richten, die wichtige Ressourcen zur Steuerung verselbstständigter Verwaltungseinheiten vorhalten und damit eine zunehmend an Bedeutung gewinnende Schnittstelle von Demokratie- und Rechtsstaatsprinzip darstellen.[59]

**19** Die Entlassung in eine (jedenfalls **partielle**) **Unabhängigkeit von Einzelweisungen** durch den Bundesminister für Wirtschaft (vgl § 66 Rn 31) verschafft der Regulierungsbehörde den Gestaltungsspielraum, für eine an den Entwicklungen des Sachbereichs und den Gemeinwohlzielen orientierte Regulierungspraxis. Dann aber kommt den **Konzepten der Eigensteuerung** der **Regulierungsbehörde** eine erhebliche Bedeutung zu, und zwar sowohl aus der Perspektive einer Evaluation und Kontrolle der Regulierungspraxis wie auch der Rechtssicherheit der von der Regulierung Betroffenen, sei es der Unternehmen im Wettbewerb, sei es der Verbraucher. Dieser Aspekt wird immer wieder in den Richtlinien wie auch den Berichten der europäischen Kommission hervorgehoben, zugleich aber betont, dass die Praxis in der Bundesrepublik Deutschland eher defizitär ist.[60] In § 81 Abs 2 TKG ist vorgesehen, dass die Regulierungsbehörde fortlaufend in ihrem Amtsblatt ihre Verwaltungsgrundsätze veröffentlicht, insbesondere im Hinblick auf die Vergabe von Lizenzen und die Festlegung von Lizenzbedingungen. Indes wird dieses Instrumentarium noch unzureichend genutzt. Hier ließe sich im Zusammenwirken von Evaluationspflichten, Stellungnahmerechten des Beirates, des Bundeskartellamtes sowie durch ein entsprechendes öffentlichkeitsbezogenes, transparentes Verfahren der Konzeption und Evaluation der Regulierungskonzepte ein wichtiges Element der Regulierung fortentwickeln, das zugleich als Kompensation für eine geringe materielle Steuerung über die Ziele wirken könnte.[61] Wichtige Ansätze dazu finden sich in dem neuen Rechtsrahmen, etwa in dem gestuften Verfahren der Marktanalyse (vgl Einf II 2 b Rn 41). Zudem führt die zunehmende verfahrensmäßige und organisatorische – horizontale wie vertikale – Einbindung der Regulierungsbehörde in einen europäischen Abstimmungs- und Steuerungszusammenhang zur Ausbildung neuer Steuerungs- und damit auch Legitimationsressourcen.

**20** Eine wichtige Rolle kommt zudem der Öffentlichkeit als Steuerungs- und Kontrollressource zu. Unübersehbar setzt das europäische Verwaltungsrecht schon allgemein[62] aber auch im Telekommunikationsrecht auf Transparenz und Publizität. Die Europäische Kommission setzt an verschiedenen Stellen auf eine Transparenz der Verwaltungsgrundsätze, der Regulierungspraxis, der Beteiligung der Öffentlichkeit wie auch ihre Information, sei es als Wettbewerber, sei es als Verbraucher, um über die erweiterte Öffentlichkeit zu einer Kontrolle der Durchsetzung des europäischen wie nationalen Rechts zu kommen, aber auch um die Akzeptanz, die Effizienz zu steigern und über einen Konsens die Durchsetzung des Rechts zu befördern. Angesichts der Komplexität der einbezogenen Interessen, der Dynamik des Sachbereichs, der Fähigkeit privater Akteure, die Anwendungsvoraussetzungen der Gesetze in strategischer Absicht zu verändern, der Ungewissheit der Handlungsgrundlagen, kommt der Beteiligung der Öffentlichkeit eine erhebliche Bedeutung zu. Sie wirkt ebenso als Gegengewicht der Informalität und einer selektiven Informationsverarbeitung entgegen wie sie mögliche Alternativen sichtbar macht und wirkt zugleich als Medium der Selbstbeobachtung der Verwaltung.[63] Auch hier verstärkt der neue Rechtsrahmen – sollte er in Rechtsakte umgesetzt werden – noch einmal die ohnehin schon vorhandenen Ansätze zur Herstellung von Verwaltungsöffentlichkeit. So wird die Verpflichtung

---

**59** Vgl dazu ausführlich *Trute* Funktionen der Organisation und ihre Abbildung im Recht, in: Schmidt-Aßmann/Hoffmann-Riem, Verwaltungsorganisationsrecht als Steuerungsressource, 1997, S 249, 260.

**60** *Ladeur* K & R 1998, 479, 485 ff; vgl dazu den 6. Umsetzungsbericht S 124.

**61** Am Beispiel der Entgeltregulierung *Ladeur* K & R 1998, 479, 485 ff.

**62** Vgl *Rossen-Stadtfeld* Kontrollfunktion der Öffentlichkeit – ihre Möglichkeiten und ihre (rechtlichen) Grenzen, in: Schmidt-Aßmann/Hoffmann-Riem, Verwaltungskontrollen, 2001 (iE); *Scherzberg* Die Öffentlichkeit der Verwaltung, 2000; *Schmidt-Aßmann/ Ladenburger* Umweltverfahrensrecht, in: Rengeling, Handbuch zum europäischen und deutschen Umweltrecht (EUDUR), 1998, Bd I § 18.

**63** *Scherzberg* Die Öffentlichkeit der Verwaltung, 2000.

Hans-Heinrich Trute

zur transparenten Regulierung in Art 4 Abs 3 E-RL Gemeinsamer Rechtsrahmen ausdrücklich hervorgehoben und in Art 6 Abs 1 E-RL Gemeinsamer Rechtsrahmen verlangt, dass die nationalen Regulierungsbehörden interessierten Parteien bereits die Möglichkeit zur Stellungnahme zu Maßnahmen geben, die sie zu treffen gedenken, also zu geplanten Maßnahmen. Diese zunehmende Verpflichtung auf Transparenz und Publizität trifft im Übrigen nicht nur das Handeln der Verwaltung, sondern ebenso die Unternehmen, die durch eine Vielzahl von Richtlinien zur Information der Regulierungsbehörde, der Wettbewerber, der Öffentlichkeit wie der Verbraucher verpflichtet werden.

Dies berührt sich bereits mit der **Betonung der Verbraucherrechte**, die für ein anspruchsvolles Konzept von Regulierung erforderlich sind. Schon die Regulierungsziele betonen den Nutzen des veränderten Regulierungsrahmens für den Verbraucher, der in die Lage versetzt werden soll, Wahlmöglichkeiten zu realisieren, zugleich aber ein bestimmtes Angebot zu angemessenen Preisen garantiert zu bekommen.[64] Ein anspruchsvolles Leitbild realer Verbraucherfreiheit ist – wie im angloamerikanischen Konzept deutlich – ein wichtiges Element der Regulierung.[65] Die Sicherung eines Grundangebotes von Leistungen, der Zugang zu den Diensten, die zur Vermeidung einer sozialen Ausgrenzung für nötig erachtet werden, der Datenschutz und der Schutz der Privatsphäre, Beschwerdeabwicklung und Beilegung von Streitigkeiten auf einem einfachen Wege ebenso wie die Transparenz der Vertragsbedingungen einschließlich der Entgelte sind wichtige Elemente eines solchen Konzepts von Verbraucherfreiheit.[66]

Ein letzter, hier zu erwähnender Aspekt ist die **Veränderung der Rolle der gerichtlichen Kontrolle**.[67] Dies zeigt sich schon im Hinblick auf die Ausdehnung der unabhängigen Streitschlichtung, die auf Funktionsdefizite der Gerichtsbarkeit reagiert. Sie erscheint zu zeit- und kostenaufwendig in bestimmten dynamischen Sektoren. Hinzu kommt, dass grenzüberschreitende Rechtsschutzfragen den Zugang zur Gerichtsbarkeit wie auch ihre Wirkungen erschweren. Sie erfordern häufig ein Wissen, das weder den Unternehmen noch den Verbrauchern zur Verfügung steht. Wichtiger noch erscheint aber, dass eine zielorientierte Regulierungspraxis notwendig auch den Kontrollzugriff der Gerichte verändern muss. Dies dürfte sich vor allem und zunehmend in der Frage der **gerichtlichen Kontrolldichte** zeigen. Die Regulierung lässt sich in Teilbereichen nicht als einfacher Gesetzesvollzug verstehen, sondern als Ausdruck einer Abstimmung unterschiedlicher Interessen **im Rahmen von Regulierungszielen durch Regulierungsstrategien** (vgl Rn 13). Ist dies so, dann ist ein an der Kontrolle der Verwaltung im Vollzugsbereich orientiertes Konzept einer gerichtlichen Vollkontrolle kaum durchführbar. Hier wird man mehr und mehr ein Kontrollkonzept verfolgen müssen, das der Regulierungsbehörde Gestaltungsspielräume einräumt, diese aber auf die Berücksichtigung der unterschiedlichen Interessen ebenso wie der Organisation und des Verfahrens der Entscheidungsbildung hin kontrolliert. Je mehr ein transparentes und verfahrensmäßig abgesichertes Regulierungskonzept vorab eine Problemabschichtung bewirkt und die Einzelentscheidungen sich hieran orientieren, umso eher wird es vertretbar sein, den Regulierungsbehörden Beurteilungsermächtigungen zuzuerkennen (vgl Rn 14 f). Die gerichtliche Kontrollpraxis ist hier noch sehr zurückhaltend und erkennt diese eher implizit an. Sinnvoll erschiene es demgegenüber, diese als Teil eines umfassenderen Regulierungskonzeptes auszuweisen und die gerichtliche Kontrolle stärker auf Organisation und Verfahren der Entscheidungsbildung denn auf ihre Ergebnisrichtigkeit auszurichten. Dies verlangt dann freilich auch ein Konzept von Kontrolle, das Organisation und Verfahren nicht auf die ohnehin nur noch schwer beurteilbare Ergebnisrichtigkeit bezieht, sondern Fehler auch dann sanktioniert, wenn sie strukturelle, nicht einzelfallbezogene Aspekte betreffen.

---

[64] Vgl § 2 Nr 1, 3, 6 TKG; Kommunikationsbericht 1999 (Einf II 2 a Fn 73), S 13, S 48 ff; Art 7 Abs 4 E-RL Gemeinsamer Rechtsrahmen.
[65] Ausführlich dazu *Schneider* Liberalisierung der Stromwirtschaft durch regulative Marktorganisation, 1999, S 327 ff, 528 f.
[66] Kommunikationsbericht 1999 (Fn 64), S 48 ff.
[67] Zum Ganzen auch M. *Röhl* Die Regulierung, Teil II Kap 14 ff.

## III. Förderung des Wettbewerbs

**23** Zweck des Gesetzes ist die Förderung des Wettbewerbs im Bereich der Telekommunikation. Zentrales Ziel des Gesetzes ist es, die Rahmenbedingungen so zu gestalten, dass ein funktionsfähiger Wettbewerb entstehen kann. Insoweit geht es nicht um die Erhaltung des Wettbewerbs, sondern – wie das Gesetz mit dem Begriff des Förderns deutlich zum Ausdruck bringt – um die Schaffung der Rahmenbedingungen, unter denen ein Wettbewerb entstehen und aufrechterhalten werden kann. Die asymmetrische Regulierung marktbeherrschender oder marktstarker Unternehmen ist ein wichtiges Element zur Förderung des Wettbewerbs durch sektorspezifische Regulierung. Die Entgeltregulierung, die nicht nur zum Schutze der Verbraucher erforderlich sein kann, hat eine der wichtigen Zielrichtungen gerade darin, über die ex ante Preisregulierung einen solchen Wettbewerb zu schaffen (vgl Rn 6 ff). Ebenso ist die Regulierung des Zugangs zu den Netzen und Diensten wie der Zusammenschaltung der Netze ein wichtiges infrastrukturbezogenes Element einer solchen Wettbewerbsförderung (vgl Rn 6 ff). Die damit verbundenen technischen, betrieblichen und ökonomischen Aspekte sind von wesentlicher Bedeutung für den Erfolg eines Konzepts der Wettbewerbseinführung.[68] Auch der Nummernraum, der die Identifikation von Telekommunikationsteilnehmern ermöglicht, ist auf Grund seiner Natur als knappe Ressource ein regulierungsbedürftiges Gut (vgl Rn 6 ff). Die Zuteilung nach Maßgabe des Gebotes der Transparenz, der Objektivität und Nichtdiskriminierung ist ein wesentliches Element chancengleichen Wettbewerbs aller Anbieter.

## IV. Gewährleistung flächendeckend angemessener und ausreichender Dienstleistungen

**24** Mit der Ausrichtung der Regulierung auf die **Gewährleistung flächendeckend angemessener und ausreichender Dienstleistungen im Bereich der Telekommunikation** nimmt das Gesetz die Verpflichtung des Art 87 f Abs 1 GG auf. Dies wird regelmäßig als Infrastruktursicherungsauftrag des Bundes und als hoheitliche Aufgabe umschrieben.[69] Die damit zum Ausdruck kommende Universaldienstgewährleistungspflicht des europäischen Rechts bezeichnet den Auftrag besser, als der Bezug auf die Infrastruktursicherung, die leicht auf die Netzebene, also die Infrastruktur bezogen, missverstanden werden kann und damit die Perspektive auch für die Zukunft der Universaldienstverpflichtung verengen kann. Die Universaldienstverpflichtung hat ihren Bezugspunkt letztlich in einem als möglich unterstellten Marktversagen, das den Grund darin haben kann, dass der Wettbewerb als solcher noch nicht hinreichend funktioniert und damit die am Markt nachgefragten Dienstleistungen zur Verfügung stellt oder zu angemessenen Bedingungen zur Verfügung stellt, oder die marktliche Bereitstellung der Güter sich auf Bereiche beschränkt, die ökonomisch hinreichend lukrativ sind. In Aufnahme des sozialstaatlichen Anliegens des Grundgesetzes formuliert das Grundgesetz ebenso wie das Telekommunikationsgesetz eine Verpflichtung zur Sicherstellung ungeachtet marktlicher, dh privatwirtschaftlicher Erbringung der Dienstleistungen. Die bisher in Art 87 Abs 1 Satz 1 aF GG angelegte Erfüllungsverantwortung des Staates verwandelt sich über Art 87 f Abs 1 GG in eine Gewährleistungsverpflichtung des Staates zur Sicherstellung einer solchen ausreichenden und angemessenen Versorgung. Sie geht einher mit der Verpflichtung, die Entwicklung des Marktes einschließlich der möglichen Universaldienstverpflichtungen zu beobachten und ggf die Verpflichtungen durch eine geeignetere Gestaltung der Rahmenbedingungen wie auch durch andere hoheitliche Maßnahmen so zu justieren, dass das Angebot hinreichend und angemessen ist.

**25** Mit dem Bezug auf die angemessenen und ausreichenden **Dienstleistungen** wird sowohl der Gegenstand wie der Umfang der Universaldienstverpflichtung festgelegt. Mit dem Begriff der Dienstleistung nimmt das Gesetz einen eher unspezifischen Begriff auf, der Begriff dürfte hier im Sinne des § 3 Nr 18 TKG zu verstehen sein, also als Telekommunikationsdienstleistung, mithin als gewerbliches Angebot von Telekommunikation einschließlich des Angebotes von Übertra-

---

[68] Vgl bereits BT-Drucks 13/3609 S 35.

[69] Vgl *Stern* DVBl 1997, 309 f mwN; *Windthorst* in: Sachs, GG, Art 87 f Rn 8; Einf IV Rn 8 ff.

gungswegen für Dritte. Beschränkt ist der Zweck zudem auf die Übermittlung von Nachrichten jeden Inhalts, umfasst also keine inhaltsbezogenen Aspekte übermittelter Leistungen. Rundfunk- und Multimediadienste liegen hinsichtlich der Inhalte folglich außerhalb des Gewährleistungsbereichs des Telekommunikationsgesetzes,[70] sie sind einbezogen, soweit es um den telekommunikativen Übermittlungsvorgang geht.

Die Gewährleistungsverpflichtung ist ausgerichtet auf **angemessene und ausreichende Dienstleistungen,** umfasst also keine Optimierungsverpflichtung gleich welchen Inhalts. Gewährleistet sein müssen also diejenigen Dienste, die etwa zur Vermeidung einer sozialen Ausgrenzung, zur Teilhabe an der Informationsgesellschaft als erforderlich erachtet werden. Es geht also um eine **Grundversorgung mit Telekommunikationsdienstleistungen.** Es umfasst die Aspekte Integrität, Funktionsfähigkeit und Leistungsgerechtigkeit des telekommunikativen Grundangebots zu angemessenen Preisen. 26

Die Dienstleistungen sind **flächendeckend** zu gewährleisten. Verlangt ist also eine Abdeckung der Fläche und eine gewisse Gleichmäßigkeit des Versorgungsgrades. Damit wird das Anliegen des Sozialstaatsprinzips aufgenommen, eine Grundversorgung und damit eine gewisse Gleichwertigkeit der Lebensverhältnisse im Bundesgebiet zu garantieren.[71] Zweck des Gesetzes ist die **Gewährleistung** dieser Grundversorgung. Durch die Regulierung soll also über die Beeinflussung des privaten Wettbewerbs sichergestellt werden, dass die Grundversorgung erbracht wird. In Umsetzung des Gewährleistungsauftrages des Art 87 f Abs 1 GG verlangt dies die Einräumung hinreichender Steuerungsbefugnisse, um die verfassungsrechtlichen Vorgaben auch in einer marktlichen Ordnung sicherstellen zu können.[72] 27

## V. Frequenzordnung

Aufgabe des Gesetzes ist es zudem, eine **Frequenzordnung** festzulegen. Dies könnte durchaus als Teil der übrigen Regulierungsziele des Gesetzes verstanden werden, reicht aber über diese Ziele hinaus, weil sie auch für andere Sektoren, wie etwa den Rundfunk, von erheblicher Bedeutung ist. Daher ist sie als eigener Zweck der Regulierung aufgeführt.[73] Der Vorrat an Funkfrequenzen ist im Bereich der Telekommunikation grundsätzlich begrenzt. Frequenzen sind damit der Sache nach grundsätzlich eine knappe Ressource. Insoweit bedarf es der Gestaltung und Feststellung einer Frequenzordnung, die die unterschiedlichen Nutzungsinteressen angemessen berücksichtigt. Ziel ist es, sicherzustellen, dass Verbraucher und Marktteilnehmer den größtmöglichen wirtschaftlichen und sozialen Nutzen aus dieser knappen Ressource ziehen.[74] Dazu bedarf es der Verfahren der Verteilung, die durch neue Verfahren, wie zB Auktionen oder staatlich festgelegte Nutzungsentgelte ergänzt werden. Darüber hinaus bedarf es der Koordinierung der Frequenzen, um wechselseitige Störung von Funksignalen auszuschließen. Auch insoweit ergeben sich staatliche Aufgaben. 28

## § 2 Regulierung

(1) Die Regulierung der Telekommunikation und der Frequenzordnung ist eine hoheitliche Aufgabe des Bundes.

(2) Ziele der Regulierung sind:
  1. die Wahrung der Interessen der Nutzer auf dem Gebiet der Telekommunikation und des Funkwesens sowie die Wahrung des Fernmeldegeheimnisses,
  2. die Sicherstellung eines chancengleichen und funktionsfähigen Wettbewerbs, auch in der Fläche, auf den Märkten der Telekommunikation,

---

[70] Vgl *Lerche* in: Maunz/Dürig, GG, Art 87 f Rn 74; *Windthorst* in: Sachs, GG, Art 87 f Rn 11.
[71] *Lerche* in: Maunz/Dürig, GG, Art 87 f Rn 73, 76 f.
[72] *Windthorst* in: Sachs, GG, Art 87 f Rn 15.
[73] Vgl BT-Drucks 13/3609 S 36 zu § 1 TKGE.
[74] Vgl Kommunikationsbericht 1999 (Fn 64), S 41.

Hans-Heinrich Trute

3. die Sicherstellung einer flächendeckenden Grundversorgung mit Telekommunikationsdienstleistungen (Universaldienstleistungen) zu erschwinglichen Preisen,
4. die Förderung von Telekommunikationsdiensten bei öffentlichen Einrichtungen,
5. die Sicherstellung einer effizienten und störungsfreien Nutzung von Frequenzen, auch unter Berücksichtigung der Belange des Rundfunks,
6. die Wahrung der Interessen der öffentlichen Sicherheit.

(3) Die Vorschriften des Gesetzes gegen Wettbewerbsbeschränkungen bleiben unberührt.

(4) Die hoheitlichen Rechte des Bundesministers der Verteidigung bleiben unberührt.

Schrifttum: Vgl dazu das zu § 1 genannte Schrifttum sowie *Bartling* Leitbilder der Wettbewerbspolitik, 1980; *Engel* Der Weg der deutschen Telekommunikation in den Wettbewerb, MMR – Beilage 3/1999, 7; *Haar* Marktöffnung in der Telekommunikation durch Normen gegen Wettbewerbsbeschränkungen, in: Mestmäcker, Kommunikation ohne Monopole II, 1995, S 527; *Hefekäuser/Wehner* Regulierungsrahmen in der Telekommunikation, CR 1996, 698; *Hiltl/Großmann* Grundfragen des neuen deutschen Telekommunikationsrechts, BB 1996, 169; *Kemmler* Telekommunikationsgesetz, ArchivPT 1996, 321; *Knetsch* Wettbewerbsszenarien für den deutschen Telekommunikationsmarkt, CR 1996, 568; *Mestmäcker* Kommunikation ohne Monopole II, 1995; *Möschel* Monopole und Wettbewerb in der Telekommunikation, in: Mestmäcker, Kommunikation ohne Monopole II, 1995, S 397; *Paulweber* Regulierungszuständigkeiten in der Telekommunikation, 1999; *Rittaler* Der Wettbewerb in der Telekommunikation, WuW 1996, 699; *Scherer* Das neue Telekommunikationsgesetz, NJW 1996, 2953; *Twickel* Die neue deutsche Telekommunikationsordnung, NJW-CoR 1996, 226.

**Inhaltsübersicht**

| | | Rn |
|---|---|---|
| I. | Entstehungsgeschichte und Systematik | 1–4 |
| II. | Hoheitliche Aufgabe des Bundes (Abs 1) | 5 |
| III. | Ziele der Regulierung (Abs 2) | 6–25 |
| | 1. Wahrung der Interessen der Nutzer (Abs 2 Nr 1) | 8–9 |
| | 2. Sicherstellung eines chancengleichen und funktionsfähigen Wettbewerbs (Abs 2 Nr 2) | 10–21 |
| | 3. Sicherstellung der Grundversorgung zu erschwinglichen Preisen (Abs 2 Nr 3) | 22 |
| | 4. Förderung von Telekommunikationsdiensten bei öffentlichen Einrichtungen (Abs 2 Nr 4) | 23 |
| | 5. Sicherstellung einer effizienten und störungsfreien Nutzung von Frequenzen (Abs 2 Nr 5) | 24 |
| | 6. Interessen der öffentlichen Sicherheit (Abs 2 Nr 6) | 25 |
| IV. | Verhältnis zum GWB (Abs 3) | 26–36 |
| | 1. Die Regelungsbereiche des GWB im Einzelnen | 28–35 |
| | a) Wettbewerbsbeschränkende Vereinbarungen, § 1 GWB | 29 |
| | b) Vertikale Wettbewerbsbeschränkungen, § 14 GWB | 30 |
| | c) Ausschließlichkeitsbindungen, § 16 GWB | 31 |
| | d) Missbrauchsaufsicht über marktstarke Unternehmen, §§ 19, 20 Abs 2 GWB | 32–34 |
| | e) Fusionskontrolle, §§ 35 ff GWB | 35 |
| | 2. Verhältnis des TKG zum europäischen Kartellrecht | 36 |
| V. | Rechte des Bundesministers für Verteidigung (Abs 4) | 37 |

## I. Entstehungsgeschichte und Systematik

**1** Die Regelung des § 2 TKG nimmt unterschiedliche Anliegen auf. Zum einen wird die **Regulierung der Telekommunikation und der Frequenzordnung als hoheitliche Aufgabe** des Bundes bezeichnet und damit der Gehalt von Artikel 87 f Abs 2 S 2 GG aufgenommen. Die **Regulierungsziele** als wesentlicher Teil eines Regulierungskonzeptes (vgl § 1 Rn 11) sind in § 2 Abs 2 TKG geregelt. § 2 Abs 3 betrifft das **Verhältnis des Telekommunikationsgesetzes** als spezieller, sektorspezifischer Regelung des Wettbewerbs **zum Gesetz gegen Wettbewerbsbeschränkungen**. Abs 4 lässt die Rechte des Bundesministers der Verteidigung, soweit es sich um hoheitliche Rechte handelt, unberührt.

**2** § 2 Abs 1, 3, 4 TKG waren bereits im **ursprünglichen Fraktionsentwurf** enthalten[1] und sind unverändert Gesetz geworden. **Umstritten war** dagegen **die Regelung des § 2 Abs 2**. Der

---

1 Vgl BT-Drucks 13/3609.

Hans-Heinrich Trute

Bundesrat schlug in seiner Stellungnahme zum Regierungsentwurf[2] vor, sich an dem Katalog des § 2 Abs 2 PTRegG zu orientieren, da auch bei einem geänderten wettbewerblichen Umfeld die dort beschriebenen, auf Art 87 f Abs 1 GG fußenden Ziele uneingeschränkt weiter Geltung beanspruchen sollten. Sie seien daher auch in das Telekommunikationsgesetz zu übernehmen. Die Berücksichtigung sozialer Belange sei jedoch, soweit sie nicht zum Kundenschutz gehöre, dem Universaldienst zuzuordnen.[3] Zudem schlug der Bundesrat vor, die Regulierungsziele zu ergänzen durch das Ziel der Wahrung der Interessen der Strafverfolgung, namentlich der Sicherstellung der Überwachung und Aufzeichnung der Telekommunikation in den gesetzlich vorgesehenen Fällen, da es sich insoweit um ein besonders wichtiges Ziel der Regulierung handele, das ausdrücklich neben der im Entwurf genannten Nr 5, die die Wahrung der Interessen der öffentlichen Sicherheit betraf, zu rechtfertigen sei.[4] Im Übrigen wies der Bundesrat darauf hin, dass die in § 2 Abs 2 Nr 4 vorgesehene effiziente Frequenznutzung unter den Vorbehalt der Maßgabe des Rundfunkrechts der Länder gestellt sei. Die sachliche und/oder räumliche Marktgröße könne im Rundfunkbereich ein ungeeignetes Kriterium sein. So könne es beispielsweise zur Aufgabenerfüllung des öffentlich-rechtlichen Rundfunks zwingend erforderlich sein, eine Kapazität für eine (kleinräumige) Versorgungslücke und für ein „Minderheitenprogramm" zu verwenden, auch wenn sie an anderer Stelle einen räumlich und sachlich größeren Markt bedienen könnte.[5] In § 2 Abs 4 sei zudem ein Satz anzufügen, wonach die gesetzlichen Regelungen der Länder, insbesondere diejenigen zum Rundfunk, unberührt bleiben sollten. Nach Auffassung des Bundesrates handelte es sich um eine Klarstellung in Bezug auf rundfunkrechtliche Regelungen und den Bildschirmtext-Staatsvertrag.[6] Die Bundesregierung stimmte in ihrer Gegenäußerung der Ausdehnung der Regulierungsziele nicht zu. Die maßgeblichen Regulierungsziele, an denen die Regulierungsmaßnahmen in einem wettbewerblichen Umfeld ausgerichtet werden müssten, seien in § 2 Abs 2 umfassend abgebildet. Der Vorschlag, als Regulierungsziel die Sicherstellung der Übertragungswege für die Rundfunkversorgung einzufügen, begründete nach Auffassung der Bundesregierung eine unter wettbewerblichen Bedingungen nicht gerechtfertigte allgemeine Vorrangstellung für den Rundfunk. Allerdings schlug die Bundesregierung vor, im Bereich der Frequenzverwaltung die relevanten Rundfunkbelange in das Regulierungsziel des § 2 Abs 2 Nr 4 aufzunehmen und zu ergänzen, „auch unter Berücksichtigung der Belange des Rundfunks".[7] Diese Ergänzung ist dann auch in die Frequenznutzungsregeln der Vorschrift des § 2 Abs 2 Nr 5 aufgenommen und Gesetz geworden.[8] Ebenfalls abgelehnt wurden die übrigen Ergänzungswünsche des Bundesrates. Soweit es die vorgeschlagene neue Ziffer Nr 10 betraf, war diese nach Ansicht der Bundesregierung bereits durch § 2 Abs 2 Nr 5 im Fraktions- und späteren Regierungsentwurf abgedeckt, also durch die Wahrung der Interessen der öffentlichen Sicherheit.[9] Abgelehnt wurde auch der Vorschlag zur Ergänzung der effizienten Frequenznutzung sowie die Ergänzung des § 2 Abs 4 im Hinblick auf die gesetzlichen Regelungen der Länder zum Rundfunk. Die Bundesregierung wies erneut darauf hin, dass das Telekommunikationsgesetz keine rundfunkrechtlichen Sachverhalte regele, sondern ausschließlich die technischen Vorgänge der Nachrichtenübermittlung. Die rundfunkrechtliche Zuständigkeit der Länder bleibe unangetastet.[10]

Im **Ausschuss für Post und Telekommunikation** wurde § 2 Abs 2 Nr 2, die Sicherstellung eines 3

---

2 BT-Drucks 13/4438.
3 BT-Drucks 13/4438, Äußerung des Bundesrates Nr 8 zu § 2 Abs 2 TKGE.
4 BT-Drucks 13/4438 zu Nr 9.
5 BT-Drucks 13/4438, Äußerung des Bundesrates Nr 10 zu § 2 Abs 2.
6 BT-Drucks 13/4438, Äußerung des Bundesrates Nr 11 zu § 2 Abs 4 TKGE.
7 BT-Drucks 13/4438, Gegenäußerung der Bundesregierung zu Nr 8.
8 Vgl dazu die Beschlussempfehlung und den Bericht des Ausschusses für Post und Telekommunikation BT-Drucks 13/4864 zu § 2 Nr 5, wonach das Telekommunikationsgesetz keine rundfunkrechtlichen Sachverhalte regele, sondern ausschließlich die technischen Vorgänge der Nachrichtenübermittlung, unabhängig davon, welchen Inhalts die übermittelnden Nachrichten sind. Der Begriff der effizienten Frequenznutzung unterliege ebenfalls diesem Verständnis und lasse die rundfunkrechtliche Zuständigkeit der Länder unangetastet. Durch die Ergänzung des Zielkatalogs sollte dieser Tatbestand noch einmal herausgestellt werden.
9 BT-Drucks 13/4438, Gegenäußerung der Bundesregierung zu Nr 9.
10 BT-Drucks 13/4438, Gegenäußerung der Bundesregierung zu Nr 10, 11.

Hans-Heinrich Trute

chancengleichen und funktionsfähigen Wettbewerbs auf den Märkten der Telekommunikation, ergänzt durch den Hinweis, dass dieser auch in der Fläche sicherzustellen sei. Damit sollte dem Anliegen der Länder Rechnung getragen werden, auch im ländlichen Bereich Wettbewerb sicherzustellen.[11] Die Einfügung eines neuen Ziels, das die Förderung der Telekommunikationsdienste bei öffentlichen Einrichtungen betraf, also der heutige § 2 Abs 2 Nr 4, wurde ebenfalls durch den Ausschuss für Post und Telekommunikation eingefügt, insbesondere um eine Förderung der Schulen und anderer öffentlicher Einrichtungen als ein mögliches Ziel hervorzuheben.[12] Dieses Anliegen verdeutlicht ein etwas weiteres Verständnis von Universaldienst, insbesondere sollte es der Sorge Rechnung tragen, dass nicht hinreichende Infrastrukturen für den Übergang zur Informationsgesellschaft geschaffen würden.

**4** Die Ergänzung des § 2 Abs 2 Nr 3 – die Sicherstellung einer flächendeckenden Grundversorgung mit Telekommunikationsdienstleistungen – durch den Hinweis auf erschwingliche Preise, erfolgte erst im Vermittlungsverfahren. Nach Auffassung des Bundesrates beinhaltete die Ergänzung hinsichtlich der von ihm vorgeschlagenen Tarifierung des Universaldienstes eine wichtige Leitlinie für Entscheidungen der Regulierungsbehörde bei der Regulierung von Entgelten. Dies diene nicht nur dem Interesse der Bewohner ländlicher Räume, sondern sei auch ein wirksames Mittel gegen Bestrebungen marktmächtiger Unternehmen, den Wettbewerb durch gezielte Niedrigpreisstrategien in den Ballungsräumen von vornherein zu schwächen.[13]

## II. Hoheitliche Aufgabe des Bundes (Abs 1)

**5** Unter Aufnahme der Gehalte des Art 87 f Abs 2 S 2 GG werden Hoheitsaufgaben im Bereich der Telekommunikation in bundeseigener Verwaltung ausgeführt. Die Regulierung der Telekommunikation ebenso wie die Frequenzordnung sind hoheitliche Aufgaben und damit von dem Bund wahrzunehmen. Diese Vorschrift hat im Wesentlichen nur **deklaratorischen Gehalt.** Auch die Begründung zum ursprünglichen Fraktionsentwurf spricht insoweit von einer Klarstellung der hoheitlichen Aufgaben, die allein in der Kompetenz des Bundes liegen.[14] Klargestellt wird damit, dass die Regulierung hoheitliche Aufgabe des Bundes ist. Dies schließt Selbstregulierung im Bereich der Telekommunikation nicht aus, ebenso wenig wie es hoheitliche Rahmensetzung für gesellschaftliche Selbstregulierung im Bereich der Telekommunikation hindert. Im Gegenteil: Eine Bestimmungsgröße des materiellen Regulierungskonzeptes ist gerade die intensive Beschränkung öffentlicher Verwaltung durch gesellschaftliche Selbststeuerung und privat-öffentliche Kooperation.

## III. Ziele der Regulierung (Abs 2)

**6** Abs 2 enthält die **Ziele der Regulierung,** die von der Regulierungsbehörde bei ihren Entscheidungen – soweit die Tatbestände, auf die sie ihre Handlungen stützt, nicht abschließend sind – zu berücksichtigen sind. Im Hinblick auf die Funktion der Regulierungsziele (Einf II 2 b Rn 40) formuliert die Begründung zum Regierungsentwurf zutreffend, dass insoweit diese Regelung die wichtige Maßgröße sein soll, an der die gesamte Regulierung auszurichten ist. Diese Ziele betreffen insbesondere den Marktzugang, die Wettbewerbsbedingungen, das Wettbewerbsverhalten und die Interessen der Nutzer auf den Telekommunikationsmärkten. Sie sind mit den Zwecken des § 1 TKG nicht identisch, auch nicht von ihrer Funktion her. Letztere stellen abstrakte Oberziele dar, die die beiden Pole der Wettbewerblichkeit ebenso wie der ausreichenden und angemessenen Versorgung mit Kommunikationsdienstleistungen betreffen.

**7** Das **europäische Sekundärrecht der Telekommunikation** enthält zum Teil einen **differenzierteren Zielkatalog,** der bei einzelnen Maßnahmen zu berücksichtigen ist.[15] Diese sind soweit wie möglich, wo erforderlich im Rahmen einer richtlinienkonformen Interpretation insbeson-

---

**11** BT-Drucks 13/4864 zu § 2 Nr 3.
**12** BT-Drucks 13/4864 zu § 2 Nr 4.
**13** BT-Drucks 13/4938 Nr 2 Abs II Regulierung als hoheitliche Aufgabe des Bundes (Abs 1).

**14** BT-Drucks 13/3609 S 36 zu § 2 Abs 1 TKGE.
**15** Vgl etwa Art 9 Abs 1, 5 RL 97/33/EG.

dere der spezielleren Tatbestände, auf denen die entsprechenden Handlungen der Regulierungsbehörde gründen, zu berücksichtigen. Die Ziele und Leitprinzipien des geplanten neuen Rechtsrahmens (Einf II Rn 37 ff) dürften in wesentlichen Punkten auch den Regulierungszielen des § 2 Abs 2 entsprechen.[16] Das Arbeitspapier der Europäischen Kommission zu einem allgemeinen Regulierungsrahmen für elektronische Kommunikationsnetze und -dienste umfasst in Art 7 drei Ziele, nämlich die Förderung eines offenen und wettbewerblichen Markts für elektronische Kommunikationsnetze, -dienste und dazugehörige Einrichtungen, um sicherzustellen, dass die Nutzer einen maximalen Nutzen im Hinblick auf die Wahl, den Preis, die Qualität und den Wert für ihr Geld bekommen. Zugleich soll sichergestellt werden, dass keine Störung oder Behinderung des Wettbewerbs besteht und dass die Verbraucher Zugang zu einer Vielzahl innovativer Dienste haben und dass das Spektrum der Frequenzen effizient verteilt wird. Zum Zweiten soll die Regulierung der Entwicklung eines gemeinsamen Binnenmarktes dienen. Insbesondere sollen Barrieren für das Angebot elektronischer Netze und Dienste auf europäischer Ebene beseitigt werden, transeuropäische Netze entwickelt und die Interoperabilität transeuropäischer Dienste gewährleistet werden. Die Regulierung soll – drittens – dem europäischen Bürger nutzen, insbesondere durch den erschwinglichen Zugang zum Universaldienst, durch einen hohen Schutz der Verbraucher, insbesondere auch durch die Einrichtung einfacher und billiger Streitschlichtungsverfahren, durch einen hohen Standard des Datenschutzes und des Schutzes der Privatsphäre sowie die Transparenz der Tarife und Bedingungen für die Nutzung elektronischer Dienste. Insbesondere müssen die Bedürfnisse bestimmter sozialer Gruppen wie behinderter Nutzer berücksichtigt werden. Dies entspricht auch im Wesentlichen dem von der Kommission vorgeschlagenen neuen Rechtsrahmen (Einf II Rn 37 ff).

1. **Wahrung der Interessen der Nutzer (Abs 2 Nr 1)**

Das hervorgehobene Ziel[17] ist die **Wahrung der Interessen der Nutzer** auf dem Gebiet der Telekommunikation und des Funkwesens sowie die Wahrung des Fernmeldegeheimnisses. Damit ist nicht gesagt, dass dieses zentrale Ziel gleichsam im Sinne einer Zweck-Mittel-Pyramide die anderen Ziele als Mittel zu seiner Erreichung in sich aufnimmt.[18] Dies ist schon im Hinblick auf § 2 Abs 2 Nr 6 sehr zweifelhaft, auch wenn im Einzelfall die Förderung der übrigen Ziele zugleich und vor allem auch der Wahrung der Interessen der Nutzer dienen soll. § 3 Nr 11 TKG definiert den Nutzer als Nachfrager nach Telekommunikationsdienstleistungen. Damit werden – nicht anders als im europäischen Recht – als Nutzer sowohl Verbraucher wie auch Organisationen, die Telekommunikationsdienstleistungen nachfragen und zugleich deren Anbieter sind, also die Wettbewerber in den Schutz dieser Zielbestimmung einbezogen. Wettbewerber sind Nutzer, soweit sie für den Zugang zu ihren Märkten auf Vorleistungen anderer Unternehmen, nicht etwa nur des marktbeherrschenden Unternehmens[19] angewiesen sind. Den Interessen der Verbraucher dienen insbesondere die Regeln über den Universaldienst, die Entgeltregulierung, die Regeln zum Kundenschutz sowie die Regelungen des 11. Teils über das Fernmeldegeheimnis, den Datenschutz und die -sicherung. **Den Rechten der Wettbewerber** dienen insoweit vor allem die Vorschriften über die Lizenzierung, den offenen Netzzugang und die Zusammenschaltungen, die Benutzung der Verkehrswege und die Frequenzordnung.

Die **Wahrung des Fernmeldegeheimnisses** ist als Teilziel noch einmal hervorgehoben. Verdeutlicht wird damit die besondere Bedeutung, die der Wahrung des Fernmeldegeheimnisses unter den Bedingungen privatwirtschaftlicher Erbringung von Telekommunikationsdienstleistungen zukommt. Angesichts der Privatisierung des Angebots verliert der abwehrrechtliche Gehalt des Art 10 GG gegenüber den Anbietern von Telekommunikationsdienstleistungen an Bedeutung und der Schutz des Fernmeldegeheimnisses bedarf eigenständiger Anstrengungen, um die Vertraulichkeit distanzierter elektronischer Kommunikation zu sichern (§ 85 Rn 2).

---

16 Vgl Kommunikationsbericht 1999 S 12 f.
17 Vgl BT-Drucks 13/3609 S 36 zu § 2 Abs 2 TKGE.
18 So aber Beck'scher TKG-Kommentar/*Schuster* § 2 Rn 5.
19 So aber Beck'scher TKG-Kommentar/*Schuster* § 2 Rn 6; s § 3 Rn 53 ff.

Hans-Heinrich Trute

## 2. Sicherstellung eines chancengleichen und funktionsfähigen Wettbewerbs (Abs 2 Nr 2)

**10** Ziel des Gesetzes ist – zum Zweiten – die **Sicherstellung eines chancengleichen und funktionsfähigen Wettbewerbs,** auch in der Fläche, auf den Märkten der Telekommunikation. Darin kommt in gewisser Weise das normativ geformte Leitbild des Wettbewerbs zum Ausdruck. Mit dem Begriff des **funktionsfähigen Wettbewerbs** macht der Gesetzgeber deutlich, dass es hier nicht um vollständigen Wettbewerb geht, sondern um die Herstellung von „workable competition".[20] Entscheidend ist danach nur, dass keiner der Wettbewerber einen vom Wettbewerb nicht mehr hinreichend kontrollierten Verhaltensspielraum besitzt.[21] Egalitäre Chancengleichheit beim Zutritt auf Märkte der Telekommunikation ist ein damit nicht ohne weiteres vereinbares Wettbewerbsleitbild.[22] Ein Vorrang des einen oder anderen Leitbildes ist vom Gesetzgeber aber offenbar nicht gewollt.[23] Eher geht es um einen praktisch möglichen, tatsächlich eintretenden, wenn auch erwartungsgemäß weder theoretisch vollkommenen noch gleichartigen Wettbewerb aller Unternehmen.[24] In diesem Sinne dürfte hier im Lichte des § 1 TKG ein umfassender Begriff des Wettbewerbs verwendet werden, den der Gesetzgeber nicht einfach herstellt, sondern im Sinne des § 1 TKG fördert oder sicherstellt.

**11** Die gesetzliche Begründung macht deutlich, dass angesichts der besonderen Situation einer nicht entflochtenen Deutschen Telekom AG **ohne besondere regulatorische Vorkehrungen ein funktionsfähiger Wettbewerb** durch Markteintritt anderer Wettbewerber **nicht zu erwarten** ist. In Erfüllung des verfassungsrechtlichen Auftrages, die Versorgung mit Telekommunikationsdienstleistungen im Wettbewerb sicherzustellen, besteht daher ein wesentliches Ziel der gesetzgeberischen Bestimmungen darin, die staatlichen Rahmenbedingungen in der Telekommunikation so zu gestalten, dass chancengleicher Wettbewerb durch neu hinzutretende Anbieter ermöglicht wird und dass durch regulierende Eingriffe in das Marktverhalten beherrschender Unternehmen ein funktionsfähiger Wettbewerb gefördert wird. Sektorspezifische Regelungen sind daher als Ergänzung zum allgemeinen Wettbewerbsrecht erforderlich, da die bestehenden Regelungen des Gesetzes gegen Wettbewerbsbeschränkungen grundsätzlich die Existenz eines funktionsfähigen Wettbewerbs unterstellen, nicht aber den Wettbewerb als solchen sicherstellen.

**12** Das Ziel der Herstellung chancengleichen und funktionsfähigen Wettbewerbs ist nicht allein durch die Einordnung und Begrenzung des ehemaligen Monopolisten in den Wettbewerb gekennzeichnet, sondern auch durch die **Entfaltung des Wettbewerbs** in **allen seinen gemeinwohlfördernden Funktionen.** Von daher ist das Gesetz mit seiner Orientierung an einem chancengleichen und funktionsfähigen Wettbewerb auch kein allein auf den Exmonopolisten ausgerichtetes Gesetz, schon gar nicht ein Gesetz zur Auslieferung des Exmonopolisten an die Wettbewerber. Die Regulierung darf also nicht in der Annahme erfolgen, der Exmonopolist habe ein Privileg verloren und die in der Privilegienzeit genossenen Vorteile herauszugeben. Vielmehr hat die Regulierung die Entfaltung des Wettbewerbes in allen seinen Funktionen zum Ziele.[25] Wettbewerb ist daher nicht nur Preiswettbewerb, sondern auch auf neue sachliche und räumliche Märkte vorstoßender und innovativer Wettbewerb.[26] In diesem Sinne ist er zukunftsgerichtet.[27] So mag, wie von der Kommission im geplanten neuen europäischen Rechtsrahmen zutreffend betont, auf neu entstehenden Märkten zunächst sehr wohl eine dominante Stellung eines Anbieters bestehen, die freilich nicht von vornherein eine marktmacht-asymmetrische Regulierung rechtfertigt.[28] Es bedarf daher nicht nur einer permanenten Anpassung des Regulierungs-

---

[20] Zu den Leitbildern vgl *Bartling* Leitbilder der Wettbewerbspolitik, 1980, S 20 ff, S 30 ff.
[21] Zum Konzept funktionsfähigen Wettbewerbs I/M/*Immenga* GWB, § 1 Rn 182 f.
[22] *Ullrich* Zum Verhältnis von Sektorenregulierung, Wettbewerbsaufsicht, Technologieschutz und Innovation in der Telekommunikation: Falsch gewählt oder falsch verbunden?, in: Hoffmann-Riem, Innovation und Telekommunikation, S 77, 102.
[23] *Ullrich* aaO S 102; aA *Engel* Der Weg der deutschen Telekommunikation in den Wettbewerb, MMR – Beilage 3/1999, 7.

[24] *Ullrich* aaO S 102.
[25] *Ullrich* aaO S 101 ff.
[26] *Engel* MMR-Beilage 3/1999, S 7, 8.
[27] *Ullrich* aaO S 103.
[28] Erwägungsgrund 21 des Vorschlages für eine Richtlinie des Europäischen Parlaments und des Europäischen Rates über einen gemeinsamen Rechtsrahmen für elektronische Kommunikationsnetze und -dienste vom 12.7. 2000 KOM (2000) 393 endg, ABl Nr C 365 E/198 v 19.12. 2000 (E-RL Gemeinsamer Rechtsrahmen).

§ 2 Regulierung

rahmens an die Märkte, wie sie der Sache nach in der Berichtspflicht des § 81 TKG, der sowohl die Regulierungsbehörde wie die Monopolkommission betrifft, zum Ausdruck kommt. In dem neuen Rechtsrahmen (Einf II 2 b Rn 37 ff) wird die Flexibilität nicht nur durch das Marktanalyseverfahren, sondern auch durch die Befugnis der Regulierungsbehörde, nach Maßgabe der Marktanalyse Verpflichtungen aufzuerlegen, zu ändern oder aufzuheben noch einmal gesteigert. Vielmehr ist das Regulierungsziel auch bei der Interpretation der einzelnen Regulierungstatbestände im Lichte der Regulierungsziele zu beachten. Die **Sicherstellung des Wettbewerbs** erfolgt über Regulierungen im Bereich der Lizenzerteilung, der Entgeltregulierung, den Regeln zum offenen Netzzugang und zur Zusammenschaltung, zur Nummernverwaltung, zur Benutzung der Verkehrswege und nicht zuletzt zur Frequenzordnung.

Das Konzept des funktionsfähigen Wettbewerbs ist ungeachtet der Zweifel an seiner empirischen Tragfähigkeit[29] vom TKG normativ zum Regulierungsleitbild erhoben. Von daher kommt rein auf produktive und allokative Effizienz ausgerichteten Vorstellungen nur insoweit Bedeutung zu, als sie mit funktionsfähigem Wettbewerb vereinbar sind. **13**

In **Abgrenzung** zu der **Modellvorstellung der vollständigen Konkurrenz** („Perfect Competition") versucht der Begriff des funktionsfähigen Wettbewerbes die Realität oligopolistisch strukturierter Märkte zu erfassen.[30] Der Begriff des funktionsfähigen Wettbewerbes ist damit zugleich offen für eine Erfassung der Besonderheiten von Infrastrukturmärkten, die durch Bottleneck-Ressourcen, partiell hohe Marktzutrittskosten und Wettbewerbsverzerrungen durch sunk costs ebenso wie durch Incumbent-Strukturen im Bereich ehemaliger Monopole gekennzeichnet sind. Der unbestimmte Rechtsbegriff[31] knüpft an ein bestimmtes wettbewerbstheoretisches Leitbild an[32], ohne dass damit ganz bestimmte empirische oder wettbewerbstheoretische Konkretisierungen übernommen werden müssten.[33] Diese marktstruktur- und situationsbezogene Konkretisierungsoffenheit des Begriffs des funktionsfähigen Wettbewerbes mag punktuell zur Anerkennung konzeptioneller Gestaltungsspielräume veranlassen, wie sie etwa für die Tätigkeit der Monopolkommission (§ 81 Rn 4) angezeigt ist. **14**

Das Regulierungsziel des **chancengleichen Wettbewerbes** erinnert an den verfassungsrechtlichen Gleichheitssatz, der allerdings aus sich heraus den Staat nicht ohne weiteres „zur Wahrung strikter Wettbewerbsneutralität" verpflichtet.[34] Über eine möglichst formale, schematische Gleichbehandlung der einzelnen Teilnehmer hinaus zielt das TKG auf materielle Chancengleichheit.[35] Diesem Grundanliegen dient die Marktmacht-symmetrische („asymmetrische") Regulierung. Gerade bei der Materialisierung der inhaltlichen Chancengleichheit durch asymmetrische Regulierung sind allerdings Gestaltungs- und Konzeptspielräume der RegTP unabdingbar. **15**

Die **Vorschriften über die Lizenzpflicht**, die sich auf die Märkte beziehen, die bisher im Bereich des Netz- und Telefondienstmonopols lagen, einschließlich der Satelliten- und Mobilfunkkommunikation, sind an sich wettbewerbsneutral.[36] Allerdings können vereinzelt Vorschriften der Lizenzierung im Sinne chancengleichen und funktionsfähigen Wettbewerbs dienen. So können nach § 11 Abs 3 TKG Unternehmen von dem Vergabeverfahren für knappe Frequenzen ausgeschlossen werden, wenn zu erwarten ist, dass durch deren erfolgreiche Bewerbung ein chancengleicher Wettbewerb auch in dem sachlich und räumlich relevanten Markt für die lizenzpflichtigen Telekommunikationsdienstleistungen gefährdet wird (§ 11 Rn 70).[37] Generell beinhaltet die Lizenzvergabe in Knappheitssituationen hoch anspruchsvolle, marktevaluierende und marktgestaltende Überlegungen. Sie reichen weit über die Erfassung bestehender Situationen **16**

---

29 Dazu *Stiegler* The organization of industry, 1968; *Demsetz* Economics as a guide to antitrust regulation, The journal of law and economics 19 (1976), 371 ff; *Posner* Antitrust law: an economic prospective, 1976; *Bork* The antitrust paradox: a policy at war with itself, 1978.
30 Grundlegend *Clark* Towards a concept of workable competiton, American Economic Revue 30 (1940) 241; *Clark*, Competition as a dynamic process, 1961.
31 *Koenig/Kühling* WuW 2000, 596, 609.

32 *Koenig* K & R 2001, 41, 50.
33 Kritisch *Immenga* WuW 1999, 949, 953 ff; *Koenig/Kühling* WuW 2000, 596.
34 So aber *Koenig* K & R 2001, 41, 50.
35 *Koenig* K & R 2001, 41, 50.
36 Krit Beck'scher TKG-Kommentar/*Schuster* § 2 Rn 13.
37 Krit dazu unter Gesichtspunkten der Innovationsförderung *Ullrich* Falsch gewählt oder falsch verbunden? S 82.

Hans-Heinrich Trute

hinaus in die prospektive Technologieentwicklung und Marktgestaltung (§ 11 Rn 19 ff). Gegenstand eines weiten, auch Vorschriften eines Privatorganisationsrechts einschließenden Regulierungskonzepts ist § 14 TKG. Nach dieser Vorschrift müssen Unternehmen, die auf einem anderen Markt als dem der Telekommunikation über eine marktbeherrschende Stellung verfügen, nach § 14 Abs 1 TKG ihre Telekommunikationsaktivitäten in einem oder mehreren rechtlich selbstständigen Unternehmen führen.[38] Unternehmen, die auf einem Markt der Telekommunikation marktbeherrschend sind, müssen für ihre lizenzpflichtigen und nicht lizenzpflichtigen Tätigkeiten eine getrennte Rechnungslegung einführen. Damit sollen die finanziellen Beziehungen zwischen den Telekommunikationsdienstleistungen im Lizenzbereich untereinander sowie dieser zu Dienstleistungen im nichtlizenzpflichtigen Bereich transparent gemacht werden.

**17** Weniger der Sicherstellung des Wettbewerbs denn einer angemessenen und ausreichenden Versorgung mit Telekommunikationsdienstleistungen dienen die Regelungen über die Erbringung von Universaldienstleistungen. Allerdings kann hier ein Lizenznehmer, der auf einem sachlichen und räumlichen Markt, auf dem eine Universaldienstleistung nicht angemessen oder ausreichend erbracht wird, über eine marktbeherrschende Stellung verfügt, von der Regulierungsbehörde gemäß § 19 Abs 2 TKG verpflichtet werden, Universaldienstleistungen zu erbringen, soweit kein anderes Unternehmen sich freiwillig dazu bereiterklärt. Etwaige Defizite hat die Regulierungsbehörde nach § 20 TKG auszugleichen, wobei die auf dem jeweiligen sachlichen bundesweiten Markt tätigen Lizenznehmer nach Maßgabe des § 21 TKG zu beteiligen sind (§ 20 Rn 2 ff).

**18** Von erheblicher Bedeutung zur Sicherstellung des Wettbewerbs sind die **Vorschriften über die Preisregulierung.**[39] Marktbeherrschende Unternehmen unterliegen für Angebote von Übertragungswegen und Sprachtelefondienst einer ex-ante-Entgeltregulierung, die auf die Kosten der effizienten Leistungsbereitstellung ausgerichtet ist und wettbewerbsbehindernden Praktiken schon präventiv begegnet (§ 24 Abs 2 TKG). Die übrigen Telekommunikationsdienstleistungen marktbeherrschender Unternehmen unterliegen demgegenüber nur einer ex-post-Überprüfung durch die Regulierungsbehörde. Die Entgeltregulierung betrifft also nicht nur Leistungen an Verbraucher oder gewerbliche Endabnehmer, sondern bei den Übertragungswegen und sonstigen Telekommunikationsdienstleistungen auch solche an andere, unter Umständen konkurrierende Nutzer. Die Maßstäbe sind im Übrigen weitgehend dieselben, nämlich diejenigen des § 24 TKG. Die Regelung zielt einmal auf Auf- oder Abschläge zu den „Kosten einer effizienten Leistungsbereitstellung" gemäß § 24 Abs 1 TKG (§ 24 Rn 14 ff), gilt damit also nicht dem Preis am Markt, sondern den Kosten, um auf diese Weise vermutete „Monopolrenten" auszuschalten und zu einer systematischen Entgeltsenkung zu gelangen.[40] Dies steht einem traditionellen Regelungsansatz gegenüber einem nicht im Wettbewerb stehenden Legalmonopol nahe, bei dem eine Ermittlung des Preises am Markt gerade nicht möglich ist. Ob und wie lange diese Form der Entgeltregulierung aufrecht erhalten werden muss und wettbewerbs- und/oder innovationsförderlich ist, ist strittig. Insbesondere ist es fraglich, ob die an der effizienten Leistungsbereitstellung orientierte Entgeltregulierung über die zeitweilige Einbehaltung von Produktivitätsgewinnen in einzelnen zur Entgeltregulierung zusammengefassten Leistungsbereichen hinaus erlaubt, die wettbewerblichen Innovationsgewinne zu erzielen und einzubehalten, die den eigentlichen Ansatz für technologische Innovationen bilden.[41] Eine deutlich stärkere markt- und wettbewerbsorientierte Ausrichtung des Entscheidungsprogramms der Entgeltregulierung bringt demgegenüber § 24 Abs 2 TKG, der vor allem oligopolistische Preisstrategien zu verhindern sucht.

---

[38] Krit Beck'scher TKG-Kommentar/*Schuster* § 2 Rn 16.
[39] BT-Drucks 13/3609 S 35.
[40] *Ullrich* Falsch gewählt oder falsch verbunden? S 87.
[41] *Ullrich* aaO S 89; zur Diskussion ausführlich *Doll/ Wieck* Analytische Kostenmodelle als Grundlage für die Entgeltregulierungsentscheidung, MMR 1998, 280; *Mellewigt/Theissen* Bottom-up Kostenmodelle als Kerninstrument für zukünftige Entgeltregulierungsentscheidungen – eine Replik, MMR 1998, 589; *Vogelsang* Analytische Kostenmodelle – ein notwendiges Übel, MMR 1998, 494; *Knieps* Der Irrweg analytischer Kostenmodelle als regulatorische Schattenrechnungen, MMR 1998, 598; *Doll/Wieck* Eingeschränkte Aussagekraft von analytischen Kostenmodellen, MMR 1998, 659.

Im Kontext der Entgeltregulierung – allerdings systematisch verfehlt – besteht die Möglichkeit **19** der Beschränkung marktbeherrschender Unternehmen durch das Zusammenschlussverbot gemäß § 32 TKG: Die Regulierungsbehörde kann bei Frequenzknappheit im Sinne des § 10 TKG die Auflage erteilen, sich nicht mit einem anderen Unternehmen zusammenzuschließen, das auf Telekommunikationsmärkten tätig ist, die mit dem Betätigungsbereich des Lizenznehmers als sachlich und räumlich gleich anzusehen sind.

Für die wettbewerbliche Erbringung der Telekommunikationsleistung hat die **Zusammenschal- 20 tung** wie der **Zugang zu den Netzen** eine erhebliche Bedeutung. Damit die Nutzer der verschiedenen Telekommunikationsnetze Verbindung zueinander aufbauen können, sind Möglichkeiten für die Zusammenschaltung und das Zusammenwirken von Netzen zu schaffen. Dies ist der zentrale Regelungsgegenstand der Vorschriften der §§ 33 ff TKG. In ihnen kommen unterschiedliche Anliegen zum Ausdruck, nicht allein wettbewerbliche. Nicht zuletzt die Schaffung einer transeuropäischen optimierten Netzinfrastruktur als ein öffentliches Interesse kann über die Zusammenschaltung verfolgt werden. Auch lassen sich die Regelungen nicht aus der Perspektive der asymmetrischen Regulierung des bisherigen marktbeherrschenden Unternehmens allein formulieren. Vielmehr bildet bei genauerer Betrachtung den Ausgangspunkt der § 36 TKG, der jedem Betreiber öffentlicher Telekommunikationsnetze eine Verhandlungspflicht zur Zusammenschaltung auferlegt, deren Ziel die Ermöglichung und Verbesserung der Kommunikation der Nutzer verschiedener Telekommunikationsnetze untereinander ist (§ 36 Rn 2). Auf diesem Wege sollen positive Netzexternalitäten ausgeschöpft und damit die Kommunikation über Netzgrenzen hinweg ermöglicht werden. Die Pflicht zur Gewährung von verschiedenen Formen des Netzzugangs normiert der § 35 TKG, der auf Betreiber von Telekommunikationsnetzen, die Telekommunikationsdienstleistungen für die Öffentlichkeit anbieten und hier eine marktbeherrschende Stellung haben, beschränkt ist, dafür aber jedem Nutzer diesen Anspruch gewährt. Der § 33 TKG, der oftmals als zentrales Element an den Beginn gestellt wird, ist als drittes Element in dem Konzept von Netzzugang und Zusammenschaltung auf Wettbewerber eines marktbeherrschenden Anbieters von Telekommunikationsdienstleistungen für die Öffentlichkeit begrenzt, gewährt diesen allerdings umfassenden Zugang zu intern genutzten Leistungen, zu denen auch Netzzugänge gehören (§ 33 Rn 4 ff).[42]

Die **Regeln über die Nummernverwaltung** ermöglichen die Identifikation von Telekommu- **21** nikationsteilnehmern. Nummern stellen eine unverzichtbare Ressource für die im Wettbewerb tätigen Telekommunikationsanbieter dar.[43] Sie sind auf Grund der internationalen Festlegungen zur Nummerierung grundsätzlich als knappes Gut anzusehen, das durch die Regulierungsbehörde wettbewerbserhaltend und -ermöglichend zugeteilt werden muss. Auch bei der Nummerierung stehen Fragen prospektiver, gestaltender Technikentwicklung und Erwägungen der Marktgestaltung neben den herkömmlichen juristischen Einbindungen der verteilenden Verwaltung (§ 43 Rn 16 ff). Zugleich zeigt sich hier besonders deutlich die anspruchsvolle öffentliche Konzeptsetzung in Kooperation mit Privaten und im Vorfeld konkreter Einzelentscheidungen (§ 43 Rn 22). Gleiches gilt der Sache nach für die **Regeln über die Frequenzordnung,** die auch dem Grundsatz nach als knappes Gut einer auf den chancengleichen Wettbewerb ausgerichteten Zuteilung bedürfen.

### 3. Sicherstellung der Grundversorgung zu erschwinglichen Preisen (Abs 2 Nr 3)

§ 2 Abs 2 Nr 3 formuliert als Ziel der Regulierung die Sicherstellung einer flächendeckenden **22** Grundversorgung mit Telekommunikationsdienstleistungen (Universaldienstleistungen) zu erschwinglichen Preisen, letzteres eine Formulierung, die erst im Laufe des Gesetzgebungsverfahrens eingefügt worden ist (Rn 2). Dieses Ziel nimmt den verfassungsrechtlichen Gehalt von Art 87 f Abs 1 GG auf. Danach gewährleistet der Bund im Bereich der Telekommunikation flächendeckend angemessene und ausreichende Dienstleistungen. Dieses sozialstaatliche Ziel, das für die Durchsetzung der Informationsgesellschaft von erheblicher Bedeutung ist, wird vor

---

[42] Zur Kritik vor allem *Ullrich* Falsch gewählt oder falsch verbunden? S 90 ff.

[43] BT-Drucks 13/3609 S 35.

allem durch die Regelungen über Universaldienstleistungen gemäß §§ 17 ff TKG aufgenommen. An ihm hat sich aber auch die Anwendung anderer Vorschriften des TKG auszurichten. Die Gehalte sind hier nicht anders zu verstehen, als im Rahmen von § 1 TKG (§ 1 Rn 24 ff).

### 4. Förderung von Telekommunikationsdiensten bei öffentlichen Einrichtungen (Abs 2 Nr 4)

23 Ziel der Regulierung ist nach § 2 Abs 2 Nr 4 die Förderung von Telekommunikationsdiensten bei öffentlichen Einrichtungen. Dieses Ziel ist erst im Vermittlungsverfahren eingefügt worden (Rn 2). Damit sollte nach Auffassung des Ausschusses für Post und Telekommunikation dem Anliegen der Länder Rechnung getragen werden, öffentliche Einrichtungen, wie etwa Schulen, besonders zu fördern. Im Hintergrund steht unübersehbar die Befürchtung, dass durch die wettbewerbliche Grundorientierung die nötigen Investitionen in öffentliche Einrichtungen unterbleiben würden, die am Ende zu Defiziten auch hinsichtlich der Akzeptanz der Informationsgesellschaft führen könnten. Ungeachtet der Frage, ob sich diese Befürchtungen realisiert haben, ist unklar, mit welchem Instrumentarium die Durchsetzung dieser Verpflichtungen im Telekommunikationsgesetz vorgenommen werden soll.[44]

### 5. Sicherstellung einer effizienten und störungsfreien Nutzung von Frequenzen (Abs 2 Nr 5)

24 Als weiteres Ziel der Regulierung ist die **Sicherstellung einer effizienten und störungsfreien Nutzung** von **Frequenzen,** auch unter Berücksichtigung der Belange des Rundfunks zu sehen (§ 2 Abs 2 Nr 5 TKG). Diesem Ziel der Sicherstellung der Frequenzordnung dienen die §§ 44 ff TKG. Dabei ist zu berücksichtigen, dass die Frequenzen auf Grund technischer Bedingungen wie auch internationaler Regulierung als knappes Gut gelten. Die Funkanwendung erfordert zudem ein hohes Maß an Koordination, um Störungen im Interesse der Nutzer zu vermeiden.[45] Im Laufe des Gesetzgebungsverfahrens wurden die Belange des Rundfunks als Kompromissangebot der Bundesregierung an den Bundesrat eingefügt, der zunächst zu § 1 TKG eine Ergänzung für die Belange des Rundfunks durchsetzen wollte. Eine solche Vorrangstellung im Gesetzgebungsverfahren wurde abgelehnt (Rn 2). Dabei kann nicht übersehen werden, dass hier eine auch verfassungsrechtlich sensible Schnittstelle[46] vorliegt, die auf hinreichende Zugangssicherung für den Rundfunk zur Gewährleistung der inhaltsbezogenen Grundversorgung ausgerichtet werden muss.

### 6. Interessen der öffentlichen Sicherheit (Abs 2 Nr 6)

25 Letztes Regulierungsziel ist die Wahrung der Interessen der öffentlichen Sicherheit (§ 2 Abs 2 Nr 6 TKG). Das Ziel der öffentlichen Sicherheit ist gerade im Telekommunikationsbereich nach seiner Privatisierung ein wichtiges auch regulatorisch abzusicherndes Ziel, um den Zugriff der Sicherheitsbehörden auf die Telekommunikationsüberwachung zu gewährleisten. Dies ist Aufgabe insbesondere der §§ 86–88, 90 TKG.

## IV. Verhältnis zum GWB (Abs 3)

26 Die Vorschriften des **Gesetzes gegen Wettbewerbsbeschränkungen** bleiben nach § 2 Abs 3 TKG unberührt. Das gilt materiellrechtlich wie auch verfahrensmäßig und ebenso organisationsbezogen. Nicht nur bleiben die Maßstäbe des Gesetzes gegen Wettbewerbsbeschränkungen unberührt, ebenso die Aufgaben und Befugnisse des Bundeskartellamts. Insoweit ist nicht etwa eine Beschränkung auf die allgemeinen Vorschriften des GWB angebracht, wenn darin eine Eingrenzung zum Ausdruck kommen sollte.[47] Das erhellt auch, warum allein Spezialitätsüber-

---

[44] Vgl auch Beck'scher TKG-Kommentar/*Schuster* § 2 Rn 26.
[45] So bereits der Fraktionsentwurf BT-Drucks 13/3609 S 35.
[46] Vgl dazu bereits *Trute* VVDStRL 57 (1998) 216, 229 f.
[47] Beck'scher TKG-Kommentar/*Schuster* § 2 Rn 31.

legungen, wie sie verbreitet angestellt werden,[48] im Ergebnis nicht recht weiterführend sind. So wenig Zweifel daran bestehen können, dass das TKG im Hinblick auf den geregelten Sachbereich spezieller ist (Rn 2), so wenig kann ein Zweifel bestehen, dass gerade durch die Regelung des § 2 Abs 3 TKG eine umfassende Spezialität, die zum Ausschluss der eindeutig allgemeineren Vorschriften des GWB und damit auch der Zuständigkeit des Bundeskartellamts führen müsste, nicht in Betracht kommt, und zwar unabhängig von den Aussagen im Gesetzgebungsverfahren (Rn 2). Nicht zuletzt zeigt dies die Vorschrift des § 82 TKG, die eine Konsequenz der Parallelzuständigkeit von RegTP und BKartA ist.

Auch in der Sache ist es (einstweilen) nicht angebracht, von einer **Einheitsvorstellung wettbewerblicher Regelung** auszugehen, die interpretatorisch nach Möglichkeit auch über die gesetzliche Regelung hinaus herzustellen ist. Parallele Zuständigkeiten sind nicht schon aus sich heraus eine Gefahr[49], sondern nur dann, wenn ihnen in der Sache kein rechtfertigender Grund zur Seite steht.[50] Genau dies ist aber nicht der Fall. Die Regulierung nach dem Telekommunikationsrecht ist mit der Wettbewerbsaufsicht aus einer Reihe von Gründen nicht identisch. Zum einen sind die Regulierungsziele nicht auf wettbewerbliche Belange beschränkt, sondern multifinal und Maßnahmen sind daher von der RegTP in einem Geflecht von Zielbestimmungen zu entfalten (vgl bereits § 1 Rn 10 ff). Die Tatsache, dass das Gesetz diese – im Vergleich zum europäischen Regulierungsrahmen – nur unzureichend instrumentiert, ändert nichts daran, dass insoweit ein multifinaler Bezug einerseits, ein monofinaler Ansatz andererseits die jeweilige Perspektive kennzeichnet. Zum Zweiten ist die Aufgabe der Regulierungsbehörde – wie § 2 Nr 2 TKG erhellt – auf die Herstellung und Sicherstellung eines chancengleichen und funktionsfähigen Wettbewerbs ausgerichtet, und damit nicht allein auf die Stabilisierung eines vorhandenen Marktes. Beides zusammen genommen erhellt die unterschiedliche Aufgabe, die noch durch die zweifellos vorhandenen und fortbestehenden technischen Aspekte der Gestaltungsaufgabe deutlich unterstützt werden. Von daher macht es – zumal angesichts der Veränderung der rechtlichen Verhältnisse und damit einer möglicherweise einhergehenden Verschiebung der Akzente von einer Regulierung zu einer Aufsicht im klassischen Sinne – sehr wohl Sinn, beide Perspektiven zu nutzen. Die Abstimmungsregel des § 82 TKG versucht zu einer sinnvollen Zuordnung der Doppelperspektivität zu gelangen. Gegenüber dem Versuch, die monofinale Perspektive implizit – übrigens gegen einen strukturell weitgehend einheitlichen Ansatz im europäischen und nordamerikanischen Bereich – dem TKG zu unterlegen, ist der Vorzug der sinnvollen Zuordnung beider Perspektiven zu betonen.

§ 2 Abs 3 begnügt sich allerdings mit der sehr kurzen Regelung, dass die Vorschriften des Gesetzes gegen Wettbewerbsbeschränkungen unberührt bleiben sollen. Dies bedeutet zunächst nur, dass das Telekommunikationsgesetz für seine Regulierungsbereiche nicht ausschließt, dass die Vorschriften des Gesetzes gegen Wettbewerbsbeschränkungen zur Anwendung kommen können; § 2 Abs 3 lässt es jedoch im Unklaren, in welchem Umfang dies der Fall sein soll. Nach der Regierungsbegründung soll § 2 Abs 3 das Verhältnis der sektorspezifischen Verhaltensaufsicht im Bereich der Telekommunikation als Spezialgesetz gegenüber dem allgemeinen Wettbewerbsrecht und insbesondere gegenüber dem Gesetz gegen Wettbewerbsbeschränkungen, das subsidiär immer dann Anwendung findet, wenn keine Spezialregelung getroffen ist, unterstreichen.[51] Die Regierungsbegründung kann daher in dem Sinne verstanden werden, dass das TKG das speziellere Gesetz ist und – soweit es Spezialregelungen enthält – dem GWB vorgeht. Hierfür kann auch eine teleologische Auslegung des TKG ins Feld geführt werden, wonach für zentrale Bereiche der Telekommunikation eine sektorspezifische wettbewerbsrechtliche Verhaltenskontrolle geschaffen werden soll und hierfür auch eine eigene Behörde errichtet wird.[52] Die Spezialität des TKG kann das GWB aber allenfalls dort verdrängen, wo den Vorschriften des TKG ein abschließender Regelungsgehalt beigemessen werden kann.

---

48 Beck'scher TKG-Kommentar/*Schuster* § 2 Rn 32.
49 Vgl aber Beck'scher TKG-Kommentar/*Schuster* § 2 Rn 34.
50 In den Effizienzgewinnen eines Wettbewerbs von Regulierungsinstanzen *Picot/Burr* zbfb 48 (1996) 173, 198.
51 BT-Drucks 13/3609 S 36.
52 *Paulweber* Regulierungszuständigkeiten, S 53.

## 1. Die Regelungsbereiche des GWB im Einzelnen

**28** Prüft man die Regelungsbereiche des GWB und vergleicht sie mit den Regelungsbereichen des TKG, wird man allerdings feststellen, dass die Konflikte sich auf wenige Bereiche beschränken:

### a) Wettbewerbsbeschränkende Vereinbarungen, § 1 GWB

**29** § 1 GWB verbietet Vereinbarungen zwischen miteinander im Wettbewerb stehenden Unternehmen, die eine Verhinderung, Einschränkung oder Verfälschung des Wettbewerbs bezwecken oder bewirken. Dieses horizontale Kartellverbot steht in einem möglichen Normenkonflikt zu § 38 Abs 1 TKG, wonach Vereinbarungen über die Gewährung von Netzzugängen nach § 35 TKG unwirksam sind, soweit sie geeignet sind, die Wettbewerbsmöglichkeiten anderer Unternehmen auf einen Markt der Telekommunikation ohne sachlich gerechtfertigten Grund zu beeinträchtigen. Die Überschneidung zwischen § 38 Abs 1 TKG und § 1 GWB besteht jedoch nur insoweit, als eine Netzzugangsvereinbarung nach § 38 Abs 1 TKG zwischen Wettbewerbern geschlossen wird; ansonsten fiele sie mangels horizontalen Charakters gar nicht unter § 1 GWB. Ein Spezialitätsverhältnis und damit ein Normenkonflikt zwischen § 38 Abs 1 TKG und § 1 GWB besteht also nur bei Vereinbarung zwischen Wettbewerbern. Insofern kann § 38 Abs 1 TKG aber keinen Vorrang genießen, weil ansonsten eine zweckwidrige Privilegierung wettbewerbsbeschränkender Vereinbarung zwischen Wettbewerbern nach dem TKG gegenüber anderen wettbewerbsbeschränkenden Absprachen zwischen Wettbewerbern bestünde. Der Abschluss einer Vereinbarung nach § 1 GWB zieht nämlich eine Ordnungswidrigkeit nach § 81 Abs 1 Nr 1 GWB nach sich, während ein Verstoß gegen § 38 Abs 1 TKG nach dem TKG keine Ordnungswidrigkeit darstellt.

### b) Vertikale Wettbewerbsbeschränkungen, § 14 GWB

**30** Das TKG enthält keine Vorschriften, die spezifisch vertikale Konditionen- und Preisbindungen regeln. Insoweit ist § 14 GWB uneingeschränkt anwendbar.

### c) Ausschließlichkeitsbindungen, § 16 GWB

**31** § 16 GWB unterwirft missbräuchliche Ausschließlichkeitsbindungen einer Missbrauchsaufsicht. Für Ausschließlichkeitsbindungen gibt es wiederum einen Normenkonflikt zwischen § 38 Abs 1 TKG und § 16 GWB. Bei § 38 Abs 1 TKG wären auch vertikale Beschränkungen denkbar. Hier geht § 38 Abs 1 TKG der ohnehin schwachen Missbrauchsaufsicht nach dem GWB vor.

### d) Missbrauchsaufsicht über marktbeherrschende und marktstarke Unternehmen, §§ 19, 20 Abs 2 GWB

**32** Die Missbrauchsaufsicht über marktbeherrschende Unternehmen nach § 19 GWB und das Behinderungs- und Diskriminierungsverbot nach § 20 Abs 2 GWB kann sich mit den Regelungen des TKG über Vorschriften über die Entgeltregulierung sowie die Vorschriften über offenen Netzzugang und Zusammenschaltungen überschneiden. Im Bereich der Entgeltregulierung gibt es keine Überschneidungen zur Regelung über die AGB-Kontrolle in § 23 TKG, § 23 Abs 1 TKG ist wegen seiner Verweisung auf EU-Vorschriften als Kontrollmaßstab so unklar, dass er die Norm § 19 Abs 1 GWB, der missbräuchliche Klauselgestaltungen durch ein marktbeherrschendes Unternehmen verbietet, nicht verdrängen kann. Da § 23 TKG zudem nur ein Widerspruchsrecht enthält, das innerhalb einer bestimmten Frist nach Vorlage der AGB ausgeübt werden muss, und nachträglich auftretende Missbrauchsmöglichkeiten, die sich aus den AGB ergeben, nicht mehr kontrollieren kann, überschneidet sich schon insoweit der Normenbereich nicht in einer Weise, die ein Stufenverhältnis zwischen § 23 TKG und § 19 GWB erkennen ließen.

**33** Die Vorschriften der Entgeltregulierung in §§ 24 ff TKG zielen auf den Marktbeherrscher und sehen für seine Entgelte für Telekommunikationsdienstleistungen eine umfassende Kontrolle vor, die sowohl präventiv als auch restriktiv ausgestaltet ist. Insoweit wird vertreten, dass § 19 GWB verdrängt wird[53] (zur Gegenansicht § 24 Rn 8).

Eine weitere Kollision zwischen GWB und TKG ergibt sich im Bereich des offenen Netzzugangs **34** und der Zusammenschaltung, und zwar insbesondere wegen der durch die 6. GWB-Novelle in das Gesetz aufgenommenen besonderen Missbrauchsaufsicht des § 19 Abs 4 Nr 4 GWB, wenn ein marktbeherrschendes Unternehmen als Anbieter oder Nachfrager einer bestimmten Art von Waren oder gewerblichen Leistungen sich weigert, einem anderen Unternehmen gegen angemessenes Entgelt Zugang zu den eigenen Netzen oder anderen Infrastruktureinrichtungen zu gewähren, wenn es dem anderen Unternehmen aus rechtlichen oder tatsächlichen Gründen ohne die Mitnutzung nicht möglich ist, auf dem vor- oder nachgelagerten Markt als Wettbewerber des marktbeherrschenden Unternehmens tätig zu werden. § 19 Abs 4 GWB sowie § 33 TKG können als spezielle Erscheinungsformen der „essential facilities doctrine" verstanden werden und sind damit kollisionsproblematisch. Da die Eingriffsbefugnisse der §§ 33 Abs 2 Satz 1, 37 Abs 1 Satz 1 TKG sich jedoch nur auf Wettbewerber des Marktbeherrschers auf Märkten für Telekommunikationsdienstleistungen beziehen, also nur auf das horizontale Verhältnis des Marktbeherrschers zu seinen Wettbewerbern zielen, kann § 33 TKG die allgemeinen Vorschriften der §§ 19, 20 GWB allenfalls im Horizontalverhältnis verdrängen. Im Vertikalverhältnis bleibt die Zuständigkeit des Bundeskartellamts zu Maßnahmen der Missbrauchsaufsicht gegen den Marktbeherrscher nach § 19 GWB und gegen marktstarke Unternehmen nach § 20 GWB erhalten.[54] Nicht auf marktbeherrschende Unternehmen beschränkt ist § 37 TKG (vgl § 37 Rn 5). Daher besteht insoweit kein Spezialitätsproblem. § 37 TKG und die allgemeinen kartellrechtlichen Vorschriften gelten nebeneinander, ebenso gelten die materiellen Pflichten aus § 35 TKG zusätzlich zu eventuell anwendbaren Regelungen des GWB.

e) **Fusionskontrolle, §§ 35 ff GWB**

Die Regelungen der Fusionskontrolle der §§ 35 ff GWB werden durch § 32 TKG nicht verdrängt. **35** Während die Fusionskontrolle Zusammenschlüsse daraufhin prüft, ob durch sie eine marktbeherrschende Stellung entsteht oder verstärkt wird, enthält § 32 TKG trotz der irreführenden Überschrift nicht einmal ein Zusammenschlussverbot, sondern nur die Ermächtigungsgrundlage für die Regulierungsbehörde, als Lizenzauflage aufzugeben, sich in den Fällen der nach § 10 TKG durchgeführten Beschränkung der Anzahl der Lizenzen nicht mit einem anderen Unternehmen nach § 37 Abs 1 und 2 GWB zusammenzuschließen.

**2. Verhältnis des TKG zum europäischen Kartellrecht**

Wegen des Vorrang des Gemeinschaftsrechts können Regelungen des TKG die Anwendungsbereiche **36** der Art 81, 82 EGV nicht beschneiden. Aufgrund Wettbewerbsvorschriften des Gemeinschaftsrechts kann also stets auch im Anwendungsbereich speziellerer Vorschriften des TKG interveniert werden.

## V. Rechte des Bundesministers der Verteidigung (Abs 4)

Die hoheitlichen Rechte des Bundesministers der Verteidigung bleiben nach § 2 Abs 4 TKG **37** unberührt. Die Vorschrift stellt lediglich klar, dass der Bundesminister der Verteidigung, wenn er in Erfüllung hoheitlicher Aufgaben Telekommunikation betreibt, keine Lizenz benötigt und auch sonst nicht der Regulierung unterliegt. Die Vorschrift lehnt sich an den ehemaligen § 1 Abs 6 FAG an; sie dürfte auf die öffentlich-rechtliche Trägerschaft (dh die Organisation) und nicht maßgebend auf die Zweckwidmung abstellen. Besondere Bedeutung hat das für die Lizenzpflicht und Netzzugangspflichten, während für Frequenznutzungen Sondervorschriften gelten (§ 44 Abs 3, § 47 Abs 2, 5, § 44 Rn 22 ff).

---

[53] Beck'scher PostG-Kommentar/*Sedemund/von Danwitz* § 19 Rn 10, § 2 Rn 33; *Paulweber* Regulierungszuständigkeiten, S 65; ursprünglich auch

Beck'scher TKG-Kommentar/*Schuster* § 24 Rn 33 (1. Aufl).
[54] Hierzu ausführlich *Paulweber* Regulierungszuständigkeiten, S 70 f.

Hans-Heinrich Trute

## § 3 Begriffsbestimmungen

Im Sinne dieses Gesetzes
1. ist „Betreiben von Übertragungswegen" Ausüben der rechtlichen und tatsächlichen Kontrolle (Funktionsherrschaft) über die Gesamtheit der Funktionen, die zur Realisierung der Informationsübertragung auf Übertragungswegen unabdingbar erbracht werden müssen,
2. ist „Betreiben von Telekommunikationsnetzen" Ausüben der rechtlichen und tatsächlichen Kontrolle (Funktionsherrschaft) über die Gesamtheit der Funktionen, die zur Erbringung von Telekommunikationsdienstleistungen oder nichtgewerblichen Telekommunikationszwecken über Telekommunikationsnetze unabdingbar zur Verfügung gestellt werden müssen; dies gilt auch dann, wenn im Rahmen des Telekommunikationsnetzes Übertragungswege zum Einsatz kommen, die im Eigentum Dritter stehen,
3. sind „Endeinrichtungen" Einrichtungen, die unmittelbar an die Abschlusseinrichtung eines Telekommunikationsnetzes angeschlossen werden sollen oder die mit einem Telekommunkationsnetz zusammenarbeiten und dabei unmittelbar oder mittelbar an die Abschlusseinrichtung eines Telekommunikationsnetzes angeschlossen werden sollen,
4. sind „Funkanlagen" elektrische Sende- und Empfangseinrichtungen, zwischen denen die Informationsübertragung ohne Verbindungsleitungen stattfinden kann,
5. ist „geschäftsmäßiges Erbringen von Telekommunikationsdiensten" das nachhaltige Angebot von Telekommunikation einschließlich des Angebots von Übertragungswegen für Dritte mit oder ohne Gewinnerzielungsabsicht,
6. ist „Grundstück" ein im Grundbuch als selbständiges Grundstück eingetragener Teil der Erdoberfläche oder ein Teil der Erdoberfläche, der durch die Art seiner wirtschaftlichen Verwendung oder nach seiner äußeren Erscheinung eine Einheit bildet, und zwar auch dann, wenn es sich im liegenschaftsrechtlichen Sinn um mehrere Grundstücke handelt. Straßen- und Schienennetze werden nicht als einheitliches Grundstück betrachtet,
7. ist „Lizenz" die Erlaubnis zum Angebot bestimmter Telekommunikationsdienstleistungen für die Öffentlichkeit,
8. sind „Mobilfunkdienstleistungen" Telekommunikationsdienstleistungen, die für die mobile Nutzung bestimmt sind,
9. ist „Netzzugang" die physische und logische Verbindung von Endeinrichtungen oder sonstigen Einrichtungen mit einem Telekommunikationsnetz oder Teilen desselben sowie die physische und logische Verbindung eines Telekommunikationsnetzes mit einem anderen Telekommunikationsnetz oder Teilen desselben zum Zwecke des Zugriffs auf Funktionen dieses Telekommunikationsnetzes oder auf die darüber erbrachten Telekommunikationsdienstleistungen,
10. sind „Nummern" Zeichenfolgen, die in Telekommunikationsnetzen Zwecken der Adressierung dienen,
11. sind „Nutzer" Nachfrager nach Telekommunikationsdienstleistungen,
12. ist „öffentliches Telekommunikationsnetz" die Gesamtheit der technischen Einrichtungen (Übertragungswege, Vermittlungseinrichtungen und sonstige Einrichtungen, die zur Gewährleistung eines ordnungsgemäßen Betriebs des Telekommunikationsnetzes unerläßlich sind), an die über Abschlusseinrichtungen Endeinrichtungen angeschlossen werden und die zur Erbringung von Telekommunikationsdienstleistungen für die Öffentlichkeit dienen,
13. sind „Regulierung" die Maßnahmen, die zur Erreichung der in § 2 Abs 2 genannten Ziele ergriffen werden und durch die das Verhalten von Telekommunikationsunternehmen beim Angebot von Telekommunikationsdienstleistungen, von Endeinrichtungen oder von Funkanlagen geregelt werden, sowie die Maßnahmen, die zur Sicherstellung einer effizienten und störungsfreien Nutzung von Frequenzen ergriffen werden,

14. sind „Satellitendienstleistungen" Telekommunikationsdienstleistungen, die unter Zuhilfenahme von Satellitenfunkanlagen erbracht werden,
15. ist „Sprachtelefondienst" die gewerbliche Bereitstellung für die Öffentlichkeit des direkten Transports und der Vermittlung von Sprache in Echtzeit von und zu den Netzabschlußpunkten des öffentlichen, vermittelnden Netzes, wobei jeder Benutzer das an solch einem Netzabschlusspunkt angeschlossene Endgerät zur Kommunikation mit einem anderen Netzabschlusspunkt verwenden kann,
16. ist „Telekommunikation" der technische Vorgang des Aussendens, Übermittelns und Empfangens von Nachrichten jeglicher Art in der Form von Zeichen, Sprache, Bildern oder Tönen mittels Telekommunikationsanlagen,
17. sind „Telekommunikationsanlagen" technische Einrichtungen oder Systeme, die als Nachrichten identifizierbare elektromagnetische oder optische Signale senden, übertragen, vermitteln, empfangen, steuern oder kontrollieren können,
18. sind „Telekommunikationsdienstleistungen" das gewerbliche Angebot von Telekommunikation einschließlich des Angebots von Übertragungswegen für Dritte,
19. sind „Telekommunikationsdienstleistungen für die Öffentlichkeit" das gewerbliche Angebot von Telekommunikation einschließlich des Angebots von Übertragungswegen für beliebige natürliche oder juristische Personen und nicht lediglich für die Teilnehmer geschlossener Benutzergruppen,
20. sind „Telekommunikationslinien" unter- oder oberirdisch geführte Telekommunikationskabelanlagen einschließlich ihrer zugehörigen Schalt- und Verzweigungseinrichtungen, Masten und Unterstützungen, Kabelschächte und Kabelkanalrohre,
21. ist „Telekommunikationsnetz" die Gesamtheit der technischen Einrichtungen (Übertragungswege, Vermittlungseinrichtungen und sonstige Einrichtungen, die zur Gewährleistung eines ordnungsgemäßen Betriebs des Telekommunikationsnetzes unerlässlich sind), die zur Erbringung von Telekommunikationsdienstleistungen oder zu nichtgewerblichen Telekommunikationszwecken dient,
22. sind „Übertragungswege" Telekommunikationsanlagen in Form von Kabel- oder Funkverbindungen mit ihren übertragungstechnischen Einrichtungen als Punkt-zu-Punkt- oder Punkt-zu-Mehrpunkt-Verbindungen mit einem bestimmten Informationsdurchsatzvermögen (Bandbreite oder Bitrate) einschließlich ihrer Abschlusseinrichtungen,
23. ist „Zusammenschaltung" derjenige Netzzugang, der die physische und logische Verbindung von Telekommunikationsnetzen herstellt, um Nutzern, die an verschiedenen Telekommunikationsnetzen angeschaltet sind, die mittelbare oder unmittelbare Kommunikation zu ermöglichen.

Inhaltsübersicht

| | | Rn |
|---|---|---|
| I. | Bedeutung der Regelung | 1–2 |
| II. | Gesetzesentwicklung | 3–4 |
| III. | Die Tatbestandsstruktur der Gesetzesbegriffe | 5 |
| IV. | Der Telekommunikations-Begriff und das OSI-Schichtenmodell | 6–12 |
| | 1. Der Telekommunikations-Begriff | 6 |
| | 2. Das OSI-Schichtenmodell | 7–12 |
| V. | Einzelkommentierung | 13–115 |
| | 1. Betreiben von Übertragungswegen (§ 3 Nr 1) | 13–21 |
| |    a) Rechtliche Kontrolle | 15 |
| |    b) Tatsächliche Kontrolle | 16–17 |
| |    c) Auseinanderfallen von tatsächlicher und rechtlicher Kontrolle | 18–20 |
| |    d) Gemeinsame Nutzung | 21 |
| | 2. Betreiben von Telekommunikationsnetzen (§ 3 Nr 2) | 22–28 |
| | 3. Endeinrichtungen (§ 3 Nr 3) | 29–31 |
| | 4. Funkanlagen (§ 3 Nr 4) | 32–33 |
| | 5. Geschäftsmäßiges Erbringen von Telekommunikationsdiensten (§ 3 Nr 5) | 34–35 |
| | 6. Grundstücke (§ 3 Nr 6) | 36–39 |
| | 7. Lizenz (§ 3 Nr 7) | 40–41 |
| | 8. Mobilfunk-Dienstleistungen (§ 3 Nr 8) | 42–45 |

Wolfgang Spoerr

62  Erster Teil
Allgemeine Vorschriften

  9. Netzgang (§ 3 Nr 9) .................................... 46–51
 10. Nummern (§ 3 Nr 10) .................................. 52
 11. Nutzer (§ 3 Nr 11) ..................................... 53–61
 12. Öffentliches Telekommunikationsnetz (§ 3 Nr 12) ........ 62–63
 13. Regulierung (§ 3 Nr 13) ................................ 64–67
 14. Satellitenfunkdienstleistungen (§ 3 Nr 14) .............. 68–69
 15. Sprachtelefondienst (§ 3 Nr 15) ........................ 70–77
 16. Telekommunikation (§ 3 Nr 16) ........................ 78–79
 17. Telekommunikationsanlagen (§ 3 Nr 17) ................ 80
 18. Telekommunikationsdienstleistungen (§ 3 Nr 18) ........ 81–83
 19. Telekommunikationsdienstleistungen für die Öffentlichkeit (§ 3 Nr 19) ........... 84–86
 20. Telekommunikationslinien (§ 3 Nr 20) .................. 87–88
 21. Telekommunikationsnetz ( § 3 Nr 21) ................... 89–94
 22. Übertragungswege (§ 3 Nr 22) ......................... 95–104
     a) Kabelverbindungen als Übertragungswege ........... 100–102
     b) Funkgebundene Übertragungswege .................. 103–104
 23. Verbindungsnetz (§ 3 Nr 23) ........................... 105–113
 24. Zusammenschaltung (§ 3 Nr 24) ........................ 114–115

## I. Bedeutung der Regelung

**1**  § 3 zieht, im Einklang mit auch vom EG-Recht geprägter moderner Gesetzgebungstechnik 24 Begriffsbestimmungen „vor die Klammer" der Rechtssätze des TKG. § 3 begründet aus sich heraus keinerlei Verhaltenspflichten einzelner oder der Verwaltung, auch keine gesetzlichen Zielbestimmungen. Vielmehr ist § 3 eine **reine Definitionsnorm**.

**2**  Die Begriffsbestimmungen sind von sehr unterschiedlicher Bedeutung. Einige haben eine sehr hohe Relevanz für die Gesetzesanwendung, vor allem indem sie den Umfang zentraler telekommunikationsrechtlicher Pflichten steuern. Andere Begriffsbestimmungen befassen sich demgegenüber eher mit Randfragen oder sagen Selbstverständlichkeiten aus. **Unterschiedlich** ist auch die **Tatbestandsstruktur**. Einige Definitionsnormen sind technisch-klassifizierend, indem sie an weitgehend physikalisch geprägte Sachverhalte anknüpfen. Andere schließen hoch komplexe technische Konzeptfragen ein; diese Definitionen hängen in hohem Maße von technischer Konzeptsetzung ab, was die Frage nach der Zuständigkeit zur Konzeptbestimmung aufwirft.

## II. Gesetzesentwicklung

**3**  Die Begründung des Gesetzesentwurfs der Bundesregierung[1] sieht die Funktion der Begriffsbestimmungen in der Rechtssicherheit. Zugleich wird hervorgehoben, dass an **frühere Begriffsbestimmungen** des FAG „bewusst **nicht angeknüpft** werden"[2] soll. Die Definition der Begriffe Telekommunikation, Telekommunikationsdienstleistungen und Telekommunikationsnetz solle unterstreichen, dass es sich bei der Telekommunikation um Übermittlung von Nachrichten handelt. Die Verwendung dieser Begriffe soll sicherstellen, dass die „Regelungen sich ausschließlich auf die Vermittlungsmöglichkeiten der Telekommunikation beziehen und nicht auf die Nachrichteninhalte"[3]. Das diene zugleich der klaren Abgrenzung des Gesetzes als Telekommunikationsrecht gegenüber dem Rundfunkrecht, das insoweit unberührt bleibe.[4]

**4**  Die Änderungen der Gesetzesformulierungen im Gesetzgebungsverfahren werden im Zusammenhang mit den einzelnen Begriffsbestimmungen behandelt.

## III. Die Tatbestandsstruktur der Gesetzesbegriffe

**5**  Die Legaldefinitionen in § 3 umschreiben Gesetzesbegriffe, zum Teil solche mit beträchtlicher Unbestimmtheit. Zum Teil reduzieren die Definitionen die Unbestimmtheit, zum Teil mindern

---

1  BR-Drucks 80/96, S 37.
2  BR-Drucks 80/96, S 37.
3  BR-Drucks 80/96, S 37.
4  BR-Drucks 80/96, S 37.

Wolfgang Spoerr

oder verlagern sie sie bloß. In der Gesetzesanwendung stellt sich bei semantischen Unschärfen („unbestimmte Gesetzesbegriffe") die Frage nach der gerichtlichen Kontrolldichte. Regelfall ist die **vollständige gerichtliche Kontrolle** von Verwaltungsentscheidungen, außer bei der Verordnungsgebung. Eigenständige Gestaltungsspielräume der Behörde bestehen auf Tatbestandsseite nur unter bestimmten Voraussetzungen. Für die unbestimmten Rechtsbegriffe des TKG gilt insoweit: Definitionen reiner Rechtskonzepte (Lizenz) oder primär rechtlich geprägter Konzepte (Funktionsherrschaft) implizieren keine exekutivischen Beteiligungsspielräume, ebenso wenig physikalisch geprägte technische Begriffe. Dagegen sind **regulierungstypische Gestaltungsspielräume** auf **Tatbestandsseite** dort denkbar, wo Definitionen hoch komplexe technologische Systeme (Architekturen) auf den Begriff zu bringen suchen.[5]

## IV. Der Telekommunikations-Begriff und das OSI-Schichtenmodell

### 1. Der Telekommunikations-Begriff

Der Telekommunikations-Begriff des TKG ist durch die Übermittlung von Nachrichten (§ 3 Nr 16) mittels technischer Einrichtungen jeder Art (§ 3 Nr 17) gekennzeichnet. Er ist technisch geprägt, aber sowohl **technologie-** wie **inhaltsneutral.** Technologieneutral ist er insoweit, als er jedwede Art der Übermittlung von Nachrichten umfasst, undirektionale ebenso wie bidirektionale, Kabel- ebenso wie Funk- und andere elektromagnetische Verbindungen. Er umfasst neben den Individualkommunikationsdiensten auch Verteildienste. Der **technische Vorgang** der Nachrichtenübermittlung wird **in vollem Umfang** erfasst, Inhalte nur in Ausnahmen. Die Inhaltsneutralität besagt, dass der Anwendungsbereich des TKG umfassend ist; auf die übermittelten Inhalte kommt es nicht an. Unabhängig von der Qualifikation der übermittelten Signale (etwa als Individualkommunikation oder als Rundfunk) erfasst das TK-Recht die technischen Vorgänge der Signalübermittlung. Technologie- und Inhaltsneutralität sichern die **Innovationsoffenheit** des TK-Rechts angesichts zunehmender Konvergenz von früher streng getrennten Inhalten und Übermittlungsarten.

**6**

### 2. Das OSI-Schichtenmodell

Als Kommunikationsmodell zur Abgrenzung der fließenden **Übergänge zwischen Telekommunikation und Datenverarbeitung** hat sich das OSI- (Open System Interconnection) Referenzmodell der ISO durchgesetzt.[6] Es unterscheidet Endsysteme und Transitsysteme. Als **System** wird dabei ganz allgemein „die Zusammenstellung technisch-organisatorischer Mittel zur autonomen Erfüllung eines Aufgabenkomplexes" bezeichnet.[7] Das **Architekturmodell** beschreibt die Organisation und den Ablauf einer Kommunikation in einem offenen System. Hierzu werden zusammengehörende Funktionen zu einer Einheit verdichtet und inhaltlich in jeweils einer Schicht (englisch: Layer) integriert. Jede Schicht bildet eine in sich geschlossene Arbeitsteilung ab, die der Gesamtaufgabe der Kommunikation dient.

**7**

Das **OSI-Architekturmodell** ist in sieben Schichten gegliedert.[8] Die Schichten kommunizieren untereinander über definierte Schnittstellen, mit festgelegten Aufrufen und Antworten, den **Protokollen.** Sie beschreiben Steuerinformationen in Form von Meldungs- und Quittungsaustauschen zwischen Kommunikationseinheiten. Das OSI-Referenzmodell enthält keinen Implementationsvorschlag, sondern ist ein Modell für Konzepte der Kommunikation zwischen Systemen.[9]

**8**

---

5 S jetzt RegTP, Beschl v 9. 8. 2000, BK 4a-00–018/Z 30. 6. 0 – EBC –, S 27 f; offenlassend OVG Münster, Beschl v 3. 5. 2001, 13 B 69/01, S 12 f.
6 Dazu ausführlich *Haß* Hdb d Kommunikationsnetze, S 115 ff.
7 *Haß* Hdb d Kommunikationsnetze, S 115.
8 *Haß* Hdb d Kommunikationsnetze, S 116.
9 *Haß* Hdb d Kommunikationsnetze, S 117.

Wolfgang Spoerr

**9** Die Schichten sind wie folgt definiert:

| Schicht | Deutsche Bezeichnung | Englische Bezeichnung |
|---|---|---|
| 1 | Übertragungsschicht | Physical Layer |
| 2 | Sicherungsschicht | Data Link Layer |
| 3 | Vermittlungsschicht | Network Layer |
| 4 | Transportschicht | Transport Layer |
| 5 | Kommunikationssteuerungsschicht | Session Layer |
| 6 | Darstellungsschicht | Presentation Layer |
| 7 | Anwendungsschicht | Application Layer |

Schicht 1 besteht aus der physikalischen Leitung und den Beschaltungseinrichtungen. Schicht 2 dient der Sicherung des Datentransports auf niedrigster Ebene. Damit sorgt Schicht 2 für eine störungsfreie Datenübertragung.

**11** In Schicht 3 kommuniziert das System mit dem Netz, um beispielsweise eine Verbindung zu anderen Systemen im Netz herzustellen. Schicht 1 und 2 gehören zum Übertragungswege-Begriff, während Schicht 3 und wohl auch Schicht 4 dem Telekommunikationsnetz-Begriff zuzuordnen sind. Diesen Schichten sind das Transport Control Protocol (TCP) und Internet Protocol (IP) zuzuordnen,[10] die **Grundlage des Internets**. Die Vermittlungsschicht umfasst die Aufgaben der Vermittlung, der Verkehrslenkung sowie des Aufbaus und der Überwachung von Verbindungen im Netz.[11]

**12** In aller Regel gehören die **Schichten 6 und 7** (Darstellungs- und Anwendungsschicht) nicht mehr zum TK-Begriff; sie betreffen nicht mehr die eigentliche Kommunikationsaufgabe, sondern sind ihr nachgelagert. Etwas anderes mag einzelfallbezogen dann gelten, wenn Funktionen dieser Schichten genutzt werden, um Transportdienstleistungen bereitzustellen und anzubieten (etwa im Sinne virtueller Netze).[12] Zweifelhaft ist die Einordnung der **Kommunikationssteuerungsschicht** (Session Layer)[13].

### V. Einzelkommentierung

#### 1. Betreiben von Übertragungswegen (§ 3 Nr 1)

**13** Das Gesetz verwendet die Definition in § 6 Abs 1 Nr 1. Die Betreiberstellung ist maßgebend für die **Lizenzpflicht**. An die Lizenzpflicht gekoppelt wiederum ist die **Universaldienstleistungspflicht** (§ 18 TKG) und partiell die **Entgeltregulierung** (§ 25 Abs 1, § 29, § 31 TKG) sowie das **Wegenutzungsrecht** nach § 50 Abs 2 TKG. Bezugspunkt der Funktionsherrschaft nach § 3 Nr 1 ist stets der **Übertragungsweg**. Der Begriff der Übertragungswege ist in § 3 Nr 22 näher definiert (s unten Rn 95 ff).

**14** Die Funktionsherrschaft ist ein **Doppeltatbestand** aus rechtlicher **und** tatsächlicher Kontrolle; bei § 3 Nr 1 muss sich beides auf das eigentliche Übertragungsmedium beziehen.

#### a) Rechtliche Kontrolle

**15** Rechtliche Kontrolle setzt auf **konkreten Rechtsbeziehungen beruhende Einwirkungsbefugnisse** voraus. Ohne weiteres zu bejahen ist dieses Element der Funktionsherrschaft für den Eigentümer der Anlagen, soweit er seine Einwirkungsbefugnisse nicht rechtlich beschränkt hat. Gleiches gilt für den dinglich Nutzungsberechtigten. Das Element der rechtlichen Kontrolle kann allerdings auch auf der Überlassung von Eigentümerbefugnissen durch den Eigentümer oder dinglich Nutzungsberechtigten beruhen. Diese Überlassung ist im Rahmen **schuldrecht-**

---

[10] *Mayer* Internet, S 161.
[11] *Haß* Hdb d Kommunikationsnetze, S 170 f.
[12] Ähnlich wohl auch *Mayer* Internet, S 163.
[13] *Koenig/Neumann* K + R 1999, S 145, 149.

Wolfgang Spoerr

licher Nutzungsberechtigungen zulässig und wirksam; nicht ausreichend ist die tatsächliche Überlassung der rechtlichen Befugnisse durch den Eigentümer durch einseitige Gestattungen oder Duldungen ohne zumindest schuldrechtliche Absicherung.[14]

### b) Tatsächliche Kontrolle

Wegen der Elastizität der rechtlichen Kontrolle kommt der **tatsächlichen Kontrolle** letztlich entscheidende Bedeutung zu. Betreiber ist demnach derjenige, der die tatsächliche Kontrolle ausübt. 16

Reine Vermarktungsorganisationen, die den Netzzugang vermarkten, ohne das Netz zu kontrollieren, sind nicht lizenzpflichtig.[15] Dies zeigt, dass die Infrastrukturlizenz kein umfassendes Mittel der Marktzugangskontrolle ist. Wichtige Tatbestände der marktverhaltensbezogenen Regulierung sind folgerichtig auch unabhängig von der Stellung als Lizenzinhaber (§ 25 Abs 1, 3; § 33 Abs 1, 3; § 35 Abs 1, 4 TKG); sie knüpfen nicht an die Lizenzinhaberschaft an. 17

### c) Auseinanderfallen von tatsächlicher und rechtlicher Kontrolle

Denkbar ist es, dass tatsächliche Kontrolle ohne jede rechtliche Absicherung ausgeübt wird. Oder zwar rechtlich jederzeit die umfassende Einwirkungsbefugnis besteht, diese aber tatsächlich nicht ausgeübt wird. In beiden Fällen fehlt es an der erforderlichen Funktionsherrschaft. Die Rechtsfolgen sind unterschiedlich: 18

Im Falle der tatsächlichen Kontrolle ohne rechtliche Einwirkung fehlt es an der erforderlichen rechtlichen Kontrolle und damit an der Betreiberstellung iSd § 6 Art 1 Nr 1 TKG. Handelt der tatsächliche Betreiber im Einverständnis mit dem Berechtigten, so sind beide gemeinsam Betreiber. Ihnen gemeinsam ist die Lizenz zu erteilen. Nur diese Auslegung gewährleistet, dass der tatsächliche Betreiber auch zur Erfüllung seiner Rechtspflichten in der Lage ist. Die Sicherstellung dürfte der Grund sein, warum die telekommunikationsrechtliche Funktionsherrschaft nicht allein die tatsächliche Kontrolle, sondern auch die rechtliche Kontrolle voraussetzt. Liegt eine gemeinschaftliche Lizenz nicht vor, so kann die Regulierungsbehörde die Ausübung der tatsächlichen Kontrolle gem § 71 S 2 TKG untersagen. 19

Das Bestehen von **rechtlichen Kontrollbefugnissen** ohne **tatsächliche Ausübung** ist – soweit nicht beim tatsächlichen Kontrollierenden fehlende rechtliche Befugnis vorliegt – unproblematisch. Der zur Kontrolle nur Berechtigte, sie indes nicht Ausübende ist weder lizenzpflichtig, noch besteht ihm gegenüber die Befugnis zur Untersagung aus § 71 S 2 TKG. 20

### d) Gemeinsame Nutzung

Im Falle der Nutzung von **Elementen eines Übertragungsweges** durch **mehrere Betreiber** – insbesondere bei der sogenannten Kanalteilung[16] – ist zu unterscheiden: Je nach Ausgestaltung der technischen Gegebenheiten, der tatsächlichen Kontrollmöglichkeiten sowie der Rechtsbeziehungen kann einmal der gemeinsame Betrieb eines Übertragungsweges durch mehrere Betreiber vorliegen. Dafür ist dann eine Lizenz erforderlich. Denkbar ist allerdings auch, dass ein physikalisches Übertragungsmedium so mehrfach genutzt wird, dass rechtlich mehrere Übertragungswege vorliegen. Das ist dann der Fall, wenn die Kanalteilung innerhalb des lizenzpflichtigen Bereichs der Abschlusseinrichtungen erfolgt. Dieser Fall liegt insbesondere bei der Zurverfügungstellung „dunkler" Glasfaserkabel oder Kupferkabel vor: Betreiber ist dann, wer die Signalgebungseinrichtungen betreibt. Schließlich ist denkbar, dass die Kanalteilung durch einen Multiplexer im nicht lizenzpflichtigen Bereich der Endeinrichtungen erfolgt.[17] 21

---

14 Ähnlich Beck'scher TKG-Kommentar/*Schütz* 1. Aufl, § 6 Rn 29.
15 Beck'scher TKG-Kommentar/*Schütz* § 6 Rn 35.
16 Beck'scher TKG-Kommentar/*Schütz* § 6 Rn 19; *Bothe/Heun/Lohmann* Archiv PT 1995, 5, 10; *Scherer* Archiv PF 1991, 268, 277. Zu Line-Sharing-DSL jetzt tendenziell anders RegTP, Beschl v 30.3. 2001, BK 3 c-00/029; abl *Schuster* MMR 2001, 298, 301.
17 Tendenziell anders Beck'scher TKG-Kommentar/*Schütz* § 6 Rn 19 der dem netzbezogenen, lizenzpflichtigen Bereich nur Tatbestände zuordnet, die „von Endeinrichtungen nicht wahrgenommen wer-

## 2. Betreiben von Telekommunikationsnetzen (§ 3 Nr 2)

**22** Der Begriff des Betreibens von Telekommunikationsnetzen ist ebenfalls im Sinne der Funktionsherrschaft definiert. Allerdings kommt es hier **nicht** auf den **einzelnen Übertragungsweg** an, sondern auf die **spezifische Funktion des Netzes**. Der Begriff des Telekommunikationsnetzes wird in § 3 Nr 21 (Rn 89 ff) definiert.

**23** Im ursprünglichen Gesetzesentwurf[18] war die klarstellende Erweiterung im letzten Halbsatz nur darauf bezogen, dass im Rahmen des Telekommunikationsnetzes **angemietete Übertragungswege** zum Einsatz kommen. Durch den Ausschuss für Post und Telekommunikation wurde das Konzept der angemieteten Übertragungswege durch das von Übertragungswegen, die im Eigentum Dritter stehen, ersetzt.[19] Der Ausschuss bezweckte damit eine Klarstellung.[20] Tatsächlich ist § 3 Nr 2 dadurch unklarer geworden. Dass ein Netz auch dann vorliegen kann, wenn angemietete Übertragungswege zum Einsatz kommen, hat mit dem Eigentum Dritter nichts zu tun. Auf das Eigentum Dritter kommt es ohnehin nicht an, weil schon für das Betreiben von Übertragungswegen nicht das Eigentum entscheidend ist, sondern die Funktionsherrschaft. Sie setzt das Eigentum nicht voraus.

**24** Die wesentliche Aussage des letzten Halbsatzes von § 3 Nr 2 ist eine andere: Auch dann, wenn am einzelnen Übertragungsweg **weder Eigentum noch Funktionsherrschaft** besteht, kann die Funktionsherrschaft bei einem Telekommunikationsnetz vorliegen. Ein Telekommunikationsnetz eines Unternehmens kann daher auch komplett aus gemieteten Übertragungswegen bestehen, die nicht von demselben Unternehmen betrieben werden. **Betreiber** eines **Telekommunikationsnetzes** kann daher auch sein, wer **nicht lizenzpflichtig ist**.[21]

**25** Der Begriff des Betreibers eines Telekommunikationsnetzes wird in erster Linie in § 37 Abs 1 und in § 35 Abs 1 verwendet. § 3 Nr 2 ist deshalb vor allem die Aussage zu entnehmen, dass auch Unternehmen, die **keine Übertragungswege** betreiben, **Netzbetreiber** im Sinne des TKG sein können.

**26** Wer kein Telekommunikationsnetz betreibt, aber gleichwohl Telekommunikationsdienstleistungen anbietet, wird als Wiederverkäufer oder **Reseller** bezeichnet. Dabei handelt es sich nicht um einen gefestigten Rechtsbegriff, sondern um eine letztlich betriebswirtschaftliche Bezeichnung einer bestimmten unternehmerischen Tätigkeit, regulatorisch um einen Auffangbegriff für Anbieter von Telekommunikationsdienstleistungen, die in technischer Hinsicht (Funktionsherrschaft) nicht selbst erbracht, sondern von anderen eingekauft werden.

**27** Besondere Bedeutung hat Reselling im **Mobilfunk** erlangt. Die Zulassung von Resellern („Service Providern") sollte hier die rasche Marktdurchdringung fördern. Die Aufgabe der Service Provider war hier auf den Vertrieb und auf Mehrwertdienste beschränkt. Reselling-Verpflichtungen sind im Mobilfunk auf der Grundlage von Lizenzauflagen angeordnet worden. Heute ist § 4 TKV ihre Grundlage. Die Tätigkeit von Resellern unterliegt der Anzeigepflicht nach § 4 TKG. Das Verhältnis von Netzbetreibern und Resellern unterliegt der Missbrauchsaufsicht nach § 33 TKG, soweit marktbeherrschende Stellung besteht.

**28** Ebenfalls kein Netzbetreiber iSd TKG ist idR der **Virtuelle Netzbetreiber** (Virtual [Mobile] Network Operator). Der wesentliche Unterschied zum Reseller ist, dass er die TK-Dienste als eigene verkauft (Labelling). Unter Umständen wird ihm zusätzlich ein gewisser Zugriff auf die Netzintelligenz eingeräumt. In Extremfällen mag dies zu einer **gemeinsamen Funktionsherrschaft** am TK-Netz führen.

## 3. Endeinrichtungen (§ 3 Nr 3)

**29** Der Begriff der Endeinrichtung wurde vor allem in § 59 TKG verwendet, aber auch in § 3 Nr 12,

den können". Hier droht ein Zirkelschluss: was zur Erfüllung der netzspezifischen Übertragungsfunktion einschließlich der Netzabschlußfunktion erforderlich ist, gehört nicht zu den Endeinrichtungen.
**18** BR-Drucks 80/96, S 5.

**19** BT-Drucks 13/4864 (neu), S 5.
**20** BT-Drucks 13/4864 (neu), S 76.
**21** So auch Beck'scher TKG-Kommentar/*Schütz* § 3 Rn 5, § 6 Rn 68; aM *Nolte* CR 1996, 460.

§ 3 Nr 13. Mit ihm verwandt ist der Begriff des „Endgerätes" im Sinne des § 3 Nr 15. Der Begriff der Endeinrichtung steht in engem Zusammenhang mit dem Begriff der **Abschlusseinrichtung**, den § 3 Nr 3 verwendet; näher definiert wird jener Begriff nicht (zum Begriff der Abschlusseinrichtungen unten § 3 Rn 101).

Für die Produktzulassung von Telekommunikationsgeräten kommt der Definition in § 3 Nr. 3 künftig keine Bedeutung mehr zu, weil das **FTEG** eine **eigenständige Definition** enthält (siehe § 2 FTEG Rn 4). **30**

Im Gesetzgebungsverfahren blieb die Definition unverändert. Die Endgeräte-Richtlinie[22] definiert den Begriff der Telekommunikationsendeinrichtung als ein „die Kommunikation ermöglichendes Erzeugnis oder ein wesentliches Bauteil davon, das für den mit jedwedem Mittel herzustellenden direkten oder indirekten Anschluss an Schnittstellen von öffentlichen Telekommunikationsnetzen (dh Telekommunikationsnetzen), die ganz oder teilweise für die Bereitstellung von der Öffentlichkeit zugänglichen Kommunikationsdiensten genutzt werden", bestimmt ist. Diese Definition ist vom FTEG übernommen worden. **Endeinrichtungen** gehören noch zum Bereich der **Telekommunikation** (dazu oben § 3 Rn 6), aber nicht zum Übertragungsweg (dazu § 3 Rn 101). Im OSI-Architekturmodell erfüllen sie typischerweise Aufgaben der Schichten 4–6. **31**

### 4. Funkanlagen (§ 3 Nr 4)

Funkanlagen sind sowohl Sende- wie auch Empfangseinrichtungen, zwischen denen die **Informationsübertragung ohne Verbindungsleitungen** stattfindet. Der Begriff der Funkanlagen wurde in § 61 S 1 TKG verwendet. Funkanlagen sind sämtliche Anlagen, die elektromagnetische Wellen zum Zwecke der Nachrichtenübermittlung nutzen. Dazu gehören auch Geräte auf der Grundlage von Laser-, Infrarot- und sonstiger Lichttechnik. Die Definition wurde im Gesetzgebungsverfahren nicht verändert. Unionsrechtlich ist der Begriff in der Endeinrichtungs-Richtlinie[23] neu definiert als „ein Erzeugnis oder ein wesentliches Bauteil davon, das in dem für terrestrische/satellitengestützte Funkkommunikation zugewiesenen Spektrum durch Ausstrahlung oder Empfang von Funkwellen kommunizieren kann" (Art 2 lit c). Funkwellen sind definiert als elektromagnetische Wellen von 9 kHz bis 3.000 GHz, die sich ohne künstliche Führung im Raum ausbreiten (Art 2 lit b Endgeräte-Richtlinie). Das FTEG hat diese Begriffsbestimmungen übernommen. **32**

Andere Vorschriften des TKG verwenden nicht den Begriff der Funkanlagen, sondern der „Sendeanlagen" (§ 65 TKG) (s dazu § 65 Rn 3). **33**

### 5. Geschäftsmässiges Erbringen von Telekommunikationsdiensten (§ 3 Nr 5)

Eine eigenständige Definition hat das geschäftsmässige Erbringen von Telekommunikationsdiensten erfahren. Maßgebend ist **nicht** die **Gewinnerzielungsabsicht**, sondern die **Nachhaltigkeit** des Angebotes. Die Definition wurde vom Ausschuss für Post und Telekommunikation angefügt.[24] Dies sollte die erforderliche Differenzierung gegenüber den „Telekommunikationsdienstleistungen" gewährleisten. Damit sollten die Vorgaben des 11. Teils des TKG (für Datenschutz und Fernmeldegeheimnis) auch für Unternehmen gelten, die Telekommunikationsdienste ohne Gewinnerzielungsabsicht nutzen.[25] Folgerichtig wird der Begriff in § 85 und § 87 TKG verwendet. **34**

Die Definition des § 3 Nr 4 rekurriert auf die Begriffe Telekommunikationsdienstleistung, § 3 Nr 18 auf den Übertragungswege-Begriff (§ 3 Nr 22) sowie auf den Telekommunikations-Begriff (§ 3 Nr 16). **35**

### 6. Grundstücke (§ 3 Nr 6)

§ 3 Nr 6 beschreibt den eigenständigen telekommunikationsrechtlichen Grundstücksbegriff. § 3 **36**

---

**22** 1999/5/EG.
**23** 1999/5/EG.

**24** BT-Drucks 13/4864 (neu), S 5.
**25** BT-Drucks 13/4864 (neu), S 76.

Wolfgang Spoerr

Nr 6 Satz 2 wurde vom Bundestagsausschuss für Post und Telekommunikation angefügt.[26] Der telekommunikationsrechtliche Grundstücksbegriff ist **wirtschaftlich** geprägt. Ziel des Gesetzes ist es, den **lizenzpflichtigen Bereich einzuschränken.** Für den Tatbestand der Grundstücksgrenz-überschreitenden Übertragungswege (§ 6 Abs 1 Nr 1 TKG) soll nicht der zivilrechtliche Grundstücksbegriff des Grundbuchrechts maßgebend sein, sondern der – weitere – wirtschaftliche Grundstücksbegriff.

**37** Demnach liegt ein Grundstück zunächst immer dann vor, wenn es im Grundbuch als selbständiges Grundstück eingetragen ist, selbst wenn sich auf dem Grundstück ganz unterschiedliche Betriebe befinden, die das Grundstück äußerlich nicht als einheitliches Grundstück erscheinen lassen. Darüber hinausgehend können aber auch **mehrere Grundstücke** im **zivil-(sachen-)rechtlichen** Sinn **ein Grundstück iSd. TKG sein,** nämlich dann, wenn die zivilrechtlich getrennten Grundstücke durch die Art ihrer wirtschaftlichen Verwendung oder aufgrund ihrer äußeren Erscheinung eine Einheit bilden. Auch eine Siedlung, die einem Eigentümer gehört, bildet eine wirtschaftliche Einheit.[27]

**38** In aller Regel kommen beide Tatbestände der Zusammenfassung mehrfacher Buchgrundstücke bei aneinanderliegenden Grundstücken in Betracht, die für denselben Zweck genutzt werden. Aber auch nicht zusammenhängende Grundstücksteile können eine wirtschaftliche Grundstückseinheit bilden, beispielsweise bei einem Betriebsstandort auf beiden Seiten einer öffentlichen Straße.[28] Eine wirtschaftliche Einheit und die räumliche Zusammengehörigkeit führt nach dem Zweck des § 3 Nr 6 TKG zur Freistellung von der Lizenzpflicht; das historische Argument muss hinter dem Zweckargument zurücktreten.

**39** **Straßen- und Schienennetze** sind gem § 3 Nr 6 S 2 TKG **kein einheitliches Grundstück,** obwohl sie in der äußerlichen Erscheinung und der wirtschaftlichen Verwendung zusammenhängend sind. Normzweck dieser Einschränkung ist es, eine Verwischung der Grenzen von öffentlichen und nicht-öffentlichen Telekommunikationsnetzen zu vermeiden.

### 7. Lizenz (§ 3 Nr 7)

**40** Legal definiert ist auch die Lizenz. Sie ist die Erlaubnis zum Angebot bestimmter Telekommunikationsdienstleistungen für die Öffentlichkeit (zu den Wirkungen der Lizenz § 6 Rn 71 ff). Was lizenzpflichtig ist, regelt § 6; unter welchen Voraussetzungen die Lizenz erteilt wird, regeln die §§ 8, 10 und 11 TKG. Die Lizenzpflicht ist ein präventives Verbot mit Erlaubnisvorbehalt,[29] die Lizenz der Sache nach eine **Gewerbeerlaubnis.**[30] Zugleich ist die Lizenz eine Marktzugangsvoraussetzung. Der Sprachgebrauch dürfte auf das englische Wort „license" zurückgehen, das im Unterschied zum deutschen Begriffsverständnis (auch) eine behördliche Erlaubnis benennt.[31] Eingeführt worden ist der Begriff noch unter dem FAG. Die Regulierungspraxis unterschied zwei Typen von Verleihungen: Lizenzen wurden für Diensteangebote, vor allem für den Betrieb von Funkanlagen für Dritte und Verbindungsmöglichkeiten mit öffentlichen Netzen erteilt, also für den Netzbetrieb und Telefondiensteangebote zu öffentlichen Netzen.[32] Der **übliche Sprachgebrauch im deutschen Rechtskreis,** wonach unter Lizenz ein privatrechtliches Nutzungsrecht zu verstehen ist, hat für den Lizenzbegriff des TKG keine Bedeutung.[33]

**41** Das Gesetz verwendet den Begriff der Lizenz in den §§ 6, 8, 9, 10, 11, 15 und 16; den – zusammengesetzten – Begriff des Lizenznehmers (Erlaubnisinhaber) an zahlreichen anderen Stellen. Vor dem Hintergrund des – allein maßgeblichen – § 6 Abs 1 TKG ist § 3 Nr 7 unpräzise; bei der Infrastruktur ist weniger das Angebot als der Infrastrukturbetrieb lizenzpflichtig.

---

26 BT-Drucks 13/4864 (ncu), S 5.
27 Beck'scher TKG-Kommentar/*Schütz* § 6 Rn 25.
28 AM Beck'scher TKG-Kommentar/*Schütz* § 6 Rn 25 unter Berufung auf einen Gegenschluss aus § 8 Abs 3 S 2 Nr 3 TVerleihV.
29 *Ruffert* AöR 124 (1999), 237, 266.
30 Beck'scher PostG-Kommentar/*Badura* Vor §§ 5 bis 10 Rn 8.

31 Beck'scher PostG-Kommentar/*Badura* Vor §§ 5 bis 10 Rn 1.
32 BMPT, Lizenzierung und Regulierung im Mobil- und Satellitenfunk, 1992, S 7.
33 Beck'scher PostG-Kommentar/*Badura* Vor §§ 5 bis 10 Rn 2.

## 8. Mobilfunk-Dienstleistungen (§ 3 Nr 8)

Mobilfunkdienstleistungen sind Telekommunikationsdienstleistungen, die für die mobile Nutzung bestimmt sind. Der Begriff wird im Zusammenhang mit den Lizenzklassen nach § 6 Abs 2 Nr 1a TKG verwendet. Die Definition wurde im Gesetzgebungsverfahren nicht verändert. **42**

Vergleichbare unionsrechtliche Begriffsdefinitionen finden sich in Anhang I Abschnitt 3 der Zusammenschaltungsrichtlinie.[34] Danach ist ein öffentliches mobiles Telefonnetz ein öffentliches Telefonnetz, dessen Netzabschlusspunkte sich nicht an festen Standorten befinden. Ein öffentlicher mobiler Telefondienst ist dadurch gekennzeichnet, dass seine Bereitstellung ganz oder teilweise im Aufbau einer **Funkverbindung zu einem mobilen Benutzer** besteht und dass er sich dazu ganz oder teilweise eines öffentlichen mobilen Telefonnetzes bedient. **43**

Die gesetzliche Definition unterscheidet sich von der in der **Fernmeldetechnik** verwendeten Definition, wonach Mobilfunk jedwede Kommunikation zwischen einer mobilen Endeinrichtung (einer MS Mobile Station) und einer ortsfesten oder mobilen Gegenstelle ist, wobei sich die MS auch während der Kommunikation bewegen darf.[35] Im Sinne jener Definition sind auch schnurlose Telekommunikationssysteme (CT, Cordless Communications), also Kommunikationssysteme zum Anschluss einfacher handportabler Endeinrichtungen an eine feste Netzinfrastruktur für den Heimbereich, Mobilfunksysteme. Ein Beispiel hierfür sind die weitverbreiteten schnurlosen Endgeräte nach den Digital Enhanced Cordless Telecommunications (DECT) Standards.[36] Trotz einer gewissen Mobilität des Endgerätes handelt es sich nicht um Mobilfunk, weil die Dienstleistung nicht für die mobile Nutzung bestimmt ist. Die unionsrechtliche Definition macht dies deutlicher, wenn die darauf abstellt, dass sich die **Netzabschlusspunkte** nicht an festen Standorten befinden. Maßgebend ist zum einen, dass die **Basisstation** (die bereits zur Endeinrichtung gehört) **fest** ist, nicht mobil. Zum anderen ist die „Mobilität" bei DECT auf den häuslichen Bereich beschränkt und somit – regulierungsrechtlich – keine echte Mobilität, sondern eine festnetz-typische. Deshalb sind schnurlose Telefone keine Mobilfunkdienstleistungen im Sinne des § 3 Nr 8. **44**

Nach der Lizenzierungspraxis ist für **Mobilfunkdienstleistungen keine gesonderte Sprachtelefondienstlizenz** nötig; Mobilfunkdienstleistungen unterfallen deshalb auch nicht der Entgeltregulierung nach § 25 Abs. 1 TKG (§ 25 Rn 20). **45**

## 9. Netzzugang (§ 3 Nr 9)

Die Definition des Netzzugangs ist von aller höchster Bedeutung, weil sie den Netzzugangsanspruch aus § 35 TKG bestimmt. Die Definition ist erst im Laufe des Gesetzgebungsverfahrens eingefügt worden.[37] Die Einführung dieses Begriffes solle der Klarstellung im Hinblick auf seine Verwendung in den §§ 33 ff dienen.[38] Der Begriff des Netzzugangs ist zu unterscheiden vom Anspruch auf Leistungen im Sinne des § 33 TKG (§ 33 Rn 32). **46**

Der Begriff des Netzzugangs ist der Schlüsselbegriff für den Zugangsanspruch aus § 35 TKG. Eine **Sonderform** des Netzzugangs ist die **Zusammenschaltung** (§ 3 Nr 24). Näher ausgestaltet wird der Zugangsanspruch in der Netzzugangs-Verordnung. **47**

In der Fernmeldetechnik wird Netzzugang definiert als „die von einem Telekommunikationsnetz zur Nutzung von Diensten oder sonstigen Leistungen bereitgestellte logische oder physikalische Verbindung von einem Endgerät oder einem anderen Telekommunikationsnetz (Netzübergang).[39] Der Zugang kann zum einen netzbezogen definiert werden etwa als Telefonanschluss, ISDN-Zugang, zum anderen nach der Art der Anschlussleitung charakterisierend beschrieben werden beispielsweise als Lichtwellenleiter, Koaxialkabel, 4-Draht-Leitungen und **48**

---

[34] 97/33/EG.
[35] *Bergmann/Gerhardt* Taschenbuch der Telekommunikation, S 380.
[36] Zu diesen *Bergmann/Gerhardt* Taschenbuch der Telekommunikation, S 414 ff.
[37] Bundestagsausschuss für Post und Telekommunikation, BT-Drucks 13/4864 (neu) S 6.
[38] BT-Drucks 13/4864 (neu), S 76.
[39] *Bergmann/Gerhardt* Taschenbuch der Telekommunikation, S 146.

verdrillte 2-Draht-Leitungen, Wireless Local Loop (WLL), Zugang via Energienetz (Power-Line), Zugang via Kabelrundfunknetz, Richtfunk oder Satelliten.[40]

**49** Besonders umstritten ist, ob der Netzzugang **kumulativ** eine **physische und logische Verbindung** voraussetzt. Zum Teil wird vertreten, dass ein Netzzugang nicht nur dann vorliegt, wenn kumulativ eine physische und logische Verbindung hergestellt wird. Die logische Verbindung sei dann entbehrlich, wenn nicht auf die Funktionen eines ganzen Telekommunikationsnetzes, sondern nur auf Teile desselben zugegriffen werden soll. Schon der Zugriff auf die „bloße elektrische Leitfähigkeit des Kupferkabels" oder auch die Möglichkeit weitere Kabel in Leerrohren aufzunehmen, sei ein Netzzugang.[41] Diese Auslegung ist abzulehnen. Sie steht mit dem Gesetzeswortlaut nicht in Einklang, der kumulativ eine physische und logische Verbindung verlangt. Zudem steht sie nicht im Einklang mit der klaren Unterscheidung von Netzzugang (§ 35 TKG) und Leistungszugang (§ 33 TKG). Eine generelle Pflicht zur Bewährung von Leistungszugang ohne Bindung an die qualifizierten Voraussetzungen des § 33 TKG wäre zudem ein bedenklicher Eingriff in das Eigentumsrecht des Netzbetreibers (Art 14 GG), das durch den Zugriff auf einzelne Ressourcen des Netzes empfindlich beschränkt wird.

**50** **National Roaming** ist ein Netzzugang für Endeinrichtungen des Kunden und daher ein **allgemeiner Netzzugang**. Demgegenüber bedarf es nicht zwingend eines Netzzugangs des jeweiligen Betreibers. Der Kunde nutzt nicht zwingend die Zusammenschaltung eines Telekommunikationsnetzes mit einem anderen Telekommunikationsnetz oder Teilen desselben. Erforderlich ist allerdings in aller Regel die Verbindung der Netze zum Datenaustausch für Abrechnungs- und Zugangsberechtigungskontroll-Zwecke. Darin liegt allerdings kein Netzzugang im telekommunikationsrechtlichen Sinne, weil der Netzzugang nicht unmittelbar dem Kommunikationsvorgang dient. Im Übrigen ist ein entsprechender Datenaustausch auch über andere Wege als direkte Netzzugänge möglich, beispielsweise durch den Austausch von Disketten.[42]

**51** **Unionsrechtlich** ist der Begriff des Netzzugangs zunächst nicht definiert worden. Die ONP-Richtlinie[43] und die Wettbewerbs-Richtlinie[44] definierten zunächst nur den Begriff der Zusammenschaltung (Art 2 Nr 7 ONP-Richtlinie; Art 1 Abs 1 Wettbewerbs-Richtlinie), nicht aber den Begriff des Netzzugangs. Der Begriff des Zugangs wurde allerdings schon früh verwendet, und zwar sowohl in der Präambel der ONP-Richtlinie wie in der Definition der ONP-Bedingungen (Art 2 Nr 8 ONP-Richtlinie). Die ONP-Bedingungen sind demnach die „entsprechend dieser Richtlinie harmonisierten Bedingungen, die den offenen und effizienten Zugang zu öffentlichen Telekommunikationsnetzen und ggf öffentlichen Telekommunikationsdiensten und die effiziente Nutzung dieser Netze und Dienste betreffen". ONP-Bedingungen dürfen – außer wegen grundlegender Anforderungen im Rahmen des Gemeinschaftsrechts – den Zugang zu öffentlichen Telekommunikationsnetzen oder öffentlichen Telekommunikationsdiensten nicht einschränken (Art 3 Abs 2 ONP-Richtlinie).

### 10. Nummern (§ 3 Nr 10)

**52** Der Begriff wird ausschließlich in § 43 verwendet (§ 43 Rn 1 ff). Andere Vorschriften (§§ 12, 89 Abs 2 Nr 3, 90 Abs 1 TKG) verwenden demgegenüber den Begriff der **Rufnummer**. Das Unionsrecht definiert in der Zusammenschaltungsrichtlinie[45] den Begriff der geografisch gebundenen Nummern: Eine Nummer des nationalen Numerierungsplans, bei der ein Teil der Ziffernstruktur ein geografisches Kennzeichen darstellt, das der Weiterleitung von Anrufen zum physischen Ort des Netzabschlusspunktes des Teilnehmers, dem die Nummer zugeteilt wurde, dient. Nach Art 12 stellen die Mitgliedstaaten die Bereitstellung adäquater Nummern und Numerierungsbereiche für alle der Öffentlichkeit zugänglichen Telekommunikationsdienste sicher.

---

**40** *Bergmann/Gerhardt* Taschenbuch der Telekommunikation, S 146. Zum Netzzugang bei Internet-Dienstleistungen *Dietz/Richter* CR 1998, 528; *Wischmann* MMR 2000, 461.
**41** Beck'scher TKG-Kommentar/*Piepenbrock* § 3 Rn 12b f.
**42** RegTP, Vfg 13/2000, BK-1 b-98/005–1, ABl RegTP 2000, S 516.
**43** 90/387/EWG.
**44** 90/388/EWG.
**45** 97/33/EG.

## 11. Nutzer (§ 3 Nr 11)

Nutzer sind definiert als Nachfrager nach Telekommunikationsdienstleistungen. Der Begriff wird verwendet insbesondere in § 35, in den Kundenschutzvorschriften (§§ 40, 41), in den Nummerierungsvorschriften (§ 43 Abs 3 bis 6) sowie im Zusammenhang mit dem Datenschutz (§ 89 Abs 2 Nr 3 TKG). Ähnliche Begriffe sind der Begriff des „**Endnutzers**" (§§ 13, 17 TKG), des „**Nachfragers**" (§ 24 Abs 2 Nr 3 TKG) sowie des „**Kunden**" (§ 90 Abs 1 TKG). 53

Der telekommunikationsrechtliche Begriff des **Nutzers** ist also relativ **weit**: 54

– Er deckt **sowohl Endverbraucher wie Unternehmen**. Im Bereich der gewerblichen Unternehmen erfasst er sowohl Unternehmen, die die Telekommunikationsdienstleistung **als Vorleistung** für andere Telekommunikationsdienstleistungen nutzen, wie solche, die sie eher einem Endverbraucher gleich nutzen. Daher gestattet der Nutzerbegriff auch Regelungen des Verhältnisses zwischen Telekommunikationsunternehmen untereinander. 55

– Der Begriff deckt sowohl **aktuelle** sowie **potentielle Nutzer**. Es kommt also nicht darauf an, ob bereits eine Nutzungsbeziehung besteht. Das ergibt sich aus dem Nachfragerbegriff. 56

– Aus dem Nachfragerbegriff ergibt sich auch, dass es im Grundsatz **nicht** darauf ankommt, ob die **Leistung bereits angeboten wird**. Nutzer sind also auch Nachfrager einer Leistung, die die andere Seite nicht zur Verfügung stellen will. Daher deckt es der Nutzerbegriff auch, neue Leistungen oder Fortentwicklungen bisheriger Leistungen zu regeln. 57

Unverzichtbar ist, dass der Nutzer eine Telekommunikationsdienstleistung in Anspruch nimmt. Keine Nutzer im Sinne des TKG sind daher solche Verbraucher oder Unternehmen, die **ausschließlich andere Leistungen** als Telekommunikationsdienstleistungen in Anspruch nehmen. 58

Bei **gemischten Leistungen** oder **Leistungsbündeln** ist zu unterscheiden: 59

– Solange die Telekommunikationsdienstleistung **die Gesamtleistung prägt**, erlaubt es der Nutzerbegriff, die **Leistung insgesamt zu regeln**. 60

– Soweit es sich um ein Leistungsbündel aus Telekommunikationsdienstleistungen und anderen Leistungen handelt, das nicht mehr eindeutig von der Telekommunikationsdienstleistung geprägt ist, erlaubt der Nutzerbegriff **allein** die Erfassung des **Telekommunikations-Anteils**. Dieser Anteil der Leistung kann nach den jeweiligen Vorschriften immer geregelt werden, wenn eine – noch so untergeordnete – Telekommunikationsdienstleistung Bestandteil der Leistung ist. 61

## 12. Öffentliches Telekommunikationsnetz (§ 3 Nr 12)

Die Definition ist von hoher Bedeutung, weil sie den **Zusammenschaltungsanspruch** aus §§ 37, 35 Abs 1 Satz 2 TKG steuert. Benachbarte Begriffe sind die der Telekommunikationsanlagen und der Telekommunikationslinien (§ 3 Nr 17). Die Definition in § 3 Nr 12 verwendet den Begriff des Telekommunikationsnetzes (§ 3 Nr 21). Diese wiederum verwendet den im § 3 Nr 22 definierten Begriff der Übertragungswege. Das Öffentliche Telekommunikationsnetz ist durch zwei Merkmale gekennzeichnet: Es werden über Abschlusseinrichtungen Endeinrichtungen angeschlossen. Das Telekommunikationsgesetz dient der Erbringung von Telekommunikationsdienstleistungen für die Öffentlichkeit. 62

Im Hinblick auf das erste Tatbestandsmerkmal ist der Begriff des öffentlichen Telekommunikationsnetzes weit auszulegen. Es reicht aus, dass die endeinrichtungstauglichen Abschlusseinrichtungen **mittelbar angeschlossen** werden – mittelbar selbst über **andere Telekommunikationsnetze**. Daher sind auch Verbindungsnetze, die keine Teilnehmeranschlüsse aufweisen (§ 3 Nr 23) öffentliche Telekommunikationsnetze im Sinne des § 3 Nr 9.[46] Die Begriffsdefinition des Unionsrechts war deutlich vorsichtiger. Abs 1 der Wettbewerbs-Richtlinie[47] definierte das öffentliche Telekommunikationsnetz als Telekommunikationsnetz, das unter anderem für die 63

---

[46] St Praxis der RegTP, grdl. BK 4–98–004/73. 6. 98 vom 12. 8. 1998, Mitteilung 73/1999, ABl RegTP 1999, S 739, 758; Beck'scher TKG-Kommentar/Piepenbrock § 36 Rn 9; aM A. Badura/Schneider RTKom 1999, 161, 162; Wieland/Enderle MMR 1999, 379, 301.
[47] 90/388/EWG.

## Erster Teil
### Allgemeine Vorschriften

Erbringung öffentlicher Telekommunikationsdienste benutzt wird. Öffentliche Telekommunikationsdienste sind für die Öffentlichkeit verfügbare Telekommunikationsdienste. Ähnlich lautet die Definition in Art 2 Nr 2 der ONP-Richtlinie[48] und in der Zusammenschaltungs-Richtlinie Art 2 Abs 1 lit b).[49]

### 13. Regulierung (§ 3 Nr 13)

**64** Regulierung[50] wird zu Recht zweigliedrig definiert: Zum einen gehören dazu all jene Maßnahmen, die zur Erreichung der Regulierungsziele aus § 2 Abs 2 ergriffen werden und die das Verhalten von Telekommunikationsunternehmen regeln, und zwar beim Angebot von Telekommunikationsdienstleistungen, von Endeinrichtungen oder von Funkanlagen. Zum Zweiten zählt das TKG dazu auch all jene Maßnahmen, die zur Sicherstellung einer effizienten und störungsfreien Nutzung von Frequenzen ergriffen werden. Der damit umschriebene Regulierungsbegriff ist im Hinblick auf die Art des Handelns (Handlungsform) relativ weit (s § 1 Rn 10 ff). Offen ist er auch im Hinblick auf die Zielrichtung (Qualität) der Maßnahmen[51]. Maßnahmen im Sinne dieser Vorschrift sind jedwede **zielgerichteten Handlungen**, die der Verwaltung zuzurechnen sind. Zu den Maßnahmen gehören daher nicht nur die regelnden Handlungsformen mit Außenwirkung (wie Rechtsverordnungen, Lizenzen und Verfügungen), sondern auch Richtlinien (§ 81 Abs 2 TKG), sonstige Verwaltungsvorschriften, Handlungen der **Informationsbeschaffung wie öffentliche Anhörungen**, die Mitwirkung bei Rechtsverordnungen, in den internationalen Gremien, schießlich Empfehlungen und sonstiges influenzierendes Verwaltungshandeln. Regulierung ist tatbestandlich als Funktion definiert; die Definition blendet den verantwortlichen Akteur aus.[52] Daher ist die Regulierung nach dem TKG nicht allein Aufgabe der RegTP.[53] Die so funktional umschriebene Regulierung ist teilweise Aufgabe auch der Bundesregierung und des Bundeswirtschaftsministeriums, vor allem bei der Verordnungsgebung. Wesentlich für den Regulierungsbegriff ist die **Abgrenzung** von **unternehmerischen** und **betrieblichen Dienstleistungstätigkeiten**[54] und insbesondere die Abgrenzung zur Leistungserbringung[55] oder zur **Unternehmensverwaltung**[56].

**65** Im deutschen Recht geht der Regulierungsbegriff auf das PTRegG zurück (dazu Einf I Rn 17)[57]. Unionsrechtlich wird der Begriff der Regulierung vor allem in Art 2 Abs 1 lit b) der Genehmigungsrichtlinie[58] verwendet: Nationale Regulierungsbehörde (NRB) ist/sind danach die Stelle oder Stellen, die von dem Telekommunikationsunternehmen **rechtlich und organisatorisch unabhängig** sind und von einem Mitgliedstaat mit der Ausfertigung und der Überwachung der Einhaltung von Genehmigungen beauftragt sind.

**66** Außerhalb der Frequenznutzung deckt der Regulierungsbegriff nur Maßnahmen, die das Verhalten von **Telekommunikationsunternehmen** betreffen. Der Begriff der Telekommunikationsunternehmen ist im Gesetz nicht mehr definiert. Telekommunikationsunternehmen sind gewerbliche Erbringer von Telekommunikationsdienstleistungen; Telekommunikationsdienstleistungen sind in § 3 Nr 19 definiert.

**67** Der RegTP sind neben der Regulierung nach § 3 Nr 13 und der Regulierung nach dem PostG noch weitere Verwaltungsaufgaben zugewiesen, etwa im Bereich der Endgeräte-Regulierung, des Vollzuges des EMVG, während der Vollzug des AFuG (dazu Einf III Rn 7) wohl noch der Regulierung nach § 3 Nr 13 zugeordnet werden kann.

---

[48] 90/387/EWG.
[49] 97/33/EG.
[50] Allgem zu Regulierungsbegriffen *Ruffert* AöR 124 (1999), S 237, 241 f; *Schneider* ZHR 146 (2000), 513, 514 ff.
[51] *Ruffert* AöR 124 (1999), S 237, 242 f; *Lerche* in: Maunz/Dürig, GG, Art 87 f Rn 111.
[52] *Oertel* Die Unabhängigkeit der Regulierungsbehörde, S 124.
[53] *Oertel* aaO, S 219.
[54] *Oertel* aaO, S 127.
[55] *Oertel* aaO, S 128 f.
[56] *Oertel* aaO, S 129.
[57] *Windhorst* Universaldienst, S 398 ff.
[58] 97/13/EG.

Wolfgang Spoerr

## 14. Satellitenfunkdienstleistungen (§ 3 Nr 14)

Der Begriff wird in § 6 Abs 2 Nr 1 lit b) verwendet. Der Begriff des Satellitenfunknetzes, der Satellitennetzdienste, der Satellitenfunkdienste und der Satellitendienste sind von Art 1 Abs 1 der Wettbewerbs-Richtlinie[59] definiert. Satelliten werden für vielfältige Telekommunikationsdienstleistungen eingesetzt.[60] Die Satelliten werden dabei als Relaisstationen eingesetzt. In technischer Hinsicht sind geostationäre Satelliten (GEO, Geostationary Earth Orbit) auf der Höhe von 35.768 km über dem Äquator, Medium Earth Orbit (MEO) in zwischen 6.000 und 35.768 km Höhe sowie LEO (Low Earth Orbit) Satelliten mit einer Entfernung zwischen 500 und 2.000 km vom Äquator zu unterscheiden. Der Bereich zwischen 2.000 und 6.000 km Höhe ist für die Funkübertragung nicht nutzbar, da dort ionisierte Teilchen vorhanden sind.[61] **68**

Bei Satellitenfunkdienstleistungen besteht nicht nur das Zuteilungs- und Lizenzierungsproblem für Frequenznutzungen (s dazu § 6 Rn 36), sondern auch das der Zuteilung von **Satellitenplätzen in der Erdumlaufbahn** (s dazu § 7 Rn 19 f). Satellitenfunkanlagen sind nicht nur die Satelliten, sondern auch die Bodenstationen, die mit den Satelliten kommunizieren (up-link und down-link).[62] Satellitenfunklizenzen schließen die Sprachtelefon- oder Mobilfunklizenz (Klasse 1/4) nicht ein (s dazu § 6 Rn 22). **69**

## 15. Sprachtelefondienst (§ 3 Nr 15)

Die Definition ist Art 1 Abs 1–15 der Wettbewerbs-Richtlinie[63] entnommen. Die Definition des Sprachtelefondienstes rekurriert nicht auf bestimmte technische Merkmale, sondern auf ein gewachsenes, hoch komplexes **Netzkonzept**. Die regulatorische Sonderstellung des Sprachtelefondienstes ergibt sich in erster Linie aus dessen überragender Marktbedeutung. Der Begriff wird insbesondere im Zusammenhang mit der Lizenzpflicht (§ 6 Abs 1 Nr 2) dem Universaldienst (§ 17 Abs 1 Satz 2) und der Entgeltregulierung (§ 25 Abs 1 TKG) verwendet. Weitere Regelungen, die spezifisch für den Sprachtelefondienst gelten, enthalten die §§ 96 Abs 3 Nr 3, 97 Abs 2 und 3 sowie § 99 Abs 1 TKG. Konstitutiv sind folgende Merkmale: **70**

– die gewerbliche Bereitstellung der Telekommunikationsdienstleistung für die Öffentlichkeit; **71**

– ihre Eignung und Bestimmung für den Transport von Sprache in Echtzeit von und zu den Netzabschlusspunkten des Netzes; **72**

– die Kriterien der Vermittlung und der Kommunizierfähigkeit (letzter Halbsatz). **73**

Prägend ist in erster Linie die Ausrichtung des Netzes auf die **Any-To-Any-Kommunikation**. Jeder Teilnehmer kann von seinem Endpunkt Kommunikationsverbindungen mit jedem anderen auswählen. **74**

Prägendes Merkmal sind weiter der direkte Transport und die Vermittlung von Sprache **in Echtzeit**. Dieses Kriterium ist gegeben, wenn die Kommunikation zwischen Menschen mittels Sprache von diesen noch als direkt und unmittelbar empfunden werden kann.[64] Eher zweifelhaft ist, ob dieses Kriterium nur dann erfüllt sein kann, wenn die Verzögerung weniger als 30 Millisekunden beträgt.[65] Unerheblich ist es, ob die Sprache analog oder digitalisiert und/oder in Form von Paketen übermittelt wird.[66] **75**

---

**59** 90/388/EWG.
**60** Beispiele bei TKMMR/*Mannsen* C § 3 Rn 19.
**61** *Bergmann/Gerhardt* Taschenbuch der Telekommunikation, S 141.
**62** Anders die ältere Regulierungspraxis, s Beck'scher TKG-Kommentar/*Schütz* 1. Auflage, § 36 Rn 43.
**63** 90/388/EWG.
**64** So schon *Etling-Ernst* TKG, 1. Aufl., 1996, § 6 Rn 19, anknüpfend an *Heringer* Aktueller Stand und Perspektiven der Telekommunikationspolitik in Deutschland, in: Handbuch der Telekommunikation, Bd 3, Kapitel 11.1.2.2.

**65** Bekanntmachung der Europäischen Kommission über den Status der Sprachübermittlung im Internet in Bezug auf die Richtlinie 90/388/EWG, ABl EG Nr C 6 vom 10.1.1998, S 4 ff; siehe ferner *Müller-Terpitz* MMR 1998, 68; *Windthorst/Franke* CR 1999, 14; *Mertens* MMR 2000, 77; Beck'scher TKG-Kommentar/*Schütz* § 6 Rn 79, RegTP, Beschl v 16.6.1999, BK 3a-99/014, S 17. Die ITU geht in der Empfehlung E 114 von 400 Millisekunden aus.
**66** Zweifelnd *Etling-Ernst* TKG, § 6 Rn 26.

**76** Für den Sonderfall der Internet-Telefonie dürfte die Auffassung, es handle sich nicht um ein Angebot für die Öffentlichkeit[67], allenfalls so lange zutreffen, wie die Nutzung einer bestimmten Telefonie-Front-End-Software nicht standardisiert ist. **Internet-Telefonie** wird aber in aller Regel nicht, jedenfalls nicht zwangsläufig, auf der Basis selbst betriebener Netze angeboten.[68] Kein Sprachtelefondienst liegt vor, wenn Telekommunikationsdienste, die im Schwerpunkt und in der technischen Ausrichtung anderen Zwecken dienen, jenseits des Bereichs der Abschlusseinrichtungen für die Sprachübermittlung genutzt werden.

**77** Umstritten ist, ob aus dem Erfordernis der direkten Übermittlung eine Beschränkung auf bestimmte technische Übermittlungsprinzipien abzuleiten ist. Bei der Nachrichtenübermittlung werden **verbindungslose** von **verbindungsorientierten** Übermittlungsprinzipien unterschieden.[69] Verbindungsorientierte Prinzipien stellen eine Verbindung her (Verbindungsaufbau); anschließend findet die Nachrichtenübertragung statt, die Verbindung wird anschließend abgebaut. Die herkömmliche, den Sprachtelefondienst ursprünglich prägende Form ist die Form der Durchschalte- oder Kanalvermittlung. Modernere Formen basieren auf der Speicher- oder Nachrichtenvermittlung, also auf virtuellen Verbindungen. Die Nachrichten werden in Blöcken mit Steuerinformationen übermittelt, und zwar entweder in Paketen oder in Sendungen.

### 16. Telekommunikation (§ 3 Nr 16)

**78** Der Begriff der Telekommunikation ist der Zentralbegriff des TKG, der seinen Gegenstand bestimmt. Der Begriff beschreibt eine Technologie; er ist **inhalts- und diensteneutral** (ausführlich s oben § 3 Rn 6). Deswegen sind auch bestimmte Aspekte von Rundfunk und Fernsehen erfasst, anders als im Unionsrecht (Art 2 Nr 4 ONP-Richtlinie[70] und Art 2 Abs 1 d Zusammenschaltungsrichtlinie[71]). Gerade seine Inhalts- und Diensteneutralität gewährleisten die Innovationsoffenheit des gesetzlichen Telekommunikations-Begriffs. Insbesondere trägt dies der Konvergenz bislang unterschiedlicher Medien, Dienste und Inhalte Rechnung.

**79** Entscheidend ist die **Übermittlung von Signalen**, die **informationshaltig** sind, deren Zweck also die Übermittlung von Informationen (Nachrichten) ist. Telekommunikation ist zudem nicht allein die Bereitstellung von TK-Leitungen, sondern auch die von Diensten (sa § 4 Rn 9). Das Nebeneinander von § 3 Nr 1 und § 3 Nr 18 bestätigt das[72]. Internet Service Provider[73] erbringen daher auch Telekommunikation.

### 17. Telekommunikationsanlagen (§ 3 Nr 17)

**80** Der Begriff wird ausschließlich im 11. Teil verwendet (§ 87 Abs 1 und 2, § 88, § 89 Abs 2 Nr 1d, § 91 Abs 2 TKG). Der Begriff ist weit. Er schließt jedwede technischen Einrichtungen oder Systeme ein, die der Telekommunikation dienen. **Systeme** im Sinne von § 3 Nr 17 dürften aufeinander abgestimmte, zusammenwirkende technische Einrichtungen sein (zum ISO-Begriff des Systems s oben § 3 Rn 7).

### 18. Telekommunikationsdienstleistungen (§ 3 Nr 18)

**81** Unter dem Begriff **Telekommunikationsdienst** wird in der Fernmeldetechnik eine bestimmte Art der Telekommunikation zwischen Endstellen verstanden, die eine **vereinbarte Dienstleistung** sichert.[74] Einzelne Dienstleistungen eines technisch und wirtschaftlich-funktional integrierten Dienstes (wie des ISDN-Telefondienstes) werden in der Fernmeldetechnik auch als **Leistungsmerkmale** bezeichnet.[75] Der Begriff der Telekommunikationsdienstleistung iSd § 3 Nr 18 umfasst auch solche „Leistungsmerkmale" eines integrierten Dienstes.

---

[67] *Etling-Ernst* TKG, § 6 Rn 28.
[68] Beck'scher TKG-Kommentar/*Schütz* § 6 Rn 80; *Mertens* MMR 2000, 77, 79.
[69] Dazu und zum Folgenden *Bergmann/Gerhardt* Taschenbuch der Telekommunikation, S 143.
[70] 90/387/EWG.
[71] 97/33/EG.
[72] *Mayer* Internet, S 158.

[73] Zum Begriff *Mayer* Internet, S. 49 f. S a *Determann* RTKom 2000, 11, 14, 16; *Dietz/Richter* CR 1998, 528; *Wischmann* MMR 2000, 461; *Krader* Moderne Online-Kommunikationsdienstleistungen, in: Königshofen (Hrsg), TK-Recht in der Praxis, 1999, S 115.
[74] *Haß* Hdb d Kommunikationsnetze, S 32.
[75] *Haß* Hdb d Kommunikationsnetze, S 36 ff.

Prägend für die Telekommunikationsdienstleistungen ist die Bereitstellung von Telekommuni- 82
kation am Markt. Voraussetzung ist weiter, dass das Angebot gewerblich ist. Insoweit kommt es
darauf an, dass die Tätigkeit auf Dauer angelegt ist; im Regelfall ist auch eine Gewinnerzielungsabsicht erforderlich. Wegen des fehlenden Marktbezuges der Tätigkeit ist eine reine Eigennutzung keine Telekommunikationsdienstleistung iSd § 3 Nr 18.[76] Der Begriff der Telekommunikationsdienstleistung ist **weit** zu interpretieren.[77]

Das Gesetz ist nicht in jeder Hinsicht auf Telekommunikationsdienstleistungen beschränkt. Die 83
intern genutzten Leistungen iSd § 33 Abs 1 TKG sind beispielsweise keine Telekommunikationsdienstleistungen.[78] Auch der Vertrieb von Endgeräten ist kein gewerbliches Angebot von
Telekommunikation und damit keine Telekommunikationsdienstleistung.[79] Dagegen ändert
die Bündelung von Telekommunikationsdienstleistungen mit anderen Leistungen nichts an der
regulatorischen Erfassung der Telekommunikationsdienstleistung. Keine Frage der allgemeinen
Begriffsbestimmung, sondern der jeweils anzuwendenden Rechtsnorm ist es, ob die Leistung
insgesamt reguliert wird (vgl § 25 Rn 27). Leistungen höherer technischer Wertschöpfungsstufen
können insgesamt keine Telekommunikationsdienstleistung mehr sein, wenn kein relevanter
Transportanteil mehr besteht.[80]

### 19. Telekommunikationsdienstleistungen für die Öffentlichkeit (§ 3 Nr 19)

Der Begriff wird in § 3 Nr 7 (Lizenz) und in Nr 12 (Öffentliches Telekommunikationsnetz) 84
verwendet. Vor allem begründet er die Lizenzpflicht gemäß § 6 Abs 1 Nr 1. Ferner wird er in
§ 17 Abs 1 (Universaldienstpflicht), § 33 Abs 1 (besondere Missbrauchsaufsicht) und § 35 Abs 1
(Netzzugang) sowie in § 40 verwendet, zudem in § 74 Abs 2 Nr 2 und § 96 Abs 1 Nr 4 TKG.
Ausgeschlossen sind Teilnehmer geschlossener Benutzergruppen. Das knüpft an das frühere
Recht an (§ 4 TVerleihV[81]).

Kennzeichnend für die geschlossene Benutzergruppe ist ein von **vornherein anhand bestimm-** 85
**ter Kriterien feststehender Kreis.** Beliebige natürliche oder juristische Personen sind solche
Personenmehrheiten, die nicht durch bestimmte Kriterien von der Allgemeinheit unterschieden
werden.

Eine geschlossene Benutzergruppe liegt schon dann vor, wenn die Telekommunikationsdienst- 86
leistung nur solchen Personen angeboten wird, die durch bestimmte Kriterien vorab bestimmt
sind. Das Vorliegen einer „geschlossenen Benutzergruppe" setzt nicht voraus, dass die in Frage
kommenden Personen von vornherein bekannt oder bestimmt sind. Geschlossene Benutzergruppen reichen somit über den Bereich der Corporate Networks weit hinaus. **Corporate Networks** sind Telekommunikationsnetze, die einem bestimmten Unternehmen oder einer Gruppe
von verbundenen Unternehmen dienen. Typischerweise handelt es sich um Netze, die errichtet
werden, um verstreute Einheiten von Unternehmen einschließlich der Tochtergesellschaften und
Niederlassungen uä zu verbinden. Aber solche rechtlichen Verflechtungen sind nicht zwingende
Voraussetzungen einer geschlossenen Benutzergruppe. Vielmehr reicht es aus, wenn das Netz
nur einem bestimmten Personenkreis offen steht. Typischerweise (aber nicht notwendigerweise)
beruht das die Gruppe unterscheidende Merkmal auf einem gemeinsamen Geschäftsinteresse.
Beispiele[82] sind Banken, Versicherungen, Produzenten und ihre Lieferanten, Produzenten und
ihre Vertriebshändler, Reservierungssysteme der Luftfahrtgesellschaften, Rückversicherungsgeschäfte der Versicherungswirtschaft, Informationstransfers zwischen Universitäten in einem
Forschungsprojekt, der Informationsaustausch zwischen Buchhandlungen, gemeinsame Design-Projekte für verschiedene Institutionen.

---

[76] TKMMR/*Manssen* C § 3 Rn 31.
[77] TKMMR/*Manssen* C § 3 Rn 29. S näher § 4 Rn 9.
[78] OVG Münster, MMR 1998, 98, 99; VG Köln, MMR 1998, 102 ff; TKMMR/*Manssen* C § 3 Rn 29.
[79] *Geppert/Ruhle/Schuster* Hdb TK, Rn 103.

[80] Vgl. dazu RegTP, Beschl v 16. 6. 1999, BK 3a-99/014, S 40 f.
[81] Vom 19. 10. 1995, BGBl I S 1434 ff.
[82] S *Fangmann* Das neue Telekommunikationsgesetz, 1997, S 192, 194 f.

Wolfgang Spoerr

### 20. Telekommunikationslinien (§ 3 Nr 20)

**87** Der Begriff der Telekommunikationslinien ist ein eigenständiger Begriff, der ausschließlich im 8. Teil des TKG verwendet wird (Benutzung der **Verkehrswege**). Der Begriff bestimmt den gegenständlichen Umfang des Nutzungsrechtes der Lizenznehmer an öffentlichen Verkehrswegen gemäß § 50 Abs 1 TKG. Er umfasst ausschließlich **Telekommunikationskabelanlagen**, diese aber einschließlich der zugehörigen Nebeneinrichtungen, die § 3 Nr 20 beispielhaft aufzählt. Dazu gehört auch sonstiges Zubehör, etwa Linienverzweiger und Endverzweiger.[83] Zu den Kabelanlagen gehört i. d. R. deutlich mehr als der eigentliche Übertragungsweg. Die Telekommunikationslinie ist technisch idR umfassender als der Übertragungsweg. Die Anknüpfung des Begriffs der Telekommunikationslinien an den Begriff der Fernmeldelinien (§ 1 TWG) spricht dafür, dass zu den Telekommunikationslinien auch öffentliche Sprechstellen gehören.[84] Für die allgemeine Definition des § 3 Nr 20 kommt es nicht darauf an, dass die Telekommunikationslinien für Telekommunikationsdienstleistungen für die Öffentlichkeit genutzt werden. Das ergibt sich allerdings aus § 50 Abs 1 TKG.

**88** Bei gemischt genutzten Leitungen (zB **Power Lines**) kommt es auf den **überwiegenden Nutzungszweck** an. Die Privilegien aus den §§ 50 ff TKG gelten nur für solche Leitungen, die allein oder jedenfalls überwiegend Telekommunikationszwecken dienen.

### 21. Telekommunikationsnetz (§ 3 Nr 21)

**89** Der Begriff ist für etliche Unterbegriffe konstitutiv; vorausgesetzt wird er in den Definitionen von § 3 Nr 2 (Betreiben von Telekommunikationsnetzen), § 3 Nr 3 (Endeinrichtungen), § 3 Nr 9 (Netzzugang), § 3 Nr 10 (Nummern), § 3 Nr 12 (Öffentliches Telekommunikationsnetz), § 3 Nr 23 (Verbindungsnetz) und § 3 Nr 24 (Zusammenschaltung).

**90** Der **allgemeine Begriff** des Netzes ist nicht an die besonderen Voraussetzungen des Sprachtelefondienstes gekoppelt. Die Ermöglichung von Any-To-Any-Kommunikation ist kein spezifisches Merkmal des Telekommunikationsnetz-Begriffs. Auch eine bestimmte **Netztopologie** ist nicht Voraussetzung. Deswegen sind auch Liniennetze, Sternnetze und Busstrukturen Netze im Sinne des TKG.[85] Auch eine Punkt-zu-Punkt-Verbindung, bestehend aus einem Übertragungsweg, kann ein Telekommunikationsnetz sein.

**91** Mindestvoraussetzung ist, dass **technische Einrichtungen** vorliegen, die die Übertragung von Nachrichten ermöglichen. Weder kommt es darauf an, welcher Art die Übertragungswege sind, noch müssen Übertragungswege zwangsläufig vom Netzbetreiber betrieben werden (s oben § 3 Rn 24). Allerdings muss das Netz bestimmte **Netzfunktionen ermöglichen**. Es muss in der Lage sein, **selbständig Telekommunikationsdienstleistungen** zu ermöglichen.[86]

**92** Höhere Anforderungen können sich daher aus der **Zweckbestimmung** des Netzes ergeben. Insoweit ergibt sich aus der Zweckbestimmung des Sprachtelefondienst-Netzes, dass eine Vermittlungseinrichtung Voraussetzung ist. Aus dem Erfordernis der Vermittlungseinrichtung wird weiter abgeleitet, dass diese ihre wesentliche Funktion systemintern erfüllen müsse. Weil Vermittlung die Auswahl zwischen mehreren möglichen Endpunkten bedeute, werden mindestens drei Übertragungswege verlangt.[87]

**93** Demzufolge geht die Regulierungspraxis[88] davon aus, dass nach dem derzeitigen Stand der

---

[83] Beck'scher TKG-Kommentar/*Schütz* § 50 Rn 12; vgl. VG Düsseldorf, ArchivPF 1993, 78.

[84] Beck'scher TKG-Kommentar/*Schütz* § 50 Rn 13; aM TKMMR/*Manssen* § 3 Rn 35; zum alten Recht: OVG Münster, ArchivPF 1997, 172, 173; *Eidenmüller* § 1 TWG Anmerkung 6; *Kodal/Krämer/Kämpfer* 27 Rn 128.

[85] Zu Netztopologien näher *Bergmann/Gerhardt* Taschenbuch der Telekommunikation, S 134 ff. Zum Breitbandkabelnetz: *Schütz*, MMR-Beil 2/2001, S 20, 25.

[86] Beck'scher TKG-Kommentar/*Schütz*, § 6 Rn 71; s RegTP, Mitteilung 73/1999 Schlussfolgerungen zu der öffentlichen Anhörung über die regulatorische Behandlung von Verbindungsnetzen und öffentlichen Telekommunikationsnetzen im Hinblick auf die Zusammenschaltungsvorschriften des TKG, ABl RegTP 1999, 739 ff.

[87] Beck'scher TKG-Kommentar/*Schütz* § 6 Rn 24c.

[88] Beck'scher TKG-Kommentar/*Schütz* § 6 Rn 73 f; RegTP, Mitteilung 73/1999 Schlussfolgerungen der öffentlichen Anhörung über die regulatorische Be-

Technik die Minimalkonfiguration eines **vermittelnden Sprachtelefonnetzes** aus **einer Vermittlungsstelle** mit **drei Übertragungswegen** besteht.

**Unionsrechtlich** wird der Netzbegriff insbesondere in der Zusammenschaltungsrichtlinie[89] verwendet. Sie definiert den Begriff des Telekommunikationsnetzes als „Übertragungswege und gegebenenfalls Vermittlungseinrichtungen sowie sonstige Betriebsmittel, mit denen Signale zwischen definierten Abschlusspunkten über Draht, über Funk, auf optischem oder anderem elektromagnetischem Wege übertragen werden." Die EU-Kommission hat insoweit Zweifel geäußert, ob der Netzbegriff des Sprachtelefondienstes, den die deutsche Regulierungspraxis zugrunde legt, mit Unionsrecht im Einklang steht. Von daher ist zweifelhaft, ob der relativ anspruchsvolle Netzbegriff der deutschen Regulierungspraxis Bestand hat. Diese Zweifel beziehen sich allerdings ausschließlich auf Zusammenschaltungsvorschriften (§§ 35 bis 37 TKG), nicht auf den Lizenztatbestand aus § 6 TKG.[90] **94**

## 22. Übertragungswege (§ 3 Nr 22)

Der Übertragungswege-Begriff ist ein **Zentralbegriff** des TKG. Er bestimmt vor allem Voraussetzungen und Umfang der **Lizenzpflicht** (§ 6). Zudem ist er für den Anwendungsbereich der **Vorab-Entgeltregulierung** (§ 25 Abs 1 S 1 TKG) bestimmend. **95**

Die Übertragungswege-Definition knüpft an den Telekommunikationsanlagen-Begriff an. Der Übertragungswege-Begriff ist umfassend **technologieneutral**. Er schließt sowohl Kabel- wie Funkverbindungen ein. Damit hat das TKG insoweit eine vom FAG bewusst abweichende Begrifflichkeit eingeführt, als auch der Funkbereich als Übertragungsweg angesehen wird.[91] Erst recht spielt es keine Rolle, ob der Übertragungsweg unidirektional oder bidirektional ist. **96**

Der Übertragungswege-Begriff wirft schwierige Anwendungsfragen auf, die im Wesentlichen zwei Themen betreffen: Erstens – welche Einrichtungen und System müssen vorliegen, damit ein Übertragungsweg iSd TKG vorliegt? Diese Frage richtet sich nach den **Mindestanforderungen** eines Übertragungsweges. Nur wenn **in der Person eines Betreibers** (Funktionsherrschaft, § 3 Nr 1) die Mindestvoraussetzungen des Übertragungsweges vorliegt, gelten die Lizenzpflicht nach § 6 und die Vorab-Preisregulierung nach § 25 Abs 1 TKG. Zweitens geht es darum, wie weit der Übertragungswege-Begriff reicht. Die bestimmt den Umfang der Lizenzpflicht ebenso wie die Reichweite der Entgeltregulierung. Leistungen, die in technischer Hinsicht aus etwas anderem oder mehr bestehen als aus dem Angebot von Übertragungswegen nach Lizenzklassen 3 und 4 unterliegen nicht der Vorab-Preisregulierung nach § 25 Abs 1 TKG. Bei der Beantwortung dieser Fragen sind die Kabel- von den Funkverbindungen wegen der unterschiedlichen technologischen Gegebenheiten zu unterscheiden. Gemeinsam ist beiden Erscheinungsformen des Übertragungsweges, dass der telekommunikationsrechtliche Übertragungswege-Begriff vom Übertragungsmedium her definiert ist und an den Telekommunikationsanlagen-Begriff (§ 3 Nr 17) anknüpft. Die **strukturellen Unterschiede** zwischen Kabel- und Funkanlagen ergeben sich schon daraus, dass das Übertragungsmedium zwar bei Kabelverbindungen Teil einer Telekommunikationsanlage ist, bei Funkverbindungen aber nicht. **97**

Im OSI-Architekturmodell (dazu oben § 3 Rn 7 ff) sind typischerweise die Übertragungs- und Sicherungsschicht Bestandteil des Übertragungsweges, während die Vermittlungsschicht, erst recht die höheren Schichten idR davon abgeschichtet sind. **98**

Sind im Übertragungsmedium verschiedene Kanäle nach einem in der Nachrichtentechnik gebräuchlichen Multiplexverfahren eingerichtet, so gehört die Multiplexierung als weitere Funktion zur Aufgabe der Schicht 1.[92] Derartige Multiplexverfahren[93] gibt es vielfach. **99**

---

handlung von Verbindungsnetzen und öffentlichen Telekommunikationsnetzen im Hinblick auf die Zusammenschaltungsvorschriften des TKG, ABl RegTP 1999, 739, 740; allgem *Berger* CR 1999, 222 ff.
**89** 97/33.
**90** Beck'scher TKG-Kommentar/*Schütz* § 6 Rn 76.

**91** So VG Köln, RTKom 2000, 56, 58.
**92** *Haß* Hdb d Kommunikationsnetze, S 132.
**93** Eine Übersicht zu den Technologien (Raummultiplex, Frequenzmultiplex, Zeitmultiplex und Wellenlängenmultiplex) bei *Haß* Hdb d Kommunikationsnetze, S 14 ff.

Wolfgang Spoerr

## Erster Teil
Allgemeine Vorschriften

### a) Kabelverbindungen als Übertragungswege

**100** Kabelverbindungen gehören zu Telekommunikationsanlagen und sind somit Bestandteil des Übertragungsweges iSd § 3 Nr 22. Ausgehend von diesem physikalischen Leiter schließt der Übertragungswege-Begriff die **erste Einrichtung** ein, die physikalisch an das Kabel angeschlossen ist. Das sind die sogenannten **Abschlusseinrichtungen**. Erst sie machen das Kabel zu einem Übertragungsweg. Das folgt aus der Einbeziehung der übertragungstechnischen Einrichtungen und der Festlegung auf ein bestimmtes Informationsdurchsatzvermögen (Bandbreite oder Bit-Rate) in § 3 Nr 22, zudem aus der Einbeziehung der Abschlusseinrichtungen. Daher sind unbeschaltete Kabel (bei Kupferkabeln: Dark Copper, bei Glasfaser: Dark Fiber) kein Übertragungsweg iSd TKG.[94] Die Teilnehmeranschlussleitung, zu der die Deutsche Telekom AG ihren Wettbewerber nach § 33 entbündelten Zugang ohne zwischengeschaltete Übertragungstechnik gewährt, ist also als solche kein Übertragungsweg. Erst durch die Verbindung des Kupferkabels mit übertragungstechnischen Einrichtungen durch den „Mieter" wird die Teilnehmeranschluss-Leitung zum Übertragungsweg (zu gemeinsamer/gespaltener Funktionsherrschaft § 3 Rn 21).

**101** Schwierige Abgrenzungsfragen stellen sich bei der Abgrenzung von **Abschlusseinrichtungen** von weiteren Einrichtungen wie **End- und Vermittlungseinrichtungen**. Nach verbreiteter Auffassung[95] soll zur Abgrenzung auf die frühere Unterscheidung zwischen Monopol- und Wettbewerbsbereich abgestellt werden. Jene Abgrenzung erfolgt eher nach pragmatischen und historisch gewachsenen Kriterien, überwiegend wurde auf die Dienstneutralität bzw Dienstespezifität abgestellt.[96] Zusätzlich wurde auch früher auf die technisch-physikalische Erforderlichkeit abgestellt und darauf, ob die Funktionen nicht von Endeinrichtungen oder Vermittlungseinrichtungen wahrgenommen werden können.[97] Unter Dienstneutralität wurde verstanden, dass das Angebot der Verbindung Festlegungen von Vermittlungs-, Verarbeitungs-, Datenspeicherungs- oder Protokollumwandlungsfunktionen nur in dem Umfang enthält, wie dies zur Übertragung in Echtzeit in mittlerer Art und Güte erforderlich ist.[98]

**102** Dem Kriterium von **Dienstneutralität** oder **Dienstespezifität** kommt nach geltendem Recht **keine Bedeutung** mehr zu. Es handelte sich um Hilfskriterium, um den Monopolbereich sachgerecht zu beschränken. Nach geltendem Recht sind Übertragungswege einschließlich der Abschlusseinrichtungen lizenz- und preisregulierungspflichtig – unabhängig davon, ob letztere dienstespezifisch oder dienstneutral sind. Maßgeblich ist somit allein die technisch-physikalische Erforderlichkeit auf der Grundlage des Netzkonzepts des Betreibers. Zum Übertragungsweg gehören die Abschlusseinrichtungen, die dazu unerlässlich sind, die Telekommunikationsdienstleistungen des Übertragungsweges bereitzustellen. Dazu gehören auch die Einrichtungen, die die Betriebsfähigkeit des Übertragungsweges erkennen und die den Übertragungsweg vor elektrischer Fremdbeeinflussung durch End- und Vermittlungseinrichtungen schützen.[99] Maßgebend ist eine spezifische übertragungswegebezogene Funktion.[100] Demgegenüber kommt es nicht auf eine *netz*bezogene Funktion an.[101] In Grenzfällen kommt es auf die Zwecksetzung des Betreibers des Übertragungsweges an: Er bestimmt die spezifischen Leistungen, die der Übertragungsweg erbringen soll, und damit indirekt auch, was zur Realisierung der Informationsübertragung erforderlich. Dass beim **Breitbandverteilnetz** der Übergabepunkt die Abschlusseinrichtung ist[102] trifft nur insoweit zu, als es dem Netzkonzept der Betreiber entspricht oder die

---

94 So auch Beck'scher TKG-Kommentar/*Schütz* § 6 Rn 11; TKMMR/*Manssen* C § 3 Rn 37.
95 Beck'scher TKG-Kommentar/*Schütz* § 6 Rn 14.
96 Beck'scher TKG-Kommentar/*Schütz* § 6 Rn 15; zur früheren Rechtslage: *Rütter* ArchivPF 1991, 57, 67, *Bothe/Heun/Lohmann* ArchivPT 1995, 5, 91.
97 Vgl. I.5 der Verwaltungsvorschrift zur Konkretisierung der auf die Deutsche Bundespost Telekom weiter übertragenen Befugnis zur Ausübung des Netzmonopols des Bundes vom 19.9. 1991, ABl BMPT 1991, S 2267 ff sowie Fortschreibung, zuletzt 4. Verwaltungsvorschrift zum Netzmonopol des Bundes vom 17.10. 1994, ABl BMPT 1994, S 2787 ff; so noch Beck'scher TKG-Kommentar/*Schütz* § 6 Rn 14.
98 *Rütter* ArchivPF 1991, 57, 68; Beck'scher TKG-Kommentar/*Schütz* § 6 Rn 15.
99 So auch Beck'scher-TKG-Kommentar/*Schütz* § 6 Rn 17.
100 Beck'scher-TKG-Kommentar/*Schütz* § 6 Rn 17.
101 In diese Richtung aber Beck'scher-TKG-Kommentar/*Schütz* § 6 Rn 14 bis 17, der etwa von „lizenzpflichtigem Netzbereich" spricht.
102 So Beck'scher-TKG-Kommentar/*Schütz* § 6 Rn 18.

nachgeordnete Netzebene 4 von anderen Betreibern betrieben wird.[103] Wegen der Ausklammerung der Vermittlungsschicht vom Übertragungswege-Begriff sind Wählverbindungen als solche keine Übertragungswege.[104]

### b) Funkgebundene Übertragungswege

Schwierige Probleme der Abgrenzung des lizenzpflichtigen Bereichs stellen sich auch bei funkgebundenen Übertragungswegen. Der Übertragungsweg wird hier prinzipiell von **Sende- und Empfangsanlage** gebildet. Bei Satelliten-Funkverbindungen wird der Übertragungsweg von der Bodenstation, die die Verbindung zum Satelliten herstellt (up-link) gebildet, vom Satelliten und von der Empfangsstation. Erst sie ermöglicht die Leistungen des Übertragungsweges; insoweit handelt es sich auch bei einer bloßen Empfangsanlage um einen Bestandteil des Übertragungsweges. Gleichwohl ist der Betrieb von Empfangseinrichtungen und Mobilfunkgeräten durch Nutzer, insbesondere durch Endverbraucher, in aller Regel als solcher nicht lizenzpflichtig. Dies deshalb, weil die Verbraucher den Bestandteil des Übertragungsweges für eigene Zwecke, nicht für Telekommunikationsdienstleistungen für die Öffentlichkeit nutzen. Die Verleihungspraxis unter dem FAG sprach insoweit von Genehmigungen statt von Lizenzen.[105] Da die Lizenzpflicht nach dem TKG den Betrieb von Funkanlagen nicht mehr eigenständig umfasst, ist sie enger als der Verleihungsvorbehalt des FAG. Dieser wird deswegen auch von der Frequenzzuteilung fortgeführt (§ 47 Rn 3). Der Betrieb von Satelliten-Empfangsanlagen ist aber nur dann nicht lizenzpflichtig, wenn die Empfangsanlagen technisch-funktional nicht mehr Bestandteil des Übertragungsweges des Betreibers sind.[106]

Wegen der Abhängigkeit des Übertragungswege-Begriffs vom Netzkonzept des Betreibers kann ein Übertragungsweg auch dann vorliegen, wenn der Betreiber keine Kontrolle über die Empfangsanlage besitzt.[107] Insbesondere für die nur einseitig gerichtete Verbreitung von Rundfunksendungen kann der Betreiber des Übertragungsweges die Funktionsherrschaft über die für die Realisierung der Rundfunkübertragung unabdingbaren Funktionen schon dann haben, wenn er nur über die Sendeanlagen verfügt.[108] Für den Begriff des Übertragungsweges ist daher nicht notwendigerweise das Vorhandensein einer Abschlusseinrichtung auf beiden Seiten erforderlich.[109]

### 23. Verbindungsnetz (§ 3 Nr 23)

Der Begriff wird in § 43 Abs 6 verwendet. Der Verbindungsnetzbegriff ist kein physikalischer Begriff, sondern ein auf eine ganz bestimmte Architektur bezogener, und zwar auf die **Netzarchitektur** des **klassischen Sprachtelefondienstnetzes** oder vergleichbarer Architekturen. Verbindungsnetze sind Telekommunikationsnetze, die selbst keine Teilnehmeranschlüsse haben, deren Zweck vielmehr darin besteht, Teilnehmernetze untereinander zu verbinden.

In diesem Zusammenhang stellt sich typischerweise die Frage, wann ein **einheitliches Teilnehmernetz** vorliegt. Netze verschiedener Betreiber sind stets verschiedene Netze. Aber auch das Gesamt-Netz eines Betreibers kann aus verschiedenen Teilnehmernetzen bestehen. Ein Beispiel dafür ist das feste Telefonnetz der Deutschen Telekom. Das Festnetz hat eine äußerst **komplexe Netzarchitektur**, die durch verschiedene Hierarchiestufen gekennzeichnet ist. **Hierarchiestufen** sind die durch Netzknoten gebildeten Ebenen mit unterschiedlichen, vertikal gegliederten und aus der Gesamtheit des Netzes abgeleiteten Aufgabenkomplexen.[110] Die typische herkömm-

---

103 Allgem zur Übertragungswege-Eigenschaft der Breitbandverteilnetze und entsprechender Einspeise-Dienstleistungen RegTP, Beschl v 26. 3. 1999, BK 3b-99/001, ZUM-RD 1999, 291.
104 So RegTP, Beschl v 16. 6. 1999, BK 3a-99/014, S 17 – AfOD/TICOC-Entgeltregulierung; insoweit bestätigt vom VG Köln, Beschl v 27. 10. 1999, 1 L 1917, S 9.
105 *BMPT* Lizenzierung und Regulierung im Mobil- und Satellitenfunk, 1992, S 6 f.

106 Beck'scher TK-Kommentar/*Schütz* § 6 Rn 49 stellt demgegenüber darauf ab, dass Empfangsanlagen „kaum Störungen ausgeben können, um eine Präventivkontrolle des Betreibers in Form eines Lizenzverfahrens rechtfertigen.".
107 So VG Köln, RTKom 2000, 56, 57.
108 VG Köln, RTKom 2000, 56, 57.
109 VG Köln, RTKom 2000, 56, 57.
110 *Bergmann/Gerhardt* Taschenbuch der Telekommunikation, S 144.

liche Struktur des Festnetzes der Deutschen Telekom unterscheidet die drei Ebenen des Lokal- und Zugangsnetzes, des Regionalnetzes und des Weitverkehrsnetzes.

107 Bei solchen komplex gestalteten Netzen stellt sich die Frage, ob es sich um ein **einheitliches Netz** oder um ein **zusammengefasstes Netz** verschiedener Teilnehmernetze handelt. Die bisherige Regulierungspraxis knüpft an den Nummerierungsbereich an. Die Gesamtheit der vermittlungs- und übertragungstechnischen Einrichtungen sowie die Anschlüsse und Endeinrichtungen, die untereinander nur durch die Wahl der Rufnummer erreichbar sind, bildet ein Teilnehmernetz.

108 Demgegenüber ist der Begriff des Netzes im Mobilfunk rein betreiberbezogen. Jedes Mobilfunknetz bildet ein einheitliches Teilnehmernetz.

109 Dies wirft die Frage nach **Bestimmungs- und Dispositionsrechten** im Hinblick auf **Netzstrukturen** auf. Auszugehen ist dabei von Folgendem:

110 In **technologischer Hinsicht** bestimmt im Ausgangspunkt **allein der Netzbetreiber** die Struktur seines Netzes. Welche technischen Komponenten verwendet werden, welche technischen Aufgaben sie haben und wie sie zusammenwirken, ist allein seine Sache. Regulatorische Einwirkungen sind hier nur in engen Grenzen und in jeweils gesetzlich sehr präzise umschriebenem Rahmen möglich (etwa nach § 34 TKG). Diese **Netzgestaltungsfreiheit** ist ein zentrales Prinzip der telekommunikationsrechtlichen Regulierung.

111 Die Netzgestaltungsautonomie der Privaten korrespondiert allerdings eine prinzipielle **Autonomie der regulatorisch-rechtlichen Bewertung**. Die Netzgestaltungsautonomie erlaubt nicht den unmittelbaren Zugriff auf den Inhalt von Rechtsbegriffen. Von daher haben die Netzbetreiber keine Definitionskompetenz, was ein Verbindungsnetz ist und was nicht. Sie bestimmen den **Gegenstand der Bewertung, nicht** aber die **Maßstäbe** der Bewertung.

112 Daran schließt sich die Frage nach der gerichtlichen Kontrolldichte an. Insoweit kommt es darauf an, ob der Regulierungsbehörde auf Tatbestandsseite ein behördlicher Gestaltungsspielraum zukommt. Für die Rechtsbegriffe, die Fragen der technischen Architektur betreffen, ist dies zu bejahen. Ihre Konkretisierung setzt ein Vorgehen voraus, das im Gerichtsverfahren nicht geleistet werden kann. Erforderlich ist insoweit eine weit über den Einzelfall hinausreichende **Befassung** mit **technologischen Konzepten**, unter Berücksichtigung regulatorischer Anforderungen und vielfältiger Zielkonflikte. An die Stelle einer eigenständigen Begriffskonkretisierung durch das Gericht muss hier die Prüfung treten, ob die **Regulierungsbehörde** ihren **Beurteilungsspielraum** richtig ausgeübt hat. Insbesondere kommt es darauf an, ob sie die verfügbaren Erkenntnismöglichkeiten über das Netzkonzept des Betreibers sachgerecht ausgeschöpft hat, ob sie ein plausibles und wo geboten einheitliches Konzept zu Grunde legt und ob sie die einschlägigen allgemeinen und speziellen Regulierungsziele zutreffend berücksichtigt hat.

113 Im Bereich solcher regulatorischer behördlicher Gestaltungsspielräume kommt den Verwaltungsgrundsätzen gemäß § 81 Abs. 2 TKG besondere Bedeutung zu. Hier führen solche Verwaltungsgrundsätze zu einer unmittelbaren Selbstbindung aus § 81 Abs. 2 TKG, ohne dass es des Rückgriffs auf Art. 3 Abs 1 GG bedürfte (s auch § 81 Rn 3).[111] Entsprechende Verwaltungsgrundsätze sind dem Typ der normkonkretisierten Verwaltungsvorschriften im Normbereich von Standardisierungsermächtigungen zuzuordnen.[112]

### 24. Zusammenschaltung (§ 3 Nr 24)

114 Der Zusammenschaltungsbegriff setzt eine physische und logische Verbindung voraus. Das Erfordernis der logischen Verbindung setzt eine Übermittlung von Signalen zwischen den Netzen voraus. Daher ist der Zugriff auf einzelne physische Bestandteile des Netzes und die Nutzung von dessen nachrichtentechnischen Eigenschaften (bspw. der entbündelte Zugang zu Leitungen, Dark Copper/Fiber) keine Zusammenschaltung (und auch kein Netzzugang[113]). Das

---

111 Vgl. BGH NJW 1986, 1874, 1875.
112 Dazu etwa *Hill* NVwZ 1989, 401 ff; *Kautz* GewArch 2000, 230, 235; *Ladeur* DÖV 2000, 217; *Schmidt-Aßmann* Das Allgemeine Verwaltungsrecht als Ordnungsidee, 1998, S 275 f.
113 AM bisherige Entscheidungspraxis des OVG

entspricht dem Begriffsverständnis der ONP-Richtlinie[114] (Art 2 Nr 7) und der Zusammenschaltungsrichtlinie[115] (Art 2 Abs 1a). Keine Zusammenschaltung nach dem TKG ist die Verbindung von Einrichtungen eines Diensteanbieters mit einem Netz (Art 1 Abs 1 der Wettbewerbs-Richtlinie[116]). Anschaltungen sind aber Netzzugänge, und zwar allgemeine oder besondere. Der Anschluss von Online-Dienste-Anbietern ist nach der bisherigen Regelungspraxis idR ein allgemeiner Netzzugang.[117]

Umstritten ist insbesondere, ob **Roaming** zwischen Mobilfunknetzen eine Zusammenschaltung ist. Durch Roaming wird einem Kunden eines Netzbetreibers die mobile Kommunikations außerhalb des Versorgungsbereichs des eigenen Mobilfunknetzes ermöglicht. Der Kunde greift dabei auf Funktionen des „Gast-Netzes" zu. Damit ermöglicht es der Netzbetreiber seinen Kunden, auch andere Netze zu nutzen. In erster Linie dient Roaming der Erweiterung der Nutzungsmöglichkeiten des Endkunden. Der Kunde wird in die Lage versetzt, ein fremdes Netz zu nutzen, ohne einen eigenen Vertrag mit dem anderen Netzbetreiber schließen zu müssen und ohne besondere technische Voraussetzungen schaffen zu müssen. In technischer Hinsicht ist zum einen die technische Kompatibilität zwischen Endgerät und Gastnetz, zum anderen jedenfalls in der Regel eine Verbindung der Netze zum Datenaustausch für Abrechnungs- und Zugangsberechtigungszwecke nötig. Weit verbreitet ist das International Roaming; zwischen den D1- und D2-Netzen besteht zudem eine Vereinbarung über National Roaming. Zunehmende Bedeutung wird National Roaming voraussichtlich bei **UMTS-Netzaufbau** zukommen. Roaming ist keine Zusammenschaltung, weil es nicht dazu dient, Nutzern, die an verschiedene Telekommunikationsnetze angeschaltet sind, die mittelbare oder unmittelbare Kommunikation zu ermöglichen. Vielmehr wird dem Nutzer ermöglicht, ein Gastnetz wie sein Heimatnetz zu nutzen. Voraussetzung für Roaming ist allein eine vertragliche Vereinbarung zwischen den Netzbetreibern, die Regel, dass der Endkunde in dem Gastnetz als berechtigter Nutzer akzeptiert wird. Der Zugang zu dem Gastnetz wird nicht dem Netzbetreiber, sondern dem Kunden ermöglicht.[118]

# § 4 Anzeigepflicht

Jeder, der Telekommunikationsdienstleistungen erbringt, muss die Aufnahme, Änderung und Beendigung des Betriebes innerhalb eines Monats bei der Regulierungsbehörde schriftlich anzeigen. Die Regulierungsbehörde veröffentlicht regelmäßig den wesentlichen Inhalt der Anzeigen.

**Schrifttum:** *Berger/Gramlich* Corporate Networks im Telekommunikationsrecht, CR 1999, 150; *Breuer* Regulierung von TK-Dienstleistungen und Benutzung von Verkehrswegen nach dem neuen TKG, ET 1996, 736; *Determann* Abgrenzung gesetzlicher Medienkategorien im Internet, RTKom 2000, 11; *Dietz/Richter* Netzzugänge unter Internet Service Providern, CR 1998, 528; *Hochstein* Teledienste, Mediendienste und Rundfunkbegriff – Anmerkungen zur praktischen Abgrenzung multimedialer Erscheinungsformen, NJW 1997, 2977; *Krader* Moderne Online-Kommunikationsdienstleistungen – Spannungsverhältnis zwischen TKG und TDG, in: Königshofen (Hrsg), Das neue Telekommunikationsrecht in der Praxis, 1999, 115; *Waldenberger* Teledienste, Mediendienste und die „Verantwortlichkeit" ihrer Anbieter, MMR 1998, 124; *Wischmann* Rechtsnatur des Access-Providing, MMR 2000, 461.

## Inhaltsübersicht

|  |  | Rn |
|---|---|---|
| I. | Grundkonzept | 1–4 |
| II. | Gesetzgebung | 5 |

---

Münster, CR 2000, 369, 373 und offenbar RegTP, BK 4e-98–024/E 21. 9. 98 vom 4. 2. 1998 sowie BVerwG, Urt v 25. 4. 2001, 6 C 6, 7.00.
**114** 90/387/EWG.
**115** 97/33/EG.
**116** 90/388/EWG.

**117** So RegTP, Beschl v 16. 6. 1999, BK 3a-99/014, S 17 – AfOD/TICOC-Entgeltregulierung; insoweit bestätigt vom VG Köln, Beschl v 27. 10. 1999, 1 L 1917, S 9.
**118** Siehe auch RegTP, Verf 13/2000 BK-1 b-98/005/ 1, ABl RegTP 2000, S 516.

Wolfgang Spoerr

III. Einzelkommentierung .................................... 6–17
   1. Telekommunikationsdienstleistung ........................ 6–10
   2. Aufnahme, Änderung und Beendigung des Betriebes ...... 11–12
   3. Schriftliche Anzeige .................................... 13–16
   4. Sanktionen ............................................ 17
IV. Bewertung ................................................ 18

## I. Grundkonzept

**1** § 4 entspricht dem Konzept eines **deregulierten Gesetzes:** Wer auf Telekommunikationsmärkten tätig werden will, bedarf keiner Genehmigung. Nur für einen relativ eng umgrenzten Bereich von Betätigungen auf Telekommunikationsmärkten gelten steuerungsintensivere Verhaltenskontrollen: vor allen Dingen die Lizenz. **Allgemeines Regulierungsinstrument** ist dagegen eine **bloße Anzeigepflicht.** Die Anzeige ist dabei nicht Voraussetzung der Zulässigkeit der Betätigung, sondern selbständige Pflicht.

**2** Der Normzweck der Anzeigepflicht ist mehrdimensional: In erster Linie soll die Anzeigepflicht der Regulierungsbehörde einen **Überblick über die Marktentwicklung** geben. Insoweit dient die Anzeigepflicht der Marktbeobachtung.[1] Zugleich hat die Anzeige auch eine **individuelle Unterrichtungsfunktion.** Insoweit erlaubt sie der Regulierungsbehörde, in Fällen ungenehmigter lizenzpflichtiger Aktivitäten einzuschreiten. Damit dient § 4 zugleich den Interessen der Telekommunikationsunternehmen (vgl § 6 Rn 79).

**3** Die Regulierungsbehörde veröffentlicht die gemeldeten Telekommunikationsanbieter von Zeit zu Zeit.[2] Insoweit ermöglicht die Anzeige auch regulatorische Markttransparenz für die Öffentlichkeit.

**4** Weitergehende, die Anzeigepflicht ergänzende Ermittlungsbefugnisse bestehen im Rahmen der §§ 5, 72 und 81 TKG. Die Gewerbeanzeige aus § 14 GewO dürfte wegen anderweitiger Normzwecke neben der nach § 4 nötig sein (zum Verhältnis zur Lizenzpflicht § 6 Rn 72).

## II. Gesetzgebung

**5** Schon der Gesetzesentwurf der Bundesregierung enthielt eine Vorschrift, die § 4 weitgehend glich.[3] Damit solle **Missbrauch und Umgehung** vermieden, gleichzeitig die Grundlage für erforderliche Marktbeobachtung durch Regulierungsbehörde und Marktteilnehmer geschaffen werden.[4] Nach S 2 dieser Fassung hatte die Regulierungsbehörde die Anzeigen halbjährlich in ihrem Amtsblatt zu veröffentlichen. Der Bundestagsausschuss für Post- und Telekommunikation änderte dies iSe „Klarstellung"[5] ab.[6]

## III. Einzelkommentierung

### 1. Telekommunikationsdienstleistung

**6** Maßgebend ist die Definition in § 3 Nr 18 TKG. Danach sind Telekommunikationsdienstleistungen „das gewerbliche Angebot von Telekommunikation einschließlich des Angebotes von Übertragungswegen für Dritte" (s § 3 Rn 81 f). Telekommunikation ist gem § 3 Nr 16 TKG „der technische Vorgang des Aussendens, Übermittelns und Empfangens von Nachrichten jeglicher Art in der Form von Zeichen, Sprache, Bildern oder Tönen mittels Telekommunikationsanlagen, die in § 3 Nr 17 TKG definiert sind (sa § 4 Rn 9). Prägend ist in jedem Fall das Übermitteln von Nachrichten (ie § 3 Rn 6 ff). Zur Dienstleistung werden solche Aktivitäten, wenn

---

[1] Begründung des Regierungsentwurfes zum TKG, BR-Drucks 80/96, S 37; Beck'scher TKG-Kommentar/Schuster § 4 Rn 1.
[2] RegTP, Mitteilung 31/1999, ABl RegTP 1999, S 152 ff.
[3] BR-Drucks 80/96, S 6.
[4] BR-Drucks 80/96, S 37.
[5] BT-Drucks 13/4864 (neu), S 76.
[6] BT-Drucks 13/4864 (neu), S 7.

Wolfgang Spoerr

§ 4 Anzeigepflicht

sie gewerblich angeboten werden. Es muss sich nicht um Angebote an Endverbraucher handeln. Auch kommt es auf die Gewinnerzielungsabsicht nicht an; die RegTP stellt auf die Kostendeckungsabsicht ab. Die Tätigkeit darf aber nicht rein privater Natur sein,[7] wie etwa bei Amateurfunkern. Nicht erforderlich ist, dass es sich um den Hauptzweck des Geschäftes handelt.[8]

Weil sich die Tätigkeit auf das Aussenden, Übermitteln oder Empfangen von Nachrichten beziehen muss, ist nicht jede Tätigkeit erfasst, die irgend etwas mit Telekommunikation zu tun hat, wie beispielsweise die Wartung einer Telekommunikationsanlage.[9]  **7**

**Erbracht** werden Leistungen, wenn ihre **Vermarktung bevorsteht**. Vorbereitungshandlungen im Vorfeld der Leistungserbringung sind nur erfasst, wenn sie dem Anbieten am Markt unmittelbar vorangehen.[10] Von daher ist der Kreis der anzeigepflichtigen Aktivitäten bei § 4 TKG deutlich enger als bei § 14 GewO, wo die Anzeigepflicht auch auf vorbereitende Handlungen mit Außenwirkung erstreckt ist.[11] Multimedia-Dienste unterfallen der Anzeigepflicht nur, wenn zur Dienstleistung auch das Angebot von Übermittlungsleistungen gehört. Maßgebend ist insoweit, was das jeweilige Unternehmen am Markt anbietet und was es in technischer Hinsicht erbringt.  **8**

Bei der Abgrenzung zu den Tele- und Mediendiensten (§ 2 TDG/MStV) ist darauf zu achten, dass **keine einheitliche Betrachtung kombinierter Dienste** geboten ist.[12] Daher kommt es auch auf ein **Verteilungsverhältnis nicht an**. Im Zusammenhang mit Telediensten bildet sowohl der Zugang (bisher überwiegend über das Sprachtelefonnetz) wie der Datentransport über Internet-Backbone-Leitungen eine Kommunikationsdienstleistung.[13] Auch die Übertragung von e-mails ist eine Telekommunikationsdienstleistung.[14] Findet sogleich eine Speicherung der e-mail statt, handelt es sich zugleich um einen Teledienst wie um eine Telekommunikationsdienstleistung.[15] Telekommunikationsdienstleistungen im Sinne von § 4 TKG „erbringt" auch, wer Dienstleistungen, die er von anderen (Netzbetreibern) einkauft, vermarktet.[16]  **9**

Es ist **nicht erforderlich,** dass die Telekommunikationsdienstleistungen **für die Öffentlichkeit** erbracht werden. Daher sind auch solche Telekommunikationsdienstleistungen anzeigepflichtig, die für geschlossene Benutzergruppen erbracht werden. Hingegen sind Telekommunikationsdienstleistungen, die nur unternehmensintern „angeboten" werden, keine anzeigepflichtigen Dienste.[17]  **10**

### 2. Aufnahme, Änderung und Beendigung des Betriebes

Die Aufnahme des Betriebes ist der Beginn der werbenden Tätigkeit am Markt einschließlich der unmittelbar vorausgehenden Handlungen.[18] Eine **Änderung** setzt voraus, dass **qualitativ** ein **andersartiger Dienst** angeboten wird als der bisher bestehende angezeigte. Ob eine Änderung vorliegt, ist zweistufig zu ermitteln: Zunächst ist die bestehende Anzeige auszulegen. Sodann ist durch einen Vergleich der neuen Aktivität mit der Anzeige zu eruieren, ob eine qualitative Änderung vorliegt. Eine Änderung iSd § 4 liegt nur dann vor, wenn sich die Änderung gerade auf telekommunikationsspezifische Umstände bezieht. Die Änderung muss sich also auf die **Art der Nachrichtenübermittlung** beziehen oder zu einer in telekommunikationsrechtlicher Hinsicht **qualitativen Änderung** führen (zum Parallelproblem bei lizenzpflichtigen Tätigkeiten § 6 Rn 26 ff).[19] Keine Änderung liegt demnach vor, wenn sich nur Änderungen im Hinblick auf die übermittelten Inhalte ergeben: dadurch ändert sich die telekommunikationsspezifische Dienstequalität nicht. Dass sich die teledienstespezifische Dienstequalität ändert, ist für § 4 belanglos.  **11**

---

**7** Beck'scher TKG-Kommentar/*Schuster* § 4 Rn 5.
**8** Beck'scher TKG-Kommentar/*Schuster* § 4 Rn 4.
**9** Beck'scher TKG-Kommentar/*Schuster* § 4 Rn 4.
**10** Ähnlich Beck'scher TKG-Kommentar/*Schuster* § 4 Rn 4.
**11** *Marcks* in: Landmann/Rohmer, GewO, § 14 Rn 45.
**12** So aber *Waldenberger* MMR 1998, 125.
**13** So auch Beck'scher TKG-Kommentar/*Schuster* § 4 Rn 4 a f.

**14** So auch Beck'scher TKG-Kommentar/*Schuster* § 4 Rn 4 c; jetzt ausdr RegTP, Mitteilung 11/2001, ABl RegTP 2001, 45.
**15** Zutreffend Beck'scher TKG-Kommentar/*Schuster* § 4 Rn 4 c.
**16** Beck'scher TKG-Kommentar/*Schuster* § 4 Rn 4 d.
**17** *Nolte* CR 1996, 459; Beck'scher TKG-Kommentar/*Schuster* § 4 Rn 6.
**18** Dazu o Rn 8
**19** Beck'scher TKG-Kommentar/*Schuster* § 4 Rn 7.

Wolfgang Spoerr

**12** Anzeigepflichtig ist auch die **Beendigung**. Keine Beendigung ist die **vorübergehende Unterbrechung** oder die **Minderung** des Dienstleistungsangebotes.

### 3. Schriftliche Anzeige

**13** Die Anzeige muss schriftlich erfolgen. Die Regulierungsbehörde kann den Inhalt der Anzeige durch Verwaltungsvorschrift konkretisieren. Eine gesetzliche Grundlage ist hierfür zwar nicht vorhanden, aber auch nicht erforderlich. Problematisch ist allerdings, ob § 4 TKG auch die inzidente Befugnis der Regulierungsbehörde ist, den anzeigepflichtigen Telekommunikationsunternehmen die Verwendung von Formularen vorzuschreiben.[20] Der Schriftform steht die Telefaxübermittlung gleich; während elektronische Übermittlungsverfahren sie bislang nicht wahren.[21]

**14** Die Regulierungsbehörde hat einen Fragenkatalog erarbeitet, dessen Inhalt teilweise über das nach § 4 TKG Gebotene hinausgegangen sei.[22]

**15** Für die Fristenberechnung gilt § 31 VwVfG, ergänzend gelten die §§ 187 ff BGB.

**16** S 2 regelt die Verwendung der Daten. Die Zulässigkeit der Übermittlung an andere Behörden regelt § 5 VwVfG.[23]

### 4. Sanktionen

**17** Mängel der Anzeige sind nach § 96 Abs 1 Nr 1 TKG ordnungswidrig. Die Erfüllung der Anzeigepflicht kann durch Verwaltungsakt festgesetzt und durch Verwaltungszwang durchgesetzt werden.[24] Weil die Anzeige nicht Zulassungsvoraussetzung der Tätigkeit ist, berechtigen Verstöße gegen § 4 die Regulierungsbehörde **nicht** zur **Untersagung** der anzeigepflichtigen Tätigkeit.[25] Das ergibt sich auch aus einem Gegenschluss aus § 71 S 2 TKG.

## IV. Bewertung

**18** Die Anzeigepflicht ist ein **sachgerechtes Instrument** in einem wirtschaftsverwaltungsrechtlichen Gesetz. Es darf allerdings vermutet werden, dass es im Hinblick auf Einhaltung und Durchsetzung der Anzeigepflicht Vollzugsdefizite gibt. Es ist zu wünschen, dass nicht dadurch das sachgerechte Instrument in Misskredit gerät. Zur Effektuierung der Anzeigepflicht bietet sich eine stärkere Formalisierung des Verfahrens und der erforderlichen Informationen an. Hier wäre vielleicht eine etwas detailliertere gesetzliche Regelung – etwa nach dem Muster des § 14 GewO – zweckmäßig. Unionsrechtlich könnte eine Neufassung der Genehmigungslinie eine Präzisierung und Einengung der erforderlichen Information ebenso wie eine Ausweitung der Anzeigepflicht gegenüber dem Lizenzvorbehalt (§§ 6 ff TKG) bringen.[26]

## § 5 Berichtspflichten

**Jeder, der Telekommunikationsdienstleistungen erbringt, ist verpflichtet, auf Verlangen der Regulierungsbehörde dieser Berichte zur Verfügung zu stellen, die sie als nationale Regulierungsbehörde zur Erfüllung ihrer Berichtspflichten gegenüber der Europäischen**

---

**20** So TKMMR/*Manssen* C § 4 Rn 4.
**21** Dazu allgem *Stelkens/Schmitz* in: Stelkens/Bonk/Sachs, VwVfG, § 22 Rn 32.
**22** Dazu Beck'scher TKG-Kommentar/*Schuster* § 4 Rn 8; *Berger/Gramlich* CR 1999, 155; zum aktuellen Fragenkatalog zu den „Grunddaten" www.regtp.de/Anzeige von Telekommunikationsdienstleistungen.
**23** Zur Geheimhaltung in diesem Kontext s etwa *Kopp/Ramsauer* VwVfG, § 5 Rn 24 ff.

**24** Zu § 14 GewO: BVerwG, Urt v 24. 6. 1976, NJW 1977, 772; BVerwG, Beschl v 10. 10. 1990, GewArch 1991, 68; BVerwGE 78, 6, 7; *Marcks* in: Landmann/Rohmer, § 14 Rn 60; TKMMR/*Manssen* § 4 Rn 6.
**25** So auch TKMMR/*Manssen* § 4 Rn 6.
**26** In diese Richtung die Überlegungen der Kommission und des Rates v 26. April 2000, KOM (2000) 239.

Kommission auf Grund von Richtlinien und Empfehlungen, die nach Artikel 6 der Richtlinie 90/387/EWG des Rates vom 28. Juni 1990 zur Verwirklichung des Binnenmarktes für Telekommunikationsdienste durch Einführung eines offenen Netzzugangs (Open Network Provision – ONP) (ABl EG Nr L 192 S 1) sowie nach Artikel 90 Abs 3 des Vertrages zur Gründung der Europäischen Gemeinschaft erlassen werden, benötigt.

## Inhaltsübersicht

| | Rn |
|---|---|
| I. Grundkonzept | 1 |
| II. Gesetzesentwicklung | 2 |
| III. Einzelkommentierung | 3–8 |
|    1. Kreis der Verpflichteten | 3 |
|    2. Verlangen der Regulierungsbehörde | 4–5 |
|    3. Umfang der Unterlagen | 6–7 |
|    4. Sanktionen | 8 |

## I. Grundkonzept

**1** § 5 sieht eine – verglichen mit dem allgemeinen Überwachungs- und Beobachtungsinstrument des § 4 – deutlich intensivere Formen der Wirtschaftsaufsicht vor: eine umfassende, gesetzlich weit umgrenzte Berichtspflicht. § 5 dient der Weitergabe der Berichtspflicht der Bundesrepublik Deutschland an die Europäische Kommission an private Unternehmen. Damit setzt § 5 unionsrechtliche Verpflichtungen um und dient ihrer Einhaltung. Die Berichtspflicht aus § 5 wird ergänzt durch die Auskunftspflicht von Telekommunikationsunternehmen nach § 72 Abs 1 Nr 1 TKG, wobei unterschiedliche Begrifflichkeiten verwendet werden. Hier zeigt sich – wie an anderen Stellen des Gesetzes – eine verbesserungsfähige Gesetzessystematik.

## II. Gesetzesentwicklung

**2** § 5 war schon im Gesetzesentwurf der Bundesregierung enthalten[1] und blieb im Laufe des Gesetzgebungsverfahrens unverändert. In der Gesetzesbegründung der Bundesregierung[2] führte diese aus: „Es ist erforderlich, ein Instrument zu schaffen, mit dessen Hilfe den Berichtspflichten gegenüber Organen der Europäischen Union genügt werden kann, sofern dies aufgrund von europäischen Regelungen notwendig ist. Dies gilt auch, wenn sich die Anfragen auf den nicht lizenzpflichtigen Bereich beziehen (vgl ua Empfehlung 92/383 EWG, Ziff 10–12)."

## III. Einzelkommentierung

### 1. Kreis der Verpflichteten

**3** Der Kreis der Verpflichteten ist bei § 5 ebensoweit wie bei § 4. Der Kreis der Auskunftsverpflichteten dürfte gleichwohl eher enger sein als der der nach § 72 Abs 1 Nr 1 Auskunftspflichtigen (dazu § 72 Rn 21 ff).

### 2. Verlangen der Regulierungsbehörde

**4** Die Berichtspflicht besteht erst, wenn die Regulierungsbehörde entsprechende Berichte verlangt. Sie muss also eine entsprechende Aufforderung aussprechen. Eine solche Aufforderung **kann** den Umfang der berichtspflichtigen Tatsachen **verbindlich festlegen**; dann ist das Auskunftsverlangen ein Verwaltungsakt (§ 35 VwVfG).[3] Eine entsprechende Verfügung ist keine behördliche Verfahrenshandlung iSd § 44a VwGO.

**5** Zulässig ist auch die Konkretisierung der Verpflichtung durch Allgemeinverfügungen (§ 35 S 2

---

[1] BR-Drucks 80/96, S 6.
[2] BR-Drucks 80/96, S 37.
[3] TKMMR/*Manssen* C § 5 Rn 2.

Wolfgang Spoerr

# Erster Teil
## Allgemeine Vorschriften

1. Alt VwVfG).[4] Allerdings liegt nur dann eine Allgemeinverfügung vor, wenn der **Kreis der Adressaten** hinreichend **bestimmt** ist. Abstrakte Umschreibungen der Voraussetzungen der Berichtspflicht reichen nicht. Der angesprochene Personenkreis muss zumindest gattungsmäßig bestimmbar sein; zählbar sein muss er nicht.[5] Die hinreichende Konkretisierung kann sich auch aus dem einmaligen Anwendungsfall ergeben.[6] Auf die Abgrenzung zu Rechtsnormen ist zu achten; insbesondere die Bestandskraft durch Ablauf der Klagefrist setzt voraus, dass die individualisierende Konkretisierungsfunktion des Verwaltungsaktes gewahrt wird. Ist das nicht der Fall, so werden entsprechende „Allgemeinverfügungen" nicht bestandskräftig.

### 3. Umfang der Unterlagen

**6** Der Umfang der Unterlagen richtet sich nach den unionsrechtlichen Vorgaben: Maßgeblich ist, was die Regulierungsbehörde zur Erfüllung ihrer eigenen Berichtspflichten gegenüber der Europäischen Kommission braucht. Die Richtlinien und Empfehlungen iSd § 5 sind auch Folgerichtlinien zur ONP-Richtlinie (ausf dazu § 23 Rn 8 ff).[7]

**7** Die Frist für die Erfüllung der Berichtspflicht ist nicht gesetzlich vorgegeben. Die Regulierungsbehörde kann im Berichtsverlangen eine angemessene Beantwortungsfrist festsetzen.[8]

### 4. Sanktionen

**8** Ebenso wie § 4 ist auch § 5 bußgeldbewehrt (§ 96 Abs 1 Nr 2 TKG).

---

[4] TKMMR/*Manssen* C § 5 Rn 2.
[5] *Stelkens/Stelkens* in: Stelkens/Bonk/Sachs, VwVfG, § 35 Rn 211.
[6] Dazu *Stelkens/Stelkens* in: Stelkens/Bonk/Sachs, § 35 Rn 212.

[7] 90/387/EWG. So auch iS einer „dynamischen" Bezugnahme ausf *Holznagel*, Die Erhebung von Marktdaten im Wege des Auskunftsersuchens nach der TKG, S 12 ff.
[8] Beck'scher TKG-Kommentar/*Schuster* § 5 Rn 6.

Wolfgang Spoerr

# Zweiter Teil
# Regulierung von Telekommunikationsdienstleistungen

## Erster Abschnitt
## Lizenzen

### Vor § 6

#### Inhaltsübersicht

|  | Rn |
|---|---|
| I. Problemstellung | 1–4 |
| II. Funktionen des Lizenzierungsrechts | 5–9 |
|   1. Kontrollerlaubnis? | 5–6 |
|   2. Staatliches Zuteilungsinstrument | 7 |
|   3. Flexibles Regulierungsinstrument | 8–9 |
| III. Lizenzvorbehalt zur Gewährleistung lernfähigen Rechts und eines offenen Systems | 10–12 |
|   1. § 8 Abs 2 TKG | 11 |
|   2. Vorgegebene Verfassungspositionen und die Bedeutung der Lizenzierung | 12 |

## I. Problemstellung

Gesetze entwickeln ihr Eigenleben – zumal solche, die auf die kodifikatorische Ordnung eines Lebensbereiches angelegt sind. Wenn sie, wie das TKG, auf einen Neuanfang gerichtet sind, lösen sie sich auch erheblich von ihren historischen Vorbildern und von den Vorstellungen der Gesetzesverfasser. Die Vorschriften des TKG über die Lizenzierung haben die zentrale Rolle, die ihnen der Gesetzgeber zugedacht hat, weitgehend nicht eingenommen. Zur Entwicklung bei tragen Praxis, Rechtswissenschaft und Verfassungsrecht, aber auch das Unionsrecht: die Praxis, indem die Dynamik der gesellschaftlichen und technischen Entwicklung an das Gesetz herangetragen wird, das sie mitgestaltet. Die Rechtswissenschaft, in dem sie Systemzusammenhänge aufzeigt und das Gesetz in die Ordnungsideen des allgemeinen Verwaltungsrechts einfügt. Die Verfassung durch rechtlich übergeordnete Vorgaben und das Unionsrecht durch seine Innovationsanstöße. 1

Im Fokus der telekommunikationsrechtlichen Sonderregulierung stehen bislang mehr die unmittelbar marktregulierenden Instrumente als die Lizenzierung: die Regeln über die Zusammenschaltung und über offenen Netzzugang ebenso wie die Entgeltregulierung. Diese Vorschriften sind es, die die Regulierungspraxis und die Gerichte bislang am meisten beschäftigen. Und allein die auf ihrer Grundlage ergangenen Regulierungsentscheidungen waren von allerhöchster Bedeutung dafür, dass sich in der Telekommunikation rasch ein funktionierender Markt herausgebildet hat. Demgegenüber sind die Vorschriften über die Lizenzierung deutlich in den Hintergrund geraten, obwohl ihnen der Gesetzgeber ausweislich ihrer **Stellung innerhalb des Gesetzes** hervorgehobene Bedeutung zumaß.[1] 2

---

[1] Noch nach den Vorstellungen des Eckpunkte-Papiers des Bundespostministeriums sollte die Lizenz das zentrale Instrument sein, die Regulierungsziele zu verwirklichen, BMPT, Eckpunkte, S 8 Ziff III.6; *Oertel* Die Unabhängigkeit der Regulierungsbehörde, S 353 f, spricht zu Recht von einer „lizenzzentrierten Sicht".

Wolfgang Spoerr

**Zweiter Teil**  Regulierung von Telekommunikationsdienstleistungen
**Erster Abschnitt**  Lizenzen

**3** Die Rechtswissenschaft hat sich dem Lizenzierungsrecht zunächst dadurch genähert, dass sie die Verwandtschaft mit herkömmlichen Gebieten des Wirtschaftsverwaltungsrechts herausarbeitete.[2] Hier wurde die Lizenz in die Formenlehre des Wirtschaftsverwaltungsrechts eingeordnet. Die früh gestellte Frage,[3] ob die Lizenz ein Zukunftsmodell oder eher eine periphere Randerscheinung des Übergangs ist, konnte so bislang nicht beantwortet werden. Die Rechtsprechung hat sich bislang mit der Lizenzierung – soweit ersichtlich – nur peripher befasst.

**4** Allein die geringe Konfliktträchtigkeit des Lizenzierungsrechts reicht nicht aus, um die Lizenz als überflüssiges Rechtsinstitut zu verabschieden, bevor die sachstrukturellen Besonderheiten und der verfassungsrechtliche Rahmen gründlich durchleuchtet worden sind.

### II. Funktionen des Lizenzierungsrechts

#### 1. Kontrollerlaubnis?

**5** Eine zentrale Funktion praktisch eines jeden Genehmigungsvorbehaltes ist die **Kontrolle personen- und sachbezogener Voraussetzungen**. Typische Handlungsform ist die **gebundene Kontrollerlaubnis**.[4] Ihr Zweck ist es nicht, Marktstruktur und Marktverhalten regulatorisch zu bestimmen. An § 8 Abs 3 TKG wird deutlich, dass die Lizenz jedenfalls auch die gewerbeaufsichtlich-kontrollierenden Aufgaben hat. Insofern sind die Befugnisse der Regulierungsbehörde als Genehmigungsbehörde – jedenfalls auch – die einer **besonderen Gewerbeaufsicht**.[5]

**6** Freilich – allein – eine besondere Gewerbeaufsicht erfordert für den Bereich der Telekommunikation kaum einen Genehmigungsvorbehalt. Die Anzeigepflicht (§ 4 TKG), verbunden mit Eingriffsmöglichkeiten würde hier wohl ausreichen. Die wirtschaftsaufsichtlich-kontrollierende Funktion des Genehmigungsvorbehalts kann die Frage nach Sinn und Zweck des Genehmigungsvorbehalts nicht beantworten.

#### 2. Staatliches Zuteilungsinstrument

**7** Über den wirtschaftsaufsichtlich-kontrollierenden Charakter hinausgehend ist die Lizenz ein staatliches **Verteilungsinstrument**. In **Knappheitssituationen** – und nur hier – gilt nach dem TKG ein verfahrensrechtlich und materiell äußerst anspruchsvolles, stark regulierungspolitisch ausgerichtetes Regelungsprogramm (§ 11 TKG). Der Gesetzgeber hat die inhaltlich anspruchsvolle Aufgabe der Verteilung in organisatorischer Hinsicht funktionsadäquat der Präsidentenkammer zugewiesen, die zudem intensivierter Kontrolle des Beirates unterworfen ist (§ 73 Abs 3 S 3 TKG). Die Präsidentenkammer hat die Aufgabe, die Marktstruktur zu bestimmen.[6] Diese Aufgabe wird den eigentlichen Privatisierungsprozeß überdauern. Die Präsidentenkammer hat in einem „marktsimulierenden, eine potentielle Vielzahl von Bewerber erfassenden, weithin selbst programmierten und über den Beirat parlamentarisch kontrollierten Auswahlverfahren ordnungspolitische Grundsatzentscheidungen"[7] zu treffen.

#### 3. Flexibles Regulierungsinstrument

**8** Über die Kontroll- und Zuteilungsfunktion hinaus sah der historische Gesetzgeber die Lizenz als **flexibles Regulierungsinstrument**.[8] Gerade die Lizenzpflicht sollte das gesetzliche Einfallstor für **diskretionäre Verhaltensvorgaben** der Regulierungsbehörde sein. Im TKG sichtbar ist dies an § 8 Abs 2 S 2, dem Nebenbestimmungsvorbehalt. Dieses Regulierungsmodell ist in der bisherigen Regulierungspraxis deutlich in den Hintergrund getreten. Dafür lassen sich drei Ursachen ausmachen: Die erste Ursache ist, dass schon das Gesetz die Verhaltensvorgaben für Telekom-

---

2 Etwa *Spoerr/Deutsch* DVBl 1997, 300, 305 f; *Gramlich* VerwArch 88 (1997), 598, 600 ff, 629 ff.
3 *Fangmann* Das neue Telekommunikationsgesetz, 1997, S 190.
4 Vgl *Maurer* Allgem Verwaltungsrecht, 12. Aufl, § 9 Rn 51 f (S 205 f); *Arndt* in: Steiner, BesVerwR, 6. Aufl, 1999, Rn 277 f (S 864 f).
5 *Oertel* Die Unabhängigkeit der Regulierungsbehörde, S 356; *Gramlich* VerwArch 88 (1997), 598, 629, 631.
6 *Oertel* Die Unabhängigkeit der Regulierungsbehörde, S 430.
7 *Oertel* Die Unabhängigkeit der Regulierungsbehörde, S 431.
8 Deutlich BR-Drucks 80/96, S 34.

munikationsunternehmen relativ detailliert vorgibt. Beispiele aus dem Umfeld des Lizenzrechts bilden die §§ 12 (Auskunftsdienste) und 13 (Notrufdienste). Zweite Ursache für die zurückgedrängte Bedeutung der Lizenz als eines flexiblen Regulierungsinstrumentes ist die gesetzliche Abkoppelung vieler Regulierungsinstrumente von der Lizenzierung. Beispiele dafür sind die Regimes der Entgeltregulierung (§§ 23 ff TKG), des offenen Netzzugangs und der Zusammenschaltung (§§ 33–39 TKG iVm der NZV) der Numerierung (§ 43 TKG).

Durch die **Verselbständigung** all dieser Regulierungsinstrumente mit jeweils eigenen materiellen Vorgaben und eigenen Durchsetzungs- und Kontrollinstrumenten hat schon der Gesetzgeber selbst die Lizenz funktionsentleert. Als dritte Ursache kommen die unionsrechtlichen Beschränkungen dieses Funktionsbereichs der Lizenzierung dazu. Dem Unionsrecht sind Genehmigungsvorbehalte verdächtig. Es ist von der historischen Erfahrung geprägt, dass die Lizenzierung weniger marktkonformes Regulierungsinstrument als monopolsichernde Marktzutrittsschranke ist. **9**

### III. Lizenzvorbehalt zur Gewährleistung lernfähigen Rechts und eines offenen Systems

Gleichwohl darf die Bedeutung der Lizenzierung nicht unterschätzt werden. Eine Reduzierung ihrer Funktion auf eine Art Kontrollinstrument der besonderen Gewerbeaufsicht wird dem Gesetz (§ 8 Abs 2 TKG) ebensowenig gerecht wie den sachstrukturellen Erfordernissen in der Telekommunikation. Der telekommunikationsrechtliche Lizenzvorbehalt gewährleistet **lernfähiges Recht** und ein **offenes System** staatlicher Regulierung. Diese Funktion besteht unabhängig von den Besonderheiten der zuteilenden Lizenzvergabe in Knappheitssituationen nach den §§ 10, 11. **10**

### 1. § 8 Abs 2 TKG

Die **Zentralvorschrift** des Lizenzierungsrechts ist der Nebenbestimmungsvorbehalt nach § 8 Abs 2 S 2 TKG. Er gewährleistet eine – stets strikt auf die Regulierungsziele nach § 2 Abs 2 ausgerichtete – **Flexibilität des Lizenzinhalts**. Dieser besteht nicht nur bei der Erteilung der Lizenz, sondern auch nachträglich. Der **Ausgestaltungsvorbehalt** ist gewissermaßen eine Belastung, die kraft Gesetzes auf der Lizenz ruht und auf die sich der Lizenznehmer einstellen muss. Damit sichert § 8 Abs 2 S 2 TKG die Lernfähigkeit des Telekommunikationsrechts und der telekommunikationsrechtlichen Regulierung. Im Hinblick auf die regulatorischen Lizenzinhalte kann sich die Regulierungspraxis fortentwickeln, und selbst erteilte Lizenzen sind insoweit kein Hindernis. Die Ausgestaltung kann typisierend durch Verwaltungsvorschriften erfolgen.[9] Zwingend ist das nicht. **11**

### 2. Vorgegebene Verfassungspositionen und die Bedeutung der Lizenzierung

Die Bedeutung des Lizenzvorbehalts für ein innovationsoffenes Telekommunikationssystem wird vor allem vor dem grundrechtlichen Hintergrund deutlich: Lizenzpflichtige Tätigkeiten unterfallen zum einen der **Berufsfreiheit** aus Art 12 Abs 1 GG; zum anderen genießen die Lizenz und das in ihrer Ausübung geschaffene Sach- und Unternehmenseigentum den **Eigentumsschutz** aus Art 14 Abs 1 GG. Die Berufsfreiheit gerät selten in Konflikt mit einem innovationsoffenen System; relevant ist hingegen die **Eigentumsgarantie**. Der ihr immanente **Bestandsschutz** setzt dem regulierenden Staat erhebliche Grenzen, die nur unter erhöhten Anforderungen überwindbar sind – über eine verhältnismäßige, Art 14 Abs 1 und 2 GG gerecht werdende Umgestaltung des eigentumsrechtlich geschützten Bereichs durch Inhalts- und Schrankenbestimmungen oder durch Enteignung gegen Entschädigung (Art 14 Abs 3 GG). Der Aufbau von Telekommunikationsinfrastrukturen und Telekommunikationsunternehmen ist nur mit ganz erheblichen Investitionen möglich. Das so Geschaffene unterfällt dem Eigentumsschutz. Der Lizenzvorbehalt gestaltet diesen Eigentumsschutz näher aus. Insofern sind die §§ 6 ff TKG Inhalts- und Schrankenbestimmungen jedweder Eigentumsrechte an lizenzpflich- **12**

---

[9] Darauf weist hin *Oertel* Die Unabhängigkeit der Regulierungsbehörde, S 355.

Wolfgang Spoerr

tigen Aktivitäten und Infrastrukturen. Besondere Bedeutung hat dabei, dass die lizenzpflichtigen Tätigkeiten nur ausgeübt werden dürfen, wenn eine staatliche Genehmigung vorliegt. Von vornherein handelt es sich damit um besonders gebundenes Eigentum. Geht mit der lizenzpflichtigen Tätigkeit die Nutzung von knappen Frequenzen einher, so soll die Lizenz befristet erteilt werden (§ 8 Abs 4 TKG).

## § 6 Lizenzpflichtiger Bereich

(1) Einer Lizenz bedarf, wer
  1. Übertragungswege betreibt, die die Grenze eines Grundstücks überschreiten und für Telekommunikationsdienstleistungen für die Öffentlichkeit genutzt werden,
  2. Sprachtelefondienst auf der Basis selbst betriebener Telekommunikationsnetze anbietet.

(2) Die nach Absatz 1 erforderlichen Lizenzen werden in folgende Lizenzklassen eingeteilt:
  1. Lizenzen zum Betreiben von Übertragungswegen
     a) für Mobilfunkdienstleistungen für die Öffentlichkeit durch den Lizenznehmer oder andere (Lizenzklasse 1: Mobilfunklizenz),
     b) für Satellitenfunkdienstleistungen für die Öffentlichkeit durch den Lizenznehmer oder andere (Lizenzklasse 2: Satellitenfunklizenz),
     c) für Telekommunikationsdienstleistungen für die Öffentlichkeit durch den Lizenznehmer oder andere, für deren Angebot nicht die Lizenzklasse 1 oder 2 bestimmt ist (Lizenzklasse 3),
  2. Lizenzen für Sprachtelefondienst auf der Basis selbst betriebener Telekommunikationsnetze (Lizenzklasse 4). Diese Lizenzklasse schließt nicht das Recht zum Betreiben von Übertragungswegen ein.

(3) Es wird vermutet, dass das Betreiben von Übertragungswegen, die von Dritten genutzt werden, eine Telekommunikationsdienstleistung für die Öffentlichkeit darstellt.

(4) Die Regulierungsbehörde kann auf Antrag Lizenzen der Lizenzklassen 1 bis 4 auch in einer Lizenz zusammengefasst erteilen. Dabei ist sie an den vorgegebenen Rahmen des Absatzes 1 gebunden.

**Verwaltungsvorschriften:** RegTP, Verfügung 158/1999 v 22. 12. 1999, Informationen zu Antragsverfahren zur Erhaltung von Lizenzen der Klassen 1–4, ABl RegTP 1999 Nr 23 S 4090 = www.regtp.de; RegTP, Mitteilung 160/1999, ABl RegTP 1999 S 1259 f.

**Schrifttum:** *Gramlich* Entwicklungen der staatlichen Wirtschaftsaufsicht – Das Telekommunikationsrecht als Modell?, VerwArch 88 (1997), S 598 ff; *Grzeszick* Lizenzvergabe nach dem Telekommunikationsgesetz, ZUM 1997, 911; *Hommel/Berndt* Bilanzrechtliche Behandlung der UMTS-Lizenzen, K & R 2000, 581; *Koenig/Zeiss* EG-Telekommunikationsrecht und Lizenzierung von satellitengestützen persönlichen Kommunikationsdiensten, EuZW 1999, 133; *Ladeur* Die Globalisierung der Telekommunikation und die kooperative Herausbildung einer neuen transnationalen Rechtsordnung – das Beispiel der mobilen Satelliten-Kommunikation, ArchivPT 1998, S 243 ff; *Manssen* Das Telekommunikationsgesetz (TKG) als Herausforderung für die Verfassungs- und Verwaltungsdogmatik, ArchivPT 1998, S 236 ff; *Müller-Terpitz* Internet-Telefonie – Eine regulatorische Betrachtung, MMR 1998, S 65 ff; *Nolte, Norbert* Lizenzierung von Telekommunikationsunternehmen, CR 1996, S 459 ff; *Scherer* Das Telekommunikationsgesetz: Rahmenordnung für chancengleichen Wettbewerb? – Das deutsche Telekommunikationsgesetz und europarechtlicher Rahmen, Vortragsmanuskript zur Euroforum-Konferenz Telekommunikationsrecht am 3. 6. 1997; *Schulz/Wasner* Rundfunkrechtliche Fragen der Lizenzierung und Frequenzverwaltung nach dem TKG, ZUM 1999, 513; *Schwintowski* Ordnung und Wettbewerb auf Telekommunikationsmärkten, CR 1997, S 630 ff; *Spoerr/Deutsch* Das Wirtschaftsverwaltungsrecht der Telekommunikation – Regulierung und Lizenzen als neue Schlüsselbegriffe des Verwaltungsrechts?, DVBl 1997, S 300 ff; *Windthorst* Regulierungsansätze im deutschen und US-amerikanischen Telekommunikationsrecht, CR 1998, S 314; Hogan & Hartson LL.P., Study on Submarine Cable Landing Rights and **Existing** Practices for the Provision of Transmission Capacity on International Routes, Report to the Commission of the European Community DG XIII, 1998.

Wolfgang Spoerr

## Inhaltsübersicht

| | | Rn |
|---|---|---|
| I. | Grundlagen: Bestimmung des Gegenstandes des Genehmigungsvorbehalts | 1–4 |
| II. | Gesetzgebungsgeschichte und EU-Recht | 5–12 |
| | 1. Das Fernmeldemonopol des FAG vor Inkrafttreten des TKG | 5–6 |
| | 2. Das Gesetzgebungsverfahren zum TKG | 7–9 |
| | 3. Harmonisierung und Liberalisierung im EU-Recht | 10–12 |
| III. | Der Gegenstand der telekommunikationsrechtlichen Lizenz (einschließlich Lizenzklassen, Abs 2) | 13–35 |
| | 1. Der Lizenzinhalt in geografischer Hinsicht | 15–20 |
| | 2. Der Lizenzgegenstand in technisch-funktionaler Hinsicht | 21–35 |
| IV. | Einzelkommentierung | 36 |
| | 1. Die Lizenz als Einzelgenehmigung | 36–38 |
| | 2. Lizenzbedürfnis, Folgen fehlender Lizenzen | 39–43 |
| |    a) Verbot mit Erlaubnisvorbehalt | 39 |
| |    b) Folgen bei Verstößen | 40–43 |
| | 3. Adressat der Lizenzpflicht | 44–46 |
| | 4. Gegenständliche Voraussetzung der Lizenzpflicht: die Infrastrukturlizenz (Übertragungswege) nach § 6 Abs 1 Nr 1 | 47–66 |
| |    a) Übertragungswege | 48–50 |
| |    b) Umfang des Übertragungsweges bei Kabelverbindungen: Abschlusseinrichtungen und Endeinrichtungen | 51–52 |
| |    c) Internationale Reichweite des Lizenzvorbehalts | 53 |
| |    d) Die Abgrenzung des lizenzpflichtigen Bereichs bei Funkübertragungswegen (einschließlich Satelliten-Übertragungswegen) | 54 |
| |    e) Betreiben und Betreiber | 55 |
| |    f) Überschreiten der Grenze eines Grundstückes | 56 |
| |    g) Nutzung der Telekommunikationsdienstleistungen für die Öffentlichkeit | 57–62 |
| |    h) Mischnutzungen von Infrastrukturen | 63–66 |
| | 5. Nr 2: Anbieten von Sprachtelefondienst auf der Basis selbst betriebener Telekommunikationsnetze | 67–70 |
| |    a) Sprachtelefondienst | 67–69 |
| |    b) Auf der Basis selbst betriebener Telekommunikationsnetze | 70 |
| | 6. Lizenzwirkungen und Inhalte der Lizenz | 71–77 |
| V. | Durchsetzung, Rechtsschutz | 78–79 |
| VI. | Übergangsprobleme | 80–81 |
| VII. | Grundrechtliche Fragen | 82–87 |
| | 1. Art 12 GG | 82 |
| | 2. Art 14 GG | 83–87 |
| VIII. | Bewertung der §§ 6 ff TKG und Fortentwicklung des Lizenzrechts | 88–91 |

## I. Grundlagen: Bestimmung des Gegenstandes des Genehmigungsvorbehalts

§ 6 bestimmt jene Handlungen, die genehmigungspflichtig sind, in der – insoweit unschönen – **1**
Gesetzessprache den „lizenzpflichtigen Bereich". § 6 Abs 1 umschreibt also den Gegenstand des telekommunikationsrechtlichen administrativen Genehmigungsvorbehalts. Die Beschreibung der Lizenzklassen in Abs 2 hat mehr als rechtstechnische und definitorische Bedeutung: Sie definiert **typisierend** den Lizenzinhalt, den **Lizenzgegenstand** bzw sachlichen Geltungsbereich der Lizenz. Die Einteilung beruht auf der vor Inkrafttreten des TKG gewachsenen Regulierungspraxis.[1] § 6 Abs 2 Nr 2 S 2, wonach die Lizenzklasse 4 (Sprachentelefondienst) nicht das Recht zum Betreiben von Übertragungswegen einschließt, kann die materielle Aussage entnommen werden, dass die Sprachtelefondienst-Lizenz selbständig erteilt werden kann, aber nicht muss (§ 6 Abs 4 S 1).

---

[1] Beck'scher TKG-Kommentar/*Schütz* § 6 Rn 32; krit dazu *Scherer* in: Bartsch/Lutterbeck, Neues Recht für neue Medien, 1998, 25, 37.

**2** Die Lizenz ist in § 3 Nr 7 TKG legal definiert (s dazu § 3 Rn 40 f) als „Erlaubnis zum Angebot bestimmter Telekommunikationsdienstleistungen für die Öffentlichkeit". Die Lizenz ist somit eine **spezielle Genehmigung des Wirtschaftsverwaltungsrechts**.[2] Die Gegenstände des lizenzpflichtigen Bereiches werden in § 6 Abs 1 abschließend umschrieben. In aller Regel sind die lizenzpflichtigen Tätigkeiten *enger* umgrenzt als die gem § 4 TKG anzeigepflichtigen.

**3** Der gem § 6 Abs 1 lizenzpflichtige Bereich umfasst dabei zwei recht unterschiedlich strukturierte Teilbereiche: das **Betreiben** von **Übertragungswegen**, die für Telekommunikationsdienstleistungen für die Öffentlichkeit genutzt werden (Nr 1), und das **Anbieten** von **Sprachtelefondienst** auf der Basis selbst betriebener Telekommunikationsnetze (Nr 2). Diese Dichotomie entspricht dem Restbestand des Fernmeldemonopols vor[3] Inkrafttreten des TKG.[4] Die Rechtfertigung für das Lizenzerfordernis ist – jedenfalls im Schwerpunkt – unterschiedlich: Während bei Nr 1 der **Zugang zu physikalisch knappen Ressourcen** (Funkfrequenzen) und die **leistungsrechtliche Wirkung** der §§ 50 ff TKG im Vordergrund stehen, sind es bei Nr 2 die Sonderregulierungen der §§ 17 ff TKG (Universaldienstleistungen) und der §§ 23 ff TKG (Entgeltregulierung).

**4** Hingegen knüpfen die wettbewerbsschaffenden und wettbewerbsgestaltenden Vorschriften über offenen Netzzugang und Zusammenschaltung (§§ 33 ff) rechtstechnisch nicht an die Stellung als Lizenznehmer an; die Lizenzträgerschaft kann aber bestimmte Elemente des jeweiligen Tatbestandes vorklären (dazu unten Rn 75).

## II. Gesetzgebungsgeschichte und EU-Recht

### 1. Das Fernmeldemonopol des FAG vor Inkrafttreten des TKG

**5** Ausgangspunkt der Gesetzesentwicklung war das umfassende gesetzliche Fernmeldemonopol[5] bis zur Postreform I. Es ging zurück auf § 1 des Gesetzes über das Telegraphenwesen des Deutschen Reiches[6]. Dort hieß es: „Das Recht, Telegraphenanlagen für die Vermittlung von Nachrichten zu errichten und zu betreiben, steht ausschließlich dem Reich zu. Unter Telegraphenanlagen sind die Fernsprechanlagen mitbegriffen."

**6** Im FAG war in § 1 das Fernmeldemonopol, in § 2 die Ausnahmeregelung über die „Verleihung" geregelt[7]. Mit der Postreform I[8] wurde das Fernmeldemonopol auf das (beschränkte) Netzmonopol und das Telefondienstmonopol beschränkt. Diese blieben formal auch in der Postreform II (PTNeuOG 1994[9]) erhalten, wurden aber um eine Ermächtigungsgrundlage für verordnungsrechtliche (§ 2 Abs 2) und einzelfallbezogene (§ 1 Abs 5) Liberalisierungen ergänzt.[10]

### 2. Das Gesetzgebungsverfahren zum TKG

**7** Im Gesetzgebungsverfahren zum TKG gehörte § 6 zu den insgesamt weniger umstrittenen Vorschriften. Schon der Regierungsentwurf[11] entsprach der Fassung, die Gesetz geworden ist.

---

**2** *Gramlich* VerwArch 1997, 599 f; *Spoerr/Deutsch* DVBl 1997, 303 ff; zur bilanzrechtlichen Behandlung *Hommel/Berndt* K & R 2000, 581.
**3** Zum – zeitlich gestuften, inzwischen abgeschlossenen – Auslaufen des Monopols Beck'scher TKG-Kommentar/*Schütz*, § 6 Rn 1; *Gramlich* VerwArch 88 (1997), 599, 629.
**4** So ausdrücklich auch BR-Drucks 80/96, S 37.
**5** S *Hermes* Staatliche Infrastrukturverantwortung, 1998, S 269; *Gramlich* VerwArch 1997, 599, 605–608.
**6** V 6. 4. 1892, RGBl S 467.
**7** Zusammenfassend *Fangmann/Lörcher/Scheurle/Schwemmle/Wehner* Telekommunikations- und Postrecht, Kommentar und alle neuen Rechtsvorschriften, 2. Aufl, 1996; *Eidenmüller* Post- und Telekommunikationswesen, § 2 FAG Anm 1; *Gramlich* VerwArch

88 (1997), 598, 605 ff; grundlegend *Huber* Wirtschaftsverwaltungsrecht I, 2. Aufl, 1953, S 546; zur Rechtsprechung BVerwGE 28, 278.
**8** Poststrukturgesetz v 8. 6. 1989, BGBl 1989 I, S 1026; dazu *Schachtschneider* NJW 1989, 2374; *Witte* FS Potthoff, 1989, S 213 ff; *Gramlich* VerwArch 88 (1997), 599, 618 ff.
**9** V 14. 9. 1994, BGBl 1994,I S 2325; dazu etwa *Gramlich* NJW 1994, 2785 ff; VerwArch 1997, 598, 621 ff.
**10** Zum Verhältnis von § 2 Abs 2, § 2 Abs 1 u § 1 Abs 5 FAG idF des PTNeuOG: *Martina* NJW 1995, 681; *Fangmann/Lörcher/Scheurle/Schwemmle/Wehner* Telekommunikations- und Postrecht, Kommentar und alle neuen Rechtsvorschriften, 2. Aufl, 1996, S 298 f.
**11** BR-Drucks 80/96, S 6.

In der Begründung des Gesetzesentwurfes[12] beschreibt die Bundesregierung die „Lizenz als Marktzugangsvoraussetzung"[13] und als Ausnahme von der verfassungsrechtlich garantierten Berufs- und Gewerbefreiheit; diese Ausnahme werde auf den „unbedingt erforderlichen Umfang"[14] beschränkt. Für die Lizenzpflicht seien nur die Märkte vorgesehen, die bisher dem Netz- und Telefondienstmonopol unterliegen. Die Tätigkeit in diesen Bereichen sei für alle Anbieter dann lizenzpflichtig, wenn die entsprechende Telekommunikationsdienstleistung als kommerzielle Dienstleistung für die Öffentlichkeit vorgesehen sei.[15]

Zum Erfordernis der Lizenzpflicht wird darauf verwiesen[16], dass die Verpflichtungen, denen Lizenznehmer unterliegen, in vielen Bereichen nur einzelfallbezogen beschrieben werden können. Bestimmte Auflagen seien darüber hinaus von subjektiven Voraussetzungen abhängig, die eine individuelle Zuordnung von Auflagen erforderlich machten. Auch müssen notwendige Anpassungen individuell und flexibel durchgeführt werden können. Mit Ausnahme der Bereiche, in denen die begrenzte Verfügbarkeit knapper Ressourcen eine Beschränkung gebietet, sei eine Begrenzung der Anzahl zu vergebender Lizenzen nicht vorgesehen, da nach Wegfall der Monopole schon aus verfassungsrechtlichen Gründen grundsätzlich jedermann zum Markteintritt berechtigt sei. Die Lizenz sei für die „sektorspezifische Regulierung" notwendig.[17] Diese sei als entscheidendes Regulierungsinstrument in dem zu Beginn monopolistisch geprägten Markt „zumindest für eine längere Übergangszeit" unabdingbar; allein durch gesetzliche Regelungen könne eine abgestufte, dem Prinzip der Verhältnismäßigkeit folgende effiziente Regulierung nicht erfolgen.[18]

**8**

Der Bundesrat schlug die Streichung von § 6 Abs 3 und eine Freistellung der „bisher betriebenen" Sendernetze der öffentlich-rechtlichen Rundfunkanstalten von der Lizenzpflicht vor.[19] Die Streichung der Öffentlichkeitsvermutung aus § 6 Abs 3 solle es kommunalen Netzbetreibern ermöglichen, ihre Übertragungswege zu vermarkten, ohne dass sie dafür einer Lizenz bedürften.[20] Die Bundesregierung lehnte beide Vorschläge ab. Die Öffentlichkeitsvermutung sei erforderlich, einer Umgehung des Lizenzerfordernisses entgegenzuwirken; eine Freistellung kommunaler Netzbetreiber sei nicht sachgerecht.[21] Für die öffentlich-rechtlichen Rundfunkanstalten mit bestehenden Sendernetzen verwies die Bundesregierung auf den Bestandsschutz aus § 94 Abs 4 TKG-E.

**9**

### 3. Harmonisierung und Liberalisierung im EU-Recht

Das EU-Telekommunikationsrecht verhält sich gegenüber administrativen Genehmigungsvorbehalten kritisch, teils ablehnend. Es ist von Misstrauen gegenüber nationalen Genehmigungserfordernissen geprägt. Das beruht auf der Erfahrung, dass früher die telekommunikationsrechtlichen Genehmigungserfordernisse in allen Mitgliedstaaten nicht als präventive Erlaubnisvorbehalte zur Durchsetzung **grundlegender Anforderungen** (zum Begriff § 33 Rn 52) verstanden wurden, sondern als echte **Marktzutrittsschranken**; die Erteilung von Genehmigungen erschien als Verleihung eines Privilegs. Die Liberalisierungsstrategie des EU-Rechts musste deshalb auf die Beseitigung von Genehmigungserfordernissen zielen, ersatzweise auf deren Einschränkung.[22]

**10**

Inzwischen lässt die Genehmigungsrichtlinie[23] einen administrativen Genehmigungsvorbehalt (für Einzelgenehmigungen) nur dann zu, wenn „der Genehmigungsträger Zugang zu knappen Sachressourcen und anderen Ressourcen erhält oder besonderen Verpflichtungen unterworfen ist oder besondere Rechte genießt" (Art 3 Abs 3 S 2). Näher präzisiert wird das in Art 7 der Genehmigungsrichtlinie.[24] Art 13 der Genehmigungsrichtlinie[25] gibt die Möglichkeit, ein Globalverfah-

**11**

---

12 BR-Drucks 80/96, S 33 ff.
13 BR-Drucks 80/96, S 34.
14 BR-Drucks 80/96, S 34.
15 BR-Drucks 80/96, S 34.
16 BR-Drucks 80/96, S 34.
17 BR-Drucks 80/96, S 37.
18 BR-Drucks 80/96, S 37.
19 BT-Drucks 13/4438, S 7 f.
20 BT-Drucks 13/4438, S 7 f.
21 BT-Drucks 13/4438, S 31.
22 Zur Entwicklung zusammenfassend Beck'scher TKG-Kommentar/*Schütz* § 6 Rn 7 f.
23 97/13/EG.
24 96/19/EG.
25 97/13/EG.

ren für Einzelgenehmigungen zu regeln. Nur vereinzelt setzt das EU-Recht Genehmigungsvorbehalte zur Regulierung ein. Ein Beispiel ist Art 8 der Liberalisierungsrichtlinie[26] idF der Richtlinie 96/19/EG. Nach dieser Vorschrift stellen die Mitgliedstaaten „mit den Genehmigungssystemen für die Bereitstellung von Sprachtelefondienst und öffentlichen Telekommunikationsnetzen zumindest sicher, dass – in den Fällen, in denen solche Genehmigungen an Unternehmen erteilt werden, denen sie besondere oder ausschließliche Rechte in anderen Bereichen als der Telekommunikation gewähren – solche Unternehmen für ihre Tätigkeit als Anbieter von Sprachtelefondienst und/oder -netz und für ihre anderen Aktivitäten getrennte Finanzkonten führen, sobald sie einen Umsatz von mehr als ECU 50 Mio auf dem relevanten Telekommunikationsmarkt erzielen."

12 Trotz dieser Instrumentalisierung der Lizenzierung für unionsrechtliche Regulierungsziele bleibt das Unionsrecht vom Misstrauen gegen eine marktabschottende Wirkung nationaler Genehmigungsvorbehalte geprägt. Für die deutsche Regulierungspraxis ist dieses Misstrauen nicht berechtigt, außer im Hinblick auf die Lizenzgebühren (dazu § 16 Rn 46). Der künftige Rechtsrahmen könnte erhebliche Änderungen der §§ 6 ff TKG erfordern (dazu unten Rn 89 f).

### III. Der Gegenstand der telekommunikationsrechtlichen Lizenz (einschließlich Lizenzklassen, Abs 2)

13 Eine der schwierigsten, bislang noch weitgehend noch ungeklärten Fragen des Telekommunikationsrechts ist die nach dem Gegenstand der TKG-Lizenzen. Er bestimmt zum einen die **Voraussetzungen** der Lizenzpflicht, zum anderen den **Inhalt der Lizenzen**: ihren **Geltungsbereich**. Das ist von beträchtlicher Bedeutung insbesondere dann, wenn es darum geht, lizenzpflichtige Änderungen zu bestimmen. Die schwierigsten Fragen stellen sich hier im Hinblick auf die Infrastrukturlizenz (§ 6 Abs 1 Nr 1 TKG). Erforderlich ist sie ausschließlich für das **Betreiben von Übertragungswegen**. Die **Errichtung** ist also nach geltendem Recht von vornherein lizenzfrei. Der Umfang des Übertragungsweges wird gesondert behandelt (dazu § 3 Rn 100 ff, § 6 Rn 51 f); ebenso wie die zusätzlichen Tatbestandsmerkmale der Lizenzpflicht in § 6 Abs 1 Nr 1 (dazu § 6 Rn 57 ff). Nicht weniger wichtig ist die Frage, was einen Übertragungsweg lizenzrechtlich charakterisiert.

14 Diese Lizenzinhaltsbestimmung ergibt sich zum einen aus **geografischen**, zum anderen aus **technisch-funktionalen** Kriterien.

#### 1. Der Lizenzinhalt in geografischer Hinsicht

15 In der Regulierungspraxis hat sich – in erster Linie gebührenrechtlich geprägt – eine Unterscheidung zwischen Gebiets- und Linienlizenzen durchgesetzt.

16 Nach § 3 Abs 3 TKLGebV ist der Lizenzgegenstand von Gebietslizenzen in regionaler Hinsicht in Form einer **geografisch abgegrenzten Fläche** definiert.

17 Demgegenüber ist der Lizenzgegenstand bei Linienlizenzen durch geografische **Punkt-zu-Punkt-Verbindungen** beschrieben.

18 Der Antragsteller hat insoweit die Wahl, ob er eine Linien- oder Gebietslizenz beantragt.

19 Mit dem Versorgungsgebiet haben diese Lizenztypen nichts zu tun.[27] Maßgebend ist vielmehr die Konfiguration der Übertragungswege.[28] Nur bei der Sprachtelefonlizenz kommt es auf das Angebotsgebiet (= Versorgungsgebiet) an.[29]

20 Bei Funk-Übertragungswegen, die keine Richtfunkstrecken sind, ist eine Gebietslizenz technisch zwingend. Demgegenüber kann bei Kabelverbindungen die Frage gestellt werden, ob Gebietslizenzen gesetzlich zwingend sind oder auf einer typisierend-vereinfachenden Verwaltungspra-

---

26 90/338/EWG.
27 Beck'scher TKG-Kommentar/*Schütz* § 6 Rn 85.
28 Beck'scher TKG-Kommentar/*Schütz* § 6 Rn 85 f.

29 So die Regulierungspraxis seit RegTP, Mitteilung 160/1999, ABl RegTP 1999, 1259 f; abl Beck'scher TKG-Kommentar/*Schütz* § 6 Rn 87 f.

Wolfgang Spoerr

xis sowie untergesetzlicher Verordnungsgebung beruhen. Technisch-funktional wäre es nicht von vornherein ausgeschlossen, Kabellizenzen ausschließlich als Linienlizenzen zu erteilen. Bei Kabelnetzen, die auf Flächendeckung angelegt sind, wäre ein solches Erfordernis allerdings **unverhältnismäßig**. Daher ist die Erteilung von Gebietslizenzen auch bei Kabelverbindungen rechtlich zwingend. Umgekehrt ist es ebenso zwingend, auf Antrag Linienlizenzen zu erteilen.

### 2. Der Lizenzgegenstand in technisch-funktionaler Hinsicht

Schwieriger sind die Fragen, die sich im Zusammenhang mit der technisch-funktionalen Bestimmung des Lizenzgegenstandes stellen. 21

Hier ist Ausgangspunkt zunächst die Einteilung der Lizenzklassen. Mit den Lizenzklassen hat der Gesetzgeber gesetzlich-generell den Inhalt der Lizenzen typisierend vorgegeben. Die Einteilung in Lizenzklassen knüpft einerseits an die vor Inkrafttreten des TKG gewachsenen Marktverhältnisse[30] an, zum anderen an die Regulierungspraxis, die sich vor dem TKG entwickelt hatte. Die in der Lizenzklasse 1 definierten **Mobilfunkdienstleistungen** sind in § 3 Nr 8 TKG definiert. Es sind alle Telekommunikationsdienstleistungen, die für die mobile Nutzung bestimmt sind. Insbesondere gehören dazu die mobilen Funktelefondienste.[31] Maßgebend ist der **Hauptzweck** des Netzes bzw. des Übertragungsweges. Nicht auf die Funknutzung kommt es an, sondern auf den bestimmungsgemäßen Betriebszweck der angeschlossenen Abschluss- und Endeinrichtungen. Neben der mobilen Funktelefonie (im C-Netz, in den GSM-Netzen sowie in UMTS-Netzen) gehören dazu der Bündelfunk[32], der allerdings häufig nicht der Nutzung durch die Öffentlichkeit dient,[33] sowie der Funkruf[34] und mobile Datenfunkdienste. Keine Mobilfunkdienstleitung ist die DECT-Technik: die Nutzung in engem Umkreis einer Basisstation ist keine mobile Nutzung.[35] 22

Die Lizenzklasse 2 (§ 6 Abs 2 Nr 1b) ist dadurch gekennzeichnet, dass die Funksignale über einen im Weltraum stationierten Satelliten geleitet werden.[36] Mobile Satellitenkommunikationssysteme erfordern eine einheitliche Lizenz, die zugleich eine der Lizenzklasse 1 und der Lizenzklasse 2 ist.[37] 23

Die Lizenzklasse 3, die weder dem Mobilfunk, noch dem Satellitenfunk dient, gem § 6 Abs 2 Nr 1c ist ein **Auffangtatbestand,** der sämtliche Übertragungswege erfasst. Dazu gehören auch die drahtlosen Teilnehmeranschlussleitungen, beispielsweise nach der WLL-Technik[38]. Insbesondere handelt es sich um sämtliche leitungsgebundene Übertragungswege (Kabelverbindungen) sowie alle sonstigen funkgestützten Netze. Von besonderer Bedeutung sind dabei neben den Telefonverbindungsleitungen im Festnetz, die **Breitbandverteilnetze**, die terrestrischen Rundfunksendenetze sowie überregionale Telefon- und Datennetze (backbones). 24

Sache des Betreibers des Netzes ist es, den **Umfang seines Netzes** festzulegen. Die Netzebene 4 der Breitbandkabelnetze (Hausinnenverkabelung) ist nur dann lizenzfrei, wenn sie nicht Bestandteil des öffentlichen Kommunikationsnetzes ist[39] und nicht selbst mehrere Grundstücke erfasst. 25

---

**30** *Teves/Stoetzer* Der Wettbewerb auf dem Markt für zellularen Mobilfunk in der BRD, Wissenschaftliches Institut für Telekommunikationsdienste, Diskussionsbeiträge Nr 151, S 14 ff.
**31** Zu ihrer Entwicklung zusammenfassend Beck'scher TKG-Kommentar/*Schütz* § 6 Rn 34.
**32** Dazu RegTP, Vfg 131/1999, ABl RegTP 1999 Nr 19.
**33** Beck'scher TKG-Kommentar/*Schütz* § 6 Rn 37; BMPT, Lizenzierung und Regulierung im Mobil- und Satellitenfunk, 1992, S 19.
**34** Dazu RegTP, Vfg 15/2000, ABl RegTP 2000 Nr 4.
**35** AM noch Beck'scher TKG-Kommentar/*Schütz* 1. Aufl, § 6 Rn 36.

**36** S näher Beck'scher TKG-Kommentar/*Schütz* § 6 Rn 49 mit Beispielen.
**37** BMPT, Eckpunkte zur Regulierung von Übertragungswegen für satellitengestütze persönliche Kommunikationsdienste (S-PS) 1997, Eckpunkt 9; krit *Koenig/Zeiss* EuZW 1999, 133, 136.
**38** Dazu BMPT-Verfügung 51/1997, ABl RegTP 1997, 338; RegTP, Vfg 33/99, ABl RegTP 1999 Nr 6; Vfg 55/1998, ABl RegTP 1998, 2515; Vfg 120/1999, ABl RegTP 1999, 2379; Vfg 128/1999, ABl RegTP 1999, 2650.
**39** Zur früheren Rechtslage Beck'scher TKG-Kommentar/*Schütz* § 6 Rn 18; zur Zurücknahme des Monopols VG Stuttgart, Archiv PF 1990, 479.

**26** Stark typisiert sind dabei insbesondere die Lizenzklassen 1 und 2, während Lizenzklasse 3 als Auffangtatbestand vergleichsweise wenig typisiert ist.

**27** Bei der Lizenzklasse 1 und 2 ergibt sich der Lizenzgegenstand aus der **erbrachten Dienstleistung**. Insoweit ist der Lizenzgegenstand **nicht infrastrukturbezogen**, sondern **dienstleistungsbezogen** zu ermitteln. Maßgeblich ist, welche Mobilfunkdienstleistung am Markt angeboten wird. Dabei kommt es allerdings nicht auf jede einzelne Dienstleistung an, sondern auf die **Netzarchitektur**. Mobilfunknetze sind komplexe Systeme (Architekturen), bei denen bestimmte Infrastrukturen (Funkfrequenzen, Frequenznutzungsarten, Geräte, Stationen) mit hoch komplexer Datenverarbeitungstechnik und Festleitungen so gekoppelt werden, dass ein bestimmtes, in der Regel frequenzgeprägtes Infrastrukturmodell bestimmte **Gesamtleistungen** erbringt. Der Lizenzgegenstand wird hier von der Netzarchitektur insgesamt bestimmt, nicht von der Gesamtheit der einzelnen Dienstleistungen, die das System ermöglicht. Das Mobilfunknetz kann dabei sowohl aus Funkverbindungen wie aus Kabelverbindungen bestehen. In der Regel besteht es aus beidem. Die Mobilfunklizenz deckt sämtliche Netzelemente, die im Rahmen der Netzarchitektur erforderlich sind.

**28** Die dienstleistungsbezogene Prägung der Mobilfunklizenz führt nicht dazu, dass **zusätzliche Dienste**, die durch eine Verbesserung der Netzarchitektur möglich werden, einer Lizenzänderung oder -erweiterung bedürfen. **Fortschreibungen der Netzarchitektur** sind ohne Änderungen der Lizenz zulässig, solange sie nicht zu einer qualitativ anderen Netzarchitektur führen. Dementsprechend waren die Einführungen vom Short Messaging Services (SMS) in den GSM-Mobilfunknetzen ohne Lizenzänderung zulässig. Für zulässig gehalten wird auch die Optimierung der Übertragungsraten in den bestehenden GSM-Mobilfunknetzen durch die Einführung von GRPS. Insoweit wird darauf abgestellt, dass GRPS eine Fortschreibung des GSM-Standards ist.

**29** Die Trennlinien zwischen einer (lizenzfreien) **Einführung neuer Dienstemerkmale** oder **neuer Dienste** einerseits und einer **lizenzpflichtigen Änderung** sind unter Berücksichtigung die Regulierungsziele zu ziehen. In diesem Zusammenhang kommt es vor allem auf folgende Fragen an:

**30** – Ergeben sich durch die vorgegebenen Änderungen qualitative Änderungen im Hinblick auf die **Versorgung** der Bevölkerung mit Telekommunikationsdienstleistungen (§ 2 Abs 2 Nr 1 TKG)?

**31** – Wirft die Änderung des Gesamt-Dienstes die **Verteilungsfrage** im Hinblick auf die Frequenznutzung neu auf? Das gilt insbesondere dann, wenn der neue Dienst zur Aufrechterhaltung des bisherigen Versorgungsumfangs zusätzlichen Frequenzbedarf auslöst. Davon darf allerdings nicht vorschnell ausgegangen werden; das Interesse des Netzbetreibers an einer Fortentwicklung seines Netzes während der Lizenzlaufzeit ist einzelfallbezogen gegen das Interesse an der **Wahrung der Verteilungsordnung** (§§ 10, 11 TKG) abzuwägen.

**32** – Ergeben sich klärungsbedürftige Fragen im Hinblick auf die **effiziente und störungsfreie Nutzung** von Frequenzen sowie auf den **chancengleichen und funktionsfähigen Wettbewerb**?

**33** Ähnliche Kriterien sind auch anzulegen, wenn bestehende Netze für **artfremde Telekommunikationsdienste** mitgenutzt werden. Beispiel hierfür ist die Nutzung von GSM-Mobilfunknetzen für bestimmte stationäre Anwendungen, etwa in der Verkehrsleittechnik. Andere Beispiele ergeben sich aus der Mitnutzung von Mobilfunk-Übertragungswegen für andere Dienstleistungen, etwa für Festverbindungen. Ohne weiteres und ohne gesonderte Lizenz zulässig sind **Randnutzungen**. Im Übrigen kommt es wiederum auf eine einzelfallbezogene Abwägung an, für die die soeben genannte Kriterien maßgeblich sind. Bei Kabelverbindungen sind artfremde Nutzungen tendenziell eher zulässig als bei frequenzgebundenen.

**34** Die schwierigsten Fragen stellen sich im Hinblick auf die Lizenzklasse 3. Als Auffangtatbestand ist sie nicht technisch vorgeprägt, weder durch die Art der erbrachten Dienstleistungen, noch durch die technischen Charakteristika des Übertragungsweges. Die Übertragungswege der Lizenzklasse 3 können zB durchaus auch für Mobilfunkdienstleistungen genutzt werden, solange und soweit für das Mobilfunknetz eine eigene Lizenz vorhanden ist. Beispielsweise ist es zulässig, auf der Grundlage einer Lizenz Klasse 3 errichtete Festverbindungen an einen Mobilfunknetzbetreiber zu vermieten.

In der Regulierungspraxis werden insoweit **umfassende** Lizenzen der Klasse 3 erteilt. Sie erstrek- 35
ken sich auf Kabelverbindungen jedweder Art, daneben auch auf Funkverbindungen, soweit die erforderlichen Frequenzen zugeteilt werden. Eine Ausnahme sind die beschränkten Lizenzen für Rundfunksignalverteilanlagen. Nach der Entscheidungspraxis der RegTP werden die Frequenzzuteilungen, sobald sie erteilt werden, dann Bestandteil der Lizenz.

## IV. Einzelkommentierung

### 1. Die Lizenz als Einzelgenehmigung

Die Lizenz ist in § 3 Nr 7 TKG etwas unscharf definiert als „Erlaubnis zum Angebot bestimmter 36
Telekommunikationsdienstleistungen für die Öffentlichkeit". Die Erteilung von Sammelgenehmigungen iSd Genehmigungs-Richtlinie[40], die bestimmte Verhaltensweisen allgemein – und nicht nur im Einzelfall – genehmigen, ist nach dem TKG nicht ausdrücklich vorgesehen. Eine solche **Allgemeingenehmigung** widerspräche dem Antragserfordernis (§ 8 Abs 1 TKG) sowie den personenbezogenen Voraussetzungen der Lizenz (§ 8 Abs 3 TKG). Von der EU-rechtlich eingeräumten Möglichkeit, Allgemeingenehmigungen vorzuhalten und vorzusehen (Art 4 ff der Genehmigungsrichtlinie[41]), ist im TKG nicht Gebrauch gemacht worden. Das TKG kennt nur noch die Unterscheidung genehmigungspflichtiger Tätigkeiten (mit Einzelgenehmigung) und genehmigungsfreier (aber anzeigepflichtiger) Tätigkeiten. Im Unterschied zur FAG (§ 1 Abs 5 § 2 Abs 2) enthält das TKG auch keine Ermächtigung des Verordnungsgebers, den Lizenzvorbehalt einzuschränken. Eine echte Allgemeingenehmigung – sei es als Allgemeinverfügung[42], sei es in Form einer Rechtsverordnung – lässt das TKG damit nicht zu. Es verlangt zwingend die Prüfung der personenbezogenen Voraussetzungen im Einzelfall. Schon gar nicht ist es seit Inkrafttreten des TKG zulässig, den Kreis der genehmigungspflichtigen Handlungen durch Verwaltungsvorschrift einzuschränken, wie es früher üblich war.[43] Das würde gegen den Vorrang des Gesetzes verstoßen.

Zulässig ist es allerdings, dass die Regulierungsbehörde in Form einer veröffentlichten **Verwal-** 37
**tungsvorschrift** den **Inhalt der Genehmigungen** für bestimmte lizenzpflichtige Teilbereiche vorab bekanntgibt. Aber auch dann muss jeder, der eine der genannten lizenzpflichtigen Tätigkeiten ausübt, die Tätigkeit schriftlich anmelden, und diese Anmeldung ist dann der schriftliche Antrag iSd § 8 Abs 1 TKG. Nach § 8 TKG muss die Lizenzbehörde auf diesen Antrag die Lizenz dann schriftlich erteilen.

Eine unter Verstoß gegen diese Grundsätze erteilte „Allgemeingenehmigung" dürfte zwar 38
rechtswidrig, aber gleichwohl wirksam sein, solange die Schriftform (§ 8 Abs 1 S 1 TKG iVm § 37 Abs 3 VwVfG) gewahrt ist.[44] Das Fehlen des Antrages (§ 8 Abs 1 S 1 TKG) ist nach allgemeinen Grundsätzen kein Nichtigkeitsgrund.[45]

### 2. Lizenzbedürfnis, Folgen fehlender Lizenzen

#### a) Verbot mit Erlaubnisvorbehalt

Das gesetzliche Lizenzerfordernis aus § 6 Abs 1 folgt dem Modell des Verbotes mit Erlaubnis- 39
vorbehalt.[46] Die in § 6 Abs 1 genannten Handlungen des „lizenzpflichtigen Bereiches" sind **verboten**, solange die Genehmigung fehlt.

---

[40] 97/13/EG.
[41] 97/13/EG.
[42] Zu den allgemeinen Genehmigungen nach FAG *Eidenmüller* § 2 FAG Anm 4a.
[43] Dazu § 15 PostUmwG und *Fangmann/Lörcher/Scheurle/Schwemmle/Wehner* Telekommunikations- und Postrecht, Kommentar und alle neuen Rechtsvorschriften, 2. Aufl, 1996, S 298.

[44] Fehlt hingegen die Schriftform, so ist die Allgemeingenehmigung nach allgem Grundsätzen (dazu *Kopp/Ramsauer* VwVfG, § 44 Rn 26, str) nichtig.
[45] VGH Kassel, NVwZ 1985, 499, das folgt aus § 45 Abs 1 Nr 1 VwVfG, vgl *Kopp/Ramsauer* VwVfG, § 44 Rn 21 mwN auch zur Gegenauffassung.
[46] Dazu allgem *Maurer* Allgemeines Verwaltungsrecht, 11. Aufl, 1997, § 9 Rn 51 ff (S 205 f); *Wolff/*

Wolfgang Spoerr

**b) Folgen bei Verstößen**

**40** Vergleichsweise **mild** jedoch sind die **Sanktionen:** Auf einen Straftatbestand hat der Gesetzgeber des TKG verzichtet. Darin liegt eine begrüßenswerte, der sonstigen Tendenz moderner Gesetzgebung weitgehend zuwiderlaufende Entkriminalisierung; noch § 15 Abs 2 FAG sanktionierte Verstöße gegen die fernmelderechtlichen Erlaubnisvorbehalte mit einem Straftatbestand.[47] Diese Vorschrift ist zum 1. 8. 1996 außer Kraft getreten (§ 99 Abs 1 Nr 3 TKG). Die wirksame Sanktionierung von Verstößen wird auch ohne Straftatbestand durch den recht hohen Bußgeldrahmen des § 96 Abs 2 TKG gesichert (bis zu DM 1 Mio).

**41** Verwaltungsrechtlich richtet sich die Sanktionierung nach § 71 S 2 TKG.[48] Die Regulierungsbehörde kann „Anbietern von lizenzpflichtigen Telekommunikationsdienstleistungen, die nicht über eine gültige Lizenz verfügen, die Ausübung dieser Tätigkeiten untersagen, wenn nicht auf andere Weise rechtmäßige Zustände hergestellt werden können". Funktional zuständig ist der Präsident der Regulierungsbehörde (§ 66 Abs 2 S 2 TKG) oder die in seiner Geschäftsordnung bestimmte Stelle (§ 66 Abs 2 S 2 TKG). Untersagungen gehören nicht zu den Gegenständen, die gem § 73 Abs 1 TKG den Beschlusskammern zugewiesen sind. Für das Verwaltungsverfahren gilt das VwVfG des Bundes (§ 1 Abs 1 S 1, 1. Alt VwVfG iVm § 66 Abs 1 TKG). Die Durchsetzung richtet sich nach den §§ 6 ff des Verwaltungs-Vollstreckungsgesetzes (VwVG) des Bundes.[49]

**42** Im Gesetz nicht eindeutig geregelt ist, ob das Zwangsgeld höchstens DM 2.000,00 (§ 11 Abs 3 VwVG) oder DM 1 Mio (§ 72 Abs 10 TKG) beträgt (dazu § 72 Rn 44). Ergänzt werden die Untersagungsbefugnisse des § 71 S 2 TKG durch die Ermittlungsbefugnisse nach § 72 TKG.

**43** § 6 TKG ist **kein Schutzgesetz** iSd § 823 Abs 2 BGB. Eine andere Frage ist, ob § 1 UWG zu Unterlassungs- und/oder Schadensersatzansprüchen gegen denjenigen führt, der sich über das Lizenzerfordernis aus § 6 TKG hinwegsetzt. Zielsetzung des TKG ist maßgebend die Förderung des Wettbewerbes (§ 1 TKG), und zwar die „Sicherstellung eines chancengleichen und funktionsfähigen Wettbewerbs" (§ 2 Abs 2 Nr 2 TKG). Dieser auf Chancengleichheit und Funktionsfähigkeit des Wettbewerbs zielende Normzweck spricht dafür, § 6 Abs 1 TKG den wert- und wettbewerbsbezogenen Vorschriften[50] zuzuordnen. Folgerung ist ein wettbewerbsrechtlicher Unterlassungs- und Schadensersatzanspruch aus § 1 UWG gegen den ohne erforderliche Lizenz Tätigen. Diesen Anspruch haben jene Wettbewerber, die Nachteile erleiden, weil sie sich ihrerseits an das Lizenzerfordernis halten.[51] Hingegen dürfte ein wettbewerbsrechtlicher Unterlassungsanspruch von Altberechtigten (aus der Zeit vor Inkrafttreten des TKG) abzulehnen sein. Das Lizenzerfordernis des § 6 Abs 1 TKG dient gerade nicht dem Zweck, die Altberechtigten vor dem Zutritt neuer Wettbewerber zu schützen.[52]

**3. Adressat der Lizenzpflicht**

**44** Adressat der Lizenzpflicht ist derjenige, der die in § 6 Abs 1 genannten Handlungen vornimmt, und zwar der jeweilige Rechtsträger[53], dem die Handlungen zuzurechnen sind, nicht die einzelne natürliche Person. Maßgebend ist die Betreiberstellung (§ 6 Abs 1 Nr 1 TKG), bei Nr 2 die

---

*Bachof/Stober* Verwaltungsrecht I, 10. Aufl, 1994, § 46, Rn 36 ff (S 656 f); *Drews/Wacke/Vogel/Martens* Gefahrenabwehr, 9. Aufl, 1985, S 354 ff; für § 6 allgem Auffassung, etwa Beck'scher TKG-Kommentar/*Schütz*, § 6 Rn 1; *Gramlich* VerwArch 88 (1997), 598, 631.

47 Dazu retrospektiv *Gramlich* VerwArch 88 (1997), 599, 610 f.

48 Zu Übergangsproblemen Beck'scher TKG-Kommentar/*Schütz* 1. Aufl § 6 Rn 67–68, der zu Recht darauf hinweist, dass Verstöße gegen das bis 31. 12. 1997 geltende Telefondienstmonopol nicht bußgeldbewehrt sind; ein entsprechendes Verhalten hätte indes den Bußgeld-Tatbestand des § 96 I Nr 3 TKG erfüllt, wenn die Regulierungsbehörde den zeitlichen Geltungsbereich „vorzeitiger" Telefondienstlizenzen (§ 100 Abs 1 S 3 TKG) im Bescheid entsprechend eingeschränkt hat.

49 V 27. 4. 1953, BGBl I, S 157, zul geändert durch Art 40 EGAO 1977 v 14. 12. 1976, BGBl I, S 3341.

50 Dazu allgem *Baumbach/Hefermehl* Wettbewerbsrecht, Rn 614 mwN.

51 Zum Vorsprung durch Rechtsbruch als Verstoß gegen § 1 UWG: *Baumbach/Hefermehl* Wettbewerbsrecht, 20. Aufl, 1998, Rn 647 ff.

52 Anders im Postrecht, vgl. Beck'scher TKG-Kommentar/*Herdegen* § 51 Rn 68.

53 Zur Lizenzfähigkeit juristischer Personen des öffentlichen Rechts § 8 Rn 27.

Wolfgang Spoerr

Anbieterstellung. Entgegen § 3 Nr 7 TKG, wonach die Lizenz die Erlaubnis zum Angebot von Telekommunikationsdienstleistungen ist, bedarf der Lizenz außer beim Sprachentelefondienst (§ 6 Abs 1 Nr 2 TKG) nicht derjenige, der die Telekommunikationsdienstleistung *anbietet*, sondern der Rechtsträger, der den Übertragungsweg *betreibt*. Betreiber ist jene natürliche oder juristische Person, die die rechtliche oder tatsächliche Kontrolle (also die Funktionsherrschaft) ausübt „über die Gesamtheit der Funktionen, die zur Realisierung der Informationsübertragung auf Übertragungswegen unabdingbar erbracht werden müssen" (§ 3 Nr 1 TKG) (dazu § 3 Rn 14 ff, u Rn 68).

Anbieter iSd § 6 Abs 1 Nr 2 ist, wer die **Dienstleistung** (also den Sprachtelefondienst) **am Markt zur Verfügung** stellt. Maßgebend ist die entgeltliche Zurverfügungstellung an Dritte. 45

Bei **Personengesellschaften** ist zu differenzieren: Handelsgesellschaften sind selbst Adressat der Lizenzpflicht.[54] Das folgt aus § 124 HGB. Dasselbe gilt unter bestimmten Voraussetzungen für die Gesellschaft bürgerlichen Rechts:[55] Die richterrechtlich anerkannte Teilrechtsfähigkeit der GbR im Zivilrecht[56] gilt grundsätzlich auch im Öffentlichen Recht.[57] Ebenso wie im Zivilrecht ist zwar für jeden Rechtssatz gesondert zu ermitteln, ob die Teilrechtsfähigkeit die Zurechnungsendsubjektivität für die jeweiligen Rechte und Pflichten zulässt. Das wiederum ist durch Auslegung des betreffenden Normkomplexes zu ermitteln.[58] Sinn und Zweck der telekommunikationsrechtlichen Lizenzpflicht ist – auch – eine klare und eindeutige Verantwortungszuweisung. Diese ist bei Gesellschaften bürgerlichen Rechts unter den Voraussetzungen ihrer zivilrechtlichen Prozessfähigkeit[59] gegeben. 46

## 4. Gegenständliche Voraussetzung der Lizenzpflicht: die Infrastrukturlizenz (Übertragungswege) nach § 6 Abs 1 Nr 1

Bei den gegenständlichen Voraussetzungen der Lizenzpflicht ist sorgfältig zwischen Nr 1 („Infrastrukturlizenz"[60]) und Nr 2 (Sprachtelefondienstlizenz) des § 6 Abs 1 TKG zu differenzieren. Die beiden Tatbestände weisen – trotz gewisser Gemeinsamkeiten – strukturelle Unterschiede auf. 47

### a) Übertragungswege

aa) Legal definiert ist der Begriff in § 3 Nr 22 TKG. Zunächst muss es sich um eine **Telekommunikationsanlage** handeln. Dieser Begriff ist wiederum allgemein definiert in § 3 Nr 17 TKG. Es handelt sich danach um technische Einrichtungen und Systeme, die als Nachrichten identifizierbare elektromagnetische oder optische Signale senden, übertragen, vermitteln, empfangen, steuern oder kontrollieren können. Übertragungswege sind dabei speziell die Kabel- oder Funkverbindungen, die die genannten Merkmale (der Telekommunikationsanlagen) erfüllen. Zum Übertragungsweg gehören nach § 3 Nr 22 TKG die übertragungstechnischen Einrichtungen einschließlich der Abschlusseinrichtungen, während die Vermittlungseinrichtungen in § 3 Nr 22 TKG (anders als in § 3 Nr 21 TKG) nicht erwähnt sind. 48

Vereinfacht formuliert: Übertragungswege sind Kabel- oder Funkverbindungen, die der Übertragung von Nachrichten dienen, einschließlich der Abschlusseinrichtungen. Maßgebend ist die **tatsächliche Zweckbestimmung**. Kabelverbindungen mit mehrfacher Nutzungsmöglichkeit 49

---

**54** So die Lizenzierungspraxis, *Hummel* K & R, 479, 481; zum Gewerberecht *Marcks* in *Landmann/Rohmer*, § 14 GewO Rn 55; § 34 GewO Rn 12 mwN.
**55** BGH NJW 2001, 1056.
**56** Dazu etwa Karsten *Schmidt* Gesellschaftsrecht, S 203 ff, 1772 ff; P. *Ulmer* in: MüKo – BGB, § 705 Rn 131 ff; T. *Raiser* AcP 199 (1999), S 104, 144.
**57** Zur Teilrechtsfähigkeit im Öffentlichen Recht: *Wolff/Bachof/Stober* Verwaltungsrecht, I, 10. Aufl, 1994, § 32 Rn 7 ff (S 390 f); *Böckenförde* Organ, Organisation, Juristische Person, in: FS Wolff, S 269 ff.
**58** Dazu allgem OVG Münster, NVwZ 1983, 492

(Straßenreinigungsgebühr/Wohnungseigentümergemeinschaft), VGH Mannheim, NVwZ-RR 1993, 334 (Bauherrengemeinschaft/Baugenehmigung: bejahend), VGH München, BayVBl 1984, 186 (Erbengemeinschaft/Enteignung), BVerwG, NVwZ 1985, 192 (GbR/Genehmigung der Verkehrstarife), Zur notwendigen Streitgenossenschaft bei Mitgliedern einer Erbengemeinschaft: BVerwGE 3, 208 (Wohnungsamtliche Zuweisung).
**59** Dazu BGH NJW 2001, 1056.
**60** Beck'scher TKG-Kommentar/*Schütz* § 6 Rn 5.

(beispielsweise zum Energietransport und zur Übertragung von Nachrichten) sind erst dann Übertragungswege isd TKG, wenn sie auch tatsächlich für die Übermittlung von Nachrichten genutzt werden. Auch die Mitnutzung zur Nachrichtenübermittlung reicht. Einbezogen sind auch Punkt-zu-Mehrpunkt-Verbindungen und unidirektionale Übertragungswege (s § 3 Rn 96).[61] Nicht lizenzpflichtig ist die Errichtung oder Nutzung von Kabelkanälen oder Leerrohren zur Aufnahme von Telekommunikationsanlagen.

**50** bb)   Fraglich ist, ob die Erstreckung des **Lizenzvorbehalts** auf **Kabelverbindungen** noch **mit EU-Recht** vereinbar ist.[62] Art 7 Abs 2 der Genehmigungsrichtlinie[63] lässt einen pauschalen Genehmigungsvorbehalt ohne Beachtung der Voraussetzungen ihres Art 7 Abs 1 nur für die Errichtung und Bereitstellung öffentlicher Telekommunikationsnetze und anderer Netze zu, bei denen Funkfrequenzen genutzt werden. Semantisch unklar ist, ob das Erfordernis der Nutzung von Funkfrequenzen sich nur auf die anderen Netze (weite Auslegung) oder auch auf die öffentlichen Telekommunikationsnetze (enge Auslegung) bezieht. Sollte die Genehmigungsrichtlinie[64] isd engen Auslegung zu verstehen sein, so wäre der Genehmigungsvorbehalt für Kabelverbindungen nur noch unter den Voraussetzungen des Art 7 Abs 1 der Genehmigungsrichtlinie zulässig.

b)   **Umfang des Übertragungsweges bei Kabelverbindungen: Abschlusseinrichtungen und Endeinrichtungen**

**51** Schwierige Abgrenzungsfragen stellen sich bei der **Reichweite der Lizenzpflicht** im Hinblick auf End- und Vermittlungseinrichtungen, die lizenzfrei sein sollen (dazu § 3 Rn 100 f).[65] Maßgebend ist, ob die Einrichtungen eine **spezifisch netzbezogene** Funktion erfüllen; zudem sind sie ohnehin nur dann lizenzpflichtig, wenn sie **vom Betreiber des Übertragungsweges** betrieben werden. Daher ist der Betrieb allein von Empfangsanlagen nicht lizenzpflichtig; bei der Nutzung durch Private fehlt es zudem am Erfordernis der Nutzung für die Öffentlichkeit. Einer Frequenzzuteilung bedürfen sie gleichwohl. Insoweit ist es – anders als nach früherem Recht – erst einmal Sache des Betreibers, den Umfang des Netzes festzulegen.

**52** Bei der Abgrenzung zwischen lizenzpflichtigem Übertragungswegebereich und lizenzfreiem Bereich der End- und Vermittlungseinrichtungen kann **nicht** ohne weiteres auf die frühere **Unterscheidung** zwischen **Monopol- und Wettbewerbsbereich** insbesondere auf die Dienstspezifität bzw. Dienstneutralität abgestellt werden.[66] Für § 3 Nr 22 und § 6 kommt es auf die **technisch-physikalische Erforderlichkeit** und auf das **Netzkonzept** an (dazu näher § 3 Rn 102). In Grenzfällen kommt es auf die Zwecksetzung des Betreibers des Übertragungsweges an: Er bestimmt die spezifischen Leistungen, die der Übertragungsweg erbringen soll, und damit indirekt auch, was zur Realisierung der Informationsübertragung erforderlich ist.

c)   **Internationale Reichweite des Lizenzvorbehalts**

**53** Das Völkerrecht beschränkt staatliche Verwaltungsentscheidungen auf das eigene Hoheitsgebiet. Der Infrastruktur-Lizenztatbestand ist daher im Grundsatz auf das deutsche Hoheitsgebiet beschränkt. Das gilt besonders für **Unterseekabel**. Sie sind lizenzpflichtig, soweit sie in **deutschen Hoheitsgewässern** liegen.[67] Eine über das eigene Hoheitsgebiet hinausreichende Lizenzpflicht nach nationalem Recht kann sich auf völkerrechtlicher Grundlage ergeben. Dementspre-

---

61   Zur Diskussion über die Breitbandanlagen Beck'scher TKG-Kommentar/*Schütz* § 6 Rn 13, 18; BVerwG NJW 1987, 2096, 2097.
62   Bejahend *Windthorst* Universaldienst, S 417.
63   97/13/EG.
64   97/13/EG.
65   Beck'scher TKG-Kommentar/*Schütz* § 6 Rn 11–21.
66   So aber Beck'scher TKG-Kommentar/*Schütz* § 6 Rn 14; ausführlich dazu die Verwaltungsvorschrift zur Konkretisierung der auf die Deutsche Bundespost Telekom weiter übertragenen Befugnis zur Ausübung des Netzmonopols des Bundes v 19. 9. 1991, ABl BMPT 1991, S 2267 ff; 2. Verwaltungsvorschrift zum Netzmonopol des Bundes v 14. 7. 1992, ABl BMPT 1992, S 324 ff; 3. Verwaltungsvorschrift zum Netzmonopol des Bundes v 20. 10. 1993, ABl BMPT 1993, 523 ff; 4. Verwaltungsvorschrift zum Netzmonopol des Bundes v 17. 10. 1194, ABl BMPT 1994, S 787 ff.
67   Allgemein zum regulatorischen Status von Unterseekabeln Hogan & Hartson LL.P., Study and Sub-

chend ist der Betrieb von Satelliten für Übertragungswege dann Gegenstand nationaler Regulierung, wenn diese von Deutschland bei der ITU angemeldet werden. Bei solchen Satelliten bedarf der Betrieb des Übertragungsweges der Lizenz nach § 6 TKG (vgl § 7 Rn 21 f).

d) **Die Abgrenzung des lizenzpflichtigen Bereichs bei Funkübertragungswegen (einschließlich Satelliten-Übertragungswegen)**

Bei funkgebundenen Übertragungswegen wird grundsätzlich der Übertragungsweg von Sende- und Empfangsanlage gebildet (s § 3 Rn 103 f). Gleichwohl ist der Betrieb von **Empfangseinrichtungen** und Mobilfunkgeräten durch Nutzer, insbesondere durch Endverbraucher, in aller Regel **als solcher nicht lizenzpflichtig**. Dies deshalb, weil die Verbraucher den Bestandteil des Übertragungsweges **für eigene Zwecke**, nicht für Telekommunikationsdienstleistungen für die Öffentlichkeit nutzen. Zum Übertragungsweg gehören bestimmte Einrichtungen – etwa Empfangsanlagen – nur, wenn sie (i) nach dem Netzkonzept des Betreibers zur Leistungsbereitstellung der Verbindung gehören und (ii) vom Betreiber kontrolliert werden. An der Funktionsherrschaft über den Übertragungsweg muss sich nichts ändern, wenn die Empfangseinrichtung nicht vom Übertragungswege-Betreiber betrieben wird (s § 3 Rn 104). Nach diesem Grundsatz ist das Abdecken des Bundesgebietes durch entsprechende Satelliten durch ausländische Systembetreiber nur dann lizenzpflichtig, wenn Sprachtelefondienst im Inland angeboten wird.[68]

54

e) **Betreiben und Betreiber**

Lizenzpflichtig ist nicht schon die Errichtung, sondern erst der Betrieb;[69] die Lizenz kann aber errichtungsbezogene Pflichten festschreiben. Maßgebend für die Betreiberstellung ist die Funktionsherrschaft (§ 3 Nr 1 TKG).[70] Das Gesetz definiert sie als „Ausüben der rechtlichen und tatsächlichen Kontrolle über die Gesamtheit der Funktionen, die zur Realisierung der Informationsübertragung auf Übertragungswegen unabdingbar erbracht werden müssen" (s § 3 Rn 14 ff).

55

f) **Überschreiten der Grenze eines Grundstückes**

Neben der Betreiberstellung an Übertragungswegen weitere Voraussetzung ist, dass Übertragungswege die Grenze eines Grundstückes überschreiten. Insoweit reicht es aus, dass die Grenze eines einzigen Grundstückes überschritten wird. Insoweit sind die Voraussetzungen für die Lizenzpflicht relativ rasch erfüllt. Gemildert wird das durch den eigenständigen telekommunikationsrechtlichen Grundstücksbegriff des § 3 Nr 6 TKG (s § 3 Rn 36 ff).

56

g) **Nutzung der Telekommunikationsdienstleistungen für die Öffentlichkeit**

Telekommunikationsdienstleistungen sind in § 3 Nr 18 TKG gesetzlich definiert. Es handelt sich um gewerbliche (s § 8 Rn 27) Angebote von Telekommunikation einschließlich des Anbietens von Übertragungswegen für Dritte. Telekommunikation wiederum ist in § 3 Nr 16 TKG näher definiert. Telekommunikationsdienstleistungen für die Öffentlichkeit sind solche Telekommunikationsdienstleistungen, die beliebigen natürlichen oder juristischen Personen und nicht lediglich den Teilnehmern **geschlossener Benutzergruppen** angeboten werden (§ 3 Nr 19 TKG).

57

---

marine Cable Landing Rights and Existing Practices for the Provision of Transmission Capacity on International Routes, Report to DG XIII, 1998; *Kopf/Lemos Pereira* K & R 2000, 389.

[68] Speziell zu satellitengestützten persönlichen Telekommunikationssystemen *Koenig/Zeiss* EuZW 1999, 133; BMPT, Eckpunkte zur Regulierung von Übertragungswegen für satellitengestützte persönliche Kommunikationsdienste (S-PCS) 1997, S 30; BMPT, Verfügung 300/1997 Regulierung S-PCS: Lizenzurkunde Lizenz zum Betreiben von Übertragungswegen für satellitengestützte persönlich Kommunikationsdienste für die Öffentlichkeit in der Bundesrepublik Deutschland (S-PCS-Lizenz Iridium Communications Germany GmbH) Teil A Nr 1 ABl BMPT 1997, S 1848; Entscheidung der Kommission v 18. 12. 1996 – IV/35. 518 – Iridium, ABl EG Nr L 16 v 18. 1. 1997, S 91.

[69] Missverständlich Beck'scher TKG-Kommentar/ *Schütz* 1. Aufl § 6 Rn 8.

[70] Dazu grundlegend *Bothe/Heun/Lohmann* Archiv PF 1995, 5.

Wolfgang Spoerr

**58** Im Normbereich des § 6 Abs 1 Nr 1 ist nach dem Gesetzeswortlaut nicht Voraussetzung der Lizenzpflicht, dass der Betreiber Telekommunikationsdienstleistungen für die Öffentlichkeit erbringt. Zur Lizenzpflicht führt es schon, wenn *andere* Personen als der Betreiber die Telekommunikationsdienstleistungen der Öffentlichkeit anbieten.

**59** Von daher ist eine Telekommunikationsdienstleistung, die auf eine bestimmte individuelle Nachfrage hin konzipiert wird, ohne schon zuvor definiert gewesen zu sein, als solche noch keine Telekommunikationsdienstleistung für die Öffentlichkeit.[71] Zur Lizenzpflicht führt der Betrieb eines solchen „Angebotes" (beispielsweise Designed Network-Verträge) dann, wenn das Netz vom Kunden für Telekommunikationsdienstleistungen für die Öffentlichkeit genutzt wird. In solchen Fällen kommt der Öffentlichkeitsvermutung aus § 6 Abs 3 besondere Bedeutung zu.

**60** Maßgebend ist die Zweckbestimmung der Telekommunikationsdienstleistungen durch den Betreiber *oder* durch den Abnehmer. Dabei kommt es auf eine objektive Bewertung des von diesen Personen gesetzten Zweckes an. Für die Bewertung ist nicht entscheidend, ob der Zweck auch erreicht wird. Es reicht also aus, dass die Leistungen ernsthaft an unbestimmte Personenkreise angeboten werden. Nicht erforderlich ist hingegen, dass das Angebot auch tatsächlich von Dritten in Gebrauch genommen wird. Keine Nutzung von Telekommunikationsdienstleistungen für die Öffentlichkeit liegt hingegen mehr vor, wenn die Inanspruchnahme durch Dritte überhaupt nicht ernsthaft beabsichtigt ist.

**61** Betreiber von Corporate Networks können also die Lizenzpflicht durch die Gestaltung der wirtschaftlichen und technischen Rahmenbedingungen weitgehend selbst schaffen, indem sie diese Leistungen auch Dritten zur Verfügung stellen. Sie bedürfen dann zwar einer Lizenz und unterliegen den Sonderpflichten der Lizenznehmer, haben andererseits aber auch deren besondere Rechte. Internet Service Provider mit eigenen Übertragungswegen sind lizenzpflichtig; das gilt auch für Online-Dienste mit proprietärem Charakter, die ihre Dienstleistungen der Öffentlichkeit anbieten.[72]

**62** Nach § 6 Abs 3 wird die Bestimmung für die Öffentlichkeit vermutet, wenn die Übertragungswege von Dritten genutzt werden. Die Vermutung wird schon dann ausgelöst, wenn der Dritte ein Konzernunternehmen ist.[73] In solchen Fällen wird freilich mitunter die Widerlegung der Vermutung möglich sein.

### h) Mischnutzungen von Infrastrukturen

**63** In der Praxis relevant ist der Fall, dass Leitungsverbindungen oder Anlagen zugleich für Telekommunikationszwecke und andere Zwecke genutzt werden. In solchen Fällen ist die Frage nach dem Verhältnis zwischen den telekommunikationsrechtlichen Lizenzvorbehalten und anderen fachrechtlichen Genehmigungsvorbehalten zu beantworten. In allen denkbaren Fallkonstellationen gilt, dass der telekommunikationsrechtliche Genehmigungs-(= Lizenz-)vorbehalt selbständig neben andere fachrechtliche Zulassungen tritt. Das gilt für Anlagenzulassungen des Verkehrswegerechts ebenso wie für die energiewirtschaftlichen Unternehmergenehmigungen:

**64** aa) Das **Fernstraßennetz** umfasst ein umfangreiches Leitungsnetz, das – jedenfalls bislang – ausschließlich dem Straßenverkehr bzw. der Straßenbauverwaltung dient. Soweit für die entsprechenden Leitungen überhaupt eine Genehmigung nötig war, liegt diese in der straßenrechtlichen Planfeststellungsentscheidung. Diese umfasst auch die erforderlichen Nebenanlagen. Sobald das Straßennetz für Telekommunikationsdienstleistungen genutzt wird, die für die Öffentlichkeit bestimmt sind, ist trotz der umfassenden Konzentrationswirkung der straßenrechtlichen Planfeststellung eine Lizenz für den Betrieb erforderlich. Das folgt daraus, dass die straßenrechtliche Planfeststellung nur den Anlagenbau und mittelbar auch der Betrieb legalisiert, nicht hingegen die Nutzung der Anlage für straßenfremde Leistungen an die Öffentlichkeit bzw. die Aktivität des Übertragungswege-Betriebes.

**65** bb) Noch umfangreicher ist das Telekommunikationsnetz, das **Bahnanlagen** begleitet, die

---

[71] Zutreffend Beck'scher TKG-Kommentar/*Schütz* § 6 Rn 31.
[72] *Mayer* Internet, S 178 f.
[73] Beck'scher TKG-Kommentar/*Schütz* § 6 Rn 32.

Wolfgang Spoerr

gem § 18 Allgemeines Eisenbahngesetz (AEG) planfestgestellt werden. Die Deutsche Bahn AG (die heute an § 14 TKG gebunden wäre) hat ihr Netz 1996 weitgehend auf eine Tochtergesellschaft übertragen, die inzwischen als Mannesmann Arcor TK-Dienstleistungen erbringt. Auch insoweit gilt, dass für die Nutzung der bestehenden Leitungen für Telekommunikationsdienstleistungen, die für die Öffentlichkeit bestimmt sind, eine Lizenz nötig ist. Keine Nutzung für die Öffentlichkeit ist die Nutzung als Betriebsfunknetz – und zwar auch dann nicht, wenn TK-Netzbetreiber und Eisenbahnunternehmen unterschiedliche Unternehmen sind oder mehrere Eisenbahnunternehmen Nutzer sind. Soweit die Leitungen eine Doppelfunktion als Nebenanlage zur Bahnstrecke und als öffentliche Telekommunikationsleitung iSd § 6 Abs 1 Nr 1 haben, unterliegen sie zugleich dem Planfeststellungsvorbehalt und ihre Nutzung der Lizenzpflicht. Diese Kombination des Erlaubnisvorbehaltes hat zugleich zur Folge, dass für die Inanspruchnahme von Rechten Dritter unterschiedliche Rechtsregimes gelten. Dabei hat der Betreiber die Wahl, ob er die Anspruchslösung der §§ 50 ff TKG oder die planfeststellungsrechtliche Lösung mit nachfolgender Enteignung wählt.

cc) Dieselben Grundsätze gelten auch für das Nebeneinander **energiewirtschaftlicher** und **66** telekommunikationsrechtlicher Genehmigungen. Ein genehmigtes Energieversorgungsunternehmen, dass sich zugleich als Telekommunikationsunternehmen betätigen will,[74] bedarf der Lizenz. Lizenzpflichtig ist auch die Nutzung vorhandener Stromleitungen als TK-Übertragungswege (Power Lines), sobald die TK-Leistung über die betriebsinterne Nutzung hinausgeht und die Voraussetzungen des § 6 erfüllt. Energieversorger müssen **§ 14 TKG** beachten, wenn sie zugleich als Telekommunikationsunternehmer auftreten wollen. Nur bei einer marktbeherrschenden Stellung folgen daraus Schranken.

## 5. Nr 2: Anbieten von Sprachtelefondienst auf der Basis selbst betriebener Telekommunikationsnetze

### a) Sprachtelefondienst

Sprachtelefondienst ist in § 3 Nr 15 TKG definiert als gewerbliches Bereitstellen für die Öffent- **67** lichkeit des direkten Transports und der Vermittlung von Sprache in Echtzeit von und zu den Netzabschlusspunkten des öffentlichen, vermittelnden Netzes, wobei jeder Benutzer das an solch einem Netzabschlusspunkt angeschlossene Endgerät zur Kommunikation mit einem anderen Netzabschlusspunkt verwenden kann (näher § 3 Rn 70 ff).

Auch § 6 Abs 1 Nr 2 TKG setzt voraus, dass die Telekommunikationsdienstleistungen für die **68** Öffentlichkeit bereitgestellt wird. Das folgt aus dem Begriff des „Anbieters". Das Angebot an **geschlossene Benutzergruppen** ist also auch im Normbereich des § 6 Abs 1 Nr 2 vom Lizenzerfordernis freigestellt.[75]

Bei Angeboten von Sprachtelefondienst für eine geschlossene Benutzergruppe können sowohl **69** Telefonverbindungen innerhalb der Gruppe als auch zwischen den Teilnehmern der Gruppe und frei bestimmbaren anderen, nicht zur Gruppe gehörenden Dritten hergestellt werden.[76]

### b) Auf der Basis selbst betriebener Telekommunikationsnetze

Lizenzpflichtig ist nur, wer auf der Basis selbst betriebener Telekommunikationsnetze (§ 3 Nr 21 **70** TKG) Sprachentelefondienst anbietet. Nicht lizenzpflichtig sind Unternehmen, die Sprachtelefondienst anbieten, den sie von anderen Unternehmen, die ihrerseits Telekommunikationsnetze betreiben, erwerben, ohne selbst Übertragungswege oder Vermittlungseinrichtungen oder sonstige funktionsnotwendige Einrichtungen zu betreiben. **Reseller** und **Service Provider** sind also nicht lizenzpflichtig. Nicht zwingend erforderlich ist es, dass Übertragungswege betrieben

---

[74] Dazu *Breuer* Energiewirtschaftliche Tagesfragen 46 (1996), S 808, 809 f.
[75] Str, aM *Etling-Ernst* TKG, § 6 Rn 10 f. unter Bezugnahme auf Äußerungen der RegTP.
[76] So *Etling-Ernst* TKG, 1. Aufl, 1996, § 6 Rn 32, a M dies § 6 Rn 10.

Wolfgang Spoerr

werden; der Betrieb von Vermittlungseinrichtungen reicht. Daher können virtuelle Netzbetreiber untere bestimmten Voraussetzungen lizenzpflichtig sein.

## 6. Lizenzwirkungen und Inhalte der Lizenz

71 Die Lizenz hat folgende Rechtswirkungen:

72 **Erlaubniswirkung:** Die Lizenz beseitigt im Einzelfall das Verbot (mit Lizenzvorbehalt) für die lizenzpflichtigen Tätigkeiten. Sie hat die Wirkung einer behördlichen Genehmigung im Normbereich eines – präventiven – gesetzlichen Verbotes. Umstritten ist, ob die Anzeigepflicht (§ 4) auch für lizenzierte Tätigkeiten gilt.[77] Dagegen spricht die Gesetzessystematik: Genehmigungspflichten sind Sondervorschriften zu gesetzlichen Anzeigepflichten. Eine gesetzliche Anzeigepflicht besteht daher nicht. Allerdings kann die Regulierungsbehörde per Auflage zur Lizenz Anzeige- und Mitteilungspflichten vorschreiben.

73 Die Erlaubniswirkung ergibt sich in ihrer Reichweite aus dem Inhalt der Lizenz. Möglich sind etwa **räumliche** Beschränkungen oder **technische** Beschränkungen. Wenn der Übertragungswege-Betreiber dann den Zweck erweitern will (zB Breitbandverteilnetze zum Angebot von Sprachtelefondienst nutzen will), bedarf er einer neuen Lizenz oder einer Änderung der bestehenden (s oben Rn 34 ff).

74 **Berechtigungswirkung:** Die Lizenz gewährt damit zugleich eine gesicherte subjektiv-öffentliche Position, ein subjektives öffentliches Recht (dazu näher Vorbem § 6 Rn 12).

75 Mit der Berechtigungswirkung zusammen hängt die **Nachweiswirkung**. Die Lizenz dient dem Nachweis, dass der Inhaber bestimmte Tatbestandsvoraussetzungen von telekommunikationsrechtlichen Ansprüchen erfüllt. Nicht nur praeter, sondern contra legem ist es, wenn Zusammenschaltungsansprüche vom Umfang der Lizenzierung abhängig gemacht werden (s § 35 Rn 50).[78]

76 **Verpflichtungswirkung:** Verpflichtende Wirkungen entfaltet die Lizenz auf zweierlei Weise: zum einen ist die Lizenz Tatbestandsvoraussetzung etlicher gesetzlicher Pflichten nach dem TKG; insoweit hat die Lizenz eine **gesetzesakzessorische Verpflichtungswirkung**. Zum anderen können sich Rechtspflichten des Lizenzinhabers aus Auflagen zur Lizenz ergeben. Zwingende gesetzliche Folgen der Lizenz sind die Pflichtigkeiten aus den § 13 Abs 1, Abs 2, § 14 Abs 2 TKG, dazu die Gebührenpflicht aus § 16 Abs 1, § 18 Abs 1 (Universaldienstpflicht), § 19 Abs 1, § 21 Abs 1 (Universaldienstleistungsabgabe), § 22 (Umsatzmeldepflicht), § 23, § 25 iVm § 29 Abs 1 (Entgeltregulierung), schließlich § 87 Abs 2 TKG (Sicherheitsbeauftragte und Sicherheitskonzept). Diese Verpflichtungen treffen – soweit sie nicht von weiteren Voraussetzungen abhängig sind – jeden Lizenznehmer. Sie sind – außer wenn sich das aus besonderen Voraussetzungen ergibt – nicht davon abhängig, dass die Lizenz ausgeübt wird. Dazu kommen etwa die Pflichten nach der Telekommunikations-Sicherstellungsverordnung (TKSiV).[79]

77 § 8 Abs 2 S 2 TKG erlaubt es der Regulierungsbehörde, der Lizenz Nebenbestimmungen beizufügen (zum zulässigen Inhalt von Auflagen § 8 Rn 58 ff). Eine besondere Auflage wird in § 32 TKG angesprochen. Zu den Nebenbestimmungen gehören, was sich auch aus der gesetzlichen Konkretisierung des Nebenbestimmungsbegriffes in § 36 Abs 2 VwVfG ergibt, auch Auflagen, also Bestimmungen, durch die dem Begünstigten ein Tun, Dulden oder Unterlassen vorgeschrieben wird (§ 36 Abs 2 Nr 4 VwVfG). Auflagen begründen also Verpflichtungen des Adressaten. Erfüllt der Betroffene eine Auflage nicht oder handelt er ihr zuwider, so kann die Behörde die Erfüllung oder Beachtung der Auflage nach den für Verwaltungsakte geltenden Vorschriften erzwingen.[80] Soweit sich aus der Auflage im Einzelfall nichts anderes ergibt, tritt deren ver-

---

77 Dafür Beck'scher TKG-Kommentar/*Schütz* § 6 Rn 4.
78 Zur Praxis insoweit Beck'scher TKG-Kommentar/*Schütz* § 6 Rn 90 f; so aber die Regulierungspraxis, vgl RegTP, Mitteilung 16/199, ABl RegTP 1999, 1259, 1260.

79 BGBl 1997 I, 2751.
80 HM, vgl *Kopp/Ramsauer* VwVfG, § 36 Rn 29, *Hennecke* in: Knack, VwVfG, 6. Aufl, 1998, § 36 Rn 5. 3.

pflichtende Wirkung sofort mit Wirksamkeit der Lizenz ein, nicht erst in dem Zeitpunkt, in dem der Inhaber von der Lizenz Gebrauch macht.

## V. Durchsetzung, Rechtsschutz

Das Verfahren der Lizenzerteilung ist in § 8 TKG ausführlich geregelt. Zur verwaltungsrechtlichen Durchsetzung des Lizenzerfordernisses durch die Behörde s § 71 Rn 5 f. Im Zusammenhang mit § 6 TKG relevant ist die Frage, wie **Meinungsverschiedenheiten** zwischen Behörde und Telekommunikationsunternehmen **über die Lizenzpflicht** zu klären sind. Keine Schwierigkeiten bereitet dabei der Fall, in dem die Regulierungsbehörde eine Lizenz zu Unrecht für überflüssig hält. In diesem Fall kann der Antragsteller Verpflichtungsklage auf Lizenzerteilung erheben, und zwar auch dann, wenn die Lizenz wegen Fehlens der Genehmigungsbedürftigkeit abgelehnt worden ist. 78

Größere Schwierigkeiten bereitet der umgekehrte Fall, in dem die Behörde die Lizenz für erforderlich, das Telekommunikationsunternehmen sie indes für unnötig hält. Die Klärung in einem besonderen Verfahren sieht das TKG nicht vor. Auf den Weg, vorsorglich eine Lizenz zu beantragen, braucht sich das Telekommunikationsunternehmen nicht verweisen zu lassen, weil das wegen der gesetzlichen Pflichten der Lizenznehmer unter Umständen irreparable Nachteile hat. Zu lösen ist dieses Problem über die Anzeigepflicht (§ 4 TKG). Kommt das Telekommunikationsunternehmen ihr nach, so obliegt es der Regulierungsbehörde, ihren Standpunkt im Verfahren gem § 71 S 2 TKG durchzusetzen. Solange sie das nicht tut, fehlt es in aller Regel am Verschulden, so dass eine Ahndung mit Bußgeld nach § 96 Abs 1 Nr 3 TKG ausscheidet. Schreitet die Regulierungsbehörde durch Anordnungen gem § 71 S 2 TKG ein, so kann das Telekommunikationsunternehmen die Rechtsfrage durch Anfechtungsklage gerichtlich ausfechten. Belässt es die Regulierungsbehörde bei Drohungen oder teilt sie ihren abweichenden Standpunkt mit, so hat das Telekommunikationsunternehmen die Möglichkeit, die Rechtsunsicherheit im Wege der Feststellungsklage auszuräumen (zum feststellenden Verwaltungsakt in der Preisregulierung § 25 Rn 33).[81] 79

## VI. Übergangsprobleme

Nach dem Wortlaut des § 6 bedarf anders als etwa bei der in der energierechtlichen Unternehmergenehmigung (§ 3 Energiewirtschaftsgesetz) nicht nur die erstmalige Aufnahme der lizenzpflichtigen Tätigkeit einer Lizenz. Das bedeutet, dass im Grundsatz auch die Unternehmen, die schon vor In-Kraft-Treten des TKG Übertragungswege betrieben haben, einer Lizenz bedürfen. § 97 Abs 5 S 1 TKG stellt dazu klar, dass Verleihungen nach § 2 FAG wirksam bleiben. Das gilt sowohl für Einzel- sowie Allgemeinverleihungen.[82] Soweit nach geltendem Recht keine Lizenzpflicht mehr besteht, dürfte die jeweilige Verleihung (teilweise) erledigt sein. Das gilt etwa für die Genehmigung der Errichtung von Netzen. Demgegenüber gelten Auflagen uns sonstige Einschränkungen der Verleihung fort. 80

Die Legalisierungswirkung von Verwaltungsakten – und Verwaltungsverträgen – haben – über § 97 Abs 5 S 1 TKG hinausgehend – auch solche etwaigen Rechtsakte, die nicht auf § 2 FAG gestützt sind. Regelnde, einzelfallbezogene Verwaltungsmaßnahmen sind wirksam. Aus ihnen folgt ein entsprechender Bestandsschutz. Kein Bestandsschutz besteht hingegen, soweit der Betreiber keine wirksame Einzelentscheidung hat. Hier kommt Bestandsschutz nur dann in Betracht, wenn die Übertragungswege rechtmäßig betrieben worden sind. Und selbst dann befreit der Bestandsschutz nicht von der Lizenzerfordernis. Die Bestandsschutzwirkung bedeutet freilich nicht, dass der Betreiber per se von dem Lizenzerfordernis freigestellt ist. Vielmehr ist er dies nur insoweit und nur so lange, wie die bisherige Einzelentscheidung fortgilt. Bei Beachtung der Rücknahme- und Widerrufsvoraussetzungen (§ 15 Rn 1, 8) kann die Verwaltungsent- 81

---

[81] Zur Möglichkeit und Pflicht der Behörden einen feststellenden Verwaltungsakt zu erlassen, der die fehlende Genehmigungspflicht bestätigt, *Tegethoff/Büdenbender* EnWG, § 5 EnergG aF Rn 8.

[82] Beck'scher TKG-Kommentar/*Schütz* § 6 Rn 95.

Wolfgang Spoerr

scheidung von der Regulierungsbehörde beseitigt werden. Die gesetzliche Lizenzpflicht nach § 6 führt dann dazu, dass der Betreiber einer (neuen) Lizenz bedarf.

## VII. Grundrechtliche Fragen

### 1. Art 12 GG

**82** Die Tätigkeit der Telekommunikationsunternehmer im lizenzpflichtigen Bereich unterfällt uneingeschränkt dem Schutzbereich der Berufsfreiheit aus Art 12 Abs 1 GG. Das Lizenzerfordernis ist eine eingriffsrechtliche Beschränkung der Berufsfreiheit (zur Zulässigkeit der Lizenzkriterien § 11 Rn 26 ff). Diese Beeinträchtigung ist – bei Beachtung der erheblichen Beurteilungs- und Gestaltungsspielräume des Gesetzgebers bei Berufsausübungsregelungen[83] verfassungsrechtlich zulässig.

### 2. Art 14 GG

**83** Nach Erteilung der Lizenz und ihrer Ins-Werk-Setzung stellt sich die Frage nach dem verfassungsrechtlichen Eigentumsschutz. Während Art 12 GG Erwerbs- und Leistungsfähigkeit schützt, betrifft Art 14 GG die Innehabung und Verwendung vorhandener Vermögensgüter.[84] Problematisch ist insoweit, was dem Schutzbereich des Art 14 GG unterfällt, die Lizenz als solche, die in Ausübung der Lizenz geschaffenen oder erworbenen Sachwerte und/oder das in Ausübung der Lizenz geschaffene Telekommunikationsnetz und/oder der Betrieb des Telekommunikationsdienstleistungsunternehmens. Diese Frage ist differenzierend zu beantworten. Ausgangspunkt ist dabei: Eigentum iSd Art 14 GG ist jedes vom Gesetzgeber gewährte konkrete vermögenswerte Recht, das dem Einzelnen nach Art eines Ausschließlichkeitsrechtes zugeordnet ist.[85]

**84** aa) Die in Ausübung der Lizenz erworbenen oder geschaffenen Sachen (etwa Übertragungswege, Sendeanlagen etc) unterliegen als **Sacheigentum** unproblematisch dem verfassungsrechtlichen Eigentumsschutz, der nicht nur das Haben, sondern auch das Nutzen und Verfügen umfasst. Freilich ist die Nutzungsbefugnis durch das Lizenzerfordernis beschränkt. Das Sacheigentum dürfte aber eine verfassungsrechtliche Position sein, die bei der Entscheidung über Verlängerungen oder Neuerteilungen der Lizenz als abwägungserheblicher Belang zu berücksichtigen ist. Im Hinblick auf das Nutzen sind die § 6 ff TKG insoweit Schrankenbestimmungen; im Hinblick auf das Verfügen ist § 9 eine Inhalts- und Schrankenbestimmung des Eigentums[86]; dem Eigentum ist bei der Auslegung und Anwendung dieser Vorschrift Rechnung zu tragen.[87] Das kann etwa bei der Entscheidung über **Verlängerungen von Lizenzen** Bedeutung gewinnen. Der Eigentumsschutz privater Netzbetreiber gilt auch für Anlagen, die unter Inanspruchnahme fremder Rechte geschaffen worden sind.[88]

**85** bb) Schwieriger ist die Frage zu beantworten, ob der in Ausübung der Lizenz geschaffene Geschäftsbetrieb dem Schutz des Art 14 GG unterfällt. Die Rechtsprechung des Bundesverfassungsgerichts hat den Schutz des eingerichteten und ausgeübten Gewerbebetriebes bislang offen gelassen.[89] Nach der Rechtsprechung des Bundesverfassungsgerichts reicht der Schutz des Gewerbebetriebes jedenfalls nicht weiter als der seiner Grundlagen.[90] Freilich spricht im Normbereich der Lizenzierung nach dem TKG gerade der fachgesetzliche Regelungsrahmen der Lizenzierung dafür, den Eigentumsschutz des in Ausübung der Lizenz eingerichteten und ausgeübten

---

[83] BVerfGE 39, 210, 225 f; BVerfGE 77, 84, 106; BVerfGE 77, 308, 332; *Breuer* in: Isensee/Kirchhof, Handbuch des Staatsrechts, Bd IV, S 973 f; *Jarass* in: Jarass/Pieroth, GG, Art 12 Rn 27.
[84] BVerfGE 30, 292, 335; BVerfGE 84, 123, 157.
[85] BVerfGE 24, 367, 396; BVerfGE 58, 300, 336; BVerfGE 18, 292, 297; BVerfGE 53, 257, 289.
[86] Zur Unterscheidung von Inhalts- und Schrankenbestimmungen *Wendt* in: Sachs, GG, Art 14 Rn 59 ff.
[87] Zur Ausstrahlungswirkung bei der Anwendung einfach-rechtlicher Vorschriften: BVerfGE 79, 292, 303; BVerfGE 89, 1, 9 f; *Jarass* in: Jarass/Pieroth, GG, Art 14 Rn 29.
[88] Für Primärnetze anders: *Hermes* Staatliche Infrastrukturverantwortung, S 480 ff.
[89] Zusammenfassend *Wendt* in: Sachs, GG, Art 14 Rn 47 ff.
[90] BVerfGE 58, 300, 353.

Wolfgang Spoerr

Telekommunikationsbetriebes zu bejahen. Besonders deutlich ist das dort, wo die Lizenz zum Aufbau des Netzes nicht nur berechtigt, sondern sogar verpflichtet.

Gewiss bleiben die durch Nebenbestimmungen, § 9 TKG und § 15 TKG, markierten Grenzen der Lizenz erhalten, auch wenn die Lizenz Grundlage eines Gewerbebetriebes ist.[91] Doch bei der Ausübung von Widerrufsbefugnissen, aber auch bei Entscheidungen über die Verlängerung (hier mit gemindertem Gewicht) sind der Eigentumsschutz des Gewerbebetriebes zu berücksichtigen und die Folgen für das Unternehmen zu beachten.[92]  **86**

cc)   Eine wiederum andere Frage ist, ob die **Lizenz als solche** dem Eigentumsschutz des Art 14 unterfällt. Das ist ein Anwendungsfall der Frage, ob staatliche Genehmigungen schon für sich durch Art 14 GG geschützte Positionen sind.[93] Das ist jedenfalls dann zu bejahen, wenn die Genehmigungen auf eigener Leistung beruhen.[94] Schon die Lizenz als solche beruht jedenfalls dann auf **eigener Leistung,** wenn sie **versteigert** worden ist (§ 11 TKG).  **87**

## VIII. Bewertung der §§ 6 TKG und Fortentwicklung des Lizenzrechts

Mit dem TKG dürfte die Diskussion über den präventiven Genehmigungsvorbehalt für den Marktzutritt in der Telekommunikation nicht beendet sein. Dieser Markt- und Grundrechtseingriff bedarf auch weiterhin der Rechtfertigung. Die Begründung zum TKG-Gesetzentwurf, wonach die Lizenzpflicht nötig sei, weil die Verpflichtungen der Lizenznehmer in vielen Bereichen nur einzelfallbezogen beschrieben werden können, dürfte auf Dauer nur dann ein hinreichender Legitimationsgrund für die Lizenzierung sein, wenn diese grundlegenden gesetzlichen Anforderungen *allein* einzelfallbezogen sichergestellt werden können. Eben dies ist zweifelhaft.[95] Dieses Erfordernis ist am ehesten bei der Sondermarktregulierung im Übergang vom Verwaltungsmonopol zum Wettbewerb gegeben. Nach Ablauf jener Übergangszeit dürfte das Lizenzerfordernis allenfalls noch mit den leistungsrechtlichen Wirkungen der Lizenz und mit den Sonderrechten von Netzbetreibern aus den §§ 35 bis 37 TKG zu rechtfertigen sein. Diese sind auf das Betreiben von Übertragungswegen beschränkt – der spezielle Lizenzvorbehalt für Sprachentelefondienst kann dann entfallen.  **88**

Ganz erhebliche Eingriffe in das Lizenzrecht des TKG könnte der künftige Ordnungsrahmen der Europäischen Gemeinschaften erforderlich machen. Die Überlegungen der Kommission gehen dahin, die Zulässigkeit nationaler Genehmigungsvorbehalte beträchtlich einzuschränken.[96] Wegen der in vielen Mitgliedstaaten bestehenden „schwerfälligen Regelung des Marktzugangs für elektronische Kommunikationsdienste und -netze"[97] hält die Kommission eine weitere Harmonisierung und Vereinfachung der Genehmigungsvorschriften und Bedingungen für erforderlich. Nach Art 3 Abs 2 des Richtlinienvorschlages darf die Bereitstellung elektronischer Kommunikationsdienste und -netze nur von einer Allgemeingenehmigung abhängig gemacht werden. Von Unternehmen darf eine Notifizierung gefordert werden, nicht aber, vor Ausübung der mit der Genehmigung verbundenen Rechte eine ausdrückliche Entscheidung oder einen anderen Verwaltungsakt der nationalen Regulierungsbehörde zu erwirken. Die formalen und inhaltlichen Vorschriften für die Notifizierung sollen EG-rechtlich auf ein Minimalprogramm (Art 3 Abs 3) beschränkt werden.  **89**

Weiterhin zielt der Richtlinienvorschlag auf eine strikte Trennung zwischen Marktzugangskontrolle und Marktverhaltensaufsicht (Art 6 Abs 2) sowie auf eine strikte Trennung zwischen tele-  **90**

---

91   Vgl allgem *Wendt* in: Sachs, GG, Art 14 Rn 50.
92   *Wendt* aaO, Art 14 Rn 50; *Bryde* in: von Münch/Kunig, Art 14 Rn 20; *Papier* in: Maunz/Dürig, Art 14 Rn 105 ff.
93   Dazu *Wendt* in: Sachs, GG, Art 14 Rn 36; offen gelassen von BVerfGE 17, 232, 247 f; BGHZ 97, 204, 209 f; BGHZ 108, 364, 371 f.
94   *Jarass* in: Jarass/Pieroth, GG, 4. Aufl, 1997, Art 14 Rn 10a; tendenziell anders jetzt ders., Art 14 Rn 13.

95   Skeptisch auch *Fangmann* Das neue Telekommunikationsgesetz, 1987, S 190.
96   Siehe den Vorschlag für eine Richtlinie des Europäischen Parlaments und des Rates über die Genehmigung elektronischer Kommunikationsnetze und -dienste vom 12. 7. 2000, KOM (2000) 386.
97   Siehe dazu die Mitteilung der Kommission v 26. April 2000, KOM (2000), 239.

kommunikationsspezifischem Sonderrecht und allgemeinem Recht (Erwägungsgrund Nr 9 des Richtlinienentwurfs).

91 Das Primat der allgemeinen Genehmigung durfte zur Umsetzung in das nationale Verwaltungsrecht eine Beschränkung der Genehmigungspflicht auf eine Anzeigepflicht erforderlich machen. Dafür ist eine Gesetzesänderung erforderlich. Dagegen dürfte es das klare gesetzliche Programm der §§ 6, 8 TKG nicht erlauben, Allgemeinverfügungen im Sinne einer „Allgemeingenehmigung" einzusetzen.

## § 7 Internationaler Status

Lizenznehmer, die internationale Telekommunikationsdienstleistungen erbringen oder im Rahmen ihres Angebots Funkanlagen betreiben, die schädliche Störungen bei Funkdiensten anderer Länder verursachen können, sind anerkannte Betriebsunternehmen im Sinne der Konstitution und der Konvention der Internationalen Fernmeldeunion.

Schrifttum: *Grewlich* WATTC-88 – Ein Beitrag zum Völkerrecht der Telekommunikation, Heft 2, RIW 1990, S 96; *Koenig/Neumann* Rechtliches und organisatorisches Umfeld der Satellitenkommunikation, MMR 2000, 151; *Long* Telecommunications Law and Practice, 2. Aufl, 1995, Kapitel 15; *Ladeur* Die Globalisierung der Telekommunikation und die kooperative Herausbildung einer neuen transnationalen Rechtsordnung – das Beispiel der mobilen Satelliten-Kommunikation, AfPT 1998, S 243 ff; *Noll* The International Telecommunication Union (ITU) – Its Inception, Evolution and Innate, Constant Reform Process, MMR 1999, 465 ff; *Noll* ITU Constitutional and Conventional Amendments, MMR 200, 270; *Snow* The International Telecomunications Satellite Organization (INTELSAT), 1987; *Tegge* Die Internationale Telekommunikation-Union, 1994. Siehe auch bei § 44.

Verwaltungsvorschrift: RegTP, Vfg 42/1999, Verfahren zur Anmeldung von Satellitensystemen im deutschen Namen bei der Internationalen Fernmeldeunion, ABl RegTP 1999, S 1226.

**Inhaltsübersicht**

|  |  | Rn |
|---|---|---|
| I. | Bedeutung der Regelung | 1–2 |
| II. | Einzelkommentierung: § 7 und die Rechtssetzung der ITU | 3–17 |
|  | 1. Rechtsakte der ITU | 4–7 |
|  | 2. Anerkannte Betriebsunternehmen | 8–17 |
|  | a) Voraussetzungen nach der ITU | 8–11 |
|  | b) Rechtsfolgen und Umsetzung im TKG | 12–16 |
|  | c) Anwendung auf Altberechtigte (Verleihungsinhaber) | 17 |
| III. | Bewertung | 18 |
| IV. | Anhang: Umsetzung der internationalen Koordinierung in nationales Recht durch Lizenzierung | 19–21 |
|  | 1. Betreiben von Übertragungswegen und Frequenznutzung | 20 |
|  | 2. Die Vergabe von Satelliten-Orbitplätzen | 21 |

## I. Bedeutung der Regelung

1 § 7 TKG dient der Umsetzung völkerrechtlicher Verpflichtungen der Bundesrepublik. Der Fernmeldeverkehr und – mehr noch – der Funkverkehr bedürfen der internationalen Koordinierung, die – nicht zuletzt wegen der vielfach früher, mancherorts heute noch bestehenden Fernmeldemonopole – seit über einem Jahrhundert in völkerrechtlicher Form erfolgt.

2 Weil private Unternehmen nicht Völkerrechtssubjekte sind, führt die Privatisierung zu einem Auseinanderfallen von **vertraglich gebundenen Parteien** der Abkommen (also den Staaten einschließlich ihrer Verwaltungen (Rn 1002 ITU-Konstitution) einerseits und **materiellen Adressaten** der entsprechenden Rechtspflichten andererseits (den privaten Betriebsunternehmen (Rn 1008 ITU-Konstitution). Die Internationale Fernmeldeunion (ITU International Telecommunications Union) löst diese Lücke mit der Rechtsfigur der **anerkannten Betriebsunter-**

nehmen (Recognized Operating Agency).[1] „Anerkannt" bedeutet völkerrechtlich zugleich die Zuweisung besonderer Partizipationsrechte in der ITU und die Weitergabe der originär von den Mitgliedstaaten eingegangenen Pflichten an die Privatunternehmen[2] gem Art 6 ITU-Konstitution, einschließlich der Finanzierungspflicht (Art 28 Abs 2 ITU-Konstitution). Die Partizipationsrechte privater Einheiten sind in den vergangenen Jahren schrittweise gestärkt worden.

## II. Einzelkommentierung: § 7 und die Rechtssetzung der ITU

§ 7 beruht auf der Mitgliedschaft der Bundesrepublik in der ITU[3]: 3

### 1. Rechtsakte der ITU

Die ITU wurde 1932 aus Vorläuferorganisationen errichtet, deren Geschichte bis in das Jahr 1865 4 zurückreicht (Gründung der Internationalen Telegraphen-Union)[4]; 1974 wurde sie eine Unterorganisation der Vereinten Nationen.[5] Ihr gehören mehr als 160 Staaten weltweit an. Rechtsakte der ITU sind die **Konstitution** (= Satzung), die **Konvention** und die **Vollzugsordnungen** (Administrative Regulations). Bei Divergenzen hat die Satzung Vorrang, gegenüber den Vollzugsordnungen hat auch die Konvention Vorrang (Art 4 der Konstitution 1992 der ITU.[6] Die Trennung von Konstitution und Konvention soll die grundlegenden Bestimmungen vom Übrigen scheiden.[7]

Die Konstitution und die Konvention sind eine Art Verfassungsrecht der internationalen Tele- 5 kommunikation.[8] Nach Art 42 u Art 43 der ITU-Konstitution sind außerhalb der ITU verabschiedete völkerrechtliche Verträge dem primären ITU-Recht nachgeordnet. Die ITU gilt insgesamt als erfolgreiche internationale Organisation.[9] Ihr wird ein ausgeprägtes **technokratisches Selbstverständnis** bescheinigt.[10] Früher ist die ITU nahezu vollständig von den nationalen Fernmeldebürokratien geprägt worden.[11] Für alle Mitgliedstaaten verbindlich sind die **Vollzugsordnungen** für internationale Fernmeldedienste (VO für Internationale Fernmeldedienste, International Telecommunication Regulations) und die Vollzugsordnung für den Funkdienst (**VO Funk, Radio Regulations**) (Art 4 Abs 3 der ITU-Konvention).

Die Rechtsakte der ITU – einschließlich der Konstitution und der Konvention – unterliegen 6 raschem Wandel. 1992 wurde in Genf eine neue Konstitution und Konvention vereinbart. Während Art 58 der Konstitution 1992 nach wie vor vorsieht, dass die novellierte Fassung nur für Mitgliedstaaten gelte, die sie ratifiziert haben, werden in der Praxis der ITU die neue Konstitution und Konvention erstmals im Juni 1994 unabhängig von der Ratifizierung angewendet.[12] Diese Konstitution und Konvention wird derzeit – Stand Mitte 1999 – von der ITU angewendet[13] und zwar mit geringfügigen Änderungen und Ergänzungen durch die Vollversammlung von Kyoto.[14] Auf der Vollversammlung von **Minneapolis 1998** wurden weitere Änderungen und Ergänzungen beschlossen.[15]

Ergänzt werden die förmlichen Rechtsakte der ITU durch **Empfehlungen**. Auf diese Empfeh- 7 lungen wird in den Vollzugsordnungen mitunter verwiesen; das bedeutet aber nicht, dass sie

---

1 Zur Begriffsgeschichte *Tegge* Die Internationale Telekommunikation-Union, 1994, S 91 Fn 26.
2 Dazu *Grewlich* RIW 1990, 96, 97.
3 Dazu Gesetz zu der Konstitution und der Konvention der Internationalen Fernmeldeunion v 22. 12. 1992 v 20. 8. 1996, BGBl 1996 II S 1306; im ausnahmen zum Inkrafttreten: Beck'scher TKG-Kommentar/*Schütz* § 7 Rn 2–4.
4 Ausführlich *Tegge* Die Internationale Telekommunikation-Union, 1994, S 27 ff.
5 *Long* Telecommunications Law and Practice, Rn 15–01.
6 BGBl 1994 II S 146 (153).
7 *Tegge* Die Internationale Telekommunikation-Union, 1994, S 84 f.

8 *Tegge* Die Internationale Telekommunikation-Union, 1994, S 87.
9 *Tegge* Die Internationale Telekommunikation-Union, 1994; zur Kritik an der Effizienz *ders* S 144.
10 *Tegge* Die Internationale Telekommunikation-Union, 1994, S 88.
11 *Tegge* Die Internationale Telekommunikation-Union, 1994, S 91.
12 *Noll* MMR 1999, 465, 467.
13 *Noll* MMR 1999, 465, 468.
14 Final Acts of Plenipotentiary Conference of the International Telecommunications Union (Kyoto, 1994), ITU Publication, 1995.
15 *Noll* MMR 2000, 270; BGBl 2001 II S 397.

Wolfgang Spoerr

deshalb dieselbe rechtsverbindliche Wirkung hätten wie die Vollzugsordnungen.[16] Die Empfehlungen werden zunächst von Arbeitsgruppen ausgearbeitet. Sie können von den Konferenzen oder in der Konferenz der Regierungsbevollmächtigten angenommen werden. Häufig sind die Empfehlungen äußerst einflussreich, auch ohne rechtsverbindliche Wirkung.[17] Wichtig sind die Weltweite Konferenz für Internationale Fernmeldedienste (WCIT), die **Weltweite Funkkonferenz (WRC)** mit ihren nachgeordneten Organen[18] sowie die regionalen Funkkonferenzen und die Konferenz für die Standardisierung im Fernmeldewesen (Art 7 ITU-Konstitution zum Aufbau der ITU).[19]

### 2. Anerkannte Betriebsunternehmen

#### a) Voraussetzungen nach der ITU

**8** Deutsche Telekommunikationsunternehmen, die die Voraussetzungen des § 7 TKG erfüllen, sind anerkannte Betriebsunternehmen iSd verbindlichen Definition in der Anlage (Rn 1007) zur ITU-Konstitution: Danach ist privates Betriebsunternehmen „jede Privatperson oder jede Gesellschaft, die keine staatliche Einrichtung oder Stelle ist und die eine Fernmeldeanlage betreibt, welche für die Wahrnehmung eines internationalen Fernmeldedienstes bestimmt ist oder bei einem solchen Dienst schädliche Störungen verursachen kann".

**9** Anerkannte private Betriebsunternehmen sind solche private Betriebsunternehmen, die „einen Dienst des öffentlichen Nachrichtenaustausches oder einen Rundfunkdienst wahrnehmen und denen die in Art 6 der Konstitution vorgesehenen Verpflichtungen auferlegt sind, und zwar entweder von dem Mitglied der Union, in dessen Hoheitsgebiet sich der Sitz des Betriebsunternehmens befindet, oder von dem Mitglied der Union, das dieses Betriebsunternehmen ermächtigt hat, in seinem Hoheitsgebiet einen Fernmeldedienst einzurichten oder wahrzunehmen" (Rn 1008 ITU-Konstitution).

**10** Die neuere Praxis der ITU ergänzt den Begriff der anerkannten Betriebsunternehmen um den der **wissenschaftlichen und industriellen Organisationen** („Scientific and Industrial Organization"). Rn 1004 des Anhangs zur Konvention 1992 von Genf definiert dies als „any organization, other than a government establishment or agency, which is engaged in the study of telecommunication problems or in the design or manufacture of equipment intended for telecommunication services". Solche – privaten – Einheiten können in den Sektoren der Vollversammlung als „**Sektormitglieder**" teilnehmen, und zwar an allen Handlungen mit der Ausnahme förmlicher Abstimmungen und von treaty-making-conferences.[20]

**11** **Schädliche Störungen** sind Störungen, die die Abwicklung des Verkehrs bei einzelnen Navigationsdiensten oder bei anderen Sicherheitsfunkdiensten gefährden oder den Verkehr bei einem Funkdienst, der im Übereinstimmung mit der VO Funk wahrgenommen wird, ernstlich beeinträchtigen, ihn behindern oder wiederholt unterbrechen (Rn 1003 ITU-Konstitution).

#### b) Rechtsfolgen und Umsetzung im TKG

**12** Art 6 Abs 2 der Konstitution verpflichtet die Mitgliedstaaten, den „ermächtigten" privaten Betriebsunternehmen die Einhaltung der Pflichten aus der Konstitution, Konvention und den Vollzugsordnungen aufzuerlegen.

**13** Das TKG enthält keine Ermächtigung für die Auferlegung der Pflichten. Für den Bereich der Funkverbindungen kann die Lücke über die Rechtsverordnung nach § 47 Abs 4 TKG zu Inhalt, Umfang und Verfahren der Frequenzzuteilung oder über **Nutzungsbestimmungen** – sowie -bedingungen – als Inhaltsbestimmung von Frequenzzuteilungen geschlossen werden. Soweit

---

**16** *Long* Telecommunications Law and Practice, Rn 15–17.
**17** *Long* Telecommunications Law and Practice, Rn 15–17.
**18** Ausführlich *Tegge* Die Internationale Telekommunikation-Union, 1994, S 122 ff.
**19** Ausführlich *Tegge* Die Internationale Telekommunikation-Union, 1994, S 113 ff.
**20** *Noll* MMR 1999, 464, 468; s Art 3 Abs 3 ITU-Konstitution.

das nicht geschieht oder nicht möglich ist, sollte die Einhaltung der Pflichten aus den Rechtsakten der ITU durch Auflagen zur Lizenz festgeschrieben werden. Im Übrigen ist Art 2 des G zur Konstitution und der Konvention[21] mit einer Verordnungsermächtigung zur Inkraftsetzung der VO Funk heranzuziehen. Parallelvorschriften mit demselben Schutzziel, aber anderen Adressaten und zT anderen Regelungsansätzen sind die §§ 59 (Abs 2c Nr 5), 60, 61 TKG (inzwischen durch das FTEG ersetzt) sowie § 16 AFuV.

Für die Berechtigungen privater Akteure auf Telekommunikationsmärkten sind die anerkannten Betriebsunternehmen von den **wissenschaftlichen Institutionen** und wirtschaftlichen Organisationen („Scientific and Industrial Organizations") zu unterscheiden (s o Rn 10).

14

Die Rechtsstellung der anerkannten Betriebsunternehmen ist in erster Linie in Art 19 der ITU-Konvention geregelt. Der ITU-Generalsekretär und die Direktoren der Exekutivbüros der ITU-Sektoren können anerkannte Betriebsunternehmen (und andere Rechtsträger, Art 19 Abs 2 a ITU-Konvention) „zu einer verstärkten Teilnahme an den Arbeiten der Union" einladen. Das Verfahren ist in Art 19 der Konvention näher geregelt. Es setzt die Mitwirkung der jeweiligen nationalen Regierung voraus.[22] Aus § 7 TKG dürfte das Recht der Adressaten folgen, dass die Bundesregierung die notwendigen Mitwirkungshandlungen vornimmt.

15

Die „Teilnahme" führt zu einem Mitarbeitsrecht; ein Stimmrecht gewährt sie nach der Novellierung der ITU-Konvention in Minneapolis in eingeschränktem Umfang (zur Ebene der Arbeitsgruppen, Study Groups, Art 20 der Konvention).[23] Die als Teilnehmer „akzeptierten" anerkannten Betriebsunternehmen sind in den Sektoren selbst Mitglied (Art 19 Abs 9 ITU-Konvention); das führt auch zu finanziellen Beitragspflichten (Art 33 ITU-Konvention). Die Beschlüsse der Vollversammlung von Minneapolis haben die Stellung der privaten Teilnehmer als Sektormitglieder förmlich verankert (Art 3 Abs 3 der Konstitution). Wenn der Mitgliedstaat das Betriebsunternehmen dazu ermächtigt und dies der ITU notifiziert, so kann das anerkannte Betriebsunternehmen in der sektorspezifischen Arbeit auch im Namen des Mitgliedstaates handeln.[24]

16

c) Anwendung auf Altberechtigte (Verleihungsinhaber)

Nach seinem Sinn und Zweck gilt § 7 TKG nicht nur für solche lizenzierte Telekommunikationsunternehmen, denen unter der Geltung des TKG Lizenzen erteilt worden sind. Vielmehr gebietet es der Normzweck der Vorschrift, dass sie auch für Inhaber von Verleihungen gilt, die die Erlaubniswirkung einer Lizenz haben und insoweit bei zweckgerechter Auslegung des § 7 TKG Lizenznehmer iSd Vorschrift sind.

17

## III. Bewertung

Das traditionelle völkerrechtliche Modell der ITU ist als „tradierte staatszentrierte Form der Kooperation"[25] zur Bewältigung der hoch komplexen und hoch dynamischen Wandlungsprozesse untauglich.[26] Die ITU trägt dem durch eine evolutionäre Anpassung Rechnung.[27] Erforderlich ist ein kooperatives, für die Beteiligung Privater offenes transnationales Recht.[28]

18

## IV. Anhang: Umsetzung der internationalen Koordinierung in nationales Recht durch Lizenzierung

Die internationale Koordinierung durch die ITU und ihre Unterorganisationen[29] wird in erster

19

---

21 BGBl 2001 II, S 365. Ausführlich *Tegge* Die Internationale Telekommunikation-Union, 1994, S 27 ff.
22 Art 19 Abs 3 ITU-Konvention, BGBl 2001 II, S 397. Näher Beck'scher TKG-Kommentar/*Schütz* § 7 Rn 11.
23 Art 19 Abs 9 ITU-Konvention, s Beck'scher TKG-Kommentar/*Schütz* § 7 Rn 12.
24 Näher Beck'scher TKG-Kommentar/*Schütz* § 7 Rn 13.
25 *Ladeur* AfPT 1998, 243, 251.
26 *Ladeur* AfPT 1998, 243, 251.
27 Optimistisch *Noll* MMR 2000, 271, 275.
28 *Ladeur* AfPT 1998, 243, 247 f, 251.
29 Zum Unionsrecht: *Koenig/Neumann* MMR 2000, 151, 155.

Linie über die **Frequenzordnung** (§§ 44 ff TKG) in dem nationalen Rechtsraum umgesetzt. Die Lizenzierung spielt dabei ebenfalls eine Rolle, und zwar insbesondere im Bereich der Satellitenfunkdienstleistungen.

### 1. Betreiben von Übertragungswegen und Frequenznutzung

**20** Keine Besonderheiten gelten insoweit für das Betreiben von **satellitengestützen Übertragungswegen**. Sie bedürfen der Lizenz nach § 6. Soweit dies aus der internationalen Koordinierung folgt, reicht die nationale Lizenzierung über das deutsche Hoheitsgebiet hinaus (s dazu § 6 Rn 53).

### 2. Die Vergabe von Satelliten-Orbitplätzen

**21** Die Aufgaben der **Anmeldung von Satellitensystemen** in deutschem Namen bei der ITU wird von der Regulierungsbehörde wahrgenommen.[30] Weil sich die Bundesrepublik Deutschland in der Privatisierung des Telekommunikationsmarktes nicht mehr selbst betätigt, werden die Orbit- und Frequenznutzungsrechte nach einem durch Verwaltungsvorschrift[31] geregelten Verfahren auf Anmelder übertragen. Die Nutzungsrechte, die sich aus ITU-Recht ergeben, werden mit der erfolgreichen Anmeldung, Koordinierung und Notifizierung des Satellitensystems auf den Antragsteller übertragen. Die Voraussetzungen sind insbesondere die personenbezogenen aus § 8 TKG, die Koordinierbarkeit auf der Grundlage von ITU-Verfahren und die effiziente und störungsfreie Nutzung von Frequenzen und Orbitpositionen. Bei der Nutzung von Orbitpositionen findet grundsätzlich eine **Bedarfsprüfung** statt. Die Anmeldung setzt nach der Regulierungspraxis zudem ein öffentliches Interesse voraus. Die Voraussetzungen aus § 8 TKG ergeben sich im Hinblick auf die **Nutzung von Orbitpositionen** aus einer entsprechenden Anwendung; für den Betrieb von **Übertragungswegen** handelt es sich um eine **direkte** Anwendung.

## § 8 Lizenzerteilung

(1) Die Lizenz wird auf schriftlichen Antrag von der Regulierungsbehörde schriftlich erteilt. Im Lizenzantrag ist das Gebiet zu bezeichnen, in dem die lizenzpflichtige Tätigkeit ausgeübt werden soll. Die Regulierungsbehörde soll über Lizenzanträge innerhalb von sechs Wochen entscheiden.

(2) Bei der Lizenzerteilung sind die Regulierungsziele nach § 2 Abs 2 zu beachten. Zur Sicherstellung der Regulierungsziele nach § 2 Abs 2 können der Lizenz Nebenbestimmungen, auch nach Erteilung der Lizenz, beigefügt werden. Sind die Voraussetzungen für eine Nebenbestimmung entfallen, so hat die Regulierungsbehörde diese auf Antrag des Lizenznehmers aufzuheben.

(3) Eine beantragte Lizenz ist zu versagen, wenn
1. die Regulierungsbehörde über keine nutzbaren Frequenzen verfügt, die dem Antragsteller, der Funkverbindungen betreiben möchte, zugeteilt werden können oder
2. Tatsachen die Annahme rechtfertigen, dass
   a) der Antragsteller nicht die für die Ausübung der beantragten Lizenzrechte erforderliche Zuverlässigkeit, Leistungsfähigkeit und Fachkunde besitzt und damit zu erwarten ist, dass diese Lizenzrechte nicht dauerhaft ausgeübt werden, oder
   b) durch die Lizenzerteilung die öffentliche Sicherheit oder Ordnung gefährdet würde.

Die nach Satz 1 Nr 2 Buchstabe a erforderliche
1. Zuverlässigkeit besitzt, wer die Gewähr dafür bietet, dass er als Lizenznehmer die Rechtsvorschriften einhalten wird,
2. Leistungsfähigkeit besitzt, wer die Gewähr dafür bietet, dass ihm die für den Aufbau und den Betrieb der zur Ausübung der Lizenzrechte erforderlichen Produktionsmittel zur Verfügung stehen werden,

---

**30** Vfg 42/1999, ABl RegTP 1999, S 1226.   **31** Vfg 42/1999, ABl RegTP 1999, S 1226.

Wolfgang Spoerr

§ 8 Lizenzerteilung

3. **Fachkunde** besitzt, wer die Gewähr dafür bietet, dass die bei der Ausübung der Lizenzrechte tätigen Personen über die erforderlichen Kenntnisse, Erfahrungen und Fertigkeiten verfügen werden.

(4) Die Lizenz kann befristet erteilt werden, soweit dieses wegen Knappheit der zur Verfügung stehenden Frequenzen geboten ist.

(5) Zum Betrieb von Übertragungswegen im Rahmen einer Lizenz benötigte Frequenzen werden nach Maßgabe der §§ 44 bis 48 zugeteilt.

**Verwaltungsvorschrift:** RegTP, Vfg 158/1999 v 22. 12. 1999, Informationen zu Antragsverfahren zur Erhaltung von Lizenzen der Klassen 1–4, ABl RegTP 1999 Nr 23 S 4090 = www.regtp.de, RegTP, Mitteilung 160/1999, ABl RegTP 1999 S 1259 f.

**Schrifttum:** *Ehlers* Verwaltungsrechtsdogmatik und modifizierende Auflage, VerwArch 67 (1976), 369; *Fehn* Die isolierte Auflagenanfechtung, DÖV 1988, 202; *Floren* Sendernetzbetrieb der öffentlich-rechtlichen Rundfunkanstalten – verfassungsrechtlicher Status, ZUM 2000, 904; *Gramlich* Entwicklungen der staatlichen Wirtschaftsaufsicht – Das Telekommunikationsrecht als Modell? VerwArch 1997, S 598 ff; *Grzeszick* Lizenzvergabe nach dem Telekommunikationsgesetz, ZUM 1997, 911; *Laubinger* Die gewerberechtliche Unzuverlässigkeit und ihre Folgen, VerwArch 89 (1998), S 145 ff; *Laubinger* Die Anfechtung von Nebenbestimmungen, VerwArch 73 (1982), 345; *Manssen* Das Telekommunikationsgesetz (TKG) als Herausforderung für die Verfassungs- und Verwaltungsdogmatik, ArchivPT 1998, 236; *Martens* Rechtsprechungsübersicht – Nebenbestimmungen, NVwZ 1984, 558; *Müller* Zur verfassungsrechtlichen Problematik kommunaler Unternehmen auf dem Telekommunikationsmarkt, DVBl 1998, 1256 ff; *Nierhaus* Beweismaß und Beweislast, Untersuchungsgrundsatz und Beteiligtenmitwirkung in Verwaltungsprozess, 1989; *Nolte* Lizenzierung von Telekommunikationsunternehmen, CR 1998, 459; *Oertel* Die Unabhängigkeit der Regulierungsbehörde, 1999; *Pünder* Die kommunale Beteiligung auf dem Telekommunikationssektor, DVBl 1997, S 1353 ff; *Pietzcker* Rechtsschutz gegen Nebenbestimmungen – unlösbar? NVwZ 1995, 15; *Remmert* Nebenbestimmungen zu begünstigenden Verwaltungsakten, VerwArch 88 (1997), S 112 ff; *Spoerr/Deutsch* Das Wirtschaftsverwaltungsrecht der Telekommunikation – Regulierung und Lizenzen als neue Schlüsselbegriffe des Verwaltungsrechts?, DVBl 1997, S 300 ff; *Schenke* Rechtsschutz gegen Nebenbestimmungen, Wirtschaft und Verwaltung 1982, 142; *Scherer* Das Telekommunikationsgesetz: Rahmenordnung für chancengleichen Wettbewerb? – Das deutsche Telekommunikationsgesetz und sein europarechtlicher Rahmen, Vortragsmanuskript zur Euroforum-Konferenz Telekommunikationsrecht am 3. 6. 1997; *Schmidt* Zur Anfechtbarkeit von Nebenbestimmungen, Kritische Anmerkung zur Beschaffung von Belegstellen, NVwZ 1996, 1188; *Stelkens* Das Problem der Auflage, NVwZ 1985, 469; *Störmer* Rechtsschutz gegen Inhalts- und Nebenbestimmungen, DVBl 1996, 81 ff; *Sieckmann* Die Anfechtbarkeit von Nebenbestimmungen zu begünstigenden Verwaltungsakten, DÖV 1998, 525; *Weyreuther* Modifizierende Auflagen, DVBl 1984, 365.

**Inhaltsübersicht**

|  | Rn |
|---|---|
| I. Bedeutung der Vorschrift | 1 |
| II. Gesetzgebungsgeschichte und EU-Recht | 2–9 |
| 1. Verleihungen nach dem FAG | 2 |
| 2. Gesetzgebungsverfahren | 3–8 |
| 3. EU-Recht | 9 |
| III. Einzelkommentierung | 10–80 |
| 1. Lizenzantrag (Abs 1, 2) | 11–16 |
| a) Antragsbedürftiger Verwaltungsakt | 11 |
| b) Antagsberechtigung – Vollmacht | 12 |
| c) Inhalt des Antrages und erforderliche Angaben | 13–16 |
| 2. Verfahren (Abs 1 S 3) | 17–23 |
| a) Entscheidungsfrist nach dem TKG | 18 |
| b) EU-Recht | 19–20 |
| c) Ergänzende Anwendung des VwVfG | 21–23 |
| 3. Lizenzentscheidung | 24–69 |
| a) Zwingende personen- oder antragsbezogene Versagungsgründe | 26–51 |
| b) Knappheit als Versagungsgrund (Art 3 S 1 Nr 1) | 52–56 |
| c) Inhalt der Entscheidung über die Lizenz: Lizenzanspruch bei Vorliegen der gesetzlichen Voraussetzungen | 57 |
| d) Beschränkter administrativer Ausgestaltungsfreiraum durch Nebenbestimmungen (Abs 2 S 2) | 58–68 |
| e) Sonstige Abweichungen vom Antrag, Ablehnung des Antrages | 69 |
| 4. Bindung der Lizenzentscheidung für die Verteilung von Frequenzen (Abs 5) | 70–73 |

Wolfgang Spoerr

5. Nachträgliche Änderungen der Lizenzentscheidung (Abs 2 S 2, 3) . . . . . . . . . . . . . . . . 74–76
   a) Einschränkung des Bestandsschutzes . . . . . . . . . . . . . . . . . . . . . . . . . . . . . . 74–75
   b) Anspruch auf Aufhebung von Nebenbestimmungen . . . . . . . . . . . . . . . . . . . . . 76
6. Rechtsschutz . . . . . . . . . . . . . . . . . . . . . . . . . . . . . . . . . . . . . . . . . . . . . . . 77–80
IV. Ausblick . . . . . . . . . . . . . . . . . . . . . . . . . . . . . . . . . . . . . . . . . . . . . . . . . . . . . 81

## I. Bedeutung der Vorschrift

**1** § 8 folgt weitgehend der üblichen Struktur wirtschaftsverwaltungsrechtlicher Genehmigungstatbestände. Die Vorschrift enthält den grundlegenden Zulassungstatbestand für Telekommunikationslizenzen. Insoweit enthält sie die notwendige Ergänzung zum Zulassungs*vorbehalt* des § 6 TKG. Allerdings werden die Zulassungsvoraussetzungen in § 8 nicht für sämtliche Fälle komplett geregelt; für Knappheitsfälle, in denen für die Lizenzerteilung nicht in ausreichendem Umfang verfügbare Frequenzen zur Verfügung stehen, wird der Zulassungstatbestand durch die §§ 10 u 11 TKG ergänzt. Neben den Zulassungsvoraussetzungen enthält § 8 **Form**vorgaben, rudimentäre Vorgaben für das **Verfahren** sowie Vorschriften über die **nachträgliche Änderung** von Lizenzen (§ 8 Abs 2 S 3).

## II. Gesetzgebungsgeschichte und EU-Recht

### 1. Verleihungen nach dem FAG

**2** Schon immer ließ es das Fernmelderecht zu, Privatunternehmen im Einzelfall die Erbringung von Fernmeldeleistungen zu gestatten. Das Instrument hierfür war die **Verleihung**. Sie war in § 2 FAG als Ausnahme zum Fernmeldemonopol (§ 1 S 2 FAG aF bis 1989) geregelt. Nach der herkömmlichen Lesart lag diesen Regelungen das verwaltungsrechtliche Modell eines Verbotes mit Befreiungsvorbehalt[1] zugrunde: Der Aufbau privater Übertragungswege war grundsätzlich verboten. Auf Verleihungen bestand kein Anspruch; ihre Erteilung stand im Ermessen der Behörden.[2] Zwar wurde das Rechtsinstitut der Verleihung zunächst für Liberalisierungen genutzt, und die neuere Literatur bemühte sich zum Teil um neue Abgrenzungen und Begriffsprägungen.[3] Doch war die Verleihung nach dem FAG bis zuletzt Ermessensentscheidung im Normbereich eines Verbotes und grundsätzlichen Verwaltungsmonopols (das zuletzt an die Deutsche Bundespost Telekom gesetzlich übertragen war). Nur auf der Ebene untergesetzlicher Rechtsetzung wurden in zwei Verordnungen Rechtsansprüche auf Verleihung begründet: in der Telekommunikations-Verleihungsverordnung (TVerleihV)[4] und der Mobilfunk-Telekommunikations-Verleihungsverordnung (MTVerleihV).[5]

### 2. Gesetzgebungsverfahren

**3** Der Erlaubnistatbestand war im Gesetzgebungsverfahren umstritten. Im ursprünglichen Gesetzesentwurf der Bundesregierung[6] fehlte § 8 Abs 1 S 3 u § 8 Abs 2 S 1. In Abs 3 war als zusätzlicher Versagungsgrund der Fall aufgeführt, dass die Anzahl der Lizenz nach § 10 beschränkt ist. Im Übrigen entsprach schon der Entwurf der Fassung des Gesetzes. Zum Normzweck des § 8 wurde ausgeführt: „Die besonderen wettbewerbsrechtlichen Bestimmungen des Telekommunikationsgesetzes berücksichtigen die verfassungsrechtlich garantierten Rechte der Berufs- und Gewerbefreiheit, wonach grundsätzlich jedermann berechtigt ist, Telekommunikationsdienstleistungen am Markt anzubieten. Der regulatorische Rahmen sieht deshalb sehr weitreichende

---

[1] So etwa *Huber* Wirtschaftsverwaltungsrecht I, 2. Aufl, 1953, S 576 f.
[2] Zu den Verleihungsvoraussetzungen BVerwGE 28, 278; VGH Kassel, ESVGH 15, 208.
[3] *Eidenmüller* Post- und Fernmeldewesen, Kommentar, Stand 49. Lfg 1991, § 2 FAG Anm 2 f.
[4] Verordnung zur Öffnung von Märkten für Dienstleistungen sowie zur Regelung von Inhalt, Umfang und Verfahren der Verleihung im Bereich der Telekommunikation v 19. 10. 1995, BGBl I S 1434.
[5] Verordnung über Verleihungen zum Errichten und Betreiben privater Übertragungswege in öffentlichen Mobilfunknetzen v 23. 10. 1995, BGBl I S 1446.
[6] BR-Drucks 80/96, S 3, 7.

Marktzutrittsmöglichkeiten vor; die durch die Verfassung garantierten Rechte werden nur im unbedingt erforderlichen Umfang eingeschränkt. ... Mit Ausnahme der Bereiche, in denen die begrenzte Verfügbarkeit knapper Ressourcen eine Beschränkung gebietet – dies ist nur bei der Vergabe von Funkfrequenzen der Fall – ist eine Begrenzung der Anzahl zu vergebender Lizenzen nicht vorgesehen, da nach Wegfall der Monopole schon aus verfassungsrechtlichen Gründen – wie oben ausgeführt – grundsätzlich jedermann zum Markteintritt berechtigt ist. Lizenzauflagen müssen entsprechend verhältnismäßig sein, so dass auch kleineren und mittleren Unternehmen ein Marktzutritt möglich und die Lizenzvergabe nicht von vornherein auf wenige große Unternehmen oder Konsortien beschränkt ist."[7]

§ 8 sei „die Anspruchsgrundlage für die Erteilung einer Lizenz".[8] Grundsätzlich würden Lizenzen antragsgemäß erteilt, wenn möglich auch als Allgemeingenehmigung.[9] Für Nischenangebote durch kleine oder mittlere Betriebe sollen die jeweiligen Antragsteller ganz nach dem Geschäftszweck in der Regel die gewünschte Lizenz erhalten.[10] Die Gründe für die Versagung einer Lizenz seien abschließend; vor diesem Hintergrund sei es nicht gerechtfertigt, die Zahl der Marktteilnehmer a priori zu beschränken, um eine flächendeckende Grundversorgung und die Erfüllung von Universaldienstverpflichtungen, die aus dem Sozialstaatsprinzip und der Verpflichtung zur öffentlichen Daseinsversorgung erwachsen, sicherzustellen.[11] Im Gegenteil sei zu erwarten, dass ein funktionsfähiger Wettbewerb am besten geeignet sei, die Erfüllung des Versorgungsauftrages sicherzustellen.[12]

**4**

Abs 5 wurde so erklärt: „Um zu vermeiden, dass eine Lizenz nicht genutzt werden kann, weil es an den erforderlichen Ressourcen fehlt, gibt die Lizenz zugleich grundsätzlich einen Anspruch auf Erteilung der für ihren Gebrauch benötigten Frequenzen."[13]

**5**

Der Bundesrat vertrat demgegenüber ein gegenläufiges Konzept, das auf die Beschränkung des Marktzutritts setzte, um die verfassungsrechtlichen oder regulatorischen Ziele zu erreichen. Die Erteilung einer unbeschränkten Zahl von Lizenzen „ohne Vorgaben hinsichtlich der Größe und des Zuschnitts der Lizenzgebiete und ohne Auflagen hinsichtlich des Flächendeckungsgrades und der Qualität des Angebotes" lasse „eine Zersplitterung des deutschen Telekommunikationsmarktes befürchten".[14] Deshalb mussten in das TKG Regelungen aufgenommen werden, die der Regulierungsbehörde die Möglichkeit geben, bei der Lizenzerteilung Auflagen hinsichtlich des Flächendeckungsgrades für das Angebot an Universaldienstleistungen sowie Vorgaben hinsichtlich der Größe und des Zuschnitts der Lizenzgebiete – unter Mitwirkung der Länder – zu machen.[15] Das diene der Entwicklung leistungsfähiger Unternehmen.[16]

**6**

Deswegen schlug der Bundesrat folgende Ergänzung von § 8 Abs 1 vor: „Lizenzgebiete für Bewerber um Lizenzen der Lizenzklasse 4 müssen so zugeschnitten sein, dass sie sowohl strukturstarke als auch strukturschwächere Gebiete umfassen, Ballungsräume nicht zerschneiden und auch die notwendige Erlöskraft zur Finanzierung des Universaldienstes auf diesem Gebiet ermöglichen. Durch den Zuschnitt der Lizenzgebiete muss sichergestellt sein, dass es nicht zu einer Benachteiligung kleiner und mittlerer Anbieter kommt."[17] So solle dem Grundsatz der Flächendeckung und dem Infrastrukturauftrag aus Art 87 f GG Vorrang vor einer unbegrenzten Handlungsfreiheit der Diensteanbieter eingeräumt werden, die zu „Rosinenpickerei" führen würde.[18]

**7**

Des Weiteren forderte der Bundesrat, in Abs 2 S 1 in Bezug auf Nebenbestimmungen die Wörter „die in diesem Gesetz vorgesehen" zu streichen. Dies solle eine „offene Definition der Nebenbestimmungen im Rahmen der festgeschriebenen Regulierungsziele" schaffen.[19] Ferner wurde angeregt, den eigenständigen Versagungsgrund der Frequenzknappheit zu streichen, weil die Rechtsfolge in § 11 eigenständig geregelt sei.[20] Weitere Änderungsvorschläge des Bundesrates

**8**

---

7 BR-Drucks 80/96, S 34.
8 BR-Drucks 80/96, S 38.
9 BR-Drucks 80/96, S 38.
10 BR-Drucks 80/96, S 38.
11 BR-Drucks 80/96, S 38.
12 BR-Drucks 80/96, S 38.
13 BR-Drucks 80/96, S 39.

14 Stellungnahme des Bundesrates zum TKG-E der Bundesregierung, BT-Drucks 13/4438, S 5.
15 BT-Drucks 13/4438, S 5.
16 BT-Drucks 13/4438, S 5.
17 BT-Drucks 13/4438, S 8.
18 BT-Drucks 13/4438, S 8.
19 BT-Drucks 13/4438, S 8.
20 BR-Drucks 13/4438, S 8.

Wolfgang Spoerr

waren eher redaktioneller Natur.[21] Die Bundesregierung lehnte die Änderungsvorschläge im Wesentlichen ab; nur die Herausnahme der Frequenzknappheit als Versagungsgrund wurde befürwortet.[22] Die Meinungsverschiedenheiten wurden schließlich erst im Vermittlungsausschuss beigelegt, indem § 8 Abs 2 S 1 eingefügt wurde.[23]

### 3. EU-Recht

**9** Das EU-Recht ging zunächst ganz von der Erfahrung aus, dass die mitgliedstaatlichen Genehmigungserfordernisse nicht der – mehr oder weniger – wettbewerbskonformen Regulierung dienten, sondern der Errichtung von Marktzutrittsschranken. Demgemäß zielte das EU-Recht im Rahmen seiner Marktöffnungsstrategie[24] auf die Schaffung objektiver, nicht diskriminierender und durchschaubarer Kriterien, auf Begründungserfordernisse bei der Ablehnung von Zulassungsanträgen und auf wirksamen Rechtsschutz. Mit Ergänzungen zur Liberalisierungsrichtlinie wurden diese Erfordernisse schrittweise auf ursprünglich ausgenommene Tätigkeiten erstreckt.[25] Wegen der hohen Bedeutung von Genehmigungsvorbehalten für die Entwicklung der Telekommunikationsmärkte hat sich schließlich auch die Harmonisierungsstrategie, der zweite Ansatz der EU-Telekommunikationspolitik, der Genehmigungsverfahren angenommen. Dem dient die Genehmigungsrichtlinie.[26] Für § 8 relevant sind insbesondere die Art 8 (über Auflagen bei Einzelgenehmigungen) und Art 9, die Vorschrift über das Verfahren für die Erteilung von Einzelgenehmigungen. Der Anhang zur Richtlinie enthält einen detaillierten Katalog über zulässige Nebenbestimmungen (die Richtlinie bezeichnet diese im deutschen Text als „Auflagen").

## III. Einzelkommentierung

**10** § 8 regelt – in der Reihenfolge des Ablaufes des Lizenzverfahrens – den Inhalt des Lizenzantrages (Abs 1 S 1, 2), das Verfahren (Abs 3), die Voraussetzungen und Inhalte der Lizenzentscheidung (Abs 1 S 1, Abs 2 S 1, 2, Abs 3 u Abs 4). Daneben sind nachträgliche Änderungen der Lizenz geregelt (Abs 2 S 2, 3).

### 1. Lizenzantrag (Abs 1, 2)

#### a) Antragsbedürftiger Verwaltungsakt

**11** Wie sich aus § 8 Abs 1 ergibt, ist die Lizenz antragsbedürftiger Verwaltungsakt. Das Lizenzverfahren wird in der Regel nicht von Amts wegen, sondern (nur) auf schriftlichen Antrag eingeleitet. Der Antrag bedarf der Schriftform. Dem Erfordernis der Schriftform genügt auch die Antragstellung durch Telegramme, Fernschreiben, Telex und Telefax.[27] Wie sich aus den §§ 10, 11 TKG ergibt, darf die Regulierungsbehörde das Verfahren zwar auch ohne Antrag – also von Amts wegen – einleiten, aber keine Lizenzen erteilen.[28] Insoweit ist der Antrag zwar nicht Verfahrensvoraussetzung, wohl aber materielle Voraussetzung der Lizenzerteilung.[29] Spätestens mit Eingang des Antrages bei der Behörde beginnt das individual-bezogene Verwaltungsverfahren (§ 22 S 2 Nr 1 VwVfG); das Vergabeverfahren (§§ 10, 11 TKG) ist demgegenüber stärker gegliedert.

---

21 S BT-Drucks 13/4438, S 8 f.
22 BT-Drucks 14/4438, S 31 f.
23 BT-Drucks 490/96, S 2.
24 Der vor allem die Liberalisierungsrichtlinien dienten, dazu *Scherer* Das Telekommunikationsgesetz: Rahmenordnung für chancengleichen Wettbewerb, Vortragsmanuskript, S 3.
25 S *Scherer* Das Telekommunikationsgesetz: Rahmenordnung für chancengleichen Wettbewerb, Vortragsmanuskript, S 3 f; *Ungerer* EC Competition Law in the Telecommunications, Media and Information Technology Sectors, in: 19 Fordham L.J. 1996, S 1111 ff.
26 97/13/EG.
27 Allgem *Kopp/Ramsauer* VwVfG, § 64 Rn 10 mwN; *Stelkens/Schmitz* in: Stelkens/Bonk/Sachs, VwVfG, § 22 Rn 32 f.
28 Ob das bei vergleichbaren Vorschriften allgem der Fall ist, ist umstritten, vgl *Kopp/Ramsauer* VwVfG, § 22 Rn 11 ff 27; BVerwGE 11, 18; OVG Koblenz, NVwZ 1986, 577.
29 Zur Unterscheidung präzise *Stelkens/Schmitz* in: Stelkens/Bonk/Sachs, VwVfG, § 22 Rn 17.

Wolfgang Spoerr

### b) Antagsberechtigung – Vollmacht

Antragsberechtigt ist, wer die Lizenz begehrt. Mehrere Personen können einen gemeinsamen Antrag stellen. Es ist zulässig und wirksam, wenn ein Vertreter den Antrag stellt (§ 14 Abs 1 S 1 VwVfG). Die Vollmacht kann formlos erteilt werden; sie muss aber auf Verlangen der Behörde schriftlich nachgewiesen werden (§ 14 Abs 1 S 3 VwVfG). Ausländische Antragsteller können von der Regulierungsbehörde aufgefordert werden, einen Empfangsbevollmächtigten im Inland zu benennen (§ 15 S 1 VwVfG).   **12**

### c) Inhalt des Antrages und erforderliche Angaben

Die generell nötigen Angaben für Anträge ergeben sich aus der Verfügung Nr 158/1999 der RegTP v 22. 12. 1999, für Vergabeverfahren nach § 11 insbesondere aus den Entscheidungen nach § 11 Abs 4 und 6 (s § 11 Rn 35 ff).   **13**

Allerdings ist die Vollständigkeit der Antragsangaben nicht erforderlich für die Wirksamkeit des Antrages. Damit der Antrag wirksam ist, muss er den Antragsteller und das vom Antragsteller angestrebte Ziel, also die Art und den Inhalt der angestrebten Lizenz erkennen lassen.[30] Zwar können Anträge im allgemeinen nicht bedingt gestellt werden; wirksam sind aber hilfsweise oder alternativ zueinander gestellte Anträge.[31] Bei unvollständigen Anträgen muss die Behörde – bei mehreren Antragstellern unter Wahrung des Gleichbehandlungsgrundsatzes – gem § 25 VwVfG Ergänzungen und Berichtigungen anregen.[32] Der Antrag muss in deutscher Sprache gestellt werden (§ 23 Abs 1 VwVfG). Die Folgen von Anträgen, die in anderen Sprachen eingereicht werden, regeln die §§ 23 Abs 2–4 VwVfG. Zur Fristwahrung reichen fremdsprachliche Anträge, wenn auf Verlangen der Behörde innerhalb der gesetzten Frist eine Übersetzung vorgelegt wird (§ 23 Abs 4 S 1 VwVfG). Die Regulierungsbehörde muss auf die Folgen der Fristversäumung hinweisen (§ 23 Abs 4 S 3 VwVfG).   **14**

Die inhaltliche Ausgestaltung des Antrages ist allein Sache des Antragstellers. Er bestimmt, welche Tätigkeiten er der Behörde zur Genehmigung unterbreitet. Auch bestimmt er das Gebiet, in dem er die lizenzpflichtige Tätigkeit ausüben will. Im Lizenzantrag ist dieses Gebiet zu bezeichnen (§ 8 Abs 1 S 2). Dieses Gebiet ist jenes Gebiet, in dem Sprachentelefondienst auf der Basis selbst betriebener Telekommunikationsnetze angeboten wird bzw jenes Gebiet, auf dem Übertragungswege betrieben werden. Zulässig sind auch Linienlizenzen (s § 6 Rn 15 ff). Im Normbereich des § 6 Abs 1 Nr 1 TKG (Übertragungswege) kommt es nicht auf das Gebiet an, in dem die Übertragungswege für Verbindungsleistungen genutzt werden, sondern auf das Gebiet, in dem die Übertragungswege betrieben werden. Nach der neuen Regulierungspraxis muss das Lizenzgebiet zusammenhängend sein.[33]   **15**

Die Verfahrensposition aus dem Auftrag ist in entsprechender Anwendung dem § 9 Abs 1 TKG übertragbar.[34] Das Bedürfnis hierfür ergibt sich aus den Antragsfristen bei Verteidigungs- und Ausschreibungsverfahren.   **16**

### 2. Verfahren (Abs 1 S 3)

Das allgemeine Verfahren der Lizenzerteilung ist im TKG nur rudimentär geregelt; genauere Regelungen finden sich nur für das Verfahren bei einer Beschränkung der Anzahl der zu verteilenden Frequenzen gem §§ 10, 11 TKG. In diesem Fall ist die verfahrensrechtliche Strukturierung ganz wesentlich für das gesetzliche materielle Entscheidungsprogramm.   **17**

### a) Entscheidungsfrist nach dem TKG

Nach § 8 Abs 1 S 3 soll die Regulierungsbehörde innerhalb von sechs Wochen über Lizenzanträge   **18**

---

[30] *Kopp/Ramsauer* VwVfG, § 22 Rn 36; *Stelkens/Schmitz* in: Stelkens/Bonk/Sachs, VwVfG, § 22 Rn 47.
[31] *Kopp/Ramsauer* VwVfG, § 22 Rn 37; *Stelkens/Schmitz* in: Stelkens/Bonk/Sachs, VwVfG, § 22 Rn 77 mwN.
[32] *Kopp/Ramsauer* VwVfG, § 22 Rn 36.
[33] RegTP, Vfg 158/1999 v 22. 12. 1999, ABl RegTP 1999 Nr 23 S 4090.
[34] AM *Hummel* K & R 2000, 479, 482; *Mayen* CR 1999, 690, 691 f.

Wolfgang Spoerr

entscheiden. Das geht über die allgemein für Vorhaben im Rahmen wirtschaftlicher Unternehmungen geltenden Vorschrift § 71b VwVfG hinaus. Mit dieser Formulierung zeigt der Gesetzgeber, dass er von einer Regelfrist von sechs Wochen ausgeht, die mit Eingang des Antrages bei der Regulierungsbehörde beginnt. „Soll" bedeutet dabei, dass die Regulierungsbehörde innerhalb von sechs Wochen entscheiden **muss,** wenn kein begründeter Ausnahmefall vorliegt oder nicht eine noch raschere Entscheidung möglich ist, die dann gemäß § 71b VwVfG geboten ist. Der Behörde verbleibt ein verfahrensbezogener [35] Ermessensspielraum: die denkbaren Ausnahmen sind gesetzlich nicht eindeutig vorgegeben, sondern können von der Behörde situationsbezogen bestimmt werden. Aber ohne tragfähige Begründung ist die Überschreitung der Sechs-Wochen-Frist rechtswidrig, weil die behördliche Ermessensausübung dem gesetzlich vorgegebenen Zweck nicht Rechnung trägt.[36]

b) EU-Recht

**19** Die gesetzliche Regelung des Lizenzverfahrens steht im Hinblick auf die Entscheidungsfrist mit der Genehmigungs-Richtlinie[37] nicht im Einklang. Diese Richtlinie war bis 31.12. 1997 umzusetzen. Nach der Rechtsprechung des EuGH müssen Richtlinien grundsätzlich durch Rechtssätze umgesetzt werden.[38] Gem Art 9 Abs 2 der Richtlinie sind angemessene Fristen festzulegen. Unter anderem ist dem Antragsteller sobald wie möglich, spätestens aber **sechs Wochen** nach Eingang des Antrages, die Entscheidung über den Antrag mitzuteilen. Zwar lässt auch die Richtlinie Überschreitungen der Frist in objektiv begründeten Fällen zu. Aber diese Fälle müssen in den Bestimmungen zur Durchführung der Richtlinie „einzeln aufgeführt" sein. In solchen Fällen darf die Entscheidungsfrist auf bis zu vier Monate ausgedehnt werden; „insbesondere" im Fall von vergleichenden Auswahlverfahren kann die Frist nochmals um höchstens vier Monate verlängert werden.

**20** Doch das TKG enthält keine Aufführung der Fallgruppen. Insoweit besteht **Anpassungsbedarf.** Leider enthält das TKG keine Verordnungsermächtigung zur Gestaltung des allgemeinen Lizenzverfahrens, so dass eine Gesetzesänderung unabdingbar sein dürfte. Bis sie in Kraft tritt, ist § 8 Abs 1 S 3 richtlinienkonform auszulegen: die Regulierungsbehörde muss innerhalb von sechs Wochen entscheiden; nur im Falle des Ausschreibungsverfahrens darf die Frist überschritten werden.

c) Ergänzende Anwendung des VwVfG

**21** Soweit das TKG keine Regelungen enthält, gilt ergänzend das Verwaltungsverfahrensgesetz (Vor § 73 Rn 4 ff).

**22** § 28 regelt die **Anhörung** Beteiligter. Der Antragsteller ist Beteiligter iSd VwVfG (§ 13 Abs 1 VwVfG). Auch die Lizenz ist Verwaltungsakt, der in Rechte des Antragstellers eingreift, wenn sie belastende Nebenbestimmungen enthält.[39] Das bedeutet, dass praktisch vor jeder Lizenzentscheidung eine Anhörung erforderlich ist. Etwas anders gilt dann, wenn die von der Regulierungsbehörde beabsichtigten Auflagen dem Antragsteller schon bei Antragstellung im Detail bekannt waren. Insbesondere liegt dieser Fall vor, wenn die Auflagen in Musterlizenzen veröffentlicht werden. Dann ist die Anhörung nach den Umständen des Einzelfalles nicht geboten, von ihr kann nach § 28 Abs 2 VwVfG abgesehen werden. Ebenfalls abgesehen werden kann von der Anhörung, wenn durch sie die Einhaltung einer für die Entscheidung maßgeblichen Frist in Frage gestellt würde (§ 28 Abs 2 Nr 2 VwVfG). Für die Entscheidung maßgeblich iSd dieser Vorschrift sind allerdings nur zwingende Vorschriften, nicht die Soll-Vorschrift aus § 8 Abs 1 S 3.

---

[35] Allgem zum Verfahrensermessen *Hill* NVwZ 1985, 449; *Stelkens/Schmitz* in: Stelkens/Bonk/Sachs, VwVfG, § 9 Rn 16 ff.

[36] Vgl allgem zu Soll-Vorgaben: BVerwGE 84, 220, 232 f; OVG Münster, OVGE 30, 36, 37; *Sachs* in: Stelkens/Bonk/Sachs, § 40 Rn 26 f; *Borowski* DVBl 2000, 149.

[37] 97/13/EG.

[38] Vgl nur *Geiger* EUV/EGV, Art 249 Rn 9, Art 189 Rn 9; EuGH, EuZW 1991, 440 – TA Luft.

[39] *Kopp/Ramsauer* VwVfG, § 28 Rn 26; offen lassend VGH Mannheim, NVwZ 1994, 919; allgem dazu *Bonk* in: Stelkens/Bonk/Sachs, VwVfG, § 28 Rn 26 ff.

**Fristen und Wiedereinsetzung und §§ 71a ff VwVfG**: Sonderregelungen für die **Fristberechnung** enthält § 31 VwVfG, insoweit gilt nicht uneingeschränkt das BGB. Die **Wiedereinsetzung in den vorigen Stand** ist in § 32 VwVfG geregelt.[40] Schließlich gelten für Telekommunikationslizenzen für Aktivitäten im Rahmen wirtschaftlicher Unternehmen die §§ 71a–71e VwVfG. Wichtig ist die Pflicht zur Erörterung der Antragsunterlagen (§ 71c Abs 2 VwVfG) und die Pflicht zur unverzüglichen Prüfung der Antragsunterlagen auf Vollständigkeit (§ 71c Abs 3 VwVfG).

### 3. Lizenzentscheidung

Voraussetzungen und Inhalt der Entscheidung über die Lizenzerteilung, also der eigentliche Zulassungstatbestand, ergeben sich Abs 1 S 1, Abs 2 S 1, 2, Abs 3 und Abs 4. Dabei erschließt sich die Struktur des Zulassungstatbestandes teilweise nur aus einer **Zusammenschau** dieser Regelungen. Vor allem gilt das für den Umfang der zulässigen Nebenbestimmungen und die Beantwortung der Frage, ob ein Rechtsanspruch auf die Lizenz besteht. Das von § 8 vorgegebene Prüfungsprogramm der Regulierungsbehörde besteht zunächst aus der Prüfung, ob der beantragten Lizenz **Versagungsgründe** entgegenstehen. Diese sind in Abs 3 abschließend geregelt. Sodann muss die Regulierungsbehörde prüfen und entscheiden, ob **Nebenbestimmungen** zur Sicherstellung der gesetzlichen Voraussetzungen der Lizenz oder zur Sicherstellung der Regulierungsziele (Abs 2) geboten sind.

Die Lizenz ist ein Verwaltungsakt (§ 35 VwVfG). Statt des Verwaltungsaktes kann gem § 54 S 2 VwVfG ein **öffentlich-rechtlicher Vertrag** abgeschlossen werden.[41]

#### a) Zwingende personen- oder antragsbezogene Versagungsgründe

§ 8 Abs 3 Nr 2 bringt zwingende Versagungsgründe in der Form subjektiver Zulassungsvoraussetzungen, wobei **personenbezogene Zulassungsvoraussetzungen** (Nr 2a) und ein **Gefahrenabwehrvorbehalt** (Nr 2b) zu unterscheiden sind.

Auch **juristische Personen des öffentlichen Rechts** können Lizenzinhaber sein. Insbesondere die Rundfunkanstalten[42], aber auch die Gebietskörperschaften können Übertragungswege betreiben. Etwaige Beschränkungen aus Art 87 f Abs 2 GG sind allerdings zu beachten[43]; ebenso § 14 TKG[44]. Vergleichbare Rechtsfragen stellen sich bei der mittelbaren staatlichen Tätigkeit in der Telekommunikation, insbesondere über kommunale Eigen- und Beteiligungsgesellschaften.[45]

**aa) Personenbezogene Versagungsgründe**: Die personenbezogenen Voraussetzungen knüpfen zum Teil an gewerbe- und wirtschaftsverwaltungsrechtliche Muster an.

Die für die „Ausübung der beantragten Lizenzrechte erforderliche Zuverlässigkeit" wird in § 8 Abs 3 S 2 dahin umschrieben, dass der Lizenznehmer die Gewähr dafür bieten muss, dass er „die Rechtsvorschriften einhalten wird". Das ist sachlich weitgehend identisch mit der Formel, die das BVerwG im **Gewerberecht** in ständiger Rechtsprechung verwendet: Unzuverlässig ist der Gewerbetreibende „wenn er nach dem Gesamtbild seines Verhaltens keine Gewähr dafür bietet, dass er sein Verhalten künftig ordnungsgemäß betreibt".[46] § 8 Abs 3 S 2 engt den Rahmen der Zuverlässigkeitsprüfung gegenüber der allgemein gewerberechtlichen Definition[47] ein; die Sondertatbestände der Fachkunde und Leistungsfähigkeit nehmen das Delta auf.

---

[40] Zur Wiedereinsetzung im Ausschreibungsverfahren: § 11 Rn 59.
[41] Beck'scher TKG-Kommentar/*Schütz* § 8 Rn 20; *Geppert/Ruhle/Schuster* Rn 145; aM TKMMR/*Manssen* C § 8 Rn 9; zum Rechtsschutz Dritter: *Knuth* JuS 1986, 523; OVG Münster, NVwZ 1984, 522.
[42] *Floren* ZUM 2000, 904 ff.
[43] Dazu näher Beck'scher TKG-Kommentar/*Schütz* § 8 Rn 45a; *Schütz/Rädler* ZUM 1999, 682 ff; *Müller-Terpitz* NWVBl 1999, 294 ff; *Windhorst* in: Sachs, GG, Art 87 f Rn 24, die Art 87 f Abs 2 das Gebot einer umfassenden materiellen Aufgabenprivatisierung entnehmen; aM *Pünder* DVBl 1997, 1353; zu kommunalrechtlichen Schranken *Hösch* GewArch 2000, 1, 9 ff.
[44] Dazu ausf *Floren*, ZUM 2000, 904, 914 ff.
[45] Kritisch etwa Beck'scher TKG-Kommentar/*Schütz* § 18 Rn 45c; s die in Fn 50 genannte Literatur. Zur Regulierungspraxis: RegTP, Beschl v 18. 1. 1999, BK-4-98-040/Z 10. 11. 98, S 6.
[46] BVerwGE 65, 1; BVerwG GewArch 1997, 242, 243; BVerwG GewArch 1997, 244.
[47] Zu ihr *Laubinger* VerwArch 89 (1998), 145, 148.

**Zweiter Teil** Regulierung von Telekommunikationsdienstleistungen
**Erster Abschnitt** Lizenzen

**30** Die Zuverlässigkeit ist nach dem Gesetzeswortlaut – anders als nach dem Regelungsmodell des § 35 GewO – auf den Antragsteller (S 1) bzw auf den „Lizenznehmer" (S 2) bezogen. Bei Kapitalgesellschaften ist deshalb fraglich, ob die Zuverlässigkeitsprüfung auf die Kapitalgesellschaft zu beziehen ist oder auf deren Leitungspersonal. Die herkömmliche Auffassung geht davon aus, dass juristische Personen als solche sich „naturgemäß" einer Zuverlässigkeitsprüfung entziehen, weswegen auf deren gesetzliche Vertreter abzustellen sei.[48]

**31** Die Zuverlässigkeitsprüfung erfordert eine **Prognose**[49] über das künftige Verhalten des Antragstellers bzw Lizenznehmers, die – was der Gesetzeswortlaut („Tatsachen die Annahme rechtfertigen") verdeutlicht – auf **Tatsachen** zu stützen ist.[50] Auf ein **Verschulden** kommt es für die Feststellung der Unzuverlässigkeit generell nicht an.[51] Die Tatsachen, auf die sich die Bedenken gegen die Zuverlässigkeit stützen, müssen einen wenigstens mittelbaren Bezug zu den im Rahmen der Tätigkeit als Telekommunikationsunternehmer zu beachtenden Pflichten haben.[52] Dagegen geht es nicht nur um die Einhaltung des Sonderrechts der Telekommunikation.[53] Eine gewisse Indizwirkung hat es, wenn der Antragsteller/Lizenznehmer oder sein Personal wegen einer Straftat verurteilt worden ist oder gravierende Ordnungswidrigkeiten vorgekommen sind. Einzelne ordnungswidrige Verstöße mehr formaler Natur aber rechtfertigen für sich genommen den Schluss auf die Unzuverlässigkeit nicht. Maßgebend ist stets die Würdigung des Gesamtverhaltens.

**32** Wird entgegen der bisher hM die Zuverlässigkeit von juristischen Personen beurteilt, so muss sich die Beurteilung auf die Betriebsorganisation und die Zuverlässigkeit des Leitungspersonals beziehen. Zuverlässig sind dann solche Kapitalgesellschaften, deren Betriebsorganisation einschließlich des Leitungspersonals die Gewähr dafür bieten, dass sie als Lizenznehmer die Rechtsvorschriften einhalten werden.

**33** Mangelnde Eignung und mangelnde wirtschaftliche Leistungsfähigkeit, die bei § 35 GewO den Schluss auf die Unzuverlässigkeit rechtfertigen können[54], sind für die telekommunikationsrechtliche Unzuverlässigkeit irrelevant, weil sie nach dem Gesetz selbständige Versagungsgründe sind.

**34** Die **Fachkunde** wird in § 8 Abs 3 S 2 Nr 3 dahingehend definiert, dass die bei der Ausübung der Lizenzrechte tätigen Personen über die erforderlichen Kenntnisse, Erfahrungen und Fertigkeiten verfügen müssen. Spezielle Fachkundenachweise sind nicht vorgesehen. Weil sie als subjektive Zugangsvoraussetzungen einer gesetzlichen Grundlage bedürfen, dürfen sie auch nicht verlangt werden. Eine Verordnungsermächtigung[55] enthält das TKG nicht. Der Fachkundenachweis darf nicht als Marktzutrittsschranke gehandhabt werden. Die Fachkunde setzt solche Kenntnisse, Erfahrungen und Fertigkeiten voraus, die gerade der beantragte Betrieb bestimmter Telekommunikationsdiensleistungen mit sich bringt. Erforderlich ist also insbesondere Know-how aus den Bereichen der technischen, ingenieurwissenschaftlichen und datenverarbeitungsspezifischen Disziplinen.[56]

**35** Zur Zeit der Antragstellung muss das zur Lizenzausübung erforderliche Personal noch nicht vorgehalten werden. Es reicht aus, wenn die in der jeweiligen Phase des Aufbaus eines Telekommunikationsunternehmens erforderliche Fachkunde vorhanden ist. In der Antrags- und Aufbauphase kann daher allenfalls verlangt werden, dass Vorkehrungen und Planungen getroffen sind, die erwarten lassen, dass die erforderliche Fachkunde dann zur Verfügung steht, wenn

---

48 S *Hellmann-Sieg* in: Brandt/Ruchay/Weidemann, Kreislaufwirtschafts- und Abfallgesetz, B 100 § 49 Rn 73; TKMMR/*Manssen* C § 8 Rn 15.
49 Zu Änderungen der Prognose vgl nur Beck'scher TKG-Kommentar/*Schütz* § 8 Rn 41 f.
50 Vgl *Marcks* in: Landmann/Rohmer, GewO, § 35 Rn 31; *Hellmann-Sieg* in: Brandt/Ruchay/Weidemann, Kommentar zum KrW-/AbfG, B 100 § 49 Rn 69.
51 Vgl *Hellmann-Sieg* in: Brandt/Ruchay/Weidemann, Kreislaufwirtschafts- und Abfallgesetz, B 100 § 49 Rn 87.

52 Allgem zu zuverlässigkeitsrelevanten Tatsachen *Laubinger* VerwArch 1998, 145, 150 ff; *Schaeffer* Wi-Verw 1982, 100 ff; 106 ff.
53 So zu Recht Beck'scher TKG-Kommentar/*Schutz* § 8 Rn 45.
54 Dazu *Laubinger* VerwArch 1998, 145, 153 f.
55 Wie sie beispielsweise § 49 Abs 3 S 2 KrW-/AbfG enthält, dazu *Hellmann-Sieg* in: Brandt/Ruchay/Weidemann, Kreislaufwirtschafts- und Abfallgesetz, B 100 § 49 Rn 104.
56 Beck'scher TKG-Kommentar/*Schütz* § 8 Rn 46.

Wolfgang Spoerr

sie gebraucht wird. Der Aufbau eines Telekommunikationsnetzes ist ein äußerst komplexer Vorgang, der hohe Sach- und Personalinvestitionen erfordert. Weil der Antragsteller nicht sicher sein kann, dass ihm die beantragte Lizenz erteilt wird, kann ihm nicht zugemutet werden, diese Investitionen vor Lizenzerteilung zu tätigen. Würde die Regulierungsbehörde schon mit dem Antrag den Nachweis jener Sachkunde verlangen, die später zum Aufbau und Betreiben des Netzes erforderlich ist, so würde sich § 8 Abs 3 Nr 2 als Marktzutrittsschranke für neue Wettbewerber auswirken. Das stünde mit dem wettbewerbsfördernden Gesetzeszweck des TKG nicht im Einklang und wäre im Übrigen unverhältnismäßig. Vor einer Versagung aus Gründen fehlenden Sachkundenachweises muss die Regulierungsbehörde aus den genannten Gründen auch prüfen, ob die Lizenz unter einer entsprechenden **Nebenbestimmung** erteilt werden kann. Das ist gegenüber der Versagung das mildere Mittel, das gleich wirksam geeignet ist, den Gesetzeszweck des Versagungsgrundes mangelnder Fachkunde zu erfüllen.

Vor dem Hintergrund eines liberalisierten Marktes nicht ganz unproblematisch ist der Versagungsgrund mangelnder **Leistungsfähigkeit**. In Abgrenzung zur Fachkunde meint Leistungsfähigkeit die finanziell-wirtschaftliche Leistungsfähigkeit: die „Produktionsmittel" müssen zur Verfügung stehen. Der telekommunikationsrechtliche Zulassungstatbestand setzt eine Ausübungsprognose voraus; die Regulierungsbehörde muss die Leistungsfähigkeit beurteilen. Das ist kritisiert worden.[57] Doch bei hinreichend restriktiver Handhabung ist dieser Versagungsgrund unproblematisch. Auch andere wirtschaftsverwaltungsrechtliche Zulassungstatbestände enthalten Anforderungen an die Leistungsfähigkeit (vgl etwa § 33 Abs 1 Nr 1 KWG für Kreditinstitute, dort allerdings mit weit größerer Bedeutung für die Erfüllung des Gesetzeszwecks und mit entsprechend höheren Anforderungen); und im allgemeinen Gewerberecht ist wirtschaftliche Leistungsunfähigkeit als Grund der Unzuverlässigkeit anerkannt.[58]

36

Freilich darf auch dieser Versagungsgrund nicht als Marktzutrittsschranke gehandhabt werden, die es nur bestehenden Unternehmen oder gar nur Großunternehmen erlaubt, Telekommunikationsnetze aufzubauen. Die Prüfung der Leistungsfähigkeit darf nicht so gehandhabt werden, dass die Regulierungsbehörde prüft, ob das Risiko des wirtschaftlichen Scheiterns des Antragstellers ausgeschlossen werden kann. Dieses Risiko ist der gesetzlich gewünschten (§ 1 TKG) Wettbewerbswirtschaft immanent. Funktionsfähiger Wettbewerb (§ 2 Abs 2 Nr 2 TKG) kann nicht entstehen, wo der Staat nur solche Unternehmen zulässt, deren wirtschaftlicher Erfolg sichergestellt ist. Deswegen kann das Kriterium der Leistungsfähigkeit nur gänzlich ungeeignete Bewerber von der Lizenzvergabe ausschließen.[59] Der Tatbestand steht der Unzuverlässigkeit wegen Leistungsfähigkeit zumindest nahe.

37

Nach der Verfügung 158/1999[60] wird die Leistungsfähigkeit in der Regulierungspraxis angenommen, wenn die Finanzierung der mittelfristig für fünf Jahre geplanten Investitionen sichergestellt ist. Das soll durch Belege, etwa schriftliche Finanzierungszusagen der Muttergesellschaft, von anderen verbundenen Unternehmen oder von Kreditinstituten nachgewiesen werden. Bloße Absichtserklärungen oder Bemühenszusagen werden nicht als Nachweis der sicheren Finanzierung akzeptiert. Damit ist mindestens eine Patronatserklärung[61] nötig. Zu Recht weist *Schütz*[62] darauf hin, dass aus der Finanzierungszusage beispielsweise der Muttergesellschaft keine Verpflichtung folgt, den vorgelegten Investitionsplan tatsächlich umzusetzen. Dem Lizenznehmer bleibt es – solange er damit nicht gegen Auflagen verstößt, die allerdings nur unter Beachtung der Regulierungsziele und des Verhältnismäßigkeitsgrundsatzes[63] zulässig sind – unbenommen, je nach Geschäftsentwicklung seinen Investitionsplan zu modifizieren und das Projekt auch insgesamt aufzugeben.[64]

38

Solche Erfordernisse, wie sie in der Regulierungspraxis verlangt werden, stehen auf der einen Seite im **Konflikt** mit einer **marktoffenen Lizenzierungspraxis,** weil sie es neu eintretenden

39

---

57 *Nolte* CR 1996, 459, 462.
58 BVerwGE 65, 1, 2 = NVwZ 1982, 503; *Laubinger* VerwArch 89 (1998), 145, 153.
59 So auch *Etling-Ernst* TKG § 8 Rn 31.
60 Ebenso schon BMPT, Vfg 116/96, ABl BMPT 1996, 951, 952.

61 Befürwortend Beck'scher TKG-Kommentar/ *Schütz* § 8 Rn 11; dazu allgem *Obermüller* ZIP 1982, 915.
62 Beck'scher TKG-Kommentar/*Schütz* § 8 Rn 46.
63 S dazu u § 8 Rn 59 ff.
64 Beck'scher TKG-Kommentar/*Schütz* § 8 Rn 46.

Unternehmen oft unmöglich machen, sich um eine Lizenz zu bewerben. Neue Unternehmen sind vielfach darauf angewiesen, das erforderliche Kapital erst nach erfolgreicher Bewerbung um die Lizenz zu beschaffen. Auf der anderen Seite sind Finanzierungszusagen und Patronatserklärungen letztlich nur von ganz eingeschränktem Wert. Als – allenfalls – private vertragsrechtliche Verpflichtungen können sie jederzeit aufgehoben werden. Sie tragen deshalb aus Sicht der Regulierungsbehörde nur wenig dazu bei, dass die Verwirklichung des Vorhabens sichergestellt ist. Und das Problem der finanziellen Leistungsfähigkeit wird mit solchen Erklärungen nur um eine Stufe verlagert, auf das dahinterstehende Unternehmen. Ob dieses leistungsfähig genug ist, das Vorhaben durchzuführen, wird mit der Patronatserklärung oder Finanzierungszusage nicht beantwortet.

**40** Materiell-rechtlich hat die Konkretisierung des Leistungsfähigkeitserfordernisses in der Verfügung 158/1999 keine Wirkung. Sie steuert allein die behördliche Sachverhaltsermittlung. Das bedeutet: Letztlich ist die Leistungsfähigkeit unabhängig vom Vorliegen der in der Verfügung 158/1999 genannten Unterlagen zu beurteilen. Auf der einen Seite: Legt das Unternehmen keine bindenden Patronatserklärungen oder Finanzierungsverpflichtungen vor, bedeutet das noch nicht, dass die Behörde von mangelnder Leistungsfähigkeit ausgehen und die Lizenz versagen darf. Gemessen an dem Marktöffnungszweck der TKG-Lizenzierung dürfte es unverhältnismäßig sein, generell einen verbindlichen Finanzierungsnachweis zu verlangen, zumal dieser wegen der jederzeitigen vertraglichen Aufhebbarkeit ohnehin nur von ganz eingeschränkter Bedeutung ist. Schon gar nicht darf der Finanzierungsnachweis mit Flächendeckungsüberlegungen verknüpft werden. So kann eine bundesweite Lizenz auch beanspruchen, wer sein Netz schrittweise ausbaut und zunächst nur die Finanzierung des Netzausbaus in Ballungsräumen darlegen kann. Soweit es mit weitergehenden Forderungen darum geht, die Ausnutzung der Lizenz sicherzustellen, dürfte eine entsprechende Handhabung des Zulassungstatbestandes unverhältnismäßig sein, weil die Ausnutzung der Lizenz durch Nebenbestimmungen sichergestellt werden kann.

**41** Deutlich höhere Anforderungen sind allerdings zulässig, wenn es nicht um die allgemeine Leistungsfähigkeit, sondern um Vergabevoraussetzungen nach § 11 geht.

**42** Weil die Regulierungsbehörde den Sachverhalt von Amts wegen ermitteln muss (§ 24 Abs 1 VwVfG) und an Vorbringen und Nachweise des Antragstellers nicht gebunden ist (§ 24 Abs 1 S 2 VwVfG), trifft den Antragsteller keine Darlegungs- oder Beweisführungslast. Das gilt im Ansatz auch für solche Tatsachen, die dem Antragsteller günstig sind (§ 24 Abs 2 VwVfG). Allerdings trifft den Antragsteller eine **Mitwirkungsobliegenheit**. Verwaltungsverfahrensrechtlich umstritten ist, ob ein Antragsteller, der seine Mitwirkungslast verletzt hat, deswegen gehindert ist, die von der Behörde daraufhin getroffene Entscheidung mit Rechtsbehelfen anzugreifen.[65]

**43** Nicht im VwVfG geregelt ist die Beweislast, also die Frage, wie sich Zweifel auswirken, die in der Sachverhaltsermittlung nicht behoben werden können. Nach überwiegender Auffassung[66] und der Rechtsprechung[67] ist die materielle Beweislast anhand des materiellen Rechts zu entscheiden. Wer ein Recht oder eine Befugnis in Anspruch nimmt, trägt dabei im Zweifel, sofern durch Gesetz nichts anderes bestimmt ist, die Beweislast für die rechtsbegründenden Tatsachen; wer das Recht leugnet, die Beweislast für die rechtshindernden, rechtsvernichtenden oder rechtshemmenden Tatsachen.[68] Durch Auslegung unter Einbeziehung des Zweckes der Regelung und der grundlegenden Rechtsgedanken einschließlich der Grundrechte ist zu ermitteln, welche Tatsachen rechtsbegründend und welche rechtshindernd sind. Anhaltspunkte für die Abgrenzung der rechtsbegründenden Tatsachen von den rechtsvernichtenden bietet regelmäßig die Frage danach, was Regel ist und was Ausnahme.[69]

**44** Zwar wird mitunter der Grundsatz postuliert, in Antragsverfahren auch begünstigender Verwaltungsakte gehe es in der Regel zu Lasten des Antragstellers, wenn die Voraussetzungen für das Bestehen des Anspruches nicht festgestellt werden können.[70] Hat aber der Antragsteller nach

---

65 *Kopp/Ramsauer* VwVfG, § 24 Rn 20 f.
66 Etwa *Kopp/Ramsauer* VwVfG, § 24 Rn 22; *Stelkens/Kallerhoff* in Stelkens/Bonk/Sachs, VwVfG, § 24 Rn 55.
67 BVerwGE 19, 87, 94.
68 Vgl *Kopp/Ramsauer* VwVfG, § 24 Rn 42 mwN.
69 *Kopp* VwVfG, 6. Aufl, § 24 Rn 29.
70 *Ule/Laubinger* Verwaltungsverfahrensrecht, § 27 III 3; *Kopp/Ramsauer* VwVfG, § 24 Rn 46.

dem maßgeblichen materiellen Recht grundsätzlich einen Anspruch auf den beantragten Verwaltungsakt, so muss die Behörde dem Antrag stattgeben, wenn nicht die Voraussetzungen einer rechtshindernden Ausnahme erwiesen sind.[71] Insbesondere gilt das im Normbereich eines präventiven Verbotes mit Erlaubnisvorbehalt.[72] Folgerichtig ist anerkannt, dass die Behörde bei Nichterweislichkeit der fehlenden Zuverlässigkeit die Gewerbeerlaubnis erteilen muss.[73] Das gilt allerdings nur, soweit der Antragsteller seinen **Mitwirkungsobliegenheiten** nachkommt und **zumutbare Informationsanforderungen** der Behörde erfüllt. Zwar ist in anderen Rechtsgebieten verlangt worden, der Antragsteller müsse die für das Gewerbe erforderliche Vorbildung oder Ausbildung[74], beispielsweise seine fachliche Eignung für eine Taxigenehmigung[75] nachweisen. Für § 8 Abs 3 Nr 2 dürfte aufgrund der eindeutigen Gesetzesformulierung gelten, dass die materielle Beweislast für **sämtliche Versagungsgründe** bei der Behörde liegt: Die Lizenz darf nur versagt werden, wenn *Tatsachen* die Annahme rechtfertigen, dass eine der persönlichen Voraussetzung fehlt. Die gleichsam umgekehrte Formulierung von S 2 steht dem nicht entgegen, weil S 2 nicht – wie S 1 – den Zulassungstatbestand strukturiert, sondern nur die in S 1 genannten Gründe definiert. Der wettbewerbsfördernde, liberalisierende Gesetzeszweck des TKG und die Strukturierung des Zulassungstatbestandes als präventives Verbot mit Erlaubnisvorbehalt[76] stützen diese Auslegung.

bb) Mit der **öffentlichen Sicherheit und Ordnung** (Abs 3 Nr 2b) hat der Gesetzgeber einen zwar im Hinblick auf denkbare Schutzgüter generalklauselartig weiten Versagungsgrund eingefügt, der aber im Hinblick auf die Beeinträchtigungsweisen äußerst eng und insoweit mustergültig rechtsstaatlich klar und objektiv konturiert ist. Die öffentliche Sicherheit und die öffentliche Ordnung sind unterschiedliche Tatbestände. **45**

Die öffentliche Sicherheit umfasst die Funktionsfähigkeit staatlicher Einrichtungen, die individuellen und kollektiven rechtlich geschützten Güter (Rechtsgüter und individuelle Rechte) sowie die Unverbrüchlichkeit der Rechtsordnung insgesamt, also auch die Einhaltung aller objektiven Rechtssätze.[77] Insoweit sind allerdings nur Verstöße gegen zwingende Rechtssätze eine Störung der öffentlichen Sicherheit, nicht schon Beeinträchtigungen von Gesetzeszielen. Zur öffentlichen Sicherheit gehört als solche zwar die Einhaltung der zwingenden gesetzlichen Vorgaben des Telekommunikationsrechts ebenso wie die Einhaltung aller anderen zwingenden gesetzlichen Vorgaben.[78] Doch es begründet keine Gefahr für die öffentliche Sicherheit, wenn die Lizenzerteilung zu unerwünschten Marktentwicklungen führen kann und so zu einer Beeinträchtigung der Ziele des TKG. **46**

Ähnlich restriktiv ist der Schutzgutbegriff im Hinblick auf geschützte Rechtsgüter und Individualrechte zu bestimmen. Beeinträchtigungen von Realfunktionen (beispielsweise von Märkten oder Umweltfunktionen) oder Gütern sind nur dann relevant für die öffentliche Sicherheit, wenn sie individuelle Rechte verletzen, gegen Rechtsvorschriften verstoßen wird oder das betreffende Schutzgut vom Gesetzgeber in den Rang eines eigenständigen Schutzgutes erhoben worden ist, wie dies für das Grundwasser aufgrund des Wasserhaushaltsgesetzes zu Recht angenommen worden ist.[79] Für die Gesetzesziele des TKG ist das zu verneinen.[80] **47**

Eine enge Auslegung gilt auch für den geschützten Bestand staatlicher Einrichtungen.[81] Zum einen muss es sich um unmittelbar staatliche Einrichtungen handeln; die wettbewerblich struk- **48**

---

[71] *Kopp/Ramsauer* VwVfG, § 24 Rn 46.
[72] *Maurer* Allgemeines Verwaltungsrecht, § 9 Rn 53 (S 211).
[73] BVerwGE 12, 247; BVerwGE 20, 211.
[74] *Kopp/Ramsauer* VwVfG, § 24 Rn 46.
[75] BVerwG, NVwZ 1990, 1378.
[76] Dazu allgem *Maurer* Allgemeines Verwaltungsrecht, § 9 Rn 51 ff (S 205 ff); *Badura* in: Schmidt-Aßmann, Besonderes Verwaltungsrecht, 1999, 11. Aufl, S 313.
[77] Vgl nur *Frauf* in: Schmidt-Aßmann, Besonderes Verwaltungsrecht, 1999, S 126 f, 128; BVerwG, NVwZ 1986, 470; *Drews/Wacke/Vogel/Martens* Gefahrenabwehr, S 236 f.
[78] Zutreffend, wenn auch ein wenig unscharf sagt die Gesetzesbegründung der Bundesregierung, die Generalklausel des Abs 3 Nr 3b nehme „Bezug auf die allgem geltende Rechtsordnung".
[79] BVerwG, DVBl 1974, 297, 300.
[80] So im Ergebnis auch TKMMR/*Manssen* C § 8 Rn 18.
[81] Dazu *Frauf* in: Schmidt-Aßmann, Besonderes Verwaltungsrecht, 1999, S 127.

Wolfgang Spoerr

turierte Telekommunikation privater Unternehmen gehört nicht dazu. Auch Art 87 f GG, der Gewährleistungsauftrag, erhebt Telekommunikationsleistungen nicht zu staatlichen Einrichtungen iSd öffentlichen Sicherheitsbegriffes.

49 Im Hinblick auf die Beeinträchtigungsweise werden **Störungen** und **Gefahren** unterschieden.[82] Störungen sind eingetretene Beeinträchtigungen, also Rechtsverstöße oder Minderungen von individuellen Rechten oder Schutzgütern, soweit und solange der Schaden noch beseitigt werden kann. Das Eintreten einer Störung setzt der Versagungsgrund des § 8 Abs 3 Nr 2b nicht voraus. Ausreichend ist eine Gefährdung. Der Gefahrenbegriff setzt eine bestimmte, relativ hohe Risikoschwelle (hinreichende Wahrscheinlichkeit) voraus.[83] Störungen müssen konkret bevorstehen. Besorgnisse oder Risikopotentiale reichen nicht.

50 Werden all diese Grundsätze bei der Auslegung und Anwendung des öffentlichen Sicherheitsbegriffes beachtet, so ist zweifelhaft, ob es bei der Auslegung zusätzlich der Schranken des Verhältnismäßigkeitsprinzips bedarf.[84] Auch dürften **EG-rechtliche Bedenken**[85] gegen den Versagungsgrund der öffentlichen Sicherheit nicht durchgreifen. Versagungen, die auf Gefahren für die öffentliche Sicherheit gestützt sind, sind nicht diskriminierend, für alle Antragsteller gleich oder jedenfalls ein objektiver Grund für eine unterschiedliche Behandlung des abgelehnten Antragstellers (Art 9 II, 2. Spiegelstrich Genehmigungsrichtlinie[86]). In weiten Bereichen zielt der Vorbehalt der öffentlichen Sicherheit auf die „Sicherstellung der Einhaltung der einschlägigen grundlegenden Anforderungen". Das ist von Nr 2. 1 des Anhangs zur Genehmigungsrichtlinie[87] gedeckt. Im Übrigen ist der Vorbehalt der öffentlichen Sicherheit und Ordnung keine speziell für die Telekommunikation geltende Zulassungsvoraussetzung. Insoweit dürfte dieser Versagungsgrund auch vom letzten Satz, 1. Spiegelstrich, teilweise auch vom letzten Satz, 2. Spiegelstrich, des Anhangs zur Genehmigungsrichtlinie[88] gedeckt sein. Die materielle Beweislast für Gefahren für die öffentliche Sicherheit trägt die Regulierungsbehörde.

51 Äußerst eng konturiert ist auch der Versagungsgrund der **öffentlichen Ordnung**. Bei ihr geht es um die unverbrüchlichen ethischen Mindestanforderungen, die in der Gesellschaft allgemein anerkannt sind. Dieser Tatbestand ist eng auszulegen und damit unproblematisch. Größere Bedeutung wird er nicht erlangen.

### b) Knappheit als Versagungsgrund (Art 3 S 1 Nr 1)

52 Nur vordergründig unproblematisch ist der Versagungsgrund aus § 8 Abs 3 S 1 Nr 1. „Verfügt" die Regulierungsbehörde über keine nutzbaren Frequenzen, die dem Antragsteller, der Funkverbindung betreiben möchte, zugeteilt werden können, so führt dies zur Ablehnung des Antrages. Zunächst mag es als selbstverständlich erscheinen, dass die Lizenz nicht erteilt werden darf, wenn es für den Betrieb der Übertragungswege die erforderlichen Funkfrequenzen nicht gibt. Alternativ kommt es insbesondere bei umfassenden Gebietslizenzen auch in Betracht, die Lizenz für den funkgebundenen Teil ihres Geltungsbereiches unter dem **Vorbehalt** einer Frequenzzuteilung zu erteilen. Zweifelhaft ist, unter welchen Voraussetzungen die Regulierungsbehörde zu Recht geltend machen kann, sie verfüge nicht über Frequenzen. Das EU-Recht sieht einen Rechtsanspruch der Unternehmen auf die beantragte Lizenz vor (Art 9 Abs 3 S 1 der Genehmigungsrichtlinie[89]), der nur unter den Voraussetzungen des Art 10 unter Frequenzvorbehalt steht: bei Beschränkung der Anzahl der Einzelgenehmigungen zur Gewährleistung der effizienten Nutzung von Funkfrequenzen. Die Beschränkung der Anzahl der Lizenzen ist in § 10 TKG geregelt. Diese Beschränkung – durch Einzelfallentscheidung – hat insoweit besondere Rechtsfolgen, als sie das spezielle Zuteilungsverfahren nach § 11 TKG auslöst.

53 Nach dem Gesetzeswortlaut und der Gesetzessystematik unklar ist, ob die Behörde bei knappen Frequenzen die Beschränkung nach § 10 TKG und das Verfahren nach § 11 TKG wählen *muss*. Der

---

[82] Dazu allgem *Friauf* in: Schmidt-Aßmann, Besonderes Verwaltungsrecht, 1999, S 138.
[83] Dazu allgem *Friauf* in: Schmidt-Aßmann, Besonderes Verwaltungsrecht, 1999, S 132 ff.
[84] Dafür *Scherer* NJW 1996, 2953, 2957.
[85] *Nolte* CR 1994, 459, 461.
[86] 97/13/EG.
[87] 97/13/EG.
[88] 97/13/EG.
[89] 97/13/EG.

Wortlaut des § 10 TKG scheint für ein **Ermessen** der Regulierungsbehörde zu sprechen: nach § 10 S 1 TKG *kann* die Regulierungsbehörde knappe Lizenzen beschränken. Auf der Grundlage dieses Verständnisses hätte es die Regulierungsbehörde in der Hand, ob sie in Knappheitssituationen nach § 8 Lizenzen ohne gesetzlich vorgegebenes Entscheidungsprogramm zuteilt oder ob sie sie in differenzierten Verfahren nach den §§ 10, 11 TKG vergibt, die zugleich Vorgaben für das inhaltliche Programm der Auswahlentscheidung enthalten. Mehr noch: Nach dem Wortlaut der §§ 8 Abs 3, 10, 11 könnten sogar weder bei einer Beschränkung der Frequenzen gem § 10 noch nach § 8 Lizenzen vergeben werden.

Aber ein solches Nebeneinander der Verfahren nach § 8 u §§ 10, 11 TKG würde dem Gesetzeszweck des § 11 TKG widersprechen. Diese Vorschrift soll ein **objektives Verfahren** bei Ressourcenknappheit – nach Konzeption des Gesetzes ist sie nur bei Frequenzen möglich – **garantieren**.[90] Demzufolge geht auch die Begründung des Regierungsentwurfes[91] folgerichtig davon aus, dass die Vergabe der Lizenzen bei einer Beschränkung nach § 10 TKG-E nur nach § 11 TKG-E möglich sein solle (oben Rn 3).

**54**

Für die Versagung, die selbständig auf § 8 Abs 3 Nr 1 gestützt ist, bleibt deshalb nur dann Raum, wenn die Regulierungsbehörde über überhaupt keine Frequenzen (mehr) verfügt, die dem Antragsteller zugeteilt werden können. Sobald das Fehlen von Frequenzen darauf beruht, dass mehr Bewerber als Frequenzen für eine Lizenz vorhanden sind, muss die Regulierungsbehörde die Anzahl der Lizenzen beschränken und das Verfahren nach § 11 TKG durchführen, da nicht alle Bewerber zum Zuge kommen können. Der Regulierungsbehörde ist es auch verwehrt, dem ersten Bewerber eine Frequenz zu erteilen und spätere Bewerber gem § 8 Abs 3 Nr 1 abzulehnen. Schon vor Erteilung jeder einzelnen Lizenz für das Betreiben von Übertragungswegen mit Funkfrequenzen muss die Regulierungsbehörde prüfen, ob Frequenzknappheit zu erwarten ist. Dazu muss sie eine **Prognose** über die zu erwartende Nachfrage anstellen.

**55**

Verfügbar sind jene Frequenzen, die der Regulierungsbehörde aufgrund des rechtmäßigen Frequenznutzungsplanes (§ 46 TKG) oder sonst aufgrund informeller Bewirtschaftungskonzepte (§ 45 Rn 1) bereitstehen. Dessen Rechtmäßigkeit wird im Falle der Klage gegen Versagungsentscheidungen inzident geprüft. Die Versagung gem § 8 Abs 3 Nr 1 ohne vorheriges Auswahlverfahren kommt daher nur in Sonderfällen in Betracht: einmal dann, wenn im Frequenznutzungsplan für die entsprechende Tätigkeit zulässigerweise überhaupt keine Frequenzen vorgesehen sind. Zum anderen dann, wenn die Frequenz wirksam gebunden (§ 8 Abs 4) oder verteilt worden sind. Bei der Prüfung, ob hier Frequenzen verfügbar sind, muss die Behörde auch prüfen, ob die Rücknahme rechtswidriger (weil unter Verstoß gegen die nach §§ 10, 11 TKG vergebene Lizenz erteilter) Frequenzzuteilungen möglich ist.

**56**

c) **Inhalt der Entscheidung über die Lizenz: Lizenzanspruch bei Vorliegen der gesetzlichen Voraussetzungen**

Liegen keine Versagungsgründe vor, so muss die Regulierungsbehörde die Lizenz erteilen. Aus § 8 Abs 2 S 1 iVm § 2 Abs 2 ergeben sich keine zusätzlichen Versagungsgründe.[92] Einen Versagungsgrund der Gesetzeszielwidrigkeit sieht § 8 Abs 2 S 1 nicht vor. Zwar ist diese Vorschrift, die erst vom Vermittlungsausschuss eingefügt wurde,[93] nicht ganz eindeutig formuliert worden. Aber gegen einen Versagungsgrund der Zielwidrigkeit spricht schon der Gesetzeswortlaut: die Regulierungsziele sind bei der Lizenz*erteilung* zu beachten. Und bei systematischer Auslegung des § 8 zeigt sich, dass die Regulierungsziele zwar Nebenbestimmungen rechtfertigen können (§ 8 Abs 2 S 2), Verstöße gegen Regulierungsziele aber nicht als Versagungsgrund (in § 8 Abs 3) genannt sind. Hinzu kommt, dass der Versagungsgrund aus § 8 Abs 3 Nr 2b neben einem aus § 8 Abs 2 S 1 abgeleiteten obsolet wäre. Bedeutung haben die Regulierungsziele daher nur für die Nebenbestimmungen (§ 8 Abs 2 Nr 2), wenn die Zielkonformität zugleich einen konkreten

**57**

---

90 Vgl BR-Drucks 80/96 S 34, 39.
91 BR-Drucks 80/96, S. 39.
92 Anders aber TKMMR/*Manssen* C § 8 Rn 3 ff und für das Postrecht Beck'scher TKG-Kommentar/*Badu-ra* § 6 Rn 20, der aber auch nicht näher ausführt, wie Regulierungsziele einem Lizenzanspruch entgegengehalten werden können.
93 BT-Drucks 13/5066 = BR-Drucks 490/96, S 2.

Wolfgang Spoerr

Rechtsverstoß begründet und schließlich bei (frequenzbezogenen) Zuteilungsentscheidungen in Knappheitssituationen. Mit dieser Auslegung des § 8 Abs 2 Nr 1 bestätigt sich der Befund[94], dass die Lizenzerteilung eine **gebundene Entscheidung** mit **Rechtsanspruch** des Antragstellers ist.[95]

### d) Beschränkter administrativer Ausgestaltungsfreiraum durch Nebenbestimmungen (Abs 2 S 2)

**58** § 8 Abs 2 S 2 lässt Nebenbestimmungen zur Sicherstellung der Regulierungsziele nach § 2 Abs 2 TKG zu. Vereinzelt wird befürchtet, diese Ermächtigung hebe den gesetzlichen Zugangsanspruch zu den Telekommunikationsmärkten weitgehend aus.[96] Demgegenüber steht eine besonders enge Auslegung des § 8 Abs 2 S 2, wonach nur solche Nebenbestimmungen zulässig sein sollen, die sich auf konkrete gesetzliche Vorgaben der materiellen Regulierung nach dem TKG stützen.[97] Allerdings wäre § 8 Abs 2 S 2 in dieser Lesart überflüssig, denn Nebenbestimmungen zur Sicherung der gesetzlichen Anforderungen sind schon nach § 8 Abs 3 S 1 Nr 2b iVm § 36 Abs 1 VwVfG zulässig. Aber die Bedeutung des § 8 Abs 2 S 2 liegt nicht darin, eine Selbstverständlichkeit zu wiederholen. Vielmehr besteht die Funktion des Tatbestandes darin, der Regulierungsbehörde einen zusätzlichen **Entscheidungsfreiraum** bei der **Lizenzentscheidung** zu geben.[98] Während Gefährdungen der Regulierungsziele die Regulierungsbehörde nicht zur Versagung der Genehmigung berechtigen, erlauben sie es ihr, Nebenbestimmungen anzuordnen. Die Lizenzentscheidung ist daher eine gebundene Entscheidung mit **Ausgestaltungsvorbehalt**.[99]

**59** aa) Grenzen des Ausgestaltungsvorbehaltes ergeben sich aus dem Begriff der **Nebenbestimmungen**. Im Laufe des Gesetzgebungsverfahrens bestanden zwar recht unterschiedliche Auffassungen über die Grenzen des Ausgestaltungsermessens.[100] Aus dem Begriff der Nebenbestimmungen ebenso wie aus dem Charakter der Lizenz als antragsbedürftigen **Verwaltungsaktes** folgt, dass die Nebenbestimmungen die **Identität des Antrages** wahren müssen. Es ist also nicht zulässig, im Gewande einer Nebenbestimmung eine in ihrer Identität andere Lizenz zu gewähren als die beantragte. Beispielsweise sind Auflagen für die flächendeckende Versorgung – als Nebenbestimmung – grundsätzlich nur innerhalb des vom Antragsteller gewählten **Versorgungsgebietes** zulässig. Grenzen der regulativen Ausgestaltungsfreiheit der Regulierungsbehörde ergeben sich also aus der Unterscheidung von prägendem Inhalt der Lizenz und Nebenbestimmungen.[101] Inhaltliche Änderungen des Vorhabens (sog „modifizierende Auflagen") durch die Behörde sind keine Nebenbestimmung.[102]

**60** bb) **Versagungsvermeidende Nebenbestimmungen**: Neben den zielverwirklichenden Nebenbestimmungen nach § 8 Abs 2 S 2 stehen die **versagungsvermeidenden und rechtmäßigkeitssichernden** nach § 36 Abs 1 VwVfG. Ihre Zulässigkeit beruht auf dieser Vorschrift, nicht auf § 8 Abs 2 S 2. Aus dem Verhältnismäßigkeitsprinzip (Übermaßverbot) folgt ein Anspruch des Antragstellers darauf, dass die Behörde, wenn der Lizenz Hinderungsgründe entgegenstehen, diese nicht gänzlich ablehnt, wenn dem betroffenen öffentlichen Interesse durch geeignete Nebenbestimmungen ausreichend Rechnung getragen werden kann.[103]

**61** cc) **Arten der Nebenbestimmungen**: Nebenbestimmungen sind in § 36 Abs 2 VwVfG legal

---

94 *Etling-Ernst* TKG, § 8 Rn 2; *Bonk/Schmitz* in: Stelkens/Bonk/Sachs, § 8 Rn 38.
95 So schon die Begründung des TKG-Entwurfs der Bundesregierung, BR-Drucks 80/96, S 34, 38.
96 *Freytag/Jäger* Ordo 47 (1996), 215, 220.
97 *Hiltl/Großmann* BB 1996, 169, 172.
98 So auch *Windthorst* Universaldienst, S 424 f.
99 *Spoerr/Deutsch* DVBl 1997, 300, 307 f; *Oertel* Die Unabhängigkeit der Regulierungsbehörde, S 354, beobachtet ein Zurücktreten des Ausgestaltungsvorbehalts in der Praxis im Vergleich zur Konzeption des Gesetzes, dazu Vor § 6 Rn 11.
100 Stellungnahme des Bundesrates zum TKG-E der Bundesregierung und Gegenäußerung der Bundesregierung, BT-Drucks 13/4438, S 5 ff, 29 f, 31; s o Rn 6 ff.
101 Dazu *Stelkens* in: Stelkens/Bonk/Sachs, VwVfG, 4. Aufl, 1993, § 36 Rn 39; *Kopp/Ramsauer* § 36 Rn 7.
102 Grundlegend *Weyreuther* DVBl 1969, 295; ders DVBl 1984, 365, *Laubinger* VerwArch 1982, 345, 352.
103 Allgem BVerwGE 60, 276; BVerwG, DVBl 1990, 646; *Kopp* VwVfG, 6. Aufl, 1996, § 36 Rn 16; *Stelkens* in: Stelkens/Bonk/Sachs, § 36 Rn 70.

definiert. Diese Definitionen gelten sowohl für die Auflagen nach § 8 Abs 2 S 2 wie die nach § 36 Abs 1 VwVfG. Nach § 36 Abs 2 Nr 1 VwVfG fallen darunter:

**Befristungen** sind Bestimmungen, nach der eine Vergünstigung oder Belastung zu einem bestimmten Zeitpunkt beginnt, endet oder für einen bestimmten Zeitraum gilt. Für Nebenbestimmungen zum Ende der Lizenzzeit trifft § 8 Abs 4 eine abschließende Regelung. Danach sind Befristungen nur zulässig, soweit das wegen Knappheit der zur Verfügung stehenden Frequenzen geboten ist. Diese Regelung ist abschließend; in anderen Fällen sind **Befristungen unzulässig**. 62

Ebenfalls Nebenbestimmungen sind **Bedingungen**: Bestimmungen, nach der der Eintritt oder der Wegfall einer Vergünstigung und einer Belastung von dem ungewissen Eintritt eines zukünftigen Ereignisses abhängt (§ 36 Abs 2 Nr 2 VwVfG). Der Umstand, dass die Herbeiführung des Ereignisses vom Willen eines Beteiligten abhängt, schließt den Charakter als Bedingung im verwaltungsverfahrensrechtlichen Sinne nicht aus.[104] Das Ausweichen auf Bedingungen darf nicht dazu führen, dass die Beschränkung für Befristungen (§ 8 Abs 4) umgangen werden. 63

Der **Widerrufsvorbehalt** (§ 36 Abs 2 Nr 3 VwVfG) gibt der Behörde die Befugnis, bei Vorliegen bestimmter, im Verwaltungsakt selbst oder in Rechtsvorschriften näher bezeichneter Umstände die Lizenz, der der Widerspruchsvorbehalt beigefügt ist, ganz oder teilweise gem § 49 Abs 2 Nr 1 VwVfG zu widerrufen und dadurch seine Wirksamkeit zu beenden. Gem § 15 TKG sind Lizenzen unter bestimmten Voraussetzungen kraft Gesetzes widerruflich. Einer § 15 TKG inhaltlich entsprechenden Regelung in der Lizenz kommt nach allgem Grundsätzen nur deklaratorische Bedeutung zu, nicht aber unmittelbare Rechtserheblichkeit.[105] 64

Etwas anderes gilt dann, wenn durch den Widerrufsvorbehalt ein Widerruf an andere, engere oder weitere Voraussetzungen gebunden würde, als sie die gesetzliche Regelung vorsieht.[106] Auch für den Widerrufsvorbehalt gilt, dass er nicht zur Umgehung der Voraussetzungen des § 8 Abs 4 führen darf. Der Widerrufsvorbehalt ist allenfalls dann zulässig, wenn er aufgrund vertretbarer Ermessenserwägungen entsprechend dem Zweck des Gesetzes der Lösung möglicher, in etwa bestimmbarer Konflikte dient. Er darf nicht beigefügt werden, um der Regulierungsbehörde allgemein freiere Hand zu geben oder sich für den Fall der Rechtswidrigkeit der Lizenz abzusichern.[107] Allerdings können Widerrufsvorbehalte zur Erhöhung des Freiraums der Regulierungsbehörde zulässig sein, wenn sie sich auf Regulierungsziele stützen lassen. Rechtsgrundlage ist dann § 8 Abs 2 S 2, nicht § 36 Abs 1 VwVfG. Soweit § 15 TKG für den Widerruf der Lizenz gegenüber § 49 VwVfG abschließende Wirkung zugemessen wird, ist ein erweiternder Widerrufsvorbehalt wirkungslos, weil eine gesetzliche Ermächtigung zu seiner Ausübung fehlt. 65

Überflüssig ist nach dem TKG ein **Auflagenvorbehalt** (§ 36 Abs 2 Nr 5 VwVfG). Er ergibt sich schon aus dem Gesetz (§ 8 Abs 2 S 2). 66

Im Mittelpunkt der nach § 8 zulässigen Nebenbestimmungen steht die **Auflage** (§ 36 Abs 2 Nr 4 VwVfG). Sie ist eine zusätzlich mit der Lizenz verbundene, selbständig erzwingbare hoheitliche Anordnung, also ein selbständiges Gebot oder Verbot, das Verhaltenspflichten des Lizenznehmers begründet. Sie ist nicht „integrierender" Bestandteil der Lizenz, sondern tritt selbständig zu ihrem Hauptinhalt hinzu.[108] Auflagen sind in der Regel auf ein bestimmtes Tun, Dulden oder Unterlassen gerichtet. Erfüllt das Telekommunikationsunternehmen eine Auflage nicht, nicht innerhalb der gesetzten Frist oder handelt es ihr zuwider, so kann die Regulierungsbehörde die Erfüllung oder Beachtung der Auflage erzwingen.[109] Außerdem können Verstöße gegen die Auflage zum Widerruf der Lizenz führen (§ 15 Nr 1 TKG). Auch eine rechtswidrige Auflage kann – wenn sie bestandskräftig ist – zum Widerruf führen.[110] Eine Sonderform rechtmäßiger Auflagen benennt § 32 TKG: das telekommunikationsrechtliche Zusammenschlussverbot. 67

---

**104** BVerwGE 29, 265; *Erichsen* in: Allgemeines Verwaltungsrecht, § 14 I 1 Rn 4.
**105** *Kopp* VwVfG, 6. Aufl, 1996, § 36 Rn 27.
**106** Vgl BVerwGE 95, 224.
**107** Allgem *Kopp* VwVfG, § 36 Rn 28a; OVG Münster, NVwZ 1993, 76.
**108** *Kopp/Ramsauer* VwVfG, § 36 Rn 30.
**109** *Kopp/Ramsauer* VwVfG, § 36 Rn 29.
**110** Strittig, s näher § 15 Rn 10; *Kopp/Ramsauer* VwVfG, § 49 Rn 37.

Wolfgang Spoerr

**68 dd) Ermessen:** Nebenbestimmungen stehen im Ermessen der Behörde. Sie können der Lizenz beigefügt werden (§ 8 Abs 2 S 2). Allerdings folgt aus der Verpflichtung der Regulierungsbehörde auf die Beachtung der Regulierungsziele (§ 8 Abs 2 S 1), dass diese prüfen **muss**, ob Auflagen erforderlich sind. Insoweit hat die Behörde kein Entschließungsermessen. Hingegen besteht Ermessen insoweit, welchem der Regulierungsziele sie bei konfligierenden Regulierungszielen Vorrang einräumt, ob sie zur Zielerreichung Nebenbestimmungen für zweckmäßig hält und welche Nebenbestimmungen sie anordnet. Vorgelagert ist der administrative Gestaltungsfreiraum bei der Festlegung der Regulierungsziele (s § 1 Rn 13). Insgesamt hat die Regulierungsbehörde also recht weitgehendes regulatives Ermessen[111], das allerdings unionsrechtlich ganz erheblich beschränkt ist. In der Praxis richtet sich dieses nicht nur auf die Mittel (Nebenbestimmungen), mit denen die Gesetzesziele erreicht werden können, sondern auch auf den Umfang der Zielerreichung und die Definition der Regulierungsziele (s § 1 Rn 12) selbst. Gegen Verfassungsrecht verstößt das nicht: Unionsrechtlich ist eine europarechtskonforme Auslegung und Anwendung geboten: die Ermessensausübung hat uneingeschränkt den Vorgaben und Beschränkungen der Genehmigungsrichtlinie zu genügen. Zur Nichtigkeit von § 8 Abs 2 S 2 führt das nicht.[112]

**e) Sonstige Abweichungen vom Antrag, Ablehnung des Antrages**

**69** Soweit Nebenbestimmungen nicht in Betracht kommen, bleiben der Regulierungsbehörde im Ausgangspunkt nur zwei Entscheidungsvarianten. Sie muss dem Antrag entweder stattgeben oder ihn – ganz oder teilweise – ablehnen. Die Ablehnung ist nur dann zulässig, wenn (zwingende) Versagungsgründe des § 8 Abs 3 vorliegen und/oder wenn der Bewerber in einem ordnungsgemäßen Auswahlverfahren (§ 11 TKG) nicht zum Zuge gekommen ist. Abweichungen vom Antrag sind nur als Nebenbestimmungen zulässig oder im Falle gleichsam unwesentlicher Abweichungen[113] wenn sie unter Wahrung der Identität im Einklang mit dem tatsächlichen oder mutmaßlichen erklärten Willen des Antragstellers eine Ablehnungsentscheidung vermeiden. Bei teilbaren Anträgen ist das der Fall, wenn dem Antrag in Teilen stattgegeben werden kann und in anderen Teilen zwingende Versagungsgründe vorliegen.

**4. Bindung der Lizenzentscheidung für die Verteilung von Frequenzen (Abs 5)**

**70** Lizenzen der Lizenzklassen 1–3 sind letztlich nutzlos, wenn der Lizenzinhaber die erforderlichen Frequenzen nicht bekommt (§ 8 Abs 5). Danach werden die zum Betrieb von Übertragungswegen im Rahmen einer Lizenz benötigten **Frequenzen** nach Maßgabe der §§ 44–48 zugeteilt. Dem dürfte zu entnehmen sein, dass die Lizenz nicht zwangsläufig die Zuteilung von Frequenzen einschließt. Die Lizenz gibt dem Inhaber also noch nicht unmittelbar das Recht, Funkübertragungswege zu betreiben.

**71** Die Verweisung der Frequenzzuteilung auf ein gesondertes Verfahren ist sinnvoll, weil die zahlenmäßig begrenzten Funkverbindungen auch dann staatlich zugeteilt werden müssen, wenn sie nicht grundstücksübergreifend oder nicht für öffentliche Dienstleistungsangebote genutzt werden, also für lizenzfreie Tätigkeiten.

**72** Aber auf die Zuteilung der erforderlichen Frequenzen hat – was der Wortlaut des § 8 Abs 5 nur unvollkommen zum Ausdruck bringt – der Lizenzinhaber nach Maßgabe des – durch Auslegung zu ermittelnden – Lizenzinhaltes einen Anspruch.[114] Mithin hat die Lizenzerteilung eine inhaltliche Bindungswirkung auch für die Frequenzzuteilung. Diese Auslegung des § 8 Abs 5 ergibt sich aus der Abhängigkeit der Lizenzerteilung von der Verfügbarkeit der Frequenzen (§§ 10 Abs 3 Nr 1, 11 Abs 2 S 2 TKG) und aus dem Wortlaut des § 11 Abs 2 S 2 TKG, wonach die Frequenzen „im Rahmen der Lizenzerteilung" zuzuteilen sind. Auch die Gesetzesbegründung

---

[111] So auch *Windthorst* Universaldienst, S 425.
[112] AM *Windthorst* Universaldienst, S 425.
[113] Zu den sogenannten Grüneinträgen im Baugenehmigungsrecht VGH Mannheim, VBlBW 1993, 135.
[114] So auch Beck'scher TKG-Kommentar/*Schütz* 1. Aufl, § 8 Rn 51, aM 2. Aufl, § 9 Rn 51; wie hier TKMMR/*Manssen* C § 8 Rn 20; *Ruffert* AöR 124 (1999), 237, 256 f.

stützt diese Auffassung.[115] Die Zuteilung von Frequenzen „nach Maßgabe der §§ 44–48" ist nicht so zu verstehen, dass zunächst die Lizenz erteilt und dann die Schritte der §§ 44–48 ablaufen. Vielmehr ist die Reihenfolge zum Teil umgekehrt. Aus dem Frequenzzuweisungsplan und dem Frequenznutzungsplan ergibt sich, welche Frequenzen zur Verfügung stehen. Diese – planerischen – Entscheidungen sind deshalb der Lizenzvergabe vorgelagert. Hingegen ist die Frequenzzuteilung ihr nachgelagert, wobei die inhaltliche Bindungswirkung der Lizenzentscheidung zu beachten ist. Dies beeinträchtigt nicht die Gebührenpflicht der Frequenzzuteilung.

Die Regulierungspraxis erreicht dieses Ergebnis, indem sie die Frequenz nach § 38 VwVfG 73 zusichert. Die wird allerdings grundsätzlich auf Vergabeverfahren (§ 11 TKG) beschränkt.[116] Die Reichweite der Zusicherung erstreckt sich grundsätzlich in personeller und sachlicher Hinsicht auch auf **Rechtsnachfolger in die Lizenz** gem § 9 Abs 1 TKG.[117] Wenn Lizenzen ohne Bindung für Frequenzzuteilungen erteilt werden, sind sie unter den **Vorbehalt einer Frequenzzuteilung** zu stellen.

### 5. Nachträgliche Änderungen der Lizenzentscheidung (Abs 2 S 2, 3)

#### a) Einschränkung des Bestandsschutzes

Diese Regelungen treten für den Spezialfall der Änderungen der Lizenz im Hinblick auf Neben- 74 entscheidungen neben die §§ 48 VwVfG, 16 TKG, 51 VwVfG. Nebenbestimmungen können der Lizenz auch nach Erteilung beigefügt werden. Das schränkt den von § 15 TKG gewährleisteten hohen Bestandsschutz erteilter Lizenzen ein.[118] Lizenznehmer sind nicht vor der Anordnung zusätzlicher belastender Nebenbestimmungen geschützt. Allerdings können die Nebenbestimmungen nur mit Wirkung für die Zukunft angeordnet werden. Insoweit können sich die Lizenznehmer durchaus auf die sie treffenden und zu erfüllenden Pflichten einstellen. Und auch mit Wirkung für die Zukunft dürfen Nebenbestimmungen nur dann angeordnet werden, wenn sie zur Wahrung der Regulierungsziele erforderlich sind und dem Verhältnismäßigkeitsgrundsatz genügen.

Das führt für die **nachträgliche** Aufnahme von Nebenbestimmungen zu erhöhten Rechtferti- 75 gungsbedürfnissen. Die Regulierungsbehörde muss im Rahmen der Ermessensausübung und bei der Zumutbarkeitsprüfung (Verhältnismäßigkeit im engeren Sinne) prüfen, ob zusätzliche Nebenbestimmungen gegenüber der ursprünglichen Lizenzentscheidung angemessen und zumutbar sind. Dabei muss sie insbesondere das durch Investitionen des Lizenznehmers ins Werk gesetzte **Vertrauen** beachten. Zusätzliche Nebenbestimmungen sind nur unter Wahrung des Vertrauensschutzprinzips, der Gleichbehandlung (Art 3 Abs 1 GG) zulässig. Dies setzt eine Abwägung von Vertrauensschutzinteresse einerseits und öffentlichem Interesse an zusätzlichen Auflagen andererseits voraus.

#### b) Anspruch auf Aufhebung von Nebenbestimmungen

Umgekehrt gewährt § 8 Abs 2 S 3 den Lizenznehmern einen Rechtsanspruch darauf, dass Neben- 76 bestimmungen aufgehoben werden, sobald ihre Voraussetzungen entfallen sind. Voraussetzung für die Aufhebung ist ein Antrag des Lizenznehmers. Auf einen entsprechenden Antrag muss die Regulierungsbehörde daher jederzeit prüfen, ob die Rechtfertigung für eine Nebenbestimmung noch besteht. Eine Bindung an Fristen – etwa aus § 51 VwVfG – besteht nicht.

### 6. Rechtsschutz

Gegen die Ablehnung seines Lizenzantrages muss der Antragsteller Verpflichtungsklage er- 77 heben; ein Vorverfahren findet nicht statt (§ 80 TKG). Entscheidet die Regulierungsbehörde nicht oder nicht rechtzeitig, so kann die Verpflichtungsklage auch ohne Ablehnung des Antrages

---

**115** Begr des Gesetzentwurfes der Bundesregierung, BR-Drucks 80/96, S 39.
**116** Etwa zu UMTS: RegTP, BK-1 b-98/005–1, Vfg 13/2000, ABl RegTP 2000, S 516.

**117** *Hummel* K & R 2000, 479, 484.
**118** Krit deshalb *Etling-Ernst* TKG, § 8 Rn 19.

erhoben werden (§ 75 VwGO). Die Klage ist gegen den Bund, vertreten durch die Regulierungsbehörde, zu richten. Wurde die Lizenz zu Unrecht nicht erteilt, muss das Gericht nach § 113 Abs 5 S 1 VwGO verfahren, soweit keine Entscheidung nach § 10 TKG vorliegt oder – was vom VG zu prüfen ist – geboten ist. Liegt eine Beschränkung der Zahl der Lizenzen vor, so hat das VG nach § 113 Abs 5 S 2 VwGO zu verfahren. Wurde das Verfahren bereits durchgeführt und lässt sein Ergebnis allein die Erteilung der Lizenz an den Kläger zu, so muss das Gericht nach § 113 Abs 5 S 1 VwGO verfahren.

78 Auch wenn die Regulierungsbehörde eine gesonderte, vorgelagerte Auswahlentscheidung (über den Zuschlag) gem. § 11 TKG trifft, können abgelehnte Bewerber gegen die Lizenzerteilung klagen, und zwar unabhängig davon, ob die Lizenz auch an die abgelehnten Bewerber gerichtet wird. Die Lizenzerteilung an einen Bewerber hat wegen § 8 Abs 3 Nr 1 gesetzlich zwingend zur Folge, dass die Lizenzanträge *anderer* Bewerber abgelehnt werden. Die Lizenzerteilung an den zum Zuge gekommenen Bewerber beseitigt damit unmittelbar den Zulassungsanspruch des erfolglosen Bewerbers. Sie ist damit ein Verwaltungsakt mit Doppelwirkung, genauer: ein begünstigender Verwaltungsakt mit belastender Drittwirkung. Aus dieser Wirkung ergibt sich die Klagebefugnis (§ 42 Abs 2 VwGO) des abgelehnten Bewerbers. Er muss die Anfechtung der Drittbegünstigung mit der Klage auf Neubescheidung oder Lizenzerteilung an ihn verbinden.

79 Des Rückgriffs auf das – in der Tat vom TKG geschützte – subjektiv-öffentliche Recht auf Sicherstellung eines chancengleichen Wettbewerbs[119] bedarf es bei erfolglosen Bewerbern nicht. Auf dieses Recht muss allerdings zurückgegriffen werden, wenn Dritte, die sich am Verfahren nicht beteiligt haben, die Lizenz anfechten wollen.

80 Unabhängig von dem allgemeinen Streit über Rechtsschutz gegen Nebenbestimmungen[120] sind telekommunikationsrechtliche Nebenbestimmungen mit der Anfechtungsklage isoliert anfechtbar.[121] Das folgt aus der Rechtsnatur der Lizenz als gebundener Verwaltungsentscheidung. Das Interesse der Regulierungsbehörde, die rechtswidrige durch eine rechtmäßige Nebenbestimmung zu ersetzen, wird durch § 8 Abs 2 S 2 sichergestellt. Von daher stellt sich das allgemeine Problem von Ermessens-Verwaltungsakten und Ermessens-Auflagen nicht hier. Jedenfalls im Spezialfall des TKG ist die **uneingeschränkte isolierte Anfechtbarkeit** von Auflagen umfassend interessengerecht. Erweist sich die angefochtene Nebenbestimmung als rechtswidrig, so ist sie aufzuheben, wenn die Lizenz ohne sie sinnvoller- und rechtmäßigerweise bestehen bleiben kann. Und zwar unabhängig davon, ob es sich um eine Auflage oder eine andere Nebenbestimmung[122] handelt. Die Regulierungsbehörde ist hinreichend davor geschützt, dass ein von ihr nicht gewollter Lizenztorso übrig bleibt. Sie kann gem § 8 Abs 2 S 2 jederzeit neue Nebenbestimmungen anordnen und so rechtswidrige und aufgehobene Nebenbestimmungen durch rechtmäßige ersetzen. Wenn die Auflagen die Voraussetzungen der Zuteilungsentscheidung sichern, haben die unterlegenen Bewerber einen Anspruch auf Ersetzung der rechtswidrigen Auflage durch eine rechtmäßige, soweit es möglich ist.

## IV. Ausblick

81 § 8 ist rechtstechnisch und inhaltlich geglückt. Der Zulassungstatbestand bringt grundrechtliche Freiheit, marktwirtschaftliche Betätigung einerseits und staatliche Regulierung andererseits in ein insgesamt angemessenes Verhältnis. Auch ist die Vorschrift im Wesentlichen mit EU-Recht vereinbar; Anpassungsbedarf besteht insoweit nur im Hinblick auf die Entscheidungsfrist; hier

---

[119] Auf das das Beck'scher TKG-Kommentar/*Schütz* § 8 Rn 24, abstellt.
[120] Dazu nur *Stelkens* in: Stelkens/Bonk/Sachs, VwVfG, § 38 Rn 82 ff; *Kopp/Ramsauer* VwVfG, § 36 Rn 60 ff; zuletzt etwa *Remmert* VerwArch 88 (1997), 112; *Pietzcker* NVwZ 1995, 15; *Stürmer* DVBl 1996, 81; *Maurer* Allgemeines Verwaltungsrecht, § 12 Rn 22 ff (S 330 ff).

[121] Dazu *Maurer* Allgemeines Verwaltungsrecht, § 12 Rn 27 f, S 333 f.
[122] So BVerwGE 60, 269, 275 ff für den – auch hier gegebenen – Fall, dass die Behörde zum Erlass eines Verwaltungsaktes ohne Bedingungen oder Befristungen verpflichtet ist.

Wolfgang Spoerr

ist eine rechtssatzförmliche Konkretisierung jener Ausnahmen nötig, die zur Überschreitung der vorgegebenen Entscheidungsfrist berechtigen.

## § 9 Wechsel des Lizenznehmers

**(1) Die Übertragung der Lizenz bedarf der Schriftform und der vorherigen schriftlichen Genehmigung der Regulierungsbehörde. Für die Versagung der Genehmigung gelten § 8 Abs 3 Satz 1 Nr 2 und § 11 Abs 3 entsprechend.**

**(2) Ein anderweitiger Übergang der Lizenz auf einen neuen Inhaber oder ein Wechsel der Eigentumsverhältnisse beim Lizenznehmer oder eine Überlassung der Lizenz ist der Regulierungsbehörde unverzüglich anzuzeigen.**

**Schrifttum:** *Dietlein* Nachfolge im öffentlichen Recht, 1999; *Fluck* Die Sachgenehmigung, DVBl 1999, 496; *Grzeszick* Lizenzvergabe nach dem Telekommunikationsgesetz, ZUM 1997, 911; *Greszich* Versteigerung knapper Telekommunikatinslizenzen, DVBl 1997, 878; *Hey/Hartung* Pfandrechte an Telekommunikationslizenzen – taugliche Sicherheit für Kreditgeber? K & R 2000, 533; *Hummel* Lizenz und Frequenzzuteilung beim Unternehmenskauf, K & R 2000, 479; *Mayen* Übergang und Rechtnachfolge bei Lizenzen nach dem Telekommunikationsgesetz, CR 1999, 690; *Riedl* Die Rechts- und Pflichtennachfolge im Verwaltungsrecht, 1998; *Spoerr/Hildebrandt* Der Übergang sachbezogener Verwaltungsrechtsverhältnisse, LKV 1999, 128; *Stadie* Rechtsnachfolge im Verwaltungsrecht, DVBl 1990, 501 ff.

**Inhaltsübersicht**

| | Rn |
|---|---|
| I. Bedeutung der Regelung | 1–2 |
| II. Gesetzesentwicklung | 3–7 |
|    1. Vorläufervorschriften | 3 |
|    2. Gesetzgebungsverfahren | 4–6 |
|    3. EU-Recht | 7 |
| III. Einzelkommentierung | 8–24 |
|    1. Abs. 1: Übertragung der Lizenz | 8–16 |
|      a) Übertragung der Lizenz | 8–10 |
|      b) Genehmigungserfordernis | 11 |
|      c) Voraussetzungen der Übertragungsgenehmigung | 12–15 |
|      d) Folgen unwirksamer Übertragung | 16 |
|    2. Anzeigepflicht (Abs 2) | 17–24 |
|      a) Rechtsfolgen, Durchsetzung | 17 |
|      b) Der anderweitige Übergang (1. Alt) | 18 |
|      c) Share Deals (2. Alt) | 19–20 |
|      d) Die Überlassung der Lizenz (3. Alt) | 21–23 |
|      e) Rechtsfolgen | 24 |
| IV. Übertragung von FAG-Verleihungen | 25–35 |
|    1. Rechtliche Regeln | 26–32 |
|      a) Verleihungen ohne Aussage zur Übertragbarkeit | 28 |
|      b) Verleihungen mit ausdrücklicher Personenbindung | 29–32 |
|    2. Folgerungen | 33–34 |
|    3. Zuständigkeit | 35 |

## I. Bedeutung der Regelung

Die Nachfolge in verwaltungsrechtliche Rechte und Pflichten gehört zu den langjährigen Standardthemen der Rechtslehre. Durch Rechtsprechung gesicherte, fachrechtsübergreifende Grundsätze sind nur in Ansätzen ersichtlich. Die daraus resultierende Unsicherheit löst § 9 TKG, die Vorschrift über den „Wechsel des Lizenznehmers" – so ihre irreführende Überschrift: Abs 2 geht weit darüber hinaus. Die Lizenz ist eine personenbezogene (aber nicht höchstpersönliche) Genehmigung; das ergibt sich schon aus dem Wortlaut des § 6 Abs 1 TKG. Und sie hat personenbezogene Voraussetzungen (§ 8 Art 3 S 1 Nr 2 TKG). § 9 TKG sichert – unabhängig von den

1

allgemeinen verwaltungsrechtlichen Lehren[1] – die Übertragungsfähigkeit der Lizenz, zugleich aber die Aufrechterhaltung von deren rechtlichen Voraussetzungen im Falle des Übergangs. Zugleich wird ein „Wechsel der Eigentumsverhältnisse" beim Lizenznehmer geregelt, ebenso die „Überlassung" der Lizenz zur Ausübung.

2 § 9 ermöglicht so bei Unternehmen, deren wesentliche Grundlage lizenzpflichtige Tätigkeiten sind, eine gegenüber der allgemeinen Fusionskontrolle **intensivierte Kontrolle** der **Beteiligungsverhältnisse**. Damit lässt der Gesetzgeber zugleich erkennen, dass die Lizenz dem Lizenzinhaber nach Art eines disponiblen – und das bedeutet zugleich auch: **handelbaren – Gutes** zugeordnet ist.[2] Soweit die in der Lizenz verkörperte Rechtsposition reicht, soll dem Inhaber die rechtsgeschäftliche Disposition freistehen. Das schließt auch die Verpfändung als „minus" einer Übertragung ein.[3] Das gesetzliche Regelungskonzept unterscheidet dabei nicht zwischen ausgeübter und nicht-ausgeübter Lizenz. Die Lizenz ist also nicht nur insoweit übertragbar, als auf ihrer Grundlage in den Netzaufbau investiert wurde. Vielmehr ist schon die **Lizenz als solche** übertragbar. Schon sie kann einen „Marktwert"[4] verkörpern.

## II. Gesetzesentwicklung

### 1. Vorläufervorschriften

3 Das FAG enthielt keine Vorschriften über die Übertragung von Verleihungen, schon gar keine Vorschriften über den Wechsel der Beteiligungsverhältnisse beim Verleihungsinhaber oder eine Überlassung der Verleihung zur Ausübung. Die Telekommunikations-Verleihungsverordnung[5] schrieb in § 36 Abs 1 S 1 die Personenbezogenheit der Einzelverleihung fest. Zugleich wurde die Übertragungsfähigkeit in § 36 Abs 1 S 2 TKVerleihV anerkannt, wonach die Verleihung „nur mit schriftlicher Zustimmung der erteilenden Behörde übertragbar" ist. In § 37 TKVerleihV wurde eine Anzeigepflicht für Änderungen in Person, Sitz und Name des Inhabers der verliehenen Rechte angeordnet.

### 2. Gesetzgebungsverfahren

4 Im Gesetzgebungsverfahren war § 9 wenig umstritten. Die Gesetzesbegründung[6] betont im Ausgangspunkt die **einschränkende Funktion** von § 9: Weil die Lizenz personenbezogene Voraussetzungen habe, sei nur eine eingeschränkte Übertragungsmöglichkeit geboten.

5 Das Verständnis der Übertragungsgenehmigung als einer Änderungslizenz[7] ist dogmatisch nicht zwingend, sondern Ausdruck eines bestimmten Vorverständnisses zur prinzipiell ausgeschlossenen Übertragbarkeit öffentlich-rechtlicher Genehmigungen. Dem Verständnis der TKG-Gesetzesmaterialien entspricht es nicht.

6 Die Gesetzesverfasser verstanden unter Übertragung (Abs 1) den „auf einem Rechtsgeschäft beruhenden Rechtsübergang". Für den „anderweitigen Übergang" (Abs 2) wird beispielhaft die Erbfolge genannt.[8] Der Bundesrat[9] regte mit Zustimmung der Bundesregierung[10] an, die Anzeigepflicht durch Einfügung des Wortes „unverzüglich" zu spezifizieren.

### 3. EU-Recht

7 Die Genehmigungsrichtlinie[11] regelt die Übertragung von Einzelgenehmigungen nicht ausdrücklich. Dem EU-Recht dürfte allerdings mittelbar die Aussage zu entnehmen sein, dass im

---

[1] Zu diesen *Dietlein* Nachfolge im öffentlichen Recht, 1999, S 105 ff; *Stadie* DVBl 1990, 501 ff; *Spoerr/Hildebrandt* LKV 1999, 128, 129.
[2] Insoweit zutr OVG Münster Beschl v 27. 10. 2000, K & R 2000, 92, 94.
[3] Ausf Hey/Hartung K & R 2000, 533, 534 ff.
[4] Beck'scher TKG-Kommentar/*Schütz* § 9 Rn 1.
[5] Verordnung zur Öffnung von Märkten, Verdienstleistungen sowie zur Regelung von Inhalt, Umfang und Verfahren im Bereich der Telekommunikation v 19. 10. 1995, BGBl. I S 1434.
[6] BR-Drucks 80/96, S 1, 39.
[7] *Mayen* CR 1999, 690, 691.
[8] BR-Drucks 80/96, S 1, 39.
[9] BT-Drucks 13/4438, S 1, 9.
[10] BT-Drucks 13/4438, S 32.
[11] 97/13/EG.

Falle eines Wechsels des Lizenznehmers keine höheren Hürden bestehen dürfen als für eine Neuerteilung der Lizenz. Insoweit bilden die Schranken-Schranken der Lizenz-Neuerteilung zugleich die äußersten Grenzen von Beschränkungen der zulässigen Übertragung lizenzpflichtiger Tätigkeiten.

## III. Einzelkommentierung

### 1. Abs. 1: Übertragung der Lizenz

#### a) Übertragung der Lizenz

aa) **Fallgruppen:** Übertragung der Lizenz ist der (rechtsgeschäftliche) Übergang im Wege der Einzelrechtsnachfolge (o Rn 6, u Rn 9).[12] Im Hinblick auf die (zulässige) Verpfändung ist unklar, ob die RegTP-Zustimmung schon zur Verpfändung oder erst zur Verwertung[13] nötig ist. Typischer Fall der Übertragung ist der Verkauf des Betriebes der Übertragungswege im Wege des Asset-Deals. Der Unternehmensverkauf als asset deal unterfällt Abs 1, nicht Abs 2.[14] Auch der isolierte Verkauf der Lizenz ist grundsätzlich zulässig, Einwände müssen am Prüfungsprogramm der Genehmigungsvoraussetzungen geprüft werden.[15] Bedenken können sich vor allem bei ausgeschriebenen Lizenzen ergeben. Eine generelle Unzulässigkeit der isolierten Übertragung gilt auch hier nicht.[16] Wenn der Erwerber der sachlichen Einrichtungen und des entsprechenden Geschäftsbetriebes keine neue Lizenz beantragen will (was mit Unsicherheiten behaftet sein kann), muss die Lizenz mit übertragen werden.

**8**

bb) **Materielle Voraussetzungen:** Form der Übertragung: § 9 Abs 1 regelt die Übergangsfähigkeit; der Übergangstatbestand ist bei der „Übertragung" iSd § 9 Abs 1 eine Vereinbarung (§§ 413, 398 BGB analog).[17] Korrespondierende Pflichten des Lizenznehmers gehen als **akzessorische** Nebenpositionen[18] über. Die Übertragbarkeit gilt auch für vertraglich erteilte Lizenzen. Erforderlich sind zwei sich deckende Willenserklärungen. Die Übertragung ist rechtstechnisch von dem ihr zugrunde liegenden Rechtsgeschäft zu unterscheiden.

**9**

Die Übertragung bedarf der Schriftform. Für die Schriftform gelten die Anforderungen der rechtsgeschäftlichen Schriftform aus § 125 BGB. Die Übertragung der Lizenz muss auf einer Urkunde, die von beiden Seiten wirksam unterschrieben ist, geregelt werden. Der Austausch von Telefax-Briefen reicht nicht. Ohne Wahrung der Schriftform ist die Übertragung der Lizenz unwirksam. Wirksam ist allerdings die **schuldrechtliche Verpflichtung** zur Übertragung der Lizenz. Das Formerfordernis aus § 9 Abs 1 gilt aufgrund seines **Normzweckes (Rechtssicherheit, Dokumentation und Nachweis)** nur für das Verfügungsgeschäft, nicht auch für die Verpflichtung zur Übertragung; § 9 Abs 1 Nr 1 hat keine Warnfunktion für die Betroffenen.

**10**

#### b) Genehmigungserfordernis

Die Wirksamkeit der Übertragung setzt zudem voraus, dass die schriftliche Genehmigung der Regulierungsbehörde vorliegt. Vorher ist die Übertragung schwebend unwirksam.[19] Das Verfahren zur Erteilung der Übertragungsgenehmigung ist im TKG nicht geregelt. Insoweit gilt das VwVfG. Entsprechend anwendbar dürfte die Vorschrift über die Sechs-Wochen-Frist für Neugenehmigungen sein. Es reicht aus, wenn eine der beiden an der Übertragung beteiligten Parteien den Antrag auf Übertragungsgenehmigung stellt.

**11**

#### c) Voraussetzungen der Übertragungsgenehmigung

Die Voraussetzungen für die Übertragungsgenehmigungen regelt § 9 Abs 1 S 2. Liegen die darin

**12**

---

[12] So auch *Mayen* CR 1999, 692.
[13] Dafür *Hey/Hartung* K&R 2000, 533, 539.
[14] Zutr *Hummel* K&R 2000, 479, 484.
[15] Zutr *Hummel* K&R 2000, 479, 4842
[16] AM *Hummel* K&R 2000, 479, 484 f.
[17] Beck'scher TKG-Kommentar/*Schütz* § 9 Rn 4; all-

gem *Erichsen* Allgemeines Verwaltungsrecht, 11. Aufl 1998, § 11 Rn 51.
[18] Dazu *Spoerr/Hildebrandt* LKV 1999, 128, 130 f.
[19] Ähnlich Beck'scher TKG-Kommentar/*Schütz* § 9 Rn 9.

Wolfgang Spoerr

spezifizierten Voraussetzungen der Versagung nicht vor, so muss die Genehmigung erteilt werden. Auf sie haben die Beteiligten einen **Anspruch**.[20] Die Versagungsgründe ergeben sich zum einen aus § 8 Abs 3 S 1 Nr 3 TKG. Neben den personenbezogenen Versagungsgründen steht auch hier die polizeiliche Generalklausel. Sobald die Übertragung zu Rechtsverstößen führt, die durch ergänzende Auflagen nicht auszuräumen sind, muss die Übertragungsgenehmigung versagt werden.

**13** Zusätzlich verweist § 9 Abs 1 S 2 auf § 11 Abs 3 TKG. Daher ist die Übertragungsgenehmigung zu versagen, wenn zu erwarten ist, dass der Erwerb der Lizenz einen **chancengleichen Wettbewerb** auf dem sachlich und räumlich relevanten Markt der lizenzpflichtigen Telekommunikationsleistung **gefährdet**.[21] Insoweit reicht die plausibel begründete Prognose, dass der chancengleiche Wettbewerb beeinträchtigt wird. Das darf aber nicht so verstanden werden, als indiziere jede ursprüngliche oder zwischenzeitliche Lizenzkontingentierung nach §§ 10, 11 TKG die Versagung.[22] Der Wortlaut lässt dieses Verständnis als fernliegend erscheinen. Verfassungsrechtliche Bedenken[23] dagegen sind nicht begründet. Das Vergabeverfahren für kontingentierte Telekommunikationslizenzen ist weit stärker kommerzialisiert als traditionelle Vergabeverfahren etwa bei Taxikonzessionen. Dafür gibt es legitime verfassungsfeste Gründe (vgl § 11 Rn 30 ff). Diese Ausrichtung der Vergabe erlaubt die prinzipiell freie Übertragbarkeit.

**14** Daneben kann die Übertragungsgenehmigung versagt werden, wenn die Übertragung dazu führt, dass gegen **Nebenbestimmungen** der Lizenz verstoßen würde. Die Regulierungsbehörde braucht also in solchen Fällen nicht zunächst die Übertragung genehmigen, um die Lizenz anschließend gemäß § 15 Nr 1 TKG zu widerrufen.

**15** Zweifelhaft ist es, ob allein der Verstoß gegen **Vergabevoraussetzungen** – etwa das Gebot wettbewerblich voneinander unabhängiger Lizenzinhaber oder der Zuteilungskriterien bei der Ausschreibung (§ 11 Abs 6 TKG) – eine Versagung der Genehmigung rechtfertigt. Das Gesetz konzipiert die Vergabevoraussetzungen des Lizenznehmers nicht als Widerrufsgründe iSd § 15 Nr 1. Damit es sich um solche handelt, sind Auflagen zur Lizenz nötig. Hinweise reichen nicht.

### d) Folgen unwirksamer Übertragung

**16** Haben der Lizenznehmer und der Erwerber des Betriebes vereinbart, die Lizenz zu übertragen, fehlt jedoch die Genehmigung, so muss die Regulierungsbehörde – jedenfalls aufgrund eines entsprechenden, auch nachzureichenden, Antrages eines der Beteiligten – prüfen, ob die Übertragung genehmigt werden kann. Scheidet das aus, weil Versagungsgründe vorliegen, so gilt dasselbe, wie wenn die Lizenz überhaupt nicht übertragen wird. Der neue Betreiber/Anbieter handelt ohne die erforderliche Lizenz.[24] Die Behörde kann einschreiten. Der bisherige Betreiber hat zwar die erforderliche Lizenz, nutzt sie aber nicht. Wenn in der Lizenz keine Betriebspflicht angeordnet ist, bleibt das für ihn folgenlos. Enthält die Lizenz eine Nebenbestimmung mit Betriebspflicht oder ähnlichen Pflichten, so liegt ein Auflagenverstoß des Telekommunikationsunternehmens vor. Das kann zum Widerruf der Lizenz nach § 15 TKG führen.

### 2. Anzeigepflicht (Abs 2)

#### a) Rechtsfolgen, Durchsetzung

**17** Abs 2 regelt recht unterschiedliche Sachverhalte mit einer einheitlichen Rechtsfolge, einer Anzeigepflicht. Zu verfassungsrechtlichen Bedenken (Art 3 Abs 1 GG) dürfte das gleichwohl keinen Anlass geben.[25] Der Lizenznehmer, im Falle des Übergangs der neue Lizenznehmer, im Falle der Überlassung wohl beide Seiten, müssen den Übergang oder die Überlassung der Regulierungsbehörde unverzüglich anzeigen, also ohne schuldhaftes Zögern (§ 121 BGB). Diese Anzeigepflicht hat eine Doppelfunktion: zum einen erlaubt sie es der Regulierungsbehörde, gegebenen-

---

[20] Beck'scher TKG-Kommentar/*Schütz* § 9 Rn 7.
[21] Dazu näher § 11 Rn 70.
[22] So iE *Mayen* CR 1999, 690, 693 f.
[23] *Mayen* CR 1999, 690, 696; *Grzeszick* ZUM 1997, 911, 923; ders DVBl 1997, 878, 888.
[24] Zu den Folgen § 6 Rn 78 f.
[25] Zweifelnd *Mayen* CR 1999, 690, 696 f.

Wolfgang Spoerr

falls die zulassungsrechtlichen Konsequenzen aus dem Übergang zu ziehen. Sie richten sich nach § 15 TKG. Zum anderen dient die Anzeigepflicht der Marktübersicht der Regulierungsbehörde, die diese zur Beobachtung der Entwicklung des Wettbewerbs braucht. Verstöße gegen die Anzeigepflicht können zum Widerruf der Lizenz nach § 15 Nr 1 TKG führen, weil der Lizenznehmer seiner Pflicht aus § 9 Abs 2 TKG nicht nachkommt. Freilich dürfte das wegen des Verhältnismäßigkeitsprinzips nur bei wiederholten, gewichtigen Verstößen oder bei bewußtem Verschweigen von erlaubnisrelevanten Sachverhalten in Betracht kommen.

### b) Der anderweitige Übergang (1. Alt)

Ein „anderweitiger Übergang" liegt bei jedem Übergang der Lizenz auf einen neuen Inhaber vor, der keine Übertragung iSd Abs 1 ist. Die Übertragung ist die gewillkürte (rechtsgeschäftliche) Rechtsnachfolge. Das zeigt, dass das TKG auch andere Rechtsnachfolgetatbestände akzeptiert. Insbesondere ist dies die erbrechtliche **Gesamtrechtsnachfolge**. Darunter fallen wohl auch andere Tatbestände gesetzlicher – sei es partieller – Gesamtrechtsnachfolge.

**18**

### c) Share Deals (2. Alt)

Den wettbewerbsstrukturellen Zielen des TKG dient auch die Anzeigepflicht für den „Wechsel der Eigentumsverhältnisse beim Lizenznehmer". Der **Eigentumsbegriff** dieser Vorschrift ist **wirtschaftlicher Art**: gemeint sind die Beteiligungsverhältnisse. Anzuzeigen sind also Änderungen des Gesellschafterkreises des Lizenznehmers, und zwar direkte **ebenso wie indirekte**.[26] Das (wirtschaftliche) Eigentum am Lizenznehmer ändert sich beispielsweise auch dann, wenn sich der Gesellschafter einer dazwischengeschalteten Holdinggesellschaft ändert. Die Regulierungsbehörde bekommt diese Angaben, damit sie die Marktverhältnisse beobachten kann (vgl § 2 Abs 2 Nr 2 TKG). Wenn und soweit die Zusammensetzung des Gesellschafterkreises wesentliche Voraussetzung der Lizenzvergabe war (das ist allenfalls bei Zuteilungen der Fall) und dies durch Auflagen[27] gesichert ist, kann die Lizenz auch widerrufen werden.

**19**

Besonders bei Publikums-Aktiengesellschaften stößt die Anwendung von § 9 Abs 2, 2. Alternative, auf Schwierigkeiten. Der Gesetzeswortlaut ließe die Auslegung zu, dass jegliche Übertragung von Aktien anzeigepflichtig ist. Um dieses unpraktikable und vom Gesetzeszweck nicht geforderte Ergebnis zu vermeiden, ist im Sinne einer einschränkenden Auslegung vertreten worden, nur Aktienübertragungen im Bereich gesellschaftsrechtlicher Abhängigkeitstatbestände[28] seien anzeigepflichtig.[29] Nur solche Änderungen der Eigentumsverhältnisse könnten auf die Geschäftspolitik des Unternehmens Auswirkungen haben.[30] Diese einschränkende Auslegung – der Sache nach handelt es sich um eine Auslegung des wirtschaftlichen Eigentumsbegriffes, ersatzweise eine teleologische Reduktion[31] – ist im Ansatz zutreffend. Im Ergebnis sind die Schwellen jedoch weit niedriger anzusetzen. Daher sind nur solche Änderungen der Beteiligungsverhältnisse, bei denen eine Einflussnahme auf die Geschäftspolitik praktisch ausgeschlossen ist, von der Anzeigepflicht auszuklammern. Der Schwellenwert des § 17 Abs 2 AktG (Mehrheitsbeteiligung) ist hier viel zu hoch.[32] Zutreffend ist es demgegenüber, den Schwellenwert in Anlehnung an § 7 Abs 3 PostG auf 10 vom Hundert anzusetzen.[33] Bei Personengesellschaften ist zugleich jeder Wechsel eines persönlich haftenden Gesellschafters anzeigepflichtig.[34]

**20**

### d) Die Überlassung der Lizenz (3. Alt)

Die Überlassung der Lizenz iSd § 9 Abs 2 S 2 ist die (regelmäßig rechtsgeschäftliche) Überlassung

**21**

---

26 So auch *Hummel* K & R 2000, 479, 481.
27 Dazu § 15 Rn 14; § 8 Rn 58 ff.
28 Dazu *Koppensteiner* in: Kölner Kommentar zum AktG, 2. Aufl, 1986 ff, § 17 Rn 12 ff; *Ulmer* in: Staub – HGB Großkom, 4. Aufl, 1988, Anhang zu § 105 Rn 27 ff.
29 Beck'scher TKG-Kommentar/*Schütz* § 9 Rn 12.
30 Beck'scher TKG-Kommentar/*Schütz* § 9 Rn 12.
31 Dazu allgem *Larenz/Canaris* Methodenlehre der Rechtswissenschaft, 3. Aufl 1995, S 210; *Achterberg* Allgemeines Verwaltungsrecht, 2. Aufl, 1986, § 17 Rn 53 f (S 322).
32 So auch *Mayen* CR 1999, 690, 694.
33 So auch *Hummel* K & R 2000, 479, 481. In der medienrechtlichen Konzentrationskontrolle wird die Schwelle dagegen bei 5 vH angesetzt.
34 Beck'scher TKG-Kommentar/*Schütz* § 9 Rn 13.

Wolfgang Spoerr

zur Ausübung. Sie ist von der (vollständigen) Übertragung ebenso abzugrenzen wie von der Einschaltung von Dritten in die lizenzpflichtige Tätigkeit ohne Überlassung der Lizenz. Die Überlassung der Lizenz ist nur dann erforderlich, wenn die Mitwirkung des Dritten derartig intensiv ist, dass keine, jedenfalls keine alleinige Funktionsherrschaft (§ 3 Nr 1 TKG) des Lizenznehmers mehr vorliegt. Von der Übertragung unterscheidet sich die Überlassung dadurch, dass der bisherige Lizenzinhaber weiterhin Lizenzinhaber bleibt und folglich Adressat der Pflichten des Lizenznehmers ist. Er ist dafür verantwortlich, dass der die Lizenz ausübende Vertragspartner die Rechtspflichten erfüllt. Die Anzeigepflicht für Überlassungen dient daher weniger der Sicherstellung, dass die Pflichten des Lizenznehmers eingehalten werden. Vielmehr soll sie Umgehungen der wettbewerbsstrukturellen Vorgaben des TKG vorbeugen.[35]

22 Als typischen Fall der Lizenzüberlassung nennt die Gesetzesbegründung[36] die Überlassung der lizenzpflichtigen Tätigkeit im Wege eines Betriebsführungsvertrages. Rechtlich bleibt die Verantwortlichkeit des Lizenznehmers unberührt.[37] Die Lizenzübertragung, kombiniert mit einer Überlassung, erlaubt auch den Einsatz der Lizenz als Sicherungsmittel.

23 Problematisch ist die **Abgrenzung zur** (vollständigen) **Übertragung der Lizenz.** Hier eine materielle Abgrenzung zu suchen, wonach die Überlassung inhaltlich weniger weit gehen dürfe als die Übertragung,[38] dürfte nicht nötig sein. Maßgebend ist vielmehr allein, ob Lizenzinhaber weiter allein das bisherige Unternehmen ist oder ob seine Rechtsinhaberschaft erlöscht. Folglich kann auch ohne Kontrollmöglichkeiten des Lizenznehmers eine Lizenzüberlassung vorliegen.[39]

e) Rechtsfolgen

24 Wird die Anzeige unterlassen, so ist dies eine Pflichtverletzung des Lizenzinhabers. Eine Ordnungswidrigkeit ist das nach § 96 Abs 1 TKG nicht. **Gebühren** für die Prüfung der Anzeige dürfen nach § 16 TKG nicht erhoben werden; jene Vorschrift regelt die Gebührenerteilung im Bereich der Lizenzierungsvorschriften abschließend. Gebühren werden nach § 16 Abs 1 S 1 nur für die Lizenzerteilung erhoben; nicht für die allgemeine Überwachung und für die spezielle Überwachungstätigkeit, die durch eine Anzeige gem § 9 Abs 2 ausgelöst wird. Auf die generell umstrittene Frage, ob die allgemeinen gebührenrechtlichen Tatbestände einer – hinreichend abgegrenzten – Amtshandlung die Erhebung von Gebühren für behördliches Handeln zur Prüfung von Anzeige, Mitteilung uä zulassen, kommt es deshalb nicht an.

## IV. Übertragung von FAG-Verleihungen

25 Ein Sonderproblem ist die Übertragung von Verleihungen, die noch nach Maßgabe des § 2 FAG idF v 21. 7. 1989[40] und/oder der dieses Gesetz konkretisierenden Rechtsverordnungen[41] erteilt wurden. Praktisch spielt dies eine Rolle, soweit solche Verleihungen Telekommunikationsdienstleistungen ermöglichen, die auch nach Inkrafttreten des TKG noch lizenzpflichtig sind. Diese Verleihungen bleiben – soweit sie in der Form von Verwaltungsakten ergingen – als bestandskräftige Verwaltungsakte weiter wirksam; § 97 Abs 5 S 1 TKG stellt das klar. Doch gilt für sie nunmehr das TKG (§ 97 Abs 5 S 3), allerdings mit Ausnahme der §§ 6–11. Ausgenommen sind somit auch die Vorschriften über die Übertragbarkeit (§ 9 TKG). Auch das FAG idF des TKG äußert sich nicht zur Übertragbarkeit dieser Verleihungen, etwas anderes gilt nur für die TVerleihV und die MTVerleihV. Diese regeln den Rechtsübergang in § 36 bzw § 3 iVm § 36 TVerleihV

---

35 In dieser Richtung auch *Etling-Ernst* TKG, § 9 Rn 3.
36 BR-Druck 80/96, S 39.
37 Beck'scher TKG-Kommentar/*Schütz* § 9 Rn 15.
38 Beck'scher TKG-Kommentar/*Schütz* § 9 Rn 15.
39 Anders Beck'scher TKG-Kommentar/*Schütz* § 9 Rn 15.
40 BGBl I S 1455.
41 Etwa der Verordnung zur Öffnung von Märkten für Dienstleistungen sowie zur Regelung von Inhalt, Umfang und Verfahren der Verleihung im Bereich der Telekommunikation (Telekommunikations-Verleihungsverordnung – TVerleihV) v 19. 10. 1995, BGBl I, S 1434 und der Verordnung über Verleihungen zum Errichten und Betreiben privater Übertragungswege in öffentlichen Mobilfunknetzen (Mobilfunk-Telekommunikations-Verleihungsverordnung – MTVerleihV) v 23. 10. 1995, BGBl I, S 1446.

(s o Rn 3). Allerdings sind auch diese Regelungen inzwischen aufgehoben, und für Verleihungen aus der Zeit vor Inkrafttreten der beiden Verordnungen geben sie ohnehin nichts her.

## 1. Rechtliche Regeln

Maßgebend sind somit **allgemeine Rechtsgrundsätze**. Die Zulässigkeit der Übertragung solcher Verleihungen scheitert nicht an einem generellen Ausschluss der Rechtsnachfolge in öffentlich-rechtliche Positionen.[42] Allein aus dem öffentlich-rechtlichen Charakter – das ist heute allgemein anerkannt – ergibt sich nichts für oder gegen eine Rechtsnachfolgefähigkeit. Entscheidend ist allein das jeweilige materielle Fachrecht.[43] Dem Vorbehalt des Gesetzes unterliegt die vereinbarte Rechtsnachfolge in öffentlich-rechtliche Berechtigungen nicht.[44] Die Verleihung nach dem FAG räumte ihrem Entscheidungsinhalt nach keine höchstpersönlichen Rechte ein, die zwangsläufig mit dem Verleihungsempfänger untergehen müssen oder nicht übertragbar sind. Bezeichnenderweise machte das FAG die Verleihung noch nicht einmal von personenbezogenen Voraussetzungen abhängig. Soweit die Verleihung im Ermessen der zuständigen Behörde stand, mag dies zwar keine Rolle spielen, denn das Ermessen könnte sachgerecht im Sinne einer höchst persönlichen Entscheidung ausgeübt werden. Das FAG stellte aber auch keine personenbezogenen Anforderung auf, soweit ausnahmsweise ein Verleihungsanspruch bestand: nämlich für den Betrieb von Satellitenfunkanlagen für die Übertragung von Daten niedriger Bitraten, § 2 Abs 4 FAG. Da die Verleihung ihrer gesetzlichen Struktur nach also keinerlei höchst persönliche Elemente enthielt, steht einer Gesamt- oder Einzelrechtsnachfolge in die durch sie vermittelte Rechtsposition grundsätzlich nichts entgegen.

26

Allerdings bedarf die Übertragung, soweit die Verleihung Ermessensverwaltungsakt war, der Zustimmung der Verleihungsbehörde. Die Behörde konnte nämlich im Rahmen seines pflichtgemäßen Ermessens auch entscheiden, wem es die Verleihung erteilte. Diese Befugnis würde unterlaufen, wenn die Verleihung frei übertragbar wäre. Anders ist es dagegen dort, wo ein Anspruch auf die Verleihung bestand. Daher gelten folgende Grundsätze:

27

### a) Verleihungen ohne Aussage zur Übertragbarkeit

Soweit die Verleihung im Einzelfall nichts anderes regelte, ist die Rechtsposition übertragbar: ohne Zustimmung der Behörde, wenn der Inhaber einen Anspruch auf Neuerteilung hätte, mit Zustimmung der Behörde, wenn ein solcher Anspruch nicht bestand. Die Zustimmung steht im Ermessen der Behörde. In die Ermessensausübung kann die Behörde auch das öffentliche Interesse an einer Neuausschreibung unter Beachtung der Regeln des TKG einbeziehen.

28

### b) Verleihungen mit ausdrücklicher Personenbindung

In vielen Fällen schließen die nach dem FAG erteilten Verleihungen die Übertragbarkeit ausdrücklich aus[45] oder machen sie von einer Genehmigung abhängig.[46] Aber auch das schließt die Rechtsnachfolge nicht grundsätzlich aus. Bei Verleihungen, deren Übertragbarkeit ausgeschlossen ist, steht es im Ermessen der zuständigen Behörde, den bestandskräftigen Verwaltungsakt der Verleihung auf Antrag der Beteiligten abzuändern und der Übertragung zuzustimmen. Bei einem entsprechenden Antrag des Berechtigten handelt es sich um einen Antrag auf Wiederaufgreifen des Verfahrens, über den nach pflichtgemäßem Ermessen zu entscheiden ist.[47]

29

---

**42** So aber die ältere Lehre: *Mayer* Deutsches Verwaltungsrecht, Bd I, 3. Aufl, 1924, S 238; G *Jellinek* System der subjektiven öffentlichen Rechte, 1919, S 343; *Forsthoff* Lehrbuch des Verwaltungsrechts, Bd I, 10. Aufl, 1973, S 192.
**43** *Stadie* DVBl 1990, 501, 504 mwN; *Stelkens* in: Stelkens/Bonk/Sachs, VwVfG, Kommentar, 1993, § 35 Rn 194.
**44** *Dietlein* Nachfolge im öffentlichen Recht, S 210 mwN auch zur – mE überholten – Gegenauffassung.

**45** So etwa die Mobilfunk-Lizenzen für die D 1-, D 2- und E-Plus-Netze: zB Nr 32. 2 D 1-Lizenz, BMPT-Vfg 259. 1 idF v 23. 6. 1994, ABl BMPT 1994 Nr 23, S 866, 871; Nr 33. 2 E 1-Lizenz, BMPT-Mitteilung 11/93, ABl BMPT 26/1993.
**46** So bei verschiedenen Satellitennetzen.
**47** Vgl *Sachs* in: Stelkens/Bonk/Sachs, aaO, § 51 VwVfG Rn 13 ff mwN.

30  Wenn die Übertragung der Verleihung von einer Genehmigung abhängt, so ist zu unterscheiden:

31  – Besteht auf die eingeräumte Rechtsposition derzeit kein Anspruch auf Lizenzierung (also unter den Voraussetzungen der §§ 10, 11), so hat die zuständige Behörde nach pflichtgemäßem Ermessen unter Beachtung der Regulierungsziele zu entscheiden.

32  – Besteht dagegen auf die durch die Verleihung eingeräumte Positionen nach dem TKG ein Rechtsanspruch, so muss die zuständige Behörde der Übertragung zustimmen, wenn auch der neue Inhaber einen Anspruch auf eine entsprechende Lizenz hat (§ 8 TKG).[48] Das ergibt sich aus dem Grundsatz der Verhältnismäßigkeit. Mit ihm ist es nicht zu vereinbaren, den neuen Betreiber auf die Neuerteilung einer Lizenz zu verweisen. Deutlich wird dies, wenn der neue Inhaber die auf der Basis der Verleihung nach dem FAG errichteten und betriebenen Übertragungswege und die damit angebotenen Dienstleistungen übernehmen will. Die Alternative, anstelle des bisherigen Inhabers dem künftigen Betreiber eine Lizenz nach dem TKG zu erteilen, ist unnötig kompliziert. Erst recht darf sie nicht gewählt werden, um bei einer Neuerteilung unter Umständen höhere Gebühren abzuschöpfen.

2.  Folgerungen

33  Sachlich schlägt daher die durch das TKG befreite Rechtsposition des Telekommunikationsanbieters mittelbar auch auf Alt-Verleihungen nach dem FAG durch, auch wenn die Bestimmungen über die Lizenzierung (§§ 6–11) gem § 97 Abs 5 S 3 TKG nicht anwendbar sind.

34  Dasselbe gilt auch für Auflagen, die Wechsel im Gesellschafterkreis des Lizenznehmers von einer Genehmigung der RegTP abhängig machen.

3.  Zuständigkeit

35  Zuständige Behörde ist die **Regulierungsbehörde**, auch wenn die ursprüngliche Verleihung von anderen Behörden erteilt worden ist. Das folgt aus der umfassenden Aufsichtszuständigkeit der Regulierungsbehörde nach § 71 TKG, und Entscheidungen über Altverleihungen sind Gegenstand der Aufsicht.

## § 10 Beschränkung der Anzahl der Lizenzen

Die Anzahl der Lizenzen auf Märkten der Telekommunikation kann beschränkt werden, wenn für eine Lizenzerteilung nicht in ausreichendem Umfang verfügbare Frequenzen entsprechend dem Frequenznutzungsplan vorhanden sind. Vor der Entscheidung sind die betroffenen Kreise anzuhören. Die Entscheidung ist im Amtsblatt der Regulierungsbehörde zu veröffentlichen.

Schrifttum: s § 8 u § 11.

Inhaltsübersicht

|  |  | Rn |
|---|---|---|
| I. | Bedeutung und Zweck der Vorschrift | 1–2 |
| II. | Gesetzgebungsverfahren und EU-Recht | 3 |
| III. | Einzelkommentierung | 4–15 |
|  | 1. Voraussetzungen der Beschränkung | 4 |
|  | 2. Verfahren | 5–7 |
|  |    a) Anhörung betroffener Kreise, § 10 S 2 | 5–6 |
|  |    b) Sachverhaltsermittlung | 7 |
|  | 3. Entscheidung | 8–14 |
|  |    a) Zuständigkeit und Form, § 10 S 3 | 8 |

---

**48** Alternativ wäre die Aufhebung entsprechender Vorbehalte oder Auflagen nach § 51 I Nr 1 VwVfG in Betracht gekommen, vgl OVG Münster, NVwZ 2000, 89 zur abfallrechtlichen Genehmigung.

Wolfgang Spoerr

b) Entscheidungsinhalt und Entscheidungswirkungen . . . . . . . . . . . . . . . . . . . . . . 9–12
c) Entscheidungsprogramm: idR keine Ermessensentscheidung . . . . . . . . . . . . . . . . . 13
d) Aufhebung der Beschränkung . . . . . . . . . . . . . . . . . . . . . . . . . . . . . . . . . . 14
4. Rechtsschutz . . . . . . . . . . . . . . . . . . . . . . . . . . . . . . . . . . . . . . . . . . . . . . . 15

## I. Bedeutung und Zweck der Vorschrift

Die Bedeutung der Vorschrift wird unterschiedlich gesehen. Mitunter wird stark ihre den **Lizenzanspruch beschränkende Funktion** in den Vordergrund gerückt. Nur bei Vorliegen der Voraussetzungen für die Beschränkung der Zahl der Lizenz dürfen die Lizenzen beschränkt werden, und auch dann sei die Beschränkung nicht zwangsläufig, sondern stehe im Ermessen der Regulierungsbehörde. Diese dürfe also von der Beschränkung absehen.[1] Diese Auffassung kann sich vor allem auf den Wortlaut des § 10 berufen („... kann ...").

Demgegenüber kann § 10 TKG auch als **Schutzvorschrift** zu Gunsten der Lizenzbewerber verstanden werden: als eine Vorschrift, die eine **transparente** und **organisatorisch-verfahrensrechtlich gebundene Verteilung** sicherstellt. Das ergibt sich aus Folgendem: Die Vorschrift ist zwar der notwendige Einstieg in das Vergabeverfahren nach § 11 TKG. Wenn die Anzahl der Lizenzen nicht ausreicht, so ist – jedenfalls nach dem Wortlaut des § 11 – das Vergabeverfahren nur zu wählen, wenn zuvor die Anzahl der Lizenzen beschränkt wurde. Beschränkt die Regulierungsbehörde die Anzahl der Lizenzen nicht gem. § 10 TKG, so bleibt der Versagungsgrund des § 8 Abs 3 S 1 Nr 1 TKG, wonach Lizenzanträge wegen fehlender Frequenzen abgelehnt werden können. Indes – gegenüber der Ablehnung nach § 8 Abs 3 S 1 Nr 1 TKG und/oder einer Lizenzvergabe *ohne* gesetzlich geregeltes Vergabeverfahren ist das von § 11 TKG vorgesehene Verfahren aus Sicht der Bewerber vorzugswürdig. Daher hat die Beschränkung der Anzahl der Lizenzen auch eine *Schutzfunktion* zu Gunsten der Bewerber. Es dient deren Interessen und einer sachgerechten Entscheidung.

## II. Gesetzgebungsverfahren und EU-Recht

Im Gesetzgebungsverfahren zum TKG ist § 10 nicht verändert worden. Schon die ursprüngliche Fassung des Gesetzentwurfes entspricht dem geltenden Wortlaut.[2] In der Begründung des Gesetzesentwurfes[3] wird darauf abgestellt, dass die begrenzte Verfügbarkeit der knappen Ressource Frequenz eine Beschränkung gebieten könne. Soweit aus diesem Grund eine zahlenmäßige Beschränkung notwendig werde, dürfe damit aber „keine Diskriminierung und unnötige Einschränkung der Wettbewerbsfreiheit verbunden sein".[4] Weiter heißt es: „Um die Entscheidung der Beschränkung der Anzahl der Lizenzen wegen des Nichtausreichens der Frequenzen transparent zu machen, sind die betroffenen Kreise durch Anhörung und Veröffentlichung der Entscheidung im Amtsblatt zu beteiligen".[5] Änderungsvorschläge gab es im Gesetzgebungsverfahren nicht.

## III. Einzelkommentierung

### 1. Voraussetzungen der Beschränkung

Die Beschränkung der Anzahl der Lizenzen gem § 10 ist nur zulässig, wenn für eine Lizenzerteilung nicht in ausreichendem Umfang verfügbare Frequenzen entsprechend dem Frequenznutzungsplan vorhanden sind. Damit ist gemeint, dass der tatsächliche oder erwartete Bedarf an frequenztragenden Lizenzen nicht befriedigt werden kann. Die Lizenzzahl ist also schon dann zu beschränken, wenn zwar eine Lizenz erteilt werden kann, aber nicht alle Anträge befriedigt werden können. Auszugehen ist vom Frequenznutzungsplan oder entsprechenden informellen oder überstaatlichen Frequenznutzungskonzepten. Sodann ist zu prüfen, ob für den durch

---

1 *Etling-Ernst* TKG, 1. Aufl, § 10 Rn 1.
2 BR-Drucks 80/96, S 1, 7.
3 BR-Drucks 80/96, S 39.
4 BR-Drucks 80/96, S 39.
5 BR-Drucks 80/96, S 39.

Wolfgang Spoerr

Anmeldung dokumentierten oder zu erwartenden Bedarf ausreichend Frequenzen zur Verfügung stehen. **Keine Rechtfertigung** für die Beschränkung der Anzahl der Lizenzen sind Schutzüberlegungen im Hinblick auf Investitionen oder **Rentabilitätserwartungen.** Solche Erwägungen können allenfalls auf der Ebene der Frequenznutzungsplanung berücksichtigt werden (dazu § 46 Rn 13). Solange ein rechtsverbindlicher Frequenznutzungsplan (§ 46 Abs 1 TKG) nicht vorliegt, ist auf den jeweiligen Planungsstand abzustellen, auch wenn die Beteiligung der Öffentlichkeit noch nicht stattgefunden hat. Maßgeblich ist auf jeden Fall das **vorhandene Frequenznutzungskonzept** der Regulierungsbehörde, sei es schon im Stadium eines rechtsverbindlichen Frequenznutzungsplanes oder nicht.

### 2. Verfahren

#### a) Anhörung betroffener Kreise, § 10 S 2

**5** Beabsichtigt die Regulierungsbehörde, die Anzahl der Lizenzen zu beschränken, so sind die betroffenen Kreise anzuhören. Betroffene Kreise sind nicht nur jene Bewerber um die Lizenz, die schon Anträge auf Erteilung der Lizenz gestellt haben.[6] Die Anhörung der betroffenen Kreise ist der Anhörung beteiligter Kreise (§ 60 KrW-/AbfG, § 51 BImSchG, § 7 Abs 7 ChemG, § 11 Gerätesicherheitsgesetz) vergleichbar, zu der auch die „Betroffenen" (§ 60 KrW-/AbfG) gehören. Die Anhörung dient in erster Linie der Information der Regulierungsbehörde über den Regelungsgegenstand und die damit berührten Interessen.[7] Anders als bei typischen umweltrechtlichen Anhörungen sind aber auch individuelle Interessen der Marktteilnehmer Ziel des Anhörungsverfahrens. Das folgt schon aus dem Wortlaut; § 10 spricht von „betroffenen Kreisen" und nicht nur von beteiligten Kreisen. Im Regelungskontext des § 10 TKG soll sie der Regulierungsbehörde insbesondere ermöglichen, eine sachgerechte Prognose über den zu erwartenden Frequenzbedarf und die Nachfrage nach Lizenzen zu treffen. Betroffen iSd § 10 TKG sind daher jene Rechtssubjekte, deren **Interessen** von einer **Beschränkung** der Anzahl der Lizenzen im jeweiligen Bereich **berührt sein werden.**

**6** Weil das TKG – anders als beispielsweise das KrW-/AbfG – keine nähere Spezifizierung der zu Beteiligenden enthält, empfiehlt sich eine Anhörung durch Veröffentlichung. Die Praxis verfährt so. Schon das geltende Recht lässt diese Verfahrensweise zu. Andernfalls ist die Regulierungsbehörde verpflichtet, den Kreis der Betroffen sachgerecht zu ermitteln. Ihr bekannte Antragsteller, die von der Beschränkung betroffen sein werden, gehören in jedem Fall zum Kreis der Betroffenen. Dazu kommen **Wettbewerbsteilnehmer,** deren wirtschaftliche Betroffenheit naheliegt; schließlich Träger **konkurrierender Frequenznutzungsinteressen** sowie Repräsentanten der **Nutzerinteressen** an Telekommunikationsdienstleistungen.

#### b) Sachverhaltsermittlung

**7** Wesentliches Ziel der Sachverhaltsermittlung der Regulierungsbehörde ist es, den tatsächlichen und voraussichtlichen Bedarf an Lizenzen in einem bestimmten Lizenzierungsbereich zu ermitteln. Die Abgrenzung ist dabei weniger marktgeprägt, wie dies der Wortlaut von § 10 nahe legt, sondern stärker frequenzgeprägt. Die Entscheidung ist eine **prognostische Entscheidung**[8]; von daher besteht ein gerichtlich nur beschränkt nachprüfbarer Beurteilungsspielraum der Regulierungsbehörde. Im Zweifel muss die Regulierungsbehörde die Zahl der Frequenzen beschränken. Sie darf dies nicht unterlassen, wenn durch Einzelvergabe nach § 8 TKG eine Knappheitssituation droht.

### 3. Entscheidung

#### a) Zuständigkeit und Form, § 10 S 3

**8** Funktionell zuständig ist die Regulierungsbehörde, die dabei von ihrem Präsidenten geleitet und

---

[6] In diese Richtung *Etling-Ernst* TKG, § 10 Rn 3.
[7] Dazu *Brandt* in: Brandt/Ruchay/Weidemann, § 60 Rn 3.

[8] Von einer „abstrakt generellen" Prognose spricht die RegTP, Vfg 51/1999, ABl RegTP 1999 Nr 9, S 1519, 1520.

vertreten wird (§ 66 Abs. 2 S 1, 2 TKG).[9] Zu ihrer Wirksamkeit muss die Entscheidung nach § 10 im Amtsblatt der Regulierungsbehörde veröffentlicht werden.

### b) Entscheidungsinhalt und Entscheidungswirkungen

Die Entscheidung hat **verfahrensrechtliche Wirkungen** mit **materiell-rechtlichen Auswirkungen**: die zentrale Wirkung ist, dass Lizenzanträge für die entsprechenden Übertragungswege im Verfahren nach § 8 TKG nicht mehr erteilt werden dürfen, bevor das Vergabeverfahren gem § 11 TKG durchlaufen ist. Für den Lizenzanspruch der Antragsteller hat die Beschränkungsentscheidung nach § 10 eine verfahrensbestimmende Folge, die zugleich – insbesondere bei nachfolgender Wahl des Versteigerungsverfahrens – das Vergabekriterium und damit die **materiellen Zugangsvoraussetzungen** beeinflusst. Wesentliche Folge ist zugleich, dass die Zuständigkeit auf die Präsidentenkammer der Regulierungsbehörde übergeht (§ 72 Abs 1 TKG).[10]

Es ist diskutiert worden, ob die Beschränkung der Lizenzen ein Verwaltungsakt (§ 35 VwVfG) ist. Schon an der Verbindlichkeit und – nach Maßgabe des § 35 S 2 – Einzelfallbezogenheit der Beschränkung[11] bestehen Zweifel.[12] Noch stärker fraglich ist, ob die Entscheidung nach § 10 eine „selbständige, rechtlich verbindliche, das Beschränkungsverfahren abschließende Regelung der Regulierungsbehörde"[13] ist. Wiewohl das Beschränkungsverfahren nach § 10 verfahrensrechtlich keinen Bestandteil des Vergabeverfahrens nach § 11 bildet, sondern die Voraussetzung für ein sich anschließendes Vergabeverfahren ist[14], ist die Beschränkungsentscheidung doch **insgesamt in das Lizenzerteilungsverfahren einbezogen** und der eigentlichen Vergabe- und Lizenzerteilungsentscheidung vorgelagert. Es handelt sich insgesamt um ein einheitliches Lizenzierungsverfahren. Selbst wenn es sich begrifflich um einen Verwaltungsakt handelt, könnte die Beschränkung eine behördliche Verfahrenshandlung iSd § 44a VwGO sein.[15]

Gewiss hat die Lizenzbeschränkung nach § 10 die das Rechtsinstitut des Verwaltungsaktes prägende **Konkretisierungsfunktion**. Mit der Beschränkung gem. § 10 wird das gesetzliche Normprogramm von der Behörde im Einzelfall konkretisiert. Sehr zweifelhaft ist aber, ob diese Beschränkung auch die **Stabilisierungsfunktion** des Verwaltungsaktes hat. Dagegen spricht die rein verfahrensleitende Funktion der Entscheidung (s o Rn 10). Sie soll nicht endgültig und abschließend über die – materielle – Rechtslage verbindlich disponieren.[16] Zweifel bestehen zudem im Hinblick auf den erforderlichen Einzelfallbezug.[17]

Nicht gesetzlich geregelt ist, ob mit der Feststellung der Beschränkung auch die **Anzahl** der Lizenzen festgelegt werden muss, die insgesamt vergeben werden können.[18] Der Gesetzeswortlaut des § 10 beantwortet die Frage nicht. Die Zahl der Lizenzen ist häufig nicht linear aus dem Frequenznutzungsplan abzuleiten. Sie hängt beispielsweise auch davon ab, wie Lizenzgebiete zugeschnitten und abgegrenzt werden. Jedenfalls in diesen Fällen hatte die Festlegung der Lizenzzahl eine hohe telekommunikationspolitische und regulatorische Bedeutung. Das spricht eher dagegen, diese Entscheidung in das Verfahren nach § 10 zu integrieren. Sie gehört ins Vergabeverfahren.

### c) Entscheidungsprogramm: idR keine Ermessensentscheidung

Zwar spricht der Gesetzeswortlaut des § 10 für eine Ermessensentscheidung der Regulierungsbehörde, wenn die Voraussetzungen der Beschränkung der Anzahl der Lizenzen vorliegen. Die **Schutzfunktion** des § 10 spricht allerdings dafür, dass die Regulierungsbehörde nicht befugt ist,

---

**9** AM die Regulierungspraxis: es entscheidet die Beschlusskammer (Präsidentenkammer), etwa RegTP, Vfg 51/1999, Beschl v 10.5.1999, ABl 1999, S 1519 zur UMTS; Beck'scher TKG-Kommentar/*Geppert*, § 10 Rn 15, hält dies für nicht zu beanstanden; wie hier: *Ehlers* K & R 2001, 1, 7.
**10** S o Rn 8 zur entgegenstehenden Praxis.
**11** Dazu Beck'scher TKG-Kommentar/*Geppert*, § 10 Rn 10 f.
**12** *Ehlers* K & R 2001, 1 ff; *Sachs* K & R 2001, 13 ff.
**13** Beck'scher TKG-Kommentar/*Geppert*, § 10 Rn 10.
**14** Beck'scher TKG-Kommentar/*Geppert*, § 10 Rn 10.
**15** So ausf *Ehlers* K & R 2001, 1, 8 ff.
**16** So im Ergebnis auch TKMMR/*Manssen*, C § 10 Rn 5.
**17** Ausf *Ehlers* K & R 2001, 1, 2 ff.
**18** So Beck'scher TKG-Kommentar/*Geppert*, § 10 Rn 12.

von der Beschränkung – mit der notwendigen Folge des Verfahrens nach § 11 TKG – abzusehen. Vielmehr **muss** die Regulierungsbehörde die Anzahl der Lizenzen beschränken, sobald sie davon ausgeht, dass konkurrierenden Lizenzanträgen nicht uneingeschränkt stattgegeben werden kann.[19] Nur die Entscheidung nach § 10 erlaubt es der Regulierungsbehörde, eine Auswahlentscheidung zwischen mehreren Bewerbungen zu treffen. Die Beschränkung der Anzahl der Lizenzen muss daher auch noch dann durchgeführt werden, wenn sich während des Verfahrens gem § 8 TKG herausstellt, dass eine Auswahlentscheidung erforderlich sein wird.

### d) Aufhebung der Beschränkung

**14** Im Zusammenhang mit der Frage nach der abschließend-regelnden Natur der Beschränkung der Lizenzanzahl steht, ob – und unter welchen Voraussetzungen – die Beschränkung der Lizenzanzahl wieder aufgehoben werden kann. Wer die Beschränkung als Verwaltungsakt ansieht[20], muss hier die §§ 48 ff VwVfG anwenden.[21] Hier stellt sich allerdings die Frage, wer während des Vergabeverfahrens (§ 11 TKG) zuständig ist. Es wäre zumindest bemerkenswert, wenn die allgemeine Verwaltungsabteilung der Regulierungsbehörde der Beschlusskammer deren Zuständigkeit während des anhängigen Verfahrens entziehen könnte. Nach Ablauf dieses Verfahrens dürfte die Beschränkung der Lizenzanzahl erledigt sein, so dass auch dann für eine Stabilisierungsfunktion der Beschränkungsentscheidung (s o Rn 11) kein rechtes Bedürfnis erkennbar ist.

### 4. Rechtsschutz

**15** Die Lizenzbeschränkung nach § 10 ist wohl kein Verwaltungsakt (s dazu o Rn 10); jedenfalls dürfte sie eine behördliche Verfahrenshandlung (§ 44a VwGO) sein. Nach dieser Vorschrift[22] scheidet selbständiger Rechtsschutz aus. Rechtsschutzlücken entstehen dadurch nicht: Antragsteller, die die Beschränkung für rechtswidrig halten, können ihren Lizenzanspruch aus § 8 TKG einklagen. Dieses Auslegungsergebnis ist für die Betroffenen interessengerechter, weil der fehlenden Anfechtungsmöglichkeit auch eine fehlende Anfechtungslast korrespondiert; die Gegenauffassung wird häufig dazu führen, dass die Beschränkung in Bestandskraft erwächst.

## § 11 Vergabeverfahren nach der Beschränkung der Anzahl der Lizenzen

(1) Ist die Anzahl der Lizenzen nach § 10 beschränkt, kann die Regulierungsbehörde nach Anhörung der betroffenen Kreise das Versteigerungsverfahren nach Absatz 4 oder das Ausschreibungsverfahren nach Absatz 6 durchführen. Die Entscheidung über die Wahl des Verfahrens sowie die Festlegungen und Regeln für die Durchführung der Verfahren nach Absatz 4 oder 6 sind im Amtsblatt der Regulierungsbehörde zu veröffentlichen.

(2) Die Vergabe der Lizenzen erfolgt nach § 8, nachdem das in Absatz 4 geregelte Verfahren durchgeführt worden ist, es sei denn, dieses Verfahren ist nicht geeignet, die Regulierungsziele nach § 2 Abs 2 sicherzustellen. Dies kann insbesondere der Fall sein, wenn auf dem sachlich und räumlich relevanten Markt der zu lizenzierenden Telekommunikationsdienstleistung für die Öffentlichkeit bereits eine Lizenz ohne Durchführung eines Versteigerungsverfahrens erteilt worden ist oder ein Antragsteller als Lizenznehmer oder ein Nutzer der zu lizenzierenden Dienstleistung für die im Rahmen der Lizenzvergabe zuzuteilenden Frequenzen eine gesetzlich begründete Präferenz geltend machen kann. Die

---

**19** Plastisch TKMMR/*Manssen*, C § 10 Rn 7: § 10 regelt ein Kompetenz-Kann, kein Ermessens-Kann.
**20** So Beck'scher TKG-Kommentar/*Geppert*, § 10 Rn 10 f.
**21** Beck'scher TKG-Kommentar/*Geppert*, § 10 Rn 12; dagegen TKMMR/*Manssen*, C § 10 Rn 5.
**22** Die trotz eines Redaktionsversehens des Gesetzgebers bei der Novellierung des VwVfG fortgilt, BVerwG v 10. 2. 1999, NJW 1999, 1729.

Vergabe von Frequenzen für die Funkanbindung von Teilnehmeranschlüssen erfolgt ausschließlich im Wege der Ausschreibung.

(3) Ist zu erwarten, dass durch ein erfolgreiches Gebot nach Absatz 4 oder durch eine erfolgreiche Bewerbung nach Absatz 6 ein chancengleicher Wettbewerb auf dem sachlich und räumlich relevanten Markt der lizenzpflichtigen Telekommunikationsdienstleistung gefährdet wird, können die jeweiligen Unternehmen von dem Vergabeverfahren ausgeschlossen werden. Die berechtigten Interessen der jeweiligen Unternehmen an der Anwendung neuer Technologien sind angemessen zu berücksichtigen.

(4) Mit dem Versteigerungsverfahren soll festgestellt werden, welcher oder welche der Bieter am besten geeignet sind, die ersteigerten Funkfrequenzen effizient für das Angebot der zu lizenzierenden Telekommunikationsdienstleistung für die Öffentlichkeit zu nutzen. Die Regulierungsbehörde bestimmt vor Durchführung des Versteigerungsverfahrens unter Beachtung von § 47 und der auf Grund dieser Vorschrift erlassenen Rechtsverordnung,
1. die von einem Bieter zu erfüllenden fachlichen und sachlichen Mindestvoraussetzungen für die Zulassung zum Versteigerungsverfahren,
2. den sachlich und räumlich relevanten Markt, für den die ersteigerten Funkfrequenzen unter Beachtung des Frequenznutzungsplans verwendet werden dürfen,
3. die Lizenzbestimmungen einschließlich des räumlichen Versorgungsgrades bei der Frequenznutzung und seiner zeitlichen Umsetzung sowie die zu beachtenden Frequenznutzungsbestimmungen der künftigen Lizenz,
4. die von einem Bieter für die Aufnahme der Telekommunikationsdienstleistungen zu ersteigernde Grundausstattung an Funkfrequenzen, sofern eine solche erforderlich ist.

Die Regulierungsbehörde legt ferner die Regeln für die Durchführung des Versteigerungsverfahrens im Einzelnen fest; diese müssen objektiv, nachvollziehbar und diskriminierungsfrei sein und die Belange kleiner und mittlerer Unternehmen berücksichtigen. Die Regulierungsbehörde kann ein Mindestgebot für die Teilnahme am Versteigerungsverfahren festsetzen.

(5) Ist das Versteigerungsverfahren nach Absatz 4 zur Lizenzvergabe nicht geeignet, erfolgt die Vergabe der Lizenzen nach dem Ausschreibungsverfahren nach Absatz 6.

(6) Mit dem Ausschreibungsverfahren soll festgestellt werden, welcher oder welche Bewerber ausweislich ihrer Fähigkeiten und Eigenschaften am besten geeignet sind, die Nachfrage der Nutzer nach der zu lizenzierenden Telekommunikationsdienstleistung für die Öffentlichkeit zu befriedigen. Die Regulierungsbehörde bestimmt vor Durchführung des Ausschreibungsverfahrens unter Beachtung von § 47 und der auf Grund dieser Vorschrift erlassenen Rechtsverordnung,
1. die von einem Bewerber zu erfüllenden sachlichen Mindestvoraussetzungen für die Zulassung zum Ausschreibungsverfahren,
2. den sachlich und räumlich relevanten Markt, für den Lizenzen vergeben werden sollen,
3. die Lizenzbestimmungen einschließlich des räumlichen Versorgungsgrades bei der Frequenznutzung und seiner zeitlichen Umsetzung sowie die zu beachtenden Frequenznutzungsbestimmungen der künftigen Lizenz,
4. die Kriterien, nach denen die Eignung der Bewerber bewertet wird.

Kriterien sind die Fachkunde und Leistungsfähigkeit der Bewerber, die Eignung von vorzulegenden Planungen für die Erbringung der ausgeschriebenen Telekommunikationsdienstleistungen und die Förderung eines funktionsfähigen Wettbewerbs auf dem relevanten Markt. Bei der Auswahl sind diejenigen Bewerber bevorzugt zu berücksichtigen, die einen höheren räumlichen Versorgungsgrad mit den entsprechenden lizenzpflichtigen Telekommunikationsdienstleistungen gewährleisten. Die Regulierungsbehörde legt ferner die Regeln für die Durchführung des Ausschreibungsverfahrens im Einzelnen fest; diese müssen objektiv, nachvollziehbar und diskriminierungsfrei sein. Erweist sich auf Grund

**Zweiter Teil** Regulierung von Telekommunikationsdienstleistungen
**Erster Abschnitt** Lizenzen

des Ausschreibungsverfahrens, dass mehrere Bewerber gleich geeignet sind, entscheidet das Los.

(7) Werden Frequenzen für die Funkanbindung von Teilnehmeranschlüssen nach Absatz 4 oder 6 vergeben, hat die Regulierungsbehörde Lizenzen mit der Auflage zu verbinden, in dem Lizenzgebiet nach § 8 Abs 1 Satz 2 einen Universaldienst, nämlich den Sprachtelefondienst mit ISDN-Leistungsmerkmalen sowie den Zugang zu Notrufmöglichkeiten, für einen bestimmten Anteil der Wohnbevölkerung innerhalb eines bestimmten Zeitraumes anzubieten.

**Schrifttum:** *Badura* Verteilungsordnung und Zuteilungsverfahren bei der Bewirtschaftung knapper Güter durch die öffentliche Verwaltung, Festschrift Friauf, S 529 ff; *Beese/Naumann* Versteigerungserlöse auf dem TK-Sektor und deren Verwendung, MMR 2000, 145; *Berg* Die Verwaltung des Mangels, Verfassungsrechtliche Determinaten für Zuteilungskriterien bei knappen Ressourcen, Der Staat 15 (1976), 1 ff; *Brohm* Die Konkurrentenklage, Festschrift C F Menger, S 235 ff; *Bullinger* Das Ermessen der öffentlichen Verwaltung, JZ 1984, 1001; *Degenhart* Versteigerung der UMTS-Lizenzen: Telekommunikationsrecht und Telekommunikationsverfassungsrecht, K & R 2001, 32; *Depenheuer* Zufall als Rechtsprinzip?, JZ 1993, 171 ff; *Ehlers* Bestandskraft von vor Vergabe der UMTS-Lizenzen erlassenen verfahrensleitenden Verfügungen der RegTP, K & R 2001, 1; *Frotscher/Becht* Verfassungsrecht und Handel mit Taxikonzessionen, NVwZ 1986, 81 ff; *Gramlich* Entwicklungen der staatlichen Wirtschaftsaufsicht – Das Telekommunikationsrecht als Modell? VerwArch 1997, S 598 ff; Gramlich, Versteigerung von Telekommunikations-Lizenzen und -Frequenzen aus verfassungs- und EG-rechtlicher Perspektive, CR 2000, 101; *Grzeszick* Versteigerung knapper Telekommunikationslizenzen, DVBl 1997, 878; *Huber* Peter-Michael, Konkurrenzschutz im Verwaltungsrecht, 1991; *Koenig* Die öffentlich-rechtliche Verteilungslenkung, 1997; *Koenig* Die Versteigerung der UMTS-Lizenzen auf dem Prüfstand des deutschen und europäischen Telekommunikationsrechts, K & R 2001, 41; *Koenig/Schaefer* Versteigerung von Telekommunikationslizenz und Europäisches Gemeinschaftsrecht, K & R 1998, 243 ff; *Ladeur* Die Gewährleistung von Programmvielfalt unter Knappheitsbedingungen im Kabelnetz, DÖV 1997, 983; *Laubinger* Die gewerberechtliche Unzuverlässigkeit und ihre Folgen, VerwArch 1998, S 145 ff; *Manssen* Das Telekommunikationsgesetz (TKG) als Herausforderung für die Verfassungs- und Verwaltungsdogmatik, ArchivPT 1998, 236; *Nolte* Lizenzierung von Telekommunikationsunternehmen, CR 1998, 459; *Oertel* Die Unabhängigkeit der Regulierungsbehörde, 2000; *Pünder* Die kommunale Beteiligung auf dem Telekommunikationssektor, DVBl 1997, S 1353 ff; *Rohmer* Die Verteilung bei knappen Kontingenten, NJW 1988, 225; *Ruhle/Geppert* Versteigerungsverfahren für Funkfrequenzen und Lizenzen – ERMES-Auktion: Vergleich zwischen Deutschland und USA, MMR 1998, 175; *Scherer* Das Telekommunikationsgesetz: Rahmenordnung für chancengleichen Wettbewerb? – Das deutsche Telekommunikationsgesetz und sein europarechtlicher Rahmen, Vortragsmanuskript zur Euroforum-Konferenz Telekommunikationsrecht am 3. 6. 1997; *Schmidt-Preuß* Kollidierende Privatinteressen im Verwaltungsrecht, 1992; *Schumacher*, Versteigerungserlös nach § 11 TKG als Verleihungsgebühr? NJW 2000, 3096; *Spoerr/Deutsch* Das Wirtschaftsverwaltungsrecht der Telekommunikation – Regulierung und Lizenzen als neue Schlüsselbegriffe des Verwaltungsrechts?, DVBl 1997, S 300 ff; *Starck* Rechtliche Grenzen einer Niederlassungsbeschränkung für Apotheker, VerwArch 71 (1989), 1 ff.

**Inhaltsübersicht**

|  |  | Rn |
|---|---|---|
| I. | Bedeutung der Regelung | 1–6 |
| II. | Gesetzesentwicklung | 7–13 |
| III. | Einzelkommentierung: Der Ablauf des Verfahrens nach § 11 – Behördliche Selbstprogrammierung durch Verwaltungsverfahren | 14 |
| | 1. Zuständigkeitsbegründende Entscheidung gem. § 10 TKG | 14 |
| | 2. Die Wahl zwischen den Verfahrensarten und die Festlegung der Zuteilungskriterien (Abs 2/5) | 15–25 |
| |    a) Wahl zwischen den Verfahrensarten | 15–24 |
| |    b) Form und Rechtsnatur der Wahlentscheidung | 25 |
| | 3. Verfassungsmäßigkeit des Versteigerungsverfahrens | 26–32 |
| | 4. Versteigerungsverfahren | 33–63 |
| |    a) Festlegung der Teilnahmevoraussetzungen, des Versteigerungsgegenstandes, des Verfahrens und gegebenenfalls eines Mindestgebotes | 33–34 |
| |    b) § 11 Abs 4 S 2 u § 11 Abs 4 S 3 | 35–38 |
| |    c) Die Vergabebedingungen gem § 11 Abs 4 S 2 Nr 1–4 | 39–52 |
| |    d) Mindestgebot, § 11 Abs 4 S 4 TKG | 53 |
| |    e) Auktionsregeln § 11 Abs 4 S 3 TKG | 54–55 |
| |    f) Entscheidungsmaßstäbe für die Verfahrenswahl und Versteigerungsbedingungen | 56 |

Wolfgang Spoerr

g) Veröffentlichung, Entscheidungsinhalt, Entscheidungsfunktionen . . . . . . . . . . . . . . 57
h) Versteigerungsverfahren und Zuschlagsentscheidung . . . . . . . . . . . . . . . . . . . . . . 58–62
i) Lizenzvergabe gem § 8 TKG . . . . . . . . . . . . . . . . . . . . . . . . . . . . . . . . . . . . . . . 63
5. Ausschreibungsverfahren . . . . . . . . . . . . . . . . . . . . . . . . . . . . . . . . . . . . . . . . . . . . 64–66
6. Losentscheidung . . . . . . . . . . . . . . . . . . . . . . . . . . . . . . . . . . . . . . . . . . . . . . . . . . . 67
7. Rechtsschutz . . . . . . . . . . . . . . . . . . . . . . . . . . . . . . . . . . . . . . . . . . . . . . . . . . . . . . 68–72
   a) Verfahrensintern vorgelagerte Entscheidungen mit Ausnahme der Ablehnung der
       Zulassung nach § 11 Abs 4 S 2 Nr 1 und Ausschluss nach § 11 Abs 3 . . . . . . . . . . . . . 69
   b) Ausschluss vom Vergabeverfahren nach § 11 Abs 3 . . . . . . . . . . . . . . . . . . . . . . . 70
   c) Vergabeentscheidung . . . . . . . . . . . . . . . . . . . . . . . . . . . . . . . . . . . . . . . . . . . . . 71–72
IV. Bewertung . . . . . . . . . . . . . . . . . . . . . . . . . . . . . . . . . . . . . . . . . . . . . . . . . . . . . . . . . . 73–75

## I. Bedeutung der Regelung

§ 11 ist eine Vorschrift von **zentraler Bedeutung** im Gesetz, und Entscheidungen nach § 11 sind typischerweise von höchster **telekommunikationspolitischer Bedeutung**. § 11 ist nur bei Lizenzen anwendbar, deren Ausübung Funkfrequenzen erfordert. Verwaltungsrechtlich bringt § 11 ein Modell **verfahrensrechtlich programmierter Normkonkretisierung**. **1**

Das Gesetzesprogramm des § 2 TKG ist nur vergleichsweise schwach ausgeprägt. Es lässt erhebliche Konkretisierungsspielräume, die die Regulierungsbehörde schließen muss. Sie betreffen die Fragen, die sich bei der Lizenzvergabe unter Knappheitsbedingungen stellen: Wer bekommt die Lizenz, wenn es mehrere Bewerber gibt? Zu welchem Preis und zu welchen Bedingungen? Für wie lange? Wie wird das Problem der Konkurrenz mit bestehenden Lizenzinhabern, die sich am gleichen Markt bestätigen, bewältigt? All dies sind Fragen, die vor dem Hintergrund der Marktverhältnisse, der technischen Gegebenheiten und der prognostizierten Entwicklung situationsbezogen beantwortet werden müssen. Das Gesetz gibt in § 2 TKG zu Recht nur allgemein gehaltene Regelungsziele vor; inhaltlich werden diese Zielvorgaben in § 11 nur wenig spezifiziert. **2**

§ 11 strukturiert die Zielkonkretisierung allerdings **intensiv verfahrensrechtlich**. Dieses Regelungskonzept ist in dieser Dichte ein Novum im deutschen Verwaltungsrecht. Das zwingt, überkommene Dogmen – etwa die Konzentration des Rechtsschutzes auf die abschließende Sachentscheidung, die fehlende Verbindlichkeit und fehlende Außenwirkungen vorbereitender Entscheidungen – auf den Prüfstand zu stellen. **3**

§ 11 beruht auf intensiven Vorgaben des Europarechts.[1] **4**

Zur Vergabe in Knappheitsfällen stehen der Regulierungsbehörde zwei Verfahren zur Wahl: das Ausschreibungsverfahren und das Versteigerungsverfahren. Beide Verfahren sollen die faire, sachgerechte Zuteilung knapper Ressourcen verwirklichen. Im Versteigerungsverfahren folgt die Zuteilung dem **Marktmechanismus**, im Ausschreibungsverfahren eher **staatlich-regulierenden Kriterien**. Das Gesetz weist der Regulierungsbehörde eine Wahlentscheidung zwischen den beiden Verfahrensarten zu; mit dieser Wahlentscheidung werden zugleich die Entscheidungskriterien für die Zuteilungsentscheidung bestimmt. Allerdings ist die Wahlentscheidung zwischen den Verfahrensarten und Entscheidungskriterien in § 11 Abs 2 u § 11 Abs 5 zum Teil vorgegeben. **5**

Auf der Grundlage von § 11 (zT iVm § 47 Abs 5 TKG) wurden bislang fünf bedeutende Versteigerungs- und ein Ausschreibungsverfahren durchgeführt: die ERMES-Versteigerung, die Versteigerung zusätzlicher Frequenzen aus dem Bereich GSM, die UMTS-Versteigerung,[2] die Ausschreibung der Funkanbindung von Teilnehmeranschlüssen (WLL)[3] sowie die Ausschreibung von Digitalen Rundfunkfrequenzen (DAB). **6**

---

**1** Ausführlich TKMMR/*Manssen* C § 11 Rn 2 ff; *Koenig/Schaefer* K & R 1998, 343 ff.
**2** Festlegungen und Regeln im Einzelnen für die Vergabe von Lizenzen, BK-1b-98/005–1: Vfg 13/2000, ABl RegTP 2000, 516; Entscheidung BK-1b-98/005–

2, Regeln für die Durchführung des Versteigerungsverfahrens im Einzelnen: Vfg 14/2000, ABl RegTP 2000, 564; dazu krit *Koenig* K & R 2001, 41; *Degenhart*, K & R 2001, 32.
**3** Ausschreibungsverfahren zur Vergabe von Fre-

**Zweiter Teil** Regulierung von Telekommunikationsdienstleistungen
**Erster Abschnitt** Lizenzen

## II. Gesetzesentwicklung

**7** Das FAG sah keine Kriterien für die Zuteilung von Verleihungen vor. Erst recht sah es kein Versteigerungsverfahren vor.

**8** Die Vorgaben des **EU-Rechts** sind auf objektive, faire transparente Kriterien gerichtet (Art 10 Abs 3 der Genehmigungsrichtlinie[4]). Genauer: Sie müssen „objektiv, nichtdiskriminierend, detailliert, transparent und verhältnismäßig" sein. **Objektiv** sind Kriterien, die nicht auf persönlichen und irrationalen Bewertungen beruhen. **Nichtdiskriminierend** sind solche Kriterien, die nur auf sachlich zu rechtfertigenden Überlegungen beruhen. **Detailliert** sind die Auswahlkriterien dann, wenn die für die Entscheidung wesentlichen Kriterien vorab ausreichend **genau bestimmt** sind. **Transparenz** liegt dann vor, wenn die Kriterien für die Adressaten und Dritte **nachvollziehbar** sind. Verhältnismäßig sind solche Auswahlkriterien, deren Wirkung und Ansatzpunkt in angemessenem Verhältnis zum Gewicht der Entscheidung steht. Art 10 Abs 3 S 3 (UnterAbs 2) der Genehmigungsrichtlinie[5] verlangt, dass die Kriterien vorab so veröffentlicht werden, dass eine Kenntnisnahme ohne Schwierigkeiten möglich ist. Dem entspricht § 11 Abs 1 S 2 TKG, wenn die Vorschrift erweiternd ausgelegt wird.[6]

**9** § 11 war schon zur Zeit des **Gesetzgebungsverfahrens** umstritten, soweit er die Option für das Versteigerungsverfahren eröffnete.[7] Allerdings griff der Bundesrat diese Bedenken nur insoweit auf, als es um die Vergabe von Frequenzen für die Funkanbindung von Teilnehmeranschlüssen geht.[8]

**10** Darauf beruht § 11 Abs 2 S 3. Im Übrigen schlug der Bundesrat ohne Erfolg vor, dass die Versteigerungserlöse nicht dem Bundeshaushalt, sondern einem Sonderfonds für die Verwaltungsträger der Länder zufließen.[9] Der Bundesrat schlug ferner vor, in § 6 eine Bestimmung einzufügen, wonach das Versteigerungsverfahren auf kleine und mittlere Unternehmen beschränkt werde oder das Gebot eines kleineren oder mittleren Unternehmens stärker gewichtet werden könne.[10] Die Bundesregierung ist dem insoweit gefolgt, als sie die Berücksichtigung der Belange kleiner und mittlerer Unternehmen bei der Festlegung der Regeln für die Durchführung des Versteigerungsverfahrens ausdrücklich vorsah (§ 11 Abs 4 S 3, letzter Halbsatz).[11] Der Bundesrat forderte des Weiteren, mit Lizenzen für die Funkanbindung von Teilnehmeranschlüssen die umfassende **Universaldienstleistungspflicht** zu verbinden.[12] Demgegenüber blieb es im weiteren Gesetzgebungsverfahren bei der Fassung des Gesetzesentwurfs der Bundesregierung, nach dem der Universaldienst für die Funkanbindung gegenständlich nur aus einem Teil des gesetzlichen Universaldienstleistungsangebotes besteht und in der Preisgestaltung § 17 TKG unanwendbar sein soll.[13]

**11** Nicht durchgesetzt hat sich auch eine **Sonderregelung** für **Frequenznutzungsansprüche** der öffentlich-rechtlichen oder privaten Rundfunkveranstalter.[14] Die Bundesregierung lehnte dies mit folgenden Erwägungen ab: „Eines gesonderten Vergabeverfahrens für den Rundfunk bedarf es nicht, da die Regelungen des § 11 eine Berücksichtigung der Belange des Rundfunks ermöglichen und so auf alle Anbieter für Telekommunikationsdienstleistungen, auch auf diejenigen, die Übertragungswege für Rundfunk betreiben, angewendet werden können. Daher bleiben die rundfunkrechtlichen Zuständigkeiten der Länder unangetastet. Hinsichtlich der besonderen Berücksichtigung der Rundfunkbelange im Rahmen der Frequenzordnung wird auf die 7. Teil des Gesetzes geregelten Beteiligung des Bundesrates verwiesen."[15]

**12** Die Gesetzesbegründung der Bundesregierung betont den Zweck des § 11, eine „größtmögliche

quenzen für die Funkanbindung von Teilnehmeranschlüssen mit Punkt-zu-Mehrpunkt-Richtfunk (WLL-PMP-Rifu): RegTP, Vfg 48/2000, BK-1b-00/001, ABl RegTP 2000, 1667.
4 97/13/EG.
5 97/13/EG.
6 S u § 11 Rn 57.
7 *Hille/Großmann* BB 1996, 169, 171 mwN (Fn 27).

8 BT-Drucks 13/4438, S 9.
9 BT-Drucks 13/4438, S 9.
10 BT-Drucks 13/4438, S 9.
11 BT-Drucks 13/4438, S 32.
12 BT-Drucks 13/4438, S 9.
13 BR-Drucks 80/96, S 40.
14 BT-Drucks 13/4438, S 9.
15 BT-Drucks 13/4438, S 32 f.

Wolfgang Spoerr

Beteiligung der Öffentlichkeit" sicherzustellen, um ein nichtdiskriminierendes Verfahren zu gewährleisten.[16] Die Versteigerung sei der „gesetzliche Regelfall".[17]

Die inhaltlichen Kriterien für die Vergabe über den Ausschluss einzelner Bewerber wurden so begründet: „Die Vorschrift steht in engem Zusammenhang mit dem Regulierungsziel des § 2 Abs 2 Nr 2. Mit ihr erhält die Regulierungsbehörde die Möglichkeit zu gewährleisten, dass die Betätigungsmöglichkeiten erfolgreicher Bieter oder Bewerber durch den Marktzutritt anderer, überlegener Wettbewerber nicht unverhältnismäßig eingeschränkt werden. Zur Sicherstellung eines chancengleichen Wettbewerbs kann die Regulierungsbehörde verhaltenskontrollierende Maßnahmen gegenüber den überlegenen Wettbewerbern festlegen oder diese erforderlichenfalls vom Vergabeverfahren ausschließen. Mit dieser aus wettbewerblichen Gründen eingefügten Vorschrift soll nicht bewirkt werden, dass Unternehmen mit marktbeherrschender Stellung von der Anwendung neuer Technologien ausgeschlossen werden."[18] Besonders ausführlich rechtfertigt die Begründung des Gesetzesentwurfes die Option für das Versteigerungsverfahren.[19] **13**

## III. Einzelkommentierung: Der Ablauf des Verfahrens nach § 11 – Behördliche Selbstprogrammierung durch Verwaltungsverfahren

### 1. Zuständigkeitsbegründende Entscheidung gem. § 10 TKG

Verfahrensrechtliche Voraussetzung des Verfahrens nach § 11 ist eine Beschränkung der Anzahl der Lizenzen gem § 10. Erst mit dieser Entscheidung ist die Beschlusskammer (§ 73 Abs 1) zuständig. Insoweit modifiziert § 10 die allgemeine Regel des § 74 Abs 1 TKG.[20] **14**

### 2. Die Wahl zwischen den Verfahrensarten und die Festlegung der Zuteilungskriterien (Abs 2/5)

#### a) Wahl zwischen den Verfahrensarten

Die Regulierungsbehörde muss zunächst entscheiden, ob sie im Ausschreibungs- oder im Versteigerungsverfahren vorgeht. Die Kriterien hierfür enthalten § 11 Abs 2, Abs 5 iVm Abs 4 u Abs 6. Lizenzen für die Funkanbindung von Teilnehmeranschlüssen werden ausschließlich durch Ausschreibung zugeteilt (§ 11 Abs 2 S 3). Bei Lizenzen für die Funkanbindung von Teilnehmeranschlüssen darf die Regulierungsbehörde also ausschließlich nach § 11 Abs 6 verfahren.[21] **15**

In allen anderen Fällen ergibt sich aus § 11 Abs 2 iVm Abs 5 ein **relativer Vorrang** für das Versteigerungsverfahren. Die Regulierungsbehörde muss dieses Verfahren wählen, es sei denn, es ist nicht geeignet, die Regulierungsziele nach § 2 Abs 2 TKG sicherzustellen. Bei der Beurteilung, ob die Regulierungsziele durch Versteigerung sichergestellt sind, hat die Regulierungsbehörde einen gerichtlich nur eingeschränkt überprüfbaren **Gestaltungsspielraum**.[22] Kommt die Beschlusskammer bei pflichtgemäßer Ausübung ihres Beurteilungsermessens zum Ergebnis, das Versteigerungsverfahren sei zur Sicherstellung der Regulierungsziele ungeeignet, so muss sie das reguläre Ausschreibungsverfahren nach Abs 6 wählen. Abstrakte Einwände nach Art nicht näher empirisch belegter und nicht einzelfallbezogen plausibilisierter Folgen-Mutmaßungen zwingen die Regulierungsbehörde nicht, vom Versteigerungsverfahren abzusehen; einen generellen Widerspruch zwischen Versteigerungsverfahren und Regulierungszielen[23] aus § 2 Abs 1 TKG sieht der Gesetzgeber nicht. **16**

---

16 BR-Drucks 80/96, S 39.
17 BR-Drucks 80/96, S 39.
18 BR-Drucks 80/96, S 39.
19 BR-Drucks 80/96, S 39; dazu ausführlich u Rn 26 ff.
20 Zu den inhaltlichen Bindungen und zur Entscheidungspflicht nach § 10 TKG s § 10 Rn 13, zur abw Praxis der RegTP im Hinblick auf die Zuständigkeit § 10 Rn 8.

21 Es war ein Redaktionsversehen des Vermittlungsausschusses, in Abs 7 das Versteigerungsverfahren nicht zu streichen, so auch *Beese/Naumann* MMR 2000, 145; *Windthorst* Universaldienst, S 427.
22 So auch TKMMR/*Manssen* C § 11 Rn 9.
23 Wie ihn etwa *Beese/Naumann* MMR 2000, 145, 147 konstatierten.

Wolfgang Spoerr

**17** Im Rahmen der Beurteilung der allgemeinen Zieleignung nach § 11 Abs 2 iVm § 2 TKG muss die Behörde auch prüfen, ob das jeweilige Verfahren **geeignet** ist, das eigentliche Verfahrensziel zu erreichen. Dieses ist in § 11 Abs 4 S 1 für das Versteigerungsverfahren, für das Ausschreibungsverfahren in Abs 6 geregelt. Das Versteigerungsverfahren ist primär auf die **Effizienz der Zuteilungsentscheidung** und der **Frequenznutzung** gerichtet, das Ausschreibungsverfahren stärker auf **optimale Befriedigung** der Nachfrage. Die Erfüllung dieser speziellen Verfahrensziele kann nicht isoliert von der Einhaltung der Regulierungsziele geprüft werden. Auch wenn das Versteigerungsverfahren seinen Zweck erfüllt, kann es sein, dass es aus **übergeordneten Regulierungszielen** ungeeignet ist. Das gewählte Verfahren muss also nicht nur jeweils seinen spezifischen Zweck erfüllen; die Wahl des Verfahrens darf darüber hinaus auch andere Zwecke nicht gefährden. Beispielsweise wäre es unzulässig, die Versteigerung zu wählen, wenn dadurch die Nachfrage der Nutzer der Telekommunikationsleistung unzureichend befriedigt würde. Mit anderen Worten: Die speziellen, in Abs 4 S 1 u Abs 6 S 1 genannten spezifischen Verfahrensziele müssen jeweils erfüllt werden. Ihre Zielerreichung ist eine notwendige, aber noch keine hinreichende Bedingung für die Wahl des jeweiligen Verfahrens.

**18** Die dabei anzustellenden Überlegungen sind komplex. Auszugehen ist jeweils von den allgemeinen gesetzlichen Regulierungszielen. Die Beschlusskammer muss sodann eine sorgfältige Marktanalyse vornehmen, um die allgemeinen Regulierungsziele **situationsbezogen zu konkretisieren**. Auf der Grundlage dieser situationsbezogenen Konkretisierung der Regulierungsziele muss sie die Zielkonformität der Verfahrensarten prüfen und das Verfahren wählen:

**19** aa) Ermittlung und Konkretisierung der Regulierungsziele: Die gesetzlichen Regulierungsziele umschreibt § 2 Abs 2 TKG. Im Vordergrund stehen – dem Gewährleistungsauftrag des Art 87 f GG entsprechend – die Sicherstellung einer flächendeckenden Grundversorgung mit Telekommunikationsdienstleistungen zu erschwinglichen Preisen (§ 2 Abs 2 Nr 3 TKG), die Wahrung der Nutzerinteressen (§ 2 Abs 2 Nr 1 TKG) sowie die Sicherstellung der effizienten und störungsfreien Nutzung von Frequenzen (§ 2 Abs 2 Nr 5 TKG). Dem dient – gewissermaßen instrumentell, gleichwohl gesetzlich in den Rang eines Primärzieles erhoben – der chancengleiche und funktionsfähige Wettbewerb auf den Märkten der Telekommunikation (§ 2 Abs 2 Nr 2 TKG). Hier kommt es nicht mehr auf formale, sondern auch auf materielle Gleichbehandlung an, womit die Bezüge zur Marktanalyse sichtbar werden.[24] Flächendeckende Infrastruktur zu effizienter Nutzung und Versorgung einerseits, wettbewerbliche Strukturen und Gleichbehandlung der Wettbewerbsteilnehmer andererseits markieren die Pole der abstrakten Regulierungsziele.

**20** bb) Marktanalyse: Zur Konkretisierung dieser Regulierungsziele im Kontext des einzelnen Vergabeverfahrens bedarf es einer sorgfältigen **Marktanalyse**. Zunächst ist der relevante Markt oder Teilmarkt abzugrenzen; diese Stufe ist häufig die schwierigste.[25] Das ist insbesondere wichtig für die Beurteilung, ob die Versteigerung zu ungleichen Startbedingungen von Unternehmen führt, weil es schon (ohne Versteigerung) lizenzierte Incumbents gibt. Sodann ist im relevanten Markt oder Teilmarkt (oder den entsprechenden Märkten) die Marktstruktur zu analysieren.[26] Auch Wettbewerbsverzerrungen auf benachbarten Märkten gehören zum Prüfungsprogramm.[27] Darauf aufbauend bedarf es einer **prognostischen Beurteilung** des Nutzungs- und damit Nachfragepotentials und der künftigen Angebotsstrukturen.

**21** cc) Konkretisierung der allgemeinen Regulierungsziele für die Verfahrenswahl: In der nächsten Stufe muss die Beschlusskammer die allgemeinen Regulierungsziele in Ansehung der konkreten Marktstruktur und der prognostizierten Entwicklung **konkretisieren**. Daran an schließt sich die Prüfung, inwieweit die beiden Verfahrensarten – gegebenenfalls in unterschiedlichen Varianten, die durch die „Regeln für die Durchführung des Versteigerungsverfahrens" (§ 11 Abs 4 S 3) und des Ausschreibungsverfahrens (§ 11 Abs 6 S 4) und die Vergabevoraussetzungen (§ 11 Abs 4 S 2/Abs 6 S 2, 3) bestimmt sind, diese Ziele zu erfüllen. Die Leistungsfähigkeit der Verfahrensarten Versteigerung und Ausschreibung lässt sich nicht abstrakt bestimmen, sondern nur konkret, d. h. unter Berücksichtigung der Verfahrensregeln (besonders beim Ver-

---

[24] Zutr *Koenig* K & R 2001, 41, 50.
[25] S etwa *Ruhle/Geppert* MMR 1998, 175, 176.
[26] S etwa *Koenig* K & R 2001, 41, 47 f.
[27] *Koenig* K & R 2001, 41, 48 f.

steigerungsverfahren) und Teilnahmevoraussetzungen (dazu u Rn 39 ff) (beim Versteigerungsverfahren) bzw. Zuteilungsvoraussetzungen (dazu u Rn 64) (beim Ausschreibungsverfahren).

dd) Wesentliches Kriterium ist dabei die **Markt- und Wettbewerbsadäquanz** der Versteigerung. Im Regelfall führt die Versteigerung zu höheren Marktzutrittskosten, weil – über die Anrechnung der Gebühren (§§ 16 Abs 2, 48 Abs 1 S 3 TKG) hinaus – Knappheitspreise gebildet werden.[28] Daraus kann sich eine **Marktasymmetrie** ergeben, wenn auf dem sachlich und räumlich relevanten Markt schon eine Lizenz ohne Versteigerung erteilt worden ist. Dieser Fall ist deswegen in § 11 Abs 2 S 2, 1. Alt, als Regelbeispiel hervorgehoben. Wie sich aus der Formulierung von § 11 Abs 2 S 2 ergibt, ist allerdings auch in diesen Fällen nicht zwangsläufig das Versteigerungsverfahren ausgeschlossen.[29] Allein die Beteiligungsmöglichkeit des schon lizenzierten Unternehmens beseitigt die Asymetrie – selbstverständlich – nicht.[30] Eine sorgfältige Prüfung durch die Regulierungsbehörde ist in solchen Fällen unabdingbar; das Versteigerungsverfahren ist in dieser Konstellation noch weniger als sonst der „unbedingte Regelfall".[31] Nach § 11 Abs 2 S 2 TKG für das Ausschreibungsverfahren optiert hat die Regulierungsbehörde bei der Lizenzvergabe der Lizenz für Übertragungswege für Funkrufdienstleistungen. Von zwei bestehenden, ursprünglich ohne Versteigerung vergebenen Lizenzen war eine neu auszuschreiben.[32] 22

Ein weiteres Kriterium, in dem das Versteigerungsverfahren ungeeignet sein soll, sind **gesetzlich begründete Präferenzen** für die zuzuteilenden Frequenzen (§ 11 Abs 2 S 2, 2. Alt). Zweifelhaft ist, ob auch aus dem Frequenzbereichszuweisungsplan und aus den Frequenznutzungsplänen (§ 46) gesetzlich begründete Präferenzen abgeleitet werden können.[33] 23

ee) Insbesondere: Funkanbindung von Teilnehmeranschlüssen. Der Begriff von Teilnehmeranschlüssen iSd § 11 Abs 7 ist restriktiv zu interpretieren. Ausgenommen sind Mobilfunknetze, obwohl auch hier die Teilnehmer über Funk angebunden werden.[34] Die Norm zielt auf den **Wireless Local Loop** ab, die drahtlose Teilnehmeranschlussleitung im Festnetz. Zutreffend geht die Regulierungspraxis daher davon aus, dass ausschließlich die „funkgestützte Alternative zum drahtgebundenen Teilnehmeranschluss an öffentliche Telekommunikationsnetze im Rahmen der Lizenzklasse 3 des TKG" erfasst ist.[35] Die Beschränkung aus § 11 Abs 2 S 3 TKG gilt auch, wenn entsprechende **Frequenzen** vergeben werden. 24

b) Form und Rechtsnatur der Wahlentscheidung

Die Entscheidung über die Wahl des Verfahrens sowie die Festlegungen und Regeln für das Verfahren sind im Amtsblatt der Regulierungsbehörde zu veröffentlichen. Erst mit dieser Mitteilung beginnt das eigentliche Zuteilungsverfahren. Die Entscheidung über die Verfahrenswahl ist **nicht selbständig anfechtbar**; ihr fehlt die unmittelbare Rechtswirkung nach außen.[36] Der unterlegene (und im Fall des Versteigerungsverfahrens auch der zum Zuge gekommene) Bewerber muss die Zuschlagsentscheidung anfechten. Hier wie sonst kann die **Konzentration des Rechtsschutzes** auf die abschließende Verwaltungsentscheidung unter Verwaltungs- und Rechtsschutzeffizienz-Gesichtspunkten fragwürdig sein.[37] Wenn das Verfahren straff und zügig 25

---

28 Beck'scher TKG-Kommentar/*Geppert* § 11 Rn 8.
29 RegTP, Beschl v 14. 4. 1999, BK 1b-98/006.
30 Beck'scher TKG-Kommentar/*Geppert* § 11 Rn 7.
31 *Beese/Naumann* MMR 2000, 145, 149.
32 RegTP, Vfg 15/2000, Anhörung nach § 11 Abs 1 Telekommunikationsgesetz (TKG) für eine Lizenz zum Betreiben von Übertragungswegen für das Angebot von Funkrufdienstleistungen für die Öffentlichkeit im Gebiet der Bundesrepublik Deutschland im Frequenzbereich 460 mHz (Eckpunkte zur Kommentierung), ABl RegTP 2000, 578.
33 So Beck'scher TKG-Kommentar/*Geppert* § 11 Rn 9.
34 So auch Beck'scher TKG-Kommentar/*Geppert*

§ 10 Rn 32; *Koenig* K & R 2001, 41, 42, der allerdings Zweifel an der Vereinbarkeit mit Art 3 Abs 1 äußert.
35 BMPT, Vfg 51/1997, ABl BMPT 1997, S 338; zum weiteren Verfahren: Beck'scher TKG-Kommentar/*Geppert* § 10 Rn 33; RegTP, Vfg 33/1999, ABl RegTP 1999, S 1079.
36 So auch Beck'scher TKG-Kommentar/*Geppert* § 11 Rn 11; TKMMR/*Manssen* C § 11 Rn 12; anders die Regulierungspraxis: etwa RegTP, Vfg 55/1998, ABl RegTP 1998, S 1519.
37 So zu Recht Beck'scher TKG-Kommentar/*Geppert* § 11 Rn 12, der aber nunmehr von einem Wahlrecht der Behörde ausgeht, dazu u Rn 69.

Wolfgang Spoerr

(vgl § 71b VwVfG) durchgeführt wird, fällt dies nicht allzusehr ins Gewicht. Eine Aufsplitterung des Rechtsschutzes wäre wohl noch problematischer.

### 3. Verfassungsmäßigkeit des Versteigerungsverfahrens

**26** Gegen die Option für das Versteigerungsverfahren sind verfassungsrechtliche Einwände erhoben worden.[38] Im verfassungsrechtlichen Ausgangspunkt zutreffend, stützen sie sich darauf, dass an die Lizenzvergabe die allgemeinen verfassungsrechtlichen Anforderungen an die Beschränkung beruflicher Tätigkeiten zu stellen sind.[39] Das Versteigerungsverfahren als Vergabeverfahren knapper Lizenzen muss sich an Art 12 u Art 3 Abs 1 GG messen lassen. Erforderlich ist demnach ein Verfahren, das eine **sachgerechte staatliche Verteilung** ermöglicht.[40] Gewiss rechtfertigt die Überlegung, die Vergabe im Wege der Versteigerung sei nötig, um private Unternehmer überhaupt für die Übernahme bestimmter, vom Staat abzugebender Tätigkeiten zu interessieren, das Versteigerungsverfahren nicht.[41] Auch fiskalische Überlegungen sind nicht ausreichend.[42]

**27** Zutreffend ist weiterhin davon auszugehen, dass die sachgerechten Lizenzkriterien jene sind, die sich aus Art 87 f (aber auch Art 3 Abs 1) GG ergeben und die in den §§ 2 Abs 2, 11 TKG konkretisiert sind: der Versorgungsgrad, die Effizienz und der funktionsfähige Wettbewerb.[43] Und das volkswirtschaftliche Effizienzkriterium vermag das Versteigerungsverfahren allein nicht zu rechtfertigen.[44]

**28** Die Begründung des Gesetzesentwurfes[45] geht auf die Eignung des Versteigerungsverfahrens ein. Sie bejaht diese Frage.[46] Das Auswahlverfahren sei ein wesentliches Regulierungsziel, die Effizienz der Frequenznutzung zu realisieren. Dieses Auswahlkriterium der Effizienz sei sachgerecht, weil es der in bestimmten Frequenzbereichen bestehenden Knappheit von Übertragungskapazität Rechnung trage. Zugleich belege das Obsiegen in der Versteigerung „typischerweise die Bereitschaft und die Fähigkeit, die zuzuteilende Frequenz im marktwirtschaftlichen Wettbewerb der Dienstleistungsangebote möglichst optimal einzusetzen und sich um eine wirtschaftliche und sparsame Verwendung der Frequenz zu bemühen".[47] Damit diene das frequenzökonomische Auswahlkriterium zugleich dem regulierungspolitischen Ziel, den Wettbewerb zu fördern.[48]

**29** Bei der verfassungsrechtlichen Beurteilung unter dem Gesichtspunkt des Art 12 Abs 1 GG müssen zwei Aspekte unterschieden werden: zum einen die **strukturelle Adäquanz** des Vergabekriteriums im Hinblick auf die Interessen der grundrechtsgeschützten Erwerbers; zum anderen die **Sachgerechtigkeit** des Verteilungskriteriums, gemessen an den öffentlichen Interessen, denen das Vergabeverfahren dient. Der zweite Gesichtspunkt ist grundrechtlich unter dem Rubrum des Verhältnismäßigkeitsprinzips zu prüfen.

**30** Aus Sicht der grundrechtlich geschützten Bewerberinteressen ist das Versteigerungsverfahren nicht von vornherein ungeeignet. Das ergibt sich aus drei Besonderheiten: zum einen dient die Lizenzerteilung von vornherein unmittelbar einer gewerblich-kommerziellen Tätigkeit, der Gewinnerzielung. Von daher ist es auch nicht von vornherein ungeeignet, wenn die Sachgesetzlichkeiten dieser Tätigkeit, die Preisbildung durch Angebot und Nachfrage, der Lizenzverteilung zugrunde gelegt werden. Das unterscheidet die telekommunikationsrechtliche Frequenzverteilung von der Zuteilung von Studienplätzen.[49] Zum Zweiten beruht die Knappheitssituation nicht auf staatlicher Entscheidung, sondern auf **vorgegebenen Sachgesetzlichkeiten**. Es handelt sich also nicht – wie etwa bei der personenbeförderungsrechtlichen Genehmigung – um eine

---

[38] Vor allem von *Grzeszick* DVBl 1997, 878; *Beese/Naumann* MMR 2000, 145, 146; dagegen *Gramlich* CR 2000, 101; *Degenhart* K & R 2001, 32, 33 ff; *Arndt* K & R 2001, 23.
[39] *Grzeszick* DVBl 1997, 881.
[40] *Starck* in: von Mangoldt/Klein/Starck, GG I, § 3 Rn 73; *Grzeszick* DVBl 1997, 878, 883; BVerwGE 23, 314, 318 f; BVerwGE 64, 238, 245; BVerwGE 97, 208, 215 ff.
[41] So zu Recht *Grzeszick* DVBl 1997, 878, 883.
[42] *Grzeszick* DVBl 1997, 878, 883.
[43] *Grzeszick* DVBl 1997, 878, 883.
[44] So zutreffend *Grzeszick* DVBl 1997, 878, 884.
[45] BR-Drucks 80/96, S 39.
[46] So auch TKMMR/*Manssen* C § 11 Rn 6.
[47] BR-Drucks 80/96, S 39.
[48] BR-Drucks 80/96, S 39.
[49] Dazu BVerfGE 33, 303, 332/345; BVerfG, DVBl 1992, 145; BVerwG, DVBl 1990, 526, 528.

staatlich vorgegebene Kontingentierung, sondern um die staatliche Erteilung von vornherein beschränkter Ressourcen. Aus Sicht der individuellen, grundrechtlich geschützten Interessen ist das Versteigerungsverfahren also kein von vornherein prinzipiell ungeeignetes Verfahren. Drittens sieht das Gesetz die Versteigerung nur im Falle vorgegebener Ressourcenknappheit vor. Insoweit handelt es sich bei dem Versteigerungserlös um eine Vorzugslast, die den Vermögensvorteil einer staatlichen Leistungszuwendung kompensiert, und zwar bemessen durch die Gesetze des Marktes.[50] Der Gleichheitssatz (Art 3 Abs 1 GG) streitet für die Kompensation des Sondervorteils ‚knappe Lizenz' durch die Vorzugslast ‚Versteigerungserlös'. Gegenüber den Alternativen beliebig wirkender Auswahlkriterien oder gar erzwungener Zusammenschlüsse zur Vermeidung von Auswahlentscheidungen und Verlosungen ist das Versteigerungsverfahren allemal sachgerechter.

Maßgebliche Frage ist somit die, ob die **öffentlichen Interessen,** denen das Versteigerungsverfahren dient, sachgerecht sind. Aus Sicht der Grundrechtsinhaber ist das eine Frage der Verhältnismäßigkeit des Eingriffs. Aus den schon angedeuteten Gründen ist Bezugspunkt der Verhältnismäßigkeitsprüfung dabei nicht das Thema, dass überhaupt eine staatliche Zuteilung stattfindet. Das beruht auf vorgefundenen Sachgesetzlichkeiten, eben beschränkten Ressourcen und ist von daher nicht Gegenstand eines Eingriffs. Die am Verhältnismäßigkeitsprinzip zu prüfende Eingriffsqualität der Regelung beruht einzig darauf, dass statt eines anderen Zuteilungsverfahrens gerade das höchste Gebot als Zuteilungskriterium gewählt wird. Anders und durchaus kritischer zu beurteilen ist aber, wenn die Versteigerungsbedingungen den Auskauf von Wettbewerb erlauben, indem höhere Gebote eingesetzt weden dürfen, um die Zahl der Machtteilnehmer zu verringern. Diese Problematik ergab sich bei der UMTS-Versteigerung. Nach allgemeinen Maßstäben kommt es jedenfalls nicht darauf an, ob es geeignetere Kriterien gibt, um eine sachgerechte – bzw. sachgerechtere – Auswahlentscheidung zu treffen.[51] Auch reicht es aus, dass die Effizienz der Aufgabenerfüllung beim höchsten Gebot mittelbar wiedergegeben wird.[52] Schon gar nicht gebietet es Art 12 Abs 1 GG, dass die Verteilungsentscheidung einzelfallbezogen telekommunikationspolitisch „optimiert" ist.[53]

Was telekommunikationspolitisch optimal ist, muss zuallererst der Gesetzgeber entscheiden. Zwar wäre es nicht sachgerecht, wenn neben dem Kriterium der Ressourceneffizienz sämtliche weiteren für eine sachgerechte Entscheidung zweckmäßigen Kriterien vollständig vernachlässigt würden.[54] Aber eine solche Verkürzung liegt der gesetzlichen Regelung des § 11 TKG auch nicht zugrunde.[55] Die für eine sachgerechte Entscheidung erforderlichen weiteren Kriterien werden nur abgeschichtet geprüft, und zwar bei der Entscheidung über die Verfahrenswahl und bei der Festlegung der Mindestvoraussetzungen sowie der Versteigerungskriterien. Dabei handelt es sich nicht nur um die Wahrung der „Mindestvoraussetzungen".[56] Den Begriff Mindestvoraussetzungen und ein entsprechend reduziertes (dazu Rn 39) Prüfungsprogramm sieht das Gesetz nur für die persönlichen Zulassungsvoraussetzungen vor (§ 11 Abs 4 S 2 Nr 1), nicht auch für die telekommunikationspolitisch-marktregulierenden Tatbestandselemente des § 11 Abs 4 S 2 Nr 2–4. Diese ermöglichen eine umfassend-abwägende Optimierung. Im Ergebnis greifen die generellen verfassungsrechtlichen Bedenken also nicht.[57]

### 4. Versteigerungsverfahren

#### a) Festlegung der Teilnahmevoraussetzungen, des Versteigerungsgegenstandes, des Verfahrens und gegebenenfalls eines Mindestgebotes

In den Regelungen für die Durchführung des Versteigerungsverfahrens sollte zugleich festgelegt werden, ob es zulässig ist, die Angaben zur Erfüllung der Mindestkriterien nach Ablauf der

---

[50] Dazu allgem *Kirchhof* in: Handbuch des Staatsrechts, § 59 Rn 76.
[51] So aber *Grzeszick* DVBl 1997, 878, 884.
[52] Anders *Grzeszick* DVBl 1997, 878, 884.
[53] So aber die Fragestellung bei *Grzeszick* DVBl 1997, 878, 884.
[54] So zu Recht *Grzeszick* DVBl 1997, 878, 884; *Koenig* Die öffentlich-rechtliche Verteilungslenkung, S 199 ff, 213 ff.
[55] So auch *Beck'scher TKG-Kommentar/Geppert* § 11 Rn 20 ff.
[56] So auch *Grzeszick* DVBl 1997, 878, 884.
[57] So auch *Ruffert* AöR 124 (1999), 237, 259 ff.

Wolfgang Spoerr

Antragsfrist nachzubessern. Zweckmäßig – aber nicht zwingend – ist ein Verfahren, das es vor Abschluss der Versteigerung ermöglicht, Zweifel der Regulierungsbehörde im Hinblick auf die Mindestanforderungen auszuräumen. Nach Einleitung des Versteigerungsverfahrens, aber vor Durchführung der eigentlichen Versteigerung, muss die Beschlusskammer zahlreiche Festlegungen treffen: zum einen muss sie die **Regeln für die Durchführung** des **Versteigerungsverfahrens** im Einzelnen festlegen (§ 11 Abs 4 S 2). Ganz wesentlich sind zum anderen die Entscheidungen nach § 11 Abs 4 S 2; die **Bestimmung** der **Mindestvoraussetzungen** für die **Zulassung der Bieter zum Versteigerungsverfahren** (§ 11 Abs 4 S 2 Nr 1), des **sachlich und räumlich relevanten Marktes,** für den die ersteigerten Funkfrequenzen unter Beachtung des Frequenznutzungsplanes verwendet werden dürfen (§ 11 Abs 4 Nr 2 TKG), der **Lizenzbestimmungen** (§ 11 Abs 4 S 2 Nr 3) sowie gegebenenfalls der von einem Bieter zu ersteigernden **Grundausstattung** an Funkfrequenzen (§ 11 Abs 4 S 2 Nr 4 TKG).

34 Das TKG spezifiziert nicht näher, welche grundsätzlichen Verfahrensregeln im Versteigerungsverfahren anzuwenden sind. Diese Entscheidung ist fast vollständig der Regulierungsbehörde überlassen.[58] Die Erfahrungen mit Versteigerungen von Telekommunikationslizenzen zeigen, dass die Auktionsregeln sehr sorgfältig ausgearbeitet werden müssen, um die Versteigerungssituation einschließlich der eventuell verfolgten Bietstrategien der Parteien zu berücksichtigen.[59] Das erste Verfahren in Deutschland war ein Simultanverfahren mit relativ komplexen Regeln.[60]

b) § 11 Abs 4 S 2 u § 11 Abs 4 S 3

35 In den Regelungen für die Durchführung des Versteigerungsverfahrens sollte zugleich festgelegt werden, ob es zulässig ist, die Angaben zur Erfüllung der Mindestkriterien nach Ablauf der Antragsfrist nachzubessern (dazu u Rn 60).

36 Die Entscheidungen nach § 11 Abs 4 S 2 betreffen materielle Kriterien, die den Kreis der Bieter und den Gegenstand der Lizenz bestimmen. Demgegenüber betreffen die Regeln für die Durchführung des Versteigerungsverfahrens im Einzelnen gem § 11 Abs 4 S 3 eher die **konkrete Variante** des Versteigerungsverfahrens und weitere Verfahrensregelungen.

37 Beide Entscheidungen können **bis zur Erteilung** des Zuschlages **jederzeit ergänzt werden.**

38 Die hohe Bedeutung der vorgelagerten Entscheidungen für die Lizenzvergabe gebietet eine sorgfältige Vorbereitung der Entscheidung. Zu Recht legt die Regulierungspraxis daher ein gestuftes Verfahren zugrunde, das eine **Anhörung** einschließt. Weil der Kreis der Adressaten zu diesem Zeitpunkt noch nicht bestimmt ist, müssen die betroffenen Kreise im Wege eines **öffentlichen Anhörungsverfahrens** beteiligt werden.[61] Zweckmäßigerweise wird die Anhörung bei komplexeren Fällen strukturiert, beispielsweise in dem Eckpunkte vorab veröffentlicht werden. Auch eine **sukzessive Konkretisierung und Verdichtung** der Entscheidung gem § 11 Abs 3 ist zulässig; in der Regulierungspraxis werden bei besonders komplexen Verfahren **vorab Rahmenregelungen** getroffen.[62]

c) Die Vergabebedingungen gem § 11 Abs 4 S 2 Nr 1–4

39 aa) **Mindestvoraussetzungen,** § 11 Abs 4 S 2 Nr 1 TKG: Die Regulierungsbehörde hat vor Durchführung des Versteigerungsverfahrens „die von einem Bieter zu erfüllenden fachlichen und sachlichen Mindestvoraussetzungen für die Zulassung zum Versteigerungsverfahren" festzulegen. Das ist nicht unproblematisch, weil sich die erforderlichen fachlichen und sachlichen Voraussetzungen abschließend aus § 8 Abs 3 S 1 Nr 2a TKG ergeben. Für Abweichungen lässt

---

58 Krit *Ruhle/Geppert* MMR 1998, 175, 176.
59 *Ruhle/Geppert* MMR 1998, 175, 178; *Keuter/Nett/Stumpf* Regeln für das Verfahren zur Versteigerung von ERMES-Lizenzen/Frequenzen sowie regionaler ERMES-Frequenzen, WIK-Diskussionsbeitrag Nr 165, 1996, S 72 ff.
60 S BMPT, Regeln für ein Auktionsverfahren zur Versteigerung von ERMES-Lizenzen/Frequenzen sowie regionaler Ermes-Frequenzen, Vfg 115/1996, ABl BMPT 1996, 948 ff; zusammenfassend *Ruhle/Geppert* MMR 1998, 175, 178.
61 So die Regulierungspraxis, etwa RegTP, Vfg 130/1999, ABl RegTP 1999 S 3043 zur UMTS-Versteigerung.
62 Zu UMTS RegTP, Vfg 51/1999, ABl RegTP 1999, S 1519 ff.

diese Vorschrift – sie ist als zwingender Versagungsgrund strukturiert (s § 8 Rn 28 ff) – keinen Raum. Die Bedeutung des § 11 Abs 4 Nr 1 kann deshalb nur darin liegen, die **Sachverhaltsermittlung** zu strukturieren, also die erforderlichen Nachweise vorzugeben, und die Prüfung im Interesse eines effizienten Verfahrens vorzuverlagern. Die Angaben zur Leistungsfähigkeit orientieren sich in der Regulierungspraxis an den Finanzmitteln, die für den **Netzaufbau** unter Zugrundelegung einer Mindestversorgung einschließlich deren Zeitrahmen zu erwarten sind.[63] In jedem Fall reichen sachgerechte Prognosen; die Finanzmittel für den Netzaufbau müssen noch nicht vorhanden sein. Auch verbindliche Finanzierungszusagen können plausiblerweise allenfalls in eingeschränktem Umfang verlangt werden.

Nicht um die Leistungsfähigkeit, sondern um den Schutz des Verfahrens geht es bei **Bankbürgschaften** für den wirtschaftlichen Wert der Lizenz. Rechtsgrundlage solcher Festlegungen ist daher eher § 11 Abs 4 S 3, es geht eher um Auktionsregeln als um Mindestvoraussetzungen für die Zulassung zum Versteigerungsverfahren. **40**

Keinesfalls darf § 11 Abs 4 S 2 Nr 1 als Einfallstor dafür genutzt werden, jene komplexen Überlegungen, die im Ausschreibungsverfahren für die Vergabeentscheidung maßgeblich sein können, in das Versteigerungsverfahren zu inkorporieren. Dem steht schon der Gesetzeswortlaut entgegen; es geht um *Mindest*voraussetzungen. Das widerspräche auch dem Zweck des Versteigerungsverfahrens, das Gebot zum maßgebenden Kriterium zu machen. Kriterien der Marktregulierung dürfen nicht über § 11 Abs 4 S 2 Nr 1 in das Versteigerungsverfahren eingeführt werden, allenfalls über § 11 Abs 4 Nr 2–4. Nur so kann schließlich der Gesetzeszweck des Versteigerungsverfahrens gewährleistet werden, ein effizientes Verwaltungsverfahren zu gewährleisten.[64] **41**

Zulässig ist eine Festlegung, dass **jedes Unternehmen nur einmal** zugelassen werden kann. Das gilt auch für die Zulassung von Konsortien. In der Regulierungspraxis wird bei Zusammenschlüssen zum Zwecke des Antrages eine **Unbedenklichkeitsbescheinigung** des **Bundeskartellamtes** verlangt.[65] Die Festlegung von Fristen für den Antrag auf Zulassung zum Versteigerungsverfahren ist systematisch nicht § 11 Abs 4 S 2 Nr 1, sondern § 11 Abs 4 S 3 zuzuordnen.[66] Eine strikte Unterscheidung und Trennung der Entscheidungen nach § 11 Abs 4 S 4 und § 11 Abs 4 S 3 ist allerdings nicht geboten. **42**

**bb) Marktabgrenzung/Lizenzinhalt, § 11 Abs 4 S 2 Nr 2:** Das Wesentliche für die Durchsetzung der Regulierungsziele im Versteigerungsverfahren ist § 11 Abs 4 S 2 Nr 2. Danach kann die Regulierungsbehörde vor Durchführung der Versteigerung den sachlich und räumlich relevanten Markt festlegen, für den die ersteigerten Funkfrequenzen unter Beachtung des Frequenznutzungsplanes verwendet werden dürfen. In Versteigerungsverfahren kann die Regulierungsbehörde also das **Betätigungsfeld** (zu Änderungen § 6 Rn 27 ff) des Unternehmens abstecken, soweit es lizenzgebunden arbeitet. Diese Festlegung ist an den Frequenznutzungsplan (§ 47) gebunden; meist sind aber darüber hinaus weitere Festlegungen nötig, die eine typische Regulierungsentscheidung sind. **43**

Die Entscheidung ist im Benehmen mit dem Beirat und im Einvernehmen mit dem Bundeskartellamt zu treffen (§§ 73 Abs 3, 82 S 2 TKG). **44**

Dabei geht es um zwei zentrale Strukturentscheidungen: Zum einen ist entscheidend, ob die Lizenz einem neuen oder einem bestehenden Markt zuzuordnen ist. Das gilt vor allem für die **sachliche Marktabgrenzung**. So war bei der UMTS-Versteigerung zu entscheiden, ob die technischen Besonderheiten von UMTS gegenüber den bestehenden Mobilfunknetzen dazu führen, dass ein neuer Markt vorliegt. Es liegt auf der Hand, dass diese Marktabgrenzung weitgehend **prognostische Züge** hat. Auf **bestehende Nachfragestrukturen** kann bei neuen Technologien nicht zurückgegriffen werden. **45**

---

[63] Etwa RegTP, BK-1 b-98/005–1, Vfg 13/2000, ABl RegTP 2000, S 516.
[64] Krit zu einer zweistufigen Prüfung nach § 11 Abs 4 S 2 Nr 1 auch *Ruhle/Geppert* MMR 1998, 175, 181.
[65] RegTP, BK-1 b-98/005–1, Vfg 13/2000, ABl RegTP 2000, 516.
[66] Anders die Regulierungspraxis, vgl. RegTP, BK-1 b-98/005–1, Vfg 13/2000, ABl RegTP 2000, S 516.

**46** Die Bestimmung des „räumlich relevanten Marktes" betrifft in erster Linie die Frequenzverteilung. Hier geht es darum, ob ausschließlich bundesweite oder auch regionale Lizenzen vergeben werden. Im Laufe des UMTS-Verfahrens wurde die Vergabe regionaler Lizenzen zunächst verfolgt, später schließlich aufgegeben. Maßgeblich waren dabei vor allem die Zweifel, ob regionale Netze neben bundesweiten Netzen existenzfähig sind; schließlich auch das mangelnde Interesse an einzelnen Regionallizenzen.[67]

**47** Der **Lizenzgegenstand** kann durch **technische Mindestanforderungen** näher bestimmt werden. Dieses Modell hat die Regulierungsbehörde der UMTS-Entscheidung zugrunde gelegt.[68]

**48** cc) **Lizenzbestimmungen, § 11 Abs 4 S 2 Nr 3:** Zugleich – und damit zusammenhängend – muss die Beschlusskammer die wesentlichen Lizenzbestimmungen einschließlich des räumlichen Versorgungsgrades bei der Frequenznutzung und seiner zeitlichen Umsetzung sowie die zu beachtenden Frequenznutzungsbestimmungen der künftigen Lizenz festlegen. Diese Festlegung ist gleichfalls eine typisch telekommunikationsrechtlich-regulierende Entscheidung.[69] Mit dieser Festlegung werden zugleich die Nebenbestimmungen zur Lizenz gem § 8 Abs 2 TKG schon frühzeitig determiniert.[70]

**49** In der Regulierungspraxis wird die Entscheidung nach § 11 Abs 4 S 2 Nr 3 in einer Musterlizenz zusammengefasst.[71]

**50** In die Lizenzbestimmungen können auch Entscheidungen **anderer Regelungsbereiche** aufgenommen werden, beispielsweise zur Rufnummernportabilität und Verbindungsnetzbetreiberauswahl.

**51** Bei Mobilfunklizenzen können auch Fragen des **Netzzugangs** durch Auflagen – und damit in den Lizenzbestimmungen gem § 11 Abs 4 S 2 Nr 3 – geregelt werden, soweit die nach Maßgabe von § 8 Abs 2 iVm § 2 gerechtfertigt ist. Die Regulierungsbehörde ist dabei nicht auf die Übernahme von gesetzlichen Pflichten beschränkt, sondern kann diese – auch in der Lizenzbeschreibung – **eigenständig fortentwickeln.**

**52** dd) **Funkfrequenzen:** § 11 Abs 4 S 2 Nr 4 ermächtigt die Regulierungsbehörde, die „von einem Bieter für die Aufnahme der Telekommunikationsdienstleistungen zu ersteigernde Grundausstattung an Funkfrequenzen" festzulegen. Soweit die Grundausstattung festgelegt ist, muss die Funkfrequenz zusammen mit der Lizenz ersteigert werden. Das hindert nicht die Festlegung gesondert ausgewiesener Mindestgebote.[72] Die „zu ersteigernde Grundausstattung an Funkfrequenzen" wird also in ein und derselben Versteigerung vergeben. Die Festlegung bestimmt unter Umständen die Zahl der Lizenzen und damit die Marktstruktur.

d) **Mindestgebot, § 11 Abs 4 S 4 TKG**

**53** Die Behörde kann ein Mindestgebot festlegen. So werden unvertretbar niedrige Ergebnisse verhindert.[73]

e) **Auktionsregeln § 11 Abs 4 S 3 TKG**

**54** Als Auktionsdesign hat sich die Regulierungsbehörde bislang für das simultane mehrstufige Verfahren entschieden.[74] Die Simultanität ermöglicht, dass alle zu versteigernden Lizenzen immer gleichzeitig für Gebote offenstehen. Die Offenheit soll dazu beitragen, die Unsicherheit

---

[67] RegTP, BK-1 b-98/005–1, Vfg 13/2000, ABl RegTP 2000, S 516.
[68] Lizenzbestimmung 3. 2, BK-1 b-98/005–1, Vfg 13/2000, ABl RegTP 2000, S 516; anknüpfend an die Entscheidung 128/1999/EG des Europäischen Parlaments und des Rates vom 14.12.1998 über die koordinierte Einführung eines Drahtlos- und Mobilkommunikationssystems (UMTS) der dritten Generation in der Gemeinschaft, ABl EG Nr L 17/1 vom 22.1.1999.
[69] Zu den maßgeblichen Entscheidungskriterien o Rn 18 ff.
[70] S zudem u Rn 62.
[71] Etwa zu UMTS: RegTP, BK-1 b-98/005–1, Vfg 13/2000, ABl RegTP 2000, S 516.
[72] Wie dies beim ERMES-Verfahren festgelegt worden ist, *Ruhle/Geppert* MMR 1998, 175, 178.
[73] Zu entsprechenden Erfahrungen in Neuseeland und Australien *Ruhle/Geppert* MMR 1998, 175, 178.
[74] S dazu *Keuter/Nett/Stumpf* Regeln für das Verfahren zur Versteigerung von ERMES-Lizenzen/Fre-

der Bieter über den wirtschaftlichen Wert der Lizenzen im Verlauf der Versteigerung zu reduzieren und unrealistische Höchstgebote zu vermeiden.[75]

Von beträchtlicher Bedeutung für das Verfahrensergebnis sind schließlich die Auktionsregeln. Sie werden gemäß § 11 Abs 4 S 3 iVm § 73 Abs 3 S 1 von der Präsidentenkammer festgelegt. Bei der Festlegung der Auktionsregeln ist besonders auf die Einhaltung der Regulierungsziele zu achten; auch auf eine Beschränkung der Eingriffsintensität auf das zur Verteilung Erforderliche. Beides dürfte bei der UMTS-Versteigerung jedenfalls im Ergebnis nicht ausreichend gelungen sein.[76] Das **Versteigerungsobjekt** ergibt sich aus den Festlegungen nach § 11 Abs 4 S 2 Nr 2; die **Teilnahmeberechtigung** aus § 11 Abs 4 S 2 Nr 1. Die Auktionsregeln können nähere Verfahrensvorschriften über die Zulassung zur Versteigerung und über die Durchführung der Versteigerung enthalten. Zulässig und üblich sind Regeln über valide Gebote, über Mindestinkremente und über den Zeitrahmen für Gebote. Schließlich ist das Verbot kollusiven Verhaltens verfahrensrechtlich näher auszugestalten. Zu regeln sind schließlich die Bedingungen, unter denen die Vertreter der Bieter an der Versteigerung teilnehmen sowie die Form der Abgabe der Gebote.[77]

### f) Entscheidungsmaßstäbe für die Verfahrenswahl und Versteigerungsbedingungen

Mit Ausnahme der Mindestvoraussetzungen (§ 11 Abs 4 S 2 Nr 1), die materiell-rechtlich eine Sonderrolle einnehmen, ist die Bestimmung der Vergabebedingungen, des Versteigerungsverfahrens und des Mindestgebotes eine **marktregulierende Entscheidung,** die nach denselben Kriterien zu treffen ist wie die Wahl des Vergabeverfahrens (dazu o Rn 18 ff).

### g) Veröffentlichung, Entscheidungsinhalt, Entscheidungsfunktionen

Die Festlegung der Versteigerungsbedingungen ist gem § 11 Abs 1 S 2 zu veröffentlichen. Die Veröffentlichung hat eine Doppelfunktion: einerseits dient sie den Bewerbern, die sich auf die Kriterien einstellen sollen.[78] Zum anderen bewirken die Kriterien eine **Selbstbindung** der Behörde. Von den festgelegten Mindestvoraussetzungen darf bei der Zuschlagsentscheidung nicht abgewichen werden. Andererseits darf bei der Zuschlagsentscheidung aber auch nicht mehr verlangt werden als die festgelegten Mindestkriterien. Die Versteigerungsbedingungen legen einen **Rahmen verbindlich fest,** innerhalb dessen allein der Preis entscheidet.

### h) Versteigerungsverfahren und Zuschlagsentscheidung

Anschließend führt die Behörde das Versteigerungsverfahren durch. Dabei muss sie sich an die gem § 11 Abs 4 S 3 iVm § 11 Abs 1 S 2 gewählten Regeln halten. Nur diese Selbstbindung gewährleistet objektive, nachvollziehbare und diskriminierungsfreie Kriterien. Das Versteigerungsverfahren gliedert sich in Ausschreibung, Zulassung, eigentliche Versteigerung und Zuschlag.

Eine besondere Bedeutung beim Verfahren haben die **Ausschreibungsfristen.** Hier stellt sich die Frage, welche Bedeutung Fristversäumnisse haben. Allgemein werden Fristen und Termine, die zwingend eingehalten werden müssen, von solchen, die zur Disposition der Behörde stehen, unterschieden.[79] Innerhalb der zwingenden Fristen werden wiedereinsetzungsfähige und nicht wiedereinsetzungsfähige (§ 32 Abs 5 VwVfG) unterschieden. Ohne Zweifel haben die Fristen im Ausschreibungsverfahren eine Ordnungsfunktion, die dem Prinzip der Rechtssicherheit entspricht.[80] Fraglich ist aber, ob der Ausgleich zwischen Rechtssicherheit und materieller Gerechtigkeit durch das Rechtsinstitut der Wiedereinsetzung bei § 11 TKG gilt. Mitunter wird argu-

---

quenzen sowie regionale ERMES-Frequenzen, Studie im Auftrag des Bundesamtes für Post und Telekommunikation, WIK-Diskussionsbeitrag Nr 165, September 1996, Bad Honnef; kritisch *Moldovanu* Frankfurter Allgemeine Zeitung v 29. 7. 2000, S 19.

75 Etwa RegTP, BK-1 b-98/005–2, Vfg 14/2000, ABl RegTP 2000, S 564.

76 Der Schluss der Rechtswidrigkeit schon der Fest-

legung der Auktionsregeln ziehen *Koenig,* K & R 2001, 41 und *Degenhart,* K & R 2001, 32.

77 Zu alledem zuletzt RegTP, BK-1 b-98/005–2, Vfg 14/2000, ABl RegTP 2000, S 564.

78 *Ruhle/Geppert* MMR 1998, 175, 178.

79 *Stelkens* in: Stelkens/Bonk/Sachs, § 31 Rn 8.

80 Dazu BVerfG, NJW 1984, 2148; *Stelkens* in: Stelkens/Bonk/Sachs, VwVfG, § 32 Rn 1.

mentiert, bei materiell-rechtlichen Ausschlussfristen komme die Wiedereinsetzung generell nicht in Betracht.[81] Das sich daraus ergebende oftmals unangemessene Ergebnis soll dann durch eine Nachsichtgewährung in besonders gelagerten Fällen gemildert werden.[82] Dieser Weg dürfte bei § 11 ausscheiden, weil er die erforderliche Objektivität nicht gewährleistet. Insoweit ist die **Wiedereinsetzung nach § 32 VwVfG** vorzuziehen. Die Wiedereinsetzung ist solange und insoweit möglich, als die Normzwecke des Vergabeverfahrens gem § 11 nicht beeinträchtigt werden. Generell keine Wiedereinsetzung mehr ist nach der Zuteilungsentscheidung möglich. Demgegenüber ist die Wiedereinsetzung vor Beginn der Versteigerung stets möglich. Dazwischen kommt es auf den Einzelfall an. Die Wiedereinsetzung ist jedenfalls dann ausgeschlossen, wenn sie zu ungerechtfertigten Vorteilen des Nachzüglers führt. Gegebenenfalls muss die Regulierungsbehörde prüfen, ob sie die Wiedereinsetzung um den Preis einer allen Bewerbern gewährten Nachbesserungspflicht oder eine Wiederholung der Ausschreibung wählte. Über beides entscheidet die Regulierungsbehörde allerdings nach Ermessen; ein Anspruch besteht hier nicht.

**60** In den Regelungen für die Durchführung des Versteigerungsverfahrens sollte zugleich festgelegt werden, ob es zulässig ist, die Angaben zur Erfüllung der Mindestkriterien nach Ablauf der Antragsfrist nachzubessern. Zweckmäßig – aber nicht zwingend – ist ein Verfahren, das es vor Abschluss der Versteigerung ermöglicht, Zweifel der Regulierungsbehörde im Hinblick auf die Mindestanforderungen auszuräumen. Die Lizenzierungspraxis lässt gewisse Aktualisierungen zu, schließt aber bei Mängeln, die aus Sicht der Regulierungsbehörde gravierend oder irreparabel sind, einzelne Bewerber auch endgültig vom Verfahren aus. Rechtsgrundlage dieses Ausschlusses ist § 11 Abs 4 S 2. Die dort erwähnte „Zulassung" zum Versteigerungsverfahren impliziert, dass auch die Ablehnung der Zulassung zulässig ist. Unterscheidungen zwischen wesentlichen und unwesentlichen Mängeln müssen aber hohen Anforderungen aus dem Gebot der Gleichbehandlung genügen.

**61** Im Anschluss an das Versteigerungsverfahren erfolgt die Zuschlagsentscheidung. Für die Gebote ist zunächst zu prüfen, ob die zuvor festgelegten Mindestkriterien erfüllt sind. Alle Gebote, bei denen das der Fall ist, kommen für den Zuschlag in Betracht. Unter diesen Geboten wird allein nach der Höhe des Gebotes zugeteilt. Bei den Auktionsregeln ist auch festzulegen, ob der Zuschlagspreis auch der zu zahlende Preis ist; alternative Auktionsdesigns stellen auf den höchsten entscheidungsbestimmenden Preis ab. Mit dem Zuschlag erwirbt der Bewerber die Lizenz noch nicht (s u Rn 63).

**62** Die Objektivität und Diskriminierungsfreiheit der Kriterien gebietet es grundsätzlich, dass diese auch **soweit als möglich** in die **Lizenzen übernommen** werden. Sie müssen den Lizenzinhalt prägen, und darüber hinausgehende Voraussetzungen müssen als Nebenbestimmungen in der Lizenz gesichert werden. Entsprechende Nebenbestimmungen sind von § 36 Abs 2 VwVfG gedeckt. Die Zuschlagsentscheidung auf der Grundlage bestimmter Mindestkriterien ist – was die Mindestkriterien betrifft – eine Ermessensentscheidung. Die Voraussetzungen können nach § 36 VwVfG gesichert werden.

i) **Lizenzvergabe gem § 8 TKG**

**63** Schließlich erfolgt die eigentliche Lizenzvergabe, die der Zuschlagsentscheidung nachgelagert ist. Die Lizenzvergabe erfolgt nach § 8 TKG. Nebenbestimmungen sind hier grundsätzlich nur noch zulässig, wenn sie den Vergabevoraussetzungen entsprechen oder Versagungsgründe ausräumen. Für die Ausübung von Regulierungsermessen gem § 8 Abs 2 TKG ist kein Raum mehr.

5. **Ausschreibungsverfahren**

**64** Das Ausschreibungsverfahren ist im TKG ebenfalls mit vorgelagerter Festlegung der Kriterien und der Regeln für das Verfahren ausgestaltet. Die Festlegung der sachlichen Mindestvoraussetzungen hat auch hier nur die Bedeutung einer Vorgabe für die Sachverhaltsermittlung; inhaltlich ergeben sich die Mindestvoraussetzungen allein aus § 8 Abs 3 S 1 Nr 2a TKG, ohne

---

[81] In diese Richtung *Stelkens* in: Stelkens/Bonk/Sachs, § 32 Rn 9.

[82] So *Stelkens* in: Stelkens/Bonk/Sachs, § 32 Rn 6, 9.

Wolfgang Spoerr

dass die Behörde dies durch ihre Festlegungen ändern könnte. Etwas anderes gilt für die Kriterien, nach denen die Eignung der Bewerber bewertet wird. Hier ist es der Regulierungsbehörde nicht verwehrt, strengere Kriterien als die Einhaltung der gesetzlichen Mindestanforderungen anzulegen. Als Kriterien gibt das Gesetz in § 11 Abs 6 S 3 vor die Fachkunde und Leistungsfähigkeit der Bewerber (**personenbezogene** Kriterien), die Eignung der vorzulegenden Planungen (**konzeptbezogene** Kriterien) und die Förderung eines funktionsfähigen Wettbewerbers auf dem relevanten Markt (**wettbewerbsbezogene** Kriterien).

Den Lizenzinhalt vorbestimmen muss die Behörde gem § 11 Abs 6 S 2 Nr 2, indem sie den sachlich und räumlich relevanten Markt, für den Lizenzen vergeben werden sollen, vorab festlegt. Dasselbe gilt für die Lizenzbestimmungen einschl. des räumlichen Versorgungsgrades bei der Frequenznutzung und seiner zeitlichen Umsetzung sowie die zu beachtenden Frequenznutzungsbestimmungen der künftigen Lizenz. § 11 Abs 6 S 4 ergänzt die Auswahlkriterien um eine Vorrangregelung zu Gunsten der Bewerber, die einen höheren räumlichen Versorgungsgrad mit den entsprechenden lizenzpflichtigen Telekommunikationsdienstleistungen gewährleisten.

Nach dem Gesetzeswortlaut ist unklar, ob diese Formulierung einen absoluten Vorrang der Bewerber gebietet, die einen höheren räumlichen Versorgungsgrad erwarten lassen. Mit dem Kriterium wird deutlich, dass eine möglichst flächendeckende Nutzung der knappen Frequenzen angestrebt wird. Allerdings ist der Gesetzessystematik nach dieses Kriterium nur eines von mehreren Entscheidungskriterien. Das spricht dagegen, dass es absoluten Vorrang hat. Denn das würde dazu führen, dass alle anderen Kriterien nur noch dann eine Rolle spielten, wenn im Hinblick auf den räumlichen Versorgungsgrad eine non liquet-Situation eintritt. Daher kann die Vorrangregelung für Bewerber mit höherem Versorgungsgrad nur als **relative Vorrangregelung** verstanden werden. Wettbewerbliche Gesichtspunkte können deshalb beispielsweise dazu führen, dass ein Bewerber vorgezogen wird, der im Hinblick auf den Versorgungsgrad nur der zweitbeste ist.

### 6. Losentscheidung

Die Losentscheidung nach § 11 Abs 6 S 6 kommt erst dann in Betracht, wenn sich aufgrund des Ausschreibungsverfahrens erwiesen hat, dass mehrere Bewerber gleich geeignet sind. In solchen Fällen sind Losentscheidungen ein sachgerechtes und verfassungsrechtlich zulässiges Entscheidungskriterium.[83] Die gleiche Eignung muss sich auf der Grundlage aller Entscheidungskriterien nach § 11 Abs 6 iVm § 2 Abs 2 ergeben, also auch der konzept-, wettbewerbs- und versorgungsgradbezogenen. Zur Losentscheidung führt es daher zum einen dann, wenn im Hinblick auf **alle** entscheidungsrelevanten Kriterien kein wesentlicher Unterschied besteht. Zum anderen ist durch Los zu entscheiden, wenn die **Gesamtschau** der entscheidungsrelevanten Kriterien insgesamt ein non liquet ergibt. All das kann auch dann der Fall sein, wenn die eine Bewerbung bei einem Kriterium besser abschneidet und die andere Bewerbung bei einem anderen Kriterium. Allerdings muss die Regulierungsbehörde in solchen Fällen die jeweiligen relativen Vorzüge saldierend gegenüberstellen. Der Forderung nach objektiven und nachvollziehbaren, vorab festgelegten Kriterien entsprechen dabei am besten quantitative Bewertungsschemata. Zwingend zu den Regeln des Verfahrens gehört auch, ob und unter welchen Voraussetzungen eine Nachbesserung von Angeboten möglich ist. Es versteht sich von selbst, dass die Gelegenheit zu Nachträgen nur unter strikter Wahrung des Gleichbehandlungsgrundsatzes gegeben werden kann. Das gilt insbesondere auch im Hinblick auf den Wissensstand über die Bewerbungen der Konkurrenten.

### 7. Rechtsschutz

Die Lizenzvergabe in Knappheitsfällen ist ein vielfach gestuftes Verwaltungsverfahren, das nicht einfache Rechtsschutzfragen aufwirft. Das materielle Recht, um das es in sämtlichen Rechtsschutzkonstellationen geht, ist der prinzipielle Lizenzanspruch des Antragstellers (dazu § 8

---

[83] *Starck* in: von Mangoldt/Klein/Starck, GG I, Art 3 Abs 1 Rn 73; *Schmidt-Preuß* Kollidierende Privatinteressen im Verwaltungsrecht, S 419 f; ausführlich *Depenheuer* JZ 1993, 171.

Wolfgang Spoerr

Rn 57). Von dieser materiell-rechtlichen Ausgangslage ausgehend sind die Rechtsschutzfragen zu lösen, wobei die maßgebenden Leitlinien die **Rechtsschutzeffizienz** und **Rechtsschutzkonzentration** sind.

a) Verfahrensintern vorgelagerte Entscheidungen mit Ausnahme der Ablehnung der Zulassungnach § 11 Abs 4 S 2 Nr 1 und Ausschluss nach § 11 Abs 3

**69** Besonders problematisch ist, ob und welchem Umfang Rechtsschutz gegen verfahrensintern vorgelagerte Entscheidungen gewährt wird. Soweit eine **Rechtsschutzmöglichkeit** der Bewerber besteht, impliziert dies zugleich eine **Anfechtungslast**: Die Entscheidungen werden bestandskräftig, wenn bestehende Rechtsschutzmöglichkeiten ungenutzt bleiben. In der Regulierungspraxis ergehen vorgelagerte Entscheidungen als Allgemeinverfügungen, die veröffentlicht und mit Rechtsbehelfsbelehrungen versehen werden. Dies hat allerdings keine zwangsläufige Wirkung für die Rechtsschutzmöglichkeit; diese hängt von objektiven Kriterien und nicht von Wünschen der Regulierungsbehörde ab. Insoweit gilt allgemein, dass im Regelfall kein Rechtsschutz gegen verfahrensintern vorgelagerte Entscheidungen gewährt wird. Maßgebende Rechtsgrundlagen sind insoweit der Ausschluss selbständigen Rechtsschutzes gegen Verfahrensentscheidungen gem § 44a VwGO sowie das Erfordernis einer Verletzung in eigenen Rechten. Weil § 44a VwGO nicht zur Disposition der Behörde steht, hat jedenfalls die „Definition" von Bestimmung der Vergabevoraussetzungen und Festlegung der Auktionsregeln als rechtsmittelfähiger Verwaltungsakt allein **nicht** die Konsequenz eines **Anfechtungsrechts** und einer **Anfechtungslast**.[84] Gegen den Rechtsschutz gegen vorgelagerte Entscheidungen gem § 10 TKG spricht, dass es sich aus Sicht des materiellen Rechts und insbesondere der materiellen Rechtsposition nicht um ein eigenes „Beschränkungsverfahren" handelt, sondern um ein insgesamt **einheitliches Lizenzierungsverfahren**. Dieses Verfahren wird durch die Entscheidung gem § 10 TKG nicht endgültig geregelt (ausf § 10 Rn 10 f). Zudem kommt es darauf an, ob die Entscheidungen gem § 10 TKG sowie die vorgelagerten aus § 11 eine behördliche Verfahrenshandlung im Sinne des § 44a VwGO sind.[85] Für die Entscheidung aus § 10 ist dies noch näherliegender als für jene nach § 11, die über die Wahl des Vergabeverfahrens (§ 11 Abs 1 S 2), die Bestimmung der Vergabevoraussetzungen und die Festlegung der Auktionsregeln materiell die Lizenzvoraussetzungen bestimmen. Hier spricht die Rechtsschutzeffizienz und der irreversible materielle Gehalt dafür, von einer materiell-rechtlich[86] konkretisierenden und stabilisierenden Entscheidung auszugehen, also von einem Verwaltungsakt.

b) Ausschluss vom Vergabeverfahren nach § 11 Abs 3

**70** Der Ausschluss vom Vergabeverfahren ist darauf gerichtet, abschließend und unveränderlich dem ausgeschlossenen Antragsteller und Unternehmen die Beteiligung am Vergabeverfahren und damit die Möglichkeit, eine Lizenz zu erlangen, zu nehmen. Deswegen ist die Entscheidung auf die verbindliche und endgültige Setzung einer Rechtsfolge gerichtet. Die materiell-rechtliche Position des ausgeschlossenen Unternehmens wird unmittelbar – also ohne dass es weiterer behördlicher Entscheidungen bedarf – umgestaltet. Es handelt sich um einen Verwaltungsakt, der vom ausgeschlossenen Unternehmen angefochten werden kann. Die Anforderungen auf der Voraussetzungsseite sind relativ hoch: eine **Gefährdung** des Wettbewerbes muss zu **befürchten** sein. Und selbst dann muss die RegTP noch die Interessen des betroffenen Unternehmens an der Fortentwicklung seiner Angebote angemessen berücksichtigen. Die Entscheidung ist kraft Gesetzes sofort vollziehbar (§ 80 Abs 2 TKG). Das betroffene Unternehmen muss, wenn es sich am Verfahren beteiligen will, Antrag auf Aussetzung der Vollziehung (§ 80 Abs 4 S 1 VwGO) oder auf gerichtliche Anordnung der aufschiebenden Wirkung (§ 80 Abs 5 VwGO) stellen.

---

[84] So aber Beck'scher TKG-Kommentar/*Geppert* § 10 Rn 12.
[85] Ausf *Ehlers* K & R 2001, 1, 9 ff; *Sachs* K & R 2001, 13, 19 ff.
[86] Zum Verwaltungsvorakt *Achterberg* Allgemeines Verwaltungsrecht, § 21 Rn 113 ff.

## c) Vergabeentscheidung

Die Vergabeentscheidung ist eine einheitliche Entscheidung, die positiv feststellt, wer zum Zuge gekommen ist, und negativ, welche Anträge abgelehnt werden. Es handelt sich um eine Regelung, bei der Begünstigung und Belastung untrennbar in einer Regelung zusammengefasst sind – um einen **Verwaltungsakt mit Doppelwirkung** oder **Drittwirkung**.[87] Dem steht nicht entgegen, dass die eigentliche Lizenzerteilung erst nachgeschaltet ist. Der zum Zuge gekommene Bewerber muss die Vergabeentscheidung durch Anfechtungsklage, verbunden mit einer Verpflichtungsklage (auf Neubescheidung oder auf Zuschlagserteilung) anfechten. § 11 ist, soweit Interessen des unterlegenen Bewerbers überhaupt tangiert sind, insgesamt eine Schutznorm, und zwar schon aus grundrechtlichen Gründen.[88] Die nicht bestehende aufschiebende Wirkung hat auch hier die Folge, dass er Antrag auf Anordnung der aufschiebenden Wirkung stellen muss, wenn er die Lizenzvergabe verhindern will.

71

Im Verfahren der Lizenzerteilung wird die Berechtigung nicht mehr geprüft. Solange der Lizenzerteilung keine wirksame (also vollziehbare) Zuschlagsentscheidung zugrunde liegt, verletzt sie die Rechte der anderen Bewerber auf chancengleiche Beteiligung an nichtdiskriminierenden Vergabeverfahren und auf Einhaltung des – insgesamt individualschützenden – § 11; beamtenrechtliche Argumentationsmuster[89] sind nicht übertragbar.[90] Schwerer zu beantworten ist die Frage, welche Folgen die Aufhebung der Vergabeentscheidung auf die gleichwohl gem § 8 TKG erteilte Lizenz hat. Wenn die Lizenz nicht ebenfalls angefochten worden ist, stellt sich die Frage nach der Aufhebung gem §§ 51, 49 VwVfG. Eine ohne wirksame Vergabeentscheidung erteilte Lizenz verletzt das Recht der Bewerber auf chancengleiche Beteiligung am Vergabeverfahren. Von daher können – und müssen – abgewiesene Bewerber nicht nur die Vergabeentscheidung, sondern auch eine spätere Lizenzerteilung anfechten. Klagebefugt ist auch der Bewerber, dem der Zuschlag erteilt worden ist: wenn er vorbringt, die Wahl des Versteigerungsverfahrens sei rechtswidrig. Darin läge eine Verletzung seines prinzipiellen Zugangsanspruches durch Wahl der falschen Verfahrensart. Hier stellt sich aber die hoch problematische Frage nach dem Klageziel: Fraglich ist vor allem, ob der Zuschlagspreis isoliert angefochten und aufgehoben werden kann.

72

## IV. Bewertung

Neben der nicht überzeugenden Kritik am Versteigerungsmodell (dazu o Rn 26 ff) ist § 11 als überkompliziert kritisiert worden; geboten sei zudem eine Einschränkung der behördlichen Beurteilungsspielräume.[91] Diese Kritik geht nur teilweise in die richtige Richtung. Trotz seiner relativ komplexen Struktur ist § 11 eine Vorschrift, die die notwendige offene Entscheidung in behördlichen Zuteilungssituationen mustergültig strukturiert. Solange der Gesetzgeber das Versteigerungsmodell nicht zwingend vorgibt, sind administrative Entscheidungsspielräume unausweichlich.[92] Weil hier materielle gesetzliche Programmierung an ihre Grenzen stößt, bedarf es verfahrensrechtlicher Programme, und hier ist § 11 geradezu beispielhaft. § 11 hat hier eine äußerst wichtige Funktion: er konkretisiert das allgemeine Regulierungsprogramm für den Bereich der Verteilung knapper Lizenzen. Insoweit bringt die Vorschrift das unerlässliche verteilungspolitische Gesamtkonzept. Aus guten Gründen belässt sie es dabei nicht bei einem – notwendig konkretisierungsoffenen – Gesamtkonzept, sondern strukturiert ein **Verfahren** behördlicher Programmkonkretisierung.

73

---

[87] Dazu allgem *Schmidt-Preuß* Kollidierende Privatinteressen im Verwaltungsrecht, S 11 f; *Laubinger* Der Verwaltungsakt mit Doppelwirkung, 1967; *Ule/Laubinger* Verwaltungsverfahrensrecht, § 64 Rn 1 (S 685 f); *Maurer* Allgemeines Verwaltungsrecht, § 9 Rn 50 (S 209).

[88] So allgem *P.M. Huber* Konkurrenzschutz im Verwaltungsrecht, S 434 ff; *Brohm* FS C F Menger, S 235, 241.

[89] BVerwGE 80, 127.

[90] Krit *P.M. Huber* Konkurrenzschutz im Verwaltungsrecht, S 456 f; *Schmidt-Preuß* Kollidierende Privatinteressen im Verwaltungsrecht, S 109 ff.

[91] Beck'scher TKG-Kommentar/*Geppert* 1. Aufl, § 11 Rn 12.

[92] Für die vergleichbare Situation in Kabelnetzen *Ladeur* DÖV 1997, 983.

**Zweiter Teil** Regulierung von Telekommunikationsdienstleistungen
**Erster Abschnitt** Lizenzen

**74** Wenn § 11 regelungstechnisch vereinfacht werden sollte, so könnte dies allenfalls im Bereich der – ohnehin nur scheinbaren – Einschränkungen der administrativen Beurteilungsspielräume geschehen. Überflüssig erscheinen insbesondere die Regelbeispiele in § 11 Abs 2 S 2; auch die Vorgaben in § 11 Abs 2 S 3 sowie § 11 Abs 7 scheinen überflüssig. Ohne inhaltliche Änderung gestrichen werden könnten auch die Verfahrenszielvorgaben in § 11 Abs 4 S 1 u § 11 Abs 4 S 6, S 1

**75** Jedenfalls im Wesentlichen dürften die §§ 10 und 11 auch den Vorstellungen der Europäischen Kommission für den künftigen Ordnungsrahmen entsprechen. Art 7 des Vorschlages für eine Genehmigungsrichtlinie[93] sieht abweichend vom prinzipiellen Vorrang der Allgemeingenehmigung (dazu § 6 Rn 89f) ein individuelles Nutzungsrecht für Funkfrequenzen vor, wenn eine Einschränkung der Nutzungsrechte erforderlich ist. Die Vorgaben für die Einräumung der Nutzungsrechte enthalten die Art 5 Abs 2 bis 4, Art 6 und Art 7 des Richtlinienentwurfs. Hier mag sich – abhängig von der endgültigen Fassung einer etwaigen Richtlinie – allerdings Anpassungsbedarf im Detail ergeben.

## § 12 Bereitstellen von Teilnehmerdaten

(1) Ein Lizenznehmer, der Sprachkommunikationsdienstleistungen für die Öffentlichkeit anbietet, ist verpflichtet, auf Anforderung Teilnehmerdaten unter Beachtung der anzuwendenden datenschutzrechtlichen Regelungen anderen Lizenznehmern, die Sprachkommunikationsdienstleistungen für die Öffentlichkeit anbieten, zum Zwecke der Aufnahme eines Auskunftsdienstes oder der Herausgabe eines Verzeichnisses der Rufnummern der Teilnehmer in kundengerechter Form zugänglich zu machen. Hierfür kann ein Entgelt erhoben werden, das sich an den Kosten der effizienten Bereitstellung orientiert.

(2) Ein Lizenznehmer, der Sprachkommunikationsdienstleistungen für die Öffentlichkeit anbietet, ist darüber hinaus verpflichtet, auf Anforderung Teilnehmerdaten unter Beachtung der anzuwendenden datenschutzrechtlichen Regelungen jedem Dritten zum Zwecke der Aufnahme eines Auskunftsdienstes oder der Herausgabe eines Verzeichnisses der Rufnummern der Teilnehmer in kundengerechter Form gegen ein angemessenes Entgelt zugänglich zu machen.

*Schrifttum: Gola* Anmerkung zu OLG Frankfurt, RDV 1997, S 31 u AG Freiburg, RDV 1997, S 34, RDV 1997, S 35; *Ruhle/Geppert* Auskunfts- und Verzeichnisdienste in einem liberalisierten Telekommunikationsmarkt, K & R 1998, 374.

**Inhaltsübersicht**

| | Rn |
|---|---|
| I. Bedeutung der Regelung | 1–7 |
| II. Rechtsentwicklung und Gesetzgebungsverfahren | 8–11 |
|    1. Rechtsentwicklung und Gesetzgebungsverfahren | 8–10 |
|    2. Unionsrecht | 11 |
| III. Einzelkommentierung | 12–31 |
|    1. Voraussetzungen, Abs 1 S 1 | 12–18 |
|      a) Verpflichtete: Lizenznehmer, die Sprachtelekommunikationsdienstleistungen anbieten | 12–14 |
|      b) Berechtigte | 15 |
|      c) Gesetzliche Zweckbindung | 16 |
|      d) Beachtung der datenschutzrechtlichen Bestimmungen | 17–18 |
|    2. Rechtsfolge | 19–24 |
|      a) Welche Daten? | 20–21 |
|      b) Art und Weise der Übermittlung | 22 |
|      c) Pflicht zur Aktualisierung | 23 |

[93] Richtlinie v 12.7.2000, KOM (2000) 386, Vorschlag für eine Richtlinie des Europäischen Parlaments und des Rates über die Genehmigung elektronischer Kommunikationsnetze und -dienste, Vorlage der Kommission.

*Wolfgang Spoerr*

|  |  |
|---|---|
| d) Zwingendes Gesetzesrecht | 24 |
| 3. Entgelt, Abs 1 S 2 | 25–27 |
| 4. Voraussetzungen von Abs 2; angemessenes Entgelt | 28 |
| 5. Rechtsschutz | 29–31 |

## I. Bedeutung der Regelung

Die leichte Verfügbarkeit von Teilnehmeranschlußdaten ist wesentliche Voraussetzung dafür, dass ein Telekommunikationssystem seine Leistungen optimal erfüllen kann. Teilnehmeranschlußdaten sind gewissermaßen die Adressen, unter denen die Teilnehmer erreichbar sind, verbunden mit den zur Zuordnung und Auswahl erforderlichen Begleitinformationen. Teilnehmerdaten können gedruckt, mündlich (telefonisch) oder elektronisch zur Verfügung gestellt werden. **1**

Über mehrere Gewährleistungsdimensionen dient § 12 der Schaffung von technisch und wirtschaftlich funktionsfähigen und effizienten Telekommunikationsmärkten: **2**

– Die Verfügbarkeit von Teilnehmerdaten betrifft die **Leistungsfähigkeit** des **Telekommunikationssystems** für die Nutzer. Deswegen hat der Gesetz- und Verordnungsgeber die Bereitstellung von Teilnehmerdaten zu Universaldienstleistungen bestimmt (§ 17 Abs 1 S 2, 3/II TKG iVm § 1 Nr 2 TUDLV). Die Herausgabe von Teilnehmerverzeichnissen wird in der Literatur auch der Grundversorgung iSd Art 87 f GG zugeordnet.[1] **3**

– Damit zusammenhängend muss sichergestellt werden, dass im **pluralistischen Betrieb von Telekommunikationsnetzen** Teilnehmerdaten im Verhältnis zwischen den Anbietern zur Verfügung stehen; hier stellen sich daher ganz ähnliche Probleme wie beim offenen Netzzugang und Zusammenschaltung. Es soll allen Wettbewerbern die Möglichkeit gegeben werden, ihren Kunden einen Auskunftsdienst zu bieten und ein Teilnehmerverzeichnis bereitzustellen. Der Gesetzgeber sieht es als Grundvoraussetzung für einen fairen und chancengleichen Wettbewerb, dass auch kleine und neue Marktteilnehmer über die Gesamtheit der Teilnehmerdaten verfügen, um solche Daten an auskunftsuchende Kunden weiterzugeben.[2] **4**

– Schließlich sind Auskunfts- und Verzeichnisdienste als **gesonderte Leistung** in **wettbewerblicher (vertikaler) Differenzierung** denkbar. § 12 Abs 2 sichert deswegen den Marktzutritt für Auskunftsdienste, die unabhängig von Anbietern von Sprachkommunikationsdienstleistungen sind. § 12 Abs 2 erstreckt das auch auf andere Unternehmen als Lizenznehmer. Während § 12 Abs 1 der **horizontalen Differenzierung** dient, soll § 12 Abs 2 **vertikale Differenzierung** ermöglichen. **5**

Ebenso vielschichtig wie die wettbewerblichen Strukturierungsbedürfnisse sind die rechtlichen Rahmenbedingungen: Sonderrecht der Telekommunikation, Datenschutzrecht[3], Allgemeines Vertragsrecht und Wettbewerbsrecht schaffen hier ein komplexes Gefüge. Teilnehmerdienste waren deswegen in der Liberalisierungsphase relativ konfliktträchtig.[4] **6**

Umstrittene Rechtsfragen an der Nahtstelle von Telekommunikations-, Datenschutz- und Urheberrecht haben sich aus der unautorisierten Übernahme von Teilnehmerdaten aus den Telefonverzeichnissen der Deutschen Telekom AG durch Abscannen oder andere Vervielfältigungstechniken ergeben.[5] Die Fragen der Entgelte für Leistungen nach § 12 TKG sind maßgeblich auf der Grundlage der allgemeinen kartellrechtlichen Missbrauchsvorschriften (§ 22 Abs 4 GWB aF) bewältigt worden.[6] **7**

---

[1] *Windthorst* Universaldienst, S 293.
[2] *Etling-Ernst* Telekommunikationsgesetz, § 12 Rn 3.
[3] Dazu etwa AG Freiburg, RDV 1997, 34; *Gola* RDV 1997, 34.
[4] Dazu etwa Beck'scher TKG-Kommentar/*Büchner* § 12 Rn 16; OLG Karlsruhe, WRP 1997, 473; OLG Frankfurt, CR 1997, 275; BGH MMR 1999, 470.
[5] Dazu Beck'scher TKG-Kommentar/*Büchner* § 12 Rn 26; BGH MMR 1999, 470.
[6] Dazu Beck'scher TKG-Kommentar/*Büchner* § 12 Rn 21.

## II. Rechtsentwicklung und Gesetzgebungsverfahren

### 1. Rechtsentwicklung und Gesetzgebungsverfahren

**8** Im Telefondienstmonopol der Deutschen Bundespost waren Teilnehmerverzeichnisdienste selbstverständliche Annexleistung. Sie wurde in zwei Formen erbracht: durch die Herausgabe und Verteilung eines gedruckten Teilnehmerverzeichnisses, des Telefonbuches, und einen telefonischen Auskunftsdienst.[7] Schon vor Abschaffung des Telefondienstmonopoles öffnete sich der Markt für Auskunfts- und – vor allem – Verzeichnisdienste unter mancherlei rechtlichen Wehen.[8]

**9** Der technische Fortschritt hat diese Entwicklung katalysiert; die Grenzen zwischen telefonischen Auskunftsdiensten und (gedruckten) Verzeichnisdiensten verschwimmen. Mehr und mehr werden die Informationen auch im unmittelbaren Datenaustausch angeboten, insbesondere im Internet.[9] Die Mobilfunkbetreiber D 1, D 2 und E-Plus sind durch Auflage verpflichtet worden, Auskunftsdienste anzubieten.[10]

**10** Schon im ursprünglichen Gesetzesentwurf war § 12 enthalten; die Formulierung von § 12 Abs 1 u 2 des Gesetzentwurfs der Bundesregierung ist mit § 12 identisch.[11] Die Gesetzesbegründung der Bundesregierung[12] benennt präzise die unterschiedlichen Zwecke der beiden Absätze: Abs 1 diene der Herstellung **chancengleichen Wettbewerbes**, während Abs 2 die **Angebotsvielfalt** fördere. Nach Abs 1 sollten auch Unternehmen mit einem relativ geringen Marktanteil ihren Kunden einen umfassenden Auskunftsdienst anbieten und ein Teilnehmerverzeichnis herausgeben können, in dem die Kunden aller Lizenznehmer aufgeführt seien.[13] Änderungsvorschläge gab es zu den Regeln über das Bereitstellen von Teilnehmerdaten nicht. Die Vorschrift über Notrufmöglichkeiten (zunächst § 12 Abs 3) wurde im Laufe des Gesetzgebungsverfahrens als § 13 ausgegliedert.[14]

### 2. Unionsrecht

**11** Nach der ONP-Sprachtelefondienstrichtlinie[15] (Art 16 lit c) haben „vorbehaltlich der Bestimmungen des relevanten Datenschutzrechts die nationalen Regulierungsbehörden sicherzustellen, dass die Telekommunikationsorganisationen auf Anfrage und auf Grundlage veröffentlichter, chancengleicher, angemessener und nicht diskriminierender Bedingungen Informationen aus öffentlichen Telefonteilnehmerverzeichnissen zur Verfügung stellen". Die Sprachtelefondienstrichtlinie[16] verlangt von den Mitgliedstaaten sicherzustellen, „dass alle Organisationen, die Telefonnummern an Teilnehmer vergeben, jedem vertretbaren Antrag stattgeben, die entsprechenden Informationen in einer vereinbarten Form zu gerechten, kostenorientierten und nicht diskriminierenden Bedingungen zur Verfügung stellen". Insoweit ist umstritten, ob die Pflicht zur Zahlung eines „angemessenen" Entgelts gem § 12 Abs 2 mit EG-Recht in Einklang steht.[17]

## III. Einzelkommentierung

### 1. Voraussetzungen, Abs 1 S 1

a) Verpflichtete: Lizenznehmer, die Sprachtelekommunikationsdienstleistungen anbieten

**12** Lizenznehmer iSd § 12 Abs 1 S 1 sind nicht nur jene Unternehmen, die Lizenzen nach dem TKG haben. Vielmehr fallen auch Inhaber von Verleihungen nach dem FAG, die heute die Wirkung einer Lizenz haben, unter den Lizenzbegriff des § 12 Abs 1 S 1. Im Unterschied zu § 6 Abs 2 Nr 2

---

[7] Ruhle/Geppert K & R 1998, 374, 375.
[8] Ruhle/Geppert K & R 1998, 374, 376; OLG Karlsruhe, WRP 1997, 473; OLG Frankfurt, CR 1997, 275; BGH, WRP 1999, 831.
[9] Ruhle/Geppert K & R 1998, 374, 375.
[10] Ruhle/Geppert K & R 1998, 375, 376.
[11] BR-Drucks 80/96, S 1, 8.
[12] BR-Drucks 80/96, S 14.
[13] BR-Drucks 80/96, S 14.
[14] Zum unionsrechtlichen Hintergrund TKMMR/Manssen C § 12 Rn 1 ff.
[15] 95/62/EG.
[16] 98/10/EG.
[17] Verneinend Beck'scher TKG-Kommentar/Büchner § 12 Rn 22.

Wolfgang Spoerr

TKG verwendet § 12 Abs 1 S 1 nicht den Begriff des Sprachtelefondienstes, sondern den der Spachkommunikationsdienstleistungen.[18] Soweit dahinter ein sachlicher Unterschied steht, dürfte der Begriff der Sprachkommunikationsdienstleistungen eher weiter sein als der Sprachtelefondienst, der in § 3 Nr 15 TKG eng definiert ist.[19]

Unstreitig ist, dass der Begriff der „Sprachkommunikationsdienstleistung" auch den Mobilfunk erfaßt. Das Echtzeiterfordernis dürfte allerdings auch hier gelten.[20] Wegen der Beschränkung der Verpflichtung aus § 12 Abs 1 auf Lizenznehmer sind reine Dienstanbieter wie Mobilfunk-Service-Provider nicht erfaßt. Die sich daraus ergebende Lücke schließt – punktuell – § 21 Abs 4 TKV 1997.[21] **13**

Unerläßlich ist allerdings, dass der Lizenznehmer die Sprachkommunikationsdienstleistungen für die Öffentlichkeit anbietet. Möglicherweise führt das zu Lücken im angestrebten lückenlosen Verzeichnis. **14**

### b) Berechtigte

Berechtigt sind Lizenznehmer, die Sprachkommunikationsdienstleistungen für die Öffentlichkeit anbieten. Wiederum gehören dazu auch jene Unternehmen, die Sprachkommunikationsdienstleistungen zulässigerweise auf der Grundlage von Verleihungen ausüben, die vor Inkrafttreten des TKG erteilt worden sind. **15**

### c) Gesetzliche Zweckbindung

Eine Einschränkung des Verwendungszweckes der erlangten Daten birgt § 12 Abs 1 S 1 insoweit, als dass die Teilnehmerdaten *nur* zum Zwecke der Aufnahme eines Auskunftsdienstes oder der Herausgabe eines Verzeichnisses der Rufnummern der Teilnehmer in kundengerechter Form bereitgestellt werden müssen. Diese Zweckbindung der Daten ist vom anspruchsberechtigten Unternehmer auch nach Erfüllung des gesetzlichen Anspruches aus § 12 Abs 1 zu wahren. Die Vorschrift hat eine doppelte Schutzrichtung: zum einen dient sie dem Schutz der Teilnehmer und der Wahrung ihrer Datenschutzinteressen. Die Vorschrift soll sicherstellen, dass die inhaltliche Zweckbindung der erhobenen Daten von der Weitergabe nicht berührt wird. Zum anderen schützt die Festschreibung der Zweckbindung auch das zur Weitergabe verpflichtete Telekommunikationsunternehmen. Es wird davor geschützt, dass die von ihm bereitgestellten Daten für andere Zwecke als für Auskunftsdienste und Teilnehmerverzeichnisse genutzt werden, beispielsweise für wettbewerbliche Zwecke. **16**

### d) Beachtung der datenschutzrechtlichen Bestimmungen

Die zu beachtenden datenschutzrechtlichen Regelungen sind die gesetzlichen Vorschriften, insbesondere die datenschutzrechtlichen Regelungen des TKG (§ 87 u § 89) sowie der Rechtsverordnung gem § 89 Abs 1 TKG[22], also der Telekommunikationsdienstunternehmen-Datenschutzverordnung (TDSV)[23]; daneben – soweit es anwendbar ist – des Bundes-Datenschutzgesetzes (BDSG). Diese Datenschutzregelungen sind zu **beachten**, die entsprechenden Anforderungen bleiben also unberührt. Allerdings ist § 12 Abs 1 S 1 eine **gesetzliche Vorschrift, die die Weitergabe erlaubt** und die **Zweckbindung der Daten** im Falle der Weitergabe sichert. Insoweit schränkt § 12 Abs 1 etwaige datenschutzrechtliche Weitergabeverbote ein.[24] Keine „datenschutzrechtlichen Regelungen" iSd § 12 Abs 1 S 1 sind vertragliche Vereinbarungen zwi- **17**

---

[18] Zur Begriffsgeschichte Beck'scher TKG-Kommentar/*Büchner* § 12 Rn 6 f.
[19] Das Echtzeiterfordernis verlangt TKMMR/*Mannsen* C § 12 Rn 4.
[20] Dazu § 3 Rn 75; so auch TKMMR/*Mannsen* C § 12 Rn 4; Beck'scher TKG-Kommentar/*Büchner* § 12 Rn 6.
[21] Beck'scher TKG-Kommentar/*Büchner* § 12 Rn 7.
[22] Dazu allgem *Gola* RDV 1997, S 34 ff.
[23] V 12.7.1996, BGBl I, S 982, novelliert durch die TDSV 2000, BGBl I S 1740; dazu Büttgen RDV 2001, 6 ff.
[24] So auch Beck'scher TKG-Kommentar/*Büchner* § 12 Rn 9; ähnlich *Gola* RDV 1997, S 34, 38: Der Gesetzgeber sieht kein neues Gefährdungspotential in der Weitergabe; sa BfD, Tätigkeitsbericht 18 (1999/2000), BT-Drucks 14/5555, S 92 ff; § 89 Rn 63 ff; aM § 89 Rn 20.

schen Teilnehmer und Telekommunikationsunternehmen. Solche vertraglichen Regelungen können den gesetzlichen Anspruch aus § 12 nicht einschränken.

**18** Demgegenüber sind die Bestimmungen des TDDSG nicht anwendbar. Unionsrechtlich sind gem Art 6 Abs 1 der Sprachtelefondienst-Richtlinie[25] die Anforderungen der Datenschutzrichtlinie[26] und der Telekommunikations-Datenschutz-Richtlinie[27] zu berücksichtigen.

### 2. Rechtsfolge

**19** Rechtsfolge von § 12 Abs 1 ist, dass Teilnehmerdaten unter Beachtung der anzuwendenden datenschutzrechtlichen Regelungen in kundengerechter Form zugängig zu machen sind, und zwar „auf Verlangen". § 12 Abs 1 S 1 begründet einen **gesetzlichen Anspruch**.

#### a) Welche Daten?

**20** Der Kreis der weiterzugebenden Teilnehmerdaten ist aus der Zweckbestimmung zu erschließen: nur jene Teilnehmerdaten sind weiterzugeben, die für die genannten Zwecke nötig sind.[28] Dazu gehören die Namen der Teilnehmer, die Rufnummern, im Regelfall aber auch die Adressen. Ohne Adressangaben kann weder ein Auskunftsdienst noch ein Verzeichnis der Rufnummern erstellt werden, schon weil die Adressen angesichts von Namensgleichheiten zur Identifikation unverzichtbar sind.

**21** Zur Verfügung zu stellen sind auch die **Berufs- oder Geschäftsbezeichnung**, der erweiterte Standardeintrag sowie etwaige kostenpflichtige Zusatzeinträge. Kein Anspruch besteht dagegen auf die Mitlieferung von **optischen Hervorhebungen** oder **Sortierungen**.[29] Weiter zu geben sind auch die **rechtserheblichen Daten** über **Einverständnisse** und Widersprüche der Kunden nach § 89 Abs 9 S 3 TKG u § 89 Abs 8 S 4 TKG.

#### b) Art und Weise der Übermittlung

**22** Die Art und Weise, in der die Teilnehmerdaten „zugänglich zu machen" sind, wird im Gesetz nicht näher bestimmt. Erforderlich ist die Bereitstellung in angemessener Form. Der Zugriff muss ohne weiteres und ohne unzumutbare Erschwerung möglich sein, auch wenn das für das bereitstellende Unternehmen mit Aufwand verbunden ist. Dieser Aufwand belastet das bereitstellende Unternehmen nicht unzumutbar, weil er gem § 12 Abs 1 S 2 ausgeglichen wird. Aus der Formulierung „in kundengerechter Form" folgt, dass sich Art und Weise der Bereitstellung an den Interessen des berechtigten Unternehmens orientieren. Bereitgestellt werden müssen geordnete Datenbestände.[30] Sie müssen so bereitgestellt werden, dass das anspruchsberechtigte Telekommunikationsunternehmen ohne weiteres mit üblichen Mitteln so Zugriff nehmen kann, dass die Daten für seine Zwecke („in kundengerechter Form") zur Verfügung stehen.

#### c) Pflicht zur Aktualisierung

**23** Weil sich die Datenbestände jederzeit fortentwickeln, reicht die einmalige Bereitstellung der Datenbestände nicht. Die Bereitstellung setzt darüber hinaus die laufende Aktualisierung des Bestandes voraus.[31] Der Anspruch kann erfüllt werden, indem der erforderliche Datenbestand – die Aktualisierungen – geschlossen übergeben wird. Eine vollständige Übergabe des gesamten Datenbestandes erfüllt den Aktualisierungsanspruch nicht. Geboten ist – soweit gefordert – eine wöchentliche Aktualisierung. Wenn das nicht mit erheblichem Mehraufwand für das anspruchsberechtigte Unternehmen verbunden ist, kann der Anspruch auch erfüllt werden, indem das

---

[25] 98/10/EG.
[26] 95/46/EG.
[27] 97/66/EG.
[28] Im Ansatz anders: Weiterzugeben sei, was vom Anbieter selbst zum Gegenstand eines Verzeichnisses gemacht werde, so Beck'scher TKG-Kommentar/*Büchner* § 12 Rn 7.

[29] Dazu näher Beck'scher TKG-Kommentar/*Büchner* § 12 Rn 12 f; strittig, das Bundeskartellamt hat eine entsprechende Verpflichtung aus § 26 Abs 2 S 1 GWB aF abgeleitet.
[30] Eine „digital aufbereitete Form" verlangt Beck'scher TKG-Kommentar/*Büchner* § 12 Rn 8.
[31] Beck'scher TKG-Kommentar/*Büchner* § 12 Rn 14.

Wolfgang Spoerr

verpflichtete Unternehmen dem Berechtigten den jederzeitigen Zugriff auf den Datenbestand erlaubt.

### d) Zwingendes Gesetzesrecht

§ 12 bringt ein **Gefüge gegenseitiger Ansprüche**. Mit Aktualisierung der gesetzlichen Pflichtenlage durch Geltendmachung der Rechte entsteht ein **gesetzliches Schuldverhältnis**. Abweichende Regelungen zwischen den Parteien sind zulässig; hingegen können vertragliche Regelungen zwischen Dritten die gesetzlichen Ansprüche nicht einschränken. 24

### 3. Entgelt, Abs 1 S 2

Der Verpflichtete hat im Gegenzug Anspruch auf ein Entgelt, das „sich an den Kosten der effizienten Bereitstellung orientiert". Dieser Vorgabe ist für die Höhe des Entgeltes dreierlei zu entnehmen: einmal ist das Entgelt kostenorientiert. Der Begriff der Kosten ist weiter als der des Aufwandes, er schließt auch kalkulatorische Kosten ein. Nicht hingegen können Gewinnzuschläge in das Entgelt eingerechnet werden.[32] Diese Abweichung von § 24 TKG (dazu § 24 Rn 19) erklärt sich aus der abweichenden Gesetzessystematik: Gegenschluß aus Abs 2 (s u Rn 28). 25

Zum anderen sind maßgebend nicht die wirklichen Kosten, sondern die Kosten der effizienten Bereitstellung. Die Kostennachweise sind also daran zu messen, ob sie bei optimaler Wirtschaftlichkeit angemessen sind. Drittens umfassen die Kosten nicht den Aufwand der Erstellung des Verzeichnisses, sondern nur den der eigentlichen Bereitstellung.[33] 26

Fraglich ist im Kontext des § 12, welche Bedeutung das Gebot hat, sich an den Kosten zu „orientieren". Anders als bei § 24 TKG spricht hier alles gegen die These, dass damit einzelfallbezogene Konkretisierungs- oder Beurteilungsspielräume eingeräumt wären.[34] Ein dafür erforderliches Verwaltungsverfahren sieht das Gesetz nicht vor. 27

### 4. Voraussetzungen von Abs 2; angemessenes Entgelt

In den Anspruchsvoraussetzungen und in der Zweckbindung entspricht Abs 2 dem Abs 1; weiter ist aber der Kreis der Anspruchs*berechtigten*: Nach Abs 2 anspruchsberechtigt ist jeder, der die Teilnehmerdaten zu den genannten Zwecken nutzen will. Allerdings ist Preis der Bereitstellung nicht nur ein Entgelt, das sich an den Kosten der effizienten Bereitstellung orientiert, sondern ein „angemessenes Entgelt". Nach der Systematik von § 12 TKG deutet dies darauf hin, dass auch ein angemessener Gewinnzuschlag enthalten sein darf. Unionsrechtlich ist allerdings in Art 6 Abs 3 der Sprachtelefondienst-Richtlinie[35] inzwischen eine Kostenorientierung der Preisgestaltung vorgesehen. Das bedeutet, dass Gewinnzuschläge in unionsrechtlich (richtlinienkonforme Auslegung) nur noch über eine angemessene Eigenkapitalverzinsung eingerechnet werden können.[36] Problematisch ist, ob die Zulassung eines angemessenen Entgeltes es im Unterschied zu Abs 1 auch erlaubt, ineffiziente Kosten einzurechnen. Das Gebot der Angemessenheit dürfte es verbieten, die individuellen Kostenstrukturen des Unternehmens ganz unberücksichtigt zu lassen. Andererseits bedürfen ineffiziente Kosten des verpflichteten Unternehmens besonders sorgfältiger Prüfung. Insbesondere gilt das für die Fixkostenzuordnungen. 28

### 5. Rechtsschutz

§ 12 ist als ein gesetzlicher Anspruch strukturiert. Weil die Beteiligten der Rechtsbeziehungen regelmäßig private Unternehmen sind, handelt es sich bei § 12 Abs 1 S 1 um einen privatrechtlichen Anspruch. Er ist vor den Zivilgerichten durchzusetzen.[37] Eine vorherige Einigung über die 29

---

[32] AM Beck'scher TKG-Kommentar/*Büchner* § 12 Rn 9, der eine angemessene „Eigenkapitalverzinsung" einbezieht.
[33] So Beck'scher TKG-Kommentar/*Büchner* § 12 Rn 14; TKMMR/*Manssen* C § 12 Rn 8.
[34] AM Beck'scher TKG-Kommentar/*Büchner* § 12 Rn 14, 17.
[35] 98/10/EG.
[36] So auch Beck'scher TKG-Kommentar/*Büchner* § 12 Rn 20.
[37] So auch TKMMR/*Manssen* C § 12 Rn 15.

Gegenleistung sieht § 12 nicht ausdrücklich vor. Kommt eine solche Einigung nicht zustande, ist sie auch nicht erforderlich; das berechtigte Unternehmen kann unmittelbar auf Erfüllung klagen.

30  Eine hoheitliche Auffangordnung[38] im Falle der Nichteinigung sieht § 12 TKG nicht vor. Allerdings gehört § 12 nach der Gesetzessystematik zu den Sonderpflichten des Lizenznehmers. Diese Pflichten sind auf verwaltungsrechtlichem Wege durchsetzbar. Die Regulierungsbehörde hat in extremen Fällen gem § 15 Nr 1 TKG die Lizenz zu widerrufen. Eine Befugnisnorm, die selbständige Verfügungen zur Durchsetzung der gesetzlichen Pflichten aus § 12 ermöglichte, enthält das TKG nicht – anders als für die Zusammenschaltung (§ 37 Abs 1) und für die Ausübung lizenzpflichtiger Tätigkeiten ohne Lizenz (§ 71 S 2 TKG). Es ist zweifelhaft, ob § 71 S 1 TKG eine entsprechende Befugnis zu entnehmen ist; ihrem Wortlaut nach ist diese Vorschrift als Aufgabenzuweisung formuliert (dazu § 71 Rn 1). Bei **marktbeherrschenden** Anbietern ist die Durchsetzung in der Mißbrauchsaufsicht gem § 33 **TKG** möglich; Teilnehmerdaten iSd § 12 sind im Sprachtelefondienst **wesentliche Leistungen** iSd § 33.[39]

31  Kommt keine Einigung über das Entgelt zustande, so muss der **Anspruch** auf **Datenherausgabe** zunächst einmal **erfüllt werden;** das verpflichtete Unternehmen kann nicht die Einrede des nichterfüllten Vertrages (§ 320 BGB) erheben. Jene Vorschrift ist unmittelbar nicht anzuwenden, weil die Ansprüche aus § 12 keine vertraglichen Ansprüche sind. Eine entsprechende Anwendung scheidet aus, weil es dem Zweck des § 12 widerspräche, die Daten zügig und effizient bereitzustellen, wenn der Datenherausgabeanspruch mit dem Streit über die Höhe der Gegenleistung belastet wäre.

## § 13 Bereitstellen von Notrufmöglichkeiten

(1) Ein Lizenznehmer, der Sprachkommunikationsdienstleistungen für die Öffentlichkeit anbietet, ist verpflichtet, unentgeltlich Notrufmöglichkeiten für jeden Endnutzer bereitzustellen.

(2) Ein Lizenznehmer, der Sprachkommunikationsdienstleistungen für die Öffentlichkeit anbietet, hat auf Antrag des zuständigen Bundeslandes oder eines ermächtigten Notdienstträgers in öffentlichen Telefonstellen zusätzliche Notrufeinrichtungen einzurichten, die es dem Nutzer ermöglichen, durch einfache Handhabung und möglichst unter automatischer Anzeige des Standortes der benutzten Telefonstelle Sprechverbindung mit einer Notrufabfragestelle aufzunehmen. Öffentliche Telefonstellen, in denen sich Einrichtungen nach Satz 1 befinden, sind besonders zu kennzeichnen. Für das Bereitstellen und den Betrieb von Notrufeinrichtungen ist vom Antragsteller ein Entgelt zu erheben, das die vollen Kosten deckt.

**Inhaltsübersicht**

|  |  | Rn |
|---|---|---|
| I. | Grundlagen | 1–2 |
| II. | Gesetzesentwicklung | 3–5 |
| III. | Einzelkommentierung | 6–13 |
|  | 1. Abs 1: akzessorische Notrufbereitstellungspflicht | 6 |
|  | 2. Abs 2: besondere Notrufeinrichtungen | 7–9 |
|  | 3. Entgelt | 10 |
|  | 4. Durchsetzung, Rechtsschutz | 11–13 |
| IV. | Bewertung | 14 |

---

[38] Zum Begriff *Schmidt-Aßmann* in: Hoffmann-Riem/Schmidt-Aßmann, Öffentliches Recht und Privatrecht als wechselseitige Auffangordnungen, S 7 ff.

[39] OVG Münster, Beschl v 2. 4. 1998, 13 B 213/1998, MMR 1998, 493 = NJW 1998, 3370; VG Köln, Urt v 21. 1. 1998, 1 L 4289/97, ArchivPT 1998, 395.

Wolfgang Spoerr

## I. Grundlagen

Nachrichtenübermittlung in Notfällen ist eine der **wesentlichen Leistungen** der **Telekommunikation** in der modernen Gesellschaft.[1] § 13 soll sicherstellen, dass Notrufmöglichkeiten im Rahmen der vorhandenen Telekommunikationseinrichtungen **optimal** bereitgestellt werden. Nach der Gesetzesbegründung[2] soll ein Notruf nicht daran scheitern, dass der Anrufer nicht im Besitz einer gültigen Telefonkarte oder von Münzen ist, mit denen er den Notruf auslösen kann. In der Wirkung geht § 13 Abs 1 darüber deutlich hinaus: die Vorschrift verbietet es auch, nachträglich ein Entgelt für Notrufe zu erheben. Damit wird die privatwirtschaftlich erbrachte Telekommunikation spürbar leistungsfähiger sein als das frühere Fernmeldemonopol. § 13 gestaltet den verfassungsrechtlichen Gewährleistungsauftrag aus Art 87 f GG so in einem wichtigen Teilbereich aus und dient damit zugleich der Erfüllung grundrechtlicher Schutzpflichten des Staates, insbesondere aus Art 2 Abs 2 GG. 1

Beide Absätze des § 13 gestalten das Angebot von Sprachkommunikationsdienstleistungen für die Öffentlichkeit näher aus, sind dabei aber sehr unterschiedlich strukturiert: während Abs 1 dies als **Vorgabe** für das **Leistungsangebot** des Lizenznehmer ausgestaltet, bringt Abs 2 eine bloße **Ermächtigung zur staatlichen Inpflichtnahme Privater**. Die Entschädigung der Telekommunikationsunternehmen in diesem Fall wurde erst im Laufe des Gesetzgebungsverfahrens in das Gesetz aufgenommen.[3] Verfassungsrechtlich zwingend dürfte das nur dann sein, wenn die Verpflichtungen aus § 13 Abs 2 zu unverhältnismäßigem Aufwand oder gleichheitsrechtlich nicht legitimen Sonderopfern führten. 2

## II. Gesetzesentwicklung

Im Gesetzgebungsverfahren[4] ist die Vorschrift über Notrufmöglichkeiten wesentlich umgestaltet worden. Zunächst war dadurch in § 12 Abs 3 allein folgende Bestimmung enthalten: „Ein Lizenznehmer, der Sprachkommunikationsdienstleistungen für die Öffentlichkeit anbietet, ist verpflichtet, Notrufmöglichkeiten bereitzustellen".[5] Der Bundesrat hatte dazu zunächst vorgeschlagen, nach dem Wort „Notrufmöglichkeiten" die Wörter „für entgeltfreie Notrufe" einzufügen.[6] Der Bundesrat begründete dies mit einer bereits bestehenden Praxis, die gesetzlich festgeschrieben werden solle.[7] 3

Die Bundesregierung lehnte den Vorschlag ab. Dem Anliegen, dass Notrufe nicht am fehlenden Kleingeld oder fehlenden Telefonkarten scheitern sollen, solle in der Universaldienstleistungsverordnung Rechnung getragen werden, anknüpfend an die Telekom-Pflichtleistungsverordnung.[8] 4

Die Vorgabe der Unentgeltlichkeit sowie die Einfügung von § 13 Abs 2 beruht auf den Beschlüssen des Ausschusses für Post und Telekommunikation.[9] Damit solle die von der Deutschen Telekom AG bereits geübte Praxis für alle Anbieter gesetzlich festgelegt werden.[10] 5

## III. Einzelkommentierung

### 1. Abs 1: akzessorische Notrufbereitstellungspflicht

Die Notrufmöglichkeiten müssen unentgeltlich für jeden Endnutzer bereitgestellt werden. Das bedeutet zweierlei: zum einen müssen sie *unentgeltlich* sein, zum anderen müssen sie *jedem* Endnutzer bereitstehen. Sie dürfen nicht von Zugangskontrollen abhängig sein. Die Notrufmöglichkeiten müssen daher auch bei beschränkten Nutzungsverhältnissen zur Verfügung stehen, 6

---

1 Zum Unionsrecht: Beck'scher TKG-Kommentar/ *Schütz* § 13 Rn 3; TKMMR/*Manssen*, C § 13 Rn 2.
2 BT-Drucks 13/4438 S 29.
3 Vgl § 12 Abs 3 TKG-E, BR-Drucks 80/96.
4 Zu Vorläufern Beck'scher TKG-Kommentar/ *Schütz* § 13 Rn 2.
5 BR-Drucks 80/96, S 1, 8.
6 BT-Drucks 13/4438, S 10.
7 BT-Drucks 13/4438, S 10.
8 BT-Drucks 13/4438, S 33.
9 BT-Drucks 13/4864, S 13.
10 BT-Drucks 14/4864, S 77.

Wolfgang Spoerr

beispielsweise auch bei einer Sperrung der Inanspruchnahme. Nicht geregelt ist in § 13 Abs 1 das Verhältnis zwischen Anbieter und anderen Lizenznehmern. Ob beispielsweise Betreiber von Übertragungswegen den Anbietern ein Entgelt für Notrufe berechnen können, kann vertraglich geregelt werden.

### 2. Abs 2: besondere Notrufeinrichtungen

**7** Abs 2 bringt besondere Verpflichtungen für die Ausstattung öffentlicher Telefonstellen. Geboten ist hier die einfache Handhabung zu Gunsten der Nutzer, „möglichst" die automatische Anzeige des Standortes und dadurch Erleichterung der Tätigkeit der Notrufabfragestelle sowie die Erkennbarkeit (Abs 2 S 2) solcher Telefonstellen. Zu dieser Dienstleistung verpflichtet ist der Lizenznehmer nur auf Antrag des zuständigen Bundeslandes oder eines ermächtigten Notdienstträgers. Der Kreis der ermächtigten Notdienstträger richtet sich nach Landesrecht. Wahlweise kann auch das Bundesland für Telefoneinrichtungen in seinem Gebiet den „Antrag" stellen. Der Antrag ist ein entsprechendes Verlangen des Berechtigten. Eine besondere Form ist nicht vorgesehen. Er muss zur Wirksamkeit dem Lizenznehmer zugehen. Im Antrag bestimmt das Bundesland oder der ermächtigte Notdienstträger die erfaßten Telefonstellen sowie die Art und die Ausstattung der zusätzlichen Notrufeinrichtungen. Auf die berechtigten betrieblichen Interessen des Telekommunikationsunternehmens ist dabei Rücksicht zu nehmen.

**8** Öffentliche Telefonstellen sind solche Telefonstellen, die ihrer Zweckbestimmung nach einer unbestimmten Allgemeinheit zur Verfügung stehen. Dazu gehören insbesondere die Telefonstellen auf öffentlichen Wegen, Straßen und Plätzen. Nach dem Normzweck des § 13 Abs 2 nicht zum Kreis der öffentlichen Telefonstellen gehören dürften solche Telefonstellen, die ihrer Zweckbestimmung nach einem beschränkten Benutzerkreis zur Verfügung stehen, beispielsweise Münztelefone in Verwaltungsgebäuden und Krankenhäusern.

**9** Die Bereitstellung von öffentlichen Telefonstellen als solche regelt § 13 nicht; das ist Gegenstand des Universaldienst-Regimes.

### 3. Entgelt

**10** Das Telekommunikationsunternehmen hat gegen den „Antragsteller" Anspruch auf Entgelt. Es muss die „Folgekosten" decken. Ein Gewinnzuschlag ist daher nicht vorgesehen. Andererseits aber ist das Entgelt nicht auf die Kosten der effizienten Bereitstellung beschränkt. Maßgebend sind also die realen Kosten. Gemeinkostenzuschläge dürften nur unter strikter Wahrung der Kausalität zulässig sein.

### 4. Durchsetzung, Rechtsschutz

**11** Fragen der Durchsetzung und des Rechtsschutzes stellen sich dann, wenn das Bestehen der Verpflichtung der Telekommunikationsunternehmen oder die Modalitäten ihrer Erfüllung streitig sind; ferner wenn über das Entgelt gestritten wird. Hier stellt sich jeweils die Frage, wer im Konflikt entscheidet: die Regulierungsbehörde durch hoheitliche, streitschlichtende Entscheidung (Lösung einer hoheitlichen Auffangordnung) oder unmittelbar die Gerichte, bei denen der gesetzliche Anspruch gegen die andere Seite einzuklagen ist (Anspruchslösung). Der Gesetzeswortlaut des § 13 Abs 2 sieht weder für den Streit über die Notrufmöglichkeiten noch für jenen über deren Bezahlung eine streitschlichtende Entscheidung ausdrücklich vor. Für eine solche Befugnis könne allenfalls sprechen, dass § 13 Abs 2 S 1 von einem „Antrag" des Berechtigten spricht. Anträge sind üblicherweise auf ein behördliches oder gerichtliches Verfahren bezogen; die Geltendmachung eines Anspruches wird herkömmlicherweise nicht als Antrag bezeichnet. Doch ist diese begriffliche Unschärfe zu schmal, um Grundlage für eine hoheitliche Streitschlichtung durch die Regulierungsbehörde zu sein. § 13 Abs 2 S 1, 2 ist als **gesetzlicher Anspruch** ausgestaltet. Indem das Gesetz die Erklärung des Bundeslandes oder Notrufträgers als Antrag bezeichnet, ist jedenfalls ausgeschlossen, dass das jeweilige Bundesland hoheitlich entscheidet. Die abschließende Entscheidung im Falle von Konflikten liegt deshalb allein bei den zuständigen Gerichten.

**12** Nicht einfach zu beantworten ist vor diesem Hintergrund die Frage nach dem **Rechtsweg**. Hier geht es darum, ob der Anspruch aus § 13 Abs 2 S 1 als öffentlich-rechtlicher Anspruch der

Verwaltungsgerichtsbarkeit oder als privatrechtlicher Anspruch den Zivilgerichten zugewiesen ist. Für die öffentlich-rechtliche Natur des Rechtsverhältnisses spricht insoweit, dass § 13 Abs 2 ein Rechtssatz ist, dessen Berechtigter der Staat ist; es handelt sich also um Sonderrecht. Zudem dient § 13 Abs 2 öffentlichen Interessen. Andererseits hat sich der Gesetzgeber durch die – soeben dargestellte – spezifische Tatbestandsstruktur von § 13 Abs 2 für ein Rechtsverhältnis entschieden, das von Gleichordnung geprägt ist. Und der Schwerpunkt der Norm liegt auf einer Ausgestaltung des privatwirtschaftlichen – und folgt jedenfalls insgesamt privatrechtlich strukturierten – Leistungsangebotes des Telekommunikationsunternehmens. Der berechtigte Staat tritt insoweit ähnlich wie ein gewöhnlicher Nutzer bestimmter Telekommunikationsleistungen auf. Wegen dieser Besonderheiten der Strukturierung des Rechtsverhältnisses durch den Gesetzgeber ist von einer insgesamt privatrechtlichen Natur des Rechtsverhältnisses auszugehen; zuständig sind folglich die **Zivilgerichte**.

Der **Vergütungsanspruch** teilt die **Rechtsnatur** des **Leistungsanspruches**. Ordnet man ihn als einen zivilrechtlichen Anspruch ein, so ist auch der Vergütungsanspruch zivilrechtlich. **13**

## IV. Bewertung

§ 13 ist eine inhaltlich ausgewogene Regelung, die die telekommunikationspolitischen Bedürfnisse erfüllt. Die Praxis wird beweisen müssen, ob der Verzicht auf eine hoheitliche Auffangordnung zur Streitschlichtung in der Praxis Schwierigkeiten bereitet; insoweit enthält § 13 in Abs 2 ein alternatives Modell der Streitschlichtung, das im Unterschied zu anderen Regelungen auf die zwischengeschaltete Behörde verzichtet. Die Praxiserfahrungen mit § 13 Abs 2 werden nicht nur erweisen müssen, ob hier eine hoheitliche Auffangordnung eingeführt werden sollte, sondern auch, ob auf sie an anderer Stelle verzichtet werden kann. **14**

## § 14 Strukturelle Separierung und getrennte Rechnungsführung

**(1) Unternehmen, die auf anderen Märkten als der Telekommunikation über eine marktbeherrschende Stellung nach § 19 des Gesetzes gegen Wettbewerbsbeschränkungen verfügen, müssen Telekommunikationsdienstleistungen in einem oder mehreren rechtlich selbständigen Unternehmen führen.**

**(2) Unternehmen, die auf einem Markt der Telekommunikation über eine marktbeherrschende Stellung nach § 19 des Gesetzes gegen Wettbewerbsbeschränkungen verfügen, müssen die Nachvollziehbarkeit der finanziellen Beziehungen zwischen Telekommunikationsdienstleistungen im lizenzpflichtigen Bereich zueinander und dieser zu Telekommunikationsdienstleistungen im nicht lizenzpflichtigen Bereich durch Schaffung eines eigenen Rechnungslegungskreises gewährleisten. Dabei kann die Regulierungsbehörde die Gestaltung der internen Rechnungslegung für bestimmte lizenzpflichtige Telekommunikationsdienstleistungen vorgeben.**

**Schrifttum:** *Bolsenkötter* Unbundling – Entflechtung in Rechnungswesen und Rechnungslegung unter Berücksichtigung der Stellungnahmen der Verbände und der Auffassung des IDW, Vortragsmanuskript v 7. 12. 2000; *Bolsenkötter* Transparenz bei öffentlichen Dienstleistungen durch Segmentierung von Rechnungswesen und Rechnungslegung, insbesondere nach den Energiebinnenmarkt-Richtlinien, in: Cox (Hrsg), Daseinsvorsorge und öffentliche Dienstleistungen in der Europäischen Union, 2000; *Breuer* Die Pflicht zur strukturellen Separierung nach § 14 Abs 1 TKG, Energiewirtschaftliche Tagesfragen 1996, 808; *Britz* Staatliche Förderung gemeinwirtschaftlicher Dienstleistungen in liberalisierten Märkten, DVBl 2000, 1641; *Floren* Sendernetzbetrieb der öffentlich-rechtlichen Rundfunkanstalten, ZUM 2000, 904; *Gröner/Knorr* Stromversorger als Anbieter von Telekommunikationsdienstleistungen? WuW 1995, 785; OFTEL, Interconnection and Accounting Separation, 1993.

Wolfgang Spoerr

**Zweiter Teil** Regulierung von Telekommunikationsdienstleistungen
**Erster Abschnitt** Lizenzen

**Inhaltsübersicht**

| | Rn |
|---|---|
| I. Grundkonzept | 1 |
| II. Rechtsentwicklung und Unionsrecht | 2–10 |
| III. Marktbeherrschende Unternehmen | 11–21 |
|    1. Der Unternehmensbegriff | 11 |
|    2. Marktbeherrschende Stellung | 12–16 |
|    3. Telekommunikationsdienstleistungen | 17–19 |
|    4. Rechtlich selbständige Unternehmen | 20–21 |
| IV. Abs 2: Transparenzpflicht durch Schaffung eigener Rechnungslegungskreise | 22–26 |
|    1. Zuschnitt der abzugrenzenden Bereiche | 23–24 |
|    2. Schaffung eines eigenen Rechnungslegungskreises | 25 |
|    3. § 14 Abs 2 S 2: Vorgaben zur Gestaltung der internen Rechnungslegung | 26 |
| V. Sanktionen | 27–29 |
|    1. Bußgeldbewehrung | 27 |
|    2. Veröffentlichung, Auskunftsersuchen der Regulierungsbehörde | 28–29 |

## I. Grundkonzept

**1** § 14 ist eine der Vorschriften des TKG, die das Spezifische der telekommunikationsrechtlichen Regulierung deutlich macht: diese zielt auf staatliche Rahmensetzung für privates Wirtschaften, die funktionierende Märkte schafft und sichert. Das vom Gesetzgeber dafür in § 14 vorgeschriebene Mittel sind Vorgaben für die **Unternehmensorganisation** (strukturelle Separierung) und die **Rechnungslegung** (Segmentierung). Beides dient zugleich der Transparenz und der regulierenden Marktbeobachtung durch die Regulierungsbehörde. Die Transparenz der finanziellen Beziehungen soll in erster Linie marktbeherrschende Anbieter an einem Missbrauch ihrer Stellung durch Quersubventionierung aus Erlösen des beherrschten Marktes hindern.[1] Daneben schafft das Gebot getrennter Rechnungsführung auch die Voraussetzungen für eine sachgerechte Entgeltregulierung.[2] Insoweit wird § 14 von § 31 Abs 1 Nr 2 TKG ergänzt (s § 31 Rn 10 ff). Die Segmentierung der Rechnungslegung ist demgegenüber im allgemeinen Unternehmensrecht nur schwach ausgeprägt (§ 285 Nr 4 und § 297 Abs 1 S 2 HGB).

## II. Rechtsentwicklung und Unionsrecht

**2** Bis zum Inkrafttreten des TKG enthielt das Gesetz keine Vorgaben für die Unternehmensstruktur. Die seinerzeit erteilten Mobilfunklizenzen enthielten jedoch entsprechende Vorgaben. So enthält beispielsweise die D 1-Lizenz[3] neben Auflagen, die die rechtliche und wirtschaftliche Selbständigkeit des Lizenznehmers sichern[4], Widerrufsvorbehalte zur Sicherung der Unabhängigkeit des Lizenznehmers von anderen Anbietern auf demselben Markt[5] und zur Segmentierung des Rechnungswesens.[6]

**3** § 14 wurde im Laufe des Gesetzgebungsverfahrens zum TKG nicht verändert. Durch Art 2 der

---

[1] Beck'scher PostG-Kommentar/*Badura* § 10 Rn 1.
[2] Beck'scher PostG-Kommentar/*Badura* § 10 Rn 1.
[3] Vfg 259.1, ABl BMPT 23/94, S 871 ff.
[4] Aufl 32.2: „Die Lizenz ist nicht übertragbar"; Aufl 32.3: „Eine Änderung in den Eigentumsverhältnissen des Lizenznehmers sowie Abschluß, Änderung und Beendigung von Unternehmensverträgen iSd §§ 291, 292 des Aktiengesetzes bedürfen der vorherigen Zustimmung des Lizenzgebers".
[5] Nebenbestimmung 34.2: „Die Lizenz kann außerdem ganz oder teilweise widerrufen werden, wenn der Lizenznehmer einen Zusammenschluss iSd § 23 Abs 2 und 3 des Gesetzes gegen Wettbewerbsbeschränkungen mit der E-Plus Mobilfunk GmbH, der Mannesmann Mobilfunk GmbH oder mit einem anderen Unternehmen vollzieht, sofern diese auf Mobilfunkmärkten tätig sind oder werden, die mit dem Betätigungsbereich des Lizenznehmers als sachlich und räumlich gleich anzusehen sind. Das gleiche gilt, wenn das andere Unternehmen mit der E-Plus Mobilfunk GmbH, der Mannesmann Mobilfunk GmbH oder einem Lizenznehmer iSd § 23 Abs 2 u 3 des Gesetzes gegen Wettbewerbsbeschränkungen zusammengeschlossen ist und diese auf diesen Märkten tätig sind oder werden".
[6] Aufl 36.1: „Der Lizenznehmer hat im Rahmen seines internen Rechnungswesens sicherzustellen, dass die Kosten und Erlöse des D 1-Mobilfunkdienstes getrennt von den übrigen Mobilfunkdiensten abgerechnet werden".

Wolfgang Spoerr

6. GWB-Novelle wurde die Verweisung auf das GWB angepasst: statt auf § 22 bezieht sich § 14 jetzt auf die Nachfolgevorschrift § 19 GWB.

Das Unionsrecht sieht vergleichbare Vorgaben vor: Art 8 der Zusammenschaltungsrichtlinie[7] soll über eine getrennte Buchführung die Transparenz interner Kostenübertragung gewährleisten und Unternehmen von unlauteren Quersubventionen abhalten. Art 8 dieser Richtlinie ist ein Mindeststandard, der dem nationalen Gesetzgeber weitergehende Vorschriften gestattet.[8] Dazu kommt Art 1 Nr 8 der Full Competition-Richtlinie.[9] Diese Vorschrift verlangt von Unternehmen, die auf anderen Märkten als der Telekommunikation ausschließliche oder besondere Rechte haben, die Führung getrennter Finanzkonten. Die Zusammenschaltungsrichtlinie[10] sieht in Art 8 Abs 3, 4 eine Veröffentlichungspflicht vor, in Abs 2 eine Freistellung von kleineren Unternehmen (Umsatzschwelle: 20 Mio ECU). Die Kabel-Richtlinie[11] sieht eine Pflicht zur strukturellen Separierung von Breitband-Kabelnetzen vor. Detaillierte Vorschriften für andere Branchen enthält die Transparenz-Richtlinie.[12]  **4**

Die EG-Kommission hat eine Empfehlung zur getrennten Buchführung und Kostenrechnung erlassen.[13] Danach ist es der Zweck der von EG-Recht (Art 8 Abs 2 der Zusammenschaltungs-Richtlinie[14] geforderten getrennten Buchführung, eine aus den Rechnungsbüchern hergeleitete Informationsanalyse vorzulegen, die das Ergebnis von Teilbereichen eines Geschäfts mit der größtmöglichen Annäherung so beschreibt, als handele es sich um getrennt geführte Geschäfte. Den nationalen Regulierungsbehörden wird empfohlen, von den Betreibern zu fordern, die Betriebskosten, das eingesetzte Kapital und die Erträge zumindest nach folgenden Geschäftstätigkeiten aufzugliedern:  **5**

– Kernnetz (Vermittlungsinfrastruktur)  **6**
– Ortsanschlussnetz (Teilnehmeranschluss-Infrastruktur)  **7**
– Einzelkundengeschäft  **8**
– sonstige Tätigkeiten  **9**

Zugleich empfiehlt die Kommission, von Betreibern, die eine getrennte Buchführung vornehmen müssen, für jedes gesonderte Geschäft die **Vorlage einer Gewinn- und Verlustrechnung** zu verlangen. Transferentgelte und Rechtsgeschäfte zwischen den einzelnen Geschäftsbereichen seien eindeutig auszuweisen. Diese gesonderten Finanzberichte sollen in eine Gewinn- und Verlustrechnung und eine Bilanz für das Unternehmen als Ganzes konsolidiert werden. Diese EG-Empfehlung ist nach allgemeinen Grundsätzen nicht verbindlich. Sie beschränkt die Freiheit der Regulierungsbehörde bei der Umsetzung der Zusammenschaltungs-Richtlinie nicht, darf aber in der Regulierungspraxis nicht ignoriert werden.  **10**

## III. Marktbeherrschende Unternehmen

### 1. Der Unternehmensbegriff

Einen allgemein geltenden Unternehmensbegriff kennt die deutsche Rechtsordnung nicht. Daher ist er stets aus dem Sinnzusammenhang der einzelnen Normen, in denen er gebraucht wird, zu bestimmen. Der Unternehmensbegriff des § 14 ist auf die Tätigkeit am Markt hin ausgerichtet. Unternehmen iSd § 14 ist daher nicht nur jede rechtsfähige Einheit, sondern gegebenenfalls auch eine als wirtschaftliche Einheit auftretende, gesellschaftsrechtlich verbundene Gruppe von rechtsfähigen Rechtsträgern. Dieser funktionale, auf die **wirtschaftliche Wirkungseinheit** bezogene Unternehmensbegriff läßt sich auch aus der inneren Struktur des  **11**

---

7  97/33/EG.
8  Beck'scher TKG-Kommentar/*Geppert* § 14 Rn 1.
9  96/19/EG; ABl EG Nr L 74, S 13.
10  97/33/EG.
11  99/64/EG, Änderung ABl EG Nr L 175 v 10. 7. 1999, S 39.
12  Dazu allgem *Britz* DVBl 2000, 1641, 1647 ff.
13  Empfehlung 98/3222/EG der Kommission für Zusammenschaltung in einem liberalisierten Telekommunikationsmarkt (Teil 2 – Getrennte Buchführung und Kostenrechnung) v 8. 4. 1998, EG-ABl L 141 v 13. 4. 1998 S 6.
14  97/33/EG.

Gesetzestatbestandes entnehmen: Der Gesetzgeber versteht rechtlich selbständige Unternehmen als einen Sonderfall des Unternehmens.

### 2. Marktbeherrschende Stellung

**12** Die Sonderpflichten zur **strukturellen Separierung** (§ 14 Abs 1) gelten nicht für Telekommunikationsunternehmen allgemein, sondern nur für Unternehmen, die einen anderen Markt als einen Telekommunikationsmarkt beherrschen.

**13** Von § 14 Abs 1 betroffen sind nur Unternehmen, die auf anderen Märkten als der Telekommunikation über eine marktbeherrschende Stellung verfügen. Das können beispielsweise Rundfunkanstalten[15], Bahnunternehmen, **Energieversorger, Gerätehersteller** oder **Medienunternehmen** sein. Nicht betroffen sind somit Unternehmen, die ausschließlich auf Telekommunikationsmärkten marktbeherrschend sind. Maßgeblich ist in § 14 ebenso wie in anderen Zusammenhängen des TKG (etwa § 32) der **wettbewerbsrechtliche** Begriff der Marktabgrenzung und Marktbeherrschung.

**14** Für Abs 2 muss sich die Marktbeherrschung auf einen Telekommunikationsmarkt beziehen. Telekommunikation ist in § 3 Nr 16 definiert. Märkte der Telekommunikation sind alle jene Märkte, in denen die technischen Vorgänge des Aussendens, Übermittelns und Empfangens von Nachrichten jeglicher Art in der Form von Zeichen, Sprache, Bildern oder Tönen mittels technischer Einrichtungen oder Systemen angeboten werden.

**15** Die Prüfung der marktbeherrschenden Stellung auf einem anderen Markt als der Telekommunikation setzt eine zweistufige Prüfung voraus: Zunächst stellt sich die Frage nach der Marktabgrenzung. Der jeweils relevante Teilmarkt muss sachlich und räumlich definiert werden. Der sachlich relevante Markt ist im TKG ebenso wie im GWB allgemein nicht nach den technischen Dienstleistungscharakteristika zu bestimmen, die beispielsweise für die Einteilung der Lizenzklassen gem § 6 Abs 2 maßgeblich sind.[16] Maßgeblich ist vielmehr die funktionelle Austauschbarkeit aus Sicht des Nachfragers.[17] Entscheidend ist, ob der verständige Nachfrager sie als für die Deckung eines bestimmten Bedarfs gleichermaßen geeignet ansieht.[18]

**16** Das Kriterium der Marktbeherrschung (zweite Prüfungsstufe) ist kraft ausdrücklicher gesetzlicher Verweisung nach den kartellrechtlichen Bestimmungen (§ 19 Abs 1 GWB) zu bestimmen. Ebenso gelten die Vermutungen des § 19 Abs 3 GWB.[19]

### 3. Telekommunikationsdienstleistungen

**17** § 14 richtet sich nicht allein an Lizenznehmer, sondern allgemein an Unternehmen, die Telekommunikationsdienstleistungen „führen" (Abs 1).[20] Daher passt die Vorschrift systematisch nicht richtig zu den §§ 6–16 TKG. Telekommunikationsleistungen sind in § 3 Nr 18 definiert als „das gewerbliche Angebot von Telekommunikation einschließlich des Angebotes von Übertragungswegen für Dritte". Der Begriff ist entsprechend weit definiert. Maßgeblich ist allein die Gewerblichkeit des Angebotes, also die nachhaltige, in der Regel entgeltliche Zurverfügungstellung am Markt.

**18** Ausgeklammert ist die Nutzung von Übertragungswegen für **eigene Zwecke,** beispielsweise im Rahmen der betrieblichen Kommunikation von Energieversorgungsunternehmen.[21] Ebenso können **Leerrohre** uä Einrichtungen von marktbeherrschenden Unternehmen iSd § 14 Abs 1 Dritten gewerblich zur Verfügung gestellt werden, ohne dass dies zur Pflicht zu struktureller Separierung führt.[22] Nach zutreffender Auffassung können auch Übertragungswege ohne Abschlußeinrichtungen („dark copper") und betriebliche Kabelanlagen gewerblich zur

---

15 Dazu *Floren* ZUM 2000, 904, 914 ff.
16 Beck'scher TKG-Kommentar/*Salger* § 32 Rn 13.
17 *Bechtold* GWB, § 19 Rn 6 mwN; BGHZ 77, 279, 290; BGH NJW 1996, 595.
18 Zu den Märkten der Telefondienste: *Mestmäcker* MMR 1998, Beilage Heft 8; TKMMR/*Manssen* C § 14 Rn 8 ff; zum Reselling: *Salje* K & R 1998, 331.
19 Ausführlich etwa *Bechtold* GWB, § 19 Rn 22 ff; Beck'scher TKG-Kommentar/*Salger* § 32 Rn 24.
20 So zu Recht auch *Breuer* Energiewirtschaftliche Tagesfragen 1996, S 808, 809.
21 Beck'scher TKG-Kommentar/*Geppert* § 14 Rn 7.
22 Beck'scher TKG-Kommentar/*Geppert* § 14 Rn 7.

Verfügung gestellt werden, ohne dass dies zur Pflicht zur strukturellen Separierung führt.[23] Dies ist nur richtig, wenn dem engen Begriff des Übertragungsweges (§ 3 Nr 22) gefolgt wird.[24]

Das Sonderproblem der **bifunktionalen Nutzung** identischer **technischer Übertragungswege** wird dieser Auffassung zur Folge ebenfalls weitgehend über den engen Begriff des Übertragungsweges gelöst: Die Mitnutzung von Stromleitungen marktbeherrschender Unternehmen sei zulässig, da diese Leitungen erst durch übertragungstechnische Einrichtungen und Abschlußeinrichtungen zu einem Übertragungsweg für Telekommunikation werden.[25] Auf der Grundlage des telekommunikationsrechtlichen Begriffes des Übertragungsweges ist die Überlassung der Stromleitung an das rechtlich verselbständigte verbundene Unternehmen kein Angebot eines Übertragungsweges.[26]

### 4. Rechtlich selbständige Unternehmen

Der Begriff des rechtlich selbständigen Unternehmens ist vom funktionalen Unternehmensbegriff des § 19 GWB zu unterscheiden.[27] Rechtliche Selbständigkeit setzt zwar nicht die wirtschaftliche Unabhängigkeit voraus[28]; rechtlich selbständige Unternehmen sind zum einen juristische Personen, zum anderen die teilrechtsfähigen Personen-Handelsgesellschaften. Nicht hingegen sind „rechtlich selbständige Unternehmen" solche Einheiten, deren Selbständigkeit im wirtschaftlichen Bereich rechtlich nicht gesichert ist. Insoweit ist der Begriff des rechtlich selbständigen Unternehmens deutlich enger als der funktionale Unternehmensbegriff von § 22 GWB. Auch **juristische Personen des öffentlichen Rechts** sind Unternehmen, wenn sie sich am Markt betätigen. Vom Normzweck her ist eine Abhängigkeit, auch eine Konzernierung nicht schlechthin ausgeschlossen. Weil es in § 14 darum geht, dass die Unternehmen selbständige Bücher führen und Rechnung legen, um die finanziellen Beziehungen zwischen marktbeherrschenden Unternehmen und Telekommunikationsunternehmen eine rechtlich-strukturelle Verselbständigung transparent zu machen,[29] sind die Eingliederung (§ 317 AktG) und der Beherrschungs- und Gewinnabführungsvertrag (§ 292 AktG) unzulässig.[30] Die Transparenz der finanziellen Beziehungen ist bei beherrschten Gesellschaften nicht mehr gewährleistet.

§ 14 Abs 1 macht keine Vorgaben für eine Trennung der Telekommunikationsaktivitäten untereinander.[31] Sowohl aus dem Wortlaut wie aus § 14 Abs 2 ergibt sich, dass keine entsprechende Verpflichtung besteht. Insoweit sind aber § 32 u § 8 Abs 2 S 2 TKG zu beachten.

## IV. Abs 2: Transparenzpflicht durch Schaffung eigener Rechnungslegungskreise

Rechtsfolge von Abs 2 ist eine Pflicht zur getrennten Rechnungsführung, die der Transparenz dient: der „Nachvollziehbarkeit der finanziellen Beziehungen". Das wirft Fragen auf im Hinblick auf den Zuschnitt der Bereiche ebenso wie auf den Begriff des Rechnungslegungskreises:

### 1. Zuschnitt der abzugrenzenden Bereiche

Abs 2 S 1 verlangt, dass verschiedene Telekommunikationsdienstleistungen im lizenzpflichtigen Bereich zueinander und die lizenzpflichtigen Telekommunikationsdienstleistungen von Telekommunikationsdienstleistungen im nicht lizenzpflichtigen Bereich unterschieden werden.

---

23 Beck'scher TKG-Kommentar/*Geppert* § 14 Rn 7; *Breuer* Energiewirtschaftliche Tagesfragen 1996, S 808, 809.
24 Dazu § 3 Rn 100.
25 Beck'scher TKG-Kommentar/*Geppert* § 4 Rn 9.
26 Beck'scher TKG-Kommentar/*Geppert* § 14 Rn 8 f; TKMMR/*Manssen* C § 14 Rn 6 verlangt dagegen eine „Zuordnung" der bifunktionalen Einrichtung insgesamt „zum Bereich der Tochtergesellschaft".

27 Anders Beck'scher TKG-Kommentar/*Geppert* § 14 Rn 11; zum klarer formulierten § 10 PostG Beck'scher PostG-Kommentar/*Badura* § 10 Rn 3;.
28 Beck'scher TKG-Kommentar/*Geppert* § 14 Rn 10.
29 Beck'scher TKG-Kommentar/*Geppert* § 14 Rn 11.
30 AM Beck'scher TKG-Kommentar/*Geppert* § 14 Rn 10 und die Regulierungspraxis.
31 So zu Recht Beck'scher TKG-Kommentar/*Geppert* § 14 Rn 12; aM *Hiltl/Großmann* BB 1996, 173.

**Zweiter Teil** Regulierung von Telekommunikationsdienstleistungen
**Erster Abschnitt** Lizenzen

Damit wird eine Segmentierung des Rechnungswesens verlangt, die über die allgemeinen Erfordernisse des Handelsrechts (§§ 285 Nr 4 und 297 Abs 1 S 2 HGB) weit hinausgeht. Wiederum ist die Definition des § 3 Nr 18 heranzuziehen. Maßgeblich ist das gewerbliche Angebot von Telekommunikation einschließlich des Angebotes von Übertragungswegen für Dritte. Daraus folgt, dass es zum einen auf den Zuschnitt des Angebotes ankommt, den das Unternehmen wählt. Dementsprechend sind wesentliche Einzelleistungen zur Erbringung der vom Unternehmen angebotenen Telekommunikationsdienstleistungen (vgl § 33 Abs 1) nicht erfaßt; das ist telekommunikationspolitisch nicht unproblematisch.[32] Das TKG läßt zwei Möglichkeiten, diese Lücke zu schließen: zum einen kann über § 14 Abs 2 S 2 ein Detaillierungsgrad vorgegeben werden, der auch die Kostenrechnung bezüglich wesentlicher Einzelleistungen innerhalb einer Telekommunikationsdienstleistung umfasst.[33] Zulässig sind ferner Auflagen zu Lizenzen gem § 8 Abs 2 S 3; § 14 ist insoweit keine abschließende Vorschrift.

24 Für die Abgrenzung von verschiedenen Telekommunikationsdienstleistungen untereinander ist ebenfalls das Marktangebot maßgeblich. Die Einteilung der Lizenzklassen kann insoweit allenfalls indizielle Bedeutung haben.

### 2. Schaffung eines eigenen Rechnungslegungskreises

25 Der Begriff „eigener Rechnungslegungskreis" ist gesetzlich nicht näher definiert. Mit ihm ist eine **Segmentierung** der Rechnungslegung vorgegeben. Mit dem Begriff der „Rechnungslegung" wird – als Mindestforderniss – auf allgemeine Grundsätze ordnungsgemäßer Buchführung und der kaufmännischen Rechnungslegung (§ 242 ff HGB) Bezug genommen. Maßgebend sind insoweit – soweit sie Aussagen treffen – die Sonderregeln für die Segmentierung in den Grundsätzen ordnungsgemäßer Buchführung.[34] Der Rechnungslegungskreis bezieht sich auf die Finanzbuchführung (insbesondere die handelsrechtliche Gewinn- und Verlustrechnung). Das entspricht auch dem Normzweck.[35] Die Segmentberichterstattung muss mit den Bilanzierungs- und Bewertungsmethoden des zugrunde liegenden Abschlusses übereinstimmen. Bei der Entkonsolidierung ist eine sachgerechte und nachvollziehbare Zuordnung erforderlich. Dagegen sind nicht sämtliche HGB-Vorschriften für Jahresabschlüsse vollständig anzuwenden. Maßgeblich sind insbesondere die Grundsätze ordnungsgemäßer Buchführung (GOB). Als Quelle zur Ermittlung eignen sich Rechnungslegungs-Standards deutscher und internationaler Gremien. Daran anknüpfende und auch darüber hinausgehende Präzisierungen können gem § 14 Abs 2 S 2 angeordnet werden. Solche Vorgaben dienen insbesondere auch der Vergleichbarkeit.

### 3. § 14 Abs 2 S 2: Vorgaben zur Gestaltung der internen Rechnungslegung

26 Eine zusätzliche Befugnis der Regulierungsbehörde bringt § 14 Abs 2 S 2 TKG. Zulässig sind entsprechende Vorgaben nur für lizenzpflichtige Telekommunikationsdienstleistungen. § 14 Abs 2 S 2 läßt offen, in welcher Rechtsform dies geschieht. Jedenfalls ist § 14 Abs 2 S 2 nicht im Sinne einer Verordnungsermächtigung zu lesen. Der typische Fall einer Verwaltungsvorschrift ist § 14 Abs 2 S 2 nicht, weil entsprechende Vorgaben auf Außenwirkung zielen. Die Regulierungsbehörde kann die Ausgestaltung der internen Rechnungslegung zum einen durch **unverbindliche Richtlinien** festlegen. Solche allgemeinen Richtlinien entfalten aus sich heraus keine Verbindlichkeit. Darüber hinaus soll § 14 Abs 2 S 2 aber auch eine verbindliche Vorgabe im Einzelfall an ein oder mehrere bestimmten Unternehmen erlauben. In diesem Fall handelt es sich um einen **Verwaltungsakt**.[36] § 14 Abs 2 S 2 gibt der Regulierungsbehörde dagegen keine Befugnis, die interne Organisation des Unternehmens zu beeinflussen oder gar zu reglementieren. Auch die Art und Aufteilung des Dienstleistungsangebotes wird von § 14 Abs 2 S 2 nicht erfasst.[37] Die Vorgaben dürfen auch die **Ableitung** der Kosten- und Ergebnisrechnung aus der **handels-**

---

32 Beck'scher TKG-Kommentar/*Geppert* § 14 Rn 15.
33 Beck'scher TKG-Kommentar/*Geppert* § 14 Rn 15.
34 Vgl *Bolsenkötter* Unbundling, S 19; Deutscher Rechnungslegung-Standard (DRS) 3 v 20.12.1999; International Accounting Standard (IAS) 14.
35 Beck'scher TKG-Kommentar/*Geppert* § 14 Rn 16. Zum folgenden *Bolsenkötter* Unbundling, S 18 ff.
36 Beck'scher PostG-Kommentar/*Badura* § 10 Rn 11.
37 Zur Parallelvorschrift § 10 PostG: Beck'scher PostG-Kommentar/*Badura* § 10 Rn 2.

Wolfgang Spoerr

rechtlichen Gewinn- und Verlustrechnung regeln. Nur damit ist eine verlässliche Datengrundlage zu gewinnen.

## V. Sanktionen

### 1. Bußgeldbewehrung

§ 14 Abs 1 u Abs 2 S 1 sind bußgeldbewehrt: Verstöße gegen diese Vorschriften sind Ordnungswidrigkeiten nach § 96 Abs 1 Nr 4 TKG; der Bußgeldrahmen geht bis DM 1 Mio. Zum Verstoß gegen § 14 Abs 2 S 1 führt auch ein Verstoß gegen Vorgaben gem § 14 Abs 2 S 2, wenn dies die Nachvollziehbarkeit der finanziellen Beziehung in irgend einer Weise beeinträchtigt. Verwaltungsakte können zur Durchsetzung der Pflichten aus § 14 Abs 1 u Abs 2 S 1 nur über den Umweg von **Lizenzauflagen** erlassen werden. 27

### 2. Veröffentlichung, Auskunftsersuchen der Regulierungsbehörde

Die Rechnungslegung nach § 14 Abs 2 S 1 ist nicht zu veröffentlichen. Darin unterscheidet sich das nationale Recht vom Unionsrecht (Art 8 Abs 3, 4 der Zusammenschaltungsrichtlinie[38]). Unabhängig von § 14 ergeben sich Veröffentlichungspflichten aus § 325 HGB und § 3 PublG. 28

Die Transparenz gegenüber der Regulierungsbehörde ergibt sich aus § 72 Abs 1 Nr 1, Abs 2 TKG. 29

## § 15 Widerruf der Lizenz

Eine Lizenz kann teilweise oder ganz widerrufen werden, wenn
1. der Lizenznehmer den Verpflichtungen aus seiner Lizenz oder seinen Verpflichtungen nach diesem Gesetz nicht nachkommt, insbesondere gegen das Fernmeldegeheimnis, datenschutzrechtliche Regelungen oder Strafvorschriften verstößt,
2. in den Fällen des § 9 Abs 2 beim Lizenznehmer oder demjenigen, dem die Lizenz überlassen wurde, ein Versagungsgrund nach § 8 Abs 3 Satz 1 Nr 2 entsteht.

**Inhaltsübersicht**

|  |  | Rn |
|---|---|---|
| I. | Grundlagen | 1–2 |
| II. | Gesetzgebungsgeschichte | 3–5 |
| II. | Einzelkommentierung | 6–21 |
|  | 1. Voraussetzungen | 6–14 |
|  | a) Lizenz | 6–8 |
|  | b) Widerrufsgründe nach Nr 1: Pflichtverstöße des Lizenznehmers | 9–12 |
|  | c) § 15 Nr 2 TKG | 13–14 |
|  | 2. Rechtsfolge bei Vorliegen der Voraussetzungen des § 15: Ermessensausübung, insbesondere: Verhältnismäßigkeit | 15–21 |

## I. Grundlagen

Die Lizenz ist ein begünstigender Verwaltungsakt. Sie kann deshalb nach den Regeln des allgemeinen Verwaltungsrechts nachträglich aufgehoben werden: Neben der Rücknahme nach § 48 VwVfG steht der Widerruf nach § 49 VwVfG. Die Rücknahme ist nur bei rechtswidrigen Lizenzen möglich, während der Widerruf gem § 49 VwVfG bei rechtmäßigen und – erst recht – rechtswidrigen[1] Lizenzen möglich ist. Diese Regeln beruhen auf der Grundüberlegung, dass rechtswidrige Verwaltungsakte in geringerem Umfang bestandsgeschützt sind als rechtmäßige Verwaltungsakte. Die Einschränkungen der Rücknehmbarkeit von Verwaltungsakten gem §§ 48, 49 VwVfG gelten nicht für die Rücknahme im Rechtsbehelfsverfahren (§ 50 VwVfG). Neben die 1

---

[38] 97/33/EG.   **1** Vgl nur *Kopp/Ramsauer* VwVfG, § 49 Rn 5 mwN.

Wolfgang Spoerr

Befugnisse der Behörde zur Rücknahme aus §§ 48, 49 treten die allgemeinen verwaltungsverfahrensrechtlichen Vorschriften über das Wiederaufgreifen des Verfahrens (§ 51 VwVfG)[2]. Liegen die – eine relativ hohe Hürde bildenden – Voraussetzungen des § 51 VwVfG vor, so muss das Verfahren wieder aufgegriffen werden und über die Aufhebung oder Änderung des unanfechtbaren Verwaltungsaktes entschieden werden.[3]

2 All diese Vorschriften des allgemeinen Verwaltungsrechts werden von § 15 ergänzt[4] und – ganz punktuell – überlagert. § 15 TKG bringt **zusätzliche** Widerrufsmöglichkeiten, die – anders als teilweise § 49 VwVfG – keine Entschädigungspflicht auslösen. Der Rückgriff auf die §§ 48, 49 und 51 VwVfG ist daneben möglich. Zulässig ist auch der **Verzicht** auf die Lizenz.[5] Er ist eine einseitige Willenserklärung, die der RegTP zugehen muss.

## II. Gesetzgebungsgeschichte

3 Dem Grundkonzept der nur sehr rudimentären Regelung entsprechend, enthielt das **FAG** keine Vorschriften über Rücknahme oder Widerruf von Verleihungen. Hier galt ausschließlich das FAG, das VwVfG oder allgemeine Verwaltungsrechtsgrundsätze.[6]

4 Im Gesetzesentwurf der Bundesregierung[7] enthielt § 14 Vorschriften über den Widerruf der Lizenz. § 14 Abs 1 entsprach weitgehend § 15; nur die Nichterfüllung von Verpflichtungen nach diesem Gesetz war noch nicht als eigener Widerrufsgrund aufgeführt. § 14 Abs 2 enthielt die Pflicht der Behörde, den Inhaber vor einem Widerruf zunächst anzuhören und ihm Gelegenheit zu geben, seine Verpflichtung zu erfüllen und/oder das beanstandete Verhalten abzustellen oder den Widerrufsgrund zu beseitigen. In der Gesetzesbegründung[8] hieß es dazu, dass die Vorschrift § 49 des Verwaltungsverfahrensgesetzes ergänze. Jene Vorschrift bleibe unberührt. Daher bringe § 14 des Entwurfs „weitere Widerrufsgründe, die an die speziellen telekommunikationsbezogenen Verpflichtungen der Lizenznehmer und das Zusammenschlussverbot anknüpfen".[9] S 2 trage dem Verhältnismäßigkeitsgrundsatz Rechnung.[10]

5 Der Bundesrat[11] regte zwei Änderungen an. Zum einen sollte auch der Verstoß gegen technische Maßnahmen zur Umsetzung von Überwachungsmöglichkeiten (§ 85 TKG-E) Widerrufsgrund sein. Zum anderen solle geprüft werden, ob auf Abs 2 verzichtet werden könne, da darin nur allgemein anerkannte Grundsätze des Verwaltungsrechts enthalten seien.[12] Die Bundesregierung[13] lehnte die Hervorhebung von § 85 TKG-E ab, stimmte aber der Streichung von Abs 2 zu. Der Ausschuss für Post- und Telekommunikation (17. Ausschuss)[14] gab § 14 des Entwurfs dann den heute geltenden Wortlaut. Abs 2 könne entfallen, weil schon das allgemeine Verwaltungsrecht und der Verhältnismäßigkeitsgrundsatz diese Verfahrensweise vorgeben.[15]

---

2 Vgl zum Verhältnis *Kopp/Ramsauer* VwVfG, § 51 Rn 52.
3 Zur str Frage, ob dabei eine Bindung an die §§ 48, 49 besteht *Kopp/Ramsauer* VwVfg, § 51 Rn 19 ff; *Maurer* Allgemeines Verwaltungsrecht, § 11 Rn 61.
4 So auch Beck'scher TKG-Kommentar/*Badura* § 9 Rn 1 für § 9 PostG.
5 Dazu allgem *Wolff/Bachof/Stober* Verwaltungsrecht I, § 43 Rn 81 f; *Wolff/Bachof/Stober* Verwaltungsrecht II, § 52 Rn 9 (S 175); *Erichsen* Allgemeins Verwaltungsrecht, § 11 Rn 62; ie *Illian* Der Verzicht Privater im Verwaltungsrecht, Diss Bonn 1993.
6 Vgl § 2 Abs 2 Nr 4 a F VwVfG, zur Reichweite des Ausschlusses vom VwVfG: *Kopp* VwVfG, 6 Aufl, 1996, § 2 Rn 61 ff; *Stelkens/Bork/Sachs* VwVfG, 4 Aufl, 1993, § 2 Rn 104 ff.
7 BR-Drucks 80/96, S 9.
8 BR-Drucks 80/96, S 14.
9 BR-Drucks 80/96, S 40.
10 BR-Drucks 80/96, S 40.
11 BT-Drucks 13/4438, S 10.
12 BT-Drucks 13/4438, S 10.
13 BT-Drucks 13/4438, S 33.
14 BT-Drucks 13/4864, S 13 f.
15 BT-Drucks 13/4864, S 77.

## II. Einzelkommentierung

### 1. Voraussetzungen

#### a) Lizenz

§ 15 gilt für die wirksame Lizenz, gleich ob sie rechtmäßig oder rechtswidrig ist. Primär hatte der **6** Gesetzgeber die rechtmäßige Lizenz im Auge. Schon seinem Wortlaut nach ist allerdings § 15 nicht auf rechtmäßige Lizenzen beschränkt. Und für eine Beschränkung auf rechtmäßige Lizenzen und damit für eine Nichtanwendung von § 15 auf rechtswidrige Lizenzen spricht nichts. Es gibt keinen Grund, bei der rechtswidrigen Lizenz mehr Bestandsschutz zu gewähren als bei der rechtmäßigen Lizenz.[16]

Nicht anwendbar ist § 15 auf einen **Lizenzvertrag**. Hier bestehen Aufhebungsrechte in erster **7** Linie, soweit sie vertraglich vereinbart worden sind. Daneben können wesentliche Änderungen zur Vertragsanpassung oder Kündigung nach § 60 VwVfG führen. Die Schwelle für die Anwendung dieser Vorschrift dürfte allerdings tendenziell eher noch höher liegen als die für den Lizenzwiderruf. Im Falle der Nichterfüllung des Lizenzvertrages durch den Lizenznehmer kann die Regulierungsbehörde schließlich nach § 62 VwVfG iVm §§ 325, 326 BGB vorgehen, wenn die Lizenzverpflichtungen Hauptpflichten sind.

Nach § 97 Abs 5 Satz 2 TKG gilt § 15 auch für **fortgeltende Verleihungen** gem § 2 Abs 1 FAG. **8** Auch bei Altberechtigungen gilt § 15 nicht für vertraglich erteilte.

#### b) Widerrufsgründe nach Nr 1: Pflichtverstöße des Lizenznehmers

Der Widerrufsgrund des Pflichtverstoßes des Lizenznehmers (Nr 1) stellt Verstöße gegen Ver- **9** pflichtungen aus der Lizenz mit Verstößen gegen das Gesetz gleich.

Bei Verstößen gegen Lizenzinhalte bedarf es zunächst sorgfältiger Auslegung, ob es sich jeweils **10** um eine Verpflichtung des Lizenznehmers handelt. Hier sind die verpflichtenden Genehmigungsinhalte genau zu unterscheiden von jenen Genehmigungsinhalten, die keine Verpflichtungen des Lizenznehmers begründen. Im Regelfall sind Verpflichtungen des Lizenznehmers Bestimmungen, durch die dem Begünstigten ein Tun, Dulden oder Unterlassen vorgeschrieben wird, mithin eine Auflage nach § 36 Abs 2 Nr 4 VwVfG. Insoweit entspricht der Widerrufsgrund nach § 15 Abs 1 1. Alt dem aus § 49 Abs 2 Nr 3 VwVfG. Wie dort ist es nicht Voraussetzung für den Widerruf, dass den Begünstigten ein Verschulden an der Nichterfüllung der Auflage trifft.[17] Heftig umstritten ist, ob es Voraussetzung des Widerrufs nach § 15 Nr 1 1. Alt ist, dass die Auflage rechtmäßig ist. Wird das verneint, so hätte der Lizenzinhaber eine Anfechtungslast: Lässt er die Auflage bestandskräftig werden, kann er im Falle ihrer Nichteinhaltung nicht mehr geltend machen, dass die Auflage rechtswidrig sei.[18] Die Gegenauffassung lässt den Widerruf nur im Falle der Nichterfüllung einer rechtmäßigen Auflage zu.[19]

Verstößen gegen Lizenzauflagen gleichgestellt sind Verstöße gegen Verpflichtungen nach diesem **11** Gesetz. „Dieses Gesetz" iSd § 15 Nr 1, 2. Alt TKG ist allein das Telekommunikationsgesetz. Verstöße gegen Verpflichtungen aus anderen Gesetzen sind nicht erfasst. Hingegen sind Verstöße

---

[16] Zu § 49 VwVfG *Bronnenmeyer* Der Widerruf rechtmäßiger begünstigender Verwaltungsakte nach § 49 VwVfG, 1994, S 35 ff; *Sachs* in: Stelkens/Bonk/Sachs, VwVfG, § 49 Rn 6; *Ule/Laubinger* Verwaltungsverfahrensrecht, 4. Aufl, § 63 Rn 3 (S 669); offen lassend OVG Münster, NVwZ 1988, 942, 943. AM *Erichsen* Allgemeines Verwaltungsrecht, 11. Aufl, 1998, § 18 Rn 5 (S 350), der die Widerrufbarkeit des Verwaltungsaktes im Falle seiner Rechtmäßigkeit bei der Beurteilung der Schutzwürdigkeit des Vertrauens im Rahmen des § 48 VwVfG berücksichtigen will. Während aber der Wortlaut des § 49 VwVfG einen rechtmäßigen Verwaltungsakt voraussetzt, enthält § 15 diese Beschränkung nicht.

[17] Zu § 49 Abs 2 Nr 3 VwVfG *Ule/Laubinger* Verwaltungsverfahrensrecht, 4. Aufl, 1994, § 63 Rn 7 (S 670); *Sachs* in: Stelkens/Bonk/Sachs, VwVfG, § 49 Rn 53; *Erichsen* Allgemeines Verwaltungsrecht, 11. Aufl, 1998, § 18 Rn 8 (S 351).

[18] So *Ule/Laubinger* Verwaltungsverfahrensrecht, § 63 Rn 7; *Kopp* VwVfG, § 49 Rn 31.

[19] So *Erichsen* Allgemeines Verwaltungsrecht, § 18 Rn 8 (S 351); *Bronnenmeyer* aaO, S 112 f; *Knack/Klappstein* § 49 Rn 6. 2. 1; *Schenke* DÖV 1983, S 320, 326.

Wolfgang Spoerr

gegen Verordnungen, die auf Ermächtigungen im TKG beruhen, Verstöße gegen Verpflichtungen nach dem TKG.

**12** Besonders aufgelistet sind Verstöße gegen das Fernmeldegeheimnis, gegen datenschutzrechtliche Regelungen oder Strafvorschriften. Das Fernmeldegeheimnis ist in § 85 u § 86 geregelt, zum Teil auch in § 87 u § 89 TKG näher ausgestaltet. Fernmelderechtliche Strafvorschriften finden sich nur in § 94 u § 95 TKG. Verstöße gegen die Bußgeldvorschriften aus § 96 können als Verstöße gegen Verpflichtungen nach dem TKG zum Lizenzwiderruf führen.

### c) § 15 Nr 2 TKG

**13** § 15 Nr 2 ist gewissermaßen der Preis, den lizenzpflichtige Telekommunikationsunternehmen für die liberale Regelung des § 9 TKG zahlen. Die Lizenz ist eine nachfolgefähige verwaltungsrechtliche Berechtigung. Sie kann nicht nur – mit Genehmigung der Regulierungsbehörde – in Einzelrechtsnachfolge übertragen werden, sondern auch anderweitig übergehen. Ebenso können sich die Eigentumsverhältnisse beim Lizenznehmer ändern. Sie sind in vielen Fällen wesentlich für die Lizenzerteilung, wie sich insbesondere aus § 11 Abs 3 S 1 u § 8 Abs 3 Nr 2 ergibt.

**14** Allerdings ist § 15 Nr 2 zu eng formuliert; die Vorschrift bezieht sich allein auf die sachlichen Mindestvoraussetzungen der Lizenzerteilung nach § 8 Abs 3 Nr 2, die in der Praxis eine untergeordnete Rolle spielen. Die marktstrukturellen persönlichen Lizenzvoraussetzungen sind über § 15 Nr 2 nicht gesichert. Insoweit ist nur eine Sicherung über **Nebenbestimmungen** gem § 8 Abs 2 S 2 möglich. Das ist insbesondere dann nicht nur zulässig, sondern geboten, wenn bestimmte persönliche Voraussetzungen – etwa das Gebot wettbewerblich voneinander unabhängiger Lizenznehmer – wesentlich für die Zuteilung der Lizenz waren. Dieser Fall liegt beispielsweise vor bei den noch vor dem Inkrafttreten des TKG erteilten Mobilfunklizenzen D 1, D 2 und E-Plus sowie – im Umfang der Mindestzahl von Lizenzen – bei den UMTS-Lizenzen.[20]

### 2. Rechtsfolge bei Vorliegen der Voraussetzungen des § 15: Ermessensausübung, insbesondere: Verhältnismäßigkeit

**15** Liegen die Voraussetzungen des § 15 vor, so hat die Regulierungsbehörde Ermessen.

**16** Ermessen besteht sowohl im Hinblick auf das Ob eines Widerrufs (Entschließungsermessen) wie im Hinblick auf den Umfang (Auswahlermessen). Das bezieht sich auf die Frage, ob die Lizenz ganz oder teilweise entzogen wird, ebenso wie auf den Zeitpunkt.[21] Zu berücksichtigen sind in erster Linie:

**17** – das Gewicht des Verstoßes

**18** – die regulierungspolitische Bedeutung des Verstoßes

**19** – die Folgen des Lizenzwiderrufs für den Lizenznehmer und die Erreichung der regulierungspolitischen Ziele.

**20** Bei Verstößen, die der Lizenznehmer beheben kann, ist in der Regel – aber nicht stets – zunächst Gelegenheit zur „Nachbesserung" zu geben. Jedenfalls ist eine Anhörung erforderlich (§ 28 VwVfG). Zuständig ist die Regulierungsbehörde. Auch für Lizenzen, die im Verfahren nach § 11 TKG erteilt sind, ist auch die Beschlusskammer zuständig.[22] Der Widerruf ist keine Entscheidung nach § 11 iSd § 73 I 1 TKG. Generell gilt, dass Rücknahme und Widerruf nicht zwangsläufig der Behörde obliegen, die den Verwaltungsakt erlassen hat (für die örtliche Zuständigkeit: § 48 Abs 6 VwVfG).

**21 Ansprüche von Konkurrenten** auf Rücknahme oder Widerruf bestehen in aller Regel nicht. Nur wenn die pflichtwidrige Verhaltensweise des Lizenznehmers ein Verstoß gegen Rechtsvorschriften oder Lizenzauflagen ist, die dem Schutz Dritter dienen und eine individualisierbare Wettbewerbsfälschung besteht, hat der Dritte Anspruch auf fehlerfreie Ermessensausübung. Ein

---

[20] RegTP, Beschl v 18. 2. 2000, BK – 1b –98/005–1, S 30.

[21] TKMMR/*Manssen* C § 15 Rn 10 ff.

[22] AM TKMMR/*Manssen* C § 15 Rn 2.

Anspruch auf Lizenzwiderruf besteht auch dann nur im Falle einer Ermessensreduzierung auf Null.[23]

## § 16 Lizenzgebühr

(1) Lizenzen werden gegen Gebühr erteilt. Das Bundesministerium für Post und Telekommunikation wird ermächtigt, im Einvernehmen mit dem Bundesministerium des Innern, dem Bundesministerium der Finanzen, dem Bundesministerium der Justiz und dem Bundesministerium für Wirtschaft durch Rechtsverordnung, die nicht der Zustimmung des Bundesrates bedarf, nach Maßgabe des Verwaltungskostengesetzes die gebührenpflichtigen Tatbestände, die Höhe der Gebühr und die Erstattung von Auslagen zu regeln.

(2) Im Falle des Versteigerungsverfahrens nach § 11 Abs 4 wird eine Gebühr nach Absatz 1 nur erhoben, soweit sie den Erlös des Versteigerungsverfahrens übersteigt.

**Rechtsverordnungen:** Telekommunikations-Lizenzgebührenverordnung (TKLGebV) v 28. 6. 1997, BGBl I, S 1936.

**Schrifttum:** *Cromme* Das Wirtschaftlichkeitsprinzip bei öffentlichen Gebühren und bei der staatlichen Genehmigung privater Entgelte, DVBl 2001, 757 ff; *Driehaus* Kommunalabgabenrecht, Loseblatt, Stand 22. ErgLfg März 2000; *Gawel* Gebührenrecht und betriebswirtschaftliche Grundsätze, VerwArch 86 (1995), 69 ff; *Heimlich* Die Abgabepflichten des Telekommunikationsgesetzes, NVwZ 1998, 122 ff; *Hendler* Gebührenstaat statt Steuerstaat, DÖV 1999, 749 ff; *Schütz/Nüsken* Gebühr für Telekommunikationslizenz, Rechtswidrige Haushaltssanierung auf Kosten des Wettbewerbs? MMR 1998, 523 ff; *Wilke* Gebührenrecht und Grundgesetz, 1973.

### Inhaltsübersicht

|     |     | Rn |
| --- | --- | --- |
| I. | Grundlagen; die TKLGebV | 1–5 |
| II. | Gesetzgebungsmaterialien | 6 |
| III. | Einzelkommentierung | 7–52 |
|  | 1. Die Regelungsstrukturen der Verwaltungsgebührenpflicht für Lizenzen | 7–28 |
|  | a) Verfassungsrechtliche Vorgaben | 9–13 |
|  | b) Europarecht | 14 |
|  | c) Der gesetzliche Tatbestand der Gebührenpflicht: Abs 1 S 1 | 15 |
|  | d) Verordnungsermächtigung, Abs 1 S 2 | 16–19 |
|  | e) Anwendung der nicht ausdrücklich genannten Bestimmungen des Verwaltungskostengesetzes | 20–28 |
|  | 2. Die gebührenpflichtigen Tatbestände: Das Erfordernis der Zurechenbarkeit | 29–34 |
|  | 3. Die Gebührenhöhe: Begrenzung durch den Verwaltungsaufwand (Kostendeckungsprinzip als Globalberechnungsgröße) | 35–44 |
|  | a) Gesetzliche und verordnungsrechtliche Aussagen des Kostendeckungsprinzips | 36–40 |
|  | b) Ergänzende Schranken, insbesondere: Vereinbarkeit mit höherrangigem Recht | 41–44 |
|  | 4. Die Gebührenhöhe im Einzelfall: Äquivalenzprinzip und Verhältnismäßigkeitsprinzip | 45–47 |
|  | 5. Die Gebührenveranlagung, Sonderprobleme | 48–52 |
|  | a) Gebühren- und Auslagenveranlagung | 48 |
|  | b) Ergänzung der Kostenentscheidung und Änderungen der Kostenentscheidung | 49 |
|  | c) Verjährung | 50 |
|  | d) Folgen einer rechtswidrigen verordnungsrechtlichen Ausgestaltung, Probleme der Rückwirkung | 51–52 |
| IV. | Ausblick | 53 |

## I. Grundlagen; die TKLGebV

Im Einklang mit den üblichen Gepflogenheiten im Verwaltungs-, insbesondere Wirtschafts- 1

---

[23] Tendenziell weiter zu § 9 PostG-Kommentar/*Badura* § 9 Rn 5; allgem zur Ermessensreduzierung *Di Fabio* VerwArch 96 (1996), S 214 ff.

verwaltungsrecht regelt § 16 die Gebührenpflicht der Lizenzerteilung (Abs 1 S 1). Dazu kommt eine Verordnungsermächtigung (Abs 1 S 2), die die verordnungsrechtliche Ausgestaltung der Gebührenpflicht ermöglichen soll. Abs 2 regelt die Sonderprobleme, die auftreten, wenn an sich verwaltungsgebührenpflichtige Lizenzen versteigert werden. Die „Lizenzgebühr" (so die amtliche Überschrift von § 16) ist dem Typus der **Verwaltungsgebühr**[1] zuzuordnen. Verwaltungsgebühren sind gewissermaßen Gegenleistungen für Amtshandlungen, während Benutzungsgebühren die Inspruchnahme einer öffentlichen Einrichtung abdecken, Verleihungsgebühren die Einräumung von Nutzungsbefugnissen an öffentlichen Gütern als solche.[2] Freilich sind diese Gebührenbegriffe Typusbegriffe, die nicht aus sich heraus geeignet sind, um Rechtsfolgen abzuleiten.

**2** Von der Verordnungsermächtigung des Abs 1 S 2 ist am 28. 6. 1997 Gebrauch gemacht worden: Die **Telekommunikations-Lizenzgebührenverordnung** (TKLGebV) enthält ein Gebührenverzeichnis mit Gebührentatbeständen (also bestimmten Gattungen von Amtshandlungen) und der jeweiligen Angabe eines Gebührensatzes. In der TKLGebV aufgelistet ist – nach Lizenzklassen und Lizenzumfang aufgegliedert – jeweils die Erteilung der Lizenz. Für Änderungen des Inhalts der Lizenz ändert § 1 Abs 3 TKLGebV den Gebührenrahmen oder -satz. Andere Amtshandlungen als die Erteilung einer Lizenz werden in § 1 Abs 2 TKLGebV angesprochen. Der Verordnungsgeber hat für Gebietslizenzen das System von Rahmengebühren gewählt; für die Linienlizenzen ein System, das grundsätzlich umfangsabhängige Festgebühren vorsieht.

**3** Die Verwaltungsgebühren, die sich aus der TKLGebV ergeben, sind beträchtlich, insbesondere für die bundesweiten Gebietslizenzen der Lizenzklasse 3 (DM 10. 600. 000). Ein früherer Entwurf der TKLGebV hat noch höhere Gebühren vorgesehen; nach öffentlicher Kritik wurde das modifiziert.[3] Die TKLGebV ist rückwirkend zum 1. 8. 1996 in Kraft getreten.[4]

**4** Die Gebührenpflicht für Lizenzen steht neben anderen Geldleistungspflichten: der Zahlungspflicht für versteigerte Lizenzen (§ 11 TKG) und weiteren Verwaltungsgebührenpflichten (§ 48 Abs 1 TKG für die Frequenzverwaltung, § 64 Abs 3, jetzt des FTEG für die Produkt- und Personalzulassung, § 79 Abs 3 für das Verfahren der Beschlußkammern und § 43 Abs 3 S 3 für die Nummernverwaltung. Daneben treten weitere Geldleistungs- und Abgabepflichten: etwa die Pflicht zur Zahlung der Universaldienstleistungsabgabe (§ 21 TKG) sowie die Frequenzbeitragspflicht (§ 48 Abs 2 TKG). Bei Ordnungswidrigkeiten kann sich die Gebührenpflicht zudem aus §§ 105 ff OWiG ergeben.

**5** Eine Zusammenfassung zumindest der verschiedenen Gebührenpflichten in einer eigenen Bestimmung hätte das Gesetz vereinfacht und übersichtlicher gemacht.

## II. Gesetzgebungsmaterialien

**6** Eine mit § 16 identische Bestimmung war schon im Gesetzesentwurf der Bundesregierung enthalten.[5] Die Begründung sagte dazu: „Die Vorschrift legt die Gebührenpflicht der Lizenzerteilung fest und enthält die Ermächtigung, die Einzelheiten zu den Gebühren in einer Rechtsverordnung zu regeln. In jedem Fall muß sich die Gebührenverordnung an den Vorschriften des Verwaltungskostengesetzes orientieren (§ 2 VwKostG). In den Gebührengrundsätzen des § 3 des Verwaltungskostengesetzes ist ein angemessenes Verhältnis zwischen dem Verwaltungsaufwand und dem wirtschaftlichen Wert, den die Amtshandlung für den Gebührenschuldner hat, als Maßgröße vorgegeben. Die Sorge, daß über die Schätzung des wirtschaftlichen Wertes eine so hohe Lizenzgebühr erhoben werden könnte, daß darin faktisch eine Marktzutrittsschranke für potentielle Lizenznehmer geschaffen werden könnte, ist von daher unbegründet". Weiter heißt es, die Amtshandlungen der Regulierungsbehörde im Zusammenhang mit der Frequenz- und

---

1 Dazu *Wolff/Bachof* Verwaltungsrecht I, § 59 II d; *Kirchhof* in: Handbuch des Staatsrechts, § 88 Rn 185 ff.
2 Dazu BVerfGE 93, 319, 345; *Heimlich* Die Verleihungsgebühr als Umweltabgabe, 1996, S 113 ff.
3 Dazu Beck'scher TKG-Kommentar/*Schütz* § 16 Rn 13.
4 Dazu Beck'scher TKG-Kommentar/*Schütz* Anh § 16 Rn 1.
5 BR-Drucks 80/96, S 9 (§ 15).

Wolfgang Spoerr

Nummernverwaltung seien mit der Lizenzerteilung und der Gebührenerhebung hierfür noch nicht abgegolten.[6] Der Bundesrat erhob keine Einwände.[7] Auch im weiteren Gesetzgebungsverfahren blieb § 15 des Entwurfs unangetastet.[8]

## III. Einzelkommentierung

### 1. Die Regelungsstrukturen der Verwaltungsgebührenpflicht für Lizenzen

Verwaltungsgebührenrecht ist in der Rechtsanwendung zunehmend umstritten.[9] Das liegt an steigender Gebührenhöhe, an einer Tendenz zur Ausdehnung der gebührenpflichtigen Tatbestände[10] und an einem oft unklaren Verhältnis der verschiedenen Schichten der normativen Vorgaben. Dazu kommt – im Telekommunikationsrecht weniger relevant – die häufige Inanspruchnahme von Gebühren und ähnlichen Geldleistungspflichten zu Lenkungszwecken.[11]  7

Eine komplexe Überlagerung verschiedener normativer Schichten ist auch für § 16 TKG zu konstatieren. Hier verbindet sich, gebunden an verfassungsrechtliche Grenzen, eine spezialgesetzliche Aussage mit verordnungsrechtlicher Konkretisierung. Dazu kommt eine doppelte Verweisung auf das Verwaltungskostengesetz; die Reichweite der Verweisung ist nicht durchgehend eindeutig. Gesetzliche Vorgaben, verordnungsrechtliche Ausgestaltung und Anwendung im Einzelfall müssen sich zudem nicht nur den bereits erwähnten verfassungsrechtlichen Vorgaben, sondern auch dem Unionsrecht fügen.  8

#### a) Verfassungsrechtliche Vorgaben

Schranken zieht dem gebührenerhebenden Staat zunächst das Verfassungsrecht. Sie ergeben sich allerdings nicht aus einer begrifflichen Fixierung eines verfassungsrechtlichen Gebührenbegriffes,[12] sondern aus zahlreichen Einzelaussagen: der Kompetenzgrenzen ziehenden und damit zugleich freiheitssichernden bundesstaatlichen Finanzverfassung,[13] den sonstigen Zuständigkeitsbestimmungen für Gesetzgebung und Verwaltung, den jeweils einschlägigen Einzelgrundrechten sowie insbesondere dem Bestimmtheitsgrundsatz und dem Verhältnismäßigkeitsprinzip. Beide Prinzipien sind in den jeweils maßgeblichen Einzelgrundrechten verankert, daneben aber auch im Rechtsstaatsprinzip.[14] All diese Schranken sind nicht nur bei der Gesetzgebung, sondern auch bei der Anwendung und Konkretisierung gesetzlicher Vorgaben zu beachten: vom Verordnungsgeber ebenso wie von der gesetzes- und verordnungsanwendenden Verwaltung.  9

Die herkömmliche typenprägenden Merkmale der Gebühren – speziell der Verwaltungsgebühr – sind das **Veranlassungs-**, das **Kostendeckungs-** und das **Äquivalenzprinzip**. Diese Prinzipien sind indes als solche zunächst einmal zur Sachstrukturen der Verwaltungsgebühr. Als solche sind sie – nicht anders als ein „Steuerstaatsprinzip"[15] weit davon entfernt, anwendungsfähige Lehrsätze des Verfassungsrechts zu bilden. Schon gar nicht können sie gegenüber den sie zum Teil tragenden verfassungsrechtlichen Grundlagen verselbständigt werden.  10

Die Folgerungen, die daraus zu ziehen sind, sind allerdings keinesfalls eindimensional: Zwar gilt zum einen, dass der Spielraum des Gesetzgebers, Verordnungsgebers oder der gesetzesvollziehenden Verwaltung größer ist, als eine strikte Beachtung der drei Leitprinzipien nahelegen würde, zumal wenn sie im Sinne einer ganz bestimmten Ausprägung verstanden werden.  11

---

6 BR-Drucks 80/96, S 40.
7 BT-Drucks 13/4438, S 1 ff.
8 BT-Drucks 13/4864, S 14.
9 Vgl etwa BVerwG, NVwZ-RR 2000, 533; BVerwG, NVwZ 2000, 73.
10 Vgl etwa BVerwG NVwZ 2000, 73.
11 Grundlegend *Kloepfer* AöR 1972, 232; *Wendt* Die Gebühr als Lenkungsmittel, 1975, S 65 ff.
12 Dazu ablehnend BVerwGE 69, 242; BVerfG v 13. 6. 1979, NJW 1979, 1345; *Dahmen* in Driehaus, § 4 Rn 1.
13 BVerfGE 93, 319, 345, dem folgend *Hendler* DÖV 1999, 749 f.
14 Dazu *Schmidt-Aßmann* in: Isensee/Kirchhof, Handbuch des Staatsrechts, § 24 Rn 16, 85; krit *Kunig* Das Rechtsstaatsprinzip, 1986, S 396 ff.
15 Krit *Hendler* DÖV 1999, 749, 755 ff.

Umgekehrt aber reicht die Einhaltung der drei typusprägenden Prinzipien des Verwaltungsgebührenrechts als solche noch nicht, um die Verfassungsmäßigkeit einer Gebührenpflicht zu begründen. Das gilt besonders dann, wenn die Prinzipien gewissermaßen „verdünnt" angewendet werden, wie dies insbesondere für das Kostendeckungsprinzip durch seinen Bezug auf die insgesamt anfallenden Kosten des Verwaltungszweiges zu konstatieren ist.[16] Anders formuliert: Die Aussagen des Verfassungsrechts werden häufig weniger stringent sein als bestimmte Ausgestaltungen von Veranlassungs-, Äquivalenz- und Kostendeckungsprinzip. In vielen Fällen aber werden sie auch stringenter sein. Und der „weite Gestaltungsspielraum des Gebührengesetzgebers"[17] darf nicht unreflektiert auf den Verordnungsgeber und auf die Gesetzesanwendung übertragen werden.

**12** Bezogen auf die Lizenzgebührenpflicht, sind vor allem folgende verfassungsrechtliche Aussagen wesentlich: Verwaltungsgebühren – das sind Gebühren, die sich im äußeren Rahmen der typenprägenden Merkmale der Verwaltungsgebühr halten – sind keine Steuer. Sie können daher ohne Bindung an die Art 105 ff GG vom jeweils sachzuständigen Gesetzgeber erlassen werden.[18] Die Gebührenpflicht für Lizenzen setzt an der Erteilung der Lizenz, jedenfalls insoweit am Berufszugang, zumindest aber an der Berufsausübung an. Es handelt sich um eine Regelung mit objektiv berufsregelnder Tendenz, also um einen **Eingriff** in das **Grundrecht aus Art 12 GG**. Die üblichen Schranken für solche Eingriffe gelten.

**13** Darüber hinaus gilt Art 3 Abs 1 GG; für staatliche Belastungen mit Geldleistungspflichten bedeutet Gleichbehandlung **Lastengleichheit**. Das gilt zum einen für die Gleichheit der Belastung zwischen verschiedenen Schuldnern gleichartiger Gebühren. Zum anderen betrifft Art 3 Abs 1 GG aber auch die Sonderbelastung, die sich aus der Gebührenpflicht ergibt, im Vergleich zu anderen, nicht gebührenpflichtigen Bürgern. Sowohl das **Ob wie der Umfang der Gebührenpflicht** müssen am Gleichheitsgrundrecht gemessen werden. Von daher betrifft Art 3 Abs 1 GG nicht nur den Verteilungsmaßstab, sondern auch die **globale Gebührenhöhe**.

### b) Europarecht

**14** Unionsrechtlich sind Gebühren und andere Abgaben für den Zugang zu lizenzpflichtigen Tätigkeiten in Art 11 der Genehmigungsrichtlinie geregelt. Speziell Verwaltungsgebühren regelt – und beschränkt – Art 11 Abs 1: S 1 verpflichtet die Mitgliedstaaten auf die Einhaltung eines Kostendeckungsprinzips, das ganz ähnlich wie das verbreitete Verständnis des Kostendeckungsprinzips im deutschen Verwaltungsrecht auf die globalen Kosten des Verwaltungszweiges bezogen ist. S 2 verlangt darüber hinaus die Einhaltung einer individualisierend zu bestimmenden Verhältnismäßigkeit, für die der individuelle Aufwand eine der Prüfungs- und Bezugsgrößen ist. Art 11 Abs 1 S 2 geht daher deutlich über das verbreitete Verständnis des Kostendeckungs- und Äquivalenzprinzips im Bundesrecht[19] hinaus.

### c) Der gesetzliche Tatbestand der Gebührenpflicht: Abs 1 S 1

**15** § 16 Abs 1 S 1 schreibt – insoweit als Spezialvorschrift zum an sich anwendbaren und eine Gebührenpflicht begründenden Verwaltungskostengesetz (§ 1 Abs 2 S 1) – die materielle Gebührenpflicht gesetzlich vor. Der Aussagegehalt von S 1 ist ein zweifacher: Zum einen begründet er, insoweit allerdings verordnungsrechtliche Ausgestaltung voraussetzend, die materielle Geldleistungspflicht des Bürgers. Zum anderen bestimmt er diese Pflicht inhaltlich als Gebührenpflicht. Vorbehaltlich fachrechtlicher (telekommunikationsrechtlicher), jeweils normativ begründungsbedürftiger Besonderheiten gilt damit der allgemeine Gebührenbegriff, der – wie gesagt – durch Veranlasserprinzip, Kostendeckungsgrundsatz und Äquivalenzprinzip geprägt ist. Als Merkmal des (Verwaltungs-)Gebührenbegriffes ist der **Kostendeckungsgrundsatz** auf die Gesamtkosten

---

[16] *Lichtenfeld* in: Driehaus, Kommunalabgabenrecht, § 5 Rn 51.
[17] BVerwG NVwZ 2000, 74, 75.
[18] *Kirchhof* in: Handbuch des Staatsrechts, § 88 Rn 210.

[19] Dazu BVerwG NVwZ 2000, 74, 75: kein „gröbliches" Missverhältnis – ein „normales" Missverhältnis ist also zulässig.

des jeweiligen Verwaltungszweiges bezogen; er begrenzt, gewissermaßen über eine Globalberechnung, die Gebührenhöhe. Das **Äquivalenzprinzip** nimmt die individuelle Angemessenheit der Gebührenhöhe, gemessen am Vorteil für den jeweiligen Gebührenschuldner, in den Blick. Das **Veranlasserprinzip** verlangt individuelle Zurechenbarkeit im Sinne eines Sondervorteils oder einer Auslösung der gebührenpflichtigen Verwaltungstätigkeit.

### d) Verordnungsermächtigung, Abs 1 S 2

Die materielle gesetzliche Gebührenpflicht bedarf der Ausgestaltung. Das behält S 2 einer Rechtsverordnung vor. Verwaltungsvorschriften reichen hier nicht, um die Gebührenpflicht zu begründen.[20] Sie können allenfalls die Anwendung verordnungsrechtlicher Vorgaben steuern. Die „Maßgabe" des Verwaltungskostengesetzes bedeutet, dass sich der Verordnungsgeber im Rahmen der Vorschriften des zweiten Abschnittes des Verwaltungskostengesetzes halten muss, also den §§ 2–7 VwKostG. Das bedeutet, dass der Verordnungsgeber die Gebührensätze so bemessen muss, dass zwischen der den Verwaltungsaufwand berücksichtigenden Höhe der Gebühr einerseits und der Bedeutung, dem wirtschaftlichen Wert oder dem sonstigen Nutzen der Amtshandlung andererseits ein angemessenes Verhältnis besteht (§ 3 S 1 VwKostG). § 3 S 2 VwKostG gilt nach dem TKG nicht; eine ähnliche Direktive folgt aber aus Art 11 der Genehmigungsrichtlinie (s o Rn 14).

Zuständig ist das Bundesministerium für Wirtschaft, weil das Bundesministerium für Post und Telekommunikation durch Organisationserlass des Bundeskanzlers vom 17. 12. 1997 aufgelöst worden ist.[21] Nach § 56 Abs 1 des Zuständigkeitsanpassungsgesetzes[22] geht bei der Neuabgrenzung von Geschäftsbereichen von Bundesministerien die Zuständigkeit auf den nach der Neuabgrenzung zuständigen Bundesminister über.[23]

Als Gebührenarten sehen die §§ 4 u 5 VwKostG feste Sätze, Rahmensätze, Wertgebühren und Pauschgebühren vor. § 6 VwKostG erlaubt es dem Verordnungsgeber, für bestimmte Arten von Amtshandlungen Gebühren und Auslagen zu ermäßigen oder von ihnen zu befreien. Davon hat der Verordnungsgeber in der TKLGebV nicht Gebrauch gemacht (s aber § 1 Abs 3 TKLGebV zu **Lizenzänderungen**). Nach § 7 Nr 1 VwKostG darf für mündliche und einfache schriftliche Auskünfte keine Gebühr vorgesehen werden.

Die Bedenken, die gegen die **Verfassungsmäßigkeit** der Verordnungsermächtigung aus § 16 Abs 1 S 2 erhoben worden sind[24], greifen nicht durch. Die Verordnungsermächtigung genügt den Bestimmtheitsanforderungen aus Art 80 Abs 1 S 2 GG. Inhalt, Zweck und Ausmaß der erteilten Ermächtigung ist schon durch die Verwendung des hinreichend vertypten Gebührenbegriffes, erst recht durch die Bezugnahme auf das Verwaltungskostengesetz hinreichend bestimmt: Schon aus § 16 ist erkennbar und voraussehbar, welche materiellen Regelungen getroffen werden. Das wesentliche Entscheidungsprogramm des Verordnungsgebers hat der Gesetzgeber selbst vorgezeichnet. Er hat ein hinreichend genaues Programm vorgegeben. Die Voraussehbarkeit und Selbstentscheidung im Hinblick auf den Umfang der gesetzlichen Ermächtigung bedeutet speziell bei gebührenpflichtigen Tatbeständen nicht, dass die Gebührenhöhe sich aus dem Gesetz ableiten läßt. Vielmehr reicht es aus, wenn die Gebührenhöhe durch ein Zusammenspiel von gesetzlichen Parametern (die sich aus dem Gebührenbegriff ergeben: Kostendeckungsprinzip) und objektiven Größen (Verwaltungsaufwand) bestimmbar ist.[25] Was der Verordnungsgeber der TKLGebV regelt, ist schon aus § 16 vorhersehbar, wenn auch im Hinblick auf die Gebührenhöhe und selbst die gebührenpflichtigen Tatbestände Spielräume bleiben. Diese Spielräume hängen vor allem damit zusammen, dass die begriffsprägenden Merkmale der Gebühr eher einen äußeren Rahmen setzen als die Gebührenhöhe abschließend vorbestimmen.

---

20 Dazu allgem etwa VGH Mannheim, NVwZ 1999, 547.
21 BGBl 1998 I S 68.
22 V 18. 3. 1975, BGBl I S 705.

23 Beck'scher PostG-Kommentar/*Badura* § 8 Rn 11.
24 Beck'scher TKG-Kommentar/*Schütz* § 16 Rn 9.
25 So im Ergebnis auch TKMMR/*Manssen* C § 16 Rn 4.

### e) Anwendung der nicht ausdrücklich genannten Bestimmungen des Verwaltungskostengesetzes

**20** Etliche Bestimmungen des Verwaltungskostengesetzes sind weder über § 16 Abs 1 S 2 noch kraft ausdrücklicher Verweisung in der TKLGebV anwendbar. § 16 Abs 1 S 2 verweist nur auf die allgemeinen Grundsätze für Kostenverordnungen (2. Abschnitt des VwKostG, §§ 2–7), nicht auf die allgemeinen kostenrechtlichen Vorschriften (§§ 8–22). Gleichwohl sind diese Vorschriften anwendbar (§ 1 Abs 2 Nr 1 VwKostG). Spezialvorschriften im Hinblick auf die allgemeinen kostenrechtlichen Vorschriften enthält das TKG nicht.

**21** Daraus ergibt sich die Anwendbarkeit folgender Bestimmungen:

**22** – § 8 regelt die persönliche Gebührenfreiheit juristischer Personen des öffentlichen Rechts. Sie gilt indes nicht für öffentliche Unternehmen (§ 8 Abs 3).

**23** – § 9 regelt die Gebührenbemessung für Rahmengebühren, Wertgebühren und Pauschgebühren.

**24** – § 10 regelt die Erstattung von **Auslagen**; gebührenpflichtige Amtshandlungen sind nach der TKLGebV mit der Auslagenerstattungspflicht verbunden (§ 1 Abs 1, 2 TKLGebV).

**25** – § 11 regelt die **Entstehung** der Kostenschuld, § 17 die **Fälligkeit**, § 20 die **Verjährung**.

**26** – Die §§ 12 u 13 regeln, wer **Kostengläubiger** und **Kostenschuldner** ist.

**27** – Das **Festsetzungsverfahren** ist in § 14 u § 22 geregelt; Stundung, Niederschlagung und Erlassen in § 19, Säumniszuschläge in § 18.

**28** Nach § 14 Abs 2 sind Kosten, die bei richtiger Sachbehandlung nicht entstanden wären, nicht zu erheben. Ähnliche Fälle, insbesondere die Antragsrücknahme, regelt § 15.

### 2. Die gebührenpflichtigen Tatbestände: Das Erfordernis der Zurechenbarkeit

**29** Aus dem **Gesetzes**begriff der Verwaltungsgebühren, wohl auch aus verfassungsrechtlichen Grenzen[26], ergibt sich das Erfordernis der Zurechenbarkeit. Es verlangt, dass ein ganz bestimmtes Verwaltungshandeln einem individuellen Betroffenen zuzuordnen ist: Zurechenbarkeit einer individualisierbaren Finanzierungsverantwortlichkeit.[27] Nur dann ist die Auferlegung einer Geldleistungspflicht unter dem Titel der Gebühr gerechtfertigt. Daraus ergibt sich ein zweifaches Erfordernis:

**30** – Zum einen muss es sich um eine **abgrenzbare Tätigkeit** der Verwaltung handeln. Der typische Fall ist der Erlass eines Verwaltungsaktes. Ähnliche Fälle individuell abgrenzbaren Verwaltungshandelns liegen vor etwa bei der Ausstellung von Bescheinigungen. Hingegen fehlt es an einem hinreichend abgrenzbaren Verwaltungshandeln bei allgemeiner behördlicher Überwachungstätigkeit, selbst wenn diese Überwachungstätigkeit Einzelne in den Blick nimmt.

**31** – Zweites Merkmal der individuellen Zurechenbarkeit ist der Bezug der hinreichend abgegrenzten Verwaltungstätigkeit auf einen Sonderbetroffenen. Im Falle von Verwaltungsakten ist das zum einen der Antragsteller, zum zweiten (soweit vorhanden) der Adressat oder die Adressaten.

**32** Auf den Begriff gebracht werden diese Erfordernisse im Begriff der **Amtshandlung**.[28]

**33** Nach dem Wortlaut von § 16 Abs 1 S 1 ist nur die Erteilung von Lizenzen gebührenpflichtig. Ohne weiteres deckt das nicht nur die erstmalige Erteilung von Lizenzen, sondern auch der Änderung. Fraglich ist, ob § 16 Abs 1 S 1 es auch erlaubt, für auf Lizenzen und Lizenzerteilung bezogene anderweitige Verwaltungsakte Gebühren zu erheben, beispielsweise die Rücknahme und der Widerruf von Lizenzen sowie die Ablehnung von Lizenzanträgen. Trotz der eng gerate-

---

[26] Dazu *Lichtenfeld* in: Driehaus, Kommunalabgabenrecht, § 5 Rn 13 f; für den Gesetzgeber konstatiert das BVerwG NVwZ 2000, 74, 75 hier einen weiten Gestaltungsspielraum, der aber keiner des Rechtsanwenders ist.

[27] Dazu *Dahmen* in: Driehaus, Kommunalabgabenrecht, § 4 Rn 157 ff.

[28] *Kirchhof* in: Handbuch des Staatsrechts, § 88 Rn 196.

nen Wortlauts ist das im Ergebnis zu bejahen. § 16 Abs 1 S 1 ist insoweit weit auszulegen. Die gesetzliche Gebührenpflicht gilt nicht nur für die eigentliche Lizenzerteilung, sondern auch für **andere Amtshandlungen**, die **zum Lizenzierungsverfahren** gehören oder auf Lizenzen bezogen sind. Insbesondere sind das die Ablehnung von Lizenzanträgen und die Rücknahme sowie der Widerruf von Lizenzen. Über diese Grenzen hinaus ausgedehnt werden darf die Gebührenpflicht nach § 16 nicht. Insbesondere deckt § 16 nicht die Gebührenpflicht von Regulierungsentscheidungen nach anderen Vorschriften des Gesetzes wie § 71 S 2 TKG.

Dieses relativ weite Verständnis von § 16 Abs 1 S 1 liegt auch der TKLGebV zugrunde. Nach ihr sind Antragsablehnungen, der Widerruf und die Rücknahme von Lizenzen gebührenpflichtig (§ 1 Abs 2 TKG). Die allgemeine Überwachungstätigkeit der Regulierungsbehörde begründet keine gebührenpflichtigen Amtshandlungen. Das gilt auch, soweit sich die Überwachung auf den lizenzpflichtigen Bereich (§ 6) und insbesondere auf den Lizenzinhaber bezieht. Die Gebührenpflicht von allgemeinen Überwachungshandlungen läßt sich auch nicht damit begründen, dass gesetzliche Berichtspflichten einzelner bestehen, welche die Überwachung auslösen.[29]

**3. Die Gebührenhöhe: Begrenzung durch den Verwaltungsaufwand (Kostendeckungsprinzip als Globalberechnungsgröße)**

Weil der Gesetzgeber in § 16 den Gebührenbegriff des VwKostG verwendet, bildet das Kostendeckungsprinzip eine Schranke zulässiger Gebühren. Nach allgemeinen gebührenrechtlichen Grundsätzen ist es auf den Gesamtaufwand des Verwaltungszweiges zu beziehen.[30] Die Verpflichtung auf das Kostendeckungsprinzip verbietet jede Ausgestaltung der Gebühr als Verleihungsgebühr[31], jeden Lenkungszweck[32] und jede Gewinnabschöpfung.[33]

**a) Gesetzliche und verordnungsrechtliche Aussagen des Kostendeckungsprinzips**

Aufgrund der Inkorporation des Kostendeckungsprinzips und aufgrund seiner konkreten, insbesondere verordnungsrechtlichen Ausgestaltung in der TKLGebV gelten folgende Besonderheiten:

– Das Kostendeckungsprinzip bezieht sich nicht auf den individuellen Aufwand für die jeweilige Amtshandlung, sondern auf den **Globalaufwand**.[34] Es bildet deswegen keinen individuellen Berechnungsmaßstab.

– Für den Globalaufwand ist nicht der tatsächliche Aufwand, sondern der **veranschlagte** Aufwand maßgeblich. Erforderlich, aber auch ausreichend ist eine **Prognose**.[35] Unzulässig ist es allerdings, den Verwaltungsaufwand mehrerer Jahre einzubeziehen, wenn dabei nicht berücksichtigt wird, dass in späteren Zeiträumen wiederum mit neuen gebührenpflichtigen Verwaltungsentscheidungen zu rechnen ist. Zweifel gehen hier zu Gunsten des Gebührenzahlers.

– Maßgebend ist der Aufwand des **jeweiligen Verwaltungszweiges**. § 1 Abs 1 S 2 TKLGebV gestaltet das näher aus: Nicht nur der Aufwand für die jeweiligen gebührenpflichtigen Amtshandlungen, sondern auch der begleitende Überwachungsaufwand uä kann in die umlagefähigen Kosten einbezogen werden. Das geht wohl über die allgemeinen gebührenrechtlichen Ausprägungen des Kostendeckungsprinzips hinaus.[36] Es ist legitim, soweit es sich um Lizenzpflichten geht. Dagegen verstößt die Einbeziehung des Aufwandes der Missbrauchsaufsicht (§ 33 TKG) und der Zusammenschaltung gegen das einfach-gesetzliche Kostendeckungsprinzip und gegen Art 3 Abs 1 GG: den Lizenznehmern kann der hohe Aufwand der Missbrauchsaufsicht (§ 33 TKG) nicht pauschal zugeordnet werden; das wäre unsachlich, ja willkürlich.[37]

---

29 Strittig, aM jetzt für einen Sonderfall (§ 27 BImSchG) BVerwG NVwZ 2000, 74, 75.
30 Dazu *Lichtenfeld* in: Driehaus, Kommunalabgabenrecht, § 5 Rn 51.
31 Dazu *Vogel* in: FS Geiger, 1989, 518 ff; *Heimlich* Die Verleihungsgebühr als Umweltabgabe, 1996; so für § 8 PostG auch Beck'scher PostG-Kommentar/*Badura* § 8 Rn 8.

32 Beck'scher PostG-Kommentar/*Badura* § 8 Rn 17.
33 Beck'scher PostG-Kommentar/*Badura* § 8 Rn 18.
34 VGH Mannheim, ESVGH 19, 93, 96.
35 BVerwGE 12, 162, 166; *Lichtenfeld* in: Driehaus, Kommunalabgabenrecht, § 5 Rn 50.
36 So wohl *Lichtenfeld* in: Driehaus, Kommunalabgabenrecht, § 5 Rn 51.
37 AM OVG Münster, CR 2000, 222, 224.

Wolfgang Spoerr

**40** Aufgrund dieser Besonderheiten ist der Kostendeckungsgrundsatz nur eine äußere Schranke der Gebührenerhebung. Keinesfalls erschöpfen sich die rechtlichen Bindungen im Kostendeckungsgrundsatz. Und ebenso wenig determiniert der Kostendeckungsgrundsatz die Gebührenhöhe oder auch nur die Höhe des Gebührenaufkommens abschließend. Das kann es schon wegen der zahlreichen Unschärfen des Kostenbegriffes[38] nicht tun. Er ist nur eine Obergrenze. Maßgebend ist die verordnungsrechtliche Ausgestaltung. Bei der Bemessung der Gebühren ist der Verordnungsgeber keinesfalls gezwungen, die Obergrenze, die sich aus dem Kostendeckungsgrundsatz ergibt, auszuschöpfen. Überschreiten darf er sie nicht. Eine Hochrechnung auf 30 Jahre dürfte angesichts der Wandlung von Telekommunikationsmärkten abwegig sein.[39] Dies war 1997 absehbar.

b) **Ergänzende Schranken, insbesondere: Vereinbarkeit mit höherrangigem Recht, Wirtschaftlichkeit und Sparsamkeit sowie Zurechenbarkeit allgemeinen Verwaltungsaufwandes**

**41** Die Steuerungswirkung des Kostendeckungsgrundsatzes wird durch flankierende Rechtsgrundsätze erhöht:

**42** Allgemein gilt, dass Verwaltungsaufwand nur dann zulässig – und insoweit rechtmäßig – ist, als die haushaltsrechtlichen Vorgaben der **Wirtschaftlichkeit und Sparsamkeit** eingehalten werden. Aufwand, der dagegen verstößt, ist nicht umlagefähig. Insoweit ist der Kostenbegriff auch ein **normativer** Kostenbegriff.

**43** Soweit allgemeiner, nicht auf die eigentliche Lizenzerteilung bezogener Verwaltungsaufwand in die Gebühr eingerechnet wird, begegnet das unter dem Gesichtspunkt des Kostendeckungsprinzips keinen Einwänden. Damit ist allerdings noch nicht gesagt, dass die Verteilung von allgemeinem Verwaltungsaufwand unbegrenzt vor Art 3 Abs 1 GG Bestand haben kann.

**44** Nicht jede **Zurechnung** von allgemeinem Verwaltungsaufwand, die dem Kostendeckungsprinzip entspricht, ist unter dem Gesichtspunkt der **Lastengleichheit** gerechtfertigt. Entscheidend kommt es vielmehr darauf an, ob die Zurechnung des Verwaltungsaufwandes unter dem Gesichtspunkt der **Lastengleichheit** sachgerecht ist – sowohl unter dem Gesichtspunkt der **externen** wie der **internen** Lastengleichheit. Externe Lastengleichheit bedeutet insoweit, dass die Zuordnung des Verwaltungsaufwandes zu den Veranlassern gebührenpflichtiger Tatbestände sachgerecht ist.[40] Das ist im Hinblick auf die Besonderheit lizenzpflichtiger Tätigkeiten, die eine gewisse Homogenität und Abgrenzbarkeit der Gruppe bedingt, zu bejahen. Die interne Lastengleichheit setzt voraus, dass die Verteilung der allgemeinen Überwachungsaufwandes nach Maßgabe der gebührenpflichtigen Tatbestände sachgerecht ist.[41] Das ist nur dann zu bejahen, wenn der Aufwand für gebührenpflichtige Handlungen und sonstiger Aufwand in einem angemessenen Verhältnis stehen. Es bestehen Zweifel, ob das insbesondere bei der Lizenzklasse 4 (Telefondienstlizenzen) der Fall ist.

4. **Die Gebührenhöhe im Einzelfall:**
   **Äquivalenzprinzip und Verhältnismäßigkeitsprinzip**

**45** Dem Gebührenbegriff immanent, verlangt das Äquivalenzprinzip eine **nutzenorientierte Verteilung und Zuordnung** des Aufwandes. Die einzelne Gebühr muss so bemessen werden, dass sie dem Vorteil entspricht; insoweit prägt das Äquivalenzprinzip den Gebührenbegriff.[42] Insoweit ist aber das Äquivalenzprinzip in erster Linie ein Verteilungsprinzip, nicht ein individua-

---

[38] Dazu *Gawel* VerwArch 86 (1995), 69 mwN.
[39] Abl auch Beck'scher TKG-Kommentar/*Schütz* § 16 Rn 2; *Schütz/Nüsken* MMR 1998, 523, 527; VG Köln, MMR 1999, 373, 374 f; aM OVG Münster, CR 2000, 222, 224.
[40] BVerfGE 50, 217, 227; *Kirchhof* in: Handbuch des Staatsrechts, § 88 Rn 205.
[41] *Kirchhof* in: Handbuch des Staatsrechts, § 88 Rn 205, spricht von „Binnengleichheit".
[42] BVerfGE 20, 257, 270; BVerfGE 83, 363, 392; BVerwGE 26, 305, 308; *Kirchhof* in: Handbuch des Staatsrechts, § 88 Rn 199.

lisierender Maßstab zur Ermittlung der Gebührenhöhe. Freilich wird auch das Äquivalenzprinzip verfassungsrechtlich ergänzt und unionsrechtlich überlagert:

Aus verfassungsrechtlicher Sicht beschränkt sich das Verhältnismäßigkeitsprinzip nicht auf ein reines Verteilungsprinzip. Die Verhältnismäßigkeit im engeren Sinne verlangt, dass festgesetzte Gebühren im Einzelfall nicht außer Verhältnis zu dem Nutzen steht, den die jeweilige Verwaltungsmaßnahme bringt. Bezogen auf Genehmigungsentscheidungen ist das zum einen der Nutzen, der dem Verwaltungsakt unmittelbar vermittelt, zum anderen ist der Folgenutzen in den Blick zu nehmen, ohne dass es legitim wäre, ihn über Gebührenpflichten ganz oder teilweise auszuschöpfen. Die Verhältnismäßigkeit von Verwaltungsgebühren muss angemessen im Hinblick auf beide Nutzengrößen sein. Am Verhältnismäßigkeitsprinzip scheitern werden insoweit allerdings nur echte Fehlgriffe. Ein solcher Fehlgriff wird indiziert, wenn sich herausstellt, dass dem Verordnungsgeber zahlreiche Fehlprognosen unterlaufen sind, die sich durchgehend zu Lasten der Gebührenpflichtigen auswirken, und die beträchtliche Höhe der Gebühren nur mit Mutmaßungen über hohe Gewinnmöglichkeiten[43] überhaupt in ein erträgliches Licht gerückt werden können. 46

Unionsrechtlich müssen die Gebühren für die Lizenz in Relation zu dem damit – und das bedeutet: mit ihr – verbundenen Aufwand stehen (Art 11 Abs 2 S 2 der Genehmigungsrichtlinie 97/14/EG). Die „Relation" bedeutet – ebenso wie beim Verhältnismäßigkeitsprinzip – nicht Identität, sondern Angemessenheit. An ihr fehlt es, wenn Gebühren außer Verhältnis zum individuellen Aufwand stehen. Insbesondere dürfen keine **Marktzutrittsbarrieren** bestehen. Die deutschen Lizenzgebühren stehen – und zwar völlig – außer Verhältnis zum individuellen Aufwand der Lizenzgewährung. Sie haben sich zur ernsthaften Marktzutrittsbarriere entwickelt: selbst leistungsfähige Telekommunikationsunternehmen, die bundesweit tätig sein wollen, beantragen wegen der prohibitiven Gebührensätze Regionallizenzen für verstreute Teilgebiete, zum Teil kombiniert mit Linienlizenzen. Durch die Verdünnung der gebührenrechtlichen Leitprinzipien im deutschen Recht hat sich die deutsche Praxis ins unionsrechtliche Abseits begeben.[44] 47

## 5. Die Gebührenveranlagung, Sonderprobleme

### a) Gebühren- und Auslagenveranlagung

Die Gebühren und die Auslagen werden durch Verwaltungsakt festgesetzt (§ 14 Abs 1 S 1 VwKostG). Er kann, muss aber nicht zusammen mit der Sachentscheidung ergehen (§ 14 Abs 1 S 2 VwKostG). Wird gegen die Sachentscheidung Widerspruch eingelegt, so erstreckt sich dieser auch auf die Kostenentscheidung (§ 22 Abs 1 VwKostG). Das gilt auch, wenn die Kostenentscheidung separat ergeht.[45] Das Rechtsbehelfsverfahren gegen die Kostenentscheidung ist nur dann als selbständiges Verfahren zu führen, wenn die Kostenentscheidung selbständig angefochten wird (§ 22 Abs 2 VwKostG). 48

### b) Ergänzung der Kostenentscheidung und Änderungen der Kostenentscheidung

Enthält die Lizenzentscheidung keine Kostenentscheidung, so kann dies – in den Grenzen der Verjährung – jederzeit nachgeholt werden. Nach bestandskräftiger Kostenfestsetzung ist die Nacherhebung von Kosten nur unter Beachtung der §§ 48 ff VwVfG möglich. Eine Nacherhebung von Kosten greift in die ursprüngliche Kostenfestsetzung ein und ändert diese. Im Regelfall liegt eine Rücknahme vor. Soweit zusätzliche Kosten erhoben werden, handelt es sich um die Rücknahme eines begünstigenden Verwaltungsaktes. Die Kostenfestsetzung legt den Umfang der erstattungspflichtigen Gebühren und Auslagen nach unten und oben verbindlich fest. Soweit die Kosten nachträglich ermäßigt werden, geht es um Rücknahme oder Widerruf eines begünstigenden Verwaltungsaktes, soweit sie erhöht werden, um Rücknahme oder Widerruf einer Bela- 49

---

43 Vgl OVG Münster, MMR 2000, 222, 223.
44 Vgl OVG Münster, MMR 2000, 115 m Anm *Naumann* und VG Köln, Besch v 25. 3. 1999, 1 L 2914/98.

45 *Schlabach* Verwaltungskostenrecht, § 22 VwKostG Rn 5.

stung.[46] Die Gegenauffassung[47] will den Vertrauensschutz hier nur bei der Ermessensentscheidung unter Beachtung des Verhältnismäßigkeitsgrundsatzes berücksichtigen.

c) Verjährung

**50** Für die Verjährung gilt § 20 VwKostG. Der Anspruch auf Zahlung von Kosten verjährt nach drei Jahren, spätestens mit dem Ablauf des vierten Jahres nach der Entstehung (§ 20 Abs 1 S 1 VwKostG). Die Verjährung beginnt mit dem Ablauf des Kalenderjahres, in dem der Anspruch fällig geworden ist. Die Verjährung führt zum materiell-rechtlichen Erlöschen des Anspruchs (§ 20 Abs 1 S 3 VwKostG). Die Unterbrechung der Verjährung regelt § 20 VwKostG. Die **Fälligkeit** richtet sich nach § 17 VwKostG: Fällig wird die Forderung mit Bekanntgabe der Kostenentscheidung an den Kostenschuldner. Die vierjährige Verjährungsfrist beginnt mit der Entstehung. Das ist entweder der Eingang des Antrages bei der zuständigen Behörde oder die Beendigung der gebührenpflichtigen Amtshandlung.[48] Beendet ist die gebührenpflichtige Amtshandlung, wenn der zuständige Amtsträger die Amtshandlungen abgeschlossen, in der Regel also die Verfügung unterschrieben hat. Die Bekanntgabe ist nicht erforderlich.[49] Ist der Antrag zunächst nicht vollständig gestellt, so verschiebt sich der Eingangszeitpunkt auf den Tag, an dem alle für die Entscheidung notwendigen und vom Antragsteller beizubringenden Unterlagen in der Behörde eingetroffen sind.[50]

d) Folgen einer rechtswidrigen verordnungsrechtlichen Ausgestaltung, Probleme der Rückwirkung

**51** Fraglich ist, ob Gebührenpflichten auch zeitlich nach der gebührenpflichtigen Amtshandlung begründet werden können. Dem könnte das Rückwirkungsverbot entgegenstehen. Die wohl hM läßt die **nachträgliche verordnungsrechtliche Ausgestaltung** von Gebührenpflichten zu. Dies läßt sich damit begründen, dass schon das Gesetz (§ 16 Abs 1 S 1) die Gebührenpflicht begründet. Angesichts der ganz erheblichen Ausgestaltungsspielräume des Verordnungsgebers, der nicht nur über die Gebührenhöhe, sondern auch über das Ob der Gebührenpflichten entscheiden kann, überzeugt das nicht. Die nachträgliche verordnungsrechtliche Ausgestaltung von Gebührenpflichten dürfte zudem gegen Art 11 Abs 1 S 2 der Genehmigungsrichtlinie verstoßen, wonach die Gebühren für Genehmigungen mit ausreichenden Einzelheiten in geeigneter Form zu veröffentlichen sind, damit die Kenntnisnahme ohne Schwierigkeiten möglich ist. Nach Sinn und Zweck (Kenntnisnahme: Informationszweck) wird dies nur durch eine vorherige Veröffentlichung erfüllt.

**52** Unproblematisch möglich ist hingegen die **rückwirkende Ersetzung** einer rechtswidrigen und nichtigen Gebührenverordnung.

IV. Ausblick

**53** Nach Einschätzung der Kommission besteht bei den Entgelten innerhalb der EU eine große Variationsbreite, die sich nicht gänzlich auf den unterschiedlichen Arbeitsaufwand der Regulierungsbehörden zurückführen lässt.[51] Daher schlägt die Kommission in Art 12 des Entwurfs der neuen Genehmigungsrichtlinie vor, dass Verwaltungsgebühren und Verwaltungsaufwand jährlich auszugleichen sind. Unternehmen mit einem Jahresumsatz von weniger als 10 Mio. Euro sollen von der Bezahlung von Verwaltungsgebühren ganz befreit werden.

---

46 Strittig, vgl BVerwGE 30, 132 (Gebührenbescheid), BVerwGE 67, 129, 134; BVerwGE NVwZ 1988, 938, 940; *Uechtritz* VBlBW 1989, 81 ff; OVG Münster, KStZ 1988, 15; s *Lange* WiVerw 1979, 15, 18; *Ule/Laubinger* Verwaltungsverfahrensrecht, § 61 Rn 28.

47 *Sachs* in: Stelkens/Bonk/Sachs, VwVfG, § 48 Rn 53.

48 *Schlabach* Verwaltungskostenrecht, § 20 VwKostG Rn 8.

49 *Schlabach* Verwaltungskostenrecht, § 20 VwKostG Rn 8.

50 *Schlabach* Verwaltungskostenrecht, § 20 VwKostG Rn 8.

51 So die Vorlage der Kommission des Vorschlages für eine Richtlinie des Europäischen Parlaments und des Rates über die Genehmigung elektronischer Kommunikationsnetze und -dienste v 12.7.2000, KOM (2000), 386 S 4.

Wolfgang Spoerr

## Zweiter Abschnitt
## Universaldienst

### § 17 Universaldienstleistungen

(1) Universaldienstleistungen sind ein Mindestangebot an Telekommunikationsdienstleistungen für die Öffentlichkeit, für die eine bestimmte Qualität festgelegt ist und zu denen alle Nutzer unabhängig von ihrem Wohn- und Geschäftsort zu einem erschwinglichen Preis Zugang haben müssen. Als Universaldienstleistungen sind Telekommunikationsdienstleistungen zu bestimmen, die den Bereichen des Sprachtelefondienstes und des Betreibens von Übertragungswegen nach § 6 Abs 1 zuzuordnen sind und deren Erbringung für die Öffentlichkeit als Grundversorgung unabdingbar geworden ist. Darüber hinaus können auch solche Telekommunikationsdienstleistungen als Universaldienstleistungen bestimmt werden, die mit Telekommunikationsdienstleistungen nach Satz 2 in unmittelbarem Zusammenhang stehen und deren Erbringung für die Öffentlichkeit als Grundversorgung unabdingbar geworden ist.

(2) Die Bundesregierung wird ermächtigt, durch Rechtsverordnung, die der Zustimmung des Bundestages und Bundesrates bedarf, Telekommunikationsdienstleistungen nach Absatz 1 Satz 2 und 3 als Universaldienstleistungen zu bestimmen. Die Bestimmung der Universaldienstleistungen ist der technischen und gesellschaftlichen Entwicklung nachfragegerecht anzupassen. In der Rechtsverordnung sind darüber hinaus die Mindestqualität und die Maßstäbe für die Bestimmung des Preises einer Universaldienstleistung festzulegen. Die Regulierungsbehörde ist befugt, über die Einhaltung dieser Maßstäbe zu entscheiden. Die Zustimmung des Bundestages nach Satz 1 gilt als erteilt, wenn der Bundestag nicht innerhalb von drei Sitzungswochen nach Eingang der Vorlage der Bundesregierung die Zustimmung verweigert hat.

**Schrifttum:** *Adler* Universaldienstleistungen nach dem TKG; *Eifert* Grundversorgung mit Universaldienstleistungen im Gewährleistungsstaat, 1998; *Gramlich* Rechtliche Möglichkeiten der Finanzierung von Infrastrukturleistungen im Post- und Telekommunikationsbereich durch die Einrichtung eines Infrastrukturfonds, Archiv PT 1995, 189; *Hoffmann-Riem* Telekommunikationsrecht als europäisiertes Verwaltungsrecht, DVBl. 1999, 125; *Kubicek* Universaldienstregelungen in den USA und in Deutschland, CR 1997, 1; *Ruffert* Regulierung im System des Verwaltungsrechts, AÖR 124 (1999), 237; *Schütz/Cornils* Universaldienst und Telekommunikation, DVBl. 1997, 1146; *Windthorst* Der Universaldienst im Bereich der Telekommunikation, 2000; *ders* Regulierungsansätze im deutschen und US-amerikanischen Telekommunikationsrecht, CR 1998, 281, 340.

Inhaltsübersicht

|  |  | Rn |
|---|---|---|
| I. | Vorbemerkung | 1–5 |
| II. | Einzelkommentierung | 6–18 |
| | 1. Definition der Universaldienstleistungen | 6–13 |
| | a) Universaldienstfähige Telekommunikationsdienstleistungen | 7 |
| | b) Mindestangebot und Unabdingbarkeit | 8 |
| | c) Qualität, Verfügbarkeit, Preis | 9–13 |
| | 2. Ermächtigung an den Verordnungsgeber | 14–15 |
| | 3. Die Überwachungsbefugnis der Regulierungsbehörde | 16 |
| | 4. Die Sicherung des Universaldienstes durch die Sonderpflichten der Deutschen Telekom AG und marktbeherrschende Anbieter | 17–18 |
| III. | Übersicht über die Telekommunikations-Universaldienstleistungsverordnung | 19 |

### I. Vorbemerkung

§ 17 umschreibt Universaldienstleistungen als das Telekommunikationsdienstleistungsangebot für die Öffentlichkeit, das „Grundversorgung" für jeden Telekommunikationsdienstleistungskunden sein soll. Die Definition im Einzelnen obliegt nach der Verordnungsermächtigung in Abs 2 der Bundesregierung. Mit den Regelungen über Universaldienstleistungen versucht der

Wolfgang Bosch

**Zweiter Teil** Regulierung von Telekommunikationsdienstleistungen
**Zweiter Abschnitt** Universaldienst

Gesetzgeber, seiner auch nach der Liberalisierung der Telekommunikation in der Bundesrepublik bestehenden Garantenpflicht aus Art 87 f GG gerecht zu werden, für eine flächendeckende angemessene und ausreichende Versorgung mit Telekommunikationsdienstleistungen zu sorgen.[1] Die Verpflichtung, ein Universaldienstleistungssystem einzuführen, ergibt sich aus den europarechtlichen Vorgaben der Liberalisierung der Telekommunikationsmärkte, insbesondere aus der Zusammenschaltungsrichtlinie[2].[3]

2   Das Konzept des Universaldienstes soll Defizite in der Versorgung mit Basistelekommunikationsdienstleistungen verhindern. Diese Basisleistungen definiert der Verordnungsgeber, die Bundesregierung, aufgrund der Verordnungsermächtigung in § 17. § 18 konstituiert eine Gruppenverantwortung: Wird eine Universaldienstleistung nicht ausreichend und angemessen erbracht oder ist zu besorgen, dass eine solche Versorgung nicht gewährleistet sein könnte, so sind die Lizenznehmer auf dem jeweils sachlich relevanten Markt der betreffenden lizenzpflichtigen Telekommunikationsdienstleistung ab einer bestimmten Marktstärke verpflichtet, dazu beizutragen, dass die Universaldienstleistung erbracht werden kann. Das deutsche Universaldienstleistungssystem besteht damit in einer nachträglichen, nicht in einer proaktiven Versorgungssicherung. Zunächst muss der Versorgungsmangel festgestellt werden, dann wird dem Mangel abgeholfen. Damit unterscheidet sich das deutsche Universaldienstleistungssystem grundlegend vom US-amerikanischen System der „universal services", wo die Schaffung der Teilnahmemöglichkeit an der Telekommunikation für jedermann im Vordergrund steht[4]. Das deutsche Konzept basiert auf der Prämisse, dass die Deutsche Telekom AG im Ausgangszustand den Universaldienst erbringt (vgl § 97 Abs 1 iVm §§ 26 TKV und 36 TKV, dazu Rn 17 f). Eine gewisse Ergänzungsfunktion zum deutschen Universaldienstregime kommt auch dem allgemeinen Netzzugangsanspruch nach § 35 TKG zu.

3   § 17 Abs 1 S 2 und 3 enthalten Vorgaben für den Verordnungsgeber: Zunächst muss der Verordnungsgeber Telekommunikationsdienstleistungen als Universaldienstleistungen bestimmen, die den Bereichen des Sprachtelefondienstes und des Betreibens von Übertragungswegen nach § 6 Abs 1 zuzuordnen sind und deren Erbringung für die Öffentlichkeit als Grundversorgung unabdingbar geworden ist (Abs 1 S 2); dies ist mit der Telekommunikations-Universaldienstleistungsverordnung vom 30. 1. 1997 erfolgt. Abs 1 S 3 bestimmt, dass darüber hinaus weitere Telekommunikationsdienstleistungen als Universaldienstleistungen bestimmt „werden können", soweit sie mit den Telekommunikationsdienstleistungen nach Abs 1 S 2 in unmittelbarem Zusammenhang stehen und ebenfalls für die Grundversorgung unabdingbar geworden sind. Bereits aus der Formulierung wovon Abs 1 S 2 wie auch S 3 ergibt sich, dass sich die Anforderungen nicht statisch, sondern dynamisch sind.

4   Die Einbeziehung der Übertragungswege in das Universaldienstregime zeigt, dass dieses nicht ausschließlich auf den Verbraucherschutz beschränkt ist, auch nicht auf Endnutzer. Übertragungswege werden typischerweise von gewerblichen Abnehmern, oft sogar von anderen Telekommunikationsunternehmen in Anspruch genommen. Das ist vom verfassungsrechtlichen[5] Dienstleistungsbegriff ebenso wie von § 17 (S 2, 2. Alternative) gedeckt. Welche Übertragungswege bereitzustellen sind, obliegt hier – ebenso wie bei anderen Universaldienstleistungen – der Bestimmungskompetenz des Verordnungsgebers gem Abs 2, die im Einklang mit dem Regelungsprogramm aus § 17 Abs 2 auszuüben ist.

5   Wesentliche Bezugspunkte zum Universaldienstregime weist § 11 Abs 7 TKG auf (dazu § 11 Rn 10).[6]

---

1 Dazu ausführlich *Windthorst* Universaldienst, S 247 ff.
2 97/13/EG.
3 Zum gemeinschaftsrechtlichen Rahmen s ausführlich *Windthorst* Universaldienst, S 133 ff.

4 S hierzu *Kubicek* CR 1997, 1 ff.
5 Dazu *Windthorst* Universaldienst, S 453.
6 *Windthorst* Universaldienst, S 468 ff.

Wolfgang Bosch

## II. Einzelkommentierung

### 1. Definition der Universaldienstleistungen

Universaldienstleistungen sind nach § 17 Abs 1 S 1 **6**
- Telekommunikationsdienstleistungen für die Öffentlichkeit
- für die eine bestimmte Qualität festgelegt ist
- zu denen alle Nutzer unabhängig von ihrem Wohn- oder Geschäftsort zu einem erschwinglichen Preis Zugang haben müssen.

#### a) Universaldienstfähige Telekommunikationsdienstleistungen

Die Definition der Telekommunikationsdienstleistungen für die Öffentlichkeit ergibt sich aus **7** § 3 Nr 19 (s § 3 Rn 84). Abs 1 S 2 und S 3 unterscheiden zwischen „Muss"-Telekommunikationsdienstleistungen und „Kann"-Telekommunikationsdienstleistungen. Bei den „Muss"-Telekommunikationsdienstleistungen ist zunächst der Sprachtelefondienst nach § 3 Nr 15 als die gewerbliche Bereitstellung des direkten Transports und der Vermittlung von Sprache in Echtzeit von und zu den Netzabschlußpunkten des öffentlichen vermittelten Netzes für die Öffentlichkeit zu verstehen. Das „Betreiben von Übertragungswegen" nach § 6 Abs 1 umfasst das Angebot von Übertragungsdiensten, die die Grenze eines Grundstücks überschreiten und für Mobilfunkdienstleistungen, Satellitenfunkdienstleistungen und andere öffentliche Telekommunikationsdienstleistungen bestimmt sind. Darüber hinaus kann eine Leistung nach Abs 1 S 2 zur Universaldienstleistung bestimmt werden, die diesen beiden Bereichen (Sprachtelefondienst und Betreiben von Übertragungswegen) zuzuordnen ist und für die Öffentlichkeit als Grundversorgung unabdingbar ist. S 3 läßt zu, dass auch mit den in S 2 aufgelisteten Telekommunikationsdienstleistungen unmittelbar zusammenhängende („akzessorische") Telekommunikationsdienstleistungen als Universaldienstleistungen bestimmt werden können, wenn sie als Grundversorgung unabdingbar geworden sind. „Unabdingbar" ist auch in diesem Kontext nicht gleichbedeutend mit „selbstverständlich".[7] Unabdingbar ist vielmehr nur eine Dienstleistung, die notwendig ist, damit die Grundversorgung durch Sprachtelefondienst und das Betreiben von Übertragungswegen sichergestellt ist. Zu den Dienstleistungen, die zum Sprachtelefondienst zur Grundversorgung unabdingbar sind, werden etwa Auskunftsdienst oder öffentliche Sprechstellen gezählt.[8] Eine erhebliche Einschränkung dürfte sich aus dem Begriff der Telekommunikationsdienstleistung ergeben.

#### b) Mindestangebot und Unabdingbarkeit

Indem der Gesetzgeber den Universaldienst auf ein Mindestangebot solcher Dienstleistungen **8** beschränkt hat, hat er sich für eine **Grundversorgung** der Bevölkerung entschieden. Dieses eher restriktive, einengende Verständnis des Begriffs der Grundversorgung wird durch den Begriff der Unabdingbarkeit verstärkt. Maßgebend ist nach § 17 Abs 1 TKG, dass die Universaldienstleistung bereits unabdingbar geworden ist. Dieses Merkmal dürfte es praktisch weitgehend ausschließen, weitgehend neue Telekommunikationsdienstleistungen über das Universaldienstregime durchzusetzen. In jedem Fall setzt § 17 TKG **real bestehende Nachfrage- und Bedarfsstrukturen** voraus. Nach der Gesetzesbegründung sind unabdingbar solche Telekommunikationsdienstleistungen, die für eine Vielzahl von Bürgern bereits selbstverständlich sind.[9] Eine Optimalversorgung ist nicht geboten.[10] Diese Beschränkung des Universaldienstes ist mit der Universaldienstgarantie des Grundgesetzes vereinbar; die Einwände im Gesetzgebungsverfahren[11] waren nicht berechtigt.[12]

---

[7] So aber die Regierungsbegründung BT-Drucks 13/3609, S 40; anderer Meinung zu Recht Beck'scher TKG-Kommentar/*Schütz* § 17 Rn 10.
[8] Regierungsbegründung BT-Drucks 13/3609, S 41.
[9] Selbst das hält Beck'scher TKG-Kommentar/*Schütz* § 17 Rn 10 noch für zu weit.
[10] So auch Beck'scher TKG-Kommentar/*Schütz* § 17 Rn 6; *Windthorst* Universaldienst, S 448 f.
[11] BT-Drucks 13/4438, S 10.
[12] Eingehend *Windthorst* Universaldienst, S 448 f.

Wolfgang Bosch

### c) Qualität, Verfügbarkeit, Preis

**9** Die verfassungsrechtlichen Grundversorgungs- bzw. Universaldienstleistungsmerkmale (das GG verwendet weder den einen noch den anderen Begriff) der **flächendeckend angemessenen und ausreichenden Dienstleistungen** (Art 87 f GG) bedürfen in besonderem Umfang gesetzgeberischer Konkretisierung. Dieser verfassungsrechtliche Auftrag wird **vom TKG insgesamt** umgesetzt, nicht allein von den §§ 17 bis 22 TKG. Das Universaldienstregime der §§ 17 f TKG weist indes eine besondere Nähe zum Gewährleistungsauftrag aus Art 87 f GG auf. Das Grundgesetz lässt dem Gesetzgeber einen relativ breiten Einschätzungs- und Beurteilungsspielraum.[13] Das TKG hat diesen Auftrag für das Universaldienstleistungsregime dahingehend umgesetzt, dass es sich um ein **verordnungsrechtlich definiertes** Mindestangebot handelt, für das eine bestimmte Qualität festgelegt ist und zu dem alle Nutzer unabhängig von ihrem Wohn- oder Geschäftsort zu einem erschwinglichen Preis Zugang haben müssen. Diese materiellen Vorgaben werden durch die Anpassungspflicht aus Abs 2 S 2 ergänzt, die die technische und gesellschaftliche Entwicklung und die Nachfrage ausdrücklich zu Bestimmungsfaktoren des Universaldienstes erhebt. All diese Maßstäbe bilden den Handlungsrahmen des Verordnungsgebers. Sie bedürfen der verordnungsrechtlichen Konkretisierung, ohne die es (Abs 2 S 1) keine Universaldienstleistungen gibt.

**10** Der relativ breite Einschätzungs- und Beurteilungsspielraum, den der gesetzliche Rahmen dem Verordnungsgeber lässt, ist in der TUDLV – jedenfalls derzeit – in verfassungs- und gesetzeskonformer Weise umgesetzt worden.[14]

**11** Der Zugang für alle Nutzer unabhängig von ihrem Wohn- oder Geschäftsort stellt die räumliche Komponente des Universaldienstregimes in den Mittelpunkt. Das reflektiert die Einschätzung des Gesetzgebers, dass in der Telekommunikation Versorgungslücken am ehesten in dünn besiedelten, ländlichen Gebieten entstehen.

**12** Mit Blick auf die Ausrichtung des Universaldienstregimes an Flächendeckung und Unabdingbarkeit ist fraglich, ob räumlich und zeitlich differenzierende Versorgungsgrade festgelegt werden können. Der **gesamträumliche Homogenitätsauftrag** des § 17 Abs 1 S 1 dürfte solche Universaldienstbestimmungen allenfalls in Ausnahmesituationen zulassen. Dagegen deckt es das Ermessen der Regulierungsbehörde im Auferlegungsverfahren nach § 19 TKG, angemessene Umsetzungsfristen und zeitlich gestufte Versorgungsgrade festzulegen. Auch dabei darf allerdings das Konzept einer grundsätzlich flächendeckenden Versorgung nicht aus dem Auge verloren werden.

**13** Die Preisvorgaben für den Universaldienst nach § 17 Abs 1 iVm § 2 TUDLV sind gegenüber der allgemeinen Entgeltregulierung verdrängende Sonderregelungen.[15] Im Bereich des Universaldienstes spielt ein Mindestschutz vor flächenungleicher Versorgung eine besondere Rolle.[16] § 2 Abs 1 TUDLV greift dies auf, indem er auf den realen Preis der von einem Privathaushalt außerhalb von Städten mit mehr als 100 000 Einwohnern zum Zeitpunkt des 31. Dezember 1997 durchschnittlich nachgefragten Telefondienstleistungen abstellt. Für die akzessorischen Universaldienstleistungen (§ 1 Nr 2 TUDLV: Auskünfte, Teilnehmerverzeichnis und öffentliche Telefonstellen) identifiziert § 2 Abs 2 TUDLV den Entgeltmaßstab der Erschwinglichkeit mit der Orientierung an den Kosten der effizienten Leistungsbereitstellung iSv § 3 Abs 2 TEntgV. Für Übertragungswege verweist § 2 Abs 3 TUDLV vollständig auf die Festlegungen in der allgemeinen Entgeltregulierung nach den §§ 24 ff TKG. Das soll einer abgesenkten Schutzbedürftigkeit Rechnung tragen, die darin besteht, dass Übertragswege meist durch gewerbliche Nutzer in Anspruch genommen werden.[17]

### 2. Ermächtigung an den Verordnungsgeber

**14** Nach Abs 2 S 1 darf die Bundesregierung durch Rechtsverordnung, die der Zustimmung des Bundestags und des Bundesrats bedarf, Telekommunikationsdienstleistungen nach Abs 1 S 2

---

[13] *Windhorst* Universaldienst, S 247 ff, *Lerche* in: Maunz/Dürig, Art 87 f Rn 8 ff.
[14] *Windhorst* Universaldienst S 454.
[15] *Windhorst* Universaldienst, S 456.
[16] *Windhorst* Universaldienst, S 457.
[17] Vgl die Begründung zu § 2 TUDLV-E, BT-Drucks 13/5495, S 5; zustimmend *Windhorst* Universaldienst, S 458.

Wolfgang Bosch

und Abs 3 als Universaldienstleistungen bestimmen. Dies hat die Bundesregierung mit der Telekommunikations-Universaldienstleistungsverordnung vom 30. Januar 1997[18] getan. Der Verordnungsgeber muss nach Abs 2 S 2 die Regelungen über die Universaldienstleistungen der technischen und gesellschaftlichen Entwicklung nachfragegerecht anpassen; die Rechtsverordnung muss nach Abs 2 S 3 auch die Mindestqualität und die Maßstäbe für die Bestimmung des Preises einer Universaldienstleistung festlegen. Bedenken gegen die Bestimmtheit der Verordnungsermächtigung[19] sind nicht berechtigt.[20]

Das gesetzliche Konzept einer verordnungsrechtlichen Normkonkretisierung führt zu Schwierigkeiten, wenn der Verordnungsgeber ähnlich unbestimmte Rechtsbegriffe verwendet, wie sie der gesetzliche Konkretisierungsauftrag an den Verordnungsgeber wie in § 17 Abs 1 enthält. Bei der TUDLV hat sich diese Gefahr bei den öffentlichen Telefonstellen realisiert. Hier verlangt § 1 Nr 2 lit c die *flächendeckende* Bereitstellung an allgemeinen und jederzeit zugänglichen Standorten entsprechend dem allgemeinen Bedarf. Was flächendeckend ist, hat der Verordnungsgeber also nicht genau definiert. **Öffentliche Telefonstellen** sind Telefoneinrichtungen für die Allgemeinheit, die mit Münzen, Kredit- und/oder Telefonkarten benutzt werden können.[21] Die RegTP hat dazu Kriterien festgelegt, die insbesondere prozedurale Regelungen zur Kooperation mit den Kommunen enthalten.[22]

### 3. Die Überwachungsbefugnis der Regulierungsbehörde

Im Rahmen ihrer Marktbeobachtung (§ 71 S 1 TKG) hat die Regulierungsbehörde eine präventive **Überwachungsaufgabe** und eine allgemeine **Überwachungsbefugnis**. Sie muss laufend beobachten, ob die Vorgaben über den Universaldienst aus § 17 Abs 1 TKG iVm der TUDLV erfüllt werden. Eingriffsbefugnisse bestehen in diesem Rahmen allerdings nicht. Bei der Überwachung hat die Regulierungsbehörde keinen Beurteilungsspielraum im Hinblick auf die Sachverhaltsseite der Entscheidung.[23] Dagegen kommt der Regulierungsbehörde ein beschränkter Ermessensspielraum auf der Rechtsfolgenseite zu. Bei einzelnen Unterschreitungen der Universaldienstvorgaben muss sie zunächst eine prognostisch-wertende Entscheidung treffen, ob ein spürbares, mehr als nur punktuelles oder ganz geringfügiges Universaldienstdefizit besteht. Bei geringfügigen Lücken kann die RegTP auch zu einem milderen Mittel als der Feststellung der Universaldienstverpflichtung greifen. Sie kann sich beispielsweise an die Deutsche Telekom AG (vgl § 97 Abs 1 TKG) oder die potentiell gemäß § 18 TKG verpflichteten Unternehmen wenden und diese auffordern, die Versorgungslücken zu schließen. Eingriffsbefugnisse stehen ihr allerdings gegen die gem § 18 Verpflichteten in diesem Rahmen nicht zu. Auch eine Befugnis zu verbindlichen Anordnungen ist der Überwachungs- und Entscheidungsbefugnis nach § 17 Abs 2 S 4 nicht zu entnehmen; insoweit bleibt nur der Weg über die §§ 18 ff TKG.

### 4. Die Sicherung des Universaldienstes durch Sonderpflichten der Deutschen Telekom AG und marktbeherrschende Anbieter

Prozedural wird jederzeitige Universaldienstversorgung durch § 97 Abs 1 TKG sowie § 36 TKV gesichert. Nach § 97 TKG muss die Deutsche Telekom AG der RegTP anzeigen, wenn sie Universaldienstleistungen nicht in vollem Umfang oder zu schlechteren als den in der TULDV genannten Bedingungen anbieten will. Die Anzeige ist ein Jahr vor „Wirksamwerden" – also vor Reduzierung des Leistungsangebotes – einzureichen. Ergänzend regelt § 6 Abs 1 TKV, dass ein universaldienstverpflichtetes Unternehmen diese Leistungen nur vorübergehend aufgrund grundlegender, in Übereinstimmung mit dem Unionsrecht stehender Anforderungen einstellen oder beschränken darf. Es muss auf die Belange der Kunden Rücksicht nehmen und die Leistungseinstellungen oder -beschränkungen auf das Erforderliche beschränken. Die grundlegen-

---

18 BGBl I, S 141.
19 Zweifelnd *Windthorst* Universaldienst, S 449 f.
20 So auch Beck'scher TKG-Kommentar/*Schütz* § 17 Rn 14.
21 Beck'scher TKG-Kommentar/*Schütz* Anhang § 17 § 1 TUDLV Rn 6.

22 RegTP, Mitteilung 127/1999, ABl RegTP 1999, 1127.
23 Zum Beurteilungsspielraum allgemein s BVerfGE 84, 34, 53; BVerfGE 85, 36; *Maurer* Allgemeines Verwaltungsrecht, § 7 Rn 31 ff.

den Anforderungen, die eine Beschränkung rechtfertigen, sind in § 6 Abs 2 TKV näher definiert. § 6 Abs 3 regelt eine Unterrichtungspflicht gegenüber den Kunden. Die Sonderpflichten aus § 6 TKV gelten sowohl für die gem § 97 zum Universaldienst verpflichtete Deutsche Telekom AG wie für sonstige Unternehmen, die gem § 19 verpflichtet worden sind.

**18** Nach § 36 TKV müssen marktbeherrschende Sprachtelefondienstanbieter, die einen Vertragsschluss über Sprachtelefondienst oder damit in unmittelbarem Zusammenhang stehende Universaldienstleistungen ablehnen, ohne dass der Kunde auf diese Leistungen verzichtet, dies unter Angabe der Gründe umgehend der RegTP anzeigen. § 36 S 2 TKV regelt dazu näher, dass die RegTP im Rahmen des Verfahrens zur Sicherstellung von Universaldienstleistungen dafür Sorge trägt, dass dem Kunden Leistungen bereitgestellt werden. Bei Mängeln hat die RegTP ein relativ breites Ermessen, wie die Bereitstellung der Leistung bewirkt wird.[24] Die RegTP muss nicht zwangsläufig ein Sicherstellungsverfahren nach § 19 TKG einleiten, wenn sie Universaldienstleistungsversorgung einzelfallbezogen anders sicherstellen kann. Geeignetes Instrument sind insbesondere einstweilige Anordnungen gem § 78 TKG, aber auch informelle Aufforderungen an die Deutsche Telekom AG oder auch an andere Unternehmen.

### III. Übersicht über die Telekommunikations-Universaldienstleistungsverordnung

**19** § 1 legt als Telekommunikationsdienstleistungen den Sprachtelefondienst auf der Basis eines digital vermittelten Netzes mit bestimmten ISDN-Leistungsmerkmalen fest. Darüber hinaus werden nach § 1 Abs 2 der Telekommunikationsdienstleistungsverordnung bestimmte nicht lizenzpflichtige Telekommunikationsdienstleistungen als in unmittelbarem Zusammenhang mit dem Sprachtelefondienst stehend zu Universaldienstleistungen erhoben, nämlich das Erteilen von Auskünften über Rufnummern, die jährliche Herausgabe von Teilnehmerverzeichnissen und die flächendeckende Bereitstellung von öffentlichen Telefonstellen an allgemeinen oder jederzeit zugänglichen Standorten entsprechend dem allgemeinen Bedarf. § 2 regelt die Entgelte für Universaldienstleistungen. Universaldienstleistungen nach § 1 Nr 1 (Sprachtelefondienst mit ISDN-Leistungsmerkmalen) sind dann „erschwinglich" bepreist, wenn der Preis den realen Preis der von einem Privathaushalt außerhalb von Städten mit mehr als 100.000 Einwohnern zum Zeitpunkt des 31. Dezember 1997 durchschnittlich nachgefragten Telefondienstleistung mit den zu diesem Zeitpunkt erzielten Leistungsqualitäten einschließlich der Lieferfristen nicht übersteigt. Für die Universaldienstleistung nach § 1 Nr 2 gilt der jeweilige Preis als erschwinglich, der sich an den Kosten der effizienten Leistungsbereitstellung (§ 3 Abs 2 der Telekommunikations-Entgeltregulierungsverordnung) orientiert. Für Universaldienstleistungen nach § 1 Nr 3 gelten die von der Regulierungsbehörde genehmigten Preise als erschwinglich; damit wird eine unwiderlegliche Vermutung für die Telekommunikationdienstleister „Bereitstellung der Übertragungswege" dahingehend begründet, dass die von der Regulierungsbehörde genehmigten Preise „erschwinglich" sind.

## § 18 Verpflichtung zum Erbringen von Universaldienstleistungen

(1) Wird eine Universaldienstleistung nach § 17 nicht ausreichend und angemessen erbracht oder ist zu besorgen, dass eine solche Versorgung nicht gewährleistet sein wird, ist jeder Lizenznehmer, der auf dem jeweiligen sachlich relevanten Markt der betreffenden lizenzpflichtigen Telekommunikationsdienstleistung tätig ist und einen Anteil von min-

---

[24] BR-Drucks 551/97 zu § 34 TKV-E, S 54; aM Beck'scher TKG-Kommentar/*Schütz* Anhang § 41 § 37 TKV Rn 6.

Wolfgang Bosch

destens vier vom Hundert des Gesamtumsatzes dieses Marktes im Geltungsbereich dieses Gesetzes auf sich vereinigt oder auf dem räumlich relevanten Markt über eine marktbeherrschende Stellung nach § 19 des Gesetzes gegen Wettbewerbsbeschränkungen verfügt, verpflichtet, dazu beizutragen, dass die Universaldienstleistung erbracht werden kann. Die Verpflichtung nach Satz 1 ist nach Maßgabe der Bestimmungen dieses Abschnitts zu erfüllen.

(2) Abs 1 gilt entsprechend für ein Unternehmen, das mit einem Lizenznehmer ein einheitliches Unternehmen bildet. Ein einheitliches Unternehmen wird durch jede Verbindung von Unternehmen im Sinne des § 36 Abs 2 und § 37 Abs 1 und 2 des Gesetzes gegen Wettbewerbsbeschränkungen geschaffen.

Inhaltsübersicht

|  |  | Rn |
| --- | --- | --- |
| I. | Vorbemerkung | 1–2 |
| II. | Einzelkommentierung | 3–16 |
|  | 1. Normadressaten | 3–13 |
|  |    a) Lizenznehmer | 3 |
|  |    b) Marktstellung des Lizenznehmers | 4–12 |
|  |    c) Einheitliches Unternehmen, Abs 2 | 13 |
|  | 2. Universaldienstunterversorgung | 14–15 |
|  | 3. Zur Erbringung beitragen | 16 |

## I. Vorbemerkung

§ 18 statuiert die grundsätzliche Verpflichtung der Lizenznehmer mit einer bestimmten Marktbedeutung, auf dem sachlich relevanten Markt, zur Universaldienstleistungsversorgung beizutragen, wenn die Unterversorgung mit einer Universaldienstleistung besteht oder droht. Dies gilt für sämtliche Universaldienstleistungen nach § 17, gleich ob „Muss"- oder „Kann"-Universaldienstleistung. Wie sich aus S 2 ergibt, wird die Universaldienstleistungspflicht erst nach Durchlaufen eines streng formalisierten Verfahrens wirksam. Das Konzept des Gesetzgebers sieht also keine gesetzesunmittelbare Universaldienstpflicht vor. Er geht von der Erwartung aus, dass die Telekommunikations-Universaldienstpflichten uU auch ohne regulierendes Verwaltungsverfahren ausreichend erbracht werden. Damit schafft das Telekommunikationsgesetz für die Universaldienstleistungserbringung eine latente rechtliche Gesamtverantwortung der auf dem sachlich relevanten Markt lizenzierten Unternehmen mit der in § 18 Abs 1 definierten Marktbedeutung. Weil § 18 Abs 1 in seiner ersten Alternative nur auf die Stellung auf dem sachlich relevanten Markt abstellt – und eben nicht auch auf den räumlich relevanten Markt – und den Marktanteil im Bundesgebiet zur Unversaldienstverpflichtungsschwelle erhebt, legt § 18 so die – in § 20 näher ausgestaltete – Grundlage für einen bundesweiten Ausgleich für die gemeinsame Wahrnehmung einer Gesamtaufgabe. 1

Der Gesetzgeber hat eine solche Begründung einer – vom Blickpunkt der Adressaten her nur latenten – Pflichtengemeinschaft und eines entsprechenden Verantwortungszusammenhanges für notwendig gehalten, um den Anforderungen einer zulässigen Sonderabgabe Rechnung zu tragen, als die die Universaldienstabgabe angesehen wird.[1] Das entspricht dem gestuften Konzept mit grundsätzlicher Marktsteuerung, gesetzlichem Pflichtenappell[2] (§ 18 TKG) und einem – wiederum gestuften – regulierendem Verfahren (§ 19 TKG). § 18 ist damit die erste Stufe eines regulativen Auffangnetzes.[3] 2

---

[1] Ausführlich *Windthorst* Universaldienst, S 479 ff.     [3] *Hoffmann-Riem* DVBl 1999, 125, 133.
[2] *Hoffmann-Riem* DVBl 1999, 125, 133.

## II. Einzelkommentierung

### 1. Normadressaten

#### a) Lizenznehmer

**3** Nach § 18 Abs 1 S 1 sind nur „Lizenznehmer", die auf dem jeweiligen sachlich relevanten Markt der betreffenden lizenzpflichtigen Telekommunikationsleistung tätig sind, nach § 18 Abs 1 zum Beitrag verpflichtet. Ausgenommen als Normadressaten sind damit Erbringer von nicht-lizenzpflichtigen Telekommunikationsdienstleistungen, wie sie beispielsweise in § 1 Abs 2 der Telekommunikations-Universaldienstleistungsverordnung aufgeführt sind (Erteilen von Auskünften, Herausgabe von Teilnehmerverzeichnissen, Bereitstellung von öffentlichen Telefonstellen).

#### b) Marktstellung des Lizenznehmers

**4** Weitere Voraussetzung für die Verpflichtung zum Beitrag zum Universaldienst ist die Marktstellung des Lizenznehmers. § 18 Abs 1 unterscheidet daher zwei Alternativen: erstens die Beherrschung des räumlich relevanten Marktes, also Marktbeherrschung im unterversorgten Gebiet, und zweitens ein bundesweiter Marktanteil von 4% im sachlich relevanten Markt.

##### aa) Der sachlich relevante Markt

**5** Die Marktabgrenzung orientiert sich an im Kartellrecht entwickelten Grundsätzen zur Marktabgrenzung im Zusammenhang mit der Marktbeherrschung des § 19 GWB (bis zum 31. Dezember 1998: § 22 GWB). Der sachlich relevante Markt wird vom Gesetzgeber in § 19 „als Angebot oder Nachfrage einer bestimmten Art von Waren oder gewerblichen Leistungen" bezeichnet. Rechtsprechung und Lehre orientieren sich zur Abgrenzung des sachlich relevanten Marktes am „Bedarfmarktskonzept" bzw. dem Konzept der funktionellen Austauschbarkeit. Danach sind „sämtliche Erzeugnisse, die sich nach ihren Eigenschaften, ihrem wirtschaftlichen Verwendungszweck und ihrer Preislage so nahestehen, dass der verständige Verbraucher sie als für die Deckung eines bestimmten Bedarfs geeignet in berechtigter Weise abwägend miteinander vergleicht oder als gegeneinander austauschbar ansieht, marktgleichwertig.[4] Das Bundeskartellamt[5] hat in Anlehnung an die Lizenzklassen in § 6 die folgenden sachlich relevanten Märkte unterschieden: Märkte für terrestrische Übertragungswege, Sprachtelefondienst, kundenspezifische Pakete von Telekommunikationsdiensten für Unternehmen, Mobilfunk, paketvermittelte Datenübertragung, Online-Dienste.

**6** Als Anhaltspunkt für die sachliche Marktabgrenzung hinsichtlich der Universaldienstleistungen kann die Telekommunikations-Universaldienstleistungsverordnung und die dort definierten Universaldienstleistungen herangezogen werden. Damit muss die Universaldienstleistung, die der Verordnungsgeber bestimmt hat, darauf geprüft werden, welchem sachlich relevanten Markt einer lizenzpflichtigen Telekommunikationsdienstleistung sie zuzuordnen ist. Sprachtelefonie und das Betreiben eines bestimmten Übertragungsweges sind jeweils aus Nachfragersicht nicht gegen andere Leistungen austauschbar und stellen damit jeweils eigenständige sachlich relevante Märkte dar. Da die Telekommunikations-Universaldienstleistungsverordnung in § 1 Nr 1 nur den Sprachtelefondienst auf der Basis eines digital vermittelten Netzes und nach § 1 Nr 3 nur die Bereitstellung der Übertragungswege gemäß Anhang 2 der Richtlinie 92/94 EWG des Rates vom 5. Juni 1992 zur Einführung des Netzzugangs bei Mietleitungen als

---

[4] S insbesondere KG WuW/E 1595 f Handpreisauszeichner; BGH WuW/E 2150 ff, 2153 Rheinmetall/WMF; *Bechtold* GWB, § 22 Rn 5; s nunmehr RegTP, Eckpunkte zur sachlichen und räumlichen Abgrenzung von Märkten und Feststellung marktbeherrschender Stellung, ABl RegTP 2001, 555.

[5] BKartA WuW 1997, 414, 415; dazu *Salje* K & R 1998, 331 ff, der allerdings eine andere Marktaufteilung vornimmt, nämlich in folgende Gruppen: Endkundenmarkt Festnetz, Endkundenmarkt Mobilfunk sowie Resellingmärkte für Telekommunikationsdienstleistungen sowie Märkte für besonderen Netzzugang; S zur Marktabgrenzung bei Telekommunikationsdienstleistungen auch *Lampert* WuW 1998, 27, 29.

Universaldienstleistungen benennt, kann gefolgert werden, dass damit auch die sachlich relevanten Märkte definiert werden, also Sprachtelefonie und derzeit die „Festleitungs-Sprachtelefonie"[6]; die Beitragspflicht zu Universaldienstleistungen kann derzeit nur in diesem Bereich bestehen.

Bei den nicht-lizenzpflichtigen Universaldienstleistungen nach § 1 Nr 2 Telekommunikations- Universaldienstleistungsverordnung sind Telefonauskunft, Herausgabe von Teilnehmerverzeichnissen und Bereitstellung von öffentlichen Sprechstellen nicht eigenen sachlich relevanten Märkten zuzuordnen.[7] Dies sind aber reine Annextätigkeiten der Festleitungs-Sprachtelefonie und sind für ihr Funktionieren unerlässlich. Würde man diese Annextätigkeiten eigenen sachlich relevanten Märkten zuordnen, könnte sich jedes im Bereich der Festleitungs-Sprachtelefonie tätige Unternehmen aus der Beitragspflicht hinsichtlich dieser Annexdienste dadurch befreien, dass es diese Dienste überhaupt nicht anbietet und damit überhaupt die kritische Marktstärke nicht erreicht.

### bb) Quantitative Stellung auf dem relevanten Markt

(1) Bundesweiter Umsatzanteil von 4% im sachlich relevanten Telekommunikationsmarkt

Universaldienstleistungspflicht besteht, wenn auf dem Markt der relevanten Telekommunikationsdienstleistungen umsatzbezogen ein Marktanteil bundesweit von 4% und mehr in der Bundesrepublik erreicht wird. Zur Ermittlung des Umsatzmarktanteils, s § 22.

(2) Beherrschung des räumlich und sachlich relevanten Marktes

Universaldienstleistungspflicht besteht auch, wenn eine marktbeherrschende Stellung im Sinne von § 19 GWB auf dem sachlich und räumlich relevanten Markt besteht.[8] Auch der räumlich relevante Markt ist nach dem Bedarfmarktkonzept zu bestimmen; danach sind sämtliche Anbieter in den räumlich relevanten Markt einzubeziehen, die aus Sicht des Nachfragers „austauschbar" sind, bei Energieversorgungsunternehmen, bei denen wegen des Versorgungscharakter durchaus eine parallele Situation vorliegt, behilft sich die Praxis hierbei, sich am Tätigkeitsgebiet des anbietenden Unternehmens zu orientieren.[9] Keinesfalls ist es richtig, den räumlich relevanten Markt allein danach zu definieren, wo eine Unterversorgung mit einer Universaldienstleistung auftritt.[10] Im Falle der Unterversorgung fehlt es unter Umständen ganz an einem Leistungsangebot. Im Zweifel gebietet allerdings der Normzweck eine räumlich eher enge Marktabgrenzung. Unrichtig ist es, die Verpflichtung zur Erbringung von Universaldienstleistungen bei Marktbeherrschung als reine „Lückenschließungsregelung" zu begreifen.[11]

Marktbeherrschend ist nach § 19 Abs 2 Nr 1 GWB, wenn ein Unternehmen ohne Wettbewerber ist oder keinem wesentlichen Wettbewerb ausgesetzt ist oder nach § 19 Abs 2 Nr 2 GWB eine im Verhältnis zu seinen Wettbewerbern überragende Marktstellung hat. Oligopolmarktbeherrscher sind zwei oder mehr Unternehmen, soweit zwischen ihnen auf dem sachlich und räumlich relevanten Markt wesentlicher Wettbewerb nicht besteht und sie in ihrer Gesamtheit entweder ohne Wettbewerber sind, keinem wesentlichen Wettbewerb ausgesetzt oder im Verhältnis zu ihren Wettbewerbern überragende Marktstellung haben. Die praktisch wichtigste Art der Marktbeherrschung ist diejenige auf Grundlage einer überragenden Marktstellung nach § 19 Abs 2 Nr 2 GWB: diese liegt nach der Rechtsprechung vor, wenn der Anbieter auf einem sachlich und räumlich relevanten Markt einen überragenden Verhaltensspielraum oder einen vom Wettbewerb nicht hinreichend kontrollierten Verhaltensspielraum besitzt.[12] Die Kriterien des § 19 Abs 2 Nr. 2 GWB für die überragende Marktstellung, also Marktanteil, Finanzkraft, Zugang zu vor-

---

[6] S hierzu Beck'scher TKG-Kommentar/*Schütz* § 18 Rn 19.
[7] So aber Beck'scher TKG-Kommentar/*Schütz* § 18 Rn 21.
[8] Zur Marktbeherrschung bei Telekommunikationsdienstleistungen s *Salje* K&R 1998, 331, 335.
[9] S für Energieversorger OLG Hamburg WuW/E 3886; *Bechtold* GWB, § 22 Rn 12.
[10] S hierzu Beck'scher TKG-Kommentar/*Schütz* § 18 Rn 26 ff.
[11] So aber wohl Beck'scher TKG-Kommentar/ *Schütz* § 18 Rn 24 und Rn 27.
[12] BGH WuW/E 1435, 1439, Vitamin B 12; BGH WuW/E 1749, 1754 Klöckner/Becorit; *Bechtold* GWB, § 22 Rn 37, 38.

Wolfgang Bosch

oder nachgelagerten Märkten, rechtliche oder tatsächliche Schranken für den Marktzutritt anderer Unternehmen, die Fähigkeit, Angebot oder Nachfrage umzustellen und die Möglichkeit der Marktgegenseite, auf andere Angebote auszuweichen, können herangezogen werden. Anwendbar sind grundsätzlich auch die Marktbeherrschungsvermutungen des § 19 Abs 3 GWB.

11  Nach § 19 Abs 3 S 1 GWB wird vermutet, dass ein Unternehmen marktbeherrschend ist, wenn es einen Marktanteil von mindestens einem Drittel hat. Die Oligopolmarktbeherrschungsvermutung greift, wenn drei oder weniger Unternehmen zusammen einen Marktanteil von 50 % oder fünf oder weniger Unternehmen einen Marktanteil von zwei Dritteln des Marktes erreichen; diese Vermutung läßt sich dadurch entkräften, dass die Unternehmen nachweisen, dass die Wettbewerbsbedingungen zwischen ihnen wesentlichen Wettbewerb erwarten lassen oder sie im Verhältnis zu den übrigen Wettbewerbern keine überragende Marktstellung haben. Diese Marktbeherrschungsvermutungen führen nicht dazu, dass sich die Unternehmen von vornherein entlasten müssen; insoweit gilt der Amtsermittlungsgrundsatz. Zweifel der Regulierungsbehörde an der Marktbeherrschung, die sich auch nach Ausermittlung des Falles ergeben, gehen jedoch zuungunsten des Unternehmens.[13] Gerade im Bereich der Telekommunikationsdienstleistungen ist darauf zu achten, dass der Marktanteil nicht isoliert zur Einschätzung der Marktstärke herangezogen wird: So wiegt der Marktanteil eines bloßen Diensteanbieters sicher weniger als derjenige eines Diensteanbieters auf dem gleichen sachlich-relevanten Markt, der aber gleichzeitig die Leitungen stellt.[14]

12  Gegen eine Übernahme des Marktbeherrschungsbegriffs des GWB wendet *Lampert*[15] ein, dass die „Normadressateneigenschaft des TKG-Kartellrechts" auf solche Unternehmen teleologisch reduziert werden soll, die bei Aufhebung des gesetzlichen Monopols marktbeherrschend waren. Gerade hinsichtlich der Erbringung von Universaldienstleistungen kann diese Meinung nicht geteilt werden: Hier steht die Sicherstellung der Grundversorgung mit Telekommunikationsdienstleistungen für die Öffentlichkeit im Vordergrund, so dass es nicht darauf ankommen kann, ob die als Marktbeherrscher heranzuziehenden Unternehmen ihre Marktstellung aus dem abgeschafften Monopol ableiten oder im Wettbewerb erkämpft haben.

c) Einheitliches Unternehmen, Abs 2

13  Nach Abs 2 soll Abs 1 entsprechend für Unternehmen gelten, die mit einem Lizenznehmer ein einheitliches Unternehmen bilden. Dies bedeutet, dass für die Bestimmung der Verpflichtung zum Erbringen von Universaldienstleistungen nicht auf den Lizenznehmer allein, sondern die mit ihm im Sinne des Abs 2 S 2 verbundenen Unternehmen als Einheit angesehen werden. Damit werden die Marktpositionen einer solchen Einheit zusammengerechnet. § 36 Abs 2 Satz 1 GWB sieht vor, dass verbundene Unternehmen nach § 17 AktG (abhängige und herrschende Unternehmen) und § 18 AktG (Konzernunternehmen) als einheitliches Unternehmen anzusehen sind. § 17 Abs 2 AktG vermutet Beherrschung, wenn ein Unternehmen an einem anderen Unternehmen mehrheitlich beteiligt ist. Der Verweis auf § 18 AktG hat neben § 17 Abs 2 AktG nur für den Gleichordnungskonzern nach § 18 Abs 2 AktG eigenständige Bedeutung. Nach § 36 Abs 2 Satz 2 GWB gilt dann, wenn mehrere Unternehmen gemeinsam ein anderes Unternehmen beherrschen,[16] jedes dieser Unternehmen als herrschendes Unternehmen (sog. Mehrmütterklausel). Damit sind nicht nur die Umsätze nach Abs 1 für das einzelne Unternehmen, sondern für alle im Unternehmensverbund tätigen Unternehmen anzugeben. Wird ein Unternehmen von mehreren beherrscht, so sind die Angaben nicht nur wegen § 36 Abs 2 Satz 2 GWB für jedes herrschende Unternehmen zu machen, sondern wiederum wegen § 36 Abs 2 Satz 1 GWB auch für jedes diese herrschenden Unternehmen beherrschende Unternehmen und die von diesen Unternehmen abhängigen Unternehmen. Der Verweis auf § 37 Abs 1 und Abs 2 GWB ist dagegen weniger geglückt. Das seine Zusammenrechnung mit einem erworbenen Unternehmen erfolgt, das keine juristische Person ist, sondern aus einzelnen Vermögensgegenständen besteht, bedarf keiner Regelung: das nach § 37 Abs 1 Nr 1 GWB erworbene Unternehmen ist „Teil" des Lizenz-

---

13 S auch hierzu Beck'scher TKG-Kommentar/ *Schütz* § 18 Rn 36.
14 *Salje* K & R 1998, 331, 336.
15 WuW 1998, 27, 33 ff.
16 S hierzu *Bechtold* GWB, § 36 Rn 36.

nehmers. Der Erwerb des beherrschenden Einflusses nach § 37 Abs 2 GWB ist bereits über den Verweis auf § 36 Abs 2 abgedeckt. Der Anteilserwerb über 25% bis einschließlich 50% nach § 37 Abs 2 Nr 3 sowie die Verbindung durch wettbewerblich erheblichen Einfluß[17] sind dagegen Verweise mit eigener Bedeutung, deren Berechtigung allerdings rechtspolitisch sehr fraglich ist. Der Verweis auf § 37 Abs 2 GWB, wonach die wesentliche Verstärkung eines Zusammenschlusses ein neuer Zusammenschluss ist, ist sinnlos, da ein einheitliches Unternehmen schon deshalb vorliegt, weil die Unternehmen nach § 37 Abs 1 schon zusammengeschlossen sind.

## 2. Universaldienstunterversorgung

Universaldienstleistungsverpflichtung besteht, falls die Universaldienstleistung nach § 17 nicht ausreichend und angemessen erbracht ist, oder eine solche nicht ausreichende oder angemessene Erbringung zu besorgen ist. Grundsätzlich liegt nur dann eine angemessene Erbringung der Dienstleistung vor, wenn sie die Qualitätsstandards erreicht, die in der Telekommunikation-Universaldienstleistungsverordnung festgelegt sind. Nach § 1 Nr 1 der Telekommunikations-Universaldienstleistungsverordnung müssen die Qualitätsstandards der ISDN-Leistungsmerkmale eingehalten werden. Unklar ist, was „ausreichend" im Zusammenhang mit der Erbringung von Universaldienstleistungen heißt; damit kann nur die flächendeckende Versorgung gemeint sein. Bei Übertragungswegen bedeutet dies, dass jeder Nutzer die Möglichkeit eines Anschlusses an das Netz haben muss; bei sonstigen Dienstleistungen muss der Nutzer unabhängig von Wohn- oder Geschäftsort Zugang zur Dienstleistung haben.[18]

14

Unklar ist außerdem, wann die Unterversorgung „zu besorgen" ist. Nach der Gesetzesbegründung kann eine Unterversorgung zu besorgen sein, wenn eine Universaldienstleistung zum festgesetzten Höchstpreis nur mit Verlust angeboten werden kann.[19] Dann ist zu erwarten, dass das die Dienstleistung anbietende Unternehmen die Versorgung einstellt oder beschränkt. Ansonsten muss aus der Sicht eines objektiven Marktbeobachters bestimmt werden, ob eine Unterversorgung droht. Entscheidend dürfte sein, dass konkrete Anhaltspunkte dafür vorliegen, dass eine Beeinträchtigung der Grundversorgung mit hoher Wahrscheinlichkeit eintreten wird, wenn die Regulierungsbehörde nichts unternimmt.[20]

15

## 3. Zur Erbringung beitragen

Die Beitragspflicht kann nach § 19 in der Auferlegung von Universaldienstleistungen bestehen oder in der Verpflichtung, nach § 20 einen finanziellen Beitrag für die Erbringung der Universaldienstleistungen durch ein anderes Unternehmen zu leisten. Die Pflicht besteht erst dann, wenn das Verfahren nach den §§ 19–21 durchlaufen ist. Insoweit bestehen echte Rechtspflichten erst nach der Konkretisierung der latenten „objektiven" Rechtspflicht durch die Feststellung der Regulierungsbehörde gemäß § 19 Abs 1 S 1.[21] § 18 dürfte keine Ansprüche Einzelner begründen.[22]

16

## § 19 Auferlegung von Universaldienstleistungen

(1) Die Regulierungsbehörde veröffentlicht in ihrem Amtsblatt die Feststellung, auf welchem sachlich und räumlich relevanten Markt eine Universaldienstleistung nach § 17 nicht angemessen oder ausreichend erbracht wird oder auf welchem sachlich und räumlich relevanten Markt zu besorgen ist, dass eine solche Versorgung nicht gewährleistet sein wird. Sie kündigt an, nach den Vorschriften der §§ 19 bis 22 vorzugehen, sofern sich kein

---

[17] Zum Begriff BKartA WuW/E DE-V 1, 3 ff; *Bechtold* GWB, § 37 Rn 28.
[18] Beck'scher TKG-Kommentar/*Schütz* § 18 Rn 8.
[19] BR-Drucks 80/96 S 41.
[20] *Lammich* TKG § 18 Rn 3.
[21] *Windhorst* Universaldienst, S 455.
[22] *Windhorst* Universaldienst, S 459; offener *Schwintowski* CR 1997, 630.

Unternehmen innerhalb von einem Monat nach Bekanntgabe dieser Veröffentlichung bereit erklärt, diese Universaldienstleistung ohne Ausgleich nach § 20 zu erbringen.

(2) Nach Ablauf der in Absatz 1 genannten Frist kann die Regulierungsbehörde einen Lizenznehmer, der auf dem jeweiligen sachlich und räumlich relevanten Markt über eine marktbeherrschende Stellung nach § 19 des Gesetzes gegen Wettbewerbsbeschränkungen verfügt, dazu verpflichten, diese Universaldienstleistung nach Maßgabe der in der Rechtsverordnung und in den Vorschriften dieses Gesetzes festgelegten Bedingungen zu erbringen.

(3) Sofern auf dem jeweiligen Markt der betreffenden lizenzpflichtigen Telekommunikationsdienstleistung mehrere Lizenznehmer gemeinsam über eine marktbeherrschende Stellung nach § 19 des Gesetzes gegen Wettbewerbsbeschränkungen verfügen, kann die Regulierungsbehörde nach Anhörung der in Betracht kommenden Lizenznehmer entscheiden, ob und inwieweit sie einen oder mehrere dieser Lizenznehmer verpflichtet, die Universaldienstleistung zu erbringen. Eine solche Verpflichtung darf die verpflichteten Lizenznehmer im Verhältnis zu anderen Lizenznehmern nicht unbillig benachteiligen.

(4) Die Vorschriften der Absätze 2 und 3 gelten entsprechend für ein Unternehmen, das auf einem in Absatz 2 genannten Markt tätig ist und das mit einem Lizenznehmer ein einheitliches Unternehmen bildet. Ein einheitliches Unternehmen wird durch jede Verbindung von Unternehmen im Sinne des § 36 Abs 2 und § 37 Abs 1 und 2 des Gesetzes gegen Wettbewerbsbeschränkungen geschaffen.

(5) Macht ein Anbieter, der nach den Absätzen 2 bis 4 zur Erbringung einer Universaldienstleistung verpflichtet werden soll, glaubhaft, dass er im Falle einer Verpflichtung einen Ausgleich nach § 20 Abs 2 Satz 2 verlangen kann, kann die Regulierungsbehörde an Stelle der Entscheidung, einen oder mehrere Unternehmen nach den Absätzen 2 bis 4 zu verpflichten, die Universaldienstleistung ausschreiben und an denjenigen Bewerber vergeben, der sich als fachkundig erweist, die Universaldienstleistung zu erbringen, und der den geringsten finanziellen Ausgleich dafür verlangt.

(6) Ist eine Verpflichtung nach den Absätzen 2 bis 4 nicht möglich, wird die Universaldienstleistung entsprechend Absatz 5 ausgeschrieben.

(7) Vor einer Ausschreibung der Universaldienstleistung nach Absatz 5 oder 6 hat die Regulierungsbehörde im einzelnen festzulegen, welche Universaldienstleistung nach § 17 in welchem räumlichen Gebiet oder an welchem Ort zu erbringen ist und nach welchen Kriterien die erforderliche Fachkunde des Universaldienstleistungserbringers bewertet wird. Sie hat ferner die Regeln für die Durchführung des Ausschreibungsverfahrens im einzelnen festzulegen; diese müssen objektiv, nachvollziehbar und diskriminierungsfrei sein.

### Inhaltsübersicht

| | Rn |
|---|---|
| I. Vorbemerkung | 1 |
| II. Einzelkommentierung | 2–15 |
|    1. Die Feststellung der Unterversorgung oder der Besorgnis der Unterversorgung nach § 19 Abs 1 | 2–3 |
|    2. Die Verpflichtung eines oder mehrerer marktbeherrschender Unternehmen, § 19 Abs 1 und Abs 2 | 3–5 |
|       a) Fall 1: Ein Marktbeherrscher im sachlich und räumlich relevanten Markt | 4 |
|       b) Fall 2: Mehrere Marktbeherrscher im sachlich und räumlich relevanten Markt | 5 |
|    3. Ausschreibung | 6–15 |
|       a) Ausschreibung wegen drohender Ausgleichspflicht | 6–10 |
|       b) Zwingende Ausschreibung in Märkten ohne Marktbeherrscher | 11–12 |
|       c) Das Ausschreibeverfahren (Abs 7) | 13–15 |

## I. Vorbemerkung

§ 19 regelt das Verfahren der Auferlegung von Universaldienstleistungen durch die Regulierungsbehörde. Universaldienstleistungen können nach § 19 nur auferlegt werden, wenn eine Universaldienstleistung in einem sachlich und räumlich relevanten Markt nicht angemessen oder ausreichend erbracht wird und dies zu besorgen ist. Der Begriff der Universaldienstleistung bestimmt sich nach der Telekommunikations-Universaldienstleistungsverordnung. Adressaten einer Auferlegung nach § 19 sind nur Marktbeherrscher auf dem sachlich und räumlich relevanten Markt der Universaldienstleistung, und zwar nach § 19 Abs 2 der Einzelmarktbeherrscher und nach § 19 Abs 2 die Oligopolmarktbeherrscher (zu den Begriffen siehe § 18 Rn 11). Verbundene Unternehmen werden gemäß § 19 Abs 4 zugerechnet (siehe dazu § 18 Rn 13). Kommt die Auferlegung nicht in Betracht, so sind die Universaldienstleistungen auszuschreiben. Sie werden dann dem Anbieter zugewiesen, der den geringsten finanziellen Ausgleich von der Regulierungsbehörde fordert. 1

## II. Einzelkommentierung

### 1. Die Feststellung der Unterversorgung oder der Besorgnis der Unterversorgung nach § 19 Abs 1

Die Feststellung der Unterversorgung oder der Besorgnis der Unterversorgung durch die Regulierungsbehörde ist ein Verwaltungsakt nach § 35 S 1 VwVfG[1]. Die Feststellung ist Voraussetzung für das weitere Verfahren. Die Feststellung muss im Amtsblatt veröffentlicht werden. Sie ist eine Allgemeinverfügung nach § 35 S 2 VwVfG.[2] Mit der Feststellungsentscheidung kündigt die Regulierungsbehörde an, nach den §§ 19–22 TKG vorzugehen, sofern sich kein Unternehmen innerhalb von einem Monat nach Bekanntgabe dieser Veröffentlichung bereit erklärt, die Universaldienstleistung ohne Ausgleich nach § 20 TKG zu erbringen. Diese Ankündigung des Vorgehens nach den §§ 19–22 TKG erfolgt unspezifiziert, d. h. ohne Bekanntgabe einer bereits konkretisierten Vorgehensabsicht. Gegen den Verwaltungsakt, der die Unterversorgung oder die Besorgnis der Unterversorgung feststellt, können die nach § 18 TKG beitragspflichtigen Marktteilnehmer (also außer den Marktbeherrschern auch diejenigen, die in der Bundesrepublik auf dem Markt der relevanten Telefondienstleistungen einen Umsatzmarktanteil von 4 % oder mehr erreichen) Anfechtungsklage erheben. Klagebefugnis nach § 42 Abs 2 VwGO ist insoweit gegeben, da klar ist, dass durch die Feststellungsentscheidung Inanspruchnahme droht und sich die zuvor nur latente materielle Pflicht aus § 18 TKG verdichtet hat. 2

### 2. Die Verpflichtung eines oder mehrerer marktbeherrschender Unternehmen, § 19 Abs 1 und Abs 2

§ 19 TKG geht vom Grundfall aus, dass es im sachlich und räumlich relevanten Markt einen oder mehrere Marktbeherrscher gibt. Maßgebend ist aber stets der jeweilige Teilmarkt, in dem die Unterversorgung besteht. 3

#### a) Fall 1: Ein Marktbeherrscher im sachlich und räumlich relevanten Markt

Liegen die Voraussetzungen nach § 19 Abs 2 vor, gibt es also nur einen Lizenznehmer, der im sachlich und räumlich relevanten Markt über eine marktbeherrschende Stellung verfügt, so kann die Regulierungsbehörde den Lizenznehmer zur Erbringung der Universaldienstleistungen nach Maßgabe der in der Telekommunikations-Universaldienstleistungsverordnung und im TKG festgelegten Bedingungen anhalten. Wenn ein Unterversorgungstatbestand besteht und eine Ausschreibung nicht geboten ist, weil die Voraussetzungen nach § 19 Abs 5 nicht vorliegen, so hat die Regulierungsbehörde nach dem Wortlaut des Abs 2 Ermessen („kann"). Allerdings ist die Ermessensausübung an der Erfüllung des grundgesetzlichen Infrastrukturauftrags des Bundes aus 4

---

[1] Richtig *Schütz/Cornils* DVBl 1997, 1146, 1149; aA *Lammich* TKG § 19 Rn 2.   [2] *Windthorst* Universaldienst, S 459.

Wolfgang Bosch

Art 87 f GG auszurichten; insoweit reduziert sich das Entschließungsermessen der Regulierungsbehörde unter Umständen auf Null. Ein Auswahlermessen besteht nicht. Dies gilt allerdings dann nicht, wenn das zu verpflichtende Unternehmen einen Ausgleichsanspruch nach § 20 Abs 2 Satz 2 glaubhaft macht, so dass nach § 19 Abs 5 eine Ausschreibung möglich ist (dazu unten Rn 6).

b) **Fall 2: Mehrere Marktbeherrscher im sachlich und räumlich relevanten Markt**

**5** Sind mehrere Lizenznehmer Oligopolmarktbeherrscher, so steht der Regulierungsbehörde ein Auswahlermessen zu, inwieweit sie einen oder mehrere Dienstleister verpflichtet (§ 19 Abs 3 S 1). Sie darf allerdings die verpflichteten Lizenznehmer im Vergleich zu anderen Lizenznehmern nicht unbillig benachteiligen. Gemeint ist in § 19 Abs 3 S 2 eine unbillige Benachteiligung gegenüber den anderen „marktbeherrschenden" Lizenznehmern. Aus § 19 Abs 3 folgt deshalb die Verpflichtung, die potentiellen Adressaten der Verpflichtungsentscheidung möglichst gleich zu behandeln. Entscheidend ist das Regulierungsziel der Sicherstellung eines chancengleichen und funktionsfähigen Wettbewerbs gemäß § 2 Abs 2 Nr 2.[3] Die Verpflichtungsentscheidung kann mit der Anfechtungsklage beim zuständigen Verwaltungsgericht angegriffen werden, und zwar sowohl durch den Verpflichteten wie durch Dritte, die ihrerseits eine Verpflichtung erstreben.

### 3. Ausschreibung

a) **Ausschreibung wegen drohender Ausgleichspflicht (Abs 5)**

**6** Der marktbeherrschende Lizenznehmer kann die Ausschreibung in aller Regel erzwingen, wenn er glaubhaft macht, dass er nach § 20 Abs 2 S 2 einen Ausgleich für die Erbringung der Universaldienstleistungen verlangen kann. Hierzu ist erforderlich, dass der marktbeherrschende Lizenznehmer nach § 20 Abs 1 glaubhaft macht, dass die langfristigen zusätzlichen Kosten der effizienten Bereitstellung der Universaldienstleistung auf dem jeweils räumlich relevanten Markt einschließlich einer angemessenen Verzinsung des eingesetzten Kapitals deren Erträge überschreiten. Die Höhe des Ausgleichs bestimmt sich dann nach § 20 Abs 2 S 2 nach den tatsächlich für die Erbringung der Universaldienstleistungsverpflichtung entstandenen langfristigen zusätzlich Kosten der effizienten Bereitstellung der Dienstleistung einschließlich einer angemessenen Verzinsung des eingesetzten Kapitals abzüglich der mit der Universaldienstleistung erzielten Erträge. Glaubhaft wird der Anspruch damit gemacht, dass die Verlustsituation dargelegt wird.

**7** Dass das Gesetz eine Glaubhaftmachung verlangt, aber auch ausreichen lässt, hat Auswirkungen sowohl auf das **Beweismaß** wie auf die **Beweisführungslast**: Im Hinblick auf das Beweismaß ist weniger als der volle Nachweis der Kostenunterdeckung nötig. Es reicht aus, dass die Tatsachen, die voraussichtlich zu entsprechenden Verlusten führen, in einer schlüssigen Prognose dargelegt werden. Dabei reicht aus, dass der Eintritt eines Verlusts wahrscheinlich ist.[4] Die Befugnis zur Abnahme von eidesstattlichen **Versicherungen** richtet sich nach § 27 VwVfG. Nach dieser Vorschrift ist die Abnahme – also der Entgegennahme – von Versicherungen an Eides statt durch die Behörde nur dann zulässig, wenn die Zuständigkeit der Behörde dafür sowohl im Hinblick auf den Gegenstand als auch auf das in Frage stehende Verfahren durch besondere Rechtsvorschriften ausdrücklich vorgesehen ist.[5] Aus dem Begriff der „Glaubhaftmachung" dürfte sich keine Befugnis der Regulierungsbehörde ergeben, eidesstattliche Versicherungen entgegen zu nehmen.[6] Auch aus § 76 TKG ergibt sich keine Befugnis zur Entgegennahme von eidesstattlichen Versicherungen; das folgt aus einem Gegenschluss aus § 76 Abs 6 TKG.[7]

**8** Im Hinblick auf die Beweisführungslast ergibt sich aus dem Begriff der Glaubhaftmachung eine

---

[3] S hierzu auch Beck'scher TKG-Kommentar/*Schütz* § 19 Rn 41
[4] So auch Beck'scher TKG-Kommentar/*Schütz* § 19 Rn 28.
[5] *Kopp/Ramsauer* VwVfG, § 27 Rn 3; problematisch daher Beck'scher TKG-Kommentar/*Kerkhoff* § 76 Rn 37.
[6] AM offenbar Beck'scher TKG-Kommentar/*Schütz* § 19 Rn 28.
[7] AM Beck'scher TKG-Kommentar/*Kerkhoff* § 76 Rn 37.

Wolfgang Bosch

§ 19 Auferlegung von Universaldienstleistungen

**Einschränkung des Untersuchungsgrundsatzes** (Amtsermittlungsgrundsatzes). In der Verfahrensstufe der Anhörung marktbeherrschender Lizenznehmer ist die Regulierungsbehörde nicht verpflichtet, eine etwaige Kostenunterdeckung von Amts wegen mit eigenen ihr zur Verfügung stehenden Kenntnismöglichkeiten zu ermitteln. Ihre Verantwortung für die Ermittlung der Tatsachengrundlagen für die Kostenunterdeckung ist deutlich eingeschränkt. Unerlässlich ist aber eine Anhörung, die so strukturiert wird, dass die marktbeherrschenden Unternehmen ihrer Nachweisobliegenheit gerecht werden können.

Nach dem Gesetzeswortlaut ist Rechtsfolge einer Glaubhaftmachung eines finanziellen Ausgleichsanspruchs, dass die RegTP die Universaldienstleistung ausschreiben *kann*. Insoweit ist fraglich, ob die Ausschreibung im Ermessen der Regulierungsbehörde steht („Ermessens-Kann") oder ob die Regulierungsbehörde ausschreiben muss („Kompetenz-Kann"). Nach einer zum Teil vertretenen Ansicht soll die Ausschreibung vor allem wettbewerblichen Zielen dienen. Sie soll einer „Versteinerung der überkommenen Anbieterstruktur" entgegenwirken, die dadurch eintritt, dass der Marktbeherrscher zur Aufrechterhaltung seines Univeraldienstes verpflichtet wird. Zum Teil wird darauf abgestellt, ob der vom Marktbeherrscher behauptete Ausgleichsbetrag als zu hoch erscheine.[8]

9

Im Gesamtkonzept der §§ 17 bis 21 TKG kommt der Ausschreibungspflicht hohe Bedeutung zu. Zum einen entspricht die nur mit der Ausschreibung erreichte **gleiche Chance** aller, an der Erbringung des Univeraldienstes mitzuwirken, der Gruppenverantwortung, die der Gesetzgeber als Grundlage der Finanzierungsverantwortung sieht (dazu § 21 Rn 2). Zum Zweiten ist ein auf einen möglichst niedrigen Preis gerichtetes objektives Verfahren wie die Ausschreibung angemessen, wenn Dritte die Ausgleichszahlungen über ihre Abgabenpflicht nach § 21 refinanzieren müssen. Diese Überlegungen sprechen nachhaltig dafür, ein Ermessen der Regulierungsbehörde abzulehnen und die Ausgleichszahlungen zwingend mit der Ausschreibungspflicht zu verknüpfen. Allerdings ist der TKG-Gesetzgeber nicht von diesem Konzept ausgegangen. Das zeigt § 20 Abs 1, der – in Unterscheidung zu § 20 Abs 3 TKG – davon ausgeht, dass eine ausgleichspflichtige Verpflichtung des Marktbeherrschers möglich sein soll, ohne eine Ausschreibung durchzuführen. Ungeklärt ist, ob damit nicht eine verfassungsrechtlich inakzeptable Lücke in der Gruppenverantwortung entstanden ist. Unabhängig von diesen verfassungsrechtlichen Zweifeln muss die RegTP bei der Ausübung ihres Ermessens nach § 19 Abs 5 die Teilhabemöglichkeit der finanziell ausgleichsverpflichteten Unternehmen berücksichtigen. Sie darf zulässigerweise von einer Ausschreibung typischerweise dann absehen, wenn Art und Umfang der Universaldienstleistung, der Unterversorgung und der Marktverhältnisse eine wirtschaftliche Erbringung durch andere als den jeweiligen Marktbeherrscher von vornherein als unrealistisch erscheinen lassen.

10

b) **Zwingende Ausschreibung in Märkten ohne Marktbeherrscher (Abs 6)**

Die Ausschreibung muss nach Abs 6 zwingend erfolgen, wenn eine Verpflichtung nach Abs 2–4 nicht möglich ist, also eine Unterversorgung besteht oder zu besorgen ist und es kein marktbeherrschendes Unternehmen gibt, aber auch dann, wenn etwa nach § 19 Abs 3 kein Marktbeherrscher ausgewählt werden kann, ohne dass seine Auswahl unbillig wäre. Nach der Regierungsbegründung soll auch ausgeschrieben werden, soweit eine nicht lizenzpflichtige Telekommunikationsdienstleistung betroffen ist.[9] Dies ist unscharf: Soweit die nicht-lizenzpflichtige Telekommunikationsdienstleistung Annexdienstleistung ist, kann der Marktbeherrscher auf dem Markt der Hauptleistung zur Erbringung dieser Annexdienstleistung angehalten werden. Das von *Schütz*[10] aufgezeigte Problem der Inkongruenz zwischen Ausschreibung einerseits und Beitragspflicht andererseits stellt sich insoweit auf der Grundlage dieser Rechtsauffassung nicht: Beitragspflicht besteht für alle Lizenznehmer, die die in § 18 Abs 1 definierte Marktstellung auf dem Markt einer lizenzpflichtigen Telekommunikationsdienstleistung haben; diese Beitragspflicht besteht auch für lizenzfreie Universaldienstleistungen, die als Annex-

11

---

8 In diese Richtung *Scheuerle*, in: Jahrbuch Telekommunikation und Gesellschaft 1996, S 221.
9 BR-Drucks 80/96 S 42.

10 Beck'scher TKG-Kommentar/*Schütz* § 19 Rn 31 und 32.

Wolfgang Bosch

dienstleistungen dem Markt einer lizenzpflichtigen Telekommunikationsdienstleistung zuzuordnen sind.

**12** Im Gesetz nicht angesprochen ist die – jedenfalls theoretisch denkbare – Situation, dass die Ausschreibung erfolglos ist. Entstünde diese Situation, so wäre eine gesetzgeberische Nachbesserungspflicht aus Art 87 f Abs 2 GG die Folge. Es ist aber zulässig, diesen – nach derzeitigem Stand wenig wahrscheinlichen – Fall zunächst gesetzlich ungeregelt zu lassen.[11]

### c) Das Ausschreibungsverfahren (Abs 7)

**13** Basis der Ausschreibung ist nach Abs 7 die Ausschreibungsbedingungen, die die Regulierungsbehörde aufstellen muss. Dazu gehören neben einer detaillierten Beschreibung der Universaldienstleistungen, der Qualitätsmerkmale, ggfs des Versorgungsgrades auch die Preise, die von den Nutzern zu entrichten sind. Die Bedingungen müssen so detailliert sein, dass ein Vergleich der Angebote anhand des Angebotspreises möglich ist. Die Behörde muss nach Abs 7 S 2 auch festlegen, nach welchen Regeln die erforderliche Fachkunde bewertet wird (zur Bindungswirkung und zum Rechtsschutz § 11 Rn 69). Dem Zweck einer objektiven, nachvollziehbaren und transparenten Entscheidung entspricht es am besten, die Fachkunde in Form von zwingenden Mindestvoraussetzungen festzulegen. Dann ist entscheidendes Zuschlagskriterium der geforderte Ausgleich. Dieses Verfahren nähert die Universaldienst-Ausschreibung in der Entscheidungsstruktur einer Versteigerung an.

**14** Im Hinblick auf die Fachkunde ist fraglich, ob § 19 Abs 7 parallel zum gewerberechtlichen, auf eine Mindestkontrolle beschränkten Maßstab des § 8 Abs 3 (dazu § 8 Rn 29) zu interpretieren ist. Mit Blick auf die hohe Verantwortung und die Anspruchsposition (auf Ausgleich gem § 20 TKG) des Universaldienstleisters kommt dem Argument der Einordnung in einen präventiven Kontrolltatbestand bei § 19 – anders als bei § 8[12] – keine Bedeutung zu. Das dürfte es rechtfertigen, dass die RegTP in den Ausschreibungsbedingungen anspruchsvollere Profile formuliert, die den Tatbestand der „Fachkunde" dem deutlich weiteren der „Fähigkeiten und Eigenschaften" (§ 11 Abs 6 TKG, dazu § 11 Rn 64) annähern.

**15** Festlegungen zum **Versorgungsgrad** erlaubt Abs 7 S 1 ebenfalls. Die RegTP muss im Einzelnen festlegen, welche Universaldienstleistung nach § 17 in welchem räumlichen Gebiet oder an welchem Ort zu erbringen ist. Das erlaubt **differenzierende Festlegungen**. Zulässig sind auch zeitlich differenzierende Festlegungen, auf die insbesondere bei dynamischen Universaldienstleistungen nicht verzichtet werden kann, die unter Umständen einen technischen Netzaufbau voraussetzen.

## § 20 Ausgleich für Universaldienstleistungen

(1) Wird ein Unternehmen nach § 19 Abs 2 bis 4 verpflichtet, eine Universaldienstleistung zu erbringen, und hat es nach § 19 Abs 5 Satz 1 das Verlangen nach einem Ausgleich geltend gemacht, gewährt die Regulierungsbehörde einen Ausgleich für das Erbringen der Dienstleistung, wenn es nachweist, dass die langfristigen zusätzlichen Kosten der effizienten Bereitstellung der Universaldienstleistung auf dem jeweiligen räumlich relevanten Markt einschließlich einer angemessenen Verzinsung des eingesetzten Kapitals deren Erträge überschreiten. Die Erträge sind auf der Grundlage der durch Rechtsverordnung nach § 17 Abs 2 festgelegten oder festzulegenden erschwinglichen Preise zu berechnen.

(2) Der Ausgleich wird nach Ablauf des Kalenderjahres, in dem ein Defizit bei der Erbringung der Universaldienstleistung entsteht, gewährt. Die Höhe des Ausgleichs bestimmt sich nach den tatsächlich für die Erbringung der Universaldienstleistung entstandenen

---

[11] AM Beck'scher TKG-Kommentar/*Schütz* § 19 Rn 35.

[12] Dazu Beck'scher TKG-Kommentar/*Schütz* § 8 Rn 38.

Wolfgang Bosch

langfristigen zusätzlichen Kosten der effizienten Bereitstellung der Dienstleistung einschließlich einer angemessenen Verzinsung des eingesetzten Kapitals abzüglich der mit der Universaldienstleistung erzielten Erträge. Für die Berechnung der Erträge gilt Absatz 1 Satz 2 entsprechend.

(3) Im Falle einer Ausschreibung nach § 19 Abs 5 oder 6 gewährt die Regulierungsbehörde einen Ausgleich entsprechend dem Ausschreibungsergebnis.

### Inhaltsübersicht

|  | Rn |
|---|---|
| I. Vorbemerkung | 1 |
| II. Einzelkommentierung | 2–9 |
| 1. Voraussetzungen des Ausgleichsanspruchs nach Abs 1 | 2–4 |
| 2. Höhe des Ausgleichsanspruchs, Abs 2 | 5 |
| 3. Ausgleich bei Ausschreibung nach Verpflichtung, Abs 3 | 6–9 |

## I. Vorbemerkung

§ 20 regelt den Ausgleichsanspruch des Lizenznehmers, der zur Erbringung von Universaldienstleistungen nach § 19 Abs 2 bis 4 verpflichtet wurde (Abs 1) oder der in der Ausschreibung des Universaldienstes den Zuschlag erhielt (Abs 3). Abs 2 regelt die Fälligkeit und die Höhe des Ausgleichs. **1**

## II. Einzelkommentierung

### 1. Voraussetzungen des Ausgleichsanspruchs nach Abs 1

Der Ausgleichsanspruch nach Abs 1 setzt zunächst eine Verpflichtung zur Universaldienstleistung voraus. Er setzt weiter voraus, dass vom verpflichteten Unternehmen während des Verpflichtungsverfahrens glaubhaft gemacht wurde, dass es einen Ausgleichsanspruch erheben kann; die Gesetzesbegründung verlangt eine Bezifferung.[1] Einen Ausgleichsanspruch gibt es also nur dann, wenn das verpflichtete Unternehmen versucht hat, eine Ausschreibung nach § 19 Abs 5 zu erreichen, sich die Behörde aber dennoch zur Verpflichtung des Unternehmens entschlossen hat. **2**

Ein Ausgleichsanspruch aus Abs 1 besteht nur, wenn die Erbringung der Universaldienstleistung zu einem Verlust führt: Das verpflichtete Unternehmen muss nachweisen, dass die langfristigen zusätzlichen Kosten der effizienten Bereitstellung der Universaldienstleistung auf dem jeweiligen räumlich relevanten Markt einschließlich einer angemessenen Verzinsung des eingesetzten Kapitals die mit der Universaldienstleistung erzielten Erträge überschreiten. Ausgleichsfähig sind dabei lediglich die zusätzlichen, also die über den bisherigen Aufwand hinausgehenden Kosten (dazu ausf § 24 Rn 14 ff). Leichter ist, die Erträge zu kalkulieren. § 20 stellt – wie sich aus Abs 2 ergibt – auf die tatsächlichen Erträge ab. Da der Ausgleich nach § 20 Abs 2 S 1 erst nach Ablauf des Kalenderjahres, in dem ein Defizit entsteht, gewährt wird, orientiert er sich an dem tatsächlich entstandenen Verlust. Die angemessene Verzinsung des eingesetzten Kapitals bestimmt sich nach dem jeweils marktüblichen Zinssatz. **3**

Der verpflichtete Universaldienstleister ist sowohl dienstleistungs- als auch abgabepflichtig.[2] *Schütz* meint, dass die Ziele der Wettbewerbsöffnung durch das TKG konterkariert werden, wenn ein marktbeherrschendes Unternehmen zum Universaldienst verpflichtet würde, die Kosten dieses Dienstes aber von den Wettbewerbern getragen werden müssten. Dem ist zuzustimmen: Nach § 21 Abs 1 S 1 unterscheidet die Universaldienstleistungsabgabe nicht danach, ob der Abgabepflichtige nach § 21 Abs 1 S 1 zur Universaldienstleistung verpflichtet wurde; die Abgabepflicht trifft alle marktstarken Lizenznehmer auf dem sachlich relevanten Markt.[3] Damit ist das **4**

---

[1] BR-Drucks 80/96 S 42.
[2] Beck'scher TKG-Kommentar/*Schütz* § 20 rn 17; *Manssen* AfPT 1998, 236, 238.
[3] Ebenso *Lammich* TKG § 21 Rn 1.

Wolfgang Bosch

verpflichtete Unternehmen mit der Abgabe belastet – wie die anderen Lizenznehmer auch. Diese Gleichbehandlung entspricht zum einen der Wettbewerbsneutralität, zum anderen der gesetzgeberischen Vorstellung eines primär räumlichen Ausgleichssystems. Da das zur Universaldienstleistung verpflichtete Unternehmen eben nur Kostenersatz einschließlich einer angemessenen Verzinsung des eingesetzten Kapitals abzüglich der mit der Universaldienstleistung erzielten Erträge erhält, erfolgt die Erbringung des Universaldienstes ergebnisneutral. Eine „Ertragssituation", wie sie bestehen muss, um überhaupt einen Ausgleichsanspruch zu begründen, entspricht nicht den unternehmerischen Vorstellungen optimalen Ressourcen-Einsatzes eines Unternehmens.

### 2. Höhe des Ausgleichsanspruchs nach Verpflichtung, § 20 Abs 2

**5** § 20 Abs 2 S 1 stellt zunächst einmal klar, dass der Ausgleich nicht auf der Basis der Prognose gezahlt wird, sondern auf Basis des tatsächlich entstandenen Defizits. § 20 Abs 2 S 2 enthält die Formel für die Berechnung des Ausgleichs: Ausgeglichen wird der Verlust aus der Erbringung der Universaldienstleistung: Auf der Aufwandsseite dürfen für die Berechnung die langfristigen zusätzlichen Kosten für die effiziente Bereitstellung der Universaldienstleistung sowie eine angemessene Verzinsung des eingesetzten Kapitals eingestellt werden; davon sind die mit der Universaldienstleistung erzielten Erträge abzuziehen. Bezüglich der Berechnung der Erträge verweist Abs 2 S 3 auf Abs 1 S 2, also auf den erschwinglichen Preis der Telekommunikations-UniversaldienstleistungsVO. Diese Verweisung ist nur schwer verständlich: Verlangt das verpflichtete Unternehmen höhere Preise als die erschwinglichen Preise, erzielt es also höhere Erträge, so könnte argumentiert werden, dass die überschießenden Erträge nicht in die Berechnung einzustellen seien; dadurch könnte sich die Situation ergeben, dass tatsächlich kein oder nur ein geringes Defizit besteht und ein rechnerisch höheres Defizit ausgeglichen werden müßte – ein Ergebnis, das sich mit dem Grundgedanken des Universaldienstes, der gerade ja auch zu einem erschwinglichen Preis erbracht werden soll, nicht vertrüge. Sinn macht die Verweisung nur, wenn das Unternehmen geringere Preise als diejenigen verlangt, die noch erschwinglich wären. Denn dann kann argumentiert werden, dass das Unternehmen die erzielbaren Erträge nicht erwirtschaftet hat und insoweit auch keinen Ausgleich erhalten soll.

### 3. Ausgleich bei Ausschreibung, § 20 Abs 3

**6** Wird die Universaldienstleistung durch Ausschreibung vergeben, so gewährt die Regulierungsbehörde – unabhängig davon, ob ein Defizit droht oder nicht – einen Ausgleich auf der Basis des Ausschreibungsergebnisses. Voraussetzung des Ausgleichsanspruchs ist auch hier, dass sich ein Defizit nach § 19 Abs 1 ergibt. Nur muss sich der Gewinner der Ausschreibung an seiner Einschätzung der Kosten- und Ertragssituation festhalten lassen, mit der er in der Ausschreibung den Zuschlag erreicht hat.

**7** Nach Ansicht von *Schütz*[4] ist der Ausgleichsanspruch nach Ausschreibung für nicht lizenzpflichtige Universaldienstleistungen ausgeschlossen. Da nur Lizenznehmern nach § 19 Abs 2–4, § 20 zum Ausgleich verpflichtet sein können, bestünde nach seiner Ansicht die Möglichkeit, dass eine Ausschreibung hinsichtlich einer nicht lizenzpflichtigen Universaldienstleistung dazu führt, dass der Staat die Kosten der Grundversorgung zu tragen hat. Diese Ansicht trifft jedoch nicht zu, wenn man die Annexdienstleistungen, die selbst nicht lizenzpflichtig sich, eigenen sachlich relevanten Märkten zuordnet. Richtigerweise sind die Annexdienstleistungen jedoch den sachlich relevanten Märkten zuzuordnen, mit denen sie in engem Zusammenhang stehen (s. o. § 19 Rn 7). Ausgleichspflichtig sind also nach richtiger Ansicht die marktstarken Lizenznehmer auf den sachlich relevanten Hauptmärkten.

**8** Während beim Ausgleich nach § 20 Abs 2 die tatsächlichen Kosten entscheidend sind, könnte sich beim Zuschlag der Universaldienstleistung im Ausschreibungsverfahren zu den dort gebotenen Bedingungen die Situation ergeben, dass sich tatsächliche Kosten und vereinbarter Preis auseinanderentwickeln; dieses Risiko wäre von den abgabepflichtigen Unternehmen zu tragen. Das

---

4 Beck'scher TKG-Kommentar/*Schütz* § 20 Rn 22.

Wolfgang Bosch

wird dadurch gerechtfertigt, dass sich jedes Unternehmen an der Ausschreibung beteiligen kann. Dies rechtfertigt es, sowohl die Chancen wie die Risiken einer Fehlprognose bei Abgabe des Angebots im Ausschreibungsverfahren dem Universaldienstverpflichteten zu belassen. Gemäß *Schütz/Esser-Wellié*[5] kann dagegen § 20 nicht so verstanden werden, dass Wettbewerber dem Vergabeempfänger Gewinne zu finanzieren verpflichtet sind, die sich aus einem die Kostendeckung übersteigenden Ausgleichsbetrag geben. Konsequenz seien Nachverhandlungspflichten der RegTP.[6] Im äußersten Fall müsse die Rücknahme des Zuschlages im Vergabeverfahren nach § 49 Abs 2 VwVfG als letztes Mittel herhalten. In der Regulierungspraxis sollte versucht werden, im Ausschreibungsverfahren über die Ausschreibungsbedingungen angemessene Anpassungsmöglichkeiten vorzusehen.

Der Ausgleichsanspruch ist öffentlich-rechtlicher Natur und gemäß § 40 VwGO auf dem Verwaltungsgerichtsweg geltend zu machen. **9**

## § 21 Universaldienstleistungsabgabe

(1) Gewährt die Regulierungsbehörde einen Ausgleich nach § 20 für die Erbringung einer Universaldienstleistung, trägt jeder Lizenznehmer, der auf dem jeweiligen sachlich relevanten Markt der betreffenden lizenzpflichtigen Telekommunikationsdienstleitung tätig ist und einen Anteil von mindestens vier vom Hundert des Gesamtumsatzes dieses Marktes im Geltungsbereich dieses Gesetzes auf sich vereinigt, zu diesem Ausgleich durch eine Universaldienstleitungsabgabe bei. Der Anteil bemisst sich nach dem Verhältnis seines Umsatzes zu der Summe des Umsatzes der nach Satz 1 Verpflichteten auf dem jeweiligen sachlich relevanten Markt im Geltungsbereich dieses Gesetzes. Kann von einem nach Satz 1 verpflichteten Lizenznehmer die auf ihn entfallende Abgabe nicht erlangt werden, so ist der Ausfall von den übrigen Verpflichteten zu tragen. Der zusätzlich zu tragende Anteil bestimmt sich nach dem Verhältnis ihrer nach Satz 2 bemessenen Anteile zueinander.

(2) Nach Ablauf des Kalenderjahres, für das ein Ausgleich nach § 20 gewährt wird, setzt die Regulierungsbehörde den zu gewährenden Ausgleich sowie die Anteile der zu diesem Ausgleich beitragenden Lizenznehmer fest und teilt dies den betroffenen Unternehmen mit. Die Höhe des Ausgleichs bemisst sich nach dem durch den zum Angebot der Universaldienstleistung nach § 19 verpflichteten Anbieter nachgewiesenen Defizit nach § 20 Abs 2 Satz 2 zuzüglich einer marktüblichen Verzinsung. Die Verzinsung beginnt mit dem Tag nach Ablauf des in Satz 1 genannten Kalenderjahres.

(3) Die zum Ausgleich nach § 20 beitragenden Unternehmen sind verpflichtet, die von der Regulierungsbehörde festgesetzten auf sie entfallenden Anteile innerhalb von vier Wochen an die Regulierungsbehörde zu entrichten. Die Frist beginnt mit dem Tag des Zugangs der in Absatz 2 Satz 1 genannten Mitteilung.

(4) Ist ein Lizenznehmer mit der Zahlung der Abgabe mehr als drei Monate in Rückstand, erlässt die Regulierungsbehörde einen Feststellungsbescheid über die rückständigen Beträge der Abgabe und betreibt die Einziehung.

**Schrifttum:** siehe § 17 und *Heimlich* Die Abgabepflichten des Telekommunikationsgesetzes, NVwZ 1998, 122; *Ickenroth* Die Finanzierung des Universaldienstes im Wettbewerb – Erfahrungen im Ausland und Implikationen für Deutschland, WIK-Diskussionsbeitrag Nr 154, 1995; *von Danwitz* Die Universaldienstabgabe im Telekommunikationsgesetz und im Postgesetz als verfassungswidrige Sonderabgabe, NVwZ 2000, 615.

### Inhaltsübersicht

|     |                       | Rn  |
|-----|-----------------------|-----|
| I.  | Vorbemerkung          | 1–2 |
| II. | Einzelkommentierung   | 3–9 |

[5] AfP 1995, 580, 584; so auch Beck'scher TKG-Kommentar/*Schütz* § 20 Rn 23 ff.

[6] Beck'scher TKG-Kommentar/*Schütz* § 20 Rn 24.

| | |
|---|---|
| 1. Bemessung der Abgabe | 3–5 |
| 2. Abgabepflichtige | 6 |
| 3. Festsetzung und Beitreibung | 7–8 |
| 4. Anfechtung | 9 |

## I. Vorbemerkung

**1** Nach § 21 Abs 1 ist jeder Lizenznehmer, der auf dem jeweiligen sachlich relevanten Markt der betreffenden lizenzpflichtigen Telekommunikationsleistung tätig ist und einen Anteil von mindestens vier vom Hundert in der Bundesrepublik Deutschland dieses Marktes erreicht, zur Universaldienstleistungsabgabe verpflichtet. Diese bemisst sich nach § 21 Abs 1 S 2 nach dem Verhältnis seines Umsatzes zu der Summe des Umsatzes der Abgabeverpflichteten in der Bundesrepublik Deutschland. Abgabenpflichtig sind nur Lizenznehmer mit einer gewissen Marktstärke im jeweils sachlich relevanten Markt. Bei nicht lizenzpflichtigen Universaldienstleistungen, die Annex zu einer lizenzpflichtigen Telekommunikationsdienstleistung sind, ist die Hauptdienstleistung der sachlich relevante Markt.

**2** § 21 konstituiert damit zur Finanzierung einer Universaldienstleistung eine solidarische Haftung der marktstarken Lizenzinhaber auf dem bundesweiten sachlich relevanten Markt für die Erbringung der diesem Markt zuzuordnenden Universaldienstleistung. Das prägt das Universaldienstregime als privaträumlichen Ausgleichsmechanismus: die bundesweite Abgabepflicht dient der Schliessung örtlich umgrenzter Lücken. Die Universaldienstabgabe ist damit eine Sonderabgabe. Sonderabgaben sind nach der Rechtsprechung des Bundesverfassungsgerichts nur in sehr engen Ausnahmefällen möglich.[1] Dabei sind sogenannte Ausgleichsabgaben privilegiert, bei denen Leistungspflichtige statt Naturalleistung einen Ausgleich in Geld zu zahlen hat. Da die Universaldienstleistung die volle Finanzierung des Universaldienstes ermöglichen soll, sogar mit einer Ausfallhaftung für nicht zahlungsfähige Lizenznehmer, steht bei der Abgabe nicht der Ausgleich, sondern die Finanzierung im Vordergrund. Zweifel an der Verfassungsmäßigkeit der Universaldienstleistungsabgabe bestehen vor allem deshalb, weil – nach der Rechtsprechung des Bundesverfassungsgerichts[2] – nur eine gegenüber der Allgemeinheit abgrenzbaren Gruppe ausgewählt werden darf, die eine spezifische Finanzierungsverantwortung trifft. Entscheidend ist dabei, dass „die mit der Abgabe belastete Gruppe dem mit der Erhebung verfolgten Zweck evident näher steht als jede andere Gruppe oder die Allgemeinheit der Steuerzahler"[3]. Es ist nicht ersichtlich, wie diese Voraussetzungen für die Inanspruchnahme der Lizenznehmer mit einer gewissen Marktstärke begründet sein soll, zumal ihnen die Erbringung der Universaldienstleistung nicht zugute kommt und auch nicht klar ist, wieso ausgerechnet die Marktstellung der Unternehmen entscheidendes Kriterium für die Verpflichtung zur Leistung der Abgabe sein soll.[4] Rechtfertigen ließe sich die Abgabepflicht allenfalls damit, dass die Erbringung der Universaldienstleistung eine latente gesetzliche Pflicht aller nach § 18 verantwortlichen Unternehmen erfüllt.

## II. Einzelkommentierung

### 1. Bemessung der Abgabe

**3** Nach § 21 Abs 2 S 2 setzt sich der Ausgleich aus dem durch den zum Angebot der Universaldienstleistungen nach § 19 verpflichteten Anbietern nachgewiesenen Defizit nach § 20 Abs 2 S 2 und einer marktüblichen Verzinsung zusammen. Hier geht es nicht darum, dass ein anderer Berechnungsmodus für den Ausgleich statuiert wird.[5] Mit Verzinsung ist lediglich der Zins auf die Ausgleichszahlung gemeint, der deswegen gerechtfertigt ist, weil der Ausgleich erst nach-

---

[1] BVerfGE 91, 186, 203; 92, 91, 113.
[2] BVerfGE 67, 256, 276.
[3] BVerfG aaO.
[4] S zur Verfassungsmäßigkeit *Schütz/Esser-Wellié* AfP 1995, 580, 584; Beck'scher TKG-Kommentar/*Schütz* § 21 Rn 4 ff; *Windthorst* Universaldienst, S 479 ff.
[5] So wohl Beck'scher TKG-Kommentar/*Schütz* § 21 Rn 14.

träglich, also nach Ablauf des Kalenderjahres, in dem der Verlust entstanden ist, festgelegt wird. Dies ergibt sich aus § 21 Abs 2 S 3, der regelt, dass die Verzinsung mit dem Tag nach Ablauf des in S 1 genannten Kalenderjahres beginnt; es geht also klar nur um die Verzinsung des zu zahlenden Ausgleichsbetrags, nicht um eine weitere Methode zur Berechnung des Defizits.

Die Quote nach § 1 S 2 bemisst sich nach dem Verhältnis des Umsatzes des nach Abs 1 S 1 verpflichteten Unternehmens zum Umsatz der nach S 1 Verpflichteten (Abs 1 S 2). Entscheidend ist also nicht seine Quote am Gesamtmarkt, sondern nur an der Summe der ebenfalls abgabepflichtigen Unternehmen. **4**

Nach Abs 1 S 3 und 4 kann der zu zahlende Anteil allerdings höher als die Umsatzquote sein, falls die Abgabe von einem der verpflichteten Lizenznehmer nicht erlangt werden kann; der Ausfall wird dann auf die übrigen im Verhältnis deren Umsatzquoten zueinander verteilt. „Nicht erlangt" kann nur so verstanden werden, dass die Zwangsvollstreckung oder gegebenenfalls auch ein Insolvenzverfahren gegen den Verpflichteten nicht erfolgreich ist. **5**

## 2. Abgabepflichtige

Nach § 21 Abs 1 S 1 unterscheidet die Universaldienstleistungsabgabe nicht danach, ob der Abgabepflichtige nach § 21 Abs 1 S 1 zur Universaldienstleistung verpflichtet wurde; die Abgabepflicht trifft alle marktstarken Lizenznehmer auf dem sachlich relevanten Markt. Damit ist das verpflichtete Unternehmen mit der Abgabe belastet – wie die anderen Lizenznehmer auch, s dazu auch § 19 Rn 3. **6**

## 3. Festsetzung und Beitreibung

Abs 2 S 1 sieht vor, dass die Regulierungsbehörde nach Ablauf des Kalenderjahres, für das ein Ausgleich gewährt wird, den zu gewährenden Ausgleich sowie die Teile der zu dem Ausgleich beitragenden Lizenznehmer festsetzt. Die Festsetzung stellt die Zahlungspflicht dem Grunde und der Höhe nach fest; sie ist ein Verwaltungsakt, der bestandskräftig werden kann (unten Rn 9). **7**

Nach § 21 Abs 3 S 1 sind die beitragspflichtigen Unternehmen verpflichtet, die Beträge innerhalb von vier Wochen an die Regulierungsbehörde zu entrichten. Nach § 21 Abs 4 wird bei Zahlungsrückstand mit mehr als drei Monaten seitens der Regulierungsbehörde ein Feststellungsbescheid über die rückständigen Beträge der Abgabe erlassen und die Einziehung betrieben, § 21 Abs 4. Die Beitreibung richtet sich nach den Vorschriften des Verwaltungsvollstreckungsgesetzes. **8**

## 4. Anfechtung

Die Festsetzung des Ausgleiches sowie der Anteile nach § 21 Abs 2 S 1 ist ein Verwaltungsakt, gegen den Anfechtungsklage möglich ist. Die Anfechtungsklage hat allerdings nach § 80 Abs 2 i. V. m. § 80 Abs 2 Nr. 3 VwGO keine aufschiebende Wirkung; die aufschiebende Wirkung muss durch Anordnung der aufschiebenden Wirkung der Klage erwirkt werden, § 80 Abs 5 VwGO. Die Festsetzung nach § 21 Abs 2 S 1 erfüllt die Anforderungen an einen Verwaltungsakt nach § 35 VwVfG; die Gegenansicht von *Schütz*[6], dass insoweit noch gar kein Verwaltungsakt vorliegt, sondern erst bei Erlaß des Feststellungsbescheids nach § 21 Abs 4, ist abzulehnen. Der Feststellungsbescheid nach § 21 Abs 4 ist lediglich Grundlage der Vollstreckung; die „Regelung" über die Ausgleichspflicht an sich und die Höhe des konkreten Ausgleichs erfolgt mit der Festsetzung nach § 21 Abs 2 S 1. Wird die Festsetzung nach § 21 Abs 2 S 1 bestandskräftig, kann ihr Inhalt über die Anfechtung des Feststellungsbescheids nach § 21 Abs 4 nicht mehr geltend gemacht werden. **9**

---

[6] Beck'scher TKG-Kommentar/*Schütz* § 21 Rn 24.

Wolfgang Bosch

## § 22 Umsatzmeldungen

(1) Ist eine Universaldienstleistung nach § 19 auferlegt, haben die Lizenznehmer, die in dem jeweiligen Markt der betreffenden lizenzpflichtigen Telekommunikationsdienstleistung tätig sind, der Regulierungsbehörde ihre Umsätze auf dem jeweiligen Markt jeweils auf Verlangen jährlich mitzuteilen. Andernfalls kann die Regulierungsbehörde eine Schätzung vornehmen.

(2) Bei der Ermittlung der Umsätze nach Absatz 1 gilt § 36 Abs 2 und § 38 des Gesetzes gegen Wettbewerbsbeschränkungen entsprechend.

### Inhaltsübersicht

| | Rn |
|---|---|
| I. Mitteilungspflicht | 1–2 |
| II. Umsatzermittlung | 3–7 |
| 1. Entsprechende Anwendung von § 36 Abs 2 GWB | 4 |
| 2. Entsprechende Anwendung von § 38 GWB | 5–7 |

### I. Mitteilungspflicht

**1** Diese Regelung ist notwendig, um die Ermittlungsgrundlagen für die Ausgleichsabgabe nach §§ 20 und 21 feststellen zu können. Meldepflicht besteht erst, wenn die Regulierungsbehörde dies verlangt; verlangt werden können auch nur die jährlichen Umsätze. Meldepflichtig sind nicht nur die nach § 18 verpflichteten Unternehmen, sondern alle auf dem jeweiligen Markt tätigen lizenzpflichtigen Telekommunikationsdienstleister. Da § 22 lediglich dazu dient, die Sachverhaltsgrundlage für die Verpflichtung zur Universaldienstleistung sowie die Universaldienstleistungsabgabe zu schaffen, kann die Auskunft nur für den Markt gelten, dem die Universaldienstleistung zugehört. Damit kann die Umsatzmeldung von all jenen Unternehmen verlangt werden, die auf dem sachlich relevanten Markt tätig sind; auf den räumlich relevanten Markt kommt es nicht an.[1]

**2** Nach § 22 Abs 1 S 2 kann die Regulierungsbehörde bei Nichtangabe eine Schätzung vornehmen. Aus der Formulierung „andernfalls" ergibt sich, dass eine verwaltungsvollstreckungsrechtliche Erzwingung der Umsatzmeldung nicht möglich ist; Sanktion ist allein die Schätzung. Bei der Schätzung muss die Regulierungsbehörde die ihr bekannten Umstände berücksichtigen; das Risiko der Falscheinschätzung dürfte allerdings das nicht auskunftswillige Unternehmen tragen.

### II. Umsatzermittlung

**3** Für die Umsatzermittlung gelten nach § 22 Abs 2 § 36 Abs 2 und § 38 GWB entsprechend.

#### 1. Entsprechende Anwendung von § 36 Abs 2 GWB

**4** § 36 Abs 2 S 1 GWB sieht vor, dass verbundene Unternehmen nach § 17 AktG (abhängige und herrschende Unternehmen) und § 18 AktG (Konzernunternehmen) als einheitliches Unternehmen anzusehen sind. § 17 Abs 2 AktG vermutet Beherrschung, wenn ein Unternehmen an einem anderen Unternehmen mehrheitlich beteiligt ist. Der Verweis auf § 18 AktG hat neben § 17 Abs 2 AktG nur für den Gleichordnungskonzern nach § 18 Abs 2 AktG eigenständige Bedeutung. Nach § 36 Abs 2 S 2 GWB gilt dann, wenn mehrere Unternehmen gemeinsam ein anderes Unternehmen beherrschen[2], jedes dieser Unternehmen als herrschendes Unternehmen (sog. Mehrmütterklausel). Damit sind nicht nur die Umsätze nach Abs 1 für das einzelne Unternehmen, sondern für alle im Unternehmensverbund tätigen Unternehmen anzugeben. Wird ein Unternehmen von mehreren beherrscht, so sind die Angaben nicht nur wegen § 36 Abs 2 S 2 GWB für jedes herrschende Unternehmen zu machen, sondern wiederum wegen § 36 Abs 2 S 1 GWB auch

---

[1] So auch Beck'scher TKG-Kommentar/*Schütz* § 22 Rn 3.  
[2] S hierzu *Bechtold* GWB, § 36 Rn 36.

Wolfgang Bosch

für jedes diese herrschenden Unternehmen beherrschende Unternehmen und die von diesen Unternehmen abhängigen Unternehmen.

## 2. Entsprechende Anwendung von § 38 GWB

§ 38 GWB enthält Berechnungsgrundsätze für Umsatzerlöse. § 38 GWB lautet: **5**

„§ 38 Berechnung der Umsatzerlöse und der Marktanteile

(1) Bei der Ermittlung der Umsatzerlöse gilt § 277 Abs 1 des Handelsgesetzbuchs. Umsatzerlöse aus Lieferungen und Leistungen zwischen verbundenen Unternehmen (Innenumsatzerlöse) sowie Verbrauchsteuern bleiben außer Betracht.

(2) Für den Handel mit Waren sind nur drei Viertel der Umsatzerlöse in Ansatz zu bringen.

(3) Für den Verlag, die Herstellung und den Vertrieb von Zeitungen, Zeitschriften und deren Bestandteilen, die Herstellung, den Vertrieb und die Veranstaltung von Rundfunkprogrammen und den Absatz von Rundfunkwerbezeiten ist das Zwanzigfache der Umsatzerlöse in Ansatz zu bringen.

(4) An die Stelle der Umsatzerlöse tritt bei Kreditinstituten, Finanzinstituten und Bausparkassen der Gesamtbetrag der in § 34 Abs 2 Satz 1 Nr 1 lit. a–e der Verordnung über die Rechnungslegung der Kreditinstitute vom 10. 2. 1992 (BGBl. I S. 2039) genannten Erträge abzüglich der Umsatzsteuer und sonstiger direkt auf diese Erträge erhobener Steuern. Bei Versicherungsunternehmen sind die Prämieneinnahmen des letzten abgeschlossenen Geschäftsjahres maßgebend. Prämieneinnahmen sind die Einnahmen aus dem Erst- und Rückversicherungsgeschäft einschließlich der in Rückdeckung gegebenen Anteile.

(5) Beim Erwerb des Vermögens eines anderen Unternehmens ist für die Berechnung der Marktanteile und der Umsatzerlöse des Veräußerers nur auf den veräußerten Vermögensteil abzustellen."

Da nur Umsätze auf Telekommunikationsdienstleistungsmärkten relevant sind, ist nur der **6** Verweis auf § 38 Abs 1 GWB relevant. Nach § 277 Abs 1 HGB sind Umsatzerlöse die Erlöse aus dem Verkauf und der Vermietung oder Verpachtung von für die gewöhnliche Geschäftstätigkeit der Kapitalgesellschaft typischen Erzeugnisse und Waren sowie aus von für die gewöhnliche Geschäftstätigkeit der Kapitalgesellschaft typischen Dienstleistungen nach Abzug von Erlösschmälerung und der Umsatzsteuer. Obwohl § 277 Abs 1 HGB von „Kapitalgesellschaften" spricht, wird § 277 im Rahmen der Fusionskontrolle für alle Unternehmen angewandt durch den Verweis des § 38 auf § 277 Abs 1 HGB und den Umstand, dass Fusionskontrolle allein auf den Unternehmensbegriff und nicht auf die Rechtsform des Unternehmens abstellt.

§ 277 HGB enthält keine Einschränkung hinsichtlich Einbeziehung von Auslandsumsätzen. **7**

# Dritter Teil
# Entgeltregulierung

## § 23 Widerspruch und Widerspruchsverfahren bei Allgemeinen Geschäftsbedingungen

(1) Die Regulierungsbehörde hat Allgemeinen Geschäftsbedingungen für lizenzpflichtige Telekommunikationsdienstleistungen und für Universaldienstleistungen zu widersprechen, soweit diese den Maßstäben nicht gerecht werden, die für Allgemeine Geschäftsbedingungen, für Informationen über diese Bedingungen und die Verfügbarkeit dieser Informationen in Richtlinien und Empfehlungen aufgestellt werden, die nach Artikel 6 und Anhang 3 der Richtlinien 90/387/EWG des Rates vom 28. Juni 1990 zur Verwirklichung des Binnenmarktes für Telekommunikationsdienste durch Einführung eines offenen Netzzugangs (Open Network Provision – ONP) (ABl. EG Nr. L 192 S. 1) vom Europäischen Parlament und vom Rat erlassen werden.

(2) Allgemeine Geschäftsbedingungen sind der Regulierungsbehörde vor ihrem Inkrafttreten in Schriftform vorzulegen. Die Regulierungsbehörde hat das Recht, ihnen innerhalb von vier Wochen zu widersprechen. Übt sie ihr Widerspruchsrecht aus, sind die Allgemeinen Geschäftsbedingungen unwirksam.

**Schrifttum:** *Grote* Telekommunikations-Kundenschutzverordnung, 2000; *Hahn* Bernhard, AGB in TK-Dienstleistungsverträgen, MMR 1999, 251 ff, 586 ff; *Hoffmann-Riem* Telekommunikationsrecht als europäisches Verwaltungsrecht, DVBl 1999, 125; *Klindt* Die Zulässigkeit dynamischer Verweisungen auf EG-Recht aus verfassungs- und europarechtlicher Sicht, DVBl 1998, 373; *Schultz* AGB der Anbieter von Telekommunikationsdienstleistungen für die Öffentlichkeit, CR 1998, 213; Spindler (Hrsg), Vertragsrecht der Telekommunikations-Anbieter, 2000; sa die Nachweise bei § 41.

### Inhaltsübersicht

|  |  | Rn |
|---|---|---|
| I. | Grundlagen | 1–2 |
| II. | Grundprobleme | 3–15 |
|  | 1. Verhältnis zwischen Abs 1 und Abs 2 | 3 |
|  | 2. Verweisungsstruktur der Bezugnahme auf EU-Recht | 4–15 |
| III. | Geltungsbereich der AGB-Kontrolle: Lizenzpflichtige Telekommunikationsdienstleistungen und Universaldienstleistungen | 16–17 |
| IV. | Die Kontrollmaßstäbe für Allgemeine Geschäftsbedingungen | 18 |
|  | 1. Maßgebliche Rechtsakte des europäischen und nationalen Rechts | 19 |
|  | 2. Nationale Rechtsvorschriften | 20 |
|  | 3. Die zentralen Vorgaben der Sprachtelefondienst-Richtlinie | 21–25 |
| V. | Das Verfahren – Vorlage und Widerspruch | 26–34 |
|  | 1. Schriftform der Vorlage | 26 |
|  | 2. Widerspruchsfrist | 27 |
|  | 3. Widerspruchsbefugnis | 28–31 |
|  | 4. Nachträglicher Widerspruch | 32 |
|  | 5. Kein Ermessen; kein Drittschutz | 33 |
|  | 6. Rechtsschutzmöglichkeiten gegen den Widerspruch | 34 |

§ 23 Widerspruch und Widerspruchsverfahren bei Allgemeinen Geschäftsbedingungen

## I. Grundlagen

Die eher unscheinbare, in die Entgeltregulierung zudem systematisch unzutreffend eingereihte Vorschrift des § 23 ist typisch für die Bereitstellung eines hoheitlichen Sicherheitsnetzes nach dem Modell regulierter Selbstregulierung.[1] § 23 TKG ist nicht auf Marktbeherrscher beschränkt; das hindert die Regulierungspraxis nicht, bei der Prüfungsintensität nach der Marktbedeutung der Anbieter zu differenzieren. § 23 ist eine Vorschrift, die den Nutzerschutzauftrag unmittelbar verwirklicht. **1**

§ 23 TKG hat dabei im Gesamtkonzept des Telekommunikationsrechts eine ergänzende Bedeutung gegenüber dem allgemeinen Privatrecht wie dem AGBG einschließlich seiner privatrechtlichen Sanktionsmechanismen, dem Sonderprivatrecht, das nach § 41 TKG mit der TKV erlassen wird sowie dem hoheitlichen, gleichwohl vielfältig auf private Rechtsbeziehungen einwirkenden Verwaltungsrecht der Telekommunikation (zB § 35, § 37 TKG). Der Gesetzgeber hat § 23 gegenüber all diesen Instrumentarien als zusätzliches, andere und allgemeinere Steuerungs- und Kontrollinstrumente keinesfalls ausschließendes Instrument konzipiert. **2**

## II. Grundprobleme

### 1. Verhältnis zwischen Abs 1 und Abs 2

Freilich wird die Anwendung von § 23 durch vielfältige Unklarheiten und Streitfragen erschwert. Unklar ist das Verhältnis von Abs 1 und Abs 2. Abs 1 begründet eine Pflicht zum Widerspruch, wenn Verstöße gegen EG-rechtliche Vorgaben bestehen. Demgegenüber regelt Abs 2 eine Vorlagepflicht (S 1), eine Widerspruchsbefugnis und Widerspruchsfrist (S 2) und die Rechtsfolge (S 3) des Widerspruchs. Dies wirft die Frage auf, ob Abs 2 ausschließlich das Verfahren für die Anwendung von Abs 1 ausgestaltet oder (auch) einen eigenständigen materiellen Anwendungsbereich hat. Der Gesetzeswortlaut lässt dies nicht erkennen. Für einen eigenständigen Anwendungsbereich beider Vorschriften spricht in erster Linie der Wortlaut von Abs 2 S 2, der – über eine bloße Fristbestimmung hinausgehend – eine eigenständige Ermächtigungsgrundlage der RegTP indiziert. Der materielle Maßstab einer entsprechenden Widerspruchsbefugnis bliebe in Abs 2 S 2 indes offen. Er könnte allerdings durch Rückgriff auf die Gesamtrechtsordnung – also insbesondere das AGBG und die TKV sowie sonstige telekommunikationsrechtliche Vorgaben – normativ erschlossen werden. Gegen ein solches Verständnis von Abs 2 S 2 spricht allerdings die Gesetzgebungsgeschichte. Im ursprünglichen Gesetzentwurf[2] war die Vorschrift eindeutig so formuliert, dass Abs 2 ausschließlich das Verfahren der Widerspruchsbefugnis gem Abs 1 ausgestaltete. Erst der Bundestagsausschuss für Post und Telekommunikation formulierte dies um und gab Abs 2 S 2 seinen heutigen Wortlaut. Nach der Begründung diente das einer „Klarstellung des Gewollten".[3] Eine eigenständige, über den materiellen Gehalt von Abs. 1 hinausgehende Eingriffsbefugnis war vom Gesetzgeber also nicht beabsichtigt. **3**

### 2. Verweisungsstruktur der Bezugnahme auf EU-Recht

Ganz erhebliche Probleme wirft auch die Bezugnahme auf das EG-Recht auf. Diese Probleme ergeben sich in erster Linie aus den folgenden Umständen: **4**

– Zum einen verweist Abs 1 S 1 auf EG-Rechtsakte, die nach Art 6 und Anhang 3 der ONP-Richtlinie erlassen werden. Damit wird nicht auf die Richtlinie selbst, sondern auf – in der Perspektive des TKG-Gesetzgebers – **künftige Rechtsakte** der EG verwiesen. **5**

– Zweitens ergibt sich das Problem, dass Art 6 und Anhang 3 der ONP-Richtlinie inzwischen aufgehoben worden sind. Das mag zu Überlegungen veranlassen, die Verweisung ginge ins Leere. **6**

---

1 *Hoffmann-Riem* DVBl 1999, 125, 133.
2 BR-Drucks 80/96, S 11.
3 BT-Drucks 13/4438, S 12.

Wolfgang Spoerr

**7** – Drittens verweist Abs 1 S 1 nicht nur auf EG-Rechtsakte, denen nach EG-Recht verbindlicher Charakter zukommt. Vielmehr verweist Abs 1 S 1 auch auf **Empfehlungen**.

**8** Damit verwirklicht § 23 eine bemerkenswerte Verweisungstechnik, die eine laufende Verklammerung zwischen nationalem Recht und EG-Recht sichern und offenbar auch zum Teil die aufwendige Harmonisierungsgesetzgebung erübrigen soll.[4]

**9** Art 6 und Anhang 3 der ONP-Richtlinie[5] enthielt selbst keinerlei konkrete Vorgaben für Geschäftsbedingungen. Vielmehr brachte Art 6 der ONP-Richtlinie die **allgemeine Programmbeschreibung** für den Rat zur Festlegung der ONP-Bedingungen einschließlich des Zeitplans für deren Anwendung. Anhang 3 enthielt die Prioritätenliste für Arbeiten bei der Durchführung von Art 4, 5 und 6 der ONP-Richtlinie. Hier kann man die Frage stellen, ob eine derart weite und wenig konkrete Verweisung auf all die Programmgrundlagen in einer EG-Richtlinie überhaupt zu einem wirksamen, hinreichend bestimmten Gesetz führt. Der Verweis auf ein europarechtliche Vorschrift, die ihrerseits nur eine Programmgrundlage ist, begegnet Bedenken unter dem Gesichtspunkt der Normenklarheit und des Demokratieprinzips. § 23 Abs 1 ist auch kein typischer Fall einer dynamischen Verweisung mehr, die auf eine bestimmte Norm in ihrer jeweils aktuellen Fassung verweist. Statt dessen verweist § 23 Abs 1 auf eine künftige Rechtssetzung, deren Inhalt nur unklar vorgezeichnet ist.

**10** Diese Schwierigkeiten werden dadurch verstärkt, dass sowohl Art 6 als auch Anhang 3 inzwischen ersatzlos gestrichen worden sind.[6] Vor Aufhebung von Art 6 und Anhang 3 der ONP-Richtlinie sind allerdings eine Reihe von Rechtsakten erlassen worden, die inhaltlich einen Bezug zu § 23 Abs 1 aufweisen. Eine der Richtlinien – die Sprachtelefondienst-Richtlinie[7] – wurde indes erst zu einem Zeitpunkt erlassen, als Art 6 und Anhang 3 der Richtlinie 90/387/EWG bereits gestrichen worden war. Gerade diese Richtlinie enthält die maßgebenden Bestimmungen für die Kontrolle von allgemeinen Geschäftsbedingungen der Telekommunikationsanbieter (insbesondere Art 10 f Sprachtelefondienst-Richtlinie[8]).

**11** Das Verständnis von § 23 Abs 1 muss dabei ansetzen, dass Art 6 und – insbesondere – Anhang 3 der ONP-Richtlinie weniger eine Ermächtigungsgrundlage als eine gesetzliche Programmbeschreibung waren. Dass dieses Verständnis richtig ist, ergibt sich schon daraus, dass die beauftragten Organe ebenso wie die beabsichtigte Rechtssetzungsform prinzipiell gleichrangig zur Auftragsnorm (Art 6 und Anhang 3) waren. Das widerspricht einem Verständnis als eine Ermächtigungsgrundlage im Sinne des deutschen Rechts. Vielmehr handelt es sich bei diesen Vorschriften um eine **inhaltliche Programmbestimmung**.

**12** Dies bedeutet, dass es für die Ausfüllung von § 23 Abs 1 maßgeblich ist, ob EG-Rechtsakte **inhaltlich** das seinerzeitige Handlungsprogramm von Art 6 und Anhang 3 der ONP-Richtlinie ausfüllen. Diese Frage kann unabhängig davon beantwortet werden, ob die entsprechenden Bestimmungen heute noch gelten. § 23 Abs 1 ist also eine Verweisung auf künftiges Recht der EU, das nur inhaltlich umgrenzt ist, und zwar von aufgehobenen Rechtsvorschriften. In der Tat ist dies eine besonders weitgehende, relativ unbestimmte dynamische Verweisung. § 23 verweist also nicht auf Art 6 und Anhang 3 der ONP-Richtlinie[9], sondern auf EG-Rechtsakte, dem dort erteilten Handlungsprogramm inhaltlich entsprechen. § 23 Abs 1 ist daher kein Fall einer indirekten Verweisung (von § 23 über Art 6 und Anhang 3 der ONP-Richtlinie auf weitere Richtlinien), sondern verweist unmittelbar auf EG-Rechtsakte, die dem inhaltlichen Handlungsprogramm entsprechen, das seinerzeit in Art 6 und Anhang 3 der ONP-Richtlinie[10] aufgestellt worden ist. Demgemäß sind bei der Anwendung von § 23 Abs 1 sowohl die Rechtsakte zu beachten, die von Rat und Parlament ausdrücklich auf Art 6 und Anhang 3 der ONP-Richt-

---

4 *Hoffmann-Riem* DVBl 1999, 125, 129.
5 1990/387/EWG.
6 Art 1 Nr 7 und Art 1 Nr 10 der Richtlinie 97/51/EG zur Änderung der Richtlinie 90/387 EWG und 92/44/ EWG zwecks Anpassung an ein wettbewerbsorientiertes Telekommunikationsumfeld.
7 98/10/EG.
8 98/10/EG.
9 90/387/EWG.
10 90/387/EWG.

Wolfgang Spoerr

§ 23 Widerspruch und Widerspruchsverfahren bei Allgemeinen Geschäftsbedingungen

linie[11] gestützt worden sind,[12] wie auch spätere Rechtsakte, die inhaltlich dem ursprünglichen, inzwischen aufgehobenen Handlungsprogramm entsprechen. Das ist insbesondere die Sprachtelefondienst-Richtlinie[13].[14]

Der damit in einem **Doppeltatbestand von nationalem und europäischen Recht** gebildete Handlungs- und Kontrollmaßstab entspricht dem dynamischen Handlungsprogramm der Telekommunikationsliberalisierung. Sie entspricht dem Kooperationsverhältnis zwischen nationalem und europäischen Gesetzgeber im Umfeld eines von vornherein auf dynamische Veränderung angelegten Handlungsprogramms. Soweit für dynamische Verweisungen nach nationalem Verfassungsrecht ein hinreichender sachlicher Grund verlangt wird,[15] liegt dieser in eben jenem dynamischen Handlungsprogramm. Auch EG-rechtlich können einzelne Vorschriften von Richtlinien durch Verweisungen umgesetzt werden, soweit die Verweisung hinreichend bestimmt und konkret ist.[16] § 23 Abs 1 lässt es daher zu, unmittelbar auf EG-rechtliche Vorgaben zurückzugreifen. Demgegenüber meint Manssen, dass ausschließlich auf die innerstaatlichen Regelungen verwiesen wird, die die Maßstäbe des EG-Rechts für AGB umsetzen, insbesondere also die TKV 1997.[17] 13

Irrelevant ist in diesem Zusammenhang der Hinweis auf die fehlende unmittelbare Anwendbarkeit von EG-Richtlinien.[18] Wären Richtlinien unmittelbar anwendbar, so würde sich das Problem einer Verweisung überhaupt nicht stellen. Von einer Verweisung in einer Rechtsvorschrift auf eine andere Rechtsvorschrift kann nur gesprochen werden, wenn die verweisende Rechtsvorschrift die Geltung einer sachlich-persönlich oder aus anderen Gründen sonst nicht geltenden Rechtsvorschrift anordnet, wenn also die verweisende Rechtsvorschrift den Rechtsanwendungsbefehl erst enthält. Keine Verweisung liegt demgegenüber vor, wenn eine Vorschrift einer Behörde einen Handlungs- und Kontrollauftrag im Hinblick auf eine ohnehin, aus sich heraus geltende Vorschrift erteilt.[19] Demgemäß ist es nicht zutreffend, die Anwendung der TKV 1995 durch die Regulierungsbehörde bei der Anwendung von § 23 unter dem Gesichtspunkt der „Verweisung" zu diskutieren.[20] Die TKV gilt in ihrem Anwendungsbereich aus sich heraus. Einer Verweisung auf sie bedarf es nicht, um die Geltung zu begründen. Hier geht es allein darum, ob die entsprechende – unzweifelhaft geltende – Rechtsvorschrift auch von der Regulierungsbehörde im Verfahren nach § 23 angewendet werden kann. Dies ist ein Thema der Auslegung von § 23 Abs 1 und 2, aber keines von Art 80 GG, des Demokratieprinzips oder des Rechtsstaatsprinzips. 14

Bemerkenswert ist auch, dass § 23 **Empfehlungen**, die nach Art 249 EGV unverbindlich sind, zum verbindlichen Kontrollmaßstab erhebt. Dagegen ist allerdings weder unter verfassungs- noch aus gemeinschaftsrechtlicher Sicht etwas einzuwenden.[21] Dem Gesetzgeber steht es offen, Unverbindliches auf nationaler Ebene in den Grenzen des Rechtsstaats- und des Demokratieprinzips für verbindlich zu erklären.[22] 15

## III. Geltungsbereich der AGB-Kontrolle: Lizenzpflichtige Telekommunikationsdienstleistungen und Universaldienstleistungen

§ 23 Abs 1 gilt nur für Allgemeine Geschäftsbedingungen für lizenzpflichtige Telekommunikationsdienstleistungen (dazu § 6 Rn 13 ff) und für Universaldienstleistungen. Entsprechend dem Verständnis von § 23 als einheitlicher Kontrollmaßstab gilt diese Einschränkung auch für Abs 2. 16

---

11   90/387/EWG.
12   Insbesondere die Empfehlungen 92/382/EWG und 92/383/EWG, ABl EG Nr L 200 v 18. 7. 1992, S 1, 10.
13   98/10/EG.
14   So auch *Hoffmann-Riem* DVBl 1999, 125, 130.
15   *Manssen* Archiv PT 1998, 236, 340.
16   EUGHE 1997 I, 1653, 1668.
17   TKMMR/*Stamm* C § 23 Rn 13; Beck'scher TKB-Kommentar/*Büchner* § 23 Rn 2.

18   Beck'scher TKB-Kommentar/*Büchner* § 23 Rn 2.
19   Vgl etwa für das Planfeststellungsrecht *Bonk* in: Stelkens/Bonk/Sachs, VwVfG, § 75 Rn 21.
20   So aber TKMMR/*Stamm* C § 23 Rn 13.
21   *Manssen* Archiv PT 1998, 236, 240.
22   TKMMR/*Stamm* § 23 Rn 14; zweifelnd Beck'scher TKG-Kommentar/*Büchner* § 23 Rn 3; ablehnend Beck'scher TKG-Kommentar/*Büchner* § 23 Rn 11.

Wolfgang Spoerr

**Dritter Teil**
Entgeltregulierung

Auf die Marktbeherrschung kommt es dagegen nicht an. Insoweit ist § 23 ein sehr weit gespanntes hoheitliches Auffangnetz. Ob eine Universaldienstleistung vorliegt, richtet sich stets nach der Ausgestaltung durch Rechtsverordnung (dazu § 17 Rn 14).

**17** Der Begriff der Allgemeinen Geschäftsbedingungen ergibt sich – eine eigene Definition enthält § 23 nicht – aus § 1 Abs 1 S 1, Abs 2 AGBG. Allgemeine Geschäftsbedingungen sind alle für eine Vielzahl von Verträgen vorformulierte Vertragsbedingungen, die ein Vertragspartei, der Verwender, der anderen Vertragspartei bei Abschluss eines Vertrages stellt und die nicht im Einzelnen ausgehandelt sind. Anwendbar sein dürfte auch die erweiternde Vorschrift des § 24 a für Verbraucherverträge.[23] Allerdings ist nach § 23 auch eine Kontrolle tariflicher Hauptleistungspflichten möglich, nicht aber eine Entgeltkontrolle, die den speziellen Verfahren nach den §§ 24–30 vorbehalten ist.

### IV. Die Kontrollmaßstäbe für Allgemeine Geschäftsbedingungen

**18** Der Verweis in § 23 lässt den Kontrollmaßstab für Allgemeine Geschäftsbedingungen für Informationen hierüber und für die Verfügbarkeit solcher Informationen nur relativ schwer erkennen. Klar ist, dass wegen eines Verstoßes gegen das AGB-Gesetz das Widerspruchsrecht nach § 23 nicht ohne weiteres ausgeübt werden kann, weil (und soweit) das AGB-Gesetz nicht auf der Grundlage des Handlungsprogramms aus Art 6 in Verbindung mit Anhang 3 der ONP-Richtlinie[24] ergangen ist.

#### 1. Maßgebliche Rechtsakte des europäischen und nationalen Rechts

**19** Die bei der Anwendung von § 23 beachtlichen Rechtsakte sind in erster Linie die der europäischen Rechtssetzung. Hier kommt es im Einzelfall darauf an, ob der jeweilige Rechtsakt das inhaltliche Handlungsprogramm von Art 6 in Verbindung mit der ONP-Sprachdienst-Richtlinie umsetzt. Das eine ausschließlich inhaltlich zu beantwortende Frage, keine eines formellen Verhältnisses zweier Rechtsakten im Sinne einer Ermächtigungsgrundlage und ihrer Umsetzung (dazu o Rn 11). Soweit entsprechende EG-Rechtsakte ergangen sind, können sie im Rahmen des § 23 angewendet werden, auch wenn sie nicht selbständig in das nationale Recht umgesetzt worden sind. Darin liegt gerade die Bedeutung von § 23 Abs 1 als einer dynamischen Verweisung (s o Rn 12 f).

#### 2. Nationale Rechtsvorschriften

**20** § 23 Abs 1 lässt es auch zu, die aufsichtsrechtliche Prüfung an nationalen Rechtsvorschriften auszurichten. Dafür kommt in erster Linie die TKV in Betracht. Dies setzt allerdings voraus, dass die jeweilige nationale Rechtsvorschrift inhaltlich auf entsprechende EG-Rechtsakte zurückzuführen ist. Das ist bei zahlreichen Vorschriften der TKV der Fall. Es kommt insoweit nicht darauf an, ob jeweilige Vorschrift des nationalen Rechts ausdrücklich zur Umsetzung des EG-Rechtsakts erlassen worden sind. Erforderlich, aber auch ausreichend ist eine entsprechende inhaltliche Beziehung. Nicht zulässig ist es demgegenüber, nationale Vorschriften, die inhaltlich nicht auf das EG-Recht zurückzuführen sind, als Kontrollmaßstab bei § 23 zu verwenden.

#### 3. Die zentralen Vorgaben der Sprachtelefondienst-Richtlinie

**21** Die mittlerweile für die Anwendung des § 23 entscheidende Richtlinie nach Art 6 der ONP-Richtlinie ist die Sprachtelefondienst-Richtlinie[25]. Hinsichtlich allgemeiner Geschäftsbedingungen, Informationen über diese Bedingungen und der Verfügbarkeit dieser Informationen enthält die Sprachtelefondienst-Richtlinie die folgenden Regelungen, die auch in der TKV umgesetzt sind:[26]

---

23 Beck'scher TKG-Kommentar/*Büchner* § 23 Rn 8.
24 90/387/EWG.
25 98/10/EG.

26 Zu sonstigen Vorgaben des Unionsrechts ausf Beck'scher TKG-Kommentar/*Büchner* § 23 Rn 12 ff.

Wolfgang Spoerr

§ 23 Widerspruch und Widerspruchsverfahren bei Allgemeinen Geschäftsbedingungen

Nach Art 10 müssen Organisationen, die den Zugang zu festen öffentlichen Telefonnetzen oder zu öffentlichen mobilen Telefonnetzen bereitstellen, einen Vertrag vorlegen. In diesem Vertrag ist der zu erbringende Dienst zu spezifizieren oder auf für die Öffentlichkeit zugängliche Geschäftsbedingungen zu verweisen. In dem Vertrag oder den für die Öffentlichkeit zugänglichen Geschäftsbedingungen müssen zumindest Angaben über die Bereitstellungsfrist, das Angebot an Wartungsleistungen, die Ausgleichs- oder Erstattungsregelungen für Teilnehmer für den Fall, dass der vertraglich vereinbarte Dienst nicht erbracht wird, sowie eine Kurzfassung des Vorgehens zur Einleitung von Streitbeilegungsverfahren und Angaben über die angebotenen Qualitätsniveaus der Dienste enthalten seien. Die Regelungen über die Angaben über die Bereitstellungsfrist, das Angebot an Wartungsleistungen findet sich in § 32 TKV, die Ausgleichs- und Erstattungsregelungen für Teilnehmer für den Fall, dass die vertraglich vereinbarten Dienste nicht erbracht wurden, finden sich in der TKV derzeit nicht. 22

Art 11 der Sprachtelefondienst-Richtlinie sieht vor, dass die üblichen Geschäftsbedingungen veröffentlicht werden, dass die technischen Spezifikationen zur Verfügung gestellt werden. Diese Verpflichtung ist auch in §§ 27 bis 33 TKV geregelt. 23

Art 21 Sprachtelefondienst-Richtlinie enthält Regelungen über den Verzug mit der Begleichung von Rechnungen für die Nutzung von festen öffentlichen Telefonnetzen; eine solche Regelung ist in § 19 TKV getroffen worden; 24

Art 22 Sprachtelefondienst-Richtlinie setzt voraus, dass die Aufhebung von Angeboten schriftlich angekündigt wird; dem trägt § 26 TKV Rechnung. 25

## V. Das Verfahren – Vorlage und Widerspruch

### 1. Schriftform der Vorlage

Nach § 23 Abs 2 müssen die Allgemeinen Geschäftsbedingungen der Regulierungsbehörde vor ihrem Inkrafttreten in Schriftform vorgelegt werden; mit Schriftform ist hier nicht die Form der §§ 126, 127 BGB gemeint; gemeint ist vielmehr, dass die allgemeinen Geschäftsbedingungen in schriftlich niedergelegter Form vorgelegt werden müssen. **Änderungen** allgemeiner Geschäftsbedingungen sind nach § 23 Abs 2 Nr 1a AGBG iVm § 28 TKV privilegiert möglich.[27] 26

### 2. Widerspruchsfrist

Die Regulierungsbehörde kann den vorgelegten allgemeinen Geschäftsbedingungen innerhalb von vier Wochen (nicht einem Monat!) nach Zugang der allgemeinen Geschäftsbedingungen widersprechen. Die Frist ist nach § 31 VwVfG iVm §§ 187, 188 BGB zu berechnen. Nach Ablauf der Frist (§ 23 Abs 2 Satz 2) ist ein Widerspruch nicht mehr möglich.[28] Dies führt allerdings nicht dazu, dass etwaige Verstöße gegen zwingendes Recht – wie die TKV oder das AGBG – „geheilt" werden. Der Ablauf der Widerspruchsfrist führt nicht zu einer Fiktion der Rechtmäßigkeit. Der Widerspruch hat die Wirkung einer **Untersagung**. 27

### 3. Widerspruchsbefugnis

Der Widerspruch kann nur erhoben werden, wenn die allgemeinen Geschäftsbedingungen gegen Normen im Sinne der § 23 Abs 1 verstoßen (s o Rn 19; wegen der Zweifel an der Verfassungsmäßigkeit der Vorschrift s o Rn 13 f). Nur dann, wenn der Widerspruch erfolgt, sind die allgemeinen Geschäftsbedingungen nach dem Gesetzeswortlaut unwirksam. Damit geht das Gesetz von einer vorläufigen Wirksamkeit aus,[29] soweit keine Unwirksamkeit wegen Verstoßes gegen zwingendes Recht der TKV oder des AGBG (§§ 9 ff) vorliegt. 28

Fraglich ist weiter, ob der Widerspruch gegen die allgemeinen Geschäftsbedingungen alle 29

---

[27] Kritisch Beck'scher TKG-Kommentar/*Büchner* § 23 Rn 21.
[28] Zum Bedürfnis, eine solche Regelung de lege ferenda einzuführen: Beck'scher TKG-Kommentar/*Büchner* § 23 Rn. 33.
[29] Die Gegenansicht vertritt Beck'scher TKG-Kommentar/*Büchner* § 23 Rn. 27.

Wolfgang Spoerr

Geschäftsbedingungen erfasst, oder nur diejenigen, die mit den Vorschriften, auf die § 23 Abs 1 verweist, nicht in Einklang stehen. Da die Allgemeinen Geschäftsbedingungen eines Anbieters im Allgemeinen ein in sich geschlossenes Gebilde sind, muss davon ausgegangen werden, dass ein Widerspruch im Zweifel umfassende Wirkung hat. Ein insgesamt erhobener Widerspruch hat zur Folge, dass die allgemeinen Geschäftsbedingungen insgesamt unwirksam sind. Eine andere Frage ist, ob ein Teilwiderspruch durch die RegTP möglich ist. Der Wortlaut des § 23 Abs 1 S 1 ermöglicht dies. Die RegTP muss nur widersprechen, soweit die AGB den relvanten Maßstäben nicht gerecht werden. Für einen zwingend vollständigen Widerspruch der RegTP spricht, dass Allgemeine Geschäftsbedingungen eines Anbieters im Allgemeinen ein in sich geschlossenes Gebilde sind. Allerdings zwingt dies die RegTP nicht, bei klar trennbaren Verstößen einen unbeschränkten Widerspruch zu erklären. Die RegTP muss unter Berücksichtigung des Separierbarkeit der rechtswidrigen Regelungen und der Schwere der Verstöße zwischen unbeschränktem und beschränktem Widerspruch wählen. Insoweit gilt weder die Zweifelsregelung aus § 139 BGB noch die gegenläufige aus § 6 Abs 1, 2 AGBG. Rechtsfolge eines Widerspruchs ist ein gesetzliches Verbot (§ 23 Abs 2 S 3).

**30** Unwirksamkeit bedeutet insofern, dass sie nicht wirksam in einen Vertrag einbezogen sind; anderes gilt, wenn die allgemeinen Geschäftsbedingungen keine allgemeinen Geschäftsbedingungen mehr sind, weil sie erst nach Verhandlung iSd. § 1 Abs 2 AGBG Vertragsinhalt geworden sind. § 23 Abs 2 will nicht in bestehende wirksame Verträge eingreifen, sondern nur bewirken, dass unerwünschte allgemeine Geschäftsbedingungen Vertragsinhalt werden. Sind sie jedoch nicht als allgemeine Geschäftsbedingungen in den Vertrag aufgenommen worden, sondern als Individualbedingungen, kann der Widerspruch nach § 23 Abs 2 keine vernichtende Wirkung auf sie haben.

**31** Verträge, die auf Basis widersprochener allgemeiner Geschäftsbedingungen abgeschlossen wurden, bleiben grundsätzlich wirksam; in entsprechender Anwendung des § 6 Abs 2 AGBG dürften anstelle der unwirksamen Bedingungen die durch die unwirksamen Bedingungen verdrängten gesetzlichen Bestimmungen treten.[30] Nur dann, wenn sich aus dem Gesamtzusammenhang ergibt, dass die allgemeinen Geschäftsbedingungen Essentialia des Geschäfts treffen, dürfte von einer Gesamtunwirksamkeit ausgegangen werden. Das ist in erster Linie aus Nutzersicht zu beantworten.

### 4. Nachträglicher Widerspruch

**32** Einen **nachträglichen Widerspruch** – nach Ablauf der Vier-Wochen-Frist – ermöglicht das TKG nicht, weil die Frist aus Abs 2 S 2 für den unionsrechtlich vorgegebenen Abs 1 gilt. Zwar werden die rechtswidrigen AGB damit nicht wirksam. Das gilt allerdings nur, soweit die Regelwidrigkeit der AGB aus nationalem oder unmittelbar anwendbarem europäischem Recht folgt. Die fehlende nachträgliche Überprüfungsmöglichkeit wirft die Frage auf, ob die Eingriffsmöglichkeit nach Art 10 Abs 2 der Sprachtelefondienst-Richtlinie[31] ausreichend umgesetzt worden ist. Der Wortlaut der Sprachtelefondienst-Richtlinie ist insoweit nicht eindeutig; er lässt offen, ob eine Frist vorgesehen werden kann.

### 5. Kein Ermessen; kein Drittschutz

**33** Der Wortlaut des § 23 lässt offen, ob ein Ermessen der RegTP besteht. Abs 1 spricht eher gegen, Abs 2 S 2 eher für ein solches Ermessen. Maßgebend dürften die unionsrechtlichen Vorgaben sein.[32] Demgegenüber dürfte § 23 nicht drittschützend sein, ungeachtet Art 10 Abs 2 der Sprachtelefondienst-Richtlinie[33].[34]

---

**30** S hierzu auch Beck'scher TKG-Kommentar/*Büchner* § 23 Rn. 30.
**31** 98/10/EG.
**32** AM TKMMR/*Stamm* C § 23 Rn 25: stets gebundene Entscheidung.
**33** 98/10/EG.
**34** So auch TKMMR/*Stamm* C § 23 Rn 43; *Manssen* Archiv PT 1998, 236, 240; aM Beck'scher TKG-Kommentar/*Büchner* § 23 Rn 23 im Hinblick auf Verbraucher, nicht aber Verbände.

## 6. Rechtschutzmöglichkeiten gegen den Widerspruch

Der Widerspruch ist ein belastender Verwaltungsakt und ist damit mit der Anfechtungsklage **34** angreifbar.

## § 24 Maßstäbe der Entgeltregulierung

(1) Entgelte haben sich an den Kosten der effizienten Leistungsbereitstellung zu orientieren und den Anforderungen nach Absatz 2 zu entsprechen. Die Regelungen des § 17 Abs 1 und 2 und der auf Grund des § 17 Abs 2 erlassenen Rechtsverordnung bleiben unberührt.

(2) Entgelte dürfen
1. keine Aufschläge enthalten, die nur auf Grund der marktbeherrschenden Stellung nach § 19 des Gesetzes gegen Wettbewerbsbeschränkungen eines Anbieters auf dem jeweiligen Markt der Telekommunikation durchsetzbar sind,
2. keine Abschläge enthalten, die die Wettbewerbsmöglichkeiten anderer Unternehmen auf einem Markt der Telekommunikation beeinträchtigen, oder
3. einzelnen Nachfragern keine Vorteile gegenüber anderen Nachfragern gleichartiger oder ähnlicher Telekommunikationsdienstleistungen auf dem jeweiligen Markt der Telekommunikation einräumen,

es sei denn, dass hierfür ein sachlich gerechtfertigter Grund nachgewiesen wird.

**Verwaltungsvorschriften:** RegTP, Verwaltungsvorschriften im Bereich Kostenrechnung, Mitteilung 120/2001, ABl RegTP 2001, 647.

**Schrifttum:** *Albach/Knieps* Kosten und Preise in wettbewerblichen Ortsnetze, Studie im Auftrag der Deutschen Telekom AG, 1997; *Badura/Kern* Maßstab und Grenzen der Preisaufsicht nach § 12 a der Bundestarifordnung Elektrizität (BTO-ELT) aus rechtlicher und betriebswirtschaftlicher Sicht, 1983; *Becker* Entgeltregulierung im TKG unter besonderer Berücksichtigung kartellrechtlicher Preiskontrollinstrumentarien, K & R 1999, 112; *Büdenbender*, Energiewirtschaftsrecht, Energiesicherungsrecht und Energiepreisrecht, ET 1984, 218; *Cave* Cost Analysis and Cost Modelling for Regulatory Puposes: UK experience, in: Melody: Telecom Reform. Principles, Policies and Regulatory Practices, Lyngby 1997, S 273 ff; *Doll/Wieck* Analytische Kostenmodelle als Grundlage für Entgeltregulierungsentscheidungen, MMR 1998, 280; *Dörschuck* Typen- und Tarifgenehmigungen im Verwaltungsrecht, 1988; *Faulhaber* Cross-Subsidization: Pricing in Public Enterprises, American Economic Review 65, 1975, 966; *Gerpott/Winzer* Kosten von Teilnehmeranschlussleitungen in Deutschland, K & R 2000, 521; *Gutenberg* Erich Grundlagen der Betriebswirtschaftslehre, 1. Band, Die Produktion, 24. Aufl, 1983; *Hancher/Buendia Sierra* Cross-Subsidisation and EC Law, CMLR 1998, 901; *Immenga* Grenzen der Regulierung von Endkundenentgelten nach Öffnung der Telekommunikationsmärkte, WuW 1999, 949; *Ipsen* H. P., Kartellrechtliche Preiskontrolle als Verfassungsfrage, 1976; *Klinger* Materiell- und verfahrensrechtliche Probleme der Preisaufsicht über EltVU nach § 12 a Bundestarifordnung Elektrizität (BTO-Elt), RdE 1982, 218; *Knieps* Der Irrweg analytischer Kostenmodelle als regulatorische Schattenrechnungen, MMR 1998, 598; *Knöchel* Die Funktion der Tarifgenehmigung nach § 12 BTO Elt, RdE 1992, S 63; *Kruse* Müssen Telefongespräche noch reguliert werden? Zeitschrift für Betriebswirtschaft 70 (2000), 765; *Ladeur* Drittschutz des Entgeltregulierungsverfahrens nach §§ 23 ff TKG, CR 2000, 433 f; *Mellewigt/Geisen* Bottom-Up-Kostenmodelle als Kerninstrument für zukünftige Entgeltregulierungsentscheidungen, MMR 1998, 589; *Möschel* Preiskontrollen über markbeherrschende Unternehmen, JZ 1975, 393; *Möschel* Marktmacht und Preiskontrolle, BB 1976, 49; *Neu/Kruse* Monopolpreiskontrolle in der Telekommunikation, in: Mestmäcker, Kommunikation ohne Monopol II, 1995, 567; OFTEL, The Methodology to Calculate Long Run Incremental Costs, Prepared for OFTEL by National Economic Research Associates (NERA), 1996; OFTEL Reconciliation and Integration of Top-Down and Bottom-Up Calculation of Incremental Costs, prepared for OFTEL by NERA, 1996; *Ossenbühl* Rechtsschutz gegen die Festsetzung von Entgelten für Leistungen der Deutschen Telekom AG, ArchivPT 1996, 207; RegTP, Ein analytisches Kostenmodell für das Ortsnetz – Stellungnahmen, 1998; *Rittaler* Der Wettbewerb in der Telekommunikation, WuW 1996, 699; *Schmidt* Kurt, Entgeltregulierung für Telekommunikationsdienstleistungen, K & R 1999, 385; *Schmidt* Flatrate für die Internetzuführung, K & R 2001, 131; *Schmidt-Preuß* Verfassungsrechtliche Zentralfragen staatlicher Lohn- und Preisdirigismen, 1977; *Scholz* Kartellrechtliche Preiskontrolle als Verfassungsfrage, ZHR 141 (1977), 520; *Schuster* EBC, Flatrate, T-DSL, TAL: quo vadis, Entgeltregulierung, MMR 2001, 298; *Schütz/Müller* Entgeltregulierung in der Telekommunikation, MMR 1999, 128; *Schweitzer/Küpper* Systeme der Kosten- und Erlösrechnung, 7. Aufl, 1998; *Spoerr* Zusammenschaltung und TK-Entgeltregulierung in der Krise? K & R 2001, 213; *Vogelsang* Kosten des Ortsnetzes, Studie des VTM, 1996; *ders* Wettbewerb in Ortsnetz – Neue Entwicklungen in den USA, WIK Diskussionsbeiträge Nr. 168, 1996, 58; *ders* Analytische Kostenmodelle –

Entgeltregulierung

Ein notwendiges Übel, MMR 1998, 594; *Vogt* Drittschutz in der telekommunikations-rechtlichen Entgeltregulierung, in: Brinktrine (Hrsg.), Alte und neue Streitfragen im Bau-, Umwelt- und Telekommunikationsrecht, 2000, S 221; *Wein* Wäre weniger mehr – Reformbedarf für die Missbrauchsaufsicht über die Deutsche Telekom? WuW 2000, 1187; *WIK* Ein analytisches Kostenmodell für das nationale Verbindungsnetz – Referenzdokument –, 1999; *WIK* Ein analytisches Kostenmodell für das Ortsnetz, 1998.

### Inhaltsübersicht

|  |  | Rn |
|---|---|---|
| I. | Grundlagen | 1–8 |
| II. | Der Entgeltbegriff | 9–13 |
| III. | Abs 1 S 1 Alternative 1: Orientierung an den Kosten der effizienten Leistungsbereitstellung | 14–61 |
|  | 1. Der regulierungsrechtliche Begriff der Effizienzkosten: Fragen der Ableitung des Entgeltmaßstabes | 14–32 |
|  |    a) Ableitung der maßgeblichen realen Kosten von Daten des realen Unternehmens | 14–29 |
|  |    b) Der Effizienzbegriff | 20–23 |
|  |    c) Analytische Kostenmodelle | 24–25 |
|  |    d) Die langfristigen zusätzlichen Kosten der Leistungsbereitstellung (§ 3 Abs 2 TEntgV) | 26–30 |
|  |    e) Resümee: Die Wertungsabhängigkeit des ökonomischen Effizienzbegriffs und des Zusatzkostenbegriffs | 31 |
|  |    f) Vergleichsmarktbetrachtungen | 32 |
|  | 2. Kosten und Kostenermittlung im gesetzlichen Entscheidungsprogramm | 33–61 |
|  |    a) Der Kostenbegriff | 36–43 |
|  |    b) Der Effizienzbegriff | 44–47 |
|  |    c) Das Orientierungsgebot | 48–54 |
|  |    d) Die gerichtliche Kontrolle komplexer Entgeltregulierungsentscheidungen | 55–61 |
| IV. | Abs 2: Spezielle Entgeltvorgaben | 62–79 |
|  | 1. Aufschlagsverbot (Nr 1) | 63–66 |
|  | 2. Das Verbot von Abschlägen (Nr 2) | 67–73 |
|  | 3. Das Diskriminierungsverbot | 74–79 |
| V. | Sachlich gerechtfertigter Grund | 80–84 |
| VI. | Drittschutz | 85–89 |
| VII. | Konzernvorbehalt | 90 |
| VIII. | Unmittelbare Geltung außerhalb von Entgeltgenehmigungsentscheidungen | 91 |

## I. Grundlagen

**1** § 24 regelt – in Verbindung mit § 27 und § 30 – die **materiellen Maßstäbe** der Entgeltregulierung. Nach dem Wortlaut des § 24 ist die Vorschrift darüber hinaus als eine gesetzesunmittelbare Pflicht formuliert (s u Rn 91). Die Vorschriften über die verwaltungsrechtliche Implementation der Entgeltregulierung nehmen allerdings nur teilweise auf § 24 Bezug: Für die Vorab-Preisregulierung verweist § 27 Abs 1 Nr 1 uneingeschränkt auf die materiellen Maßstäbe des § 24, während § 27 Abs 1 Nr 2 für die Price-Cap-Entgeltregulierung ein eigenständiges, von den Maßstäben aus § 24 Abs 1 S 1, 1. Alt und Abs 2 Nr 1 letztlich weitgehend unabhängiges Kriterium nach Art einer unwiderleglichen gesetzlichen Vermutung einführt. Und generell gilt nach dem Gesetz § 24 nur für ganz bestimmte, in § 25 TKG benannte Leistungen. Der Maßstab aus Abs 1 wird in § 3 TEntgV verordnungsrechtlich konkretisiert.

**2** Die Orientierung an den Kosten der effizienten Leistungsbereitstellung geht auf das Unionsrecht zurück. Im Unionsrecht ebenso wie nach dem Konzept des TKG-Gesetzgebers ist die Entgeltregulierung ein Regulierungsinstrument, das vollkommene Konkurrenz im Wettbewerbsprozess substituiert. Der Gesetzgeber hat sich von der – wirtschaftstheoretisch korrekten – Prämisse leiten lassen, dass Aufschläge auf die Kosten der effizienten Leistungsbereitstellung für Märkte ohne vollkommene Konkurrenz, insbesondere für Monopolmärkte charakteristisch sind. Unter der Annahme individuell gewinnmaximierenden Verhaltens wird der Monopolist einen höheren Preis festsetzen als sich im vollkommenen Markt einstellt. Eine typische Auswirkung von Monopolen ist dabei die Preisdiskriminierung.[1]

---

[1] Dazu *Varian* Grundzüge der Mikroökonomik, S 395 ff.

Wolfgang Spoerr

§ 24 Maßstäbe der Entgeltregulierung

Ein Sonderproblem auf TKG-Märkten ergibt sich daraus, dass insbesondere die Inhaber von **Bottleneck-Ressourcen** Produkte **unterschiedlicher Wertschöpfungsstufen** verkaufen. Hier stellt sich das Problem der **Kosten-/Preis-Scheren**. Der Inhaber der Bottleneck-Ressourcen wird die Preispolitik so gestalten, dass ein möglichst hoher Anteile des Gesamterlöses auf die Bottleneck-Leistungen entfällt, auf die auch seine Wettbewerber angewiesen sind. Durch entsprechend hohe Preise für Bottleneck-Ressourcen (die aus Sicht der Wettbewerber Kosten sind) und – relativ gesehen – niedrige Endkundenpreise können die wettbewerblichen Aktionsmöglichkeiten der Wettbewerber behindert werden.

Eine gewisse Preishöhenkontrolle ist auch gestützt auf allgemeines **Kartellrecht** entwickelt worden, und zwar sowohl nach § 22 GWB aF wie nach Abs 86 EG-V aF.[2] Wegen sehr hoher Beweisanforderungen[3] und wegen der hoch umstrittenen wettbewerbspolitischen Funktion der Preishöhenkontrolle[4] blieb die regulatorische Eingriffsintensität der kartellrechtlichen Preiskontrolle äußerst beschränkt. Das gilt besonders für den Preishöhenmissbrauch, aber auch für den Behinderungsmissbrauch und die Diskriminierung.

Vereinzelt ist vertreten worden, die Auslegungsfragen der gesetzlichen Sonderregulierung (nach dem vergleichbaren § 20 PostG) durch Rückgriff auf kartellrechtliche Erwägungen zu lösen.[5] Mit dem Konzept des Gesetzgebers (s unten § 24 Rn 6) ist das nicht vereinbar. Der Wille des Gesetzgebers ist darauf gerichtet, eigenständige, wirksamere und weitergehende Kontrollmaßstäbe zu schaffen. Die bisherige kartellrechtliche Praxis mag daher Fallmaterial liefern; nicht hingegen dürfen bestimmte Rechtsgrundsätze ohne weiteres übernommen werden. So ist beispielsweise die bei der kartellrechtlichen Ermessensausübung anzustellende Erwägung, die Anwendung der Preishöhenkontrolle führe zu einem Zielkonflikt zwischen kurzfristigen Verbraucherschutzvorteilen und mittel- und langfristigen wettbewerbsstrukturellen Nachteilen[6], für das TKG vom Gesetzgeber bereits entschieden worden. Anders als die kartellrechtliche Preishöhenaufsicht ist die telekommunikationsgesetzliche auch nicht als „äußerster Notbehelf"[7] konzipiert, der auf die Kontrolle besonders krasser Fälle von Ausbeutungsmissbrauch beschränkt ist.[8] Vom allgemeinen Kartellrecht stark abweichend ist im Übrigen auch der Prüfungsmaßstab. Während im Kartellrecht beträchtliche Einwände gegen jedes Konzept der Gewinnbegrenzung geäußert werden[9], folgt für die spezialgesetzliche Preiskontrolle eine Gewinnbegrenzung aus § 24 Abs 1, der zugleich den Inhalt von § 24 Abs 2 S 1 Nr 1 determiniert.

Nach den Gesetzesmaterialien werden in § 24 die Maßstäbe festgelegt, nach denen zu genehmigende Entgelte beurteilt werden.[10] Die Kosten der effizienten Leistungsbereitstellung seien dabei „Ausgangspunkt". Das bringt „zum Ausdruck, dass als Grundlage für die Preisbildung des regulierten Unternehmens insgesamt nur der bewertete Güterverzehr in Betracht kommen kann, der in engem Zusammenhang mit der Leistungsbereitstellung steht".[11] Nach Abs 2 sind die Entgelte darauf zu überprüfen, ob sie missbräuchlich hoch, niedrig oder diskriminierend sind. Die Kriterien des Abs 2 entsprächen im Wesentlichen den Beurteilungsmaßstäben des GWB, sie gingen aber insbesondere nach Nr 2 über die GWB-Kriterien hinaus, eine Wesentlichkeitsschwelle gelte nicht.[12] Damit werde nicht nur der Schutz des Wettbewerbs als Institution, sondern auch der der Wettbewerber strenger gefasst als im GWB.[13] Wegen der noch besonderen Marktstruktur auf dem Telekommunikationsmarkt kommt dem Schutz des **Marktzutritts und**

---

2 Dazu allgem *Hancher/Buendia Sierra* CMLR 1998, 901.
3 *Schultz/Langen/Bunte* § 22 GWB Rn 74 a; Beck'scher PostG-Kommentar/*Sedemund/von Danwitz* § 20 Rn 57; I/M/*Möschel* § 22 GWB Rn 151.
4 Grundlegend *Möschel* JZ 1975, 363, 396, zur Rechtsprechung KG, WuW/E DE-R 124, 129 – Flugpreise Berlin–Frankfurt.
5 Beck'scher PostG-Kommentar/*Sedemund/von Danwitz* § 20 Rn 75; deutlich vorsichtiger aber Beck'scher TKG-Kommentar/*Schuster/Stürmer* § 24 Rn 5.
6 KG, WuW/E DE-R 124, 129 – Flugpreis Berlin–Frankfurt.
7 KG, WuW/E DE-R 124, 129 – Flugpreis Berlin–Frankfurt.
8 So aber Beck'scher PostG-Kommentar/*Sedemund/von Danwitz* § 20 Rn 58.
9 Vgl. BGH WuW/E BGH 1678, 1684 – Valium II, Beck'scher PostG-Kommentar/*Sedemund/von Danwitz* § 20 Rn 20.
10 BR-Drucks 80/96, S 42.
11 BR-Drucks 80/96, S 42.
12 BR-Drucks 80/96, S 43.
13 BR-Drucks 80/96, S 43.

Wolfgang Spoerr

der Wettbewerbsmöglichkeiten der **neuen Unternehmen** besondere Bedeutung zu.[14] Im Gesetzgebungsverfahren ist § 24 im Wesentlichen nicht geändert worden. In § 24 Abs 2 S 2 wurden in Nr 3 die Worte „oder ähnliche" eingefügt. Das trage der Entwicklung des Gemeinschaftsrechts Rechnung: Art 12 Abs 3 der Richtlinie 95/62 EG.

**7** § 24 wird auf untergesetzlicher Ebene in der **TEntgV** konkretisiert. Sie ist auf der Grundlage der Verordnungsermächtigung in § 27 Abs 4 ergangen und regelt insbesondere das Verfahren der verschiedenen Spielarten der Entgeltregulierung. Soweit die TEntgV statt von Entgelt von Preisen spricht (etwa § 4 Abs 5), ist von Begriffsidentität auszugehen. Detailliert geregelt werden insbesondere die Grundlagen des Price-Cap-Verfahrens (§ 4 TEntgV). § 3 TEntgV befasst sich mit dem materiellen Kostenbegriff (s u Rn 36 ff). Nach § 3 Abs 3 TEntgV soll die Regulierungsbehörde zusätzlich Vergleichsmarktbetrachtungen anstellen. Anknüpfend an allgemein-betriebswirtschaftliche Kategorien der Kostenrechnung regelt § 2 TEntgV detailliert die vorzulegenden Nachweise.

**8** Umstritten ist, ob die fachgesetzliche Sonderentgeltregulierung in ihrem Anwendungsbereich gegenüber § 19 GWB abschließend ist. Zwar bleibt nach § 2 Abs 3 das GWB im Verhältnis zum TKG unberührt. Gleichwohl wird vertreten, dass der Rückgriff auf § 19 GWB im Normbereich der telekommunikationsrechtlichen Entgeltregulierung ausgeschlossen sein soll (vgl § 2 Rn 33).[15] Es bestehen allerdings erhebliche Zweifel, ob eine – in jedem Fall strikt auf die Preishöhe beschränkte – Freistellung entgeltregulierungspflichtiger Telekommunikationsunternehmen vom allgemeinen Kartellrecht und von der Überwachungsbefugnis des Bundeskartellamtes den Intentionen des TKG-Gesetzgebers und dem Zweck des Gesetzes entspricht.

## II. Der Entgeltbegriff

**9** Die §§ 24 bis 31 verwenden durchgehend den Begriff des Entgelts. Das Entgelt ist die für eine bestimmte Leistung (regelmäßig eine Telekommunikationsdienstleistung) zu zahlende Gegenleistung, der Preis. Seine Höhe ergibt sich aus einer umfassenden **wirtschaftlichen Bewertung**, deren Grundlage das eigentliche Entgelt (der Preis), die **entgeltrelevanten Vertragsbestimmungen** und die Leistung sind. Entgeltrelevante Bestimmungen sind solche, die unmittelbar bei wirtschaftlicher Betrachtung die Höhe des Preises beeinflussen. Dazu gehören etwa Entgeltregelungen für Nebenleistungen sowie Preisnebenabreden und Preisberechnungsabreden. Beispiel dafür sind Klauseln, die die Voraussetzung des Vergütungsanspruchs regeln, Preisänderungsklauseln, Wertstellungsklauseln, die Überwälzung bestimmter Kosten – neben dem Preis – auf den Kunden und Klauseln über jedwede Nebenentgelte jedweder Art; nicht aber Klauseln über die finanziellen Folgen von Vertragsstörungen.[16] Maßgebend sind die Parameter, die in wirtschaftlich-finanziell unmittelbarer Bewertbarkeit die Höhe der Gegenleistung bei regulärer Vertragsdurchführung und -erfüllung bestimmen.

**10** Wesentlich ist dabei, dass Entgelte stets für eine bestimmte Leistung erhoben werden. Die Einführung eines neuen Entgelts kann sich daher nicht nur bei der Änderung von Preisen ergeben, sondern auch aus der **Änderung von Leistungen**. Hier kommt es allerdings auf eine sorgfältige Abgrenzung an. Was bei wirtschaftlicher Betrachtung – insbesondere aus Nutzersicht – nicht als neues Produkt erscheint, kann – auch wenn es mit einer Änderung des Produkts, etwa bei Qualitäts- oder Dienstemerkmalen verbunden ist – auf der Grundlage einer bestehenden Entgeltgenehmigung eingeführt werden. Die insoweit maßgebliche Nutzersicht wird auch vom Marktauftritt des anbietenden Unternehmens geprägt. Was von diesem als neues Produkt oder wesentliche Änderung vermarktet wird, ist im Zweifel auch aus Nutzersicht neu. Die Kriterien der Marktabgrenzung sind hier allerdings nicht heranzuziehen; verschiedene Produkte können einem Markt iSd Bedarfsmarktkonzeptes zugehören. Für das neue Produkt ist dann, wenn es § 25

---

[14] BR-Drucks 80/96, S 43; kritisch *Ullrich* Falsch gewählt oder falsch verbunden, in: Hoffmann-Riem (Hrsg), Innovation und Telekommunikation, 2000, S 77 ff.
[15] *Paulweber* Regulierungszuständigkeiten in der Telekommunikation, S 65; für das PostG Beck'scher PostG-Kommentar/*Sedemund/von Danwitz* § 19 Rn 10; vorsichtiger jetzt Beck'scher TKG-Kommentar/*Schuster* § 2 Rn 33
[16] RegTP, Beschl v 24. 2. 2000, BK 3b/99/034.

unterliegt, eine neue Entgeltgenehmigung (gegebenenfalls durch Erweiterung einer bestehenden) erforderlich.

Nicht der Entgeltgenehmigungspflicht unterliegt die **Aufgabe eines Produkts.** Das marktbeherrschende Unternehmen ist nicht verpflichtet, die entgeltgenehmigten Leistungen auch anzubieten. Eine solche Pflicht kann sich aber aus anderen Regelungen des TKG ergeben, insbesondere aus den §§ 33, 35 und 43 Abs 5, 6. **11**

Der Entgeltbegriff ist neutral im Hinblick auf die **Berechnungsmethode.** Zulässig sind sowohl **mengenabhängige** Entgelte wie **pauschalierende** Entgeltmechanismen. Die Grenzen der Tarifgestaltungsfreiheit ergeben sich allerdings aus dem Gebot der Kostenorientierung und den Verboten aus § 24 Abs 2. **12**

Entgelte sind im Regelfall **kalkulierte, einheitliche Entgelte** für bestimmte Leistungen. Auf den individuellen Aufwand kommt es im Allgemeinen nicht an. Daher sind Entgeltgenehmigungen nach **individuellem Aufwand** nur ausnahmsweise zulässig. Erforderlich ist auf jeden Fall ein entsprechender Antrag des Unternehmens. Liegt ein solcher Antrag vor, so können Entgelte nach individuellem Aufwand dann genehmigt werden, wenn eine einheitliche, standardisierte Festlegung der erforderlichen Tätigkeit nicht möglich ist.[17] Die Ursachen für die mangelnde Standardisierbarkeit dürfen zudem vom regulierten Unternehmen nicht selbst geschaffen werden. Maßgebend ist insbesondere, ob die Abwicklung der Nachfrage nach bestimmten nicht standardisierbaren Leistungen auf Grund der Besonderheiten der jeweiligen Aufträge zu zusätzlichen Kosten führt, die sich nicht ohne weiteres generell kalkulieren lassen.[18] Regulatorisch ist in solchen Fällen zudem zu prüfen, dass die praktische Anwendung nicht zu einer Marktzutrittsschranke führt. Zudem gilt bei Abrechnungen nach individuellem Aufwand das Erfordernis einer spezifizierten Rechnung und eines Kostenvoranschlages.[19] **13**

### III. Abs 1 S 1 Alternative 1: Orientierung an den Kosten der effizienten Leistungsbereitstellung

#### 1. Der regulierungsrechtliche Begriff der Effizienzkosten: Fragen der Ableitung des Entgeltmaßstabes

##### a) Ableitung der maßgeblichen realen Kosten von Daten des realen Unternehmens

Nach dem betriebswirtschaftlichen Kostenbegriff sind Kosten der bewertete **Verzehr von wirtschaftlichen Gütern materieller und immaterieller Art** zur Erstellung und zum Absatz betrieblicher Güter sowie zur Aufrechterhaltung der hierfür notwendigen Teilkapazitäten.[20] Kosten sind sowohl von Ausgaben wie von Aufwand (Aufwendungen) zu unterscheiden. Ausgaben sind der Abfluss von Zahlungsmitteln und das Eingehen von Verbindlichkeiten seitens des Unternehmens.[21] Demgegenüber kennzeichnen Aufwendungen die während einer Abrechnungsperiode verbrauchten Güter und Dienstleistungen. In der kaufmännischen Rechnungslegung werden die Aufwendungen in der Erfolgsrechnung den Erträgen gegenübergestellt. **14**

Zur Ableitung der Kosten aus dem betrieblichen Rechnungswesen sind die betriebsfremden Aufwendungen (die für andere als betriebliche Zwecke der Unternehmung entstehen), die betrieblichen außerordentlichen Aufwendungen (die in Erfüllung des Betriebszwecks anfallen, jedoch nur einmal oder so unregelmäßig, dass sie den periodischen Kostenvergleich stören würden) sowie die betrieblichen ordentlichen, nicht kalkulierbaren Aufwendungen abzugrenzen. **15**

Auch darüber hinaus ist der Kostenbegriff nicht frei von Wertungserfordernissen. Diese Wertungserfordernisse ergeben sich aus dreierlei: **16**

---

17  RegTP, Beschl v 24. 2. 2000, BK 3b/99/034.
18  RegTP, Beschl v 24. 2. 2000, BK 3b/99/034; zudem RegTP, Beschl v 8. 7. 1998, BK 4a-98/001 und v 17. 2. 1999, BK 4e-98/041 Z01. 02. 98.

19  RegTP, Beschl v 24. 2. 2000, BK 3b/99/034.
20  Gablers Wirtschaftslexikon, Stichwort Kosten.
21  Gablers Wirtschaftslexikon, Stichwort Ausgaben.

**17 aa)** Zum einen aus dem Problem der **Kostenzuordnung** in komplexen betrieblichen Zusammenhängen. Zuordnungsprobleme stellen sich dabei zum einen im Hinblick auf die Verteilung von betriebswirtschaftlichem Wertverzehr auf unterschiedliche Leistungen; hier stellt sich insbesondere das Problem der **Gemeinkostenverrechnung**.[22] Gemeinkosten sind solche Kosten, die bestimmten Leistungen nicht eindeutig zurechenbar sind und deshalb in einer wertenden Zurechnungsbetrachtung zugeordnet werden müssen. In der Wirtschaftstheorie spricht man insoweit von einem „mehr oder weniger willkürlichen Kostenverteilungsschlüssel".[23]

**18 bb)** Zum Zweiten stellt sich das Problem der **leistungsmengenbezogenen** Zuordnung von Kosten. Einer engen Kausalitätsbetrachtung entspricht es insoweit, einzelnen nachgefragten Leistungen nur die jeweils zusätzlich ausgelösten Aufwendungen zuzuordnen.

**19 cc)** Zum Dritten stellt sich das Problem der **Bewertung**. Das gilt ganz besonders für jene Kostenarten, denen nicht unmittelbar Aufwendungen und Ausgaben entsprechen. Besonders problematisch haben sich insoweit die **Eigenkapitalverzinsung** und die **Abschreibungen** erwiesen.[24] Neben der Festlegung der Höhe (in Form eines Kalkulationszinsfußes[25] und eines Abschreibungssatzes, ermittelt aus einer erwarteten Nutzungsdauer[26]) ist hier schon die Ermittlung der **Ausgangsgrößen** hoch problematisch. Auf bilanzielle Größen kann dabei nicht ohne weiteres abgestellt werden, weil sie – in der Regel wegen stiller Reserven – den tatsächlichen Wert der in Anspruch genommenen Güter nicht zutreffend wiedergeben. Insbesondere bezogen auf das – bei Telekommunikationsnetzen oft umfangreiche – Sachanlagevermögen stellt sich hier die Frage, ob die historischen Anschaffungs- und Herstellungskosten oder Wiederbeschaffungswerte[27] anzusetzen sind. Der Ansatz von Wiederbeschaffungswerten ist insbesondere bei technisch überholten Wirtschaftsgütern problematisch, weil die Annahme einer (fiktiven) Wiederbeschaffung hier nicht realistisch ist. Bei Wirtschaftsgütern, für die es einen effizienten Markt gibt, mag auf die Verkehrswerte abgestellt werden. Für telekommunikationsspezifische Investitionsgüter ist das in aller Regel ungeeignet, weil ihr Verkehrswert in erster Linie von der Ertragsfähigkeit bestimmt ist, die wiederum von der Entgeltregulierung abhängig ist. Eine Einbeziehung des Verkehrswertes in die Entgeltregulierung wird hier zu einer nicht auflösbaren Zirkularität führen.

**b) Der Effizienzbegriff**

**20** Weitere Bewertungserfordernisse kommen über den Effizienzbegriff ins Spiel. Er impliziert einen Vergleich der realen Kosten mit einem gewissermaßen normativen Maßstab oder jedenfalls eine Bemessung der Kosten nach einem bestimmten Maßstab. Hier kommt es darauf an, ob Gegenstand der Vergleichsbetrachtung das **Minimalprinzip** ist, wonach eine gegebene Ausbringungsmenge mit niedrigst möglichem Ressourceneinsatz (hier: Kosten) zu erzielen ist. Das entspricht dem üblichen Verständnis des Effizienzbegriffs.

**21** Mit der Festschreibung auf einen ökonomischen Effizienzbegriff allerdings noch nicht gesagt, ob Gegenstand der Effizienzbetrachtung ein fiktives oder das reale Unternehmen ist. Die Realdaten des Unternehmens determinieren vielfach die minimalen Kosten, und zwar insbesondere wegen der **Auslastungsdaten**, der **Netztopologien**, des **betrieblichen Leistungsspektrums** und der **realen Faktoreinsatzpreise**.

---

22 S etwa RegTP, Beschl v 30. 11. 1998, BK 2c-98/015 u RegTP, Beschl v 3. 9. 1999, BK 4e-99/029.
23 Gablers Wirtschaftslexikon, Stichwort Kostenverteilung; allgem *Schweitzer/Küpper* Systeme der Kosten- und Erlösrechnung, S 134 ff.
24 Dazu etwa RegTP, Beschl 8. 2. 1999, BK 4e 98-024/E21.09.98; RegTP, Beschl v 8. 9. 1999, BK 2a 99/021; RegTP, Beschl v 8. 9. 2000, BK 4a-00-018/Z30.06.00, S 37; vertiefend *Gerpott/Winzer* K & R 2001, 521, 529 mwN; allgem *Schweitzer/Küpper* Systeme der Kosten- und Erlösrechnung, S 111 f.
25 Etwa RegTP, Beschl v 10. 12. 1998, BK 2a 98/019,

S 13 ff; RegTP, Beschl v 8. 9. 1999, BK 2a 99/021; RegTP, Beschl v 31. 1. 2000, BK 2a 99/031; RegTP, Beschl v 8. 9. 2000, BK 4a-00-018/Z30.06.00, S 37 zul RegTP, Beschl v 30. 3. 2001, BK 4a-01-001/E19.01.01, S 41 ff. Die RegTP geht darin von 8,75% pa aus.
26 S etwa RegTP, Beschl v 31. 1. 2000, BK 2a 99/031, S 5; RegTP, Beschl v 21.12. 1999 2d 99/027, S 6 f; RegTP, Beschl v 10. 12. 1998. BK 2a 98/019, S 14 ff.
27 So die Regulierungspraxis, vgl etwa RegTP, Beschl v 8. 9. 2000, BK 4a-00-018/Z30.06.00, S 37.

Hierbei kommen **verfassungsrechtliche Vorgaben**[28] ins Spiel: Im Bereich der Netztopologien und sonstigen Realdaten des Leistungsprozesses darf das tatsächlich beim regulierten Unternehmen Vorhandene nicht unberücksichtigt bleiben. Die Entgeltregulierungspflicht darf nicht generell genutzt werden, die Kosten der effizienten Leistungsbereitstellung auf der Grundlage einer anderen Netzstruktur ohne Rücksicht auf das Bestehende festzulegen. Die bestehende Netzstruktur und ihre grundsätzlich wirtschaftliche Verwertbarkeit sind verfassungsrechtlich garantiert (Art 14 GG). Dies bezieht sich aber nicht auf jeden einzelnen Preis für jede einzelne Leistung, sondern auf die Vermarktungschancen insgesamt.[29] Eine „ideale" Netzstruktur eignet sich jedenfalls als Hilfskriterium, um mangelnde Nachvollziehbarkeit der Kostendaten der realen Netzstruktur zu kompensieren oder um willkürliche, nicht nachvollziehbare Festlegungen des Unternehmens zu korrigieren.  **22**

Keinesfalls unproblematisch sind Effizienzbetrachtungen auch bei den anderen Parametern der Kostenhöhe: Im Hinblick auf reale Aufwendungen des Unternehmens hat die Regulierungsbehörde jedenfalls im Ergebnis der Regulierungsentscheidung eine unternehmerische Einschätzungsprärogative zu akzeptieren sowie einen Respekt vor den bestehenden Strukturen walten zu lassen. Korrekturen sind hier nur bei Missgriffen zulässig. Die Entgeltregulierung ist kein taugliches Instrument, das betriebliche Leistungsgeschehen im regulierten Bereich in die Hand zu nehmen. Das bedeutet, dass das gewissermaßen real existierende Unternehmen auch mit seinen **Aufwandsdaten** erst einmal hinzunehmen ist. Beispielsweise hat die Regulierungsbehörde im Hinblick auf die **tatsächliche** Lohnhöhe oder tatsächliche sonstige Aufwendungen für Einsatzfaktoren im Regelfall keine Preisvergleiche dahingehend anzustellen, ob das Unternehmen die jeweils niedrigst denkbaren Faktoreinsatzkosten aufwendet. Von daher wäre es unverhältnismäßig, ohne weiteres zu fragen, ob die Produktionsfaktoren zu minimalen Faktorpreisen beschafft werden.[30] In diesem Zusammenhang ist eine Einschätzungsprärogative des Unternehmens zu respektieren, die auch daraus folgt, dass ihm die Planungshoheit über sein marktwirtschaftliches Verhalten zusteht.[31] **23**

#### c) Analytische Kostenmodelle

Eine Lösung von den Kosten des realen Unternehmens bewirken **analytische Kostenmodelle**.[32] Mit ihnen werden die Kosten unabhängig von den Kostendaten, unter Umständen auch von der Organisation und den wirtschaftlichen Verhältnissen des einzelnen Unternehmens anhand eines Netzmodelles theoretisch rekonstruiert. Analytische Kostenmodelle sind **nicht** in jedem Fall mit einem **Greenfield-Ansatz** verbunden; als Annahme können auch reale Leistungserstellungsstrukturen einbezogen werden.[33] Analytische Kostenmodelle eignen sich insbesondere, die Kosten einer billigst möglichen, dem Minimalprinzip entsprechenden Leistungserbringung zu ermitteln. Es ist fraglich, ob ein solcher Effizienzbegriff § 24 Abs 1 S 1 zugrunde liegt (s unten Rn 44 ff). **24**

Jedenfalls eignen sich analytische Kostenmodelle als Hilfsmittel[34] zur Ermittlung der Kosten der effizienten Leistungsbereitstellung.[35] Mit der Nennung von Realkostennachweisen (§§ 2, 3 Abs 1 TEntgV) und Vergleichsmarktbetrachtungen (§ 3 Abs 3 TEntgV) hat der TEntgV-Verordnungsgeber die Sachverhaltsaufklärungsinstrumente nicht abschließend bestimmt.[36] Analytische Kostenmodelle können jedenfalls eingesetzt werden, um Kalkulationen auf der Grundlage realer **25**

---

[28] Dazu allg *Ipsen* Kartellrechtliche Preiskontrolle als Verfassungsfrage, 1976, S 79 ff; *Schmidt-Preuß* Verfassungsrechtliche Zentralfragen staatlicher Lohn- und Preisdirigismus, 1977, S 144 ff; *Scholz* ZHR 141 (1977), 520, 547 ff.
[29] *Scholz* ZHR 141 (1977), 520, 552; vgl BVerfGE 42, 204.
[30] AM Beck'scher TKG-Kommentar/*Schuster/Stürmer* § 24 Rn 11.
[31] Beck'scher PostG-Kommentar/*Sedemund/von Danwitz* § 20 Rn 35.

[32] Zu den internationalen Erfahrungen *Doll/Wieck* MMR 1999, 280, 281 ff; *Knieps* MMR 1998, 598 ff.
[33] Das verkennen Beck'scher PostG-Kommentar/ *Sedemund/von Danwitz* § 21 Rn 67.
[34] In diese Richtung *Doll/Wieck* MMR 1999, 280, 287.
[35] Zu Anforderungen an die Ausgestaltung *Doll/ Wieck* MMR 1999, 280, 285.
[36] Anders *Doll/Wieck* MMR 1999, 280, 281.

Kosten gegen zu prüfen und um die Folgen unklarer, nicht hinreichend langfristig stabiler oder regulatorisch unerheblicher realer Netzstrukturen in den Griff zu bekommen. Das gilt besonders für die Kostenzuordnung, aber auch für die Kostenhöhe. Insbesondere, wenn die Nachweise der realen Kosten keine hinreichend sichere regulatorische Einschätzung erlauben, kann die RegTP ihre Entscheidung auch auf analytische Kostenmodelle stützen. Sie muss dann allerdings angemessen berücksichtigen, dass es nicht auf die Verhältnisse eines idealen Unternehmens ankommt, sondern auf die eines realen Unternehmens. Das kann innerhalb der Annahmen der analytischen Kostenermittlung, nachgelagert durch **angemessene Sicherheitsmargen** im Gemeinkostenbereich (§ 3 Abs 2 TEntgV) oder bei der Orientierung geschehen.

### d) Die langfristigen zusätzlichen Kosten der Leistungsbereitstellung (§ 3 Abs 2 TEntgV)

**26** Der Begriff der Zusatzkosten (langfristige zusätzliche Kosten der Leistungsbereitstellung) hat im Kontext des Telekommunikationsrechts eine eigenständige Prägung erfahren. Während im deutschen Begriffsverständnis der Betriebswirtschaft mit Zusatzkosten herkömmlich solche Kosten gemeint sind, denen kein Aufwand entspricht,[37] ist der Zusatzkostenbegriff der Entgeltregulierung mit dem Begriff der inkrementellen Kosten (total incremental costs) identisch.[38] Nach § 3 Abs 2 TEntgV ergeben sich die Kosten der effizienten Leistungsbereitstellung aus den langfristigen zusätzlichen Kosten der Leistungsbereitstellung und einem angemessenen Zuschlag für leistungsmengenneutrale Gemeinkosten (§ 3 Abs 2 TEntgV). Eine besondere Methode zur Ermittlung der Zusatzkosten ist die Berechnung der Wegfallkosten.

**27** Zusatzkosten iSd § 3 Abs 2 TEntgV sind diejenigen Kosten, die die Bereitstellung des Dienstes zusätzlich zu den anderen Diensten des Anbieters verursacht.[39] Zusatzkosten fallen an, wenn ein Produkt zusätzlich in ein bestehendes Leistungsangebot aufgenommen wird.[40] Sie setzen damit eine Unterscheidung von primären Produkten und sekundären Produkten voraus. Langfristige Zusatzkosten sind solche Zusatzkosten, die auch dann noch anfallen, wenn die nach Aufnahme des zusätzlichen Produkts erforderlichen Anpassungen der Produktionsstruktur und -kapazitäten hin zu einem neuen Optimum (kostenminimale Herstellung aller Produkte) abgeschlossen sind.[41] Ökonomisch wird daher „langfristig" in entsprechenden Modellen so definiert, dass alle Kosten als variabel und vermeidbar angesehen werden. Dann ist der Zukunftsbezug vollständig verwirklicht. Dem gegenüber steht die Forderung, den Effizienzbegriff auf die „reasonably foreseeable future" zu reduzieren.[42] Zu Recht weisen *Sedemund/von Danwitz* darauf hin, dass es langfristige Zusatzkosten nur in einer Theoriewelt gibt, in der ein stabiler Zustand der Nachfrage angenommen wird, auf den sich die Produktion optimal einstellen kann.[43] Die TEntgV ignoriert das nicht, sondern erlaubt die Berücksichtigung in den Gemeinkostenzuschlägen (§ 3 Abs 2).

**28** Mitunter wird der Begriff der Zusatzkosten im Sinne einer isolierenden Kostenbetrachtung auf der Grundlage einer hypothetischen Netzstruktur verstanden, bei der nur der jeweils einzelne Dienst in den Blick genommen wird, bei dem also sowohl die vorhandene Netzstruktur wie die sonstigen Leistungen ignoriert werden. Eine solche isolierende Kostenbetrachtung läuft Gefahr, zu verzerrenden Entgeltstrukturen zu führen.

**29** Es ist auch fraglich, ob § 3 Abs 2 TEntgV im Sinne einer isolierenden Kostenermittlung bzw -betrachtung auf der Grundlage eines idealen Unternehmens zu verstehen ist. Jedenfalls soll § 3 Abs 2 TEntgV eine Abkehr von den früheren Vollkostenbetrachtungen auf Ist-Kosten-Basis zum

---

[37] Gablers Wirtschaftslexikon, Stichwort Zusatzkosten; *Schweitzer/Küpper* Systeme der Kosten- und Erlösrechnung, S 29.
[38] Zum wettbewerbsökonomischen Hintergrund *Hancher/Buendia Sierra* CMLR 1998, 901, 106 f.
[39] Beck'scher TKG-Kommentar/*Schuster/Stürmer* § 3 TEntgV Rn 7.
[40] Beck'scher PostG-Kommentar/*Sedemund/von Danwitz* § 20 Rn 41.
[41] *Hyman* Modern Microeconomics Analysis and Application, 4. Aufl, 1993, S 271.
[42] Etwa Deutsche Telekom, Stellungnahme zum analytischen Kostenmodell des WIK Ortsnetz, S 15, in: RegTP, Ein analytisches Kostenmodell für das Ortsnetz; Stellungnahme.
[43] Beck'scher PostG-Kommentar/*Sedemund/von Danwitz* § 20 Rn 41; ähnlich *Doll/Wieck* MMR 1999, 280, 286.

Ausdruck bringen.[44] Das „Zusatzkostenprinzip" bedeutet, dass der Kostenansatz in die Zukunft gerichtet ist. Die Anerkennung von Kosten setzt ausdrücklich voraus, dass sie für den Leistungsprozess tatsächlich erforderlich sind.[45]

Als ausschließlicher Kostenermittlungsmaßstab ist das Konzept der (langfristigen) Zusatzkosten problematisch. Seine Verwendung birgt die Gefahr, dass letztlich zufällige Kosten festgesetzt werden. Ökonomisch entspricht das Konzept der Zusatzkosten nicht in jedem Fall der Vorstellung einheitlicher Preise für die Leistungen des Unternehmens. Die TEntgV erlaubt die Berücksichtigung dieser Zusammenhänge, indem sie die Kosten der effizienten Leistungsbereitstellung von den Zusatzkosten unterscheidet. **30**

e) **Resümee: Die Wertungsabhängigkeit des ökonomischen Effizienzbegriffs und des Zusatzkostenbegriffs**

Der ökonomische Effizienzbegriff ist vielfach wertungsabhängig. Eindeutig operationalisierbar – und damit nicht mehr wertungsabhängig – ist das Minimalprinzip erst, wenn zahlreiche Prämissen gesetzt sind: über die Berücksichtigung vorhandener Netzstrukturen, über den Planungshorizont (wie „lang" ist „langfristig"?), über Nachfrage- und Auslastungsdaten, über angemessene Gemeinkostenzuschläge etc. **31**

f) **Vergleichsmarktbetrachtungen**

Rückschlüsse auf die Kosten der effizienten Leistungsbereitstellung liefern auch Vergleichsmarktbetrachtungen. Solche **Benchmarks** haben sich in der Regulierungspraxis oft als leichter zu handhabendes Regulierungsinstrument erwiesen als Kostenbetrachtungen. Sowohl die Gesetzesbegründung[46] wie die verordnungsrechtliche Konkretisierung in der TEntgV (§ 3 Abs 3) zeigen, dass Vergleichsmarktdaten zulässige Hilfsdaten sind, um die Kosten der effizienten Leistungsbereitstellung festzustellen. Dabei dürfen grundsätzlich nur Länder mit – mehr oder weniger – funktionierenden Märkten einbezogen werden. Lokale Besonderheiten im Hinblick auf Leistungs-, Kosten- und Wettbewerbsstrukturen sind zu berücksichtigen.[47] Das führt mitunter zu schwierigen wettbewerbsstrukturellen Überlegungen.[48] Auf das Vergleichsmarktverfahren greift auch die EG-Kommission häufig zurück.[49] **32**

2. **Kosten und Kostenermittlung im gesetzlichen Entscheidungsprogramm**

Diese **komplexen Sachstrukturen** werden vom Gesetz mit einem **dreigliedrigen Tatbestand** erfasst, dessen Bestandteile Kosten, Effizienz (effiziente Leistungsbereitstellung) und Orientierung sind. Hier stellen sich schwierige Grundfragen der Regulierung. Vor allem geht es darum, inwiefern die gesetzlichen Vorgaben Einschätzungs- und Gestaltungsprärogativen lassen und wie diese zwischen Unternehmen und RegTP verteilt sind. Die Identifikation den gesetzlichen Prüfungsmaßstabes mit den Idealkosten (zuzüglich angemessener Gemeinkostenzuschläge) in § 3 Abs 2 TEntgV legt eine Betrachtung ausschließlich anhand eines verengten ökonomischen Kostenbegriffs nahe, der nur bei sachlicher Rechtfertigung oder aufgrund rechtlicher Verpflichtung durch Rückgriffe auf die realen Kosten erweitert werden kann (§ 3 Abs 4 S 2 TEntgV).[50] **33**

Dieses verordnungsrechtliche Regelungsmodell impliziert, dass die Prüfung anhand des Maßstabes des § 24 Abs 1 stets eindeutig Determiniertes liefert, was gegen exekutivische Beurteilungs- oder Gestaltungsspielräume spricht. Freilich spricht gegen eine solche Annahme schon, dass der Begriff der Zusatzkosten (§ 3 Abs 2 TEntgV) zukunftgerichtet und damit prognoseab- **34**

---

[44] Gablers Wirtschaftslexikon, Stichwort Kostenverteilung.
[45] *Schmidt* K & R 1999, 385, 387.
[46] BR-Drucks 80/96, S 42.
[47] Siehe etwa RegTP, Konzept für einen internationalen Tarifvergleich für Mietleitungen, Mitteilung 112/1999, ABl RegTP 1999 Nr 4. www.regtp.de/Entgeltregulierung/Konzept für einen internationalen Tarifvergleich für Mietleitungen v 1. 6. 2000, Auswertung der Stellungnahmen.
[48] Vgl RegTP, Beschl v 24. 10. 2000, BK 3b-00/003, S 42 ff.
[49] Etwa Empfehlung der Kommission v 20. 3. 2000, ABl EG L 83 S 30 v 4. 4. 2000.
[50] In diese Richtung Beck'scher TKG-Kommentar/ *Schuster/Stürmer* § 3 TEntgV Rn 15, 20.

hängig ist. Prognostischen Entscheidungen ist ein prognostischer Bewertungsspielraum immanent, der regelmäßig der Verwaltung zuzuordnen ist und jedenfalls nicht vollständiger gerichtlicher Prüfung unterliegt.[51]

**35** Gravierender ist, dass eine Lösung des Prüfungsmaßstabes aus § 24 Abs 1 von den realen Kosten verfassungsrechtlich bedenklich wäre, weil dies die vorhandene Netztopologie unverhältnismäßig entwerten und die unternehmerische Entscheidungsfreiheit des regulierten Unternehmens unvertretbar einschränken würde. Wie sich aus § 2 und § 3 Abs 1 TEntgV ergibt, ist ein solches, auf Idealkosten verengtes Verständnis des § 24 Abs 1 auch nicht das Konzept des Verordnungsgebers. Vielmehr geht die TEntgV davon aus, dass Ausgangspunkt der regulatorischen Bewertung von Entgelten die realen Kosten des Unternehmens sind.

### a) Der Kostenbegriff

**36** Unstreitig ist, dass das TKG im Ansatzpunkt den betriebswirtschaftlichen Kostenbegriff aufnimmt. Die Übernahme des betriebswirtschaftlichen Kostenbegriffs in das TKG stützt sich auf die historische Auslegung (zur Gesetzesbegründung: oben Rn 6) und auf den letztlich wirtschaftstheoretisch geprägten Hintergrund der telekommunikationsrechtlichen Entgeltregulierung (oben Rn 2 f): teleologische Auslegung.

**37** Der Kostenbegriff des § 24 ist ein stärker empirisch als normativ-bewertend geprägter Begriff. Kosten iSd § 24 sind die realen Kosten des Unternehmens.[52] Der Verordnungsgeber entspricht dem mit § 2 und § 3 Abs 1 TEntgV. Eine Bewertung der Kostenhöhe findet erst auf der zweiten Stufe der Effizienzbetrachtung statt.

**38** Maßgebend für die Kostenermittlung sind in jedem Fall die **allgemein anerkannten Grundsätze für die Kostenrechnung**. Sie lassen allerdings beträchtliche Spielräume. Regulatorisch kommt es in erster Linie auf die Erfordernisse der Willkürfreiheit und Kostengerechtigkeit an. Daneben ist das Erfordernis der Transparenz (verwaltungsverfahrensrechtlich: der Prüfbarkeit) maßgeblich.

**39** Solange sie den regulatorischen Anforderungen genügt, haben die Verfahren der unternehmensinternen Kostenrechnung Vorrang. Dieser **Vorrang der unternehmensinternen Kostenrechnung** setzt allerdings voraus, dass das Unternehmen seine einheitliche unternehmensinterne Kosten- und Erfolgsrechnung umfassend offenlegt. Punktuelle, möglicherweise gar „regulierungsgerechte" Kostenrechnungen können diesen Vorrang nicht beanspruchen. Das lässt sich auch nicht aus einer unternehmerischen Einschätzungsprärogative und aus der verfassungsrechtlich garantierten unternehmerischen Planungshoheit[53] ableiten. **Spezielle Regulierungsrechnungen,** die das Unternehmen selbst nicht als Steuerungs- und Kontrollinstrument verwendet, sind **verfassungsrechtlich nicht geschützt**. Eine Orientierung an einer einheitlichen unternehmensinternen Kostenrechnung hat zudem den Vorteil, dass Kostenverschiebungen durch widersprüchliche Kostenzuordnungen vermieden werden. Kostenverschiebungen durch unterschiedliche Kostenzuordnungen widersprechen den Anforderungen aus § 24 Abs 2 Nr 2 und 3.

**40** Mindestanforderung ist eine eindeutige Trennung zwischen reguliertem und nicht reguliertem Bereich.[54]

**41** Eine hohe Prüfungsintensität ergibt sich im Hinblick auf die **Bewertung** von **nicht** unmittelbar **aufwendungswirksamen Kosten** und im Hinblick auf die **Kostenzuordnung**. Insoweit geht es nicht mehr darum, die Konsequenz anderweitiger unternehmerischer Entscheidungen zu respektieren. Vielmehr geht es ausschließlich um die kosten- und preismäßige Erfassung des Bestehenden. Das ist nicht ökonomisch durch „anerkannte Regelungen" determiniert.[55] Viel-

---

**51** Vgl BVerwGE 75, 214, 233.
**52** So im Erg auch *Schütz/Müller* MMR 2000, 128, 131.
**53** Auf die Beck'scher PostG-Kommentar/*Sedemund/ von Danwitz* zu Recht hinweist, § 20 Rn 36.

**54** Empfehlung der EG-Kommission v 8. 4. 1998, ABl EG L 141 S 6 f; im einzelnen jetzt RegTP, Mitteilung 120/2001, ABl RegTP 2001, 647.
**55** So aber Beck'scher PostG-Kommentar/*Sedemund/ von Danwitz* § 21 Rn 74.

mehr bestehen Bewertungsspielräume, die primär – innerhalb anerkannter ökonomischer Grundlagen – die RegTP ausfüllen muss. Sie ist dabei nicht auf Vergleichsmarktbetrachtungen beschränkt. Der gesetzliche Tatbestand liefert dafür keinerlei Anhaltspunkte.[56] Bei der Gemeinkostenverrechnung gibt es die Alternativen der Verrechnung über Mengenschlüssel und über Wertschlüssel. Mengenschlüssel ordnen Kosten nach Mengendaten (zB Gesprächsminuten) unterschiedlichen Diensten zu. Demgegenüber orientieren sich Wertschlüssel beispielsweise an der Höhe der Einzelkosten oder an Umsatzgrößen. Mengenschlüssel gelten als vorzugswürdig. Aus dem Erfordernis weitgehender Kostengerechtigkeit ist abzuleiten, dass die direkte Zurechnung von Kosten nach Mengenschlüsseln Vorrang vor der Verwendung von Wertschlüsseln hat.

Für die Verteilung von Gesamtkosten, insbesondere Investitionskosten auf Dienste werden Bottom-Up-Modelle von Top-Down-Modellen unterschieden. Damit lehnt sich die Diskussion an die englische Regulierungspraxis an.[57] Bei Bottom-Up-Modellen wird die tatsächlichen vorhandene Mengen- und Anlagegüterstruktur zugrunde gelegt. Insoweit wird von den Komponenten des Telekommunikationsnetzes und den Kosten dieser einzelnen Netzkomponenten ausgegangen. **42**

Demgegenüber werden Top-Down-Methoden die **Gesamtkosten** auf die einzelnen Dienste verteilt. § 2 Abs 2 Nr 4 TEntgV wird die Aussage entnommen, dass Nachweise über eine Bottom-Up-Ermittlung der zusätzlichen Kosten erforderlich seien.[58] **43**

### b) Der Effizienzbegriff

Nach § 3 Abs 2 TEntgV ergeben sich die Kosten der effizienten Leistungsbereitstellung aus den langfristigen zusätzlichen Kosten der Leistungsbereitstellung und einem angemessenen Zuschlag für leistungsmengenneutrale Gemeinkosten, jeweils einschließlich einer angemessenen Verzinsung des eingesetzten Kapitals, soweit diese Kosten jeweils für die Leistungsbereitstellung notwendig sind. Der Effizienzbegriff wird häufig mit den langfristigen Zusatzkosten identifiziert im Sinne eines stark verengten Effizienzbegriffs, der auf dem Minimalprinzip auf der Grundlage nicht der realen Unternehmens- und Netzstruktur, sondern von Idealdaten aufbaut.[59] Effizient seien die Kosten, die für die Produktion und Bereitstellung der betrachteten Leistungen „unverzichtbar" seien.[60] **44**

Das ist verfassungsrechtlich nur hinnehmbar, wenn es durch ein entsprechend weites Verständnis des Orientierungsgebotes im Sinne einer Öffnung für reale Kostenabweichungen kompensiert wird. Unabhängig davon erscheint eine solche Verengung des Effizienzbegriffs auch nicht geboten. In der Gesetzesbegründung ist von einer Beschränkung des Begriffs der Kosten der effizienten Leistungsbereitstellung auf die „unverzichtbaren" Kosten und die long run incremental costs im Sinne eines Greenfield-Ansatzes nicht die Rede. Vielmehr soll der Begriff zum Ausdruck bringen, dass als Grundlage für die Preisbildung nur der bewertete Güterverzehr in Betracht komme, der in engem Zusammenhang mit der Leistungsbereitstellung stehe.[61] Der „enge Zusammenhang" ist ein deutlich weiterer Maßstab als die „Unverzichtbarkeit". Weiter konkretisiert wird dies in der Gesetzesbegründung durch den Hinweis auf die Kostenrechnungsdaten des Unternehmens und auf Informationen auf vergleichbare Märkte.[62] Ein weiteres Gegenargument ergibt sich aus § 19 Abs 1 TKG, wo der Maßstab der Zusatzkosten ausdrücklich angesprochen wird. **45**

Für eine Festschreibung der Kosten der effizienten Leistungsbereitstellung auf bestimmte Modellannahmen bietet das Gesetz also keine hinreichenden Anhaltspunkte. Umgekehrt ist aber davon auszugehen, dass der Effizienzbegriff im Ansatzpunkt der ökonomische Effizienzbegriff ist (oben Rn 20 ff). Und wegen der Ausrichtung auf die effiziente Leistungsbereitstellung **46**

---

[56] So aber Beck'scher PostG-Kommentar/*Sedemund/ von Danwitz* § 21 Rn 76.
[57] *Doll/Wieck* MMR 1999, 280, 281 f mwN.
[58] Beck'scher TKG-Kommentar/*Schuster/Stürmer* Anh § 27 § 2 TEntgV Rn 10.
[59] *Schütz/Müller* MMR 1999, 128, 133.

[60] Beck'scher TKG-Kommentar/*Schuster/Stürmer* § 24 Rn 11; dem folgend TKMMR/*Manssen* C § 24 Rn 15.
[61] BR-Drucks 80/96, S 42.
[62] BR-Drucks 80/96, S 42 f.

(und nicht auf den realen und notwendigen Aufwand des regulierten Unternehmens) erlaubt der Effizienzbegriff eine erhebliche Lösung von den realen Netzstrukturen und realen Aufwandsdaten des regulierten Unternehmens. Von daher entspricht die verordnungsrechtliche Abkehr von den früheren Vollkostenbetrachtungen auf Ist-Kosten-Basis in § 3 Abs 2 TEntgV uneingeschränkt dem Gesetz. Auch die Ausrichtung auf zukunftsbezogene Kosten entspricht uneingeschränkt dem Effizienzbegriff. Die Ausrichtung der Effizienzkosten auf Zusatzkosten entspricht der gesetzlichen Vorgabe, wonach es auf die Kosten der effizienten Leistungsbereitstellung – des jeweiligen Produktes – ankommt. Im Übrigen aber kann das Gesetz nicht im Sinne einer Festlegung des Effizienzbegriffs auf bestimmte Modellannahmen („Greenfield"-Ansatz) verstanden werden. Hier bedarf es regulatorisch-wertender Entscheidungen der RegTP; die TEntgV bringt das in § 3 Abs 2 S 2 zutreffend zum Ausdruck.

**47** Das Gesetz enthält keine Ermächtigung an den Verordnungsgeber, den Effizienzbegriff gegenüber dem Gesetz zu verändern und so die Wertungsspielräume der RegTP einzuschränken.[63] Daher verlangt das Gesetz von der RegTP eine wertende Festlegung maßgeblicher Parameter des zukunftsbezogenen Effizienzkostenbegriffs. Das gilt besonders für den Planungshorizont, für Auslastungs- und Kapazitätsannahmen, für Netzstrukturen, für die Entscheidung über die Berücksichtigung bestehender Netzstrukturen, schließlich über die angemessenen Gemeinkostenzuschläge.

### c) Das Orientierungsgebot

**48** Der Begriff der Kostenorientierung geht auf das europäische Recht zurück. Nach wohl übereinstimmender Auffassung bringt das Gesetz mit ihm eine gewisse Einschränkung des Entgeltmaßstabes der Kosten und der effizienten Leistungserbringung zum Ausdruck. Geboten sei ein nachvollziehbarer Zusammenhang, und zwar sowohl im Hinblick auf Höhe und Struktur, aber keine Identität.[64] § 3 Abs 2 TEntgV umschreibt den Spielraum der RegTP zur Abweichung von den Effizienzkosten dahin, dass entsprechende Aufwendungen sowie andere neutrale Aufwendungen im Rahmen der Entgeltgenehmigung nur berücksichtigt werden, soweit und solange hierfür eine rechtliche Verpflichtung besteht oder das beantragende Unternehmen eine sonstige sachliche Rechtfertigung nachweist.

**49** Es ist aber zweifelhaft, ob damit der gesetzliche Begriff der Orientierung erschöpfend erfasst wird. Deswegen ist er primär eigenständig zu entfalten, unabhängig von seiner verordnungsrechtlichen Ausgestaltung. Bei der Auslegung des Begriffs der Orientierung sei eine Abwägung erforderlich, die dem Unternehmen die erforderliche Flexibilität einräumt.[65] Zulässig seien allerdings nur mit der Gestaltung einer praktikablen Tarifstruktur begründete Abweichungen.[66] Insbesondere seien dem Orientierungsgebot das Verbot der Quersubventionierung,[67] das Gebot der Entgeltstrukturidentität[68] und das Abstandsgebot zwischen Vorleistungsentgelten für Wettbewerber und Endkundenpreise[69] immanent. Hingewiesen wird zudem darauf, dass der Orientierungsbegriff eine vergangenheitsbezogene punktuelle Betrachtung der Kosten ausschließe.[70] Jedenfalls nach dem verordnungsrechtlichen Konzept der TEntgV ist diese Aussage bereits dem Begriff der Kosten der effizienten Leistungsbereitstellung zu entnehmen. Sie sind als die langfristigen, zukunftsbezogenen zusätzlichen Kosten definiert.

**50** Wer die Kosten der effizienten Leistungserbringung iS eines an der idealen Leistungserbringung orientierten Minimalprinzips versteht, muss das Orientierungsgebot zudem als Einfallstor nutzen, um unverhältnismäßige Folgen der Kostenorientierung für das entgeltregulierte Unternehmen zu mildern.

---

63 So auch Beck'scher PostG-Kommentar/*Sedemund/von Danwitz* § 21 Rn 73.
64 Beck'scher TKG-Kommentar/*Schuster/Stürmer* § 24 Rn 13.
65 Beck'scher TKG-Kommentar/*Schuster/Stürmer* § 24 Rn 14.
66 Beck'scher TKG-Kommentar/*Schuster/Stürmer* § 24 Rn 15.
67 Beck'scher TKG-Kommentar/*Schuster/Stürmer* § 24 Rn 17.
68 Beck'scher TKG-Kommentar/*Schuster/Stürmer* § 24 Rn 23.
69 Beck'scher TKG-Kommentar/*Schuster/Stürmer* § 24 Rn 26.
70 Beck'scher PostG-Kommentar/*Sedemund/von Danwitz* § 20 Rn 34.

Nach unserer Auffassung erlaubt schon der Begriff der Kosten der effizienten Leistungserbringung die Einbeziehung von Prämissen, die aus dem realen Unternehmen abgeleitet werden. Er zwingt nicht unabhängig von der Regulierungssituation zur Rekonstruktion eines idealen Unternehmens (oben Rn 45 f). Zudem ist der Kostenbegriff mit ganz erheblichen Gestaltungsspielräumen verbunden.[71] Ein eindeutiger, von Wertungsspielräumen unabhängiger operationalisierbarer Maßstab zur Bestimmung der Entgelthöhe liefert weder der Kosten- noch der Effizienzbegriff. Das Orientierungsgebot bestätigt weitgehend jene Unschärfen und Wertungsspielräume, die bei genauer Betrachtung schon dem Kosten- und dem Effizienzbegriff immanent sind. Auch die Zusammenfassung von Leistungsvorgängen mit individuell unterschiedlicher Kostenstruktur[72] nach zeitlichen, leistungsbezogenen und räumlichen Kriterien[73] dürfte bereits dem auf Tarife zielenden Entgeltbegriff (dazu Rn 13) des § 24 ebenso wie dem Kostenbegriff zu entnehmen sein, so dass es hierfür des Rückgriffs auf das Orientierungsgebot weitgehend nicht bedarf.[74] Auf der anderen Seite bleiben Spielräume bei der Umsetzung von Kosten- in Tarifstrukturen. Daher sind grundsätzlich sowohl nutzungszeitabhängige wie -unabhängige Tarife zulässig (Flat Rates). **51**

Vor dem Hintergrund dieser Besonderheiten der Tatbestandsstruktur des § 24 Abs 1 führt die Zurücknahme von einem Identitäts- auf einen Orientierungsmaßstab im Ergebnis kaum zu größeren Abweichungsspielräumen; erleichtert wird aber die Begründung. Den vielfältigen Unsicherheiten, die mit Kostenrechnungen verbunden sind, kann nicht allein durch eine „Korrektur" oder Änderung der Kostenrechnung begegnet werden. Auch eine der **Kostenrechnung nachgelagerte Berücksichtigung** ist möglich. **52**

Zudem ist dem Orientierungsgebot die klare gesetzliche Aussage zu entnehmen, dass neben **der Kostenhöhe** auch **andere Überlegungen** in die regulatorische Entscheidung einzubeziehen sind. Die Kosten sind kein absoluter Maßstab für die Entgeltkontrolle.[75] Das gilt sowohl für die Effizienzkosten (so auch § 3 Abs 3 S 2 TEntgV) wie für die realen Kosten (abweichend allerdings § 3 Abs 3 S 2 TEntgV, der insoweit nicht von der gesetzlichen Ermächtigung in § 27 Abs 4 gedeckt ist). Hier kommen insbesondere **marktstrukturelle Überlegungen** ins Spiel. Eine besondere Rolle hat dabei zum einen das Abstandsgebot zu Vorleistungspreisen („wholesale") und Endkundenpreisen („retail"). Ein solches Abstandsgebot braucht nicht zwangsläufig aus Kostenstrukturen abgeleitet werden; es kann im Rahmen des Verhältnismäßigen auch als selbständiges Entscheidungskriterium regulierungsrechtlich bei der Entgeltfestsetzung berücksichtigt werden. Ein weiteres Kriterium kann dabei das Erfordernis der **Entgeltidentität für technisch gleichartige** Leistungen sein. **53**

Aus dem Gesagten ergibt sich, dass die unternehmerischen Gestaltungsspielräume nicht im Normbereich des Orientierungsgebotes, sondern bei der Auslegung und Anwendung des Kostenbegriffs und – unter Umständen – des Effizienzmaßstabes (s oben Rn 39) bestehen. Schon gar nicht kann das Orientierungsgebot als Ermächtigung an das entgeltregulierte Unternehmen verstanden werden, Abweichungen zwischen Entgelthöhe und Kostenstruktur autonom festzulegen, die die Regulierungsbehörde zu respektieren hätte. Vielmehr ist das Orientierungsgebot in erster Linie als **administrative Gestaltungsermächtigung** an die **Regulierungsbehörde** zu verstehen, auf Antrag des regulierten Unternehmens oder ohne einen solchen Antrag andere Überlegungen als die Kostenstrukturen in die Entgeltgenehmigungsentscheidung einzubeziehen, unter Berücksichtigung anderer Kriterien zu entscheiden und auf der Grundlage solcher Kriterien zu der Entgelthöhe abweichend von der Kostenhöhe festzulegen. **54**

---

**71** Vgl. zu § 12 a Abs 2 BTO Elt 1971: BayVGH, DVBl 1989, S 24 (bejahend), zweifelnd BVerwG, RdE 1992, 114.
**72** Auf die Beck'scher TKG-Kommentar/*Schuster/Stürmer* § 24 Rn 15 hinweist.
**73** Beck'scher PostG-Kommentar/*Sedemund/von Danwitz* § 20 Rn 36.

**74** Vgl aber RegTP, Beschl v 24. 3. 1999, MMR 1999, 299, 309; zum folgenden RegTP Beschl v 15. 11. 2000, BK 3b-00-033, dazu K. *Schmidt* K & R 2001, 131, 137.
**75** Beck'scher PostG-Kommentar/*Sedemund/von Danwitz* § 20 Rn 37; TKMMR/*Manssen* C § 24 Rn 16.

### d) Die gerichtliche Kontrolle komplexer Entgeltregulierungsentscheidungen

**55** Schon aus dem Kosten- und Effizienzbegriff, insbesondere aber aus dem Orientierungsgebot ergibt sich, dass die gesetzliche Programmstruktur der Entgeltregulierung auf eine komplexe regulatorische Beurteilung angelegt ist. Eine ökonomische Vorbestimmtheit ist weder dem Begriff der Kosten noch dem der effizienten Leistungserbringung immanent, und mit dem Orientierungsgebot werden die entsprechenden Wertungsoffenheiten im gesetzlichen Tatbestand explizit verankert. § 24 Abs 1 TKG ist daher eine Letztentscheidungsermächtigung der Verwaltung.[76] Die Verwaltungsentscheidung ist dabei sowohl bewertender wie – Netztopologien betreffend – technischer, wegen der Zukunftsrichtung des Effizienzkostenbegriffs auch prognostischer Natur.[77]

**56** Im Hinblick auf die gerichtliche Kontrolle der Entscheidung bedeutet das eine nur eingeschränkte Nachprüfbarkeit. Die administrative Beurteilungsermächtigung[78] bedeutet dabei nicht zwangsläufig eine reduzierte Prüfungsintensität, sondern eine Verschiebung der Prüfungsmaßstäbe. An die Stelle einer Prüfung am Maßstab der Ergebnisrichtigkeit tritt eine – durchaus komplexere – nachvollziehende Verwaltungskontrolle.[79] Die Kontrolle der Abwägung ist dabei viel mehr auf den Abwägungsvorgang und die sichtbaren Faktoren der Abwägung hin ausgerichtet. Das ist keinesfalls eine reduzierte oder auf Formales reduzierte Kontrolle, sondern in mancherlei Hinsicht auch eine vertiefte Kontrolle.

**57** Maßgebend sind insoweit die Abwägungsdirektiven, das Abwägungsmaterial und die Abwägung.[80]

**58** aa) Die Tatsachen des **Abwägungsmaterials** sind gerichtlich sorgfältig unter Beachtung der Ermittlungsaufträge der Behörde aufzuklären, die das materielle Recht begründet. Insoweit ist die spezifische Verteilung der Darlegungsobliegenheiten nach der TEntgV zu beachten. Das Unternehmen hat die realen Kostenstrukturen darzulegen (§ 2 TEntgV); die Effizienzbewertung ist dagegen Gegenstand des Amtsermittlungsauftrages (§ 3 Abs 2 TEntgV).

**59** bb) **Abwägungsdirektiven** sind Konkretisierungsermächtigungen, die die Verwaltung im Blick auf das Gesamtergebnis bei der Stoffauswahl leiten und nur begrenzter Kontrolle offen stehen. In erster Linie sind die **allgemeinen Zielvorgaben** in § 2 Abs 2 TKG (vgl § 2 Rn 6 ff) solche Abwägungsdirektiven. Als Abwägungsdirektiven, die die Auswahl des Entscheidungsprogramms bei der Effizienzkostenbetrachtung und der Orientierung steuern, dürften allerdings auch die **Zielvorgaben** aus **Abs 2** angesehen werden.

**60** cc) Die Kontrolle der Abwägung selbst bezieht sich vorrangig auf den **Abwägungsvorgang** und die **Begründung**, nicht auf das Abwägungsergebnis.[81] Speziell bei Entgeltregulierungsentscheidungen ist abwägungsbestimmende Leitlinie dabei insbesondere das Gebot der Folgerichtigkeit der Wertungen. Es ist insbesondere bei entscheidungsrelevanten inneren Widersprüchen verletzt. Ein solcher Widerspruch kann vorliegen, wenn für Netztopologien auf das historisch Gewachsene abgestellt wird, für die Bewertung dagegen auf Wiederbeschaffungskosten.

**61** Das **Modell der TEntgV** ist nach alledem, auch wegen der beschränkten Verordnungsermächtigung (§ 27 Abs 4 TKG) **prozedural** zu verstehen. Die tatsächlichen, realen Kosten (§ 2 iVm § 3 Abs 1 TEntgV) und die langfristigen Zusatzkosten (§ 3 Abs 2) sowie Vergleichsmarktbetrachtun-

---

[76] Zusammenfassend dazu allgem *Schmidt-Aßmann* Das allgemeine Verwaltungsrecht als Ordnungsidee, S 192; zu administrativen Gestaltungsräumen bei Tarifgenehmigungen *Dörschuck* Typen- und Tarifgenehmigungen im Verwaltungsrecht, 1988, S 109, 119; ablehnend *Badura* in: Badura/Kern, Maßstab und Grenzen der Preisaufsicht nach § 12a der Benutzerordnung Elektrizität (BTO Elt) 1983, S 60 ff.

[77] Dazu allgem BVerwG DVBl 1979, 877; BVerwG NJW 1982, 1168; BVerwG DVBl 1972, 895; *Tettinger* DVBl 1982, 421. Speziell *Schneider* ZHR 146 (2000), 513, 519. Offenlassend OVG Münster, Beschl v 3. 5. 2001, 13 B 69/01, S 12 ff.

[78] So auch TKMMR/*Manssen* C § 24 Rn 9 f.

[79] *Schmidt-Aßmann* Das allgemeine Verwaltungsrecht als Ordnungsidee, S 192; *Gerhardt* in: Schoch/Schmidt-Aßmann/Pietzner, VwGO, Vorb § 113 Rn 19 ff und § 114 Rn 4 ff.

[80] *Schmidt-Aßmann* Das allgemeine Verwaltungsrecht als Ordnungsidee, S 192 f; allgem zu Anforderungen an Prognosen BVerwGE 56, 110, 121.

[81] *Schmidt-Aßmann* Das allgemeine Verwaltungsrecht als Ordnungsidee, S 193.

gen werden im Sinne eines **Kontrolldiskurses**[82] zwischen reguliertem Unternehmen und RegTP einander zugeordnet (dazu ausf § 27 Rn 27 ff).

## IV. Abs 2: Spezielle Entgeltvorgaben

Neben[83] das Gebot der Kostenorientierung aus Abs 1 treten drei besonders hervorgehobene Verbotstatbestände in Abs 2: Das Verbot von Aufschlägen (Preishöhenmissbrauch), von Abschlägen (Behinderungsverbot) und der Diskriminierung (Diskriminierungsverbot). All diese Tatbestände weisen Parallelen zu Fallgruppen, zum Teil auch zu gesetzlichen Tatbeständen des allgemeinen Kartellrechts auf. Anders als im Kartellrecht sind sie im TKG jedoch in den Rang eigenständiger gesetzlicher Prüfungstatbestände erhoben (zur unterschiedlichen Prüfungsintensität § 27 Rn 25).

### 1. Aufschlagsverbot (Nr 1)

Bezugspunkt der Prüfung, ob der geforderte Preis einen Aufschlag enthält, sind die Kosten der effizienten Leistungserbringung gem Abs 1. Das ergibt sich aus dem systematischen Zusammenhang zwischen Abs 1 und Abs 2.[84] Eine Kosten- und Gewinnkontrolle wird zwar im allgemeinen Kartellrecht sehr skeptisch beurteilt.[85] In der Sonderregulierung nach dem TKG ist diese Kontrolle ausweislich von Abs 1 zwingend, und zwar im Sinne eines vorrangigen Prüfungs- und Kontrollmaßstabes. Andere Maßstäbe als der Kostenmaßstab können vor diesem Hintergrund nur ergänzende Hilfskriterien sein. Das gilt insbesondere für das Vergleichsmarktkonzept.[86] Die oft schwierige Feststellung eines „wettbewerbsanalogen" Preises als Vergleichs- und Kontrollmaßstab, der sich nach allgemeinem Kartellrecht „mit hoher Wahrscheinlichkeit feststellen lassen müsse"[87], ist bei § 24 Abs 2 iVm Abs 1 TKG nicht erforderlich.

Auch ein Erheblichkeitszuschlag[88] ist bei § 24 Abs. 2 Nr. 1 nicht angezeigt; ebenso wenig gibt es eine Bagatellgrenze. Von daher ist § 24 Abs. 1 eher strenger als die bisherige Praxis nach dem GWB.[89] Das entspricht dem Willen des Gesetzgebers der Sonderregulierung (oben Rn 5 f).

Das Kausalitätserfordernis wirft schwierige Fragen auf. Nicht alle auf Aufschläge über den Kosten beruhen auf eine marktbeherrschenden Stellung. Nur unter der Idealannahme eines perfekten Marktes ist das der Fall. Zur Ausfüllung des Kausalitätserfordernisses wird einmal eine Vergleichsüberlegung anhand des Als-Ob-Wettbewerbspreises für erforderlich gehalten.[90] Dagegen spricht allerdings, dass der Gesetzgeber mit dem Gebot der Kostenorientierung die Als-Ob-Preisbetrachtung verworfen hat.[91] Diese Entscheidung würde konterkariert, wenn die als Als-Ob-Betrachtung in das Kausalitätserfordernis integriert wird.

Das Kausalitätserfordernis dürfte im Sinne einer **wertenden Zurechnungsbetrachtung** zu verstehen sein, die eine qualitative, quantitative und wettbewerbsstrukturelle Gesamtbetrachtung erfordert. Dabei sind Überlegungen wie Bagatellgrenzen, Erheblichkeitsschwellen und die Art sowie Intensität der Marktbeherrschung einzubeziehen. Eine ökonomisch-deterministische Kausalitätsbetrachtung (iS äquivalenter Kausalität) ist nicht erforderlich. Vertreten wird, dass ineffiziente, gemessen an Abs 1 überhöhte Preise eine Vermutung der Kausalität und eine Beweisumkehr im Hinblick auf die Kausalität begründen.[92]

---

[82] *Schmidt-Aßmann* Das allgemeine Verwaltungsrecht als Ordnungsidee, S 195.
[83] So der Prüfungsansatz der RegTP, Beschl v 24. 10. 2000, BK 3b-00/003, S 34 ff.
[84] Beck'scher TKG-Kommentar/*Schuster/Stürmer* § 24 Rn 29; den gesetzlichen Maßstab relativieren wollen Beck'scher PostG-Kommentar/*Sedemund/von Danwitz* § 20 Rn 18 ff.
[85] Dazu etwa I/M/*Möschel* § 22 Rn 156 f; Beck'scher PostG-Kommentar/*Sedemund/von Danwitz* § 20 Rn 20, 60.
[86] Dazu Beck'scher PostG-Kommentar/*Sedemund/von Danwitz* § 20 Rn 21 f.
[87] So Beck'scher PostG-Kommentar/*Sedemund/von Danwitz* § 20 Rn 61.
[88] Beck'scher PostG-Kommentar/*Sedemund/von Danwitz* § 20 Rn 65.
[89] Dazu Beck'scher PostG-Kommentar/*Sedemund/von Danwitz* § 20 Rn 65.
[90] So zum Postrecht Beck'scher PostG-Kommentar/*Sedemund/von Danwitz* § 20 Rn 60 ff.
[91] Beck'scher PostG-Kommentar/*Sedemund/von Danwitz* § 24 Rn 38.

## 2. Das Verbot von Abschlägen (Nr 2)

**67** Seine Anwendung beschränkt den Preissenkungsspielraum des regulierten Unternehmens. Damit sollen vor allem die Phänomene der Kosten-/Preis-Scheren und der Quersubventionierung[93] in den Griff bekommen werden, ohne dass der gesetzliche Tatbestand direkt darauf abstellt. Das dient im jeweiligen Einzelfall zwar nicht unmittelbar Benutzer- oder Kundeninteressen, sondern dem Interesse an funktionsfähigem Wettbewerb und den Interessen der Wettbewerber. Langfristig werden dabei aber durchaus auch Benutzerinteressen geschützt. Der Wettbewerb auf den Märkten der Telekommunikation dient langfristig ihren Interessen.

**68** Wesentliche Bedeutung für funktionsfähige Telekommunikationsmärkte hat vor allem das Preisabschlagsverbot aus Abs 2 Nr 2 erlangt. Das Verbot von Abschlägen nach § 24 Abs 2 Nr 2 lehnt sich an § 22 Abs 4 S 2 Nr 1 GWB aF (§ 19 Abs 4 Nr 1 GWB nF) an. Eine erhebliche Beeinträchtigung wird aber nicht verlangt, anders als nach allgemeinem Kartellrecht. Das TKG verzichtet (anders aber § 20 Abs 2 Nr 2 PostG) auch auf das Erfordernis eines missbräuchlichen Verhaltens. Demzufolge ist es konsequent, dass eine „Mischkalkulation" einen Preisabschlag nicht rechtfertigt, sondern umgekehrt gerade indiziert.[94]

**69** Das Gesetz verwendet den Begriff des Abschlages, ohne die Referenzgröße ausdrücklich festzulegen. Aus dem systematischen Zusammenhang mit Abs 1 folgt, dass die Referenzgröße in erster Linie die **Kosten der effizienten Leistungsbereitstellung** sind. Der Gesetzeswortlaut schließt aber auch nicht aus, als alternative Referenzgrößen die **Normalpreise**, die das Unternehmen selbst ansetzt, sowie **hypothetische Wettbewerbspreise** zu verwenden. Das gebietet auch der Normzweck von § 24 Abs 2 Nr 2; die Heranziehung allein der Effizienzkosten ist zwar beim Preishöhenmissbrauch, aber nicht bei der Behinderung wettbewerbspolitisch sinnvoll.[95] Abschläge iSv Abs 2 Nr 2 liegen daher folgenden Fällen vor:

**70** – Die verlangten Preise für bestimmte Leistungen liegen unter den Kosten der effizienten Leistungsbereitstellung iSd Abs 1 und § 3 Abs 2 TEntgV.
– Die verlangten Preise liegen in nicht gerechtfertigter Weise unter den „Normalpreisen" für die jeweilige Leistung oder von Preisen für vergleichbare „ähnliche" Leistungen. Eine Rechtfertigung kann insoweit allerdings der Zwang zur Orientierung an den Kosten der effizienten Leistungsbereitstellung sein.
– Die verlangten Preise liegen unterhalb des Als-Ob-Wettbewerbspreises, soweit sich ein solcher feststellen lässt.

**71** Die Varianten eines Abschlages steht selbstständig nebeneinander. Wortlaut, Normzweck und System des § 24 bieten keinen Anhaltspunkt dafür, die Regulierungspraxis zur ineffektiven und hypothetischen Ermittlung eines Als-Ob-Wettbewerbspreises zu erzwingen. Die Herkunft der eingesetzten Mittel braucht nicht aufgeklärt zu werden. Schon gar nicht wird mit Entgeltgenehmigungen für andere Leistungen „festgestellt", dass die damit erwirtschafteten Gewinne beliebig zur Quersubventionierung eingesetzt werden dürfen.[96] In der Regulierungspraxis werden im Zusammenhang Abstandsgebote zwischen wholesale und retail sowie zwischen Zusammenschaltung und allgemeinem Netzzugang geprüft.[97]

**72** Die Beeinträchtigung von Wettbewerbsmöglichkeiten iSd Abs 2 Nr 2 liegt vor, wenn sich die Betätigungsmöglichkeiten der Wettbewerber auf den Märkten beschränken. Es kommt nicht darauf an, ob wettbewerbsfremde oder sonstige missbilligende Zwecke verfolgt werden.[98] Die

---

[92] Beck'scher TKG-Kommentar/*Schuster/Stürmer* § 24 Rn 39; TKMMR/*Manssen* C § 24 Rn 20.
[93] Zum Unionsrecht *Hancher/Buendia Sierra* CMLR 1998, 901 ff.
[94] Vgl RegTP, Beschl vom 21.6.1999, BK 2–1999/015; großzügig RegTP, Beschl v 18.6.1999, BK 2-1-99/017, wo eine tarifinterne Kompensation zugelassen wird.
[95] Ähnlich Beck'scher PostG-Kommentar/*Sedemund/von Danwitz* § 20 Rn 29. Die Kosten schließen die Gemeinkosten ein: RegTP, Beschl v 30.3.2001, BK 3b-00/032, S 31.
[96] So aber Beck'scher PostG-Kommentar/*Sedemund/von Danwitz* § 20 Rn 100.
[97] RegTP, Beschl v 16.2.2000, BK 2-1-99/035, S 19 ff; IC + 25%; so auch RegTP Beschl v 26.7.2000, BK 2000/0017, S 8 f; RegTP, Beschl v 24.10.2000, BK 3b-00/003, S 24 f; RegTP, Beschl v 10.11.2000, BK 2c-00/026.
[98] Beck'scher PostG-Kommentar/*Schuster/Stürmer*

Motivationsebene spielt erst bei der Prüfung einer etwaigen Rechtfertigung der Abschläge eine Rolle. Dem Erfordernis der Beeinträchtigung immanent ist ein Kausalitätserfordernis. Typischer Fall der Beeinträchtigung des Wettbewerbes iSd Abs 2 Nr 2 ist, dass der Wettbewerber weniger Kunden gewinnen kann als er bei einem „abschlagsfreien" Preisgestaltung des Marktbeherrschers würde. Dagegen ist eine dauerhafte, erhebliche Schädigung der Marktstruktur[99] nicht erforderlich; § 24 TKG schützt den Wettbewerb als einen dynamischen Prozess; das geht über die Verhinderung dauerhafter Strukturveränderungen deutlich hinaus.

Bei Abs 2 Nr 2 ist nicht danach zu fragen, ob Wettbewerbsmöglichkeiten auf demselben Markte beeinträchtigt werden. Die Marktabgrenzung spielt daher für Abs 2 Nr 2 – anders als bei Nr 1 und Nr 3 – keine Rolle. Bei Abs 2 Nr 2 reicht die Beeinträchtigung des Wettbewerbes auf irgend einem Markt der Telekommunikation. **73**

### 3. Das Diskriminierungsverbot

Der dritte Verbotstatbestand in § 24 Abs 2 ist das Verbot der Preisdiskriminierung. Es verpflichtet das marktbeherrschende Unternehmen, verschiedene Nachfrager gleich zu behandeln. Aufgrund des Gesetzeszwecks dürfte auch Abs 2 Nr 3 nicht für konzerninterne Liefer- und Leistungsbeziehungen gelten (s u Rn 90). Bei Abs 2 Nr 3 ist – jedenfalls im Grundsatz – eine **Marktidentität** erforderlich. Die besonders wettbewerbsschädlichen Fälle von Kosten-Preis-Scheren lassen sich daher nicht über Abs 2 Nr 3 nicht bewältigen, weil Großhandels- und Vorproduktmärkte keine Marktidentität mit den Kundenmärkten aufweisen. Hier bedarf es daher des Rückgriffs auf Nr 1 und Nr 2 sowie auf Abs 1. Leistungsidentität ist bei Abs 2 Nr 3 nicht erforderlich. Abs 2 Nr 3 schützt auch Endverbraucher; der Wortlaut ist eindeutig.[100] Das TKG schützt nicht nur Wettbewerber, sondern auch Nutzer. **74**

Aus Abs 2 Nr 3 lassen sich zwei Schutzdimensionen ableiten: **75**

– Zum einen das Gebot **formeller Identität**. Dieselbe Leistung muss denselben Preis haben. Damit müssen unterschiedliche Nachfrager auf dem gleichen Markt dieselbe Tarifstruktur bekommen. Das begrenzt einzelfallbezogene und funktionsbezogene Preisgestaltungen. **76**

– Zweitens und darüber hinausgehend ist Abs 2 Nr 3 auch das Gebot **materieller Preisgleichheit** zu entnehmen. Im Wesentlichen gleiche Leistungen müssen gleich teuer sein. Daraus ist beispielsweise für großkunden- und personengebundene Sondertarife sowie für sonstigen Mengenrabatte[101] abzuleiten, dass diese nur zulässig sind, wenn sie zu einer anderen, „unähnlichen" Leistung führen oder eine sachliche Rechtfertigung besteht. Ersteres ist idR nicht der Fall, so dass es meist auf das Erfordernis einer sachlichen Rechtfertigung im Einzelfall ankommt. **77**

Für die Gleichartigkeit und Ähnlichkeit iSd § 24 Abs 2 Nr 3 kommt es wohl nicht auf das Bedarfmarktkonzept an. Maßgebend sind vielmehr die technischen Dienstleistungscharakteristika einschließlich der nach der Verkehrsanschauung relevanten Qualitäts-Leistungsmerkmale.[102] Die Gleichheit der Leistungen ist wertend zu bestimmen. Ein Sonderproblem können Optionstarife sein, wenn und soweit sie weniger in echten neuartigen Leistungsbündeln bestehen, sondern einer gezielten Ansprache besonders preisbewusster Nachfrager dienen (s § 27 Rn 19 f). Die Regulierungspraxis ist insoweit bislang eher großzügig. Die bei netzgebundenen Leistungen oft schwierige **Umsetzung von Kostenstrukturen in Tarifstrukturen** erfordert oft schwierige Grenzziehungen. Regionale, erst recht einzelfallbezogene Abweichungen sind in der Regel nicht geboten[103], im Bereich des Universaldienstes auch unzulässig. Kritisch können auch Preis- **78**

---

§ 24 Rn 24; zum GWB I//M/*Möschel* § 22 GWB a.F Rn 111.
**99** So aber Beck'scher PostG-Kommentar/*Sedemund/ von Danwitz* § 20 Rn 98.
**100** Zweifelnd Beck'scher PostG-Kommentar/*Sedemund/von Danwitz* § 20 Rn 111.
**101** Vgl RegTP, Beschl v 24. 10. 2000, BK 3b-00/03,

S 31 f; großzügig RegTP, Beschl v 19. 8. 1999, BK 2e 99/022, S 3 f.
**102** Ähnlich Beck'scher TKG-Kommentar/*Schuster/ Stürmer* § 24 Rn 43; zur Differenzierung nach Nachfragergruppen bei Festverbindungen RegTP, Beschl v 27. 7. 1998, BK 2a 98/005; RegTP, Beschl v 13. 6. 2000, BK 2a 00/008, S 20.

Wolfgang Spoerr

differenzierungen sein, die an Mindestmietzeiten oder verlängerte Kündigungsfristen anknüpfen.[104]

**79** Vertreten wird, dass Nr 3 auch die **gänzliche Verweigerung von Leistungen** verbietet.[105]

## V. Sachlich gerechtfertigter Grund

**80** Die Feststellung eines sachlich gerechtfertigten Grundes iSd Abs 2 erfordert eine **einzelfallbezogene Interessenabwägung**. In sie sind Nutzer-, Wettbewerber- und Unternehmensinteressen einzustellen. Der Formulierung des gesetzlichen Tatbestandes dürfte zu entnehmen sein, dass eine Darlegungsobliegenheit des regulierten Unternehmens besteht, die die Amtsermittlungspflicht der RegTP beträchtlich einschränkt. Zudem ist Abs 2 zu entnehmen, dass die materielle Beweislast bei entgeltregulierten Unternehmen liegt. Das Risiko der Unerweislichkeit von Rechtfertigungsgründen ist ihm zugewiesen.

**81** Auf der Ebene der Rechtfertigungsprüfung dürften keine wesentlichen Unterschiede mehr zum GWB bestehen.[106] Die abwägungserheblichen Interessen der Beteiligten sind – im Rahmen des Vorbringens der Parteien – festzustellen; ihre Abwägungsbedeutung ist zu gewichten, und schließlich sind die festzustellenden Interessen zu bewerten und gegen- und untereinander abzuwägen.[107] Besonders umstritten ist, ob Dumping zur Markteinführung sachlich gerechtfertigt ist. Im Brennpunkt eines materiellen Regulierungskonzepts steht die Frage nach einer Rechtfertigung durch ein regulierungspolitisches Gesamtkonzept.

**82** Eine gesetzliche Verpflichtung begründet in aller Regel einen sachlichen Grund, nicht dagegen selbst geschaffene vertragliche Pflichten.[108] Persönliche Gründe in der Person des anderen Unternehmens können im Einzelfall Preisabschläge ebenso rechtfertigen wie die Anpassung an niedrigere Preise von Wettbewerbern. Bei einer solchen Anpassung an niedrigere Preise von Wettbewerbern ist allerdings im Einzelfall besonders sorgfältig zu prüfen, ob die Bestandsschutzinteressen des marktbeherrschenden Unternehmens überwiegen. Dabei spielt der Umfang der Abweichungen von den Kosten der effizienten Leistungsbereitstellung, der Umfang der Ungleichbehandlung und das Ausmaß der Marktbeherrschung eine wichtige Rolle.

**83** Ein und derselbe Rechtfertigungsgrund kann Verstöße zB gegen Nr 3 rechtfertigen, einen Verstoß gegen Abs 2 Nr 2 dagegen nicht. Ein Beispiel hierfür sind Abwehrstrategien zur Verteidigung von Kundenbeziehungen. Soweit sie auf ein Mitziehen beschränkt sind, rechtfertigen sie idR Preisdifferenzierungen, aber kein Dumping (Abs 2 Nr 2).

**84** Grundsätzlich unzulässig sind wettbewerbsschädigende Tarifgestaltungen wie **Treuerabatte**. (Kunden bekommen Nachlässe abhängig nicht von eigenem Volumen, sondern vom Anteil an ihrem Gesamt-Beschaffungsvolumen.)

## VI. Drittschutz

**85** Zu den heftig umstrittenen Fragen gehört, inwiefern Dritte Rechte aus § 24 ableiten können, ob also das materielle Programm aus § 24 drittschützend ist.[109] Hier kommen schwierige Fragen der Schutznormlehre und des Verhältnisses zwischen Verwaltungsrechtsschutz und zivilrechtlicher Konfliktschlichtung ins Spiel. Als geklärt werden darf dabei inzwischen, dass eine materielle

---

[103] Befürwortend *Gerpott/Winzer* K & R 2000, 521, 530.
[104] RegTP, Beschl v 10. 12. 1998, BK 2a 98/019, S 22 ff; RegTP, Beschl v 11. 2. 2000, BK 2a 99/033, S 16 ff.
[105] Beck'scher TKg-Kommentar/*Schuster/Stürmer* § 24 Rn 55.
[106] So auch Beck'scher TKG-Kommentar/*Schuster/Stürmer* § 24 Rn 59.
[107] Beck'scher TKG-Kommentar/*Schuster/Stürmer*
§ 24 Rn 60 ff; RegTP, Beschl v 26. 7. 2000, BK 2c 00/0017, S 9. Zum folgenden RegTP, Beschl v 30. 3. 2001, BK 3b-00/032, S 44 ff. Krit *Schuster* MMR 2001, 298, 303 f.
[108] So auch Beck'scher TKG-Kommentar/*Schuster/Stürmer* § 24 Rn 65.
[109] In der Tendenz abl die Schwärzungs-Beschlüsse des OVG Münster v 12. 5. 1999, 13 B 632/99, K & R 1999, 430, 431 f; befürwortend VG Köln, etwa MMR 2000, 227 und MMR 2000, 638, 639.

Wolfgang Spoerr

§ 24 Maßstäbe der Entgeltregulierung

Prüfung der Einhaltung des gesetzlichen Programms aus § 24 durch Gerichte im Streitfall zwischen Privaten unerlässlich ist. Das folgt aus deutschem Verfassungs-[110] ebenso wie aus dem Europarecht.[111] Das bedeutet: Soweit gegen die Entgeltregulierungsentscheidung keine verwaltungsrechtliche Klagebefugnis besteht, bindet die Entgeltregulierungsentscheidung auch nicht für das zivilgerichtliche Verfahren. Vielmehr muss das Zivilgericht dann eigenständig die Einhaltung der verwaltungsrechtlichen Maßstäbe prüfen; insoweit ist dann von einer unmittelbaren, dh nicht durch die Behördenentscheidung vermittelten Geltung der Entgeltregulierungsmaßstäbe auszugehen (u Rn 91).

Subjektive öffentliche Rechte setzen einen Rechtssatz („Ordnungsnorm"[112]) voraus, der die kollidierenden Privatinteressen in ihrer Gegensätzlichkeit und Verflochtenheit wertet, begrenzt, untereinander gewichtet und derart in ein normatives Konfliktschlichtungsprogramm einordnet, dass die Verwirklichung der Interessen des einen Privaten notwendig auf Kosten des Anderen geht. Maßgebend ist somit, ob die kollidierenden Privatinteressen in diesem Sinne einer normativen Ausgleichsordnung unterstellt werden.[113] Vor den üblichen Preis- und Tarifgenehmigungsvorbehalten des Wirtschaftsverwaltungsrechts rückt § 24 im tatbestandlichen Programm deutlich ab.[114] Insoweit dürfte kaum ein Zweifel bestehen, dass der Gesetzgeber in § 24 Abs 2 Nr 2 die Konkurrenzinteressen des Wettbewerbers gewichtet und sie den Interessen des Marktbeherrschers anhand eines auf die Freiheit der wettbewerblichen Betätigung gerichteten Konfliktschlichtungsprogramms zuordnet.[115] Von daher hat jedenfalls § 24 Abs 2 Nr 2 drittschützende Wirkung zu Gunsten der Wettbewerber, deren Wettbewerbsmöglichkeiten greifbar beeinträchtigt werden. Diese Schutzdimension gilt für sämtliche verfahrensrechtliche Anwendungsfälle von § 24 Abs 2 Nr 2: für die Evidenzprüfung in der Vorab-Preisregulierung ebenso wie in der nachträglichen Entgeltregulierung.

**86**

Diese auf Streitschlichtung zwischen Wettbewerbern ausgerichtete Normstruktur der materiellen Preisvorgaben für marktbeherrschende Unternehmen dürfte auch für die anderen Varianten des Prüfungsprogramms gelten. Eine Differenzierung der auf einheitliche Anwendung und Bestimmung eines einheitlichen Parameters – des Preises – angelegten verschiedenen Prüfungspunkte ist abzulehnen.[116]

**87**

Deutlich problematischer ist, ob das Prüfungsprogramm aus § 24 – insbesondere aus Abs 1 und Abs 2 Nr 3 – auch Bestandteil eines die **Kundeninteressen** schützenden Konfliktschlichtungsprogramms ist. Zwar sind die Nutzerinteressen im materiellen Normprogramm des TKG verankert (vgl § 2 Abs 2 TKG). Es spricht aber viel dafür, dass damit das Interesse der Kunden an niedrigen Preisen mehr im Sinne einer legislatorischen Leitlinie – und nicht im Sinne eines rechtsbegründenden konkreten Konfliktschlichtungsprogramms – verankert worden sind.[117] Nicht ausreichend ist demgegenüber das Argument, dass nur die Belange der Nutzer in ihrer Gesamtheit, nicht jedoch der einzelne Benutzer geschützt seien. Abstrakt-generelle, stets typisierende Ordnungsnormen haben prinzipiell nicht die Interessen eines Einzelnen zum Gegenstand.[118]

**88**

Für die Klagebefugnisse der Nutzer spricht, dass die Entgeltgenehmigung zugleich auch das Recht des Bürgers auf freie Vertragsgestaltung mit dem Unternehmen[119] beeinträchtigt. Im Bereich der allgemeinen Entgeltregulierung gemäß § 24 mag man daran zweifeln, ob dieses

**89**

---

110 BVerfG, Beschl v 28.12.1999, 1 BvR 2203/98, VersR 2000, 215.
111 Dazu etwa *Ladeur* CR 2000, 433, 440.
112 *Schmidt-Preuß* Kollidierende Privatinteressen im Verwaltungsrecht, S 213 ff.
113 *Schmidt-Preuß* Kollidierende Privatinteressen im Verwaltungsrecht, S 248.
114 Dazu etwa *Dörschuck* Typen- und Tarifgenehmigungen im Verwaltungsrecht, 1988; BVerwG, DÖV 1980, 416 (§ 39 PBefG); BVerwG, DÖV 1978, 619 (§ 43 LuftVZO).
115 So zu § 22 Abs 4 S 2 Nr 1, Abs 5 S 1 GWB aF:

*Schmidt-Preuß* Kollidierende Privatinteressen im Verwaltungsrecht, S 356.
116 So für das Prüfungsprogramm aus Abs 2 auch VG Köln, Urt v 27.10.1999, 1 L 1917/99, S 6 ff; dafür aber TKMMR/*Manssen* C § 27 Rn 6.
117 Abl TKMMR/*Manssen* C § 27 Rn 16 und *Vogt* Drittschutz in der telekommunikationsrechtlichen Entgeltregulierung, S 221, 232.
118 *Schmidt-Preuß* Kollidierende Privatinteressen im Verwaltungsrecht, S 371 f.
119 Vgl *Kopp* DÖV 1980, 504, 511; *Vogt* Drittschutz in der telekommunikationsrechtlichen Entgeltregulierung, S 221, 231.

Interesse normativ hinreichend verdichtet ist, um den Schutznormcharakter von § 24 zu begründen.[120] Für den Bereich der Entgeltregulierung der angeordneten Zusammenschaltung (§ 39 TKG iVm § 24) dürfte dagegen die Einbeziehung der Interessen des Vertragspartners in drittschützender Weise nicht zweifelhaft sein, zumal diese idR zugleich Wettbewerber sind.

## VII. Konzernvorbehalt

**90** Umstritten ist, ob die Entgeltregulierungsvorschriften auch für Liefer- und Leistungsbeziehungen innerhalb des Konzerns gelten. Aus der Erstreckung des personellen Anwendungsbereichs der Entgeltregulierung auf Konzernunternehmen (§ 25 Abs 2 TKG) lassen sich insoweit Anhaltspunkte für eine **Einheitsbetrachtung** von Konzernunternehmen ableiten. Sie spräche dafür, die konzerninternen Leistungsbeziehungen nicht der Entgeltregulierung zu unterwerfen. Bei dieser Betrachtungsweise mögen konzerninterne Preise Maßstab der Entgeltregulierung sein, aber nicht deren Gegenstand.

## VIII. Unmittelbare Geltung außerhalb von Entgeltgenehmigungsentscheidungen

**91** § 24 ist als gesetzesunmittelbare Pflicht formuliert. Nach dem Wortlaut regelt § 24 also nicht nur Maßstäbe einer Verwaltungsentscheidung, sondern unmittelbar geltende materielle Vorgaben. Diese dürften also im Grundsatz auch außerhalb von behördlichen Verfahren gelten, aber nur in dem von § 25 und § 29 TKG umrissenen Anwendungsbereich.[121] Insbesondere muss von einer unmittelbaren Geltung ausgehen, wer die Geltendmachung der Vorgaben des § 24 durch beeinträchtigte Wettbewerber und Kunden im Verwaltungsrechtsstreit ablehnt.

## § 25 Regulierung von Entgelten

(1) Nach Maßgabe der §§ 24 und 27 bis 31 unterliegen Entgelte und entgeltrelevante Bestandteile der Allgemeinen Geschäftsbedingungen für das Angebot von Übertragungswegen und Sprachtelefondienst im Rahmen der Lizenzklassen 3 und 4 nach § 6, sofern der Lizenznehmer auf dem jeweiligen Markt über eine marktbeherrschende Stellung nach § 19 des Gesetzes gegen Wettbewerbsbeschränkungen verfügt, der Genehmigung durch die Regulierungsbehörde.

(2) Entgelte und entgeltrelevante Bestandteile der Allgemeines Geschäftsbedingungen für andere als die in Absatz 1 genannten Telekommunikationsdienstleistungen, die von Unternehmen erbracht werden, die auf dem jeweiligen Markt über eine marktbeherrschende Stellung nach § 19 des Gesetzes gegen Wettbewerbsbeschränkungen verfügen, unterliegen nach Maßgabe der §§ 24, 27 Abs 4 und 31 dem Verfahren nach § 30.

(3) Die Absätze 1 und 2 gelten entsprechend für Entgelte und entgeltrelevante Bestandteile der Allgemeinen Geschäftsbedingungen eines Unternehmens, das mit einem Lizenznehmer nach Absatz 1 oder einem Unternehmen nach Absatz 2 ein einheitliches Unternehmen bildet. Ein einheitliches Unternehmen wird durch jede Verbindung von Unternehmen im Sinne des § 36 Abs 2 und § 37 Abs 1 und 2 des Gesetzes gegen Wettbewerbsbeschränkungen geschaffen.

**Schrifttum:** *Blum/Schwarz-Schilling* Marktabgrenzung im Telekommunikations- und Postsektor, WIK-Diskussionsbeitrag Nr 2000, 2000; *Großkopf/Ritgen* Entgeltgenehmigung nach dem Telekommunikationsgesetz, CR 1998, 86; *Wecker* Entgeltregulierung im TKG unter besonderer Berücksichtigung kartellrechtlicher Preiskontrollinstrumentarien, K & R 1999, 112; RegTP, Eckpunkte zur sachlichen und räumlichen Abgrenzung von

---

[120] Vgl VG Köln, Urt v 26. 10. 2000, 1 K 3378/99 unter Bezugnahme auf BVerwGE 95, 133 und BVerwG Buchholz 452.00 § 13 VAG Nr. 3; s ausf *Ladeur* CR 2000, 433.

[121] AM TKMMR/*Manssen* C § 24 Rn 6.

§ 25 Regulierung von Entgelten

Märkten und der Feststellung einer marktbeherrschenden Stellung (Eckpunkte Marktabgrenzung), Mitteilung 90/2001, ABl RegTP 2001, 555. S a die Nachw zu § 24.

**Inhaltsübersicht**

|  |  | Rn |
|---|---|---|
| I. | Allgemeines | 1–7 |
| II. | Beschränkung auf Marktbeherrscher | 8–13 |
| III. | Die Voraussetzungen der Vorab- Entgeltgenehmigungspflicht nach Abs 1 | 14–30 |
|  | 1. Sprachtelefondienst | 15–22 |
|  | 2. Angebot von Übertragungswegen im Rahmen der Lizenzklasse 3 | 23–26 |
|  | 3. Bündelprodukte, Nebenleistungen | 27–30 |
| IV. | Telekommunikationsdienstleistungen (Abs 2) | 31 |
| V. | Entgelte und entgeltrelevante Bestimmungen von AGB | 32 |
| VI. | Feststellung der Entgeltgenehmigungspflicht | 33–35 |

## I. Allgemeines

§ 25 beschreibt **abschließend** den **unmittelbaren** Geltungsbereich der Entgeltregulierung: in Abs 1 für Vorab-Preisregulierung, in Abs 2 für die nachträgliche Kontrolle. Der Anwendungsbereich der Entgeltregulierung wird allerdings durch die Verweisung in **§ 39 TKG** ganz erheblich **ausgedehnt** (s § 39 Rn 2 ff). Instrumente der Entgeltregulierung sind zudem die §§ 17 Abs 2 S 3 iVm der TUDLV (§ 2 TUDLV), daneben § 33 und § 37 TKG (dazu § 37 Rn 19). **1**

Die Entgeltregulierung ist ein **interventionistisches Regulierungsinstrument**. Sie greift in den freien Preisbildungsmechanismus des Marktes ein und beeinträchtigt die unternehmerische Gestaltungsfreiheit auf zweifache Weise: Zum einen führt sie dazu, dass das regulierte Unternehmen nicht den Preis erzielen kann, den es sonst erzielen könnte. Der regulierte Preis kann höher oder niedriger sein als jener, den das Unternehmen autonom festsetzen würde. Wahrscheinlich ist insbesondere eine **andere Preisstruktur,** bei der ein Teil der Preise niedriger, andere Preise höher sind. Zum anderen beschränkt die Vorab-Entgeltregulierung den **Reaktionsspielraum** des regulierten Unternehmens. Die Entgeltregulierung bedarf daher einer besonderen Rechtfertigung.[1] **2**

Die Rechtfertigung der Entgeltregulierung im Allgemeinen ist das Bestehen einer Marktbeherrschung. Anders als bei vollkommener Konkurrenz operieren Monopole nicht in dem Produktmengen- und Preisbereich, bei dem der Preis gleich den Grenzkosten ist. Der Monopolist setzt bei effizientem (gewinnmaximierendem) Verhalten einen Preis über den Grenzkosten fest.[2] Dieser mikroökonomische Befund ist die Ursache für die volkswirtschaftliche Ineffizienz von Monopolen. **3**

Die besondere Rechtfertigung für die **Vorab**-Entgeltregulierung beruht auf fortwirkenden Effekten des ehemaligen Monopols. Dieses hat die Marktverhältnisse in vielfältiger Weise verfestigt. Insbesondere mag das Monopolunternehmen von einer Bindung seiner Kunden oder von anderweitigen Bindungen profitieren, so dass Anlass für einen Schutz durch Vorab-Preisaufsicht gegeben ist.[3] Wesentliches Ziel der Preisregulierung ist dabei, dominante Anbieter daran zu hindern, die Nachfrager auf Teilmärkten mit niedriger Preiselastizität der Nachfrage durch hohe Preise auszubeuten, um auf anderen Teilmärkten durch systematische Preisunterbietungen den Wettbewerb zu beeinträchtigen.[4] Insoweit geht es – global betrachtet – weniger um Preishöhe als um **Entgeltstrukturen**. Die Vorschriften über die Preisregulierung dienen auch dem Schutz der Nutzer.[5] **4**

Im **Gesetzgebungsverfahren** wurde in Abs 1 und Abs 2 eingefügt, dass sich das Erfordernis der **5**

---

[1] So auch die Gesetzesbegründung, BR-Drucks 80/96, S 43.
[2] Siehe nur *Varian* Grundzüge der Mikroökonomik, S 386 f.
[3] BR-Drucks 80/96, S 43.
[4] BR-Drucks 80/96, S 43.
[5] BR-Drucks 80/96, S 35; zum Drittschutz § 24 Rn 88.

Wolfgang Spoerr

marktbeherrschenden Stellung auf den jeweiligen Markt bezieht.[6] Es diene „der Präzisierung der Vorschrift".[7]

**6** Das **Unionsrecht** enthält vielfältige materielle Anforderungen, die die Kostenorientierung erfasst und die Nichtdiskriminierung festschreibt, etwa Anhang II der ONP-Richtlinie[8] und Art 7 Abs 2 der Zusammenschaltungsrichtlinie.[9]

**7** Ein besonderes Anliegen des Unionsrechts ist zudem die **Kostenrechnungstransparenz**, etwa Art 8 der Wettbewerbsrichtlinie[10], Art 8 der Zusammenschaltungsrichtlinie.[11] Das Unionsrecht legt aber dem nationalen Gesetzgeber keine Pflicht auf, eine Vorab-Entgeltregulierung vorzusehen. Jedes Handlungsinstrumentarium, das die Einhaltung der materiellen Anforderungen sichert, reicht. Andererseits aber ist das Unionsrecht jüngst dazu übergegangen, die materiellen Entgeltmaßstäbe der Transparenz und Kostenorientierung von marktbeherrschenden Unternehmen auf Unternehmen mit **beträchtlicher Marktmacht** (Significant Market Power, **SMP**) zu erstrecken, so Art 7 Abs 2 der Zusammenschaltungsrichtlinie.[12]

## II. Beschränkung auf Marktbeherrscher

**8** Die Entgeltregulierung in unmittelbarer Anwendung der §§ 24 ff ist auf **marktbeherrschende Unternehmen** beschränkt. Maßgebend ist stets die Beherrschung im Sinne des § 19 GWB auf dem jeweiligen Markt. Reguliert werden also nur Entgelte im beherrschten Markt. Entgelte auf nicht regulierten Märkten, die von einem Unternehmen erhoben werden, das einen anderen Markt beherrscht, unterliegen nicht der Entgeltregulierung nach §§ 24 bis 31 TKG.

**9** Erforderlich ist – wie stets – zunächst eine **Abgrenzung des relevanten Marktes**. Bei dieser Abgrenzung ist der **Normzweck** einzubeziehen.

**10** Der sachlich relevante Markt wird in § 19 GWB als „Angebot oder Nachfrage einer bestimmten Art von Waren oder gewerblichen Leistungen" bezeichnet. Die Lizenzklassen-Einteilung ist nicht maßgeblich. Auf Telekommunikationsmärkten sind Märkte insbesondere auch nach **Nachfrager**gruppen zu bilden und Märkte für Reselling und besonderen Netzzugang von Endkundenmärkten zu unterscheiden. Dagegen ist umstritten, ob bei Endkunden generell Privat- und Geschäftskundenmärkte unterschieden werden können. Besonders bei SME-Nutzern (Small and Medium Enterprises) fehlen oft eindeutige Kriterien. Eine wichtige – wenn auch nicht stets maßgebliche – Rolle kommt der technischen Leistung zu.[13] Das gilt insbesondere dann, wenn unterschiedliche technische Dienste aus Nachfragersicht verschiedene Leistungen erbringen. Im Sprachtelefonnetz werden Verbindungsleistungen (Ortsnetz, Ferngespräche, internationale Verbindungen) von Anschlussleistungen (Teilnehmeranschlüsse) unterschieden; insoweit haben sich unterschiedliche Märkte herausgebildet. Umstritten ist, ob bei Endkundenleistungen innerhalb der internationalen Verbindungen nach Ländern zu unterscheiden ist; das Bedarfsmarktkonzept spricht dafür. Auf eng abgegrenzten TK-Märkten kann sich eine Marktbeherrschung auch aus der Beherrschung eines Marktes für sachlich zusammenhängende Leistungen ergeben.

**11** Eine Marktbeherrschung kann sich in Telekommunikationsmärkten auch dadurch ergeben, dass Leistungen überhaupt nicht angeboten werden, die ohne weiteres angeboten werden könnten. Daher ermöglicht § 25 auch die Regulierung von Entgelten für solche Leistungen, die das marktbeherrschende Unternehmen nicht anbieten will.[14]

**12** Mehr und mehr problematisch wird auch die **räumliche Marktabgrenzung**. Bislang ist im Regelfall von einem bundeseinheitlichen Markt auszugehen. Der Trend geht aber in die Richtung stärker differenzierter Marktverhältnisse, die vor allem in städtischen Ballungszentren von

---

6 BT-Drucks 13/4864 (neu), S 19.
7 BT-Drucks 13/4864 (neu), S 78.
8 90/387/EWG.
9 97/33/EG.
10 90/388/EWG.
11 97/33/EG.
12 97/33/EG.
13 *Salje* K & R 1998, 331 ff; s RegTP, Eckpunkte Marktabgrenzung/Marktbeherrschung, 2001; EG-Kommission, WuW/E 2000, 460 ff; ABl 2001, 555.
14 Zum feststellenden Verwaltungsakt über das Bestehen der Genehmigungspflicht s unten Rn 33.

Wolfgang Spoerr

höherer Wettbewerbsintensität gekennzeichnet sind, weil es dort rentabler ist, parallele Infrastrukturen aufzubauen. Von räumlich unterschiedlichen Teilmärkten kann aber nur ausgegangen werden, wenn dies eindeutig feststellbar ist. Eine marktbeherrschende Stellung kann sich daraus ergeben, dass benachbarte (Teil-)Märkte beherrscht werden. Gerade bei eng abgegrenzten Märkten ist auf interdependente Marktmacht zu achten. Für die Marktbeherrschungsprüfung kommt es auf den nicht entgeltregulierten Zustand an: Die Marktmachtbegrenzung, die sich allein aus der Anwendung der §§ 24 ff TKG ergibt, muss ausgeblendet werden. Sonst würde die gewünschte Folge der Entgeltregulierung deren Voraussetzungen beseitigen.

Abs 3 erstreckt die Pflicht zur Vorab-Entgeltgenehmigung auf verbundene Unternehmen im Sinne des GWB (dazu § 18 Rn 13). Nicht unproblematisch ist in diesem Zusammenhang die Verweisung auf § 37 Abs 2 Nr 3 GWB: Danach begründet jeder Anteilsbesitz über 25% eine Unternehmensverbindung. Dasselbe gilt für die Verbindung durch wettbewerblich erheblichen Einfluss.[15] Auch eine Minderheitsbeteiligung eines marktbeherrschenden Unternehmens führt also dazu, dass das nachgeordnete Unternehmen der Entgeltregulierung unterliegt, wenn es auf demselben Markt tätig ist. Das ist deshalb nicht unproblematisch, weil Minderheitsbeteiligungen häufig nicht zu einer einheitlichen unternehmerischen Willensbildung und Betätigung führen. Unter Umständen kann dies sogar dazu führen, dass Wettbewerber des marktbeherrschenden Unternehmens in die Entgeltregulierung hineingezogen werden. Entsprechende Marktverhältnisse sind bei den regionalen Kabelgesellschaften denkbar. An ihnen bestehen zum Teil noch Minderheitsbeteiligungen der Deutschen Telekom AG. 13

### III. Die Voraussetzungen der Vorab-Entgeltgenehmigungspflicht nach Abs 1

§ 25 Abs 1 unterscheidet zwei Tatbestände, die der Entgeltgenehmigungspflicht unterliegen: zum einen das Angebot von Sprachtelefondienst im Rahmen der Lizenzklasse 4, zum anderen das Angebot von Übertragungswegen der Lizenzklasse 3. 14

#### 1. Sprachtelefondienst

Der Vorab-Entgeltregulierung unterliegt das Angebot von Sprachtelefondienst im Rahmen der Lizenzklasse 4 nach § 6. Nach § 6 Abs 1 Nr 2 bedarf der Lizenz, wer Sprachtelefondienste auf der Basis selbstbetriebener Telekommunikationsnetze anbietet. Die Pflicht zur Vorab-Entgeltregulierung setzt voraus, dass der Anbieter selbst ein Telekommunikationsnetz betreibt. Maßgebend ist die Definition in § 3 Nr 15; daraus ergibt sich, dass es sich um die Bereitstellung für die Öffentlichkeit handeln muss.[16] 15

Sprachtelefondienst ist ein komplexer Architekturbegriff (vgl § 3 Rn 5). Innerhalb des herkömmlichen Dienstes Sprachtelefondienst werden technisch verschiedene Dienstleistungen angeboten. Sprachtelefondienst ist nach der Gesetzgebungssystematik keine Teilmenge der Telekommunikationsdienstleistungen. Auch andere Leistungen als Transportleistungen können daher Sprachtelefondienst sein. Beispiele für Leistungen des Sprachtelefondienstes sind der Telefonhauptanschluss (gegebenenfalls in ISDN-Qualität), Orts- und Ferngespräche (Verbindungen) sowie internationale Gespräche. Zum Sprachtelefondienst gehören auch **Nebenleistungen**, die nötig sind, damit der Sprachtelefondienst die **herkömmlichen, am Markt jeweils eingeführten Leistungen** in der **gewünschten Qualität** erbringt. Daher unterliegen auch die Entgelte für die **Rufnummernportierung** (§ 43 Abs 6) sowie bestimmte erhöhte Qualitätsanforderungen an dieselbe (wie die Erfolgskontrolle der Rufnummernportierung zu besonderen Zeiten[17]) als Leistungen des Sprachtelefondienstes der Vorab-Entgeltgenehmigung. 16

Die Reichweite der Entgeltgenehmigungspflicht endet dort, wo begleitende Leistungen, die über 17

---

[15] Zum Begriff BKartA WuW/E, 3 ff; *Bechtold* GWB, § 37 Rn 28.
[16] Zu den sonstigen Begriffsmerkmalen des Sprachtelefondienstes siehe näher § 3 Rn 70 ff; zu DSL RegTP, Beschl v 30. 3. 2001, BK 3b-00/032, S 21.
[17] Dazu RegTP, Beschl v 29. 9. 1999, BK 2c-99/023 und allgem Beschl v 22. 12. 1998, BK 2a 98/023, S 7 f.

das herkömmliche Sprachtelefondienstnetz erbracht werden, bei technisch-funktionaler marktbezogener Betrachtung nicht mehr als Bestandteil des einheitlichen Dienstes erscheinen.

**18** Bei der Bewertung dessen, was nach diesen Maßstäben Bestandteil des Sprachtelefondienstes ist, kommt der Regulierungsbehörde ein technisch-marktorientiert bewertender administrativer Gestaltungsspielraum zu (dazu § 1 Rn 13). Nicht mehr Bestandteil des Sprachtelefondienstes sind qualitativ neuartige Leistungen – uns zwar auch dann, wenn sie Netzbestandteile des herkömmlichen Sprachtelefonnetzes nutzen, wie etwa Digital Subscriber Line-Technologien. Die einzelnen **Merkmale des Sprachtelefondienstes** sind zudem nicht statisch, sondern **dynamisch**. Sie schreiten mit Entwicklung der technologischen und wirtschaftlichen Gegebenheiten fort.[18]

**19** Aus dem Erfordernis der Bereitstellung für die Öffentlichkeit (§ 3 Nr 15) folgt nicht, dass nur Angebote für Endkunden der Genehmigungspflicht unterliegen. Auch **Reseller** sind Öffentlichkeit im Sinne von § 3 Nr 15 TKG. Daher unterliegen auch Resale-Angebote des Netzbetreibers im Sprachtelefondienst der Entgeltgenehmigungspflicht.[19]

**20** Bislang noch nicht abschließend geklärt ist, ob der Sprachtelefondienst-Begriff im Sinne der §§ 25, 6, 3 Nr 15 TKG auf die herkömmlichen Sprachtelefondienste im Festnetz beschränkt ist. Die bisherige Regulierungspraxis geht davon aus, dass Mobilfunkdienstleistungen (§ 3 Nr 18, § 6 Abs 2 Nr 1a) keine Sprachtelefondienste im Sinne des § 6 Abs 2 Nr 2, § 25 sind. Bei anderen Übertragungswegen (§ 3 Nr 14, 6 Abs 2 Nr 2 und 3) wird dagegen davon ausgegangen, dass neben der Übertragungswege-Lizenz eine Lizenz zum Angebot von Sprachtelefondienst nötig sei (s § 3 Rn 69 mwN). Dem entspräche es, WLL- und Satellitenfunk-Leistungen, mit denen Sprachtelefondienst angeboten wird, im Falle der Marktbeherrschung der Vorab-Entgeltgenehmigungspflicht zu unterwerfen. Diese unterschiedliche Behandlung vermag nicht zu überzeugen. Zutreffend dürfte es sein, den Begriff des Sprachtelefondienstes im Sinne des § 25 Abs 1 restriktiv zu interpretieren. Es gibt keine Anhaltspunkte dafür, dass der Gesetzgeber die Vorab-Entgeltregulierung auf Mobilfunkdienstleistungen, Satellitenfunkdienstleistungen und sonstige Übertragungswege außer dem herkömmlichen Festnetz erstrecken wollte.

**21** Telefon-Mehrwertdienstleistungen können außerhalb der Reichweite der Vorab-Entgeltregulierung liegen.[20] Verbindungen im Sprachtelefonnetz, die ihrer Zweckbestimmung nach ausschließlich den Zugang zu Datennetzen oder EDV-Rechnern herstellen, unterliegen nicht der Vorab-Entgeltregulierung.[21]

**22** Kein Sprachtelefondienstangebot im Sinne des § 25 sind **besondere Netzzugänge** und **Zusammenschaltungsleistungen**. Sie unterfallen allerdings gegebenenfalls der Entgeltregulierung nach § 39 TKG (§ 39 Rn 6).

## 2. Angebot von Übertragungswegen im Rahmen der Lizenzklasse 3

**23** Eigenständige Bedeutung hat die Vorab-Entgeltregulierung der Angebote von Übertragungswegen. Anders als beim Sprachtelefondienst unterscheidet sich die Reichweite der Entgeltregulierung vom Lizenzvorbehalt (aus § 6) deswegen, weil Gegenstand der Lizenz das *Betreiben* von Übertragungswegen ist, während die Entgeltgenehmigungspflicht für das **Anbieten** von Übertragungswegen gilt. Auf die Funktionsherrschaft stellt § 25 Abs 1 (anders als § 6 Abs 1 TKG) nicht ab.

**24** Das Angebot von Übertragungswegen im Sinne des § 25 ist vor allem das Angebot von Mietleitungen. Diese **Mietleitungen** hatten in der Entwicklung der Telekommunikationsmärkte eine äußerst wichtige Bedeutung, weil sie den Aufbau eigener Netze bzw. den Aufbau – in gewissem Umfang – eigener Infrastrukturen ermöglichten. Das Angebot von Mietleitungen war daher ein

---

[18] Nicht ganz unproblematisch die stark auf die Entstehungsgeschichte abstellende Argumentation bei OVG Münster, Beschl v 24. 8. 2000, K & R 2000, 566, 568.

[19] RegTP, Beschl vom 23. 11. 1999, BK 2c-99/012; aM OVG Münster, Beschl v 24. 8. 2000, K & R 2000, 566, 568. Zur Missbrauchsaufsicht jetzt RegTP, Beschl v 30. 3. 2001, BK 3a-00/025.

[20] Zur Behandlung von Bündelprodukten siehe unten Rn 27 ff.

[21] RegTP, BK 3a-99/014 v 16. 6. 1999, S 17; VG Köln, Beschl v 27. 10. 1999, 1 L 1917/99 S 9.

Wolfgang Spoerr

wesentlicher Schritt der Überführung des Fernmeldemonopols in den Telekommunikationsmarkt. Übertragungswege werden sowohl anderen Telekommunikationsunternehmen angeboten (**Carrier-Festverbindungen**, CFV) wie Endkunden (**Standard-Festverbindungen**[22], SFV). Der Vorab-Entgeltregulierung nach § 25 unterliegt beides. Soweit die marktbeherrschende Stellung reicht, ist jedwedes Angebot von Übertragungswegen entgeltgenehmigungspflichtig.

Das gilt für Leitungsverbindungen ebenso wie für **Funkverbindungen**. Daher werden nicht nur die üblichen Mietleitungen unterschiedlicher Übertragungskapazität reguliert, sondern beispielsweise auch Übertragungswege zur Rundfunksignalübertragung.[23] Nach Auffassung der RegTP und des VG Köln fällt darunter auch die dauernde Überlassung von UKW- und TV-Sendeanlagen[24], nach der RegTP aber nicht DSL-Leistungen (s § 3 Rn 21).

25

Übertragungswege werden im Hinblick auf ihre technische Leistungsfähigkeit (**Informationsdurchsatzvermögen**) und ihre **räumliche Lage** unterschieden. Das kann in der Marktabgrenzung dazu führen, dass von unterschiedlichen Märkten auszugehen ist. Kein Angebot von Übertragungswegen liegt vor, wenn der Zugriff auf unbeschaltete Draht- oder Lichtwellenleiter (Dark Copper/Dark Fiber) ermöglicht wird. Erst recht kein Angebot von Übertragungswegen liegt vor, wenn die Nutzung von Leerrohren zur Verlegung eigener Kabel ermöglicht wird.

26

### 3. Bündelprodukte, Nebenleistungen

Sowohl bei der Sprachtelefondienst- wie bei der Übertragungswege-Entgeltgenehmigung stellt sich die Frage nach der Behandlung von Nebenleistungen. Ausgangspunkt der regulatorischen Erfassung von Nebenleistungen ist, dass die Festlegung der angebotenen Nebenleistungen Sache des jeweiligen Telekommunikationsunternehmens ist. Regulatorische Einflussnahmen hierauf bedürfen jeweils einer regulierungsrechtlichen Grundlage, die den §§ 25 ff TKG nicht zu entnehmen ist. Soweit Nebenleistungen angeboten werden, unterliegen diese der Entgeltregulierung, wenn jeweilige Nebenleistung regulierungsrechtlich Bestandteil des Sprachtelefondienstes bzw. des Übertragungsweges ist (dazu oben Rn 16). Umstritten ist, ob nur *unerlässliche* Nichttelekommunikationsspezifische Leistungen einbezogen sind oder schon solche, die die Erbringung der TK-Dienstleistung fördern oder ihr dienen.[25]

27

Ähnliche Grundsätze gelten auch für **Bündelprodukte**.[26] Auch dem marktbeherrschenden Unternehmen ist es nicht verwehrt, seine Dienstleistungen zu Dienstleistungsbündeln und einheitlichen Leistungsangeboten zusammenzufassen. Soweit in solchen Dienstleistungsbündel entgeltgenehmigungspflichtige Leistungen mit nicht-entgeltgenehmigungspflichtigen Leistungen zusammengefasst werden, ist das Entgeltgenehmigungsverfahren nur für die entgeltgenehmigungspflichtigen Leistungen anwendbar. In solchen Fällen kann die Regulierungsbehörde auf unterschiedliche Weise verfahren: Sie kann zum einen das Entgelt kalkulatorisch aufteilen. Hier stellt sich allerdings das schwierige Problem, wie die Umsätze zwischen entgeltgenehmigungspflichtigem und genehmigungsfreiem Leistungsanteil aufgeteilt werden. Insbesondere dann, wenn dies nicht mit hinreichender Sicherheit möglich ist, kann die Regulierungsbehörde auf der Ausweisung eines gesonderten Entgelts für die entgeltregulierungspflichtige Leistung bestehen.

28

Eine Sonderform sind **Vorleistungen Dritter**, die ihrerseits nicht entgeltreguliert, aber Bestandteil einer tatbestandlich entgeltregulierungspflichtigen Leistung sind. Hier ist das Entgelt insgesamt zu genehmigen; eine Aufteilung nach Kostenbestandteilen ist nicht nötig.[27]

29

---

**22** Zu SFV etwa RegTP, Beschl v 22. 11. 1999 BK 2a 99/031; zu CFV und SFV RegTP, Beschl v 8. 9. 1999, BK 2a 99/021; RegTP, Beschl v 18. 3. 1998, BK 2a 15/98; RegTP, Beschl v 13. 6. 2000, BK 2a 00/008.
**23** RegTP, Beschl v 21. 12. 1999, BK 2d-99/027; VG Köln, Urt v 18. 11. 1999 1 K 4699/97, RTKom 2000, 56.
**24** VG Köln, aaO; RegTP, Beschl v 21. 12. 1999, BK 2d 99/027. Zu DSL: RegTP, Beschl v 30. 3. 2001, BK 3b-00/032, S 22, aM *Schuster* MMR 2001, 298, 301.

**25** So Beck'scher TKG-Kommentar/*Schuster/Stürmer* § 25 Rn 3b; zur „Expressentstörung" als Annex-Dienstleistung RegTP, Beschl v 5. 11. 1999, BK 2d 99/024, S 7 ff.
**26** Dazu etwa RegTP, Beschl v 31. 3. 2000, BK 2c-00-001; RegTP, Beschl v 25. 5. 2000, BK 2c-00/009; RegTP, Beschl v 10. 11. 2000, BK 2c-00/026; RegTP, Beschl v 30. 3. 2001, BK 3b-00/032, S 22.
**27** RegTP, Beschl v 29. 12. 1999, BK 4e-99–050/E 29. 10. 99.

Wolfgang Spoerr

**30** Vom Fall der Bündelung zu unterscheiden ist wiederum der Fall, dass entgeltregulierungspflichtige Leistungen **Vorprodukt für Leistungen höherer** Wertschöpfungsstufe sind, die am Markt angeboten werden. In diesem Fall unterliegt die angebotene Leistung insgesamt nicht mehr der Entgeltgenehmigungspflicht nach § 25 Abs 1. Besonders relevant ist diese Fallgruppe bei Übertragungswegen. Sobald aus Übertragungswegen und zugeschalteter Vermittlungstechnik ein Produkt höherer Wertschöpfungsstufe (Bereitstellung von vermittelten Verbindungen oder Wählverbindungen) hergestellt wird, liegen keine Übertragungswege mehr vor. Ähnlich argumentiert die RegTP für Breitbandkabel-Einspeiseentgelte[28], bei denen zudem kein „bestimmtes" Informationsdurchsatzvermögen vorliegen. Das Produkt unterliegt als Produkt höherer Wertschöpfungsstufe und anderer technischer Einordnung nicht mehr der Vorab-Entgeltregulierung.

## IV. Telekommunikationsdienstleistungen (Abs 2)

**31** Alle anderen Telekommunikationsdienstleistungen unterliegen der nachträglichen Entgeltregulierung nach § 25 Abs 2, soweit sie von marktbeherrschenden Unternehmen erbracht werden. Maßgebend ist die Legaldefinition in § 3 Nr 18 TKG (s § 3 Rn 81 ff). Der Anwendungsbereich der nachträglichen Entgeltregulierung ist weit. Eine Beschränkung auf bestimmte, technologisch geprägte Leistungsangebote bezweckt der Gesetzgeber nicht. Daher dürften – anders als bei Abs 1 – nicht nur Nebenleistungen und Bündelprodukte, sondern auch Produkte höherer Wertschöpfungsstufe mit TK-Dienstanteil der Entgeltregulierung unterliegen, soweit sie **TK-Bestandteile** aufweisen, also auch eine Telekommunikationsdienstleistung sind bzw enthalten. Entgeltreguliert worden sind etwa Einspeiseentgelte im Breitbandkabel sowie Anschlüsse für Onlinedienste (AfOD).

## V. Entgelte und entgeltrelevante Bestimmungen von AGB

**32** Der Entgeltregulierung unterliegen nur die eigentlichen Preise sowie die entgeltrelevanten Bestimmungen in den allgemeinen Geschäftsbedingungen. Das gilt sowohl für die Vorab- wie für die nachträgliche Entgeltregulierung. Die §§ 24 ff erlauben **keine allgemeine Klauselkontrolle**. Diese ist im Schwerpunkt den Zivilgerichten, ergänzend über § 23 TKG der RegTP zugewiesen. Der Begriff der entgeltrelevanten Bestandteile wird in der Regulierungspraxis zu Recht eher restriktiv verstanden. So sind Vertragsstrafen und pauschalierende Schadensersatzbestimmungen[29] sowie Stornierungsgebühren[30] keine entgeltrelevanten Bestimmungen. Der Begriff der allgemeinen Geschäftsbestimmungen richtet sich nach § 1 AGBG. Nicht alle Klauseln eines Vertragswerkes mit Geschäftsbedingungen, die unter kaufmännischen Gesichtspunkten den Preis beeinflussen, sind in diesem Sinne entgeltrelevant. Entgeltrelevant sind beispielsweise Bedingungen zur Anwendung von Rabatten oder Tarifoptionen und Einzelheiten zum Abrechnungsmodus.[31] Nicht entgeltrelevant im Sinne des Gesetzes sind dagegen Haftungsbeschränkungen, Stornierungsgebühren,[32] Gewährleistungsfristen und ähnliches.[33]

## VI. Feststellung der Entgeltgenehmigungspflicht

**33** Unabhängig von einzelnen Entgeltgenehmigungsverfahren sind feststellende Verwaltungsakte zur Entgeltgenehmigungspflicht zulässig.[34] Zwar bedarf ein feststellender Verwaltungsakt jedenfalls dann einer dem Vorbehalt des Gesetzes genügenden Ermächtigung, wenn die in ihm getroffene Regelung ihrem Inhalt nach etwas als rechtens feststellt, was der Betroffenen erklär-

---

28 RegTP, Beschl v 26.3.1999, BK 3b 99/001, ZUM-RD 1999, 291, 298 f.
29 RegTP, Beschl v 23.12.1999, BK 4e-99-042/E15.10.99 (zu § 39 TKG).
30 RegTP, Beschl v 3.2.2000, BK 4e-99-059/E24.11.99.
31 Beck'scher TKG-Kommentar/*Schuster/Stürmer* § 25 Rn 8.

32 RegTP Beschl v 3.2.2000, BK 4e-99-059/E24.11.00.
33 AM Beck'scher TKG-Kommentar/*Schuster/Stürmer* § 25 Rn 8.
34 RegTP, Beschl v 23.11.1999, BK 2c-99/012 (Resale-Angebote); RegTP, Beschl v 6.9.1999, BK 2c-99/012; VG Köln, Beschl v 15.12.1999, 1 L 2522/99, S 2 f; OVG Münster, Beschl v 5.7.2000, 13 B 2018/99, S 3 f.

termaßen für nicht rechtens hält.[35] Doch reicht es insoweit, wenn eine gesetzliche Ermächtigung im Wege der Auslegung ermittelt werden kann. Zutreffend hat das VG Köln diese Ermächtigung § 25 Abs 1 iVm den §§ 27 bis 31 TKG in normzweckorientierter Auslegung entnommen:[36] Der Gesetzeszweck ist eine wirksame – insbesondere präventive – Preiskontrolle. Diesem Gesetzeszweck dient es, wenn die RegTP die streitige Genehmigungspflicht durch Verwaltungsakt feststellt, damit das marktbeherrschende Unternehmen sich möglichst noch vor der Entwicklung entsprechender Angebote darauf einstellen kann. Das schafft Klarheit im Interesse sowohl des marktbeherrschenden Unternehmens als auch seiner Vertragspartner. Insbesondere die Rechtsfolgen aus § 29 Abs 2 TKG zwingen zur Rechtssicherheit im Interesse aller Beteiligten. Das OVG Münster[37] erwähnt in diesem Zusammenhang auch die Aufsichtsaufgabe der Regulierungsbehörde aus § 71 TKG.

**34** Wenn feststellende Verwaltungsakte nach Maßgabe der Befugnisnorm zulässig sind, dann hat das regulierte Unternehmen auch einen **Anspruch** auf Erlass einer entsprechenden Feststellung.[38]

**35** Zweifelhaft ist, ob die RegTP dem entgeltregulierten Unternehmen aufgeben kann, einen Entgeltregulierungsantrag zu stellen.[39]

## § 26 Veröffentlichung

Die Regulierungsbehörde veröffentlicht einmal jährlich in ihrem Amtsblatt, auf welchen sachlich und räumlich relevanten Märkten, auf denen Anbieter nach § 23 dem Widerspruchsverfahren bei Allgemeinen Geschäftsbedingungen und nach § 25 Abs 2 einer Entgeltregulierung unterliegen, eine marktbeherrschende Stellung besteht.

**1** § 26 regelt ein Instrument zur Erhöhung der Regulierungstransparenz. Die Märkte, auf denen die Voraussetzungen der nachträglichen Entgeltregulierung (§ 25 Abs 2 TKG) bestehen, sollen einmal jährlich veröffentlicht werden. Die Rechtfertigung der Beschränkung auf die nachträgliche Entgeltregulierung ist umstritten: Zum einen wird darauf hingewiesen, dass bei der Vorab-Preisregulierung die Entgeltregulierungspflicht schon aus der Veröffentlichung der Entgelte bekannt wird.[1] Dagegen ist zu Recht eingewendet worden, dass dies die Transparenzerfordernisse in Grenzbereichen nicht deckt. Deswegen dürfte der Normzweck von § 26 eher darin liegen, die regulierten Märkte sachlich einzugrenzen. § 26 soll damit prozedural die fehlende Transparenz der Regulierung auffangen, die dadurch droht, dass die regulierten Märkte nicht (wie bei § 25 Abs 1) sachlich prädefiniert sind.

**2** Die Veröffentlichung nach § 26 hat keinerlei bindenden Charakter.[2] Das folgt in erster Linie aus dem Gesetzeswortlaut, da er keine Anhaltspunkte für einen verbindlichen Charakter enthält, und aus den Gesetzesmaterialien, wonach die Vorschrift ausschließlich der Information dient.[3] Deutlich zu eng ist vor dem Hintergrund des Gesetzeszwecks einer erhöhten Regulierungstransparenz, wenn die Veröffentlichung auf solche Feststellungen beschränkt wird, die bereits mit Außenwirkung verbindlich bekannt gemacht worden sind.[4]

---

**35** BVerwGE 72, 265 ff.
**36** VG Köln, Beschl v 15. 12. 1999, 1 L 2522/99, S 3.
**37** Beschl v 5. 7. 2000, 13 B 2018/99, S 3.
**38** Dazu restriktiv RegTP, Beschl v 11. 2. 2000, BK 2a 99/033, S 8.
**39** Dazu VG Köln, Besch v 27. 10. 1999, 1 L 2068/99, S 10 f; OVG Münster, Beschl v 5. 7. 2000, 13 B 2018/99, S 3 f.

**1** Beck'scher TKG-Kommentar/*Schuster/Stürmer* § 26 Rn 2.
**2** Beck'scher TKG-Kommentar/*Schuster/Stürmer* § 27 Rn 3.
**3** BR-Drucks 80/96, S 43.
**4** So aber RegTP, Vfg 156/1999, ABl RegTP 2000 Nr 23 S 4090.

Wolfgang Spoerr

## § 27 Arten und Verfahren der Entgeltgenehmigung

(1) Die Regulierungsbehörde genehmigt Entgelte nach § 25 Abs 1
  1. auf der Grundlage der auf die einzelne Dienstleistung entfallenden Kosten der effizienten Leistungsbereitstellung oder
  2. auf der Grundlage der von ihr vorgegebenen Maßgrößen für die durchschnittlichen Änderungen der Entgelte für einen Korb zusammengefasster Dienstleistungen.

(2) Im Falle des Absatzes 1 Nr 1 prüft die Regulierungsbehörde für jedes einzelne Entgelt die Einhaltung des Maßstabes nach § 24 Abs 2 Nr 1. Im Falle des Absatzes 1 Nr 2 gilt bei Einhaltung der vorgegebenen Maßgrößen der Maßstab des § 24 Abs 2 Nr 1 als erfüllt.

(3) Die Genehmigung der Entgelte ist zu versagen, wenn die Entgelte den Anforderungen des § 24 Abs 2 Nr 1 nach Maßgabe des Absatzes 2 oder offenkundig den Anforderungen des § 24 Abs 2 Nr 2 oder 3 nicht entsprechen oder wenn sie mit diesem Gesetz oder anderen Rechtsvorschriften nicht in Einklang stehen.

(4) Die Bundesregierung wird ermächtigt, durch Rechtsverordnung, die nicht der Zustimmung des Bundesrates bedarf, die in Absatz 1 genannten Genehmigungsarten näher zu regeln und die Voraussetzungen festzulegen, nach denen die Regulierungsbehörde zu entscheiden hat, welches der in Absatz 1 genannten Verfahren zur Anwendung kommt. Darin sind die Einzelheiten des Verfahrens zu regeln, insbesondere die von dem Lizenznehmer vorzulegenden Unterlagen, die Ausgestaltung der von ihm durchzuführenden Kostenrechnung sowie die Verpflichtung zur Veröffentlichung der Entgelte. Ferner sind darin die Bestandteile und der Inhalt der in Absatz 1 Nr 2 genannten Maßgrößen und Körbe zu bestimmen. Die Sätze 1 und 2 gelten auch für das Verfahren der Entgeltregulierung nach § 30.

**Schrifttum:** BMPT Price-Cap-Regulierung für Monopoldienstleistungen für Zwecke des digitalen zellularen Mobilfunks, Informationsserie zu Regulierungsfragen Nr. 9, 1993; RegTP, Price-Cap-Regulierung 2002 – Eckpunkte –, ABl RegTP 2001 Heft 10 und unter www.regtp.de; s a die Nachweise bei § 24.

### Inhaltsübersicht

| | Rn |
|---|---|
| I. Grundlagen | 1 |
| II. Die Zuordnung zu den Verfahrensarten (Abs 4 S 1 iVm der TEntgV) und die Bestimmung der Maßgrößen des Price-Caps | 2–21 |
|   1. Zuordnung der Leistungen zum Price-Cap-Verfahren | 2–8 |
|   2. Die Price-Cap-Maßgrößen | 9–14 |
|   3. Rechtsnatur, Bindungswirkung und Revisibilität | 15–18 |
|   4. Einbeziehung neuer Leistungen in das Price-Cap-Verfahren und Herausnahme von Leistungen | 19–21 |
| III. Entscheidungsmaßstäbe im Engeltregulierungsverfahren | 22–30 |
|   1. § 24 Abs 2 S 1 | 23–24 |
|   2. § 24 Abs 2 Nr 2, 3 | 25 |
|   3. Sonstige Anforderungen | 26 |
|   4. Ablehnung wegen ungenügender Nachweise, Teilgenehmigungen | 27–31 |
|   5. Rückwirkende Entgeltgenehmigung | 32 |

### I. Grundlagen

1 § 27 regelt die Entscheidungsmaßstäbe der Entgeltregulierung (Abs 1 bis 3) und räumt der Bundesregierung eine Verordnungsermächtigung ein. Die beiden in § 27 vorgesehenen „Verfahren" der Entgeltgenehmigung haben in erster Linie materielle Bedeutung. Sie unterscheiden sich nicht in der Verfahrensgestaltung, sondern im **Prüfungs- und Entscheidungsmaßstab**.[1] Beide Verfahrensarten haben grundlegend verschiedene Entscheidungsmaßstäbe: Nach Abs 1

---

[1] So deutlich BMPT, Price-Cap-Regulierung für Monopoldienstleistungen für Zwecke des digitalen zellularen Mobilfunks, 1993, S 7 u jetzt RegTP, Beschl v 30. 3. 2001, BK 4a-01-001/E 19.01.01, S 50.

Wolfgang Spoerr

§ 27 Arten und Verfahren der Entgeltgenehmigung

Nr 1 („Einzelgenehmigungsverfahren") ist das einzelne Entgelt an den Maßstäben aus § 24 Abs 1 (Kosten der effizienten Leistungsbereitstellung) zu prüfen. Nach Abs 1 S 2 gilt demgegenüber das Price-Cap-Verfahren. Bei ihm ist das einzelne Entgelt darauf zu prüfen, ob es der vorgegebenen Maßgröße für die durchschnittlichen Änderungsraten der Entgelte für den **Korb zusammengefasster Dienstleistungen** entspricht, zu dem das Entgelt gehört. Die Price-Cap-Entgeltregulierung ist in erster Linie für den Verbraucherschutz entwickelt worden. Sie zielt darauf ab, dem regulierten Unternehmen vorab definierte **Preissenkungsraten** vorzugeben, die bezogen auf den Korb insgesamt erreicht werden muss und so den regulierten Unternehmen beträchtliche Flexibilität lassen. Für diese Regulierungssituation weist das Price-Cap-Verfahren eine Reihe von ökonomischen Vorteilen auf,[2] die sich insbesondere aus der Unabhängigkeit von den Kosten ergeben.[3]

## II. Die Zuordnung zu den Verfahrensarten (Abs 4 S 1 iVm der TEntgV) und die Bestimmung der Maßgrößen des Price-Caps

### 1. Zuordnung der Leistungen zum Price-Cap-Verfahren

Die Zuordnung bestimmter Leistungen zu den Verfahrensarten überlässt § 27 Abs 4 S 1 der TEntgV.   **2**

Der Verordnungsgeber hat diese Verordnungsermächtigung in § 1 TEntgV dahingehend ausgeübt, dass dem Price-Cap-Verfahren ein relativer Vorrang zukommt. Nach § 1 Abs 1 TEntgV gilt, dass das Einzelgenehmigungsverfahren nur „in Betracht" kommt, wenn die Dienstleistung nicht nach Abs 2 mit einer Mehrzahl von Dienstleistungen in einem Korb zusammengefasst werden kann. Nach Abs 2 müssen Übertragungswege und Sprachtelefondienste in getrennten Körben zusammengefasst werden. § 1 Abs 2 S 2 TEntgV bestimmt, dass Dienstleistungen der gleichen Lizenzklasse nur insoweit in einem Korb zusammengefasst werden können, als sich die erwartete Stärke des Wettbewerbs bei diesen Dienstleistungen nicht wesentlich unterscheidet.   **3**

§ 4 Abs 5 stellt zur Zuordnung von Leistungen zum Price-Cap-Verfahren klar, dass der Inhalt der Körbe von der Regulierungsbehörde zu „bestimmen" ist. Zugleich hat sie zu „bestimmen", unter welchen Voraussetzungen weitere Dienstleistungen in einen bestehenden Korb aufgenommen, Dienstleistungen aus einem Korb herausgenommen oder Preisdifferenzierungen bei bereits in einen Korb aufgenommenen Dienstleistungen durchgeführt werden können (§ 4 Abs 5 TEntgV).   **4**

Die Anwendbarkeit des Price-Cap-Verfahrens ergibt sich damit nicht abschließend aus der TEntgV, sondern erst aus der Korbbestimmung. Weil § 1 Abs 2 S 2 TEntgV auf die **erwartete Stärke** des Wettbewerbes abstellt, besteht ein prognostisches Ermessen der RegTP. In den ersten Vorgaben zum Price-Cap-Verfahren im Sprachtelefondienst[4] waren sämtliche Telefondienstleistungen zwei Körben zugeordnet, und zwar einem für Geschäfts- und einem für Privatkunden. Diese Korbbildung war gemessen am Maßstab von § 1 Abs 2 S 3 TEntgV problematisch, weil sich der Wettbewerb zwischen Fernbereich und Ortsnetz in der Intensität ganz erheblich unterschied.[5] Die Zusammenfassung von Leistungen mit unterschiedlicher Wettbewerbsintensität in einem Korb birgt die Gefahr, dass das regulierte Unternehmen die Preisflexibilität durch Quersubventionierung zu Lasten der Wettbewerber auszunutzt.[6] Gleichwohl führt die RegTP diese Korbaufteilung auch für die zweite Price-Cap-Periode fort.[7] § 27 Abs 3 ist hier wegen der Beschränkung in der Prüfungsintensität kein adäquater Ausgleich.   **5**

---

2 BMPT, Price-Cap-Regulierung für Monopoldienstleistungen für Zwecke des digitalen zellularen Mobilfunks, 1993, S 6 ff; Beck'scher TKG-Kommentar/*Schuster/Stürmer* § 27 Rn 17, Beck'scher PostG-Kommentar/*Sedemund/von Danwitz* § 21 Rn 12.
3 BMPT, aaO, S 6 f.
4 BMPT Mitteilung 202/1997, ABl BMPT 1997 S 1891.
5 Ablehnend Beck'scher TKG-Kommentar/*Schuster/Stürmer* § 1 TEntgV, Anh § 27 Rn 6 ff. Zum Beurteilungsspielraum *Schneider* ZHR 146 (2000), 513, 513; zur Neubildung RegTP, Eckpunkte Price-Cap-Regulierung 2002, S 2 ff.
6 So offenbar auch das Bundeskartellamt in seiner Stellungnahme an die RegTP, RegTP, Beschl v 23. 12. 1999, BK 2c 99/050, S 12.
7 RegTP, Beschl v 23. 12. 1999, BK 2c 99/050. In der dritten Periode (2002) ist mit einer stärkeren Gliederung zu rechnen, RegTP, Eckpunkte Price-Cap 2002, S 2 ff.

Wolfgang Spoerr

**6** Ein Gegenmittel können Nebenbedingungen sein, die zu den Price-Cap-Maßgrößen gemäß § 4 Abs 2 Nr 3 TEntgV gehören. Dieses Instrumentarium ergänzt § 27 Abs 3; von daher ist es nicht ganz richtig, dass Wettbewerbsschutz ausschließlich[8] durch § 27 Abs 3 gewährleistet werde. Verstöße gegen die Korbbildungsregel aus § 1 Abs 2 S 3 TEntgV werden allerdings durch Nebenbestimmungen nicht unerheblich.[9] Das komplementäre Regulierungsinstrumentarium der Nebenbestimmung gemäß § 4 Abs 2 Nr 3 TEntgV zeigt, dass bei der Anwendung von § 1 Abs 3 S 2 TEntgV nicht nur prognostischer, sondern auch **typisierender Gestaltungsspielraum** besteht.

**7** Einzelne Verfahrensvorschriften regelt § 8 Abs 1 TEntgV.

**8** Die Weiterübertragung der Befugnis zur abschließenden Korbbestimmung vom Verordnungsgeber auf die Ebene der Konzeptsetzung durch die Regulierungsbehörde ist mit Blick auf den Wortlaut von § 27 Abs 4 S 3 bezweifelt worden.[10] Abs 4 S 3 muss allerdings im Zusammenhang mit Abs 4 S 1 gesehen werden. Nach S 1 hat die Rechtsverordnung – entgegen dem Wortlaut von S 3 – nicht den Korbinhalt und die Maßgrößen in jeder Hinsicht abschließend zu bestimmen. Vielmehr meint Abs 4 S 3, dass Maßgrößen und Körbe abstrakt-generell bestimmt werden. Schwierige, wegen der Existenz der TEntgV und der Price-Cap-Bestimmungen durch die RegTP im Telekommunikationsrecht derzeit nicht relevante Fragen stellen sich dann, wenn die verordnungsrechtlichen und/oder konzeptionellen Voraussetzungen des Price-Cap-Verfahrens fehlen.[11]

### 2. Die Price-Cap-Maßgrößen

**9** Die wesentlichen Parameter der Price-Cap-Beurteilung sind das **Ausgangsentgeltniveau** (§ 4 Abs 1 TEntgV) sowie die **Maßgrößen** (§ 4 Abs 2 TEntgV).

**10** Die Maßgrößen ergeben sich aus den Faktoren:
- Ausgangsentgeltniveau (§ 4 Abs 1 TEntgV)
- gesamtwirtschaftliche Preissteigerungsrate (§ 4 Abs 2 Nr 1 TEntgV)
- zu erwartende Produktivitätsfortschrittsrate (§ 4 Abs 2 Nr 2 TEntgV)

**11** Zusätzlich können **Nebenbedingungen** vorgegeben werden.

**12** Weil nach dem Konzept der Price-Cap-Regulierung die Maßgrößen ebenso wie die Grobzusammensetzung vorab festgelegt werden sollen, stellt sich die Frage nach der Bindungswirkung und Revisibilität solcher Festlegungen (dazu näher u Rn 15 ff).

**13** Für die Festlegung dieser Maßgrößen gilt Folgendes: Das Verhältnis des Ausgangsentgeltniveaus zu den **Kosten der effizienten Leistungsbereitstellung** ist zu **berücksichtigen** (§ 4 Abs 3 TEntgV); ebenso die Produktivitätsfortschrittsraten von Vergleichsunternehmen (§ 4 Abs 4 TEntgV). Aus diesen Formulierungen wird deutlich, dass die Kosten der effizienten Leistungsbereitstellung eine – in die Zukunft gerichtete – **Zielgröße** sind. Diese Zielgröße muss berücksichtigt werden; der RegTP kommt allerdings ein breiter Beurteilungs- und Gestaltungsspielraum bei der Festlegung des zeitlichen Horizontes zu. Von daher ist die Produktivitätsfortschrittsrate weitgehend als Sollvorgabe zu bestimmen. Die Produktivitätsfortschrittsrate ist ein wesentliches Element des Price-Cap-Verfahrens; daher sind sowohl eine **sorgfältige Abwägung** wie ein **transparentes Festlegungsverfahren** erforderlich.[12]

**14** Zu bestimmen sind gemäß § 4 Abs 5 TEntgV auch die Geltungsdauer für die Maßgrößen und die Referenzzeiträume. Insoweit sind bislang jeweils zweijährige Perioden festgelegt worden.

### 3. Rechtsnatur, Bindungswirkung und Revisibilität

**15** All diese Vorgaben zielen auf eine regulatorisch hoch anspruchsvolle **Konzeptsetzung** durch die

---

[8] RegTP, Beschl v 23.12. 1999, BK 2c 99/050, S 4
[9] Beck'scher TKG-Kommentar/*Schuster/Stürmer* § 4 TEntgV Rn 12.
[10] Beck'scher PostG-Kommentar/*Sedemund/von Danwitz* § 20 Rn 16 zur Parallelvorschrift im PostG.
[11] Beck'scher PostG-Kommentar/*Sedemund/von Danwitz* § 21 Rn 96 f.
[12] Beck'scher TKG-Kommentar/*Schuster/Stürmer* § 4 TEntgV Rn 11; zur Regulierungspraxis: RegTP, Eckpunkte Price-Cap 2002.

Wolfgang Spoerr

RegTP, die von einzelnen **Entgeltregulierungsverfahren** unabhängig und ihm **vorgelagert** ist. In Zweifelsfällen wirft dies die Frage nach der Rechtsnatur, Rechtsverbindlichkeit und Revisibilität entsprechender Festlegungen auf.

Unproblematisch ist jedenfalls, dass die Festlegung des Korbinhalts und der Maßgrößen ein gesondertes Vorab-Verfahren bilden. Das folgt aus dem Wortlaut von § 27 Abs 1 Nr 2 TKG, wonach das einzelne Price-Cap-Genehmigungsverfahren auf der Grundlage der vorgegebenen Maßgrößen durchgeführt wird.[13] Ungewiss ist demgegenüber, ob die Bestimmung des Korbinhalts und die Festlegung der Maßgrößen gesonderte Verwaltungsakte[14] oder gesetzlich geregelte administrative Konzepte sind, denen der Einzelfallbezug und die abschließende Rechtswirkung nach außen fehlt. **16**

Besonders kritisch ist auch die Frage nach der **Revisibilität** der Price-Cap-Vorgaben. Wenn es sich um formalisierte administrative Konzepte handelt, können sie auch ohne ausdrücklichen Änderungsvorbehalt (etwa gemäß § 4 Abs 5 TEntgV) und ohne Bindung an die §§ 48 bis 51 VwVfG während ihrer Geltungszeit geändert werden. Der Vertrauensschutz des regulierten Unternehmens und der Marktteilnehmer, auf den das Price-Cap-Verfahren angelegt ist, muss in der Ermessensausübung berücksichtigt werden. Handelt es sich um Verwaltungsakte, so sind die §§ 48 bis 51 VwVfG maßgeblich.[15] **17**

Ohne Festlegung der Price-Cap-Vorgaben kann das Price-Cap-Verfahren nicht durchgeführt werden. Insoweit muss es beim Einzelgenehmigungsverfahren bleiben.[16] Nach dem Willen des Gesetzgebers dient das Price-Cap-Verfahren auch den Interessen des regulierten Unternehmens. Es bewirkt dabei zugleich tendenziell eine Verschiebung der materiellen Entscheidungsmaßstäbe (Rn 1). Deswegen ist die RegTP gegenüber dem regulierten Unternehmen verpflichtet, die Price-Cap-Vorgaben festzulegen. Diese Pflicht kann selbständig eingeklagt werden, weil das administrative Price-Cap-Konzept zwingende Anwendungsvoraussetzung des Price-Cap-Verfahrens ist, so dass ein konzentrierter Rechtsschutz gegen die Einzelgenehmigung nicht ausreicht. Begrenzt werden die Pflichten – wie stets – durch die Mitwirkungs- und Darlegungsobliegenheiten des regulierten Unternehmens. Sie beziehen sich auch auf Wettbewerbsstrukturen (§ 1 Abs 2 S 3 TEntgV) und Kostenstrukturen (§ 4 Abs 3 TEntgV). **18**

### 4. Einbeziehung neuer Leistungen in das Price-Cap-Verfahren und Herausnahme von Leistungen

Das Price-Cap-Verfahren ist auf neue Telekommunikationsleistungen erst dann anwendbar, wenn ein Ausgangsentgeltniveau ermittelt werden kann. Daraus ergibt sich, dass bei der Einführung neuer Dienste Umsätze zunächst auf der Basis einer Einzelgenehmigung erzielt worden sein müssen.[17] Die RegTP erstreckt dies auch auf neue Angebote, die bestehende Dienste oder Dienstleistungen zu einer Tarifoption oder einem Leistungspaket bündeln. **19**

Die RegTP ließ in der Regulierungspraxis zunächst einzelfallbezogen die Einbeziehung von **neuen Tarifoptionen** für bestehende Leistungen in die Price-Cap-Entgeltregulierung im Sinne eines „vereinfachten Genehmigungsverfahrens" ohne Kostenprüfung zu.[18] Dabei müssen allerdings relativ enge Voraussetzungen erfüllt sein: Es muss sich um eine Tarifvariante handeln; das Entgelt für die Standarddienstleistungen muss bereits im bestehenden Price-Cap enthalten sein. Zudem muss das beantragte Entgelt bei gegebener Nachfrage zu einer Preissenkung für den Kunden führen; der Kunde ist über die Annahme des Angebotes frei. Schon ohne das Entgelt muss die Einhaltung der Preis-Cap-Maßgrößen nachgewiesen werden.[19] Später ging sie – mit **20**

---

**13** Beck'scher PostG-Kommentar/*Sedemund/von Danwitz* § 21 Rn 41.
**14** Dafür RegTP Beschl v 23. 12. 1999, BK 2c 99/050, S 2 und 15; Beck'scher PostG-Kommentar/*Sedemund/von Danwitz* § 21 Rn 18, 27, 42; dagegen *Ladeur* K & R 1998, 479, 484; TKMMR/*Manssen* C § 27 Anh Rn 6.
**15** Die Bindungswirkung betont RegTP, Beschl v 23. 12. 1999, BK 2c 99/050, S 11.

**16** Beck'scher PostG-Kommentar/*Sedemund/von Danwitz* § 21 Rn 41.
**17** RegTP, Beschl v 30. 1. 1998, MMR 1998, 328; Beck'scher TKG-Kommentar/*Schuster/Stürmer* § 27 Rn 1.
**18** Offenlassend RegTP, Beschl v 23. 12. 1999, BK 2c 99/050.
**19** RegTP, Beschl v 18. 6. 1999, BK 2–1 99/018, S 4;

vergleichbarem Ergebnis – dazu über, für „neue" Angebote mit im Wesentlichen identischen Einzelleistungen ein Einzelgenehmigungsverfahren ohne Kostenprüfung durchzuführen. Zulässig sei dies insbesondere dann, wenn für neue Tarifoptionen die Nachfragestruktur und die Inanspruchnahme noch nicht prognostiziert werden können, die für die Kostenkalkulation bekannt sein müssen. Davon zu unterscheiden ist die Frage, ob neue Dienstleistungen bei einer Neufestsetzung von Price-Cap-Konzeptvorgaben einbezogen werden.[20] Die Anwendung des Preis-Cap-Verfahrens ist ferner problematisch, wenn **gebündelte Leistungen** angeboten werden, bei denen entgeltgenehmigungspflichtige mit nicht entgeltgenehmigungspflichtigen zusammengefasst werden.

21 Besondere Probleme treten auf, wenn einzelne Leistungen des Price-Cap-Korbes entfallen. Hier ist zum einen an eine unternehmerische Entscheidung des regulierten Unternehmens zu denken; zum anderen an den Wegfall der Entgeltregulierung auf einzenen Märkten. Beide Entwicklungen muss die Price-Cap-Entgeltregulierungs hinnehmen. Jedenfalls bei einem Herausfallen ohne Zutun des Unternehmens sind künftige Preisveränderungen der nicht mehr entgeltregulierten Dienstleistungen nicht mehr anzurechnen. Der Anteil der Senkungsvorgabe, der während der Einbeziehung erreicht worden ist, dürfte aber auch über den Zeitpunkt des Entfallens hinaus anrechenbar sein (zw).

## III. Entscheidungsmaßstäbe im Engeltregulierungsverfahren

22 Abs 3 regelt die Entscheidungsmaßstäbe in der Vorab-Preisregulierung. Ergänzende Regelungen finden sich in § 28 Abs 3 TKG sowie in § 2 Abs 3 und § 5 Abs 2 TEntgV. Die Entscheidungsmaßstäbe ergeben sich aus § 24 Abs 2 Nr 1 iVm § 24 Abs 1 TKG, aus einer Evidenzprüfung der Maßstäbe aus § 24 Abs 2 Nr 2 TKG sowie aus sonstigen gesetzlichen Anforderungen.

### 1. § 24 Abs 2 Nr 1

23 Für die Einzelgenehmigung verweist Abs 2 S 1 uneingeschränkt auf die Anwendung von § 24 Abs 2 Nr 1 TKG. Abs 2 S 1 bringt dabei zum Ausdruck, dass der Maßstab aus § 24 Abs 2 Nr 1 mit dem Maßstab der Kosten der effizienten Leistungsbereitstellung (§ 27 Abs 2 Nr 1) identisch ist. In bestimmten Fällen wendet die RegTP auch in Einzelgenehmigungsverfahren die Price-Cap-Vorgaben an (s Rn 20).

24 Für das Price-Cap-Verfahren regelt Abs 2 S 2, dass der Einhaltung der vorgegebenen Maßgrößen der Maßstab aus § 24 Abs 2 Nr 1 als erfüllt gilt. Ein Rückgriff auf die Kosten der effizienten Leistungsbereitstellung ist insoweit nur noch iVm § 24 Abs 2 Nr 2 und § 24 Abs 2 Nr 3 möglich.

### 2. § 24 Abs 2 Nr 2, 3

25 Sowohl im Einzel- wie im Price-Cap-Genehmigungsverfahren sind auch die Maßstäbe des Abschlagsverbotes (§ 24 Abs 2 Nr 2 TKG) und des Diskriminierungsverbotes (§ 24 Abs 2 Nr 3 TKG) zu prüfen. Allerdings beschränkt sich die Prüfung insoweit auf eine **Offenkundigkeitsprüfung**. Das soll insbesondere den straffen Fristen der Entgeltgenehmigung Rechnung tragen. Der Begriff der Offenkundigkeit ist umstritten. Nach Auffassung der RegTP ist Offenkundigkeit gegeben, wenn die Nichteinhaltung der Anforderungen für die RegTP aufgrund bereits vorhandener Unterlagen, Kenntnisse und Erfragungen ohne weiteres ersichtlich ist.[21] Demgegenüber sei keine Offenkundigkeit gegeben, wenn die Beschlusskammer zur Entscheidungsfindung noch Ermittlungen durchführen müsste oder auf weitere Nachweise der Antragsteller oder von anderen Beteiligten angewiesen wäre. Dieser Auffassung wird unter Hinweis auf den Amts-

---

zum folgenden RegTP, Beschl v 26. 7. 2000, BK 2c 00/0016 S 7 f und BK 2c 00/0017; RegTP, Beschl v 25. 5. 2000, BK 2c 00/009, S 5; RegTP, Beschl v 21. 2. 2001, BK 2c-00/037; krit Schuster MMR 2001, 298, 304.
20 Dazu RegTP, Beschl v 23. 12. 1999, BK 2c 99/050, S 14; zum folgenden (Bündel) RegTP, Beschl v 31. 3. 2000, BK 2c 00/001. Dazu und zu folgenden nunmehr auch RegTP, Eckpunkte Price-Cap 2002, S 3 ff.
21 RegTP, Beschl v 4. 3. 1999, BK 2–1 99/004.

ermittlungsgrundsatz widersprochen.[22] Offenkundigkeit ist nach dieser Auffassung schon dann gegeben, wenn eine verständiger Verfahrensbeteiligter die Nichteinhaltung der Maßstäbe aus Abs 2 Nr 2 und 3 ohne weiteres erkennen muss.[23] Die Nichteinhaltung der Maßstäbe müsse sich gewissermaßen aufdrängen.

### 3. Sonstige Anforderungen

Die Entgeltgenehmigung ist ferner dann zu versagen, wenn die Entgelte mit dem Gesetz oder anderen Rechtsvorschriften nicht in Einklang stehen. Zu denken ist dabei insbesondere an § 17 Abs 1 S 1 TKG, wonach **Universaldienstleistungen** zu einem erschwinglichen Preis angeboten werden müssen sowie Verstöße gegen Kartellrecht durch Wettbewerbsbeschränkungen jeder Art. Auch Verstöße gegen § 33 TKG können als Verstoß gegen sonstige Anforderungen zur Versagung der Entgeltgenehmigung führen.[23a] Zu beachten sind überdies die zusätzlichen verordnungsrechtlichen Anforderungen aus der TEntgV.

26

### 4. Ablehnung wegen ungenügender Nachweise, Teilgenehmigungen: Die Prozeduralisierung des materiellen Entscheidungsprogramms aus § 24 TKG in einem verordnungsrechtlichen Kontrolldiskurs

Liegen die Genehmigungsvoraussetzungen vor, so muss die Entgeltgenehmigung erteilt werden; auf sie besteht ein Anspruch.[24] Ein irgendwie geartetes Ermessen zur Versagung hat die Regulierungsbehörde nicht. Allerdings ist ihre Amtsermittlungspflicht durch spezialgesetzliche **Darlegungsobliegenheiten** des regulierten Unternehmens deutlich eingeschränkt. Reichen die vorgelegten Kostennachweise nicht aus, so kann die RegTP nach § 2 Abs 3 oder § 5 Abs 2 TEntgV den Antrag insgesamt ablehnen. Diese weitreichende Ermächtigung ist das Korrelat zu den strengen, nicht verlängerbaren Entscheidungsfristen, die § 28 TKG vorsieht. Demgegenüber geht das VG Köln[25] im Sinne eines streng formalisierten Kontrolldiskurses (Rn 28) sogar davon aus, dass bei ungenügenden Kostennachweisen abgelehnt werden muss.

27

Das materiell-rechtliche Prüfungsprogramm (dazu § 24 Rn 33 ff) ist in der TEntgV prozeduralisiert worden. Das beantragende Unternehmen muss Kostennachweise vorlegen, die in § 2 Abs 1 bis 2 TEntgV detailliert aufgelistet sind. Werden diese Unterlagen nicht vollständig vorgelegt, so kann die Regulierungsbehörde nach § 2 Abs 3 den Entgeltantrag ablehnen. Die vorgelegten Nachweise sind von der RegTP darauf zu prüfen, ob sich die Entgelte an den Kosten der effizienten Leistungsbereitstellung orientieren. Im Rahmen dieser Prüfung sollen ergänzend Vergleichsmarktverfahren herangezogen werden. Die RegTP hat in ihrer Regulierungspraxis diese Prozeduralisierung nicht strikt gehandhabt. Bei unvollständigen oder nicht ausreichend prüfungsfähigen Nachweisen wurden Entgeltanträge tendenziell nur in Ausnahmefällen abgelehnt. Diese Fälle betrafen häufig Leistungen, an deren spezifischer Entgeltlichkeit ohnehin erhebliche Zweifel bestehen. Im Allgemeinen hat die RegTP dagegen eher materiell-rechtliche Folgen aus der Unvollständigkeit oder fehlenden Prüfungsfähigkeit gezogen. Sie hat fehlende Nachweise insbesondere durch eine Orientierung an dem stärker normativen Maßstab der Effizienzkosten ausgeglichen, mitunter auch durch Vergleichsmarktbetrachtungen. In diesem Zusammenhang greift sie insbesondere auf das Institut der Teilgenehmigung und kurze Befristungen der Entgeltgenehmigung zurück. Diesem Konzept eines nur gemäßigt formalisierten Kontrolldiskurses ist das VG Köln mit einem Modell eines streng-formalen Kontrolldiskurses entgegengetreten.[26] § 3 Abs 3 TEntgV (Vergleichsmarktbetrachtung) erlaube nur eine zusätzliche Überprüfung, keine eigenständige Entscheidung. Die Prüfung nach § 24 Abs 1 TKG und nach § 3 Abs 1 TEntgV habe zwingend die vom beantragenden Unternehmen durch vollständige Kosten-

28

---

**22** Beck'scher TKG-Kommentar/*Schuster/Stürmer* § 27 Rn 26.
**23** Beck'scher TKG-Kommentar/*Schuster/Stürmer* § 27 Rn 27; zu anderen illegalen Wettbewerbsbeschränkungen als Tarifstrukturen, zB Leistungs- und Konditionenkoppelungen RegTP, Beschl v 25. 5. 2000, BK 2c 00/009, S 5 ff.

**23a** Zu § 33 TKG jüngst RegTP, Beschl v 30. 3. 2001, BK 4a-01-001/E 19.01.01, S 26 f.
**24** Beck'scher PostG-Kommentar/*Sedemund/von Danwitz* § 21 Rn 2.
**25** Urt v 7. 9. 2000, 1 K 10406/98; vorsichtig OVG Münster, Beschl v 3. 5. 2001, 13 B 69/01, S 9 ff.
**26** VG Köln, Urt v 7. 9. 2000, 1 K 10406/98.

Wolfgang Spoerr

unterlagen nachzuweisenden Ist-Kosten als Ausgangspunkt. Die Bewertung der Ist-Kosten am Effizienzmaßstab und am Orientierungsgebot dürfte erst erfolgen, wenn die Ist-Kosten vollständig nachgewiesen sind. Ließe man die Kostenprüfung anhand nicht vollständiger Kostennachweise zu, so wäre eine Ermittlung der neutralen Auwendungen in der nach § 3 Abs 4 TEntgV vorgeschriebenen Weise ausgeschlossen. Eine endgültige Genehmigung im Wege einer Interessenabwägung oder Schätzung sei unzulässig. Insbesondere müssten die materiellen Zuordnungskriterien für die Gemeinkostenverteilung für sämtliche relevanten Kostenstellen in allen Unternehmensbereichen vorgelegt werden.

**29** Die Auffassung des VG Köln begegnet in ihrer Rigorosität gewissen Bedenken. Mit der Ermessensermächtigung in § 2 Abs 3 TEntgV dürfte sie kaum zu vereinbaren sein. Zutreffend dürfte allerdings der Hinweis auf die Verpflichtung der RegTP sein, vollständige Nachweise der Gemeinkosten zu erfordern. Ohne eine auf das gesamte Unternehmen bezogene Betrachtung ist dies kaum möglich. Auch dürfte es § 24 TKG ebenso wie § 3 TEntgV ausschließen, die Kostennachweise und Kostenprüfungen durch eine Vergleichsmarktbetrachtung zu substituieren. Dagegen dürfte es zu weit gehen, der RegTP eine eigenständige Bewertung der Effizienzkosten auf der Grundlage imperfekter Kostennachweise zu versagen.

**30** Zulässig ist jedenfalls eine **Teilgenehmigung**[27], also die Genehmigung eines niedrigeren als des beantragten Entgelts.[28] Die Argumente hierfür aus der Gesetzesbegründung, aus § 3 TEntgV, aus dem Verhältnismäßigkeitsgrundsatz und nach allgemeinem Verwaltungsrecht sind nicht zu widerlegen.[29]

**31** Umstritten[30] ist die Entscheidungspraxis der Regulierungsbehörde, **vorläufige Entgeltgenehmigungen** zu erteilen.[31] Teilweise regeln diese vorläufigen Entgeltgenehmigungen explizit die Folgen einer abweichenden Genehmigung im Hauptsacheverfahren.[32]

### 5. Rückwirkende Entgeltgenehmigung

**32** In ihrer bisherigen Regulierungspraxis geht die RegTP davon aus, dass rückwirkende Entgeltgenehmigungen nicht erteilt werden.[33] Diese Praxis ist abzulehnen (aA § 39 Rn 11).[34] Für ein entsprechendes Verbot an die Regulierungsbehörde gibt das Gesetz keine hinreichenden Anhaltspunkte. Die Regulierungspraxis ist zudem insoweit inkonsistent, als vorläufige Entgeltgenehmigungen rückwirkend erteilt werden.[35] Allerdings steht ein Rückbezug der Entgeltgenehmigung im Ermessen der RegTP. Damit wird der vielfach erhobene Einwand ausgeräumt, mit der Rückwirkung von Entgeltgenehmigungen würde der Gesetzeszweck vereitelt, indem das regulierte Unternehmen so behandelt wird, als hätte es den Antrag rechtzeitig gestellt.[36] Eine Rückwirkung auf die Zeit vor Stellung des Antrages dürfte dabei in aller Regel abzulehnen sein.

---

[27] Krit zur Begrifflichkeit TKMMR/*Manssen* C § 27 Rn 12.
[28] Siehe etwa RegTP, Beschl. v. 8. 2. 1999, BK 4e-98–024; RegTP, Beschl v 31.7. 1998, MMR 1998, 683; RegTP, Beschl v 15. 6. 1998, MMR 1998, 563; ablehnend *Schütz/Müller* MMR 1999, 135; RegTP, Beschl v 24.2. 2000, BK 3b/99/034; RegTP, Beschl v 23. 12. 1999, BK 4e-99–042/E15.10.99.
[29] Ausf Beck'scher TKG-Kommentar/*Schuster/Stürmer* § 27 Rn 43 ff; TKMMR/*Manssen* C § 27 Rn 11 f.
[30] Ablehnend Beck'scher TKG-Kommentar/*Schuster/Stürmer* § 27 Rn 36 ff; *Schütz/Müller* MMR 1999, 128, 136 f; zur früheren energierechtlichen Preiskontrolle abl Bay VGH BayVBl 1982, 18 = RdE 1981, 91.
[31] Vgl etwa RegTP, Beschl v 13.5. 1998, MMR 1998, 624; RegTP, Beschl v 30.11. 1998, MMR 1999, 183, ständige Praxis; dazu *Hummel* CR 2000, 291.

[32] Vgl etwa RegTP, Beschl v 21. 12. 1999, BK 2d 99/027M RegTP, Beschl v 31. 1. 2000, BK 2a 99/031.
[33] Etwa RegTP, Beschl v 8. 3. 1999, BK 2a 99/003, S 9; RegTP, Beschl v 24. 2. 2000, BK 3b/99/034; RegTP, Beschl v 29. 12. 1999, BK 4e-99–050/E29. 10. 99; RegTP, Beschl v 31.7. 1998, BK 4a A1130/E02.05.98, so auch Beck'scher TKG-Kommentar/*Schuster/Stürmer*, § 29 Rn 7a und *Hummel* CR 2000, 291, 293.
[34] So auch *Kleinlein* FS Bezzenberger, 2000, 673, 677 f; TKMMR/*Manssen* C § 27 Rn 14 ; VG Köln, Urt v 7. 9. 2000, 1 K 10406/98; VG Köln, Beschl v 18. 12. 2000, 1 L 2484/00-EBC.
[35] RegTP, Beschl v 17. 2. 1999, BK 4a-98-036/E 29.10.98, S 10; Abl RegTP 1999, 523; RegTP, Beschl v 18. 3. 1999, BK 4e 99-003/E 07.01.99, S 9.
[36] Beck'scher TKG-Kommentar/*Schuster/Stürmer* § 29 Rn 7a.

Wolfgang Spoerr

## § 28 Verfahren der Regulierung genehmigungspflichtiger Entgelte

(1) Genehmigungsbedürftige Entgelte und entgeltrelevante Bestandteile der Allgemeinen Geschäftsbedingungen nach § 25 Abs 1 sind der Regulierungsbehörde schriftlich vorzulegen. Bei befristet erteilten Genehmigungen hat die Vorlage mindestens zwei Monate vor Fristablauf zu erfolgen.

(2) Die Regulierungsbehörde entscheidet über Entgeltanträge nach Absatz 1 innerhalb von sechs Wochen nach Eingang der Entgeltvorlage. Die Regulierungsbehörde kann innerhalb der in Satz 1 genannten Frist das Verfahren um längstens vier Wochen verlängern. Innerhalb dieser vier Wochen hat sie über den Entgeltantrag zu entscheiden.

(3) Die Regulierungsbehörde soll die Genehmigung mit einer Befristung nach § 36 Abs 2 Nr 1 des Verwaltungsverfahrensgesetzes versehen.

(4) Genehmigte Entgelte sind im Amtsblatt der Regulierungsbehörde zu veröffentlichen.

**Schrifttum:** *Hummel* Die vorläufige Genehmigung beim besonderen Netzzugang, CR 2000, 291 und die in §§ 24, 27 und 29 genannte Literatur.

### Inhaltsübersicht

|  |  | Rn |
|---|---|---|
| I. | Grundlagen | 1 |
| II. | Einzelheiten zum Verfahren (Abs 1, 2) | 2–7 |
| III. | Befristungen (Abs 3) | 8–11 |
| IV. | Stabilität der Entgeltgenehmigung | 12–13 |
| V. | Veröffentlichung (Abs 4) | 14 |
| VI. | Besonderheit des Verfahrens bei besonderen Netzzugangsleistungen | 15–18 |

### I. Grundlagen

§ 28 regelt das Verfahren der Entgeltgenehmigung. Abs 1 betrifft dabei die Pflichten bzw die Obliegenheiten des regulierten Unternehmens; Abs 2 die Entscheidungsfristen der RegTP. Demgegenüber erweitert Abs 3 den materiellen Entscheidungsrahmen, und Abs 4 schreibt die Veröffentlichung im Amtsblatt der RegTP vor. **1**

### II. Einzelheiten zum Verfahren (Abs 1, 2)

Abs 1 S 1 regelt die Form des Antrages. Auch Telefax-Übermittlung wahrt die Schriftform; insoweit gelten keine Besonderheiten gegenüber dem allgemeinen Verwaltungsrecht.[1] Die Einzelheiten im Hinblick auf die vorzulegenden Unterlagen regeln §§ 2, 5 TEntgV. § 28 Abs 1 S 2 regelt den Fall des bevorstehenden Ablaufs befristeter Entgeltgenehmigungen. Hier muss der Antrag mindestens zwei Monate vor Fristablauf gestellt werden. Diese Frist ist kürzer als die höchstmögliche Entscheidungsfrist der RegTP nach Abs 2. Insoweit wird vertreten, dass die Verlängerung der Entscheidungsfrist durch die RegTP eine stillschweigende Verlängerung der alten Genehmigung bis zur endgültigen Entscheidung impliziert.[2] Die Regulierungspraxis greift demgegenüber auf vorläufige Entgeltgenehmigungen (§ 27 Rn 31) zurück; nach der hier vertretenen Auffassung kann die Entgeltgenehmigung auch rückwirkend erteilt werden (vgl § 27 Rn 32). **2**

Abs 2 regelt die Entscheidungsfristen, die die RegTP einhalten muss. Grundsätzlich muss sie innerhalb von sechs Wochen nach Eingang der Entgeltvorlage entscheiden. Sie kann das Verfahren innerhalb dieser Frist um längstens vier Wochen verlängern. Insgesamt kann die Frist also **3**

---

[1] Beck'scher TKG-Kommentar/*Schuster/Stürmer* § 28 Rn 2.

[2] Beck'scher TKG-Kommentar/*Schuster/Stürmer* § 28 Rn 6.

Wolfgang Spoerr

10 Wochen betragen. Im Price-Cap-Verfahren soll die RegTP gemäß § 5 Abs 3 innerhalb von zwei Wochen entscheiden.

**4** Nach verbreiteter Auffassung[3] soll auch ein unvollständiger, nicht prüfungsfähiger Antrag einen Fristbeginn auslösen. Wegen der straffen Entscheidungsfristen zu Lasten der RegTP dürfen grob unvollständige Anträge durch verfahrensrechtliche Entscheidung[4] abgelehnt werden, ohne dass Unterlagen nachgefordert werden.

**5** Das Fristversäumnis durch die RegTP hat nicht die Wirkung einer Entgeltgenehmigung. Für eine entsprechende **Genehmigungsfiktion** bietet der Gesetzeswortlaut keinerlei Anhaltspunkte.[5]

**6** Von einer nicht beabsichtigten Regelungslücke kann nicht ausgegangen werden. Die Entscheidungsfristen werden hinreichend deutlich geregelt, und die Sanktion durch mögliche Amtshaftungsansprüche ist wirksam genug, um dem Interesse des entgeltregulierten Unternehmens einer zügigen Entscheidung gerecht zu werden. Dazu kommt – ohne dass dies entscheidend ist – die in der Praxis allerdings bestrittene Möglichkeit, die Entgeltgenehmigung rückwirkend zu erteilen (§ 27 Rn 32). Die Analogie zu § 40 GWB nF scheitert auch daran, dass § 40 GWB nicht dem Interesse des Beteiligten, möglichst schnell Gewissheit über die Zulässigkeit seines „wettbewerblichen Verhaltens" zu erlangen,[6] sondern dem besonderen Eilbedürfnis bei Vertragsgestaltungen, die die gesellschaftsrechtliche Unternehmensstruktur betreffen.

**7** Gegenstand einer heftigen Kontroverse ist geworden, inwieweit die ex-ante Genehmigung materiell antragsabhängig ist, insbesondere ob das regulierte Unternehmen den Antrag jederzeit zurückziehen kann. Anlass der Kontroverse waren die verschiedenen Entgeltgenehmigungsanträge der Deutschen Telekom AG für den entbündelten Zugang zur Teilnehmeranschlussleitung. Das VG Köln hat dazu entschieden, dass das Entgeltregulierungsverfahren insoweit kein in der alleinigen Dispositionsbefugnis des Unternehmens stehendes Antragsverfahren, sondern ein auch von Amts wegen zu betreibendes Preisregulierungsverfahren ist, als es überwiegend öffentlichen Interessen oder Interessen Dritter dient.[7] Später hat es diese Aussage auf einen Sonderfall beschränkt[8] und die Antragsabhängigkeit wieder betont. Aus den Entscheidungsfristen folgt kein Verbot, im Falle einer Überschreitung der Entscheidungsfristen neue Erkenntnisse zu berücksichtigen.[9]

### III. Befristungen (Abs 3)

**8** Die Entgeltgenehmigung soll nach Abs 3 befristet erteilt werden. Ihre zeitliche Reichweite soll von vornherein beschränkt werden. Damit soll der Dynamik der Kosten- und Marktverhältnisse Rechnung getragen werden. Die RegTP berücksichtigt – iS eines nur gemäßigt formalisierten und verfahrensübergreifenden Kontrolldiskurses (§ 27 Rn 28) – auch Mängel der Kostennachweise bei der Bestimmung der Frist.[10] Von einer Befristung kann nur in Ausnahmefällen abgesehen werden. Ein solcher Ausnahmefall liegt beispielsweise vor bei einer Koppelung der Entgeltgenehmigung an eine andere Entgeltgenehmigung, die ihrerseits befristet ist. In besonders gelagerten Fällen kann auch ein Vorbehalt der Nachprüfung oder eine anderweitige auflösende Bedingung das Absehen von einer Befristung rechtfertigen. Das BMWi hat die RegTP aufgefordert, die Fristen großzügiger zu bemessen. Dies wurde später iS einer Regelfrist von mindestens einem Jahr konkretisiert.[11]

---

**3** Beck'scher TKG-Kommentar/*Schuster/Stürmer* § 28 Rn 20; Beck'scher PostG-Kommentar/*Sedemund/von Danwitz* § 22 Rn 27.
**4** Beck'scher PostG-Kommentar/*Sedemund/von Danwitz* § 22 Rn 20.
**5** So jetzt auch Beck'scher TKG-Kommentar/*Schuster/Stürmer* § 28 Rn 13; anders die Vorauflage, aaO, und Beck'scher PostG-Kommentar/*Sedemund/von Danwitz* § 22 Rn 34 f.
**6** So aber Beck'scher PostG-Kommentar/*Sedemund/von Danwitz* § 32 Rn 34.

**7** VG Köln, Beschl v 20.1.1999, 1 L 3890/98, CR 1999, 161; zustimmend Beck'scher TKG-Kommentar/*Schuster/Stürmer* § 28 Rn 15a f.
**8** VG Köln, Beschl v 18.12.2000, 1 L 2484/00.
**9** AM Beck'scher TKG-Kommentar/*Schuster/Stürmer* § 28 Rn 15d ff.
**10** Etwa RgTP, Beschl v 21.12.1999, BK 2d 99/027, S 8.
**11** BMWi, Eckpunkte Telekommunikation (neu gefasst), S 30.

Anders als nach dem PostG besteht demgegenüber keine allgemeine Ermächtigung, die Genehmigung mit sonstigen Nebenbestimmungen zu versehen. Sonstige Nebenbestimmungen sind daher gemäß § 36 Abs 1 VwVfG nur zulässig, wenn sie der Sicherstellung der gesetzlichen Voraussetzungen der Entgeltgenehmigung dienen.

Die gesetzlichen Voraussetzungen sind dabei grundsätzlich auf den Zeitpunkt der Entscheidung zu beziehen. Wegen des Bezuges der Bewertung nach § 36 Abs 1 VwVfG auf den Zeitpunkt der Entscheidung über den Genehmigungsantrag sind Nebenbestimmungen, die künftigen Entwicklungen Rechnung tragen, nur zulässig, wenn die künftigen Szenarien zu einem Genehmigungshindernis zum Zeitpunkt der Entscheidung führen.

Andere Nebenbestimmungen als Befristungen sind zulässig, wenn die anderweitige Nebenbestimmung die Befristung substituiert, beispielsweise durch Koppelung an eine anderweitige, ihrerseits befristete Entgeltgenehmigung.

## IV. Stabilität der Entgeltgenehmigung

Während ihrer Laufzeit hat die Entgeltgenehmigung eine – eingeschränkte – Stabilität. Diese wird allerdings durch die allgemeinen Vorschriften des Verwaltungsverfahrensrechts (§§ 48 bis 51 VwVfG)[12] ebenso wie durch die Möglichkeit der komplementären nachträglichen Entgeltregulierung gemäß § 30 Abs 1 TKG beträchtlich eingeschränkt. Beides steht selbständig nebeneinander.[13]

Die Revisibilität der Entgeltgenehmigung besteht allerdings nur in den Grenzen der gesetzlichen Regelungen, und sie ist nicht einseitig auf die Senkung von genehmigten Entgelten beschränkt.[14]

## V. Veröffentlichung (Abs 4)

Die Veröffentlichungspflicht aus Abs 4 wird in § 9 TEntgV näher ausgestaltet. Dort wird insbesondere geregelt, dass auch die dazugehörigen Leistungsbeschreibungen und die Bestimmungen über die Leistungsentgelte zu veröffentlichen sind.

## VI. Besonderheit des Verfahrens bei besonderen Netzzugangsleistungen

Die Entgeltgenehmigung für besondere Netzzugangsleistungen (§ 39 TKG) unterliegt einer Reihe verfahrensrechtlicher Besonderheiten. Obwohl Gegenstand der Genehmigung nach § 39 ebenso wie bei § 25 Entgelte sind, lehnt die RegTP eine „abstrakte", von einer konkreten Vertragsbeziehung losgelöste Genehmigung nach Art einer Preislisten- oder Tarifgenehmigung ab. Das wird in erster Linie daraus abgeleitet, dass § 39 von der Gewährung eines Netzzugangs spricht.[15] Zusätzlich wird darauf hingewiesen, dass die Erklärung zum Grundangebot ansonsten überflüssig wäre. Die Erforderlichkeit eines konkreten Anwendungsfalls[16] steht in inhaltlichem Zusammenhang mit dem Subsidiaritätserfordernis und dem Marktnähekriterium (dazu § 37 Rn 18).

Gesetzessystematisch steht § 39 TKG gleichberechtigt neben § 25. Daher hat § 39 TKG einen relativ umfassenden Anwendungsbereich. Bei § 39, 1. Alternative TKG, kommt es auf die Marktbeherrschung an, bei § 39, 2. Alternative TKG nicht.[17]

Dagegen ist § 39, 1. Alternative TKG im Hinblick auf die Netzzugänge gemäß § 35 restriktiv auszulegen. Allgemeine Netzzugänge sind von § 39 TKG nicht erfasst.[18] § 39, 1. Alternative

---

**12** Beck'scher PostG-Kommentar/*Sedemund/von Danwitz* § 22 Rn 65 f.
**13** Beck'scher PostG-Kommentar/*Sedemund/von Danwitz* § 22 Rn 65 f.
**14** So auch Beck'scher TKG-Kommentar/*Schuster/Stürmer* § 28 Rn 19b f.

**15** RegTP, Beschl v 30.11.1998, BK 4e-98-024/E 21.09.98, MMR 1999, 183, 184; st Praxis.
**16** Etwa RegTP, Beschl v 3.2.2000, BK 4e-99-059/E24.11.99 für Kollokationsräume.
**17** RegTP, Beschl v 23.12.1999, BK 4e-99-042/E15.10.99.
**18** RegTP, Beschl v 23.12.1999, BK 4e-99-042/

Wolfgang Spoerr

verweist umfassend auf das Verfahren der Entgeltgenehmigung, während § 39 2. Alternative die Geltung von deren materiellen Maßstäben im Zusammenschaltungs-Verwaltungsverfahren gem § 37 anordnet.

**18** Zu den entgeltregulierungspflichtigen Zusammenschaltungsleistungen nach § 39, 1. Alternative TKG gehören nicht nur die physische Zusammenschaltung und die über diese erbrachten Leistungen (Terminierung, Zuführung und Transit), sondern auch zusätzliche Dienstleistungen, wenn sie mit einer Zusammenschaltungsleistung in engem Zusammenhang stehen und für die Abrechnung einer Leistung oder Nachfrage erforderlich sind. Ein solcher enger Zusammenhang zur eigentlichen Zusammenschaltungsleistung liegt aber nur vor, wenn die Leistung einen im Wesentlichen technischen Bezug zu dem zusammengeschalteten Telekommunikationsnetz aufweist.[19] Inkasso und Fakturierung stehen nicht mehr in einem solchen engen Zusammenhang.[20]

## § 29 Abweichung von genehmigten Entgelten

(1) Der Lizenznehmer ist verpflichtet, ausschließlich die von der Regulierungsbehörde genehmigten Entgelte zu verlangen.

(2) Verträge über Dienstleistungen, die andere als die genehmigten Entgelte enthalten, sind mit der Maßgabe wirksam, dass das genehmigte Entgelt an die Stelle des vereinbarten Entgelts tritt. Die Regulierungsbehörde kann die Durchführung eines Rechtsgeschäfts untersagen, das ein anderes als das genehmigte Entgelt enthält.

**Schrifttum:** s §§ 24, 28 und 30 und *Kleinlein* Die Genehmigung der Entgelte für die Gewährung von Netzzugang nach §§ 39, 25 Abs 1 TKG, Festschrift Bezzenberger, 2000, S 673 ff.

### Inhaltsübersicht

|  |  | Rn |
|---|---|---|
| I. | Allgemeines | 1–3 |
| II. | Bindung der Entgeltgenehmigung: Abs 1 | 4–5 |
| III. | Folgen der Entgeltgenehmigung auf privatrechtliche Leistungsverträge | 6–13 |
|  | 1. Grundlagen | 6 |
|  | 2. Fehlende Entgeltgenehmigung | 7 |
|  | 3. Angefochtene Entgeltgenehmigung | 8–11 |
|  | 4. Verhältnis zwischen vorläufiger Entgeltgenehmigung und Hauptsacheentscheidung | 12 |
|  | 5. Abweichende Vereinbarungen | 13 |
| IV. | Untersagungsbefugnis (Abs 2 S 2) | 14 |

## I. Allgemeines

**1** § 29 ist die – recht lückenhafte – Regelung eines hoch komplexen Problems: der Konsequenzen von Verstößen gegen Vorschriften der Entgeltregulierung. Dabei wird § 29 von § **30 TKV** ergänzt. Nach dieser Vorschrift ist eine Vereinbarung unwirksam, wenn in ihr ein genehmigungspflichtiges Entgelt vereinbart wird, für das eine Genehmigung nach dem Gesetz oder eine vorläufige Anordnung der RegTP nicht vorliegt und auch kein Entgelt existiert, das nach § 29 Abs 2 S 1 TKG an die Stelle des vereinbarten Entgelts tritt. Der zivilrechtliche Hintergrund des § 29 ist § **139 BGB**. Im Zweifel sind Verträge unwirksam, wenn ein vertraglich vereinbarter Bestandteil unwirksam ist. Fehlt eine wirksame Entgeltvereinbarung, so sind Verträge unabhängig von den Voraussetzungen aus § 139 BGB unter Umständen auch wegen Fehlens einer vertraglichen

---

E 15. 10. 99. Zum folgenden: RegTP Beschl v 8. 9. 2000, aM VG Köln, Beschl v 18. 12. 2000, 1 L 2484/00, dazu *Spoerr*, K & R 2001, 213; wieder anders und zeitlich gestuft OVG Münster, Beschl v 3. 5. 2001, 13 B 69/01, S 7 f.

**19** RegTP, Beschl v 14. 10. 1999, BK 4c-99–037/ Z04. 08. 99; RegTP, Beschl v 27. 10. 1999, BK 4e-99–038/E13. 8. 99.

**20** RegTP, Beschl v 23. 12. 1999, BK 4e-99–042/ E15. 10. 99.

## § 29 Abweichung von genehmigten Entgelten

Einigung unwirksam.[1] Die – noch ungelöste – Grundsatzfrage ist, ob sich die Engeltgenehmigungspflicht auf das Rechtsgeschäft als Handlung oder als Regelung bezieht (dazu unten Rn 5).

§ 29 Abs 1 begründet die (zunächst **öffentlich-rechtliche**) Pflicht, ausschließlich die genehmigten Entgelte zu verlangen. Die privatrechtlichen Folgen von Verstößen regelt Abs 2 S 1: Verträge, bei deren Abschluss gegen die Pflicht aus Abs 1 verstoßen worden ist, sind wirksam. Allerdings tritt das genehmigte Entgelt an die Stelle des vereinbarten Entgeltes. Komplettiert wird diese Regelung durch eine **Untersagungsbefugnis** der RegTP (§ 29 Abs 2 S 2).

Im Gesetzgebungsverfahren ist § 29 nicht verändert worden. Nach Gesetzesbegründung soll Abs. 1 sicherstellen, dass zum einen keinen anderen Entgelte als die genehmigten Entgelte verlangt werden, zum anderen alle vorab-entgeltregulierungspflichtigen Preise zur Genehmigung vorgelegt und nicht ohne Genehmigung verlangt werden.[2] Zu Abs 2 heißt es in der Gesetzesbegründung der Bundesregierung[3]: „Falls das marktbeherrschende Unternehmen andere als die genehmigten Tarife in Rechnung stellt, ist der Vertrag nur dann wirksam, wenn sie durch die genehmigten Tarife ersetzt werden. Anderenfalls wird durch das Unternehmen ein ungenehmigter Tarif berechnet, der aber hätte genehmigt werden müssen; die Folge ist dann, dass der Vertrag unwirksam ist." – Der Bundesrat wollte in § 29 Abs 2 S 1 die Wörter „mit der Maßgabe" durch „unter der Voraussetzung" ersetzen.[4] Damit wollte er erreichen, dass § 29 Abs 1 nicht so verstanden wird, dass genehmigte Tarife automatisch an die Stelle der nicht genehmigten treten. Die Bundesregierung lehnte den Vorschlag ab, weil der automatische Ersatz der nicht genehmigten Tarife durch genehmigte gerade beabsichtigt sei.[5]

### II. Bindung der Entgeltgenehmigung: Abs 1

§ 29 Abs 1 regelt eine Selbstverständlichkeit. Soweit Entgelte genehmigungspflichtig sind, dürfen sie nur erhoben werden, wenn die erforderliche Genehmigung erteilt ist. Diese Aussage ließe sich auch dem Genehmigungsvorbehalt (§ 25 Abs. 1 TKG) direkt entnehmen. § 29 Abs 1 ist entgegen dem zu eng gefassten Gesetzeswortlaut nicht auf Lizenznehmer beschränkt. Die Vorschrift gilt stets dann, wenn eine Genehmigungspflicht besteht, unabhängig davon, ob der Genehmigungspflichtige Lizenzinhaber ist oder nicht.

Hinter § 29 Abs 1 steht aber die konzeptionelle Grundfrage, ob sich die Entgeltgenehmigungspflicht auf die Vornahme des Rechtsgeschäfts oder auf seinen Inhalt bezieht. Der Vertrag ist – wie Flume herausgearbeitet hat – zugleich Handlung und Regelung. Ein ausschließlich auf die Vornahme des Rechtsgeschäfts, auf den Vertragsschluss selbst bezogenes Verständnis der Entgeltregulierungspflicht hat Kleinlein[6] entwickelt. Kleinlein leitet daraus ab, dass die einmal erteilte Entgeltregulierung zur uneingeschränkten Wirksamkeit der Entgeltvereinbarung führt. Das gelte selbst über die Befristung der Entgeltgenehmigung hinaus,[7] erst recht für Änderungen der Entgeltgenehmigungen aufgrund von Rechtsbehelfen. Eine abweichende Entgelthöhe als Ergebnis des Klageverfahrens könne allenfalls über eine rückwirkende Vertragsänderung Wirksamkeit erlangen.[8]

### III. Folgen der Entgeltgenehmigung auf privatrechtliche Leistungsverträge

#### 1. Grundlagen

Äußerst vielfältige, bislang von der Rechtsprechung noch nicht bewältigte Fragen wirft die Überlagerung der privatrechtlichen Vertragsbeziehungen durch die öffentlich-rechtliche Ent-

---

1 „Essentialia negotii", vgl *Flume*, AT II, 3. Aufl, S 611; s aber BGHZ 41, 271, 275, wobei im TK-Recht ein Rückgriff auf § 315 BGB im Normbereich der ex-ante-Entgeltregulierung an § 29 scheitert.
2 BR-Drucks 80/96, S 44 f.
3 BR-Drucks 80/96, S 45.
4 BT-Drucks 13/4438, S 12.
5 BT-Drucks 13/4438, S 34.
6 *Kleinlein* FS Bezzenberger, 2000, S 673 ff.
7 *Kleinlein* FS Bezzenberger, 2000, S 622.
8 *Kleinlein* FS Bezzenberger, 2000, S 684 f.

geltregulierung auf. Diese Problematik wird dadurch erheblich verschärft, dass die bisherige Regulierungspraxis rückwirkende Entgeltgenehmigungen generell ablehnt.[9] Die vielfältigen Fallkonstellationen werden im Gesetz nicht eindeutig angesprochen. Sie lassen sich daher nur unter Zugrundelegung der gesetzlichen Wertungen der Entgeltregulierung und der wesentlichen Aussagen von § 29 TKG bewältigen. Ausgangspunkt ist dabei zunächst das materielle Pflichtenprogramm der Entgeltregulierung. Es ist als **asymmetrische Sonderpflicht** ausgestaltet. Die materiellen Maßstäbe aus § 24 TKG gelten ausschließlich für marktbeherrschende Unternehmen. Dieser asymmetrischen Ausgestaltung folgend, richtet sich die Pflicht zur „Einhaltung" von Entgeltgenehmigungen aus § 29 Abs 1 gleichfalls ausschließlich an die marktbeherrschenden, der Entgeltregulierung unterliegenden Anbieter, nicht an ihre Vertragspartner. Nicht der Kunde, sondern (allein) der marktbeherrschende, entgeltregulierungspflichtige Anbieter verstößt gegen § 29 Abs 1, wenn abweichende Entgelte vereinbart werden. § 29 Abs 2 S 1 ist schließlich die **materiell-rechtliche Wertung** zu entnehmen, dass die Vertragsbeziehungen **weitestmöglich aufrecht** zu erhalten sind.

## 2. Fehlende Entgeltgenehmigung

**7** Der Grundfall ist, dass Leistungen erbracht und Entgelte vereinbart werden, ohne dass eine Entgeltgenehmigung vorliegt. Insoweit wird die Auffassung vertreten, dass sich an einer (etwa nach § 35 TKG) bestehenden **gesetzlichen** Verpflichtung des Unternehmens zur Erbringung der Leistung nichts ändert. § 29 Abs 2 S 1 ist die Aussage zu entnehmen, dass dieses Unberührtbleiben der Leistungspflicht auch für die **vertragliche** Leistungspflicht gilt. Sie bleibt bestehen. § 29 Abs 1 TKG ist weiterhin abzuleiten, dass der entgeltregulierungspflichtige Leistungserbringer so lange kein Entgelt verlangen kann, wie keine Entgeltgenehmigung vorliegt. Sobald diese erteilt wird, kann er die Entgelte für die Zukunft erheben; wird die Entgeltgenehmigung – was nach zutreffender Auffassung (dazu § 27 Rn 32) im Ermessen der RegTP liegt – rückwirkend erteilt, kann das Entgelt auch für die zurückliegende Zeit verlangt werden. Soweit die RegTP keine rückwirkende Entgeltgenehmigung erteilt, liegt der Fall des § 30 TKV vor.[10] Der Vertrag ist (bei Bestandskraft der Ablehnung) insoweit **endgültig unwirksam**. Die Abwicklung richtet sich nach Bereicherungsrecht. Wird die Entgeltgenehmigung dagegen rückwirkend erteilt, ist das genehmigte Entgelt zu zahlen, der Höhe nach beschränkt auf das vereinbarte Entgelt.[11]

## 3. Angefochtene Entgeltgenehmigung

**8** Ähnliche Fragen stellen sich, wenn eine Entgeltgenehmigung zwar zunächst erteilt worden ist, sie aber vom Betroffenen angefochten wird. Da nach zutreffender Ansicht sowohl das entgeltregulierte Unternehmen wie seine Wettbewerber klagebefugt sind (dazu § 24 Rn 85 ff), kann sich als Ergebnis eines Rechtsstreits sowohl ein höheres wie niedrigeres Entgelt ergeben. Bei der Klage eines Wettbewerbers sind beide Ergebnisse denkbar – je nachdem, ob ein Verstoß gegen § 24 Abs 2 Nr 2 oder § 24 Abs 2 Nr 1 TKG gerügt wird. Die Entgeltgenehmigung ist Kraft Gesetzes vollziehbar (§ 80 Abs 2 TKG). Allerdings kann die VG die aufschiebende Wirkung in einer Interessenabwägung anordnen (§ 80 Abs 5 VwGO).

**9** Gleichwohl ist im Ergebnis weitgehend der **Ausgang der Hauptsache** entscheidend: Wird die Entgeltgenehmigung in der Hauptsache bestätigt, so ist das vereinbarte und genehmigte Entgelt zu zahlen. Das gilt auch dann, wenn die aufschiebende Wirkung der Klage gegen die Entgeltgenehmigung angeordnet worden war. Auch dann wird der Genehmigungspflichtige seiner materiellen Pflicht aus § 29 Abs 1 gerecht, wenn er das Entgelt auf der Grundlage der rechtmäßigen Entgeltgenehmigung berechnet.

**10** Ergibt die Hauptsacheentscheidung, dass ein **niedrigeres Entgelt** festzulegen ist,[12] so folgt aus

---

9 Dazu unter Rn 12 und § 27 Rn 32 und RegTP v 5. 5. 1998, MMR 1998, 326; RegTP v 8. 2. 1999, BK 4e-98–024; Beck'scher TKG-Kommentar/*Schuster/Stürmer* § 29 Rn 7a.

10 Vgl aber RegTP, Beschl v 5. 2. 1998, MMR 1998, 325, 326.
11 Zu den Gründen dafür s unten Rn 11.
12 Zur verwaltungsverfahrens- und prozessrechtlichen Durchsetzung Rn 14.

§ 29 Abs 2 S 1, dass das (schließlich) wirksam und rechtmäßig genehmigte Entgelt an die Stelle des vereinbarten Entgeltes tritt. Dieses Ergebnis liegt auf der Hand, wenn das VG die aufschiebende Wirkung der Klage gegen die Entgeltgenehmigung angeordnet hat. Problematischer ist, ob der Fall einer vollziehbaren Entgeltgenehmigung ebenso zu behandeln ist. Dahinter steht die Frage, ob die Entgelte nach dem Ergebnis des Hauptsacheverfahrens zu Gunsten des Kunden (Vertragspartners) zu korrigieren sind. Dafür spricht die materiell-rechtliche Wertung aus § 24 TKG iVm § 29 Abs 1. Die materiell-rechtliche Wertung setzt sich gegen die prozessrechtliche Wertung der Wirksamkeit und Vollziehbarkeit der Entgeltgenehmigung durch.

Schließlich ist auch denkbar, dass der Rechtsstreit über die Entgeltgenehmigung zu einem **höheren Entgelt** führt. Hier stellt sich die Frage nach **Nachzahlungsansprüchen** des entgeltregulierten Unternehmens gegen seine Kunden. Die besseren Gründe sprechen dafür, solche Nachzahlungsansprüche generell abzulehnen. Soweit die Nachzahlungsansprüche daraus resultieren, dass die Regulierungsbehörde zunächst die Maßstäbe aus § 24 Abs 1 TKG (Kostenorientierung) zu streng gehandhabt hat, folgt dies aus dem Sonderpflichtcharakter von § 29 Abs 1. Für eine Belastung des Kunden, der vertraglich das niedrigere Entgelt vereinbart hat, gibt es keinen hinreichenden normativen Ansatzpunkt, weil er nicht Adressat der Pflicht zur Kostenorientierung ist. Problematischer ist demgegenüber, ob eine Nachforderungsmöglichkeit dann besteht, wenn höhere Entgelte aufgrund der Klage eines Wettbewerbers wegen Verstoßes gegen § 24 Abs 2 Nr 2 oder 3 TKG materiell-rechtlich geboten sind. Die materiell-rechtliche Wertung scheint hier eher als im Fall nicht kostendeckender Entgelte für einen Nachzahlungsanspruch zu sprechen. Gleichwohl dürfte ein solcher Anspruch nicht bestehen, und zwar wegen des **Sonderpflichtcharakters** der §§ 24, 29 Abs 1 in personeller Hinsicht. Für einen Eingriff in geschlossene Verträge zu Lasten des Vertragspartners, der selbst nicht entgeltregulierungspflichtig ist, geben diese Vorschriften keine Grundlage.

### 4. Verhältnis zwischen vorläufiger Entgeltgenehmigung und Hauptsacheentscheidung

Ob die endgültige Genehmigung im Hinblick auf die Entgelthöhe die vorläufige ersetzt, hängt von ihrem Inhalt ab. Nur wenn dies ausdrücklich vorgesehen ist,[13] präjudiziert die vorläufige während ihrer Geltungsdauer die Entgelthöhe nicht.

### 5. Abweichende Vereinbarungen

Daran an schließt sich die Frage, ob privatautonom, in vertraglicher Gestaltung Abweichendes vereinbart werden kann. In Allgemeinen Geschäftsbedingungen des entgeltregulierungspflichtigen Unternehmens sind solche Klauseln in aller Regel unwirksam (§ 9 AGBG). Sie verstoßen – wie gesagt – gegen eine gesetzliche Wertung. Individualvertraglich sind Regelungen, die die Wirksamkeit der Entgeltgenehmigung mindern, wegen Verstoßes gegen § 29 Abs 2 S 1, der zwingendes Gesetzesrecht ist, unwirksam. Fraglich ist daher allenfalls, ob die Wirksamkeit der Entgeltgenehmigung und ihrer materiellen Maßstäbe aus § 24 Abs 1 gestärkt werden kann, indem individualvertraglich Nachzahlungspflichten des Kunden begründet werden können. Hier ist sorgfältig die Vereinbarkeit mit §§ 33 und 38 TKG zu prüfen.

## IV. Untersagungsbefugnis (Abs 2 S 2)

Die Untersagungsbefugnis nach Abs 1 S 2 gilt immer dann, wenn im Normbereich einer **Entgeltgenehmigungspflicht** ein anderes als das genehmigte Entgelt verlangt wird. Sie gilt insbesondere auch dann, wenn Verträge über entgeltgenehmigungspflichtige Leistungen geschlossen werden, ohne dass die Entgeltgenehmigung vorliegt. Allerdings greift die Untersagungsbefugnis erst bei der **Durchführung des Geschäfts**. Der Vertragsschluss als solcher kann nach § 29 Abs 1 S 2 nicht untersagt werden. § 29 verbietet also beispielsweise nicht den Abschluss von Verträgen,

---

[13] ZB RegTP, Beschl v 31.1. 2000, BK 2a 99/031, Auflage 2.2. Satz 2; RegTP, Beschl v 21.12.1999, BK 2d 99/027, Auflage 2.2. Satz 2; RegTP, Beschl v 13.6. 2000, BK 2a 00/008, Auflage 2.3; AM *Hummel* CR 2000, 291, 297: stets.

die unter der aufschiebenden Bedingung (oder ausreichenden Befristung) geschlossen werden, dass die erforderliche Genehmigung erteilt wird. Ein ungenehmigtes Entgelt liegt auch dann vor, wenn das regulierungspflichtige Unternehmen eine andere Leistung erbringt;[14] nicht jede Qualitätsänderung führt aber dazu, dass eine andere Leistung vorliegt (dazu § 24 Rn 10).

## § 30 Verfahren der nachträglichen Regulierung von Entgelten

(1) Soweit das Genehmigungsverfahren nach § 27 Anwendung findet und der Regulierungsbehörde Tatsachen nachträglich bekannt werden, die die Annahme rechtfertigen, dass der Regulierung nach § 25 Abs 1 unterliegende Entgelte und entgeltrelevante Bestandteile der Allgemeinen Geschäftsbedingungen nicht den Maßstäben des § 24 Abs 2 Nr 2 und 3 genügen, leitet die Regulierungsbehörde eine Überprüfung der Entgelte und der entgeltrelevanten Bestandteile der Allgemeinen Geschäftsbedingungen ein. Sie teilt die Einleitung der Überprüfung dem betroffenen Unternehmen schriftlich mit.

(2) Werden der Regulierungsbehörde Tatsachen bekannt, die die Annahme rechtfertigen, dass der Regulierung nach § 25 Abs 2 unterliegende Entgelte und entgeltrelevante Bestandteile der Allgemeinen Geschäftsbedingungen nicht den Maßstäben des § 24 genügen, leitet die Regulierungsbehörde eine Überprüfung der Entgelte und der entgeltrelevanten Bestandteile der Allgemeinen Geschäftsbedingungen ein. Sie teilt die Einleitung der Überprüfung dem betroffenen Unternehmen schriftlich mit.

(3) Die Regulierungsbehörde entscheidet innerhalb von zwei Monaten nach Einleitung der Überprüfung.

(4) Sofern die Regulierungsbehörde feststellt, dass der Regulierung nach den Absätzen 1 und 2 unterliegende Entgelte oder entgeltrelevante Bestandteile der Allgemeinen Geschäftsbedingungen nicht den Maßstäben des § 24 Abs 2 genügen, fordert die Regulierungsbehörde das betroffene Unternehmen auf, die Entgelte oder entgeltrelevanten Bestandteile der Allgemeinen Geschäftsbedingungen unverzüglich entsprechend den Maßstäben anzupassen.

(5) Erfolgt eine nach Absatz 4 durch die Regulierungsbehörde vorgegebene Anpassung nicht, hat die Regulierungsbehörde das beanstandete Verhalten zu untersagen und die Entgelte und die entgeltrelevanten Bestandteile der Allgemeinen Geschäftsbedingungen für unwirksam zu erklären. § 29 Abs 1 und 2 gilt entsprechend.

(6) Die Ausübung des Widerspruchs nach Absatz 4 ist im Amtsblatt der Regulierungsbehörde zu veröffentlichen.

Inhaltsübersicht

| | | Rn |
|---|---|---|
| I. | Grundlagen | 1–8 |
| II. | Voraussetzungen der ergänzenden nachträglichen Entgeltregulierung (Abs 1) | 9–15 |
| | 1. Genehmigungsverfahren nach § 27 TKG | 9 |
| | 2. Nachträglich bekannt werdende relevante Tatsachen | 10–15 |
| III. | Voraussetzungen der selbständigen nachträglichen Entgeltregulierung (Abs 2) | 16–19 |
| IV. | Verfahren | 20–22 |
| V. | Verfahrensabschluss und Entscheidungsmaßstäbe | 23–29 |
| VI. | Ermessen, Drittschutz | 30–35 |

## I. Grundlagen

**1** § 30 enthält zwei sehr unterschiedliche Formen der nachträglichen Entgeltregulierung: Die

---

14 Beck'scher TKG-Kommentar/*Schuster/Stürmer* § 29 Rn 2.

Wolfgang Spoerr

§ 30 Verfahren der nachträglichen Regulierung von Entgelten

ergänzende Ex-Post-Entgeltregulierung nach **Abs 1** gilt im Anwendungsbereich der Vorab-Entgeltregulierung. Sie ist ein **zusätzliches Instrument**, um Defiziten bei der Vorab-Entgeltregulierung Rechnung zu tragen. § 30 Abs 1 ist damit in verwaltungsverfahrensrechtlicher Hinsicht ein besonderes Instrument zur **Durchbrechung der Bindungswirkung** eines Verwaltungsaktes. Abs 1 trägt der Tatsache Rechnung, dass bei der Entgeltregulierung die Maßstäbe des Dumpingverbotes (§ 24 Abs 2 Nr 2 TKG) und des Diskriminierungsverbotes (§ 24 Abs 2 Nr 3 TKG) nur nach dem – ausgesprochen problematischen – Offenkundigkeitsmaßstab (§ 27 Abs 2 TKG) geprüft werden. Die von Gesetzgeber gewollte oder jedenfalls in Kauf genommene reduzierte Prüfungsintensität in der Vorab-Entgeltregulierung wird durch ein besonders Instrumentarium zur nachträglichen Entgeltregulierung kompensiert.

Demgegenüber ist das Verfahren nach **Abs 2 eigenständig.** Sein Anwendungsbereich ergibt sich aus § 25 Abs 2 TKG. Die nachträgliche Entgeltregulierung nach Abs 2 ergänzt nicht, sie substituiert. **2**

Die dritte, in § 30 nicht in erster Linie direkt angesprochene Fallgruppe ist die, dass für genehmigungspflichtige Entgelte keine Entgeltgenehmigung vorliegt. In diesem Fall hat die Regulierungsbehörde nicht nach § 30 Abs 1, sondern nach § 29 Abs 2 S 2 TKG zu verfahren (s unten Rn 9). **3**

§ 30 ist im gesetzlichen System der Regulierung eine Zentralvorschrift. Die nachträgliche Entgeltregulierung ist unverzichtbar, um Störungen des Marktgleichgewichtes auf Telekommunikationsmärkten zu begegnen. Dabei geht es insbesondere um Preishöhenmissbrauch, Diskriminierung, Quersubventionierung und Kosten-/Preis-Scheren, mit denen Unternehmen mit Bottleneck-Ressourcen Wettbewerber beeinträchtigen können. Aus dem Blickwinkel des regulierten Unternehmens ist die nachträgliche Entgeltregulierung deutlich weniger eingriffsintensiv, weil sie die Reaktionsmöglichkeiten am Markt wegen ihrer Ex-Post-Wirkung nicht nennenswert beeinträchtigt. Nach der **Gesetzesbegründung** kommt in der nachträglichen Entgeltregulierung die „spezifische Regulierung auf dem Telekommunikationsmarkt besonders zum Ausdruck".[1] Die im Vergleich zum GWB **strengeren Kriterien** seien auch bei der nachträglichen Entgeltregulierung anzuwenden. **4**

Unionsrechtlich ist zumindest eine nachträgliche Entgeltregulierung für Unternehmen mit beträchtlicher Marktmacht zwingend, um die materiellen Anforderungen der Kostenorientierung und Nichtdiskriminierung (etwa Anhang II der ONP-Richtlinie und Art 7 Abs 2 der Zusammenschaltungsrichtlinie) zu implementieren. **5**

Im **Gesetzgebungsverfahren** ist § 30 nur wenig verändert worden. Gestrichen worden ist die Möglichkeit, die Zwei-Monats-Frist in Abs 3 zu verlängern.[2] Nach der Gesetzesbegründung[3] räumt § 30 der RegTP das Recht zur Überprüfung genehmigter Entgelte hinsichtlich der Einhaltung der Maßstäbe des § 24 Abs 2 Nr 2 und 3 ein. Voraussetzung der Überprüfung sei, dass Tatsachen oder hinreichende Hinweise darüber vorliegen, dass die genannten Maßstäbe nicht eingehalten werden. Diese Befugnis sei erforderlich, weil die Prüfung anhand der Maßstäbe aus § 24 Abs 2 Nr 2 und 3 erst nach der Genehmigung von Entgelten möglich sei, es sei denn, ein Verstoß gegen die Maßstäbe ist so offensichtlich, dass ein Entgelt nicht genehmigt werden kann. Im Zusammenhang mit § 27 Abs 3 spricht die Gesetzesbegründung von einer „Plausibilitätsprüfung".[4] Die Überprüfung im Rahmen der Entgeltgenehmigung würde zu zu langen Entscheidungsfristen führen.[5] **6**

Zur selbständigen nachträglichen Entgeltregulierung (Abs 2) erwähnt die Gesetzesbegründung nur die Maßstäbe aus § 24 Abs 2.[6] Das könnte auf einem Redaktionsversehen beruhen; naheliegender ist allerdings die Annahme, dass der Gesetzgeber davon ausging, dass Abweichungen von der Kostenorientierung (Abs 1) in funktionierenden Märkten ohnehin nur in Form von Aufschlägen möglich sind, die nur auf Grund einer marktbeherrschenden Stellung durchzusetzen **7**

---

1  BR-Drucks 80/96, S 45.
2  BT-Drucks 13/4864 (neu), S 21.
3  BR-Drucks 80/96, S 45.
4  BR-Drucks 80/96, S 44.
5  BR-Drucks 80/96, S 45.
6  BR-Drucks 80/96, S 45.

Wolfgang Spoerr

sind. In der ökonomischen Theorie trifft diese Annahme zu; der Marktpreis im funktionierenden polipolistischen Markt entspricht den Grenzkosten der Anbieter.

**8** Auf untergesetzlicher Ebene wird § 30 TKG durch § 6 TEntgV ergänzt. § 6 Abs 1 TEntgV strukturiert die Sachverhaltsermittlung. In der nachträglichen Entgeltregulierung kann die RegTP nach § 6 Abs 1 iVm § 2 Abs 1, 2 TEntgV umfangreiche Unterlagen verlangen. Ermächtigungsgrundlage dieser Vorschrift ist § 27 Abs 4 S 4 TKG.

## II. Voraussetzungen der ergänzenden nachträglichen Entgeltregulierung (Abs 1)

### 1. Genehmigungsverfahren nach § 27 TKG

**9** Die ergänzende nachträgliche Entgeltregulierung gem Abs 1 ist im Anwendungsbereich des Genehmigungsverfahrens nach § 27 TKG möglich. Insoweit müssen sämtliche Anwendungsvoraussetzungen des § 27 gegeben sein. Die ergeben sich aus § 25 (s § 25 Rn 14 ff). Im Regelfall wird § 30 Abs 1 dann anwendbar sein, wenn eine Entgeltgenehmigung vorliegt. Fehlt dagegen die erforderliche Entgeltgenehmigung, so liegt die Feststellung der Genehmigungspflicht (§ 25 Rn 33 f), die Anordnung, einen Genehmigungsantrag zu stellen (§ 25 Rn 35) oder die Untersagung gemäß § 29 Abs 2 S 2 TKG näher. Nach dem Gesetzeswortlaut zulässig ist in diesem Fall allerdings auch die Einleitung eines nachträglichen Entgeltregulierungsverfahrens nach § 30 Abs 1 S 1 TKG.

### 2. Nachträglich bekannt werdende relevante Tatsachen

**10** Der Tatsachenbegriff des § 30 TKG ist weit.[7] Tatsachen iSd § 30 sind sowohl Haupt- wie Hilfs- und Indiztatsachen. Die Tatsachen iSd § 30 TKG stehen am Anfang des Verfahrens; sie lösen dessen Einleitung aus. Daher muss es sich nicht um Tatsachen handeln, die einen Verstoß begründen.

**11** Die systematische Einordnung des Tatbestandsmerkmales der Tatsachen als **verfahrensauslösenden Element** spricht dafür, der Regulierungsbehörde insoweit einen verfahrensleitenden Beurteilungsspielraum zuzubilligen. Tatsachen iSd § 30 sind somit solche Umstände, die aus Sicht der Regulierungsbehörde bei pflichtgemäßer Beurteilung geeignet sind, einen Verstoß nahezulegen. Ausreichend ist insoweit der Verdacht eines Verstoßes.[8] Weil insbesondere die interne Kostenstruktur von außen kaum durchschaubar ist, dürfen an den Verdacht keine allzu hohen Anforderungen gestellt werden.[9] Tatsachen können neben Kostendaten insbesondere auch aus einer Vergleichsmarktbetrachtung[10] sowie aus Marktanalysen für vergleichbare Produkte abgeleitet werden.

**12** Umstritten ist das Merkmal der Nachträglichkeit. Einer Auffassung zur Folge[11] hat es keine eigene Bedeutung. Zutreffend ist jedenfalls, dass es sich nicht um nachträglich eingetretene Tatsachen handeln muss. Von daher reicht die nachträgliche Kenntnis aus. Im Kontext des Abs 1 dürfte dem Erfordernis des nachträglichen Bekanntwerdens aber die Aussage zu entnehmen sein, dass Tatsachen, die – etwa als offenkundige – Tatsachen bereits bei Erlass der Entgeltgenehmigung der RegTP bekannt waren, nicht ausreichen. Maßgeblich ist insoweit die Kenntnis der jeweils entscheidenden Beschlusskammer. Nachträgliche Entgeltregulierung nach Abs 1 ist daher nur zulässig, wenn zusätzliche Tatsachen bekannt werden. Wegen des weiten Tatsachenbegriffs ist die Schwelle hierfür nicht allzu hoch.

**13** Das Bekanntwerden solcher Tatsachen kann sich auf verschiedenen Umständen ergeben. Denk-

---

[7] Beck'scher TKG-Kommentar/*Schuster/Stürmer* § 30 Rn 9.
[8] So auch Beck'scher TKG-Kommentar/*Schuster/Stürmer* § 30 Rn 10.
[9] Beck'scher TKG-Kommentar/*Schuster/Stürmer* § 30 Rn 11.
[10] Beck'scher TKG-Kommentar/*Schuster/Stürmer* § 30 Rn 12.
[11] Beck'scher TKG-Kommentar/*Schuster/Stürmer* § 30 Rn 13.

Wolfgang Spoerr

bar sind zum einen Beschwerden von Wettbewerbern. Daneben kann die Regulierungsbehörde auf ihre ständige allgemeine Marktbeobachtung zurückgreifen. Ferner sind Erkenntnisse aus anderen Verwaltungsverfahren eine denkbare Quelle von Tatsachen. Schließlich können sich Tatsachen auch aus Vorermittlungen im Vorfeld eines Entgeltregulierungsverfahrens ergeben (zur Zulässigkeit u Rn 20).

Die Tatsachen müssen einen Schluss auf Verstöße gegen § 24 Abs 2 Nr 2 oder § 24 Abs 2 Nr 3 TKG **14** erlauben. Tatsachen, die einen Verstoß gegen das Kostenorientierungsgebot (§ 24 Abs 1) und das Verbot von Aufschlägen (§ 24 Abs 2 Nr 1 TKG) nahelegen, erlauben die Einleitung des Verfahrens nicht.[12] Solche Tatsachen rechtfertigen häufig allerdings zugleich die Annahme, dass auch gegen § 24 Abs 2 Nr 2 und 3 TKG verstoßen werden könnte.

Nicht eindeutig geregelt ist, ob die Verengung des Prüfungsrahmens in Abs 1 auch für die **15** abschließende Regulierungsentscheidung nach Abs 4 gilt. Abs 4 verweist auf § 24 Abs 2 insgesamt, nicht allein auf § 24 Abs 2 Nr 2 und 3 TKG. Der Gesetzeswortlaut deutet daher darauf hin, dass auch wegen eines Verstoßes gegen § 24 Abs 2 Nr 1 TKG eine Untersagung möglich ist. Insoweit mag eine harmonisierende Auslegung in die eine oder andere Richtung erwogen werden.[13] Für eine Restriktion von Abs 4 sprechen die Bindungswirkung der Entgeltgenehmigung und der Vertrauensschutz. Ein gegenüber allgemeinen Grundsätzen geminderter Vertrauensschutz ist im Hinblick auf § 24 Abs 1 und Abs 2 Nr 1 TKG nicht zu rechtfertigen, weil hier eine vollständige Prüfung stattfindet. Zulässig bleibt ein Vorgehen nach den §§ 48, 49 und 51 VwVfG. Andererseits ist nicht zu verkennen, dass gerade wegen der Dynamik von Kostendaten auch bei der Kostenorientierung und dem Aufschlagsverbot § 24 Abs 2 Nr 1 TKG) ein Bedürfnis zur nachträglichen Überprüfung bestehen mag, selbst innerhalb der regelmäßig bestehenden Geltungsdauer von Entgeltgenehmigungen (§ 28 Abs 3 TKG).

### III. Voraussetzungen der selbständigen nachträglichen Entgeltregulierung (Abs 2)

Im Hinblick auf die Auslegung der einzelnen Tatbestandsmerkmale bestehen keine wesentlichen **16** Unterschiede zu Abs 1. Eine eigenständige Bedeutung hat allerdings das Tatbestandsmerkmal „nachträglich". Bei Abs 2 kann es sich – anders als bei Abs 1 – nicht auf das Ergebnis der ursprünglichen Preisgenehmigung beziehen. Insoweit ist es nachträglich bekannt geworden all das, was nicht bereits in einem anderweitigen abgeschlossenen Verfahren berücksichtigt worden ist. Eine eigenständige Bedeutung hat dieses Tatbestandsmerkmal somit nur in den Fällen, in denen bereits ein nachträgliches Entgeltregulierungsverfahren durchgeführt und abgeschlossen worden ist.[14] Abs 2 erlaubt ein nachträgliches Entgeltregulierungsverfahren bei Anhaltspunkten für Verstöße gegen sämtliche Anforderungen aus § 24 TKG. Auch insoweit besteht also eine gewisse Disharmonie zu den Entscheidungsmaßstäben gemäß Abs 4, die nach dem Gesetzeswortlaut allein § 24 Abs 2 zu entnehmen sind. Das ist im Sinne der Anwendung auch von § 24 Abs 1 zu lösen.[15]

Nach einer Entscheidung im Eilverfahren tendiert der zuständige Senat des OVG Münster dahin, **17** § 6 Abs 1 S 1 TEntgV ein Ermessen der RegTP bei der Auswahl unter mehreren denkbar geeigneten Verfahren zur ex post-Überprüfung der Vereinbarkeit der Entgelte mit den Maßstäben des § 24 einzuräumen.[16] Aus der ausdrücklichen Erweiterung des Prüfungsprogramms nach § 6 Abs 1 S 1 TEntgV auf sonstige sachgerechte Nachweise, die nicht solche der ex ante-Prüfung auf Kostennachweisbasis sind, möglicherweise „sogar keine Nachweise von Kosten im engeren Sinne darstellen müssen"[17], folge eine „Vorstellung" des Verordnungsgebers, dass der RegTP bei der ex

---

12 So auch BMWi, Eckpunkte Telekommunikation, Neufassung, S 30.
13 Beck'scher TKG-Kommentar/*Schuster/Stürmer* § 30 Rn 20 legt Abs 1 erweiternd aus.
14 Dazu VG Köln, Beschl v 27. 10. 1999, 1 L 1917/99, S 13 f.
15 RegTP, Beschl v 26. 3. 1999, BK 3b 99/001, ZUM-RD 1999, 291, 302; RegTP, Beschl v 24. 10. 2000, BK 3b-00/003, S 34 f; vgl VG Köln, Beschl v 19. 8. 1998, 1 L 1717/98.
16 OVG Münster, Beschl v 5. 7. 2000, 13 B 2018/99.
17 OVG Münster, Beschl v 5. 7. 2000, 13 B 2018/99, S 9.

post-Regulierung eine gewisse Vielfalt der Überprüfungsmöglichkeiten zur Verfügung stehen müsse, sie aber nicht zwingend zur Entgeltprüfung auf Kostennachweisbasis verpflichtet sein solle.

**18** Diese Ausführungen sind missverständlich. Sie differenzieren nicht hinreichend zwischen **materiellem Prüfungsprogramm** und Ermittlungs- und Nachweismöglichkeiten. Im Hinblick auf das materielle Entscheidungsprogramm gestattet es § 30 Abs 2 iVm § 24 TKG nicht, vom Entscheidungsprogramm der Kostenorientierung abzuweichen. § 24 TKG ist auch in der nachträglichen Entgeltregulierung kunstgerecht anzuwenden. Eine entsprechende Aufweichung des gesetzlichen materiellen Entscheidungsprogramms in der TEntgV läge außerhalb der Befugnisse des Verordnungsgebers. Erst recht besteht kein irgendwie geartetes Ermessen der Regulierungsbehörde, das materielle Prüfungsprogramm der Kostenorientierung durch ein anderes materielles Prüfungsprogramm auszutauschen.

**19** Im Ansatz zutreffend ist die Annahme eines behördlichen Ermessens dagegen im Hinblick auf die **Sachverhaltsaufklärung**. Hier können Vergleichsmarktbetrachtungen legitim sein; sie vermögen **Indizien** (etwa vergleichende Preise) für das materielle Entscheidungsprogramm (Kosten der effizienten Leistungsbereitstellung) bringen. Doch darf auf festgestellte Indizien eine Entscheidung nicht ohne weiteres gestützt werden, wenn die maßgeblichen Haupttatsachen unmittelbar festgestellt werden können und den Indizien kein sicherer Aussagewert zukommt. Von daher dürfte der Ermessensrahmen der Regulierungsbehörde bei der Verfahrensgestaltung und Sachverhaltsermittlung deutlich enger sein, als vom VG Köln und OVG Münster angenommen. – Eine wiederum andere Frage ist, ob das VG Defizite der behördlichen Sachverhaltsermittlung durch eigene Ermittlungen ausgleichen muss. Das richtet sich nach Verwaltungsprozessrecht, wobei die Einschätzungsprärogative der RegTP im materiellen Entscheidungsprogramm nach § 24 Abs 1 (s § 24 Rn 55 f) zugrunde zu legen ist.

## IV. Verfahren

**20** Für das Verfahren gelten die allgemeinen Vorschriften über das Beschlusskammerverfahren (§§ 73 ff TKG). Die Einleitung ist dem betroffenen Unternehmen schriftlich mitzuteilen (Abs 1 S 2, Abs 2 S 2). Mit der Mitteilung ist das Verfahren eingeleitet.[18] Vor Einleitung eines Verfahrens sind **Vorermittlungen** üblich und zulässig. Die Einleitung des Verfahrens ist näher in § 24 geregelt; erst nach ihr hat die Beschlusskammer die Ermittlungsbefugnisse aus den §§ 76, 77 TKG. Auch einstweilige Anordnungen (§ 78 TKG) können nur nach Einleitung des Verfahrens getroffen werden. Demgegenüber bestehen die Ermittlungsbefugnisse aus § 72 schon im Vorfeld eines förmlichen Regulierungsverfahrens (s § 72 Rn 8). Das gilt auch für § 31 (str, vgl § 31 Rn 7).

**21** Eine **Verlängerungsmöglichkeit** sieht das TKG nicht vor. Die im ursprünglichen Gesetzesentwurf vorgesehene Verlängerungsmöglichkeit ist im Laufe des Gesetzgebungsverfahrens gestrichen worden, obwohl dies der Intention des Gesetzgebers (Rn 6) widerspricht, für die nachträgliche Entgeltregulierung großzügigere Fristen vorzusehen als für die Vorab-Entgeltregulierung.

**22** Ein Verstoß gegen die Entscheidungsfrist aus Abs 3 führt nicht dazu, dass das eingeleitete Überprüfungsverfahren abschließend beendet ist.[19] Dagegen spricht, dass die nachträgliche Entgeltregulierung in einem komplexen Interessengefüge steht; dies schließt die Annahme einer materiell-rechtlichen, endgültigen Wirkung von Fristversäumnissen ohne klare gesetzliche Entscheidung aus. Wegen der fehlenden materiell-rechtlichen Wirkung des Fristablaufs bedarf es auch nicht der analogen Anwendung von § 24 a Abs 2 S 2 Nr 5 GWB, wonach der Fristablauf insoweit nicht eintritt, als die Verzögerung auf schuldhaftes Verhalten des marktbeherrschenden Unternehmens zurückzuführen ist.[20]

---

**18** So auch VG Köln, Beschl v 21. 1. 1998, Az 1 L 4289/97 S 7; aM Beck'scher TKG-Kommentar/*Schuster/Stürmer* § 30 Rn 26: Das Verfahren sei eingeleitet, wenn die Regulierungsbehörde erkannt hat, dass Tatsachen vorliegen, die die Annahme nicht zulässiger Entgelte begründen, und daraufhin durch eine Handlung tätig wird.

**19** So aber Beck'scher TKG-Kommentar/*Schuster/Stürmer* § 30 Rn 31.

**20** So aber konsequent Beck'scher TKG-Kommentar/*Schuster/Stürmer* § 30 Rn 32.

## V. Verfahrensabschluss und Entscheidungsmaßstäbe

Der Verfahrensabschluss hängt vom Ergebnis der Überprüfung ab: **23**

Wird ein relevanter Verstoß nicht festgestellt, so stellt die Regulierungsbehörde das Verfahren **24** ein. Neben die förmliche Einstellung (im Sinne eines Negativergebnisses) tritt die schlichte Einstellung, die keine abschließende Entscheidung ist. Für sie gilt § 79 Abs 2 TKG; sie braucht nicht zugestellt zu werden.

Stellt die RegTP einen Verstoß gegen die relevanten Maßstäbe fest (dazu Rn 18 f), so muss sie **25** **zweistufig** vorgehen. Zunächst muss sie gemäß Abs 4 eine Anpassungsaufforderung erlassen. Befolgt das Unternehmen diese nicht, so folgt eine Untersagung.

Die **Anpassungsaufforderung** ist eine regelnde Entscheidung und insoweit ein Verwaltungsakt. **26** Die Anpassungsaufforderung ist kraft Gesetzes vollziehbar (§ 80 Abs 2 TKG). Das betroffene Unternehmen muss der Anpassungsaufforderung unverzüglich nachkommen; das heißt ohne schuldhaftes Zögern (§ 121 BGB). Eine Anpassungsfrist besteht nicht. Allerdings ist die Anpassung jeweils nur für die Zukunft geboten; maßgebend ist insoweit der Zeitpunkt der Leistungserbringung.

Soweit die Anpassungsaufforderung im Ermessen der Regulierungsbehörde steht (dazu Rn 30 ff), **27** darf die Regulierungsbehörde eine Umsetzungsfrist festlegen, die das Maß des Unverzüglichen überschreitet. Im Falle einer zu kurz bemessenen Frist ist die Anpassungsaufforderung gleichwohl wirksam; ihr ist dann unverzüglich nachzukommen.

Mit der Anpassungsaufforderung (Abs 4) ist das Verfahren – vorläufig – abgeschlossen. Kommt **28** der Adressat der Anpassungsaufforderung ihr nicht nach, so ist das beanstandete Verhalten zu untersagen. Zusätzlich sind die Verträge für unwirksam zu erklären. Hier stellen sich schwierige Fragen des systematischen und zeitlichen Zusammenhangs zwischen Abs 5 und Abs 4 sowie zwischen Abs 5 und § 29 TKG. Insoweit wird vertreten, dass Abs 5 S 1 und Abs 5 S 2 iVm § 29 Abs 2 S 2 TKG selbständig nebeneinander stehen: Abs 5 S 1 erlaube die Untersagung des gesamten beanstandeten Verhaltens, Abs 5 S 2 iVm § 29 Abs 2 S 2 TKG die Untersagung einzelner Rechtsgeschäfte.[21]

Vertreten wird zudem, dass die Unwirksamkeitserklärung nach § 30 Abs 5 über den Zeitpunkt **29** der Untersagung und Unwirksamerklärung (Abs 5) und der Anpassungsaufforderung (Abs 4) hinaus uneingeschränkt zurück wirke.[22] Für eine solche Rückwirkung spricht die Formulierung von § 24 TKG als einer unmittelbaren gesetzlichen Pflicht, die nicht von administrativer Umsetzung durch Regulierungsentscheidungen abhängig ist (s § 24 Rn 91); dagegen der Vertrauensschutz der entgeltregulierten Unternehmen. Nach einer vermittelten Auffassung bestehen rückwirkend gegebenenfalls Schadensersatzansprüche aus § 40 TKG.[23]

## VI. Ermessen, Drittschutz

In weitem Umfang ungeklärt ist, ob und inwieweit bei der nachträglichen Entgeltregulierung **30** Ermessen der Regulierungsbehörde besteht, und inwieweit die Tatbestandselemente der nachträglichen Entgeltregulierung Individualinteressen schützen. Der Gesetzeswortlaut lässt die Fragen weitgehend unbeantwortet, so dass – wie häufig – eine differenzierende Analyse des gesetzlichen Entscheidungsprogramms unerlässlich ist.

Bei materiellen Tatbestandselementen besteht dabei jedenfalls im Hinblick auf das Orientie- **31** rungsgebot aus § 24 Abs 1, wohl auch dem Effizienz-Maßstab aus § 24 Abs 1 S 1 TKG ein regulierungstypischer Beurteilungsspielraum der Regulierungsbehörde (vgl § 24 Rn 55 ff). Ein – verfahrensleitendes – Ermessen ist zudem dem Tatbestandsmerkmal der Tatsache sowie der Annahme (§ 30 Abs 1, 2) immanent. Weitergehende Anhaltspunkte für ein Rechtsfolgenermessen

---

[21] Beck'scher TKG-Kommentar/*Schuster/Stürmer* § 30 Rn 43.
[22] So mit eingehender Begründung Beck'scher TKG-Kommentar/*Schuster/Stürmer* § 30 Rn 45.
[23] So VG Köln, Beschl v 27. 10. 1999, 1 L 1917/99, S 17.

ist allerdings weder Abs 1 und 2 (für die Verfahrenseinleitung) noch Abs 4 (für die Anpassungsaufforderung) zu entnehmen.

**32** Die materiellen Maßstäbe der Entgeltregulierung aus § 24 Abs 2 sind im Hinblick auf Wettbewerber insgesamt drittschützend (§ 24 Rn 85 ff).[24] Demgegenüber ist das Kostenorientierungsgebot (§ 24 Abs 1 TKG) per se nicht drittschützend. Es erlangt allerdings drittschützende Wirkung in Verbindung mit den einzelnen Verbotsvorschriften des § 24 Abs 2 TKG. Insoweit kommt es auf eine Beeinträchtigung oder Benachteiligung eines einzelnen Unternehmens an.[25]

**33** Zusätzliche Fragen ergeben sich im Hinblick auf den Schutznormcharakter des materiellen Entscheidungsprogramms in der nachträglichen Entgeltregulierung. Für die Individualschutzrichtung des anzuwendenden Tatbestandselements kann dabei nichts anderes gelten als in der Vorab-Entgeltregulierung. Soweit das materielle Entscheidungsprogramm Drittschutz hat, besteht dieser Drittschutz auch im nachträglichen Entgeltregulierungsverfahren. Das gilt dabei zum einen dann, wenn die Regulierungsbehörde individualschützende Tatbestandsmerkmale falsch anwendet. Es gilt – zum anderen – aber auch dann, wenn die Behörde die Tatbestandselemente im Entgeltregulierungsverfahren überhaupt nicht anwendet, etwa weil sie keine Entscheidung nach Abs 4 trifft. Die Drittschutzwirkung des materiellen Entscheidungsprogrammes wirkt sich auch dann aus, wenn die Behörde zu Unrecht die Einleitung eines Entgeltregulierungsverfahrens ganz ablehnt.[26] Insoweit besteht ein Anspruch auf Erlass einer Entgeltregulierungsentscheidung, die mit drittschützenden Entscheidungsmaßstäben in Einklang steht. Soweit der Anspruch wegen der Beurteilungsspielräume der Regulierungsbehörde nicht spruchreif ist, ist auf eine beurteilungsfehlerfreie Entscheidung zu verurteilen.

**34** Verstöße gegen Anordnungen nach § 30 Abs 5 S 2 iVm § 29 Abs 2 S 2 sind nach § 96 Abs Nr 7 TKG bußgeldbewehrt. Kein Bußgeld verhängt werden kann dagegen bei Verstößen gegen Anpassungsaufforderungen (§ 30 Abs 4) und Untersagungen, die auf § 30 Abs 5 S 1 und S 2 iVm § 29 Abs 2 gestützt sind.

**35** Umstritten ist, ob zur Durchsetzung der Untersagung gemäß § 73 Abs 10 TKG ein Zwangsgeld bis zu 1 Mio. Deutsche Mark festgesetzt werden kann (§ 72 Rn 44).[27]

## § 31 Anordnungen im Rahmen der Entgeltregulierung

(1) In Wahrnehmung der Entgeltregulierung kann die Regulierungsbehörde anordnen, dass
1. ihr vom Lizenznehmer detaillierte Angaben zum Leistungsangebot, zum aktuellen und erwarteten Umsatz für Dienstleistungen, zu den aktuellen und erwarteten Absatzmengen und Kosten, zu den voraussehbaren Auswirkungen auf die Nutzer sowie auf die Wettbewerber und sonstige Unterlagen zur Verfügung gestellt werden, die sie zur sachgerechten Ausübung ihres Genehmigungs- oder Widerspruchsrechts auf Grund dieses Gesetzes benötigt,
2. ein Lizenznehmer die Kostenrechnung in einer Form ausgestaltet, die es der Regulierungsbehörde ermöglicht, die für die Entgeltregulierung auf Grund dieses Gesetzes notwendigen Daten über Kosten zu erlangen.

Zur Durchsetzung dieser Anordnungen kann nach Maßgabe des Verwaltungsvollstreckungsgesetzes ein Zwangsgeld bis zu einer Million Deutscher Mark festgesetzt werden.

(2) Die Regulierungsbehörde kann vorschreiben, in welcher Form ein Entgelt oder eine Entgeltänderung zu veröffentlichen ist.

---

[24] So zu Recht VG Köln, Urt v 27. 10. 1999, 1 L 1917/99.
[25] So VG Köln, Urt v 27. 10. 1999, 1 L 1917/99; anders OVG Münster MMR 1999, 553, 554.
[26] VG Köln, Urt v 27. 10. 1999, 1 L 1917/99, S 13.
[27] Vgl. Beck'scher TKG-Kommentar/*Schuster/Stürmer* § 30 Rn 44 (bejahend) gegen Beck'scher TKG-Kommentar/*Kerkhoff* § 72 Rn 67 (ablehnend).

Wolfgang Spoerr

## Inhaltsübersicht

|     |                                                                         | Rn    |
| --- | ----------------------------------------------------------------------- | ----- |
| I.  | Einführung                                                              | 1–5   |
| II. | Informationserhebung (Abs 1 Nr 1)                                       | 6–9   |
| III.| Vorgaben für das Kostenrechnungssystem (Abs 1 Nr 2)                     | 10–15 |
| IV. | Veröffentlichung von Entgelten und Entgeltänderungen (Abs 2)            | 16    |
| V.  | Bewertung                                                               | 17    |

## I. Einführung

§ 31 enthält spezielle **Ermittlungs-** (Nr. 1) und **Gestaltungsbefugnisse** (Nr. 2) der RegTP. Damit trägt das TKG der Tatsache Rechnung, dass eine wirksame Entgeltregulierung nur auf der Grundlage von **Informationen** möglich ist, die das **regulierte Unternehmen erarbeitet und bereitstellt**. § 31 Abs 1 Nr 1 ergänzt andere Ermittlungsvorschriften, insbesondere § 5 und § 72 TKG wie § 6 TEntgV. Komplementär zu § 31 wirkt § 14 TKG.

In der Gesetzesbegründung[1] wurde hervorgehoben, dass § 30 eine Grundlage für eine fundierte Entgeltgenehmigungspraxis schaffen soll. Auch Abs 2 dient der Erfüllung der Anforderungen an eine sachgerechte Entgeltregulierung.[2] Im Gesetzgebungsverfahren ist § 31 nicht verändert worden.

Kostenrechnungssysteme sind auch ein Thema des **Unionsrechts**. Schon Art 10 Abs 2 der Mietleitungsrichtlinie[3] flankierte die Grundsätze der Kostenorientierung mit dem Auftrag an die Mitgliedstaaten, dass die Organisationen, die Mietleitungen bereitstellen, bis zum 31. Dezember 1993 ein geeignetes **Kostenrechnungssystem** ausarbeiten und in die Praxis umsetzen. Es gilt besonders für Zusammenschaltungsleistungen: Nach Art 7 Abs 5 der Zusammenschaltungsrichtlinie[4] erstellt die EG-Kommission im Verfahren des beratenden Ausschusses Empfehlungen für die Kostenrechnungssysteme und die Transparenz der Kostenrechnung im Bereich der Zusammenschaltung. Die nationalen Regulierungsbehörden müssen sicherstellen, dass die von den Telekommunikationsunternehmen zugrunde gelegten Kostenrechnungssysteme zur Umsetzung der Anforderungen geeignet und hinreichend genau dokumentiert sind. Dazu müssen die nationalen Regulierungsbehörden sicherstellen, dass auf Anfrage eine Beschreibung des Kostenrechnungssystems zur Verfügung gestellt wird, aus der die Hauptkategorien, unter denen die Kosten zusammengefasst sind, sowie die Regeln für die Zurechnung von Kosten auf die Zusammenschaltung hervorgehen. Nach Art 7 Abs 5 S 4 muss die nationale Regulierungsbehörde oder eine andere unabhängige Stelle, die vom Unternehmen unabhängig und von der nationalen Regulierungsbehörde zugelassen ist, die Einhaltung des Kostenrechnungssystems überprüfen. Eine Erklärung darüber ist jährlich zu veröffentlichen (Art 7 Abs 5 S 5).

Art 8 Abs 2 Zusammenschaltungs-Richtlinie verlangt darüber hinaus, von Telekommunikationsunternehmen mit beträchtlicher Marktmacht eine getrennte Buchführung über ihre Tätigkeiten im Rahmen der Zusammenschaltung einerseits, wobei sowohl intern als auch extern bereitgestellte Zusammenschaltungsdienstleistungen abgedeckt werden, und über ihre übrigen Tätigkeiten andererseits. Ziel ist, dass alle Faktoren der Kosten und Einnahmen mit den dafür benutzten Berechnungsgrundlagen und den detaillierten Zurechnungsverfahren im Zusammenhang mit ihre Zusammenschaltungstätigkeit, einschließlich einer detaillierten Aufschlüsselung des Anlagevermögens und der strukturellen Kosten, offengelegt werden.

Die Regeln gelten für Unternehmen, die das feste öffentliche Telefonnetz (definiert in Abschnitt 1 Anhang I Zusammenschaltungsrichtlinie) und ein Mietleitungsnetz (definiert in Abschnitt 2 Anhang I Zusammenschaltungsrichtlinie) erbringen. Andere Unternehmen, die öffentliche Telekommunikationsnetze oder für die Öffentlichkeit zugängliche Telekommunikationsdienste bereitstellen, liefern der nationalen Regulierungsbehörde auf Anforderung „unverzüglich finanzielle Informationen mit dem erforderlichen Detaillierungsgrad" (Art 8 Abs 3 Zusammenschaltungsrichtlinie[5]). Die nationalen Regulierungsbehörden könne solche Informationen ver-

---

1 BR-Drucks 80/96.
2 BR-Drucks 80/96, S 45.
3 92/44/EG.
4 97/33/EG.

öffentlichen, wenn die zu einem offenen wettberwerbsorientierten Markt beiträgt (Art 8 Abs 3 S 2 Zusammenschaltungsrichtlinie). Die Finanzberichte nach Art 8 müssen einer „unabhängigen Rechnungsprüfung" unterzogen und veröffentlicht werden (Art 8 Abs 4 Zusammenschaltungsrichtlinie[6]).

## II. Informationserhebung (Abs 1 Nr 1)

**6** § 31 Abs 1 Nr 1 ist eine spezielle Grundlage für die behördliche Informationserhebung. Anordnungen gemäß § 31 Abs 1 Nr 1 sind **Verwaltungsakte**, die gesondert angefochten werden können.[7] Die Ermittlungsbefugnisse bestehen nur in Wahrnehmung der Entgeltregulierung; für die anderen Aufgaben nach dem TKG bleibt es bei den Ermittlungsbefugnissen aus § 72. Zuständig sind die **Beschlusskammern** (§ 73 Abs 1 TKG).

**7** Nach Auffassung des VG Köln[8] setzt § 31 Abs 1 TKG voraus, dass ein **Entgeltregulierungsverfahren** bereits **eingeleitet** ist, in dessen „Wahrnehmung" die Erteilung der Auskünfte oder die Herausgabe von Unterlagen angeordnet wird. Die Einleitung des Entgeltregulierungsverfahrens setzte voraus, dass sie dem betroffenen Unternehmen schriftlich mitgeteilt werde (§ 30 Abs 2 S 2 TKG iVm § 6 Abs 2 TEntgV). Aber diese Beschränkung von § 31 auf Ermittlungen innerhalb eines konkreten Entgeltregulierungsverfahrens überzeugt nicht. Das damit zum Ausdruck kommende Verständnis der Voraussetzung „in Wahrnehmung der Entgeltregulierung" als „innerhalb eines Entgeltregulierungsverfahrens" ist vom Wortlaut nicht geboten. Die Verwaltungsaufgabe der Entgeltregulierung, um deren Wahrnehmung es bei § 31 geht, ist weiter als die Ausübung der Befugnisse im Verfahren. Insbesondere Abs 1 Nr 2 zeigt, dass das enge Verständnis von § 31 nicht richtig ist. Vorgaben zur Ausgestaltung der Kostenrechnung sind innerhalb eines anhängigen Entgeltregulierungsverfahrens sinnlos. Solche Vorgaben führen nur dann zu einer verbesserten Entgeltregulierung, wenn sie über mindestens eine, in der Regel aber sogar mehrere Rechnungsperioden beachtet werden.

**8** Zulässiger Gegenstand eines Auskunftsersuchens sind sowohl Informationen wie Akten („Unterlagen"). Die RegTP ist nicht darauf beschränkt, bei dem Unternehmen bereits vorhandene Unterlagen anzufordern. Sie kann vom Unternehmen auch verlangen, dass die Angaben erarbeitet oder zusammengestellt werden. Für Anordnungen nach § 31 Abs 1 Nr 1 gilt das Übermaßverbot. Angefordert werden dürfen nur solchen Angaben, die zur sachgerechten Entgeltregulierung zweckmäßig sind. Wegen der relativ weiten Hauptkriterien (§ 24 und § 27 Abs 1 Nr 2 iVm § 4 TEntgV) und Hilfskriterien (§ 3 Abs 3 TEntgV: Vergleichsmarktbetrachtung) der Entgeltregulierung können gemäß § 31 Abs 1 Nr 1 vielfältige Unterlagen angefordert werden. Angefordert werden können auch Absatzmengen und Kosten der nicht entgeltregulierten Leistungen, soweit dies – wie häufig – zur sachgerechten Entgeltregulierung nötig ist. Die verursachergerechte Kostenzuordnung zu entgeltregulierten Leistungen lässt sich häufig nur überprüfen, wenn auch die Kostenzuordnung im Übrigen in die Überlegungen einbezogen wird. Auch Angaben über vergangene Rechnungsjahre können verlangt werden.[9]

**9** Vor Erlass einer Anordnung nach § 31 muss die RegTP Ermessen ausüben. Es bezieht sich auf das Ob und den Umfang der Anordnung. Die Anordnung muss bestimmt sein. Zu beachten hat die RegTP auch das **Verhältnismäßigkeitsprinzip im engeren Sinn**. Bei seiner Anwendung ist allerdings der hohe Rang zu berücksichtigen, den das TKG der Entgeltregulierung zubilligt. Die wirksame Ausübung dieser Regulierungsaufgabe Entgeltregulierung darf nicht dadurch unmöglich gemacht werden, dass die RegTP im Dunkeln tappt, was Kosten und Marktverhältnisse betrifft.

---

5 97/33/EG.
6 97/33/EG.
7 So auch Beck'scher TKG-Kommentar/*Schuster*/*Stürmer* § 31 Rn 12, § 31 Rn 4 f.

8 Beschl v 21.1.1998, 1 L 4287/97, S 7.
9 Beck'scher TKG-Kommentar/*Schuster*/*Stürmer* § 31 Rn 6.

## III. Vorgaben für das Kostenrechnungssystem (Abs 1 Nr 2)

Eine sehr weitgehende Eingriffsermächtigung bringt Abs 1 Nr 2. Auch sie dient der wirksamen Entgeltregulierung, und zwar bereits im Vorfeld behördlicher Informationsbeschaffung.

10

Unter Kostenrechnung wird die Ermittlung und Auswertung der in einem Betrieb für die Erstellung einer Leistung (Produkt, Wertschöpfung, Dienstleistung) entstandenen oder anzusetzenden Kosten, aufgebaut auf den Erkenntnissen der Kostenlehre verstanden.[10] Üblicherweise besteht die Kostenrechnung aus einem **dreigliedrigen Abrechnungssystem**. Die erste Stufe ist die **Kostenartenrechnung**. Sie beantwortet die Frage, was für Kosten entstanden sind. Hier erforderlich ist eine Gliederung der anfallenden Kosten nach der Art und dem Verbrauchscharakter der verbrauchten Wirtschaftsgüter; der Verbrauch ist mengenmäßig zu erfassen und zu bewerten.[11] In der **Kostenstellenrechnung** geht es darum, wo die Kosten entstanden sind. Entscheidend ist alsdann die dritte Stufe, die **Kostenträgerrechnung**. Sie befasst sich mit der Frage, *wofür* die Kosten entstanden sind. Sie ist entscheidend für die Entgeltregulierung. Herkömmlicherweise gliedert sich die Kostenträgerrechnung in die Kostenträger-Periodenrechnung und die Kostenträger-Stückrechnung. Mit der Kostenträger-Stückrechnung wird ermittelt, wie hoch die für die einzelnen Produkte aufgewandten Kosten sind. Innerbetrieblich bildet sie einen entscheidenden Bestandteil der Kalkulation; in der Entgeltregulierung dient sie der Ermittlung der tatsächlichen Kosten der Leistungserbringung.

11

Rechtliche Vorgaben für die Kostenrechnung gibt es üblicherweise nicht. Die Kostenrechnung ist daher weitgehend Gegenstand betriebswirtschaftlicher Zweckmäßigkeit, nicht rechtlicher Vorgaben. Staatliche Vorgaben an die Kostenrechnung sind selten. Entsprechende Versuche gab es in den 30er Jahren mit dem Regierungserlass über die „allgemeinen Grundsätze der Kostenrechnung" vom 16. Januar 1939.[12] In der Nachkriegszeit war Kostenrechnungsgrundsatz Gegenstand von Empfehlungen des Bundesverbandes der deutschen Industrie.[13]

12

Die gemäß § 31 Abs 1 Nr 2 zulässigen Vorgaben betreffen insbesondere den **Aufbau** und die **Gliederung der Kostenrechnung**. Darüberhinaus kann die Regulierungsbehörde auch die **Kostenschlüssel** festlegen, also die maßgeblichen Verteilungsschlüssel für die Verrechnung der Kosten auf die Kostenstellen nach betriebsindividuellen Gesichtspunkten und nach dem Maßstab der Kostenverursachung. Festgelegt werden können auch Grundsätze zur Ermittlung der Kosten. Insbesondere kann festgelegt werden, dass die **Kostendaten aus der Finanzbuchhaltung** abzuleiten sind.

13

Dem regulierten Unternehmen ist es nicht verwehrt, eine eigene Kostenrechnung nach anderen Grundsätzen aufrecht zu erhalten. Die nach den Vorgaben der RegTP erstellte Kostenrechnung hat auch **keine bindende, präjudizierende Wirkung** für die Ergebnisse der **Entgeltregulierung**. Dem regulierten Unternehmen ist es also nicht verwehrt, die sachliche Berechtigung etwa von Kostenzuordnungsschlüsseln im Entgeltgenehmigungsverfahren in Frage zu stellen.

14

§ 31 Abs 1 Nr 2 lässt extrem breite Variationen im Detaillierungsgrad zu. Zulässig sind sowohl ganz grobe Rahmenvorgaben wie detaillierte Vorgaben. In der Praxis dürfte die Anwendung von § 31 Abs 1 Nr 2 auf einen **iterativen Prozess** angelegt sein, bei dem zunächst grobe Rahmenvorgaben der Regulierungsbehörde vom Unternehmen näher auszugestalten und auszufüllen sind; diese Umsetzung kann dann wiederum regulierungsrechtlich ergänzt und korrigiert werden.

15

## IV. Veröffentlichung von Entgelten und Entgeltänderungen (Abs 2)

Abs 2 steht neben § 28 Abs 4 TKG und § 9 TEntgV, wonach die RegTP genehmigte Entgelte in ihrem Amtsblatt veröffentlicht. Für die nachträgliche Entgeltregulierung gilt darüber hinaus

16

---

[10] Gablers Wirtschaftslexikon, Stichwort Kostenrechnung.
[11] Gablers Wirtschaftslexikon, aaO.
[12] Dazu Gablers Wirtschaftslexikon, Stichwort Kostenrechnungsgrundsätze.
[13] Gablers Wirtschaftslexikon, Stichwort Gemeinschaftsrichtlinien für das Rechnungswesen.

Wolfgang Spoerr

§ 30 Abs 6. Abs 2 dürfte im Einzelfall weitergehende Anordnungen zur Durchsetzung des Transparenzgebotes erlauben.

## V. Bewertung

**17** Die RegTP hat bislang das Potential von § 31 Abs 1 Nr 2 nicht genutzt. Sie greift statt dessen auf die Summe von Einzelregulierungsverfahren und – zT ablehnenden – Entscheidungen zurück. So soll die verursachungsgerechte Kostenrechnung aus einer Vielzahl von Einzelprüfungen im Genehmigungsverfahren in einem kontinuierlichen, konkreten und im Detail nachvollziehbaren Prozess sichergestellt werden.[14] Dieser konzeptionelle Ansatz ermöglicht einen evolutionären Lernprozess (allgem § 1 Rn 13 ff). In ihm hat die Deutsche Telekom ihr System mehrfach geändert und fortentwickelt.[15] Nachteil ist allerdings, dass eine Gesamtschau so immer nur aus einem Mosaik möglich ist. Zudem besteht die Gefahr, dass im Price-Cap-Verfahren wesentliche Mosaikteilchen nicht offen gelegt werden müssen.

## § 32 Zusammenschlussverbot

Einem Lizenznehmer, der auf dem jeweiligen Markt über eine marktbeherrschende Stellung nach § 19 des Gesetzes gegen Wettbewerbsbeschränkungen verfügt, kann die Regulierungsbehörde als Lizenzauflage aufgeben, sich in Fällen einer nach § 10 durchgeführten Beschränkung der Anzahl der Lizenzen nicht mit einem anderen Unternehmen im Sinne des § 37 Abs 1 und 2 des Gesetzes gegen Wettbewerbsbeschränkungen zusammenzuschließen, sofern dieses andere Unternehmen auf Märkten der Telekommunikation tätig ist oder wird, die mit dem Betätigungsbereich des Lizenznehmers als sachlich oder räumlich gleich anzusehen sind.

### Inhaltsübersicht

| | Rn |
|---|---|
| I. Einführung | 1 |
| II. Gesetzesentwicklung | 2–3 |
| III. Einzelkommentierung | 4–7 |
|    1. Beschränkte Lizenzzahl | 4 |
|    2. Marktbeherrschende Stellung | 5–6 |
|    3. Die Rechtsfolge: Zusammenschlussverbot | 7 |
| IV. Bewertung | 8 |

## I. Einführung

**1** § 32 gehört eher in den Zusammenhang der Lizensierung ( §§ 6–16 TKG) als zur Entgeltregulierung. § 32 ergänzt die Fusionskontrolle nach den §§ 35 ff GWB. Die Vorschrift dient dem Zweck, im Fall beschränkter Lizenzzahlen die wettbewerbliche Unabhängigkeit der Lizenznehmer untereinander sicherzustellen. Eine entsprechende Auflage nach § 32 TKG bewirkt eine selbständig durchsetzbare, daneben insbesondere über § 15 Nr 1 TKG sanktionierte Verpflichtung des Lizenznehmers. Die allgemeine Fusionskontrolle nach § 40 GWB besteht unabhängig von § 32 TKG auch bei lizenzpflichtigen Telekommunikationsunternehmen.[1]

---

[14] RegTP, Tätigkeitsbericht 1998/1999, S 43 (Ziff 3. 1. 3); jetzt RegTP, Verwaltungsvorschriften im Bereich Kostenrechnung, Mitteilung 120/2001, ABl RegTP 2001, 647.
[15] RegTP, Tätigkeitsbericht 1998/1999, S 43 ff (Ziff 3. 1. 3–3. 1. 3. 3).

[1] So auch Beck'scher TKG-Kommentar/*Salger/Traugott* § 32 Rn 38; zu den Unterschieden und Übereinstimmungen: Beck'scher TKG-Kommentar/*Salger/Traugott* § 32 Rn 4 f.

## II. Gesetzesentwicklung

Die Vorläufer von § 32 sind Auflagen in den Mobilfunklizenzen, die vor In-Kraft-Treten des TKG erteilt worden sind.[2] Diese Auflagen gelten fort (s § 97 Rn 15 ff). **2**

Die Vorschrift, zunächst § 31 des Entwurfs[3], blieb im Gesetzgebungsverfahren unverändert. Nach der Gesetzesbegründung[4] soll § 32 verhindern, dass zahlenmäßig beschränkte Lizenzen „durch gesellschaftsrechtliche Zusammenschlüsse auf einen Marktbeherrscher übergehen, der auf demselben relevanten Markt tätig ist wie das abgebende Unternehmen. Hierdurch würde sich die Marktstruktur in nicht zu vertretender Weise verengen, und ‚Strohmannskäufe' könnten in diesen Fällen nicht verhindert werden." **3**

## III. Einzelkommentierung

### 1. Beschränkte Lizenzzahl

Die Vorschrift ist nur dann anwendbar, wenn die Anzahl von Lizenzen beschränkt ist, was nach § 10 TKG zu entscheiden ist. Daher kommt die Vorschrift nur nach der Durchführung eines Ausschreibungsverfahrens gemäß § 11 TKG zum Tragen. Dem gleichgestellt sein dürfte der Fall von Alt-Lizenzen, deren Zahl knapp ist. **4**

### 2. Marktbeherrschende Stellung

Die Auflage greift nur, wenn der Lizenznehmer auf einem Markt eine marktbeherrschende Stellung nach § 19 Abs 2, 3 GWB hat. Der Begriff der Marktbeherrschung richtet sich uneingeschränkt nach § 19 GWB; die Marktabgrenzung ist an der Lizenz und anderen, durch sie eröffneten Märkten auszurichten. Es reicht aus, wenn der Lizenznehmer einen Markt oder Teilmarkt beherrscht, für dessen Tätigkeit eine Lizenz erforderlich oder jedenfalls förderlich ist. Auch § 19 Abs 3 GWB (gemeinsame Marktbeherrschung im Oligopol) dürfte die Anwendung des § 32 auslösen.[5] **5**

Eine entsprechende Auflage, die tatbestandlich an eine Marktbeherrschung geknüpft wird, ist nach § 32 zulässig, schon bevor die Marktbeherrschung eintritt. Die Auflage kann mit der erstmaligen Erteilung der Lizenz verbunden werden; sie kann aber auch jederzeit nachträglich angeordnet werden. **6**

### 3. Die Rechtsfolge: Zusammenschlussverbot

Der Zusammenschlussbegriff ist § 37 **GWB** zu entnehmen.[6] Ein entsprechendes Zusammenschlussverbot ist nach § 32 TKG (nur) im Hinblick auf andere Unternehmen zulässig, die auf Telekommunikationsmärkten tätig sind oder werden, die mit dem Betätigungsbereich des Lizenznehmers als sachlich und räumlich gleich anzusehen sind. Dabei muss es sich nicht um einen gleichermaßen lizenzierten Wettbewerber handeln[7]. Bei einer „Schwesterlizenz" für gleichaltrige Infrastrukturen ist allerdings in aller Regel davon auszugehen, dass das Erfordernis der Tätigkeit auf denselben Märkten der Telekommunikation gegeben ist. § 32 sieht kein Zusammenschlussverbot vor, wenn das andere Unternehmen im Wesentlichen oder ausschließlich in räumlich oder sachlich verschiedenen Märkten tätig ist[8]. Eine entsprechende Auflage ist allerdings, wenn sie regulatorisch hinreichend gerechtfertigt ist, nach § 8 Abs 2 S 3 i. V. m. § 2 Abs 2 TKG zulässig. **7**

---

**2** Etwa Lizenzbestimmung 34.2. der D1-Lizenz, BMPT Verfügung 259.1, ABl BMPT 1994, Nr 23, S 866.
**3** Regierungsentwurf des TKG, BR-Drucks 80/96, S 31.
**4** BR-Drucks 80/96, S 45.
**5** AM Beck'scher TKG-Kommentar/*Salger/Traugott* § 32 Rn 36.
**6** Dazu eingehend *Bechtold* GWB, § 37 Rn 2 ff; FK/*Paschke* § 23 Rn 26 ff; I/M/*Mestmäcker* § 23 Rn 124 ff.
**7** Beck'scher TKG-Kommentar/*Salger/Traugott* 1. Auflage, § 32 Rn 2.
**8** So zu Recht Beck'scher TKG-Kommentar/*Salger* § 32 Rn 31 f.

## IV. Bewertung

**8** § 32 steht gesetzessystematisch an der falschen Stelle; mit Entgeltregulierung hat § 32 nicht zu tun. Die Vorschrift ist zudem zu eng formuliert. Das Konzept **wettbewerblich voneinander unabhängiger Lizenznehmer,** das bei einer Beschränkung der Lizenzzahl nach den §§ 10, 11 TKG in aller Regel regulatorisch gerechtfertigt ist, gilt nicht nur für marktbeherrschende Unternehmen.

# Vierter Teil
# Offener Netzzugang und Zusammenschaltungen*

## § 33 Besondere Missbrauchsaufsicht

(1) Ein Anbieter, der auf einem Markt für Telekommunikationsdienstleistungen für die Öffentlichkeit über eine marktbeherrschende Stellung nach § 19 des Gesetzes gegen Wettbewerbsbeschränkungen verfügt, hat Wettbewerbern auf diesem Markt diskriminierungsfrei den Zugang zu seinen intern genutzten und zu seinen am Markt angebotenen Leistungen, soweit sie wesentlich sind, zu den Bedingungen zu ermöglichen, die er sich selbst bei der Nutzung dieser Leistungen für die Erbringung anderer Telekommunikationsdienstleistungen einräumt, es sei denn, dass die Einräumung ungünstigerer Bedingungen, insbesondere die Auferlegung von Beschränkungen, sachlich gerechtfertigt ist. Er darf insbesondere den Zugang nur insoweit beschränken, als dies den grundlegenden Anforderungen im Sinne des Artikels 3 Abs 2 der Richtlinie 90/387/EWG des Rates vom 28. Juni 1990 zur Verwirklichung des Binnenmarktes für Telekommunikationsdienste durch Einführung eines offenen Netzzugangs (Open Network Provision – ONP) (ABl. EG Nr L 192 S 1) entspricht. Dabei ist den Wettbewerbern anzugeben, welche der grundlegenden Anforderungen einer Beschränkung im Einzelfall zugrunde liegt.

(2) Die Regulierungsbehörde kann einem Anbieter, der gegen Absatz 1 verstößt, ein Verhalten auferlegen oder untersagen und Verträge ganz oder teilweise für unwirksam erklären, soweit dieser Anbieter seine marktbeherrschende Stellung mißbräuchlich ausnutzt. Zuvor fordert die Regulierungsbehörde die Beteiligten auf, den beanstandeten Mißbrauch abzustellen. Ein Mißbrauch wird vermutet, wenn ein Anbieter, der auf dem jeweiligen Markt über eine marktbeherrschende Stellung nach § 19 des Gesetzes gegen Wettbewerbsbeschränkungen verfügt, sich selbst den Zugang zu seinen intern genutzten und zu seinen am Markt angebotenen Leistungen zu günstigeren Bedingungen ermöglicht, als er sie den Wettbewerbern bei der Nutzung dieser Leistungen für ihre Dienstleistungsangebote einräumt, es sei denn, der Anbieter weist Tatsachen nach, die die Einräumung ungünstigerer Bedingungen, insbesondere die Auferlegung von Beschränkungen, sachlich rechtfertigen.

(3) Soweit ein Anbieter nach Absatz 1 Satz 1 mit anderen Unternehmen ein einheitliches Unternehmen bildet, stehen der Regulierungsbehörde die Befugnisse nach Absatz 2 gegenüber jedem dieser Unternehmen zu. Ein einheitliches Unternehmen wird durch jede Verbindung von Unternehmen im Sinne des § 36 Abs 2 und § 37 Abs 1 und Abs 2 des Gesetzes gegen Wettbewerbsbeschränkungen geschaffen.

**Schrifttum:** *von Arnheim* Der räumlich relevante Markt im Rahmen der Fusionskontrolle, 1991; *Berger* Netzzusammenschaltung von Telekommunikationsunternehmen im nationalen, europäischen und internationalen Regelungszusammenhang, 2000; *Börnsen* Koax – Breitbandkabel. Von der Fernsehsignalverteilung zum neuen Medium der Zukunft, MMR 1999, 272; *Bock/Völcker* Regulatorische Rahmenbedingungen für die Zusammenschaltung von TK-Netzen. Bisherige Erfahrungen in der Praxis, CR 1998, 473; *Burchard* Third Party Access and European Law, EuZW 1992, 693; *Deselaers* Die „Essential Facilities"-Doktrin im Lichte des Magill-Urteils des EuGH, EuZW 1995, 563; *Dietz/Richter* Netzzugänge unter Internetprovidern, CR 1998, 528; *Doll/Wieck* Analytische Kostenmodelle als Grundlage für Entgeltregulierungs-Entscheidungen, MMR 1998, 280; *dies* Eingeschränkte Aussagekraft von analytischen Kostenmodellen, MMR 1998, 659; *Dreher* Anmerkung zum Beschluß des BGH vom 24. 10. 1995 – „Backofenmarkt", JZ 1996, 1025; *Engel* Der Weg der deutschen Telekommuni-

---

* Herrn Rechtsreferendar Michael Heise ist für vielfältige Vorarbeiten und die Betreuung des Manuskripts zu danken.

Hans-Heinrich Trute

kation in den Wettbewerb, MMR Beilage 3/1999, 7; *Engel/Knieps* Die Vorschriften des Telekommunikationsgesetzes über den Zugang zu wesentlichen Leistungen, 1998; *Etling-Ernst* Telekommunikationsgesetz Kommentar, 2. Aufl, 1999; *Fehling* Der finanzielle Ausgleich für die Mitbenutzung fremder Infrastruktur bei Schienenwegen, Energieversorgungs- und Telekommunikationsdienstleistungen, VerwArch 1995, 600; *ders* Mitbenutzungsrechte Dritter bei Schienenwegen, Energieversorgungs- und Telekommunikationsdienstleistungen vor dem Hintergrund staatlicher Infrastrukturverantwortung, AöR 121 (1996), 59; *Fuhr/Kerkhoff* Entgelte für die Gewährung von Netzzugang gemäß § 39 TKG, NJW 1997, 3209; *dies* Entbündelter Zugang – Vereinbarkeit mit der Eigentumsgarantie des Art 14 GG?, MMR 1998, 6; *Gerpott* Wettbewerbsstrategien im Telekommunikationsmarkt, 3. Aufl 1998; *ders* Konsequente Fortsetzung der marktmachtsymmetrischen Regulierung von Telekommunikationsnetzbetreibern, MMR 2000, 191; *Gramlich* Rechtsfragen bei Zusammenschaltungsvereinbarungen, CR 1998, 65; *Gröner/Knorr* Stromversorger als Anbieter von Telekommunikationsdienstleistungen?, WuW 1995, 785; *Haar* Marktöffnung durch Normen gegen Wettbewerbsbeschränkungen, in: Mestmäcker, Kommunikation ohne Monopole II, S 527; *dies* Offener Netzzugang in der Telekommunikation, CR 1996, 713; *Hefekäuser* Der gesetzliche Rahmen für Netzzugang und Netzzusammenschaltung, CR 1998, 110; *Hellermann* Der paradigmatische Streit um den entbündelten Zugang zu Teilnehmeranschlußleitungen, NWVBl 2000, 140; *Hoppmann* Die Abgrenzung des relevanten Marktes im Rahmen der Missbrauchsaufsicht über marktbeherrschende Unternehmen, 1974; *Immenga* Auslegung des Marktbeherrschungsbegriffs im TKG, MMR 2000, 141; *ders* Relevante Märkte und Marktbeherrschung in der Regulierungspraxis, MMR 2000, 196; *Kaufmann* Rechtsanspruch auf Zugang zu Mehrwertdiensten im Rahmen einer Netzzusammenschaltung mit dem marktbeherrschenden Netzbetreiber, CR 1998, 728; *Kleinmann* Grenzüberschreitende räumlich relevante Märkte in der Fusionskontrolle, BB 1983, 781, *Kleinmann/Bechthold* Kommentar zur Fusionskontrolle, 2. Aufl, 1989; *Knieps* Zugang zu Netzen. Verselbständigung, Nutzung, Vergütung, Eigentumsschutz, MMR 1998, 275; *ders* Der Irrweg analytischer Kostenmodelle als regulatorische Schattenrechnungen. Kritische Analyse der Stellungnahmen zum WIK-Kostenmodell, MMR 1998, 598; *ders* Wettbewerb auf dem Mobilfunkmarkt, MMR Beilage 2/2000; *Kruse* Marktbeherrschung auf dem deutschen Mobilfunkmarkt, Gutachten, 1997; *Lampert* Der Begriff der Marktbeherrschung als geeignetes Kriterium zur Bestimmung der Normadressaten für das sektorspezifische Kartellrecht nach dem TKG?, WuW 1998, 27; *Lange* Räumliche Marktabgrenzung in der deutschen Fusionskontrolle, zugleich Anmerkung zum BGH, Beschluß vom 24. 10. 1995 – KVR 17/94 –, BB 1996, 1997; *Märkl* Netzzusammenschaltung in der Telekommunikation, 1998; *Markert* Die Verweigerung des Zugangs zu „wesentlichen Einrichtungen" als Problem der kartellrechtlichen Missbrauchsaufsicht, WuW 1995, 560; *Martenczuk/Thomschki* Der Zugang zu den Netzen zwischen allgemeinem Kartellrecht und sektorieller Regulierung, RTkom 1999, 15; *Mestmäcker* Entgeltregulierung, Marktbeherrschung und Wettbewerb im Mobilfunk, Beilage zu MMR 8/1998, 1; *ders* Kommunikation ohne Monopole II, 1995; *Monopolkommission* Wettbewerb auf Telekommunikations- und Postmärkten?, Sondergutachten 29, 2000; *Möschel* Monopole und Wettbewerb in der Telekommunikation, in: Mestmäcker, Kommunikation ohne Monopole II, S 397; *Nolte* Das Recht auf Netzzugang nach dem Telekommunikationsgesetz, BB 1996, 2629; *Oberender* Zur Problematik der Marktabgrenzung unter besonderer Berücksichtigung des Konzeptes des „relevanten Marktes", WiSt 1975, 575; *Paschke* Die räumliche Marktabgrenzung in der GWB-Fusionskontrolle nach dem Backofenmarktbeschluss des BGH vom 24. 10. 1995, ZHR 1996, 673; *Pfeffer* Berücksichtigung des internationalen Wettbewerbs bei der räumlichen Abgrenzung des relevanten Marktes, WuW 1986, 853; *Piepenbrock* Telekom unterliegt Wettbewerbern, TeleTalk 11/97, 30; *Plum/Schwarz-Schilling* Marktabgrenzung im Telekommunikations- und Postsektor, WIK-Newsletter 1998, 3; *Riehmer* Konfliktlösung bei Netzzugang und Zusammenschaltung in der Telekommunikation, MMR 1998, 59; *ders* EG-Wettbewerbsrecht und Zugangsvereinbarungen in der Telekommunikation. Die Mitteilung der Europäischen Kommission, MMR 1998, 355; *Rittaler* Der Wettbewerb in der Telekommunikation, WuW 1996, 699; *Säcker/Calliess* Billing und Inkasso fremder Telekommunikationsdienstleistungen (II), K & R 1999, 337; *Salje* Marktbeherrschung auf Telekommunikations-Märkten, K & R 1998, 331; *Schindler* Wettbewerb in Netzen als Problem der kartellrechtlichen Missbrauchsaufsicht, 1998; *Schmittmann* Wettbewerbsrecht in deregulierten Kommunikationsmärkten, K & R 1998, 1; *Schmidt-Preuß* Die Gewährung des Privateigentums durch Art 14 GG im Lichte aktueller Probleme, AG 1996, 1; *Schnelle* Die Öffnung von leistungsnotwendigen Einrichtungen für Dritte und der Schutz des Eigentums, EuZW 1994, 556; *Schütz* Breitbandkabel – „Closed Shop" für neue Dienstanbieter?, MMR 1998, 11; *ders* Netz im Nebel, MMR 11/1998, V; *Schütz/Esser-Wellié* Wettbewerb in der Telekommunikation? Anmerkungen zum Entwurf eines Telekommunikationsgesetzes, AfP 1995, 580; *Sondhof/Theurer* Wettbewerb in den lokalen Fernmeldemärkten – dargestellt am Beispiel der USA, WuW 1996, 177; *Stolz* Die neue ONP-Richtlinie der EG – Offener Netzzugang bei Sprachtelefon- und Universaldiensten, K & R 1998, 292; *Tewes/Stoetzner* Der Wettbewerb auf dem Markt für zellularen Mobilfunk in der BRD, Wissenschaftliches Institut für Kommunikationsdienste, Diskussionsbeiträge, Nr 151, 1995; *Traugott* Zur Abgrenzung von Märkten, WuW 1998, 929; *Tschentscher/Neumann* Das telekommunikationsrechtliche Regulierungsverfahren – Verfahrensfragen, Missbrauchsaufsicht, Entbündelung, BB 1997, 2437; *Vogelsang* Analytische Kostenmodelle – ein notwendiges Übel, MMR 1998, 594; *Wagner* Rundfunkempfang über Kabel – eine Preisfrage?, K & R 1998, 234; *Weber* Vom Monopol zum Wettbewerb, 1994, *Weise* Der sachlich relevante Markt für Energieversorgungsunternehmen, FIW-Schrif-

Hans-Heinrich Trute

tenreihe, Heft 123, 1987; *Weißhaar/König* Anspruch auf Netzzugang und -zusammenschaltung im Lichte des EU-Rechts, MMR 1998, 475; *v Weizsäcker* Wettbewerb in Netzen, WuW 1997, 572; *Wendland* Zur sachlichen und räumlichen Abgrenzung der Angebotsmärkte des Lebensmittelhandels durch die Rechtsprechung, WRP 1988, 147; *Werner* Internationaler Wettbewerb und Marktabgrenzung bei der Fusionskontrolle, Festschrift Lieberknecht, 1997, S 607; *v Wichert-Nick* Missbrauchsaufsicht im lokalen TK-Markt, MMR 1999, 711.

**Inhaltsübersicht**

|  |  | Rn |
|---|---|---|
| I. | Entstehung und Systematik | 1–9 |
| II. | Pflicht zur Gewährung diskriminierungsfreien Zugangs zu Leistungen (Abs 1) | 10–54 |
|  | 1. Regelungsadressaten: Marktbeherrschende Anbieter von Telekommunikationsdienstleistungen für die Öffentlichkeit | 11–22 |
|  |     a) Telekommunikationsdienstleistungen für die Öffentlichkeit | 12 |
|  |     b) Marktbeherrschende Stellung der Anbieter | 13–22 |
|  |         aa) Marktabgrenzung in sachlicher, räumlicher und zeitlicher Hinsicht | 15–21 |
|  |         bb) Einfluss der ONP-Richtlinien auf die Kriterien der Marktbeherrschung | 22 |
|  | 2. Anspruchsberechtigter | 23–24 |
|  | 3. Rechtsfolge: Zugang zu wesentlichen Leistungen | 25–50 |
|  |     a) Hintergrund: essential facilities doctrine | 27–31 |
|  |     b) Der Begriff der Leistung | 32–34 |
|  |     c) Die Wesentlichkeit der Leistung | 35–41 |
|  |     d) Diskriminierungsfreier Zugang | 42–50 |
|  | 4. Sachliche Rechtfertigung einer Einschränkung | 51–54 |
| III. | Missbrauchstatbestand (Abs 2) | 55–64 |
|  | 1. Tatbestandliche Voraussetzungen der Missbrauchsaufsicht (Abs 2 S 1) | 56–57 |
|  | 2. Rechtsfolgen | 58–63 |
|  |     a) Beanstandungsverfügung | 59–60 |
|  |     b) Beseitigungsverfügung | 61–63 |
|  | 3. Verfahren | 64 |
| IV. | Konzernklausel (Abs 3) | 65 |
| V. | Grundrechtliche Rahmenbedingungen | 66–71 |
|  | 1. Die Privatwirtschaftlichkeit als Verfassungsgebot | 67 |
|  | 2. Die Grundrechtsträgerschaft der DTAG | 68 |
|  | 3. Das Recht auf (Mit-)Benutzung des Eigentums | 69–70 |
|  | 4. Beeinträchtigung der Berufsausübungsfreiheit | 71 |

## I. Entstehung und Systematik

Mit dem § 33 TKG wird eine **spezialgesetzliche Ergänzung** (§ 2 Rn 21 ff) des allgemeinen **wettbewerblichen Diskriminierungsverbotes** der §§ 19, 20 GWB an den Beginn des für den Wettbewerb zentralen vierten Teils des Telekommunikationsgesetzes über offenen Netzzugang und Zusammenschaltung gestellt. § 33 TKG formuliert als Regel, dass sich marktbeherrschende Anbieter von Telekommunikationsdienstleistungen für die Öffentlichkeit bei der Erbringung von Telekommunikationsdienstleistungen jedweder Art nur solche technischen, betrieblichen und ökonomischen Bedingungen für die Inanspruchnahme von Leistungen einräumen dürfen, die sie auch Wettbewerbern einzuräumen bereit sind. Insofern formuliert er den Grundsatz „interne Behandlung gleich externe Behandlung".[1] Abweichungen von dieser Regel sind nur zulässig, wenn sie sachlich gerechtfertigt sind. Insbesondere kann der Zugang nur aus Gründen grundlegender Anforderungen beschränkt werden, wie sie sich in Art 3 Abs 2 der ONP-Richtlinie 90/387/EWG finden. Darüber hinaus ist der Regulierungsbehörde die Ermächtigung zur Beanstandung eingeräumt; sie kann die Beseitigung verlangen. 1

Die Vorschrift war im Wesentlichen bereits im **ursprünglichen Fraktionsentwurf** zum TKG enthalten.[2] Geringfügige Änderungen erfuhr sie in der Beschlussempfehlung und dem Bericht des Ausschusses für Post und Telekommunikation. Hier wurde § 33 Abs 2 S 3 über den Missbrauchstatbestand hinaus erweitert um die Beweislastregelung des jetzigen letzten Halbsatzes 2

---

[1] BT-Drucks 13/3609 S 46 zu § 32 TKGE.      [2] Vgl BT-Drucks 13/3609 § 32 TKGE.

# Vierter Teil
## Offener Netzzugang und Zusammenschaltungen

des § 33 Abs 2 TKG. Im Übrigen blieb sie unverändert ungeachtet der Anrufung des Vermittlungsausschusses durch den Bundesrat, die immerhin einen der Gründe in einer unzureichenden Fassung der §§ 33, 35 TKG hatte, weil befürchtet wurde, dass ein Unternehmen etwa im Kabelnetzbereich die technischen Bedingungen so gestalten könnte, dass der Zugang für einzelne Wettbewerber faktisch verhindert oder unzumutbar erschwert werde.[3]

**3** Entgegen der insoweit etwas missverständlichen Überschrift enthält § 33 TKG nicht nur einen allgemeinen Tatbestand der Missbrauchsaufsicht für die Regulierungsbehörde für Post und Telekommunikation, sondern selbstverständlich auch eine horizontal wirkende Anspruchsnorm für Wettbewerber, gerichtet auf diskriminierungsfreien Zugang zu wesentlichen Leistungen.[4] Verbreitet wird er als Generalklausel mit Auffangfunktion für die nicht durch die Folgenormen gelösten Wettbewerbsprobleme verstanden.[5] Richtig daran ist, dass § 33 TKG einen allgemeinen Missbrauchstatbestand darstellt, der freilich ungeachtet aller Überschneidungen etwa mit § 35 TKG einen präzise zu bestimmenden Anwendungsbereich hat und dessen Grenzen nicht dadurch erweitert werden können, dass man ihm die Funktion eines allgemeinen Auffangtatbestandes zuweisen möchte. Das führte nicht zuletzt dazu, die Besonderheiten der nachfolgenden Tatbestände einzuebnen und allein auf das Regulierungsziel eines chancengleichen und funktionsfähigen Wettbewerbs zu reduzieren. Die ist freilich nicht die Konzeption des TKG (§ 1 Rn 11, § 2 Rn 6 ff), das mit dem insoweit folgerichtig mit „Offener Netzzugang und Zusammenschaltungen" überschriebenen vierten Teil durchaus auch weitere Regulierungsziele verfolgt. Insbesondere aber bringt sich der multifinale Regulierungsansatz des sekundären Gemeinschaftsrechts an vielen Stellen und über die Konzeption des TKG hinausgehend zur Geltung, was die Bezeichnung des § 33 TKG als Auffangtatbestand als unzureichend erscheinen läßt.[6]

**4** In der **regulatorischen Praxis** dominiert derzeit freilich das **Zusammenschaltungsregime** und dies nicht zuletzt um der Durchsetzung der entsprechenden Pflichten gegenüber dem immer noch in bestimmten Sektoren marktbeherrschenden Unternehmen der DTAG willen. Dies mag die Perspektive erklären, wenngleich bei genauerer Betrachtung auch insoweit § 33 TKG nicht die Generalklausel der Netzzusammenschaltung und des Netzzugangs ist. Vielmehr wird man bei genauerer Betrachtung als Ausgangspunkt den § 36 TKG wählen müssen, der **jedem Betreiber öffentlicher Telekommunikationsnetze eine Verhandlungspflicht zur Zusammenschaltung auferlegt,** deren Ziel die Ermöglichung und Verbesserung der Kommunikation der Nutzer verschiedener Telekommunikationsnetze untereinander ist. Auf diesem Wege sollen positive Netzexternalitäten ausgeschöpft und damit die Kommunikation über Netzgrenzen hinweg ermöglicht werden. Anders als in § 33 TKG ist diese Pflicht nicht Ausdruck asymmetrischer Regulierung, sondern betrifft alle Anbieter.[7] Dies ist im Übrigen auch immer schon die Perspektive des Gemeinschaftsrechts gewesen, wie sich nicht zuletzt aus Art 4 Abs 1, 2 Zusammenschaltungsrichtlinie[8] ergibt. So geht auch der von der Kommission vorgeschlagene neue Rechtsrahmen (Einf II 2 b Rn 37 ff) von dem Vorrang privatautonomer Vereinbarung über den Zugang zu elektronischen Kommunikationsnetzen und -diensten und die Zusammenschaltung von Netzen aus.[9] Diese werden flankiert durch allgemeine Förderungs- und Garantieverpflichtungen der nationalen Regulierungsbehörden zur Sicherstellung der in Art 7 E-RL Gemeinsamer

---

[3] BT-Drucks 13/4938 Ziff 10.
[4] Beck'scher TKG-Kommentar/*Piepenbrock* § 33 Rn 4.
[5] Beck'scher TKG-Kommentar/*Piepenbrock* § 33 Rn 5.
[6] Vgl etwa exemplarisch die Regulierungsziele in Art 9 Abs 1 RL 97/33/EG; aufgenommen in OVG Münster, Beschl v 23. 2. 2000 – 13 B 1996/99 – UA S 3; dazu auch § 35 Rn 1, § 36 Rn 1, § 37 Rn 3.
[7] Ihre Berechtigung ist folgerichtig – das Interesse an der Ausschöpfung von Netzexternalitäten bei allen neuen Anbietern unterstellt – als notwendiger Teil einer Regulierungsstrategie umstritten; vgl etwa v *Wichert-Nick* MMR 1999, 711, 712.
[8] RL 97/33/EG.
[9] Vgl Art 3 Abs 1, Art 4 Abs 1 des Vorschlages für eine Richtlinie des Europäischen Parlaments und des Rates über den Zugang zu elektronischen Kommunikationsnetzen und zugehörigen Einrichtungen sowie deren Zusammenschaltung vom 12. 7. 2000 KOM (2000) 384 endg, ABl Nr C 365E/215 v 19. 12. 2000; Erwägungsgrund 10 der VO (EG) Nr 2887/2000 des Europäischen Parlaments und des Rates vom 18. 12. 2000 über den entbündelten Zugang zum Teilnehmeranschluss, Abl Nr L 336/4 v 30. 12. 2000.

§ 33  Besondere Missbrauchsaufsicht

Rechtsrahmen[10] genannten Ziele.[11] Dazu sollen Unternehmen mit beträchtlicher Marktmacht Verpflichtungen auferlegt werden können, die – wie auch in § 33 TKG vorgesehen – sowohl Gleichbehandlungsverpflichtungen[12] als auch Verpflichtungen in Bezug auf den Zugang[13] enthalten. Auch insoweit wird deutlich, dass die Vorschriften des vierten Teils nicht von dem Missbrauchstatbestand als Zentrum zu interpretieren sind, sondern von der allgemeinen Verhandlungspflicht, wie sie in § 36 TKG für das deutsche Recht niedergelegt ist, die eine erste Stufe des Zusammenschaltungsregimes darstellt. **Die Pflicht zur Gewährung von verschiedenen Formen des Netzzugangs** normiert dann – als zweite Stufe – der § 35 TKG, der freilich auf Betreiber von Telekommunikationsnetzen, die Telekommunikationsdienstleistungen für die Öffentlichkeit anbieten und hier eine marktbeherrschende Stellung haben, beschränkt ist, dafür aber jedem Nutzer diesen Anspruch gewährt. Sanktionsbewehrt sind diese Pflichten über die Kompetenzen der Regulierungsbehörde nach Maßgabe des § 37 TKG, der zwar für alle, nicht nur für marktbeherrschende Betreiber gilt, aber die Pflichten aus § 35 TKG nur ergreift, soweit es um Zusammenschaltungen geht. Im übrigen ist das Regulierungskonzept gerade hier europarechtlich unzureichend ausgeformt (§ 36 Rn 14 ff). Dem gegenüber ist der **§ 33 TKG als dritte Stufe auf Wettbewerber eines marktbeherrschenden Anbieters von Telekommunikationsdienstleistungen für die Öffentlichkeit begrenzt.** Die Vorschrift gewährt allerdings umfassenden Zugang zu intern genutzten Leistungen, zu denen auch Netzzugänge gehören. § 33 Abs 2 TKG enthält insoweit die Ermächtigungsgrundlage für die besondere Missbrauchsaufsicht, die sich von ihrem Gesetzestext her allein auf § 33 Abs 1 TKG bezieht. Schon diese kurze Skizze erhellt, dass die Redeweise von dem § 33 TKG als Grundnorm, die ihre Konkretisierung in den nachfolgenden Normen findet, auch aus der Perspektive der Zusammenschaltung durchaus unzureichend ist und eher geeignet ist, die Unterschiede der Tatbestände zu verwischen. Insoweit wird es mehr als bisher darum gehen, die Eigenständigkeit der jeweiligen Tatbestände herauszuarbeiten.[14]

Die Vorschrift des § 33 – wie auch des § 35 TKG – wird überlagert durch die Verordnung (EG) Nr 2887/2000 des Europäischen Parlaments und des Rates vom 18. 12. 2000 über den **entbündelten Zugang zum Teilnehmeranschluss.** Mit dieser Verordnung wird der entbündelte Zugang zum Metallleitungs-Teilnehmeranschluss nur für diejenigen Netzbetreiber vorgeschrieben, die von der zuständigen nationalen Regulierungsbehörde gemäß den einschlägigen Gemeinschaftsvorschriften als Betreiber mit beträchtlicher Macht auf dem Markt für die Bereitstellung öffentlicher Telefonfestnetze gemeldet wurden. Diesen obliegt – neben der Pflicht zur Veröffentlichung eines Standardangebots – vor allem die Verpflichtung, allen angemessenen Anträgen von Begünstigten auf entbündelten Zugang zu ihren Teilnehmeranschlüssen und zugehörigen Einrichtungen unter transparenten, fairen nichtdiskriminierenden Bedingungen stattzugeben. Eine Ablehnung ist nur aufgrund objektiver Kriterien möglich, die sich auf die technische Machbarkeit oder die notwendige Aufrechterhaltung der Netzintegrität beziehen.[15] Diese Verpflichtung wird durch Befugnisse der nationalen Regulierungsbehörde zur Sicherstellung eines fairen und nachhaltigen Wettbewerbs begleitet,[16] insbesondere kann die nationale Regulierungsbehörde die Änderung des Standardangebots erlangen,[17] aber auch von sich aus tätig werden, um Nichtdiskriminierung, fairen Wettbewerb, wirtschaftliche Effizienz und größtmöglichen Nutzen sicherzustellen.[18] Freilich ist der Anwendungsbereich der VO gegenüber dem des § 33 eingeschränkt. Die Teilnehmeranschluss-VO bezieht sich nur auf den entbündelten

**5**

---

**10** Vorschlag für eine Richtlinie des Europäischen Parlaments und des Rates über einen gemeinsamen Rechtsrahmen für elektronische Kommunikationsnetze und -dienste vom 12. 7. 2000 KOM (2000) 393 endg, ABl Nr C 365E/198 v 19. 12. 2000 – E-RL Gemeinsamer Rechtsrahmen.
**11** Art 5 Abs 1 E-RL Zugang und Zusammenschaltung.
**12** Art 12 E-RL Zugang und Zusammenschaltung.
**13** Art 12 E-RL Zugang und Zusammenschaltung.
**14** Vgl insoweit auch OVG Münster, Beschl v 7. 2. 2000 – 13 A 180/99 –, CR 2000, 369, das dezidiert die jeweiligen Voraussetzungen von § 33 und § 35 TKG herausarbeitet und diese kumulativ anwendet, was für sich gesehen schon gegen Auffanglösungen spricht, die dann wohl von Spezialitätsüberlegungen begleitet sein müßten.
**15** Art 3 Abs 2 VO (EG) Nr 2887/2000.
**16** Art 4 VO (EG) Nr 2887/2000.
**17** Vgl Art 4 Abs 2 lit a VO (EG) Nr 2887/2000.
**18** Art 4 Abs 3 VO (EG) Nr 2887/2000.

Hans-Heinrich Trute

Zugang zum Teilnehmeranschluss. Dies beinhaltet eine Einschränkung des Gegenstandsbereichs auf die physische Doppelader-Metallleitung, die den Netzabschlusspunkt am Standort des Teilnehmers mit dem Hauptverteiler oder einer entsprechenden Einrichtung des festen öffentlichen Telefonnetzes verbindet.[19] Damit ist ausschließlich das öffentliche Telefonfestnetz und der Anschluss über die physische Doppelader-Metallleitung von der Verordnung umfasst. Andere Formen des Zugangs zur lokalen Infrastruktur sowie die Verpflichtung der gemeldeten Betreiber entsprechend den Gemeinschaftsvorschriften unter Beachtung des Grundsatzes der Nichtdiskriminierung für Dritte im Zusammenhang mit der Nutzung des öffentlichen Telefonfestnetzes schnelle Zugangs- und Übertragungsdienste in der gleichen Weise bereitzustellen, wie für ihre eigenen Dienste oder ihre verbundenen Unternehmen, bleiben davon unberührt.[20] Ebenso können die Mitgliedstaaten im Einklang mit dem Gemeinschaftsrecht Vorschriften beibehalten oder einführen, die weitergehende Bestimmungen als die in der Teilnehmeranschluss-VO vorgesehenen enthalten und/oder nicht in den Geltungsbereich der VO fallen. Damit verbleibt es außerhalb des Gegenstandbereichs der VO bei den §§ 33 ff TKG, im Anwendungsbereich aber gehen die Vorschriften der VO einschließlich der dort genannten Befugnisse für die nationalen Regulierungsbehörden den §§ 33 ff TKG vor, soweit eine Kollision mit den tatbestandlichen Voraussetzungen oder Rechtsfolgen der §§ 33 ff TKG bestehen sollte.

**6** Der **neue Rechtsrahmen** (Einf II 2 b Rn 37 ff), wie er von der Kommission vorgeschlagen wird, enthält im Übrigen eine dem § 33 TKG im Ansatz vergleichbare Vorschrift, die es der Regulierungsbehörde eröffnet, einem Betreiber mit beträchtlicher Marktmacht[21] **Gleichbehandlungspflichten** aufzuerlegen.[22] Diese Gleichbehandlungspflichten stellen insbesondere sicher, dass der verpflichtete Betreiber anderen Unternehmen, die ähnliche Dienste erbringen, unter vergleichbaren Umständen gleichwertige Bedingungen bietet und Dienste und Informationen für Dritte zu den gleichen Bedingungen und mit der gleichen Qualität bereitstellt wie für seine eigenen Produkte oder die seiner Tochter- oder Partnerunternehmen.[23] Das allgemeine wettbewerbliche Diskriminierungsverbot wird hier mit dem Grundsatz externer gleich interner Behandlung verknüpft. Ziel ist es, auch hier zu garantieren, dass Unternehmen mit beträchtlicher Marktmacht den Wettbewerb nicht verzerren, insbesondere wenn es sich um vertikal integrierte Unternehmen handelt, die Dienste für andere Anbieter erbringen, mit denen sie auf nachgelagerten Märkten in Wettbewerb stehen.[24]

**7** Der **Missbrauchstatbestand** des § 33 TKG **ist** nicht nur im Lichte des europäischen Regulierungsrahmens, der verfassungsrechtlichen Gewährleistung und Staatsziele, sondern auch **in der Perspektive des Gesetzeszwecks und der mit ihm verbundenen Regulierungsziele zu interpretieren** (§ 1 Rn 10, § 2 Rn 6 ff). Im Ausgangspunkt gilt nach der Zwecksetzung des § 1 TKG das, was auch Art 87 f GG gewährleisten will: **flächendeckend angemessene und ausreichende Dienstleistungen**; dies soll freilich durch eine Marktordnung erreicht werden, die regulierend überformt werden soll. Dies gilt jedenfalls solange und soweit diese Gewährleistungsziele sowie andere legitime öffentliche Interessen nicht allein durch den Wettbewerb erreicht werden können. Angesichts der (derzeitigen) faktischen Situation auf dem Telekommunikationsmarkt kann weder hinreichender Wettbewerb unterstellt, noch die marktmäßige Erreichung der Gewährleistungsziele als sicher unterstellt werden, so dass die Regulierung die Institutionalisierung und Sicherung des Wettbewerbs und seiner Überformung im Lichte andere öffentlicher Interessen umfasst (§ 1 Rn 10 ff). Das beinhaltet eine komplexe Regulierungsaufgabe, deren grundlegende Spannung bereits in § 1 TKG zum Ausdruck kommt, wenn das Gesetz die Förderung des Wettbewerbs sowie die Gewährleistung von flächendeckend angemessenen und ausreichenden Dienstleistungen fordert (§ 1 Rn 24). Soweit das Gewährleistungsziel im Wettbewerb erreicht werden kann, besteht freilich – von der Verfolgung sonstiger öffentlicher Interessen abgesehen – keine Regulierungsnotwendigkeit. Daraus und in diesem Rahmen mag man von

---

19 Art 2 lit c VO (EG) Nr 2887/2000.
20 Art 1 Abs 3, 4 VO (EG) Nr 2887/2000.
21 Zu den Anforderungen des Marktanalyseverfahrens vgl (Einf II 2 b Rn 41).
22 Art 10 E-RL Zugang und Zusammenschaltung.
23 Art 10 Abs 2 E-RL Zugang und Zusammenschaltung.
24 Erwägungsgrund 11 E-RL Zugang und Zusammenschaltung.

einem Vorrang des Wettbewerbs und der auf die Herstellung desselben ausgerichteten Instrumente vor sonstigen Interventionen ausgehen. Diesen Aspekt betont der neue Rechtsrahmen (Einf II 2 b Rn 37 ff) nachhaltig, indem er spezifische Verpflichtungen einzelner Betreiber aufgrund ihrer beträchtlichen Marktmacht an eine mehrstufige Marktanalyse knüpft.[25]

Das **Ziel** des § 33 TKG lässt sich vor dem Hintergrund der spezifischen Probleme der Marktöffnung im Telekommunikationsbereich wie auch in anderen Bereichen leitungsgebundener Infrastrukturen genauer bestimmen.[26] Für Netze ist eine **Kombination aus Größenvorteilen** einerseits, **irreversiblen Kosten andererseits** kennzeichnend, die verbunden mit einer vertikalen Integration eines marktbeherrschenden Anbieters **nicht angreifbare Monopole** entstehen, bzw aufrechterhalten lassen. Größenvorteile bzw Bündelungsvorteile entstehen dadurch, dass ein einziger Netzanbieter eine bestimmte Region kostengünstiger versorgen kann, als eine Mehrzahl von Anbietern. Diese Effekte treten typischerweise bei Netzen und Netzteilen erdgebundener Infrastruktur auf und lassen sich dahingehend kennzeichnen, dass mit steigender Zahl der Angeschlossenen die Kosten für den Anbieter pro Anschluss geringer werden, etwa aufgrund der Größe der verwendeten Netze, der Kostenvorteile infolge von Vernetzungsmöglichkeiten etc.[27] Verbunden ist dies auf der Nutzerseite mit **Netzwerkexternalitäten,** die daraus entstehen, das andere das gleiche Gut nachfragen, also mit jedem neuen Nutzer das Netz für die vorhandenen Nutzer ebenso wie für den Hinzukommenden eine Aufwertung erfährt.[28] Mag dieses ein Problem der Zusammenschaltung im Allgemeinen sein, das im Rahmen des TKG vor allem von den §§ 35 ff TKG adressiert wird, so verstärkt es zweifellos die Stellung des marktstarken Anbieter bzw des ehemaligen Monopolisten. Irreversible Kosten entstehen, wenn Investitionen für den Marktzutritt erforderlich sind, diese aber bei einer Verwendung außerhalb des betreffenden Marktes praktisch wertlos sind, so dass sie bei einem Marktaustritt als verloren anzusehen sind. Da der vorhandene Anbieter diese bei seinem Marktverhalten nicht mehr berücksichtigen muss, wohl aber jeder der in einen Markt eintritt, ergeben sich dadurch erhebliche Marktzutrittsschranken des Newcomers. Dieses Problem verschärft sich durch eine vertikale Integration des natürlichen Monopolisten, sofern er nicht nur als Netzanbieter tätig ist, sondern zugleich die monopolistische Infrastruktur als Grundlage der Diensterbringung nutzt und damit zugleich den abhängigen Markt kontrollieren kann. Verhandlungslösungen über den Zugang zu seinen Leistungen auf der Netzebene können unter diesen Bedingungen kaum als effizient angesehen werden.[29] Der Zugang zu dem monopolistischen Engpass kann daher als notwendige Voraussetzung regulierter Marktöffnung angesehen werden. Der § 33 TKG lässt sich als Antwort auf dieses Marktöffnungsproblem verstehen. Hier geht es also nicht nur um das Verbot von Diskriminierungen in einem gleichartigen Unternehmen sonst zugänglichen Geschäftsverkehr, sondern auch um die Eröffnung eines diskriminierungsfreien Geschäftsverkehrs für sonst nur unternehmensintern genutzte oder am Markt angebotene Leistungen. Die Erzwingung der Marktöffnung für Wettbewerber hat also gute Gründe für sich, wenn verfassungsrechtlich die Erbringung flächendeckender und angemessener Dienstleistungen im Telekommunikationsbereich privatwirtschaftlich und auch durch andere Anbieter als die ehemaligen Monopolunternehmen erfolgen soll, wie es Art 87 f Abs 2 GG vorsieht.

Die Vorschrift ist freilich vor dem **Hintergrund der zu adressierenden Probleme und im Lichte der zu erreichenden Ziele** zu interpretieren. Die Erstreckung der Regelung auf Leistungen in einem weiten Sinne (Rn 32 ff) bedarf eines Rückbezugs auf **monopolistische Engpässe,** sollte also nicht unabhängig von dem Bezug auf die Nutzung der Netze formuliert werden. In einem Wettbewerb, der sowohl Dienste- wie Netzwettbewerb sein soll,[30] liegt zudem in der sachgerechten Austarierung von eher statisch effizientem Dienstewettbewerb und dynamisch effizientem Netzwettbewerb ein wichtiges Problem. Wird allzu sehr der Dienstewettbewerb durch

---

[25] Art 14 E-RL Gemeinsamer Rechtsrahmen.
[26] Ausführlich dazu *Kruse* Vertikale Integration als Wettbewerbsproblem, Festschrift I. Schmidt, 1997, S 247, 252 ff; *Klimsch/Lange* WuW 1998, 15 ff; *Engel/Knieps* Die Vorschriften des Telekommunikationsgesetzes über den Zugang zu wesentlichen Leistungen, 1998; *Martenczuk/Thomaschki* RTkom 1999, 15 ff.
[27] *Martenczuk/Thomaschki* RTkom 1999, 15, 16; *Knieps* MMR Beilage 2/2000, 3; *ders* MMR 1998, 275, 276 f.
[28] *Engel* MMR Beilage 3/1999, 7, 10.
[29] *Knieps* MMR 1998, 275, 277.
[30] *Engel* MMR Beilage 3/1999, 7, 8.

Eröffnung des Zugriffs auf Leistungen des marktbeherrschenden Unternehmens im Netzbereich gefördert, kann dies – zumal im umkämpften Ortsnetzbereich – leicht zur Verfestigung einer vorhandenen Monopolsituation beitragen,[31] weil es an hinreichenden Anreizen fehlt, den monopolistischen Engpass innovativ zu überwinden. Durchaus in diesem Sinne spricht denn auch die Gesetzesbegründung davon, dass zwar der Grundsatz interne Behandlung ist gleich externe Behandlung gilt, bei Abweichungen aber zu prüfen ist, ob diese unter Beachtung der auf die Förderung eines funktionsfähigen Wettbewerbs und eines diskriminierungsfreien, offenen Netzzugangs gerichteten Zielsetzung der Norm gerechtfertigt sind.[32]

## II. Pflicht zur Gewährung diskriminierungsfreien Zugangs zu Leistungen (Abs 1)

**10** Voraussetzung für die Anwendung des § 33 Abs 1 TKG ist, dass der Anbieter auf einem Markt für Telekommunikationsdienstleistungen für die Öffentlichkeit über eine marktbeherrschende Stellung verfügt. Der Zugang zu intern genutzten oder am Markt angebotenen Leistungen ist Voraussetzung dafür, dass andere Unternehmen auf dem beherrschten Markt in Wettbewerb treten oder diesen aufrechterhalten können. Der marktbeherrschende Anbieter soll also durch § 33 Abs 1 TKG gezwungen werden, den Wettbewerb auf dem angreifbaren Markt für Telekommunikationsdienstleistungen zu ermöglichen.[33]

### 1. Regelungsadressaten: Marktbeherrschende Anbieter von Telekommunikationsdienstleistungen für die Öffentlichkeit

**11** Regelungsadressaten des § 33 Abs 1 sind **Anbieter von Telekommunikationsdienstleistungen für die Öffentlichkeit,** dh diejenigen, die gewerbliche Angebote von Telekommunikation einschließlich des Angebots von Übertragungswegen für beliebige natürliche oder juristische Personen und nicht lediglich für die Teilnehmer geschlossener Benutzergruppen machen, sofern sie auf diesem Markt über eine marktbeherrschende Stellung verfügen.

#### a) Telekommunikationsdienstleistungen für die Öffentlichkeit

**12** Verwiesen ist damit auf § 3 Nr 19 TKG, wonach **Telekommunikationsdienstleistungen für die Öffentlichkeit** das gewerbliche Angebot von Telekommunikation einschließlich des Angebots von Übertragungswegen für beliebige natürliche oder juristische Personen und nicht lediglich für Teilnehmer geschlossener Benutzergruppen bezeichnet. Telekommunikation meint dabei den technischen Vorgang des Aussendens, Übermittels und Empfangens von Nachrichten jeglicher Art in der Form von Zeichen, Sprache, Bildern oder Tönen mittels Telekommunikationsanlagen (§ 3 Nr 16). Das gewerbliche Angebot von Telekommunikation ist danach nur dann erfasst, wenn es an die Öffentlichkeit gerichtet ist. Dies bedeutet einen Ausschluss derjenigen Angebote, die nur einem bestimmten Nutzerkreis offen stehen und daher Belange der Allgemeinheit nicht hinreichend berühren. Teilnehmer geschlossener Benutzergruppen, an die § 3 Nr 19 TKG anknüpft, sind solche, die in einer von der Allgemeinheit deutlich unterscheidbaren rechtlichen Beziehung zueinander stehen, sei es, dass es sich um zusammengefasste Unternehmen handelt (etwa §§ 291, 319 AktG) oder sonstige durch gesellschaftsrechtliche, schuldrechtliche oder öffentlich-rechtliche Regelungen zu einer Zweckgemeinschaft integrierte Benutzer.[34] Nicht erfasst sind daher Anbieter von *corporate networks*.

---

**31** v *Wichert-Nick* MMR 1999, 711, 713; *Engel* MMR Beilage 3/1999, 7, 8, 14.
**32** BT-Drucks 13/4438 zu § 32 TKGE.
**33** *Engel/Knieps* Die Vorschriften des TKG über den Zugang zu wesentlichen Leistungen, S 16 f; *Tschent-* *scher/Neumann* BB 1997, 2437, 2442 f; *Säcker/Callies* K & R 1999, 337, 341; OVG Münster, Beschl v 7. 2. 2000 – 13 A 180/199 –, CR 2000, 369; VG Köln, MMR 1998, 103 f; VG Köln MMR 1999, 238, 241.
**34** Beck'scher TKG-Kommentar/*Schütz* § 6 Rn 26 ff.

## b) Marktbeherrschende Stellung der Anbieter

Die zweite Voraussetzung ist, dass die **Anbieter** auf einem Markt für Telekommunikationsdienstleistungen für die Öffentlichkeit **über eine marktbeherrschende Stellung** verfügen. **13**

Entscheidend kommt es insofern auf die **Kriterien der Marktbeherrschung** an, die im Rahmen des § 33 TKG letztlich über den personalen Anwendungsbereich der Norm bestimmen. Sie werden durch den Verweis auf § 19 GWB ermittelt – wie in anderen Tatbeständen des Vierten Teils des TKG auch. Die Kriterien entsprechen im Wesentlichen denen der bisherigen Rechtslage in § 22 GWB aF.[35] Diese sehen eine marktbeherrschende Stellung im Wesentlichen vor, wenn ein Unternehmen als Anbieter oder Nachfrager von einer bestimmten Art von Waren oder gewerblichen Leistungen ohne Wettbewerber ist oder keinem wesentlichen Wettbewerb ausgesetzt ist (§ 19 Abs 2 Nr 1 GWB) oder eine im Verhältnis zu seinen Wettbewerbern überragende Marktstellung hat (§ 19 Abs 2 Nr 2 GWB), wobei insbesondere der Marktanteil, die Finanzkraft, die Verflechtung mit anderen Unternehmen, die rechtlichen und tatsächlichen Schranken für den Marktzutritt anderer Unternehmen, die Fähigkeit, das Angebot oder die Nachfrage auf andere Waren oder gewerbliche Leistungen umzustellen, die Möglichkeiten der Marktgegenseite auf andere Unternehmen auszuweichen, in Betracht kommen. Marktbeherrschend sind ferner zwei oder mehr Unternehmen zwischen denen wesentlicher Wettbewerb nicht mehr besteht und die in ihrer Gesamtheit die genannten Voraussetzungen erfüllen. Zudem vermutet das Gesetz eine Marktbeherrschung, wenn ein Unternehmen einen Marktanteil von einem Drittel hat. Eine Gesamtheit von Unternehmen gilt danach als marktbeherrschend, wenn sie aus drei oder weniger Unternehmen besteht, die zusammen einen Marktanteil von 50 vH erreichen oder aus fünf oder weniger Unternehmen besteht, die zusammen einen Marktanteil von zwei Dritteln erreichen, es sei denn, die Unternehmen weisen nach, dass die Wettbewerbsbedingungen zwischen ihnen wesentlichen Wettbewerb erwarten lassen oder die Gesamtheit der Unternehmen im Verhältnis zu den übrigen Wettbewerbern keine überragende Stellung hat. Insoweit bedarf es zur Feststellung einer marktbeherrschenden Stellung sowohl der Marktabgrenzung wie der Bestimmung der Intensität des Wettbewerbs. Letzteres anhand der oben dargelegten Kriterien des GWB. Zu berücksichtigen ist freilich auch das gegenüber dem GWB andere Regelungsziel der Herstellung von Wettbewerb in einen sehr dynamischen Markt (Rn 21). **14**

### aa) Marktabgrenzung in sachlicher, räumlicher und zeitlicher Hinsicht

Der sachlich-gegenständlich relevante Markt wird in § 33 TKG zunächst allgemein über das Merkmal der Telekommunikationsdienstleistungen für die Öffentlichkeit bestimmt (Rn 12). Das freilich ist nur eine allgemeine Bestimmung mit geringer Ausschlusswirkung etwa gegenüber Märkten für Telekommunikationsanlagen etc. Die Analyse des relevanten Marktes setzt die Beschreibung der Produkte/Dienste voraus, die diesen Markt ausmachen, zudem die räumliche Abgrenzung des Marktes. **15**

Strukturell gesehen gibt es nach der Liberalisierung im Telekommunikationsbereich mindestens **zwei Arten relevanter Märkte**[36]. Zum einen den Markt für eine Dienstleistung, die für Endbenutzer erbracht wird, also beliebige Telekommunikationsdienstleistungen (**Dienstleistungsmarkt**), zum anderen den Markt für den Zugang zu Einrichtungen oder Leistungen (**Zugangsmarkt**), die zur Erbringung dieser Dienstleistung für Endbenutzer erforderlich sind (wie Information, physisches Netz etc). Um die Endbenutzer mit Telekommunikationsdienstleistungen zu erreichen, wird der Anbieter häufig Zugang zu einer oder mehreren (vorgelagerten oder nachgeordneten) Einrichtungen verlangen. Darüber hinaus bedarf der Anbieter oftmals des Zugangs zu weiteren Einrichtungen, die erst die Vermarktung seiner Dienstleistung an Endbenutzer erlauben, etwa um die Endnutzer überhaupt auf die Dienstleistung hinweisen zu

---

[35] Vgl insoweit *Bechtold* NJW 1998, 2769, 2771; *Bunte* DB 1998, 1748, 1751 ff.
[36] Dazu Mitteilung (98/C265/02), ABl Nr C 265/2 v 22. 8. 1998 Nr 43 ff ; *Monopolkommission* Wettbewerb, S 12; EG Kommission Entwurf von Leitlinien zur Marktanalyse und Ermittlung beträchtlicher Marktmacht v 28. 3. 2001 KOM (2001) 175 endg, S 9.

Hans-Heinrich Trute

können. § 33 TKG adressiert mit dem Zugang zu Einrichtungen/Leistungen zwar den Zugangsmarkt, bestimmt die Annahme einer marktbeherrschenden Stellung ebenso wie das notwendige aktuelle oder potentielle Wettbewerbsverhältnis aber über den Markt von Telekommunikationsdienstleistungen für die Öffentlichkeit.

**16** Innerhalb dieses Rahmens wird der relevante Markt über das **Bedarfsmarktkonzept**, bzw das Kriterium der **funktionellen Substituierbarkeit** bestimmt. „Sämtliche Erzeugnisse, die sich nach ihren Eigenschaften, ihrem wirtschaftlichen Verwendungszweck und ihrer Preislage so nahe stehen, dass der verständige Verbraucher sie als für eine Deckung eines bestimmten Bedarfs geeignet in berechtigter Weise abwägend miteinander vergleicht und als gegeneinander austauschbar ansieht, sind marktgleichwertig".[37] Entscheidend ist dabei nicht die sachliche Identität, sondern die **funktionelle Austauschbarkeit**, die über das **tatsächliche Verhalten** der Abnehmer bestimmt wird, nicht aber auf einer Analyse anhand rationaler, objektiv-wissenschaftlicher Kriterien externer Beobachter beruht.[38] So kann zB die unterschiedliche Infrastruktur wie Kabel- und Satellitenverbindungen für den Zugang zum Internet funktionell äquivalent sein. Mag objektiven Kriterien bei der Ermittlung auch ein Indizwert zukommen, so wird doch an tatsächliche Marktverhältnisse angeknüpft.[39] Das Bedarfsmarktkonzept kann – zumal im Bereich der Netzzusammenschaltung – zu engen relevanten Märkten führen. Aus der Sicht des Nachfragers ist oftmals die Zusammenschaltung mit einem bestimmten Netz nicht mit einem anderen Netz austauschbar. Gleichwohl soll hier helfen, dass eine Abgrenzung enger sachlicher und räumlicher Märkte nur insoweit in Betracht kommt, als die Verhältnisse sich in Bereichen auch deutlich unterscheiden.[40] Teilnehmeranschluss und Ortsgespräche werden demselben sachlich relevanten Markt zugerechnet, obwohl beide aus der Sicht des Nachfragers gewiss nicht austauschbar sind. Wegen der festen Koppelung unterliegen beide aber gleichen Wettbewerbsbedingungen.[41] Die Märkte für Ferngespräche sind aus der Sicht der Nachfrager eigenständige, nicht durch Ortsgespräche substituierbare sachliche Märkte.[42] Ebenso sind – ungeachtet teilweiser Substituierbarkeit und weiteren Zusammenwachsens – die Festnetz- und Mobilfunkanschlüsse getrennte Märkte.[43]

**17** Auch die **Nachfragemacht** bezieht sich auf eine bestimmte Art von Waren oder Dienstleistungen und macht daher die Abgrenzung des sachlichen, räumlichen und zeitlich relevanten Marktes erforderlich.[44] Für den § 33 TKG spielt indes eine marktbeherrschende Stellung als Nachfrager keine Rolle, da § 33 TKG allein die marktbeherrschende Stellung von Anbietern von Telekommunikationsdienstleistungen für die Öffentlichkeit adressiert.[45] Die marktbeherrschende Position des Nachfragers nach Telekommunikationsdienstleistung richtet sich demgemäß nach dem allgemeinen Wettbewerbsrecht (§ 2 Rn 21 ff).

**18** Insoweit nicht unterschiedlich wird **der sachlich relevante Markt im europäischen Wettbewerbsrecht** bestimmt. „Der sachlich relevante Produktmarkt umfasst sämtliche Erzeugnisse und/oder Dienstleistungen, die von den Verbrauchern hinsichtlich ihrer Eigenschaften, Preise und ihres vorgesehenen Verwendungszwecks als austauschbar oder substituierbar angesehen

---

[37] KG WuW/E OLG 995, 996 „Handpreisauszeichner"; KG WuW/E OLG 1745, 1748 „Kfz-Kupplungen"; KG WuW/E OLG 2182, 2183 „Hydraulischer Schreitausbau" = AG 80, 223; WuW/E BHG 1435, 1440 „Vitamin B 12" = BGHZ 67, 104, 113 ff; WuW/E BGH 3026, 3028 „Edelstahlbestecke"; stRspr WuW/E BGH 3058, 3062 „Pay-TV-Durchleitung"; *Monopolkommission* Wettbewerb, S 12.

[38] Vgl BGH 101, 100 = NJW 1987, 3007, vgl auch EuGH Rs 66/86 *Ahmed Saeed* (1989) Slg 803 Rn 39 f; Rs T-229/94, *Deutsche Bahn gegen Kommission* (1997), Slg II – 1689, Rn 54.

[39] Zur Einschränkung auf eine verständige Sicht der Abnehmer *Möschel* in: Immenga/Mestmäcker, GWB, § 22 Rn 28; Beck'scher TKG-Kommentar/*Wendland* Vor § 33 Rn 29.

[40] Vgl dazu Beck'scher TKG Kommentar/*Wendland* Vor § 33 Rn 60.

[41] *Monopolkommission* Wettbewerb, S 12 f. Hier mag die künftige technische Entwicklung allerdings zu einer stärkeren Entkoppelung führen.

[42] *Monopolkommission* Wettbewerb, S 13.

[43] *Monopolkommission* Wettbewerb, S 13 f.

[44] Dazu *Möschel* in: Immenga/Mestmäcker, GWB, § 22 Rn 40 ff; Bekanntmachung der Kommission über die Definition des relevanten Marktes im Sinne des Wettbewerbsrechts der Gemeinschaft (97/C 372/03), ABl EG Nr C 372, S 5 Nr 20 ff.

[45] Beck'scher TKG Kommentar/*Wendland* Vor § 33 Rn 14.

werden."[46] Dies wird über die Kriterien der **Nachfragesubstituierbarkeit, Angebotssubstituierbarkeit** und des **potentiellen Wettbewerbs** bestimmt.[47] Der Nachfragesubstituierbarkeit kommt insofern unmittelbare Bedeutung zu, als ein Anbieter die Marktbedingungen nicht erheblich beeinflussen kann, wenn die Abnehmer in der Lage sind, ohne weiteres auf verfügbare Substitute auszuweichen. Die Ermittlung erfolgt im Wesentlichen anhand des Kriteriums der Kreuz-Preis-Elastizität.[48] Dieses Kriterium sieht sich ungeachtet seiner indiziellen Wirkung gleichwohl nicht unerheblichen Bedenken ausgesetzt.[49] Freilich bestimmt die Kommission in geeigneten Fällen den sachlich-gegenständlichen Markt anhand dieses Kriteriums. So soll gefragt werden, ob die Gewinne der Anbieter der betreffenden Dienste insgesamt steigen würden, wenn sie allesamt die Preise für diese Dienste um 5% bis 10% erhöhen.[50]

Bei der Bestimmung des sachlich-gegenständlichen Produkt-/Dienstmarktes – die im europäischen Recht auch im Wesentlichen anhand der funktionalen Austauschbarkeit erfolgt –[51] ist – worauf die Kommission zu Recht hinweist – zu berücksichtigen, dass aufgrund der technologischen Konvergenz zunehmend mit der funktionalen Austauschbarkeit verschiedener elektronischer Kommunikationsdienste zu rechnen ist. Nicht zuletzt hat die Verwendung von Digitalsystemen zur Folge, dass sich die Leistungsfähigkeit und die Merkmale der mit unterschiedlichen Technologien operierenden Netzdienste immer stärker ähnlen.[52]

Eine marktbeherrschende Stellung besteht immer in einem **bestimmten Gebiet,** dem **räumlich relevanten Markt.** Auch die Gebietsbestimmung vollzieht sich grundsätzlich nach dem **Kriterium der Austauschbarkeit** aus der Sicht der Abnehmer. Der räumlich relevante Markt kann grundsätzlich auf den Anwendungsbereich des Gesetzes, auf regionale oder gar lokale Teilmärkte beschränkt sein. Beschränkungen können sich aus gesetzlichen Vorschriften, aus strukturellen Gründen wie einem natürlichen Monopol, aber auch aus wirtschaftlichen Gründen ergeben.[53] Im Hinblick auf die Erbringung von Telekommunikationsdienstleistungen und Zugangsmärkte ist der räumlich relevante Markt dasjenige Gebiet, in dem ähnliche objektive Wettbewerbsbedingungen für Dienstanbieter gelten und Wettbewerber in der Lage sind, ihre Dienste anzubieten.[54] Dabei ist es nicht erforderlich, dass die Wettbewerbsbedingungen zwischen Anbietern vollkommen homogen sind; es reicht aus, dass sie einander gleichen. Entscheidende Bedeutung hat die Möglichkeit der Dienstanbieter, Zugang zu einem Endnutzer in einem beliebigen Teil des Gebietes unter ähnlichen und wirtschaftlich tragbaren Bedingungen zu erlangen. Die Bestimmung kann im Wesentlichen anhand des vom Netz erfassten Gebiets und der bestehenden normativen Bedingungen bestimmt werden.[55] Eine räumliche Differenzierung findet sich etwa im Bereich der Teilnehmeranschlüsse und der Ortsnetze, da es in

---

**46** EuGH Rs 57/76 Slg 1979, S 461; Bekanntmachung der Kommission über die Definition des relevanten Marktes im Sinne des Wettbewerbsrechts der Gemeinschaft (97/C372/03) ABl EG Nr C 372, S 5 Nr 7.
**47** Bekanntmachung der Kommission (97/C372/03) Nr 13 ff. EG Kommission Entwurf von Leitlinien zur Marktanalyse und Ermittlung beträchtlicher Marktmacht, KOM (2001) 175 endg S 10 f.
**48** Bekanntmachung der Kommission (97/C372/03) Nr 15 ff; ausführlich jüngst EG Kommission Entwurf von Leitlinien zur Marktanalyse und Ermittlung beträchtlicher Marktmacht, KOM (2001) 175 endg S 10 ff.
**49** *Möschel* in: Immenga/Mestmäcker, GWB § 22 Rn 33; vgl auch Beck'scher TKG Kommentar/*Wendland* Vor § 33 Rn 31.
**50** Vgl Mitteilung der Kommission über die Anwendung der Wettbewerbsregeln auf Zugangsvereinbarungen im Telekommunikationsbereich. Rahmen, relevante Märkte und Grundsätze (98/C265/02) ABl EG Nr C 265 v 22. 8. 1998, S 2 Nr 46; Einzelheiten jüngst in dem Entwurf von Leitlinien zur Marktanalyse (Fn 48) S 12 ff.
**51** EuGH Rs 31/80 *L'Oréal* (1980) Slg 3775, Rn 25; Rs 322/81 *Michelin/Kommission* (1983) Slg 3461, Rn 37; Rs C-62/86 *Akzo Chemie/Kommission* (1991) Slg I – 3359; EuG Rs T-504/93 *Tiercé Ladbroke/Kommission* (1997) Slg II-923, Rn 81; Rs T-65/96 *Kish Glass/Kommission* (2000) Slg II 1885, Rn 62.
**52** EG Kommission Entwurf von Leitlinien zur Marktanalyse und Ermittlung beträchtlicher Marktmacht, KOM (2001), 175 endg S 12.
**53** Vgl *Möschel* in: Immenga/Mestmäcker, GWB, § 22 Rn 36 ff.
**54** Dazu etwa EuGH Rs 322/81 *Michelin/Kommission* (1993) Slg 3461 Rn 26; Rs 247/86 *Alsatel/Novasam* (1988) Slg 5987 Rn 15; Rs T-504/93 *Tiercé Ladbroke/Kommission* (1997) Slg II-923 Rn 102.
**55** Dazu EG Kommission Entwurf von Leitlinien zur Marktanalyse (Fn 48), S 14 f mwN.

bestimmten Ballungsräumen etwa unterschiedliche Anbieter gibt.[56] Demgegenüber werden Ferngespräche und Gespräche im Mobilfunkmarkt bundesweit abgegrenzt.[57]

**20** Die räumliche Abgrenzung ist auch abhängig von normativen Rahmenbedingungen.[58] So beschränkt die Rechtsprechung,[59] das Bundeskartellamt, aber auch die Regulierungsbehörde[60] den räumlichen Markt aus Rechtsgründen auf das Bundesgebiet. Maßgeblich ist der Zweck des GWB, den Wettbewerb auf dem inländischen Markt zu schützen. Zudem seien die Ermittlungsbefugnisse des BKartA begrenzt, so dass eine Ermittlung der maßgeblichen Tatsachen oftmals nicht möglich sei. Da nach Auffassung des BGH dies auch für die Vermutungsregel des § 22 GWB aF, § 19 Abs 3 GWB nF gelten soll, hätte diese Abgrenzung auch für das TKG Bedeutung.[61] Indes könnte die Harmonisierung des Binnenmarktes über die ONP-Richtlinien und die insoweit ohnehin erforderliche und geforderte Zusammenarbeit der Regulierungsbehörden es nahe legen, die Beschränkung des räumlich relevanten Marktes auf den Geltungsbereich des Telekommunikationsgesetzes aufzugeben. Angesichts der Notwendigkeit, nach den ONP-Richtlinien Unternehmen mit beträchtlicher Marktmacht zu notifizieren und der Marktbeobachtung durch die Kommission ist auch das pragmatische Element der begrenzten Ermittlungsmöglichkeiten für den TK-Bereich nicht unbedingt überzeugend. Indes knüpfen die ONP-Richtlinien bei der Bestimmung der Stellung eines marktbeherrschenden Unternehmens wiederum an den Marktanteil im jeweiligen Mitgliedstaates an, nicht aber auf einen wie auch immer räumlich zu bestimmenden Binnenmarkt, schon gar nicht an einen sich gerade im Telekommunikationsbereich ausbildenden internationalen Markt[62]. Das gilt auch, soweit der Anwendungsbereich der Teilnehmeranschluss-VO[63] betroffen ist. Sie bezieht sich auf die nach Maßgabe der Zusammenschaltungsrichtlinie[64] gemeldeten Betreiber, deren beträchtliche Marktmacht nach Maßgabe der soeben genannten Kriterien sich nach dem Marktanteil im jeweiligen Mitgliedsstaat richtet. Freilich ist dies für den Zugang zum entbündelten Teilnehmeranschluss angesichts der oftmals nahezu vollständigen Beherrschung durch den ehemaligen nationalen Monopolisten ohnehin bedeutungslos. Der neue Rechtsrahmen (Einf II 2 b Rn 37 ff), wie er von der Kommission vorgesehen wird, sieht im Rahmen des Marktanalyseverfahrens nach Art 14 E-RL Gemeinsamer Rechtsrahmen vor, dass bei von der Kommission bezeichneten **Märkten mit einer internationalen Dimension** die Marktanalysen, die Voraussetzung der Auferlegung spezifischer Pflichten sind, von den nationalen Regulierungsbehörden gemeinsam durchzuführen sind und Beschlüsse über die Auferlegung von Verpflichtungen in abgestimmter Form zu fassen sind.[65] Bisher aber bestimmt auch die RegTP den räumlichen Markt begrenzt auf das Gebiet der Bundesrepublik.[66] Angesichts der soeben geschilderten, rechtlichen aber auch absehbaren technologischen und ökonomischen Entwicklungen und des Standes der Verflechtungen des nationalen und europäischen Telekommunikationsrechts mag man mit gutem Gründen an der bisherigen Konzeption zweifeln.[67] Ungeachtet dieser Entwicklungen kann es selbstverständlich auch **räumlich be-**

---

56 Ungeachtet dessen nimmt die DTAG im Teilnehmeranschluss- und Ortsnetzbereich eine marktbeherrschende Stellung ein, da sie selbst dort, wo lokale Betreiber anbieten, immerhin einen Marktanteil von 95%, ansonsten von über 99% hat; vgl *Monopolkommission* Wettbewerb, S 19.
57 *Monopolkommission* Wettbewerb, S 14 f.
58 Zum Ganzen Mitteilung (98/C265/02) Nr 55.
59 Ausführlich WuW/E BGH 3026, 3029 f „Backofenmarkt"; vgl auch WuW/E OLG 4865, 4880 f „WMF/Hutschenreuther".
60 RegTP MMR 2000, 316 f.
61 Vgl aber auch die Formulierung in § 19 Abs 2 Nr 2 GWB, dass bei einer überragenden Marktstellung auch der tatsächliche oder potentielle Wettbewerb durch innerhalb oder außerhalb des Gesetzes ansässige Unternehmen zu berücksichtigen sei; dazu auch *Bunte* DB 1998, 1748, 1752.

62 Vgl dazu Beck'scher TKG-Kommentar/*Wendland* Vor § 33 Rn 54.
63 VO (EG) Nr 2887/2000.
64 RL 97/33/EG.
65 Art 14 Abs 1 UA 2 E-RL Gemeinsamer Rechtsrahmen; Ausführlich dazu und allgemein zur Marktabgrenzung EG Kommission Entwurf von Leitlinien zur Marktanalyse (Fn 48); Entscheidung der Kommission v 20. Mai 1999 *Cégétel* + 4 ABl L 218 v 18. 8. 1999.
66 RegTP MMR 2000, 316 f.
67 Vgl *v d Busche* MMR 2000, 317 ff ; zur Auseinandersetzung mit dem BGH vgl *Dreher* JZ 1996, 1025 f; *Lange* BB 1996, 1997 f; *Paschke* ZHR 1996, 673 f; *Werner* Festschrift Lieberknecht, 1997, S 607 f; auf die Verpflichtung zur Zusammenarbeit etwa aus Art 9 Zusammenschaltungsrichtlinie verweist auch *Paulweber* ZUM 2000, 11, 31.

schränkte Märkte geben, etwa in Folge regional beschränkter Lizenzen oder räumlich begrenzter Netze, etwa im Pay-TV Bereich.[68]

Die **europäische Kommission** hat in ihrer Entscheidungspraxis die relevanten Produktmärkte in Märkte für Fernsprechdienstleistungen und Datendienste unterschieden und diese wiederum nach Inlands- und internationalen Diensten unterschieden. Bei den festnetzgestützten Telefondiensten an Endabnehmer hat die Kommission etwa zwischen der Anschlussgebühr, Ortsgesprächen, Regionalgesprächen und Ferngesprächen unterschieden; zudem ist zwischen privaten und beruflichen Endabnehmern zu differenzieren. Beim Mobilfunk sind Dienstleistungen auf dieser Infrastruktur von festnetzgestützten Diensten zu unterscheiden.[69]

Die zeitliche Dimension spielt nur ausnahmsweise eine Rolle, wobei Vorwirkungen ebenso wie Nachwirkungen in Betracht kommen. Dies mag sich dahingehend auswirken, dass entweder nur zeitlich begrenzt eine marktbeherrschende Stellung angenommen werden kann, weil sich etwa technische Innovation innerhalb absehbarer Zeit auf dem Markt auswirken werden oder aber aufgrund von Entwicklungen bereits jetzt absehbar in naher Zukunft sich eine marktbeherrschende Stellung ergibt.[70] Die Prognoseunsicherheiten liegen auf der Hand. Allerdings ist zu beachten, dass – anders als im allgemeinen Wettbewerbsrecht – hier aufgrund des Regulierungsziels eine dynamische Sichtweise geboten ist. Nicht zuletzt die diesem Sektor eigene Dynamik verstärkt noch einmal diesen Aspekt.[71] **21**

### bb) Einfluss der ONP-Richtlinien auf die Kriterien der Marktbeherrschung

Von diesen **Kriterien zur Bestimmung der marktbeherrschenden Stellung weicht** das **europäische Recht** im ONP-Bereich ab.[72] Legt man ungeachtet einzelner Nuancen für den jeweiligen Anwendungsbereich die Begriffsbestimmung der Sprachtelefondienstrichtlinie zugrunde, dann wird eine Organisation als solche mit **beträchtlicher Marktmacht** angesehen, wenn ihr Anteil an dem betreffenden Markt in dem geographischen Bereich innerhalb eines Mitgliedstaates, für den ihre Zulassung gilt, mindestens 25 vH ausmacht. Die nationalen Regulierungsbehörden können jedoch festlegen, dass eine Organisation mit einem Marktanteil von weniger als 25 vH auf dem betreffenden Markt über einen beträchtlichen Marktanteil verfügt. Sie können ferner festlegen, dass eine Organisation mit einem Anteil von mehr als 25 vH auf dem betreffenden Markt nicht über eine beträchtliche Marktmacht verfügt. In beiden Fällen sind bei der Festlegung als Faktoren zu berücksichtigen: die Möglichkeit der Organisation, Marktbedingungen zu beeinflussen, ihr Umsatz im Verhältnis zur Größe des Marktes, ihre Kontrolle über den Zugang zu Endnutzern, ihr Zugang zu Finanzmitteln sowie ihre Erfahrung bei der Bereitstellung von Produkten und Diensten auf dem Markt. Die genannten ONP-Richtlinien folgen damit für ihren Anwendungsbereich einer **gegenüber dem GWB deutlich niedrigeren Vermutungsgrenze**, die durch **Entscheidung der Regulierungsbehörde** über- oder unterschritten werden kann. Die Vermutungswirkung des § 19 Abs 3 Satz 1 GWB setzt erst bei einem Marktanteil von einem Drittel ein und ist – neben der Funktion als Aufgreifkriterium – im Hinblick auf den geltenden Amtsermittlungsgrundsatz im Grunde auf Fälle des non liquet begrenzt.[73] Entscheidend kommt es im Bereich zwischen § 19 Abs 3 Satz 1 und § 19 Abs 1 Nr 1 GWB auf die positive Feststellung der überragenden Marktmacht an, die dann gegeben ist, wenn ein Unternehmen „einen überragenden (einseitigen) Verhaltensspielraum bei der Entwicklung von Marktstrategien oder bei **22**

---

68 WuW/E BGH 3058, 3062.
69 Dazu mwN EG Kommission Entwurf für Leitlinien zur Marktanalyse (Fn 48), S 16 ff; vgl auch die Entscheidungen der Kommission *Atlas* ABl L 239 v 19. 9. 1996; *BT-MCI* ABl ABl L 223 v 27. 8. 1994; *BT-MCI (II)* ABl L 336 v 8. 12. 1997; *Phoenix/Global One* ABl L 239 v 19. 9. 1996; *British Interactive Broadcasting/Open* ABl L 312 v 6. 12. 1999.
70 Dazu *Immenga* MMR 2000, 141, 143 ff.
71 Dazu EG Kommission, Entwurf von Leitlinien zur Marktanalyse und Ermittlung beträchtlicher Marktmacht v 28. 3. 2001 KOM (2001) 175 endg, S 10.

72 Vgl Art 4 Abs 3 RL 97/33/ EG [Zusammenschaltungsrichtlinie] ABl EG Nr L 199/32 v 26. 7. 1997; Art 2 Abs 3 RL 92/44/EWG [Mietleitungsrichtlinie] ABl EG Nr L 192/27 v 19. 6. 1992, geändert durch Art 2 RL 97/51/EG ABl L 295/23 v 29. 10. 1997; Art 2 Abs 2 lit ii RL 98/10/EG [Sprachtelefondienstrichtlinie] ABl Nr L 101/24 v 1. 4. 1998.
73 Vgl BGH WuWE 1749, 1754 „Glöckner-Becorit" = BB 1981, 569, 571; zum Ganzen *Möschel* in: Immenga/Mestmäcker, GWB § 22 Rn 91 f.

Einsatz einzelner Aktionsparameter"[74] besitzt, bzw einem Unternehmen „ein vom Wettbewerb nicht hinreichend kontrollierter Verhaltensspielraum" zur Verfügung steht. Das ist aufgrund der Gesamtbetrachtung aller Umstände und der Anwendung der genannten Kriterien zu prüfen. Unübersehbar bedarf es indes nach dem gegenwärtigen europäischen Sekundärrecht der positiven Feststellung, dass eine beträchtliche Marktmacht ungeachtet des Marktanteils von 25 vH nicht vorliegt. Zwar dürften sich die Kriterien zur Bestimmung der Marktmacht nicht wesentlich unterscheiden. Wohl aber unterscheidet sich die Vermutungsgrenze und vor allem ist es nicht Aufgabe des Gesetzgebers, die Schwelle von 25 vH generell zu ändern. Vielmehr muss es in Ansehung der spezifischen Marktsituation Aufgabe der unabhängigen Regulierungsbehörde sein, die Abweichungen festzulegen.[75] Von daher verwundert es nicht, dass die Europäische Kommission hier eine unzureichende Umsetzung der ONP-Richtlinien sieht. Zumal dort, wo der Wettbewerber das Einschreiten der Regulierungsbehörde zu seinem Schutz gegenüber Organisationen mit beträchtlicher Marktmacht verlangen kann, wird es daher einer unmittelbaren Anwendung der Richtlinien zu seinen Gunsten durch die Regulierungsbehörde bedürfen. Dies gilt jedenfalls noch derzeit. Freilich wird innerhalb des neuen Rechtsrahmens (Einf II 1 Rn 41) der Begriff der beträchtlichen Marktmacht neu definiert. Die Kommission hatte im Kommunikationsbericht 1999[76] noch einen zweistufigen Rahmen vorgeschlagen, wonach Vorab-Verpflichtungen vor allem an das Konzept der beherrschenden Stellung anknüpfen sollten, die niedrigere Schwelle der beträchtlichen Marktmacht andere Verpflichtungen, wie etwa Verhandlungspflichten oder Transparenzgebote rechtfertigen sollte.[77] In dem Vorschlag für eine Richtlinie über einen gemeinsamen Rechtsrahmen[78] wird demgegenüber beträchtliche Marktmacht darüber definiert, dass Unternehmen allein oder gemeinsam mit anderen eine wirtschaftliche Stellung einnehmen, die es ihnen gestattet, sich in beträchtlichem Umfang unabhängig von Mitbewerbern, Kunden und letztlich Verbrauchern zu verhalten.[79] Die Bestimmung der beträchtlichen Marktmacht soll freilich nicht mehr allein den nationalen Regulierungsbehörden überlassen bleiben. Vielmehr ist ein kooperatives Marktanalyseverfahren vorgesehen (Einf II 2 b Rn 41), das in einem Zusammenwirken von Kommission und nationalen Regulierungsbehörden besteht. Der Kommission ist in Abstimmung mit den nationalen Regulierungsbehörden über die hochrangige Kommunikationsgruppe[80] zunächst eine Entscheidung über für die Regulierung relevante Produkt- und Dienstmärkte sowie der Erlass von Leitlinien zur Marktanalyse und Ermittlung beträchtlicher Marktmacht überlassen.[81] Erst auf der Grundlage der dann national (oder in Abstimmung mit anderen nationalen Regulierungsbehörden bei Märkten mit internationaler Dimension (Einf II 1, Rn 41)) durchgeführten Marktanalyse[82] kann die nationale Regulierungsbehörde vorhandene Verpflichtungen aufheben oder ändern oder neue Verpflichtungen begründen.[83] Als Kriterien zur Bestimmung einer marktbeherrschenden Stellung schlägt die Kommission über das Marktanteilskriterium hinaus die Berücksichtigung der Unternehmensgröße, Kontrolle über eine nicht leicht ersetzbare Infrastruktur, technologische Vorteile oder Überlegenheit, Fehlen einer ausgleichenden Nachfragemacht, leichter oder privilegierter Zugang zu

---

74 Nachweise bei Immenga/Mestmäcker, GWB § 22 Rn 53.
75 Vgl Erwägungsgrund 6 der RL 97/33/EG [Zusammenschaltungsrichtlinie]; Erwägungsgrund 12 der RL 97/51/EG.
76 Europäische Kommission, Entwicklung neuer Rahmenbedingungen für elektronische Kommunikationsinfrastrukturen und zugehörige Dienste. Kommunikationsbericht 1999, KOM (1999) 539 endg.
77 Kommunikationsbericht 1999, S 58 f.
78 Vorschlag für eine Richtlinie des Europäischen Parlaments und des Rates über einen gemeinsamen Rechtsrahmen für elektronische Kommunikationsnetze und -dienste vom 12. 7. 2000 KOM (2000) 393 endg, ABl Nr C 365 E/198 v 19. 12. 2000 – E-RL Gemeinsamer Rechtsrahmen.

79 Art 13 Abs 2 E-RL Gemeinsamer Rechtsrahmen (Fn 78). Damit knüpft der neue Rechtsrahmen an den Art 82 EGV an, freilich im Rahmen einer prognostischen ex-ante Bewertung, nicht einer ex-post-Beurteilung. Die genannte Formulierung entspricht der Rechtsprechung des Europäischen Gerichtshofs; vgl EuGH Rs 27/76 AG *United Brands/Kommission* Slg 1978, 207.
80 Zu deren Funktion vgl Einf II 2 b Rn 35.
81 Art 14 Abs 1 UA 1 E-RL Gemeinsamer Rechtsrahmen; vgl EG Kommission Entwurf von Leitlinien der Marktanalyse (Fn 48).
82 Art 14 Abs 2 E-RL Gemeinsamer Rechtsrahmen.
83 Art 14 Abs 3–5 E-RL Gemeinsamer Rechtsrahmen.

finanziellen Ressourcen, Diversifizierung von Produkten oder Dienstleistungen, Skaleneinsparungen, Größenvorteile, vertikale Integration, hochentwickelte Vertriebs- und Verkaufsnetze und Fehlen von potentiellem Wettbewerb vor.[84] Diese können auch kumulativ angewendet werden. Jedenfalls für den Bereich der Teilnehmeranschlussverordnung der EG[85] kommt es derzeit nur auf die **gemeldeten Betreiber** und damit diejenigen an, die aufgrund beträchtlicher Marktmacht gemeldet worden sind.[86] Der Begriff der beträchtlichen Marktmacht wird hier nicht über den Bezug auf die Zusammenschaltungsrichtlinie[87] und die Universaldienstrichtlinie[88] bestimmt. Im Übrigen hat die oben dargelegte Differenz des derzeitigen europäischen Rahmens zum deutschen Recht nur im Anwendungsbereich der **ONP-Richtlinien** Bedeutung. Da § 33 TKG im Wesentlichen sektorspezifisches Wettbewerbsrecht, nicht aber der Umsetzung des ONP-Konzepts dient,[89] könnten sich im Rahmen von § 33 TKG Überformungen nur insoweit ergeben, wie – ausnahmsweise – eine Umsetzung von ONP-Richtlinien mittels des § 33 TKG, insbesondere der Befugnisse aus § 33 Abs 2 TKG erfolgen soll. Denkbar ist dies zumal angesichts der Verwandtschaft der Kriterien für die vielfach im Kontext des Zugangs zur Teilnehmeranschlussleitung in den verschiedenen Formen noch nicht zureichend berücksichtigte Vorschrift des Art 16 Abs 7 Sprachtelefondienstrichtlinie. Diese verlangt von den Organisationen mit beträchtlicher Marktmacht, dass sie bei der Einräumung des Sonderzugangs zum öffentlichen Telefonnetz den Grundsatz der Nichtdiskriminierung wahren und für Organisationen, die gleichartige Dienste erbringen, gleichwertige Bedingungen bieten. Insbesondere stellen sie den Sonderzugang zum Netz sowie Informationen für andere zu den gleichen Bedingungen und in der gleichen Qualität bereit, wie für die eigenen Dienste.[90] Größere Bedeutung hat – außerhalb der Teilnehmeranschluss-VO[91] – dieses Problem vor allem für die §§ 35 ff TKG.

### 2. Anspruchsberechtigter

Berechtigter des Anspruchs aus § 33 Abs 1 Satz 1 TKG ist schon nach dem klaren Text der Wettbewerber, also nicht etwa jeder Nutzer, auch nicht jedes wie auch immer behinderte Unternehmen. Insoweit unterscheidet sich der § 33 TKG von § 35 TKG mit seinem deutlich weiteren Anwendungsbereich. 23

Der Wettbewerb muss nach dem klaren Wortlaut auf dem Markt stattfinden, auf dem der Anbieter eine marktbeherrschende Stellung hat. Die Richtigkeit dieser Annahme bestätigt sich nicht zuletzt vor dem Hintergrund der essential facilities doctrine, als deren Ausprägung der § 33 TKG verbreitet gelesen wird (Rn 27). Das marktbeherrschende Unternehmen kontrolliert und nutzt zugleich die „wesentliche Leistung" auf einem vor-, gleich- oder nachgelagerten Markt; Anbieter und Zugangsinteressent stehen damit auf dem relevanten Telekommunikationsmarkt in einem aktuellen oder potentiellen Wettbewerbsverhältnis.[92] Begünstigter kann daher auch nach dieser Leseart nur ein aktueller oder potentieller Wettbewerber auf dem betreffenden Dienstleistungsmarkt sein. Nur insoweit, wie überhaupt ein solches Wettbewerbsverhältnis besteht, kann auch der relevante Interessenkonflikt angenommen werden, der es – auch verfassungsrechtlich (Rn 66 ff) – rechtfertigt, hier eine Zugangseröffnungspflicht anzunehmen. 24

### 3. Rechtsfolge: Zugang zu wesentlichen Leistungen

Der marktbeherrschende Anbieter hat Wettbewerbern grundsätzlich diskriminierungsfrei **Zugang zu seinen intern genutzten** und zu seinen **marktangebotenen Leistungen** zu gewähren, soweit sie wesentlich sind und zwar zu Bedingungen, die er sich selbst bei der Nutzung dieser 25

---

84 EG Kommission Entwurf von Leitlinien zur Marktanalyse (Fn 48) S 22.
85 VO (EG) Nr 2887/2000.
86 Vgl Art 2 lit A, Art 3 VO (EG) Nr 2887/2000.
87 RL 97/33/EG.
88 RL 98/10/EG.
89 Zum Verhältnis von Wettbewerbsrecht und ONP-Richtlinien *Paulweber* ZUM 2000, 11, 17 ff.
90 Ausführlich dazu im Kontext der Gewährung des Zugangs zur Teilnehmeranschlussleitung in den unterschiedlichen Formen Entwurf einer Mitteilung der Kommission, Entbündelter Zugang zum Teilnehmeranschluss, KOM (2000), 237, S 11 ff; auch die Empfehlung der Kommission, Entbündelter Zugang zum Teilnehmeranschluss, KOM(2000)1059 Ziff 3 f.
91 VO (EG) Nr 2887/2000.
92 *Schindler* Wettbewerb in Netzen, S 104.

Leistungen für die Erbringung anderer Telekommunikationsdienstleistungen einräumt: **interne Behandlung ist gleich externe Behandlung.** Dies entspricht dem vorgeschlagenen neuen Rechtsrahmen (Einf II 2 b Rn 37 ff).

**26** Die diskriminierungsfreie Zugangsgewährung setzt als ungeschriebenes Merkmal nach Auffassung der Rechtsprechung eine **Nachfrage des Wettbewerbers** nach Zugang zu einer bestimmten Leistung voraus. Ohne diese besteht keine Rechtspflicht zur Zugangsgewährung. Passives Verhalten als solches ist nicht diskriminierend.[93] Die nötige Konkretheit der Nachfrage bemisst sich nach dem im Zeitpunkt der Nachfrage möglichen Kenntnisstand des Zugangssuchenden. Die Nachfrage ist vor dem Hintergrund eines verständigen Empfängers zu interpretieren und vor diesem Hintergrund ein Angebot zu unterbreiten.

### a) Hintergrund: essential facilities doctrine

**27** Das Gesetz nimmt – seinerzeit noch abweichend vom allgemeinen Wettbewerbsrecht, das freilich mittlerweile nach der 6. Kartellrechtsnovelle in § 19 Abs 4 Nr 4 GWB eine vergleichbare Vorschrift kennt – auf die im amerikanischen Rechtskreis entwickelte **essential facilities doctrine** Bezug,[94] deren Konturen freilich – auch im amerikanischen Rechtskreis –[95] durchaus unscharf bleiben. Sie ist geeignet, den Hintergrund des Zugangsgewährungsanspruchs auszuloten, insbesondere soweit es das Merkmal der Wesentlichkeit der Leistung betrifft. Dabei darf allerdings insbesondere die Eigenständigkeit des § 35 TKG nicht aus dem Auge verloren werden (Rn 4).

**28** Im **europäischen Recht** ist die essential facilities doctrine seit Beginn der 90er Jahre vor allem in **Entscheidungen der europäischen Kommission ausdrücklich herangezogen** worden. Eine explizite Aufnahme in der Rechtsprechung des europäischen Gerichtshofs steht entgegen manch forcierter Stellungnahme in der Literatur aus. Die Kommission zieht die essential facilities doctrine vor allen in Fällen des Zugangs zu Infrastruktureinrichtungen heran, wie die Fälle Sealink/B & I-Holyhood,[96] Sea Containers/Stena Sealink[97] und Hafen von Rødby[98] zeigen. Verwandte Argumentationsfiguren finden sich in der Entscheidung Irish Continental Group/CCI Morlaix[99].

**29** **Normativer Ansatzpunkt** ist insoweit **Art 82 EGV ggf iVm Art 86 EGV**. Im Rahmen des Art 82 EGV wird die essential facilities doctrine zur Feststellung und Begründung eines Verstoßes gegen das Missbrauchsverbot herangezogen. Allerdings finden sich verwandte Argumentationsfiguren auch bei der Beurteilung wettbewerbsbeschränkender Vereinbarungen nach Art 81 EGV sowie bei der Prüfung von Unternehmenszusammenschlüssen. Insbesondere bei der Frage der Einzel- oder Gruppenfreistellung kann die Zulassung von Wettbewerbern zu wesentlichen Einrichtungen ein wichtiger Gesichtspunkt sein.[100] Nach der Feststellung der marktbeherrschenden Stellung auf dem vor- oder nachgelagerten Dienstleistungsmarkt wird die Frage der missbräuchlichen Ausnutzung einer beherrschenden Stellung durch Verringerung oder Beschränkung des Zugangs zu einer wesentlichen Einrichtung geprüft. Die Argumente der von der Kommission zugrunde gelegten Formel kommen in der in ähnlicher Form immer wieder aufgenommenen

---

[93] OVG NW, Beschl v 7. 2. 2000 – 13 A 180/99 – UA S 10, CR 2000, 369, 371 = NVwZ 2000, 697.

[94] Ausführlich und im Vergleich OECDE/GD (96) 113, Essential Facilities Concept, Paris, 1996; *Schindler* Wettbewerb in den Netzen; *Engel/Knieps* Die Vorschriften des Telekommunikationsgesetzes über den Zugang zu wesentlichen Einrichtungen, 1998; vgl auch *Deselaers* EuZW 1995, 563 ff; *Klaue* RdE 1996, 51 ff; *Scherer* MMR 1999, 315 ff; zweifelnd RegTP BK 3a – 99/032 MMR 2000, 298, 302 f.

[95] Vgl das Urt des Appelationsgerichts City of Anheim v. Southern California Edision Co., 955, F. 2d, 1373, 1379 (9th Cir. 1992): „The essential facilities doctrine has a long history although its contours are still far from clear."

[96] Entscheidung der Kommission v 11. 6. 1992, CMLR 1992, 255.

[97] Entscheidung der Kommission v 21. 12. 1993, ABl 1994 Nr L 15/8.

[98] Entscheidung der Kommission v 21. 12. 1994, ABl EG Nr L 55/52; zuvor schon *London European/Sabena*, Entscheidung der Kommission v 4. 11. 1988, ABl Nr L 317/47; *British Midland/Aer Lingus*, Entscheidung der Kommission v 26. 2. 1992, ABl 1992, Nr L 96/34.

[99] Entscheidung der Kommission v 16. 5. 1995, CMRL 1995, 177.

[100] Vgl dazu *Schindler* Wettbewerb in Netzen, S 68 ff mwN.

Passage in der **Kommissionsentscheidung Sea Containers/Stena Sealink** zum Ausdruck:[101]
„Ein Unternehmen, das für die Gestellung einer wesentlichen Einrichtung (dh eine Einrichtung oder Infrastruktur, ohne deren Nutzung ein Wettbewerber seinen Kunden keine Dienste anbieten kann) marktbeherrschend ist und diese Einrichtung selbst nutzt und anderen Unternehmen den Zugang zu dieser Einrichtung ohne sachliche Rechtfertigung verweigert oder nur unter Bedingungen, die ungünstiger sind als für seine eigenen Dienste, gewährt, verstößt gegen Art 86, sofern die übrigen Voraussetzungen dieses Artikels erfüllt sind. Ein Unternehmen mit marktbeherrschender Stellung darf auf einem verbundenen Markt nicht zugunsten der eigenen Tätigkeiten diskriminierende Handlungen vornehmen. Der Eigentümer einer wesentlichen Einrichtung, der seine Macht auf dem Markt dazu nutzt, seine Stellung auf einem anderen, zu diesem in Bezug stehenden Markt zu stärken, indem er insbesondere einem Wettbewerber den Zugang verweigert oder den Zugang unter weniger günstigen Bedingungen als für die eigenen Dienste gewährt und damit seinem Wettbewerber einen Wettbewerbsnachteil aufzwingt, verstößt gegen Art 86."[102]

In der **europäischen Rechtsprechung** fand sich bisher kaum eine ausdrückliche Rezeption der essential facilities doctrine. Vielmehr werden die von der Kommission und Teilen des Schrifttums immer wieder zitierten Urteile[103] in den Kontext der Fälle mißbräuchlicher Geschäftsverweigerung eingeordnet und stellen Fälle der (unzulässigen) Monopolausnutzung dar, geben aber für die systematische Entfaltung einer essential facilities doctrine wenig Hinweise. Dies gilt auch für das Urteil in Sachen Magill TV Guide[104]. Deutlicher sind die Bezüge bisher nur in der **Bronner-Entscheidung** des EuGH.[105] Neben der Abgrenzung der relevanten Märkte über die der EuGH nicht abschließend zu entscheiden hatte und die nach dem Kriterium der funktionellen Austauschbarkeit erfolgen sollte,[106] finden sich Anklänge an die essential facilities doctrine vor allem bei der Bestimmung der mißbräuchlichen Ausnutzung einer marktbeherrschenden Stellung. Diese soll danach zum einen vorliegen, wenn ein Unternehmen, das auf einem bestimmten Markt eine beherrschende Stellung hat, sich weigert, einem Unternehmen, mit dem es auf einem benachbarten Markt im Wettbewerb steht, die für die Ausübung der Tätigkeit unerläßlichen Rohstoffe oder Dienstleistungen zu liefern bzw zu erbringen, wenn das betreffende Verhalten geeignet war, jeglichen Wettbewerb durch dieses Unternehmen auszuschalten.[107] Das Gericht sieht letztlich drei verallgemeinerungsfähige Voraussetzungen für die Annahme einer mißbräuchlichen Ausnutzung einer marktbeherrschenden Stellung durch Zugangsverweigerung zu Einrichtungen oder Dienstleistungen:

– Erstens muss die **Verweigerung** der (Dienst-)Leistung **geeignet** sein, **jeglichen Wettbewerb auf dem Markt durch denjenigen, der die Leistung begehrt, auszuschalten**,
– zweitens darf die **Leistungsverweigerung** nicht **objektiv zu rechtfertigen** sein und
– drittens muss **die Leistung** selbst **für** die Ausübung der **Tätigkeit des Wettbewerbers** in dem Sinne **unentbehrlich** sein, dass kein tatsächlicher oder potentieller Ersatz für die Leistung besteht.[108]

Dabei sind die Präzisierungen aufschlussreich, die eine enge Lesart nahelegen. Zum einen ist hinsichtlich einer möglichen tatsächlichen Alternative **keine vollständige Gleichwertigkeit** zu verlangen. Es stellt auch kein missbräuchliches Verhalten dar, wenn sie weniger günstig als die verweigerte Leistung ist.[109] Die **Erschließung potentieller Alternativen ist nur dann unzumutbar, wenn** technische, rechtliche oder wirtschaftliche **Hindernisse** bestehen, die geeignet

**30**

**31**

---

**101** Kommissionsentscheidung v 21. 12. 1993 ABl Nr L 15/8.
**102** Kommissionsentscheidung v 21. 12. 1993 ABl Nr L 15/8 Ziff 66.
**103** *Commercial Solvents Instituto Chemioterapico* Italiano Sp.A. und *Commercial Solvents Corporations/Kommission*, EuGH v 22. 1. 1974 Rs 6 u 7/73 Slg 1974, 223; *SA Centre Ilelge d'etudes de Marche Telemarketing (IBEM)/ SA Compagnie luxembourgeoise de télédiffusion (CLT)* et al., EuGH v 3. 10. 1995, Rs 311/84 Slg 1995, 3261;

*Volvo AB/Erik Veng (UK) Ldt.*, EuGH v 5. 10. 1988, Rs 238/87, Slg 1988, 6211.
**104** *Radio Telefis Eireann (RTE)* and *Independent Television Publications (ITP)/Kommission*, EuGH v 6. 4. 1995 Rs C-241 und C-242/91, Slg 1995 I, 743 = EuZW 1995, 339.
**105** EuGH EuZW 1999, 86 f = MMR 1999, 348.
**106** EuGH MMR 1999, 350 Ziff 34 ff.
**107** EuGH, MMR 1999, 350, Ziff 38 ff.
**108** EuGH, MMR 1999, 350, Ziff 41.
**109** EuGH, aaO Ziff 43.

sind, **jedem Wettbewerber** – allein oder in Zusammenarbeit mit anderen Wettbewerbern – die Errichtung einer **eigenen Einrichtung/Erbringung einer Leistung unmöglich** zu machen oder zumindest **unzumutbar** zu erschweren.[110] Unverzichtbar ist der Zugang zu der Einrichtung/Leistung nur dann, wenn die Schaffung einer Alternative unrentabel wäre, dh, wenn es letztlich für jeden Unternehmer prohibitiv wäre, auf dem betreffenden Markt aktiv zu werden.[111]

### b) Der Begriff der Leistung

**32** Vor diesem Hintergrund lässt sich der **Begriff der Leistung** präzisieren. Die essential facilities doctrine arbeitet mit dem Begriff der Einrichtung, der begrifflich auf den wesentlichen Anwendungsbereich verweist: Infrastruktureinrichtungen. In diese Richtung weist auch § 19 Abs 4 Nr 4 GWB mit seiner Bezugnahme auf Netze und Infrastrukturen.[112] Indes ist der Bereich zunehmend erweitert worden auf immaterielle Netze, wie Zahlungssysteme, Immaterialgüterrechte und Informationen.[113] Dabei ist freilich darauf zu achten, dass das Regulierungsproblem, auf das § 33 TKG bezogen ist (Rn 8 f), nicht durch eine konturenlosen Ausweitung des Leistungsbegriffs, aus dem Auge verloren wird. Im neuen Rechtsrahmen (Einf II 2 b Rn 37 ff), wie er von der Kommission vorgeschlagen wird, ist der Gleichbehandlungsgrundsatz außerhalb des allgemeinen Diskriminierungsverbots auf Dienste und Informationen bezogen.[114] Da der Gleichbehandlungsgrundsatz auch den Zugang zu Netzen umfasst, dürften sowohl die Netze wie auch darüber erbrachte Dienste und Informationen umfasst sein. Insoweit ist er gleichwohl enger als § 33 TKG, der nur von **Leistungen** spricht, zu denen Zugang zu gewähren ist. Dies legt eine weite Interpretation nahe,[115] die zugleich in der Lage ist, auf künftige Veränderungen der Situation zu reagieren und damit Engpässe einzubeziehen, deren Bedeutung für die Marktöffnung heute noch nicht erkennbar ist.[116] Dabei geht es nicht nur um Telekommunikationsdienstleistungen[117], sondern um jede Art von Leistungen, die zeitlich mit der Erbringung der Telekommunikationsdienstleistungen zusammenhängen, also ihr vorgelagert sind (Rn 8 f, 34) Im Grundsatz sind daher sämtliche Leistungen, die in einem hinreichend engen Zusammenhang zu den Telekommunikationsdienstleistungen stehen, einbezogen.[118] Nicht nur Infrastrukturen,[119] sondern auch Dienstleistungen,[120] Informationen[121] und Rechte[122] können daher von diesem weiten Begriff der Leistungen umfasst sein.[123] Nach heute gefestigter, wiewohl weiterhin bestrittener Auffassung gehört der Zugang zu den entbündelten Teilnehmeranschlussleitungen zu den Leistungen im Sinne des § 33 Abs 1 TKG. Sie sind von der DTAG intern genutzte Leistungen, um Sprachtelefondienste und andere Mehrwertdienste zu erbringen.[124] Der frühere Streit um

---

**110** EuGH, aaO Ziff 44.
**111** EuGH, aaO Ziff 46; *Scherer* MMR 1999, 315, 318.
**112** Dazu *Martenczuk/Thomaschki* RTkom 1999, 15, 22 f, dort auch zu den Schwierigkeiten der Bestimmung beider Begriffe, wobei im Gesetzgebungsverfahren deutlicher als im TKG Bereich die Beschränkung der Regulierung auf natürliche Monopole zum Ausdruck kommt; vgl etwa BT-Drucks 13/9720 S 73.
**113** Dazu *Schindler* Wettbewerb in den Netzen, S 76 ff.
**114** Art 10 Abs 2 E-RL Zugang und Zusammenschaltung.
**115** Vgl RegTP BK 3 – 01/98, MMR 1998, 494 ff.
**116** Vgl auch Monopolkommission Wettbewerb, S 46 unter Hinweis auf das Inkasso.
**117** Mittlerweile stRspr vgl VG Köln, Beschl v 18. 8. 1997 – 1 L 2317/97 – MMR 1998, 102; Beschl v 21. 1. 1998 – 1 L 4289/97 – Archiv PT 1998, 395; Urt v 5. 11. 1998, MMR 1999, 238, 241; OVG NW, Beschl v 2. 4. 1998 – 13 B 213/97 – MMR 1998, 493; OVG NW Beschl v 7. 2. 2000 – 13 A 180/99 – CR 2000, 369, 371.
**118** RegTP BK 3a – 99/032 MMR 2000, 298, 302; enger OVG NW, Beschl v 7. 2. 2000 – 13 A 180/99 – CR 2000, 369, 371, soweit auf ein Vorprodukt auf einer niedrigeren Wertschöpfungsstufe abgestellt wird.
**119** Zum Zugang zur Inhouse-Infrastruktur vgl RegTP BK 3 – 01/98 – MMR 1998, 494 ff.
**120** Zu Fakturierung und Inkasso vgl RegTP BK 3a – 99/032 – MMR 2000, 238, 302; krit dazu etwa *Gersdorf/Witte* RTkom 2000, 22 f.
**121** Für Verbindungsdaten vgl etwa RegTP BK 3a – 99/032 – MMR 2000, 298, 303, 310; vgl auch OVG NW, Beschl v 7. 2. 2000 – 13 A 180/99 – CR 2000, 369, 371.
**122** Vgl zur Kündigung von Verträgen über Teilnehmeranschlussleitungen mit dem Ziel, höhere Entgelte zu verlangen, RegTP BK 4 v 17. 9. 1998 ABl 21/98 S 2626.
**123** Beck'scher TKG-Kommentar/*Piepenbrock* § 33 Rn 26.
**124** VG Köln, Urt v 5. 11. 1998 – 1/S 5929/97 – MMR 1999, 238, 241; OVG NW, Beschl v 7. 2. 2000 – 13 A 180/99 – CR 2000, 369, 372; vgl auch insoweit Art 16 Abs 7 Sprachtelefondienstrichtlinie sowie den Entwurf einer Mitteilung der Kommission, Entbündelter Zugang zum Teilnehmeranschluss, KOM(2000) 237.

den Zugang zu dem vollständig oder teilweise entbündelten Teilnehmeranschluss ist freilich durch die Europäische **Teilnehmeranschluss-VO**[125] entschieden und für ihren Anwendungsbereich speziell geregelt.[126] Dies umfasst auch zugehörige Einrichtungen, insbesondere Kollokationsressourcen, Anschlusskabel und relevante informationstechnische Systeme, auf die ein Begünstigter Zugriff haben muss, um Dienste auf wettbewerbsorientierter und fairer Grundlage bereitstellen zu können.[127] Entscheidend ist im Übrigen nicht die Beschaffenheit und das äußere Erscheinungsbild, sondern die Funktion, deren ökonomische Bedeutung und die durch sie vermittelte Ausschlußmöglichkeit.[128]

Es kann – je nach Funktion für den vor- oder nachgelagerten Markt – die Zugangseröffnung nur zu **Teilen einer Leistung** in Betracht kommen. Stets ist freilich Voraussetzung, dass es sich um einen vom integrierten Geschäftsbetrieb gesonderten Teil handeln muss.[129] Auch wenn § 33 TKG den Zugang auch auf bloß intern genutzte Leistungen erstreckt (Rn 32), muss ein vertikal integriertes Unternehmen nicht den Zugang zu einer intern erstellten oder benutzten Ressource gewähren, die einen integrierten Teil der gleichen Geschäftstätigkeit bildet und ihrer Natur nach nicht vom Hauptgeschäft getrennt werden kann und auch noch keinem Dritten zur Verfügung gestellt worden ist.[130] In diesem Sinne kommen nur eigenständige spezifizierbare Leistungen in Betracht. Bei der Teilnehmeranschlussleitung ist dies der Fall. Sie kann ohne Weiteres aus anderen Teilen des Telekommunikationsnetzes herausgelöst und funktional als Übertragungslinie genutzt werden, ohne evtl am Hauptverteiler installierte übertragungstechnische Einheiten nutzen zu müssen.[131] In diesem Sinne gewährt die Teilnehmeranschluss-VO[132] den vollständig entbündelten Zugang zum Teilnehmeranschluss durch die Bereitstellung des Zugangs zum Teilnehmeranschluss oder zu Teilnetzen des gemeldeten Betreibers in der Weise, dass die Nutzung des gesamten Frequenzspektrums der Doppelader-Metallleitung ermöglicht wird.[133] Der Begünstigte muss nicht für Netzbestandteile oder -einrichtungen aufkommen, die für die Bereitstellung seiner Dienste nicht erforderlich sind.[134] Die Wettbewerber können im Bereich des § 33 Abs 1 TKG die Leistung allerdings nur so verlangen, wie sie auch vom marktbeherrschenden Unternehmen genutzt oder angeboten wird, also in der Form, in der sie tatsächlich zur Verfügung steht. Sie können also nicht eine umkonfigurierte Leistung verlangen. Wird etwa – anders als bisher – die Teilnehmeranschlussleistung mit Vermittlungsleistungen belegt, kann es aus § 33 Abs 1 TKG keinen Anspruch auf den „blanken Draht" geben.[135] **33**

Es muss sich um intern **genutzte oder am Markt angebotene Leistungen** handeln und sie müssen in hinreichend engem Zusammenhang mit der Telekommunikationsdienstleistung auf dem angegriffenen Markt stehen. Dabei kommt es **nicht entscheidend** darauf an, **ob** der angreifbare **Markt** vor-, gleich- oder nachgelagert ist, sondern allein darauf, dass der Zugang nur über die von § 33 Abs 1 TKG sogenannten wesentlichen Leistungen und damit über den monopolistischen Engpass möglich ist.[136] Leistungen allerdings, die das Unternehmen nicht vorhält, oder aber nicht zur Erbringung von Telekommunikationsleistungen auf dem angegriffenen Markt nutzt, sind nicht Gegenstand des Anspruchs (Rn 33). **34**

### c) Die Wesentlichkeit der Leistung

Die Weite des Leistungsbegriffs wird über das **Kriterium der Wesentlichkeit** begrenzt. Damit wird einer ausufernden, ökonomisch ineffizienten oder gar schädlichen Inanspruchnahme ent- **35**

---

125 VO (EG) Nr 2887/2000.
126 Art 3 VO (EG) Nr 2887/2000.
127 Art 3 Abs 2, Art 2 lit i VO (EG) Nr 2887/2000.
128 *Schindler* Wettbewerb in den Netzen, S 77; RegTP BK 3a – 99/032 – MMR 2000, 298, 302.
129 OVG NW, Beschl v 7. 2. 2000 – 13 A 180/99 – CR 2000, 369, 372.
130 *Schindler* Wettbewerb in den Netzen, S 80.
131 Ausführlich OVG NW, Beschl v 7. 2. 2000 – 13 A 180/99 – CR 2000, 369, 372.
132 VO (EG) Nr 2887/2000.
133 Zu den Formen und technischen Aspekten des entbündelten Zugangs vgl den Anhang zum Entwurf einer Mitteilung der Kommission „Entbündelter Zugang zum Teilnehmeranschluss: Wettbewerbsorientierte Bereitstellung einer vollständigen Palette von elektronischen Kommunikationsdiensten einschließlich multimedialer Breitband- und schneller Internetdienste". KOM (2000) 237 vom 26. 4. 2000.
134 Art 3 Abs 1 S 2, Abs 2 S 1, Art 2 lit f VO EG Nr 2887/2000.
135 In diesem Sinne auch VG Köln, Urt v 5. 11. 1998 – 1 K 5929/97 – MMR 1999, 238, 242.
136 RegTP BK 3a – 99/032 MMR 2000, 298, 300.

## Vierter Teil
### Offener Netzzugang und Zusammenschaltungen

gegengewirkt, insbesondere kann damit eine Inanspruchnahme verhindert werden, die den Innovationswettbewerb eher inhibiert und in verfassungsrechtliche Grenzbereiche führt (Rn 69). Allerdings fehlt es an einer allgemein akzeptierten Definition der Wesentlichkeit. Üblicherweise wird formuliert, eine Leistung sei wesentlich, wenn der Wettbewerber zwingend auf den Zugang angewiesen ist, um auf einem verbundenen Markt tätig werden zu können. Dem Zugangsnachfrager dürften keine Alternativen zur Verfügung stehen und er müsse aus rechtlichen, faktischen oder sonstigen Gründen nicht in der Lage sein, gleiche oder ähnliche Leistungen zu erbringen.[137] Damit gerät die Wesentlichkeit in eine gewisse Gemengelage zwischen Marktabgrenzung und Marktbeherrschung und verliert an Eigenständigkeit. Das ist angesichts der Bestimmung des relevanten Marktes über Nachfragesubstituierbarkeit (Rn 15 ff) kaum vermeidbar. Denn auch die Duplizierbarkeit kann für die Frage der Marktbeherrschung von Bedeutung sein. Dies wird man letztlich nicht vermeiden können, wohl aber die Argumente zu strukturieren haben und zudem das Problem genauer umschreiben müssen, auf das die essential facilities doctrine wettbewerbstheoretisch reagiert. Auszugehen ist davon, dass die essential facilities doctrine auf nicht bestreitbare „natürliche Netzmonopole" bezogen ist.[138]

**36** Im Einklang mit der Bronner-Entscheidung des EuGH[139] muss der **Wettbewerber auf die Leistung angewiesen sein,** um auf dem benachbarten Markt überhaupt tätig werden zu können oder den Wettbewerb aufrecht zu erhalten. Insoweit muss die Verweigerung des Zugangs zu der Leistung geeignet sein, jeglichen Wettbewerb auf dem angrenzenden Markt durch denjenigen, der den Zugang begehrt, auszuschalten.[140] Die Benutzung darf nicht nur einen Vorteil darstellen, sondern die Zugangsverweigerung muss – auch im Normbereich des § 33 TKG – eine **erhebliche,** wenn nicht gar **entscheidende Beeinträchtigung seiner Wettbewerbsfähigkeit** zur Folge haben.[141]

**37** Dies erhellt auch, dass ein Anspruch dann nicht bestehen kann, wenn ein **Bedarf** für die Leistung **auf Seiten des Wettbewerbers** nicht gegeben ist. Ungeachtet der Tatsache, dass es vor allem Sache des Wettbewerbers ist, nach Maßgabe seines Unternehmenskonzepts den Bedarf zu beurteilen,[142] ist doch eine plausible Darlegung erforderlich, um den Zugangsanspruch zu rechtfertigen. Der Anspruch auf wesentliche Leistungen ist nicht schon dann gegeben, wenn der Marktbeherrscher in der Nutzung seiner Leistungen eingeschränkt wird, sondern nur wenn der Wettbewerber diese selbst unabdingbar für sein eigenes Angebot an Kommunikationsdienstleistungen benötigt.

**38** Die weitere Voraussetzung ist das **Fehlen von Alternativen.** Es kommt darauf an, ob dem Wettbewerber alternative Einrichtungen offenstehen, mittels derer der Eintritt auf dem angegriffenen Markt ebenfalls realisierbar wäre.[143] Dabei können die Substitute bereits auf dem Markt verfügbar sein, oder Dritte können diese in angemessener Weise zur Verfügung stellen. Auf vollkommene Gleichartigkeit oder Gleichwertigkeit kommt es nicht an.[144] Zum Markteintritt müssen auch Alternativen genutzt werden, die weniger günstig sind. Dies wird zumal im Telekommunikationsbereich Bedeutung gewinnen können. Freilich ist hinsichtlich der umstrittenen Teilnehmeranschlussleitung ungeachtet sich ausbildender Alternativen durch Funkanbindung, Stromnetz, Breitbandkabel und Glasfasernetze nicht von einer bereits bestehenden Alternative auszugehen.[145]

**39** Die dritte Voraussetzung ist die **fehlende Duplizierbarkeit** der Leistung. Es muss sich also um eine Leistung handeln, die nicht oder zumindest nicht zumutbar duplizierbar ist. Dies ist der Fall,

---

[137] Vgl etwa VG Köln, Urt v 5. 11. 1998 – 1 K 5929/97 – MMR 1999, 238, 241.
[138] *Schindler* Wettbewerb in den Netzen, S 91 ff.
[139] EuGH Rs C-7/97 Slg 1998 I 7791 = MMR 1999, 348 ff, Ziff 38 ff.
[140] EuGH, MMR 1999, 348 ff, Ziff 41.
[141] In diesem Sinne auch Mitteilung über die Anwendung der Wettbewerbsregeln auf Zugangsvereinbarungen im Telekommunikationsbereich der Kommission (98/C265/02), Ziff 91 lit a.
[142] Insoweit zutreffend Beck'scher TKG Kommentar/*Piepenbrock* § 33 Rn 63.
[143] OVG NW, Beschl v 11. 2. 2000 – 1 B 1891/99 – MMR 2000, 379, 380.
[144] OVG NW, Beschl v 11. 2. 2000 – 1 B 1891/99 – MMR 2000, 379, 380.
[145] Dazu *Monopolkommission* Wettbewerb, S 24 ff; EG Kommision Entwurf einer Mitteilung zur Marktanalyse (Fn 48) S 19.

wenn sie entweder aus rechtlichen, tatsächlichen oder sonstigen Gründen nicht duplizierbar ist oder dies ökonomisch unzumutbar ist. Rechtliche Unmöglichkeit kann durch **rechtliche Hindernisse** einer Duplizierung gegeben sein.[146] Auch nach der Liberalisierung im Telekommunikationsbereich kann es diese rechtlichen Hindernisse jenseits der rechtlichen Monopolisierung geben, etwa durch bau- oder umweltrechtliche Normen, die im relevanten Bereich eine weitere Einrichtung verhindern.[147] Eine **tatsächliche Unmöglichkeit** kann sich aus geografischen, technischen oder sonstigen Gründen ergeben.[148] So können etwa Informationen, die allein einem marktbeherrschenden Unternehmen verfügbar sind, solche faktische Unmöglichkeiten darstellen.[149] **Ökonomische Gründe** für die Unmöglichkeit können darin begründet liegen, dass es sich bei der Einrichtung um ein nachhaltiges Monopol handelt, das in Folge versunkener Kosten nicht angreifbar ist.[150] Die Duplizierbarkeit braucht nicht vollständig unmöglich sein. Es reicht aus, dass sie **unzumutbar** ist. Nur wenn technische, rechtliche oder wirtschaftliche Hindernisse bestehen, die geeignet sind, jedem Wettbewerber – allein oder zusammen mit anderen – die Erbringung der Leistung unmöglich zu machen oder unzumutbar zu erschweren, fehlt es an einer Duplizierbarkeit der Leistung.[151] Im Grundsatz gilt, dass ein Anspruch auf Zugang nicht begründet ist, wenn lediglich unternehmerische Vorteile für einen Anschluss sprechen. Dies müsste den Unternehmen legitime Wettbewerbsvorteile nehmen und den Innovationswettbewerb hindern. Der **anzulegende Maßstab der Zumutbarkeit** ist nicht der des individuellen Leistungsvermögens des zugangsbeanspruchenden Wettbewerbers, auch nicht die Leistungsfähigkeit des normalen oder durchschnittlichen Wettbewerbers.[152] Schutzgrund ist der funktionierende Wettbewerb, nicht die ökonomischen Interessen des Wettbewerbers. Daher bedarf es objektiver Kriterien.[153] Solange es einem anderen, besonders leistungsfähigen Unternehmen ggf in Zusammenwirken mit anderen möglich ist, die Leistung zu erbringen, ist es auch sowohl möglich wie zumutbar, eine Duplizierung vorzunehmen.[154] Damit ist zu Recht ein hoher Maßstab an die Unzumutbarkeit gelegt, die es Wettbewerbern nicht erlaubt, Innovations- und Wettbewerbsvorteile laufend in Anspruch zu nehmen. Dies widerspräche den Zielen des Gesetzes, einen funktionsfähigen Wettbewerb zu schaffen und zu erhalten (§ 2 Rn 10 ff).[155]

Die **zeitliche Dimension** des Marktzugangshindernisses wird selten geprüft, kann aufgrund der Dynamik im Telekommunikationsbereich allerdings eine erhebliche Bedeutung bekommen (Rn 21). Als Maßstab gilt jedenfalls, dass aus ökonomischer Sicht ein längerer Prognosezeitraum angemessen ist. Die essential facilities doctrine ist – im Einklang mit den Regulierungszielen (§ 2 Rn 6 ff) – kein Instrument, um kurzfristige Innovations- und Wettbewerbsvorteile abzuschöpfen und zu verteilen,[156] sondern um dauerhaften Wettbewerb zu ermöglichen, wo der Wettbewerb sonst wegen hoher Marktzutrittshindernisse nicht oder nicht zureichend wirksam werden könnte.[157]

**40**

Die **Teilnehmeranschluss-VO** kennt demgegenüber kein an der Wesentlichkeit orientiertes Merkmal. Wohl aber ist ein vergleichbares Ergebnis beabsichtigt, wenn davon gesprochen wird, es seien allen „angemessen" Anträgen auf Zugang stattzugeben.[158] Ein angemessener Antrag

**41**

---

**146** RegTP BK 3a – 99/032 – MMR 2000, 298, 304.
**147** Vgl *Schindler* Wettbewerb in den Netzen, S 96.
**148** Vgl RegTP BK 3a – 99/032 – MMR 2000, 298, 303 f.
**149** *Schindler* Wettbewerb in den Netzen, S 96.
**150** *Schindler* Wettbewerb in den Netzen, S 97; vgl für Abrechnungssysteme bei Call-by-Call-Verfahren RegTP BK 3a – 99/032 MMR 2000, 238, 307 f.
**151** EuGH, aaO Ziff 44.
**152** Vgl aber *British Midland/Aer Lingus,* Entscheidung der Kommission v 4.11. 1988, Nr L 96/34, Ziff 26; *London European/Sabena,* Entscheidung der Kommission v 4.11. 1988, ABl 1988 Nr L 317/47, Ziff 14.
**153** Vgl auch VG Köln, Urt v 5.11. 1998 – 1 K 5929/97 – MMR 1999, 238, 241 = RTkom 1999, 35, 36.
**154** Der Verweis des EuGH in der Bronner Entscheidung (EuGH, aaO Ziff 46) auf die Ziff 68 der Schlussanträge des Generalanwalts Jacobs erschließt den Maßstab, den der EuGH anlegen möchte: danach muss nachgewiesen werden, dass der zur Schaffung einer vergleichbaren Leistung erforderliche Aufwand so hoch wäre, dass auch ein wagemutiger Unternehmer, der davon überzeugt ist, dass für ein bestimmtes Verhalten/Produkt ein Markt besteht, davon abgehalten würde, diese Einrichtung zu duplizieren.
**155** Im Ergebnis wie hier auch *Scherer* MMR 1999, 315, 318; *Schindler* Wettbewerb in den Netzen, S 98.
**156** Vgl auch Erwägungsgrund 21 E-RL Gemeinsamer Rechtsrahmen.
**157** In der Tendenz wohl auch VG Köln, Urt v 5.11. 1998 – 1 K 5929/97 – MMR 1999, 238, 242.
**158** Art 3 Abs 2 VO (EG) Nr 2887/2000.

setzt danach voraus, dass der Zugang erforderlich ist, damit der Begünstigte Dienste bereitstellen kann und dass der Wettbewerb in diesem Sektor bei einer Ablehnung des Antrags verhindert, beschränkt oder verzerrt würde.[159] In Grundzügen dürfte das auch der zuvor entfalteten Wesentlichkeit entsprechen, freilich mag die Regelung des § 33 TKG insofern enger sein, als eine Beschränkung oder Verzerrung des Wettbewerbs ohnehin nicht ausreichen dürfte, um eine Wesentlichkeit zu bejahen. Der Weite des gegenständlichen Anwendungsbereichs (Leistung) entspricht die Notwendigkeit einer engeren Interpretation der Wesentlichkeit. Im **neuen Rechtsrahmen** (Einf II 2 b Rn 37 ff) ist zwar im Rahmen der tatbestandlichen Voraussetzungen des Gleichbehandlungsgebotes[160] ein eigenständiges Korrektiv nicht vorgesehen. Da die Auferlegung der Verpflichtungen auf der Grundlage der Marktanalyse erfolgt (Rn 22) sowie davon abhängig sein soll, dass die Verpflichtungen im Umfang erforderlich sein müssen, um Wettbewerbsverzerrungen zu vermeiden[161] und zudem die Regulierungsbehörden die allgemeinen Ziele des Art 7 E-RL Gemeinsamer Rechtsrahmen berücksichtigen müssen, dürften auch insoweit angemessene Korrektive zur Verfügung stehen.

### d) Diskriminierungsfreier Zugang

**42** Das Gesetz umschreibt die Modalitäten des Zugangs zum einen über die aus den Missbrauchstatbeständen bekannten Voraussetzungen eines **diskriminierungsfreien Zugangs** und zudem über Bedingungen, die der Verpflichtete sich selbst bei der Nutzung dieser Leistung für die Erbringung anderer Telekommunikationsdienstleistungen einräumt, also den für § 33 TKG maßgebenden Grundsatz, dass die „**interne Behandlung gleich der externen Behandlung**" sein soll. Das Verhältnis beider wird selten erörtert, vielmehr wird auf die zu § 26 Abs 2 GWB aF, § 20 Abs 1 GWB nF entwickelten Maßstäbe zurückgegriffen.[162] Das ist schon deshalb ungenau, weil eine Reihe der zu § 26 Abs 2 GWB aF, § 20 Abs 1 GWB nF entwickelten Kriterien von § 33 Abs 1 TKG vorentschieden sind. Dies gilt etwa hinsichtlich des Adressatenkreises des Diskriminierungsverbotes, aber auch hinsichtlich der Begünstigten. Insbesondere im Hinblick auf Letztere bedarf es keines Rückgriffs auf die zum Tatbestandsmerkmal „Geschäftsverkehr, der gleichartigen Unternehmen üblicherweise offen steht" entwickelten Erkenntnisse.[163] Die Abgrenzung des relevanten Schutzbereichs und damit auch der potenziell Begünstigten[164] erfolgt in § 33 Abs 1 TKG durch die Festlegung auf Wettbewerber des marktbeherrschenden Anbieters und zwar auf Wettbewerber auf demjenigen Markt, auf dem das betreffende Unternehmen eine marktbeherrschende Stellung hat (Rn 23 f). Ebenso wenig geht es hier um allgemeine Wettbewerbsbehinderungen, sondern allein um die Fallgruppe diskriminierender Behandlung, ungeachtet mancher Überschneidungen.[165]

**43** Im Anwendungsbereich der Teilnehmeranschluss-VO[166] ist der Grundsatz der Nichtdiskriminierung noch ergänzt durch die Anforderung transparenter und fairer Bedingungen. Der Grundsatz der Transparenz wird dabei im Wesentlichen über die Veröffentlichung eines Standardangebots erreicht.[167] Demgegenüber erscheint auf den ersten Blick das Erfordernis fairer Bedingungen neben dem Grundsatz der Nichtdiskriminierung nur schwer zu profilieren zu sein. Indes bezieht sich dies weniger auf den Grundsatz der Gleichheit als den der Angemessenheit der Bedingungen und hat daher wesentlich für Kostenrechnungs- und Preisbildungsregelungen Bedeutung, die gewährleisten sollen, dass der Anbieter seine entsprechenden Kosten decken

---

159 Erwägungsgrund 7 VO (EG) 2887/2000.
160 Vgl Art 10 Abs 2 E-RL Zugang und Zusammenschaltung.
161 Vgl Art 8 Abs 1 E-RL Zugang und Zusammenschaltung.
162 Vgl Beck'scher TKG-Kommentar/*Piepenbrock* § 33 Rn 43 ff.
163 Vgl aber Beck'scher TKG-Kommentar/*Piepenbrock* § 33 Rn 43.

164 Vgl dazu *Markert* in: Immenga/Mestmäcker, GWB, § 26 Abs 2 Rn 151 ff.
165 Dazu *Markert* in: Immenga/Mestmäcker, GWB, § 26 Abs 2 Rn 182.
166 VO (EG) Nr 2887/2000.
167 Vgl Art 3 Abs 1 S 1 VO (EG) Nr 2887/2000; dazu auch die Empfehlung der Kommission „Entbündelter Zugang zum Teilnehmeranschluss", KOM (2000) 1059 Ziff 12.

kann und einen angemessenen Gewinn erzielt, damit auch die langfristige Weiterentwicklung und Verbesserung der Ortsanschlussinfrastruktur gewährleistet ist.[168]

**44** Vor diesem Hintergrund ist zunächst das oben aufgeworfene Problem der **Modalitäten diskriminierungsfreien Zugangs** zu klären. Soweit der Anbieter den Wettbewerbern den Zugang zu wesentlichen Leistungen zu Bedingungen einräumt, die er sich selbst bei der Erbringung anderer Telekommunikationsdienstleistungen einräumt, kann von einer Diskriminierung der Wettbewerber nicht gesprochen werden. Das Ziel der Herstellung und Aufrechterhaltung eines funktionsfähigen Wettbewerbs verlangt nicht eine positive Diskriminierung der marktbeherrschenden Unternehmen, sondern allein die Herstellung formaler Gleichheit. Auch hier führt im Übrigen ein Rückgriff auf § 20 Abs 1 GWB nF nicht weiter, weil die Diskriminierung sich dort im Verhältnis zu anderen Unternehmen zeigen muss und die unternehmenseigene Behandlung der Leistung keinen relevanten Maßstab darstellt.[169] Der **Grundsatz der Nichtdiskriminierung**, auf den das sekundäre Gemeinschaftsrecht der Telekommunikation vielfach zurückgreift,[170] wird im Hinblick auf Netzzugang und -zusammenschaltung wie folgt formuliert: „Sie (die Organisationen mit beträchtlicher Markmacht, Einf v Verf) wenden gegenüber mit ihnen zusammengeschalteten Organisationen, die gleichartige Dienstleistungen erbringen, unter vergleichbaren Umständen gleichwertige Bedingungen an und stellen Zusammenschaltungsleistungen und Informationen für andere zu den selben Bedingungen und mit derselben Qualität bereit, die sie für ihre eigenen Dienste oder die ihrer Tochtergesellschaften oder Partner bereitstellen."[171]

**45** **Diskriminierungsfrei** ist der Zugang allgemein, wenn – abgesehen vom soeben erörterten Fall – unter vergleichbaren Umständen, gleichwertige Bedingungen des Zugangs zu den wesentlichen Leistungen eingeräumt werden. Dies kann – insoweit nicht anders als im Rahmen von § 20 Abs 1 GWB – anhand eines Maßstabes formaler Gleichheit geprüft werden.[172] Er umfasst nur die aktive Diskriminierung, nicht aber die passive Diskriminierung, also die Entgegennahme von durch das marktbeherrschende Unternehmen gewährten Vorteilen.[173] Im Rahmen eines Wettbewerbsverhältnisses kann sich die Diskriminierung auf alle Aspekte der Gewährung von Zugang zu wesentlichen Leistungen beziehen, umfasst also Fragen der Zugangseröffnung ebenso wie Bedingungen der Zugangsgewährung.

**46** Als Grundsachverhalt kann insoweit der **Tatbestand der schlichten Zugangsverweigerung** dienen, sei es, dass eine bestehende Geschäftsbeziehung abgebrochen oder dass die Aufnahme von Geschäftsbeziehungen verweigert wird. Voraussetzung für einen Anspruch ist freilich, dass der Anbieter die wesentliche Leistung für sich selber nutzt. Sofern er sie nicht selbst nutzt, sei es, dass er sie noch nicht auf dem nachgeordneten Markt einsetzt, aber auch keinem Dritten die Nutzung eröffnet, sei es, dass nur Dritte, nicht aber er selbst die Leistungen nutzen, fehlt es an den tatbestandlichen Voraussetzungen des § 33 Abs 1 TKG. Dies verdeutlicht die Notwendigkeit der Konzernklausel (Abs 3) zur Vermeidung von Umgehungen des Missbrauchsverbots. Soweit es nicht zum Einsatz der Leistung auf dem angegriffenen Markt kommt, fehlt es an einer Ausnutzung seiner wettbewerblichen Stellung auf den nachgeordneten Märkten. Zudem stellt der Zwang zur Nutzung von Innovationen einen kaum rechtfertigungsfähigen Eingriff in die Verfügungsrechte der Unternehmen dar.[174] Wohl aber deckt § 33 TKG die Nutzung von Leistungen durch den Zugangsberechtigten für Produkte, die das verpflichtete Unternehmen (noch) nicht anbietet. Soweit sie von dem marktbeherrschenden Unternehmen nicht, wohl aber von unabhängigen Dritten gebraucht werden, kann zwar eine Diskriminierung vorliegen, die freilich

---

**168** Vgl Erwägungsgrund 11 VO (EG) Nr 2887/2000; Empfehlung der Kommission „Entbündelter Zugang zum Teilnehmeranschluss", KOM (2000) 1059 Ziff 5 ff.
**169** Vgl *Markert* in: Immenga/Mestmäcker, GWB, § 22 Rn 193.
**170** Vgl zuletzt Art 3 Abs 2 VO (EG) Nr 2887/2000.
**171** Vgl Art 6 lit a Richtlinie 97/33/EG [Zusammenschaltungsrichtlinie] ABl EG Nr L 199/32; ähnlich Art 16 Abs 1 RL 98/10/EG [Sprachtelefondienstrichtlinie] ABl EG Nr L 101/24; Art 8 Abs 2 RL 92/44/EG idFd RL 97/51/EG ABl EG Nr L 295/23.
**172** Vgl *Markert* in: Immenga/Mestmäcker, GWB § 26 Abs 2 Rn 190.
**173** *Markert* in: Immenga/Mestmäcker, GWB § 26 Rn 94.
**174** Zu Recht in diesem Sinne *Schindler* Wettbewerb in den Netzen, S 109; aA offenbar Europäische Kommission, Mitteilung 98/C265/02 ABl EG Nr C 265/2 Ziff 87 ff.

Hans-Heinrich Trute

mangels Ausnutzung der Leistung für die eigenen wettbewerblichen Positionen nicht nach § 33 TKG, sondern nach allgemeinem Wettbewerbsrecht, sei es nach Art 81 Abs 2 lit b, c EGV oder nach § 22 GBW zu behandeln ist. Die essential facilities doctrine passt auf diesen Sachverhalt nicht.[175]

**47** Zugangsverweigerungen oder doch zumindest Zugangseinschränkungen können sich aus **Gründen der Ressourcenknappheit** ergeben. Je nach Situation werden alle Zugangsbewerber gleichmäßig reduziert versorgt werden müssen, oder aber – aus sachlichen Gründen – einzelne anderen vorgezogenen werden können. Entscheidend ist hier, dass sachliche Gründe die Differenzierung tragen. Je eher der Leistungsverpflichtete die **Entscheidung im Rahmen eines allgemeinen, vorab festgelegten Konzepts** trifft, desto weniger wird man die Sachlichkeit der Gründe in Frage stellen müssen. Diese Auswahlentscheidung darf jedenfalls nicht dazu genutzt werden, die aus der Sicht des Marktbeherrschers genehmeren Wettbewerber zu privilegieren.

**48** Die zweite Grundform ist die **Zulassung zu ungünstigeren Bedingungen**. Wie schon die spezielle Gleichheitsklausel hinsichtlich der eigenen Bedingungen des dominierenden Anbieters zeigt, liegt eine wesentliche Diskriminierungsform in der Forderung oder Durchsetzung ungünstiger Bedingungen. Dies mag die Höhe des Nutzungsentgeltes, ggf in Anspruch zu nehmende Nebenleistungen,[176] die technische Konfiguration der Zugangsgewährung wie auch den Zeitpunkt der Zulassung betreffen. Vielfältige Diskriminierungsmöglichkeiten bestehen bei der **Preisgestaltung**. Da für die Einrichtung/Leistung oftmals kein Markt besteht, können leicht durch überhöhte Preise Marktvorteile auf nachgeordneten Märkten erhalten oder verschafft werden.[177] Zwar können auf Missbrauch ausgerichtete Preisgestaltungen auch darin liegen, dass die Leistung zu geringeren als den Entstehungskosten angeboten wird, um sich etablierende Infrastrukturanbieter entweder vom Markteintritt abzuhalten oder den Wettbewerb auszuschalten. Im Allgemeinen liegt auch ein Preismissbrauch vor, wenn der Preis entweder unter den durchschnittlich variablen Kosten des beherrschenden Unternehmers liegt, oder wenn er unter den durchschnittlichen Gesamtkosten liegt und Teil eines gegen den Wettbewerb gerichteten Verhaltens ist.[178] Allerdings dürfte hierin häufig kein Anwendungsfall des § 33 TKG liegen, da es kaum um die Eröffnung des Zugangs zum monopolistischen Engpass geht, sondern allgemein um die Ausnutzung einer marktbeherrschenden Stellung, die daher auch nach Maßgabe des Art 82 EGV, § 19 GWB behandelt werden müsste. Zudem wirken hier die ONP-Regeln über das Rechnungswesen und dessen Transparenz einer Diskriminierung entgegen.

**49** **Diskriminierungsfrei** ist die Zugangseröffnung **nur, wenn** der marktbeherrschende Anbieter **nicht zwischen verschiedenen Wettbewerbern unterscheidet**. Eine Differenzierung, die auf der Nutzung des Zugangs statt auf Unterschieden bei den Transaktionen für den Zugangsanbieter selbst basiert, würde gegen § 33 TKG verstoßen. Dabei können die Unterschiede in den genannten Aspekten bestehen, also Preis, technische Konfiguration und sonstige Bedingungen betreffen.[179] Freilich schließt dies Unterscheidungen nicht aus, die auf sachlichen Gründen, etwa Kostenüberlegungen, technischen Aspekten oder unterschiedlichen Stufen der Nutzung der Leistung beruhen.

**50** Diskriminierungsfrei ist ein Zugang im Übrigen nur dann, wenn nicht die technische **Konfiguration,** etwa der Infrastruktur oder zugehöriger Einrichtungen, genutzt wird, um unterschiedliche Bedingungen zu rechtfertigen, also etwa Einschränkungen der Art oder Ebene in der Netzhierarchie, technische Merkmale der Anbindung, des Schnittstellen- und Signalisierungssystems, der Anzahl und/oder Orte der Anschaltpunkte.[180] Darüber hinaus wird man in die Bedingungen eines diskriminierungsfreien Zugangs **weitere Nebenbedingungen in sachlicher und zeitlicher Hinsicht einzubeziehen** haben. So kann die Verzögerung von Vertragsverhandlungen, die Verhinderung rechtzeitiger Information über die Bedingungen der Nutzung der

---

[175] Im Ergebnis auch *Schindler* Wettbewerb in den Netzen, S 109.
[176] RegTP BK 4d – 99–024/Z 31. 5. 99 MMR 1999, 686, 687 mA *Stein*.
[177] Zu möglichen Berechnungsmethoden Mitteilung der Europäischen Kommission 98/C265/02 ABl EG Nr C 265/2 Ziff 105 ff.
[178] Mitteilung der Europäischen Kommission 98/C265/02 Ziff 110.
[179] Vgl Mitteilung der Europäischen Kommission 98/C265/02 Ziff 120.
[180] Mitteilung der Europäischen Kommission 98/C265/02 Ziff 127 ff.

Hans-Heinrich Trute

Infrastruktur, die Verhinderung der Nutzung von Daten, unfaire Verfahrensgestaltungen etc ebenfalls in wettbewerbsrelevanter Weise das Zugangsrecht beeinträchtigen.[181] Es kommt insoweit nicht darauf an, ob der Wettbewerb verfälscht wird oder nicht. Vielmehr hat das Gesetz bereits entschieden, dass die Nichtgewährung des Zugangs zu den wesentlichen Leistungen durch ein marktbeherrschendes Unternehmen missbräuchlich ist, falls und soweit kein sachlicher Grund für die Diskriminierung vorhanden ist.

## 4. Sachliche Rechtfertigung einer Einschränkung

Die Zugangsverweigerung oder ungünstige Gestaltung der Zugangsbedingungen ist dann nicht missbräuchlich, wenn die Einräumung ungünstigerer Bedingungen, insbesondere die Auferlegung von Beschränkungen, **sachlich gerechtfertigt** ist. Der marktbeherrschende Anbieter darf insbesondere den Zugang nur insoweit beschränken, als dies den grundlegenden Anforderungen im Sinne von Art 3 Abs 2 der ONP-Richtlinie 90/387/EWG entspricht. Die Gesetzesfassung ist missverständlich. Deutet die allgemeine Möglichkeit sachlicher Rechtfertigung auf die wettbewerbsrechtlichen Möglichkeiten der Rechtfertigung, so ist der Verweis auf die grundlegenden Anforderungen im Sinne der ONP-Richtlinie kategorisch als einzige („nur insoweit") Rechtfertigungsmöglichkeit formuliert, was darüber hinausgehende Rechtfertigungsmöglichkeiten nach den allgemeinen wettbewerblichen Regeln auszuschließen scheint,[182] soweit man die grundlegenden Anforderungen nicht auf einen Ausschnitt der Zugangsproblematik beschränkt sehen möchte. Diesen Unklarheiten entgeht man nicht dadurch, dass man einfach die grundlegenden Anforderungen als zusätzliche Beschränkungsmöglichkeiten deutet, im Übrigen aber die allgemeinen wettbewerbsrechtlichen Regeln anwendet,[183] wenngleich der Text immerhin („insbesondere") auch den Anschein eines bloßen Unterfalls sachlicher Rechtfertigungsgründe durch grundlegende Anforderungen erweckt. Gleichwohl wird man die Systematik so zu deuten haben, dass für den Anwendungsbereich des § 33 Abs 1 Satz 2 TKG es bei der alleinigen Möglichkeit der Rechtfertigung nach Maßgabe der grundlegenden Anforderungen der ONP-Richtlinie 90/387/EWG verbleibt.[184] Dabei wird man den Verweis auf Art 3 Abs 2 Richtlinie 90/387/EWG dynamisch interpretieren müssen, so dass er also die Änderung durch die Richtlinie 97/51/EG oder Richtlinie 98/10/EG umgreift. Im **Anwendungsbereich der Teilnehmeranschluss-VO**[185] ist die Möglichkeit der Zugangsverweigerung noch einmal gegenüber den ONP-Bedingungen begrenzt. Eine Ablehnung ist nur aufgrund objektiver Kriterien möglich, die sich auf die technische Machbarkeit oder die notwendige Aufrechterhaltung der Netzintegrität beziehen.[186]

51

Eine weitere Unklarheit hängt mit der **Funktion der grundlegenden Anforderungen** im Kontext des ONP-Konzepts zusammen. Das ONP-Konzept zielt auf einen offenen und effizienten Zugang zu den öffentlichen Telekommunikationsnetzen und öffentlichen Telekommunikationsdiensten sowie die gemeinschaftsweite Harmonisierung der Bedingung für deren offene und effiziente Benutzung.[187] Die grundlegenden Anforderungen sind entworfen worden in einer Situation, in der staatliche Fernmeldeorganisationen in vielen Ländern über Monopole bei Netzen und Diensten verfügten. Sie sind daher staatszentriert entworfen worden als Bedingungen, unter denen Mitgliedstaaten Zugang verhindern bzw beschränken können aus Gründen nichtwirtschaftlicher Art.[188] Auch durch die Anpassung an ein mittlerweile liberalisiertes Telekommunikationsumfeld hat sich daran nichts geändert.[189] Mögen sich dadurch die Zwecke des ONP-Konzepts erweitert haben um die Sicherstellung eines Mindestangebotes an Diensten und die Gewährleistung des Universaldienstes, so sind die grundlegenden Anforderungen weiterhin die im allgemeinen Interesse liegenden Gründe nichtwirtschaftlicher Art, die einen Mitgliedsstaat veranlassen können, die Errichtung und/oder den Betrieb von Telekommunikationsnetzen

52

---

**181** Vgl auch *Schindler* Wettbewerb in den Netzen, S 111.
**182** In diesem Sinne auch VG Köln, Urt v 5. 11. 1998 – 1 K 5929/97 – MMR 1999, 238, 242.
**183** Vgl aber Beck'scher TKG-Kommentar/*Piepenbrock* § 33 Rn 50 ff.
**184** Im Ergebnis offenbar auch OVG NW Beschl v 7. 2. 2000 – 13 A 180/99 – CR 2000, 369, 372 ff; VG Köln, RTkom 1999, 30, 31 f.
**185** VO EG Nr 2887/2000.
**186** Vgl Art 3 Abs 2 S 2 VO (EG) Nr 2887/2000.
**187** Art 1 Abs 1 RL 90/387/EWG ABl Nr L 192/1.
**188** Art 2 Nr 6 ONP-Richtlinie 90/387/EWG.
**189** Vgl Richtlinie 97/51/EG ABl EG Nr L 295/23.

Hans-Heinrich Trute

oder die Bereitstellung von Telekommunikationsdiensten bestimmten Bedingungen zu unterwerfen.[190] In diesem Rahmen umschreiben die grundlegenden Anforderungen also staatsbezogene und exklusive Einschränkungen des offenen Netzzugangs.[191] Im Kontext des § 33 Abs 1 S 1 fungieren sie indes zunächst als Rechtfertigungsgründe Privater für die Einschränkung des Zugangs zu wesentlichen Leistungen ihres Unternehmens und erst dann als Maßstab für mögliche Einschränkungen durch die Regulierungsbehörde. Das wirft die Frage nach Konkretisierungskompetenzen der Privaten und damit das Verhältnis zu staatlichen Konkretisierungen, etwa in weiteren Normen des Telekommunikationsrechts auf. Da die grundlegenden Anforderungen, wie nicht zuletzt Art 13 Abs 2 RL 98/10/EG zeigt, regelmäßig dem Grundsatz der Verhältnismäßigkeit und der Nichtdiskriminierung entsprechen und auf vorher festgelegten objektiven Kriterien beruhen müssen, wird es private Konkretisierungsbefugnisse nur dort geben, wo sie – im Einklang mit diesen Anforderungen – den Privaten eingeräumt worden sind. Insoweit kommt eine Berufung auf grundlegende Anforderungen nur insoweit in Betracht, wie diese durch oder aufgrund des Gesetzes sowie durch die Regulierungsbehörde vorab festgelegt sind. So ist für die grundlegende Anforderung der Netzsicherheit zunächst § 87 TKG einschlägig, der angemessene Vorkehrungen insbesondere gegen Störungen, äußere Eingriffe und Naturkatastrophen in § 87 Abs 1 Nr 3, 4 TKG vorsieht. Zudem ist auf spezialgesetzliche Regelungen wie das PTSG, die PTZSV, die TKSiV zu verweisen. Damit wird in der Bundesrepublik Deutschland die grundlegende Anforderung der Netzsicherheit allgemein und objektiv konkretisiert. Insofern ist davon auszugehen, dass die gesetzlichen Regelungen und ihre aufgrund von Verordnungsermächtigungen ergangenen Konkretisierungen für die Telekommunikationsunternehmen die im öffentlichen Interesse geltenden Anforderungen beschreiben. Allerdings wird man davon ausgehen müssen, dass in dem jeweiligen Rahmen es dem betreffenden Unternehmen obliegt, die entsprechenden Anforderungen näher in ein eigenes Unternehmenskonzept zu integrieren.[192] Dieses ist, sofern es mit den staatlich formulierten Anforderungen übereinstimmt, als solches zu akzeptieren. Im Übrigen wirken die grundlegenden Anforderungen als Maßstab für Einschränkungen durch die Regulierungsbehörde.

**53** Die grundlegenden Anforderungen sind in der Fassung der Änderungsrichtlinie 97/51/EG mit **Sicherheit des Netzbetriebes, Aufrechterhaltung der Netzintegrität** sowie in begründeten Fällen der **Interoperabilität der Dienste, Datenschutz, Umweltschutz und Bauplanungs- und Raumordnungszielen** sowie einer **effizienten Nutzung** des **Frequenzspektrums** und der **Verhinderung von Störungen zwischen funkgestützten Telekommunikationssystemen** und anderen, **raumgestützten** oder **terrestrischen, technischen Systemen** umschrieben.[193]

**54** Bedeutung hat **in der bisherigen Praxis** vor allem die Netzintegrität und – damit zusammenhängend – die Interoperabilität der Netze erlangt. Einschränkungen sind insbesondere im Hinblick auf den sog atypischen Verkehr, also denjenigen Verkehr, der dadurch entsteht, dass ein die Zusammenschaltung begehrendes Unternehmen infolge einer nur geringen Anzahl von Vermittlungsstellen atypische Verbindungsführungen und damit eine Überlastung der Netze veranlasst, denkbar.[194] Dies kann in der Tat als eine Beeinträchtigung der Netzintegrität verstanden werden, die – wie das OVG NW zu Recht annimmt – über den Bestand des Netzes hinaus

---

190 Art 2 Nr 6, Art 3 Abs 2 ONP-Richtlinie idF der RL 97/57/EG.
191 Vgl etwa Art 13 Nr 2 lit a Sprachtelefondienstrichtlinie 98/10/EG v 26. 2. 1998 ABl Nr L 101/24. Danach sollen die Mitgliedstaaten alle gebotenen Maßnahmen treffen, um die Verfügbarkeit von festen Netzen und Diensten auch bei Katastrophen und höherer Gewalt aufrecht zu erhalten und im Falle des Eintritts eines solchen Ereignisses ein hohes Dienstniveau aufrecht zu erhalten, damit zumindest die von den zuständigen Behörden festgelegten vorrangigen Aufgaben erfüllt werden können. Die nationalen Regulierungsbehörden stellen sicher, dass Einschränkungen des Zugangs zu und der Nutzung von öffentlichen Telefonnetzen aus Gründen der Sicherheit des Netzbetriebs dem Grundsatz der Verhältnismäßigkeit und Nichtdiskriminierung entsprechen und auf vorher festgelegten objektiven Kriterien beruhen.
192 Vgl auch insoweit OVG NW, Beschl v 23. 2. 2000 – 13 B 1996/99 – CR 2000, 367, 368.
193 Art 2 Nr 6 der ONP-Richtlinie idF der RL 97/51/EG; zur Frage der Anwendbarkeit im Kontext von Art 33 Abs 1 TKG vgl Rn 51 f.
194 Dazu OVG NW Beschl v 23. 2. 2000 – 13 B 1996/99 – CR 2000, 367, 368; zur Kritik Beck'scher TKG Kommentar/*Piepenbrock* § 33 Rn 77 ff; M. *Röhl* Die Regulierung, Teil II, Kap 11 II.

Hans-Heinrich Trute

auch die jederzeitige Funktionsfähigkeit des Netzes beinhalten dürfte.[195] Ob darüber hinaus auch die Interoperabilität der Dienste beeinträchtigt sein kann,[196] mag zweifelhaft sein, da sich die Interoperabilität eher auf die technische Möglichkeit der Kommunikation verschiedener Netze beziehen dürfte. Auch wenn dies technische Spezifikationen zur Qualitätssicherung beinhalten kann, wie sich aus Art 10 Abs 2 lit c S 2 Zusammenschaltungsrichtlinie ergibt, dürften diese auf technische Spezifikationen eines durchgängigen Qualitätsstandards ausgerichtet sein.[197] Im **Anwendungsbereich der Teilnehmeranschluss-VO**[198] kann die Verweigerung des Netzzugangs allein auf die technische Machbarkeit oder die notwendige Aufrechterhaltung der Netzintegrität gegründet werden.[199] Jedenfalls ist zu beachten, dass die grundlegenden Anforderungen auf vorher festgelegten Kriterien beruhen. Falls die Regulierungsbehörden Bedingungen auferlegen, die auf grundlegenden Anforderungen beruhen, sind diese gem Art 14 Abs 1 Zusammenschaltungsrichtlinie zu veröffentlichen.[200]

### III. Missbrauchstatbestand (Abs 2)

§ 33 Abs 2 TKG enthält die Ermächtigungsgrundlage für die Regulierungsbehörde zur Beseitigung von Verstößen gegen die materiellen Pflichten des Abs 1. Es entspricht dem Regulierungsziel der Herstellung eines chancengleichen und funktionsfähigen Wettbewerbs, dass die Regulierungsbehörde nicht etwa – wie bei dem funktional vergleichbaren § 32 TKG – auf Untersagungsverfügungen beschränkt ist, sondern auch ein bestimmtes Verhalten anordnen kann. Vorausgesetzt ist eine missbräuchliche Ausnutzung der marktbeherrschenden Stellung, deren Rechtsfolgen – Verhaltensgebote, -verbote und die (teilweise) Umwirksamkeitserklärung von Verträgen – Abs 2 S 1 enthält. Begleitet wird dies durch den Missbrauchsvermutungstatbestand, der letztlich an eine Verletzung der Grundregel „interne Behandlung ist gleich externe Behandlung" von Leistungen anknüpft und von einer Beweislastregelung flankiert wird, die eine Widerlegung der Vermutung annimmt, wenn der Anbieter Tatsachen nachweist, die die Einräumung ungünstigerer Bedingungen rechtfertigen (Abs 2 S 3). Vor einer Missbrauchsverfügung hat jedoch eine Beanstandungsverfügung zu ergehen (Abs 2 S 2). 55

#### 1. Tatbestandliche Voraussetzungen der Missbrauchsaufsicht (Abs 2 S 1)

Tatbestandliche Voraussetzung der Missbrauchsaufsicht ist neben dem **Verstoß gegen § 33 Abs 1 TKG eine missbräuchliche Ausnutzung der marktbeherrschenden Stellung.** Ungeachtet dieser Kumulation von tatbestandlichen Voraussetzungen ist deren selbständige Bedeutung zweifelhaft, soweit eine missbräuchliche Ausnutzung der marktbeherrschenden Stellung in Rede steht. Dies zeigt der Zusammenhang mit dem Missbrauchstatbestand von S 3. Denn die Vermutungswirkung tritt letztlich – sieht man von dem kaum bedeutsamen Fehlen des Bezugs auf die Wesentlichkeit der Leistung ab – bereits bei einem Verstoß gegen Abs 1 S 1 ein, abgesehen von der sachlichen Rechtfertigung der Einräumung ungünstigerer Bedingungen, die im Übrigen von der Beweislastregelung des Abs 2 S 3 letzter Halbsatz wieder aufgenommen wird. Insoweit liegt in dem von der Regulierungsbehörde festzustellenden Verstoß gegen Abs 1 immer schon zugleich auch die Erfüllung der Vermutungsregelung missbräuchlicher Ausnutzung einer marktbeherrschenden Stellung. Ein Selbststand dieses Merkmals ist daher nicht zu erkennen. Tatbestandliche Voraussetzung der Missbrauchsaufsicht ist daher – wie das OVG Münster zu Recht ausführt – nicht etwa ein besonders negativ qualifizierendes Verhaltensmerkmal des Anbieters, das über den Verstoß gegen Abs 1 hinausreichen müsste, sondern der Verstoß gegen die Pflichten aus Abs 1.[201] Soweit die **Teilnehmeranschluss-VO**[202] einschlägig ist, kommt es ohnehin nicht auf 56

---

**195** OVG NW Beschl v 23. 2. 2000 – 13 B 1996/99 – CR 2000, 367 f.
**196** So aber OVG NW Beschl v 23. 2. 2000 – 13 B 1996/99 – CR 2000, 367 f.
**197** Nicht umsonst ist in Art 13 Abs 2 lit c RL 98/10/EG für Endeinrichtungen nur die Übereinstimmung mit der RL 91/263/EWG als notwendige und hinreichende Bedingung der Interoperabilität genannt.

**198** VO (EG) Nr 2887/2000.
**199** Vgl Art 3 Abs 2 S 2 VO (EG) Nr 2887/2000.
**200** Vgl auch Art 13 Abs 2 UA 2 RL 98/10/98.
**201** OVG Münster, Beschl v 7. 2. 2000 – 13 A 180/99 – CR 2000, 369, 370.
**202** VO (EG) Nr 2887/2000.

Hans-Heinrich Trute

ein missbräuchliches Verhalten des dominanten Anbieters an.[203] Die nationale Regulierungsbehörde stellt danach sicher, dass durch die Tarifgestaltung für den entbündelten Zugang zum Teilnehmeranschluss ein fairer und nachhaltiger Wettbewerb gefördert wird.[204] Zwar setzt – nicht anders als das deutsche Recht (Rn 4) – auch die VO auf geschäftliche Vereinbarungen als das bevorzugte Mittel für eine Einigung über technische und wirtschaftliche Aspekte des Zugangs zum Teilnehmeranschluss,[205] geht aber zugleich davon aus, dass aufgrund der Ungleichgewichte der Verhandlungspositionen Regulierungsmaßnahmen erforderlich sind. Dazu kann die Regulierungsbehörde Änderungen des Standardangebotes verlangen, wenn diese gerechtfertigt sind,[206] von gemeldeten Betreibern Informationen verlangen[207] und in gerechtfertigten Fällen von sich aus tätig werden, um Nichtdiskriminierung, fairen Wettbewerb, wirtschaftliche Effizienz und größtmöglichen Nutzen für den Endnutzer sicherzustellen.[208] Für den Fall, dass auf dem Zugangsmarkt für Teilnehmeranschlüsse ein hinreichender Wettbewerb herrscht, entbindet sie die dominanten Anbieter von der Verpflichtung, dass sich die festgelegten Preise an den Kosten orientieren müssen.[209]

**57** Die **Entkräftung der Missbrauchsvermutung** durch den Nachweis der sachlichen Rechtfertigung der Einräumung ungünstigerer Bedingungen, insbesondere der Auferlegung von Beschränkungen durch den Anbieter, läßt denn auch zugleich den Verstoß gegen Abs 1 entfallen. Auch insoweit fehlt es an der Selbständigkeit des Merkmals missbräuchlicher Ausnutzung der marktbeherrschenden Stellung des Anbieters. Verwiesen ist damit im Übrigen auf die Gründe für die sachliche Rechtfertigung, wie sie sich auch für Abs 1 ergeben (Rn 51).

### 2. Rechtsfolgen

**58** Die Rechtsfolgen einer Erfüllung der tatbestandlichen Voraussetzung für die Missbrauchsaufsicht sind – wie der Zusammenhang von S 1 und S 2 ergibt – zweistufig. Vor einer Beseitigungsverfügung hat zunächst eine Beanstandungsverfügung nach Maßgabe des Absatzes 2 S 2 zu ergehen. Diese Zweistufigkeit ist zwingend und führt dazu, dass eine Beseitigungsverfügung erst ergehen darf, wenn eine Beanstandungsverfügung ergangen ist und gleichwohl der beanstandete Missbrauch (innerhalb einer möglicherweise gesetzten Frist) nicht abgestellt worden ist. Der Beanstandungsverfügung kommt damit zugleich eine prozedurale Schutzfunktion für den Anbieter zu.[210]

#### a) Beanstandungsverfügung

**59** Bevor die Regulierungsbehörde eine Beseitigungsverfügung erlässt, hat sie also zunächst die Beanstandungsverfügung zu erlassen. Ihre Regelungswirkung liegt in der verbindlichen Feststellung eines Missbrauchs und der Festlegung konkret zu bezeichnender Handlungen/Unterlassungen, mit deren Hilfe das missbräuchliche Verhalten beseitigt werden soll.[211]

**60** Liegen die tatbestandlichen Voraussetzungen vor, so scheint auf den ersten Blick eine **Verpflichtung der Regulierungsbehörde** zu bestehen, eine Beanstandungsverfügung zu erlassen.[212] Die Rechtsprechung nimmt eine für den Regelfall geltende Soll-Bestimmung für die RegTP an,[213] die auch für die Beseitigungsverfügung gelten soll.[214] Das ist freilich eine durchaus begründungsbedürftige Annahme. Eher liegt es nahe, dass die Beanstandungsverfügung an dem Ermessen des S 1 teilnimmt.[215] Bevor also eine in das Ermessen der RegTP gestellte Beseitigungsverfügung ergehen kann, muss eine Beanstandungsverfügung ergehen. Dies lässt sich bereits als Teil der

---

203 Art 4 VO (EG) Nr 2887/2000.
204 Art 4 Abs 1 VO (EG) Nr 2887/2000.
205 Vgl Erwägungsgrund 10 VO (EG) Nr 2887/2000.
206 Art 4 Abs 2 lit a VO (EG) Nr 2887/2000.
207 Art 4 Abs 2 lit b VO (EG) Nr 2887/2000.
208 Art 4 Abs 3 VO (EG) Nr 2887/2000.
209 Art 4 Abs 4 VO (EG) Nr 2887/2000.
210 Zu Recht in diesem Sinne OVG NW, Beschl v 7. 2. 2000 – 13 A 180/99 – CR 2000, 369, 370.
211 OVG NW, Beschl v 7. 2. 2000 – 13 A 180/99 – CR 2000, 369, 370.
212 So denn auch *Müller/Schuster* MMR 1999, 507, 513.
213 OVG NW, Beschl v 7. 2. 2000 – 13 A 180/99 – CR 2000, 369, 370.
214 OVG NW, Beschl v 11. 2. 2000 – 13 B 1891/99 – MMR 2000, 379, 380.
215 So auch RegTP BK 3 v 30. 4. 1998 – MMR 1998, 434 ff; RegTP BK 3a – 99/032 – MMR 2000, 298, 311.

Ausübung des Ermessens der Missbrauchsaufsicht verstehen. Insoweit besteht eine größere Flexibilität der RegTP gerade im Hinblick auf die Verwirklichung der unterschiedlichen Regulierungsziele (§ 2 Rn 6 ff), die eine Wahrnehmung ihrer Kompetenzen ohnehin in ein komplexes Geflecht von zu berücksichtigenden Interessen einbettet. Dies entspricht auch der **Rechtslage für die Teilnehmeranschluss-VO.** Die Befugnisse der Regulierungsbehörde werden hier im Wesentlichen von gerechtfertigten Änderungen/Fällen abhängig gemacht,[216] im Übrigen wird aber – etwa hinsichtlich der Preisbildungsregelung – die Vielfältigkeit der zu berücksichtigenden Aspekte betont.[217] Die gegenteilige Auffassung in der Literatur zu § 33 Abs 2 TKG, die schon aus dem Regulierungsziel der Herstellung eines chancengleichen und funktionsfähigen Wettbewerbs auf einen zwingenden Charakter des § 33 Abs 2 S 2 TKG schließen möchte,[218] ist weder vom Wortlaut her zwingend, noch in der Sache überzeugend, will man nicht die Regulierungsbehörde auch mit Minima überlasten.[219]

### b) Beseitigungsverfügung

Die Beseitigungsverfügung knüpft tatbestandlich ebenfalls an den Verstoß gegen Abs 1 an und ermöglicht die **Auferlegung von Verhaltensgeboten und -verboten** ebenso wie die **vollständige oder teilweise Unwirksamkeitserklärung von Verträgen.** Die Rechtsfolgen sind im Übrigen nicht näher präzisiert, sondern bezogen auf die Abstellung des missbräuchlichen Verhaltens zu konkretisieren. Dabei kann die RegTP auch eine **Entgeltregelung** vornehmen. Die Tatsache, dass in § 39 TKG kein Verweis auf den § 33 TKG aufgenommen wurde, ist angesichts des anderen Anwendungsbereichs und der durchaus anderen Funktion des § 33 TKG durchaus erklärlich, schließt eine Entgeltfestsetzung aber nicht aus. Dieser kommt – nicht zuletzt im Hinblick auf die Vorschrift bekämpften Missbrauch über die Bedingungen des Leistungsangebotes – sogar eine hervorragende Bedeutung zu. Folgerichtig findet denn auch in der Teilnehmeranschluss-VO[220] die Tarifierung erhebliche Aufmerksamkeit[221] und geht einher mit der Verpflichtung der RegTP sicherzustellen, dass durch die Tarifgestaltung für den Teilnehmeranschluss ein fairer und nachhaltiger Wettbewerb gefördert wird.[222] Dementsprechend kann die nationale Regulierungsbehörde Änderungen des Standardangebotes einschließlich der Preise verlangen.[223]

**61**

Die Beseitigungsverfügung steht hinsichtlich des „Ob" wie auch der angeordneten Mittel im **Ermessen der Behörde,** das nicht nur durch die Regulierungsziele mitbestimmt wird (§ 2 Rn 6 ff) sondern ebenfalls durch die grundrechtlichen Positionen der Beteiligten, nicht zuletzt aber auch durch Selbstbindungen, die als allgemeine Grundsätze der Regulierung verstanden werden können (§ 1 Rn 10 ff). Die von der Rechtsprechung hier wie auch bei der Beanstandungsverfügung (Rn 59 f) vorgenommene Einschränkung des Ermessens auf eine Soll-Vorschrift lässt sich nur schwer begründen und zeigt neuerdings auch gewisse Erosionserscheinungen.[224] Die Möglichkeit der Betroffenen, ggf in Verbindung mit den materiellen Pflichtigkeiten aus § 33 Abs 1 TKG Rechtsschutz auf dem Zivilrechtsweg zu erreichen, ist – ungeachtet der im Wettbewerbsrecht verbreiteten Zustimmung zu dieser dogmatischen Figur – zwar nicht im prinzipiell unzulässiges, wohl aber von dem Zweck der Ermächtigung abhängiges Argument. Angesichts der entscheidenden Bedeutung des Zeitfaktors, der Gestaltungsaufgabe der RegTP und der europarechtlichen Einbindung dürften insoweit erhebliche Zweifel an der Zulässigkeit einer solchen Verweisung auf den Zivilrechtsweg bestehen.[225] Nicht zuletzt im Anwendungsbereich von Art 16 Abs 4 RL 98/10/EG [Universaldienstrichtlinie] ebenso wie im Rahmen von Art 4a Abs 3 RL 90/388/EWG idF der RL 96/19/EG dürfte ohnehin das Ermessen zum Einschreiten reduziert

**62**

---

**216** Vgl Art 4 Abs 2 lit a, Abs 3 VO (EG) Nr 2887/2000.
**217** Vgl Erwägungsgrund 11 VO (EG) Nr 2887/2000.
**218** *Müller/Schuster* MMR 1999, 507, 513.
**219** Vgl auch OVG NW, Beschl v 11. 2. 2000 – 1 B 1891/99 – MMR 2000, 239, 240 mA *Mayen.*
**220** VO (EG) Nr 2887/2000.

**221** Art 3 Abs 2, 4 Abs 1, Abs 2 lit a, Abs 4 VO (EG) Nr 2887/2000.
**222** Art 4 Abs 1 VO (EG) Nr 2887/2000.
**223** Art 4 Abs 2 lit a VO (EG) Nr 2887/2000.
**224** OVG NW, Beschl v 11. 2. 2000 – 1 B 1891/99 – MMR 2000, 239, 240 mA *Mayen.*
**225** Im Ergebnis auch Beck'scher TKG-Kommentar/*Piepenbrock* § 33 Rn 91 ff.

sein, da die Regulierungsbehörde auf Antrag eines Beteiligten zum Einschreiten verpflichtet ist. Soweit also § 33 Abs 1 TKG als Umsetzung der genannten Richtlinien verstanden werden muss, ist schon europarechtlich eine solche Verweisung unzulässig.

**63** Damit ist auch die Frage angesprochen, ob die **Missbrauchsaufsicht auch im Interesse der Wettbewerber** ausgeübt wird, so dass ihnen ein Anspruch auf Einschreiten bzw fehlerfreie Ausübung des Ermessens durch die Regulierungsbehörde zusteht. Angesichts der Tatsache, dass § 33 Abs 1 TKG eindeutig eine dem Wettbewerber Ansprüche gewährenden Norm ist und in diesem Sinne unzweifelhaft ein subjektives Recht vermittelt, bestehen die Eingriffsbefugnisse der Regulierungsbehörde selbstverständlich auch im Interesse des Wettbewerbers. Er hat daher ungeachtet europarechtlicher Vorprägungen einen Anspruch auf fehlerfreie Ausübung des Ermessens zu einem Einschreiten in seinem Interesse.[226] Hat die Behörde – wie die Rechtsprechung zu Recht und unmißverständlich annimmt – bei der Ausübung des Ermessens im Rahmen des § 33 Abs 2 TKG die Interessen der Wettbewerber und des Marktbeherrschers zu berücksichtigen,[227] handelt es sich – auch bei § 33 Abs 2 TKG – ersichtlich um eine Schutznorm auch zu Gunsten der Wettbewerber; andernfalls wären diese Interessen vom Zweck der Ermächtigung her nicht zu berücksichtigen. Die Annahme eines reinen Amtsverfahrens ist daher unhaltbar.

### 3. Verfahren

**64** Das Verfahren richtet sich nach den allgemeinen Verfahrensvorschriften der §§ 73 ff TKG.

## IV. Konzernklausel (Abs 3)

**65** Soweit ein Anbieter nach Abs 1 S 1 mit anderen Unternehmen ein einheitliches Unternehmen bildet, stehen der RegTP die in Abs 2 genannten Befugnisse gegenüber jedem dieser Unternehmen zu. Für die Frage der Einheitlichkeit des Unternehmens wird auf §§ 36 Abs 2, 37 Abs 1, 2 GWB abgestellt. Diese Vorschrift hat gerade im Rahmen des § 33 Abs 1 TKG eine nicht unerhebliche Bedeutung, weil hier auf gesellschaftsinterne Vorgänge abgestellt wird. Dies ermöglicht es, Unternehmen in vielfacher Weise durch interne Gestaltung der Beziehungen den Zugangsanspruch für Wettbewerber zu den eigenen Leistungen so zu gestalten, dass dieses für die Wettbewerber nachteilig ist, etwa durch Verlustübernahmen, Erbringung von Sach- oder Bareinlagen und ähnliches. Trotz formeller Gleichbehandlung mit den Wettbewerbern kann insoweit eine unzulässige Ungleichbehandlung entstehen. Die Möglichkeit der Ausgliederung bestimmter Teile lässt zudem eine Umgehung des Anspruchs aus § 33 Abs 1 TKG zu, würden nicht die Konzernunternehmen in die Betrachtung mit einbezogen.[228]

## V. Grundrechtliche Rahmenbedingungen

**66** Die Verpflichtung, den Wettbewerbern Leistungen zur Verfügung zu stellen, um einen Markt angreifbar zu machen und damit die eigene Marktstellung zu schwächen, berührt naturgemäß die **grundrechtlichen Rechtspositionen** der betroffenen Unternehmen. Dies gilt zumal für die Grundrechte der Berufsfreiheit (Art 12 GG) sowie die Eigentumsgarantie (Art 14 GG).

### 1. Die Privatwirtschaftlichkeit als Verfassungsgebot

**67** Strukturell handelt es sich dabei um ein **allgemeines Problem der Marktöffnung vor allem in Bereichen leitungsgebundener Infrastrukturen**, bei denen infolge von Größenvorteilen einerseits, irreversiblen Kosten durch Investitionen, die für einen Markteintritt unabdingbar, bei

---

[226] Im Ergebnis auch Beck'scher TKG-Kommentar/*Piepenbrock* § 33 Rn 90; zweifelhaft daher die Annahme der RegTP BK 4c–99–036/Z 4.8.99 MMR 2000, 383, 384, es handele sich bei der Missbrauchsaufsicht allein um ein Amtsverfahren, das durch Beschwerden nur angestoßen werden könne.

[227] OVG NW, Beschl v 11. 2. 2000 – 1 B 1891/99 – MMR 2000, 379, 380; vgl im Übrigen auch RegTP, Entscheidung v 14. 3. 2000, MMR 2000, 312.

[228] Vgl auch Beck'scher TKG-Kommentar/*Piepenbrock* § 33 Rn 107 ff.

einem Marktaustritt aber weitgehend wertlos sind, andererseits, fundamentale Asymmetrien zu Gunsten des marktbeherrschenden Anbieters entstehen. Durch eine vertikale Integration verschärfen sich die Probleme. Ist der marktbeherrschende Anbieter zugleich auf einem von den Infrastrukturen abhängigen Markt tätig, kann er seine Konkurrenten vom Marktzutritt abhalten, jedenfalls aber diesen erheblich erschweren. Der monopolistische Engpass sichert seine marktbeherrschende Stellung (Rn 8 f). Jedes Konzept einer Marktöffnung in diesen Bereichen kann daher nur erfolgreich sein, wenn der monopolistische Engpass geöffnet wird. Wenn aber Art 87 Abs 2 GG die privatwirtschaftliche Erbringung von angemessenen Telekommunikationsdienstleistungen auch und in erster Linie durch Private im Wettbewerb eröffnen will,[229] hat eine solche wettbewerbseröffnende und -erhaltende Vorschrift einen wichtigen verfassungsrechtlichen Grund. Diesen gilt es im Auge zu behalten gegenüber grundrechtlichen Ansprüchen des marktbeherrschenden Unternehmens, die sich leicht als Wettbewerbsverhinderungsinstrumente erweisen können. Indes geht die privatwirtschaftliche Ordnung davon aus, dass das wirtschaftliche Eigentum im Wettbewerb erworben und verteidigt werden kann. Dazu gehört dann freilich auch die Berücksichtigung der Spielregeln, die den Wettbewerb erst etablieren. Dies ist zumal in ehemaligen Monopolbereichen von erheblicher Bedeutung.

### 2. Die Grundrechtsträgerschaft der DTAG

**68** Dabei besteht allerdings kein Zweifel, dass **auch private Monopolstellungen**, gleich wie sie erlangt sind, grundsätzlich dem Schutz der Eigentumsgarantie unterfallen und die unternehmerische Betätigung ebenfalls der Berufsfreiheitsgarantie.[230] Damit ist freilich die **Grundrechtsträgerschaft der DTAG** noch nicht dargetan, die als gemischt-wirtschaftliches Unternehmen noch überwiegend im Eigentum der öffentlichen Hand steht. Die restriktive Rechtsprechung des BVerfG hinsichtlich der Grundrechtsträgerschaft öffentlicher und gemischt-wirtschaftlicher Unternehmen,[231] ist in der Literatur freilich auf erhebliche Kritik gestoßen[232] und vermag die Situation des Telekommunikationsbereichs selbst bei Akzeptanz ihrer Prämissen nicht zu prägen. Auch wenn man mit dem BVerfG davon ausginge, dass die Grundrechtsfähigkeit von der Art der Aufgabe und der Funktion abhänge, in der das Unternehmen von dem hoheitlichen Akt betroffen ist,[233] so kann angesichts der in Art 87 f Abs 2 GG angeordneten Privatwirtschaftlichkeit der Erbringung von Telekommunikationsdienstleistungen ohne Differenzierung nach den Anbietern kaum ein Zweifel bestehen, dass auch die DTAG Grundrechtsträger der wirtschaftlichen Grundrechte der Art 12, 14 GG sein kann. Dies entspricht denn auch nicht nur der wohl überwiegenden Auffassung in der Literatur,[234] auch die neuere verwaltungsgerichtliche Rechtsprechung[235] lässt daran keinen Zweifel.

### 3. Das Recht auf (Mit-)Benutzung des Eigentums

**69** Das Recht auf (Mit-)Benutzung des Eigentums durch die Einräumung eines Zugangsanspruchs, wie ihn § 33 TKG den Wettbewerbern gewährt, ist naturgemäß eine erhebliche **Einschränkung der Eigentumsnutzung** eines jeden marktbeherrschenden Unternehmens und als solche recht-

---

[229] *Lerche* in: Maunz/Dürig, GG, Art 87 f Rn 55; *Windthorst* in: Sachs, GG, Art 87 f Rn 25; *Badura* in: BK, GG, Art 87 f Rn 20; zurückhaltender *Hellermann* NWVBl 2000, 41, 42; *Stern/Dietlein* ArchivPT 1998, 309, 313. Indes lässt sich eine Privatwirtschaftlichkeit der Erbringung kaum anders denn als wettbewerbliche Erbringung verstehen, was angesichts der Netzverhältnisse und ihrer ökonomischen Spezifika kaum anders denn als Schaffung der Voraussetzungen eines chancengleichen und funktionsfähigen Wettbewerbs gedacht werden kann.

[230] In diesem Sinne auch *Hellermann* NWVBl 2000, 41, 42 f.

[231] Vgl etwa BVerfGE 45, 63, 80; 61, 82, 104; NJW 1990, 1783; NJW 1996, 584.

[232] Zum Ganzen vgl etwa *Schmidt-Aßmann* BB 1990, Beilage 34 zu Heft 27; *Stern* Staatsrecht Bd III/1, 1988 § 71 VII 6 c; *Stern/Dietlein* ArchivPT 1998, 309, 315.

[233] BVerfG NJW 1996, 584.

[234] Vgl allgemein schon *Stern* aaO S 1170; *Stern/Dietlein* ArchivPT 1998, 309, 315; *Püttner* Die öffentlichen Unternehmen, 1985, S 119; *Hellermann* NWVBl 2000, 41, 42 f; *Fehling* AöR 121 (1996), 59, 90 f mit zutreffendem Hinweis auf die europäische Rechtslage.

[235] VG Köln, RTkom 1999, 35, 38 f; OVG NW Beschl v 7. 2. 2000 – 13 A 180/99 – CR 2000, 369, 373.

Hans-Heinrich Trute

fertigungsbedürftig. Insoweit handelt es sich um eine **Inhalts- und Schrankenbestimmung** des Eigentums. Die gesetzliche Regelung des (Mit-)Benutzungsrechts von im Eigentum eines marktbeherrschenden Unternehmens stehenden Leistungen durch Wettbewerber, wie es § 33 TKG vorsieht, ist im Ausgangspunkt eine in die Zukunft gerichtete, generelle und abstrakte Festlegung von Rechten und Pflichten durch den Gesetzgeber. Der Gesetzgeber muss bei der Bestimmung von Regelungen iS Art 14 Abs 1 S 2 GG die schutzwürdigen Interessen der Beteiligten und die Belange des Allgemeinwohls zu einem gerechten Ausgleich und in ein angemessenes Verhältnis bringen. Er ist dabei an den verfassungsrechtlichen Grundsatz der Verhältnismäßigkeit gebunden.[236] Allerdings kann er im Rahmen von Art 14 Abs 1 S 2 GG **nicht nur neue Eigentumspositionen begründen** oder die Entstehung künftig ausgestalten, **sondern auch vorhandene Positionen** an eine neue Rechtslage **angleichen**, selbst wenn die bisher mit dem Recht verbundenen Befugnisse eingeschränkt werden. Allerdings ist dabei in besonderer Weise das vorhandene Vertrauen in den bisherigen Bestand der Rechte, die Schutz nach Maßgabe des Art 14 Abs 1 S 1 GG erfahren, zu berücksichtigen.[237] Im Anschluss daran wird man – auch im Bereich von § 33 TKG – mehr als bisher zwischen Eigentum zu unterscheiden haben, das von den Adressaten bereits mit der Verpflichtung des § 33 TKG erworben worden ist und solchem, das bereits bestand und damit einer neuen Verpflichtung unterworfen worden ist. Die Rechtfertigungslast ist insofern unterschiedlich.

**70** Bei den bisherigen Ansprüchen aus § 33 TKG handelt es sich – wie bei dem Streit um den entbündelten Zugang zur Teilnehmeranschlussleitung – vor allem um die **Umgestaltung vorhandenen Eigentums,** die neben der Rechtfertigung der Umgestaltung als solcher auch diejenige der Überwindung der vorhandenen Rechtspositionen beinhalten muss. Dabei wird man – ungeachtet der in der Literatur erhobenen Bedenken – im Ausgangspunkt die Regelung des § 33 TKG als eine unter den besonderen Bedingungen der Netzökonomie notwendige und angemessene Regelung ansehen müssen.[238] Ist die Eröffnung einer wettbewerblichen Ordnung der Telekommunikation von Verfassungs wegen geboten, jedenfalls aber legitimiert (Rn 67), wird man nicht umhinkommen, auch die nötigen Marktöffnungsregelungen gegenüber marktbeherrschenden Unternehmen für angemessen zu halten. Zudem verkörpert die wettbewerbliche Ordnung der Telekommunikation ein erhebliches Gemeinwohlgut.[239] Der Gesetzgeber ist zudem nicht gehindert, im Sinne eines gerechten Ausgleichs der Eigentumsordnung sogar verpflichtet, die Interessen der Wettbewerber ebenfalls in die Abwägung einzubeziehen. Dies gilt insbesondere bei Einschränkungen marktbeherrschender Unternehmen, die letztlich in die Spielregeln eines funktionsfähigen Wettbewerbs über- oder zurückgeführt werden.[240] Dieser Aspekt dürfte auch bei der Einschränkung vorhandener Rechtspositionen zu berücksichtigen sein, da diese letztlich dem Eigentumserwerb und der Nutzung künftiger Eigentümer zugute kommt.[241] Im Übrigen aber ist auch die Umgestaltung des vorhandenen Eigentums, insbesondere der DTAG gerechtfertigt. Insoweit ist insbesondere zu berücksichtigen, dass die DTAG das Eigentum zu wesentlichen Teilen nicht unter Geltung der marktwirtschaftlichen Regelungen erworben hat, sondern aus dem staatlichen Monopol hervorgegangen ist. Wenn der Gesetzgeber in diesen Fällen der Transition von einer Ordnung daseinsvorsorgender öffentlicher Monopole in eine wettbewerbliche Ordnung nicht zu dem Instrument einer Entflechtung greift, sondern – für den bisherigen Monopolisten milder – zu Eingriffen in die Wettbewerbsordnung zur Herstellung eines chancengleichen und funktionsfähigen Wettbewerbs greift, kann das zwar das Eigentumsrecht als solches nicht in Frage stellen, wohl aber vermag es dessen erhöhte Sozialpflichtigkeit zu begründen.[242] Im Übrigen gilt es hinsichtlich der Intensität des Eingriffs zu

---

**236** BVerfGE 87, 114, 138; stRspr NJW 1998, 367, 368.
**237** Vgl bereits BVerfGE 83, 210, 212 f; NJW 1998, 367, 368.
**238** Im Ergebnis mit deutlich restriktiver Tendenz auch *Stern/Dietlein* RTkom 1999, 1, 7 ff; *Hellermann* NWVBl 2000, 41, 43.
**239** Zu Recht OVG NW Beschl v 7. 2. 2000 – 13 A 180/99 – CR 2000, 369, 373.

**240** Vgl auch *Papier* in Maunz/Dürig, GG, Art 14 Rn 507.
**241** Zu diesem Gesichtspunkt vgl bereits *Trute* Vorsorgestrukturen und Luftreinhalteplanung im Bundesimmissionsschutzgesetz, 1988, S 247; früher schon *Pieroth* Rückwirkung und Übergangsrecht, 1981, S 294; *Papier* in: Maunz/Dürig, GG Art 14 Rn 16.
**242** Vgl etwa *Fehling* AöR 121 (1996), 59, 92; *Hellermann* NWVBl 2000, 41, 43.

berücksichtigen, dass die Regelung nur zu einer entgeltlichen Mitnutzung führt, bei der die eigenen Unternehmensinteressen durchaus berücksichtigungsfähig sind.[243] Die Verhältnismäßigkeit der Inanspruchnahme kann zudem auf der Ebene des Eingriffs- und Entschießungsermessens ebenso berücksichtigt werden,[244] wie bei der Interpretation der Eingriffsvoraussetzungen, bei der insbesondere die Ratio der gesetzlichen Inanspruchnahme, die Überwindung eines monopolistischen Engpasses nicht aus dem Blick geraten darf (Rn 8 f).

### 4. Beeinträchtigung der Berufsausübungsfreiheit

Zweifellos liegt in der Zugangsgewährungspflicht eine nicht unerhebliche Einschränkung der Berufsausübungsfreiheit des Art 12 GG. Insoweit erfährt die Freiheit, Inhalt und Umfang der beruflichen oder gewerblichen Tätigkeit nach freiem Willen zu bestimmen, ebenso wie die Organisationsfreiheit und die Wettbewerbsfreiheit, soweit man sie richtigerweise in Art 12 GG verankert sehen möchte, eine erhebliche Einschränkung.[245] Ihr kommt sogar eine besondere Bedeutung zu, wo nicht auf Unternehmenseigentum, sondern Dienstleistungen zugegriffen werden soll (Rn 32). Soweit allerdings zugleich ein Eingriff in die Freiheit der Berufswahl geltend gemacht wird, weil der Unternehmer gezwungen werde, bestimmte Produkte oder Leistungen am Markt anzubieten, die er nicht anbieten will,[246] ist dem nicht zu folgen. Dies beruht auf einem engen Verständnis des gewählten Berufes. Selbstverständlich bleibt der betreffende Unternehmer weiterhin Anbieter von Telekommunikationsdienstleistungen für die Öffentlichkeit und wird nicht etwa in ein anderes Berufsfeld abgedrängt.[247] Die schon für die Einschränkung der Eigentumsgarantie herangezogenen Rechtfertigungsgründe legitimieren im Übrigen auch die Eingriffe in die Freiheit der Berufsausübung.

**71**

## § 34 Schnittstellen für offenen Netzzugang

(1) Hält ein Anbieter, der auf dem jeweiligen Markt über eine marktbeherrschende Stellung nach § 19 des Gesetzes gegen Wettbewerbsbeschränkungen verfügt, beim Angebot von Telekommunikationsdienstleistungen nicht die Normen ein, welche die Europäische Kommission oder der Rat nach Artikel 10 der Richtlinie 90/387/EWG des Rates vom 28. Juni 1990 zur Verwirklichung des Binnenmarktes für Telekommunikationsdienste durch Einführung eines offenen Netzzugangs (Open Network Provision – ONP) (ABl EG Nr L 192 S 1) für verbindlich erklärt hat, so hat die Regulierungsbehörde die in § 33 Abs 2 und 3 genannten Befugnisse.

(2) Werden von einem Anbieter oder einem Nutzer die im Amtsblatt der Europäischen Gemeinschaften veröffentlichten europäischen Normen von Schnittstellen und von Dienstleistungsmerkmalen für den offenen Netzzugang, die zu berücksichtigen sind, eingehalten, so wird vermutet, dass er die grundlegenden Anforderungen für den offenen Netzzugang erfüllt.

(3) Sofern für das Angebot von Telekommunikationsdienstleistungen keine im Amtsblatt der Europäischen Gemeinschaften veröffentlichten europäischen Normen von Schnittstellen und von Dienstleistungsmerkmalen für den offenen Netzzugang zu berücksichtigen sind, kann die Regulierungsbehörde dem Anbieter nach § 33 auferlegen, die Einhaltung der Bedingungen für den offenen Netzzugang nachzuweisen.

**Schrifttum:** *Scherer* Das neue Telekommunikationsgesetz, NJW 1996, 2953; *Kluth* Telekommunikation als

---

243 Dazu OVG NW Beschl v 7. 2. 2000 – 13 A 180/99 – CR 2000, 369, 373 f.
244 OVG NW Beschl v 7. 2. 2000 – 13 A 180/99 – CR 2000, 369, 373 f.
245 Ausführlich *Stern/Dietlein* ArchivPT 1998, 309, 318 ff.
246 *Stern/Dietlein* ArchivPT 1998, 309, 320 f.
247 OVG NW Beschl v 7. 2. 2000 – 13 A 180/99 – CR 2000, 369, 373.

Hans-Heinrich Trute

## Vierter Teil
Offener Netzzugang und Zusammenschaltungen

Regulierungsgegenstand des Europäischen Gemeinschaftsrechts, 1993; *Weber* Vom Monopol zum Wettbewerb, 1994. (ergänzend siehe Literaturhinweise zu § 33)

**Inhaltsübersicht**

| | Rn |
|---|---|
| I. Entstehungsgeschichte und Systematik | 1–6 |
| II. Eingriffsbefugnisse der Regulierungsbehörde (Abs 1) | 7–10 |
| III. Vermutung der Erfüllung grundlegender Anforderungen (Abs 2) | 11–16 |
| IV. Nachweis bei Fehlen von Normen (Abs 3) | 17 |

## I. Entstehungsgeschichte und Systematik

**1** In einem Konzept offenen Netzzugangs kommt den **technischen Normen und Spezifikationen eine erhebliche wettbewerbliche Bedeutung** zu. Durch die Einhaltung harmonisierter Standards und Normen wird nicht nur eine wesentliche Voraussetzung für die Interoperabilität der Netze und damit die Ausbildung einer gemeinsamen europäischen Infrastruktur geschaffen, die Kommunikation zwischen allen Nutzern gefördert, sondern auch und vor allem der Marktzutritt von neuen Wettbewerbern erleichtert oder – negativ formuliert – über Standards und Normen vermittelte Marktzutritts- oder Wettbewerbshindernisse vermieden. Zugleich aber dürfen harmonisierte Normen und Spezifikationen nicht die Dynamik der Innovationen behindern, müssen also hinreichend offen und zugleich anpassungsfähig gehalten werden.

**2** Die heutige Vorschrift des § 34 TKG ist **im Wesentlichen unverändert aus dem ursprünglichen Fraktionsentwurf** – dort § 33 TKGE – **übernommen** worden.[1] Die Regulierungsbehörde sollte Missbrauchsverfügungen nach § 33 Abs 2, 3 TKG erlassen können, wenn marktbeherrschende Anbieter beim Angebot von Telekommunikationsdienstleistungen gegen Normen verstoßen, welche gemäß Art 10 ONP-Richtlinie 90/387/EWG für verbindlich erklärt worden sind. Da bei Nichteinhaltung der Normen stets ein missbräuchliches Verhalten vorliegt, finde – so die Regierungsbegründung – eine Abwägung der Interessen, anders als in § 33 Abs 1 TKG, nicht statt. Zudem enthält § 34 Abs 2 TKG die Vermutung der Einhaltung der grundlegenden Anforderungen, wenn der Anbieter die europäischen Normen von Schnittstellen und von Dienstleistungsmerkmalen für den offenen Netzzugang einhält. Sofern keine im Amtsblatt der Europäischen Gemeinschaften veröffentlichten europäischen Normen vorliegen, kann die Regulierungsbehörde den Nachweis der Einhaltung der grundlegenden Anforderungen fordern.

**3** Schon im Gesetzgebungsverfahren hat der Bundesrat angefragt, warum die Bundesregierung die **Geltung nur auf marktbeherrschende Anbieter erstrecken wollte** und machte damit – zutreffend – darauf aufmerksam, dass eine solche Begrenzung vom europäischen Recht her nicht veranlaßt war.[2] Die Bundesregierung ging in ihrer Gegenäußerung davon aus, dass der personelle Anwendungsbereich, der sich zum damaligen Zeitpunkt auf Inhaber besonderer oder ausschließlicher Rechte erstreckte, künftig nur noch auf Anbieter erstrecken werde, die über signifikante Marktstellungen verfügen würden.[3] Der Ausschuß für Post und Telekommunikation nahm nur noch eine sprachliche Berichtigung vor, im Übrigen blieb es bei der ursprünglichen Fassung.

**4** **Die Vorschrift des § 34 TKG ist teilweise überholt.**[4] Zunächst hat die Richtlinie 97/51/EG den Art 5 der ONP-Richtlinie 90/387/EWG ersetzt. In Art 5 Abs 2 der ONP-Richtlinie 90/387/EWG idF der Richtlinie 97/51/EG ist vor allem eine Förderpflicht der Mitgliedsstaaten hinsichtlich der nach Maßgabe von Art 5 Abs 1 RL 90/387/EWG idF der RL 97/51/EG veröffentlichten Normen und/oder Spezifikation vorgesehen, die als Grundlage für harmonisierte technische Schnittstellen und/oder Dienstmerkmale für den offenen Netzzugang dienen. Solange derartige Normen und/oder Spezifikationen nicht verabschiedet worden sind, fördern die Mitgliedsstaaten die Normen und Spezifikationen von europäischen Normungsgremien (ETSI/CEN/CENELEC), falls diese nicht vorliegen internationale Normen (ITU, ISO, IEC) und falls diese nicht vorliegen

---

1 Vgl BT-Drucks 13/3609 S 46.
2 Vgl BT-Drucks 13/4438 zu § 33 TKGE Nr 46.
3 Vgl BT-Drucks 13/4438 Gegenäußerung zu Nr 46.
4 Zu Recht *Manssen* in: ders, TKG § 34 Rn 2 f.

entsprechende nationale Normen. Die in Art 5 Abs 2 RL 90/387/EWG aF früher vorgesehene Vermutungsregelung der Einhaltung der einschlägigen grundlegenden Anforderungen bei Normenkonformität fiel damit weg.

Mit der Richtlinie 97/33/EG [Zusammenschaltungsrichtlinie] wird unbeschadet des Art 5 Abs 3   **5**
RL 90/387/EWG, demzufolge die Anwendung europäischer Normen zwingend vorgeschrieben werden kann, nach Art 13 Abs 1 von den nationalen Regulierungsbehörden sichergestellt, dass Organisationen, die öffentliche Telekommunikationsnetze oder für die Öffentlichkeit zugängliche Telekommunikationsdienste anbieten, die im Amtsblatt der Europäischen Gemeinschaften als für die Zusammenschaltung geeignet veröffentlichten Normen voll berücksichtigen. Falls es solche Normen nicht gibt, fördert die nationale Regulierungsbehörde nach Maßgabe der oben (Rn 4) schon dargelegten Abfolge von europäischen, internationalen und nationalen Normen deren Einhaltung. Insoweit ist jedenfalls hinsichtlich der Normen über die Zusammenschaltung eine verpflichtende Umsetzung von europäischen Normen und Spezifikationen und eine Förderpflicht, soweit solche nicht bestehen, etabliert worden.

Auch der **neue Rechtsrahmen** (Einf II 2 b Rn 37 ff) geht davon aus, dass die Normung in erster   **6**
Linie ein marktorientierter Vorgang sein soll. Unabhängig davon kann es sinnvoll sein, die Einhaltung bestimmter Normen auf Gemeinschaftsebene zu fördern, um die Interoperabilität im Binnenmarkt zu gewährleisten. Die Mitgliedsstaaten sind im Übrigen an die Bestimmungen in der Richtlinie 98/34/EG gebunden. Nach dem neuen Rechtsrahmen erstellt die Kommission ein im Amtsblatt der EG zu veröffentlichendes Verzeichnis von Normen und Spezifikationen, die Grundlage für die Förderung der einheitlichen Bereitstellung elektronischer Kommunikationsnetze und -dienste wie zugehöriger Einrichtungen sein sollen, die ihrerseits von den Mitgliedsstaaten gefördert werden, soweit dies unbedingt notwendig ist, um die Interoperabilität zu gewährleisten und den Nutzern eine größere Auswahl zu bieten.[5] Solange derartige Normen und Spezifikationen bestehen, bleibt es bei der Förderung der von europäischen Normungsgremien erstellten und – falls insoweit keine vorhanden sind – von internationalen Normen oder Empfehlungen. Soweit die Interoperabilität grenzüberschreitender Dienste nicht gewährleistet ist, kann die Anwendung verbindlich vorgeschrieben werden.[6]

## II. Eingriffsbefugnisse der Regulierungsbehörde (Abs 1)

Der Regulierungsbehörde werden die in § 33 Abs 2, 3 TKG genannten Befugnisse, Missbrauchs-   **7**
verfügungen zu erlassen, für den Fall zuerkannt, dass ein Anbieter, der auf dem jeweiligen Markt über eine marktbeherrschende Stellung nach § 19 GWB (vgl dazu § 33 Rn 13 ff) verfügt, beim Angebot von Telekommunikationsdienstleistungen nicht die Normen einhält, die gemäß Art 10 RL 90/387/EWG [ONP-Richtlinie] für verbindlich erklärt worden sind. Eine Interessenabwägung soll – wie dargelegt – nicht möglich sein, weil bei Nichteinhaltung der Normen stets ein missbräuchliches Verhalten des Marktbeherrschers vorliegen soll.[7]

Damit wird indes nur ein Verweis auf das **Ausnahmeverfahren**[8] gemäß Art 10 ONP-Richtlinie aufgenommen, das vor allem in den Fällen Bedeutung hat, in denen die im Regelverfahren nach Art 5 Abs 1 ONP-Richtlinie im Amtsblatt der EG veröffentlichten Normen und Spezifikationen unzureichend sind, um die Interoperabilität von grenzüberschreitenden Diensten in einem oder mehreren Mitgliedsstaaten sicherzustellen.[9] Dieses Verfahren hat – anders als das Regelverfahren – freilich kaum praktische Bedeutung.

Die Vorschrift ist **europarechtlich unzureichend**. Dies gilt schon in der Beschränkung auf   **8**
marktbeherrschende Unternehmen. Art 5 Abs 3 RL 90/387/EWG idF der RL 97/51/EG kennt, wie im Übrigen schon in der ursprünglichen Fassung (Rn 3), keine Begrenzung auf markt-

---

[5] Art 15 Abs 1, 2 des Vorschlages für eine Richtlinie des Europäischen Parlaments und des Rates über einen gemeinsamen Rechtsrahmen für elektronische Kommunikationsnetze und -dienste v 12. 7. 2000 KOM (2000) 393 endg, ABl Nr C 365 E/198 v 19. 12. 2000 (E-RL Gemeinsamer Rechtsrahmen).
[6] Art 15 Abs 3, 4 E-RL Gemeinsamer Rechtsrahmen.
[7] BT-Drucks 13/3609 S 46 zu § 33 TKGE.
[8] Vgl auch Beck'scher TKG-Kommentar/*Piepenbrock* § 34 Rn 8.
[9] Vgl Art 5 Abs 3 iVm Art 10 ONP-Richtlinie 90/387/EG idF der RL 97/51/EG.

Hans-Heinrich Trute

beherrschende Unternehmen. Auch wenn die Einschränkung aufgrund der Marktkräfte – die letztlich auf eine Harmonisierung drängen –[10] wenig bedeutsam sein mag, ändert dies an einer unzureichenden Umsetzung nichts. Die Prognose der Bundesregierung im Gesetzgebungsverfahren hinsichtlich der Entwicklung des europäischen Rechts hat sich insofern als unzutreffend erwiesen. Unzureichend ist die Vorschrift aber auch insofern, als sie die in Art 5 Abs 2 RL 90/387/EWG idF der RL 97/51/EG vorgesehene Förderpflicht nicht umsetzt. Angesichts der praktisch wenig bedeutsamen Festlegung von Normen und Spezifikationen nach Art 10 ONP-RL 90/387/EWG mag dieses Defizit wenig bedeutsam erscheinen.

**9** Gravierender erscheint insoweit die **fehlende Umsetzung** von Art 13 Abs 1 RL 97/33/EG, wonach unbeschadet des Art 5 Abs 3 ONP-RL 90/387/EWG die nationalen Regulierungsbehörden sicherstellen, dass Organisationen, die öffentliche Telekommunikationsnetze oder für die Öffentlichkeit zugängliche Telekommunikationsdienste anbieten, die nach Art 5 Abs 1 RL 90/387/EWG, als für die Zusammenschaltung geeignet veröffentlichten Normen voll berücksichtigen und – sofern solche nicht vorliegen – nach Maßgabe der oben genannten Reihenfolge (Rn 4) die Bereitstellung von Schnittstellen fördern. Begrenzt auf den – freilich weiten – Zusammenschaltungsbegriff (§ 35 Rn 27 ff) der RL 97/33/EG (vgl Art 2 Abs 1 lit a) bedarf es der – wiederum nicht auf marktbeherrschende Unternehmen begrenzten – Befugnisse für die Sicherstellung durch die Regulierungsbehörde, die § 34 Abs 1 TKG angesichts seines eindeutigen Wortlauts nicht abgibt.[11]

**10** Hinsichtlich der Ausübung der durch § 34 Abs 1 TKG eingeräumten Befugnisse steht der Regulierungsbehörde ein **Ermessen** zu, dass nach Maßgabe der allgemeinen Regelungen über das Ermessen auszuüben ist.

## III. Vermutung der Erfüllung grundlegender Anforderungen (Abs 2)

**11** § 34 Abs 2 TKG enthält eine **widerlegliche Vermutung** für die **Erfüllung der grundlegenden Anforderungen**, wenn ein Anbieter oder Nutzer die im Amtsblatt der EG veröffentlichten europäischen Normen von Schnittstellen und Dienstleistungen, die zu berücksichtigen sind, einhält. Die Vorschrift versteht sich als Umsetzung von Art 5 Abs 2 RL 90/387/EWG, die – im Einklang mit der „neuen Konzeption" auf dem Gebiet der technischen Harmonisierung und Normung –[12] einen Anreiz für die freiwillige Übernahme der ONP-Normen setzen soll.[13] Ungeachtet der Tatsache, dass die Vermutungswirkung in Art 5 Abs 2 RL 90/387/EWG idF der RL 97/51/EG nicht mehr enthalten ist, behält die Norm ihre Bedeutung. Mit dem Wegfall der europäischen Bezugsnorm tritt ihre eigenständige Bedeutung hervor. Die Vermutungsregelung verstößt auch nicht gegen die gemeinschaftsrechtlichen Regelungen über die Erfüllung der grundlegenden Anforderungen. Sie schließt das Tätigwerden der Regulierungsbehörde zur Durchsetzung der Normen im Übrigen nicht aus.

**12** Die Vermutungsregelung bezieht sich auf die **Einhaltung der grundlegenden Anforderungen,** die sich aus Art 3 Abs 2 RL 90/387/EWG ergeben und in speziellen ONP-Richtlinien, wie etwa in Art 10 RL 97/33/EG spezifiziert werden.

**13** Sie tritt ein, wenn die im Amtsblatt der EG veröffentlichten europäischen Normen von Schnittstellen und Dienstmerkmalen für den offenen Netzzugang, die zu berücksichtigen sind, eingehalten sind. Insoweit bezieht sie sich auf **alle relevanten Normen,** soweit sie veröffentlicht sind, und zwar als für den offenen Netzzugang geeignete Normen. Das geschieht nach Art 5 Abs 1 90/387/EWG idF der RL 97/51/EG. Andere technische Normen, seien sie von internationaler, europäischer oder nationaler Instanz erstellt und veröffentlicht, lösen die Vermutungswirkung

---

10 Zu Recht in diesem Sinne Beck'scher TKG-Kommentar/*Piepenbrock* § 34 Rn 10.

11 Vgl auch – wohl zu weit – *Manssen* in: ders, TKG § 34 Rn 3, der die Begrenzung auf Zusammenschaltung nicht hinreichend berücksichtigt.

12 Vgl Entscheidung des Rates vom 7. 5. 1985 ABl EG Nr C 136 S 1.

13 Beck'scher TKG-Kommentar/*Piepenbrock* § 34 Rn 17.

dagegen nicht aus.[14] Zu den entsprechenden Normen gehören daher auch die nach Art 13 Abs 1 RL 97/33/EG veröffentlichten Normen.

Es müssen freilich nur **diejenigen Normen** eingehalten werden, **die zu berücksichtigen sind.** **14** Damit ist nicht eine nach europäischem Recht bestehende Verpflichtung – etwa nach Art 5 Abs 3, Art 10 RL 90/387/EWG oder nach Art 13 Abs 1 RL 97/33/EG – gemeint, wie schon die Referenznorm des Art 5 Abs 2 RL 90/387/EWG aF verdeutlicht.[15] Vielmehr geht es allein um die Beachtung der im konkreten Fall einschlägigen Normen, um die Vermutungswirkung auszulösen.[16] Die Vermutung wird nur durch die Beachtung dieser Normen ausgelöst; sie hat daher der Anbieter oder Nutzer, der sich auf die Vermutungswirkung beruft, im Zweifel darzulegen.

Auf die Vermutungswirkung berufen können sich **Anbieter** (§ 33 Rn 9) ebenso wie **Nutzer** (§ 3 **15** Nr 11 TKG).

Die **Vermutungswirkung** kann jeder öffentlichen Stelle entgegengehalten werden, die sich auf **16** die Nichteinhaltung grundlegender Anforderungen beruft. Die Vermutung ist durch den **Beweis des Gegenteils** widerlegbar. Dabei mag Berücksichtigung finden, ob und in welchem Umfang grundlegende Anforderungen beeinträchtigt werden können. Die Widerlegung bezieht sich auf die Eignung zur Erfüllung grundlegender Anforderungen.[17]

### IV. Nachweis bei Fehlen von Normen (Abs 3)

Sofern keine europäischen Normen dieser Art vorhanden sind, kann die RegTP dem Anbieter **17** nach § 33 TKG auferlegen, die **Einhaltung der Bedingungen für den offenen Netzzugang nachzuweisen.** Insoweit handelt es sich um eine selbständige Ermächtigungsgrundlage, nicht zuletzt, um sicherstellen zu können, dass die Anbieter nach § 33 TKG die Einhaltung der Bedingungen für den offenen Netzzugang erfüllen. § 34 Abs 3 TKG begrenzt diese Pflicht nicht auf laufende Verfahren der Zugangsgewährung, sondern formuliert auch eine davon unabhängige Pflicht, die eigenständig durchgesetzt werden kann. Hinsichtlich des Beweises wird man auf alle übrigen technischen Normen und Spezifikationen zurückgreifen können.

## § 35 Gewährung von Netzzugang

(1) Der Betreiber eines Telekommunikationsnetzes, der Telekommunikationsdienstleistungen für die Öffentlichkeit anbietet und auf einem solchen Markt über eine marktbeherrschende Stellung nach § 19 des Gesetzes gegen Wettbewerbsbeschränkungen verfügt, hat anderen Nutzern Zugang zu seinem Telekommunikationsnetz oder zu Teilen desselben zu ermöglichen. Dieser kann über für sämtliche Nutzer bereitgestellte Anschlüsse (allgemeiner Netzzugang) oder über besondere Anschlüsse (besonderer Netzzugang) gewährt werden. Ein Betreiber nach Satz 1 muß insbesondere eine Zusammenschaltung seines Telekommunikationsnetzes mit öffentlichen Telekommunikationsnetzen anderer Betreiber ermöglichen.

(2) Vereinbarungen über Netzzugänge nach Absatz 1 müssen auf objektiven Maßstäben beruhen, nachvollziehbar sein und einen gleichwertigen Zugang zu den Telekommunikationsnetzen eines Betreibers nach Absatz 1 Satz 1 gewähren. Der Betreiber darf den Netzzugang nur aus Gründen beschränken, die auf den grundlegenden Anforderungen im Sinne des Artikels 3 Abs 2 der Richtlinie 90/387/EWG des Rates v 28. Juni 1990 zur Verwirklichung des Binnenmarktes für Telekommunikationsdienste durch Einführung eines offenen Netzzugangs (Open Network Provision – ONP) (ABl EG Nr L 192 S 1) beruhen und nur insoweit,

---

[14] Vgl auch Beck'scher TKG-Kommentar/*Piepenbrock* § 34 Rn 18; auch *Manssen* in: ders, TKG § 34 Rn 5.
[15] AA *Manssen* in: ders, TKG § 34 Rn 5.
[16] Beck'scher TKG-Kommentar/*Piepenbrock* § 34 Rn 19.
[17] Beck'scher TKG-Kommentar/*Piepenbrock* § 34 Rn 20.

Hans-Heinrich Trute

als die Beschränkung in Übereinstimmung mit dem sonstigen Recht der Europäischen Gemeinschaft steht. Vereinbarungen nach Satz 1 sind der Regulierungsbehörde schriftlich vorzulegen; sie werden veröffentlicht.

(3) Begehrt ein Nutzer die Bereitstellung eines besonderen Netzzugangs, so hat die Regulierungsbehörde entsprechend § 8 Abs 3 Satz 1 Nr 2 Buchstabe a zu prüfen, ob der Nutzer die für den beantragten Netzzugang erforderliche Zuverlässigkeit, Leistungsfähigkeit und Fachkunde besitzt. Einer solchen Prüfung bedarf es nicht, wenn dem Nutzer eine Lizenz nach § 8 erteilt worden ist.

(4) Absatz 1 gilt entsprechend für ein Unternehmen, das mit einem Betreiber nach Absatz 1 Satz 1 ein einheitliches Unternehmen bildet. Ein einheitliches Unternehmen wird durch jede Verbindung von Unternehmen im Sinne des § 36 Abs 2 und § 37 Abs 1 und 2 des Gesetzes gegen Wettbewerbsbeschränkungen geschaffen.

(5) Die Bundesregierung regelt durch Rechtsverordnung, die der Zustimmung des Bundesrates bedarf, in welcher Weise ein besonderer Netzzugang, insbesondere für die Zusammenschaltung, zu ermöglichen ist. Die Rechtsverordnung muß Rahmenvorschriften für Vereinbarungen nach Absatz 2 enthalten, und es ist festzulegen, in welcher Art und Weise Vereinbarungen über besondere Netzzugänge nach Absatz 2 Satz 3 der Regulierungsbehörde vorzulegen und wie diese zu veröffentlichen sind. Die Richtlinien der Europäischen Gemeinschaft, die nach Artikel 6 der Richtlinie 90/387/EWG des Rates v 28. Juni 1990 zur Verwirklichung des Binnenmarktes für Telekommunikationsdienste durch Einführung eines offenen Netzzugangs (Open Network Provision – ONP) (ABl EG Nr L 192 S 1) vom Europäischen Parlament und vom Rat erlassen werden, sind zu beachten.

**Schrifttum:** *Berger* Netzzusammenschaltung von Telekommunikationsunternehmen im nationalen, europäischen und internationalen Regelungszusammenhang, 2000; *Bock/Völcker* Regulatorische Rahmenbedingungen für die Zusammenschaltung von TK-Netzen. Bisherige Erfahrungen in der Praxis, CR 1998, 473; *Dietz/Richter* Netzzugänge unter Internetprovidern, CR, 1998, 528; *Engel* Der Weg der deutschen Telekommunikation in den Wettbewerb, MMR Beilage 3/1999, 7; *Engel/Knieps* Die Vorschriften des Telekommunikationsgesetzes über den Zugang zu wesentlichen Leistungen, 1998; *Fuhr/Kerkhoff* Entbündelter Zugang – Vereinbarkeit mit der Eigentumsgarantie des Art 14 GG?, MMR 1998, 6; *Hefekäuser* Der gesetzliche Rahmen für Netzzugang und Netzzusammenschaltung, CR 1998, 110; *Kaufmann* Rechtsanspruch auf Zugang zu Mehrwertdiensten im Rahmen einer Netzzusammenschaltung mit dem marktbeherrschenden Netzbetreiber, CR 1998, 728; *Märkl* Netzzusammenschaltung in der Telekommunikation, 1998; *Nolte* Das Recht auf Netzzugang nach dem Telekommunikationsgesetz, BB 1996, 2629; *Riehmer* Konfliktlösung bei Netzzugang und Zusammenschaltung in der Telekommunikation, MMR 1998, 59; *M Röhl* Die Regulierung der Zusammenschaltung, Diss Dresden, 2001; *Spoerr* Zusammenschaltung und offener Netzzugang, MMR 2000, 674; *Weißhaar/König* Anspruch auf Netzzugang und -zusammenschaltung im Lichte des EU-Rechts, MMR 1998, 475.

### Inhaltsübersicht

|  |  | Rn |
|---|---|---|
| I. | Entstehungsgeschichte der Vorschrift und Systematik | 1–4 |
| II. | Gewährung von Netzzugang (Abs 1) | 5–35 |
|  | 1. Normadressaten | 6–12 |
|  | 2. Anspruchsberechtigter | 13–17 |
|  | 3. Anspruchsinhalt | 18–35 |
|  | a) Allgemeiner Netzzugang | 20–21 |
|  | b) Besonderer Netzzugang und Zusammenschaltung | 22–33 |
|  | c) Richtlinienkonforme Auslegung der Zusammenschaltung | 34–35 |
| III. | Netzzugangsvereinbarungen und Netzzugangsbeschränkungen (Abs 2) | 36–48 |
|  | 1. Anforderungen an die Vereinbarungen | 37–44 |
|  | 2. Vorlagepflichten und Veröffentlichung | 45–48 |
| IV. | Qualifikationsanforderungen des Nutzers bei besonderem Netzzugang (Abs 3) | 49–53 |
| V. | Konzernklausel (Abs 4) | 54–55 |
| VI. | Verordnungsermächtigung (Abs 5) | 56–65 |

Hans-Heinrich Trute

## I. Entstehungsgeschichte der Vorschrift und Systematik

Die Vorschrift des § 35 TKG nimmt **im Konzept des offenen Netzzugangs und der Zusammenschaltung** eine **zentrale Stellung** ein. Als Bestandteil der marktmacht-asymmetrischen Regulierung führt sie zu einer Verpflichtung der Betreiber von Telekommunikationsnetzen, die Telekommunikationsdienstleistungen für die Öffentlichkeit anbieten und einen solchen Markt beherrschen, allen Nutzern, also den Nachfragern nach Telekommunikationsdienstleistungen, Netzzugang zu gewähren. Umfasst sind damit nicht nur die Formen des besonderen Netzzugangs und der Zusammenschaltung, die es in einem liberalisierten Telekommunikationsmarkt neuen Netzbetreibern und Serviceanbietern ermöglichen sollen, von Anfang an von den positiven Netzwerkeffekten zu profitieren,[1] sondern auch der allgemeine Netzzugang. Schon dies erhellt, dass die Vorschrift **über wettbewerbliche Interessen hinaus** auch Elemente eines **Verbraucherschutzes** aufnimmt. Ihr Grundanliegen dürfte darin liegen, über die Aspekte asymmetrischer Regulierung hinaus allen Nutzern Zugang zu allen Diensten und anderen Nutzern zu ermöglichen, ein Anliegen, das in der ursprünglichen Fassung (Rn 2) noch deutlicher zum Ausdruck kam. Soweit die Norm Wettbewerber durch Eröffnung des Zugangs zu den Netzen des marktbeherrschenden Unternehmens schützt, besteht ein breiter Überschneidungsbereich mit § 33 TKG, ohne dass indessen der § 35, der hinsichtlich des personellen Anwendungsbereichs auf Seiten der Berechtigten deutlich weiter, hinsichtlich des Inhalts des gewährten Rechts freilich deutlich enger ist als § 33 TKG, als dessen Konkretisierung begriffen werden könnte, wie dies verbreitet in der Literatur angenommen wird (§ 33 Rn 4 ff). 1

Die Vorschrift ist aus den §§ 34, 35 TKGE hervorgegangen.[2] In der **ursprünglichen Konzeption** enthielten beide Vorschriften noch eine allgemeine **Zusammenschaltungspflicht für alle Anbieter öffentlicher Telekommunikationsnetze**, ungeachtet ihrer Marktstellung, deren Gewährung durch die Formen allgemeinen und besonderen Netzzugangs erfolgen sollte. Damit brachte das Gesetz das Anliegen zum Ausdruck, eine möglichst weitgehende Nutzung der Telekommunikationsnetze und -dienste zu ermöglichen. Allerdings waren die nicht marktbeherrschenden Anbieter von einer Entgeltregulierung ausgenommen.[3] Die Anforderungen an die Vereinbarungen, wie sie heute § 35 Abs 2 TKG nennt, waren in § 35 TKGE formuliert. Ersichtlich bezogen diese sich auf alle Formen des Netzzugangs. Die heutige Vorschrift entstand im Wesentlichen im Ausschuss für Post und Telekommunikation.[4] Sie orientierte sich am Netzzugang als Oberbegriff und sah besondere Anforderungen für diejenigen vor, die einen besonderen Netzzugang beanspruchen wollen. Auf Intervention des Bundesrates wurde zudem aus systematischen Gründen der Begriff des Anbieters durch den des Betreibers von Telekommunikationsnetzen ersetzt. 2

Soweit es um den **entbündelten Zugang zum Teilnehmeranschluss** geht, wird § 35 TKG überlagert durch die VO (EG) Nr 2887/2000 des Europäischen Parlaments und des Rates vom 18. 12. 2000 über den entbündelten Zugang zum Teilnehmeranschluss.[5] Dies gilt freilich nur für ihren Anwendungsbereich (§ 33 Rn 5). Insoweit geht die VO dem § 35 TKG – soweit er entgegenstehende Regelungen enthält – vor. Auch hinsichtlich der Kompetenzen der nationalen Regulierungsbehörde ergibt sich eine eigenständige Ermächtigungsgrundlage. Im Übrigen aber bleibt es bei den Regelungen der §§ 33 ff TKG. 3

In dem von der Kommission vorgeschlagenen **neuen Rechtsrahmen** (Einf II 2 b Rn 37 ff) wird ebenfalls eine **Verpflichtung zur Gewährung von Zugang und Zusammenschaltung** vorgesehen.[6] Diese wird allerdings an ein Marktanalyseverfahren geknüpft (Einf II 2 b Rn 41), das nach der Entscheidung der Kommission über für die Regulierung relevante Produkt- und Dienst- 4

---

1 Bock/Völcker CR 1998, 473, 474; Engel MMR, Beilage 3/1999, 7, 10.
2 BT-Drucks 13/3609, §§ 34, 35 TKGE und Begründung S 46 f.
3 BT-Drucks 13/3609, S 46 zu § 34 Abs 1 TKGE.
4 Beschlussempfehlung und Bericht des Ausschusses für Post und Telekommunikation BT-Drucks 13/4864.

5 ABl Nr L 336/4 v 30. 12. 2000.
6 Art 12 des Vorschlages für eine Richtlinie des Europäischen Parlaments und des Rates über den Zugang zu elektronischen Kommunikationsnetzen und zugehörigen Einrichtungen sowie deren Zusammenschaltung v 12. 7. 2000 KOM (2000) 384, ABl Nr C 365 E/215 v 19. 12. 2000 (E-RL Zugang und Zusammenschaltung).

märkte eine Marktanalyse der nationalen Regulierungsbehörden vorsieht.[7] Erst auf dieser Grundlage kann eine marktmacht-asymmetrische Regulierung vorgenommen werden und Verpflichtungen verändert, aufgehoben oder neu auferlegt werden, soweit dies erforderlich ist, um Wettbewerbsverzerrungen zu vermeiden.[8] In diesen Fällen können Betreiber mit beträchtlicher Marktmacht (§ 33 Rn 11 ff) verpflichtet werden, Zugang zu bestimmten Einrichtungen und zugehörigen Diensten zu gewähren und deren Nutzung zu gestatten, ua wenn die nationale Regulierungsbehörde der Auffassung ist, dass die Verweigerung des Zugangs die Entwicklung eines nachhaltig wettbewerbsorientierten Marktes auf der Endverbraucherebene behindert oder dem Interesse der Endnutzer zuwider laufen würde.[9] Die exemplarisch aufgeführten Verpflichtungen können mit Bedingungen in Bezug auf Fairness, Billigkeit, Rechtzeitigkeit, Transparenz und/oder Gleichbehandlung verknüpft werden. Die nationalen Regulierungsbehörden haben bei der Auferlegung von Verpflichtungen über die in Art 7 E-RL Gemeinsamer Rechtsrahmen genannten allgemeinen Ziele und Grundsätze der Regulierung hinaus eine Reihe von Faktoren zu berücksichtigen, wie etwa die technische und wirtschaftliche Tragfähigkeit der Nutzung oder Installation konkurrierender Einrichtungen angesichts der Marktentwicklung, die Möglichkeit der Gewährung des vorgeschlagenen Zugangs angesichts der verfügbaren Kapazität, die Anfangsinvestition des Eigentümers der Einrichtung unter Berücksichtigung der Investitionsrisiken, die Notwendigkeit zur langfristigen Sicherung des Wettbewerbs und gegebenenfalls gewerbliche Schutzrechte oder Rechte an geistigem Eigentum.[10]

## II. Gewährung von Netzzugang (Abs 1)

**5** Die Vorschrift des Abs 1 formuliert die Verpflichtung des Betreibers von Telekommunikationsnetzen für die Öffentlichkeit, der marktbeherrschend auf einem Markt für Telekommunikationsdienstleistungen ist, allen Nutzern den Zugang zu seinem Telekommunikationsnetz oder Teilen desselben zu gewähren.

### 1. Normadressaten

**6** Normadressat des § 35 TKG ist zumindest nach Abs 1 jeder **Betreiber eines Telekommunikationsnetzes**, der als Anbieter von Telekommunikationsdienstleistungen für die Öffentlichkeit auf diesem Markt über eine marktbeherrschende Stellung verfügt. § 35 Abs 1 TKG stellt daher auf zwei Voraussetzungen ab, um den Anspruchsverpflichteten zu bestimmen: Das **Betreiben eines Telekommunikationsnetzes** und die **Innehabung einer marktbeherrschenden Stellung**. Im Hinblick auf die Beschränkung der Verpflichtung auf Netzbetreiber ist die Vereinbarkeit mit der Richtlinie 97/33/EG, die in Art 3 Abs 2 und Art 4 Abs 2 die in Anhang I zur Richtlinie aufgeführten Organisationen, die Telekommunikationsdienste erbringen, mit umfasst, nicht zweifelsfrei.

**7** Auf Hinweis des Bundesrates wurde der an sich vorgesehene Begriff des Anbieters durch den Begriff des Betreibers ersetzt, da nach § 6 Abs 1 Nr 1 TKG Lizenzen nur für den Betrieb von Netzen vergeben werden. Das stimmt systematisch mit § 3 Nr 2, Nr 21 TKG überein, die das Betreiben von Telekommunikationsnetzen definieren als das Ausüben der rechtlichen und tatsächlichen Kontrolle (Funktionsherrschaft) über die Gesamtheit der Funktionen, die zur Erbringung von Telekommunikationsdienstleistungen oder nichtgewerblichen Telekommunikationszwecken über Telekommunikationsnetze unabdingbar zur Verfügung gestellt werden müssen. Maßgebend für den Begriff des Betreibers ist damit zunächst die rechtliche und tatsächliche Kontrolle, also die Funktionsherrschaft, und zwar – wie § 3 Nr 2 2. Hs TKG zeigt – unabhängig von einer etwaigen Eigentümerstellung (§ 3 Rn 23).

---

[7] Vgl Art 14 des Vorschlages für eine Richtlinie des Europäischen Parlaments und des Rates über einen gemeinsamen Rechtsrahmen für elektronische Kommunikationsnetze und -dienste v 12. 7. 2000 KOM (2000) 393 endg, ABl Nr C 365 E/198 v 19. 12. 2000 (E-RL Gemeinsamer Rechtsrahmen).

[8] Art 8 Abs 1 E-RL Zugang und Zusammenschaltung.
[9] Art 11 Abs 1 E-RL Zugang und Zusammenschaltung.
[10] Art 12 Abs 2 E-RL Zugang und Zusammenschaltung.

Hans-Heinrich Trute

Das zweite wesentliche Element ist der Begriff des Netzes, das in § 3 Nr 21 TKG als die Gesamtheit der technischen Einrichtungen (Übertragungswege, Vermittlungseinrichtungen und sonstige Einrichtungen, die zur Gewährleistungen eines ordnungsgemäßen Betriebes von Telekommunikationsnetzen unerläßlich sind), die zur Erbringung von Telekommunikationsdienstleistungen dient, umschrieben wird. Der Begriff des Telekommunikationsnetzes wird damit durch die **abstrakte Netzeigenschaft** ebenso wie durch ein **finales Element**, die Zweckbestimmung zur Erbringung von Telekommunikationsdienstleistungen gekennzeichnet (**§ 3 Rn 89 ff**). Grundlage für die Bestimmung des Netzbegriffs ist dabei der **Übertragungswegebegriff** (§ 3 Nr 22), der die Infrastrukturkomponente umschreibt, die mit Funktionsbestimmungen zusammen den Netzbegriff ausmacht. Von seiner Infrastrukturkomponente her ist der Netzbegriff weit und umfasst sowohl einzelne Übertragungswege mit Vermittlungseinrichtungen wie auch eine Gesamtheit, ohne dass die einzelnen Übertragungswege notwendig miteinander verbunden sein müssen. Darüber hinausgehend prägt die Funktionsbestimmung des Netzes, und damit die Art der Telekommunikationsdienstleistung, die über die Übertragungswege erbracht werden soll, die weiteren technischen Einrichtungen. Ist für die Sprachtelefondiensterbringung die Vermittlungsleistung konstitutiv, bedarf es der Auswahlmöglichkeit von mehr als zwei möglichen Endpunkten, also mehr als zwei Übertragungswegen und mindestens einer Vermittlungseinrichtung.[11] Auch wenn die Begriffsbestimmung des § 3 Nr 21 TKG auf Vermittlungseinrichtungen abstellt, reicht eine einzelne aus, da diese in der Praxis aus einer Vielzahl von Vermittlungsstellen bestehen. Sinn und Zweck dieses Netzbegriffes ist es, sicherzustellen, dass Netze nicht zu klein und ineffizient sind, da dies einen erheblichen Verkehrsverlust zur Folge hätte. Dazu reichen aber Mindestanforderungen aus, die die Netzstruktur nicht unnötig vorprägen.[12] Die gegen diesen Netzbegriff erhobenen Bedenken, die im Wesentlichen darauf abstellen, dass das TKG keine hinreichende Präzisierung des Netzbegriffs in diesem Sinne enthalte,[13] können nicht überzeugen. Zum einen sind in § 3 Nr 21 TKG die von der RegTP verwandten Elemente enthalten, so dass sich die Begriffsbestimmung der RegTP sehr wohl als Konkretisierung verstehen lässt. Sie trägt zudem der technischen Entwicklung Rechnung und ist für Veränderungen durchaus offen. Davon auszugehen, der Netzbegriff erfasse nur technische Konfigurationen, die selbstständig und unabhängig vom Netz des marktbeherrschenden Unternehmens sind und dem Betreiber ermöglichen, Telekommunikationsdienstleistungen als solche erst einmal zu erbringen,[14] reduzierte den Netzbegriff auf selbstständige und abgeschlossene Teilnehmernetze und trüge damit kaum dem Stand der technischen Entwicklung hinreichend Rechnung.

**Im Geltungsbereich der Teilnehmeranschluss-VO**[15], kommt es darauf an, dass es sich um einen Betreiber des öffentlichen Telefonfestnetzes handelt.[16] **9**

Vor diesem Hintergrund bilden **Verbindungslinien mit dem Ausland** kein Telekommunikationsnetz im Sinne des TKG, wenn der Auslandsverkehr unvermittelt in ein Telekommunikationsnetz übergeben werden soll.[17] Wird dagegen der internationale Verkehr am jeweils zielnächsten Ort der Zusammenschaltung übergeben, handelt es sich nicht mehr um eine unvermittelte Übergabe und damit auch um ein Telekommunikationsnetz, wenn die weiteren Voraussetzungen gegeben sind.[18] Auf das Betreiben eines **öffentlichen Telekommunikationsnetzes**, das zusätzlich den Anschluss von Endeinrichtungen über Abschlusseinrichtungen verlangt (§ 3 Nr 12 TKG), kommt es im Rahmen des § 35 Abs 1 S 1 TKG zur Bestimmung des Zusammenschaltungsverpflichteten nicht an. Die umstrittene Frage, ob auch Verbindungsnetzbetreiber dem § 3 Nr 12 TKG wegen der mittelbaren Verbindung mit Teilnehmeranschlüssen unterfallen – und daher Anspruchsberechtigte im Sinne von § 35 Abs 1 S 1 TKG sind, wie die Regulierungs- **10**

---

**11** RegTP, BK 4–98–011/Z 2.7.98; Mitteilung 73/1999, ABl RegTP 1999, 739, 758; Beck'scher TKG-Kommentar/*Schütz* § 3 Rn 24 ff; zweifelhaft insoweit *Dietz/Richter* CR 1998, 528, 530 f; der Internet Service Provider betreibt kaum ein Netz, sondern nutzt ein solches, um Telekommunikationsdienstleistungen zu erbringen.
**12** RegTP BK 4–98–011/Z 2.7.98; BK 4–98–015/Z 23.7.98.
**13** Vgl *Wieland/Enderle* MMR 1999, 379, 380 f.
**14** So offenbar *Wieland/Enderle* MMR 1999, 379, 380 f.
**15** VO (EG) Nr 2887/2000.
**16** Art 2 lit a VO (EG) Nr 2887/2000.
**17** RegTP BK 4–98–011/Z 2.7.98.
**18** RegTP BK 4d–98–020/Z 21.8.98; zur Kritik *Müller/Schuster* MMR 1999, 507, 511.

Hans-Heinrich Trute

behörde für Telekommunikation und Post zu Recht annimmt[19] – spielt insoweit keine Rolle. Verbindungsnetzbetreiber unterfallen als Anspruchsverpflichtete dem § 35 Abs 1 TKG.

**11** Weitere Voraussetzung ist die **marktbeherrschende Stellung** nach § 19 GWB **auf einem Markt für Telekommunikationsdienstleistungen für die Öffentlichkeit.** Der Markt wird über das gewerbliche Angebot von Telekommunikation für beliebige natürliche oder juristische Personen bestimmt, nicht allein für die Teilnehmer geschlossener Benutzergruppen (§ 3 Nr 19 TKG). Insoweit gilt hinsichtlich der Bestimmung der marktbeherrschenden Stellung das, was im Rahmen von § 33 Abs 1 TKG ausgeführt worden ist (§ 33 Rn 11 ff). Deutlicher noch als in § 33 TKG kann die marktbeherrschende Stellung europarechtlich nicht über eine vom Gesetz vordefinierte Vermutung eines Marktanteils von einem Drittel angenommen werden, wie dies durch den Verweis auf § 19 GWB nahegelegt wird. Die Zusammenschaltungsrichtlinie gewährt die Rechte schon bei einer beträchtlichen Markmacht,[20] die bei einem Marktanteil von 25 vH vermutet wird und der nationalen Regulierungsbehörde es im Übrigen überlässt, sowohl oberhalb wie unterhalb dieser Schwelle das Bestehen einer beträchtlichen Marktmacht im Einzelfall unter Berücksichtigung bestimmter Kriterien festzulegen.[21] Nichts anderes gilt nach Art 2 Abs 2 lit i für die Richtlinie 98/10/EG.[22] Allerdings zeigt sich in der europäischen Rechtsentwicklung im neuen Rechtsrahmen (Einf II 1 Rn 37 ff) eine Annäherung an die Kriterien für die Annahme einer marktbeherrschenden Stellung (§ 33 Rn 22). Der Vorschlag für eine Richtlinie über einen gemeinsamen Rechtsrahmen geht von beträchtlicher Marktmacht nur noch aus, wenn ein Unternehmen allein oder gemeinsam mit anderen eine wirtschaftlich starke Stellung einnimmt, die es ihm gestattet, sich in beträchtlichem Umfang unabhängig von Mitbewerbern, Kunden und letztlich Verbrauchern zu verhalten.[23] Im Rahmen der Teilnehmeranschluss-VO[24] wird allerdings die Verpflichtung gemeldeter Betreiber noch über die beträchtliche Marktmacht nach Maßgabe der Zusammenschaltungsrichtlinie[25] und der Universaldienstrichtlinie[26] bestimmt.[27]

**12** Im Rahmen des § 35 Abs 1 TKG kommt es nicht darauf an, dass der Markt, zu dem über das Netz Zugang verlangt wird, auch derjenige ist, auf dem der Betreiber des Telekommunikationsnetzes eine marktbeherrschende Stellung innehat. Anders als in § 33 Abs 1 TKG ist die Marktbeherrschung und Zugangsgewährung hinsichtlich der relevanten Märkte entkoppelt. Hier wird also – ungeachtet der konkreten oder potentiellen Wettbewerbssituation – eine **Verpflichtung** begründet, die allein denjenigen trifft, der auf einem Markt für Telekommunikationsdienstleistungen für die Öffentlichkeit über eine starke Marktstellung verfügt; diese besteht **nicht nur gegenüber Wettbewerbern, sondern jedem Nutzer.**

## 2. Anspruchsberechtigter

**13** Der Anspruchsberechtigte ist über den Begriff des Nutzers bestimmt, der in § 3 Nr 11 TKG nur als Nachfrager von Telekommunikationsdienstleistungen definiert wird (§ 3 Rn 53 ff). Damit verwendet § 35 Abs 1 TKG einen denkbar weiten Kreis von Berechtigten. Er ist nicht etwa auf Konkurrenten oder auch nur Telekommunikationsunternehmen oder Netzbetreiber beschränkt, sondern umfasst jedermann, der als Nachfrager nach Telekommunikationsdienstleistungen auftritt. Er wirkt damit auch zu Gunsten von reinen Diensteanbietern, etwa auch Internet Service Providern,[28] aber auch von Endverbrauchern. Dies stimmt überein mit dem Begriff der Nutzer im europäischen Sekundärrecht der Telekommunikation. Nutzer ist danach eine natürliche oder juristische Person, die öffentlich zugängliche elektronische Kommunikationsdienste/Telekommunikationsdienste in Anspruch nimmt; Verbraucher jede natürliche Person, die einen öffent-

---

**19** BK 4–98–011/Z 2.7.98; BK 4–98–015/Z 23.7.98.
**20** Vgl Art 4 Abs 3 UA 1 RL 97/33/EG.
**21** Vgl Art 4 Abs 3 UA 2 RL 97/33/EG.
**22** ABl Nr L 101/24 v 1.4.1998; vgl auch Art 2 Abs 3 Mietleitungsrichtlinie der Fassung der RL 97/51/EG v 6.10.1997 ABl Nr L 295/23 v 29.10.1997.
**23** Art 13 Abs 2 des Vorschlages für eine Richtlinie des Europäischen Parlaments und des Rates über einen gemeinsamen Rechtsrahmen für elektronische Kommunikationsnetze und -dienste vom 12.7.2000, KOM (2000) 393 endg, ABl Nr C 365 E/198 v 19.12.2000 (E-RL Gemeinsamer Rechtsrahmen).
**24** VO (EG) Nr 2887/2000.
**25** RL 97/33/EG.
**26** RL 98/10/EG.
**27** Vgl Art 2 lit a VO (EG) Nr 2887/2000.
**28** *Dietz/Richter* CR 1998, 528, 534.

lich zugänglichen elektronischen Kommunikationsdienst/Telekommunikationsdienst zu anderen als gewerblichen oder beruflichen Zwecken nutzt[29].

Mittlerweile hat sich freilich eine **Auseinandersetzung um die Anspruchsberechtigten** nicht zuletzt aufgrund der Versuche der DTAG ergeben, den Anspruch auf Zusammenschaltung insbesondere im Hinblick auf Verbindungsnetzbetreiber, City Carrier, Liniennetzbetreiber und sogenannte Reseller einzuschränken oder zu verweigern.[30] Dies hängt vor allem damit zusammen, dass die entsprechenden Nutzer nicht in gleichem Umfang in Infrastrukturen, also Netze investieren.[31] Insoweit stellt sich dann die Frage, ob sie als Netzbetreiber anzusehen sind und daher Zusammenschaltung im Sinne von § 35 Abs 1 Satz 3 TKG verlangen können, oder ob es sich bei ihrem Zugangsbegehren um einen besonderen Netzzugang im Sinne des § 35 Abs 1 Satz 2 TKG handelt. Diese Frage ist nicht unabhängig vom Verständnis der Zusammenschaltung im europäischen Gemeinschaftsrecht, insbesondere der Zusammenschaltungsrichtlinie 97/33/EG.[32] Insoweit handelt es sich um die Frage nach den Voraussetzungen der Zugangsform zum Netz des marktbeherrschenden Unternehmens; die betroffenen Wettbewerber sind im Rahmen des § 35 Abs 1 S 1 TKG vom Wortsinn her unstrittig Nachfrager nach Telekommunikationsdienstleistungen, in diesem Sinne also Nutzer. **14**

Umstritten ist ebenfalls die Frage, ob auch **Rundfunkveranstalter** Zugang zu den Telekommunikationsnetzen verlangen können. Gemeinschaftsrechtlich war der Rundfunk ursprünglich aus dem Anwendungsbereich der Liberalisierung ausgeschlossen. Sowohl RL 90/387/EWG wie auch RL 90/388/EWG schlossen den Rundfunk explizit aus ihrem Anwendungsbereich aus. Zwar wurde durch RL 95/51/EG die RL 90/388/EWG dahingehend geändert, dass auch Breitbandkabelnetze durch RL 90/388/EWG erfasst werden; Telekommunikationsdienste wurden nicht mehr unter Ausschluss von Rundfunk definiert, nicht zuletzt, um eine Öffnung der Infrastruktur für neue Dienste zu erreichen.[33] Freilich wurde die Einschränkung in RL 90/387/EGW auch in RL 97/51/EG beibehalten, was allgemein und zutreffend dahingehend verstanden wird, dass europarechtlich kein Zugangsrecht für Rundfunkbetreiber zum Breitbandkabelnetz besteht. Vor diesem Hintergrund wird verbreitet **§ 35 Abs 1 TKG einschränkend gelesen**, da er als Umsetzung gemeinschaftsrechtlicher Vorgaben verstanden wird.[34] Die inhaltsbezogene Öffentlichkeitspflege, die das Rundfunkrecht kennzeichne, unterfalle der Bundesgesetzgebungskompetenz zur Regelung der Telekommunikation (Art 73 Ziff 7 GG) nicht; zudem solle die Zusammenschaltung dem Zweck der any-to-any-Kommunikation dienen, die für die Baumstruktur des Breitbandkabelnetzes gar nicht passe. Die Breitbandkabelnetzbetreiber seien daher auch Anspruchsverpflichtete nur soweit, wie andere Dienste als Rundfunk betroffen seien.[35] Freilich können diese Überlegungen nicht darüber hinweg täuschen, dass nach dem Wortlaut ein Ausschluss von Zugangsansprüchen von Rundfunkveranstaltern gerade nicht vorgenommen worden ist, sofern man den Begriff der Telekommunikation nicht inhaltlich aufladen will.[36] Zu berücksichtigen ist auch, dass im Verfahren zum Erlaß des IuKDG vom Bundesrat der Vorschlag gemacht wurde, einen § 35a TKG einzufügen und darin einen Zugangsanspruch von Rundfunkveranstaltern zum Breitbandkabelnetz auch gegenüber nicht marktbeherrschenden Betreibern festzuschreiben.[37] Dieses wurde von der Bundesregierung unter Hinweis auf den ohnehin bestehenden Anspruch der Rundfunkveranstalter gegen marktbeherrschende Unternehmen nach § 35 Abs 1, 2 TKG abgelehnt. Mag der Bundesregierung auch keine verbindliche Interpretation des Gesetzes zustehen, so ist dies doch ein gewichtiges Indiz zum Verständnis **15**

---

**29** Vgl jüngst Art 2 lit f, g E-RL Gemeinsamer Rechtsrahmen; vgl zuvor schon Art 2 Abs 1 lit e RL 97/33/EG; Art 2 Abs 2 lit a, b RL 98/10/EG.
**30** Dazu *Weisshaar/König* MMR 1998, 475 ff; *Bock/Völcker* CR 1998, 473, 475.
**31** Dazu auch *Bock/Völcker* CR 1998, 473, 475.
**32** Vgl etwa *Weisshaar/König* MMR 1998, 475, 476 ff; *Wieland/Enderle* MMR 1999, 379, 380 ff.
**33** Vgl *Bullinger* ZUM 1997, 281, 288; ob damit der Begriff der Telekommunikationsdienste nach RL 90/388/EWG auch die Übertragung von Rundfunk über Breitbandkabelnetze erfasst, mag offenbleiben, vgl dazu *Wagner* Rechtsfragen des digitalen Kabelfernsehens, S 87.
**34** Vgl etwa *Bullinger* ZUM 1997, 281, 294 f.
**35** *Bullinger* ZUM 1997, 281, 288 f; iE auch *Bartosch* CR 1997, 517; *ders* CR 1997, 751.
**36** *Weisser/Münking* WuW 1998, 831; *König* Die Einführung des digitalen Fernsehens, S 194 f.
**37** Vgl BT-Drucks 13/7385 S 67 zu Art 7a § 35a TKG.

des Anwendungsbereichs des Gesetzes.[38] Auch in der Sache sind Gründe für eine einschränkende Interpretation nicht erkennbar. Der neue Rechtsrahmen (Einf II 2 b Rn 37 ff) stellt ohnehin auf einen weiteren Zugangsbegriff ab, der auch Netze für Hör- und Fernsehfunk sowie Kabelfernsehnetze umfasst.[39]

**16** Auch **corporate networks** können als Nutzer Netzzugang verlangen[40]. Soweit Leistungen nachgefragt werden, um wiederum gewerblich Telekommunikationsdienstleistungen anzubieten, können diese auch einen besonderen Netzzugang verlangen (Rn 22 ff).

**17** Allerdings bestehen für **besondere Netzzugänge**, dh für sämtliche Anschlüsse, die nicht für alle Nutzer bereitgestellt werden, besondere Voraussetzungen für die Nutzer (Rn 22 ff).

### 3. Anspruchsinhalt

**18** Der **Anspruchsinhalt** wird von § 35 Abs 1 Satz 1 TKG zunächst allgemein dahingehend umschrieben, dass der Nutzer **Zugang zum Telekommunikationsnetz des Betreibers oder zu Teilen desselben** verlangen kann. Der Begriff des Zugangs ist allgemein in § 3 Nr 9 TKG als physische und logische Verbindung von Endeinrichtungen und sonstigen Einrichtungen mit einem Telekommunikationsnetz oder Teilen desselben sowie die physische und logische Verbindung eines Telekommunikationsnetzes mit einem anderen Telekommunikationsnetz oder Teilen desselben zum Zwecke des Zugriffs auf Funktionen des Telekommunikationsnetzes oder auf die darüber erbrachten Telekommunikationsdienstleistungen definiert (§ 3 Rn 46 ff). Erforderlich ist also stets die **physische und logische Verbindung** von Endeinrichtungen oder sonstigen Einrichtungen mit Telekommunikationsnetzen oder Telekommunikationsnetzen untereinander sowie die **finale Komponente des Zugriffs auf Funktionen** des Netzes oder auf die darüber erbrachten Telekommunikationsdienstleistungen. Verlangt ist die physische und logische Verbindung.[41] Dies allein ist jedoch nicht ausreichend. Vielmehr wird zugleich ein umfassender Zugang zu den Leistungen des Netzes eröffnet. Dafür spricht nicht zuletzt der § 3 Nr 9 TKG, der über die physisch-logische Verbindung hinaus diese gerade zum Zwecke des Zugriffs auf die Funktionen des Netzes einräumt. Darin liegt nicht zuletzt der Sinn eines Zugangs zu einem anderen Netz.[42] Vorausgesetzt ist im Übrigen der Netzbegriff, so wie er oben näher expliziert worden ist (Rn 8). Der Netzzugang wird auf den **allgemeinen Netzzugang**, den **besonderen Netzzugang** und die **Zusammenschaltung** als Zugangsformen aufgefächert.

**19** Die Begrifflichkeit ist mit der sich allmählich abzeichnenden Begriffsklärung im europäischen Sekundärrecht der Telekommunikation nicht zureichend abgestimmt. Erscheint nach dem deutschen Recht der Begriff des Zugangs als Oberbegriff, dem die Zusammenschaltung ohne weiteres unterfällt (§ 3 Rn 47), differenziert das europäische Recht deutlicher, freilich nicht ohne auch hier zu Auslegungsschwierigkeiten zu führen. Im Gemeinschaftsrecht bedeutet grundsätzlich „Zugang" ein allgemeines Konzept zur Beschreibung aller Arten von Zugängen zu öffentlich verfügbaren Netzen und Diensten.[43] Zusammenschaltung ist demgegenüber die physische und logische Verbindung von Netzen.[44] Im neuen Rechtsrahmen (Einf II 2 b Rn 37 ff) wird der Begriff des Zugangs auf die ausschließliche oder nichtausschließliche Bereitstellung von Einrichtungen und/oder Diensten für ein anderes Unternehmen zur Erbringung von elektronischen Kommunikationsdiensten verstanden und umfasst eine ganze Reihe bisher eher verstreut behandelter, möglicherweise aber strukturell vergleichbarer Fälle.[45] Dazu gehören etwa der Zugang zu Netz-

---

38  Vgl BT-Drucks 13/7385 S 74 f.
39  Vgl Art 2 lit a E-RL Gemeinsamer Rechtsrahmen.
40  *Schröder* WuW 1999, 23.
41  AA Beck'scher TKG-Kommentar/*Piepenbrock* § 35 Rn 6.
42  Vgl auch RegTP BK 4e-98–008/E 23. 6. 98 MMR 1999, 114, 117.
43  Europäische Kommission, Entwicklung neuer Rahmenbedingungen für elektronische Kommunikationsinfrastrukturen und zugehöriger Dienste. Kommunikationsbericht 1999, KOM (1999) 539 endg

S 30; vgl auch *M. Röhl* Die Regulierung, Teil II Kap 12 I.
44  Vgl Art 2 Abs 1 lit a Zusammenschaltungsrichtlinie; Kommunikationsbericht 1999, S 30.
45  Vgl Art 2 lit a des Vorschlages für eine Richtlinie des Europäischen Parlaments und des Rates über den Zugang zu elektronischen Kommunikationsnetzen und zugehörigen Einrichtungen sowie deren Zusammenschaltung, v 12. 7. 2000. KOM (2000) 384 endg, ABl Nr C 365 E/215 v 19. 12. 2000.

komponenten und zugehörigen Einrichtungen und Diensten, der Zugang zu physischen Infrastrukturen wie etwa Gebäuden, Leitungen und Masten, der Zugang zu Softwaresystemen, der Zugang zur Nummernumsetzung oder zu Systemen, die eine gleichwertige Funktion bieten, der Zugang zu Mobilfunknetzen sowie zu Zugangsberechtigungssystemen für das Digitalfernsehen. Zusammenschaltung ist demgegenüber weiterhin ein Sonderfall des Zugangs, der zwischen Betreibern öffentlicher Netze hergestellt wird. Hier geht es also allein um die Herstellung der physischen und logischen Verbindung zwischen Netzen, auch wenn dies dazu dient, den eigenen Nutzern den Zugang zu anderen Diensten oder Nutzern zu ermöglichen. Letzteres ist nichts anderes, als das von der Zusammenschaltung verfolgte Ziel. Nicht aber lässt sich von Zusammenschaltung sprechen, wenn ein Diensteanbieter „Zugang" zu einem Netz begehrt. Nicht der Zusammenschaltung unterfällt ebenfalls der Endnutzer. Jedenfalls aber gilt es hinsichtlich etwaiger Umsetzungsdefizite, die Verwendung der Begriffe in der jeweiligen Richtlinie und im jeweiligen Kontext genau zu prüfen.

### a) Allgemeiner Netzzugang

Der **allgemeine Netzzugang** ist dadurch gekennzeichnet, dass er den Zugang zum Netz für alle Nutzer eröffnet. Der Telefonanschluss ist der wichtigste Anwendungsfall des allgemeinen Netzzugangs, reine Inhaltsdienste wären eine andere Form. Darin erweist sich, dass die Vorschrift des § 35 Abs 1 TKG nicht allein der Sicherstellung des chancengleichen und funktionsfähigen Wettbewerbs dient, sondern zugleich der Wahrung der Interessen der Nutzer (§ 2 Abs 2 Nr 1 TKG) und der Sicherstellung einer flächendeckenden Grundversorgung (§ 2 Abs 2 Nr 3 TKG). **20**

Bisher **nicht zureichend umgesetzt** ist Art 5 der RL 98/10/EG[46], der von den Mitgliedsstaaten verlangt sicherzustellen, dass jedem vertretbaren Antrag auf Anschluss an das feste öffentliche Telefonnetz an einem bestimmten Standort und auf Zugang zu festen öffentlichen Telefondiensten durch mindestens einen Betreiber stattgegeben wird. § 35 Abs 1 Satz 2 TKG deckt dies schon deshalb nicht ab, weil Verpflichtete nur marktbeherrschende Unternehmen sind und auf diese Weise nicht normativ gesichert ist, dass der allgemeine Zugang an dem betroffenen Standort auch gewährleistet werden wird. Allerdings wird **strukturell** über die Universaldienstverpflichtung der §§ 17 ff TKG (§ 17 Rn 6) eine bestimmte Qualität und ein Zugang für alle Nutzer unabhängig von ihrem Wohn- oder Geschäftsort gesichert (§ 17 Abs 1 S 1 TKG). Dies ist freilich eine strukturelle Gewährleistung, nicht ein Zugangsrecht jedes Nutzers. **21**

### b) Besonderer Netzzugang und Zusammenschaltung

Ein **besonderer Netzzugang** – vom Gesetz „besonderer Anschluss" genannt – ist über die allgemeine Zugangsanforderung hinaus durch eine Beschränkung des Nutzerkreises definiert, der nachfragt, um Telekommunikationsdienstleistungen anzubieten (§ 1 Abs 2 NZV). Die Netzzugangsverordnung verwendet also einen eher unspezifischen Begriff des besonderen Netzzugangs, dem sowohl Anbieter von Telekommunikationsdienstleistungen wie Betreiber von Telekommunikationsnetzen, die nachfragen, um Telekommunikationsdienstleistungen anzubieten, unterfallen. Die Zusammenschaltung, von § 3 Nr 24 TKG als Verbindung von Telekommunikationsnetzen zur Ermöglichung von Kommunikation der Nutzer definiert, ist dann als Unterfall dieses besonderen Netzzuganges zu verstehen. Die Definition erfasst den besonderen Netzzugang also nicht unter technischen oder leistungsbezogenen Aspekten, sondern über die Beschränkung des Nutzerkreises und die Zweckrichtung der Nachfrage.[47] Dafür spricht nicht zuletzt § 35 Abs 3 TKG, der für den besonderen Netzzugang auf das Vorliegen der telekommunikationsrechtlichen personenbezogenen Lizenzvoraussetzungen verweist. Es wird also ein qualifizierter Umgang mit dem Netz verlangt, der dann besondere Vorkehrungen erforderlich macht. Freilich bedeutet dies keine Beschränkung der Nachfrage eines besonderen Netzzugangs **22**

---

[46] Vom 26. 2. 1998 über die Anwendung des offenen Netzzugangs beim Sprachtelefondienst und dem Universaldienst im Telekommunikationsbereich in einem wettbewerbsorientierten Umfeld, ABl Nr L 101/24 v 1. 4. 1998.

[47] Beck'scher TKG-Kommentar/*Piepenbrock* § 35 Rn 16.

auf Netzbetreiber; vielmehr können auch Diensteanbieter diesen verlangen.[48] In diesem Sinne können auch sogenannte Reseller, wenn sie kein eigenes öffentliches Netz betreiben, einen besonderen Netzzugang verlangen, nicht aber eine Zusammenschaltung.[49] Bedeutsam ist dies nicht zuletzt für die Frage, ob **Roaming** eine Form des besonderen Netzzugangs ist.[50]

23  Das dürfte im Übrigen jedenfalls insoweit europarechtlich vorgegeben sein, wie es um den Zugang zu festen öffentlichen Telefonnetzen geht. Nach Art 16 RL 98/10/EG haben die nationalen Regulierungsbehörden sicherzustellen, dass Organisationen mit beträchtlicher Marktmacht bei der Bereitstellung öffentlicher Telefonnetze plausible Anträge von Organisationen, die Telekommunikationsdienste bereitstellen, auf Zugang zum festen öffentlichen Telefonnetz an anderen als den in Anhang II Teil 1 der RL 98/10/EG aufgeführten, üblichen Netzabschlusspunkten bearbeiten.[51] Dies hat im Übrigen Auswirkungen auf die den um einen Sonderzugang nachfragenden Organisationen zustehenden Rechte.

24  Die von der Begrifflichkeit des TKG und der NZV eher erschwerte Differenzierung von besonderem Netzzugang und Zusammenschaltung als ihrem Unterfall ist systematisch bedeutsam insofern, als die mit der jeweiligen Zugangsform verbundenen Rechte und Folgen je unterschiedlich sind. So kann eine Anordnung nach § 37 TKG nur für die Zusammenschaltungen ergehen. Die Erstreckung der Entgeltregulierung für die Zusammenschaltung auf möglichst viele Kategorien des besonderen Netzzugangs ist für die betroffenen Nachfrager regelmäßig günstiger. Von daher erklärt sich, dass der Streit um einbezogene Nutzer (Rn 13 ff) sich vor allem anhand der Zusammenschaltung (Rn 27 ff) und ihrer Merkmale zeigt.

25  Die **Teilnehmeranschluss-VO**[52] gewährt den Begünstigten[53] gegenüber einem gemeldeten Betreiber für jeden angemessenen Antrag einen Anspruch auf entbündelten Zugang zu den Teilnehmeranschlüssen und zugehörigen Einrichtungen.[54] Angemessen ist danach jeder Antrag, für den der Zugang erforderlich ist, damit der Begünstigte Dienste bereitstellen kann, soweit der Wettbewerb in diesem Sektor bei einer Ablehnung des Antrages behindert, beschränkt oder verzerrt würde.[55] Anders als im Rahmen des § 35 Abs 1 TKG wird nach der Teilnehmeranschluss-VO der Anspruch also schon auf der Tatbestandsseite über das Angemessenheitskriterium begrenzt. Indes ist die Erforderlichkeit der Bereitstellung von Diensten aus der Perspektive des Anbieters von Diensten und Nachfragers nach Zugang zu beurteilen, dessen Geschäftskonzept nicht so objektiviert werden kann und darf, das ihm damit erhebliche Marktzutrittshindernisse aufgebaut werden. Dies widerspricht schon dem Ziel der Verordnung, den Wettbewerb zu intensivieren und technologische Innovationen zu fördern.[56]

26  Der **besondere Netzzugang** soll – folgt man der RegTP[57] und dem OVG Münster[58] – auch den Zugang zu den entbündelten Teilnehmeranschlussleitungen (§ 35 Abs 1 TKG iVm § 1 Abs 2 NZV) umfassen. Allerdings ist der Netzzugang in § 3 Nr 9 TKG als **physische und logische Verbindung** von Endeinrichtungen oder sonstigen Einrichtungen mit einem TK-Netz oder Teilen desselben definiert. Mit dem Zugriff auf den „blanken Draht" wird aber gerade keine

---

48  Zu Recht Beck'scher TKG-Kommentar/*Piepenbrock* § 35 Rn 14.
49  Vgl *Weisshaar/König* MMR 1998, 475; auf der Grundlage eines anderen Netzbegriffs auch *Wieland/Enderle* MMR 1999, 379, 380.
50  RegTP, Beschl v 18. 2. 2000 – BK 1b-98/005–1, S 42 f; *Spoerr* MMR 2000, 674, 679.
51  Anders als nach Art 4 Abs 1 Zusammenschaltungsrichtlinie bedarf es insoweit nur der Bearbeitung, nicht der Stattgabe. Allerdings ergeben sich auch für die um einen besonderen Netzzugang nachsuchenden Organisationen, die Telekommunikationsdienstleistungen anbieten wollen, aus Art 16 Abs 7 Sprachtelefondienstrichtlinie Ansprüche auf diskriminierungsfreien Zugang zum Netz, der den gleichen Konditionen entsprechen muss, die die marktbeherrschende Organisation sich einräumt.

52  VO (EG) Nr 2887/2000.
53  Begünstigter im Sinne der Teilnehmeranschluss-VO ist derjenige, der gemäß der Zusammenschaltungsrichtlinie ordnungsgemäß zugelassen ist oder durch einzelstaatliche Rechtsakte berechtigt ist, Kommunikationsdienste bereitzustellen und Anspruch auf entbündelten Zugang hat; Art 2 lit b VO EG Nr 2887/2000.
54  Art 3 Abs 2 S 1 VO EG Nr 2887/2000.
55  Vgl Erwägungsgrund 7 VO EG Nr 2887/2000.
56  Art 1 Abs 1 VO EG Nr 2887/2000.
57  RegTP, Beschl v 4. 2. 1999 – BK-4e 98–024/E 21. 9. 98.
58  OVG Münster Beschl v 7. 2. 2000 – 13-A-180/99 –, CR 2000, 369, 372 f.

Hans-Heinrich Trute

§ 35 Gewährung von Netzzugang

logische Verbindung hergestellt. Gleichwohl soll über den Teilnehmeranschluss der Zugang zur vollen Funktion und Kapazität der Teilnehmeranschlussleitung hergestellt werden und dies ausreichen.[59] Das ist nicht frei von Zweifeln.[60] Dieser Zugang ist nach Maßgabe des § 2 NZV entbündelt zu gewähren. Gleiches ergibt sich freilich aus der Teilnehmeranschluss-VO. Auch hier ist der Anspruch auf entbündelten Teilnehmeranschluss gerichtet, der den vollständig entbündelten wie den gemeinsamen Zugang umfasst.[61] Ein **vollständig entbündelter Zugang** umfasst danach die Bereitstellung in der Weise, dass dem Begünstigten die Nutzung des gesamten Frequenzspektrums ermöglicht wird.[62] Ein **gemeinsamer Zugang** erfolgt in der Weise, dass dem Begünstigten die Nutzung des nicht für sprachgebundene Dienste genutzten Frequenzspektrums der Doppelader-Metallleitung ermöglicht wird, der Anbieter weiterhin den Teil nutzt, der der Erbringung von Sprachtelefondiensten dient.[63] Mit dem Anspruch aus der Teilnehmeranschluss-VO verliert der Streit im Rahmen des § 35 Abs 1 TKG an Bedeutung.

Die dritte Form des Netzzugangs ist die **Zusammenschaltung** (§ 35 Abs 1 Satz 3 TKG). Sie ist in § 3 Nr 24 TKG definiert als physische und logische Verbindung von Telekommunikationsnetzen, um Nutzern, die an verschiedenen Telekommunikationsnetzen angeschaltet sind, die mittelbare oder unmittelbare Kommunikation zu ermöglichen. Insoweit ist die Definition spezieller gegenüber derjenigen des allgemeinen Netzzugangs, wie er in § 3 Nr 9 TKG definiert ist. Die Telekommunikationsnetze müssen tatsächlich verbunden werden (physische Verbindung) und diese Verbindung muss so erfolgen, dass Nachrichten oder Daten zwischen den verbundenen Telekommunikationsnetzen ausgetauscht werden können (logische Verbindung). Die logische Verbindung ist nur zwischen zwei Vermittlungsstellen möglich. Denn nur dort kann jeweils der ankommende Fremdverkehr aus den zusammengeschalteten Netzen erkannt und als solcher behandelt werden, etwa im Hinblick auf Routinginformationen oder die zur Tarifierung nötigen Daten. Die tatsächliche Verbindung zwischen den Verbindungsstellen der Netze erfolgt, um die logische Verbindung herzustellen. Die logische Verbindung erfolgt daher immer an zwei Orten, die tatsächliche an einem, dem Übergabepunkt.[64]

**27**

Die Zusammenschaltung umfasst in dieser Hinsicht alle Leistungen, die dem Zweck der Zusammenschaltung dienen und mindestens im Interesse eines der Zusammenschaltungspartner liegen.[65] Das Merkmal des „Dienens" wird freilich in der Regulierungspraxis eher eng verstanden. Die Zusammenschaltung umfasst begleitende Leistungen, soweit sie mit der Zusammenschaltung in einem engen Zusammenhang stehen, erforderlich sind[66] und im Wesentlichen einen technischen Bezug aufweisen. Nach der Regulierungspraxis sollen daher Fakturierung und Inkasso nicht dazugehören.[67] Der **neue Rechtsrahmen**, wie er von der Kommission vorgeschlagen worden ist (Einf II 2 b Rn 37 ff) geht insoweit deutlich darüber hinaus, als er nicht nur den Zugang zu bestimmten Netzkomponenten, die Verpflichtung zum Wiederverkauf bestimmter Dienste, die Verpflichtung, offenen Zugang zu technischen Schnittstellen, Protokollen oder anderen Schlüsseltechnologien zu gewähren, die für die Interoperabilität von Diensten unverzichtbar sind, Kollokation und andere Formen der gemeinsamen Nutzung von Einrichtungen wie Gebäuden, Leitungen und Masten, die Verpflichtung, für bestimmte, für die Interoperabilität durchgehender Nutzerdienste notwendige Voraussetzungen zu schaffen, einschließlich der Bereitstellung von Einrichtungen für intelligente Netzdienste oder Roaming in Mobilfunknetzen, die Verpflichtung, Zugang zu Systemen für die Betriebsunterstützung oä Softwaresystemen zu gewähren sowie die Verpflichtung zur Zusammenschaltung von Netzen und Netzeinrichtungen umfasst.[68]

**28**

Insoweit ist gegenüber den Verpflichteten/Berechtigten eines besonderen Netzzugangs nach § 35 Abs 1 S 2 TKG der **Kreis der Verpflichteten/Berechtigten** eingeengt, als der Betreiber nach S 1

**29**

[59] OVG Münster Beschl v 7. 2. 2000 – 13 a 180/99 – CR 2000, 369, 372 f.
[60] Zu Recht *Spoerr* MMR 2000, 674, 679.
[61] Art 2 lit e, Art 3 Abs 2 S 1 VO (EG) Nr 2887/2000.
[62] Art 2 lit f VO (EG) Nr 2887/2000.
[63] Art 2 lit g VO (EG) Nr 2887/2000.
[64] BK 4–98–040/Z 10. 11. 98.
[65] Dazu und zum Folgenden *Spoerr* MMR 2000, 674, 678.
[66] RegTP MMR 2000, 383, RegTP, Beschl v 29. 12. 1999, BK 4e-99–050/E 29. 10. 98.
[67] RegTP, Tätigkeitsbericht 1998/1999 S 56.
[68] Vgl Art 12 Abs 1 UA 2 E-RL Zugang und Zusammenschaltung (Fn 5).

Hans-Heinrich Trute

eine Zusammenschaltung mit **öffentlichen** Telekommunikationsnetzen anderer Betreiber gewähren muss. Entscheidend kommt es für eine Zusammenschaltung also darauf an, dass bei beiden Zusammenschaltungspartnern ein öffentliches Telekommunikationsnetz zusammengeschaltet werden soll. Öffentliche Telekommunikationsnetze sind nach § 3 Nr 12 TKG nur diejenigen Telekommunikationsnetze, an die über Abschlusseinrichtungen Endeinrichtungen angeschlossen werden und die zur Erbringung von Telekommunikationsdienstleistungen für die Öffentlichkeit dienen. Dies entspricht im Übrigen den Zielen der Zusammenschaltungsrichtlinie RL 97/33/EG, die den ordnungspolitischen Rahmen ausdrücklich auf Netze für die kommerzielle Bereitstellung von Telekommunikationsdienstleistungen für die Öffentlichkeit beschränkt.[69] Öffentlich ist ein Telekommunikationsnetz im Sinne von § 3 Nr 12 TKG, wenn es Telekommunikationsdienstleistungen für die Öffentlichkeit, also nicht für geschlossene Nutzergruppen erbringen soll.[70] **Corporate networks** sind daher nicht einbezogen. Sie erbringen keine Telekommunikationsdienstleistungen für die Öffentlichkeit.[71]

**30** Insoweit stellt sich aber die oben (Rn 13 f) schon aufgeworfene Frage nach der **Einbeziehung der Verbindungsnetzbetreiber**. Für sie ist gerade kennzeichnend, dass sie keinen unmittelbaren Anschluss von Endeinrichtungen haben, sondern nur vermittels anderer Netze, der Teilnehmernetze. Sie sind gerade zur Verwirklichung der Regulierungsziele auf Nutzerverbindungen angewiesen. Als Problem erweist sich, dass nach § 3 Nr 12 TKG erforderlich ist, dass über Abschlusseinrichtungen Endeinrichtungen angeschlossen werden und das Netz zur Erbringung von Telekommunikationsdienstleistungen für die Öffentlichkeit dienen soll. Stellt § 3 Nr 24 TKG für die Zusammenschaltung auf die Ermöglichung mittelbarer oder unmittelbarer Kommunikation ab, scheint mit § 3 Nr 12 TKG eine gewisse Einengung verbunden zu sein, die die Einbeziehung der Verbindungsnetzbetreiber in Frage gestellt hat. Zu Recht geht die Regulierungsbehörde davon aus, dass die Anforderungen des § 3 Nr 12 TKG – der Anschluss von Endeinrichtungen über Abschlusseinrichtungen – auch erfüllt ist, wenn dieser Anschluss mittelbar über ein anderes Telekommunikationsnetz erfolgt.[72] Der Wortlaut lässt dieses Verständnis zu; insoweit findet sich keine Differenzierung von mittelbarem und unmittelbarem Anschluss.[73] Dafür mag auch der Hinweis auf § 3 Nr 3 TKG sprechen, wonach Endeinrichtungen Einrichtungen sind, die unmittelbar an die Abschlusseinrichtungen eines Telekommunikationsnetzes angeschlossen werden sollen oder die mittelbar mit einem Telekommunikationsnetz zusammenarbeiten und dabei unmittelbar oder mittelbar an die Abschlusseinrichtung eines TK-Netzes angeschlossen werden sollen.[74] Jedenfalls aber dürften allemal teleologische Gründe für die Einbeziehung der Verbindungsnetze sprechen.[75] Ohne diese Einbeziehung könnte im Übrigen das Recht der Nutzer zur freien Wahl der Verbindungsnetzbetreiber, das von den Netzbetreibern sicherzustellen ist (vgl § 43 Abs 6 TKG), nicht gewährleistet werden.[76]

**31** Zusammenschaltungsberechtigt sind **City-Netzbetreiber** und die Inhaber von **Linien- und Gebietslizenzen**. Die räumliche oder funktionale Begrenzung der Lizenz reicht nicht aus, um einen Zusammenschaltungsausschluss vorzunehmen. Vielmehr soll die Zusammenschaltung auch und gerade dazu dienen, die Reichweite der jeweiligen Netze zu vergrößern. Im Übrigen wäre eine regional begrenzte Lizenz ohne rechten wirtschaftlichen Wert, wenn die Inhaber ihren Kunden nur regional begrenzt Telekommunikationsdienstleistungen anbieten könnten.[77] Dies hätte konsequent auch für Liniennetzbetreiber zu gelten, ohne die Zuführungspflicht auf die Gespräche zu begrenzen, die aus den Endorten der Linienlizenz herrühren.[78] Eher zweifelhaft erscheint auch die weitere **Eingrenzung des Verbindungsnetzbetreibers**, die sich aus dem Netzbegriff (Rn 8) ergeben soll. Folgt man der Regulierungsbehörde, soll es erforderlich sein,

---

[69] Erwägungsgrund 4 RL 97/33/EG.
[70] RegTP, Mitteilung 73/1999, ABl RegTP 1999, 739, 758.
[71] Vgl auch Erwägungsgrund 4 RL 97/33/EG.
[72] RegTP, Mitteilung 3/1999 ABl RegTP 1999, 739, 758; krit *Wieland/Enderle* MMR 1999, 379, 381.
[73] Zu Recht *Müller/Schuster* MMR 1999, 507, 509.
[74] Dazu RegTP BK 4–98–011/Z 2.7.98; vgl auch schon BK 4–98–006/Z 10.6.98.
[75] Vgl auch RegTP 4d-98–020/Z 21.8.98.
[76] Vgl auch Beck'scher TKG-Kommentar/*Piepenbrock* § 35 Rn 16.
[77] RegTP, BK 4 v 19.8.1998, ABl 17/98 S 1973 f; nur im Ergebnis zustimmend *Müller/Schuster* MMR 1999, 507, 510.
[78] Eingeschränkt aber RegTP BK 4 v 28.9.1998, ABl 20/98, S 2592; zur Kritik *Müller/Schuster* MMR 1999, 507, 510.

dass die für die Bejahung des Netzbegriffs nötigen drei Übertragungslinien auch drei Ortsnetze miteinander verbinden.[79] Dies führt zum Ausschluss von **City-Carriern** aus dem Begriff der Verbindungsnetzbetreiber, wenn sie sich nicht neben dem Ortsnetz, in dem sie Telekommunikationsnetzbetreiber und als solche zusammenschaltungsberechtigt sind, weitere Ortsnetze anschließen.[80]

Als geklärt kann mittlerweile gelten, dass auch die gleichzeitige Zuführung und Terminierung an einem Ort der Zusammenschaltung verlangt werden kann, wenn der Ort der Zusammenschaltung innerhalb des öffentlichen Telekommunikationsnetzes des Zusammenschaltungspartners liegt („**Rein-Raus-Verkehr**")[81]. Erforderlich ist auch hier nur, dass das Netz drei Übertragungswege und einen Vermittlungsknoten aufweist. Im Übrigen aber ist es ausreichend, dass mit der Zusammenschaltung unterschiedlicher Netze die mittelbare oder unmittelbare Kommunikation ermöglicht wird (§ 3 Nr 24 TKG). Ein Ort der Zusammenschaltung, der innerhalb des öffentlichen Telekommunikationsnetzes eines Wettbewerbers liegt, verliert seine Eigenschaft nicht dadurch, dass einige Verbindungen zwischen den beteiligten Netzen nur über den Ort der Zusammenschaltung abgewickelt werden, während andere Verbindungen diesen Ort der Zusammenschaltung nur entweder für die Zuführung oder nur für die Terminierung nutzen.[82] **32**

Die frühere Auffassung der Regulierungsbehörde, wonach derjenige keine Zusammenschaltungsleistung erbringt, der sowohl die Zuführung wie Terminierung durch den Zusammenschaltungsverpflichteten am selben Ort der Zusammenschaltung erbringen lässt, weil dann die Zusammenschaltung nicht der Verbindung verschiedener Teilnehmernetze diene,[83] ist zu Recht aufgegeben worden.[84] **33**

c) Richtlinienkonforme Auslegung der Zusammenschaltung

Es besteht grundsätzlich **kein Anlaß für eine richtlinienkonforme Interpretation des Zusammenschaltungsbegriffs**, soweit diese auf die Zusammenschaltungsrichtlinie gestützt wird.[85] Der Zusammenschaltungsbegriff der Zusammenschaltungsrichtlinie RL 97/33/EG dürfte dem nationalen, ebenfalls auf Netze beschränkten Begriff weitgehend entsprechen.[86] Allerdings ist nicht zu übersehen, dass der Zusammenschaltungsbegriff der Wettbewerbsrichtlinie RL 90/388/ EWG idF der RL 96/19/EG[87] in Art 1 Abs 1 Nr 17 die Zusammenschaltung definiert als physische und logische Verbindung von Telekommunikationseinrichtungen von Organisationen, die Telekommunikationsnetze und/oder Telekommunikationsdienste bereitstellen bzw erbringen. Die Zusammenschaltung ermöglicht Benutzern einer Organisation die Kommunikation mit Benutzern derselben oder einer anderen Organisation oder den Zugang zu Diensten derselben Organisation oder einer dritten Organisation. Das wird teilweise so gelesen, als sei Netzzugang auch zu gewähren für Organisationen, die nicht selbst Netzbetreiber sind, sondern lediglich Telekommunikationsdienste bereitstellen.[88] Angesichts der oben (Rn 19) herausgestellten Begrifflichkeit ist dies freilich wenig naheliegend. Denn auch insoweit kommt es auf die physische und logische Verbindung von Netzen an, im Übrigen wird nur der Effekt, vielleicht das Ziel näher umschrieben. Der Netzzugang von Organisationen, die nicht selbst Netzbetreiber sind, wird im Übrigen schon durch den Anspruch auf besonderen Netzzugang umgesetzt, zumal unter Berücksichtigung der durch Art 16 RL 98/10/EG gewährten Rechte (Rn 23), so dass auch insoweit von einer erweiternden richtlinienkonformen Interpretation abgesehen werden kann. Allerdings **34**

---

79 Vgl RegTP BK 4–99–007/Z 23. 2. 99 MMR 1999, 429, 430.
80 Zur Kritik *Müller/Schuster* MMR 1999, 507, 511.
81 RegTP BK 4c-99–098/Z 25. 2. 99 MMR 1999, 430, 432 f.
82 RegTP BK 4c-99–008/Z 25. 2. 99 MMR 1999, 430, 433.
83 Vgl RegTP BK 4–98–06/Z 10. 6. 98; BK 4–98–011/Z 02. 7. 98; BK 4–98–015/Z 23. 7. 98.
84 Vgl RegTP BK 4c-99–008/Z 25. 2. 99, MMR 1999, 430, 433; BK 4d-99–024/Z 31. 5. 99 MMR 1999, 686, 687.
85 Ausführlich *M. Röhl* Die Regulierung, Teil II Kap 12 I; vgl aber Beck'scher TKG-Kommentar/*Piepenbrock* § 35 Rn 27 f; vgl auch *Wieland/Enderle* MMR 1999, 329.
86 Vgl Art 2 Abs 1 lit a RL 97/33/EG.
87 V 13. 13. 1996 ABl Nr L 74/13 v 22. 3. 1996.
88 Beck'scher TKG-Kommentar/*Piepenbrock* § 35 Rn 27.

kann sich auf der Ebene der für die Durchsetzung der Zusammenschaltung gewährten Rechte[89] Zusätzliches ergeben.[90]

**35** Auch im Hinblick auf den **Zugang zu Teilen des Netzes** gilt nichts anderes.[91] Zwar erweist sich insoweit § 3 Nr 24 TKG als zu eng, wohl aber ermöglicht schon § 35 Abs 1 Satz 1 TKG ein entsprechendes Verständnis, der ausdrücklich auch den Zugang zu Teilen des Netzes gewährt. Auch ist es nicht erforderlich, dass die Benutzer, zwischen denen die Kommunikation beansprucht werden soll, an verschiedene Netze angeschlossen sind. Vielmehr besteht auch ein Zugangsanspruch, wenn der eine Netzbetreiber durch das Netz des anderen Netzbetreibers Kunden an das eigene Netz anschließen will. Das dürfte mit dem § 3 Nr 24 TKG noch zu vereinbaren sein. Auch insoweit bleibt es dabei, dass auf der Ebene der durch Art 4a RL 90/388/EWG idF der RL 96/19/EG gewährten Rechte zu überprüfen ist, ob die durch das sekundäre Gemeinschaftsrecht gewährten Rechte jeweils hinreichend umgesetzt sind (§ 37 Rn 12).

### III. Netzzugangsvereinbarungen und Netzzugangsbeschränkungen (Abs 2)

**36** Die Gewährung des Netzzugangs macht **Vereinbarungen** über die örtlichen, technischen und ökonomischen Bedingungen erforderlich, die aufgrund der marktbeherrschenden Stellung des Verpflichteten zu unfairen Benachteiligungen des Nutzers führen können. Ebenso kann der Verpflichtete aus guten oder nicht zu rechtfertigenden Gründen eine Beschränkung des Zugangs vornehmen. § 35 Abs 2 TKG begrenzt die Möglichkeiten der Beschränkung im Interesse der oben genannten Regulierungsziele (Rn 1), die sowohl nutzerorientierte wie wettbewerbsbezogene Aspekte umfassen.

#### 1. Anforderungen an die Vereinbarungen

**37** Dabei ist von einer **Zweistufigkeit des § 35 Abs 2 TKG** auszugehen.[92] Zunächst erweist sich – abweichend von der Satzfolge des Abs 2 – die Beschränkung nach S 2 als grundlegende, auf Zugangsgewährung ausgerichtete Beschränkung. Die Vereinbarungen nach S 1 betreffen dagegen beschränkende Modalitäten der Zugangsgewährung, mögen sie in ihren Effekten auch einer Verweigerung des Zugangs gleichkommen. Im Ausgangspunkt ist festzuhalten, dass den Gegenstand des Zugangsbegehrens das Netz des marktbeherrschenden Unternehmens bildet. Maßgebend ist zunächst allein das, was insoweit vorhanden ist. Darüber hinaus ist das Netz eingebunden in ein Netzkonzept des Betreibers. Dieses Netzkonzept kann Anlaß zu physischen oder faktischen Netzbeschränkungen geben, die dann freilich zunächst einmal den Test der Voraussetzung des Abs 2 S 2 zu bestehen haben. So begrenzt die Netzstruktur die Möglichkeiten der Wahl der Zusammenschaltungspunkte. Insoweit kann nicht verlangt werden, dass die physikalische Struktur der Netze grundlegend verändert wird, um eine Zusammenschaltung an einem anderen, dem Zugangsbeanspruchenden günstigeren Ort zu ermöglichen.[93] Allerdings kann sich insoweit aus dem Gemeinschaftsrecht weitergehendes ergeben. So haben nach Art 16 Abs 1 Universaldienstrichtlinie[94] die nationalen Regulierungsbehörden sicherzustellen, dass die Organisationen mit beträchtlicher Marktmacht bei der Bereitstellung fester öffentlicher Telefonnetze plausible Anträge von Organisationen, die Telekommunikationsdienste bereitstellen, auf Zugang zum Festnetz an anderen als den üblichen Netzabschlusspunkten bearbeiten. Nur im Einzelfall darf die Verpflichtung eingeschränkt werden, wenn technisch und kommerziell gangbare Alternativen bestehen und wenn der beantragte Zugang im Verhältnis zu dem für die Annahme des Antrags verfügbaren Mitteln unangemessen ist. Auch außerhalb dessen können technische Veränderungen verlangt werden, die keine grundlegende Veränderung, wohl aber

---

[89] Vgl Art 4a RL 90/388/EWG idF der RL 96/19/EG v 13. 3. 1996 ABl Nr L 74/13 v 22. 3. 1996; Art 9 RL 97/33/EG.; Art 16 Sprachtelefondienstrichtlinie.

[90] Vgl insoweit auch Beck'scher TKG-Kommentar/ *Piepenbrock* § 35 Rn 29; *Wieland/Enderle* MMR 1999, 379, 382.

[91] Vgl aber Beck'scher TKG-Kommentar/*Piepenbrock* § 35 Rn 27.

[92] *Spoerr* MMR 2000, 674, 680.

[93] RegTP BK 4–98–040/Z 10. 11. 98; BK 4–98–019/Z 14. 8. 98.

[94] RL 98/10/EG.

eine Erweiterung der Funktionalität beinhalten.[95] Demgegenüber sind Zugangsbedingungen räumlicher, technischer und ökonomischer Art den Anforderungen des Abs 2 Satz 1 zu unterwerfen.[96] Insoweit wird hier also zwischen den Satz 2 zurechenbaren **Zugangsbeschränkungen** und den **zugangsverhindernden Konditionen** im Sinne von Satz 1 unterschieden.

In diesem Sinne kann nach Satz 2 eine **Zugangsbeschränkung nur unter zwei kumulativen Voraussetzungen** gerechtfertigt werden. Sie muss zum einen auf den grundlegenden Anforderungen des Art 3 Abs 2 RL 90/387/EWG **beruhen** und zum zweiten mit dem sonstigen Recht der EG in Übereinstimmung stehen. Hinsichtlich der **grundlegenden Anforderungen** ist auf das zu verweisen, was schon zu § 33 Abs 1 TKG gesagt worden ist (§ 33 Rn 52 ff). Entscheidend ist, dass die Beschränkung auf den dort genannten Gründen beruht. Sonstige Gründe sind zur Rechtfertigung nicht geeignet. Im Übrigen sind sie vor dem übrigen Recht der EG rechtfertigungsbedürftig, dh dem Primärrecht, insbesondere den Wettbewerbsregeln des EGV, sowie dem Sekundärrecht, dh den übrigen Telekommunikationsrichtlinien. Von den grundlegenden Anforderungen spielt vor allem die Netzintegrität und die Interoperabilität der Netze eine praktisch bedeutsame Rolle. So kann etwa angeordnet werden, dass zur Vermeidung der Überschreitung von Kapazitätsgrenzen weitere Orte der Zusammenschaltung von Netzen zur Sicherung der Netzintegrität eingerichtet werden.[97] Dies hat Bedeutung insbesondere für den sogenannten **atypischen Verkehr**, bei dem infolge der geringen Zahl der Vermittlungsstellen eines Verbindungsnetzbetreibers die Zuführung und Terminierung von Gesprächen über Verbindungsstellen erfolgt, die räumlich weit entfernt von einer direkten Verbindung der Gesprächsteilnehmer liegen. Dies führt zu einer erheblichen Konzentration der Verkehrsströme mit möglichen Überlastungen oder Folgeinvestitionen des Netzbetreibers.[98] Die Verpflichtung zur Einrichtung weiterer Verbindungsstellen ab Erreichung eines bestimmten Grenzwertes der Auslastung (48,8 Erlang) ist – sofern die Tatsachen zureichend nachgewiesen werden –[99] durchaus unter dem Gesichtspunkt der Netzintegrität oder aber der Interoperabilität der Netze zu rechtfertigen und findet einen guten Grund auch darin, den Netzwettbewerb und damit den Innovationswettbewerb gegenüber einem reinen Dienstewettbewerb zu fördern.[100] Für den **Zugang zur Teilnehmeranschlussleitung nach Maßgabe der Teilnehmeranschluss-VO**[101] ist eine Ablehnung **nur aufgrund objektiver Kriterien möglich,** die sich auf die technische Machbarkeit und die notwendige Aufrechterhaltung der Netzintegrität beziehen (§ 33 Rn 54).[102] Dies grenzt die Ablehnungsgründe noch einmal gegenüber § 35 Abs 2 S 2 ein. Demgegenüber ist der vorgeschlagene neue Rechtsrahmen (Einf II 2 b Rn 37 ff) insofern offener, als die Regulierungsbehörde bei der Auferlegung von Zugangsverpflichtungen eine Reihe von Faktoren zu berücksichtigen hat, wie etwa die technische und wirtschaftliche Tragfähigkeit der Nutzung, verfügbare Kapazität, Anfangsinvestition des Eigentümers, die Notwendigkeit einer langfristigen Sicherung des Wettbewerbs sowie Schutzrechte oder Rechte am geistigen Eigentum.[103]

Der **Betreiber** ist – wie sich schon aus § 35 Abs 1 TKG ergibt – **zur Zusammenschaltung verpflichtet** und – im Rahmen von § 35 Abs 1 TKG – zumindest **mittelbar auch zum Abschluss einer Vereinbarung** über den Netzzugang verpflichtet. Eine an sich bestehende, auch grundrechtlich gewährleistete Vertragsabschlussfreiheit wird also durch das TKG eingeschränkt. Europarechtlich ist dies aber schon durch Art 3 Abs 1, 4 Abs 1 Zusammenschaltungsrichtlinie RL 97/33/EG vorgeprägt. Insoweit besteht jedenfalls für die in Anhang II der Richtlinie RL 97/33/EG genannten Organisationen ein Recht wie eine Pflicht zur Zusammenschaltung. Im Übrigen wird man berücksichtigen müssen, dass Art 3 Abs 1, 4 Abs 1 RL 97/33/EG nicht an eine beträchtliche Marktmacht anknüpfen, § 35 Abs 1, 2 TKG daher nur begrenzt in der Lage ist, die Richtlinie auch

---

95 RegTP BK 4–98–019/Z 14. 8. 98.
96 *Spoerr* MMR 2000, 674, 680.
97 BK 4–98–011/Z 2. 7. 98; BK 4d-98–020/Z 21. 8. 98; OVG NW, Beschl v 23. 2. 2000 – 13 B 1996/99 – CR 2000, 367.
98 Dazu *Hefekäuser* MMR 2/1999 S VII f; OVG NW, Beschl v 7. 2. 2000 (13A 180/99), CR 2000, 369.
99 Krit insoweit 6. Umsetzungsbericht v 7. 12. 2000

KOM (2000) 814 endg S 19 sowie Annex 2 S 125 vgl auch *M. Röhl* Die Regulierung, Teil II Kap 11 II.
100 Vgl dazu § 33 Rn 9.
101 VO (EG) Nr 2887/2000.
102 Art 3 Abs 2 S 1 VO (EG) Nr 2887/2000.
103 Art 12 Abs 2 E-RL Zugang und Zusammenschaltung.

umzusetzen (Rn 34). Für den Anwendungsbereich der Teilnehmeranschluss-VO[104] besteht ebenfalls eine Zusammenschaltungspflicht.

**40** Die **Vereinbarungen** sind ungeachtet des Regulierungsrahmens **privatrechtlicher Natur**. Es entspricht dem Liberalisierungskonzept, auf die dezentrale Aushandlung der Voraussetzungen und der Inhalte der Zugänge durch die Beteiligten zu setzen, freilich unter Beachtung öffentlicher Interessen und Schutzinteressen der Beteiligten, wie sie sich aus dem Gemeinschaftsrecht und dem nationalen Recht ergeben.[105] § 35 Abs 2 S 1 TKG formuliert dies dahingehend, dass Vereinbarungen über Netzzugänge nach Abs 1 auf objektiven Maßstäben beruhen, nachvollziehbar sein und einen gleichwertigen Zugang zu den TK-Netzen eines Betreibers gewähren müssen. Damit sind die Maßstäbe für die Gesamtheit der Nutzer festgelegt. Ähnlich betont die Zusammenschaltungsrichtlinie insbesondere für Organisationen mit beträchtlicher Marktmacht die Notwendigkeit, Grundsätze zur Gewährleistung der Transparenz, des Zugangs zu Informationen, der Nichtdiskriminierung und des gleichberechtigten Zugangs festzulegen.[106] Für die Teilnehmeranschluss-VO[107] haben die gemeldeten Betreiber angemessenen Anträgen unter transparenten fairen Bedingungen stattzugeben (§ 33 Rn 43). Jedenfalls hinsichtlich der Fairness der Bedingungen ist ein eigenständiges Merkmal gegeben (§ 33 Rn 43; Rn 44). Diese Maßstäbe sind freilich hinsichtlich ihrer einzelnen Elemente nicht trennscharf auseinander zu halten. Zu den objektiven Maßstäben gehört gewiss die Nichtdiskriminierung, die ihrerseits als wichtiges Element einen gleichberechtigten Zugang hat. Die Nachvollziehbarkeit sichert die Objektivität der Maßstäbe.

**41** **Objektive Maßstäbe** sind solche, die sich unabhängig von den Beteiligten anhand der normativen Lage und der faktischen Situation rechtfertigen lassen. Insoweit schließen sie also subjektive, diskriminierende Bedingungen aus. Zu Recht wird daher in dem Grundsatz der Nichtdiskriminierung ein Unterfall der objektiven Maßstäbe gesehen.[108] Die Einhaltung des **Grundsatzes der Nichtdiskriminierung** bei der Zusammenschaltung sicherzustellen, ist Verpflichtung der Mitgliedsstaaten aus der Zusammenschaltungsrichtinie.[109] Die Zusammenschaltungsverpflichteten wenden danach gegenüber mit ihnen zusammengeschalteten Organisationen, die gleichartige Dienste erbringen, unter vergleichbaren Umständen gleichwertige Bedingungen an und stellen Zusammenschaltungsleistungen und Informationen für andere zu den selben Bedingungen und mit der selben Qualität bereit, die sie für ihre eigenen Dienste oder die ihrer Tochtergesellschaften oder Partner bereitstellen.[110] Die Anforderungen werden inhaltlich spezifiziert für einzelne Segmente, so für den allgemeinen Netzzugang durch die Sprachtelefondienstrichtlinie[111]. Besondere Bedeutung kommt insoweit den Entgeltregeln zu.[112]

**42** **Nachvollziehbar** sind die Vereinbarungen, wenn sie transparent sind und Gestaltung und Inhalt auf die Einhaltung der Maßstäbe überprüft werden können. Insoweit umfasst die Nachvollziehbarkeit sowohl formelle wie materielle Aspekte. Hinsichtlich der formellen Aspekte sind insbesondere Transparenz der Bedingungen und Zugänglichkeit zu nennen. Insbesondere die Transparenz wird abgestützt durch eine Reihe von Verpflichtungen der Betreiber und der Regulierungsbehörde, Bedingungen des Netzzugangs – nach Art des Zugangs durchaus differenziert – und Vereinbarungen zu veröffentlichen.[113] Ebenso dient die Begründungspflicht[114] für ablehnende Entscheidungen nicht nur der Objektivierung der Gründe und damit der Nichtdiskriminierung, sie begünstigt deren Nachvollziehbarkeit. Die Nachvollziehbarkeit hat indes

---

104 VO (EG) Nr 2887/2000.
105 Erwägungsgrund 5 RL 97/33/EG [Zusammenschaltungsrichtlinie], ABl Nr L 199/32 v 26. 7. 1997.
106 Erwägungsgrund 9 RL 97/33/EG ABl Nr L 199/32 v 26. 7. 1997.
107 VO (EG) Nr 2887/2000.
108 Beck'scher TKG-Kommentar/*Piepenbrock* § 35 Rn 31.
109 Vgl Art 6 lit a RL 97/33/EG [Zusammenschaltungsrichtlinie] ABl Nr L 199/33 S 32.

110 Vgl auch Art 16 Abs 7 RL 98/10/EG [Sprachtelefondienstrichtlinie] ABl Nr L 101/24.
111 Vgl Art 5 ff, Art 10 RL 98/10/EG.
112 Vgl dazu die Erläuterung zu § 39 TKG.
113 Vgl Art 10, 11, 16 RL 98/10/EG [Sprachtelefondienstrichtlinie]; Art 6 lit b, c, Art 9 Abs 2, Art 14 RL 97/33/EG [Zusammenschaltungsrichtlinie].
114 Vgl Art 16 Abs 2 UA 2 RL 98/10/EG [Sprachtelefondienstrichtlinie].

auch einen materiellen Aspekt, nämlich den einer inhaltlichen Nachvollziehung der Vereinbarung an den für sie geltenden Maßstäben.[115]

Die **Gleichwertigkeit des Zugangs** ist letztlich Bestandteil des Grundsatzes der Nichtdiskriminierung.[116] In diesem Sinne verpflichtet die Zusammenschaltungsrichtlinie die Regulierungsbehörde auch, eine adäquate Zusammenschaltung im Interesse aller Nutzer zu fördern und sicherzustellen, indem sie dem Grundsatz der Nichtdiskriminierung (einschließlich des gleichberechtigten Zugangs) Rechnung trägt.   **43**

Der **Grundsatz der Fairness** wie er in der **Teilnehmeranschluss-VO**[117] vorgesehen ist, stellt demgegenüber ein **eigenständiges materielles Kriterium** dar, das insbesondere im Hinblick auf die Preisbildungsregeln von Bedeutung ist. Die Preisbildungsregeln sollen danach gewährleisten, dass der Anbieter des Teilnehmeranschlusses seine entsprechenden Kosten decken kann und einen angemessenen Gewinn erzielt, damit die langfristige Weiterentwicklung und Verbesserung der Ortsinfrastruktur gewährleistet und unter Berücksichtigung der erforderlichen Investitionen in alternative Infrastrukturen ein fairer und nachhaltiger Wettbewerb gefördert und Wettbewerbsverzerrungen ausgeschlossen werden.[118]   **44**

## 2. Vorlagepflichten und Veröffentlichung

Netzzugangsvereinbarungen sind der Regulierungsbehörde **schriftlich** vorzulegen; sie werden veröffentlicht (§ 35 Abs 2 Satz 3). Diese auf die Transparenz des Netzzugangs und seiner Bedingungen zielende Regelung nimmt zudem europarechtliche Vorgaben auf. So kann das Recht der Regulierungsbehörde, die Zusammenschaltungsvereinbarungen in ihrer Gesamtheit zu prüfen,[119] ohne eine Vorlagepflicht schwerlich realisiert werden.   **45**

Nach § 5 NZV bedürfen Vereinbarungen über besondere Netzzugänge im Sinne des § 35 Abs 2 TKG der **Schriftform**. Wird diese nicht eingehalten, sind entsprechende Vereinbarungen nichtig (§ 125 Abs 1 BGB).[120] Die Netzzugangsverordnung gestaltet die Vorlagepflicht wie die Veröffentlichung für diesen Typ der Vereinbarungen näher aus. Die Vorschriften zielen einen Ausgleich zwischen dem Informationsinteresse der Öffentlichkeit und dem Schutz von Geschäfts- und Betriebsgeheimnissen an. Dagegen ist – ungeachtet der strikteren Fassung des Gesetzes in § 35 Abs 2 TKG – nichts zu erinnern, da die speziellere Ermächtigungsvorschrift des § 35 Abs 5 S 2 TKG einen Raum für eine Ausgestaltung der Art und Weise lässt, in der Vereinbarungen über besondere Netzzugänge nach Abs 2 S 3 der Regulierungsbehörde vorzulegen und zu veröffentlichen sind. Der Schutz der Geschäfts- und Betriebsgeheimnisse ist dabei verfassungsrechtlich vorgegeben und verlangt daher eine Berücksichtigung jedenfalls bis zur Grenze der Erforderlichkeit der Kenntnisnahme für die Realisierung der Ziele des besonderen Netzzugangs (Rn 22 ff). Europarechtlich ist dagegen ebenfalls nichts einzuwenden.[121]   **46**

Nach § 6 Abs 4 NZV **veröffentlicht** die **Behörde** in ihrem **Amtsblatt**, wann und wo Nutzer nach **§ 1 Abs 2 NZV eine Vereinbarung nach Abs 1 einsehen können**. Schon der Sprachgebrauch verrät eine nur schwer mit dem Begriff der Veröffentlichung in Einklang zu bringende Beschränkung auf ein Einsichtsrechts eines spezifischen Kreises von Berechtigten, nämlich auf diejenigen, die Leistungen nach § 35 Abs 1 TKG als Anbieter von Telekommunikationsdienstleistungen oder als Betreiber von Telekommunikationsnetzen nachfragen, die freilich europarechtlich unbedenklich sein dürfte.[122] Da bei der Veröffentlichung nach § 35 Abs 2 S 3 TKG keine Einschränkungen vorgesehen sind und auch § 35 Abs 5 S 2 TKG eine Regelung nur der Art und Weise der Veröffentlichung, kaum aber eine Beschränkung des Zugangs zulässt, ist die Ermächtigungs-   **47**

---

115 Ähnlich wohl auch Beck'scher TKG-Kommentar/*Piepenbrock* § 35 Rn 34.
116 Beck'scher TKG-Kommentar/*Piepenbrock* § 35 Rn 35.
117 VO (EG) Nr 2887/2000.
118 Erwägungsgrund 11 VO (EG) Nr 2887/2000.
119 Vgl Art 9 Abs 4 RL 97/33/EG [Zusammenschaltungsrichtlinie]; Art 10 Abs 1 RL 98/10/EG [Universaldienstrichtlinie].
120 Zu den Einzelheiten Beck'scher TKG-Kommentar/*Piepenbrock* Anhang § 39 NZV § 5 Rn 3 ff.
121 Vgl etwa Art 16 Abs 9 RL 98/10/EG [Universaldienstrichtlinie]; Art 6 lit c RL 97/33/EG [Zusammenschaltungsrichtlinie].
122 Art 6 lit c, d, Art 14 Abs 1 RL 97/33/EG [Zusammenschaltungsrichtlinie].

Hans-Heinrich Trute

grundlage dieser Regelung insoweit zweifelhaft. Auf das Vorliegen berechtigter Interessen zur Einsichtnahme kommt es im Übrigen gerade nicht an.[123]

**48** Nach § 6 Abs 5 NZV **veröffentlicht die RegTP** in ihrem Amtsblatt die **Bedingungen einer Vereinbarung,** von denen zu erwarten ist, dass sie Bestandteil einer Vielzahl von Vereinbarungen nach § 6 Abs 1 NZV sein werden. Dieses Grundangebot hat ein Betreiber nach § 35 Abs 1 TKG in seine allgemeinen Geschäftsbedingungen aufzunehmen. Die dahinterstehende Modellvorstellung geht davon aus, dass die RegTP aufgrund einer Prognose ein Standardangebot aus nach § 6 Abs 1 NZV abgeschlossenen Vereinbarungen gleichsam destilliert und dann veröffentlicht. Diese Modellvorstellung ist unter Verweis auf Art 4a Abs 2 der RL 90/388/EWG idF der RL 96/19/EG bezweifelt worden.[124] Richtig daran ist, dass insoweit der insbesondere durch Erwägungsgrund 13 der Änderungsrichtlinie RL 96/19/EG betonte Grundsatz der Transparenz und die aus Art 4a S 2 RL 96/19/EG folgende Pflicht der Mitgliedsstaaten dafür zu sorgen, dass die Telekommunikationsorganisation bis spätestens zum 1. Juli 1997 die Bedingungen für die Zusammenschaltung mit den grundlegenden funktionellen Komponenten ihres Sprachtelefondienstes und ihrer öffentlich vermittelten Telekommunikationsnetze einschließlich der entsprechend den Marktbedürfnissen angebotenen Zusammenschaltungspunkten und Schnittstellen zu veröffentlichen, nicht zureichend umgesetzt ist.[125] Indessen ist nicht zu übersehen, dass das gemeinschaftsrechtliche Modell des Sonderzugangs und der Zusammenschaltung zwar das Recht der Regulierungsbehörde betonen, im Interesse aller Nutzer sicherzustellen, dass die Vereinbarungen Bedingungen erfassen, die einen wirksamen Wettbewerb oder die Interoperabilität von Diensten sicherstellen, wirksam und fristgerecht getroffen werden und dass sie die Bedingungen bezüglich der Konformität mit relevanten Normen und grundlegenden Anforderungen enthalten.[126] Auch die Zusammenschaltungsrichtlinie RL 97/33/EG sieht die Möglichkeit der nationalen Regulierungsbehörde vor, im Voraus festgelegte allgemeine Bedingungen zu veröffentlichen, insbesondere zu den Punkten, die in Abschnitt 1 Anhang VII als Verhandlungsrahmen für Zusammenschaltungsvereinbarungen genannt sind.[127] Darin liegen also Ermächtigungen der Regulierungsbehörde im Interesse von Transparenz, Nachvollziehbarkeit und Objektivität Vorab-Bedingungen festzulegen.[128] Damit wird § 6 Abs 5 NZV aber noch nicht zu einer unzureichenden Umsetzung des Art 4a Abs 2 RL 90/388/EWG idF RL 96/19/EG. Die Regelung des Art 4a Abs 2 der Diensterichtlinie dürfte insoweit von der Rechtsentwicklung überholt sein. Dies ändert freilich nichts daran, dass die Regelung des § 6 Abs 5 NZV unzureichend ist, soweit sie nicht der Behörde das Recht einräumt, von sich aus Vorab-Bedingungen festzulegen, sondern gleichsam auf die Destillation aus vorhandenen Vereinbarungen festgelegt wird. Dieses von dem Vorrang der privatautonomen Verhandlung geprägte Regelungskonzept entspricht nicht dem in den genannten Richtlinien vorgesehenen Modell. Wiederum anders ist Transparenz in der **Teilnehmeranschluss-VO**[129] geregelt. Nach Art 3 Abs 1 VO (EG) Nr 2887/2000 sind die Betreiber verpflichtet, ein Standardangebot für den entbündelten Zugang zu ihren Teilnehmeranschlüssen und zugehörigen Einrichtungen zu veröffentlichen und es auf dem neuesten Stand zu halten. Dies wird flankiert von Befugnissen der Regulierungsbehörde, einen fairen und nachhaltigen Wettbewerb zu fördern und dementsprechend auch Änderungen des Angebots verlangen zu können.[130]

## IV. Qualifikationsanforderungen des Nutzers bei besonderem Netzzugang (Abs 3)

**49** Die Eröffnung besonderen Netzzugangs setzt nach dem Gesetz voraus, dass der **Nutzer** die für

---

123 So aber Beck'scher TKG-Kommentar/*Piepenbrock* Anhang zu § 39, NZV § 6 Rn 22.
124 Beck'scher TKG-Kommentar/*Piepenbrock* Anhang zu § 39, NZV § 6 Rn 26 f.
125 Vgl auch die Kritik im 5. Umsetzungsbericht 1999 S 17 sowie Annex S 7.
126 Art 16 Abs 4, 5 RL 98/10/EG [Universaldienstrichtlinie].

127 Vgl Art 9 Abs 2 RL 97/33/EG [Zusammenschaltungsrichtlinie].
128 Zu deren Bedeutung noch einmal 6. Umsetzungsbericht (Fn 98), S 18 ff sowie Annex 2 S 124.
129 VO (EG) Nr 2887/2000.
130 Art 4 Abs 1, 2 lit a VO (EG) Nr 2887/2000.

den beantragten Netzzugang erforderliche **Zuverlässigkeit, Leistungsfähigkeit** und **Fachkunde besitzt.** Der Grund liegt auf der Hand: Der Nutzer erhält, etwa durch die Zusammenschaltung, die physische und logische Verbindung zum Netz und damit Einfluss auf die Ausübung der Netzfunktionen und kann die Integrität des Netzes und die Interoperabilität der Netze gefährden.[131] Die Kriterien der Qualifikation sind relativ zu dem Zweck, also dem beantragten Netzzugang zu verstehen. Die entsprechende Anwendung lässt im Übrigen Raum für die Beurteilung einer von der Lizenzerteilung abweichenden Auslegung der Qualifikationsanforderungen, die den Anforderungen bei der Gewährung eines besonderen Netzzugangs hinreichend Rechnung trägt. Als Obergrenze der Anforderungen fungiert allerdings § 8 Abs 3 S 1 Nr 2 lit a, da es gemäß § 35 Abs 3 Satz 2 TKG einer Prüfung nicht bedarf, wenn dem Nutzer eine Lizenz nach § 8 TKG erteilt worden ist. Geringere oder nuanciertere Anforderungen bemessen sich nach den spezifischen Gefahrenpotentialen bei der Gewährung des besonderen Netzzugangs.[132]

**Zuverlässig** ist nur, wer die Gewähr dafür bietet, dass er als Lizenznehmer die Rechtsvorschriften einhalten wird. Dafür ist eine Prognose erforderlich, die das Verhalten in der Vergangenheit zur Grundlage hat, insbesondere ob er seine Verpflichtungen aus etwaig vorhandenen Lizenzen eingehalten hat (§ 8 Rn 28 ff). Die nötige **Fachkunde** besitzt, wer die Gewähr dafür bietet, dass die bei der Ausübung der Lizenzrechte tätigen Personen über die erforderlichen Kenntnisse, Erfahrungen und Fertigkeiten verfügen werden. Damit ist im Hinblick auf den Zweck der Anforderung bei dem besonderen Netzzugang die zentrale Eigenschaft angesprochen, die den ordnungsgemäßen Betrieb sicherstellen soll (§ 8 Rn 34). In Abgrenzung zur Fachkunde meint **Leistungsfähigkeit** die finanziell-wirtschaftliche Leistungsfähigkeit: die „Produktionsmittel" müssen zur Verfügung stehen (§ 8 Rn 36). Für die Prüfung der Qualifikationsanforderungen ist die RegTP zuständig. Eine Verlagerung, Übertragung oder auch nur die Vorprüfung durch den zur Gewährung von Netzzugang Verpflichteten scheidet aus. Die Zuständigkeit der RegTP hat eine neutralitätsgewährende Funktion im Wettbewerb der Telekommunikationsunternehmen. 50

§ 35 Abs 3 TKG sagt nichts über die **Form der Prüfung, das Verfahren und die Folgen.** Anders als in § 8 Abs 3 TKG liegt die Entscheidung auch noch nicht dadurch fest, dass die RegTP eine Genehmigung versagt. Man wird davon ausgehen müssen, dass die RegTP die Prüfung mit einer eigenständigen Feststellung des Bestehens bzw Fehlens der Qualifikationsanforderungen abschließt. Insoweit wird also ein eigenständiges öffentlich-rechtliches Zwischenverfahren bei der Gewährung eines besonderen Netzzugangs erforderlich und damit auch eine Anrufung der RegTP durch den Netzzugangsverpflichteten oder -berechtigten, da die RegTP von sich aus im Regelfall keine Kenntnis vom Netzzusammenschaltungsbegehren haben wird. Die Prüfung ist auch nicht etwa begrenzt auf Schlichtungs- oder Anordnungsverfahren, sondern betrifft nach dem klaren Wortlaut alle Begehren auf besonderen Netzzugang und sieht auch auf Seiten der Regulierungsbehörde keinen Optionsspielraum vor. Insoweit handelt es sich um eine abschließende Entscheidung, die als Verwaltungsakt ergeht, der von den Beschwerdekammern getroffen wird (§ 73 Abs 1 Satz 2 TKG). Entsprechend richtet sich das Verfahren nach den §§ 74 ff TKG. 51

Legt man Kriterien der Schutznormlehre an,[133] dann handelt es sich insoweit um einen **Verwaltungsakt mit Drittwirkung** gegenüber demjenigen, der verpflichtet ist, den besonderen Netzzugang zu gewähren. Schließlich sollen insbesondere die Leistungsfähigkeit und die Auswirkung auf sein Netz und damit auf seine eigenen Interessen vertraglich gestaltet werden. Folgerichtig muss er die Entscheidung der RegTP auch zum Gegenstand einer gerichtlichen Prüfung machen können. 52

Die **Folgen der Entscheidung** sind im Gesetz nicht eigenständig geregelt. Man wird in der ablehnenden Feststellung aber einen eigenständigen Ablehnungsgrund des Netzzugangsgewährungsverpflichteten sehen müssen, der nicht in Abs 2 aufgenommen, aber von Abs 3 vorausge- 53

---

[131] Beck'scher TKG-Kommentar/*Piepenbrock* § 35 Rn 40.
[132] Vgl auch Beck'scher TKG-Kommentar/*Piepenbrock* § 35 Rn 42.
[133] Vgl dazu *Schmidt-Aßmann* in: Maunz/Dürig,

GG, Art 19 Abs 4 Rn 116 ff; *Wahl/Schütz* in: Schoch/Schmidt-Aßmann/Pietzner, VwGO § 42 Abs 2 Rn 43 ff; *Wahl* ebd, Vorb § 42 Abs 2 Rn 42 ff; *Huber* Konkurrenzschutz, S 107 ff.

Hans-Heinrich Trute

setzt wird. Dem Gesetz lässt sich nicht entnehmen, dass der Netzzugangsgewährungsverpflichtete durch die Entscheidung in dem Sinne gebunden wird, dass der Netzzugang nicht gewährt werden darf. Für eine solche Bindung im Hinblick auf die Netzzugangsentscheidung fehlt es an jedem Hinweis; sie ist abzulehnen. Das entspricht im Übrigen dem Konzept privatautonomer Aushandlung des Netzzugangs.

## V. Konzernklausel (Abs 4)

**54** Die Verpflichtung zur Gewährung von Netzzugang gilt entsprechend auch für ein Unternehmen, das mit einem nach Abs 1 Satz 1 verpflichteten Betreiber ein **einheitliches Unternehmen** bildet. Insoweit gilt das, was bereits zu § 33 Abs 3 TKG ausgeführt wurde, für § 35 Abs 4 TKG entsprechend (§ 33 Rn 61).

**55** Die entsprechende Anwendung des Abs 1 nimmt zwar die Anforderungen des Abs 2 nicht explizit auf. Da aber Abs 2 alle Vereinbarungen im Sinne des Abs 1 aufgreift, dürften die Anforderungen auch für verbundene Unternehmen gelten. Jedes andere Ergebnis liefe denn auch dem Sinn und Zweck der Vorschrift durch Eröffnung von Umgehungsmöglichkeiten zuwider.

## VI. Verordnungsermächtigung (Abs 5)

**56** § 35 Abs 5 ermächtigt die Bundesregierung mit Zustimmung des Bundesrates durch **Rechtsverordnung** zu regeln, in welcher Weise ein besonderer Netzzugang, insbesondere die Zusammenschaltung zu ermöglichen ist. Deren Regelungsinhalte sind im Übrigen im Zusammenhang mit der Ermächtigung des § 37 Abs 3 TKG für die Einzelheiten der Zusammenschaltungsanordnung zu lesen. Die Bundesregierung hat mit der Verordnung über besondere Netzzugänge (Netzzugangsverordnung – NZV) v 23. Oktober 1996[134] von der Ermächtigung Gebrauch gemacht.

**57** § 35 Abs 5 S 1 umschreibt den **Gegenstand der Verordnungsermächtigung** zunächst mit der Regelung der Weise in der ein besonderer Netzzugang, insbesondere für die Zusammenschaltung zu ermöglichen ist. Damit wird der Geltungsbereich auf den **besonderen Netzzugang** einschließlich der Zusammenschaltung begrenzt; nicht einbezogen ist der allgemeine Netzzugang, der Gegenstand der Telekommunikations-Kundenschutz-Verordnung v 11. Dezember 1997[135] ist. Der Geltungsbereich ist im Übrigen durch die Merkmale des § 35 Abs 1 TKG beschrieben, soweit es um Nutzer im Sinne des § 35 Abs 3 TKG geht, die den besonderen Netzzugang nachfragen als Anbieter von Telekommunikationsdienstleistungen oder als Betreiber von Telekommunikationsnetzen, um Telekommunikationsdienstleistungen anzubieten (§ 1 Abs 2 NZV). Nach dem klaren Wortlaut der Ermächtigungsgrundlage ist diese begrenzt auf die **Regelung der Modalitäten der Zugangsermöglichung**. Eine eigenständige Ermächtigungsgrundlage für Anordnungen des besonderen Netzzugangs, insbesondere der Zusammenschaltung, ist dagegen nicht vorgesehen. Systematisch ist dies durchaus stimmig, da § 35 TKG Verpflichtete und Berechtigte und den Inhalt der Netzzugangsverpflichtung regelt, der RegTP aber kein eigenständiges Rechtsdurchsetzungsinstrumentarium an die Hand gibt. Erst § 37 TKG behandelt die Zusammenschaltungsverpflichtung und entsprechend dann auch systematisch zutreffend die Rechtsdurchsetzungsmöglichkeiten in Form von Anordnungen. Die Tatsache, dass die RegTP nach § 33 Abs 2 TKG dem Anbieter nach § 35 Abs 1 TKG ein bestimmtes Verhalten auferlegt oder untersagen kann,[136] sagt kaum etwas über die der Bundesregierung im Rahmen der Ermächtigung des § 35 Abs 5 TKG zustehenden Regelungsmöglichkeiten. Dementsprechend begrenzt fällt dann auch in § 1 Abs 1 NZV die Festlegung des Geltungsbereichs der NZV aus.

**58** Die Modalitäten der Zugangsgewährung umfasst auch das **Entbündelungsgebot** des § 2 NZV, das eine andere materielle Grundlage auch in § 33 Abs 1 TKG (Rn 32) findet.[137] Insoweit handelt

---

134 BGBl I S 1568.
135 BGBl I S 2910.
136 So Beck'scher TKG-Kommentar/*Piepenbrock* § 35 Rn 49.

137 OVG NW Beschl v 7. 2. 2000 – 13 A 189/99 – CR 2000, 369, 373.

Hans-Heinrich Trute

es sich um eine Konkretisierung der Weise des Zugangs im Sinne von § 35 Abs 5 S 1 TKG. Ob freilich der Leistungsbegriff in § 33 Abs 1 TKG (§ 33 Rn 30 ff) mit dem besonderen Netzzugang identisch ist, mag bezweifelt werden. Leistung ist jedes „von dem marktbeherrschenden Anbieter oder seinem Rechtsvorgänger geschaffenes oder erworbenes Vorprodukt auf niederer betrieblicher Wertschöpfungsebene zur Erbringung von Telekommunikationsdienstleistungen auf höheren Ebenen".[138] Leistungen sind also nicht nur Telekommunikationsdienstleistungen und Anlagen, sondern auch betriebliche Funktionen. Diese aber haben mit dem besonderen Netzzugang nichts zu tun. Insofern überschreitet § 2 NZV die Ermächtigungsgrundlage des § 35 Abs 5 S 1 TKG. Eine entsprechende Reduktion hat denn auch für § 3 Abs 1 NZV zu gelten. Zur Weise der Zugangseröffnung gehören notwendig auch die Informationspflichten des § 4 NZV, die zu Recht auf all diejenigen Informationen erstreckt werden, die benötigt werden für die Inanspruchnahme der Leistungen nach § 1 Abs 2 NZV.

Nach § 35 Abs 5 S 2 TKG erstreckt sich die Verordnungsermächtigung zugleich auf **Rahmenvorschriften für die Vereinbarungen** nach § 35 Abs 1 TKG und die Art und Weise, in welcher Vereinbarungen nach Abs 2 S 3 der Regulierungsbehörde vorzulegen und wie diese zu veröffentlichen sind. Dies wird von den §§ 5–7 NZV aufgenommen. Das zwingende Gebot des § 35 Abs 5 S 2 TKG, Rahmenvorschriften für Vereinbarungen nach Abs 2 zu erlassen,[139] wird durch die in § 5 Abs 2 NZV enthaltene Regelverpflichtung zur Ausrichtung an den in der Anlage genannten Gegenständen nur abgeschwächt verwirklicht. Gemeinschaftsrechtlich ist der Katalog der Gegenstände weitgehend vorgeprägt. Nach Art 9 Abs 2 UA 2 SS 2 Zusammenschaltungsrichtlinie können die nationalen Regulierungsbehörden in den in Anhang VII Abschnitt 1 aufgeführten Bereichen Vorab-Bedingungen festlegen, im Übrigen wirken sie darauf hin, dass in Zusammenschaltungsvereinbarungen die in Anhang VII Abschnitt 2 aufgeführten Punkte abgedeckt werden. Freilich ist die differenzierte Regelungssystematik des Art 9 Abs 2 RL 97/33/EG iVm Anhang VII insofern nur unzureichend aufgenommen, als nicht etwa eine Kompetenz der Regulierungsbehörde für konkretisierende Ex-ante-Bedingungen in § 5 Abs 2 NZV vorgesehen wird, sondern bestimmte, vor allem den Anhang VII Abschnitt 2 entsprechende Punkte in der Rechtsverordnung der Bundesregierung als Sollpunkte vorgegeben werden. Wie nicht zuletzt der Erwägungsgrund 12 der Richtlinie 97/33/EG deutlich macht, ist das abgestufte Instrumentarium von Art 9 Abs 2 RL 97/33/EG iVm Anhang VII ein solches, das der Regulierungsbehörde zur Verfügung stehen soll, um die Aushandlung zu erleichtern, vor allem auch zu beschleunigen.[140] Insoweit lässt die Vorgabe eines Regelrahmens für die Vereinbarung nach § 5 Abs 2 NZV iVm ihrem Anhang die Gehalte der RL 97/33/EG zum Teil uneingelöst zurück. Nicht nur, dass die Vorgabe der Bundesregierung nicht mit optionalen Handlungsmöglichkeiten oder Einwirkungspflichten der Regulierungsbehörde identisch sind, auch hinsichtlich von Inhalt und Befugnissen besteht insoweit ein Unterschied. Auch die Anordnungsmöglichkeiten nach § 37 Abs 3 TKG kompensieren dieses Defizit nicht. Sie liegen auf einer anderen nachgeordneten Stufe verpflichtender Anordnungen, nicht auf derjenigen, der Rahmensetzung für ansonsten autonome Wirtschaftssubjekte.

Soweit die §§ 6, 7 NZV **Vorlagepflichten, Veröffentlichungen oder Begrenzungen der Verwendung von zur Verfügung gestellten Informationen** vorsehen, ist dies von § 35 Abs 5 S 2 TKG im Ausgangspunkt gedeckt, hinsichtlich des Umfangs der Veröffentlichungspflichten bestehen indes Bedenken (Rn 45 ff).

Ebenfalls von der Ermächtigungsrundlage gedeckt ist der § 8 NZV, die Vorschrift über die **Schlichtung**. Die Streitschlichtung ist eine Möglichkeit der Parteien, die freilich nur von beiden gemeinsam gewählt werden kann und auch nur, wenn einer der Beteiligten ein Betreiber im Sinne von § 35 Abs 1 S 1 TKG ist. Dies entspricht dem oben dargelegten Vorrang der Verhandlung (Rn 40), zu dem auch die Möglichkeit gehören kann, einen Streitschlichter anzurufen. Der Dispositionsbefugnis der Parteien über den Streitgegenstand entspricht es, dass dann auch die

---

138 OVG NW, Beschl v 7. 2. 2000 13A 180/99 – CR 2000, 369, 371.
139 Zur Erstreckung des § 5 Abs 1 auf alle Vereinbarungen, an denen ein marktbeherrschendes Unternehmen beteiligt ist, zu Recht Beck'scher TKG-Kommentar – Anhang zu § 39, NZV § 5 Rn 2.
140 6. Umsetzungsbericht (Fn 98), S 18 ff.

Hans-Heinrich Trute

Parteien, wohl auch jede einzelne Partei, die Anrufung jederzeit zurücknehmen können.[141] Das Schlichtungsverfahren vor der Regulierungsbehörde ist nicht als ein Schiedsverfahren nach Maßgabe der §§ 1029 ff ZPO zu bewerten, die Regulierungsbehörde handelt nicht als Schiedsgericht nach § 168 Abs 1 Nr 5 VwGO.[142] Insoweit fehlt es an der Verbindlichkeit der Entscheidung über den Streitgegenstand. Denn ausweislich der Begründung zu § 8 NZV sollte die Schlichtung weder Voraussetzung für eine Anrufung der Regulierungsbehörde sein, noch sollte die Durchführung einer Schlichtung die Anrufung hindern.[143] Daher wird man auch die Entscheidung der Regulierungsbehörde in diesen Fälle nicht als Verwaltungsakt ansehen können,[144] dessen Erlassmaßstab die gesetzliche Regelung bezüglich des Anrufungsgegenstandes ist. Vielmehr handelt es sich insoweit um einen Schlichterspruch, der von den Parteien akzeptiert werden kann, nicht aber akzeptiert werden muss und daher folgerichtig weder die Anrufung der Regulierungsbehörde in den Fällen des § 37 TKG noch die der Gerichte ausschließt. Eher handelt es sich um ein informelles Vorverfahren, das unter Beachtung beiderseitiger Interessen durchgeführt wird und daher vor allem auf das wohlverstandene Eigeninteresse beider Beteiligter setzt.

**62** Angesichts der Voraussetzung der **Anrufung durch beide Beteiligte** wird das Verfahren auch nicht als **Umsetzung des Art 9 Abs 5 Zusammenschaltungsrichtlinie** verstanden werden können.[145] Danach unternimmt die Regulierungsbehörde auf Ersuchen einer Partei Schritte, um den Streit beizulegen. Die Streitbeilegung muss einen fairen Interessenausgleich der Parteien zum Ergebnis haben, wobei eine ganze Reihe von Interessen berücksichtigt werden sollen. Auch hier kann eine Entscheidung ergehen, die dann auch zu veröffentlichen wäre. Freilich schließt dies nicht aus, die Regelung so zu verstehen, dass in Fällen geglückter Streitbeilegung keine Entscheidung zu treffen ist. Dafür spricht nicht zuletzt die Regelung in Art 17 Abs 2 und Abs 3 Zusammenschaltungsrichtlinie, die auf die Regelung von Art 9 Abs 5 Bezug nimmt und deutlich nur von dem Bemühen um Streitbeilegung ausgeht. Auch das spricht – ungeachtet der unzureichenden Umsetzung durch § 8 NZV – gegen ein Verständnis des Verfahrens nach § 8 NZV als eines schiedsgerichtlichen Verfahrens. Allerdings ist zuzugeben, dass die Konzeption des neuen Rechtsrahmens (Einf II 2 b Rn 37 ff) eine Verbindlichkeit der Entscheidung vorsehen möchte (Rn 64).

**63** Fehlt es an einer zureichenden Umsetzung des Streitbeilegungsverfahrens, läuft auch das in Art 4 Abs 5 Teilnehmeranschluss-VO[146] vorgesehene Streitbeilegungsverfahren ins Leere. Insoweit ist vorgesehen, dass die im Einklang mit der Zusammenschaltungsrichtlinie[147] festgelegten einzelstaatlichen Streitbeilegungsverfahren zur Anwendung kommen. Diese aber fehlen bisher jedenfalls in der zureichenden Ausformung.

**64** In der Konzeption des neuen Rechtsrahmens (Einf II 2 b Rn 37 ff) ist vorgesehen, dass bei Streitigkeiten zwischen Unternehmen, die elektronische Kommunikationsnetze oder -dienste betreffen, die nationale Regulierungsbehörde auf Antrag einer Partei innerhalb von zwei Monaten eine verbindliche Entscheidung zur Beilegung des Streites trifft, wobei die Regulierungsbehörde eine Vielzahl von Aspekten zu berücksichtigen hat, die in etwa dem Katalog des Art 9 Abs 5 Zusammenschaltungsrichtlinie[148] entsprechen.[149] Dies wird im Übrigen ergänzt durch ein Streitbeilegungsverfahren für grenzüberschreitende Streitigkeiten, das der Sache nach auch bereits – weniger weitgehend – in Art 26 Universaldienstrichtlinie vorgesehen ist.[150]

---

141 Anders Beck'scher Kommentar/*Piepenbrock* Anh § 39 TKG § 8 NZV Rn 2 im Hinblick auf die daraus folgende Wertlosigkeit der Anrufung; vgl auch *Berger* Netzzusammenschaltung, S 147 ff.
142 Anders Beck'scher Kommentar/*Piepenbrock* Anh § 39 TKG § 8 NZV Rn 4 ff.
143 BR-Drucks 655/96 S 8.
144 Anders Beck'scher Kommentar/*Piepenbrock* Anh § 39 TKG § 8 NZV Rn 9.
145 Insoweit krit auch *Berger* Netzzusammenschaltungen, S 174 f.
146 VO (EG) Nr 2887/2000.
147 RL 97/33/EG.
148 RL 97/33/EG.
149 Vgl Art 17 des Vorschlags für eine Richtlinie des Europäischen Parlaments und des Rates über einen gemeinsamen Rechtsrahmen für elektronische Kommunikationsnetze und -dienste v 12. 7. 2000 KOM (2000) 393 endg, ABl Nr C 365 E/198 v 19. 12. 2000.
150 Art 26 lit c Nr 2 – 4 RL 98/10/EG.

Hans-Heinrich Trute

Nach § 35 Abs 5 S 3 TKG sind die Richtlinien nach Art 6 der RL 90/387/EWG v 28. Juni 1990 zur **65** Verwirklichung des Binnenmarktes für Telekommunikationsdienste durch Einführung eines offenen Netzzugangs zu beachten. Die Vorschrift gibt Rätsel auf, was ihren Regelungsgehalt betrifft, wirft aber auch grundlegende Probleme der Umsetzung von EG-Recht auf, sollte damit nicht nur gemeint sein, dass bei Erlass von Rechtsverordnungen die Richtlinien der Europäischen Gemeinschaft zu beachten seien. Insoweit handelt es sich um eine Selbstverständlichkeit, die an sich keiner Erwähnung in § 35 Abs 5 S 3 TKG bedürfte. Allerdings wird man auf der anderen Seite eine eigenständige Transformation der in Bezug genommenen Richtlinien kaum annehmen können,[151] da es letztlich sich um eine Blankettumsetzungsnorm ohne konkreten Inhalt handeln müsste. Ungeachtet dessen ergeben sich europarechtliche Probleme insofern, als der in Bezug genommene Art 6 RL 90/387/EWG durch die Änderungsrichtlinie 97/51/EG aufgegeben worden ist.[152] Die als dynamische Verweisung ausgestaltete Norm des § 35 Abs 5 S 3 TKG läuft insoweit – jedenfalls für die ONP-Richtlinien nach RL 95/51/EG – ins Leere. Der Sache nach ist dies unschädlich insofern, als die ONP-Richtlinien im Wesentlichen vor diesem Zeitpunkt erlassen worden sind, einschließlich der Zusammenschaltungsrichtlinie RL 97/33/EG. Gleiches gilt freilich nicht für die Sprachtelefondienstrichtlinie 98/10/EG. Freilich wird man annehmen müssen, dass mit dem Verweis auf Art 6 RL 90/387/EWG nur die im Rahmen der ONP-Rahmenrichtlinien erlassenen speziellen Richtlinien gemeint sein können. Insofern spricht nichts dagegen, die Richtlinie 98/10/EG mit einzubeziehen, zumal diese ohnehin die zweifellos einbezogene Richtlinie 95/65/EG als Neufassung derselben ersetzt.[153]

# § 36 Verhandlungspflicht

*Jeder Betreiber eines öffentlichen Telekommunikationsnetzes ist verpflichtet, anderen Betreibern solcher Netze auf Nachfrage ein Angebot auf Zusammenschaltung abzugeben. Alle Beteiligten haben hierbei das Ziel anzustreben, die Kommunikation der Nutzer verschiedener öffentlicher Telekommunikationsnetze untereinander zu ermöglichen und zu verbessern.*

**Schrifttum:** *Berger* Netzzusammenschaltungen von Telekommunikationsunternehmen im nationalen, europäischen und internationalen Regelungszusammenhang, 2000; *Riemer* Konfliktlösung und Zusammenschaltung in der Telekommunikation, MMR 1998, 59; *Koenig/Neumann* Zusammenschaltungs-Entgeltregulierung unterhalb der Schwelle „beträchtlicher Marktmacht", RTkom 2000, 27; *Röhl* Die Regulierung der Zusammenschaltung, Diss Dresden, 2001 *Spoerr* Zusammenschaltung und offener Netzzugang MMR 2000, 674; siehe außerdem die Nachweise bei den §§ 33, 35 TKG.

### Inhaltsübersicht

| | Rn |
|---|---|
| I. Entwicklung und Stellung der Vorschrift | 1–3 |
| II. Verpflichtung zur Angebotsabgabe (S 1) | 4–16 |
|   1. Verpflichtete und Berechtigte | 4–6 |
|   2. Aushandlungspflicht | 7–10 |
|   3. Verpflichtung zur Abgabe eines Angebots | 11–12 |
|   4. Gesetzliche oder von der RegTP vorgegebene Bedingungen | 13 |
|   5. Gemeinschaftsrechtliches Konzept der Verhandlungsbegleitung | 14–16 |
| III. Optimierungspflicht (S 2) | 17 |
| IV. Zur Durchsetzung der Gehalte | 18–19 |
|   1. Klagbare Rechtspflichten | 18 |
|   2. Implementation durch die RegTP | 19 |

---

[151] Vgl aber *Hoffmann-Riem* DVBl 1999, 125, 127 ff für § 23 TKG.
[152] Vgl Art 1 Ziff 7 RL 97/51/EG, ABl Nr L 295/23 v 29. 10. 1997.
[153] Vgl Art 33 RL 98/10/EG [Sprachtelefondienstrichtlinie].

Hans-Heinrich Trute

## I. Entwicklung und Stellung der Vorschrift

**1** § 36 ist die **zentrale Vorschrift des 4. Teils** über die Zusammenschaltung und den offenen Netzzugang (§ 33 Rn 4). In ihr kommt das Grundprinzip der **privatautonomen Verhandlung und ihrer Einbettung in einen flankierenden Ordnungsrahmen** zum Ausdruck. Jeder Betreiber eines Telekommunikationsnetzes hat anderen Betreibern solcher Netze auf Nachfrage ein Zusammenschaltungsangebot abzugeben, alle Beteiligten haben das Ziel der Optimierung der Kommunikation für die Nutzer anzustreben. Der **Fraktionsentwurf zum TKG** sah allerdings weitergehend vor, dass alle Anbieter von Telekommunikationsnetzen der **Pflicht zur Netzzusammenschaltung** unterliegen sollten.[1] Der einzige Unterschied zwischen marktbeherrschenden und nicht marktbeherrschenden Betreibern lag nach dem Ausgangskonzept darin, dass erstere zusätzlich einer Entgeltregulierung unterliegen sollten.[2] Instrumentiert war diese Pflicht durch Anordnungsbefugnisse der RegTP, Einzelheiten für Zusammenschlüsse und Netzzugänge zu regeln und zudem bei Nicht-Zustandekommen von Vereinbarungen die technischen, betriebswirtschaftlichen und sonstigen Bedingungen zu setzen.[3] Die Vorschrift des § 36 ist in der heutigen Form erst in der Beschlussempfehlung des Ausschusses für Post und Telekommunikation aufgenommen, um dem – wie es kurz heißt – EG-Ansatz Rechnung zu tragen,[4] womit letztlich die Zusammenschaltungsrichtlinie gemeint war. Diese nimmt in der Tat eine Differenzierung der Pflichten von marktstarken und übrigen Unternehmen vor, wie sie insbesondere in Art 4 Abs 1 und Abs 2 der Zusammenschaltungsrichtlinie ihren Ausdruck findet. So nimmt § 36 TKG insbesondere auch Art 4 Abs 1 Zusammenschaltungsrichtlinie auf, wonach die zur Bereitstellung der in Anhang II aufgeführten öffentlichen Telekommunikationsnetze und/oder für die Öffentlichkeit zugänglichen Telekommunikationsdienste befugten Organisationen das Recht, und wenn sie von Organisationen dieser Kategorie darum ersucht werden, auch die Pflicht haben, eine gegenseitige Zusammenschaltung auszuhandeln, um die betreffenden Dienste anzubieten, damit die Bereitstellung dieser Netze und Dienste in der gesamten Gemeinschaft sichergestellt ist.[5]

**2** Die **Zusammenschaltung** soll im Einklang mit dem verfassungsrechtlichen Ziel der Privatwirtschaftlichkeit (Art 87 f Abs 2 GG) ebenso wie dem europarechtlichen Ordnungsrahmen[6] durch **Verhandlung und Vereinbarung der Betreiber** erfolgen. Auf einem durch Wettbewerb geprägten Markt sind die Bedingungen für die Zusammenschaltung grundsätzlich nach wirtschaftlichen Gesichtspunkten und privatautonomen Verhandlungen zwischen den an der Zusammenschaltung interessierten Netzbetreibern auszuhandeln. Allerdings wird derzeit der Wettbewerb durch eine Reihe von Faktoren beeinflusst, wie etwa die Existenz und Marktmacht von ehemaligen Monopolanbietern, durch die spezifischen Bedingungen von Infrastrukturen (§ 33 Rn 8 f) und öffentlichen Interessen an der Zusammenschaltung. Daher wird die dezentrale und marktwirtschaftliche Strategie eingebettet in einen die Privatautonomie beschränkenden und flankierenden Ordnungsrahmen, der faire und zügige Verhandlungen ermöglichen soll. § 36 TKG ist Teil dieses Ordnungsrahmens. Er legt eine **Verpflichtung zur Angebotsabgabe** fest, die jeden Betreiber von öffentlichen Telekommunikationsnetzen auf Nachfrage eines anderen Betreibers solcher Netze trifft. Zudem verpflichtet § 36 S 2 TKG alle Beteiligten darauf, das Ziel anzustreben, die Kommunikation der Nutzer verschiedener öffentlicher Telekommunikationsnetze miteinander zu ermöglichen und zu verbessern (**Optimierungsziel**). Darin kommt das Ziel des Gesetzes zum Ausdruck, die Netzwerkeffekte gleichsam allen zugänglich zu machen[7] und damit insgesamt den Nutzen der Telekommunikationsnetze für alle zu steigern.

**3** Auch der von der Kommission vorgeschlagene neue Rechtsrahmen (Einf II 2 b Rn 37 ff) geht von dem Prinzip privatautonomer Verhandlung und ihrer Einbettung in einen Ordnungsrahmen

---

1 Vgl § 34 TKGE BT-Drucks 13/3609 S 14.
2 Vgl BT-Drucks 13/3609 zu § 34 und § 39 TKGE.
3 § 38 TKGE BT-Drucks 13/3609.
4 BT-Drucks 13/4864 Begründung zu § 35 TKGE, S 78.
5 Art 4 Abs 1 RL 97/37 EG [Zusammenschaltungsrichtlinie].

6 Vgl Erwägungsgrund 13 RL 96/19/EG sowie Erwägungsgrund 5 und Art 3 Abs 1 S 3 Zusammenschaltungsrichtlinie.
7 Im Kontext des Netzzugangs allgemein *Engel/Knieps* Die Vorschriften des Telekommunikationsgesetzes über den Zugang zu wesentlichen Leistungen, 1998, S 64; *Engel* MMR – Beilage 3/1999, S 7, 8.

aus, der besondere Verpflichtungen vorhält, die durch die nationalen Regulierungsbehörden auferlegt werden können, soweit dies aufgrund der Marktsituation oder fortbestehender öffentlicher Interessen erforderlich ist.[8] Die erste Zusammenschaltungsregel lautet nach Art 4 Abs 1 E-RL Zugang und Zusammenschaltung, dass alle Netzbetreiber das Recht und die Pflicht haben, über die Zusammenschaltung zwecks Erbringung öffentlich zugänglicher elektronischer Kommunikationsdienste zu verhandeln, um die gemeinschaftsweite Bereitstellung von Diensten sowie deren Interoperabilität zu gewährleisten. Auch insoweit besteht eine **Verhandlungspflicht, nicht** aber eine **Zusammenschaltungspflicht.**

## II. Verpflichtung zur Angebotsabgabe (S 1)

### 1. Verpflichtete und Berechtigte

§ 36 TKG **verpflichtet** und **berechtigt** ausschließlich die **Betreiber von öffentlichen Telekommunikationsnetzen.** Das Betreiben von Telekommunikationsnetzen knüpft – nicht anders als in § 35 Abs 1 TKG (§ 35 Rn 8) – an das Ausüben der tatsächlichen und rechtlichen Kontrolle über die Gesamtheit der Funktionen an, die zur Erbringung von Telekommunikationsdienstleistungen und nichtgewerblichen Telekommunikationszwecken über TK-Netze unabdingbar zur Verfügung gestellt werden müssen (§ 3 Nr 2 TKG). Anders als in § 35 Abs 1 TKG ist der Kreis der Verpflichteten allerdings nicht auf die Betreiber von Telekommunikationsnetzen, die Telekommunikationsdienstleistungen für die Öffentlichkeit erbringen, ausgerichtet, sondern **für Verpflichtete und Berechtigte gleichermaßen auf Betreiber öffentlicher Telekommunikationsnetze** festgelegt. Insoweit handelt es sich um die Gesamtheit der technischen Einrichtungen (Übertragungswege, Vermittlungseinrichtungen und sonstige Einrichtungen, die zur Gewährleistung eines ordnungsgemäßen Betriebes des Telekommunikationsnetzes unerläßlich sind), an die über Abschlusseinrichtungen Endeinrichtungen angeschlossen werden und die zur Erbringung von Telekommunikationsdienstleistungen für die Öffentlichkeit dienen. Es kommt also auf die Elemente des Telekommunikationsnetzes, den Anschluss von Endeinrichtungen über Abschlusseinrichtungen und die Erbringung von Telekommunikationsdienstleistungen für die Öffentlichkeit an. Mit letzterem sind Verbindungsnetzbetreiber – ungeachtet des engeren Wortlauts im Hinblick auf das Element der Endeinrichtung – eingeschlossen (§ 35 Rn 30)[9]. Die Verbindungsnetzbetreiber haben solche zwar nicht, aber ermöglichen die Kommunikation der Endnutzer. Ausreichend für das Erfordernis der über Abschlusseinrichtungen angeschlossenen Endeinrichtungen ist es, dass diese mittelbar über die zusammengeschalteten Teilnehmernetze angeschlossen sind. Gemäß § 3 Nr 3 TKG sind Endeinrichtungen Einrichtungen, die unmittelbar an die Abschlusseinrichtungen eines Telekommunikationsnetzes angeschlossen werden sollen oder mittelbar über die Abschlusseinrichtung eines Telekommunikationsnetzes angeschlossen werden sollen.[10] Der Ausschluss der Verbindungsnetzbetreiber liefe nicht nur dem Ziel der Zusammenschaltung, sondern auch § 43 Abs 6 TKG zuwider.[11] Betreiber von *corporate networks* sind damit allerdings ausgeschlossen. Nichts anderes gilt für reine Service-Provider, also Diensteanbieter ohne eigene Netzkapazität.[12]

Der **europäische Ordnungsrahmen** geht davon aus, dass Berechtigte und Verpflichtete die zur Bereitstellung der in Anhang II zur RL 97/33/EG aufgeführten öffentlichen Telekommunikationsnetze und/oder für die Öffentlichkeit zugänglichen Telekommunikationsdienste befugten Organisationen sind. Das scheint auf den ersten Blick insofern weiter als § 36 S 1 TKG zu sein, als auch diejenigen einbezogen zu sein scheinen, die Telekommunikationsdienstleistungen erbringen. Im Ausgangspunkt trifft nach Anhang II zu RL 97/33/EG indes die Berechtigung und

---

[8] Dazu Vorschlag für eine Richtlinie des Europäischen Parlaments und des Rates über den Zugang zu elektronischen Kommunikationsnetzen und zugehörigen Einrichtungen sowie deren Zusammenschaltung v 12.7.2000 KOM (2000) 384 endg, ABl Nr C 365 E/215 v 19.12.2000 (E-RL Zugang und Zusammenschaltung).

[9] *Weißhaar/König* MMR 1998, 495, 497; aA *Hefekäuser* MMR aktuell 5/1998, S VII.
[10] RegTP BK 4-98-011/Z 2.7.98; BK 4-98-015/Z 23.7.98.
[11] BK 4-98-015/Z 23.7.98.
[12] *Riemer* MMR 1998, 59.

Verpflichtung nur Organisationen, die unvermittelt oder vermittelt Trägerfunktion für Benutzer bereitstellen, von denen andere Telekommunikationsdienste abhängig sind. Diese Abhängigkeit kann sich bei Telekommunikationsdienstleistungen ergeben durch die Kontrolle eines Netzabschlusspunktes oder aber auch durch ausschließliche oder besondere Rechte. Letzteres scheidet im Rahmen des TKG aus, ersteres kann unter dem Begriff des Betreibers von Telekommunikationsnetzen fallen. Insoweit dürfte ungeachtet der leicht unterschiedlichen Begrifflichkeit letztlich kein Zurückbleiben des § 36 S 1 TKG hinter Art 4 Abs 1 RL 97/33/EG festzustellen sein. Versteht man Ziff 1 von Anhang II so, dass es auf die Verfügung über eine Zugangskontrolle ankommt, so sind auch Verbindungsnetzbetreiber, die über eine von der RegTP zugeteilte Verbindungsnetzbetreibernummer verfügen von der Zusammenschaltungsrichtlinie mit einbezogen sind, besteht auch insoweit eine Identität mit § 36 S 1 TKG, der ebenfalls die Verbindungsnetzbetreiber einschließt (Rn 4).[13] Hinsichtlich der in die Richtlinie einbezogenen Mietleitungsanbietern ist der Begriff des Betreibers in § 36 S 1 TKG indes zu eng.[14]

**6** Die **Berechtigung zur Zusammenschaltung** tritt bereits ein, wenn der Anspruchssteller ein öffentliches Telekommunikationsnetz plant und dieses parallel zur Zusammenschaltung aufbauen will. Allerdings muss dieses Vorhaben hinreichend konkret sein und ggf durch konkrete Planung zur Netzkonfiguration oder andere geeignete Unterlagen nachgewiesen werden.[15]

### 2. Aushandlungspflicht

**7** Die Verpflichtung ist auf die Abgabe eines Angebots auf Zusammenschaltung gerichtet. Dieses wird allgemein als **Verhandlungspflicht** verstanden.[16] Die durch die Nachfrage eines Berechtigten ausgelöste Verpflichtung zur Abgabe eines Angebots zur Zusammenschaltung bezeichnet danach die Einschränkung der Privatautonomie. Abgeschwächt gegenüber der im Gesetzgebungsverfahren zunächst vorgesehenen allgemeinen Verpflichtung zur Zusammenschaltung wird hier auf den ersten Blick nur eine Verhandlungspflicht begründet. Allerdings wurde im Gesetzgebungsverfahren von der Opposition durchaus von dem Bestehen einer über die Verhandlungspflicht hinausgehenden Zusammenschaltungspflicht ausgegangen.[17] Richtig daran ist jedenfalls, dass die Begründung einer Verhandlungspflicht, jedenfalls wenn an deren Ende ein annahmefähiges Angebot steht, letztlich einer Verpflichtung zum Abschluss gleichkommen kann. Aber die Entgegensetzung von Verhandlungspflicht und Zusammenschaltungspflicht ist ohnehin zu undifferenziert. Denn ersichtlich hängt dies davon ab, wie weit die Abschluss- und Inhaltsfreiheit reichen und welche Verpflichtungen und Ingerenzmöglichkeiten der Regulierungsbehörde bestehen.

**8** Dabei wird man von einem echten Kontrahierungszwang nicht ausgehen können. Zwar wird man die **Abschlussfreiheit** insoweit eingeengt sehen, als eine freie Wahl des Verhandlungspartners nicht besteht und durch die Verpflichtung zur Abgabe eines Angebots ist es der Sache nach vom Nachfrager abhängig, ob eine Vereinbarung zustande kommt. Indes hängt dies letztlich vom Ausmaß der **Inhaltsfreiheit** ab. Von daher erscheint es sinnvoll, § 36 TKG als Element eines Ordnungsrahmens vertraglicher Aushandlungen zu verstehen, der auf den Abschluss von Zusammenschaltungsvereinbarungen ausgerichtet ist. Dieser Ordnungsrahmen bleibt aber unterhalb einer **allgemeinen Zusammenschaltungspflicht**. Dies nicht nur deshalb, weil es grundsätzlich auf die Nachfrage ankommt, ob eine Zusammenschaltung realisiert wird, sondern auch weil es ungeachtet bestehender öffentlicher Interessen an der Zusammenschaltung ein Initiativrecht der Regulierungsbehörde nach deutschem Recht (Rn 14) nicht gibt und daher die öffentlichen Interessen nicht ohne weiteres durchgesetzt werden können.

**9** Nach Art 4 Abs 1 Zusammenschaltungsrichtlinie entsteht eine **Pflicht, eine gegenseitige Zusammenschaltung auszuhandeln**, um die betreffenden Dienste anzubieten, damit die Bereitstellung dieser Netze und Dienste in der gesamten Gemeinschaft sichergestellt ist. Der Anwen-

---

**13** RegTP BK 4–98–004/Z 3. 6. 98; Beck'scher TKG Kommentar/*Piepenbrock* § 36 Rn 4.
**14** Zu Recht in diesem Sinne Beck'scher TKG Kommentar/*Piepenbrock* § 36 Rn 5.
**15** RegTP, Beschl v 19. 4. 1999, BK 4d-99–005/Z.

**16** Beck'scher TKG Kommentar/*Piepenbrock* § 36 Rn 1; *Manssen* in: ders, TKG § 36 Rn 1; ausführlich M. *Röhl* Die Regulierung, Teil II Kap 12 II.
**17** Vgl BT-Plenarprotokoll Bd 182 S 7289 [Bury]; BT-Plenarprotokoll Bd 182 S 7291 [Kiper].

Hans-Heinrich Trute

dungsbereich des Art 4 Abs 1 RL 97/33/EG wird verkürzt, wenn man hierin lediglich eine Verhandlungspflicht sehen will. Präziser ist sekundärrechtlich von der Pflicht die Rede, eine gegenseitige Zusammenschaltung auszuhandeln. Die **Aushandlungspflicht** bezeichnet dann gleichermaßen den Prozess wie das Ziel. Insofern ist die Terminologie des § 36 S 1 TKG etwas statisch geraten.

Darüber hinaus ist § 36 S 1 TKG insofern unzureichend, als weder hier noch bei § 37 TKG eine **10** Zusammenschaltung im öffentlichen Interesse vorgesehen ist, wie sich dies – als ultima ratio – aus Art 9 Abs 6 RL 97/33/EG ergibt. Dort ist für den Fall der Nichtzusammenschaltung aufgrund von Vereinbarungen vorgesehen, dass die nationalen Regulierungsbehörden unter Beachtung des Grundsatzes der Verhältnismäßigkeit und im Interesse der Benutzer als letzte Möglichkeit von den betreffenden Organisationen verlangen können, ihre Einrichtungen zusammenzuschalten, um wesentliche öffentliche Interessen zu schützen, ggf können sie Zusammenschaltungsbedingungen festlegen.[18] Schon von daher ist eine Interpretation des § 36 S 1 TKG, die allein von der Pflicht ausgeht, über die Zusammenschaltung zu verhandeln,[19] durchaus europarechtlich unzureichend. Das ist freilich ein Thema des § 37 TKG (§ 37 Rn 14 ff).

### 3. Verpflichtung zur Abgabe eines Angebots

Nach dem Text des § 36 S 1 TKG muss der Verpflichtete ein **Angebot** zur Zusammenschaltung **11** vorlegen. Schon das Vorhergesagte erhellt, dass Angebot in § 36 S 1 TKG wohl **kaum ein solches im Sinne von § 145 ff BGB** sein kann,[20] weil es letztlich um ein Aushandeln geht. Anforderungen, die darauf hinauslaufen, dass Angebot müsse bereits so präzisiert sein, dass eine sofortige Annahme möglich ist, scheitern letztlich an der Komplexität der zu verhandelnden Fragen und blockieren im Zweifel eher den Verhandlungsprozeß als dass sie ihn fördern.[21] Vielmehr muß das Angebot so konkret sein, dass es als Grundlage für Verhandlungen mit dem Ziel einer Zusammenschaltungsvereinbarung dienen kann. Es muss also schon so detailliert sein, dass es als ein ernsthaftes Verhandlungsangebot gewertet werden kann.

Das Angebot muss nach § 36 S 1 TKG **auf Zusammenschaltung gerichtet sein**, also auf das **12** Zusammenwirken unterschiedlicher Netze gerichtet werden. Es geht also nicht um die bloße Nutzung fremder Infrastruktur, sondern um die Herstellung einer physischen und logischen Verbindung, um Nutzern, die an verschiedenen Telekommunikationsnetzen angeschaltet sind, die mittelbare oder unmittelbare Kommunikation zu ermöglichen (§ 3 Nr 24 TKG). Das begrenzt in der Sache den Zweck des Anspruchs und damit das Angebot auf diejenigen Leistungen, die dem Zweck der Zusammenschaltung dienen und zumindest im Interesse eines der Zusammenschaltungspartner liegen (§ 35 Rn 28). Zur Zusammenschaltungsleistung gehören auch begleitende Leistungen, soweit sie mit der Zusammenschaltung in engem Zusammenhang stehen und zu ihrer Umsetzung erforderlich sind.[22]

### 4. Gesetzliche oder von der RegTP vorgegebene Bedingungen

Dieser zweifellos noch weite **Konkretisierungsspielraum** wird zusätzlich **eingeengt durch 13 oder aufgrund gesetzlicher und von der Regulierungsbehörde vorgegebener Bedingungen**. So müssen sich die Vereinbarungen mit einem marktmächtigen Unternehmen als Anbieter an dem Katalog des § 5 Abs 2 NZV iVm der Anlage zu § 5 Abs 2 NZV orientieren, jedenfalls soweit die dort angesprochenen Punkte für das konkrete Zusammenschaltungsverfahren relevant sind.[23] Damit ist freilich nicht der gesamte Anwendungsbereich abgedeckt und wiederum erweist sich an dieser Stelle der deutsche Ordnungsrahmen als unzureichend im Lichte der gemeinschafts-

---

**18** Erwägungsgrund 12 RL 97/33/EG verdeutlicht die Befugnis, im Interesse der Benutzer die Zusammenschaltung verlangen zu können. Das Regulierungsziel ist insofern ein anderes, jedenfalls kein wettbewerbliches. Das wird leicht übersehen, wenn man den Ordnungsrahmen allein aus der Perspektive des Wettbewerbsrechts interpretiert (§ 1 Rn 12 f, § 2 Rn 6 ff).

**19** Beck'scher TKG-Kommentar/*Piepenbrock* § 36 Rn 1.
**20** Vgl auch *Spoerr* MMR 2000, 674, 677.
**21** Vgl auch VG Köln CR 1997, 639, 641.
**22** RegTP, Beschl v 14. 10. 1999, BK 4c 99/037/ Z04. 08. 99; RegTP, Beschl v 29. 12. 1999, BK 4e-99–050/E29. 10. 98.
**23** VG Köln, CR 1997, 639, 641.

Hans-Heinrich Trute

rechtlichen Vorgaben. So sollen nach Art 9 Abs 2 UA 2 SS 2 RL 97/33/EG die nationalen Regulierungsbehörden darauf hinwirken, dass die in Anhang II zu RL genannten Organisation (Rn 5) bei Zusammenschaltungsvereinbarungen die in Anhang VII Abschnitt 2 der RL aufgeführten Punkte abdecken. Diese sind – eben auch und gerade – für nicht marktstarke Unternehmen abzudecken. Von daher wird man das Angebot auch über diese Bedingung konkretisieren können, auch wenn Art 9 Abs 2 UA 2 SS 2 RL 97/33/EG allein eine Verpflichtung der Regulierungsbehörde formuliert.[24] Ungeachtet dessen werden damit die nach gemeinschaftsrechtlichen Vorgaben als notwendig angesehenen Elemente von Zusammenschaltungsvereinbarungen formuliert.

### 5. Gemeinschaftsrechtliches Konzept der Verhandlungsbegleitung

**14** Auch **prozedural** erweist sich die Angebotskonkretisierung durch verhandlungsbegleitende Tätigkeit der Regulierungsbehörde als unzureichend ausgestaltet. Im deutschen Modell findet sich ein Zusammenspiel von Verhandlungspflicht, Regelvorgabe bestimmter Vereinbarungselemente für marktstarke Unternehmen in § 5 Abs 2 NZV einschließlich seiner Anlage, einer Schlichtung durch die Regulierungsbehörde bei Beteiligung eines marktbeherrschenden Unternehmens nach § 8 NZV nach gemeinsamer Anrufung durch die Beteiligten und die Möglichkeit einer Zusammenschaltungsanordnung nach § 37 Abs 1 TKG iVm § 9 NZV, wenn eine Vereinbarung über die Zusammenschaltung nicht zustande kommt. Das sekundäre Gemeinschaftsrecht lässt dem gegenüber ein Konzept der Verhandlungsbegleitung durch die Regulierungsbehörde erkennen. Erwägungsgrund 12 RL 97/33/EG verdeutlicht dies mit der Formulierung, dass die Aushandlung von Zusammenschaltungsvereinbarungen durch die Regulierungsbehörde dadurch erleichtert werden kann, dass diese bestimmte Bedingungen im Einklang mit dem Gemeinschaftsrecht und unter Berücksichtigung der Empfehlungen der Kommission zur Förderung der Entwicklung eines echten europäischen Heimatmarktes im Voraus festlegen und andere Bedingungen ausweisen kann, die in Zusammenschaltungsvereinbarungen abzudecken sind. Hinsichtlich der Befugnisse der Regulierungsbehörde kann das europäische Modell durch verschiedenen Stadien gekennzeichnet werden: **Vor der Verhandlung** soll danach optional eine Festlegung von Vorab-Bedingungen durch die Regulierungsbehörde möglich sein.[25] **Während der Verhandlung** soll zum einen jederzeitiges Eingreifen auf Eigeninitiative oder auf Anrufung durch einen der Beteiligten möglich sein.[26] Dabei soll die Regulierungsbehörde vorgeben, welche Punkte in einer Zusammenschaltungsvereinbarung abgedeckt werden müssen, oder festlegen, welche spezifischen Bedingungen von einer oder mehreren Parteien in einer solchen Vereinbarung einzuhalten sind. Die Bedingungen können u a zur Sicherstellung eines wirksamen Wettbewerbs, technische Bedingungen, Tarife, Liefer- und Nutzungsbedingungen, Bedingungen hinsichtlich der Einhaltung relevanter Normen und grundlegender Anforderungen, hinsichtlich des Umweltschutzes und/oder zur Aufrechterhaltung einer durchgehenden Dienstqualität umfassen. Darüber hinaus ist die Festlegung abzudeckender Bereiche und die Fristsetzung sowie – wenn keine Einigung erzielt wird – die Herbeiführung der Vereinbarung vorgesehen.[27] Nach den Verhandlungen kann die Behörde jede dieser Vereinbarungen in ihrer Gesamtheit überprüfen und in Ausnahmefällen Änderungen bereits getroffener Vereinbarungen fordern, soweit dies gerechtfertigt ist, um einen wirksamen Wettbewerb und/oder die Operationalität von Diensten sicherzustellen.[28]

**15** Diesem **Konzept der aktiven Verhandlungsbegleitung,** dessen Bedeutung in den Umsetzungs-

---

[24] Darauf weisen in anderem Kontext *Koenig/Neumann* RTkom 2000, 27, 33 hin, die freilich ebenfalls materielle Konsequenzen ziehen.

[25] Vgl Art 9 Abs 2 UA 2 SS 1, wonach die Regulierungsbehörden in den in Anhang VII Abschnitt 1 aufgeführten Bereichen Vorab-Bedingungen festlegen können. Diese sind zwar durch die gesetzlichen Regelungen weitgehend abgedeckt, aber es macht unter Flexibilitätsgesichtspunkten und der Reaktion auf veränderte Situationen einen Unterschied, ob gesetzliche Bedingungen vorab festgelegt werden, oder aber durch die Regulierungsbehörde gesetzt werden können; vgl auch Art 16 Abs 5, 6 Sprachtelefondienstrichtlinie; ausführlich zum Ganzen M. *Röhl* Die Regulierung, Teil II Kap 13.

[26] Vgl Art 9 Abs 3 S 1 RL 33/97/EG.

[27] Art 9 Abs 2 UA 2 SS 1, Art 9 Abs 3 UA 3 RL 97/33/EG; Art 16 Abs 2, 4 Sprachtelefondienstrichtlinie.

[28] Art 9 Abs 2 S 2, Abs 4 RL 97/33/EG.

berichten immer wieder hervorgehoben wird und dessen Fehlen in Deutschland immer wieder Kritik hervorruft,[29] wird der deutsche Regulierungsrahmen nur begrenzt gerecht, der zu sehr auf dezentrale Verhandlung einerseits, hoheitliche Anordnung andererseits ausgerichtet ist. Das Element der Streitschlichtung, das vom europäischen Recht ebenfalls betont wird,[30] ist ebenfalls unzureichend umgesetzt. Vergleicht man § 8 NZV mit Art 9 Abs 5 RL 97/33/EG, ist die Verengung des Kreises der Anspruchsberechtigten, die Einengung auf eine gemeinsame Anrufung, die letztlich den Marktmächtigen begünstigt und die Einengung der zu berücksichtigenden Interessen signifikant.[31] Während § 8 S 2 NZV nur eine Berücksichtigung beiderseitiger Interessen kennt, enthält Art 9 Abs 5 UA 2 eine ganze Palette zu berücksichtigender Aspekte. Selbst wenn man die Streitschlichtung nach Art 9 Abs 5 RL 97/33/EG als durch § 37 Abs 1 TKG umgesetzt ansehen möchte, bleibt diese unzureichend (§ 37 Rn 14).

Dem Konzept einer Regulierung (§ 1 Rn 10 ff) entspricht es zudem, wenn das Gemeinschaftsrecht für die Zusammenschaltung in Art 9 Abs 1 Zusammenschaltungsrichtlinie allgemein einen **Zielkatalog für die Ausübung von Zuständigkeiten der Regulierungsbehörde** vorgibt, der nicht etwa allein auf Wettbewerbsinteressen ausgerichtet ist, sondern dabei den größtmöglichen wirtschaftlichen Nutzen einerseits, den größtmöglichen Nutzen für die Endnutzer andererseits als allgemeine Ziele formuliert und die Berücksichtigung einer Reihe von weiteren Gesichtspunkten vorgibt, wie die Notwendigkeit, für die Benutzer eine zufriedenstellende Ende-zu-Ende-Kommunikation sicherzustellen, einen wettbewerbsorientierten Markt zu fördern, die faire und geeignete Entwicklung eines harmonisierten europäischen Telekommunikationsmarktes sicherzustellen, mit den anderen nationalen Regulierungsbehörden zusammenzuarbeiten, den Auf- und Ausbau transeuropäischer Netze und Dienste und die Zusammenschaltung nationaler Netze und die Interoperabilität von Diensten sowie den Zugang zu Netzen und Diensten zu fördern, den Grundsatz der Nichtdiskriminierung und die Notwendigkeit der Entwicklung eines Universaldienstes. Diese finale Ausrichtung der Befugnisse der Regulierungsbehörde (§ 1 Rn 10 ff) ist – soweit möglich – bei der Interpretation der Befugnistatbestände dann zu berücksichtigen. **16**

## III. Optimierungspflicht (S 2)

Alle Beteiligten haben bei den Verhandlungen das Ziel anzustreben, die Kommunikation der Nutzer verschiedener öffentlicher Telekommunikationsnetze untereinander zu ermöglichen und zu verbessern. Diese **Optimierungspflicht** ist ein Verhandlungsziel, das es nicht ausschließt, dass die Berechtigten und Verpflichteten selbstverständlich ihre Interessen verfolgen und verfolgen sollen. Anders ist das Modell dezentraler Verhandlung in einem öffentlich-rechtlichen Ordnungsrahmen kaum sinnvoll konzipierbar. Akzeptiert man dies, kann die Optimierungspflicht auch nicht eingrenzend in dem Sinne verstanden werden, dass nur dann, wenn die Kommunikation der Nutzer verschiedener öffentlicher Telekommunikationsnetze untereinander ermöglicht und verbessert wird, eine Verhandlungspflicht besteht und – weitergehend – die Anordnungsbefugnisse nach § 37 Abs 2 TKG entsprechend reduziert werden.[32] Dies müsste einen objektivierbaren Maßstab der Optimierung zum alleinigen Maßstab der Zusammenschaltung machen, der einer marktwirtschaftlichen Ordnung an sich fremd ist. Vielmehr soll § 36 S 2 TKG die Berechtigten und Verpflichteten sowohl hinsichtlich des ob wie auch der Ausgestaltung auf das Optimierungsziel verpflichten. Das aber ist in einer wettbewerblichen Ordnung nicht selbstverständlich, sofern nicht das ökonomische Nutzenkalkül diese Optimierung gleichsam von selbst befördert. Gerade deshalb war es zu formulieren, weil beide Verhandlungspartner nicht notwendig im Interesse der Nutzer handeln müssen. Ein einschränkendes Verständnis der Optimierungspflicht dürfte auch dem europäischen Recht eher widersprechen.[33] Eine Begrenzung der Aushandlungspflicht durch die Optimierungsklausel ist nicht vorgesehen. **17**

---

29 Vgl zuletzt 6. Umsetzungsbericht v 7.12.2000 KOM (2000) 418 endg S 18 ff sowie Annex 2 S 124 ff.
30 Vgl Art 9 Abs 5 RL 97/33/EG.
31 Vgl wiederum 6. Umsetzungsbericht v 7.12.2000 KOM (2000) 814 endg S 18 ff.

32 So aber Beck'scher TKG-Kommentar/*Piepenbrock* § 36 Rn 19 f, vgl aber auch Rn 15.
33 Vgl Art 4 Abs 1 RL 97/33/EG; eine Optimierungsklausel als Begrenzung ist mit der Aushandlungspflicht nur schwer zu vereinbaren.

Hans-Heinrich Trute

## IV. Zur Durchsetzung der Gehalte

### 1. Klagbare Rechtspflichten

**18** Der Charakter der Vorschrift wird verfehlt, wenn man sie als appelativ ansieht.[34] Angesichts der oben herausgestellten Gehalte ergeben sich selbstverständlich – auch klagbare – Rechtspflichten aus § 36 S 1 TKG.[35] Es besteht kein Grund, die Verpflichtung zur Abgabe des Angebots so zu minimieren, dass eine Durchsetzbarkeit an einer vorgeblich mangelnden inhaltlichen Präzisierung scheitert. Auch ist kein Grund ersichtlich, aus § 36 S 2 TKG zu schließen, dass die Zusammenschaltungspflicht nur hinsichtlich der Optimierung der Nutzerinteressen besteht, so dass S 1 keine subjektiv-rechtliche Berechtigung vermittelt.

### 2. Implementation durch die RegTP

**19** Darüber hinaus ist der Gehalt von § 36 S 1 u 2 TKG auch administrativ implementationsfähig und -bedürftig.[36] Dies gilt nicht nur hinsichtlich der Zusammenschaltungsanordnung (§ 37 Rn 4 ff), sondern auch – wenn auch im deutschen Recht unzureichend umgesetzt – hinsichtlich des oben herausgestellten verhandlungsbegleitenden Instrumentariums. Soweit dieses in Art 9 Abs 2, 6 Zusammenschaltungsrichtlinie, Art 16 Abs 2, 4 Sprachtelefondienstrichtlinie vorgesehen, aber im deutschen Recht nicht umgesetzt ist, bestehen entsprechende Handlungsbefugnisse aufgrund unmittelbarer Anwendung des europäischen Richtlinienrechts. Es handelt sich regelmäßig um hinreichend genaue und unbedingte Regelungen. Soweit sie der Behörde Befugnisse im öffentlichen Interesse zuweisen,[37] liegt die Verpflichtung oder Möglichkeit der Inanspruchnahme durch die nationale Regulierungsbehörde auf der Hand. Auch soweit diese den Zusammenschaltungspartnern über das nationale Recht hinausgehende Rechte gewähren,[38] gibt es keinen Grund gegen eine unmittelbare Anwendbarkeit.[39] Die Tatsache, dass es sich hier regelmäßig um multipolare Rechtsverhältnisse handelt, in denen die unmittelbare Wirkung der Richtlinien einen Bürger begünstigt, einen anderen belastet, führt nicht zur Annahme unzulässiger horizontaler Drittwirkung der Richtlinien. Vielmehr ist die Regulierungsbehörde zwischengeschaltet und wirkt erst vermittels ihrer durch das Richtlinienrecht gewährten Befugnisse auf die Rechtsstellung des Dritten ein.[40]

## § 37 Zusammenschaltungspflicht

(1) Kommt zwischen den Betreibern öffentlicher Telekommunikationsnetze eine Vereinbarung über Zusammenschaltung nicht zustande, ordnet die Regulierungsbehörde nach Anhörung der Beteiligten innerhalb einer Frist von sechs Wochen, beginnend mit der Anrufung durch einen der an der Zusammenschaltung Beteiligten, die Zusammenschaltung an. Innerhalb dieser Frist kann die Regulierungsbehörde das Verfahren um längstens vier Wochen verlängern. Innerhalb dieser vier Wochen hat sie über die Anordnung zu entscheiden.

---

34 Vgl aber *Manssen* in: ders, TKG § 36 Rn 2.
35 Krit aber *Manssen* in: ders, TKG § 36 Rn 2; *Koenig/Neumann* RTkom 2000, 27, 32 m Fn 52.
36 Ausführlich M. *Röhl* Die Regulierung, Teil II Kap. 13
37 Vgl etwa Art 9 Abs 2, Art 9 Abs 6 RL 97/33/EG sowie – auch – Art 9 Abs 3 UA 1 S 1 iVm Art 9 Abs 1 RL 97/33/EG.
38 Vgl etwa Art 9 Abs 3 UA 1 S 1, UA 3, Art 9 Abs 5.
39 Im Ergebnis auch *Berger* Netzzusammenschaltung, S 174 f.
40 Vgl dazu etwa EuGH Slg 1995, I – 2189 = NVwZ 1996, 369 [Großkrotzenburg] in der der EuGH die unmittelbare Anwendung der UVP-Richtlinien bei Projekten privater Träger bejaht, ohne evtl Nachteile für Dritte zu thematisieren. Zum Ganzen *Schoch* NVwZ 1999, 457, 462 f; *Wahl/Schütze* in: Schoch/Schmidt-Aßmann/Pietzner, VwGO § 42 II Rn 215; *Epiney* ZUR 1996, 229, 233; *Albin* NUR 1997, 29; *Wieland/Enderle* MMR 1999, 379, 382; zum Ganzen krit M. *Röhl* Die Regulierung, Teil II Kap 13 IV.

(2) Eine Anordnung nach Absatz 1 ist nur zulässig, soweit und solange die Beteiligten keine Zusammenschaltungsvereinbarung treffen. § 36 bleibt unberührt.

(3) Die Bundesregierung wird ermächtigt, in der Rechtsverordnung nach § 35 Abs 5 die erforderlichen Einzelheiten der Zusammenschaltungsanordnung nach Absatz 1 zu bestimmen. Dabei ist das Verfahren bei der Regulierungsbehörde zu regeln sowie zu bestimmen, welchen Inhalt die Zusammenschaltungsanordnung haben muß und binnen welcher Frist die Netzbetreiber die Anordnung durchzuführen haben. Die Anordnungen müssen den Maßstäben des § 35 Abs 2 entsprechen.

**Inhaltsübersicht**

|  |  | Rn |
|---|---|---|
| I. | Entwicklung und Systematik | 1–3 |
| II. | Anordnung der Zusammenschaltung durch die Regulierungsbehörde | 4–13 |
|  | 1. Anwendungsbereich: Keine Begrenzung auf marktbeherrschende Unternehmen | 5 |
|  | 2. Anrufung durch einen Beteiligten | 6 |
|  | 3. Nichtzustandekommen einer Vereinbarung | 7–9 |
|  | 4. Vorrang der Verhandlung | 10–12 |
|  | 5. Verfahren der Anordnung | 13 |
| III. | Anordnung auf Initiative der Regulierungsbehörde | 14–15 |
| IV. | Die Entscheidung der RegTP: Inhalt, Rechtsnatur und Wirkungen | 16–23 |
|  | 1. Verfahren | 16 |
|  | 2. Maßstäbe der Entscheidung | 17–18 |
|  | 3. Inhalt der Anordnung | 19 |
|  | 4. Rechtsnatur und Wirkung der Zusammenschaltungsanordnung | 20–23 |
| V. | Verordnungsermächtigung | 24 |

## I. Entwicklung und Systematik

§ 38 des Fraktionsentwurfs sah **Anordnungen im Einzelfall** vor, die die Einzelheiten der **1** Bedingungen für Zusammenschaltung und Netzzugänge regeln. Auf Anrufung durch einen der die Zusammenschaltung Begehrenden sollte die Regulierungsbehörde berechtigt sein, die technischen, betrieblichen und wirtschaftlichen Bedingungen für Netzzusammenschlüsse setzen zu können, wenn die Zusammenschaltung nicht in angemessener Frist zustande kam.[1] Diese Konzentration auf die Anordnung von Bedingungen im Einzelfall unter Beachtung des Vorrangs kommerzieller Vereinbarungen[2] wurde in der Beschlussempfehlung und in dem Bericht des Ausschusses für Post und Telekommunikation unter Beschränkung auf Zusammenschaltungen durch die heutige Fassung ersetzt,[3] die insofern als Erweiterung angesehen wurde, als die Regulierungsbehörde nicht nur Einzelheiten anordnen kann, sondern die Zusammenschaltung als solche. Aufgegeben wurde das in § 38 TKGE noch vorgesehene Schlichtungsverfahren, das sich nur noch begrenzt auf marktbeherrschende Betreiber von Telekommunikationsnetzen in § 8 NZV findet.

Die Vorschrift ist **Teil des öffentlich-rechtlichen Auffangnetzes privatautonomer Zusammenschaltungsvereinbarungen** und setzt – wenn auch unzureichend – den verhandlungsbegleitenden Rahmen des europäischen Sekundärrechts um, insbesondere Art 9 RL 97/33/EG (Rn 14 ff). **2**

Die Anordnungsbefugnis des § 37 Abs 1 TKG ist **Sicherungsinstrument** sowohl **für Zusammenschaltungsvereinbarungen** nach § 35 Abs 1, Abs 2 wie nach § 36 TKG. Die Reihenfolge der §§ 35–37 TKG ist dabei insofern unglücklich, als § 36 TKG die umfangreichste Norm darstellt, § 35 TKG nur einen sachlich und personell eingeschränkten Aspekt regelt, soweit es um die Zusammenschaltung geht, während die Vorschrift insofern weiter ist, als auch andere Netzzugänge erfasst werden. § 37 TKG regelt – bezogen auf Zusammenschaltung – dann wiederum einen allgemeinen Sanktionsmechanismus. Gegenüber § 36 TKG ist die Anordnungsbefugnis insofern subsidiär[4], als nach § 37 II 1 TKG eine Anordnung nur zulässig ist, soweit und solange **3**

---

1 Vgl BT-Drucks 13/3609 zu § 38 TKGE.
2 Dazu BT-Drucks 13/3609 zu § 38 TKGE S 47.
3 BT-Drucks 13/4864 zu § 36 TKGE.
4 *Tschentscher* BB 1997, 2437, 2438.

die Beteiligten keine Zusammenschaltungsvereinbarungen treffen (**Vorrang der privatautonomen Verhandlung und Vereinbarung**). Freilich wirkt die Möglichkeit der Anrufung und Anordnung nicht nur als öffentlich-rechtliche *fleet in being*, sondern zugleich als ein mittelbarer Anreiz[5] zum Abschluss einer Vereinbarung, der im deutlicher ausgeformten europäischen Verhandlungsbegleitungskonzept noch ausgeprägter sein dürfte (§ 36 Rn 14). § 38 TKG – begrenzt auf Vereinbarungen nach § 35 TKG – stellt dem gegenüber nur eine ex-post-Kontrolle bereits abgeschlossener Vereinbarungen über Netzzugänge dar und ist zudem eine Schutzvorschrift zugunsten von Dritten. Das Verfahren nach § 8 NZV ist nur bezogen auf Netzzugänge nach § 35 TKG und zudem nur bei gemeinsamer Anrufung der Beteiligten einschlägig (§ 35 Rn 62). Insofern handelt es sich der rechtlichen Ausgestaltung nach um zwei selbständige und voneinander unabhängige Verfahren, insbesondere ist auch der Anwendungsbereich des § 8 NZV nicht etwa Voraussetzung der Anrufung nach § 37 TKG. Das Schlichtungsverfahren nach § 35 Abs 4 TKV steht Kunden marktbeherrschender Anbieter von Übertragungswegen offen. Diese Umsetzung von Art 12 RL 92/44/EWG [Mietleitungsrichtlinie][6] überschneidet sich nicht mit dem Anwendungsbereich von § 37 TKG, da die Begründung des Zugangs zu Übertragungswegen kein Netzzugang ist. Der **neue**, von der Kommission vorgeschlagene **Rechtsrahmen** (Einf II 2 b Rn 37 ff) sieht ebenfalls eine an das mehrstufige Marktanalyseverfahren (Einf II 2 b Rn 41) geknüpfte Möglichkeit der Behörde vor, den Betreibern mit beträchtlicher Marktmacht die Verpflichtung zur Zusammenschaltung von Netzen oder Netzeinrichtungen aufzuerlegen,[7] wobei die nationale Regulierungsbehörde eine Reihe von Faktoren berücksichtigen muss.

## II. Anordnung der Zusammenschaltung durch die Regulierungsbehörde

**4** § 37 Abs 1 TKG enthält eine **Befugnis der Regulierungsbehörde**, die **Zusammenschaltung anzuordnen**, wenn zwischen den Betreibern öffentlicher TK-Netze eine Vereinbarung nicht zustande kommt. Voraussetzung ist also das Scheitern einer Vereinbarung über Zusammenschaltung zwischen Betreibern öffentlicher Telekommunikationsnetze.

### 1. Anwendungsbereich: Keine Begrenzung auf marktbeherrschende Unternehmen

**5** Der Begriff des **Betreibers öffentlicher Telekommunikationsnetze** ist insoweit nicht anders zu verstehen, als in § 36 TKG (§ 36 Rn 4). Eine **teleologische Reduktion auf marktbeherrschende Anbieter** von Telekommunikationsdienstleistungen im Sinne des § 35 Abs 1 TKG **kommt nicht in Betracht**.[8] Dies widerspricht nicht nur dem klaren Wortlaut der Vorschrift, sondern ebenfalls der Entstehungsgeschichte, in der unzweifelhaft von einer allgemeinen Zusammenschaltungspflicht und einer entsprechenden Anrufungsbefugnis ausgegangen wurde (vgl oben Rn 1). Das immer wieder herangezogene Argument, die Netzzugangsverordnung sei auf marktbeherrschende Unternehmen nach § 35 Abs 1 TKG bezogen, daher spreche – nicht zuletzt bezogen auf § 9 NZV – alles dafür, die Anordnungsbefugnisse nur für marktbeherrschende Unternehmen vorzusehen, ist nicht überzeugend. Die NZV nimmt mit § 1 Abs 1 NZV ebenso wie § 9 NZV explizit auf § 37 Abs 1 bzw Abs 3 TKG Bezug und eröffnet daher den Rückgriff auf die Normen in ihrem jeweiligen Anwendungsbereich. Auch besteht kein Grund, den Anwendungsbereich unter Rückgriff auf Vorgaben des EG-Rechts und die Grundzüge der deutschen Wirtschaftsverfassung restriktiv zu interpretieren.[9] Das EG-Recht geht auch bei nicht marktstarken Unternehmen nicht etwa nur von einer Verhandlungs- sondern von einer Aushandlungspflicht aus, wie Art 4 Abs 1 RL 97/33/EG zeigt. Ebenso wenig bietet das nationale Verfassungsrecht einen Anhaltspunkt für eine über die übliche Berücksichtigung der Verhältnismäßigkeit hinausgehende restriktive Interpre-

---

**5** Vgl *Großkopf* Netzzusammenschaltung, S 62.
**6** Vgl BR-Drucks 551/97.
**7** Vgl Art 12 Abs 1 UA 2 lit h des Vorschlages für eine Richtlinie des Europäischen Parlaments und des Rates über den Zugang zu elektronischen Kommunikationsnetzen und zugehörigen Einrichtungen sowie deren Zusammenschaltung v 12.7. 2000 KOM (2000) 384 endg, Abl Nr C 365 E/215 v 19.12. 2000 (E-RL Zugang und Zusammenschaltung).
**8** AA etwa *Etling/Ernst* TKG § 37 Rn 1; *Bock/Völker* CR 1998, 473, 479.
**9** So auch Beck'scher TKG-Kommentar/*Piepenbrock* § 37 Rn 2 ff.

tation. Angesichts der Bedeutung einer interoperablen Infrastruktur kann auch verfassungsrechtlich kein Zweifel daran bestehen, dass dem Grundsatz nach gegen die Zusammenschaltungsverpflichtungen keine Bedenken bestehen. Es besteht jedenfalls kein Grund, die Zusammenschaltung mit nicht marktbeherrschenden Unternehmen auf Belange der Grundversorgung zu beschränken[10], die schon durch die Regeln über den Universaldienst abgedeckt wird.

## 2. Anrufung durch einen Beteiligten

Voraussetzung ist zunächst eine **Anrufung** durch einen der Beteiligten. Ungeachtet des vom Wortlaut der Vorschrift sich ergebenden Eindrucks, erhellt der Zusammenhang mit der Fristenregelung, die nach Anrufung durch einen Beteiligten ausgelöst wird, dass die Anrufung generell für die Zusammenschaltungsanordnung vorausgesetzt wird. Die Regulierungsbehörde soll nicht grundlos angerufen werden, etwa dann, wenn der Anrufende noch kein Angebot von den anderen Netzbetreibern verlangt hat,[11] wenn die Nachfrage nicht hinreichend konkret war, um ein Angebot überhaupt auszulösen,[12] oder wenn bereits eine Einigung bestand.[13] Insofern setzt § 9 Abs 1 NZV die gesetzliche Regelung zutreffend um. Daran wird zugleich deutlich, dass es eine Automatik zwischen Scheitern der Verhandlung und Anordnung, wie sie vom Text her zunächst naheliegend scheint, nicht gibt. Sie bleibt nach dem deutschen Konzept abhängig von der Anrufung durch die Beteiligten. Diese ist im Übrigen widerrufbar (§ 9 Abs 2 S 2 NZV).

**6**

## 3. Nichtzustandekommen einer Vereinbarung

Weitere Voraussetzung für eine Anordnung ist das **Nichtzustandekommen einer Vereinbarung** über die Zusammenschaltung. Das setzt voraus, dass zunächst einmal versucht worden ist, eine Vereinbarung herbeizuführen. Dies kann letztlich nur durch den Nachfrager nach Zusammenschaltung geschehen. Der Zusammenschaltungsverpflichtete verstößt durch eine Weigerung ein Angebot zur Zusammenschaltung abzugeben, bereits gegen § 36 TKG; ebenso liegt in der ungerechtfertigten Verzögerung der Verhandlung ein Verstoß gegen § 36 S 1 TKG. Dies hindert nicht die Anordnung der Regulierungsbehörde, sondern macht sie notwendig.[14] An das Scheitern von Verhandlungen dürfen dabei keine allzu hohen Anforderungen gestellt werden, soll nicht – gegen die Regulierungsziele des Gesetzes – durch ein Verzögern von Verhandlungen der Wettbewerb verhindert, erschwert oder verlangsamt werden.[15] Auf der anderen Seite hat der Zugangsverpflichtete – zumal dann, wenn er sich einer Vielzahl von Zusammenschaltungsbegehren ausgesetzt sieht – ebenso wie der Nachfrager ein Ermessen bei der Gestaltung der Verhandlungen, das insbesondere von den zu lösenden technischen, ökonomischen und rechtlichen Problemen bestimmt wird.[16]

**7**

Wegen der in § 37 Abs 1, 2 TKG geregelten Subsidiarität der Zusammenschaltungsanordnung zugunsten einer vertraglichen Vereinbarung ist eine Zusammenschaltungsanordnung nur bezüglich solcher Gegenstände zulässig, über die die Beteiligten keine Einigung erreichen konnten, nicht aber hinsichtlich solcher Gegenstände, über die nach den Verhandlungen kein sachlicher Dissens bestand.[17]

**8**

**Ausreichend** ist im Übrigen, **wenn der Antragsteller plant**, mittels der Zusammenschaltung **ein öffentliches Telekommunikationsnetz zu betreiben** und dies dann parallel zur tatsächlich erfolgten Zusammenschaltung aufbaut. Schon von den Regulierungszielen des § 2 Abs 2 Nr 1 1. Alt TKG wäre eine Interpretation, die die Antragstellung an vorhandene Telekommunikationsnetze bindet, zu eng. Einem neuen Marktteilnehmer wird es oftmals nicht möglich sein, eigene Kunden zu gewinnen, wenn nicht sichergestellt ist, dass sie mit denjenigen des markt-

**9**

---

10 So aber Beck'scher TKG-Kommentar/*Piepenbrock* 1. Aufl § 37 Rn 6; anders nunmehr 2. Aufl § 37 Rn 6.
11 BK 4-98-006/Z 10.6.98; BK 4-98-011/Z 2.7.98; BK 4-98-015/Z 23.7.98.
12 BK 4-98-026/Z 23.9.98.
13 RegTP BK 4a-00-018/Z 30.6.00 S 23 f.

14 RegTP BK 4a-00-018/Z 30.6.00.
15 RegTP BK 4-98-006/Z 10.6.98; BK 4-98-011/Z 2.7.98; BK 4-98-015/Z 23.7.98.
16 RegTP BK 4-98-020/Z 21.8.98.
17 RegTP BK 4a-00-018/Z 30.6.00; VG Köln, Beschl v 30.5.00 – 1 l 557/00 – UA S 3.

beherrschenden Unternehmens telefonieren können. Erst mit der erfolgten Zusammenschaltung wird ein Telekommunikationsnetz überhaupt wirtschaftlich betrieben werden können.[18] Freilich müssen die Planungen bereits hinreichend konkret sein.[19]

### 4. Vorrang der Verhandlung

**10** Darin kommt die auf den **Vorrang der Verhandlung** und damit die autonome Willensbildung der Unternehmen abstellende Konzeption des Gesetzes zum Ausdruck, die ihre Bestätigung in der weiteren Voraussetzung findet, dass nach § 37 Abs 2 S 1 TKG eine Anordnung nur zulässig ist, **soweit und solange** die Beteiligten keine Zusammenschaltungsvereinbarung treffen.[20] Die Subsidiarität der Anordnung gegenüber Verhandlung und Vereinbarung betrifft sowohl das „ob" einer Vereinbarung wie auch deren möglichen Inhalt, in zeitlicher ebenso wie in sachlicher Hinsicht. Sobald die Beteiligten eine Zusammenschaltungsvereinbarung treffen, die die Zusammenschaltung insgesamt oder aber auch nur in Teilen regelt, ist eine Anordnung hinsichtlich der Reichweite vereinbarter Regelungen unzulässig. Dies gilt auch, wenn die Beteiligten bewusst bestimmte Aspekte nicht geregelt haben. Dies erhellt zugleich, dass eine Anrufung hinsichtlich einzelner Teilfragen zulässig ist.

**11** Dieser Vorrang der Verhandlung und privatautonomen Vereinbarung setzt sich inhaltlich darin fort, dass die Regulierungsbehörde die **Anrufungsgründe** zu beachten hat, also – so wird man dies verstehen müssen – eine Anordnung nur im Rahmen der Anrufungsgründe treffen kann. Allerdings zeigt sich hier eine gewisse Auflösung einer zu engen Bindung an die Anrufungsgründe in der neueren Regulierungspraxis, die zugleich eine Annäherung an das Modell der Regulierung beinhaltet, wie es in § 1 TKG skizziert ist (§ 1 Rn 10 ff). Zwar hat danach die Regulierungsbehörde im Verfahren nach § 9 Abs 3 NZV die Anrufungsgründe zu beachten,[21] zugleich aber soll im Rahmen der dadurch vorgegebenen Grenzen die konkrete Ausgestaltung im Gestaltungsspielraum der Beschlusskammer liegen. Wegen des Diskriminierungsverbots, dem das marktbeherrschende Unternehmen unterliegt, und der daraus folgenden Verpflichtung zur Gewährung gleichwertiger Netzzugänge nach § 35 Abs 2 TKG (§ 35 Rn 41) sowie im Hinblick auf das in § 2 Abs 2 Nr 2 TKG festgeschriebene Regulierungsziel der Sicherstellung eines chancengleichen und funktionsfähigen Wettbewerbs sind nach Auffassung der Regulierungsbehörde bei einer Entscheidung die Auswirkungen grundsätzlicher Festlegungen in den Zusammenschaltungsentscheidungen auf alle Wettbewerber in angemessener Weise zu berücksichtigen. Daraus ergebe sich die Befugnis, Grundsatzfragen über die Ausgestaltung des zukünftigen Zusammenschaltungsregimes zu entscheiden.[22] Darin kommt das richtige Ziel einer Öffnung der Regulierungspraxis für eine stärkere Orientierung an den Zielen des TKG angesichts eines zu engen, auf die Zufälligkeiten der Anrufung ausgerichteten Verständnis des Vorrangs von Vertragsverhandlungen zum Ausdruck. Damit erfolgt auch eine gewisse Annäherung an den europäischen Regulierungsrahmen, der – darüber hinausgehend – deutlich das Initiativrecht betont (Rn 14 f).

**12** Die **Anordnung muss auf Zusammenschaltung gerichtet** sein. Zusammenschaltung ist hier nicht anders als im Rahmen von § 36 TKG zu verstehen (§ 36 Rn 2). Allerdings zeigen sich beim Zusammenschaltungsbegriff **Unabgestimmtheiten mit dem Zusammenschaltungsbegriff der RL 97/33/EG**. Ist im TKG der Zusammenschaltungsbegriff vom besonderen Netzzugang unterschieden und als Unterfall behandelt[23] mit der Folge, dass sich nicht zuletzt in § 37 TKG mit Blick auf die Entstehungsgeschichte (Rn 1) die Frage nach der Einbeziehung des besonderen Netzzugangs stellt, geht das Gemeinschaftsrecht von dem besonderen Netzzugang als Unterfall der Zusammenschaltung aus. Dies ist nicht zuletzt im Hinblick auf die Befugnisse der Regulierungsbehörde nach Art 16 Abs 2, 4 und 5 RL 98/10/EG sowie Art 4a Abs 3 UA 2 RL 96/19/EG bedeutsam. Soweit nicht die Probleme im Rahmen von § 35 Abs 2 TKG gelöst werden können,

---

[18] RegTP BK 4–98–006/Z 10.6.98; BK 4–98–015/Z 23.7.98; BK 4–98–011/Z 2.7.98.
[19] BK 4–98–015/Z 23.7.98.
[20] Vgl RegTP BK 4–98–011/Z 2.7.98.
[21] RegTP BK 4a-00–018/Z 30.6.00 UA S 25.

[22] RegTP BK 4a-00–018/Z 30.6.00 S 25; zu den Grenzen dann freilich auch S 45.
[23] Vgl § 3 Nr 9, 24, § 35 Abs 1, S 2, 3 TKG, § 1 Abs 2 NZV.

stellt sich daher ein Umsetzungsdefizit ein, das inhaltlich wie prozedural durch eine erweiternde Auslegung des § 37 TKG zu lösen ist.[24]

## 5. Verfahren der Anordnung

Ausgelöst wird das Verfahren der Anordnung durch die **Anrufung durch einen Beteiligten**. Dieser Antrag muss substanziiert werden (§ 9 Abs 2 S 2 NVZ). Insbesondere im Hinblick auf die unflexible Festlegung der Frist in § 37 Abs 1 S 1, S 2 TKG ist der Substanziierungspflicht nicht leicht zu genügen. Nicht zuletzt mag es im Interesse der Regulierungsbehörde sein, nicht durch zu kurze Fristen in die Situation gebracht zu werden, Grundsatzfragen nicht als solche zu behandeln.[25] Standardzusammenschaltungsangebote und Musterverträge sind insoweit unerlässliche Hilfsmittel, um dieser Substanziierungslast zu genügen, räumen aber zugleich dem marktmächtigen Unternehmen die Möglichkeit der Modalitätsbestimmung durch Zeitdruck ein. Insoweit wäre eine flexible Fristsetzung durch die Regulierungsbehörde durchaus problemangemessener. Antragsänderungen sind im laufenden Verfahren möglich, schon um die hinreichende Flexibilität im Hinblick auf den jeweiligen Erkenntnisstand der Beteiligten zu erhalten.[26] Allerdings kann bei wesentlichen Änderungen die Entscheidungsfrist erst mit dem ändernden oder ergänzenden Antrag beginnen.[27]

13

## III. Anordnung auf Initiative der Regulierungsbehörde

Wie bereits zu § 36 TKG dargelegt (§ 36 Rn 10), ist die Umsetzung von RL 97/33/EG insofern unzureichend, als nicht nur die Anrufung durch die Beteiligten zu einer Zusammenschaltungsanordnung führen kann, sondern die **RegTP von sich aus** in der Lage sein muss, initiativ **tätig zu werden**.[28] Erwägungsgrund 12 aE, Art 9 Abs 3 und Abs 6 RL 97/33/EG lassen keinen Zweifel daran, dass die Regulierungsbehörde von sich aus in eine Zusammenschaltungsverhandlung zur Verfolgung der in Art 9 Abs 1 RL 97/33/EG vorgesehenen Ziele jederzeit eingreifen und als ultima ratio zum Schutz wesentlicher öffentlicher Interessen oder Benutzerinteressen die Zusammenschaltung und ggf ihre Bedingungen anordnen können muss.[29] Insoweit fehlt es an einem verhandlungsbegleitenden Initiativrecht (§ 36 Rn 10) ebenso wie an einer Zusammenschaltungsbefugnis aus eigener Einschätzung von öffentlichen oder Benutzerinteressen. Hinsichtlich der ersteren ist nicht zweifelhaft, dass § 33 Abs 2 TKG keine Befugnis vermittelt. Ebenso wenig können darüber Benutzerinteressen geschützt werden. Einzig bei den öffentlichen Interessen, soweit auch der funktionierende Wettbewerb als ein solches öffentliches Interesse angesehen werden kann, das zugleich individualisiert ist, kann überhaupt eine partielle Umsetzung der Anordnung von RL 97/33/EG in Betracht kommen. Im Übrigen aber fehlt es an einer Umsetzung. Ungeachtet dessen werden die öffentlichen Interessen der Inanspruchnahme immer sehr genau unter dem Gesichtspunkt der Erforderlichkeit bewertet werden müssen.

14

Angesichts des die Anrufung voraussetzenden, auf den Vorrang der privatautonomen Vereinbarung abstellenden Regelungsgehalts findet eine richtlinienkonforme Interpretation des § 37 Abs 1 TKG nicht statt. Dies ließe sich auch nicht so lösen, dass § 37 Abs 1 TKG allein den Fall der Anrufung durch einen Beteiligten regelt und regeln will, im Übrigen aber Raum lässt für einen Rückgriff auf die Richtlinie, in diesem Sinne also nicht abschließend ist. Indes dürften insoweit – da es nicht um die Konstellation einer begünstigenden Anordnung mit belastender Drittwirkung geht – nicht unerhebliche Bedenken bezüglich eines unmittelbaren Rückgriffs auf die Richtlinien bestehen, da es hier regelmäßig um einen die Unternehmen belastenden Rückgriff auf die Richtlinie gehen dürfte.[30]

15

---

24 Krit Wieland/Enderle MMR 1999, 379.
25 Dazu auch Bock/Völcker CR 1998, 473, 477.
26 Zu Recht RegTP BK 4–98–040/Z 10.11.98.
27 RegTP BK 4–98–040/Z 10.11.98.
28 Das Initiativrecht und die Befugnis zur ex-ante Festlegung von Bedingungen wird als wesentliches Regulierungselement immer wieder in den Umsetzungsberichten der EG-Kommissionen betont; vgl jüngst 6. Umsetzungsbericht v 7.12.00 KOM (2000) 814 endg S 18 ff.
29 Die fehlende Implementation wird auch im 4. Bericht über die Umsetzung festgestellt: „concern regarding powers of NRA to intervene in interconnection disputes".
30 Zu den Bedenken vgl § 36 Rn 19.

## IV. Die Entscheidung der RegTP: Inhalt, Rechtsnatur und Wirkungen

### 1. Verfahren

**16** Die Entscheidung erfolgt durch die **Beschlusskammer** (§ 73 Abs 1 TKG). Das Verfahren richtet sich nach §§ 74 ff TKG, ist aber von der RegTP weitgehend einem Streitbeilegungsverfahren angenähert.[31]

### 2. Maßstäbe der Entscheidung

**17** Die **materiellen Maßstäbe der Entscheidung** ergeben sich zunächst aus den tatbestandlichen Voraussetzungen des § 37 Abs 1, Abs 3 iVm § 35 Abs 2, § 36 TKG. Das gibt – soweit es § 37 Abs 1 TKG betrifft – letztlich wenig her, weil es insoweit an jedem Hinweis auf einen materiellen Maßstab fehlt. Eher ist schon der Zusammenhang mit § 37 Abs 3 S 3 iVm § 35 Abs 2 TKG sowie mit § 36 TKG andererseits instruktiv. Ersterer verlangt, dass die Maßstäbe der Zusammenschaltungsanordnung dem § 35 Abs 2 TKG entsprechen, also auf objektiven Maßstäben beruhen, nachvollziehbar sind und einen gleichwertigen Zugang zu den Telekommunikationsnetzen des Betreibers gewähren. Zudem darf der Netzzugang nur aus Gründen beschränkt werden, die auf den grundlegenden Anforderungen im Sinne von Art 3 Abs 2 RL 90/387/EWG [ONP-Rahmenrichtlinie] beruhen (Einzelheiten dazu § 35 Rn 37 ff). Insoweit ist – ungeachtet des weitergehenden Wortlauts – davon auszugehen, dass es sich um eine Rechtsgrundverweisung handelt,[32] also nur soweit es um Vereinbarungen mit Netzbetreibern im Sinne von § 35 Abs 1 TKG geht. Im Übrigen gelten die Anforderungen des § 36 TKG, insbesondere diejenigen Zielformulierungen nach § 36 S 2 TKG. Nach § 9 Abs 4 NZV hat die Regulierungsbehörde zudem die Interessen der Nutzer sowie die unternehmerische Freiheit jedes Netzbetreibers zur Gestaltung seines Telekommunikationsnetzes zu berücksichtigen.[33] Diese Formulierung ist freilich keineswegs abschließend, wie schon der Hinweis auf die gesetzlichen Maßstäbe zeigt. Darüber hinaus wird man annehmen müssen, dass die Regulierungsbehörde die in Art 9 Abs 1 RL 97/33/EG genannten Aspekte bei ihrer Entscheidung zu berücksichtigen verpflichtet ist, die die ebenfalls anwendbaren Regulierungsziele des § 2 Abs 2 TKG überlagern und vervollständigen.

**18** Schon dies erhellt, dass es sich hier um eine **komplexe Abwägungsentscheidung** handelt, die sich nicht in eine monofinale Abwägung wirtschaftlicher und wettbewerblicher Interessen auf beiden Seiten auflösen lässt, sondern ebenso eine Reihe öffentlicher Interessen mit umfasst, die jeweils situativ zu einem Ausgleich zu bringen sind. Im Einzelnen hängt dies davon ab, ob eine umfassende oder auf Einzelaspekte beschränkte Anordnung erfolgen soll und ob diese auf Anrufung durch einen Beteiligten oder auf – in § 9 NZV sowie im TKG insgesamt nicht vorgesehen, vom europäischen Recht aber geforderten – Eigeninitiativen der Regulierungsbehörde ergeht. In Bereichen, in denen sich der Wettbewerb weitgehend eingespielt hat, mag es sich anbieten, auf marktnahe und markterprobte Kriterien und Bedingungen abzustellen.[34] Für eine gerichtliche Kontrolle folgt daraus die Zurücknahme der Kontrolldichte auf die Maßstäbe nachvollziehender Abwägungskontrolle.[35] Der Rationalisierung und Überprüfbarkeit würde es dienen, wenn die Regulierungsbehörde das ihr eingeräumte Gestaltungsermessen durch Konzepte und Grundsätze ausführt, die deutlich machen können, welche Regulierungsstrategien und -ziele angesichts welcher unterstellten Marktbedingungen verfolgt werden. Je weitergehender diese auch verfahrensmäßig flankiert werden, desto stärker ist eine Reduktion gerichtlicher Kontrolle zu rechtfertigen.[36] Insoweit ist es nicht uninteressant zu sehen, dass etwa die britische Regulierungsbehörde Oftel ungeachtet der common law Tradition deutlicher über Konzepte und

---

[31] *Riehmer* MMR 1998, 59, 62; *Bock/Völker* CR 1998, 473, 481 f.
[32] AA offenbar *Manssen* in: ders, TKG § 37 Rn 7.
[33] Vgl etwa RegTP BK 4–98–040/Z 10.11.98.
[34] RegTP, Beschl v 29.12.1999 BK 4a-99–047/Z 22.10.99; BK 4c-99–046/Z 22.10.99; BK 4d-99–051/Z 22.10.99; BK 4c-99–653/Z 4.11.99; vgl auch *Knieps* MMR 1999, 460 ff.
[35] Vgl dazu *Gerhard* in: Schoch/Schmidt-Aßmann/Pietzner, VwGO § 114 Rn 4 ff, 55 ff; *Schmidt-Aßmann* DVBl 1997, 281 ff.
[36] Vgl dazu § 1 Rn 22.

Grundsätze die Regulierungsziele zu erreichen sucht und damit zur Rationalisierung der Entscheidungspraxis beiträgt.[37]

### 3. Inhalt der Anordnung

Der **Inhalt der Anordnung** lässt sich dahingehend allgemein beschreiben, dass all diejenigen Bedingungen festgelegt werden können, die zur Zusammenschaltung erforderlich sind und die im Interesse mindestens eines Zusammenschaltungspartners liegen.[38] Dazu gehören vor allem – soweit einschlägig und erforderlich – die in § 5 Abs 2 NZV benannten Kriterien, die im Wesentlichen denen nach Anhang VII 2. Abschnitt der RL 97/33/EG entsprechen. Dass diese nicht darauf beschränkt sind, erhellt Art 9 Abs 3 UA 2 RL 97/33/EG. Dies lässt sich dahingehend verallgemeinern, dass Zusammenschaltungsleistungen, die Gegenstand einer Anordnung sein können, die physische Zusammenschaltung (Terminierung, Zuführung, Transit) sowie zusätzliche Dienstleistungen sein können, wenn sie mit einer Zusammenschaltungsleistung in einem engen Zusammenhang stehen und für die Erbringung der Leistung oder deren Nachfrage erforderlich sind. Ein enger Zusammenhang ist nur gegeben, wenn die Leistungen einen im Wesentlichen technischen Bezug zu dem zusammengeschalteten Telekommunikationsnetz hat.[39] Im Rahmen einer Zusammenschaltungsanordnung ist auch die Festlegung von Entgelten zulässig, die wesentlicher Teil eines Zusammenschaltungsvertrages sind.[40] Die gegenteilige Auffassung des VG Köln[41] verfehlt nicht nur die eindeutigen Intentionen des Gesetzgebers[42], auch erscheint es erstaunlich, dass gerade dieser – für jeden Vertrag über Zusammenschaltung essentielle Teil nicht der Anordnung der Regulierungsbehörde unterliegen soll.[43]

19

### 4. Rechtsnatur und Wirkung der Zusammenschaltungsanordnung

Die Zusammenschaltungsanordnung ist ein Verwaltungsakt (§ 73 Abs 1 S 2 TKG). Dieser ist kraft Gesetzes sofort vollziehbar (§ 80 Abs 2 TKG), ein Vorverfahren findet nicht statt (§ 80 Abs 1 TKG). Damit sind die **Regelungswirkungen** noch nicht abschließend bestimmt. Insoweit ist analytisch das Rechtsverhältnis zwischen den Zusammenschaltungsverpflichteten und der Regulierungsbehörde von den Rechtsbeziehungen der Zusammenschaltungsverpflichteten/-berechtigten zu trennen.

20

Die Zusammenschaltungsanordnung lässt **zwischen** der **Regulierungsbehörde** und den **Zusammenschaltungsverpflichteten/-berechtigten** ein öffentlich-rechtliches Rechtsverhältnis entstehen, das im Verwaltungsrechtsweg anzugreifen ist. Geregelt werden mit verbindlicher Wirkung und einseitig die Bedingungen der Zusammenschaltung, soweit die Anordnung der Regulierungsbehörde sachlich, personell und zeitlich reicht (Rn 19).

21

Damit ist freilich über die **Rechtsbeziehung zwischen den Beteiligten** noch nichts ausgesagt. Die Lösungen variieren zwischen einem öffentlich-rechtlichen begründeten, aber privatrechtlichen gesetzlichen Schuldverhältnis[44], einem administrativ angeordneten zivilrechtlichen Vertrag[45] und einem öffentlich-rechtlichen Sachverhalt[46], einer unmittelbar angeordneten Zusammenschaltungspflicht der Parteien, die sie zu vollziehen haben, die zu einem öffentlich-rechtlichen Zusammenschaltungsverhältnis führt.[47] Von dem Regelungsgehalt her dürfte kaum ein Zweifel bestehen, dass zunächst einmal nicht die Vereinbarung einer Zusammenschaltung angeordnet wird, sondern nach dem klaren Text des § 37 Abs 1 TKG die Zusammenschaltung. Insoweit ist auch § 9 Abs 5 NZV zu verstehen, der davon spricht, dass die betroffen Netz-

22

---

37 Zu den Notwendigkeiten konzeptioneller ex-ante Regulierung auch 6. Umsetzungsbericht (Fn 28).
38 RegTP, BK 4–98–011/Z 2. 7. 98; BK 4–98–026/Z 23. 9. 98; Beschl v 11. 5. 1999 BK-4d-99–008/Z 1. 3. 99.
39 RegTP 4c-99–036/Z 4. 8. 99 MMR 2000, 383 f.
40 RegTP BK 4–98–006/Z 10. 6. 98; BK 4–98–011/Z 2. 7. 98; aA VG Köln, Urt v 18. 12. 2000, 1 L 2484/00.
41 Vgl Fn 40.
42 Vgl BT-Drucks 13/3609, S 47; danach kann die RegTP ua wirtschaftlichen Bedingungen der Zusammenschaltung regeln.
43 Zur Kritik M. *Röhl* Die Regulierung, Kap 14 IV.
44 *Spoerr* MMR 2000, 677, 678; ausführlich zum Ganzen M. *Röhl* Die Regulierung, Teil II Kap 18 S 13.
45 *König* K & R 1999, 298; *Manssen* in: ders, TKG § 37 Rn 6.
46 *Tschentscher* BB 1997, 2437, 2439 mit Fn 23.
47 Vgl *Riehmer* MMR 1998, 59, 63.

betreiber der Anordnung nachkommen müssen. Das ist dann die faktische Vollziehung der Entscheidung. Darauf muss der Begriff freilich nicht beschränkt sein. „Nachkommen" kann auch eine – auch konkludente – Umsetzung in ein Rechtsverhältnis der Beteiligten untereinander beinhalten. Der Inhalt der Anordnung umfasst schließlich normative Beziehungen der Zusammenschaltung, die kraft administrativer Anordnung zwischen den Beteiligten gelten sollen. Insoweit ist „Nachkommen" im Sinne von § 9 Abs 5 NZV denn auch das den Bedingungen entsprechende Verhalten, was präzise in § 37 Abs 3 TKG als Durchführung der Anordnung bezeichnet wird. Das beinhaltet ggf auch eine normative Umsetzung. Dem entspricht am ehesten das Konzept eines angeordneten Vertrages, wäre aber auch vereinbar mit einem administrativ begründeten, zivilrechtlichen Sonderverhältnis zwischen den Beteiligten. Schon um der Verhinderung überflüssiger Rechtswegaufspaltung willen scheint dies vorzugswürdig.

**23** Die Reichweite der **Bindungswirkung** ist ebenfalls umstritten und reicht von strikter Bindung kraft Regelungswirkung des Verwaltungsaktes[48] bis hin zu der Aussage, die Beteiligten könnten sich jederzeit durch Abschluss einer entsprechenden Vereinbarung über die Anordnung hinwegsetzen.[49] Mag letzteres auch dem Modell der Subsidiarität und dem Vorrang vertraglicher Regelungen (Rn 10) am besten entsprechen, so bedürfte es aber einer auf die Dogmatik des Verwaltungsaktes ausgerichteten Begründung. Insoweit mag man davon ausgehen, dass mit dem Abschluss einer Änderungsvereinbarung sich der Regelungsgehalt im Sinne von § 43 Abs 2 VwVfG in anderer Weise erledigt, weil die Anordnung nur soweit und solange reichen und gelten soll, wie eine Vereinbarung zwischen den Beteiligten nicht zustande kommt. Erfolgt also die Anordnung im Interesse eines der Beteiligten, so bestehen hinsichtlich einer einvernehmlichen Abänderung keine Bedenken. Soweit dem gegenüber eine Anordnung auf Initiative der Regulierungsbehörde (Rn 14) zur Durchsetzung von Nutzerinteressen oder anderen öffentlichen Interessen erfolgt, kann dies freilich nicht gelten. Insoweit ist die jeweilige Anordnung entsprechend auszulegen.

### V. Verordnungsermächtigung

**24** In der Rechtsverordnung nach § 35 Abs 5 TKG kann die Bundesregierung nach § 37 Abs 3 TKG die erforderlichen Einzelheiten bestimmen. Dabei ist das Verfahren bei der Regulierungsbehörde zu regeln sowie zu bestimmen, welchen Inhalt die Zusammenschaltungsvereinbarung haben muss und in welcher Frist die Netzbetreiber die Anordnung durchzuführen haben. Die Bundesregierung hat durch § 9 NZV davon Gebrauch gemacht. Freilich ist § 9 NZV hinsichtlich des Verfahrens und des Inhalts der Anordnung aber eher defizitär. Angesichts des experimentellen Charakters der Regulierung mag dies nicht zu beanstanden sein, verliert aber angesichts evidenter Umsetzungsdefizite auch des Gemeinschaftsrechts zunehmend seine Überzeugungskraft.

## § 38 Wettbewerbsbeschränkende Vereinbarungen

(1) Vereinbarungen über die Gewährung von Netzzugängen nach § 35 sind unwirksam, soweit sie geeignet sind, die Wettbewerbsmöglichkeiten anderer Unternehmen auf einem Markt der Telekommunikation ohne sachlich gerechtfertigten Grund zu beeinträchtigen.

(2) § 33 Abs 2 und 3 gilt entsprechend.

Schrifttum: *Bechtold* Kommentar zum Kartellgesetz, 1999; *Bock/Völcker* Regulatorische Rahmenbedingungen für die Zusammenschaltung von TK-Netzen, CR 1998, 473; *Gramlich* Rechtsfragen bei Zusammenschaltungsvereinbarungen, CR 1997, 65; *Haar* Offener Netzzugang in der Telekommunikation, CR 1996, 713; *Hefekäuser/Dreier* Der gesetzliche Rahmen für Netzzugang und Netzzusammenschaltungen, CR 1997, 110; *Hiltl/Großmann* Grundfragen des neuen deutschen Telekommunikationsrechts, BB 1996, 169; *Knieps* Zugang zu Netzen, Verselbständigung, Nutzung, Vergütung, Eigentumsschutz, MMR 1998, 275; *Lanzenberger* Wettbewerbsbe-

---

48 *Tschentscher* BB 1997, 2437, 2439.

49 Beck'scher TKG-Kommentar/*Piepenbrock* § 37 Rn 11; *Manssen* in: ders, TKG § 37 Rn 6.

Hans-Heinrich Trute

schränkungen in Vertikalverträgen und durch tatsächliches Verhalten (insbesondere Preisbindung, Diskriminierung und Boykott), GRUR 1985, 593; *Riehmer* Konfliktlösung bei Netzzugang und Zusammenschaltung in der Telekommunikation, MMR 1998, 59; *Wieland/Enderle* Rechtsprobleme der Netzzusammenschaltung, MMR 1999, 379.

**Inhaltsübersicht**

|  | Rn |
|---|---|
| I. Entstehung und systematische Stellung | 1–5 |
| II. Unwirksamkeit von Vereinbarungen (Abs 1) | 6–22 |
| 1. Sachlicher Anwendungsbereich | 6–7 |
| 2. Personeller Anwendungsbereich | 8 |
| 3. Vereinbarungen | 9 |
| 4. Beeinträchtigung der Wettbewerbsmöglichkeiten anderer Unternehmen | 10–16 |
| 5. Sachliche Rechtfertigung | 17–18 |
| 6. Folgen der wettbewerbswidrigen Beeinträchtigung | 19–22 |

## I. Entstehung und systematische Stellung

Der im Regierungsentwurf ursprünglich enthaltene § 37 TKGE bezog sich nur auf wettbewerbswidrige Zusammenschaltungsvereinbarungen zum Schutz dritter Unternehmen.[1] Erst in der Beschlussempfehlung und dem Bericht des Ausschusses für Post und Telekommunikation erfolgte die Ausweitung auf Vereinbarungen über alle Formen des Netzzugangs.[2] Im europäischen Sekundärrecht der Telekommunikation findet sich keine unmittelbare Grundlage für § 38 TKG. Anklänge finden sich allenfalls in Art 9 Abs 3 S 2 RL 97/33/EG, wonach die nationalen Regulierungsbehörden in Ausnahmefällen Änderungen bereits getroffener Zusammenschaltungsvereinbarungen fordern könnten, soweit dies ua gerechtfertigt ist, um einen wirksamen Wettbewerb sicherzustellen. Allerdings ist § 38 TKG insofern deutlich weiter gefasst, da nicht auf Ausnahmefälle abgestellt wird und die Vorschrift zudem nicht auf Änderungsverlangen begrenzt ist. Es handelt sich vielmehr um eine sektorspezifische Konkretisierung der §§ 1, 16 GWB und entspricht Art 81 EGV mit der Erfassung sowohl vertikaler wie horizontaler Verträge.[3]

Der Zweck der Vorschrift ist der Schutz dritter Unternehmen vor wettbewerbswidrigen Behinderungen,[4] darauf aber nicht begrenzt. Die objektive Fassung zeigt an, dass der Wettbewerb als objektives Organisationsprinzip des Telekommunikationsbereichs ebenso geschützt wird. Die Vorschrift setzt zudem voraus, dass eine Vereinbarung bereits geschlossen ist, wirkt also ausschließlich ex-post. § 38 TKG stellt nicht im eigentlichen Sinne eine Sanktionsnorm des § 35 TKG mit der Folge dar, dass ein Verstoß gegen § 35 TKG über § 38 TKG zur Unwirksamkeit der Verträge führen müsste. Vielmehr setzt § 38 TKG eine den Anforderungen des § 35 TKG genügende Vereinbarung voraus, die jedoch im Verhältnis zu Dritten Nachteile begründet, die in deren Interesse wie im Interesse des Wettbewerbs nicht hingenommen werden können.[5] Der Wettbewerbsverstoß kann an sich sowohl durch die Unwirksamkeitsfolge beseitigt werden – freilich unter Umständen mit erheblichen nachteiligen Folgen für andere Dritte, wie etwa Endnutzer – aber auch unter Umständen durch die Einräumung vergleichbarer Bedingungen an Wettbewerber, soweit damit eine Beeinträchtigung des Dritten beseitigt würde. Eine solche Lösung könnte von der Regulierungsbehörde über § 38 Abs 2 TKG bewirkt werden. Ohnehin erhält die Regulierungsbehörde über Abs 2 iVm § 33 Abs 2 TKG praktisch ein begrenztes Initiativrecht.

Systematisch ist § 38 TKG ebenso wie § 33 TKG und § 35 TKG auf die wettbewerbsverträgliche Eingrenzung marktbeherrschender Organisationen ausgerichtet. Allerdings werden durch § 33 TKG einseitige Verstöße durch das marktbeherrschende Unternehmen adressiert, § 38 nimmt dagegen kollaborierende Unternehmen mit in den tatbestandlichen Einzugsbereich und ermög-

---

1 BT-Drucks 13/3609 S 47 zu § 37 TKGE.
2 BT-Drucks 13/4864 S 79 zu § 37 TKGE.
3 Zu letzterem Beck'scher TKG-Kommentar/*Salger* § 38 Rn 1.
4 Vgl BT-Drucks 13/3609 S 79.
5 Ähnlich Beck'scher TKG-Kommentar/*Salger* § 38 Rn 4 aE.

licht über § 38 Abs 2 iVm § 33 Abs 2 TKG daher auch Maßnahmen gegen nicht marktbeherrschende Unternehmen.

**4** § 38 TKG ergänzt die Regelung des § 35 TKG durch eine ex-post-Kontrolle der Vereinbarungen. Erzwingt § 35 TKG die Vereinbarung, um die Stellung von Wettbewerbern gegenüber marktstarken Unternehmen zu verbessern, so ermöglicht § 38 TKG die nachträgliche Kontrolle im Interesse Dritter.

**5** Anders als § 1 GWB erfasst § 38 TKG nicht nur horizontale, sondern auch vertikale Vereinbarungen. Er geht weiter als § 16 GWB insofern, als bei § 38 TKG bereits die Eignung der Vereinbarung die Nichtigkeitsfolge bewirkt. Im Übrigen sind die Wettbewerbsregeln des EGV neben dem sektorspezifischen Gemeinschaftsrecht der Telekommunikation anwendbar.

## II. Unwirksamkeit von Vereinbarungen (Abs 1)

### 1. Sachlicher Anwendungsbereich

**6** § 38 Abs 1 TKG bezieht alle Arten von Vereinbarungen über Netzzugänge mit in seinen Anwendungsbereich ein, dh Vereinbarungen von marktbeherrschenden Unternehmen mit anderen Nutzern im Sinne von § 35 Abs 1 S 1 TKG. Das begrenzt den Anwendungsbereich sachlich auf Zugangsvereinbarungen. Nicht erfasst sind andere wettbewerbsbeeinträchtigende Vereinbarungen wie Kartellvereinbarungen, strategische Allianzen und ähnliches. Ebenso wenig sind Zugangseröffnungen im Rahmen von § 33 Abs 1 TKG erfasst, soweit sie nicht zugleich unter § 35 Abs 1 TKG subsumiert werden können. Sie unterfallen – soweit sie im 4. Teil des TKG nicht eigenständig aufgegriffen werden – dem allgemeinen Wettbewerbsrecht.

**7** Bei den erfassten Verträgen ist zu unterscheiden zwischen horizontalen Vereinbarungen mit anderen Netzbetreibern und vertikalen Verträgen mit Dienstleistern oder Endnutzern. Letztere dürften freilich nur erfasst werden, wenn es sich um zahlenmäßig große oder wirtschaftlich bedeutende Endnutzer handelt, da andernfalls kaum Auswirkungen auf das Wettbewerbsverhalten der Unternehmen in Rede stehen dürften. Zu beachten ist, dass zur Vermeidung unzumutbarer Nachteile der Endnutzer hier eine Vertragsänderung zur Beseitigung der Wettbewerbsinteressen in Betracht kommen kann.

### 2. Personeller Anwendungsbereich

**8** Der personelle Anwendungsbereich wird über denjenigen des § 35 Abs 1 TKG beschrieben, soweit es um das wettbewerbswidrige Verhalten geht. Im Übrigen sind natürlich diejenigen Dritten, um deren Schutz es geht, selbstverständlich einbezogen.

### 3. Vereinbarungen

**9** Es werden nur Vereinbarungen nach § 35 TKG erfasst. Diese müssen gemäß § 5 NZV – soweit sie im Anwendungsbereich der NZV liegen – schriftlich vorliegen. Das Schriftformerfordernis begrenzt insoweit den Anwendungsbereich gegenüber §§ 1, 16 GWB. Nicht erfasst werden daher Preisabsprachen, Marktaufteilungen, mögen sie faktisch praktiziert werden, aber nicht Teil der Zugangsvereinbarung sein. Soweit ein Einschreiten nicht über § 33 TKG möglich ist, bleibt es auch insofern bei der Anwendbarkeit des allgemeinen Wettbewerbsrechts.

### 4. Beeinträchtigung der Wettbewerbsmöglichkeiten anderer Unternehmen

**10** Geschützt werden nur andere Unternehmen auf einem Markt der Telekommunikation. Dabei kommt es nicht darauf an, dass die Unternehmen bereits auf dem Markt tätig sind. Sie werden auch davor geschützt, dass durch Vereinbarungen der genannten Art Marktzutrittserschwernisse begründet werden. Es wird eben – wie oben dargelegt (Rn 2) – der Wettbewerb als Organisationsprinzip der Telekommunikationsmärkte geschützt, dh auch Wettbewerber, die zutreten wollen, wie auch das Entstehen neuer Märkte. Nicht erforderlich ist, dass der gestörte Wettbewerb auf dem Markt besteht, der von der Zugangsvereinbarung betroffen ist. Ebenso wenig muss notwendig bei einem betroffenen Unternehmen ein Wettbewerbsverhältnis zu einem der Beteiligten bestehen, aber es wird regelmäßig ein solches vorhanden sein.

Die Vereinbarungen müssen nach § 38 Abs 1 TKG geeignet sein, die Wettbewerbsmöglichkeit anderer Unternehmen zu beeinträchtigen. Es muss also nicht etwa eine Beeinträchtigung des Wettbewerbes vorliegen, sondern es reicht aus, dass die Möglichkeiten des Wettbewerbs beeinträchtigt werden können. Insoweit geht es nicht um eine tatsächliche Beeinträchtigung des vorhandenen Wettbewerbs. Es reicht die zukünftige Marktbeeinflussung und in diesem Sinne immer die Beeinflussung eines potentiellen Wettbewerbs aus.[6]

Eine Beeinträchtigung ist die Zufügung eines Nachteils im geschäftlichen Verkehr. Als Nachteil ist ein zur Willensbeeinflussung geeignetes Mittel zu verstehen.[7] Dies erfordert keine formale Handlungsbeschränkung, sondern eine Einwirkung auf die materielle Handlungsfreiheit von Unternehmen bzw der Eignung (Rn 11) zu dieser Einflussnahme. Letztlich kommt es auf einen Vergleich der Lage des Unternehmens vor und nach der fraglichen Vereinbarung an.

Erforderlich, aber auch ausreichend, ist die Geeignetheit der Vereinbarung, die Wettbewerbsmöglichkeiten zu beeinträchtigen, nicht aber eine aktuelle Beeinträchtigung. Damit wird der Anwendungsbereich der Vorschrift ebenfalls weitgezogen. Für die Beurteilung der Eignung kommt es nicht auf die individuellen Verhältnisse, sondern die objektive Möglichkeit der Beeinträchtigung an. Diese soll nicht schon in jeder denkbaren, bloß hypothetischen Beeinträchtigung liegen, sondern sich auf konkrete Tatsachen stützen lassen müssen. Damit geht es letztlich um eine Wahrscheinlichkeit, deren Grundlage konkrete Umstände sein müssen.[8]

Der insoweit weitgezogene Anwendungsbereich macht es erforderlich, nach einer Eingrenzung im Hinblick auf die Intensität der Beeinträchtigung zu fragen. Da die Wettbewerbssituation stets durch die Handlungsmöglichkeiten anderer Wettbewerber eingeengt (oder erweitert) wird, liegt es nahe, ungeachtet des insoweit nicht weiterführenden Wortlauts eine Qualifizierung der Beeinträchtigung in den § 38 TKG hineinzulesen. Insoweit werden andere Vorschriften des Kartellrechts herangezogen. So lässt sich dem § 1 GWB, der nur horizontale Vereinbarungen erfasst, das Markmal der Spürbarkeit entnehmen, das freilich lediglich praktisch nicht ins Gewicht fallende Beeinträchtigungen ausschließt.[9]

Für vertikale Vereinbarungen wird dem gegenüber eine Wesentlichkeit verlangt.[10] Zum Teil wird versucht, je nach Wettbewerbssituation zu differenzieren, also in der Anfangsphase die Spürbarkeit genügen zu lassen, je mehr der Wettbewerb sich einem funktionsfähigen Wettbewerb annähert, aber eine Wesentlichkeit zu verlangen.[11] Dies stünde zwar auf den ersten Blick mit der befürworteten dynamischen Interpretation im Einklang. Freilich ist zu berücksichtigen, dass, im Gegensatz zu § 16 GWB der § 38 TKG nur bei Beteiligung eines Unternehmens mit beträchtlicher Marktmacht überhaupt zur Anwendung kommt. Damit ist eine Wettbewerbsstörung bereits indiziert. Insofern mag es bei der Spürbarkeit sein Bewenden haben.

Nicht erforderlich ist eine beabsichtigte Wettbewerbsbeeinflussung oder eine auf die Schädigung Dritter gerichtete Absicht.

## 5. Sachliche Rechtfertigung

Weitere Voraussetzung der Unwirksamkeit ist das Fehlen eines sachlich gerechtfertigten Grundes. Bei horizontalen Vereinbarungen mit anderen Netzbetreibern dürfte eine Abwägung im Interesse der Beteiligten erforderlich sein. Der dazu vorgeschlagene Rückgriff auf § 26 Abs 2 GWB aF[12] ist insoweit begründungsbedürftig, als die Zielrichtung des § 38 TKG sich von der des § 26 Abs 2 GWB unterscheidet. Letztere ist – funktional mit § 33, § 35 TKG vergleichbar – auf die Abwehr einer Diskriminierung von Wettbewerbern durch ein marktbeherrschendes Unterneh-

---

[6] Beck'scher TKG-Kommentar/*Salger* § 38 Rn 13.
[7] Frankfurter Kommentar zum GWB zu § 26 aF Rn 64.
[8] Vgl *Stockmann* in: Wiedemann, Handbuch des Kartellrechts 1999, S 147 mwN.
[9] Vgl *Stockmann* in: Wiedemann, Handbuch des Kartellrechts 1999, S 147.
[10] *Wiedemann* aaO S 289.
[11] Beck'scher TKG-Kommentar/*Salger* § 38 Rn 18.
[12] Beck'scher TKG-Kommentar/*Salger* § 38 Rn 19 ff.

men ausgerichtet. § 38 TKG schützt – wie dargelegt – einen Dritten gegen wettbewerbsbeeinträchtigende Vereinbarungen eines marktbeherrschenden Unternehmens mit einem anderen Unternehmen. Insoweit bedarf es zunächst der Berücksichtigung dieser unterschiedlichen Zielsetzung. In Rechtsprechung und Schrifttum zu § 26 Abs 2 GWB wird das Fehlen eines sachlichen Grundes für die Rechtfertigung über eine Abwägung der Interessen aller Beteiligten unter Beachtung der auf die Freiheit des Wettbewerbs ausgerichteten Zielsetzung beurteilt,[13] dazu ist freilich die spezifische Situation und Zwecksetzung im Telekommunikationsbereich zu berücksichtigen, der die Herstellung eines Wettbewerbs verlangt und daher möglicherweise andere Wertungsschwellen erfordert.[14]

**18** Ein sachlich gerechtfertigter Grund liegt prinzipiell in jeder verständigen unternehmerischen Erwägung, die nicht den wesentlichen Grundsätzen des Wettbewerbs in der Telekommunikation widerspricht, insoweit kann auf die Regulierungsziele des § 2 Abs 2 TKG ebenso zurückgegriffen werden wie auf die Rechtfertigungsgründe des § 33 TKG oder die Vermutung nach § 33 Abs 2 iVm § 38 Abs 2 TKG.

### 6. Folgen der wettbewerbswidrigen Beeinträchtigung

**19** Hinsichtlich der Folgen ist zu unterscheiden zwischen den zivil- und verwaltungsrechtlichen Folgen. Zivilrechtlich ist die Vereinbarung grundsätzlich unwirksam, wie schon der Wortlaut des § 38 TKG ergibt. Regelmäßig wird die Unwirksamkeit hier mit der Nichtigkeit gleichzusetzen sein.[15] Denkbar erscheint im Hinblick auf die der Regulierungsbehörde nach § 38 Abs 2, § 33 Abs 2 TKG zukommende Interventionsmöglichkeit eine Legalisierung, soweit der Wettbewerbsverstoß durch eine veränderte Vertragsgestaltung oder die Gewährung der Konditionen auch für Dritte beseitigt werden kann.

**20** Die Nichtigkeit erfasst grundsätzlich die gesamte Vereinbarung, soweit nicht der Vertrag ohne die wettbewerbsbeschränkende Teile der Vereinbarung ebenfalls geschlossen wäre. Ausnahmen von der Gesamtnichtigkeit scheinen insbesondere bei Verträgen mit Endnutzern möglich.

**21** § 38 Abs 1 TKG ist im Übrigen Schutzgesetz im Sinne von § 823 Abs 2 BGB für den behinderten Unternehmer.

**22** Die Regulierungsbehörde hat die ihr nach § 33 Abs 2 TKG zustehenden Möglichkeiten der Intervention. Sie kann einem Anbieter, der gegen § 38 Abs 1 TKG verstößt, ein Verhalten auferlegen oder untersagen und Verträge ganz oder teilweise für unwirksam erklären, soweit die Beteiligten durch ihr Verhalten Dritte in ihren Wettbewerbsmöglichkeiten beeinträchtigen. Zuvor fordert die Regulierungsbehörde die Beteiligten auf, die beanstandete Beeinträchtigung abzustellen. § 33 Abs 2 S 3 TKG ist dagegen auch entsprechend nicht anzuwenden, da die tatbestandlichen Voraussetzungen der Vermutungsregelung an die spezifischen Voraussetzungen des § 33 Abs 1 TKG anknüpfen (§ 33 Rn 56).

Anwendung findet die Vorschrift auch auf verbundene Unternehmen (§ 33 Rn 65).

## § 39 Entgelte für die Gewährung von Netzzugang

Für die Regulierung der Entgelte für die Gewährung eines Netzzugangs nach § 35 und für die Durchführung einer angeordneten Zusammenschaltung nach § 37 gelten die §§ 24, 25 Abs 1 und 3, die §§ 27, 28, 29, 30 Abs 1 und 3 bis 6 und § 31 entsprechend.

Schrifttum: Neben den zu § 33 TKG genannten Nachweisen siehe *Fuhr/Kerkhoff* Entgelte für die Gewährung von Netzzugang gemäß § 39 TKG, NJW 1997, 3209; *Knieps* Zugang zu Netzen. Verselbständigung, Nutzung, Vergütung, Eigentumsschutz, MMR 1998, 275; *Schmidt* Entgeltregulierung für Telekommunikationsdienst-

---

[13] Vgl BGHZ 38, 90, 102; BGH GRUR 1989, 774; *Markert* in: Immenga/Mestmäcker, GWB § 20 Rn 196.

[14] Ähnlich Beck'scher TKG-Kommentar/*Salger* § 38 Rn 20.

[15] Beck'scher TKG-Kommentar/*Salger* § 38 Rn 26 f.

§ 39 Entgelte für die Gewährung von Netzzugang

leistungen, K & R 1999, 385; *Koenig/Neumann* Zusammenschaltungs-Entgeltregulierung unterhalb der Schwelle „beträchtlicher Marktmacht"?, RTkom 2000, 27; *M. Röhl* Die Regulierung der Zusammenschaltung, Diss Dresden 2001; *Scherer/Ellinghaus* Unzulässigkeit der Regulierung von Zusammenschaltungsentgelten nicht marktmächtiger Netzbetreiber, MMR 2000, 201; *Spoerr* Zusammenschaltung und TK-Entgeltregulierung in der Krise? K & R 2001, 213.

**Inhaltsübersicht**

|  | Rn |
|---|---|
| I. Entwicklung und Systematik der Vorschrift | 1–4 |
| II. Anwendungsbereich im Einzelnen | 5–12 |
| 1. Entgelte für die Gewährung des Netzzugangs nach § 35 TKG | 6–11 |
| 2. Die Entgeltregulierung bei Anordnungen nach § 37 TKG | 12 |

## I. Entwicklung und Systematik der Vorschrift

§ 39 TKGE sah vor, dass die Regulierung der Entgelte für Zusammenschaltung nach den damaligen, die Zusammenschaltungspflicht regelnden § 34 TKGE nur für Unternehmen mit marktbeherrschender Stellung möglich sein sollten.[1] Im weiteren Gesetzgebungsverfahren wurde die Entgeltregulierung für Netzzugänge auch auf nicht marktbeherrschende Unternehmen erstreckt.[2] „Durch den zusätzlichen Verweis auf § 36 (heute § 37, Einf v Verf) erfolgt eine Ausweitung des Geltungsbereichs der Entgeltregulierung für die Gewährung des Netzzugangs auch auf nicht marktbeherrschende Unternehmen."[3] Die heutige Formulierung verdeckt im Grunde diese entstehungsgeschichtlichen Zusammenhänge etwas und gibt damit Raum für unterschiedliche Auffassungen zum Anwendungsbereich (Rn 5 ff).

Der Anwendungsbereich des § 39 TKG ist nicht vom Dritten Teil des TKG her zu bestimmen, sondern eigenständig aus dem **Sinn und Zweck der Entgeltregulierung** innerhalb des Konzeptes eines offenen Netzzugangs und der Zusammenschaltung. Hier liegt der Rückgriff auf das Regulierungsziel der Herstellung chancengleichen und funktionsfähigen Wettbewerbs nahe. Denn der Zugang oder Zusammenschaltung Begehrende greift auf Netze und Leistungen zu, denen aufgrund der Marktstellung insbesondere des incumbent über die Entgeltregulierung die eigentlichen Regulierungsziele des offenen Netzzugangs und der Zusammenschaltung unterlaufen werden könnten.[4] Dies spricht an sich für einen engeren Anwendungsbereich, also allein für eine Entgeltregulierung bei marktbeherrschenden Unternehmen.

Indes versteht die wohl **herrschende Auffassung den Anwendungsbereich** nicht zuletzt unter Rückgriff auf die Entstehungsgeschichte **weiter**. Als Argument dient hier zusätzlich die Systematik der Verweisung. Denn ausgeschlossen von der Anwendbarkeit sind nur §§ 25 Abs 2, 30 Abs 2 TKG, also die Vorschriften über die nachträgliche Entgeltregulierung, die auch nicht entsprechend heranzuziehen sind. Es handelt sich also der Sache nach bei dem Verweis auf die Vorschriften des Dritten Teils um eine ex-ante Entgeltregulierung. Auch dies soll für ein eher weites Verständnis vom Anwendungsbereich des § 39 TKG sprechen, da ansonsten die Entgelte – soweit sie aus dem Regime der ex-ante-Regulierung hinausfallen – auch nachträglich keiner Regulierung unterliegen würden.[5]

Entsprechend versteht die wohl herrschende Auffassung § 39 TKG **nicht als eine Rechtsgrund- sondern eine Rechtsfolgenverweisung**. Die 2. Alt, die Entgeltregulierung bei Anordnungen nach § 37 TKG wäre, da es insoweit auf eine Marktbeherrschung bei den §§ 35 ff TKG gerade nicht ankomme, ansonsten überflüssig.[6]

---

[1] BT-Drucks 13/3609 S 47 zu § 39 TKGE.
[2] Vgl BT-Drucks 13/4864 zu § 39 TKGE.
[3] BT-Drucks 13/4864 S 79.
[4] RegTP BK 4e-98-008/E 23. 6. 98 MMR 1999, 114, 116; BK 4e-99-942/E 15. 10. 99 MMR 2000, 233, 235 f.
[5] RegTP BK 4e-99-042/E 15. 10. 99 MMR 2000, 233, 236.
[6] RegTP BK 4e-98-008/E 23. 6. 98 MMR 1999, 114, 116; BK 4e-99-042/E 15. 10. 99 MMR 2000, 233, 236; *Hefekäuser/Dreier* CR 1997, 110, 111; *Manssen* in: ders, TKG § 39 Rn 1; *Schmidt* K & R 1999, 385, 387.

Hans-Heinrich Trute

## II. Anwendungsbereich im Einzelnen

**5** Die Vorschrift gilt zum einen für **Vereinbarungen** über Netzzugänge nach § 35 TKG und zum anderen für **Anordnungen** nach § 37 TKG und ordnet die entsprechende Anwendung der Vorschriften des Dritten Teils des TKG in dem soeben beschriebenen Umfang an. Damit gelten einheitliche Maßstäbe für die Entgeltregulierung für Vereinbarungen nach § 35 TKG ebenso wie für Anordnungen nach § 37 TKG. Für diese Konzeption sprechen in der Tat die Entstehungsgeschichte, aber auch durchaus pragmatische Erwägungen, dass bei § 37 TKG Anordnungen auch in Fällen ergehen können und müssen, bei denen es nicht um die Zusammenschaltung mit marktbeherrschenden Unternehmen geht. Indes sieht sich diese Konzeption durchgreifenden Bedenken ausgesetzt.[7] Das Konzept der Entgeltregulierung ist, wie der Dritte Teil zeigt, deutlich von dem Gedanken einer asymmetrischen Regulierung geprägt. Nur in Fällen, in denen aufgrund der Marktmacht keine effizienten Vereinbarungen zu erwarten sind, lässt sich im Übrigen auch verfassungsrechtlich eine asymmetrische Regulierung rechtfertigen.[8] Nicht zuletzt zeigt Art 7 Abs 1, 2 Zusammenschaltungsrichtlinie, dass auch das europäische Recht eine Entgeltregulierung bei Zusammenschaltungsvereinbarungen nur in Fällen der Beteiligung von Unternehmen mit beträchtlicher Marktmacht für erforderlich hält.[9] Auch wenn man daraus kaum eine Sperrwirkung für das nationale Recht wird ableiten können,[10] so wird man darin immerhin ein erhebliches Argument gegen die Erforderlichkeit einer weitergehenden nationalen Regulierung sehen können, zumal die Veränderung im Gesetzgebungsverfahren (Rn 1) darauf abzielte, den absehbaren Änderungen im Bereich der Zusammenschaltung Rechnung zu tragen,[11] insbesondere der Verpflichtung aller Betreiber von Netzen, Angebote auf Zusammenschaltung abzugeben. Dies spricht dafür, die entsprechende Verweisung in § 39 TKG auf die dort genannten Vorschriften des Dritten Teils nicht als Rechtsfolgen- sondern Rechtsgrundverweisung anzusehen, freilich unter Beachtung der europäischen Vorgaben, nämlich der Erstreckung auf marktmächtige Unternehmen, die von der Regulierungsbehörde als solche gegenüber der Kommission notifiziert worden sind.[12]

### 1. Entgelte für die Gewährung des Netzzugangs nach § 35 TKG

**6** In seiner **ersten Alternative** ordnet § 39 TKG die Geltung der genannten Vorschriften für die Regelung der Entgelte für die Gewährung eines Netzzugangs nach § 35 TKG an. Verpflichtet sind damit Betreiber eines Telekommunikationsnetzes, die Telekommunikationsdienstleistungen für die Öffentlichkeit anbieten nach § 35 TKG (§ 35 Rn 6 ff), also Unternehmen mit einer marktbeherrschenden Stellung; Konzernunternehmen werden über § 35 Abs 4 TKG erfasst. Im Lichte der Vorgaben des Art 7 Abs 1 Zusammenschaltungsrichtlinie ist dies auf Organisationen mit beträchtlicher Marktmacht zu erstrecken (§ 33 Rn 22). Insoweit bleibt es in der ersten Alternative unstrittig bei der Einschränkung des Anwendungsbereiches auf marktbeherrschende Unternehmen als Anbieter (Rn 5).[13]

**7** Von seinem Wortlaut her erstreckt sich § 39 1. Alt TKG auf alle Formen der Netzzugänge. Indes dürfte entgegen dem zu weiten Wortlaut der **Anwendungsbereich auf besondere Netzzugänge**, insbesondere die Zusammenschaltung **beschränkt** sein. Dafür spricht freilich noch nicht die Entstehungsgeschichte, da die früheren Fassungen des TKGE nur von der Zusammenschal-

---

7 Vgl dazu *Bock/Völcker* CR 1998, 473, 481; *Koenig/Neumann* RTkom 2000, 27, 28 ff; *Scherer/Ellinghaus* MMR 2000, 201 ff.
8 In diesem Sinne zu Recht *Koenig/Neumann* RTkom 2000, 27, 29 f.
9 Zu dem Kriterium beträchtlicher Marktmacht und seinem Verhältnis zu der marktbeherrschenden Stellung vgl § 33 Rn 13 ff.
10 So aber *Scherer/Ellinghaus* MMR 2000, 210, 205 f; aA *Koenig/Neumann* RTkom 2000, 27, 29.
11 Vgl BT-Drucks 13/4864 S 78.
12 Vgl Art 7 Abs 1 RL 97/33/EG. Die Regulierungsbehörde hat derzeit keine Organisation mit beträchtlicher Marktmacht außer der DTAG gemeldet; vgl dazu auch die Mitteilung der Kommission, Veröffentlichung von und Zugang zu Informationen über die Zusammenschaltung in der Telekommunikation in den Mitgliedstaaten, ABl Nr C 112 v 23. 4. 1999, S 2.
13 Im Ergebnis *Fuhr/Kerkhoff* NJW 1997, 3209, 3210; *Tschentscher* BB 1997, 2437, 2440; *Scherer* NJW 1997, 1607, 1612; Beck'scher TKG-Kommentar/*Piepenbrock* § 39 Rn 8.

tung, nicht aber von Netzgängen sprechen.[14] Ungeachtet dessen ist dem im Ergebnis zuzustimmen, da kein Bedürfnis für die Einbeziehung des allgemeinen Netzzugangs in die Entgeltregulierung besteht.[15]

Umstritten ist die **Frage der reziproken Entgeltregulierung**, also die Frage, ob § 39 1. Alt TKG mit dem Verweis auf § 35 Abs 1 TKG nur das marktbeherrschende Unternehmen als Zugangsanbieter, nicht aber als Nutzer und damit Zugangsnachfrager erfasst,[16] ein bisher wenig praktischer Fall. Dafür mag sprechen, dass die Entgelte nicht marktbeherrschender Betreiber aufgrund geringer Skalenerträge oder geringerer vertikaler Integration über denen eines marktbeherrschenden Unternehmens liegen können.[17] Indes ist dies weder zwangsläufig noch stets sinnvoll. So hat die österreichische Regulierungsbehörde ausgeführt[18], dass bei nicht reziproken Entgelten ineffiziente Betreiber von der Effizienz anderer profitieren und ihren Wettbewerbern damit Kosten auferlegen können. Gesamtwirtschaftlich sinnvoll sei daher bei identischen Netzen auch die Reziprozität anzustreben. Allerdings wird man eine Erstreckung kaum über die erste Alternative des § 39 TKG begründen können; für die 2. Alt ist eine Erstreckung auf nicht marktstarke Unternehmen aber abzulehnen. **8**

Zu den **Entgelten** gehören nicht nur solche für die physische Zusammenschaltung und die über diese erbrachten Leistungen, sondern auch solche, die in engem Zusammenhang mit der Zusammenschaltung stehen und für die Erbringung der Leistung oder ihrer Nachfrage erforderlich sind.[19] Andernfalls könnten marktbeherrschende Unternehmen schon über die „Neben"leistungen die Wahrnehmung des Rechts aus § 35 TKG zumindest erschweren. Eine Grenze ist dort gegeben, wo es sich um Leistungen handelt, die mit dem begehrten Netzzugang nicht notwendig verbunden sind. Jede einzelne Leistung ist daher über ihre technische Verbindung hinaus daraufhin zu überprüfen, ob und welchen Stellenwert und welche wettbewerbliche Bedeutung auch für den Nutzer sie hat und welchem räumlichen und sachlich relevanten Markt die Leistung zuzuordnen ist.[20] **9**

Dem gegenüber gilt § 39 nicht für Vereinbarungen, die in einem Zusammenhang mit der Leistungsabwicklung stehen, insbesondere für **Leistungsstörungen** und **Vertragsstrafen** regelmäßig nicht, da es an dem genannten Zusammenhang (Rn 9) mit der Zusammenschaltung fehlt.[21] **10**

Die **Genehmigung für ein Entgelt** bezieht sich auf ein konkretes vereinbartes (zu vereinbarendes) Entgelt; eine vom konkreten Vertrag losgelöste Entgeltgenehmigung soll § 39 TKG nicht zulassen.[22] Ebenso wenig gibt es rückwirkende Entgeltgenehmigungen,[23] die mit dem Charakter einer ex-ante Regulierung in der Tat nicht vereinbar sind (aA § 27 Rn 32). **11**

## 2. Die Entgeltregulierung bei Anordnungen nach § 37 TKG

Die **zweite Alternative** des § 39 TKG betrifft die Anordnung nach § 37 TKG und greift damit auch insoweit nach herrschender, hier aber nicht geteilter Auffassung auf die nicht marktbe- **12**

---

[14] Dies übersieht *Manssen* in: ders, TKG § 39 Rn 2 mit seinem Hinweis auf BT-Drucks 13/3609 S 47.
[15] RegTP, BK 4e-98-008/E 23. 6. 98, MMR 1999, 114, 116 f. Beschl v 26. 3. 1999, BK 3b-99/001; RegTP, Beschl v 23. 12. 1999, BK 4e-99-042/E 15. 10. 99, MMR 2000, 233, 236.; krit freilich *Schuster* MMR 2000, 241, 242.
[16] Bejahend Beck'scher TKG-Kommentar/*Piepenbrock* § 39 Rn 7.
[17] So Beck'scher TKG-Kommentar/*Piepenbrock* § 39 Rn 7.
[18] So bereits in der ersten Zusammenschaltungsentscheidung Z 1 S 46.
[19] RegTP, Beschl v 14. 10. 1999, BK 4c-99-037/Z 4. 8. 99; RegTP, Beschl v 27. 10. 1999, BK 4e-99-038/E 13. 8. 99; *Manssen* in: ders, TKG § 39 Rn 3.
[20] RegTP BK 4e-98-008/E 23. 6. 98 MMR 1999, 112, 117.
[21] RegTP, Beschl v 23. 12. 1999, BK 4e-99-042/E 15. 10. 99, MMR 2000, 233, 236; krit *Schuster* MMR 2000, 241, 242.
[22] RegTP, Beschl v 23. 12. 1999, BK 4e-99-042/E 15. 10. 99.
[23] RegTP, Beschl v 24. 2. 2000, BK 3b-99-034; RegTP, Beschl v 31. 7. 1998, BK 4a-7-1130/E 2. 5. 98; RegTP, Beschl v 29. 12. 1999, BK 4e-99-050/E 29. 10. 99; RegTP, Beschl v 24. 2. 2000, BK 4e-99-064/E 16. 12. 99.

Hans-Heinrich Trute

herrschenden Unternehmen zu.[24] Insoweit ist die Verweisung also restriktiv zu interpretieren (Rn 5). Indes bleibt auch in dieser Alternative das Problem bestehen, dass im Rahmen einer Zusammenschaltungsanordnung auch bei Unternehmen unterhalb der Schwelle beträchtlicher Marktmacht es zur Notwendigkeit einer Anordnung kommen kann, weil die Zusammenschaltungspartner sich über die Entgeltregelung nicht einigen können.[25] Darin dürfte im Übrigen der pragmatische, aber verfassungsrechtlich zweifelhafte Grund der Erstreckung der Entgeltregulierung auf alle Fälle der Zusammenschaltungsanordnung zu erkennen sein. Ist dieser Weg versperrt, bedarf es gleichwohl der Maßstäbe für diese Fälle, die nicht in denen der asymmetrischen Regulierung gesehen werden können, sondern zunächst und vor allem sich an dem Vorrang der privatautonomen Gestaltung zu orientieren haben. Hierfür mag man auf § 9 Abs 3, 4 NZV verweisen und im Übrigen über § 37 Abs 3 S 3 TKG die Maßstäbe des § 35 Abs 2 TKG heranziehen, also nachvollziehbare und nichtdiskriminierende, transparente Entgelte verlangen. Die Kontrollintensität der Regulierungsbehörde dürfte entsprechend reduziert sein, insbesondere dürfen von den Unternehmen keine umfänglichen Kostenanalysen und Nachweise verlangt werden.[26]

---

**24** RegTP, Beschl v 23. 12. 1999, BK 4e-99–042/E 15. 10. 99; offen lassend RegTP BK 4a-00–018/Z 30. 6. 00 S 27; aA *Scherer/Ellinghaus* MMR 2000, 201 ff.
**25** Zu Recht darauf verweisend *Koenig/Neumann* RTkom 2000, 27, 31 ff.
**26** Zum Ganzen *Koenig/Neumann* RTkom 2000, 27, 33 ff.

# Fünfter Teil
# Kundenschutz

## § 40 Anspruch auf Schadensersatz und Unterlassung

Ein Anbieter von Telekommunikationsdienstleistungen für die Öffentlichkeit, der vorsätzlich oder fahrlässig gegen dieses Gesetz, gegen eine auf Grund dieses Gesetzes erlassene Rechtsverordnung oder gegen eine auf Grund dieses Gesetzes in der Lizenz festgelegte Verpflichtung oder eine Anordnung der Regulierungsbehörde verstößt, ist, sofern die Vorschrift oder die Verpflichtung den Schutz eines Nutzers bezweckt, diesem zum Ersatz des aus dem Verstoß entstandenen Schadens verpflichtet. Er kann von diesem auch auf Unterlassung in Anspruch genommen werden.

### Inhaltsübersicht

| | Rn |
|---|---|
| I. Vorbemerkung | 1 |
| II. Einzelkommentierung | 2–8 |
|    1. Anspruchsvoraussetzungen | 2–6 |
|       a) Verpflichtete | 2 |
|       b) Anspruchsberechtigte | 3 |
|       c) Schutznormen | 4 |
|       d) Schutzzweck der Norm | 5 |
|       e) Weitere Anspruchsvoraussetzungen | 6 |
|    2. Schadensersatz | 7 |
|    3. Der Unterlassungsanspruch, Satz 2 | 8 |

## I. Vorbemerkung

Ähnlich wie § 33 GWB enthält § 40 TKG eine Anspruchsgrundlage, die Benutzer von Telekommunikationsdienstleistungen unmittelbaren Rechtsschutz gegen einen Anbieter von Telekommunikationsdienstleistungen gibt. Hinsichtlich des Schadenersatzanspruches entfaltet die Vorschrift keinen über die allgemeinen Regelungen hinausgehenden Schutz: Die drittschützenden Regelungen des Telekommunikationsgesetzes sind auch Schutzgesetze im Sinne von § 823 Abs 2 BGB. Eine stärkere Haftung über § 823 Abs 2 BGB hinaus wird durch § 40 TKG nicht begründet. § 40 Satz 2 bringt insoweit Vorteile, dass nicht der Umweg über die Analogie zu §§ 823, 1004 BGB (quasi-negatorischer Anspruch) gewählt werden muss, sondern ein direkter gesetzlicher Unterlassungsanspruch besteht. Dies gilt wegen der engen Fassung des Satz 2 aber nur für Unterlassung bei bereits eingetretener Verletzung, nicht bei drohender Verletzung. **1**

## II. Einzelkommentierung

### 1. Anspruchsvoraussetzungen

#### a) Verpflichtete

§ 40 TKG regelt nur Ansprüche gegen Anbieter von Telekommunikationsdienstleistungen für die Öffentlichkeit, also nicht gegen sonstige Anbieter von Telekommunikationsdienstleistungen. **2**

### b) Anspruchsberechtigte

**3** § 40 gewährt nur Nutzern iS von § 3 Nr 11 Ansprüche; Nutzer sind danach Nachfrager nach Telekommunikationsdienstleistungen, also nach § 3 Nr 18 auch Nachfrager nach Übertragungswegen. Damit können auch Ansprüche wegen Verweigerung auf Netzzugang auf § 40 gestützt werden.

### c) Schutznormen

**4** § 40 TKG gibt den Schadensersatz bei Verstößen gegen das TKG, einer aufgrund des TKG erlassenen Rechtsverordnung, einer Lizenz des Anbieters auf Grund des TKG sowie Verstöße gegen Anordnungen der Regulierungsbehörde.

### d) Schutzzweck der Norm

**5** Weitere Anspruchsvoraussetzung ist, dass die Vorschrift oder die Verpflichtung gerade den Schutz des betroffenen Nutzers bezweckt. Solche drittschützenden Normen können die Regelungen über den Netzzugang, die Kundenschutzregelungen gemäß der TKV und sonstigen Regelungen des § 41 sein. Denkbar ist ein auf § 40 gestützter Anspruch wegen Nichterbringung von Universaldienstleistungen, allerdings erst nach Verpflichtung zur Erbringung durch die Regulierungsbehörde oder Zuschlag in der Ausschreibung; eine „kollektive Schadensersatzpflicht" aller nach § 18 Abs 1 beitragspflichtigen Unternehmen wegen einer Unterversorgung mit einem Universaldienst kommt nicht in Betracht. Weitere drittschützende Normen des TKG sind die Vorschriften der Entgeltregulierung, insbesondere § 23 und 24, aber auch § 29 (Abweichen von genehmigten Entgelten) sowie die Vorschriften des Vierten Teils (offener Netzzugang), dort insbesondere § 35.

### e) Weitere Anspruchsvoraussetzungen

**6** Weitere Voraussetzung des Schadensersatzanspruchs ist Verschulden, also Vorsatz oder Fahrlässigkeit des Anspruchsschuldners.

### 2. Schadensersatz

**7** Rechtsfolge ist der Ersatz des Schadens, der durch die schuldhafte Rechtsverletzung entstanden ist; insoweit gelten die §§ 249 ff BGB, also insbesondere der Anspruch auf Naturalrestitution. Bei einem Zusammenschaltungsanspruch nach § 35 Abs 1 TKG besteht damit grundsätzlich auch ein auf dem Zivilrechtsweg durchsetzbarer Anspruch über § 40 gegen das zur Zusammenschaltung verpflichtete Unternehmen, der mit dem Verfahren auf Anordnung der Zusammenschaltung nach § 37 TKG konkurriert. Zur Beschränkung der Haftung nach § 7 TKV s unten § 41 Rn 18.

### 3. Der Unterlassungsanspruch, Satz 2

**8** Der Unterlassungsanspruch in Satz 2 ist so formuliert, dass er nur bei erfolgter Verletzung gegeben ist; er schützt damit nur vor Wiederholung. Ein vorbeugender Unterlassungsanspruch kann aus § 40 S 3 TKG nicht hergeleitet werden.[1] Durch den Verweis auf Satz 1 ist unklar, ob der Unterlassungsanspruch nach Satz 2 Verschulden voraussetzt. Dies ist in Analogie zum quasinegatorischen Unterlassungsanspruch aus §§ 823, 1004 BGB bei drohender Rechtsgutsverletzung zu verneinen.

---

[1] So auch Beck'scher TKG-Kommentar/*Büchner* § 40 Rn 11.

Wolfgang Bosch

## § 41 Kundenschutzverordnung

(1) Die Bundesregierung wird ermächtigt, zum besonderen Schutze der Nutzer, insbesondere der Verbraucher, durch Rechtsverordnung mit Zustimmung des Bundesrates Rahmenvorschriften für die Inanspruchnahme von Telekommunikationsdienstleistungen für die Öffentlichkeit zu erlassen.

(2) In der Rechtsverordnung können insbesondere Regelungen über den Vertragsabschluss, den Gegenstand und die Beendigung der Verträge getroffen und die Rechte und Pflichten der Vertragspartner sowie der sonstigen am Telekommunikationsverkehr Beteiligten festgelegt werden. Dabei sind die Richtlinien zu beachten, die nach Artikel 6 der Richtlinie 90/387/EWG des Rates vom 28. Juni 1990 zur Verwirklichung des Binnenmarktes für Telekommunikationsdienste durch Einführung eines offenen Netzzugangs (Open Network Provision – ONP) (ABl. EG Nr. L 192 S. 1) vom Parlament der Europäischen Gemeinschaft und vom Rat erlassen werden, soweit sie die Stellung der Nutzer regeln.

(3) Insbesondere sind Regelungen zu treffen über
1. die Haftung der Anbieter und Schadensersatz- und Unterlassungsansprüche der Nutzer,
2. die Entbündelung von Telekommunikationsdienstleistungen für die Öffentlichkeit im lizenzpflichtigen und im nicht lizenzpflichtigen Bereich sowie die Entbündelung dieser Dienstleistungen untereinander,
3. nähere Bedingungen für die Bereitstellung und Nutzung allgemeiner Netzzugänge nach § 35 Abs. 1; die Bedingungen müssen auf objektiven Maßstäben beruhen, nachvollziehbar sein und einen gleichwertigen Zugang gewährleisten,
4. die Form des Hinweises auf Allgemeine Geschäftsbedingungen und Entgelte und die Möglichkeit ihrer Einbeziehung,
5. Informationspflichten,
6. die bei Angebotsänderungen einzuhaltenden Verfahren und Fristen,
7. besondere Anforderungen für die Rechnungserstellung und für den Nachweis über die Höhe des Entgelte und
8. außergerichtliche Streitbeilegungsverfahren.

Schrifttum: *Grote* Die Telekommunikations-Kundenschutzverordnung, BB 1998, 1117; ders Telekommunikations-Kundenschutzverordnung, 2000; *Kammerlohr* Kundenschutz im Telekommunikationsrecht, K & R 1998, 90; *Scherer/Ellinghaus* Die neue Telekommunikations-Kundenschutzverordnung, NJW 1998, 883.

Inhaltsübersicht

|  |  | Rn |
|---|---|---|
| I. | Allgemeines | 1 |
| II. | Inhalt der TKV | 2–25 |
|  | 1. Anwendungsbereich | 2–4 |
|  | 2. Unabdingbarkeit der Vorschriften der TKV | 5 |
|  | 3. Allgemeine Regelungen | 6–23 |
|  | a) Nichtdiskriminierung, § 2 TKV | 6–7 |
|  | b) Entbündelung, § 3 TKV | 9–12 |
|  | c) Angebote der marktbeherrschenden Betreiber öffentlicher Telekommunikationsnetze gegenüber Anbietern von Telekommunikationsdienstleistungen für die Öffentlichkeit, § 4 TKV | 13–14 |
|  | d) Verbindungspreisberechnung, § 5 TKV | 15 |
|  | e) Leistungseinstellung, § 6 TKV | 16–17 |
|  | f) Haftung, § 7 TKV | 18–22 |
|  | g) Verjährung, § 8 TKV | 23 |
|  | 4. Sonstige Regelungen der TKV | 24–25 |

Wolfgang Bosch

## I. Allgemeines

**1** § 41 ist die Ermächtigungsgrundlage zu Verordnungen zum Schutz der Nutzer von Telekommunikationsdienstleistungen für die Öffentlichkeit. Die Bundesregierung hat auf der Grundlage dieser Ermächtigungsgrundlage die Telekommunikations-Kundenschutzverordnung (TKV) erlassen.[1] Die TKV setzt dabei die „Mietleitungsrichtlinie"[2] und die „Sprachtelefondienstrichtlinie"[3] um. Die Regelungen der TKV heben sich klar von denjenigen der TKV 1995[4] ab; letztere war auf die Monopolsituation der Deutsche Telekom zugeschnitten und enthielt außerdem Regelungen, die sich jetzt im TKG befinden. Die TKV ist eine privatrechtsgestaltende Rechtsverordnung.[5]

## II. Inhalt der TKV

### 1. Anwendungsbereich

**2** § 1 Abs 1 bestimmt, dass die TKV die besonderen Rechte und Pflichten der Anbieter von Telekommunikationsdienstleistungen für die Öffentlichkeit und den Kunden regelt. Kunde ist nach der Legaldefinition in § 1 Abs 1 derjenige, der Leitungen vertraglich in Anspruch nimmt oder begehrt.

**3** Sachlicher Anwendungsbereich der TKV ist damit nur der Bereich der Telekommunikationsdienstleistungen für die Öffentlichkeit iS des § 3 Nr 19 TKG. Der subjektive Anwendungsbereich umfasst alle Nutzer von Telekommunikationsdienstleistungen für die Öffentlichkeit, also nicht nur den Verbraucher, sondern auch Erbringer von Telekommunikationsdienstleistungen, soweit sie selbst Telekommunikationsdienstleistungen für die Öffentlichkeit nutzen, so zum Beispiel als Vorprodukte für ihre eigenen Leistungen[6].

**4** Die TKV hat nicht nur Einfluss auf die Vertragsgestaltung im Verhältnis Leistungserbringer – Kunde. Sie gestaltet auch den Überwachungs- und Kontrollrahmen der Regulierungsbehörde nach § 71 TKG aus[7].

### 2. Unabdingbarkeit der Vorschriften der TKV

**5** Nach § 1 Abs 2 sind Abweichungen von den Regelungen der TKV zuungunsten des Kunden unwirksam. Zugunsten des Kunden kann also von den Regelungen der TKV abgewichen werden. Dies mag im Verhältnis zum Endkunden von Telekommunikationsdienstleistungen für die Öffentlichkeit angebracht sein. Schließen jedoch zwei Anbieter von Telekommunikationsdienstleistungen für die Öffentlichkeit einen Vertrag über gegenseitigen Leistungsaustausch, in dem sie sich gegenseitig „Vorprodukte" verfügbar machen, macht die Unabdingbarkeit der TKV in vielen Bereichen, zB der starren Haftungsbegrenzungsregeln des § 7, wenig Sinn. Für eine teleologische Reduktion des § 1 Abs 2 dürfte aber kein Raum sein, da es wie § 7 Abs 2 zeigt – dem Verordnungsgeber durchaus bewusst war, dass gerade auch die Haftungsregelung auch zwischen Leistungserbringern anwendbar sein kann und es damit an einer planwidrigen Regelungslücke fehlt.

### 3. Allgemeine Regelungen

#### a) Nichtdiskriminierung, § 2 TKV

**6** § 2 TKV statuiert, dass marktbeherrschende[8] Anbieter von Telekommunikationsdienstleistungen für die Öffentlichkeit diese Leistungen jedermann zu gleichen Bedingungen zur Verfügung stellen müssen, es sei denn, dass unterschiedliche Bedingungen sachlich gerechtfertigt sind. Diese Regelung geht über § 33 TKG hinaus, der nur das Verbot der Diskriminierung

---

[1] Vom 11.12.1997 (BGBl I S 1120) in der Fassung der Ersten Verordnung zur Änderung der TKV vom 14.4.1999.
[2] 92/44/EWG, 97/51/EG.
[3] 98/10/EG.
[4] Vom 19.12.1995, BGBl I 2020.
[5] Grote BB 1998, 1117.
[6] S die Begründung BR-Drucks. 551/97, S 23.
[7] S die Begründung BR-Drucks 551/97, S 23.
[8] Zum Begriff s oben § 18 Rn 9 ff.

gegenüber Wettbewerbern regelt, und erstreckt das Diskriminierungsverbot auf den Kunden. Die Regelung geht auch über den kartellrechtlichen Diskriminierungsschutz hinaus, der nach § 20 Abs 2 GWB nur andere Unternehmen schützt. Allerdings dürfte dann, wenn gegen § 2 TKV verstoßen wird, meist auch der Missbrauch einer marktbeherrschenden Stellung nach § 19 GWB vorliegen und damit gegen eine Verbotsnorm verstoßen worden sein.

§ 2 TKV gewährt jedem Kunden einen Anspruch auf Leistung zu gleichen Bedingungen. Der Erbringer der Leistung kann dem Anspruch nur entgegenhalten, dass die unterschiedliche Behandlung sachlich gerechtfertigt ist. Er trägt dafür die Behauptungs- und Beweislast.[9] Die sachliche Rechtfertigung für eine Ungleichbehandlung ist in Anlehnung an die Rechtsprechung zu § 20 Abs 2 GWB nur gegeben, wenn bei Abwägung der Interessen des Leistungserbringers und des Kunden und der Zielsetzungen des TKG die Interessen des Leistungserbringers schutzwürdiger sind.[10]

Wird gegen § 2 TKV verstoßen, ergeben sich die Ansprüche des Kunden aus § 40 TKG.

**b) Entbündelung, § 3 TKV**

§ 3 TKV auferlegt marktbeherrschenden Anbietern von Telekommunikationsdienstleistungen für die Öffentlichkeit die Verpflichtung, Leistungen entsprechend der allgemeinen Nachfrage in dem Umfang, in dem sie sachlich gegeneinander abgegrenzt werden können, als eigenständige Leistungen anzubieten. Um dies zu ermöglichen, schreibt § 3 Abs 1 S 2 TKV vor, dass die so abgegrenzten Dienstleistungen in der Leistungsbeschreibung gesondert aufzuführen und gesondert zu tarifieren sind. Dabei stellt § 3 TKV entgegen § 2 Netzzugangsverordnung darauf ab, ob die allgemeine Nachfrage die Entbündelung fordert, während § 2 Netzzugangsverordnung entsprechend ihrem Zweck, Netzzugang zu schaffen, Entbündelung schon bei individueller Nachfrage vorsieht.

Dieses Entbündelungsgebot gilt für marktbeherrschende Anbieter von Telekommunikationsdienstleistungen für die Öffentlichkeit nicht pauschal, sondern nur für die Leistungen, die einem Markt zugehören, auf dem gerade die Marktbeherrschung besteht.[11] Nach der Regierungsbegründung[12] soll § 3 TKV sicherstellen, dass marktbeherrschende Unternehmen ihren Kunden nicht nur Pauschalangebote machen. Allerdings besteht die Pflicht zum Angebot der sachlich abgrenzbaren Leistungen nur dann, wenn tatsächlich allgemeine Nachfrage besteht, dass die fragliche Leistung selbständig angeboten wird.[13]

Wenn verschiedene Dienstleistungen in einem Angebot oder einer Rechnung zusammengefasst werden, müssen die einzelnen Leistungen getrennt ausgewiesen werden, § 3 Abs 2 TKV. Da § 3 Abs 2 nicht auf § 3 Abs 1 TKV Bezug nimmt, könnte argumentiert werden, dass diese Verpflichtung auch für nicht marktbeherrschende Anbieter von Telekommunikationsdienstleistungen für die Öffentlichkeit gilt. Die Verpflichtung zum getrennten Ausweis ist jedoch nur sinnvoll, um die notwendige Transparenz für ein mögliches Entbündelungsverlangen herzustellen. Sie besteht damit nur im Anwendungsbereich des § 3 Abs 1 TKV.

Privatrechtliche Rechtsfolge des § 3 Abs 1 TKV ist zunächst einmal ein Anspruch auf Angebot der separaten Leistung. Bei Verstoß gegen § 3 Abs 1 TKV sind die Sekundäransprüche nach § 40 TKG gegeben. Öffentlich-rechtlich ist eine Durchsetzung etwa über § 33 und § 37 TKG möglich daneben ist § 3 TKV in der Entgeltregulierung zu beachten (§§ 24 ff TKG).

---

9 Begründung BR-Drucks 551/97, S 24.
10 Zu dieser Formel s BGH WuW/E 1829, 1834 stRspr.
11 Zur Abgrenzung der sachlich relevanten Märkte s oben § 18 Rn 5.

12 BR-Drucks 551/97, S 24.
13 S hierzu insbesondere Beck'scher TKG-Kommentar/*Piepenbrock* Anh § 41 § 3 TKV Rn 4.

Wolfgang Bosch

c) **Angebote der marktbeherrschenden Betreiber öffentlicher Telekommunikationsnetze gegenüber Anbietern von Telekommunikationsdienstleistungen für die Öffentlichkeit, § 4 TKV**

**13** § 4 TKV verlangt von den marktbeherrschenden Betreibern von Telekommunikationsnetzen, dass sie ihr Leistungsangebot so gestalten müssen, dass andere Anbieter von Telekommunikationsdienstleistungen für die Öffentlichkeit diese Leistungen im eigenen Namen und auf eigene Rechnung vertreiben und ihren Kunden anbieten können. Diese Vorschrift greift eine vergleichbare Verpflichtung auf, die seinerzeit in die Lizenzen der Mobilfunknetzbetreiber aufgenommen worden ist.[14] Trotz des nicht ganz klaren Wortlauts schreibt die Regelung nicht nur vor, wie die durch den marktbeherrschenden Netzbetreibern zugelieferten Dienste angeboten werden müssen. § 4 Abs 1 TKV gibt auch den Anspruch auf Zulieferung dieser Dienste: Diensteanbieter sollen gerade ein Recht auf die Leistungen des marktbeherrschenden Netzbetreibers haben,[15] und zwar so, dass sie die Leistungen „wie eigene", also im eigenen Namen und auf eigene Rechnung, und nicht nur im Handelsvertreter- oder Kommissionärsverhältnis, vertreiben und anbieten können. § 4 TKV ist damit eine Regelung mit primär wettbewerbsrechtlicher Ausrichtung, die insbesondere auch den Netzzugangsanspruch aus § 35 TKG erweitert und ausgestaltet. § 4 TKV betrifft nur Telekommunikationsdienstleistungen; da Verpflichteter nach dieser Regelung nicht wie in § 3 jeder marktbeherrschende Anbieter von Telekommunikationsdienstleistungen ist, sondern nur der marktbeherrschende Betreiber von öffentlichen Telekommunikationsnetzen, können sich die Verpflichtungen nach § 4 TKV nur auf den Marktbeherrschungsbereich, also auf den Netzbetrieb und den zum Netzbetrieb gehörenden Leistungen beziehen, nicht aber auf sonstige Telekommunikationsdienstleistungen für die Öffentlichkeit. Nach der Regierungsbegründung soll sich die Überlassungsverpflichtung nicht auf solche Leistungen des marktbeherrschenden Anbieters erstrecken, die dieser selbst ohne genuines wirtschaftliches Risiko anbietet, so für vom Marktbeherrscher selbst im Kommissions- oder Handelsvertreterverhältnis angebotene Leistungen.[16] § 4 Abs 1 S 2 TKV macht eine Ausnahme von der generellen Verpflichtung des § 4 Abs 1 S 1 TKV, wenn die Verpflichtung im Einzelfall nicht sachlich gerechtfertigt ist. Die „sachliche Rechtfertigung" muss vom marktbeherrschenden Anbieter behauptet und bewiesen werden. Ob eine „sachliche Rechtfertigung" für die Verweigerung der Leistung vorliegt, wird wiederum in einer Abwägung der beteiligten Interessen festgestellt werden müssen.

**14** § 4 Abs 2 regelt die Konditionen, zu denen der Netzbetreiber die Leistungen anzubieten hat. Die Verträge über die Überlassung der Dienste dürfen den Kunden nicht unverhältnismäßig lange binden und den Diensteanbieter weder ihrer eigenen Preis- und Konditionenbildung oder hinsichtlich anderer Betätigungsfelder einschränken. Ob eine unverhältnismäßig lange Bindung vorliegt, ist im Einzelfall zu bestimmen. Da die Regelung dazu dient, Abhängigkeiten zu verhindern und den Wettbewerb zu fördern, dürfte sie vor allem dann anwendbar sein, wenn die Vertragsdauer dazu führt, dass die Einkaufspreise nachhaltig über dem Wettbewerbspreis gehalten werden können. § 4 Abs 2 TKV kann als gesetzliches Verbot nach § 134 BGB angesehen werden, so dass der Vertrag mit überlanger Dauer nichtig sein kann und im Einzelfall nach § 139 BGB geprüft werden muss, ob er, insgesamt oder teilweise, also insbesondere für eine verhältnismäßige Dauer, wirksam bleibt. Die Verpflichtung, die Preis- und Konditionengestaltung des Dienstanbieters nicht zu beschränken, ergibt sich bereits aus dem Preis- und Konditionenbindungsverbot des § 14 GWB. Insoweit hat § 4 Abs 2 TKV nur eigenständige Bedeutung im Hinblick auf die Aufsicht der Regulierungsbehörde nach § 71 TKG ggfs iVm entsprechenden Lizenzauflagen. Sollten sich der Netzbetreiber und der Dienstanbieter darauf einigen, dass der Diensteanbieter nicht von seinem Recht auf Vertrieb im eigenen Namen und auf eigene Rechnung Gebrauch macht, sondern die Leistung im Handelsvertreter- oder Kommissionsverhältnis vertreibt, so bleibt es bei den Weisungsrechten des Netzbetreibers hinsichtlich der Preise und Konditionen aus dem Handelsvertretervertrag oder nach § 385 HGB aus dem Kommissionsvertrag. § 4 Abs 2 S 2 TKV bestimmt für die Preise und Konditionen, dass sie ohne sachliche Rechtfertigung nicht ungüns-

---

14 S Ziff 17 der D1, D2 und der E1-Lizenzen, ABl BMPT 1993, S 232; Regierungsbegründung BR-Drucks 551/97, S 25.

15 BR-Drucks 551/97, S 26.
16 BR-Drucks 551/97, S 26.

tiger sein dürfen als die dem eigenen Vertrieb und verbundenen Unternehmen eingeräumten Preise und Konditionen. Diese Regelung gibt dem Anspruchsteller zwar wettbewerbliche Chancengleichheit. Diese Regelung ist aber nicht frei von Problemen, weil sie gerade dazu anregt, die Preise und Konditionen hoch zu halten und Gewinne innerhalb eines Unternehmens oder einer Unternehmensgruppe zu verschieben. Abhilfe kann hier nur eine konsequente Handhabung der Entgeltregulierungsvorschriften schaffen, die allerdings eine marktbeherrschende Stellung voraussetzt und zudem im Mobilfunk nur zur ex-post-Regulierung führen soll.

d) **Verbindungspreisberechnung, § 5 TKV**

§ 5 TKV enthält allgemeine Abrechnungsregeln für Verbindungen, die für alle Anbieter von Telekommunikationsdienstleistungen für die Öffentlichkeit gelten. Die Regelung ist erforderlich, da es dem Kunden nicht möglich ist, die betriebsinterne Abrechnung beim Anbieter zu prüfen. § 5 bestimmt zunächst, dass zeitabhängig tarifierte Verbindungen von Telekommunikationsdienstleistungen für die Öffentlichkeit unter regelmäßiger Abgleichung mit einem amtlichen Zeitnormal zu ermitteln sind, sowie die Prüfung dieser Abrechnugsmethode.

15

e) **Leistungseinstellungen, § 6 TKV**

§ 6, der Regelungen der Sprachtelefondienst-Richtlinie[17] (insbesondere Art 13 Abs 2) und für den Mietleitungsbereich Art 6 Abs 2 und Abs 3 der Mietleitungsrichtlinie[18] umsetzt, regelt die vorübergehende Einstellung der Erbringung von Universaldienstleistungen durch Unternehmen, denen nach §19 TKG die Erbringung von Universaldienstleistungen auferlegt ist. Die grundlegenden Anforderungen, die eine vorübergehende Einstellung oder Beschränkung der Erbringung von Universaldienstleistungen rechtfertigen, sind im § 6 Abs 2 aufgeführt. § 6 regelt dabei die allgemeine Einstellung oder Beschränkung der Universaldienstleistungen, nicht dagegen die Fälle, dass Universaldienstleistungen gegenüber einem Kunden aus Gründen nicht erbracht werden können, die ihren Grund beim Kunden selbst haben, wie zB bei Leistungsstörungen oder ähnlichen Situationen. § 6 gibt insoweit keine Einwendungen oder Einrede des Kunden auf Weiterleistung des zur in Universaldienstleistungen Verpflichteten (Begründung S 27). § 6 stellt klar, dass bereits die Erbringung von Universaldienstleistungen auferlegt worden sein muss; § 6 greift also nicht in den Fällen, in denen die Voraussetzungen zur Auferlegung von Universaldienstleistungen bestehen, die Auferlegung aber noch nicht erfolgt ist.

16

Nach § 6 Abs 3 besteht eine umfängliche Unterrichtungspflicht bei längeren, vorübergehenden Leistungseinstellungen oder -beschränkungen. Erfolgt diese Mitteilung nicht, sind Schadenersatzansprüche auch bei zulässiger Leistungsunterbrechung nach § 40 TKG denkbar.

17

f) **Haftung, § 7 TKV**

§ 7 enthält eine weitgehende Haftungsbeschränkung zugunsten des Anbieters von Telekommunikationsdienstleistungen für die Öffentlichkeit für Vermögensschäden (nicht für Schäden an sonstigen Rechtsgütern). Für Vermögensschäden haftet der Anbieter von Telekommunikationsdienstleistungen bis zu einem Betrag von DM 25.000 je Nutzer. Dies gilt nicht gegenüber Nutzern, die ihrerseits Telekommunikationsdienstleistungen für die Öffentlichkeit anbieten; insofern ist aber eine Beschränkung durch Vereinbarung zulässig, die aber die Summe der Mindesthaftungsbeträge gegenüber den geschädigten Endkunden des anderen Nutzers nicht unterschreiten darf, so dass sichergestellt wird, dass der als „Zwischenhändler" auftretende Anbieter von Telekommunikationsdienstleistungen für die Öffentlichkeit zumindest den Höchstschaden seiner Kunden abdeckt. Gegenüber der Gesamtheit aller Geschädigten ist die Haftung des Anbieters auf DM 20 Mio je schadenverursachendes Ereignis begrenzt. Bei übersteigenden Ansprüchen werden die Ansprüche anteilig gekürzt. Die Haftungsbegrenzung gilt nicht für die vorsätzliche Verursachung von Schäden.

18

Fraglich ist, welche Ansprüche § 7 beschränkt. Sicher ist eine Beschränkung der Ansprüche aus

19

---

[17] 98/10/EG.   [18] 92/44/EWG.

Wolfgang Bosch

§ 40 TKG. Der konkurrierende vertragliche Anspruch aus dem Vertrag über die Erbringung der Telekommunikationsdienstleistungen wird durch § 7 ebenfalls beschränkt. Nach der Regierungsbegründung (S 28) wird die Haftung für Vermögensschäden unabhängig vom Rechtsgrund des Schadenersatzanspruches bei sämtlichen Telekommunikationsdienstleistungen für die Öffentlichkeit begrenzt; diese Haftungsbeschränkung sollte ihre Berechtigung in den kaum abschätzbaren wirtschaftlichen Risiken liegen, die sich bei Verzicht auf eine Haftungshöchstgrenze für die Anbieter derartiger Leistungen ergeben können; als Beispiel wird die Störung von Telekommunikationsdienstleistungen bei Banken oder der Börse angegeben.

20 Unter Vermögensschäden versteht die Regierungsbegründung (S 28/ 29) nur reine Vermögensschäden, nicht etwa Folgeschäden aus Sach- oder Personenschäden.[19] Damit fallen sämtliche Folgeschäden, die aus der Verletzung eines Rechtsguts resultieren, nicht unter die Haftungsbegrenzung des § 7.[20]

21 § 7 Abs 2 eröffnet auch in allgemeinen Geschäftsbedingungen die Möglichkeit, weitergehende Haftungsbeschränkungen zu vereinbaren, als dies nach dem AGB-Gesetz möglich ist. So kann auch die Haftung für grobe Fahrlässigkeit ausgeschlossen werden, was nach § 11 Nr 7 AGB-Gesetz sonst nicht möglich ist.[21]

22 Zu beachten ist, dass diese Haftungsbeschränkung nur für die Erbringung von Telekommunikationsdienstleistungen gilt. Für Vertragsverletzungen des Anbieters, die lediglich mit der Erbringung von Telekommunikationsdienstleistungen zusammenhängen, gilt die Haftungsbegrenzung nicht.[22] Beispiel: Der Anbieter teilt einem Kunden eine neue, aber falsche Telefonnummer mit, die der Kunde auf seine Geschäftsbriefe aufdruckt. Insoweit gilt die Haftungsbeschränkung aus § 7 nicht. Haftungsbeschränkungen für andere als Telekommunikationsdienstleistungen unterliegen auch für Telekommunikationsunternehmen des Regelungen des AGBG.

### g) Verjährung, § 8 TKV

23 § 8 stellt für vertragliche Ansprüche der Anbieter von Telekommunikationsdienstleistungen für die Öffentlichkeit und ihrer Kunden aus der Inanspruchnahme dieser Leistungen eine zweijährige Verjährungsfrist auf; diese Regelung gilt auch für Vertragsansprüche aus positiver Vertragsverletzung aus dem Vertrag über die Erbringung der Telekommunikationsdienstleistungen für die Öffentlichkeit.

### 4. Sonstige Regelungen der TKV

24 Die TKV enthält weitere Regelungen über bestimmte Regelungskomplexe des TKG, die dem Telekommunikationskunden Individualansprüche und Individualschutz gewähren.
- Anspruch auf Erbringung von Universaldienstleistungen, § 9[23]
- Grundstückseigentümererklärung für den Netzbetreiber, § 10
- Möglichkeit der Anforderung einer Sicherheitsleistung gegenüber Anspruchstellern auf Universaldienstleistungen, § 11
- Anspruch auf Störungsdienst gegen den marktbeherrschenden Anbieter von Sprachtelefondienst, § 12
- Bereitstellung einer räumlich frei zugänglichen Schnittstelle beim allgemeinen Zugang zu festen öffentlichen Telekommunikationsnetzen nach § 13
- Recht auf Einzelverbindungsnachweis des Kunden für Sprachkommunikationsdienstleistungen nach § 14[24]

---

[19] Beck'scher TKG-Kommentar/*Ehmer* Anh § 41 § 7 TKV Rn 4; *Grote* Telekommunikations-Kundenschutzverordnung § 7 TKV Rn 3.
[20] S auch *Grote* BB 1998, 1117, 1120.
[21] S Regierungsbegründung BR-Drucks 551/97, S 29.
[22] S zur alten TKV OLG Hamm NJW-RR 1995, 218, 219.
[23] S *Grote* BB 1998, 1117, 1118.
[24] S dazu Tätigkeitsbericht 1998/1999, S 31.

- Ausweis von Entgelten für Verbindungen auch anderer Anbieter von Netzdienstleistungen in der Rechnung nach § 15
- Nachweis der Entgeltforderungen bei Einwendungen gegen die Höhe der in Rechnung gestellten Verbindungsentgelte nach § 16
- Berechnungsfiktion bei unrichtiger Abrechnung über Entgeltforderungen nach § 17
- Kundenvorgabe der Entgelthöhe nach § 18[25]
- Regelungen über Sperre bei Zahlungsverzug des Kunden nach § 19
- Regelungen über die Zuteilung von Teilnehmerrufnummern nach § 20
- Aufnahme in das öffentliche Telefonverzeichnis nach § 21 und Überlassung der Teilnehmerverzeichnisse nach § 22
- Besondere Regelungen über die Überlassung von Übertragungswegen in § 23 bis § 26
- Regelungen über die Kundeninformation in § 27
- Regelung über Allgemeine Geschäftsbedingungen und Vertragsänderungen im § 28 und § 29
- Vereinbarung von Leistungen ohne Entgeltgenehmigungen in § 30; dazu § 29 Rn 7
- Regelungen über Abschaltung von Endeinrichtungen in § 31
- die Erhebung von Qualitätskennwerten in § 32 samt der Qualitätsberichterstattung in § 33.[26]

Im fünften Teil der TKV finden sich besondere Verfahrensvorschriften für die Regulierungsbehörde für das Verfahren bei Zugangsbeschränkungen (§ 34) und einem Schlichtungsverfahren bei Zugangsbeschränkungen (§ 35)[27] sowie zur Sicherstellung des Universaldienstes (§ 36) (dazu § 17 Rn 18). **25**

## § 42 Rundfunksendeanlagen

**Bei der Veräußerung von Sendeanlagen tritt der Erwerber in bestehende Vertragsverhältnisse mit Rundfunkveranstaltern ein.**

Diese Regelung passt systematisch nicht in das TKG; sie ist erst nach der Beschlussempfehlung des Bundestages vom 12. Juni 1996 in den Entwurf des TKG aufgenommen worden. Die Bestimmung regelt den automatischen Vertragseintritt des Erwerbers von Sendeanlagen in Vertragsverhältnissen mit Rundfunkveranstaltern. So soll verhindert werden, dass Rundfunkveranstalter ihre Sendekapazität durch Veräußerung der Sendeanlage verlieren. § 42 TKG ist nicht abdingbar, weil dadurch gerade der Schutz des § 42 TKG unterlaufen werden könnte. **1**

---

[25] Diese Regelung gilt nach der Ersten VO zur Änderung der TKV (BGBl 1999 I, S 705) erst ab dem 1. 1. 2001.
[26] Definition, Messgröße und Messmethode der zu erhebenden Qualitätskennwerte richten sich nach dem technischen Bericht ETR 138 des Europäischen Instituts für Telekommunikationsnormen, s Tätigkeitsbericht 1998/1999, S 28.
[27] S dazu die Schlichtungsordnung im ABl BMPT 1998 Nr 21.

Wolfgang Bosch

# Sechster Teil
# Nummerierung

## § 43 Nummerierung

(1) Die Regulierungsbehörde nimmt die Aufgaben der Numerierung wahr. Ihr obliegt insbesondere die Strukturierung und Ausgestaltung des Nummernraumes mit dem Ziel, jederzeit den Anforderungen von Nutzern, Betreibern von Telekommunikationsnetzen und Anbietern von Telekommunikationsdienstleistungen zu genügen. Wesentliche Elemente der Strukturierung und Ausgestaltung des Nummernraums sind im Amtsblatt der Regulierungsbehörde zu veröffentlichen, soweit dem Gründe der nationalen Sicherheit nicht entgegenstehen. Die Regulierungsbehörde nimmt ferner die Verwaltung des Nummernraums wahr, vor allem mittels Zuteilung von Nummern an Betreiber von Telekommunikationsnetzen, Anbieter von Telekommunikationsdienstleistungen und Nutzer.

(2) Die Regulierungsbehörde legt Bedingungen fest, die zur Erlangung von Nutzungsrechten an Nummern zu erfüllen sind und ein Recht auf Zuteilung begründen. Diese Bedingungen sowie die Regelungen über die Nummernzuteilung werden im Amtsblatt der Regulierungsbehörde veröffentlicht.

(3) Die Zuteilung von Nummern erfolgt auf Antrag eines Betreibers von Telekommunikationsnetzen, Anbieters von Telekommunikationsdienstleistungen oder Nutzers. Sie kann mit Auflagen und sonstigen Nebenbestimmungen verbunden werden. Für die Entscheidung über die Zuteilung wird eine Gebühr erhoben. Das Bundesministerium für Post und Telekommunikation wird ermächtigt, im Einvernehmen mit dem Bundesministerium des Innern, dem Bundesministerium der Finanzen, dem Bundesministerium der Justiz und dem Bundesministerium für Wirtschaft durch Rechtsverordnung, die nicht der Zustimmung des Bundesrates bedarf, nach Maßgabe des Verwaltungskostengesetzes die gebührenpflichtigen Tatbestände, die Höhe der Gebühr und die Erstattung von Auslagen zu regeln.

(4) Die Regulierungsbehörde kann zur Umsetzung internationaler Verpflichtungen oder Empfehlungen sowie zur Sicherstellung der ausreichenden Verfügbarkeit von Nummern Änderungen der Struktur und Ausgestaltung des Nummernraums sowie der Zuteilung von Nummern vornehmen. Dabei sind die Belange der Betroffenen, insbesondere die für Lizenznehmer, Anbieter von Telekommunikationsdienstleistungen und Nutzer entstehenden Umstellungskosten, angemessen zu berücksichtigen. Beabsichtigte Änderungen sind rechtzeitig vor ihrem Wirksamwerden bekanntzugeben. Die von diesen Änderungen betroffenen Betreiber von Telekommunikationsnetzen und Anbieter von Telekommunikationsdienstleistungen sind verpflichtet, die zur Umsetzung erforderlichen Maßnahmen zu treffen.

(5) Betreiber von Telekommunikationsnetzen haben in ihren Netzen sicherzustellen, daß Nutzer bei einem Wechsel des Betreibers und Verbleiben am selben Standort ihnen zugeteilte Nummern beibehalten können (Netzbetreiberportabilität); hierfür können nur diejenigen Kosten in Rechnung gestellt werden, die einmalig beim Wechsel eines Kunden entstehen. Die Regulierungsbehörde kann diese Verpflichtung aussetzen, solange und soweit das Fehlen von Netzbetreiberportabilität den Wettbewerb auf einzelnen Märkten und die Interessen der Verbraucher nicht wesentlich behindert. Des weiteren kann sie diese Verpflichtung aussetzen, solange und soweit dies aus technischen Gründen gerechtfertigt ist.

(6) Betreiber von Telekommunikationsnetzen haben in ihren Netzen sicherzustellen, dass jeder Nutzer die Möglichkeit hat, den Verbindungsnetzbetreiber frei auszuwählen, und zwar durch eine dauerhafte Voreinstellung, die im Einzelfall des Verbindungsaufbaus durch die Wahl einer Verbindungsnetzbetreiberkennzahl ersetzt werden kann. Die Regulierungsbehörde kann diese Verpflichtung ganz oder teilweise aussetzen, solange und soweit dies aus technischen Gründen gerechtfertigt ist.

(7) Zur Durchsetzung der Verpflichtungen nach Absatz 4 Satz 4, Absatz 5 Satz 1 und Absatz 6 Satz 1 kann die Regulierungsbehörde Anordnungen erlassen. Zur Durchsetzung dieser Anordnungen kann nach Maßgabe des Verwaltungsvollstreckungsgesetzes ein Zwangsgeld bis zu einer Million Deutsche Mark festgesetzt werden.

Verwaltungsvorschriften (Auswahl, häufige Änderungen): Vfg 303/1997, Vorläufige Regeln für die befristete Zuteilung von noch freien Rufnummern aus dem Teilbereich (0)190 für „Premium-Rate"-Dienste, ABl BMPT 34/97; Vfg 1/2000, Änderung der Vorläufigen Regeln für die befristete Zuteilung von noch freien Rufnummern aus dem Teilbereich (0)190 für „Premium-Rate"-Dienste, ABl RegTP 2000, S 3; Vfg 32/99, Vorläufige Regeln für die befristete Zuteilung von noch freien Rufnummern aus dem Teilbereich (0)190 für „Premium-Rate"-Dienste; hier: Verlängerung der Fristen für die Beauftragung und Zuteilung von Rufnummern; Vfg 101/1999, Vorläufige Regeln für die befristete Zuteilung von noch freien Rufnummern aus dem Teilbereich (0)190 für „Premium-Rate"-Dienste; hier: Verlängerung der Fristen für die Beauftragung und Zuteilung von Rufnummern, ABl RegTP 1999, S 2451; Vfg 11/2000, Vorläufige Regeln für die befristete Zuteilung von noch freien Rufnummern aus dem Teilbereich (0)190 für „Premium Rate"-Dienste; hier: Verlängerung der Fristen für die Beauftragung und Zuteilung von Rufnummern, ABl RegTP 2000, S 403; Vfg 69/2000, Vorläufige Regeln für die befristete Zuteilung von noch freien Rufnummern aus dem Teilbereich (0)190 für „Premium-Rate"-Dienste; hier: Verlängerung der Fristen für die Beauftragung und Zuteilung von Rufnummern, ABl RegTP 2000, S 2635; Vfg 27/2001, Vorläufige Regeln für die befristete Zuteilung von noch freien Rufnummern aus dem Teilbereich (0)190 für „Premium-Rate"-Dienste; hier: Verlängerung der Fristen für die Beauftragung und Zuteilung von Rufnummern, ABl RegTP 2001, S 1195; Vfg 19/2001, Regeln für die Zuteilung von (0)900-Rufnummern für „Premium-Rate"-Dienste; ABl RegTP 2001, S 639; s auch Mitteilung 121/2001, Rufnummern für den Internationalen Premium Rate Dienst, ABl RegTP 2001, S 648; Vfg 22/2000, Vorläufige Regelung für die Zuteilung von Rufnummern für öffentliche Bündelfunknetze, ABl RegTP 2000, S 879; Vfg 40/2000, Vorläufige Regeln für die Zuteilung von internationalen Kennungen für mobile Endeinrichtungen, ABl RegTP 2000, S 1247; Vfg 85/2000, Regeln für die Zuteilung von Internationalen Kennungen für Mobile Teilnehmer, ABl RegTP 2000, S 4007; Vfg 84/2000, Regeln für die Zuteilung von Rufnummern für öffentliche zellulare Mobilfunkdienste, ABl RegTP 2000, S 4003; Vfg 249/1997, Vorläufige Regeln für die Zuteilung von persönlichen Rufnummern, ABl BMPT Nr 27/1997; Vfg 66/1999, Vorläufige Regelung für die Zuteilung von persönlichen Rufnummern; hier: Fristen für die Beauftragung und Nutzung von Rufnummern, ABl RegTP 1999, S 1669; Vfg 10/1998, Vorläufige Regeln für die Zuteilung von Rufnummern in den Ortsnetzbereichen; hier: Ermittlung des Rufnummernbedarfs für eine TK-Anlage, ABl RegTP 1998, S 282; Vfg 282/1997, Vorläufige Regeln für die Zuteilung von Rufnummern in den Ortsnetzbereichen; hier: Änderung der ergänzenden Bestimmungen für importierte Rufnummern in den Ortsnetzbereichen, ABl RegTP 1997, S 1731; Vfg 65/1999, Vorläufige Regeln für die Zuteilung von Rufnummern in den Ortsnetzbereichen; hier: Änderung der ergänzenden Bestimmungen für die Zuteilung von Rufnummern für nicht durchwahlfähige ISDN-Anschlüsse, ABl RegTP 1999, S 1669; Vfg 16/1998, Vorläufige Regeln für die Zuteilung von Closed User Group Interlock Codes, ABl RegTP 1998, S 658; Vfg 37/1999, Vorläufige Regeln für die Zuteilung von Tarifierungsrefrenzzwegen, ABl RegTP 1999, S 1105; Vfg 149/1999, Vorläufige Regeln für die Zuteilung von Objektkennungsästen für Netzbetreiber und Diensteanbieter, ABl RegTP 1999, S 3760; Vfg 83/2000, Regeln für die Zuteilung von individuellen TETRA Teilnehmerkennungen, ABl RegTP 2000, S 3999; Vfg 52/97, Vorläufige Regeln für die Zuteilung von Portierungskennzeichen, ABl BMPT Nr 5/1997; Vfg 85/1999, Vorläufige Regeln für die Zuteilung von Portierungskennzeichen; hier: Zahl der zuteilbaren Kennung, ABl RegTP 1999, S 1905; Vfg 112/1999, Vorläufige Regeln für die Zuteilung von Rufnummern für Auskunftsdienste; hier: zurückgegebene Rufnummern, ABl RegTP 1999, S 2619; Vfg 113/1999, Vorläufige Regeln für die Zuteilung von Kennzahlen für Verbindungsnetz-Betreiber; hier: zurückgegebene Kennzahlen, ABl RegTP 1999, S 2619; Vfg 62/1997, Vorläufige Regeln für die Zuteilung von Kennzahlen für Verbindungsnetzbetreiber, ABl BMPT Nr 8/1997; ergänzt durch Vfg 43/1998, ABl RegTP 1998, S 1366; Vfg 54/2000, Vorläufige Regeln für die Zuteilung von Kennzahlen für Verbindungsnetzbetreiber; hier: Zurückgegebene Kennzahlen, ABl RegTP 2000, S 1763; Vfg 61/1997, Vorläufige Regeln für die Zuteilung von Rufnummern für Auskunftsdienste, ABl BMPT Nr 8/99; Vfg 61/1997, Vorläufige Regeln für die Zuteilung von Rufnummern für Auskunftsdienste, ABl BMPT Nr 8/1997; Vfg 70/2000, Vorläufige Regeln für die Zuteilung von Rufnummern für Auskunftsdienste; hier: Zurückgegebene Rufnummern, ABl RegTP 2000, S 2635; Änderungsverfügung 143/1998, ABl RegTP 24/1998; Vfg 49/2000, Aussetzung der Verpflichtung zur Sicherstellung von Netzbetreiberportabilität für Betreiber von Mobilfunknetze; hier: Verlängerung der Aussetzungsfrist gemäß

# Sechster Teil
Nummerierung

Vfg 157/1999 v 22. 12. 1999 (bis 31. 1. 2002), ABl RegTP 23/99, S 4090; Vfg 27/1999, Festlegung zur Nutzung des Teilbereichs (0)12 des Nummernraums für das öffentliche Telefonnetz/ISDN, ABl RegTP 1999, S 735; Vfg 28/99, Vorläufige Regeln für die Zuteilung von Rufnummern für innovative Dienste, ABl RegTP 1999, S 735; s auch RegTP Mitteilung 6/2000, Nummernraum für das öffentliche Telefonnetz ISDN in Deutschland – zusammenfassende tabellarische Darstellung, ABl RegTP 2000, S 1043; Vfg 138/1997, Vorläufige Regeln für die Zuteilung von Rufnummern für entgeltfreie Mehrwertdienste, ABl BMPT Nr 17/1997; s auch Vfg 137/1997, Nutzung für Teilbereiche (0)130 und (0)800, ABl BMPT Nr 17/1997, Vorläufige Regeln für die Zuteilung von Rufnummern für „Shared Cost"-Dienste, ABl BMPT Nr 34/1997; Vfg 3/2001, Kurzstellige Teilnehmerrufnummern für „Shared Cost"-Dienste, ABl RegTP 2001, S 23; Mitteilung 150/2001, Nummernraum für pan-europäische Dienste, ABl RegTP 2001, S 744; s auch Mitteilung 151/2001, Rufnummern für den Internationalen „Shared Cost" Dienst, ABl RegTP 2001, S 744; Vfg 4/2001, Nutzung des Teilbereichs (0)31 des Nummernraumes für öffentliche Telefonnetze, ABl RegTP 2001, S 23; Vfg 132/97, Vorläufige Regeln für die Zuteilung von Rufnummern für Internationale Virtuelle Private Netze, ABl BMPT Nr 16/1997; Vfg 23/1997, Vorläufige Regeln für die Zuteilung von Rufnummern für Nutzergruppen, ABl BMPT Nr 2/1997.

**Schrifttum:** Arbeitskreis für technische und betriebliche Fragen der Numerierung und Netzzusammenschaltung, Spezifikation Austausch der Portierungsdaten zwischen Netzbetreibern, 1997; *Bartosch* Nummernmanagement, NJW-CoR 1999, 103; *Schmidt* Wechselprobleme, ArchPT 1998, 104; *Bock/Völcker* Regulatorische Rahmenbedingungen für die Zusammenschaltung von TK-Netzen, MMR 1998, 473 ff; *Böhm* Telefonmehrwertdienste und Angaben des Entgelts, MMR 1998, 519 ff; *Choron* Die Vergabe von Telefonrufnummern unter regulierungs-, wettbewerbs- und familienrechtlichen Aspekten, in: Königshofen (Hrsg), Telekommunikationsrecht in der Praxis, 1999, S 19 ff; *Demmel/Skrobotz* Rechtsfragen der Nutzung von Premium rate-Diensten (0190er Nummern), CR 1999, 561; *Demmel/Skrobotz* Vergabe und Nutzung von Vanity-Nummern vor dem Hintergrund der Domain-Rechtsprechung, MMR 1999, 74 ff; *Europe Economics & Arcome SA* Study on the Cost Allocation for Number Portability, Carrier Selection and Carrier Pre-Selection, October 1999; *Gramlich* Rechtsfragen der Numerierung nach § 43 TKG, ArchPT 1998, 5 ff; *Hefekäuser/Schulz* Inkasso bei Preselection und Callby-Call, CR 1998, 403 ff; *Koenig/Neumann* Internet-Protokoll-Adressen als „Nummern" im Sinne des Telekommunikationsrechts? K & R 1999, 147; *Schütz* Recht auf eigene Telefonnummer?, MMR 1998, 287; RegTP, Netzbetreiberportabilität im Mobilfunk. Auswertung der Amtsblattmitteilung 569/1999 der RegTP v 22. 12. 1999; *Schwarz-Schilling* Nummernverwaltung bei Wettbewerb in der Telekommunikation, Beitrag Nr 180, Wissenschaftliches Institut für Kommunikationsdienste GmbH, 1997.

**Inhaltsübersicht**

|  |  | Rn |
|---|---|---|
| I. | Grundlage | 1–4 |
| II. | Gesetzesentwicklung | 5–9 |
| III. | Einzelkommentierung zur Numerierung (Abs 1–4 und Abs 7) | 10–53 |
|  | 1. Die Verwaltungsaufgaben bei der Numerierung | 11–15 |
|  | 2. Gegenstand der Nummernverwaltung: Nummern iSd § 3 Nr 10 TKG | 16 |
|  | 3. Die Aufgaben im Einzelnen | 17–36 |
|  |    a) Strukturierung und Ausgestaltung des Nummernraumes | 17–23 |
|  |    b) Festlegung der Bedingungen (Abs 2) | 24–36 |
|  | 4. Rechtsnatur und Bindungswirkung der Maßnahmen der Numerierung | 37–40 |
|  |    a) Strukturierung und Ausgestaltung des Nummernraumes als inneradministratives Konzept: inzidente Kontrolle | 38–39 |
|  |    b) Rechtsschutz gegen Einzelentscheidungen | 40 |
|  | 5. Das Entscheidungsprogramm der Nummernverwaltung | 41–52 |
|  |    a) Internationale und europäische Vorgaben | 43 |
|  |    b) Marktgegebenheiten | 44 |
|  |    c) Technologische Bedingungen | 45–46 |
|  |    d) Bestehende Positionen | 47–51 |
|  |    e) Sonstige private und öffentlich-rechtliche Positionen | 52 |
|  | 6. Gebührenverordnung (Abs 3 S 3) | 53 |
| IV. | „Netzbetreiberportabilität" (Nummernportabilität, Abs 5) | 54–62 |
| V. | Verbindungsnetzbetreiberauswahl, Call by Call und Pre-Selection (Abs 6) | 63–69 |

## I. Grundlage

**1** § 43 regelt – in einem einzigen Paragraphen – eine außerordentlich komplexe Aufgabe: die öffentliche Bewirtschaftung der Nummern. Nummern sind „Zeichenfolgen, die in Telekommunikationsnetzen Zwecken der Adressierung dienen" (§ 3 Nr 10 TKG). Abs 5 und 6 regeln demgegenüber zwei Fragen, die speziell die **Wettbewerbsöffnung** im **Sprachtelefondienst** – und damit kein allgemeines Problem der Nummerverwaltung – betreffen. Die nationale Numerierung ist international durch Empfehlungen der Internationalen Fernmeldeunion[1] (ITU) und durch Unionsrecht[2] vorstrukturiert. Nach Art 21 Abs 1 und 2 der ONP-Richtlinie 95/62/EG ist die Numerierung hoheitliche Regulierungsaufgabe.

Nummern – im Sprachtelefonnetz überwiegend zugleich Rufnummern – sind die Adressen von Teilnehmern oder Anbietern im Telekommunikationsnetz; Nummern können darüber hinaus technische und geografische Abgrenzungsaufgaben übernehmen. Nummern können also Anschlüsse von Teilnehmern oder Diensteanbietern kennzeichnen, aber auch Netzbetreiber und Regionen. Nummern müssen innerhalb eines Netzes **eindeutig** sein; deswegen müssen Ausschließlichkeitsrechte zugewiesen werden. Nummern sind – jedenfalls potentiell – **knappe Ressourcen**; deswegen ist eine öffentliche Bewirtschaftung nötig. Die Nummernvergabe ist zudem in hohem Maße **wettbewerbsrelevant**. Daher ist die Numerierung eine Aufgabe, die zur Erreichung der Regulierungsziele (§ 2 TKG) außerordentlich wichtig ist. 2

Von zentraler Bedeutung für die Erreichung der Regulierungsziele sind vier Themen: Erstens ist zu entscheiden, welche Nummern innerhalb welcher Netze reguliert werden. Zum zweiten stellt sich die Frage nach der Rechtsposition von Inhabern von Nummern (dazu u Rn 47 ff). Drittens geht es darum, wer Nummern unmittelbar von der Regulierungsbehörde bekommen kann (**originäre Nummernzuteilung**) und wer Nummern nur abgeleitet von anderen Unternehmen (beispielsweise Netzbetreibern) bekommen kann (**derivative Nummernzuteilung**) (dazu u Rn 27). Schließlich ist – viertens – die Frage wettbewerbsrelevant geworden, ob zugeteilte Nummern von einem Betreiber zum anderen mitgenommen werden (Netzbetreiberportabilität); das regelt § 43 Abs 5 TKG. 3

Die Regelungen der Nummernverwaltung in § 43 sind wie folgt strukturiert: Abs 1 regelt die **Aufgabe** und definiert im Wesentlichen das **Finalprogramm** der Numerierung. Abs 2 regelt die Festlegung des **Verteilungskonzeptes**. Abs 3 regelt die Zuteilung von Nummern im Einzelfall. Abs 4 spricht ein Sonderproblem an: die Änderung von Nummern. Abs 4 betrifft die Aufgaben und Befugnisse nach Abs 1–3. Eine **Anordnungsbefugnis** im Einzelfall – ergänzend vor allem zu Abs 1–4, aber auch zu Abs 5 und 6 – regelt Abs 7. 4

## II. Gesetzesentwicklung

Vor Inkrafttreten des TKG gab es keine gesetzlichen Regelungen im nationalen Recht zur Numerierung.[3] Der Gesetzesentwurf der Bundesregierung enthielt in § 42 eine Regelung zur „Nummernverwaltung"[4], die im Laufe des Gesetzgebungsverfahrens ganz erheblich überarbeitet worden ist. Abs 1 enthielt eine Aufgabenbeschreibung; Abs 2 eine Vorschrift über Änderungen der Numerierung (ähnlich § 43 Abs 4 des Gesetzes). Die Zuteilung von Nummern im Einzelfall regelten Abs 3 und Abs 4, die später in Abs 3 zusammengefasst wurden. Nach dem Gesetzesentwurf war die Nummernverwaltung im Grundsatz zweistufig geregelt: der Aufstellung des Nummernplanes folgte die Zuteilung von Nummern an „Lizenznehmer oder Anbieter von Telekommunikationsdienstleistungen". Der Gesetzesentwurf sah vor, dass Nummern nur „zur Nutzung" zuzuteilen waren.[5] 5

Das Zuteilungsprogramm wurde zum einen dahin beschrieben, dass auf „objektive, nachvollziehbare und nicht-diskriminierende Weise" zugeteilt werden müsse (§ 42 Abs 3 S 2 TKG-E)[6]; zum anderen seien „die Bedürfnisse der Lizenznehmer" der Anbieter von Telekommunikationsdienstleistungen und der Nutzer zu berücksichtigen (§ 42 Abs 3 S 3 TKG-E), schließlich die 6

---

**1** Empfehlung E. 164; dazu *Tegge* Die internationale Telekommunikations-Union im Wandel, S 113 f und Beck'scher TKG-Kommentar/*Paul/Mellewigt* § 43 Rn 4 f.

**2** Dazu ausführlich *Gramlich* Archiv PT 1998, 6 ff; *Bartosch* NJW-CoR 1999, 103; Beck'scher TKG-Kommentar/*Paul/Mellewigt* § 43 Rn 6 f.

**3** S die gründliche Bestandsaufnahme von *Gramlich* Archiv PT 1998, 5, 13 ff.

**4** BR-Drucks 80/96, S 15.

**5** BR-Drucks 80/96, S 15.

**6** BR-Drucks 80/96, S 15.

Wolfgang Spoerr

"Grundsätze der Wirtschaftlichkeit und der Grundsatz eines chancengleichen und funktionsfähigen Wettbewerbers" (§ 42 Abs 3 S 4 TKG-E). In der Begründung wurde § 42 Abs 1 TKG-E zu Recht als Aufgabenbeschreibung charakterisiert.[7]

**7** Der Bundestagsausschuss für Post und Telekommunikation überarbeitete § 42 grundlegend iS sowohl der Klarstellung als auch der Ergänzung.[8] Das Ziel der Numerierungsaufgaben wurde von den einzelnen Handlungsbeschreibungen (Abs 2–4) in die Aufgabenbeschreibung herübergenommen (§ 42 Abs 1 S 2 = § 43 Abs 1 S 2 des Gesetzes). In Abs 2 wurde als zweite Ebene zwischen „Strukturierung und Ausgestaltung des Nummernraumes" (die Erstellung des Nummernplanes) und Zuteilung nach § 43 Abs 1 S 2, 3 die Festlegung der Bedingungen zur Erlangung von Nutzungsrechten an Nummern aufgenommen. Dabei wurde zugleich verdeutlicht, dass die Einhaltung dieser Bedingungen ein Recht auf Zuteilung begründet und dass die Bedingungen im Amtsblatt veröffentlicht werden müssen.

**8** Grundlegend überarbeitet wurde auch die Bestimmung über die Zuteilung von Nummern im Einzelfall. Nicht nur Lizenznehmer und Anbieter von Telekommunikationsdienstleistungen sind grundsätzlich antragsberechtigt, sondern auch Nutzer.[9] Die Vorschrift über Änderungen bestehender Numerierungsentscheidungen wurde von Abs 2 in Abs 4 übernommen.[10] Auch internationale Verpflichtungen und Empfehlungen wurden als Änderungsgrund vorgesehen. Daneben wurde formuliert, dass sich Änderungen nicht nur auf die Struktur und Ausgestaltung des Nummernraumes, sondern auch auf die Nummernzuteilung beziehen können, und dass Berechtigte verpflichtet sind, die festgelegten Änderungen umzusetzen.[11] Die bei Änderungen zu berücksichtigenden Belange der Betroffenen wurden erweitert. Sie sind – anders als nach dem Entwurf der Bundesregierung[12] nicht auf die Umstellungskosten beschränkt. Der neu eingefügte Abs 7 soll sicherstellen, dass die Regulierungsbehörde in der Lage ist, die Regelungen zur Numerierung umzusetzen und ihre diesbezüglichen Anordnungen gegenüber Netzbetreibern und Diensteanbietern durchzusetzen.[13]

**9** Neu eingefügt wurden die Rufnummernportabilität (Abs 5) und die Regelungen zur Verbindungsnetzbetreiberauswahl (Abs 6). Die Sicherstellung der Rufnummernportabilität wurde vom Ausschuss für Post und Telekommunikation „als ausschlaggebend für den Erfolg des Telekommunikationsgesetzes gewertet".[14] Mit seiner Regelung, insbesondere durch die Festlegung zur Kostentragung wollte der Ausschuss sicherstellen, dass „der gewünschte wettbewerbsfördernde Effekt der Portabilität nicht durch die Methodik der Kostenaufteilung zunichte gemacht wird und dass so für jeden Betreiber ein Anreiz besteht, die Kosten in seinem Netz so niedrig wie möglich zu halten".[15] Weil es weltweit noch keine auf Deutschland übertragbaren Erfahrungen zur Rufnummernportabilität gebe, müsse die Regulierungsbehörde in der Lage sein, die Verpflichtung nach Abs 5 auszusetzen, wenn technische Gründe dies rechtfertigen.[16] Ebenso wurde die Aussetzungsmöglichkeit der Verbindungsnetzbetreiberauswahl begründet.[17]

### III. Einzelkommentierung zur Numerierung (Abs 1–4 und Abs 7)

**10** Die allgemeinen Aufgaben und Befugnisse der Regulierungsbehörde zur Numerierung legen die Abs 1–4 und Abs 7 fest; Abs 5 und Abs 6 enthalten demgegenüber gesetzliche Sonderpflichten der Netzbetreiber. Diese beiden Bestimmungen werden daher gesondert betrachtet. Nach der Begrifflichkeit des Gesetzes ist die Verwaltungsaufgabe der Numerierung der Oberbegriff.

#### 1. Die Verwaltungsaufgaben bei der Numerierung

**11** In der allgemeinen Aufgaben- und Programmbeschreibung des Abs 1 weist das Gesetz die

---

7 BR-Drucks 80/96, S 47.
8 BT-Drucks 13/4864 (neu), S 28 f, 79.
9 BT-Drucks 13/4864 (neu), S 28.
10 BT-Drucks 13/4864 (neu), S 28 f.
11 BT-Drucks 13/4864 (neu), S 79.
12 BR-Drucks 80/96, S 15.

13 BT-Drucks 13/4864 (neu), S 79.
14 BT-Drucks 13/4864 (neu), S 75.
15 BT-Drucks 13/4864 (neu), S 79.
16 BT-Drucks 13/4864 (neu), S 79.
17 BT-Drucks 13/4864 (neu), S 79.

Wolfgang Spoerr

Aufgabe der Numerierung der Regulierungsbehörde zu. Die Numerierung wird damit als Verwaltungsaufgabe definiert. Das ist nicht zwingend, wie die vergleichbare Aufgabe der Domain-Verwaltung im Internet zeigt.[18] Diese ist privatautonom ausgestaltet.[19] Die öffentliche Wahrnehmung der Numerierungsaufgabe trägt aber der hohen Bedeutung der Numerierung für die Erreichung der Regulierungsziele Rechnung.

Innerhalb der Gesamtaufgabe der Numerierung unterscheidet Abs 1 zwei Teilaufgaben: **12**

– Zum einen die Strukturierung und Ausgestaltung des Nummernraumes. **13**

– Zum anderen die Verwaltung des Nummernraumes, insbesondere mittels Zuteilung von Nummern an einzelne (Abs 4). **14**

Eine Zwischenschicht zwischen Strukturierung und Ausgestaltung des Nummernraumes einerseits und einzelfallbezogener Nummernverwaltung andererseits ist die Festlegung der Zuteilungsvoraussetzungen gem Abs 2. Zur Verwaltung des Nummernraumes gehört neben der in Abs 1 S 4 genannten Zuteilung von Nummern auch die nachträgliche Änderung solcher Zuteilungen (Abs 4 S 1) und die Nummernüberwachung (Abs 7 S 1 iVm Abs 4 S 4). **15**

### 2. Gegenstand der Nummernverwaltung: Nummern iSd § 3 Nr 10 TKG

Der Gegenstand der Nummernverwaltung ist mit dem Begriff der **Nummer** umgrenzt, den das Gesetz nur in § 43 verwendet. Definiert ist er in § 3 Nr 10 TKG. Andere Vorschriften – die §§ 12, 89 und 90 TKG – verwenden demgegenüber den Begriff der Rufnummer. Die allgemeine Definition in § 3 Nr 10 TKG lässt keinen Zweifel, dass der Nummernbegriff des § 43 nicht auf den Sprachtelefondienst beschränkt ist. Jedenfalls statische **IP-Adressen** sind deshalb begrifflich Nummern iSd §§ 43, 3 Nr 10 TKG.[20] Dass – derzeit – kein Regulierungsbedürfnis bestehen mag, reicht nicht aus, um sie vom Nummernbegriff auszunehmen,[21] ebenso wenig das Bedürfnis internationaler Koordination, das bei Telefon-Rufnummern in ähnlicher Weise besteht. Die Regulierungsbehörde hat aber bei neuen Netzen einen regulatorischen Konzeptspielraum bei der Definition ihrer Aufgaben. Sie hat einen **Gestaltungsfreiraum** bei der Beurteilung und Entscheidung der Frage, ob sie bestimmte „neue" **Nummernsysteme** öffentlich-rechtlich regelt. **16**

### 3. Die Aufgaben im Einzelnen

#### a) Strukturierung und Ausgestaltung des Nummernraumes

Bereits die Strukturierung und Ausgestaltung des Nummernraumes ist eine ausgesprochen anspruchsvolle Aufgabe. Zunächst ist zu entscheiden, welche Nummern überhaupt geregelt werden. Es ist zulässig, bestimmte Nummernarten – insbesondere in bestimmten Netzen – öffentlich-rechtlich ganz ungeregelt zu lassen, wenn kein Regulierungsbedürfnis besteht. Sodann ist innerhalb der strukturierenden Nummernraumes zu entscheiden, welche Nummern überhaupt für Nutzungen zur Verfügung gestellt werden. Das hängt maßgebend von der Zahl der Ziffern ab, aber auch von technischen Vorfragen mit oft wettbewerblicher Bedeutung,[22] von Strukturierungsentscheidungen und von Freihalteplanungen. Sodann müssen Ziffernfolgen zwischen unterschiedlichen Nummernfunktionen aufgeteilt werden. Bislang bekannte Nummernfunktionen sind etwa **17**

– Landeskennzeichen,
– Netzkennzahlen,
– Dienstekennzahlen,
– Ortsnetzkennzahlen,
– Portierungskennzeichen,

---

[18] Dazu *Koenig/Neumann* K & R 1999, 149.
[19] Siehe dazu Regeln in RFC 791, ftp.isi.edu/innotes/rfc791.txt; ferner *Bettinger/Freytag* CR 1999, 28.
[20] So zu Recht auch *Koenig/Neumann* K & R 1999, 147, 148 ff.
[21] AM wohl *Koenig/Neumann* K & R 1999, 147, 150.
[22] S etwa Stellungnahme zur Bereitstellung von Rufnummern für Premium Rate-Dienste, Kommentierungen zur ABl-Mitteilung 109/2000 insbesondere zu Gasse (0)900.

- National/International Signalling Point Codes (NSPC/ISPC),
- Closed User Group Interlock Codes (CUGIC),
- Issuer Identifier Numbers (IIN)
- International Mobile Station Equipment Identifiers (IMEI)

sowie die eigentlichen

- Rufnummern.

**18** Internationale **Kennungen für mobile Endeinrichtungen** (IMEI) sind Adressen von mobilen Endeinrichtungen. Sie sind im GSM-Standard 03.03 des ETSI geregelt. Mit solchen Kennungen wird jeder Endeinrichtung eine eineindeutige IMEI zugewiesen. Antragsberechtigt sind Endeinrichtungshersteller und Mobilfunknetzbetreiber.[23]

**19** **Hersteller-Kennungen für Telematikprotokolle** (HKT) sind Kennungen nach der Empfehlung T.35 der ITU. Sie dienen der Generierung von Kennungen für nicht-standardisierte Leistungsmerkmale. Sie werden für Telematikprotokolle gebraucht, die für den Informationsaustausch zwischen Endeinrichtungen verwendet werden. Sie bestehen aus einer Ein-Byte-Landeskennung für die Bundesrepublik Deutschland (0000 01002) und einer zwei Byte langen nationalen Herstellerkennung. Antragsberechtigt sind Gerätehersteller, Software-Hersteller und Diensteanbieter, die eine Herstellerkennung benötigen.[24]

**20** Früher gliederte sich der Nummernplan der Bundesrepublik Deutschland in Netz- und Dienstekennzahlen (01xy) und Ortsnetzkennzahlen (02–09).[25] Schon seit Dezember 1995[26] soll diese Struktur geändert werden,[27] insbesondere werden die Gassen 500, 501, 600, 601, 700, 701, 800, 801, 900 und 905 für Dienste und persönliche Rufnummern gewidmet.[28]

**21** Durch solche Strukturierungs-Entscheidungen werden bestimmte Nummernkreise (Bereiche des Nummernraumes) für bestimmte Benutzerkreise zugewiesen. Um hier zu Entscheidungen zu kommen, müssen Nutzerkreise nach gemeinsamen Kriterien abgegrenzt werden. Ein Beispiel hierfür ist die Unterscheidung von Handvermittlungsdienst, Sonder- und Ansagediensten, Televotumdiensten, Funkdiensten, Shared Cost-Diensten und Premium Rate-Diensten. Die Dienstearten ergeben sich dabei aus der technologischen Entwicklung ebenso wie aus der Marktentwicklung.

**22** Ein **Dienst** ist letztlich all das, was am Markt als Dienst angeboten wird. Die potentiell unbegrenzte Vielfalt von Dienstleistungsangeboten und ihre Kombination untereinander muss von der Regulierungsbehörde sinnvoll strukturiert werden. Dabei ist – ohne ausdrückliche „Verrechtlichung" solcher Verfahrensstrukturen – eine umfassende Abstimmung mit Netzbetreiber- und Verbraucherinteressen geboten; ihre Plattform ist zB der Arbeitskreis für technische und betriebliche Fragen der Nummerierung und der Netzzusammenschaltung[29] und die „Gesprächsrunde Umsetzung des TKG im Bereich Numerierung".[30]

**23** Oberste Leitlinie hat dabei der wettbewerbsfördernde Zweck zu sein: Die Numerierung muss so ausgestaltet werden, dass Dienste ermöglicht – und nicht verhindert – werden. Jedenfalls im Grundsatz muss sich die **Strukturierung des Nummernraumes** den **Marktbedürfnissen** anpassen; nicht umgekehrt der Markt dem Nummernraum.

---

23 S näher RegTP, Vfg 40/2000, Vorläufige Regeln für die Zuteilung von internationalen Kennungen für mobile Endeinrichtungen, ABl RegTP 2000, S 1247.
24 S RegTP, Vfg 30/2000, Vorläufige Regeln für die Zuteilung von Herstellerkennungen für Telematikprotokolle, ABl RegTP 2000, S 1008; zu weiteren Nummernressourcen RegTP, Tätigkeitsbericht 2000, S 29 f.
25 Beck'scher TKG-Kommentar/*Paul/Mellewigt* § 43 Rn 4.
26 Abschlussbericht der Expertenkommission für Numerierungsfragen eingesetzt vom BMPT vom 4.12.1995.
27 Beck'scher TKG-Kommentar/*Paul/Mellewigt* § 43 Rn 138 ff.
28 Übersicht Stand 8.3.2000: RegTP, Mitteilung 196/2000, Der Nummernraum für das öffentliche Telefonnetz/ISDN in Deutschland – zusammenfassende tabellarische Darstellung – ABl RegTP 2000, S 1043.
29 Vgl BMPT, Mitteilung 108/1997, ABl BMPT v 16.7.1997; allgem dazu *Oertel* Die Unabhängigkeit der Regulierungsbehörde, S 227 ff.
30 RegTP, Mitteilung 483/1999, ABl RegTP 1999, S 3189; RegTP, Mitteilung 317/2000, ABl RegTP 2000, 1763.

## b) Festlegung der Bedingungen (Abs 2)

Bedingungen iSd Abs 2 sind nicht Bedingungen iSd § 36 VwVfG, also Nebenbestimmungen zur Zuteilung. Der Gesetzgeber verwendet den Begriff der Bedingungen hier untechnisch. Mit Bedingungen sind die **Voraussetzungen** gemeint, unter denen Nummern zugeteilt werden. Diese Zuteilungsbedingungen (Zuteilungsvoraussetzungen) sind im Wesentlichen das Resultat von vier Parametern:

aa) **Zum einen ergeben sich die Bedingungen iSd Abs 2 ganz wesentlich aus der Dienstedefinition,** die in der Strukturierungsentscheidung für den Nummernraum festgelegt worden ist. Die Zuteilungsbedingungen sollen insoweit sicherstellen, dass der richtige Dienst dem richtigen Nummernkreis zugeordnet wird. Deswegen ist die Dienstedefinition schon bei der Ausgestaltung und Strukturierung des Nummernraumes von wesentlicher Bedeutung auch für die Zuteilungsbedingungen. Wesentliche Vorentscheidung für die Zuteilungsbedingungen werden schon auf dieser vorgelagerten Ebene der Strukturierung und Ausgestaltung des Nummernraumes getroffen.

bb) **Zweitens muss die Regulierungsbehörde entscheiden, wer antragsberechtigt ist.** Das Gesetz nennt insoweit (Abs 1 S 4 und Abs 3 S 1) die Betreiber von Telekommunikationsnetzen, die Anbieter von Telekommunikationsdienstleistungen und die Nutzer. Die Nutzer iSd Gesetzes sind diejenigen, die unter der Nummer erreichbar sind. Das können private Haushalte, Unternehmen mit Telefonanschlüssen sein, aber auch Anbieter von Dienstleistungen, denen Übermittlungen mittels Telekommunikation zugrunde liegt, beispielsweise Teledienste-Anbieter und Mediendienste-Anbieter. Auch sie sind Nutzer iSd § 43 Abs 1 S 4 und Abs 3 S 1 TKG. Nutzer iSd dieser Vorschrift sind alle, die nicht Betreiber von Telekommunikationsnetzen oder Anbieter von Telekommunikationsdienstleistungen sind.

Hinter der Frage, wie der Kreis der antragsberechtigten Nutzer von der Regulierungsbehörde umgrenzt wird, verbirgt sich die schwierige Abgrenzungsaufgabe zwischen **originärer** und **derivativer** Nummernzuteilung:

– Das bislang übliche Grundmuster ist die derivative Zuweisung der Nummern an die Nutzer durch den Netzbetreiber oder durch das Telekommunikationsunternehmen. Das bedeutet, dass die Nummern – in aller Regel im Rahmen eines Nummernblockes – dem Netzbetreiber oder Telekommunikationsdienstleistungs-Anbieter von der Regulierungsbehörde zugeteilt werden (originäre Zuweisung). Die Nummern sind aber nicht die Rufnummern dieses Unternehmens, sondern die Nummern von dessen Kunden. Die Zuweisung der Nummern an diese ist derivativ (abgeleitet), weil das Telekommunikationsunternehmen die ihm von der Regulierungsbehörde zugewiesene Position weiter vergibt. Dieser Vorgang ist privatrechtlicher Natur. Er ist im Grundsatz auch privatvertraglicher Regelung zugänglich; Schranken ergeben sich aus zwingenden öffentlich-rechtlichen Vorgaben, insbesondere aus § 43 Abs 5, aus Auflagen, die der originäre Nummern-Inhaber auf Grund seiner Zuteilung beachten muss, und aus anderen telekommunikationsrechtlichen Normkomplexen wie § 18 TKV.

– Demgegenüber steht das Modell originärer Zuteilung an die Nutzer. Das bedeutet, dass die Nutzer selbst die Rufnummer von der Regulierungsbehörde gem § 43 Abs 3 zugewiesen bekommen. Für Telefonanschlüsse ist dieses Modell bei den persönlichen Rufnummern (0)700 verwirklicht.[31]

Beide Modelle haben regulatorische Vor- und Nachteile: Die originäre Zuteilung an Nutzer ist wettbewerbsfreundlicher. Sie stellt sicher, dass die Nutzer im Hinblick auf das Fortbestehen ihrer Rufnummer nicht vom jeweiligen Telekommunikationsunternehmen abhängig sind. Der Nachteil der originären Zuteilung an Nutzer ist demgegenüber, dass die Regulierungsbehörde in eine – jedenfalls faktische – Mitverantwortung gerät, falls Nummern für rechtswidrige Zwecke genutzt werden. Im Falle der derivativen Nutzung durch den Nutzer wird diese – zumindest faktische – Kontrollverantwortung, die aus der Zuteilung im Einzelfall resultiert, auf Private

---

[31] Siehe BMPT Vfg 249/1997, ABl BMBT Nr 27/1997; RegTP, Vfg 33/1998, ABl RegTP Nr 6/1998.

verlagert. Auch mag das Modell derivativer Zuteilung technologische Nachteile haben, soweit sie beispielsweise keine Nummernblöcke mit eindeutiger Zuordnung zu einem Telekommunikationsunternehmen bilden lassen.

**31** Bei der Wahl zwischen originärem und derivativem Zuteilungsmuster muss sich die Regulierungsbehörde an den Regulierungszielen, insbesondere an der **Gleichbehandlung im Wettbewerb** ausrichten. Das Modell originärer Zuteilung hat wettbewerblich gewichtige Vorteile. Ihnen gegenüber stehen die Nachteile des Bruchs mit gewachsenen Strukturen, der erhöhte Verwaltungsaufwand durch die Publizierung der individuellen Nummernzuteilung an Nutzer und die faktische Verantwortungszunahme. All diese Erwägungen können es rechtfertigen, beim System derivativer Zuteilung ganz oder teilweise zu bleiben.

**32** Den Regulierungszielen entspricht es auch, insoweit zu differenzieren, insbesondere nach Dienstearten. In diesem Fall zwingt allerdings das Gebot der Wettbewerbsneutralität dazu, die Dienste sachgerecht abzugrenzen und innerhalb der jeweiligen, sachgerecht abwickelnden Dienstart Gleichbehandlung zu gewähren.

**33** cc) Speziell: § 20 TKV. Die derivative Nummernzuteilung wird in der TKV näher ausgestaltet. Auf § 41 TKG gestützt, regelt sie die Rahmenvorschriften für die Inanspruchnahme von Telekommunikationsdienstleistungen für die Öffentlichkeit. Sie ist – als Schutzrecht – zu Gunsten der Kunden zwingend (§ 1 Abs 2 TKV). Die Nummernzuteilung erfolgt durch den Anbieter des Zugangs zum Telekommunikationsnetz. Sie bedarf der Schriftform. „Zugang zum Telekommunikationsnetz" bietet jeder Netzbetreiber oder Telekommunikations-Dienstanbieter an, der Telekommunikationsdienstleistungen für die Öffentlichkeit anbietet. Der Kunde hat Anspruch auf diskriminierungsfreie Zuteilung, aber nur im Rahmen der Bedingungen, Regelungen und Verpflichtungen, die die Regulierungsbehörde vorgegeben hat. Das vom Anbieter unabhängige Nutzungsrecht erwirbt allein der **Endkunde**. Dieses Nutzungsrecht ist rechtsgeschäftlich nicht übertragbar (§ 20 Abs 2 S 4 TKV). Endkunde ist jeder, der die Nummer selbst für einen eigenen Anschluss mit eigenen Inhalten nutzen will.

**34** Die Unabhängigkeit des Nummernrechts verlangt, dass der Kunde die Nummer gegen Zahlung des Entgelts „mitnehmen" kann wenn das Vertragsverhältnis endet. Unzulässig und unwirksam sind vertragliche Bestimmungen, die die Mitnahme bzw Weiternutzung der Nummer ausschließen oder unzumutbar erschweren. Dagegen sind vertragliche Ausgestaltungen, die dem Nutzer die Entscheidungsfreiheit lassen, diese aber zeitlich beschränken, zulässig und wirksam. Die Regelungen über die Ableitung von Nummern gelten nicht für die gemeinsame Nutzung von Nummern beim Aufbau gemeinsamer Dienste. Sie gelten auch dann nicht, wenn der Nutzer der Nummer Inhalte von einem anderen Unternehmen zuliefern lässt, ohne dass dieses Träger des Dienstes ist der unter der Nummer angeboten wird.

**35** dd) Dritter Bestandteil der Bedingungen sind die **Bedarfsgrundlagen.** Hier geht es insbesondere darum, wer unter welchen Voraussetzungen wie viele Nummern zur Verwendung für sich oder für eigene Kunden zugewiesen bekommt. Soweit sich Knappheit im Nummernraum oder seinem Teil nicht vermeiden lässt, muss hier in besonderem Maße auf Wettbewerbsneutralität geachtet werden.

**36** ee) Schließlich sind die **Nebenbestimmungen** und sonstigen **Inhalte** der **Nummernzuteilung** festzulegen. Dabei geht es insbesondere darum, für welche Zeit Nummern zugewiesen werden und welche Auflagen hierfür gelten. Dabei geht es beispielsweise um die Übertragbarkeit an Dritte, die Nutzung der Rufnummer innerhalb einer bestimmten Frist und um Informations- und Auskunftspflichten. Die Bedingungen der Zuteilung können auch dazu dienen, die Einhaltung von Grundsätzen und Prinzipien der Nummernverwaltung durch die originären Nutzungsberechtigten sicherzustellen. Dazu müssen die abstrakt-generellen Zuteilungsbedingungen in den jeweiligen Zuteilungsbescheiden in Form einer Nebenbestimmung (§ 36 VwVfG) umgesetzt werden.

Wolfgang Spoerr

## 4. Rechtsnatur und Bindungswirkung der Maßnahmen der Numerierung

Im Hinblick auf die Rechtsnatur und Bindungswirkung der verschiedenen Maßnahmen in der Numerierungsverwaltung ist zu unterscheiden: 37

### a) Strukturierung und Ausgestaltung des Nummernraumes als inneradministratives Konzept: inzidente Kontrolle

Die Strukturierung und Ausgestaltung des Nummernraumes ist der Rechtsnatur nach ein inneradministratives Konzept.[32] Auf eine Rechtsform des Außenrechts hat der Gesetzgeber verzichtet. Nach dem System des § 43 ist die Ausgestaltung des Nummernraumes ein aus sich heraus nicht bindendes Programm für die – rechtsverbindliche – Zuteilung von Nummern. Es handelt sich um ein inneradministratives Verteilungskonzept. Solche Verteilungskonzepte zur Selbstprogrammierung der Verwaltung sind in der leistenden Verwaltung zulässig.[33] Angesichts der klaren gesetzgeberischen Entscheidung in § 43 gegen eine verbindliche Festlegung des Nummernraumes durch Rechtsverordnungen erübrigt sich die Frage, ob die Vorzüge von informellen Konzepten speziell im Kontext der Numerierung von hinreichendem Gewicht sind. 38

Die Entscheidung für ein informelles Konzept muss in der gerichtlichen Prüfung von Konzept und der auf ihm bestehenden Einzelfallentscheidung zu erhöhter Prüfungsintensität führen. Der Gesetzgeber hat sich bei § 43 dagegen entschieden, der Verwaltung eine eigenständige Befugnis zur **recht**ssetzenden Gesetzeskonkretisierung einzuräumen. Die Strukturierung und Ausgestaltung des Nummernraumes muss deshalb gegebenenfalls uneingeschränkt darauf geprüft werden, ob die Regulierungsbehörde ihren Konzeptpflichten nach § 43 Abs 1 S 2, 2 Abs 2, 1 TKG gerecht geworden ist. Dazu gehört sowohl eine hinreichende Ermittlung der Sachverhaltsgrundlage wie eine ordnungsgemäße Ausübung des Regulierungsermessens. Zudem muss die Behörde die Würdigung des Einzelfalles am Maßstab des Konzeptes wiederum an § 2 Abs 2 und § 1 TKG ausrichten. Anders als Rechtsverordnungen dürfen inneradministrative Konzepte nicht rechtssatzartig gehandhabt werden; von ihnen darf aber auch nicht grundlos abgewichen werden (Art 3 Abs 1 GG, § 2 Abs 2 TKG). 39

### b) Rechtsschutz gegen Einzelentscheidungen

Schon wegen der mangelnden Außenwirkung solcher Konzepte ist der Rechtsschutz gegen sie regelmäßig nicht eröffnet. Sie werden im Rahmen von Klagen gegen Einzelentscheidungen (Nummernzuteilung, Widerruf der Nummernzuteilung, Anordnungen nach Abs 7 S 1) inzident geprüft. Demzufolge hat die Strukturierung und Ausgestaltung des Nummernraumes auch keinerlei rechtliche Bindungswirkung für die Nutzungsberechtigten. Eine solche Bindungswirkung kann allenfalls über Nebenbestimmungen zu Nummernzuteilungen eintreten. 40

## 5. Das Entscheidungsprogramm der Nummernverwaltung

Das Entscheidungsprogramm der Nummernverwaltung ist komplex, insbesondere auf der Ebene der Konzeptgestaltung. Es ist nicht auf gesetzlich definierte und benannte Interessen beschränkt. Vielmehr hat die Regulierungsbehörde alles zu berücksichtigen, was nach Lage der Dinge entscheidungserheblich ist. Der maßgebliche Filter für die Entscheidungserheblichkeit sind die allgemeinen **Regulierungsziele** (§ 2 Abs 2 TKG) und der Gesetzeszweck (§ 1 TKG). Entscheidungserhebliche Belange können sich dabei aus tatsächlichen Gegebenheiten, aus rechtlichen Vorgaben, insbesondere in Form von Prinzipien, sowie aus von der Regulierungsbehörde oder anderen Akteuren gesetzten Zielen ergeben. 41

Beispiele für derartige Belange sind: 42

---

32 *Gramlich* Archiv PT 1998, 12.
33 Allgem zum konzeptgebundenen Verwaltungshandeln: *Schmidt-Aßmann* Das allgemeine Verwaltungsrecht als Ordnungsidee, S 279; *A. Müller* Konzeptgebundenes Verwaltungshandeln, 1992.

Sechster Teil
Nummerierung

### a) Internationale und europäische Vorgaben

**43** Bei den internationalen Vorgaben für die Numerierung, beispielsweise durch die internationale Fernmeldeunion (ITU) und die Europäische Union, sind drei Typen zu unterscheiden: Rechtsförmlich bindende Vorgaben – meist des EU-Rechts – sind zu beachten. Nicht rechtsförmliche Bindungen sind bei der Entscheidung zu berücksichtigen. Bei der Tätigkeit der ITU sind die rechtsförmlich nicht bindenden Vorgaben die Regel. Numerierungsvorgaben werden in der Regel als Empfehlungen verabschiedet. Innerhalb solcher, rechtsförmlich nicht bindender Vorgaben gibt es solche, die eine faktische Bindungswirkung auslösen, von denen also aus Sachzwängen nicht abgewichen werden kann. Überwiegend bestehen solche Sachzwänge nicht. Hier ist die Regulierungsbehörde freier. Im CEPT werden Numerierungsfragen vom CEPT ECTRA-Project Team on Numbering (PTN) behandelt. Eine „Numbering and Addressing Task Group" hat inzwischen auch das UMTS-Forum eingerichtet.

### b) Marktgegebenheiten

**44** Sodann sind die Marktgegebenheiten ein wesentliches Datum. Hier geht es zunächst einmal darum, in welchen Segmenten welcher Bedarf für Rufnummern besteht. Von hoher Bedeutung ist dabei – wie angesprochen – welche Nutzerstrukturen bestehen und welche Dienstetypen am Markt angeboten werden. Auch geht es um die wettbewerblichen Verhältnisse: sowohl im Hinblick auf den Wettbewerb zwischen Telekommunikationsunternehmen wie auf den Wettbewerb zwischen anderen Diensteanbietern; wichtig sind insbesondere die Wettbewerbsverhältnisse zwischen Telekommunikationsunternehmen am Markt für die Diensteanbieter.

### c) Technologische Bedingungen

**45** Schließlich sind die technologischen Gegebenheiten und Randbedingungen zu berücksichtigen. Das Gesetz spricht sie in Abs 5 und Abs 6 gesondert an; sie gehören aber schon zum allgemeinen Entscheidungsprogramm nach Abs 1–3.

**46** Beschränkungen ergeben sich daraus, dass Nummern Zeichenfolgen sind, die in der Datenübertragungs- und Datenverarbeitungstechnik verwendet werden. Beispielsweise kann die Länge der zulässigen Zeichenfolge beschränkend wirken. Wichtig ist auch, inwiefern Nummern wettbewerbsneutral mit den technischen Gegebenheiten der Zusammenschaltung verträglich sind.

### d) Bestehende Positionen

**47** Numerierungsentscheidungen betreffen selten Neuland im Nummernraum. Soweit bestehende Nummernzuteilungen oder anderweitige rechtmäßige Nummernnutzungen[34] berührt werden oder jedenfalls Interdependenzen bestehen, müssen die Belange bestehender Nutzer angemessen berücksichtigt werden: Abs 4 Satz 2 schreibt die Abwägungserheblichkeit bestehender Nutzungsrechte fest. Das gilt für jedwede rechtmäßige Nummern-Nutzung, unabhängig davon, ob sie durch Verwaltungsakt erlangt worden ist.[35] Über die Abwägungserheblichkeit hinausgehende, dauerhafte Schutzrechte ergeben sich aus der Nummer nicht. Neben die Einschränkungen, die sich aus den §§ 48 und 49 VwVfG ergeben, tritt die sonderrechtliche Einschränkung des Abs 4 Satz 4: Betreiber von Telekommunikationsnetzen und Anbieter von Telekommunikationsdienstleistungen sind verpflichtet, die zur Umsetzung erforderlichen Maßnahmen zu treffen.[36] Durch den Erwerb der Rufnummer wird „die Möglichkeit zu telekommunikativen Kontakten" eröffnet, der hierin liegende Vermögenswert von Rufnummern für den Teilnehmer geht über den konkreten Wert der Nutzung von Telekommunikation hinaus.[37] Insbesondere im Hinblick auf die Fortwirkungen der bisherigen Nutzungen zielt das TKG auf einen **evolutionären Übergang** ab.[38] Das gilt gleichermaßen für Strukturen, Einzel-Zuteilungen und (rechtmäßige) Nutzungen.[39]

---

34 Vgl VG Köln, Urt v 8. 12. 2000, 11 K 7734/00.
35 *Gramlich* Archiv PT 1998, 5, 17.
36 Möglicherweise aM *Gramlich* Archiv PT 1998, 5, 12. Zu alten Nummern siehe unten Rn 53.
37 *Gramlich* Archiv PT 1998, 5, 17 f.
38 *Gramlich* Archiv PT 1998, 5, 16 f.
39 *Gramlich* Archiv PT 1998, 5, 17 f.

Wolfgang Spoerr

Der eigentumsrechtliche Schutz der Nummern reicht aber nicht weiter als die Position, die durch **48**
folgende Rechtsnormen gekennzeichnet ist:
- Die Abwägungserheblichkeit bestehender Nummernrechte bei der – abstrakt-generellen – Neugestaltung des Nummernraumes.
- Die Schutzposition, welche die Einzelfallentscheidung gewährt: nachträgliche Eingriffe sind nur unter den Voraussetzungen der §§ 48, 49 VwVfG und § 43 Abs 4 S 4 TKG zulässig.

Die beiden Beschränkungen wirken zusammen. Allein die Neugestaltung des Nummernraumes **49**
beseitigt die Berechtigung zur Nummernnutzung nicht. Das gilt unabhängig davon, ob es sich um Nummernzuteilungen nach dem TKG oder um Alt-Berechtigungen, die vor Inkrafttreten des TKG erteilt worden sind, handelt.[40]

Abs 4 S 4 bringt zusätzliche Beschränkungen, die neben die §§ 48, 49 VwVfG treten. Danach sind **50**
Netzbetreiber und TK-Dienstleistungsanbieter verpflichtet, Neugestaltungen umzusetzen. Damit legt das Gesetz eine materielle Pflicht auf, die aber – soweit entgegenstehende öffentlich-rechtliche Positionen bestehen – durch Verwaltungsakte oder im Rahmen privatrechtlicher Möglichkeiten umgesetzt werden muss.

Besondere Schwierigkeiten treten bei der Umsetzung von Änderungen derivativ zugeteilter **51**
Nummern auf, wenn also Nummern vom öffentlich-rechtlich originär Berechtigten weitervergeben worden sind. Eine entsprechende abgeleitete Nummernutzung basiert in der Regel auf einem privat-rechtlichen Vertrag, dessen Ausgestaltung von § 20 TKV erheblich beschränkt wird. Die Kongruenz von öffentlichem Recht und privatem Vertragsrecht stellt § 20 Abs 3 TKV her. Diese Vorschrift ist wohl zwingendes Gesetzesrecht, von dem vertraglich weder zu Gunsten noch zu Ungunsten des Nutzers abgewichen werden darf.

e) **Sonstige private und öffentlich-rechtliche Positionen**

Gegenstand heftiger Kontroversen ist, ob andere Interessen und Rechte Privater bei der Num- **52**
mernzuteilung zu berücksichtigen sind. Relevant geworden ist diese Frage insbesondere beim Streit um Vanity-Nummern. Das sind solche Nummern, deren Ziffernfolge bestimmten gewünschten Buchstabenkombinationen entsprechen.[41] Hier fragt sich, ob die Regulierungsbehörde das Namensrecht (oder andere Kennzeichensrechte) Dritter berücksichtigen muss oder jedenfalls darf. Unabhängig davon stellt sich die Frage, ob Dritte, deren Namens- und Markenrechte durch die Zuteilung von Vanity-Nummern tangiert werden, gegen die Zuteilung unmittelbar (vor dem Verwaltungsgericht) klagen können.[42]

6. **Gebührenverordnung (Abs 3 S 3)**

Von der Ermächtigung zum Erlass einer Gebührenverordnung ist mit der Telekommunikations- **53**
Nummerngebührenverordnung (TNGebV)[43] Gebrauch gemacht worden. Die Maßstäbe für sie sind bei § 16 erläutert (siehe § 16 Rn 8 ff). Im Zusammenhang mit der Nummernutzung stellt sich die Frage, ob die Weiternutzung von Nummern, die vor Inkrafttreten des TKG (durch die Deutsche Telekom oder die Deutsche Bundespost) zugewiesen oder von ihr verwaltet wurden, zur Gebührenpflicht führt. Aus dem gebührenrechtlichen Amtshandlungsbegriff[44] und aus dem Vorteilsprinzip ergeben sich insoweit Beschränkungen im Hinblick auf Bestehen und Höhe entsprechender Gebührenpflichten, insbesondere im Vergleich mit Neuzuteilungen.

---

**40** Zu Recht *Gramlich* Archiv PT 1998, 5, 21 f.
**41** S dazu Beck'scher TKG-Kommentar/*Paul/Mellewigt* § 43 Rn 108 ff.
**42** Zu ähnlichen Fragen bei der privat-rechtlichen Domain-Vergabe für das Internet: OLG Karlsruhe, Urt v 24. 6. 1998, 6 U 247/97; OLG Frankfurt, Urt v 14. 9. 1999, 11 U Kart 59/98, MMR 2000, 36.
**43** Vom 16. 8. 1999, BGBl I, S 1887.
**44** Vgl VG Köln, Urt v 8. 12. 2000, 11 K 7734/00 und 11 K 10380/99, wo auf die strikte Antragsabhängigkeit der Rufnummernvergabe abgestellt wird.

## IV. „Netzbetreiberportabilität" (Nummernportabilität, Abs 5)

**54** Eine erhebliche „Verfestigung" der (zunächst abgeleiteten) Rechte der Nutzer an Nummern begründet die (im Gesetz verfehlt bezeichnete) Netzbetreiberportabilität nach Abs 5. Die korrekte Bezeichnung ist der Sache nach Nummernportabilität, weil die Nummer mitgenommen (portiert) wird, nicht der Netzbetreiber. Die Portabilität soll den Wettbewerb sichern, indem Hindernisse beim Wechsel des Telekommunikationsdiensteanbieters beseitigt werden. Nach dem TKG gilt die Netzbetreiberportabilität nur bei Verbleiben am selben Standort; allein durch den Wechsel des Netzbetreibers also soll niemand seine Telefonnummer verlieren. Die Netzbetreiberportabilität gilt nicht nur für Telefonhauptanschlüsse, sondern auch für andere Nutzer von Nummern wie beispielsweise Diensteanbieter.[45] § 43 Abs 5 ist nicht auf marktbeherrschende Unternehmen beschränkt.

**55** Die Pflicht gilt für Betreiber von Telekommunikationsnetzen allgemein – für das Festnetz ebenso wie für den **Mobilfunk**.[46] Die Entgelte für den Netzbetreiberwechsel mit Nummernmitnahme sind nach Abs 5 S 1 strikt auf die Kosten beschränkt. Entsprechende Entgelte unterliegen der Entgeltregulierung nach § 25 Abs 1 TKG, sofern der Lizenznehmer den jeweiligen Markt – der Anschluss-Dienstleistungen – beherrscht.[47] § 43 Abs 5 S 1 TKG umfasst auch die Verpflichtung, den Erfolg der Portierung sicherzustellen, und zwar zu den üblichen Geschäftszeiten ebenso wie außerhalb.[48]

**56** Nach Abs 5 S 2, 3 kann die Regulierungsbehörde die Verpflichtung aussetzen. Sie kann das tun, solange und soweit die Aussetzung aus technischen Gründen gerechtfertigt ist (Abs 5 S 3). Für die Rechtfertigung ist keine technische Unabdingbarkeit erforderlich. Außer bei technischer Unmöglichkeit kann die Aussetzung der Portabilitätspflicht auch gewährt werden, wenn dies bei einer Abwägung von technischem Aufwand und Verbraucher- sowie Wettbewerbsnutzen angemessen ist. Dabei und bei der Anwendung von Abs 5 S 2 hat die Regulierungsbehörde einen Spielraum. Bei der Bewertung von Wettbewerbseffekten muss sie die Märkte örtlich und sachlich abgrenzen.[49]

**57** Die Regulierungsbehörde hat die Verpflichtung zur Sicherstellung von Netzbetreiberportabilität im Mobilfunk ausgesetzt und diese Aussetzung mehrfach verlängert.[50] In der Verfügung 49/2000[51] wurde die Aussetzung „letztmalig im Hinblick auf notwendige technische Umstellungen zur Sicherstellung von Netzbetreiberportabilität für Betreiber von Mobilfunknetzen auf den 31. Januar 2002 verlängert". Die Regulierungsbehörde hat zugleich angeordnet, dass Betreiber von Mobilfunknetzen der Regulierungsbehörde vierteljährlich über den Verlauf der Realisierungsarbeiten zu berichten haben. Nach Auswertung der Anhörung hält die Regulierungsbehörde die Netzbetreiberportabilität vom 1. Februar 2002 an für erforderlich. Sie verlangt, dass die technisch-betrieblichen Leistungsmerkmale dann im Mobilfunk den gleichen Anforderungen genügen wie im Festnetz. Das gilt insbesondere für die Bearbeitungszeit von Portierungsaufträgen und für die unterbrechungsfreie Erreichbarkeit bei der Realisierung der Netzbetreiberportabilität.

**58** Die Aussetzung der Verpflichtung ergeht durch Verwaltungsakt. Eine sachgerechte Ermittlung der berührten Interessen durch Anhörung ist geboten.[52] Der Verwaltungsakt kann auch für bestimmte Gruppen von Netzen ergehen. Die Aussetzung kann auch – in der Regel befristet – in Lizenzen gewährt werden. Wird eine solche Aussetzung gemäß Abs 5 S 2, 3 mit der Lizenz verbunden, so stellt die nachträgliche Einschränkung der Aussetzung eine Teil-Rücknahme

---

45 So auch Beck'scher TKG-Kommentar/*Paul/Mellewigt* § 43 Rn 23.
46 Zum europäischen Recht *Bartosch* NJW-CoR 1999, 103, 108.
47 Entgelt für die Erfolgskontrolle bei der Rufnummernportierung zu besonderen Zeiten: RegTP, Beschl v 29. 9. 1999, BK 2c-99/023; s § 25 Rn 16.
48 RegTP, Beschl v 30. 7. 1998, BK 2c-98/010; RegTP, Beschl v 29. 9. 1999, BK 2c-99/023.
49 Dazu etwa *Bartosch* NJW-CoR 1999, 103, 109.
50 So mit Vfg 157/1999 v 22. 12. 1999, ABl RegPT 1999, 4090.
51 ABl RegTP 2000, S 1690.
52 Dazu RegTP, Mitteilung 245/2000, Verpflichtung zur Sicherstellung von Netzbetreiberportabilität für Betreiber von Mobilfunknetzen, Ergebnis der Anhörung, ABl RegTP 2000, S 1373.

der Lizenzentscheidung dar, die nur unter erhöhten Voraussetzungen (§§ 48, 49 VwVfG) möglich ist.

Die Pflicht aus § 43 Abs 5 gilt unabhängig davon, ob die Lizenz unter dem TKG oder noch nach dem FAG erteilt worden ist. Eine ausdrückliche oder sinngemäß in der jeweiligen Lizenz gewährte Aussetzung der Verpflichtung begründet aber einen Vertrauensschutz, der bei einer etwaigen späteren Durchsetzung der Netzbetreiberportabilität in Rechnung zu stellen ist. **59**

Umstritten ist, ob Abs 5 auch gilt, wenn nicht der Netzbetreiber, sondern nur der Anbieter (Diensteanbieter) gewechselt wird.[53] **60**

Das Regulierungsermessen der Behörde ist erst dann beschränkt, wenn wettbewerbliche Wirkungen und Verbraucherinteressen eindeutig in dieselbe Richtung weisen. Auch bei der Auswahl und Bewertung der technischen Gründe hat die Regulierungsbehörde relativ breite Ermessensspielräume. Die Rufnummernportabilität ist unionsrechtlich seit 1. Januar 2000 für Teilnehmernetzbetreiber im Festnetz zwingend.[54] **61**

Die **technischen** Lösungen zur Implementierung und Sicherstellung der Nummernportabilität unterscheiden sich beträchtlich.[55] **62**

## V. Verbindungsnetzbetreiberauswahl, Call by Call und Pre-Selection (Abs 6)

Abs 6 knüpft an die Unterscheidung von Teilnehmeranschlussnetz und Verbindungsnetz (§ 3 Nr 23 TKG) an. Verbindungsnetze sind Netze, die keine Teilnehmeranschlüsse aufweisen. Die Unterscheidung ist **technisch-funktional**; ein und derselbe Betreiber – z. B. die Deutsche Telekom AG – kann beides betreiben. Die Verbindungsnetzbetreiberauswahl diente vor allem der Öffnung eines seit Jahren ausgebauten Netzes für Wettbewerber. Eine Pflicht zur strukturellen Separierung hat der Gesetzgeber insoweit nicht angeordnet. **63**

§ 43 Abs 6 enthält lediglich die Verpflichtung des Netzbetreibers gegenüber dem „Nutzer", die Verbindungsnetzbetreiberauswahl zu ermöglichen. Dagegen beschränkt § 43 nicht die Vertragsfreiheit von Telekommunikationsbetreiber und Verbindungsnetzbetreiber, die vertraglichen Bedingungen für ihr Angebot ihren Vorstellungen entsprechend zu gestalten; solche Beschränkungen ergeben sich aber aus den §§ 33, 35, 36 und 39 TKG. Die Pflichten aus § 43 Abs 6 werden erfüllt, indem der Telekommunikationsnetzbetreiber in seinem Netz die technischen Voraussetzungen dafür schafft, um jedem seiner Kunden die Auswahl derjenigen Verbindungsnetzbetreiber zu ermöglichen, mit denen er Zusammenschaltungs- und Netzzugangsverträge abgeschlossen hat.[56] **64**

Eine Aussetzung aus marktstrukturellen Gründen sieht Abs 6 – anders als Abs 5 für die Portabilität – nicht vor. Solche Gründe spielen aber bei der Anwendung der §§ 33, 35 und 36 sowie – insbesondere – bei § 39 eine wichtige – und oft entscheidende – Rolle. Verbindungsnetzbetreiberportabiliät ist – Call by Call – seit 1. Januar 2000 in der Europäischen Union vorgeschrieben;[57] seit 1. Januar 2000 auch über Preselection (Carrier-Preselection, CPS). **65**

Unionsrechtlich ist die Carrier-Selection und Preselection eine asymmetrische Verpflichtung marktbeherrschender Betreiber. Das deutsche Recht geht darüber hinaus. **66**

Sehr umstritten ist die Anwendung von § 43 Abs 6 TKG auf Mobilfunknetze. Dagegen wird eingewandt, dass im Mobilfunk Verbindungsnetzbetreiber keine eigene Dienstleistung im Ver- **67**

---

[53] Dazu Beck'scher TKG-Kommentar/*Paul/Mellewigt* § 43 Rn 25.
[54] Richtlinie 98/61/EG des Europäischen Parlamentes und des Rates v 24. 9. 1998 zur Änderung der Richtlinie 97/33/EG (die Zusammenschaltungsrichtlinie) im Hinblick auf Rufnummernportabilität und Carrier-Preselection, ABl EG L 268/37.
[55] *Europe Economics & Arcome SA*, Study on the Cost Allocation for Number Portability, Carrier Selection and Carrier Preselection. Final Report for the DG XIII of the European Commission, Volume I, 1999, S IIX.
[56] RegTP, BK-1 b-98/005–1, Vfg 13/2000, ABl RegTP 2000, S 516, 527 ff.
[57] Art 12 Abs 7 der Zusammenschaltungsrichtlinie 97/33 EG.

bindungsnetz zwischen den eigenen Teilnehmernetzen erbringen können, weil es im Mobilfunk kein klassisches Verbindungsnetz wie im Festnetzbereich gebe. Der Nummernraum der Mobilfunknetze umfasse das gesamte Bundesgebiet, und für den Verbindungsnetzbetreiber ließe sich nicht ermitteln, von wo der Anruf tatsächlich komme. Je nach Routing und Anzahl der Vermittlungsstellen im Verbindungsnetz könnte der Anruf von jedem beliebigen Punkt in Deutschland aus getätigt worden sein. Die Übergabe von Gesprächen an Verbindungsnetzbetreiber kann im Mobilfunknetz nicht wie im Festnetz auf der Basis der Ortsnetzbereiche, sondern ausschließlich auf Basis der gewachsenen Struktur im jeweiligen Mobilfunknetz übergeben werden.

**68** Die Regulierungsbehörde ist diesen Überlegungen nicht gefolgt. Sie geht von der Anwendbarkeit von § 43 Abs 6 auch auf Mobilfunknetze aus.[58]

**69** Umstritten ist auch, ob Verbindungsnetzbetreiberauswahl auch für Ortsgespräche zu gewähren ist. Dieser Auffassung ist die Europäische Kommission. Technisch sinnvoll ist dies jedenfalls dann, wenn je ein Ortsnetz – wie in Deutschland häufig – mehrere Grundeinzugsbereiche aufweist, für die mehr als ein Ort der Zusammenschaltung implementiert worden ist. Wo dies nicht der Fall ist, also beide Teilnehmer über demselben Ort der Zusammenschaltung errichtet werden, beschränkt sich die Leistung des Verbindungsnetzbetreibers auf eine reine Vermittlungsleistung („Rein-/Raus-Verkehr").

---

**58** Etwa RegTP, BK-1 b-98/005–1, Vfg 13/2000, ABl RegTP 2000, S 516, 527 ff.

Wolfgang Spoerr

# Siebenter Teil
# Frequenzordnung

## Vor § 44

### Inhaltsübersicht

|   |   | Rn |
|---|---|---|
| I. | Übersicht | 1–7 |
| II. | Grundlagen der Frequenzbewirtschaftung | 8–11 |
| III. | Die internationale Frequenzordnung | 12–24 |
|   | 1. Der internationale Frequenzbereichsplan | 22 |
|   | 2. Die Zuteilung von Senderechten | 23 |
|   | 3. Verhaltensvorgaben für die Frequenznutzung | 24 |

## I. Übersicht

Der siebente Teil des TKG bringt die – überfällige – gesetzliche Ordnung der staatlichen Frequenzbewirtschaftung. Mit den §§ 44 bis 49 TKG stellt der Bundesgesetzgeber diese auf eine detaillierte gesetzliche Grundlage.[1] Dabei werden Entscheidungsformen, Verfahren und inhaltliche Voraussetzungen der Entscheidungen geregelt. Das TKG sieht hierfür ein dreistufiges System abgeschichteter Entscheidungen vor: **1**

erstens die **Frequenzbereichszuweisung** auf der obersten Ebene in der Form von Rechtsverordnungen; **2**

zweitens die **Frequenznutzungsplanung** auf mittlerer Ebene und **3**

drittens die **Frequenzzuteilung** im Einzelfall. **4**

Überwölbt wird dieses Regelungssystem von der internationalen Frequenzordnung, die im TKG nicht angesprochen ist.[2] Das System staatlicher Frequenzplanung und -bewirtschaftung wird durch eine Überwachungsbefugnis (§ 49) sowie durch Finanzierungsinstrumente (§ 48) ergänzt. **5**

Die Frequenzordnung dient staatlicher **Infrastrukturgestaltung** ebenso wie staatlicher **Resourcenbewirtschaftung**. Die Frequenzordnung hat zum einen den bewirtschaftenden Auftrag der Zuteilung knapper **Ressourcen**. Dazu kommt der Auftrag zu aktiver Gestaltung, um die zur Verfügung stehende Verteilungsmasse zu optimieren. Zwar ist das Frequenzspektrum physikalisch vorgegeben und insoweit nicht zu vergrößern. Aber seine Nutzbarkeit ist optimierbar – mit technischen Mitteln ebenso wie durch räumliche Zuordnung. Von daher geht es auch, aber längst nicht nur darum, ein „Chaos im Funkverkehr"[3] zu vermeiden. Das Frequenzmanagement impliziert damit „äußerst komplexe Entscheidungssituationen zwischen Physik, Stand der Technik, internationaler und nationaler Koordinierung, Betreiber- und Nutzerinteressen, Wirtschaftspolitik und vielem anderen mehr"[4]. Frequenzplanung ist daher Technikregulierung.[5] Diese Entscheidungsdeterminanten und Interessen werden in der Regulierung durch staatliche Frequenzordnung gebündelt. Zu alledem kommt der Gesichtspunkt des Gesundheits- und möglicherweise auch Umweltschutzes.[6] **6**

---

1 Zur alten Rechtslage BMPT, Frequency Regulation in the Federal Republic of Germany, S 40 ff.
2 Dazu *Tegge* Die internationale Telekommunikation-Union im Wandel, 1994, S 233 ff; *Savage* The Politics of International Telecommunications Regulation, 1989, S 61 ff; *Spindler/Schlegel/Hedke/Malina* ArchivPF 1989, 125; Beck'scher TKG-Kommentar/*Korehnke/Grotelüschen* Vor § 44 Rn 35 ff.
3 BVerfGE 12, 205, 230.
4 *Geppert/Ruhle/Schuster* Handbuch Recht und Praxis der Telekommunikation, 1998, S 433.
5 *Hoffmann-Riem/Wieddekind* FS Hoppe, 745, 747.
6 Dazu ausf TKMMR/*Demmel* C § 44 Rn 3.

Wolfgang Spoerr

## II. Grundlagen der Frequenzbewirtschaftung

**7** Ob es hilfreich ist, Frequenzen als öffentliche Sachen einzuordnen und die §§ 44–49 mit Kategorien des öffentlichen Sachenrechts zu erfassen[7], ist eher zweifelhaft. Gemeinsame Strukturmerkmale sind zwar nicht zu übersehen; vorrangig sind jedenfalls stets die fachgesetzlichen Regeln der §§ 44–49 maßgeblich. Fehl am Platz ist im Zusammenhang der §§ 44–49 der mitunter verwendete Begriff der öffentlichen Güter[8], jedenfalls wenn er im herkömmlichen ökonomischen Verständnis gebraucht wird.

### II. Grundlagen der Frequenzbewirtschaftung

**8** Die Bedeutung der Funktechnik in der modernen Telekommunikation beruht maßgebend auf zwei Faktoren: zum einen der Schnelligkeit beim Aufbau und Ausbau von Kommunikationswegen, zum anderen der Eignung für die mobile Kommunikation.

**9** Frequenzen sind physikalische Merkmale von Schwingungen; Schwingungen werden zur Nachrichtenübertragung genutzt. Eine Frequenz benennt die Anzahl von Schwingungen in einer bestimmten Zeit. Frequenzen werden in Hertz (Hz) ausgedrückt. Funkfrequenzen werden durch elektrische Energie erzeugt und in die gewünschte Schwingung versetzt.[9] Die Frequenz steht dabei in umgekehrtem Verhältnis zur Wellenlänge.

**10** Den Frequenznutzungen zur Nachrichtenübertragung, insbesondere zur drahtlosen Kommunikation, stehen andere Frequenznutzungen und die ungewollte Erzeugung elektromagnetischer Wellen gegenüber. Zu anderen Frequenznutzungen gehört die Radioastronomie, die Fortsetzung der klassischen Astronomie mit anderen Mitteln. Während die klassische Astronomie den sichtbaren Teil des elektromagnetischen Spektrums untersucht, erforscht die Radioastronomie jenen Frequenzbereich, in dem auch die zur Radio- und Fernsehübertragung verwendeten Radiowellen lokalisiert sind. Das Radiofenster zum Himmel ist deutlich breiter als das optische. Es reicht von 10 mHz bis 275 GigaHz.[10] Zum Schutze der Radioastronomie sind derzeit etwa 2 % des Spektrums international als passiv deklariert: Jegliche Aussendung von Radiowellen ist dort untersagt.[11]

**11** Neben den öffentlichen Frequenznutzungen gibt es herkömmlicherweise insbesondere die festen Funkanlagen für den nicht-öffentlichen Fernmeldeverkehr der Behörden und Organisationen mit Sicherheitsaufgaben, die beweglichen Funkanlagen des nicht-öffentlichen beweglichen Landfunkdienstes, die Ortungsfunkanlagen für See- und Flugnavigationszwecke, die Rundfunkanlagen des Ton- und Fernseh-Rundfunkwesens sowie die Amateurfunkanlagen.[12]

### III. Die internationale Frequenzordnung

**12** International wird die Frequenznutzung von der Internationalen Fernmeldeunion (ITU) bewirtschaftet. Auf europäischer Ebene dient das European Radio Communications Commitee (ERC) – Europäischer Funkausschuß – der Frequenzplanung.[13] Es ist ein Kommitee der CEPT (European Conference of Post and Telecommunications Administration), deren Mitgliederkreis über die Europäische Union hinausgeht.[14] Seiner Unterstützung dient das European Radio Communications Office (ERO)[15] mit Sitz in Kopenhagen.[16]

**13** Maßnahmen des ERC ergehen in der Regel auf vier verschiedene Arten. In wichtigen Harmoni-

---

7 So TKMMR/*Demmel* C § 44 Rn 5.
8 Zum Begriff der öffentlichen Güter iSd ökonomischen Theorie: *Bernholz/Breyer*, Grundlagen der politischen Ökonomie, Tübingen 1983, S 95 ff. Wie hier: *Kruse*, Ökonomische Strukturen im Mobilfunk, in: ders, Zellulärer Mobilfunk, 1992, S 1 ff, 11.
9 *Tegge* Die internationale Telekommunikation-Union im Wandel, 1994, S 233 Fn 192.
Grundlegend und umfassend zu den technischen, ökonomischen und rechtlichen Fragen: *Matos* Spectrum Management and Engineering, New York, 1985.
10 Vgl Neue Züricher Zeitung v 4. 6. 1997, S 39.
11 Vgl Neue Züricher Zeitung, aaO.
12 *Eidenmüller* Post- und Fernsehwesen, Stand 49. Erg-Lfg, § 2 FAG Anm 2.
13 Näher *Holznagel* FS Hoppe, S 767, 776 ff.
14 Näher TKMMR/*Demmel* C § 44 Rn 7.
15 Aktuelle Informationen: www.eso.dk.
16 Zu den Aufgaben: *Long* Telecommunications Law and Practice, 2. Aufl, 1995, Rn 15–24; TKMMR/*Demmel* C § 44 Rn 7.

sierungsangelegenheiten werden Entscheidungen (decisions) getroffen, die die CEPT-Mitgliedsstaaten binden, sofern diese sie anerkannt haben. Eine Pflicht dazu besteht nicht. Daneben werden Empfehlungen (recommendations), Berichte (reports) und europäische gemeinsame Vorschläge (European Common Proposals, ECP) erlassen. Letztere dienen als europäische Vorlagen für die Weltfunkkonferenzen in der ITU.[17]

Mehr und mehr gerät die Frequenznutzung auch in den Blickpunkt des **europäischen Gemeinschaftsrechts**. Für einzelne Funkanwendungen sind sekundär-rechtliche Regelungen getroffen worden, etwa für GSM[18], ERMES[19], für DECT[20], S-PCS[21] und für UMTS[22]. Dagegen findet eine umfassende Frequenzplanung auf EU-Ebene bislang nicht statt.[23] Die Europäische Gemeinschaft hat indes bei der ITU einen Beobachterstatus und bei der CEPT den Sonderstatus eines Beraters.[24] Erste Ansätze einer weitergehenden Involvierung der Europäischen Gemeinschaft können sich aus dem Grundbuch zur Frequenzpolitik entwickeln, das am 9. Dezember 1998 vorgelegt worden ist.[25] Derzeit bestehen allerdings gewichtige Zweifel, ob sich daraus weitergehende Ansätze ergeben.[26]

14

Das Frequenzbewirtschaftungsregime der Internationalen Fernmeldeunion (ITU) soll im Folgenden kurz dargestellt werden.[27] Es erstreckt sich auf die Allokation von Funkfrequenzen und Satellitenorbitplätzen. Die Mitteilung der Kommission an das Europäische Parlament und den Rat zur Weltfunkkonferenz 1999 (WRC-99)[28] stellen zum gewandelten Umfeld der WRC fest: „Während früher vorwiegend technische Fragen besprochen wurden, sind heute wirtschaftliche und politische Interessen, die von der Liberalisierung, dem Wettbewerb, der Globalisierung und der technischen Innovation im Kommunikations- und Informatiksektor beeinflußt werden, bei den Entscheidungen über Frequenzzuweisungen die treibende Kraft. Obwohl auf den WRCs bestimmte Bereiche des Frequenzspektrums für die Bereitstellung spezifischer Dienste – nicht aber bestimmten Unternehmen – zugewiesen werden, scheint infolge starker Lobbyarbeit von Konsortien und Interessengruppen, die von ihren jeweiligen Regierungen unterstützt werden, das Funkfrequenzspektrum auf den WRC zunehmend nach den wirtschaftlichen Interessen einzelner aufgeteilt zu werden."

15

Zentrale Rechtsgrundlage ist Art 1, 2a der ITU-Satzung. Dort heißt es: „... the Union shall in particular ... effect allocation of bands of the radio frequency spectrum, the allotment of radio of frequencies and registration of radio of frequency assignments and any associated orbital positions in the geostationary satellite orbit in order to avoid harmful interferences between radio stations of different countries."

16

Die Zielvorgaben werden in Art 44 und 45 der Satzung näher ausgestaltet. Primärziel ist ein störungsfreier internationaler Funkverkehr. Daneben sollen die Ressourcen möglichst wirtschaftlich genutzt werden; alle Staaten sollen gleichberechtigten Zugang zu den Ressourcen der Funkkommunikation haben. Zur Verwirklichung dieser Ziele nutzt die ITU drei Instrumente:

17

– die Zuweisung der Funkdienste auf bestimmte Frequenzbänder,

18

---

[17] Dazu, auch zur Entscheidungsfindung, näher *Holznagel* FS Hoppe, S 767, 777.
[18] Richtlinie 87/372/EWG.
[19] Richtlinie 90/554/EWG.
[20] Richtlinie 91/287/EWG.
[21] Entscheidung Nr 710/97/EG des Europäischen Parlamentes und des Rates v 24. 3. 1997 über ein koordiniertes Genehmigungskonzept für satellitengestützte persönliche Kommunikationsdienste in der Gemeinschaft, ABl L 195/4 v 23. 4. 1997.
[22] Entscheidung Nr 128/1999/EG des Europäischen Parlamentes und des Rates vom 14. 12. 1998 über die koordinierte Einführung eines Drahtlos- und Mobilkommunikationssystems (UMTS) der drit-

ten Generation in der Gemeinschaft, ABl L 17/1 vom 22. 1. 1999.
[23] *Holznagel* FS Hoppe, S 767, 778.
[24] *Holznagel* FS Hoppe, S 767, 778.
[25] Kommission der Europäischen Gemeinschaften, KOM (1998), 596 endg. Eine Übersicht über die zum Grundbuch abgegebenen Stellungnahmen: www.ispo.cec.be.; sa Einf II Rn 18.
[26] *Holznagel* FS Hoppe, 767, 779.
[27] Ausf *Tegge* Die internationale Telekommunikation-Union im Wandel, 1994, S 233 ff; *Holznagel* FS Hoppe, S 767, 772 ff.
[28] V 13. 5. 1998, Kom (1998) 298 endg zur WRC-2000 in Istanbul RegTP, Tätigkeitsbericht 2000, S 30 ff.

Wolfgang Spoerr

**19** – die Zuteilung von Frequenzen und Orbitplätzen für Staaten und Regionen,
**20** – schließlich Regelungen und Qualitätsstandards für eine effiziente Ressourcennutzung
**21** Die ITU-Regelungen sind dabei grundsätzlich von vornherein beschränkt auf zivile Funkstationen mit grenzüberschreitender Reichweite.[29]

### 1. Der internationale Frequenzbereichsplan

**22** Das „Herzstück"[30] des Allokationsregimes ist der internationale Frequenzbereichsplan. Er ist als Bestandteil der VO-Funk[31] für die Mitgliedstaaten rechtlich verbindlich. Der Frequenzvergabe vorgelagert ist der internationale Frequenzbereichsplan. Er ist in Art 8 der VO Funk enthalten. Er ist in der Form einer Tabelle aufgebaut, deren oberstes Gliederungsmerkmal Frequenzbereiche sind. Innerhalb der Frequenzbereiche (Frequenzbänder) wird teilweise nach 3 Regionen unterschieden, was unter dem Gesichtspunkt ökonomischer Effizienz beträchtliche Nachteile haben kann.[32] Für viele Frequenzbänder ist zudem eine hierarchische Ordnung von Funkdiensten vorgesehen, die zwischen **primären** und **sekundären** Funkdiensten unterscheidet. Dabei kommt den primären Funkdiensten Vorrang gegenüber den sekundären Funkdiensten zu.[33] Häufig sind mehrere Dienste gleicher Priorität dem gleichen Frequenzband zugeordnet.[34] Wesentlich ist schließlich die Definition der **Funkdienste**. Sie führt häufig zu Streitfällen.[35] Individualisierende, über die tabellarische Gliederung hinausgehende Festlegungen können in Fußnoten getroffen werden; häufig werden in den Fußnoten auch Vorbehalte einzelner Staaten wiedergegeben.[36]

### 2. Die Zuteilung von Senderechten

**23** Der internationale Frequenzbereichsplan bildet den Rahmen für die Zuteilung von Senderechten an Staaten oder Regionen. Dafür gibt es zwei Verfahrenstypen: das einfache Registrierverfahren und das planerische Verfahren.[37] Die Verfügungsrechte werden nicht direkt an die Betreiber der Funkstationen, sondern an die Mitgliedstaaten der ITU vergeben.[38] Bei Entscheidungen im einfachen Registrierverfahren wird auf Übereinstimmung mit dem Frequenzbereichsplan, mit den anderen Bestimmungen der VO Funk und auf Störungen von bestehenden Funkstationen geprüft.[39] Entscheidendes Allokationsprinzip innerhalb der Vorgaben des Frequenzbereichszuweisungsplans ist das Prioritätsprinzip (first come first serve). Von diesen Zuteilungskriterien wird abgewichen, soweit Allokationspläne bestehen.[40]

### 3. Verhaltensvorgaben für die Frequenznutzung

**24** Drittes Handlungsfeld der internationalen Frequenzbewirtschaftung ist die Vorgabe von Qualitätsstandards für Funkstationen. Sie haben teilweise den Status einer Empfehlung, teilweise werden sie in die VO Funk oder in die Allokationspläne inkorporiert und damit rechtlich

---

**29** *Tegge* Die internationale Telekommunikation-Union im Wandel, 1994, S 242.
**30** *Tegge* Die internationale Telekommunikation-Union im Wandel, 1994, S 242.
**31** Dazu § 7 Rn 5.
**32** *Savage* The Politics of International Telecommunications, 1989, S 103; *Tegge* Die Internationale Telekommunikation-Union im Wandel, S 246.
**33** Dazu näher Art 8 (2), § 8 (3) und (4) VO Funk 1990.
**34** Zu den Gründen: *Tegge* Die internationale Telekommunikation-Union im Wandel, S 246.
**35** *Tegge* Die internationale Telekommunikation-Union im Wandel, S 246 f Fn 243.
**36** Dazu ausf *Tegge* Die internationale Telekommunikation-Union im Wandel, 1994, S 247.

**37** Ausf *Tegge* Die internationale Telekommunikation-Union im Wandel, 1994, S 242 ff. Zu Satelliten-Frequenzen: *Savage* The Politics of International Telecommunications Regulation, 1989, S 104 ff; *Binz/Schult* ArchivPF 1977, 503; *Doyle* Journal of Space Law, 17, 13 ff.
**38** *Tegge* Die internationale Telekommunikation-Union im Wandel, 1994, S 244.
**39** Ausf *Tegge* Die internationale Telekommunikation-Union im Wandel, 1994, S 248; *Menzel* ArchivPF 1978, 346 ff; *Savage* The Politics of International Telecommunications Regulation, 1989, S 61 ff.
**40** Dazu eingehend *Tegge* Die internationale Telekommunikation-Union im Wandel, 1994 S 252 f.

Wolfgang Spoerr

verbindlich.[41] Regelungsziele sind dabei die Minimierung von ungewollten Emissionen und die Festschreibung der Verwendung neuer Techniken zur Optimierung der Frequenznutzung.

## § 44 Aufgaben

(1) Zur Sicherstellung einer effizienten und störungsfreien Nutzung von Frequenzen werden der Frequenzbereichszuweisungsplan und der Frequenznutzungsplan aufgestellt, Frequenzen zugeteilt und Frequenznutzungen überwacht.

(2) Die Regulierungsbehörde trifft Anordnungen über den Betrieb von Funkanlagen auf fremden Land-, Wasser- und Luftfahrzeugen, die sich im Geltungsbereich dieses Gesetzes aufhalten.

(3) Für Frequenznutzungen, die der Verteidigung des Bundesgebietes dienen, stellt das Bundesministerium für Post und Telekommunikation das Einvernehmen mit dem Bundesministerium der Verteidigung her.

**Verwaltungsvorschrift:** RegTP, Verwaltungsgrundsätze nach § 81 Abs 2 TKG über die Aufteilung des Frequenzbereiches von 9 KHZ bis 2756 KHZ auf die einzelnen Frequenznutzungen sowie über die Festlegungen für diese Frequenznutzungen (Verwaltungsgrundsätze Frequenznutzungen – VwGrdsFreqN).

**Schrifttum:** *Binz* Geschichte der deutschen Frequenzverwaltung, Archiv PF 3/89; *ders* Geschichte der Frequenzverwaltung in der Bundesrepublik Deutschland mit Berlin (West), Archiv PF 4/90; *Binz/Mohr* Weltweite Funkverwaltungskonferenz für den Weltraum-Fernmeldeverkehr, Archiv PF 24/72, Genf, 1971; *Binz/Schult* Weltweite Verwaltungskonferenz für die Planung des Rundfunkdienstes über Satelliten, Archiv PF 1977, 503 ff; *Doyle* Space Law and the Geostationary Orbit: The ITU'S WARC-orb 85–88 Concluded, ITU, Report to the Second Session, 1988; *Holznagel* Frequenzplanung im Telekommunikationsrecht, FS Hoppe, 2000, S 767 ff; *Hoffmann-Riem/Wieddekind* Frequenzplanung auf der Suche nach Planungsrecht, FS Hoppe, S 745 ff; *Menzel* Der Internationale Ausschuß für Frequenzregistrierung (IFRB) und seine Aufgaben, Archiv PF 4/78; *Nowosadtko* Frequenzplanungsrecht, 1999; *Quander* Die Konferenz der Regierungsbevollmächtigten der Internationalen Fernmeldeunion (UIT), Archiv PF 2/83, Nairobi 1982; *Ronellenfitsch* Zur Rechtsstellung des Funkamateurs, VerwArch 81 (1990); *Savage* The Politics of International Telecommunications Regulation, 1989; *Schulz/Wasner* Rundfunkrechtlich relevante Fragen der Lizenzierung und Frequenzverwaltung nach dem TKG, ZUM 1999, 519 ff; *Schütz/Rädler* Sendernetzbetrieb der öffentlich-rechtlichen Rundfunkanstalten – Telekommunikationsrechtlicher Status – ZUM 1999, 682 ff; *Spindler/Schlegel/Hedke* Weltweite Verwaltungskonferenz für die Mobilfunkdienste, Archiv PF 2/89, Genf, 1987; *Tschentscher/Pegatzky/Bosch* Sicherheitsrisiken durch Kabelfernsehen? Zur Vereinbarkeit terrestrischer Frequenznutzungen der Sicherheitsfunkdienste mit dem Betrieb der Breitbandkabelnetze, K & R Beilage Nr 1 zu Heft 8/2000; Kommission der Europäischen Gemeinschaften, Mitteilung der Kommission an das Europäische Parlament und den Rat, Funkfrequenzbedarf für die Gemeinschaftspolitik im Hinblick auf die Weltfunkkonferenz 1999 (WRC-99), KOM (1998) 298 endgültig; Kommission der Europäischen Gemeinschaften, Grünbuch zur Frequenzpolitik in Verbindung mit Maßnahmen der Europäischen Gemeinschaft für Bereiche wie Telekommunikation, Rundfunk und Verkehr und zum ordnungspolitischen Rahmen, KOM (1998) 596 endg v 9.12. 1998 (Grünbuch Frequenzpolitik); *Scherer* Frequenzverwaltung zwischen Bund und Ländern unter dem TKG, K & R Beilage Nr 2 zu Heft 11/1999, 51 ff.

**Inhaltsübersicht**

| | Rn |
|---|---|
| I. Regelungskonzept | 1–2 |
| II. Rechtsentwicklung | 3–4 |
|    1. Vor Inkrafttreten des TKG | 3–4 |
|    2. Gesetzgebungsverfahren zum TKG | 5–7 |
| II. Einzelkommentierung Abs 1 | 8–19 |
|    1. Frequenzbewirtschaftungsziele | 8–15 |
|       a) Effizienz | 9–13 |
|       b) Störungsfreiheit | 14 |
|       c) Rundfunkrechtliche Anforderungen | 15 |

---

[41] Zusammenfassend *Tegge* Die internationale Telekommunikation-Union im Wandel.

Wolfgang Spoerr

Frequenzordnung

| | |
|---|---|
| 2. Aufgaben | 16–17 |
| 3. Mitwirkung bei der internationalen Frequenzplanung | 18–19 |
| IV. Abs 2 | 20–21 |
| V. Abs 3 | 22–23 |

## I. Regelungskonzept

**1** § 44 Abs 1 enthält die grundlegende **Aufgabenbeschreibung** für die Frequenzordnung. Diese dient der effizienten und störungsfreien Nutzung von Frequenzen und wird mit den Mitteln der §§ 45–49 erfüllt. Die Vorschrift definiert eine Verwaltungsaufgabe und deren Ziele. Weder benennt § 44 Abs 1 Zuständigkeiten, noch weist er Befugnisse zu.

**2** Zwei Sonderbereiche regeln Abs 2 und Abs 3. Abs 2 betrifft den Betrieb von Funkanlagen auf ausländischen Land-, Wasser- und Luftfahrzeugen im Bundesgebiet, Abs 3 die der Landesverteidigung dienenden Funkfrequenzen. Diese Vorschriften sind – entgegen der Gesetzesüberschrift – keine Aufgabenzuweisungen, sondern Eingriffsermächtigung (§ 44 Abs 2) und Zuständigkeitsvorschrift (§ 44 Abs 3).

## II. Rechtsentwicklung

### 1. Vor Inkrafttreten des TKG

**3** Die Frequenzordnung vor Inkrafttreten des TKG war gesetzlich nicht geregelt. Sie war Gegenstand der internen Planung im Bereich des Verwaltungsmonopols der Deutschen Bundespost (später: Deutschen Bundespost Telekom). Im Rahmen von Verleihungen wurden schon vor Inkrafttreten des TKG Frequenzen zugewiesen;[1] Funkanlagen gehörten von jeher zu den Fernmeldeanlagen, deren Einrichtung und Betrieb ausschließlich dem Bund zustanden (§ 1 Abs 1 FAG). Alle Funkanlagen und damit alle Frequenznutzungen bedurften einer Genehmigung durch Verwaltungsentscheidung (§ 3 Abs 2 FAG). Eine nähere gesetzliche Regelung des Genehmigungsverfahrens galt nur für den Amateurfunk.[2] Das Genehmigungsverfahren für andere Funkanlagen war zum Teil in Verwaltungsvorschriften geregelt.

**4** Erste Erfahrungen mit gesetzlicher Steuerung der Frequenzbewirtschaftung konnten im Bereich des Rundfunks gesammelt werden. Hier galten allerdings sehr unterschiedliche landesrechtliche Systeme. Einige Länder verzichteten – ebenso wie das seinerzeitige Fernmelderecht des Bundes – auf jegliche gesetzliche Regelung der rundfunkbezogenen Frequenzzuweisung.[3] Andere Landesrundfunkgesetze sahen eine von Einzelfallentscheidungen abgeschichtete planerische Entscheidung vor.[4] Danach waren drahtlose Frequenzen (und Kabelkanäle) nach bestimmten, gesetzlich detailliert geregelten Kriterien für öffentlich-rechtliche und private Rundfunkprogramme sowie für rundfunkähnliche Kommunikation auszuweisen.

### 2. Gesetzgebungsverfahren zum TKG

**5** Die Frequenzordnung war von Anfang an Gegenstand der Gesetzesentwürfe. Im Gesetzgebungsverfahren umstritten waren insbesondere die Mitwirkungsrechte der Länder bei der Frequenzordnung, die Sonderregelungen für Rundfunkfrequenzen und die Zuständigkeit für die Frequenzbereichszuweisung:

**6** Schon der Diskussionsentwurf vom 31.5.1995 enthielt in § 43 die Aufgabenzuweisung an die Regulierungsbehörde und die Zielvorgabe, die § 44 Abs 1 TKG enthält. § 44 Abs 2 und 3 waren

---

[1] S die Auflistung der Allgemeinen Genehmigungen bei *Eidenmüller* Post- und Fernmeldewesen, Kommentar, Stand 49. Erg-Lfg, 1991, FAG § 2 Anm 4 a-c.
[2] Gesetz über den Amateurfunk, AFuG v 14.3.1949, BGBl III, S 9022–1; dazu ausf *Ronellenfitsch* VerwArch 81 (1990), 113, 122 ff.
[3] S dazu BVerfGE 83, 238, 322 ff.
[4] Etwa § 7 Landesmediengesetz Baden-Württemberg in der Fassung v 17.3.1992, GBl 1992 S 189; ausf *Nowosadtko* Frequenzplanungsrecht, S 52 ff.

Wolfgang Spoerr

dann als § 43 Abs 2 und 3 im Gesetzentwurf der Bundesregierung enthalten.[5] Nach der Gesetzesbegründung[6] benennt die Bestimmung (nur) die „wesentlichen Aufgaben, die im Rahmen der Frequenzordnung wahrzunehmen sind."

Der Bundesrat hatte vorgeschlagen, die Vorschrift so zu fassen.[7] „Die Bundesregierung nimmt zur Sicherstellung einer effizienten und störungsfreien Nutzung von Frequenzen insbesondere die Frequenzbereichszuweisung und die Erstellung des Frequenznutzungsplanes war. Die Regulierungsbehörde nimmt die Frequenzzuteilung und Überwachung der Frequenznutzungen wahr." Zur Begründung wurde ausgeführt, dies sei eine „notwendige Änderung im Hinblick auf die internationale Zuständigkeit der Bundesregierung." In der Gegenäußerung der Bundesregierung[8] stimmte diese dem Anliegen insofern zu, dass im Hinblick auf die Zuständigkeit für internationale Angelegenheiten eine Änderung erforderlich sei. Sie kündigte an, die Auswirkungen des Vorschlages zu überprüfen und die erforderlichen Änderungsvorschläge vorzulegen. Im weiteren Verfahren wurde dann die Aufgabenbeschreibung des § 44 Abs 1 adressatenneutral formuliert; die Frequenzbereichszuweisung wurde statt der Regulierungsbehörde der Bundesregierung zugewiesen (§ 44 RegE; § 45 Abs 1 TGK).

**7**

## III. Einzelkommentierung Abs 1

### 1. Frequenzbewirtschaftungsziele

Maßgebliche Entscheidungskriterien der Frequenzbewirtschaftung sind die Bewirtschaftungsziele der Effizienz und der Störungsfreiheit. Zusammen mit § 2 Abs 2 Nr 5 enthält § 44 Abs 1 die wesentlichen Planzielbestimmungen des Frequenzplanungsrechts.[9]

**8**

### a) Effizienz

Das Bewirtschaftungsziel der Effizienz verlangt mehr als die Beachtung der wirtschaftlichen und technischen Effizienz.[10]

**9**

Der betriebswirtschaftliche und der technische Effizienzbegriff verlangen Entscheidungen, die entweder am Maximalprinzip oder am Minimalprinzip ausgerichtet sind.[11] Beide Entscheidungskriterien sind eindeutig. Bei dem Maximalprinzip wird jene Lösung gewählt, die bei gegebener Ressourcen-Ausstattung zu maximalen Ergebnissen führt. Das Minimalprinzip ist dadurch charakterisiert, dass ein vorgebenes Ergebnis mit geringst möglichem Ressourceneinsatz erreicht wird. In Verteilungszusammenhängen wird der Effizienzbegriff durch das Pareto-Optimum operationalisiert.[12] Ein Pareto-Optimum liegt vor, wenn es nicht möglich ist, durch irgend eine Umverteilung von Gütern ein Wirtschaftssubjekt besser zu stellen, ohne die Situation eines anderen Wirtschaftssubjektes zu verschlechtern.

**10**

Aber der Effizienzbegriff des § 44 ist komplexer. Er ist auch auf Entscheidungssituationen zugeschnitten, bei denen **konfligierende Ziele** zum **schonenden Ausgleich** gebracht werden müssen. Ein eindeutiges Entscheidungskriterium ist ihm in vielen Fällen nicht zu entnehmen. Insbesondere auf den planerischen Entscheidungsebenen verlangt die Effizienz die Optimierung des Ergebnisses. Dabei ist selbst der Ressourceneinsatz nicht konstant. Vielmehr muss bei der Frequenzbewirtschaftung auch entschieden werden, ob zur besseren Ausnutzung des vorhandenen Frequenzspektrums – gegebenenfalls teure – technische Optimierung geboten ist, um den Output zu maximieren. Sodann muss die mit den Frequenzen erreichbare Nutzung maximiert werden, indem die Frequenzen räumlich, technisch und zeitlich zugeordnet werden.[13]

**11**

---

5   BR-Drucks 80/96, S 60.
6   BR-Drucks 80/96, 47.
7   BT-Drucks 13/4438, S 13.
8   BT-Drucks 13/4438, S 35.
9   *Holznagel* FS Hoppe, S 767, 783.
10  Kritisch *Novosadtko* Frequenzplanungsrecht, S 46 f.
11  *Grass/Stützel* Volkswirtschaftslehre, 2. Aufl,

1988, 63 f führen als dritte – hier passende – Kategorie die Optimierung ein.
12  S etwa *Bernholz/Breyer* Grundlagen der Politischen Ökonomie, 1984, S 55 ff; *Stobbe*, Volkswirtschaftslehre II – Mikroökonomik, 1983, S 371 ff.
13  Dazu zusammenfassend *Holznagel* FS Hoppe, S 767, 770 f.

Wolfgang Spoerr

**12** Die Nutzenmaximierung gebietet dabei eine **bedarfsgerechte** Zuordnung. Soweit der Bedarf der verschiedenen Sektoren nicht gedeckt werden kann, ist eine Vorrangentscheidung erforderlich. Diese Vorrangentscheidung muss sich an den Regulierungszielen der §§ 1 und 2 TKG orientieren. Für sie gilt darüber hinaus das Prinzip des schonenden Ausgleichs. Bedarfsträger, die ihren Bedarf autonom festlegen – beispielsweise die öffentlich-rechtlichen Rundfunkanstalten und die Landesgesetzgeber bei der Bestimmung der Grundversorgung[14] und der Bundesminister der Verteidigung – sind ihrerseits an das Gebot der Rücksichtnahme gebunden. Soweit Frequenzknappheit besteht, müssen sie im Rahmen ihrer Bedarfsdefinition auf diese Rücksicht nehmen.

**13** Im Rahmen der zu berücksichtigenden Regulierungsziele sollten sich die Regulierungsbehörden ua am volkswirtschaftlichen Nutzen, an – vorhandenen oder fehlenden – Substitutionsmöglichkeiten für die Frequenznutzung, an der Schaffung funktionierender (und nicht monopolistischer) Märkte, an der flächendeckenden Versorgung und an der Offenhaltung sowie der Förderung des technischen Fortschritts ausrichten.

b) Störungsfreiheit

**14** Störungsfrei ist die Nutzung von Frequenzen dann, wenn die Übertragungsvorgänge ohne Beeinträchtigungen (durch andere Frequenznutzungen) ablaufen. Erweiternd dürfte dazu auch der **Gesundheitsschutz** gezählt werden (dazu § 12 FTEG Rn 2).

c) Rundfunkrechtliche Anforderungen

**15** Die rechtlichen Instrumente der Frequenzvergabe und Frequenzordnung ermöglichen die Durchsetzung medienrechtlicher Forderungen. Diese können und müssen aber nicht ungeprüft übernommen werden. Zutreffend beabsichtigt die Regulierungsbehörde, in den T-DAB-Frequenzen dem **Übertragen von** digitalisierten **Hörfunkprogrammen** mit der hierfür zugeteilten Übertragungskapazität einen **Vorrang** vor der Übertragung von anderen Telekommunikationsanwendungen zuzuordnen. Der lizensierte Senderbetreiber, der die Frequenzzuteilung erhalten hat, kann gegenüber den Hörfunkanbietern verpflichtet werden, die eine medienrechtliche Genehmigung besitzen, deren Hörfunkprogramme zu übertragen.[15] Zulässig sind auch Auflagen zum Versorgungsgrad, die dem Interesse an einer effizienten Frequenznutzung dienen.

2. Aufgaben

**16** Die in § 44 Abs 1 genannten Aufgaben sind die Aufstellung des Frequenzbereichszuweisungsplanes und des Frequenznutzungsplanes, die Zuteilung von Frequenzen und die Überwachung der Frequenznutzung. Im Gesetz nicht ausdrücklich genannt, gleichwohl aber geboten, ist die Entwicklung **informeller Konzepte** wie die langfristige Frequenzbedarf-Entwicklungsplanung und die Frequenznutzungskonzepte.[16]

**17** Verstöße gegen das Erfordernis der Frequenzzuteilung sind gem § 96 Abs 1 Nr 10 TKG bußgeldbewehrt. Ebenfalls der staatlichen Aufgabe der Frequenzordnung dient die spezielle Befugnis der Regulierungsbehörde aus § 44 Abs 2 TKG.

---

[14] Dazu BVerfGE 87, 181, 203; BVerfGE 90, 60, 92 – Rundfunkfinanzierung; *Hesse* Rundfunkrecht, 2. Aufl, 1998, S 17; *Rickert/Schiwy* Rundfunkverfassungsrecht, 1997, Rn 16 ff (S 348 ff). Einen Gestaltungsfreiraum des Landesgesetzgebers betont BVerwG, Beschl v 19. 7. 1995, 6 NB 1/95, NVwZ 1997, 61, 63; s aber BVerfGE 74, 297, 336 ff, 346; dazu *Starck* in: von Mangoldt/Klein/Starck, GG, Art 5 Abs 1, 2 Ru 116 f.

[15] Vgl RegTP, Verfügung 16/2000, Eröffnung der ersten Stufe (Antragsverfahren) des Frequenzvergabeverfahrens für Frequenzen für T-DAB zur Übertragung von digitalisierten Hörfunkprogrammen und anderen Diensten für die Öffentlichkeit gemäß den Frequenzblockverteilungen des in der besonderen Vereinbarung der CEPT, Wiesbaden 1995, festgelegten Planes für die Länder Bremen, Hamburg, Mecklenburg-Vorpommern, Niedersachsen und Schleswig-Holstein, ABl RegTP 2000, 579 und RegTP, Verfügung 31/2000, Öffnung der ersten Stufe (Antragsverfahren) des Frequenzvergabeverfahrens für Frequenzen für T-DAB zur Übertragung von digitalisierten Hörfunkprogrammen und anderen Diensten für die Öffentlichkeit gemäß den Frequenzblockverteilungen des in der besonderen Vereinbarung der CEPT, Wiesbaden 1995, festgelegten Planes für das Land Hessen, ABl RegTP 2000, 1011.

[16] Ausf TKMMR/*Demmel* C § 44 Rn 13 f.

## 3. Mitwirkung bei der internationalen Frequenzplanung

Eine im Gesetz nicht ausdrücklich angesprochene, gleichwohl als Bestandteil des Regulierungsvertrages vorausgesetzte Aufgabe ist die Mitwirkung bei der internationalen Frequenzplanung.[17] Zuständig ist die Bundesregierung; die Aufgaben werden durch das Bundeswirtschaftsministerium, Abteilung VII, Unterabteilung B Referat IV – internationale Frequenzangelegenheiten, Frequenzbereichszuweisungsplan – wahrgenommen.[18] Die Planungs- und Vollzugszuständigkeit der RegTP bedingt freilich eine **intensive Kooperation** zwischen **RegTP und Bundeswirtschaftsministerium**. 18

Eine intensive Kooperation zur Effektuierung der Mitwirkung der bei der internationalen Frequenzordnung findet auch mit Privaten statt. So wurden zur nationalen Vorbereitung der WRC-2000 (Weltfunkkonferenz der ITU v 8. Mai–2. Juni 2000) eine nationale Vorbereitungsgruppe unter der Führung des BMWi sowie drei Arbeitskreise eingerichtet, von denen zwei von Vertretern der RegTP geleitet wurden. Die Arbeitskreise stellten die Foren der nationalen Meinungs- und Positionsbildung dar. Sie standen für alle interessierten Kreise offen. Auch Sitzungen der deutschen Delegation standen der Teilnahme interessierter Kreise offen.[19] Eine intensive Beteiligung interessierter Kreise unter Koordination der RegTP findet auch bei der europäischen Frequenzordnung statt. Zu diesem Zweck veröffentlicht die RegTP die vorläufigen Entscheidungen des Europäischen Funkausschusses (ERC) der CEPT regelmäßig im Amtsblatt der RegTP.[20] 19

## IV. Abs 2

§ 44 Abs 2 bezieht sich auf den Betrieb von Funkanlagen auf fremden Land-, Wasser- und Luftfahrzeugen. Fremd sind Fahrzeuge, die nicht in Deutschland zugelassen sind. Entsprechende Anordnungen sind nur zulässig, wenn sich die Fahrzeuge im Geltungsbereich des TKG – also in Deutschland – aufhalten, sei es mit, sei es ohne Zwischenstop.[21] Wasserfahrzeuge sind Seefahrzeuge und Binnenschiffe. Luftfahrzeuge sind in erster Linie Flugzeuge, aber auch Drehflügler, Luftschiffe, Segelflugzeuge und Ballone. Auch sonstige für die Benutzung des Luftraums bestimmte Geräte wie zB Raumfahrzeuge, Raketen uä Flugkörper sind Luftfahrzeuge.[22] 20

Nach § 44 Abs 2 kann die Regulierungsbehörde in der Rechtsform von Verwaltungsakten handeln. Zulässig sind sowohl Verfügungen im konkreten Einzelfall wie auch Allgemeinverfügungen (§ 35 S 2 VwVerfG). 21

## V. Abs 3

Frequenznutzungen, die der Verteidigung des Bundesgebietes dienen, sind sämtliche Frequenznutzungen, die Verteidigungsaufgaben dienen. Maßgebend ist die Nutzung durch die Bundeswehr für deren Zwecke. Sollte die Bundeswehr Frequenzen für andere Zwecke als Verteidigungszwecke nutzen, so wäre dies von §§ 44 Abs 3 nicht gedeckt. 22

Welche Frequenzen der Verteidigung des Bundesgebietes dienen, stellen der Bundesminister der Verteidigung und der Bundeswirtschaftsminister gemeinsam autonom fest. Eine Bedarfsfestlegung gegen den Bundesminister der Verteidigung ist nicht möglich.[23] Das Einvernehmen verlangt die Zustimmung beider Seiten.[24] Kommt eine Einigung nicht zustande, so entscheidet 23

---

[17] Zu dieser Vor § 44 Rn 12 ff.
[18] Beck'scher TKG-Kommentar/*Korehnke/Grotelüschen* § 44 Rn 49.
[19] www.RegTP.de/Frequenzordnung/Weltfunkkonferenz 2000.
[20] Etwa RegTP, Mitteilung, 335/1999, ABl RegTP 1999, 2389.
[21] TKMMR/*Demmel* C § 44 Rn 22, *Eidenmüller* Post- und Fernmeldewesen, § 5 FAG Anm 4.

[22] TKMMR/*Demmel* C § 44 Rn 21; *Eidenmüller* Post- und Fernmeldewesen, § 4 FAG Anm 3.
[23] Anders anscheinend TKMMR/*Demmel* C § 44 Rn 23 ff: umfassende Frequenznutzungsplanung durch die Regulierungsbehörde.
[24] Zum Begriff des Einvernehmens: *Wolff/Bachof/Stober* Verwaltungsrecht I, 10. Aufl, 1995, § 45 Rn 66 f (S 632 f).

die Bundesregierung. In der Praxis werden Frequenzbereiche auf der Ebene der Frequenzbereichszuweisung militärischen Nutzungen zugewiesen (§ 3 Abs 1 FreqBZPV); es ist dann keine Zuteilung nötig (§ 47 Abs 2 TKG).

## § 45 Frequenzbereichszuweisung

(1) Die Bundesregierung wird ermächtigt, durch Rechtsverordnung, die nicht der Zustimmung des Bundesrates bedarf, die Frequenzbereichszuweisung für die Bundesrepublik Deutschland in einem Frequenzbereichszuweisungsplan festzulegen und Änderungen des Frequenzbereichszuweisungsplans vorzunehmen. Verordnungen, in denen Frequenzen dem Rundfunk zugewiesen werden, bedürfen der Zustimmung des Bundesrates. In die Vorbereitung sind die von Zuweisungen betroffenen Kreise einzubeziehen.

(2) Im Frequenzbereichszuweisungsplan werden die Frequenzbereiche den einzelnen Funkdiensten und anderen Anwendungen elektromagnetischer Wellen zugewiesen. Soweit aus Gründen einer störungsfreien und effizienten Frequenznutzung erforderlich, enthält der Frequenzbereichszuweisungsplan auch Bestimmungen über Frequenznutzungen und darauf bezogene nähere Festlegungen. Satz 2 gilt auch für Frequenznutzungen in und längs von Leitern; für die hiervon betroffenen Frequenzbereiche sind räumliche, zeitliche und sachliche Festlegungen zu treffen, bei deren Einhaltung eine freizügige Nutzung zulässig ist.

**Schrifttum:** Siehe § 44 und *Gersdorf* Die dienende Funktion der Telekommunikationsfreiheiten: Zum Verhältnis von Telekommunikations- und Rundfunkordnung, AfP 1997, 424 ff; *Libertus* Zur Notwendigkeit einer Neubestimmung des Verhältnisses von Rundfunk- und Telekommunikationsrecht am Beispiel der Frequenzordnung, ZUM 1997, 702 ff; *Ory* Die rechtliche Stellung der Rundfunkveranstalter bei der Frequenzvergabe, AfP 1998, 155 ff; *Schulz/Wasner* Rundfunkrechtlich relevante Fragen der Lizenzierungs und Frequenzverwaltung nach dem TKG, ZUM 1999, 513 ff.

### Inhaltsübersicht

| | Rn |
|---|---|
| I. Regelungskonzept | 1 |
| II. Gesetzesentwicklung | 2 |
| III. Einzelkommentierung | 3–27 |
|    1. Zuständigkeit | 3–4 |
|       a) Bundesregierung als Kollegialorgan | 3 |
|       b) Keine Bundesratszustimmung | 4 |
|    2. Handlungsform | 5 |
|    3. Verfahren | 6–12 |
|       a) Zeitpunkt der Einbeziehung | 7 |
|       b) Kreis der Betroffenen | 8–10 |
|       c) Ausnahmsweise Zustimmung des Bundesrates; Ländermitwirkung im Übrigen | 11–12 |
|    4. Inhalt der Frequenzbereichszuweisung | 13–20 |
|       a) Zuweisung von Frequenzbereichen zu Funkdiensten und anderen Anwendungen | 14 |
|       b) Nutzungsregelungen | 15–16 |
|       c) Nutzungsbestimmungen (und Nutzungsbedingungen) | 17 |
|       d) Frequenznutzungen in und entlang von Leitern | 18–19 |
|       e) Andere Anwendungen elektromagnetischer Wellen | 20 |
|    5. Entscheidungsmaßstäbe | 21–22 |
|       a) Verordnungsermessen | 21 |
|       b) Determinanten der Ermessensausübung | 22 |
|    6. Wirkung, Fehlerfolgen, Rechtsschutz | 23–27 |
|       a) Rechtswirkungen, insbesondere für nachrangige Frequenzbewirtschaftungsentscheidungen | 23 |
|       b) Fehlerfolgen | 24 |
|       c) Rechtsschutz | 25 |
|       d) Folgen fehlender Frequenzbereichszuweisungspläne | 26 |
|       e) Anpassungspflicht | 27 |

## I. Regelungskonzept

Das im nationalen Recht höchstrangige Regelungsinstrument der Frequenzordnung ist die Frequenzbereichszuweisung. Sie obliegt der Bundesregierung, nicht der Regulierungsbehörde. Das Regelungsinstrument ist die Rechtsverordnung. Das Frequenzmanagement ist der Bundesregierung und der Regulierungsbehörde somit gemeinsam zugewiesen. Die Verordnungsgebung ist über lange Zeit noch nicht über das Entwurfsstadium hinaus gelangt.[1] Die Praxis behalf sich mit Verwaltungsvorschriften: den VwGrds-FreqN. Inzwischen hat die Bundesregierung die Frequenzbereichszuweisungsplanverordnung (FreqBZPV) beschlossen. Der Aufbau des Planes wird in § 3 beschrieben und definiert. Er ist inhaltlich und formal dem internationalen Frequenzbereichsplan angenähert (dazu Vor § 44 Rn 22). Das gilt besonders für die Unterscheidung zwischen primären und sekundären Funkdiensten (§ 3 Abs 3 FreqBZPV). § 4 FreqBZPV enthält zahlreiche Begriffsbestimmungen.

## II. Gesetzesentwicklung

Noch der Gesetzentwurf der Bundesregierung wies die Frequenzbereichszuweisung der Regulierungsbehörde zu. Zwar war die Veröffentlichung des Frequenzbereichtszuweisungsplanes vorgesehen (§ 44 Abs. 3 TKG-E[2]), nicht aber sein Erlass als Rechtsverordnung. Auch der erweiterte Regelungsbereich des Frequenzbereichszuweisungsplanes nach Abs 2 S 2–3 fehlte. Die Verordnungsform wurde durch Beschlüsse des Ausschusses für Post und Telekommunikation vorgesehen.[3] Die Begründung formulierte dazu treffend, es erweise sich aus der „tagtäglichen Praxis des Frequenzmanagements heraus als notwendig, dem zu erstellenden Frequenzbereichszuweisungsplan einen außenwirksamen und rechtsverbindlichen Charakter zu geben."[4] Die Zuständigkeit der Bundesregierung wurde in den Ausschussberatungen wegen der internationalen Einbindung geschaffen;[5] mehr und mehr werden die wirtschaftlichen Konflikte schon auf internationaler Ebene ausgetragen (s vor § 44 Rn 15). Die Regulierungsbehörde bleibt „selbstverständlich in die Vorbereitung und Fortschreibung des Planes einbezogen.[6] Der Bundestagsausschuss für Post und Telekommunikation begründete dies so: „Ergänzend wurde aus dem bisherigen § 45 übernommen, dass auch bestimmte abstrakt generell festzulegende Rahmenregelungen der Frequenznutzung in dem Frequenzzuweisungsplan festzulegen sind (§ 45 Abs 2 S 2 u 3 wurden in § 44 übernommen und konnten als Folgeänderung in § 45 entfallen)."[7]

## III. Einzelkommentierung

### 1. Zuständigkeit

#### a) Bundesregierung als Kollegialorgan

Adressat der Aufgabenzuweisung und Verordnungsermächtigung ist die Bundesregierung. Von der nach 80 Abs 1 S 1 GG eröffneten Möglichkeit, statt der Bundesregierung einen Bundesminister zu ermächtigen, wurde bei der Verordnungsermächtigung aus § 45 Abs 1 kein Gebrauch gemacht. Die Bundesregierung besteht gemäß Art 62 GG aus dem Bundeskanzler und aus den Bundesministern. Bundesregierung ist also das Kollegium.[8] Die Bundesregierung übt die ihr zustehende Verordnungskompetenz durch einen Beschluss aus, der entweder auf einer Kabinettssitzung oder im Wege eines Umlaufverfahrens herbeizuführen ist. Im Beschlussverfahren muss

---

1 S die – inzwischen zurückgezogene – Entwurfsfassung in BR-Drucks 541/97 u dazu die Frequenzbereichszuweisungsplanverordnung, Entwurf, Stand 23. 4. 1999; krit *Scherer* K & R Beilage Nr 2 zu Heft 11/1999, S 1, 16 ff.
2 BR-Drucks 80/96, S 16.
3 BT-Drucks 13/4864 (neu), S 31.
4 BT-Drucks 13/4864 (neu), S 80.
5 BT-Drucks 13/4864 (neu), S 30, 80; s ausf o § 44 Rn 7.
6 BT-Drucks 13/4864 (neu), S 80.
7 BT-Drucks 13/4864 (neu), S 80.
8 Vgl *Callies* in: Brandt/Ruchay/Weidemann, KrW-/AbfG, § 57 Rn 101; ausf *Hermes* in: Dreier, GG, Art 62 Rn 11 f, BVerfGE 26, 338, 395.

Wolfgang Spoerr

die Mehrheit des Kollegiums der Verordnung entweder ausdrücklich oder – etwa im Falle einer Kabinettsitzung – stillschweigend zugestimmt haben.[9]

### b) Keine Bundesratszustimmung

**4** Die Zustimmung des Bundesrates ist grundsätzlich nicht erforderlich; eine Ausnahme regelt S 2. Zwar bedürfen Rechtsverordnungen über Grundsätze und Gebühren für die Benutzung der Einrichtungen der Telekommunikation der Zustimmung des Bundesrates (Art 80 Abs 2 S 1 GG). Aber der Frequenzbereichszuweisungsplan betrifft nicht Grundsätze und Gebühren für die Benutzung der Einrichtungen der Telekommunikation. – Folglich besteht auch kein Initiativrecht des Bundesrates gem Art 80 Abs 3 GG.

## 2. Handlungsform

**5** Als Handlungsform für den Frequenzbereichszuweisungsplan sieht das TKG die Rechtsverordnung vor. Rechtsverordnungen sind Akte der Normsetzung (Rechtssetzung) durch die Exekutive. Der Vorbehalt des Gesetzes (Parlamentsvorbehalt)[10] und die grundrechtlichen Gesetzesvorbehalte sind gewahrt, weil § 45 TKG eine hinreichend konkrete Ermächtigung enthält, die Regelungsgegenstand und Regelungsziel der Frequenzbereichszuweisungsplanung hinreichend umgrenzt. Auch die spezielle Ausgestaltung des Parlamentsvorbehalts in Art 80 Abs 1 S 2 GG wird eingehalten: § 45 TKG bestimmt Inhalt, Zweck und Ausmaß der erteilten Ermächtigung.

## 3. Verfahren[11]

**6** § 45 verlangt, in die „Vorbereitung ... die von Zuweisungen betroffenen Kreise einzubeziehen." Die „betroffenen Kreise" werden im Gesetz nicht definiert. Ebenso wenig wird gesagt, wie die „Einbeziehung" in die „Vorbereitung" konkret auszusehen hat. Im Hinblick auf die Auswahl der Einzubeziehenden wie auch auf die Art und Weise des Verfahrens besteht ein weitgehendes Ermessen des Normgebers, das wegen seiner Unbestimmtheit kritisiert worden ist.[12]

### a) Zeitpunkt der Einbeziehung

**7** Der Verordnungsentwurf wird zunächst vom für Post- und Telekommunikation zuständigen Bundesminister ausgearbeitet. Das ist derzeit der Bundeswirtschaftsminister. Schon vor der Erstellung des Entwurfs ist die Einbeziehung möglich und – im Rahmen des Verfahrensermessens geboten – um die betroffenen Interessen und den entstehenden Bedarf zu ermitteln.

### b) Kreis der Betroffenen

**8** § 45 unterscheidet sich im Wortlaut von anderen Anhörungsvorschriften bei Rechtsverordnungsermächtigungen.[13] Im Unterschied zu diesen – in der Regel umwelt- und sicherheitsrechtlichen Vorschriften – sieht § 45 nicht die Anhörung der **beteiligten** Kreise, sondern **betroffener** Kreise vor. Allerdings gehören zu den beteiligten Kreisen nach der Legaldefinition beispielsweise des § 60 KrW-/AbfG auch die Betroffenen. Sachlich dürfte deshalb kein Unterschied zwischen den beteiligten und den betroffenen Kreisen bestehen. Betroffene Kreise sind jene Unternehmen und Institutionen, die als Adressat der zu erlassenden Norm anzusehen sind. Darüber hinaus sind auch solche Unternehmen und Rechtssubjekte einzubeziehen, auf die die Frequenzbereichszuweisung zwar nicht direkt abzielt, die aber mittelbar von den Auswirkungen betroffen sind, beispielsweise weil die zugewiesenen Frequenzen nicht mehr zu ihrer Verfügung stehen. Die Betroffenen sind also diejenigen „Personen und Personengruppen", deren Interessen oder Auf-

---

[9] BVerfGE 91, 148, 165 ff; *Oldiges* in: Sachs, GG, 2. Aufl, Art 62 Rn 37 f; *Hermes* in: Dreier, GG, 1998, Art 62 Rn 14; *Callies* aaO, § 57 Rn 101.
[10] Vgl etwa BVerfG, Beschl v 8. 8. 1978, Az 2 BvL 8/77, BVerfGE 49, 89, 126 mwN.
[11] Zu allgemeinen Verfahrensanforderungen bei Rechtsverordnungen TKMMR/*Demmel* C § 45 Rn 2.
[12] *Holznagel* FS Hoppe, S 767, 784 f.
[13] Etwa § 51 BImSchG, § 60 KrW/-AbfG, § 7 Abs 7 Chemikaliengesetz, § 11 Gerätesicherheitsgesetz.

gaben von dem Inhalt der jeweils zu erlassenden Regelung berührt werden.[14] Auf eine Betroffenheit in eigenen materiellen Rechten kommt es also nicht an.

Anders als vergleichbare Vorschriften sagt § 45 Abs 1 S 3 nicht ausdrücklich, dass nur Vertreter der betroffenen Kreise angehört werden müssen. Aber die Einbeziehung der betroffenen Kreise bedeutet nicht, dass alle Betroffenen anzuhören sind. Zur Einbeziehung betroffener Kreise reicht es, wenn sachgerecht ausgewählte Vertreter der genannten Gruppen angehört werden. Doch dabei müssen die Anzuhörenden die jeweilige Gruppe repräsentieren.[15]

Unstreitig ist, dass der Verordnungsgeber ein weites Auswahlermessen hat.[16] Die Anhörung muss sich an den Grundsätzen der Erkenntnisförderung durch Kontrastinformationen orientieren.[17] Der Ermessensspielraum bei der Auswahl der Repräsentanten ist überschritten, wenn ein Mindestmaß an Ausgewogenheit nicht mehr gewährleistet ist. Bei der Anhörung muss der Verordnungsgeber die Vielfalt der von der geplanten Frequenzbereichszuweisung berührten Nutzungsinteressen berücksichtigen – direkt Betroffener ebenso wie der indirekt Betroffenen. Zu den nach § 45 Abs 1 Satz 2 einzubeziehenden betroffenen Kreisen gehören auch öffentlich-rechtliche Kompetenzträger. Das gilt vor allem für das Gebiet des Rundfunkrechts. Hier ist die entsprechende Auslegung von § 45 Abs 1 Satz 2 durch das Prinzip der Verfassungsorgantreue geboten. Einzubeziehen sind insbesondere die Länder, die öffentlich-rechtlichen Rundfunkanstalten und die Landesmedienanstalten. Insoweit wäre eine explizite gesetzliche Regelung wünschenswert, vielleicht gar verfassungsrechtlich geboten.[18] In der Praxis kann diese Beteiligung auch dazu führen, dass die Landesmedienanstalten umfassende technisch-planerische Vorarbeiten erledigen.[19]

c) **Ausnahmsweise Zustimmung des Bundesrates; Ländermitwirkung im Übrigen**

Die Zustimmung des Bundesrates ist nur erforderlich bei Verordnungen, in denen Frequenzen dem Rundfunk zugewiesen werden (§ 45 Abs 1 S 2 TKG). Das gilt auch für Verordnungen, die bisher dem Rundfunk zugewiesene Frequenzbereiche dem Rundfunk entziehen.[20] Diese exekutivische Rechtsetzung mit Zustimmung des Bundesrates ist in Art 80 Abs 2 GG vorgesehen. Folge ist ein Initiativrecht des Bundesrates (Art 80 Abs 3 GG). Dies Initiativrecht führt zu einem materiellen Verordnungsvorschlagsrecht. Für die Zustimmung gilt Art 52 Abs 3 GG. Erforderlich ist die Mehrheit der Stimmen des Bundesrates. Zulässig sind Zustimmungsbeschlüsse nach Maßgabe bestimmter inhaltlicher Änderungen. Solche Maßgabebeschlüsse sind eine vorweggenommene Zustimmung für den Fall, dass die Bundesregierung den Änderungswünschen des Bundesrates Rechnung trägt.[21] Unzulässig sind hingegen (anderweitig) bedingte Zustimmungsbeschlüsse.

Aus der Bundestreue und den Spezifika der Kompetenzabgrenzung zwischen Rundfunk und Telekommunikation folgen Anhörungs- und Rücksichtnahmepflichten, die über § 45 Abs 1 S 2 hinausgehen: Schon im Falle potentieller Betroffenheit des Rundfunks müssen die Länder in das Verfahren einbezogen werden, ohne dass daraus ein Zustimmungserfordernis folgt.[22]

---

[14] *Brandt* in: Brandt/Ruchay/Weidemann, § 60 Rn 23.
[15] *Brandt* in: Brandt/Ruchay/Weidemann, § 60 Rn 24.
[16] *Brandt* aaO, § 60 Rn 26; *Koch* in: GK-BImSchG, § 60 Rn 31; *Hansmann* in: Landmann/Rohmer, UmwR, § 61 BImSchG Rn 1.
[17] *Denninger* Verfassungsrechtliche Anforderungen an die Normsetzung im Umwelt- und Technikrecht, 1990, S 172; *Brandt* aaO, § 60 Rn 26.
[18] *Hoffmann-Riem/Wieddekind* FS Hoppe, S 745, 761 f.
[19] S dazu die Ergebnisse und Folgerungen aus dem IRT-Gutachten „Frequenzbedarf für den terrestrischen digitalen Rundfunk", beschlossen von der Direktorenkonferenz der Landesmedienanstalten am 25. 10. 1999 in Dresden sowie die Studie des Institutes für Rundfunktechnik (IRT) für die DLM, Frequenzbedarf für den digitalen terrestrischen Rundfunk, Juli 1999.
[20] *Scherer* K & R Beilage Nr. 2 zu Heft 11/1999, S 1, 15 f; *Holznagel* FS Hoppe, S 767, 784.
[21] Vgl *Lücke* in: Sachs, GG-Kommentar, 1996, Art 80 Rn 37.
[22] TKMMR/*Demmel* C § 45 Rn 7; *Ladeur* ZUM 1998, 261; *Libertus* ZUM 1997, 702; besonders weitgehend *Scherer* K & R Beilage Nr. 2 zu Heft 11/1999, S 1.

## 4. Inhalt der Frequenzbereichszuweisung

**13** Den Inhalt des Frequenzbereichszuweisungsplanes regelt § 45 Abs 2 TKG.

### a) Zuweisung von Frequenzbereichen zu Funkdiensten und anderen Anwendungen

**14** Primärfunktion – und zentraler Inhalt – des Frequenzbereichszuweisungsplanes ist die Zuweisung von Frequenzbereichen zu den einzelnen Funkdiensten und zu anderen Anwendungen elektromagnetischer Wellen. Das nutzbare, physikalisch verfügbare Spektrum wird den verschiedenen **Nutzungsarten** („einzelnen Funkdiensten und anderen Anwendungen elektromagnetischer Wellen") zugewiesen. Nach der Gesetzesbegründung der Bundesregierung[23] ist der Begriff Funkdienst iSv Art 8 der Vollzugsordnung für den internationalen Funkdienst zu verstehen. Die Zuweisung soll damit im allgemeinen nach **abstrakten Kriterien** zugewiesen werden, unabhängig von konkreten Nutzern. Ein Funkdienst ist „die Gesamtheit der Funknutzungen, deren Verwendungszweck ein wesentliches gemeinsames Merkmal besitzt."[24] Mit der Zuweisung der Frequenzbereiche zu Funkdiensten wird dem Verordnungsgeber zugleich eine **Definitions- und Klassifikationsbefugnis für Funkdienste**[25] eingeräumt. Er kann ähnliche Anwendungen zu einem einheitlichen Typ zusammenfassen und damit ein sektorübergreifendes Konkurrenzverhältnis bei der Frequenzbewirtschaftung schaffen, indem er das „gemeinsame technische Merkmal" iSd Definition bestimmt. Durch diese Typisierung kann der Plangeber entscheiden, ob konkurrierende Nutzungsinteressen verschiedener Dienste als intramodale oder als intermodale Nutzungskonflikte auftreten, was weitreichende Folgen hat.[26] Diese Aufgabe weist eine Nähe zur sachlichen Marktabgrenzung auf, ist aber – anders als diese – nicht auf die Analyse des Vorgefundenen beschränkt, sondern schließt die prospektive Gestaltung ein.

### b) Nutzungsregelungen

**15** In bestimmten Fällen kann der Frequenzbereichzuweisungsplan auch Bestimmungen über Frequenznutzungen und darauf bezogene nähere Festlegungen enthalten. Das ist nur dann zulässig, wenn es für die störungsfreie effiziente Frequenznutzung erforderlich ist. Im Regelfall bleiben Festlegungen für Frequenznutzungen dem Frequenznutzungsplan vorbehalten (§ 46 Abs 2 TKG). Abweichend davon ist die Hochzonung von Nutzungsregelungen in den Frequenzbereichszuweisungsplan zulässig, und zwar dann, wenn ohne diese Hochzonung eine sinnvolle Frequenzbereichszuweisung nicht möglich ist.

**16** Zulässig sind **Teilregelungen**, die nur einen Teil des Frequenzspektrums verplanen.

### c) Nutzungsbestimmungen (und Nutzungsbedingungen)

**17** **Nutzungsbestimmungen** sind ein Instrument des Frequenzbereichszuweisungsplanes. Sie weisen Frequenzbereiche bestimmten Nutzungen zu. Ergänzend enthalten sie technische Festlegungen, die die Verträglichkeit sichern. Demgegenüber enthalten die **Nutzungsbedingungen** weitere Voraussetzungen einer Frequenzzuteilung. Sie ergänzen die Nutzungsbestimmungen, legen weitere Parameter für die Frequenznutzung fest und enthalten Hinweise zu Einschränkungen der Nutzbarkeit und zur künftigen Entwicklung. Verbindlich werden Nutzungsbedingungen idR dann, wenn sie als **Nebenbestimmungen** zur Frequenzzuteilung angeordnet werden.

### d) Frequenznutzungen in und entlang von Leitern

**18** Ebenfalls nur zur Sicherstellung der störungsfreien und effizienten Frequenznutzung – und

---

[23] BR-Drucks 80/96, S 48.
[24] *Geppert/Ruhle/Schuster* Handbuch Recht und Praxis der Telekommunikation, 1998, S 438 Fn 69.
[25] Ein Beispiel für eine Typisierung bei Beck'scher TKG-Kommentar/*Grotelüschen/Haas*, § 45 Rn 4.
[26] Dazu *Kruse* Ordnungspolitische Alternativen bei Mobilfunk, in ders, Zellulärer Mobilfunk, 1992, S 161 ff, 169 ff.

Wolfgang Spoerr

zwar der Nutzung von Funkfrequenzen – sind Festlegungen für Frequenznutzungen in und entlang von Leitern zulässig. § 45 Abs 2 S 3 ist restriktiv zu interpretieren. Es reicht nicht aus, dass die Festlegungen aus Gründen der störungsfreien und effizienten Frequenznutzung innerhalb des Leiters erforderlich sind; erst bei **Außenwirkungen** auf Frequenznutzungen außerhalb des Leiters dürfen Festlegungen für Frequenznutzungen in und längs von Leitern getroffen werden.[27]

Der Entwurf der FreqBZPV[28] enthält die „Nutzungsbestimmung 33 Sachliche Anforderung an die leitungsgebundene Frequenznutzung." Vorgesehen war insoweit eine Bestimmung, wonach eine freizügige Nutzung nur dann möglich ist, wenn am Betriebsort und entlang der Leitungsführung bestimmte Werte nicht erreicht und wenn an bestimmten Orten Störfeldstärkengrenzwerte nicht überschritten werden. Diese Entwürfe sind später modifiziert worden.[29] Eine entsprechende Vorschrift enthält nunmehr die Nutzungsbestimmung 30. Entsprechende Festlegungen sind nur zulässig, soweit dies zur Verhinderung von Außenwirkungen erforderlich ist. Von mehreren denkbaren Beschränkungen ist das mildest geeignete Mittel zu wählen, das Außenwirkung vermeidet. Im Regelfall ist die Festlegung von Immissions-Grenzwerten ausreichend. Ein gänzlicher Ausschluss der Frequenznutzung ist nur dann zulässig, wenn andere, mildere Mittel (etwa Grenzwerte) nicht ausreichen. Vorsorgeüberlegungen reichen insoweit im Regelfall nicht. **19**

e) **Andere Anwendungen elektromagnetischer Wellen**

Andere Anwendungen elektromagnetischer Wellen sind Nutzungen, zB in der Industrie, Wissenschaft, Medizin und privaten Haushalten, deren Zweck nicht die Übermittlung von Nachrichten ist, deren Betrieb aber ebenfalls elektromagnetische Wellen erzeugt[30] (aktive Nutzungen) oder nutzt (passive Nutzungen). Ein Beispiel „passiver" Anwendungen elektromagnetischer Wellen ist die Radioastronomie (dazu Vor § 44 Rn 10). **20**

5. **Entscheidungsmaßstäbe**

a) **Verordnungsermessen**

Das mit der Handlungsform der Rechtsverordnung regelmäßig eingeräumte normative Ermessen ist durch einen relativ breiten Entscheidungsfreiraum der Exekutive gekennzeichnet. Das gilt besonders bei Verordnungsermächtigungen an die unmittelbar politisch legitimierte Regierung. Keine Frage des Ermessens ist die Einhaltung der Grenzen, die die ermächtigende Norm zieht (Art 80 Abs 1 S 2 GG). Der äußere Ermessensrahmen wird stets durch die Ermächtigungsnorm bestimmt. Allerdings ist das Verordnungsermessen im Regelfall nicht auf die Rechtsfolgenseite beschränkt. Es bezieht die Tatbestandsseite mit ein und umfasst so ein echtes Mandat zur Normkonkretisierung.[31] Im Spezialfall der Frequenzzuweisung ist das Verordnungsermessen insbesondere durch bewirtschaftende und technische Gestaltungsfreiräume planerischer Natur gekennzeichnet. **21**

b) **Determinanten der Ermessensausübung**

Innerhalb des von § 45 Abs 2 iVm § 44 Abs 1 TKG gezogenen Ermächtigungsrahmens muss die Bundesregierung ihr Ermessen an überstaatlichen Vorgaben ausrichten. Grundlage der Ermessensausübung hat sodann eine Bedarfsfeststellung zu sein. Dabei hat die Bundesregierung einen relativ weiten Einschätzungsspielraum. In Knappheitssituationen muss sie über konkurrierende, **22**

---

[27] So auch *Scherer* K & R Beilage Nr 2 zu Heft 11/1999, S 1, 13 f.
[28] BR-Drucks 541/97, S 8.
[29] Dazu Beck'scher TKG-Kommentar/*Korehnke/Grotelüschen* § 45 Rn 31; RegTP, Mitteilung 1/1999, ABl RegTP 1999 S 14; ausf jetzt RegTP, Mitteilung 248/2001, ABl RegTP 2001, 1351 mit der Messvorschrift RegTP 322 MV 05 Teil 1.
[30] *Geppert/Ruhle/Schuster* Handbuch Recht und Praxis der Telekommunikation, 1998, S 438 Fn 70; so die amtliche Begründung des Gesetzesentwurfes Bundesregierung, BR-Drucks 80/96, S 48.
[31] *Ossenbühl* in: Handbuch des Staatsrechts, § 64 Rn 36.

miteinander unvereinbare Nutzungsansprüche abwägend entscheiden. Dabei muss sie berücksichtigen, dass die berührenden Nutzungsansprüche in einem Gebot wechselseitiger Rücksichtnahme stehen. In dieser bewirtschaftenden Abwägung muss sie ferner Erwägungen einstellen, wie der Bedarfsdeckungsgrad mit technischen Mitteln optimiert werden kann, beispielsweise bei der Aufteilung des Frequenzspektrums, bei der räumlichen Verteilung und bei ergänzenden technischen Mitteln zur besseren Ausnutzung der physikalisch vorhandenen Ressourcen. Feste Vorrangregeln zu Gunsten einzelner Nutzungen bestehen nach dem TKG nicht.[32] Ein solches technisches Gestaltungsermessen hat sie auch bei der Entscheidung über die Mittel, mit denen die Störungsfreiheit der Frequenznutzung sichergestellt wird.

### 6. Wirkung, Fehlerfolgen, Rechtsschutz

#### a) Rechtswirkungen, insbesondere für nachrangige Frequenzbewirtschaftungsentscheidungen

**23** Der Frequenzbereichszuweisungsplan ist unmittelbar rechtsverbindlich. Das folgt aus seiner Rechtsnatur (Handlungsform). Soweit Nutzungsregelungen gem § 45 Abs 2 S 2–3 getroffen werden, sind die Regelungen unmittelbar durch Verfügungen gemäß § 49 S 2 TKG umzusetzen. Allerdings berührt er bestehende administrative Einzelentscheidungen (Frequenzzuteilungen) nicht. Hingegen ist der Frequenznutzungsplan unwirksam, soweit er dem geltenden Frequenzbereichszuweisungsplan widerspricht.

#### b) Fehlerfolgen

**24** Rechtsverstöße im Frequenzzuweisungsplan führen zu seiner Nichtigkeit. Umstritten ist, ob das auch für Fehler im Verordnungsverfahren gilt. Nicht zur Rechtswidrigkeit der Verordnung und Nichtigkeit führen Verstöße gegen die Geschäftsordnung der Bundesministerien oder der Bundesregierung. Ob Fehler bei der Beteiligung Dritter im Verordnungsverfahren in der Gestalt von Gesetzesverstößen zur Rechtswidrigkeit und Nichtigkeit der Rechtsverordnung führen, ist weitgehend umstritten.[33] Soweit die jeweilige Vorschrift das Verfahren zum Erlass der Verordnung regelt, führen wesentliche – oder jedenfalls grobe – Verstöße zur Nichtigkeit der Verordnung.[34] Aber § 45 Abs 1 S 3 TKG verlangt die Einbeziehung der beteiligten Kreise nur bei der Vorbereitung der Verordnung.[35] Das spricht dafür, dass der Gesetzgeber mit § 45 Abs 1 S 3 nicht das eigentliche Verordnungsverfahren und nicht die formellen Rechtmäßigkeitsvoraussetzungen der Verordnung regeln wollte.[36] Auch verfassungsrechtlich geboten ist die Anhörung bei Erlass des Frequenzbereichszuweisungsverordnung in individualrechtlicher Sicht nicht.

#### c) Rechtsschutz

**25** Gegen den Frequenzbereichszuweisungsplan ist keine abstrakte Normenkontrolle zulässig (§ 47 Abs 1 VwGO). Zulässig – und jedenfalls in aller Regel[37] ausreichend – ist die inzidente Normenkontrolle bei Klagen gegen Vollzugsakte. Die Vorschrift über die Beteiligung betreffender Kreise dient nicht dem Schutz der Rechte Einzelner; sie ist daher keine Grundlage für Klagen auf Beteiligung am Normsetzungsverfahren.[38]

#### d) Folgen fehlender Frequenzbereichszuweisungspläne

**26** Solange eine Frequenzbereichszuweisungsverordnung fehlt, können Frequenzen auch ohne Bindung an den Frequenzzuweisungsplan zugeordnet werden. Der Frequenzbereichszuwei-

---

[32] So aber *Tschentscher/Pegatzky/Bosch* K & R Beilage Nr 1 zu Heft 8/2000, S 26, die dem Gesetz einen Vorrang von Funkfrequenznutzungen vor leitungsgebundenen entnehmen.
[33] S *Brandt* in: Brand/Ruchay/Weidemann, § 60 Rn 32; *Ossenbühl* in: Handbuch des Staatsrechts, § 63 Rn 64.
[34] *Brandt* aaO, § 60 Rn 32; *Koch* in: GK-BImSchG, § 51 Rn 39; *Schutt* NVwZ 1991, 13 f.
[35] Darauf stellt auch ab: BVerwGE 59, 48, 52.
[36] Vgl BVerfGE 10, 221, 226 f; BVerwG, Urt v 25. 10. 1979, 2 N 1.78, BVerwGE 59, 48 zu § 110 Hessisches Beamtengesetz.
[37] Zu (hier mehr theoretischen) Ausnahmen TKMMR/*Demmel* C § 45 Rn 10 ff.
[38] Dazu *Brandt* in: Brandt/Ruchay/Weidemann, § 60 Rn 38.

sungsplan ist nicht Rechtmäßigkeitsvoraussetzung der Frequenzzuteilung. Ein förmliches Plansicherungsinstrument für die Zeit der Aufstellung der Frequenzbereichszuweisungsverordnung sieht das TKG nicht vor. Im Frequenznutzungsplan kann auch hinreichend konkreten künftigen Frequenzbereichszuweisungsentscheidungen Rechnung getragen werden, indem bestimmte Frequenzbereiche offengehalten werden. Ausreichend dafür ist ein plausibler Grund, die Frequenzbereiche für künftige Anwendungen offenzuhalten. Ihre Nutzung muss aber absehbar sein; rein abstrakte Freihalteziele im Sinne einer besorgnisunabhängigen Minimierung dürften nicht ausreichen.

e) **Anpassungspflicht**

Die Wahl der Verordnungsform hat weitgehende Konsequenzen für die Bewältigung der technischen und wirtschaftlichen Dynamik von Frequenznutzungen. Die Stabilität und Formalisierung der Rechtsverordnungen setzt der Berücksichtigung von technologischen und wirtschaftlichen Innovationen rechtliche Grenzen. Diese Grenzen beruhen weniger auf der Formalisierung des Verfahrens zum Erlass von Rechtsverordnungen. Diese dauern keinesfalls notwendigerweise länger als die Ausarbeitung und der Erlass alternativer Konzepte. Als problematisch kann sich indessen die strikte Bindung erweisen, die Rechtsverordnungen als rechtssetzendes Außenrecht eignet. Inneradministrative Konzepte und normenkonkretisierende Verwaltungsvorschriften sind demgegenüber in der Anwendung innovationsoffener, weil sie keine strikte Bindungswirkung haben. Eine solche eingebaute **Innovationsoffenheit und Flexibilität** kennt die Rechtsverordnung nicht. Darin liegt ihr entscheidender Nachteil.[39] Der Bewältigung dieses Problems dienen Anpassungspflichten des Verordnungsgebers, die allerdings erst in extremen Fällen bestehen[40], sowie die Berechtigung des Verordnungsgebers zu regulatorischer Zurückhaltung, zu Teilverordnungen (dazu o Rn 16) und zu Offenhaltungsregelungen (dazu o Rn 26).

27

## § 46 Frequenznutzungsplan

(1) Die Regulierungsbehörde erstellt den Frequenznutzungsplan auf der Grundlage des Frequenzbereichszuweisungsplanes unter Berücksichtigung der in § 2 Abs 2 genannten Ziele, der europäischen Harmonisierung, der technischen Entwicklung und der Verträglichkeit von Frequenznutzungen in den Übertragungsmedien.

(2) Der Frequenznutzungsplan enthält die weitere Aufteilung der Frequenzbereiche auf die einzelnen Frequenznutzungen sowie Festlegungen für diese Frequenznutzungen. Der Frequenznutzungsplan kann aus Teilplänen bestehen.

(3) Der Frequenznutzungsplan wird unter Beteiligung der Öffentlichkeit aufgestellt. Die Bundesregierung wird ermächtigt, in einer Rechtsverordnung, die der Zustimmung des Bundesrates bedarf, das Verfahren zur Aufstellung des Frequenznutzungsplanes zu regeln.

Schrifttum: Siehe § 44.

Inhaltsübersicht

| | Rn |
|---|---|
| I. Regelungskonzept | 1 |
| II. Gesetzesentwicklung | 2–6 |
| III. Einzelkommentierung | 7–20 |
| 1. Zuständigkeit der Regulierungsbehörde und Form | 7–8 |
| 2. Inhalt des Frequenznutzungsplanes | 9–10 |
| 3. Entscheidungsprogramm | 11–13 |

---

**39** So *Schmidt-Aßmann* Das allgemeine Verwaltungsrecht als Ordnungsidee, S 276; *Krebs* VerwArch 1979, 259, 269 ff; *Beckmann* DVBl 1987, 611, 616 ff; *Gerhardt* NJW 1989, 2233, 2235 f; *Di Fabio* Risikoentscheidungen im Rechtsstaat, S 370 ff.

**40** Dazu allgem *Ossenbühl* in: Handbuch des Staatsrechts, § 64 Rn 45; HessVGH, ZMR 1987, 75; BayVGH, BayVBl 1987, 557.

      a) Grundlage: Frequenzbereichszuweisungsplan . . . . . . . . . . . . . . . . . . . . . . . . 12
      b) Regelungsgegenstände und -ziele . . . . . . . . . . . . . . . . . . . . . . . . . . . . . . . . 13
  4. Verfahren . . . . . . . . . . . . . . . . . . . . . . . . . . . . . . . . . . . . . . . . . . . . . . . . . . . . . . . 14–18
  5. Verordnungsermächtigung, Abs 3 S 2 . . . . . . . . . . . . . . . . . . . . . . . . . . . . . . . 19
  6. Rechtsschutz . . . . . . . . . . . . . . . . . . . . . . . . . . . . . . . . . . . . . . . . . . . . . . . . . . . . 20
IV. Bewertung . . . . . . . . . . . . . . . . . . . . . . . . . . . . . . . . . . . . . . . . . . . . . . . . . . . . . . . . . . 21

## I. Regelungskonzept

**1** Zwischen der verordnungsrechtlichen Frequenzzuweisung und der Frequenzzuteilung im Einzelfall steht der Frequenznutzungsplan. Er soll die Frequenznutzung, gebunden an die Frequenzbereichszuweisungsverordnung, näher ausgestalten. Der Frequenznutzungsplan ist als eigenständige Handlungsform konzipiert, die – die gesetzliche Definition ist hier auch klassifikatorisch richtig – der staatlichen Funktion des Planens.[1] Er hat weder die Rechtsnatur einer Einzelentscheidung[2] noch die einer Rechtsverordnung.[3] Er ist der Kategorie der autonomen Rechtssetzung der Verwaltung[4] zuzuordnen und ein weiteres Beispiel dafür, wie sich diese Kategorie zunehmend ausbreitet.[5] Ihm fehlt die Außenwirksamkeit und strikte Rechtsverbindlichkeit von Verordnungen.

## II. Gesetzesentwicklung

**2** § 46 entspricht § 45 des Regierungsentwurfs.[6] Abs 3 des Entwurfes weicht vom Gesetzesentwurf insoweit ab, als die Zustimmung des Bundesrates zur Rechtsverordnung nur insoweit erforderlich sei, als in dieser Belange des Rundfunks berührt würden.[7]

**3** Erheblich abweichend war Abs 2 formuliert. Neben den beiden Bestimmungen, die innerhalb von § 46 Abs 2 geboren sind, enthielt der Regierungsentwurf folgende Bestimmungen: „Soweit aus Gründen einer störungsfreien und effizienten Frequenznutzung erforderlich, enthält der Frequenznutzungsplan auch Bestimmungen über Frequenznutzungen und längs von Leitern. Für die nach S 2 betroffenen Frequenzbereiche sind räumliche, zeitliche und sachliche Festlegungen zu treffen, bei deren Einhaltung eine freizügige Nutzung zulässig ist."

**4** In der Gesetzesbegründung[8] wird zu Abs 1 gesagt, durch die Berücksichtigung der technischen Entwicklungen soll „vor allem innovativen und frequenzeffizienten technischen Lösungen Vorrang gegeben werden". Die Verträglichkeitsbetrachtung beziehe sich „sowohl auf die Frequenzanwendungen im Freiraum untereinander als auch auf die Verträglichkeit zwischen Frequenzanwendungen im Freiraum und solchen innerhalb und längs von elektrischen Leitern, dh zB in Kabelnetzen": „Das Einbeziehen von Frequenznutzungen innerhalb und längs von elektrischen Leitern, soweit aus Gründen einer störungsfreien und effizienten Frequenznutzung erforderlich, beruht auf der Erfahrung, dass nicht von einer vollkommenen Entkoppelung der Frequenznutzungen in den verschiedenen Übertragungsmedien ausgegangen werden kann."[9]

**5** Durch die Beschlüsse des Ausschusses für Post und Telekommunikation enthielt § 46 die Fassung, die als Gesetz in Kraft getreten ist. Zu Recht wurden die Kürzungen in § 45 mit der rechtsförmlichen Aufwertung des Frequenzbereichszuweisungsplanes (§ 45) begründet (s dazu § 45 Rn 2).[10] Das uneingeschränkte Erfordernis der Bundesrats-Zustimmung entspricht einer Anregung des Bundesrates.[11]

---

[1] Vgl allgem *Kirchhof* in: Handbuch des Staatsrechts, § 59 Rn 102 ff; *Schmidt-Aßmann* Das Allgemeine Verwaltungsrecht als Ordnungsidee, S 278 ff.
[2] In diese Richtung aber *Nowosadtko* Frequenznutzung durch öffentlich-rechtliche Rundfunkanstalten, § 3 B 2b.
[3] So auch *Scherer* K & R Beilage Nr 2 zu Heft 11/1999, S 1, 14.
[4] Dazu *Ossenbühl* in: Handbuch des Staatsrechts, § 65 Rn 3 ff.

[5] So die Diagnose von *Ossenbühl* in: Handbuch des Staatsrechts, § 65 Rn 11.
[6] BR-Drucks 80/96, S 16.
[7] BR-Drucks 80/96, S 16.
[8] BR-Drucks 80/96, S 48.
[9] BR-Drucks 80/96, S 48.
[10] BT-Drucks 13/4864 (neu), S 8.
[11] BR-Drucks 80/96, S 42.

Wolfgang Spoerr

Nach der Gesetzesbegründung der Bundesregierung[12] ist unter europäischer Harmonisierung die Harmonisierung von Frequenznutzungen im Rahmen des CEPT (Conference European des Administrations de Post et Telekommunication) und der Europäischen Union zu verstehen.  **6**

### III. Einzelkommentierung

#### 1. Zuständigkeit der Regulierungsbehörde und Form

Im Unterschied zur Frequenzbereichszuweisung ist die Frequenznutzungsplanung der Regulierungsbehörde zugewiesen. Sie entscheidet gem § 66 Abs 2 TKG; zuständig sind also nicht die Beschlusskammern. Der Regulierungsbeirat ist anzuhören (§ 69 Nr 6 TKG).  **7**

Wirksamkeitsvoraussetzung ist auch eine Ausfertigung und Verkündung.[13] § 8 FreqNPAV sieht eine Pflicht zur Veröffentlichung, daneben eine – beschränkte – Begründungspflicht vor (§ 8 Abs 3 FreqNPAV).  **8**

#### 2. Inhalt des Frequenznutzungsplanes

Im Frequenznutzungsplan sind die Frequenzbereiche auf die einzelnen Frequenznutzungen aufzuteilen. Zugleich enthält der Frequenznutzungsplan Festlegungen für die Frequenznutzungen. Die Aufteilung der Frequenzbereiche auf die Frequenznutzungen erfolgt nicht allein nach physikalischen Kriterien, sondern auch räumlich. Ebenso sind technische Aufteilungen möglich. Die Festlegungen für Frequenznutzungen sind zum einen jene Festlegungen, die die effiziente Nutzung sicherstellen, zum anderen Festlegungen für die störungsfreie Nutzung.  **9**

Zweckmäßigerweise enthält der Frequenznutzungsplan auch Aussagen zum zeitlichen Planungshorizont.  **10**

#### 3. Entscheidungsprogramm

Das Entscheidungsprogamm bei der Erstellung des Frequenznutzungsplanes ist in § 46 Abs 1 TKG detaillierter beschrieben als bei der Frequenzbereichszuweisung.  **11**

##### a) Grundlage: Frequenzbereichszuweisungsplan

Nach § 46 Abs 1 ist der Frequenzbereichszuweisungsplan „Grundlage" des Frequenznutzungsplanes. Soweit die Aussagen des Frequenzbereichszuweisungsplanes reichen, müssen diese **beachtet** werden.[14] Allerdings ist für die Erstellung des Frequenznutzungsplanes nicht Voraussetzung, dass eine rechtswirksame Frequenzbereichszuweisung vorliegt.  **12**

##### b) Regelungsgegenstände und -ziele

Leitlinie der Frequenznutzungsplanung ist die Sicherstellung der effizienten und störungsfreien Nutzung (§ 44 Abs 1). Die Effizienz ist dabei – in § 46 Abs 1 ist das ausdrücklich vorgegeben – an den Regulierungszielen aus § 2 Abs 2 TKG auszurichten. Daneben sind die europäische Harmonisierung, die technische Entwicklung und die Verträglichkeit von Frequenznutzungen in den Übertragungsmedien zu berücksichtigen. Das Berücksichtigungsgebot bedingt einen relativ breiten Beurteilungsspielraum der Regulierungsbehörde, der sich auf die Bedarfsfeststellung und die Bestimmung technischer Zielvorgaben richtet. Gekoppelt ist dieser Beurteilungsspielraum mit einem planerischen Abwägungsspielraum bei der Wahl technischer Gestaltungen und bei der Zuweisung knapper Ressourcen.  **13**

---

12 BR-Drucks 80/96, S 48.
13 Str, vgl *Ossenbühl* in: Handbuch des Staatsrechts, § 65 Rn 68 f.
14 Zum Beachten als spezifische Wirkungsweise von Regeln bei planerischen Entscheidungen *Hoppe/Spoerr* Bergrecht und Raumordnung, 1999, S 46 ff, 52 ff; *Hoppe* DVBl 1993, 681 ff.

Wolfgang Spoerr

### 4. Verfahren

**14** Das Verfahren der Aufstellung des Frequenznutzungsplanes regelt das TKG nur mit einer wichtigen Grundsatznorm: Der Frequenznutzungsplan wird unter Beteiligung der Öffentlichkeit aufgestellt. Das bedeutet, dass jedermann Gelegenheit gegeben werden muss, im Planungsstellungsverfahren Stellung zu nehmen und eigene und fremde Interessen einzubringen. Die Öffentlichkeitsbeteiligung dient nicht dem Schutz individueller Rechte, sondern der sachgerechten Ermittlung von Bedarf, technischen Optionen und betroffenen Interessen. Zur Beteiligung der Öffentlichkeit ist eine öffentliche Bekanntmachung erforderlich. Solange eine Rechtsverordnung der Bundesregierung dazu keine näheren Angaben macht, hat die Regulierungsbehörde einen Ermessensspielraum, wo sie das Vorhaben bekannt macht.

**15** Der Bekanntmachung muss sich eine angemessene Frist für Einwände und Anregungen anschließen. In der Bekanntmachung muss die Frist angegeben werden. Auch nach Ablauf der Frist eingehende Einwände und Bedenken können berücksichtigt werden.

**16** Unerlässlich ist die Bekanntgabe der Gegenstände der beabsichtigten Frequenznutzungsplanung. Die Bekanntmachung ist nur ausreichend, wenn sie eine hinreichende **Anstoßfunktion**[15] erfüllt. Die Adressaten müssen erkennen können, dass und in welcher Weise ihre Interessen berührt sein können. Das Verfahren der Planaufstellung wird in den §§ 4–6 FreqNPAV näher ausgestaltet.

**17** Damit eine ausreichende Beteiligung der Öffentlichkeit stattfinden kann, muss Einwendern Gelegenheit gegeben werden, sich über die wesentlichen Inhalte des beabsichtigten Planes Kenntnis zu verschaffen. Häufig wird es nicht möglich sein, alle wesentlichen beabsichtigten Inhalte und die tragenden Begründungserwägungen zu veröffentlichen. Dann ist es erforderlich, aber auch ausreichend, wenn veröffentlicht wird, wo und wie nähere Angaben zur Einsicht ausliegen. Eine mündliche öffentliche Anhörung ist nicht erforderlich (so auch § 6 Abs 3 FreqNPAV).

**18** Die Beteiligung der Öffentlichkeit ist zwingende Verfahrensvoraussetzung. Fehlt die Beteiligung ganz oder ist sie unzureichend, weil die Grenzen des Verfahrensermessens der Regulierungsbehörde überschritten sind, so ist der Frequenznutzungsplan rechtswidrig und unbeachtlich. Das Verfahrensrecht dürfte nicht selbständig gerichtlich durchsetzbar sein,[16] es sei denn, in der Rechtsverordnung nach Abs 3 S 2 wird etwas anderes vorgesehen (so § 7 S 1 FreqNPAV).

### 5. Verordnungsermächtigung, Abs 3 S 2

**19** Nach § 46 Abs 3 S 2 ist die Bundesregierung ermächtigt, in einer Rechtsverordnung mit Zustimmung des Bundesrates das Verfahren zur Aufstellung des Frequenznutzungsplanes zu regeln. Diese Verordnungsermächtigung ist zweckmäßig, um das TKG von Detailregelungen zu entlasten und um Erfahrungsgewinne ohne Änderung des Gesetzes umzusetzen. Die Ermächtigung ist hinreichend bestimmt; Umfang und Ziel sind unproblematisch erkennbar. Bei der Ausgestaltung des Verfahrens muss sich die Bundesregierung daran halten, dass der Frequenznutzungsplan unter Beteiligung der Öffentlichkeit aufgestellt wird. Die Verordnung kann zwar Art und Weise der Öffentlichkeitsbeteiligung näher ausgestalten; zur Disposition des Verordnungsgebers steht die Öffentlichkeitsbeteiligung aber nicht. Bis Frühjahr 2000 war die Verordnungsgebung nicht über das Entwurfsstadium hinausgekommen, inzwischen ist sie in Kraft getreten.[17]

### 6. Rechtsschutz

**20** Der Rechtsschutz gegen den Frequenznutzungsplan ist in dem Rechtsstreit über Frequenznutzungen einbezogen: idR erst bei der Entscheidung über Frequenznutzungen nach § 47

---

[15] Dazu allgem BVerwGE 67, 206, 213; BVerwGE 69, 344, 345; *Bonk* in: Stelkens/Bonk/Sachs, VwVfG, § 73 Rn 38.

[16] AM offenbar *Oertel* Die Unabhängigkeit der Regulierungsbehörde, 1999, S 378.

[17] Zum Entwurf der Frequenznutzungsplanverordnung (FreqNPAV), Stand 15. 4. 1999 kritisch *Scherer* K&R Beilage Nr 2 zu Heft 11/1999, S 1, 18 ff; erster Entwurf BR-Drucks 378/97.

Wolfgang Spoerr

TKG entfaltet der Frequenznutzungsplan rechtsbeeinträchtigende Wirkung (zu Verfahrensrechten s o Rn 18).

## IV. Bewertung

Ob sich das Instrument des Frequenznutzungsplanes bewährt, muss die Praxis zeigen. Dabei wird sich auch zeigen müssen, ob die materiellen Vorgaben des § 46 Abs 2 TKG und des § 2 Abs 2 TKG ausreichen, um rechtssichere und nachvollziehbare Planungsentscheidungen zu ermöglichen. **21**

## § 47 Frequenzzuteilung

(1) Für jede Frequenznutzung bedarf es einer vorherigen Zuteilung durch die Regulierungsbehörde. Die Frequenzzuteilung erfolgt nach Maßgabe des Frequenznutzungsplans diskriminierungsfrei auf der Grundlage nachvollziehbarer und objektiver Verfahren.

(2) Frequenznutzungen des Bundesministeriums der Verteidigung bedürfen in den ausschließlich für militärische Nutzungen im Frequenznutzungsplan ausgewiesenen Frequenzbereichen keiner Zuteilung.

(3) Voraussetzung für die Zuteilung von Frequenzen zur Übertragung von Rundfunkprogrammen im Zuständigkeitsbereich der Länder ist das Vorliegen einer medienrechtlichen Genehmigung der zuständigen Landesbehörde für die zu übertragenden Rundfunkprogramme.

(4) Die Bundesregierung wird ermächtigt, durch Rechtsverordnung, die der Zustimmung des Bundesrates bedarf, Inhalt, Umfang und Verfahren der Frequenzzuteilung und den Widerruf der Frequenzzuteilung abweichend von § 49 Abs 2 des Verwaltungsverfahrensgesetzes zu regeln.

(5) Die Zuteilung von Frequenzen erfolgt auf Antrag oder von Amts wegen durch Verwaltungsakt. Sind für bestimmte Frequenzen mehrere Anträge gestellt, kann unbeschadet der Absätze 1 und 2 angeordnet werden, dass der Zuteilung der Frequenzen ein Vergabeverfahren auf Grund der von der Regulierungsbehörde festzulegenden Bedingungen voranzugehen hat; § 11 gilt entsprechend. Eine Frequenzzuteilung kann auch widerrufen werden, wenn nicht innerhalb eines Jahres nach der Frequenzzuteilung mit der Nutzung der zugeteilten Frequenz im Sinne des mit der Zuteilung verfolgten Zwecks begonnen wurde oder wenn die Frequenz länger als ein Jahr nicht im Sinne des mit der Zuteilung verfolgten Zwecks genutzt worden ist.

(6) Für einen Wechsel der Eigentumsverhältnisse bei demjenigen, dem Frequenzen zugeteilt sind, gilt § 9 unter Beibehaltung der bestehenden Zuteilungsbestimmungen entsprechend. Für die Versagung und den Widerruf von Frequenzen gelten § 8 Abs 3 und § 15 entsprechend.

**Schrifttum:** Siehe § 44 und *Hummel* Lizenz und Frequenzzuteilung beim Unternehmenskauf K & R 2000, 479; *Schuster/Müller* Rechtliche Grundlagen und Praxis der Frequenzzuteilung durch die RegTP, MMR 2000, 26.

Inhaltsübersicht

|  | Rn |
|---|---|
| I. Grundkonzept | 1–2 |
| II. Gesetzesentwicklung | 3–4 |
|     1. Verleihungspraxis | 3 |
|     2. Gesetzgebungsverfahren | 4 |
| III. Einzelkommentierung | 5–33 |
|     1. Grundregel: Verbot mit Zuteilungsvorbehalt | 5–8 |
|     2. Frequenzzuteilung als Verwaltungsakt | 9–10 |

3. Verfahren .................................................... 11–21
　a) Einleitung ................................................ 11
　b) Verfahrensausgestaltung .................................. 12–21
4. Entscheidungskriterien und die Stabilität der Frequenzzuteilung ...... 22–29
　a) Diskriminierungsfreie Vergabe auf der Grundlage nachvollziehbarer und objektiver Verfahren ................................................ 23
　b) Verfahrensexterne Rechtsbindungen ........................ 24–26
　c) Inneradministrative Bindungen ............................ 27–28
　d) Ermessen ................................................. 29
5. Die Stabilität der Zuteilung, insbesondere: Befristete Zuteilung und Widerruf der Zuteilung   30
6. Frequenzzuteilungen und Medienrecht (Abs 3) ....................... 31
7. Wechsel der Eigentumsverhältnisse sowie Widerruf von Frequenzen ....... 32–33

## I. Grundkonzept

**1** § 47 regelt die Einzelentscheidung über Frequenznutzungen. Ohne solche Zuteilungen im Einzelfall dürfen Frequenzen nicht genutzt werden (Verbot mit Zuteilungsvorbehalt). Das TKG musste die Entscheidung über Frequenznutzungen von der Lizenzerteilung trennen, weil auch für zahlreiche nicht lizenzpflichtige Tätigkeiten Frequenzzuteilungen erforderlich sind und umgekehrt nicht alle lizenzpflichtigen Tätigkeiten einer Frequenz bedürfen. Die Entscheidungskriterien über die Frequenzzuteilung werden nur grob umrissen. Unklar ist auch, ob – und unter welchen Voraussetzungen – ein Anspruch auf Frequenzzuteilungen besteht. Teilweise verweist § 47 auf parallele Vorschriften für Lizenzen; der Gesetzgeber geht also davon aus, dass zum Teil ähnliche Regelungsprobleme bestehen, die durch die entsprechende Anwendung von einzelnen Bestimmungen gelöst werden können. Diese Verweisungen auf das Recht der Lizenzvergabe sind aber nur punktueller Natur. Sie sind daher grundsätzlich keiner ausdehnenden Anwendung im Wege der Analogie zugänglich; die Eigenständigkeit des Frequenzmanagements darf nicht vernachlässigt werden.

**2** Außer aus § 47 iVm Frequenzzuteilungen im Einzelfall kann sich die Zulässigkeit von Frequenznutzungen auch aus anderen Gesetzen ergeben, beispielsweise des Gesetzes über den Amateurfunk.[1] Unberührt bleiben auch Gesetze, aus denen sich andere oder zusätzliche Anforderungen ergeben, beispielsweise das Gesetz über die elektromagnetische Verträglichkeit.[2]

## II. Gesetzesentwicklung

### 1. Verleihungspraxis

**3** Schon vor Inkrafttreten des TKG wurden Frequenznutzungen Privaten zugeteilt, und zwar auf der Grundlage von § 2 FAG.[3] Frequenzzuteilungen waren gewöhnliche Formen der Verleihung. Ein inhaltliches Programm für Frequenzzuteilungen fehlte. Das galt sowohl für Frequenzzuteilungen an private Nutzer wie für die Zuteilung in Knappheitssituationen. Dieser Zustand war verfassungsrechtlich jedenfalls ab dem Zeitpunkt problematisch, als Frequenzzuteilungen von der seltenen Ausnahme innerhalb des Monopols zur Regel geworden waren.

### 2. Gesetzgebungsverfahren

**4** Im Gesetzgebungsverfahren wurde § 47 (= § 46 TKG-E-BReg) im Hinblick auf rundfunkrechtliche Regelungen geändert: durch die Einfügung von Abs 3. Das geht auf den Vorschlag des Bundesrates zurück.[4] Der Vorschlag wurde mit der „dienenden Funktion" der Frequenzverwaltung begründet. Daher sei eine Beteiligung der Länder geboten, soweit Frequenzen für den Rundfunk betroffen sind. Der Bundesrat verwies darauf, dass im „Verfahrensablauf für die Rundfunkversorgung" zwischen Bund und Ländern das Verfahren von der Bedarfsanmeldung

---

**1** So ausdrücklich die Gesetzesbegründung der Bundesregierung, BR-Drucks 80/96, S 48.
**2** BR-Drucks 80/96, S 48.
**3** S BMPT, Frequency Regulation in the Federal Republic of Germany, S 40 ff.
**4** BT-Drucks 13/4438, S 14.

Wolfgang Spoerr

bis zur Frequenzzuteilung fernmelderechtlich bereits aufeinander abgestimmt worden sei. An diesem Verfahren, das sich grundsätzlich bewährt habe, solle festgehalten werden.[5] Die Bundesregierung lehnte diesen Vorschlag zwar zunächst ab;[6] in den Bundestags-Ausschussberatungen wurde sie dann als Klarstellung akzeptiert.[7] Weitere Änderungen betrafen ua die Einschränkung der Verweisung auf § 9.

## III. Einzelkommentierung

### 1. Grundregel: Verbot mit Zuteilungsvorbehalt

Aus § 47 Abs 1 S 1 folgt, dass Frequenznutzungen ohne vorherige Zuteilung durch die Regulierungsbehörde verboten sind. Gegenstand des Verbotes sind Frequenznutzungen jeder Art. Dazu gehören nicht nur aktive, sondern auch passive Nutzungen. Daher ist auch das Betreiben von Empfangsgeräten eine Frequenznutzung: selbstverständlich ist der Betrieb von Sendeanlagen eine Frequenznutzung. Demgegenüber definiert die FreqZutV nur die erwünschte **Anssendung** oder Abstrahlung elektromagnetischer Wellen als Frequenznutzung. Keine Frequenznutzung sind Aktivitäten, bei denen ungewollt elektromagnetische Strahlen erzeugt werden. 5

Fraglich ist, ob der Begriff der Frequenznutzung iSd § 47 Abs 1 S 1 auch leitungsgebundene Frequenznutzungen erfasst.[8] Dagegen sprechen der Normzusammenhang und der Normzweck des § 47. Das Gebot umfassender staatlicher Bewirtschaftung eines – gäbe es die Bewirtschaftung nicht, öffentlichen – Gutes trägt bei leitungsgebundenen Frequenzen nicht. Im Gegenteil: Hier würden sich schwierige eigentumsrechtliche Fragen stellen, die gesetzlicher Regelung bedürfen. Systematisch fällt zudem ins Gewicht, dass Regelungen für Frequenznutzungen in Leitungen eigens erwähnt werden (§ 45 Abs 2 S 2 TKG), wo sie geregelt werden sollten (argumentum e contrario). Demgegenüber geht die FreqZutV davon aus, dass Frequenznutzungen auch leitungsgebundene Nutzungen sind, und zwar unter der Voraussetzung, dass sie andere Anwendungen elektromagnetischer Wellen „unmittelbar oder mittelbar beeinträchtigen könnten" (§ 2 Abs 3 FreqZutV). 6

Altberechtigungen aus der Zeit vor Inkrafttreten des TKG sind durch § 97 Abs 5 TKG umfassend geschützt.[9] Das gilt für Verleihungen ebensow wie für die konkreten Befugnisse, die die Deutsche Telekom innehatte und tatsächlich nutzte. Dabei kommt es nicht darauf an, ob eine inhaltlich gedeckte Frequenznutzung in der Verleihung erwähnt war oder nicht.[10] 7

Frequenzen sind damit staatlich bewirtschaftete Ressourcen. Das trägt ihrer aus physikalischen Gründen bestehenden Knappheit Rechnung. Deswegen unterliegen sie einem Zuteilungs- oder Verleihungsvorbehalt. Bei Verstößen gegen das Verbot der Frequenznutzung ohne vorherige Zuteilung handelt der Betreiber formell und materiell rechtswidrig. Die Tätigkeit kann untersagt werden (§ 49 S 1 TKG); außerdem kann eine Einschränkung des Betriebes oder die Außerbetriebnahme von Geräten angeordnet werden (§ 49 S 2 TKG). Im Versagungsverfahren muss die Regulierungsbehörde im Regelfall nicht prüfen, ob eine Frequenz zugeteilt werden kann; nur die vorherige Zuteilung legalisiert die Frequenznutzung materiell. Strafrechtlich sanktioniert sind materiell illegale Frequenznutzungen nicht; allerdings greift der Ordnungswidrigkeiten-Tatbestand des § 96 Abs 1 Nr 10 TKG (allerdings nur für Sendeanlagen). Die Fülle von Strafverfahren gegen Schwarzfunker gehören daher nunmehr der Vergangenheit an.[11] 8

### 2. Frequenzzuteilung als Verwaltungsakt

Wie § 47 Abs 5 S 1 klarstellend anordnet, ist die Frequenzzuteilung Verwaltungsakt, also hoheitliche Maßnahme auf dem Gebiet des öffentlichen Rechts zur Regelung eines Einzelfalls. Fre- 9

---

5  BT-Drucks 13/4438, S 14.
6  BT-Drucks 13/4438, S 35.
7  BT-Drucks 13/4864 (neu), S 80.
8  Dafür TKMMR/*Demmel* C § 47 Rn 3; *Tschentscher/ Pegatzky/Bosch* K & R Beilage Nr 1 zu Heft 8/2000, S 23 f; vgl allgem BVerfGE 79, 174 ff.

9  TKMMR/*Demmel* C § 47 Rn 6 f; *Libertus* ZUM 1997, 702, 708. Dazu § 10 Abs 2 FreqZutV.
10  AM *Tschentscher/Pegatzky/Bosch* K & R Beilage Nr 1 zu Heft 8/2000, S 24.
11  Zu den Folgen OLG Karlsruhe, K & R 1999, 37.

quenzzuteilungen erfolgen frequenz- und nicht gerätebezogen.[12] Die Verordnungsermächtigung in Abs 4 dürfte es zulassen, bestimmte Frequenznutzungsarten verordnungsrechtlich freizustellen; insoweit wäre aber eine Klarstellung von Abs 4 sinnvoll. Allerdings können sie beschränkt auf bestimmte Geräte erteilt werden, wenn dies dem Antrag entspricht oder wenn es dafür regulatorische Gründe (ohne Verstoß gegen das FTEG) gibt.

10 Der Einzelfallbezug schließt es nicht aus, konkrete Frequenzen zur allgemeinen Nutzung freizugeben. Solche Allgemeinzuteilungen stehen als Allgemeinverfügungen (§ 35 S 2 VwVfG) mit § 47 Abs 5 S 1 im Einklang; die FreqZutV lässt die Rechtsnatur offen (§ 3 Abs 3). Richtige Klageart im Hinblick auf begehrte Frequenznutzungen ist also die Verpflichtungsklage (nicht die allgemeine Leistungsklage). Besteht im Normbereich einer Allgemeinzuteilung Streit über deren Reichweite, so ist die Feststellungsklage zulässig. Die Regelungen des Verwaltungsverfahrensgesetzes für den Erlass von Verwaltungsakten gelten unmittelbar. Allerdings sind sie in verschiedener Hinsicht im Hinblick auf die Bestandskraft (§§ 48–51 VwVfG) durch telekommunikationsrechtliche Sonderregelungen modifiziert. Umstritten ist, ob Frequenzen in verwaltungsrechtlichen Verträgen (§§ 54 ff VwVfG) zugeteilt werden können: teilweise wird § 47 Abs 5 S 1 als Verbot der Handlungsform Vertrag verstanden.[13]

### 3. Verfahren

#### a) Einleitung

11 Das Verfahren wird auf Antrag oder von Amts wegen eingeleitet. Im Unterschied zum Lizenzverfahren ist das Frequenzzuteilungsverfahren nicht strikt antragsbedürftig. Das gibt der Regulierungsbehörde erweiterte Möglichkeiten, Frequenzen zuzuteilen. Anders als bei Lizenzen ist das auch ohne Vorliegen von Anträgen möglich. Daraus folgt zugleich, dass es ohne strikte Bindung an den Antragsinhalt möglich ist.

#### b) Verfahrensausgestaltung

12 Neben die allgemeinen verwaltungsverfahrensrechtlichen Regeln zur Verfahrensausgestaltung treten telekommunikationsrechtliche Sonderregeln. Ergänzend ist allerdings uneingeschränkt das Verwaltungsverfahrensgesetz des Bundes anwendbar.

13 Zu den Sonderregelungen:

14 § 47 Abs 1 S 2 verlangt die **diskriminierungsfreie** Frequenzzuteilung auf der Grundlage nachvollziehbarer und objektiver Verfahren. § 47 Abs 5 S 2 sieht ein **Vergabeverfahren** nach dem Muster des Lizenzvergabeverfahrens (§ 11 TKG) vor, das der Vergabe bei einer entsprechenden Anordnung voranzugehen hat.

15 § 47 unterscheidet somit – ähnlich wie das Lizenzierungsrecht – das einfache Verfahren von förmlichen Verfahren:

16 – Das **Antragsverfahren** wird nur durch die Vorschriften von § 47 Abs 1 S 2 und das Verwaltungsverfahrensgesetz gesteuert.

– Das **Vergabeverfahren** kann gemäß § 47 Abs 5 S 2 angeordnet werden, wenn für bestimmte Frequenzen mehrere Anträge gestellt sind.

17 Nach dem Gesetzeswortlaut steht es also im Ermessen der Regulierungsbehörde, ob diese das Vergabeverfahren durchführt, wenn seine Voraussetzungen gegeben sind. Bedenken gegen die grundsätzliche Zulässigkeit des Antragsverfahrens sind nicht berechtigt.[14]

18 Liegen für bestimmte Frequenzen mehrere Anträge vor, so ist es im Regelfall nur dann von § 47 Abs 1 S 2 gedeckt, ohne das Vergabeverfahren zu entscheiden, wenn sich auch ohne Vergabeverfahren zwischen den Frequenzanträgen eine eindeutige Rangfolge feststellen lässt. Das ist beispielsweise der Fall, wenn ein lizensierter Antragsteller mit nicht lizensierten konkurriert; in solchen Fällen muss wegen der Bindungswirkung der Lizenz für die Frequenzzuteilung (s o § 8

---

12 TKMMR/*Demmel* C § 47 Rn 4.  
13 TKMMR/*Demmel* C § 47 Rn 18.

14 *Schuster/Müller* MMR 2000, 26, 28.

Rn 70 ff) der lizensierte Bewerber vorgezogen werden. Eines Vergabeverfahrens bedarf es dann nicht. Lässt sich eine entsprechend eindeutige Rangfolge nicht feststellen, so gebietet es das Gebot nachvollziehbarer und objektiver Vergabe, dass die Regulierungsbehörde ein Vergabeverfahren durchführt.[15]

Über den Wortlaut des § 47 Abs 5 S 2 hinaus gebietet die Vorgabe diskriminierungsfreier, nachvollziehbarer und objektiver Verfahren des Weiteren, dass schon bei zu erwartender Frequenzknappheit ein Vergabeverfahren oder jedenfalls eine Bedarfsermittlung durch öffentliche Bekanntgabe[16] stattfindet. In solchen Fällen darf die Regulierungsbehörde nicht unverzüglich nach Eingang des ersten Antrages ohne vorheriges Vergabeverfahren auf der Basis des Prioritätsprinzips entscheiden. Die Vergabe nach dem Prioritätsprinzip (Windhundprinzip) ist nur dann nachvollziehbar und objektiv, wenn die Regulierungsbehörde zum Zeitpunkt der Vergabe davon ausgehen konnte und durfte, dass weitere (konkurrierende) Anträge in absehbarer Zeit nicht zu erwarten sind. Diese prognostische Entscheidung unterliegt uneingeschränkter gerichtlicher Prüfung. **19**

Entscheidet sich die Regulierungsbehörde für das Vergabeverfahren, so muss sie als nächsten Schritt die Bedingungen festlegen.[17] Insbesondere muss sie zwischen Versteigerungsverfahren (§ 11 Abs 4 TKG) und Ausschreibungsverfahren (§ 11 Abs 6 TKG) entscheiden. Verfassungsrechtliche Einwände gegen das Versteigerungsverfahren[18] überzeugen bei § 47[19] ebenso wenig wie bei § 11 TKG (s § 11 Rn 26 ff). **20**

Rechtsfolge der Wahl des Vergabeverfahrens ist insbesondere, dass die Regulierungsbehörde die Entscheidungskriterien („Bedingungen") vorab festlegen muss, und zwar in einem zweistufigen Schritt: Zunächst muss zwischen Versteigerungsverfahren und Ausschreibungsverfahren entschieden werden, sodann müssen die inhaltlichen Kriterien innerhalb des jeweiligen Verfahrens festgelegt werden, dazu die Regeln im Einzelnen (s u Rn 22, § 11 Rn 35). **21**

### 4. Entscheidungskriterien und die Stabilität der Frequenzzuteilung

Bei der Entscheidung über Anträge auf Funkfrequenzen sind verschiedene Gesichtspunkte zu unterscheiden: Zunächst kommt es darauf an, ob die Regulierungsbehörde Spielräume hat, ihr verfügbare Frequenzen überhaupt nicht zu vergeben. Diese Frage stellt sich insbesondere dann, wenn kein wirksamer Frequenznutzungsplan besteht. Abzugrenzen ist also die Vergabe von der Nichtvergabe. Sodann bedarf es Entscheidungskriterien für die Zuteilung zwischen verschiedenen konkurrierenden Antragsstellern. Das Gesetz bindet die Frequenzzuteilung an die „Maßgabe" des Frequenznutzungsplans, an die „Diskriminierungsfreiheit" und die „Grundlage nachvollziehbarer und objektiver Verfahren". Dieses Entscheidungsprogramm wird durch zwingende Versagungsgründe (§ 47 Abs 6 S 2 iVm § 8 Abs 3 TKG) und durch die verfahrensinterne Selbstprogrammierung (§ 47 Abs 5 S 2 iVm § 11) ergänzt. Im Ergebnis besteht ein Ermessensspielraum der Regulierungsbehörde, der durch verfahrensinterne sowie verfahrensexterne (durch den Frequenznutzungsplan bedingte) Bindungen und die üblichen Ermessensbindungen beschränkt ist. **22**

### a) Diskriminierungsfreie Vergabe auf der Grundlage nachvollziehbarer und objektiver Verfahren

Zentralvorschrift für die Frequenzzuteilung ist § 47 Abs 1 S 2. Diskriminierungsfrei ist die Vergabe, wenn sie auf sachlichen Entscheidungskriterien beruht. Telekommunikationsrechtliche Diskriminierungsfreiheit verlangt mehr als die Beachtung des Willkürverbotes. Sie verlangt, die Frequenzzuteilung an solchen Kriterien auszurichten, die hinreichend gewichtig sind, um entsprechende Bevorzugungen und Benachteiligungen zu rechtfertigen. Die Nachvollziehbar- **23**

---

[15] Ähnlich *Schuster/Müller* MMR 2000, 26, 27.
[16] So TKMMR/*Demmel* C § 47 Rn 32.
[17] Zu Rechtswirkungen der Entscheidung § 11 Rn 33 ff und TKMMR/*Demmel* C § 47 Rn 37.
[18] TKMMR/*Demmel* C § 47 Rn 38 ff.
[19] Eine umfassende regulierungspolitische Abwägung im BMPT, Frequency Regulation in the Federal Republic of Germany, S 81 ff; *Kruse* Ordnungspolitische Alternativen beim Mobilfunk, in: ders, Zellulärer Mobilfunk, Heidelberg 1992, S 161 ff, 163 ff.

keit und Objektivität des Verfahrens fordert, dass Chancengleichheit, Rationalität und Kontrollierbarkeit der Entscheidung durch die Verfahrensgestaltung sichergestellt wird. Verfahren ist dabei im weiten Sinne zu verstehen; der Verfahrensbegriff des Abs 1 S 2 schließt die das Verfahren abschließende Entscheidung ein. Die Objektivität und Nachvollziehbarkeit ist also nicht nur eine verfahrensrechtliche Vorgabe, sondern auch eine materiell-rechtliche. Auf das Verfahren bezogen ist sie vor allem deshalb, weil das Verfahren selbst zur Gewährleistung der Rationalität, Transparenz und Kontrollierbarkeit der Entscheidungskriterien eingesetzt wird. Paradigmatisch ist § 11 und § 47 Abs 5 S 2 iVm § 11.

### b) Verfahrensexterne Rechtsbindungen

**24** aa) **Zwingende Versagungsgründe:** § 47 Abs 6 S 2 verweist für die Versagung von Frequenzen auf § 8 Abs 3, der „entsprechend" gilt. Insbesondere gelten die personenbezogenen Voraussetzungen der Zuverlässigkeit, Leistungsfähigkeit und Fachkunde (§ 8 Abs 3 Nr 2a) und der Vorbehalt der öffentlichen Sicherheit und Ordnung. Bei den personenbezogenen Voraussetzungen ist maßgebend, ob der Antragsteller die für die Nutzung der Frequenzen erforderliche Zuverlässigkeit, Leistungsfähigkeit und Fachkunde besitzt. Gegenüber Lizenzen muss für die Ausübung von Frequenzzuteilungen unter Umständen weniger Leistungsfähigkeit und Fachkunde erforderlich sein.

**25** Nicht anders als bei der Lizenzerteilung ist der Versagungsgrund des § 8 Abs 3 auch bei der Frequenzzuteilung restriktiv auszulegen. Dem Gebot eines nachvollziehbaren und objektiven Verfahrens genügt die Versagung aus Frequenzknappheit nur dann, wenn der Regulierungsbehörde überhaupt keine Frequenzen für die entsprechende Aktivität zur Verfügung stehen oder wenn zuvor das Zuteilungsverfahren durchlaufen wurde.

**26** bb) Eine strikte Bindung besteht bei der Frequenzbereichszuteilung an die **Frequenzbereichszuweisungsverordnung.** Sie ist als Rechtsnorm verbindlich und daher von der Regulierungsbehörde bei der Frequenzzuteilung zu beachten.

### c) Inneradministrative Bindungen

**27** aa) **Verfahrensexterne administrative Bindung:** Die Frequenzzuteilung hat nach Maßgabe des **Frequenznutzungsplanes** zu erfolgen. Soweit ein wirksamer Frequenznutzungsplan vorliegt, muss ihn die Regulierungsbehörde beachten. Daraus folgt allerdings nicht, dass Frequenzen nur auf der Grundlage eines wirksamen Frequenznutzungsplans zugeteilt werden können. Soweit ein Frequenznutzungsplan ganz oder für die betroffenen Frequenzen fehlt, kann die Regulierungsbehörde gleichwohl die entsprechenden Frequenzen zuteilen. Eine gewisse Öffnung im Sinne eines Abweichungsvorbehalts enthalten die § 2 Abs 4 FreqNPAV und § 4 Abs 3 FreqZutV.

**28** bb) **Verfahrensinterne Selbstbindung:** Das Ermessen wird zudem durch die verfahrensinterne Selbstbindung nach § 11 TKG beschränkt, soweit das Vergabeverfahren durchgeführt wird (dazu § 11 Rn 25). Dann legt die Regulierungsbehörde innerhalb des Verfahrens in abgeschichteten, vorgelagerten Entscheidungen die Vergabekriterien fest. Die Vergabeentscheidung muss dann diese Vergabekriterien einhalten. Allenfalls über eine Aufhebung oder Wiederholung des Vergabeverfahrens kann sie die Kriterien ändern. Gerade diese verfahrensinterne Selbstbindung durch abgeschichtete Entscheidung der Regulierungsbehörde unterscheidet das Vergabeverfahren vom Regelverfahren. In Zuteilungssituationen gewährleistet erst dieses Modell die diskriminierungsfreie Frequenzzuteilung auf der Grundlage nachvollziehbarer und objektiver Verfahren.

### d) Ermessen und regulatorisch-offene Versagungsgründe

**29** Soweit die dargestellten Bindungen einen Entscheidungsfreiraum lassen, muss die Regulierungsbehörde nach Ermessen entscheiden. Das gilt für die Entscheidung über konkurrenzlose Anträge ebenso wie für die Vergabe in Knappheitssituationen. Das Ermessen ist vorrangig an den Gesetzeszielen des § 2 Abs 2 TKG auszurichten. § 4 Abs 4 S 1 FreqZutV bringt das zum Ausdruck.

Es muss die Grundsätze des Vertrauensschutzes, der Chancengleichheit (Diskriminierungsfreiheit) und des Verhältnismäßigkeitsprinzips wahren.[20] Zulässig sind Bedingungen, die die Verträglichkeit von Frequenznutzungen herstellen. Mit Blick auf das – erweiternd ausgelegte – Bewirtschaftungsziel der Störungsfreiheit, das auch den Gesundheitsschutz deckt, können auch Umweltverträglichkeitsanforderungen des vorbeugenden Gesundheitsschutzes festgelegt werden. Das ermöglicht es, technische Anforderungen an Geräte festzulegen. Dabei ist allerdings sehr sorgfältig zu prüfen, ob solche Anforderungen gegen vorrangige Regelungen aus dem FTEG verstoßen.

### 5. Die Stabilität der Zuteilung, insbesondere: Befristete Zuteilung und Widerruf der Zuteilung

Frequenzen sollten als knappe Güter idR befristet zugeteilt werden, um das öffentliche Bewirtschaftungsregime leistungsfähig und revisionsoffen zu halten. Unbefristet erteilte Frequenzen können nach der VO gem Abs 4 entschädigungslos widerrufen werden, wenn die VO dies vorsieht. Die VO nach Abs 4 kann solche Bestimmungen auch für solche Frequenzzuteilungen treffen, die bei Erlass der VO bereits bestehen. Die Nichtausnutzung der Frequenzzuteilung ist nach Abs 5 S 2 ein eigenständiger Widerrufsgrund, bei dem die Entschädigung nach § 49 Abs 6 VwVfG ausscheidet. Weiterhin ist der Widerruf nach § 47 Abs 6 S 2 iVm § 15 TKG und nach der nicht verdrängten allgemeinen Vorschrift des § 49 VwVfG möglich. Die nicht-abschließende Funktion des Widerrufsgrundes nach § 47 Abs 6 S 2 ergibt sich aus dem Wortlaut („... auch ...").[21] Zulässig ist auch die Rücknahme (§ 48 VwVfG). Die FreqZutV gestaltet das in den §§ 8–9 detailliert aus.

### 6. Frequenzzuteilungen und Medienrecht (Abs 3)[22]

Bei der Zuteilung von Frequenzen, die für medienrechtliche Nutzungen vorgesehen sind, gilt nach Abs 3 der Grundsatz der zeitlichen und sachlichen Priorität der medienrechtlichen Zuteilungsentscheidung. Diese ist in aller Regel landesrechtlich (im Medienrecht) geregelt. Die medienrechtliche Zuteilungsentscheidung muss die telekommunikationsrechtliche Zuweisung der Frequenzen grundsätzlich hinnehmen; die Priorität des Medienrechts setzt also erst ein, wenn und soweit die Frequenz (einschließlich ergänzender Nutzungsvorgaben) telekommunikationsrechtlich der Mediennutzung zugewiesen, gleichsam gewidmet ist. Eine andere Frage ist freilich, wie die Kongruenz von telekommunikationsrechtlicher Zuteilung und medienrechtlicher Lizensierung rechtstechnisch gesichert wird, wenn ein medienrechtlich zugelassener Rundfunkveranstalter nicht zugleich Sendernetzbetreiber ist.[23] Insoweit bestehen unterschiedliche rechtstechnische Optionen, für die das Gesetz keine näheren Vorgaben gibt.[24] § 4 Abs 2 und § 5 Abs 2 FreqZutV gestaltet das näher – aber nicht abschließend – aus.

### 7. Wechsel der Eigentumsverhältnisse sowie Widerruf von Frequenzen

§ 47 Abs 6 S 1 ist eigenwillig formuliert. Einerseits verweist § 47 Abs 6 S 1 auf § 9 insgesamt, also sowohl auf Abs 1 wie auf Abs 2. Andererseits ist die Verweisung tatbestandlich nur auf den Wechsel der Eigentumsverhältnisse beim Frequenznutzer anzuwenden. Wenn von dieser tatbestandlichen Einschränkung ausgegangen wird, so ist die Übertragung der Frequenzzuteilung nicht möglich. Diese Beschränkung weicht vom ursprünglichen Gesetzesentwurf der Bundesregierung ab.[25] Der Bundestagsausschuss für Post und Telekommunikation begründet die Ein-

---

[20] Für einen Anspruch auf Frequenzzuteilung: TKMMR/*Demmel* C § 47 Rn 23. Die Frequenzzuteilung ist aber jedenfalls keine gebundene Kontrollerlaubnis, sondern eine Entscheidung unter einem recht umfassenden behördlichen Bewirtschaftungs- und Regulierungsvorbehalt.
[21] Vom BT-Ausschuss für Post und Telekommunikation als „rechtsförmliche Berichtigung" bezeichnet, BT-Drucks 13/4864 (neu), S 80.
[22] Zur alten Rechtslage: Frequency Regulation in the Federal Republic of Germany, S 61 ff (weitere Nachweise S 63).
[23] *Hoffmann-Riem/Wieddekind* FS Hoppe, 745, 764; *Ory* AFP 1998, 155 ff; *Nowosadtko* S 5; *Libertus* ZUM 1997, 702; *Schulz/Wasner* ZUM 1999, 513, 525 ff.
[24] *Hoffmann-Riem/Wieddekind* FS Hoppe, S 745, 764.
[25] BR-Drucks 80/96, S 16 f.

Wolfgang Spoerr

schränkung des Tatbestandes in einem Zirkelschluss damit, dass ein Wechsel des Nutzers von Frequenzen „grundsätzlich eine neue Zuteilung" erfordere.[26] Angesichts der eindeutigen tatbestandlichen Einschränkungen gilt allein § 9 Abs 2 TKG, nicht aber auch die weitergehende Regelung nach § 9 Abs 1 TKG. Gleichwohl ist eine Übertragung von Frequenzzuteilungen möglich.[27] Sie bedarf der Zustimmung der Regulierungsbehörde. Das ergibt sich aus allgemeinen Grundsätzen des Verwaltungsrechts. Frequenzzuteilungen gewähren keine höchstpersönlichen Rechte – selbst ihre personenbezogenen Voraussetzungen sind nur von geringer Bedeutung. Verwaltungsrechtliche Befugnisse sind übertragbar, wenn sich das Gegenteil nicht aus entsprechenden gesetzlichen Regelungen ergibt. Aus dem Ausschluss von § 9 Nr 1 TKG in der Verweisung ergibt sich allerdings, dass die Regulierungsbehörde nach Ermessen über die Übertragung entscheidet.

33 Bei frequenzgebundenen Lizenztätigkeiten hat der Einzelrechtsnachfolger (gem § 9 Abs 1 TKG) jedenfalls einen Anspruch auf Neuerteilung der Frequenzzuteilungen. § 9 Abs 2 TKG gilt nicht insgesamt, sondern nur für den Wechsel der Eigentumsverhältnisse beim Lizenznehmer. Die Überlassung der Frequenzzuteilung ist nicht vorgesehen. Hingegen dürfte der anderweitige Übergang im Wege der Gesamtrechtsnachfolge auch für Frequenzzuteilungen gelten.

## § 48 Frequenzgebühr und Beiträge

(1) Für die Zuteilung von Frequenzen und für Maßnahmen auf Grund von Verstößen gegen die §§ 44 bis 47 oder die darauf beruhenden Rechtsverordnungen werden Kosten (Gebühren und Auslagen) erhoben. Das Bundesministerium für Post und Telekommunikation wird ermächtigt, im Einvernehmen mit dem Bundesministerium des Innern, dem Bundesministerium der Finanzen, dem Bundesministerium der Justiz und dem Bundesministerium für Wirtschaft durch Rechtsverordnung, die nicht der Zustimmung des Bundesrates bedarf, die gebührenpflichtigen Tatbestände und die Gebührenhöhe näher zu bestimmen. § 16 Abs 2 gilt entsprechend.

(2) Diejenigen, denen Frequenzen zugeteilt sind, haben zur Abgeltung der Aufwendungen für die Planung und Fortschreibung von Frequenznutzungen einschließlich der dazu notwendigen Messungen, Prüfungen und Verträglichkeitsuntersuchungen zur Gewährleistung einer effizienten und störungsfreien Frequenznutzung einen jährlichen Beitrag zu entrichten. In die nach Satz 1 abzugeltenden Kosten sind solche Kosten, für die bereits eine Gebühr nach Absatz 1 oder Gebühren oder Beiträge nach § 9 oder § 10 des Gesetzes über die elektromagnetische Verträglichkeit von Geräten in der Fassung der Bekanntmachung vom 30. August 1995 (BGBl I S 1118) und den auf diesen Vorschriften beruhenden Rechtsverordnungen erhoben wird, nicht miteinzubeziehen.

(3) Das Bundesministerium für Post und Telekommunikation wird ermächtigt, im Einvernehmen mit dem Bundesministerium des Innern, dem Bundesministerium der Finanzen, dem Bundesministerium der Justiz und dem Bundesministerium für Wirtschaft durch Rechtsverordnung, die nicht der Zustimmung des Bundesrates bedarf, den Kreis der Beitragspflichtigen, die Beitragssätze und das Verfahren der Beitragserhebung festzusetzen. Die Beitragssätze sind so zu bemessen, dass der mit den Amtshandlungen verbundene Personal- und Sachaufwand gedeckt ist. Die Anteile an den Gesamtkosten werden den einzelnen, sich aus der Frequenzzuweisung ergebenden Nutzergruppen, denen Frequenzen zugeteilt sind, soweit wie möglich marktbezogen zugeordnet. Innerhalb der Gruppen erfolgt die Aufteilung des Beitrags unter Berücksichtigung der Zahl und gegebenenfalls der Bandbreite der genutzten Frequenz sowie der Zahl der betriebenen Sendeanlagen.

---

[26] BT-Drucks 13/4864 (neu), S 80.
[27] AM Beck'scher TKG-Kommentar/*Ehmer* § 47 Rn 20; *Hummel* K&R 2000, 479, 483; die Regulierungspraxis ist uneinheitlich. Zum folgenden (Auseinanderfallen von Lizenz und Frequenzzuteilung) im Ergebnis zutr *Hummel* K&R 2000, 479, 483 f.

Siebenter Teil
§ 48 Frequenzgebühr und Beiträge

**Schrifttum:** Siehe § 16 und § 44.

### Inhaltsübersicht

|  |  | Rn |
|---|---|---|
| I. | Grundlagen, Normzweck | 1 |
| II. | Gesetzgebungsverfahren | 2–4 |
| III. | Einzelkommentierung Abs 1: Frequenzgebühren | 5–10 |
|  | 1. Gebührenpflichtige Tatbestände | 5–6 |
|  | 2. Gebührenhöhe | 7–8 |
|  | 3. Verordnungsermächtigungen | 9–10 |
| IV. | Abs 2, 3: Frequenzbeiträge | 11-16 |
|  | 1. Beitragshöhe | 12–15 |
|  |    a) Die Globalberechnung | 13 |
|  |    b) Die Ebene der Beitragszuordnung | 14–15 |
|  | 2. Rückanknüpfende Anwendung auf Altnutzungen | 16 |

## I. Grundlagen, Normzweck

§ 48 enthält ein differenziertes System von Abgabepflichten der Frequenznutzer. Abs 1 regelt die 1
Gebühren für die Verwaltungstätigkeit der Frequenzzuteilung und gleicht darin beispielsweise
§ 16 TKG, aber auch den herkömmlichen Regeln des Verwaltungsgebührenrechts. Die Abs 2 und
3 regeln demgegenüber eine eigenständige öffentliche Abgabe, den Frequenznutzungsbeitrag.
Anknüpfungspunkt ist hier die Innehabung (nicht zwangsläufig, aber regelmäßig auch die
Nutzung) einer knappen öffentlichen Ressource. Bemessungsgrundlage ist allerdings der Verwaltungsaufwand. Zur Ausgestaltung beider Abgabepflichten dienen Verordnungsermächtigungen, von denen in der **Frequenzgebührenverordnung (FGebV)**[1] und in der **Frequenzbeitragsverordnung (FBeitrV)**[2] Gebrauch gemacht worden ist.

## II. Gesetzgebungsverfahren

§ 48 (= § 47 des Regierungsentwurfs) ist im Gesetzgebungsverfahren erheblich verändert worden. 2
Im Entwurf der Bundesregierung[3] war in S 1 vorgesehen, dass Frequenzen gegen Gebühr zugeteilt werden. Die Verordnungsermächtigung lautete dahin, „nach Maßgabe des Verwaltungskostengesetzes die gebührenpflichtigen Tatbestände, die Höhe der Gebühr und die Erstattung
von Auslagen zu regeln". Damit sollten die im Verwaltungskostengesetz genannten Grundsätze
gelten.[4] Der Bundesrat beantragte, für die Verordnung das Erfordernis der Bundesratszustimmung einzufügen.[5] Die Frequenzgebühr berühre auch Belange des Rundfunks. Die Bundesregierung lehnte den Vorschlag ab, weil es sich ausschließlich um Aufwendungen des Bundes
handle, dem die Festlegung der Frequenzordnung obliege.[6]

Erheblich verändert wurde § 48 aufgrund der Beschlüsse des Ausschusses für Post und Tele- 3
kommunikation: Abs 2 und 3 wurden angefügt, Abs 1 wurde – jetzt abweichend von § 16 –
weitgehend überarbeitet.[7] Die Änderung von Abs 1 sei eine „rechtsförmliche Berichtigung".[8] Zur
Begründung des Frequenznutzungsbeitrages wurde ausgeführt:

„Die Verwaltungstätigkeit im Rahmen der Frequenzordnung ist nicht auf das Ausstellen von 4
Urkunden für die Inhaber von Frequenzzuteilungen beschränkt. Um den Nutzern von Frequenzen einen dauerhaft störungsfreien Betrieb ihrer Anwendungen zu gewährleisten, bedarf es
laufender Tätigkeiten für die Planung und Fortschreibung von Frequenznutzungen zur Gewährleistung einer effizienten und störungsfreien Frequenznutzung."[9] Dem trage die Beitrags-

---

[1] Vom 21. 5. 1997, BGBl I, S 1226.
[2] Vom 19. 11. 1996, BGBl I, S 1790.
[3] BR-Drucks 80/96, S 17.
[4] BR-Drucks 80/96, S 48.
[5] BT-Drucks 13/4438 (neu), S 14 f.
[6] Gegenäußerung der Bundesregierung, BT-Drucks 13/4438, S 35.
[7] BT-Drucks 13/4864 (neu), S 32.
[8] BT-Drucks 13/4864 (neu), S 80.
[9] BT-Drucks 13/4864 (neu), S 80.

Wolfgang Spoerr

regelung Rechnung, der Begrenzungs- und Schutzfunktion der bundesstaatlichen Finanzverfassung werde sie gerecht. Die Abgabe habe „vorteilsabschöpfenden Gegenleistungscharakter".[10]

## III. Einzelkommentierung Abs 1: Frequenzgebühren

### 1. Gebührenpflichtige Tatbestände

5 Gebührenpflichtig sind die Zuteilung von Frequenzen und Maßnahmen aufgrund von Verstößen gegen die §§ 48–47 oder die darauf beruhenden Rechtsverordnungen. Das Nähere ist in der Frequenzgebührenverordnung zu bestimmen. Hier besteht ein Ausgestaltungsermessen des Verordnungsgebers, das auch eine begrenzte Ausgestaltung der Rechtsbegriffe erlaubt.[11] So obliegt es der Ausgestaltung des Verordnungsgebers, ob auch die Änderung einer Frequenzzuteilung, deren Rücknahme und deren Widerruf gebührenpflichtig sind. Daher sind die „allgemeinen Gebühren" nach der Anlage zu § 1 Abs 1 FGebV von der gesetzlichen Ermächtigung gedeckt. Sie erstrecken die Gebührenpflicht beispielsweise auf das Erstellen einer Zweitschrift der Urkunde (A1), auf die Rücknahme und Ablehnung (A2) des Antrages sowie auf Widerruf und Rücknahme (A3). Die Grenzen des Ausgestaltungsermessens des Verordnungsgebers ergeben sich hier vor allem aus dem Gebührenbegriff und dem gebührenrechtlich geprägten Begriff der Maßnahme. Hieraus folgen die Mindestanforderungen der Abgrenzbarkeit des jeweiligen Verwaltungshandelns sowie der Veranlassung oder Begünstigung (dazu § 16 Rn 28 ff).

6 Problematisch ist die Diskrepanz zwischen gesetzlicher Kostenpflicht und Verordnungsermächtigung im Hinblick auf die Auslagen. Auslagen sind Zahlungspflichten oder Aufwendungen der Behörde, die im Zusammenhang mit der Amtshandlung entstehen und gewissermaßen gebührenrechtliche Nebenleistungen sind.[12] Dem Grunde nach erstreckt sich die Kostenpflicht auch auf Auslagen (S 1), verordnungsrechtlich kann das aber nicht näher ausgestaltet werden. Konsequenz dürfte sein, dass für Auslagen abschließend das Verwaltungskostengesetz gilt; nach § 1 Abs 1 S 2 FGebV sind indes die Auslagen in die Gebühren einbezogen, werden also nicht gesondert erhoben. Die dagegen erhobenen Bedenken[13] dürften nicht begründet sein, weil § 1 Abs 1 S 2 FGebV eine Regelung über die Gebührenhöhe ist. Als solche ist die verordnungsrechtliche Regelung von § 48 Abs 1 S 2 gedeckt. Die daraus folgende Nichterhebung von Auslagen ergibt sich nicht konstitutiv aus § 1 Abs 1 FGebV, sondern aus § 10 Abs 1 VwKostG.

### 2. Gebührenhöhe

7 Vorgaben für die Höhe der Gebühr und ihre Bemessung im Einzelfall ergeben sich aus dem – einfach-gesetzlichen – Gebührenbegriff. Im einzelnen zuständig ist der Verordnungsgeber. Aus dem gesetzlichen Gebührenbegriff ergibt sich über die Geltung des Kostendeckungsprinzips, aus dem eine Obergrenze für die Gebühr abzuleiten ist. Die Kostendeckung ist auf die veranschlagten, nicht auf die Realkosten zu beziehen (dazu § 16 Rn 37). Maßgeblich sind die Kosten des Verwaltungszweiges (dazu § 16 Rn 38). Die Einbeziehung der Kosten von selbständig nicht gebührenpflichtigen Amtshandlungen ist problematisch; gedeckt sein kann sie durch eine Pauschalierungs- und Typisierungsbefugnis des Verordnungsgebers. In jedem Fall ausgeschlossen ist eine Doppelveranschlagung (§ 48 Abs 2 S 2) von Aufwand zugleich als gebühren- und beitragspflichtig. Aber auch im Übrigen gebietet es der gesetzliche Gebührenbegriff, den Verwaltungszweig, dessen Aufwand veranschlagt wird, sachgerecht abzugrenzen und nicht in beliebigem Umfang allgemeine, nicht gebührenpflichtige Amtshandlungen miteinzubeziehen.

8 Eine weitere Grenze ist das Gebot der Wirtschaftlichkeit und Sparsamkeit. Bei der Typisierung durch Erweiterung der zurechnungsfähigen Kosten dürfen die individuellen Folgen für die Gebührenzahler nicht außer Acht bleiben, die typischerweise im Rahmen des Äquivalenzprinzips geprüft werden. Je höher die Gebühr im Einzelfall ist (bzw wird), desto problematischer ist

---

10 BT-Drucks 13/4864 (neu), S 80.
11 Dazu allgem *Ossenbühl* in: Handbuch des Staatsrechts, § 64 Rn 36.
12 *Stober* JA 1988, 250, 255 ff; Beck'scher TKG-Kommentar/*Ehmer* § 48 Rn 3.
13 Beck'scher TKG-Kommentar/*Ehmer* Anh I § 48 § 1 FGebV Rn 1 f.

die Einbeziehung von Aufwand, der Amtshandlungen betrifft, die zwar in irgend einer Weise mit gebührenpflichtigen Sachverhalten zusammenhängen, aber selbständig nicht gebührenpflichtig sind.

### 3. Verordnungsermächtigungen

Zuständig ist das Bundeswirtschaftsministerium als Bundesministerium für Post und Telekommunikation. Dabei ist es an das Einvernehmen der genannten anderen Ministerien gebunden. Die Zustimmung des Bundesrates ist nicht nötig. Nach dem Wortlaut ist der Verordnungsgeber der Frequenzgebührenverordnung nicht an das Verwaltungskostengesetz gebunden. Die Argumentation, dieses gelte als höherrangiges Recht ohnehin;[14] verkennt den lex specialis-Charakter der Verordnungsermächtigung des § 48 Abs 1 S 2 TKG. Soweit diese Verordnungsermächtigung reicht, verdrängt das gleichrangige TKG das VwKostG. Im Übrigen, außerhalb der Reichweite der Verordnungsermächtigung oder soweit von der Verordnungsermächtigung nicht Gebrauch gemacht worden ist, gilt das VwKostG.[15]

§ 48 Abs 1 S 3 verweist auf § 16 S 2 TKG. Dadurch wird die Anrechnung des Versteigerungserlöses auf die Gebühr vorgeschrieben. Eine Anrechnung auf den Frequenznutzungsbeitrag sieht das TKG dagegen nicht vor.[16] Eine Berücksichtigung im Rahmen der Frequenznutzungsbeiträge scheint nicht von vornherein ausgeschlossen, ist aber derzeit nicht vorgesehen.

## IV. Abs 2, 3: Frequenzbeiträge

Anders als Abs 1 bringt Abs 2, 3 einen eigenständigen telekommunikationsrechtlichen Abgabentyp, der zwischen Gebühr und Beitrag steht. Der Beitrag ist – ebenso wie die Gebühr – eine finanzielle Gegenleistung für eine staatliche Leistung. Im Unterschied zur Gebühr braucht der individuelle Vorteil nicht tatsächlich in Anspruch genommen werden. Im Fall des Frequenzbeitrages liegt der Sondervorteil in der eingeräumten Frequenznutzung und in der sie erst ermöglichenden staatlichen Frequenzbewirtschaftung. Der Wortlaut von § 48 Abs 2 S 1 sowie die Bemessungsgrundsätze aus Abs 2, 3 zeigen, dass der Gesetzgeber des TKG das Frequenznutzungsentgelt in die Bahnen des herkömmlichen Beitragsbegriffes gestellt hat. Von der verfassungsrechtlichen Option, eine ressourcenbezogene Nutzungsgebühr einzuführen, ist kein Gebrauch gemacht worden. Zu Recht, denn eine solche verknappte eigenständige Abgabe wäre vor dem Hintergrund der Regulierungsziele aus § 2 TKG nur schwer zu rechtfertigen.

### 1. Beitragshöhe

Die Beitragshöhe ergibt sich in zwei Phasen:

#### a) Die Globalberechnung

Auf der Ebene der Globalberechnung muss entschieden werden, welcher Aufwand überhaupt in den beitragsfähigen Aufwand einbezogen wird. § 48 regelt das in Abs 2 S 1, Abs 2 S 2 und Abs 3 S 2. Abs 2 S 1 umgrenzt die deckungsfähigen Verwaltungsaufwendungen weit. Sie beziehen sich auf die Planung ebenso wie auf die Kontrolle, auf Frequenzbewirtschaftung ebenso wie auf die ordnungsrechtlich ausgerichtete Störungsabwehr. Abs 3 S 2 besagt dann, dass Personal- und Sachaufwand deckungsfähig ist; er muss allerdings mit den gegenständlich deckungsfähigen Amtshandlungen (Abs 2 S 1) verbunden sein. Erforderlich ist damit eine Plausibilität und Zurechenbarkeit. In diesen Grenzen können auch Gemeinkosten einbezogen werden. Der Aufwand ist auf rechtmäßigen Aufwand beschränkt; Verstöße gegen das Gebot der Wirtschaftlichkeit und Sparsamkeit führen zur Nichtansatzfähigkeit des Aufwandes.

---

[14] Beck'scher TKG-Kommentar/*Ehmer* § 48 Rn 11.
[15] Beck'scher TKG-Kommentar/*Ehmer* § 48 Rn 11.
[16] Beck'scher TKG-Kommentar/*Ehmer* Anh I § 48 Einleitung FGebV Rn 2.

Wolfgang Spoerr

### b) Die Ebene der Beitragszuordnung

**14** Mit der individuellen Beitragshöhe befassen sich Abs 3 S 1, S 3 und S 4. Hier kommt es in erheblichem Umfang auf die Entscheidungen des Verordnungsgebers an. Er bestimmt den Kreis der Beitragspflichtigen und die Beitragssätze. Gebunden ist er dabei an die Grenzen, die sich aus Abs 3 S 3 und 4, auf dem Beitragsbegriff und aus höherrangigem Recht, vor allem Art 3 Abs 1 und Art 12 Abs 1 GG (Äquivalenzprinzip und Gebot der kosten- und nutzengerechten Zuordnung) ergeben. Abs 3 gebietet zunächst die Bildung von Nutzergruppen. Sie müssen sich zum einen aus der Frequenzzuweisung ergeben, zum anderen marktbezogen sein. Die Nutzergruppen sind in Spalte 2 der Anlage zur FBeitrV aufgeführt. § 3 FBeitrV sieht vor, dass der laufende Aufwand nutzergruppenbezogen zu erfassen ist. Damit wird eine besonders verursachergerechte Kostenverteilung möglich.

**15** Für die Aufteilung innerhalb der Nutzergruppen gelten dann wiederum die allgemeinen Rechtsgrundsätze und vorrangig die Spezialvorschrift, hier § 48 Abs 4 S 4: Zu berücksichtigen sind die Zahlen der genutzten Frequenzen, die Bandbreite der genutzten Frequenzen sowie die Zahl der betriebenen Sendeanlagen. Aus dem Gebot, diese Parameter zu berücksichtigen, folgt, dass die Parameter in die Beitragsbemessung einfließen müssen. In welchem Umfang und in welchem Verhältnis zueinander, muss der Verordnungsgeber ausgestalten. Er kann dabei auch andere Parameter einbeziehen.

### 2. Rückanknüpfende Anwendung auf Altnutzungen

**16** Nach § 1 Abs 1 S 2 sind auch Verleihungen nach dem FAG als Frequenzzuteilungen iSd Telekommunikationsgesetzes anzusehen. Damit führen auch Altberechtigungen zur Beitragspflicht nach § 48 Abs 2, 3. Ein Verstoß gegen den verordnungsrechtlichen Rahmen des § 48 Abs 2 S 1 ist das nicht: Frequenzen sind iSd § 48 Abs 2 S 1 TKG auch den Inhabern von Altberechtigungen zugeteilt. § 48 Abs 2 S 1 verlangt nach dem Gesetzeswortlaut nicht, dass die Frequenzen unter dem TKG zugeteilt worden sind. Jedwede Form der Frequenzzuteilung reicht aus.[17] Eine etwa dadurch eintretende zusätzliche Abgabenbelastung für Inhaber von Altrechten ist eine tatbestandliche Rückanknüpfung.[18] Sie ist am Vertrauensschutz und am Verhältnismäßigkeitsgrundsatz zu messen, wird allerdings daran nur selten scheitern: Verleihungen nach dem FAG vermittelten jedenfalls im Regelfall nur einen geringen „Bestandsschutz".

## § 49 Überwachung, Anordnung der Außerbetriebnahme

Die Regulierungsbehörde ist befugt, zur Sicherstellung der Frequenzordnung die Frequenznutzung zu überwachen. Bei Verstößen gegen dieses Gesetz oder gegen Vorschriften der auf Grund des § 47 Abs 4 erlassenen Rechtsverordnung kann die Regulierungsbehörde eine Einschränkung des Betriebes oder die Außerbetriebnahme von Geräten anordnen.

### Inhaltsübersicht

| | Rn |
|---|---|
| I. Grundkonzept | 1 |
| II. Gesetzesentwicklung | 2 |
| III. Einzelkommentierung | 3–10 |
|   1. Abs 1: Allgemeine Überwachungsbefugnis | 3–4 |
|   2. Abs 2: Eingriffsermächtigung | 5 |
|     a) Anwendungsbereich: Verstöße gegen das TKG oder gegen die Frequenznutzungszulassungsverordnung | 6–7 |
|     b) Einschränkung des Betriebes oder Außerbetriebnahme | 8 |

---

[17] AM Beck'scher TKG-Kommentar/*Ehmer* Anh II § 48, § 1 FBeitrV Rn 1.

[18] Dazu allgem BVerfGE 63, 343, 353; BVerfGE 72, 200, 241 ff; *Maurer* in: Handbuch des Staatsrechts, § 60 Rn 14 f.

§ 49 Überwachung, Anordnung der Außerbetriebnahme

    c) Geräte .................................................. 9
    d) Verhältnis zu den §§ 71, 72 ............................. 10

## I. Grundkonzept

§ 49 ergänzt die §§ 44 ff TKG um eine allgemeine Vorschrift über die Überwachung. Ausweislich **1** des Wortlautes wollte der Gesetzgeber eine Befugnisvorschrift schaffen. Dieser Aufgabe wird § 49 S 1 nur beschränkt gerecht, weil er nicht – wie es für eine „echte" Befugnisnorm nötig wäre – die konkreten Überwachungsmittel konkret benennt. Insoweit steht § 49 Abs 1 S 1 einer bloßen Aufgaben- und Zuständigkeitsbeschreibung nahe. Dagegen ist § 49 S 2 eine echte Befugnisnorm.

## II. Gesetzesentwicklung

§ 49 wurde im Gesetzgebungsverfahren inhaltlich nicht überarbeitet. Nach der Begründung des **2** Gesetzesentwurfes[1] hat der Funkmessdienst der Regulierungsbehörde die Einhaltung der Pflichten der Frequenzzuteilung, die effiziente und störungsfreie Nutzung des Frequenzspektrums sowie die Einhaltung der EMV-Schutzanforderungen bei Geräten zu überprüfen. Stelle der Funkmessdienst fest, dass die Pflichten der Frequenzzuteilung nicht eingehalten werden oder dass Frequenzen ohne Zuteilung genutzt werden, so könne eine Betriebseinschränkung oder eine Außerbetriebnahme von Sendefunkanlagen angeordnet werden.[2]

## III. Einzelkommentierung

### 1. Abs 1: Allgemeine Überwachungsbefugnis

Wiewohl als Befugnis bezeichnet, ist die Vorschrift keine allgemeine Rechtsgrundlage für eingreifende Verfügungen oder sonstige Eingriffe in Rechte Einzelner. Sie deckt daher nicht den **3** Erlass von verbindlichen Verfügungen gegen einzelne, ebenso wenig sonstige konkrete Eingriffe in Rechte einzelner. Im Aussagegehalt geht daher § 49 S 1 nur wenig über § 44 Abs 1 TKG hinaus; § 49 ist insoweit die Zuständigkeitsvorschrift, die die allgemeine Aufgabenbeschreibung des § 44 Abs 1 ergänzt. Darüber hinaus ist § 49 S 1 allerdings eine gesetzliche Befugnis zur allgemeinen Überwachungstätigkeit, soweit eine solche gesetzliche Befugnisvorschrift dafür erforderlich ist. Insbesondere ermöglicht § 49 S 1 der Regulierungsbehörde die Einrichtung des Funkmessdienstes.[3] Sein Überwachungsgegenstand sind allerdings nicht Inhalte – dies verbietet Art 10 GG, dem § 49 S 1 nicht gerecht wird. Vielmehr erlaubt § 49 S 1 allein die Prüfung der „vorgegebenen technischen Parameter, wie zB Modulationsart, Sendeleistung sowie Größe und Charakteristik störender Nebenaussendungen".[4]

Die Überwachungsergebnisse können zum einen für konkrete Eingriffsmaßnahmen, insbesondere nach § 49 S 2 verwendet werden. Zum anderen mögen sie in bestimmten Fällen Grundlage **4** der Strafverfolgung sein, etwa nach § 65 TKG. Noch häufiger dürfte der Fall einer Verfolgung von Ordnungswidrigkeiten (§ 96 TKG) sein. Die Überwachung dient daneben der Einhaltung der Schutzanforderungen über die elektromagnetische Verträglichkeit von Geräten.[5] Eine weitere Aufgabe der Regulierungsbehörde ist schließlich die Prüfung, ob das Frequenzspektrum effizient genutzt wird.[6] Von daher ist der Zweck von § 49 S 1 nicht allein auf § 49 S 2 bezogen, sondern auf das gesamte Frequenzmanagement nach den §§ 44 ff TKG.

### 2. Abs 2: Eingriffsermächtigung

Die sehr allgemeine Vorschrift des § 49 S 1 wird in S 2 durch eine sehr spezifische Befugnis **5** ergänzt.

---

1 BR-Drucks 80/96, S 48.
2 BR-Drucks 80/96, S 48.
3 Beck'scher TKG-Kommentar/*Ehmer* § 49 Rn 2.
4 Beck'scher TKG-Kommentar/*Ehmer* § 49 Rn 3.
5 Beck'scher TKG-Kommentar/*Ehmer* § 49 Rn 2.
6 Beck'scher TKG-Kommentar/*Ehmer* § 49 Rn 3.

Wolfgang Spoerr

### a) Anwendungsbereich: Verstöße gegen das TKG oder gegen die Frequenznutzungszulassungsverordnung

**6** § 49 S 1 erlaubt das Einschreiten ua bei Verstößen gegen „dieses Gesetz". Damit gemeint ist das gesamte TKG. Nach der Gegenauffassung ermöglicht § 49 Eingriffe nur zur Sicherstellung der Frequenzordnung, nicht jedoch bei Verstößen gegen andere Vorschriften des TKG. Das soll sich aus einer „Gesamtbetrachtung des § 49" und aus der systematischen Stellung des § 49 im Frequenzordnungsteil des TKG ergeben. Die Anordnungsbefugnis nach S 2 gehe nur so weit, wie dies nach dem Zweck der Überwachungsbefugnis gem S 1 geboten sei.[7] Überzeugend ist diese Auffassung nicht. Insbesondere der Hinweis auf die §§ 71, 72 TKG überzeugt nicht, weil diese Vorschriften in sich sehr lückenhaft sind. Insbesondere fehlt in § 71 TKG eine allgemeine Eingriffsermächtigung zur Bekämpfung von Gesetzesverstößen. Die enge Auslegung von § 49 S 2 würde diese Gesetzeslücke vergrößern. Argumenten aus der Gesetzessystematik kommt im Kontext der Eingriffsermächtigungen des TKG nur geringe Bedeutung zu, weil diese systematisch nur sehr mangelhaft voneinander abgestimmt sind.

**7** Bemerkenswert ist, dass Verstöße gegen den Frequenzbereichszuweisungsplan nicht zu Maßnahmen nach § 49 S 2 berechtigen. Genannt ist insoweit nur die Frequenzzuteilungsverordnung gem § 47 Abs 4 TKG.

### b) Einschränkung des Betriebes oder Außerbetriebnahme

**8** Die Einschränkung des Betriebes umfasst in erster Linie Betriebsbeschränkungen. Beispiele sind Verbote, das Gerät in bestimmter Weise, auf bestimmte Frequenzen, zu bestimmter Zeit oder an bestimmten Orten zu nutzen. Demgegenüber ist die Außerbetriebnahme die vollständige Einstellung der Nutzung. Die Zerstörung von Geräten kann nach § 49 S 2 nicht angeordnet werden; auch das OWiG sieht ohne ergänzende gesetzliche Regelung die Einziehung von Gegenständen nicht vor (§ 22 Abs 1 OWiG).[8]

### c) Geräte

**9** Der Begriff des Gerätes ist weit auszulegen. Gerät ist somit jeder Gegenstand, von dem eine Beeinträchtigung der Frequenzordnung ausgehen kann.[9] Dazu gehören Endgeräte, sonstige Funkgeräte und reine Empfangsgeräte, aber auch andere Geräte, die selbst ungewollt elektrische Wellen aussenden. Auch Netze könne Geräte iSd § 49 sein.[10]

### d) Verhältnis zu den §§ 71, 72

**10** § 49 steht im Verhältnis zu den §§ 71, 72 TKG im Verhältnis der Ergänzung. Die Vorschriften sind – soweit ihr jeweiliger Anwendungsbereich reicht – gegebenenfalls nebeneinander anwendbar.

---

[7] Beck'scher TKG-Kommentar/*Ehmer* § 49 Rn 5; Tschentscher/Pegatzky/Bosch K & R-Beil 1 zu Heft 8/2000, 1, 11.
[8] TKMMR/*Demmel* C § 49 Rn 4.
[9] Beck'scher TKG-Kommentar/*Ehmer* § 49 Rn 7.
[10] Tschentscher/Pegatzky/Bosch K & R-Beil 1 zu Heft 8/2000, 1 11 f.

# Achter Teil
# Benutzung der Verkehrswege

## § 50 Grundsatz der Benutzung öffentlicher Wege

(1) Der Bund ist befugt, Verkehrswege für die öffentlichen Zwecken dienenden Telekommunikationslinien unentgeltlich zu benutzen, soweit nicht dadurch der Widmungszweck der Verkehrswege dauernd beschränkt wird (Nutzungsberechtigung). Als Verkehrswege gelten die öffentlichen Wege, Plätze und Brücken sowie die öffentlichen Gewässer.

(2) Der Bund überträgt das Recht nach Abs 1 auf Lizenznehmer nach § 6 Abs 1 Nr 1 im Rahmen der Lizenzerteilung nach § 8. Telekommunikationslinien sind so zu errichten und zu unterhalten, dass sie den Anforderungen der Sicherheit und Ordnung sowie den anerkannten Regeln der Technik genügen.

(3) Die Verlegung neuer Telekommunikationslinien und die Änderung vorhandener Telekommunikationslinien bedürfen der Zustimmung der Träger der Wegebaulast. Bei der Verlegung oberirdischer Leitungen sind die Interessen der Wegebaulastträger, der Lizenznehmer und die städtebaulichen Belange abzuwägen. Die Zustimmung kann mit technischen Bedingungen und Auflagen versehen werden, die diskriminierungsfrei zu gestalten sind.

(4) Ist der Wegebaulastträger selbst Lizenznehmer oder mit einem Lizenznehmer im Sinne des § 37 Abs 1 oder 2 des Gesetzes gegen Wettbewerbsbeschränkungen zusammengeschlossen, so ist die Regulierungsbehörde für die Zustimmungserteilung nach Abs 3 zuständig, wenn ein anderer Lizenznehmer die Verkehrswege des Wegebaulastträgers nutzen will.

**Schrifttum:** *Bullinger* Durchleitungsrechte, Mitbenutzungsrecht und Planfeststellung für konkurrierende Telekommunikationsnetze, Archiv PT 1998, 105, 124; Bundesvereinigung Kommunaler Spitzenverbände, Die Benutzung öffentlicher Wege für Telekommunikationslinien, Stand Februar 1997; *Burgi* Der telekommunikative Sondergebrauch: Systematischer Standort und Struktur des § 50 TKG, DVBl 2001, 845; *Dzikowski* Die Benutzung öffentlicher Verkehrsflächen zum Zwecke der Telekommunikation, in: Königshofen (Hrsg.), Telekommunikationsrecht in der Praxis, 1999, S 33; *Fiebig* Telekommunikationsaktivitäten von Städten und Gemeinden, Verwaltungsrundschau 1998, 161; *Greindl* Kollisionsrechtliche Fragen der Drittveranlassung in der Praxis, in: Königshofen (Hrsg), Das neue Telekommunikationsrecht in der Praxis, 1999, S 46 ff; *Heun/Lohmann* Die Verlegung alternativer Telekommunikationsinfrastrukturen in öffentlichen Wegen, Archiv PT 1996, 113; *Hoeren* Wegerecht auf dem Prüfstand, § 57 TKG und die Nachverlegung von Lichtwellenleiterkabeln, MMR 1998, 1; *Krimmel* Unentgeltliche Leitungsrechte an öffentlichen Wegen für private Telekommunikationsunternehmen – eine Untersuchung zur Vereinbarkeit des § 50 TKG mit dem Grundgesetz der Bundesrepublik Deutschland und mit europäischem Gemeinschaftsrecht, 1998; *Püttner* Telekommunikation und gemeindliches Wegerecht, Archiv PT 1996, 307; *Schacke/Rosin* Die Zuständigkeit des Bundes zur Regelung der unentgeltlichen Benutzung öffentlicher Verkehrswege für Telekommunikationslinien, DVBl 1997, 471; *Scholz* Unentgeltliche Durchleitungsrechte für Zwecke der Telekommunikation – Verfassungsgemäßes Korrelat zum Grundversorgungsauftrag, Archiv PT 1996, 95 ff; *Schütz* Wegerechte für Telekommunikationsnetze – Chance für mehr Wettbewerb auf den liberalisierten Telekommunikationsmärkten, NVwZ 1996, 1053 ff. *Koenig/Siewer* Zur Verfassungsmäßigkeit der unentgeltlichen Nutzungsberechtigung von Telekommunikationsnetzbetreibern an kommunalen Verkehrswegen, NVwZ 2000, 609; *Bartlsperger* Hoheitliche Sachherrschaft in der Rechtsprechung des Bundesverfassungsgerichts und bei der Telegraphenpflichtigkeit von Verkehrswegen, FS für Faller, München, 1984, S 81; *Ellinghaus* Wegerechte für Telekommunikationsunternehmen, CR 1999, 420; *Hoeren/Brauner* Benutzung von Verkehrswegen durch Gasversorger zum Zwecke der Telekommunikation, NWVBl 1998, 129.

Wolfgang Spoerr

## Achter Teil
Benutzung der Verkehrswege

### Inhaltsübersicht

|  | Rn |
|---|---|
| I. Grundlagen | 1–7 |
| II. Verkehrswegenutzung für Telekommunikationslinien | 8–18 |
|    1. Verkehrswege | 8–9 |
|    2. Telekommunikationslinie, die öffentlichen Zwecken dienen | 10–11 |
|    3. Lizenznehmer | 12–13 |
|    4. Grenzen der Nutzungsberechtigung | 14–18 |
|       a) Widmungszweck | 15 |
|       b) Anforderungen der Sicherheit und Ordnung sowie die Regeln der Technik | 16 |
|       c) Die straßenrechtliche Planfeststellung | 17 |
|       d) Oberirdische Leitungen | 18 |
| III. Rechtsfolge, Verwaltungsverfahren | 19–25 |
|    1. Gesetzliches Schuldverhältnis | 19 |
|    2. Rechtsnatur der Zustimmung | 20 |
|    3. Die Nutzungsberechtigung | 21–23 |
|    4. Zuständigkeitsverschiebung nach Abs 4 | 24–25 |
| IV. Verwaltungs- und Sondernutzungsgebühren | 26–27 |
| V. Entfallen von Voraussetzungen des Nutzungsrechts | 28 |

## I. Grundlagen

**1** § 50 setzt das Fernmeldeleitungsrecht des Bundes, später der Deutschen Telekom aus § 1 Telegraphenwegegesetz (TWG) fort. Dieses ursprünglich dem Reich, dann dem Bund zustehende Privileg wird unter dem TKG aufrecht erhalten (Abs 1 S 1), dem System der Liberalisierung und privatwirtschaftlichen Leistungserbringung entsprechend aber an alle Übertragungswege-Lizenznehmer „übertragen" (Abs 2 S 1).[1] Der Gesetzgeber hat sich dafür entschieden, dieses Nutzungsrecht unentgeltlich zu verleihen. Diese Entscheidung war im Gesetzgebungsverfahren heftig umstritten.[2] Im Gesamtkonzept des TKG schafft § 50 die infrastrukturellen Grundlagen für funktionierende Telekommunikationsmärkte. Die Unentgeltlichkeit dient der Vermeidung einer alle Telekommunikations-Infrastrukturbetreiber gleichermaßen treffenden und damit schließlich von den Nutzern zu tragenden zusätzlichen Kostenbelastung.

**2** Das Verkehrswegenutzungsrecht wird in § 57 um ein Recht zur Nutzung privater Grundstücke ergänzt, das an enge Voraussetzungen geknüpft ist (siehe § 57 Rn 9 ff). Insoweit – also für Privatgrundstücke allgemein – hat der TKG-Gesetzgeber keinerlei öffentlich-rechtliches Verfahren vorgesehen. Das basiert auf der Einschätzung, dass eine privatrechtliche Anspruchslösung ausreicht, um funktionierende Telekommunikationsinfrastrukturen zu schaffen und zu erhalten. Es ist nicht sicher abschließend einzuschätzen, ob sich diese gesetzgeberische Prognose als zutreffend erwiesen hat. Auf jeden Fall ist nicht zu verkennen, dass alternative Infrastrukturen bislang vor allem unter Nutzung bestehender vorhandener anderweitiger leitungsgebundener Infrastrukturen aufgebaut worden sind. Bespiele hierfür sind die Nutzung der Telekommunikations- und Eisenbahninfrastruktur der DB-AG durch Arcor, der Aufbau überregionaler Backbones entlang von Ferngasleitungen sowie der Aufbau alternativer City-Telekommunikationsnetze unter Nutzung von Ressourcen der örtlichen Energieversorger sowie der Städte und Gemeinden durch City-Carrier. Maßgebend für diese Netzaufbaustrategien dürften allerdings in erster Linie Kostenerwägungen gewesen sein, weniger das Fehlen eines hoheitlichen Eingriffsverfahrens zur Durchsetzung der Inanspruchnahme privater Grundstücke zu Telekommunikationszwecken.

**3** Der Zugangsanspruch zu öffentlichen Wegen berechtigt nicht, die für die Aufnahme von Telekommunikationskabeln vorgesehenen Einrichtungen zu nutzen. Solche Nutzungsrechte ergeben sich aus § 51 TKG.

**4** § 50 TKG war im Gesetzgebungsverfahren und nach Inkrafttreten des TKG heftig umstritten. Insbesondere von Seiten der kommunalen Verbände wurde argumentiert, dem Bundesgesetz-

---

[1] Zur Gesetzesentwicklung s Kodal/Krämer/*Bauer* Kap 27 Rn 121. 2 f (S 813 f).

[2] Siehe etwa die Stellungnahme des Bundesrates zum Gesetzentwurf, BT-Drucks 13/4448 S 5Z.

Wolfgang Spoerr

§ 50   Grundsatz der Benutzung öffentlicher Wege

geber fehle die Zuständigkeit, weil es sich bei § 50 Abs 1 TKG materiell um Straßen- und Wegerecht, nicht um Telekommunikationsrecht handele. Eine unentgeltliche Wegeberechtigung sei zudem unverhältnismäßig, und sie verstoße gegen die kommunale Selbstverwaltungsgarantie aus Art 28 Abs 2 GG. Das Bundesverfassungsgericht[3] ist diesen Überlegungen zu Recht nicht gefolgt. Die entsprechenden Kommunalverfassungsbeschwerden wurden nicht zur Entscheidung angenommen. Offene Fragen bestehen damit noch im Hinblick auf die Gesetzgebungszuständigkeit, die wegen der begrenzten Prüfungsmöglichkeiten bei der Kommunalverfassungsbeschwerde noch nicht abschließend beurteilt worden ist.[4] Freilich ist die Gesetzgebungszuständigkeit zu bejahen.[5] Offene Fragen bleiben schließlich auch im Hinblick auf die finanziellen Folgeprobleme der Wegenutzung und die Verwaltungszuständigkeit nach Abs 4.[6] § 50 ist eine Regelung, die im besonderen Maße auf den funktionsfähigen und chancengleichen Wettbewerb ausgerichtet ist (dazu allgemein § 2 Rn 10 ff). Der Wettbewerbsneutralität dient namentlich die Zuständigkeitsverschiebung nach Abs 4: Wenn sich der Wegebaulastträger oder die verbundenen Unternehmen selbst auf lizenzpflichtigen Telekommunikationsmärkten betätigen, ist statt des Wegebaulastträgers die RegTP für die Zustimmungserteilung zuständig. § 50 dient aber auch darüber hinaus Anliegen der Wettbewerbsneutralität. Sie war einer der maßgeblichen Gründe dafür, dass Nutzungsrecht unentgeltlich einzuräumen. Dadurch sollte namentlich eine Besserstellung des Incumbents Deutsche Telekom AG verglichen mit neuen Marktteilnehmern vermieden werden; die Deutsche Telekom AG hatte ihre Infrastrukturen auf der Grundlage des unentgeltlichen Wegerechtes aus § 1 TWG errichten können.

Der Gesichtspunkt der Gleichbehandlung durch Einräumung unentgeltlicher Nutzungsrechte an öffentlichen Wegen ist europarechtlich in der Full-Competition-Richtlinie[7] hervorgehoben worden. In Erwägungsgrund Nr 23 wird unter die Bezugnahme auf die wegerechtlichen Privilegien der Incumbents hervorgehoben, dass die Mitgliedstaaten neu lizenzierten Betreibern vergleichbare Möglichkeiten zum Ausbau ihrer Netze einräumen müssen.

5

Freilich weist das Konzept der wettbewerbsneutralen Infrastrukturermöglichung in § 50 Lücken auf, die teils sachstrukturell, teils tatbestandlich bedingt sind. Sachstrukturell ist der Aufbau konkurrierender Infrastrukturen eines der Zentralprobleme bei der Entstehung funktionierender Telekommunikationsmärkte. Hier wirken sich Incumbent-Strukturen besonders nachteilig aus. Wegen der hohen Anfangsinvestitionen ist es nahezu unmöglich, leitungsgebundene Infrastrukturen völlig neu zu errichten. Hohe wettbewerbliche Bedeutung kommt daher der Nutzung vorhandener Infrastrukturen für die Verlegung neuer Übertragungswege zu. Dieses Thema wird von § 50 nicht geregelt, weil nach dieser Vorschrift ausschließlich die Straße, nicht eine spezifische Infrastruktur (dazu näher unten Rn 10) genutzt werden kann. Hier kommt § 51 eine wichtige Ergänzungsfunktion zu. Zudem ist § 50 auf leitungsgebundene Infrastrukturen (Kabelverbindungen) beschränkt.

6

Soweit eine telekommunikationsspezifische Nutzung von Straßen und sonstigen Flächen nicht unter § 50 fällt, richten sich Nutzungsumfang und -entgelt nach allgemeinem Wegerecht sowie nach Privatrecht. Beschränkungen und Entgeltregelungen, die auf privatrechtlicher Grundlage gestützt sind, sind am Maßstab des § 57 TKG zu messen.[8]

7

## II. Verkehrswegenutzung für Telekommunikationslinien

### 1. Verkehrswege

Das Nutzungsrecht aus § 50 bezieht sich auf Verkehrswege. Als solche werden definiert die öffentlichen Wege, Plätze und Brücken sowie die öffentlichen Gewässer. Die öffentlichen Wege und Plätze sind die Straßen und sonstigen Wege, die dem öffentlichen Verkehr gewidmet sind.

8

---

3   Beschl v 7.1.1999, NVwZ 1999, 520.
4   Vgl *Müller-Terpitz* 1999, 357 ff.
5   Ausführlich *Koenig/Siewer* NVwZ, 2000, 609, 610; TKMMR/*Demmel* § 50 Rn 7; *Schacke/Rosin* DVBl 1997, 471, 476; aA *Püttner* Archiv PT 1996, 307, 310 f.
6   Dazu *Koenig/Siewer* NVwZ 2000, 609, 613 f.
7   96/19/EG.
8   Beck'scher TKG-Kommentar/*Schütz* § 50 Rn 4.

Wolfgang Spoerr

Für Bundesstraßen richtet sich das nach den Fernstraßengesetz, für sonstige Straßen und Wege nach dem jeweiligen Landesstraßengesetz. Die Definitionen der Landesstraßengesetze sind sowohl für die Öffentlichkeit des Weges wie für den Umfang der öffentlichen Sache Straße maßgeblich. Demzufolge sind nicht nur die Fahrbahnen erfasst, sondern alles, was nach dem jeweiligen Straßenrecht Bestandteil der Straße ist.[9] Die **Schienenwege** sind dagegen von § 50 ausgenommen – unabhängig davon, ob es bei ihnen eine wegerechtliche Widmung gibt oder nicht.[10] Das entspricht der früheren Rechtslage[11] und dem Gesetzeswortlaut. Öffentliche Brücken sind nicht nur als Bestandteil des öffentlichen Weges, sondern insgesamt Gegenstand des Nutzungsrechts. Ihm unterfallen auch Tunnel.[12]

**9** **Öffentliche Gewässer** im Sinne des TKG sind alle natürlichen und künstlichen Wasserläufe sowie Häfen, Seen und geschlossene Gewässer, die nach dem Wasserrecht des Bundes und der Länder der allgemeinen Benutzung offenstehen. Nicht maßgeblich ist, ob das Gewässer schiffbar ist.[13]

### 2. Telekommunikationslinien, die öffentlichen Zwecken dienen

**10** Der Begriff der Telekommunikationslinie ist legal definiert in § 3 Nr 20 TKG. Danach handelt es sich bei Telekommunikationslinien um unter- oder oberirdisch geführte Telekommunikationskabelanlagen einschließlich ihrer zugehörigen Schalt- und Verzweigungseinrichtungen, Masten, und Unterstützungen, Kabelschächte und Kabelkanalrohre. Der Begriff wird ausschließlich im Kontext des Wegerechts verwendet. Er ist weit zu verstehen. Telekommunikationskabelanlagen sind in erster Linie nicht das Kabel selbst, sondern die Schächte, Leerrohre und ähnliches, die zur Aufnahme der Kabel bestimmt sind. Neben den eigentlichen Kabeln (Leitungen) und den Schalt- und Verzweigungseinrichtungen gehören insbesondere die sonstigen Einrichtungen, die zur Verlegung eines Kabels nötig sind, zur Telekommunikationslinie. Bei oberirdischen Telekommunikationslinien sind das in erster Linie Masten und Unterstützungen, bei unterirdischen die Kabelschächte und Kabelkanalrohre. So gehört zur Telekommunikationslinie auch das Schutzrohr (Leerrohr). Und zwar schon dann, wenn dieses in absehbarer Zeit ein Telekommunikationskabel aufnehmen soll.[14] Maßgebend ist die technische Zweckbestimmung.[15] „Isolierte" Kabeltröge, die zweckneutral für Versorgungsleitungen jeder Art errichtet werden, sind aber nicht Bestandteil der Telekommunikationslinie.[16] Welche Kabel verlegt werden, ist unerheblich, solange es sich um Telekommunikations-Übertragungswege im weitesten Sinne handelt. Daher führt die Aufnahme von Breitbandkabeln[17] und Lichtwellenleiterkabeln[18] zu einer Telekommunikationslinie. Umstritten ist, ob öffentliche Telefonzellen (die Abschlusseinrichtungen enthalten) vom Nutzungsrecht aus § 50 erfasst sind.[19] Zum Verkehrsweg gehören nicht besondere Einrichtungen, die zur Aufnahme von TK-Leitungen und anderen Versorgungsleitungen vom Straßenbaulastträger „zweckneutral" errichtet werden. Sie sind weder Bestandteil des Straßenkörpers noch Nebenanlage iSd Straßenrechts.[20]

**11** Die Telekommunikationslinie muss **öffentlichen Zwecken dienen**. Maßgebend ist, ob die Leitungen, die (unterirdisch: in den Kabelkanalanlagen) verlegt werden, der Nutzung durch die Öffentlichkeit zu dienen bestimmt sind. Dabei kommt es nicht auf die Person des Inhabers (Eigentümers, Besitzers, Nutzers, Betreibers) der Kabelkanalanlagen an. Maßgebend ist vielmehr die Zweckbestimmung der jeweiligen Telekommunikationsdienstleistung, die über die Kabel-

---

9 Kodal/Krämer/*Bauer* Kap 27 Rn 121. 3 (S 814) und Kap 27 Rn 127. 3 (S 819 f).
10 Dazu Beck'scher TKG-Kommentar/*Schütz* § 50 Rn 26; TKMMR/*Demmel* C § 50 Rn 14, *Hoeren* NWVBl 1998, 129.
11 *Aubert/Klingler* 2. Kapitel Rn 29.
12 Beck'scher TKG-Kommentar/*Schütz* § 50 Rn 23; TKMMR/*Demmel* C § 50 Rn 16.
13 Beck'scher TKG-Kommentar/*Schütz* § 50 Rn 25; zum alten Recht: OVG Lüneburg, ZfW 1994, 408, 500; *Aubert/Klingler* 2. Kapitel Rn 42.
14 Beck'scher TKG-Kommentar/*Schütz* § 50 Rn 17.
15 Beck'scher TKG-Kommentar/*Schütz* § 50 Rn 17.
16 BGH NVwZ 2000, 710, 712.
17 Zum alten Recht BVerwGE 77, 178.
18 *Hoeren* NWVBl 1998, 120, 130; TKMMR/*Demmel* C § 50 Rn 20.
19 Dafür Beck'scher TKG-Kommentar/*Schütz* § 50 Rn 18; Kodal/Krämer/*Kempfer* Kap 27 Rn 129 (S 820); TKMMR/*Demmel* C § 50 Rn 21; zum alten Recht: OVG Münster, Archiv PF 1987, 172, 173; *Eidenmüller* Post- und Fernmeldewesen, § 1 TWG Anmerkung 6.
20 BGH NVwZ 2000, 710, 712.

kanalanlagen erbracht wird. Ausgeschlossen dürften damit in erster Linie private Übertragungswege sein, die etwa ausschließlich für Corporate Networks genutzt werden.[21] Zur Telekommunikationslinie gehören auch die Hausanschlüsse.[22]

### 3. Lizenznehmer

Eine in ihrem sachlichen Gehalt nicht zwingende, vom Gesetz aber unmissverständliche Vorgabe ist die Beschränkung des Nutzungsrechts auf Lizenznehmer. Das Wegerecht aus § 50 TKG hat nur, wer eine Übertragungswegelizenz hat. Maßgebend ist das Lizenzgebiet (siehe § 6 Rn 15 ff). Diese Beschränkung ist zwar vor dem Hintergrund des sachlichen Gehalts des Nutzungsanspruchs nicht zwingend: Die Verlegung von Telekommunikationslinien als solche ist nicht lizenzpflichtig, erst der Betrieb des Übertragungsweges in derselben. Telekommunikationslinien-Inhaber und Übertragungswegebetreiber können verschiedene Personen sein. Ein plausibler Grund für die Beschränkung des § 50 auf Lizenznehmer ist die Zuverlässigkeitsprüfung und Regulierungsaufsicht über Lizenznehmer. Sie lässt sich mit den besonderen Pflichten der Lizenznehmer rechtfertigen, die sich daraus ergeben, dass diese eine besonderes Nutzungsbefugnis an öffentlichen Wegen haben.

**12**

Die Lizenznehmer dürfen sich bei der Errichtung einer Telekommunikationslinie Dritter bedienen. Auf eine **Funktionsherrschaft** „über die Linie" kommt es nicht an.[23] Maßgebend ist vielmehr, ob der Lizenznehmer die Telekommunikationslinie für sich nutzt. Der sehr spezifische Rechtsbegriff der Funktionsherrschaft ist allein auf Übertragungswege bezogen, nicht auf Telekommunikationslinien. Daher ist es zulässig, dass der Lizenznehmer Dritten den Zugang auf seine Leerrohre dergestalt ermöglicht, dass dieser eigene Kabel einziehen, über die die Dritten eigenständige Funktionsherrschaft haben.

**13**

### 4. Grenzen der Nutzungsberechtigung

Die Grenzen der Nutzungsberechtigung ergeben sich aus dem Widmungszweck sowie aus der Verpflichtung auf die Anforderungen der Sicherheit und Ordnung sowie auf die anerkannten Regeln der Technik. Zusätzliche technische Bedingungen und Auflagen nach Maßgabe örtlicher Verhältnisses sind zulässig (dazu unten Rn 16). Bei oberirdischen Leitungen sind zudem städtebauliche Belange im Zustimmungsverfahren abzuwägen (dazu unten Rn 18).

**14**

#### a) Widmungszweck

Das Nutzungsrecht aus § 50 TKG ist von vornherein durch den Widmungszweck des jeweiligen Verkehrsweges beschränkt. Er ist nach Maßgabe des jeweiligen Straßen- und Wegerechts zu ermitteln. Beachtlich sind allerdings von vornherein nur dauernde Beeinträchtigungen des Nutzungszwecks. Daher sind Eingriffe in die Bausubstanz zulässig, wenn sie nur von kurzer Dauer sind, wie dies bei der Verlegung, Wartung und Erneuerung von Leitungen regelmäßig anzunehmen ist.[24] Unzulässig ist nur eine **Beschränkung** des Widmungszwecks. Im Unterschied zu einer Beeinträchtigung setzt die Beschränkung eine gewisse Gewichtigkeit oder Spürbarkeit des Eingriffs voraus.[25]

**15**

#### b) Anforderungen der Sicherheit und Ordnung sowie die Regeln der Technik

Bei Errichtung und Erhaltung der Telekommunikationslinie müssen die Anforderungen der Sicherheit und Ordnung sowie die anerkannten Regeln der Technik eingehalten werden. Die Anforderung der öffentlichen Sicherheit sind die Anforderungen, die zum Schutz konkreter Rechtsgüter erforderlich sind, dazu sämtliche konkret in Rechtsvorschriften festgelegten An-

**16**

---

[21] Beck'scher TKG-Kommentar/*Schütz* § 50 Rn 19; auf ein öffentliches Interesse stellt in diesem Fall gleichwohl ab TKMMR/*Demmel* C § 50 Rn 19.
[22] Kodal/Krämer/*Bauer* Kap 27 Rn 128 (S 820).
[23] AM Beck'scher TKG-Kommentar/*Schütz* § 50 Rdn. 40; *Hoeren/Brauner* NWVBl 1998, 130, 132.
[24] TKMMR/*Demmel* C § 50 Rn 31; Kodal/Krämer/*Kempfer* S 693; *Heun/Lohmann* Archiv PT 1996, 113, 119.
[25] Beck'scher TKG-Kommentar/*Schütz* § 50 Rn 32; Kodal/Krämer/*Bauer* Kap 27 Rn 129 (S 820).

Wolfgang Spoerr

forderungen. In erster Linie sind dies die Anforderungen des Unfallschutzes und der Verkehrssicherheit. Im Hinblick auf die Anforderung der öffentlichen Ordnung wird vor allem der Verunstaltungsschutz genannt.[26] Die anerkannten Regeln der Technik ergeben sich aus den Anschauungen der Praxis und ihrer Anerkennung in einschlägigen Fachkreisen. Wie stets, können sie allgemein zugänglichen technischen Standards (Normen) entnommen werden.[27]

### c) Die straßenrechtliche Planfeststellung

**17** Zu den Grenzen des Nutzungsrechts gehören auch die Schranken, die sich aus der jeweiligen wegerechtlichen Planfeststellung ergeben. Dies bedeutet allerdings nicht, dass die Nutzung von Verkehrswegen für TK-Zwecke generell unter Planungsvorbehalt steht.[28] Ein solches Verständnis des § 50 Abs 3 als Ausnahme von einem grundsätzlichen Planvorbehalt widerspricht dem Willen des Gesetzgebers, der das Planverfahren verworfen hat. Der bestehende Planfeststellungsbeschluss mit seinen Inhaltsbestimmungen und Auflagen bildet aber Teil des rechtlichen Rahmens, aus dem Widmungszweck und die rechtlichen Vorgaben der öffentlichen Sicherheit ermittelt werden können.

### d) Oberirdische Leitungen

**18** Die Errichtung oberirdischer Leitungen ist unter einen **städtebaulichen Vorbehalt** gestellt. Im Hinblick auf dies Abwägung ist umstritten, ob es sich um eine Ermächtigung zu planerischer Gestaltung oder eine eher zweidimensionale Interessenabwägung handelt.[29] Zutreffend dürfte das dem Städtebaurecht vertraute Modell eine nachvollziehenden Abwägung sein, deren Ergebnis gerichtlich voll überprüfbar ist.[30] Den – insbesondere wirtschaftlichen – Interessen des Antragstellers sind Zweckmäßigkeitserwägungen der Wegebaulastträger und die städtebaulichen Belange insbesondere aufgrund der Umgebungscharakteristika und des Gebietscharakters entgegenzustellen. Der Gesetzgeber des TKG hat sich gegen einen generellen Vorrang der unterirdischen vor der oberirdischen Verlegung entschieden. Daher darf die oberirdische Verlegung nicht mit allgemeinen Überlegungen abgelehnt werden.[31] Zulässig sind qualifizierte gestalterische Erwägungen und standortbezogene oder allgemeine, für die Trasse (zB einer Fernstraße) spezifische Konzepte der Verkehrssicherheit.

## III. Rechtsfolge, Verwaltungsverfahren

### 1. Gesetzliches Schuldverhältnis

**19** Sinn und Zweck des Zustimmungserfordernisses ist es, die konkrete Ausgestaltung der Nutzung der Verkehrswege (insbesondere im Hinblick auf Verlegetiefe, Abstand vom Fahrbahnrand etc) mit dem Wegebaulastträger abzustimmen. Daraus ergibt sich das Bedürfnis für eine Präventivkontrolle.[32] Die Zustimmung ist ein **gebundener Verwaltungsakt**, auf den der Antragsteller bei Vorliegen ihrer Voraussetzungen einen Anspruch hat.[33] Wer Wegebaulastträger ist, richtet sich nach dem jeweils maßgeblichen Straßenrecht. Die Zustimmung ersetzt nicht andere Genehmigungen, die beispielsweise nach Straßenverkehrs-, Naturschutz-, Wasser- oder Denkmalrecht nötig sind.[34] Für die öffentlichen Gewässer sind neben § 7 Abs 1 Wasserstraßengesetz die landesrechtlichen Ausführungsvorschriften zu § 29 WHG maßgebend. Sonderprobleme stellen sich bei Kreuzungen.[35]

---

26 Beck'scher TKG-Kommentar/*Schütz* § 50 Rn 34.
27 Eine Auflistung bei TKMMR/*Demmel* C § 50 Rn 39.
28 In diese Richtung Kodal/Krämer/*Bauer* Kap 27 Rn 123 (S 817).
29 Dazu TKMMR/*Demmel* C § 50 Rn 52; *Manssen* Archiv PT 1998, 236, 241.
30 *Manssen* Archiv PT 1998, 236, 241; TKMMR/

*Demmel* C § 50 Rn 52; aA (Ermessen) Beck'scher TKG-Kommentar/*Schütz* § 50 Rn 41.
31 TKMMR/*Demmel* C § 50 Rn 54; Beck'scher TKG-Kommentar/*Schütz* § 50 Rn 51.
32 Vgl die Gesetzesbegründung BR-Drucks 80/96 S 47.
33 Beck'scher TKG-Kommentar/*Schütz* § 50 Rn 47.
34 TKMMR/*Demmel* C § 50 Rn 42.
35 Dazu TKMMR/*Demmel* C § 50 Rn 47.

## 2. Rechtsnatur der Zustimmung

Die Zustimmung ist eine öffentlich-rechtliche Entscheidung. Zwar ist sie in ein – auch – privatrechtliches Rechtsverhältnis einbezogen, das Privateigentum am Straßengrundstück. Doch beruht die Zustimmungsbefugnis nicht auf diesem Privateigentum, sondern auf der hoheitlichen Position des Baulastträgers. Daher ist die Zustimmung vor dem Verwaltungsgerichten einzuklagen; zuvor ist nach § 68 VwGO ein Vorverfahren durchzuführen, es sei denn die RegTP entscheidet nach Abs 4.[36]

## 3. Die Nutzungsberechtigung

Seiner Rechtsnatur ist die Nutzungsberechtigung ein öffentlich-rechtlich ausgestaltetes Recht zur Mitbenutzung öffentlicher Verkehrswege.[37] Bei dem Mitbenutzungsrecht handelt es sich allerdings nicht um ein hoheitliches Recht, sondern um ein schlicht öffentlich-rechtliches Benutzungsrecht Privater. Durch die Inanspruchnahme des öffentlichen Wegerechts aufgrund der Nutzungsberechtigung entsteht ein gesetzliches Schuldverhältnis, das neben den in § 52 ff TKG definierten Haupt- und Folgekostenpflichten insbesondere eine Pflicht zur gegenseitigen Rücksichtnahme beinhaltet.[38] Die Übertragung der Nutzungsberechtigung führt nicht zu einer Übertragung öffentlich-rechtlicher Befugnisse; daher werden die Lizenznehmer damit nicht beliehen.[39] Die Zustimmung hat im Hinblick auf das Nutzungsrecht feststellende Wirkung. Ohne Zustimmung verlegte Leitungen sind gleichwohl in Ausübung eines (bestehenden) gesetzlichen Nutzungsrechts gemäß § 50 Abs 1 verlegte Telekommunikationslinien.

Die Telekommunikationslinie bleibt **sonderrechtsfähig**; sie wird kein wesentlicher Bestandteil des Straßengrundstücks nach § 94 Abs 1 S 1 BGB, weil sie in Ausübung eines Rechts an einem fremden Grundstück von den Berechtigten mit diesem Grundstück verbunden werden (§ 95 Abs 1 S 2 BGB)[40]. Diese Nutzungsberechtigung, die zur Sonderrechtsfähigkeit und damit zum fortbestehenden Eigentum des Inhabers der Telekommunikationslinie führt, besteht auch dann, wenn die Zustimmung nicht wirksam erteilt worden ist.

Erhebliche Unschärfen beinhaltet der Begriff der **Änderung**, die ebenso wie die Verlegung neuer Telekommunikationslinien der Zustimmung bedarf. Unstreitig dürfte insoweit sein, dass bauliche Eingriffe in die Telekommunikationslinie dem Begriff der Änderung unterfallen. Sie lösen das Koordinierungsbedürfnis aus, wegen dessen das Zustimmungserfordernis besteht. Demgegenüber sind Änderungen der Beschaltung vorhandener Kabel keine Änderung einer Telekommunikationslinie. Umstritten ist, ob das Einziehen neuer Kabel in vorhandene Kabelanlagen ohne baulichen Eingriff bereits eine Änderung einer Telekommunikationslinie ist. Dagegen spricht, dass die Koordinierungsbedürfnisse, derentwegen das Zustimmungserfordernis besteht, davon nicht nennenswert tangiert sind.

## 4. Zuständigkeitsverschiebung nach Abs 4

Ist der Wegebaulastträger (häufig: die Gemeinde) oder ein ihr verbundenes Unternehmen Übertragungswege-Netzbetreiber, so ist die RegTP für die Zustimmung zuständig. Die materiellen Maßstäbe ändern sich dadurch nicht. Der jeweilige Wegebaulastträger ist zu beteiligen. Die Gesetzgebungszuständigkeit ergibt sich nicht aus Art 84 Abs 1 GG, sondern aus Abs 87 f Abs 2. Verfassungsrechtliche Bedenken sind nicht begründet.[41] Die RegTP orientiert die Auflagen und Bedingungen an den Vorgaben des jeweiligen Wegebaulastträgers.[42]

Nach allgemeinen Grundsätzen gilt auch der Bund unter den allgemein konzernrechtlichen

---

36 Beck'scher TKG-Kommentar/*Schütz* § 51 Rn 61.
37 *Scholz* Archiv PT 1995, 108; Beck'scher TKG-Kommentar/*Schütz* § 50 Rn 11; zur alten Rechtslage: Kodal/Krämer/*Kempfer* Kapitel 27 Rn 126; zum geltenden Recht wohl auch Kodal/Krämer/*Bauer* Kap 27 Rn 127 (S 819); *Bartlsperger* S 91; *Aubert/Klingler* 2. Kapitel Rn 55.
38 Beck'scher TKG-Kommentar/*Schütz* § 50 Rn 12.

39 Beck'scher TKG-Kommentar/*Schütz* § 50 Rn 15.
40 Beck'scher TKG-Kommentar/*Schütz* § 50 Rn 28; zum alten Recht: *Eidenmüller* § 1 TWG Anmerkung 8; Kodal/Krämer/*Kempfer* Kapitel 27. Rn 126; anderer Ansicht *Aubert/Klingler* 2. Kapitel Rn 56.
41 TKMMR/*Demmel* C § 50 Rn 58.
42 TKMMR/*Demmel* C § 50 Rn 60.

Voraussetzungen als Konzern. Soweit eine Bundesbehörde als Wegebaulastträger gemäß Abs 3 zur Zustimmung befugt wäre, verschiebt sich die Zustimmungsbefugnis auf die RegTP. Abs 4 ist entsprechend anzuwenden, wenn der Wegebaulastträger selbst als Lizenznehmer oder ein mit ihm verbundenes Unternehmen die Zustimmung nach Abs 3 begehrt.[43] Auch in einer solchen Konstellation besteht die Interessenskollision, die der Gesetzgeber vermeiden wollte.

### IV. Verwaltungs- und Sondernutzungsgebühren

**26** Die Entscheidung des Gesetzgebers für ein unentgeltliches Wegenutzungsrecht verbietet es den Gemeinden, für den regulären Umfang der Benutzung Gebühren irgendwelcher Art zu erheben. Noch nicht abschließend geklärt ist, ob und in welchem Umfang Sondernutzungsgebühren für zusätzliche Beeinträchtigungen, die über die Regelnutzung nach § 50 TKG hinausgehen, erhoben werden dürfen. Für die Sondernutzungserlaubnis bzw die Sondernutzung dürfen Gebühren jedenfalls nur insoweit erhoben werden, als diese über den regulären Umfang des telekommunikationsrechtlichen Nutzungsrechts hinausgeht.

**27** Jedenfalls ist es vom regulären Nutzungsrecht gedeckt und damit nicht gebührenpflichtig, dass der Lizenznehmer die zur Wahrnehmung des Nutzungsrechtes erforderlichen Herstellungs-, Reparatur- und Wartungsarbeiten durchführen kann, ohne für die damit verbundene vorübergehende Beschränkung des Widmungszwecks einer besonderen Erlaubnis zu bedürfen. Erst bei einer dauernden Beeinträchtigung des Widmungszwecks liegt eine erlaubnisbedürftige Sondernutzung vor. Nicht unproblematisch ist vor diesem Hintergrund die Praxis, für „Aufgrabungsgenehmigungen" Verwaltungsgebühren zu erheben.[44] Mit Blick auf eigenständige telekommunikationsrechtlich begründete Sonderrechtsverhältnis ist es fragwürdig, ob die Überwachung der Einhaltung der Grenzen des Nutzungsrechts landesrechtlich zu einer verwaltungsgebührenpflichtigen Amtshandlung erhoben werden kann.[45]

### V. Entfallen von Voraussetzungen des Nutzungsrechts

**28** Schwierige Probleme stellen sich, wenn die tatbestandlichen Voraussetzungen der Nutzungsberechtigung enden. Solche Änderungen sind sowohl auf der Seite des Nutzungsberechtigten wie auf der Seite des Verpflichteten denkbar. Auf der Seite des Nutzungsberechtigten kann es zum Wegfall der Lizenz kommen oder dazu, dass die Telekommunikationslinie nicht mehr öffentlichen Zwecken dient. In beiden Fällen entfällt das Nutzungsrecht, das Voraussetzung der Sonderrechtsfähigkeit nach § 95 Abs 1 S 2 BGB ist.[46] Die einmal begründete Sonderrechtsfähigkeit der Telekommunikationslinie nach § 95 BGB ändert sich dadurch allerdings nicht.[47] Das Eigentum des Lizenznehmers an ihr bleibt vom Wegfall der Nutzungsberechtigung unberührt. Der Anspruch des Wegebaulastträgers auf Beseitigung der Telekommunikationslinie ergibt sich aus § 1004 Abs 1 S 1 BGB, wenn die Linie sein Eigentum mehr als unwesentlich beeinträchtigt (§ 57 Abs 1 TKG). Bei unterirdisch verlegten Kabeln dürfte eine wesentliche Beeinträchtigung häufig ausscheiden.[48] Wird die Widmung des Verkehrsweges dauerhaft aufgegeben, so richten sich die Rechtsfolgen nach § 53 Abs 2 TKG. Die Telekommunikationslinie ist zu entfernen, wenn der Eigentümer der Grundfläche dies verlangt (§ 1004 BGB) und kein Nutzungsrecht aus § 57 Abs 1 TKG besteht.[49] Kann die Telekommunikationslinie trotz der Einziehung in der bisherigen Trasse verbleiben, weil sie der künftigen Nutzung nicht im Wege steht, kann sich eine Verpflichtung des Baulastträgers aus dem gesetzlichen Schuldverhältnis ergeben, die verbleibende Lei-

---

[43] So Beck'scher TKG-Kommentar/*Schütz* § 50 Rn 56.
[44] Dazu VG Arnsberg, Urt v 10.11.1998, LK 3946/97, RTKom 2000, 59; aA VG Osnabrück, Urt vom 20.4.1999, RTKom 1999, 106; VG Weimar, Urt v 24.6.1997, bestätigt durch Thür OVG v 23.10.1997 in: *Wichert/Schmidt* Fernmelderecht Entscheidung 5.1.2 Nr 11/12.

[45] So VG Arnsberg, Urt v 10.11.1998, RTKom 2000, 61 f.
[46] Zur möglichen Sonderrechtsfähigkeit nach § 95 Abs 1 S 1 Palandt/*Heinrichs* § 95 Rn 6.
[47] Staudinger/*Dilcher* (1995), § 95 Rn 19.
[48] So Beck'scher TKG-Kommentar/*Schütz* § 50 Rn 39.
[49] BGHZ 125, 56, 63, NJW 1994, 999.

tung in ihrem Bestand durch Eintragung einer beschränkten persönlichen Dienstbarkeit zu sichern, bevor das Grundstück an Dritte übertragen wird.[50]

## § 51 Mitbenutzung

Soweit die Ausübung des Rechts nach § 50 für die Verlegung weiterer Telekommunikationslinien nicht oder nur mit einem unverhältnismäßig hohen Aufwand möglich ist, besteht ein Anspruch auf Duldung der Mitbenutzung anderer für die Aufnahme von Telekommunikationskabeln vorgesehener Einrichtungen, wenn die Mitbenutzung wirtschaftlich zumutbar ist und keine zusätzlichen größeren Baumaßnahmen erforderlich werden. In diesem Falle hat der Nutzer an den Mitbenutzungsverpflichteten einen angemessenen geldwerten Ausgleich zu leisten.

Schrifttum: Siehe § 50

Inhaltsübersicht:

|  | Rn |
|---|---|
| I. Grundlagen | 1–4 |
| II. Einzelkommentierung | 5–13 |
|   1. Die Mitbenutzung anderer für die Aufnahme von Telekommunikationskabeln vorgesehene Einrichtungen | 5–7 |
|   2. Unmöglichkeit oder Unverhältnismäßigkeit neuer Telekommunikationslinien | 8–9 |
|   3. Anspruchsziel: Duldung der Mitbenutzung | 10–12 |
|   4. Anspruchsberechtigter und Anspruchsgegner | 13 |
| III. Anspruch auf angemessenen geldwerten Ausgleich | 14 |

## I. Grundlagen

§ 51 dient der Infrastruktursicherung, indem die Eigentümer von Telekommunikationslinien in die Pflicht genommen werden. Im Regelfall geht es um die Nutzung eines Leerrohres, das von seinem Träger nicht voll für eigene Kabel benötigt wird.[1] Die darin zum Ausdruck kommende Sozialpflichtigkeit der Telekommunikationslinien-Eigentümer ist insbesondere dadurch gerechtfertigt, dass zugunsten von Telekommunikationslinien ihrerseits sondergesetzliche Privilegien bestehen (§ 50). § 51 dient damit dem Nutzerinteresse an preiswerten, im Wettbewerb erbrachten Telekommunikationsleistungen. Die Vorschrift soll insbesondere verhindern, dass Eigentum und Besitz an Telekommunikationslinien zu einer Basis für ein „natürliches" Monopol[2] werden, das den Marktzutritt wegen der hohen Kosten für die Schaffung alternativer Infrastrukturen wirtschaftlich unmöglich macht.[3]   **1**

§ 51 ermöglicht den Berechtigten die Verlegung eigener Übertragungswege. Eine hoheitliche Rechtsdurchsetzung sehen die §§ 50 ff TKG nicht vor. Der Anspruch ist ein privatrechtlicher Anspruch, dem ein ebenso privatrechtlicher Anspruch auf einen angemessenen geldwerten Ausgleich entgegensteht (§ 51 S 2). Eine Befugnis zu hoheitlicher Intervention kann sich allenfalls aus § 33 TKG ergeben.   **2**

§ 51 ist auch europarechtlich abgesichert. Nach Art 4 d der Dienste-Richtlinie in der Fassung der full competition-Richtlinie[4] müssen die Mitgliedsstaaten den Zugang zu bestehenden Einrichtungen sicherstellen, für die Wegerechte erteilt sind und neben denen zusätzliche Einrichtungen nicht errichtet werden können.   **3**

---

50 *Schmidt* Anmerkung zu BGHZ 125, 56 ff, Archiv PF 1994, 140, 141; Beck'scher TKG-Kommentar/ *Schütz* § 53 Rn 20.
1 TKMMR/*Demmel* C § 51 Rn 1.
2 Zum Konzept *Stobbe* Volkswirtschaftslehre II. 1983, S 564.
3 Zur Konzeption der gesetzlichen Regelung *Bullinger* ArchivPT 1998, 107, 124.
4 96/19 EG.

**4** Die sondergesetzliche Beschränkung der Abschlussfreiheit des Primärnutzungsberechtigten in § 51 lässt die Inhaltsfreiheit unberührt. Das bedeutet, dass vertragliche Vereinbarungen über das Nutzungsentgelt grundsätzlich zulässig sind, und zwar selbst dann, wenn ein Anspruch auf Mitnutzung aus § 51 Satz 1 besteht. Der Sekundärnutzungsberechtigte ist allerdings nicht zum Abschluss einer entsprechenden Vereinbarung verpflichtet. Kommt diese nicht zustande, bleibt es bei dem gesetzlichen Schuldverhältnis aus § 51.

## II. Einzelkommentierung

### 1. Die Mitbenutzung anderer für die Aufnahme von Telekommunikationskabeln vorgesehene Einrichtungen

**5** Für die Aufnahme von Telekommunikationskabeln vorgesehene Einrichtungen sind Einrichtungen jedweder Art, die zu diesem Zweck verlegt werden oder in nennenswertem Umfang für diesen Zweck eigenständig genutzt werden. Daher kann die Benutzung von Versorgungsleitungen, die der Energie- oder Wasserversorgung dienen, nicht ohne weiteres nach § 51 beansprucht werden.[5] Sobald solche Leitungen aber Einrichtungen aufweisen, die ihrerseits für die Aufnahme von Telekommunikationskabeln vorgesehen sind, können diese Einrichtungen gemäß § 51 TKG genutzt werden.

**6** Der Duldungsanspruch aus § 51 richtet sich in erster Linie auf Leerrohre,[6] bzw. Telekommunikationskabelanlagen[7], aber auch sonstige zur Aufnahme von Telekommunikationskabeln vorgesehene Einrichtungen jeder Art. Erfasst sind allerdings nur Einrichtungen für die Aufnahme von Kabeln. Daher fallen beispielsweise Antennenstandorte nicht darunter. Auch oberirdische Einrichtungen, wie Masten und Unterstützungen sollen Gegenstand des Nutzungsanspruchs aus § 51 sein.[8]

**7** Im Gesetz nicht eindeutig geregelt ist, ob der Anspruch nur im Hinblick auf solche Kabelanlagen und sonstige Einrichtungen besteht, die in Ausübung von Rechtspositionen aus § 50 TKG errichtet worden sind. Die hA geht davon aus, dass das Mitbenutzungsrecht nur für Einrichtungen auf öffentlichen Verkehrswegen gelte.[9] Dies soll sich aus dem Tatbestand (Inbezugnahme von § 51 auf § 50) und aus der systematischen Stellung innerhalb der §§ 50–58 TKG ergeben. Aus dieser Lesart ergibt sich allerdings eine unzureichende Umsetzung europarechtlicher Vorgaben, die diese Beschränkung auf bestehende Einrichtungen, für die Wegerechte gerade an öffentlichen Wegen erteilt worden sind, nicht kennen.[10]

### 2. Unmöglichkeit oder Unverhältnismäßigkeit neuer Telekommunikationslinien

**8** § 51 geht davon aus, dass die Verlegung einer separaten, unabhängigen Telekommunikationslinie (einschließlich der entsprechenden Leerrohre, Kabelanlagen ua) grundsätzlich Vorrang hat gegenüber der Mitnutzung. Deswegen hat jeder Lizenzinhaber das Nutzungsrecht aus § 50. Nur wenn die Ausübung dieses Rechtes unmöglich ist oder einen unverhältnismäßig hohen Aufwand verursacht, besteht der Mitnutzungsanspruch. Die Unmöglichkeit wird sich in erster Linie aus den tatsächlichen Gegebenheiten ergeben. Ein Fall ist, dass die örtlichen Verhältnisse die Unterbringung weiterer Kabelführungsvorrichtungen nicht zulassen. Die Unmöglichkeit liegt weiterhin vor, wenn der Wegebaulastträger die Zustimmung berechtigt verweigert.[11]

**9** Ohne Bindung an die Voraussetzung der Unmöglichkeit besteht der Anspruch aus § 51 auch dann, wenn die Verlegung neuer Kabelkanalanlagen oder anderer Einrichtungen einen unverhältnismäßig hohen Aufwand verursacht. Zur Vorläufervorschrift zu § 56 Abs 2 S 2 (unverhält-

---

[5] So TKMMR/*Demmel* C § 51 Rn 12.
[6] TKMMR/*Demmel* C § 51 Rn 1.
[7] Beck'scher TKG-Kommentar/*Schütz* § 51 Rn 8.
[8] Beck'scher TKG-Kommentar/*Schütz* § 51 Rn 8; TKMMR/4, C § 51 Rn 7.
[9] Beck'scher TKG-Kommentar/*Schütz* § 51 Rn 9; TKMMR/4, C § 51 Rn 11.
[10] So auch Beck'scher TKG-Kommentar/*Schütz* § 51 Rn 9.
[11] Nach TKMMR/*Demmel* C § 51 Rn 8, spielen „die Beweggründe" der Zustimmungsverweigerung keine Rolle.

nismäßig hohe Kosten) hat das BVerwG[12] den Tatbestand dahin konkretisiert, dass die Kosten einer gewöhnlichen oder normalen Errichtung einer Telekommunikationslinien erheblich überstiegen werden und damit deutlich über den Kosten der Mitnutzung liegen müssen. Es ist aber keinesfalls gewiss, dass diese Rechtsprechung auf die grundlegend neue Regelung in § 51 übertragbar ist. Auf die Wirtschaftlichkeitsberechnung des Anspruchstellers kommt es nicht maßgeblich an. Maßstab sind vielmehr die Kosten der Mitnutzung: Wenn diese deutlich unter den Kosten der Neuverlegung einer Kabeltrasse liegen, dürfte mit Blick auf die volkswirtschaftliche, die Nutzerinteresse sichernde Zielsetzung des TKG der Nutzungsanspruch bestehen. Auf eine Beeinträchtigung der Wirtschaftlichkeit des gesamten Investitionsvorhaben kommt es dann nicht an.[13] Es ist wegen der volkswirtschaftlichen, wettbewerbsfördernden Zielsetzung auch zweifelhaft, dass es bei erheblichem Mehraufwand einer Neuverlegung gegenüber der Mitnutzung zusätzlich noch auf atypisch hohen Aufwand ankommt.

### 3. Anspruchsziel: Duldung der Mitbenutzung

Das Anspruchsziel des § 51 Satz 1 besteht in der Duldung der Mitnutzung. Aus der Beschränkung **10** der Nutzung auf eine Mitbenutzung und aus einer verfassungsorientierten Auslegung (Art 14 GG) folgt, dass die aktuellen eigenen Nutzungsinteressen des Eigentümers Vorrang haben. Das gilt allerdings nicht für künftige Nutzungen: ein Freihalteinteresse des Eigentümers ist nicht anzuerkennen. Technische Nutzungseinschränkungen an den vorhandenen Telekommunikationslinien oder Beeinträchtigungen von deren Funktionalität muss der Eigentümer dagegen regelmäßig nicht hinnehmen.[14] Ebenfalls kein Anspruch auf Mitnutzung besteht, wenn sie zusätzliche größere Baumaßnahmen erfordert. Diese Voraussetzung des Mitnutzungsanspruchs soll nicht dem Interesse des potenziell Duldungspflichtigen Rechnung tragen, sondern vor allem dem öffentlichen Interesse der Strassenbaulastträgers.[15] Die zu erwartenden Bauarbeiten für die Mitbenutzung sind dem Ausmaß der Bauarbeiten für die Neuverlegung gegenüberzustellen. Jedenfalls dann, wenn sich ungefähr ein Gleichgewicht ergibt, braucht die Mitbenutzung nicht geduldet zu werden.[16]

Die **Darlegungs- und Beweislast** für die verschiedenen Tatbestandsmerkmale dürfte nach dem **11** gesetzlichen Tatbestand verteilt sein: Dem Anspruchsteller obliegt Darlegung und Nachweis, dass ihm die Ausübung des Rechts nach § 50 für die Verlegung weiterer Telekommunikationslinien nicht oder nur mit einem unverhältnismäßig hohen Aufwand möglich ist.[17] Demgegenüber dürfte die wirtschaftliche Unzumutbarkeit der Mitbenutzung auf Seiten des Verpflichteten im gesetzlichen Tatbestand als rechtsvernichtende Einwendung formuliert sein. Das spricht dafür, dass insoweit von vornherein der potenziell Verpflichtete darlegungs- und beweispflichtig ist.[18]

Seinem Ziel nach ist der Anspruch auf Duldung sämtlicher Maßnahmen, die für die Mitbenut- **12** zung erforderlich sind. Dazu gehört insbesondere das Einziehen weiterer Kabel. Aber auch sonstige Maßnahmen – einschließlich baulicher Eingriffe – sind grundsätzlich vom Anspruch des § 51 S 1 gedeckt.

### 4. Anspruchsberechtigter und Anspruchsgegner

Anspruchsberechtigt nach § 51 ist nur, wer zum Kreis der nach § 50 Anspruchsberechtigten **13** gehört (siehe § 50 Rn 12 f). Anspruchsverpflichtet ist, wer das Eigentum oder die tatsächliche Sachherrschaft an für die Aufnahme von Telekommunikationskabeln vorgesehenen Einrichtungen innehat. Auf die „Betreiber-"Stellung oder Lizenzinhaber-Stellung kommt es nicht an.[19]

---

[12] NJW 1976, 906.
[13] Beck'scher TKG-Kommentar/*Schütz* § 51, Rn 7.
[14] TKMMR/*Demmel* C § 51 Rn 13.
[15] Beck'scher TKG-Kommentar/*Schütz* § 51, Rn 13.
[16] TKMMR/*Demmel* C § 51 Rn 14.

[17] So auch Beck'scher TKG-Kommentar/*Schütz* § 51 Rn 7.
[18] Im Ergebnis mit anderer Begründung ebenso Beck'scher TKG-Kommentar/*Schütz* § 51 Rn 12.
[19] Von einem Betreiber spricht allerdings Beck'scher TKG-Kommentar/*Schütz* § 51 Rn 10.

## III. Anspruch auf angemessenen geldwerten Ausgleich

**14** Der angemessene geldwerte Ausgleich (§ 51 S 2) ist Gegenstand eines privatrechtlichen Anspruchs des Duldungspflichtigen gegen den Duldungsberechtigten. Der Anspruch ist auf Geld gerichtet. Ein Zurückbehaltungsrecht (§ 273 BGB) scheidet mit Blick auf den Zweck des Duldungsanspruches aus. Die Angemessenheit wird im Gesetz nicht näher konkretisiert. Als entscheidungserhebliche Parameter werden die Kosten einschließlich der Verluste wegen der entgangenen Vermarktungsmöglichkeiten oder entgangener eigener Nutzungsmöglichkeiten, dh die Alternativ- oder Opportunitätskosten genannt, andererseits aber auch der Marktpreis.[20] Diese Bemessungskriterien sind im rechtlichen Ansatzpunkt eher widersprüchlich. Wenn es einen Marktpreis gibt und er maßgeblich ist, kann es auf die Kosten nicht mehr ankommen. Die normative Wirkung eines „Marktpreises" setzt allerdings im Allgemeinen nicht nur voraus, dass es einen solchen gibt, sondern auch, dass er auf einer ordnungsgemäßen, dem Leitbild wirksamen Wettbewerbes entsprechenden, Preisbildung beruht. Davon ist bei infrastrukturellen Bottleneck-Ressourcen nicht ohne Weiteres auszugehen. Solange und soweit ein wettbewerblich gebildeter Marktpreis nicht besteht, dürfte eine kapital- und zusatzkostenorientierte Betrachtung am ehesten geeignet sein, die Angemessenheit normativ zu konkretisieren. Aus dem Verhältnismäßigkeitsprinzip folgt, dass die Zusatzkosten (zum Begriff § 24 Rn 26 ff) jedenfalls Untergrenze des angemessenen Entgeltes sind, solange dieses nicht anhand eines maßgeblichen Marktpreises konkretisiert wird.

# § 52 Rücksichtnahme auf Wegeunterhaltung und Widmungszweck

(1) Bei der Benutzung der Verkehrswege ist eine Erschwerung ihrer Unterhaltung und eine vorübergehende Beschränkung ihres Widmungszwecks nach Möglichkeit zu vermeiden.

(2) Wird die Unterhaltung erschwert, so hat der Nutzungsberechtigte dem Unterhaltungspflichtigen die aus der Erschwerung erwachsenden Kosten zu ersetzen.

(3) Nach Beendigung der Arbeiten an den Telekommunikationslinien hat der Nutzungsberechtigte den Verkehrsweg unverzüglich wieder instand zu setzen, sofern nicht der Unterhaltungspflichtige erklärt hat, die Instandsetzung selbst vornehmen zu wollen. Der Nutzungsberechtigte hat dem Unterhaltungspflichtigen die Auslagen für die von ihm vorgenommene Instandsetzung zu vergüten und den durch die Arbeiten an der Telekommunikationslinie entstandenen Schaden zu ersetzen.

**Schrifttum:** Vgl die zu § 50 angegebene Literatur sowie *Bilitzki* Folge- und Folgekostenpflicht von TK-Unternehmen, MMR 1999, 80; *Koenig/Siemer* Zur Verfassungsmäßigkeit der unentgeltlichen Nutzungsberechtigung von Telekommunikationsnetzbetreibern an kommunalen Verkehrswegen, NVwZ 2000, 609.

**Inhaltsübersicht**

| | Rn |
|---|---|
| I. Entstehungsgeschichte und Systematik | 1–4 |
| II. Pflicht zur Rücksichtnahme | 5–14 |
|    1. Benutzung der Verkehrswege | 6–7 |
|    2. Vermeidungsgebot | 8–14 |
|       a) Erschwerung ihrer Unterhaltung | 9–11 |
|       b) Beschränkung ihres Widmungszwecks | 12–14 |
| III. Kostenersatz | 15 |
| IV. Instandsetzungspflicht | 16–21 |
|    1. Telekommunikationslinie | 17 |
|    2. Instandsetzung durch den Nutzungsberechtigten | 18–19 |
|    3. Auslagenvergütung | 20 |

---

[20] Beck'scher TKG-Kommentar/*Schütz* § 51 Rn 14; TKMMR/*Demmel* C § 51 Rn 15.

Hans-Heinrich Trute

§ 52 Rücksichtnahme auf Wegeunterhaltung und Widmungszweck

4. Schadensersatzpflicht . . . . . . . . . . . . . . . . . . . . . . . . . . . . . . . . . . . . . 21
V. Rechtsnatur der Ansprüche und Rechtsweg . . . . . . . . . . . . . . . . . . . . . . . . 22–24

## I. Entstehungsgeschichte und Systematik

Die Vorschrift des § 52 TKG bildet zusammen mit der Vorschrift des § 53 TKG einen Gesamtkomplex von Regelungen, die die Rechtsbeziehungen zwischen den Nutzungsberechtigten und Wegeunterhaltungspflichtigen, in der Regel den Trägern der Wegebaulast, betreffen. Sie sind weitgehend unverändert dem Telegrafenwegegesetz (§§ 2, 3 TWG) entnommen, das mit Inkrafttreten des Telekommunikationsgesetzes gemäß § 100 Abs 3 TKG außer Kraft getreten ist.[1] Die Vorschrift des § 52 TKG war im Wesentlichen **bereits im ursprünglichen Fraktionsentwurf**[2] als **§ 51 enthalten**. Im Laufe des Gesetzgebungsverfahrens wurde allein in Abs 3 S 1 die Formulierung, wonach der Nutzungsberechtigte den Verkehrsweg sobald als möglich wieder instand zusetzen habe, ersetzt durch die Formulierung, dies habe unverzüglich zu geschehen.[3]

**1**

Die Vorschrift schließt systematisch an den § 50 TKG an, wonach der Bund befugt ist, Verkehrswege für die öffentlichen Zwecken dienenden Telekommunikationslinien unentgeltlich zu benutzen, soweit dadurch nicht der Widmungszweck dauernd beschränkt wird. Diese Nutzungsberechtigung überträgt der Bund auf Lizenznehmer nach § 6 Abs 1 Nr 1 TKG im Rahmen der Lizenzerteilung nach § 8 TKG gemäß § 50 Abs 2 TKG, da die Dienstleistungen nach Art 87 Abs 2 S 1 GG privatwirtschaftlich zu erbringen sind. Mit der Zustimmung nach § 50 Abs 3 S 1 TKG durch den Träger der Wegebaulast kommt ein **gesetzliches Schuldverhältnis** zwischen dem Nutzungsberechtigten und dem Wegebaulastträger zustande, das hinsichtlich der Hauptfolge- und Folgekostenpflichten in §§ 52 ff TKG näher ausgestaltet wird.[4] Dieses gesetzliche Schuldverhältnis schließt einen Rückgriff auf die Regelungen des allgemeinen Straßenrechts aus. Begründet wird damit ein öffentlich-rechtliches Sonderregime, das sich sowohl von der Sondernutzung (etwa § 8 Abs 1 FStrG) als auch von der privatrechtlichen Regelung der Benutzung (etwa im Rahmen von § 8 Abs 10 FStrG) abhebt.[5] Die §§ 52 f TKG ebenso wie §§ 55 f TKG sind Teil dieses Sonderregimes und regeln die Pflichten insbesondere des Nutzungsberechtigen. Die Nutzung ist nur im Rahmen des § 50 Abs 1 TKG möglich, also nur soweit dadurch der Widmungszweck der Verkehrswege nicht dauernd beschränkt wird. Da Verkehrswege primär einem anderen Zweck dienen, hat dieser Zweck auch dauerhaft im Vordergrund zu stehen. Insoweit enthält bereits § 50 Abs 1 TKG eine **Konfliktlösung unterschiedlicher Benutzungsinteressen zugunsten der Primärzwecke der Verkehrswege**.[6] Die unentgeltliche Nutzung zugunsten der öffentlichen Zwecken dienenden Telekommunikationslinien kann zu Konflikten mit dem primären Widmungszweck auch ohne dessen dauernde Beschränkung führen. Dies geschieht weniger durch die Nutzung der Telekommunikationslinie als vielmehr deren Installierung, Veränderung oder Aufhebung, die mit Eingriffen in den Verkehrskörper verbunden sein kann. Die sich daraus ergebenden Konflikte zu lösen und das Nutzungsverhältnis zwischen dem Nutzungsberechtigten und dem Träger der Wegebaulast näher auszugestalten, ist Aufgabe der §§ 52 f TKG, §§ 55 f TKG.

**2**

Die §§ 52 f TKG beziehen sich auf das Verhältnis von Nutzungsberechtigen und Unterhaltungspflichtigen mit dem oben schon genannten Vorrang des Primärzwecks. Darüber hinaus freilich waren die Verkehrswege neben den vom Primärzweck erfassten Nutzungen immer auch für Nebennutzungen offen, die ihrerseits wiederum untereinander konfligieren können. Dieses Nutzungsregime ist in den §§ 56 f TKG enthalten.[7] Hier werden die Rechtsbeziehungen zwi-

**3**

---

[1] Vgl auch BT-Drucks 13/3609 S 50 zu § 51, 52 TKGE.
[2] BT-Drucks 13/3609.
[3] BT-Drucks 13/4438 Stellungnahme des Bundesrates Nr 66 zu § 51 Abs 3 sowie Gegenäußerung der Bundesregierung; Beschlussempfehlung und Bericht des Ausschusses für Post und Telekommunikation BT-Drucks 13/4864 zu § 51 Abs 3.
[4] Vgl BVerwG NVwZ 2000, 316; auch Beck'scher TKG-Kommentar/*Schütz* § 50 Rn 12; *Spoerr* § 50 Rn 21, aber jeweils auf die Inanspruchnahme abstellend.
[5] BVerwG NVwZ 2000, 316.
[6] Beck'scher TKG-Kommentar/*Schütz* § 52 Rn 1; BVerwG NVwZ 1987, 878.
[7] Dazu und zum Folgenden BVerwG NVwZ 2000, 316, 317.

Hans-Heinrich Trute

schen dem Betreiber einer Telekommunikationslinie (Nutzungsberechtigter) und den anderen privaten oder öffentlichen Aufgabenträgern, die den Verkehrsweg für eine „besondere Anlage" in Anspruch nehmen (wollen) [sonstige Nutzungsberechtigte] geregelt. Dabei kommt es nicht darauf an, auf welchem Rechtstitel diese sonstige Nutzung beruht, also etwa auf einer Sondernutzungserlaubnis (etwa § 8 Abs 1 FStrG), einer privatrechtlichen Vereinbarung (etwa § 8 Abs 10 FStrG), dem Anliegergebrauch oder auf einem sonstigen Rechtsgrund.[8]

**4** Die Vorschrift des § 52 TKG enthält daher zunächst eine **allgemeine Verpflichtung zur Rücksichtnahme,** wonach bei der Benutzung der Verkehrswege eine Erschwerung ihrer Unterhaltung oder eine vorübergehende Beschränkung ihres Widmungszwecks nach Möglichkeit zu vermeiden ist (Abs 1). Die Erschwerung der Unterhaltung führt zu einem **Anspruch des Unterhaltungspflichtigen,** dem der Nutzungsberechtigte die aus der Erschwerung erwachsenen **Kosten zu ersetzen hat** (Abs 2). Nach Arbeiten an der Telekommunikationslinie hat der **Nutzungsberechtigte** den Verkehrsweg unverzüglich wieder **instand zu setzen,** sofern nicht der Unterhaltspflichtige die Instandsetzung selbst vornehmen will. Für diesen Fall sind die Auslagen und die durch die Arbeiten entstandenen Schäden dem Unterhaltspflichtigen zu ersetzen (Abs 3).

## II. Pflicht zur Rücksichtnahme

**5** Der Nutzungsberechtigte ist verpflichtet, die Verkehrswege so zu benutzen, dass eine Erschwerung ihrer Unterhaltung und eine **vorübergehende Beschränkung ihres Widmungszwecks** nach Möglichkeit **vermieden** wird.

### 1. Benutzung der Verkehrswege

**6** § 52 TKG knüpft an die **Benutzung der Verkehrswege** als Tatbestandsmerkmal an. Damit wird für den Begriff der Verkehrswege auf § 50 Abs 1 S 2 TKG Bezug genommen (§ 50 Rn 8 f). Öffentliche Wege und Plätze sind diejenigen Straßen und sonstigen Wege, die dem öffentlichen Verkehr gewidmet sind. Entscheidend kommt es insoweit auf die Widmung nach Maßgabe der jeweils für die betreffende Straße geltenden Bundes- oder Landesstraßengesetze an. Umfasst sind nicht nur die Fahrbahnen im eigentlichen Sinne, sondern alles, was nach dem jeweiligen Straßenrecht Bestandteil der Straße ist.[9] Danach gehört zum Verkehrsweg insbesondere der die Straße im technischen Sinne bildende Straßenkörper unter Einschluss von „Kunstbauten" wie Brücken und Tunnels[10] und der darüber befindliche Luftraum.[11] Brücken sind nicht nur als Bestandteil des öffentlichen Weges, sondern insgesamt Gegenstand des Nutzungsrechts, dem auch Tunnel unterfallen.[12] Auch für den Begriff der öffentlichen Gewässer kommt es allein auf den Status der Öffentlichkeit an, nicht aber darauf, ob das Gewässer als solches schiffbar ist.[13]

**7** Die **Benutzung** der Verkehrswege ist **jede Inanspruchnahme** der Verkehrswege **für die öffentlichen Zwecken dienenden Telekommunikationslinien.** Dies wird freilich begrenzt durch den § 50 Abs 1 S 1 TKG; die Benutzung darf also nicht zu einer dauernden Beschränkung des Verkehrsweges führen. Sie umschreibt alle mit der Errichtung, dem Betrieb, der Änderung und Aufhebung der Telekommunikationslinien verbundenen Arbeiten.

### 2. Vermeidungsgebot

**8** Zu vermeiden ist **nach Möglichkeit** eine Erschwerung der Benutzung der Verkehrswege und eine vorübergehende Beschränkung ihres Widmungszwecks. Diese Einschränkung ergibt sich freilich nur im Rahmen der Möglichkeit. Der Nutzungsberechtigte ist also nicht etwa verpflichtet, jede Erschwerung und jede – auch nur vorübergehende Beschränkung des Widmungszwecks zu vermeiden. Vielmehr ist im Rahmen des Zumutbaren eine Abwägung der entsprechenden Interessen vorzunehmen. Der Nutzungsberechtigte hat insoweit alle Vorkehrungen zu treffen,

---

[8] Vgl BVerwGE 64, 176.
[9] Kodal/Krämer/*Bauer* Kap 27 Rn 121.3, Rn 127.3.
[10] Vgl *Kodal/Krämer* Kap 6 Rn 5 ff.
[11] BGH NVwZ 2000, 711, 712.
[12] § 50 Rn 8.
[13] § 50 Rn 9.

Hans-Heinrich Trute

die technisch durchführbar und wirtschaftlich zumutbar sind, um eine Beeinträchtigung der Unterhaltung oder eine Beschränkung des Widmungszwecks zu vermeiden.[14]

a) **Erschwerung ihrer Unterhaltung**

Im Rahmen des Möglichen ist eine **Erschwerung der Unterhaltung der Verkehrswege** zu vermeiden. Der Begriff der Unterhaltung umfasst wegerechtlich alle Maßnahmen zur Instandhaltung und Beseitigung von Abnutzungserscheinungen infolge bestimmungsgemäßer Benutzung sowie von Schäden, die sowohl durch Natureinflüsse wie auch sonstige bestimmungswidrige Einwirkungen hervorgerufen werden können. Dazu kommen selbstverständlich alle Maßnahmen, die der Erneuerung und Wiederherstellung des Weges dienen (§ 53 Rn 6 ff).[15] 9

Im Rahmen des Möglichen zu vermeiden ist eine **Erschwerung** der Unterhaltung. Dies beinhaltet jede – über das Maß des unerheblichen hinausgehende – Belastung, die dem Unterhaltspflichtigen entsteht. Dies kann sowohl zeitliche Verzögerungen, finanzielle Mehrkosten wie auch einen erhöhten Planungs- und Koordinationsaufwand bedeuten.[16] In diesem Sinne ist die Erschwerung durchaus weit zu verstehen, die nötige Korrektur erfolgt über die Abwägung im Rahmen des Möglichen, dh der Zumutbarkeit. Dies ermöglicht sachgerechte Ergebnisse. Dabei ist selbstverständlich, dass das Vorhandensein einer Telekommunikationslinie als solches noch keine Erschwerung in diesem Sinne darstellt. Sie ist vom Gesetz gerade vorgesehen.[17] Auf der anderen Seite besteht vom Gesetz her keine Vermutung, dass beim Bau des öffentlichen Weges oder bei der Auslegung des Telekommunikationskabels die Vorschriften des § 52 TKG beachtet worden sind.[18] 10

Aus der Vermeidungspflicht im Rahmen des Möglichen, also dem Rücksichtnahmegebot, folgen **Koordinations- und Planungspflichten**, die zur Vermeidung der Erschwerung dienen.[19] Diese treffen in erster Linie den Nutzungsberechtigten, da der Primärzweck und seine Sicherstellung durch Unterhaltung der Verkehrswege als vorrangig anzusehen sind. Freilich erwachsen diese Koordinierungs-, Abstimmungs- und ggf Überwachungspflichten[20] aus dem gesetzlichen Schuldverhältnis, das hinsichtlich der sich daraus ergebenden Ersatz-, Auslagen- und Schadensersatzpflichten in Abs 2, 3 eine Regelung gefunden hat, die keiner Ergänzung durch kommunales Gebührenerhebungsrecht zugänglich sind.[21] 11

b) **Beschränkung ihres Widmungszwecks**

Im Rahmen des Möglichen zu vermeiden ist eine auch nur vorübergehende **Beschränkung des Widmungszwecks** des von dem Nutzungsberechtigten zur Nutzung vorgesehenen Verkehrsweges. Der Widmungszweck ergibt sich aus dem jeweiligen Straßen- und Wegerecht. Zu vermeiden ist jede vorübergehende Beschränkung dieses Zweckes, freilich im Rahmen der Möglichkeit. Eine dauerhafte Beschränkung des Widmungszwecks scheidet ohnehin aus, da das Nutzungsrecht tatbestandlich von vornherein eine dauernde Beschränkung nicht umfasst (§ 50 Abs 1 S 1 TKG) oder – im Falle nachträglichen Eintretens – eine Abänderung oder Beseitigung erfordert (§ 53 Rn 3). Vorübergehend ist jede Beschränkung, die nach Durchführung der nötigen Arbeiten an der Telekommunikationslinie zur Nutzung im Rahmen des primären Widmungszwecks führt. 12

Eine **Beschränkung** liegt vor, wenn eine Nutzung im Rahmen des Primärzwecks auf Grund des Eingriffs ganz oder teilweise nicht mehr ausgeübt werden kann. Dabei kommt es nicht auf eine Beeinträchtigung an, sondern auf eine faktische Beschränkung der durch den Widmungszweck 13

---

14 *Aubert/Klingler* 2. Kap Rn 121; *Eidenmüller* § 2 TWG Anm 4; Beck'scher TKG-Kommentar/*Schütz* § 52 Rn 3.
15 Kodal/Krämer/Rinke, Kap 12, Rn 12. 3; Kodal/Krämer/*Kämpfer* Kap 27 Rn 135; Beck'scher TKG-Kommentar/*Schütz* § 52 Rn 4.
16 Vgl auch *Koenig/Siewer* NVwZ 2000, 609, 614.
17 Beck'scher TKG-Kommentar/*Schütz* § 52 Rn 5.
18 Siehe zur alten Rechtslage *Aubert/Klingler* 2. Kap Rn 124 sowie Beck'scher /*Schütz* § 52 Rn 5.
19 Vgl auch VG Arnsberg, RTkom 2000, 59, 61.
20 VG Arnsberg, RTkom 2000, 59, 61.
21 VG Osnabrück, RTkom 1999, 106 f; aA VG Arnsberg RTkom 2000, 59, 61 f.

zugelassenen Möglichkeiten, also eine gewisse **Gewichtigkeit und Spürbarkeit des Eingriffs** mit den Folgen für die bestimmungsgemäße Benutzung.[22]

**14** Auch die vorübergehende Beschränkung des Widmungszwecks ist **im Rahmen des Möglichen** zu vermeiden. Wie bei der Unterhaltung (Rn 9) bietet der Begriff „nach Möglichkeit" hier die Möglichkeit zu einer abwägenden Berücksichtigung der unterschiedlichen Interessen.

## III. Kostenersatz

**15** Anknüpfend an die primäre Vermeidungspflicht des § 52 Abs 1 TKG gewährt § 52 Abs 2 TKG dem Unterhaltspflichtigen einen **Kostenersatzanspruch** gegen den Nutzungsberechtigten, sofern eine Erschwerung der Unterhaltung erfolgt. Damit umfasst die Kostenersatzregelung zunächst die **unvermeidbare Erschwerung der Unterhaltung**. Dies steht im Einklang mit dem Vorrang des Primärzwecks. Ungeachtet der Tatsache, dass das Nutzungsrecht für Verkehrswege nur für öffentlichen Zwecken dienende Telekommunikationslinien besteht, ist kein Grund ersichtlich, warum der Unterhaltspflichtige die durch die Sekundärnutzung der Verkehrswege entstehenden Kosten tragen sollte. Daher sind alle Mehraufwendungen des Unterhaltspflichtigen zu tragen, die durch die Inanspruchnahme des Verkehrsweges für Telekommunikationszwecke bedingt sind und zu einer Erschwerung der Unterhaltung führen. Insoweit ist die Ersatzpflicht (ebenso wie die Auslagenvergütungs- und Schadensersatzpflicht nach § 52 Abs 3 Rn 20 f) durchaus weit zu verstehen. Dies gilt zumal angesichts der Tatsache, dass die durch Telekommunikationslinien veranlasste Sondernutzung in gewisser Weise systemwidrig gegenüber anderen Nutzungen durch Versorgungsleitungen kostenlos eingeräumt ist.[23] Tatbestandlich ist der Kostenersatzanspruch allerdings nicht eingeengt auf diejenigen Fälle, in denen die Erschwerung der Unterhaltung unvermeidbar ist. Vom Wortlaut her trifft den Nutzungsberechtigten die Pflicht, alle aus der Erschwerung erwachsenden Kosten zu ersetzen. Insoweit können auch die Kosten ersetzt verlangt werden, die aus **vermeidbaren, aber nicht unterlassenen Erschwerungen** entstehen. Dabei ist freilich § 254 BGB zu berücksichtigen.

## IV. Instandsetzungspflicht

**16** Nach Beendigung der Arbeiten an den Telekommunikationslinien hat gemäß § 52 Abs 3 TKG **der Nutzungsberechtigte den Verkehrsweg unverzüglich** wieder **instand zu setzen**, sofern nicht der Unterhaltspflichtige erklärt hat, die Instandsetzung selbst vornehmen zu wollen. Diese primäre Verpflichtung, die sich im Grunde schon aus § 52 Abs 1 TKG ergibt, weil eine Erschwerung ihrer Unterhaltung oder vorübergehende Beschränkung ihres Widmungszwecks vermeidbar ist, wenn eine Instandsetzung unverzüglich erfolgt, kann der Unterhaltspflichtige freilich selbst vornehmen wollen. In diesem Fall hat der Nutzungsberechtigte allerdings dem Unterhaltungspflichtigen die Auslagen für die von ihm vorgenommene Instandsetzung zu vergüten und den durch die Arbeiten an der Telekommunikationslinie entstandenen Schaden zu ersetzen (Abs 3 S 2).

### 1. Telekommunikationslinie

**17** Der Begriff der Telekommunikationslinie (§ 50 Rn 10) ist weit zu verstehen. Darunter fallen die unter- oder oberirdisch geführten Kabelanlagen einschließlich ihrer zugehörigen Schalt- und Verzweigungseinrichtungen, Masten und Unterstützungen, Kabelschächte und Kabelrohre,[24] nicht aber Vorhalteeinrichtungen, wie etwa Kabelwannen, die von den Unterhaltungspflichtigen in eigener Regie errichtet wurden.[25]

---

[22] § 50 Rn 15; Kodal/Krämer/*Bauer* Kap 27 Rn 129; Beck'scher TKG-Kommentar/*Schütz* § 50 Rn 32.
[23] Auf diesen Punkt zu Recht verweisend BVerwG NVwZ 2000, 316, 318; vgl auch BGH NVwZ 2000, 711, 712.
[24] BGH NVwZ 2000 711, 712; *Aubert/Klingler* Kap 2 Rn 16; *Eidenmüller* TWG § 1 Anm. 6; Beck'scher TKG-Kommentar/*Schütz* § 50 Rn 12.
[25] BGH NVwZ 2000, 711, 712.

## 2. Instandsetzung durch den Nutzungsberechtigten

Die Instandsetzungsverpflichtung erfasst die **Herstellung des früheren**, vor Beginn der Arbeiten an der Telekommunikationslinie bestehenden Zustandes mit Maßnahmen, die zu einem nach Art, Umfang, Tragfähigkeit und Güte mit dem ursprünglichen Zustand vergleichbaren Zustand führen, also die Integrität des Verkehrsweges wieder herstellen.[26] Die Instandsetzung muss selbstverständlich den für den jeweiligen Verkehrsweg und seine Richtung und Unterhaltung geltenden Regeln der Technik entsprechen, etwa den anerkannten Regeln der Straßenbautechnik. Dazu zählen die in technischen Fachkreisen verwendeten Normen, technischen Vorschriften, technischen Hinweise und Merkblätter.[27] Die Instandsetzung beinhaltet von ihrem Umfang her die Herstellung des früheren, den Primärzweck ermöglichenden Zustandes. Insoweit sind also alle Maßnahmen veranlasst, die kausal durch die Nutzung der Verkehrswege für die öffentlichen Zwecken dienenden Telekommunikationslinien verursacht sind und die erforderlich sind, um den Verkehrsweg für die vorherige Nutzung wieder in den Stand zu versetzen. Mögen auch ästhetische Gesichtspunkte, die den Gebrauch des Verkehrsweges nicht beeinträchtigen, für die Instandsetzungspflicht unerheblich sein[28], so sind doch alle diejenigen Maßnahmen zu ergreifen, die der Verhinderung einer Funktionsminderung dienen. Eine geringerwertige Wiederherstellung des Verkehrsweges ist eine Schlecht- oder Nichterfüllung der Instandsetzungspflicht, die entsprechend § 362 Abs 1 BGB den Instandsetzungsanspruch weiterhin bestehen lässt.[29]

18

Die **Instandsetzungsverpflichtung entsteht unmittelbar nach der Beendigung der Arbeiten** an den Telekommunikationslinien und hat unverzüglich zu einer Wiederherstellung des bestimmungsgemäßen Zustandes zu führen. Mit dem Begriff der Unverzüglichkeit knüpft das TKG an den § 121 BGB an. Der Verkehrsweg ist also ohne schuldhaftes Zögern nach Abschluss der Benutzungsarbeiten wieder instand zu setzen.

19

## 3. Auslagenvergütung

Sofern der Unterhaltspflichtige erklärt hat, die Instandsetzung selbst vornehmen zu wollen, hat der Nutzungsberechtigte dem Unterhaltungspflichtigen die Auslagen für die von ihm vorgenommene Instandsetzung zu vergüten. Die Selbstvornahmeerklärung durch den Träger der Wegebaulast hat zur Folge, dass an die Stelle der primären Instandsetzungspflicht für den Nutzungsberechtigten die **Pflicht zur Auslagenvergütung** tritt (§ 52 Abs 3 S 2 1. Alt TKG). Die Auslagenvergütungspflicht ist begrenzt auf die durch die Instandsetzung verursachten Auslagen. Etwaige eigene Maßnahmen des Wegebaulastträgers, die im Zusammenhang mit der telekommunikationsspezifischen Nutzung zu Unterhaltsverpflichtungen führen, sind im Rahmen des Aufwendungsersatzes zu berücksichtigen. Dabei ist freilich zu berücksichtigen, dass die Koordinierungs- und Planungspflichten grundsätzlich den Nutzungsberechtigten treffen, nicht den Unterhaltungsverpflichteten. Dieses Verhältnis kann über eine etwaige Kürzung des Auslagenersatzanspruches nicht verkehrt werden.

20

## 4. Schadensersatzpflicht

Über die Auslagenvergütungsverpflichtung hinaus trifft den Nutzungsberechtigten die Verpflichtung, den durch die Arbeiten an der Telekommunikationslinie entstandenen **Schaden zu ersetzen**. Diese Verpflichtung ist unabhängig davon, wer die Instandsetzungsarbeiten durchführt, knüpft also nicht an die Instandsetzungsverpflichtung nach § 53 Abs 3 S 1 TKG an.[30] Die Schadenersatzpflicht steht neben dem Kostenersatzanspruch nach § 52 Abs 2 TKG sowie dem

21

---

[26] Vgl *Aubert/Klingler* 2. Kap Rn 126; *Eidenmüller* § 2 TWG Anm 8; Beck'scher TKG-Kommentar/*Schütz* § 52 Rn 10.
[27] Beck'scher TKG-Kommentar/*Schütz* § 52 Rn 10.
[28] Vgl VGH München, Archiv PF 1982, 443 m Anm *J. Schmidt*; Beck'scher TKG-Kommentar/*Schütz* § 52 Rn 11.

[29] OVG NRW ArchivPT 1997, 329, 332 zu § 2 Abs 3 TWG; Beck'scher TKG-Kommentar/*Schütz* § 52 Rn 11.
[30] Vgl *Aubert/Klingler* 2. Kap Rn 130; *Eidenmüller* § 2 TWG Anm 11; Beck'scher TKG-Kommentar/*Schütz* § 52 Rn 15.

Hans-Heinrich Trute

Auslagenvergütungsanspruch nach § 52 Abs 2 S 2 1. Alt TKG. Sie erfasst daher nur sonstige, darüber hinausgehende Vermögenseinbußen.[31] Umfasst ist jede Vermögenseinbuße des Baulastträgers, die eine adäquate Folge der Arbeiten an der Telekommunikationslinie ist. Dazu zählen nicht nur unmittelbare Schäden am Verkehrsweg selbst, sondern auch mittelbare und Haftpflichtschäden. Die Schadenersatzpflicht tritt unabhängig von einem Verschulden des Nutzungsberechtigten ein. Freilich ist hier, wie auch sonst § 254 BGB zu berücksichtigen.[32] Der Anspruch entsteht mit dem Eintritt des Schadens.

## V. Rechtsnatur der Ansprüche und Rechtsweg

**22** Die in § 52 Abs 2, 3 TKG gewährten Ansprüche auf Kostenersatz, Auslagenvergütung und Schadensersatz haben ihren Grund in dem durch das Benutzungsrecht entstehenden gesetzlichen Schuldverhältnis zwischen Nutzungsberechtigtem und Unterhaltsverpflichtetem. Es handelt sich insoweit um **öffentlich-rechtliche Ansprüche**. Etwaige Verträge zwischen dem Nutzungsberechtigten und dem Unterhaltungsverpflichteten sind daher auch verwaltungsrechtliche Verträge.

**23** Die Durchsetzung der Ersatzpflichten kann jedenfalls im Wege der Leistungsklage verfolgt werden.[33] Ob die verbreitet angenommene Möglichkeit, durch einen Kostenfestsetzungsbescheid einseitig eine Regelung zu treffen[34] vom Gesetz umfasst ist, hängt davon ab, ob für die einseitige Regelungsmöglichkeit eine eigenständige gesetzliche Ermächtigung verlangt wird, was richtigerweise zu bejahen ist.

**24** Für Streitigkeiten über die sich aus § 52 ergebenden Ansprüche ist der Verwaltungsrechtsweg eröffnet. Dies gilt für den Kostenerstattungs- und Auslagenersatzanspruch nach § 52 Abs 2, 3 S 2 TKG. Dies gilt auch für den Schadensersatzanspruch nach § 52 Abs 3 S 2 2. Alt TKG.[35]

## § 53 Gebotene Änderung

(1) Ergibt sich nach Errichtung einer Telekommunikationslinie, dass sie den Widmungszweck eines Verkehrsweges nicht nur vorübergehend beschränkt oder die Vornahme der zu seiner Unterhaltung erforderlichen Arbeiten verhindert oder der Ausführung einer von dem Unterhaltungspflichtigen beabsichtigten Änderung des Verkehrsweges entgegensteht, so ist die Telekommunikationslinie, soweit erforderlich, abzuändern oder zu beseitigen.

(2) Soweit ein Verkehrsweg eingezogen wird, erlischt die Befugnis des Nutzungsberechtigten zu seiner Benutzung.

(3) In allen diesen Fällen hat der Nutzungsberechtigte die gebotenen Maßnahmen an der Telekommunikationslinie auf seine Kosten zu bewirken.

**Schrifttum:** siehe dazu die Nachweise bei den §§ 50, 52 TKG.

### Inhaltsübersicht

| | Rn |
|---|---|
| I. Entstehungsgeschichte und Systematik | 1–2 |
| II. Änderungs- und Beseitigungspflicht des Nutzungsberechtigten | 3–11 |
|    1. Dauernde Beschränkung des Widmungszwecks | 4–5 |
|    2. Verhinderung von Unterhaltungsarbeiten | 6–8 |
|    3. Änderung des Verkehrsweges | 9–10 |
|    4. Erforderlichkeit der Abänderung/Beseitigung | 11 |

---

**31** OVG NRW ArchivPT 1997, 329, 331.
**32** *Aubert/Klingler* 2. Kap Rn 130; *Eidenmüller* § 2 TWG Anm 11; Beck'scher TKG-Kommentar/*Schütz* Rn 11.
**33** Vgl Beck'scher TKG-Kommentar/*Schütz* § 52 Rn 16; allg im Kontext der verwaltungsgerichtlichen Leistungsklage *Pietzka* in: Schoch/Schmidt-Aßmann/Pietzer, VwGO, § 42 Abs 1 Rn 171.
**34** Beck'scher TKG-Kommentar/*Schütz* § 52 Rn 17.
**35** Beck'scher TKG-Kommentar/*Schütz* § 52 Rn 17.

III. Einziehung des Verkehrswegs . . . . . . . . . . . . . . . . . . . . . . . . . . . . . . . . . . . . . 12–14
IV. Kostentragungspflicht des Nutzungsberechtigten . . . . . . . . . . . . . . . . . . . . . . 15
V. Rechtsnatur und Durchsetzung der Ansprüche . . . . . . . . . . . . . . . . . . . . . . . 16–17

## I. Entstehungsgeschichte und Systematik

Die Vorschrift des § 53 TKG war bereits im Wesentlichen im **ursprünglichen Fraktionsentwurf**[1] **1** als § 52 TKGE enthalten. Im Laufe des Gesetzgebungsverfahrens wurde in Abs 3 die noch vorhandene Bezugnahme auf die gebotenen Maßnahmen im Sinne des Absatzes 1 ersetzt durch die jetzige Formulierung, wonach in all diesen Fällen der Nutzungsberechtigte die gebotenen Maßnahmen an der Telekommunikationslinie auf seine Kosten zu bewirken hat. Der Bundesrat hatte in seiner Stellungnahme zum Gesetzesentwurf der Bundesregierung darauf aufmerksam gemacht, dass Kosten für Leitungsumlegung im Falle der Entwidmung von Straßen aus anderen als verkehrlichen Gründen von Abs 1 nicht erfasst würden. Dies sei eine materielle Änderung gegenüber dem früheren § 3 TWG. Es sei allerdings nicht sachgerecht, wenn ein Telekommunikationsunternehmen, das öffentliche Wege privatwirtschaftlich nutzt, im Falle der Entwidmung – gleich aus welchem Grunde – nicht die Kosten der Leitungsumlegung übernehmen solle, also Fälle etwa des § 53 Abs 2 TKG.[2] Die Bundesregierung stimmte dem Vorschlag zu.[3] In der Beschlussempfehlung und dem Bericht des Ausschuss für Post und Telekommunikation ist dann der der jetzigen Regelung entsprechende Text vorgeschlagen worden.[4]

Die Vorschrift ist also weitgehend unverändert dem Telegrafenwegegesetz (§ 3 TWG) entnom- **2** men worden, das mit Inkrafttreten des Telekommunikationsgesetzes gemäß § 100 Abs 3 TWG außer Kraft getreten ist.[5] Ihr Ziel ist es, im Einklang mit dem Vorrang des Primärzwecks (§ 52 Rn 2 f) von Verkehrswegen eine Konfliktlösung der unterschiedlichen Nutzungen zu erreichen. Ergibt sich danach **nach Errichtung einer Telekommunikationslinie**, dass sie entweder **den Widmungszweck nicht nur vorübergehend beschränkt,** die **Vornahme** der zu **seiner Unterhaltung erforderlichen Arbeiten verhindert** oder der Ausführung einer von dem Unterhaltspflichtigen beabsichtigten **Änderung des Verkehrsweges entgegensteht,** so setzt sich der Primärzweck in der Weise durch, dass die Telekommunikationslinie, soweit zur Erhaltung des Primärzwecks erforderlich, zu ändern oder zu beseitigen ist. Ebenso **erlischt** mit der Einziehung eines Verkehrsweges und damit des Primärzwecks die **Befugnis der sekundären Nutzung** (Abs 2). In all diesen Fällen hat der Nutzungsberechtigte im Übrigen die gebotenen Maßnahmen an der Telekommunikationslinie **auf seine Kosten zu bewirken** (Abs 3). Auch dieses ist ein Ausdruck der durch den Vorrang des Primärzwecks gegebenen Lastenverteilung, der auf einen weitestgehenden Ausgleich der dem Unterhaltungspflichtigen durch die Telekommunikationslinie verursachten Mehraufwendungen drängt (§ 52 Rn 2 f).

## II. Änderungs- und Beseitigungspflicht des Nutzungsberechtigten

Ergibt sich **nach Errichtung einer Telekommunikationslinie**, dass sie den Widmungszweck **3** eines Verkehrsweges nicht nur vorübergehend beschränkt oder die Vornahme der zu seiner Unterhaltung erforderlichen Arbeiten verhindert oder der Ausführung einer vom Unterhaltspflichtigen beabsichtigten Änderung des Verkehrsweges entgegensteht, so ist die Telekommunikationslinie im Rahmen des erforderlichen abzuändern oder zu beseitigen. Die Vorschrift ist tatbestandlich einschlägig allein für Fälle, die Konflikte nach Errichtung einer Telekommunikationslinie betreffen. Soweit bereits vor Errichtung oder bei der Errichtung einer Telekommunikationslinie deutlich ist, dass sie den Widmungszweck eines Verkehrsweges nicht nur vorübergehend beschränkt, besteht ohnehin keine Nutzungsberechtigung, die tatbestandsmäßig entsprechend begrenzt ist (§ 50 Abs 1 S 1 TKG). Vorübergehende Beschränkungen des Wid-

---

[1] BT-Drucks 13/3609.
[2] Vgl BT-Drucks 13/4438 Stellungnahme des Bundesrates Nr 67 zu § 52 Abs 3.
[3] Vgl BT-Drucks 13/4438, Gegenäußerung der Bundesregierung zu Nr 67.
[4] BT-Drucks 13/4864 zu § 52 Abs 3.
[5] Vgl auch BT-Drucks 13/3609 S 50 zu §§ 51, 52 TKGE.

Hans-Heinrich Trute

mungszwecks eines Verkehrsweges ebenso wie eine Erschwerung ihrer Unterhaltung ist ohnehin nach § 52 Abs 1 TKG zu vermeiden, soweit sie unvermeidbar ist, bleibt dies auf den Bestand der Nutzungsberechtigung ohne Auswirkung. Anders ist dies, wenn nach Errichtung einer Telekommunikationslinie deutlich wird, dass entweder der Widmungszweck oder die zur Unterhaltung erforderlichen Arbeiten oder eine beabsichtigte Änderung durch eine Telekommunikationslinie dauernd beeinträchtigt werden, dann ist diese entsprechend zu ändern oder zu beseitigen.

## 1. Dauernde Beschränkung des Widmungszwecks

**4** Die **erste Alternative** tatbestandlicher Voraussetzung eines Beseitigungs- oder Änderungsanspruchs des Unterhaltspflichtigen gegenüber dem Nutzungsberechtigten ist die **nicht nur vorübergehende Beschränkung des Widmungszwecks** eines Verkehrsweges durch die Telekommunikationslinie. Eine dauernde Beschränkung hat zur Folge, dass der Nutzungsberechtigte verpflichtet ist, die Telekommunikationslinie so abzuändern, dass die Beeinträchtigung des Verkehrsweges aufgehoben wird. Sofern dies nicht ausreicht, ist die Telekommunikationslinie insgesamt zu beseitigen.

**5** Der **Widmungszweck** des Verkehrsweges ergibt sich nach Maßgabe des jeweiligen Straßen- und Wegerechts des Bundes bzw der Länder (§ 50 Rn 15; § 52 Rn 12). Eine **Beschränkung** des Widmungszwecks in diesem Sinne erfordert also ein Moment der Dauer. Vorübergehende Beeinträchtigungen unterfallen nicht der Vorschrift, sondern dem § 52 Abs 1 TKG (§ 52 Rn 12, 14). Eine Beschränkung des Widmungszwecks liegt zudem nur vor, wenn eine Nutzung im Rahmen des Primärzwecks auf Grund des Eingriffs ganz oder teilweise nicht mehr ausgeübt werden kann. Insoweit kommt es **nicht** auf eine **Beeinträchtigung** an, sondern darauf, dass die faktische Beschränkung der durch den Widmungszweck zugelassenen Möglichkeiten durch die Telekommunikationslinie ein solches Ausmaß hat, dass damit der bestimmungsgemäße Gebrauch des Verkehrsweges eingeschränkt wird. Erforderlich ist also eine **gewisse Gewichtigkeit und Spürbarkeit des Eingriffs** mit Folge für die bestimmungsgemäße Benutzung.[6]

## 2. Verhinderung von Unterhaltungsarbeiten

**6** Zweite alternative tatbestandliche Voraussetzung eines Änderungs- bzw Beseitigungsanspruches des Unterhaltungsverpflichteten ist die **Verhinderung der Vornahme der zu der Unterhaltung des Verkehrsweges erforderlichen Arbeiten**. Dazu gehören Maßnahmen zur Fernhaltung (Instandhaltung) oder Beseitigung (Instandsetzung) der Abnutzungserscheinungen (infolge bestimmungsmäßiger Benutzung) oder der Schäden (infolge von Natureinflüssen oder einer bestimmungswidrigen Einwirkung) ebenso wie die Erhaltung der Straße in einem weiteren Sinne, die auch Erneuerung und Wiederherstellung beinhaltet.[7] Dazu zählen etwa das Anlegen einer anderen Straßendecke, die Beseitigung von Bäumen am Straßenrand, das Anlegen und die Änderung von Entwässerungsanlagen und ähnliches.[8] Allein nützliche oder der Verschönerung dienende Arbeiten sind nicht erforderliche Arbeiten zur Unterhaltung des Verkehrsweges.[9]

**7** Umstritten ist die Frage, was zur **Unterhaltung** im Sinne des § 53 Abs 1 TKG gehört. Vor allem der Bundesgerichtshof[10] vertritt die Auffassung, zur Unterhaltung des Verkehrsweges gehörten neben denjenigen Maßnahmen, die der Erfüllung der Straßenbaulast dienen, auch solche, die durch die **Verkehrssicherungspflicht** geboten sind. Der Begriff der „Unterhaltung" in § 3 TWG sei weiter als der Begriff der „Straßenbaulast". Beide Pflichtenkreise würden sich ergänzen und überschneiden. Daran ist nicht zuletzt im Hinblick auf die Neufassung der wegerechtlichen Bestimmungen im TKG Kritik geübt worden.[11] Systematisch wird die Verlegung neuer Tele-

---

[6] *Spoerr* § 50 Rn 15; Kodal/Krämer/*Bauer* Kap 27 Rn 129; Beck'scher TKG-Kommentar/*Schütz* § 50 Rn 32, § 53 Rn 4.
[7] Vgl Kodal/Krämer/*Rinke* Kap 12 Rn 12. 3 ff.
[8] Vgl *Eidenmüller* § 3 TWG Anm 5.
[9] Vgl Beck'scher TKG-Kommentar/*Schütz* § 53 Rn 6.

[10] BGHZ 98, 244, 249 = NJW 1987, 1625, 1626 = DÖV 1987, 153; jüngst wieder BGH NVwZ 2000, 711, 712.
[11] Beck'scher TKG-Kommentar/*Schütz* § 53 Rn 7; vgl auch BVerwG NVwZ 1987, 887; *Aubert/Klingler*, 2. Kap Rn 123.

Hans-Heinrich Trute

kommunikationslinien und die Änderung vorhandener Telekommunikationslinien in der Tat an die Zustimmung des Trägers der Wegebaulast geknüpft, eine Zustimmung der Straßenverkehrsbehörden ist nicht vorgesehen.[12] Das freilich mag noch kein entscheidendes Argument sein, da beide Pflichtenkreise sich – wie gesagt – überschneiden. Angesichts dieses Zusammenhangs spricht viel für die weitere Interpretation des Bundesgerichtshofs,[13] die nicht zuletzt auch darin ihre Rechtfertigung findet, dass es Aufgabe der §§ 52 ff TKG ist, die Unterhaltungspflichtigen bei der Bewältigung ihrer Aufgabenstellung von zusätzlichen, aus dem Vorhandensein einer Telekommunikationslinie entstehenden Kosten weitestgehend freizustellen,[14] zumal der Nutzungsberechtigte die Nutzungen im Übrigen – anders als sonstige Träger von Versorgungsleistungen – kostenlos ausüben kann.[15] Darunter fallen daher auch solche Maßnahmen, die nicht der Erfüllung der Straßenbaulast dienen, sondern ihren Grund in der ordnungsgemäßen Wahrnehmung der Verkehrssicherungspflicht haben, soweit es um die Unterhaltung des Verkehrsweges und nicht um die Verfolgung verkehrsfremder Zwecke geht.[16]

Ein Beseitigungs- bzw Änderungsverlangen kann nur dann geltend gemacht werden, wenn die Vornahme der erforderlichen Unterhaltungsarbeiten **verhindert** wird. Dies setzt voraus, dass sie dauerhaft unmöglich werden. Eine nur vorübergehende Störung oder auch Erschwerung der Unterhaltungsarbeiten genügt nicht. In diesem Fall hat der Unterhaltungsverpflichtete freilich die Rechte aus § 52 Abs 2 TKG. Er kann den Ersatz der Kosten verlangen. **8**

### 3. Änderung des Verkehrsweges

Die **dritte alternative Tatbestandsvoraussetzung** eines Beseitigungs- oder Änderungsverlangens des Unterhaltungspflichtigen gegenüber dem Nutzungsberechtigten ergibt sich dann, wenn die **Telekommunikationslinie der Ausführung einer vom Unterhaltungspflichtigen beabsichtigten Änderung des Verkehrsweges entgegensteht**. Für die Anwendung des § 53 Abs 1 TKG reicht jeder physisch-reale Eingriff in den Wegekörper aus, der zur Folge hat, dass der Verkehrsweg als technisches Bauwerk umgestaltet wird;[17] dies gilt auch dann, wenn etwa die Straße nach der Umgestaltung in den ursprünglichen Zustand zurück versetzt wird.[18] Eine Änderung des Verkehrsweges liegt auch dann vor, wenn der Weg auf demselben Grund und Boden verbleibt, eine Änderung nur am Wegekörper vorgenommen wird.[19] Soweit der Weg verlegt wird, handelt es sich nicht mehr um eine Änderung des Verkehrsweges, sondern um die Einziehung eines Weges bei gleichzeitiger Herstellung eines neuen Weges. Soweit im Rahmen einer Änderung eine Behelfsfahrbahn vorübergehend eingerichtet wird, handelt es sich um eine Änderung des Verkehrsweges.[20] **9**

Die **Gründe der Änderung** sind vom Gesetz nicht näher spezifiziert. Sie knüpfen allein an die vom Unterhaltungspflichtigen beabsichtigte Änderung an.[21] Umfasst sind daher all diejenigen Maßnahmen, die der Unterhaltungspflichtige im Rahmen seiner Kompetenz treffen kann. Versuche, dies auf baulastspezifische Interessen unter Ausschluss ästhetisch-gestalterischer Gründe zu begrenzen,[22] vermögen daher nicht zu überzeugen. Solange die Änderung durch öffentliche Interessen gedeckt ist, kommt es im Übrigen nicht darauf an, ob auch und zugleich Interessen eines Dritten damit verfolgt werden.[23] Dies ist bedeutsam angesichts der Tatsache, dass der Unterhaltungspflichtige vielfach gezwungen ist, im Interesse Dritter den Verkehrsweg zu ändern, sei es durch die Straßenaufsicht, durch Duldungs- oder Anpassungspflichten, die an **10**

---

[12] Dazu Beck'scher TKG-Kommentar/*Schütz* § 53 Rn 7.
[13] In diesem Sinne auch Kodel/Krämer/*Bauer* Kap 27 Rn 131 f.
[14] BGH NVwZ 2000, 711, 712; vgl auch *Koenig*/*Siewer* NVwZ 2000, 609, 614.
[15] BVerwG NVwZ 2000, 316, 318.
[16] BGH NVwZ 2000, 711, 712.
[17] Vgl BVerwG NVwZ 2000, 316, 317.
[18] Zu Recht BVerwG NVwZ 2000, 316, 317.
[19] Vgl *Aubert*/*Klingler* 2. Kap Rn 134; *Eidenmüller* § 3 TWG Anm 7; Beck'scher TKG-Kommentar/*Schütz* § 53 Rn 9.
[20] BVerwG NVwZ 1987, 887, 888; VGH Mannheim NVwZ-RR 1989, 105; *Aubert*/*Klingler* 2. Kap. Rn 134; Beck'scher TKG-Kommentar/*Schütz* § 53 Rn 9.
[21] Vgl auch BVerwG NVwZ 2000, 316, 317.
[22] Vgl Beck'scher TKG-Kommentar/*Schütz* § 53 Rn 10; OVG Münster, ArchivPF 1994, 331, 333.
[23] BVerwG NVwZ 2000, 316, 317 f; enger Beck'scher TKG-Kommentar/*Schütz* § 53 Rn 12; VG Oldenburg ArchivPT 1998, 410, 411; VG Köln ArchivPF 1995, 338, 340.

Hans-Heinrich Trute

den Kreuzungen mit anderen Verkehrswegen sich ergeben können (vgl etwa §§ 12 f FStrG, § 10 EKreuzG, § 41 WaStrG) oder infolge von Planfeststellungen (§ 75 I VwVfG).[24] Dies gilt jedenfalls, soweit ein Verkehrsbezug vorliegt, bei dem es unerheblich ist, auf welchem Verkehrsbezug der Anpassungsbedarf beruht. Lediglich dort, wo es allein zu einer im Interesse eines privaten Dritten veranlassten Änderung kommt, mag man hier eine Eingrenzung vornehmen. In den Fällen, in denen es um eine Änderung einer besonderen Anlage geht, ist nicht der § 53 TKG, sondern der § 56 TKG die konfliktlösende Norm. Insoweit liegt keine Änderung des Verkehrsweges vor, wenn die Telekommunikationslinie unmittelbar lediglich der Änderung einer besonderen Anlage entgegensteht.[25]

### 4. Erforderlichkeit der Abänderung/Beseitigung

**11** Soweit eine der Tatbestandsalternativen des § 53 Abs 1 TKG vorliegt, ist ein Abänderungs- oder Beseitigungsanspruch des Unterhaltungspflichtigen begründet, soweit die Abänderung/Beseitigung erforderlich ist. Ganz oder teilweise Abänderung umfasst die räumliche oder sachliche Veränderung einer oberirdischen Leitung oder einer in der Erde verlegten Leitung. Beseitigung beinhaltet die Entfernung sämtlicher störender Telekommunikationslinien. Die Erforderlichkeit ist Voraussetzung des Anspruchs und daher von dem Unterhaltungspflichtigen zu beweisen.[26]

## III. Einziehung des Verkehrswegs

**12** Wird ein Verkehrsweg eingezogen, dann erlischt die Befugnis des Nutzungsberechtigten zu seiner Benutzung. Durch die Einziehung wird der Straße die öffentlich-rechtliche Zweckbestimmung entzogen, die Widmung also rückgängig gemacht. Die durch die Widmung erlangte öffentlich-rechtliche Sachherrschaft entfällt damit. Das Eigentum wird von der Belastung, die mit der Widmung entstanden ist, frei. Mit dem Wegfall des Primärzwecks können auch daran anknüpfende Sekundärzwecke nicht mehr verfolgt werden. Dementsprechend erlischt die Nutzungsberechtigung. Soweit der Eigentümer dieses verlangt, ist daher die Telekommunikationslinie zu entfernen.[27]

**13** Die Zulässigkeit der Einziehung bemisst sich nach den für den Verkehrsweg geltenden Bundes- bzw Landesgesetzen insbesondere dem Bundesfernstraßengesetz wie auch den Landesstraßengesetzen. Der Nutzungsberechtigte hat keinen Anspruch auf Erstattung seiner Aufwendungen für die Errichtung bzw Beseitigung der Telekommunikationslinie. Versuche, einen Erstattungsanspruch aus dem gesetzlichen Schuldverhältnis zwischen Nutzungsberechtigten und Unterhaltspflichtigen für den Fall herzuleiten, dass die Einziehung auf Veranlassung eines Dritten erfolgt, sind abzulehnen. Ungeachtet der sich aus dem gesetzlichen Schuldverhältnis ergebenden Nebenpflichten erfolgt die Einziehung nach den entsprechenden Bundes- bzw Landesgesetzen regelmäßig allein aufgrund öffentlicher Interessen. Insoweit verfehlt die Kategorie der Drittveranlassung die tatbestandlichen Voraussetzungen.

**14** Ebenso dürfte regelmäßig ein Rechtschutz gegen die Einziehungsverfügung ausscheiden. Der Nutzungsberechtigte dürfte keinen Anspruch darauf haben, dass eine bestimmte Grundfläche dem öffentlichen Verkehr gewidmet bleibt und damit seiner telekommunikationsspezifischen Nutzung offen steht, die ohnehin nur sekundär und im Rahmen der Widmung besteht. Mit der Entwidmung erlischt eben auch das Nutzungsrecht.

## IV. Kostentragungspflicht des Nutzungsberechtigten

**15** In allen Fällen des § 53 TKG, also sowohl des § 53 Abs 1 TKG wie des Abs 2 hat der Nutzungsberechtigte die gebotenen Maßnahmen selbst und auf eigene Kosten zu bewirken. Diese Pflicht

---

[24] Ausführlich BVerwG NVwZ 2000, 316, 317 f.
[25] Beck'scher TKG-Kommentar/*Schütz* § 53 Rn 11.
[26] *Eidenmüller* § 3 TWG Anm 8; Beck'scher TKG-Kommentar/*Schütz* § 53 Rn 16.
[27] Vgl BGHZ 125, 56, 63 = NJW 1994, 999; Beck'scher TKG-Kommentar § 53 Rn 17.

des Nutzungsberechtigten zur Kostentragung ist die konsequente Umsetzung des Vorrangs des Primärzwecks und ein Äquivalent zu der dem Unterhaltspflichtigen auferlegten Pflicht, die Verkehrswege unentgeltlich zur Benutzung zu überlassen.[28]

## V. Rechtsnatur und Durchsetzung der Ansprüche

Der Unterhaltspflichtige kann seinen Änderungs- oder Beseitigungsanspruch jedenfalls mit einer Leistungsklage geltend machen, für die der Verwaltungsrechtsweg eröffnet ist (§ 52 Rn 23). Ob er auch die Möglichkeit hat, seinen Änderungs- oder Beseitigungsanspruch durch Verwaltungsakt durchzusetzen, hängt davon ab, ob man für die Geltendmachung durch Verwaltungsakt eine eigenständige, auf die einseitige Regelungsmöglichkeit bezogene Ermächtigungsgrundlage verlangt, was richtigerweise der Fall ist. Insoweit würde § 53 TKG als Ermächtigungsgrundlage ausscheiden, was auch systemgerecht ist, da es hier um die Durchsetzung von Ansprüchen aus einem gesetzlichen Schuldverhältnis geht. **16**

Nach Einziehung des Verkehrsweges hat der Grundstückseigentümer gegen den Nutzungsberechtigten einen Anspruch auf Beseitigung der Telekommunikationslinie aus § 1004 BGB. Dieser ist vor den Zivilgerichten geltend zu machen. **17**

## § 54 Schonung der Baumpflanzungen

(1) Die Baumpflanzungen auf und an den Verkehrswegen sind nach Möglichkeit zu schonen, auf das Wachstum der Bäume ist Rücksicht zu nehmen. Ausästungen können nur insoweit verlangt werden, als sie zur Herstellung der Telekommunikationslinie oder zur Verhütung von Betriebsstörungen erforderlich sind; sie sind auf das unbedingt notwendige Maß zu beschränken.

(2) Der Nutzungsberechtigte hat dem Besitzer der Baumpflanzungen eine angemessene Frist zu setzen, innerhalb welcher er die Ausästungen selbst vornehmen kann. Sind die Ausästungen innerhalb der Frist nicht oder nicht genügend vorgenommen, so bewirkt der Nutzungsberechtigte die Ausästungen. Dazu ist er auch berechtigt, wenn es sich um die dringliche Verhütung oder Beseitigung einer Störung handelt.

(3) Der Nutzungsberechtigte ersetzt den an den Baumpflanzungen verursachten Schaden und die Kosten der auf sein Verlangen vorgenommenen Ausästungen.

**Schrifttum:** *Aubert/Klingler* Fernmelderecht/Telekommunikationsrecht, Band II Fernmeldeleitungs-/Kollisions-/Fernmeldestraf- und ordnungswidrigkeitenrecht, 4. Aufl 1990; *Eidenmüller* Post- und Fernmelderecht.

### Inhaltsübersicht

|  | Rn |
|---|---|
| I. Allgemeines | 1–2 |
| II. Einzelkommentierung | 3–10 |
|   1. Verpflichtung zur Schonung von Baumpflanzungen, Abs 1 S 1 | 3–5 |
|   2. Recht auf Ausästung, Abs 1 S 2 und Abs 2 | 6–7 |
|   3. Kostenerstattung und Schadensersatz, Abs 3 | 8–9 |
|   4. Geltendmachung von Ansprüchen | 10 |

## I. Allgemeines

§ 54 regelt das Verhältnis zwischen dem nach § 50 Abs 2 TKG berechtigten Lizenznehmer, der Verkehrswege für die öffentlichen Zwecken dienenden Telekommunikationslinien unentgeltlich benutzen darf, und den Besitzern von Baumpflanzungen auf und an den Verkehrswegen. Vorgängervorschrift zu § 54 ist der im Wesentlichen wortgleiche § 4 TWG. § 54 Abs 1 regelt die **1**

---

[28] Beck'scher TKG-Kommentar § 53 Rn 22.

**Achter Teil**
Benutzung der Verkehrswege

Rücksichtnahme auf Baumpflanzungen einerseits und das Recht auf Ausästung andererseits. Abs 2 bestimmt die Art und Weise, wie der Nutzungsberechtigte dem Besitzer der Baumpflanzungen gegenüber Rechte hinsichtlich der Baumpflanzungen ausüben kann. Abs 3 schließlich regelt den wirtschaftlichen Ausgleich, nämlich den Schadensersatz- und Kostenerstattungsanspruch des Besitzers der Baumpflanzungen.

2 Die Regelung beschränkt sich damit auf das Verhältnis zwischen dem Nutzungsberechtigten und dem Besitzer der Baumpflanzungen; sonstige Rechtsbeziehungen, insbesondere Rechte am Baum und seinen Früchten werden durch § 54 nicht berührt.

## II. Einzelkommentierung

### 1. Verpflichtung zur Schonung von Baumpflanzungen, Abs 1 S 1

3 § 54 Abs 1 S 1 regelt zunächst, dass Baumpflanzungen auf und an den Verkehrswegen nach Möglichkeit zu schonen sind und auf das Wachstum der Bäume Rücksicht zu nehmen ist. Baumpflanzungen auf Verkehrswegen sind solche, die auf dem Verkehrsweg stehen; Baumpflanzungen an Verkehrswegen sind solche, die sich auf Privatgrund befinden, deren Äste aber in den Luftraum des Verkehrswegs hineinragen.[1] Baumpflanzungen sind – dies ergibt sich im systematischen Zusammenhang zu §§ 55 und 56 – nie besondere Anlagen iS der §§ 55 und 56.[2]

4 Die Verpflichtung zur Schonung besteht nur „nach Möglichkeit". Daraus ergibt sich ein grundsätzlicher Vorrang der Telekommunikationslinie.[3] § 54 verbietet die Errichtung einer Telekommunikationslinie also nicht, wenn eine Schonung der Baumpflanzung nicht möglich ist.

5 Die in Abs 1 S 1 festgelegte Schonungspflicht hat besondere Auswirkungen bei der Verlegung unterirdischer Telekommunikationslinien, bei denen das Wurzelwerk der Baumpflanzungen in Mitleidenschaft gezogen werden kann. Ist die Verlegung einer unterirdischen Telekommunikationslinie doch zwangsläufig mit einer Zerstörung des Wurzelwerks verbunden, so kann aus dieser Vorschrift keine Verpflichtung entnommen werden, die Telekommunikationslinie nicht zu errichten; ihr kann nur die Verpflichtung entnommen werden, die Linie so schonend wie möglich anzulegen. Für Schäden am Baum ist nach Abs 3 Ersatz zu leisten.

### 2. Recht auf Ausästung, Abs 1 S 2 und Abs 2

6 Der Nutzungsberechtigte kann nach § 54 Abs 1 S 2 Ausästungen insoweit verlangen, als sie zur Herstellung der Telekommunikationslinie oder zur Verhütung von Betriebsstörungen erforderlich sind; solche Ausästungen sind auf das unbedingt notwendige Mass zu beschränken, also auf das Maß, das notwendig ist, um Äste und Zweige für die Telekommunikationslinie aus dem Weg zu räumen oder soweit es erforderlich ist, die Besorgnis der Störung des Betriebs zu beseitigen.[4] Daraus folgt, dass die vollständige Beseitigung des Baums nicht gefordert werden kann.[5] Nach dem TWG wurde es für erforderlich gehalten, dass die Äste mindestens 60 cm von den Leitungen entfernt sind.[6]

7 Anspruchsgegner ist der Baumbesitzer (siehe Abs 2). Erst nach Setzung einer angemessenen Frist ist der Nutzungsberechtigte berechtigt, die Ausästung selbst vorzunehmen; auch ohne Frist darf er dies tun, sofern es sich um die dringliche Verhütung oder Beseitigung einer Störung handelt.

### 3. Kostenerstattung und Schadensersatz, Abs 3

8 Der Nutzungsberechtigte ist grundsätzlich zum Ersatz des an Baumpflanzungen entstandenen Schadens verpflichtet; dieser Schadensersatzanspruch ist verschuldensunabhängig und Spiegelbild der Duldungspflicht des Besitzers der Baumpflanzung. Auf den Schadensersatzanspruch finden die § 249 ff BGB Anwendung; der Schadensersatzanspruch erfasst also auch den Folge-

---

1 *Aubert/Klingler* 2. Kap. Rn 183 (S 68).
2 S zu § 4 TWG *Eidenmüller* § 4 TWG Anm 1
3 *Eidenmüller* § 4 TWG Anm 3.
4 *Eidenmüller* § 4 TWG Anm 7.

5 So auch Beck'scher TKG-Kommentar/*Schütz* § 54 Rn 5; *Eidenmüller* § 4 TWG Anm 5.
6 *Aubert/Klingler* 2. Kap Rn 190 (S 69).

Wolfgang Bosch

schaden, insbesondere Fruchtausfall.[7] Verminderter „Schönheitswert" berechtigt jedoch nicht zum Schadensersatz.[8]

Ausästungen auf Verlangen des Nutzungsberechtigten sind kostenersatzpflichtig nach § 54 Abs 3. Die Kostenersatzpflicht besteht nur im Umfang der erforderlichen Ausästung[9]; wenn der Besitzer der Baumpflanzung über das erforderliche Mass ausästet, kann er nur für den erforderlichen Umfang Kostenersatz verlangen. **9**

### 4. Geltendmachung von Ansprüchen

Mangels Rechtswegezuweisung sind Ansprüche aus § 54 im ordentlichen Rechtsweg geltend zu machen. Für die Verjährung gilt § 58. **10**

## § 55 Besondere Anlagen

(1) Die Telekommunikationslinien sind so auszuführen, dass sie vorhandene besondere Anlagen (der Wegeunterhaltung dienende Einrichtungen, Kanalisations-, Wasser-, Gasleitungen, Schienenbahnen, elektrische Anlagen und dergleichen) nicht störend beeinflussen. Die aus der Herstellung erforderlicher Schutzvorkehrungen erwachsenden Kosten hat der Nutzungsberechtigte zu tragen.

(2) Die Verlegung oder Veränderung vorhandener besonderer Anlagen kann nur gegen Entschädigung und nur dann verlangt werden, wenn die Benutzung des Verkehrsweges für die Telekommunikationslinie sonst unterbleiben müsste und die besondere Anlage anderweitig ihrem Zwecke entsprechend untergebracht werden kann.

(3) Auch beim Vorliegen dieser Voraussetzungen hat die Benutzung des Verkehrsweges für die Telekommunikationslinien zu unterbleiben, wenn der aus der Verlegung oder Veränderung der besonderen Anlage entstehende Schaden gegenüber den Kosten, welche dem Nutzungsberechtigten aus der Benutzung eines anderen ihm zur Verfügung stehenden Verkehrsweges erwachsen, unverhältnismäßig groß sind.

(4) Die Absätze 1 bis 3 finden auf solche in der Vorbereitung befindliche besondere Anlagen, deren Herstellung im öffentlichen Interesse liegt, entsprechende Anwendung. Eine Entschädigung aufgrund des Absatzes 2 wird nur bis zu dem Betrage der Aufwendungen gewährt, die durch die Vorbereitung entstanden sind. Als in der Vorbereitung begriffen gelten Anlagen, sobald sie aufgrund eines im einzelnen ausgearbeiteten Planes die Genehmigung des Auftraggebers und, soweit erforderlich, die Genehmigungen der zuständigen Behörden und des Eigentümers oder des sonstigen zur Nutzung Berechtigten des in Anspruch genommenen Weges erhalten haben.

Schrifttum: s § 54.

### Inhaltsübersicht

|  | Rn |
|---|---|
| I. Allgemeines | 1 |
| II. Einzelkommentierung | 5–17 |
|    1. Nachrang von Telekommunikationslinien gegenüber früheren besonderen Anlagen, Abs. 1 | 5–9 |
|       a) Begriff der besonderen Anlage | 5–6 |
|       b) Bedeutung des Nachrangs: keine störende Beeinflussung | 7 |
|       c) Schutzvorkehrungen und Kostentragung | 8–9 |
|    2. Voraussetzung der Veränderung und Verlegung vorhandener besonderer Anlagen, Abs. 2 und Abs. 3 | 10–14 |

---

[7] *Aubert/Klingler* 2. Kap Rn 192 (S 69); Beck'scher TKG-Kommentar/*Schütz* § 54 Rn 11

[8] *Aubert/Klingler* 2. Kap Rn 192 (S 69) unter Hinweis auf LG Dresden Archiv 1933, 32.

[9] *Eidenmüller* § 4 TWG Anm 12.

Wolfgang Bosch

a) Veränderung und Verlegung nur gegen Entschädigung . . . . . . . . . . . . . . . . . . . 10–11
b) Voraussetzungen . . . . . . . . . . . . . . . . . . . . . . . . . . . . . . . . . . . . . . . . . . . 12–13
c) Ausnahme, Abs. 3 . . . . . . . . . . . . . . . . . . . . . . . . . . . . . . . . . . . . . . . . . . 14
3. Entsprechende Anwendung auf in Vorbereitung befindliche besondere Anlagen, Abs. 4 . . . . 15–17

## I. Allgemeines

**1** §§ 55 und 56 beschäftigen sich mit dem Verhältnis von Telekommunikationslinien zu anderen besonderen Anlagen. Dieses Verhältnis von Telekommunikationslinien zu anderen besonderen Anlagen ist geprägt vom Prinzip der zeitlichen Priorität: Die vorhandene Anlage geht grundsätzlich der nachfolgenden Anlage vor. § 55 regelt dabei das grundsätzliche Verhältnis der Telekommunikationslinie (s zum Begriff § 3 Nr 20: Telekommunikationslinien sind unter- oder oberirdisch geführte Telekommunikationskabelanlagen einschließlich ihrer zugehörigen Schalt- und Verzweigungseinrichtungen, Masten und Unterstützungen, Kabelschächte und Kabelkanalrohre) zu vorhandenen besonderen Anlagen gemäß der Klammerdefinition in § 55 Abs 1 S 1; die nachfolgende Telekommunikationslinie darf vorhandene besondere Anlagen nicht störend beeinflussen. § 56 regelt dagegen das Verhältnis der bereits vorhandenen Telekommunikationslinie gegenüber einer nachfolgenden besonderen Anlage.

**2** Eine besondere Behandlung erfahren durch § 55 Abs 4 nachfolgende besondere Anlagen, deren Herstellung im öffentlichen Interesse liegt, sofern sie sich bereits „in der Vorbereitung" befinden: Diese besonderen Anlagen werden – obwohl sie der Telekommunikationslinie nachfolgen – wie bereits vorhandene besondere Anlagen behandelt.

**3** Die §§ 55 und 56 regeln die Kollision von Telekommunikationslinien mit anderen Infrastruktureinrichtungen nicht abschließend. Zur berücksichtigen sind auch Regelungen des Gesetzes über die elektromagnetische Verträglichkeit von Geräten usw.[1]

**4** §§ 55 und 56 regeln außerdem nur das Verhältnis zwischen dem Betreiber einer Telekommunikationslinie als Nutzungsberechtigtem und den Betreibern „sonstiger Anlagen" als sonstigen Nutzungsberechtigten an dem Verkehrsweg. Die Folgepflichten und Folgekosten im Verhältnis zwischen dem Wegeunterhaltspflichtigen und dem Betreiber einer Telekommunikationslinie werden dagegen von § 53 TKG geregelt.[2]

## II. Einzelkommentierung

### 1. Nachrang von Telekommunikationslinien gegenüber früheren besonderen Anlagen, Abs 1

#### a) Begriff der besonderen Anlage

**5** Besondere Anlagen sind in § 55 Abs 1 S 1 definiert; diese Definition entspricht derjenigen in § 5 Abs 1 S 1 TWG. Besondere Anlagen sind danach der Wegeunterhaltung dienende Einrichtungen, Kanalisations-, Wasser-, Gasleitungen, Schienenbahnen, elektrische Anlagen und dergleichen. Aus dem systematischen Zusammenhang der Vorschriften der §§ 55 und 56 im Achten Teil des TKG „Benutzung der Verkehrswege" ergibt sich, dass besondere Anlagen im Sinne dieser Vorschriften nur solche sind, die einen Zusammenhang zu Verkehrswegen aufweisen. Besondere Anlagen sind nach den gängigen Definitionen besondere, nicht dem bestimmungsgemässen Gebrauch der Verkehrswege dienende Einrichtungen an, in oder über den Verkehrswegen, die nicht einen Teil des Verkehrswegs selbst bilden.[3] Beispiele für besondere Anlagen sind Kanalisationsanlagen, Wasser- und Energieleitungen, Schienen, aber auch die Straße selbst oder Umgestaltungen der Straße, etwa bei Einrichtungen von Linienbus- oder Taxispuren.[4] Besondere

---

[1] Hierzu im einzelnen *Aubert/Klingler* 3. Kap Rn 147 ff (S 165 ff).
[2] BVerwGE 109, 192, 196/197.
[3] RGZ 123, 407, 411; *Aubert/Klingler* 3. Kap Rn 50 (S 135).
[4] *Aubert/Klingler* 3. Kap Rn 52 (S 136) mit Nachw.

Anlagen sind auch Einrichtungen an Verkehrswegen, die dem Zugang einzelner Anlieger zu den Verkehrswegen dienen.[5]

Problematisch ist, inwieweit Telekommunikationsanlagen besondere Anlagen sein können. In den §§ 55 und 56 unterscheidet das TKG zwischen Telekommunikationslinien einerseits und besonderen Anlagen andererseits. Die Kollision von Telekommunikationsanlagen wird dagegen in § 87 Abs 1 geregelt. Daraus könnte geschlossen werden, dass Telekommunikationsanlagen, insbesondere andere Telekommunikationslinien, nicht „besondere Anlagen" sein können. Dies trifft in dieser Allgemeinheit nicht zu, denn § 87 enthält nur eine sehr eingeschränkte Regelung über die Kollision von Telekommunikationsanlage.: Der von einem Betreiber einer Telekommunikationslinie errichtete Kabelschacht, der nach § 3 Nr 20 zur Telekommunikationslinie gehört, muss ebenfalls als besondere Anlage gelten, so dass die Kollisionsvorschriften der §§ 55 und 56 anwendbar sind; insoweit enthält § 87 für das Verhältnis der Betreiber der Telekommunikationslinien keine Regelung. Eine Kabelwanne, die der Straßenbaulastträger beim Straßenbau errichtet hat, ist nicht Teil des Verkehrswegs, sondern eine besondere Anlage.[6]

**b)    Bedeutung des Nachrangs: keine störende Beeinflussung**

Die spätere Telekommunikationslinie darf die besondere Anlage nicht störend beeinflussen. Störende Beeinflussungen sind nicht nur dann gegeben, wenn der Betrieb der einen Anlage durch den Betrieb der anderen Anlage gestört wird; vielmehr gehören dazu auch Betriebsstörungen durch Beschädigungen einschließlich der Folgeschäden, die an einer vorhandenen Anlage infolge des Baus einer neuen Anlage entstehen können.[7] Ohne Einbeziehung der Beschädigungen hätte die Regelung zum großen Teil überhaupt keinen Anwendungsbereich, da die Telekommunikationslinien – außer im Zeitpunkt ihrer Errichtung – „besonderen Anlagen" in den meisten Fällen überhaupt nicht beeinflussen können.[8]

**c)    Schutzvorkehrungen und Kostentragung**

§ 55 Abs 1 S 2 sieht vor, dass der Betreiber der Telekommunikationslinie die Kosten für die Herstellung erforderlicher Schutzvorkehrungen tragen muss. Schutzvorkehrungen sind gegenständliche, auf Dauer hergestellte Einrichtungen, die dem Schutz der vorhandenen besonderen Anlage vor Störungen aller Art einschließlich Störungen infolge Beschädigungen dienen.[9] Schutzvorkehrungen sind dagegen nicht die besondere Ausführungsform der besonderen Anlage, durch die die Störungsfreiheit erreicht werden soll.[10] Schonende Bauausführung ist noch nicht Schutzvorkehrung. Ebenso fallen nur vorübergehende Sicherungen während der Bauphase nicht unter den Begriff der Schutzvorkehrung; die Schutzvorkehrung muss einen bleibenden Charakter haben.[11]

Die Schutzvorkehrung, die zur Vermeidung der störenden Beeinflussung dient, kann sowohl an der später errichteten Telekommunikationslinie wie auch an der bestehenden vorhandenen Anlage angebracht werden. Der Errichter der Telekommunikationslinie trägt auf jeden Fall die Kosten. Damit muss der Errichter der Telekommunikationslinie die Kosten der Schutzvorrichtung auch dann tragen, wenn nicht er, sondern der Nutzungsberechtigte der besonderen Anlage die Schutzvorrichtung anbringt.

**2.    Voraussetzung der Veränderung und Verlegung vorhandener besonderer Anlagen, Abs 2 und Abs 3**

**a)    Veränderung und Verlegung nur gegen Entschädigung**

Die Abs 2 und 3 stellen eine Ausnahme vom Grundsatz der Priorität der vorhandenen besonderen

---

**5** So sind auch Grundstückszufahrten besondere Anlagen: BVerwGE 64, 176, 182; *Aubert/Klingler* 3. Kap Rn 51 (S 135).
**6** S BGH NVwZ 2000, 710, 712.
**7** BVerwGE 79, 218, 220.

**8** S hierzu die Überlegungen bei BVerwGE 79, 218, 221.
**9** BVerwGE 79, 218, 224 zu § 6 Abs 3 TWG.
**10** *Aubert/Klingler* 3. Kap Rn 107 (S 108)
**11** BVerwGE 79, 218, 225.

Wolfgang Bosch

Anlage auf. Die Verlegung oder Veränderung kann nur gegen Entschädigung verlangt werden. Unter „Entschädigung" wird insoweit Schadensersatz nach den Grundsätzen der §§ 249 BGB verstanden; ersatzfähig sind also alle adäquaten Folgeschäden.[12]

11  Bei der Veränderung wird in die vorhandene besondere Anlage eingegriffen, sie wird aber nicht räumlich „verlegt". Bei der *Verlegung* wird die besondere Anlage an einen anderen Ort gebracht oder an einem anderen Ort neu errichtet.[13] Die Verlegung ist der stärkere Eingriff in die besondere Anlage und dadurch nur erforderlich, wenn die Veränderung nicht ausreicht. Es ist auch denkbar, dass nur Verlegung in Betracht kommt, weil die Veränderung – etwa wegen einer längeren Betriebstillegung der besonderen Anlage – wegen Unverhältnismässigkeit an Abs 3 scheitern würde.

### b) Voraussetzungen

12  Die kumulativ erforderlichen Voraussetzungen für die Verlegung oder Veränderung einer bereits vorhandenen besonderen Anlage sind:
– die Benutzung des Verkehrswegs für die Telekommunikationslinie müsste sonst unterbleiben, und
– die vorhandene besondere Anlage kann ihrem Zweck entsprechend anderweitig untergebracht werden.
– Schließlich darf nicht die Ausnahmeregelung des Abs. 3 anwendbar sein.

13  Aus Abs 2 ergibt sich, dass die Verlegung oder Veränderung der vorhandenen besonderen Anlage das letzte Mittel sein muss, um die Nutzung des Verkehrswegs mit der Telekommunikationslinie zu ermöglichen. Weitere Voraussetzung ist die Möglichkeit der anderweitigen zweckentsprechenden Unterbringung der besonderen Anlage. „Zweckentsprechend" bedeutet, dass die vorhandene besondere Anlage so untergebracht werden können muss, dass sie ihren bisherigen Zweck weiter erfüllt. Einbußen in der Zweckerfüllung sind nicht hinzunehmen; der Gesetzeswortlauf lässt insoweit nicht zu, dass die vorhandene besondere Anlage auch dann verlegt oder verändert werden muss, wenn Abstriche bei der Zweckerfüllung hingenommen werden müssen.

### c) Ausnahme, Abs 3

14  Gegen die Veränderung oder Verlegung einer vorhandenen besonderen Anlage kann nach Abs 3 eingewandt werden, dass dem Eigentümer der vorhandenen besonderen Anlage durch die Veränderung/Verlegung ein Schaden entstünde, der im Verhältnis zu den Kosten, die dem Nutzungsberechtigten entstünden, wenn er einen anderen Verkehrsweg benutzen müsste, unverhältnismässig groß wären. Diese Regelung ist problematisch, weil dem Eigentümer der zu verändernden oder zu verlegenden Anlage für den Eingriff ohnehin volle Entschädigung zusteht. Sie will es dem Eigentümer der betroffenen besonderen Anlage offensichtlich überlassen, selbst zu entscheiden, den übermässigen Eingriff hinzunehmen und sich auf die Entschädigung zu berufen, oder die Entschädigungslösung von vorneherein auszuschließen. Die Darlegungs- und Beweislast dafür, das die Verlegung oder Veränderung nicht unverhältnismässig ist, trägt dennoch derjenige, der die Verlegung oder Veränderung der besonderen Anlage verlangt.[14] Dem Eigentümer der besonderen Anlage kann höchstens auferlegt werden, die Höhe seines Schadens darzulegen; da ihm jedoch keinesfalls aufgebürdet werden kann, welche Kosten mit dem Ausweichen der Telekommunikationslinie auf einen anderen Verkehrsweg verbunden sind, kann ihn keinesfalls die volle Darlegungs- und Beweislast treffen.

### 3. Entsprechende Anwendung auf in Vorbereitung befindliche besondere Anlagen, Abs 4

15  Gemäss Abs 4 gilt das Vorrangprinzip der vorhandenen besonderen Anlagen gegenüber Tele-

---

[12] Beck'scher TKG-Kommentar/*Schütz* § 54 Rn 14.
[13] BVerwG NJW 1976, 906, 907 mit Nachw; Beck'scher TKG-Kommentar/*Schütz* § 54 Rn 13.
[14] Andere Ansicht Beck'scher TKG-Kommentar/ *Schütz* § 54 Rn 12.

kommunikationslinien auf für „in Vorbereitung befindliche besondere Anlagen", deren Herstellung im öffentlichen Interesse liegt. Nach Abs 4 S 3 sind besondere Anlagen „in Vorbereitung befindlich", wenn
- für sie ein im Einzelnen ausgearbeiteter Plan besteht,
- sie vom Auftraggeber genehmigt wurden,
- soweit erforderlich, die Genehmigung der zuständigen Behörde und des Eigentümers oder des sonstigen zur Nutzung des in Anspruch genommenen Weges erhalten haben.

Das öffentliche Interesse an der besonderen Anlage ist bereits gegeben, wenn die Anlage der Allgemeinheit nützt. Ein qualifiziertes öffentliches Interesse soll dagegen nicht erforderlich sein.[15] Ausgearbeitet ist der Plan für die besondere Anlage aber erst dann, wenn die Genehmigung des Auftraggebers und, falls erforderlich, die Genehmigung der zuständigen Behörde sowie die Zustimmung des Eigentümers oder Nutzungsberechtigten des Verkehrswegs vorliegt; behördliche Genehmigung ist insoweit auch die Zustimmung des Trägers der Strassenbaulast. **16**

Nach Abs 4 S 1 gelten die Abs 1 bis 3 für die in Vorbereitung befindlichen Anlagen entsprechend. Damit kann also auch nach Abs 2 die Verlegung und Veränderung der in vorbereiteten Anlage vom Errichter der Telekommunikationslinie verlangt werden. **17**

## § 56 Spätere besondere Anlagen

(1) Spätere besondere Anlagen sind nach Möglichkeit so auszuführen, dass sie die vorhandenen Telekommunikationslinien nicht störend beeinflussen.

(2) Dem Verlangen der Verlegung oder Veränderung einer Telekommunikationslinie muss auf Kosten des Nutzungsberechtigten stattgegeben werden, wenn sonst die Herstellung einer späteren besonderen Anlage unterbleiben müsste oder wesentlich erschwert werden würde, welche aus Gründen des öffentlichen Interesses, insbesondere aus volkswirtschaftlichen oder Verkehrsrücksichten, von den Wegeunterhaltungspflichtigen oder unter überwiegender Beteiligung eines oder mehrerer derselben zur Ausführung gebracht werden soll. Die Verlegung einer nicht lediglich dem Orts-, Vororts- oder Nachbarortsverkehr dienenden kabelgebundenen Telekommunikationslinie kann nur dann verlangt werden, wenn die kabelgebundene Telekommunikationslinie ohne Aufwendung unverhältnismäßig hoher Kosten anderweitig ihrem Zwecke entsprechend untergebracht werden kann.

(3) Muss wegen einer solchen späteren besonderen Anlage die schon vorhandene Telekommunikationslinie mit Schutzvorkehrungen versehen werden, so sind die dadurch entstehenden Kosten von dem Nutzungsberechtigten zu tragen.

(4) Überlässt ein Wegeunterhaltungspflichtiger seinen Anteil einem nicht unterhaltspflichtigen Dritten, so sind dem Nutzungsberechtigten die durch die Verlegung oder Veränderung oder durch die Herstellung der Schutzvorkehrungen erwachsenden Kosten, soweit sie auf dessen Anteil fallen, zu erstatten.

(5) Die Unternehmer anderer als der in Absatz 2 bezeichneten besonderen Anlagen haben die aus der Verlegung oder Veränderung der vorhandenen Telekommunikationslinien oder aus der Herstellung der erforderlichen Schutzvorkehrungen an solchen erwachsenden Kosten zu tragen.

(6) Auf spätere Änderungen vorhandener besonderer Anlagen finden die Absätze 1 bis 5 entsprechende Anwendung.

Schrifttum: S § 54.

---

[15] Beck'scher TKG-Kommentar/*Schütz* § 54 Rn 16.

Wolfgang Bosch

**Achter Teil**
Benutzung der Verkehrswege

**Inhaltsübersicht**

|  |  | Rn |
|---|---|---|
| I. | Allgemeines | 1 |
| II. | Einzelkommentierung | 3–18 |
| | 1. Vorrang von Telekommunikationslinien gegenüber späteren besonderen Anlagen, Abs 1 | 3–6 |
| |    a) Begriff der besonderen Anlage | 3 |
| |    b) Bedeutung des Vorrangs: keine störende Beeinflussung | 4–6 |
| | 2. Verpflichtung zur Verlegung oder Veränderung einer Telekommunikationslinie zugunsten einer späteren besonderen Anlage, Abs 2 | 7–12 |
| |    a) Voraussetzungen | 7–9 |
| |    b) Schutzvorkehrungen gegenüber späteren, aber nach Abs 2 bevorrechtigte besondere Anlagen, Abs 3 | 10–13 |
| | 3. Kostentragung, Abs 4 und Abs 5 | 14–17 |
| | 4. Spätere Änderungen vorhandener besonderer Anlagen, Abs 6 | 18 |

## I. Allgemeines

**1** Während § 55 den Fall regelt, dass die zu errichtenden Kommunikationslinien mit vorhandenen besonderen Anlagen kollidieren, regelt § 56 den Fall, dass nachträglich zu errichtende besondere Anlagen mit bereits vorhandenen Telekommunikationslinien zusammentreffen. Auch hier gilt wie in § 55 eine Besserstellung oder Priorität der vorhandenen Anlage gegenüber der späteren Anlage. Die spätere besondere Anlage darf nach § 56 Abs 1 nach Möglichkeit die vorhandene Telekommunikationslinie nicht störend beeinflussen. Zum Begriff der besonderen Anlage siehe § 55 Rn 5.

**2** Nach § 56 Abs 1 besteht ein Vorrecht einer besonderen Anlage gegenüber einer vorhandenen Telekommunikationslinie, wenn diese besondere Anlage aus Gründen des öffentlichen Interesses ausgeführt werden soll. Auch hier findet sich wieder die Privilegierung einer im öffentlichen Interesse liegenden besonderen Anlage – allerdings unter engen Voraussetzungen –, die auch § 55 Abs 4 für derartige Anlagen vorsieht, so dass die in Vorbereitung befindliche besondere Anlage im öffentlichen Interesse wie eine vorhandene Anlage behandelt wird.

## II. Einzelkommentierung

### 1. Vorrang von Telekommunikationslinien gegenüber späteren besonderen Anlagen, Abs 1

#### a) Begriff der besonderen Anlage

**3** Abs 1 regelt den Grundsatz, dass die vorhandene Telekommunikationslinie grundsätzlich nicht von einer späteren besonderen Anlage störend beeinflusst werden darf. Zum Begriff der störenden Beeinflussung siehe § 55 Rn 7. Störende Beeinflussungen sind nicht nur dann gegeben, wenn der Betrieb der Telekommunikationslinie durch den Betrieb der nachfolgenden besonderen Anlage gestört ist; auch Betriebsstörungen durch Beschädigungen einschließlich der Folgeschäden sind störende Beeinflussungen. Auch hier gilt, dass die Gefahr von Betriebsstörungen nach Errichtung der späteren besonderen Anlage zu geringer ist; häufiger sind vielmehr Betriebsstörungen der vorhandenen Telekommunikationslinie durch die Errichtung der neuen besonderen Anlage.

#### b) Bedeutung des Vorrangs: keine störende Beeinflussung

**4** Die Verpflichtung, störende Beeinflussungen der Telekommunikationslinie durch spätere besondere Anlagen zu vermeiden, gilt für alle nachfolgenden späteren Anlagen (unter Ausnahme der bereits in Vorbereitung befindlichen besonderen Anlage im Sinne des § 55 Abs 4, die gegenüber der Telekommunikationslinie immer Vorrang hat). § 56 Abs 1 unterscheidet nicht zwischen besondern Anlagen und solchen, deren Errichtung im öffentlichen Interesse liegt, und die nach

§ 56 Abs 2 bevorrechtigt sind. Auch solche bevorrechtigten Anlagen müssen grundsätzlich auf die vorhandene Telekommunikationslinie Rücksicht nehmen.[1]

Während § 55 Abs 1 das Rücksichtnahmegebot nach seinem Wortlaut nicht einschränkt, enthält § 56 Abs 1 nur das Gebot, störende Beeinflussungen „nach Möglichkeit" zu vermeiden. Daraus wird gefolgert, dass nur das rechtlich mögliche und wirtschaftlich zumutbare seitens des Errichters der nachträglichen besonderen Anlage geleistet werden muss.[2] Der Begriff „nach Möglichkeit" kann jedoch nur ausdrücken, dass alles Mögliche unternommen wird; bei Unvermeidlichkeit der störenden Beeinflussung muss jedoch die spätere besondere Anlage nicht unterlassen werden. Grundsätzlich kann die störende Beeinflussung durch Schutzvorrichtungen verhindert werden, die grundsätzlich vom Errichter der nachträglichen besonderen Anlage zu tragen sind. Ausnahmen von diesen Grundsätzen für die besonderen Anlagen nach Abs 2 regelt Abs 3. 5

Sind Schutzvorkehrungen an der neu zu errichtenden besonderen Anlage nicht möglich, aber an der Telekommunikationslinie, so gilt jedenfalls für die einfachen, also nicht nach Abs 2 bevorrechtigten besonderen Anlagen, dass der Betreiber der Telekommunikationslinie sich um Schutzmaßnahmen an seiner Telekommunikationslinie nicht kümmern muss. Nach *Aubert/ Klingler*[3] könnte der Betreiber der Telekommunikationslinie aber ausnahmsweise verpflichtet sein, dass auf Kosten des Errichters der späteren besonderen Anlage Schutzvorrichtungen an seiner Telekommunikationslinie eingerichtet werden. 6

## 2. Verpflichtung zur Verlegung oder Veränderung einer Telekommunikationslinie zugunsten einer späteren besonderen Anlage, Abs 2

### a) Voraussetzungen

§ 56 Abs 1 verpflichtet den Nutzungsberechtigten einer Telekommunikationslinie, dem Verlangen auf Verlegen oder Verändern seiner Telekommunikationslinie auf seine Kosten stattzugeben 7

– wenn sonst die Erstellung einer späteren besonderen Anlage unterbleiben müsste oder wesentlich erschwert werden würde,
– soweit diese spätere besondere Anlage aus Gründen des öffentlichen Interesses, besonders aus volkswirtschaftlichen oder verkehrswirtschaftlichen Rücksichtnahmen zur Ausführung gebracht werden soll, und
– dass durch dies den Wegeunterhaltspflichtigen oder unter überwiegender Beteiligung eines oder mehrerer derselben geschieht.

Das öffentliche Interesse soll bei volkswirtschaftlichen Gründen oder Verkehrsrücksichten gegeben sein können. Denkbar sind aber auch Versorgungsgesichtspunkte wie bei den Anlagen, die in § 55 Abs 4 S 1 genannt sind, oder auch bei der Errichtung besonderer neuer Verkehrswege, usw. Welche volkswirtschaftlichen Gründe bezüglich besonderer Anlagen im öffentlichen Interesse liegen sollen, ist nur schwer erkennbar. 8

Unter Beteiligung des Wegeunterhaltspflichtigen oder unter seiner überwiegenden Beteiligung daran ist zunächst seine wirtschaftliche Beteiligung und der Finanzierung der Anlage zu verstehen.[4] Daraus ergibt sich, dass etwa ein Energieversorgungsunternehmen, das eine besondere Anlage zur Verbesserung der Versorgung ihrer Kunden errichten will, nur dann das Vorrecht des § 56 Abs 2 gegenüber vorhandenen Telekommunikationslinien genießen kann, wenn der Wegeunterhaltspflichtige zumindest wirtschaftlich überwiegend zu der besonderen Anlage beisteuert. Die Beteiligung des Wegeunterhaltspflichtigen ist dann *überwiegend*, wenn „aufgrund freier Würdigung aller in Betracht kommenden Verhältnisse ... den gesamten Leistungen und Aufwendungen der wegeunterhaltungsverpflichteten Gemeinden gegenüber den sonstigen Auf- 9

---

1 Wie hier zu § 5 TWG BVerwG DÖV 1986, 656, 657; ebenso Beck'scher TKG-Kommentar/*Schütz*, § 56 Rn 4; *Eidenmüller* § 6 TWG Anm 4; *Aubert/Klingler*, 3. Kap. Rn 108 (S 152).

2 *Eidenmüller* § 6 TWG Anm. 2; Beck'scher TKG-Kommentar/*Schütz* § 56 Rn 5.
3 3. Kap. Rn 110 (S 153) mit Nachw.
4 S hierzu RGZ 90, 114, 118; Beck'scher TKG-Kommentar/*Schütz* § 56 Rn 13.

wendungen für das Unternehmen eine überwiegende Bedeutung zukomme".[5] Damit kommt es also nicht nur darauf an, ob der überwiegende Teil der finanziellen Lasten von den Wegeunterhaltspflichtigen getragen wurde; es kommt auf die überwiegende Bedeutung dieser Beiträge an.

b) **Schutzvorkehrungen gegenüber späteren, aber nach Abs 2 bevorrechtigte besondere Anlagen, Abs 3**

**10** Während für nicht bevorrechtigte besondere Anlagen im Sinne von Abs 2 gilt, dass Schutzvorrichtungen entweder an der später errichteten besonderen Anlage angebracht werden müssen, um die störende Beeinflussung im Sinne des Abs 1 zu vermeiden, oder ausnahmsweise (siehe Rn 6) an der vorhandenen Telekommunikationslinie auf Kosten des Errichters der nachträglichen besonderen Anlage angebracht werden müssen, bestimmt Abs 3, dass die Kosten für eine Schutzvorkehrung, die durch eine spätere besondere Anlage nach Abs 3 notwendig ist, vom Nutzungsberechtigten, also dem Betreiber der Telekommunikationslinie, getragen werden müssen. Dies ist in Fortführung des Gedankens des Abs 2 nur folgerichtig. Der Begriff der Schutzvorkehrung s § 55 Rn 8. Verlangt werden kann auch hier nur die Erstattung der Kosten für erforderliche Schutzvorkehrungen.

**11** Abs 2 konstituiert die Pflicht zur Verlegung/Veränderung der vorhandenen Telekommunikationslinie. Zum Begriff der Verlegung und Veränderung wird auf § 55 Rn 11 verwiesen. Der Verlegungsanspruch ist ausgeschlossen, wenn die Telekommunikationslinie nicht anderweitig untergebracht werden kann. In diesem Fall bleibt die vorhandene Telekommunikationslinie vorrangig.[6]

**12** Die Verlegung einer nicht lediglich dem Orts-, Vororts- oder Nachbarortsverkehr dienenden kabelgebundenen Telekommunikationslinie ist beschränkt (nicht aber ihre Veränderung!), Abs 2 S 2. Die Verlegung einer solchen Ferntelekommunikationslinie kann nur verlangt werden, wenn die kabelgebundene Telekommunikationslinie ohne Aufwendung unverhältnismäßig hoher Kosten anderweitig ihrem Zweck entsprechend untergebracht werden kann. Die Einschränkungen der Zweckerfüllung durch die Ortsveränderung macht die Verlegung unzulässig, s § 55 Rn 13. Entscheidend dafür, ob unverhältnismäßig hohe Kosten entstehen, ist dabei der Vergleich mit den Kosten einer „normalen" Verlegung[7], wobei normal wie normal sein soll, die ohne Schwierigkeiten und unter Verwendung vorhandener Verlegungseinrichtungen (vorhandene Kanäle und Schächte) erfolgen kann, möglich ist.[8]

**13** Zu § 6 TWG wurde es für möglich gehalten, den Verlegungsanspruch bei unverhältnismäßig hohen Kosten nur durchzusetzen, wenn der Errichter der nach Abs 2 bevorrechtigten Anlage eine Kostenübernahmeerklärung über den gesamten Verlegungsaufwand gibt.[9]

3. **Kostentragung, Abs 4 und Abs 5**

**14** Abs 4 bestimmt einen Erstattungsanspruch des Nutzungsberechtigten der Telekommunikationslinie für den Fall, dass ein Wegeunterhaltspflichtiger seinen Anteil an der besonderen Anlage an einen nicht unterhaltspflichtigen Dritten weitergibt. Dann sind dem Nutzungsberechtigten der Telekommunikationslinie die durch die Verlegung oder Veränderung oder durch die Herstellung der Schutzvorkehrungen erwachsenen Kosten (Kosten nach Abs 2 für die Verlegung und die Veränderung sowie für Abs 3 für nachträgliche Schutzvorkehrungen) zu erstatten.

**15** Hintergrund dieser Kostenerstattung ist, dass die Beteiligung des Wegeunterhaltspflichtigen Vorbedingung der Bevorrechtigung der besonderen Anlage gegenüber der Telekommunikationslinie nach Abs 2 und Abs 3 ist, und bei Wegfall dieser Bevorrechtigung jedenfalls hinsicht-

---

[5] RGZ 78, 223, 227 und RGZ 90, 114, 118; *Aubert/Klingler*, 3. Kap Rn 89 (S 146), *Eidenmüller* § 6 TWG Anm 9, ebenso Beck'scher TKG-Kommentar/*Schütz* § 56 Rn 14.
[6] Beck'scher TKG-Kommentar/*Schütz* § 56 Rn 22; *Eidenmüller* § 6 TWG Anm. 7.
[7] BVerwG NJW 1976, 906; *Aubert/Klingler*, 3. Kap. Rn 124 (S 124).
[8] *Eidenmüller* § 6 TWG Anm. 12.
[9] S hierzu BVerwG NJW 1976, 906, 907/908; *Eidenmüller* § 6 TWG Anm 13; *Aubert/Klingler* 3. Kap Rn 127 (S 157); Beck'scher TKG-Kommentar/*Schütz* § 56 Rn 27/28.

lich der Kostentragung die Ausgangslage wiederhergestellt werden muss, dass die nachträgliche Anlage Nachrang gegenüber der bereits vorhandenen Telekommunikationslinie hatte.

Der Kostenerstattungsanspruch besteht zunächst nur anteilig, also entsprechend dem Anteil, den der Wegeunterhaltspflichtige an der besonderen Anlage hatte. Wie der Anteil des Wegeunterhaltspflichtigen übertragen wird, ist gleichgültig; die Übertragung kann durch Veräußerung der besonderen Anlage geschehen. Die Übertragung kann auch dadurch geschehen, dass der Wegeunterhaltspflichtige seinen Einfluss oder auch seine wirtschaftliche Kostentragungspflicht an der besonderen Anlage auf einen Dritten überträgt. **16**

Die nach dem Wortlaut sich ergebende Kostenerstattungspflicht beschränkt sich zunächst auf den Anteil des Wegeunterhaltspflichtigen an der bevorrechtigten besonderen Anlage. Das RG[10] hat daraus gefolgert, dass dies auch dann gilt, wenn sich der einzige (wenn auch überwiegend beteiligte) Wegeunterhaltsberechtigte zurückzieht, so dass nur die auf seinen Anteil entfallenden Kosten zu erstatten sind. Dies wird zu Recht in der Literatur angegriffen.[11] Die anteilige Erstattungspflicht greift nur für den Fall, dass mehrere Wegeunterhaltspflichtige der bevorrechtigten besonderen Anlage beteiligt waren und einer dieser Wegeunterhaltsverpflichtigen seinen Anteil an einen Nicht-Wegeunterhaltspflichtigen überträgt oder aufgibt. Für diesen Fall trifft es zu, dass der wegeunterhaltspflichtige Betreiber der Kommunikationslinie nur seinen Anteil der dem Betreiber der Telekommunikationslinie entstandenen Kosten ersetzen muss. Verliert jedoch die besondere Anlage ihren bevorrechtigten Status, weil nämlich nach Ausscheiden eines Wegeunterhaltspflichtigen die Voraussetzung der zumindest überwiegenden Beteiligung von Wegeunterhaltspflichtigen nach Abs 2 wegfällt, so muss der Betreiber der Telekommunikationslinie so gestellt werden, als hätte seine Telekommunikationslinie Priorität besessen; ihm müssen also sämtliche Kosten erstattet werden. **17**

### 4. Spätere Änderungen vorhandener besonderer Anlagen, Abs 6

Auf Änderungen besonderer Anlagen finden nach Abs 6 die Absätze 1 bis 6 entsprechende Anwendung. Dies bedeutet, dass vorhandene besondere Anlagen, die geändert werden müssen, auf vorhandene Telekommunikationslinien nach Abs 1 grundsätzlich Rücksicht nehmen müssen, und nur bevorrechtigte Anlagen nach Abs 2 auch bei Änderungen Vorrang haben. Änderungen sind dabei alle Umgestaltungen, die – und diese Auslegung ergibt sich aus dem Gebot der Rücksichtnahme in Abs 1 – sich störend auf die vorhandene Telekommunikationslinie auswirken können. **18**

## § 57 Beeinträchtigung von Grundstücken

(1) Der Eigentümer eines Grundstücks, das nicht ein Verkehrsweg im Sinne des § 50 Abs 1 Satz 2 ist, kann die Errichtung, den Betrieb und die Erneuerung von Telekommunikationslinien auf seinem Grundstück insoweit nicht verbieten, als
  1. auf dem Grundstück eine durch ein Recht gesicherte Leitung oder Anlage auch für die Errichtung, den Betrieb und die Erneuerung einer Telekommunikationslinie genutzt und hierdurch die Nutzbarkeit des Grundstücks nicht dauerhaft zusätzlich eingeschränkt wird oder
  2. das Grundstück durch die Benutzung nicht oder nur unwesentlich beeinträchtigt wird.

(2) Hat der Grundstückseigentümer eine Einwirkung nach Absatz 1 zu dulden, so kann er von dem Betreiber der Telekommunikationslinie einen angemessenen Ausgleich in Geld verlangen, wenn durch die Errichtung, Erneuerung oder durch Wartungs-, Reparatur- oder vergleichbare, mit dem Betrieb der Telekommunikationslinie unmittelbar zusammenhän-

---

[10] RGZ 94, 182, 185.   [11] S Beck'scher TKG-Kommentar/*Schütz* § 56 Rn 30.

gende Maßnahmen eine Benutzung seines Grundstücks oder dessen Ertrag über das zumutbare Maß hinaus beeinträchtigt wird. Für eine erweiterte Nutzung zu Zwecken der Telekommunikation kann darüber hinaus ein einmaliger Ausgleich in Geld verlangt werden, sofern bisher keine Leitungswege vorhanden waren, die zu Zwecken der Telekommunikation genutzt werden konnten. Wird das Grundstück oder sein Zubehör durch die Ausübung der aus dieser Vorschrift folgenden Rechte beschädigt, so hat der Betreiber auf seine Kosten den Schaden zu beseitigen.

**Schrifttum:** *Bullinger* Durchleitungsrechte, Mitbenutzungsrecht und Planfeststellung für konkurrierende Telekommunikationsnetze, ArchivPT 1998, 107; *Ellinghaus* Wegerechte für Telekommunikationsunternehmen, CuR 1999, 420; *Haidinger/Rädler* Die Duldungspflicht des Grundstückseigentümers aus § 57 TKG, MMR 1999, 330; *Hoeren* Wegerechte auf dem Prüfstand – § 57 TKG und die Nachverlegung von Lichtwellenleiterkabeln, MMR 1998, 1; *Nienhaus* Wegerechte für Telekommunikationslinien auf Privatgrundstücken, 2000; *Schäfer/Just* Zur Inanspruchnahme von privaten Grundstücken zur Verlegung von Telekommunikationslinien gem. § 57 TKG, ArchivPT 1997, 200; *Schuster* Wegerechte für Telekommunikationsnetze gemäss § 57 TKG auf dem Prüfstand, MMR 1999, 137.

**Inhaltsübersicht**

|  |  | Rn |
|---|---|---|
| I. | Allgemeines | 1 |
| II. | Einzelkommentierung | 5–18 |
|  | 1. Duldungsverpflichtete | 5 |
|  | 2. Aus Abs 1 Berechtigte | 6 |
|  | 3. Rechtliche Einordnung der Duldungspflicht | 7–8 |
|  | 4. Duldungspflicht nur wegen unwesentlicher oder keiner Beeinträchtigung des Grundstücks, Abs 1 Nr 2 | 9–11 |
|  | 5. Duldungspflicht wegen bereits bestehender Rechte, Abs 1 Nr 1 | 12–15 |
|  | 6. Entschädigungsregelungen, Abs 2 S 1 und 2 | 16–17 |
|  | 7. Schadensbeseitigungsanspruch, Abs 2 S 3 | 18 |

## I. Allgemeines

**1** § 57 regelt die Einschränkung bürgerlich-rechtlicher Abwehrrechte des Grundstückeigentümers gegen die Errichtung einer Telekommunikationslinie im Sinne des § 3 Nr 20. Nach § 1004 BGB könnte der Eigentümer sämtliche Beeinträchtigungen seines Grundstücks abwehren; Abwehransprüche hätte außerdem der Besitzer des Grundstücks nach den Grundsätzen verbotener Eigenmacht, § 858 ff BGB.

**2** Das TKG schränkt diese Verbietungsrechte für zwei Fallgruppen ein. Die erste Fallgruppe, § 57 Abs 1 Nr 2, gilt für nur unwesentliche Beeinträchtigungen, die seitens des Grundstückseigentümers nicht abgewehrt werden können. Wichtiger ist der Duldungstatbestand des § 57 Abs 1 Nr 1, der bei einer durch ein Recht abgesicherten Leitung oder Anlage auf dem Grundstück zulässt, dass er auch für die Errichtung, den Betrieb und die Erneuerung einer Telekommunikationslinie benutzt wird, soweit hierdurch die Nutzbarkeit des Grundstücks nicht dauerhaft zusätzlich eingeschränkt wird. Gerade diese Regelung privilegiert Energieversorgungsunternehmen, die bereits über derartige Anlagen auf vielen privaten Grundstücken verfügen.

**3** Die Abwehrrechte des Grundstückseigentümers werden durch § 57 Abs 1 eingeschränkt; der Grundstückseigentümer wird auf Sekundäransprüche, nämlich Entschädigungs- und Schadensersatzansprüche nach Abs 2 verwiesen.

**4** § 57 gilt für private Grundstücke, die nicht Verkehrswege nach § 50 Abs 1 S 2 sind; zum Begriff des Verkehrswegs siehe § 50 Rn 8–9.

## II. Einzelkommentierung

### 1. Duldungsverpflichtete

**5** Der Duldungsverpflichtete nach § 57 Abs 1 ist nur der Grundstückseigentümer, nicht der Grundstücksbesitzer. Grundstückseigentümer, die ihre Grundstücke anderen überlassen, müssen für mögliche Beeinträchtigungen des Gebrauchs des Grundstücks, der sich aus der Inanspruchnahme nach § 57 Abs 1 TKG ergeben kann, im Verhältnis zum Grundstücksbesitzer selbst Sorge tragen; dies sollte dadurch geschehen, dass in Überlassungsverträgen geregelt wird, dass zulässige Inanspruchnahmen aus § 57 TKG nicht hinzunehmen sind.

### 2. Aus Abs 1 Berechtigte

Berechtigt ist nach § 57 jeder, der die Telekommunikationslinie errichtet, betreibt oder erneuert; verpflichtet für den Ausgleich nach § 57 Abs 2 ist der Betreiber der Telekommunikationslinie. Anders als § 50 ist damit nicht nur der Lizenznehmer des § 57 Abs 1 berechtigt, sondern auch derjenige, der die Telekommunikationslinie nur errichtet oder erneuert.[1] **6**

### 3. Rechtliche Einordnung der Duldungspflicht

§ 57 begründet nicht nur eine Duldungspflicht des Grundstückseigentümers; § 57 Abs 1 TKG begründet einen zivilrechtlichen Anspruch auf Inanspruchnahme eines Grundstücks, wenn die Voraussetzungen des § 57 Abs 1 erfüllt sind. Damit unterscheidet sich § 57 Abs 1 deutlich von der Vorläuferregelung des § 10 TWG, der nur ein Recht der Deutschen Telekom zur Inanspruchnahme privater Grundstücke enthielt – und auch nicht für alle Telekommunikationslinien, sondern nur für oberirdisch verlegte Leitungen. **7**

Der Anspruch aus § 57 Abs 1 bedeutet einen direkt wirkenden Anspruch gegen den Grundstückseigentümer; und zwar nicht nur auf Duldung der Telekommunikationslinie, sondern auch auf eigenmächtige Errichtung der Telekommunikationslinie[2]. Weigert dieser sich freilich, dem Anspruch nachzukommen, muss gegen ihn ein Titel auf Duldung der Inanspruchnahme des Grundstücks erstritten werden. Die Abwehrrechte des Grundstückseigentümers aus Besitzstörungsrecht (§ 858 ff BGB und § 1004 BGB) bestehen gegen den Anspruch aus § 57 Abs 1 nicht; § 57 gibt nicht nur einen petitorischen Anspruch, sondern ein Recht auf Eingriff in den Besitz des Grundstückseigentümers.[3] Weigert sich der Grundstückseigentümer, Ansprüchen nach § 57 nachzukommen, gerät er in Verzug und ist nach § 286 Abs 1 BGB zum Schadensersatz verpflichtet. Ein Zurückbehaltungsrecht gegen die Inanspruchnahme, solange die Entschädigungslage nach § 57 Abs 2 unklar ist, ist nicht gegeben: Nach dem Gesetzesaufbau ist der Grundstückseigentümer zur Duldung verpflichtet; erst danach hat er einen Ausgleichsanspruch nach Abs 2.[4] **8**

### 4. Duldungspflicht nur wegen unwesentlicher oder keiner Beeinträchtigung des Grundstücks, Abs 1 Nr 2

Der Grundstückseigentümer ist dann zur Duldung verpflichtet, wenn sich nur unwesentliche oder keine Beeinträchtigungen aus der Errichtung, dem Betrieb und der Erneuerung der Telekommunikationslinie auf seinem Grundstück ergeben. Ob eine Beeinträchtigung unwesentlich ist, ist in Anlehnung an die Rechtsprechung zu § 906 BGB[5] zu bestimmen. Dabei sind der Eingriff durch den Bau oder die Veränderung der Telekommunikationslinie einerseits und die Beeinträchtigung durch den Betrieb der Telekommunikationslinie zu prüfen. **9**

Bei Telekommunikationslinien nach § 3 Nr 20 ist bei einer unterirdischen Anlagen die Gefahr einer wesentlichen Beeinträchtigung des Grundstücks generell höher anzusiedeln als bei einer Telekommunikationslinie, die oberirdisch verlegt wird und nur den Luftraum über dem Grundstück tangiert. Allerdings kann auch eine oberirdische Telekommunikationslinie die Nutzbarkeit des Grundstücks nicht nur unwesentlich beeinträchtigen, wenn beispielsweise die Bebaubarkeit des Grundstücks mehr als nur unwesentlich gestört wird. Auch das Aufstellen von Masten **10**

---

1 S hierzu ausführlich BGH NJW 2000, 3206, 3208.
2 BGH NJW 2000, 3206, 3207.
3 S insoweit BGH NJW 2000, 3206, 3207; Vorinstanz: OLG Frankfurt MMR 1999, 161, 163; *Haidinger/Rädler* MMR 1999, 330, 332; Beck'scher TKG-Kommentar/*Schütz* § 57 Rn 31 ff.

4 BGH NJW 2000, 3206, 3209; *Schuster* MMR 1999, 137, 141/142.
5 Zu den Einzelheiten Münchener Kommentar zum BGB/*Säcker*, 3. Aufl, § 906 Rn 27 ff.

wird die Nutzung eines Grundstücks nicht nur unwesentlich beeinträchtigen, und ist deshalb von § 57 Abs 1 Nr 2 TKG in aller Regel nicht mehr gedeckt. Die Verlegung einer unterirdischen Telekommunikationslinie dürfte wesentliche Beeinträchtigungen in aller Regel jedenfalls indizieren, wenn die Telekommunikationslinie auf dem Grundstück neu verlegt wird. Anderes soll nicht gelten, wenn in der konkreten Grundstückssituation die Nutzung des Grundstücks überhaupt nicht leidet.[6]

**11** Umstritten ist, ob eine Beeinträchtigung der Nutzung des Grundstücks sich daraus ergeben kann, dass bei der Nutzung des Grundstücks nunmehr auf die Telekommunikationslinie Rücksicht genommen werden muss und sich hieraus ein hohes Schadensersatzrisiko ergeben kann. Das hypothetische Haftungsrisiko kann hierfür nicht ausreichen.[7] Dieses Schadensrisiko besteht hypothetisch bei jeder Telekommunikationslinie. Anders ist dies freilich – dies hat mit dem Schadensersatzrisiko nichts zu tun –, wenn normale Nutzung des Grundstücks nicht mehr fortgeführt werden kann, weil ständig eine Beschädigung der Telekommunikationslinie droht (etwa bei landwirtschaftlichen Grundstücken, die gepflügt werden, oder bei Baugrundstücken). Dann wird die Nutzbarkeit des Grundstücks wesentlich beeinträchtigt.

### 5. Duldungspflicht wegen bereits bestehender Rechte, Abs 1 Nr 1

**12** § 57 Abs 1 Nr 1 erlaubt die Nutzung bereits rechtlich gesicherter Leitungen oder Anlagen auch für die Errichtung, den Betrieb oder die Erneuerung einer Telekommunikationslinie; allerdings darf hierdurch die Nutzbarkeit des Grundstücks nicht dauerhaft zusätzlich eingeschränkt werden.

**13** Die durch ein Recht gesicherte Anlage oder Leitung muss nicht durch ein dingliches Recht, sondern kann auch nur durch einen schuldrechtlichen Anspruch auf Duldung dieser Anlage oder der Leitung geschützt sein[8]; hierbei berücksichtigt der Gesetzgeber insbesondere das Interesse von Energieversorgungsunternehmen an der Errichtung von öffentlichen Telekommunikationsnetzen durch Nutzung bereits bestehender Leitungen und Anlagen; eine Zweckänderung zur Nutzung solcher Leitungen als Telekommunikationslinie hielt der Gesetzgeber für hinnehmbar.[9]

**14** Das eingeräumte Recht muss die Nutzung der Leitung auch für Zwecke der Telekommunikation nicht nennen; diese Erweiterung des Nutzungsrechts für die bestehende Leitung gewährt gerade § 57 Abs 1 Nr 1.[10] Würde man fordern, dass die Verlegung einer Telekommunikationslinie auch von dem eingeräumten Recht abgedeckt ist, wäre für § 57 Abs 1 Nr 1 kaum noch ein Anwendungsbereich denkbar.

**15** Die Errichtung einer neuen Telekommunikationslinie ist – soweit sich keine zusätzliche Beeinträchtigung gegenüber der bereits bestehenden ergibt – unbegrenzt zulässig: Es können Leitungen ausgetauscht werden,[11] es können – soweit das Leitungsrecht es hergibt – aber auch die bisherige Kabelschutzanlage durch weitere Kabelanlagen erweitert werden. Dies gilt auch dann, wenn das Leitungsrecht sich auf einen bestimmten Verwendungszweck – wie zum Beispiel Energieleitungen – beschränkt hat, wenn die Energieleitung jetzt durch eine Telekommunikationsleitung ersetzt wird, da § 57 Abs 1 Nr 1 gerade zulässt (s Rn 14), dass die bisherige Leitung für andere Zwecke genutzt werden darf. Von § 57 Abs 1 Nr 1 ist gedeckt, wenn der Errichter einer Telekommunikationslinie ein bereits vorhandenes Kabelschutzrohr nutzt, indem ein Lichtwellenkabel durch Einblastechnik durchgeführt wird; ein solcher Vorgang schränkt die Nutzbarkeit eines Grundstücks kaum dauerhaft ein.[12] Auch unter dem Gesichtspunkt der Geschäftsgrundlage der ursprünglichen Nutzungsrechtseinräumung kann sich der Eigentümer nicht wehren.[13]

---

[6] Beispiel: LG Magdeburg, Archiv PT 1997, 335: Verlegung von Kabelschutzrohren im Randstreifen eines Kolonnenwegs zwischen Äckern in 90 cm Tiefe; hier kann die landwirtschaftliche Nutzung der Äcker wirklich nur unwesentlich beschränkt werden.
[7] BGH NJW 2000, 3206, 3208; ebenso Beck'scher TKG-Kommentar/*Schütz* § 57 Rn 15.
[8] S hierzu Beck'scher TKG-Kommentar/*Schütz* § 57 Rn 20.
[9] S hierzu *Haidinger/Rädler* MMR 1999, 330, 331.
[10] BGH NJW 2000, 3206, 3207.
[11] BGH NJW 2000, 3206, 3208; OLG Frankfurt MMR 1999, 161, 163; Beck'scher TKG-Kommentar/*Schütz* § 57 Rn 26.
[12] BGH NJW 2000, 3206, 3208; OLG Düsseldorf NJW 1999, 956, 957; *Hoeren* MMR 1998, 1, 2; *Schuster* MMR 1999, 137, 139.
[13] S hierzu OLG Frankfurt MMR 1999, 161, 165.

## 6. Entschädigungsregelungen, Abs 2 S 1 und 2

Der Grundstückseigentümer hat einen Ausgleichsanspruch, wenn nach § 57 Abs 2 S 1 durch die Errichtung, Erneuerung oder durch die Wartungs-, Reparatur- oder vergleichbare, mit dem Betrieb der Telekommunikationslinie unmittelbar zusammenhängenden Maßnahmen die Nutzung seines Grundstücks über das zumutbare Maß hinaus beeinträchtigt wird. Da hier allerdings impliziert wird, dass die Schwelle der nur unwesentliche Beeinträchtigung – nach § 57 Abs 1 – überschritten wird, wird dieser Fall nur relevant sein, wenn auf das Grundstück unter dem Vorwand der Duldungspflicht nach § 57 Abs 1 zugegriffen wurde, der erlaubte Umfang des § 57 Abs 1 aber nachträglich überschritten wurde. Denkbar wäre auch, dass nachträgliche Wartungsarbeiten zu einer unzumutbar beeinträchtigenden Verhaltensweise führten.[14] *Schütz*[15] folgert richtig, dass dieser Entschädigungsanspruch eigentlich nur für § 57 Abs 1 Nr 1 dann in Betracht kommt, wenn die Nutzbarkeit des Grundstücks auf Dauer nicht beeinträchtigt wird, aber eine kurzfristige Beeinträchtigung während der Errichtungs-, Reparatur- und Wartungsarbeiten eintritt. Soweit solche Beeinträchtigungen das zumutbare Maß überschreiten, ist angemessene Entschädigung zu leisten. **16**

Praktisch wichtiger ist die Ausgleichspflicht nach § 57 Abs 2 S 2, wenn die Nutzung der vorhandenen Leitungen oder Anlagen, für die ein Leitungsrecht besteht, nach § 57 Abs 1 Nr 1 für die Telekommunikation ausgeweitet wird. Wurde bisher die Leitung nur für die Zwecke der Energieversorgung verwendet, kann sie jetzt für die Zwecke der Telekommunikation verwendet werden, muss die Duldungspflicht den zusätzlichen finanziellen Ausgleich zur Folge haben. Dies gilt auch dann, wenn die Leitung bisher zur betriebsinternen Telekommunikation und die neue Leitung für Telekommunikationsdienstleistungen für die Öffentlichkeit genutzt wird; auch hier wird wegen der erweiterten Nutzung Ausgleich geschuldet.[16] Die Abgeltungspflicht für die Nutzung der Leitung für die Zwecke der Telekommunikation wird als verfassungsrechtlich notwendig angesehen.[17] Die Höhe des einmaligen Ausgleichs hat sich an den Marktverhältnissen für die erstmalige Einräumung eines Nutzungsrechts zu Telekommunikationszwecken zu orientieren[18] und nicht an dem wirtschaftlichen Nutzen, der aus der Telekommunikationslinie gezogen wird.[19] **17**

## 7. Schadensbeseitigungsanspruch, Abs 2 S 3

Bei einer Beschädigung des Grundstücks oder des Zubehörs besteht nach Abs 2 S 3 die Verpflichtung zum Schadensersatz; dies ist ein echter Schadensersatzanspruch, für den §§ 249 ff BGB gelten. **18**

## § 58 Ersatzansprüche

**Die auf den §§ 50 bis 57 beruhenden Ersatzansprüche verjähren in zwei Jahren. Die Verjährung beginnt mit dem Schluß des Jahres, in welchem der Anspruch entstanden ist.**

Die kurze zweijährige Verjährung gilt ausschließlich für die Ersatzansprüche, die in den §§ 50 bis 57 geregelt sind, also nicht für den Anspruch auf Duldung nach § 51 S 1, den Instandsetzungsanspruch nach § 52 Abs 3 S 1, den Änderungs- oder Beseitigungsanspruch nach § 53 Abs 1 usw; insoweit gilt die allgemeine 30-jährige Verjährung nach § 195 BGB. **1**

Der Begriff des Ersatzanspruchs ist nicht im Sinne von „Schadensersatz" eng auszulegen, sondern umfasst die Ansprüche auf Geldersatz, die in den §§ 50 bis 57 geregelt sind (also den **2**

---

[14] S hierzu *Schuster* MMR 1999, 137, 142; kritisch zu Recht Beck'scher TKG-Kommentar/*Schütz* § 57 Rn 40.
[15] Beck'scher TKG-Kommentar/*Schütz* § 57 Rn 40.
[16] Ausführlich BGH NJW 2000, 3206, 3210/3211.
[17] Hierzu Beck'scher TKG-Kommentar/*Schütz* § 57 Rn 44; *Schuster* MMR 1999, 137, 143.
[18] S hierzu BGH NJW 2000, 3206, 3211.
[19] BGH NJW 2000, 3206, 3211.

Wolfgang Bosch

Ausgleichsanspruch in § 51 S 2, den Kostenersatzanspruch in § 51 Abs 2, den Schadensersatzanspruch in § 52 Abs 3 usw.

**3** Die kurze Verjährung beginnt mit dem Schluß des Jahres, in welchem der Anspruch entstanden ist, also dann, wenn alle Anspruchsvoraussetzungen einschließlich der Fälligkeit des Anspruchs vorliegen. § 852 Abs 1 BGB, der für deliktische Ansprüche die Verjährungsfrist erst ab Kenntnis beginnen lässt, ist nicht anwendbar[1]; § 58 ist gegenüber § 852 BGB lex specialis.

---

[1] OVG Nordrhein-Westfalen ArchivPT 1998, 406, 408 zu § 13 TWG.

Wolfgang Bosch

# Neunter Teil
# Zulassung, Sendeanlagen

## Erster Abschnitt
## Zulassung

*Entfallen durch das Gesetz über Funkanlagen und Telekommunikationssendeinrichtungen (FTEG) vom 31. Januar 2001*

## Zweiter Abschnitt
## Sendeanlagen

### § 65 Missbrauch von Sendeanlagen

(1) Es ist verboten, Sendeanlagen zu besitzen, herzustellen, zu vertreiben, einzuführen oder sonst in den Geltungsbereich dieses Gesetzes zu verbringen, die ihrer Form nach einen anderen Gegenstand vortäuschen oder die mit Gegenständen des täglichen Gebrauchs verkleidet sind und auf Grund dieser Umstände in besonderer Weise geeignet sind, das nichtöffentlich gesprochene Wort eines anderen von diesem unbemerkt abzuhören. Das Verbot, solche Sendeanlagen zu besitzen, gilt nicht für denjenigen, der die tatsächliche Gewalt über eine solche Sendeanlage
1. als Organ, als Mitglied eines Organs, als gesetzlicher Vertreter oder als vertretungsberechtigter Gesellschafter eines Berechtigten nach Absatz 2 erlangt,
2. von einem anderen oder für einen anderen Berechtigten nach Absatz 2 erlangt, sofern und solange er die Weisungen des anderen über die Ausübung der tatsächlichen Gewalt über die Sendeanlage auf Grund eines Dienst- oder Arbeitsverhältnisses zu befolgen hat oder die tatsächliche Gewalt auf Grund gerichtlichen oder behördlichen Auftrags ausübt,
3. als Gerichtsvollzieher oder Vollzugsbeamter in einem Vollstreckungsverfahren erwirbt,
4. von einem Berechtigten nach Absatz 2 vorübergehend zum Zwecke der sicheren Verwahrung oder der nicht gewerbsmäßigen Beförderung zu einem Berechtigten erlangt,
5. lediglich zur gewerbsmäßigen Beförderung oder gewerbsmäßigen Lagerung erlangt,
6. durch Fund erlangt, sofern er die Anlage unverzüglich dem Verlierer, dem Eigentümer, einem sonstigen Erwerbsberechtigten oder der für die Entgegennahme der Fundanzeige zuständigen Stelle abliefert,
7. von Todes wegen erwirbt, sofern er die Sendeanlage unverzüglich einem Berechtigten überlässt oder sie für dauernd unbrauchbar macht,
8. erlangt, die durch Entfernen eines wesentlichen Bauteils dauernd unbrauchbar gemacht worden ist, sofern er den Erwerb unverzüglich der Regulierungsbehörde schriftlich anzeigt, dabei seine Personalien, die Art der Anlage, deren Hersteller- oder Warenzeichen und, wenn die Anlage eine Herstellungsnummer hat, auch diese angibt sowie glaubhaft macht, dass er die Anlage ausschließlich zu Sammlerzwecken erworben hat.

(2) Die zuständigen obersten Bundes- oder Landesbehörden lassen Ausnahmen zu, wenn es im öffentlichen Interesse, insbesondere aus Gründen der öffentlichen Sicherheit, erforderlich ist. Absatz 1 Satz 1 gilt nicht, soweit das Bundesamt für Wirtschaft und Ausfuhrkontrolle (BAFA) die Ausfuhr der Sendeanlagen genehmigt hat.

**Neunter Teil** Zulassung, Sendeanlagen
**Zweiter Abschnitt** Sendeanlagen

(3) Es ist verboten, öffentlich oder in Mitteilungen, die für einen größeren Personenkreis bestimmt sind, für Sendeanlagen mit dem Hinweis zu werben, dass die Anlagen geeignet sind, das nichtöffentlich gesprochene Wort eines anderen von diesem unbemerkt abzuhören.

**Schrifttum:** *Erbs/Kohlhaas* Strafrechtliche Nebengesetze 4. Aufl, 1991 (Loseblatt); *v. Hinze* Anmerkung zu BGHSt 26, 12, NJW 1975, 1287; *Steindorf/Potryks* Waffenrecht, 7. Aufl, 1999.

### Inhaltsübersicht

|  | Rn |
|---|---|
| I. Grundlagen | 1 |
| II. Gesetzesentwicklung | 2 |
| III. Einzelkommentierung | 3–8 |
|    1. Verbotstatbestand | 3–4 |
|       a) Gegenstände | 3 |
|       b) Tarnung der Sendeanlagen | 4 |
|    2. Die verbotenen Handlungen | 5 |
|    3. Ausgenommene Tatbestände | 6 |
|    4. Ausnahmen im öffentlichen Interesse | 7–8 |
| IV. Werbeverbot (Abs 3) | 9 |
| V. Rechtsdurchsetzung | 10 |

### I. Grundlagen

**1** § 65 ist eine **Verbotsvorschrift** mit Ausnahmevorbehalt (Abs 2). Eine Sanktion enthält § 65 nicht. Im TKG findet sich eine entsprechende Sanktion im **§ 94** und in **§ 96 Abs 1 Nr 12**. § 65 schützt die **Vertraulichkeit des Wortes** im **Vorfeld** einer Verletzung von Rechtsgütern Einzelner, die nach § 201 StGB strafbar ist. § 65 Abs 1 S 1 iVm § 94 verlagert die Strafbarkeitsgrenze vor. Die beruht auf der Einschätzung, dass die Strafvorschriften des unberechtigten Abhörens und nicht genehmigten Betreibens von Sendeanlagen nicht ausreichten, der Verbreitung entsprechender Anlagen entgegenzuwirken. Die Nutzung entsprechender Geräte war häufig nicht nachweisbar. Wurden die Abhörgeräte bei den Opfern eingesetzt, so ließ sich in der Regel sehr schwierig nachweisen, wer die Anlagen installiert und betrieben hat. Daraus ergab sich das Bedürfnis für den Vorfeldschutz.[1]

### II. Gesetzesentwicklung

**2** § 65 geht auf eine Vorläufervorschrift im FAG zurück (§ 5 lit b, c und e FAG), die 1986 eingefügt wurde.[2] Im Gesetzgebungsverfahren war § 65 nicht umstritten.

### III. Einzelkommentierung

#### 1. Verbotstatbestand

##### a) Gegenstände

**3** Der Begriff der Sendeanlagen erfasst elektrische Sende- oder Empfangseinrichtungen, zwischen denen die Informationsübertragung ohne Verbindungsleitungen stattfinden kann. Erfasst sind nur Funkanlagen, die sowohl senden als auch empfangen können. **Reine Empfangsgeräte** sind **nicht** erfasst, auch wenn sie die übrigen Voraussetzungen erfüllen. Daher erstreckt sich § 65 nicht auf getarnte Funkempfänger, die etwa fremde Funktelefongespräche abhören und an Ort und Stelle aufzeichnen, akustisch wiedergeben oder über Kabel weiterleiten.[3] Die Wortlautgrenze

---

**1** Beck'scher TKG-Kommentar/*Piepenbrock* § 65 Rn 6.
**2** Näher Beck'scher TKG-Kommentar/*Piepenbrock* § 65 Rn 1.
**3** Beck'scher TKG-Kommentar/*Piepenbrock* § 65 Rn 8.

lässt es nicht zu, diese Lücke zu schließen. Weil an die Verbote des § 65 unmittelbar eine Strafnorm (§ 94 TKG) anknüpft, ist eine **erweiternde Gesetzesauslegung unzulässig**.

### b) Tarnung der Sendeanlagen

Die Tarnung und die besondere Eignung zum heimlichen Abhören müssen kumulativ vorliegen. Daher sind ungetarnte Sendeanlagen, die allein auf Grund ihrer geringen Größe unauffällig versteckt werden können, nicht erfasst.[4] Ein Beispiel, dass auch erlaubte Geräte missbraucht werden können, sind Mobiltelefone. Eine Sendeanlage liegt auch schon dann vor, wenn sie aus verschiedenen Komponenten besteht, die soweit vorgefertigt sind, dass sie mit wenigen Handgriffen zusammengesetzt und betriebsfertig gemacht werden können. Die zusammenzufügenden Komponenten müssen aber in ihrer Gesamtheit die **Zweckbestimmung** zu einer verbotenen Sendeanlage **bereits eindeutig belegen**; der Besitz von zum Bau von Sendeanlagen geeigneten Einzelteilen ist daher nicht erfasst.[5] Abhören ist sowohl das unmittelbare Zuhören durch einen anderen (Life-Übertragung) wie die **Koppelung des Abhörgerätes** mit einer **Aufnahmevorrichtung**.[6]

### 2. Die verbotenen Handlungen

Der Besitz im Sinne von § 65 Abs 1 S 1 ist die Ausübung der tatsächlichen Gewalt. Bei mittelbarem Besitz kann es an der tatsächlichen Gewalt fehlen.[7] Zum Herstellen gehört auch das Bearbeiten oder In-Stand-Setzen.[8] Konstitutiv für das Vertreiben ist, dass die Verkäuflichkeit der Ware dem Publikum auf den Umständen entsprechende Weise erkennbar gemacht wird.[9] Die Gegenstände müssen nicht physisch vorhanden sein. Der Begriff der Einfuhr ist nicht näher definiert; insoweit kann auf § 4 Abs 2 Nr 4 AWG zurückgegriffen werden.[10] Die Durchfuhr ist kein Verbringen im Geltungsbereich des TKG.

### 3. Ausgenommene Tatbestände

Abs 1 S 2 birgt – zum Teil in einer Klarstellung – eine Reihe von gesetzlichen Ausnahmen. Die Vorschrift ist an § **28 Abs 4 WaffG** angelehnt. Sie soll dem Umstand Rechnung tragen, dass die tatsächliche Gewalt über Sendeanlagen in vielfältiger Weise auch unter Bedingungen erlangt werden kann, die eine Strafdrohung nicht rechtfertigen.[11]

### 4. Ausnahmen im öffentlichen Interesse

Abs 2 eröffnet der Verwaltung zwei Wege, vom Verbot aus § 65 Abs 1 zu dispensieren. Zum einen können die Obersten Bundes- oder Landesbehörden Ausnahmen zulassen, wenn dies im öffentlichen Interesse erforderlich ist. Typologisch ist diese Bestimmung ein **Befreiungsvorbehalt** im Geltungsbereich eines **repressiven Verbots**. Auf eine entsprechende Ausnahme dürfte **kein Anspruch** bestehen. Selbst ein Anspruch auf eine fehlerfreie Ermessensausübung liegt nach der Gesetzesformulierung nicht nahe.

Von vornherein ausgenommen vom Verbot sind solche Sendeanlagen, die das **Bundesausfuhramt** genehmigt hat. Liegt eine entsprechende **Ausfuhrgenehmigung** vor, ist der Adressat im Hinblick auf sämtliche Verhaltensweisen nach § 65 Abs 1 vom gesetzlichen Verbot freigestellt.

---

[4] Beck'scher TKG-Kommentar/*Piepenbrock* § 65 Rn 9. Zum Folgenden BfD, 18. Tätigkeitsbericht (1999/2000), BT-Drucks 14/555, S 89.
[5] Beck'scher TKG-Kommentar/*Piepenbrock* § 65 Rn 11.
[6] Sch/Schröder/*Lenckner* § 201 StGB Rn 20; LK/*Träger* § 201 Rn 20; Beck'scher TKG-Kommentar/*Piepenbrock* § 65 Rn 3.
[7] Zum Diskussionsstand: Beck'scher TKG-Kommentar/*Piepenbrock* § 65 Rn 13; zu § 59 WaffG: BGHSt 26, 12, 16.
[8] Näher Beck'scher TKG-Kommentar/*Piepenbrock* § 65 Rn 18.
[9] Beck'scher TKG-Kommentar/*Piepenbrock* § 65 Rn 19.
[10] Beck'scher TKG-Kommentar/*Piepenbrock* § 65 Rn 20.
[11] Beck'scher TKG-Kommentar/*Piepenbrock* § 65 Rn 24.

Wolfgang Spoerr

## IV. Werbeverbot (Abs 3)

**9** Abs 3 komplettiert das Besitz-, Umgangs- und Vertriebsverbot aus Abs 1 S 1 durch ein Werbeverbot. Das Verbot gilt nicht nur für Anlagen, die von Abs 1 S 1 erfasst sind, sondern für Anlagen jeder Art, soweit entsprechende Werbeassagen gemacht werden. Das Verbot richtet sich auch an die presserechtlich Verantwortlichen.[12]

## V. Rechtsdurchsetzung

**10** Die Durchsetzung der Verbote nach § 65 richtet sich nach allgemeinem Polizei- und Ordnungsrecht. Eine Überwachungszuständigkeit der Regulierungsbehörde besteht insoweit nicht. Die Vorschrift ist aber Bestandteil der Gesamtrechtsordnung; bei telekommunikationsrechtlichen Vorschriften, die einen Vorbehalt der öffentlichen Sicherheit enthalten, kann die Regulierungsbehörde § 65 berücksichtigen.

---

[12] Beck'scher TKG-Kommentar/*Piepenbrock* § 65 Rn 29.

Wolfgang Spoerr

# Zehnter Teil
# Regulierungsbehörde

## Erster Abschnitt[*]
## Errichtung, Sitz und Organisation

### § 66 Errichtung, Sitz und Rechtsstellung

(1) Zur Wahrnehmung der sich aus diesem Gesetz und anderen Gesetzen ergebenden Aufgaben wird die Regulierungsbehörde für Telekommunikation und Post als Bundesoberbehörde im Geschäftsbereich des Bundesministeriums für Wirtschaft mit Sitz in Bonn errichtet.

(2) Die Regulierungsbehörde wird von einem Präsidenten geleitet. Der Präsident vertritt die Regulierungsbehörde gerichtlich und außergerichtlich und regelt die Verteilung und den Gang ihrer Geschäfte durch eine Geschäftsordnung; diese bedarf der Bestätigung durch das Bundesministerium für Wirtschaft. § 73 Abs 1 bleibt unberührt.

(3) Der Präsident und die beiden Vizepräsidenten werden jeweils auf Vorschlag des Beirates von der Bundesregierung benannt. Erfolgt trotz Aufforderung der Bundesregierung innerhalb von vier Wochen kein Vorschlag des Beirates, erlischt das Vorschlagsrecht. Findet ein Vorschlag des Beirates nicht die Zustimmung der Bundesregierung, kann der Beirat innerhalb von vier Wochen erneut einen Vorschlag unterbreiten. Das Letztentscheidungsrecht der Bundesregierung bleibt von diesem Verfahren unberührt.

(4) Die Ernennung des Präsidenten und der Vizepräsidenten erfolgt durch den Bundespräsidenten.

(5) Soweit das Bundesministerium für Wirtschaft allgemeine Weisungen für den Erlass oder die Unterlassung von Entscheidungen nach diesem Gesetz erteilt, sind diese Weisungen im Bundesanzeiger zu veröffentlichen.

**Schrifttum:** *Benz* Verfassungsrechtliche Zulässigkeit der Beleihung einer Aktiengesellschaft mit Dienstherrnbefugnissen, 1995; *ders* Privatisierung und Deregulierung – Abbau von Staatsaufgaben?, Die Verwaltung 1995, 337; *Brosius-Gersdorf* Deutsche Bundesbank und Demokratieprinzip, 1997; *Burkhardt* Kartellrecht, Gesetz gegen Wettbewerbsbeschränkungen, Europäisches Kartellrecht, 1995; *Burmeister* Herkunft, Inhalt und Stellung des institutionellen Gesetzesvorbehalts, 1991; *Dittmann* Die Bundesverwaltung: Verfassungsgeschichtliche Grundlagen, grundgesetzliche Vorgaben und Staatspraxis ihrer Organisationen, 1983; *Ebsen* Öffentlich-rechtliche Rahmenbedingungen einer Informationsordnung, DVBl 1997, 1039; *Emde* Die demokratische Legitimation der Funktionalen Selbstverwaltung, 1991; *Gramlich* Von der Postreform zur Postneuordnung, NJW 1994, 2785; *ders* Ohne Regulierung kein Wettbewerb – Zum Start der Regulierungsbehörde für Telekommunikation und Post, CR 1998, 463; *Groß* Das Kollegialprinzip in der Verwaltungsorganisation, 1999; *Jestaedt* Demokratieprinzip und Kondominialverwaltung, 1993; *Lassere*, L'antorité de regulation des télécommunicationer (ART), in: L' Actualité Juridique Droit Administratif 1997, 224; *Leo/Schellenberg* Die Regulierungsbehörde für Telekommunikation und Post, ZUM 1997, 188; *Moritz* Schwächen der TK-Liberalisierung, CR 1998, 13; *Oertel* Die Unabhängigkeit der Regulierungsbehörde nach §§ 66 ff TKG, 2000; *Roßnagel* Aufgaben der Regulierungsbehörde nach dem Signaturgesetz, MMR 1998, 468; *Scherer* Die Entwicklung des Telekommunikationsrechts in den Jahren 1996 und 1997, NJW 1998, 1607; *Schmidt-Aßmann* Verwaltungsorganisationsrecht als Steuerungsressource, Einleitende Problemskizze, in: ders/Hoffmann-Riem, Verwaltungsorganisationsrecht als Steuerungsressource, 1997, 9;

---

[*] Herrn Rechtsreferender Michael Heise danke ich für wertvolle Vorarbeiten und die Betreuung des Manuskripts.

Hans-Heinrich Trute

**Zehnter Teil** Regulierungsbehörde
**Erster Abschnitt** Errichtung, Sitz und Organisation

*Trute* Wechselseitige Verzahnungen zwischen Privatrecht und öffentlichem Recht, in: Hoffmann-Riem/Schmidt-Aßmann, Öffentliches Recht und Privatrecht als wechselseitige Auffangordnungen, 1996, S 167; *ders* Funktionen der Organisation und ihre Abbildung im Recht, in: Schmidt-Aßmann/Hoffmann-Riem, Verwaltungsorganisationsrecht als Steuerungsressource, S 249; *ders* Verwaltung und Verwaltungsrecht zwischen gesellschaftlicher Selbstregulierung und staatlicher Steuerung, DVBl 1996, 950; *Ulmen/Gump* Die neue Regulierungsbehörde für Telekommunikation und Post, CR 1997, 396, Herne 1993; *Windthorst* Der Universaldienst im Bereich der Telekommunikation, 1998.

**Inhaltsübersicht**

|  |  | Rn |
|---|---|---|
| I. | Entstehungsgeschichte und Systematik | 1–4 |
| II. | Rechtsstellung und Aufgaben der Regulierungsbehörde (Abs 1) | 5–14 |
|  | 1. Die Rechtsstellung der Regulierungsbehörde | 6 |
|  | a) Die funktionelle Unabhängigkeit | 7–10 |
|  | b) Die politische Unabhängigkeit der Regulierungsbehörde | 11–13 |
|  | 2. Sitz der Regulierungsbehörde | 14 |
| III. | Leitungskompetenz des Präsidenten (Abs 2) | 15–21 |
|  | 1. Die Leitungsbefugnis des Präsidenten | 16–19 |
|  | 2. Geschäftsordnung | 20 |
|  | 3. Vertretungsrecht des Präsidenten (Abs 2 S 2) | 21 |
| IV. | Benennung, Ernennung und Entlassung des Präsidenten und des Vizepräsidenten (Abs 3, 4) | 22–26 |
| V. | Das Weisungsrecht des Bundesministeriums für Wirtschaft (Abs 5) | 27–31 |

## I. Entstehungsgeschichte und Systematik

**1** § 66 TKG stellt die **zentrale organisationsrechtliche Vorschrift** des TKG dar. Sie ordnet zur Wahrnehmung der sich aus diesem Gesetz und anderen Gesetzen ergebenden Aufgaben die Errichtung der Regulierungsbehörde für Telekommunikation und Post als Bundesoberbehörde im Geschäftsbereich des Bundesministeriums für Wirtschaft mit Sitz in Bonn an. Die Vorschrift enthält darüber hinaus weitere für den organisationsrechtlichen Rahmen bedeutsame Regelungen wie über die Leitung der Regulierungsbehörde, die Möglichkeit der Regelung der Verteilung und des Gangs ihrer Geschäfte durch eine Geschäftsordnung (Abs 2), die Ernennung von Präsidenten und Vizepräsidenten (Abs 3, 4) sowie die Möglichkeit des Bundesministeriums für Wirtschaft, allgemeine Weisungen für den Erlaß oder die Unterlassung von Entscheidungen zu erteilen, verbunden mit einer Publizitätspflicht.

**2** Der **organisationsrechtliche Gestaltungsspielraum** des Gesetzgebers wird **europarechtlich** und **verfassungsrechtlich begrenzt**. Europarechtlich verlangt die Richtlinie 97/51/EG[1] mit dem Ziel der Gewährleistung der Unabhängigkeit der nationalen Regulierungsbehörden, dass diese sich rechtlich von allen Organisationen unterscheiden müssen, die Telekommunikationsnetze, -geräte oder -dienste bereitstellen und von diesen funktionell unabhängig sein müssen. Außerdem müssen die Mitgliedstaaten, wenn sie Eigentum an Organisationen behalten, die Telekommunikationsnetze und/oder -dienste bereitstellen oder über diese eine wesentliche Kontrolle ausüben, eine wirksame strukturelle Trennung der hoheitlichen Funktionen von Tätigkeit im Zusammenhang mit Eigentum oder Kontrolle sicherstellen. Im Erwägungsgrund 9 der Richtlinie ist dazu ausgeführt, dass nach dem **Grundsatz der Trennung hoheitlicher und betrieblicher Funktionen** die Mitgliedstaaten die Unabhängigkeit ihrer Regulierungsbehörden garantieren, um die Unparteilichkeit der Entscheidungen dieser Regulierungsbehörden sicherzustellen. Ferner gewährleisten sie danach, dass diese bei der Umsetzung der ordnungspolitischen Grundlagen des Gemeinschaftsrechts eine zentrale Rolle wahrnehmen. Die nationalen Regulierungsbehörden sollten zudem in Bezug auf Personal, Fachwissen und finanzielle Ausstattung über die für die Wahrnehmung ihrer Aufgaben notwendigen Mittel verfügen.[2] Die

---

[1] Richtlinie 97/51/EG des Europäischen Parlaments und des Rates v 6. 10. 1997 zur Änderung der Richtlinien 90/387/EWG und 92/44/EWG des Rates zwecks Anpassung an ein wettbewerbsorientiertes Telekommunikationsumfeld, ABl Nr L 295/23 v 29. 10. 1997 in Art 1 Nr 6 zur Einfügung von Art 5a in die Richtlinie 90/387/EWG in Abs 2.

[2] Bereits Art 6 Endgeräterichtlinie ebenso wie Art 7

Anforderung der Unabhängigkeit soll freilich nicht die institutionelle Autonomie und die verfassungsmäßigen Verpflichtungen der Mitgliedsstaaten und auch nicht den Grundsatz der Neutralität im Hinblick auf die Eigentumsordnung in den verschiedenen Mitgliedsstaaten nach Art 295 EGV berühren.

**Verfassungsrechtlich** wird der Spielraum des Organisationsgesetzgebers durch Art 87 f Abs 2 S 2 GG bestimmt. Danach werden **Hoheitsaufgaben** im Bereich des Postwesens und der Telekommunikation **in bundeseigener Verwaltung ausgeführt**. Hoheitsaufgaben sind danach etwa die Standardisierung, die Normierung, die Frequenzvergabe, die Erteilung von Genehmigungen und Lizenzen, die Vorsorge für den Katastrophen- und Krisenfall und die Sicherung der Dienstleistungen[3] sowie die europarechtlich umschriebenen Aufgaben, insbesondere die Liberalisierung und die Sicherung eines freien Wettbewerbs. Der Terminus der bundeseigenen Verwaltung begrenzt den organisationsrechtlichen Spielraum des Gesetzgebers.[4] Der Sache nach ist mit diesem Terminus nichts anderes gemeint als das was bereits zu Art 87 Abs 1 Satz 1 GG aF galt. Danach soll weder eine mittelbare Form der Bundesverwaltung, etwa durch bundesunmittelbare Körperschaften oder Anstalten des öffentlichen Rechts, noch eine Verwaltung durch Privatrechtspersonen ungeachtet der Steuerungsintensität des Bundes in Betracht kommen.[5] Dies soll selbst unter Berücksichtigung der Vorschrift als bloße Grundsatznorm gelten. Dieses Verständnis ist von Zweifeln nicht frei.[6] Selbst wenn man dem folgt, muss dies – entgegen der im Gesetzgebungsverfahren geäußerten Auffassung (Rn 4) – allerdings nicht dazu führen, dass ausschließlich eine Bundesoberbehörde in der Lage gewesen wäre, diesen organisationsrechtlichen Gestaltungsspielraum auszufüllen. Vielmehr wäre durchaus die Errichtung einer eigenen obersten Bundesbehörde möglich gewesen. Eine solche wäre vom Begriff der bundeseigenen Verwaltung gedeckt gewesen.[7]

Die Vorschrift war – soweit es ihre Abs 1, 2 und 5 betrifft – **in den wesentlichen Grundzügen bereits in dem ursprünglichen Fraktionsentwurf enthalten**.[8] War im Referentenentwurf zum Telekommunikationsgesetz die Regulierungsbehörde noch als oberste Bundesbehörde geplant, so erfolgte aufgrund von verfassungsrechtlichen Bedenken im Hinblick auf die Schaffung eines ministerialfreien Raumes bereits im Fraktionsentwurf der Wechsel in der organisatorischen Gestalt zu einer Bundesoberbehörde im Geschäftsbereich des Bundesministers für Wirtschaft.[9] Die Einfügung der heutigen Abs 3 und 4 durch den Ausschuß für Post und Telekommunikation[10] diente dazu, dem neugeschaffenen Beirat bei der Regulierungsbehörde ein Vorschlagsrecht in personalrechtlichen Angelegenheiten zu sichern. Damit sollte zugleich ein Einfluss der Länder in personellen Angelegenheiten und damit auf die Leitung der Regulierungsbehörde geschaffen werden. Allerdings bleibt es im Ergebnis bei einem Letztentscheidungsrecht der Bundesregierung, das angesichts der von Art 87 Abs 2 S 2 GG angeordneten bundeseigenen Verwaltung auch nur schwer überwindbar gewesen sein dürfte.

---

Diensterichtlinie hatten verlangt, die regulatorischen Funktionen in der Telekommunikation aus den damaligen Staatsunternehmen der Telekommunikation herauszulösen. Auf der Grundlage von Art 90 Abs 3 EWGV verlangten diese Richtlinien die Herauslösung der regulatorischen Funktion aus der staatlichen Unternehmung und bewirkten insoweit eine erhebliche Umgestaltung in den Mitgliedsstaaten, die in Deutschland zur Verfassungsänderung in Folge der Postreform II führte. Der EuGH hat diese Anforderungen gegen die Klagen verschiedener Mitgliedsstaaten aufrecht erhalten; vgl EuGH v 19.3.1991 Rs C 202/88 – Frankreich ua/Kommission (Endgeräterichtlinie) – Slg 1991 I, S 1225; EuGH v 17.11.1992 Rs C 271/90, C-281/90 u C-289/90 – Spanien ua/Kommission (Diensterichtlinie) Slg 1992 I, S 5833.

[3] Vgl BT-Drucks 12/7269, S 5.
[4] Vgl dazu *Lerche* in: Maunz/Dürig, GG, Art 87 f Rn 100 ff.
[5] *Lerche* aaO Rn 112; *Windthorst* in: Sachs, GG, Art 87 f Rn 33; *Uerpmann* in: v Münch/Kunig, GGK III, Art 87 f Rn 13.
[6] Vgl *Oertel* Die Unabhängigkeit der Regulierungsbehörde, S 189 ff; *Schmidt-Bleibtreu/Klein*, GG, Art 86, Rn 1.
[7] *Lerche* aaO Rn 112.
[8] Vgl BT-Drucks 13/3609, § 65 TKGE.
[9] Zu den Zweifeln an der Tragfähigkeit dieses Arguments vgl Beck'scher TKG-Kommentar/*Geppert* § 66 Rn 4.
[10] Vgl Beschlussempfehlung und Bericht des Ausschusses für Post und Telekommunikation BT-Drucks 13/4864 zu § 65 TKGE.

Hans-Heinrich Trute

## II. Rechtsstellung und Aufgaben der Regulierungsbehörde (Abs 1)

**5** Zur Wahrnehmung der sich aus diesem Gesetz und anderen Gesetzen ergebenden Aufgaben wird nach § 66 Abs 1 TKG die **Regulierungsbehörde** für Telekommunikation und Post als **Bundesoberbehörde** im Geschäftsbereich des Bundesministeriums für Wirtschaft mit Sitz in Bonn errichtet. Die Vorschrift des Abs 1 bezieht sich damit auf zwei Aspekte, nämlich die Rechtsstellung der Regulierungsbehörde als Bundesoberbehörde im Geschäftsbereich des Bundesministeriums für Wirtschaft sowie die Aufgaben, die als solche nach dem TKG und anderen Gesetzen beschrieben werden.

### 1. Die Rechtsstellung der Regulierungsbehörde

**6** Die Aussagen zur **Rechtsstellung der Regulierungsbehörde** lassen sich mit den Leitbegriffen der **funktionellen** und der **politischen Unabhängigkeit** bündeln, die in je unterschiedlichem Umfang verfassungsrechtliche und europarechtliche Grundlagen haben und ihre Ausformung dann in den §§ 66 ff TKG finden.[11] Die funktionelle Unabhängigkeit zielt dabei auf die Trennung der regulatorischen von den betrieblichen Funktionen des Staates. Die politische Unabhängigkeit beschreibt die Entscheidungsautonomie der Regulierungsbehörde.

#### a) Die funktionelle Unabhängigkeit

**7** Die **funktionelle Unabhängigkeit** bezeichnet eine Ausformung der Rechtsstellung der Regulierungsbehörde dergestalt, dass die Regulierung als staatliche Funktion von den gleichfalls staatlichen Funktionen der Leistungserbringung und der Unternehmensverwaltung in der Telekommunikation zu trennen ist.[12] Sie findet ihre Grundlage bereits in Art 5a der ONP-Rahmenrichtlinie[13], wonach die Unabhängigkeit der Regulierungsbehörden dadurch zu gewährleisten ist, dass diese sich rechtlich von allen Organisationen unterscheiden, die Telekommunikationsnetze, -geräte oder -dienste bereitstellen und von diesen funktionell unabhängig sind, sowie mittels einer wirksamen strukturellen Trennung der hoheitlichen Funktion von Tätigkeiten im Zusammenhang mit Eigentum oder Kontrolle. Die funktionelle Unabhängigkeit wird also bestimmt im Hinblick auf zwei Organisationsaspekte, nämlich die Trennung von Organisationen, die Telekommunikationsdienstleistungen bereitstellen sowie die Trennung der Regulierungsfunktion von den Organisationen, die in den Formen des Gesellschaftseigentums eine staatliche Kontrolle über ein Unternehmen der Leistungserbringung vermitteln. Dabei zielt Art 5a Abs 2 ONP-Rahmenrichtlinie auf die Separierung von Funktionen, deren Folge dann die Unabhängigkeit einer Institution sein kann. Die ONP-Rahmenrichtlinie verlangt insoweit die **strukturelle Unabhängigkeit** für alle mitgliedstaatlichen Behörden, wenn und soweit sie Regulierungsaufgaben ausführen. In diesem Sinne ist die Regulierungsbehörde nach § 66 TKG nicht deswegen unabhängig zu stellen, weil sie Regulierungsbehörde ist, sondern weil sie Aufgaben der Regulierung wahrnimmt.[14] Das Verfassungsrecht folgt in Art 87 f GG dem Europarecht. Durch die Trennung der Leistungserbringung in Art 87 f Abs 2 S 1 GG von den Hoheitsaufgaben in Art 87 f Abs 2 S 2 GG sowie den Aufgaben in Bezug auf die Unternehmen in Art 87 f Abs 3 GG wird ebenfalls eine organisationsrechtliche Trennung unterschiedlicher Funktionskreise vorgenommen. Art 87 f GG verweist die Hoheitsaufgaben an die bundeseigene Verwaltung, die Unternehmensaufgaben werden durch eine bundesunmittelbare Anstalt des öffentlichen Rechts und die Dienstleistungen in Unternehmen vorgenommen, die vorbehaltlich einer gewährleistenden Obhut des Bundes, die Leistungen privatwirtschaftlich erbringen. Dahinter steht das Motiv, den Bund als Anteilseigner des marktbeherrschenden Telekommunikationsunternehmens von seinen regulatorischen Funktionen her zu trennen, um so die wettbewerbspolitische Problematik zu entschärfen, dass der Bund sowohl Anteilseigner wie Regulierer in gleichem Maße ist und daher die Nutzung der Regulierungsfunktion zur Verbesserung seiner

---

[11] Grundlegend dazu *Oertel* Die Unabhängigkeit der Regulierungsbehörde, S 104 ff, 187 ff.
[12] *Oertel* Die Unabhängigkeit der Regulierungsbehörde, S 104.
[13] RL 90/387/EWG idF der Richtlinie 97/51/EG.
[14] So prägnant *Oertel* Die Unabhängigkeit der Regulierungsbehörde, S 124.

erwerbswirtschaftlichen Anliegen zumindest naheliegt.[15] Dieses Motiv hat zudem eine primärrechtliche wettbewerbliche Grundlage. Die Rechtsprechung des EuGH sieht die Unabhängigkeit der Regulierung von der Leistungserbringung als eine Voraussetzung für das System unverfälschten Wettbewerbs an. Der Chancengleichheit der Wettbewerber liefe es zuwider, wenn ein Wettbewerber sich über den Einfluss auf regulatorische Funktionen Wettbewerbsvorteile verschaffen könnte.[16] Zugleich findet damit die im deutschen Verwaltungsrecht eher schwach ausgeprägte Dimension institutioneller Befangenheit eine spezielle europarechtliche und verfassungsrechtliche Grundierung.[17]

Das **Gebot funktioneller Unabhängigkeit** bei der Wahrnehmung von Regulierungsaufgaben ist **weit zu verstehen.** Es umfasst jede Tätigkeit, die sich auf den Inhalt der regulatorischen Entscheidungen auswirken kann,[18] also alle Phasen von der Entscheidungsvorbereitung bis zur Entscheidung und ihrer Durchsetzung, einzelfallbezogene Maßnahmen und abstrakt generelle Regelungen und Grundsätze, soweit sie von Einfluss auf die Regulierung sind. Nur Hilfstätigkeiten können von dem Gebot der Unabhängigkeit freigestellt werden.[19] **8**

Die **Anforderungen an das Gebot wirksamer struktureller Trennung** der hoheitlichen Funktionen von Tätigkeiten im Zusammenhang mit dem Besitz oder der Kontrolle von Unternehmen kommen in der umfassenden Äußerung von Rat und Kommission in der Begründung zu Art 5a ONP-Rahmenrichtlinie zum Ausdruck.[20] Dabei liegt das Gewicht weniger auf der Form der strukturellen Trennung denn auf ihrer Wirksamkeit. Zur Sicherung einer wirksamen Trennung müssen danach die Mitgliedsstaaten insbesondere dafür Sorge tragen, dass hoheitliche Funktionen nicht durch Eigentumserwägungen beeinflußt werden, dass kommerziell sensible Informationen, die die Regulierungsstelle im Zuge ihrer Marktüberwachung erhält, nicht an die Stelle weitergegeben werden, die als Anteilseigner oder Eigentümer des Betreibers fungiert und benutzt werden können, um den staatlichen Unternehmen einen Wettbewerbsvorteil zu verschaffen. Ebenso muss gesichert sein, dass beim Wechsel von Personal von der Regulierungsstelle zu der als Anteilseigner oder Eigentümer fungierenden Stelle und umgekehrt spezielle Schutzmaßnahmen zur Anwendung gelangen. Die zwei Funktionen Regulierung und Überwachung sowie Besitz müssen über gesonderte Rechnungsführungs-, Verwaltungs- und Berichterstattungsstrukturen verfügen. Für das Personal beider Stellen dürfen keinerlei Interessenkonflikte hinsichtlich der Erreichung von staatlichen Zielen in den unterschiedlichen Rollen als Anteilseigner und Regulierungsstelle entstehen. Diese Anforderungen müssen **sowohl in dem Recht wie in der tatsächlichen Praxis der Regulierungsstelle ihren Ausdruck finden.** Diese Erwägungen von struktureller Trennung der Unternehmensverwaltung von der Regulierung gelten selbstverständlich auch für die Trennung von Regulierung und Leistungserbringung.[21] **9**

Die insoweit europarechtlich und verfassungsrechtlich vorgezeichneten Anforderungen dürften im Wesentlichen von der rechtlichen Ausgestaltung der Regulierungsbehörde eingehalten werden. Diese ist institutionell unabhängig von der Leistungserbringung. Als privatwirtschaftliche Tätigkeiten sind die Dienstleistungen der Telekommunikation aus einer privatrechtlichen Organisationsform heraus zu erbringen. Art 87 f Abs 2 Satz 1 GG sichert mit Art 143b Abs 1 S 1 **10**

---

**15** Zur Wettbewerbsgleichheit vgl *Windthorst* Der Universaldienst im Bereich der Telekommunikation, S 201 ff; vgl auch *Lasserre* AJDA 1997, 224, 225 f; *Hoenig/Kresbach/Jakob* K & R 1998, 187; *Oertel* Die Unabhängigkeit der Regulierungsbehörde, S 108 ff.
**16** Vgl EuGH v 19. 3. 1991 Rs C 202/88 – Frankreich ua/Kommission (Endgeräterichtlinie) – Slg 1991, I S 1225, Rn 51; für Monopolunternehmen vgl auch EuGH v 13. 12. 1991 Rs C-18/88 – GB – INNO-BM – Slg 1991 I, S 5941 Rn 18, 24.
**17** Dazu vgl *Oertel* Die Unabhängigkeit der Regulierungsbehörde, S 116 ff.
**18** *Oertel* Die Unabhängigkeit der Regulierungsbehörde, S 140.
**19** Vgl bereits EuGH v 27. 10. 1993 Rs C-46/90 u C-93/91 – Lagauche ua – Slg 1993 I, S 5267; EuGH v 27. 10. 1993 Rs C-49/91 – Decoster – Slg 1993 I, S 5335 sowie *Oertel* Die Unabhängigkeit der Regulierungsbehörde, S 137 ff.
**20** Gemeinsamer Standpunkt (EG) Nr 58/96 vom Rat festgelegt am 12. 9. 1996 im Hinblick auf den Erlaß der Richtlinie 96/.../EG des Europäischen Parlaments und des Rates vom ... zur Änderung der Richtlinien 90/387/EWG und 92/94/EWG des Rates zwecks Anpassung an ein wettbewerbsorientiertes Telekommunikationsumfeld (96/C/315/07), ABl EG Nr C 315 v 24. 10. 1996, S 41 (55).
**21** *Oertel* Die Unabhängigkeit der Regulierungsbehörde, S 149; zu den einzelnen Faktoren der funktionellen Unabhängigkeit *ders* aaO S 150 ff.

**Zehnter Teil** Regulierungsbehörde
**Erster Abschnitt** Errichtung, Sitz und Organisation

GG die Umwandlung der Deutschen Post TELEKOM in ein Unternehmen privater Rechtsform, die Deutsche Telekom AG ab.[22] Dies gilt ungeachtet bestimmter hoheitlicher Befugnisse, die Dienstherrnbefugnisse absichern.[23] Aus dieser privatrechtlichen Rechtsstellung besteht für das Unternehmen kein direkter Zugang zur Regulierungsfunktion. Die bundeseigene Verwaltung der Regulierung und die privatrechtlich verselbständigte Aktiengesellschaft sind also rechtsförmlich und strukturell voneinander getrennt. Institutionell ist die Regulierungsbehörde von der Deutschen Telekom AG unabhängig.[24] Ebenso besteht eine Unabhängigkeit von der Unternehmensverwaltung. Auch wenn hier die verselbständigte Verwaltungseinheit als rechtsfähige Anstalt des öffentlichen Rechts der ministeriellen Aufsicht unterliegt und dieser es nicht ausschließt, dass die Anstalt lediglich als Interessenmakler des Ministeriums wie des Unternehmens benutzt wird, ist jedenfalls nach der Überführung der Aufsicht in das Bundesfinanzministerium und der Auflösung des früheren Bundesministeriums für Post und Telekommunikation mit der Folge der Zuweisung der Regulierungsbehörde zum Bundesministerium für Wirtschaft eine hinreichende Trennung gegeben, die von dem Ressortprinzip abgesichert wird.[25] Auch **personell** dürfte eine **hinreichende Unabhängigkeit** der Regulierungsbehörde gewährleistet sein, wenngleich nicht zu verkennen ist, dass einzelne Regelungen, etwa § 2 Abs 2a Postpersonalrechtsgesetz, der es zulässt, einen Beamten, der bislang im Postministerium oder im Bundesamt für Post und Telekommunikation beschäftigt war, auf Dauer bei einem Unternehmen der ehemaligen Deutschen Bundespost zu beschäftigen, gewisse Zweifel wecken, die bei den betreffenden Entscheidungen dann im Sinne einer Berücksichtigung des Gebotes funktioneller Unabhängigkeit aufzulösen sind. Im Übrigen aber sichern vorhandene Inkompatibilitätsregeln insbesondere für die Tätigkeit als Präsident oder Vizepräsident der Regulierungsbehörde[26] die funktionelle Unabhängigkeit im personellen Bereich mit ab.[27] **In verfahrensrechtlicher Hinsicht** wird die Unabhängigkeit der Regulierungsbehörde zunächst über das **justizähnlich ausgestaltete Beschlusskammerverfahren** der §§ 73 ff TKG (§ 73 Rn 9 ff) ebenso wie Transparenz- und Publizitätspflichten, wie sie nicht nur im TKG, sondern vor allem auch im Europäischen Sekundärrecht der Telekommunikation zu finden sind, abgesichert.[28] Allerdings ist nicht zu verkennen, dass zumindest für eine Übergangszeit eine gewisse **informatorische Abhängigkeit** der Regulierungsbehörde von dem bisherigen marktbeherrschenden Unternehmen bestehen kann, die durch geeignete Vorkehrungen balanciert werden muss. Insoweit spielt insbesondere § 70 TKG eine nicht unerhebliche Rolle (§ 70 Rn 3). Die Praxis der Regulierungsbehörde verschiedene Ausschüsse und Kommissionen zu bilden,[29] ist grundsätzlich geeignet, hier etwaige Informationsasymmetrien zu balancieren und zu einer angemessenen Regulierungsgrundlage

---

22 *Oertel* Die Unabhängigkeit der Regulierungsbehörde, S 155 f.
23 Dazu *Benz* Verfassungsrechtliche Zulässigkeit der Beleihung einer Aktiengesellschaft mit Dienstherrnbefugnissen, 1995; *Gramlich* NJW 1994, 2785, 2788; vgl auch *Lerche* in: Maunz/Dürig, GG, Art 87 f Rn 4.
24 *Oertel* Die Unabhängigkeit der Regulierungsbehörde, S 157.
25 Ausführlich dazu *Oertel* Die Unabhängigkeit der Regulierungsbehörde, S 157 ff; auch die Begründung zum Art 5a Abs 2 ONP-Rahmenrichtlinie, nennt ausdrücklich das Ressortprinzip als eine mögliche Sicherung der strukturellen Trennung von hoheitlicher Funktion und betrieblichen Tätigkeiten. Für die Übergangszeit der gemeinsamen Ressortierung von Unternehmensbeteiligungsverwaltung und Regulierungsverwaltung bis 1998 galt dies freilich nicht ohne Weiteres, eine gerade im Beginn der Überführung in eine wettbewerbliche Ordnung nicht zu vernachlässigende organisationsrechtliche Hypothek; vgl etwa *Moritz* CR 1998, 13, 20; *Oertel* Die Unabhängigkeit der Regulierungsbehörde, S 167.

26 Vgl § 8 Abs 3, Abs 6, Abs 7 PersBG.
27 Zu weiteren Anforderungen insoweit *Oertel* Die Unabhängigkeit der Regulierungsbehörde, S 171 ff.
28 Vgl § 66 Abs 5 und § 81 Abs 2 TKG; Art 3 Abs 2 S 1, Art 10 Abs 3 S 1 Genehmigungsrichtlinie, Art 2 Abs 3, Art 3 S 3, Art 3a S 1 lit ii, Art 3b S 2 Wettbewerbsrichtlinie, Art 3b S 6 Wettbewerbsrichtlinie; Art 21 Abs 1 S 2 ONP-Sprachtelefondienstrichtlinie, Art 12 Abs 3 S 1 u 2 Zusammenschaltungsrichtlinie, Art 4a Abs 1 Wettbewerbsrichtlinie, um nur einige Beispiele zu nennen.
29 Vgl BMPT, Mitteilung Nr 7/1997 zur Einrichtung eines „Ausschuß für die technische Regulierung der Nutzung von Rundfunkfrequenzen" (CRR), ABl BMPT 2/1997, S 58; BMPT, Mitteilung 70/1995, Arbeitskreis „Sicherheit in der Telekommunikation", ABl BMPT 18/1995, S 1213; BMPT, Mitteilung Nr 108/1997, Arbeitskreis „Technische und betriebliche Fragen der Numerierung und der Netzzusammenschaltung", ABl BMPT 20/1997, S 1021; soweit es die Praxis des früheren Bundesministeriums für Post und Telekommunikation betrifft.

Hans-Heinrich Trute

und Vorbereitung beizutragen. Diese Ausschüsse und Kommissionen müssen freilich ihrerseits bestimmten Anforderungen institutioneller Neutralitätssicherung und Interessenpluralität genügen.[30]

### b) Die politische Unabhängigkeit der Regulierungsbehörde

Die **politische Unabhängigkeit der Regulierungsbehörde** umschreibt die organisatorische Abkopplung von den zentralen Staatsorganen, also der Bundesregierung und dem Bundestag, und ihre Fähigkeit, eine eigene Regulierungspolitik zu entwickeln und durchzusetzen. Neben die organisatorische Entbündelung tritt also die politische Entkoppelung innerhalb eines Funktionsstranges.[31] Sie entfaltet sich im Spannungsfeld zwischen den Anforderungen demokratischer Legitimation, die parlamentarische Steuerung und ministerielle Verantwortlichkeit gegenüber dem Parlament absichern soll, und der sachgebotenen Abkoppelung von politischer Einflussnahme zu Gunsten der Formulierung einer eigenen Regulierungspolitik unter sachlichen Gesichtspunkten zur Erreichung parlamentarisch vorgegebener Regulierungsziele.

Verfassungsrechtlich wird der Gestaltungsspielraum des Gesetzgebers – wie oben gesehen (Rn 3) – durch die **Festlegung auf die bundeseigene Verwaltung** in Art 87 f Abs 2 S 2 GG umschrieben. Die jeweilige Organisation und ihr Handeln muss dem Bund zurechenbar sein.[32] Dabei kommt es weniger auf die fehlende Rechtsfähigkeit als Kriterium der Zurechnung zur bundeseigenen Verwaltung an.[33] Entscheidend ist vielmehr, dass das behördliche Handeln dem Bund zurechenbar ist. Abgesehen davon, dass dem VIII. Abschnitt des Grundgesetzes eine durchgängige Klassifizierung zwischen bundesunmittelbarer im Sinne nichtrechtsfähiger Verwaltung im Gegensatz zur bundesmittelbaren im Sinne rechtsfähiger Verwaltung schwerlich entnommen werden kann,[34] wird die Bedeutung der Rechtsfähigkeit für die Steuerung von Verwaltungseinheiten damit deutlich überschätzt und formalisiert.[35] Die Entscheidung für die bundeseigene Verwaltung ist daher die Entscheidung für eine intensivere Steuerung der Aufgaben, als dies bei der bundesmittelbaren Verwaltung der Fall sein könnte. Dabei spielen unterschiedliche Steuerungsdimensionen wie der Spielraum der Organisationsgewalt, der Status des Behörde, die Verfügung über Ressourcen, dienstrechtliche Möglichkeiten ebenso wie die Pluralisierung der Verwaltung,[36] die Informationsressourcen und die materielle Steuerung durch das Gesetz eine Rolle.

Das Gesetz ordnet der **Regulierungsbehörde** den **Status einer Bundesoberbehörde** im Geschäftsbereich des Bundesministeriums für Wirtschaft zu. Kennzeichen einer Bundesoberbehörde sind die Zuständigkeit für das gesamte Bundesgebiet, die Beschränkung auf spezielle Verwaltungsaufgaben sowie die Unterordnung unter eine oberste Bundesbehörde, hier das Bundesministerium für Wirtschaft. Die ursprünglichen Überlegungen, eine oberste Bundesbehörde und damit eine in diesem Sinne ministerialfreie Behörde zu errichten, wären zwar entgegen verschiedenen Stellungnahmen im Entstehungsprozess des Telekommunikationsgesetzes verfassungsrechtlich durchaus möglich gewesen.[37] Gleichwohl wurde diese Lösung im Hinblick auf das große politische Gewicht der Regulierung zugunsten der jetzigen Lösung einer

---

[30] Vgl dazu bereits *Trute* in: Hoffmann-Riem/Schmidt-Aßmann, Öffentliches Recht und Privatrecht als wechselseitige Auffangordnungen, 1996, S 167, 208 ff; *ders* DVBl 1996, 950, 956; vgl auch *Oertel* Die Unabhängigkeit der Regulierungsbehörde, S 182 ff.

[31] Dazu *Oertel* Die Unabhängigkeit der Regulierungsbehörde, S 187.

[32] *Lerche* in: Maunz/Dürig, Art 86 Rn 44; Art 87 f Rn 101; *Sachs* in: Sachs, GG, Art 87 Rn 19; *Windthorst* in: Sachs, GG, Art 87 f Rn 33.

[33] Vgl aber *Sachs* in: Sachs, GG, Art 86 Rn 13 und Art 87 Rn 16 ff; vgl auch *Windthorst* in: Sachs, GG, Art 87 f Rn 33.

[34] Vgl *Lerche* in: Maunz/Dürig, GG, Art 86 Rn 5,

Art 87 Rn 15; *Burmeister* Herkunft, Inhalt und Stellung des institutionellen Gesetzesvorbehalts, 1991 S 163 f.

[35] Vgl mit Unterschieden im Einzelnen *Mayer* Die Bundespost: Wirtschaftsunternehmen oder Leistungsbehörde, 1990, S 74 ff; *Scholz/Aulehner* ArchivPT 1993, 221, 249 ff; *Krebs* in: Isensee/Kirchhoff, HStR III § 69 Rn 55; vgl bereits *Dittmann* Die Bundesverwaltung, S 91.

[36] Zu diesem Begriff vgl *Trute* Die Funktion der Organisation und ihre Abbildung im Recht, in: Schmidt-Aßmann/Hoffmann-Riem, Verwaltungsorganisationsrecht als Steuerungsressource, 1997, S 249, 263 ff.

[37] Vgl *Lerche* in: Maunz/Dürig, GG, Art 87 f Rn 112.

Bundesoberbehörde aufgegeben.[38] Ungeachtet dessen aber hielt der Gesetzgeber an dem Ziel fest, möglichst unabhängige Entscheidungen der Regulierungsbehörde zu ermöglichen.[39] Als Bundesoberbehörde ist die Regulierungsbehörde dem Ministerium im engeren Sinne organisatorisch entzogen. Bundesoberbehörden sind unmittelbar obersten Bundesbehörden nachgeordnete Behörden, die prinzipiell für das gesamte Staatsgebiet zuständig sind. Die Nachordnung bezieht sich zunächst auf die Anbindung und organisatorische Zuordnung. Die Behörde ist fachlich **gegenüber der ministeriellen Querschnittsorganisation verselbstständigt**. Sie kann – wie § 66 Abs 2 S 2 1. Hs TKG zeigt – im Rechts- und Geschäftsverkehr selbst auftreten und Außenkontakte im eigenen Namen wahrnehmen. Sie nimmt die Zuständigkeiten damit nicht für das Ministerium, sondern durchaus als eigene wahr.[40] Darin liegt ein Moment der politischen Verselbstständigung gegenüber dem Ministerium. Die **institutionelle Verselbstständigung** kommt ungeachtet der haushaltsmäßigen Zuordnung der Regulierungsbehörde zum Einzelplan des Bundeswirtschaftsministeriums und den damit verbundenen Möglichkeiten zur Steuerung, vor allem auch in der Geschäftsordnungsgewalt zum Ausdruck. Das Gesetz schränkt die ministerielle Organisationsgewalt durch Bestimmungen über die innere Organisation der Regulierungsbehörde (§§ 73 ff, § 66 Abs 2, 3 TKG, Art 3 BegleitG) ein. Zum anderen weist das TKG dem Präsidenten der Regulierungsbehörde die Geschäftsordnungsgewalt zu (§ 66 Abs 2 S 2 2. Hs TKG). Die Geschäftsordnung bedarf freilich der Bestätigung des Wirtschaftsministers, dem damit Einflussmöglichkeiten eröffnet werden. Gleichwohl liegt darin ein nicht unerhebliches Verselbstständigungspotenzial infolge der Formulierungsprärogative des Präsidenten der Regulierungsbehörde. Auch im Hinblick auf die **Personalgewalt** zeigt sich die Möglichkeit der Verselbstständigung. Die Ernennung des Präsidenten ist nicht dem einzelnen Minister zugeordnet, sondern beruht auf dem Zusammenwirken von Beirat und Bundesregierung. Das Rechtsverhältnis zwischen Präsidenten und der Anstellungskörperschaft ist ein öffentlich-rechtliches Amtsverhältnis zum Bund (§ 8 Abs 1 PersBG) als Ausnahme von Art 33 Abs 4 GG. Der Präsident kann nur auf eigenen Wunsch oder aus wichtigem Grund entlassen werden (§ 8 Abs 1 PersBG). Zurecht bezeichnet *Oertel* das öffentlich-rechtliche Dienstverhältnis insoweit als Spiegelung der Mittellage der gesamten Behörde zwischen einer vollziehenden Fachbehörde und einer politisch gestaltenden Behörde, die Tendenzen zur Verselbstständigung, die in diesem Amtsverhältnis liegen, verdeutliche.[41] Auch die **Zuständigkeiten** der Regulierungsbehörde sind Ausdruck dieser Mittellage. Nach § 66 Abs 1 TKG wird die Regulierungsbehörde zur Wahrnehmung der sich aus diesem Gesetz und anderen Gesetzen ergebenden Aufgaben gebildet. Dazu gehören neben den spezifischen Aufgaben des TKG[42] auch Aufgaben nach AmateurfunkG, PTSG, EMVG, PostG,[43] aufgrund des Artikel 3 BegleitG sowie etwa die Aufgaben zur Erteilung von Lizenzen, Ausstellung von Zertifikaten und Überwachungen der Vorschriften des Signaturgesetzes (SigG).[44] Gemäß § 71 S 1 TKG hat die Behörde die Einhaltung des Gesetzes zu überwachen. Das ist der Sache nach eine **allgemeine Rechtsaufsicht**.[45] Dies schließt einzelne Zuständigkeiten zur Politikentwicklung nicht aus, wie nicht zuletzt die Möglichkeit der Einsetzung von Kommissionen zur wissenschaftlichen Beratung und Begutachtung durch § 70 TKG ebenso wie die Berichtspflicht gegenüber den gesetzgebenden Körperschaften des Bundes nach § 81 TKG zeigt. Die Funktion der Behörde im Konzept der Regulierung eröffnet allerdings weite Spielräume der (auch politischen) Gestaltung (§ 1 Rn 10 ff). Diese Funktion zur Politikentwicklung wird noch deutlicher, wenn man das europäische Recht in die Betrachtung einbezieht.[46] Ungeachtet dessen besteht zugleich eine Politikentwicklungsfunktion des Ministeriums.[47] Darauf weisen nicht zuletzt die vielfältigen Möglichkeiten der materiell-rechtlichen Determinierung auf abstrakt

---

38 Ausführlich dazu *Oertel* Die Unabhängigkeit der Regulierungsbehörde, S 200 ff.
39 Vgl BT-Drucks 13/3609, S 51 zu § 65 TKGE.
40 *Oertel* Die Unabhängigkeit der Regulierungsbehörde, S 202.
41 Vgl *Oertel* Die Unabhängigkeit der Regulierungsbehörde, S 209 ff, insb S 217 ff.
42 Vgl dazu Beck'scher TKG-Kommentar/*Geppert* § 66 Rn 10 ff.
43 Dazu etwa *Gramlich* CR 1998, 463, 467.
44 Dazu *Roßnagel* MMR 1998, 468 ff.
45 Dazu *Oertel* Die Unabhängigkeit der Regulierungsbehörde, S 218 ff.
46 Insofern etwas restriktiv *Oertel* Die Unabhängigkeit der Regulierungsbehörde, S 220 f.
47 Vgl *Oertel* Die Unabhängigkeit der Regulierungsbehörde, S 221 ff.

genereller Ebene, also etwa durch Verordnungen nach dem TKG, die von der Bundesregierung, den Ministern, teilweise unter Mitwirkung des Bundestages oder Bundesrates auszufüllen sind.[48] Dies zeigt sich ebenso an der Möglichkeit allgemeine Weisungen nach § 66 Abs 5 TKG zu erlassen (Rn 27 ff). Insoweit dürfte die institutionelle Stellung der Bundesoberbehörde, der dienstliche Status des Personals, ihre Zuständigkeiten und ihr Programm einen deutlichen Einfluss des Bundes auf die Behörde darstellen, die die Zurechnung zur bundeseigenen Verwaltung ungeachtet der Tatsache rechtfertigt, dass auch im Hinblick auf jede dieser Dimensionen durchaus Verselbstständigungstendenzen erkennbar und auch gewollt sind.

### 2. Sitz der Regulierungsbehörde

Als **Sitz der Regulierungsbehörde** für Telekommunikation und Post ist durch § 66 Abs 1 TKG Bonn gesetzlich vorgeschrieben. Dies war auch im Gesetzgebungsverfahren kaum umstritten.[49] Im Übrigen trägt dies dem § 1 Abs 1, 2 des Berlin/Bonn-Gesetzes Rechnung, der festlegt, dass politische Funktionen in der Bundeshauptstadt Bonn unter anderem im Politikbereich Telekommunikation gehalten und gefördert werden sollen. Zugleich wird mit dem Sitz auch der Gerichtsstand bestimmt. Dadurch kommt es zu einer Zuständigkeitskonzentration bei bestimmten Verwaltungsgerichten.

**14**

## III. Leitungskompetenz des Präsidenten (Abs 2)

Der **Präsident der Regulierungsbehörde** leitet diese, er vertritt sie gerichtlich und außergerichtlich und regelt zudem die Verteilung und den Gang ihrer Geschäfte durch eine Geschäftsordnung.

**15**

### 1. Die Leitungsbefugnis des Präsidenten

Die Regulierungsbehörde wird nach § 66 Abs 2 S 1 TKG von einem **Präsidenten geleitet**, der auf Vorschlag des Beirates nach § 67 TKG von der Bundesregierung benannt wird (§ 66 Abs 3 S 1 TKG). In der Zuweisung der Leitungsbefugnisse an den Präsidenten fließen mehrere Organisationsentscheidungen zusammen.

**16**

Der Präsident ist zunächst und vor allem **Vorgesetzter aller Behördenmitarbeiter**.[50] Zwar ist das Ministerium für Wirtschaft oberste Dienstbehörde, auch kann das Ministerium über den Haushaltsplan auf die Stellung der Mitarbeiter einwirken. Indes sind Teilbefugnisse des Ministers insbesondere hinsichtlich der Ernennung und Entlassung auf die Behörde delegiert.[51] In seiner Eigenschaft als Dienstvorgesetztem steht dem Präsidenten das Weisungsrecht nach Maßgabe des Beamtenrechts zu (§ 53 S 2 BBG). Auch hinsichtlich der Vizepräsidenten realisiert sich das Weisungsrecht, das sich aufgrund des öffentlich-rechtlichen Amtsverhältnis der Vizepräsidenten zwar nicht auf § 53 S 2 BBG stützen lässt, wohl aber sind die Vizepräsidenten Vertreter des Präsidenten in seiner Eigenschaft als Leiter der Behörde und unterliegen insoweit als Angehörige der Behörde seiner Leitungsbefugnis. Eine eigenständige Leitungsbefugnis für die Vizepräsidenten ist im Gesetz nicht vorgesehen.

**17**

Das erhellt, dass der Präsident ein **monokratisches Leitungsorgan** der Regulierungsbehörde ist. Nicht ein Präsidium, sondern der Präsident leitet die Regulierungsbehörde.

**18**

Die Leitungsgewalt des Präsidenten bezieht sich grundsätzlich auf die **Aufgaben der Regulierungsbehörde,** also die Aufgaben, die durch das TKG oder andere Gesetze der Regulierungsbehörde zugewiesen sind (Abs 1). Dies betrifft – soweit die Zuständigkeiten nach dem TKG in Rede stehen – die Tätigkeit der Regulierungsbehörde als Genehmigungsbehörde, also die Li-

**19**

---

[48] Vgl dazu Beck'scher TKG-Kommentar/*Kerkhoff* § 71 Anhang; vgl auch *Scherer* NJW 1998, 1607, 1608.
[49] Vgl Stellungnahme des Bundesrates und Gegenäußerung der Bundesregierung BT-Drucks 13/4438 zu Nr 72.

[50] Zum Begriff des Dienstvorgesetzten vgl *Wolff/Bachoff* Verwaltungsrecht II § 109 II d 2, S 491.
[51] Vgl Bundesministerium für Wirtschaft, Anordnung über die Ernennung und Entlassung von Beamten im Geschäftsbereich des Bundesministerium für Wirtschaft v 1.12.1997, BGBl I, S 2933.

Hans-Heinrich Trute

zenzerteilung nach den §§ 6 ff TKG, die Zulassung nach § 59 ff TKG, insbesondere § 64 TKG, die Tätigkeit der Regulierungsbehörde als Zuteilungsbehörde, insbesondere im Bereich der Frequenzordnung nach Maßgabe der §§ 44 ff TKG, der Nummerierung nach § 43 TKG sowie der Regulierungsbehörde als für die Einhaltung von Fernmeldegeheimnis, Datenschutz und Informationssicherheit zuständiger Behörde nach Maßgabe der §§ 85 ff TKG. Insoweit handelt die Behörde wie jede andere Fachbehörde. Der Präsident übt die Sachleitungsgewalt aus. Anders ist dies für die dem Beschlusskammerverfahren unterliegenden Aufgaben nach Maßgabe des § 73 Abs 1 TKG, also in den Fällen der §§ 11 und 19, des 3. und 4. Teils des TKG einschließlich der entsprechenden Verordnungen sowie des § 47 Abs 5 S 2 TKG (§ 73 Abs 1 S 1 TKG). Entgegen einzelnen Stellungnahmen in der Literatur[52] **unterliegen die Beschlusskammern nicht einem präsidentiellen Weisungsrecht.**[53] Das Beschlusskammerverfahren würde seines spezifischen Charakters entkleidet, wenn es der Weisung eines monokratischen Organs unterliegen würde. Im Übrigen ist die Regulierungsbehörde auch insoweit gegenüber dem Ministerium weisungsfrei (Rn 30), so dass es in der Sache wenig einleuchtend wäre, ein Weisungsrecht des Präsidenten vorzusehen.[54]

2. Geschäftsordnung

**20** Der Präsident regelt als Teil der Geschäftsleitungsgewalt die Verteilung und den Gang ihrer Geschäfte durch eine **Geschäftsordnung,** die der Bestätigung durch das Bundesministerium für Wirtschaft bedarf. Insoweit handelt es sich um eine Einschränkung der Organisationsgewalt des Ministers über nachgeordnete Behörden, die sich verfassungsrechtlich an sich aus Art 86 S 2 iVm Art 65 S 2 GG ergibt. Der Präsident der Regulierungsbehörde verteilt aufgrund der gesetzlichen Anordnung die behördeninternen Zuständigkeiten und ordnet ihr Zusammenspiel im Wege der Geschäftsverteilung und -ordnung. Die Regelung führt zu einem Zusammenwirken von Leitungsgewalt des Präsidenten der Regulierungsbehörde und Organisationsgewalt des Ministeriums. Denn der Bestätigungsvorbehalt in Hs 2 überlässt es dem Ministerium, fachliche Belange politischer Zweckmäßigkeit zum Kriterium der Bestätigung zu erheben und damit intensiven Einfluss auf die Geschäftsordnung auszuüben.[55]

3. Vertretungsrecht des Präsidenten (Abs 2 S 2)

**21** Der Präsident vertritt die Regulierungsbehörde gerichtlich und außergerichtlich. Diese Regelung ist Teil der Verselbstständigung der Bundesbehörde gegenüber dem Bundesministerium für Wirtschaft. Sie kann danach im Rechtsverkehr und im Geschäftsverkehr selbstständig auftreten und im eigenen Namen nach außen handeln.

## IV. Benennung, Ernennung und Entlassung des Präsidenten und der Vizepräsidenten (Abs 3, 4)

**22** § 66 Abs 3, 4 TKG regeln das Verfahren der **Benennung und Ernennung der Präsidenten und der Vizepräsidenten.** Dies wird ergänzt durch § 8 PersBG. Der Präsident und die beiden Vizepräsidenten werden jeweils auf Vorschlag des Beirates (§ 67 TKG) von der Bundesregierung benannt. Mit der Regelung des Abs 3 wird ein kooperatives Zusammenwirken von Beirat und Bundesregierung bei der Auswahl und Benennung der Präsidenten der Regulierungsbehörde institutionalisiert. Auch wenn dieses am Ende in das Letztentscheidungsrecht der Bundesregierung mündet (Abs 3 S 4) ist doch als Regel zunächst das kooperative Zusammenwirken vorge-

---

**52** Beck'scher TKG-Kommentar/*Geppert* § 66 Rn 20.
**53** Ausführlich dazu *Oertel* Die Unabhängigkeit der Regulierungsbehörde, S 406 ff; dies entspricht auch der Geschäftsordnung der RegTP; vgl § 12 Abs 1, 42 Abs 4 Nr 4, 5 GO; dagegen auch *Gramlich* CR 1998, 463, 466.
**54** Das entspricht der überwiegenden Auffassung im Schrifttum zu den Rechten des Präsidenten des Bundeskartellamts gegenüber den Beschlussabteilungen; vgl etwa *Bechthold* GWB, 49 Rn 3; *Möschel* Recht der Wirtschaftsbeschränkungen, 1983, Rn 1037; *Rittner* Wettbewerbsrecht § 14 Rn 47 mwN; aA Frankfurter Kommentar/*Finkelnburg* § 48 Rn 26.
**55** *Oertel* Die Unabhängigkeit der Regulierungsbehörde, S 206.

sehen. Über den Beirat nach § 67 TKG werden sowohl die Länder über den Bundesrat wie auch der Bundestag in die Steuerung der Regulierungsbehörde eingebunden (§ 67 Rn 2 ff). Auch wenn das Grundgesetz (vgl Art 85 Abs 2, S 3 GG für die Auftragsverwaltung)[56] sowie das Postverwaltungsgesetz[57] Landesregierungen bei der Besetzung nachgeordneter Behörden durchaus Einflussmöglichkeiten zugewiesen haben, reicht die Regelung insoweit darüber hinaus, als auch der Bundestag Mitwirkungsrechte erhält, die er im Sinne **vorwirkender Parlamentskontrolle** nutzen kann und die über das hinausgehen, was ansonsten im Bereich der Personalgewalt dem Bundestag an Einflussmöglichkeiten zuerkannt wird. Darin liegt eine wichtige legitimatorische Ressource für die Regulierungsbehörde.[58] Erkennbar wird in der Vorschrift die Zurückdrängung des Ressortprinzips durch das Kollegialprinzip. Dies zeigt sich nicht nur in der Regelung des Ernennungsrechts, sondern auch in dem Letztentscheidungsrecht der Bundesregierung nach Abs 3 S 4. Insoweit ordnet das Telekommunikationsgesetz den Kern der Personalgewalt über die Präsidenten der Regulierungsbehörde der Regierung zu.[59] Dies entspricht im Übrigen der Regelung in anderen Bereichen der bundeseigenen Verwaltung nach Art 86 GG, wo die Personalgewalt ab einer bestimmten Hierarchiestufe dem Kabinett zugeordnet ist.[60]

Das **Verfahren der Benennung** ist so geregelt, dass zunächst der Beirat personelle Vorschläge für den Präsidenten und die beiden Vizepräsidenten macht. Diese Regelung wird abgesichert durch die Vorschrift über das Erlöschen des Vorschlagsrechts für den Fall, dass trotz Aufforderung der Bundesregierung innerhalb von vier Wochen kein Vorschlag des Beirats erfolgt. Dies soll Verfahrensverzögerungen verhindern und sichert zugleich das Letztentscheidungsrecht der Bundesregierung ab. Für den Fall, dass ein Vorschlag des Beirates nicht die Zustimmung der Bundesregierung findet, kann der Beirat innerhalb von vier Wochen erneut einen Vorschlag unterbreiten (S 3). Daraus ist zu schließen, dass die Bundesregierung von ihrem Letztentscheidungsrecht erst dann Gebrauch machen kann, wenn der Beirat binnen vier Wochen keinen weiteren Vorschlag gemacht hat oder aber der erneute Vorschlag wiederum nicht die Billigung der Bundesregierung gefunden hat. Für diesen Fall kann die Bundesregierung ihr Letztentscheidungsrecht ausüben, dann also auch einen Kandidaten wählen, der nicht auf einer Vorschlagsliste des Beirates gestanden hat.[61] Dies hindert den Beirat nicht, weitere Vorschläge bis zur Entscheidung der Bundesregierung zu machen. Eine Bindung der Bundesregierung erfolgt insoweit aber nicht und kann nicht erfolgen, soll nicht das Letztentscheidungsrecht wiederum entwertet werden.[62] Dem entspricht auch die bisherige Praxis[63] zur ersten Besetzung des Präsidenten der Regulierungsbehörde.

23

Die **Ernennung** des Präsidenten und der Vizepräsidenten erfolgt dann **durch den Bundespräsidenten**. Dieser hat, wie auch sonst ein materielles Prüfungsrecht, ob das Benennungsverfahren ordnungsgemäß durchgeführt wurde und ob andere gesetzliche Erfordernisse etwa hinsichtlich einzelner beamtenrechtlicher Voraussetzungen erfüllt werden.[64]

24

Die **Entlassung des Präsidenten** ist im TKG nicht geregelt. Die Regelung findet sich in § 8 PersBG, wobei die Regelungen über den Präsidenten gemäß § 8 Abs 7 PersBG auch auf die Vizepräsidenten anwendbar sind. Danach beträgt die Amtszeit des Präsidenten und der Vizepräsidenten 5 Jahre, wobei eine Verlängerung zugelassen ist. Neben der Beendigung durch Zeitablauf endet das Amtsverhältnis des Präsidenten auf dessen eigenes Verlangen oder aus wichtigem Grund (vgl § 8 Abs 5 S 1 PersBG). Das Recht, die Entlassung zu beantragen, liegt beim Bundesminister für Wirtschaft, die Entscheidung sodann bei der Bundesregierung (§ 8 Abs 5 PersBG). Die materielle Voraussetzung der Entlassung, der wichtige Grund, ist in Anlehnung an § 626 BGB zu konkretisieren.[65] Angesichts der herausragenden Funktion wird man allerdings

25

---

**56** Dazu *Trute* in: v Mangold/Klein/Starck, GG, Art 85 Rn 19.
**57** § 29 Abs 1 PostVwG, wonach die Präsidenten der früheren Oberpostdirektion im Benehmen mit den betroffenen Landesregierungen zu bestimmen waren.
**58** Dazu *Oertel* Die Unabhängigkeit der Regulierungsbehörde, S 337 ff.
**59** *Oertel* Die Unabhängigkeit der Regulierungsbehörde, S 211.

**60** Vgl § 15 Abs 2 a, b, § 18, § 19 GeschO BReg.
**61** Beck'scher TKG-Kommentar/*Geppert* § 66 Rn 28.
**62** Zurecht in diesem Sinne *Geppert* aaO Rn 28.
**63** Vgl *Oertel* Die Unabhängigkeit der Regulierungsbehörde, S 337 f.
**64** Vgl *Herzog* in: Maunz/Dürig, GG, Art 60 Rn 18.
**65** Dazu *Oertel* die Unabhängigkeit der Regulierungsbehörde, S 213 f.

Hans-Heinrich Trute

der Bundesregierung bei ihrer Entscheidung eine weite Einschätzungsprärogative einräumen müssen.

26 Der Präsident wird in ein **öffentlich-rechtliches Amtsverhältnis** zum Bund berufen (§ 8 Abs 1 PersBG). Damit wird zugleich deutlich, dass der Präsident und die Vizepräsidenten nicht etwa in einem üblichen Beamtenverhältnis stehen, das Laufbahnprinzip gilt ebenso wenig. Vielmehr scheiden die Präsidenten aus einem früheren Amtsverhältnis aus (§ 8 Abs 6 PersBG). Dies entspricht eher dem Status der Minister oder Staatssekretäre und zeigt damit die hervorgehobene Funktion des Präsidenten und der Vizepräsidenten, die sich auch darin äußert, dass sie nach Ende ihrer Tätigkeit bei der Regulierungsbehörde nicht in eine etwaige bisherige Laufbahn zurückkehren (§ 8 Abs 7 S 1 PersBG).[66] Bei diesem Amtsverhältnis handelt es sich um eine **Ausnahmeregelung zu Art 33 Abs 4 GG**. Die Regelung des Art 33 Abs 4 GG ist als Grundsatz nach Wortlaut und verfassungsgerichtlicher Praxis solchen Ausnahmen zugänglich.[67] Angesichts der begrenzten Aufgabenstellung der Behörde, ihren Besonderheiten, insbesondere auch ihres experimentellen und möglicherweise transitorischen Charakters aber auch angesichts der politisch herausragenden Stellung kann kein Zweifel bestehen, dass diese Ausnahme rechtfertigungsfähig ist.[68]

## V. Das Weisungsrecht des Bundesministeriums für Wirtschaft (Abs 5)

27 Das Bundesministerium für Wirtschaft kann **allgemeine Weisungen** für den Erlass oder die Unterlassung von Entscheidungen nach dem TKG erteilen. Diese sind dann im Bundesanzeiger zu veröffentlichen. Von ihrem Gegenstand her sind allgemeine Weisungen im Sinne des § 66 Abs 5 TKG abstrakt-generelle Regelungen, die sich von der Regelung eines Einzelfalles deutlich abheben. Dies gilt ungeachtet der missverständlichen Formulierung, wonach die allgemeinen Weisungen für den Erlass oder die Unterlassung von Entscheidungen nach diesem Gesetz erteilt werden können. Das bezeichnet nur den Gegenstandsbereich der Weisungen, nicht aber ändert es etwas an der Tatsache, dass sie allgemein gehalten sein müssen.[69] Darauf deutet auch die Veröffentlichungspflicht hin, die Sinn nur dann macht, wenn sie eine allgemeine Verhaltenssteuerung bezweckt, nicht aber die Entscheidung im Einzelfall determinieren soll.

28 Die Weisungsbefugnis bezieht sich auf **alle Entscheidungen nach diesem Gesetz**, also auch auf Gegenstände, die im Beschlusskammerverfahren zu behandeln sind. Das zeigt schon der Vergleich mit der entsprechenden Vorschrift des § 52 GWB. Diese bezieht sich auf alle Kollegialorgane und damit auch auf die Beschlussabteilungen, da alle außenwirksamen Entscheidungen des Bundeskartellamtes durch die Beschlussabteilungen getroffen werden.[70]

29 Die **Pflicht zur Veröffentlichung** allgemeiner Weisungen enthält nicht nur eine die Transparenz und Publizitätspflichten der Regulierung abstützende Regelung, die sich auch und vielfach im europäischen Recht findet, sie ist vielmehr auch als eine Einschränkung zu lesen. Damit soll eine disziplinierende Wirkung ausgeübt werden, die das Bundesministerium für Wirtschaft zu einer eher zurückhaltenden Ausübung seines Weisungsrechts veranlassen möchte.[71]

30 Nicht explizit geregelt ist die Frage, ob dem Bundesminister für Wirtschaft ein **Einzelweisungsrecht** zukommt,[72] wie es verbreitet für das Bundeskartellamt bejaht wird.[73] Ein beamtenrechtliches Weisungsrecht, wie es sich aus § 55 S 2 BBG ergibt, ist auf den Präsidenten und die

---

66 Zur Einstufung der Präsidenten und Vizepräsidenten *Oertel* Die Unabhängigkeit der Regulierungsbehörde, S 211 f.
67 BVerfGE 83, 130, 150; 9, 268, 284; *Battis* in: Sachs, GG, Art 33 Rn 58; *Kunig* in: v Münch/Kunig, Art 33 Rn 48.
68 Ähnlich *Oertel* Die Unabhängigkeit der Regulierungsbehörde, S 216 f.
69 Dies entspricht der Rechtslage in § 52 GWB; vgl *Langen/Bunte* Kartellrecht, § 49 aF Rn 1.
70 Vgl insoweit § 51 Abs 2 S 1 GWB.
71 Vgl insoweit *Klaue* in: Immenga/Mestmäcker, GWB, § 49 Rn 4; Beck'scher TKG-Kommentar/*Geppert* § 66 Rn 19; *Oertel* Die Unabhängigkeit der Regulierungsbehörde, S 235.
72 Zu dieser Frage Beck'scher TKG-Kommentar/*Geppert* § 66 Rn 20 f; *Nolte* CR 1996, 459, 464; *Moritz/Neuss* CR 1997, 239, 244; *Ebsen* DVBl 1997, 1039, 1043; *Windthorst* CR 1998, 342; *Gramlich* CR 1998, 463, 465, *Ulmen/Gump* CR 1997, 396, 401; *Oertel* Die Unabhängigkeit der Regulierungsbehörde, S 238 ff.
73 Vgl *Westrick/Loewenhain* GWB § 48 Rn 2; *Finkelnburg* in: Frankfurter Kommentar, GWB, § 48 Rn 18; Beck'scher TKG-Kommentar/*Geppert* § 66 Rn 20.

Vizepräsidenten – wie oben erwähnt (Rn 26) – nicht anwendbar. Insoweit besteht Unklarheit über die Möglichkeit und den Umfang eines etwaigen Einzelweisungsrechts gegenüber der Regulierungsbehörde.[74] Zu bejahen ist dies jedenfalls dann, wenn man auf die Stellung der Bundesoberbehörde als weisungsunterworfener Behörde abstellt, zu verneinen dann, wenn man den § 66 Abs 5 TKG als argumentum e contrario interpretiert. Diese Frage führt hinein in die schwierige Problematik, ob das Einzelweisungsrecht als notwendiger Bestandteil eines Modells der Ministerialverwaltung als Regelmodell der vom Grundgesetz vorgesehenen Verwaltung unabdingbar ist. Insoweit wird die Weisungsbindung als Verwirklichung des hierarchischen Prinzips teilweise als notwendiges Element einer parlamentarisch verantwortlichen Ministerialverwaltung angesehen.[75] Diese Frage ist in ihren verfassungsrechtlichen Grundlagen hier nicht angemessen zu erörtern, allerdings ist darauf zu verweisen, dass die Versuche, die hierarchische Ministerialverwaltung als administrativen Regelfall des Grundgesetzes auszuweisen,[76] nicht überzeugen können.[77] Wer nicht das Weisungsrecht als Mittel der Organisationssteuerung der Disposition des organisationsregelnden Gesetzgebers überlassen möchte,[78] kann immerhin mit der überwiegenden Auffassung Ausnahmen dann zulassen, wenn dies verfassungsrechtlich geboten oder gerechtfertigt ist oder aber – und insoweit weitergehend – aus Sachgründen notwendig erscheint.[79] Dabei dürfte kein Zweifel bestehen, dass das Ministerialmodell schon unter Geltung des alten Artikel 87 Abs 1 S 1 GG aF durchaus für Ausnahmen offen war. Auch wenn in der Folgezeit durch die Trennung von Regulierung und privatrechtlicher Kapitalgesellschaft die ursprüngliche Spannung entfallen ist und damit auch organisationsrechtlich gewisse Abschwächungen eingetreten sind, so zeigt sich in Art 87 f GG gleichwohl eine Tendenz zur Differenzierung, die den Privatisierungsauftrag des Art 87 f Abs 2 S 1 GG stützt. Insoweit wird man hierin mindestens ein Mandat zur Beschränkung ministerieller Einflussnahme auf die Regulierung sehen können, wie sie auch im Postulat der funktionellen Unabhängigkeit zum Ausdruck kommt, ohne dass dieses sich zu einem verfassungsrechtlichen Gebot einer Ministerialfreiheit verdichten könnte.[80] Auch ist das Gebot einer umfassenden demokratischen Legitimation allen staatlichen Handelns sachspezifischen Differenzierungen zugänglich, die das Ministerialmodell auch aus der Perspektive demokratischer Legitimation nicht notwendig als hierarchisches Modell verfassungskräftig vorschreiben.[81] Insoweit käme es dann eher darauf an, die Frage nach den verfassungsrechtlichen Anforderungen an eine hinreichende Steuerung zu stellen. Dabei zeigt sich, dass das Weisungsrecht kein Kontrollrecht des Parlaments ist, sondern ein Instrument, mit dem der Minister auf parlamentarische Steuerungsimpulse reagieren kann.[82] Dabei kommt es ohnehin – auch unter dem Gesichtspunkt demokratischer Legitimation – auf eine strukturelle Steuerung der nachgeordneten Organisationen an, die sehr wohl durch andere Instrumente gesichert werden kann, wie etwa die allgemeinen Weisungen, die Möglichkeiten der Geschäftsordnungsgewalt, die Personalgewalt sowie die Möglichkeiten der materiel-

---

74 Dieses bejahend Beck'scher TKG-Kommentar/ *Geppert* § 66 Rn 20 f; *Ulmen/Gump* CR 1997, 396, 401 f; *Nolte* CR 1996, 459, 459, 464; *Moritz/Neuss* CR 1997, 239, 244;*Windthorst* Der Universaldienst im Bereich der Telekommunikation, 1998, S 444 f; *ders* in: Sachs, GG, Art 87 f Rn 32 f; *Ebsen* DVBl 1997, 1039, 1043. Ausführlich zu diesem Problemkreis neuerdings *Oertel* Die Unabhängigkeit der Regulierungsbehörde, S 238 ff.
75 Dazu allgemein *Jestaedt* Demokratieprinzip und Kondominialverwaltung, 1993.
76 Vgl etwa *Emde* Die demokratische Legitimation der funktionalen Selbstverwaltung, 1991, S 336 ff, 351 f; *Brosius/Gersdorf* Deutsche Bundesbank und Demokratieprinzip, 1997, S 88 ff; *Jestaedt* Demokratieprinzip und Kondominialverwaltung, 1993.
77 Vgl dazu ausführlich die krit Darstellung bei *Groß* Das Kollegialprinzip, 1998, S 185 ff; *Oertel* Die Unabhängigkeit der Regulierungsbehörde, S 246 ff; *Trute* Funktion der Organisation und ihrer Abbildung im Recht, in: Schmidt-Aßmann/Hoffmann-Riem, Verwaltungsorganisationsrecht als Steuerungsressource, 1997, S 249, 270 ff.
78 Vgl dazu *Groß* Kollegialprinzip, S 233 ff.
79 Vgl etwa *Lerche* in: Maunz/Dürig, GG, Art 86 Rn 70; *Böckenförde* in: Isensee/Kirchhoff, HStR § 22 Rn 24; *Stern* Staatsrecht II § 41 IV 10 b S 710; *Haverkate* VVDStRL 46 (1988), S 217, 224 f; *Pieroth* in: Jarass, GG, Art 86 Rn 3.
80 Ausführlich zu diesem Komplex *Oertel* Die Unabhängigkeit der Regulierungsbehörde, S 261 ff.
81 Zur Notwendigkeit der Suche nach funktionalen Äquivalenten und der realistischen Einschätzung des Weisungsprinzips als Instrument der Organisationssteuerung *Trute* Die Funktion der Organisation und ihrer Abbildung im Recht, in: Schmidt-Aßmann/Hoffmann-Riem, Verwaltungsorganisationsrecht als Steuerungsressource S 249, 275 ff.
82 Zu Recht in diesem Sinne *Oertel* Die Unabhängigkeit der Regulierungsbehörde, S 306 ff.

**Zehnter Teil** Regulierungsbehörde
**Erster Abschnitt** Errichtung, Sitz und Organisation

len Steuerung, etwa über Rechtsverordnungen. Unabhängig davon lässt die parlamentarische Kontrolle im Übrigen durch Berichtspflichten, wie auch durch die vorwirkende Kontrolle über personelle Vorschlagsrechte sowie über die vorwirkende parlamentarische Kontrolle des Beirates nach § 67 TKG hinreichende legitimatorische Muster erkennen, um ungeachtet des Weisungsrechts ein hinreichendes Niveau an parlamentsvermittelter demokratischer Legitimation zu erkennen. Darüber hinaus ist zu berücksichtigen, dass das Beschlusskammerverfahren durch seine spezifische Form der Entscheidungsfindung in besonderer Weise über Organisation und Verfahren legitimiert ist. Selbst dort, wo das materielle Recht an Dichte verliert, wird über Organisation und Verfahren nachgesteuert. Ein gleicher Gedanke lässt sich im Hinblick auf die die Regulierungskonzeption des Gesetzes stützenden Transparenz- und Berichtspflichten der Regulierungsbehörde fruchtbar machen. Von daher wird man die **Einzelweisungsbefugnis des Ministers** gegenüber der Regulierungsbehörde **kaum als verfassungsgeboten** auszeichnen können, um ein hinreichendes Niveau an demokratischer Legitimation zu sichern.

**31** Das bedeutet freilich noch nicht, dass damit über die Einzelweisungsfreiheit bereits entschieden wäre. Die **Ministerialfreiheit** in diesem Sinne **unterliegt dem institutionellen Gesetzesvorbehalt**.[83] Wesentliche Fragen, und dazu wird man die Frage einer Steuerung über Einzelweisungen durchaus rechnen können, sind auch organisationsrechtlich parlamentarisch zu verantworten.[84] Da das Telekommunikationsgesetz eine explizite Regelung des Einzelweisungsrechts des Ministers nicht enthält (Rn 30), ist im Wege der Auslegung zu ermitteln, ob eine Freistellung von ministeriellen Einzelweisungen vom Gesetz gewollt ist. Dafür kann immerhin das oben schon genannte Argument e cautra vio herangezogen werden. Wer dem nicht folgen mag wird jedenfalls hinsichtlich der Aufgaben, die von dem Präsidenten als monokratisches Leitungsorgan der Regulierungsbehörde wahrgenommen werden, einen Ausschluss eines ministeriellen Weisungsrechts nicht erkennen können. Die Regulierungsbehörde handelt ungeachtet der Einbettung in ein Regulierungskonzept als monokratische Fachbehörde, wie jede andere Behörde auch. Das spricht dagegen, hier einen auch nur impliziten Verzicht auf das Weisungsrecht anerkennen zu wollen.[85] Anderes gilt für die Beschlusskammern, die nicht nur die Aufgabe der wettbewerbskorrigierenden Missbrauchsaufsicht und damit das Konzept der sektorspezifischen und asymmetrischen Regulierung tragen, sondern auch von Organisation und Verfahren her in besonderer Weise unabhängig gestellt sind.[86] Ihr Entscheidungsmuster ist justizähnlich, diskursiv und fachspezifisch, so dass eine Verkoppelung von Beschlusskammerverfahren einerseits, Einzelweisungsrecht andererseits wenig Sinn macht. In ihrer organisationsrechtlichen Sonderbehandlung wird man daher die auch im Gesetzgebungsverfahren stets wiederholte und bestätigte Auffassung der Unabhängigkeit[87] sehen können. Insoweit spricht alles dafür, dass der Gesetzgeber die Unabhängigkeit der Beschlussabteilung des Kartellamtes übernehmen wollte, ohne zugleich den Streit über deren normative oder nur faktische Unabhängigkeit zu entscheiden. Angesichts der besonderen Bedeutung des Auftrages der Regulierungsziele, die über die Funktion des Bundeskartellamtes eindeutig hinausgehen, wird man jedenfalls insoweit eine politische Unabhängigkeit der Regulierungsbehörde durch den angeordneten Verzicht auf das ministerielle Einzelweisungsrecht sehen müssen.[88] Ebenso ist schwer vorstellbar, wie die Regulierungsbehörde die ihr europarechtlich zugedachte Funktion der Streitschlichtung[89] insbesondere gegenüber Wettbewerbern sollte ausüben können, wenn etwa bei Konflikten zwischen dem ehemaligen Monopolisten und Wettbewerbern oder bei grenzüberschreitenden Konflikten eine Einzelweisungsbefugnis des Ministers zumindest den Verdacht politischer Einflussnahme nahe legen könnte. Insoweit unterscheidet sich die Funktion der RegTP auch durchaus grundlegend

---

83 Vgl *Pieroth* in: Jarass/Pieroth, GG, Art 86 Rn 3; *Lerche* in: Maunz/Dürig, GG, Art 86 Rn 70; *Bull* in: AK, GG, Art 86 Rn 27; *Böckenförde* in: Isensee/Kirchhoff, HStR I § 22 Rn 24; *Schmidt-Aßmann* in: ders/Hoffmann-Riem, Verwaltungsorganisationsrecht S 9, 62.
84 *Schmidt-Aßmann* aaO, S 62; *Groß* Kollegialprinzip, S 270 ff.
85 Dazu *Oertel* Die Unabhängigkeit der Regulierungsbehörde, S 348 ff.
86 Einzelheiten dazu bei *Oertel* Die Unabhängigkeit der Regulierungsbehörde, S 382 ff.
87 Vgl BT-Drucks 13/3609 S 51 zu § 65 TKGE; BT-Drucks 13/4864 S 82 zu § 77 Abs 1 TKGE.
88 So ausführlich und im Ergebnis überzeugend *Oertel* Die Unabhängigkeit der Regulierungsbehörde, S 382 ff.
89 Vgl Art 9 Abs 5, Art 17 Abs 2, 3 RL 97/33/EG; Art 26 RL 98/10/EG.

Hans-Heinrich Trute

von der des BKartA. Dies gilt auch und in besonderem Maße für die Präsidentenkammer, die von der Aufgabenstellung wie Organisation und Verfahren noch deutlicher aus dem hierarchischen Prinzip herausgelöst ist.[90]

## § 67 Beirat

(1) Bei der Regulierungsbehörde wird ein Beirat gebildet. Er besteht aus jeweils neun Mitgliedern des Deutschen Bundestages und des Bundesrates. Die Mitglieder des Beirates und ihre Stellvertreter werden jeweils auf Vorschlag des Deutschen Bundestages und des Bundesrates von der Bundesregierung ernannt.

(2) Die vom Deutschen Bundestag vorgeschlagenen Mitglieder werden für die Dauer der Wahlperiode des Deutschen Bundestages in den Beirat berufen. Sie bleiben nach Beendigung der Wahlperiode des Deutschen Bundestages noch so lange im Amt, bis die neuen Mitglieder ernannt worden sind. Ihre Wiederberufung ist zulässig. Die vom Bundesrat vorgeschlagenen Mitglieder werden für die Dauer von vier Jahren berufen; ihre Wiederberufung ist zulässig. Sie werden abberufen, wenn der Bundesrat an ihrer Stelle eine andere Person vorschlägt.

(3) Die Mitglieder können durch schriftliche Erklärung gegenüber der Bundesregierung auf ihre Mitgliedschaft verzichten und ihr Amt niederlegen. Die vom Deutschen Bundestag vorgeschlagenen Mitglieder verlieren ihre Mitgliedschaft mit dem Wegfall der Voraussetzungen ihrer Benennung.

(4) Scheidet ein Mitglied aus, so ist unverzüglich an seiner Stelle ein neues Mitglied zu berufen. Bis zur Ernennung eines neuen Mitglieds und bei einer vorübergehenden Verhinderung des Mitglieds übernimmt der ernannte Stellvertreter die Aufgaben. Die Absätze 1 bis 4 finden auf die stellvertretenden Mitglieder entsprechende Anwendung.

Schrifttum: *Oertel* Die Unabhängigkeit der Regulierungsbehörde nach §§ 66 TKG.

Inhaltsübersicht

|  |  | Rn |
|---|---|---|
| I. | Entstehungsgeschichte und Systematik | 1–4 |
| II. | Die Bildung des Beirates (Abs 1) | 5–9 |
| III. | Dauer und Beendigung der Mitgliedschaft (Abs 2) | 10–13 |

### I. Entstehungsgeschichte und Systematik

Bei der **Regulierungsbehörde wird gemäß § 67 TKG ein Beirat gebildet**, der aus jeweils neun 1 Mitgliedern des Deutschen Bundestages und des Bundesrates besteht. Er hat Vorschlags-, Beratungs- und Auskunftsrechte bei Regulierungssachverhalten, bei denen es vor allem um Fragen der Infrastruktur geht. § 67 TKG regelt dabei im Wesentlichen die Fragen der Mitgliedschaft der Vertreter des Bundestages und des Bundesrates.

Die Vorschriften der §§ 67–69 TKG waren **im sog Fraktionsentwurf**[1] noch **nicht enthalten**. Erst 2 in der Gegenäußerung des Bundesrates zum Gesetzentwurf der Bundesregierung[2] reklamierte der **Bundesrat** eine **Mitverantwortung bei der Verwirklichung des Sozialstaatsgebotes** des Grundgesetzes und bei der vom Grundgesetz postulierten **Herstellung gleichwertiger Lebensverhältnisse**. Insoweit sollte ein besonderes und legitimes Interesse der Länder daran bestehen, dass der grundgesetzlich normierten Infrastrukturauftrag des Bundes auch nach einer Öffnung der Telekommunikationsmärkte erfüllt werde. Insoweit leitete der Bundesrat Mitwirkungsrechte für die Länder bei wichtigen Entscheidungen der Regulierung über die im Gesetzentwurf

---

90 So überzeugend *Oertel* Die Unabhängigkeit der Regulierungsbehörde, S 400.

1 BT-Drucks 13/3609.
2 BT-Drucks 13/4438 Nr 73 zu § 65 a – 65 d.

Hans-Heinrich Trute

bereits vorgesehene Mitwirkung des Bundesrates beim Erlass von Rechtsverordnungen hinaus ab. Vorgeschlagen wurden gemäß § 65 a ein Regulierungsrat, dem ein Vertreter jedes Landes angehören sollte. Dieser sollte nach § 65 c vor allem Beschlussmöglichkeiten über grundlegende Fragen der Lizenzvergabe, von Musterlizenzen, der Regulierung von Entgelten, von Maßnahmen zur Sicherung der Erbringung von Universaldienstleistungen, Fragen der Zusammenschaltung, Maßnahmen mit Auswirkung auf den Rundfunk und Verwendung der Versteigerungserlöse haben. Dazu war ein kompliziertes Verfahren des Zusammenspiels von Regulierungsrat und Regulierungsbehörde mit einer Letztentscheidungskompetenz der Bundesregierung in § 65 d vorgesehen.[3] Die Bundesregierung verwies in ihrer Gegenäußerung darauf, dass die Errichtung eines Länder-Regulierungsrates im Grundgesetz keine Stütze finde. Hoheitsaufgaben im Bereich der Telekommunikation seien gemäß Artikel 87 f Abs 2 S 2 GG Gegenstand obligatorischer bundeseigener Verwaltung. Die vom Bundesrat geforderten Ingerenzbefugnisse seien mit dem Typus einer Bundesoberbehörde nicht vereinbar. Im Übrigen seien die Länder bei Erlass der Rechtsverordnungen ausreichend beteiligt, soweit ihre Interessen getroffen seien. Das Verlangen der Länder nach föderalem Einfluss auf die Regulierung des Post- und Telekommunikationswesens kann sich auf eine lange Tradition der Verwaltung in diesem Bereich berufen. Bereits **nach dem Postverwaltungsgesetz von 1953 bestand ein Verwaltungsrat**, der an der Verwaltung des Post- und Fernmeldewesens durch den Bundesminister für das Post- und Fernmeldewesen mitwirkte.[4] Schon dieser ging auf das Reichspostfinanzgesetz von 1924 zurück, durch das die Verwaltung des Post- und Fernmeldewesens aus der allgemeinen Reichsverwaltung herausgelöst wurde. Zu den Mitgliedern des Verwaltungsrates gehörten auch Vertreter des Bundesrates. Zudem waren Vertreter der Gesamtwirtschaft und des Personals und damit letztendlich auch Interessen der Nutzer in dem Verwaltungsrat repräsentiert. Der Infrastrukturrat des Postverfassungsgesetzes von 1989 bestand dann aus je 11 Vertretern des Bundestages und Bundesrates.[5] Mit dessen Einrichtung wurde wiederum der Forderung des Bundesrates, die Einflussmöglichkeiten der Länder im Hinblick auf die Infrastrukturaufgaben der Deutschen Bundespost zu stärken, Rechnung getragen.[6] Durch das Postneuordnungsgesetz von 1994 wurde der Infrastrukturrat durch den Regulierungsrat ersetzt, der aus einem Vertreter jedes Landes und einer gleich großen Zahl von Vertretern des Bundestages bestand.[7]

**3** Die **jetzige Lösung** wurde erst **im Ausschuss für Post und Telekommunikation** vorgeschlagen.[8] Aufgrund der Beratungen in dem Ausschuss wurde vorgesehen, dass bei der Regulierungsbehörde ein Beirat gebildet wird, der sich aus neun Vertretern von Bundestag und Bundesrat zusammensetzt. Damit wurde der Tradition des Regulierungsrates, wie sie sich bereits gebildet hatte, Rechnung getragen, ohne dass ein reines Gremium der Länderinteressenvertretung vorgesehen wurde. Bedeutsam ist dies insofern, als die Zahl der Vertreter des Bundesrates verdeutlicht, dass hier nicht einzelne Länderinteressen, sondern die Interessen der Länder in ihrer Gesamtheit durch die Vertreter des Bundesrates repräsentiert werden und zudem eine Verbindung mit parlamentarischen vorwirkenden Kontrollrechten vorgenommen wird. Die Einflussmöglichkeiten sind zudem zurückgestuft auf Vorschlags-, Beratungs- und Auskunftsrechte, bleiben also hinter den vom Bundesrat geforderten Mitentscheidungsrechten deutlich zurück.

**4** Den **Vorgängervorschriften** (Rn 2) ist das Beschreiten **verfassungsrechtlich zwielichtiger Pfade** unter dem Gesichtspunkt der Zurechnung zur bundeseigenen Verwaltung ebenso wie unter dem Gesichtspunkt unzulässiger Mischverwaltung bescheinigt worden,[9] zugleich aber betont worden, dass die im TKG getroffene Neuregelung zur Regulierungsbehörde diese Pfade nicht mehr fortsetze. Auch wenn das **Verbot der Mischverwaltung** als verfassungsrechtliches Dogma als solches ohne verfassungsrechtlichen Gehalt ist,[10] so ergeben sich im Hinblick auf Kooperationen von Bund und Ländern Anforderungen an die Erhaltung vorgegebener Kompe-

---

3 Vgl dazu BT-Drucks 4438 Äußerung des Bundesrates Nr 73 zu §§ 65 a – d.
4 Vgl § 1 Abs 1, S 5 ff PVwG.
5 Vgl § 32 PostVerfG.
6 Vgl Beschlussempfehlungen und Bericht des Ausschusses für das Post- und Fernmeldewesen, BT-Drucks 11/4316, S 74 f.

7 § 11 PTRegG.
8 Vgl BT-Drucks 13/4864 IV Nr 3 sowie zu § 65 a – c.
9 *Lerche* in: Maunz/Dürig, GG, Art 87 f Rn 38.
10 Dazu *Trute* in: v Mangold/Klein/Starck, GG Bd 3, Art 83 Rn 28 ff.

Hans-Heinrich Trute

tenzen und Einhaltung des Grundsatzes eigenverantwortlicher Kompetenzwahrnehmung sowie der Verantwortungsklarheit.[11] Im Hinblick auf die §§ 67 ff TKG sind die sich insoweit ergebenden Grenzen nicht überschritten. Die Mitwirkungsrechte des Beirates bleiben zum einen deutlich hinter denen des früheren Regulierungsrates zurück.[12] Auch ist nicht zu übersehen, dass im Vergleich zum früheren Infrastrukturrat und Regulierungsrat die einzelnen Länder zugunsten des Bundesrates und damit eines Bundesorgans an Gewicht verloren haben. Schon insoweit bestehen erhebliche Zweifel, ob die mit dem Verbot der Mischverwaltung umschriebenen Kooperationsgrenzen hier unterschritten sind.[13] Darüber hinaus wird man auch im Hinblick auf die vorhandenen Mitwirkungsrechte durchaus ein legitimes Interesse der Länder erkennen können. Dies gilt zum einen mit Blick auf die gleichmäßige Versorgung von Ballungsgebieten und ländlichem Raum mit Telekommunikationsdienstleistungen, also die Einlösung des Gewährleistungsauftrages nach Art 87 f Abs 1 iVm den heutigen §§ 17 ff und § 11 Abs 7 TKG. Auch im Hinblick auf die Frequenzverwaltung überschneiden sich die Belange der Telekommunikation mit den länderrechtlichen Belangen der Medien. Auch kann nicht übersehen werden, dass über Art 143 b Abs 2 S 3 GG den Ländern über den Bundesrat ein gewisses budgetäres Interesse an dem Komplex der Privatisierung zuerkannt ist. Die zur Wahrnehmung dieser Interessen dem Beirat eingeräumten Rechte überschreiten nicht das verfassungsrechtlich Mögliche, insbesondere erhalten sie die Zuordnung der Regulierungsbehörde zur bundeseigenen Verwaltung. Die Ingerenzrechte bleiben stets hinter einer Mitentscheidung zurück. Letztlich sichert dort, wo der Einfluss des Beirates intensiver ist, wie etwa bei den personellen Vorschlagsrechten im Hinblick auf Präsidenten und Vizepräsidenten der Regulierungsbehörde das Letztentscheidungsrecht der Bundesregierung diese Zurechnung ab.[14]

## II. Die Bildung des Beirates (Abs 1)

Der bei der Regulierungsbehörde gem § 67 Abs 1 TKG zu bildende **Beirat** besteht aus jeweils **neun Mitgliedern des Bundestages** und **des Bundesrates**, die jeweils auf Vorschlag des Bundestages und des Bundesrates von der Bundesregierung ernannt werden. Diese Regelung verdeutlicht zum einen, dass der Beirat **kein bloßes Organ des Ländereinflusses** ist, sondern Ländereinflüsse nur mediatisiert über den Bundesrat zur Geltung bringt. Die Vertreter des Bundesrates sind daher nicht auf die Interessen der einzelnen Länder festgelegt, sondern vertreten Länderbelange insgesamt. Dies erhellt auch, dass sie in ihrer Eigenschaft als Beiratsmitglieder von Weisungen der Landesregierung, wie sie sonst gegenüber den Mitgliedern der Regierung im Bundesrat gemäß Art 51 GG bestehen, unabhängig sind. Zum anderen wird deutlich, dass es sich um ein Gremium handelt, das nicht nur föderale Interessen zur Geltung bringt, sondern **auch parlamentarische Einflussmöglichkeiten** sichert. Daher lässt sich der Beirat – im Übrigen auch soweit die Bundesratsmitglieder betroffen sind – als ein Kontrollgremium verstehen, das durchaus die Wirkung vorverlagerter parlamentarischer Kontrolle hat und damit diese in die Regulierungsbehörde hinein verlängert. Darin liegt zugleich eine wichtige Legitimationsressource des Beirates.[15]

5

Der Beirat ist nach § 67 Abs 1 S 1 TKG **bei der Regulierungsbehörde** zu bilden. Dies erhellt zugleich, dass er **keine Organstellung** für die Regulierungsbehörde besitzt. Gleichwohl ist er Teil der Organisationsstruktur der Regulierungsbehörde.[16] Aus der Zuordnung zur Regulierungsbehörde folgen gewisse organisatorische Pflichten der Regulierungsbehörde sowie die Verpflichtung zur Einrichtung und Finanzierung der Arbeit des Beirates.[17] Im Übrigen bestimmt sich die Rechtsstellung des Beirates im Wesentlichen nach dem TKG. Soweit er in konkrete

6

---

**11** *Trute* aaO Rn 29 ff, 36 ff.
**12** § 13 Abs 2, 3 Nr 1–3 PTRegG; zuvor bereits § 34 Abs 2 Nr 1, 2 PostVerfG und § 34 Abs 3 PostVerfG bzgl des Infrastrukturrates.
**13** Vgl auch *Lerche* in: Maunz/Dürig, GG, Art 87 f Rn 113.
**14** Ausführlich *Oertel* Die Unabhängigkeit der Regulierungsbehörde, S 454 ff.

**15** Zum Ganzen *Oertel* Die Unabhängigkeit der Regulierungsbehörde, S 333 ff.
**16** In Nuancen anders Beck'scher TKG-Kommentar/*Geppert* § 68 Rn 4.
**17** In diesem Sinne auch Beck'scher TKG-Kommentar/*Geppert* § 67 Rn 4.

Hans-Heinrich Trute

Entscheidungen einbezogen ist, etwa im Rahmen von § 69 Nr 2, Nr 6 TKG, bestimmt sich die verfahrensrechtliche Position des Beirates nach Maßgabe des Verwaltungsverfahrensgesetzes.

**7** Die **Mitglieder des Beirates** sind zur Hälfte Mitglieder des Bundestages und des Bundesrates. Insoweit müssen diese – soweit es die Bundestagsmitglieder betrifft – gewählte Abgeordnete des Deutschen Bundestages sein. Die vom Bundesrat benannten Mitglieder müssen nach Art 51 Abs 1 GG Mitglieder der Regierungen der Länder sein, die diese bestellen und abberufen. Insoweit können etwa leitende Beamte von Landesregierungen nicht in das Gremium entsandt werden. Dies verdeutlicht noch einmal die strikte parlamentarische und gubernative Gründung des Beirates.

**8** Die Mitglieder werden **von der Bundesregierung** aufgrund von Vorschlägen des Bundestages und Bundesrates **ernannt**. Ein Auswahlermessen der Bundesregierung besteht nicht. Wohl aber kommt ihr die Möglichkeit der Prüfung der Benennungsvoraussetzungen, also etwa der Mitgliedschaft in den entsendenden Gremien zu. Dieses Ernennungsrecht erhellt die in gewisser Weise singuläre Zwitterstellung zwischen vorwirkender Parlamentskontrolle und exekutivischer Beratungsfunktion.

**9** Gleiches gilt im Hinblick auf die **Stellvertreter**, die ebenfalls nach dem gleichen Verfahren und in gleicher Zeit ernannt werden. Diese sind **persönliche Stellvertreter der ernannten Beiratsmitglieder** und können als solche die Aufgaben des Beiratsmitgliedes nur für den Fall seiner Verhinderung und – bei Ausscheiden des Beiratsmitglieds – bis zur Wahl eines neuen Beiratsmitgliedes wahrnehmen (§ 67 Abs 4 S 2 TKG). § 67 Abs 1 TKG enthält keine Aussage zum Bestellungsmodus der Vorschläge. Dies ist dem Innerorganrecht von Bundestag und Bundestag überlassen.

### III. Dauer und Beendigung der Mitgliedschaft (Abs 2)

**10** § 67 Abs 2 TKG regelt die **Dauer und Beendigung der Mitgliedschaft** im Beirat. Die vom Deutschen Bundestag vorgeschlagenen Mitglieder werden danach für die Dauer der Wahlperiode des Deutschen Bundestages in den Beirat berufen (S 1). Sie bleiben zur Sicherung der Arbeitsfähigkeit des Beirates solange im Amt, bis die neuen Mitglieder ernannt worden sind. Ihre Wiederberufung ist zulässig. Damit wird eine Kontinuität der Arbeit ermöglicht, die ihre Voraussetzung in dem Fortbestehen der politischen Voraussetzungen hat, also dem Vertrauen der Mehrheit des Bundestages ebenso wie der Mitgliedschaft in diesem Gremium.

**11** Die **Mitgliedschaft der vom Bundestag vorgeschlagenen Mitglieder endet** nicht nur mit der Ernennung des Nachfolgers nach Ablauf der Wahlperiode des Deutschen Bundestages, vielmehr können die Mitglieder gemäß § 67 Abs 3 TKG auch durch schriftliche Erklärung gegenüber der Bundesregierung, die sie ernannt hat, auf ihre Mitgliedschaft verzichten und ihr Amt niederlegen. Diese Verzichtserklärung ist nicht von weiteren Voraussetzungen abhängig, etwa vom Vorliegen eines wichtigen Grundes, sondern allein von der Entscheidung des betreffenden Beiratsmitgliedes. Die vom Deutschen Bundestag vorgeschlagenen Mitglieder verlieren ihre Mitgliedschaft außerdem mit dem Wegfall der Voraussetzungen ihrer Benennung (Abs 3 S 2). Voraussetzung ist die Mitgliedschaft im Deutschen Bundestag. Mit ihrem Verlust, etwa durch Amtsverzicht des Abgeordneten, entfällt eine Voraussetzung ihrer Benennung durch den Deutschen Bundestag. Ob allein aus dem Unterschied der Begriffe von Benennung und Ernennung geschlossen werden kann, dass Voraussetzung für die Benennung auch die Wahl durch den Deutschen Bundestag ist, erscheint zweifelhaft.[18] Näher liegt es, diese Frage als nicht vom TKG behandelt anzusehen und davon auszugehen, dass diese von dem Recht des entsendenden Organs beantwortet wird. Nur insoweit, wie eine Abberufung für mit dem Parlamentsrecht vereinbar gehalten wird, kann überhaupt eine Voraussetzung der Benennung entfallen. Das ist vom TKG nicht vorentschieden. Dies wird entsprechend dem Rückrufrecht von Abgeordneten aus parlamentarischen Ausschüssen durch Fraktionen behandelt werden müssen, kommt aber nur bei

---

**18** So Beck'scher TKG-Kommentar/*Geppert* § 67 Rn 13.

Vorliegen eines wichtigen Grundes und in einem freiheitssichernden Verfahren in Betracht.[19] Ungeachtet dessen entfaltet Art 38 Abs 1 S 2 GG hier insofern Schutzwirkungen, als die Freiheit des Mandates verhindert, dass der Abgeordnete hinsichtlich seiner Beiratstätigkeit instruiert wird.[20]

Die **vom Bundesrat vorgeschlagenen Mitglieder werden** für die Dauer von vier Jahren berufen. Sie werden abberufen, wenn der Bundesrat an ihrer Stelle eine andere Person vorschlägt. Hier ist das Abberufungsrecht unproblematischer zu regeln, weil die Mitglieder des Bundesrates als Mitglieder der Landesregierung keinen eigenen verfassungsrechtlichen Status haben. Insoweit bedurfte es eines Rückverweises an das Organrecht des entsendenden Organs nicht. Dadurch kann sichergestellt werden, dass die im Beirat entsandten Mitglieder des Bundesrates stets das Vertrauen der Mehrheit des sie entsendenden Organs besitzen. **12**

**Sofern ein Mitglied ausscheidet,** ist unverzüglich an seiner Stelle ein neues Mitglied zu berufen (Abs 4 S 1). Dies ist freilich abhängig von der Ausübung des Vorschlagsrechts durch das zuständige Organ. Bis zur Erennung eines neuen Mitglieds hat daher nach Abs 4 S 2 ebenso wie bei einer nur vorübergehenden Verhinderung des Mitglieds der erannte Stellvertreter die Aufgaben wahrzunehmen. Im Übrigen finden die Absätze 1–4 auf die erannten Stellvertreter entsprechende Anwendung. Für den Fall, dass auch das stellvertretende Mitglied ausscheidet, etwa durch Amtsverzicht, Tod oder Abberufung bleibt der Beiratssitz bis zur Ernennung des Nachfolgers vakant. Eine Vertretung innerhalb der stellvertretenden Mitglieder ist nicht vorgesehen. Angesichts des in § 68 Abs 3 S 1 TKG vorgesehene Quorums für die Beschlussfähigkeit ist selbst in diesem Fall in aller Regel eine Beschlussfassung möglich.[21] **13**

## § 68 Geschäftsordnung, Vorsitz, Sitzungen des Beirates

(1) Der Beirat gibt sich eine Geschäftsordnung, die der Genehmigung des Bundesministeriums für Wirtschaft bedarf.

(2) Der Beirat wählt nach Maßgabe seiner Geschäftsordnung aus seiner Mitte den Vorsitzenden und den stellvertretenden Vorsitzenden. Gewählt ist, wer die Mehrheit der Stimmen erreicht. Wird im ersten Wahlgang die erforderliche Mehrheit von keinem der Kandidaten erreicht, entscheidet im zweiten Wahlgang die Mehrheit der abgegebenen Stimmen. Bei Stimmengleichheit im zweiten Wahlgang entscheidet das Los.

(3) Der Beirat ist beschlussfähig, wenn jeweils mehr als die Hälfte der Vertreter des Bundesrates und des Deutschen Bundestages anwesend ist. Die Beschlüsse werden mit einfacher Mehrheit gefasst. Bei Stimmengleichheit ist ein Antrag abgelehnt.

(4) Hält der Vorsitzende die mündliche Beratung einer Vorlage für entbehrlich, so kann die Zustimmung oder die Stellungnahme der Mitglieder im Wege der schriftlichen Umfrage eingeholt werden. Für das Zustandekommen gilt Absatz 3 entsprechend. Die Umfrage soll so frühzeitig erfolgen, dass auf Antrag eines Mitglieds oder der Regulierungsbehörde die Angelegenheit noch rechtzeitig in einer Sitzung beraten werden kann.

(5) Der Beirat soll mindestens einmal im Vierteljahr zu einer Sitzung zusammentreten. Sitzungen sind anzuberaumen, wenn die Regulierungsbehörde oder mindestens drei Mitglieder die Einberufung schriftlich beantragen. Der Vorsitzende des Beirates kann jederzeit eine Sitzung anberaumen.

(6) Die ordentlichen Sitzungen sind nicht öffentlich.

(7) Der Präsident der Regulierungsbehörde und seine Beauftragten können an den Sitzun-

---

[19] Vgl *Trute* in: v Münch/Kunig, GGK II, Art 38 Rn 91.
[20] In diesem Sinne auch Beck'scher TKG-Kommentar/*Geppert* § 67 Rn 13.
[21] In diesem Sinne auch Beck'scher TKG-Kommentar/*Geppert* § 67 Rn 16.

Hans-Heinrich Trute

**Zehnter Teil** Regulierungsbehörde
**Erster Abschnitt** Errichtung, Sitz und Organisation

gen teilnehmen. Sie müssen jederzeit gehört werden. Der Beirat kann die Anwesenheit des Präsidenten der Regulierungsbehörde, im Verhinderungsfall eines seiner Stellvertreter verlangen.

(8) Die Mitglieder oder ihre Stellvertreter erhalten Ersatz von Reisekosten und ein angemessenes Sitzungsgeld, das das Bundesministerium für Wirtschaft festsetzt.

Schrifttum: *Behne* Die fehlerhafte Ladung zu Sitzungen gemeindlicher Gremien, NWVBl 1993, 406; *Fangmann* Handbuch für Post und Telekommunikation, Basiskommentar, 1990; *Groß* Das Kollegialprinzip in der Verwaltungsorganisation, 1999; *Oertel* Die Unabhängigkeit der Regulierungsbehörde nach §§ 66 ff TKG.

Inhaltsverzeichnis

| | Rn |
|---|---|
| I. Entstehungsgeschichte und Systematik | 1–3 |
| II. Geschäftsordnung (Abs 1) | 4–5 |
| III. Die Wahl des Vorsitzenden (Abs 2) | 6–9 |
| IV. Die Entscheidungsfindung (Abs 3, 4, 5) | 10–16 |
|    1. Beschlussfähigkeit (Abs 3 S 1) | 11–12 |
|    2. Die Mehrheit (Abs 3 S 2, 3) | 13 |
|    3. Entscheidungsfindung in schriftlichen Verfahren (Abs 4) | 14 |
|    4. Die Einberufung der Sitzungen (Abs 5) | 15–16 |
| V. Das Prinzip der Nichtöffentlichkeit (Abs 6) | 17–18 |
| VI. Die Beteiligung der Regulierungsbehörde (Abs 7) | 19–20 |
| VII. Sitzungsgeld und Reisekosten (Abs 8) | 21 |

## I. Entstehungsgeschichte und Systematik

**1** Die Vorschrift des § 68 TKG regelt vor allen Dingen die Geschäftsordnungsgewalt, den **Vorsitz** und die **Ordnung der Sitzungen** sowie das **Verfahren** im Beirat. Die Vorschrift konstituiert im Rahmen der Gesetze und der Genehmigung der Geschäftsordnung nach Abs 1 durch das Bundesministerium für Wirtschaft ein Eigenorganisationsrecht des Beirates, der seine Arbeitsweise im Rahmen der Geschäftsordnung regelt.

**2** Die Vorschrift war in **Grundzügen vom Bundesrat bereits in seiner Äußerung zum Gesetzentwurf der Bundesregierung** als § 65 b vorgeschlagen worden.[1] Sie erhielt ihre endgültige Fassung im Ausschuss für Post und Telekommunikation.[2] Damit sollten die wesentlichen Verfahrensvorschriften für den Beirat bereits gesetzlich festgeschrieben werden, ohne dass die Begründung darüber hinaus weitergehende Hinweise vermittelt. Allerdings hatte die Vorschrift bereits Vorläufer und entspricht weitgehend dem früheren § 12 PTRegG sowie der vorhergehenden Bestimmung § 33 PostVerfG.

**3** Die Vorschriften über das Verfahren nach § 68 TKG gehen den §§ 88 ff VwVfG vor, da diese – wie das **Verwaltungsverfahrensgesetz** allgemein – nur auf Verwaltungsverfahren im Sinne des § 9 VwVfG anwendbar sind und im Übrigen spezialgesetzlichen Regelungen des Bundes nachgehen. Soweit der Beirat im Rahmen eines Verwaltungsverfahrens tätig wird, kann es zur Anwendbarkeit der §§ 88 ff VwVfG kommen. Vorausgesetzt ist freilich, dass die §§ 66 ff TKG ebenso wenig wie die das konkrete Verwaltungsverfahren regelnden Vorschriften des TKG spezielle Aussagen enthalten.

## II. Geschäftsordnung (Abs 1)

**4** § 68 Abs 1 TKG verpflichtet den Beirat, sich eine **Geschäftsordnung** zu geben, die der Genehmigung des Bundesministeriums für Wirtschaft bedarf. Damit wird dem Beirat ein Eigenorganisationsrecht eingeräumt. Er kann die Arbeitsweise insoweit regeln, wie nicht durch gesetzliche Vorschriften wie § 68 TKG diese bereits vorgezeichnet ist. Dies betrifft insbesondere Ladungsfristen, Aufstellung der Tagesordnung, Durchführung der Sitzungen, Regelungen über die Wahl

---

[1] Vgl BT-Drucks 13/4438, Äußerung Nr 73 zu § 65 b TKGE.  [2] Vgl BT-Drucks 13/4864 zu § 65 b.

Hans-Heinrich Trute

der Vorsitzenden, Protokollanforderungen, Regelung des schriftlichen Verfahrens, Bildung von Arbeitsausschüssen oder -gruppen und ähnliches.³

Dieses Eigenorganisationsrecht findet seine Grenze nicht nur an dem Gesetz, sondern auch an dem **Genehmigungsvorbehalt des Bundesministeriums für Wirtschaft.** Insoweit weicht die Regelung von den Vorläufervorschriften § 12 Abs 1 PTRegG und § 33 Abs 1 PostVerfG ab, die das Eigenorganisationsrecht nicht einem Genehmigungsvorbehalt unterwarfen. Der Sache nach bestehen ungeachtet der parlamentarischen Herkunft von Teilen seiner Mitglieder keine Bedenken gegen diesen Genehmigungsvorbehalt,⁴ ist der Beirat doch Teil der Exekutive im Geschäftsbereich des Bundesministeriums für Wirtschaft. Seine Handlungen sind auch entsprechend zu verantworten, auch wenn der Beirat als solcher nicht nur eine Organisations- und Verfahrensautonomie, sondern auch eine materielle Autonomie für seine Stellungnahmen genießt. Von daher ist das Genehmigungserfordernis als solches nicht zu beanstanden. Damit ist freilich über seinen Maßstab nichts gesagt. Unproblematisch dürfte eine Genehmigung zumindest insoweit sein, wie sie sich auf die Garantie der Rechtmäßigkeit der Geschäftsordnung bezieht. Allerdings ist das Genehmigungserfordernis in diesem Sinne nicht eingegrenzt, so dass auch Zweckmäßigkeitsgesichtspunkte zum Gegenstand der Genehmigung gemacht werden können.⁵

### III. Die Wahl des Vorsitzenden (Abs 2)

Jedes Kollegialorgan bedarf zur Herstellung seiner Handlungsfähigkeit eines **Vorsitzenden**, ggf **eines Stellvertreters,** der die Sitzungen vorbereitet und leitet. Dies wird in der allgemeinen Regelung des § 89 VwVfG bereits vorausgesetzt. § 68 Abs 2 TKG sieht die Wahl eines Vorsitzenden und eines stellvertretenden Vorsitzenden als zwingend erforderlich an.

Die **Wahl des Vorsitzenden** und des **stellvertretenden Vorsitzenden** erfolgt durch die Mitglieder des Beirates aus ihrer Mitte. Dies entspricht der grundsätzlichen Gleichberechtigung aller Beiratsmitglieder. Die Regelung orientiert sich dabei an den Vorschriften nach § 12 Abs 2 S 2–4 PTRegG und § 33 Abs 2 S 2–4 PostVerfG. Das Gesetz verlangt die Mehrheit der Stimmen als Voraussetzung für die Wahl im ersten Wahlgang. Diese Regelung ist ambivalent, weil sie sowohl die Mehrheit der abgegebenen Stimmen wie auch die Mehrheit der Stimmen der Mitglieder des Gremiums meinen kann. Der Bedeutungsgehalt erschließt sich erst durch den Blick auf einen erforderlichen zweiten Wahlgang, in dem nach Abs 2 S 3 die Mehrheit der abgegebenen Stimmen ausreicht. Insoweit wird im ersten Wahlgang also die Mehrheit der Stimmen der Mitglieder des Gremiums, also 10 Stimmen, verlangt. Allerdings bleiben hinsichtlich der Stimmenthaltung und ungültigen Stimmen Unklarheiten im Hinblick auf das Quorum im zweiten Wahlgang. Während im ersten Wahlgang Stimmenthaltung oder ungültige Stimmen letztlich wie Neinstimmen wirken, fehlt diesbezüglich eine explizite Regelung für den zweiten Wahlgang, der die Mehrheit der abgegebenen Stimmen verlangt. Insoweit liegt es nahe, auf die zu § 92 Abs 2 VwVfG entwickelten Regeln abzustellen, wonach die Mehrheit der abgegebenen Stimmen als Mehrheit der abgegebenen gültigen Stimmen zu verstehen ist, so dass jedenfalls ungültige Stimmen nicht mit zu rechnen sind. Ebenso wenig sind Stimmenthaltungen hinzuzurechnen, also weder positiv noch negativ einzubeziehen.⁶ Führt dies zu einer Stimmengleichheit der Bewerber entscheidet das Los. Einzelheiten dazu sind im Gesetz nicht geregelt. Insoweit obliegt es der Geschäftsordnung, das für eine Losentscheidung geeignete Verfahren vorzusehen.⁷ Ebenso obliegt es der Geschäftsordnung für den Wahlvorgang einen Wahlleiter vorzusehen, der ggf dann auch das erforderliche Losverfahren durchführt.

---

3 Vgl Beck'scher TKG-Kommentar/*Geppert* § 68 Rn 2.
4 AA Beck'scher TKG/Kommentar/*Geppert* § 68 Rn 3.
5 AA Beck'scher TKG/Kommentar/*Geppert* § 68 Rn 3.

6 Vgl *Bonk* in: Stelkens/Bonk/Sachs, VwVfG, 4. Aufl § 92 Rn 4; Beck'scher TKG-Kommentar/*Geppert* § 68 Rn 6; vgl auch *Groß* Das Kollegialprinzip in der Verwaltungsorganisation, S 290 f.
7 Vgl auch BVerfG NJW 1991, 3221 ff.

Hans-Heinrich Trute

**8** Für den **Beschluss des Beirates** über die Wahl des Vorsitzenden gilt selbstverständlich auch die Regelung über die Beschlussfähigkeit nach § 68 Abs 3 TKG.

**9** Die **Aufgaben und Befugnisse des Vorsitzenden** sind – soweit nicht Abs 4, 5 einzelne Regelungen enthalten – in § 68 TKG nicht geregelt. Auch insoweit obliegt es der Geschäftsordnung, hier die erforderlichen Regeln zu treffen. Dies gilt insbesondere für die Leitungsgewalt in den Sitzungen, die gerade bei Kollegialorganen ein neuralgischer Punkt der Entscheidungsbildung ist. Gleiches gilt für die Organisationsgewalt des Vorsitzenden, etwa die Frage, ob Mitglieder ausgeschlossen werden können. Angesichts der Tatsache, dass durch die Sitzungsleitung und Ordnung in der Sitzung auf die Abstimmung eingewirkt werden kann, stellt sich zudem die Frage, inwieweit die Geschäftsordnungsgewalt ihre Grenze an den Kollegialrechten des Gremiums findet. Nach dem allenfalls für Verwaltungsverfahren subsidiär anwendbaren § 89 VwVfG eröffnet, leitet und schließt der Vorsitzende die Sitzungen und er ist für die Ordnung verantwortlich. Allerdings sollte nach der Begründung des Regierungsentwurfs die Frage der Sitzungspolizei gerade ausgeklammert werden.[8] Insoweit wird zurecht eine ausdrückliche Rechtsgrundlage etwa für den Ausschluss verlangt, weil damit die Mitgliedschaftsrechte in erheblichem Umfang beeinträchtigt werden.[9]

### IV. Die Entscheidungsfindung (Abs 3, 4, 5)

**10** Allgemeine Voraussetzungen einer Kollegialentscheidung sind Information, Quorum und Festlegung der Majorität.[10] Alle Mitglieder des Kollegiums müssen über den Gegenstand der Entscheidung ebenso wie über die Tatsache, dass eine solche zu fällen ist, informiert sein, es muss eine hinreichende Zahl von Mitgliedern vorhanden sein und es muss sichergestellt sein, dass der Beschlussvorschlag auch eine Mehrheit gefunden hat. Das TKG regelt nur einen Teil dieser Problematik, insbesondere die Beschlussfähigkeit, das schriftliche Verfahren sowie die Einberufung des Gremiums.

#### 1. Beschlussfähigkeit (Abs 3 S 1)

**11** Nach § 68 Abs 3 TKG ist der Beirat **beschlussfähig**, wenn jeweils mehr als die Hälfte der Vertreter des Bundesrates und des Bundestages anwesend ist. Die Beschlussfähigkeit ist eine Beschlussvoraussetzung. Die Beschlussunfähigkeit tritt bei Vorliegen ihrer Voraussetzungen ohne weiteres ein, etwa noch gefasste Beschlüsse sind rechtswidrig.[11] Eine Fiktion der Beschlussfähigkeit bis zur ausdrücklichen Feststellung des Gegenteils kann nur durch eine besondere gesetzliche Regelung eingeführt werden. Eine solche liegt aber nicht vor und kann auch durch die Geschäftsordnung angesichts der weitreichenden Folgen nicht eingeführt werden. Die Regelung des Gesetzes zeigt vielmehr, dass der Gesetzgeber besonderen Wert auf die qualifizierte Ausgestaltung der Beschlussfähigkeit gelegt hat. Das ist durch eine Fiktion in der Geschäftsordnung nicht überwindbar.[12]

**12** Nicht geregelt ist als Voraussetzung der Beschlussfähigkeit die **hinreichende Information der Mitglieder** über die Tatsache, dass eine Entscheidung ansteht, also die **Ladung**. Diese Voraussetzung bringt § 90 Abs 1 VwVfG deutlich zum Ausdruck. Danach sind Ausschüsse nur beschlussfähig, wenn alle Mitglieder geladen sind. Die Ladung muss nicht notwendig schriftlich ergehen, sie kann auch mündlich, etwa in der vorangegangenen Sitzung ergehen, sofern diese mündliche Ladung alle Mitglieder des Gremiums erreicht, etwa über Sitzungsprotokolle.[13] Im Übrigen gilt als allgemeine Anforderung, dass zu einer ordnungsgemäßen Ladung selbstverständlich auch die Beifügung einer Tagesordnung gehört, da ansonsten die Mitglieder an einer ordnungsgemäßen Vorbereitung gehindert sein könnten.[14] Die Bezeichnung der Verhandlungsgegenstände muss so

---

[8] Vgl BT-Drucks 7/910 S 95 zu § 85 VwVfGE; ausführlich zu diesem Fragenkreis *Groß* Das Kollegialprinzip S 84 f.
[9] In diesem Sinne *Groß* Das Kollegialprinzip S 285.
[10] BVerfGE 91, 148, 169; *Epping* DÖV 1995, 719 ff; *Groß* Das Kollegialprinzip, S 285 ff.
[11] *Stelkens/Bonk/Sachs*, VwVfG, § 90 Rn 7; *Groß* Das Kollegialprinzip, S 289.
[12] Im Ergebnis auch Beck'scher TKG-Kommentar/ *Geppert* § 68 Rn 10.
[13] Vgl dazu auch *Groß* Das Kollegialprinzip S 286.
[14] *Obermayer* VwVfG, § 90 Rn 11; *Stelkens/Bonk/Sachs* VwVfG § 90 Rn 5.

genau sein, dass sich jeder ein Bild von der zu beratenden Angelegenheit machen kann.[15] Als Leitgrundsatz gilt hier, dass die Information in einer Weise zu erfolgen hat, dass sie den Mitgliedern die effektive Wahrnehmung ihres Mitwirkungsrechts durch eine entsprechende Vorbereitung ermöglicht.

### 2. Die Mehrheit (Abs 3 S 2, 3)

Nach Abs 3 S 2 werden **Beschlüsse des Beirats mit einfacher Mehrheit** gefasst, bei Stimmengleichheit ist ein Antrag abgelehnt. Diese Vorschrift entspricht der Regelung des § 91 S 1 VwVfG. Auch hier stellt sich freilich das Problem der genaueren Bestimmung der einfachen Mehrheit im Hinblick auf Stimmenthaltungen und ungültige Stimmen. Hier wird man – wie bei der Regelung des § 91 VwVfG – davon ausgehen können, dass Stimmenthaltungen und ungültige Stimmen zur Berechnung der erforderlichen Mehrheit mitgezählt, aber grundsätzlich die Wirkung von Nein-Stimmen haben.[16] Die Regelung über die Stimmengleichheit ist konsequent, weil der Antrag dann keine Mehrheit gefunden hat.

**13**

### 3. Entscheidungsfindung in schriftlichen Verfahren (Abs 4)

Hält der Vorsitzende die mündliche Beratung einer Vorlage für entbehrlich, so kann die Zustimmung oder die Stellungnahme der Mitglieder im Wege einer schriftlichen Umfrage eingeholt werden (Abs 4 S 1). Diese schriftliche Umfrage kann im Wege der sukzessiven Einholung der Voten ebenso wie ihrer gleichzeitigen Einholung erfolgen.[17] Der Begriff der Umfrage legt das Verfahren nicht auf eine gleichzeitige Einholung der Voten fest. Wohl aber wird die Schriftlichkeit angeordnet, so dass andere Formen der Einholung von Voten ausgeschlossen sind.[18] Für die Mehrheit gilt das oben zu Abs 3 S 2 (Rn 13) ausgeführte entsprechend. Auf Antrag eines Mitglieds oder der Regulierungsbehörde muss die Angelegenheit rechtzeitig in einer Sitzung beraten werden. Das erhellt, dass die Durchführung des schriftlichen Verfahrens letztlich vom Konsens der Mitglieder des Gremiums ebenso wie der Regulierungsbehörde abhängt. Letzteres ist schon erforderlich, damit die Einflussmöglichkeiten der Regulierungsbehörde, die ihr nach Abs 7 eingeräumt sind, nicht unterlaufen werden. Im Übrigen soll die Umfrage ebenso rechtzeitig erfolgen, dass dieser Antrag noch möglich ist. Davon wird nur abgesehen werden können, wenn eine besondere Dringlichkeit vorliegt. Tatbestandliche Voraussetzung ist im Übrigen, dass der Vorsitzende die mündliche Beratung einer Vorlage für entbehrlich hält. Entbehrlich kann sie in der Regel nur dann sein, wenn der Gegenstand selber keine besonderen Schwierigkeiten aufweist oder aber die Meinungsbildung im Gremium bereits so weit fortgeschritten ist, dass eine solche schriftliche Befragung in Betracht zu ziehen ist. Die Einzelheiten des schriftlichen Verfahrens sind in der Geschäftsordnung zu regeln.

**14**

### 4. Die Einberufung der Sitzungen (Abs 5)

Die Einberufung des Beirates wird im Gesetz so geregelt, dass zum einen regelmäßige Sitzungen vorgesehen werden (S 1), der Regulierungsbehörde oder mindestens drei Mitgliedern auf schriftlichen Antrag ein Einberufungsrecht eingeräumt wird (S 2) sowie der Vorsitzende das Recht erhält, jederzeit eine Sitzung anzuberaumen (S 3). Er regelt im Interesse einer kontinuierlichen Aufgabenwahrnehmung eine bestimmte Sitzungsfrequenz. Danach soll der Beirat mindestens einmal im Vierteljahr zu einer Sitzung zusammentreten. Dies ist als Grundsatz ausgeformt. Davon kann abgewichen werden, wenn keine Gegenstände vorliegen, die der Beratung oder Entscheidung bedürftig sind. Selbstverständlich können Sitzungen in kürzeren Abständen anberaumt werden. Im Übrigen obliegt es dem Ermessen des Vorsitzenden, eine Sitzung einzuberufen, wobei die Regel des Abs 5 S 1 ihn in der Ausübung seines Ermessens bindet.[19]

**15**

Ungeachtet dieser Regelung können die **Regulierungsbehörde** oder mindestens **drei Mitglie-**

**16**

---

[15] BVerfGE 49, 144, 155.
[16] *Stelkens/Bonk/Sachs* VwVfG, § 91 Rn 5.
[17] Vgl insoweit *Stellkens/Bonk/Sachs* VwVfG, § 90 Rn 10.
[18] Beck'scher TKG-Kommentar/*Geppert* § 68 Rn 13.
[19] Ähnlich Beck'scher TKG-Kommentar/*Geppert* § 68 Rn 15.

Hans-Heinrich Trute

der die **Einberufung schriftlich beantragen**. Diesem Antrag ist stattzugeben. Dabei wird man dem Vorsitzenden das Recht zur Prüfung der Rechtmäßigkeit der Einberufung einräumen können. Weitere Anforderungen sind im Gesetz nicht genannt, so ist insbesondere eine mit dem Antrag verbundene Benennung der zu behandelnden Tagesordnungspunkte nach § 68 Abs 5 S 2 nicht ausdrücklich verlangt. Angesichts der oben genannten Anforderungen an eine ordnungsgemäße Ladung (Rn 12) wird man freilich eine hinreichend präzise Nennung der zu behandelnden Gegenstände verlangen müssen. Hier kann und sollte die Geschäftsordnung Konkretisierungen vorsehen. Das Einberufungsrecht der Regulierungsbehörde sichert deren Verfahrensherrschaft über Entscheidungen insbesondere in den Fällen, in denen eine Mitwirkung des Beirates von Gesetzes wegen erforderlich ist. Nach S 3 kann der Vorsitzende jederzeit eine Sitzung einberufen.

## V. Das Prinzip der Nichtöffentlichkeit (Abs 6)

**17** Nach § 68 Abs 6 TKG müssen die ordentlichen Sitzungen nicht-öffentlich durchgeführt werden. Diese Regelung ist durch die Geschäftsordnung nicht überwindbar, so dass als Prinzip die Nichtöffentlichkeit vorgesehen ist. Dies hindert selbstverständlich nicht die Anhörung von Interessengruppen, Sachverständigen und anderen geeigneten Gruppen oder Personen. Damit dürfte eine Offenbarung des Verlaufs und der Ergebnisse, soweit sie nicht aus anderen Gründen möglich ist, nicht zulässig sein. Diese Beschränkung der Öffentlichkeit ist misslich, weil sie im Kontrast zu den ansonsten gerade in diesem Sektor relevanten Transparenz- und Publizitätsanforderungen steht sowie allgemein die demokratische Kontrolle durch Öffentlichkeit erschwert.[20] Insbesondere im Hinblick auf die nach § 75 Abs 3 TKG für das Beschlusskammerverfahren angeordnete Entscheidung aufgrund mündlicher öffentlicher Verhandlung ist dieser Ausschluss der Öffentlichkeit misslich. Insoweit ist eine Rechtfertigung nur schwer erkennbar.

**18** Dieser **Ausschluss der Öffentlichkeit gilt nur für ordentliche Sitzungen**. Der Begriff der außerordentlichen Sitzung ist im Gesetz nicht näher spezifiziert. Um außerordentliche Sitzungen dürfte des sich dann handeln, wenn sie außerhalb des üblichen Sitzungsturnus stattfinden. Insoweit kann es sich sowohl um Sitzungen handeln, die nach Maßgabe des § 68 Abs 5 S 2 TKG von der Regulierungsbehörde oder drei Mitgliedern des Beirates beantragt worden sind,[21] es kann sich aber auch um eine vom Vorsitzenden außerhalb des Sitzungsturnus anberaumte Sondersitzung handeln. Allerdings ergibt sich damit im Gegenschluss noch nicht, dass diese Sitzungen stets öffentlich stattzufinden haben. Vielmehr obliegt das Nähere der Regelung in der Geschäftsordnung. Diese kann auch für außerordentliche Sitzungen aus bestimmten Gründen Nichtöffentlichkeit vorsehen, wenn dies von den zu behandelnden Gegenständen her geboten ist.

## VI. Die Beteiligung der Regulierungsbehörde (Abs 7)

**19** Der **Präsident der Regulierungsbehörde** und **seine Beauftragten können** an den Sitzungen **teilnehmen, sie müssen jederzeit gehört werden**. Dies räumt der Regulierungsbehörde ein Partizipationsrecht an den Beratungen des Beirates ein. Das dem Präsidenten und seinen Beauftragten gemäß S 2 zustehende Anhörungsrecht, das jederzeit zu realisieren ist, ist von seinem Gegenstand her nicht beschränkt, sondern bezieht sich auf alle Angelegenheiten, die im Beirat behandelt werden und werden können. Das Recht ist freilich beschränkt auf die Anhörung. Die Regulierungsbehörde kann keine Anträge stellen und kann auch nicht an der Entscheidung in anderer Weise beteiligt werden. Sie hat kein Stimmrecht im Beirat. Durch diese Regelung wird sichergestellt, dass ein hinreichender Informationsfluss von der Regulierungsbehörde zum Beirat stattfindet und dass zugleich die Perspektive und Fachkompetenz der Regulierungsbehörde in die Beratungen des Beirates eingehen kann.

**20** Der **Beirat** seinerseits **hat ein Zitierrecht**. Er kann die Anwesenheit des Präsidenten der Regulierungsbehörde, im Verhinderungsfall eines seiner Stellvertreter verlangen. Das Zitierrecht

---

[20] Vgl dazu ausführlich *Groß* Das Kollegialprinzip, S 303 ff.

[21] In diesem Sinne auch Beck'scher TKG-Kommentar/*Geppert* § 68 Rn 18.

Hans-Heinrich Trute

selber ist nicht mit einem Auskunftsrecht verknüpft. Allerdings kann nach § 69 Nr 4 TKG der Beirat von der Regulierungsbehörde Auskünfte und Stellungnahmen einholen. Die Regulierungsbehörde ist gegenüber dem Beirat auskunftspflichtig. Insoweit ist das Zitierrecht dann über § 69 Nr 4 TKG von einem Auskunftsrecht flankiert, wie wohl beide der Sache nach unterschieden werden müssen;[22] insbesondere muss die Auskunft nicht notwendig in der Sitzung stattfinden, zu der zitiert worden ist.

### VII. Sitzungsgeld und Reisekosten (Abs 8)

Die **Mitglieder und ihre Stellvertreter** erhalten Ersatz von **Reisekosten** und ein **angemessenes Sitzungsgeld,** das das Bundesministerium für Wirtschaft festsetzt (§ 68 Abs 8 TKG). Der Ersatz von Reisekosten richtet sich nach dem Bundesreisekostengesetz. Über das festzusetzende angemessene Sitzungsgeld hinaus können mangels Rechtsgrundlage keine weiteren Aufwandsentschädigungen zugewendet werden.[23] Die Sitzungsgelder und Reisekosten sind aus dem Haushalt der Regulierungsbehörde zu finanzieren. Dieses ist Konsequenz der Einrichtungs- und Unterhaltungsverpflichtung nach § 67 Abs 1 TKG. 21

## § 69 Aufgaben des Beirates

Der Beirat hat folgende Zuständigkeiten:

1. Der Beirat macht der Bundesregierung Vorschläge für die Besetzung des Präsidenten und der Vizepräsidenten der Regulierungsbehörde.
2. Der Beirat wirkt bei den Entscheidungen nach § 73 Abs 3 mit.
3. Der Beirat ist berechtigt, Maßnahmen zur Umsetzung der Regulierungsziele und zur Sicherstellung des Universaldienstes zu beantragen. Die Regulierungsbehörde ist verpflichtet, den Antrag innerhalb von sechs Wochen zu bescheiden.
4. Der Beirat ist gegenüber der Regulierungsbehörde berechtigt, Auskünfte und Stellungnahmen einzuholen. Die Regulierungsbehörde ist gegenüber dem Beirat auskunftspflichtig.
5. Der Beirat berät die Regulierungsbehörde bei der Erstellung des Tätigkeitsberichtes nach § 81 Abs 1.
6. Der Beirat ist bei der Aufstellung des Frequenznutzungsplanes nach § 46 anzuhören.

**Schrifttum:** *Fangmann* Handbuch für Post und Telekommunikation, Basiskommentar, 1990; *Groß* Das Kollegialprinzip in der Verwaltungsorganisation, 1999; *Oertel* Die Unabhängigkeit der Regulierungsbehörde nach §§ 66 ff. TKG, 2000.

**Inhaltsübersicht**

| | Rn |
|---|---|
| I. Entstehungsgeschichte und Systematik . . . . . . . . . . . . . . . . . . . . . . . . . . . . . . . . . | 1–2 |
| II. Vorschläge für die Besetzung des Präsidenten und der Vizepräsidenten (Nr 1) . . . . . . . . . . . . | 3–4 |
| III. Mitwirkungsrecht an einer Entscheidung nach § 73 Abs 3 (Nr 2) . . . . . . . . . . . . . . . . . . . | 5–6 |
| IV. Beantragung von Maßnahmen zur Umsetzung der Regulierungsziele und Sicherstellung des Universaldienstes (Nr 3) . . . . . . . . . . . . . . . . . . . . . . . . . . . . . . . . . . . . . . . . . . | 7–8 |
| V. Auskunfts- und Stellungnahmerechte des Beirates (Nr 4) . . . . . . . . . . . . . . . . . . . . . . . | 9 |
| VI. Beratung der Regulierungsbehörde durch den Beirat im Falle des § 81 Abs 1 (Nr 5) . . . . . . . . . | 10 |
| VII. Anhörung bei der Aufstellung des Frequenznutzungsplanes . . . . . . . . . . . . . . . . . . . . . | 11 |

---

[22] In diesem Sinne wohl auch Beck'scher TKG-Kommentar/*Geppert* § 68 Rn 19.

[23] Beck'scher TKG-Kommentar/*Geppert* § 68 Rn 21.

Hans-Heinrich Trute

Zehnter Teil Regulierungsbehörde
Erster Abschnitt Errichtung, Sitz und Organisation

## I. Entstehungsgeschichte und Systematik

**1** Die Vorschrift des § 69 TKG regelt die **Aufgaben des Beirates**, die enumerativ festgelegt sind. Weitere Aufgaben hat der Beirat nicht. Sie betreffen vor allem solche Regulierungsgegenstände, bei denen es um die Gewährleistung des flächendeckenden Angebots von Telekommunikationsdienstleistungen, wie etwa die ausreichende und angemessene Erbringung von Universaldienstleistungen geht, aber auch andere Fälle, in denen die Länderkompetenzen betroffen sein können.[1] Die Vorschrift ist erst im Ausschuss für Post und Telekommunikation in das TKG eingefügt worden.[2] Der Bundesrat hatte ursprünglich deutlich weitergehende, an den Vorläufervorschriften zum Infrastruktur- und Regulierungsrat orientierte Beschlussrechte eingefordert, die grundlegende Fragen der Lizenzvergabe, Musterlizenzen, die Regulierung von Entgelten, Maßnahmen zur Sicherung der Erbringung von Universaldienstleistungen, Fragen der Zusammenschaltung, Maßnahmen mit Auswirkungen auf den Rundfunk und die Verwendung der Versteigerungserlöse umfassen sollten. Dazu war ein relativ kompliziertes und verfahrensverlängerndes Abstimmungsverfahren zwischen Regulierungsbehörde, Beirat, Bundesminister für Wirtschaft und Bundesregierung vorgesehen (§ 65 d TKGE).[3] Dieses führte freilich in verfassungsrechtliche Grauzonen der Mischverwaltung und zu Zweifeln an der Vereinbarkeit mit dem Charakter der bundeseigenen Verwaltung, die vom TKG, zumal angesichts der geänderten Regelungsstruktur, zu Recht vermieden worden sind.

§ 69 TKG ist anderes als die §§ 67, 68 TKG bereits am 1. 8. 1996 in Kraft getreten (§ 100 Abs 1 S 3 TKG). Die dem Beirat nach § 69 zugewiesenen Aufgaben wurden bis zum 30. 9. 1997 von dem nach § 11 des PTRegG eingesetzten Regulierungsrat wahrgenommen (§ 98 S 2 TKG). Bis zum Außerkrafttreten des PTRegG zum 31. 12. 1997 nahm der Regulierungsrat neben den in § 69 TKG festgelegten Aufgaben zugleich die ihm originär gemäß § 13 PTRegG zugewiesenen Aufgaben wahr.

**2** Die Rechte des Beirates lassen sich in drei Gruppen einteilen, ein **personelles Vorschlagsrecht** (§ 69 Nr 1 TKG), die **Mitwirkungsrechte** (§ 69 Nr 2, 6 TKG) sowie **Kontroll- und Initiativrechte** (§ 69 Nr 3–5, § 68 Abs 7 TKG). Schon an dieser kurzen Aufzählung wird deutlich, dass die Rechte des Beirates zurückgenommen worden sind auf Vorschlags-, Mitwirkungs- und Kontroll- sowie Initiativrechte, also hinter eigentlichen Mitentscheidungsbefugnissen zurückbleiben. Damit wird der verfassungsrechtlichen Rechtslage Rechnung getragen (vgl § 67 Rn 4).

## II. Vorschläge für die Besetzung des Präsidenten und der Vizepräsidenten (Nr 1)

**3** § 69 Nr 1 TKG räumt dem Beirat das Recht ein, **Vorschläge für die Besetzung des Präsidenten und der Vizepräsidenten der Regulierungsbehörde** zu machen. Auszuüben ist das Vorschlagsrecht in dem Verfahren nach § 66 Abs 3 TKG (§ 66 Rn 22 ff). Das Vorschlagsrecht beschränkt sich auf die Möglichkeit, Vorschläge für Kandidaten zu machen, ohne dass damit eine Bindung der Bundesregierung bei der Ernennung eintritt. Zwar kann der Beirat nach Ablehnung seiner Vorschläge einen weiteren Vorschlag innerhalb von vier Wochen machen. Auch insoweit ist freilich die Bundesregierung nicht gebunden. Dies erhellt, dass das Letztentscheidungsrecht der Bundesregierung sich am Ende auch auf die Kandidatenauswahl bezieht. Es kann also auch ein Kandidat ernannt werden, der niemals Vorschlag des Beirates gewesen ist. Insoweit mag dem Beirat zwar politisch ein nicht unerhebliches Gewicht zukommen, weil er eine öffentliche Rechtfertigungspflicht der Bundesregierung für ihre andere Entscheidung auslösen mag. Dies ändert nichts daran, dass die Bundesregierung rechtlich in keiner Weise verpflichtet ist, den Vorschlägen zu folgen. Die Vorgänge bei der Ernennung des ersten Präsidenten der Regulierungsbehörde zeigen die Grenzen des Vorschlagsrechts nicht nur in rechtlicher, sondern auch in

---

1 Vgl allgemein dazu *Oertel* Die Unabhängigkeit der Regulierungsbehörde, S 451 ff.
2 BT-Drucks 13/4864 zu § 65 c TKGE; zur Entstehungsgeschichte ausführlich § 67 Rn 7 ff.
3 BT-Drucks 44/38 Äußerung Nr 73 zu § 65 c, d TKGE.

Hans-Heinrich Trute

faktischer Hinsicht. Das Vorschlagsrecht gilt hinsichtlich jedes der drei zu besetzenden Ämter, ohne dass dies zu einer Gesamtentscheidung zusammengezogen wird.

Aus dem Vorschlagsrecht folgt **nicht** ein Recht des Beirates, die **Abberufung** eines ernannten Präsidenten oder Vizepräsidenten verlangen zu können. Vielmehr richtet sich diese nach § 8 PersBG. Nach § 8 Abs 5 S 3 PersBG muss der Minister den Beirat lediglich anhören, bevor er die Entlassung eines Präsidenten beantragt. Der Beirat kann die Entlassung nicht selbst beantragen. In seiner Wirkung entspricht das Vorschlagsrecht des Beirats daher einem Benehmenserfordernis, wie es sich auch ansonsten, etwa bei § 73 Abs 3 S 3 TKG, findet.[4]

### III. Mitwirkungsrecht an einer Entscheidung nach § 73 Abs 3 TKG (Nr 2)

Der Beirat wirkt nach § 69 Nr 2 TKG an einer Entscheidung nach § 73 Abs 3 TKG mit. Der Sache nach bezieht sich dieses **Mitwirkungserfordernis** auf die Fälle des § 73 Abs 3 S 2 TKG, da Satz 1 nur die Besetzung der Präsidentenkammer in den Fällen der §§ 11 und 19 TKG regelt. Abs 3 S 3 regelt die Vertretung des Präsidenten und der Vizepräsidenten, die an die Geschäftsordnung gemäß § 66 Abs 2 TKG verwiesen wird. Insoweit geht es allein um das in § 73 Abs 3 S 2 TKG genannte Benehmenserfordernis für Entscheidungen in den Fällen der §§ 11 Abs 4 Nr 2 und 3, Abs 6 Nr 2 und 3 und Abs 7 und des § 19 TKG. Insoweit geht es um die vor der Durchführung eines Versteigerungsverfahrens zu treffende Bestimmung des sachlich und räumlich relevanten Marktes, für den ersteigerte Funkfrequenzen unter Beachtung des Frequenznutzungsplanes verwendet werden dürfen, außerdem um die Festlegung der Lizenzbestimmung einschließlich des räumlichen Versorgungsgrades bei der Frequenznutzung und seiner zeitlichen Umsetzung sowie die zu beachtenden Frequenznutzungsbestimmungen der zukünftigen Lizenz. Ebenso einbezogen ist die vor Durchführung eines Ausschreibungsverfahrens zu treffende Bestimmung des sachlichen und räumlich relevanten Marktes, für den Lizenzen vergeben werden sowie die vor Durchführung eines Ausschreibungsverfahrens zu treffende Festlegung der Lizenzbestimmung einschließlich des räumlichen Versorgungsgrades bei der Frequenznutzung und seiner zeitlichen Umsetzung. Hinzukommen die zu beachtenden Frequenznutzungsbestimmungen, die bei Vergabe von Frequenzen für die Funkanbindung von Teilnehmeranschlüssen zu treffende Festlegung der Lizenzauflage und Entscheidungen im Zusammenhang mit der Auferlegung von Universaldienstleistungen. Das Benehmen des Beirates erstreckt sich also vor allem auf die **Lizenzbedingungen,** die **Auswahl der Lizenznehmer** unterliegt **nicht seiner Beeinflussung.**[5]

Das Recht zur Mitwirkung des Beirates wird durch § 73 Abs 3 S 2 TKG in seiner Intensität konkretisiert. Die Entscheidung der Beschlusskammer hat im **Benehmen mit dem Beirat** zu erfolgen. Die Beschlusskammer hat daher die Auffassung des Beirates in ihre Erwägungen mit einzustellen, ohne dass damit aber eine rechtliche Bindung an die Auffassung des Beirates eintritt.[6]

### IV. Beantragung von Maßnahmen zur Umsetzung der Regulierungsziele und Sicherstellung des Universaldienstes (Nr 3)

Der Beirat ist berechtigt, **Maßnahmen zur Umsetzung der Regulierungsziele** und **zur Sicherstellung des Universaldienstes zu beantragen** (Nr 3). Die Regulierungsbehörde ist verpflichtet, den Antrag innerhalb von sechs Wochen zu bescheiden. Insoweit besitzt der Beirat also ein formelles Initiativrecht, das die Regulierungsbehörde zur Prüfung einer beantragten Maßnahme und Bescheidung verpflichtet. Von der Intensität her handelt es sich insoweit auch nicht um eine Bindung der Behörde in inhaltlicher Hinsicht, sondern **allein** um ein **Verfahrensrecht.** Hinsichtlich der Beurteilung bleibt die Behörde rechtlich ungebunden. Auch hier besteht eine nicht

---

[4] Zurecht in diesem Sinne *Oertel* Die Unabhängigkeit der Regulierungsbehörde, S 453.
[5] Vgl auch § 65 c TKGE gemäß dem Vorschlag des Bundesrates BT-Drucks 13/4438 Nr 73, die ebenfalls nicht von einer Mitwirkung bei der abschließenden Vergabeentscheidung im Einzelfall ausging.
[6] Vgl auch Beck'scher TKG-Kommentar/*Geppert* Rn 11 f.

Hans-Heinrich Trute

unerhebliche tatsächliche Beeinflussung der Arbeit der Regulierungsbehörde, die ggf. ihre Entscheidung auch öffentlich zu rechtfertigen hat.

**8** Inhaltlich bezieht sich das Antragsrecht auf **Maßnahmen zur Umsetzung der Regulierungsziele**, umfasst also alle Regulierungsziele nach Maßgabe des § 2 Abs 2 TKG und damit auch Ziele, für deren Wahrung der Beirat im Ausgangspunkt keine besondere Kompetenz hat. Dies betrifft auch Ziele, die von der Behörde als monokratischer Fachbehörde geregelt werden, wie etwa die Wahrung des Fernmeldegeheimnisses (§ 2 Abs 2 Nr 1 TKG) oder die Wahrung der Interessen der öffentlichen Sicherheit (§ 2 Abs 2 Nr 6 TKG). Insoweit handelt es sich von seinem Gegenstand her um ein weitgehendes Initiativrecht, das allerdings notwendig begrenzt bleibt auf die der Regulierungsbehörde zur Verfügung stehenden Maßnahmen. Der Antrag des Beirates setzt **nicht** etwa ein **außenwirksames Verwaltungsverfahren** der Regulierungsbehörde in Gang, in dem etwa ein Verfahren gemäß § 74 Abs 1 2. Alt TKG eingeleitet wird. Vielmehr handelt es sich um ein eigenständiges Verfahren zwischen Beirat und Regulierungsbehörde, das im Vorfeld eines von der Behörde dann ggf einzuleitenden Verfahrens von Amts wegen liegt. Der Bescheid, von dem § 69 Nr 3 TKG spricht, ist mangels Außenwirkung denn auch kein Verwaltungsakt. Er kann daher auch insoweit nicht mit einer Anfechtungsklage gerichtlich angegriffen werden.[7] Das schließt freilich Organstreitigkeiten zwischen Beirat und Regulierungsbehörde auch im Hinblick auf den Bescheid nicht notwendig aus.[8]

## V. Auskunfts- und Stellungnahmerechte des Beirates (Nr 4)

**9** Der Beirat ist gegenüber der Regulierungsbehörde berechtigt, **Auskünfte und Stellungnahmen** einzuholen, die Regulierungsbehörde ist gegenüber dem Beirat auskunftspflichtig. Insoweit wird – in Ergänzung des Rechts aus § 68 Abs 7 S 3 TKG – ein **förmliches Auskunfts- und Stellungnahmerecht des Beirates** gegenüber der Regulierungsbehörde ebenso begründet wie die **Auskunftspflicht der Regulierungsbehörde** gegenüber dem Beirat. Dieses Recht dient der Sicherung des Informationsflusses zwischen Regulierungsbehörde und Beirat.[9] Das Auskunfts- und Stellungnahmerecht bezieht sich auf alle Aufgaben des Beirates. Die Pflicht zur Erteilung der Auskünfte durch die Regulierungsbehörde bezieht sich spiegelbildlich ebenfalls auf alle Aufgaben des Beirates. Die Regulierungsbehörde kann grundsätzlich die Auskunft nicht verweigern, es sei denn, dass Geheimhaltungsinteressen dieses rechtfertigen. Dabei ist freilich zu berücksichtigen, dass der Beirat seinerseits Verschwiegenheitspflichten unterliegt, so dass ein Geheimhaltungsinteresse nur ausnahmsweise in Betracht kommen kann. Vom Verfahren her ist die Geltendmachung und Umsetzung von Auskunfts- und Stellungnahmerecht sowie Auskunftsverpflichtung nicht näher geregelt. Die Regulierungsbehörde ist verpflichtet, innerhalb einer angemessenen Frist die Auskunft bzw Stellungnahme zu erteilen, wobei der Zeitraum sich nach dem Umfang der Anfrage, der Schwierigkeit des Gegenstandes sowie ihrer Belastung im Übrigen bemessen kann. Verzögerung wie Verweigerung der Auskunft verletzt den Beirat in seinen Rechten und kann gegenüber der Regulierungsbehörde im Wege eines Organstreitverfahrens geltend gemacht werden.

## VI. Beratung der Regulierungsbehörde durch den Beirat im Falle des § 81 Abs 1 TKG (Nr 5)

**10** Der Beirat berät die Regulierungsbehörde bei der Erstellung des Tätigkeitsberichtes nach § 81 Abs 1 TKG. Nach § 81 Abs 1 TKG legt die Regulierungsbehörde den gesetzgebenden Körperschaften des Bundes alle zwei Jahre einen Bericht über ihre Tätigkeit sowie über die Lage und Entwicklung auf dem Gebiet der Telekommunikation vor. In diesem Bericht ist auch zu der Frage Stellung zu nehmen, ob sich eine Änderung der Festlegung, welche Telekommunikationsdienstleistungen als Universaldienst im Sinne des § 17 TKG gelten, empfiehlt. Mit dieser Beratungs-

---

[7] In diesem Sinne auch Beck'scher TKG-Kommentar/*Geppert* § 69 Rn 14.

[8] Vgl dazu allgemein *Groß* das Kollegialprinzip, S 315 ff.

[9] Beck'scher TKG-Kommentar/*Geppert* § 69 Rn 16.

funktion wird zum einen das parlamentarische Kontrollrecht instrumentiert und der Behörde eine politische Mitgestaltungsfunktion eingeräumt, für deren Wahrnehmung der Beirat angesichts der Verbindung von parlamentarischen und föderalen Aspekten in besonderer Weise geeignet ist. Auch realisiert sich hier in besonderem Maße das Anliegen der Länder an der gleichmäßigen und flächendeckenden Versorgung mit Telekommunikationsdienstleistungen sowie der Infrastrukturentwicklung und -sicherung.[10] Es handelt sich um eine verpflichtende Aufgabe für den Beirat, also nicht nur ein Recht. Ungeachtet dessen bleibt der Tätigkeitsbericht des § 81 Abs 1 TKG ein Tätigkeitsbericht der Regulierungsbehörde, der Rat des Beirates ist auch nicht eigenständig zu würdigen oder auszuweisen, der Beirat hat auch kein Recht auf ein „Minderheitenvotum".

## VII. Anhörung bei der Aufstellung des Frequenznutzungsplanes (Nr 6)

Der Beirat ist gemäß § 69 Nr 6 TKG bei der **Aufstellung des Frequenznutzungsplanes** nach § 46 TKG **anzuhören.** Der Frequenznutzungsplan nach § 46 TKG spezifiziert die Nutzungsordnung des Frequenzbereichszuweisungsplans, einer Rechtsverordnung, der der Bundesrat insoweit zustimmt, als sie auch Rundfunkfrequenzen ausweist. Insoweit realisiert sich über § 69 Nr 6 TKG das Anliegen der Länder, bei Entscheidungen mitzuwirken, die sich auf den Rundfunk als Länderangelegenheit auswirken.

**11**

## § 70 Wissenschaftliche Beratung

(1) Die Regulierungsbehörde kann zur Vorbereitung ihrer Entscheidungen oder zur Begutachtung von Fragen der Regulierung wissenschaftliche Kommissionen einsetzen. Ihre Mitglieder müssen auf dem Gebiet von Telekommunikation oder Post über besondere volkswirtschaftliche, betriebswirtschaftliche, sozialpolitische, technologische oder rechtliche Erfahrungen und über ausgewiesene wissenschaftliche Kenntnisse verfügen.

(2) Die Regulierungsbehörde erhält bei der Erfüllung ihrer Aufgaben fortlaufend wissenschaftliche Unterstützung. Diese betrifft insbesondere
 1. die regelmäßige Begutachtung der volkswirtschaftlichen, betriebswirtschaftlichen, rechtlichen und sozialen Entwicklung der Telekommunikation und des Postwesens im Inland und Ausland,
 2. die Aufbereitung und Weiterentwicklung der wissenschaftlichen Grundlagen für die Lizenzvergabe, die Gestaltung des Universaldienstes, die Regulierung marktbeherrschender Anbieter, die Regeln über den offenen Netzzugang und die Zusammenschaltung sowie die Nummerierung und den Kundenschutz.

**Schrifttum:** *Expertengremium für Nummerierungsfragen beim BMPT* Abschlussbericht, Bonn, Dez 1995; *Forschungskommission für Regulierung und Wettbewerb beim BMPT* Netzzugang und Netzzusammenschaltung nach dem Telekommunikationsgesetz 1996, Bonn, Mai 1996; *Hoffmann-Riem/Eifert* Regelungskonzept des Telekommunikationsrechts und der Telekommunikationspolitik: Innovation und Innovationsfähigkeit, in: Hoffmann-Riem, Innovation und Telekommunikation, 2000, S 9; *Oertel* Die Unabhängigkeit der Regulierungsbehörde nach §§ 66 TKG, 2000; *Trute* Die Forschung zwischen grundrechtlicher Freiheit und staatlicher Institutionalisierung, 1994; Wissenschaftliches Institut für Kommunikationsdienste (WIK) GmbH, Tätigkeitsberichte, Bad Honnef, 1996 und 1997.

### Inhaltsübersicht

| | Rn |
|---|---|
| I. Entstehungsgeschichte und Systematik | 1–2 |
| II. Die Einsetzung wissenschaftlicher Kommissionen (Abs 1) | 3–4 |

---

**10** Zur Politikentwicklungsfunktion auch *Oertel* Die Unabhängigkeit der Regulierungsbehörde, S 220 f.

Hans-Heinrich Trute

III. Fortlaufende wissenschaftliche Unterstützung zur Erfüllung der Aufgaben der Regulierungsbehörde (Abs 2) .................................................... 5

## I. Entstehungsgeschichte und Systematik

**1** Die Vorschrift des § 70 TKG regelt die **wissenschaftliche Beratung der Regulierungsbehörde.** Dieser kommt in einem Konzept der Regulierung, das auf ein in hohem Maße sowohl technisch wie ökonomisch und sozial dynamisches Umfeld bezogen ist, eine erhebliche Bedeutung zu. Die Regulierungsbehörde kann die nötige Expertise zur Regulierung kaum selbst vorhalten, sie ist andererseits auf die Einbeziehung von auch interessengebundenen Sachverständigen angewiesen, um Entwicklungen in diesem Bereich zu erkennen und in ein Regulierungskonzept aufzunehmen.

**2** Die Regelung des § 70 TKG **war als § 67 e TKGE bereits im Fraktionsentwurf enthalten**[1] und ist bis auf redaktionelle Änderungen im Wesentlichen im Gesetzgebungsverfahren unverändert geblieben. Die Begründung führt dazu aus, dass die Regulierungsbehörde ihre vornehmliche Aufgabe, einen wettbewerbsintensiven Markt im Bereich der Telekommunikation nachhaltig zu fördern, sachgerecht nur wahrnehmen könne, wenn ihr Präsident zur Vorbereitung seiner Entscheidung oder zur Begutachtung von Fragen der Regulierung wissenschaftliche Kommissionen einsetzen kann, deren Mitglieder die erforderlichen fachspezifischen Kenntnisse aufweisen.[2] Im Hinblick auf Abs 2, die fortlaufende wissenschaftliche Unterstützung, ist ausgeführt, dass der Bund zu diesem Zweck eine ständige Forschungskapazität unterhält, insbesondere könne der Bund das wissenschaftliche Institut für Kommunikationsdienste (WIK GmbH) nutzen.[3] Diesbezüglich wurde im Ausschuss für Post und Telekommunikation darauf hingewiesen, dass bei der Frage der wissenschaftlichen Beratung der künftigen Regulierungsbehörde die Möglichkeit einer Zuordnung des WIK zur Regulierungsbehörde zur Stärkung der Kompetenz erörtert worden sei, aber wegen der möglichen finanziellen Auswirkungen auf den Bundeshaushalt von einer speziellen Erwähnung des Instituts im Gesetzestext abgesehen wurde.[4]

## II. Die Einsetzung wissenschaftlicher Kommissionen (Abs 1)

**3** Die **Regulierungsbehörde kann** zur Vorbereitung ihrer Entscheidungen oder zur Begutachtung von Fragen der Regulierung **wissenschaftliche Kommissionen einsetzen.** Damit ist der Regulierungsbehörde im Konzept der Regulierung ein entscheidendes Element an die Hand gegeben, nämlich die sachverständige Beobachtung eines in hohem Maße dynamischen Umfeldes, das durch schnelle technologische Entwicklungen, komplexe ökonomische und auch soziale Veränderungen gekennzeichnet ist und das im Hinblick auf die Regulierungsziele des § 2 Abs 2 TKG zur permanenten Anpassung der Prämissen des Regulierungskonzeptes, seiner Instrumente und der konkreten Entscheidungen führen muss.[5] In diesem auf Selbstbeobachtung und Revision vorhandener Konzepte angelegten Regulierungsansatz kommt naturgemäß wissenschaftlichen Kommissionen eine erhebliche Bedeutung zu. Insoweit gibt § 70 Abs 1 S 1 TKG der Regulierungsbehörde die Möglichkeit, nicht nur zur Vorbereitung ihrer Entscheidungen, also zur Absicherung mehr oder weniger konkreter Fragestellungen, sondern auch zur Begutachtung von Fragen der Regulierung, also im Kontext der Regulierungsziele des § 2 Abs 2 TKG, wissenschaftliche Expertise zu nutzen. Die Praxis der Einsetzung wissenschaftlicher Kommissionen kann auf eine längere Tradition in diesem Bereich verweisen, bereits das Bundesministerium für Post und Telekommunikation hat seinerzeit etwa zur Vorbereitung und Begleitung der Postreformen I und II wie auch des Übergangs zum TKG eine Reihe von Expertenkommissionen eingesetzt.[6] Bereits im Februar 1998 wurde von der Regulierungsbehörde der „Wissenschaftliche

---

1 Vgl BT-Drucks 13/3609 zu § 67 TKGE.
2 BT-Drucks 13/3609 S 51 zu § 67 Abs 1 TKGE.
3 BT-Drucks 13/3609 S 51.
4 Vgl BT-Drucks 13/4864 S 74 zu § 67 TKGE.
5 Vgl zu dieser Perspektive *Hoffmann-Riem/Eifert* Regelungskonzept des Telekommunikationsrechts und der Telekommunikationspolitik: Innovativ- und innovationsgeeignet? in: Hoffmann-Riem, Innovation und Telekommunikation, 2000, S 9, 45 ff.
6 Vgl dazu *Oertel* Die Unabhängigkeit der Regulierungsbehörde, S 226 ff mwN.

Arbeitskreis für Regulierungsfragen bei der Regulierungsbehörde für Telekommunikation und Post" geschaffen, um die Behörde in Grundsatzfragen der Regulierung sowie zu spezifischen Themenstellungen zu beraten.[7] Der Regulierungsbehörde bleiben hier weite Spielräume der Organisation und des Verfahrens zur Einrichtung dieser Kommissionen. Diese können sowohl ad hoc-Kommissionen[8] wie auch permanente Kommissionen sein, die sich spezifischen Fragen der Regulierung widmen. Die Erforderlichkeit aus der Perspektive der Regulierungsbehörde bestimmt deren Einsetzung.

Die **Zusammensetzung der Kommission** ist **nicht** mehr **geregelt**, auch eine verfahrensmäßige Stabilisierung der Kommissionen ist vom Gesetz nicht vorgesehen. Einzig sind bestimmte Qualifikationserfordernisse in § 70 Abs 1 S 2 TKG vorgesehen. Ihre Mitglieder müssen danach auf dem Gebiet der Telekommunikation oder Post über besondere volkswirtschaftliche, betriebswirtschaftliche, sozialpolitische, technologische oder rechtliche Erfahrungen und über ausgewiesene wissenschaftliche Kenntnisse verfügen. Das eröffnet die Möglichkeit der Einberufung hinreichend breit zusammengesetzter interdisziplinärer Kommissionen, die multiperspektivisch bestimmte Fragen thematisieren können. Deren Zusammensetzung im Einzelnen ist naturgemäß von dem Beobachtungsgegenstand abhängig. Ungeachtet dessen und im Hinblick auf die besondere Bedeutung, die der wissenschaftlichen Expertise in diesem Bereich zukommt, wären auch vorwirkend weitere Anforderungen an Verfahren und Zusammensetzung der Kommissionen zu stellen. Insoweit bedarf es einer Zusammensetzung, die hinreichend neutral und zugleich pluralistisch genug ist, die wissenschaftlichen Ansätze und Perspektiven in einem bestimmten Bereich zu bündeln.[9] Ein solcher Ansatz verhindert, dass die Regulierungsbehörde durch eine entsprechende Zusammensetzung der Kommissionen ihre Regulierungsperspektive einseitig festlegt.[10] Je entscheidungsnäher Kommissionen eingesetzt werden, umso wichtiger werden neutralitätssichernde Vorkehrungen, die – sofern eine hinreichende Nähe zum Verwaltungsverfahren besteht – auch über die §§ 20, 21 VwVfG garantiert werden können.[11]

## III. Fortlaufende wissenschaftliche Unterstützung zur Erfüllung der Aufgaben der Regulierungsbehörde (Abs 2)

Nach § 70 Abs 2 TKG erhält die Regulierungsbehörde bei der Erfüllung ihrer Aufgaben **fortlaufende wissenschaftliche Unterstützung**. Diese soll sich insbesondere auf die regelmäßige Begutachtung der volkswirtschaftlichen, betriebswirtschaftlichen, rechtlichen und sozialen Entwicklungen der Telekommunikation und des Postwesens im In- und Ausland sowie auf die Aufbereitung und Weiterentwicklung der wissenschaftlichen Grundlagen für Lizenzvergabe, Gestaltung des Universaldienstes, die Regulierung marktbeherrschender Anbieter, die Regeln über offenen Netzzugang und die Zusammenschaltung sowie die Nummerierung und den Kundenschutz beziehen. Mit der Nennung dieser Gegenstände ist bereits ein weites, fast erschöpfendes Feld der wissenschaftlichen Beobachtung der Telekommunikation und ihrer ökonomischen, sozialen und rechtlichen Auswirkungen sowie der Instrumente zur Herstellung der Regulierungsziele des § 2 Abs 2 TKG genannt. Anders als die Möglichkeit wissenschaftliche Expertise nach Abs 1 heranzuziehen handelt es sich bei der fortlaufenden wissenschaftlichen Unterstützung um **externe Expertise**, die der Regulierungsbehörde zur Verfügung gestellt wird. Der eigentliche Hintergrund ist die Integration des WIK, (Rn 2) die allein aus Gründen einer damit verbundenen Festlegung des Bundeshaushalts im Gesetzestext nicht genannt worden ist. Damit gerät der Normgehalt des § 70 Abs 2 TKG freilich ins Diffuse. So fehlt es an der Nennung der Adressaten. Da es sich um einen Fall der bundeseigenen Verwaltung handelt, wird man annehmen müssen, dass die Regulierungsbehörde aus dem Geschäftsbereich des Bundes-

---

[7] Dazu die „Leitlinie für die Regulierungspolitik", CR 1998, 577 (vgl auch http://www.regtp.de).
[8] Vgl insoweit Beck'scher TKG-Kommentar/*Geppert* § 70 Rn 8.
[9] Allg dazu *Trute* Die Forschung zwischen grundrechtlicher Freiheit und staatlicher Institutionalisierung, 1994.
[10] Vgl insoweit auch *Hoffmann-Riem/Eifert* aaO (Rn 5), S 47 ff.
[11] Auf diesen Punkt weist zurecht hin: Beck'scher TKG-Kommentar/*Geppert* § 70 Rn 11.

ministeriums für Wirtschaft entsprechende Unterstützung erhält. Dies bedeutet zugleich, dass das Bundesministerium für Wirtschaft, jedenfalls aber der Bund verpflichtet ist, entsprechende Expertise extern vorzuhalten und damit die Arbeit der Regulierungsbehörde zu unterstützen. Insoweit besteht also eine Pflicht zur Forschung. Dieser Verpflichtung korrespondiert ein Recht der Regulierungsbehörde, diese Unterstützung auch einzufordern. Insoweit vermittelt § 70 Abs 2 TKG einen Anspruch der Regulierungsbehörde auf Unterstützung bei ihrer Regulierungsarbeit.[12] Freilich bleibt diese Verpflichtung von Inhalt und Modalität unterbestimmt.

# Zweiter Abschnitt
# Aufgaben und Befugnisse

## § 71 Aufsicht

Die Regulierungsbehörde überwacht die Einhaltung dieses Gesetzes und der gemäß diesem Gesetz oder einer auf Grund dieses Gesetzes erlassenen Rechtsverordnung ergangenen Auflagen, Anordnungen und Verfügungen, insbesondere die Einhaltung der einem Lizenznehmer erteilten Auflagen. Die Regulierungsbehörde kann Anbietern von lizenzpflichtigen Telekommunikationsdienstleistungen, die nicht über eine gültige Lizenz verfügen, die Ausübung dieser Tätigkeit untersagen, wenn nicht auf andere Weise rechtmäßige Zustände hergestellt werden können.

**Schrifttum:** *Gröschner* Das Überwachungsrechtsverhältnis. Wirtschaftsüberwachung zwischen gewerbepolizeilicher Tradition und wirtschaftsverwaltungsrechtlichem Handeln, 1992; *Gramlich* Ohne Regulierung kein Wettbewerb – Zum Start der Regulierungsbehörde für Telekommunikation und Post, CR 1998, 463.

**Inhaltsübersicht**

|  |  | Rn |
|---|---|---|
| I. | Grundlagen | 1 |
| II. | Einzelkommentierung S 1 | 2–7 |
|  | 1. Anwendungsbereich | 2–4 |
|  | 2. Eingriffsbefugnis gegen nicht lizensierte Anbieter | 5–6 |
|  | 3. Bewertung | 7 |

## I. Grundlagen

**1** Die Vorschrift enthält eine allgemeine Aufgaben- und Zuständigkeitsbeschreibung zur Gesetzesüberwachung (S 1). Eingriffsbefugnisse sind S 1 nicht zu entnehmen. Komplettiert wird die allgemeine Aufsichts-, Aufgaben- und Zuständigkeitsnorm durch eine extrem punktuelle Eingriffsbefugnis in S 2. § 71 bringt zum Ausdruck, dass die Regulierung wirtschaftsaufsichtliche Natur hat[1], ohne dadurch den Regulierungsbegriff inhaltlich auf eine Gesetzesüberwachung zu beschränken (vgl § 1 Rn 14; § 3 Rn 64). Die meisten Eingriffskompetenzen sind an anderen Stellen des TKG verstreut geregelt. Das gesetzgeberische Ziel, die Regulierungsbehörde im Interesse der Entwicklung eines wettbewerbsintensiven Telekommunikationsmarktes und im Interesse der Nutzer mit effektiven und durchsetzungsfähigen Überwachungs- und Eingriffskompetenzen auszustatten,[2] ist in § 71 TKG nur beschränkt umgesetzt. § 71 in Verbindung mit § 4 TKG dürfte ein materielles Überwachungsverhältnis begründen.[3]

---

12 In diesem Sinne wohl auch Beck'scher TKG-Kommentar/*Geppert* § 70 Rn 12.
1 Beck'scher TKG-Kommentar/*Badura* § 44 Rn 37.

2 BR-Drucks 80/96, S 51.
3 Vgl *Gröschner* Das Überwachungsrechtsverhältnis, S 160 ff.

Wolfgang Spoerr

## II. Einzelkommentierung S 1

### 1. Anwendungsbereich

S 1 bezieht sich relativ umfassend auf die Einhaltung des TKG. Dazu gehört auch die Einhaltung der auf seiner Grundlage erlassenen Verordnungen.[4] In aller Regel konkretisieren Verordnungen ohnehin gesetzliche Pflichten, so dass Verstöße gegen Verordnungen indirekt auch Verstöße gegen das Gesetz sind.[5] Der Aufsicht unterliegt auch die Einhaltung von Einzelfallentscheidungen wie Anordnungen, anderer Verfügungen und Lizenzauflagen. Von Anordnungen spricht das TKG in den §§ 37, 43 Abs 7, 44 Abs 2 und 47 Abs 5 S 2. „Anordnungen" iSd § 71 S 1 sind – ebenso wie Verfügungen – Entscheidungen, die Rechte und Pflichten des Betroffenen begründen. IdR handelt es sich dabei um Verwaltungsakte iSd § 35 VwVfG.

§ 71 S 1 ist gegenständlich auf eine gesetzes- und verwaltungsaktakzessorische Überwachung beschränkt. Eine Aufgabe zu konzeptioneller Gestaltung ist § 71 S 1 unmittelbar nicht zu entnehmen.[6] Die Aufgabe aus § 71 Abs 1 beschränkt sich nicht auf lizenzpflichtige Telekommunikationsdienstleistungen; vielmehr werden alle Anbieter im jeweiligen Wirtschaftszweig erfasst.[7] Soweit das TKG die Pflichten der Nutzer regelt, unterfallen auch diese der Aufsicht gemäß § 71 S 1.

S 1 ist eine Zuständigkeitsvorschrift und zugleich eine Aufgabenzuweisung.[8] Weil die Vorschrift keine Eingriffsbefugnis ist,[9] rechtfertigt sie aus sich heraus Handlungen der Regulierungsbehörde nur, wenn diese nicht mit Eingriffen in Rechte Dritter verbunden sind. Daher erlaubt S 1 keine Durchsetzung von Informationspflichten.

### 2. Eingriffsbefugnis gegen nicht lizensierte Anbieter

§ 71 S 2 ist die spezielle Eingriffsgrundlage für Fälle, in denen lizenzpflichtige Tätigkeiten ohne Lizenz ausüben. Die Eingriffsgrundlage ist – erweiternd – dahin auszulegen, dass gegen jeden vorgegangen werden kann, der einer Lizenz bedarf, aber keine hat. Sie gilt also nicht nur für „Anbieter" von lizenzpflichtigen Telekommunikationsdienstleistungen, sondern auch für reine Betreiber von Übertragungswegen (§ 6 Abs 1 Nr 1 TKG).

§ 71 S 1 letzter Halbsatz betont das Verhältnismäßigkeitsprinzip. Auf „andere Weise" können rechtmäßige Zustände nur hergestellt werden, wenn der Betroffene einen Lizenzantrag stellt. § 71 S 2 2. Hs zwingt die Regulierungsbehörde dazu, vor eine Untersagungsverfügung den Betroffenen aufzufordern, einen Lizenzantrag zu stellen.[10] Diese Aufforderung kann mit der Anhörung (§ 28 VwVfG) verbunden werden. Dagegen müssen nicht zuerst Bußgelder (§ 96 Abs 1 Nr 3 TKG) verhängt werden; rechtmäßige Zustände sind damit ohnehin nicht herzustellen.[11] Eine gesetzliche Grundlage für Verfügungen, die den Betroffenen zur Stellung eines Antrages verpflichten, enthält § 71 S 2 nicht.[12]

### 3. Bewertung

Im Sinne einer klaren Gesetzessystematik wäre bei einer Novellierung des TKG zu überlegen, ob § 71 mit den zahlreichen anderen Eingriffsgrundlagen – im TKG und außerhalb – zusammengefasst wird. Damit könnten zugleich punktuelle Lücken geschlossen werden. § 71 ist ein

---

4 So auch Beck'scher TKG-Kommentar/*Kerkhoff* § 71 Rn 3, die von einem Redaktionsversehen spricht.
5 So auch Beck'scher PostG-Kommentar/*Badura* § 44 Rn 39.
6 Ausführlich *Oertel* Die Unabhängigkeit der Regulierungsbehörde, S 219 f.
7 *Gramlich* CR 1998, 463, 467.
8 Zur Unterscheidung von Aufgaben und Befugnisvorschriften OVG Lüneburg NJW 1992, 192, 194.
9 So zutr *Paulweber* Regulierungszuständigkeiten in der Telekommunikation, S 73 f; Beck'scher PostG-Kommentar/*Badura* § 44 Rn 43.
10 Vgl BT-Drucks 13/3609 S 51 zu § 68 des Gesetzentwurfes; Beck'scher PostG-Kommentar/*Badura* § 44 Rn 36.
11 Beck'scher TKG-Kommentar/*Kerkhoff* § 71 Rn 18.
12 Ähnlich Beck'scher TKG-Kommentar/*Kerkhoff* § 71 Rn 19; zur Parallelfrage in der Entgeltregulierung § 25 Rn 35.

Wolfgang Spoerr

deutliches Beispiel dafür, dass der TKG-Gesetzgeber möglichst restriktive, gesetzlich genau umschriebene Befugnisse der Regulierungsbehörde wollte.

## § 72 Befugnisse

(1) Soweit es zur Erfüllung der in diesem Gesetz der Regulierungsbehörde übertragenen Aufgaben erforderlich ist, kann die Regulierungsbehörde
 1. von in der Telekommunikation tätigen Unternehmen und Vereinigungen von Unternehmen Auskunft über ihre wirtschaftlichen Verhältnisse, insbesondere über Umsatzzahlen, verlangen,
 2. bei in der Telekommunikation tätigen Unternehmen und Vereinigungen von Unternehmen innerhalb der üblichen Geschäftszeiten die geschäftlichen Unterlagen einsehen und prüfen.

(2) Die Regulierungsbehörde fordert die Auskunft und ordnet die Prüfung durch schriftliche Verfügung an. In der Verfügung sind die Rechtsgrundlagen, der Gegenstand und der Zweck des Auskunftsverlangens anzugeben. Bei einem Auskunftsverlangen ist eine angemessene Frist zur Erteilung der Auskunft zu bestimmen.

(3) Die Inhaber der Unternehmen oder deren Vertreter, bei juristischen Personen, Gesellschaften oder nichtrechtsfähigen Vereinen die nach Gesetz oder Satzung zur Vertretung berufenen Personen, sind verpflichtet, die verlangten Auskünfte zu erteilen, die geschäftlichen Unterlagen vorzulegen und die Prüfung dieser geschäftlichen Unterlagen sowie das Betreten von Geschäftsräumen und -grundstücken während der üblichen Betriebs- oder Geschäftszeiten zu dulden.

(4) Personen, die von der Regulierungsbehörde mit der Vornahme von Prüfungen beauftragt werden, dürfen die Räume der Unternehmen und Vereinigungen von Unternehmen während der üblichen Betriebs- oder Geschäftszeiten betreten. Das Grundrecht des Artikels 13 des Grundgesetzes wird insoweit eingeschränkt.

(5) Durchsuchungen können nur auf Anordnung des Amtsgerichts, in dessen Bezirk die Durchsuchung erfolgen soll, vorgenommen werden. Auf die Anfechtung dieser Anordnung finden die §§ 306 bis 310 und 311a der Strafprozessordnung entsprechende Anwendung. Bei Gefahr im Verzuge können die in Absatz 4 bezeichneten Personen während der Geschäftszeit die erforderlichen Durchsuchungen ohne richterliche Anordnung vornehmen. An Ort und Stelle ist eine Niederschrift über die Durchsuchung und ihr wesentliches Ergebnis aufzunehmen, aus der sich, falls keine richterliche Anordnung ergangen ist, auch die Tatsachen ergeben, die zur Annahme einer Gefahr im Verzuge geführt haben.

(6) Gegenstände oder geschäftliche Unterlagen können im erforderlichen Umfang in Verwahrung genommen werden oder, wenn sie nicht freiwillig herausgegeben werden, beschlagnahmt werden. Auf die Beschlagnahme findet Absatz 5 entsprechende Anwendung.

(7) Ein zur Auskunft nach Absatz 3 Verpflichteter kann die Auskunft auf solche Fragen verweigern, deren Beantwortung ihn selbst oder einen der in § 383 Abs 1 Nr 1 bis 3 der Zivilprozessordnung bezeichneten Angehörigen der Gefahr strafgerichtlicher Verfolgung oder eines Verfahrens nach dem Gesetz über Ordnungswidrigkeiten aussetzen würde.

(8) Die durch Auskünfte oder Maßnahmen nach Absatz 1 erlangten Kenntnisse und Unterlagen dürfen für ein Besteuerungsverfahren oder ein Bußgeldverfahren wegen einer Steuerordnungswidrigkeit oder einer Devisenzuwiderhandlung sowie für ein Verfahren wegen einer Steuerstraftat oder einer Devisenstraftat nicht verwendet werden; die §§ 93, 97, 105 Abs 1, § 111 Abs 5 in Verbindung mit § 5 Abs 1 sowie § 116 Abs 1 der Abgabenordnung sind insoweit nicht anzuwenden. Satz 1 gilt nicht für Verfahren wegen einer Steuerstraftat sowie eines damit zusammenhängenden Besteuerungsverfahrens, wenn an deren Durchführung

ein zwingendes öffentliches Interesse besteht, oder bei vorsätzlich falschen Angaben des Auskunftspflichtigen oder der für ihn tätigen Personen.

(9) Soweit Prüfungen einen Verstoß gegen Lizenzauflagen, Anordnungen oder Verfügungen der Regulierungsbehörde ergeben haben, hat das Unternehmen der Regulierungsbehörde die Aufwendungen für diese Prüfungen einschließlich ihrer Auslagen für Sachverständige zu erstatten.

(10) Zur Durchsetzung dieser Anordnungen kann nach Maßgabe des Verwaltungsvollstreckungsgesetzes ein Zwangsgeld bis zu einer Million Deutsche Mark festgesetzt werden.

Schrifttum: *Knemeyer* Geheimhaltungsanspruch und Offenbarungsbefugnis im Verwaltungsverfahren, NJW 1984, 2241 ff; *Forsthoff* Die Verfahrensvorschriften im Kartellgesetz, Festschrift für Isay 1965, S 95; *Gerstner* Die Grenzen des Auskunftsrechts der Regulierungsbehörde für Telekommunikation und Post nach § 45 I, 1 PostG am Beispiel der Teilleistungsverträge, NVwZ 2000, 627; *Holznagel* Die Erhebung von Marktdaten im Wege des Auskunftsersuchens nach dem TKG, 2001; *Kleinknecht/Meyer-Goßner* StPO, 43. Aufl, 1997; *Krieger* Zum Geheimnisschutz im Kartellverfahren, Festschrift für Steindorff, 1990, S 989; *Lupberger* Auskunfts- und Prüfungsverfahren der Kartellbehörden gegen Unternehmen und verfassungsrechtlicher Datenschutz 1987, *Meyer* Das Auskunftsrecht der Kartellbehörden (§ 46 GWB), 1987; *Schmidt* Drittschutz, Akteneinsicht und Geheimnisschutz im Kartellverfahrensrecht, 1992; *Werner* Der Konflikt zwischen Geheimnisschutz und Sachaufklärung im Kartellverfahren, FS Pfeiffer, 1988 S 821; *Reuter* Informelle Auskunftsbitten der Kartellbehörden: Praxis contra legem? WuW 1986, 93; *ders* Kartellbehördliche Recherchen als Eingriff in Freiheit und Eigentum, ein Beitrag zur Eingriffsdogmatik im Lichte informeller Verhaltensweisen, 1983.

**Inhaltsübersicht**

|  |  | Rn |
|---|---|---|
| I. | Bedeutung und Regelungskonzept | 1–4 |
| II. | Abs 1: Umfang der Auskunftsbefugnis | 5–30 |
|  | 1. Zur Erfüllung der in diesem Gesetz der Regulierungsbehörde übertragenen Aufgaben | 5–13 |
|  | 2. Auskunft über die wirtschaftlichen Verhältnisse (Abs 1 S 1, Abs 3) | 14–17 |
|  | 3. Einsicht und Prüfung (Abs 1 Nr 2, Abs 4) | 18–20 |
|  | 4. Adressaten und Verpflichtete: Unternehmen, Unternehmensvereinigungen und Personen | 21–24 |
|  | 5. Die Auskunfts- und Prüfungsverfügung (Abs 2) | 25–30 |
| III. | Durchsuchung | 31–37 |
| IV. | Beschlagnahme (Abs 6) | 38–40 |
| V. | Verwertungsverbot | 41 |
| VI. | Verhältnis der Ermittlungsbefugnisse | 42 |
| VII. | Erstattung von Aufwendungen (Abs 9) | 43 |
| VIII. | Zwangsgeld (Abs 10) | 44 |

## I. Bedeutung und Regelungskonzept

§ 72 ist die Zentralvorschrift des TKG über die Sachverhaltsermittlung. Eine effiziente Ermittlungsbefugnis ist unerlässlich zur wirksamen Durchsetzung der materiellen Regulierungsvorgaben des TKG. Weil Regulierung intensiv auf marktbezogene und marktorientierte ebenso wie technologiebezogene **Konkretisierung abstrakter Zielvorgaben** angewiesen ist (dazu § 1 Rn 14), braucht die RegTP vergleichsweise offene und wirksame Sachverhaltsermittlungsbefugnisse. Zu diesem Zweck hat der Gesetzgeber in § 72 eine echte **Eingriffsgrundlage** geschaffen. Sie dient dem öffentlichen Interesse an einer wirkungsvollen Überwachung des Telekommunikationsmarktes und an der Förderung des Wettbewerbs.[1] **1**

Neben die Eingriffsbefugnis des § 72 treten weitere Ermittlungsmöglichkeiten der RegTP. Soweit Ermittlungen nicht mit Eingriffen verbunden sind, können Ermittlungen auch auf die **allgemeine Überwachungsbefugnis** gemäß § 71 S 1 TKG gestützt werden. Zur Vorbereitung ihrer Entscheidungen und zur Begutachtung von Fragen der Regulierung kann die Regulierungsbehörde nach § 70 TKG Kommissionen einsetzen; Berichtspflichten regelt § 5 TKG. Hinzu treten die Ermittlungsmöglichkeiten **innerhalb von Verwaltungsverfahren**, etwa durch Anhörung. Im Bereich der Frequenzordnung ergibt sich aus § 49 S 1 TKG eine besondere Ermitt- **2**

---

[1] OVG Münster, NJW 1998, 3370.

lungsbefugnis. Systematisch ungenügend auf § 72 abgestimmt ist die Spezialvorschrift des § 91. Zusätzliche Ermittlungsbefugnisse für die Entgeltregulierung enthält § 31 Abs 1 S 1 Nr 1.

3 § 72 ist auf der Grundlage kartellrechtlicher Muster (§ 46 a. F. inzwischen: § 59 GWB) modelliert.[2] Ebenso wie § 46 GWB a. f. nimmt § 72 Bezug auf die Aufgaben der Behörde. Weil sich die Aufgaben der Regulierung (§ 1 Rn 11; § 3 Rn 64) deutlich von denen der Kartellaufsicht – auch von einer besonderen Kartellaufsicht – unterscheiden, löst sich § 72 durch einen andersartigen Bezugspunkt deutlich von seinem Muster.

4 Abs 1 regelt **Voraussetzungen** und **Umfang** von Auskunftsverlangen und Prüfungen, was in Abs 3 und Abs 4 näher ausgestaltet wird. Abs 4 regelt die administrative **Durchsetzung** durch Verfügung. Abs 5 bis 6 bringt zusätzliche, eingriffsintensive Ermittlungsbefugnisse zur **Durchsuchung** und **Beschlagnahme**. Abs 7 bis 8 regelt Folgefragen, und zwar Auskunftsverweigerungsrechte und Verwertungsverbote, Abs 9 die Kosten und Abs 10 die Durchsetzung durch Verwaltungsvollstreckung.

## II. Abs 1: Umfang der Auskunftsbefugnis

### 1. Zur Erfüllung der in diesem Gesetz der Regulierungsbehörde übertragenen Aufgaben

5 Die Befugnisse aus § 72 bestehen zur Erfüllung von Aufgaben, die das TKG der Regulierungsbehörde überträgt. Die Befugnisse aus § 72 dürfen also nicht in Anspruch genommen werden, um die Aufgabenerledigung anderer Behörden zu fördern, etwa des Bundeswirtschaftsministeriums, das bei Regulierungsaufgaben mitwirkt (s § 3 Rn 64). Die Regulierungsbehörde darf sich der Befugnisse aus § 72 nur bedienen, wenn sie Aufgaben nach dem TKG erfüllt. Zum Vollzug anderer Gesetze – etwas des FTEG, des EMVG und des AFuG – darf § 72 nicht genutzt werden.

6 Im Hinblick auf die RegTP-Aufgaben nach dem TKG ist § 72 im Wortlaut nicht beschränkt. Daraus folgt, dass die Vorschrift gleichermaßen für die Aufgaben der allgemeinen Verwaltung wie für die Beschlusskammern gilt. Typische Verwaltungsaufgaben, auf die § 72 zugeschnitten ist, sind die besondere Missbrauchsaufsicht nach § 33 und die Aufsicht nach § 38 TKG. § 72 ist aber auch bei **anderen eingreifenden Verwaltungsverfahren** anwendbar, etwa zur Durchsetzung der Vorschriften der Frequenzordnung (§ 49 TKG) und im Vorfeld einer Zusammenschaltungsanordnung (§ 37 TKG).

7 § 72 ist **nicht auf eingreifende Verfahren beschränkt,** sondern greift auch bei **Genehmigungsverfahren** wie im Lizenzverfahren (§ 6 bis 11 TKG)[3] und im Entgeltgenehmigungsverfahren (§ 28 TKG). Bei letzterem steht § 72 neben § 31 TKG.

8 § 72 ist auch einschlägig, um die Einhaltung von Lizenzauflagen (§ 8 Abs 2 S 3 TKG) zu überwachen. Die Regulierungsbehörde ist auch hier nicht auf den guten Willen der Normadressaten angewiesen, sondern kann vermuteten Missständen nachgehen. Hier und sonst gilt, dass die Ermittlungsbefugnisse **schon im Vorfeld des eigentlichen Verwaltungsverfahrens** – etwa auf Lizenzwiderruf (§ 16 TKG) oder Untersagung (§ 33 Abs 2 TKG) – genutzt werden können.

9 Umstritten ist, in welchen Grenzen § 72 zu nicht einzelfallbezogenen Untersuchungen wirtschaftlicher Verhältnisse genutzt werden kann.[4] Aus der Parallelität mit der Kartellaufsicht wird abgeleitet, dass § 72 nicht eingesetzt werden darf, um allgemeine Untersuchungen der Wirtschafts- und Marktverhältnisse auf dem Gebiet der Telekommunikation durchzuführen.[5]

10 Auch wenn man dem insoweit folgt, als § 72 kein Enquête-Recht begründet,[6] geht die Vorschrift doch über eine klassische, strikt einzelfallbezogene Ermittlungsbefugnis der repressiven Verwaltung deutlich hinaus. Das liegt schon daran, dass in der Regulierung Einzelfallbezug und

---

[2] BR-Drucks 80/96, S 51.
[3] *Oertel* Die Unabhängigkeit der Regulierungsbehörde, S 355.
[4] Ablehnend Beck'scher TKG-Kommentar/*Kerkhoff* § 72 Rn 13. Dazu *Holznagel* Die Erhebung von Marktdaten im Wege des Auskunftsersuchens nach den TKG, S 46 ff.
[5] Beck'scher TKG-Kommentar/*Kerkhoff* § 72 Rn 13.
[6] So Beck'scher TKG-Kommentar/*Kerkhoff* § 72 Rn 13; *Oertel* Die Unabhängigkeit der Regulierungsbehörde, S 225.

allgemeine Wirkung oft fließend in einander übergehen; ein Beispiel hierfür ist § 6 Abs 5 NZV. Ein konkreter Anlass zur Inanspruchnahme von § 72 TKG kann sich daher auch bei der **konzeptsetzenden, bewirtschaftenden** und **planenden Tätigkeit der Regulierungsbehörde** ergeben, deutlich im Vorfeld einzelner Eingriffe. In solchen Fällen ist allerdings besonders auf die Erforderlichkeit und Verhältnismäßigkeit der Ermittlungseingriffe zu achten.

§ 72 lässt Auskunftsverlangen (Abs 1) und Betriebsprüfung (Abs 2) nur zu, soweit dies zur Aufgabenerfüllung erforderlich ist. Damit werden bestimmte Komponenten des Verhältnismäßigkeitsprinzips in das fachgesetzliche Prüfungsprogramm integriert. Die Erforderlichkeit setzt zum einen die **Zweckeignung** voraus. Die Auskunfts- oder Betriebsprüfung muss der Erfüllung bestimmter Regulierungsaufgaben dienen. Diese müssen rechtmäßig sein. Das führt zu einer **Schlüssigkeitsprüfung**. Das bedeutet, dass geprüft werden muss, ob die rechtlichen Annahmen, die dem Auskunftsverlangen zugrunde liegen, zutreffen.[7] § 72 Abs 2 Satz 2 ermöglicht dem Adressaten und uU dem VG eine sorgfältige Prüfung, indem der Regulierungsbehörde aufgelegt wird, den Gegenstand und Zweck des Auskunftsverlangens anzugeben. Aus der Erforderlichkeit folgt weiter, dass die Regulierungsbehörde von mehreren zur Verfügung stehenden Mitteln das mildeste wählen muss, das **gleich erfolgversprechend** ist. Erforderlich bedeutet nicht „zwingend geboten" oder „unverzichtbar".[8] Nicht erforderlich ist die Inanspruchnahme der Ermittlungsbefugnisse, wenn die zu ermittelnden Tatsachen offenkundig,[9] der Regulierungsbehörde auf andere Weise leicht zugänglich[10] oder bereits veröffentlicht sind.[11] Aus dem Erforderlichkeitsprinzip folgt nicht, dass die Regulierungsbehörde gehalten ist, zunächst formlos – ohne Inanspruchnahme der Befugnisse aus § 72 – Auskünfte einzuholen. **11**

§ 72 ist eine selbständige Eingriffsgrundlage. Sie kann auch ausserhalb konkreter Verwaltungsverfahren genutzt werden.[12] Kriterien der Zumutbarkeit, insbesondere einer angemessenen Zweck-/Mittel-Relation kommen nicht über die Erforderlichkeit nach § 72 Abs 1, sondern über das **Verhältnismäßigkeitsprinzip** ins Spiel. Hierbei ist allerdings davon auszugehen, dass sachgerechte, die Erfüllung der Regulierungsaufgaben bei prognostischer Betrachtung fördernde und erforderliche Auskunftsverlangen und Betriebsprüfungen in aller Regel zumutbar sind. **12**

Im Kontext der Missbrauchsaufsicht (§ 33 TKG) ist ein Anfangsverdacht erforderlich. An ihn sind keine hohen Anforderungen zu stellen.[13] Eine Konkretisierung der Auskunftsverfügung durch Angabe von Sachverhalten, die gerade festgestellt werden sollen, ist weder möglich, noch erforderlich.[14] Daher ist das Vorgehen nach § 72 bereits dann rechtlich zulässig, wenn der Missbrauch einer marktbeherrschenden Stellung von einem Wettbewerber konkret behauptet wird und nach Einschätzung der Regulierungsbehörde nicht vornherein ausgeschlossen erscheint.[15] Die Einschätzung durch die Regulierungsbehörde ist allerdings gerichtlich voll prüfbar. Das Gericht muss zum Ergebnis kommen, dass der erforderliche Anfangsverdacht besteht. **13**

## 2. Auskunft über die wirtschaftlichen Verhältnisse (Abs 1 S 1, Abs 3)

Der Begriff aus Auskunft über die **wirtschaftlichen Verhältnisse** ist **umfassend** zu verstehen. Er deckt nicht nur die Bekanntgabe von Zahlen (genannt sind Umsatzzahlen, aber auch Kosten, einzelne Kostenbestandteile, Personalbestand), sondern auch die Vorlage von Verträgen und die Erteilung von einzelnen Auskünften zu Verträgen. Ein besonders wichtiges Instrument der Auskunftserteilung im Zusammenhang mit der Prüfung von Vertragsbeziehungen ist die **Vollständigkeitserklärung**. Mit ihr wird eine Auskunft dazu erteilt, dass die vertraglichen Absprachen in übergebenen Unterlagen vollständig wiedergegeben sind. **14**

---

[7] OVG Münster, NVwZ 2000, 702 f zur Parallelvorschrift im PostG.
[8] TKMMR/*Weber*/*Rommersbach* C § 72 Rn 10; zu § 54a PBefG OVG Münster, Beschluss vom 3. 2. 1998, 13 B 1488/97.
[9] Beck'scher TKG-Kommentar/*Kerkhoff* § 72 Rn 13; TKMMR/*Weber*/*Rommersbach* C § 72 Rn 11; KG WuW/e OLG 2438.
[10] Beck'scher TKG-Kommentar/*Kerkhoff* § 72 Rn 13; TKMMR/*Weber*/*Rommersbach* C § 72 Rn 11.
[11] BGH WuW/E 428; KG WuW/E OLG 1190.
[12] So auch TKMMR/*Weber*/*Rommersbach* C § 72 Rn 10; zu § 46 GWB a. F. I/M/*Klaue* § 46 Rn 1, 20, 31; FK/*Quack* § 46 Rn 1, 46 mwN.
[13] OVG Münster, NJW 1998, 3370.
[14] OVG Münster, NJW 1998, 3370, 3371.
[15] OVG Münster, NJW 1998, 3370, 3371.

**15** Nach § 72 Abs 1 Satz 1 kann die Regulierungsbehörde auch die Vorlage von **internen Unterlagen** wie **Vorstands-** und **Aufsichtsratsprotokollen** verlangen.

**16** Der Begriff wirtschaftlicher Verhältnisse ist „weit und unbestimmt"; er erfasst „grundsätzlich alle tatsächlichen und rechtlichen Beziehungen der Unternehmen und den gesamten betrieblichen und gesellschaftsrechtlichen Bereich des Unternehmens".[16] Eine besondere Bedeutung haben zudem Auskünfte über interne Liefer- und Leistungsbeziehungen innerhalb eines Konzerns[17] sowie über interne Kalkulations- sowie Kostenberechnungsdaten eines Unternehmens.

**17** Die Regulierungsbehörde kann über den Gegenstand des Auskunftsverlangens zugleich die Form der Auskunftserteilung näher konkretisieren, insbesondere indem sie als Auskunft die Vorlage von Unterlagen verlangt. Auch sonst dürfte sie festlegen können, dass der Auskunftspflichtige **schriftlich** Auskunft erteilt, wenn dies – wie in der Regel – sachdienlich ist.[18]

### 3. Einsicht und Prüfung (Abs 1 Nr 2, Abs 4)

**18** Das Recht zur Einsicht und Prüfung nach § 72 Abs 1 Nr 2 deckt Prüfungen in den Geschäftsräumen des Unternehmens. Die „geschäftlichen Unterlagen" sind all die Unterlagen, aus denen sich die wirtschaftlichen Verhältnisse des Unternehmens ergeben können.[19] Dazu gehören die nach Handels- und Steuerrecht aufbewahrungspflichtigen Unterlagen ebenso wie sonstige Unterlagen, beispielsweise technische Pläne, Kalkulationen, Vorstands- und Aufsichtsratsprotokolle und interne Vermerke. Auch Disketten und andere Computerdaten-Bestände fallen darunter.[20] Dagegen ist es nicht zulässig, über die Prüfung der geschäftlichen Unterlagen hinaus weiter Prüfungen vorzunehmen, wie zB eine Besichtigung von betrieblichen Einrichtungen und technischen Anlagen; dafür ist eine Durchsuchungsanordnung notwendig.[21] § 72 gestattet nicht die allgemeine Nachforschung und das gezielte Suchen, schon gar nicht ein „zielloses" Suchen.

**19** Das zur Durchführung der Einsicht und Prüfung nach § 72 Abs 1 Nr 2 erforderliche **Betretensrecht** gewährt Abs 4. Weil auch Geschäftsräume Wohnungen iSv Art 13 Abs 1 GG sind,[22] bedurfte es einer Art 13 Abs 7 GG entsprechenden Regelung. Kontrollinspektionen von Behörden in Geschäftsräumen sind keine Durchsuchungen, wenn Tatsachen nicht durch Durchsuchungshandlungen aufgespürt werden.[23] Aus den verfassungsrechtlichen Konturen des Durchsuchungsbegriffs ergeben sich Schranken der gemäß § 72 Abs 1, 4 zulässigen Handlungen. Unmittelbar aus dem in Art 13 Abs 1 GG geschützten Hausrecht ergibt sich die Pflicht der kontrollierenden Beamten, den Betriebsinhaber zu informieren.[24]

**20** Das Betretensrecht wird durch die Duldungspflicht des Abs 3 gesichert.

### 4. Adressaten und Verpflichtete: Unternehmen, Unternehmensvereinigungen und Personen

**21** § 72 unterscheidet im Hinblick auf die Adressaten der Pflichten bzw Verfügung Unternehmen und Vereinigungen von Unternehmen. In beiden Fällen ist weitere Voraussetzung, dass die Unternehmen in der Telekommunikation tätig sind. Unternehmen sind Rechtsträger, die am Geschäftsverkehr teilnehmen. Erfasst ist jedwede Betätigung im geschäftlichen Verkehr mit Waren und gewerblichen Leistungen, die nicht auf eine private Tätigkeit beschränkt ist.[25]

---

[16] Beck'scher TKG-Kommentar/*Kerkhoff* § 72 Rn 21.
[17] TKMMR/*Weber/Rommersbach* C § 72 Rn 18.
[18] So TKMMR/*Weber/Rommersbach* C § 72 Rn 21.
[19] TKMMR/*Weber/Rommersbach* C § 72 Rn 28; Beck'scher TKG-Kommentar/*Kerkhoff* § 72 Rn 33; Zu § 46 GWB a. F. I/M/*Klaue* § 46 Rn 43; FK/*Quack* § 46 Rn 67.
[20] TKMMR/*Weber/Rommersbach* C § 72 Rn 28.

[21] Beck'scher TKG-Kommentar/*Kerkhoff* § 72 Rn 33.
[22] Ausführlich *Gornig* in: von Mangoldt/Klein/Starck, GG, Art 13 Abs 1 Rn 21 ff.
[23] BVerfGE 32, 54, 73 f; *Gornig* in: von Mangoldt/Klein/Starck, Art 13 Abs 2 Rn 64.
[24] BVerfGE 78, 251, 255 f; *Gornig* in: von Mangoldt/Klein/Starck, Art 13 Abs 2 Rn 65.
[25] So für das GWB: BGH WuW/E 1725.

Wolfgang Spoerr

Entsprechend der im GWB verwendeten Terminologie auszulegen ist der Begriff der Vereinigung **22** von Unternehmen.[26] Abzugrenzen ist die Vereinigung von Unternehmen von einer Vereinigung von Nichtunternehmen. Nach der Gesetzesbegründung[27] sind unter Vereinigung von Unternehmen allerdings **keine Wirtschafts- und Berufsvereinigungen** zu verstehen. Damit sind Vereinigungen von Unternehmen oder Unternehmensverbänden, die die wirtschaftlichen oder beruflichen Interessen ihrer Mitglieder verbandlich – und nicht unternehmerisch – wahrnehmen (vgl 28 GWB a. F.) nicht erfasst. Auch die öffentliche Hand kann Unternehmen iSd § 72 sein, wenn sie werbend am Markt auftritt.

Erforderlich ist in jedem Fall eine Tätigkeit in der Telekommunikation. Unternehmen und **23** Rechtsträger, die nicht in der Telekommunikation tätig sind (beispielsweise auch Rechtsanwälte, Wirtschaftsprüfer) werden von § 72 nicht erfasst. Die Tätigkeit in der Telekommunikation dürfte voraussetzen, dass das Unternehmen selbst Telekommunikation (§ 3 Nr 16) betreibt oder anbietet. Von daher dürften Anbieter von Geräten oder Telekommunikationslinien (§ 3 Nr 20) nicht erfasst sein.

Aus Verfügungen gemäß § 72 verpflichtet sind zunächst die Unternehmen (Abs 3: „Inhaber der **24** Unternehmen"). Abs 3 erstreckt die Verpflichtung auf die Vertreter und die nach Gesetz oder Satzung zur Vertretung berufenen Personen. Daraus wird abgeleitet, dass bei einer durch Gesetz, Satzung oder Gesellschaftsvertrag angeordneten Gesamtvertretung die Auskunft von allen Personen zu erteilen ist, die sonst bei der Vertretung zusammenwirken; die Auskunft nur einer nicht alleinvertretungsberechtigten Person soll in diesem Fall nicht ausreichend sein.[28] Die aufgrund sonstiger handelsrechtlicher Vorschriften bestellten Vertreter (wie Prokuristen, Handlungsbevollmächtigte und Generalbevollmächtigte) sind aus dem Kreis der persönlich Auskunftspflichtigen wegen möglicher Pflichtenkollisionen ausgenommen, die sich aus ihrer Stellung als abhängig Beschäftigte ergeben. Das gilt für nachgeordnete Mitarbeiter jedweder Art.[29]

### 5. Die Auskunfts- und Prüfungsverfügung (Abs 2)

Auskunft und Prüfung muss gemäß § 72 Abs 2 S 1 schriftlich angeordnet werden. Die Verfügung **25** ist ein Verwaltungsakt, der selbständig anfechtbar ist. § 44a VwGO ist nicht einschlägig. § 72 Abs 2 Satz 2 enthält zusätzliche Begründungserfordernisse. Die entsprechenden Angaben müssen für den Adressaten nachvollziehbar den Umstand beschreiben, der das Auskunftsverlangen erforderlich macht.[30] Das Auskunftsverlangen muss allerdings nicht darlegen, welche Verwaltungsverfügung angestrebt wird und welche Tatbestandsvoraussetzung durch die Auskunft nachgewiesen werden soll.[31] Es reicht aus, wenn das Ziel der behördlichen Sachverhaltsermittlung hinreichend konkret erkennbar ist; die Einzelheiten einer späteren etwaigen Sachentscheidung müssen noch nicht vorgezeichnet werden.

Über die Angaben aus § 72 Abs 2 S 2 hinausgehend ist die Verfügung auch gemäß § 39 VwVfG zu **26** begründen. Auch eine Rechtsmittelbelehrung ist erforderlich (§ 56 VwGO). Eine förmliche Zustellung nach den Vorschriften des Verwaltungszustellungsgesetzes ist dagegen nicht erforderlich.[32]

Förmlich zuzustellen sind allerdings Verfügungen der Beschlusskammern (§ 79 Abs 1 S 2 TKG). **27**

Zur Ermittlung der Angemessenheit der Frist (§ 72 Abs 2 S 3 TKG) muss die Regulierungs- **28** behörde das Interesse an einem möglichst raschen und effektiven Verfahren gegen das Interesse der Adressaten an der Möglichkeit zur Prüfung der Rechtmäßigkeit des Auskunftsverlangens

---

**26** So Beck'scher TKG-Kommentar/*Kerkhoff* § 72 Rn 7.
**27** BK-Drucks 80/96, S 51.
**28** Beck'scher TKG-Kommentar/*Kerkhoff* § 72 Rn 12.
**29** Beck'scher TKG-Kommentar/*Kerkhoff* § 72 Rn 12; zu § 46 GWB aF.: FK/*Quack* § 46 Rn 26.

**30** Beck'scher TKG-Kommentar/*Kerkhoff* § 72 Rn 20.
**31** So aber Beck'scher TKG-Kommentar/*Kerkhoff* § 72 Rn 20.
**32** AM Beck'scher TKG-Kommentar/*Kerkhoff* § 72 Rn 24.

Wolfgang Spoerr

und der Beantwortung der Fragen neben dem üblichen Geschäftsbetrieb abwägen.[33] Hier sind sowohl der Zweck des Auskunftsersuchens wie der Umfang der beim Auskunftspflichtigen erforderlichen Ermittlungen zu berücksichtigen.

29 Problematisch sind die **Rechtsfolgen** einer zu **kurz bemessenen Frist**. Insoweit wird vertreten, dass der Auskunftsadressat die angeforderte Auskunft nicht unter Berufung auf eine zu kurz bemessene Frist verweigern kann; die begehrte Auskunft müsse dann innerhalb einer nach den Umständen des Einzelfalles zu bemessenden angemessenen Frist erbracht werden.[34]

30 Gegen die Verfügung kann Anfechtungsklage erhoben werden. Die Klage hat allerdings keine aufschiebende Wirkung (§ 80 Abs 2 TKG). Die Auskunft muss also erst einmal erteilt werden – es sei denn, das Gericht ordnet die aufschiebende Wirkung der Klage an. Nach allgemeinen Grundsätzen (§ 44 VwVfG) führen Unvollständigkeiten und Fehler des Auskunftsersuchens nur in Ausnahmefällen zur Nichtigkeit.

### III. Durchsuchung

31 Im Einklang mit den verfassungsrechtlichen Vorgaben unterstellt § 72 Abs 5 die Durchsuchungsbefugnis einem Richtervorbehalt. § 72 Abs 5 ist eine Beschränkung der Unverletzlichkeit der Wohnung iSd Art 13 Abs 1, für die nach Art 13 Abs 2 GG der Richtervorbehalt gilt. Durchsuchung iSv Art 13 Abs 2 GG und § 72 Abs 5 ist das ziel- und zweckgerichtete Suchen staatlicher Organe nach Personen (im Normbereich des TKG nicht relevant) oder Sachen zur Ermittlung eines Sachverhalts, um etwas aufzuspüren, was der Inhaber der Wohnung von sich heraus nicht offenlegen oder herausgeben will.[35]

32 Voraussetzung der Durchsuchung ist eine Anordnung des Amtsgerichts, in dessen Bezirk die Durchsuchung erfolgen soll. Ausnahmen bestehen nur bei Gefahr im Verzug. Gefahr im Verzug liegt vor, wenn durch die (auch fernmündliche) Anrufung eines Richters eingetretene Verzögerung der **Erfolg der Durchsuchung** gefährdet würde.[36] Das Amtsgericht entscheidet auf Antrag der Regulierungsbehörde. Im Antrag ist die Notwendigkeit der Durchsuchung schlüssig darzulegen; Rechtsgrundlage, Gegenstand und Zweck der Untersuchung sind anzugeben. Weiterhin ist darzulegen, dass weniger einschneidende Maßnahmen nicht ausreichen, um die erforderlichen Informationen zu erlangen.[37]

33 Die Anordnung nach § 72 Abs 5 S 1 ist **eine eigenständige Entscheidung des Amtsgerichts**, keine nachprüfende Kontrolle der Ausübung der Befugnisse der Regulierungsbehörde.[38]

34 Den Rechtsschutz gegen die Anordnung des Amtsgerichts regelt § 72 Abs 1 durch eine Verweisung auf die §§ 306 bis 310 und 311 StPO. Zulässiger Rechtsbehelf ist die Beschwerde (§ 306 Abs 1 StPO). Der Vollzug der Durchsuchungsanordnung wird durch die Einlegung der Beschwerde nicht gehemmt, das Gericht kann jedoch auf Antrag oder von Amts wegen die Aussetzung der Vollziehung anordnen (§ 307 Abs 2 StPO). Die Nachholung rechtlichen Gehörs und die Abänderung von Entscheidungen regelt § 311 StPO. Eine weitere Beschwerde gegen die Entscheidung des Beschwerdegerichts ist nach § 72 Abs 5 S 2 iVm § 310 StPO nicht zulässig.[39]

35 Den Rechtsschutz gegen die Durchsuchung durch die Regulierungsbehörde ohne richterliche Anordnung gem § 72 Abs 5 S 3 regelt das TKG in § 72 nicht. Die Lücke ist durch eine entsprechende Anwendung von § 77 Abs 3 TKG zu schließen.[40] Der Betroffene kann also gegen die Durchsuchung ohne richterliche Anordnung jederzeit – auch nach deren Erledigung – bei dem nach § 72 Abs 5 S 1 zuständigen Amtsgerichts um richterliche Bestätigung nachsuchen.

---

33 Beck'scher TKG-Kommentar/*Kerkhoff* § 72 Rn 25.
34 TKMMR/*Weber/Rommersbach* C § 72 Rn 20.
35 BVerfGE 75, 318, 327; BVerfGE 76, 83, 89; TKMMR/*Weber/Rommersbach* C § 72 Rn 36.
36 BVerfGE 65, 114; TKMMR/*Weber/Rommersbach* § 72 Rn 42.
37 TKMMR/*Weber/Rommersbach* C § 72 Rn 44.
38 TKMMR/*Weber/Rommersbach* C § 72 Rn 44.
39 So zutreffend TKMMR/*Weber/Rommersbach* C § 72 Rn 49, AM Beck'scher TKG-Kommentar/*Kerkhoff* § 72 Rn 52.
40 TKMMR/*Weber/Rommersbach* C § 72 Rn 51 f.

Wolfgang Spoerr

Darüber ist der Betroffene zu belehren. Gegen die richterliche Entscheidung ist die Beschwerde zulässig, für die die §§ 306 bis 310 und 311a der StPO gelten.

Als Rechtsschutz gegen die **Art und Weise der Untersuchung** (unabhängig davon, ob mit oder ohne richterliche Anordnung) ist jederzeit, also auch nach ihrer Beendigung, entsprechend § 77 Abs 3 S 1 TKG der Antrag auf richterliche Entscheidung statthaft.[41] **36**

Ob Gefahr im Verzug vorliegt, entscheide die zuständige Stelle nach pflichtgemäßem Ermessen.[42] **37**

## IV. Beschlagnahme (Abs 6)

§ 72 Abs 6 konstituiert ein Beschlagnahmerecht der Regulierungsbehörde, das neben der besonderen Beschlagnahmebefugnis im Beschlusskammerverfahren nach § 77 steht. Bei § 72 Abs 6 ist grundsätzlich eine vorherige richterliche Anordnung nötig. Beschlagnahme iSd § 72 Abs 6 S 1 ist die **unfreiwillige Wegnahme** mit anschließender Verwahrung oder die sonstige Sicherstellung von Gegenständen und geschäftlichen Unterlagen, und zwar zur Sicherung von Beweisen.[43] Eine sonstige Sicherstellung im Sinne dieser Definition ist beispielsweise auch die Übermittlung von Daten aus einem Computersystem in ein anderes Computersystem.[44] Beschlagnahmeobjekt sind nicht nur geschäftliche Unterlagen, sondern auch Gegenstände. Das bedeutet, dass auch technische Systeme, die keine Unterlagen sind, beschlagnahmt werden können. Auch unbewegliche Gegenstände (etwas Grundstücke und Räume) können beschlagnahmt werden. **38**

Die Gegenstände müssen als potentielles Beweismittel für die Regulierungsbehörde bei der Aufgabenerfüllung in Betracht kommen. Bei der Beurteilung der Beweiseignung ist eine prognostische Entscheidung erforderlich. Dabei reicht die Möglichkeit aus, dass der Gegenstand nach dem jeweiligen Stand des Verfahrens zur Aufgabenerfüllung nach § 72 verwendet werden kann.[45] Insbesondere braucht noch nicht festzustehen, für welche konkrete Beweisführung der beschlagnahmte Gegenstand im einzelnen erforderlich ist. Es kommt auch nicht darauf an, ob der Gegenstand später Beweismittel wird und ob er dann beweiserheblich ist[46]. Die Beschlagnahme wird idR durch Wegnahme vollzogen. Mit der Beschlagnahme wird öffentlich-rechtlicher Gewahrsam an den Gegenständen begründet; es entsteht ein öffentlich-rechtliches Verwahrungsverhältnis.[47] Den betroffenen Unternehmen müssen entweder Kopien ausgehändigt werden, oder es muss Gelegenheit gegeben werden, die Gegenstände zu kopieren, soweit sie in irgendeiner Weise erforderlich sind, insbesondere für den laufenden Geschäftsbetrieb. **39**

Auch die Beschlagnahme gemäß § 72 Abs 5 bedarf grundsätzlich einer vorherigen richterlichen Anordnung. Die Einzelheiten und der Rechtsschutz ergeben sich aus Abs 5 iVm den §§ 306–310 und 311a StPO. Zufallsfunde bei Durchsuchungen dürfen in Verwahrung genommen werden, auch wenn sich die Beschlagnahmeanordnung nicht auf sie erstreckt.[48] Die gewonnenen Erkenntnisse können Anlass zu weiteren Ermittlungen sein; eine neuerliche Durchsuchungs- oder Beschlagnahmeanordnung ist aber nur bei Gefahr im Verzuge entbehrlich.[49] **40**

## V. Verwertungsverbot

§ 72 Abs 8 enthält ein – erheblich eingeschränktes – Verwertungsverbot. Für die Weitergabe von Beweismitteln an Behörden, die sich nicht mit den in § 72 Abs 8 S 1 genannten Verfahren **41**

---

[41] So zutreffend TKMMR/*Weber/Rommersbach* C § 72 Rn 53; zum Streitstand bei strafprozessualen Zwangsmitteln *Kleinknecht/Meyer-Goßner* § 105 Rn 15 ff.
[42] BGH JZ 1962, 609; Beck'scher TKG-Kommentar/*Kerkhoff* § 72 Rn 6.
[43] TKMMR/*Weber/Rommersbach* C § 72 Rn 54.
[44] TKMMR/*Weber/Rommersbach* C § 72 Rn 54.
[45] TKMMR/*Weber/Rommersbach* C § 72 Rn 55.
[46] TKMMR/*Weber/Rommersbach* C § 72 Rn 57.
[47] TKMMR/*Weber/Rommersbach* C § 72 Rn 57.
[48] Beck'scher TKG-Kommentar/*Kerkhoff* § 72 Rn 60.
[49] TKMMR/*Weber/Rommersbach* C § 72 Rn 61; Beck'scher TKG-Kommentar/*Kerkhoff* § 72 Rn 60 MWN.

befassen, gilt Abs 8 nicht. Voraussetzung ist allerdings, dass bei den Behörden die Wahrung der Geschäfts- und Betriebsgeheimnisse gesichert ist.[50]

## VI. Verhältnis der Ermittlungsbefugnisse

**42** Für die Vorbildvorschriften im GWB war heftig umstritten, inwiefern eine Rangfolge zwischen den Ermittlungsbefugnissen besteht.[51] Aus § 72 ist jedenfalls kein zeitliches Stufenverhältnis abzuleiten. Insoweit besteht kein festes Rangverhältnis der Befugnisse. Vielmehr ist von einer Gleichrangigkeit der Ermittlungsbefugnisse auszugehen.[52] Einschränkungen ergeben sich aber aus dem Grundsatz der Verhältnismäßigkeit. Eingriffsintensivere Mittel dürfen nur eingesetzt werden, wenn dies geeignet, erforderlich und angemessen (zumutbar) ist. Insoweit sind an Auskunftsverlangen oder eine Betriebsprüfung geringere Anforderungen zu stellen als an eine Durchsuchung oder Beschlagnahme. Die Regulierungsbehörde muss jeweils das mildeste geeignetste Mittel einsetzen. Daraus folgt aber nicht, dass sie regelmäßig mit einem Auskunftsverlangen beginnen muss. Auch ist nicht erforderlich, dass das mildere Mittel offensichtlich ausscheidet, um zu einem eingriffsintensiveren Mittel zu greifen. Ausreichend ist, dass das eingriffsintensivere Mittel nach pflichtgemäßem Ermessen bei prognostischer Beurteilung zu besseren Erkenntnissen führt.

## VII. Erstattung von Aufwendungen (Abs 9)

**43** Abs 9 regelt die Erstattung von Aufwendungen. Die Vorschrift ist dem Verursacherprinzip zugeordnet worden.[53] Der Erstattungsanspruch kann sich entgegen dem zu eng geratenen Wortlaut des Abs 9 nicht nur gegen Unternehmen, sondern auch gegen eine Vereinigung von Unternehmen iSd Abs 1 Nr 2 richten. Erstattungsfähig sind die angemessenen und notwendigen Aufwendungen der Regulierungsbehörde für die Prüfer. Dazu gehören sowohl die Kosten für den Personal-, Sach- und Verwaltungsaufwand sowie die Auslagen.[54] Die Aufwendungen können durch Verwaltungsakt festgesetzt werden.

## VIII. Zwangsgeld (Abs 10)

**44** Die Festsetzung des Zwangsgeldes dient ausschließlich der wirksamen Durchsetzung der Befugnisse. Zwangsgeldfestsetzungen haben insoweit keinen Sanktionscharakter. Es sind Zweifel erhoben worden, auf welche Anordnungen sich § 72 Abs 10 bezieht. Erfaßt sind jedenfalls die Verfügungen gemäß § 72 Abs 2, während die Durchsuchungs- und Beschlagnahmeanordnungen des Amtsgerichts nicht erfasst sind. Sie werden mit den strafprozessualen Zwangsmitteln durchgesetzt. Umstritten ist, ob § 72 Abs 10 auch auf Anordnung gemäß § 71 Satz 2 und nach anderen Vorschriften des Gesetzes anwendbar ist.[55]

---

[50] Beck'scher TKG-Kommentar/*Kerkhoff* § 72 Rn 62; TKMMR/*Weber/Rommersbach* C § 72 Rn 63.
[51] Dazu FK/*Quack* § 46 GWB Rn 64; KG WUW/E OLG 2437, 3842; *Langen/Bunte/Schultz* § 46 Rn 15.
[52] Beck'scher TKG-Kommentar/*Kerkhoff* § 72 Rn 17.
[53] TKMMR/*Weber/Rommersbach* C § 72 Rn 64.
[54] TKMMR/*Weber/Rommersbach* C § 72 Rn 64.
[55] Dafür: Beck'scher TKG-Kommentar/*Kerkhoff* § 72 Rn 67 f; dagegen: TKMMR-*Weber/Rommersbach* C § 72 Rn 66.

# Dritter Abschnitt
# Verfahren

## Vor § 73

**Inhaltsübersicht**

|   |   | Rn |
|---|---|---|
| I. | Das Verfahrensrecht der Regulierung und die Bedeutung der §§ 73 ff TKG: Vielfalt der Verfahren der Regulierung | 1–3 |
| II. | Das Verfahrensrecht des TKG, insbesondere: Ergänzende Heranziehung des VwVfG | 4–20 |
|   | 1. Ergänzende Heranziehung im Beschlusskammerverfahren | 5–17 |
|   | 2. Geltung des VwVfG für einzelentscheidungsbezogene Verwaltungsverfahren gem § 9 VwVfG | 18 |
|   | 3. Das Verwaltungsverfahren der Regulierung außerhalb förmlicher Einzelentscheidungen iSd § 9 VwVfG | 19–20 |

## I. Das Verfahrensrecht der Regulierung und die Bedeutung der §§ 73 ff TKG: Vielfalt der Verfahren der Regulierung

Regulierung ist in ganz erheblichem Umfang auf Normkonkretisierung durch Verfahren angewiesen (s § 1 Rn 15 f). Eine solche prozedurale Konkretisierung des allgemeinen Regulierungskonzepts reicht weit über den unmittelbaren Geltungsbereich der §§ 73 bis 79 TKG hinaus. Anders gewendet erfassen die §§ 73 bis 79 TKG nur einen Ausschnitt aus der Verfahrenswirklichkeit der RegTP. Nur teilweise ist dieses Verfahrensrecht gesetzlich oder überhaupt rechtlich strukturiert. Insbesondere außerhalb des Vorfelds konkreter Einzelentscheidungen sind Verfahren daher zunächst einmal Realvorgänge, was über die eigenständige rechtliche Bedeutung solcher Verfahren, insbesondere auch für das materielle Recht (s § 1 Rn 14) nicht hinwegtäuschen darf. Das gilt insbesondere im Bereich der konzeptentwickelnden Verwaltungsverfahren, die weder von den §§ 73 ff noch vom Verfahrensbegriff des VwVfG (§ 9 VwVfG) erfasst werden. 1

Über **konzeptentwickelnde Verwaltungsverfahren** hinaus enthält das TKG mit § 81 auch Ansätze einer (äußerst punktuellen) Verrechtlichung von Verfahren politischen Charakters.[1] 2

Eine Systematik regulierungsrechtlicher Verfahren kann die auf Einzelentscheidung gerichteten Verfahren (also Verwaltungsverfahren iSd § 9 VwVfG) von anderen Erscheinungsweisen öffentlich-rechtlicher Verfahren unterscheiden. Die Beschlusskammerverfahren nach den §§ 73 ff TKG bilden einen Unterfall der Entscheidungsverfahren. 3

## II. Das Verfahrensrecht des TKG, insbesondere: Ergänzende Heranziehung des VwVfG

Im Hinblick auf die ergänzende Heranziehung des VwVfG und anderer verfahrensrechtlicher Vorgaben ist zu differenzieren: 4

### 1. Ergänzende Heranziehung im Beschlusskammerverfahren

Nach § 1 Abs 1 VwVfG sind die Vorschriften des Verwaltungsverfahrensgesetzes anwendbar, soweit keine spezialgesetzliche Regelung entgegen steht. Eine solche, die Rückgriff auf die allgemeinen Vorschriften des VwVfG ausschließende, abschließende Regelung enthalten die §§ 73 ff TKG nicht. Vielmehr schließen sie den Rückgriff auf das VwVfG nur insoweit aus, als sie Spezialvorschriften enthalten. Im Übrigen handelt es sich nicht um eine entsprechende[2], sondern um eine unmittelbare Anwendung des VwVfG. 5

Die §§ 4–8 VwVfG gelten, werden aber in beträchtlichem Umfang durch die §§ 82–84 TKG 6

---

[1] Zum Begriff: *Schmidt-Aßmann* Das allgemeine Verwaltungsrecht als Ordnungsidee, S 291.

[2] In diese Richtung aber TKMMR/*Weber/Rommersbach*, C § 73 Rn 3.

Wolfgang Spoerr

überlagert und ergänzt. § 13 Abs 1 und Abs 2 S 1 VwVfG wird von § 74 Abs 2 TKG verdrängt; im Übrigen ist § 13 VwVfG anzuwenden.[3]

**7** **Befangenheit und Inkompatibilität:** Nach § 20 VwVfG sind bestimmte Personen im Verwaltungsverfahren ausgeschlossen. Ausgeschlossen sind unter anderem Personen, die bei einem Beteiligten gegen Entgelt beschäftigt sind oder bei ihm als Mitglied des Vorstandes, des Aufsichtsrates oder eines gleichartigen Organs tätig ist. Das gilt auch bei Zugehörigkeit zu Vorstand oder Aufsichtsrat in amtlicher Eigenschaft.[4] Wesentlich ergänzt werden diese allgemeinen Vorschriften durch die **organisatorisch-institutionelle Trennung** von **Regulierung** und Wahrnehmung der **Eigentümerbefugnisse** des Bundes bei der Deutschen Telekom AG.[5]

**8** Schon wegen Besorgnis der Befangenheit ausgeschlossen werden müssen Amtsträger nach § 21 VwVfG.

**9** **Amtsermittlung und Mitwirkungsobliegenheiten:** Nach § 24 VwVfG gilt der **Untersuchungsgrundsatz** (Amtsermittlungsgrundsatz). Beschränkt wird die Ermittlungspflicht der Behörde durch die Mitwirkungsobliegenheit der Beteiligten sowie durch materiell-rechtliche Beschränkungen und Darlegungs- und Nachweisobliegenheiten einzelner Beteiligter. Die Regulierungsbehörde ist, wenn und soweit ein Beteiligter es unterlässt, zur Klärung der für ihn günstigen Tatsachen beizutragen, obwohl es ihm ohne weiteres möglich und zumutbar wäre, nicht mehr gehalten, insoweit von sich aus allen sonstigen denkbaren Erkenntnismöglichkeiten nachzugehen.[6]

**10** Der Antragsteller, Betroffene und Beteiligte/Hinzugezogene[7] hat im Rahmen des RegTP-Verfahrens das **Akteneinsichtsrecht** aus § 29 VwVfG. Das Akteneinsichtsrecht besteht bis zum Abschluss des Verwaltungsverfahrens. Abgeschlossen ist das Verwaltungsverfahren mit der Unanfechtbarkeit der im Verfahren ergehenden Entscheidung.[8]

**11** **Geheimhaltung, § 30 VwVfG:** Antragsteller und andere Betroffen sowie Verfahrensbeteiligte haben das Recht auf Wahrung ihrer persönlichen und geschäftlichen Geheimnisse. Dieses Recht ist in Art 12 Abs 1 u Art 2 Abs 1 GG verankert und in § 30 VwVfG näher ausgestaltet.[9] Geheimnisse iSv § 30 VwVfG sind alle Tatsachen, Umstände, Vorgänge usw die nur einem **begrenzten Personenkreis** bekannt sind und an deren Wahrung der Träger ein **schutzwürdiges Interesse** hat.[10] Dazu gehören insbesondere die Betriebs- und Geschäftsgeheimnisse; das sind alle Tatsachen, die im Zusammenhang mit einem Geschäftsbetrieb stehen und an deren Geheimhaltung der Unternehmer ein schutzwürdiges wirtschaftliches Interesse hat.[11] Zweifelhaft ist, ob die Geschäfts- und Betriebsgeheimnisse in diesem Sinne die von § 30 VwVfG geschützten Geheimnisse abschließend bezeichnen.[12]

**12** Eine gesetzliche **Beschränkung des Geheimnisschutzes** nach § 30 VwVfG ergibt sich aus dem Recht von Beteiligten auf Akteneinsicht gem § 29 VwVfG. Allerdings ist die Beschränkung des Akteneinsichtsrechts des § 29 Abs 2, letzter Halbsatz VwVfG zu berücksichtigen. Hier ist das **Informationsinteresse** des Beteiligten mit dem **Vertraulichkeitsinteresse** des Informationsträgers **abzuwägen** (Güter- und Interessenabwägung).[13] Beispielsweise die im Lizenzantrag enthaltenen Angaben über die Art der Telekommunikationsdienstleistungen und die Unterlagen zum Nachweis der Leistungsfähigkeit mit Finanzplanungen und Patronatserklärungen sind von

---

**3** TKMMR/*Weber/Rommersbach*, C § 73 Rn 3.
**4** BVerwGE 69, 256, 263 – Flughafen München II; BVerwGE 75, 214; *Bonk* in: Stelkens/Bonk/Sachs, VwVfG, § 20 Rn 37; *Kopp/Ramsauer* VwVfG, § 20 Rn 29; aM *Kopp* VwVfG, 6. Aufl, § 20 Rn 22.
**5** Vgl ausführlich *Oertel* Die Unabhängigkeit der Regulierungsbehörde, S 116 ff.
**6** Vgl *Kopp/Ramsauer* VwVfG, § 26 Rn 43 mwN.
**7** *Kopp/Ramsauer* VwVfG, § 29 Rn 19.
**8** *Kopp/Ramsauer* VwVfG, § 29 Rn 4 str; geklärt ist jedenfalls, dass nach Ergehen der behördlichen Abschlussentscheidung bis zu deren Bestandskraft ein Akteneinsichtsrecht in den Grenzen des § 29 besteht:

BVerwGE 67, 304; *Bonk* in: Stelkens/Bonk/Sachs, VwVfG, § 29 Rn 33.
**9** Allgem *Maurer* Allgemeines Verwaltungsrecht, § 19 Rn 22.
**10** *Kopp/Ramsauer* VwVfG, § 30 Rn 8.
**11** *Kopp/Ramsauer* VwVfG, § 30 Rn 9.
**12** So Länderausschuss für Immissionsschutz, NVwZ 1986, 284; *Kopp/Ramsauer* VwVfG, § 30 Rn 9.
**13** *Kopp/Ramsauer* VwVfG § 29 Rn 38; *Bonk* in: Stelkens/Bonk/Sachs, VwVfG, § 30 Rn 16 ff; zu Geschäftsgeheimnissen im Entgeltregulierungsverfahren OVG Münster, K & R 1999, 430; zuletzt etwa RegTP, Beschl v 30. 3. 2001, BK 4a-01–001/E 19.01.01 S 27 ff.

Wolfgang Spoerr

§ 30 VwVfG geschützt. Ob sie im Rahmen einer Akteneinsicht (§ 29 Abs 1 VwVfG) befugt offenbart werden können, ist damit jedoch noch nicht beantwortet; hier kommt es auf die einzelfallbezogene Güter- und Interessenabwägung an. Der Umfang der im Wege der Akteneinsicht zu offenbarenden Informationen ist deshalb fast zwangsläufig größer als der, der zulässig veröffentlicht werden darf. Die RegTP bejaht ein Überwiegen des Vertraulichkeitsinteresses häufig für Kostendaten, Angaben zur Netzstruktur, Marktdaten, zukunftsgerichtete Angaben zur strategischen oder auch operativen Planung, aber auch Verkehrsstrukturdaten. Insbesondere bei vergangenheits- und netzstrukturbezogenen Daten werden der Verfahrenszweck und die Artikulationsfähigkeit, mitunter sogar die Verständlichkeit der Begründung anderer Beteiligter gravierend beeinträchtigt, ohne dass bei genereller Betrachtung ein entsprechend gewichtiges Vertraulichkeitsinteresse erkennbar ist, vor allem wenn die Wertung für **Regulierungstransparenz** etwa aus § 14 TKG einbezogen wird. Absatzdaten, vergangenheitsbezogene Kostendaten, Netzstrukturen und Verkehrsdaten sind ohne Zweifel Informationen, an deren Vertraulichkeitsschutz ein legitimes Interesse des Unternehmers bestehen kann. In der Abwägung kann hier aber gleichwohl ein überwiegendes Einsichtsinteresse bestehen, zumal eine naheliegende Gefährdung konkreter Wettbewerbspositionen hier nicht ohne Weiteres auf der Hand liegt, anders als bei operativen und strategischen Plandaten.

In der Regulierungspraxis werden Betriebs- und Geschäftsgeheimnisse häufig vom Betroffenen als solche gekennzeichnet. Dies hat für die RegTP keine bindende Wirkung; sie muss die Vertraulichkeit und das Überwiegen des Geheimhaltungsinteresses eigenständig beurteilen. **13**

Mit der Neufassung von § 45 Abs 2 VwVfG durch das Genehmigungsverfahrensbeschleunigungsgesetz[14] kommt auch eine Heilung von Verfahrens- und Formfehlern in Betracht. Sie ist nunmehr bis zum Abschluss des verwaltungsgerichtlichen Verfahrens möglich. Hierfür gelten allerdings relativ enge Voraussetzungen.[15] **14**

Umstritten ist, ob die §§ 63 ff VwVfG anwendbar sind, die Vorschriften über das förmliche Verwaltungsverfahren. Eine unmittelbare Anwendung kommt nicht in Betracht, weil die §§ 63 ff nur Kraft ausdrücklicher Anordnung gelten. Eine verbreitete Auffassung bejaht eine entsprechende Anwendung.[16] **15**

Die §§ 88–93 VwVfG sollen anwendbar sein.[17] Weil das TKG mit Ausnahme einiger Verfahrensvorschriften keine Regelungen zur inneren Ordnung der Beschlusskammersitzungen, der Beschlussfähigkeit, der Beschlussfassung und Dokumentation enthält, kann auf die §§ 89–93 VwVfG zurückgegriffen werden.[18] Weitere Konkretisierungen sind in der Geschäftsordnung gem § 66 Abs 2 S 2 TKG möglich. **16**

Abweichend von § 90 Abs 2 VwVfG entscheidet die Beschlusskammer stets durch drei Personen.[19] Das gilt auch für Ermittlungsanordnungen; die Durchführung von Ermittlungen gem § 76 kann dann einzelnen Mitgliedern der Beschlusskammer übertragen werden (§ 76 Abs 3 S 1 TKG).[20] **17**

### 2. Geltung des VwVfG für einzelentscheidungsbezogene Verwaltungsverfahren gem § 9 VwVfG

Für Verwaltungsverfahren iSd § 9 VwVfG, also auf den Erlass eines Verwaltungsaktes oder öffentlich-rechtliche Verfahren außerhalb des Beschlusskammerverfahrens gilt das VwVfG allgemein. Auch hier handelt es sich nicht um eine ergänzende oder gar entsprechende Gesetzesanwendung, vielmehr gilt das VwVfG unmittelbar gem § 1 Abs 1 Nr 1 VwVfG. Telekommunika- **18**

---

**14** BGBl 1996 I S 1354.
**15** Dazu allgem *Kopp/Ramsauer* VwVfG, § 45 Rn 41; *Stelkens/Bonk/Sachs*, VwVfG, § 45 Rn 73.
**16** So TKMMR/*Weber/Rommersbach* C § 73 Rn 7; für das GWB: *Immenga/Mestmäcker/Schmidt* Vor § 51 Rn 99; FK/*Bracher*, Vorbem §§ 51–80 Rn 15 ff.
**17** TKMMR/*Weber/Rommersbach* C § 73 Rn 8; *Gramlich*, CR 1998, 463, 464.
**18** Beck'scher TKG-Kommentar/*Kerkhoff* § 73 Rn 15.
**19** Beck'scher TKG-Kommentar/*Kerkhoff* § 73 Rn 16.
**20** Beck'scher TKG-Kommentar/*Kerkhoff* § 73 Rn 16.

tionsrechtliche Besonderheiten ergeben sich nur, soweit es spezielle Sonderregeln gibt wie beispielsweise Fristbestimmungen uä.

3. **Das Verwaltungsverfahren der Regulierung außerhalb förmlicher Einzelentscheidungen iSd § 9 VwVfG**

**19** Keine allgemeine gesetzliche Regelung gibt es für solche Verfahren der Verwaltung, die keine Verwaltungsverfahren iSd § 9 VwVfG sind. Dazu gehören insbesondere die Verfahren der Informationsgewinnung und Konzeptsetzung im Vorfeld oder unabhängig von konkreten Einzelentscheidungen. Solchen Entscheidungen kommt im gesetzlichen Konzept einer Regulierung ganz erhebliche Bedeutung zu (s § 1 Rn 14 ff). Nur sehr punktuell werden entsprechende Entscheidungen im TKG durch Verfahrensvorgaben strukturiert. Im Übrigen ist das Verwaltungsverfahren in weitem Umfang nicht durch Rechtsvorschriften geordnet. In Einzelfällen mag eine entsprechende Geltung von Vorschriften aus dem VwVfG in Betracht kommen.[21] Daran ist insbesondere dort zu denken, wo konkrete Betroffenheiten bereits im Verfahren abgebildet sind; auf diesen Individualbezug sind die Verwaltungsverfahrensregelungen im VwVfG zugeschnitten.

**20** Im Übrigen – dh für den überwiegenden Teil informeller, konzeptsetzender und informationsbeschaffender Verfahren – gelten stärker die Postulate der **Transparenz, Publizität** und **Rationalität**. Eine verfahrensrechtliche Regelsetzung durch autonomes Recht der Verwaltung („Geschäftsordnungen" oder Verwaltungsvorschriften) kann dem Transparenz- und Rationalitätspostulat entsprechen, ohne gegen den Vorbehalt des Gesetzes zu verstoßen. Ein Beispiel hierfür sind die Verfahrensregeln des Ausschusses für technische Regulierung in der Telekommunikation (A-TRT). Solche Verfahren sind dadurch charakterisiert, dass sie von konkreten Einzelverfahren abgeschichtet sind und stärker auf Informationsgewinnung oder die Artikulation diffuser, noch wenig konkreter Interessen gerichtet sind. Es liegt auf der Hand, dass die Trennlinien zwischen individuellen Interessen und allgemein vielschichtigen Interessenkomplexen in einem Regulierungsumfeld, das von einer geringen Zahl der Akteure geprägt ist, besonders fließend sind.

## § 73 Beschlusskammern

(1) Die Regulierungsbehörde entscheidet durch Beschlusskammern in den Fällen der §§ 11 und 19, des Dritten und Vierten Teils einschließlich der entsprechenden Verordnungen sowie des § 47 Abs 5 Satz 2. Die Entscheidung ergeht durch Verwaltungsakt. Mit Ausnahme der Beschlusskammer nach Absatz 3 werden die Beschlusskammern nach Bestimmung des Bundesministeriums für Wirtschaft gebildet.

(2) Die Beschlusskammern entscheiden in der Besetzung mit einem Vorsitzenden und zwei Beisitzern.

(3) In den Fällen der §§ 11 und 19 entscheidet die Beschlusskammer in der Besetzung mit dem Präsidenten als Vorsitzendem und den beiden Vizepräsidenten als Beisitzern; Abs 4 findet insoweit keine Anwendung. Die Vertretung des Präsidenten und der Vizepräsidenten als Vorsitzender oder als Beisitzer der Beschlusskammer im Verhinderungsfall wird in der Geschäftsordnung gemäß § 66 Abs 2 geregelt. Die Entscheidung der Beschlusskammer in den Fällen des § 11 Abs 4 Nr 2 und 3, Abs 6 Nr 2 und 3 und Abs 7 und des § 19 erfolgt im Benehmen mit dem Beirat.

(4) Der Vorsitzende und die Beisitzer müssen die Befähigung für eine Laufbahn des höheren Dienstes erworben haben.

---

[21] Allgem zur entsprechenden Geltung von VwVfG-Regelungen außerhalb ihres durch § 9 gezogenen Anwendungsbereich: *Kopp/Ramsauer* VwVfG, § 9 Rn 4; *Stelkens/Schmitz* in: Stelkens/Bonk/Sachs VwVfG, § 9 Rn 4.

**Schrifttum:** *Gramlich* Ohne Regulierung kein Wettbewerb, Zum Start der Regulierungsbehörde für Telekommunikation und Post, CR 1998, 463; *Leo/Schellenberg* Die Regulierungsbehörde für Telekommunikation und Post, ZUM 1997, 188 ff; *Paulweber* Regulierungszuständigkeiten in der Telekommunikation, 1999; *Ulmen/Gump* Die neue Regulierungsbehörde für Telekommunikation und Post, CR 1997, 396 ff

### Inhaltsübersicht

|  | Rn |
|---|---|
| I. Allgemeines | 1 |
| II. Einzelkommentierung | 2–15 |
|   1. Stellung der Beschlusskammer | 2–4 |
|   2. Zuständigkeit der Beschlusskammer | 5–7 |
|   3. Entscheidung durch Verwaltungsakt | 8 |
|   4. Entscheidungsverfahren | 9–12 |
|   5. Besondere Besetzungen bei Entscheidungen in den Fällen der §§ 11 und 19 | 13 |
|   6. Entscheidungen im Benehmen mit dem Beirat in den Fällen des §§ 11 Abs 4 Nr 2 und 3, Abs 6 Nr 2 und 3 und Abs 7 und des § 19 | 14 |
|   7. Rechtsfolgen bei Verletzung der Zuständigkeitsregelungen | 15 |

## I. Allgemeines

Die Beschlusskammern in der Regulierungsbehörde sind ähnlich organisiert wie diejenigen des Bundeskartellamts; da die Regulierungsbehörde ebenfalls wie das Bundeskartellamt eine Bundesoberbehörde im Geschäftsbereich des Bundesministeriums für Wirtschaft ist und ähnliche marktregulierende Funktionen hat, ist diese gerichtsähnliche Organisation angebracht. Das Beschlusskammerverfahren ist besonders formalisiert durch die §§ 73 ff TKG, durch ergänzend heranzuziehendes Verwaltungsverfahrensrecht und durch verfahrensrechtliche Sondervorschriften im Kontext der materiellen Programmnormen (§ 9 NZV). Wie sich insbesondere aus § 74 Abs 2 Nr 3 TKG ergibt, ist das Beschlusskammerverfahren auf eine breite Interessenrepräsentation im Verwaltungsverfahren ausgerichtet. Gegenüber allgemeinem Verwaltungsverfahrensrecht stellen die §§ 73 ff TKG der Beschlusskammer deutlich intensivierte Eingriffs- und Ermittlungsinstrumente zur Verfügung. Die Beschlusskammern und ihr justizähnliches Verfahren verschaffen der RegTP eine besondere Legitimation.[1]  **1**

## II. Einzelkommentierung

### 1. Stellung der Beschlusskammer

Die Verlagerung bestimmter Angelegenheiten auf Beschlusskammern belegt eine justizähnliche, gegenüber sonstigen Verwaltungsverfahren stärker formalisierte Ausgestaltung zur Erhöhung der Kompetenz und Transparenz des Entscheidungsprozesses. Nach § 73 Abs 1 S 3 werden die Beschlussabteilungen nach Bestimmung des Bundesministeriums für Wirtschaft gebildet. Wegen der besonderen Stellung der Beschlusskammern, auch auf dem Hintergrund der europäischen Rechtsetzung, unterliegen die Beschlusskammern nur den generellen Weisungen des Bundesministeriums für Wirtschaft; Einzelweisungen sind dem Ministerium für Wirtschaft nicht möglich (vgl § 66 Rn 27).[2]  **2**

Die Beschlusskammern sind Kollegialspruchkörper und entscheiden in der Besetzung mit einem Vorsitzenden und zwei Beisitzern (Abs 2). Die Beschlusskammern sind Ausschüsse iSv §§ 88 VwVfG;[3] da das TKG keine Verfahrensordnung und keine Vorschriften zur inneren Ordnung der Beschlussabteilung vorsieht, muss auf diese subsidiären Regeln des VwVfG zurückgegriffen werden. Das TKG enthält weiter keine Regelungen zur Geschäftsverteilung zwischen den Beschlusskammern, auch die Anzahl der Beschlusskammern ist nicht geregelt. § 66 Abs 2 S 2 TKG ermächtigt den Präsidenten zu solchen Regelungen.  **3**

---

[1] Ausf *Oertel* Unabhängigkeit der Regulierungsbehörde, S 321 ff; TKMMR/*Weber/Rommersbach*, § 73 Rn 9 ff.

[2] S hierzu ausführlich *Paulweber* S 93 ff.

[3] So auch zu den Beschlussabteilungen des Bundeskartellamts Immenga/Mestmäcker/*Klaue* § 48 Rn 5.

Wolfgang Bosch

**4**  Derzeit sind fünf Beschlusskammern gebildet worden:

Beschlusskammer 1 (Präsidialkammer): Zuständigkeit: Lizenzierung und Universaldienst jeweils Telekommunikation und Post, Vergabe knapper Frequenzen.

Beschlusskammer 2: Zuständigkeit: Entgeltregulierung, genehmigungspflichtige Entgelte im Bereich der Übertragungswege und Sprachtelefondienst

Beschlusskammer 3: Zuständigkeit: Besondere Missbrauchsaufsicht, Nachträgliche Entgeltregulierung im Bereich Telekommunikation

Beschlusskammer 4: Zuständigkeit: Besondere Netzzugänge, einschließlich Zusammenschaltungen

Beschlusskammer 5: Zuständigkeit: Entgeltregulierung und besondere Missbrauchsaufsicht für die Postmärkte

### 2. Zuständigkeit der Beschlusskammern

**5**  § 73 Abs 1 TKG regelt die Zuständigkeit der Beschlusskammern. Zuständig sind die Beschlusskammern danach
- für das Vergabeverfahren bei einer beschränkten Anzahl von Lizenzen nach § 11
- für die Auferlegung von Universaldienstleistungen nach § 19
- für die Entgeltregulierung im Dritten Teil des TKG
- für die Missbrauchsaufsicht gem § 33 TKG
- für den offenen Netzzugang und die Zusammenschaltung von Netzen im Vierten Teil des TKG einschließlich der begleitenden Entgeltregulierung sowie
- für die Zuteilung von Frequenzen nach § 47 Abs 5 TKG.

**6**  Im Hinblick auf das Vergabeverfahren nach § 11 ist umstritten, ob bereits die Beschränkung der Lizenzzahl nach § 10 TKG zur Beschlusskamerzuständigkeit gehört (dazu § 10 Rn 12).

**7**  Für andere Entscheidungen der Regulierungsbehörde sind die Beschlussabteilungen nicht zuständig; das TKG weicht insoweit vom Vorbild des GWB ab, das nach § 51 Abs 2 GWB vorsieht, dass alle Entscheidungen des Bundeskartellamts von den Beschlussabteilungen getroffen werden. Der Präsident des Bundeskartellamts hat lediglich die Verteilung und den Gang der Geschäfte des Bundeskartellamts durch eine Geschäftsordnung zu regeln. Soweit die Beschlusskammern nicht zuständig sind, entscheidet die Regulierungsbehörde durch ihren Präsidenten.

### 3. Entscheidung durch Verwaltungsakt

**8**  Im Rahmen der Zuständigkeit nach § 73 Abs 1 S 1 TKG entscheiden die Beschlusskammern durch Verwaltungsakt, § 73 Abs 1 S 2 TKG. Das erfasst grundsätzlich nur die materiell verfahrensabschließenden Entscheidungen; innerhalb von Verfahren können auch Entscheidungen getroffen werden, die nicht Verwaltungsakt iSd § 35 VwVfG sind. Daher ist § 73 Abs 1 S 2 keine Aussage zu entnehmen, ob Entscheidungen der Beschlusskammer die Merkmale eines Verwaltungsaktes iSd § 35 VwVfG erfüllen (vgl § 10 Rn 10, § 11 Rn 25).[4] Entscheidungen der Beschlusskammern können als Verwaltungsakt einer Bundesoberbehörde gemäß § 80 Abs 1, 2 TKG iVm § 80 Abs 1 S 1 VwGO ohne Widerspruchsverfahren durch Anfechtungs- oder Verpflichtungsklage angefochten werden.

### 4. Entscheidungsverfahren: ergänzende Geltung des VwVfG

**9**  Mangels spezialgesetzlicher Regelung ist für das Entscheidungsverfahren auf das im VwVfG zurückzugreifen, soweit das TKG keine speziellere Regelungen enthält. Das betrifft zahlreiche Vorschriften des VwVfG, die unmittelbar anwendbar sind. Umstritten ist die Anwendung der §§ 63 ff VwVfG über das förmliche Verwaltungsverfahren[5] sowie der §§ 88 ff VwVfG über die Ausschüsse.

---

[4]  Dazu ausf *Ehlers* K & R 2001, 1 ff.

[5]  TKMMR/*Weber/Rommersbach* C § 73 Rn 7.

Wolfgang Bosch

Die Sitzungsleitung obliegt nach § 89 VwVfG dem Vorsitzenden der Beschlusskammer; Beschlüsse werden durch die Mitglieder der Beschlusskammer gefasst, und zwar entweder in der Sitzung oder im schriftlichen Verfahren, wenn keines der Mitglieder widerspricht, § 90 Abs 1 VwVfG. Da nach § 73 Abs 2 TKG ausdrücklich angeordnet wird, dass die Beschlusskammer durch ihren Vorsitzenden und die beiden Beisitzer entscheidet, ist für die Anwendung des § 90 Abs 2 VwVfG, der in Ausnahmefällen auch die Entscheidung des nicht voll besetzten Ausschusses zulässt, nicht anwendbar.[6]

Entscheidungen werden entsprechend § 91 Abs 1 VwVfG mit einfacher Stimmenmehrheit gefasst. Wegen der Besetzung mit drei Beamten nicht zu Stimmengleichheiten kommen, es sei denn, Stimmenthaltung wäre zulässig. Da die Beschlussabteilungsmitglieder insoweit aber eine quasi-richterliche Funktion ausüben, muss davon ausgegangen werden, dass eine Stimmenthaltung entsprechend § 195 GVG unzulässig ist.[7]

Nach § 93 Abs 1 VwVfG ist über Sitzungen Niederschrift zu führen; der Pflichtinhalt ist in § 93 S 2 VwVfG festgelegt.

### 5. Besondere Besetzungen bei Entscheidungen in den Fällen der §§ 11 und 19

In den Fällen der §§ 11 (Vergabeverfahren nach der Beschränkung der Anzahl der Lizenzen) und 19 (Auferlegung von Universaldienstleistungen) entscheidet die Beschlusskammer in der besonderen Besetzung des § 73 Abs 3 als sogenannte „Präsidialkammer".

### 6. Entscheidungen im Benehmen mit dem Beirat in den Fällen des §§ 11 Abs 4 Nr 2 und 3, Abs 6 Nr 2 und 3 und Abs 7 und des § 19

In diesen besonderen Fällen muss die Beschlussabteilung vor der Entscheidung mit dem Beirat ins Benehmen setzen. Diese Fälle sind die Bestimmung des sachlich und räumlich relevanten Marktes (§ 11 Abs 4 Nr 2 und Abs 6 Nr 2 sowie Abs 7) sowie die Lizenzbestimmungen (§ 11 Abs 4 Nr 3 und Abs 6 Nr 3 sowie Abs 7) bei der Versteigerung und Ausschreibung von Lizenzen und den Entscheidung über die Auferlegung von Universaldienstleistungen nach § 19. „Benehmen" bedeutet, dass die Beschlussabteilung dem Beirat Gelegenheit zur Stellungnahme geben muss und seine Stellungnahme bei der Entscheidungsfindung miteinbezogen werden muss. „Benehmen" bedeutet dagegen nicht, dass die Zustimmung des Beirats für die zu treffende Entscheidung vorliegen muss.

### 7. Rechtsfolgen bei Verletzung der Zuständigkeitsregelungen

Verstöße gegen die Zuständigkeitsregelungen machen die Entscheidung nicht nach § 44 VwVfG nichtig, sondern nur anfechtbar. Dies gilt auch für die Fälle des Abs 3 S 3, wenn der Beirat nicht angehört wurde.[8] Auch dann, wenn der Präsident statt der Beschlusskammer entschieden hat, wie auch im umgekehrten Fall, ist die Entscheidung nur anfechtbar, aber nicht nichtig (str).

## § 74 Einleitung, Beteiligte

(1) Die Beschlusskammer leitet ein Verfahren von Amts wegen oder auf Antrag ein.
(2) An dem Verfahren vor der Beschlusskammer sind beteiligt
   1. der Antragsteller,
   2. die Anbieter von öffentlichen Telekommunikationsnetzen und Telekommunikationsdienstleistungen für die Öffentlichkeit, gegen die sich das Verfahren richtet,
   3. die Personen und Personenvereinigungen, deren Interessen durch die Entscheidung

---

[6] Beck'scher TKG-Kommentar/*Kerkhoff* § 73 Rn 16.
[7] S auch Beck'scher TKG-Kommentar/*Kerkhoff* § 73 Rn 17.
[8] TKMMR/*Weber/Rommersbach* C § 73 Rn 19 f.

Wolfgang Bosch

berührt werden und die die Regulierungsbehörde auf ihren Antrag zu dem Verfahren beigeladen hat.

**Schrifttum:** *Alpert* Zur Beteiligung am Verwaltungsverfahren nach dem Verwaltungsverfahrensgesetz des Bundes 1998; *Kevekordes* Die Rechtsstellung des Beigeladenen im Kartellrecht, WuW 1987, 365; *Schmidt* Kartellverfahrensrecht, Kartellverwaltungsrecht, Bürgerliches Recht, 1977.

### Inhaltsübersicht

| | Rn |
|---|---|
| I. Allgemeines | 1 |
| II. Einzelkommentierung | 2–28 |
|   1. Das anwendbare Verfahrensrecht | 2–3 |
|   2. Amts- und Antragsverfahren | 4–12 |
|     a) Antragsverfahren | 5–7 |
|     b) Amtsverfahren | 8–9 |
|     c) Abgrenzungsfragen | 10–12 |
|   3. Verfahrensermessen, insbesondere: Trennung und Verbindung von Verfahren | 13–14 |
|   4. Verfahrensbeteiligte | 15–28 |
|     a) Antragsteller als Verfahrensbeteiligter, § 74 Abs 2 Nr 1 | 17 |
|     b) Verfahrensbeteiligung als Betroffener nach § 74 Abs 2 Nr 2 TKG | 18–19 |
|     c) Mehrere Beteiligte gem Abs 2 Nr 1 und 2 | 20 |
|     d) Verfahrensbeteiligung über die Beiladung nach § 74 Abs 2 Nr 3 TKG | 21–28 |

## I. Allgemeines

**1** §§ 74 ff regeln – ähnlich wie die §§ 54 ff GWB – das Verwaltungsverfahren der Regulierungsbehörde nur punktuell. Soweit die § 74 keine besonderen Regelungen enthalten, muss auf die allgemeinen Rechtsgrundsätze zum Verwaltungsverfahren zurückgegriffen werden, also insbesondere auf das Verwaltungsverfahrensgesetz. § 74 Abs 1 stellt klar, dass das Verfahren entweder von Amts wegen (Amtsverfahren) oder auf Antrag (Antragsverfahren) eingeleitet wird. § 74 Abs 2 und 3 regelt die Beteiligung am Verfahren.

## II. Einzelkommentierung

### 1. Das anwendbare Verfahrensrecht

**2** Die §§ 74 ff gelten nur für das auf den Erlass einer Entscheidung gerichtete förmliche Verwaltungsverfahren;[1] sie müssen eingehalten werden, damit eine rechtmäßige Entscheidung erlassen werden kann. Formlose Verwaltungstätigkeit wie Beobachtung der Entwicklung der Telekommunikationsmärkte bedarf keiner Regelung über Verfahrenseinleitung oder Beteiligte. Ergänzend kommen die allgemeinen Regelungen über das förmliche Verwaltungsverfahren zur Anwendung, also die Vorschriften der §§ 63 ff VwVfG (str vgl § 73 Rn 9).

**3** Vor Einleitung eines förmlichen Verfahrens kommen Ermittlungsverfahren in Betracht, bei denen darum geht, zunächst eine Grundlage dafür zu schaffen, ob ein förmliches Verfahren eingeleitet werden soll; solche Ermittlungen bereiten meist Amtsverfahren vor.

### 2. Amts- und Antragsverfahren

**4** § 74 Abs 1 TKG sieht vor, dass das Verfahren entweder von Amts wegen oder auf Antrag eingeleitet wird. § 74 Abs 1 lässt damit die eigentümliche Doppelstellung der Beschlusskammer als eine im öffentlichen Interesse handelnde und zugleich streitschlichtende Behörde erkennen. Das Verfahren iSd § 74 Abs 1 ist das förmliche Beschlusskammerverfahren. Dieses Verfahrenskonzept ist deutlich enger als das allgemeine Verwaltungsverfahrenskonzept oder die allgemeine Verwaltungstätigkeit. Zulässig im Vorfeld eines förmlichen Verfahrens iSd § 74 sind insbeson-

---

[1] S zur vergleichbaren Situation im GWB: Immenga/Mestmäcker/*Schmidt* § 51 Rn 1.

Wolfgang Bosch

dere **Vorermittlungen** der RegTP. Sie obliegen nicht der Beschlusskammer, können aber in Abstimmung mit dieser durchgeführt werden. Eine solche formlose Ermittlungstätigkeit der Regulierungsbehörde ist unerlässlich. Sie sind im Zuge der allgemeinen Marktaufsicht zulässig, solange keine konkreten Eingriffe vorgesehen sind. Eine besondere Bedeutung haben solche Vorermittlungen vor allem bei der Missbrauchsaufsicht (§ 33 TKG) und bei der nachträglichen Entgeltregelung (§ 30 TKG) erlangt. Besondere Bedeutung haben – hier oft in beträchtlichem Umfang formalisierte – Verfahren auch bei der Konzeptbestimmung, beispielsweise in der technischen Regulierung, in der Zusammenschaltung, der Entgeltregulierung sowie bei Nummerierungs- und Frequenzordnungsaufgaben.

### a) Antragsverfahren

Antragsverfahren sind nur diejenigen Verfahren des TKG, für die das Gesetz vorsieht, dass sie einen Antrag voraussetze, für die also ein Antrag materielle Entscheidungsvoraussetzung ist.[2] Antragsverfahren unterliegen materiell-rechtlich der Disposition des Antragstellers: Die Dispositionsbefugnis, also das Recht auf Einleitung, Änderung und Beendigung des Verfahrens liegt grundsätzlich beim Antragsteller. Der Antrag leitet das Verfahren ein; eine „Verfahrenseröffnung" seitens der Behörde ist nicht erforderlich. Der Antragsteller kann das Verfahren damit auch durch Rücknahme seines Antrags beenden; eine Rücknahme des Antrags ist grundsätzlich bis zur Bestandskraft des Verwaltungsakts möglich.[3] Der Antrag begrenzt auch den Umfang der Sachermittlung, es sei denn, die Ermittlungen ergeben, dass auch ein Amtsverfahren einzuleiten ist.

5

An den Antrag selbst werden im TKG keine besonderen Anforderungen erhoben. Allerdings muss einer Eingabe an die Regulierungsbehörde entnommen werden können, dass eine bestimmte Person, der Antragssteller, ein Verfahren mit einer bestimmten Entscheidung begehrt; sonst wird man schwerlich von einem „Antrag" sprechen können. Intensivierte Darlegungs- und Begründungserfordernisse leitet die RegTP aus dem materiellen Recht ab, etwa in der Zusammenschaltung[4] und in der Entgeltregulierung (§ 27 Rn 25). Weiter ist erforderlich, dass der Antrag schriftlich oder zur Niederschrift der Behörde gestellt wird; § 64 VwVfG gilt entsprechend.

6

Typische Antragsverfahren sind zB der Antrag auf Lizenzerteilung nach § 8, das Vorab-Entgeltregulierungsverfahren nach § 28 sowie das Zusammenschaltungsverfahren nach § 37 TKG.

7

### b) Amtsverfahren

Amtsverfahren sind Verfahren, bei denen die Regulierungsbehörde aufgrund gesetzlich festgelegter Pflicht oder nach pflichtgemäßem Ermessen über die Einleitung entscheidet. Amtsverfahren sind alle diejenigen Verfahren, die grundsätzlich keines Antrags zur Einleitung bedürfen.

8

Das Amtsverfahren wird vom Opportunitätsprinzip beherrscht. Die Behörde entscheidet nach im Amtsverfahren nach pflichtgemäßem Ermessen (§ 22 VwVfG), ob ein Verfahren eingeleitet werden soll oder nicht; die Behörde entscheidet auch über den Umfang der Verfahrens und seine Beendigung.

9

Beispiele für Amtsverfahren sind Verfahren mit dem Ziel einer Verpflichtung zum Universaldienst nach §§ 19 ff, der Untersagung von Rechtsgeschäften mit nicht genehmigten Entgelten nach § 29 Abs 2, der Überprüfung von Entgelten nach § 30 Abs 1 und Abs 2, der Missbrauchsaufsicht nach § 33 Abs 2 usw.

### c) Abgrenzungsfragen

Die RegTP unterscheidet strikt zwischen Antragsverfahren und Amtsverfahren. Maßgeblich

10

---

[2] S Immenga/Mestmäcker/*Schmidt* § 51 Rn 3.
[3] *Kopp* VwVfG, § 22 Rn 33 ff; *Geppert/Ruhle/Schuster* Rn 655; s aber VG Köln, Urt v 9. 11. 2000 – 1 K 10406/98 – TAL – Entgeltanträge
[4] *Spoerr* MMR 2000, 674, 677 mwN.

Wolfgang Bosch

dafür ist nicht, ob das Verfahren nach Stellung eines Antrages oder ohne eine solchen eingeleitet worden ist. Vielmehr kommt es darauf an, ob die Regulierungsbehörde nach dem maßgeblichen materiellen Recht ausschließlich auf Antrag tätig wird. Nach deutschem Telekommunikationsrecht (zum abweichenden EU-Recht § 37 Rn 14) besteht eine Antragsabhängigkeit insbesondere bei der Zusammenschaltung, aber auch bei der ex-ante Entgeltregulierung (vgl § 27 Rn 25).

11 Amtsverfahren sind demgegenüber dadurch gekennzeichnet, dass sie nach dem maßgeblichen materiellen Recht dem Offizialprinzip unterliegen, die Regulierungsbehörde also auch ohne den Antrag eines Dritten oder eines Betroffenen berechtigt ist, ein Verfahren einzuleiten. Auch in Verfahren, die nach dem jeweiligen materiellen Recht Amtsverfahren sind, können Beteiligte Anträge stellen; insoweit handelt es sich durchaus um echte Anträge und nicht um bloße „Anregungen". Nur nach dem jeweiligen materiellen Recht kann die Frage beantwortet werden, ob ein solcher (verfahrensrechtlicher) Antrag eine Pflicht der RegTP zur Einleitung und Durchführung eines entsprechenden Verfahrens oder zum Erlass einer Sachentscheidung begründet.

12 Die Grenze zwischen Antrags- und Amtsverfahren ist nur scheinbar fließend: Antragsverfahren sind nur diejenigen, die den Antrag als Voraussetzung der Verfahrenseinleitung benötigen. Damit nicht zu verwechseln sind Amtsverfahren, deren Einleitung beantragt wird, so bei Anträgen von Konkurrenten oder Nutzern gegen einen Anbieter von Telekommunikationsdienstleistungen in Missbrauchsverfahren. Eine Pflicht zur Verfahrenseinleitung besteht nur dann, wenn das TKG eine Maßnahme der Regulierungsbehörde für den betreffenden Fall vorschreibt; die Regulierungsbehörde muss in diesem Fall zunächst prüfen, ob die Voraussetzungen für die Einleitung eines Verfahrens vorliegen. Sofern Vorschriften des TKG betroffen sind, bei deren Verletzung die Regulierungsbehörde eingreifen muss, muss das Verfahren auch eingeleitet werden.[5]

### 3. Verfahrensermessen, insbesondere: Trennung und Verbindung von Verfahren

13 Bei der Gestaltung des Verfahrens haben Behörden nach allgemeinem Verwaltungsverfahrensrecht ein beträchtliches Verfahrensermessen.[6] Zahlreiche Sondervorschriften des Telekommunikationsrechts schränken dieses Verfahrensermessen ganz beträchtlich ein (etwa § 8 Abs 1 S 3, § 28 Abs 2, § 30 Abs 3, § 37 Abs 1 S 1 TKG).

14 Grundsätzlich nach ihrem Verfahrensermessen entscheidet die RegPT auch, ob sie ein einheitliches Verwaltungsverfahren in mehrere Verwaltungsverfahren trennt, oder mehrere Verwaltungsverfahren, insbesondere bei einem einheitlichen Verfahrensgegenstand zu einem einheitlichen Verwaltungsverfahren verbindet.[7] Die Grenzen der §§ 44, 93 VwGO gelten hier nicht.[8]

### 4. Verfahrensbeteiligte

15 Nach § 74 Abs 2 TKG sind Verfahrensbeteiligte
– die Antragsteller (§ 74 Abs 2 Nr 1 TKG)
– die Anbieter von öffentlichen Telekommunikationsnetzen und Telekommunikationsdienstleistungen für die Öffentlichkeit, gegen die sich das Verfahren richtet (§ 74 Abs 2 Nr 2 TKG) sowie
– die Personen und Personenvereinigungen, deren Interessen durch die Entscheidung berührt werden und die von der Regulierungsbehörde auf Antrag beigeladen werden (§ 74 Abs 2 Nr 3).

16 Das Rechtsinstitut der Beiladung ist ein Instrument, um die Transparenz der Entscheidungen der Regulierungsbehörde zu erhöhen[9] und zugleich die Informationsgrundlage der Beschlusskammer zu verbessern. Die Beiladungsfähigkeit ist an die Verfahrensfähigkeit gekoppelt.[10] Bei-

---

[5] Immenga/Mestmäcker/*Schmidt* § 51 Rn 7 für das GWB.
[6] Dazu allgem *Hill* NVwZ 1985, 449; *Hill* DÖV 1987, 885; *Stelkens/Schmitz* in: Stelkens/Bonk/Sachs, VwVfG, § 10 Rn 16 ff.
[7] *Stelkens/Schmitz* in: Stelkens/Bonk/Sachs, VwVfG, § 9 Rn 190.

[8] *Stelkens/Schmitz* aaO, § 9 Rn 190; *Clausen*, in: Knack, VwVfG, § 9 Rn 5. 2.
[9] Beck'scher TKG-Kommentar/*Kerkhoff*, § 74 Rn 24.
[10] Immenga/Mestmäcker/*Schmidt*, § 51 GWB Rn 37; Beck'scher TKG-Kommentar/*Kerkhoff*, § 74 Rn 25.

Wolfgang Bosch

ladungsfähig sind Rechtsträger jeder Art, also beispielsweise auch Gewerkschaften, Verbraucherverbände oder einzelne Verbraucher. Ob sie im Einzelfall beigeladen werden können, hängt davon ab, ob ihre Interessen durch die Entscheidung berührt werden. Daher sind auch Endnutzer grundsätzlich beiladungsfähig[11], auch wenn ihre Beiladung regelmäßig interessensfehlerfrei abgelehnt werden kann.

### a) Antragsteller als Verfahrensbeteiligter, § 74 Abs 2 Nr 1

Derjenige, der einen förmlichen Antrag auf eine Handlung der Regulierungsbehörde stellt, ist immer Verfahrensbeteiligter, ganz gleich, ob er überhaupt einen Anspruch auf behördliches Einschreiten hat oder nicht; ein „Antragsrecht" braucht er nicht, um Verfahrensbeteiligter zu sein. Gemeint ist also nicht nur der Antrag in Antragsverfahren, vgl oben Rn 5. Nur dort, wo überhaupt keine Rechte des Antragenden ersichtlich sind, in denen er verletzt sein könnte, kann nicht mehr von einem Antrag gesprochen werden. Auch kann dann nicht mehr von einem Antrag gesprochen werden, wenn nur angeregt wird, dass ein Offizialverfahren, also ein Verfahren von Amts wegen, eingeleitet wird. **17**

### b) Verfahrensbeteiligung als Betroffener nach § 74 Abs 2 Nr 2 TKG

Verfahrenbeteiligter ist derjenige Anbieter von öffentlichen Telekommunikationsnetzen und Telekommunikationsdienstleistungen für die Öffentlichkeit, gegen den sich das Verfahren richtet, also insbesondere ein marktbeherrschendes Unternehmen. **18**

Die von einer Entscheidung Begünstigsten sind dagegen nicht Verfahrensbeteiligte als Betroffene.[12] **19**

### c) Mehrere Beteiligte gem Abs 2 Nr 1 und 2

Keine Sonderregelungen enthält das TKG für den Fall, dass mehrere Beteiligte oder mehrere Betroffenen vorhanden sind. Schon nach allgemeinem Verfahrensrecht gilt, dass mehrere Beteiligte ihre Rechte gemeinsam geltend machen können.[13] Allerdings kann die Behörde nach ihrem Ermessen solche Verfahren trennen, wenn sie dies für zweckmäßig hält.[14] Eine Ausnahme von diesem Ermessen besteht dann, wenn nach dem für die Entscheidung maßgebenden materiellen Recht ein innerer Zusammenhang zwischen den Rechten der Beteiligten oder sonst sachlich in ihren Rechten Betroffenen dergestalt besteht, dass getrennte Anträge, Verfahren oder Entscheidungen verfahrensrechtlich nicht sinnvoll sind, insbesondere ihre Zweck verfehlen würden. Analog anwendbar sollen insoweit die prozessrechtlichen Grundsätze über die notwendige Streitgenossenschaft sein.[15] **20**

### d) Verfahrensbeteiligung über die Beiladung nach § 74 Abs 2 Nr 3 TKG

Für den Begriff der Beiladung kann auf die Vorschriften des GWB zurückgegriffen werden. Beiladungsfähig sind nach § 74 Abs 2 Nr 3 Personen und Personenvereinigungen, deren Interessen durch die Entscheidung berührt werden; entscheidend muss sein, ob eine Interessensberührung hinsichtlich der vom TKG rechtlich geschützten Interessen vorliegt.[16] Anders als das GWB verlangt das TKG kein erhebliches Interesse. Allerdings dürfte dann, wenn das Interesse des Antragstellers an der Beiladung allenfalls eine präjudizielle Vorfrage betrifft, das Verfahren ihn aber nicht in seinen Rechten betrifft, die Beiladungsfähigkeit fehlen.[17] **21**

Die Beiladung steht im pflichtgemäßen Ermessen der Regulierungsbehörde; unterbleibt die Beiladung, kann die beantragte Beiladung im Wege der Verpflichtungsklage erstritten werden, **22**

---

[11] AM Beck'scher TKG-Kommentar/*Kerkhoff*, § 24 Rn 27.
[12] Beck'scher TKG-Kommentar/*Kerkhoff* § 74 Rn 23.
[13] *Kopp/Ramsauer* VwVfG, § 9 Rn 47.
[14] *Kopp/Ramsauer* VwVfG, § 9 Rn 47.
[15] BVerwG NJW 1970, 345; *Kopp/Ramsauer*, VwVfG, § 9 Rn 47 ff.
[16] S hierzu Beck'scher TKG-Kommentar/*Kerkhoff* § 74 Rn 27.
[17] S zum GWB KG WuW/E 2970 ff, 2971, Coop/Supermagazin; *Bechtold* GWB, § 54 Rn 8; TKMMR/*Weber/Rommersbach* C § 73 Rn 7.

Wolfgang Bosch

allerdings nur dann, wenn ein Anspruch auf Beiladung besteht, sich also das Ermessen der Behörde auf die Beiladung als die einzig rechtmäßige Entscheidung verdichtet hat.

23 Eine „notwendige Beiladung" wird im TKG nicht geregelt. Im Kartellrecht ist ein entsprechendes Rechtsinstitut anerkannt.[18] Eine notwendige Beiladung soll auch nach dem TKG in Betracht kommen, wenn an dem im Verfahren zu entscheidenden streitigen Rechtsverhältnis Dritte derartig beteiligt sind, dass eine Entscheidung auch ihnen gegenüber nur einheitlich ergehen kann.[19] Nach allgemeinem Verwaltungsverfahrensrecht ist eine Beiladung zwingend, wenn der Ausgang des Verfahrens rechtsgestaltende Wirkung für einen Dritten hat und dieser die Beiladung beantragt (§ 13 Abs 2 S 2 VwVfG). Typische Fälle sind Verwaltungsakte mit Doppelwirkung und Verwaltungsakte mit belastender Drittwirkung.[20] Ausreichend ist eine Rechtsbetroffenheit, die von einem bestimmten möglichen Ausgang des Verfahrens abhängt.[21] Im TKG werden insoweit das Vergabeverfahren gem § 11 sowie konkret auf bestimmte Verträge bezogene Entgeltregulierungsverfahren (insbesondere nach § 39 iVm § 24 TKG)[22] genannt, ebenso Entscheidungen der RegTP nach § 33 Abs 2.[23] Der Fall einer Beiladung von Amts wegen könnte für Lizenznehmer mit marktbeherrschender Stellung oder einem Marktanteil von 4% in der Bundesrepublik gegeben sein, wenn gegen einen anderen Lizenznehmer nach § 19 Abs 2 ein Universaldienst-Verpflichtungsverfahren eingeleitet wird;[24] die Verpflichtung zur Universaldienstleistung hat nämlich die Verpflichtung zur Universaldienstleistungsabgabe zur Folge, also unmittelbare Auswirkung auf die Rechtsstellung des betroffenen Lizenznehmers.

24 Rechtsfolge einer „notwendigen" Beiladung ist, dass die RegTP den Dritten auf seinen Antrag hin beizuladen hat (§ 13 Abs 2 S 2 VwVfG). Zum Teil wird vertreten, dass auch eine Verpflichtung der RegTP zur Beiladung von Amts wegen unter bestimmten Voraussetzungen besteht.[25] Jedenfalls ist eine Benachrichtigung des Drittbetroffenen erforderlich (§ 13 Abs 2 S 2 VwVfG).

25 Die Beiladung ist zeitlich nur vor dem bestandskräftigen Abschluss des Verfahrens möglich. Im Rechtsmittelverfahren vor dem Verwaltungsgericht ist eine Beiladung nach § 65 VwGO möglich, und zwar auch dann, wenn sich das die Beiladung beantragende Unternehmen im Verfahren der Regulierungsbehörde nicht beteiligt hat.

26 Die Stellung des Beigeladenen beschränkt sich im Wesentlichen auf Akteneinsicht und rechtliches Gehör. Er kann Stellung nehmen, Beweisanträge stellen, aber auch Rechtsmittel einlegen, falls Voraussetzungen hierfür vorliegen, also er insbesondere § 42 Abs 2 VwGO klagebefugt ist. Gegen ihn können keine (selbständigen) Entscheidungssätze erlassen werden.[26]

27 Die unterbliebene Beiladung hat keine Folgen für die Entscheidung in der Hauptsache;[27] anders kann dies nur im Fall einer notwendigen Beiladung sein, wobei hier kaum Fälle denkbar sind, in denen nicht gleichzeitig ein Fall des § 74 Abs 2 Nr 2 (materielle Beteiligung) gegeben ist.[28] Da Verwaltungsakte nur gegenüber den Verfahrensbeteiligten wirken können, denen der Verwaltungsakt auch bekanntgemacht wurde, droht einem nicht beigeladenen Dritten aus dem Verfahren selbst kein Rechtsnachteil.

28 Über den Antrag auf Beiladung wird durch Verwaltungsakt entschieden. Damit ist gegen die Beiladung die Anfechtungsklage und gegen die Ablehnung der Beiladung die Verpflichtungsklage gegeben. § 44 a VwGO, der Rechtsbehelfe gegen behördliche Verfahrenshandlungen

---

18 KG WuW/E OLG 2193 f, 2257, 2413, 3219; Immenga/Mestmäcker/Schmidt § 51 Rn 44 ff; Bechtold § 51 Rn 9; FK/Bracher § 51 Rn 58.
19 Beck'scher TKG-Kommentar/Kerkhoff § 74 Rn 34.
20 Im Einzelnen Kopp/Ramsauer VwVfG, § 13 Rn 30 ff.
21 Kopp/Ramsauer § 13 Rn 32.
22 TKMMR/Weber/Rommersbach C § 74 Rn 50.
23 TKMMR/Weber/Rommersbach C § 74 Rn 51.
24 TKMMR/Weber/Rommersbach C § 74 Rn 47 gehen in diesem Fall von direkter Verfahrensbeteiligung aus.
25 TKMMR/Weber/Rommersbach, C § 74 Rn 52; Bonk in: Stelkens/Bonk/Sachs, § 13 Rn 39.
26 RegTP, Beschl v 8.10.00, BK 4 4a-00–018/ Z 30.06.00 S 45 f -EBC.
27 Ebenso TKMMR/Weber/Rommersbach C § 74 Rn 58.
28 Bei unterlassener notwendiger Beiladung soll der Verwaltungsakt wegen offensichtlicher Fehlerhaftigkeit nach § 44 Abs 1 VwVfG nichtig sein, s Beck'scher TKG-Kommentar/Kerkhoff § 74 Rn 40.

Wolfgang Bosch

grundsätzlich ausschließt, greift hier nicht.[29] Wird jemand hinzugezogen und rügt, dass er zu Unrecht beigeladen wird, so gilt er insoweit als Nichtbeteiligter im Sinne von § 44 a S 2 VwGO.[30]

## § 75 Anhörung, mündliche Verhandlung

(1) Die Beschlusskammer hat den Beteiligten Gelegenheit zur Stellungnahme zu geben.

(2) Vertretern der von dem Verfahren berührten Wirtschaftskreise kann die Beschlusskammer in geeigneten Fällen Gelegenheit zur Stellungnahme geben.

(3) Die Beschlusskammer entscheidet auf Grund öffentlicher mündlicher Verhandlung; mit Einverständnis der Beteiligten kann ohne mündliche Verhandlung entschieden werden. Auf Antrag eines Beteiligten oder von Amts wegen ist für die Verhandlung oder für einen Teil davon die Öffentlichkeit auszuschließen, wenn sie eine Gefährdung der öffentlichen Ordnung, insbesondere der Staatssicherheit, oder die Gefährdung eines wichtigen Geschäfts- oder Betriebsgeheimnisses besorgen lässt.

Inhaltsübersicht

| | Rn |
|---|---|
| I. Allgemeines | 1 |
| II. Einzelkommentierung | 2–8 |
|   1. Gelegenheit zur Stellungnahme, § 75 Abs 1 TKG | 2–4 |
|   2. Gelegenheit zur Stellungnahme durch Vertreter der vom Verfahren berührten Wirtschaftskreise, § 75 Abs 2 | 5 |
|   3. Öffentliche mündliche Verhandlung, § 75 Abs 3 TKG | 6–7 |
|   4. Folgen eines Verstoßes gegen das Gebot der öffentlichen mündlichen Verhandlung | 8 |

## I. Allgemeines

§ 75 ist eine spezielle Ausprägung des Anspruchs auf rechtliches Gehör. Die Anhörung ist nach – anders als nach § 28 VwVfG in den dort genannten Ausnahmefällen – zwingend. § 75 bringt damit eine besondere Formalisierung des Beschlusskammerverfahrens zum Ausdruck, die weit über das allgemeine Verwaltungsverfahrensrecht hinausgeht. **1**

## II. Einzelkommentierung

### 1. Gelegenheit zur Stellungnahme § 75 Abs 1 TKG

Wie die Gelegenheit zur Stellungnahme zu geben ist, ist spezialgesetzlich und allgemeingesetzlich nicht festgelegt. Die Beteiligte muss die Möglichkeit haben, so Stellung zu nehmen, dass seine Stellungnahme auch gewürdigt werden kann. Er muss deshalb über den Verfahrensablauf so informiert werden, so dass er von seinem Recht, Stellung zu nehmen, Gebrauch machen kann. Damit hat er einen Anspruch auf die für seine Stellungnahme erforderlichen Informationen und damit auch das Recht auf Akteneinsicht. **2**

Ausreichende Gelegenheit zur Stellungnahme setzt voraus, dass die Beteiligten den der Regulierungsbehörde vorliegenden Verfahrensstoff kennen; dieser Verfahrensstoff kann nur durch Akteneinsicht ermittelt werden. Insoweit muss entsprechend § 29 VwVfG ein Akteneinsichtsrecht bestehen;[1] die Schranken des § 30 VwVfG für Betriebsgeheimnisse sind dabei zu beachten.[2] Nach § 30 VwVfG haben die Beteiligten einen Anspruch darauf, dass keine Fabrikations-, Be- **3**

---

[29] *Kopp/Schenke* VwGO, § 44 a Rn 4a; VG Berlin, DVBl 1984, 1186; aaO VG Koblenz, NVwZ 1988, 76; *Bonk* in: Stelkens/Bonk/Sachs VwVfG, § 13 Rn 37; *Ule/Laubinger* Verwaltungsverfahrensrecht, § 15 Rn 21.

[30] *Kopp/Schenke* VwGO, § 44 a Rn 4a; VGH Kassel, Urt v 9.9. 1999, 8 UE 656/95, DVBl 2000, 210; BVerwG, NuR 2000, 689.

[1] TKMMR/*Weber/Rommersbach* C § 75 Rn 12 ff.

[2] TKMMR/*Weber/Rommersbach* C § 75 Rn 28 ff.

Wolfgang Bosch

triebs- oder Geschäftsgeheimnisse offenbart werden. Damit kollidiert das Recht der Gelegenheit zur Stellungnahme mit dem Geheimhaltungsinteresse anderer Verfahrensbeteiligter. Dieser Konflikt lässt sich nur über eine Güterabwägung lösen. § 30 VwVfG wird deshalb auch als Geheimhaltungsanspruch mit Offenbarungsvorbehalt verstanden; eine Berechtigung der Behörde zur Offenbarung ist dann anerkannt, wenn eine Abwägung der widerstreitenden Interessen ein überwiegendes Offenbarungsinteresse der Allgemeinheit oder Dritter ergibt.[3] Aus der Zielsetzung des TKG folgt nicht, dass das Geheimhaltungsinteresse des betroffenen Unternehmens, generell zurücktreten muss.[4] Dem Geheimhaltungsinteresse steht das Interesse des die Akteneinsicht Begehrenden gegenüber, sein Recht zur Stellungnahme aus § 75 TKG erschöpfend wahrnehmen zu können. Dieses Recht dürfte gegenüber dem Geheimhaltungsinteresse aber immer dann zurücktreten, wenn bei Offenbarung der Geschäftsgeheimnisse konkrete Nachteile zu befürchten sind.[5] Auch indiziert die Verpflichtung zur Angabe von Kostenfaktoren nach der TEntgV nicht, dass diese Informationen weniger schutzwürdig sind.[6]

**4** Die Versagung der Akteneinsicht ist ein Verwaltungsakt, der nach § 44a VwVfG nur zusammen mit der Entscheidung in der Hauptsache angefochten werden kann. Die Information darüber, dass einem Beteiligten Akteneinsicht gewährt wird, ist mangels Regelung dem Beteiligten gegenüber, dessen Geschäftsgeheimnisse von der Akteneinsicht betroffen sind, kein Verwaltungsakt; er kann gegen die Akteneinsicht aber mit einem Antrag auf Erlass einer einstweiligen Anordnung nach § 123 VwGO vorgehen.[7]

2. **Gelegenheit zur Stellungnahme durch Vertreter der vom Verfahren berührten Wirtschaftskreise, § 75 Abs 2**

**5** Berührte Wirtschaftskreise sind möglicherweise mit am Verfahren beteiligte Anbieter von Telekommunikationsdienstleistungen, aber auch möglicherweise Verbraucherverbände, also diejenigen Gruppen, die ein Interesse am Ausgang des Verfahrens haben, das sich nicht auf ein rein informatives Interesse beschränkt.

3. **Öffentliche mündliche Verhandlung, § 75 Abs 3 TKG**

**6** § 75 Abs 3 unterscheidet zwischen Verfahren mit mündlicher Verhandlung und Verfahren ohne mündlicher Verhandlung. Ohne mündliche Verhandlung kann nur verfahren werden, wenn alle Beteiligten zustimmen; gezwungen ist die Regulierungsbehörde jedoch nicht, bei ausgesprochenen Verzichtserklärungen auf die mündliche Verhandlung zu verzichten.

**7** Die mündliche Verhandlung hat öffentlich zu erfolgen. Hier kann abgesehen werden, falls es die Wahrung von Geschäfts- oder Betriebsgeheimnissen notwendig macht. Auch hier muss eine Abwägung stattfinden, ob es die Geheimnisse tatsächlich rechtfertigen, die Öffentlichkeit auszuschließen. Maßgebend ist insoweit, dass es um wichtige, also besonders qualifizierte Betriebs- und Geschäftsgeheimnisse geht.

4. **Folgen eines Verstoßes gegen das Gebot der öffentlichen mündlichen Verhandlung**

**8** Insoweit gilt § 44 a VwGO. Der Rechtsschutz gegen verfahrensleitende Entscheidungen muss zusammen mit der Hauptsache geltend gemacht werden. Für die Folgen von Verfahrensfehlern gelten die §§ 45, 46 VwVfG.

---

[3] BVerwGE 74, 115; OVG Münster MMR 1999, 553 ff.
[4] So zur Preisregulierung OVG Münster MMR 1999, 553 ff.
[5] OVG Münster MMR 1999, 553 ff.
[6] OVG Münster MMR 1999, 553 ff.
[7] OVG Münster MMR 1999, 553 ff.

Wolfgang Bosch

## § 76 Ermittlungen

(1) Die Beschlusskammer kann alle Ermittlungen führen und alle Beweise erheben, die erforderlich sind.

(2) Für den Beweis durch Augenschein, Zeugen und Sachverständige sind § 372 Abs 1, die §§ 376, 377, 380 bis 387, 390, 395 bis 397, 398 Abs 1 und die §§ 401, 402, 404, 406 bis 409, 411 bis 414 der Zivilprozeßordnung entsprechend anzuwenden; Haft darf nicht verhängt werden. Für die Entscheidung über die Beschwerde ist das Oberlandesgericht zuständig.

(3) Über die Aussagen von Zeugen soll eine Niederschrift aufgenommen werden, die von dem ermittelnden Mitglied der Regulierungsbehörde und, wenn ein Urkundsbeamter zugezogen ist, auch von diesem zu unterschreiben ist. Die Niederschrift soll Ort und Tag der Verhandlung sowie die Namen der Mitwirkenden und Beteiligten ersehen lassen.

(4) Die Niederschrift ist dem Zeugen zur Genehmigung vorzulesen oder zur eigenen Durchsicht vorzulegen. Die erteilte Genehmigung ist zu vermerken und von dem Zeugen zu unterschreiben. Unterbleibt die Unterschrift, so ist der Grund hierfür anzugeben.

(5) Bei der Vernehmung von Sachverständigen sind die Absätze 3 und 4 entsprechend anzuwenden.

(6) Die Beschlusskammer kann das Amtsgericht um die Beeidigung von Zeugen ersuchen, wenn sie die Beeidigung zur Herbeiführung einer wahrheitsgemäßen Aussage für notwendig erachtet. Über die Beeidigung entscheidet das Gericht.

## I. Allgemeines

§ 76 ist eng an § 57 GWB angelehnt. Im Verwaltungsverfahren herrscht der Untersuchungsgrundsatz und die Amtsermittlungspflicht. Grundsätzlich muss – auch wenn der Wortlaut des § 76 Abs 1 anderes vermuten lässt – die Regulierungsbehörde die Entscheidungsgrundlage selbst ermitteln und die hierfür notwendigen Maßnahmen treffen; sie muss einen Sachverhalt umfassend aufklären. Dabei darf die Regulierungsbehörde nicht die „materielle Beweislast", also die Frage, wer für ein „non-liquet" die Folgen zu tragen hat, zum Maßstab ihrer Ermittlungspflicht erheben. Die Regulierungsbehörde ist verpflichtet, den Sachverhalt so zu ermitteln, dass eine möglichst vollständige Entscheidungsgrundlage vorliegt. Erst nach vollständiger Ausschöpfung der Ermittlungsmöglichkeiten sind Entscheidungen nach materieller Beweislast zulässig. Ausnahmen ergeben sich – vor allem in Antragsverfahren – aus spezialgesetzlichen Darlegungsobliegenheiten (§ 73 Rn 6).

## II. Beweisaufnahme

Nach § 76 Abs 2 gelten für den Beweis durch Augenschein, Zeugen und Sachverständige die Vorschriften der Zivilprozeßordnung. Damit kann die Beschlusskammer Zeugen laden und das Erscheinen der Zeugen durch Ordnungsgeld und Vorführung erzwingen. Anwendbar sind die Zeugnisverweigerungsrechte aus § 383 ZPO und aus § 384 ZPO. Dagegen hat die Beschlusskammer keine Möglichkeit, Zeugen richterlich vernehmen zu lassen; der Verweis auf § 375 ZPO fehlt in Abs 2. Wie Kartellbehörden nach dem GWB kann die Beschlusskammer auch Entscheidungen unter Berücksichtigung von eidesstattlichen Versicherungen nach § 377 Abs 3 und Abs 4 ZPO treffen[1].

---

[1] Zum GWB KG WuW/E 1593, 1596, Haushaltsmagarine; KG WuW/E 2140, 2141, Einbauküchen; *Bechtold* GWB § 57 Rn 4.

Wolfgang Bosch

## § 77 Beschlagnahme

(1) Die Beschlusskammer kann Gegenstände, die als Beweismittel für die Ermittlung von Bedeutung sein können, beschlagnahmen. Die Beschlagnahme ist dem davon Betroffenen unverzüglich bekanntzugeben.

(2) Die Beschlusskammer hat binnen drei Tagen um die richterliche Bestätigung des Amtsgerichts, in dessen Bezirk die Beschlagnahme vorgenommen ist, nachzusuchen, wenn bei der Beschlagnahme weder der davon Betroffene noch ein erwachsener Angehöriger anwesend war oder wenn der Betroffene und im Falle seiner Abwesenheit ein erwachsener Angehöriger des Betroffenen gegen die Beschlagnahme ausdrücklich Widerspruch erhoben hat.

(3) Der Betroffene kann gegen die Beschlagnahme jederzeit um die richterliche Entscheidung nachsuchen. Hierüber ist er zu belehren. Über den Antrag entscheidet das nach Absatz 2 zuständige Gericht.

(4) Gegen die richterliche Entscheidung ist die Beschwerde zulässig. Die §§ 306 bis 310 und 311a der Strafprozessordnung gelten entsprechend.

**1** Nach § 77 Abs 1 S 1 kann die Beschlusskammer Gegenstände, die als Beweismittel für die Ermittlung von Bedeutung sein können, beschlagnahmen; dies sind alle beweglichen Sachen, wie Geschäftspapiere, Akten sowie unbewegliche Sachen wie Grundstücke und Geschäftsräume. Gleiches gilt für Datenträger usw § 97 StPO mit den aus Gründen des Zeugnisverweigerungsrechts bestehenden Beschlagnahmeverboten sind von der Beschlagnahme ausgenommen. Weitere Beschlagnahmeverbote können sich nach der bundesverfassungsgerichtlichen Rechtsprechung ergeben.[1] Ein Durchsuchungsrecht besteht nicht. Für e-mails ist zu unterscheiden: Das Abfangen von e-mails wird nach den Grundsätzen des § 100a StPO erfolgen müssen, während empfangene und gespeicherte e-mails wie Datenträger behandelt werden dürften.

**2** Nach Durchführung der Beschlagnahme muss die Beschlusskammer nach § 77 Abs 2 binnen drei Tagen um die richterliche Bestätigung des Amtsgerichts des Bezirks der Beschlagnahme Bestätigung nachsuchen, es sei denn, dass bei der Beschlagnahme der Betroffene oder ein erwachsener Angehöriger anwesend war oder wenn ausdrücklich Widerspruch erhoben wurde. Der Betroffene kann nach § 77 Abs 3 richterliche Entscheidungen über die Beschlagnahme verlangen; gegen richterliche Entscheidung ist die Beschwerde nach § 77 Abs 4 zulässig. Gegen die Entscheidung des Amtsgerichts ist die Beschwerde zum Landgericht möglich; dafür gelten die §§ 306–310, 311a StPO.

## § 78 Einstweilige Anordnungen

Die Beschlusskammer kann bis zur endgültigen Entscheidung einstweilige Anordnungen treffen.

**Schrifttum:** *Bockey* Der vorläufige Verwaltungsakt, JA 1992, 161 ff; *Hummel* Die vorläufige Entgeltgenehmigung beim besonderen Netzzugang, CR 2000, 291; *Mayen* Einstweilige Anordnungen der RegTP als Sonderfall des vorläufigen Verwaltungsaktes, CR 2000, 155; *Martens* Vorläufige Regelungen durch Verwaltungsakt, DÖV 1987, 992; *Peine* Der vorläufige Verwaltungsakt, DÖV 1986, 849; *Schimmelpfennig* Vorläufige Verwaltungsakte 1989; *Schoch* Vorläufiger Rechtsschutz und Risikoverteilung im Verwaltungsrecht, 1988; *Thalhammer* Die einstweilige Anordnung im deutschen und europäischen Kartellverfahrensrecht, 1986.

---

[1] siehe BVerfG 34, 238 für heimlich gewonnene Tonbandaufnahmen.

Wolfgang Spoerr

**Inhaltsübersicht**

|  | Rn |
|---|---|
| I. Grundlagen | 1–3 |
| II. Einzelkommentierung | 4–12 |
|    1. Voraussetzung der einstweiligen Anordnung | 4–11 |
|    2. Flexible Rechtsfolgenbestimmung | 12 |
| III. Rechtsschutz und Schadensersatz | 13–15 |

## I. Grundlagen

In die Verfahrensvorschriften des TKG eingeordnet, ist § 78 eine Vorschrift mit materiellem Gehalt: eine inhaltliche Ermächtigungsgrundlage. Im Beschlusskammerverfahren ist die RegTP gesetzlich ermächtigt, einstweilige Anordnungen zu treffen. Vordergründige Anleihen aus gerichtsverfahrensrechtlichem Vokabular dürfen nicht den Blick darauf verstellen, dass es sich bei der einstweiligen Anordnung der RegTP um ein **eigenständiges Rechtsinstitut** des **materiellen Verwaltungsrechts** handelt.[1] Die einstweilige Anordnung ähnelt in mancherlei Hinsicht dem verwaltungsrechtlichen Institut des vorläufigen Verwaltungsaktes,[2] ohne dass daraus begriffsjuristische Folgerungen gezogen werden dürfen.

Vorläufige Verwaltungsakte sind nach allgemeinem Verwaltungsrecht ohne besondere gesetzliche Ermächtigung zulässig.[3] Das könnte zum Fehlschluss verleiten, § 78 sei letztlich überflüssig oder habe rein deklaratorische Bedeutung. Tatsächlich ist § 78 eine gesetzliche Ermächtigung zu Eilentscheidungen. Sie erlaubt der RegTP, Eilentscheidungen ohne Bindung an die verfahrensrechtlichen Voraussetzungen der Hauptsacheentscheidung zu erlassen. Zudem ermächtigt § 78 zu Entscheidungen, deren Sachverhaltsgrundlage zumindest teilweise noch auf Annahmen im Vorfeld abschließender Bewertungen oder Feststellungen beruht. Schließlich erlaubt § 78 flexible Rechtsfolgenbestimmungen zum Interessenausgleich im Eilverfahren (dazu u Rn 6 f).

Dagegen trifft § 78 keine Regelung zum Verhältnis zwischen einstweiliger Anordnung und Hauptsacheentscheidung. Insoweit gilt nur, dass § 78 nur solche Entscheidungen zulässt, die jedenfalls ihrer Regelungsintention nach auf eine Überbrückung bis zur Hauptsacheentscheidung gerichtet sind.

## II. Einzelkommentierung

### 1. Voraussetzung der einstweiligen Anordnung

Einstweilige Anordnungen nach § 78 sind nur im Beschlusskammerverfahren zulässig. Voraussetzung ist also, dass die Angelegenheit sachlich zum Bereich der Beschlusskammerzuständigkeiten gehört. Bei anderen Verwaltungsaufgaben der RegTP sind vorläufige Regelungen nach allgemeinen verwaltungsrechtlichen Grundsätzen zulässig;[4] die besondere Privilegierung aus § 78 gilt hier nicht. Die sachlichen Voraussetzungen einer Beschlusskammerzuständigkeit müssen vorliegen.

Umstritten ist, ob das Beschlusskammerverfahren bereits eingeleitet worden sein muss. Insoweit wird vertreten, dass bei einem Antragsverfahren nach dem TKG der Antrag bereits gestellt sein muss. Noch weitergehend ist die Ansicht, dass das Verfahren bereits förmlich eingeleitet sein muss.[5] Andererseits ist schon zu der Vorläufervorschrift im GWB vertreten worden, dass die förmliche Einleitung des Verfahrens nicht erforderlich ist.[6] In zeitlicher Hinsicht ist ebenso

---

[1] Ähnlich *Mayen* CR 2000, 155, 163 f.
[2] Dazu BVerwGE 67, 99; *Schimmelpfennig* Vorläufige Verwaltungsakte 1989; *Maurer* Allgemeines Verwaltungsrecht, § 9 Rn 63 b f.
[3] BVerwGE 67, 99; *Stelkens/Stelkens* in: Stelkens/Bonk/Sachs VwVfG, § 35 Rn 175 (str).
[4] Dazu allgem *Schimmelpfennig* Vorläufige Verwaltungsakte, S 146 ff; *Maurer* Allgemeines Verwaltungsrecht, § 9 Rn 63 b; *Stelkens/Stelkens* in: Stelkens/Bonk/Sachs, VwVfG, § 35 Rn 174 ff.
[5] Beck'scher TKG-Kommentar/*Kerkhoff* § 78 Rn 3; TKMMR/*Weber/Rommersbach* C § 78 Rn 4; *Hummel* CR 2000, 291, 294.
[6] FK/*Quack* § 56 Rn 17.

umstritten, wann die Befugnis der Beschlusskammer endet. Die engere Auffassung geht davon aus, dass dies mit Erlass der Hauptsacheentscheidung durch die Beschlusskammer der Fall ist.[7] Dem gegenüber steht die Ansicht, die auch nach Erlass der Hauptsacheentscheidung bis zu deren Bestandskraft einstweilige Anordnungen zulässt.[8]

**6** Die **inhaltlichen Voraussetzungen** der einstweiligen Anordnung werden im gesetzlichen Tatbestand nicht genannt. Gleichwohl ist eine Gesetzesanalogie zum Prozessverfahrensrecht wegen der grundlegend anderen Funktion der einstweiligen Anordnung nach § 78 TKG nicht ohne Weiteres geboten.[9] Die Lücke fehlender inhaltlicher Voraussetzungen der einstweiligen Anordnung wird durch eine allerdings **gelockerte Akzessorietät zur Hauptsacheentscheidung** sowie durch das Erfordernis der **Interessenabwägung** geschlossen. Wesentliche inhaltliche Voraussetzung des Erlasses einer einstweiligen Anordnung ist, dass die Interessen am Erlass der einstweiligen Regelung überwiegen. Hier ist eine umfassenden Interessenabwägung anzustellen. Private Interessen des Antragstellers und anderweitig materiell Betroffener sind ebenso in sie einzustellen wie öffentliche Interessen an einer wirksamen Regulierung und die Markverhältnisse. Ein häufig maßgebliches Interesse ist das Sicherungsinteresse. Die anders unabwendbare Gefahr einer Verschlechterung des Status quo im Rechtsbestand des Antragstellers[10] oder die Abwendung wesentlicher Nachteile, drohender Gewalt oder ähnlich gravierende Voraussetzungen sind nicht Voraussetzung der einstweiligen Verfügung; ebensowenig muss die Abwendung schwerer oder wesentlicher Nachteile auf dem Spiel stehen.[11]

**7** Eine Hauptsachentscheidung mit gleicher Regelungsintention (möglicherweise aber deutlich anderem Inhalt) muss zumindest nach kursorischer Prüfung wahrscheinlich oder jedenfalls möglich sein. Wegen der eilverfahrenstypischen Flexibilität besteht hingegen keine strikte Bindung an den Entscheidungsinhalt möglicher Hauptsacheentscheidungen. Die Aussage, der Inhalt der einstweiligen Anordnung dürfe nicht über den möglichen Inhalt der späteren Hauptsacheentscheidung hinaus gehen,[12] ist nur im Blick auf das globale Regelungsziel richtig, nicht im Hinblick auf die Rechtsfolgenbestimmung. Davon geht auch die Regulierungspraxis aus, die im Eilverfahren relativ flexible Rechtsfolgenbetimmungen zulässt. Der Gesetzeswortlaut lässt diese Befugnis der RegTP durch die Einräumung eines besonderen Ermessens („kann") und durch die fehlende ausdrückliche Begrenzung erkennen.

**8** Das Kriterium des **Verbotes der Vorwegnahme der Hauptsache**[13] hat der Gesetzgeber nicht zum Bestandteil des gesetzlichen Tatbestandes erhoben. Ihm kommt daher keine eigenständige Bedeutung zu.[14] Aus dem Erfordernis einer einstweiligen Regelung folgt, aber dass die einstweilige Anordnung jedenfalls in der Regelungsintention auf eine zeitliche beschränkte Reichweite angelegt sein muss sowie auf das zur Bewältigung spezifischer Interessenskonflikte im Eilverfahren Erforderliche beschränkt werden muss. Letzteres ergibt sich auch aus dem Verhältnismäßigkeitsprinzip.

**9** Ungewissheit im Hinblick auf Tatsachengrundlagen ist keine Entscheidungsvoraussetzung der einstweiligen Anordnung.[15] Die einstweilige Anordnung ist auch – und gerade – dann zulässig, wenn der Sachverhalt zur Überzeugung der Beschlusskammer feststeht, aber aus anderen Gründen – etwa aufgrund einer noch erforderlichen Anhörung – noch keine endgültige Entscheidung möglich ist. Die einstweilige Anordnung ist Instrument nicht nur zur Bewältigung von zeitweiliger Ungewissheit über Sachverhaltselemente, sondern auch zur Behebung eines Schwebezustandes.

---

7  Beck'scher TKG-Kommentar/*Kerkhoff* § 78 Rn 5.
8  Zu § 56 GWB Immenga/Mestmäcker/*Schmidt* § 26 Rn 25; BGH WuW/E 980.
9  So aber TKMMR/*Weber/Rommersbach* C § 78 Rn 8; wie hier Beck'scher TKG-Kommentar/*Kerkhoff* § 78 Rn 9,1. Aufl; *Hummel* CR 2000, 291, 295; für eine Ananlogie aber Beck'scher TKG-Kommentar/*Kerkhoff* § 78 Rn 9 (Auflage 2).
10  So auch Beck'scher TKG-Kommentar/*Kerkhoff* § 78 Rn 8; TKMMR/*Weber/Rommersbach* C § 78 Rn 10.

11  Ähnlich auch Beck'scher TKG-Kommentar/*Kerkhoff* § 78 Rn 8; TKMMR/*Weber/Rommersbach* D § 78 Rn 10.
12  So für § 56 GWB: FK/*Quack* § 56 Rn 18.
13  AM dazu *Kopp/Schenke* VwGO, § 123 Rn 13 ff.
14  AM Beck'scher TKG-Kommentar/*Kerkhoff* § 78 Rn 14.
15  So aber TKMMR/*Weber/Rommersbach* § 78 Rn 3.

Verfahrensrechtlich ist im Grundsatz – soweit nicht unabwendbar von ihr abgesehen werden muss – eine Anhörung erforderlich. In Eilfällen kann von ihr abgesehen werden.[16] Entbehrlich ist eine mündliche Verhandlung (§ 75 Abs 3 S 1 TKG). Das folgt aus dem Zweck des § 78.[17] Ein auf die einstweilige Anordnung gerichteter Antrag eines Beteiligten ist nicht erforderlich.[18]

Fraglich ist, ob die Beschlusskammer bei Vorliegen der Voraussetzungen – also bei überwiegend besonderen öffentlichen Interessen an einer einstweiligen Regelung – ein Entschließungsermessen bleibt.[19] Dafür spricht deswegen wenig, weil Voraussetzung bereits ein Interessenübergewicht ist. In dieser Konstellation ist nicht recht ersichtlich, warum eine Befugnis zum Unterlassen der einstweiligen Anordnung gegeben sein soll.[20]

10

11

## 2. Flexible Rechtsfolgenbestimmung

Unstreitig ist, dass der Beschlusskammer im Hinblick auf die Rechtsfolgenbestimmung ein relativ breiter Ermessensspielraum zukommt. Er ist im Gesetzeswortlaut abgesichert und charakteristisches Element auch gerichtlicher Eilentscheidungen. Dieses Rechtsfolgenermessen ist schließlich deswegen geboten, weil die einstweilige Anordnung auf einen relativ flexiblen Interessenausgleich auf befristete Zeit gerichtet ist. Daher besteht keine strikte Bindung an die Entscheidungsmöglichkeiten im Hauptsacheverfahren (s o Rn 7). Auch die RegTP geht von dieser erhöhten Rechtsfolgenflexibilität aus.[21]

12

## III. Rechtsschutz und Schadensersatz

Die einstweilige Anordnung ist ein Verwaltungsakt. Gegen sie ist die Anfechtungsklage statthaft, die allerdings keine aufschiebende Wirkung hat (§ 80 Rn 2). Wer eine einstweilige Anordnung erstrebt, muss sie mit Antrag und Verpflichtungsklage durchsetzen. Der Eilrechtsschutz folgt allgemeinen verwaltungsprozessualen Vorschriften: § 80 in der Anfechtungskonstellation, § 123 VwGO in der Verpflichtungskonstellation.

13

Schadensersatz nach § 945 ZPO scheidet aus; insoweit besteht keine Analogiegrundlage. Das gilt für Ansprüche gegen den Antragsteller[22] ebenso wie für Ansprüche gegen die Behörde. Allerdings kommen insoweit Amtshaftungsansprüche (aus 34 GG iVm § 839 BGB) gegen die RegTP in Betracht, wenn die spezifischen Voraussetzungen aus § 78 nicht gegeben sind.

14

Einstweilige Anordnungen der Beschlusskammer können von dieser jederzeit aufgehoben oder geändert werden.

15

## § 79 Abschluss des Verfahrens

(1) Entscheidungen der Beschlusskammer sind zu begründen. Sie sind mit der Begründung und einer Belehrung über das zulässige Rechtsmittel den Beteiligten nach den Vorschriften des Verwaltungszustellungsgesetzes zuzustellen. Entscheidungen, die gegenüber einem Unternehmen mit Sitz außerhalb des Geltungsbereiches dieses Gesetzes ergehen, stellt die Beschlusskammer demjenigen zu, den das Unternehmen der Beschlusskammer als Zustellungsbevollmächtigten benannt hat. Hat das Unternehmen einen Zustellungsbeauftragten nicht benannt, so stellt die Beschlusskammer die Entscheidung durch Bekanntmachung im Bundesanzeiger zu.

---

**16** TKMMR/*Weber*/*Rommersbach* C § 78 Rn 7.
**17** So auch TKMMR/*Weber*/*Rommersbach* C § 78 Rn 7.
**18** Ständige Praxis der RegTP, so auch Beck'scher TKG-Kommentar/*Kerkhoff* § 78 Rn 3; *Mayen* CR 2000, 155, 157.

**19** In diese Richtung TKMMR/*Weber*/*Rommersbach* C § 78 Rn 12.
**20** Vgl BVerwGE 18, 242, 251.
**21** Siehe etwa die Nachw bei § 27 Rn 32 u § 29 Rn 12.
**22** AM FK/*Quack* § 56 Rn 25; Beck'scher TKG-Kommentar/*Kerkhoff* § 78 Rn 16.

Wolfgang Bosch

(2) Soweit ein Verfahren nicht mit einer Entscheidung abgeschlossen wird, die den Beteiligten nach Absatz 1 Satz 2 bis 4 zugestellt wird, ist seine Beendigung den Beteiligten schriftlich mitzuteilen.

(3) Die Beschlusskammer kann die Kosten einer Beweiserhebung den Beteiligten nach billigem Ermessen auferlegen.

### Inhaltsübersicht

| | Rn |
|---|---|
| I. Allgemeines | 1 |
| II. Einzelkommentierung | 2–7 |
|    1. Abschluss des Verfahrens durch Entscheidung | 2 |
|    2. Begründungsfehler | 3 |
|    3. Rechtsmittelbelehrung und Zustellung | 4–5 |
|    4. Beendigung des Verfahrens ohne Entscheidung | 6 |
|    5. Kostenregelung | 7 |

## I. Allgemeines

**1** § 79 regelt, wie Verfahren abzuschließen sind. Dies ist einmal möglich durch Entscheidung im Sinne von § 79 Abs 1 S 1, also durch Verwaltungsakt; dies ist auch möglich ohne Entscheidung, falls sich das Verfahren auf andere Art und Weise erledigt hat.

## II. Einzelkommentierung

### 1. Abschluss des Verfahrens durch Entscheidung

**2** Die verfahrensabschließende Entscheidung ist als Verwaltungsakt (siehe § 79 Abs 1 S 2) nach § 79 Abs 1 S 1 zu begründen und nach § 79 Abs 1 S 2 mit einer Rechtsmittelbelehrung zu versehen und den Beteiligten nach den Vorschriften des Verwaltungszustellungsgesetzes zuzustellen. Mit dem Erfordernis, die Entscheidung zu begründen, stellt sich die Frage des Umfangs der Begründung; nach § 39 Abs 1 S 1 VwVfG sind die wesentlichen tatsächlichen rechtlichen Gründe mitzuteilen, die die Beschlusskammer der Entscheidung zugrundegelegt hat. Entscheidend ist, dass die Begründung eine Prüfung der Entscheidung durch die Betroffenen und die von ihnen angerufenen Gericht möglich macht.[1] Auch begünstigende Verfügungen sind zu begründen; aus § 79 Abs 1 S 1 folgt, dass die Ausnahme des § 39 Abs 2 VwVfG gerade nicht bestehen soll. Die Begründung muss so vollständig sein, dass ihre rechtliche Prüfung möglich ist.[2] Nach der Husserl-Mara-Entscheidung des Kammergerichts[3] ist entscheidend, ob die wesentlichen Gründe der Entscheidung so dargelegt sind, dass der Betroffene entscheiden kann, ob er die Entscheidung hinnimmt oder sie angreift. Auch die wichtigsten Argumente müssen erörtert werden.[4]

### 2. Begründungsfehler

**3** Geht die Entscheidung ohne oder mit fehlerhafter Begründung, so ist die Entscheidung deswegen nicht nichtig (§ 44 VwVfG). Nach § 45 Abs 1 Nr 2, Abs 2 VwVfG kann die fehlende Begründung noch bis zum Abschluss des verwaltungsgerichtlichen Verfahrens nachgeholt werden. Dieses Nachtragsprinzip wird teilweise verfassungsrechtlich beanstandet[5]. Dieses Nachschieben einer Begründung wurde durch die Neufassung des § 45 Abs 1 Nr 2, Abs 2 VwVfG ermöglicht; vorher war eine solche Nachholung der Begründung nach Rechtsmitteleinlegung nicht mehr möglich. Wird allerdings durch das Nachschieben von Gründen oder die Nachholung der Begründung eine Wesensänderung der Entscheidung bewirkt, etwa wenn die Entscheidung auf einen anderen rechtlichen Gesichtspunkt während des Verfahrens gestützt wurde, dieser

---

[1] OLG Düsseldorf, WuW/E OLG 1820, 1821.
[2] KG WuW/E OLG 1074, 1077, Feuerfeste Steine; OLG Düsseldorf, WuW/E OLG 1820, 1821.
[3] KG WuW/E OLG 3577, 3580.
[4] KG WuW/E OLG 2411, 2417, Synthetischer Kautschuk I; zum einzelnen Immenga/Mestmäcker/*Karsten Schmidt* § 57 Rn 15.
[5] Siehe *Redeker* NVwZ 1996, 130; Beck'scher TKG-Kommentar/*Kerkhoff* § 79 Rn 7.

Wolfgang Bosch

sich nicht als tragungsfähig erweist und in der nachgeschobenen Begründung ein anderer rechtlicher Gesichtspunkt zur Begründung angegeben wird, liegt kein Fall der zulässigen nachgeschobenen Begründung vor. In diesem Fall wäre der Verwaltungsakt wegen Verletzung des rechtlichen Gehörs fehlerhaft; die Beteiligten haben sich auf die Wende der Argumentation im Verfahren selbst nicht einstellen können. Dass mit der nachgeschobenen Begründung eine nachträgliche Gewährung rechtlichen Gehörs möglich sein soll mit der Folge, dass auf diese Art und Weise doch noch ein zulässig richtig begründeter Verwaltungsakt vorliegt,[6] ist auszuschließen. Dies liefe auf eine „Bestätigung" in der an sich fehlerhaften Entscheidung hinaus.

### 3. Rechtsmittelbelehrung und Zustellung

Hinsichtlich der Rechtsmittelbelehrung gilt § 58 VwVfG, so dass auch bei unterbliebener Rechtsmittelbelehrung innerhalb eines Jahres nach Zustellung der Entscheidung keine Klagemöglichkeit besteht; ansonsten beginnt die Frist für die Klage erst zu laufen, wenn ordentliche Mittelbelehrung erfolgt ist. Die Zustellung erfolgt nach den Vorschriften des Verwaltungszustellungsgesetzes. Für Unternehmen mit Sitz außerhalb des Geltungsbereichs des TKG sieht das Bundeskartellamt die Zustellung an eine benannten Zustellungsbevollmächtigten vor, ansonsten durch Bekanntmachung im Bundesanzeiger, § 79 Abs 1 S 4. **4**

Für bestimmte Entscheidungen der Beschlusskammern gelten Sondervorschriften. Sie sind zu veröffentlichen (§ 11 Abs 1 S 2 TKG). Die Veröffentlichung nach dieser Vorschrift ist keine öffentliche Zustellung iSd § 15 VwZG und somit keine Zustellung iSd § 79 Abs 1 S 2 TKG. Wenn § 79 Abs 1 S 2 TKG auf jene Entscheidung überhaupt anwendbar ist (das ist zweifelhaft, weil es sich möglicherweise nicht um Verwaltungsakte handelt, die § 79 im Blick hat), ist § 11 Abs 2 S 2 jedenfalls verdrängende lex spezialis.[7] **5**

### 4. Beendigung des Verfahrens ohne Entscheidung

Im Falle des Verfahrensabschlusses ohne Entscheidung, etwa bei Erledigung eines Antrags oder Feststellung, dass gegen ein bestimmtes Verhalten nicht eingeschritten wird, wird das Verfahren durch eine Mitteilung über die Verfahrensbeendigung an die Beteiligten abgeschlossen. Auch sie kann im Einzelfall Verwaltungsakt sein, wenn sie auf Regelungen eines Einzelfalls mit Außenwirkung gerichtet ist. **6**

### 5. Kostenregelung

Nach § 79 Abs 3 kann die Beschlusskammer die Kosten einer Beweiserhebung den Beteiligten nach billigem Ermessen auferlegen. Anders als nach dem GWB ist das Verfahren von der Regulierungsbehörde kostenfrei; nur für die Beweiserhebung gibt § 79 Abs 3 die Möglichkeit der Kostenauferlegung vor. Die Kosten können nur Beteiligten im Sinne des § 74 Abs 2 auferlegt werden. Denkbar wäre, nach eingetretenem Erfolg des Verfahrens an eine Kostenerhebung zu denken; so wird vertreten, dass § 79 Abs 3 im Gegensatz zu § 91 Abs 1 ZPO gerade nicht auf das Obsiegen oder Unterliegen abstellt,[8] nach dieser Ansicht soll nach den Grundsätzen der Ermessensausübung und dem allgemeinen Kostenrecht Veranlasser haften. Hier ist allerdings zu beurteilen, wer „Veranlasser" der Beweiserhebung war; Veranlasser kann entweder der sein, der einen Beweisantrag gestellt hat, aber auch derjenige, dessen Gunsten eine Beweiserhebung wirkt, weil sie ihn von seiner materiellen Beweislast befreit. Bei der Unsicherheit der Kostenverteilung nach dem Veranlasserprinzip scheint die Ausübung billigen Ermessens, die sich am Verfahrenserfolg eines Beteiligten misst, eher dem Gedanken des TKG entsprechen. **7**

---

[6] So Beck'scher TKG-Kommentar/*Kerkhoff* § 79 Rn 8.

[7] So *Ehlers* K & R 2001, 1, 6.
[8] Beck'scher TKG-Kommentar/*Kerkhoff* § 79 Rn 23.

Wolfgang Bosch

# Vierter Abschnitt
# Rechtsmittel und Bürgerliche Rechtsstreitigkeiten

## § 80 Wirkung von Klagen

(1) Ein Vorverfahren findet nicht statt.

(2) Klagen gegen Entscheidungen der Regulierungsbehörde haben keine aufschiebende Wirkung.

(3) Für bürgerliche Rechtsstreitigkeiten, die sich aus diesem Gesetz ergeben, gilt § 90 Abs 1 und 2 des Gesetzes gegen Wettbewerbsbeschränkungen entsprechend. In diesen Fällen treten an die Stelle des Bundeskartellamtes und seines Präsidenten die Regulierungsbehörde und ihr Präsident.

### Inhaltsübersicht

| | | Rn |
|---|---|---|
| I. | Kein Vorverfahren | 1–2 |
| II. | Keine aufschiebende Wirkung der Klage | 3–6 |
| | 1. Aussetzung der Vollziehung nach § 80 Abs 4 VwGO | 4 |
| | 2. Gerichtliche Anordnung der aufschiebenden Wirkung nach § 80 Abs 5 VwGO | 5–6 |
| III. | Klageverfahren | 7 |
| IV. | Bürgerlich-rechtliche Streitigkeiten | 8 |

## I. Kein Vorverfahren

**1** § 80 Abs 1 sieht vor, dass kein Widerspruchsverfahren stattzufinden hat. Damit ist direkt der Verwaltungsrechtsweg mit dem verwaltungsrechtlichen Klageinstrumentarium gegeben.

**2** § 80 Abs 1 ist erst vom Bundestagsausschuss für Post und Telekommunikation[1] eingefügt worden. Dafür maßgeblich war die Überlegung, für Status und Unabhängigkeit der RegTP dürfe nicht jede Entscheidung durch das zuständige Bundesministerium kassiert werden können.[2] Neben dieser – nicht überzeugenden – Überlegung wurde auf die Zügigkeit des Verfahrens verwiesen.[3]

## II. Keine aufschiebende Wirkung der Klage

**3** Nach § 80 Abs 2 iVm § 80 Abs 2 Nr 3 VwGO hat die Anfechtungsklage gegen den Verwaltungsakt der Regulierungsbehörde keine aufschiebende Wirkung. Zur Herbeiführung der aufschiebenden Wirkung ist damit entweder eine Aussetzung der Vollziehung durch die Regulierungsbehörde nach § 80 Abs 4 VwGO oder die Anordnung der aufschiebenden Wirkung nach § 80 Abs 5 VwGO erforderlich.

### 1. Aussetzung der Vollziehung nach § 80 Abs 4 VwGO

**4** Die Regulierungsbehörde kann nach § 80 Abs 4 VwGO die Vollziehung aussetzen; sie darf dies nur tun, wenn die Interessenabwägung zwischen dem Vollzug und dem Interesse an der aufschiebenden Wirkung das Interesse an der Aussetzung überwiegt; dies kann bei offener Rechtslage und deren Nachteilen bei sofortiger Vollziehbarkeit gegeben sein. Der Prüfungsmaßstab entspricht dem des gerichtlichen Verfahrens zur Anordnung der aufschiebenden Wirkung nach § 80 Abs 5 VwGO.

---

1 BT-Drucks 13/4864 (neu) aus S 52.
2 BT-Drucks 13/4864 (neu) S 82.
3 BT-Drucks 13/4864 (neu) S 82.

Wolfgang Bosch

## 2. Gerichtliche Anordnung der aufschiebenden Wirkung nach § 80 Abs 5 VwGO

Die Anordnungspraxis der Verwaltungsgerichte in Verfahren nach § 80 Abs 5 VwGO ist im Wesentlichen von der summarischen Prüfung der Erfolgsaussichten des Rechtsbehelfs geprägt. Das Gericht berücksichtigt außerdem, ob ohne die Anordnung nicht mehr wiedergutzumachender Rechtsverlust eintritt. Sind die Erfolgsaussichten der Klage in der Hauptsache offen und ergibt die Interessenabwägung ein ausgeglichenes Ergebnis, spricht der Grundsatz effektiven Rechtsschutzes für die Anordnung der aufschiebenden Wirkung.[4]

Gegen den Beschluss des Verwaltungsgerichts, der die Anordnung der aufschiebenden Wirkung ausspricht oder ablehnt, ist Beschwerde zum Oberverwaltungsgericht statthaft, wenn sie zugelassen wird, § 146 Abs 1 und 4 VwGO); eine weitere Beschwerde gegen die Entscheidung des OVG ist nicht gegeben, § 152 Abs 1 VwGO.

## III. Klageverfahren

Zuständig für Klagen gegen die Entscheidungen der Regulierungsbehörde ist gem § 52 Nr 2 VwGO bei Anfechtungs- und Verpflichtungsklagen, sonst gem § 52 Nr 5 VwGO das Verwaltungsgericht Köln, soweit kein Fall des § 52 Nr 1 VwGO (Gerichtsstand der Belegenheit) vorliegt. Beschwerde- und Berufungsinstanz ist das Oberverwaltungsgericht Münster. Klagearten sind die Anfechtungsklage gegen Entscheidungen, die Verpflichtungsklage auf Erlaß von Entscheidungen nach § 42 Abs 1 VwGO, die Feststellungsklage nach § 43 VwGO sowie die allgemeine Leistungsklage. Es gelten die allgemeinen verwaltungsprozessualen Prozeßvoraussetzungen. Beklagte ist die Regulierungsbehörde, vertreten durch ihren Präsidenten.

## IV. Bürgerlich-rechtliche Streitigkeiten

Bürgerlich-rechtliche Streitigkeiten können Rechtsstreitigkeiten zwischen Lizenznehmer und Grundstückseigentümer über Ansprüche nach § 57 TKG sein, aber auch Streitigkeiten, die sich aus Vorschriften der TKV ergeben. Um eine richtige Entscheidung zu fördern, hat das angerufene Gericht nach Abs 3 die Regulierungsbehörde gem § 90 GWB zu benachrichtigen und der Regulierungsbehörde auf deren Verlangen Abschriften von allen Schriftsätzen, Protokollen, Verfügungen und Entscheidungen zu übersenden. Außerdem besteht nach § 90 Abs 2 GWB die Möglichkeit des Präsidenten der Regulierungsbehörde, eine Vertretung zu bestellen, die vor Gericht auftreten kann.

# Fünfter Abschnitt
# Tätigkeitsbericht, Zusammenarbeit

## § 81 Tätigkeitsbericht

(1) Die Regulierungsbehörde legt den gesetzgebenden Körperschaften des Bundes alle zwei Jahre einen Bericht über ihre Tätigkeit sowie über die Lage und die Entwicklung auf dem Gebiet der Telekommunikation vor. In diesem Bericht ist auch zu der Frage Stellung zu nehmen, ob sich eine Änderung der Festlegung, welche Telekommunikationsdienstleistungen als Universaldienstleistungen im Sinne des § 17 gelten, empfiehlt.

(2) Die Regulierungsbehörde veröffentlicht fortlaufend in ihrem Amtsblatt ihre Verwal-

---

[4] So *Geppert/Ruhle/Schuster* Rn 673.

Wolfgang Bosch

tungsgrundsätze, insbesondere im Hinblick auf die Vergabe von Lizenzen und die Festlegung von Lizenzauflagen.

(3) Die Regulierungsbehörde legt alle zwei Jahre mit dem Bericht nach Abs 1 den Bericht der Monopolkommission zu der Frage vor, ob auf den Märkten der Telekommunikation ein funktionsfähiger Wettbewerb besteht. Dabei kann die Monopolkommission auf aus ihrer Sicht notwendige Konsequenzen für einzelne Bestimmungen dieses Gesetzes hinweisen. Die Monopolkommission soll dabei insbesondere darlegen, ob die Regelungen zur Entgeltregulierung im Dritten Teil des Gesetzes weiterhin erforderlich sind. Die Bundesregierung nimmt zu diesem Bericht gegenüber den gesetzgebenden Körperschaften des Bundes in angemessener Frist Stellung.

**Schrifttum:** *Gerpott* Konsequente Fortsetzung der Marktmacht-symmetrischen Regulierung von Telekommunikations-Netzbetreibern, MMR 2000, 191; *Holthoff-Frank/Paulus* Wettbewerb auf Telekommunikations- und Postmärkten – zum Sondergutachten der Monopolkommission, MMR 2000, 187; *Immenga* Grenzen der Regulierung von Endkundenentgelten nach Öffnung der Telekommunikationsmärkte, WuW 1999, 949; *Koenig/Kühling* Funktionsfähiger Wettbewerb und Regulierungsperspektiven auf den Telekommunikationsmärkten, WuW 2000, 596; *Ladeur* Normkonkretisierende Verwaltungsvorschriften als Recht privat-öffentlichrechtlicher Kooperationsverhältnisse, DÖV 2000, 217; Monopolkommission, Sondergutachten 29: Wettbewerb auf Telekommunikations- und Postmärkten, 2000; *von Meibom/von der Busche* Rückführung der Telekommunikationsregulierung, MMR 2000, 206; *Wein* Wäre weniger mehr – Reformbedarf für die Missbrauchsaufsicht über die Deutsche Telekom? WuW 2000, 1187.

**Inhaltsübersicht**

|  | Rn |
|---|---|
| I. Allgemeines | 1 |
| II. Einzelkommentierung | 2–8 |
|    1. Inhalt des Tätigkeitsberichts, Abs 1 | 2 |
|    2. Verwaltungsgrundsätze, Abs 2 | 3 |
|    3. Vorlage an die Monopolkommission, Abs 3 | 4–8 |

## I. Allgemeines

**1** Die Regelung entspricht § 53 GWB. Der Tätigkeitsbericht der Regulierungsbehörde für die Jahre 1998/1999 liegt vor und gleicht in seinem Aufbau den Tätigkeitsberichten des Bundeskartellamts. Nach § 69 Nr 5 berät der Beirat die Regulierungsbehörde bei der Erstellung des Tätigkeitsberichts nach Abs 1.

## II. Einzelkommentierung

### 1. Inhalt des Tätigkeitsberichts, Abs 1

**2** Nach Abs 1 soll über die Tätigkeit, die Lage und die Entwicklung auf dem Gebiet der Telekommunikation berichtet werden. Damit soll die Regulierungsbehörde nicht nur über ihre Lizenzierungspraxis und sonstige Verwaltungspraxis berichten, sie soll auch den Telekommunikationsbereich wirtschaftlich und rechtlich beschreiben. Aus Abs 1 S 2 ergibt sich, dass gerade auch zur Bedeutung und Verfügbarkeit einzelner Leistungen Stellung genommen werden soll, die gegebenenfalls als Universaldienstleistungen zu empfehlen sind.

### 2. Verwaltungsgrundsätze, Abs 2

**3** Abs 2 bestimmt, dass die Regulierungsbehörde im Amtsblatt fortlaufend ihre Verwaltungsgrundsätze insbesondere im Hinblick auf die Vergabe von Lizenzen und die Festlegung von Lizenzauflagen veröffentlichen soll. Diese Vorschrift dient der Transparenz, um den Telekommunikationsunternehmen entsprechende Rechtssicherheit zu geben. Die Verwaltungsgrundsätze sind fortlaufend, also immer dann, wenn sich eine wesentliche Änderung ergibt, im Amtsblatt zu veröffentlichen. Durch die Veröffentlichung der Verwaltungsgrundsätze tritt jedenfalls eine Selbstbindung der Regulierungsbehörde ein, gleichgelagerte Fälle gleich zu entscheiden[1], § 81 Abs 2 dürfte insoweit eine eigenständige Befugnis der Regulierungsbehörde zur konzeptsetzenden Normenkonkretisierung zu entnehmen sein, die einen Rückgriff auf Art 3 Abs 1 GG erübrigt (vgl § 2 Rn 10).

## 3. Vorlage an die Monopolkommission, Abs 3

§ 81 Abs 3 regelt eine weitere Zuständigkeit der Monopolkommission neben §§ 44 ff GWB. Die Regulierungsbehörde soll nach Satz 1 alle zwei Jahre der Monopolkommission mit der Frage vorlegen, ob auf den Märkten der Telekommunikation ein funktionsfähiger Wettbewerb besteht. Die Monopolkommission prüft dann, ob dies der Fall ist und nimmt Stellung, ob bestimmte, an Marktbeherrschung oder Marktstärke anknüpfende Regelungen des TKG weiter nötig sind. Der Hinweis auf die Regelung der Entgeltregulierung ist dabei lediglich ein Beispielsfall, was sich aus dem Wortlaut („... insbesondere...") ergibt. Genauso wäre denkbar, dass die Monopolkommission Stellung dazu nimmt, ob bestimmte Telekommunikationsdienstleistungen für die Öffentlichkeit weiter als Universaldienstleistungen qualifiziert werden müssen oder weiter Universaldienstleistungsverpflichtungen auferlegt werden müssen. Bei der Erfüllung des Auftrages aus § 81 Abs 3 hat die Monopolkommission einen sachlichen, relativ breiten Ermessensspielraum bei der Konkretisierung der Zielkriterien für ihren Bericht.[2] Das TKG selbst weist der Monopolkommission eine eigenständige Rolle bei der konzeptionell-inhaltlichen Ausgestaltung und – vor allem – praktisch-empirischen Erfassung des „Konstrukts" funktionsfähiger Wettbewerb zu.[3] Die Monopolkommission hat ihren ersten Bericht[4] bereits vorgelegt. In der Summe plädiert die Monopolkommission trotz gestiegener Wettbewerbsintensität dafür, zunächst die Regulierung nach dem TKG aufrecht zu erhalten.[5]

Während Gegenstand des Berichts der RegTP neben ihrer Tätigkeit, ihrer Lage die Entwicklung auf dem Gebiet der Telekommunikation allgemein ist (Abs 1), richtet sich der Bericht der Monopolkommission gezielt auf die Frage, ob auf den Märkten der Telekommunikation funktionsfähiger Wettbewerb besteht. Damit sind sämtliche Telekommunikationsmärkte erfasst. Die Feststellung, ob funktionsfähiger Wettbewerb besteht, setzt eine sorgfältige und umfassende Analyse der Marktverhältnisse voraus. Das Konzept des funktionsfähigen Wettbewerbes lässt der Monopolkommission eine gewissen Beurteilungs- und Konzeptspielraum bei der Konkretisierung. Das TKG selbst macht keine näheren konzeptionell-inhaltlichen Auslegungen und vor allem praktisch-empirischen Erfassungen des konkretisierungsbedürftigen Begriffs des funktionsfähigen Wettbewerbs.[6] Die Monopolkommission tendiert bislang dazu, das Konzept des funktionsfähigen Wettbewerbsangebots strukturell zu interpretieren.[7] Funktionsfähigkeit von Wettbewerb ist folglich dann zu unterstellen, wenn auch nach Fortfall sektorspezifischer Regulierung die Netzzugangsverpflichtung und Höchstpreisen für Pflichtleistungen durch marktbeherrschende Eingriffe Wettbewerbsangebote in signifikantem Ausmaß fortbestehen.[8] Neben Marktanteilen richtet die Monopolkommission ihre Marktanalyse auch auf Finanzkraft, den Zugang zu Beschaffungs- und Absatzmärkten und die Verhältnisse auf benachbarten Vorleistungs- und Endkundenmärkten.[9] Auch wenn die Vermutungskriterien des § 19 GWB nicht ohne Weiteres übernommen werden dürfen[10], ist eine angebotsstrukturelle Analyse zulässig. Der Begriff des funktionsfähigen Wettbewerbs zwingt die Monopolkommission nicht, ganz bestimmte Wettbewerbstheorien zugrunde zu legen.

---

1 Siehe zu den Verwaltungsgrundsätzen des Bundeskartellamts *Bechtold* GWB § 53 Rn. 2.
2 *Gerpott* MMR 2000, 191.
3 Ähnlich *Gerpott* MMR 2000, 191, 192.
4 Monopolkommission, Sondergutachten 29: Wettbewerb auf Telekommunikations- und Postmärkten, Baden-Baden 2000.
5 Monopolkommission, Sondergutachten 29, S 51 ff; kritisch *von Meibom/von der Busche*, MMR 2000, 206; befürwortend *Gerpott*, MMR 2000, 191; *Holthof-Frank/Paulus*, MMR 2000, 187. S auch Bundesministerium für Wirtschaft, Eckpunkte Telekommunikation, veröffentlicht 2000.
6 *Gerpott* MMR 2000, 191; kritisch *Koenig/J Kühling* WuW 2000, 596, 597 ff.
7 *Gerpott*, MMR 2000, 191.
8 Befürwortend *Gerpott* MMR 2000, 191.
9 So etwa Monopolkommission, Sondergutachten 29, S 51 ff (Ziff 73 ff).
10 Kritisch *von Meibom/von der Busche* MMR 2000, 206.

Wolfgang Bosch

**6** Typische Kenngrößen sind Marktstruktur (Market Structure), Verhaltensweisen (Market Conduct/Market Behavior) und die Marktergebnisse (Market Performance). Gerade Marktergebnisse sind für sich betrachtet von geringer Relevanz; sie können ebenso Ausdruck von Abwehr- und Vernichtungsstrategien eines Marktbeherrschers sein wie Ausdruck dauerhaft wettbewerblich kontrollierter Verhaltensspielräume.

**7** Der Bericht der Monopolkommission dient insbesondere der Prüfung, ob der Fortbestand der Regulierung erforderlich ist. Deswegen liegt es auf der Hand, dass regulierungsbedingte Einschränkungen des Marktverhaltenspielraumes der Unternehmen grundsätzlich ausgeblendet werden müssen.

**8** Die Bundesregierung hat ihre Stellungnahme gem § 81 Abs 3 S 3 umfassend vorbereitet. Das zuständige Bundeswirtschaftsministerium hat dazu zunächst Eckpunkte zur Kommentierung veröffentlicht.[11] Auf der Grundlage zahlreicher öffentlicher Kommentare wurden die Eckpunkte überarbeitet und auf der Grundlage einer kommentierten Fassung eine endgültige Stellungnahme erarbeitet. Diese Stellungnahmen waren insoweit bemerkenswert, als BMWi und Bundesregierung über den unmittelbaren Auftrag aus § 81 hinausgehend Empfehlungen zum Vollzug des TKG durch die RegTP ausgesprochen haben. So plädierte das BMWi aufgrund der „Marktverhältnisse auf verschiedenen Vorleistungs- und Endkundenmärkten" für eine engere Marktabgrenzung, insbesondere in räumlicher Hinsicht.[12] Zudem schlägt das BMWi vor, dass die RegTP intensiver als bisher Grundsatzfragen auf der Basis von Eckpunkten mit einer breiten Öffentlichkeit diskutiert. Um „unnötigen Regulierungsaufwand zu vermeiden, der insbesondere zu Lasten der Deutschen Telekom AG gehe, solle die RegTP ihre rechtlichen Möglichkeiten im Hinblick auf die Laufzeit von Genehmigungen voll ausschöpfen." Kurzfristige Änderungen des Regulierungsrahmens werden abgelehnt, dagegen solle die ex-ante Regulierung von Endkundenpreisen mittelfristig auf eine nachträgliche Missbrauchsaufsicht beschränkt werden. Dazu müsse die nachträgliche Missbrauchsaufsicht tatbestandlich erweitert werden.

## § 82 Zusammenarbeit mit dem Bundeskartellamt

In den Fällen des § 11 Abs 3 entscheidet die Regulierungsbehörde im Einvernehmen mit dem Bundeskartellamt. Dies gilt auch für die Abgrenzung sachlich und räumlich relevanter Märkte und die Feststellung einer marktbeherrschenden Stellung im Rahmen dieses Gesetzes durch die Regulierungsbehörde. Trifft die Regulierungsbehörde Entscheidungen nach dem Dritten und Vierten Teil dieses Gesetzes oder fügt sie der Lizenz nach § 8 Abs 2 Satz 1 Nebenbestimmungen bei, die den Dritten und Vierten Teil dieses Gesetzes betreffen, gibt sie dem Bundeskartellamt vor Abschluss des Verfahrens Gelegenheit zur Stellungnahme. Führt das Bundeskartellamt im Bereich der Telekommunikation Verfahren nach den §§ 19 und 20 Abs 1 und 2 des Gesetzes gegen Wettbewerbsbeschränkungen durch, gibt es der Regulierungsbehörde vor Abschluss des Verfahrens Gelegenheit zur Stellungnahme. Beide Behörden wirken auf eine einheitliche und den Zusammenhang mit dem Gesetz gegen Wettbewerbsbeschränkungen wahrende Auslegung dieses Gesetzes hin. Sie haben einander Beobachtungen und Feststellungen mitzuteilen, die für die Erfüllung der beiderseitigen Aufgaben von Bedeutung sein können.

**Schrifttum:** *Koenig/Kühling* Reformansätze des deutschen Telekommunikationsrechts in rechtsvergleichender Perspektive, MMR 2001, 80.

**Inhaltsübersicht**

|  | Rn |
|---|---|
| I. Allgemeines | 1 |
| II. Einzelkommentierung | 2–8 |

[11] Siehe BMWi, Eckpunkte Telekommunikation, veröffentlicht 2000 im Internet.   [12] Eckpunkte BMWi, S 3 f.

Wolfgang Bosch

§ 82 Zusammenarbeit mit dem Bundeskartellamt

1. Zusammenarbeit bei Entscheidungen nach § 11 Abs 3 S 1 .................... 2–3
2. Zusammenarbeit bei der Feststellung einer marktbeherrschenden Stellung und Abgrenzung sachlich und räumlich relevanter Märkte, S 2 ................................. 4
3. Gelegenheit zur Stellungnahme des Bundeskartellamts in bestimmten Entscheidungen, S 3 .. 5–6
4. Stellungnahme der Regulierungsbehörde, S 4 .............................. 7
5. Harmonisierung der Rechtsanwendung, S 5 und 6 ......................... 8

## I. Allgemeines

Die Regelung in Satz 1 verweist die Regulierungsbehörde bezüglich Marktabgrenzungsfragen an das Bundeskartellamt, weil das Bundeskartellamt entsprechende Sachkunde durch seine Tätigkeit auf dem Gebiet des Gesetzes gegen Wettbewerbsbeschränkungen erworben hat. Nach S 4 dagegen bezieht das Bundeskartellamt bei Verfahren hinsichtlich des Missbrauchs marktbeherrschender Stellungen (§ 19) sowie Boykott und Diskriminierung bzw Behinderungsverstößen (§ 20 Abs 1 und Abs 2 GWB) die Regulierungsbehörde ein. Dieses gegenseitige Einbinden ist insbesondere in den Bereichen wichtig, in denen sich eine kollidierende Zuständigkeit aus den Eingriffsnormen ergibt, nämlich in den Fällen, in denen ein und derselbe Sachverhalt sowohl durch das TKG als auch durch GWB geregelt sein kann (siehe hierzu § 2 Rn 23 ff). Gerade um Zuständigkeitskonflikte und divergierende Entscheidungen zu verhindern, ordnet Art 82 eine enge Zusammenarbeit beider Behörden an. S 4 bringt eine Konkretisierung und Verdichtung der allgemeinen Amtspflichten (vgl §§ 4–7 VwVfG).

1

## II. Einzelkommentierung

### 1. Zusammenarbeit bei Entscheidungen nach § 11 Abs 3 S 1

Nach S 1 soll die Regulierungsbehörde in den Fällen des § 11 Abs 3 im Einvernehmen mit dem Bundeskartellamt entscheiden. § 11 Abs 3 regelt den Fall, dass die Zahl der Lizenzen gemäß § 10 beschränkt und zu erwarten ist, dass durch ein erfolgreiches Gebot im Versteigerungsverfahren nach § 11 Abs 4 oder eine erfolgreiche Bewerbung um die Lizenz nach § 11 Abs 6 nach dem Ausschreibungsverfahren ein chancengleicher Wettbewerb auf dem sachlich und räumlich relevanten Markt der lizenzpflichtigen Telekommunikationsdienstleistung gefährdet wird; in diesem Fall können die jeweiligen Unternehmen von dem Vergabeverfahren ausgeschlossen werden. Das Bundeskartellamt wird hier eingeschaltet, um die Frage der Marktbeherrschung auf einem Telekommunikationsmarkt zu klären; da das TKG keinen eigenen Marktbeherrschungsbegriff kennt und diesbezüglich auf entsprechende Anwendung des § 19 Abs 1 GWB angewiesen ist, ist die Statuierung der Zusammenarbeit in diesem Fall sinnvoll. Gerade in diesem Fall ergibt sich aber kein Zuständigkeitskonflikt zwischen den Behörden, weil mit den Mitteln des GWB nicht verhindert werden könnte, dass ein marktbeherrschendes Unternehmen eine Lizenz erwirbt; der Erwerb der Lizenz würde nicht über den „Missbrauch einer marktbeherrschenden Stellung" nach § 19 GWB angegriffen werden können. Die einzigen Normen, die gegen das Entstehen einer marktbeherrschenden Stellung Anwendung finden könnten, sind die Normen der Fusionskontrolle. Der Erwerb einer Lizenz durch Verwaltungsakt ist jedoch kein Zusammenschluss nach §§ 35, 37 Abs 1 GWB.

2

Die Entscheidung im Einvernehmen bedeutet, dass das Bundeskartellamt angehört werden, aber auch vollständige Willensübereinstimmung gestellt werden muss.[1] Wird das Einvernehmen nicht eingeholt, so ist die Entscheidung im Verfahren nach § 11 Abs 3 rechtswidrig[2]; die Mitwirkung des Bundeskartellamt kann jedoch nach §§ 45 Abs 1 Nr 5, 45 Abs 2 VwVfG, auch parallel zu einer verwaltungsgerichtlichen Klärung, nachgeholt werden. Das Einvernehmen des Bundeskartellamts ist ein verwaltungsinterner Akt, also kein Verwaltungsakt, der selbständig angegriffen werden kann.[3]

3

---

[1] Siehe Stelkens/Bonk/*Sachs* § 44 VwVfG Rn 185.
[2] Stelkens/Bonk/*Sachs* § 44 VwVfG Rn 189.
[3] Beck'scher TKG-Kommentar/*Geppert* § 82 Rn 5.

Wolfgang Bosch

## 2. Zusammenarbeit bei der Feststellung einer marktbeherrschenden Stellung und Abgrenzung sachlich und räumlich relevanter Märkte, S 2

**4** Durch diese allgemeine Vorschrift wird gewährleistet, dass die Sachkunde des Bundeskartellamts bei der Definition sachlich und räumlich relevanter Märkte und der Feststellung der Marktbeherrschung, die sich aus § 19 GWB ergibt, von der Regulierungsbehörde verwendet wird. Marktbeherrschung spielt eine Rolle im Verfahren nach § 11 Abs 3 nach § 18 (Verpflichtung zum Erbringen von Universaldienstleistungen), nach § 25 der Entgeltregulierung, nach § 33 bei der besonderen Missbrauchsaufsicht hinsichtlich des Zugangs zu intern genutzten und im Markt angebotenen Leistungen, sowie hinsichtlich der Gewährung von Netzzugang nach § 35. Da S 2 auf die Rechtsfolge des Satzes 1 hinweist, muss hinsichtlich der Abgrenzung sachlich und räumlich relevanter Märkte und der Feststellung einer marktbeherrschenden Stellung Einvernehmen mit dem Bundeskartellamt hergestellt werden, also Willensübereinstimmung erzielt werden.

## 3. Gelegenheit zur Stellungnahme des Bundeskartellamts in bestimmten Entscheidungen, S 3

**5** Neben dem Einvernehmen bei der Bestimmung einer marktbeherrschenden Stellung oder der Marktabgrenzung ist dem Bundeskartellamt Gelegenheit zur Stellungnahme zu geben, wenn im Rahmen der Entgeltregulierung sowie dem offenen Netzzugang und Zusammenschaltungen entschieden wird oder Nebenbestimmungen hinsichtlich der Entgeltregulierung oder der Netzzuschaltungen in Lizenzauflagen aufgenommen werden. Die Gelegenheit zur Stellungnahme bedeutet nicht wie Einvernehmen eine Verpflichtung zur Herstellung von Willensübereinstimmung zwischen den Behörden, sondern faktisch nur eine Anhörung des Bundeskartellamtes. Soweit allerdings in den in S 3 genannten Entscheidungen Marktabgrenzungen zur Feststellung marktbeherrschender Stellungen vorgenommen werden, bleibt es bei der Verpflichtung des Abs 2, dass die Regulierungsbehörde insoweit Einvernehmen mit dem Bundeskartellamt herstellen muss.

**6** Wird die Stellungnahme nicht eingeholt, liegt ein Verfahrensfehler vor, der den Verwaltungsakt formell rechtswidrig macht; auch hier kann der Verfahrensfehler aber bis zum Abschluss des verwaltungsgerichtlichen Verfahrens geheilt werden, § 45 Abs 1 BVwVfG.

## 4. Stellungnahme der Regulierungsbehörde, S 4

**7** Soweit das Bundeskartellamt ein Marktmissbrauchsverfahren nach § 19 GWB, Boykottverfahren nach § 20 Abs 1 sowie ein Diskriminierungs-/Behinderungsverfahren nach § 20 Abs 2 GWB führt, muss es der Regulierungsbehörde vor Abschluss des Verfahrens Gelegenheit zur Stellungnahme geben. Zunächst ist problematisch, inwieweit das Bundeskartellamt hier überhaupt aufgrund des Gesetzes gegen Wettbewerbsbeschränkungen einschreiten kann; siehe hierzu § 2 Abs 3 Rn 23 ff. Die Fälle der möglichen Kompetenzüberschreitung sind eher gering[4], so dass die Klausel in der Praxis dazu führen dürfte, dass wegen des Stellungnahmerechts bereits im Vorfeld einer Entscheidung gleichzeitig auch die Kompetenzverteilung zwischen Regulierungsbehörde und Bundeskartellamt klargestellt wird.

## 5. Harmonisierung der Rechtsanwendung, S 5 und 6

**8** Satz 5 und Satz 6 legen fest, dass beide Behörden eine einheitliche und den Zusammenhang mit dem Gesetz gegen Wettbewerbsbeschränkungen wahrende Auslegung des TKG erreichen sollen und sich Beobachtungen und Feststellungen mitteilen sollen, die für die Erfüllung der beiderseitigen Aufgaben von Bedeutung sein können. Damit werden beide Behörden zu umfassendem Informationsaustausch und zu umfassender Kooperation verpflichtet. Übermittlung personenbezogener Daten zwischen den Behörden ist nach § 15 BDSG grundsätzlich zulässig.[5]

---

[4] Überzogen von *Meibom/von der Busche* MMR 2000, 206, 207.

[5] Beck'scher TKG-Kommentar/*Geppert* § 82 Rn 20.

Wolfgang Bosch

## § 83 Zusammenarbeit mit anderen Stellen

Sofern es für die Durchführung der Aufgaben der Regulierungsbehörde erforderlich ist, arbeitet sie im Falle grenzüberschreitender Auskünfte oder Prüfungen mit den zuständigen Behörden anderer Staaten zusammen.

Schrifttum: *Berchthold* Über einige Fragen der internationalen Amtshilfe in Verwaltungssachen, FS Loebenstein, 1991, S 11 ff; *Hoffmann-Riem* Telekommunikationsrecht als europäisiertes Verwaltungsrecht, DVBl 1999, 125; *Meier* Europäische Amtshilfe – Ein Stützpfeiler des europäischen Binnenmarktes, EuR 1989, 237; *Runge* Das Steuerbereinigungsgesetz 1986: EG-Amtshilfe-Gesetz, DB 1986, 191; *Schmidt-Aßmann* Verwaltungskooperation und Verwaltungskooperationsrecht in der Europäischen Gemeinschaft, EuR 1996, 270; *Schnapp* Amtshilfe, Behördliche Mitteilungspflichten und Geheimhaltung, NJW 1980, 2165; *Simitis* Von der Amtshilfe zur Informationshilfe, NJW 1986, 2795.

**Inhaltsübersicht**

|  | Rn |
|---|---|
| I. Grundlagen | 1–5 |
| II. Zusammenarbeit mit zuständigen Behörden anderer Staaten | 6–7 |
| III. Der Umfang von Kooperationsauftrag und -zuständigkeit | 8–15 |
| 1. Zur Durchführung der Aufgaben der RegTP | 9–14 |
| 2. Grenzüberschreitende Auskünfte und Prüfungen | 15 |
| IV. Befugnisrechtlicher Gehalt des § 83 und Vertraulichkeitsschutz | 16–18 |

## I. Grundlagen

Telekommunikationsrecht ist EG-weit koordiniertes Recht[1] – wobei die Koordinierung nicht nur den Rechtszustand, sondern auch den Vollzug ergreift. Informationsvorgänge und Informationsflüsse gehören zu den wesentlichen Wirkungspfaden, in denen sich die EG-weite Koordinierung verwirklicht. Politik, Gestaltung und Vollzug gehen im Bereich der Regulierung fließend ineinander über (dazu § 1 Rn 11 ff). Für die administrative Zusammenarbeit ebenso wie für die gestaltende Politikentwicklung spielt der Informationsaustausch eine herausragende Rolle; er ist die Basis jeder Verwaltungskooperation. Daher ist Kooperationsrecht in seiner Grundlage Informationsverwaltungsrecht.[2]

Mit § 83 TKG hat der Gesetzgeber jene Informationsbeziehungen, die zunächst einmal Realvorgänge sind,[3] auf eine national-rechtliche Grundlage gestellt. Diese Grundlage ist allerdings sehr rudimentär ausgestaltet, anders als etwa die abgabenrechtliche Regelung des EG-Amtshilfe-Gesetzes.[4] Kernaussage des § 83 ist dabei, dass der RegTP ein eigenständiger Auftrag zur grenzüberschreitenden Zusammenarbeit mit Behörden anderer Hoheitsträger zukommt. Insoweit ist § 83 zugleich Aufgabenbeschreibung und Zuständigkeitsnorm. Weniger klar ist dagegen, ob § 83 auch eine – individualrechtlich konzipierte – Befugnis zur Informationsweitergabe enthält und inwiefern § 83 Pflichten der RegTP begründet.

Das Regelungsumfeld des § 83 ist komplex. Die Zusammenarbeit mit nationalen Behörden regeln die §§ 4 ff VwVfG, die allgemeinen Regelungen für die Amtshilfe. Nach hA setzen diese Vorschriften die Unterworfenheit unter die deutsche Staatsgewalt voraus.[5] Daneben findet sich in § 82 TKG eine Sondervorschrift für die Zusammenarbeit mit dem Bundeskartellamt. Die überstaatliche Zusammenarbeit wird in § 5 TKG angesprochen und in § 44 TKG vorausgesetzt. Ein vertrautes Thema sind Informationspflichten der nationalen Behörden gegenüber der EG-Kommission sowie ein Netz des Informationsaustausches und der Verwaltungskooperation aus dem Kartellrecht.[6]

---

1 *Hoffmann-Riem* DVBl 1999, 125, 129.
2 *Schmidt-Aßmann* Das allgemeine Verwaltungsrecht als Ordnungsidee, S 335.
3 *Schmidt-Aßmann* EuR 1996, 270, 272.
4 Dazu *Runge* DB 1986, 191.
5 *Obermayer* VwVfG, § 4 Rn 6.
6 Dazu die Bekanntmachung (der Kommission) über die Zusammenarbeit zwischen Kommission und den Gerichten der Mitgliedsstaaten bei der Anwendung der Art 85 und 86 des EG-Vertrages, ABl EG C 39/6; EuGHE 1992 I, 4785, 4837 f; KG WuW/E OLG 5694 ff – Ruhrgas/Thyssengas II.

Wolfgang Spoerr

**Zehnter Teil** Regulierungsbehörde
**Fünfter Abschnitt** Tätigkeitsbericht, Zusammenarbeit

**4** Mannigfaltige Informations- und Kooperationspflichten der nationalen Regulierungsbehörden konstituiert – neben den Pflichten der Mitgliedstaaten – inzwischen auch das EG-Recht. Zwar dominiert hier bislang weitgehend das Regelungskonzept, Informationspflichten und Partizipationsrechte den Mitgliedstaaten zuzuweisen (etwa Art 14 der Genehmigungsrichtlinie[7] zur Zusammensetzung des Genehmigungsausschusses sowie Art 15 Abs 2 Genehmigungsrichtlinie[8] zum Informationsaustausch zwischen den Mitgliedstaaten). In all diesen Fällen ist es Sache des nationalen Rechts, die Zuständigkeit zur Wahrnehmung der Rechte der Bundesrepublik Deutschland festzulegen. Zulässig ist hier auch eine nicht rechtssatzförmige Delegation in Form einer schlichten Beauftragung. Beispiele für Informationspflichten, die das EG-Recht unmittelbar den nationalen Regulierungsbehörden auferlegt, finden sich in Art 11 Abs 5 der Sprachtelefondienst-Richtlinie[9], wonach diese der Kommission die Art und Weise mitteilen, in der Einzelheiten über Netzschnittstellen veröffentlicht werden. Insoweit wirft das Umsetzungserfordernis bei EG-Richtlinien die Frage auf, ob Amtshilfebefugnisse und -pflichten deutscher Behörden unmittelbar aus Zusammenarbeitsregeln in EG-Richtlinien abgeleitet werden können.[10]

**5** Im Zuge zunehmender Kooperation auf Implementations- und Vollzugsebene in der Regulierung ist damit zu rechnen, dass Informationspflichten der nationalen Regulierungsbehörden unmittelbar vermehrt eingesetzt werden.[11] Eine besonders intensive Kooperation zwischen nationalen Regulierungsbehörde im Zwischenbereich zwischen Regelsetzung und Vollzug würde das Konzept eines gemeinschaftsweiten Martkanalyseverfahrens mit sich bringen, das in eine Entscheidung der Kommission über relevante Produkt- und Dienstmärkte mündet.[12] Nichts anderes gilt für das förmliche Verfahren zur Beilegung grenzüberschreitender Streitigkeiten, das der Richtlinien-Entwurf über den gemeinsamen Rechtsrahmen für elektronische Kommunikationsnetze und -dienste der Kommission[13] vorsieht. Die bislang schon auf informeller Grundlage bestehende Gruppe der unabhängigen Regulierungsbehörden (Independent Regulators' Group, IRG) soll nach den Vorstellungen der Kommission als beratendes Gremium rechtsförmlich abgesichert werden.[14]

## II. Zusammenarbeit mit zuständigen Behörden anderer Staaten

**6** Der Begriff der zuständigen Behörden anderer Staaten ist weder sachlich noch regional beschränkt. Er schließt daher europäische Behörden im Zuge der horizontalen Verwaltungskooperation innerhalb der EG ebenso ein wie Behörden von Staaten, die nicht Mitglied der Europäischen Union sind. In der Praxis ist die Kooperation auf Vollzugsebene aber innerhalb der Europäischen Union – und zum Teil auch innerhalb Europas – deutlich verdichtet. Die Zuständigkeit der Behörden richtet sich nach dem jeweiligen (fremden) nationalen Recht. Die RegTP ist nicht auf die Zusammenarbeit mit unabhängigen Regulierungsbehörden beschränkt. Sie kann nach § 33 beispielsweise auch mit Kartellbehörden und sonstigen Behörden anderer Länder zusammenarbeiten. Der Begriff der Behörden ist inhaltlich zu verstehen: Maßgebend ist die Ausübung sonderrechtlicher Befugnisse im öffentlichen Interesse. Diese werden in ihrem sachlichen Gehalt typischerweise mit den deutschen Regulierungsaufgaben zumindest teilweise kongruent sein; eine vollständige Deckungsgleichheit ist allerdings nicht erforderlich.

**7** Der Begriff „andere Staaten" schließt – ebenso wie sonst im Kontext grenzüberschreitender Behördenzusammenarbeit (etwa Art 32 Abs 1 GG) – auch Völkerrechtssubjekte ein.[15] Daher ist

---

[7] 97/13/EG.
[8] 97/13/EG.
[9] 98/10/EG.
[10] So *Groß* JZ 1994, 596, 604.
[11] Siehe etwa Art 32 des Vorschlages für die Richtlinie des Europäischen Parlaments und des Rates über den Universaldienst und Nutzerrechte bei elektronischen Kommunikationsnetzen und -diensten, Vorlage der Kommission v 12. 7. 2000, KOM (2000), 392, S 31.
[12] So Art 14 des Vorschlages für eine Richtlinie des Europäischen Parlaments und des Rates über einen gemeinsamen Rechtsrahmen für elektronische Kommunikationsnetze und -dienste, Vorlage der Kommission v 12. 7. 2000, KOM (2000), 393, Art 14, S 24.
[13] V 12. 7. 2000, KOM (2000), 393, Art 18.
[14] Art 21 der Richtlinie des Europäischen Parlaments und des Rates über einen gemeinsamen Rechtsrahmen für elektronische Kommunikationsnetze und -dienste, Vorlage der Kommission v 12. 7. 2000, KOM (2000), 393, S 29.
[15] *Herzog* in: Maunz/Dürig/Herzog, Art 32 Rn 14.

die EG-Kommission ebenso wie die ITU (dazu § 7 Rn 4 ff) ein nach § 83 zulässiger Kooperationspartner.

## III. Der Umfang von Kooperationsauftrag und -zuständigkeit

Das Gesetz grenzt den Kooperationsauftrag sowohl gegenständlich wie instrumentell ein: Gegenständlich ist die Zusammenarbeit insoweit zulässig, als es für die Durchführung der Aufgaben der Regulierungsbehörde nötig ist. Instrumentell ist die Zusammenarbeit auf grenzüberschreitende Auskünfte und Prüfungen beschränkt. 8

### 1. Zur Durchführung der Aufgaben der RegTP

Der gesetzliche Tatbestand der Kooperationspflicht erfährt seine wesentliche Inhaltsbestimmung durch die Bezugnahme auf die Durchführung *ihrer* Aufgaben, der Aufgaben der RegTP. Das sind in erster Linie die Regulierungsaufgaben, so dass der Regulierungsbegriff maßgebend ist. Er ist durch einen besonders umfassenden Auftrag zu konzeptioneller Gestaltung und zur Konzeptentwicklung gekennzeichnet (s § 1 Rn 11 ff, § 3 Rn 64), die weder auf eine bloße gefahrenrechtliche Marktüberwachung noch auf die Ausübung konkreter Eingriffsbefugnisse beschränkt ist. 9

Gleichwohl ist die Wahrnehmung der Eingriffs- und Kontrollbefugnisse innerhalb und im Vorfeld konkreter Verfahren einer der wesentlichen Anwendungsfälle von § 83 TKG. Naheliegend sind etwa grenzüberschreitenden Ermittlungen zu den Marktverhältnissen, soweit sich daraus Erkenntnisse für die Marktmacht auf dem nationalen Markt (zur bislang nationalstaatlich ausgerichteten Marktabgrenzung: § 33 Rn 20) auswirken. Ein anderes Beispiel sind Preiserhebungen für die Entgeltregulierung im Vergleichsmarktverfahren (§ 3 Abs 3 TEntgV); hier haben allerdings eigene, von ausländischen Behörden unabhängige Ermittlungsbefugnisse wie Sachverständigen-Gutachten bislang eine größere Bedeutung erlangt. 10

Zulässig – und in besonderem Maße relevant – ist die grenzüberschreitende Zusammenarbeit vor allem bei der Konzeptentwicklung im Vorfeld konkreter Eingriffsverfahren. Das betrifft Fragen der Technikentwicklung nicht weniger wie Fragen der Marktgestaltung. Viele Regulierungsfragen lassen sich wegen nahezu zwangsläufiger grenzüberschreitender Implikationen von vornherein nur koordiniert entwickeln. Beispiele hierfür sind die Frequenzordnung und die Nummerierung. 11

Die Erforderlichkeit im Hinblick auf eigene Aufgaben darf nicht verengt verstanden werden. Maßgebend ist nicht, ob die jeweiligen Informationsvorgänge unerlässlich sind, damit die Regulierungsbehörde ihren eigenen Aufgaben nachkommt. Würde man dieses Verständnis der Erforderlichkeit zugrunde legen, wäre der Informationsaustausch praktisch nur zu Gunsten der deutschen Regulierungsbehörde als begünstigter Behörde möglich: Die Verschaffung von Informationen an ausländische Regulierungsbehörden ist nahezu niemals unerlässlich, damit die deutsche Regulierungsbehörde ihre Verwaltungsaufgaben erfüllen kann. Erforderlich, aber auch ausreichend daher ist ein hinreichender inhaltlicher Bezug zu den eigenen Regulierungsaufgaben. Liegt dieser inhaltliche Bezug vor, so erlaubt § 83 die Entgegennahme von Informationen ebenso wie deren Abgabe an andere (zu den individualrechtlichen Schranken einer Informationsweitergabe s u Rn 16 f). Vorbehaltlich individualrechtlicher Schranken erlaubt § 83 TKG die Informationsweitergabe durch die RegTP unabhängig davon, ob eine anderweitig begründete Rechtspflicht zur Information besteht. Insoweit ist § 83 nicht nur Zuständigkeits-, sondern auch Aufgabennorm. 12

Der Bezug auf die Aufgaben der Regulierungsbehörde dürfte auch Aufgaben der RegTP nach anderen Gesetzen erfassen. Insoweit ist § 83 eine Vorschrift, die die institutionelle Stellung der RegTP allgemein beschreibt und nicht auf die Wahrnehmung einzelner Aufgaben nach dem TKG beschränkt ist. 13

Die Aufgaben der RegTP nach § 83 TKG enden, wo der Bereich der gubernativen Aufgaben beginnt. Diese sind der Bundesregierung zugewiesen, die sie allerdings an die RegTP delegieren 14

Wolfgang Spoerr

kann. Die Abgrenzung zwischen gubernativen Regierungsaufgaben und eigener Außenzuständigkeit der RegTP ist dabei nicht immer einfach zu treffen. Die wesentlichen Koordinaten sind folgende: Zum einen zeigt § 83 TKG, dass im Bereich des Telekommunikationsrechts eine eigenständige Außenzuständigkeit unterhalb der Regierungsebene besteht.[16] Andererseits dürfte in den vielfältigen Übergängen zwischen Vollzug und Politikentwicklung eine Vermutung für den gubernativen Charakter von Außenbeziehungen sprechen. Die Praxis hilft sich zum Teil mit einer kooperativen Wahrnehmung der Außenkontakte gemeinsam durch Bundeswirtschaftsministerium und RegTP.

### 2. Grenzüberschreitende Auskünfte und Prüfungen

15 Die Ausrichtung der Kooperation aus § 83 auf grenzüberschreitende Auskünfte und Prüfungen charakterisiert § 83 als Vorschrift des Informationsverwaltungsrechts. Eine Befugnis zu darüber hinausgehenden, außenwirksamen Entscheidungen ist § 83 nicht zu entnehmen. Freilich können solche Entscheidungsbefugnisse auf überstaatlicher Grundlage bestehen, etwa nach dem Recht der internationalen Fernmeldeunion (vgl § 7 Rn 5 ff) oder nach Unionsrecht.

## IV. Befugnisrechtlicher Gehalt des § 83 und Vertraulichkeitsschutz

16 Zu den schwierigen und völlig ungeklärten Fragen gehört, ob § 83 TKG auch individualrechtliche Bedeutung hat. Die Weitergabe personenbezogener Informationen ist kein rein institutionelles, sondern zugleich ein individualrechtliches Problem.[17] Mit der Weitergabe – auch im Rahmen grenzüberschreitender Zusammenarbeit – wird die Zweckbindung der Daten – jedenfalls im Hinblick auf das Zuordnungssubjekt – gelockert.

17 Die Aufgabenbeschreibung determiniert (und erweitert) damit die Zweckbindung der Informationen[18] sowie die Eingrenzung der Verarbeitungsbefugnisse. Aus individual-rechtlicher Sicht folgt, dass diese Erweiterung der Zweckbindung keine sachliche Lockerung sein darf. Die Informationen dürfen, soweit individual-rechtlich erheblich, ausschließlich für Regulierungsaufgaben ausgetauscht werden.

18 § 83 dürfte die materielle – auch individualrechtlich bedeutsame – Aussage zu entnehmen sein, dass diese Erweiterung der Zweckbindung hinzunehmen ist. Schranke sind allerdings Betriebs- und Geschäftsgeheimnisse, und zwar jedenfalls die nach § 75 Abs 3 S 2 besonders privilegierten wichtigen Geschäfts- oder Betriebsgeheimnisse (dazu § 75 Rn 3). Eine differenzierende Regelung des Interessenkonflikts zwischen Informationsaustausch und Regulierungstransparenz einerseits sowie Geheimnis- und Vertraulichkeitsschutz andererseits[19] fehlt in § 83. Solche bereichsspezifischen Detailregelungen sind nicht überall nötig.[20]

## § 84 Statistische Hilfen

(1) Für die Begutachtung der Markt- und Wettbewerbsentwicklung im Bereich der Telekommunikation dürfen der Regulierungsbehörde vom Statistischen Bundesamt und den statistischen Ämtern der Länder aus den von diesen geführten amtlichen Statistiken zusammengefasste Einzelangaben über die Vom-Hundert-Anteile der drei, sechs und zehn größten Unternehmen des jeweiligen Marktes
1. am Wert der zum Absatz bestimmten Telekommunikationsdienstleistungen,
2. am Umsatz,

---

16 Zur allgemeinen Rechtslage und Staatspraxis *Berchthold* FS Loebenstein, S 11, S 16 ff.
17 Vgl grundlegend BVerwGE 71, 183, 194 ff – Arzneimittel-Transparenzliste; *Schmidt-Aßmann* Das allgemeine Verwaltungsrecht als Ordnungsidee, S 283 f.
18 Dazu allgem *Simitis* NJW 1986, 2797, 2798.
19 Dazu allgem *Schnapp* NJW 1980, 2165.
20 *Clausen* in: Knack, VwVfG, Vor § 4 Rn 9 mwN.

3. an der Zahl der tätigen Personen,
4. an den Lohn- und Gehaltssummen,
5. an den Investitionen,
6. an der Wertschöpfung und
7. an der Zahl der Betriebe
übermittelt werden.

(2) Die zusammengefassten Einzelangaben dürfen nur für die Zwecke verwendet werden, für die sie übermittelt wurden. Sie sind zu löschen, sobald der in Absatz 1 genannte Zweck erfüllt ist.

Schrifttum: *Groß* Das Recht auf informelle Selbstbestimmung mit Blick auf die Volkszählung 1987, das neue Bundesstatistikgesetz und die Amtshilfe, AöR 113 (1988), 161; *Dorer/Mainusch/Tobies* Bundesstatistikgesetz mit Erläuterungen.

§ 84 ähnelt § 47 GWB, nach dem eine Übermittlungspflicht zu Gunsten der Monopolkommission gilt. § 84 ist erforderlich, um das Weitergabeverbot für Einzelangaben durch eine besondere Rechtsvorschrift iSd § 16 Abs 1 BStatG auf der Grundlage einer speziellen Ermächtigung zu modifizieren.[1] Der Informationsschutz bei der RegTP ergibt sich maßgeblich daraus, dass die Bediensteten der RegTP aufgrund ihres öffentlichen Dienstverhältnisses zur Amtsverschwiegenheit verpflichtet sind (vgl §§ 61–63 GWB).[2] Die Angaben nach § 84 dienen der Begutachtung der Markt- und Wettbewerbsentwicklung allgemein. Diese Begutachtung betrifft sowohl die allgemein konzeptionelle Arbeit wie die Erstellung der Berichte nach § 81 Abs 1 TKG, zudem die Vorbereitung von Einzelentscheidungen der Regulierung, etwa in der Missbrauchsaufsicht (§ 33 TKG). **1**

Die Übermittlung der Daten soll im Wege allgemeiner Amtshilfe erfolgen,[3] wobei der Umfang der Amtshilfe durch § 84 S 1 Nr 1 bis 7 definiert und zugleich begrenzt ist.[4] § 84 setzt voraus, dass die entsprechenden Angaben bei der Statistikbehörde vorhanden sind.[5] **2**

---

[1] Beck'scher TKG-Kommentar/*Geppert* § 84 Rn 1.
[2] TKMMR/*Weber/Rommersbach* C § 84 Rn 3.
[3] TKMMR/*Weber/Rommersbach* C § 84 Rn 5; Beck'scher TKG-Kommentar/*Geppert* § 84 Rn 3.
[4] Beck'scher TKG-Kommentar/*Geppert* § 84 Rn 3.
[5] Beck'scher TKG-Kommentar/*Geppert* § 84 Rn 3; TKMMR/*Weber/Rommersbach* C § 84 Rn 4.

Wolfgang Spoerr

# Elfter Teil
# Fernmeldegeheimnis, Datenschutz, Sicherung*

## § 85 Fernmeldegeheimnis

(1) Dem Fernmeldegeheimnis unterliegen der Inhalt der Telekommunikation und ihre näheren Umstände, insbesondere die Tatsache, ob jemand an einem Telekommunikationsvorgang beteiligt ist oder war. Das Fernmeldegeheimnis erstreckt sich auch auf die näheren Umstände erfolgloser Verbindungsversuche.

(2) Zur Wahrung des Fernmeldegeheimnisses ist verpflichtet, wer geschäftsmäßig Telekommunikationsdienste erbringt oder daran mitwirkt. Die Pflicht zur Geheimhaltung besteht auch nach dem Ende der Tätigkeit fort, durch die sie begründet worden ist.

(3) Den nach Absatz 2 Verpflichteten ist es untersagt, sich oder anderen über das für die geschäftsmäßige Erbringung der Telekommunikationsdienste erforderliche Maß hinaus Kenntnis vom Inhalt oder den näherem Umständen der Telekommunikation zu verschaffen. Sie dürfen Kenntnisse über Tatsachen, die dem Fernmeldegeheimnis unterliegen, nur für den in Satz 1 genannten Zweck verwenden. Eine Verwendung dieser Kenntnisse für andere Zwecke, insbesondere die Weitergabe an andere, ist nur zulässig, soweit dieses Gesetz oder eine andere gesetzliche Vorschrift dies vorsieht und sich dabei ausdrücklich auf Telekommunikationsvorgänge bezieht. Die Anzeigepflicht nach § 138 des Strafgesetzbuches hat Vorrang.

(4) Befindet sich die Telekommunikationsanlage an Bord eines Fahrzeugs für Seefahrt oder Luftfahrt, so besteht die Pflicht zur Wahrung des Geheimnisses nicht gegenüber dem Führer des Fahrzeugs oder seinem Stellvertreter.

**Schrifttum:** *Bär* Beschlagnahme von Computerdaten (II) CR 1996, 744; *Büchner* Liberalisierung und Regulierung im Post- und Telekommunikationssektor, CR 1996, 581; *Eidenmüller* Post- und Fernmeldewesen, Kommentar Losebl (eingestellt); *Felixberger* Staatliche Überwachung der Telekommunikation, Anwendungsbereich und Befugnispalette des Begleitgesetzes zum TKG, CR 1998, 143; *Gola/Müthlein* Neuer Tele-Datenschutz – bei fehlender Koordinierung über das Ziel hinausgeschossen?, RDV 1997, 193; *Gramlich* Art 10 nach der zweiten Postreform 1994, CR 1996, 102; *Groß* Die Schutzwirkung des Brief-, Post- und Fernmeldegeheimnisses nach der Privatisierung der Post, JZ 1999, 326; *Lanfermann* Datenschutzgesetzgebung – gesetzliche Rahmenbedingungen einer liberalen Informationsgesellschaft, RDV 1998, 1; *Palm/Roy* Mailboxen: Staatliche Eingriffe und andere rechtliche Aspekte, NJW 1996, 1791; *Schatzschneider* Fernmeldegeheimnis und Telefonbeschattung, NJW 1981, 268; *Schoch* Öffentlich-rechtliche Rahmenbedingungen einer Informationsordnung, VVDStRL 57 (1998), S 158; *Trute* Öffentlich-rechtliche Rahmenbedingungen einer Informationsordnung, VVDStRL 57 (1998), S 216; *ders* Der Schutz personenbezogener Informationen in der Informationsgesellschaft, JZ 1998, 822; *ders* Verantwortungsteilung als Schlüsselbegriff eines veränderten Verhältnisses von staatlichem und privatem Sektor, in: Schuppert, Jenseits von Privatisierung und „schlankem" Staat, 1999, S 13; *Walz* Anmerkung zur Entscheidung des OVG Bremen: Speicherung von ISDN-Verbindungsdaten durch die Telekom, CR 1995, 52; *Welp* Strafprozessuale Zugriffe auf Verbindungsdaten des Fernmeldeverkehrs, NStZ 1994, 209; *Würmeling/Felixberger* Fernmeldegeheimnis und Datenschutz im Telekommunikationsgesetz, CR 1997, 230.

### Inhaltsübersicht

|   |   | Rn |
|---|---|---|
| I. | Entstehungsgeschichte und Systematik | 1–4 |
|   | 1. Transformation des Fernmeldegeheimnisses in das Horizontalverhältnis Privater | 2 |

---

\* Herrn Rechtsreferendar Michael Heise danke ich für wertvolle Vorarbeiten und die Betreuung des Manuskripts.

Hans-Heinrich Trute

§ 85 Fernmeldegeheimnis

|  |  |  |
|---|---|---|
|  | 2. Entstehung der Vorschrift | 3–4 |
| II. | Umfang des Fernmeldegeheimnisses (Abs 1) | 5–9 |
|  | 1. Das Fernmeldegeheimnis | 6–7 |
|  | 2. Inhalt der Telekommunikation | 8 |
|  | 3. Nähere Umstände der Telekommunikation | 9 |
| III. | Zur Wahrung des Fernmeldegeheimnisses Verpflichtete (Abs 2) | 10–14 |
|  | 1. Geschäftsmäßige Erbringung von Telekommunikationsdiensten | 11–12 |
|  | 2. Erbringer und Mitwirkende | 13–14 |
| IV. | Verhaltenspflichten (Abs 3) | 15–27 |
|  | 1. Grenzen der Verschaffung von Kenntnis | 16–18 |
|  | 2. Zweckbindung der Verwendung | 19 |
|  | 3. Gesetzliche Zulassung anderer Verwendungszwecke | 20 |
|  | a) §§ 100 a, b StPO | 22 |
|  | b) Überwachung und Aufzeichnung nach dem G 10 | 23 |
|  | c) § 39 AWG | 24 |
|  | d) § 12 FAG | 25 |
|  | e) Vorschriften, die keine Ausnahmen von der Zweckbindung enthalten | 26 |
|  | f) Einwilligung | 27 |
| V. | Ausnahmen für Schifffahrt und Luftverkehr | 28 |
| VI. | Rechtsfolgen einer Verletzung der Pflichten aus § 85 TKG | 29–32 |

## I. Entstehungsgeschichte und Systematik

Der Elfte Teil des Gesetzes enthält – im Einklang mit der Überschrift – Regelungen zur Sicherheit **1** in der Telekommunikation, bereichsspezifische Regelungen zum Datenschutz und zudem zur Gewährleistung der Telekommunikationsüberwachung durch die Sicherheitsbehörden. Der Kern der Regelungen ist dabei das Fernmeldegeheimnis, das in § 85 TKG seine einfachgesetzliche Ausformung als Schutz der Vertraulichkeit der Telekommunikation gegenüber unbefugter Kenntnisnahme und Transformation in eine auch private Telekommunikationsdienstanbieter verpflichtende Norm gefunden hat und durch das Abhörverbot des § 86 TKG ergänzt wird.[1] Einzelne Vorschriften zum bereichsspezifischen Datenschutz, wie der § 89 TKG, formen dies weiter aus. Vorschriften zur technischen Sicherheit schützen das Fernmeldegeheimnis ebenso, wie sie die Sicherheit und Verfügbarkeit der Kommunikationsinfrastruktur zum Gegenstand haben. Das ist das Thema des § 87 TKG, der die zentrale Norm der Gewährleistung technischer Sicherheit darstellt. Der technischen Umsetzung der Überwachung der Telekommunikation dient die Vorschrift des § 88 TKG, die ergänzt wird durch Auskunftsregelungen, wie etwa die in ihrer systematischen Stellung verfehlte Regelung des § 89 Abs 6 TKG und die §§ 90, 92 TKG. Der Durchsetzung der Pflichten aus dem Elften Teil dient die Vorschrift des § 91 TKG. Die Vorschriften des Elften Teils sind geprägt von den Herausforderungen der neuen technischen Entwicklungen, zu denen die fortschreitende Digitalisierung ebenso gehört, wie die Fortschritte der Datenverarbeitung, vor allem aber die dezentrale Vernetzung der Informationsverarbeitung und die Internationalisierung der Informations- und Kommunikationsnetze.[2] Dabei ist die Technikentwicklung ambivalent, eröffnet sie nicht nur neue Gefahrenlagen, sondern ebenso neue Schutzmöglichkeiten. Ambivalent sind auch die Ergebnisse von Liberalisierung und Privatisierung, die einerseits eine Distanzierung gegenüber staatlichen Gefährdungen mit sich bringen, zugleich aber klassische Schutzmechanismen entfallen lassen, wie sich am Grundrechtsschutz exemplarisch zeigen lässt. Dies macht neue Schutzkonzepte erforderlich, wie sich etwa an dem Fernmeldegeheimnis (Rn 7 ff), aber auch an dem Datenschutz in § 89 TKG zeigt, der angesichts der Liberalisierung und Privatisierung in ein neues Konzept transformiert werden musste, dessen Anforderungen die des Dritten Abschnitts des BDSG deutlich übersteigen musste. Darin kommt auch zum Ausdruck, dass die personenbezogenen Daten zunehmend kommerzialisiert worden sind und damit die ursprünglich staatszentrierte Diskussion um den Datenschutz eine neue Querschnittsdimension gewonnen hat. Die Abhängigkeit der Volkswirtschaft wie anderer gesellschaftlicher Teilbereiche von der Telekommunikation in einem nunmehr durch

---

**1** Zur Systematik des Elften Teils auch *Wuermeling/Felixberger* CR 1997, 230.

**2** Dazu bereits unter dem Gesichtspunkt des Datenschutzes *Trute* JZ 1998, 822 ff.

Hans-Heinrich Trute

privatwirtschaftliche Dynamik geprägtem Umfeld macht zudem neue Sicherheitsanforderungen an die Informations- und Kommunikationssysteme und Vorkehrungen zu ihrer Implementation erforderlich.

## 1. Transformation des Fernmeldegeheimnisses in das Horizontalverhältnis Privater

**2** Das Fernmeldegeheimnis, wie es von Art 10 Abs 1 GG grundrechtlich garantiert ist, ist ohne wesentliche Veränderung aus dem Telegraphen- und Fernmeldegeheimnis der WRV hervorgegangen und ergänzte das ältere Post- und Briefgeheimnis durch eine **Garantie der Vertraulichkeit der Individualkommunikation, der fernmeldetechnisch vermittelten Übertragung von Informationen an individuelle Empfänger**.[3] Das Fernmeldegeheimnis hat – wie das Post- und Briefgeheimnis – immer schon eine doppelte Dimension, nämlich die des Schutzes vor der Kenntnisnahme der Tatsache der Kommunikation ebenso wie ihres Inhalts durch die Informationsmittler (klassisch für das Postgeheimnis entwickelt) und vor der Kenntnisverschaffung durch den Staat, insbesondere die Exekutive, aber auch – nicht unbestritten – Dritte.[4] Art 8 EMRK ist eine vergleichbare und angesichts der Internationalität der elektronischen Kommunikationsvorgänge regional bedeutsame Garantie, deren Schutzbereich im Übrigen unabhängig von der Trägerschaft der Informationsmittler ist[5] und zudem Schutzpflichten umfasst.[6] Damit ist schon auf den wesentlichen Aspekt verwiesen, der der Norm des § 85 TKG unabhängig von der Funktion einer Konkretisierung des verfassungsrechtlichen Fernmeldegeheimnisses[7] zugrunde liegt: der Transformation einer ursprünglich im Wesentlichen als staatsgerichtet angesehenen Garantie in das Horizontalverhältnis der Bürger, wie sie infolge der Liberalisierung und Privatisierung als Ausprägung grundrechtlicher Schutzpflichten erforderlich geworden ist.[8] Auch wenn man einstweilen grundrechtsdogmatisch darüber streiten mag, ob die DTAG aufgrund der Eigentumsanteile des Staates weiterhin Grundrechtsverpflichtete aus Art 10 GG ist,[9] oder – richtigerweise und im Einklang mit der Privatwirtschaftlichkeit der Erbringung von Telekommunikationsdienstleistungen, von der Art 87 f Abs 1, 2 GG ausgeht – wie jedes andere private Telekommunikationsunternehmen zu behandeln ist,[10] formt jedenfalls § 85 TKG einen einheitlichen Standard der Konkretisierung des Fernmeldegeheimnisses aus. Allerdings – und das prägt die multipolare Grundrechtssituation deutlicher als bei dem bisher auch schon an Private adressierten § 10 FAG, als dessen Nachfolgevorschrift der § 85 TKG gelesen werden kann – wird mit der Privatwirtschaftlichkeit der Erbringung von Telekommunikationsdienstleistungen, die damit als solche auch grundrechtlich geschützt ist, die Schutzpflicht, die jetzt für eine Transformation der Gehalte des Art 10 Abs 1 GG in das Verhältnis von Telekommunikationsdienstanbietern und Nutzern sorgt, durch eine Abwägung mit den wirtschaftlichen Grundrechten der Anbieter relativiert.[11] Angesichts der vielfältigen Gefahren für die Vertraulichkeit der Kommunikation und der distanzierten und von den Nutzern weder zu bemerkenden noch zu verhindernden Beeinträchtigungsmöglichkeiten, dürfte jedoch weitgehende Einigkeit über den Be-

---

[3] Dazu BVerfGE 67, 157, 171; 85, 386, 396; 100, 313, 358; *Gusy* in: v Mangoldt/Klein/Starck, GG I, Art 10 Rn 2 f, 39; *Hermes* in: Dreier, GG I, Art 10 Rn 34; *Löwer* in: v Münch/Kunig, GGK Art 10 Rn 18; zur Bestimmung des Schutzbereichs nach der Privatisierung *Groß* JZ 1999, 326, 329 ff; ausführlich auch *Gramlich* CR 1996, 103 ff.

[4] Dazu bereits *Anschütz* Die Verfassung des Deutschen Reiches v 11. Aug 1918, Art 117 Anm 1; *Bovensiepen* in: Nipperdey, die Grundrechte und Grundpflichten der Reichsverfassung Bd I, 1929, S 387 ff; weitere Nachweise zur Entwicklung auch bei *Groß* JZ 1999, 326, 328; *Gramlich* CR 1996, 103 ff.

[5] *Frowein/Peukert* EMRK, Art 8 Rn 34.

[6] Dazu *Groß* JZ 1999, 326, 330.

[7] Darauf abstellend Beck'scher TKG Kommentar/*Büchner* § 85 Rn 1.

[8] Dazu bereits *Schoch* VVDStRL 57 (1998), 158, 206 ff; *Trute* VVDStRL 57 (1998), 216, 258 f; vgl auch *Lanfermann* RDV 1998, 1, 3.

[9] In diesem Sinne etwa – einstweilen und damit abhängig vom Aktienbesitzanteil des Staates – *Gusy* in: v Mangoldt/Klein/Starck, GG I, Art 10 Rn 53, dessen Hinweis auf die fortwährende besondere Stellung der DTAG, insbesondere soweit es die §§ 33 ff TKG betrifft schon deshalb nicht überzeugen kann, weil es sich gerade nicht um spezifische Pflichten der DTAG, sondern aller Unternehmen handelt, soweit sie marktbeherrschend oder marktmächtig sind.

[10] Vgl dazu unter dem Gesichtspunkt der Wirtschaftsgrundrechte § 33 Rn 68; allgemein *Hermes* in: Dreier, GG I, Art 10 Rn 72 ff.

[11] Vgl dazu bereits *Trute* VVDStRL 57 (1998), 216, 258 f.

stand der staatlichen Schutzpflicht bestehen.[12] Insoweit wird man davon ausgehen können, dass es zum Inhalt der Schutzpflicht[13] gehört, dass der Gesetzgeber das Fernmeldegeheimnis als solches in das Verhältnis zwischen Informationsmittlern und Nutzern transformiert, dass klare Regeln für Ausnahmen geschaffen werden, die einen angemessenen Ausgleich der betroffenen Grundrechtspositionen beinhalten, dass hinreichende Kontrollmechanismen ausgeprägt werden, die den weitgehenden Kontrollverlusten der Nutzer hinreichend und unabhängig von den betroffenen Interessen Rechnung tragen[14] und dass angemessene Sanktionen für die Verletzung des Fernmeldegeheimnisses vorgesehen werden.

### 2. Entstehung der Vorschrift

Die Vorschrift war im Wesentlichen bereits in dem ursprünglichen Entwurf des TKG als § 82 **3** TKGE enthalten.[15] Sieht man von einer Verdeutlichung des Anwendungsbereichs des § 82 Abs 3 S 1 TKGE durch die Einfügung „geschäftsmäßige Erbringung der Telekommunikationsdienste" anstelle von „Erbringung von Telekommunikationsdienstleistungen" durch den Ausschuss für Post und Telekommunikation ab,[16] blieb die Vorschrift des § 82 TKGE unverändert und ist als § 85 TKG Gesetz geworden. Versuche des Bundesrates zur Fassung des § 10 Abs 1 FAG zurückzukehren und in Abs 2, 3 durch einen Verweis auf das maßgebliche Bundesgesetz jeweils im ersten Halbsatz des ersten Satzes verbunden mit der Streichung der Sätze 3 und 4 des Absatzes 3[17] eine Relativierung zu erreichen, konnten sich nicht durchsetzen. Die Bundesregierung bestand auf der Akzentuierung des Zweckbindungsgrundsatzes gegenüber der Regelung des bisherigen § 10 Abs 1 FAG.[18]

Die **Vorschrift** enthält in Abs 1 nähere Aussagen zum Inhalt der geschützten Vorgänge. Die **4** Verpflichteten werden in Abs 2 näher bestimmt. Der Inhalt der Verpflichtungen, insbesondere die Beachtung der Zweckbindung ergibt sich aus Abs 3. Eine personell eingeschränkte Modifizierung der Pflichten zur Wahrung des Fernmeldegeheimnisses findet sich in Abs 4 für Telekommunikationsanlagen in Flugzeugen und auf Schiffen.

## II. Umfang des Fernmeldegeheimnisses (Abs 1)

Nach Abs 1 unterliegen der Inhalt und die näheren Umstände der Telekommunikation dem **5** Fernmeldegeheimnis. Mit dem Bezug auf Inhalt und Umstände ist der Umfang des Geheimnisschutzes indes – ungeachtet der weiteren Spezifizierung beider Aspekte in Abs 1 – noch nicht hinreichend umschrieben. Dieser erschließt sich aus dem traditionellen Gehalt des Fernmeldegeheimnisses.

### 1. Das Fernmeldegeheimnis

Das **verfassungsrechtliche Fernmeldegeheimnis** schützt die Vertraulichkeit der Individual- **6** kommunikation, die fernmeldetechnisch übertragen wird.[19] Für die fernmeldetechnische Übertragung wesentlich ist dabei die körperlose Übermittlung der Informationen, wobei es nur auf

---

12 Dazu die in Fn 14 genannten Autoren.
13 Dazu auch *Gusy* in: v Mangoldt/Klein/Starck, GG I, Art 10 Rn 63, mit einer etwas staatszentrierten Ausprägung der Gehalte.
14 Die Notwendigkeit einer effektiven Implementation betont auch *Groß* JZ 1999, 326, 333 f. Dies müssen nicht unbedingt staatliche Kontrollen sein, sondern kann auch ein Arrangement gesellschaftlicher Selbstkontrollmechanismen sein, das freilich eine wirksame Sicherstellung der Kontrollen garantieren und zudem der staatlichen Rahmenverantwortung für die Erfüllung der Schutzpflichten Rechnung tragen muss; vgl aber *Gusy* aaO Rn 63. Allgemein zu den Problemen vgl insoweit *Trute* Verantwortungsteilung als Schlüsselbegriff eines veränderten Verhältnisses von staatlichem und privatem Sektor, in: Schuppert, Jenseits von Privatisierung und „schlankem" Staat, S 13, 37 f.
15 BT-Drucks 13/3606, S 26, 52.
16 Beschlussempfehlung und Bericht des Ausschusses für Post und Telekommunikation, BT-Drucks 13/4864 zu § 82 Abs TKGE.
17 Vgl BT-Drucks 13/4438 Ziff 78 zu § 82 TKGE.
18 BT-Drucks 13/4438, Gegenäußerung zu Ziff 78 zu § 82 TKGE.
19 BVerfGE 67, 157, 172; 85, 386, 396; 100, 313, 358.

Hans-Heinrich Trute

den Übermittlungsvorgang als solchen ankommt, nicht etwa auf Ausgangspunkt oder Ergebnis, das durchaus körperlicher Art sein kann, wie etwa ein übermittelter Text.[20] Auf die Art der technischen Übertragung im Einzelnen kommt es nicht an. Diese kann sowohl mittels Draht, Funk wie anderer, etwa optischer Systeme in Glasfaserkabeln erfolgen. Insoweit ist das Fernmeldegeheimnis für weitere technische Entwicklungen offen. Unerheblich ist, wer der Betreiber der Übertragungsanlagen ist, ob diese öffentlich zugänglich sind oder nur einem begrenzten Teilnehmerkreis offen stehen.[21] Entscheidender Bezugspunkt bleibt verfassungsrechtlich das Übertragungsmedium, an das der Schutz anknüpft. Maßgeblich ist insoweit, dass das Medium selbst die Gefahr des unkontrollierten Zugriffs Dritter eröffnet, der Schutz daher verfassungsrechtlich unvollkommen wäre, würde er allein auf der öffentlich zugängliche Übertragungsmedien beschränkt.[22] Geschützt ist daher auch die Vertraulichkeit der Kommunikation durch Übertragung auf eigenen Netzen der Beteiligten.[23] Geschützt sind Informationsübertragungen zwischen Individuen. Zumindest muss der Empfängerkreis hinreichend bestimmbar sein.[24]

**7** Europarechtlich ist das Fernmeldegeheimnis der Sache nach ebenfalls geschützt und der Gehalt des § 85 TKG in wesentlichen Teilen europarechtlich vorgegeben. Art 5 der EG-Telekommunikations-Datenschutzrichtlinie 97/66/EG[25] verpflichtet die Mitgliedstaaten durch innerstaatliche Rechtsvorschriften die Vertraulichkeit der mit öffentlichen Telekommunikationsnetzen und öffentlich zugänglichen Telekommunikationsdiensten erfolgenden Kommunikation sicherzustellen. Insbesondere müssen sie das Mithören, Abhören und Speichern sowie andere Arten des Abfangens oder Überwachens der Kommunikation durch andere Personen als die Benutzer untersagen, sofern dies nicht im Einklang mit Art 14 der EG-Telekommunikations-Datenschutzrichtlinie zugunsten der Sicherheits- und Strafverfolgungsinteressen oder zur Unterbindung des unzulässigen Gebrauchs von Telekommunikationssystemen geschieht. Art 5 Abs 2 RL 97/66/EG erlaubt das rechtlich zulässige Aufzeichnen von Kommunikationen im Rahmen einer rechtmäßigen Geschäftspraxis zum Nachweis einer kommerziellen Transaktion oder einer sonstigen geschäftlichen Kommunikation. Art 5 RL 97/66/EG dürfte, was den Inhalt und die Umstände der Kommunikation betrifft, im Wesentlichen dem Gehalt des deutschen Fernmeldegeheimnisses entsprechen. Enger ist er jedenfalls insoweit, wie er nur die Vertraulichkeit der Kommunikation mit öffentlichen Telekommunikationsnetzen und öffentlich zugänglichen Telekommunikationsdiensten sichert, wohingegen das Fernmeldegeheimnis sich nach § 85 Abs 2 TKG auf das geschäftsmäßige Erbringen von Telekommunikationsdiensten bezieht und damit etwa auch geschlossene Benutzergruppen umfasst (Rn 6).

## 2. Inhalt der Telekommunikation

**8** Dem Fernmeldegeheimnis unterliegt der **Inhalt der Telekommunikation** (Abs 1 S 1). Telekommunikation bezeichnet gem § 3 Nr 16 TKG den technischen Vorgang des Aussendens, Übermittelns und Empfangens von Nachrichten jeglicher Art in der Form von Zeichen, Sprache, Bildern oder Tönen mittels Telekommunikationsanlagen. Als Telekommunikationsanlagen werden nach § 3 Nr 17 TKG technische Einrichtungen oder Systeme verstanden, die als Nachrichten identifizierbare elektromagnetische oder optische Signale senden, übertragen, vermitteln, empfangen, steuern oder kontrollieren können. Dies erhellt, dass zum einen das Fernmeldegeheimnis voraussetzungsgemäß inhaltsneutral sein muss, soll es seine Funktion erfüllen können. Es werden also Nachrichten **unabhängig von ihrem Inhalt** geschützt. Sie werden ebenfalls **unabhängig von der Form der Übermittlung** geschützt, soweit diese nur **mittels Telekommunikationsanlagen** geschieht. Damit ist ein weiter technischer Begriff verwendet,

---

20 *Gusy* in: v Mangoldt/Klein/Starck, GG I Art 10 Rn 40.
21 *Hermes* in: Dreier, GG I, Art 10 Rn 33; *Gusy* in: v Mangoldt/Klein/Starck, GG I Art 10 Rn 40.
22 Zu Recht in diesem Sinne *Hermes* in: Dreier, GG I, Art 10 Rn 33; *Gusy* in: v Mangoldt/Klein/Starck, GG I Art 10 Rn 41; *Löwer* in: v Münch/Kunig, GGK, Art 10 Rn 18.
23 *Hermes* in: Dreier, GG I, Art 10 Rn 33; *Gusy* in: v Mangoldt/Klein/Starck, GG I Art 10 Rn 41.
24 *Hermes* in: Dreier, GG I, Art 10 Rn 34; *Gusy* in: v Mangoldt/Klein/Starck, GG I Art 10 Rn 42; *Löwer* in: v Münch/Kunig, GGK, Art 10 Rn 18.
25 Vom 15. 12. 1997, ABl Nr L 24/1 v 30. 1. 1998.

der auch Server, Router, Einwählknoten von Internetprovidern etc mit umfasst.[26] Diese weite und formale Bestimmung füllt den verfassungsrechtlichen Begriff des Fernmeldegeheimnisses, den § 85 Abs 1 TKG aufnimmt, näher aus. Allerdings gerät eine Unschärfe in die formale Begriffsbestimmung, da der Begriff der **Telekommunikation nicht auf Individualkommunikation** begrenzt ist, wohl aber das Fernmeldegeheimnis nur insoweit Schutz gewährt. Angesichts der Fortentwicklung der Telekommunikationsangebote,[27] die zu weiteren Ausdifferenzierungen zwischen Individual- und Massenkommunikation führen, wird man freilich eine teleologische Reduktion auf all diejenigen Formen vornehmen können, die als solche auf Vertraulichkeit der Kommunikation angelegt sind, was für Massenkommunikation als typische Form öffentlicher Informationsangebote gerade nicht gilt.[28] Hier ist naturgemäß kein Schutz erforderlich. Angesichts der Tatsache, dass etwa in Breitbandkabelnetzen allerdings ein Unterschied in der Übertragung als solcher kaum erkennbar sein dürfte, gibt es Versuche, auf den Inhalt der Kommunikation abzustellen und damit die formalen Qualitäten der Inhaltsneutralität des Schutzes aufzulösen, jedenfalls aber an den Rändern mit Umschärfen zu versehen.[29] Dem kann verfassungsrechtlich nicht gefolgt werden. Vielmehr wird man mit einer Vermutung arbeiten müssen, wonach der Schutz eingreift, wenn nicht ausgeschlossen werden kann, dass der Übertragungsweg für Individualkommunikation genutzt wird.[30] Darunter wird man – abgesehen von dem Gegenpol der Massenkommunikation – aus Schutzgründen im Zusammenhang mit dem Fernmeldegeheimnis jede Übertragung verstehen müssen, die als solche mit technischen Maßnahmen zur Sicherung der Vertraulichkeit verbunden ist.[31]

3. Nähere Umstände der Telekommunikation

Der Schutz des Fernmeldegeheimnisses umfasst nicht nur den Inhalt, sondern – wie sich § 85 Abs 1 TKG ausdrückt – auch **die näheren Umstände**, insbesondere die Tatsache, ob **jemand an einem Telekommunikationsvorgang beteiligt war oder ist** und auch die näheren Umstände **erfolgloser Verbindungsversuche** (Abs 1 S 1, 2). Auch damit werden verfassungsrechtliche Vorgaben aufgenommen. Der Übertragungsvorgang als solcher ist bereits eine geschützte Information.[32] Er umfasst die **Tatsache der Kommunikation**, und sei es nur **ihren Versuch** (Abs 1 S 2),[33] die **Teilnehmer**, die **Anschlüsse** und **Nummern**, die beteiligt waren, die **Dauer** und **Häufigkeit** und ggf **mögliche weitere Informationen zum Vorgang** der Kommunikation. Außerdem erstreckt sich das Fernmeldegeheimnis – verfassungsrechtlich vorgegeben – auch auf den Informations- und Datenverarbeitungsprozess, der sich an die Kenntnisnahme von geschützten Kommunikationsvorgängen anschließt, und den Gebrauch, der von den erlangten Kenntnissen gemacht wird.[34] **Nicht erfasst** sind demgegenüber **Bestandsdaten** im Sinne des § 89 Abs 2 Nr 1 a TKG, die dazu nicht auf den Vorgang der Telekommunikation oder gar ihren Inhalt beziehen, sondern aus dem Vertragsverhältnis zwischen Nutzer und Telekommunikationsanbieter herrühren.[35] Hier mag das informationelle Selbstbestimmungsrecht oder der grundrechtliche Schutz von Betriebs- und Geschäftsgeheimnissen eigenständiges Gewicht bekommen.

9

## III. Zur Wahrung des Fernmeldegeheimnisses Verpflichtete (Abs 2 )

Nach § 85 Abs 2 TKG ist zur Wahrung des Fernmeldegeheimnisses **verpflichtet**, wer **geschäfts-**  10

---

[26] *Würmeling/Felixberger* CR 1997, 230, 233; zustimmend Beck'scher TKG-Kommentar/*Büchner* § 85 Rn 2.
[27] Vgl dazu *Trute* VVDStRL 57 (1998), 216, 238 ff mwN.
[28] Vgl dazu auch *Löwer* in: v Münch/Kunig, GGK, Art 10 Rn 18.
[29] Vgl aber *Löwer* in: v Münch/Kunig, GGK I Art 10 Rn 18.
[30] *Hermes* in: Dreier, GG I, Art 10 Rn 35; *Gusy* in: v Mangoldt/Klein/Starck, GG I Art 10 Rn 44.

[31] *Gusy* in: v Mangoldt/Klein/Starck, GG I Art 10 Rn 43
[32] BVerfGE 67, 157, 172; 85, 386, 396; 100, 313, 358; *Gusy* in: v Mangoldt/Klein/Starck, GG I Art 10 Rn 45; *Löwer* in: v Münch/Kunig, GGK I Art 10 Rn 22.
[33] BVerfGE 67, 157, 172; 85, 386, 396.
[34] BVerfGE 100, 313, 359.
[35] Beck'scher TKG Kommentar-*Büchner* § 85 Rn 3; *Würmeling/Felixberger* CR 1997, 230, 234.

mäßig Telekommunikationsdienste erbringt oder daran **mitwirkt**; eine Verpflichtung, die **auch nach dem Ende der Tätigkeit**, für die sie begründet worden ist, fortbesteht.

## 1. Geschäftsmäßige Erbringung von Telekommunikationsdiensten

**11** Entscheidende Bedeutung hat also das Merkmal **geschäftsmäßiger Erbringung der Telekommunikationsdienste**. Verwiesen ist damit auf § 3 Nr 5 TKG, der es definiert als das nachhaltige Angebot von Telekommunikation einschließlich des Angebots von Übertragungswegen für Dritte mit und ohne Gewinnerzielungsabsicht (§ 3 Rn 34). Insofern kommt es zum einen auf eine **dauerhafte Erbringung** an; gelegentlich erbrachte Telekommunikationsdienste sollen für die Schutzverpflichtung mangels durchschlagendem Schutzinteresse nicht ausreichen. **Ebenso wenig** ist erforderlich, dass die Telekommunikationsdienste **gewerbsmäßig** erbracht werden; ausreichend ist eine Erbringung mit und ohne Gewinnabsicht. Wichtig ist allerdings die Einschränkung, dass das **Angebot gegenüber Dritten** erbracht werden muss. Damit unterfallen zwar Corporate Networks, Nebenstellenanlagen in Hotels, Krankenhäusern, Betrieben und Behörden, Clubtelefone etc der Verpflichtung, sofern diese zugleich den Beschäftigten für private Gespräche zur Verfügung gestellt werden.[36] Anders ist dies bei privaten Endgeräten, Haustelefonanlagen, Sprechanlagen etc, die regelmäßig nicht Dritten zur Verfügung gestellt sind.[37] Freilich liegt darin eine **Einschränkung gegenüber dem verfassungsrechtlichen Begriff des Fernmeldegeheimnisses** (Rn 6), der auch Kommunikation auf eigenen Übertragungswegen ebenso wie die nicht auf Dauer angelegte Kommunikation umfasst. Insoweit ist freilich zu unterscheiden: § 85 Abs 2 TKG setzt nur die Schutzpflicht um und transformiert das Fernmeldegeheimnis in das Horizontalverhältnis zwischen Informationsmittler und Nutzer, nicht aber regelt er den Anwendungsbereich des Fernmeldegeheimnisses gegenüber staatlichen Stellen und sonstigen Dritten. Das ist vielmehr Aufgabe des Art 10 GG, sowie in Teilen des § 86 TKG, der auch insoweit durchaus weiter ist (§ 86 Rn 8). Eine grundrechtliche Schutzpflicht besteht freilich nur insoweit, wie Gefährdungen vorhanden sind und diese von den Beteiligten nicht zureichend selbst abgewehrt werden können. Angesichts der Sach- und Funktionsherrschaft der Beteiligten in diesen Fällen und der regelmäßig gegebenen Ausweichmöglichkeit sind insoweit keine verfassungsrechtlichen Bedenken zu erheben. Im Übrigen hat der Gesetzgeber auf eine enumerative Aufzählung verzichtet, um den Anwendungsbereich im Einzelnen angesichts der technischen Entwicklungen offen zuhalten.[38] Dies ermöglicht die Einbeziehung weiterer Konstellationen, wenn dies vom Schutzzweck her geboten sein sollte.[39]

**12** Darüber hinaus muss es sich um das **Angebot von Telekommunikation** handeln. Damit bestehen freilich breite Überschneidungsbereiche zum Teledienstedatenschutzgesetz, das ebenfalls telekommunikationsbezogene Datenschutzvorschriften enthält[40] und als Teil des Informations- und Kommunikationsdienste-Gesetzes (IuKDG) erlassen wurde.[41] Allerdings gelten dessen Regelungen nur für Teledienste im Sinne des Teledienstegesetzes (§ 1 Abs 1 TDDSG). Teledienste im Sinne des TDG sind elektronische Informations- und Kommunikationsdienste, die für eine individuelle Nutzung von kombinierbaren Daten wie Zeichen, Bilder oder Töne bestimmt sind und denen eine Übermittlung mittels Telekommunikation zugrunde liegt (§ 2 Abs 1 TDG). Soweit die Übermittlung durch Telekommunikation erfolgt, sind die Diensteanbieter den datenschutzrechtlichen Vorschriften des TKG sehr wohl unterworfen.[42] Umgekehrt nimmt das TDG die Telekommunikationsdienstleistungen und das geschäftsmäßige Erbringen

---

[36] Krit zu dieser Erweiterung des Anwendungsbereichs des Elften Teils *Wuermeling/Felixberger* CR 1997, 230 f; *Gola/Müthlein* RDV 1997, 193 f; freilich mag allenfalls eine Differenzierung im Hinblick auf die den Betreibern obliegenden Pflichten angemessen sein, nicht aber eine generelle Herausnahme aus dem Elften Teil. Für eine Differenzierung bieten sich durchaus Ansätze, etwa bei § 87 Abs 2, § 88 Abs 2, § 90 Abs 5 TKG.

[37] So BT-Drucks 13/3609 S 53; im Anschluss daran auch Beck'scher TKG Kommentar-*Büchner* § 85 Rn 4.

[38] BT-Drucks 13/3609 S 53.

[39] In diesem Sinne auch Beck'scher TKG Kommentar/*Büchner* § 85 Rn 4.

[40] Gesetz über den Datenschutz bei Telediensten (Teledienstedatenschutzgesetz – TDDSG) v 22. Juli 1997 (BGBl I 1870).

[41] Zu den Überschneidungen bereits *Wuermeling/Felixberger* CR 1997, 230, 234.

[42] Vgl auch Bundesbeauftragter für den Datenschutz Datenschutz und Telekommunikation, S 17.

Hans-Heinrich Trute

von Telekommunikationsdiensten nach § 3 TKG gerade aus dem Anwendungsbereich der Vorschriften aus (§ 2 Abs 4 Nr 1 TDG). Die Abgrenzung zwischen beiden wird über den Vermittlungsvorgang und die Inhalte beschrieben,[43] ist aber insoweit wesentlich ein Problem des TDG und des TDDSG, weniger des TKG.[44] Der Vermittlungsvorgang, also die Telekommunikation unterfällt dem TKG, nur Teledienste unterfallen aber zusätzlich dem TDDSG.

## 2. Erbringer und Mitwirkende

**Verpflichtet** sind sowohl **Erbringer** wie an der Erbringung **Mitwirkende**. Dies sind zunächst die Dienstanbieter, das heißt diejenigen, die Übertragungswege ebenso wie Telekommunikationsdienste erbringen. Dazu gehören nicht nur diejenigen, die etwa Sprachtelefondienste erbringen, sondern ebenfalls weitere Anbieter, wie etwa Internet-Service-Provider oder Internet-Access-Provider. Ebenso sind diejenigen einbezogen, die an der Dienstleistung beteiligt sind, also all diejenigen, die zum Funktions- und Herrschaftsbereich des Anbieters zu zählen sind. 13

Die **Verpflichtung ist zeitlich unbegrenzt,** wie Abs 2 S 2 zum Ausdruck bringt. Sie gilt daher auch fort, wenn die Tätigkeit für die sie begründet worden ist, nicht mehr ausgeübt wird. 14

## IV. Verhaltenspflichten (Abs 3)

§ 85 Abs 3 TKG enthält Verhaltensregeln für die in Abs 2 auf den Schutz des Fernmeldegeheimnisses Verpflichteten. Diese bestehen aus **Unterlassungsgeboten,** die sich auf die Kenntnisnahme von Informationen beziehen, die dem Fernmeldegeheimnis unterfallen, sowie Festlegung von **Verwendungszwecken** für vom Fernmeldegeheimnis geschützte Informationen, von denen sie Kenntnis haben und präzisieren damit den **Grundsatz der Zweckbindung.** 15

### 1. Grenzen der Verschaffung von Kenntnis

Im **Ausgangspunkt** gilt ein **Unterlassungsgebot.** Den zur Wahrung des Fernmeldegeheimnisses Verpflichteten ist es grundsätzlich untersagt, sich Kenntnis von Informationen zu verschaffen, die dem Fernmeldegeheimnis unterfallen, also Kenntnis des Inhalts und der näheren Umstände der Telekommunikation. Da freilich die geschäftsmäßige Erbringung der Telekommunikation kaum ohne bestimmte Kenntnisse zumal der näheren Umstände der Telekommunikation möglich ist, können die Verpflichteten sich nach Satz 1 von den für die geschäftsmäßige Erbringung erforderlichen Informationen Kenntnis verschaffen. 16

Das **Verbot sich Kenntnis zu verschaffen** bedeutet angesichts der technischen Vermittlung der Übertragung ein Verbot des Einsatzes technischer oder sonstiger Mittel, um die Telekommunikation zu entschlüsseln, abzuhören, Verbindungsdaten zu erheben oder in sonstiger Weise zu überwachen.[45] Insoweit enthält § 85 Abs 3 S 1 TKG nicht etwa ein Verbot des Vorhandenseins solcher technischer Vorrichtungen, wogegen schon etwaige Verpflichtungen aus § 88 TKG sprechen, sondern allein das Verbot des Einsatzes. Abs 3 S 1 bezieht sich allein auf ein aktives Tun zur Verschaffung von Informationen, die dem Fernmeldegeheimnis unterfallen. Zufällige Kenntnisnahme – die ohnehin kaum verboten werden kann, deren Möglichkeit durch Vorkehrungen allenfalls verringert werden könnte – ist damit nicht gemeint; diesbezüglich gelten dann freilich auch die Regeln über die Zweckbindung (Rn 19 ff). 17

**Erlaubt** ist die Verschaffung der **Kenntnis von den Informationen, die für die geschäftsmäßige Erbringung von Telekommunikationsdiensten erforderlich** sind. Das werden in der Regel nicht Inhalte der Kommunikation, sondern allein der Zugriff auf Verbindungsdaten sein können. Insoweit wird es vor allem um Abrechnungszwecke, die Sicherstellung eines technisch einwandfreien Betriebs, insbesondere auch die Störungsverhinderung oder -beseitigung und die Missbrauchsverhinderung bzw -abwehr gehen.[46] Bei der Beurteilung der Erforderlichkeit ist 18

---

43 Beck'scher TKG-Kommentar-*Büchner* § 89 Rn 13; *Roßnagel/Spindler* RMD, § 2 TDG Rn 37; vgl auch BR-Drucks 966/96 S 18 ff.
44 Zu problematischen Abgrenzung bei den Mehr-

wertdiensten vgl *Roßnagel/Spindler* RDM, § 2 TDG Rn 36.
45 *Manssen/Haß* TKG § 85 Rn 16.

dem Gewicht des Fernmeldegeheimnisses Rechnung zu tragen. Das schließt die Berücksichtigung wirtschaftlicher Überlegungen nicht aus, da die Erbringung der Telekommunikationsdienste ihrerseits grundrechtlich geschützte Tätigkeit ist (Rn 2).[47]

## 2. Zweckbindung der Verwendung

**19** **Kenntnisse** über dem Fernmeldegeheimnis unterliegende Informationen dürfen grundsätzlich **nur im Rahmen der Zweckbindung des Satzes 1 verwendet** werden, also nur soweit, wie es für die geschäftsmäßige Erbringung der Telekommunikationsdienste erforderlich ist (S 2). Damit wechselt die Perspektive von dem Geheimnisschutz zum Datenschutz und dem insoweit zentralen Institut der Zweckbindung. Von der Zweckbindung umfasst ist etwa die Erfassung von Verbindungsdaten zur Entgeltermittlung und -abrechnung. Ebenso wird man die Erfassung von Verbindungsdaten bei betrieblichen Nebenstellen zur geschäftsmäßigen Erbringung von Telekommunikationsdiensten rechnen können. Es ist nicht ersichtlich, warum die Überlassung an Dritte zu privaten Zwecken diese überhaupt erst in den Einzugsbereich des Fernmeldegeheimnisses bringen soll, dann aber die Prüfung des Umfangs der Inanspruchnahme nicht erforderlich sich sein soll.[48] Freilich sind andere Zwecke, wie etwa die Kontrolle des Arbeitsverhaltens der Beteiligten davon nicht umfasst. Möglich ist aber die Überprüfung auf missbräuchliche Inanspruchnahme, soweit dies unmittelbar der geschäftsmäßigen Erbringung von Telekommunikationsdiensten dient.[49]

## 3. Gesetzliche Zulassung anderer Verwendungszwecke

**20** Eine **Verwendung zu einem anderen,** als dem in Satz 1 genannten **Zweck** setzt voraus, dass das **TKG oder eine andere gesetzliche Vorschrift dies vorsieht** und sich dabei **ausdrücklich auf Telekommunikationsvorgänge bezieht** (S 3). Diese gesetzliche Zulassung anderer Verwendungszwecke kann sich vom Text her auf Zweckänderungen erlaubter Kenntnisse beziehen und insofern eine Ausnahme zu S 2 darstellen. Sie kann sich aber auch auf die Zulassung von Kenntnisrechten zu anderen Zwecken beziehen und insofern eine weitere Durchbrechung des Fernmeldegeheimnisses ermöglichen wollen. Damit entsteht eine Unklarheit über den Anwendungsbereich der Vorschrift. Die Begründung des Gesetzgebers spricht dafür, dass die Vorschrift sowohl für die Überwindung des Fernmeldegeheimnisses wie auch für die bloße Zweckänderung gelten sollte, wenn in Bezug auf den letzten Halbsatz ausgeführt wird, dass die Befugnisnorm für den Eingriff so gestaltet sein müsse, dass der Wille des Gesetzgebers, das Fernmeldegeheimnis zurücktreten zu lassen, deutlich werde.[50] Insoweit wird man auf die jeweilige Befugnisnorm abstellen und verlangen müssen, dass sie ggf auch deutlich eine Durchbrechung des Fernmeldegeheimnisses durch den zur Wahrung Verpflichteten ermöglicht. Satz 2 verlangt insoweit ausdrücklich eine gesetzliche Vorschrift und zudem eine solche, die sich ausdrücklich auf Telekommunikationsvorgänge bezieht. Zwar ist – wie die gesetzliche Begründung dazu ausführt – eine ausdrückliche Nennung des § 85 TKG selbstverständlich nicht erforderlich, aber Auskunftspflichten in allgemeiner Form reichen nicht aus, um den Anforderungen des § 85 TKG zu genügen, also das Fernmeldegeheimnis zu überwinden oder Zweckänderungen zu bewirken.[51]

### a) §§ 100a, b StPO

**22** Zu den anderen gesetzlichen Vorschriften, die eine Verwendung dieser Kenntnisse ermöglichen, gehören die **strafprozessualen Vorschriften zur Überwachung und Aufnahme der Telekommunikation in §§ 100a, b StPO.** Diese sehen ausdrücklich die Überwachung und Aufzeichnung der Telekommunikation vor, wenn bestimmte Tatsachen den Verdacht begründen, dass jemand Täter oder Teilnehmer einer Katalogtat im Sinne des § 100a S 1 StPO ist. Die Anordnung erfolgt

---

46 Manssen/*Haß* TKG § 85 Rn 17; Beck'scher TKG Kommentar/*Büchner* § 85 Rn 6.
47 AA Manssen/*Haß* TKG § 85 Rn 18.
48 So aber Manssen/*Haß* TKG § 85 Rn 20; wie hier wohl Beck'scher TKG Kommentar/*Büchner* § 85 Rn 4;
vgl auch unter grundrechtlichen Gesichtspunkten *Löwer* in: v Münch/Kunig, GGK Art 10 Rn 22 f.
49 Manssen/*Haß* TKG § 85 Rn 21.
50 BT-Drucks 13/3609 S 53.
51 BT-Drucks 13/3609 S 53.

Hans-Heinrich Trute

durch den Richter nach § 100b Abs 1 StPO, nur bei Gefahr im Verzug durch die Staatsanwaltschaft. Die Anordnung muss schriftlich erfolgen[52] und angesichts der Schwere des Eingriffs in das Fernmeldegeheimnis schon aus Gründen der Bestimmtheit Namen und Anschrift des Betroffenen, gegen den sie sich richtet, die Rufnummer oder eine andere Kennung des Telefonanschlusses enthalten, sowie Art, Umfang und Dauer der Maßnahme bestimmen (§ 100b Abs 2 StPO). Daher reicht eine Anordnung gegen eine nicht bestimmte Person als Beschuldigten nicht aus.[53] Diese Anordnung verpflichtet nach Maßgabe des § 100b Abs 3 StPO jeden, der geschäftsmäßig Telekommunikationsdienste erbringt, die Überwachung und Aufzeichnung zu ermöglichen. Die Verantwortung für die Rechtmäßigkeit der Anordnung trägt die anordnende Stelle, nicht der Erbringer der Telekommunikationsdienste.[54]

### b) Überwachung und Aufzeichnung nach dem G 10

Nach Art 1 § 1 Nr 1 G 10 sind die Verfassungsschutzbehörden des Bundes und der Länder, der MAD und der BND zur Abwehr drohender Gefahren für die freiheitliche demokratische Grundordnung oder den Bestand oder die Sicherheit des Bundes oder eines Landes einschließlich der Sicherheit der in der Bundesrepublik Deutschland stationierten Truppen der nichtdeutschen Vertragsstaaten des Nordatlantik-Vertrages, sowie der BND nach Nr 2 auch im Rahmen seiner Aufgaben nach § 1 Abs 2 BNDG auch zu den in § 3 Abs 1 S 2 Nr 2–6 G 10 bestimmten Zwecken berechtigt, die Telekommunikation zu überwachen und aufzuzeichnen. Voraussetzung der Überwachung ist das Vorliegen von tatsächlichen Anhaltspunkten für einen Verdacht, dass jemand die in Art 1 § 2 Abs 1 S 1 G 10 genannten Katalogtaten plant, begeht oder begangen hat oder dass tatsächliche Anhaltspunkte für den Verdacht bestehen, dass jemand Mitglied einer Vereinigung ist, die Straftaten begeht, die gegen die freiheitliche Grundordnung oder den Bestand oder die Sicherheit des Staates gerichtet sind. Diese Anordnungen sind nach Art 1 § 2 Abs 2 G 10 nur zulässig, wenn die Erforschung des Sachverhalts auf andere Weise aussichtslos oder wesentlich erschwert wäre. Auch hier gilt, dass der Antrag schriftlich zu stellen und zu begründen ist (Art 1 § 4 Abs 3 G 10). Die Anordnung durch die oberste Landesbehörde oder den zuständigen Bundesminister ergeht ebenfalls schriftlich und muss denjenigen bezeichnen, gegen den sich die Maßnahme richtet sowie die Rufnummer oder eine andere Kennung seines Telekommunikationsanschlusses (Art 1 § 6 Abs 1 G 10). Zudem kann der BND in eng begrenzten Fällen nach Art 1 § 3 G 10 die internationale nicht leitungsgebundene Telekommunikation überwachen;[55] dies betrifft beispielsweise die Gefahr eines bewaffneten Angriffs auf die Bundesrepublik Deutschland.[56]

### c) § 39 AWG

Zur **Verhütung von Straftaten** nach dem AWG oder dem KWG, die in § 39 Abs 2 AWG abschließend definiert sind, ist das Zollkriminalamt berechtigt, die Telekommunikation einschließlich der dazu nach Wirksamwerden der Anordnung nach § 40 AWG innerhalb des Telekommunikationsnetzes in Datenspeichern abgelegten Inhalte zu überwachen und aufzuzeichnen.[57] Auch insoweit ist die Anordnung nur zulässig, wenn die Erforschung des Sachverhaltes auf andere Weise aussichtslos oder wesentlich erschwert wäre und die Maßnahme nicht außer

---

52 Auch hier ist der Text des § 100b Abs 2 StPO ernst zu nehmen. Mündliche Anordnungen reichen nicht aus, auch nicht in Eilfällen; zutreffend Beck'scher TKG Kommentar/*Ehmer* § 88 Rn 11; vgl aber *Kleinknecht/Meyer-Goßner* StPO § 100b Rn 5.
53 Zutreffend Beck'scher TKG Kommentar/*Ehmer* § 88 Rn 8 mwN.
54 Zur beständig steigenden Zahl der Überwachungsmaßnahmen und der geringen evaluativen Anforderungen im Verfahren vgl jüngst noch einmal *Bizer* Telekommunikation und Innere Sicherheit 1999 – Neue Entwicklungen im Telekommunikationsrecht, in: Kubicek ua, Jahrbuch Telekommunikation und Gesellschaft 2000, S 482 ff; zur Kritik auch *Bäumler/Dix/Garstka/Sokohl/Walz* DuD 1998, 712 ff.
55 Dazu und zu den rechtsstaatlichen Anforderungen BVerfGE 100, 313, 358 ff.
56 Dazu auch *Bizer* (Fn 54), S 490 f.
57 Die Vorschrift des § 39 AWG ist im Hinblick auf einen Normenkontrollantrag des Landes Rheinland-Pfalz in ihrer Geltung bis zum 31. 12. 2002 befristet; vgl Art 1 des 10. ÄndG zum AWG v 22. 12. 1999, BGBl I S 2822; dazu auch mit umfangreichen Informationen zur Praxis bei der Anwendung des § 39 AWG BT-Drucks 14/1415.

Hans-Heinrich Trute

Verhältnis zur Bedeutung des aufzuklärenden Sachverhaltes steht. Zu ihrer Anordnung bedarf es eines schriftlich begründeten Antrages (§ 40 Abs 1 AWG), die Anordnung ergeht durch den Richter und bei Gefahr im Verzug durch den Bundesfinanzminister. Auch sie ergeht schriftlich, muss Namen und Anschrift des Betroffenen enthalten, sowie die Rufnummer oder eine andere Kennung des Telefonanschlusses.

### d) § 12 FAG

**25** In **strafgerichtlichen Untersuchungen** kann nach § 12 FAG der Richter und bei Gefahr im Verzug auch die Staatsanwaltschaft Auskunft über den Fernmeldeverkehr verlangen, wenn die Mitteilungen an den Beschuldigten gerichtet waren oder wenn Tatsachen vorliegen, aus denen zu schließen ist, dass die Mitteilungen von dem Beschuldigten herrührten oder für ihn bestimmt waren und dass die Auskunft für die Untersuchung Bedeutung hat.[58] Adressat der Vorschrift sind diejenigen, die „Auskunft über die Telekommunikation" geben können. § 12 FAG ermöglicht nach dem eindeutigen Wortlaut lediglich die Auskunft über vergangene Telekommunikationsvorgänge und hat, da eine Aufzeichnung der Gespräche regelmäßig nicht stattfindet, damit vor allem Bedeutung für die Übermittlung der vergangenen Verbindungsdaten.[59] Durch sog Kettenanordnungen besteht allerdings die Gefahr, dass jedenfalls hinsichtlich der erreichbaren Daten die Anforderungen der Strafprozessordnung (Rn 22), insbesondere die Festlegung auf bestimmte Katalogtaten, unterlaufen werden.[60] Die Vorschrift ist weiterhin rechtsstaatlich bedenklich.

### e) Vorschriften, die keine Ausnahmen von der Zweckbindung enthalten

**26** **Keine Ausnahmen von der Zweckbindung** enthält § 93 AO, da diese Vorschrift keinen ausdrücklichen Bezug zu Telekommunikationsvorgängen enthält. Ebenso fehlt den Regelungen der §§ 94, 99, 100c StPO der Bezug auf Telekommunikationsvorgänge.[61]

### f) Einwilligung

**27** Bereits **tatbestandsausschließend wirkt die Einwilligung**, sofern alle Teilnehmer diese erklärt haben oder freiwillig den Telekommunikationsvorgang offenbart haben. Dies hat Bedeutung etwa für die Anordnung einer Fangschaltung, die nicht schon mit dem Antrag eines der Beteiligten legitimiert ist. Sie hat ihre Grundlage denn auch in § 89 Abs 2 Nr 3 lit b TKG, nicht in der Einwilligung der Beteiligten. Das Fernmeldegeheimnis schützt entgegen verbreiteter Annahme den Kommunikationsvorgang, der nicht in einzelne Teilnehmeranteile zerlegt werden kann.[62] An die Einwilligung können die Anforderungen gestellt werden, die auch von der RL 95/46/EG in Art 2 lit h gestellt werden. Die Einwilligung muss daher für den konkreten Fall und in Kenntnis der Sachlage erfolgen.[63] Damit sind dann auch nicht beliebige, sondern nur konsentierte oder gesetzlich zugelassene Verwendungszwecke eröffnet.[64]

---

58 Die Geltung der Vorschrift des § 12 FAG wurde durch den durch Art 5 Nr 20 PostNeuOG eingeführten § 28 FAG in der Geltung bis zum 31. 12. 1997 befristet. Diese Frist wurde durch das BegleitG v 15.12. 1997 (BGBl I S 3108) erstmalig bis zum 31. 12. 1999 und durch Art 4 Nr 1 des Gesetzes zur strafverfahrensrechtlichen Verankerung des Täter-Opfer-Ausgleichs und zur Änderung des Gesetzes über die Fernmeldeanlagen v 20. 12. 1999 (BGBl I S 2491) bis zum 31. 12. 2001 verlängert. Durch Art 4 Nr 2 wurde als Abs 2 von § 12 FAG die entsprechende Geltung des § 100b Abs 6 und § 101 Abs 1 S 1 StPO eingefügt. Dies ist ein Zugewinn an Rechtsstaatlichkeit, ohne die Bedenken gegen die Vorschrift insgesamt zu beheben; vgl auch *BfD* 18. TB, 2001 S 49 f.

59 Vgl mit ausführlichen Nachweisen auch zur Gegenauffassung Beck'scher TKG Kommentar/*Ehmer* § 88 Rn 18.

60 Zu Recht krit Beck'scher TKG Kommentar/*Ehmer* § 88 Rn 19; vgl BGH NJW 1993, 1212, 1213; *Eisenberg/Nischan* JZ 1997, 74, 81 f.

61 Vgl auch Beck'scher TKG Kommentar/*Büchner* § 85 Rn 14 ff.

62 Vgl BVerfGE 85, 386, 399; *Hermes* in: Dreier, GG I Art 10 Rn 48; krit *Löwer* in: v Münch/Kunig, GGK Art 10 Rn 24 f.

63 Zu den Anforderungen *Dammann/Simitis* EG-Datenschutzrichtlinie Art 2 Rn 22.

64 *Manssen/Maß* TKG, § 85 Rn 27.

Hans-Heinrich Trute

## V. Ausnahmen für Schifffahrt und Luftverkehr

Eine **Ausnahme** von der Verpflichtung zur Wahrung des Fernmeldegeheimnisses besteht, wenn sich die Telekommunikationsanlage **an Bord eines Fahrzeugs für Seefahrt oder Luftverkehr** befindet. In diesem Fall besteht gegenüber dem Führer des Fahrzeugs oder seinem Stellvertreter keine Pflicht zur Wahrung des Fernmeldegeheimnisses. Mit dieser Vorschrift wird an § 10 Abs 3 FAG angeschlossen. Die Vorschrift beinhaltet eine Ausnahme für den Personenkreis, der an sich zur Wahrung des Geheimnisses verpflichtet ist, personell beschränkt gegenüber den in Abs 4 genannten Adressaten. Die Reichweite der Vorschrift ist alles andere als klar und **bedarf restriktiver Interpretation.** Sie kann nur gelten, soweit die Durchbrechung des Fernmeldegeheimnisses erforderlich ist, um der besonderen Situation an Bord eines der genannten Fahrzeuge Rechnung zu tragen, darf aber nicht als genereller Vorrang der Kommandogewalt vor dem Fernmeldegeheimnis aufgefasst werden.[65]

28

## VI. Rechtsfolgen einer Verletzung der Pflichten aus § 85 TKG

Das Fernmeldegeheimnis schützt nicht nur gegen die unbefugte Kenntnisnahme des Kommunikationsvorgangs, sondern auch gegen die **unbefugte Weitergabe der erlangten Informationen,** die – bei Anwendung der Eingriffsdogmatik der Grundrechte – als erneuter Grundrechtseingriff zu werten ist, der jeweils gesetzlicher Grundlage bedürfte.[66] Nichts anderes gilt im vorliegenden Kontext. Sowohl die unbefugte Kenntnisnahme wie auch die unbefugte, dh auch die außerhalb der legitimierten Verwendungszwecke liegende Verwendung führen zu einer Verletzung des § 85 Abs 1 TKG und werfen die Frage nach den Rechtsfolgen auf.

29

Im Ausgangspunkt gilt zunächst, dass **§ 85 Abs 1 TKG,** auch soweit er durch einen Verstoß gegen § 85 Abs 2, 3 TKG verletzt wird, **eine den Schutz der Nutzer vermittelnde Norm ist.**[67] Ihre Verletzung ist daher die Verletzung eines subjektiven Rechts, was zu entsprechenden Sanktionen innerhalb der allgemeinen Rechtsordnung führt. Dies beinhaltet nach den allgemeinen Regeln einen **Schadensersatz- bzw Unterlassungsanspruch** nach Maßgabe der §§ 1004, 823 Abs 2 BGB, der im Übrigen auch, soweit es sich bei dem Verletzenden um einen Anbieter von Telekommunikationsdienstleistungen für die Öffentlichkeit handelt, nach Maßgabe des § 40 TKG begründet sein kann. Wegen der in der Verletzung des Fernmeldegeheimnisses liegenden **Verletzung des allgemeinen Persönlichkeitsrechts** kommt ebenfalls ein Unterlassungsanspruch wie auch ein Schadensersatzanspruch aus § 823 Abs 1 BGB in Betracht.[68] In schweren Fällen kann ein Ersatz des immateriellen Schadens gem § 847 BGB begründet sein, ein freilich eher unwahrscheinlicher Fall.[69] Selbstverständlich können sich weitere Ansprüche aus einem etwaigen zwischen den Beteiligten bestehenden Vertragsverhältnis ergeben.

30

Ungeachtet dieser zivilrechtlichen Sanktionsmöglichkeiten kann die **RegTP nach Maßgabe des § 91 Abs 1 TKG Anordnungen** und andere geeignete Maßnahmen **treffen** (§ 91 Rn 3 ff), um die Einhaltung des § 85 TKG sicherzustellen. Ebenso kann sie bei der Nichterfüllung von Verpflichtungen aus dem Elften Teil des Gesetzes, zu denen auch die Wahrung des Fernmeldegeheimnisses gehört, den Betrieb der Telekommunikationsanlage ganz oder teilweise untersagen, soweit nicht mildere Maßnahmen eine Erfüllung der Verpflichtungen verbürgen. Die Eingriffsmöglichkeiten der RegTP dienen der Durchsetzung auch des subjektiven Rechts des Nutzers, so dass ein **Anspruch der Nutzer auf ermessensfehlerfreie Entscheidung** über den Eingriff begründet sein kann. Freilich muss nicht jede Reaktion zugleich dem Schutz ihrer Rechte dienen. So wird eine Untersagung des Betriebes kaum die Rechte der Nutzer auf Wahrung des Fernmeldegeheimnisses durch den Betreffenden sichern können, da jedenfalls die Informationsmittlung durch diesen Nutzer gänzlich beseitigt wird. Insofern kommen drittschützende Maßnah-

31

---

[65] AA Beck'scher TKG Kommentar/*Büchner* § 85 Rn 21.
[66] Vgl dazu oben Rn 9, 20.
[67] Ähnlich Beck'scher TKG Kommentar/*Büchner* § 85 Rn 23.
[68] Beck'scher TKG Kommentar/*Büchner* § 85 Rn 23.
[69] Manssen/*Haß* TKG § 85 Rn 30.

Hans-Heinrich Trute

men eher unterhalb dieser Schwelle in Betracht. Nach § 15 Nr 1 TKG kommt zudem der **Widerruf der Lizenz** in Betracht.

**32** Die **Verletzung des Fernmeldegeheimnisses ist zudem strafrechtlich bewehrt.** § 206 StGB ist an die Stelle des alten § 354 StGB getreten und erfasst Inhaber und Beschäftigten eines Unternehmens, dass geschäftsmäßig Telekommunikationsdienste erbringt.

## § 86 Abhörverbot, Geheimhaltungspflicht der Betreiber von Empfangsanlagen

Mit einer Funkanlage dürfen Nachrichten, die für die Funkanlage nicht bestimmt sind, nicht abgehört werden. Der Inhalt solcher Nachrichten sowie die Tatsache ihres Empfangs dürfen, auch wenn der Empfang unbeabsichtigt geschieht, auch von Personen, für die eine Pflicht zur Geheimhaltung nicht schon nach § 85 besteht, anderen nicht mitgeteilt werden. § 85 Abs 4 gilt entsprechend. Das Recht, Funkaussendungen zu empfangen, die für die Allgemeinheit oder einen unbestimmten Personenkreis bestimmt sind, sowie das Abhören und die Weitergabe von Nachrichten auf Grund besonderer gesetzlicher Ermächtigung bleiben unberührt.

**Schrifttum:** *Aubert/Klingler* Fernmelderecht, Telekommunikationsrecht, 4. Aufl, 1990; *Eidenmüller* Post- und Fernmeldewesen, Kommentar Losebl, (eingestellt); *Erbs/Kohlhaas* Strafrechtliche Nebengesetze, TKG, Kommentar, Stand 1.8.1998.

**Inhaltsübersicht**

| | | Rn |
|---|---|---|
| I. | Entstehungsgeschichte und Systematik | 1–2 |
| II. | Abhörverbot von Nachrichten durch Funkanlagen (S 1) | 3–7 |
| | 1. Funkanlagen | 4–5 |
| | 2. Nachrichten | 6 |
| | 3. Abhören | 7 |
| III. | Mitteilungsverbot (S 2) | 8 |
| IV. | Ausnahmen vom Abhör- und Mitteilungsverbot (S 3, 4) | 9–10 |
| V. | Rechtsfolgen eines Verstoßes | 11 |

### I. Entstehungsgeschichte und Systematik

**1** § 85 TKG transformiert das Fernmeldgeheimnis in das Verhältnis von Anbietern von Telekommunikationsdiensten und Nutzern. Er enthält allerdings keine Aussage zum Schutz der Telekommunikation gegenüber Eingriffen Dritter. Einen Ausschnitt aus dieser Problematik greift der § 86 TKG auf, der ein Abhör- und Verwendungsverbot für Nachrichten enthält, **die durch Funkanlagen, für die diese Nachrichten nicht bestimmt sind, empfangen worden sind.** Damit wird – beschränkt auf Funkanlagen – ein Schutz gegenüber unbefugtem Zugriff vermittelt. Der weitere Bereich des unbefugten Abhörens, etwa der des unbefugten Zugriffs auf das Festnetz durch „Anzapfen" oder das sonstige Mithören durch Abhörgeräte wird allerdings durch § 201 StGB adressiert. Die Vorschrift des § 86 TKG ist im Zusammenhang mit der Strafvorschrift des § 95 TKG zu sehen und erweist sich insoweit als Vorschrift zur Schließung vorhandener strafrechtlicher Lücken beim unbefugten Abhören des Telekommunikationsverkehrs.

**2** Der **ursprüngliche Entwurf der Bundesregierung** enthielt eine im Anwendungsbereich noch eingeschränktere Vorschrift, nämlich der Sache nach die Übernahme des § 11 FAG. Danach sollten die durch eine von anderen als Behörden betriebene Funkanlage empfangenen Nachrichten, die von einer öffentlichen Zwecken dienenden Funkanlage übermittelt und nicht für die empfangende Anlage bestimmt waren, anderen nicht mitgeteilt werden dürfen.[1] Gerichtet war

---

**1** Vgl BT-Drucks 13/3609 S 26.

Hans-Heinrich Trute

§ 86  Abhörverbot, Geheimhaltungspflicht der Betreiber von Empfangsanlagen

diese Vorschrift vor allem auf ein Weitergabeverbot von Nachrichten aus dem BOS-Bereich (Behörden und Organisationen mit Sicherheitsaufgaben mit eigenen sog BOS-Frequenzen), die aufgrund technischer Probleme und hoher finanzieller Bürden nicht verschlüsselt wurden, etwa der Polizeifunk. Der Empfang als solcher war freilich straflos. Die damit entstehenden Lücken und die durch die Liberalisierung und Privatisierung ermöglichte private Funkkommunikation, die infolge der durch gemeinschaftsrechtliche Vorgaben bewirkten Freigabe von einfachen Geräten zum Empfang leicht abhörbar geworden waren, machten nach Auffassung des Bundesrates die Erweiterung des Anwendungsbereichs der Vorschrift gegenüber dem alten § 11 FAG erforderlich.[2] Dem wurde im Ausschuss für Post und Telekommunikation Rechnung getragen und die Vorschrift mit ihrem heutigen Inhalt vorgeschlagen.[3] Sie wurde ergänzt durch die Klarstellung des S 4, wonach der Empfang von Funkaussendungen für die Allgemeinheit oder einen unbestimmten Personenkreis sowie das Abhören und Weitergeben von Nachrichten aufgrund besonderer gesetzlicher Ermächtigung unberührt bleiben sollten.

## II. Abhörverbot von Nachrichten durch Funkanlagen (S 1)

Nach § 86 S 1 TKG besteht zunächst ein **Abhörverbot**, das Nachrichten betrifft, die durch Funkanlagen empfangen worden sind, aber für diese nicht bestimmt sind.  **3**

### 1. Funkanlagen

Funkanlagen sind nach § 3 Nr 4 TKG elektrische Sende- und Empfangseinrichtungen, zwischen denen die **Informationsübertragung ohne Verbindungsleitungen** stattfinden kann. Dabei kommt es nicht darauf an, ob diese Anlagen an ein öffentliches Telekommunikationsnetz angeschaltet sind oder nicht. Insoweit reduziert dieser Begriff den Anwendungsbereich der Vorschrift deutlich. Umfasst sind vor allem Betriebsfunkanlagen (etwa Taxenfunk), CB-Funkanlagen, Amateurfunkanlagen, Funktelefone jeder Art, also auch die schnurlosen Nebenstellenanschlüsse. Der Begriff bezieht sich auf die Gesamtheit der Anlage, umfasst neben Endeinrichtungen auch die Basisstationen.[4]  **4**

Insofern deckt sich der Begriff der Funkanlage nicht mit dem Begriff des **Abhörgerätes in § 201 StGB**. Letzterer ist deutlich weiter. Abhörgerät im Sinne des § 201 StGB ist danach eine verbotene technische Einrichtung, die das nichtöffentlich gesprochene Wort über dessen natürlichen Klangbereich hinaus für den Täter hörbar macht. Das erhellt den weit über die Telekommunikation hinausreichenden Anwendungsbereich, zugleich aber dessen Beschränkung auf verbotene Einrichtungen, so dass etwa das „Anzapfen" von Telekommunikationsanlagen dem Begriff des Abhörgerätes unterfallen dürfte, nicht aber der Betrieb von Mithöreinrichtungen. Funkanlagen als erlaubte technische Einrichtungen dürften dem Begriff des Abhörgerätes nicht unterfallen.[5]  **5**

### 2. Nachrichten

Nachrichten im Sinne des § 86 TKG umfassen jede Form der durch Funkanlagen übermittelten Informationen in Form von Zeichen, Sprache, Bildern oder Tönen.[6] Sie werden durch zwei Vorgaben eingeschränkt. Zum einen muss es sich um Nachrichten handeln, die für die empfangende Funkanlage nicht bestimmt sind. Damit ist – insofern abweichend von dem früheren § 11 FAG – die Beschränkung auf Nachrichten entfallen, die von einer öffentlichen Zwecken dienenden Funkanlage übermittelt werden (Rn 4). Entscheidend ist allein, dass die **Nachricht für die empfangende Funkanlage nicht bestimmt** war. Das ist insofern missverständlich, als das Abstellen auf die empfangende Funkanlage Vorstellungen einer bestimmten Art von Funkan-  **6**

---

[2] BT-Drucks 13/4438 Äußerung des Bundesrates zu § 83 TKGE Nr 79, 80.
[3] Beschlussempfehlung und Bericht des Ausschusses für Post und Telekommunikation BT-Drucks 13/4864 zu § 83 TKGE.
[4] Dazu Beck'scher TKG Kommentar/*Bönsch* § 61 Rn 5 ff, der den Begriff zutreffend auch auf Geräte auf der Grundlage von Laser-, Infrarot- oder sonstiger Lichttechnik erstreckt, aaO Rn 6.
[5] So im Ergebnis auch Manssen/*Haß* TKG § 86 Rn 12.
[6] Vgl insoweit § 3 Nr 16 TKG; *Eidenmüller*, § 1 FAG Anm 12, § 10 FAG Anm 6.

lagen evoziert. Demgegenüber kommt es nur darauf an, dass mit der Einstellung der Funkanlage der Empfang von Nachrichten bewirkt wird, die nur für einen bestimmten Empfängerkreis bestimmt waren. Ein Beispiel dafür ist das Einstellen einer Funkfrequenz aus dem BOS-Spektrum mit einer Funkanlage, die ansonsten für Nachrichten aus einem anderen Frequenzspektrum genutzt wird. Dabei kommt es nicht darauf an, ob der Sender um die Möglichkeit oder die Tatsache des Empfangs durch die betreffende Anlage weiß, oder damit immerhin rechnet. Es kommt allein darauf an, was insoweit bestimmt ist.[7] Die zweite Einschränkung ergibt sich aus der Begrenzung auf Nachrichten, die nicht an die Allgemeinheit oder einen unbestimmten Personenkreis adressiert sind. Angesichts der schon zu § 85 TKG dargelegten Ausdifferenzierungen zwischen Individual- und Massenkommunikation (§ 85 Rn 8) wird man nicht allein auf die Individualkommunikation abstellen können,[8] sondern – den Text ernst nehmend – allein darauf, ob die Nachrichten für die Allgemeinheit oder einen unbestimmten Personenkreis bestimmt sind. Auch insoweit kommt es also auf die **Bestimmung** durch den Sender an.

### 3. Abhören

**7** Verboten ist das Abhören der so bestimmten Nachrichten. Abhören ist die **bewusste Kenntnisnahme** oder das bewusste Empfangbarmachen für Dritte. Es ist weder ausreichend, dass durch Zuschalten einer Anlage nur die Möglichkeit der Kenntnisnahme besteht, noch reicht die technische Verfügbarmachung aus. Insoweit enthält der Begriff des Abhörens ein personales Element, dass nicht bereits dadurch erfüllt wird, dass der Betreffende Daten gespeichert hat, die erst später abgehört werden sollen.[9] Zudem reicht **nicht** die **zufällige Kenntnisnahme** aus, sondern es muss – vom Begriff des Abhörens vorgegeben – eine bewusste Herbeiführung von Kenntnis sein.[10]

### III. Mitteilungsverbot (S 2)

**8** Über das Abhörverbot des Satzes 1 hinaus enthält § 86 S 2 TKG ein **Mitteilungsverbot**, dass sich sowohl auf den **Inhalt** wie auch die Tatsache des Empfangs der Nachricht bezieht. Strukturell nicht anders als im § 85 TKG (Rn 20 ff), wird das Abhörverbot durch ein **Verwendungsverbot** begleitet. Jede Verwendung einer unbefugt empfangenen Nachricht stellt insoweit einen eigenständigen Verletzungsvorgang dar. Dieses Mitteilungsverbot dürfte über den Inhalt und die Tatsache des Empfangs hinaus die beteiligten Personen wie die näheren Umstände umfassen. Die jetzige, insoweit durchaus missverständliche Fassung dürfte dem historischen Vorbild nachempfunden sein, das freilich mit dem Bezug auf die Verwendung von Nachrichten aus dem BOS-Spektrum kaum das Problem individualisierbarer Empfänger kannte. Mit der Erstreckung auf den Bereich auch privater Individualkommunikation wird ein vollständiger Schutz erst mit der Einbeziehung der an der Kommunikation beteiligten Personen erreicht. Auch wenn oben im § 95 TKG die Anforderung des Art 103 Abs 2 GG zu beachten ist, so dürfte es noch im Rahmen der Auslegung liegen, in den Inhalt der Nachricht auch die näheren Umstände der Kommunikation einzubeziehen. Dafür spricht – abgesehen vom Schutzzweck – nicht zuletzt, dass sie auch aus der Perspektive eines Dritten Bestandteil der Informationen sind, die durch den Empfang erlangt sind.[11] Das Mitteilungsverbot betrifft, insofern anders als § 85 TKG, nicht nur Anbieter von Telekommunikationsdiensten, nicht einmal diese in erster Linie, sondern **jedermann**, der mittels einer Funkanlage die Nachrichten empfangen hat. Das Gesetz bringt dies etwas umständlich dadurch zum Ausdruck, dass auch auf Personen abgestellt wird, die nicht schon aufgrund des § 85 TKG einer Pflicht zur Geheimhaltung unterliegen. Im Übrigen setzt das Mitteilungsverbot ebenfalls **vorsätzliches Handeln** voraus. Mitteilung von Informationen ist ein bewusster Akt. Es

---

7   AA offenbar Beck'scher TKG Kommentar/*Büchner* § 86 Rn 2; krit insoweit auch Manssen/*Haß* TKG § 86 Rn 8, freilich missverständlich unter dem Gesichtspunkt der Einwilligung thematisiert.
8   So aber Beck'scher TKG Kommentar/*Büchner* § 86 Rn 7.

9   Wie hier Manssen/*Haß* TKG § 86 Rn 5; aA Beck'scher TKG Kommentar/*Büchner* § 86 Rn 2.
10  Beck'scher TKG Kommentar/*Büchner* § 86 Rn 2.
11  Im Ergebnis auch Manssen/*Haß* TKG § 86 Rn 6.

Hans-Heinrich Trute

reicht nicht aus, dass jemand etwa empfangene Nachrichten durch unzureichende Sicherheitsmassnahmen dem Zugriff Dritter aussetzt.

## IV. Ausnahmen vom Abhör- und Mitteilungsverbot (S 3, 4)

Sowohl das Abhör- wie das Mitteilungsverbot kennen **Ausnahmen**, die sich zum Teil aus § 86 TKG selbst, zum Teil aus anderen Vorschriften ergeben, die in S 4 letzter Halbs ausdrücklich in Bezug genommen worden sind. Mit der entsprechenden Anwendung von § 85 Abs 4 TKG, die durch S 3 angeordnet wird, soll erneut – wie schon bei § 11 FAG – den **Besonderheiten von Funkanlagen auf Schiffen und Luftfahrzeugen** Rechnung getragen werden. Der Anwendungsbereich – bei § 85 Abs 4 TKG schon erstaunlich weit gezogen (Rn 28) – soll auch das gesamte unbefugte Empfangen des Funkverkehrs und die Mitteilung an den Kapitän und dessen Verwendung etwa zu Navigationszwecken umfassen.[12] Dass dies angesichts der Erstreckung auf private Funkanlagen ebenfalls möglich sein soll, mag man bezweifeln. Hier liegt es nahe, dass der Gesetzgeber die Erweiterung des Anwendungsbereichs nicht mitvollzogen hat. Diese Ausnahme ist daher, insbesondere soweit es die Individualkommunikation betrifft, auf das in der besonderen Situation der Schifffahrt und des Luftverkehrs Erforderliche zu begrenzen (§ 85 Rn 28).

**Unberührt** bleiben im Übrigen **besondere gesetzliche Ermächtigungen**, die zum Abhören und zur Weitergabe von Nachrichten ermächtigen, wie es in § 86 S 4 letzter Halbs heißt. Hier sind insbesondere die Vorschriften der Strafprozessordnung, insbesondere die §§ 100a, b StPO, die §§ 1 ff G 10 , §§ 39 ff AWG und § 12 FAG zu nennen (§ 85 Rn 22).

9

10

## V. Rechtsfolgen eines Verstoßes

Das unbefugte Abhören und die unbefugte Mitteilung sind **gem § 95 TKG strafbar**. Darüber hinaus kommen – allerdings eingeschränkt auf Anbieter von Telekommunikationsdiensten – **Schadensersatz- und Unterlassungsansprüche** nach Maßgabe des § 40 TKG in Betracht. Da § 86 TKG Schutznorm zugunsten der die Nachricht abgebenden und deren Empfängerkreis bestimmenden Personen ist, dürften auch insoweit die sich aus §§ 823 Abs 2, 1004 BGB ergebenden Ansprüche begründet sein; ggf und abhängig von den Handelnden kommt auch ein Anspruch nach Maßgabe des § 823 Abs 1 BGB in Betracht. Im Übrigen stehen der RegTP die in § 91 Abs 1, 3 TKG genannten Möglichkeiten zur Verfügung. Insoweit gilt das schon zu § 85 TKG ausgeführte (§ 85 Rn 29 ff). Freilich dürften die Handlungsmöglichkeiten der RegTP insoweit eher eingeschränkter sein, als es sich hier oftmals und insofern anders als bei § 85 TKG um Verletzungsvorgänge handeln wird, die außerhalb des Angebots von Telekommunikationsdiensten durch externe Dritte stattfinden.

11

## § 87 Technische Schutzmaßnahmen

(1) Wer Telekommunikationsanlagen betreibt, die dem geschäftsmäßigen Erbringen von Telekommunikationsdiensten dienen, hat bei den zu diesem Zwecke betriebenen Telekommunikations- und Datenverarbeitungssystemen angemessene technische Vorkehrungen oder sonstige Maßnahmen zum Schutze
1. des Fernmeldegeheimnisses und personenbezogener Daten,
2. der programmgesteuerten Telekommunikations- und Datenverarbeitungssysteme gegen unerlaubte Zugriffe,
3. gegen Störungen, die zu erheblichen Beeinträchtigungen von Telekommunikationsnetzen führen, und

---

[12] Beck'scher TKG Kommentar/*Büchner* § 86 Rn 6; ohne Bedenken auch Manssen/*Haß* TKG § 86 Rn 10.

Hans-Heinrich Trute

4. von Telekommunikations- und Datenverarbeitungssystemen gegen äußere Angriffe und Einwirkungen von Katastrophen

zu treffen. Dabei ist der Stand der technischen Entwicklung zu berücksichtigen. Die Regulierungsbehörde erstellt im Benehmen mit dem Bundesamt für Sicherheit in der Informationstechnik nach Anhörung von Verbraucherverbänden und von Wirtschaftsverbänden der Hersteller und Betreiber von Telekommunikationsanlagen einen Katalog von Sicherheitsanforderungen für das Betreiben von Telekommunikations- und Datenverarbeitungssystemen, um eine nach dem Stand der Technik und internationalen Maßstäben angemessene Standardsicherheit zu erreichen. Dem Bundesbeauftragten für den Datenschutz ist Gelegenheit zur Stellungnahme zu geben. Der Katalog wird von der Regulierungsbehörde im Bundesanzeiger veröffentlicht. Der für die Schutzmaßnahmen zu erbringende technische und wirtschaftliche Aufwand ist von der Bedeutung der zu schützenden Rechte und der zu sichernden Anlagen für die Allgemeinheit abhängig.

(2) Lizenzpflichtige Betreiber von Telekommunikationsanlagen haben einen Sicherheitsbeauftragten zu benennen und ein Sicherheitskonzept zu erstellen, aus dem hervorgeht,
1. welche Telekommunikationsanlagen eingesetzt und welche Telekommunikationsdienste geschäftsmäßig erbracht werden,
2. von welchen Gefährdungen auszugehen ist und
3. welche technischen Vorkehrungen oder sonstigen Schutzmaßnahmen zur Erfüllung der Verpflichtungen aus Absatz 1 getroffen oder geplant sind.

Das Sicherheitskonzept ist der Regulierungsbehörde vorzulegen, verbunden mit einer Erklärung, dass die darin aufgezeigten technischen Vorkehrungen und sonstigen Schutzmaßnahmen umgesetzt sind oder bis zu einem bestimmten Zeitpunkt umgesetzt werden. Stellt die Regulierungsbehörde im Sicherheitskonzept oder bei dessen Umsetzung Sicherheitsmängel fest, so kann sie vom Betreiber deren Beseitigung verlangen.

(3) Das Bundesministerium für Post und Telekommunikation wird ermächtigt, durch Rechtsverordnung, die nicht der Zustimmung des Bundesrates bedarf, die Erfüllung der Verpflichtungen nach den Absätzen 1 und 2 näher zu regeln. Dabei kann der Kreis der Verpflichteten nach Absatz 1 und das zu fordernde Maß an Schutzvorkehrungen nach den Absätzen 1 und 2 entsprechend der wirtschaftlichen Bedeutung der jeweiligen Telekommunikationsanlage festgelegt werden.

**Schrifttum:** *Bothe/Heun/Lohmann* Rechtsfragen des Errichtens und Betreibens von Fernmeldeanlagen, ArchivPT 1995, 5; *Büllesbach* Datenschutz im Telekommunikationsrecht, 1997; Bundesministerium für Post und Telekommunikation, Katalog von Sicherheitsanforderungen, 1997; *Fuhrmann* Gesetzentwurf zur Neuordnung des Zivilschutzes, ZG 1996, 352; *Fumy* Von Common Criteria bis zu elliptischen Kurven. Sicherheitsstandards von ISO/IEC JTC 1/SC 27, DuD 2000, 7; *Gramlich* Von der Postreform zur Postneuordnung, NJW 1994, 2785; *Helf* Sicherheit in der Telekommunikation als Regulierungsaufgabe, CR 1997, 331; *Kemmler* Telekommunikationsgesetz, ArchivPT 1996, 321; *Müller-Using* Nochmals: Zu den verfassungsrechtlichen Aspekten der Postreform II, ArchivPT 1995, 46; *Münch* Wem hilft der Katalog der Sicherheitsanforderungen gemäß § 87 TKG?, RDV 1998, 102; OECD Guidelines for the Security of Informations Systems, 1992; *Pfitzmann* Datenschutz durch Technik, DuD 1999, 7; *Rottmann* Zu den verfassungsrechtlichen Aspekten der Postreform II, ArchivPT 1994, 193; *Trute* Öffentlich-rechtliche Rahmenbedingungen einer Informationsordnung, VVDStRL 57 (1998), 216; *Wittschen* Entwurf eines Zivilschutzneuordnungsgesetzes und Neuordnung des Zivilschutzes, ZG 1996, 134.

**Inhaltsübersicht**

|  | Rn |
|---|---|
| I. Entstehungsgeschichte und Systematik | 1–6 |
| II. Angemessene Schutzvorkehrungen zur Ereichung eines Standardsicherheitsniveaus (Abs 1) | 7–25 |
|    1. Angemessene Schutzvorkehrungen | 8–15 |
|       a) Verpflichteter | 8 |
|       b) Schutzziele | 9–13 |
|       c) Schutzanforderungen | 14–15 |
|    2. Anforderungen an Lizenzinhaber | 16–25 |
| III. Die Verordnungsermächtigung (Abs 3) | 26–28 |

Hans-Heinrich Trute

## I. Entstehungsgeschichte und Systematik

Die Vorschrift des § 87 TKG soll der besonderen Bedeutung von Fernmeldegeheimnis und Datenschutz sowie der infrastrukturellen Bedeutung von Telekommunikationsinfrastrukturen und -diensten Rechnung tragen, indem zunächst eine **materielle Pflicht zur Schaffung angemessener technischer Vorkehrungen** begründet wird, die zu einem **Standardsicherheitsniveau der Telekommunikations- und Datenverarbeitungsanlagen** führen sollen (Abs 1). Ein von der RegTP zu erstellender Katalog von Sicherheitsanforderungen bildet eine Orientierung für die zu treffenden Anforderungen. Lizenzpflichtige Betreiber von Telekommunikationsanlagen werden darüber hinaus zur Benennung eines Sicherheitsbeauftragten und Ausarbeitung eines der Regulierungsbehörde vorzulegenden Sicherheitskonzeptes verpflichtet. Dieses soll eine Gefährdungsanalyse und ein Konzept technischer Vorkehrungen beinhalten, dass den Anforderungen der Standardsicherheit Rechnung tragen soll. Die RegTP kann bei Sicherheitsmängeln Änderungen verlangen (Abs 2). Dem Bundesministerium für Post und Telekommunikation wird eine Ermächtigung zum Erlass einer Rechtsverordnung eingeräumt, um die Verpflichtungen aus den Absätzen 1, 2 näher zu regeln. Das Gesetz bedient sich hier einer modernen Regulierungstechnik, indem es nicht etwa präventive Verbote mit Erlaubnisvorbehalt, sondern materielle Pflichten etabliert, die durch betriebsinterne Organisationsmaßnahmen und Eigenkonzepte der Verpflichteten in Orientierung an bestimmten gesetzlichen oder behördlichen Vorgaben umgesetzt werden sollen und erst bei unzureichendem Charakter der Umsetzung behördliche Maßnahmen vorsehen. 1

Dieser **Regulierungsansatz** ist in anderen Bereichen durchaus als innovative Regierungstechnik begrüßt worden, die es den Unternehmen ermöglicht, aufgrund ihres Informationsvorsprungs und mit dem Vorrang für ihre betriebsinternen Erfordernisse auf der Grundlage von allgemeinen Sicherheitsanforderungen Eigenkonzepte zu erstellen.[1] Das Ziel liegt darin, den Betreiber zu einem selbstverantworteten und damit reflexiven Umgang mit Gefahren und Risiken, die durch eine Anlage hervorgerufen oder ermöglicht werden oder ihr von außen drohen, anzuhalten. 2

Die Vorschrift war im Wesentlichen schon **im ursprünglichen Gesetzentwurf der Bundesregierung als § 84 TKGE** enthalten.[2] In den Beratungen des Ausschusses für Post und Telekommunikation wurde allerdings der personelle Anwendungsbereich der Vorschrift gegenüber dem Regierungsentwurf verändert. An die Stelle des Betreibers von Telekommunikationsanlagen, die dem Angebot von Telekommunikationsdienstleistungen dienen, wurde auf den Betrieb von Telekommunikationsanlagen, die dem geschäftsmäßigen Erbringen von Telekommunikationsdiensten dienen, abgestellt. Damit wurde der Anwendungsbereich dem des § 85 TKG angeglichen (§ 85 Rn 11) und klargestellt, dass die Verpflichtungen unabhängig von einer Gewinnerzielungsabsicht des Anbieters bei jedem nachhaltigen Angebot von Telekommunikation einschließlich des Angebots von Übertragungswegen für andere bestehen.[3] 3

Die Vorschrift steht systematisch im Zusammenhang mit dem als Art 10 des PTNeuOG vom 14.9.1994 erlassenen Gesetz zur Sicherstellung des Postwesens und der Telekommunikation (Post- und Telekommunikationssicherstellungsgesetz – **PTSG**)[4] sowie den auf seiner Grundlage ergangenen Rechtsverordnungen, also der Verordnung zur Sicherstellung der Post- und Telekommunikationsversorgung durch Schutzvorkehrungen und Maßnahmen des Zivilschutzes (Post- und Telekommunikations-Zivilschutzverordnung – **PTZSV**)[5] und der Verordnung zur Sicherstellung von Telekommunikationsdienstleistungen sowie zur Einräumung von Vorrechten bei deren Inanspruchnahme (Telekommunikations-Sicherstellungs-Verordnung – **TKSiV**).[6] Verbreitet wird eine weitreichende Überschneidung gerügt und damit die Erforderlichkeit der Regelung des § 87 TKG auch aus diesen Gründen bezweifelt.[7] Das **PTSG** bezieht sich auf die 4

---

[1] Vgl dazu *Trute* Vom Obrigkeitsstaat zur Kooperation, in: Hendler/Marburger/Reinhardt/Schröder, Rückzug des Ordnungsrechts im Umweltschutz, UTR 48 (1999), S 13, 34 f.
[2] BT-Drucks 13/3609 S 26, 54.
[3] BT-Drucks 13/4864 zu § 84 TKGE.
[4] BGBl I S 2325, 2378, geändert durch Art 5 des Gesetzes v 25.3.1997 (BGBl I S 726, 731).
[5] V 23.10.1996 (BGBl I S 1539).
[6] V 26.11.1997 (BGBl I S 2751).
[7] Manssen/Haß TKG § 87 Rn 3 ff, 6 ff; Beck'scher TKG Kommentar/*Ehmer* § 87 Rn 4 ff.

Sicherstellung einer ausreichenden Versorgung mit Post- und Telekommunikationsdienstleistungen bei einer Naturkatastrophe oder einem besonders schweren Unglücksfall, im Rahmen der Notfallbewältigung auf Grund internationaler Vereinbarungen, der Zusammenarbeit mit den vereinten Nationen, von Bündnisverpflichtungen sowie im Spannungs- und Verteidigungsfall (§ 1 PTSG). Die **PTZSV** bezieht sich auf **Zivilschutzmaßnahmen**, ordnet also Maßnahmen zum betrieblichen Katastrophenschutz sowie bauliche Maßnahmen zum Schutz der Beschäftigten der Unternehmen an, zur Aufrechterhaltung des Betriebs auch unter erschwerten Bedingungen oder während unmittelbarer Kampfhandlungen, um eine ausreichende Versorgung mit Post- und Telekommunikationsdienstleistungen zu erreichen (§ 2 Abs 1 PTZSV).[8] Der TKSiV geht es darum, in den in § 1 PTSG genannten Fällen ein **Mindestangebot durch die DTAG sowie gem § 6 lizenzierte Unternehmen sicherzustellen**[9] und vor allem Vorrechte zu definieren für eine bestimmte Gruppe bevorrechtigter Aufgabenträger (§§ 2 ff TKSiV). Eine Überschneidung kann tatbestandlich daher allenfalls im Falle des § 87 Abs 1 Nr 4 TKG, der den Schutz von Telekommunikations- und Datenverarbeitungssystemen gegen äußere Angriffe und Einwirkungen von Katastrophen verlangt, eintreten. Aber auch hier ist die Überschneidung angesichts der Inhalte von PTSG, PTZSV und TKSiV sehr begrenzt. Zudem ist der unterschiedliche Kreis von Adressaten sowie die Fixierung des § 87 TKG auf eine Gewährleistung von Standardsicherheit zu berücksichtigen. Eine genaue Durchmusterung der Anforderungen der genannten Vorschriften ergibt einen allenfalls minimalen Überschneidungsbereich. Auch wo er bestehen sollte, ist dies unschädlich, weil das betreffende Unternehmen dann die Anforderungen der Standardsicherheit gewiss erfüllen würde, im übrigen dafür entschädigt (§ 12 PTSG) und jedenfalls keinen zusätzlichen materiellen Pflichten unterliegen würde. Dass die Konzeptpflicht und die Bestellung eines Sicherheitsbeauftragten ungeachtet dieser Anforderungen weiterhin zur Erreichung der Zwecke des § 87 TKG sinnvoll und erforderlich sein kann, liegt auf der Hand. Es kann also keine Rede davon sein, dass aus dem Grunde mangelnder Erforderlichkeit der Regelung im Hinblick auf die oben genannten Vorschriften der § 87 TKG verfassungswidrig sei.

**5** Ebenso wenig wird man im **Hinblick auf den Wettbewerb**, der schon aufgrund des Eigeninteresses der Betreiber dafür sorge, dass diese hinreichende Schutzniveaus vorhalten oder im Hinblick darauf, dass eine **Vielzahl von Anbietern** hinreichende Ausweichmöglichkeiten beim Ausfall von Teilsystemen gewährleiste, an der Erforderlichkeit eines angemessenen Standardschutzes ernsthaft zweifeln können. So hat nicht zuletzt die Entwicklung des Internets die Verwundbarkeit der Informationsinfrastrukturen einerseits, die immense Bedeutung für die Allgemeinheit andererseits hinreichend deutlich gemacht. Nicht zuletzt die Einsetzung der interministeriellen Arbeitsgruppe durch die Bundesregierung zur Analyse von Gefährdungspotentialen von Infrastrukturbereichen hat die enorme Bedeutung von Sicherheitsanforderungen ins Bewusstsein gerufen.[10]

**6** Die **EG-Telekommunikations-Datenschutzrichtlinie** RL 97/66/EG verlangt in Art 4 vom Betreiber eines öffentlich zugänglichen Telekommunikationsdienstes, geeignete technische und organisatorische Maßnahmen zu ergreifen, um die Sicherheit seiner Dienste zu gewährleisten. Die Netzsicherheit ist hierbei erforderlichenfalls zusammen mit dem Netzbetreiber zu gewährleisten. Insoweit ist der **personelle Anwendungsbereich** des Art 4 nicht mit dem des § 87 TKG identisch. Bezieht letzterer sich auf den Betreiber von Telekommunikationsanlagen, die dem

---

8 Die Beschränkung des Adressatenkreises in § 1 PTZSV – offenbar durch die vorgehaltene Netzgröße beeinflusst – dürfte *sub specie* des Gleichheitssatzes rechtfertigungsbedürftig sein, führt aber ggf nur zu einer Anpassung im Sinne einer Erweiterung. Ein Wettbewerbsverstoß, wie er von *Ehmer* im Beck'schen TKG Kommentar § 87 Rn 5 behauptet wird, dürfte schon deshalb kaum eintreten, weil gem § 12 PTSG eine Entschädigungspflicht besteht, die das Sonderopfer für die Allgemeinheit, dass bekanntlich immer durch eine Belastung gekennzeichnet ist, die anderen nicht zugemutet wird, ausgleicht.

9 Eine Unklarheit über das Verhältnis zu den Universaldienstleistungen der §§ 17 ff TKG besteht entgegen der Auffassung von *Ehmer* Beck'scher TKG Kommentar § 87 Rn 6 schon deshalb nicht, weil erstere auf eine unabdingbare stetige Grundversorgung, letztere auf die Sicherung für die in § 1 TKSiV genannten Fälle begrenzt sind.

10 *AG Kritis* Informationstechnische Bedrohungen für Kritische Infrastrukturen in Deutschland, Kurzbericht, Stand Dez 1999 (URL http://cryptome.org/Kritis-12–1999.html).

Hans-Heinrich Trute

geschäftsmäßigen Erbringen von Telekommunikationsdiensten dienen, so bezieht sich Art 4 RL 97/66/EG auf Anbieter eines öffentlich zugänglichen Telekommunikationsdienstes und sekundär auf Netzbetreiber, soweit es um die Gewährleistung der Netzsicherheit geht. Insoweit besteht nur eine nicht richtlinienkonforme Teilidentität. Angesichts der Schutzziele (Rn 1, 9 ff) des § 87 Abs 1 S 1 TKG dürfte es freilich dadurch kaum zu Unterschieden in der Sache kommen. Auch das Schutzniveau dürfte identisch sein, da Art 4 Abs 1 RL 97/66/EG ein den Risiken angemessenes Schutzniveau verlangt, das unter Berücksichtigung des Standes der Technik und der Kosten der Durchführung der Maßnahme zu bestimmen ist. Nicht umgesetzt ist aber die Hinweispflicht des Betreibers nach Art 4 Abs 2 RL 97/66/EG bei besonderen Risiken der Verletzung der Netzsicherheit, die zugleich die Unterrichtung über mögliche Abhilfen einschließlich deren Kosten umfasst.

## II. Angemessene Schutzvorkehrungen zur Erreichung eines Standardsicherheitsniveaus (Abs 1)

§ 87 Abs 1 TKG regelt zunächst die **materielle Pflicht der Betreiber von Telekommunikationsanlagen,** die dem geschäftsmäßigen Erbringen von Telekommunikationsdiensten dienen, **zur Schaffung angemessener Schutzvorkehrungen,** die den Stand der technischen Entwicklung berücksichtigen müssen. Der für die Schutzmaßnahmen zu erbringende technische und wirtschaftliche Aufwand ist von der Bedeutung der Schutzgüter abhängig. Darüber hinaus ist vor allem auch die Konkretisierung des Schutzniveaus durch die RegTP näher geregelt. Sie erstellt einen im Bundesanzeiger zu veröffentlichenden Katalog von Sicherheitsanforderungen,[11] um eine nach dem Stand der Technik und internationalen Maßstäben angemessene Standardsicherheit zu erreichen. Dies geschieht im Benehmen mit dem Bundesamt für Sicherheit in der Informationstechnik und nach Anhörung von Interessengruppen und Stellungnahme durch den Bundesbeauftragten für den Datenschutz. Auch insoweit kann keine Rede davon sein, dass der § 87 TKG eine nicht erforderliche, jedenfalls unverhältnismäßige Regelung sei. In Teilen – wie etwa hinsichtlich des Schutzes des Fernmeldegeheimnisses wie des Schutzes personenbezogener Daten – dürfte er zugleich eine Umsetzung der grundrechtlichen Schutzpflichten durch Organisation und Verfahren, hier auch durch technische Schutzvorschriften sein[12] und insoweit durchaus auch verfassungsrechtlichen Grund haben. Auch hinsichtlich anderer Schutzziele ist dies nicht ausgeschlossen.

### 1. Angemessene Schutzvorkehrungen

#### a) Verpflichteter

**Verpflichteter** ist derjenige, der Telekommunikationsanlagen betreibt, die zum geschäftsmäßigen Erbringen von Telekommunikationsdiensten dienen. Der Betreiber von Telekommunikationsanlagen ist hier nicht anders als beim Betrieb von Telekommunikationsnetzen gem § 3 Nr 2 TKG als derjenige zu verstehen, der die tatsächliche und rechtliche Kontrolle (**Funktionsherrschaft**) über die Telekommunikationsanlage, also die technischen Einrichtungen oder Systeme, die als Nachrichten identifizierbare elektromagnetische oder optische Signale senden, übertragen, vermitteln, empfangen, steuern oder kontrollieren können (§ 3 Nr 17 TKG), hat. Dabei hat es freilich nicht sein Bewenden. Vielmehr ist der Begriff in zweierlei Hinsicht näher eingegrenzt. Zum einen **stellt § 87 Abs 1 TKG auf das Betreiben selbst** ab, verlangt damit nicht das bloße Vorhandensein einer Anlage, sondern deren Betrieb.[13] Ansonsten bedürfte es zweifellos (noch) nicht der Einhaltung eines bestimmten Sicherheitsniveaus. Dafür spricht denn auch die Formulierung, dass er bei zu dem Zweck der geschäftsmäßigen Erbringung von Telekommunikationsdiensten betriebenen Telekommunikations- und Datenverarbeitungssystemen die entsprechenden Schutzvorkehrungen zu treffen hat. Zum anderen muss die **Anlage dem geschäftsmäßigen Erbringen von Telekommunikationsdiensten dienen,** insoweit nicht anders als in

---

[11] Dazu *Münch* RDV 1998, 102 ff.
[12] Dazu *Trute* VVDStRL 57 (1998), S 216, 264 ff.

[13] Im Ergebnis auch Beck'scher TKG Kommentar/ *Ehmer* § 87 Rn 17.

§ 85 Abs 2 TKG, auf dessen Kommentierung verwiesen werden kann (§ 85 Rn 11). Diese Änderung ist – wie gesehen – während der Ausschussberatungen vorgenommen worden, um ein einheitliches Schutzniveau unabhängig von den Zwecken der Anlage zu gewährleisten, freilich mit nicht unerheblichen Anforderungen an die nichtkommerziellen Betreiber, deren Situation aber im Rahmen von § 87 Abs 1 S 6 TKG zur Geltung gebracht werden kann.

### b) Schutzziele

**9** Als **Schutzziele** nennt § 87 Abs 1 S 1 TKG den Schutz des **Fernmeldegeheimnisses und personenbezogener Daten** (Nr 1), den Schutz der **programmgesteuerten Telekommunikations- und Datenverarbeitungssysteme gegen unerlaubte Zugriffe** (Nr 2), den Schutz vor Beeinträchtigungen von Telekommunikationsnetzen durch Störungen (Nr 3) und den Schutz von Telekommunikations- und Datenverarbeitungssystemen gegen äußere Angriffe und Einwirkungen von Katastrophen (Nr 4).

**10** Unter dem **Schutz des Fernmeldegeheimnisses** stehen alle Aspekte die sich auf den Inhalt und die näheren Umstände eines Telekommunikationsvorgangs, einschließlich erfolgloser Verbindungsversuche beziehen (§ 85 Rn 6 ff). Der **Schutz personenbezogener Daten** ergibt sich in den näheren Anforderungen wesentlich aus dem BDSG, § 89 TKG und der TDSV, einschließlich etwaiger Sicherheitsanforderungen. Gefährdungen können sich hier durch das Abhören und Ausspähen ergeben, intern durch das Personal des Netzbetreibers wie extern, durch unerlaubte Eingriffe Dritter, etwa durch das Abhören drahtloser Anschlüsse, durch das Anzapfen von Leitungen uä. Durch organisatorische wie technische Vorkehrungen lassen sich hier Gefährdungen verringern, etwa durch eine klare Definition betriebsinterner Zugriffsrechte, durch Verschlüsselung oder durch gesicherte Netzabschlusseinrichtungen.[14]

**11** Der **Schutz der programmgesteuerten Telekommunikations- und Datenverarbeitungssysteme gegen unerlaubte Zugriffe** schützt zugleich die Integrität übermittelter Nachrichten und Daten von Nutzern, wie allgemein die Sicherheit des Systems gegen unbefugte Inanspruchnahme und auch Störungen. Insofern ergeben sich hier Übergänge zu Nr 3. Die Gefährdung kann hier vor allem durch Manipulationen sowohl durch das Bedienungspersonal wie auch durch externe Angriffe, etwa von Hackern erfolgen. Hier schützen vor allem programmgesteuerte Zugriffsrechte, Authentisierungsverfahren, Firewalls und Codewechsel in angemessenen Abständen.[15]

**12** Der **Schutz gegen Störungen, die zu erheblichen Beeinträchtigungen von Telekommunikationsnetzen führen**, soll die Verfügbarkeit von Telekommunikationssystemen als eine zentrale Infrastruktur erhalten. Störungen können sich unmittelbar oder mittelbar durch externe Einflüsse, wie etwa den Ausfall der Stromversorgung, Leitungsbeeinträchtigungen, wie auch intern durch technisch-organisatorische Ursachen ergeben, etwa den Ausfall vorhandener Sicherungseinrichtungen, Verlust gespeicherter Daten uä. Dem kann durch technische Vorsorge bei der Planung einer Telekommunikationsanlage ebenso wie durch betriebsinterne Maßnahmen der Organisation entgegengewirkt werden.[16]

**13** Am weitesten formuliert dürfte das Ziel des **Schutzes von Telekommunikations- und Datenverarbeitungssystemen gegen äußere Angriffe und Einwirkungen von Katastrophen** sein. Die Vielzahl der möglichen Gefährdungen, von Vandalismus über terroristische Anschläge, Softwaremanipulationen an Netzknoten und Naturkatastrophen, etwa Blitzschläge, Sturm, Feuer, Überschwemmungen, verlangen eine genaue Analyse möglicher Gefährdungspotentiale. Vorgebeugt werden kann dem in erster Linie durch technisch-physikalische Schutzmaßnahmen für Gebäude und Räumlichkeiten, wie auch durch organisatorische Maßnahmen, die bereits bei der Planung von Telekommunikationssystemen in Betracht gezogen werden müssen. Ebenso kommen Maßnahmen gegen Softwaremanipulationen in Frage, ein Überschneidungsbereich zur Nr 2.[17]

---

[14] Vgl BMPT, Katalog von Sicherheitsanforderungen, 1997. Anlage zu 2 S 7.
[15] BMPT, aaO S 7.
[16] BMPT, aaO S 8.
[17] BMPT, aaO S 8.

## c) Schutzanforderungen

Die Schutzanforderungen, die in S 1 zunächst nur als angemessen umschrieben sind, müssen im Hinblick auf das in Rede stehende Schutzziel und dessen Bedeutung für die Nutzer und die Allgemeinheit, die möglichen Gefährdungen, die damit einhergehenden Folgen für die Nutzer und die Allgemeinheit sowie die wirtschaftlichen und technischen Aufwendungen, die zur Vermeidung erforderlich werden, bestimmt werden. Angesichts der Vielgestaltigkeit der Aufgaben, der Unterschiedlichkeit der Anlagen und der sehr heterogenen Gefährdungsszenarien lassen sich kaum abstrakt Maßstäbe der Angemessenheit ausprägen, die über die Kriterien der Verhältnismäßigkeitsprüfung hinausgehen könnten, die bereits im Gesetz genannt sind. Dazu gehört zunächst die **Bestimmung des Schutzniveaus als Standardsicherheit**, die eben eine solche ist, die **durchschnittlich** verlangt werden muss, um die Funktionsfähigkeit der Infrastruktur zu erhalten und das beinhaltet, was angesichts üblicher Gefährdungen zu deren Vermeidung erforderlich ist. Dazu gehört dann **weder die Vorsorge gegen sehr unwahrscheinliche Störungen noch eine Sicherheitsgarantie, die das Übliche übersteigt.** Das Gesetz betont dies im Hinblick auf den Katalog der Sicherheitsanforderungen durch dessen Ausrichtungen an dem Stand der Technik (Abs 1 S 3), der nicht ein Stand von Wissenschaft und Technik ist sowie dessen Vergleich mit dem internationalen Maßstab. Das ist gemessen an anderen Bereichen ein eher konservativer Standard. Zudem ist neben der Bedeutung der Schutzziele und der Anlagen für die Nutzer und die Allgemeinheit auch der wirtschaftliche und technische Aufwand für die Schutzmaßnahmen bei der Bestimmung des Schutzniveaus zu berücksichtigen (S 6).

**Betreiber von Altanlagen,** also solchen, für die eine Lizenz bereits vor Inkrafttreten des Gesetzes erteilt worden ist, **sind nicht** etwa **von den materiellen Anforderungen des § 87 TKG ausgenommen.** Etwas anderes ergibt sich auch nicht aus § 97 Abs 5 TKG, der vielmehr ungeachtet der fortbestehenden Wirksamkeit der gemäß § 2 Abs 1 FAG erteilten Verleihungen ausdrücklich die Vorschriften des TKG mit Ausnahme der §§ 6 bis 11 TKG auf diese Rechte erstreckt.[18] Freilich hindert dies nicht die **Berücksichtigung von vorhandenen Rechtspositionen** im Rahmen der Verhältnismäßigkeit. Dabei ist freilich zu berücksichtigen, dass der Gesetzgeber nicht gehindert ist, vorhandene Rechtspositionen an eine neue Rechtslage anzupassen, wenn Gründe des Allgemeinwohls den Vorrang vor dem Kontinuitätsvertrauen rechtfertigen. Das Vertrauen wird dabei nur geschützt, wenn es – erstens – schutzwürdig ist. Dabei ist zu berücksichtigen, dass es keinen Schutz des Vertrauens in einen Fortbestand der Rechtslage auf Dauer gibt.[19] Der Schutz reicht nur soweit, wie – zweitens – nicht Änderungsinteressen überwiegen und sich diese nicht schonend durch eine Überleitung an die neue Rechtslage berücksichtigen lassen.[20] Dabei ist zu berücksichtigen, dass die alten Rechtspositionen nur insoweit geschützt sind, als sie sich noch nicht amortisiert haben. Denn es gibt keinen Grund, bestandsgeschützte Positionen hinsichtlich des Vertrauensschutzes besser zu stellen, als neue Positionen. Sie sind nicht als solche, sondern um der entwerteten Investitionen willen gegenüber Veränderungen geschützt.[21] Angesichts der Bedeutung der Sicherheit von Kommunikationsanlagen und möglichen Risiken ebenso wie der Festlegung auf eine Standardsicherheit dürfte ein etwaiger Vertrauensschutz allenfalls in begrenztem Umfang begründbar sein. Dies gilt zumal, wenn man berücksichtigt, dass keine Festlegung auf bestimmte Mittel erfolgt, sondern nur auf Schutzziele. Es ist dann schwer ersichtlich, worin dann eine Unverhältnismäßigkeit liegen könnte.[22]

---

[18] AA Beck'scher TKG Kommentar/*Ehmer* § 87 Rn 20; wie hier auch Manssen/*Haß* TKG § 87 Rn 15.
[19] Vgl bereits *Kirchhof* Verwalten und Zeit, 1975, S 9.
[20] Vgl allgemein *Bryde* in: v Münch/Kunig, GG I, 4. Aufl 2000, Art 14 Rn 64.
[21] Vgl dazu bereits *Trute* Vorsorgestrukturen und Luftreinhalteplanung im BImSchG, 1989, S 247 ff; *Murswiek* Die staatliche Verantwortung für die Risiken der Technik, 1986, S 266 f; *Wahl/Hermes/Sach* Genehmigung zwischen Bestandsschutz und Flexibilität, in: Wahl, Prävention und Vorsorge, 1995, S 235 f.
[22] Weiter insoweit Beck'scher TKG Kommentar/*Ehmer* § 87 Rn 20; für einen zeitlich begrenzten Vertrauensschutz, freilich ohne weitere verfassungsrechtliche Differenzierungen auch Manssen/*Haß* TKG § 87 Rn 15.

Fernmeldegeheimnis, Datenschutz, Sicherung

## 2. Anforderungen an Lizenzinhaber

**16** Lizenzpflichtige Betreiber von Telekommunikationsanlagen haben nicht nur die materiellen Anforderungen zu berücksichtigen, sondern zudem einen **Sicherheitsbeauftragten** zu benennen und ein **Sicherheitskonzept** zu erstellen. Damit setzt das Gesetz auf Eigenverantwortung durch die Institutionalisierung einer organisationsinternen Kontrolle, um die Sensibilität für bestimmte Aspekte betriebsintern zu erhöhen, eine – etwa im Umweltrecht –[23] verbreitete Nutzung der Betriebsorganisation für Schutzziele.

**17** Sicherheitsbeauftragte sind – im Einklang mit dem Konzept verantwortlicher Selbststeuerung – nicht etwa staatliche Beauftragte im Unternehmen, sondern Funktionsträger des Unternehmens.[24] Das Gesetz sieht weder eine besondere Ausgestaltung der Stelle etwa im Sinne von Qualifikationsanforderungen oder Unabhängigkeit vor, noch spezifische Handlungsmöglichkeiten des Sicherheitsbeauftragten. Zwar wird man aus dem Sinn und Zweck der Einrichtung jedenfalls folgern können, dass von Funktion oder Eigenschaften her ungeeignete Personen nicht bestellt werden dürfen. Damit können aber allenfalls Mindestanforderungen gemeint sein. Gegen die Beauftragung des betriebsinternen Datenschutzbeauftragten spricht daher nichts.[25] Freilich führt dies nicht zur Übertragung der Qualifikationsanforderungen, zur Stellung und den Aufgaben eines betrieblichen Datenschutzbeauftragten (vgl § 36 BDSG), soweit dieser die Funktion eines Sicherheitsbeauftragten wahrnimmt.[26] Die Stellung des Sicherheitsbeauftragten dürfte auf eine beratende Funktion zurückgenommen sein und auch insoweit vom Gesetz eher zu zurückhaltend ausgestaltet sein. Allerdings können sich in Verbindung mit dem Sicherheitskonzept Funktionen und Anforderungen an den Sicherheitsbeauftragten ergeben, ggf mit den Kontrollmöglichkeiten der RegTP nach § 87 Abs 2 S 3 TKG.

**18** Das **Sicherheitskonzept** stellt ein unternehmensinternes Konzept zur Konkretisierung von Sicherheitsanforderungen dar, dass allerdings der Regulierungsbehörde vorzulegen ist, die bei Mängeln im Konzept oder bei seiner Umsetzung vom Betreiber Beseitigung verlangen kann (Abs 2 S 3). Der Inhalt des Konzepts besteht aus einer Schilderung der eingesetzten Anlagen und geschäftsmäßig erbrachten Telekommunikationsdienste (Abs 2 S 1 Nr 1), der Gefährdungsanalyse (Abs 2 S 1 Nr 2), sowie den technischen Vorkehrungen oder sonstigen Schutzmaßnahmen zur Erfüllung der Verpflichtungen aus Abs 1 (Abs 2 S 1 Nr 3). Sicherheitskonzept und materielle Verpflichtung aus Abs 1 sind also aufeinander insoweit bezogen, als letzteres der Umsetzung der Anforderung nach Abs 1 dient.

**19** Die **materiellen Standards,** auf die das Sicherheitskonzept bezogen ist, bestimmen sich also nach Abs 1. Dies betrifft sowohl die Schutzziele als auch den Umfang der technischen oder sonstigen Schutzvorkehrungen, insbesondere die zu stellenden Anforderungen (Rn 14). Mittelbar wird damit auch die Gefährdungsanalyse vorgeprägt. Der **Katalog von Sicherheitsanforderungen** konkretisiert die Anforderungen, ohne die einzelnen indes verbindlich zu machen. Insoweit ist er nicht mehr als eine Empfehlung an die Betreiber, die zugleich das verdeutlichen soll, was von der RegTP als Standardsicherheit angesehen wird. Es steht dem Betreiber aber frei, seinerseits die nach seinem Betriebskonzept sinnvollen Maßnahmen zu ergreifen, sofern sie geeignet sind, die Schutzziele zu erreichen. In der Nutzung des dezentralen und besseren Wissens um die betriebsinternen Voraussetzungen und Folgen von Maßnahmen zur Sicherheit liegt der Sinn der Konzeptpflicht, die nicht durch starre Vorgaben hinsichtlich der Mittel unterlaufen werden darf, soll die Regulierungstechnik nicht um ihre Effizienz gebracht werden. Dies beinhaltet auch einen hinreichenden Gestaltungsspielraum bei der konzeptionellen Umsetzung der Anforderungen, ohne den innovative, die Ressourcen des Unternehmens nutzende Gestaltungen nicht möglich sind.[27]

---

[23] Vgl etwa *Feldhaus* NVwZ 1991, 927 ff; *Rehbinder* Umweltschutz und technische Sicherheit im Unternehmen, UTR 26 (1994), S 29 ff.
[24] Dazu allgemein *Rehbinder* Die institutionalisierte Vertretung diffuser Interessen im Unternehmen unterhalb der Gesellschaftsorgane, ZGR 1989, 305, 337.
[25] In diesem Sinne Beck'scher TKG Kommentar/ *Ehmer* § 87 Rn 34.
[26] Vgl auch Beck'scher TKG Kommentar/*Ehmer* § 87 Rn 34.
[27] Vgl dazu allgemein *Wagner/Haffner* Ökonomische Würdigung des umweltrechtlichen Instrumentariums, in: Hendler/Marburger/Reinhardt/Schrö-

Hans-Heinrich Trute

Das Sicherheitskonzept ist naturgemäß nur eine Momentaufnahme, die relativ zu Veränderungen der Gefährdungslagen wie auch der technischen Möglichkeiten zu aktualisieren ist. Insofern ist es auf eine **dynamische Aktualisierung** der materiellen Pflichten angelegt.[28] Dies bedeutet nicht notwendig eine durch jede Änderung veranlasste Aktualisierung des Sicherheitskonzepts mit der Folge erneuter Vorlage bei der RegTP. Vielmehr wird man insoweit schon aus Gründen der Verhältnismäßigkeit auf das Gewicht der Änderung und die Abweichung vom bisherigen Konzept abstellen müssen. Kleinere und in diesem Sinne unwesentliche Änderungen können dann nach angemessener Zeit als Gesamtheit vorgelegt werden.[29]

**20**

Das **Sicherheitskonzept ist der RegTP** zusammen mit der Erklärung vorzulegen, dass die darin vorgesehenen Maßnahmen umgesetzt sind oder bis zu welchem Zweitpunkt diese umgesetzt sein werden. Diese Vorlagepflicht dient zunächst der Information der Behörde und setzt diese erst in den Stand, die Prüfung auf Sicherheitsmängel nach Maßgabe von Abs 2 S 3 vorzunehmen. Das Gesetz nennt keinen **Zeitpunkt für die Vorlage**. Daraus ist indessen nicht zu schließen, dass der Zeitpunkt von der Komplexität der Anlage, dem Umfang der Maßnahmen, etwaigen Mängeln, dem Vertrauensschutz uä abhängig wäre.[30] Vielmehr entsteht die materielle Pflicht zu angemessenen Schutzmaßnahmen bereits mit dem Betrieb von Telekommunikationsanlagen, wie sich unschwer aus Abs 1 S 1 entnehmen lässt. Für die Pflichten aus § 87 Abs 2 TKG, die der Umsetzung der Pflichten aus Abs 1 dienen, ergibt sich insoweit nichts anderes.[31] Grundsätzlich hat also die Vorlage des Sicherheitskonzepts ebenso wie die Benennung des Sicherheitsbeauftragten spätestens mit Betriebsaufnahme zu erfolgen. Geschieht dies nicht, kann die Behörde nach § 91 Abs 1, 3, § 15 Abs 1 Nr 1 TKG vorgehen. Dabei wird zunächst eine Fristsetzung zur Vorlage des Konzepts, bei gravierenden Sicherheitsmängeln freilich auch eine vorläufige Untersagung des Betriebs in Betracht kommen. Bei der Ausübung des Ermessens über die geeigneten Maßnahmen können dann Aspekte wie Komplexität der Anlage, die betroffenen Interessen, die Bedeutung der Maßnahmen, etwaige Risiken für grundrechtlich geschützte Interessen, wie etwa das Fernmeldegeheimnis uä berücksichtigt werden.

**21**

Die Vorlage soll die Behörde in die Lage versetzen, ihre Prüfung nach Maßgabe des § 87 Abs 2 S 3 TKG durchzuführen. Diese **Prüfung der RegTP auf Sicherheitsmängel** bezieht sich zum einen **Gegenstand** her auf das Sicherheitskonzept wie dessen Umsetzung. Prüfungsmaßstab sind die Sicherheitsanforderungen nach Abs 1, hier in der negativen Formulierung als Sicherheitsmängel bezeichnet. **Maßstab** ist also die nach Maßgabe des Abs 1 näher zu konkretisierende **Standardsicherheit**. Die Prüfungsmöglichkeit bezieht sich auf alle inhaltlichen Komponenten des Abs 2 S 1. Im Mittelpunkt dürften freilich die Gefährdungsanalyse wie auch die technischen und sonstigen Schutzvorkehrungen stehen. Bei der Beurteilung, ob dem Sicherheitskonzept Mängel zugrunde liegen, ist die Konkretisierung der Standardsicherheit maßgeblich. Der Katalog der Maßnahmen stellt dabei keine verbindliche Vorgabe für die Betreiber dar, seine Nichterfüllung daher auch noch nicht notwendig einen Sicherheitsmangel. Vielmehr muss das vorgelegte Konzept aus sich heraus geeignet sein, die Schutzanforderungen zu erfüllen. Allerdings ist der Katalog der Sicherheitsanforderungen eine in hohem Maße sachverständige Konkretisierung dessen, was als angemessene Standardsicherheit zu gelten hat. Erfüllt der Betreiber daher die Anforderungen aus dem Sicherheitskatalog, so ist – soweit dieser reicht – von einer Erfüllung der Anforderungen auszugehen. Weitergehendes kann die Behörde daher regelmäßig nicht verlangen, soweit sie nicht nachweisen kann, dass der im Sicherheitskatalog zugrunde gelegte Stand der Technik inzwischen veraltet ist. Dies entspricht der Wirkung von konkretisierenden Verwaltungsvorschriften. Allerdings treffen Gestaltungsspielräume der Betreiber, einschließlich eines gewissen Experimentierspielraums mit durch Organisation und Verfahren der Behörde abgesicherten und insofern mit einer eigenen administrativen Letztbeurteilungsermächtigung ver-

**22**

---

der, Rückzug des Ordnungsrechts im Umweltschutz, 1999, 83, 89 ff.

**28** Vgl auch Beck'scher TKG Kommentar/*Ehmer* § 87 Rn 36; Manssen/*Haß* TKG § 87 Rn 21.

**29** In diesem Sinne auch Beck'scher TKG Kommentar/*Ehmer* § 87 Rn 36; Manssen/*Haß* TKG § 87 Rn 21.

**30** So aber Beck'scher TKG Kommentar/*Ehmer* § 87 Rn 37.

**31** Im Ansatz wohl ähnlich Manssen/*Haß* TKG § 87 Rn 20.

Hans-Heinrich Trute

sehenen Elementen zusammen. Letztere beziehen sich zwar im Ausgangspunkt auf das Ausmaß einer etwaigen gerichtlichen Kontrolle des behördlichen Beseitigungsverlangens, äußern aber Vorwirkungen. Beide sind so zueinander zu setzen, dass die Gestaltungsspielräume der Betreiber sich vor allem auf die geeigneten Mittel der Erfüllung der Anforderungen beziehen, die Sachverständigkeit der Behörde auf die Festlegung dessen, was als ein angemessenes Niveau von Standardsicherheit gelten kann. Die **gerichtliche Kontrolle** etwaiger Beanstandungsverfügungen hat sowohl den Gestaltungsspielraum der Betreiber, wie auch die administrative Letztbeurteilungsermächtigung zu berücksichtigen.

23  Die **Prüfungsbefugnis der Behörde bezieht sich** auch auf die **Umsetzung des Sicherheitskonzepts**. Insoweit verändert sich auch der Maßstab, der nun nicht mehr die Geeignetheit des Konzepts zur Erfüllung der Anforderungen des Abs 1 ist, sondern das Sicherheitskonzept selbst ist. Sicherheitsmängel müssen sich durch die fehlerhafte Umsetzung des Konzepts ergeben. Das beinhaltet eine kontinuierliche Prüfungsmöglichkeit, die freilich entsprechende Informationen voraussetzt. Eigenständige Überwachungsbefugnisse sind dafür im § 87 Abs 2 TKG nicht vorgesehen. Dazu ist vielmehr auf das Instrumentarium des § 91 Abs 1 TKG zurückzugreifen. Dies wird freilich kaum ohne Anlass geschehen, also vor allem auf Information durch Dritte hin. Dann kann die Behörde nach Maßgabe des § 91 Abs 1 S 2 TKG Informationen verlangen, sie kann freilich auch unabhängig davon die Möglichkeiten nach S 3 zur Besichtigung der Geschäfts- und Betriebsräume wahrnehmen.

24  Das Beseitigungsverlangen nach § 87 Abs 2 S 3 TKG steht im **Ermessen der Behörde**. Sie hat dabei etwa die Schwere der Sicherheitsmängel, die Aufwendungen zu ihrer Beseitigung, einen etwaigen Vertrauensschutz, die geschützten Interessen der Betroffenen, deren Möglichkeit zum Selbstschutz sowie öffentliche Interessen an der Störungsvermeidung und -beseitigung zu berücksichtigen.

25  Soweit das Instrumentarium des § 87 Abs 2 S 3 TKG reicht, ist es **speziell zu den möglichen Rechten aus § 91 TKG**. Insoweit ist es freilich beschränkt auf Sicherheitsmängel in einem vorliegenden Konzept oder dessen Umsetzung. Vorbereitende Maßnahmen ebenso wie Durchsetzungsmöglichkeiten, etwa die Verpflichtung zur Bestellung eines Sicherheitsbeauftragten, bleiben freilich nach § 91 TKG möglich. Im Übrigen aber, etwa hinsichtlich nicht lizenzpflichtiger Betreiber, kann in vollem Umfang auf das Instrumentarium des § 91 TKG – soweit tatbestandlich einschlägig – zur Durchsetzung der materiellen Pflichten des Abs 1 zurückgegriffen werden.

### III. Die Verordnungsermächtigung (Abs 3)

26  § 87 Abs 3 TKG ermächtigt das **Bundeswirtschaftsministerium**,[32] die **Erfüllung der Verpflichtungen aus den Abs 1 u 2 TKG** durch **Erlass einer Rechtsverordnung** näher zu regeln. Diese Regelungsbefugnis bezieht sich zunächst, wie S 2 verdeutlicht, auf die Regelung der Adressaten der materiellen Pflichten nach Abs 1 und erlaubt auch insoweit Abstufungen nach Maßgabe der wirtschaftlichen Bedeutung der Telekommunikationsanlage. Dies darf freilich nicht dazu führen, dass ein aus grundrechtlichen Schutzverpflichtungen erwachsendes Maß an Schutz unterschritten wird. Ebenso und nur in diesem Rahmen kann das zu fordernde Maß von Schutzvorkehrungen nach Abs 1 u 2 nach Maßgabe der wirtschaftlichen Bedeutung der Anlage unterschritten werden.

27  Der **Erlass der Rechtsverordnung bedarf nicht der Zustimmung des Bundesrates**. Dahingehende Änderungsvorschläge im Gesetzgebungsverfahren vermochten sich nicht durchzusetzen.[33]

28  Die **Bundesregierung beabsichtigt** einstweilen **nicht, von dieser Ermächtigung Gebrauch zu machen**, solange die Unternehmen ihrer Verpflichtung aus § 87 TKG nachkommen. Dagegen ist

---

32  Die Befugnis zugunsten des BMPT ist durch Organisationserlass des Bundeskanzlers vom 17. 12. 1997, BGBl I 1998, S 68 auf das Bundeswirtschaftsministerium übergegangen.

33  Vgl BT-Drucks 13/4438 S 21.

auch im Hinblick auf Rechtssicherheit und Vertrauensschutz nichts zu erinnern.[34] Denn ersichtlich ist die Konzeption des § 87 TKG zunächst einmal auf die Aktualisierung von Selbstverantwortung der Betreiber ausgerichtet, deren Vorteile verspielt werden, wenn das wenig flexible Instrument einer konkretisierenden Rechtsverordnung in einem Bereich mit großer Entwicklungsdynamik eingesetzt wird. Insoweit ist die Verordnungsermächtigung als *fleet in being* möglicherweise wirksamer, als eine ausgeübte Ermächtigung. Ihre Bedeutung hat sie daher wesentlich bei Unterschreitung des gebotenen Schutzniveaus.

## § 88 Technische Umsetzung von Überwachungsmaßnahmen

(1) Die technischen Einrichtungen zur Umsetzung von gesetzlich vorgesehenen Maßnahmen zur Überwachung der Telekommunikation sind von dem Betreiber der Telekommunikationsanlage auf eigene Kosten zu gestalten und vorzuhalten.

(2) Die technische Gestaltung dieser Einrichtungen bedarf bei Betreibern von Telekommunikationsanlagen, die gesetzlich verpflichtet sind, die Überwachung und Aufzeichnung der Telekommunikation zu ermöglichen, der Genehmigung der Regulierungsbehörde. Die Bundesregierung wird ermächtigt, durch Rechtsverordnung, die nicht der Zustimmung des Bundesrates bedarf,
  1. die Anforderungen an die Gestaltung der technischen Einrichtungen sowie an die organisatorische Umsetzung von Überwachungsmaßnahmen mittels dieser Einrichtungen und
  2. das Genehmigungsverfahren und das Verfahren der Abnahme zu regeln sowie
  3. zu bestimmen, bei welchen Telekommunikationsanlagen aus grundlegenden technischen Erwägungen oder aus Gründen der Verhältnismäßigkeit abweichend von Abs 1 technische Einrichtungen nicht zu gestalten oder vorzuhalten sind.

Die Rechtsverordnung kann vorsehen, dass in technisch begründeten Ausnahmefällen auf Antrag von der Erfüllung einzelner technischer Anforderungen an die Gestaltung der Einrichtungen abgesehen und mit welchen Nebenbestimmungen die Genehmigung in diesen Fällen versehen werden kann. Der Betrieb einer Telekommunikationsanlage darf erst aufgenommen werden, wenn der Betreiber der Telekommunikationsanlage
  1. die in Absatz 1 bezeichneten technischen Einrichtungen nach Maßgabe der Rechtsverordnung nach Satz 2 eingerichtet hat,
  2. dies der Regulierungsbehörde schriftlich angezeigt hat und
  3. der Regulierungsbehörde im Rahmen der Abnahme unentgeltlich nachgewiesen hat, dass die Genehmigungsvoraussetzungen erfüllt sind.

Die Regulierungsbehörde soll über die Genehmigung binnen sechs Wochen nach Eingang des Antrags und über die Abnahme binnen sechs Wochen nach Eingang der schriftlichen Anzeige nach Satz 4 Nr 2 entscheiden. Stellt sich nachträglich ein Mangel der Funktionsfähigkeit heraus, hat der Betreiber der Telekommunikationsanlage die Einrichtung unverzüglich nachzubessern.

(3) Telekommunikationsanlagen, mittels derer in das Fernmeldegeheimnis eingegriffen werden soll und die von den gesetzlich berechtigten Stellen betrieben werden, sind im Einvernehmen mit der Regulierungsbehörde technisch zu gestalten.

(4) Jeder Betreiber einer Telekommunikationsanlage, der anderen den Netzzugang zu seiner Telekommunikationsanlage geschäftsmäßig überlässt, ist verpflichtet, den gesetzlich zur Überwachung der Telekommunikation berechtigten Stellen auf deren Anforderung einen Netzzugang für die Übertragung der im Rahmen einer Überwachungsmaßnahme anfallenden Informationen unverzüglich und vorrangig bereitzustellen. Die technische Ausgestaltung derartiger Netzzugänge kann in der Rechtsverordnung nach Abs 2 geregelt

---

[34] Vgl aber Manssen/*Haß* TKG, § 87 Rn 22.

werden. Für die Bereitstellung und Nutzung gelten mit Ausnahme besonderer Tarife oder Zuschläge für vorrangige oder vorzeitige Bereitstellung die jeweils für die Allgemeinheit anzuwendenden Tarife. Besondere vertraglich vereinbarte Rabattierungsregelungen bleiben von Satz 3 unberührt.

(5) Die nach den §§ 100a und 100b der Strafprozessordnung verpflichteten Betreiber von Telekommunikationsanlagen haben eine Jahresstatistik über nach diesen Vorschriften durchgeführte Überwachungsmaßnahmen zu erstellen und der Regulierungsbehörde unentgeltlich zur Verfügung zu stellen. Die Ausgestaltung der Statistik im einzelnen kann in der Rechtsverordnung nach Absatz 2 geregelt werden. Die Betreiber dürfen die Statistik Dritten nicht zur Kenntnis geben. Die Regulierungsbehörde überlässt den Ländern die Statistik unentgeltlich. Sie faßt die einzelnen Statistiken zusammen und nimmt das Ergebnis in ihren Bericht nach § 81 Abs 1 auf.

Schrifttum: *von Arnauld* Grundrechtsfragen im Bereich von Postwesen und Telekommunikation, DÖV 1998, 437; *Arndt* Die Fernmeldekontrolle im Verbrechensbekämpfungsgesetz, NJW 1995, 169; *ders* Grundrechtsschutz bei der Fernmeldeüberwachung, DÖV 1996, 459; *Bär* Die Überwachung des Fernmeldeverkehrs, CR 1993, 578; *ders* Zugriff auf Fernmeldedaten der Bundespost TELEKOM oder Dritter, CR 1993, 634; *ders* Anm zu BGH CR 1993, 709, CR 1993, 710; *ders* Durchsuchung im EDV-Bereich (II), CR 1995, 227; *ders* Anm zu BGH CR 1996, 488, CR 1996, 490; *ders* Strafrechtliche Kontrolle in Datennetzen, MMR 1998, 463; *ders* EDV-Beweissicherung im Strafverfahrensrecht, CR 1998, 434; *ders* Strafprozessuale Fragen der EDV-Beweissicherung, MMR 1998, 577; *Bernsmann/Jansen* Heimliche Ermittlungsmethoden und ihre Kontrolle, StV 1998, 217; *Bizer* Telekommunikation und innere Sicherheit – Neuere Entwicklungen im Telekommunikationsrecht, in: Kubicek/Braczyk/Klumpp/Roßnagel, Global@home. Jahrbuch Telekommunikation und Gesellschaft, Bd 8 (2000), S 482; *Bothe/Heun/Lohmann* Rechtsfragen des Errichtens und Betreibens von Fernmeldeanlagen, ArchivPT 1995, 5; *Brenner* Die strafprozessuale Überwachung des Fernmeldeverkehrs mit Verteidigern, 1994; *Büllesbach* Datenschutz im Telekommunikationsrecht, 1997; *Demmelhuber* TKÜV: Überwachung auf Kosten der Wirtschaft, Funkschau 16/1999, 28; *Ehmer* Das Tarifwesen der Elektrizitätswirtschaft und sein (grund-)rechtlicher Rahmen, 1995; *Eisenberg/Nischan* Strafprozessualer Zugriff auf digitale multimediale Videodienste, JZ 1997, 74; *Endell* „Freund hört mit" – Zur TK-Überwachung befreundeter Dienste in Deutschland, DuD 1999, 12; *Felxberger* Staatliche Überwachung der Telekommunikation, CR 1998, 143; *Friauf* Öffentliche Sonderlasten und Gleichheit der Steuerbürger, in: Festschrift für Hermann Jahrreiß zum 80. Geburtstag, 1974; *Gola* Neuer Tele-Datenschutz für Arbeitnehmer?, MMR 1999, 322; *Gramlich* Die zweite Novelle des G10-Gesetzes, NJW 1997, 1400; *Hantke* Die Verschärfung des Außenwirtschaftsrechts, NJW 1992, 2123; *Gundermann* Das neue TKG-Begleitgesetz, K & R 1998, 48; *Herzog/Brittig* Telefax-Aufzeichnung – ein Fall der Überwachung des Fernmeldeverkehrs gemäß § 100a StPO, wistra 1994, 86; *Hund* Überwachungsstaat auf dem Vormarsch – Rechtsstaat auf dem Rückzug?, NJW 1992, 2118; *Jahnke* Mit den Mitteln des Rechtsstaats gegen die Verbreitung von Massenvernichtungs-Technologien?, ZRP 1992, 83; *Kiper/Ruhmann* Überwachung der Telekommunikation, DuD 1998, 155; *Kleinknecht/Meyer-Goßner* StPO, 43. Aufl, 1997; *Kleszweski* Das Auskunftsersuchen an die Post: Die wohlfeile Dauerkontrolle von Fernmeldeanschlüssen, StV 1993, 382; *ders* Anm zu BGH NStZ 1993, 192, NStZ 1993, 446; *Klett/Hupperitz* Überwachung der Telekommunikation – Haftung und Risiken nach dem neuesten Entwurf einer TKÜV, MMR 11/1998, VII; *Königshofen* Private Netze aus fernmelderechtlicher Sicht, ArchivPT 1994, 39; *Kramer* Heimliche Tonbandaufnahmen im Strafprozess, NJW 1990, 1760; *Kudlich* Der heimliche Zugriff auf Daten in einer Mailbox: ein Fall der Überwachung des Fernmeldeverkehrs?, JuS 1998, 209; *Lemke* ua (Hrsg), Heidelberger Kommentar zur StPO, 1997; *Mann/Müller* Präventiver Lauschangriff via Telefon?, ZRP 1995, 180; *Martina* Das Fernmeldeanlagengesetz nach der Postreform II, ArchivPT 1995, 105; *Palm/Roy* Der BGH und der Zugriff auf Mailboxen, NJW 1992, 1904; *Pfeiffer* Telefongespräche im Visier der elektronischen Rasterfahndung, ZRP 1994, 253; *Riegel* Der Quantensprung des Gesetzes zu Art 10 GG (G10), ZRP 1995, 176; *ders* Zur Suche nach Rechtsgrundlagen für die Fernmeldeaufklärung oder strategische Rasterfahndung des Bundesnachrichtendienstes (BND), ZRP 1993, 468; *ders* Nochmals: Telefonüberwachung und Gefahrenabwehr, ZRP 1991, 286; *Rieß* Regulierung und Datenschutz im europäischen Telekommunikationsrecht, 1996; *ders* Der Telekommunikationsdatenschutz bleibt eine Baustelle, DuD 1996, 328; *Schäfer/Bock* Die Überwachung des Fernmeldeverkehrs mittels privater Netzbetreiber, ArchivPT 1996, 19; *Schatzschneider* Telefondatenverarbeitung und Fernmeldegeheimnis, NJW 1993, 2029; *Schild* Die Richtlinie über die Verarbeitung personenbezogener Daten und den Schutz der Privatsphäre im Bereich der Telekommunikation, EuZW 1999, 69; *Schlink/Wieland/Welp* Zur Frage der Übertragbarkeit von Aufgaben des Betriebssicherungsdienstes der Deutschen Bundespost auf postfremde Einrichtungen, ArchivPT 1993, 5; *Schnittmann* Die Überwachung und Aufzeichnung von Telefaxübermittlungen im Lichte des Art 10 GG, RDV 1995, 234; *Schnarr* Zur Fristenberechnung bei Anordnung der Fernmeldeüberwachung, NStZ 1988, 481; *ders* Zur Verknüpfung von Richtervorbehalt, staatsanwaltschaftlicher Eilanordnung und richterlicher Bestätigung, NStZ 1991, 209; *Scholz* Zur Kostenerstattungspflicht des Staates für gesetzliche Maßnahmen der Telefonüberwachung, ArchivPT 1995, 169; *ders* Staatliche Sicherheitsverantwortung zu Lasten Privater? in: Festschrift für Karl Heinrich Friauf, 1996, S 439; *Schulzki/Haddouti* „Einladung an Spione", c't 10/1999, 16; *Staechlin* § 100a StPO als Seismograph der jüngeren Strafrechts- und Strafverfahrensrechtsgeschichte, Kritische Justiz 1995, 466; *Waechter* Bereitstellungspflicht für Fernmeldeanlagenbetreiber, VerwArch 1996, 68; *Welp* Nachrichtendienstliche und strafprozessuale Eingriffe in das Post- und Fernmeldegeheimnis, DöV 1970, 267; *ders* Strafprozessuale Zugriffe auf Verbindungsdaten des Fernmeldeverkehrs, NStZ 1994, 209; *Würmeling/Felixberger* Staatliche Überwachung der Telekommunikation, CR 1997, 555.

**Inhaltsübersicht**

|  |  | Rn |
|---|---|---|
| I. | Entstehungsgeschichte und Systematik | 1–3 |
| II. | Gestaltungs- und Vorhaltungspflicht der Betreiber für technische Überwachungseinrichtungen (Abs 1) | 4–9 |
|  | 1. Adressat der Regelung und Geltungsbereich | 5 |
|  | 2. Gestaltung und Vorhaltung technischer Einrichtungen auf eigene Kosten | 6–9 |
| III. | Genehmigungserfordernis, Rechtsverordnungsermächtigung und Betriebsbeginn (Abs 2) | 10–21 |
|  | 1. Genehmigungserfordernis für die technische Gestaltung | 10–12 |
|  | 2. Abnahme | 13 |
|  | 3. Rechtsverordnungsermächtigung (Abs 2 S 2, 3) | 14–21 |
|  | a) Fortgeltung der FÜV | 15 |
|  | b) Maßstäbe der technischen Gestaltung und organisatorische Umsetzung der Überwachungsmaßnahmen (Nr 1) | 16 |
|  | c) Genehmigungsverfahren und Verfahren der Abnahme (Nr 2) | 17–18 |
|  | d) Öffnungsklausel (Abs 2 S 2 Nr 3, S 3) | 19–21 |
| IV. | Technische Gestaltung von Telekommunikationsanlagen zur Überwachung (Abs 3) | 22 |
| V. | Bereitstellung von Netzzugängen für Überwachungsberechtigte (Abs 4) | 23–26 |
| VI. | Jahresstatistik über durchgeführte Überwachungsmaßnahmen (Abs 5) | 27 |

## I. Entstehungsgeschichte und Systematik

§ 88 TKG regelt die Einzelheiten der Überwachung der Telekommunikation und damit den Eingriff in das Fernmeldegeheimnis, insbesondere die technische Gestaltung der Einrichtungen einschließlich der Verpflichtung zur Kostentragung, Genehmigungs- und Einvernehmenserfordernisse für die technische Gestaltung und deren Konkretisierung durch eine Rechtsverordnung der Bundesregierung, den Netzzugang der Überwachungsberechtigten sowie weitere damit zusammenhängende Aspekte. Die Vorschrift steht damit im Zusammenhang mit § 85 Abs 3 S 2 TKG (§ 85 Rn 20 ff). **1**

In ihren **wesentlichen Grundzügen** war die Vorschrift **bereits in dem ursprünglichen Regierungsentwurf** als § 85 TKGE enthalten.[1] Die Regierungsbegründung ging jedenfalls hinsichtlich der Abs 1 bis 3 davon aus, dass gegenüber dem bisherigen § 10b FAG keine wesentliche Änderung eingetreten sei. Vielmehr seinen die Betreiber von Telekommunikationseinrichtungen auch schon nach bisherigem Recht verpflichtet gewesen, netzseitige Vorkehrungen zu treffen, die die Erfüllung ihrer gesetzlichen Verpflichtung im Rahmen der Überwachung der Telekommunikation ermöglichten und sie hätten die dabei entstehenden Kosten zu tragen gehabt.[2] Allerdings habe die Entwicklung der Telekommunikation eine Anpassung erforderlich gemacht. Der Bundesrat regte an, in § 85 Abs 1 TKGE ausdrücklich aufzunehmen, dass Betreiber von Telekommunikationsanlagen auf eigene Kosten die technischen Einrichtungen zur Überwachung zu installieren haben, da sie als Nebenfolgen des Betriebs die Missbrauchsmöglichkeiten durch Straftäter erheblich steigern. Die Sozialpflichtigkeit des Eigentums rechtfertige daher die Inanspruchnahme.[3] Die Bundesregierung stimmte dieser Änderung zu,[4] deren Gehalt sich bereits aus der Begründung zum Regierungsentwurf ergab, sie ist Gesetz geworden. Erst durch das Telekommunikationsbegleitgesetz vom 17. 12. 1997[5] ist – nicht zuletzt im Hinblick auf verfassungs- **2**

---

1 BT-Drucks 13/3609 S 27.
2 BT-Drucks 13/3609 S 54.
3 BT-Drucks 13/4438, Stellungnahme des Bundesrates Nr 82 zu § 85 Abs 1 TKGE.
4 BT-Drucks 13/4438, Gegenäußerung der Bundesregierung Nr 82.
5 BGBl I S 3108.

rechtliche Bedenken – die Öffnungsklausel des § 88 Abs 2 S 2 Nr 3, S 3 TKG vorgesehen worden.[6] Damit sollte ermöglicht werden, diejenigen Fälle von der Bereitstellungspflicht auszunehmen, in denen eine den gesetzlichen Anforderungen genügende Überwachung der Telekommunikationsanlage aus technischen Gründen oder wegen der geringen Verkehrsbedeutung der Anlage nicht verhältnismäßig wäre.[7] Ebenfalls aufgenommen durch das Telekommunikationsbegleitgesetz vom 17. 12. 1997[8] wurde die schon im Gesetzgebungsverfahren zum TKG vom Bundesrat geäußerte Anregung zur Einführung einer Abnahmeregelung, wie sie jetzt mit § 88 Abs 2 S 4 Nr 3 TKG gegeben ist, um sicherzustellen, dass die Überwachungsmöglichkeit auch bei Aufnahme des Betriebs gewährleistet ist und zudem – wie jetzt in § 88 Abs 2 S 6 TKG vorgesehen – eine Nachbesserungspflicht bei späteren Funktionsmängeln besteht, um diese auch dauerhaft sicherzustellen.[9] Zudem wurde das Verfahren der Genehmigung und Abnahme, insbesondere die Fristen des § 88 Abs 2 S 5 TKG, erst durch das Telekommunikationsbegleitgesetz in seiner jetzigen Form eingeführt.[10] Nicht durchsetzen konnte sich der Bundesrat mit der Anregung, eine Beschränkung der Kostenerstattungspflicht des § 85 Abs 4 S 3 TKGE vorzusehen. Seiner Auffassung nach sind die erhöhten strafrechtlich relevanten Missbrauchsmöglichkeiten eine Nebenfolge der Verfügbarkeit von Telekommunikationsanlagen. Es sei den Betreibern daher unter dem Gesichtspunkt der Sozialpflichtigkeit des Eigentums zuzumuten, die Kosten für die Netzzugänge der Überwachungsberechtigten selbst zu tragen und nur die Übertragung der bereitgestellten Informationen seien zu vergüten.[11] Auf Anregung des Bundesrates wurde in Abs 5 die Verpflichtung aufgenommen, dass die Regulierungsbehörde den Ländern die Jahresstatistik unentgeltlich überlässt,[12] da die politische Kontrolle der Überwachungsmaßnahmen im Wesentlichen in den Ländern erfolgen müsse, weil deren Behörden in der weit überwiegenden Zahl die Überwachung anordnen müssten.

3   **Die Vorschrift des § 88 TKG war von Beginn an sowohl rechtspolitisch wie auch verfassungsrechtlich erheblicher Kritik ausgesetzt,** die sich freilich kaum gegen die Grundanliegen der Regelungen richtete. Die Rechtmäßigkeit der Überwachung ist ohnehin kein Gegenstand von § 88 TKG, sondern – wie schon im Zusammenhang mit § 85 Abs 3 TKG erörtert (§ 85 Rn 20 ff) – vor allem außerhalb des TKG geregelt. Im Mittelpunkt der Kritik und der verfassungsrechtlichen Überlegungen stand vielmehr von Beginn an die Regelung über die Kostentragung der technischen Einrichtungen der Überwachung. Hierin spiegelt sich eine im Gesetzgebungsverfahren in der Brisanz unzureichend reflektierte Veränderung der Rahmenbedingungen der Telekommunikation. Die Begründung zum Regierungsentwurf ging davon aus, dass die Regelung über die Kostentragung nur die bisherige Rechtslage des § 10b FAG übernehme,[13] wonach die Betreiber von Telekommunikationsanlagen netzseitige Vorkehrungen zu treffen hatten, die die Erfüllung ihrer gesetzlichen Verpflichtung im Rahmen der Überwachung der Telekommunikation ermöglichten und zudem die Kosten dafür zu tragen hatten.[14] Das ist insofern richtig, als die durchaus verfassungsrechtlich zweifelhafte und widersprüchliche Rechtslage der Kostenerstattung durch das Zweite Gesetz zur Änderung des G 10[15] vom 28. April 1997 vereinheitlicht wurde durch einen Verweis auf § 17a ZSEG. Ursprünglich stand nach Art 3 § 13 G 10 den Betreibern zunächst ein Kostenerstattungsanspruch zu, der auch die Investitionskosten für die technischen Einrichtungen zur Überwachung umfasste, während § 17a ZSEG, der für § 100a StPO und § 39 AWG einschlägig war, einen Erstattungsanspruch für diese Investitionskosten (außer für die Rasterfahndung in Abs 4) gerade nicht vorsah. Insofern ist der Hinweis auf die bisher geltende Rechts-

---

6   Art 2 Abs 34 Nr 2 BegleitG; dazu BT-Drucks 13/8776 S 39.
7   BT-Drucks 13/8776 S 40.
8   Art 2 Abs 34 Nr 1 BegleitG, BGBl I S 3108; dazu BT-Drucks 13/8776, S 40.
9   BT-Drucks 13/4438, Stellungnahme des Bundesrates Nr 84, vgl aber auch die Gegenäußerung der Bundesregierung zu Nr 84, die davon ausgeht, schon die bisherige Fassung gewährleiste das Anliegen des Bundesrates.

10   Art 2 Abs 34 Nr 2 BegleitG v 17. 12. 1997, BGBl I S 3108.
11   BT-Drucks 13/4438, Stellungnahme des Bundesrates Nr 86 sowie die ablehnende Auffassung der Bundesregierung in der Gegenäußerung zu Nr 86.
12   BT- Drucks 13/4438, Stellungnahme des Bundesrates Nr 89 sowie die zustimmende Gegenäußerung der Bundesregierung zu Nr 89.
13   BT-Drucks13/3609 S 54.
14   BT-Drucks 13/3609 S 54.
15   BGBl I S 966 f.

Hans-Heinrich Trute

lage berechtigt. Er übersah freilich die grundlegende Änderung der Rahmenbedingungen insofern, als nun nicht mehr allein die DTAG der Adressat der Regelung war, sondern flächendeckend jeder Betreiber von Telekommunikationsanlagen, also unzweifelhaft eine Indienstnahme Privater für öffentliche Zwecke vorlag, die angesichts der zum Teil hohen Investitionskosten für die technischen Einrichtungen zur Überwachung der Telekommunikation leicht mit anderen gesetzlichen Zielen, etwa der Einführung eines funktionsfähigen Wettbewerbs in Konflikt geraten konnte. Die Einführung der Öffnungsklausel in § 88 Abs 2 S 2 Nr 3, S 3 TKG durch Art 2 Abs 34 Nr 2 BegleitG (Rn 2) verkörpert insofern ein gestiegenes Problembewusstsein des Gesetzgebers, ohne dass freilich die Kritik damit schon verstummt wäre.[16]

## II. Gestaltungs- und Vorhaltungspflicht der Betreiber für technische Überwachungseinrichtungen (Abs 1)

Die technischen Einrichtungen zur Umsetzung von gesetzlich vorgesehenen Überwachungsmaßnahmen sind von dem Betreiber der Anlage auf eigene Kosten zu gestalten und vorzuhalten. Damit ist der **Anwendungsbereich der Vorschrift** umschrieben, der sich im Wesentlichen mit der technischen Gestaltung der Einrichtungen zur Überwachung der Telekommunikation befasst, nicht aber deren Zulässigkeit selbst regelt. Dies bestimmt sich vielmehr – insoweit die Regelungstechnik des § 85 Abs 3 S 3 TKG aufnehmend – nach anderen gesetzlichen Vorschriften.

### 1. Adressat der Regelung und Geltungsbereich

Adressat der Regelung sind die Betreiber von Telekommunikationsanlagen und damit all diejenigen, die die tatsächliche und rechtliche Kontrolle ausüben über technische Einrichtungen oder Systeme, die als Nachrichten identifizierbare elektromagnetische oder optische Signale senden, übertragen, vermitteln, empfangen, steuern oder kontrollieren können (dazu § 3 Rn 13 ff, 80). Freilich ist damit nur der prinzipielle Adressatenbereich der Pflichten des TKG umschrieben. Der eigentliche Anwendungsbereich wird erst über die Bezugsnormen beschrieben, die die Ermächtigungen zu Eingriffen in das Fernmeldegeheimnis darstellen und insofern gesetzliche Ermächtigungen im Sinne des § 85 Abs 3 S 3 TKG darstellen (Rn 20). Dies ergibt sich aus der Bezugnahme auf die gesetzlich vorgesehenen Maßnahmen zur Überwachung in Abs 1 und auf die gesetzliche Verpflichtung, die Überwachung und Aufzeichnung zu ermöglichen in Abs 2. So ist in § 100b Abs 3 StPO das Zusammenspiel beider Normkreise deutlich. Während § 100a StPO die Befugnis zur Überwachung gegenüber dem Täter oder Teilnehmer anordnet und damit die eigentliche Ermächtigung zum Eingriff in das Fernmeldegeheimnis der Kommunikationsteilnehmer enthält, begründet § 100b Abs 3 S 1 StPO die Verpflichtung derjenigen, die geschäftsmäßig Telekommunikationsdienste erbringen oder daran mitwirken, die Überwachung und Aufzeichnung der Telekommunikation zu ermöglichen. § 88 TKG regelt dann, ob, von wem und in welchem Umfang hierfür Vorkehrungen zu treffen sind, wie es § 100b Abs 3 S 2 StPO ausdrückt.[17] Insoweit regelt § 88 TKG nur einen sachlichen und persönlichen Ausschnitt aus dem Problemkreis der Telekommunikationsüberwachung. Sachlicher Ausschnitt ist allein die Vorhaltung von technischen Einrichtungen, nicht aber die Überwachung und Aufzeichnung. Der persönliche Anwendungsbereich wird einerseits über den § 100b Abs 3 S 1 StPO beschrieben. Verpflichtet ist danach jeder, der geschäftsmäßig Telekommunikationsdienste erbringt oder daran mitwirkt. Eine Teilmenge, nämlich die Betreiber von Telekommunikationsanlagen sind danach nur zur Gestaltung und Vorhaltung von technischen Einrichtungen zur Überwachung der Telekommunikation verpflichtet.[18] Der Begriff der geschäftsmäßigen Erbringung von Tele-

---

[16] Vgl insoweit Beck'scher TKG Kommentar/*Ehmer* § 88 Rn 39 ff.

[17] Die Regulierungsbehörde sieht schon in den Vorschriften über die Ermöglichung der Überwachung die Verpflichtung, die erforderlichen Vorkehrungen auf eigene Kosten zu schaffen; vgl RegTP, Informationen zur Technischen Umsetzung von Überwachungsmaßnahmen (veröffentlicht unter URL http://www.regtp.de). Das ist indes von Regelungsgehalt wie Adressatenkreis zweifelhaft.

[18] Allerdings bleiben diese auch zur Ermöglichung der Überwachung und Aufzeichnung der Telekommunikation verpflichtet. Dies aber nicht aufgrund des § 88 TKG, sondern auf der Grundlage von

Hans-Heinrich Trute

kommunikationsdiensten stellt insofern eine Erweiterung dar, als die bisherigen Überwachungstatbestände lange Zeit nur Dienstleistungen für den öffentlichen Verkehr als überwachungsbedürftig ansahen und erst durch das BegleitG diese Erweiterung Gesetz geworden ist, um auch geschlossene Benutzergruppen, wie etwa *corporate networks* und neuartige Vermarktungsmethoden von Telekommunikationsdiensten zu erfassen.[19] Insoweit sind auch Nebenstellenanlagen, die zugleich privat genutzt werden, von dem Begriff mit umfasst (§ 85 Rn 11).[20] Diesbezüglich wird allerdings die Befreiung von Anforderungen in der Rechtsverordnung gem § 88 Abs 2 S 3 TKG zu prüfen sein. Diesem Verständnis der Systematik folgt jetzt auch der Entwurf der Telekommunikationsüberwachungsverordnung vom 25. Januar 2001 [E-TKÜV],[21] der den Kreis der Verpflicheten, auf Betreiber von Telekommunikationsanlagen, mittels derer Telekommunikationsdienstleistungen für die Öffentlichkeit angeboten werden und solche, nach den Überwachungsvorschriften, etwa § 100b Abs 3 StPO, erstreckt, deren Verpflichtungen aber differenziert, um grundlegenden technischen Erwägungen oder Gründen der Verhältnismäßigkeit Rechnung zu tragen.[22] Für Anordnungen auf der Grundlage von Art 1 § 1 Abs 2 S 3 G 10 sowie für §§ 39, 40 AWG gilt ebenfalls die hier entwickelte Systematik und die Kriterien der geschäftsmäßigen Erbringung von Telekommunikationsdiensten als Merkmal der Umschreibung des personellen Anwendungsbereichs.

Der **räumliche Geltungsbereich** wird grundsätzlich durch den Geltungsbereich des TKG und der die Überwachung anordnenden Gesetze bestimmt, ist also auf die Bundesrepubilik Deutschland beschränkt. Davon geht auch der Entwurf der TKÜV aus (§ 3 E-TKÜV), erweitert dieses aber bei Telekommunikationsanlagen, die den Standort von Endgeräten aus technischen Gründen nicht genau bestimmen können, auf diejenigen Fälle, in denen die TK-Anlagen den Endgerätestandort als nicht außerhalb des Geltungsbereichs des Gesetzes befindlich behandeln (§ 3 S 1 Nr 2 E-TKÜV). Dies hat Bedeutung vor allem für Mobilfunkkennungen in Grenzgebieten. Sofern die Anlage erkennt, dass das Gerät sich im Ausland befindet, kommt eine Überwachung nicht in Betracht. Im übrigen aber kann danach – ungeachtet des wirklichen Standortes – eine Überwachung stattfinden. Sofern Informationen an eine Speichereinrichtung übermittelt werden, auch aus dem Ausland, gilt insoweit der Standort der Speichereinrichtung, die der zu überwachenden Kennung zugeordnet ist, als entscheidender Aufenthaltsort (§ 3 S 2 E-TKÜV).

### 2. Gestaltung und Vorhaltung technischer Einrichtungen auf eigene Kosten

**6** Der Betreiber von Telekommunikationsanlagen hat die technischen Einrichtungen zur Überwachung der Telekommunikation auf eigene Kosten zu gestalten und vorzuhalten. Als **technische Einrichtungen** zur Überwachung der Telekommunikation sind dabei alle Hardware- und Software-Voraussetzungen zu verstehen, die eine Überwachung der Telekommunikation ermöglichen.[23] Diese sind vom Betreiber der Telekommunikationsanlage zu gestalten, also in ihrer technischen Konfiguration zu erstellen und in die Anlage einzupassen. Dabei sind die Anforderungen nach Abs 2 (Rn 10 ff) einzuhalten. Sie sind außerdem vorzuhalten, also unabhängig von einem konkreten Überwachungsfall für künftig mögliche Fälle funktionsbereit zu halten. Insoweit sind sie auch bei Veränderungen der Anlage ggf anzupassen, um ihre Funktionsbereitschaft zu erhalten.

**7** Als umstritten erweist sich vor allem die Regelung, dass dies auf **eigene Kosten der Betreiber** von Kommunikationsanlagen zu geschehen habe. Diese Regelung wird verbreitet für verfassungswidrig oder doch zumindest im Einzelfall für verfassungsrechtlich bedenklich gehalten.[24] Im

---

§ 100b Abs 3 S 1 StPO. Sie wirken jedenfalls auch an der Erbringung von Telekommunikationsdiensten im Sinne dieser Vorschrift mit.
**19** BR–Drucks 369/97, S 46.
**20** Ähnlich Manssen/*Haß* TKG § 88 Rn 8.
**21** Entwurf für eine Verordnung über die technische und organisatorische Umsetzung von Maßnahmen der Telekommunikation (Telekommunikations-

überwachungsverordnung – TKÜV) Stand 25. 1. 01, Begründung zu § 2.
**22** Vgl § 2 Abs 1 Nr 1, 2 E-TKÜV sowie die Begründung dazu.
**23** Vgl dazu BMWi, Technische Richtlinie zur Beschreibung der Anforderungen an die Umsetzung gesetzlicher Maßnahmen zur Überwachung der Telekommunikation (TR FÜV), Ausgabe 2. 1, März 1998.
**24** Vgl etwa mit Nuancen im Einzelnen Beck'scher

Ausgangspunkt steht eine **Inpflichtnahme der Betreiber für öffentliche Zwecke**, hier die Zwecke der Strafverfolgung in Rede. Hinter der Handlungspflicht und Vorhaltungspflicht liegt indes eine – im Übrigen durchaus nicht unerhebliche – Finanzierungspflicht, die zwar in der Sache – wie nicht zuletzt aus den Reaktionen der Betreiber ersichtlich – einen wesentlichen Gehalt der Regelung darstellt, gleichwohl von der Handlungspflicht nicht getrennt werden kann.[25] Das zeigt schon die Tatsache, dass mangels Entschädigungsvorschrift die Regelung „auf eigene Kosten" letztlich nur deklaratorisch ist (vgl auch Rn 3). Die verfassungsrechtliche Zulässigkeit der Belastung ist an den in Betracht kommen Grundrechten der Art 14, Art 12 GG zu messen, die freilich auch der Lastengleichheit aller Bürger nach Art 3 GG Rechnung tragen muss.[26]

Sie ist als Verpflichtung das Eigentum an der Telekommunikationsanlage in bestimmter Weise zu gestalten, zunächst an **Art 14 GG** zu messen.[27] Dabei ist freilich zwischen der Regelung zu schaffender Telekommunikationsanlagen und der Auferlegung von Gestaltungspflichten für vorhandene Anlagen zu trennen.[28] Letztere sind dadurch gekennzeichnet, dass zugleich ein Eingriff in eine vorhandene Rechtsstellung erfolgt, der nur bei überwiegenden Gründen des Allgemeinwohls und unter Berücksichtigung des investierten Vertrauens zu rechtfertigen ist. Zu beachten ist allerdings, dass die Nachbesserungspflicht bei nachträglich eintretenden Funktionsmängeln, wie sie sich jedenfalls aus § 88 Abs 2 S 6 TKG ergibt, nicht stets als eine Pflicht angesehen werden kann, die vorhandenen Anlagen auferlegt wird. Neue Anlagen entstehen von vornherein belastet durch eine solche Nachbesserungspflicht.[29] Der Gesetzgeber, der Inhalt und Schranken der als Eigentum bestimmten Rechtspositionen bestimmt, hat dabei sowohl der grundgesetzlichen Anerkennung des Privateigentums durch Art 14 Abs 1 S 1 GG als auch der Sozialpflichtigkeit des Eigentums (Art 14 Abs 2 GG) Rechnung zu tragen. Das Wohl der Allgemeinheit, an dem sich der Gesetzgeber zu orientieren hat, ist nicht nur der Grund, sondern auch die Grenze für die Beschränkung des Eigentümers.[30] Der Gesetzgeber hat dabei die schutzwürdigen Interessen der Beteiligten in einen gerechten Ausgleich und ein ausgewogenes Verhältnis zu bringen[31] und sich dabei im Einklang mit den übrigen Normen der Verfassung zu halten: Insbesondere ist er an den Grundsatz der Verhältnismäßigkeit und den Gleichheitssatz des Art 3 Abs 1 GG gebunden. Die Gestaltungsfreiheit des Gesetzgebers ist dabei um so größer, je stärker der soziale Bezug des Eigentumsobjekts ist; hierfür sind dessen Eigenart und Funktion von entscheidender Bedeutung.[32] Dabei ist vorliegend zu berücksichtigen, dass – wie auch schon die Gesetzesbegründung hervorhebt – der Betreiber der Anlage eine Möglichkeit schafft, sich ihrer zu kriminellen Zwecken zu bedienen und nur durch eine entsprechende technische Gestaltung durch den Anlagenbetreiber selbst eine wirksame Überwachungsmöglichkeit geschaffen wird. Die in dem Betrieb der Netze liegende Gefahrsteigerung der Begehung und Verdeckung von Straftaten rechtfertigt eine besondere Pflichtigkeit der Eigentümer, denen nicht – im Einklang mit allgemeinen gewerberechtlichen Vorstellungen – eine Verkehrssicherungs- sondern auch eine Verkehrsüberwachungspflicht auferlegt werden kann.[33] Die Tatsache, dass er die Störung der Rechtsordnung nicht verursacht oder nicht verschuldet hat, hindert die Inanspruchnahme nicht.[34] Entscheidend ist, dass ihm die in

---

TKG Kommentar/*Ehmer* § 88 Rn 41 ff; *Scholz* in: FS Friauf, S 439, 451; *Rieß* DuD 1996, 328, 333; krit auch *Gramlich* NJW 1997, 1400, 1403; grundsätzlich die Zulässigkeit bejahend *Waechter* VerwArch 87 (1996), 68 ff; Manssen/*Haß* TKG, § 88 Rn 35 ff.

**25** Vgl auch BVerfG NJW 2000, 2573, 2574; Manssen/*Haß* TKG § 88 Rn 41; aA Beck'scher TKG Kommentar/*Ehmer* § 88 Rn 50.

**26** *Waechter* VerwArch 87 (1996), 68, 75 ff; aA Manssen/*Haß* TKG § 88 Rn 41 mit nicht überzeugender Kritik. Denn es geht nicht um die besondere Finanzierungsfunktion von Sonderabgaben, sondern den Gedanken der Lastengleichheit, die durch ein Sonderopfer durchbrochen wird.

**27** Manssen/*Haß* TKG § 88 Rn 49, der eine eigen-

ständige Bedeutung des Art 14 GG unzutreffend verneint.

**28** Dies besagt allerdings nicht, dass insoweit keine Maßstäbe dem Art 14 GG zu entnehmen sind, wie offenbar Manssen/*Haß* TKG § 88 Rn 49 annimmt.

**29** Zu der Dynamisierung der Nachbesserungspflichten und ihrer eigentumsrechtlichen Relevanz vgl bereits *Trute* Vorsorgestrukturen und Luftreinhalteplanung im BImSchG, 1989, S 244 ff.

**30** BVerfGE 25, 112, 118; stRspr vgl BVerfGE 100, 226, 241; BVerfG NJW 2000, 2473, 2474.

**31** BVerfGE 100, 226, 240.

**32** BVerfGE 50, 290, 340 f; 53, 257, 292; 100, 226, 241.

**33** Ausführlich dazu *Waechter* VerwArch 87 (1996), 68, 88 ff.

dem Betrieb der Anlage liegende Risikosteigerung zugerechnet werden kann. Diese begründet auch die *sub specie* des Gleichheitssatzes erforderliche Sachnähe, um die mit der Handlungs- und Vorhaltungspflicht verbundene Finanzierung zu rechtfertigen, soweit damit die Privatnützigkeit des Eigentums nicht aufgehoben wird. Für eine solche, die Privatnützigkeit unverhältnismäßig einschränkende Regelung sind indes angesichts der Entwicklung des Telekommunikationsmarktes und unter Beachtung der Möglichkeit, die entstehenden Kosten weiterzugeben, keine Anhaltspunkte ersichtlich. Im Übrigen verleiht die Öffnungsklausel des § 88 Abs 2 S 2 Nr 3, S 3 TKG hinreichend Spielraum für die Berücksichtigung von unverhältnismäßigen Belastungen. Insoweit differenziert der Entwurf der TKÜV zwischen Betreibern, die TK-Dienstleistungen für die Öffentlichkeit erbringen und „nichtöffentlichen" Betreibern. Erstere müssen die entsprechenden Einrichtungen vorhalten, letztere nur im Einzelfall die Überwachung sicherstellen (§ 2 E-TKÜV). Darüber hinaus enthält der Entwurf der TKÜV an verschiedenen Stellen Abweichungsvorbehalte und Befreiungsmöglichkeiten (vgl etwa §§ 22, 23, 24 E-TKÜV), um den Anforderungen der Verhältnismäßigkeit zu genügen. Diese tragen den Software-Anpassungszyklen oder absehbaren technischen Veränderungen im Mobilfunkbereich Rechnung.[35] Soweit bereits vor 1995 errichtete Anlagen betroffen sind, ist das investierte Vertrauen zu berücksichtigen. Dabei ist freilich zu beachten, dass der Gesetzgeber nicht gehindert ist, vorhandene Rechtspositionen an eine neue Rechtslage anzupassen, wenn Gründe des Allgemeinwohls den Vorrang vor dem Kontinuitätsvertrauen rechtfertigen. Das Vertrauen wird dabei nur geschützt, wenn es – erstens – schutzwürdig ist. Dabei ist zu berücksichtigen, dass es keinen Schutz des Vertrauens in einen Fortbestand der Rechtslage auf Dauer gibt.[36] Der Schutz reicht nur soweit, wie – zweitens – nicht Änderungsinteressen überwiegen und sich diese nicht schonend durch eine Überleitung an die neue Rechtslage berücksichtigen lassen.[37] Dabei ist zu berücksichtigen, dass die alten Rechtspositionen nur insoweit geschützt sind, als sie sich noch nicht amortisiert haben. Denn es gibt keinen Grund, bestandsgeschützte Positionen hinsichtlich des Vertrauensschutzes besser zu stellen, als neue Positionen. Sie sind nicht als solche, sondern um der entwerteten Investitionen willen gegenüber Veränderungen geschützt.[38] Insoweit wird man allerdings zu berücksichtigen haben, dass schon nach der bisherigen Rechtslage in weiten Teilen eine Pflicht bestand, auf eigene Kosten die entsprechenden technischen Einrichtungen zu gestalten und vorzuhalten. Angesichts dessen dürfte ein Vertrauensschutz – wenn überhaupt – so nur in geringem Umfang zu berücksichtigen sein, der regelmäßig kaum die Tatsache des Vorhaltens der Einrichtungen sondern allenfalls und für eine Übergangszeit den Umfang der technischen Einrichtungen betreffen dürfte. Der Entwurf der TKÜV sieht insoweit nur – und durchaus zu Recht – Übergangsfristen vor (§ 28 E-TKÜV).

**9** Auch soweit **Art 12 GG als Maßstab** herangezogen wird, ändert sich an dem Ergebnis nichts. Der unzweifelhaft mit der Inpflichtnahme des Betreibers verbundene Eingriff in die Berufsausübungsfreiheit wird durch vernünftige Gründe des Gemeinwohls gerechtfertigt und ist auch nicht unverhältnismäßig.[39] Das Bundesverfassungsgericht sieht die mit der Inpflichtnahme einhergehende Finanzierungspflicht nicht als eigenständige Regelung an, sondern sieht diese als Bestandteil einer einheitlichen Eingriffsregelung, die als solche der Rechtfertigung bedarf.[40] Indes bedarf diese – wie gesehen – der Rechtfertigung unter dem Gesichtspunkt der allgemeinen Lastengleichheit, die eine nicht gerechtfertigte Abwälzung von Lasten des Staates als Sonderopfer zu Lasten einiger Bürger verhindert. Auch wenn man insoweit einen durch die Sachnähe zu der Aufgabe beschriebenen Zurechnungsgrund verlangt, liegt dieser, wie gesehen vor.[41]

---

34 Vgl BVerfG NJW 2000, 2473, 2475.
35 Vgl Begründung zu § 28 E-TKÜV.
36 Vgl bereits *Kirchhof* Verwalten und Zeit, 1975, S 9.
37 Vgl allgemein *Bryde* in: v Münch/Kunig, GG I, 4. Aufl 2000, Art 14 Rn 64.
38 Vgl dazu bereits *Trute* Vorsorgestrukturen und Luftreinhalteplanung im BImSchG, 1989, S 247 ff; *Murswiek* Die staatliche Verantwortung für die Risiken der Technik, 1986, S 266 f; *Wahl/Hermes/Sach* Ge-

nehmigung zwischen Bestandsschutz und Flexibilität, in: Wahl, Prävention und Vorsorge, 1995, S 235 f.
39 Davon geht – freilich nicht für die abgetrennt behandelte Finanzierungspflicht – auch Beck'scher TKG-Kommentar/*Ehmer* § 88 Rn 47 f aus.
40 BVerfGE 22, 230, 383 ff; 30, 392, 317 ff; 85, 329, 334 ff.
41 Vgl oben bei Rn 2; aA Beck'scher TKG Kommentar/*Ehmer* § 88 Rn 51 ff.

## III. Genehmigungserfordernis, Rechtsverordnungsermächtigung und Betriebsbeginn (Abs 2)

### 1. Genehmigungserfordernis für die technische Gestaltung

Die technische Gestaltung der Überwachungseinrichtung bedarf der Genehmigung. An die Stelle der Einvernehmensregelung des § 16 Abs 3 FÜV,[42] die auf die Verhältnisse eines Betriebs von Telekommunikationsanlagen durch Unternehmen im Eigentum der öffentlichen Hand zugeschnitten war, hat das Gesetz ein Genehmigungserfordernis gesetzt, dessen Verfahren durch die nach Abs 2 zu erlassende Rechtsverordnung näher ausgestaltet werden soll. Die Genehmigung soll nach § 88 Abs 2 S 5 TKG von der Regulierungsbehörde binnen sechs Wochen nach Eingang des Antrags erteilt werden. Eine Abweichung von der Frist ist nur in Ausnahmefällen möglich, die etwa durch die Komplexität der Anlage oder eine nicht vorhersehbare Anzahl von Anträgen bedingt sein können. Eine nicht gerechtfertigte Überschreitung der Frist kann Amtshaftungsansprüche der betreffenden Unternehmen auslösen. 10

**Adressat** der Genehmigungspflicht nach Abs 2 sind **Betreiber von Telekommunikationsanlagen**, die gesetzlich verpflichtet sind, die Überwachung und Aufzeichnung der Telekommunikation zu ermöglichen. Die Regelung ist unnötig kompliziert, da letztlich die Betreiber gemeint sind, die gem Abs 1 verpflichtet sind. 11

**Genehmigungspflichtig** ist nach Abs 2 S 1 die technische Gestaltung der Einrichtungen zur Überwachung, nicht etwa die technische Einrichtung selbst. Insoweit ist es nicht etwa eine Anlagengenehmigung, sondern eher eine **Konzeptgenehmigung**. Folgerichtig sieht denn auch die FÜV, die bis zum Erlaß der Telekommunikationsüberwachungsverordnung fortgilt (Rn 5), die Vorlage eines Konzepts zur Gestaltung der technischen Einrichtungen zur Umsetzung von Überwachungsmaßnahmen vor (§ 16 Abs 1 FÜV), auf das sich nach der vorherigen Rechtslage des § 10b FAG das Einvernehmen bezog. Das Konzept bezieht sich nur auf die technische Gestaltung der Überwachungseinrichtungen, nicht der Fernmeldeanlage und ist auch nicht mit dem Sicherheitskonzept nach § 87 Abs 2 S 1 TKG zu verwechseln. Auch § 19 Abs 2 E-TKÜV geht von einer Genehmigung der technischen Gestaltung der Einrichtungen der Überwachung aus. Auch die organisatorische Umsetzung ist nicht Teil der Genehmigung. Im Übrigen unterliegt die Ausgestaltung der materiellen Maßstäbe ebenso wie des Verfahrens der Genehmigung der Ausgestaltung durch die Rechtsverordnung nach § 88 Abs 2 S 2 TKG. 12

### 2. Abnahme

Nach § 88 Abs 2 S 4 TKG darf der Betrieb der Telekommunikationsanlage erst aufgenommen werden, wenn der Regulierungsbehörde im Rahmen der **Abnahme** unentgeltlich nachgewiesen worden ist, daß die Genehmigungsvoraussetzungen erfüllt sind. Diese Voraussetzung ist erst durch das Telekommunikationsbegleitgesetz (Rn 2) eingeführt worden, um sicherzustellen, daß ein Betrieb nicht aufgenommen wird, ohne daß die technischen Möglichkeiten der Überwachung vorhanden sind.[43] Sie hat ihr Vorbild in dem § 16 Abs 4, 5 FÜV, freilich in modifizierter Form. Die Abnahme ist also die Bestätigung der Erfüllung der tatsächlichen Voraussetzungen durch die Regulierungsbehörde. Sie soll nach § 88 Abs 2 S 5 TKG binnen 6 Wochen nach Eingang der Anzeige nach § 88 Abs 2 S 4 Nr 2 TKG ergehen, also der schriftlichen Erklärung, daß die technischen Einrichtungen nach Maßgabe der Rechtsverordnung nach Abs 2 eingerichtet sind. Die Abnahme ist nach S 5 eine Entscheidung der Regulierungsbehörde, deren rechtliche Wirkung zugleich darin besteht, das Betriebsverbot aufzuheben. Sie ist daher ein Verwaltungsakt, auf den mangels eigenständiger Regelungen in der Rechtsverordnung die Vorschriften des Verwaltungsverfahrensgesetzes des Bundes anwendbar sind.[44] § 20 Abs 3 S 1 E-TKÜV spricht dann auch 13

---

[42] Zu der Weitergeltung der FÜV vgl Rn 15 und zu den Problemen hinsichtlich des Genehmigungsverfahrens Rn 17 ff.
[43] BT-Drucks 13/8776 S 40.
[44] Zu den Problemen, die sich aus dem Nichterlaß der Rechtsverordnung nach Abs 2 ergeben vgl unten Rn 17 ff.

Hans-Heinrich Trute

ausdrücklich von der Erteilung eines Abnahmebescheides durch die RegTP. Die Verletzung der Frist des S 5 kann Amtshaftungsansprüche des Betreibers begründen.

### 3. Rechtsverordnungsermächtigung (Abs 2 S 2, 3)

**14** Die Regelung des § 88 Abs 2 S 2 TKG setzt die Vorgängerregelung des § 10b FAG fort. Sie erteilt der Bundesregierung eine unabhängig von der Zustimmung des Bundesrates bestehende **Rechtsverordnungsermächtigung**.[45] Sie bezieht sich auf die materiellen Maßstäbe der technischen Gestaltung und ihre organisatorische Umsetzung (Nr 1), das Verfahren der Genehmigung und der Abnahme (Nr 2), sowie auf die Möglichkeit, aus technischen Gründen (Nr 3, S 3) und Gründen der Verhältnismäßigkeit die Telekommunikationsanlage von der Gestaltung oder Vorhaltung auszunehmen oder auf Antrag von der Erfüllung einzelner technischer Voraussetzungen zu befreien.

#### a) Fortgeltung der FÜV

**15** Bisher sind die Anforderungen an die technische Gestaltung in der **Fernmelde-Überwachungs-Verordnung (FÜV)** vom 18. Mai 1995[46] geregelt, die auf der Grundlage des mittlerweile außer Kraft getretenen § 10b S 2 FAG ergangen ist. Es besteht Einigkeit darüber, dass das Außerkrafttreten der Ermächtigungsgrundlage nicht zu einer Nichtigkeit der Verordnung führt.[47] Das enthebt freilich nicht von der Prüfung, ob einzelne Regelungen mit der neuen Rechtslage unvereinbar sind. Eine Regelung, die nach der neuen Rechtslage nicht mehr geschaffen werden könnte, tritt danach außer Kraft. Dabei ist vorliegend zu berücksichtigen, dass der Anwendungsbereich des § 10b FAG mit der Bezugnahme auf Fernmeldeanlagen, die für den öffentlichen Verkehr bestimmt sind, insofern enger war, als der § 88 Abs 2 TKG. Das hindert die Anwendung der FÜV für diesen Bereich freilich nicht. Der Entwurf einer Telekommunikationsüberwachungsverordnung, wie er in der 13. Legislaturperiode vorgelegt wurde, ist gescheitert. Nunmehr liegt – wie oben (Rn 5) ausgeführt – der Entwurf einer TKÜV vor.[48]

#### b) Maßstäbe der technischen Gestaltung und organisatorische Umsetzung der Überwachungsmaßnahmen (Nr 1)

**16** Gegenstand der Rechtsverordnungsermächtigung sind **Anforderungen an die technische Gestaltung und die organisatorische Umsetzung der Überwachungsmaßnahmen**. Die FÜV rechnet dazu die bereitzustellenden Informationen, die nicht nur den Inhalt der Kommunikation betreffen, sondern ebenfalls die mit dem Kommunikationsvorgang zusammenhängenden Informationen (§ 3 FÜV), die zeitliche und örtliche Umsetzung (§§ 4 f FÜV), die Kapazität der zu überwachenden Vorgänge zur Vermeidung von Engpässen (§ 6 FÜV), technische Schnittstellen (§ 8 FÜV) sowie weitere Schutzanforderungen. Bei der Neuregelung der Anforderungen durch eine Telekommunikationsüberwachungsverordnung wird man zu berücksichtigen haben, dass eine Umrüstung aufgrund veränderter Anforderungen auf vertrauensgeschützte Investitionen trifft, bei denen ggf Übergangsfristen erforderlich werden, um dem Vertrauensschutz im Rahmen des Art 14 GG Rechnung zu tragen.[49]

#### c) Genehmigungsverfahren und Verfahren der Abnahme (Nr 2)

**17** In der Rechtsverordnung kann das Genehmigungsverfahren sowie das Verfahren der Abnahme geregelt werden. Insoweit sieht die weiterhin geltende FÜV in § 16 Abs 1 vor, dass ein Konzept zur Gestaltung der technischen Einrichtungen der Regulierungsbehörde vorgelegt werden muss. Dieses soll über eine technische Beschreibung der Anlage, die angebotenen Telekommunika-

---

[45] Der Bundesrat hatte im Gesetzgebungsverfahren erfolglos seine Beteiligung eingefordert; vgl BT-Drucks 13/4438 S 21; BT-Drucks 13/4892 S 2.
[46] BGBl I S 722.
[47] BVerfGE 9, 3, 12; 12, 341, 346 f; 14, 245, 249; 44, 216, 226; 78, 179, 198; *Bauer* in: Dreier, GG Art 80 Rn 42; *Pieroth* in: Jarass/Pieroth, GG, Art 80 Rn 15; krit *Ossenbühl* HStR III, § 64 Rn 71; Manssen/*Haß*, TKG § 88 Rn 53.
[48] Vgl oben Fn 21.
[49] Ähnlich Manssen/*Haß* TKG § 88 Rn 54.

tionsdienstleistungen, die nach § 3 FÜV bereitzustellenden Informationen, die Beschreibung der technischen Einrichtungen zur Überwachung, der technischen Schnittstellen und der Vorkehrungen zur technischen Umsetzung der Anforderungen informieren. Diese Anforderungen sind Grundlage der Einvernehmenserklärung durch das Bundesministerium für Post und Telekommunikation, die nach § 16 Abs 3 FÜV für den Fall der tatsächlichen Umsetzung der Anforderungen und deren Anzeige und ggf deren Nachweis ergeht. Allerdings ist das Einvernehmen angesichts der Privatisierung und Liberalisierung durch ein Genehmigungserfordernis der Regulierungsbehörde ersetzt. Auch wenn grundsätzlich nichts dagegen spricht, das Einvernehmenserfordernis als durch das Genehmigungserfordernis ersetzt zu sehen, im Übrigen aber den § 16 FÜV bis zu einer Neufassung oder dem Neuerlaß einer Telekommunikationsüberwachungsverordnung anzuwenden, so scheint dem die weitere Regelung des § 88 Abs 2 TKG entgegen zu stehen. Danach kann der Betrieb der Telekommunikationsanlage erst aufgenommen werden, wenn der Betreiber die in Abs 1 bezeichneten technischen Einrichtungen nach Maßgabe der Rechtsverordnung nach Abs 2 S 2 eingerichtet hat und die Erfüllung der Genehmigungsvoraussetzungen im Rahmen der Abnahme nachgewiesen sind. Da die fortgeltende FÜV nicht die nach § 88 Abs 2 TKG erlassene Rechtsverordnung ist, scheint dies auf ein Betriebsverbot hinauszulaufen. Die daraus gezogenen Konsequenzen sind unterschiedlich. Zum einen wird verlangt, auf der Grundlage von § 16 FÜV keine neuen Verfahren mehr einzuleiten,[50] was freilich das Problem nicht löst, da die Schwelle des § 88 Abs 2 S 4 TKG so nicht überwunden wird. Zum anderen wird verlangt, diese Voraussetzungen, die rechtlich wie tatsächlich nicht erfüllt werden könnten, bis zum Erlaß der entsprechenden Rechtsverordnung nicht zu verlangen.[51] Beides läuft darauf hinaus, dass die Einrichtung von Überwachungsverfahren nach dem TKG solange nicht mehr verlangt werden kann, wie nicht eine Rechtsverordnung nach § 88 Abs 2 TKG erlassen worden ist. Abgesehen davon, dass das Betriebsverbot eine gesetzliche Anordnung darstellt, die nicht zur Disposition der Exekutive durch Nichterlaß einer Rechtsverordnung steht, entstehen empfindliche Schutzlücken, die diese Konsequenz als wenig sinnvoll erscheinen lassen. Vielmehr erscheint es vorzugswürdig, die FÜV bis zum Neuerlaß einer Telekommunikationsüberwachungsverordnung als Rechtsverordnung entsprechend Abs 2 S 4 zu behandeln. Dies fällt um so leichter, als die FÜV weiterhin – nach übereinstimmender Auffassung – die materiellen Anforderungen und die organisatorische Umsetzung umschreibt. Diese sicherzustellen ist allerdings Aufgabe von Abs 2 S 4 Nr 1. Insoweit spricht im Übrigen auch nichts gegen die Anwendung des § 16 Abs 1, 2 FÜV. Lediglich die Einvernehmensregelung des Abs 3 mag man als spezifische Verfahrensregelung nicht mehr anwenden und durch das Genehmigungserfordernis des Abs 2 S 1 in Verbindung mit den allgemeinen Verfahrensregelungen des Verwaltungsverfahrensrechts ersetzt sehen.

Die Rechtsverordnung ermächtigt ebenfalls dazu, dass **Verfahren der Abnahme** zu regeln. Dieses dient dazu, die tatsächliche Erfüllung der Genehmigungsvoraussetzungen sicherzustellen und damit einen Betrieb ohne die technischen Voraussetzungen der Überwachung zu verhindern.[52] In ähnlicher Weise war bisher in den § 16 Abs 4, 5 FÜV die Erklärung über die tatsächliche Erfüllung der Voraussetzungen wie auch der Nachweis der Umsetzung auf Ersuchen des Bundesamtes für Post und Telekommunikation vorgesehen. Mangels eigenständiger Verfahrensregelungen sind bis zum Erlaß der Rechtsverordnung nach Abs 2 die Vorschriften des Verwaltungsverfahrensgesetzes auf die Abnahme anwendbar (Rn 13). Der Entwurf der TKÜV enthält nunmehr ausführliche Regelungen, die als Verfahrensregelungen dem VwVfG vorgehen. **18**

d) Öffnungsklausel (Abs 2 S 2 Nr 3, S 3)

Durch das Telekommunikationsbegleitgesetz vom 17. 12. 1997 sind **Öffnungsklauseln** in den § 88 Abs 2 TKG eingefügt worden, um aus Gründen der Verhältnismäßigkeit die Anforderungen an die technischen Einrichtungen differenzieren zu können. Zu unterscheiden ist zwischen **19**

---

**50** Beck'scher TKG Kommentar/*Ehmer* § 88 Rn 78; vgl auch Manssen/*Haß* TKG § 88 Rn 62.
**51** *Schick* NJW CoR 1998, 486, 487; Manssen/*Haß* TKG § 88 Rn 56, 62.
**52** BT-Drucks 13/8776 S 40.

Hans-Heinrich Trute

generellen Ausnahmemöglichkeiten für bestimmte Telekommunikationsanlagen (Abs 2 S 2 Nr 3) und einzelfallbezogenem Absehen von einzelnen technischen Anforderungen (Abs 2 S 3).

**20** In der Rechtsverordnung kann bestimmt werden, bei welchen Telekommunikationsanlagen **aus grundlegenden technischen Erwägungen oder aus Gründen der Verhältnismäßigkeit abweichend von Abs 1 technische Einrichtungen nicht zu gestalten oder vorzuhalten** sind. Den Grund für diese Öffnungsklausel sieht die Gesetzesbegründung darin, dass in § 100b Abs 3 S 2 StPO und den entsprechenden Regelungen des G 10 sowie in § 39 AWG die Frage danach, ob und in welchem Umfang Vorkehrungen zu treffen seien, an das TKG verwiesen sei.[53] Zugleich aber werden damit verfassungsrechtlich erforderliche Ausnahmetatbestände geschaffen, um dem Vorwurf einer unverhältnismäßigen Inhalts- und Schrankenbestimmung im Sinne des Art 14 Abs 1 S 2 GG aus dem Weg zu gehen.[54] Insofern können in der Rechtsverordnung Ausnahmen für Telekommunikationsanlagen vorgesehen werden, bei denen aus technischen Gründen oder wegen der geringen Verkehrsbedeutung der Anlagen das Gestalten oder Vorhalten der entsprechenden Einrichtungen unverhältnismäßig wäre. Freilich sollen diese Ausnahmen nicht den Grundsatz einer lückenlosen, flächendeckenden und standortunabhängigen Überwachungsmöglichkeit – im Rahmen der gesetzlich vorgesehenen Möglichkeiten – unterlaufen.[55] Die Gesetzesbegründung nennt dazu exemplarisch Telekommunikationsanlagen, an die keine Teilnehmeranschlüsse angeschlossen sind, Übertragungswege, sofern diese nicht Endkunden überlassen sind, Telekommunikationsanlagen, mittels derer für die Öffentlichkeit bestimmte Informationen übertragen werden, wie Ton- und Fernsehrundfunkanlagen sowie Steuerungs- und Fernwirkanlagen, und solche, die ausschließlich oder nahezu ausschließlich durch den Verpflichteten selbst genutzt werden, wie etwa Hausnebenstellenanlagen. Freilich sind diese Ausnahmen mangels Rechtsverordnung noch nicht normativ umgesetzt. Der Entwurf der TKÜV enthält freilich diese Ausnahmen, etwa in den §§ 22 ff. Die Regulierungsbehörde nimmt in ihren Informationen zur technischen Umsetzung von Überwachungsmaßnahmen diese Ausnahmen in präzisierter Form auf und ergänzt sie durch die Fallgruppe einer Telekommunikationsanlage, die nicht mehr als 20 Endeinrichtungen versorgen kann.[56] Normativ ist das nur schwer zu konstruieren, da durch eine Erklärung der Regulierungsbehörde nicht von den gesetzlichen Anforderungen dispensiert werden kann. Dadurch ist das Betriebsverbot des § 88 Abs 2 S 4 TKG kaum überwindbar, mit allen sich daraus für Betreiber ergebenden Risiken. Auf der anderen Seite kann das Betriebsverbot verfassungswidrig sein, sofern es unverhältnismäßige Anforderungen sanktioniert. Auch insoweit zeigt sich, dass die Verzögerung des Erlasses der entsprechenden Verordnung außerordentlich mißlich ist und in verfassungsrechtliche Grauzonen führt.

**21** Das Gesetz sieht außerdem vor, dass in **technisch begründeten Ausnahmefällen auf Antrag von der Erfüllung einzelner technischer Anforderungen** an die Gestaltung der Einrichtungen **abgesehen werden kann** (Abs 2 S 3). Damit soll es möglich werden, hinsichtlich technischer Details von den Anforderungen abzuweichen, bei denen die Ziele in gleicher Weise, aber für den Betroffenen technisch einfacher oder preiswerter zu realisieren sind.[57] Das ist im Grunde nichts anderes, als das schon im allgemeinen Polizeirecht anerkannte Instrumentarium des Angebots eines Austauschmittels. Für diesen Fall sieht das Gesetz freilich vor, dass die Rechtsverordnung den Erlass von Nebenbestimmungen für die Genehmigung vorsehen kann, nicht zuletzt, um etwaige Folgekosten bei den Überwachungsstellen dem Betreiber anlasten zu können.[58] Voraussetzung für die Gewährung der Ausnahme ist allerdings ein Antrag des Betreibers. Mangels Umsetzung in einer Rechtsverordnung fehlt es derzeit freilich an der Rechtsgrundlage für die Gewährung von Ausnahmen. Indes wird man aus Gründen der Verhältnismäßigkeit es der Regulierungsbehörde ermöglichen müssen, von einzelnen materiellen Anforderungen zu dispensieren, wenn gleichwohl durch andere technische Maßnahmen die Überwachungsfunktionalität erreicht wird. Der Entwurf der TKÜV enthält in § 23 eine entsprechende Regelung.

---

[53] BT-Drucks 13/8776 S 40.
[54] Vgl dazu oben Rn 8.
[55] BT-Drucks 13/8776 S 40.
[56] Veröffentlicht unter URL http://www.regtp.de.
[57] BT-Drucks 13/8776 S 40.
[58] BT-Drucks 13/8876 S 40.

## IV. Technische Gestaltung von Telekommunikationsanlagen zur Überwachung (Abs 3)

Telekommunikationsanlagen zum Eingriff in das Fernmeldegeheimnis, die von den gesetzlich berechtigten Stellen betreiben werden, sind im Einvernehmen mit der Regulierungsbehörde technisch zu gestalten. Diese Vorschrift bezieht sich ausschließlich auf Überwachungseinrichtungen, die ohne Mitwirkung eines Netzbetreibers zum Eingriff in das Fernmeldegeheimnis in der Lage sind, wie zB Funkanlagen nach Art 1 § 3 G 10,[59] um die internationale nicht leitungsgebundene Telekommunikation zu überwachen. Das Einvernehmenserfordernis bezieht sich **allein auf die technische Gestaltung** der Einrichtungen. Schutzzweck ist damit weder eine Kontrolle der betreffenden abhörenden Einrichtungen noch die Beschränkung der Eingriffe in das Fernmeldegeheimnis auf das wirklich erforderliche Maß.[60] Insoweit kann es allein auf die technische Kompatibilität bezogen sein. Etwaige Schutzinteressen Dritter können sich daher auch allein auf diese Aspekte beziehen, wie etwa die Störungsfreiheit der Kommunikation. Indes sind diese Schutzinteressen nicht unmittelbarer Gegenstand der Regelung, die daher auch insoweit keine drittschützende Norm ist. Die Verletzung des Einvernehmenserfordernis macht den Betrieb der Anlage nicht rechtswidrig.

## V. Bereitstellung von Netzzugängen für Überwachungsberechtigte (Abs 4)

Betreiber von Telekommunikationsanlagen, die anderen einen Netzzugang zu ihrer Telekommunikationsanlage geschäftsmäßig überlassen, sind gegenüber Überwachungsberechtigten auf deren Anforderung hin verpflichtet, einen **Netzzugang für die Übertragung** der im Rahmen der Überwachungsmaßnahme **anfallenden Informationen** unverzüglich und vorrangig bereitzustellen.

**Verpflichtet** sind also nur Betreiber von Telekommunikationsanlagen, die geschäftsmäßig Netzzugänge überlassen. Allerdings sind nicht nur diejenigen verpflichtet, die die Einrichtungen zur Überwachung vorhalten, sondern auch diejenigen, die nur über Übertragungswege verfügen.[61] Anders könnte kaum die Zuleitung der Informationen sichergestellt werden. Insofern trägt die Vorschrift nach Aufhebung des Fernmeldemonopols durch die Verpflichtung der betreffenden Betreiber der veränderten Sachlage Rechnung.

**Gegenstand der Verpflichtung** ist die unverzügliche und vorrangige Einräumung eines Netzzugangs. Für den Begriff des Netzzugangs kann dabei auf die Regelung des § 3 Nr 9 TKG verwiesen werden (§ 3 Rn 46 ff). Die Verpflichtung ist **unverzüglich** zu erfüllen, also ohne schuldhaftes Zögern. Sobald dies technisch und organisatorisch möglich ist, hat der Betreiber also den Netzzugang zu gewähren. Die technische und organisatorische Möglichkeit knüpft an den vorhandenen technischen Zustand des Netzes an, verlangt also über die technischen Voraussetzungen der Zugangsgewährung hinaus keine Investitionen in das Netz. Allerdings kann die Bundesregierung in der nach § 88 Abs 2 TKG zu erlassenden Rechtsverordnung die technische Ausgestaltung derartiger Netzzugänge regeln (Abs 4 S 2). Solange dies nicht der Fall ist, obliegt es dem Betreiber, die Zugangsgewährung im Rahmen der vorhandenen Netzarchitektur zu gewähren. Zudem ist der Netzzugang **vorrangig** zu gewähren. Der Betreiber hat also unter Hintanstellung seiner sonstigen Verpflichtungen, insbesondere auch hinsichtlich anderer gewährter Netzzugänge und Kunden die Verpflichtung zu erfüllen. Auch dies verlangt nicht eigenständige Aufwendungen, sondern Nutzung des Vorhandenen, aber eben vorrangig.

Die Bereitstellung und Nutzung ist **entgeltpflichtig** (Abs 4 S 3). Damit setzte sich der ursprüngliche Regierungsentwurf gegen die vom Bundesrat angestrebte Änderung durch, allein die Nutzung, nicht aber die Bereitstellung des Netzzugangs entgeltpflichtig zu stellen.[62] Der Bun-

---

[59] BT-Drucks 13/3609 S 55.
[60] So aber Manssen/Haß TKG § 88 Rn 64.
[61] Beck'scher TKG Kommentar/Ehmer § 88 Rn 88.

[62] BT-Drucks 13/4438 S 22, 39; BT-Drucks 13/4938 S 5.

Hans-Heinrich Trute

desrat war der Auffassung, die Unentgeltlichkeit der Bereitstellung des Netzzugangs sei als Ausprägung der Sozialpflichtigkeit des Eigentums verfassungsrechtlich vertretbar. Mit Ausnahme besonderer Tarife oder Zuschläge für die vorrangige oder vorzeitige Bereitstellung gelten die jeweils für die Allgemeinheit anzuwendenden Tarife. Insoweit soll also der Bedarfsträger nicht besser oder schlechter gestellt werden, als die sonstigen Kunden des Verpflichteten. Diese Entgeltregelung ist unproblematisch, sofern der Bedarfsträger die Einrichtung in einer Weise nutzt, wie es andere Nutzer tun. Ansonsten aber fehlt es an für die Allgemeinheit geltenden Tarifen. Insoweit kann der Betreiber dann besondere Tarife und Zuschläge für die vorrangige und vorzeitige Bereitstellung verlangen.[63] Satz 4 lässt zudem besondere vertraglich vereinbarte Rabattierungsregelungen zu. Das ermöglicht die Bündelung der Nachfrage durch die Bedarfsträger und die Aushandelung entsprechender Konditionen, die von denen der Allgemeinheit abweichen können. Werden Rabatte der Allgemeinheit eingeräumt, sind diese – sofern einschlägig – auch den Bedarfsträgern zu gewähren. Das folgt schon aus S 3.

## VI. Jahresstatistik über durchgeführte Überwachungsmaßnahmen (Abs 5)

**27** Die nach §§ 100a, 100b StPO verpflichteten Betreiber von Telekommunikationsanlagen haben eine Jahresstatistik über die nach diesen Vorschriften durchgeführten Überwachungsmaßnahmen zu führen und der Regulierungsbehörde unentgeltlich zur Verfügung zu stellen. Sie soll es vor allem den zuständigen Kontrollinstanzen ermöglichen, sich einen Überblick über die Entwicklung der Überwachung in diesem Bereich zu verschaffen und etwaigen Mißbräuchen vorzubeugen.[64] Freilich ist die Begrenzung auf Maßnahmen nach der StPO eine deutliche Beschränkung auch des Kontrolleffektes. Insoweit erstaunt die Herausnahme der Maßnahmen nach § 39 AWG aus der Berichtspflicht durch den Ausschuß für Post und Telekommunikation,[65] auch wenn die Vorschrift nur befristet noch gültig ist.[66] Nicht verfügbar sind auch die Angaben über die Überwachungsmaßnahmen nach § 2 G 10 durch den BND, das Bundesamt für den Verfassungsschutz und den Militärischen Abschirmdienst sowie für die von den Verfassungsschutzämtern der Länder vorgenommene Überwachung einzelner Anschlüsse.[67] Insgesamt bleibt die Statistik denn auch aus den unterschiedlichsten Gründen lückenhaft. Die Einzelheiten der Ausgestaltung können im Übrigen in der Rechtsverordnung nach Abs 2 geregelt werden. Die Regulierungsbehörde faßt die einzelnen Statistiken zusammen und veröffentlicht sie in ihrem Tätigkeitsbericht gem § 81 Abs 1 TKG. Sie überlässt den Ländern die Statistik unentgeltlich, da in den Ländern vor allem die politische und parlamentarische Kontrolle der anordnenden Instanzen stattfindet.[68]

## § 89 Datenschutz

(1) Die Bundesregierung erlässt für Unternehmen, die geschäftsmäßig Telekommunikationsdienste erbringen oder an der Erbringung solcher Dienste mitwirken, durch Rechtsverordnung mit Zustimmung des Bundesrates Vorschriften zum Schutze personenbezogener Daten der an der Telekommunikation Beteiligten, welche die Erhebung, Verarbeitung und Nutzung dieser Daten regeln. Die Vorschriften haben dem Grundsatz der Verhältnismäßigkeit, insbesondere der Beschränkung der Erhebung, Verarbeitung und Nut-

---

[63] Vgl auch Beck'scher TKG Kommentar/*Ehmer* § 88 Rn 94 f.
[64] Vgl BT-Drucks 13/3609 S 55.
[65] BT-Drucks 13/4864 S 57; vgl demgegenüber noch BT-Drucks 13/3609 S 27.
[66] Art 1 des 10. ÄndG zum AWG v 22. 12. 1999, BGBl I S 2822 hat die Geltung bis zum 31. 12. 2002 befristet; zu den Überwachungsmaßnahmen vgl insoweit BT-Drucks 14/1415.
[67] Ausführlich zur Entwicklung der Telekommunikationsüberwachung in den verschiedenen Sektoren einschließlich einer Rekonstruktion der Zahl der Maßnahmen aus anderen Quellen *Bizer* Telekommunikation und innere Sicherheit in: Kubicek/Braczyk/Klumpp/Roßnagel, Global@home. Jahrbuch Telekommunikation und Gesellschaft, 2000, S 482 ff; vgl auch BT-Drucks 13/1943, 13/4942 S 34 ff.
[68] BT-Drucks 13/4438 S 22.

Hans-Heinrich Trute

zung auf das Erforderliche, sowie dem Grundsatz der Zweckbindung Rechnung zu tragen. Dabei sind Höchstfristen für die Speicherung festzulegen und insgesamt die berechtigten Interessen des jeweiligen Unternehmens und der Betroffenen zu berücksichtigen. Einzelangaben über juristische Personen, die dem Fernmeldegeheimnis unterliegen, stehen den personenbezogenen Daten gleich.

(2) Nach Maßgabe der Rechtsverordnung dürfen Unternehmen und Personen, die geschäftsmäßig Telekommunikationsdienste erbringen oder an der Erbringung solcher Dienste mitwirken, die Daten natürlicher und juristischer Personen erheben, verarbeiten und nutzen, soweit dies erforderlich ist
1. zur betrieblichen Abwicklung ihrer jeweiligen geschäftsmäßigen Telekommunikationsdienste, nämlich für
    a) das Begründen, inhaltliche Ausgestalten und Ändern eines Vertragsverhältnisses,
    b) das Herstellen und Aufrechterhalten einer Telekommunikationsverbindung,
    c) das ordnungsgemäße Ermitteln und den Nachweis der Entgelte für geschäftsmäßige Telekommunikationsdienste einschließlich der auf andere Netzbetreiber und Anbieter von geschäftsmäßigen Telekommunikationsdiensten entfallenden Leistungsanteile; für den Nachweis ist dem Nutzer eine Wahlmöglichkeit hinsichtlich Speicherdauer und Speicherumfang einzuräumen,
    d) das Erkennen und Beseitigen von Störungen an Telekommunikationsanlagen,
    e) das Aufklären sowie das Unterbinden von Leistungserschleichungen und sonstiger rechtswidriger Inanspruchnahme des Telekommunikationsnetzes und seiner Einrichtungen sowie der geschäftsmäßigen Telekommunikationsdienste, sofern tatsächliche Anhaltspunkte vorliegen; nach näherer Bestimmung in der Rechtsverordnung dürfen aus den Gesamtdatenbeständen die Daten ermittelt werden, die konkrete Indizien für eine missbräuchliche Inanspruchnahme von geschäftsmäßigen Telekommunikationsdiensten enthalten,
2. für das bedarfsgerechte Gestalten von geschäftsmäßigen Telekommunikationsdiensten; dabei dürfen Daten in bezug auf den Anschluss, von dem der Anruf ausgeht, nur mit Einwilligung des Anschlussinhabers verwendet und müssen Daten in bezug auf den angerufenen Anschluss unverzüglich anonymisiert werden,
3. auf schriftlichen Antrag eines Nutzers zum Zwecke
    a) der Darstellung der Leistungsmerkmale; hierzu dürfen insbesondere Datum, Uhrzeit, Dauer und Rufnummern der von seinem Anschluss hergestellten Verbindungen unter Wahrung des in der Rechtsverordnung zu regelnden Schutzes von Mitbenutzern und Anrufen bei Personen, Behörden und Organisationen in sozialen oder kirchlichen Bereichen, die gemäß ihrer von einer Behörde oder Körperschaft, Anstalt oder Stiftung des öffentlichen Rechts anerkannten Aufgabenbestimmung grundsätzlich anonym bleibenden Anrufern ganz oder überwiegend telefonische Beratung in seelischen oder sozialen Notlagen anbieten und die selbst oder deren Mitglieder insoweit besonderen Verschwiegenheitsverpflichtungen unterliegen, mitgeteilt werden,
    b) des Identifizierens von Anschlüssen, wenn er in einem zu dokumentierenden Verfahren schlüssig vorgetragen hat, das Ziel bedrohender oder belästigender Anrufe zu sein; dem Nutzer werden die Rufnummern der Anschlüsse sowie die von diesen ausgehenden Verbindungen und Verbindungsversuche einschließlich Name und Anschrift des Anschlussinhabers nur bekannt gegeben, wenn er zuvor die Anrufe nach Datum und Uhrzeit eingrenzt, soweit ein Missbrauch der Überwachungsmöglichkeit nicht auf andere Weise ausgeschlossen werden kann; grundsätzlich wird der Anschlussinhaber über die Auskunftserteilung nachträglich informiert.

(3) Es dürfen nur die näheren Umstände der Telekommunikation erhoben, verarbeitet und genutzt werden. Soweit es für Maßnahmen nach Absatz 2 Nr 1 Buchstabe e unerlässlich ist, dürfen im Einzelfall Steuersignale maschinell erhoben, verarbeitet und genutzt werden; die Regulierungsbehörde ist hierüber in Kenntnis zu setzen. Der Betroffene ist zu benachrich-

tigen, sobald dies ohne Gefährdung des Zwecks der Maßnahmen möglich ist. Die Erhebung, Verarbeitung und Nutzung anderer Nachrichteninhalte ist unzulässig, es sei denn, dass sie nach Absatz 4 notwendig oder im Einzelfall für Maßnahmen nach Abs 5 unerläßlich ist.

(4) Beim geschäftsmäßigen Erbringen von Telekommunikationsdiensten dürfen Nachrichteninhalte nur aufgezeichnet, Dritten zugänglich gemacht oder sonst verarbeitet werden, soweit dies Gegenstand oder aus verarbeitungstechnischen Gründen Bestandteil des Dienstes ist. § 85 Abs 3 Satz 3 bleibt unberührt.

(5) Zur Durchführung von Umschaltungen sowie zum Erkennen und Eingrenzen von Störungen im Netz ist dem Betreiber der Telekommunikationsanlage oder seinem Beauftragten das Aufschalten auf bestehende Verbindungen erlaubt, soweit dies betrieblich erforderlich ist. Das Aufschalten muss den betroffenen Gesprächsteilnehmern durch ein akustisches Signal angezeigt und ausdrücklich mitgeteilt werden.

(6) Ferner haben die in Absatz 2 genannten Unternehmen und Personen personenbezogene Daten, die sie für die Begründung, inhaltliche Ausgestaltung oder Änderung eines Vertragsverhältnisses erhoben haben, im Einzelfall auf Ersuchen an die zuständigen Stellen zu übermitteln, soweit dies für die Verfolgung von Straftaten und Ordnungswidrigkeiten, zur Abwehr von Gefahren für die öffentliche Sicherheit oder Ordnung oder für die Erfüllung der gesetzlichen Aufgaben der Verfassungsschutzbehörden des Bundes und der Länder, des Bundesnachrichtendienstes, des Militärischen Abschirmdienstes sowie des Zollkriminalamtes erforderlich ist. Auskünfte an die genannten Stellen dürfen Kunden oder Dritten nicht mitgeteilt werden.

(7) Die in Absatz 2 genannten Unternehmen und Personen dürfen die personenbezogenen Daten, die sie für die Begründung, inhaltliche Ausgestaltung oder Änderung eines Vertragsverhältnisses erhoben haben, verarbeiten und nutzen, soweit dies für Zwecke der Werbung, Kundenberatung oder Marktforschung für die in Absatz 2 genannten Unternehmen und Personen erforderlich ist und der Kunde eingewilligt hat. Personenbezogene Daten von Kunden, die zum Zeitpunkt des Inkrafttretens dieses Gesetzes von den in Absatz 2 genannten Unternehmen und Personen bereits erhoben waren, dürfen für die in Satz 1 genannten Zwecke verarbeitet und genutzt werden, wenn der Kunde nicht widerspricht. Sein Einverständnis gilt als erteilt, wenn er in angemessener Weise über sein Widerspruchsrecht informiert worden ist und von seinem Widerspruchsrecht keinen Gebrauch gemacht hat.

(8) Diensteanbieter können Kunden mit ihrem Namen, ihrer Anschrift und zusätzlichen Angaben, wie Beruf, Branche, Art des Anschlusses und Mitbenutzer, in öffentliche gedruckte oder elektronische Verzeichnisse eintragen, soweit der Kunde dies beantragt hat. Dabei kann der Kunde bestimmen, welche Angaben in den Kundenverzeichnissen veröffentlicht werden sollen, dass die Eintragung nur in gedruckten oder elektronischen Verzeichnissen erfolgt oder dass jegliche Eintragung unterbleibt. Mitbenutzer dürfen eingetragen werden, soweit sie damit einverstanden sind. Sind Kunden beim Inkrafttreten dieses Gesetzes in ein Kundenverzeichnis eingetragen, so muss die Eintragung künftig unterbleiben, wenn der Kunde widerspricht. Absatz 7 Satz 3 gilt entsprechend.

(9) Nach Maßgabe der entsprechenden Rechtsverordnung dürfen Unternehmen und Personen im Sinne des Absatzes 2 im Einzelfall Auskunft über in öffentlichen Verzeichnissen enthaltene Daten der Nutzer von geschäftsmäßigen Telekommunikationsdiensten erteilen oder durch Dritte erteilen lassen. Die Auskunft darf nur über Daten von Kunden erteilt werden, die in angemessener Weise darüber informiert worden sind, dass sie der Weitergabe ihrer Daten widersprechen können, und die von ihrem Widerspruchsrecht keinen Gebrauch gemacht haben. Ein Widerspruch ist in den Verzeichnissen des Diensteanbieters unverzüglich zu vermerken. Er ist auch von anderen Diensteanbietern zu beachten, sobald er in dem öffentlichen Verzeichnis des Diensteanbieters vermerkt ist.

(10) Die geschäftsmäßige Erbringung von Telekommunikationsdiensten und deren Entgeltfestlegung darf nicht von der Angabe personenbezogener Daten abhängig gemacht

werden, die für die Erbringung oder Entgeltfestlegung dieser Dienste nicht erforderlich sind. Soweit die in Absatz 2 genannten Unternehmen die Verarbeitung oder Nutzung personenbezogener Daten eines Kunden von seiner Einwilligung abhängig machen, haben sie ihn in sachgerechter Weise über Inhalt und Reichweite der Einwilligung zu informieren. Dabei sind die vorgesehenen Zwecke und Nutzungszeiten zu nennen. Die Einwilligung muss ausdrücklich und in der Regel schriftlich erfolgen. Soll sie im elektronischen Verfahren erfolgen, ist dabei für einen angemessenen Zeitraum eine Rücknahmemöglichkeit vorzusehen.

Schrifttum: *Auernhammer* Bundesdatenschutzgesetz, 4. Aufl, 1996; *Bär* Aktuelle Rechtsfragen bei strafprozessualen Eingriffen in die Telekommunikation, MMR 2000, 472; *ders* Anmerkung zum Urteil des LG Hamburg vom 17. 2. 1998, MMR 1998, 420; *Bull* Aus aktuellem Anlaß: Bemerkungen über Stil und Technik der Datenschutzgesetzgebung, RDV 1999, 148; *Bundesbeauftragter für den Datenschutz* Reform der Poststruktur: Ist der Datenschutz gewährleistet?, in: Witte, Chancen nach der Postreform, Neue Märkte, neue Leistungen, 1990, S 141; *Bundesbeauftragter für den Datenschutz* Datenschutz und Telekommunikation, 4. Aufl, 2000; *Büllesbach* Datenschutz im Telekommunikationsrecht, 1997; *Burchard* Verfassungsrechtliche Interessenabwägung im Informationsrecht, KritV 1999, 239; *Giesen* Über die Grenzen des Datenschutzes, CR 1997, 43; *Gola* Der auditierte Datenschutzbeauftragte, RDV 2000, 93; *Gola/Müthlein* Neuer Tele-Datenschutz – bei fehlender Koordinierung über das Ziel hinausgeschossen?, RDV 1997, 193; *Gounalakis/Rhode* Das Informations- und Kommunikationsgesetz, K&R 1998, 321; *Gundermann* Das neue TKG-Begleitgesetz, K&R 1998, 48; *Hobert* Datenschutz und Datensicherheit im Internet, 1998; *Kleinknecht/Meyer-Goßner* StPO mit GVG und Nebengesetzen, 44. Aufl, 1999; *Koenig/Neumann* Die neue Telekommunikations-Datenschutzverordnung, K&R 2000, 417; *Königshofen* Datenschutz in der Telekommunikation, ArchivPT 1997, 19; *Kubicek/Bach* Neue TK-Datenschutzverordnungen, Fortschritt für den Datenschutz?, CR 1991, 489; *Lanfermann* Datenschutzgesetzgebung – gesetzliche Rahmenbedingungen einer liberalen Informationsgesellschaft, RDV 1998, 1; *Ministerkomitee des Europarats* Empfehlung zum Schutz personenbezogener Daten auf dem Gebiet der Telekommunikationsdienste, CR 1996, 61; *Mörs* Datenschutz beim Einsatz von Satelliten, CR 1996, 42; *Müller-Römer* Liberalisierung der Telekommunikation, in: Witte, Chancen nach der Postreform, 1990, S 63; *Ordeman/Schomerus* Bundesdatenschutzgesetz, 4. Aufl, 1988; *Roßnagel* in: Roßnagel, Recht der Multimediadienste, München, Stand Jan 1999, Kommentar zum TDDSG; *Schadow* Die TDSV – Zielsetzung, Inhalt, Anwendung, 20. Datenschutzfachtagung, Leitthema „Datenschutz nach 20 Jahren BDSG" am 30./31. 10. 1996; *Schaffland/Wiltfang* Bundesdatenschutzgesetz (Loseblattkommentar), Berlin; *Scherer* Telekommunikationsrecht und Telekommunikationspolitik, 1985; *Schneider* Praxis des EDV-Rechts, 1990; *Simitis/Dammann/Mallmann/Reh* Kommentar zum Bundesdatenschutzgesetz, 3. Aufl, 1981; *Thommes* Verdeckte Ermittlungen im Strafprozess aus der Sicht des Datenschutzes, StV 1997, 657; *Trute* Öffentlichrechtliche Rahmenbedingungen einer Informationsordnung, VVDStRL 57 (1998), 216; *ders* Der Schutz personenbezogener Daten in der Informationsgesellschaft, JZ 1998, 822; *Vahrenwald* Recht in Online und Multimedia, 1996; *Wiebe* Anmerkung zum Urteil des BGH v 6. 5. 1999 – Tele-Info-CD, MMR 1999, 474; *Wuermeling/Felixberger* Fernmeldegeheimnis und Datenschutz im Telekommunikationsgesetz, CR 1997, 230; *dies* Staatliche Überwachung der Telekommunikation, CR 1997, 555; s ferner auch die Literaturübersicht zu § 88.

Inhaltsübersicht

|  |  | Rn |
|---|---|---|
| I. | Entstehungsgeschichte und Systematik | 1–9 |
| II. | Ermächtigung zum Erlaß einer Rechtsverordnung (Abs 1) | 10–17 |
|  | 1. Anwendungsbereich der Rechtsverordnung | 11 |
|  | 2. Ausgangspunkt: Verbot mit begrenzten Verarbeitungszwecken | 16 |
|  | 3. Grundsatz der Verhältnismäßigkeit, der Zweckbindung und Festlegung von Höchstfristen (Abs 1 S 2, 3) | 17 |
| III. | Verarbeitungszwecke (Abs 2) | 18–40 |
|  | 1. Betriebliche Abwicklung der geschäftsmäßigen Telekommunikationsdienste (Nr 1) | 19–24 |
|  |    a) Begründen, inhaltliche Ausgestaltung und Änderung eines Vertragsverhältnisses (Nr 1 lit a) | 20 |
|  |    b) Herstellen und Aufrechterhalten einer Telekommunikationsverbindung (Nr 1 lit b) | 21 |
|  |    c) Ermitteln und Nachweis der Entgelte (Nr 1 lit c) | 22 |
|  |    d) Erkennen und Beseitigen von Störungen (Nr 1 lit d) | 23 |
|  |    e) Aufklären und Unterbinden von Leistungserschleichungen (Nr 1 lit e) | 24 |
|  | 2. Bedarfsgerechtes Gestalten von geschäftsmäßigen Telekommunikationsdiensten (Abs 2 Nr 2) | 25 |
|  | 3. Verarbeitung im Interesse und auf Antrag des Nutzers (Abs 2 Nr 3) | 26–32 |
|  |    a) Darstellung von Leistungsmerkmalen (Nr 3 lit a) | 27–31 |
|  |    b) Identifizierung von Anschlüssen (Nr 3 lit b) | 32 |
|  | 4. Weitere im Gesetz nicht geregelte Problemfelder | 33–40 |
|  |    a) Rufnummernanzeige und -unterdrückung | 34–37 |

|  |  |  |
|---|---|---|
| | b) Automatische Anrufweiterleitung | 38 |
| | c) Fernwirk- und Fernmessdienste | 39 |
| | d) Telegrammdienste | 40 |
| IV. | Verarbeitung von Steuersignalen (Abs 3) | 41–44 |
| V. | Verarbeitung von Nachrichteninhalten (Abs 4) | 45–46 |
| VI. | Aufschalten auf bestehende Verbindungen (Abs 5) | 47–50 |
| VII. | Übermittlung von Bestandsdaten an die Sicherheitsbehörden (Abs 6) | 51–57 |
| VIII. | Verarbeitung der Bestandsdaten für Zwecke der Werbung, Kundenberatung und Marktforschung (Abs 7) | 58–62 |
| IX. | Teilnehmerverzeichnisse (Abs 8) | 63–65 |
| X. | Auskunftserteilung (Abs 9) | 66 |
| XI. | Koppelungsverbot und Anforderungen an die Einwilligungen (Abs 10) | 67–68 |
| XII. | Durchsetzung | 69–72 |

## I. Entstehungsgeschichte und Systematik

**1** Die Öffnung des Telefonmarktes und die damit einhergehende Steigerung der Zahl der Anbieter und Nutzer von Telekommunikationsdienstleistungen ebenso wie die beschleunigte technische Entwicklung haben **neue oder jedenfalls größere Risiken für das Persönlichkeitsrecht** der Nutzer hervorgebracht, eine Entwicklung, die neue Anforderungen an die Schutzinstrumente stellt. Ohne eine bereichsspezifische Ausformung wären die schwächeren Vorschriften des Dritten Abschnitts des Bundesdatenschutzgesetzes auch für den telekommunikationsspezifischen Schutz der personenbezogenen Daten gegenüber privaten Anbietern einschlägig gewesen, angesichts der Zunahme der Gefährdungen durch die Kommerzialisierung der personenbezogenen Daten ein durchaus unzureichendes Ergebnis.[1] Nicht zuletzt die Ausstattung der Telekommunikationsnetze mit Digitaltechnologie macht ebenfalls neue Schutzvorkehrungen erforderlich. Diese müssen zugleich europäisch harmonisiert sein, um einen gleichwertigen Schutz der Grundrechte der Bürger und Anbieter sowie den freien Verkehr der Daten und Telekommunikationsdienste und -geräte in der europäischen Gemeinschaft zu gewährleisten.

**2** Die Vorschrift des **§ 89 TKG ist die zentrale datenschutzrechtliche Vorschrift des Telekommunikationsgesetzes.** Sie enthält in Abs 1 die Ermächtigungsgrundlage zum Erlass einer Rechtsverordnung der Bundesregierung, mit Zustimmung des Bundesrates, die Vorschriften zum Schutz personenbezogener Daten für Unternehmen, die geschäftsmäßig Telekommunikationsdienste erbringen oder an der Erbringung mitwirken enthalten soll. Damit wird die zum 31. 12. 1997 außer Kraft getretene Vorschrift des § 10 PTRegG ersetzt, die Grundlage der Telekommunikationsdienstunternehmen-Datenschutz-Verordnung (TDSV aF) war.[2] Abs 2 enthält dann die durch die RVO konkretisierungsbedürftigen Zwecke für die Erhebung, Nutzung und Verarbeitung der personenbezogenen Daten, Abs 9 eine ebenfalls durch die RVO konkretisierungsbedürftige Vorschrift über die Auskunft von Nutzerdaten aus öffentlichen Verzeichnissen durch die Unternehmen und Personen des Abs 2. Die Vorschriften der Abs 3–8, 10 stellen dagegen eigenständige Vorschriften über Umstände der Datenverarbeitung in der Telekommunikation dar. Sie enthalten Vorschriften insbesondere über die maschinelle Erhebung, Verwendung und Nutzung von Steuersignalen (Abs 3), über die Aufzeichnung oder Verarbeitung von Nachrichteninhalten (Abs 4), das Aufschalten auf bestehende Verbindungen (Abs 5), die Übermittlung von Bestandsdaten an die Sicherheitsbehörden (Abs 6), die Erhebung, Verarbeitung und Nutzung von Bestandsdaten für Zwecke der Werbung, Kundenberatung oder Marktforschung (Abs 7), die Eintragung von Kundendaten in öffentliche gedruckte oder elektronische Verzeichnisse (Abs 8) und das Verbot, die geschäftsmäßige Erbringung von Telekommunikationsdiensten von der Angabe nicht erforderlicher personenbezogener Angaben abhängig zu machen, also ein Koppelungsverbot (Abs 10).

---

**1** *Lanfermann* RDV 1998, 1, 3.
**2** Verordnung über den Datenschutz für Unternehmen, die Telekommunikationsdienstleistungen erbringen (Telekommunikationsdienstunternehmen-Datenschutz-Verordnung – TDSV) v 12. 7. 1996, BGBl I S 982; vgl aber jetzt die Telekommunikations-Datenschutzverordnung (TDSV) v 18. 12. 2000 BGBl I S 1740 ( TDSV nF).

§ 89 Datenschutz

Die Vorschrift war **im Wesentlichen bereits im ursprünglichen Fraktionsentwurf enthalten**.[3] **3**
Sie wurde auf Anregung des Bundesrates[4] und im Ausschuß für Post und Telekommunikation[5] bei den abschließenden Beratungen jedoch in einigen Details verändert. Durchgängig erstreckt wurde der Anwendungsbereich der Vorschrift auf das geschäftsmäßige Erbringen von Telekommunikationsdiensten (§ 3 Rn 34; § 85 Rn 11) und damit gegenüber dem ursprünglichen Entwurf, der noch auf gewerbliche Anbieter von Telekommunikationsdienstleistungen abstellte, erweitert. Einbezogen sind damit auch *Corporate Networks*, ungeachtet der Frage, ob sie mit Gewinnerzielungsabsicht betrieben werden oder nicht. Abs 3 wurde präzisiert, um den Betreibern das Aufklären und Unterbinden von Leistungserschleichungen zu erleichtern. Die übertragenen Informationen können danach maschinell daraufhin analysiert worden, ob Steuerungssignale von Nichtberechtigten übertragen werden.[6] In Abs 4 wurde auf Anregung des Bundesrates[7] der S 2 eingefügt, um deutlich zu machen, dass spezielle Regelungen zur Überwachung der Telekommunikation, wie etwa § 100a StPO, unberührt bleiben.[8] Ebenfalls auf Anregung des Bundesrates[9] wurde die Befugnis der Betreiber, Bestandsdaten an die Sicherheitsbehörden zu übermitteln in eine Verpflichtung überführt und zudem auf präventiv-polizeiliche Zwecke erstreckt.[10] In Abs 7 wurde zudem die zunächst vorgesehene Widerspruchslösung durch eine Einwilligungslösung für diejenigen Daten ersetzt, die nach Inkrafttreten des Gesetzes erhoben werden.[11] Entsprechend einer Forderung des Bundesrates[12] wurde zudem als Abs 8 die Eintragung von Kundendaten in gedruckte oder elektronische Verzeichnisse vorgesehen, abhängig von dem Antrag des Kunden.[13] Im Übrigen wurden kleinere, eher redaktionelle Umgestaltungen vorgenommen.

Die Vorschrift des **§ 89 TKG ist eine bereichsspezifische Regelung im Sinne des § 1 Abs 4 BDSG,** **4**
ebenso wie die Vorschriften der **Telekommunikations–Datenschutz-Verordnung (TDSV)**, die folglich – soweit sie reichen – den Vorschriften des Bundesdatenschutzgesetzes und den Landesdatenschutzgesetzen vorgehen. In diesem Sinne ordnet § 1 Abs 2 TDSV ausdrücklich die ergänzende Geltung des BDSG an, für geschlossene Benutzerkreise öffentlicher Stellen der Länder gilt die TDSV nF mit der Maßgabe, dass an die Stelle des Bundesdatenschutzgesetzes die jeweiligen Landesdatenschutzgesetze treten. Allerdings ist der Anwendungsbereich beider Normenkomplexe unterschiedlich. Die TDSV aF hatte ihre Grundlage noch im § 10 FAG, der mittlerweile außer Kraft getreten ist. Dies hinderte die Fortgeltung der TDSV nicht, sofern die Regelungen der Verordnung nicht gegen neues Recht verstießen, was aber ersichtlich nicht der Fall war. Die TDSV aF bezog sich, ihrer Ermächtigungsgrundlage in § 10 FAG entsprechend, auf Unternehmen und Diensteanbieter, die der Öffentlichkeit angebotene Telekommunikationsdienstleistungen erbringen oder daran mitwirken (§ 1 Abs 1 TDSV aF). Unternehmen sind nach § 2 Nr 7 TDSV aF alle, die nach dem FAG eine Fernmeldeanlage betreiben (also Netzbetreiber) und daran mitwirken. Diensteanbieter sind alle, die ganz oder teilweise geschäftsmäßig Telekommunikationsdienstleistungen erbringen (§ 2 Nr 2 TDSV aF), also ein gewerbliches Angebot von Telekommunikation einschließlich des Angebots von Übertragungswegen machen (§ 2 Nr 6 TDSV aF). Insoweit erfasste die TDSV aF nur das gewerbliche, und damit kommerzielle Angebot von Telekommunikationsdienstleistungen für die Öffentlichkeit.[14] Demgegenüber stellt § 89 TKG auf Unternehmen ab, die geschäftsmäßig Telekommunikationsdienste erbringen oder an der Erbringung mitwirken. Damit ist der Anwendungsbereich der Vorschrift deutlich weiter und erfasst jede auf Dauer ausgerichtete Erbringung von Telekommunikationsdiensten unabhängig von der Gewinnerzielungsabsicht (§ 3 Nr 5 TKG). Zudem ist kein Angebot an die Öffentlichkeit erforderlich, vielmehr unterfallen auch *Corporate Networks* und Telekommunikationsanlagen in Hotels, Krankenhäusern etc, soweit sie Nutzern auch zur privaten Nutzung offen stehen, dem Begriff (§ 85 Rn 11).[15] Dieser unterschiedliche Anwendungsbereich ließ sich nicht einfach durch

3 BT-Drucks 13/3609 zu § 86 TKGE.
4 BT-Drucks 13/4438 Nr 90–97.
5 BT-Drucks 13/4864 zu § 86 TKGE.
6 BT-Drucks 13/4864 zu § 86 TKGE.
7 BT-Drucks 13/4438 Nr 93.
8 BT-Drucks 13/4864 zu § 86 TKGE.
9 BT-Drucks 13/4438 Nr 94.
10 BT-Drucks 13/4864 zu § 86 TKGE.
11 BT-Drucks 13/4864 zu § 86 TKGE.
12 BT-Drucks 13/4438 Nr 95.
13 BT-Drucks 13/4864 zu § 86 TKGE.
14 *Würmeling/Felixberger* CR 1997, 230, 235.
15 *Bundesbeauftragter für den Datenschutz* Datenschutz und Telekommunikation, S 26.

Hans-Heinrich Trute

eine Erstreckung des Schutzes der TDSV aF auf den weitergehenden Anwendungsbereich des § 89 TKG beseitigen, da die TDSV aF nicht die auf der Grundlage des § 89 TKG erlassene Rechtsverordnung ist.[16] Auch eine europarechtskonforme Auslegung im Hinblick auf die EG-Telekommunikations-Datenschutzrichtlinie v 15. 12. 1997 schied insoweit aus,[17] da sich diese zum einen nur auf die Verarbeitung personenbezogener Daten im Zusammenhang mit der Erbringung öffentlich zugänglicher Telekommunikationsdienste in öffentlichen Telekommunikationsnetzen in der Gemeinschaft bezieht,[18] zum anderen angesichts des klaren Wortlauts der TDSV aF eine Begrenzung auf die gewerbsmäßige Erbringung auch durch eine richtlinienkonforme Interpretation nicht überwunden werden kann. Dies ist im Wesentlichen unschädlich, soweit bereits § 89 TKG unmittelbar anwendbare Vorschriften enthält. Das ist nicht bezüglich der Absätze 1 und 2 der Fall, die – wie Abs 1 – eine Ermächtigungsgrundlage für die Telekommunikations-Datenschutzverordnung darstellen, oder wie Abs 2 Rechte und Pflichten nach Maßgabe der Rechtsverordnung statuieren. Gleiches dürfte für die Regelung des Abs 9 gelten. Demgegenüber enthalten die Regelungen der Abs 3–8, 10 hinreichend konkrete und von einer Konkretisierung durch die Rechtsverordnung im Grundsatz durchaus unabhängige Rechte und Pflichten der Beteiligten,[19] so dass insoweit spezielle Regelungen vorhanden sind. Diese verdrängen – soweit sie reichen – nicht nur die Vorschriften der allgemeinen Datenschutzgesetze, sondern auch etwaige entgegenstehende Regelungen in der TDSV aF.[20] Durch die neue Telekommunikations-Datenschutzverordnung (TDSV nF)[21] ist der Anwendungsbereich der Verordnung an den des § 89 Abs 1 TKG angeglichen worden. Allerdings sind bezüglich einzelner Verpflichtungen auf § 89 Abs 1 S 2 TKG gestützte Einschränkungen für diejenigen Diensteanbieter gemacht worden, die als Anbieter geschlossener Benutzergruppen ihre Dienste nur ihren Teilnehmern anbieten, wie zB Gaststätten, Hotels, Krankenhäuser und *Corporate Networks*.[22]

5 Eine **Anwendung der Vorschriften des Bundesdatenschutzgesetzes** kommt daher insoweit in Betracht, wie der personelle Anwendungsbereich der TDSV aF denjenigen des § 89 TKG unterschreitet und letzterer nicht eigenständige, von der konkretisierenden Rechtsverordnung unabhängige Vorschriften enthält, also – im Hinblick auf TDSV aF – nicht auf Gewinnerzielung gerichtete Dienste betrifft oder geschlossene Benutzergruppen und dies auch nur im Anwendungsbereich von Abs 1, 2 und 9.[23] Im Übrigen ist die Anwendung des Bundesdatenschutzgesetzes nur insoweit ausgeschlossen, wie aufgrund eines genauen inhaltlichen Vergleichs eine abweichende bundesrechtliche Regelung für exakt diesen Sachverhalt vorliegt.[24] Nur eine in diesem Sinne deckungsgleiche bundesrechtliche Regelung geht dem BDSG vor. Als anwendbare Vorschriften sind anzusehen insbesondere die Vorschriften über

– das **Auskunftsrecht gemäß §§ 19, 34 BDSG**, da das TKG und die TDSV insoweit keine spezielle Regelung enthalten. § 3 Abs 5 TDSV nF enthält eine allgemeine Pflicht zur Unterrichtung des Kunden durch die Diensteanbieter über Art, Umfang, Ort und Zweck der Erhebung, Verarbeitung und Nutzung personenbezogener Daten; lässt aber gem S 4 das Auskunftsrecht nach dem BDSG ausdrücklich unberührt. Das entspricht im Ausgangspunkt dem § 3 Abs 4 TDSV aF. Insoweit hat also grundsätzlich jeder – in der Regel kostenlos – unabhängig von Alter, Wohnsitz und Nationalität ein Recht auf Auskunft über die zu seiner Person gespeicherten Daten, woher sie stammen, an welche dritten Stellen sie weitergegeben worden sind, den Zweck der Speicherung und über Personen und Stellen, an die regelmäßig übermittelt wird,

– das **Recht auf Berichtigung gemäß § 35 Abs 1 BDSG**,

---

**16** AA offenbar *Bundesbeauftragter für den Datenschutz* Datenschutz und Telekommunikation, S 27.
**17** Richtlinie 97/66/EG des Europäischen Parlaments und des Rates vom 15. 12. 1997 über die Verarbeitung personenbezogener Daten und den Schutz der Privatsphäre im Bereich der Telekommunikation, ABl Nr L 24/1 v 30. 1. 1998.
**18** Vgl Art 3 Abs 1 RL 97/66/EG.

**19** *Würmeling/Felixberger* CR 1997, 230, 236; vgl auch *Königshofen* ArchivPT 1997, 19, 28.
**20** Weitergehend auch für Abs 2, 9 Beck'scher TKG Kommentar/*Büchner* § 89 Rn 10.
**21** V 18. 12. 2000 BGBl I S 1740.
**22** Vgl § 8, 10, 12 TDSV nF sowie die Begründung zu § 1.
**23** Für die neue TDSV entfällt diese Fallgruppe.
**24** *Walz* in: Simitis ua, BDSG, § 1 Rn 281.

Hans-Heinrich Trute

- das **Recht auf Löschung** gem § 35 Abs 2 BDSG, soweit nicht etwa die Vorschriften des § 4 Abs 3, § 5 Abs 2, § 6 Abs 3, 4 § 7 Abs 2, § 12 Abs 2, 3, § 13 Abs 2 TDSV einschlägig sind,
- das **Recht auf Sperrung** gem § 35 Abs 3 BDSG, wenn der Betroffene die Richtigkeit personenbezogener Daten bestreitet und sich weder die Richtigkeit noch die Unrichtigkeit feststellen lässt oder einer Löschung gesetzliche, satzungsmäßige oder vertraglich festgelegte Aufbewahrungsfristen, schutzwürdige Interessen des Betroffen, etwa weil ihm Beweismittel verloren gehen oder ein unverhältnismäßig hoher Aufwand wegen der besonderen Art der Speicherung der Löschung entgegenstehen. § 5 Abs 3 S 2 TDSV nF ordnet die entsprechende Geltung des § 35 Abs 3 BDSG für die Löschung von Bestandsdaten ausdrücklich an, nicht zuletzt, um differenziertere Aufbewahrungsfristen zu ermöglichen.[25]
- den **Datenschutzbeauftragten** (§ 36 BDSG), insbesondere die Vorschriften über die Bestellung,
- den **Schadensersatz** gem § 8 BDSG.

Datenschutzrechtlich relevante Vorschriften sind ebenfalls in einigen **Regelungen der Telekommunikations-Kundenschutzverordnung** (TKV)[26] auf der Grundlage von § 41 TKG enthalten. Dies gilt für die Vorschriften der §§ 14–16 TKV, also der Regelung des Einzelverbindungsnachweis mit dem Verweis auf den Rahmen datenschutzrechtlicher Vorschriften in § 15 Abs 1 TKV, der Regelung über die Rechnungserstellung mit der Datenübermittlungsvorschrift nach § 15 Abs 1 S 5 TKV und den Schutz von Mitbenutzern beim Nachweis der Entgeltforderungen bei Einwendungen gegen die Höhe der Rechnung nach § 16 Abs 1 TKV.

Die **EG-Telekommunikations-Datenschutzrichtlinie RL 97/66/EG** dient der Harmonisierung der mitgliedstaatlichen Vorschriften über die Verarbeitung personenbezogener Daten in der Telekommunikation sowie der Gewährleistung des freien Verkehrs dieser Daten und von Telekommunikationsgeräten und -diensten in der Gemeinschaft (Art 1 Abs 1 RL 97/66/EG).[27] Sie ist eine Detaillierung und Ergänzung der EG-Datenschutzrichtlinie 95/46/EG, die – anders als diese – zugleich den Schutz der berechtigten Interessen von Teilnehmern umfasst, bei denen es sich um juristische Personen handelt. Allerdings ist sie in ihrem Anwendungsbereich begrenzt auf die Verarbeitung personenbezogener Daten im Zusammenhang mit der Erbringung öffentlich zugänglicher Telekommunikationsdienste in öffentlichen Telekommunikationsnetzen (Art 3 Abs 1 RL 97/66/EG) und insofern enger als der Anwendungsbereich des § 89 TKG. Sie war bis zum 24.10.1998 umzusetzen und – soweit sich nicht § 89 TKG als Umsetzungsvorschrift verstehen ließ – lange Zeit in der Bundesrepublik nicht zureichend umgesetzt. Diesem Zustand hilft die neue Telekommunikations-Datenschutzverordnung ab.[28] Soweit hier Lücken bleiben oder aber der zu beurteilende Vorgang noch der alten Rechtslage unterfällt, kommt eine direkte Anwendung der Richtlinie gleichwohl nicht in Betracht, da sie im Wesentlichen Rechte und Pflichten zwischen den Telekommunikationsdienstleistungsunternehmen und den Teilnehmern enthält und damit Rechte für das Horizontalverhältnis zwischen Privaten anzielt.[29] Mittelbare Auswirkung kann sie – wo möglich – allein durch eine richtlinienkonforme Interpretation bestehender Vorschriften erreichen. Die Mitgliedstaaten sind im Übrigen nicht gehindert, weitergehende Vorschriften zum Schutz der Privatsphäre zu erlassen.[30] Als Ergänzung und Detaillierung der Richtlinie 95/46/EG[31] dürfte sie wie diese[32] solche Regelungen ausschließen, die spezifische Hindernisse aus Gründen des Schutzes der personenbezogenen Daten darstellen. Im Übrigen aber beschränkt sich die Harmonisierung auf die Anforderungen, die notwendig sind, um zu

---

25 Insoweit die Begründung zu § 5 Abs 3 TDSV nF.
26 Telekommunikations-Kundenschutzverordnung v 11.12.1997 (BGBl I S 2910).
27 Ihre Anpassung an die technische Weiterentwicklung insbesondere an die neuen Kommunikationsnetze und -dienste wird gegenwärtig vorbereitet; vgl Vorschlag für eine Richtlinie des Europäischen Parlaments und des Rates über die Verarbeitung personenbezogener Daten und den Schutz der Privatsphäre in der elektronischen Kommunikation,

KOM (2000)385 v. 12.7.2000, ABl Nr C 365 E/223 v 19.12.2000. Dies steht in Zusammenhang mit der Novellierung des gesamten Rechtsrahmens der Kommunikationsnetze und -dienste (Einf II 2 b Rn 37 ff).
28 Vom 18.12.2000 BGBl I S 1740.
29 Allgemein dazu § 36 Rn 19, § 37 Rn 15.
30 AA Beck'scher TKG Kommentar/*Büchner* § 89 Rn 12.
31 Vgl Art 1 Abs 2 S 1 RL 97/66/EG.
32 Vgl Art 1 Abs 2 RL 97/66/EG.

Hans-Heinrich Trute

gewährleisten, dass die Entstehung und Weiterentwicklung neuer Telekommunikationsdienste und -netze zwischen Mitgliedstaaten nicht behindert werden.[33]

**8** Der **neue Rechtsrahmen,** wie er von der Kommission vorgeschlagen wird (Einf II 2 b Rn 37 ff) soll die in der RL 97/66/EG vorgesehenen Regelungen, die wesentlich auf Telekommunikation zugeschnitten waren, an die Entwicklungen der Märkte und Technologien für elektronische Kommunikationsnetze und -dienste anpassen, um den Nutzern öffentlich zugänglicher Kommunikationsdienste unabhängig von der zugrunde liegenden Technologie den gleichen Grad des Schutzes personenbezogener Daten und der Privatsphäre zu bieten.[34] Der Richtlinienvorschlag zielt auf einen einheitlichen Rechtsrahmen für alle elektronischen Kommunikationsnetze und -dienste,[35] ist daher vom Anwendungsbereich her weiter als § 89 TKG. Enger ist der neue Rechtsrahmen insofern, als er – wie bisher – allein auf öffentlich zugängliche elektronische Kommunikationsnetze und -dienste sich bezieht.

**9** Telekommunikationsbezogene Datenschutzvorschriften enthält ebenfalls das **Teledienstedatenschutzgesetz** (TDDSG),[36] als Teil des Informations- und Kommunikationsdienste-Gesetzes (IuKDG) erlassen. Allerdings gelten dessen Regelungen nur für Teledienste im Sinne des Teledienstegesetzes (§ 1 Abs 1 TDDSG). Teledienste im Sinne des TDG sind elektronische Informations- und Kommunikationsdienste, die für eine individuelle Nutzung von kombinierbaren Daten wie Zeichen, Bilder oder Töne bestimmt sind und denen eine Übermittlung mittels Telekommunikation zugrunde liegt (§ 2 Abs 1 TDG). Insoweit, wie die Übermittlung durch Telekommunikation erfolgt, sind die Diensteanbieter den datenschutzrechtlichen Vorschriften des TKG sehr wohl unterworfen.[37] Umgekehrt nimmt das TDG die Telekommunikationsdienstleistungen und das geschäftsmäßige Erbringen von Telekommunikationsdiensten nach § 3 TKG gerade aus dem Anwendungsbereich der Vorschriften aus (§ 2 Abs 4 Nr 1 TDG). Die Abgrenzung zwischen beiden wird über den Vermittlungsvorgang und die Inhalte beschrieben,[38] ist aber insoweit wesentlich ein Problem des TDG und des TDDSG, weniger des TKG.[39] Der Vermittlungsvorgang, also die Telekommunikation unterfällt dem TKG, nur Teledienste unterfallen aber zusätzlich dem TDDSG. Insoweit kann es freilich zu Unstimmigkeiten kommen, insbesondere hinsichtlich der Kontrollkompetenz.[40] Im europäischen Recht des neuen Rechtsrahmens (Einf II 2 b Rn 37 ff) wird eine Technologieneutralität angestrebt. Danach soll der Begriff der Telekommunikationsdienste und -netze der RL 97/66/EG durch den Begriff der elektronischen Kommunikationsdienste und -netze ersetzt werden, um sicherzustellen, dass alle Arten der Übertragung elektronischer Nachrichten – unabhängig von der zugrundeliegenden Technologie – erfasst werden.[41] Damit dürfte die Abgrenzung noch schwerer werden und die Entwicklung auf einen einheitlichen Rechtsrahmen des Datenschutzes zulaufen.

## II. Ermächtigung zum Erlass einer Rechtsverordnung (Abs 1)

**10** § 89 Abs 1 TKG enthält die **Ermächtigungsgrundlage für die Bundesregierung** zum Erlass der Rechtsverordnung für Vorschriften zum Schutz personenbezogener Daten mit Zustimmung des

---

33 Erwägungsgrund 9 RL 97/66/EG.
34 Erwägungsgrund 3 des Vorschlages für eine Richtlinie des Europäischen Parlamentes und des Rates über die Verarbeitung personenbezogener Daten und den Schutz der Privatsphäre in der elektronischen Kommunikation (2000/C 365 E/17) ABl Nr C 365 E/223 vom 19. 12. 2000 (E-RL Kommunikations-Datenschutz).
35 Vgl Art 2 lit a, b des Vorschlages für eine Richtlinie des Europäischen Parlaments und des Rates über einen gemeinsamen Rechtsrahmen für elektronische Kommunikationsnetze und -dienste v 12. 7. 2000 (KOM 2000) 393 endg, ABl Nr C 365 E/198 v 19. 12. 2000 (E-RL Gemeinsamer Rechtsrahmen).

36 Gesetz über den Datenschutz bei Telediensten (Teledienstedatenschutzgesetz – TDDSG) v 22. 7. 1997 (BGBl I S 1870).
37 Vgl auch *Bundesbeauftragter für den Datenschutz* Datenschutz und Telekommunikation, S 17.
38 Beck'scher TKG-Kommentar/*Büchner* § 89 Rn 13; *Roßnagel/Spindler* RMD, § 2 TDG Rn 37; vgl auch BR-Drucks 966/96 S 18 ff.
39 Zu problematischen Abgrenzung bei den Mehrwertdiensten vgl *Roßnagel/Spindler* RDM, § 2 TDG Rn 36.
40 Vgl Beck'scher TKG-Kommentar/*Büchner* § 89 Rn 13.
41 Vgl Begründung Ziff 3.

§ 89 Datenschutz

Bundesrates. Der Erlass der Rechtsverordnung selbst steht nicht im Ermessen der Bundesregierung, § 89 Abs 1 TKG geht von dem Erlass der Vorschriften aus.

## 1. Anwendungsbereich der Rechtsverordnung

Die Rechtsverordnung hat als Adressaten Unternehmen, die geschäftsmäßig Telekommunikationsdienste erbringen oder an der Erbringung mitwirken. Damit sind – wie oben bereits erwähnt (Rn 4) – all diejenigen einbezogen, die ein nachhaltiges, auf Dauer angelegtes Angebot an Telekommunikationsdiensten[42] erbringen, ungeachtet einer möglichen Gewinnerzielungsabsicht und unter Einbeziehung auch geschlossener Benutzergruppen. Nebenstellenanlagen in Betrieben, Gaststätten, Krankenhäusern,[43] Behörden fallen darunter, soweit sie auch zu privaten Zwecken genutzt werden (§ 85 Rn 11; zur Kritik vgl § 90 Rn 6)[44], nicht dagegen allein private Endgeräte und hausinterne Nebenstellenanlagen, bei denen kein geschäftsmäßiges Angebot von Telekommunikationsdiensten vorliegt. Intranets und *Corporate Networks* unterfallen dagegen dem Anwendungsbereich, ebenso Mailboxdienste.[45]

**11**

Die bisher noch geltende TDSV aF blieb – wie oben ausgeführt (Rn 4) – hinter diesem Anwendungsbereich zurück. Sie blieb auch hinter dem Anwendungsbereich der RL 97/66/EG zurück, die zwar eine Beschränkung auf die Verarbeitung personenbezogener Daten im Zusammenhang mit der Erbringung öffentlich zugänglicher Telekommunikationsdienste in öffentlich zugänglichen Telekommunikationsnetzen kennt, aber gerade keine Einengung auf die gewerbliche Erbringung (Art 3 Abs 1 RL 97/66/EG). Die Neufassung der TDSV hat zu einer Angleichung des personellen Anwendungsbereichs von § 89 TKG und TDSV geführt (Rn 4).

**12**

Die Verordnung soll die Erhebung, Verarbeitung und Nutzung personenbezogener Daten der an der Telekommunikation Beteiligten regeln. An der Telekommunikation **Beteiligte** sind sowohl die Vertragspartner (Kunden) bei Verträgen über Telekommunikationsdienste mit einem Diensteanbieter, also denjenigen, die geschäftsmäßig Telekommunikationsdienste erbringen,[46] wie auch diejenigen, die Telekommunikationsdienste nutzen, die von einem Diensteanbieter angeboten werden.[47]

**13**

**Gegenstand** ist der **Schutz personenbezogener Daten**, also der Einzelangaben über persönliche und sachliche Verhältnisse einer bestimmten oder bestimmbaren natürlichen Person (§ 3 Abs 1 BDSG).[48] Anders als im Datenschutz nimmt der Gesetzgeber durch § 89 Abs 1 S 4 TDG freilich auch **Einzelangaben über juristische Personen** mit auf, soweit sie dem Fernmeldegeheimnis unterliegen.[49] Damit wird der Schutzbereich dem des Art 10 iVm Art 19 Abs 3 GG angeglichen und jedenfalls auf inländische juristische Personen des Privatrechts erstreckt.[50] Freilich kann die Beschränkung auf juristische Personen und Personengesellschaften, soweit sie mit der Fähigkeit ausgestattet sind, Rechte zu erwerben oder Verbindlichkeiten einzugehen,[51] *sub specie* des Art 19 Abs 3 GG zu eng sein. Ungeachtet dessen kommt ein Schutz nur insoweit in Betracht, wie die Daten dem Fernmeldegeheimnis unterliegen. Dieses bezieht sich nicht nur auf den Inhalt der Kommunikation, sondern auch auf den Kommunikationsvorgang.[52] Dies beinhaltet dann auch den Schutz von Teilnehmernummer, Datum, Dauer und Uhrzeit des Gesprächs.[53] Ob damit die

**14**

---

42 Zum Begriff der Telekommunikationsdienste vgl § 3 Rn 34; § 85 Rn 11.
43 Zur Kritik vgl *Voßbein* RDV 1998, 106 ff.
44 Vgl *Berger/Gramlich* CR 1999, 150, 158; *Geppert/Ruhle/Schuster* Handbuch, Rn 570.
45 Beck'scher TKG-Kommentar/*Büchner* § 89 Rn 16.
46 Andere Unternehmen, die in den Geschäftsvorgang einbezogen sind, wie etwa Inkassounternehmen, werden als Dritte bezeichnet; vgl Begründung zu § 2 TDSV nF.
47 Vgl dazu § 2 Nr 1, 2 TDSV nF.
48 Ausführlich dazu *Dammann* in: Simitis ua, BDSG § 3 Rn 3 ff.
49 Dies stimmt mit dem europäischen Recht überein, dass in Art 1 Abs 2 S 2 RL 97/66/EG den Schutz der berechtigten Interessen der Teilnehmer, bei denen es sich um juristische Personen handelt, mit dem Schutz der Richtlinie – insoweit abweichend von RL 95/46/EG – einbezieht; vgl auch Erwägungsgrund 13 RL 97/66/EG. Gleiches gilt gem Art 1 Abs 2 S 2 E-RL Kommunikations-Datenschutz (Fn 27).
50 Dazu vgl *Gusy* in: v Mangoldt/Klein/Stark, GG, Art 10 Rn 48; *Hermes* in: Dreier, GG, Art 10 Rn 23.
51 So formuliert es § 1 Abs 1 S 2 TDSV nF im Einklang mit § 1 Abs 1 S 2 TDSV aF.
52 Vgl BVerfGE 67, 157, 172; 85, 386, 396; 100, 313, 358; *Gusy* in: v Mangoldt/Klein/Starck, GG, Art 10 Rn 45; *Löwer* in: v Münch/Kunig, GGK I Art 10 Rn 22.
53 Vgl die Nachweise in Fn 52.

Hans-Heinrich Trute

Bestandsdaten, also diejenigen personenbezogenen Daten eines an der Kommunikation Beteiligten, die erhoben werden, um ein Vertragsverhältnis über Telekommunikationsdienste einschließlich dessen inhaltlicher Ausgestaltung mit dem Diensteanbieter zu begründen oder zu ändern,[54] ebenfalls geschützt sind, dürfte zweifelhaft sein.[55] Gleichwohl wird hinsichtlich der Daten natürlicher und juristischer Personen etwa in Abs 2 nicht differenziert, in Abs 6, 7 werden Verwendungszwecke personenbezogener Daten auch soweit es Bestandsdaten betrifft ebenfalls gleich behandelt. Insoweit handelt es sich um einen vom Fernmeldegeheimnis nicht gebotenen Schutz, der sich freilich aus anderen grundrechtlichen Schichten ergeben kann. Für die Privaten sind diese Daten Teil des informationellen Selbstbestimmungsrecht, für die Unternehmen mag sich der verfassungsrechtliche Schutz aus Art 14, 12 GG speisen. Es ist freilich zweifelhaft, ob der Gesetzgeber diese systematischen Zusammenhänge gesehen, der Rechtsverordnungsgeber sie berücksichtigt hat.[56]

**15** Geschützt wird die **Erhebung, Verarbeitung und Nutzung** der personenbezogenen Daten. Damit wird wiederum an die Begrifflichkeit des BDSG angeknüpft. Als **Erhebung** von Daten wird danach das Beschaffen von Daten über den Betroffenen angesehen.[57] Die **Verarbeitung** von Daten umfasst das Speichern, Verändern, Übermitteln, Sperren und Löschen personenbezogener Daten.[58] Die **Nutzung** ist jede Verwendung personenbezogener Daten, soweit es sich nicht um Verarbeitung handelt.[59] Die Richtlinie RL 97/66/EG enthält keine eigenständige Definition des Begriffs der Verarbeitung, insoweit kann auf den weiten Begriff der Verarbeitung in Art 2 lit a RL 95/46/EG zurückgriffen werden, da die RL 97/66/EG ausweislich ihres Art 1 Abs 2 der Detaillierung und Ergänzung der RL 95/46/EG dient. Danach ist die Verarbeitung jeder mit oder ohne Hilfe automatisierter Verfahren ausgeführten Vorgang oder jede Vorgangsreihe im Zusammenhang mit personenbezogenen Daten wie das Erheben, das Speichern, die Organisation, die Aufbewahrung, die Anpassung oder Veränderung, das Auslesen, das Abfragen, die Benutzung, die Weitergabe durch Übermittlung, Verbreitung oder jede andere Form der Bereitstellung, die Kombination oder die Verknüpfung sowie das Sperren, Löschen oder vernichten zu verstehen. Dieser Begriff ist außerordentlich weit und umgreift nicht nur die im BDSG eigenständig ausformulierten Aspekte des Erhebens und Nutzens, sondern auch und insoweit über das BDSG hinausgehend, die Organisation, Kombination und Verknüpfung von Daten.[60] Insoweit wird man, wo dies eine Rolle spielen kann, eine erweiternde Interpretation des Verarbeitungsbegriffs in Betracht zu ziehen haben.

### 2. Ausgangspunkt: Verbot mit begrenzten Verarbeitungszwecken

**16** Die Vorschriften über die Erhebung, Verarbeitung und Nutzung der personenbezogenen Daten sind zu lesen vor dem Hintergrund des allgemein geltenden, missverständlich so genannten **Verbots mit Erlaubnisvorbehalt**,[61] wonach die Verarbeitung personenbezogener Daten nur zulässig ist, wenn sie durch Gesetz ausdrücklich erlaubt oder doch angeordnet ist oder der Betroffene eingewilligt hat (§ 4 Abs 1 BDSG).[62] In § 85 Abs 3 TKG ist der Grundsatz eines Verbots

---

**54** Vgl § 2 Nr 3 TDSV aF.
**55** *Würmeling/Felixberger* CR 1997, 230, 234; Beck'scher TKG Kommentar/*Büchner* § 85 Rn 3.
**56** Die RL 97/66/EG verlangt nur den *Schutz der berechtigten Interessen* von Teilnehmern, bei denen es sich um juristische Personen handelt, wie sich aus Art 1 Abs 2 S 2, Art 11 Abs 3 S 2 ergibt, und ohne die sich aus der RL 95/46/EG ergebenden Rechte auch juristischen Personen zu gewähren; vgl sehr deutlich den Erwägungsgrund 13 RL 97/66/EG; vgl auch Art 1 Abs 2 S 2 E-RL Kommunikations-Datenschutz.
**57** Vgl § 3 Abs 4 BDSG aF, § 3 Abs 3 BDSGE nF.
**58** § 3 Abs 5 BDSG aF; § 3 Abs 4 BDSGE nF.
**59** § 3 Abs 6 BDSG aF; § 3 Abs 5 BDSGE nF.
**60** *Dammann/Simitis* EG- Datenschutzrichtlinie, Art 2 Nr 5.

**61** Missverständlich schon insoweit, als es beim verwaltungsrechtlichen Verbot mit Erlaubnisvorbehalt um eine Erlaubnisgewährung durch Verwaltungsakt geht, wovon hier angesichts gesetzlich eröffneter Verarbeitungszwecke und der Einwilligungsmöglichkeit ebenso wie wegen des Bezugs auch und im Telekommunikationssektor gerade auf den privaten Bereich keine Rede sein; zur Kritik auch *Walz* in: Simitis ua, BDSG, § 4 Rn 3. Dem Modell einer Begrenzung der Verarbeitungszwecke folgt im Übrigen auch die EG-Datenschutzrichtlinie vgl Art 7 RL 95/46/EG.
**62** Vgl auch § 4 Abs 1 BDSGE nF; § 3 Abs 1 TDSV, § 3 Abs 1 TDSV nF; zutreffende Kritik bei *Bull* RDV 1999, 148, 149 f.

der Verarbeitung mit der gesetzlich eröffneten begrenzten Verarbeitungszwecken bereichsspezifisch formuliert und akzentuiert. Danach ist es den auf die Wahrung des Fernmeldgeheimnisses Verpflichteten untersagt, sich oder anderen über das für die Erbringung der Telekommunikationsdienste erforderliche Maß hinaus Kenntnis vom Inhalt und den näheren Umständen der Telekommunikation zu verschaffen. Eine Verwendung für andere Zwecke ist danach nur zulässig, soweit das TKG oder eine andere gesetzliche Vorschrift dies vorsieht und sich dabei ausdrücklich auf Telekommunikationsvorgänge bezieht. Soweit es also dem Fernmeldgeheimnis unterfallende personenbezogene Daten betrifft, bedarf es über den schon in § 85 TKG genannten Zweck der Erbringung der Telekommunikationsdienste hinaus der gesetzlichen Eröffnung von weiteren Verwendungszwecken. Diese sind in § 89 TKG und der auf der Grundlage des Abs 1 erlassenen Rechtsverordnung näher ausgestaltet.[63]

3. **Grundsatz der Verhältnismäßigkeit, der Zweckbindung und Festlegung von Höchstfristen (Abs 1 S 2, 3)**

Die Vorschriften der Rechtsverordnung haben dem **Grundsatz der Verhältnismäßigkeit**, insbesondere der Beschränkung der Erhebung, Verarbeitung und Nutzung von Daten auf das Erforderliche sowie dem **Grundsatz der Zweckbindung** Rechnung zu tragen. Damit werden allgemeine datenschutzrechtliche Grundsätze aufgenommen. Bereits die TDSV aF trug diesen Grundsätzen Rechnung, etwa durch die Begrenzung der Verwendungszwecke und das Koppelungsverbot, dass die Freiwilligkeit der Einwilligung absichert sowie durch die Festlegung von Löschungsfristen, die sich an den jeweiligen Daten und Verwendungszwecken orientieren. In § 3 Abs 4 TDSV nF werden die Diensteanbieter zudem auf das Ziel der Datenvermeidung und Datensparsamkeit verpflichtet. Als Element des Systemdatenschutzes[64] trägt es in besonderer Weise den Anforderungen der Erforderlichkeit bereits bei der Systemgestaltung Rechnung. Der Diensteanbieter soll bereits bei der Systemgestaltung das Angebot so ausrichten, dass keine oder sowenig Daten wie möglich erhoben werden.[65] Bei der Gestaltung sind die Interessen der Anbieter wie der Betroffenen zu berücksichtigen. Die wirtschaftlichen Interessen wie die auf Schutz gerichteten Interessen der Betroffenen sind zu einem Ausgleich zu bringen, was letztlich nichts anderes, als eine Ausprägung des Grundsatzes der Verhältnismäßigkeit ist.

## III. Verarbeitungszwecke (Abs 2)

Der Systematik des Verbotes mit begrenzten Verarbeitungszwecken entsprechend (Rn 16) enthält Abs 2 wesentliche Verarbeitungszwecke des Anbieters von Telekommunikationsdiensten. Diese sind in der Rechtsverordnung konkretisieren. Die TDSV aF war noch auf der Grundlage des § 10 RegTP erlassen worden und ist daher nicht die RVO im Sinne dieses Absatzes (Rn 4). Die nunmehr geltende TDSV nF[66] konkretisiert die Verarbeitungszwecke.

1. **Betriebliche Abwicklung der geschäftsmäßigen Telekommunikationsdienste (Nr 1)**

Zur **betrieblichen Abwicklung der geschäftsmäßigen Telekommunikationsdienste** können die Anbieter die Daten natürlicher oder juristischer Personen verarbeiten, soweit dies für das Vertragsverhältnis, für die Herstellung und Aufrechterhaltung einer Telekommunikationsverbindung, für die Ermittlung und den Nachweis der Entgelte, die Störungserkennung und -beseitigung, sowie das Aufklären und Beseitigen von Leistungserschleichungen erforderlich ist.

a) **Begründen, inhaltliche Ausgestaltung und Änderung eines Vertragsverhältnisses (Nr 1 lit a)**

Die Verarbeitung von Daten ist nach Nr 1 lit a für das **Begründen, inhaltliche Ausgestalten und**

---

[63] Der *Bundesbeauftragte für den Datenschutz* Datenschutz und Telekommunikation, S 21.
[64] Dazu *Trute* VVDStRL 57 (1998), 216, 264 ff.
[65] Zur Notwendigkeit der Verknüpfung dieser Regelung mit einem Datenschutzaudit, wie es jetzt auch in § 9 a BDSGE nF enthalten ist, vgl *Lanfermann* RDV 1998, 1, 4; krit *Gola* RDV 2000, 93 ff.
[66] Vom 18. 12. 2000 BGBl I S 1740.

Hans-Heinrich Trute

**Ändern des Vertragsverhältnisses** zulässig. Dies bezieht sich auf die sog **Bestandsdaten**, die § 2 Nr 3 TDSV nF definiert als personenbezogene Daten eines an der Telekommunikation Beteiligten, die erhoben werden, um ein Vertragsverhältnis über Telekommunikationsdienste einschließlich dessen inhaltlicher Ausgestaltung mit dem Diensteanbieter zu begründen oder zu ändern. Dazu gehören insbesondere Namen und Anschrift des Kunden, der kontrahierte Dienst, die zum Gebrauch überlassenen Einrichtungen. Nach § 4 Abs 1 S 2 TDSV aF durften die Bestandsdaten des Kunden des Diensteanbieters auch von einem anderen Unternehmen verarbeitet werden, soweit dies zur Erfüllung des Vertrages zwischen dem Unternehmen und dem Diensteanbieter erforderlich ist. In ähnlicher Weise sieht § 5 Abs 1 S 2 TDSV nF vor, dass im Rahmen eines Vertragsverhältnisses mit einem anderen Diensteanbieter der Diensteanbieter Bestandsdaten seiner Kunden und der Kunden des anderen Diensteanbieters verarbeiten und nutzen darf, soweit dies zur Erfüllung des Vertrages zwischen den Diensteanbietern erforderlich ist. Diese Regelung dürfte nur bei enger Interpretation mit dem § 89 Abs 2 Nr 1 a TKG vereinbar sein, nämlich nur insoweit, als das Verhältnis zwischen den Diensteanbietern seinerseits der Erfüllung des Vertragsverhältnisses zwischen dem Kunden und Diensteanbieter dient. Nicht zuletzt die Vorschrift des § 4 Abs 1 S 3 TDSV aF, § 5 Abs 1 S 3 TDSV nF verlangt für eine Übermittlung an Dritte, etwa Inkassounternehmen, die Einwilligung des Beteiligten, obwohl auch dieses der Erfüllung des Vertrages zwischen Kunden und Diensteanbieter dient. Dies betrifft im Übrigen auch die Weitergabe von Bestandsdaten an andere Lizenznehmer nach Maßgabe des § 12 TKG, die nur im Rahmen der datenschutzrechtlichen Vorschriften geschehen kann.[67] Die Bestandsdaten sind nach dem Ende des Vertragsverhältnisses mit Ablauf des auf die Beendigung folgenden Kalenderjahres zu löschen (§ 4 Abs 3 S 1 TDSV aF, § 5 Abs 3 S 1 TDSV nF). Dies galt nach § 4 Abs 3 S 2, 3 TDSV aF nur, sofern nicht die Beschwerdebearbeitung oder sonstige Gründe einer ordnungsgemäßen Abwicklung des Vertragsverhältnisses eine längere, höchstens jedoch 2 Jahre dauernde Aufbewahrung erforderten oder sonstige gesetzliche Gründe oder die Verfolgung von Ansprüchen einer Löschung entgegenstanden. Diese Verlängerungsmöglichkeiten sind in § 5 Abs 3 S 2 TDSV nF durch einen allgemeinen Verweis auf § 35 Abs 3 BDSG ersetzt, der differenziertere Aufbewahrungsfristen vorsieht.[68] Dies entspricht insgesamt der allgemeinen datenschutzrechtlichen Situation und ist daher mit den Anforderungen einer Begrenzung der Verarbeitung auf das Erforderliche vereinbar.

b) **Herstellen und Aufrechterhalten einer Telekommunikationsverbindung (Nr 1 lit b)**

**21** Daten natürlicher oder juristischer Personen dürfen verarbeitet und genutzt werden, soweit dies **zum Herstellen und Aufrechterhalten einer Telekommunikationsverbindung** erforderlich ist. Insoweit handelt es sich um die Möglichkeit der Verarbeitung und Nutzung der **Verbindungsdaten**, die in § 2 Nr 4 TDSV nF definiert werden als personenbezogene Daten eines an der Kommunikation Beteiligten, die bei der Bereitstellung und Erbringung von Telekommunikationsdiensten erhoben werden. Dabei handelt es sich um die Rufnummer oder Kennung des Anrufers und des angerufenen Anschlusses oder der Endeinrichtung, Datum, Uhrzeit und Dauer der Verbindung sowie die Art und – sofern erforderlich – der Umfang[69] der vom Kunden bzw dem Nutzer in Anspruch genommenen Telekommunikationsdienste sowie sonstige zum Aufbau und zur Aufrechterhaltung sowie zur Entgeltabrechnung notwendige Daten.[70] Diese

---

[67] AA Beck'scher TKG Kommentar/*Büchner* § 89 Anh § 4 TDSV Rn 3; insofern liegt kein Widerspruch vor. Dass möglicherweise damit faktisch § 12 TKG leer läuft, ist eine Konsequenz einer nicht oder nicht rechtzeitig erlassenen Verordnung, nicht aber der gesetzlichen Lage (aM § 12 Rn 17).
[68] Vgl TDSV nF, Begründung zu § 5 Abs 3.
[69] Vgl § 5 Abs 1 Nr 2 TDSV aF.
[70] Vgl § 5 Abs 1 TDSV aF; § 6 Abs 1 TDSV nF. Letzteres ist eine nicht unproblematische Flexibilisierung der Verbindungsdaten, um auch neue Dienstleistungen mit berücksichtigen zu können. Dazu gehören etwa neben der Standortkennung von Mobilfunkgeräten, die IMEI (*International Mobile Equipment Identification*) und die IMSI (*International Mobile Subscriber Identity*) und die Hardwarekennung des verwendeten Gerätes. Inwieweit diese dem Auskunftsanspruch nach § 89 Abs 6 TKG unterliegen ist umstritten. Rechnet man sie zutreffend zu den Verbindungsdaten (zu Recht Beck'scher TKG-Kommentar/*Büchner* § 89 Anh § 5 TDSV Rn 1), kommt eine Auskunftspflicht nicht in Betracht; vgl auch *Bär* MMR 1998, 420, 421; LG Hamburg, MMR 1998, 419. Zu der Frage einer Auskunftspflicht nach § 12 FAG vgl *Bär*

Daten sind besonders sensibel, weil sie Rückschlüsse auf das Kommunikationsverhalten, aber auch möglicherweise auf den Inhalt der Kommunikation erlauben. Zugleich sind sie erforderlich, um die Entgeltermittlung und -abrechnung ins Werk setzen zu können.[71] Ihre Verwendungszwecke sind daher begrenzt, sie unterfallen im Übrigen dem Fernmeldegeheimnis. Verbindungsdaten sind daher grundsätzlich mit dem Ende der Verbindung zu löschen. Dies gilt auch für die IMSI- und IMEI-Nummern von Mobiltelefonen, da sie für die Entgeltabrechnung nicht erforderlich sind. Insoweit können sie auch nicht nach § 89 Abs 6, 90 TKG und § 12 FAG genutzt werden.[72] Sie können nur verarbeitet und genutzt werden, soweit dies zum Aufbau weiterer Verbindungen oder für andere durch die Rechtsverordnung vorgesehene Zwecke erforderlich ist (§ 5 Abs 2 TDSV aF, § 6 Abs 2 TDSV aF), wie etwa für die Entgeltermittlung oder – mit Einwilligung des Anrufenden – auch zur bedarfsgerechten Gestaltung von Telekommunikationsdienstleistungen (§ 5 Abs 3 TDSV aF, § 6 Abs 3 TDSV nF),[73] zum Einzelverbindungsnachweis, um Störungen und den Missbrauch von Telekommunikationsdiensten zu verhindern oder zu beseitigen sowie zum Mitteilen ankommender Verbindungen.[74]

### c) Ermitteln und Nachweis der Entgelte (Nr 1 lit c)

Die Daten natürlicher und juristischer Personen können genutzt werden für das **ordnungsgemäße Ermitteln und den Nachweis der Entgelte** für geschäftsmäßige Telekommunikationsdienste einschließlich der auf andere Netzbetreiber und Anbieter entfallenden Leistungsanteile. Dies betrifft die Verbindungsdaten, soweit diese zur Ermittlung des Entgelts und zur Abrechnung erforderlich sind. Darüber hinaus darf der Diensteanbieter die Anschrift des Kunden oder Rechnungsempfängers, die Art des Anschlusses, die Zahl der Entgelteinheiten im Abrechnungszeitraum, die übermittelten Datenmengen und das zu entrichtende Entgelt sowie sonstige für die Entgeltrechnung erhebliche Umstände wie etwa Vorschußzahlungen, Zahlungsrückstände, Mahnungen, Anschlusssperren etc erheben und verarbeiten.[75] Der Sache nach werden also die Verbindungsdaten den Bestandsdaten – soweit erforderlich – zugeordnet.[76] Dabei hat der Diensteanbieter nach Beendigung der Verbindung aus den Verbindungsdaten die für die Berechnung des Entgelts erforderlichen Daten unverzüglich zu ermitteln und nicht erforderliche Daten unverzüglich zu löschen.[77] Unter Kürzung der Zielrufnummern – freilich abhängig vom schon in Nr 1 lit c 2. Hs vorgesehenen Wahlrecht des Kunden, das nach der Ausformung durch die TDSV die vollständige Speicherung ebenso wie die vollständige Löschung ermöglicht –[78] um die letzten drei Ziffern dürfen die Verbindungsdaten bis zu achtzig Tagen gespeichert werden,[79] sofern nicht der Kunde Einwendungen erhebt, die eine Speicherung der Daten bis zur Aufklärung der Einwendungen erforderlich machen. Die Auswertung der Verbindungsdaten nach Zielrufnummern, die in besonderer Weise sensibel ist, wurde in § 6 Abs 5 TDSV aF geregelt und war nur unter engen Voraussetzungen zulässig, insbesondere von der Einwilligung des entgeltpflichtigen Kunden abhängig, soweit dieser nicht zur Übernahme der Entgelte für einen bei seinem Anschluss ankommenden Telekommunikationsdienst verpflichtet ist. Die einwilligungsabhängige zielnummernbezogene Verarbeitung und Nutzung der Verbindungsdaten ist nunmehr in § 6 Abs 3 S 2 TDSV nF geregelt. Die Verbindungsdaten können auch Dritten übermittelt werden, die vertraglich zum Einzug des Entgelts verpflichtet sind. Diese sind auf die

---

MMR 1998, 420, 421; abl LG Hamburg MMR 1998, 419; Beck'scher TKG Kommentar/*Büchner* § 89 Anh § 5 TDSV Rn 1.
[71] Beck'scher TKG-Kommentar/*Büchner* § 89 Rn 25.
[72] Dazu Beck'scher TKG-Kommentar/*Büchner* § 89 Anh § 5 TDSV Rn 2.
[73] Die freilich ein Anonymisierungsgebot nach sich zieht; vgl § 5 Abs 3 TDSV; § 6 Abs 3 S 2 TDSV nF.
[74] Vgl §§ 7–10 TDSV nF.
[75] Vgl § 6 Abs 2 TDSV aF; § 7 Abs 2 TDSV nF.
[76] Beck'scher TKG Kommentar/*Büchner* § 89 Rn 26.
[77] § 6 Abs 3 S 1 TDSV aF; § 7 Abs 3 S 1 TDSV nF.
[78] § 6 Abs 4 TDSV aF; § 7 Abs 4 TDSV nF. Dies hat Konsequenzen für die Pflicht zur Vorlage der Daten zum Beweis für die Richtigkeit der Entgeltrechnungen. Es ist insoweit eine Beweislastumkehrung bezüglich streitiger Entgelte anzunehmen; LG Ulm NJW-RR 1999, 1511; aA LG München I BB 1996, 450; Beck'scher TKG Kommentar-Büchner, § 89 Anh § 6 TDSV Rn 3; vgl auch § 16 TKV.
[79] § 6 Abs 3 S 2 TDSV aF; nach § 7 Abs 3 S 3 TDSV nF beträgt die Frist 6 Mon.

Hans-Heinrich Trute

Wahrung des Fernmeldegeheimnisses zu verpflichten.[80] Zudem können Verbindungsdaten anderen Diensteanbietern zur Abrechnung mit ihnen wie auch mit deren Kunden, sowie der anderen Diensteanbieter mit ihren Kunden im Rahmen der Erforderlichkeit überlassen werden. Soweit der Diensteanbieter mit der Rechnung Entgelte für Leistungen eines Dritten einzieht, die im Zusammenhang mit Telekommunikationsdiensten erbracht sind, darf er nach § 7 Abs 6 TDSV nF dem Dritten sowohl Bestands- als auch Verbindungsdaten übermitteln.

### d) Erkennen und Beseitigen von Störungen (Nr 1 lit d)

**23** Personenbezogene Daten können verarbeitet und genutzt werden, zum **Erkennen und Beseitigen von Störungen** an Telekommunikationsanlagen (§ 3 Nr 17 TKG). Der Diensteanbieter darf zum Erkennen, Eingrenzen und Beseitigen von Fehlern an den Telekommunikationsanlagen sowohl Bestands- wie auch Verbindungsdaten der Beteiligten erheben, verarbeiten und nutzen.[81] Die Norm im TKG wie auch in der TDSV grenzt die Verarbeitungs- und Nutzungsmöglichkeit nur vage ein; außerdem fehlt eine Löschungsanordnung nach Zweckerreichung.[82]

### e) Aufklären und Unterbinden von Leistungserschleichungen (Nr 1 lit e)

**24** Zur **Aufklärung und Unterbindung von Leistungserschleichungen und sonstigen rechtswidrigen Inanspruchnahmen des Telekommunikationsnetzes**, seiner Einrichtungen und der geschäftsmäßigen Telekommunikationsdienste können – sofern tatsächliche Anhaltspunkte vorliegen – personenbezogene Daten verarbeitet und genutzt worden; aus den Gesamtdaten dürfen diejenigen ermittelt werden, die konkrete Indizien für eine missbräuchliche Inanspruchnahme von Telekommunikationsdiensten enthalten. Das Gesetz formuliert die Aufgreifschwelle mit tatsächlichen Anhaltspunkten, was der Sache nach eine auf bloße Vermutungen gestützte Ermittlung ebenso ausschließt, wie Kontrollstichproben oder gar laufende Kontrollen, sofern sie mit der Verarbeitung und Nutzung personenbezogener Daten verbunden sind. Angesichts des klaren Wortlauts bedarf es freilich keines dringenden Tatverdachts.[83] Das kann auch nicht aus dem informationellen Selbstbestimmungsrecht abgeleitet werden, das im Übrigen regelmäßig mit den Interessen der Betreiber an einem Schutz vor missbräuchlicher Inanspruchnahme abgeglichen werden muss (vgl auch § 89 Abs 1 S 3 TKG), die im Übrigen auch durchaus parallel zu den Interessen der Nutzer liegen können, etwa von unberechtigten Gebührenforderungen aufgrund missbräuchlicher Inanspruchnahme verschont zu bleiben. Insoweit ist gegen die Aufgreifschwelle der Sache nach nichts einzuwenden. Vielmehr wird man die Anforderungen an den Umfang der Erhebung, Verarbeitung und Nutzung von personenbezogenen Daten nicht nur vom befürchteten Ausmaß des Missbrauchs und eines möglichen Schadens abhängig machen können. Dies gilt umsomehr, als § 7 Abs 1 Nr 2 TDSV aF, § 9 Abs 1 Nr 2 TDSV nF schriftlich zu dokumentierende tatsächliche Anhaltspunkte verlangen. Zudem wird die Einführung eines Verfahrens der Missbrauchsermittlung durch Meldepflichten gegenüber der RegTP und dem Bundesbeauftragten für den Datenschutz prozedural abgesichert.[84] Liegen die tatsächlichen Anhaltspunkte vor, können im Rahmen der Erforderlichkeit sowohl Bestands- wie auch Verbindungsdaten verarbeitet und genutzt werden. Diese können in der Weise verarbeitet und genutzt werden, dass aus einem Gesamtbestand aller Abrechnungszeiträume eines Monats die Daten ermittelt werden, bei denen tatsächliche Anhaltspunkte den Verdacht einer missbräuchlichen Inanspruchnahme begründen.[85] In § 9 Abs 2 TDSV nF wird das Verfahren präzisiert und auf objektive Maßstäbe der Missbraucherkennung, dann freilich bei allen Kunden, ausgerichtet. Der Sache nach handelt es sich hier um ein – im Gesetz bereits angelegtes – Rasterverfahren zur Auswertung von Verbindungsdaten auf Missbrauchsfälle, das in großem Umfang Daten am Missbrauch nicht Beteiligter auswertet und daher in besonderem Maße Anforderungen der

---

80 Vgl § 6 Abs 1 S 2, 3 TDSV aF; § 7 Abs 1 S 2, 3 TDSV nF mit einer Erweiterung der Verpflichtung gegenüber dem bisherigen Zustand.
81 § 7 Abs 1 Nr 1 TDSV; § 9 Abs 1 Nr 1 TDSV nF.
82 Zur Kritik auch Beck'scher TKG Kommentar/*Büchner* § 89 Rn 27.
83 AA Beck'scher TKG Kommentar/*Büchner* § 89 Rn 28.
84 Vgl § 7 Abs 3 TDSV aF; § 9 Abs 3 TDSV nF.
85 Vgl § 7 Abs 3 TDSV aF.

Verhältnismäßigkeit unterliegt. Die Daten der Verbindungen, bei denen sich kein Verdacht ergibt, sind daher auch unverzüglich zu löschen (§ 9 Abs 2 S 3 TDSV aF). Zudem sollte gem § 7 Abs 4 TDSV aF der Anbieter auf Nachrichteninhalte zugreifen dürfen, soweit dies unerläßlich war und kein anderes zumutbares oder verhältnismäßiges Mittel vorhanden war, um die Ziele des § 7 Abs 1 Nr 2 TDSV aF zu erreichen. Angesichts der Intensität des Zugriffs konnte dies nicht nur unter dem Gesichtspunkt der Zielerreichung allenfalls als ultima ratio in Betracht kommen, sondern wäre auch insoweit unter dem Gesichtspunkt der Verhältnismäßigkeit zu begrenzen gewesen, als der Zugriff auch im Verhältnis zum Missbrauchsanlaß stehen müsste. Indes enthält § 89 Abs 3 insoweit eine Begrenzung des Zugriffs auf Steuersignale, die eine Nutzung von Nachrichteninhalten nicht mehr zulässt. § 7 Abs 4 TDSV aF war daher gesetzeswidrig. Folgerichtig sieht § 9 Abs 4 TDSV nF einen Zugriff auf Nachrichteninhalte nicht mehr vor, sondern beschränkt sich auf Steuersignale.

## 2. Bedarfsgerechtes Gestalten von geschäftsmäßigen Telekommunikationsdiensten (Abs 2 Nr 2)

Personenbezogene Daten dürfen genutzt werden für das **bedarfsgerechte Gestalten von geschäftsmäßigen Telekommunikationsdiensten.** Allerdings können dabei Daten in bezug auf den anrufenden Anschluss nur mit Einwilligung des Anschlussinhabers verwendet werden, Daten in bezug auf den angerufenen Anschluss müssen unverzüglich anonymisiert werden. Dabei handelt es sich um eine Nutzung der Verbindungsdaten, um in einer Art Auffangtatbestand es dem Anbieter zu ermöglichen, sein Angebot zu optimieren. Diese Interessen können keinen Vorrang vor dem informationellen Selbstbestimmungsrecht beanspruchen, ihre Realisierung ist daher von der Einwilligung bzw der Anonymisierung abhängig.[86]

## 3. Verarbeitung im Interesse und auf Antrag des Nutzers (Abs 2 Nr 3)

Auf **schriftlichen Antrag eines Nutzers** können personenbezogene Daten genutzt werden **zur Darstellung von Leistungsmerkmalen** (a) und **zur Identifizierung von Anschlüssen** (b), wenn er in einem zu dokumentierenden Verfahren schlüssig vorgetragen hat, das Ziel bedrohender oder belästigender Anrufe zu sein.

### a) Darstellung von Leistungsmerkmalen (Nr 3 lit a)

§ 89 Abs 2 Nr 3 lit a TKG regelt die Erhebung, Verarbeitung und Nutzung personenbezogener Daten zum Zwecke der **Darstellung der Leistungsmerkmale.** Dazu können insbesondere Datum, Uhrzeit, Dauer, und Rufnummern der von einem Anschluss hergestellten Verbindungen mitgeteilt werden. Das ist der sogenannte **Einzelverbindungsnachweis,** der die wesentlichen Verbindungsdaten im Abrechnungszeitraum dokumentiert und daher besonders sensibel ist. Damit werden nicht nur **Schutzinteressen** des Anschlussinhabers sondern **aller Mitnutzer** betroffen. Von daher verweist bereits Nr 3 lit a auf den in der Rechtsverordnung zu regelnden Schutz der Mitnutzer und auf die Regelung von Anrufen bei Personen, Behörden und Organisationen in sozialen und kirchlichen Bereichen, bei denen die Anrufer grundsätzlich anonym bleiben.

Soweit es den **Schutz der Mitnutzer** betrifft, so verlangt § 6 Abs 7 TDSV aF, § 8 Abs 1 S 2 TDSV nF eine schriftliche Erklärung des Kunden, dass er alle zum Haushalt gehörenden Mitbenutzer des Anschlusses über den Einzelverbindungsnachweis informiert hat und künftige Mitnutzer unverzüglich informieren werde. Die frühere Regelung in § 6 Abs 9 TDSV aF, die eine schriftliche Einverständniserklärung der Betreffenden verlangt, ist mangels Praktikabilität aufgegeben worden. Bei Betrieben und Behörden, im Gesetz nicht eigens erwähnt, aber von dem Begriff der Mitnutzer erfasst, ist ein analoges Verfahren vorgesehen, ggf unter Einschaltung von Betriebs- oder Personalrat (§ 8 Abs 1 S 3 TDSV nF). Gleichwohl ist der Schutzgehalt der vorliegenden Lösung nicht besonders hoch, eine Prüfung der Erklärung findet nicht statt. Zu rechtfertigen ist dies freilich durch die Tatsache, dass die Mitnutzer damit heute rechnen müssen und zudem

---

[86] Vgl dazu § 5 Abs 3 TDSV aF; § 6 Abs 3 TDSV nF.

Hans-Heinrich Trute

die Zahl der Nutzungs- und Abrechnungsalternativen steigt und gesteigert werden kann,[87] um einen hinreichenden Ausgleich der betroffenen Interessen zu ermöglichen. Nicht berücksichtigt ist dabei der Schutz der Angerufenen, deren Recht auf Vertraulichkeit nach Art 7 Abs 2 RL 97/66/EG ebenfalls mit den Interessen des um einen Einzelverbindungsnachweis Nachsuchenden in Einklang gebracht werden muss. Insoweit ist die gesetzliche Ermächtigungsgrundlage ebenso unzureichend, wie die Ausformung in der TDSV aF und in § 8 TDSV nF. Hier könnte man ebenfalls an ein Wahlrecht denken mit der Möglichkeit, aus Beweisgründen nachträglich eine Aufschlüsselung vorzunehmen.

**29** Bei der **Verwendung von Kundenkarten** muss sich auch auf der Karte ein deutlicher Hinweis auf die mögliche Speicherung von Verbindungsdaten finden, oder sofern dies technisch nicht möglich oder dem Kartenemittenten nicht zumutbar ist, muss ebenfalls eine Erklärung zum Schutze der Mitnutzer abgegeben werden.[88]

**30** Die **Sicherung der Anonymität** der Verbindung mit Personen, Behörden und Organisationen **in sozialen und kirchlichen Bereichen,** die gemäß ihrer von einer Behörde oder Körperschaft, Anstalt oder Stiftung des öffentlichen Rechts anerkannten Aufgabenbestimmung grundsätzlich anonym bleibenden Anrufern ganz oder überwiegend telefonische Beratung in seelischen oder sozialen Notlagen anbieten und die selbst oder deren Mitarbeiter insoweit besonderen Verschwiegenheitspflichten unterliegen, ist nicht einfach zu bewerkstelligen. § 6 Abs 8 TDSV aF regelte nur, dass der Einzelverbindungsnachweis diese Verbindungen nicht erkennen lassen durfte, benannte aber damit das Problem eher, als das er es zu lösen vermochte. Nichts anderes gilt für § 8 Abs 2 TDSV nF. Denn ein einfaches Unterdrücken der Nummer oder des Nachweises führt zu erklärungsbedürftigen Leerstellen und einer Unstimmigkeit der Gesamtsumme der Telefonabrechnung und damit auch schon relevanten Informationen. Eine Verkürzung der Zielnummern wird oftmals kaum ausreichend sein, weil die besonderen Nummern, etwa der Telefonseelsorge keine hinreichende Anonymisierung gestatten, wie auch die Tatsache der Verkürzung einiger Nummern, sofern nicht ungeachtet des Einzelverbindungsnachweises als generelle Option des Angerufenen ausgestaltet, wiederum zu Informationen über den besonderen Status der Angerufenen. Die DTAG hat das Problem bis 2002 dadurch gelöst, dass die Anrufe etwa bei der Telefonseelsorge kostenlos erfolgen und daher in der Abrechnung nicht erscheinen.[89] Das weist in eine mögliche Richtung der Lösung des Problems, die entstehenden Lasten müssten dann freilich von der Gesamtheit der Nutzer oder der Allgemeinheit getragen werden. Die andere Lösung weist auf die Entwicklung von technischen Alternativen, auf die schon im Zusammenhang mit dem Schutz der Mitnutzer verwiesen worden ist und die auch von Art 7 Abs 2 RL 97/66/EG als eine Lösung des Vertraulichkeitsproblems angesehen werden. Dazu gehören etwa Zahlung mit calling cards, Zahlungen per Kreditkarte uä.[90]

**31** Das Gesetz sieht vor, dass Verbindungen nur solcher Personen, Behörden oder Organisationen anonymisiert werden, die **ganz oder überwiegend eine telefonische Beratung in seelischen oder sozialen Notlagen** anbieten. Daran ist zu Recht Kritik geübt worden, weil damit ein Teil der Personen oder Organisationen, bei denen die telefonische Beratung komplementär zu Beratungsgesprächen ist, wie etwa in der Drogen-, Schwangerschafts-, möglicherweise auch Aids-Beratung, nicht einbezogenen sind.[91] § 6 Abs 8 TDSV aF verlangte auch nur, dass die Anschlüsse überwiegend einer anonymen Beratung dienen und nannte neben den in § 203 Abs 1 Nr 4, 4 a StGB genannten Personengruppen insbesondere die Telefonseelsorge und Gesundheitsberatung. Damit war das Problem weitgehend entschärft. Allerdings nimmt § 8 Abs 2 TDSV nF das Merkmal der überwiegenden telefonischen Beratung wieder auf. § 8 Abs 2 TDSV nF sieht zudem vor, dass im Interesse der Vereinfachung die Personen oder Organisationen sich auf Antrag in eine Liste bei der RegTP eintragen lassen können, die für alle Diensteanbieter zum Abruf im elektronischen Verfahren bereitgestellt wird.

---

87 Diese Perspektive liegt auch der Regelung in Art 7 Abs 2 RL 97/66/EG zugrunde.
88 § 6 Abs 9 TDSV aF; § 8 Abs 3 TDSV nF.
89 *Der Bundesbeauftragte für den Datenschutz*, Datenschutz und Telekommunikation, S 41.
90 Beck'scher TKG Kommentar/*Büchner* § 89 Rn 32.
91 Beck'scher TKG Kommentar/*Büchner* § 89 Rn 32

Hans-Heinrich Trute

### b) Identifizierung von Anschlüssen (Nr 3 lit b)

§ 89 Abs 2 Nr 3 lit b TKG ermöglicht auf schriftlichen Antrag des Nutzers die **Verarbeitung personenbezogener Daten zum Zwecke der Identifizierung von Anschlüssen**, wenn der Betreffende in einem zu dokumentierenden Verfahren schlüssig vorgetragen hat, das Ziel **bedrohender oder belästigender Anrufe** zu sein. Damit statuiert das Gesetz die Ermächtigungsgrundlage zur näheren Ausformung der sog **Fangschaltung**.[92] Da die Fangschaltung eine intensive Nutzung von dem Fernmeldegeheimnis unterfallenden Daten auch von Unbeteiligten ermöglicht, ist der Anlaß zu begrenzen. Der Gesetzgeber beschreibt ihn über den zu dokumentierenden schlüssigen Vortrag, Ziel bedrohender oder belästigender Anrufe zu sein. Das ist weniger als die Glaubhaftmachung, wie sie noch früher nach der TDSV aF veranlagt wurde. Vielmehr ist allein eine Schlüssigkeitsprüfung vorzunehmen, die dann – gelingt sie – das Verfahren auslöst. Dazu kann es erforderlich sein, dass der Nachsuchende detaillierte Angaben zu Häufigkeit und Charakter der Anrufe macht, die auch hinsichtlich der Häufigkeit überprüft werden können.[93] Eine weitere Sicherung liegt in der Eingrenzung der Anrufe nach Datum und Uhrzeit, soweit ein Missbrauch nicht auf andere Weise ausgeschlossen werden kann. Auch hier erfolgt grundsätzlich eine Schlüssigkeitsprüfung, die durchaus die Informationen über den „gefangenen" Anschlussinhaber einbeziehen kann, um einen Missbrauch auszuschließen.[94] Erst auf dieser Grundlage dürfen dem Antragsteller die Rufnummern der Anschlüsse[95] sowie die von ihnen ausgehenden Verbindungen und Verbindungsversuche einschließlich des Namens und der Anschrift des Anschlussinhabers bekannt gegeben werden.[96] Der Anschlussinhaber ist grundsätzlich zu benachrichtigen;[97] davon kann gem § 8 Abs 2 TDSV aF, § 10 Abs 4 TDSV nF abgesehen werden, wenn der Antragsteller schriftlich schlüssig vorgetragen hat, dass ihm durch diese Mitteilung wesentliche Nachteile entstehen können und diese die schutzwürdigen Interessen des anderen überwiegen. Im Übrigen sind die RegTP und der Bundesbeauftragte für den Datenschutz unverzüglich zu unterrichten.[98]

### 4. Weitere im Gesetz nicht geregelte Problemfelder

Es gibt einige, im **Gesetz nicht ausdrücklich geregelte Problemfelder**, die gleichwohl im Hinblick auf die Verwendung personenbezogener Daten durchaus sensibel sind und in der Rechtsverordnung geregelt sind oder im Lichte des europäischen Rechts geregelt werden müssen. Dazu gehören die Rufnummernanzeige, die Anrufweiterschaltung, Fernwirk- und Messdienste sowie Telegrammdienste.

### a) Rufnummernanzeige und -unterdrückung

Nicht ausdrücklich in § 89 TKG angesprochen ist die **Anzeige der Rufnummer des Anrufers und des Angerufenen und deren Unterdrückung**, die freilich sowohl in Art 8 RL 97/66/EG wie auch in § 9 Abs 1 u 2 TDSV aF und § 11 TDSV nF geregelt ist und aufgrund der europarechtlichen Vorgabe auch einer Umsetzung jedenfalls in der Rechtsverordnung bedarf. Bei der Rufnummernanzeige handelt es sich um eine im Wesentlichen mit dem ISDN verbundene Möglichkeit, die

---

[92] Näher zu den Voraussetzungen BVerfGE 85, 386, 395 ff.
[93] Vgl *Der Bundesbeauftragte für den Datenschutz* Datenschutz und Telekommunikation, S 46.
[94] *Der Bundesbeauftragte für den Datenschutz* Telekommunikation und Datenschutz, S 47 nennt etwa Personen öffentlichen Interesses, eine dem Zeugenschutzprogramm unterliegende Person oder eine besonders schützenswerte Einrichtung. Es ist allerdings sowohl aufgrund der Gesetzesfassung wie auch § 8 Abs 1 TDSV aF, § 10 Abs 2 TDSV nF nicht zweifelsfrei, ob die Auskunft nicht bei Eingrenzung nach Datum und Uhrzeit gemacht werden muss. Gründe der Missbrauchsvermeidung tragen indes die auch hier vertretene Auslegung.

[95] Sind die Inhaber der Anschlüsse nicht in einem öffentlichen Kundenverzeichnis eingetragen, dann dürfen sie dem Antragsteller nach § 10 Abs 2 S 2 TDSV nF nicht mitgeteilt werden.
[96] Dieses erfolgt netzübergreifend. Dem entsprechend sieht § 10 Abs 3 TDSV nF vor, dass die anderen Diensteanbieter verpflichtet sind, dem Inanspruchgenommenen die erforderlichen Auskünfte zu erteilen, wenn die über diese Daten verfügen.
[97] Nur dies dürfte im Übrigen einem hinreichenden Ausgleich der beteiligten Interessen entsprechen und dem Erfordernis eines transparenten Verfahrens Rechnung tragen, das Art 9 lit a RL 97/66/EG verlangt.
[98] § 8 Abs 3 TDSV aF; § 10 Abs 5 TDSV nF.

Hans-Heinrich Trute

durchaus sensible datenschutzrechtliche Aspekte aufweist. Immerhin kann dadurch nicht nur die Identifizierung des Anrufers, jedenfalls des genutzten Anschlusses erfolgen, sondern auch die übertragenen Rufnummern automatisch gespeichert und weiterverarbeitet werden, etwa zum Abgleich mit Datenbanken.[99] Daher bedarf es des Schutzes von Anrufer und Angerufenen vor nicht gewollter Kenntnisnahme, sofern die Leistungsmerkmale angeboten werden.

**35** Insoweit verlangt bereits das europäische Recht eine Möglichkeit des Anrufers, die **Anzeige des Anschlusses, von dem aus der Anruf erfolgt, auf einfache Weise und gebührenfrei zu unterdrücken.**[100] § 9 Abs 1 TDSV aF, § 11 Abs 1 räumt dem **Anrufenden** die Wahl zwischen dem dauernden Ausschluss der Anzeige, dem fallweisen Ausschluss sowie der kontinuierlichen Anzeige ein. Ebenso muss der **Angerufene** die Möglichkeit haben, die Rufnummer eingehender Anrufe auf einfache Weise und für jede angemessene Nutzung dieser Funktion gebührenfrei zu unterdrücken, freilich nur, wenn die Anzeige der Rufnummer des Anrufers angeboten wird.[101] Dies wird ebenfalls durch § 11 Abs 1 TDSV nF umgesetzt. Nach § 9 Abs 1 S 2 TDSV aF konnten Anschlüsse bereitgestellt werden, bei denen die Anzeige der Nummer des Anrufenden ausgeschlossen ist, ohne das freilich ein fallweises Wahlrecht zwingend technisch umzusetzen war.

**36** Art 8 Abs 3 RL 97/66/EG sieht auch das **Recht des Angerufenen vor, Anrufe von nicht identifizierten Anschlüssen auf einfache Weise und gebührenfrei abzuweisen.** Die TDSV aF sah eine solche Funktion nicht vor, wohl aber wird dies von § 11 Abs 1 S 2 TDSV nF aufgenommen. Auch muss nach Art 8 Abs 4 RL 97/66/EG der Angerufene die Möglichkeit haben, die Anzeige seiner Rufnummer beim Anrufenden zu unterdrücken, wenn die Anzeige der Rufnummer angeboten wird. § 11 Abs 4 TDSV nF nimmt dies unter dem Vorbehalt des technisch Möglichen auf, der freilich nur selbstverständliches ausdrückt insoweit er sagen will, das nicht angeboten werden muss, was nicht technisch möglich ist.

**37** Allerdings ist bei **Einrichtungen, die Notrufe beantworten oder bearbeiten,** sicherzustellen, dass nicht im Einzelfall oder dauernd die Anzeige der Nummern der Anrufenden ausgeschlossen wird.[102]

b) **Automatische Anrufweiterleitung**

**38** Ebenfalls vom Gesetz nicht ausdrücklich erwähnt, wohl aber in Art 10 RL 97/66/EG und damit auch in der Rechtsverordnung aufzunehmen ist die **automatische Anrufweiterleitung.** Insoweit müssen die Mitgliedstaaten sicherstellen, dass jeder Teilnehmer die Möglichkeit hat, auf einfache Weise und gebührenfrei die von einer dritten Partei veranlaßte automatische Weiterschaltung zum Endgerät des Teilnehmers abzustellen. Das wird durch § 9 Abs 3 TDSV aF, § 12 TDSV nF gewährleistet. Besondere Bedeutung hat darüber hinaus die Signalisierung einer Weiterschaltung für den Anrufenden, der an sich bestimmen können muss, mit wem er telefonieren möchte und wem dies zur Kenntnis kommen soll.[103] § 9 Abs 4 TDSV aF nahm dies auf und sah unter dem Vorbehalt des technisch Möglichen eine Signalisierung vor. Freilich war dies ambivalent, da auf diese Weise ebenfalls festgestellt werden kann, dass ein bestimmter Anschluss nicht besetzt ist. Soweit eine Weiterleitung auf einen anderen Anschluss desselben Teilnehmers erfolgt, bedarf es an sich einer Signalisierung nicht. Im Übrigen ist eine Abwägung der beteiligten Interessen erforderlich. Da derjenige, der weiterleitet, selbst eine mögliche zusätzliche Information des Anrufenden bewirkt, hat in der Regel des Recht des Anrufenden, vor ungewollten Weiterleitungen auf fremde Anschlüsse gewarnt zu werden, Vorrang.[104] Dem entsprach die Regelung in § 9 Abs 4 TDSV aF. Die TDSV nF nimmt dies nicht auf.

---

99 Dazu auch Beck'scher TKG Kommentar/*Büchner* § 89 Rn 35; *Schaar* in: Büllesbach, Datenschutz im Telekommunikationsrecht, 1997, S 111, 121.
100 Art 8 Abs 1 RL 97/66/EG.
101 Art 8 Abs 2 RL 97/66/EG.
102 § 11 Abs 6 TDSV nF; Art 9 lit b RL 97/66/EG.
103 Vgl insoweit auch *Der Bundesbeauftragte für den Datenschutz* Datenschutz und Telekommunikation, S 50 mit Beispielen.
104 So, wenn auch mit anderer Begründung, *Der Bundesbeauftragte für Datenschutz* Datenschutz in der Telekommunikation, S 50; aA Beck'scher TKG Kommentar/*Büchner* § 89 Rn 37.

### c) Fernwirk- und Fernmessdienste

In § 13 TDSV aF findet sich noch eine Regelung über die Verarbeitung **personenbezogener** **39** **Fernwirk- und Fernmessinformationen,** die von § 89 TKG nicht erwähnt werden und auch in TDSV nF[105] nicht mehr aufgenommen wird. Diese sind Bestandteil des TDG und als solche dem TDDSG unterworfen, bedürfen daher keiner spezifischen Regelung mehr im TKG.

### d) Telegrammdienste

Wohl aber findet sich eine im Wesentlichen unveränderte Übernahme der Regelung des § 12 **40** TDSV aF in § 15 TDSV nF über **Telegrammdienste.** Danach dürfen grundsätzlich Bearbeitungs- und Zustelldaten gespeichert werden, soweit es zum Nachweis einer ordnungsgemäßen Erbringung der Telegrammdienstleistung nach Maßgabe der mit dem Kunden geschlossenen Verträge erforderlich ist. Auch dürfen – erheblich sensibler – Inhaltsdaten längstens 3 Monate gespeichert werden, wenn das Unternehmen dem Kunden auch für Übermittlungsfehler einzustehen hat.

## IV. Verarbeitung von Steuersignalen (Abs 3)

§ 89 Abs 3 TKG enthält für eine andere Kategorie von dem Fernmeldegeheimnis unterfallenden **41** Daten eine dem Modell von Verarbeitungsverbot und der Eröffnung von begrenzten Verarbeitungszwecken nachgebildete Regelung: für die **Verarbeitung der höchst sensiblen Nachrichteninhalte.** Die Regelung ist dabei unnötig kompliziert geraten. Es dürfen grundsätzlich nur Daten über die näheren Umstände der Telekommunikation verarbeitet und genutzt werden (S 1). Dies wird noch ein einmal aufgenommen, wenn S 3 (mißverständlich) davon spricht, *andere* Nachrichteninhalte dürften weder erhoben, verarbeitet oder genutzt werden, sofern dies nicht nach Abs 4, 5 notwendig bzw im Einzelfall unerläßlich ist. Die Redeweise von den anderen Nachrichteninhalten bezieht sich ersichtlich auf die **Verwendung von Steuersignalen** nach S 2 zur Missbrauchsaufklärung nach § 89 Abs 2 Nr 1 lit e (Rn 24). Bei den Steuersignalen handelt es sich um Signale, die durch maschinelles „Abtasten" elektronisch übermittelter Kommunikation erhoben werden, ohne dass dabei der Nachrichteninhalt zur Kenntnis genommen wird.[106] Sie unterfallen daher an sich den näheren Umständen der Telekommunikation nach S 1, nicht den Nachrichteninhalten nach S 3. Insoweit ist also die Redeweise von *anderen* Nachrichteninhalten irreführend. Allerdings tasten sie den Sprachkanal des ISDN-Netzes ab, und werden möglicherweise wegen dieser Nähe zu den Nachrichteninhalten gerechnet. Ungeachtet ihrer Sensibilität ermöglichen sie aber gerade keine Aufnahme des Nachrichteninhalts.

Abs 3 S 1 enthält also den Grundsatz, wonach **nur die (Daten über die) näheren Umstände der** **42** **Telekommunikation** erhoben, verarbeitet und genutzt werden dürfen. Das dient noch einmal der Umschreibung der nach Abs 2 zulässigen Datenverarbeitung und zugleich einer Absetzung von der Nutzung der Inhaltsdaten, die nur nach Maßgabe der Abs 4, 5 verarbeitet und genutzt werden dürfen. Schon dies verdeutlicht, dass die bisherige **Regelung des § 7 Abs 4 TDSV aF,** die ein Erheben von Nachrichteninhalten zur Aufdeckung und Unterbindung von Leistungserschleichungen und sonstigen rechtswidrigen Inanspruchnahmen erlaubte, gegen § 89 Abs 3 S 1 TKG verstieß und von daher rechtswidrig war.

Demgegenüber erlaubt S 2 nun in den Fällen des Abs 1 Nr 1 lit e) die maschinelle Erhebung, **43** Verarbeitung und Nutzung von **Steuersignalen** im Einzelfall, sofern dies unerläßlich ist. Diese weitgehenden Eingriffe in dem Fernmeldegeheimnis unterfallende Datenbestände sind auf den Einzelfall begrenzt, nur dann zulässig, wenn mildere Maßnahmen, also die Nutzung der Bestands- und Verbindungsdaten nicht zum Ergebnis führen und zudem prozedural mit der Verpflichtung versehen, die RegTP hierüber in Kenntnis zu setzen. Der von diesen Maßnahmen Betroffene ist zu benachrichtigen, wenn dies ohne Gefährdung des Zwecks der Maßnahme möglich ist. § 9 Abs 4 TDSV nF nimmt die Regelung eher deklaratorisch noch einmal auf.

---

[105] Vgl Begründung zu § 15 TDSV nF.

[106] *Der Bundesbeauftragte für den Datenschutz* Datenschutz und Telekommunikation, S 46.

Hans-Heinrich Trute

**44** Der Verweis in Abs 4 S 2 darauf, dass **§ 85 Abs 3 S 3 TKG unberührt** bleibt, ist auf Betreiben des Bundesrates aufgenommen worden (Rn 3). Es sollte deutlich gemacht werden, dass die gesetzlichen Überwachungsbefugnisse von der Vorschrift des Abs 4 nicht beschränkt werden.[107]

### V. Verarbeitung von Nachrichteninhalten (Abs 4)

**45** Die sensiblen **Nachrichteninhalte**, die den Kern des Fernmeldegeheimnisses ausmachen, sind nach Maßgabe des Abs 4 jedenfalls soweit der Erhebung, Verarbeitung und Nutzung zugänglich, wie dies **Gegenstand oder aus verarbeitungstechnischen Gründen Bestandteil des Telekommunikationsdienstes** ist. Hierbei handelt es sich etwa um Mailbox-Dienste der Mobilfunkanbieter und Voice-Mail Funktionen im Festnetz. Der intensive Eingriff ist durch die Einwilligung des Kunden legitimiert, erfordert aber Sicherung gegen die unbefugte Inanspruchnahme durch Dritte.

**46** § 14 TDSV aF sah insoweit für **Nachrichtenübermittlungssysteme mit erforderlicher Zwischenspeicherung** die Bedingungen vor und enthielt zugleich die Verpflichtung des Diensteanbieters, die erforderlichen technischen und organisatorischen Maßnahmen zu treffen, um Fehlübermittlungen und das unbefugte Offenbaren von Nachrichteninhalten innerhalb des Unternehmens und an Dritte auszuschließen. Die Vorschrift ist im Wesentlichen unverändert in § 16 TDSV nF übernommen worden.

### VI. Aufschalten auf bestehende Verbindungen (Abs 5)

**47** Zur Durchführung von Umschaltungen sowie zum Erkennen und Eingrenzen von Störungen im Netz ist dem Betreiber der Telekommunikationsanlage oder seinem Beauftragten das **Aufschalten auf bestehende Verbindungen** erlaubt, soweit dies betrieblich erforderlich ist. Das Aufschalten auf bestehende Verbindungen ist durch die Möglichkeit gekennzeichnet, sich in bestehende Verbindungen einzublenden und beinhaltet damit die Möglichkeit, Nachrichteninhalte aufzunehmen. Diese Inhalten unterliegen dem Fernmeldegeheimnis und bilden seinen eigentlichen Schutzgrund. Die Kenntnisnahme kann nur unter engen Voraussetzungen zulässig sein.

**48** Insoweit handelt es sich um eine **Ausnahme von dem Grundsatz des § 89 Abs 3 S 4 TKG**, wonach die Erhebung, Verarbeitung und Nutzung von Nachrichteninhalten unzulässig ist. Diese Ausnahme ist allerdings schon im Abs 3 S 4 vorgesehen, aber **begrenzt auf im Einzelfall unerläßliche Maßnahmen**. Sie ist daher nur im Einzelfall zulässig und als unerläßlich zu rechtfertigen, darf also nicht zur Standardmaßnahme werden und nicht flächendeckend durchgeführt werden. Die betriebliche Erforderlichkeit, von der Abs 5 S 1 spricht, ist daher entsprechend eng auszulegen.

**49** Es bedarf der **Signalisierung und ausdrücklichen Mitteilung** an die betroffenen Gesprächsteilnehmer. Eine heimliche Aufschaltung und entsprechende Kenntnisnahme der Inhalte des Gesprächs kommt nicht in Betracht. Die Heimlichkeit darf auch nicht durch eine entsprechende technische Gestaltung der Signalisierung und Mitteilung erreicht werden. Diese ist vielmehr daran auszurichten, eine heimliche Kenntnisnahme auszuschließen.[108]

**50** Adressat der Befugnis zum Aufschalten ist allein der Betreiber der Telekommunikationsanlage oder sein Beauftragter, also derjenige, der die tatsächliche und rechtliche Kontrolle über die Anlage hat. Die Vorschrift richtet sich also nicht etwa an alle diejenigen, die geschäftsmäßig Telekommunikationsdienste erbringen.[109]

---

[107] BT-Drucks 13/4438 Nr 93; BT-Drucks 13/4864 zu § 86 TKGE.
[108] Vgl *Der Bundesbeauftragte für den Datenschutz* Datenschutz und Telekommunikation, S 45; auch Beck'scher TKG Kommentar/*Büchner* § 89 Rn 43.
[109] AA *Der Bundesbeauftragte für den Datenschutz* Datenschutz und Telekommunikation, S 44.

## VII. Übermittlung von Bestandsdaten an die Sicherheitsbehörden (Abs 6)

**51** Die Vorschrift des Abs 6 sieht – systemwidrig, weil zu § 90 TKG gehörend – eine **Verpflichtung der in Abs 2 genannten Unternehmen und Personen vor, personenbezogene Daten,** die sie für die Begründung, inhaltliche Ausgestaltung oder Änderung eines Vertragsverhältnisses erhoben haben, also **die Bestandsdaten, im Einzelfall auf Ersuchen an die zuständigen** und im Gesetz näher bezeichneten **Sicherheitsbehörden zu übermitteln,** soweit dies für die Verfolgung von Straftaten und Ordnungswidrigkeiten, zur Abwehr von Gefahren für die öffentliche Sicherheit und Ordnung oder für die Erfüllung der gesetzlichen Aufgaben der Verfassungsschutzbehörden des Bundes und der Länder, des Bundesnachrichtendienstes, des militärischen Abschirmdienstes sowie des Zollkriminalamtes erforderlich ist. Die Vorschrift wird verbreitet verfassungsrechtlich für bedenklich erachtet,[110] weil sie in ihren tatbestandlichen Voraussetzungen außerordentlich weit geht, zugleich Maßnahmen auf ihrer Grundlage kaum einer gerichtlichen Kontrolle zugänglich scheinen, soweit es die Kunden betrifft, um deren Daten es im Wesentlichen geht. Diese Kritik richtet sich nicht zuletzt gegen den Ausschluss der Mitteilung von Auskünften an die Kunden oder Dritte, wie sie in Abs 6 S 2 vorgesehen ist (vgl dazu Rn 55).

**52** **Adressat der Übermittlungspflichten** sind allein die Personen und Unternehmen im Sinne des Abs 2, die geschäftsmäßig Telekommunikationsdienste anbieten und in diesem Zusammenhang relevante Daten erhoben haben. Dies festzuhalten erscheint schon im Ausgangspunkt wichtig, weil damit allein ein Rechtsverhältnis zwischen dem Anbieter von Telekommunikationsdiensten und den zuständigen Stellen begründet wird, nicht etwa ein solches zu den Kunden oder Dritten, auch nicht im Sinne einer Duldungspflicht (Rn 57).

**53** **Gegenstand der Übermittlungspflicht** sind allein die **Bestandsdaten,** die die Adressaten erhoben haben. Dies begrenzt die Verpflichtung auf die erhobenen Bestandsdaten, begründet also hinsichtlich der Vermittlungsdaten keinen Anspruch auf Übermittlung. Insoweit werden allein personenbezogene Daten erfasst, die nicht dem Fernmeldegeheimnis unterfallen, die also nicht etwa die näheren Umstände der Telekommunikation betreffen. Zu Recht hat daher das LG Hamburg festgestellt, das etwa die IMEI-Nummer eines Mobiltelefons nicht auf der Grundlage des § 89 Abs 6 TKG zu übermitteln ist.[111] Zudem betrifft die Vorschrift allein die erhobenen Daten und begründet nicht etwa die Verpflichtung, bestimmte Daten zu erheben. Ebenso müssen die Daten selbstverständlich noch vorhanden sein, gelöschte Daten sind nicht wiederherzustellen. Die vorhandenen Verpflichtungen der Diensteanbieter hinsichtlich der Erhebung, Verarbeitung und Nutzung werden durch die Vorschrift des Abs 6 nicht modifiziert, etwa hinsichtlich der Löschungsfristen etc. Insoweit kann man sagen, dass sich die Übermittlungspflicht im Rahmen der vorhandenen Regeln realisieren muss, also einen Anspruch auf das (noch) Vorhandene beinhaltet.

**54** Die **Übermittlungspflicht ist begrenzt auf Ersuchen in einem Einzelfall** und zudem auf das für die Verfolgung von Straftaten und Ordnungswidrigkeiten, zur Abwehr von Gefahren für die öffentliche Sicherheit und Ordnung oder für die Erfüllung der gesetzlichen Aufgaben der Verfassungsschutzbehörden des Bundes und der Länder, des Bundesnachrichtendienstes, des militärischen Abschirmdienstes sowie des Zollkriminalamtes **Erforderliche.** Eine über den Einzelfall hinausgehende Übermittlung kann nicht verlangt werden. Unzulässig ist daher das Verlangen von Finanzämtern über Mitteilung von Bestandsdaten, insbesondere von Kontonummern zur Feststellung eines für die Besteuerung maßgeblichen Sachverhalts nach § 93 AO. Hier geht es im Regelfall generell nicht um die Verfolgung von Ordnungswidrigkeiten und Straftaten. Insoweit fehlt es an der Zweckerfüllung des § 89 Abs 6.[112] Die Erforderlichkeit für die Erfüllung der genannten Zwecke ist zudem tatbestandliche Voraussetzung der Übermittlungspflicht. Als

---

[110] Vgl etwa Beck'scher TKG Kommentar/*Büchner* § 89 Rn 45; *Würmeling/Felixberger* CR 1997, 555, 559 f; *Königshofen* in: Büllesbach, Datenschutz im Telekommunikationsrecht, S 161, 191; auch *Thommes* StV 1997, 657, 662; vgl auch *Der Bundesbeauftragte für den Datenschutz* Datenschutz und Telekommunikation, S 51, freilich eher zurückhaltend.

[111] LG Hamburg, MMR 1998, 419 m Anm *Bär* MMR 1998, 420.

[112] Dazu *BfD* 18. TB 2001 S 60 f.

solches kann sie von den Adressaten auch geprüft und das Übermittlungsersuchen ggf zurückgewiesen werden. Es ist dann Sache der zuständigen Stelle mit den ihr gegeben Mittel dies mit der Folge einer gerichtlichen Kontrolle durchzusetzen. Keinesfalls ergibt sich aus Abs 6 schon etwas dafür, dass die Unternehmen die Beurteilung der Erforderlichkeit allein den zuständigen Stellen zu überlassen hätten. Die Diensteanbieter können gegenüber einem Ersuchen bei Bedarf verwaltungsgerichtlichen Rechtsschutz in Anspruch nehmen, etwa die Feststellung begehren, dass eine Verpflichtung zur Übermittlung im konkreten Fall nicht besteht.

**55** Auskünfte an die genannten Stellen **dürfen** gem Abs 6 S 2 **Kunden und Dritten nicht mitgeteilt werden.** Auch hier ist zu beachten, dass nicht etwa ein genereller Ausschluss der Kenntnisnahme der Kunden oder Dritten normiert, die mangels Erforderlichkeit jedenfalls des Ausschlusses der nachträglichen Benachrichtigung in diesem Umfang auch kaum verfassungsrechtlichen Bestand haben könnte.[113] Es wird allein die Mitteilung durch den Diensteanbieter ausgeschlossen. Inwieweit Anhörungsrechte, Kenntnisnahmemöglichkeiten der Kunden oder Auskunfts- oder Unterrichtungspflichten der Sicherheitsbehörden nach anderen Vorschriften bestehen, ist damit nicht entschieden (Rn 57).

**56** Die Übermittlung hat einen **Kostenerstattungsanspruch** der Diensteanbieter nach Maßgabe des § 17a ZSEG zur Folge.[114]

**57** Die Vorschrift regelt nach der hier vertreten Auffassung **nicht das Rechtsverhältnis zwischen den Sicherheitsbehörden und den Kunden,** deren personenbezogene Daten übermittelt werden sollen. Der darin liegende Eingriff in das informationelle Selbstbestimmungsrecht der Kunden bedarf einer eigenständigen Rechtfertigung. Die genannten Sicherheitsbehörden bedürfen insoweit einer eigenständigen Befugnis für die darin liegende Beeinträchtigung des informationellen Selbstbestimmungsrechts. Insoweit kann man davon sprechen, dass Abs 6 nur die datenschutzrechtliche Erlaubnis für die Übermittlung personenbezogener Daten hergibt, die Befugnis für ein solches Ersuchen sich freilich aus den jeweiligen für die Sicherheitsbehörden geltenden Bestimmungen entnehmen lassen muss.[115] Dort sind denn auch die Informationsrechte des Betroffenen geregelt und aus diesem Zusammenhängen ergeben sich auch ihm zur Verfügung stehenden Rechtsschutzmöglichkeiten. Dies macht die Regelung des Abs 6 keineswegs überflüssig, wie teilweise in der Literatur angenommen wird,[116] verhindert aber, dass sie zu einer verfassungsrechtlich bedenklich Generalermächtigung für Auskunftsverlangen über Bestandsdaten wird.

## VIII. Verarbeitung der Bestandsdaten für Zwecke der Werbung, Kundenberatung und Marktforschung (Abs 7)

**58** Abs 7 erlaubt den Diensteanbietern nach Abs 2 die **Verarbeitung und Nutzung** der für die Begründung, inhaltliche Ausgestaltung und Änderung von Vertragsverhältnissen erhobenen Daten, also **der Bestandsdaten,** soweit dies **für Zwecke der Werbung, Kundenberatung und Marktforschung** erforderlich ist und **der Kunde eingewilligt hat.**

**59** Dies entspricht vom **Gegenstandsbereich** her im Wesentlichen dem § 4 Abs 2 TDSV aF, der sich ausdrücklich auf **Bestandsdaten** bezieht. Entgegen einer in der Literatur geäußerten Auffassung[117] erlaubt § 6 Abs 5 S 3 TDSV aF, der die Auswertung von Verbindungsdaten nach den Rufnummern Angerufener nur für zulässig erklärt, soweit dies der Begründung, Ausgestaltung oder Änderung von Vertragsverhältnissen dient, allerdings nicht den Schluss, dass zu den Bestandsdaten in Abs 7 auch Verbindungsdaten zu rechnen seien.[118] Abgesehen davon, dass sich

---

[113] Vgl etwa SächsVerfGH, JbSächsOVG 4(1996), 50, 101 ff.
[114] OLG Zweibrücken, NJW 1997, 2692; OLG Oldenburg, NJW 1997, 2693; Beck'scher TKG Kommentar/*Büchner* § 89 Rn 46.
[115] Ähnlich *Wuermeling/Felixberger* CR 1997, 555, 559 f; *Bär* MMR 2000, 472, 479.

[116] Beck'scher TKG Kommentar/*Büchner* § 89 Rn 45.
[117] *Billig* NJW 1998, 1286.
[118] Beck'scher TKG Kommentar/*Büchner* § 89 Rn 47.

aus Abs 2 Nr lit a einerseits, lit b andererseits schon gesetzessystematisch eine klare Trennung von Bestands- und Verbindungsdaten ergibt,[119] wird dies auch durch die Systematik des § 5 Abs 2 iVm § 2 Nr 3 TDSV nF verdeutlicht. Indes ergeben sich für diese Position europarechtlich gewisse Schwierigkeiten, da in Art 6 Abs 3 RL 97/66/EG vorgesehen ist, dass der Betreiber eines öffentlichen Telekommunikationsdienstes die in Absatz 2 desselben Artikels der Richtlinie genannten Daten zum Zwecke der Vermarktung seiner eigenen Telekommunikationsdienste nutzen und verarbeiten kann, wenn der Teilnehmer seine Einwilligung erklärt. Diese Daten werden in dem Anhang zu Art 6 Abs 2 RL 97/66/EG präzisiert und umfassen neben den Bestandsdaten mit der Nummer des angerufenen Teilnehmers, Art, Beginn und Dauer der Anrufe und/oder der übermittelten Datenmenge sowie dem Datum des Anrufs/der Dienstleistung unzweifelhaft auch Daten, die nach § 5 Abs 1 TDSV aF den Verbindungsdaten zuzurechnen sind. Insoweit ist die Möglichkeit der Vermarktung also nach Art 6 Abs 3 RL 97/66/EG weiter zu ziehen, der § 5 Abs 2 TDSV nF entsprechend anzupassen.

**60** Nach § 4 Abs 2 TDSV aF ebenso wie nach § 5 Abs 2 TDSV nF ist die **Verarbeitung auf die eigenen Zwecke des erhebenden Diensteanbieters begrenzt,** eine Weitergabe an Dritte kommt danach nicht in Betracht. Das entspricht wohl auch dem Wortlaut, der von der Verarbeitung und Nutzung durch den erhebenden Diensteanbieter ausgeht.[120] Auch Art 6 Abs 3 RL 97/66/EG begrenzt die Verarbeitung zu Zwecken der Vermarktung seiner eigenen Telekommunikationsdienste.

**61** Erforderlich ist die **Einwilligung des Kunden.**[121] Demgegenüber ging § 4 Abs 2 TDSV aF noch von der Widerspruchslösung aus, und war insoweit gesetzes- wie auch europarechtswidrig, da Art 6 Abs 3 RL 97/66/EG ebenfalls von der Einwilligungslösung ausgeht.

**62** **Daten, die bereits bei Inkrafttreten des Gesetzes von den Diensteanbietern erhoben worden waren,** dürfen für die genannten Zwecke verwendet werden, wenn der Kunde nicht widerspricht. Sein Einverständnis gilt als erteilt, wenn er in angemessener Weise über sein Widerspruchsrecht informiert worden ist und von seinem Widerspruchsrecht keinen Gebrauch macht (Abs 7 S 2, 3). Ungeachtet der Frage, ob der Kunde bisher angemessen informiert worden ist,[122] ergeben sich aus Art 15 Abs 2 RL 97/66/EG gewisse Modifikationen der Widerspruchslösung. Danach ist eine Einwilligung nach Art 6 Abs 3 RL 97/66/EG für Verarbeitungen nicht erforderlich, die zum Zeitpunkt des Inkrafttretens der nach dieser Richtlinie erlassenen innerstaatlichen Rechtsvorschriften bereits durchgeführt worden sind. Die Teilnehmer werden in diesen Fällen über die Verarbeitung unterrichtet; wenn sie innerhalb einer zu bestimmenden Frist keinen Einspruch einlegen, wird dies als Einwilligung ihrerseits gewertet. Insoweit kommt es nicht darauf an, wann die Daten erhoben worden sind, sondern ob sie vor oder nach dem Inkrafttreten der genannten Vorschriften verarbeitet werden. Soweit dann schon eine Einwilligung vorliegt, dürfte die Divergenz allerdings unschädlich sein. Im Übrigen wäre an sich ein dem Art 15 Abs 2 RL 97/66/EG entsprechendes Verfahren durchzuführen, was aber angesichts des Zeitablaufs kaum noch von Bedeutung sein dürfte.

## IX. Teilnehmerverzeichnisse (Abs 8)

**63** Diensteanbieter können Kunden mit ihrem Namen, ihrer Anschrift und zusätzlichen Angaben, wie Beruf, Branche, Art des Anschlusses und Mitbenutzer, in **öffentliche gedruckte oder elektronische Verzeichnisse** eintragen, soweit der Kunde dies beantragt hat. Mit dieser Regelung werden die Rechte des Kunden nochmals erweitert (dazu auch § 12 Rn 1 ff). Galt bis 1991 die Zwangseintragung in öffentliche Kundenverzeichnisse, ging § 10 Abs 1, 2 TDSV aF davon aus, dass Diensteanbieter öffentliche Verzeichnisse ihrer Kunden in Form von Druckwerken oder elektronischen Verzeichnissen erstellen und herausgeben dürfen. Nur auf Verlangen des Kunden musste die Eintragung in elektronischen oder allgemein in gedruckten öffentlichen Kundenver-

---

**119** Beck'scher TKG Kommentar/*Büchner* § 89 Rn 47.
**120** Im Ergebnis auch Beck'scher TKG Kommentar/ *Büchner* § 89 Rn 47.

**121** Vgl § 5 Abs 2 TDSV nF.
**122** Dazu Beck'scher TKG-Kommentar/*Büchner* § 89 Rn 48.

zeichnissen ganz oder teilweise kostenfrei unterbleiben (§ 10 Abs 3 TDSV). Nunmehr kann der Kunde allein nach seinen Präferenzen entscheiden, ob und ggf mit welchen Angaben er in gedruckten oder elektronischen Verzeichnissen eingetragen sein will (Abs 8 S 2, § 13 Abs 2 TDSV nF).[123] Mitnutzer müssen ihr Einverständnis mit einer Eintragung erteilen (Abs 8 S 3). Damit verstieß die Regelung des § 10 Abs 3 TDSV aF gegen § 89 Abs 8 TKG. Sind Kunden bereits bei Inkrafttreten dieses Gesetzes in ein Kundenverzeichnis eingetragen, so muss die Eintragung künftig unterbleiben, wenn der Kunde widerspricht. Für das Widerspruchsrecht gilt die Regelung des Abs 7 S 3 entsprechend.

**64** Die **europarechtliche Regelung** in Art 11 RL 97/66/EG bleibt hinter der deutschen Lösung zurück. Grundsätzlich kann danach eine Eintragung der personenbezogenen Daten in Teilnehmerverzeichnissen erfolgen, es sei denn der Teilnehmer beantragt, nicht aufgenommen zu werden oder dass seine Adresse weggelassen werden soll. Dies gilt indes nur für Teilnehmer, die natürliche Personen sind. Das mitgliedstaatliche Recht ist indes nicht gehindert, weiterreichende Lösungen zu wählen (Rn 7).

**65** Nach § 10 Abs 3 TDSV aF waren **Eintragungen von Kunden,** die eine Eintragung gedruckte oder in elektronische Kundenverzeichnisse nicht wünschen, in dem jeweils anderen Verzeichnis **zu kennzeichnen.** Damit sollte die häufige Praxis des „Einscannens" von gedruckten Verzeichnissen in elektronische Verzeichnisse verhindert werden, freilich um den Preis einer gewissen Stigmatisierung.[124] Diese Regelung findet sich auch in § 13 Abs 2 S 3 TDSV nF. Die DTAG weist allerdings nur noch an exponierter Stelle daraufhin, dass sich in dem Verzeichnis auch Eintragungen befinden, die eine Eintragung in dem jeweils anderen Verzeichnis nicht wünschen. Ungeachtet der datenschutzfreundlichen Praxis, kann immerhin zweifelhaft sein, ob diese Praxis den Anforderungen der Rechtsverordnung entspricht, die immerhin von einer gesonderten Kennzeichnung der Eintragungen spricht. Das „Einscannen" ist jedenfalls nach der neueren Rechtsprechung des Bundesgerichtshofs unzulässig.[125]

## X. Auskunftserteilung (Abs 9)

**66** Nach Maßgabe der Rechtsverordnung dürfen Diensteanbieter im Sinne des Abs 2 im Einzelfall **Auskunft** über in öffentlichen Verzeichnissen enthaltene Daten der Nutzer von geschäftsmäßigen Telekommunikationsdiensten erteilen oder durch Dritte erteilen lassen. Dies setzt allerdings voraus, dass die Kunden in angemessener Weise darüber informiert worden sind, dass sie der Weitergabe ihrer Daten widersprechen können und von ihrem Widerspruchsrecht keinen Gebrauch gemacht haben. Dies betrifft die Rufnummernauskunft. Bei weitergehenden Auskünften nach § 11 Abs 3 TDSV aF bedurfte es des Einverständnisses des Kunden. An der gesetzlichen Regelung wird deutlich, dass eine Auskunft nur erfolgen darf, wenn der Kunde überhaupt in öffentliche Kundenverzeichnisse im Sinne von Abs 8 eingetragen ist. Widerspricht ein im öffentlichen Kundenverzeichnis eingetragener Kunde der Auskunftserteilung, so war dies in den Auskunftsunterlagen des Diensteanbieters zu vermerken (§ 11 Abs 4 TDSV aF). Keine Auskunft durfte erteilt werden, wenn der Auskunftssuchende nur eine Telefonnummer nennt, um die Anschrift oder andere personenbezogene Daten zu erhalten. Das Verbot der sog Inverssuche war in § 11 Abs 5 TDSV aF niedergelegt, galt gleichermaßen für von Diensteanbietern vertriebene elektronische Verzeichnisse.[126] Dies entspricht im Wesentlichen auch § 14 TDSV nF.

---

[123] Zu den mit der Eintragung in elektronische Kundenverzeichnisse verbundenen datenschutzrechtlichen Problematik und den Risiken vgl *Der Bundesbeauftragte für den Datenschutz* Datenschutz und Telekommunikation, S 33.

[124] Dazu *Der Bundesbeauftragte für den Datenschutz* Datenschutz und Telekommunikation, S 33.

[125] Dazu BGH MMR 1999, 470; ausführlich auch mit Nachweisen aus der Rechtsprechung Beck'scher TKG Kommentar/*Büchner* § 89 Rn 51.

[126] *Der Bundesbeauftragte für den Datenschutz* Datenschutz und Telekommunikation, S 34 f.

## XI. Koppelungsverbot und Anforderungen an die Einwilligungen (Abs 10)

Abs 10 enthält zunächst ein **Koppelungsverbot.** Danach darf die geschäftsmäßige Erbringung von Telekommunikationsdiensten und deren Entgeltfestlegung nicht von der Angabe personenbezogener Daten abhängig gemacht werden, die für die Erbringung oder Entgeltfestlegung dieser Dienste nicht erforderlich sind. Da diese dann nicht ohne Einwilligung erhoben werden dürften, sichert das Koppelungsverbot zugleich die Freiwilligkeit einer etwaig erteilten Einwilligung mit ab. Dies findet seinen Niederschlag in § 3 Abs 2 TDSV aF, § 3 Abs 2 TDSV nF.  67

Im Übrigen stellt die Vorschrift **Anforderungen an die Einwilligung** auf. Abweichend von der Vorschrift des § 4 Abs 2 BDSG haben die Diensteanbieter den Kunden in sachgerechter Weise über den Inhalt und die Reichweite der Einwilligung zu informieren und zwar unter Nennung der Verarbeitungszwecke ebenso wie der Nutzungszeit.[127] Die Einwilligung muss ausdrücklich und in der Regel schriftlich erfolgen. Vorgesehen ist freilich auch die Möglichkeit einer elektronischen Einwilligung, bei der allerdings eine Rücknahmemöglichkeit vorgesehen werden muss. § 4 TDSV nF nimmt die Einwilligung allein in elektronischer Form auf und sieht vor, dass der Diensteanbieter sicherstellen muss, dass die Einwilligung auf einer eindeutigen und bewussten Handlung des Beteiligten beruht (Nr 1), was angesichts der einfachen technischen Möglichkeiten („Mausklick") eine wichtige Voraussetzung einer Erklärung ist, die auch dem Willen der Erklärenden entspricht, die Einwilligung protokolliert wird (Nr 2), der Inhalt der Einwilligung jederzeit von den Beteiligten abgerufen werden kann (Nr 3) und für einen Zeitraum von mindestens einer Woche ab Zugang der Erklärung eine Rücknahmemöglichkeit vorgesehen ist. Dies entspricht im Wesentlichen § 3 Abs 7 TDDSG, freilich ohne die Verpflichtung zu sichern, dass keine unerkennbare Änderung möglich ist, und ohne die Sicherstellung der Urhebererkennbarkeit. Diese Voraussetzungen können derzeit nicht gewährleistet werden, so dass eine Übernahme nicht erfolgt.[128] Hier wäre eine Klausel, die den Anschluss an das technisch mögliche sicherstellt, sinnvoller. Denn schließlich geht es darum, dass durch die Anforderung sichergestellt werden soll, dass die elektronische Einwilligung dasselbe Maß an Rechtssicherheit bietet, wie die schriftliche Einwilligung.[129] Abschläge, die nicht technisch veranlasst sind, laufen dem unnötig zuwider.  68

## XII. Durchsetzung

Die Kontrolle der Einhaltung der Vorschriften des Elften Teils obliegt nach § 91 TKG an sich der RegTP. Allerdings ist nach § 91 Abs 4 TKG die **Kontrolle der Einhaltung des Datenschutzes** dem Bundesbeauftragten für den Datenschutz überwiesen, insofern abweichend von § 38 BDSG für private Diensteanbieter. Die Kontrolle durch den Datenschutzbeauftragten tritt insofern an die Stelle der Kontrolle durch die Aufsichtsbehörden der Länder.[130] Die Kontrollbefugnisse beschränken sich auf die Datenverarbeitung im Zusammenhang mit der Erbringung von Telekommunikationsdiensten und dem Betrieb von Telekommunikationsanlagen. Gem § 91 Abs 4 iVm § 24 Abs 1 BDSG ist auch eine präventive Kontrolle möglich.  69

Darüber hinaus hat die **RegTP die ihr in dem § 91 TKG zugewiesenen Befugnisse.** Dies gilt jedenfalls für die sich nach § 91 Abs 3, § 15 TKG gegebenen Befugnisse.  70

Das geltende TKG **aber auch die TDSV** enthalten derzeit keine datenschutzrechtlichen **Sanktionsnormen.**[131] Insoweit sind daher über § 1 Abs 4 BDSG die §§ 43, 44 BDSG anwendbar.  71

Die Vorschrift des § 89 TKG dürfte ein **Schutzgesetz im Sinne des** § 823 Abs 2 BGB sein und Grundlage für Unterlassungsbegehren der durch die Verarbeitung in ihren Persönlichkeitsrechten Verletzten sein.[132]  72

---

127 Freilich sieht der Regierungsentwurf zum BDSG v 25.5. 2000 in § 4 a Abs 1 BDSG nF eine weiterreichende Form der Unterrichtung vor.
128 Vgl TDSV nF, Begründung zu § 4.
129 TDSV nF, Begründung zu § 4.

130 Zu den Einzelheiten vgl § 91 Rn 9 ff.
131 Vgl aber § 17 TDSV nF für Ordnungswidrigkeitentatbestände gem § 96 Abs 1 Nr 9 TKG.
132 Vgl auch Art 14 Abs 2 RL 97/66/EG.

Hans-Heinrich Trute

## § 90 Auskunftsersuchen der Sicherheitsbehörden

(1) Wer geschäftsmäßig Telekommunikationsdienste anbietet, ist verpflichtet, Kundendateien zu führen, in die unverzüglich die Rufnummern und Rufnummernkontingente, die zur weiteren Vermarktung oder sonstigen Nutzung an andere vergeben werden, sowie Name und Anschrift der Inhaber von Rufnummern und Rufnummernkontingenten aufzunehmen sind, auch soweit diese nicht in öffentliche Verzeichnisse eingetragen sind.

(2) Die aktuellen Kundendateien sind von dem Verpflichteten nach Absatz 1 verfügbar zu halten, so dass die Regulierungsbehörde einzelne Daten oder Datensätze in einem von ihr vorgegebenen automatisierten Verfahren abrufen kann. Der Verpflichtete hat durch technische und organisatorische Maßnahmen sicherzustellen, dass ihm Abrufe nicht zur Kenntnis gelangen können.

(3) Auskünfte aus den Kundendateien nach Absatz 1 werden
1. den Gerichten, Staatsanwaltschaften und anderen Justizbehörden sowie sonstigen Strafverfolgungsbehörden,
2. den Polizeien des Bundes und der Länder für Zwecke der Gefahrenabwehr,
3. den Zollfahndungsämtern für Zwecke eines Strafverfahrens sowie dem Zollkriminalamt zur Vorbereitung und Durchführung von Maßnahmen nach § 39 des Außenwirtschaftsgesetzes und
4. den Verfassungsschutzbehörden des Bundes und der Länder, dem Militärischen Abschirmdienst und dem Bundesnachrichtendienst

jederzeit unentgeltlich erteilt, soweit dies zur Erfüllung ihrer gesetzlichen Aufgaben erforderlich ist.

(4) Die Regulierungsbehörde hat die Daten, die in den Kundendateien der Verpflichteten nach Absatz 1 gespeichert sind, auf Ersuchen der in Absatz 3 genannten Stellen im automatisierten Verfahren abzurufen und an die ersuchende Stelle weiter zu übermitteln. Sie prüft die Zulässigkeit der Übermittlung nur, soweit hierzu ein besonderer Anlass besteht. Die Verantwortung für die Zulässigkeit der Übermittlung tragen die in Absatz 3 genannten Behörden. Die Regulierungsbehörde protokolliert für Zwecke der Datenschutzkontrolle durch die jeweils zuständige Stelle bei jedem Abruf den Zeitpunkt, die bei der Durchführung des Abrufs verwendeten Daten, die abgerufenen Daten, die die Daten abrufende Person sowie die ersuchende Stelle und deren Aktenzeichen. Eine Verwendung der Protokolldaten für andere Zwecke ist unzulässig. Die Protokolldaten sind nach zwölf Monaten zu löschen.

(5) Absatz 1 gilt entsprechend für Dritte, die Rufnummern aus einem Rufnummernkontingent vergeben, ohne Verpflichteter im Sinne des Absatzes 1 zu sein, mit der Maßgabe, dass es dem Dritten überlassen bleibt, in welcher Form er die in Absatz 1 genannten Daten zur Auskunftserteilung vorhält. Er hat die Auskünfte aus den Kundendateien den in Absatz 3 genannten Behörden auf deren Ersuchen zu erteilen. Über die Tatsache einer Abfrage und die erteilten Auskünfte sowie über deren nähere Umstände hat der Auskunftspflichtige Stillschweigen, insbesondere gegenüber dem Betroffenen, zu wahren.

(6) Der Verpflichtete nach Absatz 1 hat alle Vorkehrungen in seinem Verantwortungsbereich auf seine Kosten zu treffen, die für den automatisierten Abruf gemäß Absatz 2 erforderlich sind. Dazu gehören auch, jeweils nach den Vorgaben der Regulierungsbehörde, die Anschaffung der zur Sicherstellung der Vertraulichkeit und des Schutzes vor unberechtigten Zugriffen erforderlichen Geräte, die Einrichtung eines geeigneten Telekommunikationsanschlusses und die Teilnahme an dem geschlossenen Benutzersystem sowie die laufende Bereitstellung dieser Vorkehrungen.

(7) In den Fällen der Auskunftserteilung nach Absatz 5, in denen das Gesetz über die Entschädigung von Zeugen und Sachverständigen nicht gilt, sind die Vorschriften des genannten Gesetzes über die Höhe der Entschädigung entsprechend anzuwenden.

(8) Bei wiederholten Verstößen gegen die Absätze 1 und 2 kann die geschäftliche Tätigkeit

Hans-Heinrich Trute

des Verpflichteten durch Anordnung der Regulierungsbehörde dahingehend eingeschränkt werden, da der Kundenstamm bis zur Erfüllung der sich aus diesen Vorschriften ergebenden Verpflichtungen außer durch Vertragsablauf oder Kündigung nicht verändert werden darf.

Schrifttum: *Bleutge* ZSEG, 1995; *Börnsen* Das Telekommunikationsgesetz 1996 – Entwicklungen und Hintergründe, ZG 1996, 323; *Büllesbach* Datenschutz im Telekommunikationsrecht, 1997; *Gundermann* Das neue TKG-Begleitgesetz, K & R 1998, 48; *Königshofen* Datenschutz in der Telekommunikation, ArchivPT 1997, 19; *Koenig/Neumann* Internet-Protokoll-Adressen als „Nummern" im Sinne des Telekommunikationsrechts?, K & R 1999, 145; *Rieß* Regulierung und Datenschutz im europäischen Telekommunikationsrecht, 1996; *Thommes* Verdeckte Ermittlungen im Strafprozess aus der Sicht des Datenschutzes, StV 1997, 657; *Voßbein* Zur Führung von Kundendateien durch Anbieter von Telekommunikationsdiensten, RDV 1998, 106; *Würmeling/Felixberger* Staatliche Überwachung der Telekommunikation, CR 1997, 555.

**Inhaltsübersicht**

|  |  | Rn |
| --- | --- | --- |
| I. | Entstehungsgeschichte und Systematik | 1–2 |
| II. | Verpflichtung, Kundendateien zu führen (Abs 1) | 3–7 |
| III. | Automatisiertes Verfahren (Abs 2, 6) | 8–16 |
| IV. | Auskunftsberechtigte (Abs 3) | 17–19 |
| V. | Abrufung und Übermittlung durch die Regulierungsbehörde (Abs 4) | 20–23 |
| VI. | Verpflichtungen Dritter, die Rufnummern aus Kontingenten vergeben (Abs 5, 7) | 24–26 |
| VII. | Sanktionen bei Verstößen gegen die Abs 1 und 2 (Abs 8) | 27 |

## I. Entstehungsgeschichte und Systematik

Die Vorschrift des § 90 TKG ist ein gutes Beispiel für die These, dass infolge der Privatisierung 1 und Liberalisierung an die Stelle von relativ einfachen Vorschriften im staatlichen Innenbereich eine komplexe Regelungsstruktur im Verhältnis von Staat und Privaten entsteht, die dazu dient, öffentliche Interessen auch unter veränderten Bedingungen zu wahren. War die **Auskunft über Kundendaten** bei der Deutschen Bundespost als einzigem Anbieter von Telekommunikationsdiensten von den Sicherheitsbehörden weitgehend im Wege der Amtshilfe zu bekommen, so bedarf es gegenüber den privaten Anbieter nach der Postreform eigenständiger Rechtsgrundlagen, die Voraussetzungen, Umfang und Umstände der Auskunftsverpflichtung präzisieren.[1] Die nicht zur Amtshilfe verpflichteten Unternehmen haben vor Inkrafttreten des § 90 TKG zwar auf der Grundlage des § 161 a StPO entsprechende Auskünfte erteilt. Mit der Regelung des § 90 TKG, mit der es den Sicherheitsbehörden möglich ist, einen Teil der Bestandsdaten (§ 89 Rn 20), die im Übrigen auch auf der Grundlage des § 89 Abs 6 TKG gewonnen werden können, im Wege eines automatisierten Abrufverfahrens zu erlangen, ist transparenter geworden, was vorher im Wesentlichen im staatlichen Amtshilfebereich lag. Dies mag auch ein Grund für die Kritik an dieser Vorschrift im Gesetzgebungsverfahren gewesen sein,[2] die freilich vor allem auch durch das automatisierte Abrufverfahren motiviert war, das Anlass zu vielfältigen Spekulationen gab.

Die **Vorschrift war im Wesentlichen bereits in dem ursprünglichen Regierungsentwurf 2 enthalten.**[3] Durch den Ausschuss für Post und Telekommunikation wurde allerdings der Anwendungsbereich – im Einklang mit den übrigen Vorschriften des Elften Teils erweitert auf diejenigen, die **geschäftsmäßig Telekommunikationsdienste** anbieten. Vor allem auf Anregung des Bundesrates sind kleinere Veränderungen durchgeführt worden. So ist insbesondere der **Kreis der Abfrageberechtigten in Abs 3 Nr 1** an die Bedürfnisse der Praxis angepasst und dementsprechend erweitert worden.[4] Zugleich wurde durch die Einfügung des Wortes „jederzeit" vor unentgeltlich klargestellt, dass eine Verpflichtung besteht, nicht zuletzt im Interesse einer effektiven Gefahrenabwehr, **Auskünfte unverzüglich an die Sicherheitsbehörden** weiter-

---

1 BT-Drucks 13/3609 S 55.
2 Vgl BT-Drucks 13/4886; 13/4892; dazu wiederum *Börnsen* ZG 1996, 323, 343; *Der Bundesbeauftragte für den Datenschutz* Tätigkeitsbericht 1995–1996, S 182 ff.

3 BT-Drucks 13/3609 zu § 87 TKGE.
4 BT-Drucks 13/4438 Äußerung des Bundesrates Nr 99 zu § 87 Abs 3 TKGE; BT-Drucks 13/4864 zu § 87 Abs 3 TKGE.

zuleiten.[5] Zudem wurde die in **Abs 4** ursprünglich vorhandene Befugnis der RegTP **in eine Verpflichtung umgewandelt** und zudem in S 4 der Katalog der zu protokollierenden Daten ergänzt.[6] In Abs 5 wurde ebenfalls auf Anregung des Bundesrates klargestellt, dass jeder der Rufnummern aus einem Rufnummernkontingent vergibt, verpflichtet ist, ein **aktuelles Kundenverzeichnis zu führen**, unabhängig davon, ob die Vergabe im Haupt- oder Nebengeschäft erfolgt.[7] Durch das Telekommunikationsbegleitgesetz vom 17. 12. 1997[8] ist zudem **Abs 6 S 2** mit der **Präzisierung der Vorkehrungen**, die von dem nach Abs 1 Verpflichteten zu treffen sind, eingefügt worden. Damit sollte der Tatsache Rechnung getragen werden, dass es schon bei der Vorbereitung des automatischen Abrufverfahrens nach § 90 Abs 2 TKG zu Auslegungsdifferenzen gekommen war, die die Inbetriebnahme des Systems zu verzögern drohten.[9]

## II. Verpflichtung, Kundendateien zu führen (Abs 1)

**3** Wer geschäftsmäßig Telekommunikationsdienste anbietet, ist nach Abs 1 zunächst **verpflichtet Kundendateien zu führen**, in die unverzüglich die Rufnummern und Rufnummernkontingente, die zur weiteren Vermarktung oder sonstigen Nutzung an andere vergeben werden, sowie Name und Anschrift der Inhaber von Rufnummern und Rufnummernkontingenten aufzunehmen sind, und zwar auch soweit, wie diese nicht in öffentliche Verzeichnisse eingetragen sind.

**4** **Adressat der Verpflichtung** sind **diejenigen, die geschäftsmäßig Telekommunikationsdienste erbringen** (§ 3 Nr 5 TKG). Erforderlich, aber auch ausreichend, ist also – wie im Elften Teil des Gesetzes auch sonst – ein nachhaltiges Angebot von Telekommunikation einschließlich des Angebots von Übertragungswegen für Dritte mit oder ohne Gewinnerzielungsabsicht (§ 3 Rn 34, § 85 Rn 11). Freilich ergibt sich eine gewisse Eingrenzung insoweit, als nur diejenigen, die Anbieter rufnummernbasierter Dienste sind, verpflichtet sein können.[10] So sind etwa Internet-Protokoll-Adressen nicht – auch nicht im Wege der Auslegung – dem § 90 TKG subsumierbar.[11] Auch der in § 3 Nr 10 TKG verwendete Begriff der Nummer dürfte, ungeachtet seiner technikneutralen Formulierung, nicht auf IP-Adressen anwendbar sein, schon wegen der weitreichenden Folgen für den Anwendungsbereich des TKG.[12] In der Zusammenschaltungsrichtlinie 97/33/EG werden die geographisch gebundenen Nummern ebenfalls eindeutig für Sprachtelefonie definiert.[13] Nicht zuletzt diese Unterschiede im Anwendungsbereich, die technologische Veränderungen reflektieren, dürften Grund für die vorgeschlagene Anpassung der RL 97/66/EG sein.[14] Auch dies spricht dafür, nicht im Wege der Auslegung eine Erweiterung vorzunehmen.

**5** **Gegenstand der Verpflichtung** ist das **Führen einer Kundendatei**. Inhaltlich umfasst die Datei die in Abs 1 genannten Daten, aber auch nur diese. Es handelt sich, als **Teilmenge der Bestandsdaten** (§ 89 Rn 20),[15] um die Adresse, Anschrift und Rufnummer, sowie Rufnummernkontingente, die zur weiteren Vermarktung oder sonstigen Nutzung an andere vergeben werden. Letzteres bezieht die Verkäufer von Mobilfunkgeräten mit ein (Provider), die vielfach Nummern-

---

**5** BT-Drucks 13/4438 Äußerung des Bundesrates Nr 100 zu § 87 Abs 3 TKGE; BT-Drucks 13/4864 zu § 87 Abs 3 TKGE.
**6** BT-Drucks 13/4438 Äußerung des Bundesrates Nr 102 ff zu § 87 Abs 4 TKGE; BT-Drucks 13/4864 zu § 87 Abs 4 TKGE.
**7** BT-Drucks 13/4438 Äußerung des Bundesrates Nr 105 zu § 87 Abs 5 TKGE; BT-Drucks 13/4864 zu § 87 Abs 5 TKGE.
**8** Art 2 Abs 34 Nr 3 Begleitgesetz zum Telekommunikationsgesetz (BegleitG) v 17. 12. 1997 BGBl I S 3108.
**9** BT-Drucks 13/8776 zu Art 2 Abs 33 a Nr 3 BegleitG.
**10** Dazu *Würmeling/Felixberger* CR 1997, 555, 561;
*Kiper/Ruhrmann* DuD 1998, 155, 159; Beck'scher TKG Kommentar/*Ehmer* § 90 Rn 4.
**11** Zu Recht Beck'scher TKG Kommentar/*Ehmer* § 90 Rn 4.
**12** Insoweit auch *Koenig/Neumann* K & R 1999, S 145 ff; unentschieden Beck'scher TKG Kommentar/*Schuster* § 3 Rn 13; dezidiert im hier vertretenen Sinne Beck'scher TKG Kommentar/*Ehmer* § 90 Rn 6.
**13** Art 12 RL 97/33/EG.
**14** Vorschlag für eine Richtlinie des Europäischen Parlaments und des Rates über die Verarbeitung personenbezogener Daten und den Schutz der Privatsphäre in der elektronischen Kommunikation, v 12. 7. 2000 KOM(2000)385, ABl Nr C 365 E/223 v 19. 12. 2000.
**15** Vgl auch § 2 Nr 3 TDSV nF.

kontingente erhalten, ohne dass der Dienstanbieter notwendig weiß, wer die jeweilige Nummer erhalten hat.[16] Auch Autovermieter, die Mobiltelefone zur Nutzung an ihre Kunden weitergeben, sind einbezogen.[17] Dies gilt auch für Kundendaten, soweit sie nicht in ein öffentliches Verzeichnis (§ 89 Rn 63 ff) eingetragen sind. Das folgt schon aus dem Zweck der Kundendatei als Information für Sicherheitsbehörden. Offen ist freilich, **ob damit eine anonyme oder pseudonyme Inanspruchnahme der Telekommunikationsdienste** unmöglich wird. Diese wird einerseits, wie im TDDSG, als Form der erwünschten Datenvermeidung angesehen,[18] andererseits scheint Abs 1 explizit die Aufnahme von Name, Anschrift und Rufnummer des Kunden in die zu führende Datei zu verlangen.[19] Allerdings kann sich dies auch allein auf das beziehen, was in eine obligatorisch zu führende Datei aufzunehmen ist. Weder Entstehungsgeschichte noch Materialien ermöglichen eine eindeutige Antwort.[20] Aber man wird ihnen immerhin entnehmen können, dass **Abs 1 nicht als eine eigenständige Erhebungsvorschrift** zu verstehen ist, sondern als Vorschrift, die verpflichtet, aufgrund des Vertragsverhältnisses ohnehin **vorhandene Daten in eine bestimmte Datei zu überführen**.[21] Weitergehende Befugnisse waren auch den Vorgängernormen nicht zu entnehmen. Dies besagt freilich nichts Abschließendes, weil damals die technische Möglichkeit anonymer Inanspruchnahme weit weniger entwickelt war. Im Ergebnis aber wird die Möglichkeit der Anonymisierung nicht durch die Verpflichtung zum Führen einer Kundendatei unterlaufen. Ebenso wenig bestehen Verpflichtungen, den vorhandenen Datenbestand auf seine Richtigkeit hin zu prüfen, sondern nur auf seine Aktualität, wie sich aus Abs 2 ergibt.[22]

Auch die an sich unproblematische Begrenzung der Auskunftspflicht auf die Kundendaten als Teil der Bestandsdaten kann durchaus **datenschutzrechtliche Probleme** dadurch aufwerfen, dass jeder Anbieter geschäftsmäßiger Telekommunikationsdienste zur Auskunft verpflichtet wird. Dies kann zu Problemen dort führen, wo die Kundendaten Teil eines Vertrages mit einer **Einrichtung wie etwa Krankenhäusern, Gästen eines Hotels oder Mitarbeitern eines Unternehmens** sind.[23] Hier ergeben sich mit Zweck des Gesetzes kaum vereinbare Probleme zusätzlicher Informationen, die etwa unter das Patientengeheimnis fallen können und werfen die Frage auf, ob nicht durch eine teleologische Reduktion des Begriffs der Kundendaten hier Abhilfe zu schaffen ist. Ansonsten bliebe den Anbietern nur die Einstellung der Dienste oder der Ermöglichung pseudonymer oder anonymer Angebote. **6**

Die erforderlichen Daten sind in eine Datei aufzunehmen. Der **Begriff der Datei** ergibt sich aus § 3 Abs 2 und 3 BDSG und umfasst sowohl automatisierte wie nicht nichtautomatisierte Dateien. Nach § 90 Abs 2 TKG ist die Datei grundsätzlich als automatisierte Datei zu führen. Allerdings können Dritte, die Rufnummern aus einem Rufnummernkontingent vergeben, ohne Verpflichtete im Sinne von Abs 1 zu sein, selbst entscheiden, in welcher Form sie die Daten bereithalten, auch als nicht automatisierte Datei. **7**

### III. Automatisiertes Verfahren (Abs 2, 6)

Der Verpflichtete hat die Kundendatei so verfügbar zu halten, dass die Regulierungsbehörde einzelne Daten oder Datensätze in einem von ihr vorgegebenen **automatisierten Verfahren** abrufen kann, ohne dass der Verpflichtete hiervon Kenntnis erlangen kann. Damit wird gegenüber den Vorläufervorschriften (Rn 1) die eigentlich neue Qualität umschrieben: Die Vorhaltung der Daten in einer automatisierten Datei und der Abruf ohne Kenntnis des Speichernden. **8**

---

**16** Dazu und zu den Problemen *Thommes* StV 1997, 657, 661.
**17** Vgl *Der Bundesbeauftragte für den Datenschutz* Datenschutz und Telekommunikation, S 51 f.
**18** § 4 Abs 1 TDDSG; zu den Spannungen im Gesetzgebungsverfahren zwischen Strafverfolgungsinteresse an der Übermittlung von Bestandsdaten und Anonymisierung und Pseudonymisierung *Roßnagel/Schaar/Schulz* RMD, § 4 TDDSG Rn 9 ff.

**19** Im Ergebnis *Rieß* Regulierung und Datenschutz im europäischen Telekommunikationsrecht, S 232 f.
**20** Vgl aber Beck'scher TKG Kommentar/*Ehmer* § 90 Rn 9 ff; *BfD* 18. TB, 2001 S 86 f.
**21** In diesem Sinne auch Beck'scher TKG Kommentar/*Ehmer* § 90 Rn 9 ff.
**22** Beck'scher TKG Kommentar/*Ehmer* § 90 Rn 8.
**23** Dazu *Voßbein* RDV 1998, 106 ff.

Hans-Heinrich Trute

**9** **Gegenstand der Verpflichtung** ist das Verfügbarhalten der nach Abs 1 zu bildenden Kundendateien, und zwar der jeweils aktuellen. Verfügbar gehalten werden sie dann, wenn der Zugriff auf sie ohne weitere Vorkehrungen durch den Zugriffsberechtigten möglich ist. Dies wird in Abs 2 durch drei weitere Bedingungen umschrieben, nämlich derart, dass der Abruf in einem **automatisierten Verfahren** nach näheren Vorgaben der RegTP erfolgen kann, dass **einzelne Daten und Datensätze** abgerufen werden können und dass der **Verpflichtete** durch geeignete technische und organisatorische Maßnahmen sicherstellen muss, dass ihm **Abrufe nicht zur Kenntnis** gelangen.

**10** Das **automatisierte Verfahren** als solches ist dem Datenschutzrecht nicht unbekannt, wie nicht zuletzt § 10 BDSG zeigt. Sie sind im Übrigen im Zeitalter des Online-Zugriffs auf Datenbanken nicht exzeptionelles mehr. Unter dem Gesichtspunkt des Schutzes personenbezogener Daten werfen sie freilich die zu § 10 BDSG bereits thematisierten und austarierten Probleme von Flexibilität, Effizienz und Schutzinteressen angesichts der Schwierigkeit auf, die Berechtigung des Zugriffs nicht in jedem Einzelfall prüfen zu können und bewirken ein nicht unerhebliches Missbrauchspotential durch Dritte, dem durch geeignete technische und organisatorische Maßnahmen vorgebeugt werden muss.[24] Ihre Zulässigkeit lässt sich daher nur im Einzelfall prüfen. Im § 90 TKG ist die Einrichtung eines solchen Verfahrens im Grunde eine Reaktion auf die durch die Vervielfältigung der Anbieter entstehenden Probleme der Recherche nach den Bestandsdaten, die die Effizienz eines manuellen Verfahren und einer Abfrage im Einzelfall als eher gering erscheinen lässt.[25] Zugleich sind die Daten die angefragt werden, nicht etwa Verbindungsdaten, sondern ausschließlich eine Teilmenge der Bestandsdaten, von denen wiederum ein Teil ohnehin öffentlich zugänglich sein dürfte über die Teilnehmerverzeichnisse. Im Übrigen müssen die Diensteanbieter zumindest zum Teil die Daten auch den Wettbewerbern zur Verfügung stellen (§ 12 TKG), so dass auch insoweit die Schutzinteressen nicht zu hoch bewertet werden sollten. Insoweit ist ein solches Abrufverfahren nicht von vornherein unangemessen, schon gar nicht sind weitreichende Bedenken im Hinblick auf eine staatliche Telekommunikationsüberwachung jedenfalls im Einzugsbereich dieser Vorschrift überzeugend. Freilich entbindet dies nicht von den angemessenen Vorkehrungen zum Schutz informationeller Selbstbestimmung der Kunden wie auch der Geschäftsinteressen der Anbieter.

**11** Die Regulierungsbehörde hat die **Vorgaben für die Gestaltung des automatisierten Verfahrens** zu machen. Die Gestaltung der Schnittstelle liegt in ihrer Verantwortung und sie übernimmt damit auch die Verantwortung für die Konzeption und Einhaltung der Anforderungen, die zum Schutz des Kunden wie des Unternehmens gegenüber unberechtigten Zugriffen Dritter zu formulieren sind. Die nähere Gestaltung der Schnittstelle unterliegt freilich der Geheimhaltung.[26]

**12** Die Schnittstelle ist im Übrigen so zu gestalten, dass nur **einzelne Daten oder Datensätze** abgerufen werden können. Die Kundendatei insgesamt oder in Teilen kann ebenso wenig wie eine einzelfallgelöste Ermittlung etwa im Rahmen von Rasterfahndungen dem Zugriff eröffnet werden.[27]

**13** Der Verpflichtete hat durch **geeignete technische und organisatorische Maßnahmen** sicherzustellen, dass **ihm Abrufe nicht zur Kenntnis gelangen** können. Der Diensteanbieter hat also Zugriffe in den grundrechtlich geschützten Bestand seiner Geschäftsdaten ohne Kenntnis zu dulden und zugleich dafür zu sorgen, dass er von dem Abruf keine Kenntnis erlangt. Angesichts der Bedeutung der Transparenz für eine rechtsstaatliche Konzeption des Datenschutzes ist diese Abschottung des Zugriffs rechtfertigungsbedürftig. Dabei mag die Ambivalenz einer Kenntnis des Zugriffs im Hinblick auf die Interessen der Kunden, wie sie sich im Gesetzgebungsverfahren, aber auch in den Stellungnahmen des Datenschutzes finden, ein erwägenswerter Gesichtspunkt sein, ohne dass dieser Gesichtspunkt allein zur Rechtfertigung taugte. Immerhin ließe sich

---

**24** Vgl dazu *Auernhammer* BDSG § 10 Rn 4; krit auch *Thommes* StV 1997, 657, 662.

**25** Vgl BT-Drucks 13/3609 S 55; *Der Bundesbeauftragte für den Datenschutz* Datenschutz und Telekommunikation, S 52.

**26** Bundesministerium für Post und Telekommunikation, ABl BMPT 1997, S 1481.

**27** Dazu auch Beck'scher TKG Kommentar/*Ehmer* § 90 Rn 21.

Hans-Heinrich Trute

organisationsintern und durch Benachteiligungsverbote hier ein weniger einschneidendes Instrumentarium denken. Daher dürften die eigentlichen und legitimierenden Gründe eher im öffentlichen Geheimhaltungsinteressen liegen. Mit der fehlenden Kenntnis entfällt aber auch die Prüfung einer Zugangsberechtigung im Einzelfall ex ante. Abweichend von § 10 Abs 4 BDSG ist dabei nicht durch geeignete Stichprobenverfahren der speichernden Stelle zu gewährleisten,[28] dass der Abrufende berechtigt war, diese Daten im Einzelfall auch abzurufen.

Der fehlende Rechtsschutzinitiativeffekt infolge mangelnder Kenntnis des Zugriffs muss durch hinreichend wirksame Vorkehrungen einer Prüfung durch Dritte und der Möglichkeit nachträglicher Kontrolle kompensiert werden. **14**

Nach Abs 6 obliegt es dem Verpflichteten, alle **Vorkehrungen in seinem Verantwortungsbereich** zu treffen, die für den automatisierten Abruf erforderlich sind, und zwar **auf eigene Kosten**. Dazu gehören, nach den Vorgaben der RegTP, die Anschaffung der zur Sicherstellung der Vertraulichkeit und des Schutzes vor unberechtigten Zugriffen erforderlichen Geräte, die Einrichtung eines geeigneten Telekommunikationsanschlusses und die Teilname am geschlossenen Benutzersystem sowie die laufende Bereitstellung der Vorkehrungen (Abs 6 S 2). Diese Verpflichtung ist ebenso umstritten, wie die Kostentragungspflicht nach Maßgabe des § 88 Abs 1 TKG,[29] und insofern nicht anders zu bewerten als dort (§ 88 Rn 8). Sie ist im Grundsatz nicht zu beanstanden. **15**

**Berechtigter** ist die Regulierungsbehörde, die die genannten Daten abrufen kann. Sie ist allerdings nur der Informationsmittler, der die Daten an die auskunftsberechtigten Stellen des Abs 3 weitergibt. Damit aber wird die Stellung der Regulierungsbehörde der einer vertrauensvollen dritten Stelle angenähert, die nicht nur für die Gestaltung der Schnittstelle im Interesse des Persönlichkeitsrechts des Kunden und der Geschäftsinteressen der Diensteanbieter verantwortlich ist. Sie hat ebenso eine Verantwortung für die Rechtmäßigkeit des Zugriffs nach Maßgabe des Abs 4 und rückt insoweit in die Funktion einer Grundrechtsschutz gewährleistenden Instanz ein. Dem muss sie durch die Ausgestaltung von Organisation und Verfahren der Aufgabenwahrnehmung Rechnung tragen. **16**

## IV. Auskunftsberechtigte (Abs 3)

Auskunftsberechtigt sind die in Abs 3 genannten Stellen, soweit die Auskunft zur Erfüllung der gesetzlichen Aufgaben erforderlich ist. Die gesetzliche Aufgabenstellung ergibt sich aus den jeweiligen Spezialgesetzen. Angesichts der gesetzlichen Aufzählung sind die zuständigen Stellen mit wünschenswerter Präzision genannt. Einzig hinsichtlich der Nr 2 kann es zu Zweifeln hinsichtlich der Berechtigten kommen. Indes wird dies so zu verstehen sein, dass damit alle Behörden gemeint sind, die Aufgaben der Gefahrenabwehr wahrnehmen, also nicht nur Vollzugspolizeibehörden. **17**

Die Vorschrift des Abs 3 ist hinsichtlich ihres **Regelungsgegenstandes** durchaus unklar. Denn nach dem Wortlaut der Vorschrift steht den Adressaten der Vorschrift ein Recht auf Auskunft aus den Kundendateien nach Abs 1 zu. Insoweit kann gefragt werden, ob nicht dadurch direkt gegenüber den Verpflichteten in Abs 1 ein Auskunftsanspruch besteht.[30] Indes regelt Abs 3 nur ein Auskunftsrecht und dessen Adressat. Die Modalitäten der Auskunftserteilung ergeben sich erst aus dem Zusammenspiel von Abs 2 und Abs 4. Denn Abs 1 enthält insoweit keine, über die Führung der Dateien hinausgehende Verpflichtung; Abs 2 regelt die Verpflichtung nur zum Bereithalten, nicht aber zur Gewährung der Auskunft. Abs 4 regelt dann die Umsetzung der Auskunft durch die Regulierungsbehörde als Informationsmittler.[31] **18**

Die Auskunft muss jederzeit unentgeltlich erteilt werden. Mit der Ergänzung um das Wort **19**

---

28 Dazu *Auernhammer* BDSG § 10 Rn 13.
29 Beck'scher TKG Kommentar/*Ehmer* § 90 Rn 36; Rieß, Regulierung und Datenschutz im europäischen Telekommunikationsrecht, S 236; Bedenken auch bei *Königshofen* ArchPT 1997, 19, 29.

30 Dies ist verschiedentlich von den Sicherheitsbehörden geltend gemacht worden; vgl OLG Zweibrücken, K & R 1998, 38.
31 Beck'scher TKG Kommentar/*Ehmer* § 90 Rn 28.

Hans-Heinrich Trute

„jederzeit" sollte es ermöglicht werden, die Auskunft schon aus Gründen effektiver Gefahrenabwehr auch außerhalb der üblichen Geschäftsstunden erhalten zu können.[32] Die Auskunft ist **unentgeltlich** zu erteilen. Die ursprünglich noch in § 87 Abs 8 TKGE vorgesehene Entgeltlichkeit wurde im Gesetzgebungsverfahren gestrichen.

## V. Abrufung und Übermittlung durch die Regulierungsbehörde (Abs 4)

**20** Abs 4 regelt die **Abrufung und Übermittlung der Daten** durch die Regulierungsbehörde. Sie hat die Daten, die in den Kundendateien der Verpflichteten nach Abs 1 gespeichert sind, auf Ersuchen der in Abs 3 genannten Stellen im automatisierten Verfahren abzurufen und an die ersuchende Stelle weiter zu übermitteln. Hieran wird deutlich, dass die **Regulierungsbehörde als Informationsmittler** zwischen die Verpflichteten nach Abs 1 und die berechtigten Stellen nach Abs 3 geschaltet ist.

**21** Dem entspricht die **Prüfungsbefugnis der Regulierungsbehörde,** die freilich – insoweit nochmals gegenüber § 10 Abs 4 S 2 BDSG abgeschwächt – auf die Prüfung der Berechtigung bei Vorliegen eines besonderen Anlasses zurückgenommen ist. Der Ausgangspunkt ist also die Verantwortung der abrufenden Stelle für die Rechtmäßigkeit ihres Auskunftsersuchens (Abs 4 S 3), wie auch in § 10 Abs 4 S 1 BDSG vorgesehen. Die speichernden Diensteanbieter ebenso wie die Regulierungsbehörde als Informationsmittler sollen sich also darauf verlassen, dass die abrufende Stelle rechtmäßig handelt. Die Zulässigkeit der Einzelabrufe soll nur geprüft werden, wenn dazu ein besonderer Anlaß besteht. Ein besonderer Anlaß kann sich aus dem Auskunftsersuchen selbst, der Praxis der ersuchenden Stelle oder aber aus Hinweisen Dritter ergeben, die Zweifel an der Rechtmäßigkeit des Ersuchens aufkommen lassen. Im Hinblick auf die Schutzfunktion, die die RegTP für die grundrechtlich geschützten Interessen der Diensteanbieter wie deren Kunden hat, wird man den besonderen Anlaß im Lichte dieser Schutzpflichten bereits bei durch tatsächliche Anhaltspunkte begründeten Zweifeln an der Rechtmäßigkeit des Ersuchens bejahen müssen.

**22** Im Übrigen **protokolliert die RegTP für Zwecke der Datenschutzkontrolle** durch die jeweils zuständige Stelle bei jedem Abruf den Zeitpunkt, die abgerufenen Daten, die die Daten abrufende Person sowie die ersuchende Stelle und deren Aktenzeichen. Damit wird eine umfassende nachträgliche Kontrolle durch den für die Datenschutzkontrolle zuständigen Bundesbeauftragten für den Datenschutz möglich. Zwar ersetzt dies nicht die Möglichkeit angemessenen eigenen Rechtsschutzes der Betroffenen im Falle rechtswidriger Ersuchen, wohl aber hält es ein angemessenes objektives Kontrollniveau vor. Zur Absicherung ist ein Verwendungsverbot für die Protokolldaten vorgesehen, die im Übrigen nach 12 Monaten zu löschen sind.

**23** Eigenständige Anforderungen für die **Form der Übermittlung** der abgerufenen Daten von der RegTP an die ersuchenden Stellen enthält die Vorschrift nicht. Es ist Sache der RegTP hier unter Beachtung der Schutzanforderungen die angemessene Form der Übermittlung zu gewährleisten.

## VI. Verpflichtungen Dritter, die Rufnummern aus Kontingenten vergeben (Abs 5, 7)

**24** Die Verpflichtung eine Kundendatei mit den in Abs 1 genannten Inhalten zu führen gilt auch **für diejenigen, die Rufnummern aus einem Rufnummernkontingent** vergeben, ohne Verpflichtete im Sinne des Abs 1 zu sein, also geschäftsmäßig Telekommunikationsdienste anzubieten. Dies sind etwa Autovermieter, die Mobiltelefone den Kunden zur Benutzung in gemieteten Fahrzeugen überlassen,[33] oder Provider, die Rufnummern an die Erwerber von Mobilfunkgeräten vergeben.[34] Ob die praktische Bedeutung gerade im Hinblick auf die letzte Fallgruppe so gering ist, wie teilweise angenommen wird,[35] mag zweifelhaft sein. Ungeachtet dessen hat der Gesetzgeber schon aus Gründen der Verhältnismäßigkeit davon abgesehen, ihnen die Verpflich-

---

32  Vgl BT-Drucks 13/4438 S 24, 26.
33  BT-Drucks 13/3609 S 56.
34  *Thommes* StV 1997, 657, 661.
35  Beck'scher TKG Kommentar/*Ehmer* § 90 Rn 33.

tung zur Vorhaltung der Kundendatei in automatisierter Form vorzuschreiben, sondern es ihnen überlassen, in welcher Form sie die Daten vorhalten und aus den Kundendateien an die ersuchenden Stellen übermitteln. Zugleich liegt in dieser Vorschrift die Verpflichtung, eine Auskunft direkt an die ersuchende Stelle zu erteilen (Abs 5 S 2). Die Anforderungen an ein automatisiertes Verfahren gelten insoweit nicht und die Verteilung der Verantwortung orientiert sich folglich auch nicht an den Regeln des Abs 4. Die Erteilung ist als Verpflichtung ausgestaltet, gleichwohl sind diese Auskünfte nach Abs 3 nur zu erteilen, soweit dies für die Erfüllung der gesetzlichen Aufgaben der ersuchenden Behörden erforderlich ist. Dies entspricht der allgemeinen Regelung des § 13 Abs 1 BDSG. Das Vorliegen der Voraussetzungen zu beurteilen, ist dann freilich auch Sache der Ersuchten.

Der Inhaber des Rufnummernkontingents erhält aufgrund der Direktübermittlung an die ersuchte Stelle ohne automatisiertes Abrufverfahren Kenntnis von der Auskunft und ihrem Inhalt. Er ist daher nach Abs 5 S 3 verpflichtet, über die Tatsache der Auskunft und die erteilten Inhalte **Stillschweigen,** insbesondere gegenüber dem Betroffenen zu bewahren. 25

Die Inhaber der Rufnummernkontingente werden gem Abs 7 nach Maßgabe entsprechender Anwendung der Vorschriften des ZSEG **entschädigt,** soweit § 17a ZSEG nicht direkte Anwendung findet. Die Vorschrift findet für Strafverfolgungsbehörden Anwendung, der Kreis der Auskunftsberechtigten ist indes weiter, so dass es insoweit im Interesse gleichmäßiger Entschädigung der entsprechenden Anwendung der Vorschriften über die Höhe der Entschädigung bedarf.[36] 26

### VII. Sanktionen bei Verstößen gegen die Abs 1 und 2 (Abs 8)

Bei **wiederholten Verstößen gegen die Vorschriften der Abs 1 und 2,** also die Verpflichtung eine Kundendatei zu führen und die Daten für das Verfahren automatisierten Abrufs bereit zu halten, ermöglicht Abs 8 der Regulierungsbehörde, durch eine Anordnung den Kundenstamm des Anbieters bis zur Erfüllung der Verpflichtungen einzufrieren. Diese Vorschrift stellt insoweit eine eigenständige Sanktionsnorm dar, die andere Sanktionen, wie etwa die Lizenzentziehung oder Anordnungen im Rahmen des § 91 TKG ausschließt. Selbstverständlich ist bei der Ausübung des der Behörde erteilten Ermessens das Gewicht der Verstöße und die wirtschaftlichen Folgen für den Betroffenen mit in die Erwägung einzubeziehen. 27

## § 91 Kontrolle und Durchsetzung von Verpflichtungen

(1) Die Regulierungsbehörde kann Anordnungen und andere geeignete Maßnahmen treffen, um die Einhaltung der Vorschriften des Elften Teils dieses Gesetzes und der aufgrund dieses Teils ergangenen Rechtsverordnungen sicherzustellen. Dazu können von den Verpflichteten erforderliche Auskünfte verlangt werden. Die Regulierungsbehörde ist zur Überprüfung der Einhaltung der Verpflichtungen befugt, die Geschäfts- und Betriebsräume während der üblichen Betriebs- und Geschäftszeiten zu betreten und zu besichtigen.

(2) Zur Durchsetzung der Verpflichtungen, die Betreibern von Telekommunikationsanlagen durch eine Rechtsverordnung nach § 88 Abs 2 auferlegt sind, kann die Regulierungsbehörde nach Maßgabe des Verwaltungsvollstreckungsgesetzes Zwangsgelder bis zu drei Millionen Deutsche Mark und zur Durchsetzung der Verpflichtungen nach § 90 Abs 1 und 2 Zwangsgelder bis zu zweihunderttausend Deutsche Mark festsetzen.

(3) Bei Nichterfüllung von Verpflichtungen des Elften Teils dieses Gesetzes kann die Regulierungsbehörde den Betrieb der betreffenden Telekommunikationsanlage oder das geschäftsmäßige Erbringen des betreffenden Telekommunikationsdienstes ganz oder teil-

---

36 Beck'scher TKG Kommentar/*Ehmer* § 90 Rn 35

Hans-Heinrich Trute

weise untersagen, wenn mildere Eingriffe zur Durchsetzung rechtmäßigen Verhaltens nicht ausreichen.

(4) Soweit für die geschäftsmäßige Erbringung von Telekommunikationsdiensten Daten von natürlichen oder juristischen Personen erhoben, verarbeitet oder genutzt werden, tritt bei den Unternehmen an die Stelle der Kontrolle nach § 38 des Bundesdatenschutzgesetzes eine Kontrolle durch den Bundesbeauftragten für den Datenschutz entsprechend den §§ 21 und 24 bis 26 Abs 1 bis 4 des Bundesdatenschutzgesetzes. Der Bundesbeauftragte für den Datenschutz richtet seine Beanstandungen an das Bundesministerium für Post und Telekommunikation und übermittelt diesem nach pflichtgemäßem Ermessen weitere Ergebnisse seiner Kontrolle.

(5) Das Fernmeldegeheimnis des Artikels 10 des Grundgesetzes wird eingeschränkt.

**Schrifttum:** *Engelhardt/App* Verwaltungsvollstreckungsrecht, 1996; *Sadler* Verwaltungsvollstreckungsrecht, 1996; *Schaar* Datenschutz in der liberalisierten Telekommunikation, DuD 1997, 17.

### Inhaltsübersicht

| | Rn |
|---|---|
| I. Entstehungsgeschichte und Systematik | 1–2 |
| II. Anordnungen und andere geeignete Maßnahmen der Regulierungsbehörde (Abs 1) | 3–5 |
| III. Durchsetzung der Verpflichtungen aus einer RVO nach § 88 Abs 2 und aus § 90 Abs 1 und 2 (Abs 2) | 6–7 |
| IV. Untersagungsverfügungen (Abs 3) | 8 |
| V. Datenschutzkontrolle (Abs 4) | 9–12 |
| VI. Einschränkung des Art 10 GG (Abs 5) | 13 |

## I. Entstehungsgeschichte und Systematik

**1** Die Vorschrift des § 91 TKG regelt die **Kontroll- und Anordnungsbefugnisse der Regulierungsbehörde**, wie auch des Bundesbeauftragten für den Datenschutz (BfD) zur Kontrolle und Durchsetzung der Verpflichtungen, die den Diensteanbietern nach den Vorschriften des Elften Teils des Gesetzes und den auf ihrer Grundlage ergangenen Rechtsverordnungen auferlegt worden sind.[1] Sie steht in systematischem Zusammenhang mit § 72 TKG und enthält insoweit teilweise überschneidende, teilweise ergänzende Befugnisse. Dies gilt insbesondere hinsichtlich der Auskunfts- und Betretensrechte nach Abs 1 S 2 u 3, die sich in ähnlicher Weise in § 72 Abs 1, 2 u 4 TKG finden. In § 15 TKG ist der Widerruf der Lizenz vorgesehen, der sich nach Maßgabe von § 15 Nr 1 TKG auch darauf gründen kann, dass der Lizenznehmer den Verpflichtungen nach diesem Gesetz nicht nachkommt, insbesondere gegen das Fernmeldegeheimnis, datenschutzrechtliche Regelungen oder Strafvorschriften verstößt. Insoweit besteht eine auf den Kreis der Lizenzunternehmen begrenzte Sanktion mangelnder Erfüllung einiger Regelungen des Elften Teils des Gesetzes. Dies berührt sich mit der Möglichkeit der Untersagung des Betriebs von Telekommunikationsanlagen und der Erbringung von Telekommunikationsdiensten nach Maßgabe des Abs 3, die sich vor allem – aber nicht nur –[2] auf den nicht lizenzpflichtigen Bereich auswirkt (Rn 8). Sanktionen ergeben sich auch aus den Straf- und Ordnungswidrigkeitstatbeständen der §§ 95, 96 Abs 1 Nr 13- 16 TKG sowie etwa § 17 TDSV nF.

**2** Die Vorschrift war bereits zu wesentlichen Teilen im ursprünglichen Regierungsentwurf enthalten.[3] Soweit nicht nur redaktionelle Änderungen vorgenommen wurden, wie bei der Vorschrift des Abs 5,[4] erfolgte nur eine Anpassung von Abs 3 und Abs 4 an die für den Elften Teils insgesamt maßgebliche Begrifflichkeit, wonach Adressaten der Verpflichtungen in der Regel diejenigen sind, die geschäftsmäßig Telekommunikationsdienste erbringen.[5] Im Übrigen wurde der Antrag des Bundesrates, die Systematik der Datenschutzkontrolle in Abs 4 den allgemein geltenden Aufsichtbefugnissen in § 38 BDSG anzupassen und damit eine Kontrolle durch die

---

**1** BT-Drucks 13/3609, S 56 f zu § 88 TKGE.
**2** Vgl bereits BT-Drucks 13/3609, S 57 zu § 88 Abs 3 TKGE.
**3** Vgl § 88 TKGE, BT-Drucks 13/3609 S 29 f.
**4** BT-Drucks 13/4864 zu § 88 Abs 5 TKGE.
**5** BT-Drucks 13/4864 zu § 88 Abs 3, 4 TKG.

Länderaufsichtsbehörden vorzusehen,[6] nicht akzeptiert. Die Gegenäußerung der Bundesregierung führte dazu aus, dass angesichts der sonst unausweichlich 16 unterschiedlichen Kontrollinstanzen und des länderübergreifenden Charakters der Telekommunikation eine zentrale, bundesweit und unabhängig tätige Kontrollinstitution schon aus Gründen der Effektivität der Aufgabenwahrnehmung und in Anbetracht des hohen Schutzgutes „Fernmeldegeheimnis" zwingend geboten sei.[7]

## II. Anordnungen und andere geeignete Maßnahmen der Regulierungsbehörde (Abs 1)

Die **Regulierungsbehörde ist nach Abs 1 befugt,** zur Durchsetzung der Verpflichtungen des Elften Teils und der auf seiner Grundlage ergangenen Rechtsverordnungen **Anordnungen und andere geeignete Maßnahmen zu treffen.** Damit ist eine **Generalklausel** zur Durchsetzung der Verpflichtungen aus den §§ 85–93 TKG gegeben, die freilich hinter den in einzelnen Vorschriften vorgesehenen speziellen Eingriffsbefugnissen – wie etwa § 90 Abs 8 TKG zurücktritt. Ebenso ist die Befugnis nach Abs 3 spezieller. Demgegenüber sind die Befugnisse des Datenschutzbeauftragten nach Maßgabe des Abs 4 ihrerseits nicht geeignet, das Instrumentarium der Regulierungsbehörde zu verdrängen. Vielmehr gilt umgekehrt, dass das Instrumentarium der Regulierungsbehörde aus Abs 1, 3, aber auch aus § 15 Nr 1 TKG dazu dient, die datenschutzrechtlichen Belange hoheitlich durchzusetzen. Sie komplementieren also die Befugnisse des Datenschutzbeauftragten. In diesem Sinne hat bereits die Begründung zum Regierungsentwurf ausgeführt, dass die Regulierungsbehörde die Verantwortung für die Einhaltung des Fernmeldegeheimnisses sowie dessen Durchbrechungen im staatlichen Sicherheitsinteresse, für die technische Sicherung der Telekommunikationsanlagen und für das Entstehen eines florierenden Wettbewerbs trage und daher am ehesten durch sie die sachgerechte Abwägung widerstreitender Interessen und Rechtsgüter gewährleistet sei.[8]

Bei den **Anordnungen** handelt es sich nach der allgemeinen verwaltungsrechtlichen Terminologie um Verwaltungsakte, die nicht nach Maßgabe der §§ 73 ff TKG durch die Beschlusskammern zu treffen sind, sondern von der Regulierungsbehörde als Verwaltungsbehörde, dh durch ihren Präsidenten. Mangels spezieller verfahrensrechtlicher Regelungen gilt insoweit das Verwaltungsverfahrensgesetz des Bundes. Nähere qualifizierende Tatbestandsvoraussetzungen enthält Abs 1 S 1 insoweit nicht. Die Vorschrift entspricht damit den sonstigen ordnungsrechtlichen Generalklauseln. Bei den **anderen geeigneten Maßnahmen** handelt es sich folglich nicht um Verwaltungsakte sondern um schlichtes Verwaltungshandeln.[9] Die Anforderungen, insbesondere etwaige Verfahrensregeln bemessen sich hier nach den allgemeinen Vorschriften.

Die **RegTP kann von den Verpflichteten die erforderlichen Auskünfte verlangen.** Damit wird eine über die Vorschrift des § 26 Abs 2 VwVfG hinausgehende Mitwirkungspflicht etabliert, die ihren Grund nicht zuletzt darin hat, dass die Verpflichtungen des Elften Teils des Gesetzes weitgehend mit betriebsinternen Vorgängen verbunden sind, die Informationsherrschaft daher weitgehend bei den Verpflichteten liegt. Darüber hinaus ist die RegTP zur Überprüfung der Einhaltung der Vorschriften befugt, die Betriebs- und Geschäftsräume während der üblichen Betriebs- und Geschäftszeiten zu betreten und zu besichtigen. Insoweit bestehen die oben bereits erwähnten Teilüberschneidungen mit § 72 TKG.[10] Indes bezieht sich dieses allein auf die wirtschaftlichen Verhältnisse, die für die Regelungen des Elften Teils regelmäßig nicht von erheblicher Bedeutung sein werden. Entsprechend ist das Recht, Unterlagen der Unternehmen einzusehen und zu prüfen auf diesen Zweck bezogen.[11] Auch die Betretens- und Besichtigungs-

---

6 BT-Drucks 13/4438 Äußerung Nr 107 des Bundesrates zu § 88 Abs 4 TKGE.
7 BT-Drucks 13/4438 Gegenäußerung der Bundesregierung Nr 107 zu § 88 Abs 4 TKGE.
8 BT-Drucks 13/3609, S 57.

9 Dazu *Schulte* Schlichtes Verwaltungshandeln, 1995.
10 Vgl Beck'scher TKG Kommentar/*Ehmer* § 91 Rn 4.
11 Vgl Beck'scher TKG Kommentar/*Kerkhoff* § 72 Rn 31.

Hans-Heinrich Trute

rechte in § 72 Abs 3, 4 beziehen sich auf diesen Gegenstand, so dass die Überschneidung beider Vorschriften praktisch gering sein dürfte.

### III. Durchsetzung der Verpflichtungen aus einer RVO nach § 88 Abs 2 und aus § 90 Abs 1 und 2 (Abs 2)

**6** Zur **Durchsetzung der Verpflichtungen**, die Betreibern von Telekommunikationsanlagen aus einer Rechtsverordnung nach Maßgabe des § 88 Abs 2 TKG auferlegt sind, kann die RegTP Zwangsgelder bis zu drei Millionen DM festsetzen und zwar nach Maßgabe des Verwaltungsvollstreckungsgesetzes. Zur Durchsetzung der Verpflichtungen aus § 90 Abs 1 und 2 TKG kann ein Zwangsgeld bis zu 200 000 DM festgesetzt werden. Insoweit stellt die Regelung eine Modifikation des § 11 Abs 3 VwVG über die Höhe des Zwangsgeldes dar. Diese sind nach Maßgabe des VwVG festzusetzen, was der Sache nach regelmäßig eine Grundverfügung als Vollstreckungsgrundlage ebenso erforderlich macht, wie die Durchführung des Zwangsverfahrens nach den Vorschriften des VwVG.[12] Da es sich bei der noch gültigen Fernmeldeverkehr-Überwachungs- Verordnung[13] nicht um eine auf der Grundlage des § 88 Abs 2 TKG erlassene Verordnung handelt (§ 88 Rn 15 ff), läuft die Vorschrift derzeit ins Leere.

**7** Die **Höhe des Zwangsgeldes** wird, soweit es die Verpflichtungen aus der Überwachungsverordnung betrifft, vor allem in Hinblick auf die Bedeutung der Überwachung für die innere Sicherheit und Strafverfolgung, die Aufwendungen für die Netztechnik, die erforderlichen Gesamtinvestitionen und die erzielbaren Umsätze gerechtfertigt.[14] Für die sich aus § 90 Abs 1, 2 ergebenden Verpflichtungen kann ebenfalls auf die Bedeutung für die innere Sicherheit verwiesen werden.[15]

### IV. Untersagungsverfügungen (Abs 3)

**8** Bei **Nichterfüllung der Pflichten** aus dem Elften Teil des Gesetzes kann die RegTP den **Betrieb** der entsprechenden **Telekommunikationsanlage** oder das **geschäftsmäßige Erbringen des Telekommunikationsdienstes** ganz oder teilweise als **ultima ratio untersagen**. Dies hat Bedeutung vor allem für den lizenzfreien Bereich, während im Lizenzbereich der Widerruf der Lizenz sich nach § 15 Nr 1 TKG auch auf die Verletzung von Vorschriften des Elften Teils stützen kann. Die Norm ist vom Gesetz als ultima ratio ausgestaltet und kommt folglich nur in Betracht, wenn andere Anordnungen und Maßnahmen – etwa nach Abs 1 – nicht zum Erfolg geführt haben oder führen können.

### V. Datenschutzkontrolle (Abs 4)

**9** Soweit bei dem **geschäftsmäßigen Erbringen von Telekommunikationsdiensten** Daten von natürlichen oder juristischen Personen erhoben, verarbeitet oder genutzt werden, ist bei Unternehmen der **Bundesbeauftragte für den Datenschutz an Stelle der Kontrolle nach § 38 BDSG** nach Maßgabe der §§ 21 und 24 bis 26 Abs 1 bis 4 BDSG **zuständig**. § 38 BDSG bündelt nach Art der wirtschaftsaufsichtlichen Tatbestände Auskunfts-, Betretungs-, Anordnungs- und Untersagungsrechte der Aufsichtsbehörden der Länder und stellt im Grunde eine Form dezentraler Wirtschaftsaufsicht dar, die als Aufgreifschwelle das Vorliegen hinreichender Anhaltspunkte für eine Verletzung des BDSG oder anderer Vorschriften über den Datenschutz hat.[16] Diese Anlasskontrolle durch die Aufsichtsbehörden der Länder wird ersetzt zum einen durch die Zuständigkeit des Bundesbeauftragten für den Datenschutz, zum anderen durch eine Kontrolle nach Maßgabe der §§ 21 und 24 bis 26 Abs 1 bis 4 BDSG. Dies hat zur Folge, dass jedermann den Bundesbeauftragten nach § 21 BDSG anrufen kann, wenn er der Ansicht ist, bei der Erhebung,

---

[12] In der Sache auch Beck'scher TKG Kommentar/ Ehmer § 91 Rn 5 f.
[13] Fernmeldeverkehr-Überwachungs-Verordnung – FÜV – v 18. 5. 1995 BGBl I S 722.
[14] BT-Drucks 13/3609 S 57.
[15] BT-Drucks 13/3609 S 57.
[16] Dazu *Walz* in: Simitis ua, BDSG, § 38 Rn 3.

Hans-Heinrich Trute

Verarbeitung oder Nutzung seiner personenbezogenen Daten durch die Erbringer von geschäftsmäßigen Telekommunikationsdiensten in seinen Rechten verletzt zu sein. Die Kontrolle durch den Bundesbeauftragten ist eine anlasslose Kontrolle (§ 24 Abs 1 S 1 BDSG), umfasst also auch eine präventive Form der Kontrolle.[17] Die Beanstandungen von Verstößen werden an das Bundesministerium für Post und Telekommunikation, heute an das Bundesministerium für Wirtschaft gerichtet,[18] dem auch nach pflichtgemäßem Ermessen des Bundesbeauftragten weitere Ergebnisse der Kontrolle mitgeteilt werden.

Damit ergeben sich – je nach zu beurteilendem Sachverhalt – unterschiedliche **Kontrollkompetenzen**. Nach § 91 Abs 4 S 1 TKG ist nur für Unternehmen die Zuständigkeit des Bundesbeauftragten für den Datenschutz begründet. Weiterhin ist zwischen Netzbetreibern und Telekommunikationsdienstanbietern zu unterscheiden.[19] Werden Netze durch öffentliche Stellen betrieben, richtet sich die Zuständigkeit für die Datenschutzkontrolle nach dem Netzbetreiber. Nur für Behördennetze des Bundes kommt daher eine Datenschutzkontrolle durch den BfD in Betracht. Privatrechtlich organisierte Netzbetreiber unterliegen nach § 91 Abs 4 TKG demgegenüber der Kontrolle durch den BfD. Gleiches gilt für Telekommunikationsdienstanbieter, soweit sie gewerbsmäßig Telekommunikationsdienste anbieten, oder als Private Telekommunikationsdienste für geschlossene Benutzergruppen anbieten. Demgegenüber richtet sich die Kontrollzuständigkeit bei Behörden und anderen öffentlichen Stellen, etwa für die ihren Mitarbeitern erbrachten Telekommunikationsdienste, nach der allgemeinen Zuständigkeit, so dass der BfD nur für die Bundesbehörden zuständig ist.

10

Die **Datenschutzkontrolle durch den BfD ist begrenzt auf** die Erhebung, Verarbeitung und Nutzung personenbezogener **Daten im Zusammenhang mit telekommunikationsrelevanten Vorgängen**. Dazu zählen etwa[20] die Akquisition von Telekommunikationsdiensten, die Begründung von Vertragsverhältnissen über Telekommunikationsdienste, die Durchführung der Vertragsverhältnisse, die Nutzung von Vertragsdaten für andere telekommunikationsrelevante Zwecke, wie etwa Eigen- oder Fremdwerbung, die Verarbeitung von Verbindungsdaten und Entgeltdaten, die Veröffentlichung von Kundendaten in Kundenverzeichnissen, die Verarbeitung von Bestands-, Verbindungs- oder Entgeltdaten im Zusammenhang mit dem Vorhalten von Telekommunikationsverbindungen. Für andere personenbezogene Daten – etwa für die eigene Personalverwaltung – bleibt es bei der allgemeinen Zuständigkeit nach Maßgabe des § 38 BDSG.

11

Die **hoheitlichen Maßnahmen zur Durchsetzung der Verpflichtungen** aus dem Elften Teil obliegen – wie oben bereits ausgeführt – der Regulierungsbehörde.[21]

12

## VI. Einschränkung des Art 10 GG (Abs 5)

Das **Fernmeldegeheimnis des Art 10 GG wird eingeschränkt.** Sowohl die Tätigkeit der Regulierungsbehörde nach Maßgabe des Abs 1 wie auch die Kontrollkompetenzen des BfD nach Maßgabe des Abs 4 können in den Schutzbereich des Art 10 GG eingreifen. Die Vorschrift des Abs 5 dient der Erfüllung des Zitiergebots des Art 19 Abs 1 S 2 GG. Im Hinblick auf Abs 1 S 3 hätte es auch eines Hinweises auf Art 13 GG bedurft. Der Hinweis auf § 72 Abs 4 S 2 TKG verfängt angesichts des nur geringen Überschneidungsbereichs der Vorschriften (Rn 5) nicht.[22]

13

---

17 Vgl auch BT-Drucks 13/3609 S 57.
18 Vgl Organisationserlaß des Bundeskanzlers vom 17. 12. 1997 BGBl I 1998 S 68.
19 Dazu auch *Der Bundesbeauftragte für den Datenschutz* Datenschutz und Telekommunikation, S 54 ff.

20 Dazu *Der Bundesbeauftragte für den Datenschutz* Datenschutz und Telekommunikation, S 57 f.
21 Vgl auch BT-Drucks 13/3609 S 57.
22 AA Beck'scher TKG Kommentar/*Ehmer* § 91 Rn 15.

Hans-Heinrich Trute

## § 92 Auskunftspflicht

(1) Wer geschäftsmäßig Telekommunikationsdienste erbringt, ist verpflichtet, dem Bundesministerium für Post und Telekommunikation auf Anfrage entgeltfrei Auskünfte über die Strukturen der Telekommunikationsdienste und -netze sowie bevorstehende Änderungen zu erteilen. Einzelne Telekommunikationsvorgänge und Bestandsdaten von Teilnehmern dürfen nicht Gegenstand einer Auskunft nach dieser Vorschrift sein.

(2) Anfragen nach Absatz 1 sind nur zulässig, wenn ein entsprechendes Ersuchen des Bundesnachrichtendienstes vorliegt und soweit die Auskunft zur Erfüllung der Aufgaben nach Artikel 1 § 3 des Gesetzes zu Artikel 10 Grundgesetz erforderlich ist. Die Verwendung einer nach dieser Vorschrift erlangten Auskunft zu anderen Zwecken ist auszuschließen. Das Bundesministerium für Post und Telekommunikation kann die Befugnis zu Anfragen nach Absatz 1 auf die Regulierungsbehörde übertragen.

### Inhaltsübersicht

| | | Rn |
|---|---|---|
| I. | Entstehungsgeschichte und Systematik | 1–2 |
| II. | Auskunftsverpflichtung (Abs 1) | 3–5 |
| III. | Zulässigkeit der Anfragen und Verwendungszwecke der Informationen (Abs 2) | 6–7 |

### I. Entstehungsgeschichte und Systematik

**1** § 92 TKG regelt eine **Verpflichtung der geschäftsmäßigen Erbringer von Telekommunikationsdiensten zu entgeltfreien Auskünften über die Strukturen der Telekommunikationsnetze und -dienste.** Die Vorschrift soll den Bundesnachrichtendienst in die Lage versetzen, neue Entwicklungen im Bereich der Telekommunikation bei der Erfüllung der ihm nach Art 1 § 3 G 10 zugewiesenen Aufgaben zu berücksichtigen. Dazu soll er die Möglichkeit haben, sich über die Strukturen der eingesetzten Technik und Verfahren zu informieren, sobald sie in die Realisierungsphase eintreten.[1]

**2** Die Vorschrift war **als § 89 TKGE im Wesentlichen schon im ursprünglichen Regierungsentwurf enthalten.**[2] Der Ausschuß für Post und Telekommunikation hat nur den Anwendungsbereich im Einklang mit den übrigen Vorschriften im Elften Teil auf die geschäftsmäßigen Erbringer von Telekommunikationsdiensten erstreckt und zudem die Zuständigkeit des Bundesministeriums für Post und Telekommunikation begründet.[3]

### II. Auskunftsverpflichtung (Abs 1)

**3 Adressat** der Vorschrift sind diejenigen, die geschäftsmäßig Telekommunikationsdienste erbringen (§ 3 Rn 34, § 85 Rn 11).

**4** Der Adressat ist verpflichtet, **entgeltfrei Auskünfte über die Strukturen der Telekommunikationsdienste und -netze** zu geben. Gegenstand ist dabei allein die Architektur der Netze und Dienste, also die Technik und die Verfahren, nicht aber einzelne, schon gar nicht bestimmte Vorgänge. In diesem Sinne bestimmt denn auch S 2, dass einzelne Telekommunikationsvorgänge und Bestandsdaten von Teilnehmern nicht Gegenstand einer Auskunft nach dieser Vorschrift sein dürfen.[4] Die Verpflichtung ist entgeltfrei zu erfüllen.

**5** Die Verpflichtung besteht gegenüber dem Bundesministerium für Post und Telekommunikation, heute also infolge des Organisationserlasses des Bundeskanzlers[5] gegenüber dem **Bundesministerium für Wirtschaft.**

---

1 BT-Drucks 13/3609 S 57; krit *Königshofen* in: Büllesbach, Datenschutz im Telekommunikationsrecht, S 161, 173.
2 BT-Drucks 13/3609 S 30.
3 BT-Drucks 13/4864 zu § 89 TKGE.
4 Zur Frage des Umfangs von Verpflichtungen dieser Art vgl § 89 Rn 51, § 90 Rn 8.
5 V 17. 12. 1997 BGBl 1998 I S 68.

Hans-Heinrich Trute

## III. Zulässigkeit der Anfragen und Verwendungszwecke der Informationen (Abs 2)

Die Anfrage nach Abs 1 ist nur zulässig, wenn ein Ersuchen des Bundesnachrichtendienstes vorliegt und soweit die Auskunft zur Erfüllung der Aufgaben nach Art 1 § 3 G 10 erforderlich ist. Damit wird der Zulässigkeitsbereich der Anfragen deutlich eingegrenzt, da Art 1 § 3 G 10 sich vor allem auf internationale nicht leitungsgebundene Telekommunikationsbeziehungen erstreckt. Nur insoweit kann daher überhaupt eine Auskunft erforderlich sein. Die Verwendung der Information zu anderen Zwecken ist im Übrigen ausgeschlossen. Dies gilt gleichermaßen für das anfragende Bundesministerium wie auch für den Bundesnachrichtendienst.  6

Das Bundesministerium für Wirtschaft (Rn 5) kann im Übrigen die **Befugnis zur Anfrage auf die Regulierungsbehörde übertragen.**  7

## § 93 Staatstelekommunikationsverbindungen

Telekommunikationsunternehmen, die einen handvermittelten Telekommunikationsdienst anbieten, sind verpflichtet, gemäß den Regelungen der Konstitution der Internationalen Fernmeldeunion den Staatstelekommunikationsverbindungen im Rahmen des Möglichen Vorrang vor dem übrigen Telekommunikationsverkehr einzuräumen, wenn dies von dem Anmelder der Verbindung ausdrücklich verlangt wird.

§ 93 TKG setzt die vertragliche Verpflichtung der Bundesrepublik Deutschland aus Art 41 der Konstitution der Internationalen Fernmeldeunion[1] um. § 93 TKG ist auch in der Rechtsfolge auf handvermittelte Dienste beschränkt; das ergibt sich ua aus dem Begriff des „Anmeldens"[2]. Staats-Fernmeldeverbindungen sind in der Anlage zur Konstitution (Nr 1014) näher definiert. Art 41 steht unter dem Vorbehalt der Art 40 (Fernmeldeverkehr, der die Sicherheit menschlichen Lebens betrifft) und 46 (Notrufe und Notmeldungen). Der Begriff des Telekommunikationsunternehmens ist im TKG ein Fremdkörper (§ 3 Rn 66), der sich außer in § 93 TKG nur in § 3 Nr 13 TKG findet.  1

---

[1] BGBl 1996 II S 1306; zu ihr allgem Einf II Rn 47 und § 7 Rn 4 ff.  
[2] Beck'scher TKG-Kommentar/*Ehmer* § 93 Rn 3.

Wolfgang Spoerr

# Zwölfter Teil
# Straf- und Bußgeldvorschriften

## Erster Abschnitt
## Strafvorschriften

### Vor § 94

**Inhaltsübersicht**

| | | Rn |
|---|---|---|
| I. | §§ 94 und 95 als Straftatbestände | 1 |
| II. | Täterschaft, Teilnahme | 2 |
| III. | Strafbarkeit nur der vollendeten Tat | 3 |
| IV. | Vorsatz, Fahrlässigkeit | 4–5 |
| V. | Rechtswidrigkeit, Schuld | 6 |
| VI. | Verjährung | 7 |

## I. §§ 94 und 95 als Straftatbestände

**1** § 94 und § 95 stellen besonders schwere Verstöße gegen das TKG unter Strafe; damit gelten die allgemeinen Regelungen des StGB. Eine Straftat setzt ein tatbestandsmäßiges, rechtswidriges und schuldhaftes Verhalten voraus (§ 1 Abs 1 StGB).

## II. Täterschaft, Teilnahme

**2** Bei einer Straftat ist zwischen Begehung in Täterschaft (§ 25 StGB) und in Teilnahme (§ 26 StGB: Anstiftung, § 27 StGB: Beihilfe) zu unterscheiden. Als Täter wird gemäß § 25 StGB bestraft, wer die Straftat als eigene begeht, also selbst (§ 25 Abs 1, 1. Alt StGB: unmittelbare Täterschaft) oder durch einen anderen, also ein selbst nicht den Tatbestand subjektiv oder objektiv verwirklichendes „Werkzeug" (§ 25 Abs 1, 2. Alt StGB: mittelbare Täterschaft). Als Anstifter wird nach § 26 StGB bestraft, wer vorsätzlich einen anderen zu dessen vorsätzlich begangener rechtswidrigen Tat bestimmt hat. Wegen Beihilfe wird nach § 27 StGB bestraft, wer vorsätzlich einem anderen zu dessen vorsätzlich begangener rechtswidriger Tat Hilfe geleistet hat. Nach mittlerweile vorherrschender Ansicht im Schrifttum ist derjenige der Täter, der Tatherrschaft hat, also das Tatgeschehen in Händen hält.[1] Nach der vornehmlich in von der Rechtsprechung vertretenen subjektiven Tätertheorie ist für die Beurteilung der Teilnahmeform im Wesentlichen die Willensrichtung und die innere Einstellung, insbesondere das eigene Interesse am Taterfolg sowie der Umfang der gewollten Tatbeteiligung ausschlaggebend.[2]

## III. Strafbarkeit nur der vollendeten Tat

**3** Da § 94 und § 95 nach § 12 Abs 1, Abs 2 StGB nur Vergehen sind, ist der Versuch dieser Delikte mangels ausdrücklicher Anordnung in §§ 94, 95 nach § 23 StGB nicht strafbar; strafbar ist nur das vollendete Delikt.

---

[1] Vgl *Roxin* Täterschaft und Tatherrschaft, 7. Aufl., S 60 ff; *ders* in: Leipziger Kommentar, § 25 StGB Rn 7.

[2] RGSt 74, 84; BGHSt 18, 87; BGH NJW 1951, 323; 1954, 1374.

Wolfgang Bosch

## IV. Vorsatz, Fahrlässigkeit

Nach § 15 StGB ist bei Straftatbeständen grundsätzlich nur der vorsätzliche Verstoß strafbar; fahrlässige Begehung ist nur strafbar, wenn dies im Gesetz ausdrücklich angeordnet ist. Dies ist im Fall des § 94 Abs 2 für das Besitzen, Herstellen, Vertreiben, Einführen oder das Verbringen von Sendeanlagen in den Geltungsbereich des Gesetzes geschehen. Mangels gesetzlicher Anordnung bleibt der fahrlässige Verstoß gegen § 95 straflos.

Vorsätzliche Begehung liegt vor, wenn entweder in Kenntnis aller Tatumstände der Taterfolg bewusst und gewollt herbeigeführt wird (direkter Vorsatz)[3], oder der Täter um seine Handlung weiß, sich im Moment der Tatbegehung bewusst ist, dass der Handlungserfolg möglich ist, und sich mit seinem Eintritt abfindet (bedingter Vorsatz)[4]. Fahrlässigkeit liegt vor, wenn der Täter die Sorgfalt außer Acht lässt, zu der er nach den Umständen, seinen persönlichen Kenntnissen und Fähigkeiten verpflichtet ist, obwohl der Eintritt des Taterfolges vorhersehbar war.

## V. Rechtswidrigkeit, Schuld

Ist der Straftatbestand erfüllt, indiziert das die Rechtswidrigkeit, also die Verletzung der Rechtsordnung; Rechtswidrigkeit ist nur dann ausnahmsweise nicht gegeben, wenn eine Rechtfertigungsgrund wie Notwehr (§ 32 StGB) oder Notstand (§ 34 StGB) vorliegt.

Die Schuld, also die persönliche Vorwerfbarkeit der Tat, kann ua entfallen bei Vorliegen eines Entschuldigungsgrundes, zB des entschuldigenden Notstandes gem § 35 StGB, bei Schuldunfähigkeit gem §§ 19, 20 StGB oder bei mangelndem Unrechtsbewusstsein gem § 17 StGB, sofern der Irrtum nicht vermeidbar war.

## VI. Verjährung

Die Verfolgungsverjährung ergibt sich aus § 78 Abs 3 Nr 4 und 5 StGB.

## § 94

(1) Mit Freiheitsstrafe bis zu zwei Jahren oder mit Geldstrafe wird bestraft, wer entgegen § 65 Abs 1 dort genannte Sendeanlage
  1. besitzt oder
  2. herstellt, vertreibt, einführt oder sonst in den Geltungsbereich dieses Gesetzes verbringt.

(2) Handelt der Täter in den Fällen des Absatzes 1 Nr 2 fahrlässig, so ist die Strafe Freiheitsstrafe bis zu einem Jahr oder Geldstrafe.

Zu Straftaten allgemein s oben vor § 94. § 94 TKG ist aufgrund der Höhe der Strafandrohung ein Vergehen gem § 12 Abs 1, Abs 2 StGB ist. Da der Versuch eines Vergehens gem § 23 Abs 1 StGB nur bei ausdrücklicher Bestimmung im Gesetz strafbar ist, ist der Versuch nach § 94 TKG mangels einer solchen ausdrücklichen Anordnung nicht strafbar. Fahrlässige Begehung ist nach Abs 2 nur bei Verstoß gegen Abs 1 Nr 2 strafbar.

§ 94 stellt den Verstoß gegen § 65 unter Strafe; auf die Kommentierung zu § 65 wird verwiesen.

---

[3] Schönke/Schröder/*Cramer* StGB, § 15 Rn 65.
[4] BGH NJW 1989, 781; im einzelnen streitig: s zum Meinungsstand Schönke/Schröder/*Cramer* StGB, § 15 Rn 73 ff.

Wolfgang Bosch

## § 95

Mit Freiheitsstrafe bis zu zwei Jahren oder mit Geldstrafe wird bestraft, wer entgegen § 86 Satz 1 oder 2 eine Nachricht abhört oder den Inhalt einer Nachricht oder die Tatsache ihres Empfangs einem anderen mitteilt.

**1** § 95 ist ebenfalls ein Vergehen nach § 12 Abs 1, Abs 2 StGB; der Versuch ist damit nach § 23 Abs 1 StGB mangels ausdrücklicher Bestimmung nicht strafbar. Nur die vollendete Tat kann geahndet werden. Da fahrlässige Begehung für § 95 nicht als strafbar angeordnet wird (§ 15 StGB), ist auch diese Begehungsform nicht möglich; Strafbarkeit besteht also nur bei einer vorsätzlichen und vollendeten Tat nach § 95 TKG; zur Definition des Vorsatzes siehe: Vor § 94 Rn 5; zu Täterschaft und Teilnahme siehe: Vor § 94 Rn 2.

**2** Unter Strafe gestellt wird das Abhören einer Nachricht, die Mitteilung des Inhalts eines Nachricht oder die Mitteilung der Tatsache des Empfangs einer Nachricht. Auf die Kommentierung zu § 86 S 1 und S 2 wird verwiesen.

**3** Tateinheitliche Begehung ist möglich mit Tatbeständen des § 201 Abs 1 StGB; da unterschiedliche Rechtsgüter geschützt werden, wird bei tateinheitlicher Begehung nach beiden Vorschriften bestraft; zu § 201 StGB besteht kein Subsidiaritätsverhältnis.[1]

## Zweiter Abschnitt
## Bußgeldvorschriften

### Vor § 96

**Inhaltsübersicht**

|  |  | Rn |
|---|---|---|
| I. | Verstöße gegen § 96 als Ordnungswidrigkeiten | 1 |
| II. | Täterschaft, Teilnahme | 2 |
| III. | Ordnungswidrigkeit nur der vollendeten Tat | 3 |
| IV. | Vorsatz, Fahrlässigkeit | 4 |
| V. | Rechtswidrigkeit, Schuld | 5 |
| VI. | Verjährung | 6 |

### I. Verstöße gegen § 96 als Ordnungswidrigkeiten

**1** § 96 qualifiziert weitere Verstöße gegen das TKG als Ordnungswidrigkeiten; damit gelten die allgemeinen Regelungen des OWiG. Eine Ordnungswidrigkeit setzt ein tatbestandsmäßiges, rechtswidriges und schuldhaftes Verhalten voraus (§ 1 Abs 1 OWiG).

### II. Täterschaft, Teilnahme

**2** Das OWiG unterscheidet, anders als das StGB, nicht zwischen Täter und Teilnehmer; es folgt dem Einheitstäterprinzip, dh es gibt nur Tatbeteiligte ohne Abgrenzung zwischen Täterschaft und Teilnahme[1]. § 9 Abs 2 OWiG erweitert die Verantwortung nach dem OWiG auch auf vertretungsberechtigte Organe einer juristischen Person, vertretungsberechtigte Gesellschafter einer Han-

---

[1] Vgl. *Schünemann* in: Leipziger Kommentar, § 201, Rn 52.

[1] *Göhler* OWiG, § 14 rn 1, 3 ff

delsgesellschaft, gesetzliche Vertreter eines anderen sowie nach § 9 Abs 2 auf den Betriebsleiter. Darüber hinaus kommt stets eine Ordnungswidrigkeit nach § 130 OWiG in Betracht, wenn im Betrieb oder Unternehmen vorsätzlich oder fahrlässig die Aufsichtsmaßnahmen unterlassen werden, die erforderlich sind, um in dem Betrieb oder Unternehmen Zuwiderhandlungen nach § 96 TKG zu verhindern

### III. Ordnungswidrigkeit nur der vollendeten Tat

Gem § 13 Abs 2 OWiG kann der Versuch einer Ordnungswidrigkeit nur geahndet werden, wenn die entsprechende Norm dies ausdrücklich vorsieht. Da § 96 TKG keine solche Anordnung enthält, bleibt der Versuch einer Ordnungswidrigkeit hiernach sanktionslos. **3**

### IV. Vorsatz, Fahrlässigkeit

Ordnungswidrig ist nur die vorsätzliche Begehung (§ 10 OWiG), es sei denn, gesetzlich ist etwas anderes angeordnet; dies ist im § 96 Abs 1 für alle aufgeführten Tatbestände geschehen. Zur vorsätzlichen und fahrlässigen Begehung siehe oben Vor § 94 Rn 5; insoweit gelten für das Ordnungswidrigkeitenrecht keine anderen Maßstäbe[2]. Bei Beteiligung an der Tat eines anderen ist erforderlich, dass auch der andere – je nach dem, ob die Ordnungswidrigkeit vorsätzlich oder fahrlässig begangen werden kann – vorsätzlich oder fahrlässig gehandelt hat[3]. **4**

### V. Rechtswidrigkeit, Schuld

Der Verstoß gegen einen Ordnungswidrigkeitentatbestand indiziert seine Rechtswidrigkeit; Rechtswidrigkeit ist nur dann nicht gegeben, wenn eine Rechtfertigungsgrund wie Notwehr (§ 15 OWiG) oder Notstand (§ 16 OWiG) vorliegt. **5**
Die Schuld entfällt bei mangelnder Schuldfähigkeit gem § 12 OWiG.

### VI. Verjährung

Wegen des Bußgeldrahmens des Abs 2 verjähren Verstöße gegen § 96 Abs 1 Nr 3, 4, 6, 7, 8, 9, 10, 13 nach § 31 Abs 2 Nr 1 OWiG in drei Jahren, in den übrigen Fällen nach § 31 Abs 2 Nr 3 OWiG in zwei Jahren. **6**

## § 96 Bußgeldvorschriften

(1) Ordnungswidrig handelt, wer vorsätzlich oder fahrlässig
  1. entgegen § 4 Satz 1 eine Anzeige nicht, nicht richtig, nicht in der vorgeschriebenen Weise oder nicht rechtzeitig erstattet,
  2. entgegen § 5 einen Bericht nicht, nicht richtig, nicht vollständig oder nicht rechtzeitig zur Verfügung stellt,
  3. ohne Lizenz nach § 6 Abs 1 Übertragungswege betreibt oder Sprachtelefondienst anbietet,
  4. entgegen § 14 Abs 1 oder Abs 2 Satz 1 Telekommunikationsdienstleistungen für die Öffentlichkeit nicht in rechtlich selbständigen Unternehmen führt oder die Nach-

---

[2] Streitig ist im Geltungsbereich des OWiG allerdings, inwieweit die eingeschränkte Schuldtheorie, die im Strafrecht seitens des Bundesgerichtshofs angewandt wird, Anwendung findet; dieser Meinungsstreit kann sich bei im Bereich des Verbotsirrtums auswirken: s hierzu *Göhler* OwiG, § 11 Rn 19 ff.
[3] *Göhler* OwiG, § 14 Rn 5b.

Wolfgang Bosch

vollziehbarkeit der finanziellen Beziehungen nicht oder nicht in der vorgeschriebenen Weise gewährleistet,

5. entgegen § 22 Abs 1 Satz 1 eine Mitteilung nicht, nicht richtig, nicht vollständig oder nicht rechtzeitig macht,
6. ohne Genehmigung nach § 25 Abs 1 ein Entgelt erhebt,
7. einer vollziehbaren Anordnung nach § 29 Abs 2 Satz 2, auch in Verbindung mit § 30 Abs 5 Satz 2, nach § 31 Abs 1 Nr 1, § 33 Abs 2 Satz 1, auch in Verbindung mit § 38 Abs 2, nach § 34 Abs 1, § 43 Abs 4 Satz 4, Abs 5 Satz 1 oder Abs 6 Satz 1, § 44 Abs 2 oder § 49 Satz 2 zuwiderhandelt,
8. einer vollziehbaren Auflage nach § 32 zuwiderhandelt,
9. einer Rechtsverordnung nach § 35 Abs 5 Satz 1, § 47 Abs 4, § 59 Abs 4 Satz 1, § 62 Abs 1 Satz 1, § 63 Abs 1 Satz 3, § 87 Abs 3 Satz 1 oder § 89 Abs 1 Satz 1 oder einer vollziehbaren Anordnung aufgrund einer solchen Rechtsverordnung zuwiderhandelt, soweit die Rechtsverordnung für einen bestimmten Tatbestand auf diese Bußgeldvorschrift verweist,
10. ohne Frequenzzuteilung nach § 47 Abs 1 Satz 1 Frequenzen nutzt,
11. entgegen § 60 Abs 6 Satz 1 eine Ausfertigung der Erklärung über den Verwendungszweck nicht oder nicht rechtzeitig übermittelt,
12. entgegen § 65 Abs 3 für eine Sendeanlage wirbt,
13. entgegen § 88 Abs 2 Satz 4 Nr 1 in Verbindung mit einer Rechtsverordnung nach § 88 Abs 2 Satz 2 Nr 1 den Betrieb einer Telekommunikationsanlage aufnimmt,
14. entgegen § 88 Abs 2 Satz 4 Nr 2 oder 3 den Betrieb einer Telekommunikationsanlage aufnimmt,
14a. entgegen § 88 Abs 2 Satz 6 eine Einrichtung nicht oder nicht rechtzeitig nachbessert,
15. entgegen § 88 Abs 4 Satz 1 einen Netzzugang nicht, nicht in der vorgeschriebenen Weise oder nicht rechtzeitig bereitstellt oder
16. entgegen § 90 Abs 2 Satz 1 eine Kundendatei nicht oder nicht in der vorgeschriebenen Weise verfügbar hält, entgegen § 90 Abs 5 Satz 2 eine Auskunft nicht, nicht richtig, nicht vollständig oder nicht rechtzeitig erteilt, entgegen § 90 Abs 2 Satz 2 Kenntnis von Abrufen nimmt oder entgegen § 90 Abs 5 Satz 3 Stillschweigen nicht wahrt.

(2) Die Ordnungswidrigkeit kann in den Fällen des Abs 1 Nr 3, 4, 6, 7, 8, 9, 10, 13 und 14a mit einer Geldbuße bis zu einer Million Deutsche Mark, in den Fällen des Abs 1 Nr 1, 2, 5, 11, 12, 14, 15 und 16 mit einer Geldbuße bis zu zwanzigtausend Deutsche Mark geahndet werden. Verwaltungsbehörde im Sinne des § 36 Abs 1 Nr 1 des Gesetzes über Ordnungswidrigkeiten ist die Regulierungsbehörde.

## I. Überblick

**1** Die Ordnungswidrigkeitentatbestände des TKG sind in § 96 abschließend aufgeführt. Verstöße gegen Vorschriften, die ebenfalls Verbotsvorschriften sind, aber in § 96 TKG nicht aufgeführt sind, können nicht als Ordnungswidrigkeiten geahndet werden. Da gemäß § 13 OWiG eine Ordnungswidrigkeit grundsätzlich nur bei Vollendung geahndet wird, und der Versuch nur bei entsprechender ausdrücklicher gesetzlicher Anordnung (§ 13 Abs 2 OWiG) verfolgbar ist, bleibt der Versuch der Tatbestandsverwirklichung nach § 96 mangels entsprechender Anordnung folgenlos.

## II. Einzelkommentierung

**2** Abs 1 Nr 1

S zur Form der Anzeige § 4 Rn 13 ff. Ordnungswidrig ist auch die unvollständige Anzeige. Insoweit ist die Anordnung der Möglichkeit der fahrlässigen Begehung unangemessen.

## Abs 1 Nr 2  3

Da die Berichtspflicht nach § 5 erst durch das Verlangen des Berichts ausgelöst wird, kommt eine Ordnungswidrigkeit nur in Betracht, wenn der Bericht trotz Verlangen nicht rechtzeitig abgegeben wird. Nr 2 ordnet die Ordnungswidrigkeit bei Weigerung, Unrichtigkeit, Unvollständigkeit oder nicht rechtzeitiger Abgabe an. Da nach § 5 die Berichtspflicht gegenüber der Regulierungsbehörde nicht klar geregelt ist, fehlt eine Regelung darüber, welche Angaben die Regulierungsbehörde selbst „benötigt". Damit ist Abs 1 Nr 2 jedenfalls hinsichtlich der Begehungsalternativen „Unrichtigkeit" und „Unvollständigkeit" unbestimmt und insbesondere auch wegen der Möglichkeit fahrlässiger Begehung gesetzgeberisch verfehlt. Die Begehungsalternative der „nicht rechtzeitigen" Abgabe des Berichts ist ebenso unbestimmt. Die Rechtzeitigkeit ließe sich allenfalls an einer gesetzten Frist messen, die allerdings angemessen sein müsste – viele unbestimmte Größen für einen Ordnungswidrigkeitentatbestand, der den Anforderungen des Art 103 Abs 2 GG genügen müsste.

## Abs 1 Nr 3  4

S die Einzelkommentierung zu § 6.

## Abs 1 Nr 4  5

Die erste Begehungsalternative des Verstoßes gegen § 14 Abs 1 (Führen der Telekommunikationsdienstleistungen für die Öffentlichkeit in einem rechtlich selbständigen Unternehmen) ist ausreichend bestimmt (s die Einzelkommentierung zu § 14 Abs 1). Die Bestimmtheit bezüglich der „Nachvollziehbarkeit" der strukturellen Separierung nach § 14 Abs 2 S 1 begegnet erneut Bedenken, da es objektive Maßstäbe für die Nachvollziehbarkeit kaum geben dürfte (s die Einzelkommentierung zu § 14 Abs 2). Operabel ist der Maßstab wohl erst, wenn ihn die Regulierungsbehörde konkretisiert hat (dazu § 14 Rn 26).

## Abs 1 Nr 5  6

Die Umsatzmeldepflicht setzt erneut das „Verlangen" der Regulierungsbehörde voraus; bleibt das „Verlangen" aus, liegt kein Verstoß gegen § 22 vor. Bedenken bestehen erneut gegen die Begehungsalternative des nicht rechtzeitigen Berichts (s Rn 3).

## Abs 1 Nr 6  7

S die Einzelkommentierung zu § 25.

## Abs 1 Nr 7  8

Ordnungswidrig ist der Verstoß gegen eine vollziehbare Anordnung nach den aufgelisteten Vorschriften; s hierzu die Einzelkommentierungen.

## Abs 1 Nr 8  9

S die Einzelkommentierung zu § 32.

## Abs 1 Nr 9  10

S die Einzelkommentierung zu den einzelnen Vorschriften.

## Abs 1 Nr 10  11

S die Einzelkommentierung zu § 47.

## Abs 1 Nr 11  12

Die Begehungsalternative „nicht rechtzeitig" ist überflüssig, da nach § 60 Abs 6 S 1 die Ausfertigung der Erklärung über den Verwendungszweck „vorher" übermittelt werden muss, dh vor dem erstmaligen Inverkehrbringen. Mit Inkrafttreten des FTEG wird die Vorschrift obsolet werden.

## Abs 1 Nr 12  12

S die Einzelkommentierung zu § 65. Ergänzend gilt der Straftatbestand des § 94.

## Abs 1 Nr 13 und 14  13

Wolfgang Bosch

S die Einzelkommentierung zu § 88. Die Betriebsaufnahme ist erst gegeben, wenn Telekommunikationsdienstleistungen im laufenden Betrieb erbracht werden[1].

**14** Abs 1 Nr 14a

S die Einzelkommentierung zu § 88 Abs 2 S 6.

**15** Abs 1 Nr 15

S die Einzelkommentierung zu § 88 Abs 4 S 1.

**16** Abs 1 Nr 16

S die Einzelkommentierungen zu den aufgelisteten Vorschriften. Da insbesondere die Konkretisierung der Bereithaltepflicht nach § 90 Abs 2, 6 kaum möglich ist, bestehen wiederum Bedenken gegen die Bestimmtheit der Vorschrift.

---

**1** Beck'scher TKG-Kommentar/*Ehmer* § 96 Rn 17 mit Nachw.

# Dreizehnter Teil
# Übergangs- und Schlussvorschriften

## § 97 Übergangsvorschriften

(1) Beabsichtigt die Deutsche Telekom AG die in der nach § 17 Abs 2 zu erlassenden Universaldienstleistungsverordnung genannten Dienstleistungen nicht in vollem Umfang oder zu schlechteren als den in dieser Verordnung genannten Bedingungen anzubieten, hat sie dieses der Regulierungsbehörde ein Jahr vor Wirksamwerden anzuzeigen.

(2) Für das Angebot von Sprachtelefondienst gelten bis zum 31. Dezember 1997 das Gesetz über Fernmeldeanlagen in der Fassung der Bekanntmachung vom 3. Juli 1989 (BGBl I S 1455), zuletzt geändert durch § 99 Abs 1 des Gesetzes vom 25. Juli 1996 (BGBl I S 1120), und das Gesetz über die Regulierung der Telekommunikation und des Postwesens vom 14. September 1994 (BGBl I S 2325, 2371), 1996 I S 103, geändert durch § 99 Abs 2 des Gesetzes vom 25. Juli 1996 (BGBl I S 1120), weiter.

(3) Die Genehmigung der Entgelte der Deutschen Telekom AG für das Angebot von Sprachtelefondienst durch die zuständige Behörde richtet sich bis zum 31. Dezember 1997 ausschließlich nach dem Gesetz über die Regulierung der Telekommunikation und des Postwesens. Vorgaben und Genehmigungen für das Angebot von Sprachtelefondienst, die vor dem 1. Januar 1998 nach dem Gesetz über die Regulierung der Telekommunikation und des Postwesens an die Deutsche Telekom AG ergangen sind, bleiben bis längstens zum 31. Dezember 2002 wirksam.

(4) Die Telekommunikations-Kundenschutzverordnung vom 19. Dezember 1995 (BGBl I S 2020) gilt, soweit Vorschriften dieses Gesetzes nicht entgegenstehen, bis zum Inkrafttreten der auf Grund des § 41 zu erlassenden Verordnung mit der Maßgabe fort, dass auch die Vorschriften zu dem der Deutschen Telekom AG durch § 1 Abs 2 Satz 2 des Gesetzes über Fernmeldeanlagen in der Fassung des Artikels 5 Nr 1 Buchstabe b des Gesetzes vom 14. September 1994 (BGBl I S 2325, 2363) übertragenen Netzmonopol im Umfang der bisherigen Rechte und Pflichten dieses Monopols auf die Rechte und Pflichten der Deutschen Telekom AG auf Lizenzen nach § 6 Abs 2 Nr 1 sinngemäß anzuwenden sind.

(5) Verleihungen nach § 2 Abs 1 des Gesetzes über Fernmeldeanlagen in der Fassung der Bekanntmachung vom 3. Juli 1989 (BGBl I S 1455), bleiben wirksam. Dieser Bestandsschutz gilt auch für die von den in den ARD-Rundfunkanstalten zusammengeschlossenen Landesrundfunkanstalten und dem Deutschlandradio bis zum Inkrafttreten dieses Gesetzes in eigener Netzträgerschaft selbst genutzten Frequenzen. Dieses Gesetz findet mit Ausnahme der §§ 6 bis 11 auch auf die in den Sätzen 1 und 2 genannten Rechte Anwendung.

**Schrifttum:** *Scherer* Das neue Telekommunikationsgesetz, NJW 1996, 2953; *Twickel* Die neue deutsche Telekommunikationsordnung, NJW-CoR 1996, 226.

### Inhaltsübersicht

|     |     | Rn |
| --- | --- | --- |
| I.  | Allgemeines | 1 |
| II. | Gesetzgebungsverfahren | 2–3 |
| III.| Einzelkommentierung | 4–23 |
|     | 1. Übergangsvorschriften zum Telefondienstmonopol der Deutschen Telekom AG: Abs 1–4 | 4–10 |
|     | 2. Das Fortgelten von Verleihungen nach altem Recht (Abs 5) | 11–23 |

Wolfgang Spoerr

## I. Allgemeines

**1** § 97 fasst sehr unterschiedliche Vorschriften in einem Paragraphen zusammen. Zusammen mit den §§ 99 und 100 regelt § 97 den **Übergang** von einer gesetzlichen Ordnung zu einer anderen, neuen; zugleich den Übergang von einem Monopol zum Markt. Die Abs 1–4 befassen sich gewissermaßen mit **Nachwirkungen des Telefondienstmonopols** der Deutschen Telekom AG. Hier handelt es sich im Wesentlichen um **Sonderrecht** für die Deutsche Telekom AG. Demgegenüber ist der Anwendungsbereich von Abs 5 viel weiter: er regelt das Fortgelten von Verleihungen nach altem Recht generell.

## II. Gesetzgebungsverfahren

**2** Im ursprünglichen Gesetzesentwurf der Bundesregierung[1] war in § 94 eine Vorschrift enthalten, die § 97 weitgehend entsprach: Abs 1–3 waren identisch, § 97 Abs 4 fehlte noch, § 94 Abs 4 TKG-E lautete: „Verleihungen nach § 2 Abs 1 des Gesetzes über Fernmeldeanlagen bleiben unberührt".[2] Nach der Gesetzesbegründung der Bundesregierung[3] beruhte Abs 1 auf folgender Überlegung: Das Dienstleistungsangebot der Deutschen Telekom AG enthalte derzeit in Umfang und Qualität die in der Universaldienstleistungsverordnung definierten Grunddienstleistungen. Zwingende Vorgaben seien deshalb nicht erforderlich. Um in der Übergangsphase sicherzustellen, dass die Regulierungsbehörde rechtzeitig Maßnahmen ergreifen könne, wenn Versorgungslücken entstehen, werde in Abs 1 eine Anzeigepflicht normiert.[4] Das Fortgelten der genehmigten Entgelte der Deutschen Telekom AG solle „dem Unternehmen Deutsche Telekom AG für die Übergangszeit ausreichende Planungssicherheit ... geben und ... so ein sicheres investives Umfeld für den Börsengang des Unternehmens ... gewährleisten".[5] Abs 4 stelle klar, dass „die auf der Grundlage des FAG erteilten Lizenzen bestandskräftig sind und nicht den Regelungen des TKG unterliegen".[6]

**3** Die Änderungsvorschläge des Bundesrates[7] galten ausschließlich dem **Rundfunk**. Der Bundesrat schlug eine Vorschrift vor, die Rundfunkanstalten und Rundfunkveranstaltern ein Vorkaufsrecht im Falle der Übertragung von Lizenzen durch die Deutsche Telekom AG gewähre. Für die Übertragung des Eigentums an Sendeanlagen, die zur Verbreitung von Rundfunkprogrammen genutzt werden, sollte ein entsprechendes Vorkaufsrecht gelten.[8] Letzteres ist im Vermittlungsausschuß[9] als § 41a (im Gesetz: § 42) Gesetz geworden. Die Bundesregierung lehnte diese Änderungsvorschläge ab.[10] Der Bundestagsausschuß für Post- und Telekommunikation gab § 97 die Fassung, die heute Gesetz geworden ist; Abs 4 wurde angefügt, Abs 5 (zuvor: Abs 4) überarbeitet.[11] Abs 4 sollte sicherstellen, dass „zu dem Zeitpunkt, zu dem die mit dem Netzmonopol zusammenhängenden Regelungen der geltenden Telekommunikations-Kundenschutzverordnung keine materielle Berechtigung mehr haben, es im Netzbereich nicht dazu kommt, dass es keine anwendbaren Regelungen zum Verbraucherschutz gibt."[12] Wichtig ist die Begründung zu Abs 5: „Die Vorschrift soll den erforderlichen Bestandsschutz gewähren. Insofern sind aber die Vorschriften dieses Gesetzes auf diese Genehmigungen und Verträge anwendbar. ZB die Zusammenschaltungsregelungen werden sich künftig nach diesem Gesetz richten. Eine spezielle Regelung ist für die durch Besatzungsrecht der ARD zugewiesenen Rechte getroffen worden."[13]

---

**1** BR-Drucks 80/96, S 31.
**2** BR-Drucks 80/96, S 31.
**3** BR-Drucks 80/96, S 33 ff.
**4** BR-Drucks 80/96, S 58.
**5** BR-Drucks 80/96, S 58.
**6** BR-Drucks 80/96, S 59.
**7** BT-Drucks 13/4438, Anl 2, S 26.
**8** BT-Drucks 13/4438, Anl 2, S 26.
**9** BR-Drucks 490/96, S 3.
**10** BT-Drucks 13/4438, S 41.
**11** BT-Drucks 13/4864 (neu), S 66.
**12** BT-Drucks 13/4864, S 85.
**13** BT-Drucks 13/4864 (neu), S 85.

Wolfgang Spoerr

## III. Einzelkommentierung

### 1. Übergangsvorschriften zum Telefondienstmonopol der Deutschen Telekom AG: Abs 1–4

Die zentrale Übergangsvorschrift zum Telefondienstmonopol war § 97 Abs 2. Nach dieser Vorschrift galten das FAG – in der durch § 99 Abs 1 TKG geänderten Fassung – sowie das PTRegG – in der durch § 99 Abs 2 TKG geänderten Fassung – bis 31. 12. 1997 weiter. Damit wurde das Telefondienstmonopol bis 31. 12. 1997 konserviert (§ 1 Abs 4 FAG); die Ausschließlichkeit dieses Rechts wurde gesetzgebungstechnisch durch § 100 Abs 1 S 4 TKG gesichert: Sprachtelefondienstlizenzen durften vor dem 1. 1. 1998 zwar erteilt, aber nicht ausgeübt werden. Für die Genehmigung von Entgelten der Deutschen Telekom AG für Sprachtelefondienste galt bis zum 31. 12. 1997 ausschließlich das PTRegG (Abs 3). 4

§ 97 Abs 1 flankiert das Universaldienstregime nach den §§ 17–22 TKG. Die Anzeigepflicht der Deutschen Telekom AG gilt zeitlich unbefristet. Die Anzeigepflicht ist Rechtmäßigkeitsvoraussetzung der Änderung des Dienstleistungsangebotes der Deutschen Telekom AG. Nach seinem Normzweck gilt § 97 Abs 1 für das bestehende Dienstleistungsangebot der Deutschen Telekom AG. Daraus folgt, dass künftige Erweiterungen der Universaldienstleistungen gem § 17 Abs 2 S 2 nur dann zu einer Bindung der Deutschen Telekom AG führen, wenn diese die Dienstleistungen in vollem Umfang und zu den in der Verordnung genannte Bedingungen erbringt. 5

Das Fortgelten von Vorgaben und Genehmigungen für das Angebot von Sprachtelefondienst nach Abs 3 S 2 gilt ebenfalls nur für die Deutsche Telekom AG. 6

Vorgaben und Genehmigungen sind **jedwede verbindliche Regelungen.** Die Verbindlichkeit ist nach dem bisherigen Recht zu ermitteln. 7

Abs 3 S 2 gilt nur für das Angebot von **Sprachtelefondienst.** Andere Dienstleistungen der Deutschen Telekom AG wie beispielsweise Zusammenschaltungsleistungen, Mietleitungen und andere Telekommunikationsdienstleistungen mit Ausnahme des Sprachtelefondienstes sind von § 97 Abs 3 S 2 nicht erfasst. 8

Der Normzweck von Abs 3 S 2 zielt auf eine **Privilegierung** der Deutschen Telekom AG. Von daher bleibt es ihr unbenommen, nach geltendem Recht neue Genehmigungen zu beantragen. Der Privilegierungszweck von Abs 3 S 2 ist für die Auslegung des Tatbestandsmerkmales längstens wichtig: damit ist nur eine von vornherein beschränkte Dauer von Vorgaben und Genehmigungen erfasst, nicht hingegen eine nachträgliche Einschränkung durch die Regulierungsbehörde. 9

Das partielle Fortgelten der Telekommunikations-Kundenschutzverordnung 1995 ist durch ihr Außerkrafttreten Ende 1997 (§ 37 TKV 1997) und durch ihre Ersetzung durch die Telekommunikations-Kundenschutzverordnung 1997 (TKV 1997)[14] obsolet. Damit sind die schwierigen Fragen hinfällig, inwiefern Vorschriften des TKG Einzelvorschriften der TKV 1995 entgegenstehen.[15] 10

### 2. Das Fortgelten von Verleihungen nach altem Recht (Abs 5)

Es ist im allgemeinen eine Selbstverständlichkeit, dass wirksame Einzelentscheidungen der Verwaltung allein durch eine Gesetzesänderung nicht entfallen. Insoweit hat § 97 Abs 4 S 1 tatsächlich die Funktion einer Klarstellung. Er gilt für sämtliche Formen der Verleihungen, die bei Erlass des TKG üblich waren: für die individuellen Verleihungen durch Verwaltungsakt ebenso wie für **Allgemeingenehmigungen** und **Lizenzverträge.**[16] Es gilt – selbstverständlich – auch für die **gesetzlichen Rechte** der Deutschen Bundespost Telekom. Insoweit dürfte allerdings die abstrakte Befugnis nicht ausreichen, sondern eine tatsächliche Bestätigung erforderlich sein. 11

---

[14] BGBl 1997 I, 2910.
[15] Dazu Beck'scher TKG-Kommentar/*Schuster* 1. Aufl, § 97 Rn 9 f.

[16] Zum Bestandsschutz beim Lizenzvertrag VG Köln, Urt v 22. 9. 2000, 11 K 7710/98, MMR 2001, 116.

Wolfgang Spoerr

**Dreizehnter Teil**
Übergangs- und Schlussvorschriften

**12** Entgegen dem zu eng gefassten Gesetzeswortlaut gilt der „Bestandsschutz" auch für Verleihungen nach älteren Fassungen des FAG.

**13** Die Verleihungen bleiben grundsätzlich mit dem Inhalt wirksam, den sie nach dem FAG haben. Das bedeutet insbesondere, dass die jeweiligen Verleihungen – wenn dies Inhalt war – auch die **Frequenzzuteilung** (heute: nach § 47 TKG) beinhalten.[17] Falls die Verleihung nach bisherigem Recht eine umfassende Legalisierung regelte, behält sie diese Wirkung, und zwar auch dann, wenn einzelne Komponenten nach geltendem Recht – etwa die Frequenzzuteilung – nicht gesondert angesprochen worden waren.

**14** Ausgesprochen diffizile Fragen stellen sich, soweit Verleihungen **Bindungen** enthalten, die nach geltendem Recht problematisch sind – ebenso umgekehrt, wenn Verleihungen **Privilegien** enthalten, die gegen das TKG verstoßen. Lizenzverträge schließen es als solche selbstverständlich nicht aus, gesetzliche Pflichten des Unternehmens durch Verwaltungsakt zu konkretisieren, solange die Bindung des Vertrages nicht tangiert wird.[18]

**15** Die Lösung der vielfältigen Einzelfälle muss von folgenden Grundsätzen ausgehen:

**16** – Einzelfallfestlegungen in Verleihungen werden durch die Gesetzesänderung nicht unmittelbar tangiert. Das folgt aus allgemeinen Rechtsgrundsätzen und ist in Abs 5 S 1 noch einmal ausgedrückt. In extremen Fällen mag der Fall der **Erledigung** einzelner Festlegungen des Verwaltungsaktes vorliegen – wenn sie vor dem Hintergrund der neuen Rechtslage keinerlei sinnvolle Funktion mehr haben.

**17** – Für die Verleihungen gelten die **§§ 48–51 VwVfG**; soweit es sich um öffentlich-rechtliche Verträge handelt, gilt § 60 VwVfG. § 97 Abs 5 S 1 ist aber indirekt die gesetzliche Wertung zu entnehmen, dass allein das neue Telekommunikationsrecht kein Grund zum Widerruf von Verleihungen ist, und es auch die Geschäftsgrundlage nicht ohne weiteres entfallen lässt. Insbesondere die Rechtsposition des Verleihungsinhabers soll nach dem Willen des Gesetzgebers unberührt bleiben. Eher zulässig ist der Rückgriff auf die §§ 48–51, 60 VwVfG, wenn **Bindungen** des Verleihungsinhabers überprüft werden sollen. Die Regulierungsbehörde kann aber nach einem allgemeinen Konzept fortgeltende **Verleihungen** auf die **neue Rechtslage umstellen** oder, wenn **regulatorisch erforderlich**, auch **widerrufen**. Die regulatorische Erforderlichkeit richtet sich danach, ob die Umstellung einem plausiblen und sinnvollen Anpassungskonzept dient. Wichtige Kriterien dafür sind Verwaltungseffizienz, Regulierungsziele, Gleichbehandlung und Wettbewerbsneutralität.

**18** – **Allgemein geltendes** Recht – auch des TKG – gilt auch für Verleihungsinhaber. Abs 5 S 3 bringt insoweit zum Ausdruck, dass die Verleihung im Zweifel keine Abschirmung gegen allgemeine, lizenzunabhängige Vorschriften des TKG bezweckt. Indes ist die Rechtsposition des Verleihungsinhabers jedenfalls dort zu prüfen, wo Ermessen oder Beurteilungsspielräume ausgeübt werden müssen.

**19** – Speziell bei Bindungen des Verleihungsinhabers, die Lizenzinhaber im geltenden Recht nicht treffen, ist eine äußerst differenzierte Prüfung anzustellen. Ihr Ausgangspunkt ist weder, dass die Bindungen ohne weiteres entfallen sind, noch darf das gewandelte normative Umfeld einfach ignoriert werden. Auf Antrag des Verleihungsinhabers und auch sonst immer dann, wenn hierzu Anlaß besteht, muss ihre **Vereinbarkeit mit dem geltenden Recht** geprüft werden. Gegebenenfalls müssen sie aufgehoben werden (§§ 48–51, 60 VwVfG). Maßgebliche Prüfungsgesichtspunkte sind insbesondere:

**20** – ob im Falle des Wegfalls der Bindung eine **ungerechtfertigte Privilegierung** des Altberechtigten gegenüber Neuberechtigten entstünden;

**21** – ob das Fortbestehen der Bindung die **Gleichbehandlung** (Art 3 Abs 1 GG) gegenüber Lizenzinhabern und den Eigentumsschutz des **Verleihungsinhabers** (Art 14 GG) (vgl § 6 Rn 83 ff) in ungerechtfertigter Weise beeinträchtigt;

**22** – die Einhaltung der **Regulierungsziele**.

---

[17] So ausdr OLG Karlsruhe, K & R 1999, 37, 38.  [18] Vgl VG Köln (Fn 16).

Wolfgang Spoerr

Wiederum ein Sonderproblem sind Verleihungen für Aktivitäten, die nach geltendem Recht keiner Lizenz bedürfen. Sie sind mit Wegfall des Genehmigungserfordernisses **erledigt** und damit **unwirksam**. Für die Anwendung von Abs 5 S 1 besteht nach dessen Normzweck kein Anlaß. Dieser Fall liegt allerdings keinesfalls stets dann vor, wenn die Aktivität nach geltendem Recht nicht lizenzpflichtig ist. Auch **andere Genehmigungserfordernisse** (beispielsweise gem § 47 TKG) können den Fortbestand der Verleihung rechtfertigen. **23**

## § 98 Überleitungsregelungen

(1) Die der Regulierungsbehörde nach dem Gesetz zugewiesenen Aufgaben werden bis zum 31. Dezember 1997 vom Bundesministerium für Post und Telekommunikation wahrgenommen. Die dem Beirat nach § 69 zugewiesenen Aufgaben werden bis zum 30. September 1997 von dem nach § 11 des Gesetzes über die Regulierung der Telekommunikation und des Postwesens vom 14. September 1994 (BGBl I S 2325, 2371) eingesetzten Regulierungsrat wahrgenommen.

Schrifttum: *Gramlich* Ohne Regulierung kein Wettbewerb – Zum Start der Regulierungsbehörde für Telekommunikation und Post, CR 1998, 463.

§ 89 regelt die organisatorische Überleitung: die Überleitung der Verwaltungszuständigkeiten. Gesetzliche Aufgaben der Regulierungsbehörde waren bis 31. 12. 1997 gesetzlich dem Bundesministerium für Post und Telekommunikation zugewiesen; die Aufgaben des Beirates nach § 69 waren bis 30. 9. 1997 vom Regulierungsrat nach dem PTRegG wahrzunehmen. Das BMPT hatte seine Aufgaben zum Teil auf das Bundesamt für Post und Telekommunikation übertragen.[1] **1**

## § 99 Änderung von Rechtsvorschriften

(nicht abgedruckt)

§ 99 enthält die Änderungen anderer Gesetze, die in der Gesetzgebungspraxis sonst häufig in eigenen Artikeln eines Artikelgesetzes geregelt werden. Im einzelnen bezieht sich § 99 auf das **FAG** (Abs 1), das **PTRegG** (Abs 2) sowie das Grundbuchbereinigungsgesetz (Abs 3). Das PTRegG[1] war von vornherein befristet: Nach § 23 PTRegG trat es zum 31. 12. 1997 außer Kraft. Dasselbe galt für das FAG in der Fassung von Art 5 PostneuordnungsG[2] (§ 28 FAG). Allerdings gilt § 12 FAG fort. **1**

Trotz dieses automatischen Außerkrafttretens von FAG und PTRegG insgesamt wurden in § 99 Abs 1 und Abs 2 zahlreiche Einzelvorschriften aufgehoben. Es verblieb ein Torso, der im Wesentlichen das Telefondienstmonopol und einige flankierende Befugnisse regelte. **2**

## § 100 Inkrafttreten, Außerkrafttreten

1. Die §§ 66 und 73 bis 79 treten am 1. Januar 1998 in Kraft. Die §§ 67 und 68 treten am 1. Oktober 1997 in Kraft. Im Übrigen tritt das Gesetz am Tage nach der Verkündung in Kraft. Die sich aus § 6 ergebenden Rechte können erst vom 1. Januar 1998 an ausgeübt werden, soweit sie sich auf das Angebot von Sprachtelefondienst beziehen.

---

[1] Vfg 143/1996, ABl BMPT 1996, S 1246; Vfg 211/1996, ABl BMPT 1996, S 1630; der Katalog ist abgedr bei Beck'scher TKG-Kommentar/*Ehmer* § 98 Rn 2.

[1] V 14. 9. 1994, BGBl I S 2325, 2371.
[2] V 14. 9. 1994, BGBl I S 2325.

Wolfgang Spoerr

2. Die sich aus § 43 Abs 5 Satz 1 und Abs 6 Satz 1 ergebenden Verpflichtungen werden zum 1. Januar 1998 wirksam mit der Maßgabe, dass die erforderlichen technischen Einrichtungen zu diesem Zeitpunkt betriebsbereit zur Verfügung stehen müssen.

3. Das Telegraphenwegegesetz in der Fassung der Bekanntmachung vom 24. April 1991 (BGBl I S 1053), geändert durch Artikel 8 des Gesetzes vom 14. September 1994 (BGBl I S 2325, 1996 I S 103), und das Gesetz zur Vereinfachung des Planverfahrens für Fernmeldelinien in der im Bundesgesetzblatt Teil III, Gliederungsnummer 9021–2, veröffentlichten bereinigten Fassung, zuletzt geändert durch Artikel 9 des Gesetzes vom 14. September 1994 (BGBl I S 2325), treten am Tage nach der Verkündung dieses Gesetzes außer Kraft.

**1** § 100 regelt das – gestufte – Inkrafttreten: im Wesentlichen trat das Gesetz am 1. 8. 1996 in Kraft; es ist am 31. 7. 1996 im Bundesgesetzblatt verkündet worden. Die Vorschriften über die Regulierungsbehörde traten erst am 1. 1. 1998 in Kraft (Abs 1 S 1); zuvor war gem § 98 TKG das Bundesministerium zuständig.

**2** Nach Abs 3 wurden das Telegraphenwegegesetz und das Planungsvereinfachungsgesetz aufgehoben. Das hat zur Folge, dass vom 1. 8. 1996 an **kein Planfeststellungs- und Enteignungsverfahren** für Fernmeldelinien mehr besteht; die §§ 50 ff ersetzen das TelWG und das Fernmeldelinien-Planverfahrensvereinfachungsgesetz nur zum Teil.

Wolfgang Spoerr

# Gesetz über Funkanlagen und Telekommunikationsendeinrichtungen (FTEG)

Vom 31. Januar 2001, BGBl I S 170

## Einführung FTEG

**Schrifttum:** *Anselmann* Die Rolle der europäischen Normung bei der Schaffung des europäischen Binnenmarktes, RIW 1986, 936; *Feitenhansel* Zertifizierung und Kosten – Aussage und Wert von CE- und GS-Zeichen für Hersteller und Verbraucher, DIN-Mitt. 77 (1998) 260; *Hoffmann-Riem* Telekommunikationsrecht als europäisiertes Verwaltungsrecht, DVBl 1999, 125; *ders* Verfahrensprivatisierung als Modernisierung, DVBl 1996, 227; *Kaufmann* Neuordnung des Rechts der technischen Anlagensicherheit im Hinblick auf den Europäischen Binnenmarkt, DB 1994, 1033; *Klindt* 30 Jahre Gerätesicherheitsgesetz – Schieflagen in der Praxis, NVwZ 1999, 1177; *Kollmer* Die Unabhängigkeit von Prüf- und Zertifizierungsstellen nach dem Gerätesicherheitsgesetz, GewArch 1999, 48; *Ossenbühl/Ritgen* Systemwandel und Übergangsrecht – Zur Stellung des TÜV in der Reform des Rechts der überwachungsbedürftigen Anlagen, DVBl 1999, 1301; *Peine* Gesetz über technische Arbeitsmittel (Gerätesicherheitsgesetz), 2. Aufl 1995; *Scheel* Benannte Stellen: Beliehene als Instrument für die Verwirklichung des Binnenmarktes, DVBl 1999, 442; *ders* Auslegung von EU-Richtlinien und Entscheidungsbefugnis der Kommission, GewArch 1999, 129; *Schmaltz/Nöthlichs* Gerätesicherheitsgesetz, Kommentar und Textsammlung, Loseblatt, Stand 26. Aufl Dez 1998; *Tünnesen-Harmes* Die CE-Kennzeichnung zum Abbau technischer Handelshemmnisse in der Europäischen Union, DVBl 1994, 1334.

**Inhaltsübersicht**

| | Rn |
|---|---|
| I. Die Entwicklung des Produktzulassungsrechts in der Telekommunikation | 1–5 |
| II. Regulatorische Besonderheiten des TK-Produktzulassungsrechts | 6–12 |
| III. Das Produktzulassungsrecht im deutschen und Europäischen Wirtschaftsverwaltungsrecht | 13–35 |
|    1. Bedeutung der telekommunikationsrechtlichen Standardisierung und regulierte Selbstregulierung | 13–14 |
|    2. Produktzulassung im Europäischen und nationalen Recht | 15–27 |
|    3. Regulierungspolitische Aspekte der Standardisierung durch Regulierung und technische Normung | 28–35 |

## I. Die Entwicklung des Produktzulassungsrechts in der Telekommunikation

Das FTEG wird an die Stelle der §§ 59 bis 64 TKG treten, die nach § 19 Abs 1 FTEG aufgehoben werden. Mit dem FTEG ist das **Produktzulassungsrecht der Telekommunikation** systematisiert und weiter **dereguliert** worden. Diese Gesetzgebung ist von der FTE-Richtlinie vom 9. März 1999[1] angestoßen worden. **1**

Die **FTE-Richtlinie** (R & TTE-RL: Radio Equipment and Telecommunications Terminal Equipment) bildet den vorläufigen Schlusspunkt der sukzessiven Liberalisierung der Regulierung von Telekommunikationsgeräten,[2] die typischerweise von Endverbrauchern verwendet werden. Diese Entwicklung beginnt 1986 mit der Richtlinie 86/361[3]. Ein wesentlicher Schritt war dann **2**

---

[1] Richtlinie 99/5/EG.
[2] Zur Entwicklung bis 1991 *Amory* EuZW 1992, 75.
[3] Vom 24. 7. 1986, ABl EG L 217 v 5. 8. 1986, S 1.

1988 die Richtlinie 88/301/EWG der Kommission vom 16. Mai 1988 über den Wettbewerb auf dem Markt für Telekommunikations-Endgeräte[4]. Die Bestimmungen über die Produktzulassung von Telekommunikationsgeräten wurden zuletzt in der Richtlinie 98/13/EG[5] zusammengefasst.

**3** Die FTE-Richtlinie ist am 8. April 1999 in Kraft getreten (Art 21). Für Geräte, die den Bestimmungen der Vorläuferrichtlinie 98/13/EG oder den §§ 59 ff TKG entsprachen, gilt eine Übergangsfrist bis 7. April 2001 (Art 18 Abs 2).

**4** Nach Art 19 Abs 1 der FTE-Richtlinie ist diese spätestens zum 7. April 2000 umzusetzen. Das FTEG ist nicht rechtzeitig in Kraft getreten. Das Bundeswirtschaftsministerium hat deswegen **Übergangsregelungen** (zum zeitlichen Anwendungsbereich des FTEG § 1 FTEG Rn 11) in Form einer **Verwaltungsvorschrift** erlassen, wonach Geräte, die unter den Geltungsbereich der FTE-Richtlinie fallen, in Deutschland gemäß den Vorschriften der Richtlinie in den Verkehr gebracht und unter Beachtung der Bestimmungen des Art 7 der FTE-Richtlinie in Betrieb genommen werden dürfen.[6] Das Recht zur Inbetriebnahme gilt auch für Geräte, die in anderen Mitgliedstaaten der Gemeinschaft nach den Vorschriften der FTE-Richtlinie rechtmäßig in den Verkehr gebracht wurden. In der Verwaltungsvorschrift ist angeordnet worden, dass die Bundesrepublik Deutschland keinerlei Sanktionen an die Nichtzulassung derartiger Geräte anknüpft. Die nach der BAkkrV beliehenen benannten Stellen dürfen die Aufgaben einer benannten Stelle nach der FTE-Richtlinie vorübergehend wahrnehmen. Bis zur Veröffentlichung von Schnittstellenbeschreibungen können ersatzweise die einschlägigen Zulassungsvorschriften der RegTP als technische Grundlage für den Konformitätsnachweis verwendet werden. Die Unternehmen, denen gestattet ist, die Aufgaben der **benannten Stelle** nach der FTE-Richtlinie bis 4 Wochen nach Inkrafttreten des FTEG und der FTEV wahrzunehmen, hat die Regulierungsbehörde in der Mitteilung 45/2000[7] veröffentlicht.

**5** Die RegTP hat frühzeitig Informationen zum Vollzug des FTEG und der FTE-Richtlinie erlassen.[8] Sie hat zudem Informations- und Anhörungsveranstaltungen[9] für die beteiligten Kreise durchgeführt; diese Veranstaltungen dienen nicht bloß der Information der Betroffenen, sondern auch der der Regulierungsbehörde selbst.

## II. Regulatorische Besonderheiten des TK-Produktzulassungsrechts

**6** Dass das Telekommunikationsrecht **eigenständige Produktzulassungstatbestände** enthält, hat zunächst einmal **historische** Ursachen: Früher war auch der Bereich der Endgeräte Bestandteil des **Fernmeldemonopols**. Jener Bereich war es, der zuerst liberalisiert worden ist. Dieser Liberalisierung und zugleich dem freien Warenverkehr dienten Liberalisierungs- und Harmonisierungsrichtlinien der Europäischen Union (dazu Einf Rn 2). Ihrer Umsetzung in nationales Recht dienten die Vorläufervorschriften zum FTEG: Zunächst die §§ 2 a bis 2 e FAG, dann die §§ 59 bis 64 TKG. Preis jener Liberalisierung war zunächst intensive, später dann sukzessive zurückgenommene Regulierung.[10]

**7** Kernelemente des Produktrechts der Telekommunikation nach dem FTEG sind folgende:

**8** – **Beschränkung** von **Inverkehrbringen** (§ 10 Abs 1) und **Inbetriebnahme** (§ 11 Abs 1) auf Produkte („Geräte"), die bestimmte **materielle Anforderungen** (§ 3 FTEG: „Grundlegende Anforderungen") erfüllen.

**9** – Konkretisierung materieller Anforderungen durch **harmonisierte Normen**, die von privaten Normungsinstanzen unter öffentlicher Kontrolle erstellt werden (§ 6 FTEG).

---

4 ABl L 131 v 27. 5. 1988, S 73; geändert durch Richtlinie 94/46/EG, ABl L 268 v 19. 10. 1994, S 15.
5 ABl L 74 v 12. 3. 1998, S 1.
6 BMWi, Vfg 28/2000, ABl RegTP 2000, 1007.
7 ABl RegTP 2000, S 1363.
8 www.regtp.de/Technische Regulierung.
9 Eine Zusammenfassung von Fragen und Antworten einer Veranstaltung am 16./17. März 2000 ist zugänglich unter www.regtp.de/Technische Regulierung.
10 Zu diesem Zusammenhang allgemein *Schuppert* in: Koenig/Benz, 1997, Privatisierung und staatliche Regulierung, S 539 ff, 1997, 549 ff.

– **Private Primärverantwortung** für die Einhaltung der grundlegenden Anforderungen. **10**
– Nachweis durch **Konformitätserklärung** Privater mit flankierenden hoheitlichen Eingriffsbe- **11**
fugnissen (§ 15 FTEG).

Demgegenüber hat das FTEG die **öffentliche Letztverantwortung** in Konflikten zwischen **12**
Privaten im Bereich des Zertifizierungswesens deutlich **zurückgenommen.** Ebenfalls zurückgenommen worden ist das System öffentlich-rechtlicher Produktzulassung, das nach § 59 Abs 4 S 1 Nr 1 TKG iVm § 12 Abs 1 TKZulV in Gestalt der **administrativen Zulassung** noch bestand.

## III. Das Produktzulassungsrecht im deutschen und Europäischen Wirschaftsverwaltungsrecht

### 1. Bedeutung der telekommunikationsrechtlichen Standardisierung und regulierte Selbstregulierung

Dass ausgerechnet das Telekommunikationsrecht mit seiner ausgeprägten Liberalisierungsten- **13**
denz sehr umfassende Produkt- und Personalzulassungstatbestände enthält, hat zunächst einmal sektorspezifische historische Ursachen: Früher war auch der Bereich der Endgeräte Bestandteil des Fernmeldemonopols. Jener Bereich war es, der zuerst liberalisiert worden ist. Dieser Liberalisierung und zugleich dem freien Warenverkehr dienten Liberalisierungs- und Harmonisierungsrichtlinien der Europäischen Union (dazu Einf II Rn 2). Ihrer Umsetzung in nationales Recht dienten die Vorläufervorschriften zu §§ 59, 60 TKG: die §§ 2 a – 2 e FAG (dazu Einf II Rn 6). Preis jener Liberalisierung war zunächst intensive, später dann zurückgenommene Regulierung.[11]

Die technische Ausrichtung und die – jedenfalls bislang – offenbar geringe Konflikträchtigkeit **14**
der telekommunikationsrechtlichen Produktzulassung dürfen den Blick auf das juristische Innovationspotential der Produktzulassung nicht verstellen. Die – jedenfalls aus Sicht des deutschen Verwaltungsrechts – instrumentell zum Teil hoch innovativen Regelungen bergen ein ganzes Arsenal an Mustern regulierter Selbstregulierung und damit wichtige Innovationsansätze für die Fortentwicklung des allgemeinen Wirtschaftsverwaltungsrechts.

### 2. Produktzulassung im Europäischen und nationalen Recht

Regelungen über die Produktzulassung sind eines der wichtigsten **Handlungsfelder der euro-** **15**
**päischen Rechtsetzung.** Sie dient insoweit der Durchsetzung des **freien Warenverkehrs** (Art 29 ff EGV) und des **Binnenmarktes.** Die telekommunikationsrechtliche Produktzulassung ist nicht nur ein Handlungsfeld der **Europäischen Telekommunikationspolitik**, sondern auch ein Anwendungsfall der **Europäischen Produktregulierung**. Produktregulierung ist staatliche oder unionsrechtliche Rechtsetzung, die sich unmittelbar auf Produkte, also – in der Regel industriell hergestellte – Waren bezieht.

Zentrale Vorschriften des deutschen öffentlichen Produktrechts finden sich im Gesetz über **16**
technische Arbeitsmittel (Gerätesicherheitsgesetz, GSG[12]). Eine subsidiäre Auffangregelung bringt das Produktsicherheitsgesetz (ProdSG[13]). Daneben gibt es neben zahlreichen Durchführungsverordnungen, insbesondere zum GSG, produktrechtliche Spezialgesetze wie das Bauproduktegesetz und das Medizinproduktegesetz (MPG).

Wesentliche produktrechtliche Regelungen sind zur **Verwirklichung des Binnenmarktes** auf **17**
der Grundlage des Weißbuches der EG-Kommission über die Vollendung des Europäischen Binnenmarktes erlassen worden. Unter der Zielsetzung der Rechtsangleichung von Beschaffenheitsanforderungen von Industrieerzeugnissen[14] wurden die Grundlagen für ein wirkungsvolles und langfristig tragfähiges Konzept der Produktregulierung gelegt.

---

[11] Zu diesem Zusammenhang allgem *Schuppert* (Fn 10); *Grande* aaO (Einf I) S 576 ff, 584.
[12] V 23. 10. 1992, BGBl 1992 I, S 1793, zuletzt geändert durch G v 27. 12. 2000, BGBl 2000 I S 2048.
[13] Gesetz zur Regelung der Sicherheitsanforderungen an Produkte und zum Schutz der CE-Kennzeichnung vom 22. 4. 1997, BGBl 1997 I S 934.
[14] *Anselmann* Technische Vorschriften und Normen in Europa, 1991, S 4.

**18** Zentraler Bestandteil dieses Konzepts ist die **materielle Harmonisierungskonzeption**, die 1985 vom Ministerrat in der Form einer politischen Leitlinie erlassen worden ist.[15] Dieser materiellen Konzeption ist später ein detailliertes Konzept zur **verfahrensrechtlichen Umsetzung** gefolgt.[16] Das Gesamtkonzept ist von der Europäischen Kommission im **Leitfaden für die Anwendung der nach dem neuen Konzept** und dem Gesamtkonzept befassten Gemeinschaftsrichtlinien zur technischen Harmonisierung (1. Fassung) niedergelegt worden.[17] Der Leitfaden ist als solcher nicht rechtsverbindlich. Er enthält Anwendungshinweise der Kommission, die sich zum einen an die Kommission und ihre Generaldirektionen wendet, damit diese ihre Tätigkeit stärker koordinieren. Zum anderen enthält der Leitfaden aber auch Definitionen, die primär- und sekundärrechtlich Begriffsbestimmungen wiedergeben, systematisieren und zum Teil – aus Sicht der Kommission – erläutern.

**19** Die Kernaussagen der neuen Konzeption sind folgende:[18]

**20** Das **Gemeinschaftsrecht** beschränkt sich beim Erlass seiner Harmonisierungsrichtlinien (Rechtsgrundlage insbesondere Art 100 a EWG-V) auf die Festlegung der **grundlegenden Schutzanforderungen.** Dabei handelt es sich um zwingende Anforderungen an Produkte, denen diese genügen müssen, um in Verkehr gebracht werden zu können. Die unionsrechtlich harmonisierten grundlegenden Anforderungen haben grundsätzlich nach Ablauf einer Übergangsperiode **abschließenden Charakter.**[19] Die Richtlinien legen ein einheitliches Schutzniveau für die gesamte Gemeinschaft fest. Die grundlegenden Anforderungen sind daher auch keine Mindestanforderungen, die etwa im nationalen Recht durch strengere Vorschriften verschärft werden können.[20] Die grundlegenden Anforderungen sind in der Regel allgemein und abstrakt definiert; sie enthalten keine technischen Vorgaben.[21]

**21** Ganz wesentlich ist als dann die Rolle der **Europäischen Normenorganisationen** (CEN, CENELEC, ETSI).[22] Diese Verweisung auf bzw. Rezeption von technischen Normen ist zentrales Element der neuen Konzeption.[23] Die Harmonisierung wird also partiell von der Ebene des staatlichen bzw. supranationalen Rechts auf die gesellschaftliche Selbstregulierung verlagert.

**22** Die Einhaltung der einschlägigen Normen begründet eine **widerlegliche Vermutung** dafür, dass die grundlegenden Anforderungen eingehalten sind. Den Normen wird also nicht, wie im Falle einer strikten Verweisung, Gesetzescharakter verliehen. Die Anforderungen sind schon abschließend im Gesetz bestimmt; die Normen sind nur rechtsnormkonkretisierend, nicht – ergänzend.[24] Vielmehr erlangen sie ihre Bedeutung auf der Ebene der Anwendung der gesetzlichen Bestimmungen. Dem Hersteller eines von der Richtlinie erfassten Erzeugnisses steht es frei, die Norm zu beachten. Er kann die gesetzlichen Anforderungen auch auf anderem Wege erfüllen und nachweisen.[25] Die Normen stellen demnach eine vom Gesetz-

---

15 Entschließung des Rates v 7. 5. 1995, ABl C 136 v 4. 6. 1985 S 1.
16 Entschließung des Rates v 21. 12. 1999 zu einem Gesamtkonzept für die Konformitätsbwertung ABl C 10 v 6. 10. 1990 S 1 und der Beschluss des Rates v 13. 12. 1990 über den in den technischen Harmonisierungsrichtlinien zu verwendenden Modelle für die verschiedenen Phasen der Konformitätsbewertungsverfahren, Beschluss des Rates 90/683/EWG v 30. 12. 1990 ABl L 380 v 31. 12. 1990 S 13.
17 Abgedruckt in: Schmatz/Nöthlichs, Gerätesicherheitsgesetz, Kommentar, Rz 1410.
18 *Anselmann* Technische Vorschriften und Normen in Europa, S 91, S 30 f; *Langner* Technische Vorschriften und Normen, in: HdbdEU-WiR, C VI Rn 34 ff.
19 *Anselmann* Technische Vorschriften und Normen in Europa, S 33.
20 *Anselmann* Technische Vorschriften und Normen in Europa, S 33.
21 *Langner* in: HdbdEU-WiR, C VI Rn 43.
22 *Langner* in: HdbdEU-WiR, C VI Rn 12 ff; *Rönck* Technische Normen als Gestaltungsmittel des Europäischen Gemeinschaftsrechts, 1995, S 52 ff. Zur Organisation und Verfahren der europäischen Normung: *Schulte* in: Rengeling, EUDUR, § 17 Rn 10 ff.
23 *Rönck* Technische Normen als Gestaltungsmittel des Europäischen Gemeinschaftsrechts, S 98 ff.
24 Grundlegend *Marburger* Die Regeln der Technik im Recht, 1979; daran anknüpfend *Breulmann* Normung und Rechtsangleichung in der Europäischen Wirtschaftsgemeinschaft, 1993, S 136 ff und *Schulte* in: Rengeling, EUDUR, § 17 Rn 36; *von Danwitz* in: Rengeling, Umweltnormung, S 187 ff, 196.
25 Umgekehrt kann auch trotz Normeinhaltung nachgewiesen werden, dass die materiell-rechtlichen

geber besonders privilegierte Konkretisierung von gesetzlichen materiellen Anforderungen dar.[26]

Unter **Normen** im Zusammenhang mit der Produktregulierung werden Dokumente der freiwilligen – in der Regel technischen – Regelsetzung verstanden. Weitgehend akzeptiert ist insoweit die Definition der UN-Wirtschaftskommission für Europa (ECE)[27]: „Eine technische Beschreibung oder ein anderes Dokument, das für jedermann zugänglich ist und unter Mitarbeit und dem Einvernehmen oder mit allgemeiner Zustimmung aller interessierten Kreise erstellt wurde. Sie beruht auf abgestimmten Ergebnissen von Wissenschaft, Technik und Praxis. Sie erstrebt einen größtmöglichen Nutzen für die Allgemeinheit. Sie ist von einer auf nationaler, regionaler oder internationaler Ebene anerkannten Organisation gebildet worden."  23

**Harmonisierte Normen** im Sinne des Unionsrechts sind technische Spezifikationen, die von einer Europäischen Normenorganisation aufgrund eines **von der Kommission** gemäß der Richtlinie 98/34 EG **erteilten Auftrages** aufgestellt werden, und zwar nach den am 13.11.1984 vereinbarten allgemeinen Richtlinien für die Zusammenarbeit zwischen den Europäischen Normenorganisationen und der Kommission.[28] Im Rahmen der Normsetzungsmandate nimmt die Kommission eine öffentliche Rahmen- und Kontrollverantwortung wahr.[29]  24

Der dargestellten materiellen Regulierungsstrategie wurde 1989/1990 eine systematische Strategie der Rechtsdurchsetzung zur Seite gestellt: ein globales Konzept für Prüfung und Zertifizierung. Sein Schlüsselelement ist die **Konformitätsbewertung**.[30] Auch dieser Baustein der Prüfung und Kontrolle setzt intensiv auf die Einschaltung Privater, allerdings – wiederum – unter externer, in der Regel öffentlich-staatlicher Kontrolle. Dem dienen die Akkreditierung und die Zertifizierung.  25

Die europäische Norm (EN) 45020 definiert in Nummer 13.7 die **Akkreditierung** als „Verfahren, in dem eine maßgebliche Stelle formell anerkennt, dass eine Stelle oder Person kompetent ist, bestimmte Aufgaben auszuführen". Als **Zertifizierung** definiert dieselbe Norm in Nummer 13.5.2 ein „Verfahren, in dem ein unparteiischer Dritter schriftlich bestätigt, dass ein Erzeugnis, ein Verfahren oder eine Dienstleistung vorgeschriebene Anforderungen erfüllt." Im Gemeinschaftsrecht ist die Einschränkung auf Bestätigungen Dritter nicht durchgehalten; auch die Bestätigung durch den Hersteller selbst wird mitunter als Zertifizierung bezeichnet.[31] Neben der staatlichen Akkreditierung steht die Akkreditierung durch private Akkreditierungsstellen.[32]  26

Der EG-Ministerrat hat in seinem Beschluss vom 13.12.1990 acht **standardisierte Module** mit Regeln für unterschiedliche Typen von Konformitätsbewertungsverfahren erlassen. Sie unterscheiden die Produktentwicklungs- und die Herstellungsstufe sowie die interne von der externen Prüfung.[33] Die öffentliche Verantwortung war im EU-Telekommunikationsrecht zunächst be-  27

---

Anforderungen nicht erfüllt sind – allerdings idR unter Beachtung eines Entscheidungsmonopols der Kommission, vgl. *Schulte* in: Rengeling, EUDUR, § 17 Rn 39 f; *von Danwitz* in: Rengeling, Umweltnormung, S 187 ff, 199 ff.
**26** *Anselmann* Technische Vorschriften und Normen in Europa, S 36.
**27** Vgl DIN 820 Teil 3 Anhang A, Beilage zum Bundesanzeiger Nr 114 v 27.6.1975, ferner *Anselmann* Technische Vorschriften und Normen in Europa, 1991, S 35.
**28** Dazu näher Teil I/D des Leitfadens für die Anwendung der nach dem neuen Konzept und dem Gesamtkonzept verfassten Gemeinschaftsrichtlinien zur technischen Harmonisierung.
**29** Dazu umfassend und kritisch *Rönck* Technische Normen als Gestaltungsmittel des Europäischen Gemeinschaftsrechts, S 201 ff. *Rönck* nähert die „faktische" Geltung (S 202 ff) zu sehr der rechtlichen Verbindlichkeit und damit den für sie geltenden Anforderungen an. Dazu – bezogen auf die Umweltnormung – kritisch auch *Schulte* in: Rengeling, EUDUR, § 17 Rn 59 f, der abweichend von der Rspr des EuGH (EuGHE 1958, 13, 44 und EuGHE 51, 57, 82) eine primärrechtliche Ermächtigung verlangt und zudem – in Anwendung dieser Rspr – von einer Übertragung von „Hoheitsbefugnissen" ausgeht, was mE nicht überzeugt, und – wenn man die Einheit der europäischen Rechts- und Zuständigkeitsordnung beachtet – auch aus der vorläufigen, zur Disposition der Kommission stehenden Bindung der Mitgliedstaaten nicht abgeleitet werden kann.
**30** *Langner* in: HdbdEU-WiR, C VI Rn 15.
**31** *Langner* in: HdbdEU-WiR, C VI Rn 16 Fn 18; dazu *Feitenhansel* DIN-Mitteilungen 77 (1998), 260 ff.
**32** Dazu Broschüre Nr 1 „Akkreditierungsstellen in Deutschland" des Deutschen Akkreditierungsrats, Berlin 1995; *Langner* in: HdbdEU-WiR, C VI Rn 20.
**33** Dazu ausführlich *Anselmann* Technische Vorschriften und Normen in Europa, S 43 ff.

Wolfgang Spoerr

sonders stark ausgeprägt, ist aber deutlich zurückgenommen worden. Eine Besonderheit war hier, dass die harmonisierten Normen zu **technischen Vorschriften** erhoben werden konnten, die dann **verbindlich** einzuhalten sind (Art 7 Abs 2, Art 29 RL 98/13/EG). Dieser Sonderweg ist inzwischen wieder aufgegeben worden.

### 3. Regulierungspolitische Aspekte der Standardisierung durch Regulierung und technische Normung

**28** Regulierung ist – allgemein – staatliches Regeln und damit Einflussnahme auf das Verhalten Privater, insbesondere in wirtschaftlichen Zusammenhängen. Technische Normung ist die Aufstellung von Regeln, die allgemeine Geltung beanspruchen, aber nicht die Verbindlichkeit staatlichen Rechts aufweisen, durch anerkannte Organisationen in einem anerkannten, geregelten Verfahren. Beide Phänomene zielen damit auf Standardisierung, auf die Schaffung und jedenfalls faktische Durchsetzung allgemein geltender Anforderungen.

**29** Standardisierung und produktbezogene Regulierung haben technische, ökonomische und rechtliche Aspekte. Sie stehen im Spannungsverhältnis zwischen nationaler, europäischer und internationaler Entscheidung, zwischen öffentlich-staatlicher Verantwortung und privater Autonomie und überhaupt zwischen Regelsetzung und Vielfalt:

**30** In technischer Hinsicht bedeutet Standardisierung, dass ein **Konsens zwischen** den **technischen Auffassungen** hergestellt wird oder über ein geregeltes Entscheidungsverfahren anderweitig – beispielsweise durch Mehrheitsentscheidung – verbindliche technische Regeln geschaffen werden. Technisch lassen sich **Kompatibilitäts-**, **Qualitäts-** und **Produktstandards** unterscheiden.[34] Kompatibilität im Zusammenhang der Telekommunikation bedeutet, dass zwischen Telekommunikationseinrichtungen (übertragungsfähige Vermittlungsstellen und/oder Endgeräte) Kommunikation möglich ist. Dazu ist erforderlich, dass einzelne Netzkomponenten an einer zu definierenden Schnittstelle gleiche Parameter benutzen. Qualitätsstandards legen Qualitätsmerkmale bei Diensten und Geräten fest, um eine gewisse Übertragungsgüte zu gewährleisten oder Schäden auszuschließen. Produktstandards definieren zusätzliche Eigenschaften, um eine problemlose Netzintegration zu ermöglichen oder anderen Anforderungen zu genügen.[35]

**31** Technisch dienen Standards zunächst einmal der **Rationalisierung** und **Verbesserung**, der **Sicherheit** sowie der **Information und Verständigung**.[36] Neben den allgemeinen Funktionen technischer Standards dienen diese speziell in der Telekommunikation der Vernetzung (Interkonnektivität von Netzen und Interoperabilität von Diensten). Ohne Standards kann ein Telekommunikationsnetz nicht aufgebaut werden; fraglich ist daher nur, wer die Standards setzt und in welcher Intensität sie gesetzt werden.

**32** Ökonomisch dienen Standards allgemein der **Senkung von Transaktionskosten**: Indem allgemein geltende Regeln zur Verfügung stehen, werden einzelne Geschäfte (beispielsweise die Aushandlung und Abwicklung von Liefer- und Leistungsverträgen) von dem Aufwand entlastet, der ansonsten für die Aushandlung, Festlegung und Kontrolle von Spezifikationen nötig ist. Speziell in der Telekommunikation bewirken Standards Nutzenzuwächse auf Nachfrageseite, die als **Netzwerkexternalitäten** bezeichnet werden.[37] Dem gegenüber stehen die volkswirtschaftlichen Kosten von Standards. Die Leistungsfähigkeit von Märkten beruht entscheidend auf ihrer Funktion als **Such- und Entdeckungsverfahren**.[38] Die Festlegung bestimmter Eigen-

---

34 Vgl *Tegge* Die internationale Telekommunikation-Union im Wandel, 1994, S 203.
35 Ausführlich auch mwN *Tegge* aaO, S 204 f.
36 Zusammenfassend mwN *Tegge* aaO, S 205 f.
37 Grundlegend *Rohlfs* Sphere of Independent Demand for a Communication Service in: DLL Journal of Economics and Management Science, 5 (1974) S 16 ff, *Katz/Shapiro* Network Externalities, Competition and Compatibility, in: American Economic Review 75 (1985) S 424 f, *Pfeiffer* Kompatibilität und Markt: Ansätze zu einer ökonomischen Theorie der Standardisierung, Baden-Baden 1989.
38 Grundlegend *Hayek* Competition as a Discovery Procedure, in: New Studies in Philosophy, Practics, Economics and the History of Ideas, London, 1978, deutsch in: Kieler Vorträge 56, Kiel 1968 = Freiburger Studien, Tübingen 1969; zuvor schon *von Wiese* Verhandlungen des 6. Deutschen Soziologentages, 1929, S 27.

Wolfgang Spoerr

schaften durch Standards reduziert zwangsläufig die mögliche Angebotsvielfalt bei Diensten und Geräten und damit potentiell die Leistungsfähigkeit des Marktes als Such- und Entdeckungsverfahren.[39] Damit zusammenhängend können Standards zum Aufbau technischer Handelshemmnisse und zur Errichtung strategischer Markteintrittsbarrieren eingesetzt werden, von Staaten ebenso wie von Unternehmen.[40]

Ein mitunter im Telekommunikationsmärkten entscheidender Gesichtspunkt von Standards ist, dass in bestimmten Konstellationen erst sie die **Schaffung von Massenmärkten** bei Diensten und Geräten ermöglichen. Das zentrale Problem bei neuen Telekommunikationsdiensten liegt mitunter darin, eine kritische Masse von Teilnehmern zu erreichen.[41] Ein Beispiel ist die Einführung digitalen Fernsehens.   **33**

Rechtlich ergeben sich die Regulierungsprobleme von Standards zum Teil unmittelbar aus den ökonomischen Aspekten: Standards sind mitunter nötig, um den **Wettbewerb zu sichern** und Telekommunikationsdiensten zum Durchbruch zu verhelfen. Umgekehrt dürfen Standards den **Wettbewerb nicht behindern.** Die rechtlichen Aspekte gehen darüber hinaus: geboten ist die Verhinderung von Vermachtungstendenzen, geboten sind **Distanz, Neutralität** und **Gemeinwohltauglichkeit** von Standards. Dem dienen Transparenz und die Unabhängigkeit der Standardisierungsprozesse von Partikularinteressen.   **34**

Die Standardisierung in der Telekommunikation oblag lange Zeit entscheidend den staatlichen Betriebsunternehmen (in Deutschland: der Deutschen Bundespost) und der **Internationalen Fernmeldeunion (ITU).** Insbesondere weil sich der internationale Standardisierungsprozess der ITU angesichts des rapiden technischen Fortschritts als viel zu langsam erwiesen hat, ist die globale Standardisierung durch die ITU von regionaler Standardisierung zurückgedrängt worden.[42] Weiterer Faktor, der zum Bedeutungsverlust der ITU in der Standardisierung beigetragen hat, war deren Staatszentriertheit[43] und ihre Konsensabhängigkeit. Die europäische Produktnormung hat telekommunikationspolitisch bereits beträchtliche Bedeutung erlangt.   **35**

# Erster Teil
# Allgemeine Vorschriften

## § 1 Zweck und Anwendungsbereich des Gesetzes

(1) Zweck des Gesetzes ist es, durch Regelungen über das Inverkehrbringen, den freien Verkehr und die Inbetriebnahme von Funkanlagen und Telekommunikationsendeinrichtungen einen offenen wettbewerbsorientierten Warenverkehr dieser Geräte im europäischen Binnenmarkt zu ermöglichen. Das Gesetz dient zugleich der Umsetzung der Richtlinie 1999/5/EG des Europäischen Parlaments und des Rates vom 9. März 1999 über Funkanlagen und Telekommunikationsendeinrichtungen und die gegenseitige Anerkennung ihrer Konformität (ABl EG Nr L 91 S 10).

(2) Dieses Gesetz gilt auch, wenn
　1. ein Gerät im Sinne von § 2 Nr 1 als Bestandteil oder als Zubehör ein Medizinprodukt im Sinne des § 3 des Medizinproduktegesetzes vom 2. August 1994 (BGBl I S 1963), das durch Artikel 1 des Gesetzes vom 6. August 1998 (BGBl I S 2005) geändert worden ist,

---

39　S *Tegge* Die internationale Telekommunikation-Union im Wandel, S 206.
40　*Tegge* aaO, S 207.
41　*Tegge* aaO, S 206.
42　Dazu ausführlich *Besen/Farrell* The Role of the ITU in Standardisation, Pre-eminence, Impotence or Rubber Stamp? Telecommunications Policy 1991, S 311 ff.
43　*Besen/Farrell* The role of the ITU in Standardisation, Telecommunications Policy 1991, S 311, 312.

Wolfgang Spoerr

Allgemeine Vorschriften

umfasst, und zwar unbeschadet der Anwendung des Medizinproduktegesetzes auf das Medizinprodukt,
2. ein Gerät im Sinne von § 2 Nr 1 ein Bauteil oder eine selbständige technische Einheit eines Kraftfahrzeuges bildet, unbeschadet der Anwendung straßenverkehrsrechtlicher Vorschriften.

(3) Dieses Gesetz gilt nicht für
1. Funkanlagen, die von Funkamateuren im Sinne des Amateurfunkgesetzes vom 23. Juni 1997 (BGBl I S 1494) verwendet werden und die nicht im Handel erhältlich sind. Als nicht im Handel erhältliche Funkanlagen gelten auch aus Einzelteilen bestehende Bausätze, die von Funkamateuren zusammengesetzt werden sowie handelsüblichen Anlagen, die von Funkamateuren für ihre Zwecke umgebaut wurden,
2. Ausrüstung im Sinne der Richtlinie 96/98/EG des Rates vom 20. Dezember 1996 über Schiffsausrüstung (ABl EG 1997 Nr L 46 S 25), geändert durch Richtlinie 98/85/EG der Kommission vom 11. November 1998 (ABl EG Nr L 315 S 14) in ihrer jeweiligen Fassung sowie Ausrüstung im Sinne der Richtlinie 97/18/EG des Rates vom 17. März 1998 über Sicherheitsvorschriften und -normen für Fahrgastschiffe (ABl EG Nr L 144 S 1),
3. Kabel und Drähte,
4. reine Empfangsanlagen, die nur für den Empfang von Rundfunk- und Fernsehsendungen bestimmt sind,
5. Erzeugnisse, Ausrüstungen und Bauteile im Sinne des Artikel 2 der Verordnung (EWG) Nr 3922/91 des Rates vom 16. Dezember 1991 zur Harmonisierung der technischen Vorschriften und der Verwaltungsverfahren in der Zivilluftfahrt (ABl EG Nr L 373 S 4), die zuletzt durch Verordnung (EG) Nr 1069/1999 der Kommission vom 25. Mai 1999 (ABl EG Nr L 130 S 16) geändert worden ist,
6. Geräte, die ausschließlich für Tätigkeiten im Zusammenhang mit der öffentlichen Sicherheit, der Verteidigung, der Sicherheit des Staates oder für Tätigkeiten des Staates im strafrechtlichen Bereich benutzt werden.

§ 12 dieses Gesetzes ist anwendbar auch auf Geräte im Sinne des Satzes 1 Nr 1 und 5 sowie auf Geräte im Sinne des Satzes 1 Nr 6, soweit diese nicht für Zwecke der Verteidigung dienen.

(4) Unberührt durch dieses Gesetz bleiben
1. Vorschriften über die Prüfung, Zulassung und Überwachung von Geräten im Sinne des § 2 Nr 1 dieses Gesetzes sowie über die Anforderungen an diese Geräte hinsichtlich ihrer Eignung für den Schiffsbetrieb und ihrer sicheren Funktion an Bord im Sinne des § 1 Nr 4 des Seeaufgabengesetzes,
2. Vorschriften über Anforderungen an Geräte im Sinne des § 2 Nr 1 dieses Gesetzes zur Gewährleistung eines sicheren Schiffsbetriebs sowie über die Prüfung, Zulassung und Überwachung dieser Geräte im Hinblick auf ihre Eignung für den Betrieb und ihre sichere Funktion an Bord, die auf § 3 Abs 1 Nr 4 des Binnenschifffahrtsaufgabengesetzes beruhen,
3. eisenbahnrechtliche Vorschriften über Anforderungen an Geräte im Sinne des § 2 Nr 1 dieses Gesetzes sowie über die Prüfung, Zulassung und Überwachung von Geräten zur Gewährleistung eines sicheren Eisenbahnbetriebes,
4. auf § 32 Abs 4 Satz 1 Nr 2 des Luftverkehrsgesetzes beruhende Vorschriften über Art, Umfang, Beschaffenheit und den Betrieb von flugsicherungstechnischen Einrichtungen,
5. Vorschriften über Einbau und Abnahme von flugsicherungstechnischen Einrichtungen gemäß § 27 c Abs 2 Nr 2 Buchstabe a des Luftverkehrsgesetzes,
6. die Vorschriften des § 81 der Luftverkehrs-Zulassungs-Ordnung.

Wolfgang Spoerr

## 1. Allgemeines

§ 1 Satz 1 Abs 1 definiert – rudimentär – den **Gesetzeszweck**; Abs 1 S 2 benennt das zugrundeliegende Richtlinienrecht der Europäischen Gemeinschaft. Zu einer solchen Bezugnahme ist der nationale Gesetzgeber nach Art 19 Abs 1 S 4 der FTE-Richtlinie verpflichtet. Abs 2 und Abs 3 beschreiben den **Anwendungsbereich**, insbesondere in Abgrenzung zu anderen Vorschriften des Produktzulassungsrechts. Vielschichtig ist besonders das Verhältnis zum EMVG. Ausgangspunkt ist die verdrängende Spezialität des FTEG innerhalb seines Anwendungsbereichs, die aber durch vielfältige Verweisungen (etwa in § 3 Abs 1 Nr 2, § 7 Abs 3 und § 15 Abs 1) überlagert wird.

## 2. Gesetzeszweck des FTEG

Die **gesetzliche Zweckbestimmung** ist **lückenhaft**. Sie benennt allein den freien Warenverkehr als Zweck des FTEG. Das greift zu kurz. Es dient nicht nur dem freien Warenverkehr, sondern insbesondere der **Vermeidung von Gesundheitsgefahren** (Erwägungsgrund Nr 14 der FTE-Richtline), dem Schutz des **Fernmeldegeheimnisses** (Erwägungsgrund Nr 17), der **Netzverträglichkeit** (Erwägungsgrund Nr 21), der **effizienten Nutzung** von **Funkressourcen** und der **Interoperabilität** (Erwägungsgrund Nr 24). Der über Abs 1 S 1 hinausgehende Zweck des FTEG wird u a in § 3 Abs 1 und 2, § 5 und § 12 FTEG sichtbar.

Abs 2 und Abs 3 regeln das Verhältnis zwischen dem FTEG und anderen produktrechtlichen Regeln. § 1 Abs 2 entspricht – bei abweichender Formulierung – Art 1 Abs 2 der FTE-Richtlinie[1], Abs 3 Nr 1 bis 6 entspricht Art 1 Abs 4 iVm Anhang I der FTE-Richtlinie. § 1 Abs 3 Nr 7 FTEG entspricht Art 1 Abs 5 FTE-Richtlinie.

## 3. Der Anwendungsbereich: Das FTEG im Gefüge des Produktrechts

### a) Das Konkurrenzverhältnis zwischen produktrechtlichen Regelungen

Das Verhältnis zwischen unterschiedlichen Normenkomplexen des europäischen Produktrechts führt mitunter zu beträchtlichen Abgrenzungsproblemen. Grundsätzlich ist im EU-Produktrecht von der **kumulierten Anwendung** aller Richtlinien auszugehen. Das Produkt muss **alle** einschlägigen **Anforderungen jeder Richtlinie** erfüllen, unter deren Anwendungsbereich es fällt. Es gibt kein allgemeines Konzept einer federführenden Richtlinie, und auch die lex-specialis-Regel gilt im Zweifel nicht, es sei denn, eine entsprechende Ausnahme lässt sich der Richtlinie entnehmen.[2] Dieses Prinzip führt zu großen Schwierigkeiten, wenn die erforderliche Klarheit nicht auf der Ebene der technischen Normierung hergestellt wird. Diesen Schwierigkeiten beugen FTE-Richtlinie und FTEG vor, indem sie explizite Konkurrenzregeln enthalten. Besonderheiten gelten für EMV-Richtlinie und EMVG, die subsidiär gelten (§ 1 Abs 1 S 2 EMVG).

### b) Die Konkurrenzregeln in Abs 2 und 3

Ganz vom FTEG ausgenommen sind **Amateurfunkanlagen**, die **nicht** im Handel erhältlich sind (§ 1 Abs 1). Für sie gilt das Amateurfunkgesetz[3] (dazu Einf IV 1 Rn 7). Abweichend von der allgemeinen Begriffsdefinition in § 2 Nr 3 FTEG, wonach auch Bauteile Funkanlagen sind, gelten auch Bausätze und handelsübliche Anlagen, die von Funkamateuren umgebaut werden, als nicht im Handel erhältliche Funkanlagen. Sie unterfallen daher nicht dem FTEG.

Nach Anhang I FTE-Richtlinie ist der Begriff der Funkamateure anhand von Art 1 Def 53 der Vollzugsordnung für den Funkdienst der Internationalen Fernmeldeunion zu bestimmen.

Funkanlagen und Telekommunikationsendeinrichtungen, die Ausrüstung im Sinne der Schiffsausrüstung-Richtlinie[4] sind, und Erzeugnisse, Ausrüstung und Bauteile im Sinne von Art 2 der

---

[1] 1999/5/EG.
[2] *Langner* in: HdbdEU-WiR, C VI Rn 37.
[3] Vom 23. 6. 1997, BGBl I S 1494.
[4] 96/98/EG des Rates v 20.12. 1996, ABl L 46 v 17. 2. 1997, S 25.

Wolfgang Spoerr

Zivilluftfahrts-Richtlinie[5], sind ebenfalls ausgenommen.[6] Geräte, die für den Einsatz auf ausrüstungspflichtigen Schiffen vorgesehen sind, dürfen auch auf nicht ausrüstungspflichtigen Schiffen eingesetzt werden.[7] Vom FTEG ausgenommene Geräte unterfallen aber uU dem EMVG; der Vorrang des FTEG gegenüber dem EMVG gilt für sie nicht. **Kabel und Drähte** unterfallen nicht dem Gesetz, selbst dann nicht, wenn sie wesentliches Bauteil einer Telekommunikations-Endeinrichtung sind, was nur ausnahmsweise der Fall sein dürfte.

**8** § 1 Abs 2 S 1 regelt den Fall, dass ein Gerät im Sinne des FTEG **Medizinprodukte** umfasst. Der – zumindest denkbare – umgekehrte Fall, dass ein Medizinprodukt ein Telekommunikationsgerät umfasst, ist nicht ausdrücklich geregelt. Insoweit bleibt es daher bei allgemeinen Grundsätzen. Die einschlägigen Regelungen sind parallel nebeneinander (kumulativ) anzuwenden.

**9** Werden Funkanlagen oder Telekommunikations-Endeinrichtungen in **Kraftfahrzeuge** eingebaut, so gilt ebenfalls das FTEG, allerdings nur für das Telekommunikations- oder Funkgerät. Die Anwendung der straßenverkehrsrechtlichen Vorschriften bleibt unberührt. Erhebliche Beschränkungen des FTEG-Geltungsbereichs ergeben sich aus den Begriffsbestimmungen des § 2 FTEG. So sind Geräte für die militärische Nutzung auch deshalb nicht geregelt, weil sie nicht für den Anschluss an öffentliche TK-Netze i S d § 2 Nr 2 FTEG bestimmt sind. § 1 Abs 3 Nr 7 FTEG untermauert das.

### c) Ergänzende Konkurrenzregeln

**10** Weitere systematische Regelungen des Anwendungsbereichs enthalten die §§ 3 Abs 1 (für die materiellen Anforderungen) und 7 (für den Nachweis der materiellen Anforderungen, die Konformitätsbewertung). Wichtig ist § 9 Abs 1: Mit dem CE-Kennzeichen dürfen nur Geräte versehen werden, die **alle** einschlägigen **grundlegenden Anforderungen** erfüllen. Das können auch grundlegende Anforderungen **aus anderen Gesetzen als dem FTEG** sein.

### d) Zeitlicher Anwendungsbereich

**11** Die materiellen Anforderungen des FTEG gelten nur für Geräte, die von seinem Inkrafttreten an, bei Deregulierungen gegenüber dem alten Recht vom 8. April 2000 an, erstmalig in Verkehr gebracht werden. Dagegen gelten die Eingriffsbefugnisse der RegTP vom Inkrafttreten des FTEG an für alle Geräte. Administrative Zulassungen nach bisherigem Recht bleiben – soweit sie den Betrieb regeln – bis zu ihrem Widerruf oder dem Ablauf ihrer Geltungsdauer wirksam; fraglich ist, ob diese fortgeltende Bindungswirkung auch für fingierte Zulassungen gilt (s § 18 FTEG Rn 2). Soweit die Zulassungen das Inverkehrbringen erlauben, erlöschen sie gem § 18 Abs 2 S 2 kraft Gesetzes zum 7. April 2001. Dieser Bestandsschutz gilt auch für fernmeldetechnische Zulassungen, die – etwa durch Allgemeinzuteilungen – vor In-Kraft-Treten des TKG erteilt werden.

### e) Speziell: Das EMVG

**12** Das **EMVG**[8] setzt europäisches Recht um, die **EMV-Richtlinie**[9]. Regelungsgegenstand ist die elektromagnetische Verträglichkeit. Unter der aktiven elektromagnetischen Verträglichkeit wird verstanden die Fähigkeit eines Gerätes, in der elektromagnetischen Umwelt zufriedenstellend zu

---

[5] ABl L 373 v 21.11. 1991, S 4, Verordnung geändert durch Verordnung (EG) Nr 2176/96 der Kommission (ABl L 291 v 14.11. 1996, S 15).

[6] Für Erstere ist in Deutschland das Bundesamt für Seeschifffahrt und Hydrographie zuständig, für Zweitere das Bundesverkehrsministerium, so RegTP, Fragen und Antworten, www.regtp/Technische Regulierung, S 5; s a RegTP, Vfg 20, 21 u 22/2001, ABl RegTP 2001, 645.

[7] So RegTP, Fragen und Antworten, www.regtp/ Technische Regulierung, S 6.

[8] Dazu allgem *Klindt* NJW 1999, 175 ff.

[9] Richtlinie 89/36/EWG des Rates vom 3. 5. 1998 zur Angleichung der Rechtsvorschriften über die elektromagnetische Verträglichkeit, ABl L 139 S 19, geändert durch Richtlinie 92/13/EWG des Rates vom 28. 4. 1992 zur Änderung der Richtlinie 89/336/EWG zur Angleichung der Rechtsvorschriften der Mitgliedstaaten über die elektromagnetische Verträglichkeit, ABl L 126 S 8, zuletzt geändert durch Richtlinie 93/68/EWG des Rates vom 22. 7. 1993, ABl EG 1993 L 220 S 1.

arbeiten, ohne dabei selbst elektromagnetische Störungen zu verursachen, die für andere in dieser Umwelt vorhandene Geräte unannehmbar wären (§ 2 Nr 9 EMVG). Elektromagnetische Störung ist jede elektromagnetische Erscheinung, die die Funktion eines Gerätes beeinträchtigen kann ( § 2 Nr 8 EMVG).

Das EMVG hat im Grundsatz einen **umfassenden Anwendungsbereich.** Nach § 1 Abs 1 EMV gilt es für alle Geräte, die elektromagnetische Störungen verursachen können oder deren Betrieb durch diese Störungen beeinträchtigt werden kann. Das können auch Netze und ihre Komponenten sein.[10] Im Hinblick auf die Aufklärung und die Maßnahmen zur Behebung elektromagnetischer Störungen findet es auf alle derartigen Geräte Anwendung (§ 1 Abs 2 S 1 EMVG). Nur soweit es das Inverkehrbringen, Weitergeben, Ausstellen, Inbetriebnehmen und Betreiben von Geräten regelt, gilt es ausschließlich **subisidär** (§ 1 Abs 2 S 2 EMVG).[11] Auf diese Konkurrenzregelung baut das FTEG auf. § 7 ist eine spezielle Regelung iSd § 1 Abs 2 S 2 EMVG. Nur soweit der Hersteller (oder anderweitige Pflichtige) für das EMVG-Verfahren optiert, ist es insoweit anwendbar.

**13**

f) Speziell: 1. GSGV

1. GSGV und Niederspannungsrichtlinie betreffen das Inverkehrbringen elektrischer Betriebsmittel zur Verwendung innerhalb bestimmter Spannungsgrenzen. Dazu regeln sie deren **Beschaffenheit.** Sie regeln, wie elektrische Betriebsmittel innerhalb der Spannungsgrenzen von 50 bis 1000 V Wechselstrom und 75 bis 1500 V Gleichstrom beschaffen sein müssen, soweit es sich um technische Arbeitsmittel oder Teile von technischen Arbeitsmitteln handelt (§ 1 S 1 1. GSGV). Von vornherein nicht geregelt wird allerdings die Funkentstörung elektrischer Betriebsmittel (§ 1 S 3 1. GSGV).

**14**

Beim Inverkehrbringen muss das elektrische Betriebsmittel mit der **CE-Kennzeichnung** versehen sein (§ 3 Abs 1 1. GSGV). Mit ihr bestätigt **der Hersteller,** dass die materiellen Sicherheitsanforderungen erfüllt sind und das Konformitätsbewertungsverfahren nach Anhang IV der Richtlinie 73/23/EWG[12] durchgeführt wurde. Telekommunikationsendeinrichtungen sind in aller Regel elektrische Betriebsmittel im Sinne der Richtlinie. Elektrische Betriebsmittel sind, angelehnt an die VDE-Vorschriften in § 2 Abs 1 der Unfallverhütungsvorschrift elektrischer Anlagen und Betriebsmittel (VGB IV): „alle Gegenstände, die als Ganzes oder in einzelnen Teilen dem Anwenden elektrischer Energie (zB Gegenstände zum Erzeugen, Fortleiten, Verteilen, Speichern, Messen, Umsetzen und Verbrauchen) oder dem Übertragen, Verteilen und Verarbeiten von Informationen ( zB Gegenstände der Fernmelde- und Informationstechnik) dienen. Den elektrischen Betriebsmitteln werden gleichgesetzt Schutz- und Hilfsmittel, soweit an diese Anforderungen hinsichtlich der elektrischen Sicherheit gestellt werden."[13] Telekommunikationsendgeräte unterfallen daher, wenn sie innerhalb der definierten Spannungsgrenzen betrieben werden, der 1. GSGV und der ihr zugrunde liegenden Richtlinie. Die Konsequenzen dieser Normkonkurrenz regelt § 3 Abs 1 Nr 1 FTEG im Hinblick auf die materiellen Anforderungen, § 7 Abs 3 FTEG im Hinblick auf die formellen Anforderungen.

**15**

Im Hinblick auf die **Eingriffsbefugnisse** gilt das GSG für die Durchsetzung der Anforderungen aus der Niederspannungsrichtlinie und der 1. GSGV unbegrenzt. Das gilt insbesondere für die Eingriffsermächtigung des § 5 GSG (Anordnungen gegen das Inverkehrbringen), des § 6 (Anordnungen zum Aus-dem-Verkehr-ziehen des Produkts und zum Rückruf) sowie die Befugnis zu behördlichen Warnungen (§ 6 Abs 1 S 2 GSG). Ebenso gelten die Auskunftspflichten und Ermittlungsbefugnisse nach § 7. Zuständig sind die nach Landesrecht zuständigen Behörden. Die

**16**

---

[10] *Tschentscher/Pegatzky/Bosch* K & R Beil 1 zu Heft 8/ 2000, 1, 9.
[11] Eher erweiternd auslegen diese Subsidiarität *Tschentscher/Pegatzky/Bosch* K & R Beil 1 zu Heft 8/ 2000, 1, 9.
[12] Richtlinie des Rates vom 19. 2. 1973 zur Angleichung der Rechtsvorschriften in Mitgliedstaaten betreffend elektrische Betriebsmittel zur Verwendung innerhalb bestimmter Spannungsgrenzen, ABl EG 1973 L 77 S 29, zul geändert durch die Richtlinie 93/68/EWG des Rates vom 22. 7. 1993, ABl EG 1993 L 220 S 1.
[13] So auch *Schmatz/Nöthlichs* GSG, Kz 1265.

Wolfgang Spoerr

Allgemeine Vorschriften

Eingriffsbefugnisse des GSG gelten allerdings **nicht** im Rahmen der erweiternden Anwendung der materiellen Anforderungen der 1. GSGV über § 3 Abs 1 Nr 1 FTEG.

## § 2 Begriffsbestimmungen

Im Sinne dieses Gesetzes
1. ist „Gerät"
eine Einrichtung, bei der es sich entweder um eine Funkanlage oder um eine Telekommunikationsendeinrichtung oder um eine Kombination von beiden handelt;
2. ist „Telekommunikationsendeinrichtung"
ein die Kommunikation ermöglichendes Erzeugnis oder ein wesentliches Bauteil davon, das für den mit jedwedem Mittel herzustellenden direkten oder indirekten Anschluss an Schnittstellen von öffentlichen Telekommunikationsnetzen (Telekommunikationsnetze, die ganz oder teilweise für die Bereitstellung von der Öffentlichkeit zugänglichen Telekommunikationsdiensten genutzt werden) bestimmt ist;
3. ist „Funkanlage"
ein Erzeugnis oder ein wesentliches Bauteil davon, das in dem für terrestrische/satelliten-gestützte Funkkommunikation zugewiesenen Spektrum durch Ausstrahlung und/oder Empfang von Funkwellen kommunizieren kann;
4. sind „Funkwellen"
elektromagnetische Wellen mit Frequenzen von neun Kilohertz bis dreitausend Gigahertz, die sich ohne künstliche Führung im Raum ausbreiten;
5. ist „Schnittstelle"
    a) ein Netzabschlusspunkt, das heißt der physische Anschlusspunkt, über den der Benutzer Zugang zu öffentlichen Telekommunikationsnetzen erhält, und/oder
    b) eine Luftschnittstelle für den Funkweg zwischen Funkanlagen
    und die entsprechenden technischen Spezifikationen;
6. ist „Geräteklasse"
eine Klasse zur Einstufung besonderer Gerätetypen, die im Sinne dieses Gesetzes als ähnlich gelten, und zur Vorgabe von Schnittstellen, für die das Gerät ausgelegt ist. Ein Gerät kann mehr als einer Geräteklasse zugeordnet werden;
7. sind „Konstruktionsunterlagen"
Unterlagen mit einer Beschreibung des Geräts sowie Angaben und Erläuterungen dazu, wie die geltenden grundlegenden Anforderungen erfüllt wurden;
8. ist „harmonisierte Norm"
eine von einer anerkannten Normenorganisation im Rahmen eines Auftrags der Kommission zur Erstellung einer europäischen Norm nach dem Verfahren der Richtlinie 98/34/EG des Europäischen Parlaments und des Rates vom 22. Juni 1998 über ein Informationsverfahren auf dem Gebiet der Normen und technischen Vorschriften (ABl EG Nr L 204 S 37), geändert durch Richtlinie 98/48/EG des Europäischen Parlaments und des Rates vom 22. Juli 1998 (ABl EG Nr L 217 S 18) festgelegte technische Spezifikation, deren Einhaltung nicht zwingend vorgeschrieben ist;
9. ist „funktechnische Störung"
ein Störeffekt, der für das Funktionieren eines Navigationsfunkdienstes oder anderer sicherheitsbezogener Dienste eine Gefahr darstellt oder anderweitig schwerwiegende Beeinträchtigungen, Behinderungen oder wiederholte Unterbrechungen eines Funkdienstes bewirkt, der im Einklang mit den geltenden gemeinschaftlichen oder einzelstaatlichen Regelungen betrieben wird.

**1** Anknüpfungspunkt der Produktregulierung nach dem FTEG ist das „Gerät". Geräte im Sinne des FTEG sind Funkanlagen oder Telekommunikations-Endeinrichtungen. Für Anlagen, die vom Verwender aus mehreren Komponenten zusammengebaut werden, gilt das FTEG nicht.

Wolfgang Spoerr

§ 2 Begriffsbestimmungen

Allerdings gilt das FTEG idR für die Komponenten solcher Anlagen, die – wenn sie vom Hersteller zusammengebaut würden – Geräte wären.

**Funkanlagen** sind Erzeugnisse, die in dem **Frequenzspektrum 9 kHz bis 3000 GHz** durch Ausstrahlung und/oder Empfang von Funkwellen kommunizieren können. Telekommunikationsendeinrichtungen sind die Kommunikation ermöglichende Erzeugnisse, die für den Anschluss an Schnittstellen von öffentlichen Telekommunikationsnetzen bestimmt sind. Sendefunkanlagen für den Frequenzbereich 9 kHz unterliegen nicht dem FTEG. Bis 6. April 2001 unterfallen sie der TKZulV (§ 19 Abs 4 FTEG), seit dem EMVG (vor allem § 5 EMVG). **2**

Die Definition der Telekommunikations-Endeinrichtung ist weit. Prägend sind zum einen die – als Oberbegriffe verwendeten – Begriffe der **Einrichtungen** (§ 2 Nr 1) und des **Erzeugnisses** (§ 2 Nr 2), zum zweiten des **Anschlusses,** zum dritten des Anschließens an **Schnittstellen von öffentlichen Telekommunikationsnetzen.** Erzeugnisse sind körperliche Gegenstände, die zweckgerichtet hergestellt werden. Bei Telekommunikationsendeinrichtungen kommt es auf die Zweckbestimmung an. Zuständig für die Zweckbestimmung ist der Hersteller oder die für das Inverkehrbringen des Geräts verantwortliche Person (§ 10 Abs 3 S 1). Die Zweckbestimmung ergibt sich aus den Informationen über die bestimmungsgemäße Verwendung, die gemäß § 10 Abs 3 S 1 FTEG beizufügen ist. Demgegenüber kommt es bei Funkanlagen allein auf die objektive Eignung des Gerätes zur Kommunikation mit Funkwellen an, nicht auf die Zweckbestimmung. Das entspricht dem früher geltenden Recht (§ 60 Abs 1, 1. Alt TKG). **3**

Eine Telekommunikationsendeinrichtung liegt nur vor, wenn das Gerät für den direkten oder indirekten **Anschluss bestimmt** ist. Der Anschluss ist die Herstellung einer physikalischen oder logischen Verbindung. Bei dem Verbindungssystem kann es sich um Kabel-, Funk-, optische oder andere elektromagnetische Systeme handeln.[1] Das ergibt sich aus dem Begriff „mit jedwedem Mittel herzustellen" in § 2 Nr 2 FTEG. Hier sind zB erfasst Festnetztelefone und Mobiltelefone. Es spielt keine Rolle, mit welchem Mittel der Anschluss herzustellen ist. Es kann sich um einen direkten oder **indirekten Anschluss** handeln. **4**

Unter den Endeinrichtungsbegriff des FTEG unterfallen sowohl – im Bereich der Datentechnik – die Datenübertragungseinrichtungen (Data Circuit-Terminating Equipment, DCE) wie die Datenendeinrichtungen (Data Terminal Equipment, DTA). **5**

Computer, die integrierte IDSN-Anschlüsse oder eine ISDN-Karte haben, müssen die Anforderungen des FTEG erfüllen. **6**

Zu den Endeinrichtungen iSd FTEG gehören auch **private Netze,** soweit sie dazu bestimmt sind, an öffentliche Telekommunikationsnetze angeschlossen zu werden. **7**

Für den Begriff des **öffentlichen Telekommunikationsnetzes** ist maßgeblich, dass das Netz ganz oder teilweise der Bereitstellung von der Öffentlichkeit zugänglichen Diensten dient. Damit weicht die Definition von der herkömmlichen in § 3 Nr 12 TKG ab. Reine Verteilnetze sind keine öffentlichen TK-Netze iSd FTEG, weil der Dienst der Nachrichtenübermittlung nicht der Öffentlichkeit zugänglich ist. Die Breitbandkabelnetze sind erst dann öffentliche TK-Netze iSd FTEG, wenn sie rückkanalfähig sind. Die Schnittstelle iSd § 2 Nr 5 FTEG ist in jedem Fall noch Bestandteil des Netzes. Es ist regulatorisch nicht möglich, sie außerhalb des TK-Netzes anzusiedeln. Zweifel sind aufgekommen, ob Radaranlagen unter FTE-Richtlinie und FTEG fallen.[2] **8**

Funkanlagen sind auch reine Sende- und **reine Empfangsgeräte.** Maßgebend ist die Eignung zur Kommunikation mit Funkwellen. Erzeugnisse, die Funkwellen zu anderen Zwecken als der Kommunikation nutzen, sind also nicht erfasst. Funkwellen sind nur solche elektromagnetische Wellen, die innerhalb des in § 2 Nr 4 FTEG definierten Frequenzspektrums liegen und die sich ohne künstliche Führung im Raume ausbreiten. **9**

Eine wesentliche Ausnahme ergibt sich aus § 1 Abs 2 Nr 1 FTEG (siehe § 1 Rn 5). **10**

---

[1] So früher die Definition in § 2 Nr 2 TKZulV.
[2] Dafür die Gesetzesbegründung der Bundesregierung, § 2 Version 1. 2. 2000; nach RegTP, Fragen und Antworten zu FTEG und zur R & TTE-Richtlinie, Version 1. 1 Stand 24. 3. 2000, www.regtp.de/Technische Regulierung findet eine Klärung durch die EG-Kommission statt.

Wolfgang Spoerr

**Allgemeine Vorschriften**

**11** Der Begriff der **Schnittstelle** ist in § 2 Nr 5 FTEG definiert. Die Definition weicht insoweit vom allgemein üblichen technischen Begriffsverständnis ab, als nur Schnittstellen für den Zugang des Benutzers zu öffentlichen Telekommunikationsnetzen sowie Luftschnittstellen erfasst sind. Damit sind beispielsweise Schnittstellen für die Kommunikation zwischen Netzen (zB für Zusammenschaltung) ausgenommen. Erst recht sind die übertragungstechnischen Einrichtungen innerhalb des Netzes eines Netzbetreibers ausgenommen.

**12** Schnittstellen sind festgelegt durch die **Gesamtheit der physikalischen Eigenschaften** der Verbindungsleitung zwischen zwei Geräten oder Netzen und den auf diesen Leitungen (Schnittstellenleitungen) ausgetauschten Signalen sowie der Bedeutung der ausgetauschten Signale. Wegen des Bedürfnisses für Interoperabilität besteht bei Schnittstellen ein hohes Bedürfnis für technische Normung.

**13** Bei den Schnittstelleneigenschaften werden die **mechanischen** Anschlussverbindungen (normiert etwa in der DIN 41652) von den **elektrischen** und den **funktionalen** Anschlussbedingungen unterschieden. Zu den elektrischen Anschlussbedingungen gehören die Strom- und Spannungswerte für die Betriebssituation an der Schnittstelle, die Pulsformen des Sende- und Empfangssignals einschließlich der zulässigen Toleranzen, die Leitungscodierung, die Impedanzen an der Schnittstelle, die Dämpfungsreichweite, das Laufzeitverhalten der Signale, das Übertragungsverfahren, die Übertragungsgeschwindigkeit, die Synchronisationsmechanismen, die Kanalzuordnung sowie weitere, von der jeweiligen Applikation abhängige physikalische Größen.[3]

**14** Die funktionalen Anschlussbedingungen bezeichnen Funktionen der Schnittstellenleitungen. Diese lassen sich funktional in die Aufgabenbereiche Daten-, Steuer-, Takt- und Erdleitungen einteilen. Die bekanntesten Normen hierfür sind die Empfehlungen ITU-T V.24 und X.24 für die Datenübertragung im öffentlichen Fernsprech- und Datennetz. In Deutschland sind diese Bedingungen Gegenstand der DIN 66020. Die prozeduralen Anschlussbedingungen spezifizieren die folgenden Ereignisse zur Aktivierung und Deaktivierung, der Verbindung sowie dem Transport von Daten.[4] Die Schnittstellen, an die Endeinrichtungen angeschlossen werden, sind **Benutzer-Netz-Schnittstellen** bzw. Schnittstellen Telekommunikationsnetz-Endeinrichtung (Network Termination Point, NTP).

**15 Geräteklassen-Kennungen** werden von der Kommission vergeben, und zwar auf der Grundlage festgestellter Äquivalenzen zwischen mitgeteilten national geregelten Schnittstellen (Art 4 Abs 1 FTE-Richtlinie). Die Geräteklassen-Kennungen sind im Amtsblatt der Europäischen Gemeinschaft zu veröffentlichen. Die Veröffentlichung in Deutschland regelt § 4 Abs 2 FTEG.

**16** Der Begriff der **Konstruktionsunterlagen** wird im FTEG nicht näher definiert. In der FTE-Richtlinie werden die Konstruktionsunterlagen von den technischen Unterlagen unterschieden. Die technischen Unterlagen sind die Unterlagen, die eine Bewertung der Übereinstimmung des Produkts mit den relevanten grundlegenden Anforderungen im Rahmen des Anhangs II (Konformitätsbewertungsverfahren nach Art 10 Abs 3) ermöglichen. Die Unterlagen müssen Entwurf, Fertigung und Funktionsweise des Produkts abdecken und insbesondere folgende Angaben enthalten:

**17** – eine allgemeine Beschreibung des Produkts,

**18** – Entwürfe, Fertigungszeichnungen und -pläne von Bauteilen-Montage-Untergrund, Schaltkreisen usw.,

**19** – Beschreibungen und Erläuterungen, die zum Verständnis der genannten Zeichnungen und Pläne sowie der Funktionsweise des Produkts erforderlich sind,

**20** – eine Liste der in Art 5 genannten, ganz oder teilweise angewandten Normen sowie Beschreibungen und Erläuterungen der zur Erfüllung der grundlegenden Anforderungen der Richtlinie gewählten Lösungen, soweit die in Art 5 genannten Normen nicht angewandt worden sind oder nicht vorliegen.

---

[3] *Haaß* Handbuch der Kommunikationsnetze, S 128.

[4] *Haaß* Handbuch der Kommunikationsnetze, S 132.

Wolfgang Spoerr

– die Ergebnisse der Konstruktionsberechnungen, Prüfungen usw., **21**
– Prüfberichte. **22**

Die Konstruktionsunterlagen im Sinne der FTE-Richtlinie, Anhang IV, bestehen aus den tech- **23** nischen Unterlagen gemäß Anhang II Nr 4 und der Konformitätserklärung in Bezug auf die spezifischen Funktestreihen nach Anhang III. Nach Anhang IV sind die Konstruktionsunterlagen einem Konformitätsbewertungsverfahren durch die benannte Stelle zu unterziehen. Eine bestimmte Form oder Sprache ist darüber hinaus für die Konstruktionsunterlagen nicht vorgeschrieben. Die RegTP kann gemäß § 15 FTEG die Vorlage der Konstruktionsunterlagen verlangen. Dann müssen sie in deutscher Sprache vorgelegt werden (§ 15 Abs 2 FTEG).

Die Definition des Begriffs der **harmonisierten Norm** entspricht dem allgemein im europä- **24** ischen Produktzulassungsrecht Üblichen. Normen sind technische Spezifikationen, deren Einhaltung **nicht zwingend** vorgeschrieben ist. Darin unterscheiden sie sich von technischen Vorschriften, die es im System der Telekommunikations-Produktzulassung – anders als früher – nicht mehr gibt. Harmonisierte Normen sind ausschließlich **europäische Normen**, die – zudem – auf der Grundlage eines ausdrücklichen Auftrages der Kommission zur Erstellung einer europäischen Norm erstellt worden sind. Das Verfahren ist in Art 5, 6 und 11 der Normungs-Richtlinie[5] näher geregelt.[6]

Die **funktechnische Störung** ist relativ eng definiert. Bei Navigationsfunkdiensten und anderen **25** sicherheitsbezogenen Diensten ist eine Gefahr erforderlich, dh die hinreichend plausible Wahrscheinlichkeit einer Störung. Der Schutz ist hier vorbeugend und relativ strikt. Bei anderen Funkdiensten sind schwerwiegende Beeinträchtigungen, Behinderungen oder wiederholte Unterbrechungen Voraussetzung, was einen deutlich weniger strikten Schutz impliziert. Der jeweilige Funkdienst muss zudem im Einklang mit den geltenden gemeinschaftlichen oder einzelstaatlichen Regelungen betrieben werden

## § 3 Grundlegende Anforderungen

(1) Die folgenden grundlegenden Anforderungen gelten für alle Geräte:
  1. Schutz der Gesundheit und Sicherheit des Benutzers und anderer Personen einschließlich der in § 2 der Verordnung über das Inverkehrbringen elektrischer Betriebsmittel zur Verwendung innerhalb bestimmter Spannungsgrenzen vom 11. Juni 1979 (BGBl I S 629), die durch Artikel 1 der Verordnung vom 28. September 1995 (BGBl I S 1213) geändert worden ist, enthaltenen Anforderungen, jedoch ohne Anwendung der Spannungsgrenzen.
  2. Die in § 3 Abs 1 des Gesetzes über die elektromagnetische Verträglichkeit von Geräten vom 18. September 1998 (BGBl I S 2882) enthaltenen Schutzanforderungen in Bezug auf die elektromagnetische Verträglichkeit.

(2) Funkanlagen müssen zudem so hergestellt sein, dass sie das für terrestrische und satellitengestützte Funkkommunikation zugewiesene Spektrum und die Orbitressourcen effektiv nutzen, so dass keine funktechnischen Störungen auftreten.

(3) Das Bundesministerium für Wirtschaft und Technologie wird ermächtigt, durch Rechtsverordnung ohne Zustimmung des Bundesrates weitere grundlegende Anforderungen verbindlich zu bestimmen, soweit diese von der Kommission nach Artikel 3 Abs 3 der Richtlinie 1999/5/EG festgelegt worden sind. Für den Bereich der Schifffahrt und des Eisenbahnwesens erfolgt dies im Einvernehmen mit dem Bundesministerium für Verkehr, Bau und Wohnungswesen.

Der Begriff der grundlegenden Anforderungen ist ein **Zentralbegriff** des europäischen Produkt- **1**

---

[5] 98/34/EG.     [6] Dazu *Hoffmann-Riem* DVBl 1999, 125, 128 f.

Wolfgang Spoerr

rechts. Er hat in § 3 FTEG für das **Telekommunikationsrecht** eine **spezifische Ausgestaltung** erfahren. § 3 FTEG entspricht Art 3 der FTE-Richtlinie. § 3 entspricht dem Prinzip der abschließenden Spezialität zum EMVG, indem es auf die materiellen EMV-Anforderungen verweist.

**2** Der unionsrechtliche Begriff der grundlegenden Anforderungen (Essential Requirements) kennzeichnet eine dreifache Selbstbeschränkung des Staates: Erstens ist der Steuerungsanspruch der Anforderungen auf das Grundlegende beschränkt insoweit, als gegenständlich nur solche Anforderungen gestellt werden, die im öffentlichen Interesse staatlich – und somit in der Regel einheitlich – geregelt werden müssen. Diese gegenständliche Beschränkung des nationalen Gesetzgebers bringt § 3 Abs 1 FTEG durch eine abschließende Auflistung der zulässigen Regelungsgegenstände und -ziele zum Ausdruck. Nur auf europäisch-harmonisierter Ebene darf darüber hinausgegangen werden, was gem Abs 3 verordnungsrechtlich umgesetzt werden kann. Zweitens bringt der Begriff der grundlegenden Anforderungen zum Ausdruck, dass es sich im Verhältnis zwischen regulierendem Eingreifen und privater Verantwortung (der Unternehmen) um **Mindestanforderungen** handelt, nicht allerdings auf der Grundlage eines niedrigen Standards. Auch wenn – zulässigerweise – materiell den grundlegenden Anforderungen ein hoher Standard zugrunde gelegt wird, dürfen die Hersteller darüber hinausgehen. Und wenn die Standards vom haftungsrechtlich maßgeblichen Standard der Technik erkennbar überholt sind, können sogar haftungsrechtlich sanktionierte Verkehrssicherungspflichten der Hersteller und Vertreiber bestehen, über die grundlegenden Anforderungen hinauszugehen. Drittens kennzeichnet der Begriff den **generalklauselartigen**, eher final denn konditional programmierenden **Regelungsansatz**.

**3** Im Telekommunikationsrecht sind die grundlegenden Anforderungen grundsätzlich auf den **Gesundheitsschutz** und die **Sicherheit der Benutzer** sowie auf die **elektromagnetische Verträglichkeit** beschränkt. Für beide Schutzziele arbeiten Richtlinien und Gesetzgeber mit einer Verweisung. Eine Verordnungsermächtigung zur Konkretisierung der grundlegenden Anforderungen enthält das FTEG nicht.

**4** Ohnehin ist die staatliche Verantwortung für die Einhaltung der grundlegenden Anforderungen beschränkt. Zwar kann die Regulierungsbehörde gemäß § 15 FTEG iVm §§ 8, 9 EMVG einschreiten, wenn sie der Auffassung ist, dass Geräte die grundlegenden Anforderungen nicht einhalten. § 14 Abs 2 FTEG beauftragt die Regulierungsbehörde ausdrücklich mit einer stichprobenweisen Prüfung. Doch ist diese staatliche Verantwortung deutlich zurückgenommen. Die Primärverantwortung für die Einhaltung der grundlegenden Anforderungen liegt bei den Unternehmen, die Geräte herstellen oder in den Verkehr bringen. Selbst die **Fremdkontrolle** soll primär **Privaten** zugewiesen werden: den benannten Stellen nach § 8 FTEG. Die entsprechende Befugnis der Regulierungsbehörde nach § 14 Abs 3 besteht nur dann, wenn bei benannten Stellen in Deutschland keine ausreichenden Kapazitäten zur Verfügung stehen.

**5** Eine geringe Rolle spielt die **Unterscheidung von Schutz und Vorsorge**. § 3 Abs 1 FTEG ist schon seinem Wortlaut nach auf die technisch-sicherheitsrechtliche Gefahrenabwehr ausgerichtet, allerdings auch in Form der **vorbeugenden Gefahrenabwehr**, die schon weit im Vorfeld eines Schadens ansetzt. Auch die Regelung über die elektromagnetische Verträglichkeit ist nach geltendem Recht nicht auf reine Vorsorge ausgerichtet. Eine solche Ausrichtung lässt sich auch nicht aus der systematischen Verselbständigung des § 3 Abs 1 Nr 2 FTEG ableiten. Hintergrund dieser Verselbständigung ist nicht eine Unterscheidung zwischen Schutz und Vorsorge, sondern die historische und systematische Verselbständigung der Anforderungen der EMV-Verträglichkeit gegenüber den rein schutzbezogenen im Unionsrecht.

**6** Anders als TKZulV sieht das FTEG auch kein **Konzept zur administrativen Normkonkretisierung** mehr vor. Insbesondere sieht es das FTEG nicht vor, technische Normen staatlich zu rezipieren. Eine Bekanntmachung von technischen Vorschriften, die die grundlegenden Anforderungen konkretisieren und Grundlage der Konformitätsbewertung sind, sieht das FTEG nicht vor, anders als früher § 5 Abs 3 TKZulV. Ohne eine solche gesetzliche Ermächtigung zu entsprechenden Rezeptionsentscheidungen,[1] (wie Bezeichnungen (§ 10 GSG) und Bekanntmachungen (§ 5 Abs 3 TKZulV)), können Verwaltungsentscheidungen technischen Normen keinerlei

Wolfgang Spoerr

§ 3 Grundlegende Anforderungen

zusätzliche Qualifikation verleihen. Gleichwohl ist ohne Normung zur Konkretisierung bestimmter Gesetzesbegriffe nicht auszukommen (s u Rn 9 f).

Während die Mitgliedstaaten strikt auf – gegenständlich stark begrenzte – grundlegende Anforderungen begrenzt sind, kann die Kommission im Verfahren nach Art 15 der FTE-Richtlinie deutlich **erweiterte Schutzziele** verwirklichen. Sie sind in Art 3 Abs 3 der FTE-Richtlinie im einzelnen aufgezählt. Es wird erwartet, dass die Kommission Art 3 Abs 3 der Richtlinie sehr restriktiv anwendet.[2] Angewendet werden soll Art 3 Abs 3 FTE-Richtlinie vor allem für bestimmte sicherheitsrelevante Geräte wie Funkanlagen zum Auffinden von Lawinenverschütteten und Schiffsausrüstungen für nicht ausrüstungspflichtige Schiffe. 7

Unklarheiten enthalten die gesetzlichen Vorgaben im Hinblick auf das **Anforderungsniveau**. Es fehlt auch eine Verordnungsermächtigung, wie sie § 59 Abs 4 TKG noch enthielt. Vor dem Hintergrund der im deutschen Recht anerkannten Drei-Stufen-Lehre zu technischen Anforderungen (allgemein anerkannte Regeln in der Technik – Stand der Technik – Stand von Wissenschaft und Technik)[3] stellt sich hier die Frage, an welchem Anforderungsniveau sich die Regulierungsbehörde ausrichten darf oder muss, soweit keine unionsrechtlich bindenden Vorgaben in Form harmonisierter technischer Regeln bestehen. Eine Wortlautauslegung muss am Begriff der grundlegenden Anforderungen ansetzen. Es spricht für eine Orientierung an einem allgemein anerkannten Anforderungsniveau, wie es nach herkömmlichem deutschen Begriffsverständnis von den allgemein anerkannten Regeln der Technik markiert wird. 8

Im Einklang damit kommt es in der Praxis vor allem auf die **Produktnormung** an, wie sie nicht zuletzt vom europäischen Produktrecht geprägt ist. In ihm ist eine feste Dogmatik technologisch-sicherheitsrechtlicher Anforderungsniveaus nicht anerkannt.[4] 9

Das EMVG, auf das § 3 Abs 1 Nr 2 verweist, konkretisiert das aktive und passive Schutzniveau. Im Hinblick auf den aktiven Schutz gilt, dass die Erzeugung elektromagnetischer Störungen soweit begrenzt werden muss, dass ein bestimmungsgemäßer Betrieb von Funk- und Telekommunikationsgeräten sowie sonstigen Geräten möglich ist. Für die passive elektromagnetische Verträglichkeit gilt als Anforderungsniveau eine **angemessene** Festigkeit, die einen bestimmungsgemäßen Betrieb möglich macht. Anlage 1 zum EMVG spezifiziert das näher dahin, dass die Geräte in einem normalen EMV-Umfeld ein angemessenes Störfestigkeitsniveau an ihrem Einsatzort aufweisen müssen, damit sie unter Berücksichtigung der Werte hinsichtlich der Störung, die von den Geräten ausgeht, die den in § 3 Abs 2 EMVG genannten Normen entsprechen, ohne Beeinträchtigung betrieben werden können. Dies zeigt, dass das EMVG von einem bewirtschaftenden Optimierungsauftrag ausgeht. Eine Minimierungspflicht im Sinne einer anlass- und gefahrenunabhängigen Vorsorge ist ihm nicht zu entnehmen. Ohne technische Normung zum Ausgleich von Nutzungsinteressen ist hier nicht auszukommen.[5] 10

Nach der 1. GSGV müssen elektrische Betriebsmittel entsprechend dem in der Europäischen Gemeinschaft gegebenen **Stand der Sicherheitstechnik** hergestellt werden (§ 2 Abs 1 Nr 1 1. GSGV). Sie dürfen bei ordnungsgemäßer Installation und Wartung und bestimmungsgemäßer Verwendung die **Sicherheit von Menschen, Nutztieren und Sachwerten** nicht gefährden (§ 1 Abs 1 Nr 2 1. GSGV). § 1 Abs 2 konkretisiert diese Anforderungen näher. 11

---

[1] Dazu *Breuer* Direkte und indirekte Rezeption technischer Regeln durch die Rechtsordnung, AöR 1976, S 46 ff.
[2] So RegTP, Fragen und Antworten, www.regtp.de/ Technische Regulierung, S 7.
[3] Grundlegend BVerfGE 49, 87, 103 – *Kalkar* -.

[4] Krit *Rönck* Technische Normen als Gestaltungsmittel des Europäischen Gemeinschaftsrechts, S 241 ff.
[5] Zum Stand der technischen Normung etwa RegTP, Halbjahresbericht 2000, S 53.

Wolfgang Spoerr

Allgemeine Vorschriften

## § 4 Bereitstellung von Schnittstellenbeschreibungen durch die Regulierungsbehörde für Telekommunikation und Post

(1) Die Regulierungsbehörde für Telekommunikation und Post kann für Funkanlagen, die in Frequenzbändern betrieben werden, deren Nutzung nicht gemeinschaftsweit harmonisiert ist, genaue und angemessene Beschreibungen für Funkschnittstellen bereitstellen. Die Regulierungsbehörde für Telekommunikation und Post kann Beschreibungen für Schnittstellen zum Anschluss von Telekommunikationsendeinrichtungen an feste öffentliche Telekommunikationsnetze bereitstellen. Die Schnittstellenbeschreibungen enthalten alle Angaben, die erforderlich sind, damit die Hersteller die jeweiligen Prüfungen in Bezug auf die für das jeweilige Telekommunikationsendgerät oder die jeweilige Funkanlage geltenden grundlegenden Anforderungen nach eigener Wahl durchführen können. Die Schnittstellenbeschreibungen oder deren Fundstellen werden im Amtsblatt der Regulierungsbehörde für Telekommunikation und Post veröffentlicht. Die Regulierungsbehörde für Telekommunikation und Post veröffentlicht in ihrem Amtsblatt ferner eine Übersicht der Frequenzbänder, bei denen die Bedingungen der Nutzung für Funkanlagen gemeinschaftsweit harmonisiert sind.

(2) Das Bundesministerium für Wirtschaft und Technologie wird ermächtigt, durch Rechtsverordnung ohne Zustimmung des Bundesrates die von der Kommission nach Artikel 4 Abs 1 der Richtlinie 1999/5/EG festgestellten Äquivalenzen mitgeteilter nationaler Schnittstellen und die vergebenen Geräteklassen-Kennungen verbindlich zu bestimmen. Für den Bereich der Schifffahrt und des Eisenbahnwesens erfolgt dies im Einvernehmen mit dem Bundesministerium für Verkehr, Bau- und Wohnungswesen.

**1** § 4 FTEG setzt Art 4 der FTE-Richtlinie um. § 4 weicht allerdings in der Begrifflichkeit deutlich von Art 4 der FTE-Richtlinie ab. Art 4 Abs 1 der FTE-Richtlinie spricht davon, dass die Mitgliedstaaten „regeln" können, während Betreiber öffentlicher Telekommunikationsnetze Schnittstellen „bereitstellen". Der Wortlaut von § 4 Abs 1 FTEG spricht nicht von der Regelung von Schnittstellen, sondern von der Bereitstellung von Schnittstellenbeschreibungen durch die RegTP. Damit macht der nationale Gesetzgeber deutlich, dass entsprechende Schnittstellenbeschreibungen keinerlei verbindliche Wirkung haben. Sie sind zu veröffentlichen (§ 4 Abs 1 S 4 FTEG). Weder die Betreiber öffentlicher Telekommunikationsnetze noch die Gerätehersteller sind an die Schnittstellenbeschreibungen der Regulierungsbehörde gebunden.

**2** Die Einhaltung von Schnittstellenbeschreibungen für Funkanlagen kann betriebsbezogen über **Frequenzzuteilungen** behördlich angeordnet werden, soweit sie dem Regulierungsziel des § 3 Abs 2 TKG dienen. Nach der Regulierungspraxis ist die Einhaltung von Schnittstellenspezifikationen und anderen Frequenznutzungsbedingungen zwar nicht Voraussetzung, wohl aber Bestandteil der Frequenzzuteilung. Als solcher sind sie bei Betrieb der Funkanlage unter Nutzung der zugeteilten Frequenz einzuhalten. Ein Nachweis – etwa durch einen technischen Prüfbericht – wird allerdings idR nicht gefördert. Funkschnittstellen dürfen nach § 4 Abs 1 FTEG nur dann beschrieben werden, wenn die Nutzung des jeweiligen Frequenzbandes nicht **gemeinschaftsweit harmonisiert** ist. Im Übrigen lässt § 4 FTEG die Bereitstellung von Schnittstellenbeschreibungen für das Festnetz zu.

**3** Der **Harmonisierung der Frequenznutzung** in der Europäischen Gemeinschaft liegen keine einheitlichen rechtlichen Instrumente zugrunde. Insoweit werden gemeinschaftsrechtliche Richtlinien, Entscheidungen des Europäischen Parlamentes und des Rates sowie rechtlich nicht bindende Ratsentschließungen eingesetzt.[1] Die eigentliche Harmonisierungsarbeit wird zum Teil an den CEPT delegiert.[2]

---

1 *Scherer* K+R-Beilage 2 zu Heft 11/99, S 4.
2 So etwa zu UMTS die Entscheidung Nr 128/1999/EG des Europäischen Parlamentes und des Rates vom 14. 12. 1998 über die koordinierte Einführung eines Drahtlos- und Mobilkommunikationssystems (UMTS) der dritten Generation in der Gemeinschaft, ABl L 17/1 vom 22. 1. 1999.

Wolfgang Spoerr

Gemeinschaftsweit harmonisiert sind solche Funkanlagen: 4
- die in einem Frequenzband betrieben werden, für das in jedem Mitgliedsstaat die gleiche 5
Funkschnittstelle in der folgenden Weise zugewiesen ist: (i) Es gibt eine gemeinschaftsweit einheitliche Frequenzbereichszuweisung, und (ii) innerhalb dieser Frequenzbereichszuweisung folgt die Verteilung und/oder Zuteilung der Funkfrequenzen oder Funkfrequenz-Kanäle einem gemeinschaftsweit einheitlichem Plan oder einer gemeinschaftsweit einheitlichen Regelung, und (iii) für die Geräte gelten gemeinschaftsweit einheitliche Parameter (zB Leistung, Tastverhältnis, Bandbreite usw.) oder
- die nicht senden (d. h. reine Empfangsfunkanlagen) oder 6
- die nur unter der Kontrolle eines Netzwerkes senden können (receive before transmit).[3] 7

Durch Rechtsverordnung zu bestimmen sind die Festlegungen der Äquivalenzen zwischen 8
mitgeteilten Schnittstellen und die Geräteklassen-Kennungen, die von der Europäischen Kommission nach Art 4 Abs 1 S 2 iVm Art 15 FTE-Richtlinie vergeben werden.[4]

Das ist erst im Gesetzgebungsverfahren eingefügt worden; der Entwurf der Bundesregierung hatte es noch bei einer Veröffentlichung durch die RegTP belassen.

## § 5 Schnittstellenbeschreibungen der Netzbetreiber

(1) Betreiber öffentlicher Telekommunikationsnetze sind verpflichtet,
1. genaue und angemessene technische Beschreibungen ihrer Netzzugangsschnittstellen bereitzustellen und zu veröffentlichen sowie der Regulierungsbehörde für Telekommunikation und Post unmittelbar mitzuteilen und
2. regelmäßig alle aktualisierten Beschreibungen dieser Netzschnittstellen zu veröffentlichen und der Regulierungsbehörde für Telekommunikation und Post unmittelbar mitzuteilen.

Die Verpflichtung des S 1 Nr 1 gilt auch für jede technische Änderung einer vorhandenen Schnittstelle. Die Schnittstellenbeschreibung muss hinreichend detailliert sein, um den Entwurf von Telekommunikationsendeinrichtungen zu ermöglichen, die zur Nutzung aller über die entsprechende Schnittstelle erbrachten Dienste in der Lage sind. Der Verwendungszweck der Schnittstelle muss angegeben werden.

(2) Die Schnittstellenbeschreibungen müssen alle Informationen enthalten, damit die Hersteller die jeweiligen Prüfungen in Bezug auf die für die jeweilige Telekommunikationsendeinrichtung geltenden schnittstellenrelevanten grundlegenden Anforderungen nach eigener Wahl durchführen können.

(3) Die Pflicht zur Veröffentlichung nach Abs 1 ist erfüllt, wenn die Angaben im Amtsblatt der Regulierungsbehörde für Telekommunikation und Post veröffentlicht werden. Erfolgt die Veröffentlichung an anderer Stelle, hat der Betreiber die Fundstelle umgehend der Regulierungsbehörde für Telekommunikation und Post mitzuteilen. Die Regulierungsbehörde für Telekommunikation und Post veröffentlicht einen Hinweis auf die Fundstelle in ihrem Amtsblatt.

(4) Ist die Veröffentlichung der gesamten Schnittstellenspezifikationen aufgrund des Umfangs nicht zumutbar, ist eine eingeschränkte Mitteilung ausreichend, die zumindest über Art und Verwendungszweck der Schnittstelle Auskunft gibt und einen Hinweis auf Bezugsmöglichkeiten der umfassenden Schnittstellenspezifikationen enthält. Der Betreiber stellt sicher, dass die Schnittstellenspezifikationen unverzüglich auf Anforderung an den Interessenten abgegeben werden und die Interessenten weder zeitlich, inhaltlich noch kosten-

---

[3] So die RegTP, Mitteilung 199/2000, ABl. RegTP 2000, 1051 unter Bezugnahme auf Entscheidungen des TCAM (siehe dazu § 14 FTEG Rn 2).

[4] S RegTP, Mitteilung 199/2000, ABl RegTP 2000 Nr 6.

mäßig ungleich behandelt werden. Ein für den Bezug von Schnittstellenspezifikationen erhobenes Entgelt darf nur in Höhe der hierdurch verursachten besonderen Kosten erhoben werden.

(5) Der Betreiber öffentlicher Telekommunikationsnetze darf Leistungen, die über die nach Abs 1 veröffentlichten Schnittstellen bereitgestellt werden sollen, nur anbieten, wenn zuvor die Schnittstellenbeschreibung oder die Fundstelle der Schnittstellenbeschreibung im Amtsblatt der Regulierungsbehörde für Telekommunikation und Post veröffentlicht worden ist.

**1** § 5 dient der **Interoperabilität**. Die Vorschrift **verpflichtet** die Betreiber öffentlicher Telekommunikationsnetze und damit **private Unternehmen**. Die Pflicht zur Veröffentlichung genauer und angemessener technischer Beschreibungen der Netzzugangsschnittstellen öffentlicher Telekommunikationsnetze soll den Wettbewerb auf dem Markt für Endeinrichtungen sichern, und zwar indem Private in die Pflicht genommen werden. § 5 FTEG setzt Art 4 Abs 2 der FTE-Richtlinie um. Schnittstellenbeschreibungen sind als **Instrument des nationalen Rechts** konzipiert. Die Gewährleistungspflicht der Mitgliedstaaten wird in § 5 Abs 5 durch ein striktes Implementationsverbot umgesetzt. Bestehende Schnittstellen müssen innerhalb von vier Wochen nach Inkrafttreten des FTEG veröffentlicht werden. Damit bleibt das deutsche Recht hinter dem EG-rechtlich Geforderten zurück, weil das FTEG verspätet erlassen worden ist. § 5 FTEG ist **nicht** auf **marktbeherrschende** Betreiber öffentlicher Telekommunikationsnetze beschränkt.

**2** Den Umfang der technischen Beschreibungen regelt Abs 1 Nr 1 iVm Abs 1 S 2. Im Übrigen ist eine bestimmte Form nicht vorgesehen. Die Beschreibungen müssen **genau und angemessen** sein. Sie müssen so detailliert sein, dass sie den Entwurf von Telekommunikationsendeinrichtungen ermöglichen, die als über die entsprechende Schnittstelle erbrachten Dienste nutzen können. Soweit zu den technischen Parametern Prüf- oder Messverfahren gehören, müssen sie mit angegeben werden. Die Angaben gemäß § 5 Abs 2 FTEG bilden nur einen Teil der Schnittstellenbeschreibungen. Diese sind nicht auf die für grundlegende Anforderungen relevante Anforderungen beschränkt. Der Text der FTE-Richtlinie bringt dies besser zum Ausdruck als § 5 Abs 2 FTEG („unter anderem").

**3** **Dienste** im Sinne des § 5 Abs 1 S 3 FTEG sind **Funktionen jeder Art**, die für sich oder zusammen mit anderen Funktionen dem Nutzer einen Nutzen vermitteln. Die Spezifikationen müssen also so detailliert sein, dass sie die Nutzung sämtlicher Funktionen der angebotenen Dienstleistungen ermöglichen; legt man einen engeren Dienstebegriff, der einzelne Funktionen nicht erfasst, zugrunde, so müssen sie die vollständige Nutzung **aller Dienste** ermöglichen.

**4** Besondere Probleme treten auf, soweit Dienste nicht von Netzbetreibern, sondern von Diensteanbietern erbracht werden. Diensteanbieter, die keine Netzbetreiber iSd § 5 FTEG sind, können nicht gezwungen werden, ihre Diensteparameter zur Verfügung zu stellen. In diesem Fall muss der Netzbetreiber nur die Angaben machen, die er hat. Diensteanbieter sind allerdings nur dann nicht an § 5 FTEG gebunden, wenn ihre Dienste nicht mehr dem Betrieb des Netzes zuzuordnen sind. Bei TK-bezogenen Leistungsunternehmen, die von Anbietern bereitgestellt werden, die mit einem anderen TK-Unternehmen zusammenarbeiten, ist im Einzelfall zu prüfen, ob die Leistungsmerkmale noch dem TK-Netzbetrieb zuzuordnen sind. Maßgebend ist eine **funktionale Betrachtungsweise**. Alles, was der **Nachrichtenübermittlung** funktional – insbesondere aus **Nutzersicht** – zugeordnet ist, gehört zu den nach § 5 FTEG offenlegungspflichtigen Schnittstellenbeschreibungen. Der Begriff des „Netzbetriebes" iSd § 5 FTEG ist insoweit deutlich weiter als der Übertragungswege – oder Netzbetreiberbegriff des Lizenzrechts (§ 3 Rn 13 ff). Ähnliche Grundsätze dürften für die Behandlung von **hybriden Betreibern** wie Internet-Service-Providern gelten, wobei hier der Beschränkung der Pflichten auf dem TK-Bereich besondere Bedeutung zukommt.

**5** § 5 Abs 4 ist das Verbot zu entnehmen, neue Dienste einzuführen, bevor die Schnittstellenbeschreibung veröffentlicht ist. Eine Eingriffsbefugnis zur Durchsetzung der Pflicht zur Bekanntgabe enthalten die §§ 14, 15 FTEG und 8, 9 EMVG nicht. Verstöße sind aber eine Ordnungswidrigkeit nach § 17 Abs 1 Nr 5 FTEG. Verstöße gegen § 5 FTEG können zudem ein Missbrauch einer marktbeherrschenden Stellung sein, der nach § 33 TKG abgestellt werden kann. § 5 gilt auch für Schnittstellen, über die zum Inkrafttreten der FTEG bereits Leistungen erbracht werden.[1]

Die Veröffentlichungspflicht aus Abs 3 konkretisiert die Pflicht aus Art 4 Abs 2 S 5 FTE-Richtlinie. Danach sorgen die Mitgliedstaaten dafür, dass die Spezifikationen von den Betreibern ohne weiteres verfügbar gemacht werden. Regelfall ist die Veröffentlichung im Amtsblatt der Regulierungsbehörde. Die RegTP ist verpflichtet, die ihr gelieferten Informationen **unverzüglich** zu veröffentlichen. Unter den Voraussetzungen des Abs 4 reicht die Bezugsmöglichkeit aus. Dafür darf ein Entgelt erhoben werden, aber nur in Höhe der durch den Bezug verursachten **besonderen Kosten**. Das sind die im Einzelfall zurechenbaren **variablen Kosten**. Maßgebend sind die variablen Kosten des einzelnen Bezuges, nicht die Kosten der Bereitstellung. Erhoben werden dürfen individuell veranlasste Vervielfältigungs-, sonstige Kopier- und Versandauslagen.

## § 6 Harmonisierte Normen

(1) Entspricht ein Gerät den einschlägigen harmonisierten Normen oder Teilen derselben, deren Fundstellen im Amtsblatt der Regulierungsbehörde für Telekommunikation und Post veröffentlicht wurden, so wird vermutet, dass die grundlegenden Anforderungen, die mit diesen harmonisierten Normen oder Teilen derselben abgedeckt sind, erfüllt sind.

(2) Stellt die Regulierungsbehörde für Telekommunikation und Post fest, dass eine harmonisierte Norm die grundlegenden Anforderungen nicht gewährleistet, so teilt sie dies dem Bundesministerium für Wirtschaft und Technologie mit. Das Bundesministerium für Wirtschaft und Technologie befasst den Ausschuss nach Art 14 der Richtlinie 1999/5/EG mit der Angelegenheit.

(3) Trifft die Kommission nach Art 5 Abs 3 der Richtlinie 1999/5/EG Entscheidungen über harmonisierte Normen, werden diese von der Regulierungsbehörde für Telekommunikation und Post in ihrem Amtsblatt veröffentlicht.

Anknüpfend an die Definition der harmonisierten Normen in § 2 Nr 8 FTEG regelt § 6 Abs 1 die Rechtsfolgen der Übereinstimmung mit harmonisierten Normen (§ 6 Abs 1 FTEG). § 6 Abs 2 und 3 FTEG regeln – und zwar abschließend – die Bedingungen und das Verfahren, unter denen von der Vermutungswirkung abgewichen werden darf. Die Vermutungswirkung ist im **nationalen Rechtsraum nicht widerleglich**. Erst auf europäischer Ebene ist eine Vermutungswiderlegung möglich.

Die Vermutungswirkung haben nur europäische Normen.[1] Entwürfe und sogenannte Vornormen lösen die Wirkung nicht aus (zum Begriff der harmonisierten Normen siehe § 2 FTEG Rn 24). Die Vermutungswirkung gilt solange, bis die Kommission im Verfahren nach Art 5 Abs 3 der FTE-Richtlinie entweder ergänzend Leitlinien erlassen oder die harmonisierten Normen rückgängig gemacht hat. Solche Entscheidungen sind von der Regulierungsbehörde im Amtsblatt zu veröffentlichen (§ 6 Abs 3 FTEG).

Die Kommission hat im Amtsblatt Nr C 99 vom 7. April 2000 die harmonisierten Normen zur Anwendung unter der FTE-RL veröffentlicht.[2]

---

1 S RegTP, Vfg 16/2001, ABl RegTP 2001, 554.
1 Dazu *Rönck* Technische Normen als Gestaltungsmittel des Europäischen Gemeinschaftsrechts, S 59. Zum Normen-Begriff: 18. Generalversammlung CENELEC, September 1995, in: DIN-Mitteilungen 65/1986, S 49.
2 Mitteilung 2000/C99/02 und Mitteilung 2000/C99/03; jetzt RegTP, Vfg 28/2001, ABl RegTP 2001, 1195.

Wolfgang Spoerr

## Zweiter Teil
## Konformitätsbewertung und CE-Kennzeichnung

### § 7 Konformitätsbewertungsverfahren

(1) Der Hersteller, sein in der Europäischen Gemeinschaft ansässiger Bevollmächtigter oder derjenige, der das Produkt in der Europäischen Gemeinschaft in den Verkehr bringt, haben den Nachweis der Konformität von Geräten mit den grundlegenden Anforderungen durch ein den nachfolgenden Bestimmungen entsprechendes Konformitätsbewertungsverfahren zu erbringen.

(2) Die Konformitätsbewertung unterliegt bei
  1. Telekommunikationsendeinrichtungen, die das für terrestrische oder satellitengestützte Funkkommunikation zugewiesene Spektrum nicht nutzen, sowie bei Empfangsteilen von Funkgeräten von Funkanlagen nach Wahl des Herstellers den Verfahren der Anhänge II, IV oder V der Richtlinie 1999/5/EG;
  2. Funkanlagen, die nicht die Voraussetzungen der Nummer 1 erfüllen und bei denen der Hersteller harmonisierte Normen im Sinne des § 6 Abs 1 angewendet hat, nach Wahl des Herstellers den Verfahren der Anhänge III, IV oder V der Richtlinie 1999/5/EG;
  3. Funkanlagen, die nicht die Voraussetzungen der Nummer 1 erfüllen und bei denen der Hersteller harmonisierte Normen im Sinne des § 6 Abs 1 nicht oder nur teilweise angewandt hat, nach Wahl des Herstellers den Verfahren der Anhänge IV oder V der Richtlinie 1999/5/EG.

(3) Die Konformität von Geräten mit den in § 3 Abs 1 Nr 1 und 2 genannten grundlegenden Anforderungen kann nach Wahl des Herstellers mit Hilfe der in der Verordnung über das Inverkehrbringen elektrischer Betriebsmittel zur Verwendung innerhalb bestimmter Spannungsgrenzen oder der in § 4 Abs 1 bis 4 des Gesetzes über die elektromagnetische Verträglichkeit von Geräten festgelegten Verfahren nachgewiesen werden, sofern die Geräte in den Geltungsbereich dieser Regelungen fallen.

(4) Im Rahmen der Konformitätsbewertung nach Absatz 2 haben der Hersteller oder, falls dieser nicht in der Europäischen Gemeinschaft ansässig ist, sein in der Europäischen Gemeinschaft ansässiger Bevollmächtigter die für das vom Hersteller gewählte Konformitätsbewertungsverfahren erforderlichen Unterlagen nach Maßgabe der Nummer 4 des Anhangs II, der Anhänge III, IV oder der Nummer 5 des Anhangs V der Richtlinie 1999/5/EG zu erstellen und für einen Zeitraum von mindestens zehn Jahren nach der Herstellung des letzten Produkts zur Einsichtnahme durch die Regulierungsbehörde für Telekommunikation und Post und die für die Durchführung dieser Aufgaben zuständigen Behörden der übrigen Mitgliedstaaten der Europäischen Gemeinschaft aufzubewahren. Sie haben die aufgrund dieses Gesetzes oder durch die übrigen Mitgliedstaaten der Europäischen Gemeinschaft benannten Stellen bei der Konformitätsbewertung zu beteiligen, soweit die Anhänge II bis V der Richtlinie 1995/5/EG dies vorsehen. Der Hersteller hat alle erforderlichen Maßnahmen zu treffen, damit das Fertigungsverfahren die Übereinstimmung der Produkte mit den in der Konformitätsbewertung erstellten Unterlagen gewährleistet. Ist weder der Hersteller noch sein Bevollmächtigter in der Europäischen Gemeinschaft ansässig, hat derjenige, der das Produkt in der Europäischen Gemeinschaft in den Verkehr bringt, die nach Satz 1 erforderlichen Unterlagen aufzubewahren.

(5) Für Funkgeräte, die nach der Telekommunikationszulassungsverordnung zugelassen worden sind, ist bei der Konformitätsbewertung in Abweichung von dem Verfahren des Anhangs III der Richtlinie 1999/5/EG die Durchführung von Funktestreihen nicht erforderlich.

(6) Die Aufzeichnungen über die Konformitätsbewertungsverfahren nach den Absätzen 2

bis 4 und der diesbezügliche Schriftverkehr sind in deutscher Sprache abzufassen, soweit diese Verfahren in der Bundesrepublik Deutschland durchgeführt werden. Die in der Konformitätsbewertung des Geräts tätige benannte Stelle kann auch die Verwendung einer anderen Sprache gestatten.

§ 7 regelt das Verfahren zum **Nachweis der grundlegenden Anforderungen**, die dem Grunde nach in § 3 FTEG geregelt sind. Ohne Konformitätsbewertung dürfen Produkte in der Europäischen Gemeinschaft nicht in den Verkehr gebracht werden. Die Anhänge II bis V der FTE-Richtlinie stellen **verschiedene Konformitätsbewertungsverfahren zur Wahl**. Das Anhang III-Verfahren gilt nur bei der Anwendung harmonisierter Normen. Grundlage der Konformitätsbewertung können aber neben den harmonisierten Normen auch zB ETSI-Normen oder Common Technical Reputations (CTR) sein. Nach geltendem Recht ist aber ihre Anwendung bei der Konformitätsbewertung nicht mehr vorgeschrieben. 1

§ 7 Abs 3 und Abs 5 FTEG **beschränken** die **Wahlfreiheit** zwischen den Verfahren. Zwischen der Konformitätsbewertung nach der Niederspannungsrichtlinie und dem EMVG einerseits und der FTEG-Konformitätsbewertung andererseits haben die Hersteller die Wahl, soweit die Anwendungsvoraussetzungen der jeweiligen Konformitätsbewertung erfüllt sind. Abs 6 und Abs 2 gestalten die Pflichten näher aus. 2

Die **Verweisungen** auf das jeweilige Konformitätsbewertungsverfahren der FTE-Richtlinie in Abs 3 sind **dynamisch**; im Falle einer gegenständlich klar präzisierten, auf technische Einzelheiten beschränkten Verweisung sind dynamische Verweisungen auf des EG-Recht zulässig.[1] 3

Die Pflicht zur Durchführung des Konformitätsbewertungsverfahrens trifft einen der in § 7 Abs 1 Genannten. Das Konformitätsbewertungsverfahren kann entweder vom **Hersteller**,[2] von seinem Bevollmächtigten, der in der Europäischen Gemeinschaft ansässig ist, oder demjenigen, der das Produkt in der Europäischen Gemeinschaft in den Verkehr bringt, durchgeführt werden. Der unionsfremde Hersteller kann das Konformitätsbewertungsverfahren selbst durchführen, wenn er eine Niederlassung in der Europäischen Gemeinschaft hat. Soweit der Hersteller keine Niederlassung in der Europäischen Gemeinschaft hat, kann er sich eines Bevollmächtigten bedienen, der eine solche Niederlassung hat. Als **Bevollmächtigter** kommt prinzipiell jedermann in Betracht. Bedienen sich Hersteller, die nicht in der Europäischen Gemeinschaft ansässig sind, keines Bevollmächtigten, so muss derjenige das Konformitätsbewertungsverfahren durchführen, der das Produkt in der Europäischen Gemeinschaft in den Verkehr bringt (zum Begriff des Inverkehrbringens: § 10 FTEG Rn 3 ff). Das ist in der Regel der Importeur oder Händler. 4

Nach § 7 Abs 3 kann der Hersteller (und ergänzend auch andere Pflichtige nach § 7 Abs 1 FTEG) zwischen dem FTEG und dem Verfahren nach der 1. GSGV[3] wählen. Die 1. GSGV setzt die Niederspannungsrichtlinie um (zum Begriff des Inverkehrbringens: § 10 FTEG Rn 3 ff). 5

§ 7 ist eine spezielle Regelung iSd § 1 Abs 2 S 2 EMVG (dazu § 1 FTEG Rn 13). Das Konformitätsbewertungs- und Nachweisverfahren ist in den §§ 4 bis 5 EMVG geregelt. Zwar gilt die EMV-Richtlinie mit Wirkung zum 8. 4. 2000 nicht mehr für Telekommunikationsendgeräte, die von der FTE-Richtlinie geregelt sind (Art 20 Abs 2 S 2 FTE-Richtlinie). Von diesem Vorrang von der FTE-Richtlinie ausgenommen sind indes die Anschlussbestimmungen nach Art 4 der EMV-Richtlinie sowie des Anhangs III und das Konformitätsbewertungsverfahren nach Art 10 Abs 1 und 2 und des Anhangs I der EMV-Richtlinie. 6

---

1 Str vgl *Klindt* DVBl 1998, 373; *Hoffmann-Riem* DVBl 1999, 125, 129.

2 Vgl allgem zum Herstellerbegriff *Klindt* NJW 1999, 175, 176 f.

3 Vom 11. 6. 1979, BGBl I, S 629.

## § 8 Benannte Stellen

(1) Die Aufgaben einer benannten Stelle darf nur ausüben, wer die Anerkennung als benannte Stelle erlangt hat. Das Bundesministerium für Wirtschaft und Technologie wird ermächtigt, im Einvernehmen mit dem Bundesministerium der Finanzen und dem Bundesministerium für Verkehr, Bau und Wohnungswesen und dem Bundesministerium für Arbeit und Sozialordnung durch Rechtsverordnung ohne Zustimmung des Bundesrates das Verfahren für die Anerkennung benannter Stellen, den Widerruf der Anerkennung und die Pflichten der benannten Stellen zu regeln sowie nach Maßgabe des Verwaltungskostengesetzes die Gebührenpflichtigkeit der geregelten Tatbestände im Einzelnen, die Höhe der Gebühr und die Erstattung von Auslagen festzulegen.

(2) Benannte Stellen, die mit der Durchführung des Verfahrens der umfassenden Qualitätssicherung nach Anhang V der Richtlinie 1999/5/EG betraut sind, haben die Bewertung des Qualitätssicherungssystems zu verweigern oder zurückzuziehen, wenn ihnen für Inspektionszwecke, auch bei unangemeldeten Besuchen, der Zugang zu Entwicklungs-, Abnahme-, Test- oder Lagereinrichtungen des Herstellers oder der Einblick in die erforderlichen Unterlagen verwehrt wird. Die benannten Stellen informieren die Regulierungsbehörde für Telekommunikation und Post über die Zurückziehung der Bewertung.

**1** § 8 regelt die Benannten Stellen. Voraussetzung der Tätigkeit als Benannte Stelle ist eine **Anerkennung**. Die Anerkennung ist eine regelnde einzelfallbezogene Verwaltungsentscheidung: ein **Verwaltungsakt**. Alles Nähere zu den Voraussetzungen der Anerkennung zum Verfahren und zur Stellung der Benannten Stellen soll gem § 8 Abs 1 FTEG in einer Rechtsverordnung geregelt werden. In der Rechtsverordnung müssen insbesondere die materiellen Voraussetzungen der Zuverlässigkeit, Fachkunde, Unabhängigkeit und Unparteilichkeit geregelt werden.[1]

**2** Die Anerkennung nach dem FTEG muss vom Verordnungsgeber nicht als Beleihung ausgestaltet werden. Die Überwachungsaufgaben nach dem FTEG sind eher der privaten Fremdkontrolle als der öffentlich-rechtlichen, von der Verwaltung ausgelagerten Überwachung zuzuordnen. Hier dürfte allerdings ein Ausgestaltungsspielraum des Verordnungsgebers bestehen. Im Zweifel ist aber von einer **privatrechtlichen Konzeption** auszugehen, wonach die Anerkennung **keine Beleihung** und **keine Übertragung von Hoheitsbefugnissen ist**.

**3** Abs 2 S 1 enthält eine – rudimentäre – Regelung der Pflichten der Benannten Stellen, und zwar bezogen ausschließlich auf das Anhang V-Verfahren der umfassenden Qualitätssicherung. Bestandteil dieses Systems ist die Befugnis der kontrollierenden Benannten Stelle zu jederzeitigen Inspektion. Einzige Sanktion im Falle der Nichtgewährung von Zugang und Einblick ist die Zurückziehung oder Verweigerung der Qualitätssicherungssystems-Bewertung. Der Zugang kann also nicht direkt erzwungen werden.

**4** Nach der Entscheidungspraxis der Regulierungsbehörde zur Beleihungs- und Anerkennungsverordnung[2] wird die Anerkennung auf 5 Jahre befristet erteilt, gerechnet vom in der Anerkennungsurkunde genannten Datum. Die Befristung verlängert sich um jeweils weitere 5 Jahre, wenn die zuständige Stelle dies beantragt und die Einhaltung der Anforderungen in einer umfassenden Überprüfung weiterhin nachweisen kann.[3]

**5** Nicht ausdrücklich geregelt ist, inwiefern ausländische Benannte Stellen einbezogen werden dürfen. Die RegTP hat hier zurecht die Auffassung vertreten, dass das jedenfalls in bestimmten Fällen und unter Beachtung der Anforderungen des Anhangs V der Fall ist.[4]

---

[1] Zu § 62 TKG: Beck'scher TKG-Kommentar/*Bönsch* § 62 Rn 7.
[2] Verordnung über die Anforderung und das Verfahren für die Bezeichnung von benannten Stellen und für die Anerkennung von zuständigen Stellen auf dem Gebiet der elektromagnetischen Verträglichkeit von Geräten.
[3] RegTP, Mitteilung Nr 218/2000, ABl RegTP 2000, S 1251.
[4] www.regtp.de/Technische Regulierung/Fragen und Antworten, S 9.

Wolfgang Spoerr

## § 9 CE-Kennzeichnung

(1) Ein Gerät, das alle einschlägigen grundlegenden Anforderungen erfüllt, ist mit dem in Anhang VII der Richtlinie 1999/5/EG abgebildeten CE-Kennzeichen zu versehen. Verantwortlich für die ordnungsgemäße Kennzeichnung des Geräts ist der Hersteller, sein in der Gemeinschaft ansässiger Bevollmächtigter oder die für das Inverkehrbringen des Geräts verantwortliche Person.

(2) Werden die Verfahren der Anhänge III, IV oder V der Richtlinie 1999/5/EG angewandt, so ist zugleich die Kennnummer der in das Konformitätsbewertungsverfahren einbezogenen benannten Stelle anzugeben. Funkanlagen sind zusätzlich mit der Geräteklassen-Kennzeichnung zu versehen, soweit eine derartige Kennung zugewiesen wurde. Das Gerät kann mit anderen Kennzeichen versehen werden, sofern die Sichtbarkeit und Lesbarkeit des CE-Kennzeichens dadurch nicht beeinträchtigt wird.

(3) Ein Gerät darf unabhängig davon, ob es die einschlägigen grundlegenden Anforderungen erfüllt, nicht mit anderen Kennzeichen versehen werden, durch die Dritte hinsichtlich der Bedeutung und des Schriftbildes des in Anhang VII Richtlinie 1999/5/EG abgebildeten CE-Kennzeichens irregeführt werden können.

(4) Die Geräte sind vom Hersteller mit Typenbezeichnung, Los- und/oder Seriennummer sowie mit dem Namen des Herstellers oder der für das Inverkehrbringen des Geräts verantwortlichen Person zu versehen.

(5) Werden Geräte im Sinne dieses Gesetzes auch von anderen europäischen Richtlinien als der Richtlinie 1999/5/EG erfasst, die andere Aspekte behandeln und in denen die CE-Kennzeichnung ebenfalls vorgesehen ist, wird mit dieser Kennzeichnung angegeben, dass diese Geräte auch die Bestimmungen der anderen europäischen Richtlinien erfüllen. Steht jedoch laut einer oder mehrerer dieser Richtlinien dem Hersteller während einer Übergangszeit die Wahl der anzuwendenden Regelungen frei, so wird durch die CE-Kennzeichnung lediglich angezeigt, dass die Geräte die Bestimmungen der vom Hersteller angewandten europäischen Richtlinien erfüllen. In diesem Fall müssen die Nummern der Richtlinien, unter denen sie im Amtsblatt der Europäischen Gemeinschaften veröffentlicht sind, in den von der Richtlinie vorgeschriebenen und den Geräten beiliegenden Unterlagen, Hinweisen oder Anleitungen angegeben werden.

§ 9 regelt die **CE-Kennzeichnung** für FTE-Geräte (Abs 1, 2) und den **Kennzeichenschutz** (Abs 3). Abs 4 regelt ergänzende Pflichtangaben auf den Geräten; Abs 5 befasst sich mit konkurrierenden Anforderungen des Produktrechts.[1]  **1**

Die Kennzeichnung mit dem CE-Kennzeichen ist eine **privatrechtliche Erklärung** unter Verwendung eines öffentlich zugelassen und öffentlich-rechtlich überwachten Zeichens. Dieses hat damit eine Zertifizierungs- und Gewährleistungsfunktion, es bleibt aber privatrechtlich.  **2**

Zu kennzeichnen ist das Gerät selbst. Zusätzlich muss ihm die **Konformitätserklärung beigefügt** werden. Bei Einbeziehung von Benannten Stellen in das Konformitätsbewertungsverfahren ist deren Kennnummer anzugeben, bei Funkanlagen auch die Geräteklassen-Kennung. Generell sind Geräte auch mit Typenbezeichnung, Los- oder Seriennummer und mit dem Namen des Herstellers oder Inverkehrbringers zu versehen.  **3**

Das CE-Kennzeichen darf nur angebracht werden, wenn das Geräte alle unionsrechtlich zwingenden Anforderungen erfüllt. Sind bestimmte Anforderungen fakultativ, muss der Hersteller die EG-Richtlinien angeben, die angewendet wurden. Diese Angabe muss nicht auf dem Gerät angebracht werden, sondern auf den beigefügten Unterlagen.  **4**

Zweifelhaft ist, ob § 9 Abs 2 FTEG verlangt, dass **alle** beteiligen benannten Stellen, die in die Konformitätsbewertung eines Produkts **einbezogen waren**, angeben werden. Nach Auffassung der RegTP ist die Frage zu bejahen, und zwar selbst dann, wenn eine benannte Stelle eine  **5**

---

[1] Dazu allgem § 1 FTEG Rn 4 ff.

Wolfgang Spoerr

negative Stellungnahme abgegeben hat. Diese Auffassung geht zu weit. Es reicht, wenn jene benannte Stellen angegeben werden, die eine ausreichende (theoretisch flächendeckende) Positiv-Stellungnahme abgegeben haben.

# Dritter Teil
# Inverkehrbringen und Inbetriebnahme

## § 10 Inverkehrbringen

(1) Geräte dürfen nur dann in den Verkehr gebracht werden, wenn sie die grundlegenden Anforderungen erfüllen, ein für sie nach § 7 Abs 2 oder 3 zulässiges Konformitätsbewertungsverfahren durchgeführt wurde und die Geräte mit dem CE-Kennzeichen versehen sind. Sie müssen den übrigen Bestimmungen dieses Gesetzes bei ordnungsgemäßer Montage, Unterhaltung und bestimmungsgemäßer Verwendung entsprechen.

(2) Soweit Geräte besonderen grundlegenden Anforderungen im Sinne des § 3 Abs 3 entsprechen müssen, kann jedes Gerät, das vor dem Zeitpunkt der Festlegung dieser Anforderungen erstmals rechtmäßig in Verkehr gebracht wurde, während eines von der Europäischen Kommission nach Artikel 6 Abs 2 der Richtlinie 1999/5/EG festgelegten Zeitraums weiterhin in den Verkehr gebracht werden. Der Zeitraum wird im Amtsblatt der Regulierungsbehörde für Telekommunikation und Post veröffentlicht.

(3) Ein Gerät darf nur in Verkehr gebracht werden, wenn der Hersteller oder die für das Inverkehrbringen des Geräts verantwortliche Person für den Benutzer Informationen über die bestimmungsgemäße Verwendung zusammen mit der Erklärung über die Konformität mit den grundlegenden Anforderungen bereitstellt. Funkanlagen dürfen ferner nur dann in Verkehr gebracht werden, wenn zudem auf der Verpackung und in der Bedienungsanleitung des Geräts hinreichende Angaben darüber gemacht sind, in welchen Mitgliedstaaten oder in welchem geographischen Gebiet innerhalb eines Mitgliedstaates der Europäischen Union das Gerät zu Verwendung bestimmt ist. Der Benutzer ist durch die Kennzeichnung auf dem Gerät nach Anhang VII Nr 5 der Richtlinie 1999/5/EG auf mögliche Einschränkungen oder Genehmigungsanforderungen für die Benutzung der Funkanlage in bestimmten Mitgliedstaaten hinzuweisen. Bei Telekommunikationsendeinrichtungen sind hierbei hinreichende Angaben zu den Schnittstellen der öffentlichen Telekommunikationsnetze zu machen, für die das Gerät ausgelegt ist. Bei allen Geräten sind diese Informationen deutlich hervorgehoben anzubringen.

(4) Mindestens vier Wochen vor Beginn des Inverkehrbringens von Funkanlagen, die in Frequenzbändern arbeiten, deren Nutzung nicht gemeinschaftsweit harmonisiert ist, hat der Hersteller, sein in der Gemeinschaft ansässiger Bevollmächtigter oder die für das Inverkehrbringen der Funkanlage verantwortliche Person die einzelstaatliche Behörde, die in dem betreffenden Mitgliedstaat für das Frequenzmanagement zuständig ist, von der Absicht des Inverkehrbringens in diesem Mitgliedstaat zu unterrichten. Es sind dabei Angaben über die funktechnischen Merkmale der Funkanlage (insbesondere Frequenzbänder, Kanalabstand, Modulationsart und Sendeleistung) sowie die Kennnummer der benannten Stelle nach Anhang IV oder V der Richtlinie 1999/5/EG zu machen. Sollen die in Satz 1 genannten Funkanlagen in der Bundesrepublik Deutschland in Verkehr gebracht werden, ist die Regulierungsbehörde für Telekommunikation und Post zu unterrichten.

**1** § 10 FTEG ist die **Zentralvorschrift** zur **Durchsetzung** der gesetzlichen Anforderungen an FTE-Produkte. Dazu müssen diese die **grundlegenden Anforderungen** erfüllen und mit dem CE-

**Kennzeichen** versehen sein (Abs 1 S 1). Nur dann dürfen die Geräte in den Verkehr gebracht werden. Bei bestimmungsgemäßer Verwendung und ordnungsgemäßer Montage und Unterhaltung müssen sie den übrigen Bestimmungen des Gesetzes entsprechen. Zudem muss der Inverkehrbringer Informationen über die bestimmungsgemäße Verwendung zusammen mit der Konformitätserklärung bereitstellen (Abs 3 S 1). Die Informationen müssen in der Sprache des Ziellandes abgefasst sein; in Deutschland sind die Angaben nach § 10 Abs 3 FTEG also in deutsch anzubringen. Bei Funkanlagen gehören dazu zusätzliche Angaben; bei Telekommunikationsendeinrichtungen sind Angaben zu den **Schnittstellen** erforderlich, für die das Gerät ausgelegt ist. Notifikationspflichten gegenüber der nationalen Behörde des Ziellandes speziell für Funkanlagen in nicht gemeinschaftsweit harmonisierten Frequenzbändern regelt Abs 4.

§ 10 FTEG setzt Art 6 der FTE-Richtlinie um. **2**

Der **Begriff** des **Inverkehrbringens** wird im FTEG nicht im Einzelnen definiert. Mit der Beschränkung der materiellen Anforderungen auf das Inverkehrbringen lässt der Gesetzgeber erkennen, dass die **Produktion als solche** nicht geregelt ist. Die Voraussetzungen nach dem FTEG sind also keine Zulässigkeitsvoraussetzungen des Herstellers. Ebenso wenig sind die Verwendung und der bloße Besitz geregelt. **3**

Einen allgemein gültigen Begriff des Inverkehrbringens gibt es nicht, er ist fachgesetzlicher Differenzierung nach Maßgabe der jeweiligen Normzwecke zugänglich. Im Zweifel ist der Begriff aber weitgehend einheitlich zu verstehen. § 2 Nr 11 TKZV umschrieb das Inverkehrbringen als „die erste entgeltliche oder unentgeltliche Bereitstellung eines Produkte im Gebiet der Europäischen Union oder des Abkommens über den europäischen Wirtschaftsraum für den Vertrieb oder die Benutzung in diesem Gebiet". Wegen seines unionsrechtlichen Hintergrundes bietet der Leitfaden der Europäischen Kommission für die Anwendung der Harmonisierungsrichtlinien[1] Anhaltspunkte für die Auslegung des Begriffs des Inverkehrbringens. Die Begriffsbestimmung des Inverkehrbringens entspricht inhaltlich § 2 Nr 12 TKZV. Wesentlich im Sinne dieser Definition ist die Bereitstellung zur Überlassung an Dritte, soweit diese Überlassung im Rahmen der Abgabe eines Produktes erfolgt. **4**

Kein Inverkehrbringen ist demzufolge die Abgabe an Dritte zu anderen Zwecken, zB als Forschungs-, Prüfungs- oder Entwicklungsmuster.[2] Das **Bereitstellen für den Export** aus der Europäischen Union und dem EWR ist kein Inverkehrbringen. Kein Inverkehrbringen ist schließlich die Weitergabe eines gebrauchten Gerätes. Ein Inverkehrbringen ist auch die Einfuhr von Geräten, die andernorts – außerhalb der EU und des EWR – schon in Verkehr gebracht worden sind. Fraglich ist, ob die Einfuhr in das Gebiet der Europäischen Union oder des europäischen Wirtschaftsraumes durch den Nutzer selbst ein Inverkehrbringen ist. Der Konsumentenschutzzweck legt das nicht nahe, wohl aber der Schutz der Netzintegrität (§ 59 Abs 2 Nr 4) und der Ressourceneffizienz (§ 59 Abs 2 Nr 5). Das Unionsrecht tendiert dahin, die Einfuhr gebrauchter Produkte als Inverkehrbringen zu behandeln. Damit wird der Handel mit **importierten Gebrauchtgütern** fundamental schlechter behandelt als der Handel mit gebrauchten Gemeinschaftsgütern.[3] Diese sachlich schwer zu rechtfertigende Ungleichbehandlung lässt erkennen, dass das EU-Produktrecht nach außen nicht immer ganz frei von protektionistischen Tendenzen ist. **5**

Das Inverkehrbringen liegt nicht stets dann vor, wenn ein konzernangehöriges Herstellerunternehmen Endeinrichtungen einem ebenfalls konzernangehörigen Vertriebsunternehmen zu Zwecken des Vertriebs ausliefert;[4] Inverkehrbringen ist das Herstellerunternehmen, wenn es nach den Vereinbarungen zwischen dem Unternehmen selbst die Konformitätsbewertung durchführt. Obliegt diese den Vertriebsunternehmen und werden die Produkte demzufolge ihm als noch nicht marktfähig überlassen, so ist das Vertriebsunternehmen Inverkehrbringer. **6**

Abs 2 enthält eine **Bestandsschutzregelung**. Voraussetzung ist, dass das Produkt erstmals **7**

---

**1** Beck'scher TKG-Kommentar/*Bönsch/Volbert* § 59 Rn 6.
**2** Ähnlich der Leitfaden der Europäischen Kommission über Harmonisierungsrichtlinie, Teil I-B.
**3** So *Langner* in: HdbdEU-WiR, C VI Rn 40.
**4** Dafür: Beck'scher TKG-Kommentar/*Bönsch/Volbert* § 59 Rn 8, dagegen: *Peine* GSG, §§ 1, 1a, 2 Rn 63, 64 Rn 82 f; BGH NJW 1981, 2641.

Wolfgang Spoerr

rechtmäßig in den Verkehr gebracht worden ist. Als erstmaliges Inverkehrbringen im Sinne des § 10 Abs 2 ist jede Handlung, die nach Abschluss des Herstellungsvorganges liegt, zu verstehen. Für die Benutzung von Geräten bedarf es des Rückgriffs auf § 10 Abs 2 nicht. Sie unterliegt von vornherein nicht den Beschränkungen nach der FTE-Richtlinie und dem FTEG.

8 Abs 3 und 4 tragen der Sonderstellung, insbesondere den vertieften Regulierungsbedürfnissen bei Funkanlagen Rechnung. Zweck der Bestimmung ist es, der RegTP die Möglichkeit zu Abschätzung zu geben, ob durch das Gerät bestehende oder geplante Funkdienste gestört werden. Funkanlagen sind in § 3 Nr 2 FTEG definiert. Die RegTP verlangt eine schriftliche Unterrichtung in deutscher Sprache. Die „betreffende" Behörde isd § 10 Abs 4 FTEG ist die des Mitgliedstaates, in dem das Produkt in Verkehr gebracht werden soll.

9 Die harmonisierten Frequenzbereiche (zum Begriff § 4 FTEG Rn 3 ff) werden von der RegTP in ihrem Amtsblatt veröffentlicht.

10 Den Inhalt der Meldungen gem § 10 Abs 4 hat die RegTP bekannt gegeben.[5]

## § 11 Inbetriebnahme und Anschlussrecht

(1) Geräte dürfen nur dann zu ihrem bestimmungsgemäßen Zweck in Betrieb genommen werden, wenn sie die grundlegenden Anforderungen erfüllen und mit dem CE-Kennzeichen versehen sind. Sie müssen den übrigen Vorschriften dieses Gesetzes entsprechen.

(2) Für die Inbetriebnahme und den Betrieb von Funkanlagen bleiben insbesondere die Vorschriften des Siebenten Teils des Telekommunikationsgesetzes vom 25. Juli 1996 (BGBl I S 1120), das zuletzt durch Artikel 27 des Gesetzes vom 21. Dezember 2000 (BGBl I S 1956) geändert worden ist, über die Frequenzordnung unberührt.

(3) Betreiber öffentlicher Telekommunikationsnetze dürfen den Anschluss von Telekommunikationsendeinrichtungen an die entsprechende Schnittstelle aus technischen Gründen nicht verweigern, wenn die Endeinrichtungen die geltenden grundlegenden Anforderungen erfüllen.

(4) Wer Telekommunikationsendeinrichtungen an öffentlichen Telekommunikationsnetzen betreiben will, hat für deren fachgerechte Anschaltung Sorge zu tragen.

(5) Verursacht ein Gerät, dessen Übereinstimmung mit den Bestimmungen dieses Gesetzes bescheinigt wurde, ernsthafte Schäden an einem Netz oder schädliche Störungen beim Netzbetrieb oder werden durch dieses Gerät funktechnische Störungen bewirkt, kann die Regulierungsbehörde für Telekommunikation und Post dem Netzbetreiber gestatten, für diese Geräte den Anschluss zu verweigern, die Verbindung aufzuheben oder den Dienst einzustellen. Die Regulierungsbehörde für Telekommunikation und Post teilt dem Bundesministerium für Wirtschaft und Technologie die von ihr getroffenen Maßnahmen mit.

(6) Der Netzbetreiber kann ein Gerät im Notfall ohne vorherige Erlaubnis nur dann vom Netz abtrennen, wenn der Schutz des Netzes die unverzügliche Abschaltung des Geräts erfordert und wenn dem Benutzer unverzüglich und für ihn kostenfrei eine alternative Lösung angeboten werden kann. Der Betreiber unterrichtet unverzüglich die Regulierungsbehörde für Telekommunikation und Post über eine derartige Maßnahme.

1 Ergänzend zu den Bestimmungen für das Inverkehrbringen regelt § 11 Abs 1 Anforderungen an die Inbetriebnahme und die Anschaltung (Abs 4). Auch die Inbetriebnahme ist nur dann zulässig, wenn das Gerät die grundlegenden Anforderungen erfüllt und mit dem CE-Kennzeichen versehen ist. Diese Beschränkung gilt nur für die Inbetriebnahme zum **bestimmungsgemäßen Zweck**. Daraus ist abzuleiten, dass die Inbetriebnahme zu **Testzwecken** nicht erfasst ist. § 11

---

[5] RegTP Mitteilung 198/2000, ABl RegTP 2000, 1051.

Wolfgang Spoerr

richtet sich in erster Linie an den **Verwender;** insoweit reichen FTE-Richtlinie und FTEG deutlich über typische Produktkontrollen hinaus. Bedeutend ist § 11 Abs 1 insbesondere im Fall von Geräten, die vom Verwender selbst importiert werden. Sie dürfen nur verwendet werden, wenn sie die materiellen Anforderungen erfüllen und mit einem CE-Kennzeichen versehen sind.

Nach § 11 Abs 2 bleiben die Vorschriften der §§ 44 bis 49 TKG unberührt. Nach diesen Vorschriften können also zusätzliche Anforderungen an die Inbetriebnahme von Funkanlagen geregelt werden. Solche Anforderungen können sich insbesondere aus Frequenznutzungsbedingungen ergeben. Bei Beschränkungen, die die Verwendung von gemeinschaftsrechtlich regulierten FTE-Produkten betreffen, ist allerdings jeweils zu prüfen, ob die Beschränkung aus Gründen der angemessenen und effektiven Nutzung des Funkspektrums, der Vermeidung von funktechnischen Störungen und der öffentlichen Gesundheit gerechtfertigt ist. Sonst ist sie unzulässig.  2

Abs 4 markiert den Schlusspunkt einer umfassenden Deregulierung; nach früher geltendem Recht war die Anschaltung von Telekommunikationsendeinrichtungen zunächst Gegenstand des Fernmeldemonopols, dann zugelassenen Personen vorbehalten. Abs 3, 5 und 6 sichert den freien Warenverkehr gegen **Privatunternehmen.** Für Telekommunikationsendeinrichtungen gilt im Rahmen der „entsprechenden" Schnittstellen die Anschlussfreiheit. Betreiber öffentlicher Telekommunikationsnetze dürfen den Anschluss aus technischen Gründen nicht verweigern. Auch andere Gründe dürften nicht zur Verweigerung berechtigen; **rechtliche** Gründe in der Vertragsgestaltung würden weitgehend gegen das Kartellverbot (§ 1 GWB) verstoßen.  3

Die **Abschaltung** von Geräten (Abtrennung vom Netz) ist nur in **Notfällen** und nur zum Schutz der **Netzintegrität** zulässig. Die Regulierungsbehörde ist zu unterrichten. Abs 6 gilt nur für Geräte mit CE-Kennzeichnung; Geräte ohne CE-Kennzeichnung können, wenn sie Störungen verursachen, auch ohne die Beachtung der Schranken aus Abs 5, 6 abgeschaltet werden. Ohne Bindung an diese erhöhten Voraussetzungen sind Anschlussverweigerung und Abschaltung nur nach „Gestattung" der Regulierungsbehörde zulässig. Die Gestattung ist ein **antragsbedürftiger Verwaltungsakt.** Die Regulierungsbehörde muss das Bundeswirtschaftsministerium informieren, damit dieses seiner Informationspflicht aus Art 4 Abs 4 S 2 der FTE-Richtlinie gerecht werden kann.  4

§ 11 Abs 5 und 6 FTEG enthalten **zwingendes Gesetzesrecht,** das die Verwendungsmöglichkeiten der Geräte schützt. Damit dient § 11 Abs 5 und 6 FTEG zugleich den Hersteller- und Besitzerinteressen. Neben den Beschränkungen aus § 11 Abs 5 und 6 kann die Handlungsfreiheit des Netzbetreibers zusätzlich **vertragsrechtlich** beschränkt sein. Weitere Beschränkungen im Nutzerinteresse regelt § 19 TKV.  5

§ 11 Abs 5 und 6 FTEG sind **Schutzgesetze** iSd § 823 Abs 2 BGB zugunsten der Hersteller und sonstigen Inverkehrbringern von Geräten.  6

## § 12 Schutz von Personen in elektromagnetischen Feldern

Die Bundesregierung wird ermächtigt, durch Rechtsverordnung mit Zustimmung des Bundesrates nähere Regelungen zur Gewährleistung des Schutzes von Personen in den durch den Betrieb von Funkanlagen und Radaranlagen entstehenden elektromagnetischen Feldern zu treffen. Arbeitsschutzrechtliche Regelungen bleiben hiervon unberührt.

§ 12 FTEG enthält eine Verordnungsermächtigung für Regelungen zur Gewährleistung des Schutzes von Personen in elektromagnetischen Feldern. Die Verordnungsermächtigung betrifft ausschließlich Gefährdungen, die durch den Betrieb von Funkanlagen und Radaranlagen entstehen. Damit ergänzt § 12 das EMVG, das den Schutz von Personen (und Sachen) vor elektromagnetischen Feldern allgemein – und nicht nur im Hinblick auf Funkanlagen und Radaranlagen – regelt. Vorläufervorschrift der Rechtsverordnung nach § 12 waren eine Verwaltungs-  1 vorschrift des BMPT[1] sowie § 6 TKZulV. Sie galt für sämtliche ortsfeste Sendefunkanlagen auf einem Gebäude oder einem Grundstück. Hauptzweck war die Einhaltung von Personenschutzgrenzwerten für die elektromagnetische Feldstärke. Dem dient das Verfahren der Erteilung einer **Standortbescheinigung**[2].

**2** Weil elektromagnetische Felder Immissionen iSd **BImSchG** verursachen,[3] ist auch dieses anwendbar. Zulässig ist insbesondere der Erlass von Rechtsverordnungen, gestützt auf Ermächtigungen zum anlagenbezogenen Immissionsschutz. Schranken ergeben sich aus dem Anlagenbegriff.[4] Die Bundesregierung hat dazu, gestützt auf § 23 BImSchG, die 26. BImSchV erlassen.[5] Ergänzend gilt § 22 BImSchG (§ 6 der 26. BImSchV).

## § 13 Messen und Ausstellungen

Diesem Gesetz nicht entsprechende Geräte dürfen auf Messen, Ausstellungen und Vorführungen nur ausgestellt werden, wenn ein sichtbares Schild deutlich darauf hinweist, dass sie erst in Verkehr gebracht oder in Betrieb genommen werden dürfen, wenn sie diesem Gesetz entsprechen.

**1** § 13 entspricht Art 8 Abs 2 der FTE-Richtlinie. Die Vorschrift dürfte klarstellender Natur sein, weil Ausstellungen und Vorführungen von Geräten schon nach allgemeinen Grundsätzen noch kein Inverkehrbringen sind.

# Vierter Teil
# Aufgaben und Befugnisse der Regulierungsbehörde für Telekommunikation und Post

## § 14 Aufgaben und Zuständigkeiten

(1) Die Regulierungsbehörde für Telekommunikation und Post führt dieses Gesetz aus, soweit gesetzlich nicht anderes bestimmt ist. Sie überwacht die Einhaltung der Bestimmungen dieses Gesetzes und der aufgrund dieses Gesetzes erlassenen Verordnungen.

(2) Die Regulierungsbehörde für Telekommunikation und Post prüft stichprobenweise die in Verkehr zu bringenden oder in Verkehr gebrachten Geräte auf Einhaltung der Anforderungen dieses Gesetzes.

---

1 BMPT, Vfg 306/1997, Gewährleistung des Schutzes von Personen in elektromagnetischen Feldern, die von ortsfesten Sendefunkanlagen ausgesendet werden gemäß § 6 Telekommunikationszulassungsverordnung (TKZulV) iVm § 59 Telekommunikationsgesetz (TKG) und des § 7 des Amateurfunkgesetzes.
2 Zu ihr VGH Kassel, NVwZ 2000, 694, 696.
3 Dazu *Roßnagel/Neuser* UPR 1993, 403; *Feldhaus* NVwZ 1995, 970; *Jarass* BImSchG, § 3 Rn 53; allgem

*Determann* Neue, gefahrverdächtige Technologie als Rechtsproblem, Beispiel: Mobilfunk-Sendeanlagen, 1996. Zum Baurecht: VGH Mannheim BauR 2000, 712; BVerwG DÖV 2000, 474; *Krist* BauR 2000, 1130; LAI Mögliche gesundheitliche Auswirkungen von elektrischen und magnetischen Feldern im Alltag, 1996.
4 Dazu etwa *Jarass* BImSchG, § 3 Rn 61 und § 22 Rn 10.
5 Dazu etwa VGH Kassel NVwZ 2000, 694.

§ 14 Abs 1 FTEG weist der Regulierungsbehörde die Ausführung des FTEG allgemein zu.[1] Mit dieser Aufgabe wird zugleich die **Zuständigkeit** allgemein beschrieben. Ermächtigungsgrundlage für Eingriffe (Befugnisnorm) ist § 14 nicht; solche Befugnisse bringen § 15 und § 11 Abs 5. Nach § 14 Abs 1 FTEG obliegt der RegTP eine allgemeine Marktaufsicht. Eine wirksame Marktaufsicht ist besonders bei Funkanlagen unerlässlich, um eine effiziente und störungsfreie Nutzung des Funkfrequenzspektrums zu gewährleisten.[2]

**1**

Auf **europäischer Ebene** befasst sich gemäß Kapitel IV der FTE-Richtlinie der Ausschuß für Konformitätsbewertung von Telekommunikationsgeräten und Marktüberwachung (**TCAM** – Telecommunication Conformity Assessment and Markets Surveillance Committee) mit Auslegungsfragen bei der Umsetzung der Richtlinie.

**2**

§ 14 Abs 2 ist eine **Aufgabenzuweisung**. Aus § 14 Abs 2 dürfte keine Pflicht der Unternehmen folgen, der Regulierungsbehörde entsprechende Stichproben unentgeltlich zur Verfügung zu stellen. Die Informationsbeschaffung wird durch ergänzende Instrumente behördlicher Sachverhaltsermittlung komplettiert: vor allem durch **Informationen von** Wettbewerbern, Netzbetreibern und anderen Behörden, aber auch durch die laufende Beobachtung, zB veröffentlichter Warentests.

**3**

Der noch im Gesetzesentwurf der Bundesregierung enthaltene Abs 3, wonach die Regulierungsbehörde die Aufgaben einer benannten Stelle wahrnehmen darf, ist nicht Gesetz geworden. Dies wäre nur insoweit zulässig gewesen, als für benannte Stellen in Deutschland keine ausreichenden Kapazitäten zur Verfügung gestanden hätten. Damit macht § 14 deutlich, dass für die Aufgaben der benannten Stellen keine öffentliche Verantwortung besteht. Es besteht nicht einmal eine nachrangige Zuständigkeit im Sinne einer Auffangzuständigkeit.[3] Im Grundsatz sind die Aufgaben der benannten Stellen daher nicht der **Wahrnehmung öffentlicher Aufgaben** zuzuordnen. Vielmehr handelt es sich um **privatrechtliche Überwachungsaufgaben**. Benannte Stellen sind insbesondere **keine Beliehenen** mehr. Auch öffentliche Einrichtungen können telekommunikationsrechtlich als benannte Stellen in Betracht kommen.

**4**

## § 15 Befugnisse der Regulierungsbehörde für Telekommunikation und Post

(1) Zur Ausführung dieses Gesetzes stehen der Regulierungsbehörde für Telekommunikation und Post die Befugnisse nach den §§ 8 und 9 des Gesetzes über die elektromagnetische Verträglichkeit von Geräten einschließlich der Befugnisse, die aufgrund des § 8 Abs 9 des Gesetzes über die elektromagnetische Verträglichkeit von Geräten geregelt sind, entsprechend zur Verfügung; insoweit findet § 13 des Gesetzes über die elektromagnetische Verträglichkeit von Geräten hinsichtlich des Zwangsgeldes entsprechende Anwendung.

(2) Soweit es zur Durchführung ihrer gesetzlichen Aufgaben erforderlich ist, kann die Regulierungsbehörde für Telekommunikation und Post im Einzelfall vom Hersteller, seinem Bevollmächtigten oder der Person, die das Gerät in Deutschland in Verkehr gebracht hat, die Vorlage von Aufzeichnungen über die Konformitätsbewertungsverfahren in einer deutschen Übersetzung verlangen.

(3) Die Regulierungsbehörde für Telekommunikation und Post ergreift gegenüber Betreibern öffentlicher Telekommunikationsnetze, die eine Anschaltung von Telekommunikationsendeinrichtungen an ihre Netze verweigern oder die angeschaltete Endgeräte vom

---

[1] Informationen zum Vollzug unter www.regtp.de / Technische Regulierung Telekommunikation
[2] Zur hohen Bedeutung die Belege bei RegTP, Halbjahresbericht 2000, S 51 ff.
[3] Zur Voläufervorschrift im TKG *Hoffman-Riem* DVBl 1999, 125, 128.

Wolfgang Spoerr

Netz genommen haben, ohne dass die Voraussetzungen des § 11 Abs 5 oder 6 vorliegen, die erforderlichen Maßnahmen, um den Anschluss dieser Endeinrichtungen zu gewährleisten.

**1** § 15 regelt die Eingriffsbefugnisse der Regulierungsbehörde zur Ausübung insbesondere ihrer **Marktaufsicht**. In erster Linie verweist das Gesetz auf die Befugnisse aus den §§ 8 und 9 EMVG sowie auf die EMV-Verordnung. Nach § 9 Abs 1 EMVG müssen diejenigen, die Geräte in Verkehr bringen, anbieten oder ausstellen, der RegTP die zur Erfüllung ihrer Aufgaben erforderlichen Auskünfte erteilen und sonstige Unterstützung gewähren. Zusätzliche Befugnisse bzw. Verpflichtungen bestehen nach § 11 Abs 5 und § 14 Abs 3 FTEG.

**2** § 8 EMVG enthält sehr detailliert geregelte Eingriffsbefugnisse zur Marktüberwachung (Abs 1–5). Daneben ist die Regulierungsbehörde auch befugt, bei auftretenden elektromagnetischen Unverträglichkeiten Abhilfemaßnahmen in Zusammenarbeit mit den Beteiligten zu veranlassen sowie zur Behebung von Unverträglichkeiten und zum Schutz öffentlicher Telekommunikationsnetze besondere Maßnahmen für das Betreiben eines Geräts anzuordnen (§ 8 Abs 6 EMVG). Sie kann auch alle erforderlichen Maßnahmen treffen, um das Betreiben eines Gerätes zu verhindern. Unter bestimmten Voraussetzungen kann die Regulierungsbehörde in die Grundrechte aus Art 10 GG (Fernmeldegeheimnis) (§ 8 Abs 7 EMVG) sowie der Unverletzlichkeit der Wohnung (§ 8 Abs 8 EMVG) eingreifen.

## § 16 Kostenregelung

(1) Die Regulierungsbehörde für Telekommunikation und Post erhebt für ihre folgenden Amtshandlungen Kosten (Gebühren und Auslagen):
1. Maßnahmen im Rahmen der Geräteprüfung nach § 15 Abs 1 in Verbindung mit § 8 Abs 1 bis 5 des Gesetzes über die elektromagnetische Verträglichkeit von Geräten, wenn ein Verstoß gegen die in §§ 3, 7 und §§ 9 bis 13 bestimmten Anforderungen vorliegt,
2. besondere Maßnahmen gegenüber den Betreibern bei der Ermittlung und Messung von Geräten, die schuldhaft entgegen den Vorschriften des § 11 betrieben werden,
3. Maßnahmen im Rahmen des § 12 gegenüber den Betreibern von Funkanlagen und Radaranlagen,
4. Maßnahmen im Rahmen des § 15 Abs 2 gegenüber Netzbetreibern, soweit diese die Anschaltung von Endgeräten an ihre Netze ungerechtfertigt verweigern oder angeschaltete Endgeräte ungerechtfertigt von ihrem Netz abgeschaltet haben.

(2) Das Bundesministerium für Wirtschaft und Technologie wird ermächtigt, im Einvernehmen mit dem Bundesministerium der Finanzen durch Rechtsverordnung ohne Zustimmung des Bundesrates nach Maßgabe des Verwaltungskostengesetzes die gebührenpflichtigen Tatbestände im Einzelnen, die Höhe der Gebühren und die Erstattung von Auslagen zu bestimmen.

**1** § 16 enthält eine gesetzliche Grundlage zur Erhebung von Kosten für Amtshandlungen nach üblichem Muster. Sie wird gem Abs 2 von einer Rechtsverordnung ergänzt. Auf die Kommentierung zu § 16 TKG sei verwiesen.

# Fünfter Teil
# Bußgeldvorschriften

## § 17 Bußgeldvorschriften

(1) Ordnungswidrig handelt, wer vorsätzlich oder fahrlässig
1. entgegen § 5 Abs 5 eine Leistung anbietet,
2. entgegen § 7 Abs 4 Satz 1 und Satz 4 eine Unterlage nicht oder nicht mindestens zehn Jahre aufbewahrt,
3. entgegen § 8 Abs 1 Satz 1 eine Aufgabe einer benannten Stelle ausübt,
4. entgegen § 8 Abs 2 Satz 1 die Bewertung des Qualitätssicherungssystems nicht verweigert oder nicht zurückzieht,
5. entgegen § 10 Abs 1 Satz 1 oder § 10 Abs 3 Satz 1 oder 2 ein Gerät in Verkehr bringt, oder
6. entgegen § 11 Abs 3 den Anschluss einer Telekommunikationsendeinrichtung verweigert,

(2) Die Ordnungswidrigkeit kann in den Fällen des Absatzes 1 Nr 1, 3 und 5 mit einer Geldbuße bis zu hunderttausend Deutsche Mark, in den übrigen Fällen mit einer Geldbuße bis zu zwanzig Deutsche Mark geahndet werden.

(3) Verwaltungsbehörde im Sinne des § 36 Abs 1 Nr 1 des Gesetzes über Ordnungswidrigkeiten ist die Regulierungsbehörde für Telekommunikation und Post.

Die wesentlichen Pflichten aus dem FTEG sind gemäß § 17 Abs 1 bußgeldbewehrt. Der Bußgeldrahmen reicht bis DM 100 000; zuständige Behörde ist die RegTP. **1**

# Sechster Teil
# Übergangs- und Schlußbestimmungen

## § 18 Übergangsbestimmungen

(1) Die aufgrund der Richtlinie 73/23/EWG des Rates vom 19. Februar 1973 zur Angleichung der Rechtsvorschriften der Mitgliedsstaaten betreffend elektrische Betriebsmittel zur Verwendung innerhalb bestimmter Spannungsgrenzen (ABl EG Nr L 77 S 29) oder der Richtlinie 89/336/EWG des Rates vom 3. Mai 1989 zur Angleichung der Rechtsvorschriften der Mitgliedsstaaten über die elektromagnetische Verträglichkeit (ABl EG Nr L 139 S 19), zuletzt geändert durch Richtlinie 93/97/EWG des Rates vom 29. Oktober 1993 (ABl EG Nr L 290 S 1) festgelegten Normen, deren Fundstellen im Amtsblatt der Europäischen Gemeinschaften veröffentlicht wurden, können als Grundlage für die Vermutung der Konformität mit den grundlegenden Anforderungen nach § 3 Abs 1 Nr 1 und 2 verwendet werden. Die aufgrund der Richtlinie 98/13/EG des Europäischen Parlaments und des Rates vom 12. Februar 1998 über Telekommunikationsendeinrichtungen und Satellitenfunkanlagen einschließlich der gegenseitigen Anerkennung ihrer Konformität (ABl EG Nr L 74 S 1) festgelegten gemeinsamen technischen Vorschriften, deren Fundstellen im Amtsblatt der Europäischen Gemeinschaften veröffentlicht wurden, können als Grundlage für die Vermutung der Konformität mit den anderen in § 3 genannten einschlägigen grundlegenden Anforderungen verwendet werden.

Wolfgang Spoerr

(2) Geräte, die dem Telekommunikationsgesetz und der Telekommunikationszulassungsverordnung vom 20. August 1997 (BGBl I S 2117) entsprechen und die vor dem Inkrafttreten des Gesetzes zugelassen wurden, dürfen weiterhin in Verkehr gebracht und in Betrieb genommen werden. Die auf der Grundlage der Telekommunikationszulassungsverordnung erteilten Zulassungen werden zum 7. April 2001 für die bis zu diesem Zeitpunkt noch nicht in Verkehr gebrachten Geräte aufgehoben.

**1** § 18 Abs 1 regelt die „Fortgeltung" harmonisierter Normen, die nach der Niederspannungs-Richtlinie, nach der EMV-Richtlinie oder der Telekommunikationsendeinrichtungs-Richtlinie[1] bekanntgemacht worden sind. Diese Fortgeltung ist zeitlich nicht beschränkt. Sie endet erst, wenn die entsprechenden Normen aufgehoben oder durch Neuregelungen überholt sind.

**2** Abs 2 regelt das Fortgelten von administrativen Zulassungen nach dem TKG. Sie gelten unbefristet fort, soweit die Geräte spätestens am 6. April 2001 in Verkehr gebracht wurden.

**3** Die administrative Zulassung – ein transnationaler Verwaltungsakt[2] – war nach § 59 Abs 1, Abs 4 S 3 TKG wie folgt zu erlangen: Sie galt als erteilt, wenn der Hersteller nach seiner Wahl eines von zwei Verfahren durchlaufen hatte (§ 12 Abs 1 TKZulV):

**4** – Erstens die Ausstellung einer – typbezogenen – Baumusterprüfbescheinigung nach § 8 Abs 4 Nr 4 TKZulV, die durch eine – individuell gerätebezogene – Konformitätserklärung zu ergänzen war.

**5** – Zweitens durch die Ausstellung einer Konformitätserklärung auf der Grundlage eines seinerseits zugelassenen umfassenden Qualitätssicherungssystems (§ 12 Abs 1 Nr 2 EMV, § 11 TKZulV). Soweit Produkte materiell harmonisiert waren, trat die Wirkung der administrativen Zulassung der harmonisierten Produkte auch durch Baumusterprüfbescheinigungen aus anderen Mitglieds- oder EWR-Vertragsstaaten ein (§ 12 Abs 3 TKZulV).

## § 19 Änderung von Rechtsvorschriften (vom Abdruck wird abgesehen)

## § 20 Inkrafttreten

(1) Dieses Gesetz tritt am Tage nach der Verkündung in Kraft.

(2) Die Personenzulassungsverordnung vom 19. Dezember 1997 (BGBl I S 3315) tritt am Tage nach der Verkündung dieses Gesetzes außer Kraft.

(3) Die Telekommunikationszulassungsverordnung vom 20. August 1997 (BGBl I S 2117), geändert durch § 19 Abs 4 dieses Gesetzes und die Beleihungs- und Akkreditierungsverordnung vom 10. Dezember 1997 (BGBl I S 2905) treten am 7. April 2001 außer Kraft.

---

[1] 98/13/EG.
[2] Vgl *Hoffmann-Riem* DVBl 1999, 125, 128; allgem *Schmidt-Aßmann* EuR 1996, 270, 300 f; *Neßler* Europäisches Richtlinienrecht, 1994, S 10 ff; *ders* NVwZ 1995, 863 ff; *Wahl/Groß* DVBl 1998, 2, 3 f.

# Anhang

## Telekommunikations-Universaldienstleistungsverordnung (TUDLV)

Vom 30. Januar 1997 (BGBl 1997 I S 141)

Auf Grund des § 17 Abs 2 des Telekommunikationsgesetzes vom 25. Juli 1996 (BGBl I S 1120) verordnet die Bundesregierung:

**§ 1 Universaldienstleistungen.** Als Universaldienstleistungen werden folgende Telekommunikationsdienstleistungen bestimmt:

1. der Sprachtelefondienst auf der Basis eines digital vermittelnden Netzes und von Teilnehmeranschlussleitungen mit einer Bandbreite von 3,1 KHz und mit – soweit technisch möglich – den ISDN-Leistungsmerkmalen

   – Anklopfen,
   – Anrufweiterschaltung
   – Einzelverbindungsnachweis,
   – Entgeltanzeige und
   – Rückfrage/Makeln,

2. folgende nicht lizenzpflichtige Telekommunikationsdienstleistungen, die in unmittelbarem Zusammenhang mit dem Sprachtelefondienst stehen:

   a) das jederzeitige Erteilen von Auskünften über Rufnummern einschließlich der Netzkennzahlen von Teilnehmern im lizenzierten Bereich und von Anschlussinhabern ausländischer Telefondienste, soweit die Teilnehmerdaten zur Verfügung stehen und die Teilnehmer der Eintragung nicht ganz oder teilweise widersprochen haben,

   b) die in der Regel einmal jährliche Herausgabe von Teilnehmerverzeichnissen, soweit die Teilnehmerdaten zur Verfügung stehen und die Teilnehmer der Eintragung nicht ganz oder teilweise widersprochen haben, und

   c) die flächendeckende Bereitstellung von öffentlichen Telefonstellen an allgemein und jederzeit zugänglichen Standorten entsprechend dem allgemeinen Bedarf; die öffentlichen Telefonstellen sind in betriebsbereitem Zustand zu halten,

3. die Bereitstellung der Übertragungswege gemäß Anhang II der Richtlinie 92/44/EWG des Rates vom 5. Juni 1992 zur Einführung des offenen Netzzugangs bei Mietleitungen (ABl EG Nr L 165 S 27).

**§ 2 Entgelte.** (1) Der Preis für die Universaldienstleistung nach § 1 Nr 1 gilt als erschwinglich, wenn er den realen Preis der von einem Privathaushalt außerhalb von Städten mit mehr als 100 000 Einwohnern zum Zeitpunkt der 31. Dezember 1997 durchschnittlich nachgefragten Telefondienstleistungen mit den zu diesem Zeitpunkt erzielten Leistungsqualitäten einschließlich der Lieferfristen nicht übersteigt.

(2) Für die Universaldienstleistungen nach § 1 Nr 2 gilt der jeweilige Preis als erschwinglich, der sich an den Kosten der effizienten Leistungsbereitstellung (§ 3 Abs 2 der Telekommunikations-Entgeltregulierungsverordnung vom 1. Oktober 1996 (BGBl I S 1492)) orientiert.

(3) Für die Universaldienstleistungen nach § 1 Nr 3 gelten die von der Regulierungsbehörde genehmigten Preise als erschwinglich.

**§ 3 In-Kraft-Treten.** § 1 Nr 3 und § 2 Abs 3 treten am Tage nach der Verkündung in Kraft. Im Übrigen tritt die Verordnung am 1. Januar 1998 in Kraft.

---

Der Bundestag und der Bundesrat haben zugestimmt.

# Telekommunikations-Entgeltregulierungsverordnung (TEntgV)

Vom 9. Oktober 1996 (BGBl 1996 I S 1492)

Auf Grund des § 27 Abs 4 und des § 39 des Telekommunikationsgesetzes vom 25. Juli 1996 (BGBl I S 1120) verordnet die Bundesregierung

**§ 1 Arten und Verfahren der Entgeltgenehmigung.** (1) Das Verfahren zur Genehmigung von Entgelten und entgeltrelevanten Bestandteilen der Allgemeinen Geschäftsbedingungen nach § 25 Abs 1 in Verbindung mit § 27 Abs 1 Nr 1 des Gesetzes kommt nur in Betracht, wenn die Dienstleistung nicht nach Absatz 2 mit einer Mehrzahl von Dienstleistungen in einem Korb zusammengefaßt werden kann.

(2) Im Rahmen des Verfahrens zur Genehmigung von Entgelten und entgeltrelevanten Bestandteilen der Allgemeinen Geschäftsbedingungen nach § 25 Abs 1 in Verbindung mit § 27 Abs 1 Nr 2 des Gesetzes hat die Regulierungsbehörde Dienstleistungen der Lizenzklassen 3 und 4 nach § 6 Abs 2 Nr 1 Buchstabe c und Nr 2 des Gesetzes in jeweils getrennten Körben zusammenzufassen. Dienstleistungen der gleichen Lizenzklasse können nur insoweit in einem Korb zusammengefaßt werden, als sich die erwartete Stärke des Wettbewerbs bei diesen Dienstleistungen nicht wesentlich unterscheidet.

**Abschnitt 1. Genehmigung auf der Grundlage des § 27 Abs 1 Nr 1 des Gesetzes**

**§ 2 Umfang der Kostennachweise.** (1) Mit einem Entgeltantrag nach § 27 Abs 1 Nr 1 des Gesetzes hat das beantragende Unternehmen für die jeweilige Dienstleistung folgende Unterlagen vorzulegen:

1. eine detaillierte Leistungsbeschreibung einschließlich Angaben zu deren Qualität und einen Entwurf der Allgemeinen Geschäftsbedingungen,
2. Angaben über den erzielten Umsatz für die fünf zurückliegenden Jahre sowie den im Antragsjahr und den in den darauffolgenden vier Jahren erwarteten Umsatz,
3. Angaben über die Absatzmenge und, sowie möglich Angaben über die Preiselastizität der Nachfrage im Zeitraum nach Nummer 2,
4. Angaben über die Entwicklung der einzelnen Kosten nach Absatz 2 (Kostennachweise) und die Entwicklung der Deckungsbeiträge im Zeitraum nach Nummer 2,
5. Angaben zu den finanziellen Auswirkungen auf die Kunden, insbesondere im Hinblick auf die Nachfragestruktur von Privat- und Geschäftskunden sowie auf Wettbewerber, die die Leistung als Vorleistung beziehen, und
6. bei Entgeltdifferenzierungen Angaben zu den Auswirkungen auf die betroffenen Nutzergruppen, zwischen denen differenziert wird, sowie eine sachliche Rechtfertigung für die beabsichtigte Differenzierung.

(2) Die Kostennachweise nach Absatz 1 Nr 4 umfassen die Kosten, die sich der Leistung unmittelbar zuordnen lassen (Einzelkosten), und die Kosten, die sich der Leistung nicht unmittelbar zuordnen lassen (Gemeinkosten). Beim Nachweis der Gemeinkosten ist anzugeben und zu erläutern, wie die Gemeinkosten der jeweiligen Dienstleistung zugeordnet werden. Bei der Zuordnung von Gemeinkosten zu den jeweiligen Leistungen hat das beantragende Unternehmen die Maßstäbe, die durch die Richtlinien des Rates, die nach Artikel 6 der Richtlinie 90/387/EWG des Rates vom 28. Juni 1996 zur Verwirklichung des Binnenmarktes für Telekommunikationsdienste durch Einführung eines offenen Netzzugangs (Open Network Provision – ONP) (ABI EG Nr L 192 S. 1) erlassen werden, zu berücksichtigen. Im Rahmen der Kostennachweise nach Satz 1 sind außerdem darzulegen

1. die Ermittlungsmethode der Kosten,
2. die Höhe der Personalkosten, der Abschreibungen, der Zinskosten des eingesetzten Kapitals, der Sachkosten,
3. die im Nachweiszeitraum erzielte und erwartete Kapazitätsauslastung und
4. die der Kostenrechnung zugrundeliegenden Einsatzmengen für die Leistung einschließlich der dazugehörenden Preise, insbesondere die für die Erstellung der Leistung in Anspruch genommenen Teile des öffentlichen Telekommunikationsnetzes (§ 3 Nr 12 des Gesetzes) und die Kosten der Nutzung dieser Teile.

(3) Die Regulierungsbehörde kann einen Entgeltantrag ablehnen, wenn das Unternehmen die in den Absätzen 1 und 2 genannten Unterlagen nicht vollständig vorlegt.

**§ 3 Maßstäbe zur Ermittlung genehmigungsfähiger Entgelte.** (1) Die Regulierungsbehörde hat die vom beantragenden Unternehmen vorgelegten Nachweise dahingehend zu prüfen, ob und inwieweit die beantragten Entgelte sich an den Kosten der effizienten Leistungsbereitstellung im Sinne des Absatzes 2 orientieren.

(2) Die Kosten der effizienten Leistungsbereitstellung ergeben sich aus den langfristigen zusätzlichen Kosten der Leistungsbereitstellung und einem angemessenen Zuschlag für leistungsmengenneutrale Gemeinkosten, jeweils einschließlich einer angemessenen Verzinsung des eingesetzten Kapitals, soweit diese Kosten jeweils für die Leistungsbereitstellung notwendig sind.

(3) Im Rahmen der Prüfung nach Absatz 1 soll die Regulierungsbehörde zusätzlich insbesondere Preise und Kosten solcher Unternehmen als Vergleich heranziehen, die entsprechende Leistungen auf vergleichbaren Märkten im Wettbewerb anbieten. Dabei sind die Besonderheiten der Vergleichsmärkte zu berücksichtigen.

(4) Soweit die nach § 2 Abs 2 nachgewiesenen Kosten die Kosten der effizienten Leistungsbereitstellung nach Absatz 2 übersteigen, gelten sie als Aufwendungen, die für die effiziente Leistungsbereitstellung nicht notwendig sind. Diese Aufwendungen sowie andere neutrale Aufwendungen werden im Rahmen der Entgeltgenehmigung nur berücksichtigt, soweit und solange hierfür eine rechtliche Verpflichtung besteht oder das beantragende Unternehmen eine sonstige sachliche Rechtfertigung nachweist.

### Abschnitt 2. Genehmigung auf der Grundlage des § 27 Abs 1 Nr 2 des Gesetzes

**§ 4 Bildung von Maßgrößen.** (1) Die Regulierungsbehörde hat zunächst das Ausgangsentgeltniveau der in einem Korb zusammengefaßten Dienstleistungen festzustellen.

(2) Die Maßgrößen für die Genehmigung nach § 1 Abs 2 umfassen
1. eine gesamtwirtschaftliche Preissteigerungsrate,
2. die zu erwartende Produktivitätsfortschrittsrate des regulierten Unternehmens und
3. Nebenbedingungen, die geeignet und erforderlich sind, die Einhaltung der Anforderungen nach § 24 Abs 2 des Gesetzes zu gewährleisten.

(3) Bei der Vorgabe von Maßgrößen, insbesondere bei der Festlegung der Produktivitätsfortschrittsrate, ist das Verhältnis des Ausgangsentgeltniveaus zu den Kosten der effizienten Leistungsbereitstellung (§ 3 As. 2) zur berücksichtigen.

(4) Bei der Vorgabe von Maßgrößen sind die Produktivitätsfortschrittsraten von Unternehmen auf vergleichbaren Märkten mit Wettbewerb zu berücksichtigen.

(5) Die Regulierungsbehörde hat neben dem Inhalt der Körbe nach § 1 Abs 2 insbesondere zu bestimmen, für welchen Zeitraum die Maßgrößen unverändert bleiben, anhand welcher Referenzzeiträume der Vergangenheit die Einhaltung der Maßgrößen geprüft wird und unter welchen Voraussetzungen weitere Dienstleistungen in einen bestehenden Korb aufgenommen, Dienstleistungen aus einem Korb herausgenommen oder Preisdifferenzierungen bei bereits in einen Korb aufgenommenen Dienstleistungen durchgeführt werden können.

(6) Zur Vorgabe der Maßgrößen kann die Regulierungsbehörde gegenüber dem betroffenen Unternehmen anordnen, ihr die in § 2 Abs 1 und 2 genannten Nachweise zur Verfügung zu stellen.

**§ 5 Genehmigungsvoraussetzungen für Entgelte.** (l) Mit einem Entgeltantrag nach § 27 Abs 1 Nr 2 des Gesetzes hat das beantragende Unternehmen alle Unterlagen vorzulegen, die es der Regulierungsbehörde ermöglichen, die Einhaltung der nach § 4 vorgegebenen Maßgrößen zu überprüfen. Diese Unterlagen müssen Angaben über die anteiligen Umsätze jeder Entgeltposition für den von der Regulierungsbehörde nach § 4 Abs 5 festgelegten Referenzzeitraum enthalten.

(2) Die Regulierungsbehörde kann einen Entgeltantrag ablehnen, wenn das Unternehmen die in Absatz 1 genannten Unterlagen nicht vollständig vorlegt.

(3) Sofern die nach § 4 vorgegebenen Maßstäbe eingehalten werden, soll die Regulierungsbehörde die Genehmigung für einen Entgeltantrag im Rahmen der Entgeltgenehmigung nach § 27 Abs 1 Nr 2 des Gesetzes innerhalb von zwei Wochen erteilen.

### Abschnitt 3. Sonstige Bestimmungen

**§ 6 Nachträgliche Überprüfung von Entgelten.** (1) In den Fällen des § 30 des Gesetzes kann die Regulierungsbehörde gegenüber dem betroffenen Unternehmen anordnen, ihr Nachweise nach § 2 Abs 1 und 2 sowie sonstige sachgerechte Nachweise vorzulegen. § 3 gilt entsprechend.

(2) Die Regulierungsbehörde stellt den Zeitpunkt der Einleitung der Überprüfung fest und teilt dies dem betroffenen Unternehmen nach § 30 Abs 2 Satz 2 des Gesetzes mit.

**§ 7 Entgelte für besondere Netzzugänge.** (1) Soweit Änderungen von Entgelten für solche Telekommunikationsdienstleistungen beantragt werden, die Kostenbestandteile enthalten, die sowohl für Leistungsangebote im Rahmen von besonderen Netzzugängen (§ 35 Abs 1 Satz 2 des Gesetzes) als auch für andere Telekommunkati-onsdienstleistungen wesentlich sind, dürfen durch die Entgeltmaßnahme andere Unternehmen in ihren Wettbewerbsmöglichkeiten nicht ungerechtfertigt beeinträchtigt werden. Eine ungerechtfertigte Beeinträchtigung ist insbesondere dann zu vermuten, wenn eine der Entgeltmaßnahme zugrunde liegende Veränderung der Kostenbestandteile nach Satz 1 in der Weise berücksichtigt wird, daß sie sich ausschließlich oder überwiegend zu Lasten der Leistungsangebote im Rahmen von besonderen Netzzugängen auswirkt. Das beantragende Unternehmen hat in seinem Antrag darzulegen, daß eine Beeinträchtigung nicht zu erwarten ist oder es einen sachlich gerechtfertigten Grund für die Beeinträchtigung gibt.

Anhang
Telekommunikations-Entgeltregulierungsverordnung (TEntgV)

(2) Leistungsangebote im Rahmen von besonderen Netzzugängen dürfen nicht mit anderen Dienstleistungen in einem Korb zusammengefaßt werden. Leistungsangebote im Rahmen von besonderen Netzzugängen sollen in der Regel nicht vor dem 1. Januar 2000 in einem oder mehreren Körben zusammengefaßt werden. Sind Leistungsangebote im Rahmen von besonderen Netzzugängen in einem Korb zusammengefaßt, hat die Regulierungsbehörde durch Festlegung von Nebenbedingungen für die Entgeltbildung die Einhaltung der Bedingung nach Absatz 1 sicherzustellen.

§ 8 Beteiligungsrechte. (1) Die Regulierungsbehörde veröffentlicht beabsichtige Entscheidungen zur Zusammenfassung von Dienstleistungen nach § 1 Abs 2 sowie zur Vorgabe der jeweiligen Maßgrößen nach § 4 in ihrem Amtsblatt. Vor der Veröffentlichung nach Satz 1 soll sie dem Unternehmen, an das sich die Entscheidung richtet, Gelegenheit zur Stellungnahme geben.

(2) Bei Entgeltanträgen nach § 27 Abs 1 Nr 1 des Gesetzes veröffentlicht die Regulierungsbehörde die beantragten Entgeltmaßnahmen in ihrem Amtsblatt.

§ 9 Veröffentlichung. Die Regulierungsbehörde veröffentlicht in ihrem Amtsblatt nach § 28 Abs 4 des Gesetzes die genehmigten Entgelte sowie die dazugehörigen Leistungsbeschreibungen und die Bestimmungen über die Leistungsentgelte.

§ 10 Inkrafttreten. Diese Verordnung tritt hinsichtlich der Regulierung von Entgelten für das Angebot von Sprachtelefondienst (§ 3 Nr 15 des Gesetzes) am 1. Januar 1998 in Kraft. Im übrigen tritt sie am Tage nach der Verkündung in Kraft.

# Verordnung über besondere Netzzugänge (Netzzugangsverordnung – NZV)

Vom 23. Oktober 1996 (BGBl I S 1568)

BGBl III/FNA 900–11–2

Auf Grund des § 35 Abs 5 und des § 37 Abs 3 des Telekommunikationsgesetzes vom 25. Juli 1996 (BGBl I S 1120) verordnet die Bundesregierung:

### Erster Abschnitt. Allgemeine Bestimmungen

**§ 1 Geltungsbereich.** (1) Diese Verordnung regelt, in welcher Weise ein besonderer Netzzugang einschließlich der Zusammenschaltung zu ermöglichen ist (§ 35 Abs 5 des Gesetzes) und die erforderlichen Einzelheiten der Zusammenschaltungsanordnung (§ 37 Abs 3 des Gesetzes).

(2) Ein besonderer Netzzugang ermöglicht die Inanspruchnahme von Leistungen gemäß § 35 Abs 1 des Gesetzes durch Nutzer im Sinne des § 35 Abs 3 des Gesetzes, die diese Leistungen als Anbieter von Telekommunikationsdienstleistungen oder als Betreiber von Telekommunikationsnetzen nachfragen, um Telekommunikationsdienstleistungen anzubieten. Die Zusammenschaltung von Telekommunikationsnetzen ist ein besonderer Netzzugang in diesem Sinne.

**§ 2 Entbündelungsangebot.** Der Betreiber eines Telekommunikationsnetzes nach § 35 Abs 1 des Gesetzes muss Leistungen gemäß § 33 Abs 1 des Gesetzes einschließlich der jeweils erforderlichen übertragungs-, vermittlungs- und betriebstechnischen Schnittstellen in einer Weise anbieten, dass keine Leistungen abgenommen werden müssen, die nicht nachgefragt werden. Er hat hierbei entbündelten Zugang zu allen Teilen seines Telekommunikationsnetzes einschließlich des entbündelten Zugangs zu den Teilnehmeranschlussleitungen zu gewähren. Die Verpflichtung zur Entbündelung besteht insoweit nicht, als der Betreiber Tatsachen nachweist, auf Grund derer diese Verpflichtung im Einzelfall sachlich nicht gerechtfertigt ist.

**§ 3 Räumlicher Zugang (Kollokation).** (1) Ein Betreiber nach § 35 Abs 1 des Gesetzes ist verpflichtet, die Nutzung einer Leistung nach § 2 räumlich an der übertragungs-, vermittlungs- oder betriebstechnischen Schnittstelle diskriminierungsfrei und zu den Bedingungen zu ermöglichen, die er sich selbst bei der Nutzung einer solchen Leistung einräumt.

(2) Der Betreiber hat dieser Verpflichtung durch die Unterbringung der für die Nutzung der Leistung nach Absatz 1 erforderlichen Einrichtungen in seinen Räumen nachzukommen („physische Kollokation") und dem Nutzer oder dessen Beauftragten jederzeit Zutritt zu diesen Einrichtungen zu gewähren, es sei denn, er weist Tatsachen nach, auf Grund derer dies sachlich nicht oder nicht mehr gerechtfertigt ist. In diesem Fall ist er verpflichtet, die Nutzung der Leistung nach Absatz 1 unter gleichwertigen wirtschaftlichen, technischen oder betrieblichen Bedingungen zu ermöglichen („virtuelle Kollokation").

**§ 4 Informationspflichten.** Der Betreiber nach § 35 Abs 1 des Gesetzes muss Nutzern im Sinne des § 35 Abs 3 des Gesetzes auf Anfrage alle für die Inanspruchnahme von Leistungen nach § 1 Abs 2 benötigten Informationen bereitstellen. Er muss dabei auch die bei den entsprechenden Leistungen in den nächsten sechs Monaten beabsichtigten Änderungen angeben.

### Zweiter Abschnitt. Vereinbarungen über besondere Netzzugänge und Grundangebot

**§ 5 Vereinbarungen.** (1) Vereinbarungen über besondere Netzzugänge nach § 35 Abs 2 des Gesetzes bedürfen der Schriftform.

(2) Vereinbarungen nach Absatz 1 sollen sich insbesondere bei der Zusammenschaltung an den in der Anlage aufgeführten Gegenständen ausrichten.

**§ 6 Vorlagepflicht und Veröffentlichung.** (1) Vereinbarungen nach § 5, an denen ein Betreiber nach § 35 Abs 1 des Gesetzes beteiligt ist, müssen der Regulierungsbehörde von dem Betreiber unverzüglich nach ihrem Abschluss vorgelegt werden.

(2) Jeder an einer solchen Vereinbarung Beteiligte kann bei deren Vorlage Bestimmungen kennzeichnen, die Geschäfts- oder Betriebsgeheimnisse enthalten. In diesem Fall muss er zusätzlich eine Fassung der Vereinbarung vorlegen, die aus seiner Sicht ohne Preisgabe von Geschäfts- oder Betriebsgeheimnissen nach Absatz 4 eingesehen werden kann.

(3) Hält die Regulierungsbehörde die Kennzeichnung nach Absatz 2 Satz 1 für unberechtigt, so muss sie vor einer Entscheidung über die Gewährung von Einsichtnahme an Dritte die vorlegenden Personen hören. Sie kann die Einsicht danach auf die Fassung der Vereinbarung nach Absatz 2 Satz 2 beschränken.

Netzzugangsverordnung (NZV)

(4) Die Regulierungsbehörde veröffentlicht in ihrem Amtsblatt, wann und wo Nutzer nach § 1 Abs 2 eine Vereinbarung nach Absatz 1 einsehen können.

(5) Die Regulierungsbehörde veröffentlicht in ihrem Amtsblatt die Bedingungen einer Vereinbarung nach Absatz 1, von denen zu erwarten ist, dass sie Bestandteil einer Vielzahl von Vereinbarungen nach Absatz 1 sein werden (Grundangebot). Ein Betreiber nach § 35 Abs 1 des Gesetzes ist verpflichtet, dieses Grundangebot in seine Allgemeinen Geschäftsbedingungen aufzunehmen.

**§ 7 Vertraulichkeit von Informationen.** Informationen, die von Verhandlungspartnern im Zusammenhang mit Vereinbarungen nach § 5 gewonnen werden, dürfen nur für die Zwecke verwendet werden, für die sie bereitgestellt werden. Die Informationen dürfen insbesondere nicht an andere Abteilungen, Tochtergesellschaften oder Partnerunternehmen der an den Verhandlungen Beteiligten weitergegeben werden, die aus solchen Informationen Wettbewerbsvorteile ziehen könnten.

**§ 8 Schlichtung.** Bei Streitigkeiten im Rahmen von Verhandlungen über Vereinbarungen über besondere Netzzugänge, an denen ein Betreiber nach § 35 Abs 1 des Gesetzes beteiligt ist, können die Beteiligten gemeinsam die Regulierungsbehörde zur Schlichtung anrufen. Die Regulierungsbehörde entscheidet unter Berücksichtigung der beiderseitigen Interessen über das Anrufungsbegehren.

**Dritter Abschnitt. Anordnung der Zusammenschaltung**

**§ 9 Zusammenschaltungsanordnung.** (1) Kommt zwischen den Betreibern öffentlicher Telekommunikationsnetze eine Vereinbarung über Zusammenschaltung nicht zu Stande (§ 37 Abs 1 des Gesetzes), kann jeder der an der Zusammenschaltung Beteiligten die Regulierungsbehörde anrufen.

(2) Die Anrufung muss schriftlich erfolgen; sie muss begründet werden. Insbesondere muss dargelegt werden, wann die Zusammenschaltung und welche Leistungen dabei nachgefragt worden sind und bei welchen Punkten keine Einigung erzielt worden ist. Die Anrufung ist widerrufbar.

(3) Im Verfahren nach § 37 Abs 1 des Gesetzes hat die Regulierungsbehörde die Anrufungsgründe zu beachten.

(4) Bei einer Entscheidung nach § 37 Abs 1 des Gesetzes hat die Regulierungsbehörde die Interessen der Nutzer sowie die unternehmerische Freiheit jedes Netzbetreibers zur Gestaltung seines Telekommunikationsnetzes zu berücksichtigen.

(5) Die betroffenen Netzbetreiber müssen einer Anordnung nach § 37 Abs 1 des Gesetzes innerhalb einer Frist von längstens drei Monaten nachkommen, es sei denn, dass dies aus technischen Gründen objektiv nicht möglich ist.

(6) Die Regulierungsbehörde veröffentlicht die Zusammenschaltungsanordnung in ihrem Amtsblatt. § 6 Abs 5 gilt entsprechend.

**Vierter Abschnitt. Bußgeldvorschriften, Inkrafttreten**

**§ 10 Bußgeldvorschriften.** Ordnungswidrig im Sinne des § 96 Abs 1 Nr 9 des Gesetzes handelt, wer vorsätzlich oder fahrlässig

1 entgegen § 4 eine Information nicht, nicht richtig, nicht vollständig oder nicht rechtzeitig bereitstellt oder

2 entgegen § 6 Abs 1 eine Vereinbarung nicht oder nicht rechtzeitig vorlegt.

**§ 11 Inkrafttreten.** Diese Verordnung tritt am Tage nach der Verkündung in Kraft.

**Anlage** (zu § 5 Abs 2)

**Bestandteile einer Vereinbarung über besondere Netzzugänge einschließlich der Zusammenschaltung**

a) Beschreibung der einzelnen Leistungen sowie Festlegung, wie und innerhalb welcher Frist diese bereitzustellen sind
b) Zugang zu zusätzlichen Dienstleistungen (Hilfs-, Zusatz- und fortgeschrittene Dienstleistungen)
c) Sicherstellung eines gleichwertigen Zugangs
d) Standorte der Anschlusspunkte
e) Gemeinsame Nutzung von Einrichtungen und Kollokation
f) Technische Normen für den besonderen Netzzugang
g) Interoperabilitätstests
h) Verkehrs-/Netzmanagement
i) Aufrechterhaltung und Qualitätssicherung der Dienstleistungen (einschließlich Entstörung)
j) Festlegung der Entgelte und deren Laufzeit für die bereitzustellenden Leistungen und den Zugang zu zusätzlichen Dienstleistungen
k) Zahlungsbedingungen einschließlich Abrechnungsverfahren

l) Festlegung der Haftungs- und Schadensersatzpflichten
m) Regelungen in Bezug auf geistiges Eigentum
n) Maßnahmen zur Erfüllung grundlegender Anforderungen
o) Schulung des Personals
p) Laufzeit und Neuaushandlung der Vereinbarung
q) Verfahren für den Fall, dass Änderungen der Leistungen einer der Parteien vorgeschlagen werden
r) Verfahren, die die Parteien einleiten, um eine Entscheidung der Regulierungsbehörde herbeizuführen
s) Schutz der vertraulichen Teile der Vereinbarung

# Telekommunikations-Kundenschutzverordnung (TKV)[1]

Vom 11. Dezember 1997 (BGBl 1997 I S 2910) geändert durch die Erste Verordnung zur Änderung der Telekommunikations-Kundenschutzverordnung vom 14.04.1999 (BGBl I S 705)

Auf Grund des § 41 des Telekommunikationsgesetzes vom 25. Juli 1996 (BGBl I S 1120) verordnet die Bundesregierung

## Inhaltsübersicht

### Erster Teil. Allgemeine Bestimmungen

§ 1 Anwendungsbereich
§ 2 Nichtdiskriminierung
§ 3 Entbündelung
§ 4 Angebote für Diensteanbieter
§ 5 Verbindungspreisberechnung
§ 6 Leitungseinstellungen
§ 7 Haftung
§ 8 Verjährung

### Zweiter Teil. Sprachkommunikationsdienstleistungen und Netzzugang

Erster Abschnitt. Allgemeine Bestimmungen

§ 9 Verfügbarkeit als Universaldienstleistung
§ 10 Grundstückseigentümererklärung
§ 11 Sicherheitsleistung
§ 12 Entstörungsdienst
§ 13 Allgemeiner Netzzugang

Zweiter Abschnitt. Rechnungen und Einwendungen

§ 14 Einzelverbindungsnachweis
§ 15 Rechnungserstellung
§ 16 Nachweis der Entgeltforderungen
§ 17 Entgeltermittlungs bei unklarer Forderungshöhe
§ 18 Kundenvorgabe der Entgelthöhe
§ 19 Sperre; Zahlungsverzug

Dritter Abschnitt. Besondere Nebenleistungen

§ 20 Zuteilung von Teilnehmerrufnummern
§ 21 Aufnahme in öffentliche Teilnehmerverzeichnisse
§ 22 Überlassung von Teilnehmerverzeichnissen

### Dritter Teil. Überlassung von Übertragungswegen

§ 23 Verfügbarkeit als Universaldienstleistung und Grundstückseigentümererklärung
§ 24 Schnittstellen
§ 25 Nutzungsneutralität
§ 26 Aufhebung von Angeboten

### Vierter Teil. Kundeninformationen

§ 27 Veröffentlichung von Kundeninformationen
§ 28 Allgemeine Geschäftsbedingungen; Vertragsänderungen
§ 29 Veröffentlichungsfristen
§ 30 Vereinbarung von Leistungen ohne Entgeltgenehmigung
§ 31 Qualitätskennwerte
§ 32 Qualitätsberichterstattung

### Fünfter Teil. Verfahren der Regulierungsbehörde

§ 34 Verfahren bei Zugangsbeschränkung
§ 35 Schlichtung
§ 36 Sicherstellung des Universaldienstes

### Sechster Teil. Schlußvorschrift

§ 37 Inkrafttreten, Außerkrafttreten

**Anlagen**
Anlage 1 (zu § 10 Abs 1)
Anlage 2 (zu § 10 Abs 2)
**Anhänge**
Anhang zu § 27 Abs 2
Anhang zu § 32 Abs 3

### Erster Teil. Allgemeine Bestimmungen

**§ 1 Anwendungsbereich.** (1) Die Verordnung regelt die besonderen Rechte und Pflichten der Anbieter von Telekommunikationsdienstleistungen für die Öffentlichkeit und derjenigen, die diese Leistungen verträglich in Anspruch nehmen oder begehren (Kunden).

(2) Vereinbarungen, die zuungunsten des Kunden von dieser Verordnung abweichen, sind unwirksam.

---

[1] Diese Verordnung dient der Umsetzung der Richtlinie 92/44/EWG des Rates vom 5. Juni 1992 zur Einführung des offenen Netzzugangs bei Mietleitungen (ABl EG Nr L 165 S 27), geändert durch die Richtlinie 97/51/EG des Europäischen Parlaments und des Rates vom 6. Oktober 1997 zur Anpassung der Richtlinie 90/387/EWG und 92/44/EWG des Rates an ein wettbewerbsorientiertes Telekommunikationsumfeld (ABl EG Nr L 295 S 23).

**§ 2 Nichtdiskriminierung.** Marktbeherrschende Anbieter von Telekommunikationsdienstleistungen für die Öffentlichkeit haben diese Leistungen jedermann zu gleichen Bedingungen zur Verfügung zu stellen, es sei denn, dass unterschiedliche Bedingungen sachlich gerechtfertigt sind.

**§ 3 Entbündelung.** (1) Marktbeherrschende Anbieter von Telekommunikationsdienstleistungen für die Öffentlichkeit haben diese Leistungen entsprechend der allgemeinen Nachfrage am Markt in dem Umfang, in dem sie sachlich gegeneinander abgegrenzt werden können, als eigenständige Leistungen anzubieten. Die so abgegrenzten Dienstleistungen sind in der Leistungsbeschreibung gesondert aufzuführen und gesondert aufzuführen und gesondert zu tarifieren.

(2) Werden verschiedene Dienstleistungen in einem Angebot oder einer Rechnung zusammengefasst, sind die einzelnen Leistungen getrennt auszuweisen.

**§ 4 Angebote für Diensteanbieter.** (1) Betreiber öffentlicher Telekommunikationsnetze haben ihr Leistungsangebot so zu gestalten, dass Anbieter von Telekommunikationsdienstleistungen für die Öffentlichkeit diese Leistungen im eigenen Namen und auf eigene Rechnung vertreiben und ihren Kunden anbieten können. Dies gilt nicht, wenn die Verpflichtung im Einzelfall sachlich nicht gerechtfertigt ist. Die in Verleihungen nach § 97 Abs 5 des Telekommunikationsgesetzes festgelegten entsprechenden Verpflichtungen bleiben unberührt.

(2) Der Netzbetreiber darf die Diensteanbieter weder ausschließlich noch unverhältnismäßig lange an sich binden, noch hinsichtlich ihrer eigenen Preis- und Konditionengestaltung oder hinsichtlich anderer Betätigungsfelder einschränken. Er darf Diensteanbietern keine ungünstigeren Bedingungen einräumen als dem eigenen Vertrieb oder verbundenen Unternehmen, es sei denn, dass dies sachlich gerechtfertigt ist.

**§ 5 Verbindungspreisberechnung.** Bei der Abrechnung haben die Anbieter folgende Grundsätze zu beachten:
1. Die Dauer zeitabhängig tarifierter Verbindung von Telekommunikationsdienstleistungen für die Öffentlichkeit ist unter regelmäßiger Abgleichung mit einem amtlichen Zeitnormal zu ermitteln.
2. Die Systeme, Verfahren und technischen Einrichtungen, mit denen die Umrechnung der nach Nummer 1 ermittelten Verbindungsdaten in Entgeltforderungen erfolgt, sind vom Anbieter einer regelmäßigen Kontrolle auf Abrechnungsgenauigkeit und Übereinstimmung mit den vertraglich vereinbarten Entgelten einschließlich der Verzonungsdaten zu unterziehen.
3. Die Voraussetzungen nach Nummer 1 sowie Abrechnungsgenauigkeit und Entgeltrichtigkeit der Datenverarbeitungseinrichtungen nach Nummer 2 sind durch ein Qualitätssystem sicherzustellen oder einmal jährlich durch vereidigte, öffentlich bestellte Sachverständige oder vergleichbare Stellen überprüfen zu lassen. Zum Nachweis der Einhaltung dieser Bestimmung ist der Regulierungsbehörde die Prüfbescheinigung einer akkreditierten Zertifizierungsstelle für Qualitätssicherungssysteme oder das Prüfergebnis eines vereidigten, öffentlich bestellten Sachverständigen vorzulegen.

**§ 6 Leistungseinstellungen.** (1) Ein Unternehmen, dem nach § 19 des Telekommunikationsgesetzes die Erbringung von Universaldienstleistungen auferlegt ist oder das Leistungen nach § 97 Abs 1 des Telekommunikationsgesetzes erbringt, darf diese Leistungen nur vorübergehend aufgrund grundlegender, in Übereinstimmung mit dem Recht der Europäischen Union stehender Anforderungen einstellen oder beschränken. Es hat auf die Belange der Kunden Rücksicht zu nehmen und die Leistungseinstellungen oder -beschränkungen im Rahmen der technischen Möglichkeiten auf den betroffenen Dienst zu beschränken.

(2) Grundlegende Anforderungen, die eine Beschränkung von Universaldienstleistungen rechtfertigen, sind
1. die Sicherheit des Netzbetriebes,
2. die Aufrechterhaltung der Netzintegrität, insbesondere die Vermeidung schwerwiegender Störungen des Netzes, der Software oder gespeicherter Daten,
3. die Interoperabilität der Dienste,
4. der Datenschutz.

3. Anbieter von Telekommunikationsdienstleistungen für die Öffentlichkeit haben bei längeren, vorübergehenden Leistungseinstellungen oder -beschränkungen die Kunden in geeigneter Form über Art, Ausmaß und Dauer der Leistungseinstellung zu unterrichten. Im Falle voraussehbarer Leistungseinstellungen oder -beschränkungen besteht zudem eine Verpflichtung zur vorherigen Unterrichtung gegenüber denjenigen Kunden, die auf eine ununterbrochene Verbindung oder einen jederzeitigen Verbindungsaufbau angewiesen sind und dies dem Anbieter unter Angabe von Gründen schriftlich mitgeteilt haben. Die Mitteilungspflicht über den Beginn der Einstellung besteht nicht, wenn die Unterrichtung
1. nach den Umständen objektiv nicht vorher möglich ist oder
2. die Beseitigung bereits eingetretener Unterbrechungen verzögert würde.

**§ 7 Haftung.** (1) Schadensersatz- und Unterlassungsansprüche der Kunden der Anbieter von Telekommunikationsdienstleistungen für die Öffentlichkeit richten sich nach § 40 des Telekommunikationsgesetzes und den allgemeinen gesetzlichen Bestimmungen.

(2) Anbieter von Telekommunikationsdienstleistungen für die Öffentlichkeit haften für Vermögensschäden bis zu einem Betrag von fünfundzwanzigtausend Deutsche Mark je Nutzer. Dies gilt nicht gegenüber Nutzern, die ihrerseits Telekommunikationsdienstleistungen für die Öffentlichkeit erbringen. Anbieter von Telekommunikationsdienstleistungen für die Öffentlichkeit können die Haftung für diese Leistungen im Verhältnis zueinander durch Vereinbarung der Höhe nach beschränken. Eine vertragliche Haftungsbegrenzung darf die Summe der Mindesthaftungsbeträge gegenüber den geschädigten Endkunden des anderen Nutzers nicht unterschreiten. Gegenüber der Gesamtheit der Geschädigten ist die Haftung des Anbieters auf zwanzig Millionen Deutsche Mark jeweils je schadenursachendes Ereignis begrenzt. Übersteigen die Entschädigungen, die mehreren aufgrund desselben Ereignisses zu leisten sind, die Höchstgrenze, so wird der Schadensersatz in dem Verhältnis gekürzt, in dem die Summe aller Schadensersatzansprüche zur Höchstgrenze steht. Die Haftungsbegrenzung der Höhe nach entfällt, wenn der Schaden vorsätzlich verursacht wurde.

§ 8 **Verjährung.** Die vertraglichen Ansprüche der Anbieter von Telekommunikationsdienstleistungen für die Öffentlichkeit und ihrer Kunden aus der Inanspruchnahme dieser Leistungen verjähren in zwei Jahren. § 201 des Bürgerlichen Gesetzbuches gilt entsprechend.

**Zweiter Teil. Sprachkommunikationsdienstleistungen und Netzzugang**

**Erster Abschnitt. Allgemeine Bestimmungen**

§ 9 **Verfügbarkeit als Universaldienstleistung.** (1) Soweit ein Unternehmen Sprachtelefondienst und die damit in unmittelbarem Zusammenhang stehenden Leistungen aufgrund einer Verpflichtung zum Universaldienst nach § 19 des Telekommunikationsgesetzes oder Leistungen nach § 97 Abs 1 des Telekommunikationsgesetzes erbringt, hat der Kunde gegen dieses im Rahmen der Gesetze und der Allgemeinen Geschäftsbedingungen einen Anspruch auf die Erbringung der entsprechenden Leistungen. Der Netzzugang muss es dem Kunden ermöglichen, im Rahmen der Gesetze nationale und internationale Anrufe zu tätigen und zu empfangen, und zur Sprach-, Faksimile- und Datenkommunikation geeignet sein.

(2) Der Kunde kann den Vertrag mit seinem nicht zum Universaldienst verpflichteten Anbieter von Sprachtelefondienst ohne Einhaltung einer Frist kündigen, sofern der Anbieter dem Kunden Leistungen bereitstellt, die nicht dem Mindestkatalog der Telekommunikations-Universaldienstleistungsverordnung entsprechen, und er den Kunden bei Vertragsabschluss auf diesen Umstand nicht schriftlich hingewiesen hat.

§ 10 **Grundstückseigentümererklärung.** (1) Wer Zugänge zu öffentlichen Telekommunikationsnetzen anbietet, kann den Abschluss eines Vertrages über diese Leistungen davon abhängig machen, dass dem Netzbetreiber für das betroffene Grundstück eine Einverständniserklärung des dinglich Berechtigten vorgelegt wird (Grundstückseigentümererklärung, Anlage 1).

(2) Der Netzbetreiber stellt dem dinglich Berechtigten eine Gegenerklärung aus (Anlage 2).

(3) Soll ein Zugang zu einem öffentlichen Telekommunikationsnetz von einem anderen Anbieter bereitgestellt werden, so hat der Berechtigte einer Grundstückseigentümererklärung dem anderen Anbieter von Zugängen zu öffentlichen Telekommunikationsnetzen die Mitbenutzung der auf dem Grundstück und in den darauf befindlichen Gebäuden verlegten Leitungen und Vorrichtungen zu ermöglichen, sofern der Grundstückseigentümer keine weitere Grundstückseigentümererklärung erteilt und erforderliche Nutzungen des Berechtigten der Mitbenutzung nicht entgegenstehen. Er kann hierfür ein Entgelt erheben, das sich an den Kosten der effizienten Leistungsbereitstellung orientiert.

§ 11 **Sicherheitsleistung.** (1) Anbieter von Telekommunikationsdienstleistungen für die Öffentlichkeit, denen nach § 19 des Telekommunikationsgesetzes die Erbringung von Universaldienstleistungen auferlegt ist, sind berechtigt, die Überlassung von Universaldienstleistungen an Endkunden von einer Sicherheitsleistung in angemessener Höhe abhängig zu machen, wenn zu befürchten ist, dass der Kunde seinen vertraglichen Verpflichtungen nicht oder nicht rechtzeitig nachkommt. Die Sicherheitsleistung kann durch Bürgschaftserklärung eines im Europäischen Wirtschaftsraum zugelassenen Kreditinstituts erfolgen. Der Anbieter ist berechtigt, die Sicherheitsleistung auf eine solche Bürgschaftserklärung und die Hinterlegung von Geld zu beschränken. Die Sicherheitsleistung ist unverzüglich zurückzugeben oder zu verrechnen, sobald die Voraussetzungen für ihre Erbringung weggefallen sind.

(2) Als angemessen im Sinne des Absatzes 1 Satz 1 ist in der Regel ein Betrag in Höhe des Bereitstellungspreises zuzüglich des sechsfachen Grundpreises anzusehen. Eine Anforderung höherer Beträge ist gegenüber dem Kunden anhand der Umstände seines Einzelfalles zu begründen. Für die Festlegung der zu sichernden Forderungen kommen dabei insbesondere die Höhe der Zahlungsrückstände aus einem früheren Vertragsverhältnis über die Bereitstellung eines allgemeinen Netzzugangs oder von Sprachtelefondienst, das Telefonier- und Zahlungsverhalten des Kunden sowie objektive Anhaltspunkte für ein künftiges erhöhtes Aufkommen von Tarifeinheiten in Betracht.

(3) Die Sicherungsmöglichkeiten der Anbieter von Telekommunikationsdienstleistungen für die Öffentlichkeit richten sich im Übrigen nach den allgemeinen Gesetzen.

**§ 12 Entstörungsdienst.** Marktbeherrschende Anbieter von Sprachtelefondienst haben auf Verlangen des Kunden einer Störung unverzüglich, auch nachts und an Sonn- und Feiertagen, nachzugehen. Die vertraglichen Bedingungen für den Entstörungsdienst sind in die Allgemeinen Geschäftsbedingungen des Anbieters aufzunehmen.

**§ 13 Allgemeiner Netzzugang.** (1) Der allgemeine Zugang zu festen öffentlichen Telekommunikationsnetzen ist mit einer räumlich frei zugänglichen Schnittstelle zu versehen. Er ist an einer mit dem Kunden zu vereinbarenden geeigneten Stelle zu installieren. Hierbei sind die Normen und Schnittstellenspezifikationen zu beachten, auf die nach Artikel 5 Abs 1 der Richtlinie 90/387 EWG des Rates vom 28. Juni 1990 zur Verwirklichung des Binnenmarktes für Telekommunikationsdienste durch Einführung des offenen Netzzugangs (Open Network Provision – ONP) (ABl EG Nr L 192 S 1) in der Fassung des Artikels 1 Nr 5 der Richtlinien 97/51/66 des Europäischen Paketes und des Rates zur Anpassung der Richtlinien 90/387/EWG und 92/44/EWG des Rates an ein wettbewerbsorientiertes Telekommunikationsumfeld (ABl EG Nr L 295 S 23) im Amtsblatt der Europäischen Gemeinschaften verwiesen wird oder die nach Artikel 5 Abs 3 in Verbindung mit Artikel 10 der genannten Richtlinie für verbindlich erklärt wurden.

(2) Der Kunde muss die Möglichkeit haben, im Rahmen des Sprachtelefondienstes die Nutzung seines Netzzugangs durch eine netzseitige Sperrung bestimmter Arten von Rufnummern zu beschränken.

(3) Der Kunde kann von einem marktbeherrschenden Anbieter von Sprachtelefondienst im Rahmen der technischen Durchführbarkeit verlangen, dass über den allgemeinen Netzzugang im Rahmen der datenschutzrechtlichen Bestimmungen die Anzeige der Teilnehmerrufnummer des Anrufenden und eine direkte Durchwahl möglich sind.

(4) Allgemeine Zugänge zu öffentlichen Telekommunikationsnetzen müssen die Möglichkeit des Zugangs zu Vermittlungs- und Unterstützungsdiensten sowie zu Auskunftsdiensten über Teilnehmerrufnummern eröffnen.

(5) Wechselt der Kunde den Anbieter des allgemeinen Netzzugangs zu einem öffentlichen Telekommunikationsnetz, so kann die Kündigung durch den neuen Anbieter entgegengenommen und dem alten Anbieter übermittelt werden.

**Zweiter Abschnitt. Rechnungen und Einwendungen**

**§ 14 Einzelverbindungsnachweis.** Verlangt der Kunde für Sprachkommunikationsdienstleistungen für die Öffentlichkeit vor dem maßgeblichen Abrechnungszeitraum eine nach Einzelverbindungen aufgeschlüsselte Rechnung, so hat der Anbieter im Rahmen der technischen Möglichkeiten und der datenschutzrechtlichen Vorschriften diesen Einzelverbindungsnachweis zu erteilen. Dies gilt nicht, wenn nach der besonderen Art der Leistung eine Rechnung üblicherweise nicht erteilt wird. Der Einzelverbindungsnachweis muss im Rahmen der datenschutzrechtlichen Bestimmungen die Entgelte so detailliert ausweisen, dass die Überprüfung und Kontrolle der entstandenen Entgeltforderungen möglich ist. Die Standardform des Einzelverbindungsnachweises ist unentgeltlich zur Verfügung zu stellen.

**§ 15 Rechnungserstellung.** (1) Soweit der Kunde mit anderen Anbietern von Telekommunikationsdienstleistungen für die Öffentlichkeit nicht etwas anderes vereinbart, ist ihm von seinem Anbieter des Zugangs zum öffentlichen Telekommunikationsnetz (Rechnungsersteller) eine Rechnung zu erstellen, die auch die Entgelte für Verbindungen ausweist, die durch Auswahl anderer Anbieter von Netzdienstleistungen über den Netzzugang des Kunden entstehen. Die Rechnung muss die einzelnen Anbieter und zumindest die Gesamthöhe der auf sie entfallenden Entgelte erkennen lassen. § 14 bleibt unberührt. Die Zahlung an den Rechnungsersteller hat befreiende Wirkung auch gegenüber den anderen auf der Rechnung aufgeführten Anbietern. Zum Zwecke der Durchsetzung der Forderungen gegenüber ihren Kunden hat der Rechnungsersteller den anderen Anbietern die erforderlichen Bestands- und Verbindungsdaten zu übermitteln.

(2) Begleicht der Kunde die Rechnung nur teilweise, ist, soweit nichts anderes vereinbart ist, im Zweifel davon auszugehen, dass die Zahlung auf die Forderungen der einzelnen Anbieter entsprechend ihrem Anteil an der Gesamtforderung erfolgt.

**§ 16 Nachweis der Entgeltforderungen.** (1) Erhebt der Kunde bei Telekommunikationsdienstleistungen für die Öffentlichkeit, die auf den für die Sprachkommunikation für die Öffentlichkeit vorgesehenen Telekommunikationsnetzen erbracht werden, Einwendungen gegen die Höhe der ihm in Rechnung gestellten Verbindungsentgelte, so ist das Verbindungsaufkommen unter Wahrung des Schutzes der Mitbenutzer auch ohne Auftrag zur Erteilung eines Einzelentgeltnachweises nach den einzelnen Verbindungsdaten aufzuschlüsseln und eine technische Prüfung durchzuführen, deren Dokumentation dem Kunden auf Verlangen vorzulegen ist.

(2) Soweit aus technischen Gründen oder auf Wunsch des Kunden keine Verbindungsdaten gespeichert oder gespeicherte Verbindungsdaten auf Wunsch des Kunden oder auf Grund rechtlicher Verpflichtungen gelöscht wurden, trifft den Anbieter keine Nachweispflicht für die Einzelverbindungen, wenn der Kunde in der Rechnung auf die nach den gesetzlichen Bestimmungen geltenden Fristen für die Löschung gespeicherter Verbindungsdaten in drucktechnisch deutlich gestalteter Form hingewiesen wurde. Soweit eine Speicherung aus technischen Gründen nicht erfolgt, entfällt die Nachweispflicht, wenn der Kunde vor der Rechnungserteilung auf diese Beschränkung der Möglichkeiten des Anschlusses in drucktechnisch deutlich gestalteter Form hingewiesen wurde.

(3) Dem Anbieter obliegt der Nachweis, die Leistung bis zu der Schnittstelle, an der der allgemeine Netzzugang dem Kunden bereitgestellt wird, technisch einwandfrei erbracht und richtig berechnet zu haben. Ergibt die technische Prüfung Mängel, die die beanstandete Entgeltermittlung beeinflußt haben könnten, wird widerleglich vermutet, dass die Verbindungsentgelte des Anbieters unrichtig ermittelt sind. Ist der Nachweis erbracht, dass der Netzzugang in vom Kunden nicht zu vertretendem Umfang genutzt wurde, oder rechtfertigen Tatsachen die Annahme, dass die Höhe der Verbindungsentgelte auf Manipulation Dritter an öffentlichen Telekommunikationsnetzen zurückzuführen ist, ist der Anbieter nicht berechtigt, die betreffenden Verbindungsentgelte vom Kunden zu fordern.

§ 17 Entgeltermittlung bei unklarer Forderungshöhe. Ist davon auszugehen, dass für Verbindungen berechnete Entgeltforderungen unrichtig sind, ohne dass ihre richtige Höhe feststellbar ist, so wird für die Abrechnung die durchschnittliche Entgeltforderung des jeweiligen Anbieters aus den unbeanstandet gebliebenen sechs zurückliegenden Abrechnungszeiträumen zugrunde gelegt. Das gilt auch, wenn nach den Umständen erhebliche Zweifel bleiben, ob der allgemeine Netzzugang des Kunden im Umfang der Entgeltforderungen in einer dem Kunden zurechenbaren Weise in Anspruch genommen wurde. Ist die Zeit der Überlassung des allgemeinen Netzzugangs durch den Anbieter kürzer als sechs Abrechnungszeiträume, so wird der Anzahl der vorhandenen Abrechnungszeiträume zugrunde gelegt. Bei der Durchschnittsberechnung sind die tatsächlichen Verhältnisse zu berücksichtigen. Wenn in den entsprechenden Abrechnungszeiträumen der Vorjahre bei vergleichbaren Umständen niedrigere Entgeltforderungen angefallen sind, als sich bei der Durchschnittsberechnung ergeben würden, treten diese Entgeltforderungen an die Stelle der berechneten Entgeltforderungen. Danach zuviel gezahlte Entgelte werden erstattet. Dem Kunden bleibt der Nachweis vorbehalten, dass der Netzzugang in dem entsprechenden Abrechnungszeitraum gar nicht genutzt wurde.

§ 18 Kundenvorgabe der Entgelthöhe. Der Kunde kann gegenüber dem Anbieter von Telekommunikationsdienstleistungen für die Öffentlichkeit vorgeben, bis zu welcher monatlichen Entgelthöhe er die Dienstleistung in Anspruch nehmen will. Der Anbieter muss sicherstellen, dass diese Entgelthöhe nicht ohne Zustimmung des Kunden überschritten wird.

§ 19 Sperre; Zahlungsverzug. (1) Anbieter allgemeiner Zugänge zu festen öffentlichen Telekommunikationsnetzen und Anbieter von Sprachtelefondienst sind berechtigt, die Inanspruchnahme dieser Leistungen ganz oder teilweise zu unterbinden (Sperre), wenn der Kunde

1. mit Zahlungsverpflichtungen von mindestens einhundertfünfzig Deutsche Mark in Verzug ist und eine geleistete Sicherheit verbraucht ist oder
2. ein Grund zur Sperre nach Absatz 2 besteht.

(2) Sperren dürfen frühestens zwei Wochen nach schriftlicher Androhung und unter Hinweis auf die Möglichkeit des Kunden, Rechtsschutz vor den Gerichten zu suchen, durchgeführt werden. Die Androhung der Sperre kann mit der Mahnung verbunden werden. Eine Sperre ohne Ankündigung und Einhaltung einer Wartefrist ist nur zulässig, wenn

1. der Kunde Veranlassung zu einer fristlosen Kündigung des Vertragsverhältnisses gegeben hat oder
2. eine Gefährdung der Einrichtungen des Anbieters, insbesondere des Netzes, durch Rückwirkungen von Endeinrichtungen des Netzes oder eine Gefährdung der öffentlichen Sicherheit droht oder
3. das Entgeltaufkommen in sehr hohem Maße ansteigt und Tatsachen die Annahme rechtfertigen, dass der Kunde bei einer späteren Durchführung der Sperre Entgelte für in der Zwischenzeit erbrachte Leistungen nicht, nicht vollständig oder nicht rechtzeitig entrichtet und geleistete Sicherheiten verbraucht sind und die Sperre nicht unverhältnismäßig ist.

(3) Sperren sind im Rahmen der technischen Möglichkeiten auf den betroffenen Dienst zu beschränken und unverzüglich aufzuheben, sobald die Gründe für ihre Durchführung entfallen sind. Eine Vollsperrung des allgemeinen Netzzugangs darf erst nach Durchführung einer mindestens einwöchigen Abgangssperre erfolgen.

(4) Die Sperre nach Absatz 1 Nr 1 unterbleibt, wenn gegen die Rechnung begründete Einwendungen erhoben wurden und der Durchschnittsbetrag nach § 17 bezahlt oder eine Stundungsvereinbarung getroffen ist.

### Dritter Abschnitt. Besondere Nebenleistungen

**§ 20 Zuteilung von Teilnehmerrufnummern.** (1) Soweit im Rahmen der Regelungen nach § 43 Abs 2 des Telekommunikationsgesetzes eine Zuteilung von Teilnehmerrufnummern nicht durch die Regulierungsbehörde erfolgt, erhält der Kunde die benötigten Teilnehmerrufnummern von seinem Anbieter des Zugangs zum öffentlichen Telekommunikationsnetz schriftlich zugeteilt (abgeleitete Zuteilung). Die Zuteilung erfolgt aus den Rufnummernblöcken, die dem Betreiber des Telekommunikationsnetzes oder dem Anbieter von Telekommunikationsdienstleistungen von der Regulierungsbehörde zugeteilt wurden (originäre Zuteilung).

(2) Der Kunde hat Anspruch auf diskriminierungsfreie Zuteilung der Teilnehmerrufnummern im Rahmen der von der Regulierungsbehörde nach § 43 Abs 2 des Telekommunikationsgesetzes festgelegten Bedingungen und Regelungen und der dem Netzbetreiber aufgegebenen Verpflichtungen. Dies gilt auch für Kunden, deren Anbieter nicht zugleich Netzbetreiber sind. Mit der Zuteilung der Teilnehmerrufnummer erwirbt der Endkunde im Rahmen des Telekommunikationsgesetzes und der Bedingungen und Regelungen nach § 43 Abs 2 des Telekommunikationsgesetzes ein vom Anbieter unabhängiges dauerhaftes Nutzungsrecht an der Teilnehmerrufnummer. Die Teilnehmerrufnummer ist rechtsgeschäftlich nicht übertragbar.

(3) Kunden müssen Änderungen von Teilnehmerrufnummern hinnehmen, wenn diese durch Maßnahmen oder Entscheidungen der Regulierungsbehörde gegenüber dem Anbieter nach § 43 des Telekommunikationsgesetzes und der dazu ergangenen Verfahrensregelungen veranlasst sind oder die Zuteilung aufgrund unrichtiger Angaben des Kunden erfolgt ist.

(4) Für die Zuteilung der Teilnehmerrufnummer kann der Anbieter nur die mit der Zuteilung verbundenen Kosten verlangen.

(5) Teilnehmerrufnummern, die bis zum Zeitpunkt des Inkrafttretens dieser Verordnung vom Anbieter vergeben wurden, gelten als zugeteilt.

(6) Einwendungen gegen die Rufnummernzuteilung oder gegen Änderungen der Teilnehmerrufnummern kann der Kunde seinem Anbieter gegenüber nur innerhalb einer Ausschlussfrist von sechs Wochen ab Zugang der schriftlichen Zuteilung geltend machen. War der Kunde ohne Verschulden verhindert, diese Einwendungsfrist einzuhalten, so kann er die Einwendungen innerhalb von zwei Wochen nach Wegfall des Hindernisses nachholen. Der Kunde ist in der schriftlichen Zuteilung auf die Frist hinzuweisen.

**§ 21 Aufnahme in öffentliche Teilnehmerverzeichnisse.** (1) Der Kunde kann von seinem Anbieter von Sprachkommunikationsdienstleistungen für die Öffentlichkeit verlangen, in ein allgemein zugängliches, nicht notwendig anbietereigenes Teilnehmerverzeichnis unentgeltlich eingetragen zu werden, seinen Eintrag prüfen und berichtigen oder wieder streichen lassen.

(2) Die Teilnehmerverzeichnisse enthalten mindestens die Rufnummer, den Namen, den Vornamen und die Anschrift des Inhabers des Netzzugangs, soweit sie dem Anbieter zugänglich sind und in Kundenverzeichnissen veröffentlicht werden dürfen. Der Inhaber des Netzzugangs kann im Rahmen der datenschutzrechtlichen Bestimmungen verlangen, dass Mitbenutzer entgeltlich eingetragen werden. Der Anspruch steht auch Wiederverkäufern von Sprachkommunikationsdienstleistungen für deren Kunden zu. Die Vorschriften über das Recht des Kunden, der Eintragung seiner Daten in Teilnehmerverzeichnisse ganz oder teilweise zu widersprechen, bleiben unberührt.

(3) Die Anbieter tragen dafür Sorge, dass die Eintragungen in das Verzeichnis für alle Teilnehmer in nichtdiskriminierender Weise erfolgen.

(4) Ein Unternehmen, das nach § 19 des Telekommunikationsgesetzes zur Herausgabe von Teilnehmerverzeichnissen verpflichtet wurde oder das diese Leistung nach § 97 Abs 1 des Telekommunikationsgesetzes erbringt, kann die Teilnehmerdaten von den Anbietern von Sprachkommunikationsdienstleistungen für die Öffentlichkeit verlangen. Ein hierfür erhobenes Entgelt hat sich an den Kosten der effizienten Leistungsbereitstellung zu orientieren.

(5) Die Absätze 1 bis 4 gelten entsprechend für die Aufnahme in Verzeichnisse für Auskunftsdienste.

**§ 22 Überlassung von Teilnehmerverzeichnissen.** Der Kunde kann von seinem Anbieter von Sprachkommunikationsdienstleistungen für die Öffentlichkeit die in der Regel jährliche Überlassung eines Teilnehmerverzeichnisses mit den Rufnummern des regionalen Teilnehmerbereichs verlangen.

### Dritter Teil. Überlassung von Übertragungswegen

**§ 23 Verfügbarkeit als Universaldienstleistung und Grundstückseigentümererklärung.** Für das Angebot von Übertragungswegen, die als Universaldienstleistung festgelegt sind, finden die §§ 9 und 36 entsprechende Anwendung. Für die Nutzung von Grundstücken im Zusammenhang mit dem Angebot von Übertragungswegen gilt § 10 entsprechend.

### Telekommunikations-Kundenschutzverordnung (TKV)

**§ 24 Schnittstellen.** Übertragungswege sind über räumlich frei zugängliche Schnittstellen bereitzustellen. Die Abschlusseinrichtung des Übertragungsweges ist an einer mit dem Kunden zu vereinbarenden geeigneten Stelle zu installieren. Die Schnittstelle kann statt dessen im Einvernehmen zwischen dem Anbieter des Übertragungsweges und dem Kunden in End- oder Vermittlungseinrichtungen integriert werden. Werden End- oder Vermittlungseinrichtungen im Falle des Satzes 3 nicht vom Anbieter des Übertragungsweges bereitgestellt, so hat dieser Funktionsstörungen der Einrichtung nicht zu vertreten.

**§ 25 Nutzungsneutralität.** Marktbeherrschende Anbieter von Übertragungswegen haben diese Übertragungswege auf Verlangen des Kunden im Rahmen der technischen Bedingungen nutzungsneutral zu überlassen. Der Kunde kann verlangen, dass ihm ein mit den Schnittstellen-Spezifikationen konformer, vollständig transparenter Übertragungsweg zur Verfügung gestellt wird, den er nach seinen Wünschen unstrukturiert nutzen kann. Die Nutzung bestimmter Kanäle darf vertraglich weder verboten noch vorgeschrieben sein. Vertragliche Vereinbarungen, die den Nutzungszweck beschränken oder nichttechnische Beschränkungen für Verbindungen von Übertragungswegen oder die Anschaltung von Endeinrichtungen enthalten, sind unwirksam.

**§ 26 Aufhebung von Angeboten.** Beabsichtigt ein marktbeherrschender Anbieter von Übertragungswegen, der diese Leistungen nicht als Universaldienstverpflichteter erbringt, ein Angebot an Übertragungswegen einzustellen, so hat er die Regulierungsbehörde und die hiervon betroffenen Kunden zu unterrichten. Er hat insbesondere die Kunden darüber zu informieren, dass sie sich wegen der vorgesehenen Aufhebung an die Regulierungsbehörde wenden können. Die Regulierungsbehörde entscheidet über die Angemessenheit der Einstellungsfrist und veröffentlicht dies in ihrem Amtsblatt.

**Vierter Teil. Kundeninformation**

**§ 27 Veröffentlichung von Kundeninformationen.** (1) Anbieter von Telekommunikationsdienstleistungen für die Öffentlichkeit haben allgemeine Informationen für Endkunden zu veröffentlichen und in einer für alle Interessierten leicht zugänglichen Weise bereitzustellen. Hierzu zählen Informationen über Zugang, Nutzungs- und Lieferbedingungen, das Recht des Kunden, der Eintragung seiner Daten in Teilnehmerverzeichnisse ganz oder teilweise zu widersprechen sowie Entgelte sowie beim Angebot von Sprachtelefondienst Angaben über die Qualitätskennwerte nach § 32. Satz 1 ist erfüllt, wenn diese Angaben im Amtsblatt der Regulierungsbehörde veröffentlicht werden und in den Geschäftsstellen der Anbieter für den Kunden bereitgehalten werden. Erfolgt die Veröffentlichung der Kundeninformation an anderer Stelle, hat der Anbieter die Fundstelle umgehend der Regulierungsbehörde mitzuteilen. Die Regulierungsbehörde veröffentlicht einen Hinweis auf die Fundstelle in ihrem Amtsblatt.

(2) Anbieter von Zugängen zu festen öffentlichen Telekommunikationsnetzen haben über die Verpflichtung nach Absatz 1 hinaus die technischen Merkmale der Schnittstellen nach Maßgabe des Anhangs zu § 27 Abs 2 entsprechend Absatz 1 zu veröffentlichen. Änderungen bestehender oder Einführung neuer Schnittstellenspezifikationen sind drei Monate vor ihrer Einführung zu veröffentlichen.

(3) Marktbeherrschende Anbieter von Übertragungswegen haben über die Verpflichtung nach Absatz 1 hinaus Informationen über technische Merkmale, üblicherweise erreichte Qualitätsmerkmale, sowie die Bedingungen für die Anschließung von Endeinrichtungen in einer mit Artikel 4 und Anhang I der Richtlinie 92/44/EWG des Rates vom 5. Juni 1992 zur Einführung des offenen Netzzugangs bei Mietleitungen (ABl EG Nr L 165 S 27) in der Fassung der Richtlinie 97/51/EG des Europäischen Parlaments und des Rates vom 6. Oktober 1997 zur Anpassung der Richtlinien 90/387/EWG und 92/44/EWG an ein wettbewerbsorientiertes Telekommunikationsumfeld (ABl EG Nr L 295, S 23) übereinstimmenden Form entsprechend Absatz 1 zu veröffentlichen.

(4) Die allgemeinen Informationen für Endkunden über allgemeine Zugänge zu festen öffentlichen Telekommunikationsnetzen müssen Angaben über die Regelbereitstellungsfrist, die Regelentstörfrist, Ausgleichsregelungen bei Leistungsstörungen sowie eine Zusammenfassung des Vorgehens zur Einleitung von Schlichtungsverfahren nach § 35 enthalten. Auf die Möglichkeit einer Benachrichtigung nach § 6 Abs 3 ist hinzuweisen.

**§ 28 Allgemeine Geschäftsbedingungen; Vertragsänderungen.** (1) Soweit Allgemeine Geschäftsbedingungen der Anbieter von Telekommunikationsdienstleistungen für die Öffentlichkeit nach § 23 Abs 2 Nr 1a des AGB-Gesetzes in die Verträge einbezogen werden, weist der Anbieter in seinen Auftragsformblättern auf die Tatsache der Veröffentlichung im Amtsblatt der Regulierungsbehörde und die Möglichkeit der Einsichtnahme bei seinen Geschäftsstellen hin.

(2) Anbieter von Telekommunikationsdienstleistungen für die Öffentlichkeit können bestehende Verträge durch Einbeziehung Allgemeiner Geschäftsbedingungen, Leistungsbeschreibungen und Entgelte entsprechend § 23 Abs 2 Nr 1a des AGB-Gesetzes ändern. § 27 findet Anwendung.

(3) Über Vertragsänderungen, die nach Absatz 2 erfolgen, und deren Inhalte sind die Kunden in geeigneter Weise und unter Hinweis auf die Fundstelle der Veröffentlichung zu informieren. Werden Verträge nach Absatz 2 zuungunsten der Kunden geändert, so kann der betroffene Kunde das Vertragsverhältnis für den Zeitpunkt des Wirksamwerdens der Änderung kündigen. Der Kunde ist auf das Kündigungsrecht hinzuweisen. Ände-

rungen zuungunsten der Kunden werden vor dieser Information nicht wirksam. Das Kündigungsrecht erlischt, wenn der Kunde nicht innerhalb eines Monats nach der Information davon Gebrauch macht.

(4) Rückwirkende Vertragsänderungen sind unbeschadet des § 29 Abs 2 des Telekommunikationsgesetzes nur zugunsten des Kunden und ausschließlich zum Zwecke nachträglicher Beseitigung eingetretener Wettbewerbsstörungen unter Beachtung des Diskriminierungsverbotes zulässig. § 1 Abs 2 findet keine Anwendung.

**§ 29 Veröffentlichungsfristen.** (1) Änderungen von Entgelten und entgeltrelevanten Bestandteilen Allgemeiner Geschäftsbedingungen marktbeherrschender Anbieter von Sprachtelefondienst und von Übertragungswegen treten frühestens einen Monat nach ihrer Veröffentlichung in Kraft. Die Frist gilt nicht für kurzzeitige ereignisbezogene Sondertarife. Informationen über neue Angebote marktbeherrschender Anbieter von Übertragungswegen sind so bald wie möglich zu veröffentlichen. Die Regulierungsbehörde kann eine Abweichung von der Frist nach Satz 1 in Einzelfällen genehmigen.

(2) Bei genehmigungspflichtigen Entgelten und entgeltrelevanten Bestandteilen Allgemeiner Geschäftsbedingungen darf die Veröffentlichung nach Absatz 1 nicht vor Erteilung der Genehmigung erfolgen.

**§ 30 Vereinbarung von Leistungen ohne Entgeltgenehmigung.** Wird ein genehmigungspflichtiges Entgelt vereinbart, für das eine Genehmigung nach dem Gesetz oder eine vorläufige Anordnung der Regulierungsbehörde nicht vorliegt, und existiert auch kein Entgelt, das nach § 29 Abs 2 Satz 1 des Telekommunikationsgesetzes an die Stelle des vereinbarten Entgeltes tritt, so ist die Vereinbarung unwirksam.

**§ 31 Abschaltung von Endeinrichtungen.** Werden Endeinrichtungen eines Kunden nach § 59 Abs 6 Satz 1 des Telekommunikationsgesetzes abgeschaltet, so hat der Anbieter des Netzzugangs den Kunden unverzüglich unter Angabe der Gründe und unter Hinweis auf sein Widerspruchsrecht nach § 59 Abs 6 Satz 2 des Telekommunikationsgesetzes über die Abschaltung zu unterrichten. Sobald die beanstandete Endeinrichtung von der Abschlusseinrichtung getrennt worden ist, ist der Zugang wieder bereitzustellen.

**§ 32 Qualitätskennwerte.** (1) Betreiber fester öffentlicher Telekommunikationsnetze und marktbeherrschende Anbieter von Sprachtelefondienst haben folgende Qualitätskennwerte zu erheben:

1. Frist für die erstmalige Bereitstellung des Netzzugangs (Regelbereitstellungsfrist),
2. Fehlermeldung pro Abschlussleitung pro Jahr,
3. Reparaturzeit (Regelentstörfrist),
4. Häufigkeit des erfolglosen Verbindungsaufbaus,
5. Verbindungsaufbauzeit,
6. Reaktionszeiten bei vermittelten Diensten,
7. Reaktionszeiten bei Auskunftsdiensten,
8. Anteil betriebsbereiter öffentlicher Münz- und Kartentelefone,
9. Abrechnungsgenauigkeit.

(2) Der Qualitätskennwert nach Absatz 1 Nr 7 ist auch von den Anbietern von Auskunftsdiensten zu erheben, die diese Dienstleistung unter einer Rufnummer anbieten, die mit den Ziffern 118 beginnt.

(3) Definition, Messgröße und Messmethode richten sich nach dem Anhang zu § 32 Abs 3. Bis zu einer Einigung über die Definition und die anzuwendende Messmethode auf europäischer Ebene werden Definition, Messgröße und Messmethode für den Qualitätskennwert nach Nummer 9 durch die Regulierungsbehörde festgelegt. Die Regulierungsbehörde veröffentlicht die sich aus den Sätzen 1 und 2 ergebenden Anforderungen in ihrem Amtsblatt.

**§ 33 Qualitätsberichterstattung.** (1) Betreiber fester öffentlicher Telekommunikationsnetze und Anbieter von Sprachtelefondienst, die bei diesen Dienstleistungen nicht über eine marktbeherrschende Stellung verfügen, müssen spätestens achtzehn Monate nach Aufnahme ihrer Geschäftstätigkeit die Qualitätskennwerte nach § 32 erheben.

(2) Die Statistiken sind der Regulierungsbehörde auf Anforderung zur Verfügung zu stellen. Die Regulierungsbehörde veröffentlicht die Statistiken einmal jährlich in geeigneter Form in ihrem Amtsblatt.

### Fünfter Teil. Verfahren der Regulierungsbehörde

**§ 34 Verfahren bei Zugangsbeschränkung.** (1) Schränkt ein marktbeherrschender Anbieter von Übertragungswegen die Bereitstellung oder Verfügbarkeit eines Übertragungsweges ein, so kann der betroffene Kunde die Regulierungsbehörde zur Entscheidung über die Berechtigung der Zugangsbeschränkung nach den Vorschriften des Telekommunikationsgesetzes und der aufgrund des Telekommunikationsgesetzes erlassenen Verordnungen anrufen. Die begründete Entscheidung der Regulierungsbehörde ist den Parteien innerhalb einer Woche nach Beschlussfassung bekannt zu geben.

(2) Betreiber von Telekommunikationsnetzen und Anbieter von Telekommunikationsdienstleistungen für die Öffentlichkeit können bei Sperrung, Beendigung, wesentlicher Änderung oder Einschränkung der Verfügbar-

keit von Diensten, die ihnen von marktbeherrschenden Anbietern von Sprachtelefondienstleistungen bereitgestellt werden, die Regulierungsbehörde zur Entscheidung über die Berechtigung der Beschränkung nach den Vorschriften des Telekommunikationsgesetzes und der aufgrund des Telekommunikationsgesetzes erlassenen Verordnungen anrufen. Absatz 1 Satz 2 findet Anwendung.

(3) Die Regulierungsbehörde veröffentlicht einmal jährlich eine Übersicht über die Verfahren nach den Absätzen 1 und 2 in ihrem Amtsblatt.

§ 35 Schlichtung. (1) Macht der Endkunde eines Anbieters von Zugängen zu einem öffentlichen Telekommunikationsnetz oder eines Sprachtelefondienstanbieters die Verletzung eigener Rechte geltend, die ihm aufgrund dieser Verordnung zustehen, kann er die Regulierungsbehörde zum Zwecke der Streitbeilegung anrufen.

(2) Die Regulierungsbehörde hört die Beteiligten mit dem Ziel einer gütlichen Einigung an. Das Verfahren endet mit einer Einigung der Parteien oder der Feststellung der Regulierungsbehörde, dass eine Einigung der Parteien nicht zustande gekommen ist. Dieses Ergebnis ist den Parteien schriftlich mitzuteilen.

(3) Jede Partei trägt die ihr durch die Teilnahme am Verfahren entstandenen Kosten selbst.

(4) Das Verfahren nach den Absätzen 1 bis 3 steht auch Kunden marktbeherrschender Anbieter von Übertragungswegen offen.

§ 36 Sicherstellung des Universaldienstes. Marktbeherrschende Anbieter von Sprachtelefondienst, die einen Vertragsabschluss über die Inanspruchnahme von Sprachtelefondienst oder damit in unmittelbarem Zusammenhang stehender Universaldienstleistungen ablehnen, ohne dass der Kunde auf die Leistungen verzichtet, haben dies unter Angabe der Gründe umgehend der Regulierungsbehörde anzuzeigen. Die Regulierungsbehörde trägt im Rahmen des Verfahrens zur Sicherstellung von Universaldienstleistungen dafür Sorge, dass dem Kunden die Leistungen bereitgestellt werden.

### Sechster Teil. Schlußvorschrift

§ 37 Inkrafttreten; Außerkrafttreten. Diese Verordnung tritt am 1. Januar 1998 in Kraft, § 18 tritt am 1. Januar 1999 in Kraft. Die Telekommunikations-Kundenschutzverordnung 1995 vom 19. Dezember 1995 (BGBl I S 2020) tritt mit Inkrafttreten dieser Verordnung außer Kraft.

# Frequenzbereichszuweisungsplanverordnung (FreqBZPV)

Vom 26. April 2001 (BGBl I S 778)

Auf Grund des § 45 des Telekommunikationsgesetzes vom 25. Juli 1996 (BGBl I S 1120) verordnet die Bundesregierung:

**§ 1 Geltungsbereich.** Diese Verordnung regelt die Zuweisung von Frequenzbereichen an einzelne Funkdienste und an andere Anwendungen elektromagnetischer Wellen für die Bundesrepublik Deutschland.

**§ 2 Inhalt des Frequenzbereichszuweisungsplans.** (1) Der Frequenzbereichszuweisungsplan (Anlage) enthält die Zuweisung der Frequenzbereiche an einzelne Funkdienste und an andere Anwendungen elektromagnetischer Wellen sowie Bestimmungen über die Frequenznutzungen und darauf bezogene nähere Festlegungen, die auch Frequenznutzungen in und längs von Leitern betreffen.

(2) Die Zuweisung eines Frequenzbereichs ist die Eintragung in den Frequenzbereichszuweisungsplan zum Zwecke der Benutzung dieses Bereichs durch einen oder mehrere Funkdienste oder durch andere Anwendungen elektromagnetischer Wellen.

(3) Nutzungsbestimmungen im Sinne des Absatzes 1 können
1. Zuweisungen an Funkdienste in Teilen der Bezugsfrequenzbereiche,
2. Festlegungen über die Art der Funkanwendung eines Funkdienstes einschließlich Angaben technischer oder betrieblicher Art,
3. Ergänzungen zur Festlegung der zivilen oder militärischen Nutzung,
4. Festlegungen über Frequenznutzungen in und längs von Leitern oder
5. Festlegungen über andere Anwendungen elektromagnetischer Wellen

enthalten.

**§ 3 Aufbau des Frequenzbereichszuweisungsplans.** (1) Der Frequenzbereichszuweisungsplan wird in Form einer Tabelle erstellt. Die erste Spalte enthält eine durchgehende Nummerierung der Einträge; die zweite Spalte enthält die einzelnen Frequenzbereiche (in kHz, MHz und GHz). In der dritten Spalte ist die Zuweisung der Frequenzbereiche an die Funkdienste enthalten. Die vierte Spalte gibt an, ob der Frequenzbereich zivil (ziv), militärisch (mil) oder gemeinsam zivil und militärisch (ziv, mil) genutzt wird.

(2) Die Frequenzbereiche in der zweiten Spalte und die Zuweisung an Funkdienste in der dritten Spalte können mit Nutzungsbestimmungen versehen sein. Diese Nutzungsbestimmungen sind nummeriert und erscheinen im vollen Wortlaut am Ende des Tabellenteils. Steht die Nummer einer Nutzungsbestimmung unterhalb eines Frequenzbereichs in der zweiten Spalte, so bezieht sich die entsprechende Nutzungsbestimmung auf den gesamten Frequenzbereich. Steht die Nummer einer Nutzungsbestimmung neben einem Funkdienst in der dritten Spalte, so bezieht sich die entsprechende Nutzungsbestimmung nur auf diesen Funkdienst.

(3) Die Funkdienste werden nach primären und sekundären Funkdiensten unterschieden; sie sind in der dritten Spalte der Tabelle durch unterschiedliche Schreibweisen wie folgt gekennzeichnet:

| | |
|---|---|
| Primärer Funkdienst: | Schreibweise in Großbuchstaben, |
| | zB FESTER FUNKDIENST |
| Sekundärer Funkdienst: | normale Schreibweise, |
| | zB Ortungsfunkdienst |

Ein primärer Funkdienst ist ein Funkdienst, dessen Funkstellen Schutz gegen Störungen durch Funkstellen sekundärer Funkdienste verlangen können, auch wenn diesen Frequenzen bereits zugeteilt sind. Schutz gegen Störungen durch Funkstellen des gleichen oder eines anderen primären Funkdienstes kann nur die Funkstelle verlangen, der die Frequenz früher zugeteilt wurde.

Ein sekundärer Funkdienst ist ein Funkdienst, dessen Funkstellen weder Störungen bei den Funkstellen eines primären Funkdienstes verursachen dürfen noch Schutz vor Störungen durch solche Funkstellen verlangen können, unabhängig davon, wann die Frequenzzuteilung an Funkstellen des primären Funkdienstes erfolgt. Sie können jedoch Schutz gegen Störungen durch Funkstellen des gleichen oder eines anderen sekundären Funkdienstes verlangen, deren Frequenzzuteilung später erfolgt.

**§ 4 Begriffsbestimmungen im Frequenzbereichszuweisungsplan** Im Sinne dieser Verordnung gelten die folgenden Begriffsbestimmungen:
1. *Amateurfunkdienst*: Funkdienst, der von Funkamateuren untereinander, zu experimentellen und technisch-wissenschaftlichen Studien, zur eigenen Weiterbildung, zur Völkerverständigung und zur Unterstützung von Hilfsaktionen in Not- und Katastrophenfällen wahrgenommen wird.
2. *Amateurfunkdienst über Satelliten*: Funkdienst, der den gleichen Zwecken dient wie der Amateurfunkdienst, bei dem für diese Zwecke jedoch Weltraumfunkstellen an Bord von Erdsatelliten benutzt werden.

Frequenzbereichszuweisungsplanverordnung (FreqBZPV)

3. *Erderkundungsfunkdienst über Satelliten:* Funkdienst zwischen Erdfunkstellen und einer oder mehreren Weltraumfunkstellen, der auch Funkverbindungen zwischen Weltraumfunkstellen umfassen kann und bei dem
   a) Angaben über Eigenschaften der Erde und Naturerscheinungen derselben, einschließlich Daten über den Zustand der Umwelt, mit Hilfe von aktiven Sensoren oder passiven Sensoren gewonnen werden, die sich an Bord von Erdsatelliten befinden,
   b) ähnliche Angaben mit Hilfe von Sonden gewonnen werden, die sich in Luftfahrzeugen oder auf der Erdoberfläche befinden,
   c) diese Angaben an Erdfunkstellen übermittelt werden können, die zum gleichen Funksystem gehören oder
   d) die Sonden auch abgefragt werden können.
   Dieser Funkdienst kann auch die für seine Wahrnehmung erforderlichen Speiseverbindungen umfassen.
4. *Ferner Weltraum:* Weltraum in Entfernungen von der Erde, die gleich groß oder größer sind als 2.000.000 km.
5. *Fester Funkdienst:* Funkdienst zwischen bestimmten festen Punkten.
6. *Fester Funkdienst über Satelliten:* Funkdienst zwischen Erdfunkstellen an bestimmten Standorten, wenn ein oder mehrere Satelliten benutzt werden; der bestimmte Standort kann ein genau bezeichneter fester Punkt oder irgendein fester Punkt innerhalb genau bezeichneter Gebiete sein; in bestimmten Fällen umfasst dieser Funkdienst Funkverbindungen zwischen Satelliten, wobei diese Funkverbindungen auch im Intersatellitenfunkdienst betrieben werden können; der feste Funkdienst über Satelliten kann auch Speiseverbindungen für andere Weltraumfunkdienste umfassen.
7. *Flugnavigationsfunkdienst:* Navigationsfunkdienst zum Zwecke des sicheren Führens von Luftfahrzeugen.
8. *Flugnavigationsfunkdienst über Satelliten:* Navigationsfunkdienst über Satelliten, bei dem die Erdfunkstellen sich an Bord von Luftfahrzeugen befinden.
9. *Funkdienst:* Gesamtheit der Funknutzungen, deren Verwendungszweck ein wesentliches gemeinsames Merkmal besitzt.
10. *Intersatellitenfunkdienst:* Funkdienst für Funkverbindungen zwischen künstlichen Satelliten.
11. *ISM-Anwendung:* Nutzung elektromagnetischer Wellen durch Geräte oder Vorrichtungen für die Erzeugung und lokale Nutzung von Hochfrequenzenergie für industrielle, wissenschaftliche, medizinische, häusliche oder ähnliche Zwecke, die nicht Funkanwendung ist.
12. *Mobiler Flugfunkdienst:* Mobilfunkdienst zwischen Bodenfunkstellen und Luftfunkstellen oder zwischen Luftfunkstellen, an dem auch Rettungsgerätfunkstellen teilnehmen dürfen; Funkbaken zur Kennzeichnung der Notposition dürfen auf festgelegten Notfrequenzen ebenfalls an diesem Funkdienst teilnehmen.
13. *Mobiler Flugfunkdienst (OR):* Mobiler Flugfunkdienst (Off-Route), der für den Funkverkehr, einschließlich des Verkehrs zur Flugkoordinierung, vorwiegend außerhalb von nationalen oder internationalen zivilen Luftverkehrsrouten vorgesehen ist.
14. *Mobiler Flugfunkdienst (R):* Mobiler Flugfunkdienst (Route), dem die Sicherheit und Regelmäßigkeit der Flüge betreffenden Funkverkehr vorwiegend auf nationalen oder internationalen zivilen Luftverkehrsrouten vorbehalten ist.
15. *Mobiler Flugfunkdienst über Satelliten:* Mobilfunkdienst über Satelliten, bei dem die mobilen Erdfunkstellen sich an Bord von Luftfahrzeugen befinden; Rettungsgerätfunkstellen und Funkbaken zur Kennzeichnung der Notposition dürfen ebenfalls an diesem Funkdienst teilnehmen.
16. *Mobiler Flugfunkdienst über Satelliten (OR):* Mobiler Flugfunkdienst über Satelliten (Off-Route), der für den Funkverkehr, einschließlich des Verkehrs für die Flugkoordinierung, vorwiegend außerhalb von nationalen und internationalen zivilen Luftverkehrsrouten vorgesehen ist.
17. *Mobiler Flugfunkdienst über Satelliten (R):* Mobiler Flugfunkdienst über Satelliten (Route), der dem die Sicherheit und Regelmäßigkeit der Flüge betreffenden Funkverkehr vorwiegend auf nationalen oder internationalen zivilen Luftverkehrsrouten vorbehalten ist.
18. *Mobiler Landfunkdienst:* Mobilfunkdienst zwischen ortsfesten und mobilen Landfunkstellen oder zwischen mobilen Landfunkstellen.
19. *Mobiler Landfunkdienst über Satelliten:* Mobilfunkdienst über Satelliten, bei dem die mobilen Erdfunkstellen sich an Land befinden.
20. *Mobiler Seefunkdienst:* Mobilfunkdienst zwischen Küstenfunkstellen und Seefunkstellen oder zwischen Seefunkstellen oder zwischen zugeordneten Funkstellen für den Funkverkehr an Bord; Rettungsgerätfunkstellen und Funkbaken zur Kennzeichnung der Notposition dürfen ebenfalls an diesem Funkdienst teilnehmen.
21. *Mobiler Seefunkdienst über Satelliten:* Mobilfunkdienst über Satelliten, bei dem die mobilen Erdfunkstellen sich an Bord von Seefahrzeugen befinden; Rettungsgerätfunkstellen und Funkbaken zur Kennzeichnung der Notposition dürfen ebenfalls an diesem Funkdienst teilnehmen.
22. *Mobilfunkdienst:* Funkdienst zwischen mobilen und ortsfesten Funkstellen oder zwischen mobilen Funkstellen.

23. *Mobilfunkdienst über Satelliten:* Funkdienst
    a) zwischen mobilen Erdfunkstellen und einer oder mehreren Weltraumfunkstellen oder zwischen Weltraumfunkstellen, die für diesen Funkdienst benutzt werden,
    oder
    b) zwischen mobilen Erdfunkstellen über eine oder mehrere Weltraumfunkstellen.
    Dieser Funkdienst kann auch die für seine Wahrnehmung erforderlichen Speiseverbindungen umfassen.
24. *Navigationsfunkdienst:* Ortungsfunkdienst für Zwecke der Funknavigation.
25. *Navigationsfunkdienst über Satelliten:* Ortungsfunkdienst über Satelliten für Zwecke der Funknavigation. Dieser Funkdienst kann auch die für seine Wahrnehmung erforderlichen Speiseverbindungen umfassen.
26. *Nichtnavigatorischer Ortungsfunkdienst:* Ortungsfunkdienst für Zwecke der nichtnavigatorischen Funkortung.
27. *Nichtnavigatorischer Ortungsfunkdienst über Satelliten:* Ortungsfunkdienst über Satelliten für Zwecke der nichtnavigatorischen Funkortung. Dieser Funkdienst kann auch die für seine Wahrnehmung erforderlichen Speiseverbindungen umfassen.
28. *Normalfrequenz- und Zeitzeichenfunkdienst:* Funkdienst, bei dem zu wissenschaftlichen, technischen und anderen Zwecken festgelegte Frequenzen, Zeitzeichen oder beide zugleich mit festgelegter hoher Genauigkeit ausgesendet werden und bei dem die Aussendungen für den allgemeinen Empfang bestimmt sind.
29. *Normalfrequenz- und Zeitzeichenfunkdienst über Satelliten:* Funkdienst, der den gleichen Zwecken dient wie der Normalfrequenz- und Zeitzeichenfunkdienst, bei dem für diese Zwecke jedoch Weltraumfunkstellen an Bord von Erdsatelliten benutzt werden. Dieser Funkdienst kann auch die für seine Wahrnehmung erforderlichen Speiseverbindungen umfassen.
30. *Ortungsfunkdienst:* Funkdienst für Zwecke der Funkortung.
31. *Ortungsfunkdienst über Satelliten:* Funkdienst für Zwecke der Funkortung, bei der eine oder mehrere Weltraumfunkstellen benutzt werden. Dieser Funkdienst kann auch die für den eigenen Betrieb erforderlichen Speiseverbindungen umfassen.
32. *Radioastronomiefunkdienst:* Funkdienst für Zwecke der Radioastronomie.
33. *Rundfunkdienst:*
    a) Funkdienst, dessen Aussendungen zum unmittelbaren Empfang durch die Allgemeinheit bestimmt sind und der Tonsendungen, Fernsehsendungen oder andere Arten von Sendungen umfassen kann, sowie
    b) Funkdienst, dessen Funknutzungen die wesentlichen technischen Merkmale der Funknutzungen unter Buchstabe a besitzen. Die Funknutzungen unter Buchstabe a genießen Priorität.
34. *Rundfunkdienst über Satelliten:*
    a) Funkdienst, bei dem die Signale, die von Weltraumfunkstellen ausgesendet oder vermittelt werden, zum unmittelbaren Empfang durch die Allgemeinheit bestimmt sind und der Tonsendungen, Fernsehsendungen oder andere Arten von Sendungen umfassen kann, sowie
    b) Funkdienst, dessen Funknutzungen die wesentlichen technischen Merkmale der Funknutzungen unter Buchstabe a besitzen. Die Funknutzungen unter Buchstabe a genießen Priorität.
35. *Seenavigationsfunkdienst:* Navigationsfunkdienst zum Zwecke des sicheren Führens von Seefahrzeugen.
36. *Seenavigationsfunkdienst über Satelliten:* Navigationsfunkdienst über Satelliten, bei dem die Erdfunkstellen sich an Bord von Seefahrzeugen befinden.
37. *Weltraumfernwirkfunkdienst:* Funkdienst, der ausschließlich dem Betrieb der Weltraumfahrzeuge dient, insbesondere der Weltraumbahnverfolgung, dem Weltraumfernmessen und dem Weltraumfernsteuern. Diese Aufgaben werden in der Regel innerhalb des Funkdienstes wahrgenommen, in dem die Weltraumfunkstelle arbeitet.
38. *Weltraumforschungsfunkdienst:* Funkdienst, bei dem Weltraumfahrzeuge oder andere Weltraumkörper für die wissenschaftliche oder technische Forschung verwendet werden.
39. *Wetterhilfenfunkdienst:* Funkdienst für Beobachtungen und Untersuchungen in der Wetterkunde, einschließlich der Gewässerkunde.
40. *Wetterfunkdienst über Satelliten:* Erderkundungsfunkdienst über Satelliten für Zwecke des Wetterdienstes.

**§ 5 Inkrafttreten.** Diese Verordnung tritt am Tage nach ihrer Verkündung in Kraft.

Der Bundesrat hat zugestimmt.

*Anlage:* Frequenzbereichszuweisungsplan mit Nutzungsbestimmungen (hier nicht abgedruckt)

# Verordnung über das Verfahren zur Aufstellung des Frequenznutzungsplanes (Frequenznutzungsplanaufstellungsverordnung – FreqNPAV)

Vom 26. April 2001 (BGBl I S 827)

Auf Grund des § 46 Abs 3 Satz 2 des Telekommunikationsgesetzes vom 25. Juli 1996 (BGBl I S 1120) verordnet die Bundesregierung:

**§ 1 Geltungsbereich.** Diese Verordnung regelt das Verfahren zur Aufstellung des Frequenznutzungsplanes.

**§ 2 Ziele der Frequenznutzungsplanung.** (1) Die Regulierungsbehörde erstellt den Frequenznutzungsplan auf der Grundlage des Frequenzbereichszuweisungsplanes.

(2) Bei der Entwicklung des Frequenznutzungsplanes werden insbesondere
1. die Regulierungsziele nach § 2 Abs 2 des Telekommunikationsgesetzes,
2. die europäische Harmonisierung der Frequenznutzungen,
3. die technische Entwicklung und
4. die Verträglichkeit der Frequenznutzungen in den Übertragungsmedien berücksichtigt und aufeinander abgestimmt.

(3) Der Frequenznutzungsplan ist die planerische Grundlage der Frequenzzuteilung nach § 47 Abs 1 des Telekommunikationsgesetzes.

(4) Bei der Aufstellung des Frequenznutzungsplanes ist zu berücksichtigen, dass seine Festlegungen einer abweichenden Frequenzzuteilung im Einzelfall, insbesondere zur Erprobung innovativer Technologien oder bei kurzfristig auftretendem Frequenzbedarf, nicht entgegenstehen, wenn die Frequenzzuteilung befristet erfolgt, keine im Plan eingetragene Frequenznutzung beeinträchtigt wird und kein Schutz vor Störungen durch andere Frequenznutzungen beansprucht wird.

**§ 3 Inhalt des Frequenznutzungsplanes.** (1) Der Frequenznutzungsplan besteht aus Teilplänen für die einzelnen Frequenzbereiche im Frequenzbereichszuweisungsplan. Er enthält die nähere Aufteilung der Frequenzbereiche auf die einzelnen Frequenznutzungen sowie die zur Sicherstellung einer effizienten und störungsfreien Frequenznutzung erforderlichen zusätzlichen Parameter. Der Frequenznutzungsplan enthält auch die erforderlichen Bestimmungen über die Frequenznutzung in und längs von Leitern.

(2) Der Frequenznutzungsplan enthält, soweit dies zur Umsetzung der Planvorgaben nach § 2 erforderlich ist, die Angabe der Funkdienste, denen der jeweilige Frequenzbereich zugewiesen ist, die vorgesehene Frequenznutzung und die Nutzungsbedingungen. Die Frequenznutzung und ihre Bedingungen werden durch technische, betriebliche oder regulatorische Bestimmungen beschrieben. Zu den Angaben nach Satz 1 können auch Angaben zur Nutzungsdauer, zu Nutzungsbeschränkungen und zu geplanten Nutzungen gehören.

(3) Neben den im Frequenznutzungsplan angegebenen Frequenznutzungen können Frequenznutzungen des Bundesministeriums der Verteidigung bestehen, die nicht im Frequenznutzungsplan eingetragen sind.

**§ 4 Planerarbeitung.** (1) Der Frequenznutzungsplan wird unter Beteiligung der Öffentlichkeit aufgestellt. Der Regulierungsbehörde können jederzeit Anregungen zur Aufstellung oder Änderung eines Frequenznutzungsteilplanes unterbreitet werden; ein Anspruch auf Einleitung eines Planungsverfahrens besteht nicht.

(2) Die Regulierungsbehörde erarbeitet den ersten Entwurf des jeweiligen Teilplanes. Bei der Erarbeitung wird der bei der Regulierungsbehörde gebildete Beirat angehört. Anschließend veröffentlicht die Regulierungsbehörde eine Mitteilung über die Fertigstellung des Planentwurfs in ihrem Amtsblatt und im Bundesanzeiger. Die nach § 5 Abs 1 zu Beteiligenden sollen über die Fertigstellung des Planentwurfs benachrichtigt werden. Der Entwurf des jeweiligen Teilplanes kann nach der Bekanntgabe bei der Regulierungsbehörde abgefordert werden, darauf wird bei der Veröffentlichung nach Satz 3 hingewiesen. Der Entwurf soll eine kurze Begründung beinhalten.

**§ 5 Beteiligung des Bundes und der Länder.** (1) Vor Beginn des Verfahrens nach § 6 ist für den jeweiligen Teilplan unter Beteiligung des Bundesministeriums für Wirtschaft und Technologie das Benehmen mit den betroffenen obersten Bundes- und Landesbehörden herzustellen. Dabei ist sicherzustellen, dass die Interessen der öffentlichen Sicherheit gewahrt werden und dem Rundfunk die auf der Grundlage der rundfunkrechtlichen Festlegungen zustehenden Kapazitäten für die Übertragung von Rundfunk im Zuständigkeitsbereich der Länder im Rahmen der gemäß der Frequenzbereichszuweisungsplanverordnung dem Rundfunk zugewiesenen Frequenzen zur Verfügung stehen. § 44 Abs 3 des Telekommunikationsgesetzes bleibt unberührt.

(2) Den Beteiligten nach Absatz 1 ist für ihre Stellungnahme eine angemessene Frist zu setzen. Äußern sie sich innerhalb der gesetzten Frist nicht, kann die Regulierungsbehörde davon ausgehen, dass die von diesen

Beteiligten wahrzunehmenden öffentlichen Belange durch den Frequenznutzungsteilplan nicht berührt werden.

**§ 6 Beteiligung der interessierten Kreise.** (1) Anregungen und Bedenken zu einem Planentwurf können innerhalb einer Frist von zwei Monaten nach Veröffentlichung der Mitteilung über die Fertigstellung des Planentwurfs im Bundesanzeiger schriftlich bei der Regulierungsbehörde vorgebracht werden. Hierauf wird bei der Veröffentlichung hingewiesen. Die Frist des Satzes 1 kann bei dringendem Planungsbedarf auf bis zu zwei Wochen verkürzt werden; der dringende Bedarf ist bei der Veröffentlichung zu begründen. Die Regulierungsbehörde legt nach Ablauf der Frist des Satzes 1 unter Beachtung datenschutzrechtlicher Belange die fristgemäß vorgebrachten Anregungen und Bedenken für die Dauer eines Monats zur Kenntnisnahme aus. Die Stelle, bei der während der Dienststunden Einsicht genommen werden kann, sowie die Dauer der Einsicht werden öffentlich mitgeteilt. Für die Veröffentlichungen gilt § 4 Abs 2 Satz 3.

(2) Die Regulierungsbehörde prüft die fristgemäß vorgebrachten Anregungen und Bedenken. Eine Pflicht zur Mitteilung des Ergebnisses der Prüfung besteht nicht. Die Regulierungsbehörde soll in Fällen besonderer Bedeutung das Ergebnis der Prüfung veröffentlichen oder einzelne Betroffene über das Ergebnis der Prüfung unterrichten. Wird der Planentwurf nach der Veröffentlichung wesentlich geändert, soll erneut eine Mitteilung über die Fertigstellung des geänderten Planentwurfs veröffentlicht werden. Für die Veröffentlichung gilt § 4 Abs 2 entsprechend. Die Veröffentlichungen nach Satz 3 und 4 sollen zusammengefasst werden. Für eine erneute Frist für Anregungen und Bedenken gilt Absatz 1 entsprechend.

(3) Die Regulierungsbehörde kann zur weiteren Klärung von widerstreitenden Belangen eine mündliche Anhörung durchführen. Absatz 2 Satz 2 bis 6 gilt entsprechend.

**§ 7 Durchsetzung von Beteiligungsrechten.** Jede natürliche oder juristische Person, die durch den Plan einen Nachteil erleiden kann, kann die Einhaltung der ihr zustehenden Beteiligungsrechte binnen einer Frist von zwei Monaten, nachdem ihr der Beteiligungsmangel bekannt geworden ist, längstens jedoch innerhalb von sechs Monaten nach Veröffentlichung des Frequenznutzungsteilplans nach § 8 Abs 2 Satz 1, gerichtlich überprüfen lassen. Die gerichtliche Überprüfung nach Satz 1 hindert nicht die weitere Durchführung des Planungsverfahrens. § 123 der Verwaltungsgerichtsordnung bleibt unberührt.

**§ 8 Entscheidung über die Frequenznutzungsteilpläne und deren Veröffentlichung.** (1) Die Regulierungsbehörde entscheidet unter Beachtung des Ergebnisses des in § 5 geregelten Verfahrens und würdigt in ihrer Entscheidung das Ergebnis des in § 6 geregelten Verfahrens.

(2) Nach der Fertigstellung des jeweiligen Frequenznutzungsteilplans wird im Amtsblatt der Regulierungsbehörde und im Bundesanzeiger eine Mitteilung über die abschließende Fertigstellung des Plans veröffentlicht. § 4 Abs 2 Satz 4 gilt entsprechend. Die nach § 5 Abs 1 Beteiligten sollen von der Fertigstellung des jeweiligen Frequenznutzungsteilplans benachrichtigt werden.

(3) Der Plan ist in seinen Grundzügen zu begründen.

**§ 9 Planänderung.** Die §§ 4 bis 8 gelten für die Änderung von Frequenznutzungsteilplänen entsprechend. Werden durch die Änderung die Grundzüge des jeweiligen Teilplanes nicht berührt, so kann von der Durchführung der Verfahren nach §§ 4 bis 7 abgesehen werden. Den von der Änderung betroffenen Inhabern von Frequenzzuteilungen und den Obersten Bundes- und Landesbehörden ist unter Beteiligung des Bundesministeriums für Wirtschaft und Technologie Gelegenheit zur schriftlichen Stellungnahme innerhalb angemessener Frist zu geben. § 44 Abs 3 des Telekommunikationsgesetzes bleibt unberührt.

**§ 10 Übergangsklausel.** Auf Frequenznutzungsteilpläne, deren Erarbeitung oder Änderung bereits vor dem Inkrafttreten dieser Verordnung begonnen wurde, sind die §§ 4 und 6 nur anzuwenden, wenn eine wesentliche Änderung der bisher zulässigen Nutzung geplant ist. § 9 Satz 3 gilt entsprechend.

**§ 11 Inkrafttreten.** Diese Verordnung tritt am Tage nach ihrer Verkündung in Kraft.

Der Bundesrat hat zugestimmt.

## Frequenzzuteilungsverordnung (FreqZutV)

Vom 26. April 2001 (BGBl I S 829)

Auf Grund des § 47 Abs 4 des Telekommunikationsgesetzes vom 25. Juli 1996 (BGBl I S 1120) verordnet die Bundesregierung:

**§ 1 Geltungsbereich.** Diese Verordnung regelt die Zuteilung von Frequenzen.

**§ 2 Frequenzzuteilung.** (1) Unbeschadet einer nach § 6 des Telekommunikationsgesetzes erforderlichen Lizenz bedarf es für jede Frequenznutzung einer Zuteilung.

(2) Frequenznutzung im Sinne dieser Verordnung ist jede erwünschte Aussendung oder Abstrahlung elektromagnetischer Wellen.

(3) Frequenznutzung im Sinne dieser Verordnung ist auch jede Führung elektromagnetischer Wellen in und längs von Leitern, die bestimmungsgemäß betriebene Funkdienste oder bestimmungsgemäß betriebene andere Anwendungen elektromagnetischer Wellen unmittelbar oder mittelbar beeinträchtigen könnte.

(4) Eine Frequenzzuteilung ist die behördliche oder durch Rechtsvorschriften erteilte Erlaubnis zur Benutzung von bestimmten Frequenzen unter festgelegten Bestimmungen.

(5) Frequenzen werden zweckgebunden zugeteilt. Die Frequenzzuteilung erfolgt nach Maßgabe des Frequenznutzungsplanes.

**§ 3 Arten der Frequenzzuteilung.** (1) Frequenzen werden
1. natürlichen Personen, juristischen Personen oder Personenvereinigungen, soweit ihnen ein Recht zustehen kann, für einzelne Frequenznutzungen auf schriftlichen Antrag als Einzelzuteilung oder
2. von Amts wegen als Allgemeinzuteilung für die Benutzung von bestimmten Frequenzen durch die Allgemeinheit oder einen nach allgemeinen Merkmalen bestimmten oder bestimmbaren Personenkreis oder
3. auf Grund eines sonstigen Verfahrens, soweit dies in Gesetzen und Rechtsverordnungen vorgesehen ist, zugeteilt.

(2) Frequenzen, die im Frequenznutzungsplan für die Seefahrt und die Binnenschifffahrt sowie den Flugfunkdienst ausgewiesen sind und die auf fremden Wasser- oder Luftfahrzeugen, die sich im Geltungsbereich des Telekommunikationsgesetzes aufhalten, zu den entsprechenden Zwecken genutzt werden, gelten als zugeteilt.

(3) Einzelzuteilungen erfolgen durch die Regulierungsbehörde durch Verwaltungsakt.

(4) Allgemeinzuteilungen erfolgen durch die Regulierungsbehörde und werden in ihrem Amtsblatt öffentlich bekanntgegeben. Im Interesse der öffentlichen Sicherheit kann die Bekanntgabe in anderer Weise erfolgen.

**§ 4 Allgemeine Voraussetzungen der Frequenzzuteilung.** (1) Frequenzen werden zugeteilt, wenn
1. sie für die vorgesehene Nutzung im Frequenznutzungsplan ausgewiesen sind,
2. sie verfügbar sind und
3. die Verträglichkeit mit anderen Frequenznutzungen gegeben ist.

Frequenzen, die von Behörden zur Ausübung gesetzlicher Befugnisse benötigt werden, werden auch abweichend von Satz 1 zugeteilt, wenn keine erheblichen Störungen anderer Frequenznutzungen zu erwarten sind. Der Antragsteller hat keinen Anspruch auf eine bestimmte Einzelfrequenz.

(2) Eine Frequenzzuteilung kann ganz oder teilweise versagt werden, wenn die vom Antragsteller beabsichtigte Nutzung mit den Regulierungszielen nach § 2 Abs 2 des Telekommunikationsgesetzes nicht vereinbar ist. Für Belange der Länder bei der Übertragung von Rundfunk im Zuständigkeitsbereich der Länder ist auf der Grundlage der rundfunkrechtlichen Festlegungen das Benehmen mit der zuständigen Landesbehörde herzustellen. Hiervon unberührt bleiben die Vergabeverfahren nach § 11 des Telekommunikationsgesetzes.

(3) In Einzelfällen, insbesondere zur Erprobung innovativer Technologien in der Telekommunikation oder bei kurzfristig auftretendem Frequenzbedarf, kann von den im Frequenzbereichszuweisungsplan oder im Frequenznutzungsplan enthaltenen Frequenznutzungen bei der Zuteilung von Frequenzen befristet abgewichen werden unter der Voraussetzung, dass keine im Frequenzbereichszuweisungsplan oder im Frequenznutzungsplan eingetragene Frequenznutzung beeinträchtigt wird. Eine vom Frequenzbereichszuweisungsplan oder Frequenznutzungsplan abweichende Frequenzzuteilung ist auch dann zulässig, wenn nach Art und Umfang der Frequenznutzung Beeinträchtigungen der im Frequenzbereichszuweisungsplan oder Frequenznutzungsplan festgelegten Frequenznutzungen mit an Sicherheit grenzender Wahrscheinlichkeit auszuschließen sind. Diese Abweichung ist in die Novellierung der Pläne zu übernehmen, wenn das Ausmaß die Frequenznutzung geringfügig ist und diese Nutzung die Weiterentwicklung der Pläne nicht stört. Für Belange der Länder bei der Übertragung von Rundfunk im Zuständigkeitsbereich der Länder ist auf der Grundlage der rundfunkrechtlichen Festlegungen das Benehmen mit der zuständigen Landesbehörde herzustellen.

**§ 5 Besondere Voraussetzungen für Frequenzzuteilungen.** (1) Frequenzen, die im Frequenznutzungsplan für Nutzungen vorgesehen sind, die lizenzpflichtige Tätigkeiten im Sinne des § 6 des Telekommunikationsgesetzes darstellen, dürfen nur zugeteilt werden, wenn der Antragsteller über eine entsprechende Lizenz verfügt. Sind dem Antragsteller in einer Lizenz bestimmte Frequenzen zugesichert, so hat er einen vorrangig zu berücksichtigenden Anspruch auf Zuteilung dieser Frequenzen.

(2) Für die Zuteilung von Frequenzen zur Übertragung von Rundfunk im Zuständigkeitsbereich der Länder muss neben den Voraussetzungen des § 4 die rundfunkrechtliche Genehmigung der zuständigen Landesbehörde vorliegen. Die jeweilige Landesbehörde teilt den Versorgungsbedarf für Rundfunk im Zuständigkeitsbereich der Länder der Regulierungsbehörde mit. Die Regulierungsbehörde realisiert diese Bedarfsanmeldungen gemäß § 4. Näheres zum Verfahren legt die Regulierungsbehörde auf der Grundlage rundfunkrechtlicher Festlegungen der zuständigen Landesbehörden fest. Die dem Rundfunkdienst im Frequenzbereichzuweisungsplan zugewiesenen und im Frequenznutzungsplan ausgewiesenen Frequenzen können im Rahmen der Festlegungen des § 4 Nr. 33 und 34 der Frequenzbereichzuweisungsplanverordnung für andere Zwecke als der Übertragung von Rundfunk im Zuständigkeitsbereich der Länder genutzt werden, wenn dem Rundfunk die auf der Grundlage der rundfunkrechtlichen Festlegungen zustehende Kapazität zur Verfügung steht. Die Regulierungsbehörde stellt hierzu das Benehmen mit den zuständigen Landesbehörden her.

(3) Bei Frequenzen, die im Frequenznutzungsplan für den Funk der Behörden und Organisationen mit Sicherheitsaufgaben (BOS-Funk) ausgewiesen sind, legt das Bundesministerium des Innern im Benehmen mit den zuständigen obersten Landesbehörden den Kreis derjenigen fest, denen diese Frequenzen zur Wahrnehmung der ihnen durch Gesetz, auf Grund eines Gesetzes oder durch öffentlich-rechtliche Vereinbarung übertragenen Sicherheitsaufgaben zugeteilt werden können und koordiniert die Frequenznutzung in grundsätzlichen Fällen. Das Bundesministerium des Innern bestätigt im Einzelfall nach Anhörung der jeweils sachlich zuständigen obersten Bundes- oder Landesbehörden die Zugehörigkeit eines Antragstellers zum Kreis der nach Satz 1 anerkannten Berechtigten.

(4) Frequenzen für Bodenfunkstellen im mobilen Flugfunkdienst und für ortsfeste Flugnavigationsfunkstellen werden nur dann zugeteilt, wenn die nach § 81 Abs 1 und 2 der Luftverkehrs-Zulassungs-Ordnung geforderten Zustimmungen zum Errichten und Betreiben dieser Funkstellen erteilt sind.

(5) Frequenzen für Küstenfunkstellen des Revier- und Hafenfunkdienstes werden nur dann zugeteilt, wenn die Zustimmung der Wasser- und Schifffahrtsverwaltung vorliegt.

**§ 6 Mehrfache Frequenzzuteilung.** (1) Frequenzen, bei denen eine effiziente Nutzung durch einen einzelnen Nutzer allein nicht zu erwarten ist, können auch mehreren Nutzern zur gemeinschaftlichen Nutzung zugeteilt werden. Die Inhaber dieser Frequenzzuteilungen haben Beeinträchtigungen hinzunehmen, die sich aus einer bestimmungsgemäßen gemeinsamen Nutzung der Frequenz ergeben.

(2) Auf Antrag kann eine bestimmte Frequenz zur Nutzung innerhalb eines von Dritten betriebenen Funknetzes zugeteilt werden, wenn schutzwürdige Interessen des Netzbetreibers nicht entgegenstehen.

**§ 7 Inhalt der Frequenzzuteilung.** (1) In der Frequenzzuteilung ist insbesondere die Art und der Umfang der Frequenznutzung festzulegen, soweit dies zur Sicherung einer effizienten und störungsfreien Nutzung der Frequenzen erforderlich ist. Dazu gehören die auf den Verwendungszweck abgestellten Parameter, insbesondere der Standort, die Kanalbandbreite, das Modulationsverfahren, die Sendeleistung, die Feldstärkegrenzwerte und deren räumliche und zeitliche Verteilung sowie die Nutzungsbeschränkungen im Hinblick auf die Verträglichkeit mit anderen Frequenznutzungen und den Betrieb von stationären Messeinrichtungen der Regulierungsbehörde. Zum Umfang der Frequenznutzung kann die Zahl der Funkanlagen gehören, die betrieben werden dürfen.

(2) Zur Sicherung einer effizienten und störungsfreien Nutzung der Frequenzen kann die Frequenzzuteilung mit Nebenbestimmungen versehen werden. Wird nach der Zuteilung festgestellt, dass auf Grund einer erhöhten Nutzung des Frequenzspektrums erhebliche Einschränkungen der Frequenznutzung auftreten oder dass auf Grund einer Weiterentwicklung der Technik erhebliche Effizienzsteigerungen möglich sind, so können Art und Umfang der Frequenznutzung nach Absatz 1 nachträglich geändert werden. Für Belange der Länder bei der Übertragung von Rundfunk im Zuständigkeitsbereich der Länder ist auf der Grundlage der rundfunkrechtlichen Festlegungen das Benehmen mit der zuständigen Landesbehörde herzustellen.

(3) Die Frequenzzuteilung lässt auf Grund anderer Rechtsvorschriften bestehende Verpflichtungen zur Herbeiführung behördlicher Entscheidungen und zur Einhaltung technischer oder betrieblicher Anforderungen unberührt. Hierauf soll in der Zuteilung hingewiesen werden. Die Einhaltung der Rechtsvorschriften nach Satz 1, für deren Vollzug die Regulierungsbehörde zuständig ist, kann zum Gegenstand von Auflagen zur Frequenzzuteilung gemacht werden.

(4) Die Zuteilung soll Hinweise darauf enthalten, welche Parameter bezüglich der Empfangsanlagen die Regulierungsbehörde den Festlegungen zu Art und Umfang der Frequenznutzung zugrunde gelegt hat. Die

Frequenzzuteilungsverordnung (FreqZutV)

Regulierungsbehörde weist darauf hin, dass sie keinerlei Maßnahmen ergreift, um Nachteilen, die sich aus der Nichteinhaltung der mitgeteilten Parameter ergeben, zu begegnen.

(5) Der Zuteilungsinhaber hat der Regulierungsbehörde auf Verlangen den Beginn und die Beendigung der Nutzung unverzüglich anzuzeigen.

(6) Frequenzen, die der Übertragung von Rundfunk im Zuständigkeitsbereich der Länder dienen, werden mit Auflagen zugeteilt, die sicherstellen, dass die rundfunkrechtlichen Belange der Länder berücksichtigt werden. Entsprechende Auflagen können insbesondere im Hinblick auf die Übertragung eines bestimmten Rundfunkprogramms und den Versorgungsgrad gemacht werden. Die Auflagen werden von der Regulierungsbehörde im Einvernehmen mit der zuständigen Landesbehörde festgelegt.

§ 8 Widerruf und Erlöschen der Zuteilung. (1) Die Frequenzzuteilung kann außer in den in § 49 Abs 2 des Verwaltungsverfahrensgesetzes genannten Fällen auch widerrufen werden, wenn
1. eine der Voraussetzungen nach § 4 Abs 1 und § 5 Abs 1, 3 bis 5 nicht mehr gegeben ist,
2. der Zuteilungsinhaber einer aus der Zuteilung resultierenden Verpflichtung wiederholt zuwiderhandelt oder ihr trotz wiederholter Aufforderung nicht nachkommt oder
3. durch eine nach der Zuteilung eintretende Frequenzknappheit der Wettbewerb oder die Einführung neuer frequenzeffizienter Techniken verhindert oder unzumutbar gestört wird. Die Frist bis zum Wirksamwerden des Widerrufs muss angemessen sein und mindestens 1 Jahr betragen. Sofern Frequenzen für die Übertragung von Rundfunk im Zuständigkeitsbereich der Länder betroffen sind, stellt die Regulierungsbehörde auf der Grundlage der rundfunkrechtlichen Festlegungen das Benehmen mit der zuständigen Landesbehörde her. § 47 Abs 5 Satz 3 und Abs 6 Satz 2 des Telekommunikationsgesetzes bleiben unberührt.

(2) Die Frequenzzuteilung soll widerrufen werden, wenn bei einer Frequenz, die zur Übertragung von Rundfunk im Zuständigkeitsbereich der Länder zugeteilt ist, alle rundfunkrechtlichen Genehmigungen der zuständigen Landesbehörde für Rundfunk, der auf dieser Frequenz übertragen wird, entfallen sind. § 49 Abs 6 des Verwaltungsverfahrensgesetzes ist auf den Widerruf nach Satz 1 und nach Absatz 1 nicht anzuwenden.

(3) Die Regulierungsbehörde soll gemäß Absatz 1 oder 2 Frequenzzuteilungen für analoge Rundfunkübertragungen auf der Grundlage der rundfunkrechtlichen Festlegungen der zuständigen Landesbehörde nach Maßgabe des Frequenznutzungsplanes für den Fernsehrundfunk bis spätestens 2010 und für den UKW-Hörfunk bis spätestens 2015 widerrufen. Die Hörfunkübertragungen über Lang-, Mittel- und Kurzwelle bleiben unberührt. Die Frist bis zum Widerruf soll angemessen sein und mindestens 1 Jahr betragen.

(4) Die Frequenzzuteilung erlischt
1. im Falle der Befristung mit Ablauf des Zeitraumes für den die Frequenz zugeteilt wurde,
2. im Falle einer auflösenden Bedingung mit Eintritt des Ereignisses, an das der Fortbestand der Zuteilung geknüpft wurde,
3. mit der Unanfechtbarkeit des Widerruf- oder Rücknahmebescheides oder
4. durch Verzicht des Zuteilungsinhabers.

Der Verzicht ist gegenüber der Regulierungsbehörde schriftlich unter genauer Bezeichnung der Zuteilung zu erklären.

§ 9 Änderung und Einschränkung der Zuteilung. (1) Ändern sich infolge gestiegener Kommunikationsbedürfnisse eines Nutzers die Belegungen der zugeteilten Frequenz so nachhaltig, dass für andere Nutzer der gleichen Frequenz die bestimmungsgemäße Nutzung nicht mehr möglich ist, kann die Regulierungsbehörde demjenigen, dessen Funkbetrieb die Einschränkung verursacht hat, eine andere Frequenz zuteilen, soweit Abhilfe auf andere Art nicht möglich ist. Gleiches gilt, wenn im Zusammenhang mit Erweiterungsanträgen für ein Funknetz andere Nutzer in der bestimmungsgemäßen Frequenznutzung beeinträchtigt würden.

(2) An Stelle eines Widerrufs der Frequenzzuteilung nach § 49 Abs 2 Nr. 5 des Verwaltungsverfahrensgesetzes kann die Nutzung der zugeteilten Frequenzen vorübergehend eingeschränkt werden, wenn diese Frequenzen von den zuständigen Behörden zur Bewältigung ihrer Aufgaben im Spannungs- und im Verteidigungsfall, im Rahmen von Bündnisverpflichtungen, im Rahmen der Zusammenarbeit mit den Vereinten Nationen, im Rahmen internationaler Vereinbarungen zur Notfallbewältigung oder bei Naturkatastrophen und besonders schweren Unglücksfällen benötigt werden.

§ 10 Übergangsvorschrift. (1) Bis zum Erlass eines Frequenznutzungsplanes erfolgt die Zuteilung nach Maßgabe der Bestimmungen des geltenden Frequenzbereichszuweisungsplanes, der frequenzbezogenen Festlegungen der Vorschriften für das Erteilen von Genehmigungen zum Errichten und Betreiben von Funkanlagen nichtöffentlicher Funkanwendungen (VornöFa), veröffentlicht im Amtsblatt des Bundesministeriums für Post und Telekommunikation, 1987, Seite 1872, sowie des § 12 Abs 3 und 4 und der Anlage 1 der Verordnung zur Durchführung des Gesetzes über den Amateurfunk vom 13. März 1967 (BGBl I S 284), die zuletzt durch § 21 Abs 2 der Verordnung vom 23. Dezember 1997 (BGBl 1998 I S 42) geändert worden ist.

(2) Die bis zum Zeitpunkt des Inkrafttretens des Telekommunikationsgesetzes erteilten Verleihungen gelten,

soweit sie Festlegungen über die Nutzung von Frequenzen enthalten, als Frequenzzuteilungen im Sinne dieser Verordnung. Gleiches gilt für andere telekommunikationsrechtliche Verwaltungsakte und sonstige Rechte, soweit sie eine Genehmigung oder Befugnis zur Nutzung von Frequenzen beinhalten. Soweit diese Rechte auf den ehemaligen Monopolrechten nach § 1 des Gesetzes über Fernmeldeanlagen beruhen, gelten sie nur insoweit als Frequenzzuteilungen, als die entsprechenden Frequenzen zum Zeitpunkt des Inkrafttretens des Telekommunikationsgesetzes tatsächlich genutzt wurden.

(3) Frequenzzuteilungen, die nach Inkrafttreten des Telekommunikationsgesetzes und vor Inkrafttreten dieser Verordnung erteilt wurden, gelten als Zuteilungen im Sinne dieser Verordnung. Der Vorbehalt endgültiger Regelung entfällt, sofern die Regulierungsbehörde nicht binnen acht Wochen nach Inkrafttreten dieser Verordnung eine neue Frequenzzuteilung ausspricht.

**§ 11 Inkrafttreten.** Diese Verordnung tritt am Tage nach der Verkündung in Kraft.

Der Bundesrat hat zugestimmt.

## Verordnung (EG) Nr 2887/2000 des Europäischen Parlaments und des Rates vom 18. Dezember 2000 über den entbündelten Zugang zum Teilnehmeranschluss

ABl Nr L 336/4 vom 30/12/2000

DAS EUROPÄISCHE PARLAMENT UND DER RAT DER EUROPÄISCHEN UNION –

gestützt auf den Vertrag zur Gründung der Europäischen Gemeinschaft, insbesondere auf Artikel 95, auf Vorschlag der Kommission,

nach Stellungnahme des Wirtschafts- und Sozialausschusses[1],

gemäß dem Verfahren des Artikels 251 des Vertrags[2],

in Erwägung nachstehender Gründe:

(1) In den Schlussfolgerungen der Tagung des Europäischen Rates in Lissabon am 23. und 24. März 2000 wird festgestellt, dass Europa das Wachstums- und Beschäftigungspotenzial der digitalen, wissensgestützten Wirtschaft nur dann uneingeschränkt nutzen kann, wenn Unternehmen und Bürger Zugang zu einer kostengünstigen Kommunikationsinfrastruktur von internationalem Rang und zu einer breiten Palette von Dienstleistungen haben. Daher werden die Mitgliedstaaten, zusammen mit der Kommission, ersucht, darauf hinzuarbeiten, dass bei Ortsanschlussnetzen vor Ende 2000 ein größerer Wettbewerb eingeführt und auf der Ebene der Ortsanschlussleitungen für eine Entflechtung gesorgt wird, um zu einer wesentlichen Kostensenkung bei der Internet-Nutzung beizutragen. Der Europäische Rat in Feira am 20. Juni 2000 billigte den vorgeschlagenen Europe-Aktionsplan, in dem der entbündelte Zugang zur Teilnehmeranschlussleitung als eine kurzfristige Priorität herausgestellt wird.

(2) Die Entbündelung des Teilnehmeranschlusses sollte die bestehenden gemeinschaftlichen Rechtsvorschriften in der Weise ergänzen, dass für größeren Wettbewerb, wirtschaftliche Effizienz und größtmöglichen Nutzen für die Nutzer gesorgt und somit für alle Bürger ein Universaldienst und ein erschwinglicher Zugang gewährleistet wird.

(3) Der Begriff „Teilnehmeranschluss" bezeichnet die physische Doppelader-Metallleitung des öffentlichen Telefonfestnetzes, die den Netzabschlusspunkt am Standort des Teilnehmers mit dem Hauptverteiler oder einer entsprechenden Einrichtung verbindet. Wie im Fünften Bericht der Kommission über die Umsetzung des Reformpakets für den Telekommunikationssektor festgestellt wird, ist das Ortsanschlussnetz nach wie vor eines der Segmente des liberalisierten Telekommunikationsmarktes, in denen der geringste Wettbewerb herrscht. Neue Marktteilnehmer verfügen nicht über weit reichende alternative Netzinfrastrukturen und genießen mit herkömmlichen Technologien nicht die Skalenerträge und die Abdeckung derjenigen Festnetzbetreiber, die für den Bereich des öffentlichen Telefonfestnetzes als Betreiber mit beträchtlicher Marktmacht gemeldet wurden. Dies ist dadurch bedingt, dass diese Betreiber ihre Metallleitungs-Ortsanschlussinfrastruktur über geraume Zeit hinweg, durch ausschließliche Rechte geschützt, ausgebaut haben und ihre Investitionen aus Monopoleinkünften finanzieren konnten.

(4) In der Entschließung des Europäischen Parlaments vom 13. Juni 2000 zur Mitteilung der Kommission zum Kommunikationsbericht 1999 wird betont, dass es wichtig ist, den Sektor in die Lage zu versetzen, Infrastrukturen zu entwickeln, durch die das Wachstum der Bereiche elektronische Kommunikation und elektronischer Geschäftsverkehr gefördert wird, und dass es einer Regulierung bedarf, die dieses Wachstum fördert. Des Weiteren wird darin festgestellt, dass die Entbündelung der Teilnehmeranschlussleitungen derzeit hauptsächlich für die Metallleitungs-Infrastruktur marktbeherrschender Unternehmen relevant ist und dass Investitionen in alternative Infrastrukturen Aussicht auf eine angemessene Rentabilität bieten müssen, damit ein Anreiz für den Ausbau dieser Infrastrukturen in Regionen besteht, in denen die Versorgung noch sehr gering ist.

(5) Die Verlegung von Glasfaserkabeln mit hoher Kapazität direkt zu Großverbrauchern ist ein spezielles Marktsegment, das sich unter wettbewerbsorientierten Bedingungen entwickelt und neue Investitionen auslöst. Unbeschadet einzelstaatlicher Verpflichtungen in Bezug auf andere Arten des Zugangs zu lokalen Infrastrukturen erstreckt sich diese Verordnung daher nur auf den Zugang zu Metallleitungs-Teilnehmeranschlüssen.

---

[1] Stellungnahme vom 19. Oktober 2000.
[2] Stellungnahme des Europäischen Parlaments vom 26. Oktober 2000 und Beschluss des Rates vom 5. Dezember 2000.

(6) Für neue Marktteilnehmer wäre es unwirtschaftlich, innerhalb einer angemessenen Frist ein komplettes Gegenstück zu den zum Teilnehmeranschluss führenden Metallleitungen des etablierten Betreibers zu schaffen. Alternative Infrastrukturen wie TV-Kabelnetze, Satellitenverbindungen oder drahtlose Teilnehmeranschlüsse bieten derzeit im Allgemeinen nicht die gleiche Funktionalität und Omnipräsenz, obgleich die Verhältnisse von Mitgliedstaat zu Mitgliedstaat unterschiedlich sein können.

(7) Der entbündelte Zugang zum Teilnehmeranschluss ermöglicht es neuen Marktteilnehmern, bei schnellen Datenübertragungsdiensten für den permanenten Internetzugang und für DSL-gestützte Multimedia-Anwendungen sowie bei Sprachtelefondiensten mit den gemeldeten Betreibern in Wettbewerb zu treten. Ein angemessener Antrag auf entbündelten Zugang setzt voraus, dass der Zugang erforderlich ist, damit der Begünstigte Dienste bereitstellen kann und dass der Wettbewerb in diesem Sektor bei einer Ablehnung des Antrags verhindert, beschränkt oder verzerrt würde.

(8) In dieser Verordnung wird der entbündelte Zugang zum Metallleitungs-Teilnehmeranschluss nur für diejenigen Netzbetreiber vorgeschrieben, die von den zuständigen nationalen Regulierungsbehörden gemäß den einschlägigen Gemeinschaftsvorschriften als Betreiber mit beträchtlicher Macht auf dem Markt für die Bereitstellung öffentlicher Telefonfestnetze gemeldet wurden (nachstehend „gemeldete Betreiber" genannt). Die Mitgliedstaaten haben der Kommission bereits die Namen derjenigen Betreiber öffentlicher Festnetze im Sinne von Anhang I Abschnitt 1 der Richtlinie 97/33/EG des Europäischen Parlaments und des Rates vom 30. Juni 1997 über die Zusammenschaltung in der Telekommunikation im Hinblick auf die Sicherstellung eines Universaldienstes und der Interoperabilität durch Anwendung der Grundsätze für einen offenen Netzzugang (ONP)[3] und der Richtlinie 98/10/EG des Europäischen Parlaments und des Rates vom 26. Februar 1998 über die Anwendung des offenen Netzzugangs (ONP) beim Sprachtelefondienst und den Universaldienst im Telekommunikationsbereich in einem wettbewerbsorientierten Umfeld[4] gemeldet, die über beträchtliche Marktmacht verfügen.

(9) Ein gemeldeter Betreiber kann nicht verpflichtet werden, bestimmte Zugangsarten bereitzustellen, deren Bereitstellung sich seiner Verfügungsbefugnis entzieht, beispielsweise wenn die gesetzlichen Rechte eines unabhängigen Dritten verletzt würden, falls einem Antrag stattgegeben wird. Die Verpflichtung zur Bereitstellung des entbündelten Zugangs zum Teilnehmeranschluss bedeutet nicht, dass gemeldete Betreiber eigens vollständig neue lokale Netzinfrastrukturen aufbauen müssen, um den Anträgen von Begünstigten stattgeben zu können.

(10) Obwohl geschäftliche Verhandlungen das bevorzugte Mittel für eine Einigung über technische und preisliche Aspekte des Zugangs zum Teilnehmeranschluss sind, zeigt die Erfahrung, dass in den meisten Fällen Regulierungsmaßnahmen erforderlich sind, da ein Ungleichgewicht zwischen der Verhandlungsposition des neuen Marktteilnehmers und der des gemeldeten Betreibers besteht und es an Alternativen mangelt. Unter bestimmten Voraussetzungen können die nationalen Regulierungsbehörden im Einklang mit den Gemeinschaftsvorschriften von sich aus tätig werden, um fairen Wettbewerb, wirtschaftliche Effizienz und größtmöglichen Nutzen für den Endnutzer zu gewährleisten. Hält der gemeldete Betreiber Bearbeitungsfristen nicht ein, so sollte der Begünstigte das Recht auf eine Entschädigung haben.

(11) Die Kostenrechnungs- und Preisbildungsregeln für Teilnehmeranschlüsse und zugehörige Einrichtungen sollten transparent, nichtdiskriminierend und objektiv sein, um eine unparteiische Behandlung zu gewährleisten. Die Preisbildungsregeln sollten gewährleisten, dass der Anbieter des Teilnehmeranschlusses seine entsprechenden Kosten decken kann und einen angemessenen Gewinn erzielt, damit die langfristige Weiterentwicklung und Verbesserung der Ortsanschlussinfrastruktur gesichert ist. Die Preisbildungsregeln für Teilnehmeranschlüsse sollten unter Berücksichtigung der erforderlichen Investitionen in alternative Infrastrukturen einen fairen und nachhaltigen Wettbewerb fördern und Wettbewerbsverzerrungen, insbesondere Druck auf die Spanne zwischen den Preisen auf der Großhandelsstufe und den Preisen für Endverbraucher des gemeldeten Betreibers, ausschließen. In dieser Frage sollten die Wettbewerbsbehörden konsultiert werden.

(12) Die gemeldeten Betreiber sollten Informationen und den entbündelten Zugang für Dritte zu den gleichen Bedingungen und mit der gleichen Qualität bereitstellen wie für ihre eigenen Dienste oder ihre verbundenen Unternehmen. Es würde zur Schaffung transparenter, nichtdiskriminierender Marktbedingungen beitragen, wenn der gemeldete Betreiber unter Aufsicht der nationalen Regulierungsbehörde kurzfristig und im Idealfall im Internet ein angemessenes Standardangebot für den entbündelten Zugang zum Teilnehmeranschluss zu veröffentlichen hätte.

---

3  ABl L 199 vom 26. 7. 1997, S 32. Geändert durch die Richtlinie 98/61/EG (ABl L 268 vom 3. 10. 1998, S 37).

4  ABl L 101 vom 1. 4. 1998, S 24.

Verordnung (EG) Nr 2887/2000 des Europäischen Parlaments

(13) In der Empfehlung 2000/417/EG vom 25. Mai 2000 betreffend den entbündelten Zugang zum Teilnehmeranschluss: Wettbewerbsorientierte Bereitstellung einer vollständigen Palette elektronischer Kommunikationsdienste einschließlich multimedialer Breitband- und schneller Internet-Dienste[5] und in der Mitteilung vom 26. April 2000[6] formulierte die Kommission ausführliche Leitlinien zur Unterstützung der nationalen Regulierungsbehörden bei einer fairen Regulierung der unterschiedlichen Formen des entbündelten Zugangs zum Teilnehmeranschluss.

(14) Das Ziel harmonisierter Rahmenbedingungen für den entbündelten Zugang zum Teilnehmeranschluss im Hinblick auf die wettbewerbsorientierte Bereitstellung einer wettbewerbsfähigen, kostengünstigen Kommunikationsinfrastruktur von Weltniveau und einer breiten Palette von Diensten für alle Unternehmen und Bürger in der Gemeinschaft kann von den Mitgliedstaaten nicht ohne weiteres rechtzeitig und in einheitlicher Form erreicht werden; daher lässt es sich im Einklang mit dem Grundsatz der Subsidiarität im Sinne des Artikels 5 des Vertrags besser auf Gemeinschaftsebene verwirklichen. Im Einklang mit dem Grundsatz der Verhältnismäßigkeit im Sinne jenes Artikels gehen die Bestimmungen dieser Verordnung nicht über das für die Erreichung dieses Ziels erforderliche Maß hinaus. Sie lassen einzelstaatliche Vorschriften unberührt, die dem Gemeinschaftsrecht genügen und in denen ausführlichere Maßnahmen, beispielsweise in Bezug auf die virtuelle Kollokation, vorgesehen sind.

(15) Diese Verordnung ergänzt den Regelungsrahmen für den Telekommunikationssektor und insbesondere die Richtlinien 97/33/EG und 98/10/EG. Der neue Regelungsrahmen für die elektronische Kommunikation sollte geeignete Bestimmungen zur Ersetzung dieser Verordnung enthalten –

HABEN FOLGENDE VERORDNUNG ERLASSEN:

**Artikel 1. Ziel und Geltungsbereich.** (1) Diese Verordnung bezweckt eine Intensivierung des Wettbewerbs und die Förderung technologischer Innovationen auf dem Markt für Teilnehmeranschlüsse; hierzu werden harmonisierte Bedingungen für den entbündelten Zugang zum Teilnehmeranschluss festgelegt, um so die wettbewerbsorientierte Bereitstellung einer breiten Palette von Diensten im Bereich der elektronischen Kommunikation zu begünstigen.

(2) Diese Verordnung regelt den entbündelten Zugang zu den Teilnehmeranschlüssen und den zugehörigen Einrichtungen der gemeldeten Betreiber im Sinne von Artikel 2 Buchstabe a).

(3) Diese Verordnung berührt nicht die Verpflichtungen der gemeldeten Betreiber, entsprechend den Gemeinschaftsvorschriften unter Beachtung des Grundsatzes der Nichtdiskriminierung für Dritte im Zusammenhang mit der Nutzung des öffentlichen Telefonfestnetzes schnelle Zugangs- und Übertragungsdienste in der gleichen Weise bereitzustellen wie für ihre eigenen Dienste oder ihre verbundenen Unternehmen.

(4) Diese Verordnung lässt das Recht der Mitgliedstaaten unberührt, im Einklang mit dem Gemeinschaftsrecht Vorschriften beizubehalten oder einzuführen, die eingehendere Bestimmungen als in dieser Verordnung enthalten und/oder nicht in den Geltungsbereich dieser Verordnung fallen, unter anderem in Bezug auf andere Arten des Zugangs zu lokalen Infrastrukturen.

**Artikel 2. Begriffsbestimmungen.** Im Sinne dieser Verordnung bezeichnet der Ausdruck

a) „gemeldeter Betreiber" einen Betreiber des öffentlichen Telefonfestnetzes, der von seiner nationalen Regulierungsbehörde als Betreiber mit beträchtlicher Marktmacht im Bereich der Bereitstellung öffentlicher Telefonfestnetze und entsprechender Dienste im Sinne von Anhang I Abschnitt 1 der Richtlinie 97/33/EG bzw. der Richtlinie 98/10/EG gemeldet wurde;

b) „Begünstigter" einen Dritten, der gemäß der Richtlinie 97/13/EG[7] ordnungsgemäß zugelassen ist oder nach den einzelstaatlichen Rechtsvorschriften berechtigt ist, Kommunikationsdienste bereitzustellen, und der Anspruch auf den entbündelten Zugang zu einem Teilnehmeranschluss hat;

c) „Teilnehmeranschluss" die physische Doppelader-Metallleitung, die den Netzabschlusspunkt am Standort des Teilnehmers mit dem Hauptverteiler oder einer entsprechenden Einrichtung des öffentlichen Telefonfestnetzes verbindet;

d) „Teilnetz" eine Teilkomponente des Teilnehmeranschlusses, die den Netzabschlusspunkt am Standort des Teilnehmers mit einem Konzentrationspunkt oder einem festgelegten zwischengeschalteten Zugangspunkt des öffentlichen Telefonfestnetzes verbindet;

e) „entbündelter Zugang zum Teilnehmeranschluss" den vollständig entbündelten sowie den gemeinsamen Zugang zum Teilnehmeranschluss; eine Änderung der Eigentumsverhältnisse beim Teilnehmeranschluss ist damit nicht verbunden;

---

5  ABl L 156 vom 29. 6. 2000, S 44.
6  ABl C 272 vom 23. 9. 2000, S 55.
7  Richtlinie 97/13/EG des Europäischen Parlaments und des Rates vom 10. April 1997 über einen gemeinsamen Rahmen für Allgemein- und Einzelgenehmigungen für Telekommunikationsdienste (ABl L 117 vom 7. 5. 1997, S 15).

f) „vollständig entbündelter Zugang zum Teilnehmeranschluss" die Bereitstellung des Zugangs zum Teilnehmeranschluss oder zum Teilnetz des gemeldeten Betreibers für einen Begünstigten in der Weise, dass die Nutzung des gesamten Frequenzspektrums der Doppelader-Metallleitung ermöglicht wird;

g) „gemeinsamer Zugang zum Teilnehmeranschluss" die Bereitstellung des Zugangs zum Teilnehmeranschluss oder zum Teilnetz des gemeldeten Betreibers für einen Begünstigten in der Weise, dass die Nutzung des nicht für sprachgebundene Dienste genutzten Frequenzspektrums der Doppelader-Metallleitung ermöglicht wird; der Teilnehmeranschluss wird vom gemeldeten Betreiber weiterhin für die Bereitstellung des Telefondienstes für die Öffentlichkeit eingesetzt;

h) „Kollokation" die physische Bereitstellung von Raum und technischen Einrichtungen, die für die Installierung und den Anschluss der relevanten Einrichtungen eines Begünstigten normalerweise erforderlich sind, wie dies in Abschnitt B des Anhangs vorgesehen ist;

i) „zugehörige Einrichtungen" die mit der Bereitstellung des entbündelten Zugangs zum Teilnehmeranschluss verbundenen Einrichtungen, insbesondere Kollokationsressourcen, Anschlusskabel und relevante informationstechnische Systeme, auf die ein Begünstigter Zugriff haben muss, um Dienste auf wettbewerbsorientierter und fairer Grundlage bereitstellen zu können.

**Artikel 3. Bereitstellung des entbündelten Zugangs.** (1) Die gemeldeten Betreiber veröffentlichen ab dem 31. Dezember 2000 ein Standardangebot für den entbündelten Zugang zu ihren Teilnehmeranschlüssen und zugehörigen Einrichtungen und halten es auf dem neuesten Stand; das Standardangebot muss mindestens die im Anhang aufgeführten Punkte umfassen. Das Angebot muss hinreichend entbündelt sein, damit der Begünstigte nicht für Netzbestandteile oder -einrichtungen aufkommen muss, die für die Bereitstellung seiner Dienste nicht erforderlich sind, und eine Beschreibung der Angebotsbestandteile und der zugehörigen Geschäftsbedingungen, einschließlich der Tarife, umfassen.

(2) Die gemeldeten Betreiber geben ab dem 31. Dezember 2000 angemessenen Anträgen von Begünstigten auf entbündelten Zugang zu ihren Teilnehmeranschlüssen und zu zugehörigen Einrichtungen unter transparenten, fairen und nichtdiskriminierenden Bedingungen statt. Eine Ablehnung ist nur aufgrund objektiver Kriterien möglich, die sich auf die technische Machbarkeit oder die notwendige Aufrechterhaltung der Netzintegrität beziehen. Wenn der Zugang verweigert wird, kann die beschwerte Partei das in Artikel 4 Absatz 5 genannte Streitbeilegungsverfahren in Anspruch nehmen. Gemeldete Betreiber stellen für Begünstigte Einrichtungen bereit, die denen gleichwertig sind, die sie für ihre eigenen Dienste oder für ihre verbundenen Unternehmen bereitstellen, und zwar zu denselben Bedingungen und innerhalb desselben Zeitrahmens.

(3) Unbeschadet des Artikels 4 Absatz 4 müssen sich die von gemeldeten Betreibern in Rechnung gestellten Preise für den entbündelten Zugang zum Teilnehmeranschluss und zu zugehörigen Einrichtungen an den Kosten orientieren.

**Artikel 4. Aufsicht durch die nationale Regulierungsbehörde.** (1) Die nationale Regulierungsbehörde stellt sicher, dass durch die Tarifgestaltung für den entbündelten Zugang zum Teilnehmeranschluss ein fairer und nachhaltiger Wettbewerb gefördert wird.

(2) Die nationale Regulierungsbehörde ist befugt,

a) Änderungen des Standardangebots für den entbündelten Zugang zum Teilnehmeranschluss und zu zugehörigen Einrichtungen, einschließlich der Preise, zu verlangen, wenn diese Änderungen gerechtfertigt sind, und

b) von gemeldeten Betreibern Informationen anzufordern, die für die Durchführung dieser Verordnung von Belang sind.

(3) Die nationale Regulierungsbehörde kann in gerechtfertigten Fällen von sich aus tätig werden, um Nichtdiskriminierung, fairen Wettbewerb, wirtschaftliche Effizienz und größtmöglichen Nutzen für den Endnutzer sicherzustellen.

(4) Wenn die nationale Regulierungsbehörde feststellt, dass auf dem Markt für den Zugang zum Teilnehmeranschluss hinreichender Wettbewerb herrscht, entbindet sie die gemeldeten Betreiber von der in Artikel 3 Absatz 3 vorgesehenen Verpflichtung, dass sich die festgelegten Preise an den Kosten orientieren müssen.

(5) Bei Streitigkeiten zwischen Unternehmen über die in dieser Verordnung geregelten Angelegenheiten kommen die im Einklang mit der Richtlinie 97/33/EG festgelegten einzelstaatlichen Streitbeilegungsverfahren zur Anwendung, wobei die Behandlung der Streitigkeiten rasch, fair und transparent erfolgt.

**Artikel 5. Inkrafttreten.** Diese Verordnung tritt am dritten Tag nach ihrer Veröffentlichung im Amtsblatt der Europäischen Gemeinschaften in Kraft.

# Anhang

Verordnung (EG) Nr 2887/2000 des Europäischen Parlaments

Diese Verordnung ist in allen ihren Teilen verbindlich und gilt unmittelbar in jedem Mitgliedstaat. Geschehen zu Brüssel am 18. Dezember 2000.

Im Namen des Europäischen Parlaments
Die Präsidentin
N. Fontaine

Im Namen des Rates
Der Präsident
D. Voynet

ANHANG

MINDESTBESTANDTEILE DES VON GEMELDETEN BETREIBERN ZU VERÖFFENTLICHENDEN STANDARDANGEBOTS FÜR DEN ENTBÜNDELTEN ZUGANG ZUM TEILNEHMERANSCHLUSS

A. Bedingungen für den entbündelten Zugang zum Teilnehmeranschluss
  1. Netzbestandteile, zu denen der Zugang angeboten wird – dabei handelt es sich insbesondere um:
     a) Zugang zu Teilnehmeranschlüssen;
     b) im Falle des gemeinsamen Zugangs zum Teilnehmeranschluss: Zugang zum nicht für sprachgebundene Dienste genutzten Frequenzspektrum eines Teilnehmeranschlusses.
  2. Angaben zu den Standorten für den physischen Zugang[8] und zur Verfügbarkeit von Teilnehmeranschlüssen in bestimmten Teilen des Zugangsnetzes.
  3. Technische Voraussetzungen für den Zugang zu Teilnehmeranschlüssen und für deren Nutzung, einschließlich der technischen Daten der Doppelader-Metallleitung des Teilnehmeranschlusses.
  4. Auftrags- und Bereitstellungsverfahren sowie Nutzungsbeschränkungen.

B. Kollokationsdienste
  1. Angaben zu den relevanten Standorten des gemeldeten Betreibers 7[9].
  2. Kollokationsmöglichkeiten an den in Nummer 1 genannten Standorten (einschließlich physische Kollokation und gegebenenfalls Fernkollokation und virtuelle Kollokation).
  3. Gerätemerkmale: Etwaige Beschränkungen in Bezug auf die Einrichtungen, die in Kollokation untergebracht werden können.
  4. Sicherheitsfragen: Maßnahmen der gemeldeten Betreiber, um die Sicherheit ihrer Standorte zu gewährleisten.
  5. Zutrittsvorschriften für Mitarbeiter konkurrierender Betreiber.
  6. Sicherheitsanforderungen.
  7. Regeln für die Raumzuweisung bei begrenztem Kollokationsraum.
  8. Bedingungen, unter denen Begünstigte die verfügbaren Kollokationsstandorte oder Standorte, für die eine Kollokation wegen fehlender Kapazitäten abgelehnt wurde, besichtigen können.

C. Informationstechnische Systeme
Bedingungen für den Zugang zu Betriebsunterstützungssystemen, informationstechnischen Systemen oder Datenbanken des gemeldeten Betreibers für Vorbestellung, Bereitstellung, Auftragserteilung, Anforderung von Wartungs- und Instandsetzungsarbeiten sowie Abrechnung.

D. Lieferbedingungen
  1. Bearbeitungsfrist für Anträge auf Bereitstellung von Diensten und Einrichtungen; Vereinbarungen über den Dienstumfang, Verfahren für die Fehlerbehebung und Verfahren zur Wiederherstellung normaler Funktionsbedingungen sowie Parameter für die Dienstqualität.
  2. Übliche Vertragsbedingungen, einschließlich etwaiger Entschädigung bei Nichteinhaltung von Bearbeitungsfristen.
  3. Preise oder Preisberechnungsformeln für alle oben genannten Komponenten, Funktionen und Einrichtungen.

---

[8] Die Bereitstellung dieser Informationen kann im Interesse der öffentlichen Sicherheit auf Interessierte beschränkt werden.

[9] Die Bereitstellung dieser Informationen kann im Interesse der öffentlichen Sicherheit auf Interessierte beschränkt werden.

# Sachregister

§ 39 AWG § 85 Rn 24
§§ 100 a, b StPO § 85 Rn 22 ff
§§ 4 ff VwVfG s Amtshilfe
A TRT § 1 Rn 16
Abhören § 2 Rn 4
Abhörgeräte § 65 Rn 1
Abhörverbot § 86 Rn 1 ff
- Abhören, Begriff § 86 Rn 7
- Ausnahmen § 86 Rn 9
- durch Funkanlagen § 86 Rn 4 f
- Mitteilungsverbot § 86 Rn 8
- Nachrichten § 86 Rn 6
- Verstoß, Rechtsfolgen § 86 Rn 11
Abrechnungsverfahren (accounting rates system) Einf II Rn 47
Abschaltung
- von Endeinrichtungen § 41 Rn 24
- von Geräten FTEG § 11 Rn 4
Abschlag § 24 Rn 69
Abschluss des Verfahrens § 79
- Begründung § 79 Rn 3
- durch Entscheidung § 79 Rn 2
- Kosten § 79 Rn 7
- ohne Entscheidung § 79 Rn 6
Abschlusseinrichtung § 3 Rn 29, 100, 101
Abschreibungen § 24 Rn 19
Abstandsgebot § 24 Rn 53
Abwägen, Abwägung s Ermessen
Abwehrrechte des Grundeigentümers § 57 Rn 1
Abwehrstrategie des Marktbeherrschers § 24 Rn 83
administrative Zulassung FTEG § 18 Rn 2
Akkreditierung FTEG Einf Rn 26
Akteneinsichtsrecht Vor § 73 Rn 11
Aktualisierung von Teilnehmerdaten § 12 Rn 23
Allgemeine Geschäftsbedingungen § 27 Rn 32
- Begriff § 23 Rn 17
- TKV § 41 Rn 24
allgemeiner Netzzugang § 35 Rn 20 ff
Allgemeingenehmigung § 6 Rn 36, 91
Allgemeinverfügung § 5 Rn 5
Altberechtigung § 48 Rn 16
- auf Frequenznutzungen § 47 Rn 7
Amateurfunkanlagen FTEG § 1 Rn 5
Amateurfunkgesetz Einf IV Rn 7
Amtsermittlung s a Darlegungsobliegenheit
- der Beschlusskammer Vor § 73 Rn 10
- in Lizenzverfahren § 8 Rn 42
- als Gebührenvoraussetzung § 16 Rn 31
- in der Nummernverwaltung § 43 Rn 53
Amtshilfe Vor § 73 Rn 7; § 83 Rn 2

- §§ 4 ff VwVfG § 83 Rn 3
Amtsverfahren § 74 Rn 4, 8
Amtsverhältnis § 66 Rn 26
analytische Kostenmodelle § 24 Rn 24
Anbieter § 6 Rn 45
Anbieter von TK-Diensten
- Auskunftsverpflichtungen § 91 Rn 1 ff
- Verpflichtung Kundendateien zu führen § 90 Rn 3
- Verstoß gegen Verpflichtung, Kundendateien zu führen § 90 Rn 27
Änderung
- der Entgelte oder Leistungen § 24 Rn 10
- des Angebotes § 4 Rn 11
- von TK-Linien § 50 Rn 23
- von Verkehrswegen § 53 Rn 1 ff, 9
- der lizenzierten Tätigkeit § 6 Rn 29
anerkannte Betriebsunternehmen § 7 Rn 2, 8
Anerkennung FTEG § 8 Rn 1
angemessenes Entgelt § 12 Rn 28
Anhörung
- bei der Aufstellung des Frequenznutzungsplanes § 69 Rn 11
- im Beschlusskammerverfahren § 75
- im Lizenzverfahren § 8 Rn 22
- vor Lizenzbeschränkung § 10 Rn 5
Anlagen
- Besondere § 55 Rn 5
- nachträglich zu errichtende besondere § 56 Rn 1
Anmeldung von Satellitensystemen § 7 Rn 21
Anpassungsaufforderung in der Entgeltregulierung § 30 Rn 26
Anschaffungs- und Herstellungskosten § 24 Rn 19
Anschluss FTEG § 2 Rn 4; FTEG § 11 Rn 1ff
Ansprüche von Konkurrenten § 15 Rn 21
Anstalt öffentlichen Rechts Einf I Rn 4
Antrag § 69 Rn 7
- Entgeltgenehmigung § 28 Rn 4
- Frequenzzuteilung § 47 Rn 11
- im Beschlusskammerverfahren § 74 Rn 5
- Lizenz- § 8 Rn 11, 69
- -sabhängigkeit der Entgeltregulierung § 28 Rn 7
- -sberechtigung bei Nummernzuteilung § 43 Rn 26
Antragsverfahren § 74 Rn 5
Any-To-Any-Kommunikation § 3 Rn 74
Anzahl der Lizenzen § 10 Rn 12
Anzeigepflicht § 4 Rn 1 ff
Äquivalenzprinzip § 16 Rn 9, 44; § 48 Rn 14
Arbeitspapier der Generaldirektion Informationsgesellschaft Einf II Rn 36
Architekturmodell § 3 Rn 5, 7

## Sachregister

Art 14 GG s Eigentumsgarantie
Art 3 Abs 1 GG § 11 Rn 26
Art 73 Nr 7 GG Einf V Rn 2
Art 87 f GG Einf V Rn 3 ff; § 2 Rn 17; § 17 Rn 1
Asset-Deals § 9 Rn 8
asymmetrische Regulierung § 1 Rn 6
Auffangnetz § 18 Rn 2
Aufgabe eines Produktes § 24 Rn 11
Aufgaben des Beirates § 69
Aufgrabungsgenehmigung § 50 Rn 27
Aufhebung § 8 Rn 76
Auflage zu Lizenzen § 8 Rn 67
aufschiebende Wirkung § 80 Rn 3
Aufschlagsverbot § 24 Rn 63
Aufsicht § 71
Auktionsdesign § 11 Rn 34, 54
Ausästung, Recht auf § 54 Rn 6
Ausgangsentgeltniveau § 27 Rn 19
Ausgestaltungsermessen des Verordnungsgebers § 48 Rn 5
Ausgleich § 51 Rn 14
– für Universaldienstleistungen § 20 Rn 2 ff
Auskünfte und Prüfungen § 83 Rn 15
Auskunfts- und Prüfungsverfügung § 72 Rn 25
Auskunftsdienst als Universaldienst § 17 Rn 7
Auskunftsverlangen § 72 Rn 11
Auslagen § 48 Rn 6
Auslagenvergütung § 52 Rn 20
Auslastungsdaten, Entgeltregulierungsparameter § 24 Rn 21
Ausschließlichkeitsbindungen § 2 Rn 31
Ausschluss von Lizenzvergabe § 11 Rn 13
Ausschreibung und Universaldienst § 19 Rn 6 ff
Ausschreibungsfristen § 11 Rn 59
Ausschüsse § 73 Rn 14
Außerbetriebnahme § 49 Rn 8
Aussetzung der Vollziehung § 80 Rn 4
Auswahlermessen § 45 Rn 10

Backbones § 6 Rn 24; § 50 Rn 2
Bahnlinie § 6 Rn 65
BAPostG Einf V Rn 12
Basis- oder Grunddienste Einf I Rn 10
Basisstation § 3 Rn 44
Basistelekommunikationsleistungen § 17 Rn 2
Baumpflanzungen § 54 Rn 1 ff
Bedarf
– -sfeststellung § 45 Rn 22; § 44 Rn 12
Bedarfsmarktkonzept s Marktabgrenzung
Bedingung § 8 Rn 63
Beeinträchtigung § 55 Rn 7; § 57
Befangenheit Vor § 73 Rn 8
Befristung § 8 Rn 62
Befugnisse § 72
Begleitgesetz zum TKG Einf I Rn 25
Begründung § 79 Rn 3
Beiladung § 74 Rn 17, 21 ff
– notwendige § 74 Rn 23
Beirat bei der Regulierungsbehörde § 67 Rn 5 ff; § 68 Rn 1 ff
– Aufgaben § 69 Rn 1 ff

– Auskunfts- und Stellungnahmerechte § 69 Rn 9
– Beratung der RegTP § 69 Rn 10
– Beteiligung der RegTP § 68 Rn 19
– Dauer und Beendigung der Mitgliedschaft § 67 Rn 10 ff
– Entscheidung § 68 Rn 10 ff
– Geschäftsordnung § 68 Rn 4, 9
– Maßnahmen zur Umsetzung der Regulierungsziele § 69 Rn 7
– Mitglieder § 67 Rn 5 ff
– Mitwirkungsrechte an Entscheidungen § 69 Rn 5 f
– personelle Vorschlagsrechte § 69 Rn 3 ff
– Prinzip der Nichtöffentlichkeit § 68 Rn 17 ff
– Sicherstellung des Universaldienstes § 69 Rn 7
– Sitzungen § 68 Rn 15
– Verfahren § 68 Rn 10
– Wahl des Vorsitzenden § 68 Rn 6
Beitrag § 48 Rn 11
Bekanntmachung Einf II Rn 11
Benannte Stellen FTEG § 8
Benchmarks § 24 Rn 32
Benutzung § 52 Rn 7
Beratung der Regulierungsbehörde § 69 Rn 10
Bereitstellen FTEG § 10 Rn 5
Berichtspflicht § 5 Rn 1
Berufsfreiheit Vor § 6 Rn 12; § 6 Rn 82
Beschlagnahme § 72 Rn 38; § 77 Rn 2
Beschlussfähigkeit § 68 Rn 11
Beschlusskammer § 37 Rn 16; § 66 Rn 19; § 73
– Besetzung § 73 Rn 13
– Entscheidung im Benehmen mit dem Beirat § 73 Rn 14
– Entscheidungsverfahren § 73 Rn 8 ff
– Stellung § 73 Rn 1 ff
– Zuständigkeiten § 73 Rn 5 ff
Beschlusskammerverfahren § 74 Rn 1 ff
– Beiladung § 74 Rn 21 ff
– Beteiligte § 74 Rn 15 ff
– Trennung und Verbindung § 74 Rn 13
– Verfahrensrecht § 74 Rn 2
Beschränkung der Lizenzzahl § 10
besondere Anlagen § 55 Rn 1 ff
– Begriff § 55 Rn 5 ff
– spätere § 56 Rn 7 ff
besondere Kosten FTEG § 5 Rn 6
besondere Netzzugangsleistung § 28 Rn 15; § 35 Rn 22
Bestandsschutz § 8 Rn 74
– gesetzliche Rechte § 97 Rn 11
– von Lizenzen § 6 Rn 81
Bestimmungs- und Dispositionsrechte des Netzbetreibers § 3 Rn 109
Beteiligte § 74 Rn 1 ff
Beteiligungsverhältnisse bei Lizenznehmern § 9 Rn 19
beträchtliche Marktmacht Einf II Rn 30
Betreiber von TK-Anlagen
– Altanlagen § 87 Rn 15
– Technische Schutzmaßnahmen § 87 Rn 8

## Sachregister

- Überwachungsmaßnahmen § 88 Rn 5
Betretensrecht § 72 Rn 19
Betriebsbeschränkungen bei funktechnischen Geräten § 49 Rn 8
Betriebsprüfung § 72 Rn 11
Betroffene
- i d Frequenzordnung § 45 Rn 8
- i d Lizenzierung § 10 Rn 6

Beurteilungs- und Gestaltungsspielräume s Ermessen der Verwaltung
Beurteilungs- und Konzeptionsspielraum s Ermessen der Verwaltung
Beurteilungsermächtigung s Ermessen der Verwaltung
Beurteilungsspielraum s Ermessen der Verwaltung
Bevollmächtigter FTEG § 7 Rn 4
Beweismaß § 19 Rn 7
Bewertung von Kosten und Effizienz § 24 Rn 19
Bewertungsspielräume s Ermessen der Verwaltung
Bietstrategien § 11 Rn 34
Binnenmarkt FTEG Rn 17
Bodenstation § 3 Rn 69
Bottleneck-Ressourcen
- als Regulierungslegitmation § 2 Rn 14
- i d Entgeltregulierung § 24 Rn 3
Bottom-Up-Modell § 24 Rn 42
Brandschutz FTEG § 10 Rn 7
Breitbandkabel § 50 Rn 10
Breitbandverteilnetz
- als TK-Netz § 3 Rn 102
- Lizenzpflicht § 6 Rn 24
Brücken § 50 Rn 8
Bündel verschiedener Dienstleistungen Einf V Rn 6
Bündelprodukt § 27 Rn 28
Bundesanstalt für Post und Telekommunikations (BAPT) Einf I Rn 15
Bundesanstalt-Post-Gesetz (BAPostG) Einf I Rn 15
bundeseigene Verwaltung Einf I Rn 2; § 66 Rn 3, 12
Bundeskartellamt
- Beteiligung im Verwaltungsverfahren § 82
- Beteiligung in Lizenzierung § 11 Rn 42
Bundesoberbehörde § 66 Rn 13
Bundesregierung
- Stellungnahme § 81 Rn 8
- Zuständigkeiten i d Frequenznutzung § 45 Rn 3
Bundesstaat s Homogenitätsgebot
Bundesstraße § 50 Rn 8
Bundestag vorwirkende Kontrolle der Regulierungsbehörde § 66 Rn 22
Bürgerlich-rechtliche Streitigkeiten § 80 Rn 8
Bußgeldvorschriften § 96 Rn 1 ff

Call by Call § 43 Rn 63
Carrier-Festverbindung § 27 Rn 24
CE-Kennzeichnung Einf IV Rn 6; FTEG § 7 Rn 1 ff; FTEG § 9 Rn 1 ff
CEPT § 44 Rn 12, 18

City-Carrier § 50 Rn 2
Closed User Group Interlock Codes § 43 Rn 17
Conditional Access-Systeme Einf V Rn 4
Corporate Networks § 3 Rn 86
- Zugang § 35 Rn 16
CWR-99 Vor § 44 Rn 15

DAB § 11 Rn 6
Darbietungen Einf III Rn 1
Dark Copper
- Begriff § 3 Rn 100
- und strukturelle Separierung § 14 Rn 18
Dark Fiber § 3 Rn 100
Darlegungs- und Beweislast § 51 Rn 11
Darlegungsobliegenheit § 27 Rn 27
Daseinsvorsorge Einf III Rn 1; § 1 Rn 2
Datenschutz Einf II Rn 19, 27
- Abruf aus Kundendateien § 90 Rn 24
- Aufschalten auf Verbindungen § 89 Rn 47
- Aufsichtsbehörde § 89 Rn 69
- Auskunft über Bestandsdaten der Sicherheitsbehörden § 90 Rn 1 ff
Datenschutz
- Automatische Anrufweiterleitung § 89 Rn 37
- Automatischer Abruf aus Kundendateien § 90 Rn 8 ff, 13
- Automatischer Abruf aus Kundendateien, Auskunftsberechtigte § 90 Rn 17
- bereichsspezifische Regelung § 89 Rn 4
- Bundesbeauftragter für Datenschutz § 91 Rn 10
- Datenschutzbeauftragter § 89 Rn 69
- Durchsetzung der Anforderungen § 89 Rn 69
- EG- Telekommunikations-Datenschutzrichtlinie § 89 Rn 7
- Einzelangaben über juristische Personen § 89 Rn 14
- Erhebung § 89 Rn 15
- Fangschaltung § 89 Rn 32
- Fernwirk- und Fernmeßdienste § 89 Rn 39
- Kontrolle § 91 Rn 9 ff
- Koppelungsverbot § 89 Rn 67
- Kundendateien § 89 Rn 5 f
- Nachrichteninhalte § 89 Rn 41, 45
- Nutzung § 89 Rn 15
- Regulierungsbehörde § 89 Rn 69; § 91 Rn 12
- Rufnummernanzeige § 89 Rn 34
- Rufnummernunterdrückung § 89 Rn 34 ff
- Schutz von Mitnutzern von TK- Diensten § 89 Rn 28
- Sicherung der Anonymität bei Beratungsdiensten § 89 Rn 30 f
- Steuersignale § 89 Rn 41
- Teilnehmerverzeichnisse § 12 Rn 1 ff; § 89 Rn 63
- Telegrammdienste § 89 Rn 40
- Telekommunikations-Kundenschutzverordnung § 89 Rn 6
- Übermittlung von Bestandsdaten an Sicherheitsbehörden § 89 Rn 51 ff
- Verarbeitung § 89 Rn 15

688 Anhang
Sachregister

- Verarbeitung für betriebliche Abwicklung § 89 Rn 20
- Verarbeitung für Gestaltung von TK-Diensten § 89 Rn 25
- Verarbeitung für Kundenberatung § 89 Rn 58 ff
- Verarbeitung für Leistungserschleichungen § 89 Rn 24
- Verarbeitung für Marktforschung § 89 Rn 58 ff
- Verarbeitung für Nutzerinteressen § 89 Rn 26 ff
- Verarbeitung für Störungserkennung und -beseitigung § 89 Rn 23
- Verarbeitung für Werbung § 89 Rn 58 ff
- Verarbeitungsbegrenzung § 89 Rn 16
- Verarbeitungszwecke § 89 Rn 16 ff
- Verhältnis zum BDSG § 89 Rn 1, 4 f
- Verhältnis zum Teledienstedatenschutzgesetz § 89 Rn 9
- Verordnungsermächtigung § 89 Rn 10
- Zweckbindung § 89 Rn 17
Datenverarbeitung, Sicherheit der § 87 Rn 1
dauernde Beschränkung § 53 Rn 4
Defizite der Versorgung Einf III Rn 10
derivative Zuweisung § 43 Rn 28
dienende Aufgabe Einf III Rn 13
Dienst § 43 Rn 22; FTEG § 5 Rn 3; s a Telekommunikationsdienst
Diensteanbieter § 41 Rn 14
Dienstedefinition § 43 Rn 25
Dienstekennzeichen § 43 Rn 17
Diensteneutralität § 3 Rn 101
Dienstrichtlinie Einf II Rn 6
Dienstespezifität § 3 Rn 101
Dienstleistungen § 1 Rn 24
Digital Enhanced Cordless Telecommunications (DECT) Standards § 6 Rn 22
Diskriminierungsverbot § 33 Rn 6; § 41 Rn 6
Domain-Verwaltung § 43 Rn 11
Doppelzuständigkeit Einf III Rn 2, 11
down-link § 3 Rn 69
Drittschutz § 33 Rn 23, 63; § 40 Rn 5
- der Entgeltregulierung § 24 Rn 85; § 30 Rn 33
- der nachträglichen Entgeltregulierung § 30 Rn 30
Duldungspflicht des Grundstückseigentümers § 57 Rn 7
Durchsuchung § 72 Rn 31

Echtzeit § 3 Rn 75
effiziente Leistungsbereitstellung § 24 Rn 2
Effizienz
- als Regulierungsziel § 1 Rn 20; § 2 Rn 13
- als Voraussetzung i d Entgeltregulierung § 24 Rn 20, 44
Effizienzbegriff
- i d Frequenzordnung § 44 Rn 10
Eigenkapitalverzinsung § 24 Rn 19
Eigensteuerung § 1 Rn 19
Eigentum und Lizenzen Vor § 6 Rn 12; § 6 Rn 83
Eigentumsgarantie § 3 Rn 109; Vor § 6 Rn 12; § 9 Rn 2
- und Entgeltregulierung § 24 Rn 22
- und Rufnummern § 43 Rn 48

Eigentumsverhältnisse § 47 Rn 31
Eingriffsbefugnis
- der Produktüberwachung FTEG § 1 Rn 16; § 15 Rn 2
- der RegTP § 71 Rn 1
Einheitliches Unternehmen, § 18 Abs 2 § 18 Rn 13
Einrede des nichterfüllten Vertrages (§ 320 BGB) § 12 Rn 31
Einrichtung § 51 Rn 5
Einstweilige Anordnung § 78
- Rechtsfolgenbestimmung § 78 Rn 12
- Schadensersatz § 78 Rn 13
- Voraussetzungen § 78 Rn 4 ff
Einvernehmen des Bundeskartellamtes § 82 Rn 3
Einzelrechtsnachfolger bei Frequenzzuteilungen § 47 Rn 33
Einzelverbindungsnachweis § 41 Rn 24
Einzelweisungen § 1 Rn 19; § 66 Rn 30
Einziehung von Verkehrswegen § 53 Rn 12
Eisenbahninfrastruktur § 50 Rn 2
elektrische Leiter § 46 Rn 4
Empfangsanlage § 3 Rn 104
Empfangsgerät FTEG § 2 Rn 9, § 65 Rn 3
Empfehlungen der EG-Kommission § 23 Rn 7, 15
EMVG Einf IV Rn 5
EMV-Richtlinie FTEG § 1 Rn 12
End- und Vermittlungseinrichtungen
- Begriff § 3 Rn 29, 101
- im Kundenschutz § 41 Rn 24
- Lizenzfreiheit § 9 Rn 51
Endgerätemonopol Einf I Rn 12
Endgeräte-Richtlinie § 3 Rn 31
Endkunde § 3 Rn 115
Endverbaucher § 3 Rn 55
Energieversorger § 50 Rn 2
Energieversorgungsunternehmen § 6 Rn 66; § 14 Rn 18; § 56 Rn 9
Engeltregulierung, Verfahren der § 27 Rn 1 ff
Entbündelung § 35 Rn 58
- und TKV § 41 Rn 8 ff
- Voraussetzungen § 25 Rn 1 ff
Enteignungsverfahren § 100 Rn 3
Entgelt, Begriff § 24 Rn 9
Entgeltgenehmigung § 28 Rn 13
Entgeltgenehmigungspflicht § 27 Rn 33
Entgeltregulierung bei Zusammenschaltung § 39 Rn 3 ff
Entschädigung § 55 Rn 10
- bei Grundstücksbeeinträchtigung § 57 Rn 16
- bei Lizenzauflagen § 8 Rn 58
- i d Frequenzplanung § 45 Rn 21
- über die Wahl des Verfahrens § 11 Rn 25
Entscheidungsfreiraum s Ermessen der Verwaltung
Entwidmung von Verkehrswegen § 53 Rn 1
Ergänzung der Kostenentscheidung § 16 Rn 48
Erledigung
- von Auflagen § 97 Rn 23
- von Entscheidungen der Beschlusskammern § 79 Rn 6
ERMES § 11 Rn 6

## Anhang
### Sachregister

**Ermessen der Verwaltung** § 1 Rn 13; § 10 Rn 7; § 24 Rn 41, 56
- bei der Entgeltgenehmigung § 27 Rn 13
- bei der Frequenzzuteilung § 47 Rn 29
- bei der Kostenkontrolle § 24 Rn 56
- bei Lizenzwiderruf § 15 Rn 15
- der Monopolkommission § 81 Rn 5
- Gestaltungsaufgabe der RegTP § 2 Rn 27
- Gestaltungsfreiraum bei Lizenzauflagen § 8 Rn 68
- Gestaltungsfreiraum i d Frequenzordnung § 45 Rn 21
- Gestaltungsfreiraum i d Nummerierung § 43 Rn 16
- Gestaltungsspielraum auf Tatbestandsseite § 3 Rn 5, 112
- Gestaltungsspielraum i d Entgeltregulierung § 24 Rn 34, 5; § 30 Rn 31
- Gestaltungsspielraum i d Lizenzvergabe § 11 Rn 16
- Gestaltungsspielraum i d Regulierung § 2 Rn 14
- Verfahrensermessen § 74 Rn 14

**Ermessensermächtigung** s Ermessen
**Ermittlungen** § 76
**Ersatzanspruch** § 58 Rn 2
**Erschwerung der Unterhaltung** § 52 Rn 10
**Erstattungsanspruch** § 72 Rn 43
**Essential facilities doctrine** § 33 Rn 27
- Bedarf § 33 Rn 36
- europarechtliche Grundlagen § 33 Rn 28
- Fehlen von Alternativen § 33 Rn 38
- fehlende Duplizierbarkeit § 33 Rn 39
- Leistungsbegriff § 33 Rn 32 ff
- Voraussetzungen § 33 Rn 30 ff

**EU-Datenschutzrichtlinie** Einf II Rn 19
**europäischer Binnenmarkt** Einf II Rn 19
**europäisches Sekundärrecht** § 2 Rn 7
**europäisches Wettbewerbsrecht** Einf II Rn 12
**Europäisierung** Einf II Rn 1 ff
- des TK-Rechts Einf II Rn 19
- Entwicklungsperspektive Einf II Rn 21
- Harmonisierung Einf II Rn 39
- Kommunikationsbericht 1999 Einf II Rn 21
- Liberalisierung Einf II Rn 3
- neuer Rechtsrahmen Einf II Rn 25, 37
- ONP-Konzept Einf II Rn 1 ff
- vollständige Liberalisierung Einf II Rn 10
- Wettbewerbsrichtlinien Einf II Rn 5
- Harmonisierung Einf II Rn 12

**European Radio Communications Committee** - Vor § 44 Rn 12
**European Radio Communications Office** Vor § 44 Rn 12
**Evaluations- und Berichtspflichten** § 1 Rn 14
**Exklusivitätsregelungen** Einf V Rn 6
**Ex-Post-Entgeltregulierung** § 30 Rn 1 ff

**Fachkunde** § 8 Rn 34
**FAG** Einf I Rn 1; § 85 Rn 25
**Faktoreinsatzpreis** § 24 Rn 21
**Fakturierung** § 28 Rn 18

**Falkenheim-Kommission** Einf I Rn 3
**Fernbereich und Ortsnetz** § 27 Rn 5
**Ferngasleitungen** § 50 Rn 2
**Fernmeldegeheimnis** § 2 Rn 9; § 85 Rn 1 ff
- Ausnahmen für Schifffahrt und Luftverkehr § 85 Rn 28
- Datenverarbeitungsprozeß § 85 Rn 9
- Einwilligung § 85 Rn 27
- Europarechtlicher Schutz § 85 Rn 7
- Kenntnisnahmeverbot § 85 Rn 17
- Kommunikationsinhalt § 85 Rn 8
- Kommunikationsumstände § 85 Rn 9
- Rechtsfolgen der Verletzung § 85 Rn 29 ff
- Schutz gegenüber Privaten § 85 Rn 2
- strafrechtlicher Schutz § 85 rn 32
- technische Schutzmaßnahmen § 87 Rn 10
- Überwachungsermächtigungen § 85 Rn 22
- Unterlassungsgebot § 85 Rn 16
- verfassungsrechtliche Garantie § 85 Rn 6
- Verpflichtete § 85 Rn 13
- Verhaltespflichten § 85 Rn 15 ff
- Verhältnis zum TDG § 85 Rn 12
- Zweckänderung § 85 Rn 20
- Zweckbindung § 85 Rn 19

**Fernmeldemonopol** § 6 Rn 5
**Fernmeldeüberwachungsverordnung** § 88 Rn 15
**Fernmeldewesen** Einf V Rn 3
**Fernsehsignal-Übertragungsgesetz** Einf IV Rn 2
**Fernstraße** § 6 Rn 64
**Feststellung** § 6 Rn 79; § 27 Rn 33
**Finanzierungsnachweis** § 8 Rn 40
**flexible Regelungsinstrumente** Einf III Rn 10
**Folgekosten** § 13 Rn 28
**Fortschreibung** § 6 Rn 28
**Frequenz** § 8 Rn 70
**Frequenzbeitragsverordnung** § 48 Rn 1
**Frequenzbereichszuweisungsplan** § 44; § 49 Rn 7
**Frequenzbewirtschaftung** Vor § 44 Rn 8; § 44 Rn 8
**Frequenzgebühr** § 48 Rn 5
**Frequenzgebührenverordnung** § 48 Rn 1
**Frequenznutzung** § 47 Rn 5
**Frequenznutzungskonzepte** § 44 Rn 15
**Frequenznutzungsplan** § 44
**Frequenzordnung** § 1 Rn 28, Vor § 44
**Frequenzordnung** Einf II Rn 31
**Frequenzordnung vor Inkrafttreten des TKG** § 44 Rn 3
**Frequenzspektrum** Einf II Rn 31
**Frequenzzuteilung** § 47 Rn 1 ff, 9; FTEG § 4 Rn 2
- Altberechtigungen § 97 Rn 13

**FTE-Richtlinie** FTEG Rn 2
**FÜG** Einf III Rn 11
**Funkanbindung von Teilnehmeranschlüssen** § 11 Rn 24
**Funkanlage** § 3 Rn 32; § 45 Rn 14; FTEG § 2 Rn 2
**Funkfrequenz** Einf II Rn 18; § 1 Rn 28; § 11 Rn 52
**funkgebundene Übertragungswege** § 3 Rn 103
**Funkmessdienst** § 49 Rn 2
**funktechnische Störung** FTEG § 2 Rn 25
**funktionelle Unabhängigkeit** § 66 Rn 7

funktionsfähiger Wettbewerb § 1 Rn 7; § 2 Rn 10; § 81 Rn 5
Funktionsherrschaft
– Begriff § 3 Rn 22
– und Wegenutzung § 50 Rn 13
Funkverbindung § 27 Rn 25
Fusionskontrolle § 2 Rn 35; § 32 Rn 1 ff

G 10 § 85 Rn 23
GATS Einf II Rn 43
GATS 2000 Einf II Rn 48
GATT Einf II Rn 43
Gebrauchtgüter FTEG § 10 Rn 5
Gebühr § 16
gebündelte Leistungen § 27 Rn 20
Geheimhaltung Vor § 73 Rn 12
Geltungsbereich § 25 Rn 1
Gemeinkostenverrechnung § 24 Rn 17
Gemeinwohlverträglichkeit § 1 Rn 10
Genehmigungsrichtlinie Einf II Rn 17
Gerät § 49 Rn 9; FTEG § 2 Rn 1
Geräteklassen-Kennungen FTEG § 2 Rn 15
Gerichtsschutz und Kontrollintensität § 1 Rn 22; § 3 Rn 59
Gesamtrechtsnachfolge § 9 Rn 18; § 47 Rn 33
Geschäfts- oder Betriebsgeheimnisse § 83 Rn 18
Geschäftskunden § 27 Rn 5
Geschäftsordnung
– der RegTP § 66 Rn 20
– des Beirates § 68 Rn 1 ff, 4
geschlossene Benutzergruppe § 3 Rn 85, § 6 Rn 57
Gesetz gegen Wettbewerbsbeschränkungen § 2 Rn 26
Gesetz über das Telegrafenwesen des Deutschen Reiches Einf I Rn 1
Gesetzeszweck des FTEG FTEG § 1 Rn 1
Gesetzgebungszuständigkeit Einf V Rn 2 ff; § 50 Rn 40
Gestaltung § 45 Rn 14
Gestaltungsaufgabe s Ermessen der Verwaltung
Gestaltungsfreiraum s Ermessen der Verwaltung
Gewährleistung von Dienstleistngen § 1 Rn 6, 24
Gewährleistungsaufgabe § 33 Rn 7
Gewässer § 50 Rn 9
Gewerbeerlaubnis § 3 Rn 40
Gleichbehandlung im Lizenzgebührenrecht § 16 Rn 12
Globalberechnung § 48 Rn 13
Globalisierung Einf II Rn 22
Greenfield-Ansatz § 24 Rn 24
Grünbuch
– der Satellitenkommunikation Einf II Rn 7
– über die Entwicklung des gemeinsamen Marktes für Telekommunikationsdienstleistungen und Telekommunikationsgeräte Einf II Rn 3
Grundausstattung an Funkfrequenzen § 11 Rn 33
grundlegende Anforderungen FTEG § 3 Rn 1 ff; FTEG § 10 Rn 1
– atypischer Verkehr § 35 Rn 38

– Interoperabilität § 35 Rn 38
– Netzintegrität § 35 Rn 38
grundlegende Schutzanforderungen FTEG Einf Rn 20
Grundstücke § 3 Rn 36; § 57
Grundstückseigentümererklärung § 41 Rn 24
Grundversorgung § 2 Rn 22
– mit Telekommunikationsdienstleistungen § 2 Rn 22; § 17
Gruppenverantwortung bei Universaldienstleistungen § 17 Rn 2
GSM § 11 Rn 6

Haftung
– gesetzliche § 41 Rn 18
– -sbegrenzung § 41 Rn 5, 18
handvermittelte Dienste § 93 Rn 1
harmonisierte Norm FTEG § 2 Rn 24; FTEG § 6 Rn 1 ff; FTEG § 18 Rn 1
Harmonisierung
– des Gerätestandards FTEG Rn 18
– der Frequenznutzung FTEG § 4 Rn 3
Hausanschlüsse § 50 Rn 11
Hersteller FTEG § 7 Rn 4
Hersteller-Kennungen für Telematikprotokolle § 43 Rn 19
Hierarchiestufen § 3 Rn 106
High Level Communication Group Einf II Rn 35
hoheitliche Aufgaben § 2 Rn 5
hoheitliche Streitschlichtung § 13 Rn 11
hoheitliche und betriebliche Aufgaben Einf I Rn 10
Hoheitsaufgaben Einf I Rn 8; § 66 Rn 8
Homogenitätsauftrag, bundesstaatlicher § 17 Rn 12
hypothetische Netzstruktur § 24 Rn 28

Inbetriebnahme FTEG § 11
Incumbent-Strukturen § 2 Rn 14
independent agencies § 1 Rn 18
Independent Regulators' Group § 83 Rn 5
Individualkommunikation Einf III Rn 13
individualvertraglich § 29 Rn 13
individueller Aufwand § 24 Rn 13
Information § 1 Rn 14
Informations- und Kooperationspflicht § 83 Rn 4
Informationsvorgänge § 83 Rn 1
informatorische Abhängigkeit § 66 Rn 10
Infrastruktursicherung § 51 Rn 1
Infrastruktursicherungsauftrag § 1 Rn 24
Inhalte § 1 Rn 9
Inhalte, Programme Einf III Rn 1
Inhaltsneutralität § 3 Rn 6
Inkasso § 28 Rn 19
Inkompatibilität Vor § 73 Rn 8
inneradministratives Konzept § 43 Rn 38
Innovationsoffenheit § 3 Rn 6
Inpflichtnahme Privater § 13 Rn 2
Instandsetzung § 52 Rn 16, 18
Interessenabwägung § 24 Rn 80
Interessenrepräsentation § 73 Rn 1

International Mobile Station Equipment Identifiers § 43 Rn 17
Internationale Fernmeldeunion § 93 Rn 1; FTEG Rn 35
Internationale Frequenzplanung § 44 Rn 17
internationaler Freqenzbereichsplan Vor § 44 Rn 22
internationaler Status § 7
Internationalisierung
– GATS Einf II Rn 43
– GATT-Regeln Einf II Rn 43
– ITU Einf II Rn 47
– Marktzugang Einf II Rn 44
– Wettbewerb Einf II Rn 44
– WTO Einf II Rn 46
Internet Einf II Rn 22
Internet Protocol (IP) § 3 Rn 11
Internet-Access-Provider Einf V Rn 4
Internet-Telefonie § 3 Rn 76
In-Verkehr-Bringen FTEG § 10
IP-Adressen § 43 Rn 16
ISDN-Datenschutzrichtlinie Einf II Rn 19
Issuer Identifier Numbers § 43 Rn 17
ITU § 7 Rn 4; § 43 Rn 43

juristische Personen des öffentlichen Rechts § 14 Rn 20

Kabelanlagen § 14 Rn 18; § 50 Rn 10
Kabelfernsehrichtlinie Einf II Rn 9
Kabelfernsehsysteme Einf IV Rn 3
Kabeltröge § 50 Rn 10
Kabelverbindungen § 3 Rn 100
Kabelverbreitung Einf III Rn 13
Kanalteilung § 3 Rn 21
Kartellrecht § 2 Rn 26 ff; § 24 Rn 4
Kausalität § 24 Rn 66
Kennungen für mobile Endeinrichtungen § 43 Rn 17
knappe Ressource § 1 Rn 28
Knappheit Vor § 6 Rn 7; § 8 Rn 52
kombinierter Dienst § 4 Rn 9
kommunale Selbstverwaltungsgarantie § 50 Rn 4
Kommunikationsbericht 1999 Einf II Rn 21
Kommunikationssteuerungsschicht (Session Layer) § 3 Rn 12
Kompetenzabgrenzung Einf III Rn 11
Kompetenzsperre Einf V Rn 7
Konformitätsbewertung Einf IV Rn 6; FTEG § 7
Konkretisierungsspielräume § 11 Rn 2
Konkurrenz FTEG § 1 Rn 4
Konstruktionsunterlagen FTEG § 2 Rn 16
Kontrolldichte § 1 Rn 22
Kontrolldiskurs § 24 Rn 61; § 27 Rn 27
Kontrolle § 1 Rn 18
Kontrollerlaubnis Vor § 6 Rn 5
Kontrollierbarkeit § 47 Rn 23
Konvergenz § 3 Rn 6
Konzept
– i d Entgeltregulierung § 27 Rn 17

– technische Sicherheit § 87 Rn 1
– -bestimmung § 3 Rn 2
– -genehmigung § 88 Rn 12
– -pflichten i d Regulierung § 1 Rn 14
konzeptsetzende und informationsbeschaffende Verfahren Vor § 73 Rn 21
Konzeptsetzung § 3 Rn 2; § 43 Rn 22
Konzern § 24 Rn 90
Kooperationsverhältnis Einf III Rn 13; § 23 Rn 13
Kosten § 24 Rn 14; § 79 Rn 7; FTEG § 16
– Begriff § 24 Rn 36
– der effizienten Bereitstellung § 12 Rn 25
kosten- und nutzengerechte Zuordnung § 48 Rn 14
Kosten-/Preis-Scheren § 24 Rn 3, 67
Kostenartenrechnung § 31 Rn 11
Kostenausstattungsanspruch § 56 Rn 15
Kostendaten aus der Finanzbuchhaltung § 31 Rn 13
Kostendeckungsprinzip
– Begriff § 16 Rn 9, 14
– bei Frequenzgebühren § 48 Rn 7
– Folgen für Gebühren § 16 Rn 34
Kostenersatzanspruch gegen den Nutzungsberechtigten § 52 Rn 15
Kostenerstattung bei Ausästung § 54 Rn 9
Kostenfestsetzungsbescheid § 52 Rn 53
Kostenrechnung § 24 Rn 39
– -ssystem Einf II Rn 16
– -stransparenz § 27 Rn 7
Kostenstellenrechnung § 31 Rn 11
Kostenträgerrechnung § 31 Rn 11
Kostenzuordnung § 24 Rn 17
Kraftfahrzeuge FTEG § 1 Rn 9
Kundeninteresse § 24 Rn 88
Kundenschutzverordnung s Telekommunikationskundenschutzverordnung

Landeskennzeichen § 43 Rn 17
Landesmedienanstalt § 45 Rn 10
Lastengleichheit § 16 Rn 12, 43
Layer § 3 Rn 7
Leerrohr § 51 Rn 1
Leistungen
– gemisch genutzte § 3 Rn 88
– gemischte § 3 Rn 59
Leistungsbündel § 3 Rn 59
Leistungseinstellungen § 41 Rn 16
Leistungserbringung § 4 Rn 8
Leistungsfähigkeit § 8 Rn 36
leistungsmengenbezogen § 24 Rn 18
Leistungsmerkmal § 3 Rn 81
Leistungsspektrum § 24 Rn 21
leitungsbebundene Frequenznutzung § 47 Rn 5
Lichtwellenkabel § 57 Rn 15
Lizenz Vor § 6; § 50 Rn 12; § 71 Rn 5
– Begriff § 3 Rn 40
Lizenzbestimmungen § 11
Lizenzentscheidung § 8
Lizenzgebühr § 16 Rn 13

Lizenzgegenstand § 6 Rn 1
- in technisch-funktionaler Hinsicht § 6 Rn 21
Lizenzierung Einf II Rn 17; § 2 Rn 16
- Vergabeentscheidung § 11 Rn 71
Lizenzinhalt in geografischer Hinsicht § 6 Rn 15
lizenzpflichtiger Bereich § 6
Lizenzvergabe § 11 Rn 63
Lizenzvertrag § 15 Rn 7
Lizenzwirkung § 6 Rn 71
Lohnhöhe § 24 Rn 23
Losentscheidung § 11 Rn 67

Marktabgrenzung
- Bedarfsmarktkonzept § 33 Rn 16
- Dienstleistungsmarkt § 33 Rn 15
- europäisches Recht § 33 Rn 18, 20
- funktionelle Austauschbarkeit § 33 Rn 16
- im Universaldienst § 18 Rn 5
- Lizenzinhalt § 11 Rn 43
- Nachfragemacht § 33 Rn 17
- ONP-Richtlinien § 33 Rn 22
- räumlich § 33 Rn 19
- Regulierungsbehörde § 33 Rn 22
- sachlich relevanter Markt § 18 Rn 5
- und Universaldienst § 18 Rn 5
- zeitliche § 33 Rn 21
- Zugangsmarkt § 33 Rn 15
Marktanalyse Einf II Rn 40; § 11 Rn 19 f; § 33 Rn 7
Marktasymmetrie § 11 Rn 22
Marktaufsicht FTEG § 15 Rn 1
marktbeherrschende Stellung Einf II Rn 30; § 14 Rn 13
Marktbeherrschung § 34 Rn 2; § 35 Rn 6
- § 4 TKV § 41 Rn 13
- beim Universaldienst § 18 Rn 9
- Kriterien § 33 Rn 14
- Marktanalyseverfahren § 33 Rn 22
- Netzzugang § 35 Rn 11
- ONP-Richtlinien § 33 Rn 22
- Teilnehmeranschluss-VO § 33 Rn 22
- Vereinbarkeit mit EU-Recht § 33 Rn 22
- Vermutung § 33 Rn 14
- Wettbewerbswidrige Vereinbarungen § 38 Rn 3
Marktbeobachtung § 4 Rn 2; § 14 Rn 1
Märkte § 27 Rn 10
Marktgestaltung § 2 Rn 16
Marktöffnung § 33 Rn 8
Marktstruktur § 81 Rn 6
Marktstrukturregulierung § 1 Rn 10
Markttransparenz § 4 Rn 3
Marktverhaltensregulierung § 1 Rn 10
Marktversagen § 1 Rn 24
Marktzutrittsschranken § 6 Rn 10; § 33 Rn 8
Massenkommunikation Einf III Rn 13
materielle Beweislast § 8 Rn 43
materielle Gleichbehandlung § 11 Rn 19
Medienrecht Einf III Rn 1; § 47 Rn 31
Medizinprodukte FTEG § 1 Rn 8
Mehrheit § 68 Rn 13
Mehrwertdienste Einf I Rn 10; Einf V Rn 6

meinungsmäßige Relevanz Einf III Rn 6
Meistbegünstigungsprinzip Einf II Rn 45
mengenabhängig § 24 Rn 12
Mietleitungen § 27 Rn 24
Mietleitungsrichtlinie Einf II Rn 14
Mindestversorgung § 11 Rn 39
- Universaldienstleistungen § 17 Rn 8
Mindestvoraussetzungen § 11 Rn 33, 39
Ministerialfreiheit § 66 Rn 31
Missbrauch von Sendeanlagen § 65
Missbrauchsaufsicht § 2 Rn 32; § 12 Rn 30
Missbrauchsaufsicht, besondere
- Anspruch für Wettbewerber § 33 Rn 3
- Anspruchsberechtigte § 33 Rn 23
- Beanstandungsverfügung § 33 Rn 58 ff
- Beanstandungsverfügung, Ermessen der RegTP § 33 Rn 60
- Beseitigungsverfügung § 33 Rn 61
- Diskriminierungsverbot § 33 Rn 42 f
- Drittschutz § 33 Rn 63
- Entgeltregulierung § 33 Rn 61
- Entstehungsgeschichte § 33 Rn 1
- Ermächtigungsgrundlage für RegTP § 33 Rn 55
- essential facilities doctrine § 33 Rn 27
- externe gleich interne Behandlung § 33 Rn 1, 6, 9, 25, 42, 55
- Grundrechte der marktbeherrschenden Unternehmen § 33 Rn 66
- kein Anfangstatbestand § 33 Rn 3
- Leistungsbegriff § 33 Rn 32 ff
- marktbeherrschende Stellung, missbräuchliche Ausnutzung § 33 Rn 56
- Marktöffnung § 33 Rn 9
- Nichtdiskriminierung § 33 Rn 44
- Regelungsadressaten § 33 Rn 11
- Regulierungsziele § 33 Rn 7
- Systematik TKG § 33 Rn 4
- Teilnehmeranschluss § 33 Rn 32
- Verhältnis zu § 36 § 33 Rn 4
- Vermutungsregeln § 33 Rn 55
- Ziele § 33 Rn 9
- Zugang zu wesentlichen Leistungen § 33 Rn 25
- Zugangsverweigerung § 33 Rn 46 ff
- Zugangsverweigerung, grundlegende Anforderungen § 33 Rn 52 ff
- Zugangsverweigerung, sachliche Gründe für § 33 Rn 51
Mitwirkungserfordernis § 69 Rn 5
Mitwirkungsobliegenheiten Vor § 73 Rn 10
Mobilfunk § 43 Rn 57
Mobilfunk-Dienstleistungen § 3 Rn 42
Mobilfunknetz § 43 Rn 67
Mobilkommunikation Einf II Rn 9
Monopol
- natürliches § 51 Rn 1
- nicht angreifbares § 33 Rn 8
Einf II Rn 1
Monopolkommission Einf I Rn 5; § 81 Rn 4
multifinal § 2 Rn 27
Multiplexer § 3 Rn 21
Multiplexverfahren § 3 Rn 99

mündliche Verhandlung im Beschlusskammerverfahren § 75

Nachfrage § 41 Rn 9
Nachrichtenübermittlung § 3 Rn 6, 77
Nachvollziehbarkeit § 96 Rn 5
Nachzahlungsansprüche § 29 Rn 11
Namensrecht § 43 Rn 52
National/International Signalling Point Codes § 43 Rn 17
nationale Gleichbehandlung Einf II Rn 45
Nebenbestimmung
– Änderung § 8 Rn 76
– Begriff § 8 Rn 59
– i d Frequenzordnung § 45 Rn 17
– zu Lizenzen § 6 Rn 77
Nebenleistung § 27 Rn 16
Netz
– einheitliches § 3 Rn 107
Netzabschlusspunkte § 3 Rn 44
Netzarchitektur § 3 Rn 105; § 6 Rn 27, 28
Netzaufbau
– Auflagen zum § 11 Rn 39
Netzbetreiberportabilität § 43 Rn 54
Netze im Mobilfunk § 3 Rn 108
Netzebene 4 der Breitbandkabelnetze § 6 Rn 25
Netzexternalitäten § 2 Rn 20
Netzgestaltungsfreiheit § 3 Rn 110
Netzkennzahlen § 43 Rn 17
Netzkonzept § 3 Rn 70, 104
Netzmonopol Einf I Rn 12; § 1 Rn 3
Netzstrukturen § 3 Rn 109
Netztopologie § 3 Rn 90; § 24 Rn 21, 60
Netzwerkexternalitäten § 33 Rn 8; FTEG Rn 32
Netzzugang
– allgemeiner § 35 Rn 20 ff
– Anspruch auf entbündelten Zugang § 35 Rn 26
– Anspruch, deliktischer Schutz § 41 Rn 13
– Anspruchsverpflichtung § 35 Rn 10
– Begriff § 3 Rn 46
– Begriff im europäischen Recht § 35 Rn 19
– Berechtigung zum § 35 Rn 12 ff
– Beschränkungen § 35 Rn 36 f
– besonderer § 35 Rn 22 f
– Diensteanbieter als Berechtigte § 35 Rn 13, 22
– Entstehung § 35 Rn 2
– Gleichwertigkeit § 35 Rn 43
– Leistungen bei der Zusammenschaltung § 35 Rn 28
– neuer Rechtsrahmen § 36 Rn 3
– Ordnungsrahmen für Verhandlungen § 36 Rn 2
– Qualifikationsanforderungen bei besonderem Netzzugang § 35 Rn 49 ff
– Regulierungsziele § 35 Rn 20
– Rundfunkveranstalter als Zugangsberechtigte § 35 Rn 15
– unzureichende Umsetzung der RL 98/10/EG § 35 Rn 21
– Verbindungsnetzbetreiber als Zugangsberechtigte § 35 Rn 14

– Vereinbarungen § 35 Rn 36 f
– Vereinbarungen § 35 Rn 40
– Verhältnis zur Teilnehmeranschluss-VO § 35 Rn 25
– Verhältnis zur Zusammenschaltung § 35 Rn 24
– Verhandlungspflicht § 36 Rn 1
– Verordnung § 35 Rn 56 ff
– Vorrang privatautonomer Vereinbarung § 36 Rn 2
– Zugangsformen § 35 Rn 18
– Zusammenschaltung § 35 Rn 27 f
– Zusammenschaltungspflicht § 36 Rn 2
Netzzugang -Adressat der Gewährungsverpflichtungen § 35 Rn 6
Netzzugang § 35 Rn 1 ff
Netzzugangsvereinbarungen
– Rahmenvorschriften in der NZV § 35 Rn 59
– Schriftform bei besonderem Netzzugang § 35 Rn 46
– Standardangebot § 35 Rn 48
– Streitschlichtung § 35 Rn 61 ff
– Veröffentlichung durch RegTP § 35 Rn 47 f
– Vorlage an RegTP § 35 Rn 45
NetzzugangsVO
– Entbündelungsgebot § 35 Rn 58
– Gegenstand § 35 Rn 57
– unzureichende Umsetzung europarechtlicher Vorgaben § 35 Rn 59
– Vereinbarungen § 35 Rn 59
neue Tarifoption § 27 Rn 20
Nichtdiskriminierung § 11 Rn 8; § 33 Rn 44; § 41 Rn 6
Niederspannungsrichtlinie FTEG § 1 Rn 14
Normen FTEG Rn 23
Normenorganisation FTEG Rn 21
Normkonkretisierung, administrative FTEG § 3 Rn 6
Normung § 34 Rn 4
– europäische Harmonisierung § 34 Rn 4
– unzureichende Umsetzung von europäischen Anforderungen § 34 Rn 8 f
– Vermutung für die Erfüllung grundlegender Anforderungen § 34 Rn 11 ff
Notrufmöglichkeiten § 13
Nummerierung § 2 Rn 21; § 43 Rn 1 ff
Nummern
– Begriff § 43 Rn 2
– -plan § 43 Rn 20
– -portabilität § 43 Rn 54
Nummernvergabe Einf II Rn 34
Nummernverwaltung § 2 Rn 21
Nutzer § 3 Rn 53
Nutzerschutzauftrag § 23 Rn 1
Nutzungsbedingungen für Frequenzen § 45 Rn 14, 17
Nutzungsberechtigung
– an Wegerechten § 50 Rn 21
– bei Frequenzen § 50 Rn 8
Nutzungsbestimmung
– der ITU § 7 Rn 13
– für Frequenzen § 45 Rn 17
Nutzungsrecht s a Nutzungsberechtigung

Anhang
Sachregister

- Abänderungs- und Beseitigungsverlangen § 53 Rn 11
- an Rufnummern § 43 Rn 33
- Änderungs- und Beseitigungspflicht bei dauernden Beschränkungen § 53 Rn 3
- Auslagenvergütung § 52 Rn 20
- Beschränkung des Widmungszwecks § 52 Rn 12 f
- Einziehung des Verkehrsweges § 53 Rn 12 ff
- gesetzliches Schuldverhältnis § 52 Rn 2
- Instandsetzungspflicht § 52 Rn 16 ff
- Koordinationspflichten § 52 Rn 11
- Kostenersatz § 52 Rn 15
- Rücksichtnahmegebot § 52 Rn 4 ff
- Schadensersatzpflicht § 52 Rn 21
- Vermeidungsgebot § 52 Rn 8
Nutzungsrecht -Kostentragungspflicht § 53 Rn 15
Nutzungsregelung § 45 Rn 15

oberirdische Leitungen § 50 Rn 18; § 57 Rn 10
objektive Bedingungen § 11 Rn 8
Offenkundigkeit von Verstößen § 27 Rn 25
öffentliche Einrichtungen § 2 Rn 23
öffentliche Letztverantwortung FTEG Rn 12
öffentliche Sachen Vor § 44 Rn 6
öffentliche Sicherheit und Ordnung
- i d Frequenzordnung § 47 Rn 24
- i d Lizenzierung § 8 Rn 45
öffentliche Telefonstellen
- Begriff § 13 Rn 8
- Universaldienst § 17 Rn 15
öffentliche Verhandlung § 75 Rn 6
öffentliche Wege § 50 Rn 8
öffentliches Anhörungsverfahren § 11 Rn 38
öffentliches Interesse § 56 Rn 8
Öffentliches Telekommunikationsnetz § 3 Rn 62
Öffentlichkeit § 1 Rn 20
Öffentlichkeit, Beteiligung i d Frequenznutzung § 46 Rn 17
öffentlich-rechtliche oder private Rundfunkveranstalter § 11 Rn 11
Oligopolmarktbeherrschung § 19 Rn 5
Online-Dienste-Anbieter § 3 Rn 114
ONP-Konzept Einf II Rn 12
- Mietleitungsrichtlinie Einf II Rn 14
- Schnittstellen und Dienstleistungsmerkmale § 34 Rn 1 ff
- Sprachtelefondienst Einf II Rn 15
- Zusammenschaltung § 35 Rn 1 ff
ONP-Richtlinie Einf II Rn 12; § 23 Rn 9; § 33 Rn 22
Optionsspielraum § 1 Rn 13
Ordnungswidrigkeit Vor § 96 Rn 1
Organisation § 66
Orientierung an den Kosten der effizienten Leistungsbereitstellung § 24 Rn 45, 48
originäre Zuteilung von Rufnummern § 43 Rn 29
Ortsnetz § 43 Rn 69
Ortsnetzkennzahlen § 43 Rn 17
OSI § 3 Rn 7
OSI-Architekturmodell § 3 Rn 98
OSI-Schichtenmodell § 3 Rn 7

Personengewalt § 66 Rn 13
Pflichtverstoß des Lizenznehmers § 15 Rn 9
planerische Verfahren Vor § 44 Rn 23
Planfeststellung § 50 Rn 17; § 100 Rn 2
Plätze § 50 Rn 8
Portierungskennzeichen § 43 Rn 17
Post Einf I Rn 1
Postneuordnungsgesetz Einf I Rn 14
Postreform Einf I Rn 11; § 1 Rn 3
Postreform I § 1 Rn 3
Postreform II Einf I Rn 14; § 1 Rn 4
Power-Line
- als Übertragungsweg § 3 Rn 38
- Lizenzpflicht § 6 Rn 66
Präsident der Regulierungsbehörde § 66 Rn 15
präventives Verbot mit Erlaubnisvorbehalt § 3 Rn 40
Preisdiskriminierung § 24 Rn 74
Preisregulierung § 2 Rn 18
Pre-Selection § 43 Rn 63
Price-Cap
- Verfahren § 27 Rn 1
- Vorgaben § 27 Rn 17
Prioritätsprinzip Vor § 44 Rn 23
privatautonome, marktliche Regulierung Einf III Rn 9
privates Grundstück § 50 Rn 2
Privatkunden § 27 Rn 5
Privatorganisationsrecht § 2 Rn 16
Privilegien § 97 Rn 14
Produktion FTEG § 10 Rn 3
Produktzulassung Einf FTEG Rn 1, 6
Protokolle § 3 Rn 8
Prozeduralisierung § 27Rn 28
PTRegG Einf I Rn 16
PTSG § 87 Rn 4
PTT-Modell Einf II Rn 1
PTZSV § 87 Rn 4
Publizität § 1 Rn 20

Qualitätskennwerte § 41 Rn 24
Qualitätsstandards für Funkstationen Vor § 44 Rn 24
Quersubventionierung § 24 Rn 67

Radioastronomie Vor § 44 Rn 10
Rahmenrichtlinie Einf II Rn 26
Randnutzung § 6 Rn 33
Randwettbewerb Einf I Rn 12
Rationalität § 47 Rn 23
räumliche Marktabgrenzung § 27 Rn 12
Rechnungslegung § 14 Rn 1
Rechnungslegungskreis § 14 Rn 22
rechtlich selbstständiges Unternehmen § 14 Rn 20
rechtliche Kontrolle § 3 Rn 15
rechtliches Gehör § 75 Rn 1
Rechtsaufsicht § 66 Rn 13
Rechtsmittelbelehrung bei Entscheidung durch die Beschlusskammer § 79 Rn 4
Rechtsschutz § 8 Rn 77

## Sachregister

Rechtssetzung der Verwaltung § 46 Rn 1
Rechtsweg § 13 Rn 12
Referentenentwurf Einf I Rn 20
Regeln der Technik § 50 Rn 14
Regelungen für die Durchführung des Versteigerungsverfahrens § 11 Rn 33
Registrierverfahren Vor § 44 Rn 23
regulatorisch-rechtliche Bewertung § 3 Rn 111
regulierte Selbstregulierung FTEG Rn 13
Regulierung Vor § 6 Rn 1; § 2 Rn. 1; § 70 Rn 3
– Begriff § 1 Rn 10; § 3 Rn 64
– gerichtliche Kontrolle § 1 Rn 22
– Gesetzesbindung § 1 Rn 14
– Gestaltungsauftrag § 1 Rn 11
– Grundsätze Einf II Rn 40
– hoheitliche Aufgabe § 2 Rn 5
– Konzept § 1 Rn 11, 15
– Marktanlayse Einf II Rn 41
– Öffentlichkeit § 1 Rn 20
– Optionsspielraum § 1 Rn 13
– parlamentarische Kontrolle § 1 Rn 14
– -saufgaben und Ermittlungs-befugnisse § 72 Rn 1
– -sbegriff und gestaltende Fortentwicklung § 83 Rn 9
– -sbehörde § 66 Rn 1 ff
– -scharakter des Beschlussverfahrens Vor § 73 Rn 1
– -srahmen Einf II Rn 22
– -sstrategie § 1 Rn 13
– -sziel i d Nummernverwaltung § 43 Rn 41
– Transparenz § 1 Rn 17
– Unabhängigkeit der Behörde § 1 Rn 18
– Verbraucherrechte § 1 Rn 21
– Verfahren § 1 Rn 14
– Verhältnis zu GWB § 2 Rn 26
– Ziele Einf II Rn 40
– Zielorientierung § 1 Rn 12
– -scharakter der Lizenzierung Vor § 6 Rn 8
Regulierungsbehörde
– Abnahme technischer Einrichtungen der TK-Überwachung § 88 Rn 13
– als Bundesoberbehörde § 66 Rn 13
– als Bundesoberbehörde § 66 Rn 5 ff
– Anordnungsbefugnisse § 91 Rn 1 ff
– Anordnungsmöglichkeiten § 85 Rn 31
– Auskunftsrechte § 91 Rn 5
– Automatischer Abruf von Daten aus Kundendateien § 90 Rn 16
– Beirat § 67 Rn , 5
– Benennung, Ernennung, Entlassung des Präsidenten (der Vizepräsidenten) § 66 Rn 22
– Durchsetzung von Verpflichtungen § 91 Rn 1 ff
– Einhaltung der ONP-Bedingungen § 34 Rn 17
– Einsetzung wissenschaftlicher Kommissionen § 70 Rn 3
– Einzelweisungsrecht de BMWi § 66 Rn 30 f
– Entlassung des Präsidenten § 66 Rn 25
– Errichtung § 66 Rn 1 ff
– Europäische Einf II Rn 35
– europarechtliche Vorgaben § 66 Rn 2
– funktionelle Unabhängigkeit § 66 Rn 7 ff
– Gebot wirksamer struktureller Trennung von unternehmensbezogenen Tätigkeiten § 66 Rn 9
– Genehmigung technischer Einrichtungen der TK-Überwachung § 88 Rn 10 ff
– Geschäftsordnungsgewalt des Präsidenten § 66 Rn 20
– Hoheitsaufgaben § 66 Rn 3
– horizontale und vertikale Abstimmung Einf II Rn 42
– Initiativrecht zur Zusammenschaltung § 37 Rn 14
– Kompetenzen § 33 Rn 60; § 36 Rn 16, 19; § 37 Rn 14
– Kompetenzen in einem Rechtsrahmen § 35 Rn 4
– Kompetenzen nach Teilnehmeranschluss-VO § 33 Rn 56
– Kontrollbefugnisse § 91 Rn 1 ff
– Marktabgrenzung § 33 Rn 22
– Missbrauchsaufsicht § 38 Rn 22
– Missbrauchsverfügungen § 34 Rn 7
– Mitwirkung des Bundesrates bzw. der Länder § 67 Rn 2 ff
– politische Unabhängigkeit § 66 Rn 11
– Präsident § 66 Rn 16 ff
– Prüfung des Sicherheitskonzepts § 87 Rn 23 f
– Schlichtungsfunktion § 35 Rn 61
– Sicherstellung der Berücksichtigung harmonisierter technischer Normen § 34 Rn 5
– Sicherstellung des Wettbewerbs § 33 Rn 5
– Sitz § 66 Rn 14
– Standardangebot § 33 Rn 5
– strukturelle Unabhängigkeit § 66 Rn 7
– Trennung hoheitlicher und betrieblicher Funktionen § 66 Rn 2
– Übermittlung von Daten aus Kundendateien § 90 Rn 20 ff
– Unabhängigkeit § 1 Rn 18
– Unabhängigkeit als Element unverfälschten Wettbewerbs § 66 Rn 7
– Unabhängigkeit von Weisungen § 1 Rn 19
– Untersagungsverfügung § 91 Rn 8
– Verfahren der Benennung des präsidenten (der Vizepräsidenten) § 66 Rn 23
– Verfassungsrechtliche Bedingungen der Errichtung § 66 Rn 3
– Verfügungen § 38 Rn 22
– Verhältnis zum Bumdesdatenschutzbeauftragten § 91 Rn 1
– Verhandlungsbegleitung bei der Zusammenschaltung § 36 Rn 14 ff
– Veröffentlichung von Weisungen § 66 Rn 29
– Vorgaben für automatischen Datenabruf von Sicherheitsbehörden § 90 Rn 11
– Vorlage des Sicherheitskonzepts § 87 Rn 21 f
– vorwirkende Kontroll- und Regulierungsbehörde § 66 Rn 22
– Weisungsrecht des BMWi § 66 Rn 27 ff
– Weisungsrecht des Präsidenten § 66 Rn 19
– Widerruf der Lizenz § 85 Rn 31
– wissenschaftliche Beratung § 70 Rn 1 ff
– wissenschaftliche Unterstützung § 70 Rn 5
– Zusammenschaltungsanordnung § 37 Rn 4 ff.

- Sicherstellung der Berücksichtigung harmonischer technischer Normen § 34 Rn 9
Regulierungsziele § 2 Rn 6; § 33 Rn 7
- die Grundversorgung § 2 Rn 4
- europäische § 2 Rn 7
- Fernmeldegeheimnis, Wahrung des § 2 Rn 9
- Förderung bei öffentlichen Einrichtungen § 2 Rn 23
- Frequenznutzung § 2 Rn 24
- Gesetzgebung § 2 Rn 2
- Grundversorgung § 2 Rn 22
- Interessen der Nutzer § 2 Rn 8
- öffentliche Sicherheit § 2 Rn 25
- Wettbewerb § 2 Rn 3, 12, 14, 15
Reseller
- Begriff § 3 Rn 26
- Entgeltgenehmigungspflicht § 27 Rn 19
- Lizenzpflicht § 6 Rn 70
Ressourcenbewirtschaftung Vor § 44 Rn 6
Retail § 24 Rn 53
Revisibilität § 27 Rn 17; § 28 Rn 13
richtlinienkonforme Interpretation § 1 Rn 13; § 2 Rn 7
Roaming § 3 Rn 50, 115
Rücknahme
- der Beschränkung der Lizenzzahl § 10 Rn 14
- von Altberechtigungen § 97 Rn 17
- von Entgeltgenehmigungen § 28 Rn 12
- von Nummernzuteilungen § 43 Rn 47
Rückwirkung von Lizenzgebührenverordnungen § 16 Rn 50
Rufnummer § 3 Rn 52
Rufnummernportierung § 27 Rn 16
Rundfunk
- Abgrenzung zur TK Einf III Rn 1 ff
- Frequenzplanung § 45 Rn 11; § 47 Rn 4
- i d Frequenzplanung § 44 Rn 4
- Netzzugang § 35 Rn 15
- und TK-Regulierung § 2 Rn 2, 24
Rundfunkanstalt § 45 Rn 10
Rundfunksendeanlagen § 42
Rundfunkstaatsvertrag Einf IV Rn 8

Satelliten, geostationäre § 3 Rn 68
Satellitenfunkdienstleistungen § 3 Rn 68
Satelliten-Funkverbindungen § 3 Rn 103
Satelliten-Orbitplätze § 7 Rn 21
Satellitenplätze § 3 Rn 69
Satellitenrichtlinie Einf II Rn 7
Satelliten-Übertragungswege § 6 Rn 54
Schadensersatz
- bei Ausästungen § 54 Rn 9
- bei Verstoß gegen das TKG oder die TKV § 40 Rn 2 ff
Schadensersatzpflicht § 52 Rn 21
schädliche Störungen § 7 Rn 11
Schicht § 3 Rn 7
Schienenwege § 50 Rn 8
Schnittstelle FTEG § 2 Rn 3, 11
- -nbeschreibungen der Netzbetreiber FTEG § 5 Rn 1 ff

- -nbeschreibungen, Begriff FTEG § 4 Rn 1 ff
- -neigenschaften FTEG § 2 Rn 13
schnurlose Telekommunikationssysteme § 3 Rn 44
Schriftform § 23 Rn 24
Schutzgesetz § 6 Rn 43
Schutznorm s Drittschutz
Schutzrohr (Leerrohr) § 50 Rn 10
Schutzvorkehrung § 55 Rn 8, § 56 Rn 10
Segmentierung § 14 Rn 1
Selbstbeobachtung und Revision § 70 Rn 3
Selbstbindung § 47 Rn 28
Selbstprogrammierung § 11 Rn 14
Selbstregulierung § 2 Rn 5
Selbtbindung § 11 Rn 57
Sende- und Empfangsanlage § 3 Rn 103
Sendeanlagen § 65 Rn 3; § 94
Sendefunkgeräte Einf IV Rn 6
Service Provider
- Begriff § 3 Rn 27
- Lizenzpflicht § 6 Rn 70
Sicherheitsbeauftragte § 87 Rn 16 f
Sicherheitsbehörden, Auskunftsersuchen § 90 Rn 1 ff
Sicherheitskonzept § 87 Rn 1, 16, 18
- dynamische Aktualisierung § 87 Rn 20
- materielle Anforderungen § 87 Rn 19
- Vorlage an Regierungsbehörde § 87 Rn 21 f
Sicherstellung des Postwesens und der Telekommunikation (PTSG) Einf IV Rn 4
Simultanverfahren § 11 Rn 34
situative, temporäre Regelbildung § 1 Rn 14
Sonderabgabe § 18 Rn 2; § 21 Rn 2
Sondernutzungsgebühren § 50 Rn 26
Sonderrechtsfähigkeit § 50 Rn 22, 28
Sondervermögen Einf I Rn 2
Sozialstaat § 1 Rn 24
Sprachdienstmonopol Einf I Rn 12
Sprachkommunikationsdienstleistungen § 12 Rn 12
Sprachtelefondienst
- Begriff § 3 Rn 70
- Entgeltregulierung § 27 Rn 18
- Lizenzpflicht § 6 Rn 67
- Universaldienst § 17 Rn 3
- Verteilungen § 97 Rn 6
Sprachtelefonie Einf II Rn 15
Staats-Fernmeldeverbindungen § 93 Rn 1
Staats-Telekommunikationsverbindungen § 93
Staatsverwaltungen Einf I Rn 12
städtebauliche Belange § 50 Rn 14
Stand der Sicherheitstechnik FTEG § 3 Rn 11
Standardangebot
- Änderungsverlangen § 33 Rn 56
- unzureichende Umsetzung europarechtlicher Anforderungen § 35 Rn 48
- Verhältnis zur VO (EG) 2887/2000 § 33 Rn 5
- Veröffentlichung § 33 Rn 44
- Veröffentlichung durch RegTP § 35 Rn 48
Standard-Festverbindung § 27 Rn 24
Standardisierung

Anhang    697
Sachregister

- als Regulierungsaufgabe  Einf II Rn 13
- Bedeutung  Einf FTEG Rn 13
- Kriterien  Einf FTEG Rn 30
**Standortbescheinigung**  Einf IV Rn 7
**statistische Hilfen**  § 83
**Stellungnahme**  § 82 Rn 5
**Steuerungszusammenhang**  § 1 Rn 14
**störende Beeinflussung**  § 56 Rn 5, 7
**Störfeldstärkengrenzwerte**  § 45 Rn 19
**Störungsdienst**  § 41 Rn 24
**störungsfrei**  § 44 Rn 14
**Straßen- und Schienennetz**  § 3 Rn 39
**Streitschlichtung**
- Umsetzungsdefizit  § 35 Rn 62
- Voraussetzungen nach NZV  § 35 Rn 62 ff
**Stromleitung**  § 6 Rn 66
**strukturelle Separierung**  § 14 Rn 1; § 96 Rn 5
**sunk costs**  § 2 Rn 14
**System**  § 3 Rn 7, 80

**Tarnung der Sendeanlagen**  § 65 Rn 4
**Täterschaft**  Vor § 94 Rn 2
**Tätigkeitsbericht**  § 81
- Inhalt  § 81 Rn 2
- Stellungnahme der Bundesregierung  § 81 Rn 8
- Verwaltungsgrundsätze  § 81 Rn 2
- Vorlage an die Monopolkommission  § 81 Rn 3
**Tatsache**  § 30 Rn 13
**technikbezogene Gesamtverantwortung**  Einf III Rn 13
**Technikregulierung**  Vor § 44 Rn 6
**technische Architektur**  § 3 Rn 112
**Technische Schutzmaßnahmen**
- angemessene Schutzvorkehrungen  § 87 Rn 7 ff
- Schutzanforderungen  § 87 Rn 14
- Schutzziele  § 87 Rn 9 ff
- Sicherheitsbeauftrage  § 87 Rn 16 f
- Sicherheitskonzept  § 87 Rn 16, 18
- Standardsicherheit  § 87 Rn 4, 7 ff
- Telekommunikations-Datenschutzrichtlinie  § 87 Rn 6
- Verhältnis des TKG zu PTSG, PTZSV, TKSiV  § 87 Rn 4
- Verordnungsermächtigung  § 87 Rn 26 ff
- Verpflichtete  § 87 Rn 8, 15 ff
**Technologieentwicklung**  § 2 Rn 16
**Technologieneutralität**  § 3 Rn 6
**Teilnahmeberechtigung**  § 11 Rn 55
**Teilnehmeranschluss**  § 33 Rn 32 f
- EG VO 2887/2000  § 33 Rn 5
- entbündelter Zugang  § 33 Rn 5, 33
- Fairness der Bedingungen  § 35 Rn 44
**Teilnehmeranschlussdaten**  § 12 Rn 1
**Teilnehmeranschluss-VO**
- Adressat  § 35 Rn 9
- angemessene Anträge  § 35 Rn 25, 41
- Anspruch auf entbündelten Zugang  § 35 Rn 26
- Befugnisse der RegTP  § 35 Rn 48
- Begünstigte  § 35 Rn 25
- Beschränkungen des Zugangs  § 35 Rn 38

- Betreiber mit beträchtlicher Marktmacht  § 35 Rn 11
- entbündelter Zugang  § 33 Rn 33
- Entgeltregulierung  § 33 Rn 61
- faire und transparente Bedingungen  § 33 Rn 43
- gemeinsamer Zugang  § 35 Rn 26
- Kompetenzen der RegTP  § 33 Rn 60
- Missbräuchliches Verhalten  § 33 Rn 56
- Nichtdiskriminierung  § 33 Rn 43
- Standardangebot  § 35 Rn 48
- Streitbeilegungsverfahren  § 35 Rn 63
- Vereinbarungen  § 33 Rn 40; 56
- Verhältnis zu § 35  § 35 Rn 3
- Zugangsverweigerung  § 33 Rn 51, 54
- Zusammenschaltungspflicht  § 35 Rn 39  Einf II Rn 36; § 33 Rn 22; § 35 Rn 11
- Auskunft  § 89 Rn 66
**Teilnehmerverzeichnis**  § 12 Rn 1 ff
- Eintragung  § 89 Rn 63
**Telefondienstmonopol**  § 1 Rn 3
**Telefonteilnehmerverzeichnis**  § 12 Rn 11
**Telefonüberwachung**  § 85 Rn 22 ff
**Telekommunikation**  § 1 Rn 9
- Angebot  § 85 Rn 12
- Begriff  § 3 Rn 6, 78
- Regulierung  § 1 Rn 9
- technische Schutzmaßnahmen  § 87 Rn 1 ff
**Telekommunikation-Nummern-Gebührenverordnung**  § 43 Rn 53
**Telekommunikationsanlagen**  § 3 Rn 80; § 55 Rn 6
**Telekommunikations-Datenschutzverordnung**  § 89 Rn 4, 11 ff
**Telekommunikationsdienst**  § 3 Rn 34, 81, § 14 Rn 17
- geschäftsmäßige Erbringung  § 85 Rn 11
**Telekommunikationsdienstleistungen für die Öffentlichkeit**  § 33 Rn 12
**Telekommunikationsgesetz**
- Entstehungsgeschichte  § 1 Rn 1
- Zwecke  § 1 Rn 6
**Telekommunikations-Kundenschutzverordnung**  § 17 Rn 18; § 41 Rn 1; § 97 Rn 10
- Angebote marktbeherrschender Anbieter  § 41 Rn 13 ff
- Anwendungsbereich  § 41 Rn 24
- Diskriminierungsverbot  § 41 Rn 6
- Entbündelung  § 41 Rn 9 ff
- Haftung  § 41 Rn 18
- Leistungseinstellung  § 41 Rn 16
- Unabdingbarkeit  § 41 Rn 4
- Verbindungspreisberechnung  § 41 Rn 15
- Verjährung  § 41 Rn 23
**Telekommunikationslinie**  § 3 Rn 87; § 50 Rn 10, § 22 Rn 17
**Telekommunikations-Lizenzgebührenverordnung**  § 16 Rn 2
**Telekommunikationsnetz**  § 3 Rn 22, 89; § 35 Rn 10
- Begriff  § 35 Rn 8
**Telekommunikationsüberwachung**  § 88 Rn 2 ff

- Abnahme technischer Einrichtungen § 88 Rn 13, 17 f
- Genehmigunsverfahren § 88 Rn 17
- Jahresstatistik § 88 Rn 27
- Kosten § 88 Rn 2, 6 ff
- Netzzugang für Überwachungsberechtigte § 88 Rn 23 ff
- rechtspolitische Bedenken § 88 Rn 3
- Technische Einrichtungen § 88 Rn 4
- Technische Gestaltung, Genehmigung § 88 Rn 10, 22
- Verhältnis zu Überwachungsermächtigungen § 88 Rn 5
- Verordnungsentwurf § 88 Rn 5, 15
- Verordnungsermächtigung § 88 Rn 14 ff
Telekommunikationsunternehmen § 3 Rn 66; § 93 Rn 1
TKSiV  Einf IV Rn 4; § 87 Rn 4
Top-Down-Modell  § 24 Rn 42
total incremental costs  § 24 Rn 26
Transaktionskosten  FTEG Rn 32
Transparenz
- der Entgeltregulierung § 27 Rn 13
- der Freuqenzzuteilung § 47 Rn 23
- der Kostenrechnung und Rechnungslegung § 14 Rn 1, 29
- der Regulierung § 1 Rn 20
- des Beschlusskammerverfahrens § 73 Rn 2
Transport Control Protocol (TCP)  § 3 Rn 11
Trennung hoheitlicher und betrieblicher Funktionen  § 1 Rn 18; § 66 Rn 2
Treuerabatt  § 24 Rn 84
Tunnel  § 50 Rn 8

Übergang  § 9 Rn 18
Übergangsvorschriften  § 97
Überlassung von Übertragungswegen  § 9 Rn 21
Überleitung der Verwaltungszuständigkeiten  § 98 Rn 1
Übermittlung
- an andere Behörden § 4 Rn 16
- von Teilnehmeranschlussdaten § 12 Rn 22
Übermittlungsprinzipien, verbindungslose und verbindungsorientierte  § 3 Rn 77
Übertragung
- Genehmigung bei Lizenzen § 9 Rn 14
- von FAG-Verleihungen § 9
- von Lizenzen § 9 Rn 8
Übertragungswege  § 41 Rn 24
- Begriff § 3 Rn 13, 95; § 35 Rn 8
- Universaldienstpflichtige § 17 Rn 3
Überwachung der Universaldienstversorgung  § 17 Rn 16
Überwachungsbefugnis  § 88 Rn 1 ff
- der Frequenznutzung § 49 Rn 6
Umsatzermittlung  § 22 Rn 3
Umsatzmeldung  § 22 Rn 1 ff
UMTS  § 11 Rn 6
- Netzbaubau § 3 Rn 115
Unabhängigkeit der Regulierungsbehörde  § 1 Rn 18; § 66 Rn 2

Unbedenklichkeitsbescheinigung  § 11 Rn 42
unbestimmte Gesetzesbegriffe  § 1 Rn 13
Universaldienst  Einf II Rn 32; § 97 Rn 5
- Netzzugang § 35 Rn 21
- Zusammenschaltung Einf II Rn 27
Universaldienstgewährleistungspflicht  § 1 Rn 24
Universaldienstleistungen  § 2 Rn 17; § 17 Rn 1
- Auferlegung § 19 Rn 2
- Ausgleich § 20 Rn 2 ff
- Ausschreibung § 19 Rn 6
- Ausschreibungsverfahren § 19 Rn 13
- Beitragspflicht § 18 Rn 16
- Definition § 17 Rn 6 ff
- flächendeckende Versorgung § 17 Rn 9
- Überwachung durch die Regulierungsbehörde § 17 Rn 16
- Umsatzmelungen § 22 Rn 1 ff
Universaldienstleistungsabgabe  § 21 Rn 1 ff
- Abgabepflichtige § 21 Rn 6
- Bemessung § 21 Rn 3
- Festsetzung § 21 Rn 7
Universaldienstleistungspflicht  § 11 Rn 10, § 17 Rn 1 ff
- Verpflichtete § 18 Rn 3 ff, § 19 Abs 3 ff
- Ermächtigung § 17 Rn 14
- Übersicht § 17 Rn 19
Universaldienstregelung  Einf III Rn 13
Universaldienstunterversorgung  § 18 Rn 14 ff
- Feststellung § 19 Abs 1
Unmöglichkeit  § 51 Rn 8
Unrichtigkeit  § 96 Rn 3
Unterbrechung  § 4 Rn 12
Unterhaltung  § 52 Rn 9; § 53 Rn 7
unterirdische Anlagen  § 57 Rn 10
Unterlassungsanspruch bei Verstoss gegen das TKG  § 40 Rn 8
Unternehmensaufgaben  Einf I Rn 8
Unternehmensbegriff  § 14 Rn 11
Unternehmensorganisation  § 14 Rn 1
Unternehmensverfassung  Einf I Rn 4
Unterseekabel  § 6 Rn 53
Untersuchungsgrundsatz  Vor § 73 Rn 10
Unterversorgung und Universaldienst  § 18 Rn 14 ff
unverhältnismäßig  § 51 Rn 9
unvollständig  § 28 Rn 4
unwesentliche Beeinträchtigung  § 57 Rn 9
Unwirksamkeit  § 23 Rn 28
up-link  § 3 Rn 69
Uruguay-Runde  Einf II Rn 43

Vanity-Nummer  § 43 Rn 52
Veränderung  § 16 Rn 47; § 55 Rn 11
Veranlassungsprinzip  § 16 Rn 9
Veranstalter  Einf III Rn 1
Verbindungsnetzbetreiberauswahl  § 43 Rn 63
Verbindungspreisberechnung  § 41 Rn 15
Verbot mit Zuteilungsvorbalt  § 47 Rn 5
Verbraucher
- -freiheit Einf II Rn 33

## Anhang
### Sachregister

– -rechte § 1 Rn 21
– -schutz Einf II Rn 33; § 23; § 24 Rn 88; § 41
**verbundene Unternehmen** § 27 Rn 13
**Verfahren** Vor § 73 Rn 1
– nachvollziehbares und objektives § 47 Rn 14
– politischen Charakters Vor § 73 Rn 2
**Verfahrensanzeige** § 74 Rn 16
**Verfahrensermessen** s Ermessen der Verwaltung
**verfahrensrechtlich** § 11 Rn 3
**Verfassungsmäßigkeit**
– der Lizenzpflicht Vor § 6 Rn 12 ff; § 6 Rn 82 ff
– der Entgeltregulierung § 24 Rn 22, 39
– der Netzzugangspflichten § 33 Rn 66 ff
– der Versteigerung § 11 Rn 26 ff
**Vergabe von Nummern** Einf II Rn 34
**Vergabeverfahren** § 11
**Vergleichsmarktbetrachtung** § 24 Rn 32
**Verhaltensspielraum im Wettbewerb** § 2 Rn 10
**Verhandlungsparität** Einf III Rn 10
**Verhandlungspflicht** § 36 Rn 7
– Berechtigte/Verpflichtete § 36 Rn 4
**Verjährung**
– von Ansprüchen bei Nutzungsrechten § 58 Rn 3
– von Deliktsansprüchen § 41 Rn 23
– von Lizenzgebühren § 16 Rn 49
– von Straftaten und Ordnungswidrigkeiten Vor § 94 Rn 7
**Verkehrswege**
– Begriff § 52 Rn 6
– dauernde Beschränkung des Widmungszwecks § 53 Rn 4 f
– Erschwerung der Unterhaltung § 52 Rn 9
– Nutzung § 52 Rn 6
– Nutzungsrecht § 50 Rn 2
– Primärzweck § 52 Rn 3
– Verhinderung der Änderung § 53 Rn 9 f
– Verhinderung der Unterhaltung § 53 Rn 6 ff
**Verlängerung** § 30 Rn 21
**Verlegung** § 55 Rn 11
**Verleihung** s a Bestandsschutz; § 9 Rn 25
– Bestandsschutz § 97 Rn 11
– und Frequenznutzung § 47 Rn 7
– und Frequenzzuteilung § 48 Rn 16
– und Lizenzierung § 8 Rn 2
– Widerruf und Rücknahme § 15 Rn 8
**vermittelndes Sprachtelefonnetz** § 3 Rn 93
**Veröffentlichung**
– der Entgeltgenehmigungspflicht § 26 Rn 1
– von Beschlusskammerentscheidungen § 79 Rn 5
**Versorgungsgebiet des Lizenznehmers** § 6 Rn 19
**Versteigerungsverfahren**
– i d Lizenzierung § 11 Rn 16
– Verfassungmäßigkeit § 11 Rn 26
– zur Frequenzzuteilung § 47 Rn 20
**Versuch** Vor § 94 Rn 3
**Verteidigung** § 2 Rn 37; § 44 Rn 22 ff
**Vertragsgestaltung** § 23; § 36 Rn 8; § 41 Rn 4
**Vertraulichkeit** § 65 Rn 1
**Vertretung** § 66 Rn 21
**Verwaltungsakt**

– der Beschlusskammer § 79 Rn 1
– Lizenzbeschränkung als? § 10 Rn 10
**Verwaltungsgebühr** § 16 Rn 1
**Verwaltungsgrundsätze im Tätigkeitsbericht** § 81 Rn 3
**Verwaltungskostengesetz** § 16 Rn 15
**Verwaltungsverfahren** Vor § 73 Rn 19
– Einleitung § 74
**Verwaltungsvorschrift** § 6 Rn 37
**Verwaltungsvorschrift** s a Verwaltungsgrundsätze
**Verwaltungszuständigkeit** § 50 Rn 4
**Verweisung, dynamische** § 23 Rn 14
**Verweisungstechnik auf EG-Recht** § 23 Rn 8
**Verwender von Geräten** FTEG § 11 Rn 1
**Verwendungszweck von Geräten** § 12 Rn 16
**Verwertungsverbot von Beweismitteln** § 72 Rn 41
**Verzicht auf Lizenzen** § 15 Rn 2
**Virtuelle Netzbetreiber** § 3 Rn 28
**VO-Funk** Vor § 44 Rn 22
**vollkommene Konkurrenz** § 24 Rn 2
**vollständige Konkurrenz** § 2 Rn 14
**vollständige Liberalisierung** Einf II Rn 10
**Vollständigkeitserklärung** § 72 Rn 14
**Vollzugsmodell** § 1 Rn 13
**vorbeugender Unterlassungsanspruch** § 40 Rn 8
**Vorermittlung** § 74 Rn 4
**Vorgaben zur Gestaltung der internen Rechnungslegung** § 14 Rn 26
**vorläufige Entgeltgenehmigung** § 27 Rn 31
**Vorleistung Dritter** § 27 Rn 29
**Vorprodukt** § 27 Rn 30; § 41 Rn 3
**Vorschlagsrecht** § 69 Rn 3
**Vorsitzender** § 68 Rn 7
**Vorsorge** FTEG § 3 Rn 5
**Vorverfahren** § 80
**VwGrds-FreqN** § 45 Rn 1

**Wechsel des Lizenznehmers** § 9 Rn 1 ff
**Wegeunterhaltungspflicht** § 52 Rn 1
**Weisungen** § 66 Rn 27
**Werbeverbot** § 65 Rn 9
**Wertschöpfungsstufen** § 24 Rn 3
**Wertungsspielräume** § 24 Rn 47
– s a Ermessen der Verwaltung
**Wettbewerb** § 1 Rn 23; § 2 Rn 10; § 27 Rn 5
– Befugnisse der Regulierungsbehörde § 33 Rn 5
– Beschränkende Vereinbarungen § 38 Rn 1 ff
– Beschränkung § 2 Rn 29 f
– chancengleicher § 2 Rn 15; § 11 Rn 19
– Europäischer Rahmen Einf II Rn 5
– Förderung § 1 Rn 6, 8
– funktionsfähiger § 1 Rn 7, 11; § 2 Rn 13; § 11 Rn 19
– Lizenzvergabe § 2 Rn 16
– multifunktionaler § 2 Rn 12
– Nummernverwaltung § 2 Rn 21
– Preisregulierung § 2 Rn 18
– Schutz Dritter § 38 Rn 2
– Sicherstellung § 2 Rn 11
– technische Normen § 34 Rn 1 ff
– Universaldienstleistung § 2 Rn 17

## Anhang
### Sachregister

- Unwirksamkeit von Vereinbarungen § 38 Rn 6 ff
- Verhältnis zu GWB § 2 Rn 25
- vertikal integrierte Unternehmen § 33 Rn 7
- vollständiger § 2 Rn 14
- Zusammenschaltung § 2 Rn 20, 34

**wettbewerbsanalog** § 24 Rn 63
**Wettbewerbsaufsicht** § 1 Rn 10
**Wettbewerbsneutralität** § 50 Rn 4
**Wettbewerbsrecht** Einf II Rn 12, 28
**Wettbewerbsrichtlinien** Einf II Rn 5
**wholesale** § 24 Rn 53
**Widerruf** § 15; § 47 Rn 30
- s a Rücknahme
- von Frequenzzuteilungen § 47 Rn 30

**Widerrufsvorbehalt** § 8 Rn 64
**Widerspruch** § 23 Rn 26
**Widmungszweck** § 50 Rn 15; § 52 Rn 6, 12; § 53 Rn 3, 4, 5
**Wiederbeschaffungswerte** § 24 Rn 19
**Wireless Local Loop** § 3 Rn 38; § 6 Rn 24; § 11 Rn 6, 24
**wirtschaftliche Verhältnisse** § 72 Rn 14
**Wirtschaftlichkeit und Sparsamkeit** § 48 Rn 8
**wissenschaftliche Beratung** § 70
**wissenschaftliche und industrielle Organisationen** § 7 Rn 10
**Witte-Kommission** Einf I Rn 7
**workable competition** § 2 Rn 10
**WTO** Einf II Rn 43

**Zertifizierung** FTEG Einf Rn 26
**Zugang** Einf II Rn 30; § 2 Rn 20
- entbündelter zum Teilnehmeranschluss § 33 Rn 33

**Zugang zu wesentlichen Einrichtungen**
- Bedingungen § 33 Rn 48
- diskriminierungsfreier § 33 Rn 45 ff
- Einschränkung, sachliche Gründe für § 33 Rn 51
- Gleichbehandlung der Wettbewerber § 33 Rn 49
- grundlegende Anfforderungen § 33 Rn 52

**Zugang zu wesentlichen Leistungen** § 33 Rn 25
- Leistungsbegriff § 33 Rn 32 ff
- Wesentlichkeit § 33 Rn 35

**Zulässigkeit** § 8 Rn 29
**Zusammenarbeit mit zuständigen Behörden anderer Staaten** § 83 Rn 6
**zusammengefasstes Netz** § 3 Rn 107
**Zusammenschaltung** Einf II Rn 30; § 2 Rn 20; § 35 Rn 1 ff
- Angebot § 36 Rn 11 f
- Anordnung § 37 Rn 1 ff
- Anordnung auch für nichtmarktbeherrschende Unternehmen § 37 Rn 5
- Anordnung auf Anrufung durch Beteiligte § 37 Rn 13
- Anordnung durch Beschlusskammer § 37 Rn 16
- Anordnung für besonderen Netzzugang § 37 Rn 12
- Anordnung, Inhalt § 37 Rn 19
- Anordnung, materielle Maßstäbe § 37 Rn 17
- Anordnung, Rechtsnatur § 37 Rn 20 ff
- Anordnung, Voraussetzungen § 37 Rn 7 f.
- Anrufung der RegTP durch einen Beteiligten § 37 Rn 6
- Anrufung der RegTP, Gründe § 37 Rn 11
- Anspruch § 36 Rn 6
- Ausschluss von Corporate Networks § 35 Rn 29
- Begriff, Verhältnis zum europäischen Recht § 35 Rn 27 ff
- Berechtige § 35 Rn 29
- City-Netzbetreiber als Berechtigte § 35 Rn 31
- Durchsetzung § 36 Rn 18
- Durchsetzung durch die RegTP § 36 Rn 19
- Entgeltregulierung § 24 Rn 39; § 28 Rn 15 ff; § 39 Rn 1 ff
- Entgeltregulierung, reziproke § 39 Rn 8
- Entstehung § 35 Rn 2
- europäische Aushandlungspflicht § 36 Rn 9
- europäischer Rahmen § 36 Rn 5
- Initiativrecht der RegTP § 37 Rn 14
- Leistungen § 35 Rn 28
- neuer Rechtsrahmen § 35 Rn 4
- Optimierungspflicht § 36 Rn 17
- Pflicht zur § 35 Rn 39; § 36 Rn 8, 10
- Verbindungsnetzbetreiber als Berechtigte § 35 Rn 30
- Verhandlung § 36 Rn 4
- Verhandlungsbegleitung durch die RegTP § 36 Rn 14 ff
- Verhandlungspflicht § 36 Rn 7
- vorgegebene Bedingungen § 36 Rn 13
- Vorrang privatautonomer Vereinbarungen § 37 Rn 3, 8 ff
- Zielkatalog des Gemeinschaftsrechts § 36 Rn 16

**Zusammenschaltungsrichtlinie** Einf II Rn 16; § 31 Rn 3
**Zusammenschaltungsvereinbarungen**
- Nachvollziehbarkeit § 35 Rn 42
- objektive Maßstäbe § 35 Rn 41

**Zusammenschaltungsvereinbarungen, Rechtsnatur** § 35 Rn 40
**Zusatzkosten** § 24 Rn 26
**Zuständigkeit** § 71 Rn 1
**Zustellung** § 79 Rn 5
**Zustimmung** § 50 Rn 19
**Zuteilung** Vor § 6 Rn 7
**Zwangsgeld** § 72 Rn 44
**Zweckbindung** § 83 Rn 18
- von Entgeltgenehmigungen § 16 Rn 50
- Voraussetzungen § 41 Rn 9